二十四史(附《清史稿》)

(第七卷)

中州古籍出版社

宋 史（上）

元・脫脫等撰

宋史(十)

元・脱脱等撰

宋史（上）目录

卷一　本纪第一
　　太祖一 …………………………………… 1
卷二　本纪第二
　　太祖二 …………………………………… 5
卷三　本纪第三
　　太祖三 …………………………………… 7
卷四　本纪第四
　　太宗一 …………………………………… 10
卷五　本纪第五
　　太宗二 …………………………………… 14
卷六　本纪第六
　　真宗一 …………………………………… 19
卷七　本纪第七
　　真宗二 …………………………………… 22
卷八　本纪第八
　　真宗三 …………………………………… 27
卷九　本纪第九
　　仁宗一 …………………………………… 31
卷十　本纪第十
　　仁宗二 …………………………………… 34
卷十一　本纪第十一
　　仁宗三 …………………………………… 37
卷十二　本纪第十二
　　仁宗四 …………………………………… 40
卷十三　本纪第十三
　　英宗 ……………………………………… 44
卷十四　本纪第十四
　　神宗一 …………………………………… 45
卷十五　本纪第十五
　　神宗二 …………………………………… 47
卷十六　本纪第十六
　　神宗三 …………………………………… 52
卷十七　本纪第十七
　　哲宗一 …………………………………… 54
卷十八　本纪第十八
　　哲宗二 …………………………………… 58
卷十九　本纪第十九
　　徽宗一 …………………………………… 61
卷二十　本纪第二十
　　徽宗二 …………………………………… 64
卷二十一　本纪第二十一
　　徽宗三 …………………………………… 67
卷二十二　本纪第二十二
　　徽宗四 …………………………………… 69
卷二十三　本纪第二十三
　　钦宗 ……………………………………… 72
卷二十四　本纪第二十四
　　高宗一 …………………………………… 75
卷二十五　本纪第二十五
　　高宗二 …………………………………… 78
卷二十六　本纪第二十六
　　高宗三 …………………………………… 82
卷二十七　本纪第二十七
　　高宗四 …………………………………… 87
卷二十八　本纪第二十八
　　高宗五 …………………………………… 91
卷二十九　本纪第二十九
　　高宗六 …………………………………… 95
卷三十　本纪第三十
　　高宗七 …………………………………… 98
卷三十一　本纪第三十一
　　高宗八 …………………………………… 102
卷三十二　本纪第三十二
　　高宗九 …………………………………… 105
卷三十三　本纪第三十三
　　孝宗一 …………………………………… 108
卷三十四　本纪第三十四
　　孝宗二 …………………………………… 113
卷三十五　本纪第三十五
　　孝宗三 …………………………………… 118
卷三十六　本纪第三十六
　　光宗 ……………………………………… 123
卷三十七　本纪第三十七
　　宁宗一 …………………………………… 126
卷三十八　本纪第三十八
　　宁宗二 …………………………………… 129
卷三十九　本纪第三十九
　　宁宗三 …………………………………… 133
卷四十　本纪第四十
　　宁宗四 …………………………………… 136
卷四十一　本纪第四十一
　　理宗一 …………………………………… 138
卷四十二　本纪第四十二
　　理宗二 …………………………………… 142
卷四十三　本纪第四十三
　　理宗三 …………………………………… 146
卷四十四　本纪第四十四
　　理宗四 …………………………………… 150
卷四十五　本纪第四十五
　　理宗五 …………………………………… 154

卷四十六　本纪第四十六	
度宗 …………………………… 158	
卷四十七　本纪第四十七	
瀛国公 ………………………… 163	
二王附 ………………… 167	
卷四十八　志第一	
天文一 ………………………… 169	
卷四十九　志第二	
天文二 ………………………… 174	
卷五十　志第三	
天文三 ………………………… 178	
卷五十一　志第四	
天文四 ………………………… 187	
卷五十二　志第五	
天文五 ………………………… 195	
卷五十三　志第六	
天文六 ………………………… 203	
卷五十四　志第七	
天文七 ………………………… 208	
卷五十五　志第八	
天文八 ………………………… 214	
卷五十六　志第九	
天文九 ………………………… 224	
卷五十七　志第十	
天文十 ………………………… 230	
卷五十八　志第十一	
天文十一 ……………………… 235	
卷五十九　志第十二	
天文十二 ……………………… 239	
卷六十　志第十三	
天文十三 ……………………… 244	
卷六十一　志第十四	
五行一上 ……………………… 249	
卷六十二　志第十五	
五行一下 ……………………… 254	
卷六十三　志第十六	
五行二上 ……………………… 261	
卷六十四　志第十七	
五行二下 ……………………… 266	
卷六十五　志第十八	
五行三 ………………………… 269	
卷六十六　志第十九	
五行四 ………………………… 273	
卷六十七　志第二十	
五行五 ………………………… 278	
卷六十八　志第二十一	
律历一 ………………………… 284	
卷六十九　志第二十二	
律历二 ………………………… 290	
卷七十　志第二十三	

　　律历三 ………………………… 299
卷七十一　志第二十四
　　律历四 ………………………… 312
卷七十二　志第二十五
　　律历五 ………………………… 316
卷七十三　志第二十六
　　律历六 ………………………… 323
卷七十四　志第二十七
　　律历七 ………………………… 329
卷七十五　志第二十八
　　律历八 ………………………… 334
卷七十六　志第二十九
　　律历九 ………………………… 342
卷七十七　志第三十
　　律历十 ………………………… 353
卷七十八　志第三十一
　　律历十一 ……………………… 358
卷七十九　志第三十二
　　律历十二 ……………………… 364
卷八十　志第三十三
　　律历十三 ……………………… 371
卷八十一　志第三十四
　　律历十四 ……………………… 378
卷八十二　志第三十五
　　律历十五 ……………………… 382
卷八十三　志第三十六
　　律历十六 ……………………… 388
卷八十四　志第三十七
　　律历十七 ……………………… 411
卷八十五　志第三十八
　　地理一 ………………………… 429
卷八十六　志第三十九
　　地理二 ………………………… 435
卷八十七　志第四十
　　地理三 ………………………… 440
卷八十八　志第四十一
　　地理四 ………………………… 447
卷八十九　志第四十二
　　地理五 ………………………… 454
卷九十　志第四十三
　　地理六 ………………………… 460
卷九十一　志第四十四
　　河渠一 ………………………… 464
卷九十二　志第四十五
　　河渠二 ………………………… 470
卷九十三　志第四十六
　　河渠三 ………………………… 474
卷九十四　志第四十七
　　河渠四 ………………………… 479
卷九十五　志第四十八

河渠五 …… 484	礼二十三　宾礼五 …… 578
卷九十六　志第四十九	卷一百二十一　志第七十四
河渠六 …… 490	礼二十四　军礼 …… 580
卷九十七　志第五十	卷一百二十二　志第七十五
河渠七 …… 493	礼二十五　凶礼一 …… 584
卷九十八　志第五十一	卷一百二十三　志第七十六
礼一　吉礼一 …… 498	礼二十六　凶礼二 …… 588
卷九十九　志第五十二	卷一百二十四　志第七十七
礼二　吉礼二 …… 501	礼二十七　凶礼三 …… 593
卷一百　志第五十三	卷一百二十五　志第七十八
礼三　吉礼三 …… 504	礼二十八　凶礼四 …… 597
卷一百一　志第五十四	卷一百二十六　志第七十九
礼四　吉礼四 …… 507	乐一 …… 602
卷一百二　志第五十五	卷一百二十七　志第八十
礼五　吉礼五 …… 511	乐二 …… 606
卷一百三　志第五十六	卷一百二十八　志第八十一
礼六　吉礼六 …… 516	乐三 …… 611
卷一百四　志第五十七	卷一百二十九　志第八十二
礼七　吉礼七 …… 520	乐四 …… 615
卷一百五　志第五十八	卷一百三十　志第八十三
礼八　吉礼八 …… 525	乐五 …… 621
卷一百六　志第五十九	卷一百三十一　志第八十四
礼九　吉礼九 …… 528	乐六 …… 625
卷一百七　志第六十	卷一百三十二　志第八十五
礼十　吉礼十 …… 531	乐七 …… 630
卷一百八　志第六十一	卷一百三十三　志第八十六
礼十一　吉礼十一 …… 534	乐八 …… 635
卷一百九　志第六十二	卷一百三十四　志第八十七
礼十二　吉礼十二 …… 538	乐九 …… 641
卷一百一十　志第六十三	卷一百三十五　志第八十八
礼十三　嘉礼一 …… 543	乐十 …… 647
卷一百一十一　志第六十四	卷一百三十六　志第八十九
礼十四　嘉礼二 …… 546	乐十一 …… 651
卷一百一十二　志第六十五	卷一百三十七　志第九十
礼十五　嘉礼三 …… 549	乐十二 …… 654
卷一百一十三　志第六十六	卷一百三十八　志第九十一
礼十六　嘉礼四 …… 552	乐十三 …… 661
卷一百一十四　志第六十七	卷一百三十九　志第九十二
礼十七　嘉礼五 …… 556	乐十四 …… 665
卷一百一十五　志第六十八	卷一百四十　志第九十三
礼十八　嘉礼六 …… 560	乐十五 …… 671
卷一百一十六　志第六十九	卷一百四十一　志第九十四
礼十九　宾礼一 …… 564	乐十六 …… 675
卷一百一十七　志第七十	卷一百四十二　志第九十五
礼二十　宾礼二 …… 568	乐十七 …… 678
卷一百一十八　志第七十一	卷一百四十三　志第九十六
礼二十一　宾礼三 …… 571	仪卫一 …… 684
卷一百一十九　志第七十二	卷一百四十四　志第九十七
礼二十二　宾礼四 …… 574	仪卫二 …… 688
卷一百二十　志第七十三	卷一百四十五　志第九十八

卷一百四十六 志第九十九	仪卫三	690
卷一百四十七 志第一百	仪卫四	696
卷一百四十八 志第一百一	仪卫五	699
卷一百四十九 志第一百二	仪卫六	704
卷一百五十 志第一百三	舆服一	707
卷一百五十一 志第一百四	舆服二	712
卷一百五十二 志第一百五	舆服三	715
卷一百五十三 志第一百六	舆服四	720
卷一百五十四 志第一百七	舆服五	724
卷一百五十五 志第一百八	舆服六	729
卷一百五十六 志第一百九	选举一	733
卷一百五十七 志第一百十	选举二	738
卷一百五十八 志第一百十一	选举三	745
卷一百五十九 志第一百十二	选举四	752
卷一百六十 志第一百十三	选举五	758
卷一百六十一 志第一百十四	选举六	762
卷一百六十二 志第一百十五	职官一	768
卷一百六十三 志第一百十六	职官二	774
卷一百六十四 志第一百十七	职官三	780
卷一百六十五 志第一百十八	职官四	788
卷一百六十六 志第一百十九	职官五	794
卷一百六十七 志第一百二十	职官六	799
卷一百六十八 志第一百二十一	职官七	804
卷一百六十九 志第一百二十二	职官八	810
卷一百七十 志第一百二十三	职官九	818
卷一百七十一 志第一百二十四	职官十	826
卷一百七十二 志第一百二十五	职官十一	832
卷一百七十三 志第一百二十六	职官十二	838
卷一百七十四 志第一百二十七	食货上一	844
卷一百七十五 志第一百二十八	食货上二	853
卷一百七十六 志第一百二十九	食货上三	860
卷一百七十七 志第一百三十	食货上四	867
卷一百七十八 志第一百三十一	食货上五	873
卷一百七十九 志第一百三十二	食货上六	878
卷一百八十 志第一百三十三	食货下一	884
卷一百八十一 志第一百三十四	食货下二	890
卷一百八十二 志第一百三十五	食货下三	895
卷一百八十三 志第一百三十六	食货下四	901
卷一百八十四 志第一百三十七	食货下五	907
卷一百八十五 志第一百三十八	食货下六	913
卷一百八十六 志第一百三十九	食货下七	918
卷一百八十七 志第一百四十	食货下八	923
卷一百八十八 志第一百四十一	兵一	929
卷一百八十九 志第一百四十二	兵二	937
卷一百九十 志第一百四十三	兵三	943
卷一百九十一 志第一百四十四	兵四	953
卷一百九十二 志第一百四十五	兵五	959
卷一百九十三 志第一百四十六	兵六	965
卷一百九十四 志第一百四十七	兵七	971
卷一百九十五 志第一百四十八	兵八	977

	兵九 ………………………………… 982	卷二百一十九	表第十
卷一百九十六	志第一百四十九		宗室世系五 ……………………… （略）
	兵十 ………………………………… 986	卷二百二十	表第十一
卷一百九十七	志第一百五十		宗室世系六 ……………………… （略）
	兵十一 ……………………………… 992	卷二百二十一	表第十二
卷一百九十八	志第一百五十一		宗室世系七 ……………………… （略）
	兵十二 ……………………………… 996	卷二百二十二	表第十三
卷一百九十九	志第一百五十二		宗室世系八 ……………………… （略）
	刑法一 …………………………… 1002	卷二百二十三	表第十四
卷二百	志第一百五十三		宗室世系九 ……………………… （略）
	刑法二 …………………………… 1007	卷二百二十四	表第十五
卷二百一	志第一百五十四		宗室世系十 ……………………… （略）
	刑法三 …………………………… 1011	卷二百二十五	表第十六
卷二百二	志第一百五十五		宗室世系十一 …………………… （略）
	艺文一 …………………………… 1017	卷二百二十六	表第十七
卷二百三	志第一百五十六		宗室世系十二 …………………… （略）
	艺文二 …………………………… 1031	卷二百二十七	表第十八
卷二百四	志第一百五十七		宗室世系十三 …………………… （略）
	艺文三 …………………………… 1043	卷二百二十八	表第十九
卷二百五	志第一百五十八		宗室世系十四 …………………… （略）
	艺文四 …………………………… 1054	卷二百二十九	表第二十
卷二百六	志第一百五十九		宗室世系十五 …………………… （略）
	艺文五 …………………………… 1066	卷二百三十	表第二十一
卷二百七	志第一百六十		宗室世系十六 …………………… （略）
	艺文六 …………………………… 1080	卷二百三十一	表第二十二
卷二百八	志第一百六十一		宗室世系十七 …………………… （略）
	艺文七 …………………………… 1095	卷二百三十二	表第二十三
卷二百九	志第一百六十二		宗室世系十八 …………………… （略）
	艺文八 …………………………… 1112	卷二百三十三	表第二十四
卷二百一十	表第一		宗室世系十九 …………………… （略）
	宰辅一 …………………………… （略）	卷二百三十四	表第二十五
卷二百一十一	表第二		宗室世系二十 …………………… （略）
	宰辅二 …………………………… （略）	卷二百三十五	表第二十六
卷二百一十二	表第三		宗室世系二十一 ………………… （略）
	宰辅三 …………………………… （略）	卷二百三十六	表第二十七
卷二百一十三	表第四		宗室世系二十二 ………………… （略）
	宰辅四 …………………………… （略）	卷二百三十七	表第二十八
卷二百一十四	表第五		宗室世系二十三 ………………… （略）
	宰辅五 …………………………… （略）	卷二百三十八	表第二十九
卷二百一十五	表第六		宗室世系二十四 ………………… （略）
	宗室世系一 ……………………… （略）	卷二百三十九	表第三十
卷二百一十六	表第七		宗室世系二十五 ………………… （略）
	宗室世系二 ……………………… （略）	卷二百四十	表第三十一
卷二百一十七	表第八		宗室世系二十六 ………………… （略）
	宗室世系三 ……………………… （略）	卷二百四十一	表第三十二
卷二百一十八	表第九		宗室世系二十七 ………………… （略）
	宗室世系四 ……………………… （略）		

宋 史

卷一　　　　　　本纪第一

太 祖 一

太祖启运立极英武睿文神德圣功至明大孝皇帝,讳匡胤,姓赵氏,涿郡人也。高祖朓,是为僖祖,仕唐历永清、文安、幽都令。朓生珽,是为顺祖,历藩镇从事,累官兼御史中丞。珽生敬,是为翼祖,历营、蓟、涿三州刺史。敬生弘殷,是为宣祖。周显德中,宣祖贵,赠敬左骁骑卫上将军。宣祖少骁勇,善骑射,事赵王王镕,为镕将五百骑援唐庄宗于河上,有功。庄宗爱其勇,留典禁军。汉乾祐中,讨王景于凤翔,会蜀兵来援,战于陈仓。始合,矢集左目,气弥盛,奋击大败之,以功迁护圣指挥使。周广顺末,改铁骑第一军都指挥使,转右厢都指挥,领岳州防御使。从征淮南,前军却,吴人来乘,宣祖邀击,败之。显德三年,督军平扬州,与世宗会寿春。寿春卖饼家饼薄小,世宗怒,执十余辈将诛之,宣祖固谏得释。累官检校司徒、天水县男。与太祖分典禁兵,一时荣之。卒,赠武清军节度使、太尉。

太祖,宣祖仲子也,母杜氏。后唐天成二年,生于洛阳夹马营,赤光绕室,异香经宿不散。体有金色,三日不变。既长,容貌雄伟,器度豁如,识者知其非常人。学骑射,辄出人上。尝试恶马,不施衔勒,马逸上城斜道,额触门楣坠地,人以为首必碎,太祖徐起,更追马腾上,一无所伤。又尝与韩令坤博土室中,雀斗户外,因竞起掩雀,而室随坏。汉初,漫游无所遇,舍襄阳僧寺。有老僧善术数,顾曰:"吾厚赆汝,北往则有遇矣。"会周祖以枢密使征李守真,应募居帐下。广顺初,补东西班行首,拜滑州副指挥。世宗尹京,转开封府马直军使。世宗即位,复典禁兵。北汉来寇,世宗率师御之,战于高平。将合,指挥樊爱能等先遁,军危。太祖麾同列驰马冲其锋,汉兵大溃。乘胜攻河东城,焚其门。左臂中流矢,世宗止之。还,拜殿前都虞候,领严州刺史。

三年春,从征淮南,首败万众于涡口,斩兵马都监何延锡等。南唐节度皇甫晖、姚凤众号十五万,塞清流关,击走之。追至城下,晖曰:"人各为其主,愿成列以决胜负。"太祖笑而许之。晖整阵出,太祖拥马项直入,手刃晖中脑,并姚凤禽之。宣祖率兵夜半至城下,传呼开门,太祖曰:"父子固亲,启闭,王事也。"诘旦,乃得入。韩令坤平扬州,南唐来援,令坤议退,世宗命太祖率兵二千趋六合。太祖下令曰:"扬州兵敢有过六合者,断其足!"令坤始固守。太祖寻败齐王景达于六合东,斩首万余级。还,拜殿前都指挥使,寻拜定国军节度使。

四年春,从征寿春,拔连珠砦,遂下寿州。还,拜义成军节度、检校太保,仍殿前都指挥使。冬,从征濠、泗,为前锋。时南唐寨于十八里滩,世宗方议以橐驼济师,而太祖独跃马截流先渡,麾下骑随之,遂破其寨。因其战舰乘胜攻泗州,下之。南唐屯清口,太祖从世宗翼淮东下,夜追至山阳,俘唐节度使陈承诏以献,遂拔楚州。进破唐人于迎銮江口,直抵南岸,焚其营栅,又破之于瓜步,淮南平。唐主畏太祖威名,用间于世宗,遣使遗太祖书,馈白金三千两,太祖悉输之内府,间乃不行。五年,改忠武军节度使。

六年,世宗北征,为水陆都部署。及莫州,先至瓦桥关,降其守将姚内斌,战却数千骑,关南平。世宗在道,阅四方文书,得韦囊,中有木三尺余,题云"点检作天子",异之。时张永德为点检,世宗不豫,还京师,拜太祖检校太傅、殿前都点检,以代永德。恭帝即位,改归德军节度、检校太尉。

七年春,北汉结契丹入寇,命出师御之。次陈桥驿,军中知星者苗训引门吏楚昭辅视日下复有一日,黑光摩荡者久之。夜五鼓,军士集驿门,宣言策点检为天子,或止之,众不听。迟明,逼寝所,太宗入白,太祖起。诸校露刃列于庭,曰:"诸军无主,愿策太尉为天子。"未及对,有以黄衣加太祖身,众皆罗拜,呼万岁,即掖太祖乘马。太祖揽辔谓诸将曰:"我有号令,尔能从乎?"皆下马曰:

"唯命。"太祖曰:"太后、主上,吾皆北面事之,汝辈不得惊犯;大臣皆我比肩,不得侵凌;朝廷府库、士庶之家,不得侵掠。用令有重赏,违即孥戮汝。"诸将皆载拜,肃队以入。副都指挥使韩通谋御之,王彦昇遽杀通于其第。太祖进明德门,令甲士归营,乃退居公署。有顷,诸将拥宰相范质等至,太祖见之,呜咽流涕曰:"违负天地,今至于此!"质等未及对,列校罗彦瓌按剑厉声谓质等曰:"我辈无主,今日须得天子。"质等相顾,计无从出,乃降阶列拜。召文武百僚,至晡,班定。翰林承旨陶谷出周恭帝禅位制书于袖中,宣徽使引太祖就庭,北面拜受已,乃掖太祖升崇元殿,服衮冕,即皇帝位。迁恭帝及符后于西宫,易其帝号曰郑王,而尊符后为周太后。

建隆元年春正月乙巳,大赦,改元,定有天下之号曰宋。赐内外百官军士爵赏,贬降者叙复,流配者释放,父母该恩者封赠。遣使遍告郡国。丙午,诏谕诸镇将帅。戊申,赐书南唐。赠韩通中书令,命以礼收葬。己酉,遣官告祭天地社稷。复安州、华州、兖州为节度。辛亥,论翊戴功,以周义成军节度使、殿前都指挥使石守信为归德军节度使、侍卫亲军马步军副都指挥使,江宁军节度使、侍卫亲军马步都指挥使高怀德为义成军节度使、殿前副都点检,武信军节度使、侍卫亲军步军都指挥使张令铎为镇安军节度使、侍卫亲军马步军都虞候,殿前都虞候王审琦为泰宁军节度使、殿前都指挥使,虎捷右厢都虞候张光翰为江宁军节度使、侍卫亲军马军都指挥使,龙捷右厢都指挥使赵彦徽为武信军节度使,余领军者并进爵。壬子,赐宰相、枢密、诸军校袭衣、犀玉带、鞍马有差。癸丑,放南唐降将周成等归国。乙卯,遣使分振诸州。丁巳,命周宗正郭玘祀周陵庙,仍以时祭享。己未,宰相表请以二月十六日为长春节。癸亥,以周天雄军节度使、魏王符彦卿守太师,雄武军节度使王景守太保、太原郡王,定难军节度使、守太傅、西平王李彝殷守太尉,荆南节度使高保融守太傅,余领节镇者并进爵。甲子,赐皇弟殿前都虞候匡义名光义。己巳,立太庙。镇州郭崇报契丹与北汉军皆遁。二月乙亥,尊母南阳郡夫人杜氏为皇太后。以周宰相范质依前守司徒、兼侍中,王溥守司空、兼门下侍郎、同中书门下平章事,魏仁浦为尚书右仆射、兼中书侍郎、同中书门下平章事,枢密使吴廷祚同中书门下二品。丙戌,长春节,赐群臣衣各一袭。三月乙巳,改天下郡县之犯御名、庙讳者。丙辰,南唐主李景、吴越王钱俶遣使以御服、锦绮、金帛来贺。宿州火,遣使恤灾。壬戌,定国运以火德王,色尚赤,腊用戌。癸亥,命武胜军节度使宋延渥等率舟师巡江徼。是春,均、房、商、洛鼠食苗。夏四月癸酉,窦俨上二舞十二乐曲名、乐章。乙酉,幸玉津园。遣使分诣京城门,赐饥民粥。丙戌,浚蔡河。癸巳,昭义军节度使李筠叛,遣归德军节度使石守信讨之。五月己亥朔,日有食之。庚子,遣昭化军节度使慕容延钊、彰德军节度使王全斌将兵出东道,与守信会讨李筠。壬寅,窦俨上太庙舞曲名。癸卯,石守信败李筠于长平。甲辰,命诸道进讨。丙午,幸魏仁浦第视疾。己酉,西京作周六庙成,遣官奉迁。丁巳,诏亲征,以枢密使吴廷祚留守

都,都虞候光义为大内都点检,命天平军节度使韩令坤屯兵河阳。己未,发京师。丁卯,石守信、高怀德破筠众于泽州,禽伪节度范守图,杀北汉援兵之降者数千人,筠遁入泽州。戊辰,王师围之。六月癸酉,有星赤色,出心。辛未,拔泽州,筠赴火死,命埋瘗骼。释河东相卫融,禁剽掠。甲申,免泽州今年租。有星赤色,出太微垣,历上相。乙酉,伐上党。丁亥,筠子守节以城降,赦之。上如潞。辛卯,大赦,减死罪,免附潞三十里今年租,录阵殁将校子孙,丁夫给复三年。甲午,永安军节度使折德扆破北汉沙谷砦。秋七月戊申,上至自潞。壬子,幸范质第视疾。甲子,遣工部侍郎艾颖拜嵩、庆陵。乙丑,南唐进白金,贺平泽、潞。丁卯,南唐进乘舆御服物。八月戊辰朔,御崇元殿,行入阁仪。辛未,遣郭玘飨周庙。壬申,复贝州为永清军节度。甲戌,命宰相祷雨。辛巳,以周武胜军节度使侯章为太子太师。壬午,以光义领泰宁军节度,依前殿前都虞候。甲申,立琅琊郡夫人王氏为皇后。戊子,南唐进贺平泽潞金银器、罗绮以千计。九月壬寅,昭义军节度使李继勋焚北汉平遥县。癸卯,三佛齐国遣使贡方物。丙午,奉玉册谥高祖曰文献皇帝,庙号僖祖,高祖妣崔氏曰文懿皇后;曾祖曰惠元皇帝,庙号顺祖,曾祖妣桑氏曰惠明皇后;祖曰简恭皇帝,庙号翼祖,祖妣刘氏曰简穆皇后;皇考曰武昭皇帝,庙号宣祖。己酉,幸宜春苑。中书舍人赵逢坐从征避难,贬房州司户参军。己未,淮南节度李重进以扬州叛,遣石守信等讨之。甲子,归太原俘。冬十月丁卯朔,赐内外文武官冬衣有差。壬申,定县为望、紧、上、中、下,令三年一注。壬午,河决厌次。乙酉,晋州兵马钤辖荆罕儒袭北汉汾州,死之。龙捷指挥石进二十九人坐不救弃市。丁亥,诏亲征扬州,以都虞候光义为大内都部署,枢密使吴廷祚权上都留守。戊子,诏诸道长贰有异政、众举留请立碑者,委参军验实以闻。庚寅,发京师。十一月丁未,师傅扬州城,拔之,重进尽室自焚。戊申,诛重进党,扬州平。命诸军习战舰于迎銮,南唐主惧甚,其臣杜著、薛良回诡迹来奔,帝疾其不忠,斩著下蜀市,配良庐州牙校。己酉,振扬州城中民人米一斛,十岁以下者半之。胁隶为军者,赐衣屦遣还。庚戌,给攻城役夫死者人绢三匹,复三年。乙卯,南唐主遣使来犒师。庚申,遣其子从镒来朝。十二月己巳,驾还。丁亥,上至自扬。辛卯,泉州节度使留从效称藩。

二年春正月丙申朔,上诣太后宫门称庆。庚子,占城国王遣使来朝。壬寅,幸造船务观习水战。戊申,以扬州行宫为建隆寺。太仆少卿王承哲坐举官失实,责授殿中丞。壬子,商州鼠食苗,诏免赋。谓宰臣曰:"比命使度田,多邀功弊民,当慎其选,以见朕意。"丁巳,导蔡水入颍。己未,遣郭玘飨周庙。灵武节度使冯继业献马五百、橐驼百、野马十。甲子,泽州刺史张崇诂坐党李重进弃市。二月丙寅,幸飞山营,阅炮车。壬申,疏五丈河。癸酉,有司奏进士合格者十一人。荆南高保勖进黄金什器。甲戌,幸城南,观修水匮。丁丑,南唐进长春节御衣、金带及金银器。己卯,赐天雄军节度符彦卿粟。禁春夏捕鱼射鸟。己丑,定窃盗律。三月丙申,内酒坊火,酒工死

者三十余人，乘火为盗者五十人，擒斩三十八人，余以幸臣谏获免。酒坊使左承规、副使田处岩以酒工为盗，坐弃市。闰月己巳，幸玉津园。谓侍臣曰："沉湎非令仪，朕宴偶醉，恒悔之。"壬辰，南唐进谢赐生辰金器、罗绮。丁丑，金、商、房三州饥，振之。癸未，幸迎春苑宴射。夏四月癸巳朔，日有食之。壬寅，诏郡国置前代帝王、贤臣陵冢户。己酉，无棣男子赵通诈称皇弟，伏诛。己未，商河县令李瑶坐赃杖死，左赞善大夫申文纬坐失觉察除籍。庚申，班私炼货易盐及货造酒曲律。五月癸亥朔，以皇太后疾，赦杂犯死罪已下。乙丑，天狗堕西南。丙寅，三佛齐国来献方物。丁丑，以安邑、解两池盐给徐、宿、郓、济。庚寅，供奉官李继昭坐盗卖官船弃市。诏诸道邮传以军卒递。六月甲午，皇太后崩于滋德殿。己亥，群臣请听政，从之。庚子，以太后丧，权停时享。辛丑，见百官于紫宸殿门。壬子，祈雨。庚申，释服。秋七月壬戌，以皇太后殡，不受朝。辛未，晋州神山县谷水泛出铁，方圆二丈三尺，重七千斤。壬申，以光义为开封府尹，光美行兴元尹。己卯，陇州进黄鹦鹉。八月壬辰朔，不视朝。壬寅，诏诸大辟送所属州军决判。甲辰，南唐主李景死，子煜嗣，遣使请追尊帝号，从之。己酉，执易定节度使、同平章事孙行友，削官勒归私第。辛亥，幸崇夏寺，观修三门。女直国遣使来朝献。大名府永济主簿郭颛坐赃弃市。庚申，《周世宗实录》成。九月壬戌朔，不御殿。南唐遣使来进金银、缯彩。甲子，契丹解利来降。荆南节度使高保勖遣其弟保寅来朝。戊子，遣使南唐赗祭。冬十月癸巳，南唐遣其臣韩熙载、田霖来会皇太后葬。丙申，遣枢密承旨王仁赡赐南唐礼物。戊戌，禁边民盗塞外马。辛丑，丹州大雨、雹。丙午，葬明宪皇太后于安陵。十一月辛酉朔，不视朝。甲子，太后祔庙。己巳，幸相国寺，遂幸国子监。癸酉，沙州节度使曹元忠、瓜州团练使曹延继等遣使献玉鞍勒马。十二月壬申，回鹘可汗景琼遣使来献方物。乙未，李继勋败北汉军，俘辽州刺史傅廷彦、弟勋来献。辛丑，幸新修河仓。庚戌，畋于近郊。癸丑，遣使赐南唐吴越马、羊、橐驼有差。

　　三年春正月庚申朔，以丧不受朝贺。己巳，淮南饥，振之。庚午，幸迎春苑宴射。甲戌，广广城。诏郡国长吏劝民播种。丙子，瓜沙归义节度使曹元忠献马。庚辰，女直国遣使以骨来献。诏郡国不得役道路居民。癸未，幸国子监。二月丙辰，复幸国子监，遂如迎春苑宴从官。庚寅，诏文班官举堪为宾佐、令录者各一人，不当者比事连坐。甲午，诏自今百官朝对，须陈时政利病，无以触讳为惧。乙未，滑州节度使张建丰坐失火免官。己亥，更定窃盗律。壬午，上谓侍臣曰："朕欲武臣尽读书以通治道，何如？"左右不知所对。甲寅，北汉寇潞、晋，守将击走之。三月戊午朔，厌次贯霜杀桑。壬戌，三佛齐国遣使来献。癸亥，祷雨。丁卯，幸太清观，遂幸开封尹后园宴射。己巳，大雨。诏申律文谕郡国，犯大辟者刑部审覆。乙亥，遣使赐南唐主生辰礼物。丁丑，女直国遣使来献。丁亥，命徙北汉降人于邢、洺。夏四月乙未，延州大雨雪，赵、卫二州旱。丙申，宁州大雨雪，沟洫冰。戊戌，幸太清观。庚子，回鹘阿督等来献方物。壬寅，丹州雪二尺。乙巳，赠兄光济为邕王，弟光赞为夔王，追册夫人贺氏为皇后。五月甲子，幸相国寺祷雨，遂幸迎春苑宴射。乙亥，海州火。开太行运路。癸未，命使检岭州旱。甲申，诏均户役，敢蔽占者有罪。复幸相国寺祷雨。乙酉，广大内。齐、博、德、相、霸五州自春不雨，以旱，减膳彻乐。六月辛卯，振宿州饥。癸巳，吴廷祚以雄武军节度使罢。乙未，赐酒国子监。丁酉，幸太清观。己亥，减京畿、河北死罪以下。壬寅，京师雨。壬子，蕃部尚波于等争采造务，以兵犯渭北，知秦州高防击走之。乙卯，幸迎春苑宴射。黄陂县有象自南来食稼。秋七月庚申，南唐遣其臣翟如璧谢赐生辰礼，贡金银、锦绮千万。壬戌，放南唐降卒弱者数千人归国。乙丑，免舒州菰蒲新税。丁卯，潞州大雨、雹。索内外军不律者配沙门岛。己卯，北汉捉生指挥使路贵等来降。辛巳，遣从臣十人检河北旱。癸未，兖、济、德、磁、洺五州蝗。八月癸巳，蔡河务纲官王训等四人坐以糠土杂军粮，磔于市。乙未，用知制诰高锡言，诸行赂获荐者许告讦，奴婢邻亲能告者赏。诏注诸道司法参军皆以律疏试判。诏尚书吏部举书判拔萃科。九月庚午，吐蕃尚波于等归伏羌县地。壬申，修武成王庙。丙子，占城国来献。禁伐桑、枣。冬十月乙酉朔，赐百官冬服有差。丙戌，幸太清观，遂幸造船务，观习水战。己亥，幸岳台，命诸军习骑射，复幸玉津园。辛丑，以枢密副使赵普为枢密使。辛亥，畋近郊。十一月癸亥，禁奉使请托。县令考课以户口增减为黜陟。丙寅，南唐遣其臣顾彝来朝。丙子，三佛齐国遣使李丽林等来献，高丽国遣李兴祐来朝。己卯，畋于近郊。壬午，赐南唐建隆四年历。十二月丙戌，诏县置尉一员，理盗讼。置弓手，视县户为差。戊戌，蒲、晋、慈、隰、相、卫六州饥，振之。庚子，班捕盗令。甲辰，衡州刺史张文表叛。是岁，周郑王出居房州。

　　乾德元年春正月甲寅朔，不御殿。乙卯，发关西乡兵赴庆州。丁巳，修畿内河堤。己未，遣使赐南唐吴越马、橐驼、羊有差。庚申，遣山南东道节度使慕容延钊率十州兵以讨张文表。乙丑，幸造船务，观造战船。甲戌，诏荆南发水卒三千应延钊于潭。己卯，女直国遣使来献。二月壬辰，周保权将杨师璠枭文表于朗陵市。甲午，慕容延钊入荆南，高继冲请归朝，得州三、县十七。乙未，克潭州。辛亥，澶、滑、卫、魏、晋、绛、蒲、孟八州饥，命发廪振之。三月辛未，幸金凤园习射，七发皆中。符彦卿等进马称贺，乃遍赐从臣名马、银器有差。壬申，高继冲籍其钱帛刍粟来上。癸酉，班新定律。戊寅，慕容延钊破三江口，下岳州，克复朗州，湖南平。得州十四、监一、县六十六。夏四月，旱。甲申，遍祷京城祠庙，夕雨。减荆南朗州、潭州管内死罪一等，困掠者给主。乙酉，遣使祭南岳。丁亥，幸国子监，遂幸武成王庙，宴射玉津园。庚寅，出内钱募诸军子弟凿习战池。辛卯，《建隆应天历》成，御制序。壬辰，赏湖南立功将士。癸巳，幸玉津园。丙申，兵部郎中曹匪躬弃市，海陵、盐城屯田副使张蔿除名，并坐不法。庚子，荆南节度使高继冲进助宴金银、罗纨、柱衣、屏风等物。癸卯，辰、锦、叙等州归顺。甲辰，诏疏凿三门。禁泾、原、邠、庆等州补蕃人为边镇将。夏西平王李彝兴献牦牛一。乙巳,幸玉津园,阅诸军骑射。丙午,免湖南茶税,禁陕州盐井。辛亥,贷澶州民种食。五月壬子朔,祷雨京城。甲寅,遣使祷岳渎。乙丑,广大内。庚午,给荆南管内都印。癸酉,幸玉津园。六月乙酉,免潭州诸县无名配敛。壬辰,暑,罢营造,赐工匠衫履。乙未,诏荆南兵愿归农者听。丙申,诏历代帝王三年一飨,立汉光武、唐太宗庙。己亥,澶、濮、曹、绛蝗,命以牢祭。庚子,百官三上表请举乐,从之。减左右仗千牛员。丙午,雨。诏蜡祀、庙、社皆用戌腊一日。己酉,命习水战于新池。秋七月辛亥朔,定州县所置杂职、承符、厅子等名数。甲寅,以湖湘殁王事靳彦朗男承勋等三十人补殿直。丙辰,幸新池,赐役夫钱,遂幸玉津园。丁巳,安国军节度使王全斌等率兵入太原境,以俘来献,给钱米以释之。己未,诏民有疾而亲属遗去者罪之。癸亥,湖南疫,赐行营将校药。丁卯,幸武成王庙,遂幸新池,观习水战。己巳,朗州贼将汪端寇州城,都监尹重睿击走之。诏免荆南管内夏税之半。甲戌,释周保权罪。乙亥,诏缮朗州城,免其管内夏税。丁丑,分命近臣祷雨。己卯,班《重定刑统》等书。八月壬午,殿前都虞候张琼以陵侮军校史珪、石汉卿等,为所诬谮,下吏,琼自杀。丙戌,遣给事中刘载朝拜安陵。丁亥,王全斌攻北汉乐平县,降之。辛卯,以乐平县为平晋军,降卒千八百人为效顺军人,赐钱帛。壬辰,诏九经举人下第者再试。癸巳,女直国遣使献名马。蠲登州沙门岛民税,令专治船渡马。丙申,北汉静阳十八寨首领来降。泉州陈洪进遣使来朝贡。齐州河决。京师雨。己亥,契丹幽州岐沟关使柴廷翰等来降。癸卯,宰相质率百官上尊号,不允。九月甲寅,三上表请,从之。丙寅,宴广政殿,始用乐。丁卯,责宣徽南院使兼枢密副使李处耘为淄州刺史。戊辰,女直国遣使献海东青名鹰。丙子,禁朝臣公荐贡举人。赐南唐羊万口。磔汪端于朗州。戊寅,北汉引契丹兵攻平晋,遣洺州防御使郭进等救之。冬十月庚辰,诏州县征科置簿籍。己亥,畋近郊。丁未,吴越国王进郊祀礼金银、珠器、犀象、香药皆万计。十一月乙卯,荆南节度使高继冲进郊祀银万两。甲子,有事南郊,大赦,改元乾德。百官奉玉册上尊号曰应天广运仁圣文武至德皇帝。丙寅,南唐进贺南郊、尊号银绢万计。丁卯,赐近臣袭衣、金带、器币、鞍马有差。乙亥,畋近郊。十二月庚辰,殿前祗候李璘以父仇杀员僚陈友,璘自首,义而释之。辛巳,开封府尹光义、兴元尹光美各益食邑,赐功臣号;宰相质、溥、仁浦并特进,易封,益食邑;枢密使普加光禄大夫,易功臣号;文武臣僚各进阶、勋、爵、邑。甲申,皇后王氏崩。辛卯,罢登州都督。己亥,泉州陈洪进遣使贡白金千两,乳香、茶药皆万计。己巳,南唐主上表乞呼名,诏不允。闰月己酉朔,校医官,黜其艺不精者二十二人。甲寅,命近臣祈雪。丁卯,覆试拔萃科,田可封、宋白、谭利用等称旨,赐与有差。辛未,卜安陵于巩县。乙亥,折德扆败北汉军于府州城下,禽其将杨璘。以太常议,奉赤帝为感生帝。

二年春正月辛巳,谕郡国长吏劝农耕作。有象入南阳,虞人杀之,以齿、革来献。京师雨雪、雷。癸未,幸迎春苑宴射。甲申,诏著四时听选式。回鹘遣使献方物。戊子,质以太子太傅,溥以太子太保,仁浦仍尚书左仆射罢。庚寅,以赵普为门下侍郎、同中书门下平章事,李崇矩枢密使。壬辰,诏亲试制举三科,不限官庶,许其自诣阁门进状。甲辰,诏诸道狱词令大理、刑部检详,或淹留差失致中书门下改正者,重其罪。乙巳,幸玉津园宴射。丁未,诏县令、簿、尉非公事毋至村落。令、录、簿、尉诸职官有耄耋笃疾者举劾之。二月戊申朔,北汉辽州刺史杜延韬以城来降。癸丑,遣使振陕州饥。导浔水入京。丁巳,治安陵,隧坏,役兵压死者二百人,命有司瘗恤。庚午,府州俘北汉卫州刺史杨璘来献。甲戌,南唐进改葬安陵银绫绢各万计。浚汴河。三月辛巳,幸教船池,赐水军将士衣有差,还,幸玉津园宴射。乙未,北汉耀州团练使周审玉等来降。丁酉,遣使祈雨于五岳。禁臣僚往来假官军部送。辛丑,遣摄太尉光义奉册宝上明宪皇太后谥曰昭宪,皇后贺氏谥曰孝惠,王氏谥曰孝明。夏四月丁未朔,策贤良方正直言极谏科,博州判官颍贽中第。戊申,振河中饥。己酉,免诸道今年夏税之无苗者。乙卯,葬昭宪皇太后、孝明皇后于安陵。乙丑,始置参知政事,以兵部侍郎薛居正、吕余庆为之。己巳,灵武饥,转泾粟以饷。壬申,祔二后于别庙。徙永州诸县民之畜蛊者三百二十六家于县之僻处,不得复齿于乡。五月己卯,知制诰高锡坐受藩镇赂,贬莱州司马。辛巳,宗正卿赵砺坐赃杖、除籍。癸未,幸玉津园宴射。六月己酉,以光义为中书令,光美同中书门下平章事,子德昭贵州防御使。庚申,幸相国寺,遂幸教船池、玉津园。辛未,河南、北及秦诸州蝗,惟赵州不食稼。秋七月乙亥,春州暴水溺民。庚辰,邠阳雨雹。辛巳,幸玉津园。还,幸新池,观习水战。辛卯,诏翰林学士陶谷、窦仪等举堪为藩郡通判者各一人,不当者连坐。九月甲戌朔,《周易》博士奚屿责乾州司户,库部员外王贻孙责左赞善大夫,并坐试任子不公。戊子,延州雨雹。乙未,幸北郊观稼。辛丑,太子太傅质薨。壬寅,潘美等克郴州。冬十月戊申,周纪王熙谨薨。辍视朝。十一月戊戌,命忠武军节度使王全斌为西川行营前军兵马都部署,武信军节度崔彦进副之,将步骑三万出凤州道;江宁军节度使刘光义为西川行营前军兵马副都部署,枢密承旨曹彬副之,将步骑二万出归州道以伐蜀。乙亥,宴西川行营将校于崇德殿,示川峡地图,授攻取方略,赐金玉带、衣物各有差。壬辰,畋近郊。十二月乙巳,释广南郴州都监陈琠等二百人。戊申,刘光义拔夔州,蜀节度高彦俦自焚。丁巳,蠲归、峡秋税。辛酉,王全斌克万仞、燕子二寨,下兴州,连拔石圌等二十余寨。甲子,光义拔巫山等寨,斩蜀将南光海等八千级,禽其战櫂都指挥袁德宏等千二百人。全斌先锋史进德败蜀人于三泉寨,禽其节度使韩保正、李进等。南唐进银二万两、金银器皿数百事。庚午,诏招复山林聚匿。辛未,畋北郊。

卷二　　本纪第二

太　祖　二

　　三年春正月癸酉朔，以出师，不御殿。甲戌，王全斌克剑门，斩首万余级，禽蜀枢密使王昭远、泽州节度赵崇韬。乙亥，诏瘗征蜀战死士卒，被伤者给缯帛。壬午，全斌取利州。乙酉，蜀主孟昶降。得州四十五、县一百九十八、户五十三万四千三十有九。高丽国王遣使来朝献。戊子，吏部郎中邓守中坐试吏不当，责本曹员外郎。癸巳，刘光义取万、施、开、忠四州，遂州守臣陈愈降。乙未，诏抚西川将吏百姓。丙申，赦蜀，归俘获，除管内逋赋，免夏税及沿征物色之半。二月癸卯，南唐、吴越进长春节御衣、金银器、锦绮以千计。甲辰，遣皇城使窦思俨迎劳孟昶。丁未，全州大水。庚申，王全斌杀蜀降兵二万七千人于成都。三月癸酉，诏置义仓。是月，两川贼群起，先锋都指挥使高彦晖死之，诏所在攻讨。夏四月乙巳，回鹘遣使献方物。癸丑，职方员外郎李岳坐赃弃市。南唐进贺收蜀银绢以万计。戊午，遣中使给蜀臣鞍马、车乘于江陵。癸亥，募诸军子弟导五丈河，通皇城为池。五月辛未朔，诏还诸道幕职、令录经引对者，以涉途远近，差减其选。壬申，幸迎春苑宴射。乙亥，遣开封尹光义劳孟昶于玉津园。丙戌，见孟昶于崇元殿，宴昶等于大明殿。丁亥，赐将士衣服钱帛。戊子，大赦，减死罪一等。壬辰，宴孟昶及其子弟于大明殿。六月甲辰，以孟昶为中书令、秦国公，昶子弟诸臣锡爵有差。庚戌，孟昶薨。秋七月，珍州刺史田景迁内附。壬辰，追封孟昶为楚王。丁酉，幸教船池，遂幸玉津园宴射。八月戊戌朔，诏籍郡国骁勇兵送阙下。癸卯，河决阳武县。庚戌，诏王全斌等廪蜀亡命兵士家。乙卯，河溢河阳，坏民居。戊午，殿直成德钧坐赃弃市。己未，郓州河水溢，没田。辛酉，寿星见。九月己巳，阅诸道兵，以骑军为骁雄，步军为雄武，并隶亲军。壬申，诏蜀诸郡各置克宁军五百人。辛巳，河决澶州。戊子，幸西水硙。十月丁酉朔，大雾。己未，太子中舍王治远坐受赃杀人，弃市。丙寅，济水溢邹平。十一月丙子，甘州回鹘可汗遣僧献佛牙、宝器。乙未，剑州刺史张仁谦坐杀降，贬宋州教练。十二月丁酉朔，诏妇为舅姑丧者齐、斩。己亥，诏西川管内监军、巡检毋预州县事。戊午，甘州回鹘可汗、于阗国王等遣使来朝，进马千匹、橐驼五百头、玉五百围、琥珀五百斤。

　　四年春正月丙子，遣使分诣江陵、凤翔，赐蜀群臣家钱帛。丁亥，命丁德裕等率兵巡抚西川。己丑，幸迎春苑宴射。二月癸卯，视皇城役。丙辰，于阗国王遣其子德从来献。安国军节度使罗彦瓌等败北汉于静阳，擒其将鹿英。辛酉，试下第举人。甲子，免西川今年夏税及诸征之半，田不得耕者尽除之。岳州火。三月癸酉，罢义仓。甲戌，占城国遣使来献。癸未，僧行勤等一百五十七人各赐钱三万，游西域。夏四月丁酉，占城遣使来献。丙午，潭州火。壬子，罢光州贡鹰鹞。丁巳，契丹天德军节度使于延超与其子来降。进士李霭坐毁释氏，辞不逊，黥杖，配沙门岛。庚申，幸燕国长公主第视疾。五月，南唐贺文明殿成，进银万两。甲戌，光禄少卿郭玘坐赃弃市。乙亥，阅蜀法物、图书。丁丑，诏蜀郡敢有不省父母疾者罪之。辛巳，潭州火。壬午，澶州进麦两歧至六歧者百六十五本。辛卯，荧惑犯轩辕。六月甲午，东阿河溢。甲辰，河决观城。月犯心前星。丙午，澧州刺史白全绍坐纵纪纲规财部内免官。诏人臣家不得私养宦者，内侍年三十以上方许养一子，士庶敢有阉童男者不赦。己酉，果州贡禾，一茎十三穗。秋七月丙寅，诏蜀官吏及姻属疾者，所在给医药、钱帛。戊辰，西南夷首领董嘉等内附。己巳，幸造船务，又幸开封尹北园宴射。癸酉，赐西川行营将士钱帛有差。庚辰，罢剑南蜀米麦征。华州旱，免今年租。给州县官奉户。八月丁酉，诏除蜀倍息。庚寅，水坏高苑县城。壬寅，诏宪臣及吏、刑部官三周岁满日，即转授加恩。庚戌，枢密直学士冯瓒、绫锦副使李美、殿中侍御史李鹢为宰相赵普陷，以赃论死，会赦，流沙门岛，逢恩不还。辛亥，幸玉津园宴射。京兆府贡野蚕茧。壬子，衡州火。乙卯，录囚。丙辰，河决滑州，坏灵河大堤。普州免食稼。闰月乙丑，河溢入南华县。己巳，衡州火。乙亥，诏：民能树艺、开垦者不加征，令、佐能劝来者受赏。九月壬辰朔，水。虎捷指挥使孙进、龙卫指挥使吴瓌等二十七人，坐党吕翰乱伏诛，夷进族。庚子，占城献驯象。乙巳，幸教船池，遂幸玉津园观卫士骑射。丙午，诏吴越立禹庙于会稽。冬十月辛酉朔，命太常复二舞。癸亥，诏诸郡立古帝王陵庙，置户有差。己巳，禁吏卒以巡察扰民。十二月庚辰，妖人张龙儿等二十四人伏诛，夷龙儿、李土、杨密、聂赟族。

　　五年春正月戊戌，治河堤。丁未，合州汉初县上青檽木中有文曰"大连宋"。壬寅，王全斌等坐伐蜀黩货杀降，全斌责崇义军节度使，崔彦进责昭化军节度使，王仁赡责右卫大将军。丙辰，诏伐蜀将校有受蜀人钱物者，并即还主。丁巳，赏伐蜀功，曹彬、刘光义等进爵有差。二月庚申朔，幸造船务，遂幸城西观卫士骑射。甲子，薛居正、吕余庆并为吏部侍郎，依前参知政事。己丑，幸教船池。三月甲辰，诏翰林学士、常参官于幕职、州县及京官内各举堪任常参者一人，不当者连坐。乙巳，诏诸道举部内官吏才德优异者。丙午，以普为尚书左仆射兼门下侍郎、同中书门下平章事，崇矩检校太傅。是日，幸教船池，又幸玉津园宴射。丙辰，北汉石盆寨招收指挥使阎章以寨来降。五星聚奎。夏五月乙巳，赐京城贫民衣。北汉鸿唐寨招收指挥使樊晖以寨来降。甲寅，王溥为太子太傅。六月戊午朔，日有食之。辛巳，幸建隆观，遂幸飞龙院。丁亥，举钶顺化王子等来献方物。七月丁酉，禁毁铜佛像。己酉，免水旱灾户今年租。八月甲申，河溢入卫州城，民溺死者数百。九月壬辰，仓部员外郎陈郾坐赃弃市。甲午，西南蕃顺化王子部才等遣使献方物。己酉，畋近郊。十一月乙酉朔，工部侍郎毋守素坐居丧娶妾免。供奉武仁海坐枉杀人弃市。十二月丙辰，禁新小铁镴等钱、疏恶布帛入粉药者。癸酉，升麟州为建宁军节度。赵普以母忧去位，丙子，起复。

开宝元年春正月甲午，增治京城。陕之集津、绛之垣曲、怀之武陟饥，振之。己亥，北汉偏城砦招收指挥使任恩等来降。三月庚寅，班县令、尉捕盗令。癸巳，幸玉津园。乙巳，有驯象自至京师。夏四月乙卯，幸节度使赵彦徽第视疾。五月丁未，赐南唐米麦十万斛。六月癸丑朔，诏民田为霖雨、河水坏者，免今年夏税及沿征物。癸亥，诏荆蜀民祖父母、父母在者，子孙不得别财异居。丁丑，太白昼见。戊寅，复见。辛巳，龙出单父民家井中，大风雨，漂民舍四百区，死者数十人。秋七月丙申，幸铁骑营，赐军钱羊酒有差。北汉颍州砦主胡遇等来降。丙午，幸铁骑营，遂幸玉津园。戊申，坊州刺史李怀节坐强市部民物，责左卫率府率。北汉主刘钧卒，养子继恩立。八月乙卯，按鹘于近郊，还，幸相国寺。戊午，又按鹘于北郊，还，幸飞龙院。丙寅，遣客省使卢怀忠等二十二人率禁军会潞州。戊辰，命昭义军节度使李继勋等征北汉。九月辛巳朔，禁钱出塞。癸未，监察御史杨士达坐鞫狱滥杀弃市。庚子，李继勋败北汉于铜温河。己酉，北汉供奉官侯霸荣弑其主继恩，继元立。冬十月己未，畋近郊，还，幸飞龙院。丙子，吴越王遣其子惟濬来朝贡。十一月癸卯，日南至，有事南郊，改元开宝。大赦，十恶、杀人、官吏受赃者不原。宰相普等奉玉册宝，上尊号曰应天广运大圣神武明道至德仁孝皇帝。十二月甲子，行庆，自开封兴元尹、宰相、枢密使及诸道蕃侯，并加勋爵有差。乙丑，大食国遣使献方物。

二年春正月己卯朔，以出师，不御殿。二月乙卯，命昭义军节度使李继勋为河东行营前军都部署，侍卫步军指挥使党进副之，宣徽南院使曹彬为都监，棣州防御使何继筠为石岭关部署，建雄军节度使赵赞为汾州路部署，以伐北汉。宴长春殿。命彰德军节度使韩仲赟为北面都部署，彰义军节度使郭延义副之，以防契丹。戊午，诏亲征。己酉，以开封尹光义为上都留守，枢密副使沈义伦为大内部署，判留司三司事。甲子，发京师。乙亥，雨，驻潞州。三月壬辰，发潞州。乙未，李继勋败北汉军于太原城下。戊戌，驾傅城下。庚子，观兵城南，筑长连城。辛丑，幸汾河，作新桥。发太原诸县丁数万集城下。癸卯，北汉史昭文以宪州来降。乙巳，临城南，谓汾水可以灌其城，命筑长堤壅之，决晋祠水注之。遂寨城四面，继勋军于南，赞军于西，彬军于北，进军于东，乃北引汾水灌城。辛亥，遣海州刺史孙方进率兵围汾州。四月戊申，幸城东观筑堤。壬子，复幸城东。己未，何继筠败契丹于阳曲，斩首数千级，俘武州刺史王彦符以献，命陈示所获首级、铠甲于城下。壬戌，幸汾河观造船。戊辰，幸城西上生院。丙子，复幸城西。五月癸未，韩仲赟败契丹于定州北。自戊子至庚寅，命水军载弩攻城，横州团练使王廷义、殿前都虞候石汉卿死之。甲午，北汉赵文度以岚州来降。甲辰，都虞候赵廷翰奏，诸军欲登城以死攻，上愍之，不允。闰

月戊申，雄妃，水注城中，上遽登堤观。己酉，右仆射魏仁浦薨。壬子，以太常博士李光赞言，议班师。己未，命兵士迁河东民万户于山东。庚申，分命使臣率兵赴镇、潞。壬戌，驾还。戊辰，驻跸于镇州。六月丙子朔，发镇州。癸巳，至自太原。曲赦京城囚。秋七月丁巳，幸封禅寺。诏镇、深、赵、邢、洺五州管内镇、寨、县悉城之。甲子，大宴，赐宰相、枢密使、翰林学士、节度、观察使袭衣金带。戊辰，西南夷顺化王子武才等来献方物。癸酉，幸新水砲。汴决下邑。乙亥，寿星见。八月丁亥，诏川峡诸州察民有父母在而别籍异财者，论死。九月乙巳朔，幸武成王庙。壬戌，幸玉津园宴射。冬十月戊子，畋近郊。庚寅，散指挥都知杜延进等谋反伏诛，夷其族。诏相、深、赵三州丁夫死太原城下者，复其家。庚子，以王溥为太子太师，武衡德为太子太傅。癸卯，西川兵马都监张延通、内臣张屿、引进副使王珪为丁德裕所谮，延通坐不逊诛，屿、珪并杖配。十一月丙午，幸镇宁军节度使张令铎第视疾。甲寅，畋近郊，还，幸金凤园。庚申，回鹘、于阗遣使来献方物。十二月癸未，幸中书视宰相赵普疾。己亥，右赞善大夫王昭坐监大盈仓，其子与仓吏为奸赃，夺两任，配隶汝州。丁德裕诬奏西川转运使李铉指斥，事既直，犹坐酒失，责授右赞善大夫。

三年春正月癸卯朔，雨雪，不御殿。癸丑，增河堤。辛酉，诏民五千户举孝弟彰闻、德行纯茂者一人，奇才异行不拘此限，里间郡国递审连署以闻，仍为治装诣阙。二月庚寅，幸西茶库，遂幸建隆观。三月庚戌，诏阅进士十五举以上司马浦等百六人，并赐本科出身。辛亥，赐处士王昭素国子博士致仕。丙辰，殿中丞张颙坐先知颍州政不平，免官。己未，幸宰相赵普第视疾。夏四月辛未朔，日有食之。丁亥，幸寺观祷雨。辛卯，雨。甲午，幸教船池。己亥，罢河北诸州盐禁。诏郡国非其土产者勿贡。五月丁未，禁京城民畜兵器。癸丑，幸城北观水砲。癸亥，赐诸班营舍为雨坏者钱有差。六月乙未，禁诸州长吏亲随人掌厢镇局务。秋七月乙巳，立报水旱期式。壬子，诏蜀州县官以户口差第省员加禄，寻诏诸路亦如之。戊辰，幸教船池，又幸玉津园宴射。八月戊子，幸教船池，又幸玉津园。九月己亥朔，潭州防御使潘美为贵州道兵马行营都部署，朗州团练使尹崇珂副之。遣使发十州兵会贺州，以伐南汉。甲辰，诏：西京、凤翔、雄、耀等州，周文、成、康三王，秦始皇，汉高、文、景、武、元、成、哀七帝，后魏孝文，西魏文帝，后周太祖，唐高祖、太宗、中宗、肃宗、代宗、德、顺、文、武、宣、懿、僖、昭诸帝凡二十七陵尝被盗发者，有司备法服、常服各一袭，具棺椁重葬，所在长吏致祭。己酉，幸开宝寺观新钟。丙辰，女直国遣使赍定安国王烈万华表，献方物。丁卯，潘美等败南汉军万众于富州，下之。十月庚辰，克贺州。十一月壬寅，下昭、桂二州。乙巳，减桂阳岁贡白金额。癸丑，右领军卫将军石延祚坐监仓与吏为奸赃，弃市。癸亥，定州驻泊都监田钦祚败契丹于遂城。丙寅，以曹州举德行孔蟾为章丘主簿。十二月壬申，潘美等下连州。辛卯，大败南汉军万余于韶州，下之。癸巳，增河堤。

四年春正月戊戌朔，以出师，不视朝。丙午，罢诸道州县摄官。丁未，右千牛卫大将军桑进兴坐赃弃市。癸丑，潘美等取英州、雄州。二月丁亥，南汉刘铱遣其左仆射萧漼等以表来上。己丑，潘美克广州，俘刘铱，广南平。得州六十、县二百十四、户十七万二百六十三。辛卯，大赦广南，免二税，伪署官仍旧。三月乙未，幸飞龙院，赐从臣马。丙申，诏广南有买人男女为奴婢转佣利者，并放免。伪政有害于民者具以闻，除之。增前代帝王守陵户二。夏四月丙寅朔，前左监门卫将军赵玭诉宰相赵普，坐诬毁大臣，汝州安置。丁卯，三佛齐国遣使献方物。己巳，诏禁岭南商税、盐、曲，如荆湖法。辛未，幸永兴军节度使吴廷祚第视疾。癸未，幸开宝寺。辛卯，南唐遣其弟从谦来朝贡。发厢军千人修前代陵寝之在秦者。壬辰，监察御史闾丘舜卿坐前任盗用官钱，弃市。五月乙未朔，御明德门受刘铱俘，释之；斩其柄臣龚澄枢、李托、薛崇誉。大宴于大明殿，铱预焉。丁酉，赏伐广南功，潘美、尹崇珂等进爵有差。六月癸酉，遣使祀南海。丁丑，命翰林试南汉官，取书判稍优者，授令、录、簿、尉。壬午，以孝子罗居通为延州主簿。封刘铱为恩赦侯。乙酉，罢贺州银场。赐刘铱月奉外钱五万、米麦五千斛。河决原武，汴决谷熟。秋七月戊戌，赐开封尹光义门戟十四。庚子，幸新修水砦，赐役人钱帛有差。戊午，复著内侍养子令。癸亥，幸建武军节度使何继筠第视疾。汴决宋城。八月壬申，文武百官上尊号，不允。辛卯，景星见。冬十月癸亥朔，日有食之。己巳，诏伪作黄金者弃市。庚午，太子洗马王元吉坐赃弃市。辛巳，除广南旧无名配敛。甲申，诏十月后犯强窃盗者，郊赦不原。丙戌，放广南民驱充军者。十一月癸巳朔，南唐遣其弟从善，吴越国王遣其子惟濬，以郊祀来朝贡。南唐主煜表乞去国号呼名，从之。庚戌，诏诸道所罢摄官三任无遗阙者以闻。河决澶州，通判姚恕坐不即上闻，弃市。己未，日南至，有事南郊，大赦，十恶、故劫杀、官吏受赃者不原。诏置诸州幕职官奉户。壬戌，蜀班内殿直四十人，援御马直例乞赏，遂挝登闻鼓，命各杖二十，翌日，悉斩于营，都指挥单斌等皆杖、降。十二月癸亥朔，赐南郊执事官器币有差。丁卯，行庆，开封尹光义、兴元尹光美、贵州防御使德昭、宰相赵普并益食邑。己巳，内外文武官递进勋爵。辛未，赐九经李符本科出身。壬午，畋近郊。

卷三　本纪第三

太祖三

五年春正月壬辰朔，雨雪，不御殿。禁铁铸浮屠及佛像。庚子，前卢氏县尉鄢陵许永年七十有五，自言父琼年九十九，两兄皆八十余，乞一官以便养。因召琼厚赐之，授永鄢陵令。壬寅，省州县小吏及直力人。乙巳，罢襄州岁贡鱼。二月丙子，诏沿河十七州各置河堤判官一员。庚辰，以凤州七房银冶为开宝监。庚寅，以兵部侍郎刘熙古参知政事。闰月壬戌，礼部试进士安守亮等诸科共三十八人，召对讲武殿，始放榜。庚戌，升密州为安化军节度。三月庚午，赐颖州龙骑指挥使仇兴及兵士钱。辛未，占城国王波美税遣使来献方物。壬申，幸教船池习战。乙酉，殿中侍御史张穆坐赃弃市。夏四月庚寅朔，三佛齐国主释利乌耶遣使来献方物。丙午，遣使检视水灾田。丙寅，遣使诸州捕虎。五月庚申，赐恩赦侯刘铱钱一百五十万。乙丑，命近臣祈晴。并广南州十三、县三十九。丙寅，罢岭南采珠媚川都卒为静江军。辛未，河决濮阳，命颖州团练使曹翰往塞之。甲戌，以霖雨，出后宫五十余人，赐予以遣之。丁亥，河南、北淫雨，澶、滑、济、郓、曹、濮六州大水。六月己丑，河决阳武，汴决谷熟。丁酉，诏：淫雨河决，沿河民田有为水害者，有司具闻除租。戊申，修阳武堤。秋七月己未，右拾遗张恂坐赃弃市。癸未，邕、容等州僚人作乱。八月庚寅，高丽国王王昭遣使献方物。己亥，广州行营都监宋宪大破僚贼于容州。癸卯，升宿州为保静军节度。罢密州仍为防御。九月丁巳朔，日有食之。癸酉，李崇矩以镇国军节度使罢。冬十月庚子，幸河阳节度使张仁超第视疾。甲辰，试道流，不才者勒归俗。十一月己未，李继明、药继清大破僚贼于英州。癸亥，禁僧道习天文地理。己巳，禁举人寄应。庚辰，命参知政事薛居正、吕余庆兼淮、湖、岭、蜀转运使。十二月乙酉朔，祈雪。己亥，畋近郊。开封尹光义暴疾，遂幸其第视之。甲寅，内班董延谔坐监务盗乌粟，杖杀之。诏合入令、录者引见后方注。乙卯，大雨雪。是岁，大饥。

六年春正月丙辰朔，不御殿。置蜀水陆转运计度使。癸酉，修魏县河。二月丙戌朔，棣州兵马监押、殿直傅延翰谋反，伏诛。丙申，曹州饥，漕太仓米二万石振之。己亥，吴越国进银装花假、金香师子。三月乙卯朔，周郑王殂于房州，上素服发哀，辍朝十日，谥曰恭帝，命还葬庆陵之侧，陵曰顺陵。己未，复密州为安化军节度。庚申，覆试进士于讲武殿，赐宋准及下第徐士廉等诸科百二十七人及第。乙亥，赐宋准等宴钱二十万。大食国遣使来献。翰林学士、知贡举李昉坐试人失当，责授太常少卿。试朝臣死王事者子陆坦等，赐进士出身。丙子，幸相国寺观新修塔。夏四月丁亥，召开封尹光义、天平军节度使石守信等赏花、习射于苑中。辛丑，遣卢多逊为江南国信使。甲辰，占城国王悉利陀盘印茶遣使来献方物。丙午，黎州保塞蛮来归。戊申，诏修《五代史》。五月庚申，刘熙古以户部尚书致仕。诏：中书吏擅权多奸赃，兼用流内州县官。己巳，交州丁琏遣使贡方物。幸玉津园，观刈麦。辛巳，杀右拾遗马适。六月辛卯，阅在京百司吏，黜为农者四百人。癸巳，占城国遣使献方物。隰州巡检使李谦溥拔北汉七寨。癸卯，雷有邻告宰相赵普党堂吏胡赞等不法，赞及李可度并杖，籍没。庚戌，诏参知政事与宰相赵普分知印押班奏事。秋七月壬子朔，诏诸州府置司寇参军，以进士、明经者为之。丙辰，减广南无名率钱。八月乙酉，罢成都府伪蜀嫁装税。辛卯，赐布衣王泽方同学究出身。

丁酉，泗州推官侯济坐试判假手，杖、除名。甲辰，赵普罢为河阳三城节度使、同平章事。辛酉，幸都亭驿。九月丁卯，余庆以尚书左丞罢。己巳，封光义为晋王、兼侍中，德昭同中书门下平章事，薛居正为门下侍郎、同平章政事，户部侍郎、枢密副使沈义伦为中书侍郎、同平章事，石守信兼侍中，卢多逊中书舍人、参知政事。壬申，诏晋王光义班宰相上。冬十月甲申，葬周恭帝，不视朝。丁亥，幸玉津园观稼。戊子，流星出文昌、北斗。甲辰，特赦诸官吏奸赃。十一月癸丑，诏常参官进士及第者各举文学一人。十二月壬午，命近臣祈雪。丙午，前中书舍人、参知政事多逊起复视事。行《开宝通礼》。限度僧法，诸州僧帐及百人，岁许度一人。

七年春正月庚戌，不御殿。庚申，占城国王波美税遣使献方物。齐州野蚕成茧。癸亥，左拾遗秦宣、太子中允吕鹄并坐赃，宥死，杖、除名。二月庚辰朔，日有食之。丙戌，日有二黑子。癸卯，命近臣祈雨。诏：《诗》、《书》、《易》三经学究，依三经、三传资叙入官。乙巳，太子中舍胡德冲坐隐官钱，弃市。三月乙丑，三佛齐国王遣使献方物。夏四月丙午，遣使检岭南民田。五月戊申朔，殿中侍御史李莹坐受南唐馈遗，责授右赞善大夫。甲寅，以布衣齐得一为章丘主簿。乙丑，诏市二价者以枉法论。丙寅，幸讲武池，观习水战。丙子，又幸讲武池，遂幸玉津园。六月丙申，河中府饥，发粟三万石振之。己亥，淮溢入泗州城。壬寅，安阳河溢，皆坏民居。秋七月壬子，幸讲武池，观习水战，遂幸玉津园。丙辰，南丹州溪洞酋帅莫洪燕内附。诏减成都府盐钱。庚午，太子中允李仁友坐不法，弃市。八月戊寅，吴越国王遣使来朝贡。丁亥，谕吴越伐江南。戊子，陈州贡芝草，一本四十九茎。己丑，幸讲武池，赐习水战军士钱。戊戌，殿中丞赵象坐擅税，除名。甲辰，幸讲武池，观习水战，遂幸玉津园。九月癸亥，命宣徽南院使、义成军节度使曹彬为西南路行营马步军战櫂都部署，山南东道节度使潘美为都监，颍州团练使曹翰为先锋都指挥使，将兵十万出荆南，以伐江南。将行，召曹彬、潘美，戒之曰："城陷之日，慎无杀戮。设若困斗，则李煜一门，不可加害。"丁卯，以知制诰李穆为江南国信使。冬十月甲申，幸迎春苑，登汴堤观战舰东下。丙戌，又幸迎春苑，登汴堤观诸军习战，遂幸东水门，发战櫂军下。江南进绢数万，御衣、金带、器用数百事。壬辰，曹彬等将舟师、步骑发江陵，水陆并进。丁酉，命吴越王钱俶为昇州东南行营招抚制置使。己亥，曹彬收下峡口，获指挥使王仁震、王宴、钱兴。闰月己酉，克池州。丁巳，败江南军于铜陵。庚申，命宰相、参知政事更知日历。壬戌，彬等拔芜湖、当涂两县，驻军采石。癸亥，诏减湖南新制茶。甲子，薛居正等上新编《五代史》，赐器币有差。丁卯，彬败江南军于采石，擒兵马部署杨收、都监孙震等千人，为浮梁以济。十一月癸未，黥李从善部下及江南水军一千三百九十人为归化军。诏省剑南、山南等道属县主簿。丁亥，秦、晋旱，免蒲、陕、晋、绛、同、解六州逋赋，关西诸州免其半。己丑，知汉阳军李恕败江南水军于鄂。甲午，曹彬败江南军于新林砦。辛丑，命知雄州孙全兴答涿州修好书。壬寅，大食国遣使献方物。十二月己酉，彬败江南军于白鹭洲。辛亥，命近臣祈雪。甲子，吴越王帅兵围常州，获其人马，寻拔利城砦。丙寅，彬败江南军于新林港。己巳，左拾遗刘祺坐受赂，黥面、杖配沙门岛。庚午，北汉寇晋州，守臣武守琦败之于洪洞。壬申，吴越王败江南军于常州北界。

八年春正月甲戌朔，以出师，不御殿。丙子，知池州樊若水败江南军于州界，田钦祚败江南军于溧水，斩其都统使李雄。乙酉，御长春殿，谓宰相曰："朕观为臣者比多不能有终，岂忠孝薄而无以享厚福耶？"宰相居正等顿首谢。庚寅，曹彬拔昇州城南水寨。二月癸丑，彬败江南军于白鹭洲。乙卯，拔昇州关城。丁巳，太子中允徐昭文坐抑人售物，除籍。甲子，知扬州侯陟败江南军于宣化镇。戊辰，覆试进士于讲武殿，赐王嗣宗等三十一人、诸科纪自成等三十四人及第。三月乙酉，赐王嗣宗等宴钱二十万。己丑，命祈雨。庚寅，彬败江南军于江中。乙亥，契丹遣使克沙骨慎思以书来讲和。知潞州药继能拔北汉鹰涧堡。辛丑，召契丹使于讲武殿观习射。壬寅，遣内侍王继恩领兵赴昇州。大食国遣使来朝献。夏四月乙巳，幸东水砲。癸丑，幸都亭驿，阅新战船。丁巳，吴越王拔常州。壬戌，彬等败江南军于秦淮北。戊辰，幸玉津园，观种稻，遂幸讲武池，观习水战。庚午，诏岭南盗贩满十贯以上者死。幸西水砲。五月壬申朔，以吴越国王钱俶守太师、尚书令，益食邑。知桂阳监张佩发前官隐没羡银，追罪兵部郎中董枢、右赞善大夫孔璘，杀之，太子洗马赵瑜杖配海岛；佩受赏，迁屯田员外郎。辛巳，祈晴。甲申，江南宁远军及沿江砦并降。乙酉，诏武冈、长沙等十县民为贼卤掠者，蠲其逋租，仍给复一年。甲午，安南都护丁琏遣使来贡。辛丑，河决濮州。六月壬寅，曹彬等使言，败江南军于其城下。丁未，宋州观察判官崔绚、录事参军马德休并坐赃弃市。辛亥，河决澶州顿丘。甲子，彗出柳，长四丈，辰见东方。秋七月辛未朔，日有食之。庚辰，遣阁门使郝崇信、太常丞吕端使契丹。癸未，西天东印土王子穰结说啰来朝献。甲申，诏吴越王班师。己亥，山后两林鬼主、怀化将军勿尼等来朝献。八月乙卯，幸东水砲观鱼，遂幸北园。辛酉，诏权停今年贡举。壬戌，契丹遣左卫大将军耶律霸德等致御衣、玉带、名马。西南蕃顺化王子若废等来献名马。癸亥，丁德裕败润州兵于城下。九月壬申，狩近郊，逐兔，马蹶坠地，因引佩刀刺马杀之。既而悔之，曰："吾为天下主，轻事畋猎，又何罪马哉！"自是遂不复猎。戊寅，润州降。冬十月己亥朔，江南主遣徐铉、周惟简来乞缓师。辛亥，诏郡国令佐察民有孝悌力田、奇材异行或文武可用者遣，诣阙。丁巳，修西京宫阙。江南主贡银五万两、绢五万匹，乞缓师。戊午，改润州镇海军节度为镇江军节度。幸晋王北园。己未，曹彬遣都虞候刘遇破江南军于皖口，擒其将朱令赟、王晖。十一月辛未，江南主遣徐铉等再奉表乞缓师，不报。甲申，曹彬夜败江南军于城下。丙戌，以校书郎宋准、殿直邢文庆充贺契丹正旦使。乙未，曹彬克昇州，俘其国主煜，江南平，凡得州十九、军三、县一百八十、户六十五万五千六十。临视新龙兴寺。十二月庚子,幸惠民河,观筑堰。辛丑,赦江南,复一岁;兵戈所经,二岁。戊申,三佛齐遣使来献方物。己酉,幸龙兴寺。辛亥,免开封府诸县今年秋租十之三。己未,以恩赦侯刘𫓧为彭城郡公。甲子,契丹遣使耶律乌正来贺正旦。丁卯,吴越国王乞以长春节朝觐,从之。

九年春正月辛未,御明德门,见李煜于楼下,不用献俘仪。壬申,大赦,减死罪一等。乙亥,封李煜为违命侯,子弟臣僚班爵有差。己卯,江南昭武军节度使留后卢绛焚掠州县。庚辰,诏郊西京。癸巳,晋王率文武上尊号,不允。二月癸卯,三上表,不允。庚戌,以曹彬为枢密使。辛亥,命昭昭迎劳吴越国王钱俶于宋州。契丹遣使耶律延顺以御衣、玉带、名马、散马、白鹘来贺长春节。乙卯,吴越王奏内客省使丁德裕贪狠,贬房州刺史。丁巳,观礼贤宅。戊午,以卢多逊为吏部侍郎,仍参知政事。己未,吴越国王钱俶偕子惟濬等朝于崇德殿,进银绢以万计。赐俶衣带鞍马,遂以礼贤宅居之,宴于长安殿。壬戌,钱俶进贺平昇州银绢、乳香、吴绫、紬绵、钱茶、犀象、香药,皆亿万计。甲子,召晋王、吴越国王并其子等射于苑中,俶进御衣、寿星、通犀带及金器。丁卯,幸礼贤宅,赐俶金器及银绢倍万。三月己巳,俶进助南郊银绢、乳香以万计。庚午,赐俶剑履上殿,诏书不名。癸酉,以皇子德芳为检校太保、贵州防御使,中书侍郎、同平章事沈义伦为大内都部署,右卫大将军王仁赡权判留司、三司暨知开封府事。丙子,幸西京。己卯,次巩县,拜安陵,号恸陨绝者久之。庚辰,赐河南府民今年田租之半,奉陵户复一年。辛巳,至洛阳。庚寅,大雨,分命近臣诣诸祠庙祈晴。辛卯,幸广化寺,开无畏三藏塔。夏四月己亥,雨霁。庚子,有事圜丘,回御五凤楼,大赦,十恶、故杀者不原,贬降责免者量移叙用,诸流配及遘欠悉放,诸官未赠恩者悉覃赏。壬寅,大宴,赐亲王、近臣、列校袭衣、金带、鞍马、器币有差。丙午,驾还。辛亥,上至自洛。丁巳,曹翰拔江州,屠之,擒牙校宋德明、胡则等。诏益晋王食邑,光美、德昭并加府仪同三司,德芳益食邑,薛居正、沈义伦加光禄大夫,枢密使曹彬、宣徽北院使潘美加特进,吴越国王钱俶益食邑,内外文武臣僚咸进阶封。己未,著令旬假为休沐。丙寅,大食国王珂黎拂遣使蒲希密来献方物。五月己巳,幸东水硙,遂幸飞龙院,观渔金水河。甲戌,遣司勋员外郎和岘往江南路采访。杀卢绛。庚辰,幸讲武池,遂幸玉津园观稼。宋州大风,坏城楼、官民舍几五千间。甲申,以阁门副使田守奇等充贺契丹生辰使。晋州以北汉岚、石、宪三州巡检使王洪武等来献。六月庚子,步至晋王邸,命作机轮,挽金水河注邸中为池。癸卯,吴越王进银、绢、绵以倍万计。乙卯,荧惑入南斗。秋七月戊辰,幸晋王第观新池。丙子,幸京兆尹光美第视疾。戊寅,再幸光美第。泉州节度使陈洪进乞朝觐。丙戌,命近臣祈晴。丁亥,命修先代帝王及五岳、四渎祠庙。庚寅,幸光美第。八月乙未朔,吴越国王进射火箭军士。己亥,幸新龙兴寺。辛丑,太子中允郭恩齐坐赃弃市。乙巳,幸等觉院,遂幸东染院,赐工人钱。

又幸控鹤营观习射,赐帛有差。又幸开宝寺观藏经。丁未,遣侍卫马军都指挥使党进、宣徽北院使潘美伐北汉。丙辰,遣使率兵分五道入太原。九月甲子,幸绫锦院。庚午,权高丽国事王伷遣使来朝献。党进败北汉军于太原城北。辛巳,命忻、代行营都监郭进迁山后诸州民。庚寅,幸城南池亭,遂幸礼贤宅,又幸晋王第。冬十月甲午朔旦,赐文武百官衣有差。丁酉,兵马监押马继恩率兵入河东界,焚荡四十余寨。己亥,幸西教场。庚子,镇州巡检郭进焚寿阳县,俘九千人。辛丑,晋、隰巡检穆彦璋入河东,俘二千余人。党进败北汉军于太原城北。己酉,吴越王献驯象。癸丑夕,帝崩于万岁殿,年五十。殡于殿西阶,谥曰英武圣文神德皇帝,庙号太祖。太平兴国二年四月乙卯,葬永昌陵。大中祥符元年,加上尊谥曰启运立极英武睿文神德圣功至明大孝皇帝。

帝性孝友节俭,质任自然,不事矫饰。受禅之初,颇好微行,或谏其轻出。曰:"帝王之兴,自有天命,周世宗见诸将方面大耳者皆杀之,我终日侍侧,不能害也。"既而微行愈数,有谏,辄语之曰:"有天命者任自为之,不汝禁也。"一日,罢朝,坐便殿,不乐者久之。左右请其故。曰:"尔谓为天子容易耶?早作乘快误决一事,故不乐耳。"汴京新宫成,御正殿坐,令洞开诸门,谓左右曰:"此如我心,少有邪曲,人皆见之。"吴越钱俶来朝,自宰相以下咸请留俶而取其地,帝不听,遣俶归国。及辞,取群臣留俶章疏数十轴,封识遗俶,戒以途中密观,俶届途启视,皆留己不遣之章也。俶自是感惧,江南平,遂乞纳土。南汉刘𫓧在其国,好置酖以毒臣下。既归朝,从幸讲武池,帝酌卮酒赐𫓧。𫓧疑有毒,捧杯泣曰:"臣罪在不赦,陛下既待臣以不死,愿为大梁布衣,观太平之盛,未敢饮此酒。"帝笑而谓之曰:"朕推赤心于人腹中,宁肯尔耶?"即取𫓧酒自饮,别酌以赐𫓧。王彦升擅杀韩通,虽预佐命,终身不与节钺。王全斌入蜀,贪恣杀降,虽有大功,即加贬绌。宫中苇帘,缘用青布;常服之衣,浣濯至再。魏国长公主襦饰翠羽,戒勿复用,又教之曰:"汝生长富贵,当念惜福。"见孟昶宝装溺器,撝而碎之,曰:"汝以七宝饰此,当以何器贮食?所为如是,不亡何待!"晚好读书,尝读二典,叹曰:"尧、舜之罪四凶,止从投窜,何近代法网之密乎!"谓宰相曰:"五代诸侯跋扈,有枉法杀人者,朝廷置而不问。人命至重,姑息藩镇,当若是耶?自今诸州决大辟,录案闻奏,付刑部覆视之。"遂著为令。乾德改元,先谕宰相曰:"年号须择前代所未有者。"三年,蜀平,蜀宫人入内,帝见其镜背有志"乾德四年铸"者,召窦仪等诘之。仪对曰:"此必蜀物,蜀主尝有此号。"乃大喜曰:"作相须读书人。"由是大重儒者。受命杜太后,传位太宗。太宗尝病亟,帝往视之,亲为灼艾,太宗觉痛,帝亦取艾自灸。每对近臣言:"太宗龙行虎步,生时有异,他日必为太平天子,福德吾所不及云。"

赞曰:昔者尧、舜以禅代,汤、武以征伐,皆南面而有天下。四圣人者往,世道升降,否泰推移。当斯民涂炭之秋,皇天眷求民主,亦惟责其济斯世而已。使其必得四圣人之才，而后以行其事畀之，则生民平治之期，殆无日也。五季乱极，宋太祖起介胄之中，践九五之位，原其得国，视晋、汉、周亦岂甚相绝哉？及其发号施令，名藩大将，俯首听命，四方列国，次第削平，此非人力所易致也。建隆以来，释藩镇兵权，绳贪吏重法，以塞浊乱之源。州郡司牧，下至令录、幕职，躬引对。务农兴学，慎罚薄敛，与世休息，迄于丕平。治定功成，制礼作乐。在位十有七年之间，而三百余载之基，传之子孙，世有典则。遂使三代而降，考论声明文物之治，道德仁义之风，宋于汉、唐，盖无让焉。呜呼，创业垂统之君，规模若是，亦可谓远也已矣！

卷四　　　本纪第四

太宗一

太宗神功圣德文武皇帝讳炅，初名匡义，改赐光义，即位之二年改今讳，宣祖第三子也，母曰昭宪皇后杜氏。初，后梦神人捧日以授，已而有娠，遂生帝于浚仪官舍。是夜，赤光上腾如火，闾巷闻有异香，时晋天福四年十月七日甲辰也。帝幼不群，与他儿戏，皆畏服。及长，隆准龙颜，望之知为大人，俨如也。性嗜学，宣祖总兵淮南，破州县，财物悉不取，第求古书遗帝，恒饬厉之，帝由是工文业，多艺能。仕周至供奉官都知。太祖即位，以帝为殿前都虞候，领睦州防御使。亲征泽、潞，帝以大内点检留镇，寻领泰宁军节度使。征李重进，为大内都部署，加同平章事、行开封尹，再加兼中书令。征太原，改东都留守，别赐门戟，封晋王，序班宰相上。

开宝九年冬十月癸丑，太祖崩，帝遂即皇帝位。乙卯，大赦，常赦所不原者咸除之。丙辰，群臣表请听政，不许。丁巳，宰相薛居正等固请，乃许，即日移御长春殿。庚申，以弟廷美为开封尹兼中书令，封齐王；先帝子德昭为永兴军节度使兼侍中，封武功郡王；德芳为山南西道节度使、兴元尹、同平章事。薛居正加左仆射，沈伦加右仆射，卢多逊为中书侍郎，曹彬仍枢密使，并同平章事。楚昭辅为枢密使，潘美为宣徽南院使，内外官进秩有差。诏茶、盐、榷酤用开宝八年额。十一月癸亥朔，帝不视朝。甲子，追册故尹氏为淑德皇后，越国夫人符氏为懿德皇后。戊辰，罢州县奉户。庚午，诏诸道转运使察州县官吏能否，第为三等，岁终以闻。命诸州大索知天文术数人送阙下，匿者论死。乙亥，命权知高丽国事王伷为高丽国王。癸未，幸相国寺。己丑，遣著作郎冯正、佐郎张祀使契丹告哀。诏文武官由谴累不齿者，有司毋得更论前过。十二月己亥，置直舍人院。甲寅，御乾元殿受朝，乐县而不作。大赦，改是岁为太平兴国元年。命太祖子及齐王廷美子并称皇子，女并称皇女。丁巳，置三司副使。戊午，契丹遣使来赗。己未，幸讲武池，遂幸玉津园。庚申，节度使赵普、向拱、张永德、高怀德、冯继业、张美、刘廷让来朝。

二年春正月壬戌，以大行殡，不视朝。丙寅，禁居官出使者行商贾事。戊辰，亲试礼部举人。甲戌，上大行皇帝谥曰英武圣文神德，庙号太祖。丙子，幸相国寺，还，御东华门观灯。庚辰，阅礼部贡士十举至十五举者百二十人，并赐出身。戊子，命邕州广源州酋长坦坦绰侬民富为检校司空、御史大夫、上柱国。辛卯，幸讲武池。置江南榷茶场。二月甲午，契丹遣使来贺即位及正旦。吴越国遣使来贡。罢南唐铁钱。庚子，帝改名炅。壬寅，大宴崇德殿，不作乐。乙巳，幸新凿池，遂幸讲武池，宴射玉津园。丁未，占城国遣使来贡。己酉，令江南诸州盐先通商处悉禁之。戊午，幸太平兴国寺，遂幸造船务。还，幸建隆观。三月壬戌朔，始立试官铨选限。己卯，以河阳节度使赵普为太子少保。己丑，幸开宝寺。置威胜军。禁江南诸州铜。许契丹互市。夏四月辛卯，大食国遣使来贡。丁酉，契丹遣使来会葬。乙卯，葬太祖于永昌陵。五月壬戌，河南法曹参军高丕、伊阙县主簿翟嶙、郑州荥泽令申廷温坐不勤事，并免。癸亥，向拱、张永德、张美、刘廷让皆罢节镇，为诸卫上将军。乙丑，幸新水砦，遂幸玉津园宴射。丙寅，诏继母杀子及妇者同杀人论。庚午，宴崇德殿，不作乐。遣幸仲甫使契丹。甲戌，以十月七日为乾明节。己卯，祔太祖神主于庙，以孝明皇后王氏配，又以懿德皇后符氏、淑德皇后尹氏祔别庙。庚辰，诏作北帝宫于终南山。癸未，幸新水砦，遂宴射玉津园。六月辛卯朔，白龙见邠州要策池中。乙卯，幸开宝寺，遂幸飞龙院，赐从官马。是月，磁州保安等县墨虫生，食桑叶殆尽。颍州大水。秋七月庚午，诏诸库藏敢变权衡以取羡余者死。癸未，钜鹿、沙河步屈食桑、麦，河决荥泽、顿丘、白马、温县。闰月己亥，幸白鹤桥，临金水河。己酉，河溢开封等八县，害稼。甲寅，诏发潭州兵击梅山洞贼。丁巳，有司上闰年舆地版籍之图。令支郡得专奏事。八月癸亥，黎州两林蛮来贡。乙丑，平海军节度使陈洪进来朝。癸酉，以观灯遂幸相国寺。戊寅，诏作崇圣殿。是月，陕、澶、道、忠、寿诸州大水，钜鹿步蛹生，景城县雹。九月乙未，幸弓箭院，遂幸新修三馆。壬寅，幸新水砦，遂幸西御园宴射。丁未，渤泥国遣使来贡，山后两林蛮来献马。辛亥，幸讲武台大阅。容州初贡珠。乙卯，镇海、镇东军节度使钱惟濬来朝。丙辰，狩近郊。丁巳，吴越王遣使乞呼名，不允。是月，兴州江水溢，濮州大水，汴水溢。冬十月戊午朔，赐百官及在外将校、长吏冬服。辛酉，契丹来贺乾明节。己巳，幸京城西北，观卫士与契丹使骑射，遂宴苑中。己巳，群臣请举乐，表三上，从之。丙子，诏禁天下卜相等书，私习者斩。辛巳，畋近郊。初榷酒酤。十一月丁亥朔，日有食之，既。庚寅，日南至，帝始受朝。甲午，遣李浣等贺契丹正旦。丁酉，禁江南诸州新小钱，私铸者弃市。癸丑，幸御龙弓箭直营，赐军士钱帛有差。十二月丁巳朔，试诸州所送天文术士，隶司天台，无取者黥配海岛。庚午，畋近郊。癸酉，诏定晋州矾法，私煮及私贩易者罪有差。辛巳，幸新水砦。高丽国王使其子元辅来贺即位。

三年春正月丙戌朔，不受朝，群臣诣阁贺。庚寅，殿

直霍琼坐募兵劫民财,腰斩。甲午,浚汾河。雅州西山野川路蛮来朝。戊戌,开襄、汉漕渠,渠成而水不上,卒废。己亥,光禄丞李之才坐擅入酒邀同列饮殿中,除名。庚子,罢陈州蔡河舟算。辛丑,浚广济、惠民及蔡三河,治黄河堤。乙巳,浚汴口。己酉,命修《太祖实录》。辛亥,命群臣祷雨。癸丑,京畿雨足。二月丙辰,幸郑国公主第。以三馆新修书院为崇文院。丁巳,诏班诸州录事、县令、簿尉历子合书式。甲子,罢昌州七井虚额盐。丙寅,泗州录事参军徐璧坐监仓受贿出虚券,弃市。辛未,幸西绫锦院,命近臣观织室机杼,还,幸崇文院观书。诏凿金明池。甲申,禁沿边诸郡阑出铜钱。制西京新修殿名。三月乙酉朔,贝州清河民田柞十世同居,诏旌其门闾,复其家。辛丑,监海门戍、殿直武裕坐奸赃弃市。壬寅,秦州言,戎酋王泥猪寇八狼戍,巡检刘崇让击败之,枭其首以徇。己酉,吴越国王钱俶来朝。壬子,幸开宝寺。是月,寿州甘露降。夏四月乙卯朔,命群臣祷雨。召华山道士丁少微。丙辰,禁民自春及秋毋捕猎。庚午,幸建隆观,遂幸西染院,又幸造船务。乙亥,置诸道转运判官。己卯,陈洪进献漳、泉二州,凡得县十四、户十五万一千九百七十八、兵万八千七百二十七。庚辰,幸城南观麦,遂幸玉津园宴射。辛巳,侍御史赵承嗣坐监市征隐官钱,弃市。癸未,以陈洪进为武宁军节度使、同平章事。钱俶乞罢所封吴越国王,及解天下兵马大元帅,并寝书诏不名之命,归其兵甲,求还,不许。是月,河决获嘉县。五月乙酉,赦漳、泉,仍给复一年。钱俶献其两浙诸州,凡得州十三、军一、县八十六、户五十五万六百八十、兵一十一万五千三十六。丁亥,封钱俶为淮海国王,其子惟濬徙淮南军节度使,惟治徙镇国军节度使。戊子,赦两浙,给复如漳、泉。癸巳,遣李从吉等使契丹。乙未,占城国遣使献方物。壬寅,定难军节度使李克叡卒,子继筠立。乙巳,以继筠袭定难军节度使。幸殿前都指挥使杨信第视疾。戊申,以秦州节度判官宋若愚子飞雄矫制乘驿至清水县,缚都巡检周承瑶及刘文裕、马知节等七人,将劫守卒据城为叛,文裕觉其诈,禽缚飞雄按之,尽得其状,诏诛飞雄及其父母妻子同产,而哀若愚宗莫无主,申戒中外臣庶,自今子弟有素怀凶险、屡戒不悛者,尊长闻诸州县,锢送阙下,配隶远处,隐不以闻,坐及期功以上。六月戊午,复给乘驿银牌。壬午,秦州清水监军田仁朗击破西羌,斩获甚众。癸未,诏太平兴国元年十月乙卯以来诸职官以赃致罪者,虽会赦不得叙,永为定制。是月,泗州大水,汴水决宁陵县。秋七月乙酉,大雨震电,西窑务薪聚焚。壬辰,右千牛卫上将军李煜卒,追封吴王。戊戌,金乡县民李光袭十世同居,诏旌其门。庚戌,改明德门为丹凤门。壬子,中书令史李知古坐受赇擅改刑部所定法,杖杀之。八月癸丑,幸南造船务,遂幸玉津园宴射。滑州黄河清。丙辰,诏两浙发 淮海王緦麻以上亲及管内官吏赴阙。辛未,夷州蛮任朗政来贡。癸酉,詹事丞徐선坐赃,杖杀之。甲戌,群臣请上尊号曰应运统天圣明文武皇帝,许之。九月甲申,亲试礼部举人。壬子,以布衣张趯为襄邑县主簿,张文旦濮阳县主簿。冬十月癸丑朔,契丹遣使来贺乾明节。

高丽国王遣使来贡。庚申,幸武功郡王德昭邸,遂幸齐王邸,赐齐王银万两、绢万匹,德昭、德芳有差。辛酉,复兖州曲阜县袭封文宣公家。庚午,畋近郊。是月,河决灵河县。十一月丙申,祀天地于圜丘,大赦。御乾元殿受尊号。庚子,幸齐王邸。丙午,以郊祀,中外文武加恩。十二月乙丑,幸讲武台观机石连弩。庚午,畋近郊。戊寅,契丹遣使来贺正旦。己卯,置三司推官、巡官。

四年春正月丁亥,命太子中允张洎、著作佐郎句中正使高丽,告以北伐。遣官分督诸州军储输太原行营。庚寅,以宣徽南院使潘美为北路都招讨制置使,分命节度使河阳崔彦进、彰德李汉琼、彰信刘遇、桂州观察使曹翰,副以卫府将直,四面进讨。侍卫马军都虞候米信、步军虞候田重进并为行营指挥使,将其军以从,西上阁门使郭守文、顺州团练使梁迥监护之。辛卯,命云州观察使郭进为太原石岭关都部署,以断燕蓟援师。癸巳,置签署枢密院事,以石熙载为之。乙未,宴潘美等于长春殿,赐以袭衣、金带、鞍马。癸卯,新浑仪成。二月壬子,幸国子监,遂幸玉津园宴射。甲寅,以齐王廷美子德恭为贵州防御使。丙辰,以中书侍郎、尚书右仆射、同平章事沈伦为东京留守兼判开封府事,宣徽北院使王仁赡为大内都部署,枢密承旨陈从信副之。癸亥,赐扈从近臣鞍马、衣服、金玉带有差。甲子,帝发京师。戊寅,次澶州,观鱼于河。三月庚辰朔,次镇州。丁亥,郭进破北汉西龙门砦,禽获甚众。乙未,郭进大破契丹于关南。庚子,左飞龙使史业破北汉鹰扬军,俘百人来献。乙巳,夏州李继筠乞帅所部助讨北汉。诏泉州发兵护送陈洪进亲属赴阙。夏四月己酉朔,岚州行营与北汉军战,破之。庚戌,孟县降。以石熙载为枢密副使。辛酉,以孟玄喆、刘廷翰为兵马都铃辖,崔翰总马步军,并驻泊镇州。壬戌,帝发镇州。折御卿克岢岚军,获其军使折令图。乙丑,克隆州,获其招讨使李询等六人。己巳,折御卿克岚州,杀其宪州刺史郭翘,获岚州节度使马延忠。庚午,次太原,驻跸东行营。辛未,幸太原城,诏谕北汉主刘继元使降。壬申夜,帝幸城西,督诸将发机石攻城。甲戌,幸诸寨。乙亥,幸连城,视攻城诸洞。五月乙卯朔,攻城西南,遂陷羊马城,获其宣徽使范超,斩纛下。辛巳,攻城西北。壬午,其骑帅郭万超来降,遂移幸城南,手诏赐继元。癸未,进攻将士尽奋,若将屠之。是夜,继元遣使纳款。甲申,继元降,北汉平,凡得州十、县四十、户三万五千二百二十。命祠部郎中刘保勋知太原府。乙酉,赦河东常赦所不原者,命录死事者校子孙,瘗战士。戊子,以榆次县为新并州。优赏归顺将校,尽括僧道隶西京寺观,官吏及高赀户授田河南。北汉节度使蔚进卢遂以汾州降。己丑,以继元为右卫上将军、彭城郡公。帝作《平晋诗》,令从臣和。辛卯,继元献官妓百余,以赐将校。乙未,筑新城。送刘继元緦麻以上亲赴阙。丙申,幸城北,御沙河门楼。尽徙余民于新城,遣使督之,既出,即命纵火。丁酉,以行宫为平晋寺,帝作《平晋记》刻寺中。废隆州,隳其城。庚子,发太原。丁未,次镇州。六月甲寅,以将伐幽、蓟,遣发京东、河北诸州军储赴北面行营。庚申,帝复自将伐契丹。丙寅,次金台顿,募民为乡导者百人。丁卯，次东易州，刺史刘宇以城降，留兵千人守之。戊辰，次涿州，判官刘厚德以城降。己巳，次盐沟顿，民得近界马来献，赐以束帛。庚午，次幽州城南，驻跸宝光寺。契丹军城北，帝率众击走之。壬申，命节度使定国宋偓、河阳崔彦进、彰信刘遇、定武孟玄喆四面分兵攻城。以潘美知幽州行府事。契丹铁林厢主李札卢存以所部来降。癸酉，移幸城北，督诸将进兵，获马三百。幽州神武厅直并乡兵四百人来降。乙亥，范阳民以牛酒犒师。丁丑，帝乘辇督攻城。秋七月庚辰，契丹建雄军节度使、知顺州刘廷素来降。壬午，知蓟州刘守恩来降。癸未，帝督诸军及契丹大战于高梁河，败绩。甲申，班师。庚寅，命孟玄喆屯定州，崔彦进屯关南。乙巳，帝至自范阳。八月壬子，西京留守石守信坐从征失律，贬崇信军节度使。甲寅，彰信军节度使刘遇贬宿州观察使。癸亥，命潘美屯河东三交口。甲戌，汴水决宋城县。武功郡王德昭自杀。诏作太清楼。是月，秦州大水。九月己卯，河决汲县。丁亥，置皇子侍读。己亥，幸新城，观铁林军人射强弩。庚子，华山道士丁少微诣阙，献金丹及巨胜、南芝、玄芝。癸卯，山后两林蛮以名马来献。丙午，镇州都钤辖刘廷翰及契丹战于遂城西，大败之，斩首万三百级，获三将、马万匹。冬十月乙亥，以平北汉功，齐王廷美进封秦王，薛居正加司空，沈伦加左仆射，卢多逊兼兵部尚书，曹彬兼侍中，白进超、崔翰、刘廷翰、田重进、米信并领诸军节度使，楚昭辅、崔彦进、李汉琼并加检校太尉，潘美加检校太师，王仁赡加检校太傅，石熙载加刑部侍郎，文武从臣进秩有差。十一月庚辰，放道士丁少微归华山。己丑，畋近郊。辛卯，忻州言与契丹战，破之。关南言破契丹，斩首万余级。十二月丁未，占城国遣使来贡。丁卯，畋近郊。置诸州司理判官。

五年春正月庚辰，诏宣慰河东诸州。壬午，新作天驷左、右监，以左、右飞龙使为左、右天厩使，闲厩使为崇仪使。庚寅，改端明殿学士为文明殿学士。二月戊辰，斩徐州妖贼李绪等七人。废顺化军。三月戊子，会亲王、宰相、淮海国王及从臣蹴鞠大明殿。己丑，左监门卫上将军刘帐卒，追封南越王。癸巳，代州言宣徽南院使潘美败契丹之师于雁门，杀其驸马侍中萧咄李，获都指挥使李重海。闰三月丙午，幸水砲，因观鱼。甲寅，亲试礼部举人。丁巳，亲试诸科举人。庚午，幸讲武池观习楼船。辛未，甘、沙州回鹘遣使以橐驼名马来献。夏四月癸未，亲试应百篇举赵昌国，赐及第。壅汾河晋祠水灌太原，隳其故城。是月，寿州风雹，冠氏县雨雹。五月癸卯朔，大霖雨。辛酉，命宰相祈晴。六月壬午，高丽国王遣使来贡。是月，颍州大水，徐州白沟溢入城。秋七月丁未，讨交州黎桓，命兰州团练使孙全兴、八作使张濬、左监门卫将军崔亮、宁州刺史刘澄、军器库副使贾湜、阁门祇候王僎并为部署。全兴、濬、亮由邕州，澄、湜、僎由廉州，各以其众致讨。庚申，北海蚝蚨生。八月甲申，西南蕃主龙琼琚使其子罗若从并诸州蛮来贡。九月癸卯，黎桓遣使为丁璿上表求袭位。甲辰，史馆上《太祖实录》。壬戌，畋近郊。冬十月戊寅，大发兵屯关南及镇、定州。己丑，

发京师，至雄州，民治道。甲午，命侍卫马军都指挥使米信护定州屯兵。十一月庚子朔，安南静海军节度行军司马、权知州事丁璿上表求袭位，不报。丙午，以秦王廷美为东京留守，王仁赡为大内都部署，陈从信副之。己酉，帝伐契丹。壬子，发京师。癸丑，次长垣县。关南与契丹战，大破之。以河阳三城节度使崔彦进为关南都部署。戊午，驻跸大名府。诸军及契丹大战于莫州，败绩。十二月甲戌，大阅，遂宴崛殿。卫士有盗获獐者当坐，诏特释之。戊寅，以保静军节度使刘遇、威塞军节度使曹翰为幽州东、西路部署。庚辰，发大名府，因校猎。乙酉，帝至自大名府。交州行营与贼战，大破之。

六年春正月癸卯，置平塞、静戎二军。辛亥，易州破契丹数千众。丙寅，改静戎军为安静军。二月己卯，命宰臣祷雨。三月己酉，兴元尹德芳薨，追封岐王。癸丑，诏令诸路转运使察官吏贤否以闻。丙辰，置破虏、平戎二军。丁巳，高昌国遣使来贡。壬戌，交州行营破贼于白藤江口，获战舰二百艘，知邕州侯仁宝死之。会炎瘴，军士多死者，转运使许仲宣驿闻，诏班师。诏斩刘澄、贾湜于军中，征孙全兴下狱。令诸州长吏五日一虑囚。夏四月辛未，幸太平兴国寺祷雨。丙戌，高丽国遣使来贡。禁西川诸州白衣巫师。罢湖州织罗，放女工。五月己未，雨。降死罪囚，流以下释之。平塞军与契丹战，破之。六月甲戌，司空、平章事薛居正薨。七月丙午，诏渤海琰府王助讨契丹。是月，延州、鄜、宁、河中大水，宋州蝗。九月乙未朔，日有食之。甲辰，左拾遗田锡上疏极谏，诏嘉奖之。丙午，置京朝官差遣院，初令中书舍人郭贽等考校课绩。辛亥，以赵普为司徒，石熙载为枢密使。壬子，诏求直言。丙辰，易州言破契丹。斩縣州妖贼王禧等十人。冬十月癸酉，群臣三奉表上尊号曰应运统天睿文英武大圣至明广孝皇帝，许之。甲申，以河阳三城节度使崔彦进为关南都部署，侍卫马军都指挥使米信为定州都部署。丙戌，校历代医书。甲午，诏作苏州太一宫成。十一月丁酉，监察御史张白坐知蔡州日假官钱籴粜，弃市。甲辰，改武德司为皇城司。女真遣使来贡。辛亥，祀天地于圜丘，大赦。御乾元殿受尊号，内外文武加恩。壬子，令诸州监临官有所闻见传闻须面陈者，俟报。丁巳，交州行营部署孙全兴弃市。辛酉，以枢密使楚昭辅为左骁卫上将军。十二月癸酉，购求医书。己卯，畋近郊。己丑，诸道节度州置观察支使，奉料同掌书记，仍不得并置。辛卯，禁民私市近界部落马。

七年春正月甲午朔，不受朝，群臣诣阁称贺。壬戌，定舆服等差及婚取丧葬仪制。二月甲申，改关南为高阳关，徙并州治唐明镇。乙酉，特贳庐州管内逋米万七千二百四十石。三月癸巳朔，日有食之。乙未，以秦王廷美为西京留守。乙巳，以旱分遣中黄门遍祷方岳。交州以王师致讨，遣使来谢。壬子，赐秦王袭衣、通犀带、钱十万。是月，舒州上玄石有白文曰"丙子年出赵号二十一帝"。宣州雪霜，杀桑害稼。北阳县蝗，飞鸟数万食之尽。夏四月甲子，以枢密直学士窦偁、中书舍人郭贽并参知政事，如京使柴禹锡为宣徽北院使兼枢密副使。戊辰，中书侍郎兼兵部尚书、平章事卢多逊罢为兵部尚书。丁丑，西京留守、

秦王廷美罢归第，复其子德恭、德隆名皇侄，女韩氏妇落皇女、云阳公主之号。卢多逊褫职流崖州，并徙其家，期周以上亲悉配远裔。庚辰，左仆射、平章事沈伦罢为工部尚书。禁河南诸州私铸铅锡恶钱及轻小钱。是月，润州大水。五月辛丑，崔彦进败契丹于唐兴。戊申，虑囚。己酉，夏州留后李继捧献其银、夏、绥、宥四州。辛亥，三交行营言，潘美败契丹之师于雁门，破其垒三十六。丙辰，秦王廷美降封涪陵县公，房州安置。以崇仪副使阎彦进知房州，监察御史袁廓通判军州事，各赐白金三百两。己未，府州破契丹于新泽砦，获其将校以下百人。是月，陕州蝗，芜湖县雨雹。六月乙亥，遣使发李继捧缌麻已上亲赴阙，其弟继迁奔地斤泽。丙子，置译经院。是月，河决临济县。汉阳军大水。秋七月甲午，以子德崇为检校太保、同平章事，封卫王；德明为检校太保、同平章事，封广平郡王。乙卯，工部尚书沈伦以左仆射致仕。是月，河决范济口。淮水、汉水、易水皆溢。阳谷县蝗。关、陕诸州大水。八月庚申朔，太子太师王溥薨。己卯，诏川、峡诸州官织锦绮、鹿胎、透背、六铢、欹正、龟壳等悉罢之，民间勿禁。九月己丑朔，西京诸道系籍沙弥，令祠部给牒。甲寅，贵妃孙氏薨。邠州蝗。冬十月癸亥，诏河南吏民不得阑出边关侵挠略夺，违者论罪，有得羊马生口者还之。戊辰，幸金明池，御龙舟观习水战。河决武德县，蠲临河民租。己卯，左谏议大夫、参知政事窦偁卒。癸卯，《乾元历》成。是月，岳州田鼠食稼。十一月己酉，以李继捧为彰德军节度使。禁民丧葬作乐。十二月戊午朔，日有食之。庚午，蠲两浙诸州太平兴国六年以前通租。戊寅，高丽国王伷卒，其弟治遣使求袭位，诏立治为高丽国王。闰月戊子朔，丰州与契丹战，破之，获其天德军节度使萧太。占城国献驯象。丙申，狩近郊。辛亥，诏赦银、夏等州常赦所不原者。诸州置农师。

八年春正月己卯，以东上阁门使王显为宣徽南院使，酒坊使弭德超为北院使，并兼枢密副使。癸未，诏令州、县长吏延问高年耆德。二月戊子朔，日有食之。丁酉，禁内属部落私市女口。三月庚申，以右谏议大夫宋琪为参知政事。丰州破契丹兵，降三千余帐。癸亥，分三司，各置一使。癸酉，幸金明池，观习水战。丙子，亲试礼部举人。甲申，除福建诸州盐禁。夏四月壬寅，班《外官戒谕辞》。壬子，流枢密副使弭德超于琼州，并徙其家。乙卯，幸枢密使石熙载第视疾。五月丁卯，诏作太一宫于都城南。黎桓自称三使留后，遣使来贡，并上丁琏让表。诏谕桓送琏母子赴阙，不听。丁亥，流威塞军节度使曹翰于登州。乙亥，诏长吏诱致关、陇流亡。是月，河决滑州，过澶、濮、曹、济，东南入于淮。相州风雹。六月己亥，以王显为枢密使，柴禹锡为宣徽南院使兼枢密副使。己酉，兖州泰山父老及瑕丘等七邑民诣阙请封禅。是月，谷、洛、瀍、涧溢，坏官民舍万余区，溺死者以万计，巩县坏殆尽。秋七月辛未，参知政事郭贽罢为秘书少监。庚辰，加宋琪刑部尚书，以工部尚书李昉参知政事。是月，河、江、汉、滹沱及祁之资、沧之胡卢、雄之易恶池水皆溢为患。八月壬辰，以大水故，释死罪以下。丁酉，山后两林蛮来贡。溪、

锦、叙、富四州蛮来附。庚戌，以枢密使石熙载为右仆射。辛亥，增《谥法》。诏军国政要令参知政事李昉及枢密院副使一人录送史馆。九月癸丑朔，占城国献驯象。初置水陆路发运于京师。是月，睢溢，浸田六十里。冬十月戊戌，改卫王德崇名元佐，广平郡王德明名元祐，德昌名元休，德严名元隽，德和名元杰。己巳，进元佐为楚王、元祐陈王，封元休韩王、元隽冀王、元杰益王，并检校太保、同平章事。司徒、兼侍中赵普罢为武胜军节度使。十一月壬子朔，以参知政事宋琪、李昉并平章事。癸丑，除川、峡民祖父母父母在别籍异财弃市律。己巳，太一宫成。壬申，以翰林学士李穆、吕蒙正、李至并参知政事，枢密直学士张齐贤、王沔并同签署枢密院事。庚辰，置侍读官。十二月壬午朔，诏绥、银、夏等州官吏招诱没界外民归业，仍给复三年。丁亥，赐河北、河东缘边戍卒襦，京城诸军米。淮海国王钱俶三上表乞解兵马大元帅、国王、尚书中书令、太师等官。罢元帅名，余不许。西人寇宥州，巡检使李谔击走之。是月，醴泉县水中草变为稻。滑州河决。

雍熙元年春正月壬子朔，不受朝，群臣诣阁拜表称贺。戊午，右仆射石熙载薨。壬戌，购逸书。丁卯，涪陵县公廷美薨，追封涪陵王。壬申，蠲诸州民去年官所贷粟。癸酉，左谏议大夫、参知政事李穆卒。三月丁巳，滑州河决既塞，帝作《平河歌》赐近臣，蠲水所及州县今年租。癸未，以涪陵王子德恭、德隆为刺史，婿韩崇业为静难军司马。是月，甘露降太一宫庭。夏四月乙酉，泰山父老诣阙请封禅。戊子，群臣表请凡三上，许之。甲午，幸金明池，观习水战，因幸讲武台观射，赐武士帛。五月庚戌朔，除江南盐禁。辛亥，幸城南观麦，赐刈者钱帛。罢诸州农师。壬子，西州回鹘与波斯外道来贡。丁丑，乾元、文明二殿灾。己卯，以京官充堂后官。六月丁亥，诏求直言。己丑，遣使按察两浙、淮南、西川、广南狱讼。镇安军节度使、守中书令石守信薨。庚寅，令诸州长吏十日一虑囚。壬寅，诏罢封泰山。甲辰，禁边臣境外种莳。秋七月壬子，改乾元殿为朝元殿，文明殿为文德殿，丹凤门为乾元门，改匦院为登闻鼓院，东延恩匦为崇仁检院，南招谏匦为思谏检院，西申冤匦为申明检院，北通玄匦为招贤检院。八月丁酉，亲祠太一宫。壬寅，河水溢。是月，淄州大水。九月壬戌，群臣表三上尊号曰应运统天睿文英武大圣至仁明德广孝皇帝，不许，宰相叩头固请，终不许。丙寅，幸并河新仓。冬十月甲申，赐华山隐士陈抟号希夷先生。夏州言捕击李继迁，获其母妻，俘千四百余帐，继迁走。壬辰，禁布帛不中度者。癸巳，岚州献牝兽，一角，并瑞物六十三种图付史馆。戊戌，忠州录事参军卜元干坐受赇枉法，杖杀之。十一月壬子，高丽国王遣使来贡。丁巳，祀天地于圜丘，大赦，改元，中外文武官进秩有差。癸酉，以浦城童子杨亿为秘书省正字。十二月庚辰，淮海国王钱俶徙封汉南国王。癸未，赐京畿高年帛。丁亥，罢岭南采珠场。壬辰，立德妃李氏为皇后。丙申，御乾元门，赐京师大酺三日。戊戌，大雨雪。

卷五　　本纪第五

太宗二

二年春正月丙辰，以德恭为左武卫大将军、判济州，封定安侯；德隆为右武卫大将军、判沂州，封长宁侯。右补阙刘蒙叟通判济州，起居舍人韩俭通判沂州。乙丑，赐德恭、德隆常奉外支钱三百万。二月戊寅，权交州留后黎桓遣使来贡。乙未，夏州李继迁诱杀汝州团练使曹光实。己亥，占城遣使来贡。三月己未，亲试礼部举人。江南民饥，许渡江自占。夏四月乙亥朔，遣使行江南诸州，振饥民及察官吏能否。戊寅，遣忠武军节度使潘美复屯三交口。己卯，诏以帝所生官舍作启圣院。己丑，殿前承旨王著坐监资州兵为奸赃，弃市。庚子，甘露降后苑。辛丑，夏州行营破西蕃息利族，斩其代州刺史折罗遇并弟埋乞，又破保、洗两族，降五十余族。五月甲子，幸城南观麦，赐田夫布帛。天长军螟生。六月甲戌朔，河西行营言，获岌罗腻等十四族，焚千余帐。戊子，复禁盐、榷酤。秋七月庚申，诏诸道转运使及长吏，宜乘丰储廪以防水旱。八月癸酉朔，遣使按问两浙、荆湖、福建、江南东西路、淮南诸州刑狱，仍察官吏勤惰以闻。癸巳，西南奉化王子以慈来贡。是月，瀛、莫二州大水。九月丙午，以岁无兵凶，除十恶、官吏犯赃、谋故劫杀外，死罪减降，流以下释之，及蠲江、浙诸州民逋租。庚戌，重九，赐近臣饮于李昉第，召诸王、节度使宴射苑中。是夕，楚王宫火。辛亥，废楚王元佐为庶人，均州安置。丁巳，群臣请留元佐养疾京师，许之。己未，西南蕃王遣使来贡。己巳，禁海贾。闰月癸未，太白入南斗。甲申，幸天驷监，赐从臣马。乙未，禁邕管杀人祭鬼及僧人置妻孥。己亥，均州献一角兽。冬十月辛丑朔，虑囚。丙午，以天竺僧天息灾、施护、法天并为朝请大夫、试鸿胪少卿。己酉，汴河主粮胥吏坐夺漕军口粮，断腕徇于河畔三日，斩之。甲寅，黎邛部蛮王子来贡。十一月壬午，狩于近郊，以所获献太庙，著为令。戊子，祷雪。辛卯，诏在官丁父母忧者并放离任。十二月庚子朔，日有食之。癸卯，南康军言，雪降三尺，大江冰合，可胜重载。丁未，遣中使赐缘边戍卒襦裤。丙辰，门下侍郎兼刑部尚书、平章事宋琪罢守本官。

三年春正月辛未，右武卫大将军、长宁侯德隆薨，以其弟德彝嗣侯，仍知沂州。庚辰，夜漏一刻，北方有赤气如城，至明不散。己丑，知雄州贺令图等请伐契丹，取燕、蓟故地。庚寅，北伐，以天平军节度使曹彬为幽州道行营前军马步水陆都部署，河阳三城节度使崔彦进副之；侍卫马军都指挥使、彰化军节度使米信为西北道都部署，沙州观察使杜彦圭副之，以其众出雄州；侍卫步军都指挥使、静难军节度使田重进为定州路都部署，出飞狐。戊戌，参知政事李至罢为礼部侍郎。二月壬子，以检校太师、忠武军节度使潘美为云、应、朔等州都部署，云州观察使杨业副之，出鴈门。三月癸酉，曹彬与契丹兵战固安南，克其城。丁丑，田重进战飞狐北，又破之。潘美自西陉入，与契丹兵遇，追至寰州，执其刺史赵彦辛，辛以城降。辛巳，曹彬克涿州。潘美围朔州，其节度副使赵希赞以城降。癸未，田重进战飞狐北，获其西南面招安使大鹏翼、康州刺史马赟、马军指挥使何万通。乙酉，曹彬败契丹于涿州南，杀其相贺斯。丁亥，潘美师至应州，其节度副使艾正、观察判官宋雄以城降。司门员外郎王延范与秘书丞陆坦、戎城县主簿田辩、术士刘昂坐谋不轨，弃市。庚寅，武宁军节度使、同平章事、岐国公陈洪进卒。辛卯，田重进攻飞狐，其守将吕行德、张继从、刘知进等举城降，以其县为飞狐军。占城国遣使来贡。丙申，进围灵丘，其守将穆超以城降。夏四月辛丑，潘美克云州。田重进战飞狐北，破其众。壬寅，曹彬、米信战新城东北，又破之。己酉，田重进再战飞狐北，再破之，杀二将。乙卯，重进至蔚州，其牙校李存璋、许彦钦杀大将萧啜理，执其监城使、同州节度使耿绍忠以城降。五月庚午，曹彬之师大败于岐沟关，收余众夜渡拒马河，退屯易州，知幽州行府事刘保勋死之。丙子，召曹彬、崔彦进、米信归阙，命田重进屯定州，潘美还代州。徙云、应、寰、朔吏民及吐浑部族，分置河东、京西。会契丹十万众复陷寰州，杨业护送迁民遇之，苦战力尽，为所禽，守节而死。六月戊戌朔，日有食之。甲辰，以御史中丞辛仲甫为参知政事。秋七月庚午，贬曹彬为右骁卫上将军，崔彦进为右武卫上将军，米信为右屯卫上将军，杜彦圭为均州团练使。应群臣、列校死事及陷敌者，录其子孙。壬午，徙山后降民至河南府、许汝等州。丁亥，以签署枢密院事张齐贤为给事中、知代州。癸巳，阶州福津县有大山飞来，自龙帝峡壅江水逆流，坏民田数百里。甲午，诏改陈王元祐为元僖，韩王元休为元侃，冀王元隽为元份。八月丁酉朔，以王沔、张宏并为枢密副使。丁未，大雨，遣使祷岳渎，至夕雨止。剑州民饥，遣使振之，因督捕该州盗贼。辛亥，降潘美为检校太保，赠杨业太尉、大同军节度使。九月丙寅朔，减两京诸州系囚流以下一等，杖罪释之。赐所徙寰、应、蔚等州民米，昇、宣等十四州雍熙二年官所振贷并蠲之。戊寅，赐北征军士阵亡者家三月粮。冬十月甲辰，以陈王元僖为开封尹。壬子，高丽国王遣使来贡。庚申，诏以权静海军留后黎桓为本军节度。十一月丙戌，幸建隆观、相国寺祈雪。十二月乙未朔，大雨雪，宴群臣玉华殿。己亥，定ът田重进入契丹界，攻下岐沟关。壬寅，契丹败刘廷让军于君子馆，执先锋将贺令图，高阳关部署杨重进死之。壬子，建房州为保康军，以右卫上将军刘继元为节度使。代州副部署卢汉赟败契丹于土镫堡，斩获甚众，杀监军舍利二人。是岁，寿州大水，濮州蝗。

四年春正月甲子朔，不受朝，群臣诣阁拜表称贺。己卯，遣使按问西川、岭南、江浙等路刑狱。丙戌，诏："应行营将士战败溃散者并释不问，缘边城堡备御有劳可纪者所在以闻。瘗暴骸，死事者廪给其家，录死事文武官子孙。蠲河北雍熙三年以前逋租，敌所蹂践者给复三年，军所过二年，余一年。"二月丙申，以汉南国王钱俶为武胜军节度使，徙封南阳国王。丁酉，缮治河北诸州、军城隍。甲寅，钱俶改封许王。三月庚辰，诏申严考绩。夏四月癸巳朔，以御史中丞赵昌言为右谏议大夫、枢密副使。乙未，诏诸州郡暑月五日一涤囹圄，给饮浆，病者令医治，小罪即决之。丁未，幸金明池观水嬉，遂习射琼林苑，登楼，掷金钱缯彩于楼下，纵民取之。并水陆发运为一司。五月丙寅，遣使市诸道民马。庚辰，改殿前司日骑为捧日，骁猛为拱辰，雄勇为神勇，上铁林为殿前司虎翼，腰弩为神射，侍卫步军司铁林为侍卫司虎翼。丁亥，诏诸州送医术人校业太医署。赐诸将阵图。六月丁酉，以右骁卫上将军刘廷让为雄州都部署。戊戌，以彰国军节度使、驸马都尉王承衍为贝、冀都部署，郭守文及郓州团练使田钦祚并为北面排阵使。庚子，定国军节度使崔翰复为高阳关兵马都部署。是月，郦州献马，前足如牛。秋七月丙寅，幸讲武池观鱼。是月，置三班院。八月庚子，免诸州吏所逋京仓米二十六万七千石。九月癸亥，校医术人，优者为翰林学生。冬十月丙午，流雄州都部署刘廷让于商州。壬子，左仆射致仕沈伦薨。十一月庚辰，诏以实数给百官奉。十二月壬寅，幸建隆观、相国寺祈雪。庚戌，畋近郊。丁巳，大雨雪。

端拱元年春正月己未朔，不受朝，群臣诣阁拜表称贺。乙亥，亲耕籍田。还，御丹凤楼，大赦，改元。除十恶、官吏犯赃至杀人者不赦外，民年七十以上赐爵一级。癸未，幸玉津园习射。乙酉，禁用酷刑。是月，澶州黄河清。二月乙未，改左、右补阙为左、右司谏，左、右拾遗为左、右正言。丙申，禁诸州献珍禽奇兽。己亥，诏瀛州民为敌所侵暴者赐三年租，复其役五年。庚子，以籍田，开封尹、陈王元僖进封许王，元侃襄王，元份越王，钱俶邓王，中书门下平章事李昉为尚书右仆射，参知政事吕蒙正同中书门下平章事，枢密使王显加检校太傅，给事中、许国公赵普守太保兼侍中，参知政事辛仲甫加户部侍郎，枢密副使赵昌言加工部侍郎，枢密副使王沔为参知政事，御史中丞张宏为枢密副使，余内外并加恩。甲辰，升建州为建宁军节度。庚戌，以子元偓为左卫上将军、徐国公，元偁为右卫上将军、泾国公。三月甲戌，贬枢密副使赵昌言为崇信军行军司马。乙亥，郑州团练使侯莫陈利用坐不法，配商州禁锢，寻赐死。癸未，幸玉津园习射。废水陆发运司。夏四月丁亥，赐京城高年帛。己丑，加高丽国王治、静海军节度使黎桓并检校太尉。五月辛酉，置秘阁于崇文院。辛未，感德军节度使李继捧赐姓赵氏，名保忠。壬申，以保忠为定难军节度使。闰五月辛卯，以洺州防御使刘福为高阳关兵马都部署，濮州防御使杨赞为贝州兵马都部署。乙未，赐诸州高年爵公士。丁酉，交州黎桓遣使来贡。壬寅，亲试礼部进士及下第举人。六月丙辰朔，右领军卫大将军陈廷山谋反，伏诛。丁丑，改湖南节度为武安军节度。亲试进士、诸科举人。秋七月丙午，除西川诸州盐禁。辛亥，忠武军节度使潘美知镇州。八月乙卯，寿星见丙地。甲子，以宣徽南院使郭守文为镇州路都部署。戊寅，太师、邓王钱俶薨，追封秦国王，谥忠

懿。庚辰，幸太学，命博士李觉讲《易》，赐帛，遂幸玉津园习射。是月，凤凰集广州清远县廨合欢树，树下生芝三茎。九月乙酉朔，以侍卫马军都指挥使李继隆为定州都部署。冬十月壬午，以侍卫步军都指挥使戴兴为澶州都部署。癸未，诏罢游猎，五方所畜鹰犬并放之，诸州毋以为献。十一月甲申朔，高丽王遣使来贡。己丑，郭守文破契丹于唐河。十二月辛未，以夏州蕃落使李继迁为银州刺史，充洛苑使。

二年春正月癸未朔，不受朝，群臣诣阁拜表称贺。壬辰，以涪州观察使柴禹锡为澶州兵马都部署。癸巳，诏议北伐。二月壬子朔，令河北东、西路招置营田。癸丑，诏录将校官吏军功及死事使臣、官吏子孙，士卒廪给其家三月。平塞、天威、平定、威虏、静戎、保塞、宁边等军，祁、易、保、定、镇、邢、赵等州民，除雍熙四年正月丙戌诏给复外，更给复二年；霸、代、洺、雄、莫、深等州，平房、岢岚军，更给复一年。戊午，罢乘传银牌，复给枢密院牒。以太仓粟贷京畿饥民。癸亥，作方田。戊辰，以国子监为国子学。三月辛卯，命高琼为并、代都部署。壬寅，亲试礼部举人。夏四月丁巳，置富顺监。辛未，幸赵普第视疾。五月戊戌，以旱虑囚，遣使决诸道狱。是夕，雨。秋七月甲申，以知代州张齐贤为刑部侍郎、枢密副使，盐铁使张逊为宣徽北院使、签署枢密院事。戊子，有彗出东井，上避正殿，减常膳。辛丑，契丹犯威虏军，崇仪使尹继伦击破之，杀其相皮室，大将于越遁去。八月丙辰，大赦，是夕，彗不见。癸亥，诏作开宝寺舍利塔成。九月壬午，邛部川、山后百蛮来贡。冬十月辛未，以定难军节度使赵保忠同平章事。以岁旱、彗星谪见，诏曰："朕以身为牺牲，焚于烈火，亦未足以答谢天谴。当与卿等审刑政之阙失、稼穑之艰难，恤物安人，以祈玄祐。"十二月辛亥，置三司都磨勘官。丙辰，大雨雪。庚申，诏令四方所上表祇称皇帝。群臣请复尊号，不许。辛酉，上法天崇道文武皇帝，诏去"文武"二字，余许之。三佛齐国遣使来贡。

淳化元年春正月戊寅朔，减京畿系囚流罪以下一等。改元，内外文武官并加勋阶爵邑，中书舍人、大将军以上各赐一子官。赐鳏寡孤独钱，除逋负。受尊号，改乾明节为寿宁节。戊子，诏作清心殿。二月丁未朔，除江南、两浙、淮西、岭南诸州渔禁。己酉，改大明殿为含光殿。三月丙子朔。乙未，幸西京留守赵普第视疾。夏四月庚戌，遣中使诣五岳祷雨，虑囚，遣使分决诸道狱。甲寅，诏尚书省四品、两省五品以上举转运使及知州、通判。五溪蛮田汉权来附。戊午，建婺州为保宁军节度。丙寅，命殿前副都指挥使戴兴为镇州都部署。五月甲午，给致仕官半奉。辛卯，置详覆、推勘官。六月丙午，罢中元、下元张灯。庚午，太白昼见。秋七月丁丑，太白复见。是月，吉、洪、江、蕲、河阳、陇城大水。开封、陈留、封丘、酸枣、鄢陵旱，赐今年田租之半，开封特给复一年。京师贵籴，遣使于廪减价分粜。八月乙巳，毁左藏库金银器皿。己巳，禁川峡、岭南、湖南杀人祀鬼，州县察捕，募告者赏之。庚午，西南蕃主使其子龙汉兴来贡。是月，京兆长安八县

旱,赐今年租十之六。蠲舒州宿松等三处鱼池税。九月辛巳,荧惑入太微垣。大宴崇政殿。禁川峡民父母在出为赘婿。是月,蠲沧、单、汝三州今年租十之六。冬十月甲辰,交州黎桓遣使来贡。乙巳,荧惑陵左执法。乙丑,知白州蒋元振、知须城县姚益恭并以清干闻,下诏褒谕,赐粟帛。是月,以乾郑二州、河南寿安等十四县旱,州蠲今年租十之四,县蠲其税。十一月戊戌,太白昼见。是月,蠲大名府管内今年租十之七。十二月乙巳,占城遣使来贡。乙卯,高丽国遣使来贡。辛酉,诏中外所上书疏及面奏制可者,并下中书、枢密、三司中覆颁行。是岁,洪、吉、江、蕲诸州水,河阳大水。曹、单二州有蝗,不为灾。开封、大名管内及许、沧、单、汝、乾、郑等州,寿安、长安、天兴等二十七县旱。深冀二州、文登牟平两县饥。

二年春正月壬申朔,不受朝,群臣诣阁拜表称贺。丙子,遣商州团练使翟守素帅兵援赵保忠于夏州。乙酉,置内殿崇班、左右侍禁,改殿前承旨为三班奉职。丙戌,荧惑犯房。己丑,诏陕西诸州长吏设法招诱流亡,复业者计口贷粟,仍给复二年。二月癸丑,尽易官殿彩绘以赭垩。监察御史祖吉坐知晋州日为奸赃,弃市。乙丑,斩夔州乱卒谢荣等百余人于市。闰月辛未朔,日有食之。戊寅,祷雨。丁亥,诏内外诸军,除木枪、弓弩矢外不得蓄他兵器。己丑,诏京城蒲博者,开封府捕之,犯者斩。命近臣兼差遣院流内铨。是月,河水溢,鄄城县蝗,汴河决。三月乙卯,幸金明池,御龙舟,遂幸琼林苑宴射。己巳,以岁蝗旱祷雨弗应,手诏宰相曰蒙正等:"朕将自焚,以答天谴。"翌日而雨,蝗尽死。夏四月庚午,罢端州贡砚。辛巳,以张齐贤、陈恕并参知政事,张逊兼枢密副使,温仲舒、寇准并为枢密副使。是月,河水溢,虞乡等七县民饥。五月己亥朔,诏减两京诸州系囚流以下一等,杖罪释之。庚子,置诸路提点刑狱官。丙辰,左正言谢泌以敢言擢右司谏,赐金紫,钱三十万。六月甲戌,忠武军节度使、同平章事潘美卒。命张永德为并、代都部署。乙酉,以汴水决浚仪县,帝亲督卫士塞之。庚寅,禁陕西缘边诸州阑出生口。是月,楚丘、鄄城、淄川三县蝗,河水、汴水溢。秋七月己亥,诏陕西缘边诸州饥民鬻男女入近界部落者,官赎之。李继迁奉表请降,以为银州观察使,赐国姓,改名保吉。是月,乾宁军蝗,许、雄、嘉三州大水。八月己卯,置审刑院。己丑,雅州言登订山崩。九月丁酉朔,户部侍郎、参知政事王沔,给事中、参知政事陈恕并罢守本官。己亥,中书侍郎兼户部尚书、平章事吕蒙正罢为吏部尚书,以右仆射李昉、参知政事张齐贤并平章事,翰林学士贾黄中、李沆并为给事中、参知政事。帝飞白书"玉堂之署"四字,以赐翰林承旨苏易简。壬寅,邛部川蛮来贡。癸卯,罢枢密使王显为崇信军节度使。甲辰,以张逊知枢密院事,温仲舒、寇准同知院事。十一月丙申朔,复百官次对。乙巳,罢京城内外力役土功。己酉,幸建隆观、相国寺祈雪。十二月丙寅朔,行入阁仪。乙亥,赐秦州童子谭孺卿本科出身。癸未,保康军节度使刘继元卒,追封彭城郡王。大雨,无冰。是岁,女真表请伐契丹,诏不许,自是遂属契丹。大名、河中、绛、濮、陕、曹、济、同、淄、单、德、徐、晋、辉、磁、博、汝、充、虢、汾、郑、亳、庆、许、齐、滨、棣、沂、贝、卫、青、霸等州旱。

三年春正月癸卯,大雨雪。乙巳,诏常参官举可任升朝官者。丙午,诏宰相、侍从举可任转运使者。二月乙巳朔,日有食之。三月乙未朔,以赵普为太师,封魏国公。戊戌,亲试礼部举人。辛丑,亲试诸科举人。戊午,以高丽宾贡进士四十人并为秘书省秘书郎,遣还。庚申,帝幸金明池观水戏,纵京城观者,赐高年白金器皿。夏四月丁丑,诏江南、两浙、荆湖吏民之配岭南者还本郡禁锢。癸未,上作《刑政》、《稼穑》诗赐近臣。五月甲午朔,御文德殿,百官入阁。壬寅,诏御史府所断徒罪以上狱具,令尚书丞郎、两省给舍一人虑问。丁未,户部郎中田锡、通判殿中丞郭渭坐稽留刑狱,并责州团练副使,不签署州事。戊申,诏太医署良医视京城病者,赐钱五十万具药,中黄门一人按视之。己酉,以旱,遣使分行诸路决狱。是夕,雨。辛亥,置理检司。甲寅,诏作秘阁。六月丁丑,大风,昼晦,京师疫解。戊寅,虑囚。甲申,飞蝗自东北来,蔽天,经西南而去。是夕,大雨,蝗尽死。庚寅,以殿前都虞候王昭远为并、代兵马都部署。辛卯,置常平仓。秋七月己酉,太师、魏国公赵普薨,追封真定王。是月,许、汝、充、单、沧、蔡、齐、贝八州蝗,洛水溢。八月戊辰,以秘阁成,赐近臣宴。壬申,召终南山隐士种放,不至。庚辰,阇婆国遣使来贡。丁丑,释岭南东、西路罚作荷校者。九月丙申,遣官祈晴京城诸寺观。甲寅,幸天驷监,赐从臣马。乙卯,群臣上尊号曰法天崇道明圣仁孝文武皇帝,凡五表,终不许。冬十月辛酉朔,折御卿进白花鹰,放之,诏勿复献。戊寅,始置京朝、幕职、州县官考课,并校三班殿最。戊子,高丽、西南蕃皆遣使来贡。十一月己亥,许王元僖薨。甲申,虑囚,降徒流以下一等,释杖罪。赵保忠贡鹘,号"海东青",还之。己未,禁两浙诸州巫师。置三司主辖收支官。是月,蔡州建安大火。十二月丁卯,大雨雪。己卯,占城国王杨陀排遣使来贡。是月,雄州言大火。是岁,润州丹徒县饥,死者三百户。

四年春正月庚寅朔,享太室,群臣诣斋宫拜表称贺。辛卯,祀天地于圜丘,以宣祖、太祖配,大赦。乙未,大雨雪。高丽国遣使来贡。乙巳,藏才西族首领罗妹以良马来献。二月己未朔,日有食之。壬戌,召赐京城高年帛,百岁者一人加赐涂金带。是日,雨雪,大寒,再遣中使赐孤老贫穷人千钱、米炭。置昭宣使。癸亥,废沿江榷货八务。乙丑,加高丽国王王治检校太师,静海军节度使黎桓封交趾郡王。己卯,诏以江、浙、淮、陕饥,遣使巡抚。诏分遣近臣巡抚诸道,有可惠民者得便宜行事,吏罢软、苛刻者上之,诏令有未便者附传以闻。丙戌,置审官院、考课院。永康军青城县民王小波聚徒为寇,杀眉州彭山县令齐元振。是月,商州大雨雪。三月壬子,诏权停贡举。四月己卯,诸司奉行公事不得辄称圣旨。五月戊申,罢盐铁、户部、度支等使,置三司使。六月戊午朔,诏中丞已下皆亲临鞫狱。丙寅,吏部侍郎、平章事张齐贤罢为尚书左丞。壬申,宣徽北院使、知枢密院事张逊贬右领军卫将军,右谏议大夫、同知院事寇准罢守本官。以涪州观察使柴禹锡为宣徽北院使、知枢密院事,枢密直学士吕端参知政事,刘昌言同知枢密院事。戊寅,初复给事中封驳。七月丁酉,大雨。戊戌,复沿江务,置诸路茶盐制置使。八月丙辰朔,日有食之。癸酉,以向敏中、张咏始同知银台、通进司,视章奏应牍以稽出入。九月丙申,诏诸杂除禁锢人,州县有阙,得次补以责效,能自新勤干者具闻再叙。乙巳,以给事中封驳隶银台、通进司。丙午,命侍从举任才堪五千户以上县令者二人。自七月雨,至是不止。是月,河水溢,坏澶州。江溢,陷涪州。诏溺死者给敛具,澶人千钱涪人铁钱三千,仍发廪以振。冬十月壬戌,罢诸路提点刑狱司。庚午,始分天下州县为十道,两京为左右计,各署判官领之,置三司使二员。辛未,右仆射、平章事李昉,给事中、参知政事贾黄中、李沆,左谏议大夫、同知枢密院事温仲舒并罢守本官。以吏部尚书吕蒙正平章事,翰林学士苏易简为给事中、参知政事;枢密都承旨赵镕为宣徽北院使,枢密直学士向敏中为右谏议大夫,并同知枢密院事。丁丑,以右谏议大夫赵昌言为给事中、参知政事。辛巳,遣使按行畿县,民田被水者蠲其租。是月,河决澶州,西北流入御河。闰月辛卯,幸水砦观鱼。己酉,置三司总计度使。十一月丁巳,万安州献六眸龟。癸酉,还陇西州所献白鹰。十二月辛丑,大雨雪。戊申,西川都巡检使张玘与王小波战江原县,死之。小波中流矢死,众推其党李顺为帅。

　　五年春正月甲寅朔,不受朝,群臣诣阁拜表称贺。戊午,李顺陷汉州,己未,陷彭州。乙丑,虑囚,流罪以下释之。己巳,李顺陷成都,知府郭载奔梓州,顺入据之,贼兵四出攻劫州县。遣使振宋、亳、陈、颍州饥民,别遣决诸路刑狱,应因饥劫藏粟,诛为首者,余减死。癸酉,以侍卫马军都指挥使李继隆为河西行营都部署,讨李继迁。甲戌,命昭宣使王继恩为两川招安使,讨李顺。诏诸州能出粟贷饥民者赐爵。辛巳,诏除两京诸州淳化三年逋负。二月乙未,李顺分攻剑州,都监西京作坊副使上官正、成都监军供奉官宿翰合击,大破之,斩馘殆尽。丙午,幸南御庄观稼。己酉,以益王元杰为淮南、镇江等军节度使,徙封吴王。辛亥,诏除剑南东西川、峡路诸州主吏民卒淳化五年以前逋负。三月乙亥,赵保忠为赵保吉所袭,奔还夏州,指挥使赵光嗣执之以献,李继隆师入夏州。交阯郡王黎桓遣使来贡。夏四月壬午朔,诏除天下主吏逋负。甲申,削赵保吉所赐姓名。丙戌,置起居院,初复起居注。以国子学复为国子监。辛卯,虑囚。大食国王遣使来贡。戊戌,赦诸州,除十恶、故劫杀、官吏犯正赃外,降死罪以下囚。己亥,王继恩帅师过绵州,贼溃走,追杀及溺死者甚众。庚子,复绵州。内殿崇班曹习破贼于老溪,复阆州。绵州巡检使胡正远帅兵进击,复巴州。壬寅,西川行营击贼于研口砦,破之,复剑州。癸卯,大雨。五月丁巳,西川行营破贼十万众,斩首三万级,复成都,获贼李顺。其党张余复攻陷嘉、戎、泸、渝、涪、忠、万、开八州,开州监军秦传序死之。丙寅,河西行营送赵保忠至阙下,释其罪,授右千牛卫上将军,封宥罪侯。己巳,以知梓州

张雍、都巡检使卢斌尝坚守却贼,斌进击解阆州围,遂平蓬州,雍加给事中,斌领成州刺史。以少府监雷有终为谏议大夫、知成都府。庚午,贼攻夔州,峡路都大巡检白继赟、夔州巡检使解守颙大败其众于西津口,斩首二万级,获舟千余艘。辛未,降成都府为益州。壬申,右仆射李昉以司空致仕。甲戌,诏利州、兴元府、洋州西县民并给复一年。丙子,磔李顺党八人于凤翔市。庚辰,初伏,帝亲书绫扇赐近臣。六月辛卯,诏赦李顺胁从诖误。是月,都城大疫,分遣医官煮药给病者。贼攻施州,指挥使黄希逊击走之。戊戌,峡路行营破贼于广安军,又破贼张罕二万众于嘉陵江口,又破于合州西方溪,俘斩甚众。戊申,以侍卫步军都指挥使高琼为镇州都部署。贼攻陵州,知州张旦击破之。高丽遣使,以契丹来侵乞师。秋七月辛亥朔,贼攻眉州,知州李简等坚守逾月,贼引去。癸亥,置江、淮、两浙发运使。丙寅,除两浙诸州民钱俶旧逋负。甲戌,置威塞军。乙亥,李继迁遣使来贡。八月甲申,诏有司讲求大射仪法。癸巳,以内班为黄门。甲午,置宣政使,以宦者昭宣使王继恩为之。乙未,诏释剑南、峡路诸州亡命。戊戌,以通远军复为环州,置清远军。庚子,大雨。贝州言骁捷卒劫库兵为乱,推都虞候赵咸雍为帅,转运使王嗣宗率屯兵击败之,擒咸雍,磔于市。辛丑,诏遣知益州张詠赴部,得便宜从事。癸卯,以参知政事赵昌言为西川、峡路招安马步军都部署,寻诏昌言驻凤翔,遣内侍押班卫绍钦往行营指挥军事。峡路行营破贼帅张余,复云安军。李继迁使其弟奉表待罪。九月庚戌朔,户部尚书辛仲甫以太子少保致仕。甲寅,赐三司钱百万,募能言司事之利便者,量事赏之,尽则再给以备赏。己未,罢诸州榷酤。改黄门院为内侍省,以黄门班院为内侍省内侍班院,入内黄门班院为内侍省入内内侍班院。辛酉,遣使分行宋、亳、陈、颍、泗、寿、邓、蔡等州按行民田,被水及种莳不及者并蠲其租。壬申,以襄王元侃为开封尹,改封寿王。大赦,除十恶、故谋劫斗杀、官吏犯正赃外,诸官吏先犯赃罪配隶禁锢者放还。乙亥,以左谏议大夫寇准参知政事。丁丑,以蜀部渐平,下诏罪己。戊寅,西川行营言卫绍钦破贼于学射山,别将杨琼复蜀州,曹习等又破贼于安国镇,诛其帅马太保。冬十月庚辰,诏释殿前司逃军亲属之禁锢者。西川行营指挥使张嶙杀其将王文寿以叛,遣使招抚其众,遂共斩嶙首以降。乙未,杨琼等复邛州。乙巳,改青州平卢军为镇海军,杭州镇海军为宁海军。十一月庚戌,遣使谕李继迁,赐以器币、茶药、衣服。丙辰,赐近臣飞白书。庚申,诏江南西路及荆湖南北路、岭南溪洞接连及蕃商、外国使诱子女出境者捕之。癸亥,贼攻眉州,崇仪使宿翰等击败之,斩其伪中书令吴蕴。丙寅,幸国子监,赐直讲孙奭绯鱼,因幸武成王庙,复幸国子监,令奭讲《尚书》,赐以束帛。大寒,赐禁卫诸军缯钱有差。十二月戊寅朔,日当食,云阴不见。辛巳,命枢密直学士张鉴、西京作坊副使冯守规安抚西川。丙戌,命诸王畋近郊。弛忠、靖二州刑徒。庚寅,宿翰等引兵趋嘉州,伪知州王文操以城降。乙未,秘书丞张枢坐知荣州降贼,弃市。辛丑,以三司两京、十道复归三部,各置使一员,每部置判官、

推官、都监,分勾院为三。

至道元年正月戊申朔,改元,赦京畿系囚,流罪以下递降一等,杖罪释之。蠲诸州逋租,蠲陕西诸州去年秋税之半。丙辰,诏作上清宫成。丁巳,凉州吐蕃当专以良马来献。戊午,占城国王杨陀排遣使来贡。辛酉,上御乾元门观灯。癸亥,契丹大将韩德威诱党项勒浪、鬼族自振武犯边,永安节度使折御卿邀击,败之于子河汊,勒浪等乘乱反击德威,遂杀其将突厥太尉、司徒、舍利等,获吐浑首领一人,德威仅以身免。戊辰,以翰林学士钱若水为右谏议大夫、同知枢密院事,枢密副使刘昌言罢为给事中。以宣祖旧第作洞真宫成。甲戌,李继迁遣使以良马、橐驼来贡。二月甲申,命宰相祷雨。令川峡诸州瘗暴骸。戊戌,以旱虑囚,减流罪以下。丙午,雨。嘉州函贼帅张余首送西川行营,余党悉平。蠲襄、唐、均、汝、随、邓、归、峡等州去年逋租。振亳州、房州、光化军饥,遣使贷之。三月庚申,诏求直言。辛酉,以会州观察使、知清远军田绍斌为灵州兵马都部署。己巳,废邵武军归化县金坑。夏四月癸未,吏部尚书、平章事吕蒙正罢为右仆射,以参知政事吕端为户部侍郎、平章事。宣徽北院使、知枢密院事柴禹锡罢为镇宁军节度使,参知政事苏易简为礼部侍郎,以翰林学士张洎为给事中、参知政事。甲申,以宣徽北院使、同知枢密院事赵镕知枢密院事。乙酉,契丹犯雄州,知州何承矩击败之,斩其铁林大将一人。辛丑,遣使分决诸路刑狱,劫贼正诛首恶,降流罪以下一等。壬寅,虑囚。甲辰,大雨,雷电。开宝皇后宋氏崩。六月乙酉,购求图书。丙戌,遣使谕李继迁,授以鄜州节度使,继迁不奉诏。丁亥,以银州左都押衙张浦为银青光禄大夫、检校工部尚书,郑州刺史兼御史大夫,充本州团练使。己亥,许士庶工商服紫。是月,大热,民有喝死者。秋七月丙寅,除陈、许等九州及光化军今年夏税。八月壬辰,诏立寿王元侃为皇太子,改名恒,兼判开封府。大赦,文武常参官子为父后见任官者,赐勋一转。癸巳,以尚书左丞李至、礼部侍郎李沆并兼太子宾客。癸卯,禁西北缘边诸州民与内属戎人昏姻。九月丙午,西南蕃䍧牱诸蛮来贡,诏封西南蕃主龙汉瑶为归化王。丁卯,御朝元殿册皇太子。庚午,清远军言李继迁入寇,率兵击走之。冬十月甲戌朔,皇太子让宫僚称臣,许之。乙丑,陕西转运使郑文宝坐挠边,责授蓝田县令。十一月己未,阅武使殿。是月,以峰州团练使上官正、右谏议大夫雷有终并为西川招安使,召王继恩归阙。十二月甲戌,群臣奉表加上尊号曰法天崇道上圣至仁皇帝,凡五上,不许。契丹犯边,折御卿率兵御之,卒于师。斩马步军都军头孙赟于军中。庚辰,新浑仪成。

二年春正月辛亥,祀天地于圜丘,大赦,中外文武加恩。丁卯,废诸州司理判官。二月壬申朔,司空致仕李昉薨。戊寅,以越王元份为杭州大都督兼领越州,吴王元杰为扬州大都督兼领寿州。己卯,以徐国公元偓为洪州都督、镇南军节度使,泾国公元偁为鄂州都督、武清军节度使。庚辰,以御史中丞李昌龄为给事中、参知政事。辛巳,以吕蒙正为左仆射,宋琪为右仆射。乙未,定任子官制。

三月丙寅,以京师旱,遣中使祷雨。戊辰,命宰臣祀郊庙、社稷祷雨。夏四月甲戌,命侍卫马军都指挥李继隆为环、庆等州都部署,殿前都虞候范廷召副之,讨李继迁。癸未,雨。五月癸卯,李继迁寇灵州。六月戊戌,黔州言蛮寇盐井,巡检使王惟节战死。是月,亳州蝗。秋七月己亥朔,命殿前都指挥使王超为夏、绥、麟、府州都部署。庚子,诏作寿宁观成。丙寅,给事中、参知政事寇准罢守本官。戊辰,蠲峡路诸州民去年逋租。是月,汴水决谷熟县,许、宿、齐三州蝗抱草死。闰月庚寅,诏江、浙、福建民负人钱没入男女者还其家,敢匿者有罪。八月辛丑,密州言蝗不为灾。九月戊寅,右仆射宋琪薨。诏川峡诸州民家先藏兵器者,限百日悉送官,匿不以闻者斩。己卯,夏州、延州行营言破李继迁于乌白池,获未幕军主、吃啰指挥使等二十七人,继迁遁。甲申,会州观察使、环庆副都部署田绍斌贬右监门卫率府副率、虢州安置。丙戌,秦、晋诸州地昼夜十二震。丙申,诏废衢州冶。冬十月己未,诏以池州新铸钱监为永丰监。十一月丁卯朔,增司天新历为一百二十甲子。戊寅,置签署提点枢密、宣徽院诸房公事。辛卯,许州群盗劫郾城县居民,巡检李昌习斗死,都巡检使王正袭击之,获贼首宋斌及余党,皆斩于市。甲午,禁淮南通行盐税。十二月,命宰相以下百官诣诸寺观祷雪。甲寅,雨雪。大有年。是岁,处州稻再熟。

三年春正月丙子,以户部侍郎温仲舒、礼部侍郎王化基并参知政事,给事中李惟清同知枢密院事,参知政事张洎罢为刑部侍郎。乙酉,孝章皇后陪葬永昌陵。辛卯,以侍卫马步军都虞候傅潜为延州路都部署,殿前都虞候王昭远为灵州路都部署。二月丙申朔,灵州行营破李继迁。辛丑,帝不豫。甲辰,降京畿死罪囚,流以下释之。壬戌,大食、宾同陇国并来贡。三月丁卯,占城国来贡。壬辰,不视朝。癸巳,追班于万岁殿,宣遗令皇太子柩前即位。是日崩,年五十九。在位二十二年,殡于殿之西阶。群臣上尊谥曰神功圣德文武皇帝,庙号太宗。十月己酉,葬永熙陵。

赞曰:帝沈谋英断,慨然有削平天下之志。既即大位,陈洪进、钱俶相继纳土。未几,取太原,伐契丹,继有交州、西夏之役。干戈不息,天灾方行,俘馘日至,而民不知兵;水旱螟蝗,殆遍天下,而民不思乱。其故何也?帝以慈俭为宝,服浣濯之衣,毁奇巧之器,却女乐之献,悟畋游之非。绝远物,抑符瑞,闵农事,考治功。讲学以求多闻,不罪狂悖以劝谏士,哀矜恻怛,勤以自励,日晏忘食。至于欲自焚以答天谴,欲尽除天下之赋以纾民力,卒有五兵不试、禾稼荐登之效。是以青、齐耆耋之叟,愿率子弟治道请登禅者,接踵而至。君子曰:"得乎丘民而为天子",帝之谓乎?故帝之功德,炳焕史牒,号称贤君。若夫太祖之崩不逾年而改元,涪陵县公之贬死,武功王之自杀,宋后之不成丧,则后世不能无议焉。

卷六　　　本纪第六

真　宗　一

真宗应符稽古神功让德文明武定章圣元孝皇帝，讳恒，太宗第三子也。母曰元德皇后李氏。初，乾德五年，五星从镇星聚奎。明年正月，后梦以裾承日，有娠，十二月二日生于开封府第，赤光照室，左足指有文成"天"字。幼英睿，姿表特异，与诸王嬉戏，好作战阵之状，自称元帅。太祖爱之，育于宫中。尝登万岁殿，升御榻坐，太祖大奇之，抚而问曰："天子好作否？"对曰："由天命耳。"比就学受经，一览成诵。初名德昌，太平兴国八年，授检校太保、同中书门下平章事，封韩王，改名元休。端拱元年，封襄王，改元侃。淳化五年九月进封寿王，加检校太傅、开封尹。至道元年八月立为皇太子，改今讳，仍判府事。故事，殿庐幄次在宰相上，宫僚称臣，皆推让弗受。见宾客李至、李沆，必先拜，迎送降阶及门。开封政务填委，帝留心狱讼，裁决轻重，靡不称惬，故京狱屡空，太宗屡诏嘉美。

三年三月，太宗崩，奉遗制即皇帝位于柩前。夏四月乙未，尊皇后为皇太后，赦天下，常赦所不原者咸除之。丙申，群臣请听政，表三上，从之。戊戌，始见群臣于崇政殿西序，寻赐器币。癸卯，门下侍郎兼兵部尚书、平章事吕端加右仆射。弟越王元份进封雍王，吴王元杰进封兖王，并兼中书令。徐国公元偓进封彭城郡王，泾国公元偁进封安定郡王，并同平章事。元俨封曹国公。侄阆州观察使惟吉为武信军节度使。侍卫马步军都虞候傅潜、殿前都指挥使王超、侍卫马军都指挥使李继隆、侍卫步军都指挥使高琼并领诸军节度。驸马都尉王承衍、石保吉、魏咸信并为诸军节度使。甲辰，宣徽北院使、知枢密院事赵镕加南院使，左丞李至、礼部侍郎李沆并参知政事。丁未，中外群臣进秩一等。罢盐铁、度支、户部副使。癸丑，置镇戎军。乙卯，静海军节度使、交阯郡王黎桓加兼侍中，进封南平王。五月丁卯，诏求直言。庚午，命两制议丰盈之术以闻。甲戌，户部侍郎、参知政事李昌龄责授忠武行军司马。甲申，放宫人给事岁久者。丙戌，以镇安节度使李继隆同平章事。封姊秦国、晋国二公主并为长公主，齐国公主改许国长公主，妹宣慈、贤懿、寿昌、万寿四公主并为长公主。丁亥，立秦国夫人郭氏为皇后。六月乙未，以太宗墨迹赐天下名山。戊戌，追复涪王廷美西京留守兼中书令、秦王，赠兄魏王德昭太傅、岐王德芳太保。己亥，上大行皇帝谥曰神功圣德文武皇帝，庙号太宗。辛丑，诏罢献祥瑞。甲辰，复封兄元佐为楚王。乙巳，追册莒国夫人潘氏为皇后，谥庄怀。以工部侍郎、同知枢密院事钱若水为集贤院学士。赠弟元亿为代国公。秋七月乙丑，诏转运使更迭赴阙，访以民事。癸酉，诏访孔子嫡孙。乙亥，

以殿前都虞候范廷召领河西军节度使，葛霸保顺军节度使，王汉忠威塞军节度使，康保裔彰国军节度使，王昭远保静军节度使。甲申，以范廷召、葛霸为定州、镇州驻泊都部署，王汉忠为高阳关行营都部署，康保裔为并、代州都部署。八月丙申，罢盐井役。己亥，以镇海军节度使曹彬为枢密使，知枢密院事赵镕为寿州观察使，同知枢密院事李惟清为御史中丞，户部侍郎向敏中、给事中夏侯峤并为枢密副使。庚子，命以十二月二日为承天节。戊申，太白犯太微。己酉，封乳母齐国夫人刘氏为秦国延寿保圣夫人。先是，帝以汉、唐封乳母为夫人、县君故事付中书，已乃有是命。戊午，荧惑入东井。庚申，西川广武卒刘旴逐巡检使韩景祐，掠蜀、汉等州，招安使上官正、钤辖马知节讨平之。九月丁丑，二星陨西南。戊寅，以孔子四十五世孙延世为曲阜县令，袭封文宣公。冬十月，夏人寇灵州，合河都部署杨琼击走之。己酉，葬太宗于永熙陵。丁巳，赐山陵使而下银帛有差。岁星入氐。十一月甲子，祔太宗神主于太庙，以懿德皇后配，祔庄怀皇后于别庙。丙寅，诏两京死罪以下递减一等，缘山陵役民赐租有差。己巳，诏工部侍郎钱若水修《太宗实录》。己卯，赐帛西鄙犒饷士卒。阅骑射，擢精锐者十人迁职。乙酉，废理检院。十二月癸巳，承天节，群臣上寿于崇德殿。丙申，追尊母贤妃李氏为皇太后。辛丑，诏诸路转运使申饬令长劝农。甲辰，以银州观察使赵保吉为定难军节度使。

咸平元年春正月辛酉，诏改元。丙寅，上皇太后李氏谥曰元德。丁丑，召学官崔颐正讲《书》，因命宰臣选明经术者以闻。戊寅，阅御龙直。辛巳，僧你尾尼等自西天来朝，称七年始达。甲申，彗出营室北。二月癸巳，吕端等言彗出之应当在齐、鲁分。帝曰："朕以天下为忧，岂直一方耶？"甲午，诏求直言，避殿减膳。乙未，虑囚，老幼疾病，流以下听赎，杖以下释之。丁酉，彗灭。三月己巳，置太平州。壬申，赐进士孙仅等宴琼林。辛巳，以赵保吉归顺，遣使谕陕西，纵绥、银流民还乡，家给米一斛。夏四月，旱。壬辰，祷白鹿山。壬寅，赵保吉遣弟继瑗入谢。己酉，遣使按天下吏民逋负，悉除之。五月戊午朔，日有食之。甲子，幸大相国寺祈雨，升殿而雨。六月辛卯，诏近臣举常参官才堪转运使者。丙辰，以旱，免开封二十五州军田租。秋七月甲子，诏民供亿山陵者赐租什二。己巳，诏沿淮诸州藏瘗遗骸。八月癸卯，禁新小钱。己酉，幸诸王宫。九月己巳，诏吕端、钱若水重修《太祖实录》。壬申，赐终南隐士种放粟帛缗钱。己卯，以左卫上将军张永德为太子太师。冬十月丙戌朔，日有食之。戊子，吕端为太子太保，户部尚书张齐贤、参知政事李沆并平章事，李至为武胜军节度使。己丑，参知政事温仲舒罢为礼部尚书，枢密副使夏侯峤罢为户部侍郎、翰林侍读学士，以枢密副使向敏中为兵部侍郎、参知政事，翰林学士杨砺、宋湜并为枢密副使。丙午，许群臣著述诣阁献，令两制铨简。十一月丙辰，龙钵贡马二千骑。甲子，诏葺历代帝王陵庙。十二月庚寅，幸许国长公主第视疾。癸卯，令三司判官举才堪知州者各一人。是岁，溪峒、吐蕃诸族、勒浪十六府大首领、甘州回鹘、西南蕃黎州山后蛮来贡。定州

雹伤稼,遣使振恤,除是年租。

二年春正月甲子,诏尚书丞、郎、给、舍,举升朝官可守大郡者各一人。丙子,定诸司使以下至三班使臣有罪比品听赎。二月丙申,以赵普配飨太祖庙庭。诏群臣迎养父母,蠲天下逋负,释系囚。己酉,戒百官比周奔竞,有弗率者,御史台纠之。三月丙辰,江、浙发廪振饥。戊辰,置荆湖南路转运使。壬申,王汉忠为泾、原、邠、宁、灵、环都部署。闰月丁亥,以久不雨,帝谕宰相曰:"凡政有阙失,宜相规以道,毋惜直言。"诏天下系囚非十恶、枉法及已杀人者,死以下减一等。幸许国长公主第视疾,又幸北宅视德愿疾。诏两京诸路收瘗暴骸,营塞破冢。戊子,幸太一宫、天清寺祈雨。己丑,上皇太后宫名曰万安。庚寅,罢有司营缮之不急者。诏中外臣直言极谏。从弟德愿卒。壬辰,雨。辛丑,江南转运使言宣、歙竹生米,民采食之。丙午,诏江、浙饥民入城池渔采勿禁。夏四月丙寅,许国长公主薨。五月丁亥,严服用之制。乙巳,幸曹彬第视疾。六月丁巳,宰臣进《重修太祖实录》。戊午,曹彬薨。庚辰,大食国遣使来贡。七月甲申,以傅潜为镇、定、高阳关行营都部署,张昭允为都钤辖。给外任官职田。己丑,以横海军节度使王显为枢密使。壬寅,制《圣教序》赐传法院。甲辰,幸国子监,召学官崔偓佺讲《尚书·大禹谟》。还,幸崇文院,赐秘书监、祭酒以下器币。丙午,置翰林侍读学士,以兵部侍郎杨徽之等为之;置翰林侍讲学士,以国子祭酒邢昺为之。八月辛亥,御文德殿,文武百官入阁。乙卯,群臣上尊号曰崇文广武圣明仁孝皇帝。丁巳,大宴崇德殿,始作乐。戊午,社,宴近臣于中书。丙寅,大阅于东北郊。癸酉,杨砺卒。乙亥,以太师赠济阳郡王曹彬配飨太祖庙庭,司空赠太尉中书令薛居正、忠武军节度使赠中书令潘美、右仆射赠侍中石熙载配飨太宗庙庭。九月庚辰朔,日有食之。戊子,召宗室宴射后苑。甲午,奉安太宗圣容于启圣院新殿,帝拜而恸,左右皆掩泣。赐修殿内侍缗钱。癸卯,幸骐骥院,赐从官马,还,宴射后苑。镇、定都部署言败契丹兵于廉良路,杀获甚众。冬十月壬子,宜州执溪峒蛮酋三十余人诣阙,诏释其罪,遣还。癸丑,放澧州蛮界归业民租。戊午,置福建路惠民仓。十一月壬午,诏亲王领大都督府节镇者勿兼长史。乙酉,飨太庙。丙戌,祀天地于圜丘,以太祖、太宗配,大赦天下,录功臣子孙之无禄者。御朝元殿,受尊号册。丁亥,赐群臣带服、鞍马、器币有差。庚寅,大宴含光殿。壬辰,张齐贤加门下侍郎,李沆加中书侍郎,中外臣悉加恩。甲午,以左神武军大将军德恭为左卫大将军,左卫大将军德彝为左神武军大将军。乙未,诏:幸河北,所次顿舍给用,毋泛及州县。以周莹为驾前军都部署,石保吉为行营先锋都部署。己亥,狩近郊。辛丑,赐京城父老衣帛。戊申,以魏咸信为贝、冀行营都部署。己酉,以李沆为东京留守。十二月辛亥,赐近臣戎服、厩马。甲寅,驾发京师,次陈桥。王昭远卒。戊午,驻跸澶州。冀州言败契丹兵于城南,杀千余人,夺马百余匹。辛酉,宴从臣于行宫。以王超等督先锋,仍示以阵图,俾识部分。壬戌,赐近臣甲胄、弓剑。幸浮桥,登临河亭,赐澶州父老锦袍、茶帛。甲子,次大名,躬御铠甲于中军。契丹攻威虏军,本军击败之,杀其神帅。府州言官军入契丹五合川,拔黄太尉砦,歼其众,焚其车帐,获马牛万计。丁卯,召见大名府父老,劳赐之。是岁,沙州蕃族首领、邛部川蛮、西南蕃、占城、大食国来贡。江、浙、广南、荆湖旱,岚州春霜害稼,分使发粟振之。

三年春正月己卯朔,驻跸大名府。诏并、代部署高琼等分屯冀州、邢州。辛巳,临视枢密副使宋湜疾。癸未,以葛霸为贝、冀、高阳关前军行营都部署。莱州防御使田绍斌凡十人以功进秩。契丹犯河间,高阳关都部署康保裔死之。乙酉,流忠武军节度使傅潜于房州、都钤辖张昭允于通州,并削夺官爵。丁亥,幸紫极宫,还,登子城阅骑射。高阳关、贝、冀路都部署范廷召等追契丹至莫州,斩首万余级。庚寅,赦河北及淄、齐州罪人,非持杖劫盗、谋故杀、枉法赃、十恶至死者并释之,录将吏死事者子孙,民被焚掠者复其租。罢缘边二十三州军榷酤。令诸州举吏民有武艺及材力过人者。壬辰,宋湜卒。甲午,发大名府。益州军变,害钤辖符昭寿,逐知州牛冕等,推都虞候王均为首作乱。诏户部使雷有终为泸州观察使,帅师会李惠等讨之,均闭城门固守。庚子,至大名府。戊申,幸吕端第视疾。二月庚申,宴含光殿。辛酉,诏:"近臣知杂御史、尚书省五品及带馆阁三司职者,各举升朝官有武干堪边任一人。"癸亥,以周莹为宣徽南院使,王继英为北院使,并知枢密院事。王旦为给事中,同知枢密院事。乙丑,以王显为定州路行营都部署,王超为镇州路行营都部署。丁卯,益州王均开城伪遁,雷有终等入城为所败,退保汉州,李惠死之。戊辰,京畿旱,虑囚。癸酉,大雨。甲戌,置静乐军。丙子,赏花苑中,召从臣宴射。三月戊寅朔,日有食之。甲午,御崇政殿试礼部贡举人。夏四月戊申朔,赐进士陈尧咨等袍笏。庚戌,吕端薨。甲寅,阅河北防城举人康克勤等击射。乙卯,葬元德皇太后。丁巳,以葛霸为邠、宁、环、庆部署。壬申,前知益州牛冕、西川转运使张适并削籍,冕流儋州,适为连州参军。五月丁卯,诏天下死罪减一等,流以下释之,十恶至死、谋故劫杀、坐赃枉法者论如律。幸玉津园观刈麦。己丑,幸金明池观水嬉,遂幸琼林苑宴射。壬寅,御试河北举人。河决郓州,诏徙州城。六月己未,太白昼见。丁卯,以向敏中为河北、河东宣抚使,按巡郡国,存慰士民。秋七月己亥,以翰林侍读学士夏侯峤、侍讲邢昺为江、浙巡抚使。八月辛亥,京东水灾,遣使安抚。九月庚辰,赐契丹降人萧肯头名怀忠,为右领军卫将军、严州刺史;招鹘名从化,为右监门卫将军;虫哥名从顺,为千牛卫将军。壬辰,幸大相国寺,遂宴射玉津园。壬寅,卫国公张永德薨。冬十月甲辰,雷有终大败贼党,复益州,杀三千余人。壬子,绵、汉都巡检、澄州刺史张思钧削籍流封州。乙卯,幸元份宫视疾。令诸州兼群牧。己未,滨州防御使王荣削籍流均州。己丑,雷有终追斩王均于富顺监,禽其党六千余人。诏原川峡路系囚杂犯死罪以下。雷有终等以功进秩有差。丙寅,以翰林学士王钦若、知制诰梁颢分为川、峡安抚使。延州言破大卢、小卢等十族,获人畜二十万。十一月甲戌,环、庆副部署徐兴削籍配郓州。乙亥,灵州副部署孙进责授复州团练副使。郓州决河塞。戊寅,均畿内田税。壬午,诏群臣尽言无讳,常参官转对如故事,未预次对者听封事以闻。辛卯,日南至,御朝元殿受朝。丙申,张齐贤罢为兵部尚书。十二月戊申,狩近郊,以亲获禽献太庙。甲寅,大宴含光殿。乙卯,幸元份宫视疾。丁巳,阅武艺,遂宴射苑中。庚申,罢京畿均田税。育吾蕃部贡牦牛。甲子,契丹税木监使黄颙等率属内附,赐冠带。丙寅,开封府奏狱空,诏嘉之。丁卯,诏河东、北缘边吏民斩边寇首一级支钱五千,禽者倍之,获马者给帛二十匹。是岁,高丽、大食国、高州蛮来贡。畿内、江南、荆湖旱,果、阆州水,并振之。

四年春正月甲戌朔,诏天下系囚死罪已下减一等,杖罪释之。辛巳,幸范廷召第视疾。甲申,命枢密直学士冯拯、陈尧叟详中外封事。诏应益州军民因城乱杀伤劫盗,除官吏外,皆释不问。乙酉,命收瘗西川遗骸。丁亥,幸开宝寺,还,御乾天门观灯。庚子,谒启圣院太宗神御殿。二月丁未,祈雨。戊申,交州黎桓贡驯犀象。癸丑,决天下狱。丁巳,幸大相国寺、上清宫祈雨。戊午,雨,帝方临轩决事,沾服不御盖。壬戌,诏群臣子弟奏补京官者试一经。甲子,释逋负官物者二千六百余人,蠲逋负物二百六十余万。已纳而非理者以内府钱还之,没者给其家。丙寅,诏学士、两省御史台五品、尚书省诸司四品以上,举贤良方正直言敢谏一人。己巳,置永利监。三月甲戌,抚水州蛮酋蒙瑛等来纳兵器、毒药箭,誓不复犯边。乙亥,诏史馆韩瑗等举御史台推勘官。丁丑,风雪,帝谓宰相曰:"霾曀颇甚,卿等思阙政,以佐予治。"李沆等乞免官,不许。辛巳,分川峡转运使为益、利、梓、夔四路。召终南隐士种放,辞疾不至。庚寅,左仆射吕蒙正、兵部侍郎向敏中并平章事,中书侍郎、平章事李沆加门下侍郎。高琼为殿前都指挥使,葛霸为侍卫马军都指挥使,王汉忠为殿前副都指挥使,并领节度。司天监进《仪天历》。辛卯,以参知政事王化基为工部尚书,同知枢密院事王旦为工部侍郎、参知政事,枢密直学士冯拯、陈尧叟并为右谏议大夫、同知枢密院事。夏四月丙午,葛霸为并、代行营都部署。壬子,诏亲老无兼侍者特与近任。回鹘可汗禄胜贡玉勒鞍、名马、宝器,愿以兵助讨继迁。丙辰,审官院引对京朝官,阅殿最而黜陟之。己未,以王钦若为左谏议大夫、参知政事。庚申,幸元份宫视疾,遂幸诸王宫。辛未,御试制科举人。五月壬申朔,御乾元殿受朝。京畿系囚罪流以下递减一等,杖罪释之。癸酉,以元俨为平海军节度使。甲申,工部侍郎致仕朱昂对便殿,赐器币。戊子,亳州贡白兔,还之。乙未,大同军留后桑赞为侍卫步军副都指挥使,领河西军节度。六月癸卯,有司言减天下冗吏凡十九万五千余人。丁巳,诏东川民田先为江水所害者除其租。丁卯,诏州县学校及聚徒讲诵之所,并赐《九经》。戊申,出阵图示宰相,命督将练士,以备北边。秋七月庚午,以河朔馈运劳民,诏转运使减徭役存恤。己卯,边臣言契丹谋入寇。以王显为镇、定、高阳关三路都部署,王超为副都部署,王汉忠为都排阵使。八月辛丑,张齐贤为泾、

原等州安抚经略使。戊申,出环庆至灵州地图险要示宰相,议战守方略。己酉,御试制科举人。壬子,幸开宝寺。又幸御龙营阅武艺,赐缗钱有差。遂观稼北郊,宴射于含芳园。丁卯,遣使巴蜀,廉察风俗、官吏能否。戊辰,社,宴宰相于中书。九月,庆州地震。李继迁陷清远军。冬十月,曹璨以蕃兵邀李继迁辎辐重于唐龙镇。己未,张斌破契丹于长城口。十一月壬申,知阶州窦妣献白鹰,还之。王显奏破契丹,戮二万人,获统军铁林等。癸未,京城民获金牌,有"赵为君万年"字。庚寅,畋近郊。甲午,龟兹国来贡。十二月丁未,诏蜀贼王均既平,除追捕亡命,余诖误之民并释不问。讹言动众者,有司斩以闻。丙寅,太白昼见南斗。丁卯,诏罢三路都部署兼河北转运使。闰月己巳,幸大相国寺。丁丑,邠、宁副都部署杨琼等七将流岭南。戊寅,李继迁蕃族讹遇等归顺。己卯,以兵部尚书张齐贤为右仆射。壬午,灵州言河外寨主李琼等以城降西夏。上念其力屈就禽,特释其亲属。乙酉,李继迁部族讹猪等率属来附。庚寅,河北饥,蠲赋减役,发廪振之。是岁,龟兹、丹眉流、宜高上溪抚水州蛮来贡。梓州水,遣使振恤。

五年春正月壬寅,李继迁部将卧浪已等内附,给田宅。壬戌,环、庆部署张凝袭诸蕃,焚族帐二百余,斩首五千级,降九百余人。二月乙酉,诏边士疾病战没者,冬春衣听给其家。己丑,幸上清宫。以王汉忠为邠宁、环、庆路都部署。三月丁酉,李继迁陷灵州,知州裴济死之。庚戌,比部员外郎洪湛削籍流儋州,工部尚书赵昌言责授安远军司马,知杂御史范正辞滁州团练副使。己未,御试礼部举人。夏四月壬申,诏陕西民挽送缘边刍粮者,赐租之半。壬午,命三司岁较户口。丙戌,赐深、霸九州民租有差。癸巳,复雄州榷场。五月庚子,减河北冗官。壬寅,知荣州褚德臻坐盗取官银,弃市。癸卯,置宪州。代州进士李光辅善击剑,诣阙。帝曰:"若奖用之,民悉好剑矣。"遣还。甲辰,诏申明内侍养一子制。乙巳,蠲天下逋负。丙午,以王显为河阳三城节度使。六月癸酉,继迁围麟州,曹璨请济师,诏发并、代、石、隰州兵援之。乙亥,以侍卫马军都虞候王超为定州路驻泊行营都部署。己卯,以宣徽南院使、知枢密院事周莹为永清军节度使。己酉,诏益兵八千分屯环庆、泾原。知麟州卫居实言继迁以众二万来攻城,兵出击走之,杀伤过半。是月,都城大雨,坏庐舍,民有压死者,振恤其家。秋七月甲午朔,日有食之。戊戌,幸启圣院、太平兴国寺、上清宫致祷,雨霁,遂幸龙卫营视所坏垣室,劳赐有差。乙巳,召终南隐士种放。疏丁冈河。癸丑,诏许高州蛮田彦伊子承宝等入朝,赐器帛、冠带。乙卯,募河北丁壮。壬戌,契丹大林砦使王昭敏等来降。戎人寇洪德砦,守将击走之。癸亥,增川峡官奉钱。八月,群臣三表上尊号,不允。丙子,沙州曹宗寿遣使入贡,以宗寿为归义军节度使。乙酉,石、隰部署言河西蕃族拽浪南山等四百人来归。九月戊申,种放对于便殿,授左司谏、直昭文馆。乙卯,赐种放第宅。冬十月己巳,遣使赍药赐镇戎军将士。戊寅,诏河西戎人归顺者,给内地闲田处之。又诏诸州长吏与佐职官同录问

卷七　　本纪第七

真　宗　二

六年春二月戊寅，幸飞山雄武营，观发机石、连弩，遂宴射潜龙园。己卯，以京东西、淮南水灾，遣使振恤贫民，平决狱讼。幸北宅视德润疾。庚辰，以西凉府六谷首领潘罗支为朔方军节度、灵州西面都巡检使。甲申，封贤懿长公主为郑国长公主。蕃部叶市族啰埋等内附。己丑，德润卒。庚寅，屯田员外郎盛梁坐受赇枉法，流崖州。三月辛卯朔，钦州言交州八州使黄庆集等来归。石、隰都巡检使言绥州东山蕃部军使拽白等内属。己酉，饯种放还山。乙卯，幸惟吉第视疾。戊午，幸元份宫视疾。四月，李继迁寇洪德砦，蕃官庆香、乩虔庆等击走之。以庆香等领刺史。契丹来侵，战望都县，副都部署王继忠陷于敌，发河东广锐兵赴援。辛巳，信国公玄祐薨。五月甲午，太白昼见。辛亥，录望都战没将士子孙。癸丑，镇州副都署李福坐望都之战临阵退衄，削籍流封州。京城疫，分遣内臣赐药。六月丁卯，诏命官流窜没岭南者，给缗钱归葬。丰州瓦窑没剋、如罗、昧克等族以兵济河击李继迁，败之。丁丑，陇山西首领秃逋等贡马，愿附大兵击贼。丁亥，寇准为三司使。复盐铁、度支、户部副使。秋七月癸巳，兖王元杰薨。八月庚午，太白昼见。辛未，原、渭等州言西蕃八部二十五族纳质来归。丙子，诏环、庆秋田经寇践伤者，顷赐粟十五斛，民被掠者，口赐米一斛。蠲棣州民租十之三。九月己丑，蒲端国献红鹦鹉。丙申，出内府缯帛，市谷实边。甲辰，以吕蒙正为太子太师、莱国公。十月丁丑，狐出皇城角楼，获之。戊寅，给军中传信牌。十一月癸巳，虑囚，杂犯死罪以下递减一等，杖释之。苦寒，令诸路休役兵。己亥，阅捧日军士教三阵于崇政殿。壬寅，幸大相国寺。庚戌，雨木冰。甲寅，有星孛于井、鬼。十二月庚申，遣使西北，劳赐将士。甲子，诏求直言。西面部署言李继迁攻西凉，知府丁维清没焉。庚午，以李继隆为山南东道节度使。甲戌，万安太后不豫，诏求良医。戊寅，赦天下，死罪减一等，流以下释之。是岁，西凉府暨龙野马族、三佛齐、大食国来贡。河北、兴元府、遂、郢州大熟。

景德元年春正月丙戌朔，大赦，改元。丁亥，麟府路言契丹言垦族拔黄三百余帐内属。癸巳，幸天驷监，赐从官马。丙申，京师地震。辛丑，诏民间天象器物、谶候禁书，并纳所司焚之，匿不言者死。石、隰州言河西蕃部四十五族首领率属内附。京师地再震。乙巳，废高州。丁未，京师地复震。壬子，开定州河通漕。二月，环、庆部署言西凉府潘罗支集六谷蕃部合击李继迁，败之，继迁中流矢死。罗支使来献捷。戊寅，太常卿张齐贤为兵部尚书。冀、益、黎、雅州地震。三月，威虏军守将破契丹于长城口，追击过阳山，斩获甚众。柳谷川蕃部入寇，麟府击败之，擒千余人。己亥，皇太后崩。辛丑，群臣三上表请听政，不允。乙巳，李沆等诣宫门，见帝毁瘠过甚，退上五表求见，言西北军事方殷，力请听政，从之。麟府路言败西人于神堆，破其寨栅。己酉，帝始于崇政殿西庑衰服恸哭见群臣。夏四月甲寅，上大行皇太后谥曰明德。群臣三请御正殿，从之。丙辰，邢州地震不止。以溪蛮宁息，民多复业，蠲澧州石门县租二年。丁卯，以隆暑，休北边役兵。瀛州地震。五月甲申，邢州地连震不止，赐民租之半。蒲端国遣使来贡。丁巳，诏诸路转运使代还日，在任兴除利害、升黜能否，凡所经画事，悉条上以闻。六月己未，幸北宅视德钦疾。洪德砦言继迁部将都尾等率属归附。甲子，诏罢川峡、闽、广州军贡冬天节，自今三千里外者罢之。镇戎军言败戎人于石门川。庚午，德钦卒。洪德砦言蕃部罗泥天王本族诸首领各率属归附。赵保忠卒。壬午，暑甚，罢京城工役，遣使赐暍者药。秋七月癸未，班用兵诛赏格。丙戌，李沆薨。庚寅，以翰林侍读学士毕士安为吏部侍郎、参知政事。庚子，益都民李仁美、国凝母皆百余岁，诏赐粟帛。八月，泾原部署言击万子军主族帐，斩首二百余级。己未，以毕士安、寇准并平章事，宣徽南院使王继英为枢密使，同知枢密院事冯拯、陈尧叟并签书枢密院事。壬申，诏常参官二人共举州县官可任幕职者一人。丙子，以保平军节度石保吉为武宁军节度、同平章事。庚辰，遣使广南东、西路疏决系囚，犒劳军校父老，访民间便宜。九月癸未，罢北面赍御剑内臣，以剑属主将。丙戌，令诸路转运使考察官吏能否，己丑，诏翰林学士承旨宋白等举文武官可任藩郡者各一人。丁酉，召宰相议亲征。契丹耶律吴欲来降。宋州汴水决。乙巳，置祁州。河决澶州，遣使具舟济民，给以粮饷。闰月乙卯，诏河北吏民杀契丹者，所至援之，仍颁赏格。壬申，江南旱，遣使决狱，访民疾苦，祠境内山川。癸酉，明德皇太后殡沙台。北平砦、威虏军合兵大破契丹。乙亥，参知政事王钦若判天雄军府兼都部署。契丹统军挞览率众攻威虏、顺安军，三路都部署击败之，斩偏将，获其辎重。又攻北平砦及保州，复为州、砦兵所败。挞览与契丹主及其母并众攻定州，宋兵拒于唐河，击其游骑。契丹驻阳城淀，因王继忠致书于莫州石普以讲和。丙子，以天雄军都部署周莹为驾前贝、冀路都部署，侍卫马军都指挥使葛霸为驾前邢、洺路都部署。己卯，高继勋率兵击败契丹数万骑于岢岚军。冬十月壬午，诏修葺历代圣贤陵墓。癸未，麟府路率部兵入朔州，破大狼水砦。乙酉，令漕运所经州军长吏兼辇运事。戊子，祔明德皇后于太庙。庚寅，命张齐贤兼青、淄、潍安抚使，丁谓兼郓、齐、濮安抚使。癸巳，幸故郑国长公主第。乙未，诏王超等率兵赴行在。丁酉，诏魏能、张凝、田敏屯定州。癸卯，以厮铎督为朔方军节度、灵州西面巡检、西凉府六谷大首领。保、莫州、威虏、乾岚军及北平砦皆击败契丹。既而王继忠上言契丹请和，命阁门祗候曹利用往答之。丁未，以雍王元份为东京留守。己酉，置龙图阁待制。十一月辛亥，太白昼见。乙卯，遣使抚河北。契丹攻瀛州，知州李延渥率兵败之，杀伤十余万众，遁去。官吏进秩、赐物有差。己未，遣使安抚河东诸州。契丹逼冀州，知州王屿击走之。甲子，校猎近郊。丙寅，遣使安集河北流民。戊辰，以山南东道节度、同平章事李继隆为驾前东面排阵使，武宁军节度、同平章事石保吉为驾前西面排阵使。石州地震。庚午，车驾北巡。司天言：日抱珥，黄气充塞，宜不战而却。癸酉，驻跸韦城县。甲戌，寒甚，左右进貂帽毳裘，却之曰："臣下皆苦寒，朕安用此？"王继忠数驰奏请和，帝谓宰相曰："继忠言契丹请和，虽许之，然河冰已合，且其情多诈，不可不为之备。"契丹兵至澶州北，直犯前军西阵，其大帅挞览耀兵出阵，俄中伏弩死。丙子，帝次澶州。渡河，幸北寨，御城北楼，召诸将抚慰。郓州得契丹谍者，斩之。戊寅，曹利用使契丹还。十二月庚辰朔，日有食之。契丹使韩杞来讲和。辛巳，遣使安抚河北、京东。壬午，幸城南临河亭，赐酱凌军绵襦。癸未，幸北寨，又幸李继隆营，命从官将校饮，犒赐诸军有差。诏谕两京以将班师。甲申，契丹使姚东之来献御衣、食物。乙酉，御行营南楼观河，遂宴从官及契丹使。丙戌，遣使抚谕怀、孟、泽、潞、郑、滑等州，放强壮归农。遣监西京左藏库李继昌使契丹定和，戒诸将勿出兵邀其归路。丁亥，遣使安集河北流民，瘗暴骸。以阁门祗候曹利用为东上阁门使、忠州刺史。戊子，幸北寨劳军，召李继隆、石保吉宴射行宫西亭。壬辰，赦河北诸州死罪以下，民经蹂践者给复二年，死事官吏追录子孙。癸巳，雍王元份疾，命参知政事王旦权东京留守。甲午，车驾发澶州，大寒，赐道傍贫民襦裤。乙未，契丹使丁振以誓书来。丁酉，契丹兵出塞。戊戌，至自澶州。己亥，幸雍王元份宫视疾。辛丑，录契丹誓书颁河北、河东诸州。癸卯，遣使抚问河北东、西路官吏将卒，访察功状。甲辰，改威虏诸军名。戊申，诏恤河北伤残。是岁，交州、西凉府、西、高、丰、甘、沙州、占城、大食、蒲端、龟兹国来贡。江南东、西路饥，陕、滨、棣州蝗害稼，命使振之。

二年春正月庚戌朔，以契丹讲和，大赦天下，非故斗杀、放火、强盗、伪造符印、犯赃官典、十恶至死者悉除之。壬子，放河北诸州强壮归农，令有司市耕牛给之。癸丑，罢诸路行营，合镇、定两路都部署为一。乙卯，罢北面部署、钤辖、都监、使臣二百九十余员。振河北饥。遣监察御史朱抟赴德清军收瘗战没遗骸，致祭。罢江、淮、荆、浙增榷酤钱。丙辰，幸雍王元份宫视疾。甲子，诏淮南以上供军储振饥民。戊辰，以天平军节度使王超为崇信军节度。省河北戍兵十之五，缘边三之一。所在量军储馈给，勿调民飞挽。癸酉，幸李继隆第视疾。京西民转送军储者赐租十二。丁丑，诏河北转运使察官属不任职者以名闻。戊寅，取淮、楚间踏犁式颁之河朔。二月，嘉、邛州铸大铁钱。置霸州、安肃军榷场。癸未，李继隆卒。甲申，定注粟实边授官等级。乙酉，遣使安抚交州。甲午，诏缘边得契丹马牛，悉纵还之，没蕃汉口归业者，给资粮。弛边民铁禁。环州言戎人入寇，击走之，俘其军主。癸卯，遣太子中允孙仅等使契丹。丁未，吕蒙正对便殿。三月甲寅，御试礼部贡举人。戊午，郑州防御使魏能坐归师不整，责授右羽林将军。庚申，禁边民入外境掠夺。夏四月，赐进士李迪等琼林宴。丁酉，枢密直学士刘师道责授忠武军行军司马，右正言、知制诰陈尧咨单州团练使，俱坐考试不公。己亥，葺河北城池。癸卯，置资政殿学士，以王钦若为之。冯拯为参知政事。甲辰，以宁国军留后、驸马都尉吴元扆为武胜军节度。戎人寇环州，击败之，执其酋庆都，请戮之，诏释其罪，配淮南。五月戊申，幸国子监。丁巳，司天少监史序上《乾元宝典》。己未，幸元份宫视疾。庚申，御试河北举人。丁卯，宴近臣于资政殿。饯种放游嵩山。癸酉，诏天下榷利勿增羡为额。六月丁丑，诏劝学。幸诸王宫。己卯，命法直官用士人。己丑，曹州民赵谏、赵谔以恐喝赇巨万伏诛。辛卯，以赵德明归款，谕河西诸蕃各守疆界。高琼求板本经史，诏给之。秋七月庚戌，刘质进《兵要论》，召试中书。甲子，诏复贤良方正能直言极谏等六科。八月戊寅，雍王元份薨。丙戌，有司上新定权衡法。遣内臣奉安太祖圣容于扬州建隆寺。丁亥，翰林学士晁迥先为郓王元份留守官属，坐辅导无状，责授司右郎中。辛丑，幸南宫及恭孝太子宫。有星孛于紫微。九月丁未，以向敏中为鄜延路都部署。庚戌，淮南旱，诏转运使疏理系囚。癸亥，三司上《新编敕》。群臣三表上尊号，不允。庚午，幸兴国寺传法院观新译经。辛未，命近臣虑开封府系囚。壬申，诏荆湖溪峒民为蛮人所掠而归者，勿限年月，给还旧产。冬十月庚辰，丁谓上《景德农田编敕》。乙酉，毕士安薨。丙戌，遣职方郎中韩国华等使契丹。十一月戊申，诏翰林侍讲学士邢昺等举堪为学官者十人。丙辰，享太庙。丁巳，祀天地于圜丘，大赦。庚申，大宴含光殿。癸亥，寇准加中书侍郎兼工部尚书，楚王元佐为右卫上将军，彭城郡王元偓进封宁王，安定郡王元偁进封舒王，曹国公元俨进封广陵郡王，安定郡公惟吉加同平章事。癸酉，契丹使来贺承天节。十二月辛巳，置资政殿大学士，以王钦若为之。癸未，以高琼为忠武军节度，葛霸为昭德军节度。对京畿父老于长春殿，赐帛有差。契丹遣使贺明年正旦。是岁，夏州、西凉府、邛部川蛮来贡。淮南、两浙、荆湖北路饥，京东蝻生，闽飓风不害稼，遣使分振。

三年春正月丁巳，亲释逋负系囚。振畿县贫民，收瘗遗骸。丁卯，诏缘边归业民给复三年。辛未，置常平仓。二月甲戌，幸北宅省德恭疾。乙亥，诏京东西、淮南、河北振乏食客户。己卯，谒明德皇后攒宫，赐守奉人缗帛。甲申，禁民开近陵域地。以宋州为应天府。丁亥，王继英卒。戊戌，以中书侍郎兼工部尚书、平章事寇准为刑部尚书，左丞、参知政事王旦为工部尚书、平章事。己亥，王钦若、陈尧叟并知枢密院事。翰林学士赵安仁参知政事。枢密都承旨韩崇训、马知节并签署枢密院事。三月乙巳，客星出东南。辛亥，免随州光化民贷粮。己未，诏徼谏臣悉心献替。夏四月癸酉，幸秦国长公主第。丙子，幸开宝寺，遂幸御龙直班院，观教阅弓刀。又幸左骐骥院，赐从官马、群牧使等器币。还，幸崇文院观图籍，赐编修官金帛有差。己卯，置清平、宣化二军。乙酉，置河北缘边安抚使、副、都监于雄州。壬辰，命使巡抚益、利、梓、夔、福建诸路，决狱及犒设将吏、父老。乙未，种放ము告归终南山。己亥，遣使巡抚江、浙路。五月壬寅，日当食不亏。周伯星见。辛亥，置京东五路巡检。丁巳，幸北宅视德恭疾。己未，德恭卒。西凉府厮铎督部落多疾，赐以药物。渭川妙娥族三千余帐内附。复置高州。六月丙子，群臣固请听乐，从之。诏三班考较使臣以七年为限。知广州凌策请发兵定交阯乱，帝以黎桓修职贡，不欲伐丧，命遵前诏安抚。戊寅，罢两川税课金二分。乙未，汴水暴涨，赐役兵钱。丙申，遣使振应天府水灾及瘟溺死者。秋七月壬寅，减鄜延戍兵。己巳，太白昼见。庚戌，诏渭州、镇戎军收获蕃部牛送给内地耕民。壬子，赐广南《圣惠方》，岁给钱五万，市药疗病者。邵晔上邕州至交阯水陆路及控制宜州山川等图，帝曰："祖宗辟土广大，唯当慎守，不必贪无用地，苦劳兵力。"甲子，大宴含光殿，始用乐。丙寅，大风，遣中使视稼。八月甲戌，阅太常新集雅乐。丁丑，幸宝相院。戊寅，诏川峡戍兵二年者代之。庚辰，工部侍郎董俨坐躁竞倾狡，责授山南东道行军司马。九月甲寅，宴射含芳园。丙辰，御试贤良方正直言极谏科。壬戌，幸元偓宫视疾。甲子，置诸陵斋宫。乙丑，放西州纳质人。夏州赵德明奉表归款。冬十月庚午，以赵德明为定难军节度兼侍中，封西平王。甲午，两浙转运使姚铉坐不法除名，为连州文学。丁酉，葬明德皇后。十一月壬寅，周伯星再见。十二月癸酉，太白昼见。戊寅，高琼卒。乙酉，狩近郊，以亲获兔付有司荐庙。戊子，诏牛羊司畜有孕乳者放牧勿杀。辛卯，朝陵，缘路禁乐。壬辰，幸秦国长公主第，又幸北宅视德钧疾。是岁，西凉府龛谷十族、高溪州、凤琶溪洞诸蛮酋来贡。京东西、河北、陕西饥，振之。博州蝗，不为灾。

四年春正月己亥朔，御朝元殿受朝。诏京畿系囚流以下减一等。甲辰，以陈尧叟为东京留守。德钧卒。乙巳，契丹使辞归国。以丁谓为随驾三司使。己未，车驾发京师。庚申，次中牟县，除逋负，释系囚，赐父老衣币，所过如之。王显卒。丙寅，次永安镇。丁卯，帝素服诣诸陵。减西京及诸路系囚罪，如己亥诏。置永安县及三陵副使、都监。二月己巳，幸西京，经汉光武军纪信冢、司徒鲁恭庙，赠信太尉、恭太师。命吏部尚书张齐贤祭周六庙。诏从官先茔在洛者赐告祭拜。癸酉，诏西京建太祖神御殿。置国子监、武成王庙。甲戌，幸上清宫。诏赐酺三日。辛巳，录唐白居易孙利用为河南府助教。壬午，幸吕蒙正第。甲申，御五凤楼观酺，召父老五百人，赐饮楼下。丁亥，

幸元偓宫。戊子，葺周六庙。加号列子。增封唐孝子潘良瑗及其子季通墓，仍禁樵采。庚寅，诏河南府置五代汉高祖庙。辛卯，车驾发西京。甲午，次郑州，遣使祀中岳及周嵩、懿二陵。丁酉，赐隐士杨璞缯帛。三月己亥，至自西京。甲辰，谒启圣院太宗神御殿。癸丑，赵德明遣使来谢廪给，因贡驼马，优赐答之。丁巳，诏天下收瘗遗骸，致祭。庚申，蠲河南府仓库吏逋负刍粮缯帛四十五万。夏四月癸酉，诏岭南官除赴任以时，以避瘴。辛巳，皇后郭氏崩。甲午，诏榷酤不得增课。五月丙申朔，日有食之。辛亥，有司上大行皇后谥曰庄穆。减并、代戍兵屯河东，以省馈运。戊午，幸元偓宫视疾。兖州增二千户守孔子坟。闰月戊辰，减剑、陇等三十九州军岁贡物，夔、贺等二十七州军悉罢之。己巳，幸秦国长公主第省疾。壬申，御试制科举人。丙戌，诏张齐贤等各举供奉官、侍禁、殿直有谋略武干知边事者二人。癸巳，诏开封府断狱，虽被旨，仍覆奏。六月，盛暑，减京城役工日课之半。丁未，令翰林讲读、枢密直学士各举常参官一人充御史。司天监言五星聚而伏于鹑火。乙卯，葬庄穆皇后。秋七月丁卯，庄穆皇后祔别庙。庚午，置灵台令。壬申，增置开封府判官、推官各一员。甲戌，宜州兵乱，军校陈进杀知州刘永规等，劫判官卢成均为首。诏阁门使曹利用等讨之。乙亥，交州来贡，赐黎龙廷《九经》及佛氏书。辛巳，以龙廷为静海军节度、交阯郡王，赐名至忠。癸巳，复置诸路提点刑狱。八月壬寅，幸大相国寺，遂幸崇文院观书，赐修书官器币。又幸内藏库。丁未，中书门下言庄穆皇后祥除已久，秋宴请举乐，不允。己酉，颁宜州立功将士赏格。益州地震。辛亥，赐文宣王四十六世孙圣佑同学究出身。壬子，邢昺加工部尚书。中书门下再表请秋宴听乐，又不允。丙辰，泾原路言瓦亭砦地震。丁巳，诏王旦、杨亿等修太祖、太宗史。置龙图阁直学士，以右谏议大夫杜镐为之。丁谓上《景德会计录》。

九月己巳，赐交阯郡王印及安南旌节。壬申，赐畿县《圣惠方》。丁亥，幸舒王宫视疾。辛卯，赐监修国史王旦宴。壬辰，日上有五色云。冬十月甲午朔，日当食，云阴不见。曹利用破贼于象州，擒卢成均，斩陈进。优赐将士，利用等进秩、赐物有差。乙巳，颁考试进士新格。祠祭置监祭使二员，以御史充。诏翰林学士晁迥等举常参官可知大藩者二人。丁未，升象州为防御。甲寅，诏：宜、柳、象州、怀远军死罪以下，非十恶、谋故斗杀、官吏犯枉法赃者，并原之。广南东、西路杂犯死罪以下递减一等，胁从受署者勿理。蠲宜、柳、象州、怀远军丁钱及夏秋租，桂、昭州秋租。乙卯，毁诸道官司非法讯囚之具。十一月戊辰，日南至，御朝元殿受朝。曹利用等言招安贼党，其馈贼食物者，请追捕减死论，诏释不问。十二月乙亥，赐近臣、契丹锦绮绫縠等物。癸卯，废兖州铁冶。己未，甘州僧翟大秦等献马，给其直。是岁，河西六谷、夏州、沙州、大食、占城、蒲端国、西南蕃溪峒蛮来贡。雄州、安肃、广信饥。宛丘、东阿、须城县蝗，不为灾。诸路丰稔，淮、蔡间麦斗十钱，粳米斛二百。

大中祥符元年春正月乙丑，有黄帛曳左承天门南鸱

尾上，守门卒涂荣告，有司以闻。上召群臣拜迎于朝元殿启封，号称天书。丁卯，紫云见，如龙凤覆宫殿。戊辰，大赦，改元，群臣加恩，赐京师酺。幽州旱，求市麦种；夏州饥，请易粟，并许之。己巳，诏黎、雅、维、茂四州官以瘴地二年一代。甲戌，大雪，停汴口、蔡河夫役。戊寅，蠲畿内贷粮。己卯，诏以天书之应，申饬在位。乙酉，制加交阯郡王黎至忠功臣食邑。二月壬辰，御乾元门观酺，赐父老千五百人衣服、茶彩。丁酉，分遣中使六人锡边臣宴。丙午，申明非命服勿服销金及不许以金银为箔之制。三月甲戌，兖州父老千二百人诣阙请封禅；丁卯，兖州并诸路进士等八百四十人诣阙请封禅；壬午，文武官、将校、蛮夷、耆寿、僧道二万四千三百七十余人诣阙请封禅，不允。自是表凡五上。夏四月甲午，诏以十月有事于泰山，遣官告天地、宗庙、岳渎诸祠。乙未，以知枢密院事王钦若、参知政事赵安仁为泰山封禅经度制置使。丙申，以王旦为封禅大礼使，冯拯、陈尧叟分掌礼仪使。庚子，幸元偓宫视疾。壬寅，御试礼部贡举人。丙午，作昭应宫。戊申，幸秦国长公主第省疾。又幸晋国、鲁国长公主第，并赐白金千两、彩二千匹。曹、济州、广济军耆老二千二百人诣阙请临幸。五月壬戌，王钦若言泰山醴泉出，锡山苍龙见。丙子，诏瘗汴、蔡、广济河流尸暴骸，仍致祭。丁丑，幸南宫视惟能疾。壬午，诏缘路行宫旧屋止加涂塈，毋别创。癸未，置天书仪卫使副、扶侍使都监、夹侍，凡有大礼即命之。诏离京至封禅以前不举乐，所经州县勿声伎来迓。甲申，放后宫一百二十人。戊子，诏：除乘舆供帐，存于礼文者如旧，自今宫禁中外进奉物，勿以销金文绣为饰。六月乙未，天书再降于泰山醴泉北。丁酉，诏宫苑皇亲臣庶第宅饰以五彩，及用罗制幡胜、缯帛为假花者，并禁之。壬寅，迎泰山天书于含芳园，云五色见，俄黄气如凤驻殿上。庚戌，曲赦兖州系囚流罪以下。辛亥，群臣表上尊号曰崇文广武仪天尊道宝应章感圣明仁孝皇帝。秋七月庚申，太白昼见。丙寅，诏诸州市上供物，非土地所宜者罢之。八月己丑，上太祖尊谥曰启运立极英武圣文神德玄功大孝皇帝，太宗曰至仁应道神功圣德文武大明广孝皇帝。庚寅，诏东封道路军马毋犯民稼，开封府毋道道役民。庚子，置河东缘边安抚司。乙巳，黔州言磨嵯、洛浦蛮首领龚行满等率族二千三百人内附。己酉，王钦若献芝草八千余本。九月戊午，令有司勿奏大辟案。岳州进三脊茅。庚申，以向敏中权东京留守。甲子，奉天书告太庙，悉陈诸州所上芝草、嘉禾、瑞木于仗内。戊辰，幸元偓宫视疾。壬申，知晋州齐化基坐贪暴削籍，流崖州。乙亥，幸潜龙园宴射。丁丑，幸惟吉宫视疾。戊寅，西京诸州民以车驾东巡贡献召对，劳赐之。己卯，以马知节为行宫都部署。庚辰，赵安仁献五色金玉丹、紫芝八千七百余本。乙酉，亲习封禅仪于崇德殿。冬十月戊子，上御疏食。庚寅，以巡幸，置考制度使、副，凡巡幸则命之。是夕，五星顺行同色。辛卯，车驾发京师，扶侍使奉天书先道。丙申，次澶州，宴周莹于行宫。戊戌，许、郓、齐等州长吏赴泰山陪位。辛丑，驻跸郓州，神光起昊天玉册上。甲辰，诏扈从人毋坏民舍、什器、树木。丁未，法驾入乾封县奉高宫。戊申，王钦若等献泰山芝草三万八千余本。己酉，五色云起岳顶。庚戌，法驾临山门，黄云覆辇，道经险峻，降辇步登。先夕大风，至是顿息。辛亥，享昊天上帝于圜台，陈天书于左，以太祖、太宗配。帝衮冕奠献，庆云绕坛，月有黄光。命群臣享五方帝诸神于山下封祀坛，上下传呼万岁，振动山谷。降谷口，日有冠戴，黄气纷郁。壬子，禅社首，如封祀仪。紫气下覆，黄光如星绕天书匣。纵四方所献珍禽奇兽。还奉高宫，日重轮，五色云见。作会真宫。癸丑，御朝觐坛之寿昌殿，受群臣朝贺。大赦天下，常赦所不原者咸赦除之。文武并进秩。赐致仕官本品全奉一季，京朝官衣绯绿十五年者改赐服色。令开封府及所过州军考送服勤词学、经明行修举人，其怀材抱器沦于下位，及高年不仕德行可称者，所在以闻。三班使臣经五年者与考课。两浙钱氏、泉州陈氏近亲，蜀孟氏、湖南马氏、荆南高氏、广南河东刘氏子孙未食禄者，听叙用。赐天下酺三日。改乾封县为奉符县。泰山七里内禁樵采。大宴穆清殿。又宴近臣、泰山父老于殿门，赐父老时服、茶帛。甲寅，复常膳。次太平驿，赐从官辟寒丸、花茸袍。丙辰，次兖州，以州为大都督府。十一月戊午，幸曲阜县，谒文宣王庙，鞠袍再拜。幸叔梁纥堂，近臣分奠七十二弟子。遂幸孔林，加谥孔子曰玄圣文宣王，遣官祭以太牢，给近便十户奉茔庙，赐其家钱三十万，帛三百匹。以四十六世孙圣佑为奉礼郎，近属授官、赐出身者六人。追谥齐太公曰昭烈武成王，令青州立庙；周文公曰文宪王，曲阜县立庙。辛酉，赐诸蕃使袍笏。壬戌，次中都县，幸广相寺。癸亥，次郓州，幸开元寺。丁卯，赐曲阜孔子庙经史。辛未，幸河渎庙，加封。癸酉，曲宴永清军节度使周莹，赐兵士缗钱。丁丑，帝至自泰山，奉天书还宫。壬午，诏以正月三日为天庆节。甲申，命王旦奉上太祖、太宗谥册，亲享太庙。乙酉，大宴含光殿。十二月辛卯，御乾元殿受尊号。庚子，葛霸卒。辛丑，王旦加中书侍郎兼刑部尚书，楚王元佐加太傅，宁王元偓为护国军节度，舒王元偁为平江、镇江军节度，并兼侍中；广陵郡王元俨进封荣王，安定郡公惟吉为威德军节度，余进秩有差。癸卯，幸上清宫、景德开宝寺。王钦若加礼部尚书。甲辰，张齐贤为右仆射，温仲舒、寇准并为户部尚书，王化基、邢昺、郭贽并为礼部尚书。诏天下宫观陵庙，名在地志，功及生民者，并加崇饰。戊申，以德雍、德文、德存、惟正、惟忠、惟叙、惟和、惟宪 并领诸州刺史，允升、允言、允成、允宁、允中并为各卫将军。庚戌，幸元偓宫视疾。又幸元偓宫。辛亥，交阯郡王黎至忠加同平章事。壬子，幸元偓宫。契丹使上将军萧智可等来贺。是岁，西凉府、甘州、三佛齐、大食国、西南蕃等来贺封禅。诸路言岁稔，米斗七八钱。

二年春正月癸亥，以封禅庆成，赐宗室、辅臣袭衣、金带、器币。乙丑，置内殿承制。戊辰，诏："诱人子弟析家产，或潜举息钱，辄坏坟域者，令所在擒捕流配。"庚午，诏："读非圣之书及属辞浮靡者，皆斥遣之。已镂板文集，令转运司择行看详，可者录奏。"乙酉，以陕西民饥，遣使巡抚。二月己丑，改定入内内侍省内侍名职。壬辰,诏立曲阜县孔子庙学舍。乙未,赐抚州高年黄泰粟帛。甲辰,蠲同、华民租。乙巳,幸大相国等寺、上清宫祈雨。戊申,遣使祠太乙,祀玄冥。己酉,雨。癸丑,禁毁金宝塑浮屠像。甲寅,以丁谓为三司使。三月丙辰,日当食,阴晦不见。辛未,赐京城酺。己卯,左屯卫将军允言坐称疾不朝,降太子左卫率。夏四月戊子,昇州火,遣御史访民疾苦,蠲被火屋税。己丑,饿种放还山。乙未,河北旱,遣使祠北岳。己亥,以丁谓为修昭应宫使。壬寅,诏禁中外群臣非休暇无得群饮废职。诏医官院处方并药赐河北避疫边民。丙午,试服勤词学、经明行修国监生。丁未,振陕西民饥。五月乙卯,追封孔子弟子七十二人。罢韶州献频婆果。丁卯,遣使陕西决狱,流罪以下减一等,死罪情可悯者上请。庚辰,陕西旱,遣使祷太平宫、后土、西岳、河渎诸祠。代州地震。六月乙酉,颁幕职、州县官招集户口赏条。甲午,幸昭应宫,赐修宫使器币。辛卯,保州增屯田务兵三百人。戊戌,麟府言社庆族依唐龙镇为援,数扰别部,请出兵袭之。帝曰:"均吾民也。"不许。壬寅,诏量留五坊鹰鹘,备诸王从时展礼,余悉纵之。罢邕、宜州岁贡药箭。庚戌,御试东封路服勤词学、经明行修贡举梁国等九十二人。秋七月甲寅,诏张齐贤等各举才堪御史者一人。丁巳,置纠察在京刑狱司。辛酉,复以万安宫为滋福殿。己巳,幸惟吉宫视疾。辛未,以昭应宫为玉清昭应宫。乙亥,蠲京东徐、济七州水灾田租。戊寅,诏孔子庙配享鲁史左丘明等十九人加封爵。庚辰,蠲天下封禅赦前通负千二百六十六万缗。八月丙戌,京东惠民河溢,居民避水所过津渡,戒有司勿算。甲辰,西南蕃龙汉珓来贡,贺东封,加汉珓归德大将军。九月戊午,赐秦州被水民粟,人一斛。壬戌,合镇、定部署为一。甲子,浚汴口。命工部侍郎冯起为契丹国信使。乙丑,幸潜龙园宴射。甲戌,遣使赐戎、泸军民辟瘴药。乙亥,无为军言大风拔木,坏城门、营垒、民舍,压溺者千余人。诏内臣恤视,蠲来年租,收瘗死者,家赐米一斛。丁丑,发官廪振凤州水灾。冬十月癸未,优赏宁朔军士。戊子,诏江、浙运粮兵卒经冬停役两月。甲午,诏天下置天庆观。甲辰,兖州霖雨害稼,振恤其民。十一月丙辰,作《文武七条》戒官吏。甲子,诏诸路官吏蠹政害民,转运使、提点刑狱官不举察者坐之。癸酉,蕃部阿黎等来朝贡,授阿黎怀化司戈。十二月辛巳,诏:晋国大长公主丧,罢承天节上寿及明年元旦朝会。交州黎至忠贡驯犀。乙未,幸惟吉宫视疾。辛丑,丁谓上《封禅朝觐祥瑞图》,刘承珪上《天书仪仗图》。甲辰,幸惟吉宫视疾。契丹国母萧氏卒,辍视朝。是岁,于阗、西凉府、西南蕃罗嵓州蛮来贡。雄州虫食苗即死,遣使振恤。

三年春正月丁巳,赐建安军父老江禹锡粟帛。二月乙酉,丁谓请承天节禁屠宰刑罚,从之。癸巳,交州黎至忠卒,大校李公蕴自称留后。己亥,禁方春射猎,每岁春夏,所在长吏申明之。辛丑,以张齐贤判河阳。闰月辛亥,帝御文德殿,群臣入阁。甲寅,冬官正韩显符上新造铜候仪。乙卯,诏转运司贷恤黎州夷人。丁卯,幸开封府射堂宴射,赐开封府将吏器币。戊辰,诏:"东京、畿内死罪以下递减一等。将吏建事太宗藩府者并赐予。赤县父老本府宴犒,年九十者授摄官,赐粟帛终身;八十者爵一级。"甲戌,以射堂为继照堂。丁丑,召宰臣于宜圣殿,谒太宗圣容、玉皇像。戊寅,幸韩国长公主第视疾。三月壬辰,以权静海军留后李公蕴为静海军节度,封交阯郡王,赐衣带、器币。丙申,幸石保吉第视疾。辛丑,诏戎、泸州给复一年,艰食者振之。夏四月辛亥,左屯卫将军允言坐狂率,责授太子左卫副率。壬子,石保吉卒。乙卯,陕西民疫,遣使赉药赐之。丁巳,诏中书以五月一日进中外文武升朝官及奉使岁举官名籍。辛酉,赐泰山隐士秦辨号贞素先生,放还山。甲子,契丹国母葬,废朝,禁边城乐。甲戌,加王旦兵部尚书,知枢密院事王钦若户部尚书,陈尧叟工部尚书。五月己卯,幸惟吉宫视疾。壬午,以西凉府觅诺族瘴疫,赐药。丙戌,惟吉卒。辛丑,京师大雨,平地数尺,坏庐舍,民有压死者,赐布帛。六月庚戌,边臣言契丹饥,来市籴,诏雄州粜粟二万石振之。河中府父老千余人请祀后土,不许。丙辰,颁天下《释奠先圣庙仪》并《祭器图》。诏前岁陕西民饥,有鬻子者,官为购赎还其家。壬戌,幸邢昺第视疾,赐金帛。乙丑,幸元偓宫视疾。秋七月丙申,温仲舒卒。己亥,以右丞向敏中为工部尚书、资政殿大学士。置龙图阁学士,以直学士杜镐为之。诏南宫北宅大将军以下,各勤讲肄,诸子十岁以上并受经学书,勿令废惰。辛丑,文武官、将校等三上表请祠汾阴后土。八月丁未朔,诏明年春有事于汾阴,州府长吏勿以修贡助祭烦民。戊申,陈尧叟为祀汾阴经度制置使。己酉,王旦为祀汾阴大礼使,王钦若为礼仪使。庚戌,诏汾阴路禁弋猎,不得侵占民田,如东封之制。辛亥,以江南旱,诏转运使决狱。壬子,幸元偓宫视疾。昇、洪、润州屡火,遣使存抚,祠境内山川。戊午,赐占城国主马及器甲。庚申,幸天驷监,赐从官马。解州池盐不种自生。辛酉,给郓州牧马草地还民。甲子,罢江、淮和籴,所在系囚递减一等,盗谷食者量行论决。丁卯,群臣五表上尊号,不许。戊辰,诏昇、洪、扬、庐州长吏兼安抚使。甲戌,以澄州团练使朱能为左龙武军大将军。乙亥,河中府父老千七百人来迎,上劳问之,赐以缯帛。九月癸未,赐钱三十万给故卢多逊子葬其父母。丁亥,作《宗室座右铭》赐诸王。华州言父老二千余人请幸西岳。癸巳,杖杀入内高品江守恩于郑州,知州俞献卿坐论救削一任。乙未,幸崇真资圣院视吴国长公主疾。甲辰,内出《绥抚十六条》,颁江、淮南安抚使。冬十月辛亥,契丹使耶律宁告征高丽。河中民获《灵宝真文》。庚申,丁谓等上《大中祥符封禅记》。十一月庚寅,遣内臣奉安宣祖、太祖圣容于二陵。乙未,甘州回鹘来贡。己亥,幸太一宫。陕州黄河清。十二月,陕州黄河再清。庚戌,集贤校理晏殊献《河清颂》。癸丑,诏天下贫民及渔采者过津渡勿算。乙卯,告太庙。诏自今谒庙入东偏门。以资政殿大学士向敏中权东京留守。丁巳,翰林学士李宗谔等上《诸道图经》。辛酉,谒玉清昭应宫。丙寅,诏沙门岛流人特给口粮。己巳,作《奉天庇民述》示宰相。禁扈从人燔道路草木。辛未,以太宗御书赐交州李公蕴。是岁,龟兹、占城、交州来贡。陕西饥。江、淮

卷八　本纪第八

真宗三

　　四年春正月辛巳，诏执事汾阴懈怠者，罪勿原。乙酉，习祀后土仪。丁亥，将祀汾阴，谒启圣院太宗神御殿、普安院元德皇后圣容。丙申，诏以六月六日天书再降日为天贶节。丁酉，奉天书发京师。日上有黄气如匹素，五色云如盖，紫气翼仗。庚子，右仆射、判河阳张齐贤见于汜水顿。陈尧叟献白鹿。辛丑，陈幄殿于訾村，望拜诸陵。甲辰，至慈涧顿，赐道傍耕民茶荈。二月戊申，赐扈驾诸军缗钱。华州献芝草。东京狱空。壬子，出潼关，渡渭河，遣近臣祠西岳。癸丑，次河中府。丁巳，黄云随天书辇。次宝鼎县奉祇宫。戊午，登后圃延庆亭。己未，濫泉涌，有光如烛。辛酉，祀后土地祇。是夜，月重轮，还奉祇宫，紫气四塞。幸开元寺，作大宁宫。壬戌，甘州回鹘、蒲端、三麻兰、勿巡、蒲婆、大食国、吐蕃诸族来贡。大赦天下，常赦不原者咸赦除之。文武官并迁秩，该叙封欲回授祖父母者听。四品以上，追事太祖、太宗潜藩或尝予边任家无食禄者，录其子孙。建宝鼎县为庆成军。建隆佐命及公王将相丘冢，所在致祭。给西京分司官实奉三分之一。令法官慎刑名，有情轻法重者以闻。赐天下酺三日。大宴群臣于穆清殿，赐父老酒食衣币。作《汾阴配飨铭》、《河渎四海赞》。召草泽李渎、刘巽，渎以疾辞，授巽大理评事。乙丑，观酺。加号西岳。诏葺夷齐祠。丁卯，赐宁王元偓服带、鞍马有加。乙巳，次华州，幸云台观。庚午，宴宜泽亭，紫云如龙，起岳上。召见隐士郑隐、李宁，赐茶果、束帛。辛未，次阌乡县，召见道士柴又玄，问以无为之要。壬申，宴虢州父老于湖城行宫。三月甲戌，次陕州，召草泽魏野，辞疾不至。乙亥，赐运船卒时服。己卯，次西京。庚辰，罢河北缘边工役。壬午，幸上清宫。甲申，幸崇法院，移幸吕蒙正第，赐服御、金币。丙戌，大宴大明殿。丁亥，诏葺所经历代帝王祠庙。己丑，御五凤楼观酺。壬辰，诏朝陵自西京至巩县不举乐。癸巳，禁扈从人践田稼。甲午，发西京。丙申，谒安陵、永昌诸陵。壬寅，幸列子庙，表潘孝子墓。夏四月甲辰朔，上至自汾阴。壬子，幸元偓宫视疾。驸马都尉李遵勖责授均州团练副使。峡路钤辖执为乱夷人王群体等，帝悯其异俗，免死配隶。丙辰，大宴含光殿。己未，钱种放归终南。甲子，王旦加右仆射，元佐为太尉，元偓进封相王。乙丑，幸元偓宫视疾。葺尚书省。加王钦若吏部尚书，陈尧叟户部尚书，冯拯工部尚书。丙寅，以张齐贤为左仆射。丁卯，许国公吕蒙正薨。五月丙子，加交阯郡王李公蕴同平章事。癸未，庐、宿、泗等州麦自生。辛卯，幸北宅视德存疾。京兆旱，诏振之。癸巳，诏州城置孔子庙。乙未，加上五岳帝号，作《奉神述》。丁酉，虑囚，死罪流徒降等，杖以下释之。辛丑，视德存疾。六月丙午，太白昼见。亳州二龙见禹祠。德存卒。丙寅，遣使安抚江、淮南水灾，许便宜从事。诏授交、甘等州、大食、蒲端、三麻兰、勿巡国奉使官。秋七月壬申朔，除闽、浙、荆湖、广南岁丁钱四十五万。壬午，韩国、吴国、隋国长公主进封卫国、楚国、越国长公主。镇、眉、昌等州地震。己丑，诏先蠲滨、棣州水灾田租十之三，今所输七分复除其半。丙申，江、洪、筠、袁江涨，没民田。八月乙巳，太白昼见。丙午，幸南宫视惟叙疾。诏除畬田租。庚戌，曲宴诸王、宰相。癸丑，赐青州孤老悖独民帛。惟叙卒。丙辰，录唐长孙无忌、段秀实等孙，授官。丁巳，诏文武官有言刑政得失、边防机事者并赐对。癸亥，甘州回纥可汗夜落纥奉表诣阙。乙丑，刻御制《大中祥符颂》于左承天祥符门。河决通利军，合御河，坏州城及佃民庐，遣使发粟振之。九月丁丑，泾原钤辖曹玮言笼竿川熟户蕃部以闲田输官，请于要害地募兵以居，从之。戊子，幸太乙宫祈晴。辛卯，向敏中等为五岳奉使。癸巳，御乾元楼观酺。冬十月戊申，御朝元殿发五岳册。丁巳，定江、淮盐酒价，有司虑失岁课，帝曰："苟便于民，何顾岁入也。"十一月庚午，占城国贡狮子。丙子，御试服勤词学、经明行修贡举人。十二月乙巳，诏楚、泰州潮害稼，复租。没溺人赐千钱，粟一斛。是岁，西凉府、夏、丰、交州、甘州、诸溪峒蛮来贡。畿内蝗。河北、陕西、剑南饥。吉州、临江军江水溢，害民田舍。兖州蚄蚥虫，不为灾。

　　五年正月乙亥，赐处州进士周启明粟帛。戊寅，雨木冰。壬午，幸元偓宫视疾。河决棣州。二月庚戌，诏贡举人公罪听赎。丙寅，诏官吏安抚滨、棣被水农民。三月己丑，御试礼部举人。丁未，峒酋田仕琼等贡溪布。庚戌，王旦等并加特进、功臣。丁巳，免滨、棣民物入城市者税一年。夏四月戊申，以向敏中为平章事。有司请违法贩茶者许同居首告，帝谓以利败俗非国体，不许。壬子，除通、泰、楚州盐亭户积负丁额课盐。乙丑，枢密直学士边肃责授岳州团练副使。五月辛未，江、淮、两浙旱，给占城稻种，教民种之。戊寅，修仪刘氏进封德妃。丁亥，免棣州租十之三。戊子，赐近臣金华殿所种麦。六月庚申，赐杭州草泽林逋粟帛。壬戌，诏常参官举幕职、州县官充京官。癸亥，赐邵武军被水者钱粟。秋七月戊辰，作保康门。八月丙申朔，日有食之。丁酉，禁周太祖葬冠钺地樵采。戊戌，张齐贤为司空致仕。甲辰，诏枢密直学士限置六员。庚戌，淮南旱，减运河水灌民田，仍宽租限，州县不能存恤致民流亡者罪之。己未，作五岳观。九月辛未，张齐贤入对。壬申，观新作延安桥。幸大相国寺、上清宫。射于宜春苑。癸酉，徙澄海三指挥屯岭北州郡。戊子，王钦若、陈尧叟并为枢密使、同平章事，丁谓为户部侍郎、参知政事。庚寅，幸故郓王、兖王宫。冬十月戊午，延恩殿道场，帝瞻九天司命天尊降。己未，大赦天下，赐致仕官全奉。辛酉，作《崇儒术论》，刻石国学。闰月己巳，上圣祖尊号。辛未，谢太庙。壬申，立先天、降圣节，五日休沐、辍刑。乙亥，诏上圣祖母懿号，加太庙六室尊谥。丙子，群臣上尊号曰崇文广武感天尊道应真佑德上圣钦明仁孝皇帝。丁丑,出舒州所获瑞石,文曰"志公记"。戊寅,建景灵宫太极观于寿丘。辛巳,建安军铸圣像。龙见云中。戊子,御制配享乐章并二舞名,文曰《发祥流庆》,武曰《降真观德》。十一月丙申,亲祀玉皇于朝元殿。甲辰,加王旦门下侍郎,向敏中中书侍郎,楚王元佐太师,相王元偓太傅,舒王元偁太保。内外官加恩。置玉清昭应宫使。以王旦为之。丁未,作《汴水发愿文》。庚戌,诏允言朝参。乙卯,罢献珍禽异兽。十二月甲子,置景福殿使。戊辰,作景灵宫。京师大寒,鬻官炭四十万,减市直之半以济贫民。壬申,改谥玄圣文宣王旦至圣文宣王。戊寅,溪峒张文乔等八百人来朝。己卯,知天雄军寇准言狱空,诏奖之。乙酉,振泗州饥。丙戌,诏天庆等节日,民犯罪情轻者释之。丁亥,立德妃刘氏为皇后。是岁,交州、甘州、西凉府、溪峒蛮来贡。京城、河北、淮南饥,减直鬻谷以济流民。

六年春正月癸巳朔,上御朝元殿受朝。司天监言五星同色。庚子,诏减配隶法十二条。戊申,禁内臣出使预民政。己酉,赐京师酺五日。辛亥,进封卫国、楚国、越国长公主三人为徐国、邠国、宿国。庚申,置淑仪、淑容、顺仪、顺容、婉仪、婉容,在昭仪上。置司宫令,在尚宫上。以婕妤杨氏为婉仪,贵人戴氏为修仪,美人曹氏为婕妤。辛酉,诏宗正寺以帝籍为玉牒。二月戊辰,观酺。己亥,泰州言海陵草中生圣米,可济饥。三月丁未,诏沙门岛流人罪轻者徙近地。乙卯,建安军铸玉皇、圣祖、太祖、太宗尊像成,以丁谓为迎奉使。夏四月庚辰,诏淮南给饥民粥,麦登乃止。壬午,太白昼见。癸未,幸元偁宫视疾。丙戌,诏诸州死罪可疑者详审以闻。五月壬辰,诏伎术官未升朝特赐绯紫者勿佩鱼。甲辰,圣像至。丙午,诏圣像所经郡邑减系囚死罪,流以下释之。升建安军为真州。乙卯,谒圣像,奉安于玉清宫。丁巳,遣使奏告诸陵。六月壬戌,惟和卒。赵州黑龙见。丁卯,寿丘献紫茎金芝。癸酉,保安军雨,河溢,兵民溺死,遣使振之。丙子,诏翰林学士陈彭年等删定《三司编敕》。丁丑,崇饰诸州黄帝祠庙。秋七月癸巳,上清宫道场获龙于香合中。己亥,中书门下表请元德皇后祔庙。庚子,行配祔礼。癸卯,诏天下勿税农器。己酉,亳州官吏父老三千三百人诣阙请谒太清宫。八月庚申,诏来春亲谒亳州太清宫。辛酉,以丁谓为奉祀经度制置使。丙寅,禁太清宫五里内樵采。庚午,加号太上老君混元上德皇帝。置礼仪院。九月庚寅,幸元偁宫视疾。丁酉,出玉宸殿种占城稻示百官。冬十月辛酉,元德皇后祔庙。甲子,亳州太清宫枯桧再生。真源县菽麦再实。癸酉,谒玉清昭应宫。己卯,作《步虚词》付道门。壬午,降圣节赐会如先天节仪。十一月辛亥,幸元偁宫视疾。癸丑,赐御史台《九经》、诸史。甲寅,判亳州丁谓献芝草三万七千本。乙卯,龟兹遣使来贡。十二月戊午朔,日有食之。庚申,泾原钤辖曹玮言发兵讨原州界拨藏族违命者,捕获甚众。回鹘遣使来贡。己巳,天书扶侍使赵安仁等上奉天书车辂、鼓吹、仪仗。壬申,献天书于朝元殿,遂告玉清昭应宫及太庙。乙亥,幸开宝寺、上清宫。己卯,幸太一宫。戎、泸蛮寇平。是岁,西蕃、高州蛮、龟兹来贡。

七年春正月辛丑,虑囚。壬寅,车驾奉天书发京师。丙午,次奉元宫。判亳州丁谓献白鹿一,芝九万五千本。戊申,王旦上混元上德皇帝册宝。己酉,朝谒太清宫。天书升辂,雨雪倏霁,法驾继进,佳气弥望。是夜,月重轮,幸先天观、广灵洞霄宫。曲赦亳州及车驾所经流以下罪。升亳州为集庆军节度,减岁赋十之二。改奉元宫为明道宫。太史言含誉星见。庚戌,御均庆楼,赐酺三日。壬子,诏所过顿递侵民田者,给复二年。丙辰,建南京归德殿,赦境内及京畿车驾所过流以下罪。追赠太祖幕府元勋僚旧,录常参官逮事者并进秩,欲授子孙者听。作鸿庆宫。二月戊午,次襄邑县,皇子来朝。庚申,夏州赵德明遣使诣行阙朝贡。辛酉,至自亳州。丙寅,诏天地坛非执事辄临者斩。辛未,飨太庙。壬申,恭谢天地,大赦天下。乙亥,益州铸大铁钱。三月,城淯井监。癸巳,雄州甲仗库火。甲午,制加宰相王旦、向敏中、楚王元佐、相王元偓、舒王元偁、荣王元俨枢密使、同平章事。乙未,宴翔鸾阁。辛丑,发粟振仪州饥。复诸州观察使兼刺史。甲辰,幸元偁宫视疾。丁未,封皇子庆国公。青州民赵嵩百一十岁,诏存问之。夏四月丁巳,西凉府斯铎督遣使来贡。己未,赐淮南濠州民租十二之。癸亥,河南府狱空,有鸠巢其户,生二雏。甲子,以归义军留后曹贤顺为归义军节度使。丙子,舒王元偁薨。五月壬辰,王旦为兖州景灵宫朝修使,乙未,又为天书刻玉使。泾原言叶施族大首领艳般率族归顺。六月乙卯,禁文字斥用黄帝名号故事。丙辰,眉州通判董荣受赇鬻狱,长安知县王文仲酗酒滥刑,并投荒裔。戊午,戎州县官吏决罪逾法。壬申,封婉仪杨氏为淑妃。乙亥,枢密使王钦若罢为吏部尚书,陈尧叟为户部尚书。以寇准为枢密使、同平章事。丙子,诏棣州经水,流民归业者给复三年。秋七月辛丑,交州李公蕴败鹤柘蛮,献捷。癸卯,太白昼见。甲辰,以同州观察使王嗣宗、内客省使曹利用并为枢密副使。八月甲寅,置景灵宫使,以向敏中为之。乙卯,除江、淮、两浙被灾民租。丁巳,杨光习坐擅领兵出寨,又诬宰中谋杀司马张从吉,配隶邓州。乙丑,给河东沿边将士皮裘毡袜。甲戌,河决澶州。丁丑,命内臣奉安太祖、太宗圣像于鸿庆宫。辛巳,诏岭南戍兵代还日,人给装钱五百。九月丙戌,含誉星再见。辛卯,尊上玉皇圣号曰太上开天执符御历含真体道玉皇大天帝。戊戌,御试服勤词学、经明行修举人。辛丑,幸五岳观。冬十一月乙酉,滨州河溢。玉清昭应宫成,诏减诸路系囚罪流以下一等。己丑,加王旦司空、修宫使。壬辰,御乾元门观酺。十二月癸丑朔,日当食不亏。丙辰,诏王钦若等五人各举京朝、幕职、州县官详练刑典、晓时务、任边寄者二人。丁巳,诏川、峡、闽、广转运、提点刑狱官察属吏贪墨惨刻者。己未,作元符观。庚申,契丹使萧延宁等辞归国。辛酉,加楚王元佐尚书令,相王元偓太尉,荣王元俨兼中书令,忠武军节度使魏咸信同平章事,余并进秩。泾原路请筑笼竿城。是岁,夏州、西凉府、高丽、女真来贡。淮南、江、浙饥,除其租。天下户九百五万五千七百二十九，口二千一百九十七万六千九百六十五。

八年春正月壬午朔，谒玉清昭应宫，奉表告尊上玉皇大天帝圣号，奉安刻玉天书于宝符阁，还御崇德殿受贺，赦天下，非十恶、枉法赃及已杀人者咸除之。文武官满三岁者，有司考课以闻。乙酉，诏环州缘边卒人赐薪水钱。庚寅，置清卫二指挥奉宫观。乙未，皇女入道。戊戌，徙棣州城。庚戌，诏王钦若等举供奉官至殿直有武干者一人。二月，泗州周宪百五岁，诏赐束帛。甲寅，宗正寺火。丙辰，唃厮啰、立遵贡名马。丙寅，以元佐为天策上将军、兴元牧，赐剑履上殿，诏书不名。丁卯，遣使巡抚淮、浙路。癸酉，祈雨。丙子，诏进士六举、诸科九举者许奏名。庚辰，大雨。三月乙酉，幸元偓宫视疾。戊戌，宴宗室，射于苑中。壬寅，御试礼部贡举人。夏四月辛酉，赐宰相《五臣论》。壬戌，以寇准为武胜军节度使、同平章事，王钦若、陈尧叟并为枢密使、同平章事。戊辰，德彝卒。壬申，荣王元俨宫火，延及殿阁内库。癸酉，诏求直言。命丁谓为大内修葺使。戊寅，王膺坐应诏言事乖缪贬。五月壬午，荣王元俨罢武信军节度使，降封端王。庚寅，荧惑犯轩辕。壬辰，废内侍省黄门。禁金饰服器。庚子，放宫人一百八十四人。六月己酉朔，日有食之。辛未，诏诸州以《御制七条》刻石。乙亥，惟忠卒。闰月己卯，赦天下。庚辰，王钦若上《彤管懿范》。七月丙辰，以诸州牛疫免牛税一年。戊午，王嗣宗为大同军节度使。丙寅，幸相王元偓新宫。以宫城火，诏诸王徙宫于外。丙子，幸瑞圣园观稼，宴射于水心殿。八月己卯，大理少卿阎允恭、开封判官韩允坐枉狱除名。戊戌，诏京兆、河中府、陕、同、华、虢等州贷民麦种。九月，注辇国贡土物、珍珠衫帽。甲寅，唃厮啰聚众数十万，请讨平夏人以自效。丁卯，宴宗室，射于后苑。己巳，赐注辇使袍服、牲酒。冬十月乙巳，王钦若上《圣祖先天纪》。戊申，回鹘呵罗等来贡。十一月辛酉，相王元偓加兼中书令，端王元俨进封彭王。癸亥，高丽使同东女真来贡。十二月戊寅，皇子冠。丁亥，侍禁杨承吉使西蕃还，以地理图进。辛卯，皇子庆国公封寿春郡王。是岁，占城、宗哥族及西蕃首领来贡。坊州大雨，河溢。陕西饥。

九年春正月丙辰，置会灵观使，以丁谓为之，加刑部尚书。壬申，以张士逊、崔遵度为寿春郡王友。二月丁亥，王旦等上《两朝国史》。戊子，加旦守司徒，修史官以下进秩、赐物有差。甲午，诏以皇子就学之所名资善堂。延州蕃部饥，贷以边谷。三月丙午，除雷州无名商税钱。秦州曹玮抚捍蕃境得宜，诏嘉之。己酉，王钦若上《宝文统录》。辛酉，以西蕃宗哥族李立遵为保顺军节度使。壬戌，诏举官必择廉能。癸亥，置登玉牒官。乙丑，著作佐郎高清以赃贿伏脊，配沙门岛。夏四月庚辰，周伯星见。丙申，赐天下酺。振延州蕃族饥。庚子，幸陈尧叟第视疾。壬寅，以唐相元稹七世孙为台州司马。五月乙巳，邠宁环庆部署王守斌言夏州蕃骑千五百来寇庆州，内属蕃部击走之。癸丑，幸南宫视惟宪疾。甲寅，惟宪卒。乙卯，毛尸等三族蕃官冯移埋率属来归，诏抚之。丙辰，诏天下系

囚死罪减等，流以下释之。丁巳，向敏中为宫观庆成使。甲子，左天厩草场火。庚午，太白昼见。六月戊寅，幸会灵观，宴祝禧殿，癸未，京畿蝗。秋七月，抚水蛮寇宜州，广南西路请便宜掩击，许之。丁未，增筑京师新城。丙辰，开封府祥符县蝗附草死者数里。戊午，停京城工役。癸亥，以畿内蝗，下诏戒郡县。甲子，诏京城禁乐一月。丁卯，幸太乙宫、天清寺。八月壬申，知秦州曹玮言伏羌砦蕃部厮鸡波与宗哥族连结为乱，以兵夷其族帐。丙子，令江、淮发运司留上供米五十万以备饥年。磁、华、瀛、博等州蝗，不为灾。丙戌，制玉皇圣号册文。以陈尧叟为右仆射。戊子，以旱，罢秋宴。壬辰，群臣请受尊号册宝，表五上，从之。九月癸卯，雄、霸河溢。甲辰，以丁谓为平江军节度使。丙午，陈彭年、王曾、张知白并参知政事。丁未，曹玮言宗哥唃厮啰、蕃部马波叱腊、鱼角蝉等寇伏羌砦，击败之，斩首千余级。庚戌，以不雨，罢重阳宴。利州水，漂栈阁。甲寅，雨。督诸路捕蝗。丁巳，诏以旱蝗得雨，宜务稼省事及罢诸营造。戊午，禁诸路贡瑞物。戊辰，青州飞蝗赴海死，积海岸百余里。己巳，诏民有出私廪振贫乏者，三千石至八千石，第授助教、文学、上佐之秩。冬十月己卯，王钦若表上《翊圣保德真君传》。壬申，诏冯拯等各举殿直以上武干者一人。壬辰，置直龙图阁。十一月，会灵观甘露降。乙巳，诏河、陕诸路州简禁军五百人。丁未，河西节度使石普坐妄言灾异，除名流贺州。丁卯，以唐裴度孙坦为郑州助教。是岁，西蕃宗哥族、邛部山后蛮、夏州、甘州来贡。诸州有陨霜害稼及水灾者，遣使振恤，除其租。

天禧元年春正月辛丑朔，改元。诣玉清昭应宫荐献，上玉皇大天帝宝册、衮服。壬寅，上圣祖宝册。己酉，上太庙谥册。庚戌，享六室。辛亥，谢天地于南郊，大赦，御天安殿受册号。乙卯，宰相读天书于天安殿，遂幸玉清昭应宫，作《钦承宝训述》示群臣。壬戌，诏以四月旦为天祥节。丙寅，命王旦为兖州太极观奉上册宝使。二月庚午，诏振灾，发州郡常平仓。壬申，御正阳门观酺。丁丑，置谏官、御史各六员，每月一员奏事，有急务听非时入对。戊寅，王旦加太保、中书侍郎、平章事，向敏中加吏部尚书。楚王元佐领雍州牧；相王元偓加尚书令兼中书令，进封徐王；彭王元俨加太保；寿春郡王祯兼中书令。王钦若加右仆射，赵德明加太傅，中外官并加恩。辛巳，考课京朝官改秩及考者。壬午，定宗室子授官之制。庚寅，进封李公蕴为南平王。秦州神武军破宗歌族、马波叱腊等于野吴谷，多获人马。己亥，陈彭年卒。三月辛丑，以不雨，祷于四海。壬寅，不雨，罢上巳宴。庚申，免潮州逋盐三百七十万有奇。辛酉，令作淖縻济怀、卫流民。夏四月庚辰，陈尧叟卒。戊子，邠州野竹生实，以食饥。五月戊戌，诏所在安恤流民。戊申，以王旦为太尉、侍中，五日一入中书，旦恳辞不拜。己酉，荧惑犯太微。乙卯，纵岁献鹰犬。己未，奉太祖圣容于西京应天院，向敏中为礼仪使。诸路蝗食苗，诏遣内臣分捕，仍命使安抚。六月壬申，赦西京系囚，死罪减一等，流以下释之。父老年八十者赐茶帛，除其课役。戊寅，除昇州后湖租钱五十余万，

听民溉田。陕西、江、淮南蝗,并言自死。庚辰,盗发后汉高祖陵,论如律,并劾守土官吏,遣内侍王克让以礼治葬,知制诰刘筠祭告。因诏州县申前代帝王陵寝樵采之禁。乙酉,免大食国蕃客税之半。龟兹国使张复延等贡玉勒鞍马,令给其直。己丑,王旦对于崇政殿。秋七月丁未,霖雨,放朝。己未,幸魏咸信第视疾。甲子,魏咸信卒。八月庚午,以王钦若为左仆射兼中书侍郎、平章事。壬申,向敏中加右仆射兼门下侍郎。王旦对于便殿。丙子,诏京城禁围草地听民耕牧。丁丑,禁采狨。戊寅,免牛税一年。九月癸卯,以参知政事王曾为礼部侍郎,李迪为参知政事,马知节知枢密院事,曹利用、任中正、周起并同知枢密院事。丙午,幸王旦第视疾。戊申,以蝗罢秋宴。己酉,王旦薨。甲寅,诏能拯救汴渠覆溺者给赏,或溺者贫者,以官钱给之。丁未,教卫士骑射。冬十月辛未,诏阁门自今审官、三班院、流内铨,后殿日引公事,勿过两司。壬申,谕诸州非时灾沴不以闻者论罪。己卯,罢京东上贡物。辛卯,赐寿春郡王及王友张士逊等诗。十一月己亥,诏曲宴日辍后殿视事。辛丑,曹玮平鬼留家族。壬寅,诏淮、浙、荆湖治放生池,禁渔采。乙卯,幸太一宫,大雪,帝谓宰相曰:"雪固丰稔之兆,第民力未充,虑失播种。卿等其务振劝,毋遗地利。"壬戌,契丹使耶律准来贺承天节。高丽使徐讷率女真首领入对崇政殿,献方物。十二月丙寅,京城雪寒,给贫民粥,并瘗死者。乙亥,罢京城工役。丙子,严寒,放朝。丁丑,放通负,释系囚。己卯,女真国人归,给装钱。高丽使徐讷赐射瑞圣园。辛卯,诏陕西缘边鬻谷者勿算。壬辰,遣使缘汴河收瘗流尸。是岁,三佛齐、龟兹国来贡。诸路蝗,民饥,镇戎军风雹害稼,诏发廪振之,蠲租赋,贷其种粮。

二年春正月乙未,真游殿芝草生。壬寅,振河北、京东饥。辛亥,赐寿春郡王《恤民歌》。戊午,王钦若等上《天禧大礼记》四十卷。己未,遣使谕京东官吏安抚饥民,又命诸路振以淖糜。二月丙寅,甘州来贡。丁卯,寿春郡王加太保,进封昇王。诏近臣常参官堪任御史者。庚午,右正言刘烨请自今言事许升殿,从之。庚辰,振京西饥。乙酉,幸徐王元偓宫视疾。三月辛丑,修京城。丙辰,先贷贫民粮种止勿收。夏四月戊子,幸飞山雄武教场,宴赐从臣将士。庚寅,赦天下,死罪减一等,流以下释之。闰月,辰州讨下溪州蛮,斩首六十余级,降千余人。己亥,诏户部尚书冯拯等举幕职、令录堪充京官者各二人。癸卯,马知节为彰德军留后。丁未,灵泉出京师,饮者愈疾。作祥源观。壬子,幸徐王元偓宫视疾。五月壬戌,诏长吏恤孝弟力田者。甲子,徐王元偓薨。丁卯,释下溪州蛮彭儒猛罪。丙戌,西京讹言妖如帽,夜爇,民甚恐。六月壬辰,诏三班使臣经七年者考课迁秩。己亥,诏诸州上佐、文学、参军谪降十年者,听还乡。乙巳,讹言帽妖至京师,民夜叫噪达曙,诏捕尝为邪法人耿斆等弃市。辛亥,彗出北斗魁。秋七月壬申,以星变赦天下,流以下罪减等,左降官羁管十年以上者放还京师,京朝官丁忧七年未改秩者以闻。丁亥,彗没。八月庚寅,群臣请立皇太子,从之。壬寅,下溪州彭儒猛纳所掠汉生口、器甲等,诏赐袍带。甲辰,立皇子昇王为皇太子。大赦天下,宗室加恩,群臣赐勋一转。戊申,黎州山后两林百蛮都王李阿善遣使来贡。壬子,彭王元俨进封通王。以李迪兼太子宾客。癸丑,作《元良箴》赐皇太子。甲寅,楚王元佐加中兴元牧,徐国长公主进封福国,邠国长公主进封建国,宿国长公主进封鄂国。乙卯,诏畎索河水入金水河。丙辰,以德雍、德文、惟政并为诸州防御使,允成、允升、允宁并为诸州团练使。九月丁卯,册皇太子。庚午,诏全给外戚诸军物。庚辰,御乾元门观酺。冬十月庚子,御玉宸殿,召近臣观刈占城稻,遂宴安福殿。十二月辛丑,以张旻为武宁军节度使、同平章事。是岁,占城国、甘州、溪峒、黎州山后蛮来贡。陕西旱,振之。江阴军蝻,不为灾。

三年春正月癸亥,贡举人郭稹等见崇政殿。稹冒丧赴举,命典谒诘之,即引咎,殿三举。二月乙未,河南府地震。三月戊午朔,日有食之。遣吕夷简体访陕、亳民讹言。丙寅,御试礼部贡举人。癸未,翰林学士、工部尚书钱惟演等坐知举失实,降一官。甲申,颍州石陨出泉,饮之愈疾。夏四月甲午,西上阁门使高继勋坐市马亏直削官。五月丁巳,大食国来贡。乙丑,左谏议大夫戚纶坐讪上,贬岳州副使。辛未,虑囚。六月癸未,浚淮南漕渠,废三堰。甲午,王钦若为太子太保。河决滑州。戊戌,以寇准为中书侍郎兼吏部尚书、平章事,丁谓为吏部尚书、参知政事。滑州决河,泛澶、濮、郓、齐、徐境,遣使救被溺者,恤其家。秋七月壬申,曹璨卒。群臣表上尊号曰体元御极感天尊道应真宝运文德武功上圣钦明仁孝皇帝。八月丁亥,大赦天下。普度道释童行。滑州龙见,河决。辛卯,太白昼见。己亥,庆州亡去熟户委乞等来归。庚戌,遣使抚恤京东西、河北水灾。九月乙丑,庆州骨咩、大门等族归附。辛巳,遣中官存问高丽贡使之被溺者。冬十一月己巳,谒景灵宫。庚午,飨太庙。辛未,祀天地于圜丘,大赦天下。选两任五考无责罚者试身、言、书、判。丁丑,御天安殿受尊号册。十二月丙戌,富州蛮酋向光泽表纳土,诏却之。辛卯,向敏中加左仆射、中书侍郎兼礼部尚书、平章事,寇准加右仆射,通王元俨进封泾王,曹利用、丁谓并为枢密使,百官加恩。癸巳,以任中正、周起并为枢密副使。是岁,高丽、女真来贡。江、浙及利路饥,诏振之。

四年春正月乙丑,以华州观察使曹玮为镇国军留后、金署枢密院事。丙寅,开扬州运河。己巳,幸元符观。庚午,赠处士魏野著作郎,赐其家粟帛。二月,帝不豫。癸未,遣使安抚淮南、江、浙、利州饥民。滑州决河塞。辛丑,发唐、邓八州常平仓赈贫民。三月戊午,以淄州民饥,贷牛粮。甲子,振蕃部粟。庚午,诏川峡致仕官听本贯。癸酉,川、广举人勿拘定额。己亥,振益、梓民饥。己卯,向敏中薨。夏四月丁亥,大风,昼晦。庚寅,分江南转运使为东、西路。丙申,杖杀前定陶县尉麻士瑶于青州。五月丁巳,发粟振秦、陇。六月丙申,以寇准为太子太傅,莱国公。河决滑州。壬寅,御试礼部奏名举人九十三人。秋七月丁巳,太白昼见。辛酉,京城大雨,水坏庐舍大半。丙寅,以李迪为吏部侍郎兼太子少傅、平章事,冯拯为枢密使、吏部尚书、同平章事。以霖雨坏营舍，赐诸军缗钱。庚午，以丁谓为平章事，曹利用同平章事。癸酉，入内副都知周怀政伏诛。丁丑，太子太傅寇准降授太常卿，翰林学士盛度、枢密直学士王曙并罢职。八月，永兴军都巡检使朱能杀中使叛。乙酉，以任中正、王曾并参知政事。诏利、夔置常平仓。丙戌，朱能自杀。壬寅，寇准贬道州司马。甲辰，赐诸军器币。入内押班郑志诚坐交朱能，削两任、配隶房州。九月己酉，分遣近臣张知白、晁迥、乐黄目等各举常参官，诸路转运及劝农使各举堪京官、知县者二人，知制诰、知杂御史、直龙图阁各举堪御史者一人。丙辰，始御崇德殿视事，治朱能党，死、流者数十人。己未，久雨，放朝。壬戌，给事中朱巽、工部郎中梅询坐不察朱能奸谪官。丁卯，赦天下。己巳，遣使安抚永兴军。壬申，赐京城酺。冬十月戊寅，命依唐制，双日不视事。壬午，幸正阳门观酺。帝自不豫，浸少临行，至是人情大悦。壬辰，以王钦若为资政殿大学士。甲辰，减水灾州县秋租。丙午，召皇子、宗室、近臣玉宸殿观稻，赐宴。十一月戊午，召近臣于龙图阁观御制文词，帝曰："朕听览之暇，以翰墨自娱，虽不足垂范，亦平生游心于此。"宰臣丁谓请镂板宣布。庚申，内出御制七百二十二卷付宰臣。丙寅，丁谓加门下侍郎兼太子太傅，李迪加中书侍郎兼尚书左丞，依前少傅。迪、谓忿争于帝前。戊辰，罢谓为户部尚书，迪为户部侍郎。任中正、王曾、钱惟演并兼太子宾客，张士逊、林特并兼太子詹事，晏殊为太子左庶子。己巳，诏谓赴中书视事如故。庚午，诏自今除军国大事仍旧亲决，余皆委皇太子同宰相、枢密使等参议行之。太子上表陈让，不允。以丁谓兼太子少师，冯拯兼少傅，曹利用兼少保。辛未，诏自今群臣五日于长春殿起居，余只日视朝于承明殿。甲戌，丁谓等请作天章阁奉安御集。十二月乙酉，皇太子亲政，诏内臣传旨须覆奏。丁亥，龟兹、甘州回鹘遣使来贡。己丑，王钦若加司空。庚寅，议事资善堂，命张景宗侍皇太子。丁酉，以王钦若为山南东道节度使、同平章事。闰月丁卯，以唃厮啰为边患，诏陈尧咨等巡抚。庚午，京城谷贵，减直发常平仓。乙亥，帝不豫，力疾御承明殿，赐手书宰相，谕以辅导储贰之意。是岁，京西、陕西、江、淮、荆湖诸州稔。

五年春正月己丑，帝疾愈，出幸启圣院。癸巳，诏天下死罪降，流以下释之。乙未，遣使抚京东水灾。丁酉，以张士逊为枢密副使。己亥，宴近臣承明殿。二月甲寅，审刑院言天下无断狱。丙寅，赐天下酺。庚午，以孔子四十七世孙圣祐袭封文宣公。三月辛巳，御正阳门观酺。辛丑，京东、西水灾，赐民租十之五。壬寅，丁谓加司空，冯拯加左仆射，曹利用加右仆射，任中正工部尚书。夏四月丙辰，客星出轩辕。五月乙亥，虑囚，降天下死罪。六月丙午，太白昼见。秋七月甲戌朔，日有食之。戊寅，新作景灵宫万寿殿。八月壬戌，荧惑犯南斗。九月戊寅，唃厮啰请降。冬十月癸卯，蠲京东西、淮、浙被灾民租。壬子，依汉、唐故事，五日一受朝，遇庆会，皇太子押班。十一月戊子，王钦若以山南东道节度使坐擅赴阙，降司农卿、分司南京。是岁，高丽遣使来贡。京东、河北、两川、荆湖稔。

乾兴元年春正月辛未朔，改元。丁亥，御东华门观灯。戊戌，蠲秀州水灾民租。二月庚子，大赦天下。癸卯，上尊号曰应天尊道钦明仁孝皇帝。诏苏、湖、秀州民饥，贷以虞粟。甲辰，制封丁谓为晋国公，冯拯为魏国公，曹利用为韩国公。庚戌，诏徐州振贫民。甲寅，对宰相于寝殿。帝不豫增剧，祷于山川神祇。戊午，帝大渐，遗诏皇太子于柩前即皇帝位。尊皇后为皇太后，权处分军国事，淑妃为皇太妃。帝是日崩于延庆殿，年五十五，在位二十六年。十月己酉，葬永定陵。己未，祔太庙。天圣二年十一月，上尊谥曰文明武定章圣元孝皇帝，庙号真宗。庆历七年，加谥膺符稽古神功让德文明武定章圣元孝皇帝。

赞曰：真宗英悟之主。其初践位，相臣李沆虑其聪明，必多作为，数奏灾异以杜其侈心，盖有所见也。及澶洲既盟，封禅事作，祥瑞沓臻，天书屡降，导迎奠安，一国君臣如病狂然，呼，可怪也。他日修《辽史》，见契丹故俗而后推求宋史之微言焉。宋自太宗幽州之败，恶言兵矣。契丹其主称天，其后称地，一岁祭天不知其几，猎而手接飞雁，鸮自投地，皆称为天赐，祭告而夸耀之。意者宋之诸臣，因知契丹之习，又见其君有厌兵之意，遂进神道设教之言，欲假是以劫敌人之听闻，庶几足以潜消其窥觎之志欤？然不思修本以制敌，又效尤焉，计亦末矣。仁宗以天书殉葬山陵，呜呼贤哉！

卷九　　本纪第九

仁　宗　一

仁宗体天法道极功全德神文圣武睿哲明孝皇帝，讳祯，初名受益，真宗第六子，母李宸妃也。大中祥符三年四月十四日生。章献皇后无子，取为己子养之。天性仁孝宽裕，喜愠不形于色。七年，封庆国公。八年，封寿春郡王，讲学于资善堂。天禧元年，兼中书令。明年，进封昇王。九月丁卯，册为皇太子，以参知政事李迪兼太子宾客。癸酉，谒太庙。四年，诏五日一开资善堂，太子秉笏南乡立，听辅臣参决诸司事。乾兴元年二月戊午，真宗崩，遗诏太子即皇帝位，尊皇后为皇太后，权处分军国事。遣使告哀契丹。己未，大赦，除常赦所不原者。百官进官一等，优赏诸军。山陵诸费，毋赋于民。庚申，命丁谓为山陵使。出遗留物赐近臣、宗室、主兵官。甲子，听政于崇政殿西庑。乙丑，以生日为乾元节。丙寅，遣使以先帝遗留物遗契丹。进封泾王元俨为定王，赐赞拜不名。以丁谓为司徒兼侍中、尚书左仆射，冯拯为司空兼侍中、枢密使、尚书右仆射，曹利用为尚书左仆射兼侍中。戊辰，贬道州司马寇准为雷州司户参军，尚书户部侍郎李迪为衡州团练副使，宣徽南院使曹玮为左卫大将军。三月乙酉，作受命宝。

庚寅,初御崇德殿,太后设幄次于承明殿,垂帘以见辅臣。夏四月壬子,遣使以即位告契丹。丙寅,交州来贡。五月乙亥,录系囚,杂犯死罪递降一等,杖以下释之。六月己酉,命参知政事王曾按视山陵皇堂。丁巳,契丹使来祭奠吊慰。庚申,入内内侍省押班雷允恭坐擅移皇堂伏诛。丁谓罢为太子少保、分司西京。甲子,改命冯拯为山陵使。丙寅,降参知政事任中正为太子宾客。秋七月辛未,冯拯加昭文馆大学士,王曾为中书侍郎、同中书门下平章事、集贤殿大学士,吕夷简、鲁宗道参知政事。乙亥,遣使报谢契丹。丙子,枢密副使钱惟演为枢密使。戊寅,改翼祖定陵为靖陵。辛卯,贬丁谓为崖州司户参军。八月壬寅,遣使贺契丹主及其妻生日、正旦。乙巳,皇太后同御承明殿垂帘决事。九月壬申,告大行皇帝谥于天地、宗庙、社稷。癸酉,上谥册于延庆殿。己卯,命以天书从葬。冬十月壬寅,契丹使来贺即位。己酉,葬真宗皇帝于永定陵。诏中外避皇太后父讳。己未,祔真宗神主于太庙,庙乐曰《大明之舞》,以庄穆皇后配。辛酉,降东、西京囚罪一等,杖以下释之。蠲山陵役户及灵驾所过民田租。十一月丁卯朔,钱惟演罢。甲戌,唃厮啰、立遵求内附。乙亥,以皇太后生日为长宁节。辛巳,初御崇政殿西阁讲筵,命侍讲孙奭、冯元讲《论语》。壬午,以张知白为枢密副使。十二月壬戌,契丹使来贺明年正旦。是岁,苏州水,沧州海潮溢,诏振恤被水及溺死之家。南平王李公蕴遣使进贡。

天圣元年春正月丙寅朔,改元。庚午,契丹使初来贺长宁节。癸未,命三司节浮费,遂立计置司。戊子,以京东、淮南水灾,遣使安抚。辛卯,发卒增筑京城。二月戊戌,许唃厮啰岁一入贡。丁巳,奉安太祖、太宗御容于南京鸿庆宫。壬戌,减诸军斋醮道场。三月甲戌,奉安真宗御容于西京应天院。丙子,诏减西京囚罪一等,徒以下释之。赐城中民八十以上者茶帛,仍复其家。甲申,诏自今营造,三司度实给用。辛卯,司天监上《崇天历》。行淮南十三山场贴射茶法。夏四月辛丑,罢礼仪院。丁未,乾元节,百官及契丹使初上寿于崇德殿。癸丑,诏文武官奏荫亲属从本资。丁巳,诏近臣举谏官、御史各一人。五月甲子,行陕西、河北入中匀粮见钱法。庚午,诏礼部贡举。辛未,录系囚。甲戌,命鲁宗道按视滑州决河。庚寅,议皇太后仪卫制同乘舆。六月甲辰,罢江宁府溧水县采丹砂。乙卯,禁毁钱铸钟。秋七月壬申,除戎、泸州虚估税钱。诏职田遇水旱蠲租如例。辛巳,蠲天下逋负。八月乙未,募民输塞滑州决河。丙申,下德音,减天下囚罪一等,杖以下释之。废郓州东平马监,以牧地赋民。甲寅,芝生天安殿柱。九月丙寅,冯拯罢,以王钦若为门下侍郎、同中书门下平章事、昭文馆大学士。辛卯,诏凡举官未改转而坐赃者,举主免劾。庚寅,宴崇德殿。闰月甲午,诏裁造院女工及营妇配南北作坊者,并释之。戊戌,寇准卒于雷州。己亥,冯拯卒。丁未,禁彭州九陇县采金。丁巳,禁伎术官求辅臣、宗室荐举。冬十月辛酉朔,徙陕西缘边军马屯内地。十一月丁酉,诏诸州配囚,录具狱与地里,上尚书刑部详覆。禁两浙、江南、荆湖、福建、广南路巫觋挟邪术害人者。戊午,置益州交子务。是岁,甘、沙州来贡,泾原哗迷下杏家族纳质内附。

二年春二月庚午,遣内臣收瘗汴口流尸,仍祭奠之。三月丁丑,奉安真宗御容于景灵宫奉真殿。癸卯,王钦若上《真宗实录》。是月,赐礼部奏名进士、诸科及第出身四百八十五人。夏四月辛酉,诏三司岁市绅、绢非土产者罢之。乙酉,录晋石氏后。五月乙未,录系囚。六月壬申,罢天庆、天祺、天贶、先天、降圣节宫观然灯。秋七月癸丑,奉安真宗御容于玉清昭应宫安圣殿。八月丙辰朔,宴崇德殿,初用乐之半。诏举官已迁改而贪污者,举主以状闻,闻而不以实者坐之。己卯,幸国子监,谒孔子,遂幸武成王庙。甲申,太白入太微垣。九月辛卯,祠太一宫,赐道左耕者茶帛。冬十月丙辰,奉安真宗御容于洪福院。十一月甲午,加上真宗谥。乙未,朝飨玉清昭应、景灵宫。丙申,飨太庙。丁酉,祀天地于圜丘,大赦。百官上尊号曰圣文睿武仁明孝德皇帝,上皇太后尊号曰应元崇德仁寿慈圣皇太后。赐百官诸军加等。乙巳,立皇后郭氏。辛亥,加恩百官。十二月庚午,诏开封府每岁正旦、冬至禁刑三日。是岁,龟兹、甘肃来贡。

三年春正月辛卯,长宁节,近臣及契丹使初上皇太后寿于崇政殿。二月戊寅,诏陕西灾伤州军,盗廪谷县伤主者,刺配邻州牢城,徒减一等。夏四月丁丑,诏三馆缮书藏太清楼。五月庚寅,录系囚。癸巳,幸御庄观刈麦,闻民舍机杼声,赐织妇茶帛。己亥,赐隐士林逋粟帛。己酉,禁臣僚奏荐无服子弟。六月壬戌,太白昼见。癸酉,环、原州属羌叛寇边,环庆都监赵士隆等死之,遣使者安抚陕西。秋七月戊子,诏诸路转运使察举知州、通判不任事者。丙午,诏边户为羌所扰者蠲租,复役二年。八月戊午,以忠州盐井岁增课,夔州奉节巫山县旧籍民为营田、万州户有税者岁籴其谷,皆为民害,诏悉除之。辛未,蠲陕西州军旱灾租赋。九月乙巳,诏司天监奏灾异据占书以闻。冬十月乙卯,太白犯南斗。辛酉,晏殊为枢密副使。十一月己卯朔,罢贴射茶法。辛丑,以襄州水蠲民租。晋、绛、陕、解州饥,发粟振之。戊申,王钦若卒。十二月癸丑,王曾为门下侍郎、昭文馆大学士,张知白同中书门下平章事、集贤殿大学士。乙丑,张旻为枢密使。戊寅,太白昼见。是岁,龟兹、甘州、于阗来贡。环、庆蕃部鬼通等内附。补泾原降羌首领潘征为本族军主。

四年春正月己亥,命章得象与流内铨同试百司人。庚子,泾原兵破康奴族。二月甲寅,诏吏犯赃至流,按察官失举者,并劾之。庚午,置西界和市场。三月甲申,诏转运使、提点刑狱罢劝农司。己亥,鄜延蕃部首领曹守贵等内附。夏四月壬子,诏京东西、河北、淮南平谷价。五月己卯,诏礼部贡举。壬午,诏大辟疑者奏谳,有司毋辄举驳。戊子,录系囚。己亥,诏士有文而行不副者,州郡毋得荐送。闰月戊申,减江、淮岁漕米五十万石。除舒州太湖等九茶场民逋钱十三万缗。己酉,诏补太庙室长、斋郎。辛亥,复陕西永丰渠以通解盐。六月丁亥,建、剑、邵武等州军大水,诏赐被灾家米二石,溺死者官瘗之。庚寅,大雨震电,京师平地水数尺。辛卯,避正殿,减常膳。

丁酉，降天下囚罪一等，徒以下释之。畿内、京东西、淮南、河北被水民田蠲其租。癸卯，诏官物漂失，主典免偿，流徙者，所在抚存之。秋七月戊申，御长春殿，复常膳。辛未，减两川岁输锦绮，易绫纱为绢，以给边费。壬申，诏诸路转运使举所部官通经术者。八月丁亥，筑泰州捍海堰。己丑，诏施州溪峒首领三年一至京师。九月乙卯，诏孙奭、冯元举京朝官通经术者。庚申，诏礼部贡院，诸科通三经者荐擢之。录周世宗从孙柴元亨为三班奉职。辛未，废襄、唐州营田务，以田赋民。冬十月甲戌朔，日有食之。壬辰，诏郎中以上致仕，赐一子官。甲午，昏雾四塞。丙申，奉安真宗御容于鸿庆宫。十二月丁丑，发米六十万斛贷畿内饥。丁亥，帝白太后，欲元日先上太后寿乃受朝，太后不可。王曾奏曰："陛下以孝奉母仪，太后以谦全国体，请如太后令。"

五年春正月壬寅朔，初率百官上皇太后寿于会庆殿，遂御天安殿受朝。己未，晏殊罢。戊辰，以夏竦为枢密副使。二月癸酉，命吕夷简、夏竦修先朝国史，王曾提举。丙子，诏振京东流民。丁丑，西域僧法吉祥等来献梵书。三月戊申，赐礼部奏名进士、诸科及第出身一千七十六人。秦州地震。罢琼州岁贡瑇瑁、鼈皮、紫贝。夏四月壬辰，寿宁观火。五月庚子朔，诏武臣有孙习文艺者，听奏文资。壬寅，太白昼见。丙午，阅诸班骑射。辛亥，录系囚。辛酉，命吕夷简等详定编敕。癸亥，楚王元佐薨。是月，京畿旱，磁州虫食桑。六月甲戌，祈雨于玉清昭应宫、开宝寺。丙子，诏决畿内系囚。丁丑，雨。癸未，罢诸营造之不急者。秋七月己亥朔，振秦州水灾，赐被溺家钱米。丙辰，发丁夫三万八千、卒二万一千、缗钱五十万塞滑州决河。诏察京东被灾县吏不职者以闻。九月庚戌，阅龙卫神勇军习战。冬十月辛未，罢陕西青苗钱。癸酉，奉安真宗御容于慈孝寺崇真殿。己丑，颁新定《五服敕》。甲午，同皇太后幸御书院，观太宗、真宗御书。乙未，诏西川、广南在官物故者，遣人护送其家属还乡，官为给食。丙申，滑州言河平。十一月丁酉朔，以陕西旱蝗，减其民租赋。庚子，遣使河北体量安抚。壬寅，复作指南车。辛亥，朝飨景灵宫。壬子，飨太庙。癸丑，祀天地于圜丘，大赦。贺皇太后于会庆殿。丁巳，恭谢玉清昭应宫。十二月辛未，加恩百官。甲戌，诏辅臣南郊恩例外，更改一子官。丁亥，诏百官宗室受赂、冒为亲属奏官者毋赦。是岁，甘州及南平国王李公蕴遣人来贡。京兆府、邢、洺州蝗。华州旱，蚜蚄虫食苗。

六年春正月己酉，罢两川乾元节岁贡织佛。戊午，罢提点刑狱。二月庚辰，大风，昼晦。壬午，张知白薨。三月丙申朔，日有食之。壬子，以张士逊同中书门下平章事、集贤殿大学士。癸丑，以姜遵为枢密副使。己未，以范雍为枢密副使。壬戌，作西太一宫。夏四月戊辰，诏审官、三班院、吏部流内铨、军头司各引对所理公事。自帝为皇太子，辅臣参决诸司事于资善堂，至是始还有司。丁丑，贷河北流民复业者种食，复是年租赋。癸未，命官减三司岁调上供物。甲申旦，有星大如斗，自北流至西南，光烛地，有声如雷。庚寅，下德音，以星变斋居，不视事五日。

降畿内囚死罪，流以下释之。罢诸土木工。振河北流民过京师者。五月乙未朔，交阯寇边。六月丙寅，罢戎、泸诸州谷税钱。秋七月壬子，江宁府、扬、真、润州江水溢，坏官民庐舍，遣使安抚振恤。八月乙丑，诏免河北水灾州军秋税。乙亥，河决澶州王楚埽。丙戌，录唐张九龄后。九月己亥，诏京朝官任内，五人同罪奏举者，减一任。癸卯，祠西太一宫。甲辰，诏河北灾伤，民质桑土与人者悉归之，候岁丰偿所贷。乙巳，遣使修诸路兵械。冬十月甲申，除福州民逋官庄钱十二万八千缗。十一月戊午，京西言谷斗十钱。十二月癸亥，祠西太一宫。是岁，甘州、三佛齐来贡。

七年春正月癸卯，曹利用罢。丙辰，降利用为左千牛卫上将军。二月庚申朔，鲁宗道卒。甲子，诏文臣历边有材勇、武臣之子有节义者，与换官，三路任使。丙寅，张士逊罢，以吕夷简同中书门下平章事、集贤殿大学士。丁卯，以夏竦、薛奎参知政事，陈尧佐为枢密副使。癸酉，贬曹利用为崇信军节度副使、房州安置，未至，自杀。乙酉，以河北水灾，委转运使察官吏，不任职者易之。闰月癸巳，募民入粟以振河北。戊申，禁京城创造寺观。壬子，复制举六科，增高蹈丘园、沉沦草泽、茂才异等科，置书判拔萃科及试武举。癸酉，置理检使，以御史中丞为之。三月乙丑，诏吏胥受赇毋用荫。辛巳，诏契丹饥民所过给米，分送唐、邓等州，以闲田处之。癸未，诏百官转对，极言时政阙失，在外者实封以闻。夏四月庚寅，赦天下，免河北被水民租赋。辛卯，南平王李公蕴卒，其子德政遣人来告，以为交阯郡王。五月乙未朔，诏礼部贡举。庚申，诏戒文弊。己巳，颁新令。庚午，诏先朝文武官自刺史、少卿、监以上，并录其后。癸酉，录系囚。庚辰，御承明殿，臣僚请对者十九人，日昃乃罢。六月壬辰，置益、梓、广南路转运判官。丁未，大雷雨，玉清昭应宫灾。甲寅，王曾罢。秋七月癸亥，以玉清昭应宫灾，遣官告诸陵，诏天下不复缮修。乙亥，诏殿直以上毋得换文资。乙酉，罢诸宫观使。八月丁亥朔，日有食之。诏罢天下职田，官收其入，以所直均给之。己丑，以吕夷简为昭文馆大学士。辛卯，夏竦复为枢密副使，陈尧佐、王曙并参知政事。己亥，诏命官犯正入赃，毋使亲民。冬十月壬寅，阅虎翼武骑卒习战。丙午，京师地震。诏知州军岁举判、司、簿、尉可县令者一人。十一月癸亥，冬至，率百官上皇太后寿于会庆殿，遂御天安殿受朝。庚午，诏天下孤独疾病者，致医药存视。诏周世宗后，凡经郊祀，录其子孙一人。是岁，河北水。遣使决囚，振贫，瘗溺死者，给其家缗钱，察官吏贪暴不恤民者。龟兹、下溪州黔州蛮来贡。

八年春正月甲戌，曹玮卒。辛巳，作会圣宫于西京永安县。二月戊子，诏五代时官三品以上告身存者，子孙听用荫。三月壬申，幸后苑，遂宴太清楼。乙亥，禁以财冒士族娶宗室女者。诏河北被水州县毋税牛。是月，赐礼部奏名进士、诸科及第出身八百二十二人。五月甲寅，赐信州龙虎山张乾曜号澄素先生。丙辰，大雨雹。辛酉，录系囚。六月癸巳，吕夷简上新修国史。己亥，诏御史台狱勿关纠察司。乙巳，亲试书判拔萃科及武举人。秋七月丙子，策制举人。八月丙戌，诏详定盐法。丁亥，诏近臣宗室观祖宗御书于龙图、天章阁，又观瑞谷于元真殿，遂宴蕊珠殿。戊子，诏流配人道死者，其妻子给食送还乡里。九月癸丑，复置诸路提点刑狱官。丙辰，罢转对。乙丑，姜遵卒。己巳，以赵稹为枢密副使。冬十月壬辰，奉安太祖御容于太平兴国寺开先殿。丙申，弛三京、河中府、颍、许、汝、郑、郓、济、卫、晋、绛、虢、亳、宿等二十八州军盐禁。壬寅，置天章阁待制。十一月丙寅，朝飨景灵宫。丁卯，飨太庙。戊辰，祀天地于圜丘，大赦。贺皇太后于会庆殿。十二月癸未，加恩百官。辛丑，西平王赵德明、交阯王李德政并加赐功臣。是岁，高丽、占城、邛部川蛮来贡。

九年春正月辛亥，诏诸路转运判官员外郎以上，遇郊听任子弟。丙辰，长宁节，百官初上皇太后寿于会庆殿。辛未，减畿内民租。二月癸巳，诏复郡县职田。三月甲寅，奉安太祖、太宗、真宗御容于会圣宫。夏四月戊寅，诏以陇州论平民五人为劫盗抵死，主者虽更赦，并从重罚。乙巳，阅大乐。五月乙丑，录系囚。六月庚辰，宋绶上《皇太后仪制》。秋七月丙午朔，契丹使来告其主隆绪殂，遣使祭奠吊慰，及贺宗真立。九月癸亥，祠西太一宫，赐道左耕者茶帛。冬十月丙戌，诏公卿大夫励名节。乙未，诏常参官已授外任，毋得奏举选人。辛丑，罢益、梓、广南路转运判官。闰月戊辰，翰林侍读学士孙奭请老，命知兖州，曲宴太清楼送之。十一月丁亥，弛两川矾禁。己丑，祈雪于会灵观。丁酉，出知杂御史曹修古，御史郭劝、杨偕，推直官段少连。十二月甲寅，诏吏部铨选人父母年八十以上者，权注近官。辛酉，大风三日。是岁，契丹主及其国母遣使来致遗留物及谢吊祭。南平王李德政遣人谢加恩。龟兹、沙州来贡。女真晏端等百八十四人内附。

卷十　　　　　　　　　本纪第十

仁　宗　二

明道元年春二月癸卯，吕夷简上《三朝宝训》。丙午，诏仕广南者毋过两任，以防贪黩。庚戌，以张士逊同中书门下平章事、集贤殿大学士。戊午，录故宰臣孙，并试将作监主簿。甲子，诏员外郎以上致仕者，录其子校书郎，三丞以上斋郎。丁卯，以真宗顺容李氏为宸妃，是日妃薨。三月戊子，颁《天圣编敕》。戊戌，以江、淮旱，遣使与长吏录系囚，流以下减一等，杖笞释之。己亥，除婺、秀州丁身钱。夏四月丙午，录系囚。戊午，知棣州王涉坐冒请官地为职田，配广南牢城。五月癸酉，遣使点检河北城池器甲，密访官吏能否。壬午，废杭、秀二州盐场。秋七月丙申，诏诸路转运使举国子监讲官。丁酉，王曙罢。太白昼见，弥月乃灭。八月辛丑，以晏殊为枢密副使。丙午，晏殊参知政事。甲寅，以杨崇勋为枢密副使。辛酉，授唃

斯啰为宁远大将军、爱州团练使。壬戌，大内火，延八殿。癸亥，移御延福宫。甲子，以吕夷简为修内使。乙丑，诏群臣直言阙失。丁卯，大赦。九月庚寅，重作受命宝。丙申，皇太后出金银器易左藏缗钱二十万，以助修内。冬十月庚子，黄白气五贯紫微垣。丁巳，诏汉阳军发廪粟以振饥民。十一月甲戌，以修内成，恭谢天地于天安殿，谒太庙，大赦，改元，百官进秩，优赏诸军。是日还宫。己卯，冬至，率百官贺皇太后于文德殿，御天安殿受朝。壬辰，延州言夏王赵德明卒。癸巳，以德明子元昊为定难军节度使、西平王。十二月壬寅，以杨崇勋为枢密使。戊午，诏获劫盗者奏裁，毋擅杀。壬戌，西北有苍白气亘天。是岁，京东、淮南、江东饥。

二年春正月己卯，诏发运使以上供米百万斛振江、淮饥民，遣使督视。二月戊戌，含誉星见东北方。庚子，诏江、淮民饥死者，官为之葬祭。乙巳，皇太后服衮衣、仪天冠飨太庙，皇太妃亚献，皇后终献。是日，上皇太后尊号曰应元齐圣显功崇德慈仁保寿皇太后。丁未，祀先农于东郊，躬耕籍田，大赦。百官上尊号曰睿圣文武体天法道仁明孝德皇帝。三月庚午，加恩百官。丁亥，祈雨于会灵观、上清宫、景德开宝寺。庚寅，以皇太后不豫，大赦，除常赦所不原者，乾兴以来贬死者复官，谪者内徙。甲午，皇太后崩，遗诏尊皇太妃为皇太后。吕夷简为山陵使。夏四月丙申朔，出大行皇太后遗留物赐近臣。壬寅，追尊宸妃李氏为皇太后，至是帝始知为宸妃所生。甲辰，以大行皇太后山陵五使并兼追尊皇太后园陵使。戊申，听政于崇政殿西厢。己酉，罢乾元节上寿。壬子，诏臣僚、宗戚、命妇毋得以进献祈恩泽，及缘亲戚通表章。罢创修寺观。帝始亲政，裁抑侥幸，中外大悦。癸丑，召还宋绶、范仲淹。丙辰，内侍江德明等并坐交通请谒黜。己未，吕夷简、张耆、夏竦、陈尧佐、范雍、赵稹、晏殊皆罢。以张士逊为昭文馆大学士，李迪同中书门下平章事、集贤殿大学士，王随参知政事，李谘为枢密副使，王德用签书枢密院事。壬戌，御紫宸殿，以张士逊为山陵使兼园陵使。癸亥，上大行太后谥曰庄献明肃，追尊宸妃李氏为皇太后，谥曰庄懿。五月戊辰，诏礼部贡举。癸酉，诏中外勿辄言皇太后垂帘日事。乙亥，罢群牧制置使。丙子，命宰臣张士逊撰《谢太庙》及《躬耕籍田记》。检讨宋祁言，皇太后谒庙非后世法，乃止撰《籍田记》。戊寅，录系囚。六月甲午朔，日有食之。壬寅，录周世宗及高季兴、李煜、孟昶、刘继元、刘𬬮后。癸卯，命审刑、大理详定配隶刑名。戊午，减天下岁贡物。秋七月丁丑，诏知耀州富平县事张龟年增秩再任，以其治行风告天下。戊子，诏以蝗旱，去尊号"睿圣文武"四字，以告天地宗庙，仍令中外直言阙政。八月甲午朔，契丹使来吊慰祭奠。壬寅，作奉慈庙。甲辰，诏中外毋避庄献明肃太后父讳。丁巳，置端明殿学士。九月甲戌，幸洪福院，临庄懿太后梓宫。丙子、壬午，临如之。冬十月癸巳朔，太白犯南斗。甲午，禁登州民采金。丁酉，祔葬庄献明肃太后、庄懿皇太后于永定陵。庚辰，诏取两川岁贡绫锦罗绮纱，以三之二易为绸绢，供军须。己酉，祔庄献明肃太后、庄懿太后神主于奉慈庙。癸

丑,下德音,降东、西京囚罪一等,徒以下释之。缘二太后陵应奉民户,免租赋科役有差。丙辰,赠周王祐为皇太子。戊午,张士逊、杨崇勋罢,以吕夷简为门下侍郎、同中书门下平章事、昭文馆大学士,王曙为枢密使,王德用为枢密副使,宋绶参知政事,蔡齐为枢密副使。十一月癸亥朔,薛奎罢。诏增宗室奉。太白犯南斗。乙丑,追册美人张氏为皇后。甲戌,赠寇准为中书令。十二月丙申,复置提点刑狱。丁酉,诏诸路转运使、副,岁遍历所部,仍令州军具所至月日以闻。甲辰,以京东饥,出内藏绢二十万代其民岁输。乙巳,诏修周庙。丁未,诏台官非中丞、知杂保荐者勿任。戊申,出宫人二百。乙卯,废皇后郭氏为净妃、玉京冲妙仙师,居长宁宫。御史中丞孔道辅率谏官、御史,大呼殿门请对,诏宰相告以皇后当废状。丙辰,出道辅及谏官范仲淹,仍诏台谏自今毋相率请对。丁巳,诏明年改元。禁边臣增置堡寨。是岁,畿内、京东西、河北、河东、陕西蝗,淮南、江东、两川饥,遣使安抚,除民租。注辇国来贡。

景祐元年春正月甲子,发江、淮漕米振京东饥民。丙寅,诏开封府界诸县作糜粥以济饥民,诸灾伤州军亦如之。戊辰,诏三司铸景祐元宝钱。甲戌,诏执政大臣议兵农可更制者以闻。诏募民掘蝗种,给菽米。癸未,诏礼部所试举人十取其二,进士三举、诸科五举尝经殿试,进士五举年五十、诸科六举年六十,及曾经先朝御试者,皆以名闻。甲申,淮南饥,出内藏绢二十万代其民岁输。丁亥,置崇政殿说书。庚寅,诏停淮南上供一年。二月乙未,罢书判拔萃科。辛丑,诏礼部贡院:诸科举人七举者,不限年,并许特奏名。甲辰,权减江、淮漕米二百万石。戊申,诏麟、府州振蓄、汉饥民。三月壬午,免诸路灾伤州军今年夏税。癸未,诏解州畦户遭盐蠲其半。是月,赐礼部奏名进士、诸科及第出身七百八十三人。夏四月丁酉,开封府判官庞籍言,尚美人遣内侍称教旨免工人市租。帝以杖内侍,仍诏有司自今宫中传命,毋得辄受。癸丑,诏置殿中侍御史、监察御史里行。五月辛酉,出布十万端,易钱籴河北军储。丁卯,禁民间织锦刺绣为服饰。西川岁织锦上供亦罢。癸酉,诏台谏未曾历郡守者与郡。壬午,录系囚。是月,契丹主宗真之母还政于子,出居庆陵。六月壬辰,交州民六百余人内附。庚子,免畿内被灾民税之半。己酉,策制举、武举人。乙卯,诏州县官非理科决罪人至死者,并奏听裁。闰月甲子,泗州淮、汴溢。己巳,常州无锡县大风发屋。乙亥,毁天下无额寺院。壬午,罢造玳瑁、龟筒器。秋七月丙申,赐寿州下蔡县被溺之家钱有差。己亥,枢密使王曙加同平章事。辛丑,诏文武提刑毋得互相荐论。壬子,诏转运使与长吏,举所部官专领常平仓粟。甲寅,河决澶州横陇埽。八月庚申,薛奎卒。壬戌,有星孛于张、翼。癸亥,王曙卒。甲子,月犯南斗。戊辰,帝不豫。庚午,以王曾为枢密使。辛未,以星变,大赦,避正殿,减常膳,辅臣奏事延和殿阁。壬申,诏净妃郭氏出居于外,美人尚氏入道,杨氏安置别宅。九月壬辰,百官请只日御前殿,如先帝故事,诏可。丁酉,帝康复,御正殿,复常膳。甲辰,诏立皇后曹氏。丙午,荧惑犯南斗。

冬十月庚申,罢淮南、江、浙、荆湖制置发运使,诏淮南转运兼发运事。乙亥,作郊庙《景安》、《兴安》、《祐安》之曲。十一月己丑,册曹氏为皇后。癸丑,作《大安》之曲以飨圣祖。十二月癸酉,赐西平王赵元昊佛经。是岁,南平王李德政献驯象二,诏还之。开封府、淄州蝗。

二年春正月癸丑,帝迩英、延义二阁,写《尚书·无逸》篇于屏。二月戊午,御延福宫观大乐。癸亥,旧给事资善堂者皆推恩。戊辰,李迪罢,以王曾为门下侍郎、同中书门下平章事、集贤殿大学士,王随、李谘知枢密院事,蔡齐、盛度参知政事,王德用、韩亿同知枢密院事。三月戊申,出内库珠赐三司,以助经费。夏四月庚午,诏天下有知乐者,所在荐闻。五月甲午,猺、獠寇雷、化州,诏桂、广会兵讨之。丙申,录系囚。庚子,议太祖、太宗、真宗庙并万世不迁。南郊升侑上帝,以太祖定配,二宗迭配。丙午,降天下系囚罪一等,杖以下释之。丁未,广西言镇宁州蛮入寇。六月丁巳,诏幕职官初任未成考毋荐。乙亥,颁《一司一务及在京敕》。镇宁蛮请降。秋七月戊申,废西京采柴务,以山林赋民,官取十之一。八月壬子朔,诏轻强盗法。甲寅,宴紫宸殿,初用乐。甲戌,幸安肃门炮场阅习战。己卯,置提点银铜坑冶铸钱官。九月壬寅,按新乐。己酉,作睦亲宅。命中丞杜衍等汰三司胥吏。宋绶上《中书总例》。冬十月辛亥朔,复置朝集院。癸亥,复群牧制置使。丁卯,诏诸路岁输缗钱,福建、二广易以银,江东以帛。庚午,荧惑犯左执法。十一月戊子,废后郭氏薨。癸巳,朝飨景灵宫。甲午,飨太庙、奉慈庙。乙未,祀天地于圜丘,大赦。录五代及诸国后。宗室任诸司使以下至殿直者,换西班官。百官上尊号曰景祐体天法道钦文聪武圣神孝德皇帝。丁未,加恩百官。十二月壬子,加咟厮啰为保顺军留后。丙子,诏长吏能导民修水利辟荒田者赏之。是岁,以镇戎军荐饥,贷弓箭手粟麦六万石。

三年春正月壬辰,追复郭氏为皇后。丁酉,葬皇后郭氏。二月丙辰,命官较太常钟律。壬戌,诏两制、礼官详定京师士民服用、居室之制。甲子,以广南兵民苦瘴毒,为置医药。丁卯,修陕西三白渠。三月癸巳,复商贾以见钱算请官茶法。乙未,观新定钟律。戊戌,诏两省、卿监、刺史、阁门以上致仕,给奉如分司官,长吏岁时劳赐之。改维州为威州。夏五月庚辰,购求馆阁逸书。丙申,录系囚。丙戌,天章阁待制范仲淹坐讥刺大臣,落职知饶州。集贤校理余靖、馆阁校勘尹洙、欧阳修并落职补外。诏戒百官越职言事。六月壬申,虔、吉州水溢,坏城郭、庐舍,赐被溺家钱有差。秋七月丁亥,禁民间私写编敕、刑书。乙未,置大宗正司。庚子,大雨震电。太平兴国寺灾。辛丑,降三京罪囚一等,徒以下释之。八月己酉,班民间冠服、居室、车马、器用犯制之禁。乙卯,月犯南斗。九月庚辰,辛睦亲宅宴宗室。癸巳,荧惑犯南斗。是月,定申心丧解官法。冬十月丁未,命章得象等考课诸路提刑。甲寅,作朝集院。十一月戊寅,保庆皇太后杨氏崩。辛卯,上保庆太后谥曰庄惠。十二月丙寅,李谘卒。丁卯,王德用知枢密院事,章得象同知枢密院事。是岁,南平王李德政、西南蕃来贡。南丹州莫淮载内附。

四年春正月壬午,诏均诸州解额。二月己酉,葬庄惠皇太后于永定陵。己未,祔神主于奉慈庙。庚申,德音:降东、西京及灵驾所过州县囚罪一等,徒以下释之。乙丑,置赤帝像于宫中祈嗣。三月甲戌,置天章阁侍讲。戊寅,诏礼部贡举。夏四月乙巳,吕夷简上《景祐法宝新录》。甲子,吕夷简、王曾、宋绶、蔡齐罢,以王随为门下侍郎、同中书门下平章事、昭文馆大学士,陈尧佐同中书门下平章事、集贤殿大学士,盛度知枢密院事,韩亿、程琳、石中立参知政事,王鬷同知枢密院事。五月庚戌,皇子生,录系囚,降死罪一等,流以下释之。是日,皇子薨。乙卯,以旱,遣使决三京系囚。丙寅,芝生化成殿楹。六月乙亥,杭州江潮坏堤,遣使致祭。戊子,出《神武秘略》赐边臣。己丑,奉安太祖御容于扬州建隆寺。秋七月丁未,诏河东、河北州郡密严边备。戊申,有星数百西南流至壁东,大者其光烛地,黑气长丈余,出毕宿下。八月甲戌,越州水,赐被溺民家钱有差。甲午,诏三司、转运司毋借常平钱谷。冬十一月癸亥,罢登、莱买金场。十二月甲申,并、代、忻州并言地震,吏民压死者三万二千三百六人,伤五千六百人,畜扰死者五万余。遣使抚存其民,赐死伤之家钱有差。是岁,滑州民蚕成茧,长二丈五尺。唃厮啰、龟兹、沙州来贡。

宝元元年春正月甲辰,雷。丙辰,以地震及雷发不时,诏转运使、提举刑狱按所部官吏。除并、代、忻州压死民家去年秋粮。二月壬申,诏复旦御前殿。甲午,安化蛮寇宜、融州。三月戊戌朔,王随、陈尧佐、韩亿、石中立罢,以张士逊为门下侍郎、同中书门下平章事、昭文馆大学士,章得象同中书门下平章事、集贤殿大学士,王鬷、李若谷并参知政事,王博文、陈执中同知枢密院事。己亥,发邵、澧、潭三州驻泊兵讨安化州蛮。是月,赐礼部奏名进士、诸科及第出身七百二十四人。夏四月癸酉,王博文卒。乙亥,以张观同知枢密院事。壬辰,除宜、融州夏税。五月乙巳,录系囚。六月戊寅,罢举童子。己卯,建州大水,坏民庐舍,赐死伤家钱有差,其无主者,官葬祭之。甲申,诏天下诸州月上雨雪状。秋七月壬戌,策制举人。癸亥,策武举人。八月丁卯,复淮南、江、浙、荆湖制置发运使。庚辰,荧惑犯南斗。九月戊申,诏应祀事,已受誓戒而失虔恭者,毋以赦原。赐宜、融州讨蛮兵缗钱。冬十月丙寅,诏戒百官朋党。十一月甲辰,诏广西钤辖进兵讨安化蛮。乙巳,诏宜、融州民尝从军役者,免今夏税,运粮者免其半。戊申,朝飨景灵宫。己酉,飨太庙及奉慈庙。庚戌,祀天地于圜丘,大赦,改元。百官上尊号曰宝元体天法道钦文聪武圣神孝德皇帝。乙卯,复奏举县令法。王曾薨。十二月癸亥朔,加恩百官。甲子,京师地震。丙寅,鄜延路言赵元昊反。甲戌,禁边人与元昊互市。己卯,奉宁军节度使、知永兴军夏竦兼泾原、秦凤路安抚使,振武军节度使、知延州范雍兼鄜延、环庆路安抚使。是岁,达州大水,黎州蛮来贡。

二年春正月己酉,王随卒。辛亥,安化蛮平。癸丑,赵元昊表请称帝,改元。三月丁未,铸皇宋通宝钱。乙卯,阅试卫士。戊午,赐陕西缘边军士缗钱。夏四月癸亥,授唃厮啰二子瞎毡、磨毡角团练使。乙丑,放宫女二百七十人。壬申,免昭州运粮死蛮寇者家徭二年、赋租一年。丁亥,募河东、陕西民入粟实边。五月癸巳,诏近臣举方略材武之士各二人。己亥,禁皇族及诸命妇、女冠、尼等非时入内。癸卯,命近臣同三司议节省浮费。丙午,遣使体量安抚陕西、河东。己酉,录系囚。壬子,王德用罢,以夏守赟知枢密院事。六月壬戌,诏省浮费,自乘舆服御及宫掖所须,宜从简约,若吏兵禄赐,毋概行裁减。戊辰,诏诸致仕官尝犯赃者,毋推恩子孙。丁丑,益州火,焚庐舍三千余区。壬午,削赵元昊官爵,除属籍。秋七月丁巳,诏宗室遇南郊及乾元节恩,许官一子,余五岁授官。戊午,以夏竦知泾州兼泾原、秦凤路沿边经略安抚使,泾原路马步军都总管,范雍兼鄜延、环庆路沿边经略安抚使、鄜延路马步军都总管。八月丁卯,以笨篥城唃厮波补本族军主。甲戌,皇子生。丙子,降三京囚罪一等,徒以下释之。辛巳,命辅臣报祠高禖。九月壬寅,诏河北转运使兼都大制置营田屯田事。乙卯,出内库银四万两易粟,振益、梓、利、夔路饥民。十月庚午,赐麟、府州及川、陕军士缗钱。甲申,诏两川饥民出剑门关者勿禁。十一月戊子朔,出内库珠,易缗钱三十万籴边储。丁酉,盛度、程琳罢,出御史中丞孔道辅。壬寅,以王鬷知枢密院事,宋庠参知政事。十二月庚申,诏审刑院、大理寺、刑部毋通宾客。壬申,诏:“御史阙员,朕自择举。”是岁,曹、濮、单州蝗。

康定元年春正月丙辰朔,日有食之。壬戌,赐国子监学田五十顷。是月,元昊寇延州,执鄜延、环庆两路副都总管刘平、鄜延副都总管石元孙。诏陕西运使明镐募强壮备边。二月丁亥,以夏守赟为宣徽南院使、陕西马步军都总管、经略安抚使。诏潼关设备。辛卯,月、太白俱犯昴。壬辰,夏守赟兼沿边招讨使。出内藏缗钱十万赐戍边禁兵之家。知制诰韩琦安抚陕西。白气如绳贯日。甲午,括畿内、京东西、淮南、陕西马。丙申,诏诸路转运使、提刑访知边事者以闻。丁酉,诏枢密院同宰臣议边事。辛丑,出内藏缗钱八十万付陕西市籴军储。丙午,德音:释延州、保安军流以下罪,寇所攻掠地除今夏税,戍兵及战死者赐其家缗钱。是日改元,去尊号“宝元”字,许中外臣庶上封章言事。丁未,诏陕西量民力,蠲所科刍粮。癸丑,降范雍为尚书吏部侍郎、知安州。甲寅,出内库珠偿民马直。三月丙辰,诏大臣条陕西攻守策。癸亥,命韩琦治陕西城池。乙丑,阅虎翼军习战。辛未,诏延州录战没军士子孙,月给粮。丙子,大风,昼暝,是夜有黑气长数丈,见东南。丁丑,罢大宴。诏中外言阙政。戊寅,王鬷、陈执中、张观罢,以晏殊、宋绶知枢密院事,王贻永同知枢密院事。诏按察官举才堪将帅者。庚辰,诏参知政事同议边事。辛巳,德音:降天下囚罪一等,徒以下释之。赐京师、河北、陕西、河东诸军缗钱,蠲陕西夏税十之二,减河东所科粟。夏四月丙戌,省陕西沿边堡寨。癸巳,诏诸戍边军月遣内侍存问其家,病致医药,死为敛葬之。甲午,遣使籍陕西强壮军。乙未,契丹国母复遣使来贺乾元节。乙巳,增补河北强壮军。丙午,鄜延路兵马都监黄德和坐弃军要斩。丁未,赠刘平、石元孙官,录其子孙。

辛亥，筑延州金明栲栳砦。五月甲寅朔，诏前殿奏事毋过五班，余对后殿。命大官赐食。壬戌，张士逊致事，吕夷简为门下侍郎、同中书门下平章事、昭文馆大学士。癸酉，诏夏守赟进屯鄜州。戊寅，以夏竦为陕西马步军都总管兼招讨使。是月，元昊陷塞门砦，兵马监押王继元死之，又陷安远砦。六月丙戌，诏假日御崇政殿视事如前殿。丁亥，以夏守赟同知枢密院事。甲午，降三京囚罪一等，徒以下释之。乙未，南京鸿庆宫神御殿火。壬寅，遣使体量安抚京东、西。甲辰，增置陕西、河北、河东、京东西弓手。秋七月乙丑，遣使以讨元昊告契丹。庚午，阅诸军习战。戊寅，皇子昕为忠正军节度使，封寿国公。八月戊戌，禁以金箔饰佛像。癸卯，遣尚书屯田员外郎刘涣使逸川。戊申，夏守赟罢，以杜衍同知枢密院事。辛亥，诏范仲淹、葛怀敏领兵驱逐塞门等寨蕃骑出境，仍募弓箭手，给地居之。九月甲寅，滑州河溢。戊午，李若谷罢，以宋绶、晁宗悫参知政事，郑戬同知枢密院事。戊辰，以晏殊为枢密使，王贻永、杜衍、郑戬并枢密副使。甲戌，诏使臣、诸班、诸军有武艺者自陈。辛巳，阅诸军习战。是月，元昊寇三川砦，都巡检杨保吉死之。又围师子、定川堡，战士死者五千余人，遂陷乾沟、乾河、赵福三堡。环庆路兵马副都总管任福破白豹城。冬十月乙未，制铜符、木契、传信牌。甲辰，录方略士六十一人，授官有差。十一月壬戌，有大星流西南，声如雷者三。十二月癸未，出内藏库绢一百万助籴军储。诏南京祠大火。丙戌，诏以常平缗钱助籴军储。癸卯，宋绶卒。戊申，铸当十钱权助边费。

卷十一　　本纪第十一

仁　宗　三

庆历元年春正月辛亥朔，御大庆殿受朝。己未，加唃厮啰河西节度使。壬申，诏岁以春分祠高禖。是月，元昊请和。二月己亥，寿国公昕薨。辛亥，罢大宴。京东西、淮、浙、江南、荆湖置宣毅军。甲辰，诏臣僚受外任者，毋得因临遣祈恩。丙午，京师雨雹。是月，元昊寇渭州，环庆路马步军副总管任福败于好水川，福及将佐军士死者六千余人。三月庚戌朔，修金堤。乙卯，诏止郡国举人，勿以边机为名希求恩泽。夏四月甲申，以资政殿学士陈执中同陕西马步军都总管兼经略安抚沿边招讨等使、知永兴军。诏夏竦仍判永兴军。乙巳，下德音：降陕西囚死罪一等，流以下释之。特支军士缗钱，振抚边民被钞略者亲属。五月丁巳，录系囚。甲子，出内藏缗钱一百万助军费。乙丑，追封皇长子为褒王，赐名昉。丁卯，罢陕西经略安抚沿边招讨都监。辛未，宋庠、郑戬罢，以王举正参知政事，任中师、任布为枢密副使。诏夏竦屯军鄜州，陈执中屯军泾州。癸酉，阅试卫士。六月壬辰，诏陕西诸路总管司严边备，毋辄入贼界，贼至则御之。乙巳，诏近臣

举河北、陕西、河东知州、通判、县令。秋七月丙辰，月掩心后星。戊午，月掩南斗。壬戌，置万胜军凡二十指挥。是月，元昊寇麟、府州。八月戊寅，诏鄜、延部署以兵援麟、府。甲申，河北置场括市战马，缘边七州军免括。乙未，毁潼关新置楼橹。庚子，月掩岁星。乙巳，募民间材勇者补神捷指挥。是月，元昊寇金明砦，破宁远砦，砦主王世亶、兵马监押王显死之。陷丰州，知州王余庆、兵马监押孙吉死之。九月壬子，命河东铸大铁钱。乙亥，复置义仓。冬十月甲申，诏罢陕西都部署，分四路置使。置陕西营田务。己亥，罢铜符、木契。是月，修河北城池。十一月壬子，置泾原路强壮弓箭手。丙辰，发廪粟，减价以济京城民。甲子，朝飨景灵宫。乙丑，飨太庙、奉慈庙。丙寅，祀天地于圜丘，大赦，改元。蠲陕西来年夏税十之二，及麟、府民二年赋租。臣僚许立家庙。功臣不限品数赐戟。增天下解额。弛京东八州盐禁。是月，令江、饶、池三州铸铁钱。十二月丙子，加恩百官。丁丑，司天监上《崇天万年历》。戊寅，诏陕西四路总管及转运使兼营田。甲午，置陕西护塞军。是岁，湖南洞蛮知徽州杨通汉贡方物。

二年春正月丁巳，复京师榷盐法。壬戌，诏以京西闲田处内附蕃族无亲属者。遣使河北募兵，及万人者赏之。癸亥，诏磨勘院考提点刑狱功罪为三等，以待黜陟。二月乙未，诏河北强壮刺手背为义勇军。三月甲辰朔，诏殿前指挥使、两省都知举武臣才堪为将者。丁巳，杜衍宣抚河东。辛酉，晁宗悫罢。己巳，契丹遣萧英、刘六符来致书求割地。是月，赐礼部奏名进士、诸科及第出身八百三十九人。夏四月戊寅，命御史中丞、谏官同较三司用度，罢其不急者。庚辰，知制诰富弼报使契丹。五月辛亥，录系囚。壬子，减皇后及宗室妇郊赐之半。甲寅，诏三馆臣僚上封事及听请对。丙辰，诏医官毋得换右职。戊午，建大名府为北京。降河北州军系囚罪一等，杖、笞以下释之。乙酉，罢左藏库月进钱。戊辰，禁销金为服饰。是月，契丹集兵幽州，声言来侵，河北、京东皆为边备。六月甲戌，出内藏银、紬、绢三百万助边费。癸未，以特奏名武艺人补三班。丙戌，置北平军。丙申，阅蕃落将士骑射。戊戌，诏减省南郊臣僚赐与。秋七月丙午，任布罢。丁未，诏军校战没无子孙者，赐其家缗钱。戊午，大雨雹。以吕夷简兼判枢密院事，章得象兼枢密使，晏殊加平章事。癸亥，富弼再使契丹。诏京官告病者，一年方听朝参。八月丁丑，策制举人。戊寅，策武举人试骑射。甲申，白气贯北斗。戊子，出内藏库缗钱十万修北京行宫。己亥，遣使安抚京东，督捕盗贼。九月丙午，吕夷简兼枢密使。乙丑，契丹遣耶律仁先、刘六符持誓书来。闰月戊戌，罢河北民间科徭。是月，元昊寇定川砦，泾原路马步军副都总管葛怀敏战没，诸将死者十四人，元昊大掠渭州而去。冬十月庚戌，刺陕西保捷军。甲寅，遣使安抚泾原路。丙辰，知制诰梁适报使契丹。戊午，发定州禁军二万二千人屯泾原。庚申，诏恤将校阵亡，其妻女无依者养之宫中。丙寅，契丹遣使来再致誓书，报彻兵。十一月壬申，黑气贯北斗柄。辛巳，复都部署兼招讨等使，命韩琦、范仲淹、庞籍

分领之。甲申,以泰山处士孙复为国子监直讲。是岁,占城献驯象三。

三年春正月庚午朔,封皇子曦为鄂王。辛未,曦薨。丙子,减陕西岁市木三之一。辛巳,诏辅臣议蠲减天下赋役。戊子,诏录将校死王事而无子孙者亲属。辛卯,置德顺军。壬辰,录唐狄仁杰后。癸巳,元昊自名曩霄,遣人来纳款,称夏国。二月丙午,赐陕西招讨韩琦、范仲淹、庞籍钱各百万。辛酉,立四门学。三月壬申,阅卫士武技。戊子,吕夷简罢为司徒、监修国史,与议军国大事。以章得象为昭文馆大学士,晏殊为集贤殿大学士并兼枢密使,夏竦为枢密使,贾昌朝参知政事。夏四月戊戌朔,幸琼林苑阅骑士。癸卯,遣保安军判官邵良佐使元昊,许封册为夏国主,岁赐绢十万匹,茶三万斤。甲辰,以韩琦、范仲淹为枢密副使。乙巳,诏夏竦还本镇,以杜衍为枢密使。丙辰,以春夏不雨,遣使祠祷于岳渎。甲子,吕夷简罢议军国大事。五月丁卯朔,日有食之。庚午,录系囚。戊寅,诏诸路转运使并兼按察使,岁具官吏能否以闻。庚辰,祈雨于相国寺、会灵观。癸未,置御史六员,罢推直官。丁亥,置武学。戊子,雨。己丑,谢雨。辛卯,筑钦天坛于禁中。乙未,近臣荐试方略者六人,授官有差。是月,忻州地大震。虎翼卒王伦叛于沂州。六月甲辰,诏诸路漕臣令所部官吏条茶、盐、矾及坑冶利害以闻。秋七月辛未,诏许二府不限奏事常制,得敷陈留对。丙子,王举正罢。壬午,罢陕西管内营田。甲申,命任中师宣抚河东,范仲淹宣抚陕西。乙酉,获王伦。八月乙未朔,命官详定编敕。戊戌,诏谏官日赴内朝。丁未,以范仲淹参知政事,富弼为枢密副使。壬子,白气贯北斗魁。癸丑,韩琦代范仲淹宣抚陕西。甲寅,太白昼见。戊午,罢武学。九月丁卯,诏辅臣对天章阁。戊辰,吕夷简以太尉致仕。乙亥,任中师罢。丁丑,诏执政大臣非假休不许私第受谒。是月,桂阳洞蛮寇边,湖南提刑募兵讨平之。冬十月丙午,诏中书、枢密同选诸路转运使。丁未,诏县令佐能根括编户隐伪以增赋入者,量其数赏之。戊申,诏二府同选诸路提刑。甲寅,复诸路转运判官。乙卯,诏修兵书。壬戌,诏二府颁新定磨勘式。甲子,筑水洛城。是月,光化军乱,讨平之。十一月丙寅,上清宫火。癸未,诏馆职有阙,以两府、两省保举,然后召试补用。丁亥,更荫补法。壬辰,限职田。是月,五星皆在东方。十二月乙巳,桂阳监徭贼复寇边。丁巳,大雨雪,木冰。河北雨赤雪。交阯献驯象五。安化州蛮来贡。

四年春正月庚午,京城雪寒,诏三司减价出薪米以济之。壬申,西蕃磨毡角入贡。乙亥,荆王元俨薨。辛卯,太常礼仪院上新修《礼书》及《庆历祀仪》。二月丙申,出奉宸库银三万两振陕西饥民。己酉,白虹贯日。甲寅,罢陕西四路马步军都总管、经略安抚招讨使,复置随路都总管、经略安抚招讨使。三月癸亥朔,以旱遣内侍祈雨。辛未,省广济河岁漕军储二十万石。乙亥,诏天下州县立学,更定科举法,语在《选举志》。己卯,出御书治道三十五事赐讲读官。庚辰,录唐郭子仪后。甲申,免衡、道州、桂阳监民经徭贼劫略者赋役一年。夏四月丙申,诏湖南民误为征徭军所杀者,赐帛存抚其家。丁酉,宜州蛮区希范叛,诏广西转运钤辖司发兵讨捕。壬子,以锡庆院为太学。五月庚午,录系囚。壬申,幸国子监谒孔子,有司言旧仪止肃揖,帝特再拜。赐直讲孙复五品服。遂幸武成王庙,又幸玉津园观种稻。乙亥,抚州献生金山。丙子,诏西川知州军监,罢任未出界而卒者,录其子孙一人。戊寅,诏募人纳粟振淮南饥。乙酉,忻州言地震,有声如雷。丙戌,曩霄遣人来,复称臣。六月壬子,降天下系囚流、徒罪一等,杖、笞释之。范仲淹宣抚陕西、河东。癸丑,诏诸军因战伤废停不能自存及死事之家孤老,月给米,人三斗。秋七月戊寅,封宗室德文等十人为郡王、国公。壬午,月犯荧惑。癸未,契丹遣使来告伐夏国。甲申,夷人寇三江砦,渍井监官兵击杀之。丙戌,诏诸路转运、提刑察举守令有治状者。八月辛卯,命贾昌朝领天下农田,范仲淹领刑法事。甲午,富弼宣抚河北。戊戌,命右正言余靖报使契丹。保州云翼军杀官吏、据城叛。庚子,命右正言田况度视保州,仍听便宜行事。丙午,进宗室官有差。戊午,诏辅臣所荐官毋以为谏官、御史。九月辛酉,保州平。壬戌,诏保州官吏死乱兵而无亲属者,官为殡敛,兵官被害及战没,并优赐其家。民田遭蹂践者,蠲其租。癸亥,以真宗贤妃沈氏为德妃,婉仪杜氏为贤妃。戊辰,吕夷简薨。庚午,晏殊罢。乙亥,遣使安抚湖南。甲申,以杜衍同中书门下平章事兼枢密使、集贤殿大学士,贾昌朝为枢密使,陈执中参知政事。丁亥,宴宗室太清楼,射于苑中。冬十月庚寅,赐曩霄誓诏,岁赐银、绢、茶、彩凡二十五万五千。陈尧佐薨。丙申,命范仲淹提举三馆秘阁缮校书籍。癸丑,桂阳蛮降,授蛮酋三人奉职。十一月壬戌,以西界内附香布为团练使。己巳,诏戒朋党相讦,及按察恣为苛刻、文人肆言行怪者。己卯,改上庄穆皇后谥曰章穆,庄献明肃皇太后曰章献明肃,庄懿皇太后曰章懿,庄怀皇后曰章怀,庄惠皇太后曰章惠。庚辰,朝飨景灵宫。辛巳,飨太庙、奉慈庙。壬午,冬至,祀天地于圜丘,大赦。十二月壬辰,加恩百官。乙未,封曩霄为夏国主。丁酉,诏州县以先帝所赐七条相诲敕。辛亥,置保安、镇戎军榷场。是岁,黎州邛部川山前、山后百蛮都鬼主牟黑来贡。

五年春正月甲戌,罢河东、陕西诸路招讨使。乙亥,复置言事御史。丙子,契丹遣使来告伐夏国还。庚辰,命知制诰余靖报使契丹。癸未,诏京朝官因被弹奏,虽不曾责罚,但有改移差遣,并四周年磨勘。乙酉,范仲淹、富弼罢。丙戌,杜衍罢,以贾昌朝同中书门下平章事兼枢密使、集贤殿大学士,王贻永为枢密使,宋庠参知政事,吴育、庞籍并为枢密副使。二月辛卯,诏罢京朝官用保任叙迁法,又罢荫补限年法。壬辰,曩霄初遣人来贺正旦。癸卯,以久旱,诏州县毋得淹系刑狱。辛亥,祈雨于相国天清寺、会灵祥源观。癸丑,桂阳监言唐和等复内寇。乙卯,谢雨。三月己未,诏大宗正励诸宗子授经务学。辛酉,韩琦罢。癸亥,诏礼部贡举。甲子,宜州蛮贼区希范平。庚午,东方有黄气如虹贯月。甲戌,诏监司按察属吏,毋得差官体量。甲申,诏陕西以曩霄称臣,降系囚罪一等,笞释之,边兵第赐缗钱。民去年逋负皆勿责,蠲其租税之半,麟、府州尝为羌所掠,除逋负租税如之。丙戌,罢入粟补官。夏四月丁亥朔,司天言日当食,阴晦不见。录系囚,遣官录三京囚。辛卯,曩霄初遣人来贺乾元节。戊申,章得象罢,以贾昌朝为昭文馆大学士,陈执中同中书门下平章事、集贤殿大学士兼枢密使。庚戌,以吴育参知政事,丁度为枢密副使。五月己巳,罢诸路转运判官。闰月丙午,曩霄遣人来谢册命。六月丁卯,减益、梓州上供绢岁三之一,红锦、鹿胎半之。秋七月戊申,广州地震。八月庚午,荆南府、岳州地震。九月庚寅,诏文武官已致仕而举官犯罪当连坐者,除之。辛卯,以重阳,曲宴近臣、宗室于太清楼,遂射苑中。冬十月乙卯,契丹遣使来献九龙车及所获夏国羊马。辛酉,祔章献明肃皇后、章懿皇后神主于太庙,大赦。罢转运使兼按察。庚午,幸琼林苑,遂畋杨村,遣使以所获驰荐太庙,召父老,赐以饮食、茶帛。辛未,颁历于夏国。庚辰,罢宰臣兼枢密使。十一月丁亥,冬至,宴宗室于崇政殿。己酉,诏河北长吏举殿直、供奉官有武才者。是岁,施州溪洞蛮、西南夷龙以特来贡。

六年春正月戊申,徙广南戍兵善地,以避瘴毒。二月戊寅,青州地震。诏陕西经略安抚及转运司议裁节诸费及所置官员无用者以闻。三月辛巳朔,日有食之。录系囚。庚寅,登州地震,岠嵎山摧,自是屡震,辄海底有声如雷。甲午,月犯岁星。是月,赐礼部奏名进士、诸科及第出身八百五十三人。夏四月甲寅,遣使赐湖南戍兵方药。五月甲申,京师雨雹,地震。丙戌,录系囚。戊子,减邛州盐井岁课缗钱一百万。丙申,诏陕西市蕃部马。丁酉,京东人刘毳、刘沔、胡信谋反,伏诛。六月庚戌朔,诏夏竦与河北监司察帅臣、长吏之不职者。丁巳,有流星出营室南,其光烛地,隐然有声。丙寅,以久旱,民多渴死,命京城增凿井三百九十。丁丑,诏制科随礼部贡举。秋七月丁亥,月犯南斗。庚寅,河东经略司言雨坏忻、代等州城壁。八月癸亥,策试贤良方正能直言极谏,并试武举人。癸酉,以吴育为枢密副使,丁度参知政事。九月甲辰,登州言有巨木三千余浮海而出。冬十月辛未,诏发兵讨湖南徭贼。十一月己卯,遣官议夏国公封界。癸未,湖南徭贼寇英、韶州界。辛丑,畋东韩村,乘舆所过及围内田,蠲其租一年。是岁,邈川首领唃厮啰、西蕃瞎毡、磨毡角、安化州蛮蒙光速等来贡。交阯献驯象十。道州部泷酋李石壁等降。

七年春正月丙子朔,御大庆殿受朝。丁亥,诏河北所括马死者,限二年偿之。己亥,颁《庆历编敕》。壬寅,诏减连州民被徭害者来年夏租。二月己酉,诏取益州交子三十万,于秦州募人入中粮。丙辰,令内侍二人提举月给军粮。三月壬午,录系囚。癸未,诏天下有能宽恤民力之事者,有司驿置以闻,以其副上之转运司,详其可行者辄行之。毁后苑龙船。丁亥,以旱,罢大宴。癸巳,诏避正殿,减常膳。许中外臣僚实封条上三事。乙未,贾昌朝罢,以陈执中为昭文馆大学士,夏竦同中书门下平章事、集贤殿大学士,吴育为给事中归班,文彦博为枢密副使。罢出猎。丁酉,以夏竦为枢密使,文彦博参知政事,高若讷为枢密副使。辛丑,祈雨于西太一宫,及还,遂雨。壬寅,陈执中、宋庠、丁度以旱,降官一等。夏四月丁未,谢雨。己酉,诏:"前京东转运使薛绅专任文吏伺察郡县细过,江东转运使杨纮、判官王绰、提点刑狱王鼎苛刻相尚,并削职知州,自今毋复用为部使者。"壬子,御正殿,复常膳。乙卯,复执中、庠、度官。己巳,诏谏官非公事毋得私谒。五月戊寅,诏武臣非历知州、军无过者,毋授同提点刑狱。己丑,补降徭唐和等为峒主。己亥,命翰林学士杨察蠲放天下逋负。辛丑,诏西北二边有大事,二府与两制以上杂议之。六月乙巳,诏禁畜猛兽害人者。辛酉,诏天下知县非鞫狱毋得差遣。壬戌,诏官僚朝见者,留京毋过十日。秋七月癸未,奉安太祖、太宗、真宗御容于南京鸿庆宫。甲申,德音:降南京畿内囚罪一等,徒以下释之。赐民夏税之半。除灾伤倚阁税及欠折官物非侵盗者。辛丑,禁贡余物馈近臣。八月乙丑,析河北为四路,各置都总管。九月丁酉,诏编定《一州一县敕》。冬十月壬子,李迪薨。甲子,幸广亲宅,谒太祖、太宗神御殿,宴宗室,赐器币有差。乙丑,河阳、许州地震。十一月乙未,加上真宗谥。丙申,朝飨景灵宫。丁酉,飨太庙、奉慈庙。戊戌,冬至,祀天地于圜丘,大赦。贝州宣毅卒王则据城反。十二月戊申,加恩百官。庚戌,枢密直学士明镐体量安抚河北。癸丑,诏贝州有能引致官兵获贼者,授诸卫上将军。甲寅,遣内侍以敕榜招安贝贼。是岁,西蕃磨毡角来贡。

八年春正月丁丑,文彦博宣抚河北,明镐副之。壬午,江宁府火。乙未,日赤无光。闰月辛丑,贝州平。甲辰,曲赦河北,赐平贝州将士缗钱,战没者官为葬祭,兵所践民田蠲其税,改贝州为恩州。戊申,文彦博同中书门下平章事、集贤殿大学士,官吏将士有功者迁擢有差。辛酉,亲从官颜秀等四人夜入禁中谋为变,宿卫兵捕杀之。丙寅,磔王则于都市。丁卯,知贝州张得一坐降贼伏诛。二月癸酉,颁《庆历善救方》。夏国来告曩霄卒。己卯,赐瀛、莫、恩、冀州缗钱二万,赎还饥民鬻子。丁酉,奉安宣祖、太祖、太宗御容于睦亲宅。三月甲辰,诏礼部贡举。辛亥,遣使体量安抚陕西。甲寅,幸龙图、天章阁,诏辅臣曰:"西陲备御,兵冗赏滥,罔知所从,卿等各以所见条奏。"又诏翰林学士、三司使、知开封府、御史中丞曰:"朕躬阙失,左右朋邪,中外险诈,州郡暴虐,法令有不便于民者,朕欲闻之,其悉以陈。"壬戌,以霖雨,录系囚。癸亥,以朝政得失、兵农要务、边防备豫、将帅能否、财赋利害、钱法是非与夫谗人害政、奸盗乱俗及防微杜渐之策,召知制诰、谏官、御史等谕之,使悉对于篇。夏四月己巳朔,封曩霄子谅祚为夏国主。壬申,丁度罢,明镐参知政事。五月辛酉,夏竦罢,宋庠为枢密使,庞籍参知政事。六月戊辰朔,诏近臣举文武官材堪将帅者。丙子,河决澶州商胡埽。壬辰,以久雨斋祷。甲午,明镐卒。乙未,诏馆阁官须亲民一任,方许入省、府及转运、提点刑狱差遣。丙申,章得象薨。秋七月戊戌,以河北水,令州县募饥民为军。辛丑,罢铸铁钱。八月己丑,以河北、京东西水灾,罢秋宴。九月戊午,诏三司以今年江、淮漕米转给河北州军。冬十一月己亥,作"皇帝钦崇国祀之宝"。壬戌,出廪米,减价以济畿内贫民。十二月乙丑朔,以霖雨为灾，颁德音，改明年元，减天下囚罪一等，徒以下释之。出内藏钱帛赐三司，贸粟以济河北，流民所过，官为舍止之，所费物毋收算。丁卯，册美人张氏为贵妃。戊子，遣使体量安抚利州路。是岁，庐州合肥县稻再实。交州来贡。

皇祐元年春正月甲戌朔，日有食之。以河北水灾，罢上元张灯，停作乐。庚戌，张士逊薨。己未，诏以缗钱二十万市谷种，分给河北贫民。辛酉，诏台谏非朝廷得失、民间利病，毋风闻弹奏。二月戊辰，以河北疫，遣使颁药。辛未，发禁军十指挥赴京东、西路备盗。三月丁巳，录系囚。己未，契丹遣使来告伐夏国。庚申，翰林院学士钱明逸报使契丹。是月，赐礼部奏名进士、诸科及第出身千三百九人。四月癸未，梓州转运司言渰井监夷人平。六月甲子，蠲河北复业民租赋二年。甲戌，始置观文殿大学士。戊寅，诏中书、枢密非聚议毋通宾客。戊子，诏转运使、提点刑狱，所部官吏受赃失觉察者，降黜。秋七月丁酉，诏臣僚毋得保荐要近内臣。己未，诏诸州岁市药以疗民疾。八月壬戌，陈执中罢。以文彦博为昭文馆大学士，宋庠同中书门下平章事、集贤殿大学士，庞籍为枢密使，高若讷参知政事，梁适为枢密副使。甲申，策制举、武举人。九月乙巳，广源州蛮侬智高寇邕州，诏江南、福建等路发兵以备。戊午，太白犯南斗。己未，罢武举。冬十一月丙申，诏河北被灾民八十以上及笃疾不能自存者，人赐米一石、酒一斗。辛丑，诏民有冤、贫不能诣阙者，听诉于监司以闻。十二月甲子，遣入内供奉高怀政督捕邕州盗贼。是岁，大留国来贡。

卷十二　　本纪第十二

仁宗四

二年春正月癸卯，以岁饥，罢上元观灯。壬子，命近臣同三司较天下财赋出入之数。二月甲申，出内库绢五十万，下河北、陕西、河东路，以备军赏。三月戊子朔，诏季秋有事于明堂。己丑，以大庆殿为明堂。甲午，遣官祈雨。丁酉，月犯轩辕大星。戊戌，诏明堂礼成，群臣毋上尊号。庚子，契丹遣使以伐夏师还来告。丙午，雨。己酉，诏两浙流民听人收养。翰林学士赵槩报使契丹。夏五月丁亥朔，新作明堂礼神玉。己亥，旌定州义民李能。六月己未，出新制明堂乐八曲。丁卯，以自制黄钟五音五曲，并肄于太常。庚午，定选举县令法。壬申，月犯镇星。癸未，录系囚。八月庚申，荧惑入舆鬼，犯积尸。癸亥，出内藏绢百万市籴军储。壬申，深州大雨，坏庐舍。九月丁亥，阅雅乐。己酉，朝飨景灵宫。庚戌，飨太庙。辛亥，大飨天地于明堂，以太祖、太宗、真宗配，如圜丘。大赦，百官进秩一等。诏自今内降指挥，百司执奏毋辄行。敢因缘干请者，谏官、御史察举之。冬十月庚午，荧惑犯太微上将。乙亥，宴京畿父老于锡庆院。闰十一月己未，诏后妃之家毋得除二府职任。丙寅，秀州地震，有声如雷。丁卯，诏中书门下省、两制及太常官详定大乐。河北水，诏蠲民租，出内藏钱四十万缗、绢四十万匹付本路，使措置是岁刍粮。十二月甲申，定三品以上家庙制。唃厮啰、西蕃瞎毡、西南蕃龙渒、占城、沙州来贡。泾原路生户都首领那龙男阿日丁内附。

三年春正月乙丑，幸魏国大长公主第视疾。二月丙戌，宰臣文彦博等进《皇祐大飨明堂记》。乙亥，复行河北沿边州军入中粮草见钱法。三月庚申，宋庠罢，以刘沆参知政事。癸酉，侬智高表献驯象及金银，却之。夏四月癸未，诏："河北流民相属，吏不加恤，而乃饰厨传，交赂使客，以取名誉。自今非犒设兵校，其一切禁之。"丙申，太白昼见。五月庚戌，以恩、冀州旱，诏长吏决系囚。壬申，置河渠司。乙亥，颁《简要济众方》，命州县长吏按方剂以救民疾。丁丑，录系囚。六月丁亥，无为军献芝草，帝命姑免知军茹孝标罪，戒州郡自今勿复献。秋七月癸丑，诏："少卿、监以下，年七十不任厘务者，御史台、审官院以闻。尝任馆阁、台谏及提刑者，中书裁处。待制以上能自引年，则优加恩礼。"丙辰，以孔氏子孙复知仙源县事。丁巳，两制、礼官上大乐，名曰《太安》。辛酉，河决大名府郭固口。乙丑，罢、徙州县长吏不任事者十有六人。丙子，减郴、永州，桂阳监丁身米岁十万余石。八月丙戌，遣使安抚京东、淮南、两浙、荆湖、江南饥民。辛卯，诏诸路监司具所部长吏治状能否以闻。是月，汴河绝流。冬十月庚子，文彦博罢，以庞籍同中书门下平章事、昭文馆大学士，高若讷为枢密使，梁适参知政事，王尧臣为枢密副使。十一月辛亥，减漳州、泉州、兴化军丁米。十二月庚辰，新作浑仪。庚子，诏文武官七十以上未致仕者，更不考课迁官。甲辰，罢灾伤州军贡物。是岁，泾原樊家族密厮歌内附。

四年春正月己巳，诏诸路贷民种。乙亥，塞大名府决河。二月庚子，蠲湖州民所贷官米。三月己酉，诏礼部贡举。丙辰，蠲江南路民所贷种数十万斛。辛酉，录系囚。辛未，诏宫禁市物给实直，非所阙者毋市。夏四月庚辰，诏修河兵夫逃亡死伤，会其数，以议官吏之罚。广源州蛮侬智高反。五月乙巳朔，智高陷邕州，遂陷横、贵等八州，围广州。壬申，命知桂州陈曙率兵讨智高。六月乙亥，起前卫尉卿余靖为秘书监、湖南安抚使、知潭州，前尚书屯田员外郎、直史馆杨畋体量安抚广南、提举经制盗贼事。庚辰，改余靖为广西安抚使、知桂州，命同提点广东刑狱李枢与陈曙讨智高，广东转运钤辖司发兵援之。丁亥，以狄青为枢密副使。秋七月乙巳，出内藏钱绢助河北军储。丙午，命余靖经制广南盗贼事。丁巳，大风拔木。壬戌，智高引众去广州，广东兵马钤辖张忠、知英州苏缄邀击于白田，忠战殁。甲子，广东兵马钤辖蒋偕又败于路田。八月癸未，诏开封府比大风雨，民庐摧圮压死者，官为祭酹之。辛卯，命枢密直学士孙沔安抚湖南、江西，内侍押班石全斌副之。九月丁巳，命余靖提举广南兵甲经制贼盗事。庚申，广西兵马钤辖王正伦讨智高于昭州馆门驿，战殁。智高入昭州。庚午,以狄青为宣徽南院使,宣抚荆湖路、提举广南经制贼盗事。是月,智高袭杀蒋偕于太平场。冬十月丙子,太白犯南斗。诏鄜延、环庆、泾原路择蕃落广锐军各五千人赴广南行营。丁丑,智高入宾州。甲申,复入邕州。丁亥,以诸路饥疫并征徭科调之烦,令转运使、提点刑狱、亲民官条陈救恤之术以闻。十一月壬寅朔,日有食之。戊午,诏免江西、湖南、广南民供军须者今年秋租十之三。十二月壬申朔,广西兵马钤辖陈曙讨智高兵,战于金城驿。壬辰,观新乐。乙未,录唐颜真卿后。是岁,河北路及鄜州水,蠲河北民积年逋负、鄜州民税役。

五年春正月壬寅朔,御大庆殿受朝。庚戌,以广南用兵,罢上元张灯。白虹贯日。丁巳,会灵观火。戊午,狄青败智高于邕州,斩首五千余级,智高遁去。甲子,遣使抚问广南将校,赐军士缗钱。二月癸未,狄青复为枢密副使。甲申,赦广南。凡战殁者,给槥椟护送还家,无主者葬祭之。贼所过郡县,免其田租一年,死事家科徭二年。贡举人免解至礼部,不预奏名者亦以名闻。丙戌,诏广西都监萧注等追捕智高。丁亥,下德音:减江西、湖南系囚罪一等,徒以下释之。丁壮馈运广南军须者,减夏税之半,仍免差徭一年。戊子,诏百官遇南郊奏荐,无子孙者听奏期亲一人。乙未,诏宗室通经者,大宗正司以闻。三月癸亥,遣使奉安太祖御容于滁州,太宗御容于并州,真宗御容于澶州。是月,赐礼部奏名进士、诸科及第出身千四十二人。夏四月甲午,命刘沆、梁适监议大乐。五月乙巳,诏辅臣凡有大政,许复对后殿。高若讷罢,以狄青为枢密使。丁未,孙沔为枢密副使。戊申,诏转运使毋取羡余以助三司。庚戌,诏智高所至州,无城垒,若兵力不敌而弃城者,奏裁。壬子,录系囚。丁巳,诏转运司振邕州贫民,户贷米一石。甲子,诏谏官、御史用挟私以中善良,及臣僚言机密事毋得漏泄。六月乙亥,御紫宸殿,按《大安乐》,观宗庙祭器。丙戌,作集禧观成。乙未,诏河北荐饥,转运使察州县长吏能招辑劳来者,上其状;不称职者举劾之。秋七月乙巳,诏荆湖北路民因灾伤所贷常平仓米免偿。己酉,诏荐举非其人者,令御史台弹奏,见任监司以弗许荐论。戊午,诏太常定谥,毋为溢美。闰月戊辰,诏广南民逃未还者,限一年归业,其复三岁。壬申,庞籍罢,以陈执中同中书门下平章事、昭文馆大学士,梁适同中书门下平章事、集贤殿大学士。乙亥,诏武臣知州军,须与僚属会议公事,毋专决。庚辰,秦凤路言总管刘焕等破蕃部,斩首二千余级。八月丁酉朔,诏民诉灾伤而监司不受者,听州军以状闻。辛酉,策制举、武举人。壬戌,诏南郊以太祖、太宗、真宗并配。九月乙酉,观新乐。冬十月丙申朔,日有食之。壬子,作"镇国神宝"。丁巳,诏以蝗旱,令监司谕亲民官上民间利害。十一月丁卯,朝飨景灵宫。戊辰,飨太庙、奉慈庙。己巳,祀天地于圜丘,大赦。丁丑,加恩百官。戊子,放天下逋负。十二月戊午,诏转运官毋得进羡余。壬戌,以曹、陈、许、郑、滑州为辅郡,隶畿内,置京畿转运使。是岁,占城国来贡。

至和元年春正月辛未,诏京师大寒,民多冻馁死者,有司其瘗埋之。壬申,碎通天犀,和药以疗民疫。癸酉,贵妃张氏薨,辍视朝七日,禁京城乐一月。丁丑,追册为皇后,赐谥温成。辛卯,录系囚,减三京、辅郡杂犯死罪一等,徒以下释之。二月庚子,诏治河堤民有疫死者,蠲户税一年;无户税者,给其家钱三千。壬戌,孙沔罢,以田况为枢密副使。三月己巳,王贻永罢,以王德用为枢密使。辛未,命曾公亮等同试入内医官。壬申,赐边臣攻守图。置京畿提点刑狱。乙亥,太史言日当食四月。庚辰,下德音:改元,减死罪一等,流以下释之。癸未,易服,避正殿,减常膳。乙酉,诏京西民饥,宜令所在劝富人纳粟以振之。夏四月甲午朔,日有食之,用牲于社。辛丑,御正殿,复常膳。祥源观火。五月戊寅,以河北流民稍复,遣使安抚。壬辰,太白昼见。秋七月丁卯,以程戡参知政事。立温成园。戊辰,梁适罢。己巳,出御史马遵、吕景初、吴中复。八月丁酉,诏:"前代帝王后尝仕本朝,官八品以下,其祖父母、父母、妻子犯流以下罪,听赎;未仕而尝受朝廷赐者,所犯非凶恶,亦听赎。"丙午,以刘沆同中书门下平章事、集贤殿大学士。命修起居注官侍经筵。九月乙亥,契丹遣使来告夏国平。辛巳,遣三司使王拱辰报使契丹。己丑,太白昼见。冬十月辛卯朔,太白昼见。壬辰,诏士庶家毋得以尝佣顾之人为姻,违者离之。丁酉,葬温成皇后。丙午,温成皇后神主入庙。戊午,幸城北炮场观发炮,宴从臣,赐卫士缗钱。十一月甲子,出太庙禘祫、时飨及温成皇后庙祭飨乐章,肄于太常。十二月丙午,诏司天监天文算术官毋得出入臣僚家。癸丑,诏内侍传宣,令都知司札报,被旨者覆奏。是岁,融州大丘洞杨光朝内附。

二年春正月丁卯,奉安真宗御容于万寿观。减畿内、辅郡囚罪一等,徒以下释之。赐诸军缗钱。戊辰,邕州言苏茂州蛮内寇,诏广西发兵讨之。丁亥,晏殊薨。二月壬辰,汾州团练推官郭固上车战法,既试之,授卫尉丞。三月丁卯,诏修起居注立于讲读官之次。丙子,封孔子后为衍圣公。是月,以旱,除畿内民逋负及去年秋逋税,罢营缮诸役。夏四月己亥,契丹遣使贺乾元节,以其主之命持本国三世画像来求御容。辛亥,定差衙前法。乙卯,出米京城门,下其价以济流民。五月己未,录系囚。辛酉,诏中书公事并用祖宗故事。戊寅,诏戒百官务伤官守。六月戊戌,陈执中罢。以文彦博同中书门下平章事、昭文馆大学士,刘沆监修国史,富弼同中书门下平章事、集贤殿大学士。乙巳,依智高母依氏、弟智光、子继宗、继封伏诛。秋八月戊子,减畿内、辅郡囚罪一等,徒以下释之。乙未,置台谏章奏簿。壬子,诏中书、枢密院第宗姓服属,自明堂覃恩后及十年者,咸与进官。九月戊午,契丹使来告其国主宗真殂,帝为发哀,成服于内东门幕次,遣使祭奠、吊慰及贺其子洪基立。戊辰,诏试医官须引《医经》、《本草》以对,每试十道,以六通为合格。辛已,罢辅臣、宣徽、节度使乾元节任子恩。冬十月丙戌,录唐长孙无忌后。己丑,诏京畿母领辅郡,罢京畿转运使、提点刑狱。癸丑,下溪州蛮彭仕义内寇,诏湖北路发兵捕之。十一月乙卯,交阯来告李德政卒,其子日尊上德政遗留物及驯象。己未,行并边见钱和籴法。十二月丁亥,修六塔河。丁酉,诏武臣有赃滥者毋得转横行,其立战功者许之。庚子,契丹遣使致其主宗真遗留物及谢吊祭。庚戌,太白昼见。壬子,作醴泉观成。是岁,夏界阿讹等内附,诏遣还。龙赐州彭师党以其族来归,大食国、西蕃、安化州蛮来贡。

嘉祐元年春正月甲寅朔,御大庆殿受朝。是日,不豫。辛酉,辅臣祷祠于大庆殿,斋宿殿庑。近臣祷于寺观,及遣诸州长吏祷于岳渎诸祠。壬戌,御崇政殿。癸亥,赐在京诸军缗钱。甲子,赦天下,蠲被灾田租及倚阁税。戊辰,罢上元张灯。辛未,命辅臣祷天地、宗庙、社稷。是月,大雨雪,木冰。二月甲辰,帝疾愈,御延和殿。三月丁巳,诏礼部贡举。辛未,司天监言:自至和元年五月,客星晨出东方守天关,至是没。壬申,遣官谢天地、宗庙、社稷、寺观、诸祠。癸酉,契丹遣使来谢。闰月癸未朔,以王尧臣参知政事,程戡为枢密副使。诏前后殿间日视事。夏四月壬子朔,六塔河复决。丙辰,裁定补荫选举法。甲戌,录系囚。是月,大雨,水注安上门,门关折,坏官私庐舍数万区。诸路言江、河决溢,河北尤甚。六月辛亥朔,诏双日不御殿,伏暑如旧。辛未,免畿内、京东西、河北被水民赋租。乙亥,雨坏太社、太稷坛。戊寅,遣使安抚河北。己卯,诏群臣实封言时政阙失。秋七月乙酉,命京东西、湖北监司分行水灾州军振饥蠲租。丙戌,赐河北流民米,压溺死者,赐其家钱有差。己丑,出内藏银绢三十万振贷河北。月入南斗。乙巳,贷被水灾民麦种。是月,彗出紫微垣,长丈余。环州小遇族叛,知州张揆破降之。八月庚戌朔,日有食之。癸亥,狄青罢,以韩琦为枢密使。是夕彗灭。甲子,出恭谢乐章,肄于太常。乙亥,朝谒景灵宫,减京城系囚徒罪一等,杖笞释之。戊寅,诏湖北招安彭仕羲。九月庚寅,命宰臣摄事于太庙。辛卯,恭谢天地于大庆殿,大赦,改元。丁酉,加恩百官。庚子,赐致仕卿、监以上及曾任近侍之臣栗帛酒馔。癸卯,举行御史迁次格。自京至泗州置汴河木岸。十一月辛巳,王德用罢,贾昌朝为枢密使。十二月壬子,刘沆罢,以曾公亮参知政事。甲子,白虹贯日。是岁,西蕃磨毡角、占城、大食国来贡。融、桂州蛮杨克端等内附。

二年春二月己酉,梓夔路三里村夷人寇渍井监。庚戌,录系囚,降罪一等,徒以下释之。遣使录三京、辅郡系囚。壬戌,杜衍薨。澧州罗城洞蛮内寇,发兵击走之。癸酉,王德用卒。是月,雄、霸州地震。三月戊寅,振河北被灾民。乙未,契丹使耶律防、陈觊来求御容。戊戌,淮水溢。遣张昇报使契丹。癸卯,狄青卒。是月,赐礼部奏名进士、诸科及第出身八百七十七人。亲试举人免黜落始此。夏四月丁未,以河北地数震,遣使安抚。丙寅,幽州地大震,坏城郭,覆压死者数万人。己巳,邕州火峒蛮侬宗旦入寇。癸酉,以彭仕羲未降,遣官安抚湖北。五月庚辰,管勾麟府军马公事郭恩为夏人所袭,殁于断道坞。己亥,诏举行磨勘法。六月戊午,夏国主谅祚遣人来谢使吊祭。戊辰,以淑妃苗氏为贤妃。秋七月辛巳,诏河北诸道总管分遣兵官教阅所部军。辛卯,命孙抃、张昇磨勘转运使及提点刑狱课绩。丁酉,诏陕西、河北诸路经略安抚举文武官材堪将领者各一人。八月己酉,诏:每岁赐诸道节镇、诸州钱有差。命长吏选官和药,以救民疾。壬子,命富弼等详定《编敕》。庚申,录系囚,降罪一等,徒以下释之。癸亥,策制举人。丁卯,置广惠仓。九月庚子,契丹再使萧扈、吴湛来求御容。冬十月乙巳,遣胡宿报使契丹。丙午,班《禄令》。十一月丙申,诏三司使体量判官才否以闻。十二月戊申,诏:"自今间岁贡举,天下进士、诸科解旧额之半,置明经科,罢说书举人。"辛亥,立内降关白二府法。是岁,西蕃瞎毡并诸族、西平州黔南道王石自品、西南蕃鹣州来贡。

三年春正月戊戌,凿永通河。二月癸卯,契丹使来告其祖母哀,辍视朝七日,遣使祭奠吊慰。癸丑,录系囚,降罪一等,徒以下释之。三月甲戌,诏礼部贡举。夏四月甲子,吴育卒。乙丑,罢睦亲宅祖宗神御殿。丙辰,诏:"守令或贪恣耄昏,以弛为宽,以苛为察,以增赋敛为劳,以出入刑罚为能,而部使者莫之举劾。自今其各思率职,毋挠权幸,毋纵有罪,以称朕意。"五月壬申,增国子监生员。甲午,契丹遣使致其祖母遗留物。六月丙午,文彦博、贾昌朝罢,以富弼为昭文馆大学士,韩琦同中书门下平章事、集贤殿大学士,宋庠、田况为枢密使,张昇为枢密副使。甲寅,诏学士院编国朝制诰。丁卯,交阯贡异兽。秋七月丙子,诏广济河溢,原武县河决,遣官行视民田,振恤被水害者。癸巳,以夔州路旱,遣使安抚。八月己亥朔,日有食之。己未,王尧臣卒。庚申,彭仕羲率众降。九月癸酉,议罢榷茶法。己丑,契丹遣使来谢。冬十月癸亥,除河北坊郭客户乾食盐钱。十一月癸酉,议减冗费。己丑,置都水监,罢三司河渠司。十二月己巳,诏三司岁上天下税赋之数,三岁一会亏赢以闻。闰月丁卯朔,诏:"吏人及技术官职,毋得任知州军、提点刑狱,自军班出至正任者,方得知边要州军。"丁丑,诏裁定制科及进士高第人恩数。庚辰,诏明年正旦日食,其自丁亥避正殿,减常膳。宴契丹使,毋作乐。壬午,录系囚,降三京囚罪一等,徒以下释之。是岁,安化上中下州、北遐镇蛮人来贡。

四年春正月丙申朔,日有食之。用牲于社。辛丑,御正殿,复常膳。以自冬雨雪不止,遣官分行京城,赐孤穷老疾钱,畿县委令佐为糜粥济饥。壬寅,赐在京诸军班缗钱。颁《嘉祐驿令》。二月己巳,罢榷茶。庚午,广南言交阯寇钦州。乙亥,以广惠仓隶司农寺。戊子,白虹贯日。三月戊戌,命近臣同三司减定民间科率。是月,赐进士、诸科及第出身三百三十九人。夏四月丁卯,诏孟冬大祫于太庙。癸酉,封柴氏后为崇义公,给田千顷,奉周室祀。丙子,复银台司封驳制。癸未,陈执中薨。辛卯,诏中外臣庶居室、器用、冠服、妾媵,有违常制,必罚毋贷。壬辰,录系囚,降罪一等,徒以下释之。大震电,雨雹。五月戊戌,诏:"两制臣僚旧制不许诣执政私第,执政尝所举荐不得用为御史,今除其法。"庚子,诏内臣员多,权罢进养子入内。壬子,遣官经界河北牧地,余募民种艺。六月己巳,群臣请加尊号曰"大仁至治",表五上,不许。癸酉,诏诸路经略安抚、转运使、提点刑狱各举本部官有行实政事者三人,以备升擢。尝任两府者,许举内外官。丁丑,诏转运司,凡邻州饥而辄闭粜者,以违制论。辛卯,放宫女二百十四人。秋七月丁未,放宫女二百三十六人。八月乙亥,策制举人。冬十月壬申,朝飨景灵宫。癸酉,大祫于太庙,大赦。诏诸路监司察士有学行为乡里所推者,同长吏以闻。民父母年八十以上,复其一丁。复益州为成都府,并州为太原府。戊寅,加恩百官。十一月庚子,汝南郡王允让薨。十二月丁丑,白虹贯日。是岁,唃厮啰来贡。

五年春正月辛卯朔,白虹贯日,太白犯岁星。已亥,录刘继元后。二月壬戌,录系囚。三月壬辰,诏礼部贡举。癸巳,刘沆薨。乙未,岁星昼见。壬子,诏以蝗涝相仍,敕转运使、提点刑狱督州县振济,仍察不称职者。夏四月癸未,程戬罢,以孙抃为枢密副使。丙戌,命近臣同三司议均税。五月戊子朔,京师民疫,选医给药以疗之。已丑,京师地震。丁酉,诏三司置宽恤民力司。已酉,王安石召入为三司度支判官。丁巳,录系囚,降罪一等,徒以下释之。六月乙丑,诏戒上封告讦人罪或言赦前事,及言事官弹劾小过不关政体者。乙亥,遣官分行天下,访宽恤民力事。秋七月癸巳,邕州言交阯与甲峒蛮合兵寇边,都巡检宋士尧拒战,死之,诏发诸州兵讨捕。丙申,诏待制、台谏官、正刺史以上各举诸司使至三班使臣堪将领及行阵战斗者三人。戊戌,翰林学士欧阳修上新修《唐书》。庚戌,诏中书门下采端实之士明进诸朝,辨激巧伪者放黜之。八月壬申,诏求逸书。庚辰,置陕西估马司。乙酉,罢诸路同提点刑狱使臣。丙戌,置江、湖、闽、广、四川十一路转运判官。九月己丑,太白昼见。冬十月乙酉,深州言野蚕成茧,被于原野。十一月辛卯,罢内臣寄迁法。辛丑,宋庠罢。以曾公亮为枢密使,张昇、孙抃为参知政事,欧阳修、陈升之、赵槩为枢密副使。十二月已卯,苏茂州蛮寇邕州。辛巳,补诸州父老百岁以上者十二人为州助教。是岁,大食国来贡。

六年春正月乙未,许两制与台谏相见。二月丁巳,诏宗室赐名授官者,须年及十五方许转官。乙丑,诏良民子弟或为人诱隶军籍,自今两月内,父母诉官者还之。丙寅,录系囚,降罪一等,徒以下释之。三月已亥,富弼以母丧去位。庚子,以富弼母丧,罢大宴。戊申,给西京周庙祭享器服。是月,赐进士、诸科及第同出身二百九十五人。夏四月辛酉,诏岭南官吏死于侬贼而其家流落未能自归者,所在给食,护送还乡。庚辰,陈升之罢,以包拯为枢密副使。出谏官唐介、赵抃、御史范师道、吕诲。五月丙戌,官诸路敦遣行义文学之士七人。庚戌,录系囚,降罪一等,徒以下释之。分命官录三京系囚。六月壬子朔,日有食之。乙丑,太白昼见。壬申,岁星昼见。丙子,以司马光知谏院,入对。戊寅,以王安石知制诰。秋七月乙酉,泗州淮水溢。丙戌,诏淮南、江、浙水灾,差官体量蠲税。戊子,录昭宪皇太后、孝明孝惠孝章淑德皇后家子孙,进秩授官者十有九人。癸巳,诏:“台谏为耳目之官,乃听险陂之人兴造飞语,中伤善良,非忠孝之行也。中书门下其申儆百工,务敦行实,循而弗改绌之。”八月乙亥,策制举人。丁丑,诏:“诸路刺举之官,未有以考其贤否,比令有司详定厥制,其各务祗新书,以称朕意。仍

令考校转运、提刑,课绩院以新定条目施行。”戊寅,诏州县长吏有清白不扰而实惠及民者,令本路监司保荐再任,政迹尤异,当加奖擢。闰月乙酉,复以成都府为剑南西川节度。庚子,以韩琦为昭文馆大学士,曾公亮同中书门下平章事、集贤殿大学士,张昇为枢密使。辛丑,以胡宿为枢密副使。冬十月壬午,定内侍磨勘法。丙戌,诏京西、淮、浙、荆湖增置都同巡检。壬辰,起复皇侄、前右卫大将军、岳州团练使宗实为泰州防御使、知宗正寺。辞以丧,不拜。十一月已巳,许复国用汉衣冠。癸酉,赐昭宪皇太后家信陵坊第。戊寅,许康州刺史李枢以已官封赠父母。十二月丙戌,复丰州。庚寅,命诸路总管集随军功过簿,以备迁补。是岁,冬无冰。占城国献驯象,安化州蛮来贡。

七年春正月辛未,复命皇侄宗实为泰州防御使、知宗正寺。乙亥,诏南郊以太祖配为定制。改温成皇后庙为祠殿。二月已卯朔,更江西盐法。诏开封府市地于四郊,给钱瘗民之不能葬者。癸未,录系囚;命官录被水诸州系囚。三月辛亥,诏礼部贡举。乙卯,孙抃罢,以赵槩参知政事,吴奎为枢密副使。甲子,以旱,罢大宴。乙丑,祈雨于西太一宫。庚午,谢雨。壬申,徐州彭城、濠州钟离地生面十余顷,民皆取食。夏四月壬午,颁《嘉祐编敕》。已丑,夏国主谅祚进马,求赐书,诏赐《九经》,还其马。五月戊午,太白昼见。庚午,包拯卒。六月丙子朔,岁星昼见。秋七月戊申,太白经天。壬子,诏季秋有事于明堂。八月乙亥朔,出明堂乐章,肄于太常。已卯,诏以宗实为皇子。癸未,赐名曙。丁亥,奉安真宗御容于寿星观。庚子,以立皇子告天地宗庙诸陵。九月乙巳朔,以皇子为齐州防御使,进封钜鹿郡公。已酉,朝飨景灵宫。庚戌,飨太庙。辛亥,大飨明堂,奉真宗配,大赦。已未,加恩百官。冬十月乙亥,皇子表辞所除官,赐诏不允。丙戌,白虹贯日。乙未,太白昼见。丙申,诏内藏库、三司共出缗钱一百万,助籴天下常平仓。十二月甲午,德妃沈氏为贵妃,贤妃苗氏为德妃。丙申,幸龙图、天章阁,召群臣宗室观祖宗御书。又幸宝文阁,为飞白书,分赐从臣。作《观书诗》,命韩琦等属和,遂宴群玉殿。庚子,再召从臣于天章阁观瑞物,复宴群玉殿。是岁,冬无冰。占城来贡。

八年春正月辛亥,交阯贡驯象九。二月癸未,帝不豫。甲申,下德音:减天下囚罪一等,徒以下释之。丙戌,中书、枢密奏事于福宁殿之西阁。三月戊申,庞籍薨。癸亥,御内东门幄殿,优赐诸军缗钱。甲子,御延和殿,赐进士、诸科及第同出身三百四十一人。辛未,帝崩于福宁殿,遗制皇子即皇帝位,皇后为皇太后,丧服以日易月,山陵制度务从俭约。谥曰神文圣武明孝皇帝,庙号仁宗。十月甲午,葬永昭陵。

赞曰:仁宗恭俭仁恕,出于天性,一遇水旱,或密祷禁庭,或跣立殿下。有司请以玉清旧地为御苑,帝曰:“吾奉先帝苑囿,犹以为广,何以是为?”燕私常服浣濯,帷帟衾裯,多用缯缦。宫中夜饥,思膳烧羊,戒勿宣索,恐膳夫自此戕贼物命,以备不时之须。大辟疑者,皆令上

漱，岁常活千余。吏部选人，一坐失入死罪，皆终身不迁。每谕辅臣曰："朕未尝置人以死，况敢滥用辟乎！"至于夏人犯边，御之出境；契丹渝盟，增以岁币。在位四十二年之间，吏治若偷惰，而任事蔑残刻之人；刑法以纵弛，而决狱多平允之士。国未尝无弊幸，而不足以累治世之体；朝未尝无小人，而不足以胜善类之气。君臣上下恻怛之心，忠厚之政，有以培壅宋三百余年之基。子孙一矫其所为，驯致于乱。《传》曰："为人君，止于仁。"帝诚无愧焉。

卷十三　　　　本纪第十三

英　宗

英宗体乾应历隆功盛德宪文肃武睿圣宣孝皇帝，讳曙，濮安懿王允让第十三子，母曰仙游县君任氏。明道元年正月三日生于宣平坊第。初，王梦两龙与日并堕，以衣承之。及帝生，赤光满室，或见黄龙游光中。四岁，仁宗养于内。宝元二年，豫王生，乃归濮邸。帝天性笃孝，好读书，不为燕嬉亵慢，服御俭素如儒者。每以朝服见教授，曰："师也，敢弗为礼？"时吴王宫教授吴充进《宗室六箴》，仁宗付宗正，帝书之屏风以自戒。景祐三年，赐名宗实，授左监门卫率府副率，累迁右羽林军大将军、宜州刺史。皇祐二年，为右卫大将军、岳州团练使。嘉祐中，宰相韩琦等请建储，仁宗曰："宗子已有贤知可付者，卿等其勿忧。"时帝方服濮王丧。六年十月辛卯，起为秦州防御使、知宗正寺，帝以终丧辞。奏四上，乃听。丧终，复授前命，又辞。七年八月，许罢宗正，复为岳州团练使。戊寅，立为皇子。癸未，改今名。帝闻诏称疾，益坚辞。诏同判大宗正事安国公从古等往喻旨，即卧内起帝以入。甲辰，见清居殿。自是，日再朝，或入侍禁中。九月，迁齐州防御使、钜鹿郡公。

八年，仁宗崩。夏四月壬申朔，皇后传遗诏，命帝嗣皇帝位。百官入，哭尽哀。韩琦宣遗制。帝御东楹见百官。癸酉，大赦，赐百官爵一等，优赏诸军，如乾兴故事。遣王道恭告哀于契丹。帝欲亮阴三年，命韩琦摄冢宰，宰臣不可，乃止。乙亥，帝不豫。遣韩贽等告即位于契丹。丙子，尊皇后曰皇太后。己卯，诏请皇太后同听政。壬午，皇太后御小殿垂帘，宰臣覆奏事。乙酉，作受命宝。丁亥，以皇子右千牛卫将军仲铖为安州观察使、光国公。荧惑自七年八月庚辰不见，命宰臣祈禳，至是月己丑见于东方。庚子，立京兆郡君高氏为皇后。五月戊午，以富弼为枢密使。戊辰，初御延和殿。以疾未平，命宰臣祈福于天地、宗庙、社稷及寺观，又祈于岳渎名山。六月辛卯，契丹遣萧福延等来祭吊。秋七月壬子，初御紫宸殿。帝自六月癸酉不御殿，至是始见百官。癸亥，岁星昼见。乙丑，星大小数百西流。戊辰，百官请大行皇帝谥于南郊。八月癸巳，以生日为寿圣节。九月辛亥，以光国公仲铖为忠武军节度使、同中书门下平章事、淮阳郡王，改名顼。戊午，上仁宗谥册于福宁殿。冬十月甲午，葬仁宗于永昭陵。十一月丙午，祔于太庙。大风霾。己酉，减东西二京罪囚一等，免山陵役户及灵驾所过民租。辛亥，契丹遣萧素等来贺即位。十二月己巳，初御迩英阁，召侍臣讲读经史。乙亥，淮阳郡王顼出阁。是岁，于阗、西南蕃来贡。

治平元年春正月丁酉朔，改元。戊戌，太白昼见。己亥，寿圣节，百官及契丹使初上寿于紫宸殿。甲寅，赏知唐州赵尚宽修沟堰、增户口，进一官，赐钱二十万。三月壬寅，命修秦悼王冢，置守护官。戊午，录囚。辛酉，雨土。夏四月癸未，放宫女百三十五人。甲午，祈雨于相国天清寺、醴泉观。赐诸军钱有差。五月己亥，浚二股河。戊申，皇太后还政。庚戌，初日御前后殿。壬子，诏："皇太后称圣旨，出入仪卫如章献太后故事。其有所须，内侍录圣旨付有司，覆奏即行。"丙辰，上皇太后宫殿名曰慈寿。己未，荧惑犯太微上将。壬戌，以病愈，命宰臣谢天地、宗庙、社稷及宫观。闰月戊辰，辅臣进爵一等。六月己亥，以淮阳郡王顼为颍王，祁国公颢为保宁军节度使、同中书门下平章事、东阳郡王，鄂国公頵为左卫上将军。增宗室教授。丁未，增同知大宗正事一员。辛亥，作睦亲、广亲宅。辛酉，太白昼见。壬戌，岁星昼见。八月甲辰，录周世宗后。甲寅，太白入太微垣。乙卯，遣兵部员外郎吕诲等四人充贺契丹太后生辰、正旦使，刑部郎中章岷等四人充贺契丹主生辰、正旦使。丙辰，内侍都知任守忠坐不法，贬保信军节度副使、蕲州安置。丁巳，以上供米三万石振宿、亳二州水灾户。九月丁卯，复武举。庚午，诏夏国精择使人，戒励毋紊彝章。冬十月丙申，诏中外近臣、监司举治行素著可备升擢者二人。十一月乙亥，科陕西户三丁之一，刺以为义勇军，凡十三万八千四百六十五人，各赐钱二千。谏官司马光累上疏谏之，不允。戊寅，复内侍养子令。十二月乙巳，雨土。丙辰，契丹遣耶律烈等来贺寿圣节，萧禧等来贺明年正旦。是岁，畿内、宋、亳、陈、许、汝、蔡、唐、颍、曹、濮、济、单、濠、泗、庐、寿、楚、杭、宣、洪、鄂、施、渝州、光化、高邮军大水，遣使行视，疏治振恤，蠲其赋租。西蕃瞎毡子瞎欺米征内附。二年春正月壬戌，振蔡州。

二月甲辰，大风，昼冥。丁未，录囚。是月，赐礼部奏名进士、明经诸科及第出身三百六十一人。三月己巳，班《明天历》。夏四月戊戌，诏议崇奉濮安懿王典礼。辛丑，诏监司、知州岁荐吏毋徒充数。丙午，奉安仁宗御容于景灵宫。丁未，白气起西方。五月癸亥，诏以综核名实励臣下。丙子，诏自今皇子及宗室属卑者，勿授以检校师、傅官。乙酉，诏宗室封王者子孙袭爵。六月壬辰，录囚。己酉，诏尚书集三省、御史台议奉濮安懿王典礼。甲寅，罢尚书省集议，令有司博求典故，务在合经。诏遣官与契丹定疆界。秋七月癸亥，富弼罢。丙寅，诏减乘舆服御。丙子，放宫女百八十人。丁丑，太白昼见。己卯，群臣五上尊号，不允。庚辰，张昇罢，以文彦博为枢密使。八月庚寅，京师大雨，水。癸巳，赐被水诸军米，遣官视军民水死者千五百八十人，赐其家缗钱，葬祭其无主者。乙未，以雨灾，诏责躬乞言。初，学士草诏曰："执政大臣，其惕思天变。"帝书其后曰："雨灾专以戒朕不德，可更曰'协德交修'。"己亥，以水灾，罢中乐宴。壬子，以工部郎中蔡抗等充贺契丹生辰使，侍御史赵鼎等充贺契丹正旦使。乙卯，减衮冕制度。丙辰，陕西置壮城兵。九月壬戌，雨，罢大宴。己巳，以灾异风俗策制举人。壬午，太白犯南斗。乙酉，以久雨，遣使祈于岳渎名山大川。冬十月乙巳，雨木冰。十一月庚午，朝飨景灵宫。辛未，飨太庙。壬申，有事南郊，大赦。上皇太后册。册皇后。以齐州为兴德军节度。辛巳，加恩百官。十二月辛亥，太白昼见。是岁，蒋、波、绣、云、龙赐等州来贡。

三年春正月丙辰朔，契丹遣使耶律仲达等来贺正旦。戊午，契丹遣使萧惟辅等来贺寿圣节。丙寅，幸降圣院，谒神御殿。癸酉，契丹改国号为辽。己卯，温州火，烧民屋万四千间，死者五千人。丁丑，皇太后下书中书门下："封濮安懿王宜如前代故事，王夫人王氏、韩氏、任氏，皇帝可称亲。尊濮安懿王为皇，夫人为后。"诏遵慈训。以茔为园，置守卫吏，即园立庙，俾王子孙主祠事，如皇太后旨。辛巳，诏臣民避濮安懿王讳，以王子宗懿为濮国公。壬午，黜御史吕诲、范纯仁、吕大防。二月乙酉朔，白虹贯日。三月庚申，彗星晨见于室。辛酉，黜谏官傅尧俞、御史赵鼎、赵瞻。戊辰，上亲录囚。庚午，以彗，避正殿，减膳。辛未，以黜吕诲等诏内外。癸酉。以灾异责躬，诏转运使察狱讼、调役利病大者以闻。辛巳，彗晨见于昴，如太白，长丈有五尺。壬午，孛于毕，如月。夏四月丙午，诏有司察所部左道、淫祀及贼杀善良不奉令者，罪毋赦。五月甲子，罢知杂御史、观察使以上岁举人。乙丑，彗至张而没。戊辰，谓宰相曰："朕欲与公等日论治道，中书常务有定制者，付有司行之。"六月己酉，录囚。秋七月乙丑，进濮王子孙及鲁王孙爵一等。八月庚子，遣博卞等贺辽主生辰，张师颜等贺正旦。九月壬子朔，日有食之。癸亥，定待制、谏官、朝官少卿郎中迁选岁月补员格。辛辰，禁妃嫔、公主以下荐亲之夫。冬十月壬午朔，以仙游县君任氏坟域为园。乙酉，诏两日一御迩英阁。丁亥，诏礼部三岁一贡举。甲午，诏宰臣、参知政事举才行士可试馆职者各五人。十一月戊午，帝不豫，祷于大庆殿。己未，宰相始奏事。辛酉，降天下囚死罪一等，流以下释之。十二月乙未，宰相祈于天地、宗庙、社稷。壬寅，立颍王顼为皇太子。癸卯，大赦。赐文武官子为父后者勋一转。辽遣萧靖等来贺正旦、寿圣节。是岁，遣使以违约数寇责夏国，谅诈献方物谢罪。

四年春正月庚戌朔，群臣上尊号曰体乾膺历文武圣孝皇帝。降天下囚罪一等，徒以下释之。大风霾。辛亥，蠲京师逋曲钱。丁巳，帝崩于福宁殿，寿三十六。谥曰宪文肃武宣孝皇帝，庙号英宗。帝自居睦亲宅，孝德著闻。濮安懿王薨，以所服玩物分诸子，帝所得悉以与王府旧人。既葬而辞去者。宗室有假金带而以铜带归，主吏以告，帝曰："真吾带也。"受之。命殿侍鬻犀带，直钱三十万，亡之，帝亦不问。初辞皇子，请潭王宫教授周孟阳作奏，孟阳有所劝戒，即谢而拜之。奏十余不允，始就召，戒舍人曰："谨守吾舍，上有适嗣，吾归矣。"既为皇子，慎静恭默，无所猷为，而天下阴知其有圣德。即位，每命近臣，必以官而不以名，大臣从容以为言，帝曰："朕虽宫中命小臣，亦未尝以名也。"一日，语神宗曰："国家旧制，士大夫之子有尚帝女，皆升行以避舅姑之尊，义甚无谓。朕尝思此，瘝瘝不平，岂可以富贵之故，屈人伦长幼之序也？可诏有司革之。"会疾不果，神宗述其事焉。

赞曰：昔人有言，天之所命，人不能违。信哉！英宗以明哲之资，膺继统之命，执心固让，若将终身，而卒践帝位，岂非天命乎？及其临政，臣下有奏，必问朝廷故事与古治所宜，每有裁决，皆出群臣意表。虽以疾疢不克大有所为，然使百世之下，钦仰高风，咏叹之德，何其盛也！彼隋晋王广、唐魏王泰窥觎神器，矫揉夺嫡，遂启祸原，诚何心哉！诚何心哉！

卷十四　　　　　本纪第十四

神　宗　一

神宗绍天法古运德建功英文烈武钦仁圣孝皇帝，讳顼，英宗长子，母曰宣仁圣烈皇后高氏。庆历八年四月戊寅生于濮王宫，祥光照室，群鼠吐五色气成云。八月，赐名仲铖。授率府副率，三迁至右千牛卫将军。嘉祐八年，侍英宗入居庆宁宫，尝梦神人捧之登天。英宗即位，授安州观察使，封光国公。是年五月壬戌，受经于东宫。帝隆准龙颜，动止皆有常度。而天性好学，请问至日晏忘食，英宗常遣内侍止之。帝正衣冠拱手，虽大暑，未尝用扇。侍讲王陶入侍，帝率弟颢拜之。九月，加忠武军节度使、同中书门下平章事，封淮阳郡王，改今讳。治平元年六月，进封颍王。三年三月，纳故相向敏中孙女为夫人。十月，英宗不豫，帝引仁宗故事，请两日一御迩英阁讲读，以安人心。十二月壬寅，立为皇太子。

四年正月丁巳，英庙崩，帝即皇帝位。戊午，赦天下常赦所不原者。遣冯行己告哀于辽。己未，尊皇太后曰太皇太后，皇后曰皇太后。命宰相韩琦为山陵使。辛酉，遣孙坦等告即位于辽，以大行皇帝诏赐夏国主及西蕃唃斯啰。丙寅，群臣表三上，始御迎阳门幄殿听政。内医侍先帝疾者，皆坐不谨贬之。诏东平郡王允弼、襄阳郡王允良朝朔望。以吴奎终丧，复授枢密副使。戊辰，以韩琦守司空兼侍中，曾公亮行门下侍郎兼吏部尚书、进封英国公，文彦博行尚书左仆射、检校司徒兼中书令，富弼改武宁军节度使、进封郑国公，曹佾改昭庆军节度使、检校太傅，张昇改河阳三城节度使，宗谔同中书门下平章事，改集庆军节度使、检校尚书左仆射，欧阳修、赵槩并加尚书左丞，仍参知政事，陈升之为户部侍郎，吕公弼为刑部侍郎,允弼、允良并加守太保,弟东阳郡王颢进封昌王,鄂国公颢进封乐安郡王。群臣进秩有差。二月乙酉,初御紫宸殿。立向氏为皇后。丁亥,诏入内内侍省、皇城司合覆奏事并执条覆奏。戊子,进封交阯郡王李日尊为南平王。加邈川首领董毡检校太保。诏山陵所须,应委三司、转运司计置,毋辄扰民。诏提举医官院试堪诊御脉者六人。庚寅,以四月十日为同天节。辛卯,白虹贯日。壬辰,诏公主下嫁者行见舅姑礼。甲寅,西番首领拽罗钵、鸠令结二人诱蕃部三百余帐投夏国,捕获,斩之以徇。三月壬子,曹佾加检校太尉兼侍中。赐礼部进士及第、出身四百六十一人。甲寅,陕西宣抚使郭逵讨蕃部党令征等,平之。赐昌王颢公使钱岁万缗,半给之。丙辰,昌王颢、乐安郡王頵乞解官行服,不许。癸亥,诏入内内侍省官已经寿圣节任子者,同天节权罢奏荐。壬申,欧阳修罢知亳州。癸酉,吴奎参知政事。乙亥,允良薨。闰月癸未,太白昼见。甲申,夏国主谅祚遣使谢罪。辛卯,诏齐、密、登、华、邠、耀、鄜、绛、润、婺、海、宿、饶、歙、吉、建、汀、潮等十八州知州,庆、渭、秦、延四州通判,其选并从中书,毋以恩例奏授。乙未,张昇以太子太师致仕。庚子,诏求直言。御史中丞王陶乞许举知县资序人为御史里行,从之。癸卯,王安石出知江宁府。甲辰,诏诸路帅臣及副总管或有移易,依庆历故事。乙巳,诏以孟夏农劳之时,令监司戒饬州县省事,劝民力田,民有艰食者振之。夏四月庚戌,请大行皇帝谥于南郊。辛酉,诏内外所上封事,令张方平、司马光详定以闻。丙寅,录囚。御史中丞王陶、侍御史吴申、吕景以过毁大臣,陶出知陈州,申、景各罚铜二十斤。吴奎罢知青州。遣使循行陕西、河北、京东、京西路,体量安抚。壬申,奎复位。罢州郡岁贡饮食果药。癸酉,诏陕西、河东经略、转运司察主兵臣僚怯懦老病者以闻。五月辛巳,以久旱,命宰臣祷雨。乙巳,宝文阁成,置学士、直学士、待制官。六月己酉,辽遣萧余庆等来吊祭。己未,振河北流民。辛未,诏天下官吏有能知徭役利病可议宽减者以闻。乙亥,诏中书、枢密细务归之有司。秋七月庚辰,诏察富民与妃嫔家婚姻贪缘得官者。甲申,石菴来贡。己丑,命尚书户部郎中赵抃、刑部郎中陈荐同详定中外封事。辛卯,告英宗宪文肃武宣孝皇帝谥于天地、宗庙、社稷。壬辰,上宝册于福宁殿。丙午,文州曲水县令宇文之邵上书指陈得失。八月丁未朔,太白昼见。戊午,复西夏和市。己巳,京师地震。癸酉,葬英宗于永厚陵。九月丁丑,诏减诸路逃田税额。壬午,桃僖祖及文懿皇后。乙酉,祔英宗神主于太庙,乐曰《大英之舞》。戊子,减两京、畿内、郑、孟州囚罪一等,民役山陵者蠲其赋。辛卯,徙封颢为岐王,頵为高密郡王。富弼为尚书左仆射。遣孙思恭等报谢于辽,且贺生辰、正旦。壬辰,录周世宗从曾孙贻廓为三班奉职。甲午,辽遣耶律好谋等来贺即位。戊戌,以王安石为翰林学士。辛丑,韩琦罢为司徒、镇安武胜军节度使、判相州。吴奎、陈升之罢。枢密副使吕公弼为枢密使,张方平、赵抃并参知政事,邵亢为枢密副使。壬寅,以曾公亮为尚书左仆射,文彦博为司空。潮州地震。癸卯,以权御史中丞司马光为

翰林学士。冬十月丙午,漳、泉诸州地震。丁未,富弼罢判河阳。戊申,建州、邵武、兴化军地震。己酉,初御迩英阁,召侍臣讲读经史。以右谏议大夫、权御史中丞滕甫考诸路监司课绩。张方平以父忧去位。庚戌,给陕西转运司度僧牒。令籴谷振霜旱州县。癸丑,诏翰林学士、御史中丞、侍御史知杂事举材堪御史者各二人。诏将作监主簿常秩赴阙。甲寅,制《资治通鉴序》赐司马光。癸酉,知青涧城种谔复绥州。十一月丁丑,诏近臣各举才行可任使者一人。戊寅,诏求直言。丙戌,诏二府各举所知。丁亥,令考课院详定诸州所上县令治状。戊子,分命宰臣祈雪。置马监于河东交城县。庚寅,诏近臣以举官不当,经三劾者,中书别奏取旨。乙未,诏令内外文武官各举有材德行能者。十二月丙辰,西南龙蕃来贡。辛酉,以来岁日食正旦,自乙丑避殿、减膳,罢朝贺。壬戌,诏起居日增转对官二人。丙寅,诏州县吏并缘为奸,致狱多瘐死,岁终会死者多寡,以制其罪。著为令。己巳,辽遣萧杰等来贺正旦。

熙宁元年春正月甲戌朔,日有食之。诏改元。丁丑,以旱,减天下囚罪一等,杖以下释之。壬午,令州县掩暴骸。丁亥,命宰臣曾公亮等极言阙失。庚寅,御殿复膳。壬辰,幸寺观祈雨。丙申,赵槩罢知徐州,三司使唐介参知政事。丁酉,诏修《英宗实录》。壬寅,增太学生百人。二月辛亥,令诸路每季上雨雪。乙卯,孔若蒙袭封衍圣公。壬戌,贷河东饥民粟。三月庚辰,夏主谅祚卒,遣使来告哀。丙戌,诏恤刑。戊子,作太皇太后庆寿宫、皇太后宝慈宫。丁酉,简州木连理,潭州雨毛。夏四月乙巳,诏翰林学士王安石越次入对。戊申,命宰臣祷雨。以枢密直学士李参为尚书右丞、判西京留守司御史台。辛亥,同天节,群臣及辽使初上寿于紫宸殿。五月甲戌,募饥民补厢军。庚辰,诏两制及国子监举诸王宫学官。戊戌,废庆成军。六月癸卯,录唐魏徵、狄仁杰后。丁未,占城来贡。辛亥,诏诸路兴水利。乙亥,河决枣彊县。丙寅,命司马光、滕甫裁定国用。秋七月癸酉,诏谋杀已伤,案问欲举自首者,从谋杀减二等。乙亥,名秦州新筑大甘谷口砦曰甘谷城。丁丑,诏诸路帅臣、监司及两制、知杂御史已上,各举武勇谋略三班使臣二名。赐布衣王安国进士及第。己卯,群臣三表请上奉元宪道文武仁孝之号,不许。陈升之知枢密院事。给濮州雷泽县尧陵守户。壬午,以恩、冀州河决,赐水死家缗钱及下户粟。甲申,京师地震。乙酉,又震,大雨。辛卯,以河朔地大震,命沿边安抚司及雄州刺史候辽人动息以闻。赐压死者缗钱。京师地再震。壬辰,遣御史中丞滕甫、知制诰吴充安抚河北。癸巳,疏深州溢水。甲午,减河北路囚罪一等。丁酉,赐河北安抚司空名诰敕,募民入粟。己亥,回鹘来贡。八月壬寅,诏京东、西路存恤河北流民。京师地震。甲辰,又震。乙卯,赐河东及鄜延路转运司空名诰敕,募民入粟实边。甲子,诏中书门下,考属近行尊者一人,王之。丙寅,罢宗谔平章事。丁卯,遣张宗益等贺辽主生辰、正旦。九月辛未,太祖曾孙舒国公从式进封安定郡王。丁亥,减后妃臣僚荐奏推恩。戊子,莫州地震,有声如雷。丁酉,诏三司裁定宗室月料,嫁娶、

生日、郊礼给赐。冬十月辛丑，给天下系囚衣食薪炭。乙卯，出奉宸库珠，付河北买马。戊辰，禁销金服饰。十一月癸酉，太白昼见。癸未，命宰臣祷雪。丙戌，朝飨太庙，遂斋于郊宫。废青城后苑。丁亥，祀天地于圜丘，大赦，群臣进秩有差。乙未，京师及莫州地震。十二月己亥朔，命宰臣祷雪。癸卯，瀛州地大震。庚戌，赐夏国主秉常诏，许纳塞门、安远二寨归其绥州。辛亥，录唐段秀实后。癸丑，祷雪于郊庙、社稷。庚申，以判汝州富弼为集禧观使，诏乘驿赴阙。壬戌，雪。甲子，辽遣耶律公质等来贺正旦。

二年春正月甲午，奉安英宗神御于景灵宫英德殿。二月己亥，以富弼同中书门下平章事。庚子，以王安石参知政事。命翰林学士吕公著修《英宗实录》。乙巳，帝以灾变避正殿，减膳彻乐。甲子，陈升之、王安石创置三司条例，议行新法。三月乙酉，诏漕运、盐铁等官各具财用利害以闻。丙戌，命宰臣祷雨。戊子，秉常上誓表，纳塞门、安远二寨，乞绥州，诏许之。乙未，以旱虑囚。四月丁酉朔，群臣再上尊号，不许。戊戌，省内外土木工。壬寅，辽遣耶律昌等来贺同天节。丁未，唐介薨，临其丧。戊申，宰臣富弼、曾公亮以旱上表待罪，诏不允。癸丑，命曾公亮为西京奉安仁宗、英宗御容礼仪使。丁巳，遣使诸路，察农田水利赋役。戊午，外任大使臣年七十以上，令监司体量，直除致仕者，更不与子孙推恩。甲子，御殿复膳。免河北归业流民夏税。五月辛未，宴紫宸殿，初用乐。己卯，赐河北役兵特支钱。癸未，翰林学士郑獬罢知杭州，宣徽北院使王拱辰罢判应天府，知制诰钱公辅罢知江宁府。丁亥，奉安仁宗、英宗御容于会圣宫及应天院。甲午，减西京囚罪一等。台州民延赟等九人，年各百岁以上，并授本州助教。六月丁巳，右谏议大夫、御史中丞吕诲以论王安石，罢知邓州。以翰林学士吕公著为御史中丞。命龙图阁直学士张扬兼编排录用勋臣子孙。壬戌，太白昼见。秋七月乙丑朔，日当食，云阴不见。庚午，诏御史中丞举推直官及可兼权御史者。甲戌，东平郡王允弼薨。辛巳，立淮、浙、江、湖六路均输法。壬午，振恤被水州军，仍蠲竹木税及酒课。癸未，诏自今文臣换右职者，须实有谋勇，曾著绩效，即得取旨。甲申，日下有五色云。己丑，韩琦上《仁宗实录》，曾公亮上《英宗实录》。八月癸卯，侍御史刘琦贬监处州盐酒务，御史里行钱顗贬监衢州盐税，亦以论安石故。乙巳，殿中侍御史孙昌龄以论新法，贬通判蕲州。丙午，同修起居注范纯仁以言事忤安石，罢同知谏院。戊申，河徙东行。夏国请从旧蕃仪，诏许之。己酉，范纯仁知河中府。甲寅，朝神御殿。辛酉，以秘书省著作佐郎程颢、王子韶并为太子中允、权监察御史里行。壬戌，待御史知杂事刘述、同判刑部丁讽坐受刑名敕不即下，述贬知江州，讽贬通判复州。审刑院详议官王师元坐言许遵所议刑名不当，贬监安州税。九月甲子朔，交州来贡。乙丑，以古勿峒效顺首领侬智会为右千牛卫大将军。丁卯，立常平给敛法。戊辰，出内库缗钱百万籴河北常平粟。丁丑，遣孙固等贺辽主生辰、正旦。辛卯，废奉慈庙。壬辰，以秘书省著作佐郎吕惠卿为太子中允、崇政殿说书。冬十月丙申，富弼罢为武宁军节度使、判亳州。

曾公亮、陈升之并同中书门下平章事。城绥州，命郭逵选将置守具。逵遣赵禼交夏人所纳安远、塞门二寨，就定地界。夏人渝初盟，禼请城绥州，不以易二寨，因改名绥德城。戊戌，以蕃官礼宾使折继世为忠州刺史，左监门卫将军嵬名山为供备库使，仍赐姓名 赵怀顺。丙辰，诏御史请对，并许直由阁门上殿。戊午，宗谔复平章事。己未，夏人来谢封册。辛酉，录杨承信曾孙立、田重进曾孙章为三班借职。十一月乙丑，命韩绛制置三司条例。甲戌，诏祖宗之后世袭补外官，非祖免亲罢赐名授官。丙子，罢诸路提刑武臣。颁《农田水利约束》。壬午，御迩英阁听讲。赐汴口役兵钱。己丑，减天下囚罪一等，徒以下释之。闰月庚子，浚御河。壬子，置交子务。是月，差官提举诸路常平广惠仓，兼管勾农田水利差役事。十二月癸亥朔，复减后妃公主及臣僚推恩。癸酉，增失入死罪法。丙戌，增三京留司御史台、国子监及宫观官，以处卿监、监司、知州之老者。戊子，辽遣萧惟禧来贺正旦。是岁，交州来贡。

卷十五　本纪第十五

神宗二

三年春正月癸丑，录唐李氏、周柴氏后。乙卯，诏诸路散青苗钱禁抑配。戊午，判尚书省张方平罢知陈州。二月壬申，以翰林学士司马光为枢密副使，凡九辞，诏收还敕诰。甲戌，以河州刺史瞎欺丁木征为金紫光禄大夫、检校刑部尚书。乙酉，韩琦罢河北安抚使，为大名府路安抚使。三月丙申，孙觉、吕公著、张戬、程颢、李常上疏极言新法，不听。己亥，始策进士，罢诗、赋、论三题。戊申，李常言青苗敛散不实，有旨具析，翰林学士兼知通进、银台司范镇封还诏书，以为不当，坐罢职，守本官。壬子，赐礼部奏名进士、明经及第八百二十九人。乙卯，诏诸路毋有留狱。丙辰，立试刑法及详刑官。右正言孙觉以奉诏反覆，贬知广德军。夏四月癸亥，幸金明池观水嬉，宴射琼林苑。丙寅，辽遣耶律宽来贺同天节。丁卯，给两浙转运司度僧牒，募民入粟。戊辰，御史中丞吕公著贬知颍州。己卯，赵抃罢知杭州，以韩绛参知政事。监察御史里行程颢罢为京西路同提点刑狱。壬午，右正言李常贬通判滑州，监察御史里行张戬贬知公安县，王子韶贬知上元县。癸未，侍御史知杂事陈襄罢为同修起居注，程颢签书镇宁军节度判官公事，前秀州军事判官李定为太子中允、监察御史里行。五月癸巳，诏对边州郡毋给青苗钱。太白昼见。壬寅，诏令司马光详定转对封事。甲辰，诏罢制置三司条例归中书。辛亥，赐进士苏丕号安退处士。壬子，罢入阁仪。丁巳，诏以审官院为东院，别置西院。六月癸酉，日有五色云。丁丑，封宗室秦、鲁、蔡、魏、燕、陈、越七王后为公。戊寅，诏修武成王庙。丙戌，知谏院胡宗愈贬通判真州。秋七月辛卯，欧阳修徙知蔡州。壬辰，吕公弼罢枢密使,以知太原府冯京为枢密副使。罢潞州交子务。戊戌,雨雹。癸丑,详定宗室袭封制度。甲寅,置三班院主簿。八月戊午,罢看详银台司文字所。丙寅,以旱虑囚,死罪以下递减一等,杖、笞者释之。以卫州旱,令转运司振恤,仍蠲租赋。戊寅,诏川陕、福建、广南七路官令转运司立格就注,具为令。遣张景宪等贺辽主生辰、正旦。己卯,夏人犯大顺城,知庆州李复圭以方略授环庆路钤辖李信、庆州东路都巡检刘甫、监押种诒出战,兵少取败。复圭诬信等违其节制,斩信及刘甫,种诒死于狱。是月,庆州巡检姚兕败夏人于荔原堡。钤辖郭庆、都监高敏死之。九月戊子朔,中书置检正官。乙未,韩绛罢为陕西宣抚使。己亥,始试法官。庚子,曾公亮罢为司空兼侍中、河阳三城节度使。辛丑,以冯京参知政事,翰林学士吴充为枢密副使。乙巳,亲策贤良方正及武举。壬子,太白昼见。癸丑,作东、西府以居执政。司马光罢知永兴军。诏环庆阵亡义勇余丁当刺者,悉免之。冬十月辛酉,诏延州毋纳夏使。甲子,雨木冰。壬申,朝谒神御殿。丙子,知庆州李复圭擅兴兵败绩,诬裨将李信、刘甫、种诒以死,御史劾之,贬保静军节度副使。戊寅,陈升之以母忧去位。乙酉,诏罢诸场务内侍监当。十一月戊子,振河北饥民徙京西者。己丑,官节行之士二十一人。壬辰,蠲陕西蕃部贷粮。癸卯,授布衣王存下班殿侍、三班差使、宣抚司指挥使。甲辰,夏人寇大顺城,都监燕达等击走之。庚戌,诏升朝官除南郊赦封赠父母外,不得以加恩转官。乙卯,以韩绛兼河东宣抚使。梓州路转运使韩琦等以能兴利除害,赐帛有差。十二月己未,诏立诸路更戍法,旧以他路兵杂戍者遣还。乙丑,立保甲法。丁卯,以韩绛、王安石并同中书门下平章事,王珪参知政事。赐布衣陈知彦进士出身,知县王辅同进士出身。庚午,夏人寇镇戎军三川砦,巡检赵普伏兵邀击,败之。丁丑,增广南摄官奉。戊寅,初行免役法。赐西蕃董毡诏并衣带、鞍马。庚辰,命王安石提举编修三司令式。壬午,辽遣萧遵道等来贺正旦。癸未,命宋敏求详定命官、使臣过犯。是岁,振河北、陕西旱饥,除民租。交阯入贡,广源、下溪州蛮来附。

四年春正月丁亥朔,不视朝。己丑,种谔袭夏兵于啰兀北,大败之,遂城啰兀。自是夏人日聚兵为报复计,言者以谔为稔边患不便。壬辰,王安石请蠲天下广惠仓田为三路及京东常平仓本,从之。乙未,渝州夷贼李光吉叛,巡检李宗闵等战死,命夔州路转运使孙构讨平之。诏详定大辟覆谳法。丁酉,朝谒太祖、太宗神御殿。庚子,幸集禧观,宴从臣,又幸大相国寺、御宣德门观灯。韩绛等言种谔领兵入西界,斩获甚众,诏遣使抚问。乙巳,停括牧地。丁未,立京东、河北贼盗重法。庚戌,罢永兴军买盐钞场。甲寅,定文德殿朔望视朝仪。二月丁巳朔,罢诗赋及明经诸科,以经义、论、策试进士。置京东西、陕西、河东、河北路学官,使之教导。辛酉,诏治吏沮青苗法者。戊辰,诏振河北民乏食者。赙恤西界战死军人。庚午,于阗国来贡。壬申,进封高密郡王颢为嘉王。癸酉,诏审官院所定人赴中书,察堪任者引见。甲戌,赐讨渝州夷贼兵特支钱。丁丑,祷雨。诏增漳河等役兵。三月丁亥,夏人陷抚宁堡。戊子,庆州广锐卒叛,寻讨平之。庚寅,诏给诸路学田,增教官员。辛卯,遣使察奉行新法不职者。癸卯,减河东、陕西路囚罪一等,徒以下释之。民缘军事科役者,蠲其租赋。丙午,种谔坐陷抚宁堡,责授汝州团练副使,潭州安置。丁未,韩绛坐兴师败衄罢,以本官知邓州。辛亥,录唐李氏后。夏四月丙辰朔,恤刑。辛酉,辽遣萧广等来贺同天节。壬戌,遣环庆都钤辖开赟以兵屯郯、泾、河中,以备西夏。癸亥,罢陕西交子法。癸酉,司马光权判西京留台。种谔再贬贺州别驾。甲戌,诏司农寺月进诸路所上雨雪状。丙子,遣使按视宿、亳等州灾伤,仍令修饬武备。壬午,定进士考转官。五月甲午,右谏议大夫吕晦卒。壬寅,诏许富弼养疾西京。丙午,高丽国来贡。辛亥,诏宗室率府副率以上,遭父母丧及嫡孙承重,并解官行服。壬子,诏恩、冀等州灾伤,遣使振恤,蠲其税。六月丁巳,河北饥民为盗者,减死刺配。庚申,群臣三上尊号曰绍天法古文武仁孝皇帝,不许。甲子,欧阳修以太子少师致仕。丙寅,虑囚。甲戌,富弼坐格青苗法,徙判汝州。秋七月戊子,层檀国来贡。甲午,振恤两浙水灾。乙未,录死事将校崔达子遇为三班奉职。丁酉,监察御史里行邓挚罢监衡州盐仓,御史中丞杨绘贬知郑州。庚子,诏宗室不得祀祖宗神御。丁未,诏唐、邓给流民田。八月癸丑朔,高丽来贡。遣官体量陕西差役新法及民间利害。甲寅,诏郡县保甲与贼斗死伤者,给钱有差。庚申,复《春秋三传》明经取士。癸酉,遣楚建中等贺辽主生辰、正旦。置洮河安抚司,命王韶主之。九月丙戌,河决郓州。辛卯,大飨明堂,以英宗配。赦天下,内外官进秩有差。庚子,夏人入贡。癸卯,增选人奉。冬十月壬子朔,罢差役法,使民出钱募役。立选人及任子出官试法。丙辰,置枢密院检详官。戊辰,立太学生内、外、上舍法。丙子,诏罪人配流,遇冬者至中春乃遣。十一月壬午朔,诏凡赏功罚罪,事可惩劝者,月颁之天下。甲申,诏蠲逋租。丁亥,作中太一宫。壬寅,开洪泽河达于淮。十二月辛亥朔,诏增赐国子监钱四千缗。戊午,归夏俘。己未,安定郡王从式薨。甲子,封越国公世清为会稽郡王。丙寅,省诸路厢军。乙亥,崇义公柴咏致仕,子若讷袭封。丙子,辽遣耶律纪等来贺正旦。

五年春正月己丑,诏听降羌归国。己亥,诏太庙时飨,以宗室使相已上摄事。置京城逻卒,察谤议时政者收罪之。二月壬子,龟兹来贡。以两浙水,赐谷十万石振之,仍募民兴水利。壬戌,诏罢陕西递运铜锡。癸亥,太白昼见。丙寅,以知郑州吕公弼为宣徽南院使、判秦州,龙图阁直学士蔡挺为枢密副使。三月甲午,李日尊卒,子乾德嗣,遣使吊赠。戊戌,富弼以司空致仕,进封韩国公。立文武换官法。丙午,以内藏库钱置市易务。夏四月庚戌朔,立殿前马步军春秋校试殿最法。乙卯,辽遣耶律造等来贺同天节。己未,括闲田。置弓箭手。辛未,塞北京决河。五月辛巳,诏以古渭砦为通远军,命王韶兼知军。行教阅法。宗室非祖免亲者许应举。庚寅,以青唐大首领俞龙珂为西头供奉官,赐姓名包顺。壬辰,以赵尚宽等前守唐州辟田疏水有功,增秩以劝天下。丙午,太白昼见。行保马法。六月壬子，曾公亮以太傅致仕。癸亥，诏以四场试进士。丙寅，作京城门铜鱼符。乙亥，置武学。秋七月壬寅，初以文臣兼枢密都承旨。闰月庚戌，遣中书检正官章惇察访荆湖北路。诏入内供奉官以下，已有养子，更养次子为内侍者斩。八月甲申，太子少师致仕欧阳修薨。秦凤路沿边安抚王韶复武胜军。丁亥，诏求欧阳修所撰《五代史》。壬辰，以武胜军为镇洮军。癸巳，遣崔台符等贺辽主生辰、正旦。乙未，诏侍从及诸路监司各举有才行者一人。甲辰，王韶破木征于巩令城。颁方田均税法。九月癸丑，许宗室试换文资。癸亥，始御便殿，旬校诸军武技。丙寅，少华山崩，诏压死者赐钱，贫者官为葬祭。淮南分东、西路。冬十月戊戌，升镇洮军为熙州、镇洮军节度，置熙河路。减秦凤囚罪一等。十一月癸丑，河州首领瞎药等来降，以为内殿崇班，赐姓名包约。丁卯，贬权监察御史里行张商英监荆南税。壬申，分陕西为永兴、秦凤路，仍置六路经略司。章惇开梅山，置安化县。十二月丙子，赦亡命荆湖溪洞者。丁丑，诏太原置弓箭手。戊寅，诏寺观奉圣祖及祖宗陵寝神御者免役钱。改温成庙为祠。壬午，陈升之为枢密使。癸未，雨土。乙未，筑熙州南、北关及诸堡寨。己亥，辽遣萧瑜等来贺正旦。

六年春正月辛亥，复僖祖为太庙始祖，以配感生帝。祧顺祖于夹室。二月辛卯，夏人寇秦州，都巡检使刘惟吉败之。丙申，永昌陵上宫东门火。王韶复河州，获木征妻子。壬寅，以韩绛知大名府。三月己酉，诏赠熙河死事将田琼礼宾使，录其子三人、孙一人。庚戌，亲策进士。置经局，命王安石提举。辛亥，试明经诸科。丙辰，以四月朔日当食，自丁巳避殿、减膳，降天下囚罪一等，流以下释之。己未，置诸路学官。壬戌，赐奏名进士、诸科及第出身五百九十六人。甲子，交州来贡。丁卯，宰相上表请复膳，不许。诏进士、诸科并试明法注官。戊辰，置刑狱检法官。庚午，封李日尊子乾德为交阯郡王。夏四月甲戌朔，日食，不见。乙亥，御殿复膳。西南龙蕃诸夷来贡。置律学。丁丑，辽遣耶律宁等来贺同天节。甲午，定齐、徐等州保甲。戊戌，裁定在京吏禄。五月癸卯朔，播州杨贵迁遣子光震来贡，以光震为三班奉职。戊申，祷雨。乙丑，诏京东路察士人有行义者以闻。遣中书检正官熊本措置泸夷。西京左藏库副使景思忠等攻烧遂州夷囤战殁，录其子昌符等七人，军士死者，赐其家钱帛有差。辛未，西南龙蕃来贡。六月己亥，置军器监。秋七月乙巳，诏京西、淮南、两浙、江西、荆湖等六路各置铸钱监。丙午，大食陀婆离来贡。己酉，祷雨。甲寅，录在京囚，死罪以下降一等，杖罪释之。丁巳，诏沿边吏杀熟户以邀赏者戮之。乙丑，分河北为东、西路。丙寅夜，西北有声如砲。八月壬申朔，遣贾昌衡等贺辽主生辰、正旦。甲申，罢简州岁贡绵绸。甲午，赐熙河、泾原军士特支钱。戊戌，复比闾族党之法。九月壬寅，置两浙和籴仓，立敛散法。戊申，诏兴水利。辛亥，策武举。戊午，岷州首领木令征以其城降，王韶入岷州。丙寅，太白犯斗。戊辰，诏祷雨，决狱。冬十月辛未，章惇平懿、洽州蛮。辛巳，以复熙、河、洮、岷、叠、宕等州，御紫宸殿受群臣贺，解所服玉带赐

安石。甲申，朝献景灵宫。丙戌，振两浙、江、淮饥。壬辰，行折二钱。丁酉，遣使瘗熙河战骨。十一月癸丑，中太一宫成，减天下囚罪一等，流以下释之。乙卯，亲祀太一宫。丙寅，大雪，诏京畿收养老弱冻馁者。十二月戊子，诏决开封府囚。丙申，辽遣耶律洞等来贺正旦。

七年春正月辛亥，赏复岷、洮等州功，西京左藏库使桑湜等迁官有差。壬子，幸中太一宫宴从臣，又幸大相国寺，御宣德门观灯。乙卯，封皇子俊为永国公。甲子，熊本平泸夷。二月辛未，于阗来贡。发常平米振河阳饥民。癸未，诏三司岁会天下财用出入之数以闻。乙丑，祷雨。辛卯，置客省、引进、四方馆、阁门使副等员。乙未，知河州景思立等与青宜结鬼章战于踏白城，败死。废宕州。三月壬寅，木征、鬼章寇岷州，高遵裕遣包顺等击走之。虑囚，减死罪一等，杖以下释之。癸卯，以旱，避殿减膳。乙巳，白虹贯日。丙午，遣使分行诸路，募武士赴熙河。庚戌，诏熙河死事者家给钱有差。罢两浙增额预置紬绢。令诸路监司察留狱。癸丑，群臣表请复膳，不许。丙辰，辽遣林牙萧禧来言河东疆界，命太常少卿刘忱议之。己未，行方田法。甲子，遣使报聘于辽。乙丑，诏以灾异求直言。夏四月癸酉，以旱，罢方田。是日，雨。辽遣耶律永宁等来贺同天节。乙亥，王韶破西蕃于结河川。丙子，御殿复膳。己卯，以高遵裕为岷州团练使。甲申，诏边兵死事无子孙者，廪其亲属终身。乙酉，王韶进筑珂诺城，与蕃兵连战，破之，斩首七千余级，焚三万余帐，木征率酋长八十余人诣军门降。雨雹。丙戌，王安石罢知江宁府。以韩绛同中书门下平章事、监修国史，翰林学士吕惠卿参知政事。置沅州。丁酉，诏王韶发木征及其家赴阙。辽遣枢密副使萧素议疆界于代州境上。五月戊戌朔，减熙河路囚罪一等，流以下释之。辛丑，诏河州瘗蕃部暴骸。壬寅，雨雹。癸卯，大雨雹。辛亥，罢贤良方正等科。乙丑，大雨水，坏陕、平陆二县。六月戊寅，赐讨洮州将士特支钱。丁亥，作浑仪、浮漏。广州凤凰见。以木征为荣州团练使，赐姓名赵思忠。秋七月癸卯，群臣五上尊号曰绍天宪古文武仁孝皇帝，不许。癸亥，诏河北两路捕蝗。又诏开封、淮南提点、提举司检覆蝗旱。以米十五万石振河北西路灾伤。八月丁丑，赐环庆安抚司度僧牒，以募粟振汉蕃饥民。遣张刍等贺辽主生辰、正旦。辛卯，诏免淮南、开封府来年春夫，除放邢、洺等州秋税。癸巳，置场于南薰、安上门，给流民米。集贤院学士宋敏求上编修《阁门仪制》。九月戊戌，以时雨降，诏河北、京西、陕西、淮南等路劝民趋耕，有因事拘系者释之。壬子，三司火。癸丑，置京畿、河北、京东西路三十七将。甲寅，诏枢密院议边防。冬十月壬申，诏韩琦、富弼、文彦博、曾公亮条代北事宜以闻。戊寅，诏浙西路提举司出米振常、润州饥。庚辰，置三司会计司，以韩绛提举。辛巳，以河北灾伤，减州、军文武官员。癸巳，以常平米于淮南西路易饥民所掘蝗种，又振河北东路流民。十一月己未，祀天地于圜丘，赦天下。十二月丙寅，省熙、河、岷三州官百四十一员。丁卯，文武官加恩。己丑，辽遣耶律宁等来贺正旦。是岁，高丽入贡，渭井、长宁夷十郡及武都夷内附。

八年春正月庚子，蔡挺罢判南京留司御史台，冯京罢知亳州。丙午，分京东为东、西路。辍江南东路上供米，均给灾伤州军。丁未，御宣德门观灯。乙卯，诏出使廷臣，所至采吏治能否以闻。雨木冰。戊午，诏所在流民愿归业者，州县赍遣之。己未，洮西安抚司以岁旱，请为粥以食羌户饥者。二月甲子，增陕西钱监改铸大钱。癸酉，以王安石同中书门下平章事。戊寅，诏枢密副都承旨张诚一等，以李靖营阵法教殿前马步军。乙酉，初行河北户马法。丙戌，停京畿土功七年。三月丁酉，振润州饥。戊戌，知河州鲜于师中乞置蕃学，教蕃酋子弟，赐田十顷，岁给钱千缗，增解进士二人，从之。庚子，辽萧禧再来，遣韩缜往河东会议。癸丑，知制诰沈括报聘。复振常、润饥民。戊午，太白昼见。夏四月乙丑，诏减将作监冗官。丁卯，辽遣耶律景熙等来贺同天节。乙亥，正僖祖祔袷东向位。戊寅，以吴充为枢密使。壬午，湖南江水溢。闰月乙未，陈升之罢为镇江军节度使、判扬州。广源州刘纪寇邕州，归化州侬智会败之。壬寅，沈括上《奉元历》。癸卯，以宣徽北院使张方平判永兴军。分秦凤路兵为四将。壬子，沂州民朱唐告前余姚县主簿李逢谋反，辞连右羽林大将军世居及河中府观察推官徐革，命御史中丞邓绾、知谏院范百禄、御史徐禧杂治之。狱具，世居赐死，逢、革等伏诛。甲寅，录赵普后。乙卯，诏西南蕃五姓蛮五年一入贡。五月辛酉朔，虑囚，降死罪一等，杖以下释之。甲子，分环庆兵为四将。丁丑，雨土及黄毛。甲申，熙河路蕃官殿直顿埋谋叛，伏诛。己丑，遣使振鄜延、环庆饥。六月乙未，日上有五色云。丙午，酾汴水入蔡河以通漕。己酉，颁王安石《诗》、《书》、《周礼义》于学官。辛亥，以安石为尚书左仆射兼门下侍郎。戊午，太师魏国公韩琦薨。己未，以琦配飨英宗庙庭。秋七月甲子，虔州江水溢。戊寅，太白昼见。戊子，分泾原兵为五将。命韩缜如河东割地。八月庚寅朔，日当食，云阴不见。癸巳，募民捕蝗易粟，苗损者偿之，仍复其赋。丙申，遣谢景温等贺辽主生辰、正旦。减官户役钱之半。诏发运司体实淮南、江东、两浙米价，州县所存上供米毋过百万石，减直予民，斗钱勿过八十。庚戌，韩绛罢。发河北、京东兵及监牧卒修都城。丁巳，大阅。九月庚申朔，王安石兼修国史。立武举绝伦法。冬十月庚寅，吕惠卿罢知陈州。乙未，彗出轸。己亥，诏以灾异数见，不御前殿，减常膳，求直言。壬寅，赦天下。罢手实法。丁未，彗不见。丙辰，御殿复膳。十一月戊寅，交阯陷钦州。壬午，立陕西蕃丁法。甲申，交阯陷廉州。丙戌，渝州改南平军。十二月丙申，浚河。壬寅，以翰林学士元绛参知政事，龙图阁直学士曾孝宽签书枢密院事。辛亥，天章阁待制赵禼为安南道招讨使，嘉州防御使李宪副之，以讨交阯。癸丑，辽遣耶律世通等来贺正旦。甲寅，熙河路木宗城首领结彪谋叛，熟羌日脚族青斯扒斩其首来献，补下班殿侍。

九年春正月乙巳，雨木冰。戊辰，交阯陷邕州，知州苏缄死之。己卯，下溪州刺史彭师晏及天赐州降。庚辰，遣使祭南岳、南海，告以南伐。辛巳，赠苏缄奉国军节度使，谥忠勇，以其子元为西头供奉官、阁门祗候。二月戊子，宣徽南院使郭逵为安南道招讨使，罢李宪，以赵禼副之。诏占城、占腊合击交阯。己丑，宗哥首领鬼章寇五牟谷，蕃官蔺毡讷支等邀击，大破之。己亥，以出师，罢春宴。乙卯，雨雹。三月内辰朔，进仁宗婉容周氏为贤妃。辛酉，御集英殿策进士。恤钦、廉、邕三州死事家，瘗战亡士，贼所蹂践，除其田征。甲戌，赐进士、诸科及第出身五百九十六人。丁丑，以广西进士徐伯祥为右侍禁、钦廉白州巡检。宗哥首领鬼章寇五牟谷，熙河钤辖韩存宝败之。庚辰，以种谔知岷州。夏四月辛卯，辽遣耶律庶几等来贺同天节。乙未，以辽主母丧，罢同天节上寿。戊戌，复广济河漕。癸卯，诏广南亡没士卒及百姓为贼残破者，转运、安抚司具实，并议振恤以闻。甲辰，给空名告身付安南，以招降赏功。诏诸路募武勇赴广西。赠广西死事将士官有差。丙午，遣王克臣等吊慰于辽。辛亥，茂州夷寇边，遣内侍押班王中正经制。甲寅，辽遣耶律孝淳以国母丧来告，帝发哀成服，辍视朝七日。五月丙辰朔，诏邕州沿边州峒首领来降者，周惠之。癸亥，诏试医学生。丙寅，分两浙为东、西路。丁卯，城茂州。壬申，诏安南诸军过岭有疾者，所至护治。丙子，大理国来贡。庚辰，静州下首领董整白等来降。六月丁亥，诏安南将吏，视军士有疾者月以数闻。己丑，绵州都监王庆、崔昭用、刘珪、左侍禁张义援战茂州，死之。诏庆等子与借职，女出嫁，夫与奉职；白丁王禹锡等二人，赐钱其家。辛卯，诏滨海富民得养蜑户，毋致为外夷所诱。己亥，虑囚，降死罪一等，杖以下释之。癸卯，以水源等洞蛮主侬贺等七人为定远、宁远将军。秋七月丙辰，朱崖军黎贼黄婴入寇，诏广南西路严兵备之。庚申，关以西蝗蝻、虸蚄生。壬戌，筑下溪州，改名会溪城。癸亥，静州将杨文绪结蕃部谋叛，王中正斩之以徇。诏广西死事官无子孙者许立后。乙丑，诏自今遇大礼推恩，官昭宪太后族一人。是月，安南行营次桂州，郭逵遣钤辖和斌等督水军涉海自广东入，诸军自广南入。八月甲申朔，齐州监务左班殿直孙纪死贼，录其一子为三班借职。戊子，以文彦博守太保兼侍中，行太原尹。己丑，遣程师孟等贺辽主生辰、正旦。罢鸷祠庙钱。丁酉，禁北边民阑出谷粟。庚子，占城来贡。九月戊午，浚汴河。丙寅，诏罢都大制置河北河防水利司。己卯，辽遣使回谢。诏恤岭南死事家，表将士墓。冬十月乙酉，太白昼见。乙未，诏东南诸路教阅新军。丙午，王安石罢判江宁府。以吴充监修国史，王珪为集贤殿大学士，并同中书门下平章事。资政殿学士冯京知枢密院。辛亥，除放沅州归明人户去年倚阁秋税。十一月乙卯，赐广南东路空名告敕，募入钱助军。辛酉，录唐相魏徵后同州司士参军道严，流内铨特免试注官。乙亥，以安南行营将士疾疫，遣同知太常礼院王存祷南岳，遣中使建祈福道场。己卯，洮东安抚司言包顺等破鬼章兵于多移谷。壬午，鬼章寇岷州，知州种谔等败之铁城。十二月丙戌，安南伪观察使刘纪降。置司农丞。庚寅，子佣生。丁酉，诏岷州界经鬼章兵燹者赐钱，胁从来归者释其罪。癸卯，郭逵败交阯于富良江，获其伪太子洪真，李乾德遣人奉表诣军门降，逵遂班师。丁未，辽遣耶律运等来贺正旦。庚戌，诏有得鬼章、冷鸡朴首者，赏之。置威戎军。

十年春正月乙丑，御宣德门观灯。戊辰，仙韶院火，不视朝。己巳，白虹贯日。二月甲申，以崇信军节度使宗旦同中书门下平章事。戊子，以鬼章败，种谔等赏贲有差。辛卯，日中有黑子。甲午，诏宗室使相虽及十年，更不取旨磨勘。丁酉，诏诸州岁以十一月给老疾贫乏者粟，尽三月乃止。己亥，以王韶知洪州。丙午，以复广源、苏茂等州，群臣表贺，赦广州囚罪一等，徒以下释之。赐行营诸军钱，民缘征役者恤其家。以广源州为顺州，赦李乾德罪。以郭逵判潭州，赵卨知桂州。己酉，以交趾降，赦广南东路、荆湖南路系囚，余各降一等，徒以下释之。三月辛未，虑囚，降死罪一等，杖以下释之。壬申，诏州县捕蝗。夏四月辛巳，复置宪州。乙酉，辽遣萧仪等来贺同天节。癸巳，文州蕃贼寇边，州兵击走之。丁酉，赐熙河路兵特支钱，战死者赐帛，免夏秋税。五月戊午，诏修仁宗、英宗史。甲戌，太白昼见。六月壬午，注辇国朝贡。癸巳，王安石以使相为集禧观使。丁未，置岷州铁城堡。秋七月甲寅，祷雨。丁巳，令诸路岁上县令课绩。辛酉，群臣五上尊号曰奉天宪古文武仁孝皇帝，不许。乙亥，郭逵以安南失律，贬为左卫将军。丙子，河决澶州曹村埽。八月壬寅，诏潭州置将及增武臣一员。遣苏颂等贺辽主生辰、正旦。甲辰，诏侍从、台谏、监司各举文臣有才行者一人。九月庚戌，诏："河决害民田，所属州县疏瀹，仍蠲其税，老幼疾病者振之。"乙卯，诏："诸传宣、内批、面谕，事无法守，并从中书、枢密覆奏。其祈恩泽规免罪者劾之。"辛酉，诏镇戎、德顺军各置都监一员。癸酉，立义仓。甲戌，宗朴兼侍中，封濮阳郡王。冬十月戊寅朔，宗朴薨。癸巳，昭化军节度使宗谊封濮国公。诏濮王子以次袭封奉祀。戊戌，太子太师张昪卒。十一月庚午，以西蕃邈川首领董毡、都首领青宜结鬼章为廓州刺史，阿令骨为松州刺史。甲戌，祀天地于圜丘，赦天下。十二月丁丑朔，占城国献驯象。壬午，诏改明年为元丰。甲申，以郊祀，文武官加恩。丁亥，封子佣为均国公。辛丑，辽遣耶律孝淳等来贺正旦。

元丰元年春正月乙卯，以王安石为尚书左仆射、舒国公、集禧观使。戊午，命详定郊庙礼仪。诏减陈留捧日、天武等军剩员。庚申，御宣德门，召从臣观灯。乙丑，以太皇太后疾，驿召天下医者。闰月辛巳，以翰林侍读学士、宝文阁学士、提点中太一宫吕公著兼端明殿学士。己丑，诏赠尚书令韩琦依赵普故事。壬辰，枢密直学士孙固同知枢密院事。己亥，太傅兼侍中曾公亮薨。庚子，日中有黑子。癸卯，以公亮配飨英宗庙庭。二月庚戌，濮国公宗谊薨。甲寅，以邠州观察使宗晖为淮康军节度使，封濮国公。戊辰，诏赦安南战殁都监杨从先等，仍论功行赏。三月辛巳，虑囚，降死罪一等，杖以下释之。御迩英阁，沈季长进讲《周礼》八法。癸未，诏内外文武官各举堪应武举一人。广南西路经略司乞教阅峒丁，从之。乙未，御崇政殿阅诸军。辰、沅猺贼寇边，州兵击走之。夏四月己酉，辽遣耶律永宁等来贺同天节。丙辰，诏增置两浙路提举官。庚申，诏除《九经》外，余书不得出界。癸亥，太白昼见。乙丑，封虢国公宗谔为豫章郡王。戊辰，塞曹村决河，名

其埽曰灵平。五月甲戌朔，赐塞河役死家钱。乙亥，诏试中刑法官以次推赏。六月癸卯朔，日有食之。乙巳，诏以灵平功迁太常博士苗师中等各一官。秋七月癸酉朔，命西上阁门使、忠州团练使韩存宝经制泸州纳溪夷。己亥，诏齐州预备水灾。辛丑，夔州言甘露降。八月癸卯，西边将讷儿温、禄尊谋反，伏诛。丁未，诏河北被水者蠲其租。甲寅，遣黄履等贺辽主生辰、正旦。戊午，以韩绛为建雄军节度使。己巳，诏滨、棣、沧三州被水民以常平粮贷之。庚午，诏青、齐、淄三州给流民食。九月癸酉，交阯来贡。癸未，李乾德表乞还广源等州，诏不许。乙酉，以端明殿学士吕公著、枢密直学士薛向并同知枢密院事。诏祀天地及配帝并用特牲。是月，武康军嘉禾生，河中府甘露降。冬十月庚戌，定秋试诸军赏格。侍禁全死事，录其弟宣为三班借职。辛亥，韩存宝破泸夷后城十有三囤。癸亥，于阗来贡。十一月己丑，命龙图阁直学士宋敏求等详定正旦御殿仪注。癸巳，辰州猺贼叛，诏沅州兵讨之。乙亥，罢文武功臣号。是月，梁县嘉禾生。十二月丙午，日中有黑子，凡十二日。辛亥，录囚，降死罪一等，杖以下释之。丙辰，诏青州民王赟以复父仇免死，刺配邻州。戊午，置大理寺狱。己未，诏罢都大提举在京诸司库务司。甲子，以婉容邢氏为贤妃。诏罢三司推勘公事官，减军器监勾当公事，审官东院、流内铨及将作监、三班院主簿，左右军巡判官。丙寅，辽遣耶律隆等来贺正旦。

二年春正月乙亥，罢岢岚、火山军市马。丙子，诏立高丽交易法。壬午，以容州管内观察使、上柱国、南阳郡开国公杨遂为宁远军节度使。癸未，诏知沅州谢麟督捕猺贼。甲申，御宣德门观灯。丁亥，诏以经义、论试宗室。甲午，京兆府学教授蒋夔乞以十哲从祀孔子，从之。诏辰州叙浦县置龙潭堡。是月，颍州、寿州甘露降。二月甲寅，诏瘗汉州暴骸。日中有黑子。乙卯，以泸州夷乞弟犯边，诏王光祖等讨之。丙辰，诏定解盐岁额。乙丑，沧州饥，发仓粟振之。三月庚午朔，董毡遣使来贡。辛未，诏给地葬畿内寄葬之丧，无所归者官瘗之。庚辰，亲试礼部进士。壬午，试特奏名进士及武举。癸未，试诸科明法。赐董毡缗钱、银帛、对衣、金带等物。丙戌，诏雄州两输户南徙者谕令复业。庚寅，疏汴、洛。夏四月辛丑，幸金明池观水嬉，宴射琼林苑。甲辰，辽遣萧晟等来贺同天节。丁巳，陈升之以检校太尉依前同中书门下平章事、镇江军节度使、上柱国、秀国公致仕。己未，陈升之卒。癸亥，定正旦御殿仪。甲子，诏增审刑院详议、详断官，罢刑部检法官。是月，南康军甘露降，眉州生瑞竹。五月丙子，顺州蛮叛，峒兵讨平之。庚辰，诏以濮安懿王三夫人并称王夫人，祔濮园。辛巳，太子太师致仕赵槩上所集《谏林》。甲申，元绛罢知亳州。乙酉，诏安南军死事孤寡廪给之。戊子，御史中丞蔡确参知政事。六月甲辰，广西捕斩侬智春，执其妻子以献。戊申，命蔡确参定编修《传法宝录》。癸丑，诏五路帅臣、副总管军臣僚各举任将领及大使臣者二人。甲寅，清汴成。辛酉，诏镇宁军节度使、魏国公宗懿追封舒王。是月，南康军甘露降，忠州雨豆。秋七月甲戌，张方平以太子少师致仕。戊寅，详定朝会仪。己卯，

命中书句考四方诏狱。庚辰，以淮康军节度使宗晖同中书门下平章事。丁亥，详定郊庙礼仪。是月，陈州芝草生，南宾县雨豆，琼州甘露降。八月丙申朔，夏人寇绥德城，都监李浦败之。辛丑，分泾原路兵为十一将。壬寅，复八作司为东、西两司，各置监官，文臣一员、武臣二员。遣李清臣等贺辽主生辰、正旦。甲寅，诏："增太学生舍为八十斋，斋三十人。外舍生二千人，内舍生三百人。月一私试，岁一公试，补内舍生。间岁一舍试，补上舍生。"以颍州为顺昌军节度。是月，曹州生瑞谷，河阳生芝草。九月癸未，降顺昌军囚罪一等，徒以下释之。甲申，西南龙蕃来贡。丁亥，大宴集英殿。己丑，进婕妤朱氏为昭容。壬辰，出《马步射格斗法》颁诸军。甲午，西南罗蕃、方蕃来贡。冬十月丙申，西南石蕃来贡。癸卯，置籍田令。诏立水居船户，五户至十户为一甲。戊申，交阯归所掠民，诏以顺州赐之。己酉，太皇太后疾，上不视事。庚戌，罢朝谒景灵宫，命辅臣祷于天地、宗庙、社稷。减天下囚死罪一等，流以下释之。乙卯，太皇太后崩。戊午，诏易太皇太后园陵曰山陵。辛酉，以群臣七上表，始听政。命王珪为山陵使。十一月癸未，始御崇政殿。丁亥，雨土。十二月乙巳，御史中丞李定上《国子监敕式令》并《学令》凡百四十条。丙午，复置御史六察。庚申，辽遣萧宁等来贺正旦。是月，全州芝草生，桂州甘露降。

卷十六　　本纪第十六

神　宗　三

三年春正月乙丑朔，以大行太皇太后在殡，不视朝。癸酉，升许州为颍昌府。丙子，降颍昌囚罪一等，徒以下释之。戊寅，上太皇太后谥曰慈圣光献。戊子，诏审刑院、刑部断议官失入者，岁具数罚之。己丑，高丽国遣使来贡。白虹贯日。辛卯，于阗国大首领阿令颠颖温等来贡。癸巳，白虹贯日。二月丙午，以翰林学士章惇参知政事。丙辰，始御崇政殿视朝。丁巳，命辅臣祷雨。三月乙丑，工部侍郎、同平章事吴充罢为观文殿大学士、西太一宫使。癸酉，葬慈圣光献皇后于永昭陵。丙子，南丹州入贡，以刺史印赐之。乙酉，祔慈圣光献皇后神主于太庙。戊子，降两京、河阳囚罪一等，民缘山陵役者，蠲其赋。己丑，以慈圣光献皇后弟昭德军节度使曹佾为司徒兼中书令，改护国军节度使，余亲属加恩有差。夏四月乙未，观文殿大学士吴充薨。丁酉，封宗晖为濮阳郡王，濮安懿王子孙皆进官一等。己亥，辽遣耶律永芳等来贺同天节。乙巳，以泸州夷乞弟侵扰，诏边将讨之。戊申，乞弟寇戎州，兵官王宣等战殁。甲寅，罢群牧行司，复置提举买马监牧司。乙卯，令御史分案诸路监司。庚申，诏御史台六察以纠劾多寡为殿最，任满取旨升黜。辛酉，增国子监岁赐钱六千缗。五月乙丑，诏自今三伏内，五日一御前殿。辛巳，以颍昌进

士刘堂上《制盗十策》，授徐州萧县尉。甲申，复命韩存宝经制泸夷。诏改都大提举导洛通汴司为都提举汴河堤岸司。是月，青州临朐、益都石化为面。六月甲午，日有五色云。戊戌，诏省宗室教授，存十三员。丙午，诏中书详定官制。罢兵部勾当公事官。诏河北、河东、陕西路各选文武官一员提举义勇保甲。壬子，诏罢中书门下省主判官，归其事于中书。是月，安州、临江军产芝及连理麦。秋七月庚午，河决澶州。甲戌，诏自今遇大礼罢上尊号。癸未，彗出太微垣。丙戌，避殿减膳，诏求直言。丁亥，罢群神从祀明堂。戊子，太白昼见。八月乙巳，罢省、寺、监官领空名者。癸丑，遣王存等贺辽主生辰、正旦。戊午，彗不见。九月壬戌，增宣祖定州东安坟地二十顷及守园户。丙寅，御殿复膳。乙亥，正官名。以开府仪同三司易中书令、侍中、同平章事，特进易左、右仆射，自是以下至承务郎易秘书省校书郎、正字，将作监主簿有差，检校仆射以下及阶散宪衔并罢，详在《职官志》。辛巳，大飨明堂，以英宗配，赦天下。癸未，薛向、孙固并为枢密副使。乙酉，诏即景灵宫作十一殿，以时王礼祠祖宗。以王安石为特进，改封荆国公。丙戌，进封岐王颢为雍王，嘉王頵为曹王，并为司空。文彦博为太尉。封曹佾为济阳郡王，宗旦为华阴郡王。冯京为枢密使。薛向罢知颍州。丁亥，以吕公著为枢密副使。闰九月乙卯，加文彦博河东、永兴军节度使，以富弼为司徒。十一月己丑朔，日当食，云阴不见。十二月甲辰，辽遣萧伟等来贺正旦。

四年春正月乙未，命步军都虞候林广代韩存宝经制泸夷。庚子，诏试进士加律义。辛亥，于阗来贡。冯京罢知河阳。孙固知枢密院，龙图阁直学士韩缜同知枢密院事。二月辛未，置秦州铸钱监。己卯，分东南团结诸军为十三将。三月乙未，诏在京官毋举辟执政有服亲。癸卯，章惇罢知蔡州。甲辰，以翰林学士张璪参知政事。乙巳，命官阅九军营阵法于京城南。戊申，大阅。丙辰，董毡遣使来贡。夏四月癸亥，辽遣耶律祐等来贺同天节。御延和殿阅试保甲。己巳，诏罢南郊合祭天地，自今亲祀北郊，如南郊仪，有故不行，则以上公摄事。壬申，虑囚。山阴县主簿余行之谋反，伏诛。乙酉，河决澶州小吴埽。五月丁酉，诏河东路提点刑狱刘定专振被水民。戊申，封晋程婴为成信侯，公孙杵臼为忠惪侯，立庙于绛州。六月戊午，河北诸郡蝗生。癸未，命提点开封府界诸县公事杨景略、提举开封府界常平等事王得臣督诸县捕蝗。秋七月己丑，太白昼见。庚寅，西边守臣言夏人囚其主秉常，诏陕西、河东路讨之。甲午，鄜延、泾原、环庆、熙河、麟府路各赐金银带、绵袄、银器、鞍辔、象笏。甲辰，韩存宝坐逗留无功伏诛。丁未，大军进攻米脂砦。己酉，诏曾巩充史馆修撰，专典史事。诏内外官司举官悉罢。令大理卿崔台符同尚书吏部，审官东西、三班院议选格。八月乙卯朔，罢中书堂选，悉归有司。丙辰，诏蠲河北东路灾伤州军今年夏料役钱。辛酉，夏人寇临川堡，诏董毡会兵伐之。以金州刺史燕达为武康军节度使。己巳，复置滑州。丁丑，熙河经制李宪败夏人于西市新城，获酋首三人、首领二十余人。庚辰，又袭破于女遮谷，斩获甚众。辛巳，司马光、

赵彦若上所修《百官公卿年表》十卷,《宗室世表》三卷。九月乙酉,董毡遣使来贡,且言已遣首领洛施军笃乔阿公等将兵三万会击夏国。李宪复兰州古城。戊子,兰州新顺首领巴令谒等三族率所部兵攻夏人撒逋宗城,败之。己亥,王珪上《国朝会要》。壬寅,阅河北保甲于崇政殿,官其优者三十六人。甲辰,详定郊庙奉祀礼仪。丙午,诏谕夏主左右并鬼名部族诸部首领,并许自归。戊申,太白犯斗。庚戌,夏兵救米脂砦,鄜延经略副使种谔率众击破之。辛亥,种谔又败夏人于无定川。十月丁巳,米脂砦降。己未,拂菻国来贡。庚申,熙河兵至女遮谷,与夏人遇,战败之。乙丑,泾原兵至磨哆隘,遇夏人,与其统军梁大王战,败之,追奔二十里,斩大首领没啰卧沙、监军使梁格嵬等十五级,获首领统军侄讫多埋等二十二人。己巳,入银州。庚午,环庆行营经略使高遵裕复清远军。种谔遣曲珍等领兵通黑水安定堡,路遇夏人,与战,破之,斩获甚众。癸酉,复韦州。乙亥,李宪败夏人于屈吴山。丁丑,曲珍与夏人战于蒲桃山,败之。戊寅,种谔入夏州。诏诸将存抚降人。辛巳,史馆修撰曾巩乞收采名臣高士事迹遗文,诏从之。泾原节制王中正入宥州。十一月癸未朔,日有食之。丁亥,诸军合攻灵州,种谔败夏人于黑水。己丑,李宪败夏人于啰逋川。辛卯,种谔降横河平人户,破石堡城,斩获甚众。辛丑,师还。癸卯,种谔至夏州索家平,兵众三万人,以无食而溃。丙午,高遵裕以师还,夏人来追,遂溃。十二月辛未,林广破乞弟于纳江。乙亥,慈圣光献皇后禫祭,宰臣王珪等以上表请听乐,不许,自是五表,乃从之。戊寅,辽遣萧福全等来贺正旦。

五年春正月癸未朔,不受朝。丙申,御宣德门观灯。己亥,白虹贯日。庚子,责授高遵裕郢州团练副使、本州安置。乙巳,作新浑仪、浮漏。辛亥,诏再议西讨,以熙河经制李宪为泾原、熙河兰会安抚制置使,李浩权安抚副使。二月癸丑朔,颁三省、枢密、六曹条制。诏鄜延军士病不能归者,赐其家绢十匹。丙辰,以乞弟平,班师。辛酉,诏:董毡首领结邻死,其朝辞物给其子董讷支蔺毡,增赐绢百匹。癸亥,华阴郡王宗旦薨。丁卯,封武昌军节度观察留后宗惠为江夏郡王。癸酉,以出师,赦梓州路,减囚罪一等,民缘军事役者蠲其赋。封董毡为武威郡王。丙子,渤泥来贡。三月壬辰,亲策进士。甲午,策武举。己亥,以日当食,避殿减膳,赦天下,降死罪一等,流以下原之。诏杭州岁修吴越王坟庙。壬寅,鄜延路副总管曲珍败夏人于金汤。乙巳,赐进士、诸科出身千四百二十八人。丙午,雨土。夏四月壬子朔,日食不见。甲寅,御殿复膳。丁巳,辽遣耶律永端等来贺同天节。己未,沈括奏遣曲珍将兵绥德城,应援讨葭芦寨左右见聚羌落,诏从之。乙丑,以直龙图阁徐禧知制诰、权御史中丞。癸酉,官制成。以王珪为尚书左仆射兼门下侍郎,蔡确为尚书右仆射兼中书侍郎。甲戌,太中大夫章惇为门下侍郎,张璪为中书侍郎,翰林学士蒲宗孟为尚书左丞,翰林学士王安礼为尚书右丞。录唐段秀实后,复其家。丁丑,同知枢密院吕公著罢知定州。五月辛巳朔,行官制。丁亥,赏蛮将士有差。癸巳,丰州卒张世矩等作乱,伏诛。其党王安

以母老,诏特原之。作尚书省。戊戌,诏两省官人举可任御史者各二人。甲辰,遣给事中徐禧治鄜延边事。六月辛亥朔,环庆经略司遣将与夏人战,破之,斩其统军鬼名妹精鬼、副统军讹勃遇。甲寅,王珪上《两朝史》。戊午,诏修《两朝宝训》。诏以成都路供给泸州边事,曲赦,免二税。甲子,改翰林医官院为医官局。壬申,交阯贡驯犀二。癸酉,豫章郡王宗谔薨。戊寅,曲珍等败夏人于明堂川。作天源河。秋七月辛巳,广西经略司言知宜州王奇与贼战,败绩。壬午,诏罢大理寺官赴中书省谳案。戊子,诏御史中丞舒亶举任言事或察官十人。辛卯,诏尚书考功员外郎蔡京编手诏。庚子,以蔡京为起居郎,仍同详定官制。丁未,垂拱殿宴修史官。己酉,始建雩坛,祀上帝,以太宗配。八月庚戌朔,封御侍武氏为才人。壬子,进封均国公佣为延安郡王。以昭容朱氏为贤妃。庚申,帝有疾。诏岁以四孟月朝献景灵宫。辛未,遣韩忠彦等贺亡主生辰、正旦。凤州团练使种谔以行军迁道,降授文州刺史。壬申,诏罢增减幕职、州县官奉。甲戌,城永乐。戊寅,河决原武。九月丁亥,夏人三十万众寇永乐,曲珍战不利,裨将寇伟等死之,夏人遂围城。己丑,帝以疾愈,降京畿囚罪一等,徒以下释之。壬辰,遣使行视畿县民被水患者。乙未,诏张世矩等将兵救永乐砦。戊戌,永乐陷,给事中徐禧、内侍李舜举、陕西转运判官李稷死之。己亥,诏客省、引进、四方馆、东西上阁门各置使、副等职。庚子,安化蛮寇宜州,知州王奇死之,诏赠忠州防御使。辛丑,赏董毡将士有差。癸卯,滑州河水溢。冬十月辛亥,洛口、广武大河溢。甲寅,知延州沈括以措置乖方,责授均州团练副使、随州安置;鄜延路副都总管曲珍以城陷败走,降授皇城使。丙辰,修定景灵宫仪。乙丑,诏赠永乐死事臣徐禧金紫光禄大夫、吏部尚书,李舜举昭化军节度使,并赐谥忠愍,李稷朝奉大夫、工部侍郎,入内高品张禹勤皇城使,各推恩赐赠有差。癸酉,贬知太原府、资政殿大学士吕惠卿知单州。十一月戊寅朔,罢御史察诸路。壬午,景灵宫成,告迁祖宗神御。癸未,初行酌献礼。乙酉,以奉安神御赦天下,官与享大臣子若孙一人。庚寅,紫宸殿宴侍祠官。十二月丁巳,新乐成。以贤妃周氏为德妃。辛酉,塞原武决河。丙寅,休日御延和殿,引进对官十人。辛未,西南龙蕃来贡。壬申,辽遣耶律仪等来贺正旦。丙子,录永乐死事将皇城使寇伟等十三人及东上阁门副使景思谊等九十人,赠赐有差。

六年春正月丁丑朔,御大庆殿受朝,始用新乐。仪鸾司彻幕屋坏,毁玉辂。甲申,白虹贯日。丁亥,朝献景灵宫。己丑,层檀入贡。庚寅,御宣德门观灯。癸巳,诏御史六察罢上下半年更易法。乙未,诏修周、汉以来陵庙。乙巳,御崇政殿阅武士。丙午,封楚三闾大夫屈平为忠洁侯。二月丁未,夏人数十万众攻兰州,钤辖王文郁率死士七百余人击走之。丙辰,以夏人犯兰州,贬熙河经略使李宪为经略安抚都总管,以王文郁为西上阁门使、知兰州,副使李浩为四方馆使。甲子,诏供备库使高遵治、西京左藏库副使张寿各降一官。三月辛卯,夏人寇兰州,副总管李浩以卫城有功,复陇州团练使。乙未,休日御延和殿,

引进对官八人。丙申,河东将薛义败夏人于葭芦西岭。戊戌,以检校太尉、上柱国、太原郡开国公王拱辰为武安军节度使。麟、府州将郭忠诏等败夏人于屯离抑部,诏行赏有差。己亥,河东将高永翼败夏人于真卿流部。夏四月己酉,朝献景灵宫。辛亥,辽遣萧固等来贺同天节。甲子,礼部郎中林希上《两朝宝训》。李浩败夏人于巴义豁。辛未,雨土。壬申,御迩英阁,蔡卞进讲《周礼》。五月丙子朔,于阗入贡。甲申,以时暑,趣决开封、大理狱。庚寅,以旱,虑囚。甲午,夏人寇兰州,右侍禁韦定死之。癸卯,诏赐资州孝子支渐粟帛。是月,夏人寇麟州,知州訾虎败之。六月乙巳朔,诏御史台六察各置御史一员。癸丑,诏御史中丞、两省官各举可任言事或监察御史五人。闰月乙亥朔,夏主秉常请修贡,许之。戊寅,诏陕西、河东毋辄出兵。丙戌,诏内外文武各举应武举一人。汴水溢。丙申,太师、守司徒、韩国公富弼薨,谥文忠。秋七月乙卯,祔孝惠、孝章、淑德、章怀皇后于庙。丙辰,以四后祔庙,降京畿囚罪一等,流以下原之。孙固罢知河阳。以同知枢密院韩缜知枢密院,户部尚书安焘同知枢密院。戊午,朝献景灵宫。八月丙子,赐升祔陪祠官宴于尚书省。己卯,太白昼见。乙酉,遣蔡京等贺辽主生辰、正旦。辛卯,蒲宗孟罢,王安礼为尚书左丞,吏部尚书李清臣为尚书右丞。九月癸卯朔,日有食之。冬十月癸酉朔,秉常遣使上表,请复修职贡,乞还旧疆。戊子,封孟轲为邹国公。癸巳,会稽郡王世清薨。庚子,尚书省成。辛丑,封马援为忠显王。十一月癸卯,加上仁宗谥曰体天法道极功全德神文圣武睿哲明孝皇帝,英宗曰体乾应历隆功盛德宪文肃武睿神宣孝皇帝。甲辰,朝献景灵宫。乙巳,朝享太庙。丙午,祀昊天上帝于圜丘,赦天下。甲寅,文彦博以太师致仕。乙卯,以观文殿大学士韩绛为建雄军节度使。庚申,幸尚书省,官执政五服内未仕者一人,进尚书以下官一等。

七年春正月丙午,封洺州防御使世准为安定郡王。癸丑,夏人寇兰州,李宪等击走之。甲寅,以贤妃朱氏为德妃。二月甲戌,太师文彦博入觐,置酒垂拱殿。癸未,进封濮阳郡王宗晖为嗣濮王,封宗晟为高密郡王,宗绰为建安郡王,宗隐为安康郡王,宗瑗为汉东郡王,宗愈为华原郡王。三月辛丑,赐文彦博宴于琼林苑,帝制诗以赐之。庚申,御崇政殿大阅。壬戌,诏赐鬼章写经纸,还其所献马。癸亥,白虹贯日。夏四月辛未,大食国来贡。乙亥,辽遣萧浃等来贺同天节。丁丑,赐饶州童子朱天锡五经出身。丙戌,景灵宫天元殿门生芝草六本。壬辰,朝献景灵宫。癸巳,夏人寇延州安塞堡,将官吕真败之。五月壬子,虑囚,降死罪一等,杖以下释之。辛酉,白虹贯日。壬戌,以孟轲配食文宣王,封荀况、杨雄、韩愈为伯,并从祀。诏诸路帅臣、监司等举大使臣为将领。六月丙子,夏人寇德顺军,巡检王友死之。辛卯,江夏郡王宗惠薨。秋七月甲辰,伊、洛溢,河决元城。丙午,遣使振恤,赐溺死者家钱。壬子,朝献景灵宫。甲寅,王安礼罢。八月庚午,诏王光祖遣人招谕乞弟,许出降免罪补官。是岁,乞弟死。辛巳,遣陈睦等贺辽主生辰、正旦。九月壬寅,西南龙蕃

来贡。乙巳,三佛齐来贡。乙丑,夏人围定西城,熙河将秦贵败之。冬十月乙亥,夏人寇熙河。庚辰,饶州童子朱天申对于睿思殿,赐五经出身。辛巳,朝献景灵宫。戊子,诏分画交阯界,以六县二峒赐之。乙未,夏人寇静边砦,泾原将彭孙败之。十一月丁酉朔,寇清边砦,队将白玉、李贵死之。甲辰,夏国主秉常遣使来贡。乙卯,太白昼见。十二月戊辰,端明殿学士司马光上《资治通鉴》,以光为资政殿学士,降诏奖谕。庚寅,诏门下、中书外省官同举言事御史。辛卯,辽遣耶律襄等来贺正旦。是岁,河东饥,河北水,坏洺州庐舍,蠲其税。

八年春正月戊戌,帝不豫。甲辰,赦天下。乙巳,命辅臣代祷景灵宫。乙卯,分遣群臣祷于天地、宗庙、社稷。二月辛巳,开宝寺贡院火。丁亥,命礼部锁试别所。癸巳,上疾甚,迁御福宁殿,三省、枢密院入见,请立皇太子及请皇太后权同听政,许之。三月甲午朔,立延安郡王佣为皇太子,赐名煦,皇太后权同处分军国事。乙未,赦天下,遣官告于天地、宗庙、社稷、诸陵。丁酉,皇太后命吏部尚书曾孝宽为册立皇太子礼仪使。戊戌,上崩于福宁殿,年三十有八。皇太子即皇帝位,尊皇太后为太皇太后,皇后为皇太后,德妃朱氏为皇太妃。太皇太后权同处分军国事。九月己亥,上大行皇帝谥曰英文烈武圣孝皇帝,庙号神宗。十月乙酉,葬于永裕陵。

赞曰:帝天性孝友,其入事两宫,必侍立终日,虽寒暑不变。尝与岐、嘉二王读书东宫,侍讲王陶讲论经史,辄相率拜之,由是中外翕然称贤。其即位也,小心谦抑,敬畏辅相,求直言,察民隐,恤孤独,养耆老,振匮乏。不治宫室,不事游幸,历精图治,将大有为。未几,王安石入相。安石为人,悻悻自信,知祖宗志吞幽蓟、灵武,而数败兵,帝奋然将雪数世之耻,未有所当,遂以偏见曲学起而乘之。青苗、保甲、均输、市易、水利之法既立,而天下汹汹骚动,恸哭流涕者接踵而至。帝终不觉悟,方断然废逐元老,摈斥谏士,行之不疑。卒致祖宗之良法美意,变坏几尽。自是邪佞日进,人心日离,祸乱日起。惜哉!

卷十七　　　　本纪第十七

哲　宗　一

哲宗宪元继道显德定功钦文睿武齐圣昭孝皇帝,讳煦,神宗第六子也,母曰钦圣皇后朱氏。熙宁九年十二月七日己丑生于宫中,赤光照室。初名佣,授检校太尉、天平军节度使,封均国公。元丰五年,迁开府仪同三司、彰武军节度使,进封延安郡王。七年三月,神宗宴群臣于集英殿,王侍立,天表粹温,进止中度,宰相而下再拜贺。八年二月,神宗寝疾,宰相王珪乞早建储,为宗庙社稷

计,又奏请皇太后权同听政,神宗首肯。三月甲午朔,皇太后垂帘于福宁殿,谕珪等曰:"皇子性庄重,从学颖悟。自皇帝服药,手写佛书,为帝祈福。"因出以示珪等,所书字极端谨,珪等称贺,遂奉制立为皇太子。初,太子官中常有赤光,至是光益炽如火。

戊戌,神宗崩,太子即皇帝位。己亥,大赦天下常赦所不原者。群臣进秩,赐赉诸军。遣使告哀于辽。白虹贯日。庚子,尊皇太后曰太皇太后,皇后曰皇太后,德妃朱氏曰皇太妃。命宰臣王珪为山陵使。甲寅,以群臣固请,始同太皇太后听政。己未,赐叔雍王颢、曹王頵赞拜不名。令中外避太皇太后父遵甫名。诏边事稍重者,枢密院与三省同议以进。庚申,尚书左仆射、郇国公王珪进封岐国公。颢进封扬王,頵为荆王,并加太保。弟扬国公佶为遂宁郡王,仪国公似为太宁郡王,咸国公俣为咸宁郡王,和国公偲为普宁郡王。高密郡王宗晟、汉东郡王宗瑗、华原郡王宗愈、安康郡王宗隐、建安郡王宗绰并为开府仪同三司。太师、潞国公文彦博为司徒,济阳郡王曹佾为太保,特进王安石为司空,余进秩,赐致仕服带、银帛有差。辛酉,诏颜子、孟子配享孔子庙庭。夏四月丙寅,初御紫宸殿。辛未,蠲元丰六年以前逋赋。甲戌,加李乾德同中书门下平章事,董毡检校太尉。诏曰:"先皇帝临御十有九年,建立政事以泽天下,而有司奉行失当,几于烦扰,或苟且文具,不能布宣实惠。其申谕中外,协心奉令,以称先帝惠安元元之意。"乙亥,诏以太皇太后生日为坤成节。丁丑,召吕公著侍读。谕枢密、中书通议事都堂。诏遵先帝制,遣官察举诸路监司之法。庚辰,吕惠卿遣兵入西界,破六寨,斩首六百余级。辛巳,遣使以先帝遗留物遗辽国及告即位,甲申,水部员外郎王谔非职言事,坐罚金。丙戌,以蕃官高福战死,录其子孙。丁亥,复蠲旧年逋赋。五月丙申,诏百官言朝政阙失。资政殿学士司马光过阙,入见。丁酉,群臣请以十二月八日为兴龙节。壬寅,城熙、兰、通远军,赐李宪、赵济银帛有差。甲辰,作受命宝。丙午,京师地震。复置辽州。庚戌,王珪薨。改命蔡确为山陵使。丙辰,赐礼部奏名进士、诸科及第出身四百六十一人。戊午,以蔡确为尚书左仆射兼门下侍郎,韩缜为尚书右仆射兼中书侍郎,章惇知枢密院,司马光为门下侍郎。六月庚午,赐楚州孝子徐积绢米。丁亥,诏中外臣庶许直言朝政阙失、民间疾苦。秋七月戊戌,以资政殿大学士吕公著为尚书左丞。诏府界、三路保甲罢团教。丙午,辽人来吊祭。丙辰,白虹贯日。吏部侍郎熊本奏归化依智会异同,坐罚金。罢沅州增修堡寨。八月乙丑,诏按察官所至,有才能显著者以名闻。己巳,镇江军节度使韩绛进开府仪同三司。癸酉,遣使贺辽主生辰、正旦。乙亥,以供奉王英战死葭芦,录其子。九月戊戌,以神宗英文烈武圣孝皇帝之谥告于天地、宗庙、社稷。己亥,上宝册于福宁殿。己酉,遣使报谢于辽。冬十月甲子,夏国遣使进助山陵马。癸酉,诏仿《唐六典》置谏官。丁丑,令侍从各举谏官二人。诏监察御史兼言事,殿中侍御史兼察事。罢义仓。己卯,诏均宽民力,有司或致废格者,监司、御史纠劾之。河决大名。乙酉,葬神宗皇帝于永裕陵。丙戌,罢方田。以夏国主母卒,遣使吊祭。十一月癸巳,诏按问强盗,欲举自首者毋减。丁酉,祧翼祖,祔神宗于太庙,庙乐曰《大明之舞》。辛丑,减两京、河阳囚罪一等,杖已下释之,民缘山陵役者蠲其赋。己酉,辽遣使贺即位。十二月壬戌,于阗进狮子,诏却之。开经筵,讲《鲁论》,读《三朝宝训》。罢《太学保任同罪法》。丙寅,夏人以其母遗留物,马、白驼来献。辛未,左仆射蔡确、右仆射韩缜并迁秩,加食邑,扬王颢、荆王頵并为太傅。壬申,章惇、司马光等进秩有差。甲戌,罢后苑西作院。乙亥,诏执政、侍臣讲读。戊寅,罢增置铸钱监十有四。乙酉,辽遣萧睦等来贺正旦。是岁,日有五色云者六。高丽、大食入贡。

元祐元年春正月庚寅朔,改元。丙午,录在京囚,减死罪以下一等,杖罪者释之。丁未,诏回赐高丽王鞍马、服带、器币有加。罢陕西、河东元丰四年后凡缘军兴添置官局。丙辰,久旱,幸相国寺祈雨。立神宗原庙。戊午,甘露降。二月辛酉,以河决大名,坏民田,民艰食者众,诏安抚使韩绛振之。乙丑,修《神宗实录》。丁卯,诏左右侍从各举堪任监司者二人,举非其人有罚。庚午,禁边民与夏人为市。辛未,董毡卒,以其子阿里骨袭河西军节度使、邈川首领。庚辰,夏人入贡。辛巳,刑部侍郎蹇周辅坐变盐法落职。闰月庚寅,蔡确罢。以司马光为尚书左仆射、门下侍郎。诏韩维、吕大防、孙永、范纯仁详定役法。壬辰,以吕公著为门下侍郎。丙午,守尚书右丞李清臣为尚书左丞,试吏部尚书吕大防为尚书右丞。白虹贯日。丁未,群臣上太皇太后宫名曰崇庆,殿曰崇庆寿康;皇太后宫曰隆祐,殿曰隆祐慈徽。庚戌,赐于阗国王服带、器币。辛亥,章惇罢。甲寅,诏侍从、御史、国子司业各举经明行修,可为学官者二人。乙卯,以吏部尚书范纯仁同知枢密院事。丙辰,掩京城暴骸。罢诸州常平管勾官。三月辛未,诏毋以堂差冲在选已注官。置诉理所,许熙宁以来得罪者自言。命太学公试,司业、博士主之,如春秋补试法。癸酉,置开封府界提点刑狱一员。乙亥,罢熙河兰会路经制财用司。己卯,复广济河辇运。辛巳,诏民间疾苦当议宽恤者,监司具闻。以程颐为崇政殿说书。乙酉,许职事官带职。夏四月己丑,韩缜罢。辛卯,诏诸路旱伤蠲其租。壬辰,以旱虑囚。癸巳,王安石薨。辛丑,诏执政大臣各举可充馆阁者三人。壬寅,以吕公著为尚书右仆射兼中书侍郎,文彦博平章军国重事。乙巳,诏户部裁冗费,著为令。李宪等以用兵失利,为刘挚所劾,贬秩奉祠。辛亥,扬王颢、荆王頵并特授太尉。诏遇科举,令升朝官各举经明行修之士一人,俟登第日与升甲。罢谒禁之制。知诚州周士隆抚纳溪洞民一千三百余户,赐士隆银帛。癸丑,定六曹郎官员数。五月丁巳朔,以资政殿大学士韩维为门下侍郎。罢诸路重禄,复熙宁前旧制。庚申,夏人来贺即位。壬戌,诏侍从、台官、监司各举县令一人。戊辰,命程颐同修立国子监条制。己巳,幸扬王、荆王第,官其子九人。癸酉,复左、右天厩坊。壬午,诏文彦博班宰相之上。六月甲辰,置《春秋》博士。吕惠卿落职,分司南京、苏州居住。戊申,以富弼配享神宗庙庭。庚戌,太白昼见。甲寅,诏正风俗,修纪纲,勿理隐疵细故。复置通利军。程颐上疏论辅养君德。秋七月丁巳,置检法官。辛酉,设十科举士法。刘恕同修《资治通鉴》,未沾恩而卒,诏官其子。乙丑,夏国主秉常卒。庚午,夏国遣使贺坤成节。八月辛卯,诏常平依旧法,罢青苗钱。壬辰,封弟偲为祁国公。甲午,占城国遣使入贡。壬子,日傍有五色云。磁州谷异垄同穗。九月丙辰朔,司马光薨。己未,朝献景灵宫。辛酉,大享明堂,以神宗配,赦天下。丁卯,试中书舍人苏轼为翰林学士、知制诰。己卯,张璪罢。冬十月丙戌,改衍圣公为奉圣公。庚寅,太白昼见。壬辰,夏人来告哀。庚子,遣使吊祭。十一月戊午,以尚书左丞吕大防为中书侍郎,御史中丞刘挚为尚书右丞。乙亥,于阗国遣使入贡。庚辰,蠲盐井官溪钱。十二月庚寅,诏将来服除,依元丰三年故事,群臣勿上尊号。戊戌,华州郑县小敷谷山崩。戊申,诏以冬温无雪,决系囚。是岁,河北、楚、海诸州水。

二年春正月乙亥,封秉常子乾顺为夏国主。戊辰,诏举人程试,主司毋得于《老》、《庄》、《列子》书命题。辛巳,诏苏辙、刘攽编次神宗御制。白虹贯日。二月丁亥,遣左司谏朱光庭使河北,振民被灾者。诏施、黔、戎、泸等州保甲监司免岁阅。丁酉,加赐于阗国金带、锦袍、器币。己亥,命吏部选人改官,岁以百人为额。辛丑,诏陕西、河东行策应奉制法。是月,代州地震。三月壬戌,太皇太后手诏,止就崇政殿受册。戊辰,诏中外侍从岁举郡守各一人。令御史台察民俗奢僭者。夏人遣使入谢。癸酉,奉安神宗神御于景灵宫宣光殿。庚辰,诏内侍省供奉官以下百人为额。夏四月丙戌,交阯入贡。丁亥,鬼章子结吽龊寇洮东。戊子,虑囚。己丑,诏太师文彦博十日一议事都堂。辛卯,诏:"冬夏旱暵,海内被灾者广,避殿减膳,责躬思过,以图消复。"丁酉,以四方牒诉上尚书者,或冤抑不得直,令御史分察之。己亥,太皇太后以旱权罢受册礼。癸卯,雨。乙丑,以徐州布衣陈师道为亳州司户参军。丁未,复制科。戊申,御殿复膳。李清臣罢。五月癸丑,夏人围南川砦。丁卯,以刘挚为尚书左丞,兵部尚书王存为尚书右丞。壬申,于阗入贡。丁丑,诏御史官阙,御史中丞、翰林学士、两省谏议大夫以上杂举。六月辛丑,以安焘知枢密院事。壬寅,有星如瓜出文昌。丙午,逸川首领结药来降,授三班奉职。秋七月辛亥,诏户部修《会计录》。韩绛以司空致仕。夏人寇镇戎军。诏府界、三路教阅保甲。复课利场务亏额科罚。丙辰,罢诸州数外岁贡。戊午,以辽萧德崇等贺坤成节,曲宴垂拱殿,始用乐。庚申,进封李乾德为南平王。辛酉,改诚州为渠阳军。辛未,韩维罢。八月辛卯,程颐罢经筵,权同管勾西京国子监。癸未,以西番寇洮、河,民被害者给钱粟,死者赐帛其家。诏复进纳人改官旧法。乙酉,命吕大防为西京安奉神宗御容礼仪使。庚寅,西南蕃遣人入贡。癸巳,以夏国政乱主幼,强臣乙逋等擅权逆命,诏诸路帅臣严兵备之。庚子,授西蕃首领心牟钦毡银州团练使,温溪心瓜州团练使。辛丑,泾原言夏人寇三川诸寨,官军败之。丁未,岷州行营将种谊复洮州,执蕃酋鬼章青宜结。九月乙卯,发太皇太后册宝于大庆殿。丙辰,发皇太后、皇太妃册宝于文德殿。己未,夏人寇镇戎军。丁卯,禁私造金箔。冬十月壬午,奉安神宗御容于会圣宫及应天院。癸未,日有五色云。戊子,恭谢景灵宫。辛卯,减西京囚罪一等,杖已下释之。己亥,西南龙、张蕃遣人入贡。庚子,论复洮州功,种谊等迁秩、赐银绢有差。十一月丙辰,复置涟水军。庚申,献鬼章于崇政殿,以罪当死,听招其子及部属归以自赎。乙亥,大雪甚,民冻多死,诏加振恤,死无亲属者官瘗之。罢内殿承制试换文资格。丙子,决囚。十二月乙酉,赐诸军及贫民钱。丙戌,兴龙节,初上寿于紫宸殿。己丑,大寒,罢集英殿宴。壬辰,兀征声延部族老幼万人渡河南,遣使廪食之,仍谕声延勿失河北地。乙未,白虹贯日。壬寅,颁《元祐敕令式》。是冬,始闭汴口。

三年春正月己酉朔,不受朝。庚戌,复广惠仓。己未,朝献景灵宫。庚申,雪寒,发京西谷五十余万石,损其直以纾民。辛酉,诏广南西路朱崖军开示恩信,许生黎悔过自新。壬戌,罢上元游幸。壬申,阿里骨奉表诣阙谢罪,令边将无出兵,仍罢招纳。甲戌,决囚。二月甲申,罢修金明池桥殿。乙酉,德音:减囚罪一等,徒以下释之,工役权放一年,流民饥贫量与应副。丙戌,诏河东苦寒,量度存恤戍兵。癸巳,罢春宴。乙未,白虹贯日。辛丑,太白昼见。乙巳,广东兵马监童政坐擅杀无辜,伏诛。三月丙辰,韩绛薨。丁巳,御集英殿策进士。戊午,策武举。己巳,赐礼部奏名进士、诸科及第出身一千一百二十二人。乙亥,夏人寇德静砦,将官张诚等败之。夏四月戊寅,令诸路郡邑具役法利害以闻。辛巳,以吕公著为司空、同平章军国事,吕大防为尚书左仆射兼门下侍郎,范纯仁为尚书右仆射兼中书侍郎。壬午,以观文殿学士孙固为门下侍郎,刘挚为中书侍郎,王存为尚书左丞,御史中丞胡宗愈为尚书右丞,户部侍郎赵瞻签书枢密院事。癸巳,诏定职事官岁举升陟人数。丁酉,阿里骨来贡。庚子,诏天下郡城以地里置壮城兵额,禁勿他役。五月癸亥,汉东郡王宗瑗薨。六月癸未,诏司谏、正言、殿中、监察御史,仿故事,以升朝官通判资序历一年者为之。辛丑,夏人寇塞门砦。甲辰,五色云见。秋七月戊申,荆王頵薨。戊辰夜,东北方明如昼,俄成赤气,中有白气经天。辛未,太白昼见。癸酉,忠州言临江涂井镇雨黑黍。八月戊寅,阿里骨入贡。己卯,进封扬王颢为徐王。辛巳,复置荆门军。丙戌,罢吏试断刑法。丁酉,渠阳蛮入寇。辛丑,降系囚罪一等,杖以下释之。九月庚申,禁宗室联姻内臣家。乙丑,阿里骨复迁职,加封邑。诏观察使以上给永业田。丁卯,御集英殿策贤良方正能直言极谏科。十月丙戌,诏罢新创诸堡寨,废渠阳军。戊戌,复南、北宣徽院。十一月甲辰,遣吏部侍郎范百禄等行河。丁卯,大食麻啰拔国入贡。诏岁以十月给巡城兵衣裘。十二月丁酉,渝州獠人寇小溪。壬寅,白虹贯日。闰月癸卯朔,颁《元祐式》。甲辰,范镇定铸律、度量、钟磬等以进,令礼部、太常参定。戊申,减宰执赐予。庚申,置六曹尚书权官。丙寅,诏吏部详定六曹重复利害以闻。是岁,三佛齐、于阗、西南蕃入贡。天下上户部:主户二百一十三万四千七百三十三,丁二千八百五十三万三千九百三十四。客户六百一十五万四千六百五十二，丁三百六十二万九千八十三。断大辟二千九百一十五人。

四年春正月壬申朔，不受朝，群臣及辽使诣东上阁门、内东门拜表贺。丙子，宴辽使于紫宸殿。甲申，以夏人通好，诏边将毋生事。二月甲辰，吕公著薨。庚戌，白虹贯日。乙卯，夏人来谢封册。三月己卯，作浑天仪。胡宗愈罢。丁亥，以不雨，罢春宴。己丑，诏自今大礼毋上尊号。辛卯，昼有流星出东方。癸巳，录囚。乙未，罢幸琼林苑、金明池。夏四月乙巳，吕大防等以久旱求罢，不允。丁未，曹佾薨。戊申，罢大礼使及奏告执政加赐。戊午，立试进士四场法。壬戌，弛在京牧地与民。五月癸酉，诏自今侍读以三人为额。中丞李常、侍御史盛陶坐不论蔡确，改官。辛巳，贬观文殿学士蔡确为光禄卿。丁亥，复贬确为英州别驾、安置新州。丁酉，于阗国来贡。六月甲辰，范纯仁、王存罢。丙午，以赵瞻同知枢密院事，户部尚书韩忠彦为尚书左丞，翰林学士许将为尚书右丞。丁未，夏国来贡。癸丑，邈黎国殷次冷移、四林栗迷等赍于阗国黑汗王及其国蕃王表章来贡。秋七月丙子，诏复外都水使者。丁丑，辽国使萧寅等来贺坤成节，曲宴垂拱殿。庚辰，安焘以母忧去位。八月壬寅，敕国守贰以"四善三最"课县令，吏部岁上监司考察知州状。辛酉，太皇太后诏：今后明堂大礼，毋令百官拜表称贺。九月戊寅，致斋垂拱殿。己卯，朝献景灵宫，辛巳，大飨明堂，赦天下，百官加恩，赐赉士庶高年九十以上者。乙酉，加赐韩缜、范纯仁器币有差。乙未，检举先朝文武七条，戒谕百官遵守。冬十月辛丑，西南程蕃入贡。丁未，龙蕃入贡。戊申，翰林学士苏辙上《神宗御集》，藏宝文阁。癸丑，御迩英殿，讲官进讲《三朝宝训》。十一月庚午，敕朝请大夫以下进士为左，余为右。溪洞彭儒武等进溪洞布。癸未，以孙固知枢密院事，刘挚为门下侍郎，吏部尚书傅尧俞为中书侍郎。乙酉，有星色赤黄，尾迹烛地。己丑，太皇太后却元日贺礼，令百官拜表。庚寅，章惇买田不法，降官。辛卯，改发运、转运、提刑预妓乐宴会徒二年法。十二月庚子，辽使耶律常等贺兴龙节，曲宴垂拱殿。癸丑，更定朝仪二舞曰《威加四海》、《化成天下》。甲寅，减鄜延等路戍兵归营。戊午，以御史阙，令中丞、两省各举二人。是岁，夏国、邈黎、大食、麻啰拔国入贡。

五年春正月丁卯朔，御大庆殿视朝。丁丑，朝献景灵宫。二月丁酉，罢诸州、军通判奏举改官。己亥，夏人归永乐所掠吏士百四十九人。庚子，加溪洞人田忠进等九十二人检校官有差。辛丑，以旱罢修黄河。癸卯，祷雨岳渎，罢浚京城壕。丁未，减天下囚罪，杖以下释之。庚戌，文彦博以太师充护国军、山南西道节度使致仕，令所司备礼册命。壬子，彦博乞免册礼，从之。甲子，宴钱文彦博于玉津园。三月丙寅朔，赵瞻薨。丁卯，诏赐故孙觉家缗钱，令给丧事。壬申，以韩忠彦同知枢密院事，翰林学士承旨苏颂为尚书左丞。癸未，罢春宴。壬辰，罢幸金明池、琼林苑。夏四月癸卯，诏郑穆、王岩叟等同举监察御史二员。甲辰，吕大防等以旱求退，不允。丙午，孙固薨。

癸丑，诏讲读官御经筵退，留二员奏对迩英阁。丁巳，诏以旱，避殿减膳，罢五月朔日文德殿视朝。辛酉，以保宁军节度使冯京为检校司空。五月壬申，诏差役法有未备者，令王岩叟等具利害以闻。乙亥，雨。己卯，御殿复膳。六月辛亥，录囚。癸亥，昼有五色云。七月壬申，泾原路经略司言：诸人违制典买蕃部田土，许以免罪，自二顷五十亩以下，责其出刺弓箭手及买马备边用各有差。乙酉，夏人来议分画疆界。九月丁丑，诏复置集贤院学士。冬十月癸巳，罢提举修河司。丁酉，诏定州韩琦祠载祀典。十二月辛卯朔，许将罢。安康郡王宗隐薨。丙辰，禁军大阅，赐以银楪、匹帛，罢转资。是岁，东北旱，浙西水灾。赐宗室子授官者四十四人。断大辟四千二百六十有一。高丽、于阗、龙蕃、三佛齐、阿里骨入贡。

六年春正月辛酉朔，不受朝，群臣及辽使诣东上阁门、内东门拜表贺。癸酉，诏祠祭、游幸毋用羔。二月辛卯，以刘挚为尚书右仆射兼中书侍郎，龙图阁待制王岩叟签书枢密院事。癸巳，以苏辙为尚书右丞，宗室士倪追封魏国公。庚子，拂菻国来贡。丁酉，授阿里骨男溪邦彪篪为化外庭州团练使。三月癸亥，吕大防上《神宗实录》。己巳，御集英殿策进士。庚午，策武举。癸酉，诏御史中丞举殿中侍御史二人，翰林学士至谏议大夫同举监察御史二人。丙子，吕大防特授右正议大夫。壬午，赐礼部奏名进士、诸科及第出身九百五十七人。丁亥，罢幸金明池、琼林苑。夏四月乙未，复置通礼科。丙申，诏恤刑。辛丑，诏大臣堂除差遣，非行能卓异者不可轻授。仍搜访遗材，以备擢任。夏人寇熙河兰岷、鄜延路。壬寅，太白昼见。壬子，赐南平王李乾德袍带、金帛、鞍马。五月己未朔，日有食之，罢文德殿视朝。庚辰，诏娶宗室女得官者，毋过朝请大夫、皇城使。丁亥，后省上《元祐敕令格》。六月壬辰，录囚。甲辰，置国史院修撰官。乙卯，诏以田思利为银青光禄大夫，充溪洞都巡检。秋七月癸亥，复张方平宣徽南院使致仕。乙卯，复制置解盐使。己卯，振两浙水灾。八月己丑，三省进纳后六礼仪制。辛卯，诏御史台：臣僚亲亡十年不葬，许依条弹奏及令吏部检察。己亥，改宗正属籍曰《宗藩庆系录》。令文武臣出入京城门书职位、差遣、姓名及所往。己酉，修《神宗宝训》。癸丑，诏鄜延路都监李仪等以违旨夜出兵入界，与夏人战死，不赠官，余官降等。乙卯，夏人寇怀远砦。闰月壬戌，严饬陕西、河东诸路边备。甲子，太白昼见。庚午，诏御史中丞举殿中侍御史二人，翰林学士、中书舍人、给事中举监察御史四人。壬申，太子太保致仕张方平辞免宣徽使，不允。甲申，刑部侍郎彭汝砺与执政争狱事，自乞贬逐，诏改礼部侍郎。九月丁亥，夏人寇麟、府二州。壬辰，诏州民为寇所掠，庐舍焚荡者给钱帛，践稼者振之，失牛者官贷市之。癸巳，御集英殿策贤良方正能言极谏科。丁酉，御试方正王普等，迁官有差。岁出内库缗钱五十万以备边费。甲辰，幸上清储祥宫。壬子，宫成，减天下囚罪一等，徒以下释之。癸丑，以执政官行谒禁法非便，诏有利害陈述勿禁。冬十月丁卯，有流星昼出东北。庚午，朝献景灵宫，还，幸国子监，赐祭酒丰稷三品服，监学官赐帛有差。

庚辰，令诸宫院建小学。贵妃苗氏薨。癸未，编修神宗御制官转秩加赏。诏京西提刑司岁给钱物二十万缗，以奉陵寝。十一月乙酉朔，刘挚罢。壬辰，作《元祐观天历》。尚书右丞苏辙罢知绛州。辛丑，傅尧俞薨。十二月戊辰，开封府火。壬申，范纯仁以前御敌失策降官。是岁，两浙水，定州野蚕成茧。高丽、交阯、三佛齐入贡。

七年春正月甲辰，以辽使耶律迪卒，辍朝一日。乙巳，张诚一以穿父墓取犀带，责授左武卫将军，提举亳州明道宫。二月丁卯，诏陕西、河东边要进筑守御城寨。三月己亥，录囚。夏四月己未，立皇后孟氏。甲子，命吕大防为皇后六礼使。甲戌，立考察县令课绩法。五月戊戌，御文德殿册皇后。庚子，罢侍从官转对。丙午，王岩叟罢知郑州。大食进火浣布。六月辛酉，以吕大防为右光禄大夫，苏颂为尚书右仆射兼中书侍郎，韩忠彦知枢密院事，苏辙为门下侍郎，翰林学士范百禄为中书侍郎，翰林学士梁焘为尚书左丞，御史中丞郑雍为尚书右丞，户部尚书刘奉世签书枢密院事。甲子，置广文馆解额。戊辰，浑天仪象成。甲戌，日旁五色云见。七月癸巳，诏修《神宗史》。复翰林侍讲学士。己酉，诏诸路安抚钤辖司及西京、南京各赐《资治通鉴》一部。庚戌，宗室缌麻以上者禁析居。八月丙辰，罢监酒税务增剩给赏法。己未，诏西边诸将严备，毋轻出兵。乙亥，戒边将毋掊克军士。前陷交阯将吏苏佐等十七人自拔来归。九月戊戌，诏："冬至日南郊，宜依故事设皇地祇位。礼毕，别议方泽之仪以闻。"己酉，永兴军、兰州、镇戎军地震。冬十月庚戌朔，环州地震。丁巳，陕西有前代帝王陵庙处，给民五家充守陵户。丁卯，夏人寇环州。十一月辛巳，太白昼见。甲申，诏太中大夫以上许占永业田。丙戌，于阗入贡。庚寅，帝斋大庆殿。辛卯，朝献景灵宫。壬辰，飨太庙。癸巳，祀天地于圜丘，赦天下，群臣中外加恩。罢南京榷酒。民罹亲丧者，户以差等与免徭。辛丑，赐徐王剑履上殿。十二月辛亥，阿里骨、李乾德加食邑实封。甲子，罢饮福宴。庚午，祈雪。是岁，兖州仙源县生瑞谷。高丽、占城、西南蕃龙氏、罗氏入贡。

八年春正月己卯朔，不受朝。甲申，蔡确卒。丁亥，御迩英阁，召宰臣读《宝训》。庚寅，诏复范纯仁太中大夫。壬辰，幸太乙宫。庚子，诏颁高丽所献《黄帝针经》于天下。二月己酉，诏西南蕃龙氏迁秩补官。辛亥，礼部尚书苏轼言："高丽使乞买历代史及《策府元龟》等书，宜却其请不许。"省臣许之，轼又疏陈五害，极论其不可。有旨："书籍曾经买者听。"壬子，诏刑部不得分禁系人数，瘐死数多者申尚书省。癸丑，诏大宁郡王以下出就外学。三月甲申，苏颂罢。辛卯，范百禄罢。庚子，诏御试举人复试赋、诗、论三题。夏四月丁未朔，夏人来谢罪，愿以兰州易塞门砦，不许。癸丑，诏恤刑。甲寅，令范祖禹依先朝故事止兼侍讲。丁巳，诏南郊合祭天地，罢礼部集官详议。五月癸未，置蕲州罗田县。丁亥，罢二广铸折二钱。己丑，录囚。辛卯，监察御史董敦逸、黄庆基以论苏轼、苏辙，罢为湖北、福建转运判官。己亥，祁国公偲为开府仪同三司。六月戊午，梁焘罢。壬戌，中书后省上《元祐在京通用条贯》。秋七月丙子朔，以观文殿大学士范纯仁为尚书右仆射兼中书侍郎。戊寅，令陕西沿边铁钱、铜钱悉还近地。八月丁未，久雨。祷山川。辛酉，以太皇太后疾，帝不视事。壬戌，遣使按视京东西、河南北、淮南水灾。癸亥，减京师囚罪一等，徒以下释之。丁卯，祷于岳渎、宫观、祠庙。戊辰，赦天下。庚午，诏陕西复铸小铜钱。辛未，祷于天地、宗庙、社稷。乙亥，祷于诸陵。九月戊寅，太皇太后崩。己卯，诏以太皇太后园陵为山陵。庚辰，遣使告哀于辽。甲申，命吕大防为山陵使。壬辰，诏山陵修奉从约，诸道毋妄有进助。冬十月戊申，群臣七上表请听政。戊辰，徐王颢乞解官给丧，诏不允。庚午，复内侍刘瑗等六人。十一月丙子，始御垂拱殿。乙未，以雪寒，振京城民饥。壬寅，赐劳修奉山陵兵士。十二月乙巳，范纯仁乞罢，不允。甲寅，仿《唐六典》修官制。丁巳，辽人遣使来吊祭。出钱粟十万振流民。己巳，上太皇太后谥曰宣仁圣烈皇后。是岁，河入德清军，决内黄口。

卷十八　　本纪第十八

哲　宗　二

绍圣元年春正月癸酉朔，群臣诣西上阁门进名奉慰。丙申，夏人来贡。辛丑，遣中书舍人吕希纯等行河。罢河东大铜钱。二月丁未，以户部尚书李清臣为中书侍郎，兵部尚书邓润甫为尚书右丞。己酉，葬宣仁圣烈皇后于永厚陵。己未，祔神主于太庙。癸亥，减两京、河阳、郑州囚罪一等，民缘山陵役者蠲其赋。甲子，诏依章献明肃皇后故事，罢避高遵惠讳。三月壬申朔，日有食之。乙亥，吕大防罢。庚辰，诏大学合格上舍生推恩免省试，附科场春榜。乙酉，御集英殿策进士。丁亥，策武举。戊子，以徐王颢为太师，徙封冀王。癸巳，诏振京东、河北流民，贷以谷麦种，谕使还业，蠲是年租税。丁酉，赐礼部奏名进士、诸科及第出身九百七十五人。苏辙罢。夏四月乙巳朔，阿里骨进狮子。丙午，以旱，诏恤刑。己酉，诏中外决狱。庚戌，诏有司具医药治京师民疾。壬子，苏轼坐前掌制命语涉讥讪，落职知英州。癸丑，改元。白虹贯日。甲寅，以王安石配飨神宗庙庭。蔡确追复右正议大夫。戊午，复新城两厢。庚申，减四京囚罪一等，杖以下释之。壬戌，以资政殿学士章惇为尚书左仆射兼门下侍郎，范纯仁罢。丙寅，罢五路经、律、通礼科。丁卯，诏诸路复元丰免役法。戊辰，同修国史蔡卞重修《神宗实录》。闰月壬申，复提举常平官。癸酉，罢十科举士法。甲申，以观文殿学士安焘为门下侍郎。丙戌，复义仓。丁亥，诏神宗随龙人赵世长等迁秩、赐赉有差。戊子，诏在京诸司，所受传宣中批，并候朝廷覆奏乃行。乙未，西南张蕃遣人入贡。丙申，命左仆射章惇提举修《神宗国史》。丁酉，诏添差徐州兵马都监。五月壬寅，罢修官制局。甲辰，罢进士习试诗赋,令专二经,立宏词科。己酉,修国史曾布请以王安石《日录》载之《神宗实录》。太白昼见。辛亥,刘奉世罢。癸丑,诏中外学官,非制科、进士、上舍生入官者并罢。编类元祐群臣章疏及更改事条。甲寅,右正言张商英言先帝谓天地合祭非古,诏礼部、太常详议以闻。乙丑,邓润甫卒。丁卯,嗣濮王宗晖薨。六月甲戌,来之邵等疏苏轼诋斥先朝,诏谪惠州。丙子,罢制置解盐使。壬午,封高密郡王宗晟为嗣濮王。癸未,以翰林学士承旨曾布同知枢密院事。甲申,除进士引用王安石《字说》之禁。秋七月丁巳,以御史黄履、周秩、谏官张商英言,夺司马光、吕公著赠谥,王岩叟赠官;贬吕大防为秘书监,刘挚为光禄卿,苏辙为少府监,并分司南京;梁焘提举舒州灵仙观。戊午,诏:"大臣朋党,司马光以下各轻重议罚,布告天下。余悉不问,议者亦勿复言。"八月丙戌,召辅臣观稼后苑。日有五色云。壬辰,应制科赵天启以累上书狂妄黜。九月癸卯,遣御史刘拯按河北水灾,振饥民。丙午,御集英殿,策贤良方正能直言极谏科。庚戌,罢制科。罢广惠仓。癸丑,令监司岁察守臣课绩优者以闻。甲寅,知广州唐义问坐弃渠阳砦,责授舒州团练副使。庚申,太白昼见。丁卯,诏京东西、河北振恤流民。戊辰,流星出紫微垣。冬十月丙申,三佛齐遣使入贡。丁酉,河北流断绝。十一月己亥朔,复八路差官法。壬子,以冬温无雪,决系囚。蔡确特追复观文殿大学士。甲寅,开封男子吕安斥乘舆,当斩,贷之。丁巳,诏河北振饥,诸路恤流亡,官吏有善状、才能显著者以闻。十二月辛未,申严铜钱出外界法。庚辰,命诸路祈雪。丙戌,滑州浮桥火。己丑,漳河决溢,漫洺、磁等州,令计置堙塞。甲午,范祖禹、赵彦若、黄庭坚坐史事责授散官,永、澧、黔州安置。是岁,京师疫,洛水溢,太原地震,河北水,发京东粟振之。

二年春正月甲辰,诏国史院增补先帝御集。丙午,立宏词科。己未,迁奉太平兴国寺三朝御容于天章阁。乙丑,殿前司奏狱空,诏赐缗钱。二月乙亥,吕大防以监修史事贬秩,分司南京、安州居住。辛巳,出内库钱帛二十万助河北振饥。甲午,罢广文馆解额。三月己亥,宗晟薨。己未,试宏词黄符等五人各循一资。夏四月戊辰,诏职事官罢带职,朝请大夫以下勿分左右,易集贤院学士为集贤殿修撰,直集贤院为直秘阁,集贤校理为秘阁校理。壬申,封华容郡王宗愈为嗣濮王。诏许将等七人,不限资格,各举才行堪备任使者二人。丁亥,诏依元丰条置律学博士二员。五月乙巳,命蔡卞详定国子监三学及外州州学制。乙卯,上皇太妃宫名曰圣瑞。六月壬辰,禁京城士人舆轿。秋七月丙辰,诏大理寺复置右治狱,仍依元丰例添置官属。八月壬申,命彰信军节度使宗景为开府仪同三司,封济阴郡王。甲申,宗愈薨。乙酉,录赵普后希庄为阁门祗候。九月甲午,以安定郡王宗绰为嗣濮王。壬寅,告迁神宗神御于景灵宫显承殿。癸卯,诣景灵宫,行奉安礼。戊申,加上神宗谥曰绍天法古运德建功英文烈武钦仁圣孝皇帝。己酉,朝献景灵宫。庚戌,朝飨太庙。辛亥,大飨明堂,赦天下。冬十月甲子,郑雍罢。癸酉,告迁宣仁圣烈皇后神御于景灵宫徽音殿。甲戌,诣宫行奉安礼。以吏部尚书许将为尚书左丞,翰林学士蔡卞为尚书右丞。辛巳,进封冀王颢为楚王。辛卯,河南府地震。十一月乙未,安焘罢知河南府。丙申,太白昼见。戊戌,范锷自转运使入对,言有捕盗功,乞赐章服。帝曰:"捕盗,常职也,何足言功?"黜知寿州。甲寅,梁惟简除名、全州安置。丙辰,赠蔡确为太师,赐谥忠怀。十二月乙丑,复置监察御史三人,分领六察,不言事。令翰林学士蔡京、御史中丞黄履各举御史二人。壬申,白虹贯日。戊子,诏如元丰例,孟月朝献景灵宫。是岁,苏州夏、秋地震,桂阳监庆云见。出宫女九十一人。交阯、三佛齐、韦蕃、阿里骨入贡。

三年春正月庚子,韩忠彦罢知真定府。甲辰,酌献景灵宫,遍诣诸殿,如元丰礼。庚戌,引见蕃官包顺、包诚等,赐赍有差。诏鞫狱非本章所指而蔓求他罪者,论如律。乙卯,诏户部尚书勿领右曹。戊午,诏罢合祭,间因大礼之岁,夏至日躬祭地祇于北郊。二月癸亥,出元丰库缗钱四百万于陕西、河东杂边储。辛未,复元丰《恤孤幼令》。癸酉,罢富弼配飨神宗庙庭。癸未,诏封濮王子未王者三人:宗楚为南阳郡王,宗祐为景城郡王,并开府仪同三司;宗汉为东阳郡王。乙酉,宗绰薨。丙戌,诏三岁一取旨,遣郎官、御史按察监司职事。丁亥,夏人寇义合砦。三月壬辰,以禁中屡火,罢春宴及幸池苑,不御垂拱殿三日。癸巳,夏人围塞门砦。丁酉,尚书省火。戊午,剑南东川地震。己亥,封宗楚为嗣濮王。辛亥,封大宁郡王佖为申王,遂宁郡王佶为端王。丁巳,幸申王、端王府。夏四月辛酉,罢宣徽使。丙子,诏自今景灵宫四孟朝献,分为二日。五月壬子,太白昼见。丙辰,录囚。六月癸亥,令真定立赵普庙。乙酉,立北郊斋宫于瑞圣园。秋七月庚戌,依元丰职事官以行、守、试三等定禄秩。罢元祐所增聚义钱。甲寅,令熙河立王韶庙。八月辛酉,夏人寇宁顺砦。壬戌,日上有五色晕,下有五色气。己卯,复置检法官。庚辰,以范祖禹、刘安世在元祐中构造诬谤,祖禹责授昭州别驾,贺州安置,安世新州别驾、英州安置。九月己亥,邈川首领阿里骨卒。己酉,滁、沂二州地震。壬子,楚王颢薨。乙卯,废皇后孟氏为华阳教主、玉清妙静仙师,赐名冲真。冬十月丁巳朔,以楚王薨,罢文德殿视朝。壬戌,夏人寇鄜、延,陷金明砦。戊辰,诏被边诸路相度城寨要害,增修守备。辛未,西南方雷声,雨雹。癸酉,钟传言筑汝遮,诏以为安西城。十一月丁未,章惇上《神宗实录》。庚戌,宴修实录官。十二月辛酉,宗景坐以立妾冈上,罢开府仪同三司、判大宗正司事。癸酉,置施州铸钱广积监。甲戌,蔡卞上《新修太学敕令式》、《详定重修敕令》。遗弃饥贫小儿三岁以下,听收养为其子孙。是岁,于阗、大食、龟兹师王国、西南蕃龙氏、罗氏入贡。宗室子授官者四十六人。

四年春正月丙戌朔,不受朝。群臣及辽使诣东上阁门拜表贺。班内外学制。戊寅,以阿里骨子瞎征袭河西军节度使、邈川首领。甲午,泾原路钤辖王文振败夏人于没烟峡。庚戌,李清臣罢。二月乙未,以三省言,追贬吕公著为建武军节度副使,司马光为清远军节度副使,王岩叟为雷州别驾,夺赵瞻、傅尧俞赠谥,追韩维致仕及孙固、范百禄、胡宗愈遗表恩。诏江、淮巡检依旧法招置土兵。癸亥,于阗来贡,黑汗王攻夏人三州,遣其子卜闻。丙寅,夏人寇绥德城。庚午,诏国信使毋得以非例之物遗人使,仍著条禁。癸酉,诏申王佖、端王佶岁赐钱各六千五百缗。丙子,进神宗婉仪宋氏为贤妃。己卯,复元丰榷茶法。庚辰,罢《春秋》科。癸未,以三省言,追贬吕大防为舒州团练副使,刘挚为鼎州团练副使,苏辙为化州别驾,梁焘为雷州别驾,范纯仁为武安军节度副使,安置于循、新、雷、化、永五州;刘奉世为光禄少卿、分司南京,黜韩维以下三十人轻重有差。甲申,降文彦博为太子少保。闰月丙戌朔,张天说坐上书诋讪先朝处死。壬寅,以曾布知枢密院事,许将为中书侍郎,蔡卞为尚书左丞,吏部尚书黄履为尚书右丞,翰林学士林希同知枢密院事。癸卯,大雨雹。甲辰,苏轼责授琼州别驾,移昌化军安置。范祖禹移宾州安置,刘安世移高州安置,己酉,御集英殿策进士。庚戌,策武举。三月壬戌,夏人犯麟州神堂堡,出兵讨之,及进筑胡山砦。癸亥,赐礼部奏名进士、诸科及第出身六百九人。甲子,诏武举谢师古等以远人赐帛,李惟岳以高年赐帛。丁卯,诏泸南安抚司、南平军毋擅诱杨光荣献纳播州疆土。庚午,夏人大至葭卢城下,知石州张构等击走之。甲戌,幸金明池。丙子,**尅胡山新寨成**,赐名平羌砦。辛巳,西上阁门使折克行破夏人于长波川,斩首二千余级,获牛马倍之。壬午,命官编类司马光等改废法度论奏事状。夏四月丁亥,令诸狱置气楼凉窗,设浆饮荐席,杻械五日一浣,系囚以时沐浴,遇寒给薪炭。甲午,熙河筑金城关。丙申,诏发解省试添策一道。丁酉,进编臣僚章疏一百四十三帙。己亥,吕大防卒于虔州。庚子,知保安军李沂伐夏国,破洪州。壬寅,环庆钤辖张存入盐州,俘馘甚众,及还,夏人追袭之,复多亡失。甲辰,置克戎砦、平夏城,置灵平砦。丁未,以西边板筑有劳,曲赦陕西、河东路。追责王珪为万安军司户参军。己酉,复文德殿侍从转对。五月丁巳,文彦博薨。辛酉,以皇太妃服药及亢旱,决四京囚。壬戌,诏陕西添置蕃落马军十指挥。丁卯,废卫州淇水第二马监、颍昌府单镇马监。辛未,韩缜薨。丁丑,贬韩维为崇信军节度副使。六月癸未朔,日明食之。丁亥,太白犯太微垣。戊子,宗楚薨。丙申,诏翰林学士、吏部尚书各举监察御史二人。丁酉,环庆路安疆砦成,诏防托蕃汉官赐帛有差。甲辰,熙河进筑青石峡毕工,赐名西平。乙巳,保宁军观察留后宗汉为开府仪同三司,徙封安康郡王。己酉,太原地震。太白昼见。秋七月壬子朔,太白昼见。八月乙酉,封湖州观察使世开为安定郡王。丙戌,鄜延将王愍复青州。戊戌,封宗祐为嗣濮王。筑威戎城。己酉,彗出西方。九月壬子,以星变避殿减膳,罢秋宴,诏公卿悉心修政,以辅不逮,求中外直言。乙卯,赦天下,出元丰库缗钱四百万付陕西广籴,诏归明人未给田者舍以官屋。戊辰,彗灭。癸酉,谒中太一宫为民祈福。丙子,御殿复膳。命宗景为开府仪同三司。己卯,封婉仪刘氏为贤妃。冬十月戊戌,宗景薨。壬寅,废安国、安阳淇水监及洛阳原武监。十一月丁卯,诏谏议大夫以上各举监察御史一人。癸酉,贬刘奉世为隰州团练副使、郴

州安置。丁丑,诏放归田里程颐涪州编管。十二月癸未,刘挚卒。甲申,曲宴辽使于垂拱殿。乙酉,侍御史董敦逸坐奏对不实,贬秩、知兴国军。是岁,两浙旱饥,诏行荒政,移粟振贷。出宫女二十四人。宣城民妻一产四男子。于阗、西南蕃罗氏入贡。播州夷杨光荣等内附。户部主户一千三百六万八千七百四十一,丁三千三十四万四千二百七十四;客户六百三十六万六千八百二十九,丁三百六万七千三百三十二。大辟三千一百九十二人。

　　元符元年春正月庚戌朔,不视朝。丙寅,咸阳民段义得玉印一纽。甲戌,幸瑞圣园,观北郊斋宫。二月丙戌,白虹贯日。庚寅,诏建五王外第。壬辰,复罢翰林侍读、侍讲学士。丁酉,宗祐薨。戊申,知兰州王舜臣讨夏人于塞外。筑兴平城。三月壬子,令三省、枢密吏三岁一试刑法。甲寅,开楚州通涟河。丙辰,米脂砦成。丁巳,五王外第成,赐名懿亲宅。戊午,封宗汉为嗣濮王。杀朱崖流人陈衍。壬戌,申王佖、端王佶并为司空。令太常寺与阁门修定刘麦仪。乙丑,诏翰林学士承旨蔡京等辩验段义所献玉玺,定议以闻。戊辰,吏部郎中方泽等坐私谒后族宴聚,罚金补外。庚午,幸申王府。辛未,幸端王府。甲戌,进封咸宁郡王俣为莘王,普宁郡王似为简王,祁国公偲为永宁郡王。丙子,筑熙河通会关。夏四月庚辰,世开薨。甲申,幸睿成宫及莘王、简王府。丙戌,章惇等进《神宗帝纪》。梁焘卒于化州。壬辰,林希罢。丙申,建显谟阁,藏《神宗御集》。庚子,幸睿成宫。壬寅,学士院上《宝玺》、《灵光》、《翔鹤》乐章。癸卯,诏学官增习两经。丁未,曾布上《删修军马敕例》。五月戊申朔,御大庆殿,受天授传国受命宝,行朝会礼。己酉,班德音于天下,减囚罪一等,徒以下释之。癸丑,受宝,恭谢景灵宫。戊午,宴紫宸殿。庚申,诏献宝人段义为右班殿直,赐绢二百匹。六月戊寅朔,改元。丙戌,遣官分诣鄜延、泾原、河东、熙河按验所筑城寨。甲午,蔡京等上《常平免役敕令》。秋七月乙卯,诏增置大府丞一员。乙丑,敕大礼五使自今并差执政官,定为令。丁卯,令学官试《三经》。庚午,诏范祖禹移化州安置,刘安世梅州安置,王岩叟、朱光庭诸子并勒停不叙。壬申,京师地震。八月丙子朔,熙河兰岷路复为熙河兰会路。庚辰,诏自今三省、枢密院进拟在京文臣、开封推判官、武臣横班使副及诸路监司、帅守,并取旨召对。丁亥,诏侍从中书舍人以上各举所知二人,权侍郎以上举一人,仍指言所堪职任。九月丁未,以霖雨,罢秋宴。庚戌,秦观除名,移雷州编管。癸亥,赐王安石第于京师。冬十月乙未,诏武官试换文资。丁酉,以河北、京东河溢,遣官振恤。乙亥,夏人寇平夏城。癸卯,驸马都尉张敦礼坐元祐初上疏誉司马光,夺留后,授环卫官。十一月壬戌,朝献景灵宫。癸亥,朝飨太庙。甲子,祀昊天上帝于圜丘,赦天下。是岁,澶州河溢,振恤河北、京东被水者。真定府、祁州野蚕成茧。泾原路禽夏国统军鬼名阿埋等,高丽、瞎征、西南蕃张氏、罗氏、程氏入贡。西蕃首领李讹啰、巴诎支、吕承信等内附。

　　二年春正月甲辰朔,御大庆殿,以雪罢朝,群臣及辽使诣东上阁门拜表贺。群臣又诣内东门,贺如仪。丁卯,

出内金帛二百万，备陕西边储。二月甲戌朔，令监司举本路学行优异者各二人。韦蕃入贡。己卯，诏许高丽国王遣士宾贡。辛巳，增置神臂弓，诏自今应被旨举官，所举不当，具举主姓名以闻。甲申，夏人以国母卒，遣使告哀，且谢罪，却其使不纳。戊子，鄜延钤辖刘安败夏人于神堆。甲午，大食入贡。乙未，诏吏部：守令课绩，从御史台考察，黜其不实者。三月丙辰，辽人遣签书枢密院事萧德崇来为夏人请缓师，仍献玉带。筑环庆路定边城。丁巳，秦凤经略司言吴名革率部族、孳畜归顺。诏名革补内殿承制，首领李哆补右侍禁，及赐钱帛有差。庚申，知府州折克行获夏国钤辖令王皆保。乙丑，祈雨。己巳，莘王俣为司空。夏四月庚辰，幸莘王府。令广西提点刑狱司兼领盐事。丙戌，筑鄜延、河东路暖泉、乌龙砦。丁亥，以旱，减四京囚罪一等，杖以下释之。辛卯，诏鞫狱，徒以上须结案及审录覆奏，然后断遣，不如令者坐之。癸巳，封永嘉郡王偲为睦王。遣中书舍人郭知章报聘于辽。丁酉，筑威羌城。五月甲辰，太白昼见。庚戌，筑鄜延路金汤城。癸亥，奉迁真宗神御于万寿观延圣殿。曲赦陕西、河东路，减囚罪一等，流以下释之。建西安州及天都等寨。乙丑，进章惇官五等，曾布三等，许将、蔡卞、黄履皆二等。辛未，诏莘王俣、睦王偲母进封婕妤。六月庚辰，赐兰、会州新寨名会川城。甲午，赐环庆路之字平曰清平关。戊戌，筑定边、白豹城讫工，阁门使张存等转官、赐金帛有差。秋七月乙巳，盛暑，中外决系囚。丁未，放在京工役。庚戌，河北河涨，没民田庐，遣官振之。甲子，知环州种朴获夏国监军讹勃啰。丙寅，洮西安抚使王赡复邈川城，西蕃首领钦彪阿成以城降。八月癸酉，章惇等进《新修敕令式》。惇读于帝前，其间有元丰所无而用元祐敕令立者，帝曰："元祐亦有可取乎？"惇等对曰："取其善者。"甲戌，太原地震。戊寅，皇子生。辛巳，降德音于诸路：减囚罪一等，流以下释之。乙酉，赐熙河路缗钱百万抚纳部族。丁亥，复修会州。癸巳，太白昼见。瞎征降。甲午，建葭芦戍为晋宁军。丙申，保宁军节度吕惠卿特授检校司空。九月庚子朔，夏人来谢罪。癸卯，命御史点检三省、枢密院，并依元丰旧制。甲辰，幸储祥宫。乙巳，幸醴泉观。丁未，立贤妃刘氏为皇后。己未，青唐酋陇拶以城降。壬戌，雨，罢秋宴。甲子，右正言邹浩论刘氏不当立，特除名勒停、新州羁管。丙寅，御文德殿册皇后。闰月癸酉，置律学博士员。诏详议庙制。以青唐为鄯州、陇右节度。邈川为湟州，宗哥城为龙支城，俱隶陇右。戊寅，以廓州为宁砦城。丙戌，果州团练使仲忽进古方鼎，志曰"鲁公作文王尊彝"。甲午，荧惑犯太微垣左执法。己未，越王茂蒇。冬十月壬子，诏河北大名二十二州军置马步军指挥，以广威、保捷为名。甲寅，日有食之，既。十一月丁亥，诏绥德城为绥德军。壬辰，诏河北黄河退滩地听民耕垦，免租税三年。乙未，诏诸州置教授，依太学三舍法考选生徒升补。是月，河中猗氏县民妻一产四男子。

三年春正月辛未，帝有疾，不视朝。丁丑，奉安太宗皇帝御容于景灵宫大定殿。戊寅，大赦天下，蠲民租。己卯，帝崩。皇太后谕遗制，立弟端王即位于枢前，皇太后权同处分军国事。四月己未，上谥曰钦文睿武昭孝皇帝，庙号曰哲宗。七月丁卯，以谥号册宝奏告天地、宗庙、社稷。八月壬寅，葬于永泰陵。癸亥，祔太庙。崇宁三年七月，加谥曰宪元继道世德扬功钦文睿齐圣昭孝皇帝。政和三年，改谥宪元继道显德定功钦文睿武齐圣昭孝皇帝。

赞曰：哲宗以冲幼践阼，宣仁同政。初年召用马、吕诸贤，罢青苗，复常平，登俊良，辟言路，天下人心，翕然向治。而元祐之政，庶几仁宗。奈何熙、丰旧奸柄去未尽，已而媒蘖复用，卒假绍述之言，务反前政，报复善良，驯致党籍祸兴，君子尽斥，而宋政益欹矣。吁，可惜哉！

卷十九　　本纪第十九

徽宗一

徽宗体神合道骏烈逊功圣文仁德宪慈显孝皇帝，讳佶，神宗第十一子也，母曰钦慈皇后陈氏。元丰五年十月丁巳生于宫中。明年正月赐名，十月授镇宁军节度使、封宁国公。哲宗即位，封遂宁郡王。绍圣三年，以平江、镇江军节度使封端王，出就傅。五年，加司空，改昭德、彰信军节度。元符三年正月己卯，哲宗崩，皇太后垂帘，哭谓宰臣曰："家国不幸，大行皇帝无子，天下事须早定。"章惇厉声对曰："在礼律当立母弟简王。"皇太后曰："神宗诸子，申王长而有目疾，次则端王当立。"惇又曰："以年则申王长，以礼律则同母之弟简王当立。"皇太后曰："皆神宗子，莫难如此分别，于次端王当立。"知枢密院曾布曰："章惇未尝与臣等商议，如皇太后圣谕极当。"尚书左丞蔡卞、中书门下侍郎许将相继曰："合依圣旨。"皇太后又曰："先帝尝言，端王有福寿，且仁孝，不同诸王。"于是惇为之默然。乃召端王入，即皇帝位，皇太后权同处分军国事。

庚辰，赦天下常赦所不原者，百官进秩一等，赏诸军。遣宋渊告哀于辽。辛巳，尊先帝后为元符皇后。癸未，追尊母贵仪陈氏为皇太妃。甲申，命章惇为山陵使。乙酉，出先帝遗留物赐近臣。丙戌，以申王偲为太傅，进封陈王，赐赞拜不名。丁亥，进仁宗淑妃周氏、神宗淑妃邢氏并为贵妃，贤妃宋氏为德妃。戊子，以章惇为特进，封申国公。己丑，进封莘王俣为卫王，守太保；简王似为蔡王，睦王偲为定王，并守司徒。罢增八厢逻卒。二月己亥，始听政。尊先帝妃朱氏为圣瑞皇太妃。壬寅，以南平王李乾德为检校太师。丁未，立顺国夫人王氏为皇后。庚戌，向宗回、宗良迁节度使，太后弟侄未仕者俱授以官。癸丑，初御紫宸殿。庚申，以吏部尚书韩忠彦为门下侍郎，资政殿大学士黄履为尚书右丞。辛酉，名懿亲宅潜邸曰龙德宫。甲子，毁承极殿。丙寅，遣吴安宪、朱孝孙以遗留物遗辽国主。三月戊辰朔,诏宰臣、执政、侍从官各举可任台谏者。庚午,遣韩治、曹谱告即位于辽。辛未,诏追封祖宗诸子光济等三十三人为王,女四十八人为公主。甲申,以西蕃王陇拶为河西军节度使,寻赐姓名曰赵怀德,邈川首领瞎征为怀远军节度使。己丑,以日当食,降德音于四京;减囚罪一等,流以下释之。庚寅,录赵普后。辛卯,诏求直言。癸巳,以宁远军节度观察留后世雄为崇信军节度使,封安定郡王。乙未,却永兴民王怀所进玉器。夏四月丁酉朔,日有食之。己亥,令监司分部决狱。甲辰,以韩忠彦为尚书右仆射兼中书侍郎,礼部尚书李清臣为门下侍郎,翰林学士蒋之奇同知枢密院事。乙巳,录曹佾后。丁未,以帝生日为天宁节。己酉,长子亶生。辛亥,大赦天下,应元符二年已前系官逋负悉蠲之。癸丑,鹿敏求等以应诏上书迁秩。乙卯,请大行皇帝谥于南郊。丁巳,诏范纯仁等复官、宫观,苏轼等徙内郡居住。癸亥,罢编类臣僚章疏局。乙丑,赐礼部奏名进士及第、出身五百十八人。五月丁卯朔,罢理官失出之罚。丙子,诏复废后孟氏为元祐皇后。乙酉,蔡卞罢。己丑,诏追复文彦博、王珪、司马光、吕公著、吕大防、刘挚等三十三人官。辛卯,还司马光等致仕遗表恩。癸巳,河北、河东、陕西饥,诏帅臣计度振恤。六月丙申朔,辽主遣萧进忠、萧安世等来吊祭。秋七月丙寅朔,奉皇太后诏,罢同听政。丁卯,告哲宗钦文睿武昭孝皇帝谥于天地、宗庙、社稷。戊辰,上宝册于福宁殿。癸酉,以皇太后还政,减天下囚罪一等,流以下释之。癸未,遣陆佃、李嗣徽报谢于辽。罢管勾陕西、京西、川路坑冶及江西、广东、湖北、夔、梓、成都路管勾措置盐事官。辛卯,封子亶为韩国公。八月戊戌,诏诸路遇民有疾,委官监医往视疾给药。庚子,作景灵西宫,奉安神宗神御,建哲宗神御殿于其西。辛丑,出内库金帛二百万予陕西军储。壬寅,葬哲宗皇帝于永泰陵。丙午,遣董敦逸贺辽主生辰,吕仲甫贺正旦。戊申,高丽王王熙遣使奉表来慰。庚戌,诏以仁宗、神宗庙永世不祧。戊午,以蔡王似为太保。癸亥,祔哲宗神主于太庙,庙乐曰《大成之舞》。九月甲子,诏修《哲宗实录》。丙寅,辽遣萧穆来贺即位。丁卯,减两京、河阳、郑州囚罪一等,民缘山陵役者蠲其赋。己巳,幸龙德宫。辛未,章惇罢。丙子,以陈王佖为太尉。丁丑,诏修《神宗史》。己丑,复均给职田。十月乙未,夏国入贡。丙申,蔡京出知永兴军,贬章惇为武昌军节度副使。丁酉,以韩忠彦为尚书左仆射兼门下侍郎。壬寅,以曾布为尚书右仆射兼中书侍郎。乙卯,升端州为兴庆军。己未,诏禁曲学偏见、妄意改作以害国事者。辛酉,罢平准务。十一月丁卯,诏修《六朝宝训》。降德音于端州:减囚罪一等,徒以下释之。庚午,诏改明年元。戊寅,以观文殿学士安焘知枢密院事。庚辰,黄履罢。己丑,置《春秋》博士。辛卯,令陕西兼行铜、铁钱。以礼部尚书范纯礼为尚书右丞。十二月甲午,以皇太后不豫,祷于宫观、祠庙、岳渎。戊戌,出廪粟减价以济民。辛丑,虑囚。甲辰,诏修《国朝会要》。戊申,降德音于诸路:减囚罪一等,流以下释之。戊午,辽人来贺正旦。是岁,出宫女六十九人。

建中靖国元年春正月壬戌朔,有赤气起东北,亘西南,中函白气。将散,复有黑祲在旁。癸亥,有星自西南入尾,其光烛地。癸酉,范纯仁薨。甲戌,皇太后崩,遗诏追尊皇太妃陈氏为皇太后。丁丑,易大行皇太后园陵为山陵,命曾布为山陵使。己卯,令河、陕募人入粟,免试注官。二月丙申,雨雹。己亥,汰秦凤路土兵。甲辰,始听政。乙巳,出内库及诸路常平钱各百万,备河北边储。丁巳,贬章惇为雷州司户参军。三月甲子,始御紫宸殿。乙丑,辽使萧恭来告其主洪基殂,遣谢文瓘、上官均等往吊祭,黄寔贺其孙延禧立。丁丑,诏以河西军节度使赵怀德知湟州。壬午,以日当食,避殿减膳,降天下囚罪一等,流以下释之。夏四月辛卯朔,日食不见。甲午,上大行皇太后谥曰钦圣宪肃。乙未,上追尊皇太后谥曰钦慈。丁酉,御殿复膳。壬寅,诏诸路疑狱当奏而不奏者科罪,不当奏而辄奏者勿坐,著为令。五月辛酉朔,大雨雹。诏三省减吏员、节冗费。丙寅,葬钦圣宪肃皇后、钦慈皇后于永裕陵。庚辰,苏颂薨。丙戌,祔钦圣宪肃皇后、钦慈皇后神主于太庙。戊子,减两京、河阳、郑州囚罪一等,民缘山陵役者蠲其赋。六月庚寅朔,以韩国公亶为开府仪同三司,封京兆郡王。戊申,封向宗回为永阳郡王,向宗良为永嘉郡王。甲寅,封吴王颢子孝骞为广陵郡王,颢子孝参为信都郡王。戊午,范纯礼罢。己未,诏班《斗杀情理轻重格》。秋七月辛巳,内郡复添差宗室阙。丙戌,安焘罢。丁亥,以蒋之奇知枢密院事,吏部尚书陆佃为尚书右丞,端明殿学士章楶同知枢密院事。九月己巳,诏诸路转运、提举司及诸州军,有遗利可以讲求及冗员浮费当裁损者,详议以闻。丙戌,子桱薨。冬十月乙未,李清臣罢。丁酉,天宁节,群臣及辽使初上寿于垂拱殿。十一月庚申,以陆佃为尚书左丞,吏部尚书温益为尚书右丞。壬戌,以西蕃赊罗撒为西平军节度使,邈川首领。辛未,出御制南郊亲祀乐章。戊寅,朝献景灵宫。己卯,飨太庙。庚辰,祀天地于圜丘,赦天下。改彰信军为兴仁军,昭德军为隆德军。改明年元。十二月壬辰,赐陈王佖诏书不名。癸卯,进神宗昭仪武氏为贤妃。丙午,奉安神宗神御于景灵西宫大明殿。丁未,诣宫行礼。己酉,降德音于四京,减囚罪一等,徒以下释之。是岁,辽人来献遗留物。河东地震,京畿蝗,江、淮、两浙、湖南、福建旱。

崇宁元年春正月丁巳,太原等十一郡地震,诏死者家赐钱有差。二月丙戌朔,以圣瑞皇太妃疾,虑囚。甲午,子亶改名烜。以蔡确配飨哲宗庙庭。戊戌,诏:"士有怀抱道德、久沈下僚及学行兼备、可厉风俗者,待制以上各举所知二人。"奉议郎赵谂谋反,伏诛。庚子,封子焕为魏国公。辛丑,圣瑞皇太妃薨,追尊为皇太后。庚戌,追封孔鲤为泗水侯,孔伋为沂水侯。三月丁巳,奉安哲宗神御于景灵西宫宝庆殿。戊午,诣宫行礼。壬戌,以定王偲为太保。壬申,幸定王第。夏四月己亥,上皇太后谥曰钦成。五月丁巳,荧惑入斗。庚申,韩忠彦罢。己巳,瞎征卒。庚午,降复太子太保司马光为正议大夫,太师文彦博为太子太保,余各以差夺官。辛未,诏待制以上举能吏各二人。乙亥,黜后苑内侍请以箔金饰宫殿者。丙子,诏元祐诸臣各已削秩，自今无所复问，言者亦勿辄言。戊寅，葬钦成皇后于永裕陵。己卯，陆佃罢。庚辰，以许将为门下侍郎，温益为中书侍郎，翰林学士承旨蔡京为尚书左丞，吏部尚书赵挺之为尚书右丞。六月己丑，祔钦成皇后神主于太庙。壬辰，减西京、河阳、郑州囚罪一等，民缘山陵役者蠲其赋。癸卯，诏六曹尚书有事奏陈，许独员上殿。己酉，太白昼见。壬子，改渝州为恭州。癸丑，诏仿《唐六典》修神宗所定官制。封伯夷为清惠侯，叔齐为仁惠侯。闰月甲寅朔，更名哲宗神御殿曰重光。辛酉，虑囚。壬戌，曾布罢。甲子，诏诸路州县官有治绩最著者，许监司、帅臣各举一人。壬午，追贬李清臣为武安军节度副使。癸未，诏监司、帅臣于本路小使臣以上及亲民官内，有智谋勇果可备将帅者，各举一人。秋七月甲申朔，建长生宫以祠荧惑。丙戌，诏省、台、寺、监及监司、郡守，并以三年成任。戊子，以蔡京为尚书右仆射兼中书侍郎。己丑，焚元祐法。甲午，诏于都省置讲议司。诏杭州、明州置市舶司。庚子，章楶罢。甲辰，以雨水坏民庐舍，诏开封府振恤压溺者。辛亥，罢《春秋》博士。八月乙卯，子烜改名桓，焕改名楷。乙丑，罢权侍郎官。辛未，置安济坊，养民之贫病者，仍令诸郡县并置。甲戌，诏天下兴学贡士，建外学于国南。丙子，诏司马光等二十一人子弟毋得官京师。己卯，以赵挺之为尚书左丞，翰林学士张商英为尚书右丞。九月戊子，京师置居养院，以处鳏寡孤独，仍以户绝财产给养。乙未，诏中书籍元符三年臣僚章疏姓名为正上、正中、正下三等，邪上、邪中、邪下三等。丁酉，治臣僚议复元祐皇后及谋废元符皇后者罪，降韩忠彦、曾布官，追贬李清臣为雷州司户参军，黄履为祁州团练副使，窜曾肇以下十七人。己亥，籍元祐及元符末宰相文彦博等、侍从苏轼等、余官秦观等、内臣张士良等、武臣王献可等凡百有二十人，御书刻石端礼门。庚子，以元符末上书人钟世美以下四十一人为正等，悉加旌擢；范柔中以下五百余人为邪等，降责有差。时世美已卒，诏赠官，仍官其子一人。壬寅，贬曾布为武泰军节度副使。甲辰，诏："元符三年、建中靖国元年责降臣僚已经牵复者，其元责告命并缴纳尚书省。"冬十月癸亥，蒋之奇罢。戊辰，诏责降宫观人不得同一州居住。甲戌，以御史钱遹、石豫、左肤及辅臣蔡京、许将、温益、赵挺之、张商英等言，罢元祐皇后之号，复居瑶华宫。丙子，刘奉世等二十七人坐元符末党与变法，并罢祠禄。戊寅，以资政殿学士蔡卞知枢密院事。十一月乙酉，邵州言知溪洞徽州杨光衔内附。戊子，以婉仪郑氏为贤妃。辛卯，置河北安济坊。癸巳，置西、南两京宗正司及敦宗院。戊戌，置显谟阁学士、待制官。戊申，子楷为开府仪同三司，封高密郡王。己酉，立卿、监、郎官三岁黜陟法。十二月癸丑，论弃湟州罪，贬韩忠彦为崇信军节度副使，曾布为贺州别驾，安焘为宁国军节度副使，范纯礼分司南京。庚申，铸当五钱。辛酉，赠哲宗邓王茂为皇太子，谥献愍。丁丑，诏："诸邪说诐行非先圣贤之书，及元祐学术政事，并勿施用。"是岁，京畿、京东、河北、淮南蝗。江、浙、熙河、漳、泉、潭、衡、郴州、兴化军旱。辰、沅州徭入寇。出宫女七十六人。

二年春正月辛巳朔。乙酉，窜任伯雨、陈瓘、龚夬、邹浩于岭南，马涓等九人分贬诸州。知荆南舒亶平辰、沅州徭贼，复诚、徽州，改诚州为靖州，徽州为莳竹县。壬辰，温益卒。乙巳，以复荆湖疆土，曲赦两路。丙午，以沍寒，令监司分部决狱。丁未，以蔡京为尚书左仆射兼门下侍郎。二月辛亥，安化蛮入寇，广西经略使程节败之。壬子，遣官相度湖南、北徭地，取其材植入供在京营造。甲寅，进元符皇后为太后，宫名崇恩。辛酉，置殿中监。癸亥，奉安哲宗御容于西京会圣宫及应天院。丙子，置诸路茶场。三月壬午，进仁宗充仪张氏为贤妃。乙酉，减西京囚罪一等。诏党人子弟毋得擅至阙下，其应缘趋附党人、罢任在外、指射差遣及得罪停替臣僚亦如之。丁亥，御集英殿策进士。癸卯，赐礼部奏名进士及第、出身五百三十八人，其尝上书在正等者升甲，邪等者黜之。夏四月甲寅，诏侍从官各举所知二人。乙卯，于阗入贡。丁卯，诏毁吕公著、司马光、吕大防、范纯仁、刘挚、范百禄、梁焘、王岩叟景灵西宫绘像。己巳，以初谒景灵宫，赦天下。乙亥，诏毁刊行《唐鉴》并三苏、秦、黄等文集。戊寅，以赵挺之为中书侍郎，张商英为尚书左丞，户部尚书吴居厚为尚书右丞，兵部尚书安惇同知枢密院事。夺王珪赠谥，追毁程颐出身文字，其所著书令监司觉察。五月辛巳，以贤妃郑氏为淑妃。癸未，以陈王佖为太师。丙戌，贬曾布为廉州司户参军。己亥，封子楒为楚国公。丙午，册元符皇后刘氏为太后。六月壬子，册王氏为皇后。庚申，诏："元符末上书进士，类多诋讪，令州郡遣入新学，依太学自讼斋法，候有一年，能革心自新者许将来应举，其不变者当屏之远方。"壬戌，虑囚。是月，中太一宫火。复湟州。秋七月己卯，学士院火。辛巳，以复湟州，进蔡京官三等，蔡卞以下二等。壬午，白虹贯日。甲申，降德音于熙河兰会路：减囚罪一等，流以下释之。庚寅，曾肇责授濮州团练副使。辛卯，诏上书进士见充三舍生者罢归。丁酉，诏自今戚里宗属勿复为执政官，著为令。乙巳，诏责降人子弟毋得任在京及府界差遣。八月丁未朔，再论弃湟州罪，贬韩忠彦为磁州团练副使，安焘为祁州团练副使，范纯礼为静江军节度副使，削蒋之奇秩三等。戊申，张商英罢。辛酉，诏张商英入元祐党籍。九月辛巳，诏宗室不得与元祐奸党子孙为婚姻。庚寅，封子枢为吴国公。诏："上书邪等人，知县以上序官并与外祠，选人不得改官及为县令。"壬辰，置医学。癸巳，令天下郡皆建崇宁寺。辛丑，改吏部选人自承直郎至将仕郎七阶。令天下监司长吏厅各立《元祐奸党碑》。甲辰，诏郡县谨祀社稷。冬十一月庚辰，以元祐学术政事聚徒传授者，委监司举察，必罚无赦。十二月癸亥，祧宣祖皇帝、昭宪皇后。丙寅，诏六曹长贰岁考郎官治状，分三等以闻。是岁，诸路蝗。纂府蛮杨晟铜、融州杨晟天、邵州黄聪内附。

三年春正月己卯，安化蛮降。辛巳，诏上书邪等人毋得至京师。戊子，铸当十大钱。壬辰，增县学弟子员。甲午，赐蔡京子攸进士出身。癸卯，太白昼见。甲辰，铸九鼎。二月丙午，以淑妃郑氏为贵妃。以刊定元丰役法不当，黜钱遹以下九人。丁未，置漏泽园。己酉，诏王珪、章

卷二十　本纪第二十

徽宗　二

惇别为一籍，如元祐党。诏自今御后殿，许起居郎、舍人侍立。壬子，以楚国公梄为开府仪同三司，封南阳郡王。庚申，令天下坑冶金银复尽输内藏。辛未，雨雹。三月辛巳，置文绣院。丁亥，作圜土，以居强盗贷死者。甲午，跻钦成皇后神主于钦慈皇后之上。辛丑，大内灾。夏四月乙巳，以火灾降德音于四京；减囚罪一等，流以下原之。乙卯，复鄯州，建为陇右都护府。辛酉，徙封梄为乐安郡王。复廓州。乙丑，罢讲议司。己巳，曲赦陕西。壬申，梄薨。五月戊寅，罢开封权知府，置牧、尹、少尹。改定六曹，以士、户、仪、兵、刑、工为序，增其员数，仿《唐六典》易胥吏之称。己卯，以复鄯、廓，蔡京为守司空，封嘉国公。庚辰，许将、赵挺之、吴居厚、安惇、蔡卞各转三官。甲申，改鄯州为西宁州，仍为陇右节度。辛丑，诏黜守臣进金助修宫庭者。六月壬寅朔，图熙宁、元丰功臣于显谟阁。癸酉，以王安石配飨孔子庙。丙午，增诸州学未立者。壬子，置书、画、算学。占城入贡。戊午，诏重定元祐、元符党人及上书邪等者合为一籍，通三百九人，刻石朝堂，余并出籍，自今毋得复弹奏。辛酉，复置太医局。癸亥，虑囚。乙丑，诏内外官毋得越职论事，侥幸奔竞，违者御史台弹奏。秋七月癸酉，以婉仪王氏为德妃。庚辰，诏自今大礼不受尊号，群臣毋上表。辛卯，行方田法。八月庚子，诏诸路知州、通判增入"主管学事"四字。壬寅，大雨，坏民庐舍，令收瘗死者。甲辰，蔡京上《神宗史》。丙午，许将罢。九月乙亥，以赵挺之为门下侍郎，吴居厚为中书侍郎，翰林学士承旨张康国为尚书左丞，刑部尚书邓洵武为尚书右丞。壬辰，诏诸路州学别置斋舍，以养材武之士。冬十月辛丑朔，大雨雹。丁未，贤妃张氏薨。丙辰，命官编类六朝勋臣。戊午，夏人入泾原，围平夏城，寇镇戎军。庚申，熙河兰会路经略安抚使王厚言，河西军节度使赵怀德等出降。己巳，立九庙，复翼祖、宣祖。庚午，贵妃邢氏薨。十一月甲戌，幸太学，官论定之士十六人，遂幸辟雍，赐国子司业吴纮、蒋静四品服，学官推恩有差。丙戌，封子杞为冀国公。丁亥，诏取士并缘学校，罢发解及省试法，科场如故事。癸巳，更上神宗谥曰体元显道帝德王功英文烈武钦仁圣孝皇帝，加上哲宗谥曰宪元继道显德定功钦文睿武齐圣昭孝皇帝。甲午，朝献景灵宫。乙未，飨太庙。丙申，祀昊天上帝于圜丘，赦天下。升兴仁、隆德军为府，还彰信、昭德旧节。十二月乙巳，升通远军为巩州。戊午，赐陈王佖入朝不趋。是岁，诸路蝗。出宫女六十二人。广西黎洞杨晟免等内附。

四年春正月庚午朔，改熙河兰会路为熙河兰湟路。丙戌，筑溪哥城。壬辰，诏察诸路监司贪虐者论其罪。丙申，诏京畿路改置转运使、提点刑狱官。蔡卞罢。立武学法。丁酉，秦凤蕃落献邦、潘、叠三州。以内侍童贯为熙河兰湟、秦凤路经略安抚制置使。二月乙巳，筑御谋城。己酉，置亲卫、勋卫、翊卫郎、中郎等官，以勋戚近臣之兄弟子孙有官者试充。甲寅，以张康国知枢密院事，兵部尚书刘逵同知枢密院事，吏部尚书何执中为尚书左丞。乙卯，班方田法。庚申，诏西边用兵能招纳羌人者，与斩级同赏。壬戌，升赵州为庆源军。甲子，雨雹。乙丑，改三卫郎为侍郎。闰月壬申，复元丰铨试断按法。令州县仿尚书六曹分六案。甲申，置陕西、河东、河北、京西监，铸当二夹锡铁钱。己丑，御端门，受赵怀德降，授感德军节度使，封安化郡王。壬辰，曲赦熙河兰湟路。三月壬寅，置青海马监。甲辰，以赵挺之为尚书右仆射兼中书侍郎。丙午，诏建王口砦为怀远军。庚戌，令吕惠卿致仕。戊午，复银州。乙丑，诏州县属乡聚徒教授者，非经书、子、史毋习。丁卯，牂柯、夜郎首领以地降。是月，夏人攻塞门砦。夏四月辛未，辽遣萧良来，为夏人求还侵地及退兵。戊寅，夏人攻临宗砦。辛巳，诏诸路走马承受毋得预军政及边事。己丑，夏人寇顺宁砦，鄜延第二副将刘延庆击破之；复攻湟州北蕃市城，知州辛叔献等击却之。五月戊申，除党人父兄子弟之禁。壬子，遣林摅报聘于辽。赐张继先号虚静先生。癸丑，罢转运司检察钩考法。辛酉，命官分部决狱。六月丙子，复解池盐。占城入贡。丁丑，虑囚。辛巳，罢陕西、河东力役。甲申，曲赦熙河、陕西、河东、京西路。戊子，赵挺之罢。秋七月丙申朔，罢三京国子监官，各置司业一员。辛丑，置荧惑坛。置四辅郡，以颍昌府为南辅，襄邑县为东辅，郑州为西辅，澶州为北辅。甲寅，诏夺元祐辅臣坟寺。丁巳，还上书流人。户部尚书曾孝广坐钱帛皆阙，出知杭州。八月戊辰，以德妃王氏为淑妃。庚午，以王、江、古州归顺，置提举溪洞官二员，改怀远军为平州。丙子，以东辅为拱州。甲申，奠九鼎于九成宫。乙酉，诣宫酌献。辛卯，赐新乐名《大晟》，置府建官。壬辰，遣刘正夫使辽。九月己亥，赦天下。乙巳，诏元祐人贬谪者以次徙近地，惟不得至畿辅。诏京畿、三路保甲并于农隙时教阅。乙卯，赐上舍生三十五人及第。丙辰，诏自今非宰臣毋得除特进。冬十月，自七月雨，至是月不止。甲申，以左、右司所编绍圣、元符以来申明断例班天下，刑名例班刑部、大理司。丁亥，升武冈县为军。戊子，诏上书进士未获者，限百日自陈免罪。壬辰，日中有黑子。十一月戊戌，安定郡王世雄薨。丙辰，置诸路提举学事官。己未，章惇卒。十二月癸酉，升拱州为保庆军。甲申，分平州置允州、格州。是岁，苏、湖、秀三州水，赐乏食者粟。泰州禾生穞。

五年春正月戊戌，彗出西方，其长竟天。庚子，复置江、湖、淮、浙常平都仓。甲辰，以吴居厚为门下侍郎，刘逵为中书侍郎。乙巳，以星变避殿损膳，诏求直言阙失。毁《元祐党人碑》。复谪者仕籍，自今言者勿复弹纠。丁未，太白昼见，赦天下，除党人一切之禁。权罢方田。戊申，诏侍从官奏封事。己酉，罢诸州岁贡供奉物。庚戌，诏崇宁以来左降者，各以存殁稍复其官，尽还诸徙者。辛亥，御殿复膳。壬子，罢阛阓土法。丁巳，罢书、画、算、医四学。壬戌，复书、画、算学。二月甲子朔，诏监司条奏民间疾苦。丙寅，蔡京罢为开府仪同三司、中太一宫使。以观文殿大学士赵挺之为特进、尚书右仆射兼中书侍郎。庚午，诏翰林学士、两省官及馆阁自今并除进士出身人。壬申，省内外冗官，罢医官兼宫观者。蒲甘国入贡。丁丑，以前后所降御笔手诏模印成册，班之中外。州县不遵奉者，监司按劾，监司推行不尽者，诸司互察之。三月丙申，诏星变已消，求求直言。辛丑，改威德军为石堡砦。封眉州防御使世福为安定郡王。癸卯，御集英殿赐进士。丁未，罢诸州武学。乙卯，废银州为银川城。丙辰，蔡王似薨。己未，赐礼部奏名进士及第、出身六百七十一人。夏四月丁丑，停免两浙水灾州郡夏税。五月丁未，班《纪元历》。辛亥，封子栩为鲁国公。乙卯，罢辟举，尽复元丰选法。六月癸亥，立诸路监司互察法，庇匿不举者罪之，仍令御史台纠劾。改格州为从州。甲子，诏求隐逸之士，令监司审核保奏，其缘私者，御史察之。丁卯，诏辅臣条具东南守备策。壬申，虑囚。秋七月庚寅朔，日当食不亏。壬寅，诏改明年元。九月辛丑，河南府嘉禾与芝草同本生。冬十月己卯，升澶州为开德府。庚辰，降德音于开德府：减囚罪一等，徒以下释之。十一月辛卯，陈王佖薨。乙巳，诏立武士贡法。辛亥，并京畿提刑入转运司。十二月戊午朔，日当食不亏，群臣称贺。己未，刘逵罢。壬戌，诏臣僚休日请对，特御便殿。己巳，诏监司按事，有怀奸挟情不尽实者，流窜不叙。是岁，广西黎洞韦晏闹等内附。

大观元年春正月戊子朔，赦天下。甲午，以蔡京为尚书左仆射兼门下侍郎。戊戌，幸兴德禅院。复废官。庚子，复置议礼局于尚书省。甘露降于帝鼎内，群臣称贺。壬寅，吴居厚罢。戊申，进封卫王俣为魏王，定王偲为邓王。壬子，以何执中为中书侍郎，邓洵武为尚书左丞，户部尚书梁子美为尚书右丞。乙卯，封仲损为南康郡王，仲御为汝南郡王。二月壬戌，以向宗回为开府仪同三司，徙封安康郡王。甲子，以黎洞纳土，曲赦广西。乙亥，复医学。己卯，复行方田。丙戌，以平昌郡君韦氏为才人。三月丁酉，赵挺之罢。以何执中为门下侍郎，邓洵武为中书侍郎，梁子美为尚书左丞，吏部尚书朱谔为右丞。甲辰，立八行取士科。癸丑，赵挺之卒。夏四月乙丑，以淑妃王氏为贵妃。五月己丑，封子栱为扬国公。朝散郎吴儲、承议郎吴侔坐与妖人张怀素谋反，伏诛。贬吕惠卿为祁州团练副使。庚寅，邓洵武罢。甲午，诏班新乐于天下。癸卯，诏自今凡总一路及监司之任，勿以元祐学术及异意人充选。以安化蛮犯边，益兵赴广西讨之。乙巳，子构生。六月己未，以梁子美为中书侍郎。壬戌，诏景灵宫建僖祖殿室。甲子，以黎人地为庭、孚二州。癸酉，赐上舍生二十九人及第。乙亥，朱谔卒。丁丑，虑囚。甲申，以才人韦氏为婕妤。秋七月乙酉朔，伊、洛溢。戊子，诏括天下漏丁。壬寅，班祭服于州郡。乙巳，贤妃武氏薨。八月乙卯，曾布卒。丁巳，封子构为蜀国公。庚申，以户部尚书徐处仁为尚书右丞，吏部尚书林摅同知枢密院事。己巳，降德音于淮、海、吴、楚二十六州：减囚罪一等，流以下释之。九月庚寅，建显烈观于陈桥。己酉，加上僖祖谥曰立道肇基积德起功懿文宪武睿和至孝皇帝，朝献景灵宫。庚戌，飨太庙。辛亥，大飨明堂，赦天下。升永兴军为大都督府。章继坐冒法，窜海岛。李景直等四人以上书观望罪，并编管岭南。冬十月己未，诏士有才武绝伦者，岁贡准文士上舍上等法。辛酉，苏州地震。乙丑，贬张商英为安化军节度副使。己巳，大雨雹。闰月丙戌，以林摅为尚书左丞，资政殿学士郑居中同知枢密院事。乙未，诏守令以户口为殿最。升桂州为大都督府，镇为靖海军节度。壬寅，禁用翡翠。乙巳，升太原府、郓州并为大都督府。十一月壬子朔，日有食之，蔡京等以不及所当食分，率群臣称贺。乙丑，置符宝郎。己巳，升瀛州为河间府、瀛海军节度。戊寅，南丹州刺史莫公佞降。徐处仁以母忧去位。十二月庚寅，以蔡京为太尉，进何执中以下官二等。癸巳，以江宁、荆南、扬、杭、越、洪、福、潭、广、桂并为帅府。置黔南路。丁酉，置开封府府学。己亥，以婉容乔氏为贤妃。开漯河。是岁，秦凤旱。京东水，河溢，遣官振济，贷被水户租。庐州雨豆。汀、怀二州庆云见。乾宁军、同州黄河清。于阗、夏国入贡。涪州夷骆世华、骆文贵内附。

二年春正月壬子朔，受八宝于大庆殿，赦天下，文武进位一等。蔡京表贺符瑞。乙卯，以婉仪刘氏为德妃。己未，蔡京进太师，加童贯节度使，仍宣抚。庚申，进封魏王俣为燕王，邓王偲为越王，并为太尉；京兆郡王桓为定王，高密郡王楷为嘉王，并为司空；吴国公枢为建安郡王，冀国公杞为文安郡王，楚国公栩为安康郡王，扬国公棫为济阳郡王，蜀国公构为广平郡王，并为开府仪同三司。甲子，以神宗德妃宋氏、刘氏为淑妃，贤妃乔氏为德妃。庚午，徙封仲损为齐安郡王，仲御为华阳郡王，孝骞为晋康郡王，孝参为豫章郡王，并开府仪同三司；封仲增为信安郡王，仲忽为普安郡王，仲癸为咸安郡王，仲仆为同安郡王，仲糜为淮安郡王。戊寅，徙封向宗回为汉东郡王，向宗良为开府仪同三司。仲损薨。河东、北盗起。二月甲申，置诸州曹掾官。甲午，诏建徽猷阁，藏《哲宗御集》，置学士、直学士、待制官。己亥，以安德军节度使钱景臻为开府仪同三司。庚戌，以婕妤韦氏为修容。三月庚申，班《金箓灵宝道场仪范》于天下。甲子，封子材为魏国公。乙亥，封子模为镇国公。戊寅，赐上舍生十三人及第。升乾宁军为清州。诏监司岁举所部郡守二人、县令四人赴三省审察。夏四月甲辰，复洮州。五月庚戌朔，日有食之。辛亥，虑囚。以复洮州功，赐蔡京玉带，加童贯检校司空，仍宣抚。甲寅，复诸路岁贡供奉物。壬戌,溪哥王子臧征扑哥降,复积石军。戊辰,诏官蔡京子孙一人,进执政官一等。六月乙酉,以涪夷地为珍州,甲午,以平夏城为怀德军。乙未,以殿中六尚、算学、太官局、翰林仪鸾司皆隶六察。秋七月庚戌,罢建僖祖殿室。乙卯,以婉容王氏为贤妃。八月辛巳,邢州河水溢,坏民庐舍,复被水者家。丙申,中书侍郎梁子美罢知郓州。己亥,置保州敦宗院。九月辛亥,以林摅为中书侍郎,吏部尚书余深为尚书左丞。壬戌,贬向宗回为太子少保致仕。壬申,封子植为吴国公。癸酉,皇后王氏崩。削向宗回官爵。丙子,曲赦熙河兰湟、秦凤、永兴军路。冬十一月丁未朔,太白昼见。乙丑,上大行皇后谥曰靖和。十二月壬寅,陪葬靖和皇后于永裕陵。是岁,同州黄河清。出宫女七十有七人。于阗、夏国入贡。涪夷任应举、杨文贵,湖南猺杨再光内附。

三年春正月乙卯,祔靖和皇后神主于别庙。己未,减两京、河阳、郑州囚罪一等,民缘园陵役者蠲其赋。丁卯,以涪夷地为承州。甲戌,升湟州为向德军节度。二月丙子朔,播州杨文贵纳土,以其地置遵义军。丁丑,韩忠彦致仕。三月丙午,立海商越界法。庚戌,御集英殿策进士。辛酉,诏四川郡守并选内地人任之。壬戌,并黔南入广西路。乙丑,赐礼部奏名进士及第、出身六百八十五人。壬申,张康国卒。夏四月戊寅,林摅罢。戊子,以淑妃刘氏为贵妃。癸巳,以郑居中知枢密院事,吏部尚书管师仁同知枢密院事。癸卯,以余深为中书侍郎,兵部尚书薛昂为尚书左丞,工部尚书刘正夫为尚书右丞。五月乙巳朔,孟翊献所画卦象,谓宋将中微,宜更年号、改官名、变庶事以厌之。帝不乐,诏窜远方。丙辰,令辟雍宴用雅乐。丁巳,虑囚。戊辰,大雨雹。辛未,以德妃乔氏为贵妃。六月甲戌朔,诏修《乐书》。管师仁罢。丁丑,蔡京罢。辛巳,以何执中为特进、尚书左仆射兼门下侍郎。以泸夷地为纯、滋二州。庚寅,冀州河水溢。秋七月丁未,诏谪籍人除元祐奸党及得罪宗庙外,余并录用。丙辰,诏罢都提举茶事司,在京令户部、在外令转运司主之。八月乙酉,封子朴为雍国公。己丑,嗣濮王宗汉薨。甲午,以仲增为开府仪同三司,封嗣濮王。丙申,升融州为清远军节度。己亥,韩忠彦薨。九月癸丑,封子棣为徐国公。己未,赐天下州学藏书阁名"稽古"。冬十月癸巳,减六尚局供奉物。十一月丁未,诏算学以黄帝为先师,风后等八人配飨,巫咸等七十人从祀。己巳,蔡京进封楚国公致仕,仍提举《哲宗实录》,朝朔望。十二月己亥,罢东南铸夹锡钱。是岁,江、淮、荆、浙、福建旱,秦、凤、阶、成饥,发粟振之,蠲其赋。陕州、同州黄河清。阇婆、占城、夏国入贡。泸州夷王募弱内附。

四年春正月癸卯,罢改铸当十钱。辛酉,诏士庶拜僧者,论以大不恭。丁卯,夏国入贡。二月庚午朔,禁然顶、炼臂、刺血、断指。庚辰,罢京西钱监。甲申,诏自今以赏进秩者毋过中奉大夫。己丑,以余深为门下侍郎。资政殿学士张商英为中书侍郎,户部尚书侯蒙同知枢密院事。壬辰,罢河东、河北、京东铸夹锡铁钱。三月庚子,募饥民补禁卒。诏医学生并入太医局,算入太史局,书入翰林书艺局,画入翰林画图局,学官等并罢。甲寅,敕所在振恤流民。癸亥,诏:罪废人稍加甄叙,能安分守者,不俟满岁,各与叙进,以责来效。丙寅,赐上舍生十五人及第。戊辰,诏上书邪下等人可依无过人例,今后改官升任并免检举。夏四月己卯,班乐尺于天下。癸未,蔡京上《哲宗实录》。丙申,立感生帝坛。丁酉,诏修《哲宗史》。五月壬寅,停僧牒三年。丁未,彗出奎、娄。甲寅,立词学兼茂科。丙辰,诏以彗见避殿减膳,令侍从官直言指陈阙失。戊午,赦天下。壬戌,改广西黔南路为广南西路。癸亥,治广西妄言拓地罪,追贬帅臣王祖道为昭信军节度副使。甲子,贬蔡京为太子少保。丙寅,佘深罢。六月庚午,御殿复膳。乙亥,以张商英为尚书右仆射兼中书侍郎。壬辰,复向宗回为开府仪同三司、汉东郡王。乙未,虑囚。丙申,薛昂罢。秋七月辛丑,复罢方田。戊申,封子樗为冀国公。八月乙亥,以刘正夫为中书侍郎,侯蒙为尚书左丞,翰林学士承旨邓洵仁为尚书右丞。戊寅,省内外冗官。庚辰,以资政殿学士吴居厚为门下侍郎。丁亥,行内外官选试法。闰月辛丑,诏诸路事有不便于民者,监司条奏之。癸卯,改陵井监为仙井监。辛酉,诏戒朋党。以张阁知杭州,兼领花石纲。九月丙寅朔,日有食之。冬十月丁酉,立贵妃郑氏为皇后。郑居中罢。戊戌,太白昼见。以吴居厚知枢密院事。十一月乙丑朔,朝景灵宫。丙寅,飨太庙。丁卯,祀昊天上帝于圜丘,赦天下,改明年元。丙戌,罢拱州为襄邑县。十二月庚戌,改谥靖和皇后为惠恭。是岁,夔州江水溢。海水清。出宫女四百八十六人。南丹州首领莫公晟内附。

政和元年春正月己巳,以贤妃王氏为德妃。壬申,毁京师淫祠一千三十八区。戊寅,封子栱为定国公。丙戌,废白、龚二州。壬辰,诏百官厉名节。二月壬寅,册皇后。乙巳,诏陕西、河东复铸夹锡钱。丙午,以太子少师郑绅为开府仪同三司。三月己巳,诏监司督州县长吏劝民增植桑柘,课其多寡为赏罚。癸酉,以吏部尚书王襄同知枢密院事。夏四月乙卯,罢陕西、河东铸夹锡钱。丙辰,虑囚。立守令劝农黜陟法。丁巳,以淮南旱,降囚罪一等,徒以下释之。五月癸亥,诏四川羡余钱物归左藏库。戊辰,改当十钱为当三。己卯,东南有星昼陨。丁亥,解池生红盐。六月甲寅,复蔡京为太子少师。秋七月壬申,以疾愈赦天下。癸未,废平、从二州为寨。八月乙未,复蔡京为太子太师。丁巳,张商英罢。戊午,诏:"监司部内官吏,一岁中有犯赃至三人以上,虽不及三人而或有曾荐举者,罪及监司。"九月戊寅,王襄罢。丁亥,封子棫为广国公。是月,郑允中、童贯使辽,以李良嗣来,良嗣献取燕之策,诏赐姓赵。冬十月辛卯,以用事之臣多险躁朋比,下诏申儆。庚戌,封昭化军节度使宗粹为信安郡王。辛亥,贬张商英为崇信军节度副使。十一月壬戌,以上书邪等及曾经入籍人并不许试学官。丙子,封子榛为福国公。十二月己酉,诏台谏以直道核是非,毋惮大吏,毋比近习。辛亥,废镇州,升琼州为靖海军。是岁,虔州芝草生。蔡州瑞麦连野。河南府嘉禾生,野蚕成茧。出宫女八十人。交阯、夏国入贡。

卷二十一　　本纪第二十一

徽宗 三

二年春正月甲子，制：上书邪等人并不除监司。二月戊子朔，蔡京复太师致仕，赐第京师。庚子，以婉容崔氏为贤妃。三月戊午朔，定国公棋薨。己巳，御集英殿策进士。己卯，赐礼部奏名进士及第、出身七百十三人。夏四月己丑，诏县令以十二事劝农于境内，躬行阡陌，程督勤惰。辛卯，复行方田。日中有黑子。甲午，宴蔡京等于太清楼。乙巳，以定国军节度使仲忽为开府仪同三司。庚戌，以何执中为司空。壬子，赐张商英自便。五月癸亥，虑囚。丁卯，封子椿为庆国公。己巳，蔡京落致仕，三日一至都堂议事。六月己丑，以资政殿学士余深为门下侍郎。乙卯，白虹贯日。秋七月壬申，访天下遗书。丙子，置礼制局。九月壬午，改太尉以冠武阶。癸未，正三公、三孤官。改侍中为左辅，中书令为右弼，左、右仆射为太宰、少宰，罢尚书令。冬十月乙巳，得玉圭于民间。十一月己未，置知客省、引进、四方馆、东西上阁门事。戊寅，日南至，受元圭于大庆殿，赦天下。辛巳，蔡京进封鲁国公。以何执中为少傅、太宰兼门下侍郎，执政皆进秩。十二月甲申，行给地牧马法。乙酉，以郑居中为特进。丙戌，以武信军节度使童贯为太尉。乙巳，定命妇名为九等。丙午，燕辅臣于延福宫。辛亥，封子楃为卫国公。是岁，成都府、苏州火。出宫女三百八十三人。高丽入贡。成都路夷人董舜咨、董彦博内附，置祺、亨二州。

三年春正月己未，以定王桓、嘉王楷并为太保。庚申，以广平郡王构为检校太保。甲子，诏以天赐元圭，遣官册告永裕、永泰陵。丙寅，以燕王俣为太傅。癸酉，追封王安石为舒王，子雱为临川伯，配飨文宣王庙。丁丑，吴居厚罢，以观文殿学士郑居中知枢密院事。己卯，以越王偲为太傅，封子楗为韩国公。二月甲申，以德妃王氏为淑妃。庚寅，罢文臣勋官。辛卯，崇恩太后暴崩。甲午，以辽、女真相持，诏河北治边防。丁酉，诏百官奉祠禄者并以三年为任。乙巳，增定六朝勋臣一百一十六人。三月壬子朔，日有食之。戊辰，进神宗淑妃宋氏为贵妃。升永安县为永安军。癸酉，赐上舍生十九人及第。夏四月戊子，作保和殿。庚寅，以复溱、播等州降德音于梓夔路。癸巳，邓洵仁罢。乙巳，以福宁殿东建玉清和阳宫。丙午，升定州为中山府。己酉，以资政殿学士薛昂为尚书右丞。庚戌，班《五礼新仪》。闰月丙辰，改公主为帝姬。戊午，复置医学。辛酉，上崇恩太后谥曰昭怀。庚午，庆国公椿薨。五月乙酉，虑囚。丙申，升苏州为平江府。庚子，大盈仓火。壬寅，以筑溱、播进执政官一等。丙午，葬昭怀皇后于永泰陵。丁未，诏尚书内省分六司，以掌外省六曹所上之事；置内宰、副宰、内史、治中等官及都事以下吏员。

己酉，班新燕乐。六月癸亥，祔昭怀皇后神主于太庙。戊辰，降两京、河阳、郑州囚罪一等，民缘园陵役者蠲其赋。秋七月癸未，升赵城县为庆祚军。甲申，还王珪、孙固赠谥，追复韩忠彦、曾布、安焘、李清臣、黄履等官职。庚子，贵妃刘氏薨。壬寅，复置白州。八月甲戌，以燕乐成，进执政官一等。丙子，以何执中为少师。丁丑，升润州为镇江府。戊寅，封四镇山为王。九月庚寅，诏大理寺、开封府不得奏狱空，其推恩支赐年罢。戊戌，追册贵妃刘氏为皇后，谥曰明达。冬十月乙丑，阅新乐器于崇政殿，出古器以示百官。戊辰，诏冬祀大礼及朝景灵宫，并以道士百人执威仪前导。冬十一月辛巳，朝献景灵宫。壬午，飨太庙，加上神宗谥曰体元显道法古立宪帝德王功英文烈武钦仁圣孝皇帝，改上哲宗谥曰宪元继道世德扬功钦文睿武齐圣昭孝皇帝。癸未，祀昊天上帝于圜丘，大赦天下。升端州为兴庆府。乙酉，以天神降，诏告在位，作《天真降临示现记》。乙丑，以贤妃崔氏为德妃。壬辰，筑祥州。己亥，诏有官人许举八行。十二月癸丑，诏天下访求道教仙经。乙卯，诏天下贡医士。辛酉，太白昼见。是岁，江东旱，温、封、滋三州火。出宫女二百七十有九人。

四年春正月戊寅朔，置道官阶凡二十六等。辛丑，追封濮王子宗谊为祁王，宗詠为莱王，宗师为温王，宗辅为楚王，宗博为萧王，宗泻为霍王，宗蒉为建王，宗胜为袁王。二月丁巳，赐上舍生十七人及第。癸亥，改湣井监为长宁军。癸酉，长子桓冠。三月丙子朔，以淑妃王氏为贵妃。夏四月庚戌，幸尚书省，以手诏训诫蔡京、何执中，各官迁秩，吏赐帛有差。癸丑，阅太学、辟雍诸生雅乐。甲子，改戎州为叙州。五月丙戌，始祭地于方泽，以太祖配。降德音于天下。子机薨。六月戊午，虑囚。壬申，以广西溪洞地置隆、兖二州。秋七月丁丑，置保寿粹和馆，以养宫人有疾者。戊寅，焚苑东门所储毒药可以杀人者，仍禁勿得复贡。甲午，祔明达皇后神主于别庙。八月乙巳，改端明殿学士为延康殿学士，枢密直学士为述古殿直学士。癸亥，定武臣横班以五十员为额。九月乙卯，以安静军节度使王宪为开府仪同三司。己亥，诏诸路兵应役京师者，并以十月朔遣归。冬十月乙巳，复置拱州。十一月丁丑，封子梃为相国公。十二月己酉，以禁中神御殿成，减天下囚罪一等。癸丑，定朝议、奉直大夫以八十员为额。己未，诏广南市舶司岁贡真珠、犀角、象齿。是岁，相州野蚕成茧。出宫女六十八人。

五年春正月庚辰，泸南晏州夷反，寻诏梓州路转运使赵遹等督兵讨平之。己丑，令诸州县置医学，立贡额。甲午，改龙州为政州。二月乙巳，立定王桓为皇太子。甲寅，册皇太子，赦天下。庚申，以童贯领六路边事。三月辛未朔，太白昼见。己卯，御集英殿策进士。甲申，追论至和、嘉祐定策功，封韩琦为魏郡王，复文彦博官。丁亥，诏以立皇太子，见责降文武臣僚并与牵复甄叙，凡千五百人。壬辰，升舒州为德庆军。癸巳，赐礼部奏名进士出身六百七十人。夏四月甲辰，作葆真宫。丁未，诣景灵宫，还，幸秘书省，进馆职官一等。庚戌，改集贤殿为右文殿。癸亥，置宣和殿学士。诏东宫讲读官罢读史。五月壬辰，虑囚。六月癸丑，以修三山河桥，降德音于河北、京东、京西路。秋七月戊辰朔，日有食之。乙亥，升汝州为陆海军。丁丑，诏建明堂于寝殿之南。甲申，昭庆军节度使蔡卞为开府仪同三司。丁亥，封子樾为瀛国公。八月己酉，以秘书省地为明堂。辛亥，升通利军为濬州、平川军节度。嗣濮王仲增薨。九月己卯，封仲御为嗣濮王。丙戌，封子模为惠国公。冬十月癸卯，以嵩山道人王仔昔为冲隐处士。戊午，夏国入贡。十一月癸酉，录昭宪皇后杜氏之裔。庚寅，高丽遣子弟入学。十二月己亥，升遂州为遂宁府。庚申，以平晏夷，曲赦四川。癸亥，置缘边安抚司于泸州。是岁，平江府、常、湖、秀州水。出宫女五十人。

六年春正月戊子，以泸南献捷，转宰执一官。以童贯宣抚陕西、河北。闰月壬寅，升颍州为顺昌府。丁未，置道学。二月丁亥，诏增广天下学舍。庚寅，诏广京城。三月癸丑，赐上舍生十一人及第。夏四月乙丑，会道士于上清宝箓宫。辛未，以何执中为太傅致仕，朝朔望。丁丑，诏天宁诸节及壬戌日，杖已下罪听赎。丙戌，却监司、守臣进献。庚寅，诏蔡京三日一朝，正公相位，总治三省事。五月丁酉，废锡钱。庚子，以郑居中为少保、太宰兼门下侍郎，刘正夫为特进、少宰兼中书侍郎。壬寅，以保大军节度使邓洵武知枢密院事。六月丙寅，班中书官制格。庚午，虑囚。甲戌，诏堂吏迁官至奉直大夫止。癸未，皇太子纳妃朱氏。秋七月壬辰朔，以震武城为震武军。甲午，以德妃崔氏为贵妃。辛亥，以河阳三城节度使王荐为开府仪同三司。诸盗晏州卜漏、沅州黄安俊、定边军李叱哆伏诛，诏函首于甲库。壬子，曲赦湖北。己未，解池生红盐。辛酉，改走马承受公事为廉访使者。八月壬戌朔，戒北边帅臣毋生事。壬午，诏天下监司、郡守搜访岩谷之士，虽恢诡谲怪自晦者悉以名闻。丁亥，幸蔡京第。己丑，升晋州为平阳、寿州为寿春、齐州为济南府。九月辛卯朔，诣玉清和阳宫，上太上开天执符御历含真体道昊天玉皇上帝徽号宝册。丙申，赦天下。令洞天福地修建宫观，塑造圣像。以西内成，曲赦京西。己未，以童贯为开府仪同三司。冬十月乙丑，太白昼见。十一月丁酉，朝献景灵宫。戊戌，飨太庙。己亥，祀昊天上帝于圜丘，赦天下。庚子，以礼部尚书白时中为尚书右丞。辛丑，魏国公材薨。戊申，以侯蒙为中书侍郎，薛昂为尚书左丞。己未，徙封卫国公㮮为郓国公。增横班为十三阶。十二月己巳，以婉仪刘氏为贤妃。戊寅，以熙河进筑功成，进执政一官。乙酉，奠九鼎于圜像徽调阁。刘正夫为开府仪同三司致仕。戊子，以宗桦为开府仪同三司。是岁，冀州三山黄河清。出宫女六百人。高丽、占城、大食、真腊、大理、夏国入贡，茂州夷䍧永寿内附。

七年春正月丁酉，于阗入贡。庚子，以殿前都指挥使高俅为太尉。二月癸亥，以大理国主段和誉为云南节度使、大理国王。甲子，会道士二千余人于上清宝箓宫，诏通真先生林灵素谕以帝降临事。丁卯，御集英殿策高丽进士。辛未，改天下天宁万寿观为神霄玉清万寿宫。乙亥，幸上清宝箓宫，命林灵素讲道经。三月庚寅，赐高丽祭器。高丽进士权适等四人赐上舍及第。乙未，以童贯权领枢密院。丙申，升鼎州为常德军。夏四月庚申，帝讽道箓院上章，册己为教主道君皇帝，止于教门章疏内用。辛酉，升温州为应道军。五月戊子朔，升庆州为庆阳军、渭州为平凉军。己丑，如玉清和阳宫，上承天效法厚德光大后土皇地祇徽号宝册。辛卯，命蔡攸提举秘书省并左右街道箓院。乙未，诏权罢宫室修造。辛丑，祭地于方泽，降德音于诸路。以监司州县共为奸赃，令廉访使者察奏，仍许民径赴尚书省陈诉。癸卯，改玉清和阳宫为玉清神霄宫。六月戊午朔，以明堂成，进封蔡京为陈、鲁国公。戊辰，以嘉王楷为太傅。改节度观察留后为承宣使。己巳，蔡京辞两国不拜，诏官其亲属二人。壬午，诏禁巫觋。丙戌，贵妃宋氏薨。秋七月壬辰，熙河、环庆、泾原地震。庚子，诏八宝增定命宝。八月癸亥，诏明堂并祠五帝。郑居中以母忧去位。九月戊子，诏湖北民力未纾，胡耳西道可罢筑。辛卯，大飨明堂，赦天下。乙未，刘正夫卒。丁酉，西蕃王子益麻党征降，见于紫宸殿。壬寅，进宰执官一等。甲辰，以薛昂为特进。癸丑，贵妃王氏薨。冬十月乙卯朔，初御明堂，班朔布政。戊寅，侯蒙罢。十一月庚寅，命蔡京五日一赴都堂治事。辛卯，郑居中起复。以余深为特进、少宰兼中书侍郎，白时中为中书侍郎。壬辰，复置醴州。丙申，何执中卒。升石泉县为军。十二月戊申朔，有星如月。丁巳，以薛昂为门下侍郎。戊辰，诏天神降于坤宁殿，刻石以纪之。庚午，以童贯领枢密院。命户部侍郎孟揆作万岁山。是岁，三山河水清。出宫女六十八人。

重和元年春正月甲申朔，受定命宝于大庆殿。戊子，封孙谌为崇国公。己丑，赦天下。应元符末上书邪中等人，依无过人例。乙巳，封侄有奕为和义郡王。庚戌，以翰林学士承旨王黼为尚书左丞。二月戊辰，增诸路酒价。庚午，遣武义大夫马政由海道使女真，约夹攻辽。甲戌，升六安县为六安军。丁丑，诏监司辄以禁钱买物为苞苴馈献，论以大不恭。三月丙戌，诏监司、郡守自今须满三岁乃得代，仍毋得通理。癸巳，令嘉王楷赴廷对。丙申，以茂州蕃族平，曲赦四川。丁酉，知建昌陈并等改建神霄宫不虔及科决道士，并勒停。戊戌，御集英殿策进士。戊申，赐礼部奏名进士及第、出身七百八十三人。有司以嘉王楷第一，帝不欲楷先多士，遂以王昂为榜首。夏四月癸丑朔，筑靖夏城、制戎城。录吕余庆后。癸亥，减捶刑。己卯，诏每岁以季秋亲祠明堂，如孟月朝献礼。以太上混元上德皇帝二月十五日生辰为贞元节。五月壬午朔，日有食之。乙酉，诏诸路选漕臣一员，提举本路神霄宫。丁亥，以林灵素为通真达灵元妙先生，张虚白为通元冲妙先生。壬辰，班御制《圣济经》。以青华帝君八月九日生辰为元成节。庚戌，手敕两浙漕司，以权添酒钱尽给御前工作。六月乙卯，以贤妃刘氏为淑妃。己巳，以淮西盗平，曲赦。庚子，虑囚。甲戌，以西边献捷，曲赦陕西、河东路。秋七月壬午，以西师有功，加蔡京恩，官其一子。郑居中为少傅，余深为少保，邓洵武为特进，进执政官一等。己酉，遣廉访使者六人振济东南诸路水灾。八月甲寅，以童贯为太保。辛酉，诏班御注《道德经》。壬申，诏执政非入谢及丐去，毋得独留奏事。癸酉，封子椅为嘉国公。乙亥，升兖州为袭庆府。九月辛巳，大飨明堂。壬午，诏罢拘白地、禁榷货、增方田税、添酒价、取醋息、河北加折耗米、东南水灾强籴等事。丙戌，诏太学、辟雍各置《内经》、《道德经》、《庄子》、《列子》博士二员。己丑，以岁当戊、月当壬为元命，降德音于天下。庚寅，薛昂罢。以白时中为门下侍郎，王黼为中书侍郎，翰林学士承旨冯熙载为尚书左丞，刑部尚书范致虚为尚书右丞。壬辰，禁州郡遏籴及边将杀降以幸功赏者。癸巳，禁群臣朋党。丁酉，用蔡京言，集古今道教事为纪志，赐名《道史》。辛丑，郑居中罢，乞持余服，诏从之。诏察县令治行、诸路监司能改正州县事者，较之殿最。诏视中大夫林灵素、视中奉大夫张虚白并特授本品真官。闰月庚申，诏江、淮、荆、浙、闽、广监司督责州县还集流民。丁卯，进封楷为郓王。丙子，诏：周柴氏后已封崇义公，复立恭帝后以为宣义郎，监周陵庙，世世为国三恪。冬十月己卯朔，太白昼见。己亥，改兴庆军为肇庆府。甲辰，置道官二十六等，道职八等。十一月乙酉朔，改元，大赦天下。辛亥，日中有黑子。丙辰，以婉容王氏为贤妃。辛酉，补上书人安尧臣官。己巳，升梓州为潼川府。十二月戊寅朔，复京西钱监。己丑，置裕民局。是岁，江、淮、荆、浙、梓州水。出宫女百七十八人。黄岩民妻一产四男子。于阗、高丽入贡。

卷二十二　　　本纪第二十二

徽　宗　四

宣和元年春正月戊申朔，日下有五色云。壬子，进建安郡王枢为肃王，文安郡王杞为景王，并为太保。乙卯，诏："佛改号大觉金仙，余为仙人、大士。僧为德士，易服饰，称姓氏。寺为宫，院为观。"改女冠为女道，尼为女德。丁巳，金人使李善庆来，遣赵有开报聘，至登州而还。戊午，以余深为太宰兼门下侍郎，王黼为特进、少宰兼中书侍郎。乙丑，改湟州为乐州。癸酉，封子栋为温国公，侄有恭为永宁郡王。乙亥，躬耕籍田。罢裕民局。二月庚辰，改元。易宣和殿为保和殿。戊戌，以邓洵武为少保。三月庚戌，蔡京等进安州所得商鼎六。己未，以冯熙载为中书侍郎，范致虚为尚书左丞，翰林学士张邦昌为尚书右丞。诏天下知宫观道士与监司、郡县官以客礼相见。童贯遣知熙州刘法出师攻统安城，夏人伏兵击之，法败殁，震武军受围。甲子，知登州宗泽坐建神霄宫不虔，除名编管。辛未，赐上舍生五十四人及第。甲戌，皇后亲蚕。夏四月丙子朔，日有食之。庚寅，童贯以鄜延、环庆兵大破夏人，平其三城。己亥，曲赦陕西、河东路。辛丑，进辅臣官一等。五月丙午朔，有物如龙形，见京师民家。丁未，诏德士并许入道学，依道士法。丙辰，败夏人于震武。壬申，班御制《九星二十八宿朝元冠服图》。甲戌，虑囚。是月，大水犯都城，西北有赤气亘天。六月壬午，诏西边武臣为经略使者改用文臣。甲申，诏封庄周为微妙元通真君，列御寇为致虚观妙真君，仍行册命，配享混元皇帝。己亥，夏国遣使纳款，诏六路罢兵。秋七月甲寅，以童贯为太傅。八月戊寅，诏诸路未方田处并令方量，均定租课。丁酉，以神霄宫成，降德音于天下。范致虚以母忧去位。九月甲辰朔，燕蔡京于保和新殿。辛酉，大飨明堂。癸亥，幸道德院观金芝，遂幸蔡京第。丁卯，以淮康军节度使蔡攸为开府仪同三司。冬十月甲戌朔，以《绍述熙丰政事书》布告天下。十一月癸丑，朝献景灵宫。甲寅，飨太庙。乙卯，祀昊天上帝于圜丘，赦天下。甲子，诏东南诸路水灾，令监司、郡守悉心振救。戊辰，以淮甸旱，饥民失业，遣监察御史察访。张邦昌为尚书左丞，翰林学士王安中为尚书右丞。时朱勔以花石纲媚上，东南骚动，太学生邓肃进诗讽谏，诏放归田里。十二月甲戌，诏京东东路盗贼窃发，令东、西路提刑督捕之。辛卯，大雨雹。丙申，帝数微行，正字曹辅上书极论之，编管郴州。是岁，京西饥，淮东大旱，遣官振济。岚州黄河清。升邢州为信德，陈州为淮宁，襄州为襄阳，庆州为庆阳，安州为德安，郓州为东平，赵州为庆源府；泸州为泸川，睦州为建德，岳州为岳阳，宁州为兴宁，宜州为庆远，光州为光山，均州为武当军。

二年春正月癸亥，追封蔡确为汝南郡王。甲子，罢道学。二月乙亥，遣赵良嗣使金国。唐恪罢。庚辰，以宁远军节度使梁子美为开府仪同三司。戊子，令所在赡给淮南流民，谕还之。甲午，诏刑修《哲宗史》。三月壬寅，赐上舍生二十一人及第。乙卯，改熙河兰湟路为熙河兰廓路。夏四月丙子，诏江西、广东两界群盗啸聚，添置武臣提刑，路分都监各一员。五月庚子朔，以淑妃刘氏为贵妃。己酉，日中有黑子。丁巳，祭地于方泽，降德音于诸路。布衣朱梦说上书论宦寺权太重，编管池州。戊辰，诏宗室有文行才术者，令大宗正司以闻。六月癸酉，诏开封府振济饥民。丁丑，太白昼见。戊寅，蔡京致仕，仍朝朔望。辛巳，诏：自今冲改元丰法制，论以大不恭。丙戌，诏三省、枢密院额外吏职，并从裁汰。及有妄言惑众、稽违诏令者，重论之。诏诸司总辖、提点之类，非元丰法并罢。丁亥，复寺院额。甲午，罢礼制局并修书五十八所。秋七月壬子，罢文臣起复。己未，罢医、算学。丙寅，封子植为英国公。八月庚辰，诏减定医官额。乙未，诏监司所举守令非其人，或废法不举，令廉访使者劾之。九月壬寅，金人遣勃堇等来。乙巳，复德士为僧。辛亥，大飨明堂。丙辰，遣马政使金国。癸亥，余深加少傅。宴童贯第。冬十月戊辰朔，日有食之。以河东节度使梁师成为太尉。建德军青溪妖贼方腊反，命谭稹讨之。十一月己亥，余深罢，仍少傅，授镇西军节度使、知福州。庚戌，以王黼为少保、太宰兼门下侍郎。己未，两浙都监蔡遵、颜坦击方腊，死之。十二月丁亥，改谭稹为两浙制置使，以童贯为江、淮、荆、浙宣抚使，讨方腊。己丑，以少傅郑居中权领枢密院。庚寅，诏访两浙民疾苦。是月，方腊陷建德，又陷歙州，东南将郭师中战死。陷杭州，知州赵霆遁，廉访使者赵约诟贼死。是岁，淮南旱。夏国、真腊入贡。

三年春正月壬寅，邓洵武卒。戊午，以安康郡王楃为太保，进封济王；镇国公模为开府仪同三司，进封乐安郡王。己未，诏淮南、江东、福建各权添置武臣提刑一员。辛酉，罢苏、杭州造作局及御前纲运。乙丑，罢西北兵更戍。罢木石彩色等场务。是月，方腊陷婺州，又陷衢州，守臣彭汝方死之。二月庚午，赵霆坐弃杭州，贬吉阳军。罢方田。甲戌，降诏招抚方腊。乙酉，罢天下三舍及宗学、辟雍、诸路提举学事官。癸巳，赦天下。是月，方腊陷处州。淮南盗宋江等犯淮阳军，遣将讨捕，又犯京东、河北，入楚、海州界，命知州张叔夜招降之。三月丁未，御集英殿策进士。庚申，赐礼部奏名进士及第、出身六百三十人。夏四月丙寅，贵妃刘氏薨。甲戌，青溪令陈光以盗发县内弃城，伏诛。庚寅，忠州防御使辛兴宗擒方腊于青溪。诏二浙、江东被贼州县给复三年。癸巳，汝州牛生麒麟。五月戊戌，以郑居中领枢密院。己亥，诏杭、越、江宁守臣并带安抚使。甲辰，追册贵妃刘氏为皇后，谥曰明节。改睦州、建德军为严州、遂安军，歙州为徽州。丙午，金人再遣曷鲁等来。戊申，以兴宁军节度使刘宗元为开府仪同三司。癸亥，诏三省觉察台谏阁上背公者，取旨遣责。陈过庭、张汝霖以乞罢御前使唤及岁进花果，为王黼所劾，并窜贬。闰月丙寅，减诸州曹掾官。辛未，立医官额。甲戌，复应奉司，命王黼及内侍梁师成领之。戊寅，虑囚。六月，河决恩州清河埽。秋七月丁卯，振温、处等八州。丁亥，废纯、滋等十二州。戊子，童贯等俘方腊以献。是月，洛阳、京畿讹言有黑眚如人，或如犬，夜出掠小儿食之，二岁乃息。八月甲辰，曲赦两浙、江东、福建、淮南路。乙巳，以童贯为太师，谭稹加节度。丁未，祔明节皇后神主于别庙。丙辰，方腊伏诛。九月丙寅，以王黼为少傅，郑居中为少师。庚午，进执政官一等。辛未，大飨明堂。冬十月甲寅，诏自今赃吏狱具，论决勿贷。童贯复领陕西、两河宣抚。十一月丁丑，冯熙载罢。以张邦昌为中书侍郎，王安中为尚书左丞，翰林学士承旨李邦彦为尚书右丞。辛巳，封子桐为仪国公。壬午，张商英卒。十二月辛卯朔，日中有黑子。壬子，进封广平郡王构为康王，乐安郡王模为祁王，并为太保。是岁，诸路蝗。

四年春正月丁卯，以蔡攸为少保，梁师成为开府仪同三司。癸酉，金人破辽中京，辽主北走。二月丙申，以旱祷于广圣宫，即日雨。癸卯，雨雹。丙午，以吴国公植为开府仪同三司，进封信都郡王。三月辛酉，幸秘书省，遂幸太学，赐秘书少监翁彦深、王时雍、国子祭酒韦寿隆、司业权邦彦章服，馆职、学官、诸生恩锡有差。丙子，辽人立燕王淳为帝。金人来约夹攻，命童贯为河北、河东路宣抚使，屯兵于边以应之，且招谕幽、燕。夏四月丙午，诏置补完校正文籍局，录三馆书置宣和殿及太清楼、秘阁。又令郡县访遗书。五月壬戌，以高俅为开府仪同三司。丁卯，封子柄为昌国公。甲戌，嗣濮王仲御薨。乙亥，以蔡攸为河北、河东宣抚副使。庚辰，以常德军节度使谭稹为太尉。童贯至雄州，令都统制种师道等分道进兵。癸未，辽人击败前军统制杨可世于兰沟甸。乙酉，封开府仪同三司、江夏郡王仲爰为嗣濮王。丙戌，虑囚。杨可世与辽将萧干战于白沟，败绩。丁亥，辛兴宗败于范村。六月己丑，种师道退保雄州，辽人追击至城下。帝闻兵败，惧甚，遂诏班师。壬寅，以王黼为少师。是月，辽燕王淳死，萧干等立其妻萧氏。秋七月己未，废贵妃崔氏为庶人。壬午，王黼以耶律淳死，复命童贯、蔡攸治兵，以河阳三城节度使刘延庆为都统制。甲申，种师道责授右卫将军致仕，和诜散官安置。九月戊午，朝散郎宋昭上书谏北伐，王黼大恶之，诏除名勒停、广南编管。己未，金人遣徒孤且乌歇等来议师期。辛酉，大飨明堂。己巳，高丽国王王俣薨，遣路允迪吊祭。甲戌，遣赵良嗣报聘于金国。己卯，辽将郭药师以涿、易二州来降。冬十月庚寅，改燕京为燕山府，涿、易八州并赐名。癸巳，刘延庆与郭药师等统兵出雄州。戊戌，曲赦所复州县。己亥，耶律淳妻萧氏上表称臣纳款。甲辰，师次涿州。己酉，郭药师与高世宣、杨可世等袭燕，萧干以兵入援，战于城中，药师等屡败，皆弃马缒城而出，死伤过半。癸丑，以蔡攸为少傅、判燕山府。甲寅，刘延庆自卢沟河烧营宵遁，众军遂溃，萧干追至涿水上乃还。十一月丙辰朔，行新玺。戊辰，朝献景灵宫。己巳，飨太庙。庚午，祀昊天上帝于圜丘，赦天下。东南官吏昨缘寇盗贬责者，并次第移放，上书邪上等人特与磨勘。戊寅，金人遣李靖等来许山前六州。以彰德军节度使郑详为太尉。十二月丁亥，郭药师败萧干于永清县。戊子，遣赵良嗣报聘于金国。庚寅，以郭药师为武泰军节度使。辛卯，金人入燕，萧氏出奔。壬辰，使来献捷。乙未，诏监司未经陛对，毋得之任。丙申，贬刘延庆为率府率、安置筠州。壬寅，进封植为莘王。

五年春正月戊午，金人遣李靖来议所许六州代租钱。己未，遣赵良嗣报聘，求西京等州。辛酉，以王安中为庆远军节度使、河北河东燕山府路宣抚使、知燕山府。甲申，录富弼后。二月乙酉朔，以李邦彦为尚书左丞，翰林学士赵野为尚书右丞。丙戌，金人以议未合，断桥梁，焚次舍。丁酉，进封雍国公朴为华原郡王，徐国公棣为高平郡王，并为开府仪同三司。三月乙卯，金人再遣宁术割等来。己未，遣卢益报聘，皆如其约。夏四月癸巳，金人遣杨璞以誓书及燕京、涿、易、檀、顺、景、蓟州来归。庚子，童贯、蔡攸入燕，时燕之职官、富民、金帛、子女先为金人尽掠而去。乙巳，童贯表奏抚定燕城。庚戌，曲赦河北、河东、燕云路。是日班师。五月己未，以收复燕、云，赐王黼玉带。庚申，以王黼为太傅，郑居中为太保，进宰官二等。辛酉，王黼总治三省事。癸亥，童贯落节钺，进封徐、豫国公。蔡攸为少师。乙丑，诏定位三公立本班，带节钺若领他职者仍旧班，著为令。癸酉，祭地于方泽。是月，金人许朔、武、蔚三州。金主阿骨打殂，弟吴乞买立。六月乙酉，郭药师加检校少傅。丙戌，辽人张觉以平州来附。己丑，仲爰薨。乙未，诏今后内外宗室并不称姓。丁酉，以安国军节度使仲理为开府仪同三司，进封嗣濮王。己亥，虑囚。戊申，郑居中卒。辛亥，以蔡攸领枢密院。秋七月戊午，以梁师成为少保。己未，童贯致仕。起复谭稹为河北、河东、燕山府路宣抚使。庚午，太傅、楚国公王黼等上尊号曰继天兴道敷文成武睿明皇帝，不允。

禁元祐学术。八月辛巳朔，日当食不见。辛丑，命王安中作《复燕云碑》。壬寅，太白昼见。是月，萧干破景州、蓟州，寇掠燕山，郭药师败之。千寻为其下所杀，传首京师。九月辛酉，大飨明堂。冬十月乙酉，雨木冰。壬寅，罢诸路提举常平之不职者。十一月乙卯，以郑绅为太师。丙寅，幸王黼第观芝。诸路漕臣坐上供钱物不足，贬秩者二十二人。丁卯，王安中、谭稹并加检校少傅，郭药师为太尉。华原郡王朴薨。壬申，王黼子弟亲属推恩有差。是月，金人取平州，张觉走燕山，金人索之甚急，命王安中缢杀，函其首送之。十二月乙巳，金人遣高居庆等来贺正旦。戊申，以高平郡王棣为太保，进封徐王。是岁，秦凤旱，河北、京东、淮南饥，遣官振济。

六年春正月乙卯，为金主辍朝。戊午，置书艺所。癸亥，藏萧干首于太社。戊寅，遣连南夫吊祭金国。二月丁亥，以冀国公樗为开府仪同三司，进封河间郡王；韶州防御使令盥为婺州观察使，封安定郡王。己亥，躬耕藉田。丙午，诏自今非历台阁、寺监、监司、郡守、开封府曹官者，不得为郎官、卿、监，著为令。李邦彦以父忧去位。三月己酉朔，以钱景臻为少师。金人来丐粮，不与。闰月辛巳，皇后亲蚕。庚子，御集英殿策进士。夏四月癸丑，赐礼部奏名进士及第、出身八百五人。丁巳，李邦彦起复。五月壬寅，虑囚。癸卯，金人遣使来告嗣位。六月壬子，诏以收复燕、云以来，京东、两河之民困于调度，令京西、淮、浙、江、湖、四川、闽、广并纳免夫钱，期以两月纳足，违者从军法。秋七月戊子，遣许亢宗贺金国嗣位。丁酉，诏：应系御笔断罪，不许诣尚书省陈诉改正。壬寅，诏宗室、后妃戚里、宰执之家概敷免夫钱。甲辰，置玑衡所。八月乙卯，谭稹落太尉、罢宣抚使，童贯落致仕，领枢密院代之。丁巳，以溢机堡为安羌城。壬戌，以复燕、云，赦天下。九月乙亥，以白时中为特进、太宰兼门下侍郎，李邦彦为少宰兼中书侍郎。蔡攸落节钱。辛巳，大飨明堂。丁亥，以赵野为尚书左丞，翰林学士承旨宇文粹中为尚书右丞，开封尹蔡懋同知枢密院。庚寅，以金芝产于艮岳万寿峰，改名寿岳。庚子，金人遣富谟弼等以遗留物来献。冬十月庚午，诏有收藏习用苏、黄之文者，并令焚毁，犯者以大不恭论。癸酉，诏内外官并以三年为任，治绩著闻者再任，永为式。十一月丙子，王黼致仕。太白昼见。乙酉，罢应奉司。丙戌，令尚书省置讲议局。壬辰，诏监司择县令有治绩者保奏，召赴都堂审察录用，毋过三人。十二月甲辰朔，蔡京领讲议司。诏百官遵行元丰法制。丁未，诏内外侍从以上各举所知二人。癸亥，蔡京落致仕，领三省事。是岁，河北、山东盗起，命内侍梁方平讨之。京师、河东、陕西地大震，两河、京东西、浙西水，环庆、邠宁、泾原流徙，令所在振恤。夏国、高丽、于阗、罗殿入贡。

七年春正月癸酉朔，诏赦两河、京西流民为盗者，仍给复一年。癸巳，诏罢诸路提举常平官属，有罪当黜者以名闻，仍令三省修已废之法。二月甲辰，复置铸钱监。诏御史察赃吏。己酉，雨木冰。庚戌，诏京师运米五十万斛至燕山，令工部侍郎孟揆亲往措置。己巳，进封广国公栻

为南康郡王、福国公榛为平阳郡王，并开府仪同三司。壬申，京东转运副使李孝昌言招安群盗张万仙等五万余人，诏补官辖赐有差。三月癸酉朔，雨雹。甲申，知海州钱伯言奏招降山东寇贾进等十万人，诏补官有差。丙戌，以惠国公横为开府仪同三司，进封建安郡王。夏四月丙辰，降德音于京东、河北路。庚申，蔡京复ްÿ仕。复州县免行钱。戊辰，诏行元丰官制。复尚书令之名，虚而勿授；三公但为阶官，毋领三省事。五月壬午，封子枞为润国公。丁亥，诏诸路帅臣举将校有才略者、监司举守令有政绩者岁各三人。六月辛丑朔，诏宗室复著姓。丙午，封童贯为广阳郡王。戊申，诏臣僚辄与内侍家往者论罪。辛亥，虑囚。己未，以蔡攸为太保。癸亥，诏吏职杂流出身人，毋得陈请改换。乙丑，罢减六尚岁贡物。秋七月庚午朔，诏士庶毋以"天"、"王"、"君"、"圣"为名字，及以壬戌日辅臣焚香。甲戌，以河间郡王樗为太保，进封沂王。是月，河东义胜军叛。熙河、河东路地震。九月辛巳，大飨明堂。壬辰，金人以擒辽主，遣李孝和等来告庆。是月，河东言粘罕至云中，诏童贯复宣抚。有狐升御榻而坐。冬十月辛亥，赐曾布谥曰文肃。戊午，罢京畿和籴。十一月庚午，诏：无出身待制以上、年及三十通历任满十岁，乃许任子。乙亥，遣使回庆金国。甲申，朝献景灵宫。乙酉，飨太庙。丙戌，祀昊天上帝于圜丘，赦天下。庚寅，以保静军节度使种师道为河东、河北路制置使。十二月乙巳，童贯自太原遁归京师。己酉，中山奏金人斡离不、粘罕分两道入攻。郭药师以燕山叛，北边诸郡皆陷。又陷忻、代等州，围太原府。太常少卿傅察奉使不屈，死之。丙辰，罢浙江诸路花石纲、延福宫、西城租课及内外制造局。金兵犯中山府，詹度御之。戊午，皇太子桓为开封牧。罢修蕃衍北宅，令诸皇子分居十位。己未，下诏罪己。令中外直言极谏，郡邑率师勤王，募草泽异才有能出奇计及使疆外者。罢道官，罢大晟府、行幸局。西城及诸局所管缗钱，尽付有司。以保和殿大学士宇文虚中为河北、河东路宣谕使。庚申，诏内禅，皇太子即皇帝位。尊帝为教主道君太上皇帝，居于龙德宫。尊皇后为太上皇后。

靖康元年正月己巳，诣亳州太清宫，行恭谢礼，遂幸镇江府。四月己亥，还京师。明年二月丁卯，金人胁帝北行。绍兴五年四月甲子，崩于五国城，年五十有四。七年九月甲子，凶问至江南，遥上尊谥曰圣文仁德显孝皇帝，庙号徽宗。十二年八月乙酉，梓宫还临安。十月丙寅，权攒于永祐陵。十二月丁卯，祔太庙第十一室。十三年正月己亥，加上尊谥曰体神合道骏烈逊功圣文仁德宪慈显孝皇帝。

赞曰：宋中叶之祸，章、蔡首恶，赵良嗣厉阶。然哲宗之崩，徽宗未立，惇谓其轻佻不可以君于下。辽天祚之亡，张觉举平州来归，良嗣以为纳之失信于金，必启外侮。使二人之计行，宋不立徽宗，不纳张觉，金虽强，何衅以伐宋哉？以是知事变之来，虽小人亦能知之，而君子有所不能制也。迹徽宗失国之由，非若晋惠之愚、孙皓之暴，亦非有曹、马之篡夺，特恃其私智小慧，用心一偏，疏斥

正士,狎近奸谀。于是蔡京以猥薄巧佞之资,济其骄奢淫
佚之志。溺信虚无,崇饰游观,困竭民力。君臣逸豫,相
为诞谩,怠弃国政,日行无稽。及童贯用事,又佳兵勤远,
稔祸速乱。他日国破身辱,遂与石晋重贵同科,岂得诿诸
数哉?昔西周新造之邦,召公犹告武王以不作无益害有
益,不贵异物贱用物,况宣、政之为宋,承熙、丰、绍圣
椓丧之余,而徽宗又躬蹈二事之弊乎?自古人君玩物而丧
志,纵欲而败度,鲜不亡者,徽宗甚焉,故特著以为戒。

卷二十三　　　本纪第二十三

钦　宗

钦宗恭文顺德仁孝皇帝,讳桓,徽宗皇帝长子,母曰
恭显皇后王氏。元符三年四月乙酉生于坤宁殿。初名亶,
封韩国公,明年六月进封京兆郡王。崇宁元年二月甲午,
更名烜,十一月丁亥,又改今名。大观二年正月,进封定
王。政和元年三月,讲学于资善堂。三年正月,加太保。
四年二月癸酉,冠于文德殿。五年二月乙巳,立为皇太子,
大赦天下。丁巳,谒太庙。诏乘金辂,设卤簿,如至道、
天禧故事,及宫僚参谒并称臣,皆辞之。六年六月癸未,
纳妃朱氏。

宣和七年十二月戊午,除开封牧。庚申,徽宗诏皇太
子嗣位,自称曰道君皇帝,趣太子入禁中,被以御服。泣
涕固辞,因得疾。又固辞,不许。辛酉,即皇帝位,御垂
拱殿见群臣。是日,日有五色晕,挟赤黄珥,重日相荡摩
久之。乃引道君皇帝出居龙德宫,皇后出居撷景园。以少
宰李邦彦为龙德宫使,太保、领枢密院事蔡攸、门下侍郎
吴敏副之。是时,金人已分道犯阙。壬戌,赦大逆、反叛
以下罪,进百官秩一等,赏诸军,立妃朱氏为皇后,以太
子詹事耿南仲签书枢密院事。癸亥,诏太傅燕王、越王入
朝不趋,赞拜不名。诏非三省、枢密所得旨,有司勿行。
甲子,斡离不陷信德府,粘罕围太原。诏京东、淮西、浙
募兵入卫。太学生陈东等上书,数蔡京、童贯、王黼、梁
师成、李彦、朱勔罪,谓之六贼,请诛之。丙寅,上道
君皇帝尊号曰教主道君太上皇帝,皇后曰道君太上皇后。
诏改元。

靖康元年春正月丁卯朔,受群臣朝贺,退诣龙德宫,
贺道君皇帝。诏中外臣庶实封言得失。金人破相州。戊辰,
破濬州。威武军节度使梁方平师溃,河北、河东路制置副
使何灌退保滑州。己巳,灌奔还,金人济河,诏亲征。道
君皇帝东巡,以领枢密院事蔡攸为行宫使,尚书右丞宇文
粹中副之。诏自今除授、黜陟及恩数等事,并参酌祖宗旧
制。罢内外官司、局、所一百五处,止留后苑,以奉龙德
宫。以门下侍郎吴敏知枢密院事,吏部尚书李棁同知枢
密院事。贬太傅致仕王黼为崇信军节度副使、安置永州。
赐翊卫大夫、安德军承宣使李彦死,并籍其家。放宁远军

节度使朱勔归田里。帝欲亲征,以李纲为留守,以李棁
为副。给事中王寓谏亲征,罢之。庚午,道君皇帝如亳州,
百官多潜遁。宰相欲奉帝出襄、邓,李纲谏止之。以纲为
尚书右丞。辛未,以李纲为亲征行营使,侍卫亲军马军都
指挥使曹曚副之。太宰兼门下侍郎白时中罢。李邦彦为
太宰兼门下侍郎,守中书侍郎张邦昌为少宰兼中书侍郎,
尚书左丞赵野为门下侍郎,翰林学士承旨王孝迪为中书
侍郎,同知枢密院事蔡懋为尚书左丞。壬申,金人渡河,
遣使督诸道兵入援。癸酉,诏两省、枢密院官制一遵元丰
故事。金人犯京师,命尚书驾部员外郎郑望之、亲卫大夫
康州防御使高世则使其军。诏从官举文武臣僚堪充将帅
有胆勇者。是夜,金人攻宣泽门,李纲御之,斩获百余人,
至旦始退。甲戌,金人遣吴孝民来议和,命李棁使金军。
金人又使萧三宝奴、耶律忠、张愿恭来。以吏部尚书唐恪
同知枢密院事。乙亥,金人攻通津、景阳等门,李纲督战,
自卯至酉,斩首数千级,何灌战死。李棁与萧三宝奴、耶
律忠、王汭来索金帛数千万,且求割太原、中山、河间三
镇,并宰相、亲王为质,乃退师,丙子,避正殿,减常膳,
括借金银,籍倡优家财。庚辰,命张邦昌副康王构使金军,
诏称金国加"大"字。辛巳,道君皇帝幸镇江。以兵部尚
书路允迪签书枢密院事。金人陷阳武,知县事蒋兴祖死
之。壬午,大风走石,竟日乃止。封子谌为大宁郡王。甲
申,省廉访使者官,罢钞旁定贴钱及诸州免行钱,以诸路
赡学户绝田产归常平司。统制官马忠以京西募兵至,击金
人于顺天门外,败之。乙酉,路允迪使粘罕军于河东。平
阳府将刘嗣初以城叛。丁亥,靖难军节度使、河北河东路
制置使种师道督泾原、秦凤兵入援,以师道同知枢密院
事,为京畿、河北、河东宣抚使,统四方勤王兵及前后军。
庚寅,盗杀王黼于雍丘。癸巳,大雾四塞。乙未,贬少保、
淮南节度使梁师成为彰化军节度副使,行及八角镇,赐
死。

二月丁酉朔,命都统制姚平仲将兵夜袭金人军,不克
而奔。戊戌,罢李纲以谢金人,废亲征行营司。金人复来
议和。庚子,命驸马都尉曹晟使金军。辛丑,又命资政殿
大学士宇文虚中、知东上阁门事王球使之,许割三镇地。
太学诸生陈东等及都民数万人伏阙上书,请复用李纲及
种师道,且言李邦彦等有疾纲,恐其成功,罢李纲正堕金人之
计。会邦彦入朝,众数其罪而骂。吴敏传宣,众不退,遂
挝登闻鼓,山呼动地。殿帅王宗濋恐生变,奏上勉从之。
遣耿南仲谕于众曰:"已得旨宣纲矣。"内侍朱拱之宣纲后
期,众脔而磔之,并杀内侍数十人。乃复纲右丞,充京城
防御使。壬寅,追封范仲淹魏国公,赠司马光太师,张商
英太保,除元祐党籍学术之禁。诏诛士民杀内侍为首者,
禁伏阙上书,废苑囿宫观可以与民者。金人使王汭来。癸
卯,命肃王枢使金军。以观文殿学士、大名尹徐处仁为中
书侍郎,宇文虚中签书枢密院事。蔡懋罢。乙巳,宇文虚
中、王球复使金军。康王至自金军。金人遣韩光裔来告辞,
遂退师,京师解严。丙午,康王构为太傅、静江奉宁军节
度使。省明堂班朔布政官。丁未,日有两珥。戊申,赦天
下。诏谕士民,自今庶事并遵用祖宗旧制,凡蠹国害民之

事,一切寝罢。己酉,罢宰执兼神霄玉清万寿宫使及殿中监、符宝郎。诏用祖宗故事,择武臣得军心者为同知、签书枢密院,边将有威望者为三衙。以金人请和,诏官民昔尝附金而复归本朝者,各还其乡国。庚戌,李邦彦罢,以张邦昌为太宰兼门下侍郎,吴敏为少宰兼中书侍郎,李纲知枢密院事,耿南仲为尚书左丞,李梲为尚书右丞。辛亥,诏监察御史言事如祖宗法。宇文粹中罢知江宁府。癸丑,种师道罢为中太一宫使。赠右正言陈瓘为右谏议大夫。甲寅,贬太师致仕蔡京为秘书监、分局南京,太师、广阳郡王童贯为左卫上将军,太保、领枢密院事蔡攸为太中大夫、提举亳州明道宫。先是,粘罕遣人来求赂,大臣以勤王兵大集,拘其使人,且结约余覩以图之。至是,粘罕怒,及攻太原不克,分兵趣京师,过南、北关,权威胜军李植以城降。乙卯,陷隆德府,知府张确、通判赵伯臻、司录张彦遹死之。丙辰,有二流星,一出张宿入浊没,一出北河入轸。己未,诏遥郡承宣使有功应除正任者,自今除正任刺史。辛酉,梁方平坐弃河津,伏诛。王拿迪罢。命给事中王云、侍卫亲军马军都指挥使曹曚使金国,镇洮军节度使、中太乙宫使种师道为河北、河东路宣抚使,保静军节度使、殿前副都指挥使姚古为制置使。乙丑,御殿复膳。丙寅,下哀痛之诏于陕西、河东。是月,金人犯泽州之高平,知州高世由往犒之,乃去。

三月丁卯朔,遣徽猷阁待制宋焕奉表道君皇帝行宫。诏侍从言事。诏非三省、枢密院所承旨,诸司不许奉行。罢川路岁所遣使。募人掩军民遗骸,遣使分就四郊致祭。戊辰,李梲罢为鸿庆宫使。己巳,张邦昌罢为中太一宫使。徐处仁为太宰兼门下侍郎,唐恪为中书侍郎,翰林学士何㮚为尚书右丞,御史中丞许翰同知枢密院事。庚午,宇文虚中罢知青州。癸酉,诣景灵东宫行恭谢礼。命赵野为道君皇帝行宫奉迎使。甲戌,恭谢景灵西宫及建隆观。乙亥,诣阳德观、凝祥池、中太乙宫、佑神观、相国寺。丙子,改撷景园为宁德宫。录司马光后。己卯,燕王俣、越王偲为太师。壬午,诏金人叛盟深入,其元主和议李邦彦、奉使许地李梲、李邺、郑望之悉行罢黜。又诏种师道、姚古、种师中往援三镇,保塞陵寝所在,誓当固守。癸未,遣李纲迎道君皇帝于南京,以徐处仁为礼仪使。殿中侍御史李擢、左司谏李会罢。乙酉,迎道君皇帝于宜春苑,太后入居宁德宫。丙戌,知中山府詹度为资政殿大学士,知太原府张孝纯、知河间府陈遘并为资政殿学士,知泽州高世由直龙图阁,赏城守之劳也。丁亥,朝于宁德宫,诏扈从行宫官吏,候还京日优加赏典,除有罪之人迫于公议已行遣外,余令台谏勿复用前事纠言。庚寅,肃王枢为太傅。姚古复隆德府。辛卯,复威胜军。壬辰,太保景王杞、济王栩为太傅。有流星出紫微垣。甲午,康王构为集庆、建雄军节度使,尚书户部侍郎钱盖为陕西制置使。命陈东初品官,赐同进士出身,辞不拜。籍朱勔家。乙未,诏金归朝官民未发遣者,止之。丙申,贬蔡京为崇信军节度副使。是春,夏人取天德、云内、武州及河东八馆。

夏四月戊戌,夏人陷震威城,摄知城事朱昭死之。己亥,迎太上皇帝入都门。壬寅,朝于龙德宫。癸卯,立子谌为皇太子。耿南仲为门下侍郎。乙巳,置《春秋》博士。戊申,置详议司于尚书省,讨论祖宗法。己酉,乾龙节,群臣上寿于紫宸殿。庚戌,赵野罢。壬子,金人使贾霆、冉企弓来。癸丑,封太师、沂国公郑绅为乐平郡王。贬童贯为昭化军节度副使、安置郴州。减宰执俸给三之一及支赐之半。诏开经筵。令吏部稽考庶官,凡由杨戬、李彦之公田,王黼、朱勔之应奉,童贯西北之师,孟昌龄河防之役,夔蜀、湖南之开疆,关陕、河东之改币,及近习所引,献颂可采,特赴殿试之流,所得爵赏,悉夺之。甲寅,种师道加太尉、同知枢密院事、河北河东路宣抚使。乙卯,诏自今假日特坐,百司毋得休务。以平凉军节度使范讷为右金吾卫上将军。丙辰,诏有告奸人妄言金人复至以恐动居民者,赏之。戊午,进封南康郡王栻为和王、平阳郡王榛为信王。己未,复以诗赋取士,禁用《庄》、《老》及王安石《字说》。壬戌,诏亲擢台谏官,宰执勿得荐举,著为令。追政和以来道官、处士、先生封赠奏补等敕书。甲子,令在京监察御史、在外监司、郡守及路分钤辖已上,举曾经边任或有武勇可以统众出战者,人二员。东兵正将占沆与金人战于交城县,死之。乙丑,诏三衙并诸路帅司各举谙练边事、智勇过人并豪俊奇杰、众所推服、堪充统制将领者各五名。贬蔡攸节度副使,安置朱勔于循州。

五月丙寅朔,朝于龙德宫,令提举官日具太上皇帝起居平安以闻。丁卯,诏天下有能以财谷佐军者,有司以名闻,推恩有差。以少傅、镇西军节度余深为特进、观文殿大学士。戊辰,罢王安石配享孔子庙庭。庚午,少傅、安武军节度使钱景臻,镇安军节度使、开府仪同三司刘宗元并为左金吾卫上将军。保信军节度使刘敷、武成军节度使刘敏、向德军节度使张柄、岳阳军节度使王舜臣、应道军节度使朱孝孙、泸川军节度使钱忱并为右金吾卫上将军。是日,寒。辛未,申铜禁。诏:无出身待制已上,年及三十而通历任实及十年者,乃得任子。监察御史余应求坐言事迎合大臣,罢知卫州。甲戌,曲赦河北路。乙亥,申销金禁。丁丑,诏以俭约先天下,澄冗汰贪,为民除害,授监司、郡县奉行所未及者,凡十有六事。姚古将兵至威胜,闻粘罕将至,众惊溃,河东大振。河北、河东路制置副使种师中与金人战于榆次,死之。己卯,借外任官职田一年。开府仪同三司高俅卒。辛巳,损太官日进膳。追削高俅官。甲申,罢详议司。己丑,以河东经略安抚使张孝纯为检校少保、武当军节度使。壬辰,诏天下举习武艺、兵书者。乙未,诏姚古援太原。

六月丙申朔,以道君皇帝还朝,御紫宸殿,受群臣朝贺。诏谏官极论阙失。戊戌,令中外举文武官才堪将帅者。时太原围急,群臣欲割三镇地,李纲沮之,乃以李纲代种师道为宣抚使、援太原。辛丑,以资政殿学士刘韐为宣抚副使,陕西制置司都统制解潜为制置副使。太白犯岁星。壬寅,封郓国公楧为安康郡王,韩国公㮙为广平郡王,并开府仪同三司。诏:"今日政令,惟遵奉上皇诏书,修复祖宗故事。群臣庶士亦当讲孔、孟之正道,察安石旧说之不当者,羽翼朕志,以济中兴。"癸卯,以侍卫亲军马军副都指挥使、镇西军承宣使王禀为建武军节度使,录坚守太原之功也。甲辰,路允迪罢为醴泉观使。乙巳,左司谏陈公辅以言事责监合州酒务。壬子,天狗坠地。有声如雷。癸丑,虑囚。丙辰,太白、荧惑、岁、镇四星合于张。辛酉,罢都水、将作监承受内侍官。熙河都统制焦安节坐不法,李纲斩之。壬戌,姚古坐拥兵逗遛,贬为节度副使、安置广州。彗出紫微垣。

秋七月乙丑朔,除元符上书邪等之禁。宋昭政和中上书谏攻辽,贬连州。庚午,诏赴都堂。乙亥,安置蔡京于儋州,攸雷州,童贯吉阳军。己卯,免借河北、河东、陕西路职田。乙酉,诏蔡京子孙二十三人已分窜远地,遇赦不许量移。是日,京死于潭州。丁亥,令侍从官共议改修宣仁圣烈皇后谤史。辛卯,遣监察御史张澂诛童贯,广西转运副使李昇之诛赵良嗣,并窜其子孙于海南。壬辰,侍御史李光坐言事贬监当。是月,解潜与金人战于南关,败绩。刘韐自辽州引兵与金人战,败绩。

八月甲午朔,录陈瓘后。丙申,复命种师道以宣抚使巡边,召李纲还。庚子,诏以彗星,避殿减膳,令从臣具民间疾苦以闻。河东察访使张灏与金人战于文水,败绩。辛丑,诏求民之疾苦者十七事,悉除之。丁未,斡离不复攻广信军、保州,不克,遂犯真定。戊申,都统制张思正等夜袭金人于文水县,败之。己酉,复战,师溃,死者数万人,思正奔汾州。都统制折可求师溃于子夏山。威胜、隆德、汾、晋、泽、绛民皆渡河南奔,州县皆空。金人乘胜攻太原。录张庭坚后。乙卯,遣徽猷阁待制王云、阁门宣赞舍人马识远使于金国,秘书著作佐郎刘岑、太常博士李若水分使其军议和。戊午,许翰罢知亳州。己未,太宰徐处仁罢知东平,少宰吴敏罢知扬州。以唐恪为少宰兼中书侍郎,何㮚为中书侍郎,礼部尚书陈过庭为尚书右丞,开封尹聂昌同知枢密院事,御史中丞李回签书枢密院事。庚申,遣王云使金军,许以三镇赋税。是月,福州军乱,杀其知州事柳庭俊。

九月丙寅,金人陷太原,执安抚使张孝纯,副都总管王禀、通判方笈皆死之。辛未,贬吴敏为崇信军节度副使、安置涪州。移蔡攸于万安军,寻与弟翛及朱勔皆赐死。乙亥,诏编修敕令所取靖康以前蔡京所乞御笔手诏,参祖宗法及今所行者,删修成书。丁丑,礼部尚书王寓为尚书左丞。戊寅,有赤气随日出。李纲罢知扬州。壬午,枭童贯首于都市。癸未,赐布衣尹焞为和靖处士。甲申,日有两珥、背气。丙戌,建三京及邓州为都总管府,分总四道兵。庚寅,以知大名府赵野为北道都总管,知河南府王襄为西道都总管,知邓州张叔夜为南道都总管,知应天府胡直孺为东道都总管。又罢李纲提举洞霄宫。辛卯,遣给事中黄锷由海道使金国议和。是月,夏人陷西安州。

冬十月癸巳朔,御殿复膳。贬李纲为保静军节度副使、安置建昌军。丁酉,金人陷真定,都钤辖刘竧死之。有流星如杯。戊戌,金人使杨天吉、王汭来。庚子,日有青、赤、黄戴气。金人陷汾州,知州张克戬、兵马都监贾亶死之。又攻平定军。辛丑,下哀痛诏,命河北、河东诸路帅臣传檄所部,得便宜行事。壬寅,天宁节,率群臣诣龙德宫上寿。甲辰,诏用蔡京、王黼、童贯所荐人。丙午,集从官于尚书省,议割三镇。召种师道还。丁未,以礼部尚书冯澥知枢密院事。己酉,阅飞山营。庚戌,以范讷为宁武军节度使、河北河东路宣抚使。辽故将小鞠录攻陷麟州建宁砦,知寨杨震死之。壬子,诏太常礼官集议金主尊号。命尚书左丞王寓副康王使斡离不军,寓辞。乙卯,雨木冰。丙辰,金人陷平阳府,又陷威胜、隆德、泽州。丁巳,高丽入贡,令明州递表以进,遣其使还。戊午,贬王寓为单州团练副使,命冯澥代行。庚申,日有两珥及背气。侍御史胡舜陟请援中山,不省。辛酉,种师道薨。

十一月丙寅,夏人陷怀德军,知军事刘铨、通判杜翊世死之。籍谭稹家。戊辰,康王未至金军而还。冯澥罢。己巳,集百官议三镇弃守。庚午,诏河北、河东、京畿清野,令流民得占官舍寺观以居。辛未,有流星如杯。壬申,禁京师民以浮言相动者。癸酉,右谏议大夫范宗尹以首议弃地罢。金人至河外,宣抚副使折彦质领师十二万拒之。甲戌,师溃。金人济河,知河阳燕瑛、西京留守王襄弃城遁。乙亥,命刑部尚书王云副康王使斡离不军。许割三镇,奉衮冕、车辂,尊其主为皇叔,且上尊号。丙子,金人渡河,折彦质兵尽溃,提刑许高兵溃于洛口。金人来言,欲尽得河北地。京师戒严。遣资政殿学士冯澥及李若水使粘罕军。丁丑,何㮚罢。以尚书左丞陈过庭为中书侍郎,兵部尚书孙傅为尚书右丞。命成忠郎郭京领选六甲正兵所。签书枢密院事李回以万骑防河,众溃而归。是日,塞京城门。戊寅,进龙德宫婉容韦氏为贤妃,康王构为安国、安武军节度使。罢清野。辛巳,以知怀州霍安国为徽猷阁待制,通判林渊直徽猷阁,赏守御之功也。壬午,斡离不使杨天吉、王汭、勃堇撒离母来。命耿南仲使斡离不军,聂昌使粘罕军,许画河为界。康王至磁州,州人杀王云,止王勿行,王复还相州。甲申,以尚书右丞孙傅同知枢密院事,御史中丞曹辅签书枢密院事。以京兆府路安抚使范致虚为陕西五路宣抚使,令督勤王兵入援。乙酉,斡离不军至城下。遣蜡书间行出关召兵,又约康王及河北守将来援。多为逻兵所获。丁亥,大风发屋折木。李回罢。戊子,金人攻通津门,范琼出兵焚其寨。己丑,南道总管张叔夜将兵勤王,至玉津园,以叔夜为延康殿学士。斡离不遣刘晏来。庚寅,幸东壁劳军。诏三省长官名悉依元丰旧制。领开封府何㮚为门下侍郎。

闰月壬辰朔,金人攻善利门,统制姚仲友御之。奇兵作乱,杀使臣,王宗濋斩数十人乃定。唐恪出都,人欲击之,因求去,罢为中太一宫使。以门下侍郎何㮚为尚书右仆射兼中书侍郎。刘韐坐弃军,降五官分祠。癸巳,京师苦寒,用日者言,借土牛迎春。朱伯友坐弃郑州,降三官罢。西道总管王襄弃西京去。知泽州高世由以城降于金。燕瑛欲弃河阳,为乱兵所杀。河东诸郡,或降或破殆尽。都民杀东壁统制官辛亢宗。罢民乘城,代以保甲。粘罕军至城下。甲午,时雨雪交作,帝被甲登城,以御膳赐士卒,易火饭以进,人皆感激流涕。金人攻通津门,数百人缒城御之,焚其炮架五、鹅车二。驿召李纲为资政殿大学士、领开封府。金人陷怀州,霍安国、林渊及其钤辖张彭年、都监赵士讠忽、张谌皆死之。乙未,金人入青城,攻朝阳门。冯澥与金人萧庆、杨真诰来。丙申，帝幸宣化门，以障泥乘马，行泥淖中，民皆感泣。张叔夜数战有功，帝如安上门召见，拜资政殿学士。金人执胡直孺，又陷拱州。丁酉，赤气亘天。以冯澥为尚书左丞。戊戌，殿前副都指挥使王宗濋与金人战于城下，统制官高师旦死之。庚子，以资政殿学士张叔夜签书枢密院事。金人攻宣化门，姚仲友御之。辛丑，金人攻南壁，杀伤相当。壬寅，诏河北守臣尽起军民兵，倍道入援。癸卯，金人攻南壁，张叔夜、范琼分兵袭之，遥见金兵，奔还，自相蹈藉，溺隍死者以千数。甲辰，大雨雪。金人陷亳州。遣间使召诸道兵勤王。乙巳，大寒，士卒噤战不能执兵，有僵仆者。帝在禁中徒跣祈晴。时勤王兵不至，城中兵可用者惟卫士三万，然亦十失五六。金人攻城急。丙午，雨木冰。丁未，始避正殿。己酉，遣冯澥、曹辅与宗室仲温、士䜣使金军请和。命康王为天下兵马大元帅，速领兵入卫。辛亥，金人来议和，要亲王出盟。壬子，金人攻通津、宣化门，范琼以千人出战，渡河，冰裂，没者五百余人，自是士气益挫。甲寅，大风自北起，俄大雨雪，连日夜不止。乙卯，金人复使刘晏来，趣亲王、宰相出盟。丙辰，妖人郭京用六甲法，尽令守御人下城，大启宣化门出攻金人，兵大败。京托言下城作法，引余兵遁去。金兵登城，众皆披靡。金人焚南薰诸门。姚仲友死于乱兵，宦者黄经国赴火死，统制官何庆言、陈克礼、中书舍人高振力战，与其家人皆被害。秦元领保甲斩关遁，京城陷。卫士入都亭驿，执刘晏，杀之。丁巳，奉道君皇帝、宁德皇后入居延福宫。命何㮚及济王栩使金军。戊午，何㮚入言，金人邀上皇出郊。帝曰："上皇惊忧而疾，必欲之出，朕当亲往。"自乙卯雪不止，是日霁。夜有白气出太微，彗星见。庚申，日赤如火，无光。辛酉，帝如青城。

十二月壬戌朔，帝在青城。萧庆入居尚书省。是日，康王开大元帅府于相州。癸亥，帝至自青城。甲子，大索金帛。丙寅，遣陈过庭、刘韐使两河割地。辛未，定京师米价，劝粜以振民。癸酉，斩行门指挥使蒋宣、李福。乙亥，康王如北京。丙子，尚书省火。庚辰，雨雹。癸未，大雪，寒。纵民伐紫筠馆花木为薪。庚寅，康王如东平。

二年春正月辛卯朔，命济王栩、景王杞出贺金军，金人亦遣使入贺。壬辰，金人趣召康王还。遣聂昌、耿南仲、陈过庭出割两河地，民坚守不奉诏，凡累月，止得石州。甲午，诏两河民开门出降。乙未，有大星出建星，西南流入于浊没。丁酉，雨木冰。己亥，阴曀，风迅发。夜，西北阴云中有如火光。庚子，金人索金银急。何㮚、李若水劝帝亲至军中，从之，以太子监国而行。乙巳，籍梁师成家。丙午，刘韐自经于金军。太学生徐揆上书，乞守门请帝还阙。金人取至军中，揆抗论，为所杀。至夜，金人劫神卫营。丁未，大雾四塞。金人下含辉门剽掠，焚五岳观。二月辛酉朔，帝在青城，自如金军，都人出迎贺。丙寅，金人堙南薰门路，人心大恐。已而金人令推立异姓，孙傅方号恸，乞立赵氏，不允。丁卯，金人要上皇如青城。以内侍邓述所藏诸王孙名，尽取入军中。辛未，金人逼上皇召皇后、皇太子入青城。庚辰，康王如济州。癸未，观

文殿大学士唐恪仰药自杀。乙酉，金人以括金未足，杀户部尚书梅执礼、侍郎陈知质、刑部侍郎程振、给事中安扶。三月辛卯朔，帝在青城。丁酉，金人立张邦昌为楚帝。庚子，金人来取宗室，开封尹徐秉哲令民结保，毋藏匿。丁巳，金人胁上皇北行。夏四月庚申朔，大风吹石折木。金人以帝及皇后、皇太子北归。凡法驾、卤簿、皇后以下车辂、卤簿、冠服、礼器、法物、大乐、教坊乐器、祭器、八宝、九鼎、圭璧、浑天仪、铜人、刻漏、古器、景灵宫供器、太清楼秘阁三馆书、天下州府图及官吏、内人、内侍、技艺、工匠、娼优、府库蓄积，为之一空。辛酉，北风大起，苦寒。五月庚寅朔，康王即位于南京，遥上尊号曰孝慈渊圣皇帝。绍兴三十一年五月辛卯，帝崩问至。七月己丑，上尊谥曰恭文顺德仁孝皇帝，庙号钦宗。三十二年闰二月戊寅，祔于太庙。

赞曰：帝在东宫，不见失德。及其践阼，声技音乐一无所好。靖康初政，能正王黼、朱勔等罪而窜殛之，故金人闻帝内禅，将有卷甲北旆之意矣。惜其乱势已成，不可救药，君臣相视，又不能同力协谋，以济斯难，悒悒然讲和之不暇。卒致父子沦胥，社稷芜茀。帝至于是，盖亦巽懦而不知义者欤！享国日浅，而受祸至深，考其所自，真可悼也夫！真可悼也夫！

卷二十四　　本纪第二十四

高宗一

高宗受命中兴全功至德圣神武文昭仁宪孝皇帝，讳构，字德基，徽宗第九子，母曰显仁皇后韦氏。大观元年五月乙巳生东京之大内，赤光照室。八月丁丑，赐名，授定武军节度使、检校太尉，封蜀国公。二年正月庚申，封广平郡王。宣和三年十二月壬子，进封康王。资性朗悟，博学强记，读书日诵千余言，挽弓至一石五斗。宣和四年，始冠，出就外第。

靖康元年春正月，金人犯京师，军于城西北，遣使入城，邀亲王、宰臣议和军中。朝廷方遣同知枢密院事李棁等使金，议割太原、中山、河间三镇，遣宰臣授地，亲王送大军过河。钦宗召帝谕指，帝慷慨请行。遂命少宰张邦昌为计议使，与帝俱。金帅斡离不留之军中旬日，帝意气闲暇。二月，会京畿宣抚司都统制姚平仲夜袭金人寨不克，金人见责，邦昌恐惧涕泣，帝不为动，斡离不异之，更请肃王。癸卯，肃王至军中，许割三镇地。进邦昌为太宰，留质军中，帝始得还。金兵退，复遣给事中王云使金，以租赋赎三镇地。又以蜡书结辽降将耶律余覩，为金人所得。八月，金帅粘罕复引兵深入，陷太原。斡离不不破真定。冬十月，王云从吏自金先还，言金人须帝再至乃议和。云归，言金人坚欲得地，不然，进兵取汴都。十一月，诏帝

使河北,奉衮冕、玉辂,尊金主为伯,上尊号十八字。被命,即发京师。以门下侍郎耿南仲主和议,请与俱,乃以其子中书舍人延禧为议官偕行。帝由滑、濬至磁州,守臣宗泽请曰:"肃王去不返,金兵已迫,复去何益?请留磁。"磁人以云将挟帝入金,遂杀云。时粘罕、斡离不已率兵渡河,相继围京师。从者以磁不可留,知相州汪伯彦亦以蜡书请帝还相州。闰月,耿南仲驰至相,见帝致辞,以面受钦宗之旨,尽起河北兵入卫,帝乃同南仲募兵勤王。初,朝廷闻金兵渡河,欲拜帝为元帅。至是,殿中侍御史胡唐老复申元帅之议,尚书右仆射何㮚拟诏书以进,钦宗遣阁门祗候秦仔持蜡诏至相,拜帝为河北兵马大元帅,知中山府陈亨伯为元帅,汪伯彦、宗泽为副元帅。仔于顶发中出诏,帝读之呜咽,兵民感动。十二月壬戌朔,帝开大元帅府,有兵万人,分为五军,命武显大夫陈淬都统制军马。阁门祗候侯章赍蜡书至自京师,诏帝尽发河北兵,命守臣自将。帝乃下令诸郡守与诸将,议引兵渡河。乙亥,帝率兵离相州。丙子,履冰渡河。丁丑,次大名府。宗泽以二千人先诸军至,知信德府梁扬祖以三千人继至,张俊、苗傅、杨沂中、田师中皆在麾下,兵威稍振。会签书枢密院事曹辅赍蜡诏至,云金人登城不下,方议和好,可屯兵近甸,毋轻动。汪伯彦等皆信和议,惟宗泽请直趋澶渊为壁,次第解京城之围。伯彦、南仲请移军东平。帝遂遣泽以万人进屯澶渊,扬言帝在军中。自是泽不复预府中谋议。帝决意趋东平。庚寅,帝发大名。

建炎元年春正月癸巳,帝至东平。初,帝军在相州,京城围久,中外莫知帝处。及是,陈请四集,取决帅府。壬寅,高阳关路安抚使黄潜善、总管杨惟忠亦部兵数千至东平。命潜善进屯兴仁,留惟忠为元帅都统制。金人闻帝在澶渊,遣甲士及中书舍人张澂来召。宗泽命壮士射之,澂乃遁。伯彦等请帝如济州。二月庚辰,发东平。癸未,次济州。时帅府官军及群盗来归者号百万人,分屯济、濮诸州府,而诸路勤王兵不得进。二帝已在金人军中。三月丁酉,金人立张邦昌为帝,称大楚。黄潜善以告,帝恸哭,僚属欲奉帝驻军宿州,谋渡江左,帝闻三军籍籍,遂辄。承制以宗泽为徽猷阁待制。丁巳,斡离不退师,徽宗北迁。戊午,承制以汪伯彦为显谟阁待制,充元帅;潜善为徽猷阁待制,充副元帅。夏四月,粘罕退师,钦宗北迁。癸亥,邦昌尊元祐皇后为宋太后,遣人至济州访帝,又遣吏部尚书谢克家来迎。耿南仲率幕僚劝进,帝避席流涕,逊辞不受。伯彦等引天命人心为请,且谓靖康纪元,为十二月立康之兆。帝曰:"当更思之。"以知淮宁府赵子崧为宝文阁学士、元帅府参议官、东南道总管,统东南勤王兵。邦昌遣阁门宣赞舍人蒋师愈等持书诣帝,自言从权济事,及将归宝避位之意。帝亦贻诸帅书,以未得至京,已至者毋辄入。闻资政殿大学士、领开封府事李纲在湖北,遣刘默持书访之。又谕宗泽等,以受伪命之人义当诛讨,然虑事出权宜,未可轻动。泽复书谓邦昌篡乱踪迹已无可疑,宜早正天位,兴复社稷,不可不断。门下侍郎吕好问亦以蜡书来,言帝不自立,恐有不当立而立者。丁卯,谢克家以"大宋受命之宝"至济州,帝恸哭跪受,命克家还京师,趣

办仪物。戊辰,济州父老诣军门,言州四旁望见城中火光属天,请帝即位于济。会宗泽来言,南京乃艺祖兴王之地,取四方中,漕运尤易。遂决意趋应天。是夕,邦昌手书上延福宫太后尊号曰元祐皇后,入居禁中,以尚书左丞冯澥为奉迎使。皇后又遣兄子卫尉少卿孟忠厚持手书遗帝。皇后垂帘听政。邦昌权尚书左仆射,率在京百官上表劝进,不许。甲戌,皇后手书告中外,俾帝嗣统。乙亥,百官再上表,又不许。丁丑,冯澥等至济州,百官三上表,许以权听国事。戊寅,命宗泽先勒兵分驻长垣、韦城等县,以备非常。东道副总管朱胜非至济州,宣抚司统制官韩世忠以兵来会。庚辰,帝发济州,鄜延副总管刘光世自陕州来会,以光世为五军都提举。辛巳,次单州。壬午,次虞城县。西道都总管王襄自襄阳来会。癸未,至应天府。皇后诏有司备法驾仪仗。乙酉,张邦昌至,伏地恸哭请死,帝慰抚之。承制以汪伯彦为显谟阁直学士,黄潜善为徽猷阁直学士。权吏部尚书王时雍等奉乘舆服御至,群臣劝进者益众,命有司筑坛府门之左。

五月庚寅朔,帝登坛受命,礼毕恸哭,遥谢二帝,即位于府治。改元建炎。大赦,常赦所不原者咸赦除之。张邦昌及应干供奉金国之人,一切不问。命西京留守司修奉祖宗陵寝。罢天下神霄宫。住散青苗钱。应死节及殁于王事者并推恩。奉使未还者,禄其家一年。应选人并循资,已系承直郎者,改次等京官。臣僚因乱去官者,限一月还任。溃兵、群盗咸许自新。免系官欠负,蠲南京及元帅府常驻军一月以上州县夏税。应天府特奏名举人并与同进士出身,免解人与免省试。诸路特奏名三举以上及宗室尝预贡者,并推恩。应募兵勤王人以兵付州县主兵官,听赴行在。中外臣庶许言民间疾苦,虽诋讦亦不加罪。命官犯罪,更不取特旨裁断。蔡京、童贯、朱勔、李彦、孟昌龄、梁师成、谭稹及其子孙,更不收叙。内外大臣,限十日各举布衣有材略者一人。余如故事。以黄潜善为中书侍郎,汪伯彦同知枢密院事。元祐皇后在东京,是日彻帘。辛卯,遥尊乾龙皇帝为孝慈渊圣皇帝,元祐皇后为元祐太后,诏史官辨宣仁圣烈皇后诬谤。筑景灵宫于江宁府。壬辰,以张邦昌为太保、奉国军节度使、同安郡王,五日一赴都堂参决大事。以河东、北宣抚使范讷为京城留守。癸巳,遥尊帝母韦贤妃为宣和皇后,遥立嘉国夫人邢氏为皇后。耿南仲罢。甲午,以李纲为尚书右仆射兼中书侍郎,趣赴行在,杨惟忠为建武军节度使,主管殿前司公事。罢诸盗及民兵之为统制者,简其士马隶五军。乙未,以生辰为天申节。冯澥罢,以兵部尚书吕好问为尚书右丞。命中军统制马忠、后军统制张换率兵万人,趣河间府追袭金人。丙申,以吕好问兼门下侍郎。丁酉,以黄潜善兼御营使,汪伯彦副之,真定府路副总管王渊为都统制,鄜延路副总管刘光世提举一行事务。王时雍黄州安置。命统制官薛广、张琼率兵六千人会河北山水寨义兵,共复磁、相。戊戌,以资政殿学士路允迪为京城抚谕使,龙图阁学士耿延禧副之。赠吏部侍郎李若水观文殿学士,谥忠愍。己亥,召太学生陈东赴行在。李纲至江宁,诛叛卒周德等。庚子,诏:以靖康大臣主和误国,责李邦彦为建宁军节度副使、

浔州安置，徙吴敏柳州，蔡懋英州。李梲、宇文虚中、郑望之、李邺皆以使金请割地，责广南诸州并安置。辛丑，诏张邦昌知几达变，勋在社稷，如文彦博例，月两赴都堂。壬寅，封后宫潘氏为贤妃。以江、淮发运使梁扬祖提领东南茶盐事。癸卯，天申节，罢百官上寿。乙巳，赐诸路勤王兵还营者钱，人三千。丙午，以诬谤宣仁圣烈皇后，追贬蔡确、蔡卞、邢恕、蔡懋官。以保静军节度使姚古知河南府。金人陷河中府，权府事郝仲连死之。丁未，徽宗至燕山府。庚戌，以宗泽为龙图阁学士、知襄阳府。壬子，进张邦昌太傅。丙辰，罢监察御史张所，寻责江州安置。丁巳，诏成都、京兆、襄阳、荆南、江宁府、邓、扬二州储资粮，修城垒，以备巡幸。以签书枢密院事张叔夜尝援京城力战，从徽宗北行，遥命为观文殿大学士、醴泉观使。戊午，右谏议大夫范宗尹罢。遣太常少卿周望使河北军前通问二帝。西道总管王襄、北道总管赵野坐勤王稽缓，并分司，襄阳府、青州居住。寻责襄永州、野邵州，并安置。

六月己未朔，李纲入见，上十议，曰国是、巡幸、赦令、僭逆、伪命、战、守、本政、责成、修德。以前殿前副都指挥使王宗濋引卫兵遁逃，致都城失守，责官、邵州安置。徽猷阁直学士徐秉哲假资政殿学士，为大金通问使，秉哲辞。庚申，封靖康军节度使仲湜嗣濮王。粘罕还屯云中。辛酉，命新任郎官未经上殿者并引对。御史中丞颜岐罢。徐秉哲责官、梅州安置。诏河北、京、陕、淮、湖、江、浙州军县镇募人修筑城壁。壬戌，置登闻检鼓院。癸亥，以黄潜善为门下侍郎兼权中书侍郎。张邦昌坐僭逆，责降昭化军节度副使、潭州安置。及受伪命臣僚：王时雍高州，吴幵永州，莫俦全州，李擢柳州，孙觌归州，并安置。颜博文、王绍以下论罪有差。以知怀州霍安国、河东宣抚使刘韐死节，赠安国延康殿学士，韐资政殿大学士。甲子，命李纲兼御营使。乙丑，以龙神卫四厢都指挥使马忠为河北经制使，措置民兵。洪刍罢左谏议大夫，下台狱。丁卯，以祠部员外郎喻汝砺为四川抚谕，督漕计羡缗及常平钱物。罢开封、诸州、军、府司录曹掾官。州、军通判二员者省其一。权减辛执奉赐三之一。省诸路提举常平司、两浙、福建提举市舶司。贼李孝忠寇襄阳，守臣黄叔敖弃城遁。立格买马。辛未，以子旉生，大赦。籍天下神霄宫钱谷充经费。拘天下职田钱隶提刑司。还元祐党籍及上书人恩数。癸酉，诏陕西、山东诸路帅臣团结军民，互相应援。乙亥，增诸县弓手，置武尉领之。宗室叔向以所募勤王兵屯京师，或言为变，命刘光世捕诛之。戊寅，以汪伯彦知枢密院事。遣宣义郎傅雱使河东军前，通问二帝。己卯，置沿河、沿淮、沿江帅府十有九，要郡三十九，次要郡三十八，帅守兼都总管，守臣兼钤辖、都监，总置军九十六万七千五百人。别置水军七十七将，造舟江、淮诸路。置三省、枢密院赏功司。东京留守范讷落节钺、淄州居住。庚辰，以二帝未还，禁每县用乐。辛巳，置沿河巡察六使。壬午，以户部尚书张悫同知枢密院事兼提举措置户部财用。癸未，昌好问罢。甲申，并尚书户部右曹所掌归左曹，命尚书总领。乙酉，以宗泽为东京留守，杜充为北京留守，罢监司州郡职田。丙戌，诏陕西、河北、京东西路募兵合十万人，更番入卫行在。命京东、西路造战车。丁亥，以张所为河北西路招抚使。括买官民马，劝出财助国。戊子，以钱盖为陕西经制使，封赵怀恩为安化郡王，因召五路兵赴行在。

秋七月己丑朔，以枢密副都承旨王璪为河东经制使。庚寅，诏王渊、刘光世、统制官张俊、乔仲福、韩世忠分讨陈州军贼杜用、京东贼李昱及黎驿、鱼台溃兵，皆平之。辛卯，籍东南诸州神霄宫及赡学钱助国用。叔右监门卫大将军、贵州团练使士琺以磁、洺义兵复洺州。乙未，以温州观察使范琼为定武军承宣使、御营司同都统制。丙申，赐诸路强壮巡社名为"忠义巡社"，专隶安抚司。戊戌，钦宗至燕山府。以忻州观察使张换为河北制置使。东都宣武卒杜林谋据成都叛，伏诛。己亥，诏台省、寺监繁简相兼，学官、馆职减旧制之半。辛丑，复议吴幵、莫俦等十一人罪，并广南、江、湖诸州安置，余递贬有差。壬寅，诏："奉元祐太后如东南，六宫及卫士家属从行，朕当独留中原，与金人决战。"以延康殿学士许翰为尚书右丞。甲辰，以右谏议大夫宋齐愈当金人谋立异姓，书张邦昌姓名，斩于都市。乙巳，手诏："京师未可往，当巡幸东南。"丙午，诏定议巡幸南阳。以观文殿学士范致虚知邓州，修城池，缮宫室，输钱谷以实之。丁未，遣官诣京师迎奉太庙神主赴行在。己酉，罢四道都总管。以尚书虞部员外郎张浚为殿中侍御史。庚戌，征诸道兵，期八月会行在。丙辰，徽宗自燕山密遣阁门宣赞舍人曹勋至，赐帝绢半臂，书其领曰："便可即真，来援父母。"帝泣以示辅臣。张所、傅亮军发行在。是月，关中贼史斌犯兴州，僭号称帝。

八月戊午朔，洪刍等坐围城日括金银自盗，及私纳宫人，刍及余大均、陈冲贷死，流沙门岛，余五人罪有差。胜捷军校陈通作乱于杭州，执帅臣叶梦得，杀漕臣吴昉。己未，元祐太后发京师。庚申，以刘光世为奉国军节度使，韩世忠、张俊皆进一官。辛酉，右司谏潘良贵罢。壬戌，以李纲为尚书左仆射兼门下侍郎，黄潜善为右仆射兼中书侍郎，张悫兼御营副使。癸亥，命御营使、副大阅五军。庚午，更号元祐太后为隆祐太后。辛未，罢傅亮经制副使，召赴行在。壬申，召布衣谯定赴行在。命御营统制辛道宗讨陈通。是夕，东北方有赤气。癸酉，以耿南仲主和误国，南雄州安置。乙亥，用张浚言，罢李纲左仆射。丙子，隆祐太后发南京，命侍卫马军都指挥使郭仲荀护如江宁，兼节制江、淮、荆、浙、闽、广诸州，制置东南盗贼。丁丑，以龙图阁直学士钱伯言知杭州，节制两浙、淮东将兵及福建枪杖手，讨陈通。庚辰，降榜招谕杭州乱兵。壬午，用黄潜善议，杀上书太学生陈东、崇仁布衣欧阳澈。乙酉，遣兵部员外郎江端友等抚谕闽、浙、湖、广、江、淮、京东西诸路，及体访官吏贪廉、军民利病。许翰罢。丁亥，博州卒宫仪作乱，犯莱州。

九月己丑，建州军校张员等作乱，执守臣张动，转运副使毛奎、判官曹仔为所杀，婴城自守。范琼捕斩李孝忠于复州。壬辰，以金人犯河阳、汜水，诏择日巡幸淮甸。铸建炎通宝钱。命淮、浙沿海诸州增修城壁，招训民兵，以备海道。甲午,命扬州守臣吕颐浩缮修城池。宗泽往河北视师,七日还。是夜,辛道宗兵溃于嘉兴县。丁酉,诏荆襄、关陕、江淮皆备巡幸。戊戌,罢买马。己亥,以子旉为检校少保、集庆军节度使,封魏国公。诏内外官司参用嘉祐、元丰敕,以俟新书。庚子,二帝徙居雲郡。辛丑,陈通劫提点刑狱周格营,杀格,执提点刑狱高士瞳。壬寅,遣徽猷阁待制孟忠厚迎奉太庙神主赴扬州。以直秘阁王圭为招抚判官,代张所,寻责所广南安置。乙巳,宗泽表请车驾还阙。戊申,河北招抚司都统制王彦渡河击金人,破之,复新乡县。己酉,以谍报金人欲犯江、浙,诏暂驻淮甸捍御,稍定即还京阙。募民入赀授官。军贼赵万入常州,执守臣何兖。罢诸路经制招抚使。庚戌,始通当三大钱于淮、浙、荆湖诸路。壬子,命湖南抚谕官马伸持诏赐张邦昌死于潭州,并诛王时雍。癸丑,诏有敢妄议惑众沮巡幸者,许告而罪之,不告者斩。乙卯,王彦及金人战,败绩,奔太行山聚众,其裨将岳飞引其部曲自为一军。赵万陷镇江府,守臣赵子崧弃城渡江,保瓜洲。是秋,金人分兵据两河州县,惟中山、庆源府、保、莫、邢、洺、冀、磁、绛、相州久之乃陷。

冬十月丁巳朔,帝登舟幸淮甸。戊午,太后至扬州。己未,罢诸路劝诱献纳钱物。庚申,罢诸路召募溃兵忠义等人,及寄居官擅集勤王兵者。癸亥,募群盗能并灭贼众者官之。甲子,以张浚论李纲不已,落纲观文殿大学士,止奉宫祠。知秀州兼权浙西提点刑狱赵叔近入杭州招抚陈通。乙丑,罢帅府、要郡、次要郡新军及水军。丁卯,以王渊为杭州制置盗贼使,统制官张俊从行。庚午,次泗州,幸普照寺。甲戌,太白昼见。己卯,次楚州宝应县。后军将孙琦等作乱,逼左正言卢臣中堕水死。庚辰,命刘光世讨镇江叛兵。辛巳,以光世为滁和濠州、江宁府界招捉盗贼制置使,御营统制官苗傅为使司都统制。朝请郎李棫提举广西左、右两江峒丁公事。癸未,至扬州,禁内侍统兵官相见。丙戌,王渊、张俊诱赵万等,悉诛之。

十一月戊子,李纲鄂州居住。真定军贼张遇入池州,守臣滕祐弃城遁。己丑,诏杂犯死罪有疑及情理可悯者,抚谕官同提刑司酌情减降,先断后闻。壬辰,遣王伦等为金国通问使。乙未,以张悫为尚书左丞,工部尚书颜岐同知枢密院事。丙申,曲赦应天府、亳、宿、扬、泗、楚州、高邮军。丙午,以张悫为中书侍郎。戊申,以颜岐为尚书左丞兼权门下侍郎,御史中丞许景衡为右丞,刑部尚书郭三益同知枢密院事。权密州赵野弃城遁,军校杜彦据州,追野,杀之。辛亥,命福建路增招弓手。金人陷河间府。是月,军贼丁进围寿春府,守臣康允之拒却之。

十二月丙辰朔,命从臣四员充讲读官,就内殿讲读。丁巳,诏诸路提刑司选官,即转运司所在州类省试进士,以待亲策。辛酉,王渊入杭州,执陈通等诛之。壬戌,青州败将王定以兵作乱,杀帅官曾孝序。癸亥,粘罕犯汜水关,西京留守孙昭远遣将拒之,战殁,昭远引兵南遁,寻命部将王仔奉启运宫神御赴行在。甲子,改授后父徽猷阁待制邢焕为光州观察使。乙丑,诏凡刑赏大政中经三省其干请墨敕行下者罪之。丙寅,张遇犯江州。戊辰,金人围棣州,守臣姜刚之固守,金兵解去。甲戌,金人陷同州,守臣郑骧死之。张遇犯黄州。己卯,金人陷汝州,入西京。庚辰,金人陷华州。辛巳,破潼关。河东经制使王璪自同州引兵遁入蜀。丁进诣宗泽降。乙酉,增置广西弓手以备边。以户部尚书黄潜厚为延康殿学士、同提举措置财用。

卷二十五　　本纪第二十五

高　宗　二

二年春正月丙戌朔,帝在扬州。丁亥,录两河流亡吏士。沿河给流民官田、牛、种。戊子,金人陷邓州,安抚刘汲死之。辛卯,置行在榷货务。壬辰,金人犯东京,宗泽遣将击却之。癸巳,复明法新科。甲午,诣寿宁寺,谒祖宗神主。乙未,金人破永兴军,前河东经制副使傅亮以兵降,经略使唐重、副总管杨宗闵、提举军马陈迪、转运副使桑景询、判官曾谓、提点刑狱郭忠孝、经略司主管机宜文字王尚及其子建中俱死之。东平府兵马钤辖孔彦舟叛,渡淮犯黄州,守臣赵令崴拒之。丙申,诏:"自今犯枉法自盗赃者,中书籍其姓名,罪至徒者,永不录用。"金人陷均州,守臣杨彦明遁去。丁酉,金人陷房州。己亥,张遇焚真州。秘阁修撰孙昭远为乱兵所害。庚子,遣主客员外郎谢亮为陕西抚谕使兼宣谕使,持诏赐夏国。张遇陷镇江府,守臣钱伯言弃城走。辛丑,内侍邵成章坐辄言大臣除名、南雄州编管。金人陷郑州,通判赵伯振死之。癸卯,金帅窝里嗢陷潍州,又陷青州,寻弃去。丁未,诏谕流民、溃兵之为盗贼者,释其罪。己酉,禁诸将引溃兵入蜀,置大散关使以审验之。庚戌,遣考功员外郎傅雱为淮东京东西抚谕使。辛亥,王渊招降张遇,以所部万人隶韩世忠。改授显谟阁直学士孟忠厚为常德军承宣使。诏凡后族毋任侍从官,著为令。金人焚邓州。是月,以中奉大夫刘豫知济南府。金人陷颍昌府,守臣孙默为所杀。经制司僚属王择仁复永兴军。金人陷秦州,经略使李复降;又犯熙河,经略使张深遣兵马都监刘惟辅与战于新店,败之,斩其帅黑锋。二月丙辰,金人再犯东京,宗泽遣统制阎中立等拒之,中立战死。戊午,移耿南仲于临江军。金人陷唐州。壬戌,安化军节度副使宇文虚中应诏使绝域,复中大夫,召赴行在。癸亥,罢市易务。甲子,金人犯滑州,宗泽遣张抃救之,战死。乙丑,泽遣判官范世延等表请帝还阙。河北贼杨进等诣泽降。丁卯,复延康、述古殿直学士为端明、枢密直学士。辛未,诏自今犯枉法自盗赃罪至死者,籍其赀。壬申,赦福州叛卒张员等。癸酉,金人陷蔡州,执守臣阎孝忠。丙子,金人陷淮宁府,守臣向子韶死之。丁丑,遣王贶等充金国军前通问使。戊寅,责降知镇江府赵子崧为单州团练副使、南雄州安置。己卯,夺秘书正字胡珵官,送梧州编管。朝奉大夫刘正彦应诏使绝域,授武德大夫、威州刺史,寻为御营右军副统制。庚申,以王渊为向德军节度使。辛巳,武功大夫、和州防御使马扩奔真定五马山砦聚兵,得皇弟信王榛于民间,奉之总制诸寨。壬午,诏京畿、京东西、河北、淮南路置振华军八万人。是月,成都守臣卢法原修城成。三月辛卯,金人陷中山府。壬辰,诏诸路安抚使许便宜制官吏。丁酉,初立《大小使臣呈试弓马出官格》,先阅试,然后奏补。粘罕焚西京去。庚子,河南统制官翟进复西京,宗泽奏进为京西北路安抚制置使。丙午,遥授尚书右仆射何㮚为观文殿大学士,中书侍郎陈过庭为资政殿大学士,同知枢密院事聂昌为资政殿大学士,并主管宫观。时㮚已卒于金,昌为人所杀,朝迁未之知。过庭亦在金军中。丁未,罢内外权局官之不应法者。遣杨应诚为大金、高丽国信使。己酉,张员等复作乱,拥众突城出,命本路提点刑狱李苆讨捕之。辛亥,以范琼权同主管侍卫步军司公事,屯真州。是月,金人陷凤翔府,守臣刘清臣弃城去;又犯泾原,经略使统制官曲端遣将拒战,败之,金兵走同、华。石壕尉李彦仙举兵复陕州。夏四月丙辰,诏文臣从官至牧守、武臣管军至遥郡,各举所知二人。戊午,禁州县责邻保代输逃户税役。宗泽遣将赵世兴复滑州。乙丑,翟进以兵袭金帅兀室于河南,兵败,其子亮死之。进又率御营统制韩世忠、京城都巡检使丁进等兵战于文家寺,又败,世忠收余兵南归。兀室复入西京,寻弃去。陇右都护张严及金人战于五里坡,败绩,死之。丁卯,金人入洺州。壬辰,军贼孙琦焚随州。癸未,入唐州。信王榛遣马扩来奏事。是月,以榛为河外兵马都元帅,扩为元帅府马步军都总管。五月乙酉,许景衡罢。孙琦犯德安府。丙戌,命参酌元祐科举条制,立诗赋、经义分试法。戊子,以翰林学士朱胜非为尚书右丞。辛卯,以金兵渡河,遣韩世忠、宗泽等逆战。甲午,曲赦河北、陕西、京东路。福建转运判官谢如意执张员等六人,诛之。丙申,复命宇文虚中为资政殿大学士,充金国祈请使。贼靳赛寇光山县。戊戌,河北制置使王彦部兵渡河,屯滑州之沙店。癸卯,张悫薨。甲辰,金帅娄宿陷绛州。丁未,复置两浙、福建提举市舶司。己酉,秀州卒徐明等作乱,执守臣朱芾,迎前守赵叔近复秀州事。命御营中军统制张俊讨之。癸丑,罢借诸路职田。六月乙卯,权罢邛州铸钱,增印钱引。癸亥,建州卒叶浓等作乱,寇福州。甲子,亲虑囚。乙丑,张俊至秀州,杀赵叔近,执徐明斩之。甲戌,叶浓陷福州。丁丑,诏江、浙沿流州军练水军,造战舰。京畿、淮甸蝗。是月,以知延安府王庶节制陕西六路军马,泾原经略使统制官曲端为节制司都统制。永兴军经略使郭琰逐王择仁,择仁奔兴元。秋七月甲申,叶浓入宁德县,复还建州,命张俊同两浙提点刑狱赵哲率兵讨之。丙戌,诏吏部审量京官,非政和以后进书颂及直赴殿试人,乃听参选。宗泽薨。丁亥,诏百官坐蔡京、王黼拟授而废者,许自新复用。戊子,禁军中抉目剖心之刑。壬辰,选江、浙州军正兵、土兵六之一赴行在。乙未,以郭仲荀为京城副留守。戊戌,录内外诸军将士功。辛丑,以春霖、夏旱蝗,诏监司、郡守条上阙政,州郡灾甚者蠲田赋。甲辰,以降授北京留守杜充复枢密直学士,为开封尹、东京留守。八月甲寅,初铸御宝三。甲戌,御集英殿策试礼部进士。罢殿中侍御史马伸,寻责濮州。河北、京东捉杀使李成叛。辛巳,犯宿州。是月,二帝徙居韩州。九月甲申,丁进叛,复寇淮西。庚寅,赐礼部进士李易以下四百五十一人及第、出身,特奏名进士皆许调官。壬辰,召侍从所举褚宗谔等二十一人驿赴行在。癸巳,金人陷冀州,将官李政死之。甲午,金人再犯永兴军,经略使郭琰弃城,退保义谷。辛丑,陕西节制司兵官贺师范及金人战于八公原,败绩,死之。丙午,复所减京官奉。丁未,东京留守统制官薛广及金人战于相州,败死。己酉,郭三益薨。是秋,窝里嗢、挞懒破五马山砦,信王榛不知所终。马扩军败于北京之清平。冬十月甲寅,命扬州浚隍修城。阅江、淮州郡水军。杨应诚还自高丽。戊午,遣刘光世讨李成。壬戌,禁江、浙闭籴。癸亥,粘罕围濮州,遣韩世忠、范琼领兵至东平、开德府,分道拒战,又命马扩援之。甲子,命孟忠厚奉隆祐太后幸杭州。杨进复叛,攻汝、洛,命翟进击于鸣皋山,翟进战死。丙子,罢吏部审量崇宁、大观以来滥赏,止令自陈。是月,刘正彦击丁进,降之。十一月辛巳朔,提举嵩山崇福宫李纲责授单州团练副使、万安军安置。刘光世及李成战于新息县,成败走。高丽国王王楷遣其臣尹彦颐入见。金人围陕州,守臣李彦仙拒战,却之。壬辰,金人陷延安府,权知府刘选、总管马忠皆遁,通判府事魏彦明死之。癸巳,赵哲大破叶浓于建州城下,浓遁而降,复谋为变,张俊禽斩之。乙未,金人陷濮州,执守臣杨粹中,又陷开德府,守臣王棣死之。以魏行可充金国军前通问使。庚子,诣寿宁寺朝飨祖宗神主。壬寅,冬至,祀昊天上帝于圜丘,以太祖配,大赦。金人陷相州,守臣赵不试死之。甲辰,陷德州,兵马都监赵叔皎死之。庚戌,立士庶子弟习射补官法。是月,节制陕西军马王庶为都统制曲端所拘,夺其印。四川茶马赵开罢官买卖茶,给引通商如政和法。金人犯晋宁军,守臣徐徽言拒却之,知府州折可求以城降。金人陷淄州。泾原兵马都监吴玠袭斩史斌。滨州贼盖进陷棣州,守臣姜刚之死之。京东贼李民诣行在请降,王渊歼其众,留民为将。十二月乙卯,太后至杭州,扈从统制苗傅以其军八千人驻奉国寺。庚申,金人陷东平府,京东西路制置使权邦彦弃城去,又陷济南府,守臣刘豫以城降。甲子,金人陷大名府,提点刑狱郭永骂敌不屈,死之,转运判官裴亿降。又陷袭庆府。乙丑,陷虢州。丙寅,初命修国史。己巳,以黄潜善为尚书左仆射兼门下侍郎,汪伯彦右仆射兼中书侍郎,颜岐门下侍郎,朱胜非中书侍郎,兵部尚书卢益同知枢密院事。辛未,金人犯青州。丁丑,特进致仕余深、金紫光禄大夫致仕薛昂并分司,进昌军、徽州居住。耿南仲再责单州别驾,唐恪追落观文殿大学士。戊寅,以礼部侍郎张浚兼御营参赞军事,教习长兵。是冬,杜充决黄河,自泗入淮,以阻金兵。

三年春正月庚辰朔,帝在扬州。以京西北路兵马钤辖翟兴为河南尹、京西北路安抚制置兼招讨使。京西贼贵仲正陷岳州。甲申,以资政殿学士路允迪签书枢密院事。丁亥,金人再陷青州,又陷潍州,焚城而去。京东安抚刘洪道入青州守之。己丑,奉安西京会圣宫累朝御容于寿宁寺。占城国入贡。趣大金通问使李邺、周望、宋彦通、吴德休等往军前。辛卯,陕州都统邵兴及金人战于潼关,败之。复虢州。乙未,杜充遣岳飞、桑仲讨其叛将张用于城南,其徒王善救之,官军败绩。庚子,张用、王善寇淮宁府,守臣冯长宁却之。诏:"百官闻警遣家属避兵,致物情动摇者,流。"丙午,粘罕陷徐州,守臣王复及子倚死之,军校赵立结乡兵为兴复计。御营平寇左将军韩世忠军溃于沭阳,其将张遇死,世忠奔盐城。金兵执淮阳守臣李宽,杀转运副使李跂,以骑兵三千取彭城,间道趣淮甸。戊申,至泗州。

二月庚戌朔,始听士民从便避兵。命刘正彦部兵卫皇子、六宫如杭州。江、淮制置使刘光世阻淮拒金人,敌未至,自溃。金人犯楚州,守臣朱琳降。辛亥,金人陷天长军。壬子,内侍邝询报金兵至,帝被甲驰幸镇江府。是日,金兵过杨子桥。癸丑,游骑至瓜洲,太常少卿季陵奉太庙神主行,金兵追之,失太祖神主。王渊请幸杭州。命留朱胜非守镇江,以吏部尚书吕颐浩为资政殿大学士、江淮制置使,都巡检使刘光世为殿前都指挥使,充行在五军制置使,驻镇江府,控扼江口。主管马军司杨惟忠节制江东军马,驻江宁府。是夕,发镇江,次丹城镇。金人入真州。甲寅,次常州。御营统制王亦谋据江宁,不克而遁。御营平寇前军范琼自东平引兵至寿春,其部兵杀守臣邓绍密。丙辰,次平江府。丁巳,金人犯泰州,守臣曾班以城降。丁进纵兵剽掠,王渊诱诛之。戊午,次吴江县,命朱胜非节制平江府、秀州控扼军马,礼部侍郎张浚副之。又命胜非兼御营副使。留王渊守平江。以忠训郎刘俊民为阁门祗候,赍书使金军。诏录用张邦昌亲属,仍命俊民持邦昌贻金人约和书稿以行。金人陷沧州,守臣刘锡弃城走。己未,次秀州。命吕颐浩往来经制长江,以龙图阁待制、知江州陈彦文为沿江措置使。庚申,次崇德县。吕颐浩从行,即拜同签书枢密院事、江淮两浙制置使,以兵二千还屯京口。又命御营中军统制张俊以兵八千守吴江,吏部员外郎郑资之为沿江防托,监察御史林之平为沿海防托,募海舟守隘。壬戌,驻跸杭州。金人陷晋宁军,守臣徐徽言死之。癸亥,下诏罪己,求直言。令有司具舟常、润,迎济衣冠、军民家属。省仪物、膳羞,出宫人之无职掌者。乙丑,降德音;赦杂犯死罪以下囚,放还士大夫被窜斥者,惟李纲罪在不赦,更不放还。盖用黄潜善计,罪纲以谢金人。置江宁府榷货务都茶场。丁卯,百官入见,应迪功郎以上并赴朝参。戊辰,出米十万斛,即杭、秀、常、湖州、平江府损直以粜,济东北流寓之人。金人焚扬州。己巳,用御史中丞张澂言,罢黄潜善、汪伯彦,以户部尚书叶梦得为尚书左丞,澂为右丞。庚午,诏平江、镇江府、常、湖、杭、越州,具寓居京朝官已上姓名以备简拔。分命浙西监司等官,募土豪守千秋、垂脚、襄阳诸岭,以扼宣、常诸州险要。金人去扬州。辛未,诏御营使司唯掌行在五军,凡边防经制并归三省、枢密。金人过高邮军,守臣赵士瑗弃城走。溃兵宋进陷泰州,守臣曾班遁。壬申,罢军期司搐敛民财者。吕颐浩遣将陈彦渡江袭金余兵,复扬

州。癸酉,靳赛犯通州。韩世忠小校李在叛据高邮。甲戌,黄潜善、汪伯彦并落职。乙亥,召朱胜非赴行在,留张浚驻平江。赠陈东、欧阳澈承事郎,官有服亲一人,恤其家。召马伸赴行在,卒,赠直龙图阁。丙子,诏士民直言时政得失。是月,以王庶为陕西节制使、知京兆府,节制司都统制曲端为鄜延经略使、知延安府。张用据确山,号"张莽荡"。

三月己卯朔,日中有黑子。庚辰,以朱胜非为尚书右仆射兼中书侍郎。辛巳,叶梦得罢,以卢益为尚书左丞,未拜,复罢为资政殿学士。御营都统制王渊同签书枢密院事,吕颐浩为江南东路安抚制置使、知江宁府。壬午,诏王渊免进呈书押本院文字。扈从统制苗傅忿王渊骤得君,刘正彦怨招降副盗而赏薄。帝在扬州,阉宦用事恣横,诸将多疾之。癸未,傅、正彦等叛,勒兵向阙,杀王渊及内侍康履以下百余人。帝登楼,以傅为庆远军承宣使、御营使司都统制,正彦渭州观察使、副都统制。傅等迫帝逊位于皇子魏国公,请隆祐太后垂帘同听政。是夕,帝移御显宁寺。甲申,尊帝为睿圣仁孝皇帝,以显宁寺为睿圣宫,大赦。以张澂兼中书侍郎,韩世忠为御营使司提举一行事务,前军统制张俊为秦凤副总管,分其众隶诸军。丁亥,以东京留守杜充为资政殿大学士、节制京东西路。殿前副都指挥使、东京副留守郭仲荀进昭化军节度使。分窜内侍蓝珪、高邈、张去为、张旦、曾择、陈永锡于岭南诸州。择已行,傅追还,杀之。吕颐浩至江宁。戊子,以端明殿学士王孝迪为中书侍郎,卢益为尚书左丞。张俊部众八千至平江,张浚谕以决策起兵问罪,约吕颐浩、刘光世招韩世忠来会。己丑,改元明受。张浚奏乞睿圣皇帝亲总要务。庚寅,百官始朝睿圣宫,以苗傅为武当军节度使,刘正彦为武成军节度使,刘光世为太尉、淮南制置使,范琼为庆远军节度、湖北制置使,杨惟忠加少保,张浚为礼部尚书,及吕颐浩并赴行在。傅等以御营中军统制吴湛主管步军司;黄潜善、汪伯彦并分司,衡、永州居住;王孝迪、卢益为大金国信使;进士黄大本、吴时敏为先期告请使。置行在都茶场。吕颐浩奏请睿圣皇帝复大位。金人陷鄜州。癸巳,张浚命节制司参议官辛道宗措置海舶,遣布衣冯轓持书说傅、正彦。甲午,有司请尊太后为太皇太后,不许。吕颐浩率勤王兵万人发江宁。乙未,再贬黄潜善镇东军节度副使、英州安置。刘光世部兵会吕颐浩于丹阳。丙申,韩世忠自盐城收散卒至平江,张俊假兵二千。戊戌,赴行在。辛丑,傅等以世忠为定国军节度使,张俊为武宁军节度使、知凤翔府,张浚责黄州团练副使、郴州安置。俊等皆不受。傅等遣军驻临平,拒勤王兵。壬寅,日中黑子没。卢益罢。吕颐浩至平江。水贼邵青入泗州。癸卯,太后诏:睿圣皇帝宜称皇太弟、天下兵马大元帅,康王、皇帝称皇太侄、监国。赐傅、正彦铁券。吕颐浩、张浚传檄中外讨傅、正彦,执黄大本下狱。乙巳,太后降旨睿圣皇帝处分兵马重事。张俊率兵发平江,刘光世继之。丙午,张浚同知枢密院事,翰林学士李邴、御史中丞郑瑴并同签书枢密院事。吕颐浩、张浚发平江。丁未,次吴江,奏乞建炎皇帝还即尊位。朱胜非召傅、正彦至都堂议复辟,傅

等遂朝睿圣宫。金人陷京东诸郡，刘洪道弃青州去。挞懒以刘豫知东平府、节制河南州郡。赵立复徐州。

夏四月戊申朔，太后下诏还政，皇帝复大位。帝还宫，与太后御前殿垂帘，诏尊太后为隆祐皇太后。己酉，诏访求太祖神主。以苗傅为淮西制置使，刘正彦副之。庚戌，复纪年建炎。命张浚知枢密院事，苗傅、刘正彦并检校少保。吕颐浩、张浚军次临平，苗翊、马柔吉拒战不胜，傅、正彦引兵二千夜遁。辛亥，皇太后撤帘。吕颐浩等入见。傅犯富阳、新城二县，遣统制王德、乔仲福追击之。癸未，朱胜非、颜岐、王孝迪、张澂、路允迪俱罢。以吕颐浩为尚书右仆射兼中书侍郎，李邴尚书右丞，郑瑴签书枢密院事。甲寅，以刘光世为太尉、御营副使，韩世忠为武胜军节度使、御前左军都统制，张俊为镇西军节度使、御前右军都统制，勤王所僚属将佐进官有差。主管殿前司王元、左言并责官，英、贺州安置。枢密都承旨马瑗停官、永州居住。吏部员外郎范仲熊、浙西安抚司主管机宜文字时希孟并除名，柳州、吉阳军编管。斩中军统制吴湛、工部侍郎王世修于市。赠王渊开府仪同三司。乙卯，大赦。举行仁宗法度，应嘉祐条制与今不同者，自官制役法外，赏格从重，条约从宽。罢上供不急之物。元祐石刻党人官职、恩数追复未尽者，令其家自陈。许中外直言。丁巳，禁内侍交通主兵官及馈遗假贷、借役禁兵、干预朝政。庚申，诏尚书左右仆射并带同中书门下平章事，改门下、中书侍郎为参知政事，省尚书左、右丞。以李邴参知政事。诏行在职事官各举所知，并省馆学、寺监等官。苗傅犯衢州。癸亥，以给事中周望为江、浙制置使。丁卯，帝发杭州，留郑瑴卫皇太后，以韩世忠为江、浙制置使，及刘光世追讨傅、正彦。己巳，诏：傅、正彦、苗瑀、苗翊、张逵不赦，余党并原。壬申，立子魏国公 为皇太子。赦傅党王钧甫、马柔吉罪，许其自归。丙子，范琼自光、蕲引兵屯洪州。是月，刘文舜寇濠州。西北贼薛庆夜袭据高邮军。

五月戊寅朔，帝次常州，以张浚为宣抚处置使，以川、陕、京西、湖南北路隶之，听便宜黜陟。庚辰，苗傅统领官张翼斩王钧甫、马柔吉降。辛巳，次镇江府，遣祭张悫、陈东墓，诏恤其家。癸未，以翰林学士滕康同签书枢密院事。乙酉，至江宁府，驻跸神霄宫，改府名建康。起复朝散郎洪皓为大金通问使。丁亥，以徽猷阁直学士陈彦文提领水军，措置江、浙防托。召蓝珪 等速还朝。己丑，韩世忠追讨傅、正彦于浦城县，获正彦，傅遁走。张浚抚谕薛庆于高邮，为庆所留。乙未，浚罢。以御营前军统制王瓌 为淮南招抚使。己亥，复置中书门下省检正官，省左、右司郎中二员。苗傅裨将江池杀苗翊，降于周望。傅走建阳县，土豪詹标执之以献。辛丑，张浚还自高邮。复命知枢密院事。是月，翟兴击杀杨进余党，复推其徒刘可拒官军。

六月戊申朔，以东京留守杜充引兵赴行在，命兼宣抚处置副使，节制淮南、京东西路。己酉，以久雨，召郎官已上言阙政，吕颐浩请令实封以闻。遂用司勋员外郎赵鼎言，罢王安石配享神庙庭，以司马光配。王善攻淮宁府不克，转寇宿州，统领王冠战败之。甲寅，罢赏功司。乙

卯，命恤死事者家，且录其后。升浙西安抚使康允之为制置使。丙辰，刘光世招安苗傅将韩隽。戊午，命江、浙、淮南引塘泺、开畎浍，以阻金兵。庚申，皇太后至建康府。辛酉，以久阴，下诏以四失罪己：一曰昧经邦之大略，二曰昧戡难之远图，三曰无绥人之德，四曰失驭臣之柄。仍榜朝堂，遍谕天下，使知朕悔过之意。以带御器械李质权同主管殿前司。乙丑，以建康府路安抚使连南夫兼建康府、宣、徽、太平等州制置使。丁卯，右司谏袁植请诛黄潜善及失守者权邦彦等九人。诏："朕方念咎责己，岂可尽以过失归于臣下？"遂罢植知池州，以赵鼎为右司谏。癸酉，置枢密院检详官。以右司郎中刘宁止为沿江措置副使。甲戌，移御行宫。乙亥，诏谕中外："以迫近防秋，请太后率宗室迎奉神主如江表，百司庶府非军旅之事者，并令从行。朕与辅臣宿卫备御寇敌，应接中原。官吏民士家属南去者，有司毋禁。"金人陷磁州。是夏，贼贵仲正降。

秋七月戊寅，赠王复为资政殿学士。己卯，亲虑囚。辛巳，苗傅、刘正彦伏诛。癸未，进韩世忠检校少保、武胜昭庆军节度使、御营使司都统制。范琼自洪州入朝，以琼为御营使司提举一行事务，后军统制辛企宗为都统制。命学士院草夏国书、大金国表本付张浚。甲申，诏以苗、刘之变，当轴大臣不能身卫社稷，朱胜非、颜岐、路允迪并落职，张澂衡州居住。以知庐州胡舜陟为淮西制置使，知江州权邦彦兼本路制置使。金人犯山东，安抚使刘洪道弃潍州遁，莱州守将张成举城降。丁亥，以范琼跋扈无状，收下大理狱，分其隶肃神武五军。皇太子薨，谥元懿。戊子，郑瑴薨。己丑，以资政殿大学士王绹参知政事，兵部尚书周望同签书枢密院事。庚寅，仙井监乡贡进士李时雨上书，乞选立宗子系属人心，帝怒，斥还乡里。辛卯，升杭州为临安府。壬辰，言者又论范琼逼迁徽宗及迎立张邦昌，琼辞伏，赐死，子弟皆流岭南。刘洪道复青州，执金守向大猷。乙未，遣谢亮使夏国。丁酉，遣崔纵使金军前。庚子，张浚发行在。辛丑，王瓌 与靳赛遇，合战，败绩。壬寅，命李邴、滕康权知三省、枢密院事，扈从太后如洪州，杨惟忠将兵万人以卫。以杜充同知枢密院事兼宣抚处置副使。乙巳，诏江西、闽、广、荆湖诸路团教峒丁、枪杖手。山东贼郭仲威陷淮阳军。翟兴引兵入汝州，与贼王俊战，败之。

八月己酉，移浙西安抚司于镇江府。庚戌，李邴罢。壬子，以吏部尚书刘珏为端明殿学士、权同知三省、枢密院事。甲寅，王庶罢。以徽猷阁直学士、知庆阳府王似为陕西节制使。刘文舜入舒州。己未，太后发建康。丁卯，遣杜时亮使金军前。

闰八月丁丑朔，以胡舜陟为沿江都制置使，集英殿修撰王羲叔副之。丁亥，辅逵掠涟水军，杀军使郝璘，率众降于王瓌。己丑，以吕颐浩守尚书左仆射，杜充守右仆射，并同中书门下平章事，起居郎胡寅上书言二十事，吕颐浩不悦，罢之。辛卯，命杜充兼江、淮宣抚使、守建康，前军 统制王瓌隶之，韩世忠为浙西制置使守镇江，刘光世为江东宣抚使守太平、池州，并受充节制。丁酉，太后至洪州。己亥，减福建、广南岁上供银三之一。诏制

置使唯用兵听便宜,余事悉禁。壬寅,帝发建康,复还浙西,张俊、辛企宗以其军从。甲辰,次镇江府。赐陈东家金。张浚次襄阳,招官军、义兵分屯襄、郢、唐、邓,以程千秋、李允文节制。是月,知济南府宫仪及金人数战于密州,兵溃,仪及刘洪道俱奔淮南,守将李逵以密州降金。靳赛诣刘光世降。

九月丙午朔,日有食之。谍报金人治舟师,将由海道窥江、浙,遣韩世忠控守圌山、福山。辛亥,次平江府。壬子,金人陷单州、兴仁府,遂陷南京,执守臣凌唐佐,降之。癸丑,以周望为两浙、荆湖等路宣抚使,总兵守平江。翰林学士张守同签书枢密院事。命刘光世移屯江州。丙辰,遣张邵等充金国军前通问使。金人陷沂州。却高丽入贡使。张浚承制罢知潭州辛炳,起复直龙图阁向子諲代之。丁巳,蠲诸路青苗积欠钱。辛酉,知鼎州邢倞坐结耶律余覩,再责汝州团练副使、英州安置。癸亥,赐宿、泗州都大提举使李成军绢二万匹,成寻复叛。己巳,以胡舜陟为两浙宣抚司参谋官,知镇江府陈邦光为沿江都制置使。庚午,以工部侍郎汤东野知平江府兼浙西制置使。辛未,追复邹浩龙图阁待制。壬申夜,潭州禁卒作乱,谋窜不果,向子諲随招安。甲戌,金帅娄宿犯长安,经略使郭琰弃城遁,河北贼郦琼围光州。

冬十月丙子朔,诏按察官岁上所发摘赃吏姓名以为殿最。庚辰,禁诸军擅入川、陕。癸未,帝至杭州,复如浙东。庚寅,渡浙江。郭仲威诣周望降,望以仲威为本司统制。辛卯,李成陷滁州,杀守臣向子伋。壬辰,帝至越州。癸巳,命提举广西峒丁李棫市马,邕州置牧养务。戊戌,初命东南八路岁收经制五项钱输行在。张浚治兵于兴元府。金人陷寿春府。庚子,陷黄州,守臣赵令歲死之。辛丑,张浚以同主管川、陕茶马赵开为随军转运使,专总四川财赋。金人自黄州济江,刘光世引军遁,知江州韩梠弃城去。金人自大冶县趋洪州。是月,京西贼刘满陷信阳军,杀守臣赵士负。盗入宿州,杀通判盛修已。

十一月乙巳朔,金人犯庐州,守臣李会以城降。王善叛降金,金人执之。丁未,诏降杂犯死罪,释流以下囚,听李纲自便,追复宋齐愈官。贵仲正犯荆南,兵马钤辖渠成与战,斩之。戊申,金帅兀朮犯和州,守臣李侔以城降,通判唐璟死之。己酉,张浚出行关、陕。兀朮陷无为军,守臣李知几弃城走。壬子,太后退保虔州。江西制置使王子献弃洪州走。丁巳,金人陷临江军,守臣吴将之遁。戊午,遣孙悟等充金国军前致书使。金人陷洪州,权知州事李积中以城降。抚、袁二州守臣王仲山、王仲嶷皆降。淮贼刘忠犯蕲州,韩世清逆战,破之。忠入舒州,杀通判孙知微。庚申,金人陷真州,守臣向子忞弃城去。辛酉,太后至吉州。壬戌,金人犯建康府,陷溧水,县尉潘振死之。癸亥,金人陷太平州。主管步军司闾勍自西京奉累朝御容至行在,诏奉安于天庆观,寻命勍节制淮西军马,以拒金人。甲子,杜充遣都统制陈淬、岳飞等及金人战于马家渡,王瓁以军先遁,淬败绩,死之。乙丑,以检正诸房公事傅崧卿为浙东防遏使。太后发吉州,次太和县。护卫统制杜彦及后军杨世雄率众叛,犯永丰县,知县事赵训

死之。金人至太和县,太后自万安陆行如虔州。丁卯,下诏回浙西迎敌。金人犯吉州,守臣杨渊弃城走,又陷六安军。己巳,帝发越州,次钱清镇。庚午,复还越州。以周望同知枢密院事,仍兼两浙宣抚使守平江。殿前都指挥使郭仲荀为副使守越州,右军都统制张俊为浙东制置使从行。御史中丞范宗尹参知政事。辛未,兀朮入建康府,守臣陈邦光、户部尚书李梲迎拜,通判杨邦乂拒之。癸酉,帝如明州。金人犯建昌军,兵马监押蔡延世击却之。甲戌,兀朮杀杨邦乂。韩世忠自镇江引之江阴军。江、淮宣抚司溃卒李选攻陷镇江。淮西兵马都监宗望以濠州降于金。是月,张浚至秦州。桑仲自唐州犯襄阳,京西制置使程千秋败走,仲遂据襄阳。

十二月乙亥朔,张浚承制废积石军。丙子,帝至明州。丁丑,江、淮宣抚司准备将戚方拥众叛,犯镇江府,杀守臣胡唐老。辛巳,金人陷常州,守臣周杞遣赤心队官刘晏击走之。金人陷广德军。杀守臣周烈。刘光世引兵趋南康军。壬午,定议航海避兵,禁卒张宝等惮行,谋乱,命吕颐浩等伏兵,执宝等十七人斩之。甲申,张浚承制拜泾原经略使曲端为威武大将军、宣抚处置使司都统制。乙酉,兀朮犯临安府,守臣康允之弃城走,钱塘县令朱跸死之。己丑,帝乘楼船次定海县,给付在诸军雪寒钱。辛卯,留范宗尹、赵鼎于明州以候金使。癸巳,帝次昌国县。乙未,杜彦犯潭州,杀通判孟彦卿、赵民彦。金人屠洪州。戊戌,金人犯越州,安抚使李邺以城降,卫士唐琦袖巨石要击金帅苍八不克,死之。郭仲荀弃军奔温州。庚子,移幸温、台。癸卯,黄潜善卒于英州。李成自滁州引兵之淮西。

卷二十六　　　本纪第二十六

高　宗　三

四年春正月甲辰朔,御舟碇海中。乙巳,金人犯明州,张俊及守臣刘洪道击却之。丙午,帝次台州章安镇。已酉,遣小校自海道如虔州问安太后。庚戌,金人再犯明州,张俊引兵去,浙东副总管张思政及刘洪道继遁。癸丑,贬郭仲荀汝州团练副使、广州安置。丙辰,诏原两浙州郡降金官吏。丁巳,娄宿陷陕州,守臣李彦仙死之。己未,金人陷明州,夜,大雨震电,乘胜破定海,以舟师来袭御舟,张公裕以大舶击退之。辛酉,发章安镇。壬戌,雷雨又作。甲子,泊温州港口。乙丑,以中书舍人李正民为两浙、湖南、江西抚谕使,诣太后问安。丁卯,台州守臣李晁公为弃城遁。虔州卫兵及乡兵相杀,纵火肆掠三日。刘可转寇京西,屡为桑仲所败,至是为其党所杀,复推刘超据荆门军。戊辰,滕康、刘珏罢,仍夺职。己巳,换给僧道度牒,人输钱十千。辛未,命臣僚条具兵退之后措置之策、驻跸之所。是月,金人攻楚州,守臣赵立拒之。金人犯邠州,曲端遣泾原路副总管吴玠拒战,败之于彭原;又陷同州。张

浚遣谢亮使夏国，至则其主乾顺已称制，遂还。

二月甲戌朔，郦琼率众降于刘光世。叛将傅选诣虔州乞降。乙亥，奉安祖宗神御于福州。诏复以卢益为资政殿学士，李回端明殿学士，并权知三省、枢密院事。金人陷潭州，将吏王晞、刘价、赵聿之战死，向子諲率兵夺门亡去，金兵大掠，屠其城。丙子，金人自明州引兵还临安。癸未，虔州乡兵首领陈新率众数万围城，叛将胡友亦犯虔州，与新战，破之，新乃去。甲申，禁逃卒投刺别军。丙戌，金人自临安退兵，命刘光世率兵追之。丁亥，金人陷汴京，权留守上官悟出奔，为盗所杀。庚寅，帝次温州。浙东防遏使傅崧卿入越州。辛卯，金人陷秀州。甲午，知蔡州程昌㝢弃城南归。鼎州民钟相作乱，自称楚王。乙未，杜充罢。丙申，以金兵退，肆赦。张浚承制以陕西制置使王似知成都府。罢诸路武臣提点刑狱。李成入舒州。金游骑至平江，周望弃太湖，守将汤东野亦遁。茶陵县军贼二千余人犯郴州永兴县。戊戌，金人入平江，纵兵焚掠。辛丑，白虹贯日。钟相陷澧州，杀守臣黄宗。权湖北制置使傅雱招谕孔彦舟，彦舟听命，因以为湖南、北捉杀使。荆南守臣唐悫弃城去。金人陷醴州，守臣王淑弃城去。是月，张浚自秦州引兵入援。

三月癸卯朔，孔彦舟入鼎州。金人去平江，统制陈思恭以舟师邀败其后军于太湖。吕颐浩请幸浙西。丙午，赵鼎言金兵去未远，遂缓其行。丁未，命发运司说谕两浙富民助米，以备巡幸。辛亥，遣兵部员外郎冯康国等抚谕荆湖南北、广南诸路。壬子，金人入常州，守臣周杞弃城去。甲寅，遣卢益及御营都统制辛企宗奉迎太后东还。丙辰，金人犯终南县，经略使郑恩战败，死之。己巳，金人至镇江府，韩世忠屯焦山寺邀击之。诏侍从官各举可充监司者一二人。辛酉，御舟发温州。宣抚司节制军马李允文部兵至鄂州。御营前军将杨勍叛。甲子，张浚请便宜辟官不许冲改。戊辰，孔彦舟击败钟相，禽相及其子子昂，槛送行在。己巳，戚方陷广德军，杀权通判王俜。

夏四月癸酉，蠲江西州县兵盗残破民家夏税。戊寅，吴玠及金人战于邠州彭原店，败绩，部将杨晟死之。己卯，以观文殿学士朱胜非为江西、湖南北宣抚使。是日，张浚引兵至房州，知金兵退，乃还。癸未，帝驻越州。甲申，下诏亲征，巡幸浙西。韩世忠驻军扬子江，要金人归路，屡败之，兀朮引军走建康。乙酉，以御史中丞赵鼎为翰林学士，鼎固辞不拜。戚方围宣州。刘光世遣统制王德诱诛刘文舜于饶州。丙申，用赵鼎劾奏，吕颐浩罢为镇南军节度使、醴泉观使。命三省、枢密院同班奏事。韩世忠及兀朮再战江中，金人乘风纵火，世忠败绩。兀朮渡江，屯六合县。丁酉，复以赵鼎为御史中丞。戊戌，振明州被兵民家。己亥，以张俊为浙西、江东制置使。辛丑，王德破妖贼王宗石于信州贵溪县，执其渠帅，诸县悉平。是月，金人犯江西者自荆门军北归，留守司同统制牛皋潜军宝丰击败之。

五月甲辰，以范宗尹为尚书右仆射兼御营使。辛亥，统领赤心队军马刘晏及戚方战于宣州，败死。壬子，金人焚建康府，执李梲、陈邦光而去。淮南宣抚司统制岳飞邀击于静安镇，败之。是夜，紫微垣内有赤云亘天，白气贯其中。癸丑，诏台谏等官各举所知二人。以张守参知政事、赵鼎签书枢密院事。以白金三万两赐韩世忠，赠战殁将孙世询、严永吉、张渊等官。甲寅，金人陷定远县，执闾勍去，勍不屈，死。巨师古击戚方于宣州，数败之，方引去。乙卯，王绹罢。丁巳，命刘光世移军捕戚方。杨勍犯婺州。戊午，复置权尚书六部侍郎。癸亥，诏中原、淮南流寓士人，听所在州郡附试。甲子，周望罢，寻分司，衡州居住。置京畿、淮南、湖北、京东西路镇抚使。乙丑，升高邮军为承州。以翟兴、赵立、刘位、赵霖、李成、吴翊、李彦先、薛庆并为镇抚使：兴河南府、孟汝、唐州，立楚、泗州、涟水军，位滁、濠州，霖和州、无为军，成舒、蕲、翊光、黄州，彦先海州、淮阳军，庆、承州、天长军。丁卯，庆及金人战于承州城下，累败之。戊辰，命江、浙州县祭战死兵民。分江东、西为鄂州、江州、池州三路，置安抚使。罢诸路帅臣兼制置使、诸州守臣兼管内安抚使。是月，刘超据荆南，分兵犯峡州，又合叛将彭筠犯复州。淮西败将崔增陷焦湖水寨。河东、北经制使王俊举兵及金人战于襄城县，败之，复颍昌府。张浚承制以金、房州隶利路。

六月辛未朔，蠲绍兴府三县湖田米。诏侍从、台谏、诸将集议驻跸事宜。杨勍犯处州。癸酉，遣统制陈思恭讨勍。合江南两路转运为都转运使。再贬周望昭化军节度副使、连州安置。甲戌，罢御营司。以范宗尹兼知枢密院事。乙亥，王瓘遣统领林闰等追袭杨勍于东阳县，军败，裨将李在死之。丁丑，以刘光世部兵为御前巡卫军，光世为都统制。杨勍等焚建州。戚方犯湖州安吉县，诏张俊捕之。戊寅，更神前五军为神武军，御营五军为神武副军。以知建康府权邦彦为淮南等路制置发运使。滁、濠镇抚使刘位为贼张文孝所杀，命其子纲袭职。庚辰，置镇抚使六人：陈规，德安府、复州、汉阳军；解潜，荆南府、归、峡州、荆门、公安军；程昌㝢，鼎、澧州；陈求道，襄阳府、邓、随、郢州；范之才，金、均、房州；冯长宁，淮宁、顺昌府、蔡州。辛巳，虑囚。申命有司，讨论厘正崇宁以来滥赏。罢诸州添差通判职官。癸未，召刘光世赴行在。甲申，岳飞破戚方于广德军。乙酉，钟相伪将胡源引兵入慈利县，执其党陈诚来降。丙戌，以吕颐浩为建康路安抚大使，刘光世为两浙路安抚大使，朱胜非为江州路安抚大使，郭仲威为真、扬州镇抚使。戚方诣张俊降。庚寅，召韩世忠率兵赴行在。辛卯，妖贼王宗石等伏诛。壬辰，权密州都巡检徐文率部兵泛海来归。甲午，置枢密院干办官四员。乙未，郭仲威犯镇江府，遣岳飞击之。是月，兀朮闻张浚在秦州，将举兵伐之，自六合引兵趋陕西。秋七月癸卯，刘光世援宣抚使例，乞便宜行事，不许。诏军兴以来诸州得便宜指挥者并罢。乙巳，冯长宁复顺昌府。张浚罢曲端都统制。丁未，以刘光世为集庆军节度使、开府仪同三司。戊申，以孔彦舟为辰、沅、靖州镇抚使。张浚献黄金万两助军用。宣抚司遣统制官吕世存、王俊复鄜州，其余州县多迎降。后军将王辟叛，陷归州，钤辖田祐恭击败之。己酉，王辟犯房州，守臣韦知几弃城走。庚戌，杨勃受刘光世招安,寻复叛去,迫泉州。癸丑,崔增犯太平州,守臣郭伟拒却之。乙卯,金人徙二帝自韩州之五国城。刘光世乞移司平江,不许。丙辰,张俊合诸将戚方等兵万余赴行在。丁巳,申命元祐党人子孙于州郡自陈,尽还当得恩数。韩世忠、张俊并罢。己未,禁闽、广、淮、浙海舶商贩山东,虑为金人乡导。诏江、浙、福建州县,谕豪右募民兵据险立栅,防遏外寇。庚申,以岳飞为通、泰州镇抚使。辛酉,建州民范汝为作乱,命统制李捧捕之。乙丑,复李邦彦以下十九人官职,听自便。复李纲银青光禄大夫,许翰、颜岐端明殿学士。张浚贬曲端阶州居住。丁卯,金人立刘豫为帝,国号齐。戊辰,罢提领措置茶盐司。己巳,诏王璪部兵屯信州。程昌寓遣将杜湛禽李合戎于松滋县。是月,张用据汉阳军,沿江措置副使李允文招降之,以便宜徙鄂州路副总管,以右军统制马友知汉阳军。

八月辛未朔,以礼部尚书谢克家参知政事。壬申,李成请降于江州,诏抚纳之,张浚停程千秋官、文州编管。癸酉,选神武中军亲兵六百人番直禁中。甲戌,诏侍从官日一员轮直,进故事关治体者。丁丑,以韩世忠为检校少师、武成感德军节度使,张俊检校少保、宁武昭庆军节度使。赠监察御史常安民、左司谏江公望为左谏议大夫,录其后二人。庚辰,太后至自虔州。薛庆及金人战于扬州城下,死之。郭仲威奔兴化县。辛巳,侍御史沈与求、户部侍郎季陵以论宰相范宗尹,皆黜,宗尹复视事。癸未,卢益罢。张浚复永兴军,再贬曲端海州团练副使、万州安置。甲申,陈万信余党雷进作乱。乙酉,焚慈利、石门二县。以御营司参议官王择仁权河东制置使,山寨首领韦忠佺为都统制,宋用臣、冯赛同都统制。丙戌,命李成、吴翊捍御上流,翊弃城去,以成为四州镇抚使。命李捧便道过信州招捕靳赛。戊子,以饶、信妖贼平,赦二州徒以下囚,蠲民今年役钱。贬滕康永州、刘珏衡州,并居住。己丑,诏岳飞救楚州,仍命刘光世遣兵往援。辛卯,杜湛渡江讨群贼,复石首等五县。壬辰,盗入梅州,杀守臣沈同之,大掠而去。癸巳,命福建安抚使程迈会兵讨范汝为。甲午,知虢州邵兴遗制阁兴及金人战于解州东,屡破之。金人陷承州。命陈思恭屯兵明州,以防海道。刘光世遣王德、郦琼以轻兵渡江。乙未,遇金游骑于召伯埭,败之。戊戌,以桑仲为襄阳、邓随郢州镇抚使。是月,罢提举广西峒丁。孔彦舟入潭州,宣抚司参议官王以宁率兵拒之,以宁败,遁去。宣抚司主管机宜文字傅雱在彦舟军中,承制以彦舟权湖南副总管。刘纲乏食,率兵奔溧阳。

九月辛丑,吕颐浩入见,请益兵,命王璪、巨师古、颜孝恭兵隶之,分屯境内。壬寅,诏诸路决囚。甲辰,徽宗皇后郑氏崩于五国城。戊申,命秦凤将关师古领兵赴行在。刘豫僭位于北京。庚戌,禁宣抚司僚属便宜行事,及京西、湖南北路勿隶川、陕宣抚司节制。癸丑,泾原同统制李彦琦及金人战于洛河车渡,败之。乙卯,罢中书门下省检正官。桑仲陷均、房州,进犯白土关。丙辰,复增左右司郎官为四员。金人攻楚州,赵立死之。丁巳,赵霖复和州。李成遣马进犯兴国军。戊午,荆、襄贼赵延寿犯德安府,陈规拒却之。己未,金、均、房安抚使王彦及桑仲战于平丽县,败之。王辟诣彦降。辛酉,李捧击范汝为于建州,官军皆溃,捧遁去。金人犯扬州,统制靳赛逆战于港河,败之。金人陷延安府,执吕世存,又陷保安军。癸亥,张浚遣都统制刘锡统五路兵及金将娄宿战于富平县,浚驻邠州督战,官军败绩。丙寅,给刘光世犒军银二万两,绢二万匹。戊辰,赵延寿焚鄂州。金人陷楚州,镇抚使李彦先求救,兵败死之。

冬十月庚午朔,张浚斩环庆经略使赵哲于邠州,贬刘锡合州安置,命诸将各领兵归本路。浚退保秦州,陕西大震。辛未,秦桧自楚州金将挞懒军中归于涟水军丁禩水寨。壬申,命杨惟忠、王璪讨李成。丙子,以孔彦舟为鼎、澧、辰、沅、靖州镇抚使。戊寅,钟相余党杨华举兵围桃源县。己卯,马进犯江州。癸未,程昌寓入鼎州,击杨华,破之。甲申,趣刘光世救楚州。丁亥,以李回同知枢密院事。庚寅,遣前御史台检法官谢向招范汝为。召张浚以兵入援。追复李邦彦观文殿大学士。辛卯,虔州贼李敦仁及弟世雄举兵破虔州石城县。甲午,命杨惟忠率兵屯江州。乙未,岳飞破金人于承州。丙申,诏刘光世节制诸镇,守御通、泰州,伺便袭金人过淮。是月,冯长宁弃城去,寻以淮宁附刘豫。江东贼张琪犯建康府,刘洪道招降之。环庆路统制慕洧叛附于夏国。泾原统制张中彦、经略司干办赵彬叛降金人。刘忠据岳州平江县白面山。王善余党祝友拥众为乱,屯滁州龚家城。

十一月癸卯,慕洧遂引金人围环州。吕颐浩复南康军。甲辰,赵鼎罢。乙巳,秦桧入见。丙午,岳飞弃泰州渡江。丁未,金人犯泰州,飞退保江阴军沙上。以御史中丞富直柔签书枢密院事,秦桧为礼部尚书。李允文杀岳州守臣袁植。吕颐浩会杨惟忠与马进战南康军,不利。戊申,颐浩遣巨师古救江州,为进所败,师古奔洪州。金人陷泾原,经略使刘锜退屯瓦亭。己酉,以孔彦舟为湖南副总管,部兵屯潭州。庚戌,命神武副军都统制辛企宗讨范汝为。壬子,日南至,率百官遥拜二帝,乙卯,改枢密院干办官为计议官,丙辰,金人陷泰州。丁巳,通州守臣吕伸弃城去。王彦攻桑仲于黄水,破之,房州平。张浚以彦为金、均、房州镇抚使。崔增犯池州,刘洪道遣统制李贵击走之,增以兵万余诣吕颐浩降。甲子,诏诸路守臣节制管内军马。丙寅,金、房州贼郭希犯归州,田祐恭击却之。命王璪部兵万人速援吕颐浩。祝友渡江大掠。是月,张浚退军兴州,秦凤副总管吴玠收余兵保大散关东和尚原。诏诸路转运司括借寺观田租芦场三年。

十二月庚午,安南请入贡,却之。辛未,遣度支员外郎韩球括饶、信诸州钱粮,凡江、湖、川、广上供皆拘之。壬申,命孔彦舟援江州。丙子,禁节制军马守臣便宜行事。丁丑,马进分兵犯洪州。乙丑,李敦仁犯抚州崇仁县,命李山、张忠彦讨之。壬辰,金人犯熙州,总管刘惟辅战败之,杀五千余人。甲午,再犯熙州,惟辅军溃被执,死之。乙未,以张俊为江南招讨使,讨李成。丁酉,范汝为降,诏补民兵统领。是月,张浚承制复海州团练副使曲端左武大夫,兴州居住。是岁,宣抚处置司始令四川民岁输激赏绢三十三万匹有奇。

绍兴元年春正月己亥朔,帝在越州,帅百官遥拜二帝,不受朝贺。下诏改元,释流以下囚,复贤良方正直言极谏科,蠲两浙夏税、和买䌷绢丝绵,减闽中上供银三分之一。戊申,改命张俊为江淮路招讨使。复江、池路为江东、西路,分荆湖江南诸州为荆湖东、西路,置安抚司,治池、江、鄂、鼎州。江南东、西路各置转运司,荆湖东、西路转运司通掌两路财赋。以吕颐浩为江东路安抚大使,朱胜非江西路安抚大使。马进陷江州,守臣姚舜明弃城走,端明殿学士王易简等二百人皆遇害。己酉,岳飞引兵之洪州。金人犯扬州。谢向率范汝为讨平建阳贼刘时举。金人犯秦州,吴玠击败之。庚戌,又犯西宁州,守臣俱重迎降。辛亥,谢克家罢。壬子,诏京官、知县并堂除,内外侍从各举可任县令者二人,犯赃连坐。自今不历县令者勿除监司、郎官,不历外任者勿除侍从,著为令。张中孚以原州叛降于金。癸丑,李敦仁围建昌军,蔡延世率乡兵击退。贼曹成入汉阳军,李允文招之,成入鄂州,复趋江西。丁巳,吕颐浩遣王璲、崔增击贼于湖口,大败之。颐浩及杨惟忠引兵趋江州。辛酉,诏:"太祖创业垂统,德被万世。神宗诏封子孙一人为安定郡王,世世勿绝。自宣和末至今未举。有司其上应袭封人名,依故事举行。"金人再围环州。是月,张浚复曲端荣州刺史、提举江州太平观、阆州居住,寻移恭州。

二月戊辰朔,宜章县民李冬至二作乱,犯英、连、韶、郴诸州。祝友降,刘光世分其军,以友知楚州。庚午,改行宫禁卫所为行在皇城司。李成党邵友复犯筠州,守臣王庭秀弃城去。辛未,犯临江军,守臣康倬遁。壬申,初定岁祀天地、社稷,如奏告之礼。癸酉,桑仲自枣阳引兵还襄阳。丁丑,鄜延将李永琦叛,犯庆阳府。戊寅,禁州郡统兵官擅招安乱军盗贼。己卯,日中有黑子,四日乃没。以辛企宗为福建制置使。辛巳,以秦桧参知政事。壬午,水贼张荣入通州。癸未,诏辛企宗及谢向罢遣范汝为兵,汝为不听命。甲申,诏王璲、张俊掎角讨捕马进等贼。丙戌,复置秘书省。己丑,命孔彦舟、吕颐浩、张俊会兵讨李成。壬辰,雨雹。癸巳,邵青寇宣州。丙申,诏诸路提刑司以八月类省试。张浚亦以便宜合川、陕举人即置司类省试。丁酉,宣教郎范焘坐诬讼孟忠厚,且及太后,除名、潮州编管。是月,李敦仁犯汀州。马友遣其党犯鄂州,总管张用拒却。李允文以友权湖南招捉公事,友大掠汉阳而去,过岳州,守臣吴锡遁,友据之。

三月戊戌朔,以严、衢二州守臣柳约、李处励有治效,各进职一等。吕颐浩遣崔增、王璲合兵击李成于湖口,大败之。庚子,张浚以富平之败上疏待罪,诏免。壬寅,禁诸路遏籴。丙午,张俊、杨沂中、岳飞渡江击马进,大败之。孔彦舟焚掠潭州,趋衡州。己酉,李成犯饶州。庚戌,张俊、杨沂中复击马进于筠河,败之,复筠州,进奔江州。男子崔禩祖诈称越王中子,受上皇诏为天下兵马大元帅,赵霖以闻。辛亥,诏赴行在。命刘光世兼淮南、京东路宣抚使,治扬州,经画屯田。光世迄不行。甲寅,罢诸州免行钱。乙卯,金人破阶州。庚申,刘超犯澧州,统制杜湛率兵拒之。甲子,始下诏罪李成,募人禽斩,赦胁从者。张俊追马进至江州,进战败,遁去。乙丑,俊复江州,杨沂中、赵密引兵追击进,又大败之。成奔蕲州。振淮南、京东西流民。荆湖东路安抚使向子諲说降马友,与共讨李冬至二,平之。是月,金人攻张荣缩头湖水寨,荣击败之,来告捷,刘光世以荣知泰州。金人迫兴州,张浚退保阆州,以端明殿学士张深为四川制置使,及参议军事刘子羽趋益昌。参谋官王庶为龙图阁待制、知兴元府兼利、夔两路制置使,节制陕西诸军。桑仲以其党李道知随州。

夏四月己巳,张浚承制分利、阆、剑、文、政五州为利州路,置经略安抚使。庚午,张琪复叛,犯当涂县。金将挞懒渡淮,屯宿迁县马乐湖。壬申,太白昼见。乙亥,刘光世复楚州。阶州统领杜肇复阶州。马友引兵入潭州。戊寅,杜琪弃澧州,刘超入据之。己卯,金泾原帅赵彬犯耀州,守臣赵澄弃走之。淮贼寇宏犯濠州。庚辰,隆祐皇太后崩。癸未,桑仲陷邓州,守将谭兖弃城走,河东招捉使王俊引兵来援,仲执斩之,以其党李横知州事。乙酉,为太后制期年服。辛卯,群臣三上表,始听政。癸巳,命向子諲发兵及广西安抚许中同扼险要,防孔彦舟入广,仍许胁从自新以招谕之。是月,京西贼李忠陷商州,守臣杨伯孙弃城走。吕颐浩遣统制阎皋、通判建昌军蔡延世袭击李敦仁,禽其弟世雄、世臣。

五月丙申朔,蠲江西路被贼州县赋税。丁酉,诏吕颐浩、朱胜非、刘光世并兼淮南诸路宣抚使。始夺李成官。戊戌,以张用为舒、蕲镇抚使。癸卯,作"大宋中兴宝"成。金人犯和尚原,吴玠击败之。丙午,初复召试馆职之制。刘光世遣统制王德袭扬州,执郭仲威以献,伏诛。辛亥,水军统制邵青叛,围太平州。赵彬及金人合兵围庆阳府,守臣杨可昇击败之。甲寅,命知南外宗正事令廱选年幼宗子,将育于宫中。诏收耆户长役钱。己未,诏州县因军期征取民财物者,立式榜示,禁过数催扰。庚申,孔彦舟引众过潭州,马友迎击,大败之。彦舟趋岳州,犯鄂州。李允文以彦舟为湖东副总管,屯汉阳。辛酉,以直秘阁宗纲为荆南镇抚司措置营田官,樊宾为副。壬戌,刘光世招降邵青。赵延寿据分宁县,吕颐浩招降之。是月,张俊及李成战于黄梅县,杀马进,成败,遁归刘豫。李忠、谭兖各率兵归张浚,浚命王庶分其兵。张用复叛,寇江西,岳飞招降之。湖州进士吴木上书论宰执,送徽州编管。

六月己巳,始鬻承直、修武郎以下官。壬申,册谥皇太后曰昭慈献烈。甲戌,张琪犯余杭,又犯宣州。乙亥,月犯心。庚辰,湖贼杨华、杨广犯鼎州,程昌寓拒却。上虞县丞娄寅亮上书,请选立继嗣。壬午,权欑昭慈献烈皇后于越州。张琪犯徽州,守臣郭东弃城去,琪入据之。癸未,张浚引大兵至瑞昌县之丁家洲,李允文自鄂部兵归浚,浚并其兵,护允文赴行在。邵青率舟师至镇江,甲申,复叛去。丁亥,崇安民廖公昭合范汝为余党熊志宁作乱,众既散,志宁复与建阳民丁朝佐合兵陷二县。戊子,虑囚。己丑,邵青犯江阴军之福山,遣海州镇抚使李进彦、中军统制耿进率舟师会刘光世讨之。南安贼吴忠、宋破坛、刘洞天作乱。庚寅,江西提刑司遣官讨之,破坛、洞天皆伏诛,忠遁去。癸巳,熙河统制关师古、洮东安抚郭玠同讨熙州叛兵,连败之。甲午,广贼邓庆、龚富围南雄州,守臣郑成之率兵民以拒。蠲建、剑、汀州、邵武军租。是月,知虢州邵兴屯卢氏县,为河南统制董先所破,走兴元,先遂取商、虢二州。张浚承制以吴玠为陕西诸路都统制。时关陇六路尽陷,止余阶、成、岷、凤、洮五郡,凤翔之和尚原、陇州之方山原。粘罕既得陕西地,悉与伪齐。

秋七月乙未朔,以马友权荆湖东路副总管,趣讨孔彦舟。统制潘遴、后军将胡江等叛,破玉山、弋阳、永丰三县,遣枢密院准备将领徐文讨之。戊戌,吴锡复入邵州。庚子,以岳飞为神武右副军统制,留军洪州,弹压盗贼。辛丑,封伯右武卫大将军令话为安定郡王。壬寅,虔州贼陈颙作乱,命趣捕之。甲辰,诏秘书省长贰通修日历。丙午,刘光世遣将乔仲福击邵青于常熟,为所败。挞懒自宿迁北归。戊申,韩世清袭张琪,复祁门县。庚戌,张俊执傅雱赴行在。张浚以曲端属吏,以武臣康随提点夔路刑狱,与王庶杂治之。辛酉,召吕颐浩赴行在。张琪犯饶州,颐浩遣阎皋击败之。琪党姚兴降,琪走徽州。癸亥,范宗尹罢。是月,濠州守臣李玠弃城去。王彦数击败李忠。赵彬来归,张浚承制以彬为陕西转运使,又以泾原兵马都监李彦琪为本路副总管,彦琪寻叛去。

八月丙寅,以孔彦舟为蕲、黄镇抚使。丁卯,以知潭州吴敏为荆湖东西、广南路宣抚使。张浚杀曲端于恭州狱。张用部兵至瑞昌归张浚,浚以用为本军统制。戊辰,张守等上《绍兴重修敕令格式》。癸酉,复以汪伯彦为江东安抚大使。乙亥,吕颐浩遣将李铸复舒州。丁丑,祔昭慈献烈皇后神主于温州太庙。戊寅,张守罢。以李回参知政事,富直柔同知枢密院事。庚辰,杜湛及刘超战于彭山,为所败。辛巳,超及杨华、杨广合兵复寇鼎州,程昌寓遣湛率舟师击败之。遣辛企宗率军福州,讨熊志宁、胡江等诸贼。韩世清及张琪战,世清败,琪复入祁门县。壬午,命张俊遣兵捕之。铸绍兴钱。癸未,诏许邵青、张琪胁从徒党自新。乙酉,以李成在顺昌,恐复谋乱,遣使赍蜡书谕淮宁、蔡州将士,立赏格,募人禽斩成。丁亥,以秦桧为尚书右仆射、同中书门下平章事兼知枢密院事。庚寅,复李纲资政殿大学士。募人往京东、河南伺察金、齐动止,仍赉诏慰抚忠义保聚之人。蔡州镇抚使范福弃城去,以土豪李祐代之。辛卯,蠲徽州被贼民家夏税。壬辰,置三省、枢密院赏功房。是月,知郢州曹成掠湖西,犯沅州,与知复州李宏合屯浏阳,既而攻宏,宏奔潭州。

九月甲午朔,张琪党李捧犯宣州,守臣李彦卿及韩世清击却之。诏江东、西路安抚使复治建康府、洪州。以王瓒知池州,杨惟忠知江州,并兼管内安抚使,率部兵赴官。丙申,斩李世臣。己亥,以资政殿学士叶梦得为江南东路安抚大使,兼寿春等六州宣抚使。庚子,张琪复陷宣州,巳乃遁去。辛丑,命王瓒讨琪。丁未,诏岁遣使省谒诸陵,因抚问河南将士。命马友移屯鄂州。庚戌,命宗室右监门卫大将军士芑朝飨温州太庙。辛亥,合祭天地于明堂,太祖、太宗并配,大赦。罢诸州守臣节制军马。录用元符末上书人子孙。癸丑,复以吕颐浩为尚书左仆射、同中书门下平章事兼知枢密院事。丁巳,王彦破李忠于秦郊店,忠奔归刘豫。戊午,禁福建转运司抑民出助军钱。落范宗尹观文殿学士。己未,初措置河南诸镇屯田。以户部尚书孟庾为江东西、湖东等路宣谕措置使。辛酉,诏四方有建策能还两宫者,实封以闻,有效者赏以王爵。壬戌,遣御史胡世将督捕福建盗贼。是月,长星见。

冬十月乙丑,诏蔡京、王黼门人实有才能者,公举叙擢。李回罢。丙寅,朱胜非分司、江州居住。丁卯,以李允文恣睢专杀,赐死大理狱。己巳,王德招邵青,降之。庚午,以孟庾参知政事,徽猷阁直学士汤东野为江、淮发运使。刘洪道招降李捧、华旺。壬申,置行在大宗正司。癸酉,兀朮攻和尚原,吴玠及弟璘力战,大败之,兀朮仅以身免。丁丑,增置诸路武尉。戊寅,以张俊为太尉,移屯婺州。壬午,初置见钱关子,招人入中,以给军食。范汝为复叛,入建州,守臣王浚明弃城走,辛企宗退屯福州。甲申,刘超请降,以超守光州。戊子,崔绍祖伏诛。诏邵青以舟师赴行在。己丑,升越州为绍兴府。李成军正李雱伏诛。知承州王林禽张琪于楚州,槛送行在。壬辰,录程颐孙昂为分宁令。癸巳,范汝为犯邵武军,守臣吴必明,统制李山率兵拒之,众溃,退保光泽县。关师古复秦州,获郭振。是月,刘豫遣将王世冲寇庐州,守臣王亨大破之,斩世冲。曹成及马友战于潭州,成败,还攸县。王才遣将丁顺围濠州,刘光世遣兵攻横涧山,顺闻围去。

十一月乙未,叶梦得至建康,以诏招王才,降之。丙申,遣内侍抚问孔彦舟、桑仲。丁酉,榜谕福建、江东群盗,赦其胁从者。戊戌,诏移跸临安。以孟庾为福建、江西、荆湖宣抚使,神武左军都统制韩世忠副之,仍命械谢向、陆棠赴行在。己亥,以娄寅亮为监察御史。范汝为犯光泽县,李山走信州。辛丑,续编《绍兴太常因革礼》。桑仲请正刘豫恶逆之罪,诏进幸荆南。乙巳,以右司谏韩璜党富直柔,责监浔州税。张琪伏诛。庚戌,富直柔罢。荆湖、广西宣抚使吴敏始受命置司柳州。辛亥,升康州为德庆府。壬子,诏内外侍从各举所知三人。丙辰,程昌寓遣杜湛击杨华,败之。命张俊遣使持诏招曹成,以所部赴行在。己未,杨华请降。辛酉,命吏部侍郎李光节制临安府内外诸军。壬戌,曹成犯安仁县,执安抚使向子諲,进攻道州。是月,前知廓州李惟德以岷州来归。吴玠始遣人通书夏国。

十二月乙丑,吴敏罢。丙寅,复置枢密院都承旨。范汝为遣叶澈寇南剑州,守臣张鬻拒战,大破之。己巳,遣吏部侍郎傅崧卿为淮东宣谕使。甲戌,遣江东安抚司统制郝暠、颜孝恭讨建昌军贼。乙亥,辛企宗罢,仍追三官,率兵赴军前自效。丁丑,蠲诸路在官积欠。诏官户名田过制者与民均科。以岳飞为神武副军都统制,部兵屯洪州。曹成陷道州,守臣向子忞弃城走。戊寅,以彗出,求直言。增行在职事官职钱。遣驾部员外郎李ацюан抚谕川、陕。己卯,诏两浙分东、西路,置提点刑狱。庚辰,桑仲遣兵寇复州,守臣钼通弃城去。辛巳,复置广西提举茶盐司。知海州薛安靖杀伪郡巡检使王企中,率军民以城来归。增诸路酒钱,以备军费。甲申,知龙州范综、统制雷仲举兵复水洛城。己丑，起复陕西都统制吴玠为镇西军节度使。诏江西安抚司趣兵讨捕吴忠。是月，刘豫遣将王彦充攻寿春府。桑仲遣李横复寇金州，王彦拒战于马郎岭，大破之，均州平。蔡州襃信县弓手许约叛，据光州。阶州安抚孙注复洮州。龚富等围南剑州。

卷二十七　本纪第二十七

高宗　四

二年春正月癸巳朔，帝在绍兴府，率百官遥拜二帝，不受朝贺。甲午，诏复置贤良方正直言极谏科。丙申，赐杨邦乂谥曰忠襄。韩世忠围建州。丁酉，蠲诸路元年通税。庚子，陕西叛将白常围岷州，关师古率兵破之。辛丑，韩世忠拔建州，范汝为自焚死，斩其二弟，余党悉平。壬寅，帝发绍兴。曹成释向子諲。丙午，帝至临安府。壬子，遣韩世清捕石陂贼。癸丑，以张浚检校少保、定国军节度使。刘豫遣兵屯伊阳县，翟兴及其将李恭合击败之。曹成犯郴州永兴县。己未，修临安城。辛酉，遣内侍任源抚问张浚。江西副总管杨惟忠以杨勍虽就招安，复谋作乱，诱诛之。

二月甲子，杨华复叛，扰鼎、澧、潭三州。诏立赏禽捕首领，赦贷胁从。丙寅，命刘光世将锐卒万人屯扬州，经理淮东。庚午，以李纲为观文殿学士、湖广宣抚使。仍命岳飞率马友、李宏、韩京、吴锡等共讨曹成诸盗。甲戌，以吏部尚书李光为淮西招抚使，王璞副之。乙亥，雨雹。丙子，以施逵、谢向、陆棠党范汝为，逵除名、婺州编管，向、棠械赴行在，俱道死。丁丑，分崔增、李捧、邵青、赵延寿、李振、单德忠、徐文所部兵为七将，名御前忠锐军，隶步军司，非枢密奉旨，不许调遣。减淮南营田岁租三之二，俟三年复旧。己卯，刘光世入见，同执政对内殿，谕以进屯扬州，光世迄不行。庚辰，诏监司避本贯。壬午，程昌寓遣杜湛募兵攻贼周伦，破之。甲申，以工部员外郎滕茂实死节于代州，赠龙图阁直学士。丙戌，初置著作官二员修《日历》。己丑，复荆湖东、西为荆湖南、北路，南路治潭，北路仍治鄂。申禁福建路私有、私造兵器。是月，知商州董先叛入刘豫。金人陷庆阳府，执杨可昇，降之。

三月壬辰朔，命襄、邓镇抚使桑仲收复陷没诸郡，仍命诸镇抚使互相应援。再贬徐秉哲惠州，吴开南雄州，莫俦韶州，并居住。水贼翟进袭汉阳军，杀守臣赵令䜿。李光执韩世清于宣州以归。虔化县贼李敦仁及其徒皆授官，隶诸军。乙未，复置江阴军。罢福建路武尉。戊戌，叶梦得罢。以李光为江东安抚大使，兼滁、濠等六州宣抚使。罢江、淮发运司。桑仲如郢州调兵，守臣霍明以仲将谋逆，杀之，以其事闻。庚子，金人攻方山原，陕西统制杨政援之，金兵引去。辛丑，又犯陇安县，吴璘等击走之。淮南营田副使王寔括闲田三万顷给六军耕种。丙午，复置中书门下省检正官，省枢密院检详官。己酉，以神武右军中部统制杨沂中为神武中军统制。癸丑，河南镇抚使翟兴为部将杨伟所杀。甲寅，金人复自水洛城来攻，杨政等又败之。庚申，曹成寇贺州清水砦，守臣刘全弃城去。是月，知寿春府陈卞及钤辖陈宝等举兵复顺昌府，寻引兵归，为伪齐所逐，并寿春失之。

夏四月甲子，曹成陷贺州。陈颙围循州，焚龙川县，命江西安抚司遣将捕之。丙寅，赐礼部进士张九成以下二百五十九人及第、出身。庚午，以翰林学士承旨翟汝文参知政事。壬申，释福建诸州杂犯死罪以下囚。江西军贼赵进寇瑞昌县，杨惟忠力降之。戊寅，伪齐统领王资率兵来归。富顺监男子李勃伪称徐王，召赴行在。壬午，诏内外侍从、监司、守臣各举中原流寓士大夫三二人，以备任使。癸未，诏曰："朕登庸二相，倚遇惟均。其所荐用之人，不得偏私离间，朋比害政。"谥孙傅曰忠定。乙酉，李纲始拜命，置司福州。是夜，太平州军士陆德据城叛，囚守臣张铎，杀当涂县令钟大猷。戊子，命吕颐浩都督江、淮、荆、浙诸军事。庚寅，刘豫徙居汴京。是月，王彦大破董先于马岭关，复商州。

闰月癸巳，高丽遣使入贡。乙未，知池州王进讨陆德，诛之。丙申，岳飞击破曹成于贺州。置都督府随军转运司。丁酉，左朝奉郎孙觌坐前知临安府赃污，贷死除名、象州羁管。罢后苑工作。辛丑，韩世清以狂悖伏诛。丙午，岳飞败曹成于桂岭县，成走连州，遣统制张宪追击，破之，又走郴州，入邵州。丁未，赐福建宣抚司赏军钱十万缗。听朱胜非自便。乙卯，诏诸镇抚使非奉朝旨，毋擅出兵。刘光世闻父丧去官，特命起复。己未，诏自今明堂专祀昊天上帝，以太宗配。是月，张浚命利、夔制置使王庶与知成都府王似两易其职。襄、邓副都统制李横、同副都统制李道合兵围郢州，霍明遁去。

五月辛酉，以兵部尚书权邦彦签书枢密院事，以枢密将领赵琦所部兵为忠锐第八将。癸亥，吕颐浩出师，以神武后军及忠锐两将从行，百官班送。甲子，以霍明权襄、邓、随、郢州镇抚使。诏观察使已上各荐可备将帅者二人。丁卯，罢两浙转运司回易库。己巳，废绍兴府余姚、上虞县湖田为湖，溉民田。庚午，诏修建康行宫。辛未，选宗室子偁之子伯琮育于禁中。丙子，吕颐浩总师至常州，前军将赵延寿兵叛于吕城镇。丁丑，延寿犯金坛县，杀知县胡思忠。颐浩称疾不进。戊寅，海州贼王山犯涟水军，总领苏复、副统制刘靖会兵击败之。庚辰，临安府火。癸未，置御前军器所。甲申，亲虑囚，自是岁如之。罢行在权官。乙酉，刘光世遣王德追赵延寿叛兵至建平县，悉诛之。丙戌，置修政局，命秦桧提举。诏侍从、台省寺监官、监司、守令条具省费裕国强兵息民之策。丁亥，以中书门下省检正官仇悆为沿海制置使。戊子，手诏用建隆故事，命百官日轮一人转对。两浙转运副使徐康国献销金屏障，诏有司毁之，夺康国二官。蠲太平州被贼之家夏税。是月，张浚以参赞军事刘子羽知兴元府，黜王庶，复以王似知成都府。韩世忠至洪州，遣董旼招曹成，成听命赴行在。六月庚寅朔，李宏引兵入潭州，执马友，杀之。甲午，李纲领兵三千发福州。戊戌，诏孟庾、韩世忠班师。岳飞屯驻江州。庚子,以刘光世为宁武、宁国军节度使,韩世忠为太尉,移屯建康府。辛丑,以李横为襄、邓镇抚使,李道邓、随镇抚使。壬寅,翟汝文罢。孔彦舟叛降伪齐。乙巳,以权邦彦兼权参知政事。戊申,仇愈兼制置福建路。辛亥,免台谏官轮对。甲寅,召吕颐浩赴行在,令参谋官傅崧卿权主管都督府事。诏两浙、江、淮守臣,令存抚东北流寓人。乙卯,韩世忠遣统制解元、巨振入潭州,执李宏以归。

秋七月辛酉,悉蠲福建诸州被兵之家田税。壬戌,复置湖北提举茶盐司。甲子,罢福建提举市舶司。己巳,起复翟琮为河南府、孟汝唐州镇抚使。甲戌,罢淮东路提点刑狱司。丙子,马友党郝通率兵五万归宣抚司。戊寅,知庐州王亨复安丰、寿春县。己卯,吕颐浩入见。庚辰,韩世忠讨刘忠,驻兵于岳州之长乐渡,大破之,忠走淮西。丁亥,诏编次建炎以来谱牒。

八月壬辰,以孟庾兼权同都督江、淮、荆、浙诸军事。癸巳,顺昌县贼余胜等作乱,通判南剑州王元鼎捕杀之。甲午,安定郡王令话薨。丙申,诏郡守除罢赴阙,皆得引对。临安府火。以知江州刘绍先为沿淮防遏使。戊戌,命朱胜非提举醴泉观兼侍读,日赴朝堂议事。沿海州县籍民海舶,每岁一更,守海道险要。振福建饥民。己亥,停傅雱官,英州羁管。庚子,诏孟庾、韩世忠总大兵至建康,进赴行在。戊申,给事中胡安国以论朱胜非罢,宰执、台谏上疏留之,皆不报。江西统制傅枢讨平南雄贼张忠、邓庆、刘军一等。己酉,赐吴玠田。甲寅,秦桧罢。给事中程瑀等坐论驳朱胜非,疑其党桧,并落职主宫观。瑀出胃。乙卯,减膳,戒辅臣修阙政,罢修建康行宫。

九月戊午朔,落秦桧职。己未,罢修政局。辛酉,以彗出,大赦,许中外臣民直言时政,陕西诸叛将许令自新。壬戌,王伦自金国使还入见。遣潘致尧等为金国军前通问使,附茶药金币进两宫。甲子,以直徽猷阁郭伟为淮西巡抚使。乙丑,复以朱胜非为尚书右仆射、同中书门下平章事兼知枢密院事。戊辰,司空山贼王通出降,以为都督府亲军统领。癸酉,以右朝请大夫吕源为浙东、福建沿海制置使,治定海县。知建昌军朱苇击石陂贼余照,禽斩之。甲戌,彗没。丙子,复以郭仲荀为武泰军节度使。诏墨敕有不当者,许三省、枢密院奏禀,给事中、中书舍人缴驳,台谏论列,有司申审。庚辰,命福建提举茶盐官兼领市舶司。辛巳,以韩世忠为江南东、西路宣抚使,他帅臣称宣抚使者并罢。壬午,遣监察御史明橐等五人宣谕江、浙、湖、广、福建诸路,仍降诏谕官吏以遣使按察、劝惩、诛赏之意。癸未,新作行宫南门成。甲申,提辖榷货务张纯峻立淮、浙盐法,增其算。总领四川财赋赵开初变四川盐法,尽榷之。乙酉,太白昼见。丙戌,以知兴元府王似为川、陕宣抚处置副使。丁亥,封右监门卫大将军、荣州防御使令時为安定郡王。是月,韩世忠遣统制解元袭击刘忠于蕲阳,大破之。忠奔刘豫。

冬十月戊子朔,置牧马监于饶州。庚寅,李勃伏诛。丙申,初置江、浙、荆湖、广南、福建路都转运使。甲辰,潘致尧至楚州,通判州事刘晏劫其礼币奔刘豫,守臣柴春战死。戊申,以知平江府赵鼎为江东安抚大使。丙辰,禁温、台二州民结集社会。班度量权衡于诸路,禁私造者。是月,颜孝恭招降石陂余贼李宝等。

十一月辛酉,陈颙陷汀州武平县,犯梅、循二州。乙丑,初权明州卤田盐。辛未,议将抚师江上,召侍从官条具利害。甲戌,命李纲、刘洪道、程昌寓、解潜会兵捕讨湖寇杨太。戊寅,范汝为余党范忠掠龙泉县。庚辰,诏宣谕五使,焚将至州县建炎以前已蠲税籍。癸未,临安大火。是月,关师古败伪齐兵于抹邦山。马友党步谅诣李纲降,纲入潭州,其党郝戣降王进,吴锡禽王浚。湖南盗贼悉平。

十二月丁亥朔,命神武前军统领申世景等讨捕范忠。己丑,伪称荣德帝姬易氏伏诛。范忠犯处州。巨师古引兵入庐州,执王亨送行在。甲午,李纲罢。临安府火。丙申,振发冢家。罢浙东沿海制置司。丁酉,岳飞遣统领徐庆、王贵讨禽萍乡贼高聚。己亥,以胡舜陟为庐、寿等州镇抚使。金人侵熙、秦,关师古击败之。庚子,遣驾部员外郎李愿抚谕川、陕。江西兵马副钤辖张忠彦坐纵暴不法,斩于潭州。辛丑,程昌寓遣杜湛讨杨钦等,败之,杀三千余人。癸卯,川、陕宣抚司奏试陕西发解进士,得周谟等十三人,以便宜赐进士出身。甲辰,罢张浚宣抚处置使,仍知枢密院。以知夔州卢法原为川、陕宣抚处置副使,及王似同治司事。己酉,遣司封员外郎周随亨同抚谕川、陕。庚戌,孟庾自建康来朝。辛亥,金人犯商州,守将邵隆退屯上津。李横败伪齐兵,复汝州。甲寅,命孟庾同都督江、淮、荆、浙诸军事。诏都督府总治江东西、湖北、浙西帅臣经画屯田。张浚承制以归州隶夔州路。是冬,金人犯和尚原,将士乏食自溃,吴璘拔寨弃去。虔贼谢达犯惠州。

三年春正月丁巳朔,帝在临安,率百官遥拜二帝,不受朝贺。江西将李宗谅诱戍兵叛,寇筠州,统领赵进击却之。翟琮入西京,禽伪齐留守孟邦雄。命诸路宪臣兼提举常平司。庚申,金人犯上津。李横破颍顺军,伪齐知军兰和降。壬戌,金人犯金州洵阳县。以仇愈为福建、两浙、淮东路沿海制置使。癸亥,陈颙围潮州不下,引兵趋江西。甲子,李横复颍昌府。乙丑,诏中外刑官各务仁平,台宪检察,月具所平反以闻,岁终考察殿最。金人陷金州,镇抚使王彦焚积聚,退保西乡。庚午,罢行在宗正司,命嗣濮王仲湜兼判大宗正事。辛未,震电雨雹。造浑天仪。李通为其徒王全所杀。壬申,命西外宗正移司福州。癸酉,复祭大火。以汤东野为淮东安抚使。乙亥,以李横为襄阳府、邓随郢州镇抚使。丁丑,登、莱山寨统制范温率部兵泛海来归。庚辰,诏春秋望祭诸陵。张浚论奏王似不可为副,因引罪求罢,不报。癸未,诏民复业者,视垦田多寡定租额赋役。乙酉,减淮、浙蚕盐钱。二月丁亥朔,升桂州为静江府。乙丑,权邦彦薨。浙东贼彭友犯龙泉县。辛卯,李通余党刘德围舒州。吴玠遇金人于饶风关,王彦自西乡来会,金人分兵攻关,统制郭仲败走。丁酉,饶风关破,玠趣西县,彦奔达州,四川大震。张浚被罢职之命,以诸军方溃,因秘不行,复具奏审。己亥,金帅撒离曷入兴元府,经略使刘子羽焚其城走三泉县,吴玠退屯仙人关。庚子,以宗子伯琮为和州防御使,赐名瑗,寻改贵州。辛丑,蠲广东诸州被贼民家税。壬寅,郑州兵马钤辖牛皋、彭玘率兵与李横会,横以便宜命皋为蔡、唐州镇抚使,玘知汝州。乙巳,翟琮遣统制李吉败伪齐兵于伊阳,又歼其将梁进之众。丁未,王似始受宣抚副使之命。戊申,虔贼周十隆犯循、梅、汀州,诏统制赵祥等合兵捕之。庚戌,以李横为神武左军副统制、京西招抚使。改胡舜陟为淮西安抚使。辛亥,以工部尚书席益参知政事,翰林学士徐俯签书枢密院事。壬子,王全犯庐州。甲寅,诏守臣至官半年,具上民间利害或边防五事。李横遣人奏颍昌之捷,诏许横便宜行事。乙卯,刘光世遣郦琼等屯兵泗州为李横声援。是月,张浚复以王庶为参谋官,往巴州措置。时金兵深入至金牛镇,疑有伏,由褒斜谷引兵还兴元,吴玠、刘子羽追击其后,杀获甚众。三月己未,诏岳飞捕虔贼。壬戌,申命统制巨师古部兵万人屯扬州。胡舜陟至庐州,王全降。甲子,以赵鼎为江西安抚大使。李横传檄诸军收复东京。己巳,金人遣兵援刘豫,李横败走,颍昌复陷。壬午,以韩世忠为淮南东路宣抚使。李纲遣兵击降李宗谅,诏戮之市。夏四月丁亥,朱胜非以母丧去位。伪齐知虢州董震及其统制董先来归,以震权商、虢、陕州镇抚使。己丑,诏江东西、湖北、浙西募民佃荒田,蠲三年租。辛卯,以刘光世为检校太傅、江南东路宣抚使。金人去兴元。壬辰,徙都督府于镇江。岳飞军次虔州。甲午,伪齐知唐州胡安中来归。丙申,伪齐李成攻陷虢州,董先、牛皋奔襄阳。己亥,改谥昭慈献烈皇后为昭慈圣献。复举五帝日月之祀。庚子,增文武小官奉。辛丑,荆南统制罗广率兵至鼎州。杨太众益盛,自号大圣天王,立钟相少子子义为太子,广等不克讨而还。丁未,岳飞遣统领张宪、王贵击彭友,禽斩之。刘忠为部下王林所杀,传首行在。戊申,以浙西兵马铃辖史康民所部兵为忠锐第九将。己酉,张浚奏王庶、王似、卢法原威望素轻,乞命刘子羽、吴玠并为判官,不报。辛亥,徐文叛奔伪齐。五月丙辰,以翟琮为河南府、孟汝郑州镇抚使,董先为副使。丁巳,遣枢密计议官任直清抚谕襄阳、商、虢、河南诸镇。己未,命杨沂中招捕严州盗贼。辛酉,建睦亲宅。以董先为商、虢、陕州镇抚使。征河南布衣王忠民为宣教郎,至行在,辞不受。壬戌,潘致尧还,言金人欲重臣通使以取信,遂寝出师之议。乙丑,罢诸州在任守臣所辟通判。丁卯,以韩肖胄等充金国军前通问使。安化蛮犯边,广西经略使许发兵击之。戊辰,杨沂中招降严州贼缪罗等,捕斩其徒百人,魔贼平。庚午,以岳州数被兵,免今年税役。壬申,诏守、令、尉、佐、境内妖民聚集不能觉察致乱者,并坐罪。知建昌军朱芾讨南丰县贼,禽诛其魁黄琛。乙亥,以方与金国议和,禁边兵犯齐境。丙子,王彦复金州,金兵弃均、房去。韩世忠请以大军还镇江。己卯,诏淮南统制解元戍泗州,余屯江北。周随亨、李愿押王似、卢法原至阆州,张浚始解使事。时已论金牛之功,以吴玠为利州路、阶成凤州制置使,刘子羽为宝文阁直学士,王彦为保大军承宣使,僚属将帅第赏有差。庚辰,浚及子羽、王庶、刘锡等赴行在。诏李横等收军还镇。辛巳,罢宣抚司便宜黜陟。六月甲申朔,统制巨师古坐违韩世忠节制,除名,广州编管。丙戌,复置六部架阁库。丁亥,禁诸路招纳淮北人及中原军来归者。戊子,复元祐宰相吕大防官职,赠谥。庚寅,诏降川、陕死罪囚,释流以下。赏吴玠、关师古将士。壬辰,张浚至绵州,复奏王似不可任。甲午,命王瓒率诸军讨杨太。己亥,罢沿海制置司。丁未,置国子监及博士弟子员。戊申,以王林所部兵为忠锐第十将。己酉,岳飞自虔州班师。辛亥,发兵屯驻虔、广二州,弹压盗贼,州各三千人。是月,金人围方山原,王似命吴玠发兵救之。秋七月己未,复置博学宏词科。初许任子就试。甲子,以久旱,偿州县和市民物之直。丁卯,诏访求累朝勋臣曹彬等三百人子孙,以备录用。戊辰,王瓒以舟师发行在。己巳,诏减膳,禁屠,弛工役,罢苛娆,命两浙及诸路宪臣亲按部录囚。辛未,蠲绍兴二年和市绐帛。癸酉,吕颐浩等以旱乞罢政,帝赐诏曰:"与其去位,曷若同寅协恭,交修不逮,思所以克厌天心者。"颐浩等乃复视事。乙亥,朱胜非起复。丙子,泉州水溢,坏城。丁丑,遣中使逆趣张浚于道。是月,四川霖雨、地震。八月己丑,诏岳飞赴行在,留精兵万人戍江州。翟琮率兵突围奔襄阳,诏屯驻其地。癸卯,罢诸路输禁军阙额钱。甲辰,以雨旸不时,苏、湖地震,求直言。乙巳,复置史馆修撰、直馆检讨官,命职官兼领著作郎及佐郎。戊申,罢都转运司。己酉,诏湖南丁米三分之二均取于民田,其一取之丁口。辛亥,孟庾自军中来朝。九月戊午,吕颐浩罢。诏凡遇水旱灾异,监司、郡守即具奏毋隐。庚申,岳飞自江州来朝。川、陕统领官吴胜败伪齐兵于黄堆砦。丙寅,以赵鼎为江西安抚制置大使。壬申,诏中书舍人、给事中,凡制敕非军期机速,必先书押而后报行。甲戌,伪齐王彦先寇徐、宿二州。乙亥,以刘光世为江东、淮西宣抚使,置司池州;韩世忠为镇江建康府、淮南东路宣抚使,置司镇江府;王瓒为荆南府、岳鄂潭鼎澧黄州汉阳军制置使,置司鄂州;岳飞为江南西路、舒蕲州制置使,置司江州;主管殿前司郭仲荀知明州,兼沿海制置使,神武中军统制杨沂中兼权殿前司。己卯,吴胜克莲花城。冬十月癸未,朱胜非上《重修吏部七司敕令格式》。庚寅,加吴玠检校少保。壬辰,趣王瓒进兵。诏宽术盐重法。甲午,却大理国入贡。丁酉,残破州县视户口增损立守令考课法。己亥,禁州县擅增置税场。伪齐李成陷邓州。辛丑,南丹蛮莫公晟围观州,焚宝积监,杀知监陈忍。壬寅,伪齐兵逼襄阳,李横以粮尽,弃城奔荆南,知随州李道亦弃城去。甲辰,王瓒讨湖贼,战于鼎口,不利。伪齐陷郢州,守臣李简弃城去。申禁私役战士。丁未,命三省除铨曹奸弊。戊辰,罢诸路类省试。统制石< unknown >达及杜湛合兵大破湖贼黄诚于龙阳洲。庚戌,复置宗正少卿及寺监诸丞。是月,王彦先引兵至北寿春,将渡淮。刘光世驻军建康,扼马家渡,又遣郦琼驻无为军,为庐、濠声援。贼乃还。十一月己未,以右文殿修撰王伦为都督府参议官。癸亥,诏监司、帅守察内外宗子病民害政者以闻。崔增、吴全遇湖贼于阳武口,死之。甲子,韩肖胄等使还。乙丑,禁沿淮诸寨兵擅侵齐境。庚午,临安府火。甲戌,禁掠卖生口入蛮夷嵠峒及以铜钱出中国。乙亥,复元祐十科举士法。丁丑,命宾、横、宜、观四州市战马。戊寅,王瓒自鼎州引兵还鄂,留统领王渥等四军听程昌寓节制。己卯,蠲南剑州所负民间献纳钱十六万缗。省淮南州县文武官。十二月辛巳朔,降敕书抚谕吴玠及川、陕将士。乙酉,临安府火。戊子,又火。朱胜非以屡火求罢,不允。丙申,王似承制废通远军。己酉,金国元帅府遣李永寿、王翊来见。是岁,海寇黎盛犯潮州,焚民居毁城去。

四年春正月辛亥朔,帝在临安,率百官遥拜二帝。乙卯,增淮、浙路盐钞贴纳钱。遣章谊等为金国通问使。己未,程昌寓遣杜湛、王渥攻杨太皮真砦,破之。己巳,诏谕王似、卢法原、吴玠,使之协和。金人犯宕昌、临江砦及花石峡,关师古遣统领刘戬分兵拒却之。庚午,诏诸路将帅毋以两国通使辄弛边备,淮南州郡津渡尤慎讥察。甲戌,罢州县新置弓手。乙亥,蠲循、梅、潮、惠四州被兵家租赋。丙子,申敕三省、枢密院,除官并遵旧制,毋相侵紊,除拜、罢免皆明示黜陟之由。戊寅,金人犯神垒砦,沿北岭至大散关。临安府火。己卯,韩肖胄罢。二月壬午,诏赃罪至死者仍籍其赀。癸未,作建康府行宫。席益罢。乙酉,以徐俯兼参知政事。丙戌,禁川、陕诸将招纳北军。湖北军贼檀成犯长阳县,解潜遣统领胡勉捕斩之。群盗田政自襄阳犯峡州。己丑,解潜遣统制王恪击政,斩之。庚寅,金人犯两当县。乙未,诏孟庾赴行在。己亥,诏三衙管军及将帅观察使以上,举勇智略可自代者一人。辛丑,金人犯仙人关。癸卯,诏权以射殿为景灵宫,四时设位朝献。丙午,张浚入见。三月辛亥朔,吴玠率杨政、吴璘、田晟、王喜诸将与兀术战于仙人关,大败之。兀术遁去。戊午,雨雹。以赵鼎参知政事。壬戌,孟庾至行在,罢都督府,以其兵属张俊。乙丑,张浚以资政殿大学士罢,寻落职奉祠、福州居住。己巳,蠲淮南州县民租一年。辛未,日有青赤黄气。编次建炎以来诏旨,颁诸路。癸酉,蠲兴元府、洋州被兵家税役二年。丙子,以王似为资政殿学士、川陕宣抚使,卢法原为端明殿学士,与吴玠并充副使,关师古为熙河兰廓路安抚制置使。夏四月庚辰朔,命赵开再任总领四川财赋。诏谕川、陕官吏军民,以张浚失措当示远窜,犹嘉其所用吴玠等能御大敌,许国一心,止从薄责。仍令宣抚司讲求谘访,凡抚民咈众之事,速厘革之。癸未,刘子羽白州安置。乙酉,诏明堂用皇祐典礼,兼祀天皇大帝、神州地祇以下诸神。丙戌,吴玠败金兵,复凤、秦、陇州。诏特旨处死情法不相当者,许大理奏审。蠲淮南州军上供钱一年。庚寅,置孳生牧马监于临安府。甲午,罢广西提举茶盐司。关师古叛,以洮、岷二州降伪齐,吴玠并将师古军。乙未,诏诸路岁上户口。丁酉,罢诸州回易库。庚子,命刘光世遣兵巡边。辛丑,保静州夷人入贡。丙午,徐俯罢。是月,王似承制废符阳军。知寿春府罗兴叛降伪齐。五月庚戌朔,以岳飞兼黄复二州、汉阳军、德安府制置使。癸丑,以范冲为宗正少卿兼直史馆,重修神宗哲宗《正史》、《实录》。甲寅,诏淮南帅臣兼营田使,守令以下兼管营田。岳飞复郢州,斩伪齐守荆超。甲子,以孟庾兼权枢密院事。乙丑,赐李横军绢万匹。丙寅,李成弃襄阳去,岳飞复取之。金人攻金州,镇抚使王彦遣统制许青等与战于汉阴,败之。罢诸县武

尉。壬申,裁省三省、枢密细务,责六曹长贰专决。癸酉,以国史日历所为史馆。伪齐收李成余众,益兵驻新野,岳飞与别将王万夹击,复大败之。乙亥,王彦数败金兵于洵阳县。丙子,复选宗室子彦之子伯玖育于禁中。六月壬申,复命川、陕类试。乙未,太白昼见经天。戊戌,诏神武军、神武副军统制、统领官并隶枢密院。庚子,以霖雨,罢不急之役。壬寅,诏三省、枢密院,凡奉干请墨敕,许执奏不行。置史馆校勘官。作明堂行礼殿于教场。甲辰,禁诸军强刺平人为兵,已刺者皆释之。吴玠乞宫观,不允。是月,荧惑犯南斗。岳飞将牛皋复随州,执伪齐守王嵩,磔之。秋七月戊申朔,曲赦虔州。以吏部尚书胡松年签书枢密院事。庚戌,以湖南安抚席益为安抚制置大使。建昌军军卒修达等作乱,杀守臣刘湝,江西制置使胡世将遣参谋侯憕、统制丘赟讨之。壬子,命吴玠通信夏国。癸丑,湖贼杨钦等破社木砦,官军败却,小将许筌战殁。丙辰,赏仙人关之功,以吴玠为检校少师、奉宁保静军节度使,吴璘、杨政以下论赏有差。丁巳,命左右司岁考郎官功过治状以为赏罚。庚申,复曲端、赵哲官。壬戌,岳飞遣统制王贵、张宪击败李成及金兵于邓州之西,复邓州,擒其将高仲。丙寅,侯憕引兵入建昌军,执修达等十三人,斩之。罢建州腊茶纲。诏江东安抚司招水军千五百人。己巳,湖贼万余人诣鼎、澧二州降。刘光世来朝。庚午,王贵、张宪破金、齐兵,复唐州及信阳军,襄汉悉平。辛未,章谊、孙近使还入见,粘罕致书约淮南毋得屯兵。八月庚辰,以赵鼎知枢密院事,充川、陕宣抚处置使。湖贼夏诚等犯枝江县,解潜遣将蒋定舟与战,败之。辛巳,吴玠遣统领姚仲攻陇城县,克之。壬午,王璪以讨贼无功,降光州观察使。戊子,改命赵鼎都督川、陕、荆、襄诸军事。乙未,遣魏良臣等充金国通问使。丙申,毁王安石舒王告。己亥,周十隆出降,为官军所掠,复遁去,犯汀、循州。壬寅,以王璪罢。以岳飞为清远军节度使、湖北荆襄潭州制置使,代王璪讨湖贼。癸卯,以襄阳府、随、郢、唐、邓州、信阳军六郡为襄阳府路。九月戊申,减淮、浙路盐钞所增贴纳钱。壬子,夏诚遣将李全功犯公安军,解潜遣统制林闰等击斩之。安定郡王令時薨。辛酉,合祭天地于明堂,大赦,蠲襄阳等六郡三年租税。庚午,朱胜非罢。金、齐合兵自淮阳分道来犯。壬申,渡淮,楚州守臣樊叙弃城去。韩世忠自承州退保镇江府。癸酉,以赵鼎为尚书右仆射、同中书门下平章事兼知枢密院事,吏部尚书沈与求参知政事。冬十月丙子朔,与赵鼎定策亲征,命张俊以军援淮东,刘光世移军建康,车驾择日进发。丁丑,以孟庾为行宫留守,留统制王进一军及神武中军五百人隶之。百司不预军旅之务者,听从便避兵。己卯,韩世忠自镇江率兵复如扬州。金人犯滁州。以张俊为浙西、江东宣抚使。金人围亳州。席益遣统制吴锡率兵讨磘贼杨再兴,大破之。壬午,伪齐兵犯安丰县。癸未,复以张浚为资政殿学士、提举万寿观兼侍读。甲申,复以王璪为建武军承宣使、江西沿江制置使。丙戌,命胡松年诣江上,会诸将议进兵。戊子,韩世忠邀击金人于大仪镇,败之,又遣将董旼败之于天长县鸦口桥。己丑,金人攻承州,韩世忠遣将成闵、

卷二十八　　本纪第二十八

高宗 五

　　五年春正月乙巳朔，日有食之。帝在平江府。金人去濠州。丁未，戒诸军毋杀中原民籍充金兵者。命鬻官田宅输钱专充军费。戊申，进庐、泰二州守御官属各一官。己酉，诏前宰执吕颐浩等十九人及行在职事官各条上攻战备御措置绥怀之策。免淮南官吏去职之罪，仍令还任。承州水寨统领仲谅复入楚州。庚戌，张俊遣统领杨忠闵、王进夹击金人于淮南岸，败之，降其将程师回、张延寿。辛亥，淮东统制崔德明袭败金兵于盱眙。召张浚赴行在。乙卯，浚入见。赏沿江监司、帅臣供亿之劳，各进官一等。戊午，趣修建康行宫。己未，诏减淮南诸州杂犯死罪，释流以下囚。庚申，置诸州军教场，选兵习弓弩，立格考试。辛酉，赠殿中侍御史马伸左谏议大夫。韩世忠、刘光世、张俊入见。壬戌，以世忠为少保、淮东宣抚使，驻镇江；光世少保、淮西宣抚使，驻太平；俊开府仪同三司、江东宣抚使，驻建康。甲子，郦琼复光州，降其守许约。乙丑，罢淮南茶盐提刑司，置提点两路公事官一员，兼领刑狱、茶盐、漕运、市易事。淮西要会州军并置市易务。戊辰，诏川、陕宣抚司招谕陷贼官民。庚午，命王进合江西、广东诸将兵讨周十隆。海贼朱聪犯广州，又犯泉州。壬申，刘光世、韩世忠、张俊入辞，命升殿，以光世、世忠有隙，赐酒谕释之，皆感激奉诏。癸酉，伪齐知亳州马秦犯光州，权州事王萃率兵拒之。是月，金主晟殂，旻之孙亶立。岳飞自池州入朝。二月丙子，以飞为镇宁、崇信军节度使。命常州布衣陈得一造新历。丁丑，帝发平江。戊寅，遣权太常少卿张铢奉迎太庙神主于温州。壬午，帝至临安，进扈从官吏秩一等。丙戌，以赵鼎为左仆射，张浚右仆射，并同中书门下平章事兼知枢密院事，都督诸路军马。岳飞为荆湖南北、襄阳府路制置使，将兵平湖贼杨么。丁亥，吴璘、杨政攻拔秦州，执伪齐守胡宣，金帅撒离喝来援，政复击败之。己丑，诏建太庙。壬辰，命张浚诣江上措置边防，诏谕诸路宣抚制置司，示以专任之旨。以右司谏赵霈论奏得体，赐三品服。丁酉，进执政官秩一等，以赏防秋之功。戊戌，诏淮南宣抚司拣存淮北来归官吏军民。己亥，直史馆范冲上《神宗实录考异》。庚子，诏翰林学士孙近、胡交修类编臣僚条具利害章疏以闻。甲辰，蠲湖南路上供三年。是月，伪齐商元寇信阳军，守臣郝继明被禽，死之。闰月乙巳朔，雨雹。丁未，胡松年罢。戊申，雪。己酉，留四川上供银帛就充军费。乙卯，以孟庾、沈与求并兼权枢密院事。丙辰，并诸路提举常平入茶盐司。罢福建铸钱，令转运、坑冶司办集。丁巳，撒离喝欲犯秦州，吴玠遣部将牛皓伺之，遇于瓦五谷，战死。癸亥，海贼陈感犯雷州，官军屡败。丁卯，王璪罢。命户部尚书章谊措置财用，孟庾提领，号总制司。

解元合兵击于北门，败之。金人围濠州。甲午，遣秘书正字杨晨持诏抚谕四川。遣侍御史魏矼、监察御史田如鳌诣刘光世、张俊军中计事，光世始移军太平州。丙申，命后宫自温州泛海如泉州。金人陷濠州，守臣寇宏弃城走。丁酉，诏州县团教弓手、土兵。戊戌，帝御舟发临安，刘锡、杨沂中以禁兵扈从。己亥，韩世忠捷奏至，命收瘗战死将士，仍令胡松年致祭。庚子，张俊率兵发镇江，如建康。壬寅，帝次平江。加赠陈东、欧阳澈秘阁修撰，官其子孙二人，各赐田十顷，且追夺汪伯彦落观文殿学士，黄潜善更不追复。命韩世忠、杨沂中分兵控扼沿海要地。癸卯，焚决淮东闸堰。赐扈从诸军钱。乙巳，仇悆遣将孙晖击金人于寿春，败之，复霍丘、安丰二县。是月，借江、浙坊场钱一界，以备军费。十一月戊申，太白昼见。庚戌，赏承州水寨首领徐康等要击金兵之功，转官有差，仍蠲承、楚、泰州水寨民兵赋役十年。置沿江烽火，放浙东诸郡防城丁夫。壬子，始下诏声刘豫逆罪，谕亲讨之旨，以厉六师。吴玠遣统制杨从仪等率兵败金人于腊家城。癸丑，玠乞纳节赎刘子羽罪，遂听子羽自便。金人入光州。甲寅，伪齐知光州许约破石额山砦，遂据之。乙卯，韩世忠遣兵夜劫金人营于承州，破之。金人犯六合县，丙辰，掠全椒县三城湖。丁巳，戒诸路大小臣僚借贷催科纵吏奸扰民，及务绝盗贼之伺隙者。命董旼、赵康直总领淮东水寨。戊午，以胡松年兼权参知政事。金人陷滁州。刘光世移军建康，韩世忠移军镇江，张俊移军常州。己未，复命张浚知枢密院事，以其尽忠竭节诏谕中外。庚申，宴犒守江将士。癸亥，刘光世遣统制王德击金人于滁州之桑根，败之。揭黄榜招谕湖贼。甲子，命滁、和诸州移治保聚。乙丑，金人犯滁口。己巳，刘光世遣统制王师晟等率兵夜入南寿春府袭金人，败之，执伪齐知府王靖。广贼区稠围韶州乐昌县，钤辖韩京遣兵击斩之。诏张浚视师江上。十二月乙亥朔，魏良臣、王绘还自泗州军前入见。戊寅，命都督府右军统制李贵部兵屯扼福山镇。辛巳，命中军统制王进屯兵泰州，防拓通、泰。壬午，以枢密都承旨马扩为江西沿江制置副使。丙戌，吴伦遣兵攻腊家城，破之。丁亥，听两淮避兵民耕种所在闲田。壬辰，金、齐兵逼庐州，仇悆婴城固守，岳飞所遣统制徐庆、牛皋援兵适至，败走之。刘光世亦遣统制靳赛战于慎县。张俊遣统制张宗颜击败金人于六合。诏江、浙、荆湖十四郡各募水军五百人，名横江军。两浙十郡沿江海县兵招捕巡检土军。甲午，程昌㝢遣杜湛、彭筠合击杨钦，破之。己亥，以来年正旦日食，下诏修阙政，求直言。庚子，金人退师。辛丑，诏葬祭浙西、江东二军之死事者。壬寅，省淮南转运司。遣胡松年往常熟县、江阴军沿江计议军事。癸卯，金人去滁州。

命川、陕宣抚司幕僚摄司事,仍权节制军马。戊辰,置路分总管,以处闲退武臣。辛未,复置宗正丞,掌修属籍。再蠲荆南府、归、峡二州,荆门、公安二军岁贡上供二年。三月甲戌朔,以王璲贪纵不武,败师误国,责授濠州团练使。丙子,遣枢密计议官吕用中等分使两浙、江东、西路检察经、总制司财用。丁丑,诏侍从至监察御史、馆职已上,在内馆职、在外侍从官,监司、帅守,各举所知充监司、守令,寻命馆职专举县令。己卯,以韩世忠兼镇江府宣抚使,刘光世兼太平州宣抚使。壬午,以都督府参议军事邵溥兼权川、陕宣抚副使。罢御前军器所提举官,并隶工部。壬辰,命广东、福建路招捕朱聪。乙未,初榷铅、锡。张浚亲讨湖贼。丁酉,复移浙西安抚司于临安府。庚子,罢饶州牧马监。夏四月丙午,贵池县丞黄大本坐枉法赃,杖脊、刺配南雄州。丁未,遣司农丞盖谅持诏抚谕川、陕。召解潜赴行在,王彦知荆南府,诸镇抚使至是尽罢。戊申,太庙神主至自温州。己酉,以审量滥赏,追左银青光禄大夫王序八官及职名,仍改正出身。庚戌,诏内侍遇特恩转官,止武功郎。壬子,访得周后柴叔夏袭封崇义公。戊午,奉安太庙神主。己未,更免役保正长法。甲子,太上皇帝崩于五国城。丙寅,帝即射殿行朝献景灵宫之礼,始以惠恭皇后祔祭。募民耕营田,官给牛、种。庚午,省四川添差官。辛未,以诸路税赋畸零增收钱专充上供。是月,龙图阁直学士致仕杨时卒。五月乙亥,初谒太庙。庚辰,命邵溥、吴玠裁省四川冗官浮费。辛巳,名行宫新作书院为资善堂。遣何藓等奉使金国,通问二帝。中书舍人胡寅言,国家与金世仇,无通使之义。张浚奏:"使事兵家机权,后将辟地复土,终归于和,未可遽绝。"乃遣行。丁亥,立残破州县守令劝民垦田及抛荒殿最格。己丑,以孟庾知枢密院事。壬辰,召张浚还行在。丁酉,诏浚提举详定一司敕令。戊戌,以贵州防御使瑗为保庆军节度使,封建国公。徽猷阁待制范冲兼资善堂翊善,起居郎朱震兼赞读。以盛暑,命监司行部虑囚。己亥,岳飞军次鼎州。庚子,周十隆降。辛丑,命川、陕访求元祐党人子孙。六月甲辰,封ид经大夫令矼为安定郡王。湖贼杨钦、全琮、刘诜相继率众诣岳飞降。乙巳,名新历曰《统元》。丁未,并饶州铸钱司于虔州。己酉,命建国公瑗出就资善堂听读,拜范冲、朱震。出内帑钱赐宗室贫者。壬子,复省淮南州县冗官。癸丑,以久旱,减膳、祈祷。禁诸路科率,自租税、和市、军须外皆罢。岳飞急攻湖贼水寨,贼将陈瑫降,杨太赴水死,余党刘衡等皆降。飞急击夏诚,斩之。丁巳,湖贼黄诚斩杨太首,挟钟子仪、周伦诣都督府降,湖湘悉平,得户二万七千,悉遣归业。戊午,减福建贡茶岁额之半。庚申,以旱罢诸路检察财用官。丁卯,以贼平,免沿湖民前二年逋租。己巳,罢福建诸州枪杖手。秋七月壬申朔,以仇悆为沿海制置使。甲戌,免蕲州上供及租税三年。戊寅,奖谕岳飞,抚劳将士,趣张浚还朝。己卯,孟庾罢,以沈与求兼权枢密院事及措置财用。壬午,以金、均、房州隶襄阳府路。伪齐兵寇湖阳县,执唐州守臣高青,复释之。丁亥,赐宇文虚中家福建田十顷。甲申,诏残破州县亲民官,计到之日户口考殿最。韩世忠复镇淮军,禽伪齐守臣王拱。丙申,蠲湖南路上供米三年及秋租之

半。丁酉,置高峰、王口二寨都巡检使,益兵戍之。八月壬寅朔,罢荆南营田司,令安抚司措置官兵耕种。甲辰,定馆职额为十八员。壬子,诏淮南山水寨都巡检各听守令节制。癸丑,蠲福建州军供拨常平钱米。己未,下诏示章惇、蔡卞诬诬宣仁圣烈皇后之罪,追贬惇昭化军节度副使,卞单州团练副使,子孙不许在朝。命广宫学,教内外宗子。辛酉,诏淮南、襄阳府等路团结民社。丙寅,以诸盗平,减湖、广、江西二十二州杂犯死罪,释徒、杖以下囚。海贼朱聪降,命补水军统领。是月,伪齐陷光州。九月辛未朔,罢总制司所增收头子等诸色钱。乙亥,赐礼部进士汪洋以下二百二十人及第、出身。唱名始遵故典,令馆职侍立殿上。壬午,加岳飞检校少保。伪齐兵寇固始县,统领华旺拒战,却之,寻复光州。甲申,命沿海州军籍海舶,分守要害。乙酉,赵鼎上《重修神宗实录》。壬辰,诏元符上书邪等范柔中等二十七人各官一子。以解潜部兵三千隶马军司。甲午,周十隆复叛,犯汀州。戊戌,遣统领王进、李贵讨之。冬十月庚戌,张浚入见。乙卯,以席益为四川制置大使,位宣抚副使上,州军兵马并隶大使司,边防重事仍令宣抚司处置。李纲为江西制置大使,吕颐浩为湖南制置大使。戊午,诏川、陕类试合格第一人依殿试第三人例推恩,余并同赐进士出身,特奏名进士令宣抚选官试时务策。澧州贼雷德进降。乙丑,伪齐兵寇涟水军,韩世忠遣统制呼延通等逆击,败之。十一月庚午朔,初置节度使以下金字牙符,命督府掌之,给将帅立战功者。俞州县卖户帖以助军费。癸酉,诏守臣死节昭著者,毋限品秩,并赐谥。乙亥,征和靖处士尹焞于涪州,命为崇政殿说书。戊寅,郊。辛巳,复置淮南提举盐事官。壬午,出宫女三十人。甲申,权减宰执及行在官吏奉。乙酉,以赵开为四川都转运使。丙戌,命张浚视师荆、襄、川、陕。戊子,知衡州裴廪坐调夫筑城冻死二千余人,除名、岭南高州编管。乙未,出内帑绵绢赐宗室。丁酉,罢催税户长。十二月己亥朔,以岳飞为荆湖南北、襄阳府路、蕲黄州招讨使。杨沂中权主管殿前司,并统神武中军。庚子,改神武四军及巡卫军号行营五护军。辛丑,以都督府兵隶三衙。命左右司、枢密院检详官参考中兴已行条例,修为定法。乙巳,禁服用翠羽。己酉,免侍从官轮对。庚戌,汰横江水军三之一。癸丑,命两淮、川陕、荆襄、荆南诸帅府参谋官各一员提点屯田。癸亥,禁川陕州县官悉用川陕人。丙寅,都督府遣参议军事刘子羽、主管机宜文字熊彦诗抚谕川陕,且察边备虚实。戊辰,夜雨雹。

六年春正月辛未,蠲贫民户帖钱之半,无物产者悉除之。癸酉,命给事中、中书舍人甄别元祐党籍。乙亥,以内重外轻,命省台、寺监及监司、守令居职二年者,许更迭出入除擢。丁丑,诏凡入粟补官者,毋授亲民、刑法之职。壬午,赐宗子伯玖名琚,为和州防御使。罢绵州宣抚副使,命吴玠专治兵事。罢御史平反刑狱赏。丙戌,张浚视师荆襄,入辞。己丑,安定郡王令矼薨。庚寅,还预借坊场钱。辛卯,诏监司、帅臣慢令失职者,令张浚黜陟以闻。甲午,振江、湖、福建、浙东饥民,命监司、帅臣分选僚属及提常平官躬行检察。戊戌,命鬻通直郎、阁门宣赞舍人以下官。二月庚子,以诸路宣抚制置大使并兼营田大使,宣抚

副使、招讨安抚使并兼营田使。壬寅,雨雪。改江、淮屯田为营田。甲辰,置行在交子务,印交子钱引给诸路,令公私同见钱行用。戊申,岳飞入见。复以襄阳府路为京西南路。辛亥,诏张浚暂赴行在奏事。甲寅,以兵部尚书、都督府参谋折彦质签书枢密院事。乙卯,韩世忠引兵攻宿迁县,统制呼延通与金兵战,败之,禽其将宇董牙己。澧州贼徒伍俊杀雷德进,持其首诣鼎州降。丙辰,韩世忠围淮阳军。复置诸路市易务。戊午,命杨沂中以兵万人听都督行府调遣。己未,遣户部侍郎刘宁止如镇江府,总领三宣抚司钱粮。辛酉,兀朮救淮阳,韩世忠引兵归楚州。壬戌,以折彦质兼权参知政事。癸亥,沈与求罢。李纲入见。是月,张浚至江上会诸将议事,命张俊进屯盱眙。三月戊辰朔,初收官告绫纸钱。名金、均、房州民兵曰保胜,又命招刺三千人,赐名必胜军。己巳,以韩世忠为京东、淮东路宣抚处置使,岳飞为京西、湖北路宣抚副使。辛未,蠲旱伤州县民积欠钱帛租税。己卯,趣岳飞如鄂州措置军事。辛巳,以枢密副都承旨马扩为沿海制置副使。壬午,金、齐兵犯涟水军,韩世忠击败之。壬辰,宽四川灾伤州县户帖钱之半。夏四月戊戌朔,湖南贼黄旺犯桂阳监。甲辰,伪齐兵陷唐州,团练判官扈举臣、推官张从之等皆死。岳飞以母丧去官。丙午,诏飞起复。己酉,诏文武臣僚能决胜强敌恢复境土者,赐功臣号。庚戌,始训诸宗子名。甲寅,赏淮阳功,呼延通等进官有差,余受赏者凡万七千人。刘光世遣副统制王师晟、郦琼袭伪齐兵于刘龙城,破之,禽其统制华知刚。己未,命福建安抚司发水军讨海贼郑庆。辛酉,禁四川伐并边山林。甲子,以韩世忠为横海、武宁、安化军节度使,号扬武翊运功臣。除商旅缗钱税。丙寅,复行在官吏奉。蠲东京民渡淮南商贩之税。五月戊辰朔,禁以鹿胎为冠。癸酉,诏未经上殿臣僚,先令三省审察,然后引对。戊寅,以四川监司地远玩法,应有违戾,令制置大使按劾。壬午,诏大理寺议狱不合,即诣刑部关决,刑部不能定,同赴都堂禀议。赐吴玠四川户帖钱十万缗犒军。癸未,禁淮南州县收额外杂色租。乙酉,改交子为关子,罢交子务。庚寅,以刘光世为保静、宁武、宁国军节度使。壬辰,以张俊进屯盱眙,改崇信、奉宁军节度使。甲午,禁销钱及私铸铜器。丙申,诏监司虑囚不能遍及者,听遣官,著为令。六月乙巳夜,地震。乙酉,求直言。甲寅,张浚渡江,抚淮上诸屯。命刘光世自当涂进屯庐州,岳飞自九江进屯襄阳,杨沂中屯泗州。戊午,诏两淮沿江守臣并以三年为任。辛酉,封集英殿修撰令廙为安定郡王。秋七月壬申,以司农少卿樊宾提领营田公事。癸未,诏张浚暂赴行在。癸巳,罢川陕便宜差遣监司、守贰。以金州隶川陕路,均、房二州隶京西南路。郭浩为永兴军路经略安抚使兼知金州,阁门宣赞舍人邵隆知商州,听浩节制,经理商、虢。是月,刘光世复寿春府。八月己亥,范宗尹甍。庚子,赐左司谏陈公辅三品服。癸卯,以徽猷阁直学士李迨为四川都转运使。甲辰,诏谕将士将亲征。岳飞遣统制牛皋破伪齐镇汝军,禽其将薛亨。乙巳,命权殿前司解潜等帅精兵扈从,主管步军司边顺留兵守临安,知临安府梁汝嘉为巡幸随军都转运使。丁未,以秦桧为醴泉观使兼侍读、行宫留守,孟庾提举万寿观兼

侍读、同留守。戊申,岳飞遣将杨再兴复西京长水县。己酉,命秦桧、孟庾权参决尚书省、枢密院事。庚戌,蠲虔州残破诸县逋负、梅州夏秋两税,听广东经略安抚司便宜措置盗贼。辛亥,奉神主发临安。丁巳,权罢经筵进讲。己未,预借江、浙民来年夏税绢帛,折米输官。庚申,增给职事官米月三斛。是月,张俊城盱眙,进屯泗州。岳飞及伪齐李成、孔彦舟连战至蔡州,克之,伪守刘永寿举城降。九月丙寅朔,帝发临安。岳飞遣统制王贵、郝晸、董先复虢州卢氏县。癸酉,帝次平江。戊寅,命职事官日一员轮对。壬午,岳飞以孤军无援,复还鄂州。癸未,权奉安神主于平江能仁寺。戊子,以户部郎官霍蠡总领岳飞军钱粮。庚寅,张浚入奏,复如镇江。辛卯,立贼徒相招首罪赏格。赏镇淮军功,进统制王德等官。是月,刘豫闻亲征,告急于金主亶求援,亶不许,豫自起兵三十万,命子麟趣合肥,侄猊出涡口,引兵分道入寇。冬十月丙申,招西北流寓人补阙额禁军。丁酉,裁定淮南路租额。刘麟寇淮西,张俊遣杨沂中、张宗颜等分兵御之。戊戌,沂中至濠州,刘光世已弃庐州而南,浚遣人督还,光世不得已驻兵应沂中,遣统制王德、郦琼及贼将崔皋、贾泽、王遇战,皆败之。贼兵攻寿春府苟陂砦,守臣孙晖拒战,又败之。辛丑,罢四川监酒官百余员。壬寅,以梁汝嘉兼浙西、淮东沿海制置使,前护军副都统制王彦副之。癸卯,赵鼎请降敕谕张浚,令光世、沂中及张俊全军引还,为防江之计。甲辰,又诏浚督将士僇力破贼,皆未达。刘猊犯定远县,沂中进战,大败之于藕塘,猊挺身遁,麟在顺昌闻之,拔寨去。刘光世遣王德及沂中追麟,至南寿春而还。孔彦舟亦解光州围而去。戊申,命解潜遣兵千人守青龙港口。癸丑,张俊、杨沂中引兵攻寿春府,不克而还。乙卯,诏诸军所俘人民给钱米遣归。丁巳,惠州军贼曾衮作乱。庚申,摧锋军统制韩京募敢死士,夜袭破之,衮寻出降。壬戌,日中有黑子没。十二月申午朔,诏降庐、光、濠等州死罪,释流以下囚。召秦桧赴行在。张浚入见,请幸建康;赵鼎请还临安。戊戌,韩世忠攻淮阳军,及金人战,败之。辛丑,城南寿春府。壬寅;赵鼎罢。遣右司员外郎范直方宣谕川、陕,抚问吴玠将士。甲辰,命都督府参议军事吕祉如建康,措置移跸。丙午,折彦质罢。丁未,赏淮西功,加张俊少保,改镇洮、崇信、奉宁军节度使,杨沂中保成军节度使、殿前都虞候。戊申,命秦桧赴讲筵供职,孟庾为行宫留守。辛亥,以资政殿学士张守参知政事,兼权枢密院事。丙辰,以吕颐浩为浙西安抚制置大使、判临安府。丁巳,以刘光世为护国、镇安、保静军节度使。戊午,诏凡因民事被罪者,不许亲民。己未,命辰、沅、靖、澧四州以闲田募刀弩手,三千五百人为额。右司谏陈公辅乞禁程氏学。诏:"士大夫之学宜以孔、孟为师,庶几言行相称,可济时用。"庚申,以安化郡王王禀死节太原,赐其家田十顷。辛酉,以山阴、诸暨等四十县为大邑,并命堂除。

七年春正月癸亥朔,帝在平江,下诏移跸建康。蠲无为军税役一年。置建康御前军器局。丁卯,赏张浚以破敌功,迁特进。己巳,发米万石济京东、陕西来归之民。张浚入见。甲戌,罢都督府诸州市易官。丁丑,解潜罢,以刘锜权主管马军司,并殿前步军司公事。庚辰,筑采石、宣化

渡二城。癸未，以翰林学士陈与义参知政事，资政殿学士沈与求同知枢密院事。诏广西帅臣训练土丁、保丁。乙酉，复置枢密使、副，知院以下仍旧，张浚改兼枢密使。丙戌，禁诸军互纳亡卒。西番三十八族首领赵继忠等来归。丁亥，以秦桧为枢密使。何蘚、范宁之至自金国，始闻上皇及宁德皇后崩。己丑，帝成服，下诏降徒囚，释杖以下。辛卯夜，东北有赤气如火。二月癸巳朔，日有食之。百官七上表，请遵以日易月之制。徽猷阁待制、知严州胡寅请服丧三年，衣墨临戎，以化天下。帝欲遂终服，而张浚连疏论丧服不可即戎，遂诏外朝勉从所请，宫中仍行三年之丧。丙申，太平府火。丁酉，镇江府火。庚子，遣王伦等使金国迎奉梓宫。岳飞入见。辛丑，以日食，求直言；以久旱，命诸州虑囚。乙巳，诏凡辟举官犯赃罪，罪及所举官。丙午，吴玠置银会子于河池。丁未，诏席益募陕西、河东、河北兵二千，部送行在充扈卫。癸丑，雨雹。丙辰，始御便殿。果州守臣宇文彬等进《禾登九穗图》，俱夺一官，罢之。丁巳，以岳飞为太尉、湖北京西宣抚使。己未，帝发平江。三月癸亥朔，次丹阳，韩世忠入见，命世忠扈从，岳飞次之。甲子，次镇江，杨沂中入见，命沂中总领弹压巡幸事务。乙丑，蠲驻跸及经从州县积年逋赋。丁卯，以吏部侍郎吕祉为兵部尚书、都督府参谋军事。辛未，帝至建康。壬申，诏尚书省常程事从参知政事分治。癸酉，减建康流罪以下囚，蠲建康府、太平、宣州逋赋及下户今年身丁钱。岳飞乞并统淮西兵以复京畿、陕右，许之，命飞尽护王德等诸将军。既而秦桧等以合兵为疑，事遂寝。戊寅，手诏抚劳将士。进沈与求知枢密院事。己卯，尊宣和皇后为皇太后。庚辰，以王彦兵隶侍卫马军司。吕颐浩为少保兼行宫留守。孟庾罢。甲申，以刘光世为少师、万寿观使，以其兵隶都督府，张浚因分为六军，命吕祉节制。乙酉，赐光世第于建康府。丁亥，命虔、吉、南安军诸县各募土兵百人，责知县训练，防御盗贼。是春，广西大饥，李实变为桃。夏四月癸巳，筑太庙于建康，以临安府太庙为圣祖殿。戊戌，修浚建康城池。丁未，岳飞乞解官持余服，遂弃军去，诏不许。戊申，日中有黑子。庚戌，以张浚累陈岳飞积虑专在并兵，奏牍求去，意在要君，遂命兵部侍郎兼都督府谘议军事张宗元权湖北、京西宣抚判官，实监其军。壬子，张浚如太平州、淮西视师。庚申，以信阳军隶京西路。罢淮南提点司，东西两路各置转运兼提点刑狱、提举茶盐常平事。五月丁卯，诏李纲趣捕虔、吉诸盗。壬申，命礼官举文宣王、武成王、荧惑、寿星、岳镇、海、渎、农、蚕、风、雷、雨师之祀。甲戌，以胡安国提举万寿观兼侍读，趣赴行在，未至而罢。癸未，以郦琼为行营左护军副都统制。甲申，初试枢密院都督府效士。乙酉，命侍从官通举材堪知县者二十人。丙戌，伪齐陷随州。己丑，禁四川增印钱引。六月辛卯朔，改上惠恭皇后谥曰显恭皇后。岳飞入见。壬辰，命岁辰戌月祀大火，配以阏伯。乙未，罢江、淮营田司，令诸路安抚、转运司兼领其事。丙申，以《重修神宗实录》去取未当，命史馆复加考订。丁酉，岳飞引过自劾，诏放罪，慰谕之。戊戌，命刘锜兼都督府谘议军事，率兵戍庐州。乙巳，沈与求薨。召王德以所部兵赴行在。遣吕祉如淮西抚谕诸军。丙辰，诏吴玠、李迨共议四川经费，赡军恤民。岳飞复职。秋七月戊辰，诏侍从各举可任监司、郡守者一二人。癸酉，以旱，祷于天地、宗庙、社稷。甲戌，嗣濮王仲湜薨。癸未，以久旱，命中外臣庶实封言事。甲申，蠲诸路民积年逋租。以建康疫盛，遣医行视，贫民给钱，葬其死者。命疏决滞狱。乙酉，诏即建康权正社稷之位。戊子，诏户部长贰迭出巡按诸路，考究财赋利病，违者劾之。己丑，诏诸路归业民垦田，及八年始输全税。八月乙未，以张俊为淮西宣抚使，驻盱眙；杨沂中为淮西制置使，主管侍卫马军司刘锜副之，并驻庐州。命郦琼率兵赴行在。戊戌，琼叛，杀中军统制张景等，执吕祉及赵康直、赵不群，以兵四万人奔刘豫。辛丑，手诏赦庐州屯驻行营左护军。壬寅，郦琼引兵至淮，杀祉及康直，释不群，使还。刘锜、吴锡至庐州，以兵追之不及，命张宗元往招之。张浚乞去位。甲辰，以赵鼎为万寿观使兼侍读。甲寅，诏命官犯赃，刑部不得擅黥配，听朝廷裁断。乙卯，赐岳飞军钱十万缗。招归正复业人耕湖北、京西闲田。九月甲子，上太上皇帝谥曰圣文仁德显孝皇帝，庙号徽宗，皇后曰显肃皇后。丁卯，韩世忠、张俊入见，乃命俊自盱眙移屯庐州。壬申，张浚罢。癸酉，命参知政事轮日当笔，权三省事，更不分治常程。罢都督府。甲戌，以台谏累疏，落张浚观文殿大学士，仍领宫祠。丙子，复以赵鼎为尚书左仆射、同中书门下平章事兼枢密使。戊寅，以庐州、寿春府民遭郦琼房掠，蠲租税一年。己卯，朝献圣祖于常朝殿。庚辰，朝飨太庙。辛巳，合祭天地于明堂，大赦。召刘光世赴行在。戊子，禁诸路进羡余。以刘锜知庐州兼淮西制置副使。冬十月庚寅朔，诏仍旧开经筵。辛卯，命后省官看详上书有可采者，条上行之。丁酉夜，敕张浚安置岭表。戊戌，赵鼎累请浚母老，改永州居住。伪齐犯泗州，守臣刘纲击走之。丙午，命户部郎官薛弼、霍蠡同总领江东、湖、广五路财赋。壬子，统制呼延通、王权等袭击金人于淮阳军，败之，丁巳，诏六参日，轮行在百官一员转对。闰月癸亥，赠赵康直徽猷阁待制。乙丑，蠲江东路月桩钱万缗。发米二万石振京西、湖北饥民。丙寅，尹焞入见，命为秘书郎兼崇政殿说书。甲戌，始作徽宗皇帝、显肃皇后神主。庚辰，韩世忠引兵渡淮，逆击金人于刘冷庄，败之。辛巳，李纲罢。癸未，复汉阳军。是月，张俊弃盱眙，引兵还建康。十一月丙申，赐吴玠犒军钱百五十万缗。丁酉，以知温州李光为江西安抚制置大使。丁未，金帅挞懒、兀朮入汴京，执伪齐刘豫，废为蜀王。癸丑，诏来春复幸浙西。是月，伪齐犯临汝军崔虎诣岳飞降。十二月庚辰，复置都大提举四川茶马监牧官。丁卯，祔徽宗皇帝、显肃皇后神主于太庙。庚午，以解潜权主管马步军司，命韩世忠留屯楚州，屏蔽江、淮。己卯，诏内外大将及侍从官，举武臣智略器局堪帅守谋议官者。癸未，王伦等使还，入见，言金国许还梓宫及皇太后，又许还河南诸郡。甲申，城泗州。丁亥，复遣王伦等奉迎梓宫。是冬，吴玠遣神将马希仲攻熙州，郑宗、李进攻巩州，不克，宗死于城下，希仲遁还，玠斩以徇。

卷二十九　本纪第二十九

高宗六

八年春正月戊子朔，帝在建康。丙申，减临安府夏税折输钱。戊戌，张守罢。辛丑，伪齐知寿州宋超率兵民来归。蔡州提辖白安时杀金将兀鲁，执其守刘永寿来降。诏以方议和好，禁沿海州郡遣人过淮招纳。丁未，大阅张俊军。戊申，以兵部侍郎胡世将为四川安抚制置使。二月戊午，刘锜入见。减建康府夏税折输钱，蠲民户逋租、和市科调。庚申，日中有黑子。以吕颐浩为江东安抚制置大使兼行宫留守。壬戌，岳飞乞增兵，不许。癸亥，帝发建康。丙寅，以胡安国《春秋传》成书，进宝文阁直学士。戊寅，帝至临安。己卯，以户部尚书章谊为江东安抚制置大使兼行宫留守，吕颐浩为醴泉观使。甲申，减绍兴府和市绢万匹。三月己丑，以知南外宗正事仲儡嗣濮王。庚寅，以礼部尚书刘大中参知政事，兵部尚书王庶为枢密副使。壬辰，复以秦桧为尚书右仆射、同中书门下平章事兼枢密使。甲午，陈与义罢。戊戌，增夔州路路分都监一员，修治关隘，练义兵。己亥，蠲农器及牛税。以李天祚为静海军节度使、交趾郡王。壬寅，定以故相韩忠彦配享徽宗庙廷。丁未，蠲所过州县民积欠税赋。戊申，蠲江西、湖南诸州月桩钱各万缗。己酉，命考核川、陕宣抚司便宜所授官，冒滥尤甚者悉与裁减。夏四月庚申，初置户部和籴场于临安。壬戌，遣王庶巡视江、淮边防。丁丑，复置六路发运司。癸未，诏三衙管军轮宿禁中。五月庚戌，诏镇江府募横江军千人。窜内侍罗亶于海岛。庚子，禁贫民不举子，其不能育者给钱养之。壬寅，贬刘子羽为单州团练副使、漳州安置。丁未，金国使乌陵思谋、石庆充与王伦等偕来。戊申，以资政殿学士叶梦得为江东安抚制置大使。己酉，王庶至淮南，檄张宗颜将兵七千屯庐州，巨师古三千屯太平州，分韩世忠军屯泗州及天长县。六月壬戌，赐衍圣公孔玠衢州田五顷，奉先圣祠事。癸亥，赵鼎上《重修哲宗实录》。壬申，赐礼部进士黄公度以下三百九十五人及第、出身。王庶自淮南还入见。乙亥，以中护军统制张宗颜知庐州，命刘锜率兵移屯镇江府。丁丑，乌陵思谋、石庆充入见。秋七月乙酉朔，复命王伦及蓝公佐奉迎梓宫。录司马光曾孙伋补承务郎。辛亥，彗出东方。八月戊午，诏："日者遣使报聘邻国，期还梓宫。尚虑边臣未谕，遂弛戎备，以疑众心。其各严饬属城，明告部曲，临事必戒，无忘捍御。"甲子，蠲江东路月桩钱万三千缗有奇。丁丑，彗灭。遣监察御史李寀宣谕江西，措置盗贼。冬十月丁巳，刘大中罢。甲戌，赵鼎罢。乙亥，日中有黑子。丁丑，金国使张通古、萧哲与王伦偕来。韩世忠乞奏事行在，不许。戊寅，枢密副使王庶乞免签书和议文字，累疏求去，不许。十一月甲申，以翰林学士承旨孙近参知政事。丙戌，遣大理寺丞薛徖、朱斐诣广南路决滞狱。戊戌，王伦入见。己亥，复以伦为国信计议使，中书舍人苏符副之，符辞以疾。庚子，以孙近兼权同知枢密院事。辛丑，诏："金国遣使入境，欲朕屈己就和，命侍从、台谏详思条奏。"从官张焘、晏敦复、魏矼、曾开、李弥逊、尹焞、梁汝嘉、楼炤、苏符、薛徽言、御史方廷实皆言不可。甲辰，王庶罢。辛亥，以枢密院编修官胡铨上书直谏，斥和议，除名、昭州编管。壬子，改差监广州都盐仓。十二月甲寅，以赵鼎为醴泉观使。乙卯，以宗正少卿冯檝为国信计议副使。己未，以吏部尚书李光参知政事。戊辰，王伦言金使称"诏谕江南"，其名不正。秦桧以未见国书，疑为封册。帝曰："朕嗣守祖宗基业，岂受金人封册。"癸酉，馆职胡珵、朱松、张扩、凌景夏、常明、范如圭上书，极论不可和。甲戌，以端明殿学士韩肖胄签书枢密院事。乙亥，命肖胄等为金国奉表报谢使。丙子，张通古、萧哲至行在，言先归河南地，徐议余事。以监察御史施廷臣为侍御史，权吏部尚书张焘、侍郎晏敦复以廷臣主和议而升用，执奏不行。御史中丞勾龙如渊、右谏议大夫李谊、殿中侍御史郑刚中凡再至都堂，及宰执议取国书。丁丑，诏："金国使来，尽割河南、陕西故地，通好于我，许还梓宫及母兄亲族，余无需索。令尚书省榜谕。"庚辰，帝不御殿。以方居谅阴，难行吉礼，命秦桧摄冢宰，受书以进。是月，虚恨蛮犯嘉州忠镇砦。是岁，始定都于杭。

九年春正月壬午朔，帝在临安。丙戌，以金国通和，大赦。河南新复州军官吏并不易置，蠲其民租税三年，徭役五年。以王伦同签书枢密院事，充奉护梓宫、迎请皇太后、交割地界使。戊子，遣判大宗正事士㒟、兵部侍郎张焘诣河南修奉陵寝。庚寅，赐刘光世号和众辅国功臣，张俊加少傅、安民靖难功臣，韩世忠为少师，张浚复左宣奉大夫。辛卯，以尹焞为徽猷阁待制、提举万寿观兼侍读，焞力辞不拜。壬辰，加岳飞、吴玠并开府仪同三司，杨沂中太尉。癸巳，建皇太后宫。甲午，金宿州守臣赵荣来归。丙申，金主诏谕河南诸州以割地归我之意。改发运经制司为经制司，命户部长贰一人领使，仍置副或判官。戊戌，以王伦为东京留守，郭仲荀为副，户部侍郎梁汝嘉兼江、淮、荆、浙、闽、广路经制使，司农卿霍蠡为判官。己亥，以吴玠为四川宣抚使。二月癸丑，以徽猷阁待制周聿为陕西宣谕使，监察御史方廷实宣谕三京、淮北。丁巳，以郭仲荀为太尉、东京同留守。慕洧寇环州。戊午，以知金州郭浩为陕西宣抚判官。壬戌，以李纲为湖南路安抚大使，张浚知福州，寻复资政殿大学士，为福建路安抚大使。命周聿、方廷实蒐访隐士。甲子，均定诸州县月桩钱。己巳，以郭浩为陕西宣谕使。壬申，命修《徽宗实录》。癸酉，诏盗贼已经招安而复啸聚者，发兵加诛毋赦。是月，日中有黑子，月余乃没。江西统制官李贵以其军归杨沂中。三月丁亥，以和州防御使璩为保大军节度使，封崇国公。丙申，王伦受地于金，得东西南三京、寿春、宿、亳、曹、单州及陕西、京西之地。兀朮还祁州。己亥，分河南为三路，废拱州。辛丑，以翰林学士楼炤签书枢密院事。甲辰，伪齐知开封府郑亿年上表待罪，召赴行在。丁未，正伪齐所改州县名。是春,夏人陷府州。夏四月庚戌朔,吕颐浩薨。辛亥,命楼炤宣谕陕西诸路。壬午,金鄜延路经略使关师古上表待罪,命知延安府。癸丑,落赵鼎奉国军节度使为特进,仍知泉州。金陕西诸路节制使张中孚上表待罪,命为检校少保、宁国军节度使、知永兴军、节制陕西诸路军马。甲子,以观文殿学士孟庾为西京留守,资政殿学士路允迪南京留守。丙寅,金秦凤经略使张中彦上表待罪,命知渭州。以孙近兼权同知枢密院事。壬申,移寿春府治淮北旧城。癸酉,诏新复诸路监司、帅臣按劾官吏之残民者。韩世忠、张俊入见。五月庚寅,奉迎东京钦先、孝思殿累朝御容赴临安。辛卯,复命江、淮守臣二年为任。乙未,复置淮东提举茶盐司。癸卯,复召募耆长法。丙午,鄜延副将李世辅部兵三千自凤翔来归,赐名显忠。六月庚戌,皇后邢氏崩于五国城。辛亥,夏国主乾顺卒。壬子,楼炤以东京见卒四千四百人为忠锐三将。庚申,盗入邵武军。壬戌,以新复州县官吏怀不自安,降诏开谕。己巳,吴玠薨。壬申,楼炤承制以李显忠为护国军承宣使、枢密行府前军都统制,率部兵及夏国招抚使王枢赴行在。癸酉,澧州军事推官韩纲坐上书论讲和非计,送循州编管。乙亥,以孟庾兼东京留守。王伦自东京赴金国议事。楼炤承制以杨政为熙河经略使,吴璘为秦凤经略使,仍并听四川宣抚司节制;郭浩为鄜延经略使、同节制陕西军马。丙子,分宣抚司兵四万人出屯熙、秦,六千人隶郭浩,留吴玠精兵二万人屯兴元府、兴、洋二州。戊寅,置钱引务于永兴军。是月,抚州钤辖伍俊谋据桃源复叛,湖北安抚薛弼召诛之。秋七月甲申,以文臣为新复诸县令。丙戌,东京耆老李茂松、寇璋等二百人奉表称贺,皆引见,补官遣还。复置都水南、北丞各一员。丁亥,金人拘王伦于中山。丙申,命详验刘豫伪官,换给告身。乙巳,给还伪齐所没民间资产。以胡世将兼权主管四川宣抚司。八月己酉,复淮南诸州学官。庚戌,赐陕西诸军冬衣,绢十五万匹。命前川、陕宣抚司便宜所补官,限一年自陈,换给告身。丙辰,金国以挞懒主和割地,疑其二心,杀之。壬戌,蠲成都、潼川路岁输对籴等米五十四万石,水运钱七十九万缗。乙丑,给新法度牒、紫衣师号钱二百万缗付陕西市军储。己巳,命陕西复行铁钱。庚午,遣苏符等使金贺正旦。乙亥,遣前知宿州赵荣、知寿州王咦俱还金国。以关师古为行营中护军前军统制。九月己卯,命鄜延、秦凤、熙河路招纳蕃部熟户及陷没夏国军民。丙戌,封叔士㒟为齐安郡王。庚寅,罢经制司,令提刑兼领常平事。甲午,名皇太后殿曰慈宁。丙申,以威州防御使温济告韩世忠阴事勒停、南剑州编管。世忠又奏欲杀之,诏移万安军。己亥,郭仲荀率东京兵五千至镇江。冬十月辛亥,诏侍从官各举所知二人。王伦见金主于御林子,被拘于河间,遣其副蓝公佐先归。甲寅,王枢入见,并其俘百九十人皆纵遣还夏国。己未,蠲阶、成、岷、凤四州民税之半。戊辰,慈宁宫成。甲戌,日中有黑子。丙子,赐李显忠军钱十万缗。是月,岳飞入见。十一月戊寅朔,赐吴玠家钱三万缗,以其弟璘为龙神卫四厢都指挥使。申命刑部大理官编次刑名断例。癸未,嗣濮王仲儡薨。己丑,诏三省官属详覆在京通用令。追复张所为直龙图阁。十二月甲寅,命续编《绍兴因革礼》。甲子,李光罢。戊辰,命续修《元丰会要》。兀朮留苏符等于东京,谋复取河南。

十年春正月丙戌,遣莫将等充迎护梓宫、奉迎两宫使。辛卯,李纲薨。甲辰,以显谟阁直学士、提举醴泉观郑亿年复资政殿学士,奉朝请。二月戊申,命陕西复募蕃汉弓箭手。诏赃吏罪抵死,情犯甚者,奏取旨。辛亥,雨雹。以刘锜为东京副留守,李显忠南京副留守。壬子,命两宗正官各举所知宗室二人。癸丑,展省试期一年。壬戌,诏新复州军蒐举隐逸,诸路经理屯田。丁卯,罢史馆,以日历归秘书省,置监修国史官。以孟庾知开封府,为东京留守;仇愈知河南府、西京留守。癸酉,罢吏部审量宣和滥赏。三月甲申,封阏伯为商丘宣明王。戊子,增印钱引五百万缗,付宣抚司市军储。川、陕宣抚副使胡世将屡言金人必渝盟,宜为备。己丑,罢诸路增置税场。韩世忠、张俊入见。始罢内教。复营建康行宫。丙申,苏符自东京还。丁酉,命川、陕宣抚司军事不及待报者,听随宜措置。己亥,以郭浩知永兴军兼节制陕西诸路军马,杨政徙知兴元府。是月,命胡世将与夏人议入贡,夏人不报。夏四月丙午,访求亡逸历书及精于星历者。辛酉,以张中孚为醴泉观使,中彦提举祐圣观,赵彬为兵部侍郎。癸亥,命部使者岁举廉吏一人。庚午,复四川诸州学官。壬申,韩肖胄罢。五月己卯,金人叛盟,兀朮等分四道来攻。甲申,名徽宗御制阁曰敷文。乙酉,兀朮入东京,留守孟庾以城降,知兴仁府李师雄、知淮宁府李正民及河南诸州继降。丙戌,金人陷拱州,守臣王愭死之。撒离曷自河中趋永兴军,陕西州县官皆降。丁亥,金人陷南京,留守路允迪降。刘锜引兵至顺昌府。己丑,金人陷西京,留守李利用、副总管孙晖皆弃城走,钤辖李兴率兵拒战,不克。辛卯,胡世将自河池遣泾原经略使田晟以兵三千人迎敌金人。京、湖宣抚司忠义统领李宝败金人于兴仁府境上。癸巳,知亳州王彦先叛降于金。金人陷永兴军,趋凤翔。丁酉,命胡世将移陕西之右护军还屯蜀口。以福建、广东盗起,命两路监司出境共讨。己亥,命刘光世为三京招抚处置使,以援刘锜。庚子,以吴璘同节制陕西诸路军马,听胡世将便宜黜陟、处置军事。辛丑,金人犯凤翔府之石壁砦,吴璘遣统制姚仲等拒却之。金人围耀州,郭浩遣兵救之,金兵解去。壬寅,金人围顺昌府,三路都统葛王褎以大军继至,刘锜力战,败之。六月甲辰朔,以韩世忠太保,张俊少师,岳飞少保,并兼河南、北诸路招讨使。乙巳,刘锜遣将阎充战败金人于顺昌之李村。丙午,命两浙、江东、福建诸州团结弓弩手。以仇愈为沿海制置使。诏将佐士卒能立奇功者,赏以使相节钺官告,临军给受。丁未,罢建康府行宫营缮。戊申,以刘锜为沿淮制置使。己酉,吴璘遣统制李师颜等战败金人于扶风,拔之。壬子,兀朮及宋叛将孔彦舟、郦琼、赵荣等帅众十余万攻顺昌府,刘锜率将士殊死战,大败之。初,秦桧奏命锜择利班师,锜不奉诏,战益力,遂能以寡胜众。乙卯,顺昌围解,兀朮还。以知平江府梁汝嘉兼浙西沿海制置使。丙辰,岳飞将牛皋及金人战于京西,败之。己未,刘光世进军和州。郭浩遣统制郑建充攻破金人于醴州，复其城。壬戌，诏诸司钱物量留经费外，悉发以赡军。楼炤以父丧去位。甲子，撒离喝攻青黪岭，鄜延经略使王彦率兵战败之，撒离喝还屯凤翔。命士𠏉主奉濮王祠事。张俊遣左护军都统制王德援刘锜，德暂至顺昌，值围已解，复还庐州。遣司农少卿李若虚诣岳飞军谕指班师，飞不听。丙寅，下诏抚谕顺昌府官吏兵民。庚午，以刘锜为武泰军节度使、侍卫马军都虞候。韩世忠遣统制王胜、背嵬将成闵率兵至淮阳军南，与金人遇，击败之。是月，金人围庆阳府，权守臣宋万年固守，金人不能下。岳飞领兵援刘锜，与金人战于蔡州，败之，复蔡州。闰月癸酉朔，张俊遣统制宋超败金人于永城县朱家村。甲戌，追孟庾、路允迪官，徙家属远郡。丙子，诏三衙管军及观察使已上，各举智略勇猛、材堪将帅者二人。金人犯泾州，守臣曲汲弃城去，经略使田晟率兵来救，金人败走。甲申，晟及金人再战于泾州，败之，金人引归凤翔。乙酉，降陕西杂犯死罪，释流以下囚。丙戌，以胡世将为端明殿学士，吴璘为镇西节度使，杨政武当节度使，郭浩奉国节度使。王德攻金人于宿州，夜破之，降其守马秦。丁亥，诏释顺昌府流以下囚，再复租税二年，守御官吏进官一等。己丑，永兴军钤辖傅忠信等与金人战于华阴县，败之。壬辰，岳飞遣统制张宪击金将韩常于颍昌府，败之，复颍昌。丙申，张宪复淮宁府。丁酉，赵鼎分司、兴化军居住。岳飞遣统制郝晸等与金人战于郑州北，复郑州。李兴复汝州，与金人战于河清县，败之，复伊阳等八县，李成遁去。韩世忠遣统制王胜、王权攻海州，克之，执其守王山。戊戌，张俊率统制宋超等及王德兵会于城父县，鄜琼及葛王褒遁去，遂复亳州。己亥，金人救海州，王权与逆战，败之，复怀仁县。庚子，张俊弃亳州，引军还寿春。再贬赵鼎漳州居住，又贬清远军节度副使、潮州安置。秋七月癸卯，岳飞遣将张应、韩清入西京，会李兴复永安军。丙午，以御史中丞王次翁参知政事。己酉，岳飞及兀术战于郾城县，败之。庚戌，曲赦海州。永兴军统领辛镇及金人战于长安城下，败之。癸丑，以杨沂中为淮北宣抚副使，刘锜为判官。甲寅，岳飞遣统制杨再兴、王兰等击金人于小商桥，皆战死。乙卯，金人攻颍昌，岳飞遣将王贵、姚政合兵力战，败之。壬戌，飞以累奉诏班师，遂自郾城还，军皆溃，金人追之不及。颍昌、蔡、郑诸州皆复为金有。甲子，以释奠文宣王为大祀。乙丑，增收州县头子钱为激赏费。金人围淮宁府，赵秉渊弃城南归。辛未，金人犯鳌屋县，王俊逆战于东洛谷，却之。八月壬申朔，以张九成、喻樗、陈刚中、凌景夏、樊光远、毛叔度、元盎等七人尝不主和议，皆降黜之。乙亥，韩世忠围淮阳军，不克。庚辰，金人及鄜琼合兵驻于千秋湖陵，韩世忠遣统制刘宝等夜袭破之。壬午，李成犯西京，李兴击却之。杨沂中军于宿州。丙戌，以郭浩知夔州。丁亥，杨沂中自宿州夜袭柳子镇，军溃，遂自寿春府渡淮归，金人屠宿州。甲午，川、陕宣抚司统领王喜等遇金人于汧阳县，败之。九月壬寅朔，遣起居舍人李易谕韩世忠罢兵。时秦桧专主和议，诸大帅皆还镇。丁未，杨政遣统制杨从仪夜袭金人于凤翔府，败之。戊申，

金人复入西京，李兴弃城去。庚戌，合祀天地于明堂，大赦。辛酉，临安火。戊辰，以郭浩知金州，节制陕西、河东军马兼措置河东忠义军。是秋，知代州王忠植举兵复石、代等十一州。冬十月癸酉，复张浚观文殿大学士。甲戌，以王忠植为建宁军承宣使、河东路经略安抚使。戊寅，秦桧上《重修绍兴在京通用敕令格式》。庚辰，金人犯庆阳府，守臣宋万年以城降。辛卯，金人犯陕州，吴琦率兵迎击，败之。庚子，金人袭洮州，攻铁城堡，统制孔文清、惠逢击败之。是月，刘锜入见。胡世将命王忠植救庆阳，叛将赵惟清执之降于金，忠植不屈而死。十一月丁未，金将合喜复犯陕州，吴琦击却之。又犯宝鸡县，统制杨从仪败之。壬子，以令廞为保宁军节度使。是月，宜章洞民骆科叛，犯桂阳、郴、道、连、贺诸州，命发大兵讨之。十二月壬午，上皇太后册宝于慈宁殿。丁亥，赠王忠植奉国军节度使，谥义节。辛卯，起诸路耆长役钱隶总制司，专给军用。是月，杨沂中引兵还行在。

十一年春正月癸卯，凤翔统制杨从仪败金人于渭南。庚戌，张浚入见。乙卯，金人犯寿春府，守臣孙晖、统制雷仲合兵拒之。丁巳，寿春陷，晖、仲弃城去。己未，刘锜自太平州率兵二万援淮西。庚申，金人渡淮。辛酉，雨雹。乙丑，刘锜至庐州还。丙寅，兀术陷庐州。戊辰，金人陷商州，守臣邵隆弃城去。己巳，命杨沂中引兵赴淮西，岳飞进兵江州。二月癸酉，张俊遣王德渡江，屯和州，金人退屯昭关。邵隆破金人于洪门，复商州。乙亥，金人复来争和州，张俊败之。命韩世忠以兵援淮西。丙子，趣岳飞会兵蕲、黄。王德等败金人于含山县东。己卯，统制关师古、李横击败金人于巢县，复之。庚辰，岳飞至鄂州。辛巳，知泰州王映兼通、泰二州制置使。癸未，王德、田师中等击破金人，复含山县，夺昭关。刘锜自东关击败金人于青黪。甲申，金人复犯昭关，王德等又败之。李显忠遣统领崔皋击败金人于舒城县。丁亥，杨沂中、刘锜等大败兀术于柘皋。己丑，兀术亲率兵逆战于店步，沂中等又败，乘胜逐北，遂复庐州。是月，虔、吉州盗贼悉平。三月庚子朔，张俊进鬻田及卖度牒钱六十三万缗助军用。壬寅，韩世忠引兵趋寿春。癸卯，复张俊特进。金人围濠州。岳飞发舒州。甲辰，张俊、杨沂中、刘锜议班师，乙巳，沂中、锜先行，俊以轻兵留后。丙午，诏释淮西杂犯死罪以下囚。丁未，金人陷濠州，执守臣王进，夷其城，钤辖邵青死之。戊申，张俊遣杨沂中、王德入濠州，遇金伏兵，败还。己酉，韩世忠至濠州，不利而退。辛亥，岳飞次定远县，闻金兵退，还屯舒州。杨沂中归行在。壬子，金人渡淮北归。癸丑，张俊归建康府。丁巳，刘锜归太平州。甲子，行营统制张彦及金人遇于汧阳之刘坊砦，第八将张宏战没。夏四月丙子，复收免行钱。己卯，孙近罢。辛巳，以王次翁兼权同知枢密院事。韩世忠、张俊、岳飞相继入觐。壬辰，以世忠、俊并为枢密使，飞枢密副使，命三省、枢密院官复分班奏事。乙未，张俊请以所部兵隶御前。罢三宣抚司，改统制官为御前统制官，各屯驻旧所。丙申，以广西经略使胡舜陟节制广东、湖南兵，趣讨骆科。慕容洧破新泉砦，又攻会州，将官朱勇破之。

五月辛丑，置两淮、江东西、湖广京西三道总领军马钱粮官，仍掌报发御前军马文字。癸卯，赙恤战没将士。丁未，遣张俊、岳飞于楚州巡视边防。召刘光世赴行在。甲寅，命枢密行府置司镇江，令遍行巡历措置。庚申，加杨沂中检校少保、开府仪同三司。六月乙亥，造克敌弓。加秦桧特进，进尚书左仆射、同中书门下平章事兼枢密使。癸未，张俊、岳飞至楚州。俊以海州城不可守，毁之，迁其民，统韩世忠军还镇江，惟背嵬一军赴行在。甲申，知河南府李兴部兵至鄂州，以兴为左军统制。乙丑，明州僧王法恩等谋反，伏诛。壬辰，刘光世罢为万寿观使。秋七月戊戌，秦桧上《徽宗实录》，进修撰以下各一官。庚子，以翰林学士范同参知政事。以旱，减膳祈祷，遣官决滞狱，出系囚。丁未，加秦桧少保。甲寅，罢刘锜兵，命知荆南府。乙卯，诏优奖永兴、凤翔、秦陇等州县官，到任半年减磨勘，任满迁一官。己未，加张俊太傅。癸亥，大雨。是月，命张俊复如镇江措置军务，留岳飞行在。八月戊辰，立祚德庙于临安，祀韩厥。甲戌，罢岳飞。乙亥，命诸王后各推年长一人权主祀事。癸巳，胡世将起复。九月癸卯，命军器少监鲍琚如鄂州根括宣抚司钱谷。鄂州前军副统制王俊告副都统制张宪谋据襄阳为变，张俊收宪属吏以闻。丁未，坐监司不按赃吏罪。辛亥，吴璘拔秦州，州将武谊降。壬子，璘率姚仲及金人战于丁刘圈，败之。杨政克陇州，破岐下诸屯。郭浩复华州，入陕州。甲寅，建康大火。丙申，遣刘光远等充金国通问使。吴璘及金人战于剡家湾，大败之，遂围腊家城。癸亥，璘自腊家城受诏班师，杨政、郭浩皆引军还。乙丑，邵隆复虢州，郝晸讨擒骆科，斩之。冬十月丙寅朔，金人陷泗州，遂陷楚州。丁卯，命枢密都承旨郑刚中宣谕川、陕。戊辰，杨政及金人战于宝鸡县，败之，禽通检字蕫。乙亥，兀朮遣刘光远等还。戊寅，诏修玉牒。下岳飞、张宪大理狱，命御史中丞何铸、大理卿周三畏鞫之。壬午，遣魏良臣、王公亮为金国禀议使。乙酉，虚恨蛮主历阶诣嘉州降。癸巳，韩世忠罢为醴泉观使，封福国公。是月，金人陷濠州，邵隆复陕州。十一月己亥，范同罢。责降李光为建宁军节度副使、藤州安置。辛丑，兀朮遣审议使萧毅、邢具瞻与魏良臣等偕来。丁未，范同分司，筠州居住。罢判大宗正事士㒟、同知宗正事士𤦩，申严戚里宗室谒禁。己酉，雷。壬子，萧毅等入见，始定议和盟誓。乙卯，以何铸签书枢密院事，充金国报谢进誓表使。庚申，命宰执及议誓撰文官告祭天地、宗庙、社稷。辛酉，以张浚为检校少傅、崇信军节度使、万寿观使。是月，与金国和议成，立盟书，约以淮水中流画疆，割唐、邓二州界之，岁奉银二十五万两、绢二十五万匹，休兵息民，各守境土。诏川、陕宣抚司毋出兵生事，招纳叛亡。骆科余党欧阳四等复叛桂阳蓝山，犯平阳县，遣江西兵马都监程师回讨平之。十二月丁卯，责降徽猷阁待制刘洪道为濠州团练副使、柳州安置。癸酉，命尚书省置籍勾考诸路滞狱。甲戌，罢川、陕宣抚司便宜行事。乙亥，兀朮遣何铸等如会宁见金主，且趣割陕西余地。遂命周聿、莫将、郑刚中分画京西唐邓、陕西地界。壬午，命州县三岁一置产业簿，籍民赀财田宅以定赋役，禁受赇

亏隐旧额。丁亥，立讥察海舶条法。癸巳，赐岳飞死于大理寺，斩其子云及张宪于市，家属徙广南，官属于鹏等论罪有差。

卷三十　　本纪第三十

高宗七

十二年春正月癸卯，罢枢密行府。庚申，孙近分司、漳州居住。二月丁丑，加建国公瑗为检校少保，进封普安郡王。己卯，赐杨沂中名存中。丙戌，诏诸州修学宫。辛卯，蠲广南东、西路骆科残抚州县今年租。镇江、太平、池州、芜湖大火。癸巳，金主许归梓宫及皇太后，遣何铸等还。三月丙申，临安府火。壬寅，命普安郡王出就第，朝朔望。辛亥，以士㒟尝营护岳飞为朋比，责建州居住。丙辰，胡世将卒。夏四月甲子朔，遣孟忠厚为迎护梓宫礼仪使，王次翁为奉迎两宫礼仪使。丁卯，皇太后偕梓宫发五国城，金遣完颜宗贤、刘祹护送梓宫，高居安护送皇太后。庚午，赐礼部进士陈诚之以下二百五十四人及第、出身。戊寅，封韦渊平乐郡王。辛巳，皇后邢氏崩讣初至。甲申，增修临安府学为太学。五月甲午，以郑刚中为川、陕宣抚副使。乙未，遣沈昭远等贺金主生辰。置淮西、京西、陕西诸路榷场。丙午，增筑慈宁殿。停给度僧牒。乙卯，复试教官法。六月甲子，命侍从、台谏、礼官杂议权奉欑宫。戊辰，以万俟卨为欑宫按行使。辛未，责降王庶为向德军节度副使、道州安置。壬午，金国归孟庾、李正民。甲申，以吴璘为检校少师、阶、成、岷、凤四州经略使。秋七月壬辰朔，福州签判胡铨除名、新州编管。丁酉，上皇后谥曰懿节，祔神主于别庙。己亥，以何铸权参知政事。己酉，始制常行仪仗及造玉辂。乙卯，蠲广南、湖北沿边州军免行钱。八月辛酉朔，兀朮使来求商州及和尚、方山二原。丙寅，何铸罢。甲戌，以万俟卨参知政事，充金国报谢使。壬午，皇太后至，入居慈宁宫。己丑，帝易缌服，奉迎徽宗及显肃、懿节二后梓宫至，奉安于龙德别宫。是月，郑刚中分画陕西地界，割商、秦之半畀金国，存上津、丰阳、天水三县及陇西成纪余地，弃和尚、方山二原，以大散关为界。九月乙未，以孟忠厚为枢密使，充欑宫总护使。壬寅，大赦。乙巳，加秦桧太师，封魏国公。丙午，金使刘筈、完颜宗表等九人入见。戊申，以王次翁等充金国报谢使。藏金国誓书于内侍省。辛亥，加张中孚开府仪同三司，中彦靖海军节度使。甲寅，杖杀伪福国长公主李善静。以金州郭浩为金、房、开、达四州经略安抚使。始遣杨愿使金贺正旦。冬十月乙丑，始听中外用乐。丙寅，权欑徽宗皇帝及显肃皇后于会稽永固陵，懿节皇后祔。乙亥，以翰林学士程克俊签书枢密院事，权参知政事。丁丑，以皇太后回銮，推恩进封秦桧为秦、魏两国公，辞不拜。庚辰，以何铸党援岳飞，不主和议，责

授秘书少监、徽州居住。甲申,皇太后生辰,上寿于慈宁宫。丁亥,置福建路提举茶事司。十一月癸巳,枢密使张俊罢,进封清河郡王。以左司郎中李椿年为两浙转运副使,专治经界。乙未,加杨存中少保。己亥,禁贬谪人私至行在。庚子,作崇政、垂拱二殿。辛丑,刘光世薨。壬寅,曾祖姑秦、鲁国大长公主薨。丙午,尹焞卒。庚戌,孟忠厚罢。左承事郎张戒坐党赵鼎、岳飞停官。辛亥,遣张中孚、中彦还金国。十二月甲子,诏侍从、监察御史已上、监司、郡守各举所知宗室。丙寅,幸秦、鲁国大长公主第临奠,又幸刘光世第临奠。庚午,命太学弟子员以三百人为额。壬申,秦桧上《六曹寺监通用敕令格式》。癸酉,以李显忠为保信军节度使、御前选锋军统制,王进为御前诸军都统制。是岁,断大辟二十四人。

十三年春正月戊戌,加上徽宗谥曰体神合道骏烈逊功圣文仁德宪慈显孝皇帝。己亥,亲飨太庙,奉上册宝。癸卯,增建国子监太学。乙巳,复兼试进士经义、试赋。二月壬戌,初御前殿,特引四参官起居。甲子,制郊庙社稷祭器。乙丑,更永固陵曰永祐。丙寅,封韩世忠咸安郡王。乙亥,蠲雷、化等十州免行钱。丙子,造金、象、革、木四辂。庚辰,立太学及科举试法。辛巳,秘书少监秦熺修《建炎以来日历》成。乙酉,建景灵宫,奉安累朝神御。三月己亥,造卤簿仪仗。乙巳,建社稷坛。丙午,筑圜丘,振淮南饥民。仍禁遏籴。夏四月癸亥,颁乡饮酒仪于郡国。甲戌,毁狱吏讯囚非法之具。闰月己丑,立贵妃吴氏为皇后。戊申,命史馆编《靖康建炎忠义录》。庚戌,杨政入见,加检校少保,赐田五十顷。壬子,蠲诸路无名月桩钱。乙卯,王次翁罢。五月甲子,张九成坐党赵鼎,南安军居住。壬申,置国子博士、正、录。乙亥,命诸路置放生池。丁丑,天申节,始上寿锡宴如故事。六月壬戌,禁三衙及诸军市易,月增将官供给钱有差。壬寅,程克俊罢,以万俟卨兼权签书枢密院事。戊申,诏诸路提刑岁举部内廉明平恕狱官。庚戌,金遣洪皓、张邵、朱弁来归。秋七月甲子,求遗书。罢捕贼补官格。丙寅,处州兵士杨兴等谋作乱,事觉伏诛。戊辰,置诸州铜作务。壬申,雨雹。蠲浙西贫民逋负丁盐钱。八月丙戌,遣吏部侍郎江邀奉迎累朝神御于温州。丁亥,命诸路有出身监司一员提举学事。戊戌,洪皓至自金国,入见。己亥,遣郑朴等使金贺正旦、王师心等贺金主生辰。郑刚中献黄金万两。辛丑,复昌化、万安、吉阳军。知阶州田晟将所部三千人赴行在。丁未,以晟主管侍卫马军司公事,其众隶焉。己酉,加钱愐太尉。庚戌,诏监司、守臣讲求恤民事宜。九月丁巳,宗室子偯卒于秀州。甲子,洪皓出知饶州。戊辰,命诸路置敦宗院。己巳,诏淮东、京西监司岁终上州县所增户口,为守令殿最。庚午,以兵部侍郎司马朴死节,赠兵部尚书,赐其家银绢。癸酉,诏诸州守、贰提举学事,县令、佐主管学事。戊寅,蠲淮南逋欠坊场钱及上供帛。冬十月己丑,秦桧上《监学敕令格式》。庚寅,制浑天仪。乙未,奉安累朝帝后神御于景灵宫。十一月庚申,日南至,合祀天地于圜丘,太祖、太宗并配,大赦。十二月癸未朔,日食,云阴不见。辛卯,毁私铸毛钱。癸巳,建秘书省。丁酉,增太学弟子员二百。己亥,郭浩入见。丁未,命行在宗子入宫学。己酉,金遣完颜晖等来贺明年正旦。是月,始颁来岁历于诸路监司、守臣。是岁,关外初行营田。

十四年春正月丁巳,遣罗汝楫等报谢金国。甲子,临安府火。戊寅,命普安郡王为子偯解官持服。二月丁亥,复置靖州新民学。癸巳,蠲江、浙诸路逋欠钱帛。戊戌,初命四川都转运司岁拨总制司钱百七十三万缗,市䌷绢绵输于鄂州总领所。丙午,罢万俟卨。定宗学生额为百员。己酉,以资政殿学士楼炤签书枢密院事兼权参知政事。加郭浩检校少保。三月乙卯,蠲江、浙、京、湖积欠上供钱米。丁卯,避金太祖嫌名,改岷州为西和州,川、陕宣抚司为四川宣抚司。己巳,幸太学。蠲江、漳、泉、建四州经贼残蹂民户赋役一年。壬申,解潜坐党赵鼎,责授濠州团练副使、南安军安置。己卯,诏举贤良。夏四月甲申,诏刑部及监司决绝滞讼。丁亥,初禁野史。虔州民析其屋,朽柱中有文曰"天下太平年"。甲午,金人来求淮北人之在南者,诏愿者听还。遣马军司统领张守忠讨海贼朱明。五月丙辰,诏阶、成、西和、凤四州募兵赴行在。甲子,楼炤罢。乙丑,以御史中丞李文会签书枢密院事兼权参知政事。丙寅,婺州大水。己巳,金始遣乌延和等来贺天申节。辛未,楚州盐城县海水清。是月,严、信、衢、建四州水。六月甲申,蠲江、浙州县酒税、坊场、纲运、仓库积年逋负。孙近夺三官,移南安军居住。丁亥,加高世则少保。戊子,安南国入贡。癸巳,宣州泾县妖贼俞一作乱,守臣捕灭之。乙未,振江、浙、福建被水之民。丙申,内侍白鄂坐诽谤,及其客张伯麟俱黥配吉阳军。特赠子偯太子少师,官给葬事。庚子,夺万俟卨三官,归州居住。乙巳,置国子监小学。秋七月戊午,金人杀王伦于河间府。丙寅,立明法科兼经法。丙子,幸秘书省。八月癸未,抚州献瑞禾。庚寅,以李椿年权户部侍郎,仍治经界。乙未,遣林保使金贺正旦,宋之才贺金主生辰。九月辛酉,分利州为东、西路,以吴璘为利州西路安抚使,杨政利州东路安抚使。甲子,命郡守终更入见,各举所部县令一人。壬申,赵鼎移吉阳军安置。癸酉,命临安府索蔡京子孙逮赴贬所,遇赦永不量移。冬十月甲午,从右正言何若言,请戒内外师儒之官,黜伊川程氏之学。乙未,加韦渊少师。己亥,以永、道、郴三州、桂阳监及茶陵县民多不举子,永蠲其身丁钱绢米麦。十一月甲子,复内教,即禁中阅试三衙将士。癸酉,李光移琼州安置。乙亥,朱胜非薨。十二月丁丑朔,潼川府路转运判官宋苍舒献嘉禾一茎九穗。己卯,命诸郡收养老疾贫乏之民,复置漏泽园,葬死而无归者。丁酉,李文会罢,寻责筠州居住。庚子,以御史中丞杨愿签书枢密院事兼权参知政事。癸卯,金遣李散温等来贺明年正旦。是月,汀贼华齐寇漳州长泰县,安抚司遣兵捕之,为所败,将佐赵安等死之。是岁,四川宣抚司始取民户称提钱岁四十万缗,以备军费。

十五年春正月丁未朔,御大庆殿,初行大朝会礼。戊申,泸南安抚使冯楫献嘉禾。己未,分经义、诗赋为两科取士。辛酉,初置籍田。丁卯,减成都府路对籴米三之一、宣抚司激赏钱三十万缗。戊辰,命户部侍郎王铁措置两浙经界。辛未，初命僧道纳免丁钱。二月戊寅，增太学弟子员百人。乙未，诏州县科折之数，第五等户毋或均配。己亥，封崇国公璩为恩平郡王，出就第。三月甲子，遣敷文阁待制周祎、马观国、史愿，诸将程师回、马钦、白常皆还金国。夏四月丙子朔，赐秦桧第一区。戊寅，彗星出东方。癸未，避殿减膳，命监司、郡守条上便民事宜，提刑巡行决狱。赐礼部进士刘章以下三百人及第、出身。丁亥，以彗出，大赦。癸巳，彗没。甲午，遣后军统制张渊讨捕福建盗贼。庚子，罢四川都转运司。五月丙辰，客星见。戊午，命贫民产子赐义仓米一斛。甲子，金遣完颜宗尹等来贺天申节。六月乙亥朔，日有食之。丁丑，幸秦桧第。乙酉，加桧妻妇子孙官封。丁亥，客星没。秋七月戊申，复置利州铸钱监。戊午，命监司审查县令治状显著及老懦不职者，上其名以为黜陟。蠲庐、光二州上供钱米一年。丁卯，免汀、漳二州秋税及处州三县被水民家绸绢，鄂州旧额绢各一年。己巳，蠲四川转运司积贷常平钱十三万缗。八月申戌朔，禁收折帛合零钱，止输实数。乙亥，蠲京西路请佃田租及州县场务税钱二年。己亥，改诸路提举茶盐官为提举常平茶盐公事，川、广以宪臣兼领。辛丑，复增太学弟子员二百。九月辛酉，遣钱周材使金贺正旦，严抑贺金主生辰。冬十月乙亥，帝书"一德格天之阁"赐秦桧，仍就第赐宴。丙子，杨愿罢。癸未，以枢密都承旨李若谷签书枢密院事兼权参知政事。武冈军猺人杨再兴降。庚寅，以翰林学士承旨秦熺为资政殿学士、提举万寿观兼侍读，恩数视执政。辛卯夜，雷。癸巳，蠲安丰军上供钱米二年。甲午，以汪勃言折彦质同党赵鼎，郴州安置。庚子，置四川宣抚司总领钱粮官。辛丑，命秦熺班签书枢密之下。十一月甲辰，加钱忱少保，钱愐开府仪同三司。丙辰，郭浩卒。丙寅，全给秦桧岁赐公使钱万缗。闰月己卯，罢明法新科。十二月戊午，置江阴军市舶务。甲子，命右司员外郎李朝正同措置经界。丁卯，金遣蒲察说等来贺明年正旦。

十六年春正月戊子，增太学外舍生额至千人。壬辰，亲飨先农于东郊，行籍田礼，执耒耜九推，诏告郡县。二月辛丑，割金州丰阳县、洋州乾祐县畀金人。壬寅，毁诸路淫祠。癸丑，建秦桧家庙。三月庚午朔，建武学，置弟子员百人。辛卯，造秦桧家庙祭器。乙未，增建太庙。己亥，立淮东、江东、两浙、湖北州县岁较苗田赏罚格。夏四月壬子，禁州县预借民税及和买钱。戊午，定选试武士弓马去留格。五月壬申，浚运河。命诸路漕臣兼提举学事。癸未，初作太庙祏室。丙戌，作景钟。丁亥，金遣乌古论海等来贺天申节。六月，安南献驯象十。秋七月壬申，以张浚上疏论时事，落节钺、连州居住。壬辰，立秘书省献书赏格。丙申，复何铸为端明殿学士兼侍读。八月辛丑，筑高禖坛。壬子，遣边知白使金贺正旦，周执羔贺金主生辰。九月甲戌，命何铸等为金国祈请使，请国讳。甲午，赏统制张渊、韩京等讨捕福建、广东诸盗功，各进官有差。冬十月戊戌，帝观新作礼器于射殿，撞景钟，奏新乐。十一月丙子，合祀天地于圜丘，大赦。庚辰，罢州县新创税场。癸未，复置御书院。己丑，加潘正夫少保。

十二月戊戌，彗见西南方，乙巳，灭。辛酉，金遣卢彦伦等来贺明年正旦。

十七年春正月己巳，命诸路收试中原流寓士人。己卯，禁监司、郡守进羡余。辛卯，以举人多冒贯，命州县每三岁行乡饮酒礼以贡士。壬辰，以李若谷参知政事，御史中丞何若签书枢密院事。癸巳，进秦熺为资政殿大学士。二月乙巳，亲祠高禖。辛酉，李若谷罢。三月乙亥，何若罢。己卯，以翰林学士段拂参知政事。乙酉，改封秦桧为益国公。戊子，改命张俊为静江、宁武、靖海军节度使，韩世忠镇南、武安、宁国军节度使。落李若谷资政殿学士、江州居住。夏四月丙申，蠲诸路免行钱三之一。己亥，以御史中丞汪勃签书枢密院事。己未，诏赵鼎遇赦永不检举。以前贬所潮州录事参军石恮待遇鼎厚，除名、浔州编管。五月甲子，诏举贤良。乙丑，雨雹。乙巳，洪皓责濠州团练副使、英州安置。辛巳，金遣完颜卞等来贺天申节。六月乙卯，禁招安盗贼。戊午，改命普安郡王瑗为常德军节度使，恩平郡王璩武康军节度使。秋七月庚辰，召郑刚中赴行在。辛巳，太白昼见。以徽猷阁待制、知成都府李璆权四川宣抚使。癸未，命李璆同总领四川财赋符行中参酌减放四川重敛。戊子，以吴璘充御前诸军都统制兼知兴州。八月庚子，罢建州创置卖盐坊。癸卯，赵鼎薨于吉阳军。戊申，遣沈该使金贺正旦，詹大方贺金主生辰。丁巳，以诸路羡余钱充月桩之数。加邢孝扬太尉。九月己巳，减四川科率虚额钱岁二百八十五万缗。癸酉，诏以四川宣抚司降赐库米一百万石，均减对籴。乙亥，蠲江南东、西道诸州月桩钱。丙子，郑刚中罢。丙戌，减江、浙诸州折帛钱。冬十月辛卯朔，日有食之。癸卯，建太一宫。丁未，命太常岁以春秋二仲荐献横宫，季秋遣御史按视。己酉，进杨存中为少傅。己未，临安府甘露降。十一月丙寅，秦桧上《重修免役敕令格式》。丁卯，复赐进士闻喜宴。十二月辛卯朔，禁诸州擅释放流配命官及事干边防切要之人。甲寅，郑刚中落职、桂阳监居住。丙辰，金遣完颜宗藩等来贺明年正旦。

十八年春正月己巳，幸天竺寺，遂幸玉津园。二月乙未，段拂罢，寻落职、兴国军居住。以汪勃权参知政事。辛亥，听赵鼎归葬。三月丁丑，命杨政、吴璘招关、陕流民补殿前军。戊寅，罢汀州诸县上供银，蠲茶铅本钱之半。庚辰，幸新太一宫。壬午，以秦熺知枢密院事。乙酉，禁民私渡淮及招纳叛亡。夏四月戊子朔，日有食之。庚子，秦熺乞避父子共政，以为观文殿学士、提举万寿观兼侍读、提举秘书省。壬寅，命熺恩礼视宰臣班次，亚右仆射。甲辰，赐礼部进士王佐以下三百三十人及第、出身。丙辰，加士㤚开府仪同三司。五月戊辰，加吴益太尉。乙亥，裁损奉使赏给。丙子，金遣萧秉温等来贺天申节。癸未，以李显忠私取故妻于金，降为平海军承宣使、台州居住。甲申，罢四川宣抚司，以李璆为四川安抚制置使。是月，徽州庆云见。六月甲辰，筑九宫贵神坛于东郊。戊申，士民曹滂等上尊号，不许。是月，遣太府丞宋仲堪诣江州置狱，鞫郑刚中欺隐官钱。福州候官县有竹实如米，饥民采食之。是夏，浙东西、淮南、江东旱。八月丙申，汪勃罢。丁酉,以工部尚书詹大方签书枢密院事兼权参知政事。婺州县士民饰词举留官吏。闰月庚申,免江、浙、湖南今岁和籴。甲子,命临安、平江二府、淮东西、湖北三总领所岁籴米百二十万石,以广储蓄。壬申,遣王墨卿使金贺正旦,陈诚之贺金主生辰。甲申,辛道宗降官、房州羁管。乙酉,禁奉使三节人出境博易。福建诸州贼平,以所创招奇兵为殿司左翼军。九月丙午,詹大方薨。冬十月丙辰,以御史中丞余尧弼签书枢密院事兼权参知政事。十一月乙酉朔,升感生帝为上祀。己亥,胡铨移吉阳军编管。壬寅,郑刚中责濠州团练副使、复州安置。戊申,禁四川买马官吏私市蛮马。辛亥,振绍兴府饥。十二月乙卯朔,振明、越、秀、润、徽、婺、饶、信诸州流民。丙寅,借给被灾农民春耕费。丁卯,命利路三都统措置营田,以其租充减免籴之数。戊辰,蠲被灾下户积欠租税。庚辰,金遣召守忠等来贺明年正旦。

十九年春正月甲申朔,以皇太后年七十,帝诣慈宁殿行庆寿礼。甲午,罢国信所回易北货。癸卯,幸天竺寺,遂幸玉津园。二月丁丑,禁湖北溪洞用人祭鬼及造蛊毒,犯者保甲同坐。三月癸未朔,日有食之。甲辰,郑刚中移封州安置,子良嗣等亦除名编管。夏四月丁巳,立孳生牧马监赏罚格。丙寅,秘阁修撰张邵上秦桧在金国代徽宗与粘罕书稿,诏付史馆,以邵为徽猷阁待制。戊寅,湖、广、江西路、建康府并甘露降。五月壬午朔,汀、漳、泉三州民田被贼蹂践,蠲其二税。戊戌,赏平福建群盗功,以选锋军统制刘宝为武泰军承宣使,余将士迁秩有差。庚子,金遣唐括德温等来贺天申节。丁未,减连、英、循、惠、新、恩六州免行钱。六月丁巳,茶陵县丞王庭珪作诗送胡铨,坐谤讪停官、辰州编管。戊午,秦桧上《吏部续降七司通用法》。秋七月壬寅,颁诸农书于郡邑。八月辛未,刺浙东诸州强盗当配者充沿海诸军。九月戊申,命绘秦桧像,仍作赞赐之。冬十月己未,湖南副总管辛永宗停官、肇庆府编管。十一月壬辰,合祀天地于圜丘,大赦。辛丑,李椿年以经界不均罢。丁未,立州县垦田增亏赏罚格。是月,命复蜡祭。十二月丁巳,金岐王亮弑其主亶自立。己未,诏无子女户、得解举人、太学生之独居者并免役。己巳,命四川制置司岁募虺卫三百人赴行在。丁丑,金遣完颜衮等来贺明年正旦。

二十年春正月丁亥,秦桧入朝,殿前司军士施全道刺之,不中。壬辰,磔全于市。癸卯,趣诸路转运司及守臣毕经界事。丙午,两浙转运副使曹泳言,李孟坚诵其父光所撰私史,语涉讥谤,诏送大理寺。二月戊申朔,立守贰、令尉营田增亏赏罚格。庚戌,禁民春月捕鸟兽。蠲静江府、昭州上供折布钱三之一。壬子,罢经界所覆实官吏。庚申,免海外四州及泸、叙二州、长宁军经界。三月庚辰,金遣完颜思恭等来报即位。癸未,以余尧弼参知政事,给事中巫伋签书枢密院事。丙戌,遣尧弼等贺金主即位。戊子,以秦熺为观文殿大学士、万寿观使。丙申,李孟坚狱具。诏李光遇赦永不检举,孟坚除名、峡州编管,胡寅、程瑀、潘良贵、张焘等八人缘坐,黜降有差。戊戌,诏改正经界法之厉民者。庚子,以巫伋兼权参知政事。壬寅,胡寅责果州团练副使、新州安置。夏四月壬子,以没入官田悉归常平司,禁募民佃种。癸酉,置力田科,募江、浙、福建民耕两淮闲田。是月,信州妖贼黄曾等作乱,陷贵溪县,江西兵马钤辖李横等讨平之。五月庚辰,申禁诸军差承接文字使臣伺察朝政。癸未,秦桧上《中兴圣统》。甲午,金就遣完颜思恭等来贺天申节。六月癸亥,加秦熺少保。诏大理寺鞫前太常寺主簿吴元美讥谤狱。丙寅,禁民结集经社。是月,建州民张大一作乱。秋七月丙子,罢招刺禁军。庚寅,罢泉、漳、汀三州经界。八月申辰朔,量移张浚永州、孙近虔州、万俟卨沅州、李若谷饶州、李文会江州、段拂南康军,并居住。雷州守臣王趯坐交通赵鼎、李光停官。戊申,改建大理寺。辛酉,遣陈诚之使金贺正旦,王㬇贺金主生辰。九月甲申,以吴元美讥毁大臣,除名、容州编管。丙申,侍御史曹筠以附下罔上罢。冬十月戊辰,右迪功郎安诚坐文字谤讪,送惠州编管。秦桧有疾。庚午,命执政赴桧第议事。十二月甲子,桧始朝,命肩舆入宫门,二孙扶掖升殿,不拜。己巳,金遣萧颐等来贺明年正旦。

二十一年春正月癸未,以两淮民复业未久,宽其租税。庚子,蠲平江府折帛钱三年。二月甲寅夜,雨雹。乙卯,诏诸州置惠民局,官给医书。壬戌,遣巫伋等为金国祈请使,请归渊圣皇帝及皇族、增加帝号等事。癸亥,以余尧弼兼签书枢密院事。三月丁丑,雨雹。丁亥,蠲江、浙、荆湖等路中户以下积年逋负。夏闰四月己卯,禁三衙掊克诸军。丁亥,赐礼部进士赵逵以下四百四人及第、出身。五月辛亥,罢利州路选刺义士。戊午,金遣刘长言等来贺天申节。以吴璘、杨政、田师中并为太尉。六月甲戌,括淮南佃田所隐顷亩,以理租税。辛巳,命岁给大理寺、三衙及州县钱,和药剂疗病囚。秋七月壬寅,以集英殿修撰、知衢州曹筠为四川安抚制置使。辛亥,罢柴米税。癸亥,诏州县官尝被科率害民重罪者,不得任令亲民官。八月辛未,秦桧上《重修诸路茶盐法》。壬申,韩世忠薨,诏进太师致仕。癸酉,追封通义郡王。禁郡守特断。乙亥,加岳阳军节度使士撙开府仪同三司,充万寿观使。甲申,遣陈夔使金贺正旦,陈相贺金主生辰。九月戊戌朔,籍寺观绝产以赡学。乙巳,均科处州丁盐钱。丁巳,增筑景灵宫。是月,巫伋使还,所请皆不许。冬十月甲戌,幸张俊第。壬午,进俊为太师,升从子子盖为安德军节度使。甲申,夜有赤气。十一月庚戌,余尧弼罢。乙卯,命提举常平官修复陂湖。丁巳,进义副尉刘允中坐指斥谤讪弃市。十二月壬申,雷。癸巳,金遣兀朮鲁定方等来贺明年正旦。

二十二年春正月丁未,加韦渊太保。三月丁酉,以王庶二子之奇、之荀谤毁朝政,并除名,之奇梅州、之荀容州编管。甲辰,以直龙图阁叶三省、监都作院王远通书赵鼎、王庶,力诋和议,言涉谤讪,三省落职、筠州居住;远除名、高州编管。丁巳,遣司农丞钟世明诣福建路籍寺观绝产田宅入官,其后岁入钱三十四万缗。夏四月丙子,巫伋罢。辛巳,以御史中丞章复签书枢密院事兼权参知政事。五月癸丑,金遣田秀颖等来贺天申节。是月,襄阳大水,容州野蚕成茧。秋七月甲午朔,加封程婴、公孙杵曰、韩厥为公,升中祀。丁巳,虔州军卒齐述杀殿前司统制吴进、江西同统领马晟,据州叛。八月己卯,遣鄂州都统制田师中发兵同江西安抚使张澄、殿前司游奕军统制李耕讨述。九月乙未,又遣左翼军统制陈敏相继讨之。癸丑,章复罢。冬十月甲戌,以御史中丞宋朴签书枢密院事兼权参知政事。就命李耕知虔州。庚辰,以黄岩县令杨炜诽谤,除名、万安军编管;知台州萧振落职、池州居住。十一月戊申,合祀天地于圜丘,大赦。丁巳,立荐举受财刑名。李耕入虔州,尽诛叛兵,虔州平。十二月辛酉朔,减夔州路及蒲江、浐井两监盐钱岁八万二千缗有奇。戊子,金遣张利用等来贺明年正旦。

卷三十一　　本纪第三十一

高　宗　八

二十三年春正月癸卯,进韦渊太傅。己酉,复以李显忠为宁国军节度使。二月癸亥,幸玉津园,遂幸延祥观。庚午,斩虔州军贼黄明等八人于都市。辛未,改虔州为赣州。壬申,申严冒贯请举法。癸未,赏平赣盗功,以李耕为金州观察使,将士进秩、给赏有差。三月丙午,齐安郡王士儦薨于建州,追封循王。诏凡民认复军庄营田者,偿开耕钱。丁未,禁州县都监、巡尉擅置刑狱。戊申,以太府丞范彦辉谤讪,除名、荆门军编管。是春,金主亮徙都燕京。夏四月辛巳,诏诸州编管、羁管人,遵旧法,长吏月一验视,不许囚禁。乙酉,减利州岁铸钱为九万缗。五月庚寅,禁州县以私意籍罪人赀产。乙巳,复以萧振为四川制置使。辛亥,金遣纥石烈大雅等来贺天申节。乙卯,立淮南诸州举人解额。六月己卯,潼川大水。秋七月壬辰,宽理平江府、湖、秀二州被水民夏税。戊戌,从秦桧所请,命台州取蔡崇礼草桧罢相制所受墨敕。庚戌,禁诸军濒太湖擅作圩田。八月乙丑,士搏薨,追封韶王。丙寅,左宣教郎王孝廉谋据成都叛,事觉,伏诛。己卯,赐秦桧建康府永丰圩田。乙酉,命敕令所编辑中兴以后宽恤诏令。九月甲午,振潼川被水州县,仍蠲其赋。庚子,禁采鹿胎。冬十月丁巳,诏郡守年七十者听自陈,命主宫观。戊午,遣吴秉使金贺正旦,施钜贺金主生辰。戊辰,宋朴罢。壬申,以右谏议大夫史才签书枢密院事兼权参知政事。丁丑,遣户部郎官钟世明修筑宣州、太平州圩田。是月,命大理鞫妖人孙士道狱。十一月壬寅,诏立张叔夜庙于信州。甲辰,班《大宗正司条令》。乙丑,以经筵终帙,赐宰执、讲读等官宴于秘书省,为故事。十二月丁巳,诏州县税额少者,罢其监官。癸亥,韦渊薨。癸未,禁民车服逾制。闰月丙申,命检正都司官详定郡守所上利病以闻。辛丑,命诸军保任统制官在职十年无过者进秩。庚戌,金遣蔡松年等来贺明年正旦。是岁,减池州青阳县田租万七千石。

二十四年春正月辛未,幸延祥观。癸酉,初诏郡国同以八月十五日试举人。丙子,封婉容刘氏为贵妃。戊寅,地震。二月丁亥,前左从政郎杨炬坐其弟炜尝上书诽谤,送邕州编管。丙午,加吴益太尉。三月壬申,杨再兴复寇边,前军统制李道讨平之,禽再兴及其子正修、正拱,槛送行在。乙亥,赐礼部进士张孝祥以下三百五十六人及第、出身。庚辰,秦桧以私憾捃摭知建康府王循友,诏大理鞫之。是春,始权夔州路茶。夏四月丙戌,诏诸路招补三衙诸军,期三年课其殿最。辛丑,西南小张蕃贡方物。己酉,罗殿国贡名马。五月癸丑朔,日有食之。衢州民俞八作乱,围州城,通判州事汪召锡拒却之,遂掠严州寿昌县,遣殿前司正将辛立讨平之。辛未,金遣耶律安礼等来贺天申节。六月癸巳,史才罢。甲午,以御史中丞魏师逊签书枢密院事兼权参知政事。辛丑,王循友贷死、藤州安置。癸卯,诏:"尝命四川州县减免财物,以宽民力,尚虑未周,令制置司、总领所同共措置,务在不妨军食,可以裕民。"寻遣钟世明如四川同议。以主管侍卫马军司成闵为庆远军节度使。秋七月癸丑,张俊薨。勒停人王趯坐交通李光,下大理狱。乙卯,斋猺人杨正修、正拱于市。乙未,复置邛、雅二州博易场三所。壬戌,诏捐四川茶马司羡余钱给军费,以宽民力。甲子,复落萧振职、池州居住。乙丑,以总领财赋符行中为四川制置使。乙亥,南丹州莫公晟及宜州界外诸蛮纳土内附。戊寅,幸张俊第临奠。八月壬辰,禁百官避免轮对。甲午,罢温州市黄柑、福州贡荔枝。丙午,追封张俊为循王。以湘潭县丞郑杞、主簿贾子展嘲毁朝政,除名,杞容州、子展德庆府编管。九月辛亥朔,李道如衡州措置盗贼。丁巳,赏平衢贼功,升辛立领忠州团练使,将士迁职、给钱有差。冬十月壬午,蠲旱伤州县租赋。戊子,遣沈虚中使金贺正旦,张士襄贺金主生辰。十一月乙丑,魏师逊罢。丁卯,以权吏部侍郎施钜参知政事,郑仲熊签书枢密院事。戊辰,进秦熺少傅,封嘉国公。是月,以通判武冈军方畴通书胡铨及他罪,除名、永州编管。十二月丙戌,以故龙图阁学士程瑀有《论语讲解》,秦桧疑其讥己,知饶州洪兴祖尝为序,京西转运副使魏安行镂版,至是命毁之。兴祖昭州、安行钦州编管,瑀子孙亦论罪。丁亥,王趯除名、辰州编管。丁酉,知鄞县程纬为其丞王肇所告,慢上无人臣礼,除名、贵州编管,籍其赀。壬寅,刺诸路编管人充屯军。乙巳,金遣白彦恭等来贺明年正旦。

二十五年春正月辛未,赏讨杨再兴功,保宁军承宣使李道落阶官,加龙神卫四厢都指挥使,将士进官、赐钱有差。二月乙酉,以镇江都统制刘宝为安庆军节度使,建康都统制王权为清远军节度使。壬寅,以通判常州沈长卿、仁和县尉芮烨作诗讥讪,除名,长卿化州、烨武冈军编管。三月己酉,右司郎中张士襄自金国使还,坐奉使不肃罢官。壬申,地震。夏四月乙酉,施钜罢,以郑仲熊兼权参知政事。戊子,命四川制置司许就类省试院校试刑法。己亥,减广西路折米钱。五月丁未朔,日有食之。太庙仁宗室柱生芝九茎。戊申,罢诸路免行钱岁百八万缗。癸丑,以前知泉州宗室令衿讥讪秦桧,遂坐交结罪人、汀州居住。乙丑，金遣李通等来贺天申节。壬申，赐刘锜湖南田百顷。六月庚辰，郑仲熊罢。辛巳，以礼部侍郎汤思退签书枢密院事兼权参知政事。癸卯，以言者追谮岳飞，改岳州为纯州，岳阳军为华容军。是月，安南入贡。秋七月丙辰，减四川绢估、税斛、盐酒等钱岁百六十余万缗，蠲州县积欠二百九十余万缗。诏四川营田有占民田者，常平司按验给还。甲戌，封李天祚为南平王。八月丁丑，申严诬告加等法。辛巳，命大理鞫赵汾及令衿交通狱。丙戌，以吏部侍郎董德元参知政事。蠲诸路身丁、免丁钱一年。壬辰，建执政府。九月丁巳，秦桧上《绍兴宽恤诏令》。冬十月庚辰，复置鸿胪寺。壬午，遣王岷使金贺正旦，郑柟贺金主生辰。乙酉，命大理鞫张祁附丽胡寅狱。乙未，幸秦桧第问疾。夜，桧讽右司员外郎林一飞、台谏徐嚞张扶等请拜熺为相。丙申，进封桧建康郡王，熺为少师，并致仕。命汤思退兼权参知政事。是夕，桧薨。丁酉，桧姻党户部侍郎兼知临安府曹泳停官、新州安置。朱敦儒、薛仲邕、王彦傅、杜思旦皆罢。命有司具上执政、侍从官居外任及主宫观与在谪籍者职位、姓名。辛丑，徙殿中侍御史徐嚞、右正言张扶皆出为他官。十一月乙巳朔，追封桧申王，谥忠献，赐神道碑，额为"决策元功，精忠全德"。戊申，夺赵汾二官。壬子，以敷文阁直学士魏良臣参知政事。癸亥，合祀天地于圜丘，大赦。甲子，幸秦桧第临奠。乙丑，复洪皓官，释张祁狱。丁卯，罢大理寺官旬白。庚午，诏监司、郡守，事无巨细，皆须奏闻裁决，毋得止上尚书省。臣僚荐举人才，必三人以上同荐。封叔和州防御使、右监门卫大将军士伐为崇庆军节度使，嗣濮王，福建路提刑令誏为利州观察使、安定郡王。辛未，知建康府王会及列郡守臣王晌、王铸、郑侨年、郑震、方滋俱以谄附贪冒罢。真腊、罗斛国贡驯象。十二月甲戌朔，诏曰："台谏风宪之地，比用非其人，党于大臣，济其喜怒，殊非耳目之寄。朕今亲除公正之士，以革前弊。继此者宜尽心乃职，毋合朋缔交，败乱成法，当谨兹戒，毋自贻咎。"诏张浚、折彦质、万俟卨、段拂听自便。量移李光郴州安置。乙亥，复以卨为资政殿学士，提举万寿观兼侍读。戊寅，郑亿年责建武军节度副使、南安军安置。壬午，诏监司、守臣禁羡余，罢权摄，戢苞苴，节宴饮。诏前后告讦者莫汲、汪召锡、陆升之等九人除名，广南诸州编管。甲申，召孟忠厚奉朝请。命胡寅、张九成等二十八人并令自便，仍复其官。乙酉，董德元罢。丙戌，以刘锜知潭州。辛卯，命三省、六部条具续降敕旨来上，审详施行。甲午，以敷文阁待制沈该参知政事。乙未，以王会恃权贪横，停官、循州编管。丙申，复以萧振为四川制置使。复张浚、折彦质、赵汾、叶三省、王䎖、刘岑官。移胡铨衡州。丁酉，禁闽、浙、川、广贡真珠、文犀。戒州县加收耗粮。己亥，金遣耶律归一等来贺明年正旦。

二十六年春正月壬子，省诸州税场，以宽商贾。甲子，追复赵鼎、孙近、郑刚中、汪藻旧职。乙丑，诏选择监司，须七品以上清望官，或经朝擢及治郡著绩者。丙寅，曹泳吉阳军编管。封伯令衿明州观察使、安定郡王，以其从弟令誏让也。戊辰，除民事律。蠲诸路积负及黄河竹索钱。二月乙亥，命四川州县，凡预借民赋税分限理析。己卯，定诸州流寓士人解额。庚辰，罢进奏院定本朝报。乙酉，进士林东追谮秦桧，上书狂妄，英州编管。右朝奉郎林一飞坐指使林东，责监高州盐税。庚寅，三佛齐国入贡。辛卯，魏良臣罢。庚子，以左朝散大夫王晫为秦桧亲党，直徽猷阁吕愿中贪虐附桧，晫建昌军居住，愿中责果州团练副使、封州安置。三月甲寅，以边事已定，罢宰相兼领枢密使。丁巳，诏两淮边民未复业者，复其租十年。己未，以万俟卨参知政事。癸亥，加吴璘开府仪同三司。乙丑，以东平府进士梁勋伏阙上书言北事，送千里外州军编管。丙寅，诏曰："讲和之策，断自朕志，秦桧但能赞朕而已，岂以其存亡而渝定议耶？近者无知之辈，鼓倡浮言，以惑众听，至有伪撰诏命，召用旧臣，抗章公车，妄议边事，朕甚骇之。自今有此，当重置典宪。"丁卯，蠲闽、浙诸州岁供军器所物料三之一，减诸州工匠千人。己巳，募四川民佃淮南、京西闲田，并边复租税十年，次边五年。夏四月戊子，增温、台等十六州解额。命湖北路以增户、垦田为守令殿最。庚寅，遣陈诚之等贺金主尊号礼成。癸巳，置武学官及弟子员百人。甲午，禁州郡进祥瑞。戊戌，立六科以举士。加韦谦太尉。诏大辟情犯无可矜悯者，禁刑、寺妄引例奏裁贷减。罢乡饮酒举士法。诏淮南、京西占射官田逾二年未尽垦者，募人更佃。五月壬寅，以沈该为尚书左仆射，万俟卨为右仆射，并同中书门下平章事。汤思退知枢密院事。丁未，诏州军教授毋兼他职。丙辰，蠲楚州、盱眙军民租十年。己未，金遣敬嗣晖等来贺天申节。六月辛未朔，罢诸路雩祭绝日。丁丑，以端明殿学士程克俊参知政事。戊寅，复权要亲族中第覆试法。乙酉，诏取士毋拘程颐、王安石一家之说。丁亥，流星昼陨。辛卯，以秦桧既死，命史馆重修日历。秋七月辛丑，诏三衙主帅举武臣堪知州者。壬寅，蠲诸路丁绢一年为二十四万匹。丙午，右奉议郎薛仲邕连州编管。丁未，菅出井，避殿减膳。辛亥，诏诸州守贰考各县丁籍，依年格收除。民间市物，官户、势家与编氓均科。丙辰，萱灭。诏进士因事送诸州军听读，特放逐便，仍许取应。辛酉，雨水银。八月戊寅，班元丰、崇宁学制于诸路。革正前举登第秦埙、曹冠等九人出身，以淮南提举常平朱冠卿言，秦桧挟私废法，埙等皆其子孙、亲戚、门下俭人，于是有官应试者，所授阶官易左为右，白身者驳放。占用省额，复还后科。庚辰，裁州县吏额。己丑，蠲建康府积欠内帑钱帛。庚寅，安南国遣使入贡。辛卯，程克俊罢。甲子，以吏部侍郎张纲参知政事。九月乙巳，以翰林学士陈诚之同知枢密院事。丙午，立互易荐举坐罪法。壬子，诏成都、潼川两路漕臣同制置、总领，茶马司审度四川财赋利害，其实惠得以及民、调度可以经久者，条具以闻。甲寅，以天圣、绍兴真决赃吏指挥班示诸路。丙寅，增大理寺吏禄。戊辰，命吏、刑二部修条例为成法。冬十月己巳朔，诏许秦桧在位之日，无辜被罪者自陈厘正。罢浙东常平司平准务。乙亥，诏四川监司、帅臣、制置、总领、茶马司，各举可守郡者。甲午，蠲郴、道、永三州、桂阳军民身丁米。乙未，王会移琼州编管。以宋皝党附秦桧，责梅州安置。丁酉，以张浚上书论用兵，依旧永州居住。辛丑，遣李琳使金贺正旦，葛立方贺金主生辰。闰月丙午，罢廉州贡珠，纵蛋丁自便。己酉，命离军人愿归农者，人给江、淮、湖、广荒田百亩，复其租税十年。乙卯，初置临安府左、右厢官，分掌讼牒。十一月甲戌，命吏部侍郎陈康伯、户部侍郎王俣稽考国用岁中出纳之数。丙戌，裁定六曹、寺监百司吏额。十二月辛丑，命三省录台谏所言事报枢密院。癸丑，万俟卨上《重修贡举敕令格式》。甲寅，罢诸路铸钱司。庚申，赏应诏论事切当者。壬戌，三佛齐国入贡。甲子，金遣梁球等来贺明年正旦。

二十七年春正月乙酉，幸延祥观。戊子，命侍从各荐宗室京朝官才识、治行者二人。二月丁酉朔，复兼习经义、诗赋法。庚子，杨政卒。壬寅，太庙仁宗、英宗两室柱芝草生。戊午，以御史中丞汤鹏举参知政事。庚申，更定福建路盐法。癸亥，加刘锜太尉。三月己巳，命京局改官人先除知县。乙酉，赤气出紫微垣。丙戌，赐礼部进士王十朋以下四百二十六人及第、出身。丁亥，诏焚交阯所贡翠羽于通衢，仍禁宫人服用销金翠羽。己丑，减三川对籴米岁十六万九千石，夔路激赏绢五万匹，两川绢估钱二十八万缗及茶司引息虚额钱岁九十五万缗。辛卯，万俟卨卒。壬辰，以符行中前在蜀恣横，南雄州安置。甲午，除耕牛税。五月癸未，金遣耶律守素等来贺天申节。辛卯，复以五帝、神州地祇等十三祭为大祀。六月甲辰，命臣僚转对，尽忠开陈，毋摭细微以应故事。戊申，以汤思退为尚书右仆射、同中书门下平章事。庚戌，复余深、黄潜善并观文殿大学士。乙卯，裁定离军将士诸州添差数。戊午，初命太庙冬飨祭功臣，腊飨祭七祀，祫飨兼之。己未，进钱忱少傅。增命官捕获私茶盐赏典。秋七月己巳，复饶、赣、韶三州铸钱监。癸酉，戒监司、郡守举劾守令观望徇私。乙亥，以龙图阁学士李文会为四川安抚制置使。丙子，诏凡出命，令先经两省书读，如旧制。八月乙未，以汤鹏举知枢密院事。庚申，复置提领诸路铸钱司于行在，以户部侍郎荣薿领之。九月癸酉，张纲罢。戊寅，以吏部尚书陈康伯参知政事。蠲淮南、京西、湖北积欠内藏钱帛。丁亥，校书郎叶谦亨言："祀典散逸，隆杀不当，名称或舛，请敕礼官、秘书酌景德故事，取祭祀之式，定为一书，名曰《绍兴正祠录》，以为恒制。"诏从之。冬十月壬寅，有赤气随日入。癸卯，筑通、泰、楚三州捍海堰。辛酉，诏四川诸司察旱伤州县，捐其税，振其饥民。十一月癸亥朔，减福建盐钞钱岁八万缗。乙丑，遣孙道夫使金贺正旦。辛巳，遣刘章贺金主生辰，丁亥，汤鹏举罢。戊子，蠲庐州二税及上供钱米一年。十二月甲午，诏广南经略、市舶司察蕃商假托入贡。丙辰，初命州县置禁历。戊午，金遣高思廉等来贺明年正旦。

二十八年春正月己巳，申禁三衙强刺平民为兵。乙卯，幸延祥观，遂幸玉津园。壬午，禁诸路二税折纳增价。癸未，遣户部郎中莫濛等检视淮南、浙西、江东沙田芦场。甲申，命台谏、侍从三人以上公荐监司治状。二月癸巳，命史馆重修徽宗大观以前实录。丙申，以陈诚之知枢密院事。戊戌，禁沿海州军博买。乙巳，以工部侍郎王纶同知枢密院事。己酉，命六曹长贰详定差役旧法。癸丑，加杨存中少师，谥张俊曰忠烈。三月辛酉朔，日有食之。丙寅，雪。丁丑，加田师中开府仪同三司。戊寅，诏："自今用人，选帅臣、监司曾任郎官已上者为侍从，监司、郡守有政绩者为卿监、郎官，朝官二年乃迁，卿监、郎官未历监司者更迭补外。"戊子，责秦桧党宋朴徽州居住，沈虚中筠州居住。夏四月丙申，复诏文武官非犯赃罪，并许以致仕恩任子。辛亥，雨雹。严州遂安贼江大明寇衢州，官军捕斩之。五月，金遣萧恭等来贺天申节。六月壬辰，太白昼见。癸巳，流星昼陨。甲寅，增浙西、江东、淮东沙田芦场租课，置提领官田所掌之。秋七月庚申，立江西上供米纲赏格。戊辰，诏："监司按发官吏，不得送置司州军推鞫。所犯涉重，即以奏闻，命邻路监司选官就鞫。"己卯，命取公私铜器悉付铸钱司，民间不输者罪之。庚辰，亲制郊庙乐章。乙酉，复鬻没官田。八月戊子朔，置国史院，修神、哲、徽三朝正史。己丑，检放风水灾伤州县苗税，仍振贷饥民。乙未，增四川十七州举人解额。戊戌，汤思退等上《徽宗实录》。壬寅，命户部侍郎令䛊提领诸路铸钱。甲寅，地震。九月辛未，定铜钱出界罪赏。甲戌，诏以吏部七司旧制与续降参订异同，立为定法。丁丑，置殿前司虎翼水军千人。庚辰，以中书舍人王刚中为四川安抚制置使。辛巳，封叔建州观察使士辂为昭化军节度使、嗣濮王。癸未，蠲平江、绍兴、湖州被水民逋赋。冬十月丁亥朔，遣沈介使金贺正旦，黄中贺金主生辰。辛丑，禁监司、帅、守私役军匠。十一月己卯，合祀天地于圜丘，大赦。壬午，复命检举诸人因赦移放者，告讦得罪者不预。十二月庚寅，安定郡王令衿薨。辛丑，修睦亲宅，建宫学。丁未，复李光官，放自便。戊申，蠲楚州归附民赋役五年。壬子，金遣苏保衡等来贺明年正旦。是岁，兴元都统制姚仲复籍兴元府等五州义士，得二万余人。

二十九年春正月丙辰朔，以皇太后年八十，诣慈宁殿行庆寿礼。庚申，浚平江三十六浦以泄水。庚午，振湖、秀诸州饥民。癸酉，幸延祥观，遂幸玉津园。庚辰，禁诸州科卖仓盐。癸未，蠲沙田芦场为风水所侵者租之半。是月，金国罢沿边榷场，惟泗州如旧。二月丙戌朔，亦罢沿边榷场，存其在盱眙者。加吴璘少保。己丑，禁海商假托风潮私往北界。壬辰，除临安府岁供修内司钱三万六千缗。丁酉，蠲四川折估籴本积欠钱三百四十万缗。戊戌，大雪，雨雹。己亥，禁贸易广南羁縻州物货。命广西教阅峒丁。庚戌，罢诸路斥候递卒。甲寅，取具贬死臣僚姓名，议加恩典。三月丙子，除建康县积欠钱三百九十七万缗有奇，及中下户所欠入官钱物。丁丑，诏侍从、台谏、帅臣、监司岁举可任将帅者二人。限命官子孙制田减父祖之半，并其诡名寄产者，格外亩同编户科役。己卯，除湖州、平江、绍兴流民公私逋负。夏四月壬辰，国子司业黄中自金国使还，言金人将徙居汴京以见逼，望早饬边备。宰相怒，不听。己亥，修三省法。庚子，增置带御器械四员。丙午，禁内外将佐营造、回易，掊敛军士。辛亥，命县令有政绩者诸司同荐，不次升擢，以风厉之。五月甲寅朔，罢鬻福建闪生沙田。丁巳，诏殿前司选统制官部兵千人戍江州，弹压盗贼，每岁一易。己未，桩顿江、浙四路折帛钱于三总领所及浙西提刑司，以备军用。辛酉，禁权要、豪民举钱军中取息。丁卯，命印给三总领所见钱公据、关子，许商人入纳。己巳，立监司、守臣举劾八条。金遣王可道等来贺天申节。六月甲辰朔，遣王纶等为金国奉表称谢使。丁亥，禁江、淮私渡北人。丙申，陈诚之罢。禁积钱民户过万缗，官户过二万缗，满二年不易他物者没入之。丁酉，申禁包苴请托。己亥，以陈康伯兼权枢密院事。辛丑，李光卒。壬寅，以主管步军司赵密为太尉。己酉，沈该以贪冒罢。闰月甲寅，益荆南戍卒千人，守臣刘锜亦募效用三千人。丁巳，命江、湖、浙西五漕司增价籴米二百二十万石赴沿江十郡，自荆至常州，以备振贷。戊午，罢成都府路隔槽酒务监官七十一员，令民承买。己未，罢江、浙、淮东沙田芦场所增租课。甲子，落沈该观文殿大学士，致仕。罢福建安抚司官卖盐。戊辰，大省淮西冗官。辛未，复置江、淮、荆、浙、福建、广南路提点坑冶铸钱官。秋七月丁亥，以权吏部尚书贺允中参知政事。癸巳，封权户部侍郎令诶为安定郡王。戊戌，福州大水。己酉，禁诸路抑买官田。庚戌，以四川经、总制及田晟钱粮钱共百三十四万缗充增招军校费。八月甲子，募商人输米行在诸仓，愿以茶、盐、矾钞等偿直者听。丁卯，除南雄、英、连三州经界，复丁米旧额。甲戌，并史馆归秘书省，玉牒所归宗正寺。九月甲申，诏建炎以来使未还而后嗣无禄者，与一子官。乙酉，王纶使还入见，言金国和好无他。丙戌，汤思退等来称贺。甲午，以汤思退为尚书左仆射，陈康伯为右仆射，并同中书门下平章事。乙未，以皇太后不豫，大赦，不视朝。丙申，为太后祈福。蠲中下户所欠税赋及江、浙蝗潦州县租。丁酉，减僧道免丁钱。己亥，蠲见监赃罚赏钱。庚子，皇太后韦氏崩。癸卯，遣周麟之等为金国奉表哀谢使。冬十月甲寅，以群臣五上表，始听政。命保康军节度使吴益为欑宫总护使。乙亥，立诸路和籴募民安运米赏格。戊寅，册谥皇太后曰显仁。十一月丁亥，遣贺允中等为金国遗留国信使。丙午，权欑显仁皇后于永祐陵。十二月甲寅，谍言北界禁民妄传起兵，帝谕大臣当自治，为安边息民之计。甲子，祔显仁皇后神主于太庙。辛未，以王纶知枢密院事。壬申，减三省、枢密院激赏库及诸书局岁用钱二十万缗，鼎州程昌寓所增蔡州官兵衣粮钱四之一，西和州官卖盐直之半，蒋州上供经、总制司无额钱如之。丙子，金遣施宜生等来贺明年正旦。

　　三十年春正月戊子，给刘锜军费钱六十万缗。丙申，以吏部侍郎叶义问同知枢密院事。废御书院。丁酉，罢钧容班乐工及甲库酒局。壬寅，募人垦淮南荒田。甲辰，定御辇院三营兵额为九百人。二月甲寅，罢夔州路榷茶。乙卯，金遣大怀忠等来吊祭。戊午，遣叶义问为金国报谢使。癸酉，诏立普安郡王瑗为皇子，更名玮。丙子，进封建王。三月辛巳，复馆职召试，然后除擢。免湖北、京西宣抚司诸库未输钱八十九万缗。癸未，以淮东茶盐司钱十万缗充募民垦田费。乙酉，加吴益少保，赵密开府仪同三司，以赏欑宫之劳。丁酉，初置金州御前诸军都统制，以知金州王彦为之。癸卯，赐礼部进士梁克家以下四百一十二人及第、出身。甲辰，置牧马监于潮、惠二州。丙午，加恩平郡王璩开府仪同三司、判大宗正事，始称皇侄。夏四月己酉朔，以孙恪为蕲州防御使，恺贵州团练使，惇荣州刺史。丙辰，以贺允中兼权同知枢密院事。五月辛巳，刺海贼罪不至死者为龙猛、龙骑军。初置荆南府御前诸军都统制，以刘锜兼领之。乙酉，初置江州御前诸军都统制，以步军司前军都统制戚方为之。诏诸路刺强盗贷死少壮者为兵。丙戌，定铸钱司岁铸五十万缗。辛卯，临安、於潜、安吉三县大水。海贼陈演添作乱，掠高、雷二州境上，南恩州民林观禽杀之，命观以官。丙申，金遣萧荣等来贺天申节。壬寅，落沈该致仕，复观文殿大学士、知明州。丙午，加吴益太尉。六月庚戌，复出诸军见钱关子三百万缗，听商贾以钱银请买。庚午，王纶罢。辛未，以江西广东湖南折帛、经总制钱合六十万缗，江西米六万石充江州军费。后益以四川利路经总制、江西茶引合二十万缗。秋七月戊寅，遣明州水军三百戍崑山黄鱼垛，巡捕槽船之为盗者。甲申，诏诸路帅司，春秋教阅禁兵弓弩手。戊戌，以叶义问知枢密院，翰林学士周麟之同知院事，御史中丞朱倬参知政事。八月丙午朔，日有食之。壬子，贺允中使还，言金人必畔盟，宜为之备。癸丑，允中致仕。甲寅，复以四川经、总制钱五十万缗给总领所，增招兵士。壬申，淮东总管许世安奏，金主亮至汴京，起重兵五十余万，屯宿、泗州，谋来攻。九月庚寅，以带御器械李宝为浙西副总管，提督海船，驻平江。丙申，命刘宝招制胜军千人。丁酉，罢内侍省。冬十月丙午，罢内侍官承受诸军奏报文字。丁未，遣虞允文使金贺正旦，徐度贺金主生辰。庚戌，雷。辛酉，镇江都统制刘宝以专悍贪横罢。壬戌，以刘锜为镇江都统制，荆南右军统制李道为都统制。癸亥，日中无云而雷。癸酉，蠲舒、和、蕲、黄四州民附种田租。十一月庚辰，禁诸路折输职田钱。癸巳夜，有白气出入危、昴间。十二月乙巳朔，汤思退罢。初行会子于东南。戊申夜，白气亘天。海南黎贼王文满平。己酉，罢招刺三衙及江上诸军。庚戌，禁掠卖生口入溪峒。癸丑，命户部立经、总制钱十年中数为定额。丁卯，金遣仆散权等来贺明年正旦。

卷三十二　　本纪第三十二

高　宗　九

三十一年春正月甲戌朔，以日食，不受朝。丁丑，雷。丁亥，免湖州增丁所输绢。夜，风雷雨雪交作。辛卯，诏江、浙官民户均输和市绫帛。壬辰，刘宝落节钺、福建路居住。丙申，大雨雪，给三衙卫士、行在贫民钱及薪炭，命常平振给辅郡细民，诸路监司决狱。己亥，放张浚、胡铨自便。庚子，禁淮南拘籍户马。二月戊申，复置邛州惠民监。癸丑，以赵密领殿前都指挥使。甲寅，罢杨存中殿前都指挥使,进太傅,为醴泉观使,封同安郡王。丙辰,置行在会子务。乙丑,复鬻僧道度牒。诏分经义、诗赋为两科。丙寅,诏通进司承受内降文字,并襄封送三省、枢密院。辛未,秦熺卒,赠太傅。三月甲戌朔,命破敌军统制陈敏部兵屯太平州。己卯,官勋臣魏仁浦、马知节、余靖、寇瑊诸孙各一人。选文臣宗室主西、南外两宗司。庚辰,禁两淮抑民附种。以利州西路御前诸军都统制吴拱知襄阳府,部兵三千戍之。壬午,以兵部尚书杨椿参知政事。丁亥,夺秦熺赠官及遗表恩赏。庚寅,以陈康伯为尚书左仆射,朱倬右仆射,并同中书门下平章事。辛卯,复李光左中大夫,官其子孙二人。壬辰,地震。庚子,以前徽猷阁待制张宇发死节,赠四官,录其子孙。夏四月丁巳,以久雨伤蚕麦,盗贼间发,命侍从、台谏条上弭灾除盗之策。出天申节银十万两加充户部籴本。辛未,遣周麟之使金贺迁都。壬申,权减荆南上供钱银绢丝米之半,用招填禁军。是月,金主亮率文武群臣如汝、洛。五月癸酉朔,给两淮民兵荒田。乙亥,增筑禁城。戊寅,诏吴拱视缓急退守荆南。己丑,命沿淮州郡毋纳北人。辛卯,金遣高景山、王全来贺天申节。全扬言无礼,致其主亮语,求淮、汉地及指取将相近臣计事,且以钦宗皇帝讣闻。壬辰,选两浙、江东、福建诸州禁军弓弩手之半,部送枢密院按试。甲午,宰执召同安郡王杨存中及三衙帅赵密等至都堂议举兵。诏以王全语谕诸路统制、帅守、监司,随宜应变,毋失机会。是日,为钦宗皇帝发丧,特诏持斩衰三年。乙未,以吴璘为四川宣抚使,仍命制置使王刚中同处置军事。丙申,命主管马军司成闵部兵三万人戍鄂州。庚子,命两浙、江、湖、福建诸州起禁军弓弩手,部送明州、平江府、江、池、太平三州、荆南府军前。殿中侍御史陈俊卿言,内侍张去为窃权挠政,乞斩之以作士气。六月乙巳,以群臣三上表,始听政。丙午,刘锜乞即日移军渡江,诏锜进发,骑兵屯扬州。丁未,出宫女三百九十人。蠲临安府禁军阙额钱五年。乙酉,以御史中丞汪澈为湖北、京西宣谕使。辛亥,金主亮遣大忭正至盱眙,语送伴使吕广问云:将以六月迁汴京。令其归奏。癸丑,罢教坊,并敕令所归刑部。乙卯,以刘锜为淮南、江东西、浙西制置使。戊午,命带御器械刘炎同提举措置沿淮盗贼。庚申,彗出角。遣步军司都统制戚方总江上诸军策应军马,听刘锜节制。谕吴拱严备襄阳,视缓急,合田师中、成闵兵以援之。甲子,始御正殿。乙丑,放女乐二百余人。丙寅,听淮南诸州移治清野。戊辰,以周麟之辞使北,命枢密都承旨徐嚞代行。淮北民崔唯夫、董臻等率众万余来归。秋七月丙子,命两浙、江东滨海诸州预备敌兵。诏诸路帅臣教阅土兵、弓手。戊寅,命雷州守臣节制高、容、廉、化四州军马。时雷州军贼凌铁作乱,东南第十二将高居会率五州巡尉官兵讨平之。戊子,周麟之分司,筠州居住。辛卯,振给淮南归正人。壬辰,徐嚞等至盱眙,金主亮以非所指取之人,谕遣亟还。癸巳,诏:"四川财赋,自当专任总领所。如遇警急,调发不及申奏,则令宣、制司随宜措置,先举后闻。"乙未,行新造会子于淮、浙、湖北、京西诸州。是月,金主亮徙都汴京,命其臣刘尊由唐、邓瞰荆、襄,张中彦、王彦章据秦、凤窥巴、蜀,苏保衡、完颜郑家奴由海道趋两浙。八月辛丑朔,忠义人魏胜复海州,李宝承制以胜知州事。丙午,蠲诸路遘欠经总制钱、江浙等路上供米。丁未,以婉容刘氏妄预国政,废于家。蠲淮南、京西、湖北民秋税之半。辛亥,以刘婉容事连坐,昭庆军承宣使王继先福州居住,停子孙官,籍其赀。甲寅,李宝率舟师三千发江阴,大风,退泊明州关澳,聚兵复进。乙卯,刘锜引兵屯扬州,遣统制王刚以兵五千屯宝应。丁巳,召田师中赴行在。寻以吴拱为鄂州诸军都统制。壬戌,复用资政殿学士张焘落致仕、知建康府。癸亥,分处归正人于淮南诸州,能自存者从便,愿为兵者籍之。乙丑,诏便宜选补战功人,后勿递减。丙寅,出内帑钱七万缗,犒戍兵之家,仍悉除军债。己巳,起复成闵为湖北、京西制置使,节制两路军马。九月庚午朔,命大臣朝飨太庙。辛未,宗祀徽宗于明堂,以配上帝,大赦。甲戌,金人犯黄牛堡,守将李彦坚拒却之,金兵遂扼大散关,吴璘驻青野原,遣将高松等援之。庚辰,以给事中黄祖舜同知枢密院事。壬午,流星昼陨。乙酉,诏刘锜、王权、李显忠、戚方严备清河、颍河、涡河口。丁亥,成闵渡江,屯应城县,遣吴拱戍郢州。博州民王友直聚兵大名,自称河北安抚制置使,以其徒王任为副,遣军师冯毂入朝奏事。吴璘遣将彭青至宝鸡渭河,夜劫金人桥头砦,破之。庚寅,成闵遣统制赵搏部兵五千驻德安。辛卯,金国趣使臣至楚州,守臣以闻,其辞尤悖慢。壬辰,监盱眙军淮河渡夏俊复泗州。癸巳,金人犯通化军,守将张超拒却之。甲午,册谥大行皇帝曰恭文顺德仁孝皇帝,庙号钦宗。吴璘遣将刘海复秦州,金守将萧济降。乙未,金人犯信阳军。丙申,吴璘遣将曹洙复洮州。戊戌,刘锜发扬州。诏以金人背盟,降敕榜招谕中原军民。己亥,兰州汉军千户王宏杀其刺史温敦乌也来降。吴璘遣将彭青复陇州。是月,金主亮以尚书右丞李通为大都督,造浮梁于淮水之上,遂自将来攻,兵号百万,远近大震。

冬十月庚子朔,诏将亲征。魏胜攻沂州,败,还海州,金人围之。李宝以舟师至东海县,金人解围去,宝遂入海州。辛丑,金人自涡口渡淮。癸卯,以吴璘兼陕西、河东招讨使,刘锜兼京东、河北东路招讨使,成闵兼京西、河北西路招讨使。金人陷蒋州。李显忠遣统制孔福与金人战于大人洲,败之。乙巳,金人复犯海州,魏胜、李宝击却之。刘锜引兵次淮阴,金人将自清河口入淮,锜列兵于运河岸以扼之。丁未,命宣抚制置司传檄契丹、西夏、高丽、渤海诸国及河北、河东、陕西、京东、河南诸路,谕出师共讨金人。是日,金人立其东京留守葛王褒为皇帝,改元大定。戊申,王权闻金兵大至,自庐州引兵遁,屯昭关。己酉,知均州武钜招纳北界杜海等二万人来归。庚戌,复置机速房。知庐州龚涛闻金兵将至,弃城走。辛亥,金将萧琦陷滁州,守臣陆廉弃城走。壬子,改建王玮为镇南军节度使。刘锜遣统制王刚等击败金人于清河口,金人复来战,刚失利。吴拱遣将侯俊、郝敦书复唐州。癸丑,借江、浙、荆湖等路坊场净利钱三百八十万缗以备赏军。金人围庐州,都监、权州事杨春率兵突阵出,守水寨。金人又攻海州,李宝力战败之,解围去。甲寅,金人攻樊城,吴拱遣守将翟贵、王进与战,贵、进俱战死,金兵亦退。刘锜遣兵渡淮及金人战,死者十七八。金主亮以大军至庐州城北之五里,筑土城以居。戚方遣将张宝复蒋州。乙卯,以金人渝盟告于天地、宗庙、社稷。命州县谕富民捐赀助国。刘锜闻王权遁,自淮阴引兵归扬州。丙辰,金主亮入庐州,王权自昭关遁,金人追至尉子桥,破敌军统制姚兴战死,权退保和州。金州都统制王彦遣统制任天锡出洵阳,复丰阳县。丁巳,帝闻王权败,召杨存中同宰执议于内殿,陈康伯赞帝定议亲征。武钜遣将苟琛复邓州。戊午,任天锡复商洛县。命吴璘趣出兵汉中,叶义问督视江、淮军马,中书舍人虞允文参谋军事。金人犯真州,步军司统制邵宏渊逆战于胥浦桥,兵败,真州陷。金人不入城,遂犯扬州。已未,任天锡复商州,执其守完颜守能。赵撙引兵渡淮。庚申,以杨存中为御营宿卫使。赵撙复褒信县。王权自和州遁归,屯于东采石。辛酉,复汤思退观文殿大学士、充醴泉观使兼侍读。分行在官吏三之一扈从,余留行遣常事。金人陷和州。壬戌,以将士劳于征讨,避殿减膳。刘锜退军瓜州镇,金人陷扬州,淮东安抚使刘泽弃城奔泰州。以户部侍郎刘岑为御营随军都转运使,李显忠为御营先锋都统制屯芜湖,主管步军司李捧为前军都统制。赵撙复新蔡县。癸亥,募诸州豪民招枪杖、弓箭手赴行在。金人入扬州。王权自采石夜还建康,寻复如采石。甲子,复张浚观文殿大学士、判潭州。吴璘遣统制吴挺、向起等及金人战于德顺军之治平砦,败之。赵撙复平兴县。乙丑,金人趋瓜州,刘锜遣统领员琦拒之于皂角林,大败之,斩其统军高景山。丙寅,李宝遇金舟师于胶西县陈家岛,大败之,斩完颜郑家奴等五人。刘锜还镇江府。赵撙复蔡州,斩其总管杨寓。分御营宿卫为五军。金人攻秦州,向起、吴挺击却之。丁卯,叶义问至镇江。诏起江、浙、福建诸州强丁赴江上诸军。武钜复虢州卢氏县,任天锡复朱阳县。戊辰,殿中侍御史杜莘老劾内侍张去为,帝不悦,去为致仕,出莘老知遂宁府。

十一月己巳朔,邵宏渊遣统领崔皋及金人战于定山,败之。任天锡复虢州,守将萧信遁去。庚午,通州守臣崔邦弼弃城去。辛未,成闵引兵发应城县,援淮西。遣权吏部侍郎汪应辰诣浙东措置海道。壬申,以张浚判建康府。召王权赴行在,以李显忠代将。邵宏渊为池州都统制。金人犯瓜州,镇江中军统制刘汜战败走,权都统制李横亦遁。金人铁骑奄至江上,统制魏俊、王方死之。叶义问惶怖欲退走,复趋建康。金人游骑至无为军,守臣韩毳弃城走。癸酉,淮宁府民陈亨祖执同知完颜耶鲁,以其城来归。赵撙引兵去,蔡州复陷。甲戌,池州统制官崔定等复无为军。乙亥,金主亮临江筑坛,刑马祭天,期以翌日南渡。丙子,虞允文督建康诸军统制官张振、王琪、时俊、戴皋等以舟师拒金主亮于东采石,战胜,却之。崔定复巢县,任天锡复上津、商洛二县。丁丑,虞允文遣水军统制盛新以舟师击金人于杨林河口,又败之。金主亮焚其舟而去。戊寅,王彦遣将杨坚复栾川县。己卯,以汤思退为行宫留守。虚恨蛮犯嘉州笼蓬堡,官军大败,副将郑祥等为

所杀。庚辰,金主亮引军趋淮东。癸未,吴璘病,自仙人原还兴州,留姚仲节制军事,虞允文自采石率李捧一军及戈船如镇江备敌。甲申,赠姚兴、魏俊、王方官。金主亮至扬州。乙酉,贷刘汜死、英州编管。江州统制李贵、忠义首领孟俊复顺昌府,金州将邢进复华州。丙戌,赐战士帛,给其家薪炭。任天锡复陕州。丁亥,刘锜以疾罢,以御营宿卫中军统制刘锐权镇江都统制。成闵自京西还建康,遂如镇江。戊子,吴璘复力疾上仙人原。己丑,王权贷死、琼州编管。李宝泛海南归。金人复攻陕州,任天锡破走之。复犯襄阳,统制官李胜等拒却之,复通化军。王彦遣将杨坚、党清至西京长水县及金人战,败之。庚寅,复长水县。癸巳,以成闵为镇江都统制、淮东制置使、京东西路河北路淮北泗宿州招讨使,李显忠为淮西制置使、京畿河北西路淮北亳州招讨使,吴拱为湖北京西制置使、京西北路招讨使。甲午,武钜遣乡兵总辖杜隐等复嵩州。乙未,金人陷泰州。是日,金人弑其主亮于扬州龟山寺。戊戌,金都督府遣人持檄诣镇江军中议和。

十二月己亥朔,赵撙夜袭蔡州,复入其城。王彦遣兵复福昌县。庚子,杨存中及虞允文渡江至瓜州察金兵。金人犯汉南之茨湖,鄂州军士史俊登其舟,获一将,诸军继进,遂击却之。杨椿夜攻金人,杀其帅高定山,复庐州。辛丑,以李宝为靖海军节度使、浙西通泰海州沿海制置使、京东东路招讨使。金统军刘萼闻茨湖败,亦退师。王彦遣将阎玶复渑池县。壬寅,天有白气。以赵密为行宫在城都总管。成闵渡江之扬州。癸卯,命诸路招讨司率兵进讨,互相应援,沿江诸大帅条陈恢复事宜。复岳州旧名。右军统领沙世坚入泰州。甲辰,虞允文自镇江入见。均州统领昝朝复邓州。乙巳,张浚至慈湖,命李显忠引兵渡江。丙午,淮东统制王选复楚州。丁未,杜隐等入河南府。吴拱遣统领牛宏入汝州。戊申,帝发临安,建王从行。庚戌,金人渡淮北去。壬子,次平江。罢督视府。虞允文还至镇江。癸丑,淮东统制刘锐、陈敏引兵入泗州。鄂州统制杨钦以舟师追败金人于洪泽镇。乙卯,江北金兵尽去,李显忠复入和州。吴璘遣将复水洛城。金人复破汝州,牛宏败走。戊午,次镇江府。庚申,吴璘遣将拔金人治平砦。壬戌,曲赦新复州军。甲子,降淮南、京西、湖北杂犯死罪以下囚。赏采石功,进统制张振、时俊为官。金颍、寿二州巡检高显以寿春府来降。丁卯,命诸道籍乡兵。初,王友直、王任聚兵,尝命友直为天雄军节度使,任为天平军节度使。金主褒既立,下令散其众,友直等自寿春来归。是月,金主亮已死,遂趋燕京。

三十二年春正月戊辰朔,日有食之。帝在镇江。已巳,金人犯寿春府,忠义将刘泰战死,金兵引去。庚午,发镇江府。壬申,至建康府,张浚入见。丙子,桃翼祖主于夹室。己卯,李显忠引兵还建康。庚辰,罢郡守年七十者。壬午,金人复犯蔡州,赵撙力战却之。乙酉,权知东平府耿京遣其将贾瑞、掌书记辛弃疾来奏事。己丑,金主遣其臣高忠建等来告嗣位。以耿京为天平军节度使、知东平府。庚寅,诏新复州县搜访仗节死义之士。丙申,以杨存中为江、淮、荆、襄路宣抚使,虞允文副之。给事中金安

节、中书舍人刘珙缴奏再上,乃改命存中措置两淮。二月戊戌朔,罢借两浙、江、淮坊场净利钱。以虞允文为兵部尚书、川陕宣谕使,措置招军市马及与吴璘议事。庚子,兴州统领惠逢等复河州。振两淮饥民。壬寅,金人犯汝州,守将王宣逆战,败之。癸卯,帝发建康。惠逢复积石军,又克来羌城。丁未,刘锜薨。己酉,王宣及金人再战于汝州。庚戌,金人全师来攻,宣败绩,弃去。辛亥,金人复犯顺昌府,孟新拒却之,寻亦弃去。壬子,赏蔡州功,赵撙等进官有差。乙卯,至临安府。兴元都统制姚仲攻巩州不下,退守甘谷城,遂引兵围德顺军。丙辰,金人犯蔡州。赵撙击却之。戊午,复引兵来攻,撙又败之,金兵遁去。王彦遣将马贵断河中南桥,金兵来攻,贵战败之。壬戌,诏军士战死者禄其家一年,伤重而死于营者半之。乙丑,王宣及右军副将汲靖败金人于蔡州确山县。赵撙弃蔡州。丙寅,金人复取之。姚仲遣副将赵铨攻下镇戎军,金同知渭州秦弼及其子嵩来归。王彦遣兵救陕州,遇金人于虢州东,败之,金兵引去。丁卯,吴璘遣将复永安军、永宁、福昌、长水三县。闰月癸酉,金人破河州,屠其城。乙亥,命杨存中、李显忠固守新复州军,度便进讨。丙子,姚仲遣将复原州。戊寅,祔钦宗主于太庙。癸未,振淮南归正人。金人犯虢州。吴璘遣杨从仪等攻拔大散关,分兵据和尚原,金人走宝鸡。丙戌,给张浚钱十九万缗,造沿江诸军战舰。庚寅,王刚破金人于海州。辛卯,杨椿罢。壬辰,姚仲攻德顺军,败金人于瓦亭砦、新店。是月,张安国等攻杀耿京,李宝将王世隆攻破安国,执之以献。三月壬寅,更定金使入境接伴、馆伴旧仪。癸卯,成闵遣统制杜彦救淮宁,击败金人于项城县。甲辰,罢扈从官吏赏典。乙巳,录商、虢之功,加吴璘少傅、王彦为保平军节度使。戊申,吴璘复德顺军,又遣将严忠取环州。辛亥,命兵部侍郎陈俊卿、工部侍郎许尹经画两淮堡寨屯田。癸丑,金人围淮宁府,守臣陈亨祖死之。甲寅,吴璘自德顺军复还河池。金人犯镇戎军。丁巳,遣洪迈等贺金主即位。戊午,忠义军统制、知兰州王宏拔会州。金人陷淮宁府,统领戴规战死。成闵归自淮东。辛酉,金人攻原州。丙寅,诏举贤良。夏四月丁卯朔,姚仲遣兵救原州。己巳,使侍从、台谏条上防秋足食足民策。遣左武大夫都飞虎结约河东。壬申,赏御营宿卫将士四万余人进官有差。癸酉,蠲淮东残破州军上供银绢、米麦及经、总制钱一年。蒙城县民倪震率丁口数千来归。甲戌,募民耕淮东荒田,蠲其徭役及租税七年。戊寅,以御史中丞汪澈参知政事。金人围海州。戊子,洪迈等辞行,报聘书用敌国礼。是月,大雨,淮水暴溢数百里,漂没庐舍,人畜死者甚众。

五月戊戌,吴璘自河池如凤翔巡边,姚仲遣兵救原州,数败金人。庚子,复置提举秦州买马监,命四川总领官兼权其职。壬寅,姚仲及金人战于原州北岭,败绩。戊申,复以杨存中为醴泉观使,奉朝请。罢御营宿卫司。辛亥,镇江都统制张子盖救海州,遇金人于石湫堰,大败之,金人解去。甲寅,命张浚专一措置两淮事务兼节制淮东西、沿江州郡军马。乙卯,知顺昌军孟昭率部曲来归。己未,吴璘遣将复熙州。壬戌,禁诸军互招逃亡。加郑藻

太尉。振东北流民。命张浚置御前万弩营,募淮民为之。甲子,诏立建王玮为皇太子,更名昚。加成闵太尉、主管殿前司,李显忠为太尉、主管马军司。籍诸州归正人,愿为农者给官田,复租十年;愿为兵者赴军中。六月丙寅朔,吴璘次大幽岭,檄召姚仲至军前,下河池狱,命熙路安抚使李师颜代将其兵。戊辰,名新宫曰德寿。庚午,以吴珙主管步军司。罢三招讨司。甲戌,加赠兄子偁为太师、中书令,追封秀王,谥安僖;妻张氏封王夫人。乙亥,朱倬罢。丙子,诏皇太子即皇帝位。帝称太上皇帝,退处德寿宫,皇后称太上皇后。孝宗即位,累上尊号曰光尧寿圣宪天体道性仁诚德经武纬文绍业兴统明谟盛烈太上皇帝。淳熙十四年十月乙亥,崩于德寿殿,年八十一。谥曰圣神武文宪孝皇帝,庙号高宗。十六年三月丙寅,攒于会稽之永思陵。光宗绍熙二年,加谥受命中兴全功至德圣神武文昭仁宪孝皇帝。

赞曰:昔夏后氏传五世而后羿篡,少康复立而祀夏;周传九世而厉王死于彘,宣王复立而继周;汉传十有一世而新莽窃位,光武复立而兴汉;晋传四世有怀、愍之祸,元帝正位于建邺;唐传六世有安、史之难,肃宗即位于灵武;宋传九世而徽、钦陷于金,高宗缵图于南京:六君者,史皆称为中兴,而有异同焉。夏经羿、浞,周历共和,汉间新室、更始,晋、唐、宋则岁月相续者也。萧王、琅琊皆出疏属,少康、宣王、肃宗、高宗则父子相承者也。至于克复旧物,则晋元与宋高宗视四君者有余责焉。高宗恭俭仁厚,以之继体守文则有余,以之拨乱反正则非其才也。况时危势逼,兵弱财匮,而事之难处又有甚于数君者乎?君子于此,盖亦有悯高宗之心,而重伤其所遭之不幸也。然当其初立,因四方勤王之师,内相李纲,外任宗泽,天下之事宜无不可为者。顾乃播迁穷僻,重以苗、刘群盗之乱,权宜立国,确虖艰哉。其始惑于汪、黄,其终制于奸桧,恬堕猥懦,坐失事机。甚而赵鼎、张浚相继窜斥,岳飞父子竟死于大功垂成之秋。一时有志之士,为之扼腕切齿。帝方偷安忍耻,匿怨忘亲,卒不免于来世之诮,悲夫!

卷三十三　　　本纪第三十三

孝　宗　一

孝宗绍统同道冠德昭功哲文神武明圣成孝皇帝,讳昚,字元永,太祖七世孙也。初,太祖少子秦王德芳生英国公惟宪,惟宪生新兴侯从郁,从郁生华阴侯世将,世将生庆国公令𥖉,令𥖉生子偁,是为秀王。王夫人张氏梦人拥一羊遗之曰:"以此为识。"已而有娠,以建炎元年十月戊寅生帝于秀州青杉闸之官舍,红光满室,如日正中。少长,命名伯琮。

及元懿太子薨，高宗未有后，而昭慈圣献皇后亦自江西还行在，后尝感异梦，密为高宗言之，高宗大寤。会右仆射范宗尹亦造膝以请，高宗曰："太祖以神武定天下，子孙不得享之，遭时多艰，零落可悯。朕若不法仁宗，为天下计，何以慰在天之灵！"于是诏选太祖之后。同知枢密院事李回曰："艺祖不以大位私其子，发于至诚。陛下为天下远虑，合于艺祖，可以昭格天命。"参知政事张守曰："艺祖诸子，不闻失德，而传位太宗，过尧、舜远甚。"高宗曰："此事不难行，朕于'伯'字行中选择，庶几昭穆顺序。"而上虞丞娄寅亮亦上书言："昌陵之后，寂寥无闻，仅同民庶。艺祖在上，莫肯顾歆，此金人所以未悔祸也。望陛下于'伯'字行内选太祖诸孙有贤德者。"高宗读之，大感叹。绍兴二年五月，选帝育于禁中。三年二月，除和州防御使，赐名瑗。壬寅，改贵州。五年五月，用左仆射赵鼎议，立书院宫中教之，既成，遂以为资善堂。帝读书强记，天资特异。己亥，制授保庆军节度使，封建国公。六月己酉，听读资善堂，以徽猷阁待制范冲兼翊善，起居郎朱震兼赞读，高宗命帝见冲、震皆拜。十二年正月丁酉，加检校少保，封普安郡王。三月壬寅，出阁就外第。十三年九月，秀王殁于秀州。十四年正月庚辰，用廷臣议，听解官行服。十六年四月乙巳，免丧，还旧官。十七年六月戊午，改常德军节度使。二十四年，衢州盗起，秦桧遣殿前司将官辛立将千人捕之，不以闻。帝入侍言之，高宗大惊。明日，以问桧，桧谓不足烦圣虑，故不敢闻，俟朝夕盗平则奏矣。桧退，知于帝言，忌之。及桧疾笃，其家秘不以闻，谋以子熺代相，帝又密启高宗破其奸。三十年二月癸酉，立为皇子，更名玮。甲戌，诏下。丙子，制授宁国军节度使、开府仪同三司，进封建王。制出，中外大悦。四月，赐字元瑰。三十一年十月壬子，以明堂恩，改镇南军节度使。先是，金人犯边，高宗下诏亲征，而两淮失守，朝臣多陈退避之计，帝不胜其愤，请率师为前驱。直讲史浩以疾在告，闻之亟入，为帝言，太子不宜将兵，乃为草奏，因中宫以进，请卫从以共子职。高宗因亦欲帝遍识诸将，十二月，遂扈跸如金陵。三十二年五月甲子，立为皇太子，改名昚。初，高宗久有禅位之意，尝以谕帝，帝流涕固辞，会有边事不果。及归自金陵，陈康伯求去，高宗复以倦勤谕之。中书舍人唐文若闻而请对，言不宜急遽，故先下建储之诏，赐名玮。监察御史周必大密与康伯言，与唐肃宗名同音，不可。诏别拟进，乃定今名。既又命学士承旨洪遵为太子择字，遵拟四字以进，皆不称旨。六月甲戌，御笔赐字元永。

乙亥，内降御札："皇太子可即皇帝位。朕称太上皇帝，退处德寿宫；皇后称太上皇后。"丙子，遣中使召帝入禁中，面谕之，帝又推逊不受，即趋侧殿门，欲还东宫，高宗勉谕再三，乃止。于是高宗出御紫宸殿，辅臣奏事毕，高宗还宫。百官移班殿门外，拜诏毕，复入班殿庭。顷之，内侍掖帝至御榻前，侧立不坐，内侍扶掖至七八，乃略就坐。宰相率百僚称贺，帝遽兴。辅臣升殿固请，帝愀然曰："君父之命，出于独断。然此大位，惧不克当。"班退，太上皇帝即驾之德寿宫，帝服袍履，步出祥曦殿门，冒雨掖辇以行，及宫门弗止。上皇麾谢再三，且令左右扶掖以还，顾曰："吾付托得人，吾无憾矣。"左右皆呼万岁。是日，诏有司议太上皇帝、太上皇后尊号以闻，在内诸司日轮官吏应奉德寿宫，增置德寿宫提点、干办等官，德寿宫宿卫依皇城及宫门法。丁丑，朝德寿宫。戊寅，大赦。诏宰相率百官月朔朝德寿宫。己卯，以即位告于天地、宗庙、社稷。庚辰，诏五日一朝德寿宫。以左武大夫龙大渊为枢密副都承旨，武翼郎曾觌带御器械。癸未，始御后殿。甲申，诏中外士庶陈时政阙失。丙戌，诏进宰执官二等。丁亥，诏以太上皇不许五日一朝，自今月四朝。复除名勒停人胡铨官、知饶州。己丑，诏有司月奉德寿宫缗钱十万。辛卯，诏罢四川市马。壬辰，诏百官日一人入对。癸巳，蝗。甲午，上太上皇帝尊号曰光尧寿圣太上皇帝，太上皇后曰寿圣太上皇后。乙未晦，金人屠原州。秋七月戊戌，兴州中军统制吴挺复巩州。庚子，判建康府张浚入见。以雨水、飞蝗，令侍从、台谏条上民间利害。壬寅，诏戒饬诸郡守臣。癸卯，以张浚为少傅、江淮宣抚使，封魏国公。甲辰，以参知政事汪澈视师湖北、京西。遣刘珙等使金告即位。戊申，以四川宣抚使吴璘兼陕西河东路宣抚、招讨使。追复岳飞元官，以礼改葬。是夜，地震，大风拔木。己酉，有事于太庙、别庙。癸丑，马军司中军统制赵撙、忠义军统领皇甫倜复光州。甲寅，朝献景灵宫。诏淮南诸州存恤淮北来归之民，权免税役。丙辰，以少保、保康军节度使吴益为少傅，太尉、宁武军节度使吴盖为开府仪同三司。丁巳，罢李宝措置海道。戊午，恩平郡王璩入见。庚申，以御前军器所仍隶工部。辛酉，诏后省审详中外上书，有可采者以闻。壬戌，以黄祖舜兼权参知政事。罢诸路圣节进奉。诏李显忠军马听张浚节制。癸亥，增将士战伤死者推恩格。诏蠲四川积年逋负。八月乙丑朔，四川马军统制高师中与金人战于摧沙，败死。丙寅，吴璘与金人战于德顺军。己巳，以翰林学士史浩为参知政事。戊寅，率群臣诣德寿宫，奉上太上皇帝、太上皇后尊号册宝。于亥，班宽恤事十八条。起居舍人洪迈、知阁门事张抡坐奉使辱命罢。甲申，吴璘败金人于北山。戊子，追复李光资政殿学士，赵鼎、范冲并还合得恩数。庚寅，以生日为会庆节。追册故妃郭氏为皇后。九月甲午，以子愭为少保、永兴军节度使，进封邓王；恺为雄武军节度使、开府仪同三司，进封庆王；惇为镇洮军节度使、开府仪同三司，进封恭王。甲午，金人攻德顺军东山堡，中军将李庠战死。丁酉，诏开讲日召辅臣观讲。川、陕宣谕使虞允文以论边事不合罢。己亥，诏侍从、台谏举知四川利害可为都转运使者。庚子，以金人来索旧礼，诏宰执、侍从、台谏各陈应敌定论以闻。辛丑，诏吴璘审度措置，保全川蜀。乙巳，诏纂录勋臣名次。丙午，转补朱震、范冲子孙官。庚戌，谥皇后郭氏曰恭怀。辛亥，振淮东义兵及归正人。以总领四川财赋军马钱粮王之望为户部侍郎、川陕宣谕使，仍命将调兵同防守兴州川口。乙卯，诏虞允文赴吴璘军议事。辛酉，以吴璘为少师。冬十月丙寅，诏朝臣举堪监司、郡守者。戊辰，以岳阳军节度使居广开府仪同三司，史浩兼权知枢密院事。己巳，叶义问罢。诏登闻鼓院毋沮抑进状。庚午,以恩平郡王璩为少保。诏会庆节权免上寿。戊寅,诏张浚、陈俊卿覆实诸将所陈功赏。改谥皇后郭氏曰安穆。壬午,官岳飞孙六人。甲申,契丹招讨萧鹧巴来奔。金人攻德顺城,吴璘击走之,复遣兵追袭,遂为所败。乙酉,升建州为建宁府。戊子,以资政殿学士张焘同知枢密院事。己丑,安南都护、南平王李天祚、阇婆国王悉里地茶兰固野、占城国王邹时巴兰并加食邑实封。十一月庚子,以萧鹧巴为忠州团练使。乙巳,金人攻水洛城。丙午,赐忠义军统制皇甫倜军帛五千匹、绵万两。戊申,诏改明年为隆兴元年。辛亥,免杨存中所献酒坊逋负钱四十万缗。甲寅,定内侍官额。辛酉,史浩免权知枢密院事。裁定文武臣宫观、岳庙员数。立措置京西营田司。十二月乙丑,诏宰臣复兼枢密使。金人攻陇城县,官军拒却之,丙寅,诏帅臣、监司具部内知州治行臧否以闻。诏弃德顺城,徙兵民于秦州以里屯住。丁卯,以陈康伯兼枢密使。令江、淮宣抚司增招武勇效用军。戊辰,诏侍从、台谏集议当今弊事,仍命尽率其属,使极言无隐。辛未,刘琪、张说还自盱眙。戊寅,蠲四川登极赦前带白契税钱。丙戌,诏观察使已上各举所知三人,三省、枢密院详议立格以闻。庚寅,罢建康、镇江营田官兵。辛卯,广西贼王宣破藤州,守臣廖颙弃城遁。是岁,诸路断大辟四十一人。

隆兴元年春正月壬辰朔,群臣朝于文德殿。帝朝德寿宫。立武臣荐举格。甲午,四川宣抚司奉诏班师。庚子,以史浩为尚书右仆射、同中书门下平章事兼枢密使,张浚进枢密使、都督江淮东西路军马。丙午,诛殿前司后军谋变者。戊申,诏礼部贡院试额增一百人。丁巳,诏吴璘军进退可从便宜。璘已弃德顺,道为金人所邀,将士死者数万计。二月壬戌朔,用史浩策,以布衣李信甫为兵部员外郎,赍蜡书间道往中原,招豪杰之据有州郡者,许以封王世袭。安庆军节度使士篯乞减奉赐之半,以助军用。自是,诸宗室有请,悉从之。戊辰,宰执陈康伯等乞再减奉,止存旧格之半,许之。己卯,振两淮流民及山东归正忠义军。癸未,黄祖舜罢。庚寅,逐秦桧党人,仍禁辄至行在。三月壬辰朔,金左副元帅纥石烈志宁以书取侵地。癸巳,以张焘为参知政事,御史中丞辛次膺同知枢密院事,叶义问落端明殿学士、饶州居住。丙申,雨雹。丁酉,诏户部置局,议节浮费。己亥,杨存中等乞减半奉如宰执例,许之。庚子,以龙大渊知阁门事,曾觌同知阁门事。壬寅,陈康伯上钦宗陵名曰永献。乙巳,诏求遗逸。丁未,诏修《太上皇帝圣政》。罢龙大渊,别与差遣。曾觌复带御器械。召张浚。己酉,张焘罢。立选人减举主法。甲寅,复以龙大渊知阁门事。曾觌同阁门事,给事中、中书舍人留黄不行。乙卯,诏饬郡县吏。庚申,以久雨,命有司振灾伤,察刑禁。夏四月乙丑,定选人改官岁额。戊辰,张浚入见,议出师渡淮,三省、枢密院不预闻。壬申,赐礼部进士木待问以下五百三十八人及第、出身。乙亥,王之望罢。壬午,诏户部、台谏议节浮费。癸未,诏以白金二十五万两给江、淮都督府军费。戊子,张浚命邵宏渊帅师次盱眙。己丑,又命李显忠帅师次定远。是月,金人拔环州,守臣强霓及其弟震死之。五月壬辰,申严铺翠销金及神祠僭拟之禁。丁酉,李显忠复灵壁县。邵宏渊次虹县,金人拒之。戊戌,显忠东趋虹县。庚子,复虹县,金知泗州蒲察徒穆及同知泗州大周仁降。辛丑,命左右史日更立前殿。壬寅,张浚渡江视师。癸卯,金右翼军都统萧琦降于李显忠。甲辰,显忠及宏渊败金人于宿州。乙巳,史浩罢。追复司马康右谏议大夫。丙午,复宿州,戮金兵数千人。建康前军统领官王珙巷战,死之。丁未,以辛次膺为参知政事,翰林学士承旨洪遵同知枢密院事。督诸路开营田。辛亥,诣德寿宫贺天申节。金纥石烈志宁自睢阳引兵至宿州,李显忠击却之。壬子,钦宗大祥,帝服衰服诣几筵,易祥服行祥祭礼。显忠与金人战于宿州,邵宏渊不援,显忠失利。是夜,建康中军统制周宏及邵宏渊之子世雄、殿前司统制官左士渊逃归。癸丑,进李显忠开府仪同三司、淮南京畿京东河北招讨使,邵宏渊检校少保、宁远军节度使、招讨副使。金人攻宿州城,显忠大败之。殿前司统制官张训通等七人、统领官十二人,以二将不叶而遁。甲寅,李显忠、邵宏渊军大溃于符离。乙卯,下诏亲征。丙辰,召汪澈。以张浚兼都督荆、襄军马。李显忠、邵宏渊至濠州。张浚以刘宝为镇江诸军都统制。丁巳,以蒲察徒穆、大周仁、萧琦并为节度使,徒穆大同军、周仁彰国军、琦威塞军。遣御前忠勇军赴都督府。是月,成都地震三。六月庚申朔,日有食之。遣内侍趣上淮东将士功赏。癸亥,汪澈罢。张浚乞致仕,且请通好,皆不许。丁卯,以观文殿大学士汤思退为醴泉观使兼侍读。戊辰,召虞允文。以兵部侍郎周葵为参知政事。汪澈落资政殿学士、台州居住。庚午,张浚自盱眙还扬州。辛未,李显忠罢军职。壬申,以太傅、同安郡王杨存中为御营使、节制殿前司军马。癸酉,下诏罪己。张浚降授特进,仍前枢密使、江淮东西路宣抚使,官属各夺二官。邵宏渊降武义大夫,职仍旧。诏杨存中先诣建康措置营寨,检视沿江守备。戊寅,诏展巡幸之期。辛次膺罢。己卯,李显忠责授清远军节度副使,筠州安置。辛巳,命浙西副都总管李宝兼御营统制官,措置浙西海道。甲申,右谏议大夫王大宝入封,论移跸。以敷文阁学士虞允文为兵部尚书兼湖北、京西宣谕使。戊子,放宫人三十人。以萧琦为检校少保、河北招讨使。秋七月庚寅朔,以虞允文为湖北、京西制置使。癸巳,以汤思退为尚书右仆射、同中书门下平章事兼枢密使。李显忠再责授果州团练副使、潭州安置。乙未,诏宿州弃军将佐夺官,贬窜有差。丙申,太白昼见,经天。罢江、淮宣抚司便宜行事。乙巳,以旱蝗、星变,诏侍从、台谏、两省官条上时政阙失。丁未,诏征李显忠侵欺官钱金银,免籍其家。乙卯,裁减省、部、寺、监官吏。戊午,给还岳飞田宅。八月丙寅,张浚复都督江、淮军马。庚午,以刘宝兼淮东招抚使。丙子,以飞蝗、风水为灾,避殿减膳。罢借诸路职田之令。戊寅,金纥石烈志宁又以书求海、泗、唐、邓四州地及岁币。癸未,复以龙大渊知阁门事,曾觌同知阁门事。丙戌,遣淮西安抚司干办公事卢仲贤等赍书至金帅府,戒勿许四州,差减岁币。仍命诸将毋遣兵人出境。九月己酉,杨存中罢。冬十月戊午朔,大臣奏金帅书言四事,帝曰:"四州地、岁币可与,名分、归正人不可从。"辛酉，御殿复膳。己巳，遣护圣军戍江南。丙子，诏太上皇后教旨改称圣旨。立贤妃夏氏为皇后。丁丑，地震。辛巳，升洪州为隆兴府。诏："江、淮军马调发应援，从都督府取旨，余事悉以闻。"十一月己丑，卢仲贤自宿州以金都元帅仆散忠义遗三省、枢密院书来。庚子，遣王之望等为金国通问使。辛丑，诏侍从、台谏于后省集议讲和、遣使、礼数、土贡四事，仍各荐可备小使者。丙午，卢仲贤擅许四州，下大理寺，夺三官。召张浚。癸丑，以胡昉、杨由义为使金通问国信所审议官。十二月己未，陈康伯罢。乙丑，张浚入见。丁丑，以汤思退为尚书左仆射，张浚为右仆射，并同中书门下平章事兼枢密使。浚仍都督江、淮东西路军马。壬午，西南方有白气。是岁，以两浙大水、旱蝗，江东大水，悉蠲其租。

二年春正月辛卯，诏增德寿宫车辇仪卫。壬辰，御文德殿，册皇后。癸巳，修三省法。乙未，及皇后朝德寿宫。丙申，命虞允文调兵讨广西诸盗。庚子，罢诸州招军。丙午，金仆散忠义复以书来。庚戌，申严卿监、郎官更出迭入之制。壬子，振归正人。甲寅，白气亘天。是月，福建诸州地震。二月辛未，蠲秀州贫民逋租。壬申，容州妖贼李云作乱。癸酉，复王权武义大夫，命权广西路都钤辖，专一措置盗贼。丙子，诏饬将帅减文武官及百司吏郊赐之半。罢两浙、福建、江西、湖南、夔州路参议官。丁丑，雨雹及雪。获李云，其党悉平。乙酉，胡昉自宿州还。初，金帅以昉等不许四郡，械系之，昉等不屈，金主命归之。三月丙戌朔，诏张浚视师于淮。又诏王之望等以币还。丁亥，诏荆襄、川陕帅臣严边备，毋先事妄举。卢仲贤除名，械送郴州编管。壬寅，诏知光州皇甫倜毋招纳归正人。丙午，王宣降。诏三衙戍兵归司，建康、镇江大军更番出寨。庚戌，芝生德寿宫。以户部侍郎钱端礼为淮东宣谕使，吏部侍郎王之望为淮西宣谕使。诏抚谕两淮军民。壬子，以广西贼平，诏减高、藤、雷、容四州杂犯死罪囚，释杖以下，蠲夏秋税赋。以忠勇军隶步军司，神劲右军隶镇江都统司。癸丑，以王彦为建康诸军都统制兼淮西招抚使。夏四月庚申，召张浚还朝。甲子，以李显忠侵欺官钱给还诸军。丁卯，以建康归正人为忠毅军，镇江为忠顺军，命萧琦、萧鹧巴分领之。戊辰，罢江、淮都督府。高丽入贡。丁丑，张浚罢。癸未，言者论宰相、执政徇欺之弊，命书置政事堂。五月壬辰，复置环卫官。丙申，诏吴璘毋招纳归正人。辛丑，诏刘宝量度泗州轻重取舍事宜以闻。江西总管邵宏渊责授靖州团练副使、南安军安置，仍征其盗用库钱。乙巳，率群臣诣德寿宫贺天申节，始用乐。丁未，蝗。诏中外赃私不法官吏，尚书省置籍检勘。庚戌，罢招神劲效用军。辛亥，鬻两淮所括户马。六月甲寅朔，日有食之。辛酉，以淫雨，诏州县理滞囚。戊辰，太白昼见。壬申，命虞允文弃唐、邓，允文不奉诏。丁丑，振江东、两淮被水贫民。秋七月乙酉，召虞允文。以户部尚书韩仲通为湖北、京西制置使。丁亥，洪遵罢。己丑，以周葵兼权知枢密院事。遣主管马军司公事张守忠以兵诣淮西，措置边备。庚子，太白经天。诏内外文武官年七十不请致仕者，遇郊毋得荫补。乙巳。命海、泗州彻戍。丁未，雨雹。

戊申，蠲淮东内库坊场钱一年。庚戌，洪遵落端明殿学士。癸丑，以江东、浙西大水，诏侍从、台谏、卿监、郎官、馆职陈阙失及当今急务。是月，罢内侍押班梁珂为在外宫观。移广西提刑司于容州。八月甲寅朔，以灾异，避殿减膳。戊午，南丹州莫延廪为诸蛮所逐来归，诏补修武郎。命江东、浙西守臣措置开决围田。甲子，秦国大长公主薨。以久雨，决系囚。庚辰，以资政殿大学士贺允中为知枢密院事兼参知政事。辛巳，诏振淮东被水州县。张浚薨。壬午，遣魏杞等为金国通问使。九月甲申。罢内侍李珂赐谥。甲午，诏江东、浙西监司、守臣讲明措置田事。乙未，交阯入贡。丁酉，严赃吏法。辛丑，以王之望为参知政事，权刑部侍郎吴芾为给事中兼淮西宣谕使。金人犯边。以久雨，出内库白金四十万两，籴米赈贫民。壬寅，王彦帅师济江，军昭关。癸卯。命汤思退都督江、淮东西路军马，辞不行。乙巳，复命杨存中为同都督，钱端礼、吴芾并为都督府参赞军事。罢宣谕官。仍易国书以付魏杞。少保、崇信军节度使赵密落致仕，权领殿前司职事。冬十月甲寅，魏杞至盱眙，金帅以国书未如式，弗受，欲待商、秦地及俘获人，且邀岁币三十万，杞未得进。丁卯，贺允中罢为资政殿大学士致仕。己巳，以周葵兼权知枢密院事，王之望兼同知枢密院事。庚午，诏辅臣夕对便殿。丙子，大风。庚辰，蠲京西、湖北运粮所经州县秋税之半。以靖海军节度使李宝为沿海驻扎御前水军都统制。辛巳，金人分道渡淮，刘宝弃楚州遁。十一月乙酉，知楚州魏胜与金人战，死之，州遂陷，濠州亦陷。王彦弃昭关遁，滁州又陷，丙戌，诏谕沿边将士。丁亥，诏魏杞等以所赍礼币犒军。杞弗从命，留镇江俟旨。复命王之望督视江、淮军马。戊子，以金人侵扰，诏郊祀改用明年。又诏谕归正官民军士。命王之望同都督江、淮军马。汤思退罢都督。召陈康伯。己丑，王之望罢同都督。庚寅，命杨存中都督江、淮军马。辛卯，汤思退罢，寻以尹穑、晁公武论之，落观文殿大学士、永州居住，未至而卒。甲午，以黄榜禁太学生伏阙。是日，太学生张观等七十二人上书，请斩汤思退、王之望、尹穑，窜其党洪适、晁公武而用陈康伯、胡铨等，以济大计。丙申，遣国信所大通事王抃持周葵书如金帅府，请正皇帝号，为叔侄之国；易岁贡为岁币，减十万；割商、秦地；归被俘人，惟叛亡者不与；誓目大略与绍兴同。以金人犯淮南，诏避殿减膳。丁酉，诏择日视师。戊戌，以少保、观文殿大学士陈康伯为尚书左仆射、同中书门下平章事兼枢密使。庚子，遣兵部侍郎胡铨、右谏议大夫尹穑分诣两浙措置海道。赠魏胜宁国军节度使，谥忠壮。辛丑，兵部尚书钱端礼赐出身，签书枢密院事兼提领德寿宫。壬寅，诏侍从、两省官日一至都堂议事，有关台谏者亦听会议。以显谟阁学士虞允文同签书枢密院事。癸卯，遣王之望劳师江上。甲辰，金人犯六合县，步军司统制崔皋击却之。乙巳，以钱端礼兼权参知政事。丁未，以显谟阁直学士沈介为沿江制置使。命沿江诸州调保甲分守渡口。己酉，刘宝落节钺，为武泰军承宣使，王彦落龙神卫四厢都指挥使。闰月甲寅，陈康伯入见，诏康伯间日一朝，肩舆至殿门，给扶升殿。丙辰，周葵罢。王抃见金二帅,皆得其报书以归。戊午,萧琦卒。壬戌,诏罢胡铨、尹穑。丙寅,召韩仲通。以沈介为兵部尚书、湖北京西制置使。戊辰,以金人且退,诏督府择利击之,王之望执不可。乙亥,之望罢。丙子,以王抃为奉使金国通问国信所参议官,持陈康伯报书以行。丁丑。金遣张恭愈来迓使者。诏台谏、侍从、两省官举楚、庐、滁、濠四州守臣。十二月甲申,罢陕西路转运司。戊子,魏杞始渡淮。诏郊祀大礼遵至道典故,改用来年正月一日上辛。辛卯,以钱端礼为参知政事兼知枢密院事,虞允文同知枢密院事兼权参知政事,礼部尚书王刚中签书枢密院事。丙申,制曰:"比遣王抃,远抵颍滨,得其要约。寻澶渊盟誓之信,仿大辽书题之仪,正皇帝之称,为叔侄之国,岁币减十万之数,地界如绍兴之时。怜彼此之无辜,约叛亡之不遣,可使归正之士咸起宁居之心。重念数州之民,罹此一时之难,老稚有荡析之灾,丁壮有系累之苦,宜推荡涤之宥,少慰凋残之情。应沿边被兵州军,除逃遁官吏不赦外,杂犯死罪情轻者减一等,余并放遣。"遣洪适等贺金主生辰。诏吴挺市马赴行在。己亥,雨雹。壬寅,罢三衙、江上、荆襄诸军招军。甲辰,遣沿海水军还屯。己酉,朝献景灵宫。庚戌,朝飨太庙。

乾道元年春正月辛亥朔,合祀天地于圜丘,大赦,改元。丁巳,淮西安抚韩琎勒停、贺州编管。庚申,以钱端礼兼德寿宫使。辛酉,召杨存中。通问使魏杞至燕山。丁卯,以王抃使金有劳,进五官。庚午,西北方有白气。诏馆职更迭补外。辛未,立两淮守令劝民种桑赏。壬申,诏两浙振流民。以绍兴流民多死,罢守臣徐嚞及两县令。癸酉,蠲沿边残破州军官赋一年。甲戌,刘宝责果州团练副使、琼州安置。乙亥,罢两淮招抚司及陕西、河东宣抚、招讨司。丙子,淮西守将孔福以遇敌弃城伏诛,顿遇夺官,刺面配吉阳军牢城。二月庚辰朔,朝德寿宫,从太上皇、太上皇后幸四圣观。乙酉,罢江、淮都督府。遣官检察两浙州县,振济饥民。庚寅,雨雹。癸巳,移濠州戍兵于藕塘。庚子,以杨存中为宁远、昭庆军节度使。甲辰,以久雨,避殿减膳,蠲两浙灾伤州县身丁钱绢,决系囚。丁未,陈康伯薨,谥文恭。三月甲寅,太白昼见。己未,御殿复膳。庚申,以虞允文为参知政事兼同知枢密院事,王刚中同知枢密院事。命淮西、湖北、荆襄帅臣措置屯田,复置榷场。癸亥,黄祖舜薨。戊辰,白气亘天。己巳,罢诸军额外制领将佐。乙亥,太白经天。是春,湖南盗起,入广东焚掠州县,官军讨平之。夏四月庚子,金报问使完颜仲等入见。乙巳,吴璘入见。五月庚戌,以璘为太傅,封新安郡王。丙辰,诏有司治皇后家庙。壬戌,诏监司、帅守讲究弊事以闻。合广南东、西路盐事为一司。癸亥,诏总领、帅、漕臣、诸军都统制并兼提领措置屯田,沿边守臣兼管屯田事。丁卯,诏吴璘措置马纲、水路。壬申,蠲四川州县虚额钱。吴璘改判兴元府。乙亥,诏未铨试人毋得堂除。丙子,遣李若川等使金贺上尊号。增置诸路钤辖、都监。郴州盗李金等复作乱,遣兵讨捕之。六月癸未,王刚中薨。乙酉,诏恭王府直讲王淮倾邪不正,有违礼经,可与外任。丙戌,以翰林学士洪适签书枢密院事。戊子,步军司统制官崔皋坐奏功冒滥,夺所迁观察使,止进横行三官,令本军自效。辛卯,以武经郎令德为安定郡王。壬辰,以淮南转运判官姚岳言境内飞蝗自死,夺一官罢之。丙申,以两淮守令劳徕安集无效,下诏戒饬之,仍以诏置守令治所。壬寅,蠲广东残破郡县税赋。甲辰,罢湖北、京西制置司。秋七月辛亥,诏知州年七十以上者与宫观。癸丑,辅臣晚对选德殿,御坐后有大屏,记注诸道监司、郡守姓名,因令都堂视此书之。甲寅,借职田租二年,以裨经费。己未,铸当二钱。己巳,蠲关外四州民今年租税及湖南贼蹂郡县夏税。八月己卯,以永丰圩田赐建康都统司。癸未,获李金。乙酉,诏立子愭为皇太子。丁亥,虞允文罢。戊子,大赦。己丑,以洪适为参知政事兼权知枢密院事,吏部侍郎叶颙签书枢密院事兼权参知政事。庚寅,立知州军、诸路总管钤辖都监辞见法。癸巳,钱端礼以避东宫亲嫌,罢为资政殿大学士、提举万寿观。戊戌,吏部侍郎章服以论虞允文阿附罢,谪居汀州。九月乙卯,立广国夫人钱氏为皇太子妃。丁巳,申严百司官出入局之制。丁卯,升鼎州为常德府。甲戌,以端明殿学士汪澈知枢密院事,洪适兼同知枢密院事。乙亥,置沿淮诸州都巡检。冬十月己卯,遣方滋等使金贺正旦。戊子,增头子钱。归正人右通直郎刘蕴古坐以军法式送北境,伏诛。壬辰,御大庆殿,册皇太子。癸巳,诣德寿宫称谢。乙未,诏侍从各举所知宗室一二人。丁酉,金遣高衎等来贺会庆节。乙巳,淮北红巾贼逾淮劫掠,立赏ет捕之,已而知楚州胡明遣巡尉击杀其首萧荣。十一月辛亥,招收两淮流散忠义人。丙寅,白气亘天。辛未,遣龙大渊抚谕两淮,措置屯田,督捕盗贼。十二月戊寅,以洪适为尚书右仆射、同中书门下平章事兼枢密使,汪澈为枢密使。命广东提刑司招安李金余党。癸未,遣王抃等贺金主生辰。庚寅,以叶颙为参知政事兼同知枢密院事。辛卯,诏侍从、台谏、两省举堪监司、郡守者各一人,三衙、知阁举材武可守边者一人。庚子,罢两淮诸州权摄官。壬寅,金遣乌古论忠弼等来贺明年正旦。癸卯。诏枢密院文书依三省式,经中书门下画黄书读。

二年春正月辛酉,省六合戍兵,以所垦田给还复业之民。辛未,命湖南监司存恤寇盗残破郡县。二月丁丑,罢盱眙屯田,振两浙、江东饥。戊寅,幸玉津园宴射,遂幸龙井。三月乙巳,禁京西、利州路科役保胜义士。壬子,诏戒饬刑狱官。戊午,殿中侍御史王伯庠请裁定奏荐,诏三省、台谏集议,具条式以闻。诏县令非两任,毋除监察御史;非任守臣,毋除郎官。著为令。丁卯,赐礼部进士萧国梁以下四百九十有三人及第、出身。戊辰,再增诸州军离军添差员阙。辛未,罢洪适右仆射。癸酉,以给事中、权吏部尚书魏杞同知枢密院事兼权参知政事。丁丑,罢和籴。夏四月戊寅,以久雨,命侍从、台谏议刑政所宜以闻。减大理、三衙、临安府及浙西州县杂犯死罪以下囚一等,释杖以下。庚辰,诏两浙漕臣王炎开平江、湖、秀围田。辛巳,避殿减膳。甲申,太白昼见。癸巳,御殿复膳。乙未,汪澈罢。丁酉,以知荆南府李道凭戚里妄作,罢之。五月戊申,张焘薨。己酉,罢权借职田。庚戌,叶颙罢。

卷三十四　　本纪第三十四

孝　宗　二

以魏杞为参知政事，右谏议大夫林安宅同知枢密院事兼权参知政事，中书舍人蒋芾签书枢密院事。癸丑，太白昼见，经天。禁浙西修筑围田。罢修建康行宫。丁卯，命监司、守臣预备水旱。六月甲戌，罢两浙路提举市舶司。诏诸路监司、帅臣各察守令臧否以闻。丙子，刑部上《乾道新编特旨断例》。戊寅，诏制科权罢注疏出题，守臣、监司亦许解送。庚辰，封孙挺为福州观察使、荣国公，挺为左千牛卫大将军。癸未，诏使母无奏补文资，七色补官人毋任子，堂吏迁朝议大夫以五员为额。乙酉，申严内外牒式法，裁其额。丙戌，废永丰圩。戊戌，诏改官人实历知县一任，方许关升。著为定式。秋七月己酉，调泉州左翼军二千人屯许浦镇。甲寅，以镇江都统制戚方为武当军节度使。八月辛未朔，诏两淮行铁钱，铜钱毋过江北。癸酉，以武锋军隶步军司。甲戌，罢任子年三十得免试参选之令。丁丑，蠲淮南放归万弩手差役二年。壬午，诏诸州守臣兼训练禁军。癸未，降会子、交子于镇江、建康务场，令江、淮之人对换。丙戌，林安宅劾叶颙之子受金失实，罢之。丁亥，诏安宅筠州居住，温州大水。戊子，以魏杞兼同知枢密院事，蒋芾权参知政事。召叶颙。庚寅，少保、新兴郡王吴盖薨。甲午，立中兴以来十三处战功格目。乙未，诏吴璘复判兴州。丙申，升宣州为宁国府。罢户部诸路岁籴一年。九月甲辰，知上元县李允升犯赃弃死，杖脊刺面，配惠州牢城，籍其赀。丙午，建康守臣王佐坐纵允升去官，夺三官勒停、建昌军居住。余失按官吏及荐举官夺官有差。辛亥，遣官按视温州水灾，振贫民，决系囚。乙卯，诏改造大历。辛酉，追封子恪为邵王，谥曰悼肃。甲子，诏监司各举部内知县、县令二三人，守臣各举属县一二人。己巳，魏杞等上神宗、哲宗、徽宗三朝《帝纪》、《太上皇圣政》。太白昼见。是月，诏举将帅，置章奏簿。冬十月癸酉，上《太上皇圣政》于德寿宫。乙亥，遣薛良朋等使金贺正旦。己卯，减饶州岁贡金三之一，蠲诸路酒坊逋赋。戊子，知峡州吕令问坐纵赃吏知夷陵县韩赟冒去官，夺二官、鄂州居住。辛卯，雨雹。金遣魏子平等来贺会庆节。十一月丙午，杨存中薨。己酉，尽出内藏及南库银以易会子，官司并以钱银支遣，民间从便。两淮总领所许自造会子，鬻诸路营田。壬子，诏修祥曦殿记注。乙卯，密诏四川制置使汪应辰：如吴璘不起，收其宣抚使牌印，权行主管职事。甲子，大阅。戊辰，筑郢州城。是月，诏汰冗兵。十二月庚午朔，白气亘天。癸酉，诏三省、侍从、台谏、两淮漕臣、郡守，条具两淮铁钱、交子利害以闻。乙亥，遣梁克家等贺金主生辰。己卯，以资政殿学士叶颙知枢密院事。辛巳，诏免进呈《钦宗日历》，送国史院修纂实录。壬午，追封杨存中为和王。甲申，以叶颙为尚书左仆射，魏杞右仆射，并同中书门下平章事兼枢密使。蒋芾参知政事，吏部尚书陈俊卿同知枢密院事兼权参知政事。庚寅，诏宰相领兼制国用使，参知政事同知国用事。癸巳，诏监司、守臣举廉吏。丙申，金遣乌古论元忠等来贺明年正旦。以江东兵马钤辖王抃为带御器械。是岁，裁定内外军额。

三年春正月甲辰，诏廷尉大理官毋以狱情白宰执，探刺旨意为轻重。庚戌，置三省户房国用司。初，以国用匮乏，罢江州屯驻军马，至是复留之。癸亥，罢铜钱过江之禁。裁定利州西路诸军额。

二月壬申，诏国用司月上官禁及百司官吏、三衙将士请给之数。癸酉，出龙大渊为江东总管，曾觌为淮西总管。甲戌，大渊改浙东，觌改福建。乙亥，罢成都、潼川路转运司轮年铨试，以其事付制置司。辛巳，以端明殿学士虞允文知枢密院事。癸未，雨雹。甲申，为知陈州陈亨祖立庙于光州，赐名愍忠。丙戌，以《武经龟鉴》、《孙子》赐镇江都统戚方、建康都统刘源。癸巳，措置淮东山水寨。丙申，从太上皇、太上皇后幸玉津园。戊戌，直秘阁、前广东提刑石敦义犯赃，刺面配柳州，籍其家。三月甲辰，从太上皇、太上皇后幸聚景园。辛亥，诣德寿宫，恭请裁定医官员额。丁巳，诏四川宣抚司创招千人，置司所在屯驻。壬戌，伯母秀王夫人张氏薨。夏四月辛未，蠲诸路州军逋负。癸酉，为秀王王夫人成服于后苑，百官进名奉慰。丁丑，合利州东、西路为一。戊寅，以吴璘知兴元府、充利州路安抚使、四川宣抚使。五月癸卯，叶颙等上《三祖下仙源积庆图》及《太宗真宗玉牒》、《哲宗宝训》。甲寅，吴璘薨。庚申，命四川制置使汪应辰主管宣抚司事，移司利州。修扬州城。壬戌，大减三衙官属。六月己巳，命汪应辰权节制利州路屯驻御前军马。辛未，复分利州东、西路为二。甲戌，以虞允文为资政殿大学士、四川宣抚使。乙亥，金遣使来取叛俘人。诏实俘在民间者还之，军中人及叛亡者不预。戊寅，复以虞允文为知枢密院事，充宣抚使，帝亲书九事戒之。罢淮西、江东总领所营田，募人耕佃，壮丁各还本屯，癃老存留，减半请给。甲申，诏镇江都统制戚方、武锋军都统制陈敏各上清河口战守之策。追封吴璘为信王。丁亥，诏后省参考理检院典故。辛卯，皇后夏氏崩。振泉州水灾。秋七月己亥，立荐举改官额。壬寅，以皇太子疾，减杂犯死罪囚，释流以下。乙巳，皇太子薨，谥曰庄文。己酉，东宫医官杜楫除名、昭州编管，寻改琼州。闰月辛未，诏诸军复置副都统制，文字与都统制连书，军马调发从都统制，违者奏劾。戚方罢。癸酉，权攒安恭皇后于临安修吉寺。丁亥，戚方落节钺、信州居住。八月丁酉，内侍陈瑜、李宗回坐交结戚方受赂，瑜除名、决杖，黥面配循州，宗回除名、筠州编管，方责授果州团练副使、潭州安置，籍所盗赃金以犒军。甲寅，以久雨，命临安府决系囚。丁巳，叶颙等请罢，不许。蠲光、濠、庐三州、寿春府赋一年。戊午，遣官分决滞狱。壬戌，以知建康府史正志兼沿江水军制置使,自盐官至鄂州沿江南北及沿海十五州水军悉隶之。癸亥,诏给、舍讨论考课旧法。四川旱,赐制置司度牒四百,备振济。九月戊子,太白昼见。冬十月乙未朔,占城入贡。丁酉,遣唐琢等使金贺正旦。戊戌,修真州城。以嗣濮王士辂为开府仪同三司。庚子,定内外荐举改官人岁额。癸卯,诏归正借补官资人充枢密院效士,于指定军以官库酒息赡之者,毋罢其给。乙卯,金遣蒲察莎鲁窝等来贺会庆节。十一月丙寅,合祀 天地于圜丘,大赦。戊辰,雷。己巳,诏戒饬武臣及百官。癸酉,以郊祀雷,叶颙、魏杞并罢,命陈俊卿为参知政事,翰林学士刘珙同知枢密院事。甲戌,蒋芾、陈俊卿请罢,不许。丁丑,以雷发非时,诏台谏、侍从、两省官指陈阙失。辛巳,诏侍从、两省、台谏、卿监、郎官举堪郎官、寺监丞、监司、郡守者。癸巳,罢川路马船。十二月丙申,增修六合城。己亥,遣王渝贺金主生辰。乙巳,置丰储仓。增印会子。辛亥,以吴益为太傅。庚申,金遣徒单忠卫等来贺明年正旦。是岁,两浙水,四川旱,江东西、湖南北路蝗,振之。

四年春正月戊辰,籍荆南义勇民兵,增给衣甲,遇农隙日番教。壬午,夺秦埙、秦堪郊恩荫补。癸未,雨雹。甲申,幸天竺寺,遂幸玉津园。辛卯,罢吴益郊恩荫补。壬辰,叶颙薨。二月甲午朔,罢福建路卖钞盐,蠲转运司岁发钞盐钱十五万缗。诏四川宣抚使虞允文集四路漕臣会计财赋所入,对立兵额。丁酉,命湖北安抚司给田募辰、沅、靖三州刀弩手。戊戌,置和州铸钱监。己亥,以蒋芾为尚书右仆射、同中书门下平章事兼枢密使兼制国用使,观文殿大学士史浩为四川制置使,浩辞不行。庚子,诏蒋芾常朝,赞拜不名。芾辞,许之。乙巳,赐王炎出身,签书枢密院事。癸丑,五星皆见。乙卯,雪,雨雹。三月庚午,以敷文阁待制晁公武为四川安抚制置使。戊寅,诏赠果州团练使韩崇岳立庙,赐名忠勇,宣州观察使朱勇立庙,赐名忠节。己丑,四方雾下若尘。庚寅,蠲楚州壮丁、社民税役。谥陈亨伯曰愍节。夏四月乙未,置汉阳军收发马监。诏公吏非犯公罪,毋得引用并计案问法。巳亥,置郢州转般仓。癸卯,遣使抚邛、蜀二州饥民为乱者。己酉,追封韩世忠为蕲王。甲寅,蒋芾等上钦宗《帝纪》、《实录》。丙辰,礼部员外郎李焘上所著《续通鉴长编》自建隆至治平一百八卷。丁卯,诏太史局参用新旧历。戊午,诏贩牛过淮者,论如兴贩军须之罪。是月,振绵、汉等州饥。五月癸亥,出度牒千道,续减四川科调。乙丑,太白昼见。以邛州安仁县荒旱,失于蠲放,致饥民扰乱,守、贰、县令降罢追停有差。甲申,谥赵鼎曰忠简。丙戌,行乾道新历。丁亥,以饶、信二州、建宁府饥民啸聚,遣官措置振济。是月,西夏任敬德遣使至四川宣抚司,约发兵攻西番。六月辛卯朔,太白昼见,经天。甲午,诏罢广西钞盐,复官般官卖法,岁减转运司钞钱十九万缗,其秋苗毋得科折。戊戌,蠲诸路通负乾道元年二月和市、折帛、杂色钱。辛丑,龙大渊卒,诏以为宁武军节度使致仕。五星皆见。癸卯,诏四川宣抚司增印钱引一百万,对偿民间预借钱。蠲邛、蜀二州夏税。丁巳,召兴化军布衣林彖赴行在。戊午,蒋芾以母丧去位。秋七月壬戌,以刘珙兼参知政事。召建宁府布衣魏掞之赴行在。申禁异服异乐。癸亥,徽州大水。己巳,罢沿江水军制置司。辛未,衢州大水。戊寅,知衢州王悦以盛暑祷雨、蔬食减膳、忧勤致疾而死,赠直龙图阁。丁亥,以经、总制余剩钱二十一万缗桩留邛、蜀州,以备振济。己丑,以久雨,御延和殿虑囚,减临安府、三衢死罪以下囚,释杖以下。是月,西夏遣间使来。八月乙未,班祈雨雪之法于诸路。己亥,五星皆见。丁未,主管殿前司公事王琪传旨不实,擅兴工役,降三官放罢。庚戌,刘珙罢。辛亥,陈俊卿请罢政,不许。九月庚申,立内外将佐升差审察法。庚午,从太上皇幸天竺寺。限品官子孙名田。是秋,罢关外四州营田官兵,募民耕佃。冬十月壬辰,遣郑闻等使金贺正旦。甲午,禁归正人藏匿金人者。乙未,臣僚言:"天下之事,必历而后知,试而后见。为县令者必为丞簿,为郡守者必为通判,为监司者必为郡守,皆有等差。自今职事官及局务官,必任满方许求外,未历亲民任使,即未得拟州郡,且授通判。"诏从之。庚子,蒋芾起复尚书左仆射,陈俊卿右仆射,并同中书门下平章事兼枢密使兼制国用使。甲辰,大阅。己酉,金遣移剌神独斡等来贺会庆节。庚戌,大风。十一月壬戌,遣知无为军徐子寅措置楚州官田,招集归正忠义人以耕。甲戌,严盗贼法。乙亥,诏峡州布衣郭雍赴行在。壬申,两淮归正忠义有田产者,蠲役五年。癸未,岳阳军节度使居广封永阳郡王。十二月丙申,遣胡元质等贺金主生辰。甲辰,赐魏掞之同进士出身,为太学录。蒋芾辞起复,许之。减两浙、江东西路明年夏税、和市之半。甲寅,金遣完颜仲仁等来贺明年正旦。

五年春正月甲戌,措置两淮屯田。二月己丑,申严太庙季点法。乙未,命楚州兵马钤辖羊滋专一措置沿淮、海盗贼。先是,海州人时旺聚众数千来请命,旺寻为金人所获,其徒渡淮而南者甚众,故命滋弹压之。戊戌,赠张浚太师,谥忠献。壬寅,以给事中梁克家签书枢密院事。癸卯,大风。甲辰,以王炎参知政事兼同知枢密院事。丙午,雨雹。辛亥,诏自今诏令未经两省书读者毋辄行,给、舍驳正毋连衔同奏。三月丁巳朔,诏趣修庐、和二州城。己巳,蠲成都府路民户岁省对籴米脚钱三十五万缗。乙亥,以王炎为四川宣抚使,仍参知政事。召虞允文赴行在。丙子,赐礼部进士郑侨以下三百九十有二人及第、出身。壬午,赐郭雍号冲晦处士。癸未,罢利州路诸州营田官兵,募民耕佃。诏侍从、监司、帅臣、管军荐武举出身人可将佐者。夏四月己丑,复置将作、军器少监。壬辰,以梁克家兼参知政事。辛丑,诏福建路贫民生子,官给钱米。庚戌,修襄阳府城。辛亥,振恤衢、婺、饶、信四州流民。五月己巳,帝以射弩弦断伤目,不视朝。金牒取俘获人,王抃议尽遣时旺余党,陈俊卿持不可,帝然之。六月庚寅,太白昼见。戊戌,始视朝。己酉,以虞允文为枢密使。秋七月乙丑,召曾觌入见,陈俊卿及虞允文请罢之,不许。觌至行在,俊卿、允文复言其不可留,诏以觌为浙东总管。八月甲申朔,日有食之。己丑,以陈俊卿为尚书左仆射,虞允文为尚书右仆射,并同中书门下平章事兼枢密使兼制国用使,辛亥,命淮西路铸小铁钱。九月己未,罢淮东屯田官兵，募民耕佃。辛酉，诏淮东诸州农隙教阅民丁。甲子，诏侍从、台谏集议钦宗配飨功臣。壬申，大风。命淮西安抚司参议官许子中措置淮西山水寨，招集归正忠义人耕垦官田。冬十月乙酉，遣汪大猷等使金贺正旦。戊子，振温、台二州被水贫民，以守臣、监司失职，降责有差。戊戌，大风。己亥，命饶、信二州岁各留上供米三万石，以备振粜。癸卯，金遣高德基等来贺会庆节。十一月癸丑朔，复置淮东万弩手，名神劲军。庚申，增置广东水军。乙丑，以孙扩为右千牛卫大将军。以明州定海县水军为御前水军。丙寅，为岳飞立庙于鄂州。己巳，太白昼见。辛未，诏侍从、台谏、两省官，各举京朝官以上、才堪监司、郡守者三人。壬申，复成闵庆远军节度使、镇江诸军都统制。十二月己丑，遣司马伋等贺金主生辰。辛卯，大风。丁酉，置应城县马监。复李显忠威武军节度使。乙巳，复置成都府广惠仓。戊申，金遣完颜毅等来贺明年正旦。

六年春正月癸丑，雅州沙平蛮寇边，焚碉门寨。四川制置使晁公武调兵讨之，失利。乙卯，修楚州城。丁巳，复强盗旧法，其四年十一月指挥勿行。癸亥，初降金字牌下四川宣抚司，备边奏。乙丑，增筑丰储仓。庚午，以奉国军承宣使、知庐州郭振为武泰军节度使。二月乙酉，诏户部侍郎二人分领诸路财赋。丁亥，复置舒州同安监，铸铁钱。辛卯，王炎遣人约沙平蛮归部，稍捐边税与之。丙申，广西路复行钞盐法，仍增收通货钱四十万缗，以备漕计。壬寅，诏谕大臣：均役法，严限田，抑游手，务农桑。己酉，置应城县孳生监。庚戌，以曾觌为福州观察使。遣司农寺丞许子中诣淮西，措置铁钱。三月癸丑，用三省言，两淮守帅宜久其任，二年后察其能否，以行赏罚。乙卯，裁减枢密院吏额一百十有四人。丁巳，诏步军司权以三万五千人为额。起复王抃知阁门事，专一措置三衙拣选官兵。赠彰国军节度使大周仁为太尉。庚申，从太上皇、太上皇后幸聚景园。乙丑，以晁公武、王炎不协，罢四川制置司归宣抚司。辛未，从太上皇、太上皇后幸聚景园。甲戌，裁减三省吏额七十人。戊寅，以知绍兴府史浩为检校少傅，保宁军节度使。己卯，诏两淮州县官以繁简易其任。复置江、浙、京湖、两广、福建等路都大发运使，以新知成都府史正志为之。夏四月辛巳朔，罢铸钱司归发运司。并淮东总领所归淮西总领所。以敷文阁直学士张震知成都府，充本路安抚使。乙未，赐发运使史正志缗钱二百万，为均输、和籴之用。吏部尚书汪应辰三上疏论发运司。戊戌，以应辰知平江府。五月甲寅，裁减六部吏额百五十人，其余百司、三衙以是为差。己未，陈俊卿、虞允文等上神宗、哲宗、徽宗、钦宗四朝《会要》、太上皇玉牒。己巳，陈俊卿以议遣使不合，罢为观文殿大学士、知福州。罢行在至镇江征税所比近者十有三。甲戌，诏戒饬百官。丁丑，知潮州曾造犯赃，贷命、南雄州编管，籍其家。戊寅，诏给舍、台谏言事。闰月壬午，诏监司、帅臣举守令臧否失实，依举清要官法定罪。甲申，印给诸州上供纲目，季申而岁校之，以为殿最。戊子，遣范成大等使金求陵寝地，且请更定受书礼。辛卯，吏部侍郎陈良祐论祈请使不当

遣，恐生边衅。诏以良祐妄兴异论，不忠不孝，放罢、送筠州居住。癸巳，增环卫官奉。以梁克家为参知政事兼同知枢密院事。壬寅，以江东漕臣黄石不亲按行水灾州郡，降二官。甲辰，辛次膺薨。戊申，复置武臣提刑。六月壬子，申严卿监、郎官更迭补外之制。壬申，增武学生为百人。癸酉，置蕲州蕲春监、黄州齐安监，铸铁钱。是月，荣国公挺自东宫出居外第。秋七月癸未，诏以沙田、芦场岁收租税六十余万缗入左藏南库。丙戌，诏川广监司、郡守任满奏事讫方调。己丑，置兴国军兴国监。甲午，诏除郎官并引对毕供职。辛丑，复置御前弓马子弟所，命吴挺兼提举。赐岳飞庙曰忠烈。八月庚戌，虞允文请亟建太子。癸丑，复置详定一司敕令所。丙寅，置阁门舍人十员。是月，虞允文上《乾道敕令格式》。九月壬辰，赐苏轼谥曰文忠。辛丑，沅州猺人相仇杀，守臣孙叔杰出兵击之，失利。猺人进迫州城，安抚司谕解之，叔杰寻抵罪。是月，范成大至自金，金许以迁奉及归钦庙梓宫，而不易受书礼。冬十月己酉，以孙据为左千牛卫大将军。丙辰，诏发运使置司行在。谥司马朴曰忠洁。辛酉，遣吕正己等使金贺正旦。丁卯，金遣耶律子敬等来贺会庆节。甲戌，起居舍人赵雄请置局议恢复，诏以雄为中书舍人。十一月丁丑朔，复置军器监一员。壬午，合祀天地于圜丘，大赦。乙未，复置神武中军，以吴挺为都统制。召曾觌提举佑神观。丁酉，加上光尧寿圣太上皇帝尊号曰光尧寿圣宪天体道太上皇帝，寿圣太上皇后尊号曰寿圣明慈太上皇后。是月，遣赵雄等贺金主生辰，别函书请更受书之礼。置左藏南上库。十二月戊申，大阅。甲子，置江州广宁监、临江军丰余监、抚州裕国监铸铁钱。壬申，金遣蒲察愿等来贺明年正旦。癸酉，罢发运司。以史正志奏课不实，责为楚州团练副使、永州安置。是岁，两浙、江东西、福建水、旱。

七年春正月丙子，率群臣奉上太上皇、太上皇后册宝于德寿宫。庚辰，虞允文复请建太子，帝命允文拟诏以进。壬寅，命三省旬录宣谕圣语及时政记同进。是月，复铸钱司。二月癸丑，诏立子惇为皇太子，大赦。以庆王恺为雄武、保宁军节度使、判宁国府，进封魏王。丁巳，增置皇太子宫讲读官。庚申，罢会子库，仍赐户部内藏南库缗钱二百万、银九十万两，以增给官兵之奉。甲子，诏寺观毋免税役。丁卯，太傅、大宁郡王吴益薨。壬申，大风。三月乙亥朔，赵雄至金，金拒其请。诏训习水军。丙子，立恭王夫人李氏为皇太子妃。戊寅，侍卫马军司戍建康。己卯，起复刘珙同知枢密院事。以明州观察使、知阁门事兼枢密都承旨张说签书枢密院事。左司员外郎兼侍讲张栻言说不宜执政。乙酉，立沿海州军私赍铜钱下海船法。丙戌，复置将作监。殿中侍御史李处全乞遣张说行边戍，以息众论，中书舍人范成大乞不草词。戊子，说罢为安庆军节度使、提举万寿观。庚寅，遣使核两淮种麦。丙申，御大庆殿册皇太子。礼部侍郎郑闻、工部侍郎胡铨、枢密院检详文字李衡、秘书丞潘慈明并罢。虞允文乞留铨，乃以为宝文阁待制兼侍讲。己亥，皇太子谢于紫宸殿，宰相率百官赴东宫贺。夏四月戊申，以曾觌为安德军承

宣使。庚申，诏诸路增收无额钱物，并输南上库。壬戌，从太上皇、太上皇后幸聚景园。甲子，诏皇太子判临安府。己巳，诏侍从、台谏、两省官举任刑狱、钱谷及有智略吏能者各二人。辛未，诏皇太子领临安尹。五月戊寅，复置淮东总领所。丁亥，刘珙起复同知枢密院事，为荆、襄宣抚使，珙辞不拜。庚寅，金人葬钦宗于巩原。丁酉，诏广西帅臣措置南丹州市马。是月，遣知阁门事王抃点阅荆、襄军马。六月丙午，复主管马军司公事李显忠为太尉。己巳，赐吴璘谥曰武顺。壬申，诏两淮垦田毋创增税赋。秋七月庚子，以王炎为枢密使、四川宣抚使。八月丙辰，诏两淮民丁充民兵者，本名丁钱勿输。辛酉，复修襄阳城。九月壬申朔，以江西、湖南旱，命募民为兵。甲申，从太上皇、太上皇后幸东园。戊子，安定郡王令德薨。冬十月丁未，罢绍兴宗正行司，改恩平郡王璩判西外宗正。己酉，遣莫濛等使金贺正旦。壬戌，金遣乌林答天锡等来贺会庆节，天锡受帝降榻问金主起居，虞允文请帝还内，命知阁门事王抃谕天锡以明日见，天锡沮退。癸亥，会庆节，金使随班入见。十一月甲戌，御集英殿策试应贤良方正能直言极谏科李垕。戊寅，赐垕制科出身。十二月丁未，遣翟绂等贺金主生辰。庚申，诏阁门舍人依文臣馆阁以次轮对。癸亥，罢太医局。丙寅，金遣完颜宗宁等来贺明年正旦。是岁，湖南、江东西路旱，振之。

八年春正月庚午朔，班《乾道敕令格式》。丁酉，朝献景灵宫，遂幸天竺寺、玉津园。二月乙巳，诏改尚书左右仆射、同中书门下平章事为左、右丞相。丙午，诏六察分隶，事有违戾，许监察御史随事具实状纠劾以闻。戊申，遣姚宪等使金贺上尊号，附请受书之事。辛亥，以虞允文为左丞相，梁克家为右丞相，并兼枢密使。癸丑，以安庆军节度使张说、吏部侍郎王之奇并签书枢密院事。侍御史李衡、右正言王希吕交章论说不可为执政，不报。礼部侍郎兼直学士院周必大不草答诏，权给事中莫济封还录黄，诏并与在外宫观。丙辰，诏罢王希吕与远小监当，寻诏与宫观。丁巳，李衡罢为起居郎。丙寅，户部尚书曾怀赐出身，参知政事。三月戊子，诏省侍中、中书、尚书令员，以左、右丞其位。夏四月庚子，赐礼部进士黄定以下三百八十有九人及第、出身。己酉，殿中侍御史萧之敏劾虞允文擅权不公，允文请罢政，许之。翼日又留，出之敏提点江东刑狱。甲子，措置两淮官田徐子寅等坐授田归正人逃亡，夺官有差。乙丑，诏再蠲两淮二税一年。五月戊子，福建盐行钞法。丙申，立宗室铨试法。六月庚子，以武德郎令擅为金州观察使，封安定郡王。壬寅，蠲两淮归正人撮收课子。淮东巡尉有纵逸归正人口过淮者，夺官有差。壬子，省监司荐举员。秋七月辛巳，罢淮西屯田官兵，募归正人耕佃。姚宪、曾觌至自金，金人拒其请。癸未，以觌为武泰军节度使。壬辰，雨雹。九月戊辰，定江西四监铁钱额。乙亥，诏王炎赴都堂治事。戊寅，以虞允文为少保、武安军节度使、四川宣抚使，封雍国公。己丑，赐允文家庙祭器。壬辰，允文入辞，帝谕以决策亲征，令允文治兵俟报。冬十月丁未，遣冯搏等使金贺正旦。丙辰，金遣夹谷清臣等来贺会庆节。罢借诸路职田。十一月辛未，遣官蠲江、浙、福建、二广、湖南八路官田。辛巳，复四川诸州教授员。庚寅，进检校少傅、知福州史浩开府仪同三司。十二月戊戌，蠲两淮明年租赋。甲辰，诏京西招集归正人授田如两淮。甲寅，命四川试武举。丙辰，追封刘光世为安成郡王。丁巳，遣韩元吉等贺金主生辰。庚申，复置铸钱司提点官二员。辛酉，金遣曹望之等来贺明年正旦。是岁，隆兴府、江、筠州、临江、兴国军大旱，四川水。

九年春正月辛未，王之奇罢为淮南东安抚使，王炎罢为观文殿大学士、提举佑神观。乙亥，以张说同知枢密院事，户部侍郎沈夏签书枢密院事。戊寅，遣官蠲两浙营田及没官田，次及江东、西、四川如之。以刑部尚书郑闻签书枢密院事。乙酉，福建盐复官卖法。是月，以措置两淮、荆襄十六事敕安抚、转运司督诸州守臣，月具所行事奏，仍审择臧否，以议黜陟。闰月戊申，以久雨，命大理、三衙、临安府及两浙州县决系囚，减杂犯死罪以下一等，释杖以下。乙卯，修庐州城。辛酉，大风。幸天竺寺、玉津园。二月壬申，蠲江西旱伤五州逋负米。乙亥，青羌奴儿结寇安静砦，黎州推官黎商老战死。乙酉，孙荣国公挺薨，追封豫国公。丁亥，特赠苏轼为太师。三月甲午，禁北界博易银绢。戊申，从太上皇、太上皇后幸聚景园。癸丑，复以进奏院隶门下后省。丙辰，复分淮南安抚司为东、西路。夏四月丁丑，裁定武锋军军额。己丑，皇太子解临安尹事。五月壬辰朔，日有食之。己未，以迪功郎朱熹屡诏不起，特改宣教郎、主管台州崇道观。六月甲戌，禁两淮、荆襄、四川诸州籍民户马。己丑，戒饬监司、守令劝农。秋七月壬寅，青羌奴儿结降。辛亥，吐蕃弥羌畜列陷安静砦，引兵深入，黎州守臣诱邛部川蛮击却之。八月丙子，诏兴修水利。癸未，合荆、鄂二军为一，以吴挺充都统制。九月丙申，梁克家等上《中兴会要》、太上皇及皇帝玉牒。庚子，命盱眙军以受书礼移牒泗州，示金生辰使，金使不从。冬十月甲子，遣留正等使金贺正旦。右丞相梁克家与同知枢密院张说议使事不合，乃求去。辛未，克家罢为观文殿大学士、知建宁府。壬申，乔云见。甲戌，以曾怀为右丞相，张说知枢密院事，郑闻参知政事，沈夏同知枢密院事。庚辰，金遣完颜襄等来贺会庆节。丁亥，襄等入辞，别函申议受书之礼，仍示虞允文速为边备。十一月辛卯，诏枢密院除授及财赋，事关中书、门下省，其边机军政更不录送。戊戌，合祀天地于圜丘，大赦，改明年为淳熙元年。十二月己未朔，戒敕沿边诸军，毋辄遣间探、招纳叛亡。甲子，沈夏罢。乙丑，以御史中丞姚宪签书枢密院事。遣韩彦直等贺金主生辰。辛未，交阯入贡。癸酉，罢广西客钞盐，复官般官卖法。甲戌，遣使措置宜州市马。乙亥，以嗣濮王士輵、永阳郡王居广并为少保。乙酉，金遣完颜璋等来贺明年正旦，以议受书礼不合，诏俟改日。以太上皇有旨，姑听仍旧。丁亥，璋等入见。是岁，浙东、江东西、湖北旱。

淳熙元年春正月乙未，禁淮西诸关采伐林木。戊戌，罢坐仓籴米赏。庚子，罢两淮将帅权摄官。丙午，禁两淮耕牛出境。以交阯入贡，诏赐国名安南，封南平王李天祚为安南国王。二月癸酉,虞允文薨。辛巳,为郭浩立庙于金州。三月戊子朔,诏寄禄官及选人并去左右字。丙申,以郑闻为资政殿大学士、四川宣抚使。戊申,幸玉津园。癸丑,金遣梁肃等来计事。夏四月戊辰,从太上皇幸聚景园。壬申,许桂阳军溪洞子弟入州学听读。乙亥,诏四川宣抚司教阅诸州将兵。戊寅,遣张子颜等使金报聘。己卯,以姚宪参知政事,户部尚书叶衡签书枢密院事。五月壬寅,班郑兴裔所创《检验格目》。六月丙辰朔,诏礼官讨论别建四祖庙,正太祖东向位。戊午,以兴州都统制吴挺为定江军节度使。癸酉,改江陵府为荆南府。戊寅,曾怀罢。癸未,姚宪罢。甲申,落宪端明殿学士,罢宫观。以叶衡参知政事。秋七月丁亥,以郑闻参知政事。罢四川宣抚司。以成都府路安抚使薛良朋为四川安抚制置使。戊子,诏举廉吏。壬辰,以曾怀为右丞相。己酉,姚宪南康军居住。八月己未,张说罢为太尉,提举隆兴府玉隆观。以徽猷阁学士杨倓为昭庆军节度使、签书枢密院事。九月乙酉朔,以曾觌开府仪同三司。壬寅,幸玉津园宴射。乙巳,罢宜州市马。冬十月辛酉,立金银出界罪赏。壬戌,遣蔡洸使金贺正旦。癸亥,以积雨,命中外决系囚。丙寅,郑闻薨。乙亥,金遣完颜让等来贺会庆节。戊寅,占城入贡。辛巳,再蠲临安府民身丁钱三年。壬午,以魏王恺判明州。蠲郴州、桂阳军借贷常平米。十一月甲申朔,日有食之。戊戌,以礼部侍郎龚茂良参知政事。杨倓罢,以叶衡兼权知枢密院事。丙午,曾怀罢。戊申,以叶衡为右丞相兼枢密使。十二月丁巳,以吏部尚书李彦颖签书枢密院事。壬戌,遣吴琚等贺金主生辰。丙寅,罢铁钱,改铸铜钱。庚午,诏礼官论复魏悼王袭封。壬申,叶衡等上《真宗玉牒》。金遣刘仲海等来贺明年正旦。以资政殿学士、知江陵府沈夏升大学士,为四川宣抚使,仍命升差从主帅,场务还军中。新四川制置使范成大改管内制置使。

二年春正月癸巳,前宰相梁克家、曾怀坐擅改堂除,克家落观文殿学士,怀降为观文殿学士。甲午,废同安、蕲春监。丁未,以两淮诸庄归正人安业,徐子寅等行赏有差。庚戌,诏籍诸军子弟为背嵬军。三月丙申,以太上皇寿七十,诏礼官讨论庆寿典礼。乙巳,诏武举第一人补秉义郎,堂除诸军计议官。夏四月乙卯,赐礼部进士詹骙以下四百二十有六人及第、出身。己巳,幸玉津园。是月,茶寇赖文政起湖北,转入湖南、江西,官军数为所败,命江州都统皇甫倜招之。五月辛卯,谕宰相以朝政阙失,士民皆得献言。庚子,命鄂州都统李川调兵捕茶寇。乙巳,诏知县三年为任。六月庚戌朔,诏自今宰执、侍从以下除外任,非有功绩者不除职名,外任人非有劳效,亦不除职。以沈夏同知枢密院事。辛酉,罢四川宣抚司。以仓部郎中辛弃疾为江西提刑,节制诸军,讨捕茶寇。丁卯,用左司谏汤邦彦言,落蒋芾、王炎观文殿大学士,张说落节度使,芾建昌军、炎袁州、说抚州,并居住。戊辰,振济湖南、江西被寇州县。是月,茶寇自湖南犯广东。秋七月辛丑,有星孛于西方。八月丙辰,江西总管贾和仲以捕茶寇失律,除名,贺州编管。甲子,赐安南国王印。丁卯,蠲湖南、江西被寇州县租税。丁丑,遣左司谏汤邦彦等使金

议。九月乙卯朔,汤邦彦请分扬、庐州、荆南、襄阳府、金州、兴元府、兴州为七路,每路文臣一人充安抚使以治民,武臣一人充都总管以治兵,三载视其成以议诛赏。从之。乙酉,振恤淮南水旱州县。乙未,叶衡罢。丁未,沈夏罢。赠赵鼎为太傅,还其爵邑,追封丰国公。闰月丁巳,以李彦颖参知政事,翰林学士王淮签书枢密院事。甲子,诏武臣从军毋带内职。是月,辛弃疾诱赖文政杀之,茶寇平。冬十月戊寅朔,赏平茶寇功,湖南、江西、广东监帅黜陟有差。庚辰,大风。壬午,诣德寿宫,加上光尧寿圣宪天体道太上皇帝尊号曰光尧寿圣宪天体道性仁诚德经武纬文太上皇帝,寿圣明慈太上皇后尊号曰寿圣齐明广慈太上皇后。乙酉,遣谢廓然等使金贺正旦。戊戌,金遣完颜禧等来贺会庆节。十一月戊申朔,奉上太上皇、太上皇后册宝于德寿宫。庚戌,丽正门内火。癸丑,大风。戊午,提点坑冶王掉进羡余十万缗,诏却之。十二月辛巳,班《淳熙吏部七司法》。遣张宗元等贺金主生辰。甲午,朝德寿宫,行庆寿礼。大赦。文武官封父母,赏诸军。议放天下苗税三之一,大臣言国用不足,乃止。丙申,更定强盗赃法。甲辰,金遣完颜迨等来贺明年正旦。

三年春正月甲寅,以常州旱,宽其逋负之半。删犯赃荫补法。振淮东饥,仍命贷贫民种。乙丑,振恤归正人。二月壬午,蠲两淮教阅民兵夏税。癸未,以伯圭为安德军节度使。甲申,诏四川监司、帅守,闻命之官毋候告敕。赐韩世忠谥曰忠武。是月,罢诸路鬻没官田。三月丙午朔,日有食之,露云不见。辛亥,上《太上皇日历》于德寿宫。己未,置六部编敕司。癸亥,幸报恩寺,遂幸聚景园。己巳,并左藏四库为二。辛未,诏四川制置司岁择梁、洋义士材武者二人,遣赴枢密院。壬申,立任子参选覆试法。夏四月戊寅,诏侍从、台谏、两省官岁举监司、郡守各五人。辛巳,靖州猺人寇边,遣兵讨捕。丁亥,雨雹。己丑,责授叶衡安德军节度副使、郴州安置。丁酉,汤邦彦、陈雷奉使无状,除名,邦彦新州、雷永州编管。己亥,诏诸路提刑岁五月理囚。五月癸丑,合利州东、西路为一。安南国王李天祚卒。戊午,遣使吊祭。壬申,太白昼见。六月乙酉,减四川酒课四十七万余缗。甲午,以朱熹屡诏不起,特命为秘书郎,熹不就。秋七月乙丑,禁浙西围田。八月乙亥,以王淮同知枢密院事,礼部尚书赵雄签书枢密院事。诏六察官纠察庶务,台纲益振,各进二官。庚辰,太上皇诏立贵妃谢氏为皇后。壬午,以久雨,命中外决系囚。戊戌,靖州猺平。九月癸亥,诏自今犯公罪至死者,其荫补具所犯奏裁,著为令。冬十月甲戌,以久雨,命中外决系囚。丙子,御文德殿,册皇后。丁丑,命临安守臣严禁逾侈。庚辰,诏自今非歉岁不许鬻爵。癸未,遣阎苍舒等使金贺正旦。壬辰,金遣蒲察通等来贺会庆节。十一月癸丑,合祀天地于圜丘,大赦。庚午,遣张子正等贺金主生辰。十二月己丑,黎州蛮寇边,官军失利,蛮亦遁去。甲午,诏职事官补外者,复除职如故事。追封吴玠为涪王。丁酉,定铸钱司岁铸额为十五万缗。戊戌,金遣刘珫等来贺明年正旦。是岁,京西湖北诸州、兴元府、金、洋州旱,绍兴府、台、婺州水,并振之。

四年春正月戊申，诏自今内外诸军岁一阅试。庚申，诏沿江诸军岁再习水战。丙寅，雨雹。丁卯，班《淳熙历》。二月乙亥，幸太学，祗谒先圣，退御敦化堂，命国子祭酒林光朝讲《中庸》。下诏，遂幸武学，谒武成王庙。监、学官进秩一等，诸生推恩、赐帛有差。己卯，诏诸军毋以未补官人任军职。戊子，立边人逃入溪洞及告捕法。癸巳，立武臣授环卫官法。戊戌，以新知荆南府胡元质为四川安抚制置使兼知成都府。三月乙巳，以史浩为少保、观文殿大学士、醴泉观使兼侍读，进封永国公。己酉，龚茂良等上《仁宗玉牒》、《徽宗实录》、《皇帝玉牒》。庚戌，幸玉津园宴射。壬子，贷随、郢二州饥民米。诏李龙翰袭封安南国王。甲寅，修韶州城。丙寅，幸聚景园。夏四月甲戌，以魏王恺为荆南、集庆军节度使、行江陵尹、判明州如故。乙亥，参知政事龚茂良以曾觌从骑不避道，杖之。戊寅，上奏乞罢政，不许。甲午，给归正官子孙田屋。五月庚子朔，幸佑圣观。罢四川和籴。六月丁丑，龚茂良罢。己卯，以王淮参知政事。辛巳，班《幸学诏》。癸未，升蜀州为崇庆府。甲申，诏自今宰执朝殿得旨，事须覆奏乃行。秋七月辛丑，禁江上诸军盗易战马。振襄阳饥民。壬寅，立待补太学试法。戊申，班御史台弹奏格。乙酉，罢临川伯王雱从祀。癸丑，龚茂良责授宁远军节度副使、英州安置。甲寅，申严四川入蕃茶禁。甲子，班《淳熙重修敕令格式》。八月辛巳，禁耕牛出淮。九月丁酉朔，日有食之。己亥，命修筑海潮所坏塘岸。辛丑，免宰执以下会庆节进奉。庚戌，命礼官定开宝、政和祀礼。戊午，阅踢鞠于选德殿。冬十月丙子，以久阴，命中外决系囚。遣钱良臣等使金贺正旦。丁丑，诏监司、守臣岁举武臣堪知县者各二人。己卯，诏将士智勇杰出者，躐等升差。丁亥，金遣完颜忠等来贺会庆节。十一月丁酉，诏两淮归正人为强勇军。庚子，以赵雄同知枢密院事。壬戌，太白昼见。癸亥，遣赵思等贺金主生辰。十二月丁卯，试四川所上义士二人，官而遣之。己巳，诏行荐举事实格法。乙亥，大阅。辛巳，蠲太平州民贷常平钱米。壬辰，金遣完颜炳等来贺明年正旦。是岁，福州、建宁府、南剑州水，并振之。

卷三十五　　本纪第三十五

孝　宗　三

五年春正月辛丑，侍御史谢廓然乞戒有司毋以程颐、王安石之说取士。从之。癸卯，罢特旨免臣僚及寺观科籴。庚戌，大风。己未，诏侍从、台谏、两省官集议考课法。二月己巳，置州县丁税司。辛未，申严武臣呈试法。诏二广毋以摄官人治狱。丁丑，禁解盐入京西界。甲申，雨土。庚寅，威州蛮寇边，讨降之。三月丁未，李彦颖罢。给辰、沅、澧、靖四州刀弩手田。壬子，以史浩为右丞相。丁巳，幸玉津园。己未，以王淮知枢密院事，赵雄参知政事。是春，黎州蛮出降。夏四月乙丑朔，诏叶衡任便居住。丙寅，以礼部尚书范成大参知政事。辛未，知绍兴府张津进羡余四十万缗，诏以代民和买、身丁之半。赐礼部进士姚颖以下四百十有七人及第、出身。丁丑，雨土。己卯，以赵思奉使不如礼，罢起居舍人，仍降二官。丁亥，命后省择中外所言利病不戾成法者以闻。五月庚子，置武学国子员。丁未，修临安府城。禁诸路州军责属县进羡余。六月庚午，饬百官及诸监司毋得请托。乙亥，范成大罢。癸未，诏京西、湖北商人以牛马负茶出境者罪死。甲申，诏翰林学士、谏议大夫、给事中、中书舍人、侍御史各举堪御史者二人。以给事中钱良臣签书枢密院事。己丑，罢诸州私置税场。减四川茶课十五万余缗。庚寅，蠲大理寺赃钱三万九千余缗。闰月丙申，赠强霓、强震官，立庙西和州，赐名旌忠。丁酉，限四川总领会子额。戊戌，罢兴州都统司营田官兵，募民耕佃。己亥，复分利州东、西路为二。壬寅，置镇江、建康府转般仓。龚茂良卒于英州。乙巳，以魏王恺为永兴、成德军节度使、雍州牧、判明州如故。庚戌，蠲秀州民折帛钱。秋七月甲子，太尉、提举万寿观李显忠薨。癸未，禁砂毛钱。丁亥，以岁丰，命沿江籴米百六十万石，以广边储。八月甲午，诏诸路监司戒所部，民税毋以重价强折输钱。复制科旧法。丁酉，诏关外四州增募民兵为忠勇军。戊午，增铨试为五场，呈试为四场。九月甲子，定广西卖盐赏罚。壬申，幸秘书省。戊寅，赐岳飞谥曰武穆。冬十月戊戌，史浩等上《三祖下第六世仙源类谱》、《仁宗玉牒》。庚子，遣宇文价等使金贺正旦。辛亥，金遣张九思等来贺会庆节。乙卯，奉国军节度使、殿前都指挥使王友直以募兵扰民，降为武宁军承宣使，罢军职，统制以下夺官有差。军民谨呶者，执送大理寺鞠之。戊午，以孙右千牛卫大将军扩为明州观察使，封英国公。十一月丙寅，诏军民喧哄者，并从军法。史浩言民不宜律以军法，不听。王友直再降为宜州观察使、信州居住。浩请罢政。甲戌，浩罢为少傅，还旧节，充醴泉观使兼侍读。乙亥，以钱良臣参知政事。丁丑，以赵雄为右丞相，王淮为枢密使。戊寅，以两川禁卒千人为成都府雄边军。庚寅，复监司互察法。十二月庚寅朔，班新定荐举式。辛卯，遣钱冲之等贺金主生辰。丁酉，罢兴元都统司营田官兵，募民耕佃。辛丑，复同安、蕲春监。丙午，禁两淮铜钱，复行铁钱。丙辰，金遣乌延察等来贺明年正旦。是岁，阶、福建兴化军水，通、泰、楚州、高邮军田鼠伤禾。三佛齐国入贡。

六年春正月戊辰，振淮东饥民。庚午，复置内侍省合同凭由司。壬申，蠲夔州路上供金银。丁丑，雨雹。辛巳，复置光州中渡榷场。二月己丑朔，幸佑圣观，召史浩、曾觌赐酒。壬辰，钱良臣以失举赃吏，夺三官，丙申，诏前宰执、侍从有己见利便，听不时以闻，辛丑，立武臣关升荫补法。丙午，诏逃军犯强盗者毋拟贷。癸丑，命州县毋挠义役。乙卯，诏自今归正官亲赴部授官，以革冒滥。丁巳，裁特奏名试法。三月庚申，幸聚景园。丙寅，录赵鼎、岳飞子孙，赐以京秩。己巳，郴州贼陈峒等破连、道州、桂阳军诸县，命湖南帅臣讨捕之。置广西义仓。辛未，再振淮东饥民。壬申，雨雹。丁丑，诏戒励诸道转运使。庚辰，幸玉津园。夏五月壬戌，裁宗室换官法。庚午，蠲四川盐课十万缗。乙亥，郴寇平。癸未，给襄阳归正忠义人田。六月甲午，建丰储仓。丙申，诏特奏名毋授知县、县令。戊戌，蠲郴州运粮丁夫今年役钱之半。辛亥，广西妖贼李接破郁林州，守臣李端卿弃城遁，遂围化州。命经略司讨捕之。端卿除名勒停、梅州编管。秋七月癸亥，籍郴州降寇。隶荆、鄂军。戊辰，班《隆兴以来宽恤诏令》于诸路。赵雄等上《会要》。乙亥，诏诸军五口以上增给缗钱。癸未，太白昼见，经天。八月庚寅，罢诸路监司、帅守便宜行事。壬寅，以知楚州翟畋过淮生事，夺五官、筠州居住。九月辛未，合祭天地于明堂，大赦。癸未，诏福建、二广卖盐毋擅增旧额。冬十月乙酉朔，蠲连州被寇民租税。辛卯，遣陈岘等使金贺正旦。丙申，诏太学两优释褐，与殿试第二人恩例。庚子，四川行当三大钱。再蠲四川盐课十七万余缗。辛丑，除绍兴府民遗赋五万余缗。乙巳，金遣蒲察鼎寿等来贺会庆节。戊申，广西妖贼平。十一月乙卯朔，帝著论数百言，深原用人之弊，因及诛赏之法，命宰执示从臣于都堂。辛酉，裁宗子试法。戊寅，罢金州管内安抚司。壬午，诏宗室有出身人得考试及注教授官。癸未，遣傅淇等贺金主生辰。十二月丙戌，班《重修淳熙敕令格式》。丙申，修百司省记法。己亥，诏自今鞫赃吏，后虽原贷者，毋以失入坐狱官。庚戌，金遣耶律造等来贺明年正旦。辛亥，蠲临安府征税一年。是岁，温、台州水，和州旱。

七年春正月甲子，减广西诸州岁卖盐数。乙丑，刘焞以平李接功，擢集英殿修撰，将佐幕属吏士迁官、减磨勘年有差。己卯，诏京西州军并用铁钱及会子；民户铜钱，以铁钱或会子偿之，满二月不输官，许告赏。庚辰，蠲淮东民贷常平钱米。二月癸未朔，初置广南烟瘴诸州医官。丙戌，复置皇太子宫小学教授。辛卯，魏王恺薨。乙未，诏拨广西兵校五百人隶提刑司。戊戌，罢瓜洲孳生马监。己亥，出湖南桩积米十万石，振衡永、邵、郴三州。甲辰，命利州路守、贰、县令兼领营田。乙巳，限改官员岁毋过八十人。封子栋为宜州观察使、安定郡王。三月壬戌，诏举贤良方正能直言极谏者。庚午，迎太上皇、太上皇后宴翠寒堂。乙亥，减内外官荐举员。丁丑，再蠲临安府民身丁钱三年，诏诸州招补军籍之阙，自今岁以为常。夏四月甲申，幸聚景园。丙戌，赵雄等上仁宗、哲宗玉牒。戊子，除明州积欠诸司钱十五万缗。辛卯，再免沿边归正人请占官田赋役三年，甲辰，黎州五部落犯盘佗砦，兵马都监高晁以绵、潼大军三千人与战，败走，蛮人深入，大掠而去。己酉，命荫补、武举、宗室、小使臣行三年丧。五月戊辰，以吏部尚书周必大参知政事，刑部尚书谢廓然签书枢密院事。袁州分宜县大水，捐其税。戊寅，诏舒、蕲二州铸钱岁以四十五万贯为额。己卯，申饬书坊擅刻书籍之禁。庚辰，诏特奏名年六十人毋注县尉。六月丙戌，以特进、观文殿大学士、判建康府陈俊卿为少保。壬辰，五部落再犯黎州，制置司钤辖成光延战败，官军死者甚众，提点刑狱、权州事折知常弃城遁。甲午，制置司益兵，遣都大提

举茶马吴总往平之。壬寅，诏试刑法官增试经义。秋七月癸丑，诏二广帅臣、监司察所部守臣臧否以闻。丁卯，以旱，决系囚，分命群臣祷雨于山川。壬寅，移广西提刑司于郁林州。八月癸未，禁黎州官吏市蕃商物。甲申，以祷雨未应，谕辅臣欲令职事官以上各实封言事。是夕，雨。丁酉，置湖南飞虎军。戊戌，雨。甲辰，五部落犯黎州塞，兴州左军统领王去恶拒却之，折知常重赂蛮，使之纳款。九月癸亥，诏自今常朝毋称丞相名。甲子，命枢密使亦如之。乙丑，诏宰执、使相，给使减年恩数，身后三年者毋收使。丙寅，诏知县成资始听监司荐举。壬申，禁诸路遏籴。癸酉，名省记法为《淳熙重修百司法》。冬十月丙戌，诏："限田太宽，民役烦重，其令台谏、给舍同户部长贰详议以闻。"戊子，遣叶宏等使金贺正旦。乙未，黎州五部落进马乞降，诏却献马，许其互市。庚子，金遣李伫等来贺会庆节。十一月癸丑，诏边吏存恤江西过淮饥民。丁巳，禁淮南诸司、州郡抑配民酒。辛酉，蠲两淮州军二税一年。癸亥，黎州戌军伍进等作乱，折知常遁去，王去恶诱进等诛之。壬申，南康军旱，诏出令检放所余苗米万石充军粮。癸酉，遣盖经等贺金主生辰。十二月庚寅，赵雄等上神宗、哲宗、徽宗、钦宗四朝《国史志》。壬辰，以四川制置使胡元质不备蓄部，致其猖獗，夺两官罢之。丙申，嗣濮王士辐薨。戊戌，以新除成都府路提点刑狱禄东之权四川制置司，应黎州边事，随宜措置。癸卯，诏临安府承宣旨审奏如故事。甲辰，金遣徒单守素等来贺明年正旦。是月，诏以太上皇明年七十有五，议行庆寿礼，太上皇不允，帝进黄金二千两为寿。是岁，江、浙、淮西、湖北旱，蠲租，发廪贷给，趣州县决狱，募富民振济补官。故岁虽凶，民无流殍。安南入贡。

八年春正月丙寅，停折知常官、汀州居住。丙辰，诏内侍见带兵官并与在京宫观，著为令。乙亥，诏福建岁拨盐于邵武军市军粮。

二月壬午，诏去岁旱伤郡县，以义仓米日给贫民，至闰三月半止。黎州土丁张百祥等不堪科役为乱，统领官刘大年引兵逆击之，土丁溃去，大年坐诛。戊子，禁浙西民因旱置围田者。裁童子试法。己丑，禁广西诸州科卖亭户食盐。庚寅，诏三省、枢密、六部置籍，稽考兴利除害事。戊戌，以保康军节度使士歆为嗣濮王。三月丁未朔，幸佑圣观。戊午，以潮州贼沈师为乱，趣帅、宪捕之。辛未，幸聚景园。闰月辛巳，命诸路帅臣、监司分州郡臧否为三等，岁终来上。戊子，赐礼部进士黄由以下三百七十有九人及第、出身。庚寅，修扬州城。甲午，幸玉津园。壬寅，减在京及诸路房廊钱什之三，德寿宫所减，月以南库钱贴进。禁潭、道等州官卖盐。甲辰，立宗室命继法。夏四月癸丑，修湖南诸州城。丙辰，以临安疫，分命医官诊视军民。庚申，复以强盗配隶诸军重役。丁卯，安定郡王子栋薨。癸酉，立郴州宜章、桂阳军临武县学，以教养峒民子弟。五月戊寅，诏监司、守令劝课农桑，以奉行勤怠为赏罚。壬午，诏诸路转运司趣民间补茸经界簿籍。辛卯，以久雨，减京畿及两浙囚罪一等，释杖以下，贷贫民稻种钱。壬寅，以史浩为少师。六月己酉，诏放殿前司平

江府牧马草荡二万亩,听民渔采。戊午,除淳熙七年诸路旱伤检放米一百三十七万石、钱二千六万缗。辛酉,罢诸路坊场监官,听民承买。戊辰,史浩荐薛叔似、杨简、陆九渊、陈谦、叶适、袁燮、赵善誉等十六人,诏并赴都堂审察。七月癸未,复与许浦水军隶殿前司。永阳郡王居广薨,追封永王。辛未,赏监司、守臣修举荒政者十六人。以不雨、决系囚。壬辰,绍兴大水,出秀、婺州、平江府米振粜。丁酉,严州水,诏被灾之家蠲其和买,三等以上户减半。辛丑,录范质后。八月丙午,以旱,罢招军。庚戌,赵雄罢。壬子,诏绍兴府诸县夏税、和市、折帛、身丁钱绢之类,不以名色,截日并令住催。癸丑,以王淮为右丞相兼枢密使。甲寅,以谢廓然同知枢密院事。丙辰,更后殿幄次为延和殿。己未,以观文殿大学士、新四川制置使赵雄知泸州,戊辰,言者请自今欠岁蠲减,经费有亏,令户部据实以闻,毋得督趣已蠲阁之数。从之。罢诸路补葺经界簿籍。九月庚辰,命诸路提举司贷民麦种。辛巳,钱良臣罢。庚寅,以谢廓然兼权参知政事。冬十月己酉,遣施师点等使金贺正旦。辛酉,录黎州战殁将士四百三人。甲子,金遣完颜嶲等来贺会庆节。诏灾伤州县谕民振粜。十一月甲戌,以旱伤,罢喜雪宴。戊寅,蠲富阳、新城、钱塘夏税。庚寅,前池州守赵粹中误斩递卒汪青,落职,仍诏给青家衣粮十五年。辛卯,诏两省、侍从、台谏各举所知。浚行在至镇江府运河。丁酉,遣燕世良贺金主生辰。己亥,振临安府及严州饥民。庚子,再诏临安府为粥食饥民。辛丑,以淳熙元年减半推赏法募民振粜。十二月癸卯朔,以徽、饶二州民流者众,罢守臣,官出南库钱三十万缗,付新浙东提举常平朱熹振粜。丁未,禁诸州营造。戊申,谥刘安世曰忠定。辛亥,蠲诸路旱伤州军明年身丁钱物。甲寅,雨雹。以度僧牒募闽、广民入米。丙辰,诏县令有能举荒政者,监司、郡守以名闻。甲子,下朱熹社仓法于诸路。戊辰,金遣魏贞吉等来贺明年正旦。以争执进书仪,帝还内,遣王抃往谕旨。己巳,贞吉奉书入见。是月,广东安抚巩湘诱潮贼沈师出降,诛之。是岁,江、浙、两淮、京西、湖北、潼川、夔州等路水旱相继,发廪蠲租,遣使按视,民有流入江北者,命所在振业之。

九年春正月甲戌,诏四孟朝献分用三日,如在京故事。丁丑,命两淮戍兵岁一更。癸未,罢枢密都承旨王抃为在外宫观,因罢诸军承受,复密院文书关录两省旧法,以文臣为都承旨。戊子,籴广南米赴行在。庚寅,诏江、浙、两淮旱伤州县贷民稻种,计度不足者贷以桩积钱。二月庚戌,遣使访问二广盐法利害。戊辰,四川制置司言获叙州贼大波浪。三月辛未朔,幸佑圣观。诏振济忠、万、恭、涪四州。癸未,振济镇江。壬辰,遣使按视淮南、江、浙振济。甲午,罢诸路寄招军兵三年,就拣军子弟补其阙。夏四月甲辰,诏自今盗发所在,亲临帅守、监司论罚,平定有劳者议赏。乙卯,诏诸路提刑,文武臣通置一员。癸亥,帝览陆贽《奏议》,谕讲读官曰:"今日之政,恐有如德宗之弊者,卿等条陈来上,无有所隐。"五月癸酉,以孙㧑为右千牛卫大将军。丙子,诏辅臣择监司、郡守,必

先才行。六月壬寅,诏侍从、台谏各举操修端亮、风力强明、可充监司者一二人。甲寅,蠲犒赏库酒课二十二万余缗。汀、漳二州民为沈师蹂践者,除其赋。丁巳,给临安府贫民棺敛钱。戊午,谢廓然薨。庚申,太白昼见。临安府蝗,诏守臣亟加焚瘗。甲子,太白昼见,经天。秋七月甲戌,以江西常平、义仓及桩管米四十万石付诸司,预备振粜。辛巳,出南库钱三十万缗付浙东提举朱熹,以备振粜。壬辰,以资政殿学士李彦颖参知政事。诏发所储和籴米百四十万石,补淳熙八年振济之数,于沿江屯驻诸州桩管。八月己亥朔,诏绍兴民户去岁已纳夏税应减者三十万缗,理为今年之数。庚子,减皇后内命妇荫补数,立文武臣遇郊奏荐员,限致仕、遗表恩泽,视旧法损三之一。淮东、浙西蝗。壬子,定诸州官捕蝗之罚。乙卯,复赏修举荒政监司、守臣。九月己巳朔,罢诸路科买军器物料三年。庚午,以王淮为左丞相,梁克家为右丞相。丙子,以子彤为容州观察使,封安定郡王。辛巳,大享明堂,大赦。乙酉,以钱引十万缗赐泸州,备振粜。辛卯,封伯圭为荥阳郡王。以旱减恭、合、渠、昌州今年酒课。癸巳,太白昼见。乙未,禁蕃舶贸易金银,著为令。十月戊戌朔,遣王蔺等使金贺正旦。丙午,罢军器所招军。辛亥,塞四川沿边支径。戊午,金遣完颜宗回等来贺会庆节。甲子,蠲诸路旱伤州军淳熙七年八年逋赋,出县官缗钱以偿户部。十一月戊辰朔,禁臣庶之家妇饰僭拟。庚午,振夔路饥。乙酉,进奏院火。丙戌,遣贾选等贺金主生辰。戊子,大风。十二月己亥,更二广官卖盐法,复行客钞,仍出缗钱四十万以备漕计之阙。癸亥,金遣孛术鲁正等来贺明年正旦。

十年春正月丁丑,以给事中施师点签书枢密院事。命州县掘蝗。甲申,李彦颖罢。乙酉,命二广提举盐事官互措置盐事。丙戌,以施师点兼权参知政事。丁亥,诏终身任宫观人毋得奏子。己丑,诏罢广南官鬻盐法。壬辰,罢江东、浙西寄招镇江诸军三年。二月癸卯,提举德寿宫陈源有罪,窜建宁府,寻移郴州,仍籍其家赀,进纳德寿宫。三月戊辰,李焘上《续资治通鉴长编》六百八十七卷。辛未,有司请造第七界会子。辛巳,免四川和籴三年。癸未,幸玉津园。戊子,诏四川类试自今十六人取一人。己丑,除诈称灾伤籍产法。癸巳,复铨试旧法,罢试杂文。夏四月丙申,再蠲临安府民丁身钱三年。己亥,命湖南、广西堙塞溪洞径路。五月丙寅,增皇太子宫小学教授一员。甲戌,以潭州飞虎军隶江陵都统司。戊寅,幸聚景园。辛卯,诏疏襄阳木渠,以渠傍地为屯田,寻诏民间侵耕者就给之。废舒州宿松监。六月戊戌,监察御史陈贾请禁伪学。乙巳,罢昭州岁贡金。己未,诏诸路监司、帅臣岁举廉吏。庚申,严赃吏禁。秋七月乙丑,以不雨,决系囚。丙寅,幸明庆寺祷雨。甲戌,以夏秋旱暵,避殿减膳,令侍从、台谏、两省、卿监、郎官、馆职各陈朝政阙失,分命群臣祷雨于天地、宗庙、社稷、山川。左丞相王淮等以旱乞罢,不许。丁丑,诏蠲灾伤州县淳熙八年欠税。甲申,雨。己丑,御殿复膳。八月戊申,以施师点参知政事兼同知枢密院事。御史中丞黄洽参知政事。庚戌,以史浩为太保、魏

国公致仕。庚申，以左藏南库隶户部。九月乙丑，长溪、宁德县大水。丙寅，严盗贩解监法。丁丑，幸佑圣观。壬午，蠲诸州遭负内藏库钱六十万缗。乙酉，遣余端礼等使金贺正旦。丁亥，禁内郡行铁钱。冬十月乙未，诏两浙义役从民便。壬子，金遣完颜方等来贺会庆节。十一月壬戌朔，日有食之。乙丑，降会子，收两淮铜钱。甲戌，幸龙山大阅，遂幸玉津园。闰月壬寅，诏却安南献象。丁巳，遣陈居仁等贺金主生辰。十二月丙子，朝德寿宫，行太上皇后庆寿礼，推恩如太上皇故事。丁亥，金遣完颜婆卢火等来贺明年正旦。是岁，福、漳、台、信、吉州水，京西、金、澧州、南平、荆门、兴国、广德军、江陵、建康、镇江、绍兴、宁国府旱。

十一年春正月辛卯朔，雨土。辛丑，安化蛮蒙光渐等犯宜州思立砦，广西兵马钤辖沙世坚出兵讨之，获光渐。丙午，诏江东、西路诸监司，义役、差役从民便。甲寅，雨土。二月甲申，诏两淮、京西、湖北万弩手令在家阅习，每州许岁上材武者一二人，试授以官，如四川义士之制。三月辛卯，诏刑部、御史台每季以仲月录囚徒。癸巳，命利路三都统吴挺、郭钧、彭杲密陈出师进取利害，以备金人。复金州管内安抚司。甲午，以上津、洵阳旱，蠲其税。辛丑，罢秀州御马院庄，归其侵地于民。丁未，禁淮民招温、处州户口。除职田、官田八年逋租。庚戌，诏御试策有及军民利害者，考官袠类以闻。辛亥，史浩入谢，赐宴于内殿。夏四月甲子，以兴元义胜军移戍襄阳。戊辰，赐礼部进士卫泾以下三百九十四人及第、出身。癸未，重班《绍兴申明刑统》。五月戊子朔，蠲崇德等十六县小民淳熙十年欠税十四万缗。癸卯，命刑部、大理寺议减刺配法。甲寅，出缗钱三十万犒给四川久戍将士。乙卯，太白昼见。六月戊午朔，诏诸道总领举偏裨可将帅者。庚申，以周必大为枢密使。壬戌，诏在内尚书、侍郎、两省谏议大夫以上、御史中丞、学士、待制，在外守臣、监司，不限科举年分，各举贤良方正能直言极谏一人。己卯，诏诸州岁买稻种，备农民之阙。秋七月癸卯，蠲减浙东败阙坊场酒课。癸丑，以浙西、江东水，禁诸州遏籴。甲寅，筑黎州要冲城。八月庚申，遣章森使金贺正旦。九月丁亥，诏诸路添差官自今毋创置。乙巳，诏殿前军子弟许权收刺一次。甲寅，再减四川酒课六十八万余缗。冬十月甲子，初命举改官人犯赃者，举主降二官。乙丑，遣王信等贺金主生辰。庚午，禁诸州增收税钱。丙子，金遣张大节等来贺会庆节。盱眙军言得金人牒，以上京地寒，来岁正旦、生辰人使权止一年。壬午，诏州以忠义立庙者，两淮漕臣缮治之。十一月壬寅，禁福建民私有兵器。癸卯，助广西诸州岁计十万缗。甲寅，令峡州岁时存问处士郭雍。十二月丁巳，修湖南府城。己卯，诏戒监司、州县毋得于常赋外追取于民。是岁，江东、浙西诸州水，福建、广东、吉、赣州、建昌军、兴元府、金、洋、西和州旱。

十二年春正月己丑，禁交阯盐入省地。壬辰，四川制置使留正遣人诱青羌奴儿结，杀之。戊戌，日中有黑子。戊申，赐任伯雨谥曰忠敏。庚戌，日中复有黑子。二月辛酉，雨雹。乙亥，罢诸军额外制领将佐。庚辰，置黎州防边义勇。三月乙酉，进孙扩为安庆军节度使，封平阳郡王。辛卯，禁习渤海乐。辛亥，命侍从、台谏、两省、总领、管军官各举堪都、副统制者一二人。癸丑，除科场高等累赏法。夏四月甲子，幸聚景园。戊辰，班《淳熙宽恤诏令》。丙子，谍言故辽大石林牙假道夏人以伐金，密诏吴挺与留正议之。己卯，幸玉津园。五月庚寅，地震。辛卯，福州地震。诏帅臣赵汝愚察守令、择兵官、防盗贼。六月乙卯，立淮东强勇军效用效士法。壬戌，除诸军逋欠营运钱。丁丑，诏浙东帅臣、监司不以时上诸州臧否，夺一官。戊寅，太白昼见。秋七月丁酉，太白昼见，经天。壬寅，诏二广试摄官如铨试例，取其半。甲辰，以淮西屯田卤莽，总领、军帅、漕臣、守臣夺官有差。八月癸亥，诏太上皇寿八十，令有司议庆寿礼。乙丑，诏户部、给舍、台谏详议官民户役法以闻。九月甲申，复二广监司以下到罢酬赏法。丙戌，诏恤潮州、台州被水之家。庚寅，遣王信等使金贺正旦。丁丑，诏诸路总领、军帅、漕臣、守臣岁上屯田所收之数。冬十月辛亥，加上太上皇尊号曰光尧寿圣宪天体道性仁诚德经武纬文绍业兴统明谟盛烈太上皇帝、太上皇后曰圣寿齐明广慈备德太上皇后。甲寅，蠲施、黔州经制无额钱。命侍从各举宗室二三人。癸亥，诏诸路臧否以三月终、四川、二广以五月终来上。十一月丁亥，鄂州大火。戊子，雷。壬辰，遣章森等贺金主生辰。辛丑，合祀天地于圜丘，大赦。十二月庚戌朔，帅群臣奉上太上皇、太上皇后册宝于德寿宫，推恩如绍兴三十二年故事。甲子，以知福州赵汝愚为四川制置使。丙子，金遣仆散守忠等来贺明年正旦。

十三年春正月庚辰朔，率群臣诣德寿宫行庆寿礼。大赦，文武臣僚并理三年磨勘，免贫民丁身钱之半为一百一十余万缗，内外诸军犒赏共一百六十万缗。癸巳，以史浩为太傅，陈俊卿为少师，嗣濮王士歆为少保。庚子，以昭庆军节度使士岘为开府仪同三司。二月甲寅，诏强盗两次以上，虽为从，论死。庚申，诏举归正、添差、任满人才艺堪从军者。三月丁酉，诏职事官改官，许在岁额八十员之外。合提举广南东、西盐事司为一。甲辰，幸玉津园。夏四月辛亥，诏吴挺结约夏人。戊辰，再蠲四川和籴军粮三年。辛未，幸聚景园。五月癸未，日中有黑子。甲申，诏非泛补官及七色补官人，非曾任在朝侍从者，品秩虽高，毋得免役。丙申，赐冲晦处士郭雍号曰颐正先生，仍遣官就问雍所欲言，备录来上。秋七月壬辰，诏内外诸军主帅各举堪统制者二三人。壬寅，谥胡铨曰忠简。闰月丙午朔，雨雹。戊申，以敷文阁学士留正签书枢密院事。己酉，施师点乞免兼同知枢密院事，许之。己未，五星皆伏。八月乙亥朔，日、月、五星聚于轸。丙子，以故相曾怀霶奏补恩，追落观文殿大学士。壬午，新筑江陵城。九月乙巳，诏伪造会子凡经行用，并处死。是月，遣李献等使金贺正旦。冬十月壬戌朔，福州火。甲午，金遣完颜老等来贺会庆节。十一月戊午，诏四川制置司通知马政，量收木渠民包占荒田租。庚申，遣张叔椿等贺金主生辰。甲子，王淮等上仁宗、英宗玉牒，神宗、哲宗、徽宗、钦宗四朝《国史列传》、《皇帝会要》。丙寅，梁克家罢为观文殿大学士、醴泉观使兼侍读。辛未，裁定百司吏额。十二月丙子，思州田氏献纳所买黔州民省地，诏偿其直。辛巳，减汀州盐价岁万缗。甲午，陈俊卿薨。乙未，振临安府城内外贫乏老疾之民。戊戌，大理寺狱空。己亥，金遣耶律子元等来贺明年正旦。辛丑，再赐军士雪寒钱。是岁，利州路饥，江西诸州旱。

十四年春正月癸亥，出四川桩积米贷济金、洋州及关外四州饥民。二月丁亥，以周必大为右丞相。戊子，以施师点知枢密院事。三月甲子，幸玉津园。夏四月己巳，置籍考诸路上供殿最，以为赏罚。戊子，赐礼部进士王容以下四百三十五人及第、出身。五月乙巳，成都火。己酉，遣官措置汀州经界。六月戊寅，以久旱，班画龙祈雨法。甲申，幸太一宫、明庆寺祷雨。丁亥，梁克家薨。庚寅，临安府火。辛卯，太白昼见。癸巳，王淮等以旱求罢，不许。诏衡州葺炎帝陵庙。己亥，减两浙路囚罪一等，释杖以下。秋七月辛丑，罢户部上供殿最。丙午，诏群臣陈时政阙失及当今急务。丁未，以旱，罢汀州经界。己酉，诏监司条上州县弊事、民间疾苦。辛亥，避旱减膳彻乐。癸丑，命检正都司看详群臣封事，有可行者以闻。诏省部、漕臣催理已蠲逋欠者，令台谏觉察。权减秀州经、总制籴本钱半年。丙辰，命临安府捕蝗，募民输米振济。除绍兴新科下户今年和市布帛二万八千匹。辛酉，江西、湖南饥，给度僧牒、鬻籴米备振粜。戊辰，雨。命给、舍看详监司所条弊事。八月辛未，赐度牒一百道、米四万五千石，备振绍兴府饥。甲戌，御殿复膳。癸未，以留正参知政事兼同知枢密院事。丙戌，复夔路酬赏法。九月癸卯，太上皇不豫。乙巳，诣德寿宫问疾。丙午，遣万钟等使金贺正旦。己未，诣德寿宫问疾。乙丑，罢增收木渠民田租。丙寅，除官军私负。冬十月辛未，以太上皇不豫，赦。壬申，诣德寿宫问疾。癸酉，分遣群臣祷于天地、宗庙、社稷。甲戌，以太上皇未御常膳，自来日不视朝，宰执奏事内殿。乙亥，诣德寿宫侍疾，太上皇崩于德寿殿，遗诰太上皇后改称皇太后。奉皇太后旨，以奉国军承宣使甘昪主管太上皇丧事。丙子，以韦璞等为金告哀使。戊寅，以荥阳郡王伯圭为攒宫总护使。翰林学士洪迈言大行皇帝庙号当称"祖"，诏有司集议以闻。己卯，诏尊皇太后。辛巳，诏曰："大行太上皇帝奄弃至养，朕当衰服三年，群臣自遵易月之令，可令有司讨论仪制以闻。"甲申，用礼官颜师鲁等言，大行太上皇帝上继徽宗正统，庙号称"宗"。乙酉，百官五上表请帝还内听政。丙戌，诏俟过小祥，勉从所请。戊子，帝衰绖御素辇还内。以颜师鲁等充金国遣留国信使。己丑，金遣田彦皋等来贺会庆节，诏免入见，却其书币。甲午，诣德寿宫，自是七日皆如之。十一月戊戌朔，诣德寿宫，自是朔望皆如之。己亥，大行太上皇帝亲大祥，自是帝以白布巾袍御延和殿。诣德寿宫，衰绖而杖如初。诏皇太子惇参决庶务。庚子，皇太子三辞参决庶务，不许。辛丑，诣德寿宫禫祭，百官释服。甲辰，群臣三上表请御殿听政，诏俟过祔庙。戊申，遣胡晋臣等贺金主生辰。己亥，冬至，诣德寿宫。甲寅，西南方有赤气随日入。乙卯。雷。戊午，诏皇太子参决庶务于议事堂，在内寺监、在外守臣以下，与宰执同除授讫乃奏。己未，诏五日一朝德寿宫。十二月庚午，大理寺狱空。壬午，东北方有赤气随日出。癸巳，金遣完颜崇安等来贺明年正旦，见于垂拱殿之东楹素幄，诏礼物毋入殿，付之有司。是岁，两浙、江西、淮西、福建旱，振之。

十五年春正月丁酉朔，诣德寿宫几筵行礼。戊戌，皇太子初决庶务于议事堂。辛丑，复置左、右补阙、拾遗。乙巳，诏免诸州军会庆节进奉二年。诏自今御内殿，令皇太子侍立。庚申，施师点罢。甲子，以黄洽知枢密院事，吏部尚书萧燧参知政事。二月丁亥，金遣蒲察克忠等来吊祭，行礼于德寿殿，次见帝于东楹之素幄。癸巳，遣京镗等使金报谢。三月庚子，王淮等上大行太上皇谥曰圣神武文宪孝皇帝，庙号高宗。乙巳，上高宗谥册宝于德寿殿，又上懿节皇后改谥宪节册宝于别庙本室。丁未，右丞相周必大摄太傅，持节导梓宫。癸丑，用洪迈议，以吕颐浩、赵鼎、韩世忠、张俊配飨高宗庙庭，吏部侍郎章森乞用张浚、岳飞，秘书少监杨万里乞用浚，皆不报。丙寅，权欑高宗于永思陵。夏四月壬申，帝亲行奉迎虞主之礼，自是七虞、八虞、九虞，卒哭、奉辞皆如之。乙亥，诏洪迈、杨万里并予郡。甲申，用礼官尤袤请，诏群臣再集议配享臣僚。丙戌，祔高宗神主于太庙，诏曰："朕比下令欲衰绖三年，群臣屡请御殿易服，故以布素视事内殿。虽诏俟过祔庙，勉从所请，然稽诸典礼，心实未安，行之终制，乃为近古。宜体至意，勿复有请。"己丑，诏减临安、绍兴府囚罪一等，释杖以下，民缘欑宫役者蠲其赋。庚寅，用御史冷世光言，罢再议配享。皇太后有旨，车驾一月四诣德寿宫，如旧礼。五月己亥，王淮罢。乙巳，帝既用薛叔似言罢王淮，诏谕叔似等曰："卿等官以拾遗、补阙为名，不任纠劾。今所奏乃类弹击，甚非设官命名之意，宜思自警。"丁巳，诏修《高宗实录》。己未，祁门县大水。壬戌，始御后殿。诏岁出钱五万六千余缗，减广东十二州折纳米价钱。六月丁卯，雨雹。戊辰，罢赦令所。己巳，以伯圭为少傅，带御器械夏执中为奉国军节度使。癸酉，以新江西提点刑狱朱熹为兵部郎官，熹以疾未就职。侍林栗劾熹慢命，熹乞奉祠。太常博士叶适论栗袭王淮、郑丙、陈贾之说，为"道学"之目，妄废正人。诏熹仍赴江西，熹力辞不赴。庚寅，荧惑犯太微。秋七月戊戌，上高宗庙乐曰《大勋》，舞曰《大德》。己未，出兵部侍郎林栗。壬戌，恩平郡王璩薨，追封信王。八月甲子朔，日有食之。九月庚子夜，南方有赤黄气覆大内。辛丑，大飨明堂，以太祖、太宗配，大赦。癸卯，更试补医官法。己酉，遣郑侨等使金贺正旦。甲寅，上皇太后宫名慈福。冬十月癸未，金遣王克温等来贺会庆节，见于垂拱殿东楹。甲申，会庆节，诏北使、百官诣东上阁门拜表起居，免入贺。己丑，再罢诸州科买军器物料三年。十一月庚子，建焕章阁，藏高宗御集。遣何澹贺金主生辰。甲辰，诏百官轮对，毋过三奏。十二月丙寅，追复龚茂良资政殿学士。壬午，命朱熹主管西太一宫兼崇政殿说书，辞不至。戊子，金遣田彦皋等来贺明年正旦。是岁，江西、湖北、两淮、建宁府、徽州水。

十六年春正月癸巳，金主雍殂，孫璟立。甲午，封孫㭳為嘉國公。丙申，黃洽罷。己亥，以周必大為左丞相，留正為右丞相，蕭燧兼權知樞密院事，禮部尚書王藺參知政事，刑部尚書葛邲同知樞密院事。乙巳，蕭燧罷。丙午，皇太后移御慈福宮。戊申，以昭慶軍承宣使郭師禹為保大軍節度使。辛亥，罷淮西屯田。是日，帝始諭二府，以旬日當內禪，命周必大留身呈詔草。丙辰，罷拘催錢物所。復二廣官般官賣鹽法。己未，更德壽宮為重華宮。諡李綱曰忠定。二月辛酉朔，日有食之。壬戌，下詔傳位皇太子。是日，皇太子即皇帝位。帝素服駕之重華宮。辛未，上尊號曰至尊壽皇聖帝，皇后曰壽成皇后。紹熙五年五月壬戌，壽皇聖帝不豫。六月戊戌，崩于重華殿，年六十有八。十有丙辰，諡曰哲文神武成孝皇帝，廟號孝宗。十一月乙卯，權攢于永阜陵。十二月甲戌，祔于太廟。慶元三年十一月辛丑，加諡紹統同道冠德昭功哲文神武明聖成孝皇帝。

贊曰：高宗以公天下之心，擇太祖之後而立之，乃得孝宗之賢，聰明英毅，卓然為南渡諸帝之稱首，可謂難矣哉。即位之初，銳志恢復，符離邂逅失利，重違高宗之命，不輕出師，又值金世宗之立，金國平治，無釁可乘，然易表稱書，改君稱侄，減去歲幣，以定鄰好，金人易宋之心，至是亦寖異于前日矣。故世宗每戒群臣積錢穀，謹邊備，必曰："吾恐宋人之和，終不可恃。"蓋亦忌帝之將有為也。天厭南北之兵，欲休民生，故帝用兵之意弗遂而終焉。然自古人君起自外藩，入繼大統，而能盡宮庭之孝，未有若帝。其間父子怡愉，同享高壽，亦無有及之者。終喪三年，又能卻群臣之請而力行之。宋之廟號，若仁宗之為"仁"，孝宗之為"孝"，其無愧焉，其無愧焉！

卷三十六　　本紀第三十六

光　宗

光宗循道憲仁明功茂德溫文順武聖哲慈孝皇帝，諱惇，孝宗第三子也。母曰成穆皇后郭氏。紹興十七年九月乙丑，生于藩邸。二十年賜今名，授右監門衛率府副率，轉榮州刺史。孝宗即位，拜鎮洮軍節度使、開府儀同三司，封恭王。及莊文太子薨，孝宗以帝英武類己，欲立為太子，而以其非次，遲之。乾道六年七月，太史奏：木、火合宿，主冊太子，當有赦。是時，虞允文相，因請亟建儲貳。孝宗曰："朕久有此意，事亦素定。但恐儲位既正，人性易驕，即自縱逸，不勤于學，浸有失德。朕所以未建者，更欲其練歷庶務，通知古今，庶無後悔爾。"七年正月丙子朔，孝宗上兩宮尊號冊、寶，禮成。丞相允文復以請，孝宗曰："朕既立太子，即令親王出鎮外藩，卿宜討論前代典禮。"允文尋允以聞。二月癸丑，乃立帝為皇太子，慶王

愷為雄武、保寧軍節度使、判寧國府，進封魏王。三月丁酉，受皇太子冊。四月甲子，命判臨安府，尋領尹事。帝之為恭王，與講官商較前代，時出意表，講官自以為不及。逮尹臨安，究心民政，周知情偽。孝宗常稱之，且語丞相趙雄曰："太子資質甚美，每遣人來問安，朕必戒以留意問學。"淳熙十四年十月乙亥，高宗崩。十一月己亥，百官大祥畢，孝宗手詔："皇太子可令參決庶務，以內東門司為議事堂。"十五年二月戊戌，帝始赴議事堂，自是，間日與輔臣公裳系鞋相見，內外除擢，自館職、部刺史以上乃以聞。九月乙巳，又詔："每遇朝殿，令皇太子侍立。"十一月，丞相周必大乞去，孝宗諭曰："朕比年病倦，欲傳位太子，卿須少留。"會陳康伯家以紹興傳位御札來上，十二月壬申，孝宗遣中使密持賜必大，因令討論典禮，既又密以禪意諭參知政事留正。十六年正月辛亥，兩府奏事，孝宗諭以倦勤，欲禪位皇太子，退就休養，以畢高宗三年之制。因令必大進呈詔草。

二月壬戌，孝宗吉服御紫宸殿，行內禪禮，應奉官以次稱賀。內侍固請帝坐，帝固辭。內侍扶掖至七八，乃微坐，復興。次丞相率百僚稱賀，禮畢，樞密院官升殿奏事，帝立聽。班退，孝宗反喪服，御後殿，帝立待，尋登輦，同詣重華宮。帝還內，即上尊號曰至尊壽皇聖帝，皇后曰壽成皇后。壽皇聖帝詔立帝元妃李氏為皇后。甲子，帝率群臣朝重華宮。大赦，百官進秩一級，優賞諸軍，蠲公私逋負及郡縣淳熙十四年以前稅役。丙寅，帝率群臣詣重華宮，上尊號冊、寶。以閤門舍人謙熙載、姜特立並知閤門事。庚午，詔五日一朝重華宮。辛未，尊皇太后曰壽聖皇太后。壬申，詔內外臣僚陳時政闕失，四方獻歌頌者勿受。遣羅點等使金告即位。癸酉，詔戒敕將帥。賜前宰執、從官詔，訪以得失。乙亥，詔兩省官詳定內外封章，具要切者以聞。遣諸葛廷瑞等使金吊祭。丙子，詔戒敕官吏。己卯，詔官吏贓罪顯著者，重罰毋貸。辛巳，以生日為重明節。丁亥，詔百官輪對。己丑，詔編《壽皇聖政》。庚寅，詔中書舍人羅具可為台諫者，點以葉適、吳鎰、孫逢吉、張體仁、馮震武、鄭湜、劉崇之、沈清臣八人上之。三月壬辰，以周必大為少保，留正轉正奉大夫。丙申，遣沈揆等使金賀即位。詔侍從、兩省、台諫，各舉可任湖廣及四川總領者一人。己亥，子擴進封嘉王。癸卯，金遣王元德等來告哀。戊申，以壽皇卻五日之朝，詔自今月四朝重華宮。甲寅，以史浩為太師，伯圭為少師，少保土歆為少傅，昭慶軍節度使士峴為少保。戊午，金遣張萬公等來致遺留物。己未，以左補闕薛叔似為將作監，右拾遺許及之為軍器監。拾遺、補闕官自此罷。詔東宮書籍並賜嘉王。夏四月丙寅，有事于太廟。丁卯，四川應起經、總制錢存留三年，代輸鹽酒重額。癸酉，侄㭳進封許國公。乙亥，以兩浙犒賞酒庫隸諸州，歲入六十五萬，尋減三十萬。戊寅，金遣徒單鎰等來告即位。以權兵部侍郎何澹為右諫議大夫。丙戌，有事于景靈宮。五月甲午，以王藺知樞密院事兼參知政事。丙申，周必大罷為觀文殿大學士、判潭州。常德府、辰、沅、靖州大水入其郛。丁酉，詔丞相以下月一朝重華宮。戊戌，罷周必大判潭州之命，許以舊官為醴

泉观使。戊申,以和义郡夫人黄氏为贵妃。右丞相留正论知阁门事姜特立,罢之。闰月庚申朔,诏内侍陈源许在外任便居住。免郡县淳熙十四年以前私负,十五年以后输息及本者亦蠲之。壬戌,以赵雄为宁武军节度使、开府仪同三司,进封卫国公,仍判江陵府。庚午,诏罢卖浙西常平官田。癸酉,诏季秋有事于明堂,以高宗配。丙子,赵雄疾甚,改判资州。戊寅,蠲郡县第五等户身丁钱及临安第五等户和买绢各一年,仍出钱二十三万缗振临安贫民。己卯,阶州大水入其郭。壬午,大理狱空。乙酉,御后殿虑囚。六月庚寅,镇江大水入其郭。癸卯,诏自今臣僚奏请事涉改法者,三省、枢密院详具以闻。秋七月辛酉,儒林郎倪恕等以封事可采,迁官、免文解有差。戊辰,遣谢深甫等贺金主生辰。庚辰,下诏恤刑。八月甲午,升恭州为重庆府。丙申,减两浙月桩等钱岁二十五万五千缗。己亥,王淮薨。癸丑,金遣温迪罕肃等来贺即位。九月癸亥,金遣完颜守真等来贺重明节。减绍兴和买绢岁额四万四千余匹。乙丑,戒执政、侍从、台谏,毋移书以荐举、请托。南剑州火,降其守臣一官,仍令优加振济。戊辰,诏侍从各举公正强敏之士,尝任守令及职事官、材堪御史者一人。甲戌,诏监司、帅守,秩满到阙,荐所部廉吏一二人。遣郭德麟等使金贺正旦。冬十月庚子,罢枢密院审察诸军之制。壬寅,蠲楚州、高邮盱眙军民负常平米一万四千余石。甲寅,大阅。十一月庚午,诏改明年为绍熙元年。复置嘉王府翊善,以秘书郎黄裳为之。乙亥,诏陈源毋得辄入国门。丁丑,减江、浙月桩钱额十六万五千余缗。十二月壬子,金遣裴满keys庆等来贺明年正旦。

绍熙元年春正月丙辰朔,帝率群臣诣重华宫,奉上寿圣皇太后、至尊寿皇圣帝、寿成皇后册宝。壬申,再蠲临安府民身丁钱三年。壬午,何澹请置《绍熙会计录》。诏何澹同户部长贰、检正、都司稽考财赋出入之数以闻。二月丁酉,雨雹。辛亥,殿中侍御史刘光祖言:道学非程氏私言,乞定是非,别邪正。从之。三月丁卯,诏沂王袭封,置园庙。班安僖王讳。录赵普后一人。庚午,以久雨,释杖以下囚。夏四月乙酉,诏两浙措置流民。己丑,以伯圭为太保、嗣秀王。丁未,殿中侍御史刘光祖以论带御器械吴端罢。戊申,赐礼部进士余复以下五百三十有七人及第、出身。五月乙卯,赵雄坐所举以贿败,降封益川郡公,削食邑一千户。己未,出吴端为浙西马步军副总管。丙寅,修楚州城。丙子,太白昼见。六月丁亥,遣丘崈等贺金主生辰。丙申,以上供等钱偿广州放免身丁钱数。甲午,御后殿虑囚。秋七月癸丑,诏秀王诸孙并授南班。甲寅,以葛邲参知政事,给事中胡晋臣签书枢密院事。乙卯,以留正为左丞相,王蔺枢密院使。癸酉,建秀王祠堂于行在。八月辛卯,立任子中铨人吏部帘试法。己亥,帝率群臣上《寿皇圣帝玉牒》、《日历》于重华宫。己酉,诏造新历。九月丁巳,金遣王翛等来贺重明节。己未,升剑州为隆庆府。辛酉,雷。庚午,遣苏山等使金贺正旦。冬十月丁酉,诏内外诸军自今毋置额外制、领以下官。丙午,诏内外军帅各荐所部有将才者。庚戌,诏谕郡县吏奉法爱民。十一月甲寅,安南入贡。壬戌,潼川转运判官王溉搏节漕计,代

输井户重额钱十六万缗,诏奖之。十二月辛巳朔,赠左千牛卫大将军挺为保宁军节度使。壬午,赐王伦谥曰节愍。丙戌,罢王蔺枢密使。戊子,以葛邲知枢密院事,胡晋臣参知政事兼同知枢密院事。癸卯,诏岁减广东官卖盐。丙午,金遣把德固等来贺明年正旦。戊申,浦城盗张海作乱,诏提点刑狱丰谊捕之。

二年春正月庚戌朔,命两淮行义仓法。壬子,诏尊高宗为万世不祧之庙。庚申,修六合城。辛酉,金主母徒单氏殂。戊寅,雷电,雨雹。二月庚辰朔,大雨雪。壬午,遣宋之瑞等使金吊祭。癸未,名新历曰《会元》。甲申,福建安抚使赵汝愚等以盗发所部,与守臣、监司各降秩一等,县令追停。乙酉,诏以阴阳失时,雷雪交作,令侍从、台谏、两省、卿监、郎官、馆职,各具时政阙失以闻。出米五万石赈京城贫民。权罢修皇后家庙。辛卯,布衣余古上书极谏,帝怒,诏送筠州学听读。丁未,金遣完颜囧等来告哀。三月丙辰,诏监司、郡守互送以赃论。丁巳,诏自今边事令宰相与枢密院议,仍同签书。丙寅,诏福建提点刑狱陈公亮、知漳州朱熹同置漳、泉、汀三州经界。丁卯,增广州摧锋军三百人。癸酉,建宁府雨雹,大如桃李,坏民居五千余家。温州大风雨,雷电,田苗桑果荡尽。丙子,出右司谏邓驲。夏四月乙酉,从寿皇圣帝、寿成皇后幸聚景园。丙申,诏侍从、两省、台谏及在外侍从之臣,各举所知尝任监司、郡守可充郎官、卿监及资历未深可充诸职事官者各三人。辛丑,徽州火,二日乃灭。五月己酉朔,福州水。辛亥,诏六院官许轮对,仍入杂压。庚申,诏侍从、经筵、翰苑官,自今并不时宣对,庶广咨询,以补治道。戊辰,金州大火。己巳,潼川、崇庆二府、大安、石泉、淮安三军、兴、利、果、合、绵、汉六州大水。六月戊寅,诏监司到任半年,条上裕民事,如郡守。庚辰,遣赵彦等贺金主生辰。丁亥,以伯圭判大宗正事。癸巳,诏幸臣、执政,自今不时入殿宣引奏事。秋七月丁未朔,诏故容州编管人高登追复元官,仍赠承务郎。己未,出会子百万缗,收两淮私铸铁钱。乙丑,复置太医局。己巳,兴州大水,漂没数千家。八月戊寅,何澹以本生继母丧去官。甲申,宽两浙榷铁之禁。九月壬子,金遣完颜兖等来贺重明节。召知福州赵汝愚为吏部尚书。壬戌,禁职田折变。癸亥,遣黄申等使金贺正旦。乙丑,以久雨,命大理、三衙、临安府及两浙决系囚,释杖以下。己巳,诏侍从于尝任卿监、郎官内,选堪断刑长贰一二人以闻。冬十月丙子朔,诏罢经界。丁丑,筑福州外城。庚辰,减百官大礼赐物三之一。甲申,复吴端带御器械。辛卯,诏守母征敛病民。庚子,下诏抚谕四川被水州军。十一月戊申,安定郡王子彪薨。己巳,册加高宗徽号曰受命中兴全功至德圣神武文昭仁宪孝皇帝。辛未,有事于太庙。皇后李氏杀黄贵妃,以暴卒闻。壬申,合祭天地于圜丘,以太祖、太宗配,大风雨,不成礼而罢。帝既闻贵妃薨,又值此变,震惧感疾,罢称贺,肆赦不御楼。寿皇圣帝及寿成皇后来视疾,帝自是不视朝。十二月庚辰,筑荆门军城。丁亥,帝始对辅臣于内殿。乙未,增楚州更戍兵一千五百人。庚子,复出会子百万缗,收两淮铁钱。辛丑,金遣完颜宗璧

等来贺明年正旦。壬寅，资、简、普、荣四州及富顺监旱。甲辰，诏庆远军承宣使、内侍省都知杨皓怀奸凶恣，刺面杖脊，配吉州；和州防御使、内侍省押班黄迈私相朋附，决杖、编管抚州。寻送皓抚州、迈常州居住。是岁，建宁府、汀州水，阶、成、西和、凤四州及淮东旱，振之。

三年春正月乙巳朔，帝有疾，不视朝。庚戌，蠲秀州上供米四万四千石。岁蠲四川盐酒重额钱九十万缗。出度僧牒二百，收淮东铁钱。丁巳，命夔路转运使通融漕计籴米，以备凶荒。壬戌，罢文州民杂役。诏辅臣代行恭谢之礼。二月甲戌朔，复以两浙犒赏酒库隶户部。丁酉，申严钱银过淮之禁。闰月丙午，禁郡县新作寺观。甲寅，以王蔺为端明殿学士、四川安抚制置使，蔺辞不行。壬戌，诏州县未断之讼，监司毋得移狱，违者许执奏。甲子，成都府路转运判官王溉以代民输激赏等绢钱三十三万缗，诏进一官，仍令再任。诏卖郡县没官田屋及营田。三月甲戌，修天长县城。辛巳，帝疾稍愈，始御延和殿听政。以子涛为安定郡王。甲申，罢雅州税场五。筑峡州城。乙酉，留正乞去位，不许。庚寅，宜州蛮寇边，改知郁林州沙世坚知宜州以讨之。辛卯，复监司列荐法。丁酉，罢广东增收盐斤钱。己亥，诏技艺补授之人毋得奏补，著为令。庚子，监察御史郭德麟以察事失体，出为湖北提举常平茶盐。夏四月癸卯，补童子吴钢官。甲寅，振四川旱伤郡县。乙卯，以户部侍郎丘崈为焕章阁直学士、四川安抚制置使。戊午，帝朝重华宫。丁卯，蠲临安民元年二年逋赋。五月，帝有疾，不视朝。乙未，命汉阳、荆门军、复州行铁钱。己亥，蠲四川水旱郡县租赋。仍以两浙犒赏酒库隶诸州，令户部郎官提领，岁以四十五万缗为额，庚子晦，常德府大水入其郛。六月辛丑朔，下诏戒饬风俗，禁民奢侈与士为文浮靡，吏苟且饰伪者。以权礼部尚书陈騤同知枢密院事。甲辰，遣钱之望等贺金主生辰。丁未，罢四川诸军岁起西兵。废光州定城监。壬子，虑囚。戊午，以伯圭为太师。甲子，增捕获私铸铜钱赏格。丙寅，以太尉郭师禹为少保。秋七月己巳，刺沿边盗万人为诸州禁军。壬申，监文思院常良孙坐赃，配海外。益国公周必大坐缪举良孙，降荥阳郡公。省广西郡县官。甲戌，台州水。壬午，泸州骑射卒张信等作乱，杀其帅官张孝芳。甲申，军士卞进、张昌击杀信。增嘉王府讲读官二员。壬辰，修扬州城。八月甲寅，诏两淮行铁钱交子。戊午，总领四川财赋杨辅奏：已蠲东、西两川畸零绢钱四十七万缗、激赏绢六万六千匹。诏奖之。自是岁以为例。九月甲戌，修德安府外城。乙亥，金遣仆散端等来贺重明节。戊子，遣郑汝谐等使金贺正旦。丙申，劝两淮民种桑。冬十月壬寅，修大禹陵庙。丙午，修潭州城。辛亥，帝诣重华宫进香。庚申，会庆节，丞相率百官诣重华宫拜表称贺。十一月壬申，振襄阳府被水贫民。癸酉，减蕲州岁铸钱二十万缗。丙戌，日南至，丞相率百官诣重华宫拜表称贺。兵部尚书罗点、给事中尤袤、中书舍人黄裳皆上疏请朝重华宫，吏部尚书赵汝愚亦因面对以请，帝开纳。辛卯，帝朝重华宫，皇后继至，都人大悦。癸巳，蠲湖南北、京西、江西郡县月桩、经总制钱岁二十三万余缗。戊戌，诏李纯乃皇后亲侄，可特除阁门宣赞舍人。十二月癸卯，帝率群臣上《寿皇圣帝玉牒》、《圣政》、《会要》于重华宫。丙午，蠲归正人赋役三年。辛亥，以留正为少保。乙丑，金遣温敦忠等来贺明年正旦。是岁，江东、京西、湖北水。

四年春正月己巳朔，帝朝重华宫。辛卯，蠲临安府民身丁钱三年。二月戊戌朔，诏陈源特与在京宫观。丙寅，贷淮西民市牛钱。出米七万石振江陵饥民。甲戌，皇孙生。三月丙子，帝朝重华宫，皇后从。辛巳，以葛邲为右丞相，胡晋臣知枢密院事，陈騤参知政事，赵汝愚同知枢密院事。甲申，监察御史汪义端奏：汝愚执政，非祖宗故事，请罢之。疏三上，不报。辛卯，义端罢。癸巳，帝从寿皇圣帝、寿成皇后幸聚景园。乙未，修巢县城。夏四月己酉，罢括卖四川沿边郡县官田。五月丙寅朔，复永州义保。己巳，赐礼部进士陈亮以下三百九十有六人及第、出身。进士李侨年五十四，调成都司户参军，自以禄不及养，乞以一官回赠父母。帝嘉其志，特诏以本官致仕，父母皆与初品官封。丙子，淮西大水。丙戌，绍兴大水。召浙东总管姜特立。丞相留正以论特立不行，乞罢相，不报。壬辰，太尉、利州安抚使吴挺卒。四川制置使丘崈承制以总领财赋杨辅权安抚使，命统制官李世广权管其军。六月丙申朔，留正出城待罪。振江浙、两淮、荆湖被水贫民。戊戌，秘书省著作郎沈有开，著作佐郎李唐卿，秘书郎范黼、彭龟年，校书郎王蔺，正字蔡幼学、颜棫、吴猎、项安世上疏，乞寝姜特立召命。己亥，谕行及之等贺金主生辰。壬寅，诏市淮马充沿江诸军战骑。戊申，胡晋臣薨。己酉，御后殿虑囚。癸丑，蠲临安增民税钱八万余缗。甲寅，太白昼见。甲子，雨雹。秋七月乙丑朔，太白昼见。丙寅，大雨雹。己巳，留正复论姜特立，缴纳出身以来文字、待罪于范村。丙子，以不雨，命诸路提刑审断滞狱。戊寅，命临安府及三衙决系囚，释杖以下。壬午，以赵汝愚知枢密院事，吏部尚书余端礼同知枢密院事，陈源为内侍省押班。癸未，禁邕州左、右两江贩鬻生口。乙酉，叙州夷贼没该落无等寇边，遣兵讨平之。八月丙申，蠲绍兴丁盐、茶租钱八万二千余缗。丁酉，罢郡县卖没官田。癸丑，诏三省议振恤郡县水旱。丁巳，赠吴挺少保；其子曦落阶官，起复濠州团练使、带御器械。戊午，振江东、浙西、淮西旱伤贫民。九月己巳，金遣董师中等来贺重明节，庚午，重明节，百官上寿。侍从、两省请朝重华宫，不听。己卯，上寿圣皇太后尊号曰寿圣隆慈备福皇太后。壬午，遣倪思等使金贺正旦。甲申，帝将朝重华宫，皇后止帝，中书舍人陈傅良引裾力谏，不听。戊子，著作郎沈有开、秘书郎彭龟年、礼部侍郎倪思等咸上疏，请朝重华宫。冬十月丙午，内教三衙诸军。己酉，朝献于景灵宫。夜，地震。庚戌，朝献于景灵宫。夜，地又震。壬子，秘书省官请朝重华宫，疏三上，不报。甲寅，雨土。工部尚书赵彦逾等上疏重华宫，乞会庆圣节勿降旨免朝。寿皇曰："朕自秋凉以来，思与皇帝相见，卿等奏疏，已令进御前矣。"明日会庆节，帝以疾不果朝，丞相葛邲率百官贺于重华宫。侍从上章，居家待罪，诏不许。嘉王府翊善黄裳上疏，请诛内侍杨舜卿。台谏张叔椿、章颖上疏，乞罢蠲。戊午，太学生汪安仁等二百一十八人上书,请朝重华,皆不报。己未,丞相以下奏事重华宫。庚申,帝将朝重华宫,复以疾不果。丞相以下上疏自劾,请罢政,彭龟年请逐陈源以谢天下,皆不报。十一月辛未,日中有黑子。壬申,侍从、两省赵彦逾等十一人同班奏事。癸酉,太白昼见,地生毛,夜有赤云白气。戊寅,帝朝重华宫,都人大悦。遣右司官徐谊召留正于城外。庚辰,正始入朝,复赴都堂视事。命姜特立还故官。日中黑子灭。癸未,帝率群臣奉上皇太后册、宝于慈福宫。十二月戊戌,帝朝重华宫。壬寅,右司谏章颖以地震请罢葛邲,疏十余上,不报。甲辰,命沿边守臣三年为任。己酉,诏监司、帅守毋独员荐士。庚戌,赵雄薨。甲寅,复四川盐合同场旧法。丁巳,振江、浙流民。己未,金遣完颜弼等来贺明年正旦。

五年春正月癸亥朔,帝御大庆殿,受群臣朝,遂朝重华宫,次诣慈福宫,行庆寿礼。推恩如淳熙十年故事。癸酉,寿皇圣帝不豫。丙子,大理狱空。癸未,葛邲罢。丙戌,宽绍兴民租税。二月乙未,赵汝愚、余端礼以奏除西帅不行,居家待罪。戊戌,荆鄂诸军都统制张诏为成州团练使、兴州诸军都统制。庚戌,禁湖南、江西遏籴。三月癸亥,合利州东、西为一路。己巳,寿成皇后生辰,免过宫上寿。夏四月甲午,帝幸玉津园,皇后及后宫皆从。乙未,寿皇圣帝幸东园。丙申,史浩薨。己亥,朝献于景灵宫。壬寅,以不雨,命大理、三衙、临安府及两浙决系囚,释杖以下。癸卯,雨土。甲辰,侍从入对,请朝重华宫。己酉,太学生程肖说等以帝未朝,移书大臣。事闻,帝将以癸丑日朝。至期,丞相以下入宫门以俟,日昃,帝复以疾不果出。侍从、馆学官上疏,乞罢黜,居家待罪。职事官请去待罪者百余人,诏不许。丙辰,侍讲黄裳、秘书少监孙逢吉等再上疏以请。丁巳,起居郎兼权中书舍人陈傅良请以亲王、执政或近上宗戚一人充重华宫使。台谏交章劾内侍陈源、杨舜卿、林亿年离间两宫,请罢逐之。五月辛酉朔,辰州徭贼寇边。甲子,侍从入对,未得见。宰执诣重华宫问疾,不及引。陈傅良缴上告敕,出城待罪。丁卯,以寿皇圣帝疾棘,命丞相以下分祷天地、宗庙、社稷。戊辰,丞相留正等请市侍疾,正引裾随帝至福宁殿,久之,乃泣而出。辛未,丞相以下以所请不从,求退,帝命皆退,于是丞相以下遂出城待罪。知阁门事韩侂胄请宣押入城,许之。追封史浩为会稽郡王。乙亥,帝将朝重华宫,复不果。戊寅,以寿皇圣帝疾,赦。权刑部尚书京镗入对,请朝重华宫。庚辰,丞相以下诣重华宫问疾。癸未,起居舍人彭龟年叩头请奏事,诏令上殿,乃请朝重华宫。甲申,从官列奏以请,嘉王府翊善黄裳、讲读官沈有开、彭龟年奏,乞令嘉王诣重华宫问疾,许之。王至重华宫,寿皇为之感动。丙戌,权户部侍郎袁说友入对,请朝重华宫。

六月,遣梁总等贺金主生辰。戊戌夜,寿皇圣帝崩,遗诰改重华宫为慈福宫,建寿成皇后殿于宫后,以便定省。以重华宫钱银一百万缗赐内外军。先是,丞相留正、知枢密院事赵汝愚、参知政事陈骙、同知枢密院事余端礼闻寿皇圣帝大渐,见帝于后殿,力请帝朝重华宫,皇子嘉王亦泣以请,不听。至是,丞相正等闻寿皇圣帝崩,乃率百官听遗诰于重华宫。己亥,丞相以下上疏,请诣重华成礼。庚子,遣薛叔似等使金告哀。辛丑,丞相率百官拜表,请就丧次成服。壬寅,寿皇大敛。皇子嘉王复入奏事,诏俟疾愈,过宫行礼。丞相以下请皇太后垂帘听政,不许;请代行祭奠礼,许之。仍有旨:皇帝有疾,听就内中成服。夜,白气亘天。乙巳,尊寿圣隆慈备福皇太后为太皇太后,寿成皇后为皇太后。己酉,白气亘天。乙卯,遣林湜等使金致遗留物。秋七月辛酉,丞相留正称疾,乞罢政,遂逃归。初,正等屡请立嘉王为皇太子,帝许之。正拟指挥以进,奉御笔:"历事岁久,念欲退闲。"正得之,大惧,乃谋退焉。甲子,太皇太后以皇帝疾未能执丧,命皇子嘉王即皇帝位于重华宫之素幄,尊寿皇帝为太上皇帝,皇后为寿仁太上皇后,移御泰安宫。庆元元年十一月戊戌,上尊号曰圣安寿仁太上皇帝。六年八月庚寅,太上皇帝不豫。辛卯,崩于寿康宫,年五十有四。十一月丙寅,谥曰宪仁圣哲慈孝皇帝,庙号光宗。嘉泰三年十一月壬申,加谥循道宪仁明功茂德温文顺武圣哲慈孝皇帝。

赞曰:光宗幼有令闻,向用儒雅。逮其即位,总权纲,屏嬖幸,薄赋缓刑,见于绍熙初政,宜若可取。及夫宫闱妒悍,内不能制,惊忧致疾。自是政治日昏,孝养日怠,而乾、淳之业衰焉。

卷三十七　　本纪第三十七

宁　宗　一

宁宗法天备道纯德茂功仁文哲武圣睿恭孝皇帝,讳扩,光宗第二子也,母曰慈懿皇后李氏。光宗为恭王,慈懿梦日坠于庭,以手承之,已而有娠。乾道四年十月丙午,生于王邸,五年五月,赐今名。十一月乙丑,授右千牛卫大将军。七年,光宗为皇太子。淳熙五年十月戊午,迁明州观察使,封英国公。七年二月,初就傅。九年正月,始冠。十年九月己巳,始预朝参。十一年,当出阁,两宫爱之,不欲令居外,乃建第东宫之侧,以十月甲戌迁焉。十二年三月乙酉,迁安庆军节度使,封平阳郡王。八月辛酉,纳夫人韩氏。十六年二月壬戌,光宗受禅。三月己亥,拜少保、武宁军节度使,进封嘉王。帝自弱龄,尊师重傅,至是,始置翊善,以沈清臣为之。绍熙元年春,宰相留正请立帝为储嗣。

五年六月戊戌,孝宗崩,光宗以疾不能出。壬寅,宰臣请太皇太后垂帘听政,不许;请代行祭奠之礼,从之。丁未,宰臣奏云:"皇子嘉王,仁孝凤成。宜正储位,以安人心。"越六日,奏三上,从之。明日,遂拟旨以进。是夕,御批付丞相云:"历事岁久,念欲退闲。"七月辛酉,留正以疾辞去。知枢密院事赵汝愚见正去,乃遣韩侂胄因内侍张宗尹以禅位嘉王之意请于太皇太后,不获。遇提举重华宫关礼,侂胄因其问,告之。礼继入内,泣请于太皇太后,太皇太后乃悟,令谕侂胄曰:"好为之!"侂胄出,告汝愚,命殿帅郭杲夜分兵卫南北内。翌日禫祭,汝愚率百官诣大行柩前,太皇太后垂帘,汝愚率同列再拜,奏:"皇帝疾,不能执丧,臣等乞立皇子嘉王为太子,以安人心。"乃奉御批八字以奏。太皇太后曰:"既有御笔,卿当奉行。"汝愚曰:"内禅事重,须议一指挥。"太皇太后允诺。汝愚袖出所拟以进,云:"皇帝以疾,未能执丧,曾有御笔,欲自退闲,皇子嘉王扩可即皇帝位。尊皇帝为太上皇,皇后为太上皇后。"太皇太后览毕,曰"甚善。"汝愚出,以旨谕帝,帝固辞曰:"恐负不孝名。"汝愚曰:"天子当以安社稷、定国家为孝,今中外忧乱,万一变生,置太上皇何地!"众扶入素幄,披黄袍,方却立未坐,汝愚率同列再拜。帝诣几筵殿。哭尽哀。须臾立仗讫,催百官班,帝衰服出,就重华殿东庑素幄立,内侍扶掖,乃坐。百官起居讫,乃入行禫祭礼。诏建泰安宫,以奉太上皇、太上皇后。汝愚即丧次请召还留正。乙丑,太皇太后命立崇国夫人韩氏为皇后。丙寅,大赦。百官进秩一级,赏诸军。诏车驾五日一朝泰安宫,百官月两朝。以即位告于天地、宗庙、社稷。

丁卯,侍御史张叔椿劾留正擅去相位,诏以叔椿为吏部侍郎。戊辰,诏求直言。遣郑湜使金告禅位。己巳,以赵汝愚兼参知政事。庚午,召秘阁修撰、知潭州朱熹诣行在。壬申,建泰安宫。乙亥,以赵汝愚为右丞相,参知政事陈骙知枢密院事,余端礼参知政事,仍兼同知枢密院事。汝愚辞不拜。赐前宰执、侍从诏,访以得失。丙子,大风。戊寅,诏:秋暑,太上皇帝未须移御,即以寝殿为泰安宫。以殿前都指挥使郭杲为武康军节度使,庚辰,率群臣拜表于泰安宫。辛巳,以赵汝愚为枢密使,保大军节度使郭师禹为攒宫总护使。壬午,侍御史章颖等劾内侍林亿年、陈源、杨舜卿,诏亿年、源与在外宫观,舜卿在京宫观。韩侂胄落阶官,为汝州防御使。癸未,余端礼辞兼同知枢密院事。甲申,以兵部尚书罗点签书枢密院事。诏两省官详定应诏封事,具要切者以闻。戊子,诏百官轮对。罢杨舜卿在京宫观,林亿年常州居住,陈源抚州居住。八月己丑朔,安定郡王子涛薨。辛卯,初御行宫便殿听政。癸巳,以朱熹为焕章阁待制兼侍讲。甲午,增置讲读官,以给事中黄裳、中书舍人陈傅良、彭龟年等为之。丁酉,以生日为天祐节。己亥,率群臣朝泰安宫。辛丑,诏诸道举廉吏、纠污吏。壬寅,诏经筵官开陈经旨,救正阙失。进封弟许国公柄为徐国公。癸卯,加嗣濮王士歆少师,郭师禹少傅,夏执中少保。乙巳,诏晚讲官坐讲。丁未,复罢经筵坐讲,命三省议振恤诸路郡县水灾。乙卯,加安南国王李龙翰思忠功臣。诏岁减广西盐额十万缗。丙辰,留正罢,以观文殿大学士判建康府。以赵汝愚为右丞相。丁巳,诏侍从、两省、台谏各举通亮公清、不植党与、曾任知县者二人。九月己巳,命赵汝愚朝献景灵宫。庚子,命嗣秀王伯圭朝飨太庙。是日,罗点薨。辛未,合祭天地于明堂,大赦。壬申,以刑部尚书京镗签书枢密院事。甲戌,下诏抚谕诸将。改天祐节为瑞庆节。冬十月己丑,右谏议大夫张叔椿再劾留正擅去相位,诏落正观文殿大学士。庚寅,更泰安宫为寿康宫。辛卯,命四川制置司铨量诸州守臣。癸巳,雷。乙未,诏以阴阳谬盭,雷电非时,令台谏、侍从,各疏朝政阙失以闻。戊戌,复许武举人试换文资。庚子,以久雨,命大理、三衙、临安府、两浙州县决系囚,释杖以下。辛丑,减两浙、江东西路和市折帛钱,蠲两浙路丁盐、身丁钱一年。雅州蛮寇边,土丁拒退之,寻出降。甲辰,以朱熹言,趣后省看详应诏封事。乙巳,上大行至尊寿皇圣帝谥曰哲文神武成孝皇帝,庙号孝宗。丙午,复以朱熹奏请,却瑞庆节贺表。庚戌,改上安穆皇后谥曰成穆皇后,安恭皇后谥曰成恭皇后。壬子,遣曾三复使金贺正旦。丙辰,上孝宗皇帝册宝于重华殿,成穆皇后、成恭皇后册宝于本室。是月,建福宁殿。闰月庚申,以吏部尚书郑侨等奏请祧僖、宣二祖,正太祖东向之位,寻立僖祖别庙,以藏顺、翼、宣三祖之主。乙丑,遣林季友使金报谢。戊辰,金遣使来吊祭。戊寅,侍讲朱熹以上疏忤韩侂胄罢,赵汝愚力谏,不听;台谏、给舍交章请留朱熹,亦不听。诏两省、台谏、侍从各举宗室有文学器识者二人。壬午,诏改明年为庆元元年。十一月甲午,复加安南国王李龙翰济美功臣。丙午,帝自重华宫还大内。庚戌,以宜州观察使韩侂胄兼枢密都承旨。辛亥,雨木冰。诏行孝宗三年丧制,命礼官条具典礼以闻。升明州为庆元府。乙卯,权攒孝宗皇帝于永阜陵。十二月丁巳朔,禁民间妄言宫禁事。乙丑,吏部侍郎彭龟年上疏,言韩侂胄假托声势,窃弄威福,乞黜之,以解天下之疑。诏罢龟年,进侂胄一官,与在京宫观。赵汝愚请留龟年,不听。御史中丞谢深甫劾陈傅良,罢之。戊辰,以陈康伯配飨孝宗庙庭。己巳,陈骙罢。庚午,以余端礼知枢密院事,京镗参知政事,郑侨同知枢密院事。辛未,监察御史刘德秀劾起居舍人刘光祖,罢之。癸酉,金遣使来贺登位。上孝庙乐曰《大伦之舞》。甲戌,祔孝宗神主于太庙。丁丑,减临安、绍兴二府死罪以下囚,释杖以下。蠲民缘攒宫役者赋。戊寅,加郭师禹少师,进封永宁郡王。癸未,金遣使来贺明年正旦。是岁,两浙、淮南、江东西路水旱,振之,仍蠲其赋。

庆元元年春正月丁巳朔,蠲两淮租税。壬寅,黎州蛮寇边,官军战却之。乙巳,蠲台、严、湖三州贫民身丁、折帛钱一年。诏两浙、淮南、江东路荒歉诸州收养遗弃小儿。辛亥,以久雨,振给临安贫民。丙辰,白虹贯日。二月丁巳朔,诏两淮诸州劝民垦辟荒田。壬戌,诏嗣秀王伯圭赞拜不名。癸亥,以久雨,释大理、三衙、临安府、两浙路杖以下囚。丁卯,诏帅臣、监司岁终考察郡守臧否以闻。戊寅,以右正言李沐言,罢赵汝愚为观文殿大学士、知福州。己卯,雨土。以余端礼兼参知政事。庚辰,兵部侍郎章颖以党赵汝愚罢。甲申,谢深甫等再劾汝愚,诏与宫观。三月丙戌朔,日有食之。庚寅,太白经天。辛亥,诏四川岁发西兵诣行在,如旧制。癸丑,命侍从、台谏、两省集议江南沿江诸州行铁钱利害。甲寅,国子祭酒李祥、博士杨简以党赵汝愚罢。夏四月丁巳,太府寺丞吕祖俭坐上疏留赵汝愚及论不当黜朱熹、彭龟年等,忤韩侂胄,送韶州安置。己未,以余端礼为右丞相,京镗知枢密院事,郑侨参知政事,谢深甫签书枢密院事。庚申,太学生杨宏中等六人以上书留赵汝愚、章颖、李祥、杨简,请黜李沐,诏宏中等各送五百里外编管。中书舍人邓驲上疏救之,不听。戊辰,临安大疫,出内帑钱为贫民医药、棺敛费及赐诸军疫死者家。五月戊子,吕祖俭改送吉州安置。戊戌,诏戒百官朋比。丙午,诏诸路提举司置广惠仓,修胎养令。辛亥,减大理、三衙、临安府杂犯死罪以下囚,释杖以下。六月丁巳,复留正观文殿大学士,充醴泉观使。右正言刘德秀请考核真伪,以辨邪正。己未,遣汪义端贺金主生辰。庚午,诏三衙、江上诸军主帅、将佐,初除举自代一人,岁荐所知二人。癸酉,以韩侂胄为保宁军节度使、提举万寿观。秋七月壬辰,加周必大少傅。丁酉,落赵汝愚观文殿大学士,罢宫观。己亥,太白昼见。八月己巳,诏内外诸军主帅条奏武备边防之策以闻。九月壬午朔,蠲临安府水灾贫民赋。乙酉,以久雨,决系囚。丙戌,荧惑入太微。甲辰,遣黄艾使金贺正旦。己酉,蠲台、严、湖三州被灾民丁绢。冬十月己卯,诏三省、枢密院条上合教诸军例。乙丑,升秀州为嘉兴府,舒州为安庆府,嘉州为嘉定府,英州为英德府。戊辰,金遣吴鼎枢来贺瑞庆节。壬申,封子恭为安定郡王。十一月己丑,雨土。庚寅,以弟徐国公柄为昭庆军节度使。戊戌,加上寿圣隆慈备福太皇太后尊号曰寿圣隆慈备福光佑太皇太后,寿成皇太后曰寿成惠慈皇太后,太上皇曰圣安寿仁太上皇,太上皇后曰寿仁太上皇后。丙午,以监察御史胡纮言,责授赵汝愚宁远军节度副使、永州安置。丁未,命宰执大阅。十二月癸亥,置楚州弩手效勇军。丙子,命朱熹为焕章阁待制,辞。丁丑,金遣纥石烈正来贺明年正旦。

二年春正月庚寅,以余端礼为左丞相,京镗为右丞相,郑侨知枢密院事,谢深甫参知政事,御史中丞何澹同知枢密院事,庚子,赵汝愚卒于永州。甲辰,右谏议大夫刘德秀劾留正引用伪学之党,诏落正观文殿大学士,罢宫观。二月辛酉,诏追复赵汝愚官,许归葬,以中书舍人吴宗旦言,罢之。辛未,再蠲临安府民身丁钱三年。三月丙申,命诸军射铁帘。己亥,进封弟柄为吴兴郡王。丙午,有司上《庆元会计录》。夏四月甲子,余端礼罢。壬申,以何澹参知政事,吏部尚书叶翥签书枢密院事。乙亥,增置监察御史一员。五月辛巳,以旱,祷于天地、宗庙、社稷。诏大理、三衙、临安府、两浙州县决系囚。乙酉,申严狱囚瘐死之罚。辛卯,赐礼部进士邹应龙以下四百九十有九人及第、出身。甲午,减诸路和市折帛钱三年。建华文阁,以藏孝宗御集。甲辰,更慈福宫为寿慈宫。六月庚戌,遣吴宗旦贺金主生辰,乙丑,命监司、帅守臧否县令,分三等。丙子,子埈生。秋七月癸未,祫于太庙。丙戌,减诸路死罪囚,释流以下。戊子,量徙流人吕祖俭等于内郡,诏检正、都司考核诸路守臣便民五事以闻。戊戌,以韩侂胄为开府仪同三司、万寿观使。八月癸丑,奉安孝皇帝、成穆皇后、成恭皇后神御于景灵宫。丙辰,以太常少卿胡纮请,权住进拟伪学之党。壬戌,子埈薨,追封兖王,谥冲惠。九月丁亥,复分利州为东、西路。癸巳,嗣濮王士

歆薨,追封韶王。甲午,流星昼陨。丁酉,遣张贵谟使金贺正旦。冬十月戊申,率群臣奉上寿圣隆慈备福光佑太皇太后、寿成惠慈皇太后、圣安寿仁太上皇、寿仁太上皇后册宝于慈福、寿康宫。辛亥,册皇后。壬戌,金遣张嗣来贺瑞庆节。甲戌,大阅。十一月庚寅,诣寿康宫,上《太上皇帝宽恤诏令》。壬辰,京镗等上《孝宗皇帝宽恤诏令》。癸卯,赏宜州捕降峒寇功。十二月辛未,金遣完颜崇道来贺明年正旦。是月,监察御史沈继祖劾朱熹,诏落熹秘阁修撰,罢宫观。窜处士蔡元定于道州。

三年春正月壬寅,郑侨罢。癸卯,以谢深甫兼知枢密院事。二月己酉,京镗等上《神宗玉牒》、《高宗实录》。丁巳,以大理司直邵褎然请诏大臣自今权臣、伪学之党,勿除在内差遣。诏下其章。三月乙未,建东华门。庚子,禁浙西州军围田。壬寅,诏:"自今有司奏谳死罪不当者,论如律。"夏四月丙午,雨土。命不祗为嗣濮王。壬子,以旱祷于天地、宗庙、社稷。乙丑,雨雹。六月戊辰,颁《淳熙宽恤诏令》。闰月甲戌,内出铜器付尚书省毁之,命申严私铸铜器之禁。乙亥,遣卫泾贺金主生辰。甲午,诏留正分司西京、邵州居住。是夏,广东提举茶盐徐安国遣人捕私盐于大奚山,岛民遂作乱。秋七月庚午,监察御史沈继祖奏淹囚四百余条来上,诏进二官。八月戊子,复置严州神泉监。辛卯,知广州钱之望遣兵入大奚山,尽杀岛民。甲午,均诸路职田。九月壬寅,以四川旱,诏蠲蜀赋。辛酉,遣曾炎使金贺正旦。乙丑,申严帅臣、监司臧否郡守之制。是月,诏监司、帅守荐举改官,勿用伪学之人。冬十月癸酉,雷。丙戌,金遣完颜愈来贺瑞庆节。丙申,以太皇太后违豫,赦。十一月辛亥,加孝宗皇帝谥曰绍统同道冠德昭功哲文神武明圣成孝皇帝。太皇太后吴氏崩。壬寅,朝献于景灵宫。癸卯,朝飨于太庙。甲辰,祀天地于圜丘,大赦。乙巳,诏为大行太皇太后服期。丁未,遣赵介使金告哀。十二月丙子,始御正殿。丁丑,以大行太皇太后攒宫,蠲绍兴府贫民明年身丁、折帛绵绢。庚辰,罢文武官纳官告绫纸钱。甲申,雷,雨土。乙未,金遣奥屯忠孝来贺明年正旦。丁酉,以知绵州王沇请,诏省部籍伪学姓名。

四年正月己卯,上钦宗皇后谥曰仁怀皇后。丙寅,以叶翥同知枢密院事。丁卯,诏有司宽恤两浙、江淮、荆湖、四川流民。二月辛未,诏两省、侍从、台谏各举所知一二人,毋荐宰执亲党。丙子,上大行太皇太后谥曰宪圣慈烈皇后。三月甲子,权欑宪圣慈烈皇后于永思陵。乙丑,金遣乌林答天益来吊祭。夏四月丙戌,祔仁怀皇后、宪圣慈烈皇后神主于太庙。己丑,蠲临安、绍兴二府租税有差。丙申,始御正殿。是月,右谏议大夫张釜请下诏禁伪学。遣汤硕使金报谢。五月己亥,加韩侂胄少傅,赐玉带。己酉,诏禁伪学。六月己巳,遣杨王休贺金主生辰。癸酉,以弟吴兴郡王柄为开府仪同三司。秋七月辛酉,叶翥罢。八月丁卯朔,以久雨,决系囚。丙子,以谢深甫知枢密院事兼参知政事,吏部尚书许及之同知枢密院事。庚辰,白气亘天。丙戌,诏以太上皇圣躬清复,率群臣上寿。寻不克行。九月壬寅,太白昼见。癸卯,太白经天。丁未,颁

《庆元重修敕令格式》。庚申，遣马觉使金贺正旦。是月，诏造新历。冬十月戊子，金遣孙铎来贺瑞庆节。十二月丙戌，再蠲临安府民身丁钱三年。己丑，金遣杨庭筠来贺明年正旦。

五年春正月庚子，枢密院直省官蔡琏诉赵汝愚定策时有异谋，诏下大理捕鞫彭龟年、曾三聘等，以实其事。中书舍人范仲艺力争之于韩侂胄，事遂寝。张釜等复请穷治，诏停龟年、三聘官。壬戌，建玉堂。二月癸酉，白气亘天。乙酉，张釜劾刘光祖附和伪学，诏房州居住。三月甲午，罢监司臧否郡守之制。夏五月壬辰朔，新历成，赐名曰《统天》。戊戌，赐礼部进士曾从龙以下四百十有二人及第、出身。戊申，以久雨，民多疫，命临安府振恤之。壬子，诏诸路州学置武士斋，选官按其武艺。六月癸亥，遣李大性贺金主生辰。秋七月甲寅，禁高丽、日本商人博易铜钱。八月乙亥，白气亘天。辛巳，太祖庙楹生芝，率群臣诣寿康宫上寿，始见太上皇，成礼而还。甲申，以过宫上寿礼成，中外奉表称贺。丙戌，诏减诸路流囚，释杖以下，推恩如庆寿故事。丁亥，进京镗等官一级。戊子，立沿边诸州武举取士法。九月庚寅朔，加韩侂胄少师，封平原郡王。丙辰，遣朱致知使金贺正旦。冬十月庚申朔，封郭师禹为广陵郡王。丙子，金遣仆散琦来贺瑞庆节。十一月己丑朔，诏复右司一员。十二月辛酉，嗣濮王不秪薨。庚午，命广东水土恶弱诸州建安仁宅、惠济仓库，给士大夫死不能归者。己亥，奉安仁怀皇后、宪圣慈烈皇后神御于景灵宫。甲申，金遣范楫来贺明年正旦。是岁，饶、信、江、抚、严、衢、台七州，建昌、兴国军、广东诸州皆水，振之。

六年春正月己亥，子坦生。二月戊辰，减诸路杂犯死罪囚，释徒以下。己巳，雨土。己卯，率群臣奉上《圣安寿仁太上皇玉牒》、《圣政》、《日历》、《会要》于寿康宫。甲申，封婕妤杨氏为贵妃。闰月庚寅，以京镗为左丞相，谢深甫为右丞相，何澹知枢密院事兼参知政事。乙巳，复留正少保、观文殿大学士致仕。丁未，雨土。辛亥，以殿前副都指挥使吴曦为昭信军节度使。三月甲子，朱熹卒。辛未，从寿成惠慈皇太后幸聚景园。己卯，安定郡王子恭薨。夏四月己酉，命不墨为嗣濮王。五月丙辰，以旱，决中外系囚。除茶盐赏钱。有司上《庆元宽恤诏令》、《役法撮要》。癸亥，避正殿，减膳。丙寅，诏大理、三衙、临安府及诸路阙雨州县释杖以下囚。戊辰，诏侍从、台谏、两省、卿监、郎官、馆职疏陈阙失及当今急务。辛未，以久不雨，诏中外陈朝廷过失及时政利害。壬申，雨。丁丑，诏三省、枢密院择臣僚封事可行者以闻。六月乙酉朔，日有食之。丁亥，以太上皇后违豫，赦。戊子，太上皇后李氏崩。壬辰，遣赵善义贺金主生辰，吴玗使金告哀。戊申，许之以母忧去位。秋七月己未，初御后殿。丁卯，以御史中丞陈自强签书枢密院事。八月庚寅，以太上违豫，赦。辛卯，太上皇崩。甲午，遣李寅仲使金告哀。乙未，日中有黑子。丙申，上大行太上皇后谥曰慈懿皇后。丁酉，京镗薨。壬寅，子坦薨，追封邳王，谥冲温。癸卯，权攒慈懿皇后于临安府南山之修吉寺。九月乙卯，祔慈懿皇后神主于太庙。甲子，婺州布衣吕祖泰上书，请诛韩侂胄、苏师旦，逐陈自强等，以周必大代之。诏杖祖泰，配钦州牢城。己巳，命谢深甫朝献景灵宫。庚午，命嗣濮王不墨朝飨太庙。辛未，合祭天地于明堂。大赦。丙子，遣丁常任为金国遗留国信使。冬十月丙戌，加韩侂胄太傅。戊子，遣林桷使金贺正旦。庚子，复加安南国王李龙翰保节功臣。辛丑，雨土。十一月癸丑朔，诏宗子与愿更名㬚，为福州观察使。己未，皇后韩氏崩。癸亥，子增生。丙寅，东北地震。上大行太上皇谥曰宪仁圣哲慈孝皇帝，庙号光宗。乙亥，上大行皇后谥曰恭淑皇后。十二月癸未朔，子增薨，追封郓王，谥冲英。乙酉，日中有黑子。辛卯，雨土。权攒宪仁圣哲慈孝皇帝于永崇陵。己亥，金遣乌古论谊来吊祭。壬寅，权攒恭淑皇后于临安府南山之广教寺。癸卯，祔光宗皇帝神主于太庙。遣虞俦使金报谢。诏改明年为嘉泰元年。乙巳，日中黑子灭。蠲临安、绍兴二府民缘攒宫役者赋。戊申，金遣纥石烈忠定来贺明年正旦。己酉，加吴曦太尉。庚戌，祔恭淑皇后神主于太庙。诏罢四川总领所所增关外四州营田租。是岁，建宁府、徽、严、衢、婺、饶、信、南剑七州水，建康府、常、润、杨、楚、通、泰和七州、江阴军旱，振之。

卷三十八　　本纪第三十八

宁宗二

嘉泰元年春正月戊午，申严福建科盐之禁。壬戌，谢深甫等荐士三十有五人，诏籍名中书，以待选擢。丁卯，命路钤按阅诸州兵士，毋受馈遗及擅招军。违者置诸法。庚午，以葛邲配飨光宗庙庭。丙子，金遣完颜充来吊祭。二月戊子，诏求明历之士。壬辰，开资善堂。遣俞烈使金报谢。癸巳，监察御史施康年劾少傅、观文殿大学士致仕周必大首倡伪学，私植党与，诏降为少保。修《光宗实录》。乙未，续修《吏部七司法》。己亥，初置教官试于四川。辛丑，雨土。三月丙寅，雨雹。戊辰，复雨雹。颁《庆元宽恤诏令》、《役法撮要》。己巳，雨雹。戊寅，临安大火，四日乃灭。夏四月辛巳，诏有司振恤被灾居民，死者给钱瘗之。壬午，下诏自责。诏枢密院核禁卫班直及诸军营栅焚毁之数。癸未，避正殿，减膳。甲申，命临安府察奸民纵火者，治以军法。内降钱十六万缗，米六万五千余石，振被灾死亡之家。辛卯，龙州蕃部寇边，遣官军讨之。诏以风俗侈靡，灾后官军营造，务遵法制。内出销金铺翠，焚之通衢，禁民无或服用。丁酉，御正殿，复膳。戊戌，以潜邸为开元宫。丙午，诏文武臣无寓居州任厘务官，著为令。五月戊午，以旱，祷于天地、宗庙、社稷，诏大理、三衙、临安府、两浙州县决系囚。癸亥，释诸路杖以下囚，除茶盐赏钱。丁卯，命有司举行宽恤之政十有六条。乙亥，监太平惠民局夏允中请用文彦博故事，以韩侂胄平章军国重事。韩侂胄上疏请致仕,不许。免允中官。丙子,雨。丁丑,雨雹。六月辛巳,遣陈宗召贺金主生辰。丙午,太白经天。秋七月乙卯,何澹罢。丁巳,以旱,复祷于天地、宗庙、社稷。壬戌,释大理、三衙、临安府及诸路阙雨州县杖以下囚。癸亥,雨雹。甲子,以陈自强参知政事兼同知枢密院事,张釜签书枢密院事。丁卯,复振被火贫民。己巳,以吴曦为兴州都统制兼知兴州。八月己卯,减奏荐恩。甲申,张釜罢,以陈自强兼知枢密院事,给事中张岩参知政事,右谏议大夫程松同知枢密院事。丙戌,复诏侍从、台谏、两省集议沿江八州行铁钱利害。九月辛亥,遣朝臣二人决浙西围田。己未,雨土。辛未,遣李景和使金贺正旦。甲戌,令礼官纂集孝宗一朝典礼。冬十月甲申,诏免瑞庆节诸道入贡。丙戌,起居郎王容请以韩侂胄定策事迹付史馆,从之。甲午,金遣徒单怀忠来贺瑞庆节。甲辰,编《光宗御集》。十一月庚申,蠲潭州民旧输黄河铁缆钱。丙寅,太白昼见。十二月己卯,太白经天。庚寅,复免临安府民身丁钱三年,辛丑,雨土。癸卯,金遣纥石烈真来贺明年正旦。是岁,浙西、江东、两淮、利州路旱,振之,仍蠲其赋。真里富国献驯象二。

二年春正月癸亥,以知阁门事苏师旦兼枢密都承旨。丁卯,陈自强等上《高宗实录》。二月甲申,追复赵汝愚资政殿学士。丁亥,修《高宗正史》、《宝训》。戊子,颁《治县十二事》以风厉县令。癸巳,禁行私史。三月辛亥,诏宰执名举可守边郡者二三人。己未,初命诸路提刑以五月按部理囚。己巳,诏诸路帅臣、总领、监司举任将帅者与本军主帅列上之。夏四月庚寅,雨雹。五月甲辰朔,日有食之。己巳,赐礼部进士傅行简以下四百九十有七人及第、出身。六月丙子,遣赵不艰贺金主生辰。己卯,临安火。壬午,浚浙西运河。辛卯,禁都民以火说相惊者。庚子,大雨雹。秋七月辛亥,封子𬭩为安定郡王。癸亥,以旱,释诸路杖以下囚。己巳,命有司举行宽恤之政七条。庚午,祷于天地、宗庙、社稷。复行宽恤四事。八月丙子,以吏部尚书袁说友同知枢密院事。癸未,建宝谟阁,以藏《光宗御集》。己丑,诏作寿慈宫,请太皇太后还内。甲午,谢深甫等上《庆元条法事类》。九月己酉,朝寿慈宫。甲寅,修《皇帝会要》。壬戌,奉安光宗皇帝、慈懿皇后神御于景灵宫、万寿观。丙寅,嗣秀王伯圭薨,追封崇王,谥曰宪靖。庚午,临安府野蚕成茧。冬十月乙亥,上寿成惠慈太皇太后尊号曰寿成惠圣慈祐太皇太后。戊子,金遣完颜瑭来贺瑞庆节。乙亥,遣鲁奎使金贺正旦。是月,追复朱熹焕章阁待制致仕。十一月甲辰,始御正殿。乙巳,重修《吏部七司法》。庚戌,以陈自强知枢密院事,前同知枢密院事许及之参知政事。丁巳,右文殿槐生芝。十二月甲戌,日中有黑子。率群臣奉上寿成惠圣慈祐太皇太后册宝于寿慈宫。甲申,立贵妃杨氏为皇后。加韩侂胄太师。庚寅,大阅。闰月丁未,诏讲官有当开释者,随事开陈。乙卯,以福州观察使㬎为威武军节度使,封吉国公。丁卯,金遣徒单公弼来贺明年正旦。是月,复周必大少傅、观文殿大学士。是冬,子坰生,未逾月薨,追封华王,谥冲穆。是岁,建宁府、福、汀、南剑、泸四州水,邵州旱,振之。

三年春正月庚辰,谢深甫罢。壬午,置湖南溪洞总首。戊子,龙州蕃部复寇边,遣官军讨之。甲午,张岩罢。丙申,以陈自强兼参知政事。戊戌,幸太学,谒大成殿,御化原堂,命国子祭酒李寅仲讲《尚书·周官》篇。遂幸武学,谒武成殿。监学官进秩一级,诸生推恩、赐帛有差。以袁说友参知政事,权翰林学士、知制诰傅伯寿签书枢密院事,伯寿辞不拜。二月乙巳,御文德殿册皇后。以吏部尚书费士寅签书枢密院事。三月丁丑,以久雨,诏大理、三衙、临安府决系囚。乙酉,幸聚景园。夏四月己亥朔,日有食之。壬寅,福州瑞麦生。丙午,出封桩库两淮交子一百万,命转运司收民间铁钱。乙卯,陈自强等上《徽宗玉牒》、孝宗、光宗《实录》。辛酉,诏宰执、台谏子孙毋就试。五月戊寅,以陈自强为右丞相,许及之知枢密院事,仍兼参知政事。庚辰,以旱,诏大理、三衙、临安府释杖以下囚。癸未,命有司搜访旧闻,修三朝正史,以书来上者赏之。是月,以苏师旦为定江军承宣使。六月壬寅,遣刘甲贺金主生辰。己酉,减大理、三衙、临安府囚罪一等,释杖以下。癸亥,太白经天。秋七月辛未,颁《庆元条法事类》。命殿前司造战舰。壬午,权罢同安、汉阳、蕲春三监铸钱。白虹贯日。癸未,禁江、浙州县抑纳逃赋。乙未,加光宗皇帝谥曰循道宪仁明功茂德温文顺武圣哲慈孝皇帝。八月壬寅,增置襄阳骑军。戊申,置四川提举茶马二员,分治茶、马事。丙辰,陈自强等上《皇帝会要》。甲子,诏刑部岁终比较诸路瘐死之数,以为殿最。九月庚午,袁说友罢。壬申,以宗子希瑾为庄文太子嗣,更名㨒,授右千牛卫将军。癸酉,命坑冶铁冶司毋得毁私钱改铸。己丑,诏南郊加祀感生帝,太子、庶子星,宋星。遣张孝曾使金贺正旦。冬十月庚子,诏宥吕祖泰。癸卯,以费士寅参知政事,华文阁学士、知镇江府张孝伯同知枢密院事。丙午,命两淮诸州以仲冬教阅民兵万弩手。丁未,大风。戊申,龙州蕃部出降。壬子,金遣完颜奕来贺瑞庆节。十一月壬申,上光宗册宝于太庙。癸酉,朝献于景灵宫。甲戌,朝飨于太庙。乙亥,祀天地于圜丘,大赦。癸未,大风。己丑,安定郡王子𬭩薨。更定选人荐举改官法。庚寅,复置福田、居养院,命诸路提举常平司主之。十二月丙辰,命四川提举茶马通治茶马事。辛酉,下诏戒敕将帅掊克。金遣独吉思忠来贺明年正旦。是冬,金国多难,惧朝廷乘其隙,沿边聚粮增戍,且禁襄阳榷场。边衅之开,盖自此始。

四年春正月乙亥,大风。浚天长县濠。癸未,日中有黑子。壬辰,雨雹。琼州西浮洞逃军作乱,寇掠文昌县,遣兵讨平之。二月丁酉,置庄文太子府小学教授。辛亥,命内外诸军射铁帖试转资。壬子,蠲临安府逋负酒税。己未,立《试刑法避亲格》。庚申,夜有赤气亘天。三月丁卯,临安大火,迫太庙,权奉神主于景灵宫。己巳,避正殿。庚午,命临安府振焚室。辛未,诏修太庙。甲戌,下诏罪己。乙亥,诏百官疏陈时政阙失。庚寅,复御正殿。夏四月甲午朔,立韩世忠庙于镇江府。命内外诸军详度纯队法。甲辰,许及之罢。振恤江西水旱州县。乙巳,以费士寅兼知枢密院事,张孝伯参知政事,吏部尚书钱象祖赐出身,同知枢密院事。丙辰,诏革选举之弊。五月乙亥,诏诸军主帅各举部内将材三人,不如所举者坐之。癸未,追封岳飞为鄂王。六月癸巳,遣张嗣古贺金主生辰。丙申,置诸军帐前雄效,以军官子孙补之。壬寅,诏侍从、台谏、两省集议裁抑滥赏。壬子,诏诸路监司核实诸州桩积钱米。沿江、四川军帅简练军实。丁巳,增庐州强勇军为千人。秋七月甲子,以旱,诏大理、三衙、临安府、两浙及诸路决系囚。戊辰,祷于天地、宗庙、社稷。己巳,命诸路提刑从宜断疑狱。蠲内外诸军遭负营运息钱。辛未,蠲两浙阙雨州县逋租。戊子,命诸路提刑、提举司措置保伍法。八月己亥,陈自强等上《皇帝玉牒》。癸丑,诏自今以恩赏进秩,岁毋过二官。蠲绍兴府攒宫所在民身丁钱绢绵盐。丙辰,除静江府、昭州折布钱。戊午,张孝伯罢。九月乙丑,得四圭,有邸玉一,诏藏于太常。壬午,遣邓友龙使金贺正旦。丙戌,戒伤两淮州县遵守宽恤旧法。冬十月庚子,以资政殿大学士、淮东安抚使张岩参知政事。壬寅,金遣完颜昌来贺瑞庆节。十一月乙未朔,诏两淮、荆襄诸州值荒歉奏请不及者,听先发廪以闻。庚午,封伯栩为安定郡王。壬申,白气亘天。庚辰,修六合县城。十二月癸巳,诏总核内外财赋,以陈自强及兼国用使,费士寅、张岩同知国用事。己亥,诏改明年为开禧元年。壬寅,禁州县挟私籍没民产。甲辰,再蠲临安府民身丁钱三年。乙卯,金遣乌林答毅来贺明年正旦。

开禧元年春正月癸酉,初置澉浦水军。壬午,雨霾。二月癸巳,夺徐安国三官。癸卯,诏国用司立考核财赋之法。丙午,蠲临安府逋负酒税。三月庚申,太白昼见。辛未,申严民间生子弃杀之禁,仍令有司月给钱米收养。辛巳,以淮西安抚司所招军为强勇军。癸未,费士寅罢。夏四月戊子朔,以钱象祖参知政事兼同知枢密院事,吏部尚书刘德秀签书枢密院事。辛卯,以江陵副都统李奕为镇江都统,皇甫斌为江陵副都统兼知襄阳府。戊戌,修《宪圣慈烈皇后圣德事迹》。辛丑,日中有黑子。甲寅,武学生华岳上书,谏朝廷不宜用兵,恐启边衅。以忤韩侂胄,送建宁府编管。乙卯,大风。五月己巳,赐礼部进士毛自知以下四百三十有三人及第、出身。复淳熙荐举改官法。乙亥,诏以卫国公旸为皇子,进封荣王。甲申,镇江都统戚拱遣忠义人朱裕结弓手李全焚涟水县。是月,金国以边民侵掠及增边戍来责渝盟。六月戊子,罢广东税场八十一墟。辛卯,诏内外诸军密为行军之计。戊戌,命诸路安抚司教阅禁军。己亥,遣李壁贺金主生辰。庚子,进程松资政殿大学士,为四川制置使。辛丑,淮东安抚郑挺坐擅纳北人牛真及劫涟水军事败,夺二官罢。壬寅,天鸣有声。复同安、汉阳、蕲春三监。己巳,荧惑犯太微右执法。陈自强等上《新修淳熙以后吏部七司法》。壬子,陈自强及侍御史邓友龙等请用本朝故事,以韩侂胄平章军国事。减大理、三衙、临安府囚罪一等,释杖以下。秋七月庚申,诏韩侂胄平章军国事,立班丞相上,三日一朝,赴都堂治事。命兴元都统司增招战兵。丙寅,以苏师旦为安远军节度使,领阁门事。丁卯,诏侍从、两省、台谏、在外待制、

学士已上及内外文武官,各举将帅边守一二人。戊辰,赠赵汝愚少保。己卯,韩侂胄等上《高宗御集》。壬午,诏诸路提刑、提举司措置保甲。癸未,以韩侂胄兼国用使。以旱,诏大理、三衙、临安府、两浙州县及诸路决系囚。八月丙戌朔,蠲两浙阙雨州县赈赏钱。丁亥,命湖北安抚司增招神劲军。癸巳,雨。乙巳,以殿前副都指挥使郭倪为镇江都统兼知扬州。是月,赠宇文虚中少保。追封刘光世为鄜王。闰月戊寅,韩侂胄等上《钦宗玉牒》、《宪圣慈烈皇后圣德事迹》。九月丁亥,刘德秀罢。庚子,诏官吏犯赃追还所受如旧法。丁未,遣陈景俊使金贺正旦。庚戌,大风。冬十月甲子,江州守臣陈铸以岁旱图献瑞禾,诏夺一官。丙寅,升嘉定府为嘉庆府。庚午,金遣纥石烈子仁来贺瑞庆节。复置和州马监。十一月乙酉,置殿前司神武军五千人屯扬州。乙未,申严告讦之禁。十二月癸丑朔,修孝宗、光宗《御集》。庚午,诏两淮京西监司、帅守讲行宽恤之政。增刺马军司弩手。癸酉,诏永除两浙身丁钱绢。戊寅,金遣赵之杰来贺明年正旦,入见,礼甚倨。韩侂胄请帝还内,诏使人更以正旦见。著作郎朱质上书请斩金使,不报。是岁,真里富国献瑞象。江浙、福建、二广诸州旱,两淮、京西、湖北诸州水,振之。

二年春正月癸未朔,蠲两浙路身丁䌷绵。癸巳,再给军士雪寒钱。发米振给贫民。以金使悖慢,馆伴使、副以下夺官有差。乙未,增太学内舍生为百二十人。辛丑,更名国用司曰国用参计所。己酉,雷,雨雹。辛亥,诏坑户毁钱为铜者不赦,仍籍其家,著为令。是月,雅州蛮高吟师寇边,遣官军讨之。二月癸丑,寿慈宫火。甲寅,太皇太后移居大内,车驾月四朝。乙卯,以火灾,避正殿,彻乐。丁巳,以久雨,诏大理、三衙、临安府及诸路决系囚。己卯,复御正殿。三月癸巳,以程松为四川宣抚使,吴曦为宣抚副使。甲午,颁《开禧重修七司法》。丁酉,诏诸路监司岁十一月按部理囚,如五月之制。己亥,从太皇太后幸聚景园。乙巳,钱象祖罢,以张岩兼知枢密院事。丙午,以钱象祖怀奸避事,夺二官、信州居住。己酉,知处州徐邦宪入见,请立太子,因以肆赦弭兵,侍御史徐柟劾之。夏四月己未,雅州蛮作乱,焚硼门砦,官军失利。庚申,四川宣抚司复调御前大军往讨之。甲子,以薛叔似为兵部尚书、湖北京西宣抚使,邓友龙为御史中丞、两淮宣抚使。下纳粟补官之令。戊辰,以吴曦兼陕西、河东路招抚使。己巳,调三衙兵戍淮东。庚午,追夺秦桧王爵,命礼官改谥。乙亥,以郭倪兼山东、京东路招抚使,鄂州都统赵淳兼京西北路招抚使,皇甫斌兼京西北路招抚副使。丁丑,吴曦遣其客姚淮源献关外四州于金,求封蜀王。镇江都统制陈孝庆复泗州,江州统制许进复新息县。戊寅,光州忠义人孙成复褒信县。五月辛巳朔,陈孝庆复虹县。吴兴郡王抦薨,追封沂王,谥曰靖惠。癸未,禁边郡官吏擅离职守。丙戌,江州都统王大节引兵攻蔡州,不克,军大溃。丁亥,下诏伐金。癸巳,以伐金告于天地、宗庙、社稷。皇甫斌引兵攻唐州,败绩。兴元都统秦世辅出师至城固县,军大乱。甲午,赐宗室希瞿子名均,命为沂王抦后,补千牛卫将军。以池州副都统郭倬、主

管马军行司公事李汝翼会兵攻宿州,败绩。壬寅,太白昼见。简荆襄、两淮田卒以备战兵。癸卯,郭倬等还至蕲县,金人追而围之,倬执马军司统制田俊迈以与金人,乃得免。六月壬子,王大节除名,袁州安置,寻徙封州。癸丑,建康都统李爽攻寿州,败绩。甲寅,邓友龙罢。以江南东路安抚使丘崈为刑部尚书、两淮宣抚使。乙卯,雅州蛮高岭师出降,官军杀之。丁巳,减大理、三衢、临安府囚罪一等,释杖以下。夺郭倬、李汝翼二官。辛酉,夺皇甫斌三官。甲子,李爽罢。丁卯,曲赦泗州,减杂犯死罪囚,余皆除之,蠲其租税三年。建康副都统田琳复寿春府。戊辰,雅州蛮复寇边。甲戌,夺李爽三官、汀州居住。再夺皇甫斌五官、南安军安置。丙子,夺邓友龙三官、兴化军居住。戊寅,苏师旦罢。是月,命丘崈至扬州部署诸将,悉三衢江上军分守江、淮要害。金人封吴曦为蜀王。秋七月辛巳,复绍兴边郡赏。夺苏师旦三官、衡州居住,仍籍其家。罢旱伤州军比较租赋一年。诏侍从、台谏、两省、卿监、郎官、监司、郡守、前宰执侍从、各举人材二三人。壬午,雅州蛮出降,庚子,苏师旦除名,韶州安置。癸卯,以张岩知枢密院事,礼部尚书李壁参知政事。乙巳,置沂王府小学教授。八月丙寅,有司上《开禧刑名断例》。斩郭倬于镇江。戊辰,再夺李爽三官、南雄州安置。辛未,诏诸州无证有佐之狱毋奏裁。壬申,以淮东安抚司所招军为御前强勇军。九月壬午,金兵攻夺和尚原。己丑,朝献于景灵宫。庚寅,朝飨于太庙。辛卯,合祭天地于明堂,大赦。乙巳,赏复泗州功。冬十月戊申朔,诏内外军帅各举智勇可将帅者二人。辛酉,以将士暴露,罢瑞庆节宴。丙子,金人自清河口渡淮,遂围楚州。十一月庚辰,命主管殿前司公事郭杲领兵驻真州以援两淮。辛巳,金人破枣阳军。甲申,以丘崈签书枢密院事,督视江、淮军马。金人犯神马坡,江陵副都统魏友谅突围趋襄阳。乙酉,赵淳焚樊城。戊子,金人犯庐州,田琳拒退之。癸巳,以金人犯淮告于天地、宗庙、社稷。乙未,避正殿,减膳。以湖广总领陈谦为湖北、京西宣抚副使。丙申,金人去庐州。丁酉,金人犯旧岷州,守将王喜遁去。戊戌,金人围和州,守将周虎拒之。金人破信阳军。辛丑,金人围襄阳。壬寅,金人破随州。癸丑,太皇太后赐钱一百万缗犒赏军士。诏诸路招填禁军以待调遣。甲辰,金人犯真州。乙巳,金人破西和州。是月,濠州、安丰军及边屯皆为金人所破。十二月戊申,金人围德安府,守将李师尹拒之。庚戌,金人破成州,守臣辛棫之遁去。吴曦焚河池县,退屯青野原。辛亥,释大理、三衢、临安府杖以下囚。癸丑,金人去和州。甲寅,金人攻六合县,郭倪遣前军统制郭僎救之,遇于胥浦桥,大败,倪弃扬州走。丁巳,金人破大散关。戊午,荧惑守太微。癸亥,魏友谅军溃于花泉,走江陵。丁卯,金人犯七方关,兴州中军正将李好义拒却之。戊辰,吴曦还兴州。金人自淮南退师,留一军据濠州。己巳,罢郭倪,夺三官,责授果州团练副使、南康军安置。庚午,薛叔似、陈谦罢。以荆湖北路安抚使吴猎为湖北、京西宣抚使。复两浙围田,募两淮流民耕种。癸酉,吴曦始自称蜀王。甲戌,以镇江副都统毕再遇为镇江都统、权山东东路招抚司公事。乙亥,四川宣抚使程松遁。

三年春正月丁丑朔,丘崈罢。己卯,命知枢密院事张岩督视江、淮军马。庚辰,以陈自强兼枢密使。癸未,金人破阶州。丁亥,子坊生。庚寅,诏建康府给淮民装钱,遣归业。辛卯,吴曦招通判吴元府、权大安军事杨震仲,震仲不屈,死之。癸巳,命两淮帅守、监司招集流民。甲午,吴曦僭位于兴州。甲辰,夺池州都统陈孝庆三官罢。二月壬子,以金师退,御正殿,复膳。甲寅,削夺福建路总管兼延祥水军统制商荣官爵、柳州安置。己未,罢程松四川宣抚使,以成都府路安抚使杨辅为四川制置使,沿江制置使叶适兼江、淮制置使。庚申,以旱,诏大理、三衢、临安府决系囚。癸亥,子坊薨,追封顺王,谥冲怀。甲子,振给旱伤州县贫民。命诸路提刑司从宜断疑狱。丁卯,罢江、浙、荆湖、福建招军。戊辰,子坰生。庚午,金人去襄阳。辛未,以旱,祷于天地、宗庙、社稷。命有司举行宽恤之政八条,蠲两淮被兵诸州今年租赋。乙亥,释两浙路杖以下囚。四川宣抚副使司随军转运安丙及兴州中军正将李好义、监四川总领所兴州合江仓杨巨源等共诛吴曦,传首诣行在,献于庙社,枭三日,四川平。并诛曦妻子,家属徙岭南,夺其父挺官,迁吴璘子孙出蜀,其庙祀,玠子孙免连坐。三月丙子朔,蠲两淮被兵州郡役钱。丁丑,斩伪四川都转运使徐景望于利州。壬辰,兴州将刘昌国引兵至阶州,金人退去。癸巳,李好义复西和州。丁酉,金人去成州。庚子,诏以杨辅为四川宣抚使,安丙为端明殿学士、四川宣抚副使,起居舍人许奕为四川宣谕使。落程松资政殿大学士,夺六官,筠州安置。忠义统领张翼复凤州。辛丑,曲赦四川,减杂犯死罪囚,释杖以下。壬寅,责授程松顺昌军节度副使、澧州安置。夏四月戊申,以吴猎兼四川宣谕使。子坰薨,追封申王,谥冲懿。癸丑,赦两淮、湖北、京西被兵诸州,减杂犯死罪囚,释流以下。蠲湖北、京西诸郡今年租赋。四川忠义人复大散关。己未,奉使金国通谢、国信所参议官方信孺发行在。庚申,以兵部尚书宇文绍节知江陵府,权湖北、京西宣抚使。壬戌,诏吴猎与宣抚司议,分兴州都统司军之半屯利州。丁卯,召杨辅诣行在,以吴猎为四川制置使。戊辰,以资政殿学士钱象祖参知政事。己巳,改兴州为沔州。庚午,赠杨震仲官,仍官其子一人。癸酉,金人复破大散关。甲戌,赦西和、阶、成、凤四州。五月丁丑,赏诛吴曦功。戊寅,用四川宣抚司奏,吴曦党人张伸之等一十六人除名,编配两广及湖南诸州。己丑,以旱,祷于天地、宗庙、社稷。辛卯,以太皇太后谢氏有疾,赦,是日崩。四川宣抚副使司参赞军事杨巨源与金人战于长桥,败绩。戊戌,诏四川宣抚、制置司分治兵民。庚子,复置沔州副都统制,以李好义为之。辛丑,李好义袭秦州,败还。六月甲寅,赏守襄阳功。己未,李好义遇毒死。癸亥,以林拱辰为金国通谢使,遣富琯使金告哀,刘弥正贺金主生辰。癸酉,安丙杀其参议官杨巨源。秋七月己卯,命不俦为嗣濮王。乙酉,以灾伤,下诏罪己。八月己巳,上大行太皇太后谥曰成肃皇后。九月丁丑,诏诸路帅臣申儆边备。辛巳,召张岩诣行在。壬午,方信孺以忤韩侂胄,坐用私觌物擅作大臣馈遗金将,夺三官、临江军居住。甲申,减极边官吏举主员。乙酉,权欑成肃皇后于永阜陵。丙戌,命淮西转运司措置雄淮军。辛卯,以赵淳为殿前副都指挥使兼江、淮制置使。乙未,张岩罢。辛丑,遣王柟持书赴金国都副元帅府。壬寅,祔成肃皇后神主于太庙。冬十月乙巳,减临安、绍兴二府囚罪一等,蠲民缘欑宫役者赋。丙午,更殿前司纯队法。乙卯,复珍州遵义军。丙辰,诏以边事谕军民。十一月甲戌,诏:韩侂胄轻启兵端,罢平章军国事;陈自强阿附充位,罢右丞相。乙亥,礼部侍郎史弥远等以密旨命权主管殿前司公事夏震诛韩侂胄于玉津园。以钱象祖兼知枢密院事,李壁兼同知枢密院事。以诛韩侂胄诏天下。丁丑,以夏震为福州观察使、主管殿前司公事,将士行赏有差。夺陈自强三官、永州居住。戊寅,责授苏师旦武泰军节度副使、韶州安置;己卯,斩之。诏:"奸臣窜殛,当首开言路,以来忠谠。中外臣僚,各具所见以闻。"辛巳,再夺邓友龙五官、南雄州安置,寻除名,徙循州。乙酉,置御前忠锐军。丙戌,以御史中丞卫泾签书枢密院事兼参知政事。丁亥,诏立皇子荣王旸为皇太子,更名㬋。戊子,郭倪除名、梅州安置,郭倪除名、连州安置;仍籍其家。夺李壁三官、抚州居住。癸巳,夺张岩二官、徽州居住。己亥,以立皇太子,大赦。十二月癸卯,以丘崈为江、淮制置大使。罢山东、京东招抚司。以许奕为金国通问使。乙巳,太白昼见。丁未,罢京西北路招抚司。己酉,落叶适宝文阁待制。蠲两淮州军税一年。庚戌,夺许及之二官、泉州居住。夺薛叔似二官、福州居住。再夺皇甫斌五官、英德府安置。癸丑,金人复破随州。辛酉,以钱象祖为右丞相兼枢密使,卫泾及给事中雷孝友并参知政事,吏部尚书林大中签书枢密院事。乙丑,以礼部尚书史弥远同知枢密院事。丙寅,赠吕祖俭朝奉郎、直秘阁,官其子一人。丁卯,诏改明年为嘉定元年。是岁,浙西旱蝗,沿江诸州水。

卷三十九　　本纪第三十九

宁宗三

嘉定元年春正月戊寅,右谏议大夫叶时等请枭韩侂胄首于两淮以谢天下,不报。辛巳,下诏求言。壬午,王柟还自河南,持金人牒,求韩侂胄首。丙戌,叶时等复请枭侂胄首于两淮。戊子,安定郡王伯柄薨。壬辰,以史弥远知枢密院事,以许奕为金国通谢使。二月戊申,追复赵汝愚观文殿大学士,谥忠定。诏史官改绍熙以来韩侂胄事迹。壬子,诏临安府振给流民。戊午,责授程松果州团练副吏、宾州安置。是月,郴州黑风峒寇罗世传作乱,招降之。三月癸酉,以毛自知首论用兵,夺进士第一人恩例。戊子,下诏戒饬内外群臣。复秦桧王爵、赠谥。己丑,王柟自军前再还行在,议以韩侂胄函首易淮、陕侵地。辛卯,诏枭侂胄首于两淮。是春,子坁生。夏四月丙辰,诏后省科别群臣奏疏可行者以闻。赠彭龟年宝谟阁直学士,落李沐宝文阁学士。戊午,再责授陈自强复州团练副使、雷州安置,仍籍其家。闰月辛未,置拘榷安边钱物所。壬申,雨雹。癸未,子坁薨,追封肃王,谥冲靖。诏大理、三衙、临安府及诸路阙雨州县决系囚,释杖以下。甲申,诏自今视事,令皇太子侍立。乙酉,以钱象祖兼太子少傅,卫泾、雷孝友、林大中并兼太子宾客。辛卯,以旱,祷于天地、宗庙、社稷。癸巳,减常膳。乙未,蠲两浙阙雨州县贫民逋赋。命大理、三衙、临安府、两浙州县决系囚。丙申,幸太乙官、明庆寺祷雨。丁酉,以旱,诏求言。五月辛酉,赐礼部进士郑自成以下四百二十有六人及第、出身。甲子,太白经天。乙丑,以飞蝗为灾,减常膳。丁卯,诏侍从、台谏疏奏阙政,监司、守令条上民间利害。六月庚午,金人归大散关。辛未,金人归濠州。乙亥,卫泾罢。丙子,遣邹应龙贺金主生辰。甲申,林大中薨。乙未,以蝗,祷于天地、社稷。丙戌,诏侍从、两省、台谏举沿边守臣。辛卯,以史弥远兼参知政事。秋七月辛丑,诏吕祖泰特补上州文学。癸丑,以丘崈同知枢密院事。壬戌,以飞蝗为灾,诏三省疏奏寛恤未尽之事。八月戊辰朔,发米振贫民。辛未,丘崈卒。甲戌,命侍从、台谏、两省详议会子折阅利害。辛巳,以礼部尚书娄机同知枢密院事,吏部尚书楼钥签书枢密院事。丙戌,诏礼部侍郎许奕、起居舍人曾从龙考订监司、守令所陈民间利害,择可行者以闻,其未上者趣之。甲午,发米二十万,振巢江、淮流民。九月辛丑,金使完颜佣、乔宇入见。壬子,出安边所钱一百万缗,命江、淮制置大使司籴米振饥民。己未,诏以和议成谕天下。甲子,遣曾从龙使金贺正旦。乙丑,大风。赦沿边诸州。冬十月丙子,以钱象祖为左丞相,史弥远为右丞相。雷孝友知枢密院事仍兼参知政事,娄机参知政事,楼钥同知枢密院事。己卯,褒录庆元上书杨宏中等六人。庚辰,封伯柷为安定郡王。辛巳,蔡琏除名,配赣州牢城。癸未,金遣使来贺瑞庆节。十一月丙辰,金主璟殂。戊午,史弥远以母忧去位。十二月戊辰,钱象祖罢。庚午,四川初行当五大钱。升嘉兴府为嘉兴军。再夺李沐三官、信州居住。戊寅,改命曾从龙使金吊祭。己卯,黎州蛮畜卜寇边。己丑,遣宇文绍彭使金贺即位。辛卯,蠲两淮州军二税一年。是岁,江、淮制置司汰雄淮军归农,淮东拣刺八千余人以补镇江大军及武锋军之阙,淮西拣刺二万六千余人以为御前定武军。

二年春正月庚子,诏内外有司疏陈本用之事。辛丑,金遣裴满正来告哀。丁巳,以楼钥参知政事,御史中丞章良能同知枢密院事,吏部尚书宇文绍节签书枢密院事。庚申,金遣蒲察知刚来赍遗留物。诏侍从、两省、台谏各举监司、郡守治行尤异者二三人。二月己巳,金遣使来告即位。庚午,黎州蛮寇边。壬午,以会子折阅日甚,诏侍从、两省以下各疏奏所见。丁亥,罢法科试经义,复六场旧法。戊子,大风。三月丙申,雨雹。己酉,诏民以减会子之直籍没家财者,有司立还之。戊午,禁两淮官吏私买民田。庚申,命浙西及沿江诸州给流民病者药。辛酉,罢漳、泉、福三州、兴化军卖废寺田。壬戌，出内库钱十万缗为临安贫民棺椁费。夏四月乙巳，诏诸路监司督州县捕蝗。戊辰，江、淮制置司言，放庐、濠二州忠义军归农。甲申，赐临安诸军死者棺钱。戊子，赐杨震仲谥曰节毅。五月丙申，史弥远起复。丁酉，以旱，诏诸路监司决系囚，劾守令之贪残者，戊戌，借补训武郎罗日愿谋为变，伏诛。庚子，诏侍从、两省、台谏各举监司、郡守有政绩才望者二人，以补郎官之阙。辛丑，申命州县捕蝗。癸卯，诏两淮、荆襄守令以户口多寡为殿最。乙卯，释大理、三衙、临安府、两浙州县杖以下囚。除茶盐赏钱。己未，以旱，诏群臣上封事。庚申，祷于天地、宗庙、社稷。六月癸亥朔，命浙西诸州谕民种麻豆，毋督其租。诏台省及诸路监司速决滞狱。戊辰，奉安成肃皇后神御于景灵宫。己巳，遣俞应符贺金主生辰。乙酉，复祷雨于天地、宗庙、社稷。己丑，命江西、福建、二广丰稔诸州籴运以给临安，仍偿其费。辛卯，京湖制置司言，放诸州新军及忠义人归农。秋七月癸巳，命有司举行宽恤之政五条。乙未，诏荒歉州县七岁以下男女听异姓收养，著为令。己亥，蠲信阳、荆门、汉阳军民赋。壬寅，命两淮转运司给诸州民麦种。癸卯，募民以振饥免役。八月甲子，听两淮诸州民行铁钱于沿江八州。乙丑，以安丙为四川制置大使，罢宣抚司。甲戌，册皇太子。丁丑，皇太子谒于太庙。戊寅，诏皇太子更名询。己卯，黎州蛮复寇边。丙戌，发米十万石振两淮饥民。九月己亥，朝献于景灵宫。庚子，朝享于太庙。辛丑，合祭天地于明堂，大赦。丙午，增太学内舍生十员。癸丑，命吏部郎官刘榆等审定中外所陈会子利害，上于朝。己未，遣费培使金贺正旦。冬十月丁卯，命京湖制置司募逃卒及放散忠义以补厢、禁军阙。丁丑，金遣使来贺瑞庆节。己丑，命两淮转运司给诸州民稻种。减公私房廊白地钱什之三。十一月辛卯朔，沔州统制张林等谋作乱，事觉，贷死除名，广南羁管。甲午，诏浙西监司募饥民修水利。乙未，以岁饥罢雪宴。是月，郴州黑风峒寇李元砺作乱，众数万，连破吉、郴诸县，诏遣荆、鄂、江、池四州军讨之。十二月甲子，四川制置大使司调官军讨黎州蛮，败绩。己巳，赐朱熹谥曰文。乙亥，诏诸州毋籴职田租。丙戌，金遣使来贺明年正旦。是岁，诸路旱蝗，扬、楚、衡、郴、吉五州、南安军盗起。

三年春正月甲辰，下诏招谕群盗。又诏戒饬监司、郡守。丙午，雨土。二月辛酉，黎州蛮复寇边。庚午，诏楚州武锋军岁给累重钱，如大军例。壬午，以工部侍郎王居安知隆兴府，督捕峒寇。三月丁酉，蠲都城及荒歉诸州民间逋负。己亥，以湖南转运判官曹彦约知潭州，督捕峒寇。庚子，赐彭龟年谥曰忠肃。甲寅，诛楚州渠贼胡海。丙辰，以久雨，释两浙州县系囚。

夏四月癸亥，李元砺犯南雄州，官军大败。乙丑，决临安系囚，释杖以下。丙寅，诏监司、守臣安集泰、吉二州民经贼蹂践者。戊辰，出内库钱二十三万缗赐临安军民。己巳，诏临安府给细民病死者棺椁。五月乙未，淮东贼悉平，诏宽恤残破州县。甲辰，以去岁旱蝗，百官应诏封事，命两省择可行者以闻。乙巳，命沿海诸州督捕海寇。

戊申，经理两淮屯田。庚戌，以江陵忠勇军为御前忠勇军。癸丑，以久雨，发米振贫民。六月丁巳朔，日有食之。壬戌，命有司举行宽恤之政十有九条。癸亥，遣黄中贺金主生辰。己卯，加杨次山少保，封永阳郡王。诏三衙、江上、四川诸军主帅核实军籍，欺冒者以赃论。是月，池州副都统许俊、江州副都统刘元鼎与李元砺战于江西，皆不利。知潭州曹彦约又与贼战，亦为所败，贼势愈炽。秋七月辛卯，申严围田增广之禁。癸卯，定南班为三十员。八月乙亥，大风拔木。是月，临安府蝗。九月丙戌朔，诏三衙、江上诸军，升差将校必以材艺年劳，其徇私者，台谏及制置、总领劾之。癸丑，遣钱仲彪使金贺正旦。冬十月壬申，雷。金遣使来贺瑞庆节。丁丑，推南雄州战殁将士恩。十一月癸巳，赏楚州平贼功。乙巳，遣朝臣二人往两浙路与提举官议收浮盐。是月，李元砺迫赣州、南安军，诏以重赏募人讨之。十二月丙辰，诏江、淮诸司严饬守令安集流民。戊午，娄机罢。丙寅，湖南贼罗世传缚李元砺以降，峒寇悉平。辛巳，金遣使来贺明年正旦。黎州蛮请降。是岁，临安、绍兴二府、严、衢二州大水，振之，仍蠲其赋。

四年春正月己丑，叙南蛮攻嘉定府利店砦，陷之。甲辰，以四川盐担钱对减激赏绢一年。丙午，诏湖南、江西诸州经贼蹂践者，监司、守臣考县令安集之实，第其能否以闻。二月乙卯，李元砺伏诛。壬戌，罗世传补官，寻复叛。辛巳，罢广西诸州牛税。闰月丁未，大风。辛亥，诏诸路帅臣、监司、守臣格朝廷振恤之令及盗发不即捕者，重罪之。三月己未，临安府振给病民，死者赐棺钱。丙子，沔州将刘世雄等谋据仙人原作乱，伏诛。夏四月甲申，禁两浙、福建州县科折盐酒。己丑，以吴曦没官田租代输关外四州旱伤秋税。丙午，赐黑风峒名曰效忠。戊申，出内库钱瘗疫死者贫民。是月，四川制置大使司置安边司以经制蛮事，命成都路提刑李壁、潼川路安抚许奕共领之。五月乙亥，赐礼部进士赵建大以下四百六十有五人及第、出身。六月丁亥，遣余嵘贺金主生辰，会金国有难，不至而还。减京畿囚罪一等，释杖以下。辛丑，更定四川诸军额。秋七月壬戌，太白昼见。丙寅，诏四川官吏尝受伪命者，自今毋得叙用。丁丑，诏军兴以来爵赏冒滥者听自陈，除其罪。九月辛酉，叙州蛮寇边。乙亥，罗世传为其党所杀。丁丑，遣程卓使金贺正旦。诏附会开边得罪之人，自今毋得叙用。冬十月甲辰，以金国有难，命江淮、京湖、四川制置司谨边备。十一月己酉朔，日有食之。癸丑，赏平峒寇功。甲戌，申严军升差之制。十二月辛巳，奉议郎张镃坐扇摇国本除名、象州羁管。癸未，以会子折阅不行，遣官体访江、浙诸州。乙巳，金遣使来贺明年正旦。是岁，金国有难，贺生辰使不至。

五年春正月己巳，诏诸路通行两浙倍役法，著为令。壬申，赐李好义谥曰忠壮。二月壬午，罢两淮军兴以来借补官。三月庚戌，四川制置司遣兵分道讨叙州蛮，其酋米在请降。戊辰，以久雨，诏大理、三衙、临安府、两浙州县决系囚。甲戌，以广东、湖南、京西盗平，监司、帅臣进职有差。夏五月癸酉，安南国王李龙翰卒，以其子昊旵为安南国王。诏州县见役人毋纳免役钱，役满复输。六月癸未，遣傅诚贺金主生辰。乙酉，禁铜钱过江。秋七月庚申，赏降叙州蛮功。戊辰，以雷雨毁太庙屋，避正殿减膳。八月甲戌朔，御后殿，复膳。九月丙午，太白昼见。己酉，有司上《续编中兴礼书》。庚戌，遵义砦夷杨焕来献马。辛未，罢沿海诸州海船钱。遣应武使金贺正旦。冬十月辛巳，诏诸路总领官岁举堪将帅者二三人，安抚、提刑举可备将材者各二人。戊子，金遣使来贺瑞庆节。戊戌，雷。遣使吊祭安南。十一月庚申，朝献于景灵宫。辛酉，朝飨于太庙。壬戌，祀天地于圜丘，大赦。十二月丁丑，再蠲濠州租税一年。壬午，诏蠲州县横增税额。己亥，金遣使来贺明年正旦。

六年春正月庚申，宇文绍节卒。诏侍从、台谏、两省官、帅守、监司各举实才二三人。二月丁丑，太白昼见。丙戌，有司上《嘉定编修吏部条法总类》。乙未，诏宗室毋与胥吏通姻，著为令。三月癸亥，楼钥罢。夏四月丙子，以章良能参知政事。甲午，复法科试经义法，杂流进纳人不预。五月丁卯，以旱，命大理、三衙、临安府决系囚。戊辰，修庆元六年以来宽恤诏令。六月乙亥，诏刑部岁终上诸州未决之狱于尚书省，择其最久者罪之。丁丑，遣董居谊贺金主生辰，会金国乱，不至而还。丁亥，复监司臧否守令及监司、郡守举廉吏所知法。丙申，诏三衙、江上诸军主帅各举堪将帅者二三人。八月己巳朔，诏诸路监司、帅臣举所部官吏之才行卓绝、绩用章著者。庚午，知思州田宗范谋作乱，夔州路安抚司遣兵讨平之。是月，金人弑其主允济。九月甲辰，蠲京、湖诸州逋负二十八万余缗。闰月戊辰朔，诏御史台置考课监司簿。丙戌，以金主新立，命四川谨边备。己丑，诏湖北监司、守令振恤旱伤。癸巳，雷。甲午，史弥远等上《三祖下七世仙源类谱》、《高宗宝训》、《皇帝玉牒》、《会要》。乙未，大雷。丙申，以雷发非时，下罪己诏。冬十月丁酉朔，申严互送之禁。戊申，遣真德秀贺金主即位，会金国乱，不至而还。庚戌，遣李壁使金贺正旦，亦不至而还。甲子，金遣使来告即位。十一月癸未，虚恨蛮寇嘉定府之中镇砦。十二月壬寅，蠲琼州丁盐钱。癸亥，金遣使来贺明年正旦。是岁，两浙诸州大水，振之。

七年春正月丁卯朔，四川制置司遣提举皂郊博马务何九龄率诸将及金人战于秦州城下，败还。丁丑，章良能薨。壬午，沔州都统王大才斩何九龄，枭首境上，以其事闻。三月丁卯，以安丙同知枢密院事，成都府路安抚使董居谊为四川制置使。庚辰，金国来督二年岁币。戊子，金人来止贺正旦使。夏四月癸卯，蠲福建沿海诸州贫民纳盐。五月丁丑，太白经天。乙酉，赐礼部进士袁甫以下五百四人及第、出身。六月辛丑，以旱，命诸路州军祷雨。甲辰，诏诸路监司、守臣速决滞讼。丙午，蠲两浙路诸州赃赏钱。壬子，释大理、三衙及两浙路杖以下囚。丁巳，置嘉定府边丁二千人以备蛮。秋七月甲子朔，以左谏议大夫郑昭先签书枢密院事兼权参知政事。戊辰，诏省吏毋授参议官。乙亥，金人来告迁于南京。庚寅，以起居舍人真德秀奏，罢金国岁币。是月，夏人以书来四川，议夹攻金人，不报。八月癸巳朔，罢关外四州所增方田税。乙未，

罢四川宣制司所补官。癸卯，复建宗学。置博士、谕各一人，弟子员百人。金国复来督岁币。乙巳，太白经天。禁州县沮坏义役。戊申，诏以安丙为观文殿学士、知潭州。九月壬戌朔，日有食之，太白昼见。乙丑，史弥远等上《高宗中兴经武要略》。戊寅，调殿前司兵增戍天长县。丙戌，以久雨，释大理、三衙、临安府杖以下囚。庚寅，释两浙路杖以下囚。除茶盐赏钱。冬十月壬辰朔，出内帑钱振临安府贫民。十一月辛酉朔，遣聂子述使金贺正旦，刑部侍郎刘榆等及太学诸生上章言其不可，不报。丙戌，命浙东监司发常平米振灾伤州县。罢四川制置大使司所开盐井。十二月甲午，复罢同安监铸钱。丁巳，金遣使来贺明年正旦。是岁，黎州蛮畜卜始降。

八年春正月辛未，命师禹嗣秀王。诏侍从、两省、台谏各举将材三人。己卯，遣丁焴贺金主生辰。戊子，申严销金铺翠之禁。二月丙午，雷孝友罢。壬子，蠲平江等五郡逋负米，释其系囚。己未，雨土。三月辛酉，诏大郡岁举廉吏二人，小郡一人。乙亥，以旱，命诸路州县祷雨。丙子，蠲临安府茶盐赏钱。释两浙诸州系囚。辛巳，应贤良方正能直言极谏科内致坐妄造事端、营惑众听，配广西牢城。癸未，安定郡王伯柷薨。丙戌，释江、淮阙雨州郡杖以下囚。夏四月乙未，幸太一宫、明庆寺祷雨。辛丑，避正殿，减膳。壬寅，祷雨于天地、宗庙、社稷。癸卯，诏中外臣民直言时政得失。乙巳，减临安及诸路杂犯死罪以下囚，释杖以下。五月辛未，雨。己卯，命利州路安抚司招刺忠义人。辛巳，御正殿，复膳。癸未，复命有司祷雨。甲申，诏赃吏毋得减年参选，著为令。乙酉，发米振粜临安府贫民。六月丙辰，诏两浙、江、淮路谕民杂种粟麦麻豆，有司毋收其赋，田主毋责其租。秋七月辛酉，以郑昭先参知政事，礼部尚书曾从龙签书枢密院事。壬戌，诏四川立杨巨源庙，名曰褒忠。戊辰，蠲两淮诸州今年秋税并极边五州明年夏税。癸酉，蠲临安、绍兴二府贫民夏税。丙子，发米三十万石振粜江东饥民。庚辰，诏弟摅更名思正，侄均更名贵和。甲申，诏职田蠲放如民田，违者坐之。八月己丑，赐张栻谥曰宣。庚子，申严宗子训名法。丁未，权罢旱伤州县比较赏钱。己酉，禁州县遏粜。是月，兰州盗程彦晖求内附，四川制置使董居谊却之。九月己巳，朝献于景灵宫。庚午，朝飨于太庙。辛未，合祭天地于明堂，大赦。乙亥，申严两浙围田之禁。甲申，罢四川法科试。冬十月乙未，命六部各类敕书宽恤事，下诸路监司推行。壬寅，金遣使来贺瑞庆节。十一月丙辰朔，封伯泽为安定郡王。癸亥，遣施累使金贺正旦。十二月己丑，诏杨巨源、李好义子孙各进一官。辛亥，金遣使来贺明年正旦。是岁，两浙、江东西路旱蝗。

九年春正月乙丑，赐吕祖谦谥曰成。置马军司水军。乙亥，遣留筠贺金主生辰。丙子，命循州招填军籍。辛巳，罢诸路旱蝗州县和籴及四川关外科籴。二月甲申，日有食之。辛亥，东西两川地大震。三月乙卯，又震。甲子，又震，马湖夷界山崩八十里，江水不通。丁卯，又震。壬申，又震。丁丑，诏侍从、台谏、两省举堪监司者各二人。夏四月戊戌，秦州人唐进与其徒何进等引众十万来归，四

川制置使董居谊拒却之。五月癸酉,太白昼见。六月辛卯,西川地震。壬辰,又震。乙未,又震,黎州山崩。戊申,振恤浙西被水州县,宽其租税。秋七月戊辰,诏边县择才不拘常法,其余并遵三年之制。九月甲申,诏两浙、江东监司核州县被水最甚者,蠲其租。冬十月癸亥,西川地震。甲子,又震。丙寅,金遣使来贺瑞庆节。十一月庚寅,遣陈伯震使金贺正旦。癸卯,以程彦晖攻围巩州,迫及川界,命利州副都统刘昌祖移驻西和州以备之。十二月丁巳,再给诸军雪寒钱。乙亥,金遣使来贺明年正旦。

卷四十　　本纪第四十

宁宗　四

　　十年春正月癸巳,雨土。乙未,大风。庚子,遣钱抚贺金主生辰。二月庚申,地震。夏四月丁未朔,金人犯光州中渡镇,执榷场官盛允升杀之,遂分兵犯樊城。戊申,鄂州、江陵府副都统王守中引兵拒之,金人遂分兵围枣阳、光化军。丙辰,诏江淮制置使李珏、京湖制置使赵方措置调遣,仍听便宜行事。丁巳,命四川制置使董居谊酌量缓急,便宜行事。辛酉,庐州钤辖王辛败金人于光山县之安昌砦,杀其统军完颜掩。壬戌,金兵遁去,随州、光化皆以捷闻。丁卯,诏出戍官兵金给其家。五月辛巳,以久雨,释大理、三衙、临安府杖以下囚,蠲茶盐赏钱。甲申,赐礼部进士吴潜以下五百二十有三人及第、出身。癸卯,赵方请下诏伐金,遂传檄招谕中原官吏军民。六月庚戌,太白昼见。戊午,诏厉将士,募京西忠义人进讨。辛未,东川大水。癸酉,太白经天。秋七月丙子朔,日有食之。戊寅,以旱,释诸路杖以下囚。甲申,雅州蛮寇边,焚碉门砦,遣兵讨之。丁亥,嗣濮王不偁薨。庚子,诏诸军将佐有罪者送屯驻州鞫之,罢军士淫刑。八月乙丑,诏监司、郡守各举威勇才略可将帅者二人。冬十月乙巳朔,以久雨,释大理、三衙、临安府及两浙诸州杖以下囚。癸酉,蠲三衙、江上诸军公私逋负钱。十一月丁丑,大风。庚辰,太白昼见。甲申,诏浙东提举司发米十万石振给贫民。戊戌,太白经天。十二月戊申,以军兴,募民纳粟补官。乙卯,诏武举人毋复应文举。癸亥,金凤翔副统军完颜赟以步骑万人犯四川。戊辰,追湫池堡。己巳,破天水军,守臣黄炎孙遁。金人攻白环堡,破之。庚午,追黄牛堡,统制刘雄弃大散关遁,金人据之。

　　十一年春正月壬午,京东路忠义李全率众来归,诏以全为京东路总管。戊子,金人围皂郊堡。壬辰,利州将麻仲率忠义人焚秦州永宁砦。乙未,以度僧牒千给四川军费。丁酉,诏四川忠义人立功,赏视官军。金人犯隔芽关,兴元都统李贵遁,官军大溃。二月甲辰,金人焚大散关而去。乙巳,沔州都统王大才马蹶,死于河池。丙午,金人破皂郊,死者五万人。丁未,金人破湫池堡。戊申,金人围随州、枣阳军,游骑至汉上,均州守臣应谦之弃城走。丙辰,白虹贯日。楚州钤辖梁昭祖焚金人粮舟于大清河,京东忠义副都统沈铎遣兵助之。三月丁丑,金人焚湫池堡而去。戊子,利州统制王逸等率忠义人复皂郊,金副统军完颜赟、包长寿遁去,沔州军士郭雄追斩赟首,长寿仅以身免。己丑,沔州都统刘昌祖至皂郊。辛卯,忠义人十万余出攻秦州,官军继进,至赤谷口,王逸传昌祖之命退师,且放散忠义人,军大溃。癸巳,包长寿合长安、凤翔之众,复攻皂郊,遂趋西和州。是日,镇江忠义统制彭惟诚等败于泗州。丙申,刘昌祖焚西和州道,守臣杨克家弃城去。戊戌,金人破西和州。夏四月甲辰,刘昌祖焚成州道,守臣罗仲甲弃城去。是日,金人去西和州。戊申,命四川增印钱引五百万以给军费。阶州守臣侯颐弃城去。是日,金人去成州。戊午,金人复犯大散关,守将王立通。己未,金人犯黄牛堡,兴元都统吴政拒退之。癸亥,政至大散关,执王立斩之。五月乙亥,命四川制置司招集忠义人。癸未,蚩尤旗见,其长竟天。丁亥,诏侍从、台谏、两省官集议平戎、御戎、和戎三策。壬辰,申严试法官七等之制。六月辛酉,诏湖州振恤被水贫民。秋七月癸酉,夺知天水军黄炎孙三官、辰州居住。乙酉,修《孝宗宝训》。辛卯,蠲四川关外诸州税役。甲午,蠲光州民兵战死之家税役。九月己卯,朝献于景灵宫。庚辰,朝飨于太庙。辛巳,合祭天地于明堂,大赦。辛卯,安定郡王伯浑薨。丙申,兴元都统吴政、利州副都统张威各进三官。刘昌祖夺五官、韶州安置。冬十月丙午,罗仲甲、杨克家、侯颐并夺三官,仲甲常德府、克家道州、颐抚州居住。戊午,大风。壬戌,修盱眙军城。十一月壬申,金人攻安丰军之黄口滩。是月,陕西人张羽来归。

　　十二年春正月戊辰朔,召董居谊诣行在。以新利州路安抚使聂子述为四川制置使。庚辰,金人犯湫池堡,守将石宣拒退之。甲申,金人攻白环堡,守将董炤拒退之。戊子,金人犯成州,沔州都统张威自西和退守仙人原。戊寅,金人犯随州、枣阳军,又破信阳军之二寨,京西诸统引兵拒之。辛卯,金人犯西和州,守臣赵彦呐设伏以待之,歼其众乃还。金人犯安丰军,建康都统许俊遣将却之。金人焚成州,犯河池,守将张斌遁去。癸巳,金人围安丰军及光州,攻光化军,破郧山县,进副均州。甲午,破凤州,守臣雷云弃城去,金人夷其城。乙未,兴元都统吴政及金人战于黄牛堡,死之。金人乘胜攻武休关。二月戊戌朔,金人破光山县。太白昼见。壬寅,金人围枣阳军,京湖制置使赵方遣统制扈再兴救之,不克进而还。癸卯,金人破武休关,兴元都统李贵遁还,利州路提刑、权兴元府事赵希昔弃城去。丁未,金人破兴元府。戊申,金人攻枣阳军。己酉,遣殿前司军八千人防捍江面。庚戌,以曾从龙同知枢密院事兼江、淮宣抚使,权吏部尚书任希夷签书枢密院事。辛亥,金人破大安军,守臣李文子弃城去。金人犯洋州,守臣蔡晋卿遣兵拒之,不克,洋州破。壬子,四川制置使董居谊自利州遁。沔州都统张威遣统制石宣等邀击金人于大安军,大破之,获其将巴土鲁安,金人遂去兴元府。丙辰,金人去洋州。丁巳,京湖制置使赵方遣统制扈再兴等引兵三万余人出攻唐、邓二州,随州忠义统领刘世兴等引兵攻唐州。甲子,金人去枣阳军。乙丑,夏人复以书来四川,议夹攻金人,利州路安抚丁焴许之。三月己巳,以郑昭先知枢密院事,曾从龙参知政事。癸酉,金人复入洋州,焚其城而去。乙亥,兴元军士权兴等作乱,犯巴州,守臣秦季槱弃城去。鄂州统制刘世荣会兵攻唐州。丁亥,太白昼见。权兴等降。癸巳,雨土。甲午,金人自盱眙退师。闰月己未,追雷云三官、梅州安置。辛酉,赠吴政为右武大夫、忠州刺史。壬戌,诏抚谕四川官军、忠义人。癸亥,兴元军士张福、莫简等作乱,以红巾为号。是春,金人围安丰军、滁、濠、光三州。江、淮制置使李珏命池州都统武师道、忠义军统制陈孝忠救之,皆不克进。金人遂分兵自光州犯黄州之麻城,自濠州犯和州之石碛,自盱眙军犯滁州之全椒、来安及扬州之天长、真州之六合。淮南流民渡江避乱,诸城悉闭。金人游骑数百至东采石、杨林渡,建康大震。京东总管李全自楚州、忠义总辖季先自涟水军各引兵来援,金人乃解去。全追击,败之于曹家庄,获其贵将。夏四月庚午,张福入利州,四川制置使聂子述遁,杀总领财赋杨九鼎。丁丑,张福掠阆州,丁亥,掠果州。癸巳,曾从龙罢。以郑昭先兼参知政事,崇信军节度使、开府仪同三司、万寿观使安丙为四川宣抚使。董居谊落职,夺三官。五月乙未朔,召聂子述诣行在。张福薄遂宁府,潼川府路转运判官、权府事程遇孙弃城遁。丁酉,减两淮、荆襄、湖北、利州路沿边诸州杂犯死罪囚,释流以下,仍蠲今年租税。己亥,太学生何处恬等伏阙上书,以工部尚书胡榘欲和金人,请诛之以谢天下。张福入遂宁府,焚其城。甲寅,四川宣抚司命沔州都统张威引兵捕福。戊午,福入普州,守臣张已之弃城遁。癸亥,诏侍从、两省、台谏各举文武可用之才二三人。六月戊辰,张福屯普州之茗山。庚午,张威引兵至。丙子,太白昼见。辛巳,西川地震。太白昼见。癸未,张福请降,乙酉,张威执之,归于宣抚司。丁亥,嗣濮王不嫖薨。金国招谕李全等,不听。辛卯,太白经天。癸巳,丁焴复以书约夏国攻金人。秋七月丙申,张福伏诛。复夺董居谊二官、永州居住。庚子,张威捕贼众一千三百余人诛之,莫简自杀,红巾贼悉平。癸亥,李全引兵至齐州,知州王赟以城降。八月戊辰,复合利州东、西路为一。九月丙午,罢江、淮制置司,置沿江、淮东西制置司。以宝文阁待制李大东为沿江制置使,淮南转运判官赵善湘为主管淮西制置司公事,淮东提刑贾涉为主管淮东制置司公事兼节制京东、河北路军马。十一月辛亥,进封杨次山为会稽郡王。十二月壬申,京东节制司言复京东、河北二府九州四十县。乙亥,筑兴元府城。丁丑,雅州蛮入卢山县。己卯,四川宣抚司遣兵取洮州,召诸将议出师,招谕中原豪杰。辛巳,蛮焚碉门砦,边丁大败。乙酉,金人犯凤州之长桥。丁亥,四川宣抚司命罢洮州之师。己丑,京湖置司遣统制扈再兴等引兵六万人,分三道出境。庚寅,赏茗山捕贼功。

十三年春正月丁酉,扈再兴引兵攻邓州,鄂州都统许国攻唐州,不克而还。金人追之,遂攻樊城,赵方督诸将拒退之。己亥,雅州蛮复掠卢山县,遣兵讨之。己酉,命

不凌为嗣濮王。戊午,夏人复以书来四川,议夹攻金人。三月辛卯朔,雨土。丁巳,黎州土丁叛,遣兵讨之。夏四月庚申朔,淮东制置贾涉招谕山东、两河豪杰。五月庚寅朔,雅州蛮降。戊戌,史弥远等上《玉牒》及《三祖下第七世宗藩庆系录》。六月癸酉,赐礼部进士刘渭以下四百七十有五人及第、出身。加安丙少保。丙子,以李全为左武卫大将军。壬午,以季先为果州团练使、涟水军忠义副都统,命赴枢密院议事,未至,杀之。秋七月戊戌,以京东、河北诸州守臣空名官告付京东、河北节制司,以待豪杰之来归者。丙午,以任希夷兼参知政事。丙辰,四川宣抚司招黎人土丁,降之。八月癸亥,皇太子询薨,谥曰景献。壬申,安丙遗夏人书,定议夹攻金人。癸未,四川宣抚司命利州统制王仕信引兵赴熙、巩州会夏人,遂传檄招谕陕西五路官吏军民。甲申,复海州,以将作监丞徐晞稷知州事。盱眙将石珪叛入涟水军,诏以珪为涟水忠义军统辖。九月辛卯,夏人引兵围巩州,且来趣师。甲午,太白昼见。王仕信引兵发宕昌。乙未,四川宣抚司统制质俊、李毫引兵发下城。戊戌,四川宣抚司命诸将分道进兵,沔州都统张威出天水,利州副都统程信出长道,兴元副都统陈立出大散关,兴元统制田胃为宣抚司帐前都统出子午谷,金州副都统陈昱出上津。己亥,张威下令所部诸将毋得擅进兵。庚子,质俊等克来远镇。辛丑,王仕信克盐川镇。壬寅,质俊等自来远镇进攻定边城,金人来救,俊等击破之。乙巳,程信、王仕信引兵与夏人会于巩州城下。丁未,攻城不克。庚戌,金人犯皂郊堡,沔州统制董炤等与战,大败。壬子,程信及夏人攻巩州不克,信引兵趋秦州。丙辰,夏人自安远砦退师。冬十月丁巳朔,程信邀夏人共攻秦州,夏人不从,信遂自伏羌城引军还,诸将皆罢兵。戊寅,程信以四川宣抚司之命,斩王仕信于西和州。四川宣抚司以张威不进兵,罢其军职。十一月庚戌,大风。壬子,临安府火。十二月戊午,大风。壬申,涟水忠义军统辖石珪叛。癸未,镇江副都统翟朝宗以"皇帝恭膺天命之宝"来献。

十四年春正月丙戌朔,以雪寒,释大理、三衢、临安、两浙诸州杖以下囚。乙未,地震。以李全还自山东,赐缗钱六万。庚子,立四川运米赏格。二月戊辰,金人围光州。己巳,金人犯五关。壬申,金人治舟于团风,弗克济,遂围黄州,分兵破诸县,又遣别将犯汉阳军。丁丑,李全弃泗州遁,还。甲申,诏淮东、京湖诸路应援淮西,沿江制置司防守江面,权殿前司职事冯柅将兵驻鄂州,京东忠义都统李全将兵救蕲、黄,柅不果行。三月丙戌朔,鄂州副都统扈再兴引兵攻唐州。丁亥,金人破黄州,淮西提刑、知州事何大节弃城遁死。庚寅,长星见。李全自楚州引兵援淮西。癸巳,扈再兴引所部趋蕲州。甲午,太白昼见。乙未,诏京湖制置司趣援蕲、黄。己亥,金人陷蕲州,知州事李诚之及其家人、官属皆死之。癸丑,金人退师,扈再兴邀击,败之于天长镇,甲寅晦,又败之。夏四月乙卯,复置诸王宫大、小学教授。乙丑,命任子帘试于御史台。戊辰,金人渡淮而北,李全遣兵追击,败之。五月甲申朔,日有食之。壬辰,史弥远等上《孝宗宝训》、《皇帝

会要》。丙申，西川地震。乙巳，颁《庆元宽恤诏令》。六月甲寅朔，初置沿江制置副使司于鄂州。丙寅，诏以侄福州观察使贵和为皇子，更名竑，进封祁国公。丁卯，以立皇子告于天地、宗庙、社稷。乙亥，以太祖十世孙与莒补秉义郎。丙子，减京畿囚罪一等，释杖以下。辛巳，大风。秋七月辛丑，以赵方为京湖制置大使，贾涉为淮东制置使兼京东、河北路节制使。丁未，修《光宗宝训》。八月乙卯，赐史弥远家庙。任希夷罢。壬戌，以兵部尚书宣缯同知枢密院事，给事中俞应符签书枢密院事。甲子，以秉义郎与莒为右监门卫大将军，赐名贵诚。乙丑，追封史浩为越王，改谥忠定，配享孝宗庙庭。戊寅，以侄右监门卫大将军贵诚为果州团练使。九月癸未，立贵诚为沂靖惠王后。己丑，朝献于景灵宫。庚寅，朝飨于太庙。辛卯，合祭天地于明堂，大赦。冬十月癸丑，京东、河北节制司言复沧州，诏以赵泽为河北东路钤辖、知州事。甲寅，复以齐州为济南府，兖州为袭庆府。丙寅，夏人复以书来四川趣会兵。庚午，雷。十一月己亥，安丙薨。是月，京东安抚张林叛。十二月庚申，郑昭先罢。闰月辛巳朔，以宣缯兼参知政事，俞应符兼权参知政事。戊申，以殿前司同正将华岳等谋为变，杀之。是岁，浙东、江西、福建诸路旱，沔、成、阶、利四州水，振之。

十五年春正月庚戌朔，御大庆殿，受恭膺天命之宝。癸丑，立李诚之庙于蕲州。甲寅，褒赠蕲州死事官吏，录其子孙有差。丁巳，诏抚谕山东河北军民、将帅、官吏。己未，以受宝，大赦，文武官各进秩一级，大犒诸军。二月庚子，罢御史台帘试任子法。三月丁巳，诏江西提举司振恤旱伤州县。夏四月壬午，诏蠲蕲州今年租赋。五月庚戌，太白昼见。甲寅，诏监司虑囚，察州县匿囚者劾之。丁巳，进封祁国公竑为济国公。己未，以侄果州团练使贵诚为邵州防御使。壬戌，知济南府种湜等攻张林于青州，林遁去。己巳，修《孝宗经武要略》。六月辛卯，俞应符薨。秋七月甲子，诏江淮、荆襄、四川制置监司条画营田来上。八月己卯，命户部详议义役。辛卯，诏文武官毋得归宗，著为令。甲午，有彗星出于氐。九月辛亥，以宣缯参知政事，给事中程卓同知枢密院事，吏部尚书薛极赐出身，签书枢密院事。癸丑，雷，大雨雹。丁巳，复以随州三关隶德安府，置关使。壬戌，彗星没。辛未，太白昼见。冬十月丙子，以收复京东州军，犒赏忠义有差。十一月戊午，赦京东、河北路。十二月乙亥朔，发米振给临安府贫民。丙子，以雪寒，释京畿及两浙诸州杖以下囚。丁亥，以李全为保宁军节度使、右金吾卫上将军、京东路镇抚副使。

十六年春正月戊申，诏命官犯赃毋免约法。己酉，子埏生。辛酉，命淮东制置司振给山东流民。二月戊子，雨土。己丑，嗣秀王师禹薨，追封和王。戊戌，子埏薨，追封邠王，谥冲美。三月戊申，张林所部邢德来归，诏进二官，复以为京东东路副总管。丁卯，以道州民饥，诏发米振之。夏五月甲辰，诏右选试注官如左选之制。戊申，赐礼部进士蒋重珍以下五百四十有九人及第、出身。戊辰，诏复潭州税酒法。六月丁酉，程卓薨。秋八月辛巳，诏州县经界毋增绍兴税额。癸未，申严舶船铜钱之禁。九月庚子朔，日有食之。乙巳，诏江、淮诸司振恤被水贫民。乙卯，雷。冬十一月辛亥，以太平州大水，诏振恤之。十二月辛巳，命淮东、西总领及沿江被水州募江西、湖南民入米补官。癸未，嗣濮王不凌薨。壬辰，雷。

十七年春正月戊戌朔，诏补先圣裔孔元用为通直郎，录程颐后。癸亥，命淮东西、湖北路转运司提督营屯田。二月癸巳，蠲台州逋赋十万余缗。甲午，命临安府振粜贫民。三月癸丑，雪。是月，金人迫西和州，寻引兵还。夏四月辛卯，诏庐州振粜饥民。乙未，赐李全、彭义斌钱三十万缗为犒赏战士费。五月戊戌，诏核实两淮、京湖、四川、江上诸军之数。六月丁卯朔，太白经天，昼见。癸酉，知西和州尚震午坐金兵至谋遁，夺三官、岳州居住。壬辰，大名府苏椿等举城来归，诏悉补官，即以其州授之。秋七月丁酉朔，命福建路监司振恤被水贫民。辛亥，命师嵒嗣秀王。八月乙亥，罢通州天赐盐场。丙戌，帝不豫。闰八月乙未朔，申严两浙诸州输苗过取之禁。丁酉，皇帝崩于福宁殿，年五十七。史弥远传遗诏，立侄贵诚为皇子，更名昀，即皇帝位。尊皇后为皇太后，垂帘听政。进封皇子竑为济阳郡王，出居湖州。宝庆元年正月己丑，谥曰仁文哲武恭孝皇帝，庙号宁宗。三月癸酉，葬于会稽之永茂陵。三年九月，加谥法天备道纯德茂功仁文哲武圣睿恭孝皇帝。

赞曰：宋世内禅者四，宁宗之禅，独当事势之难，能不失礼节焉，斯可谓善处矣。初年以旧学辅导之功，召用宿儒，引拔善类，一时守文继体之政，烨然可观。中更侂胄用事，内蓄群奸，至指正人为邪，正学为伪，外挑强邻，流毒淮甸。频岁兵败，乃函侂胄之首，行成于金，国体亏矣。既而弥远擅权，幸帝耄荒，窃弄威福。至于皇储国统，乘机伺间，亦得遂其废立之私，他可知也。虽然，宋东都至于仁宗，四传而享国百年，邵雍称为前代所无，南渡至宁宗，亦四传而享国九十有八年，是亦岂偶然哉。惜乎神器授受之际，宁、理之视仁、英，其迹虽同，其情相去远矣。

卷四十一　　本纪第四十一

理　宗　一

理宗建道备德大功复兴烈文仁武圣明安孝皇帝，讳昀，太祖十世孙。父希瓐，追封荣王，家于绍兴府山阴县，母全氏。以开禧元年正月癸亥生于邑中虹桥里第。前一夕，荣王梦一紫衣金帽人来谒，比寤，夜漏未尽十刻，室中五采烂然，赤光属天，如日正中。既诞三日，家人闻户外车马声，亟出，无所睹。幼尝昼寝，人忽见身隐隐如龙鳞。是时，宁宗弟沂靖惠王薨，无嗣，以宗室希瞿子赐名均为沂王后,寻改赐名贵和。嘉定十三年八月,景献太子薨,宁宗以国本未立,选太祖十世孙年十五以上者教育,如高宗择普安、恩平故事,遂以十四年六月丙寅立贵和为皇子,改赐名竑,而以帝嗣沂王。六月乙亥,补秉义郎。八月甲子,授右监门卫大将军,赐名贵诚。十五年五月丁巳,以竑为检校少保,进封济国公。己未,以帝为邵州防御使。帝性凝重寡言,洁修好学,每朝参待漏,或多笑语,帝独俨然。出入殿庭,矩度有常,见者敛容。会济国公竑与丞相史弥远有违言,弥远日谋媒蘖其失于宁宗,属意于帝而未遂。

十七年八月丙戌,宁宗违豫,自是不视朝。壬辰,疾笃,弥远称诏以贵诚为皇子,改赐名昀,授武泰军节度使,封成国公。闰月丙申,宁宗疾甚,丁酉,崩于福宁殿。弥远使杨谷、杨石入白杨皇后,称遗旨以皇子昀开府仪同三司,进封济阳郡王、判宁国府,命子昀嗣皇帝位。大赦。尊杨皇后曰皇太后,同听政。封竑为济王,赐第湖州,以醴泉观使就第。癸亥,诏宫中自服三年丧。九月乙亥,诏褒表老儒,以傅伯成为显谟阁学士,杨简宝谟阁直学士,并提举南京鸿庆宫。柴中行叙复元职,授右文殿修撰、主管南京鸿庆宫。戊寅,诏兄济王妻卫国夫人吴氏封许国夫人。己卯,皇太后、皇帝御便殿垂帘。诏以先圣四十九代孙行可为迪功郎,授判、司、簿、尉;以礼部侍郎程珌、吏部侍郎朱著、中书舍人真德秀兼侍读;工部侍郎葛洪、起居郎乔行简、宗正少卿陈贵谊、军器监王塈兼侍讲。壬午,葛洪权工部尚书,升兼侍读。辛卯,祀明堂,大赦。冬十月戊戌,诏诸路提点刑狱以十一月按理囚徒。己亥,嗣秀王师垕薨。壬子,诏百官奉按月给。十一月甲子,右正言糜溧请条顺东朝,继志述事,壹以孝宗为法,而新政之切者,曰畏天、悦亲、讲学、仁民。上嘉纳焉。癸未,以五月十六日为皇太后寿庆节。丁亥,诏改明年为宝庆元年。戊子,以葛洪为端明殿学士、同签书枢密院事。己丑,诏以生日为天基节。十二月甲午,雪寒,免京城官私房赁地、门税等钱。自是祥庆、灾异、寒暑皆免。癸丑,开经筵,诏辅臣观讲。诏太后所居殿号曰慈明。辛酉,请大行皇帝谥号于南郊,谥曰仁文哲武恭孝皇帝,庙号曰宁宗。

宝庆元年春正月壬戌朔,诏举贤良。庚午,湖州盗潘壬、潘丙、潘甫谋立济王竑,竑闻变,匿水窦中,盗得之,拥至州治,以黄袍加其身,守臣谢周卿率官属入贺。初,壬等伪称李全以精兵二十万助讨史弥远擅废立之罪,比明视之,皆太湖渔人及巡尉兵卒,竑乃遣王元春告于朝,而率州兵诛贼。弥远奏遣殿司将彭任讨之,至则盗平。又遣其客秦天锡托宣医治竑疾,谕旨逼竑死,寻诏贬为巴陵郡公。辛未,诏保宁军节度使师弥为检校少保。诏皇太后弟奉国军节度使杨谷、保宁节度杨石并府仪同三司。丙戌,济王竑讣闻,特辍视朝。己丑,上宁宗谥册、宝。二月甲午,诏故太师、武胜定国军节度使、鄂王岳飞谥忠武。丙申,诏师弥检校少师、嗣秀王。丙辰,楚州火。戊午,发廪振在京细民,给犒马步军、皇城司牙卫军有差。三月癸酉,葬宁宗于会稽永茂陵。夏四月辛卯朔,宁宗祔庙。壬辰,诏皇兄竑赠少师、保静、镇潼军节度使,直舍人院王塈等缴奏命,遂寝。丁酉,皇太后手书:"多病,自今免垂帘听政。"壬寅,帝两请皇太后垂帘,不允。辛亥,发廪振在京细民。五月甲子,诏:"内外文武大小之臣,于国政有所见闻,封章来上,毋或有隐。"丙寅,诏不熄为保康军承宣使、嗣濮王。六月辛卯,太白昼见。丁未,诏史弥远为太师,依前右丞相兼枢密使,进封魏国公。弥远辞免太师。秋七月丁丑,滁州大水,诏振恤之。乙酉,诏行大宋元宝钱。八月壬寅,以司农丞姚子才封事切直,诏进一秩,授秘书郎。癸卯,诏知袁州赵籖夫直秘阁、福建提点刑狱,以旌廉吏。丙午,诏侍从、给谏、卿监、郎官,并在外前执政、侍从、帅臣、监司,各举廉吏三人。戊申,诏侍从、两省、台谏、三衙、知阁、御带、环卫官,在外前执政、侍从、帅臣、监司、都副都统制及屯戍主将,其各举堪充将帅三人。己酉,地震。壬子,张九成赠太师,追封崇国公,谥文忠。甲寅,以程颐四世孙源为籍田令。乙卯,莫泽言真德秀舛论彝常,简节上语,曲为济王地。诏德秀焕章阁待制、提举玉隆万寿宫。丁巳,诏戒贪吏。九月丙寅,著作佐郎陶常上保业、慎独、谨微、持久四事,帝嘉纳之。冬十月癸巳,有流星大如太白。甲寅,诏会稽欑宫所在,税赋尽免折科,山阴县权免三年。十一月癸亥,宣缯兼同知枢密院事,薛极参知政事,葛洪签书枢密院事。诏邵州潜藩,可升为宝庆府。筠州与御名音相近,改为瑞州。壬午,雪寒,在京诸军给缗钱有差,出戍之家倍之。自是祥庆、灾异、霪雨、雪寒咸给。甲申,朱端常言魏了翁封章谤讪,真德秀奏札诬诋。诏魏了翁落职,夺三秩、靖州居住;真德秀落职罢祠。十二月甲辰,诏删修敕令。是岁,两浙路户一百九十七万五千九百九十六,口二百八十二万二千三十二。福建路户一百七十万四千一百八十六,口三百五十五万三千七十九。

二年春正月癸亥,诏赠沈焕、陆九龄官,焕谥端宪,九龄谥文达。录张九成、吕祖谦、张栻、陆九渊子孙官各有差。癸酉,诏布衣李心传赴阙。戊寅,荧惑入氐。壬午,太白、岁星、填星合于女。二月辛卯,临察御史梁成大言真德秀有大恶五,仅褫职罢祠,罚轻。诏削二秩。三月癸酉,以久雨,诏大理寺、三衙、两浙运司、临安府诸属县榷酒所,凡赃赏等钱,罪已决者,一切勿征,毋锢留妻子。自是霖潦、寒暑皆免。戊寅,诏太常寺建功臣阁,以"昭勋崇德"为名。己卯,蕲州火。夏四月己丑,诏辅臣奉薄,其以《隆兴格》为制。辛亥,有流星大如太白。六月丙申,御后殿,赐进士王会龙以下九百八十九人及第、出身有差。壬寅,诏以孔子五十二代孙万春袭封衍圣公。秋七月戊辰,雷电、雨,昼晦,大风。遂安、休宁两县界山裂,洪水坏公宇、民居、田畴。八月乙巳,济王竑追降巴陵县公。辛亥,卫泾薨。九月庚申,雷。冬十月甲申,诏《宁宗御集》阁以"宝章"为名,仍置学士、待制员。辛丑,又雷。辛亥,荧惑、岁星、填星合于女,荧惑犯填星。改湖州为安吉州。十一月甲寅,修祚德庙,以严程婴、公孙杵臼之祀。丙辰,始御紫宸殿。辛酉,荧惑犯岁星。丙子,日南至,上诣慈明殿。十二月癸卯,亲享太庙。

三年春正月辛亥朔,上寿明皇太后尊号册、宝于慈明殿。壬子，史弥远二秩。辛酉，以杨谷、杨石并为少傅。知楚州姚翀朝辞，奏淮楚忠义军事，上曰："南北皆吾赤子，何分彼此，卿其为朕抚定之。"己巳，诏："朕观朱熹集注《大学》、《论语》、《孟子》、《中庸》，发挥圣贤蕴奥，有补治道，朕励志讲学，缅怀典刑，可特赠熹太师，追封信国公。"三月庚戌朔，诏郡县长吏劝农桑，抑末作，戒苛扰。工部侍郎朱在进对，奏人主学问之要，上曰："先卿《中庸序》言之甚详，朕读之不释手，恨不与同时。"辛亥，以皇太后尊号册、宝礼成，侄孙杨凤孙以下推恩有差。夏四月戊戌，宣引前丞相谢深甫孙女谢氏诣慈明殿进见。五月壬子，诏岳珂户部侍郎，依前淮东总领兼制置使。闰月己卯朔，诏：郡县系囚不实书历，未经结录，守臣辄行特判，宪司其详覆所部狱案，岁月淹延者重置于宪。六月戊申朔，日有食之。秋七月乙酉，太阴犯心。丁酉，诏振赡被水郡县，其竹木等税勿征。丙午，史弥远乞归田里，诏不允。八月庚戌，诏谢氏特封通义郡夫人。癸亥，诏凡试邑两经罢黜，更勿授知县、县令。甲戌，太白、荧惑合于翼。丙子，城太平州，诏知州綦奎进中奉大夫，余推恩有差。九月癸未，故观文殿大学士、魏国公、赠太师留正谥忠宣。丙午，追上宁宗徽号曰法天备道纯德茂功仁文哲武圣睿恭孝皇帝。冬十月甲子，右监门卫大将军与疢改赐名贵谦，授宜州观察使，继沂王后。右千牛卫将军孟柯改赐名乃裕，授和州防御使，继景献太子后。甲戌，赵范江东提刑兼知池州，节制防江水步军、池州都统司军马。十一月戊寅，奉上宁宗徽号册宝于太庙。辛巳，日南至，郊，大赦。改明年为绍定元年。十二月己酉，日旁有气如珥。壬申，发廪振赡京城细民。大元兵破关外诸隘，四川制置郑损弃三关。

绍定元年春正月丙子朔，上寿明慈睿皇太后尊号册宝于慈明殿。杨谷、杨石并升少师。六月壬寅朔，日有食之。己酉，流星昼陨。秋七月戊戌，荧惑犯南斗。冬十月戊申，荧惑犯壁垒阵星。丁巳，荧惑、填星合于危。甲子，荧惑犯填星。十一月癸酉，荧惑入羽林。庚辰，雷。丁酉，诏申严皇城司给符之制，照阑入法。十二月辛亥，以薛极知枢密院事兼参知政事，葛洪参知政事，袁韶同知枢密院事，郑清之端明殿学士、签书枢密院事。

二年春正月庚辰，大理司直张衍上检验、推鞫四事。诏刑狱人命所关，其令有司究行之。丁亥，荧惑、岁星合于娄。二月庚戌，诏岁举廉吏或犯奸赃，保任同坐，监司、守臣其申严觉察。三月辛卯，诏郡县系囚多瘐死狱中，宪司其具狱官姓名以闻，黜罢之。夏四月庚申，诏郡县官阙，毋令艺人、豪民、罢吏借补权摄。五月，诏成都、潼川路岁旱民歉，制司、监司其亟振恤，仍察郡县奉令勤惰以闻。辛巳，赐进士黄朴以下五百五十七人及第、出身有差。诏户绝者许立嗣，毋妄籍没。六月丁巳，诏通义郡夫人谢氏进封美人。九月丁卯，台州大水。壬辰，有流星大如太白。冬十月壬戌，诏台州水灾，除民田租及茶、盐、酒酤诸杂税，郡县抑纳者监司察之。十一月己丑，荧惑入氐。

三年春正月甲申，诏故皇子缉赠保信、奉国军节度使，开府仪同三司，追封永王，谥冲安。壬辰，知枣阳军史嵩之创置屯田，以劳赏官两转。二月丙申，日有背气。戊戌，诏汀、赣、吉、建昌蛮獠窃发，经抚郡县复赋税一年。庚戌，诏赵范起复，依前知镇江府、节制防江水步并本州在寨军马；赵葵起复，依前知滁州、节制本州屯戍军马。壬子，诏故皇子绎赠忠正、保宁军节度使、开府仪同三司，追封昭王，谥冲纯。闰月癸酉，逃卒穆椿夜窃入皇城，烧毁甲仗，卫士捕得之，诏磔于市。乙酉，太白、岁星合于毕。三月丁酉，雨土。戊申，奉国军节度使丁忧薨，赠少傅，追封乐平郡王。夏四月己卯，漳州、连城盗起，知龙岩县庄梦诜、尉钟自强不能效死守土，诏各削二秩罢。五月甲寅，检校少保李全授彰、化保康军节度使、开府仪同三司、京东镇抚使，依旧京东忠义诸军都统制。戊午，李全左右金吾卫上将军，职任仍旧。六月乙酉，岁星入井。秋七月丁酉，汀州宁化县曾氏寡妇晏给军粮御漳寇有功，又全活乡民数万人，诏封恭人，赐冠帔，官其子承信郎。九月辛丑，祀明堂，大赦。丙午，美人谢氏进封贵妃。冬十月己巳，荧惑、填星合于室。十一月丁酉，有星孛于天市垣。丁未，流星昼陨。十二月庚申，诏录用孔子四十九代孙灿补官。李全叛。壬戌，淮东官兵王青力战，死之，赠右武大夫、蕲州防御使。甲子，诏："逆贼李全，反形日著，今乃肆为不道，已敕江、淮制臣率兵讨，有能擒斩全以降者，加以不次之赏。"乙丑，诏免明年元会礼。以郑清之参知政事兼签书枢密院事，乔行简端明殿学士、同签书枢密院事。诏："史弥远敷奏精敏，气体向安，朕未欲劳以朝谒，可十日一赴都堂治事。"丁卯，册命贵妃谢氏为皇后。己卯，慈明殿出缗钱百五十万犒诸军，振赡在京细民。癸未，上寿明仁福慈睿皇太后尊号册宝。

四年春正月戊子，皇太后年七十有五，上诣慈明殿行庆寿礼，大赦，史弥远以下进秩有差。赐李心传同进士出身。壬寅，赵范、赵葵等诛李全于新塘，诏各进两秩，余推恩有差。二月戊午朔，诏：雄边军统制、总辖范胜、谷汝砺等诛逆著劳，各官五转，将士立功者，趣具等第、姓名来上。丙子，诏起复孟珙从义郎、京西路分、枣阳军驻扎。夏四月戊辰，赵范、赵葵并进中大夫、右文殿修撰，赐紫章服、金带。丁丑，以郑清之兼同知枢密院事；乔行简签书枢密院事；赵善湘兵部尚书、江淮制置大使、知建康府，依旧安抚使；赵范权兵部侍郎、淮东安抚副使、知扬州兼江淮制司参谋官；赵葵换福州观察使、右骁卫大将军、淮东提刑、知滁州兼大使司参议官。五月丙午，宗室司正检校少傅、安德军节度使、天水郡公，加食邑五百户，贵谦承宣使；乃裕观察使。六月己未，诏魏了翁、真德秀、尤焴、尤㸌并叙复元官职祠禄。七月己丑，日生承气。丁酉，贾涉女侍后宫，诏封文安郡夫人。庚戌，葛洪资政殿学士、知绍兴府。有流星大如太白。八月己未，大元兵破武休，入兴元，攻仙人关。辛酉，洪咨夔叙复元官祠禄。辛未，文安郡夫人贾氏封才人。九月丙戌夜，临安火，延及太庙，统制徐仪、统领马振远坐救焚不力，贬削有差。上素服视朝，减膳彻乐。庚子，建昌军火。甲辰，流星昼陨。冬十月戊午，太常少卿度正、国史院编修官李心传各疏言：宗庙之制，未合于古，兹缘灾异，宜举行之。诏两省、侍从、台谏集议以闻。甲子，以余天锡为户部侍郎兼知临安府、浙西安抚使。癸酉，大元兵破蜀口诸郡，御前中军统制张宣战青野原有功，诏授沔州都统。戊寅，以李䕫为焕章阁直学士、四川制置使、知成都府，赵彦呐直龙图阁、四川安抚制置副使、知兴元府、利路安抚使，安癸仲户部郎中、总领四川财赋。十一月乙酉，诏忠义总管田遂力战而殁，赠武节大夫、忠州刺史，加封立庙。十二月乙亥，以史嵩之为大理少卿兼京湖制置副使。

五年春正月己丑，以孟珙为京西路兵马钤辖、枣阳军驻扎。庚寅，诏："李全之叛，淮东提刑司检法吴澄等出泰州城谒贼，各追官勒停。其不出见贼者高梦月、刘宾云循升二资。骂贼而死者海陵簿吴嚞，特赠朝奉郎，官其一子将仕郎。"壬辰，史嵩之进大理卿、权刑部侍郎、京湖安抚制置使、知襄阳府。壬寅，新作太庙成。二月癸丑，帝谒太庙。三月乙酉，诏京城内外免征商三月。丁酉，日生抱气、承气。夏四月癸亥，以宝章阁直学士桂如渊倾帅蜀日，北兵攻城，不能合谋死守而遁，致军民罹殃，反以捷闻，诏褫职罢祠。丁卯，起魏了翁以集英殿修撰知遂宁府。五月己丑，诏："昨郁攸为灾，延及太室，罪在朕躬，而二三执政，引咎去职。今宗庙崇成，神御妥安，薛极、郑清之、乔行简并复元官。"辛卯，臣僚言："积阴霖霪，历夏徂秋，疑必有致咎之征。比闻蕲州进士冯杰，本儒家，都大坑冶司抑为炉户，诛求日增，杰妻以忧死，其女继之，弟大声因赴诉，死于道路，杰知不免，毒其二子一妾，举火自经而死。民冤至此，岂不上干阴阳之和？"诏都大坑冶魏岘罢职。癸巳，太白经天，昼见。戊戌，诏今后齐民有罪，监司、守臣毋辄籍没其家，必具闻俟命。六月乙丑，荧惑、填星合于娄，荧惑顺行犯填星。丙子，诏诸狱官不理他务。秋七月甲申，诏："近岁北兵再入利、阆，迫近顺庆，承奉郎胡元琰摄郡事，能收散卒，定居民，谕叛将，以全阖郡，以功特转官三资。"太白入井。丙戌，监楚州大军仓富起宗军变死难，诏赠宣教郎，官一子文林郎。张焕同时被创，害及其家，诏转官一资。丁酉，以吴潜为太府少卿、总领淮西财赋，陈贵谊端明殿学士、同签书枢密院事。八月乙卯，起真德秀为徽猷阁待制、知泉州。丁巳，泗州路分刘虎、副都统董琳焚断盱泗桥遏金兵。己未，魏了翁以宝章阁待制、潼川安抚使知泸州。乙丑，赐进士徐元杰等四百九十三人及第、出身有差。壬申，太白、岁星合于张。甲戌，新作玉牒殿，奉安累朝玉牒。九月乙巳，雨雹，雷。闰月己酉，有流星大如太白。庚戌，彗星出于角。戊辰，史弥远乞归田里，诏不允。冬十月戊子，以星变，大赦。金将以盱眙军来降，赦盱眙，改为招信军。十一月己巳，乔行简累疏乞归田，诏不允。十二月丙子朔，进封才人贾氏为贵妃。辛巳，皇太后不豫。壬午，大赦。皇太后崩。癸卯，群臣凡七表请听政，从之。诏：外朝大典，不敢轻改，宫中自服三年丧。时宋与大元兵合围汴京，金主奔归德府，寻奔蔡州，大元再遣使议攻金，史嵩之以邹伸之报谢。

六年春正月己酉，以少傅、保宁军节度使、嗣秀王师弥判大宗正事，赵善湘光禄大夫、江淮制置大使兼知建康府、行宫留守，加食邑四百户。戊辰，史弥远加食邑千户。二月丁丑，上大行皇太后谥曰恭圣仁烈皇后。以赵范为工部侍郎兼中书门下省检正公事，赵葵秘书监兼侍讲，余天锡礼部侍郎兼侍读。癸卯，荧惑犯太井。三月丙辰，大雨、雹。夏四月壬寅，葬恭圣仁烈皇后于永茂陵。五月庚戌，太白、荧惑合于柳。邓州移刺以城来降。六月丁酉，史嵩之刑部侍郎兼京湖安抚制置使兼知襄阳府。秋七月，败武仙于浙江。八月，拔唐州。九月壬寅朔，日有食之。辛亥，祀明堂，大赦。辛酉，经筵官请以御制敬天、法祖、事亲、齐家四十八条及缉熙殿榜、《殿记》宣付史馆。冬十月，江海领襄军从大元兵合围金主于蔡州。甲申，史宅之太府少卿，史宇之将作少监，并赐同进士出身。丙戌，史弥远进太师、左丞相兼枢密使、鲁国公，加食邑一千户，郑清之光禄大夫、右丞相兼枢密使，加食邑一千户。丁亥，史弥远保宁、昭信军节度使，充醴泉观使，进封会稽郡王，仍奉朝请，加食邑封。以薛极为枢密使，乔行简参知政事兼同知枢密院事，陈贵谊参知政事兼签书枢密院事。诏："史弥远有定策大功，勤劳王室，今以疾解政，宜加优礼。长子宅之权户部侍郎兼崇政殿说书，次子宇之直华文阁、枢密院副都承旨，长孙同卿直宝章阁，次孙绍卿、良卿、会卿、晋卿并承事郎，女夫赵汝楳军器少监，孙女夫赵崇楟官一转。"己丑，诏崔与之、李䕫、郑性之赴阙。庚寅，以显谟阁待制、知福州真德秀兼福建安抚使。乙未，史弥远薨，赠中书令，追封卫王，谥忠献。诏戒贪吏。十一月乙巳，给事中莫泽等言，差提举千秋鸿禧观梁成大暴狠贪婪，苟贱无耻，诏夺成大祠禄。丙午，诏改明年为端平元年。己未，以魏了翁为华文阁待制、知泸州、潼川安抚使，赐金带。癸亥，进赵葵兵部侍郎、淮东制置使兼知扬州。甲子，台臣劾刑部尚书莫泽贪淫狡害，罢之。丙寅，权工部尚书赵范言："宣和海上之盟，厥初甚美，迄以取祸，其事不可不鉴。"帝嘉纳之。丁卯，诏赵葵任责防御。戊辰，礼部郎中洪咨夔对：今日急务，进君子，退小人，如真德秀、魏了翁当聚之于朝。帝是其言，命咨夔泊王遂同为监察御史。己巳，赵葵入见，帝问以金事，对曰："今国家兵力未赡，姑从和议。俟根本既壮，雪二帝之耻，以复中原。"十二月戊寅，史宅之缴纳赐第，诏给赐本家，仍奉家庙。庚辰，以薛极为观文殿大学士、知绍兴府兼浙东安抚使。甲申，吴潜太府卿，仍淮西总领财赋，暂兼沿江制置、知建康府。戊申，洪咨夔言："资政殿学士、提举洞霄宫袁韶，仇视善类，谄附弥远，险忮倾危。"诏袁韶夺职、罢祠禄。壬辰，台臣言："赵善湘、陈㽦、郑损纳赂弥远，怙势肆奸，失江淮、荆襄、蜀汉人心，罪状显著。"诏赵善湘有讨李全功，特寝免；陈㽦与祠，郑损落职与祠。

端平元年春正月庚子朔，诏求直言。侍从、卿监、郎官，在外执政、从官，举堪为监司、守令者各二人。三衙、统帅、知閤、御带、环卫官，在外总管、军帅，举堪为将帅者各二人。钟震、陈公益、李性传、张虑并兼侍读。徐清叟、黄朴、李大同、叶味道并兼崇政殿说书。辛丑，赵范依前沿江制置副使,权移司知黄州,史嵩之权京湖安抚制置使兼知襄阳府,陈韡华文阁待制,仍知隆兴府、江西安抚使。诏德安三关使彭哲,去年十月北兵至,弃关遁,削二秩勒停。乙巳,赐故少傅、权参知政事任希夷谥宣宪。丙午,诏赵范兼淮西制置副使,任责防御。太白、荧惑合在斗。戊申,金主完颜守绪传位于宗室承麟。己酉,城破,守绪自经死,承麟为乱兵所杀,执其参知政事张天纲。丙寅,诏:"太师、中书令荣王已进王爵,宜封三代,曾祖子奭赠太师、吴国公,祖伯旴赠太师、益国公,父师意赠太师、越国公。"戊辰,以枢密院言,诏:"京西忠顺统制江海、枣阳同统制郭胜,向因所部兵行劫,坐不发觉,除名、广州拘管。遇赦还军前自效有功,并叙复元受军职。"史嵩之露布告金亡,谨遣郭春按循故壤,诣奉先县汛扫祖宗诸陵。还师屯信阳。命王旻守随州,王安国守枣阳,蒋成守光化,杨恢守均,并益兵饷备,经理唐、邓屯田。二月辛未,监察御史洪咨夔言:"上亲政之始,斥逐李知孝、梁成大,其诰事权奸,党私罔上,倡淫黩货,罪大罚轻。"诏李知孝削一秩,罢祠;梁成大削两秩。壬申,以赵彦呐为四川安抚制置使兼知兴元府。丁亥,诏端平元年正月以前诸命官贬窜物故者,许令归葬。三月己酉,以贾涉子似道为籍田令。辛酉,诏遣太常寺主簿朱扬祖、阁门祇候林拓诣洛阳省谒八陵。四月辛未,诏遣朱复之诣八陵,相度修奉。丁丑,诏:"比年宗亲贫窭,或致失所。甚非国家睦族之意。大宗正司、南外西外宗正司,其申严州郡,以时赡给,违者有刑。"监察御史王遂言:"史嵩之本不知兵,矜功自侈,谋身诡秘,欺君误国,留之襄阳一日,则有一日之忧。"不报。戊寅,岁星守太微垣上相星。壬午,监察御史洪咨夔言:"今残金虽灭,邻国方强,益严守备犹恐不逮,岂可动色相贺,涣然解体,以重方来之忧?"上嘉纳。甲申,日生赤晕。丙戌,以灭金获其主完颜守绪遗骨告太庙,其玉宝、法物并俘囚张天纲、完颜好海等命有司审实以闻。庚寅,诏授孟珙带御器械,京、襄部押官属陈一荐、江海官两转,余论功行赏。金降人夹谷奴婢改姓同名鼎,王闻显、呼延实、来伯友、石大瑞、白华各授官有差。丁酉,臣僚言:"江淮、荆襄诸路都大提点坑冶吴渊,恃才贪虐,籍人家赀以数百万计,掩为己有,其弟潜违道干誉,任用非类。"诏吴渊落右文殿修撰,吴潜落秘阁修撰,并放罢。五月庚子,薛极卒,赠少师。戊申,太平州蝗。己酉,太阴入氐。乙卯,诏李知孝瑞州居住,梁成大潮州居住,莫泽南康军居住,并再降授官,寻尽追爵秩。诏魏了翁赴阙。丙辰,以赵范为两淮制置使、节制军马兼沿江制置副使。壬戌,以崔与之为端明殿学士、提举西京嵩山崇福宫,陈韡权工部尚书、知隆兴府、江西安抚使。丙寅,诏:"黄干、李燔、李道传、陈宓、楼昉、徐宣、胡梦昱皆阨于权奸,而各行其志,没齿无怨,其赐谥、复官、优赠、存恤,仍各录用其子,以旌忠义。戴埜,其复元资,以励士风。"建阳县盗发,众数千人,焚劫邵武、麻沙、长平。六月戊辰朔,郑清之等进奏选德殿柱有金书六字曰:"毋不敬,思无邪。"上曰:"此坐右铭也。"庚午,荧惑、填星合于胃。壬申,诏蠲漳、泉、兴化三州

丁米钱。丙子,以李鸣复为侍御史兼侍讲。戊寅,以乔行简知枢密院事,曾从龙参知政事,郑性之签书枢密院事,陈贵谊兼同知枢密院事。己卯,诏:"故巴陵县公兹可尽复本身官爵,有司其检视墓域,以时致祭。妻吴昉自请为尼,特赐慧净法空大师,绍兴府月给衣资缗钱。"诏殿司选精锐千人,命统制娄拱、统领杨辛讨捕建阳县盗。辛巳,诏故端明殿学士、开府仪同三司史弥远赠资政殿大学士,谥忠宣。荧惑犯填星。丙戌,有流星大如太白。戊子,日晕不匝,生格气。癸巳,史嵩之进兵部尚书。禁毁铜钱作器用并贸易下海。秋七月乙巳,诏嘉兴县王临年百二岁,补迪功郎致仕。八月癸酉,诏:"河南新复郡县,久废播种,民甚艰食,江、淮制司其发米麦百万石往济归附军民,仍榜谕开封、应天、河南三京。"甲戌,朱扬祖、林拓朝谒八陵回,以图进,上问诸陵相去几何及陵前涧水新复,扬祖悉以对,上忍涕太息。乙亥,以赵范为京河关陕宣抚使、知开封府、东京留守,赵葵京河制置使、知应天府、南京留守,全子才关陕制置使、知河南府、西京留守。甲午,权邵武军王埜以平建阳寇有功,官两转,余推赏有差。九月庚子,赵范依旧京西、湖北安抚制置大使、知襄阳府。辛丑,荧惑入井。壬寅,赵范言:"赵葵、全子才轻遣偏师复西京,赵楷、刘子澄参赞失计,师退无律,致后阵败覆。"诏赵葵削一秩,措置河南、京东营田边备;全子才削一秩,措置唐、邓、息营田边备;刘子澄、赵楷并削三秩放罢。又言:"杨义一军之败,皆由徐敏子、范用吉怠于赴援,致不能支。"诏范用吉降武翼郎,徐敏子削三秩放罢,杨义削四秩,勒停自效。己酉,真德秀言:"权臣罔上,讲筵官亦傅会其言,今承其弊,有当虑者五事,并及泉、漳寇盗、盐法之弊。帝嘉纳之。诏:进士何霆编类朱熹解注文字,有补经筵,授上文学。冬十月己卯,真德秀进《大学衍义》。辛卯,陈贵谊薨,赠少保。十一月壬子,京、湖制司创镇北军,诏以襄阳府驻扎御前忠卫军为名。壬戌,太白经天。十二月己卯,大元遣王檝来。戊子,王檝辞于后殿。辛卯,遣邹伸之、李复礼、乔仕安、刘溥报谢,各进二秩。

卷四十二　　本纪第四十二

理　宗　二

端平二年正月丁酉,太阴行犯太白。甲寅,诏议胡瑗、孙明复、邵雍、欧阳修、周敦颐、司马光、苏轼、张载、程颢、程颐等十人从祀孔子庙庭,升孔伋十哲。丙辰,诏主管侍卫马军孟珙黄州驻扎,措置边防。丁巳,孟珙入见。辛酉,以御前宁淮军统制、借和州防御使程芾为大元通好使,从义郎王全副之,寻以武功郎杜显为添差通好副使。二月甲子朔,日当亏不亏。癸酉,岁星守氐。壬午,太白、填星合于胃。三月乙未,诏太学生陈均编《宋长编纲目》,

进士陈文蔚著《尚书解》,并补迪功郎。丁酉,杨谷、杨石并升太师,寻辞免。乙巳,曾从龙兼同知枢密院事,真德秀参知政事,兼给事中、兼侍读陈卓同签书枢密院事。夏四月甲子,诏:"前四川制置郑损,城池失守,且盗陕西五路府库财巨万,削官二秩,谪居温州,簿录其家。"丁卯,都城火。丁亥,太白昼见。戊子,大阅。有流星大如太白。五月乙未,雨雹。军民交哄,御前诸军都统制赵胜削三秩,罢,命韩昱代之。丙申,大雨、雹。甲辰,真德秀薨,赠银青光禄大夫,谥文忠。庚戌,以乔行简兼参知政事。六月壬申,太阴入氐。戊寅,以郑清之为特进、左丞相兼枢密使,乔行简金紫光禄大夫、右丞相兼枢密使。己卯,葛洪资政殿大学士,予祠禄。庚辰,流星昼陨。祈雨。壬午,以曾从龙知枢密院事兼参知政事,崔与之参知政事,郑性之同知枢密院事,陈卓签书枢密院事。赐进士吴叔告以下四百五十四人及第、出身有差。己丑,荧惑入太微垣。庚寅,诏郑损更削两秩,窜南剑州。秋七月丁酉,有流星大如太白。戊戌,太白经天。辛丑,流星昼陨。丙午,太白入东井。庚申,礼部尚书魏了翁上十事,不报。闰七月戊寅,诏录开禧军难死事之臣,大安知军杨震仲孙忠孙补下州文学;利州路常平干官刘当可母王氏义不降曦,投江而死,追赠和义郡夫人,当子与升官差除。乙酉,赐少师、特进、银青光禄大夫赵方谥忠肃。丙戌,故保宁军节度使、鲁国公安丙谥忠定。丁亥,全子才、刘子澄坐唐州之役弃兵宵遁,子才削二秩,谪居衡州,子澄削二秩,谪居瑞州。八月癸巳,岁星入氐。乙卯,以太师赵汝愚配享宁宗庙庭,仍图像于昭勋崇德之阁。丁巳,太白犯太微垣右执法。九月癸未,崇国公主薨。冬十月辛卯,有流星大如太白。己未,填星犯毕,岁星、太白合于心。十一月乙丑,以曾从龙为枢密使、督视江淮军马,魏了翁同签书枢密院事、督视京湖军马,郑性之兼权参知政事。戊辰,诏两督府各给金千两、银五万两、度牒千、缗钱五百万为随军资。台臣李鸣复论曾从龙、魏了翁督府事,不允。戊子,安南国贡方物。十二月庚寅,曾从龙六疏乞寝枢密使命,依旧知枢密院事、督视江淮军马。诏许辞枢密使。以魏了翁兼督视江淮军马。癸巳,四川制置司遣将斩叛军首贼蒲世兴于万州。己亥,填星守天街星。庚子,诏官告院制修武郎以下告身给督视府。太阴入井。壬寅,魏了翁陛辞,诏事干机速,许便宜行之。吴潜枢密都承旨、督府参谋官,赵善瀚、马光祖督府参议官。甲辰,曾从龙薨,赠少师。余嵘同签书枢密院事。庚戌,故参知政事李壁谥文懿。辛亥,雷。

三年春正月己未朔,以星行失度,雷发非时,罢天基节宴。诏劝农桑。赐安南国王封爵、袭衣、金带。丁卯,填星犯毕。壬申,大元兵连攻洪山,张顺、翁大成等以兵捍御。二月甲午,诏以大元兵攻江陵,统制李复明奋勇战没,其赠三秩,仍官其二子。死伤士卒,趣具姓名来上。壬寅,诏侍从、台谏、给舍条具边防事宜。甲辰,起居郎吴泳上疏论淮、蜀、京、襄捍御十事,不报。诏魏了翁依旧端明殿学士、签书枢密院事,其速赴阙。诏史嵩之淮西制置使兼副使。辛亥,日晕周匝。甲寅,左曹郎官赵以夫

上备边十策。三月乙亥,吴潜赴阙。是月,襄阳北军主将王旻、李伯渊焚城郭仓库,相继降北。时城中官民兵四万七千有奇,其财粟三十万、军器二十四库皆亡,金银盐钞不与焉。南军主将李虎乘火纵掠,襄阳为空。制置使赵范坐失抚御,致南北军交争造乱,诏削官三秩,落龙图阁学士,姑仍制置职任。阶、岷、叠、宕十八族降。有谍者以檄招曹友闻军降,友闻斩之以闻。夏四月丙申,太阴入太微垣。己酉,魏了翁乞归田里,诏不允,以资政殿学士知潭州。癸丑,诏悔开边,责己,其京湖、兴、沔州军县镇见系囚情理轻者释之。五月戊寅,提举万寿观洪咨夔依旧兼侍读。己卯,有流星出心,大如太白。辛巳,太阴入毕。甲申,赵葵华文阁直学士、淮东安抚制置使兼知扬州。六月丁亥,流星夕陨。己亥,洪咨夔卒,诏与执政恩例,赠二秩,谥忠文。癸卯,荧惑、填星合于毕。丙午,荧惑犯填星。庚戌,大雨、雹。秋七月丁巳,祈晴。诏权徐州国安用力战而殁,已赠顺昌军节度使,仍官其子国兴承节郎。庚申,以赵范去襄城,罪重罚轻,诏罢职奉祠。辛酉,太阴入氐。丁卯,以郑性之参知政事,李鸣复签书枢密院事,戊辰,监察御史杜范、吴昌裔以言事不报,上疏乞罢官,诏改授范太常少卿,昌裔太常卿。庚午,荧惑入井。戊寅,太阴入东井。甲申,雨血。八月丙戌,诏赵范更削两秩,谪居建宁府,李虎削三秩,落刺史,罢御器械,各令任责捍御自效。癸卯,诏前龙图阁学士、光禄大夫、赠开府仪同三司傅伯成谥忠简。九月庚申,太白、岁星合于尾。庚午,雷。辛未,祀明堂,大赦。雷雨。乙亥,左丞相兼枢密使郑清之罢为观文殿大学士、醴泉观使兼侍读,右丞相兼枢密使乔行简罢为观文殿大学士、醴泉观使兼侍读。以崔与之为右丞相兼枢密使。壬午,骁卫大将军、利州驻扎御前诸军统制曹友闻与大元兵大战于大安军阳平关,兵败,死之。诏赠龙图阁学士、大中大夫,谥毅节,立庙曰褒忠,官其二子承务郎。冬十月乙酉,诏:"殿前司将胡斌,襄死邵武之寇,赠武大夫,有司为立后授官,因旧庙赐额。宗室师禛死尤溪之战,赠武节郎,官其一子进义校尉,立庙林岭。"甲午,诏:"沿江制置使陈韡应援淮东,授淮西制置使兼沿江制置副使史嵩之应援江陵、峡州江面上流。"壬寅,大元兵破固始县,淮西将吕文信、杜杲率溃兵数万叛,六安、霍丘皆为群盗所据。丙午,安南国贡方物,诏授金紫光禄大夫、静海军节度、观察等使,赐袭衣、金银带。大元太子阔端兵离成都,大元兵破文州,守臣刘锐、通判赵汝暴死之。十一月戊午,诏嗣秀王师弥授少师。丙寅,以乔行简为特进、左丞相兼枢密使,封肃国公。大元兵围光州,诏史嵩之援光,赵葵援合肥,陈韡遏和州,为淮西声援。戊辰,魏了翁依旧资政殿学士、知绍兴府、浙东安抚使,吴潜、袁甫、徐清叟赴阙。壬申,诏侍从、两省、台谏、卿监、宰掾、枢属、郎官、钤辖,各陈防边方略。甲戌,太阴入太微垣。戊寅,复成都府。十二月戊戌,以吴渊户部侍郎、淮东总领财赋兼知镇江府。壬寅,诏改明年为嘉熙元年。癸卯,郑清之辞免观文殿大学士、醴泉观使兼侍读,诏仍旧观文殿大学士、提举洞霄宫。丁未,宣缯薨,以定策功,赠太师,谥

忠靖。甲寅,池州都统赵邦永以援滁州功,诏邦永转左武大夫,其余立功将士具等第、姓名推赏。

嘉熙元年春正月乙卯,以魏了翁知福州兼福建安抚使。丁巳,诏京西兵马都监、随州驻扎程再遇官三转,带行阁门宣赞舍人、京西钤辖兼知随州,赏其洪山战功,余有功将士趣以名上。辛酉,以李墌同知枢密院事、四川宣抚使。甲子,诏:"两淮、荆襄之民,避地江南,沿江州县,间有招集振恤,尚虑恩惠不周,流离失所。江阴、镇江、建宁、太平、池、江、兴国、鄂、岳、江陵境内流民,其计口给米,期十日竣事以闻。"癸酉,荧惑守鬼宿。壬午,流星大如太白。二月癸未朔,以郑性之知枢密院事兼参知政事,邹应龙端明殿学士、签书枢密院事,李宗勉同签书枢密院事。李鸣复罢,以资政殿学士知绍兴府。乙酉,葛洪薨。壬寅,雨雹。丙申,诏忠义选锋张顺、屈伸等,以舟师战公安县之巴芒有功,各官一转,余推恩有差。癸卯,诏以朱熹《通鉴纲目》下国子监,并进经筵。己酉,太白昼见,日晕周匝。三月癸亥,日生背气。己巳,诏陈𬀩、史嵩之、赵葵各官两转。乙亥,魏了翁薨,赠少师,赐谥文靖。以孟珙为忠州团练使、知江陵府、京西湖北安抚副使,别之杰宝章阁待制、知太平州。夏四月壬午朔,以李墌同知枢密院事、四川宣抚使、知成都府。壬辰,弟贵谦保康军节度使,仍奉朝请,进封天水郡开国侯,加食邑;与芮武康军节度使、提举万寿观,仍奉朝请,进封开国子。丙申,诏:"两淮策应军战宣化,两军杀伤相当,阵亡将校李仙、王海、李雄、廖雷各赠武翼大夫,余赠官有差。"庚子,荧惑犯权星。丙午,诏:"沔州诸镇将帅,昨以大元兵压境,皆弃官遁。夔路钤辖、知恩州田兴隆,独自大安德胜堡至潼川,逆收数合,虽兵寡不敌,而忠节可尚,特与官一转。"五月丙辰,袁韶薨。太阴犯荧惑。壬申,京城大火。丙子,荧惑犯将星。六月壬辰,诏赏蕲州都统制万文胜、知州徐槩守城之功,将士在行间者,论功补官有差。癸巳,以邹应龙为资政殿学士、知庆元府、沿海制置使。乙未,太白、填星合于井。甲辰,祈雨。丙午,以吴潜为工部侍郎、知庆元府兼沿海制置使。知黄州兼淮西安抚使、本路提刑李寿朋被命三月,不即便途之官,遂还私舍,诏削三秩,送建昌军居住。诏建内小学,择宗子十岁以下资质美者二三人,置师教之。秋七月壬子,湖北提举董槐朝辞,奏楮币物价轻重之弊。己未,枢密院言:"大元兵自光州、信阳抵合肥,制司参议官李曾伯、庐州守臣赵胜、都统王福战守,俱有劳效。"诏曾伯等十一人各官一转。辛酉,太阴犯岁星,填星入井,庚午,岁星守建星。壬申,日生背气。癸酉,太阴入井。八月甲申,太师、秦国公汝愚追封福王。乙酉,填星犯井。癸巳,以李鸣复参知政事,李宗勉签书枢密院事。甲辰,诏:蜀鸡冠隘都统王宣战殁,其总管吴桂弃所守走,又纵部伍剽劫,削三官勒停。九月壬子,填星留于井。癸丑,有流星出七公西星,至浊没。丁巳,雷。冬十月戊戌,有流星大如桃。十一月戊辰,诏陈𬀩、史嵩之、赵葵于沿江、淮、汉州军,备舟师战具,防遏冲要堡隘。辛未,太史言十二月朔日食将既,日与金、木、水、火四星俱缠于斗。诏损膳避朝,庶图消弭,其令有司检会故实以闻。十二月戊寅朔,日有食之。

二年春正月戊申朔,诏令侍从、台谏、卿监、郎官、帅臣、监司、前宰执侍从举晓畅兵财各二人,三衙、诸军统制举将材二人。己未,诏史嵩之、赵葵应黄州、安丰,其立功将士等第,亟具名以闻;光州、信阳二城,共图克复。辛酉,诏史嵩之进端明殿学士,视执政恩数;赵葵刑部尚书,制置并如旧;余玠知招信军兼淮东制置司参议官,进三秩;孟珙宁远军承宣使,依旧带御器械。史嵩之端明殿学士,依旧京湖安抚制置使兼沿江制置副使兼知鄂州,召赴阙。甲子,两浙转运判官王埜察访江面还,进对,劾吴潜知平江府不法厉民数事。诏埜直华文阁、知建宁府。二月甲申,大理少卿朱扬祖充押伴使,借章服、金鱼。庚寅,诏吏嵩之以参知政事督视京西荆湖南北路、江西军马,置司鄂州。癸巳,大宗正丞贾似道奏言:"北使将至,地界、名称、岁例,宜有成说。"又奏:"裕财之道,莫急于去赃吏,艺祖治赃吏,杖杀朝堂,孝宗真决刺面,今日行之,则财自裕。"戊戌,诏:"近览李墌奏,知蜀渐次收复,然创残之余,绥抚为急,宜施荡宥之泽。淮西被兵,恩泽亦如之。其降德音,谕朕轸恤之意。"大元再遣王檝来。辛丑,檝还;以朱扬祖充送伴使。癸卯,以孟珙为京湖安抚制置副使,置司松滋县。三月己丑,命将作监周次说为大元通好使。壬子,以李心传为秘书少监、史馆修撰,修高宗、孝宗、光宗、宁宗四朝国史实录。癸丑,以高定子为中书舍人、京湖江西督视参赞军事。庚申,诏史嵩之兼督视光、蕲、黄、夔、施州军马。戊辰,发行都会子二百万,并湖广九百万,下都督参政行府犒师。乙亥,诏四川被兵州、军、府、县、镇并转输劳役之所,见禁囚人情理轻者释之。诏四川帅臣招集流民复业,给种与牛,优以振赡。夏四月癸未,以李墌同签书枢密院事,督视江淮、京湖军马。己酉,雨土。太阴入太微垣。闰月丁未,太阴入井。甲子,有流星大如太白。壬申,赐礼部进士周坦以下四百二十二人及第、出身有差。五月辛巳,太白昼见。癸未,以李鸣复知枢密院事,李宗勉参知政事,余天锡签书枢密院事。甲申,乔行简请"以兵事委李鸣复,财用委李宗勉,楮币委余天锡,当会议者,臣则参酌行之"。诏允所请。诏严州布衣钱时、成忠郎吴如愚以隐居著书,并选为秘阁校勘。丙戌诏崔与之提举洞霄宫,任便居住,李鸣复复参知政事。壬寅,岁星犯壁全阵。六月甲辰朔,流星昼陨。戊申,吴渊知太平州、措置采石江防。以吴潜为淮东总领财赋、知镇江府。丙寅,李墌薨,特赠资政殿大学士。秋七月壬午,以霖雨不止,烈风大作,诏避殿、减膳、彻乐,令中外之臣极言阙失。辛卯,有流星大如太白。壬寅,荧惑犯鬼,积尸气。八月辛酉,太白昼见,经天。癸亥,流星昼陨。九月壬午,荧惑犯权星。子维生。甲申,封宫人谢氏为永宁郡夫人。乙未,有流星大如太白。冬十月庚戌,雷。丁卯,吴潜言:"宗子赵时𪟝集真、滁、丰、濠四郡流民十余万,团结十七寨。其强壮二万可籍为兵,近调五百援合肥,宜补时𪟝官。又沙上芦场田可得二十余万亩,卖之以赡流民,以佐寨兵。"从之。荧惑入太微垣。戊辰，太白入于氐。己巳，日生黑子。辛未，复光州。十一月甲申，子维藁，追封祁王，谥冲昭。十二月丙午，光州守臣董尧臣伏诛，司户柳臣举配雷州。乙卯，诏四川诸州县盐酒榷额，自明年始更减免三年，其四路合发总所纲运者亦免。戊辰，诏诸路和籴给时直，平概量，毋科抑，申严收租苛取之禁。己巳，出祠牒、会子共七百万纸，给四川制司为三年生券。

三年春正月癸酉，以乔行简为少傅、平章军国重事，封益国公；李宗勉为左丞相兼枢密使；史嵩之右丞相兼枢密使，督视两淮、四川、京湖军马；余天锡参知政事；游佀同签书枢密院事。二月丙午，诏史嵩之依旧兼都督江西、湖南军马。丁卯，又命嵩之都督江淮、京湖、四川军马。己巳，窜赵邦永，坐救滁不进兵。三月辛未朔，以吴潜为敷文阁直学士、沿海制置使兼知庆元府。甲戌，以别之杰权兵部尚书，依旧沿江制置安抚使兼都督行府参赞军事，李曾伯兼都督行府参议官，孟珙兼都督行府参谋官。流星昼陨。辛卯，雨土。夏四月壬寅，祈雨。癸卯，以吴渊权工部尚书、沿江制置副使、知江州。五月辛未，荧惑犯太微垣执法星。戊寅，以吴潜为兵部尚书、浙西制置使、知镇江府。辛卯，乔行简五疏乞罢机政，诏不允。秋七月庚午，以董槐知江州兼都督行府参议官。甲申，以吴渊兼都督行府参赞军事。八月戊戌朔，以浙江潮患，告天地、宗庙、社稷。以游佀参知政事，许应龙签书枢密院事，林略同签书枢密院事。己亥，荧惑入氐。辛丑，太阴入氐。有流星大如太白。丁亥，荧惑犯房宿。九月辛巳，祀明堂，大赦。壬午，淮西敢勇将官陆旺、李威特与官三转，同出战二百人官两转，以赏庐州磨店北之功，其阵没者优与抚恤。冬十月丁未，故太师鲁王谢深甫赐谥恩正。己未，出祠牒百给济处州。秉义郎李良宁鄂州长寿县，没于战阵，诏赠官三转。癸亥，荧惑、太白合于斗。乙丑，虹见。十一月丙子，以范钟签书枢密院事。十二月己未，观文殿大学士崔与之薨，赠少师，谥清献。辛酉，太白昼见。甲子，复夔州，录荆鄂都统张顺、孟璋等将士战功。

四年春正月辛未，彗星出营室。庚辰，以星变，下诏罪己。辛巳，有流星大如太白。甲午，彗星犯王良第二星。二月丙申朔，日生背气。戊戌，大赦。辛丑，流星昼陨。白虹贯日。丁未，太白昼见。癸丑，以孟珙为四川宣抚使兼知夔州，节制归、峡、鼎、澧州军马。丙辰，白气亘天。三月辛未，诏四川安抚制置副使彭大雅削三秩。彗星消伏。乙酉，流星昼陨。夏四月壬寅，前潼川运判吴申进对，因论蜀事，为上言："郑损弃边郡不守，桂如渊启溃卒之乱，赵彦呐忌忠勇不救，彭大雅险谲变诈，殊费关防。宜进孟珙于夔门。夔事力固乏，东南能助之，则夔足以自立。"又言："张祥有保全赵彦呐、杨恢两制置之功，敌人惮其果毅，宜见录用。"上嘉纳之。乙巳，诏史嵩之进三秩，依前右丞相兼枢密使，即日彻都督局。五月庚午，太阴入太微垣，岁星、太白合于娄。甲戌，太阴入氐。乙亥，子寿国公薨。戊子，命吴潜兼侍读，李性传兼侍讲。六月甲午朔，江、浙、福建大旱，蝗。乙未，祈雨。己亥，太白犯毕。辛丑，追封阆州签厅陈承己妻彭氏为恭人，赐庙

阆州，以强寇入奉国县市，承己为贼所创，彭骂贼死之。辛亥，追赠儒林郎王巩为通直郎，官其一子为文学，以丙申蜀破，巩阖门死于兵。癸丑，太白犯天关星。戊午，有流星大如太白。秋七月乙丑，诏："今夏六月恒阳，飞蝗为孽，朕德未修，民瘼尤甚，中外臣僚其直言阙失毋隐。"又诏有司振灾恤刑。太白入井。甲戌，太白、荧惑合于井。己丑，荧惑、太白合于鬼。八月己酉，荧惑、填星合于柳，太白犯权星大星。癸酉，荧惑犯填星。九月乙丑，诏余玠进三秩，直华文阁、淮东提刑、节制招信军屯戍军马。以玠昨帅舟师溯淮入河抵汴，所向有功，全师而还。至是，论功定赏，是役特士，趣以名上所司议推恩。冬十月癸巳，诏改明年为淳祐元年。丁巳，命余玠兼节制应天府、泗、宿、永、海、邳、徐、涟水屯戍军马。十一月甲子，荧惑入太微垣。己巳，荧惑犯太微垣左执法星。癸酉，诏武功大夫、荆鄂都统制张顺以私钱招襄、汉溃卒，创忠义、虎翼两军，及援安庆、池州有功，特与官两转。丙子，与芮妻钱氏封安康郡夫人。辛巳，荧惑犯太微上相垣。十二月甲辰，奉国军节度使、提举万寿观多谟薨。丙辰，地震。己未，诏求直言。闰十二月丙寅，李宗勉薨，赠少师，赐谥文清。以游佀知枢密院事兼参知政事，范钟参知政事，徐荣叟签书枢密院事。庚午，诏系囚情理轻者释之。乙亥，诏民间赋输仍用钱会中半，其会半以十八界直纳，半以十七界纫绸。戊寅，以吴潜为福建安抚使，史宅之为浙东安抚使。

淳祐元年春正月庚寅朔，诏举文武才。庚子，雷。甲辰，诏："朕惟孔子之道，自孟轲后不得其传，至我朝周惇颐、张载、程颢、程颐，真见实践，深探圣域，千载绝学，始有指归。中兴以来，又得朱熹精思明辨，表里浑融，使《大学》、《论》、《孟》、《中庸》之书，本末洞彻，孔子之道，益以大明于世。朕每观五臣论著，启沃良多，今视学有日，其令学官列诸从祀，以示崇奖之意。"寻以王安石谓"天命不足畏，祖宗不足法，人言不足恤"，为万世罪人，岂宜从祀孔子庙庭，黜之。丙午，封周惇颐为汝南伯，张载郿伯，程颢河南伯，程颐伊阳伯。丁未，太阴入氐。戊申，幸太学谒孔子，遂御崇化堂，命祭酒曹豳讲《礼记·大学》篇，监学官各进一秩，诸生推恩锡帛有差。制《道统十三赞》，就赐国子监宣示诸生。二月戊寅，日生晕。壬午，乔行简薨，谥文惠。夏四月丁丁，诏以与芮为开府仪同三司、万寿观使，嗣荣王，贵谦开府仪同三司、嗣沂王。辛巳，以贾似道为太府少卿、湖广总领财赋。五月庚寅，以少师、保宁军节度使、判大宗正事、嗣秀王师弥为太子少保，奉国军节度使充万寿观使师贡为少师。己亥，诏沿江淮西制置使别之杰任责边防。戊申，赐礼部进士徐俨夫以下三百六十七人及第、出身有差。六月庚申，太白昼见。螟。癸酉，有流星大如太白。己卯，流星昼陨。丙戌，荧惑入氐。秋七月壬辰，祈雨。八月辛巳，杨石薨，赠太师。冬十月庚辰，太白入氐。十一月戊戌，太白昼见。己亥，淮东提刑余玠以舟师解安丰之围。己巳，太白经天，昼见。十二月丁卯，余天锡薨，赠太师，赐谥忠惠。丁丑，侍御史金渊言：彭大雅贪黩残忍，蜀人衔怨，罪重罚轻，

乞更窜责。诏除名、赣州居住。

二年春正月甲申朔，诏作新吏治。戊戌，右丞相史嵩之等进《玉牒》及《中兴四朝国史》、《孝宗经武要略》、《宁宗玉牒》《日历》《会要》《实录》。二月甲戌，以游佀知绍兴府、浙东安抚使，请祠禄，诏提举洞霄宫。范钟知枢密院事兼参知政事，徐荣叟参知政事，赵葵赐进士出身、同知枢密院事，别之杰签书枢密院事。三月戊子，诏和州、无为军、安庆府，并听沿江制置司节制。诏今后州县官有罪，诸帅司毋辄加杖责。夏四月甲寅，白气亘天。壬申，雨雹。五月己亥，淮东制置副使余玠进对。戊申，台臣言知建宁府吴潜有三罪。诏夺职，罢新任。己酉，以赵葵为湖南安抚使、知潭州。六月壬子朔，徐荣叟乞归田里，从之。丁巳，诏以余玠为四川宣谕使，事干机速，许同制臣共议措置，先行后奏，仍给金字符、黄榜各十，以备招抚。丙寅，以别之杰同知枢密院事兼权参知政事，高定子签书枢密院事，杜范同签书枢密院事。是月盛夏积雨，浙右大水。丁丑，岁星犯井。秋七月辛巳朔，常、润、建康大水，两淮尤甚。八月丁卯，诏淮东先锋马军邓淳、李海等扬州挞扒店之战，宣劳居多，各官两转，余推恩有差。九月庚辰朔，日有食之。己丑，雷。辛卯，祀明堂，大赦。癸巳，诏："淮东忠勇军统领王温等二十四人战天长县东，众寡不敌，皆没于阵，赠温武翼大夫、吉州刺史，其子兴国补保义郎，更官其一子承信郎，厚赐其家。余人恤典有差。"冬十月甲寅，史嵩之进封永国公。乙丑，大元兵大入通州。十一月辛卯，诏谕两淮节制李曾伯，毋以通州被兵之故，不安厥职，其督励诸将，勉图后功。己亥，日南至，雷电交作，诏避殿减膳，求直言。癸卯，诏决中外系囚。十二月己未，诏："通州守臣杜霆，兵至弃城弗守，载其私帑渡江以遁，遂致民被屠戮，虽已夺三秩，厥罚犹轻。其追毁出身以来文字，窜南雄州。"壬戌，太白昼见。癸亥，大元兵连攻叙州，帐前都统杨大全等水陆并进，自卯至午，战十数合，殁于行伍。诏赠武节大夫、眉州防御使，官其二子承节郎。丙寅，以孟珙为检校少保，依旧宁武军节度使、京湖安抚制置大使、夔路策应大使，余玠权资政殿学士、湖南安抚大使兼知潭州，赵葵 资政殿大学士、福建安抚使、知福州。

三年春正月戊寅朔，以高定子兼参知政事。庚辰，荧惑入氐。乙未，以李曾伯为华文阁待制，依旧淮东西制置使、知扬州；杜杲敷文阁学士，依旧沿江制置使、知建康府；董槐秘阁修撰，依旧沿江制置副使、知江州、主管江西安抚司事。辛丑，诏安南国王陈日煚元赐功臣号，特增"守义"二字。二月乙丑，以吕文德为福州观察使、侍卫马军副都指挥使，总统两淮出战军马，捍御边陲。庚午，以鄞州推官黄从龙死节，诏赠通直郎，一子补下州文学。三月丁丑朔，日有食之。夏四月癸丑，左武卫中郎将、濠州措置捍御王烈，阁门宣赞、淮西路钤王杰，阁门祇候、江东路钤李季实往马帅王鑑军前议事，遇大元兵战死，赠官，仍各官其二子。乙卯，嘉定守臣程立之固守，诏官一转。丙辰，安丰军统领陈友直以王家圩战功，与官两转，壬申，布衣王与之进所著《周礼订议》，补下州文学。五月庚子，诏施州创筑郡城及关隘六十余所，本州将士及忠州戍卒执役三年者，各补转一官。六月甲戌，有流星大如太白，出于氐。秋七月丁亥，诏海州屯驻借补保义郎申政，密州之役先登陷阵，后以战没，特赠保义郎，官其子进勇副尉。太白入井。壬辰，四川制司言：大元兵破大安军，忠义副总管杨世威坚守鱼孔隘，孤垒不降，有特立之操，可任责边防。诏以世威就知大安军。甲午，日生格气。己亥，太白经天，昼见。八月乙卯，流星昼陨。癸亥，诏福州延祥、荻芦两寨并置武济水军，摘本州厢禁习水者充，千五百人为额。闰月丁丑，四川总领余玠言，知巴州向佺、钤辖谭渊白土坪等战有功。诏佺等十八人各官三转，余转官有差。其中创人各给缗钱百，阵没者趣上姓名，赠恤其家。太白犯权星。壬寅，太白、填星合于翼。九月壬申，诏蠲高邮民耕荒田租。冬十月丙戌，太白入于氐。十二月己丑，史嵩之五请祠，不允。

卷四十三　　本纪第四十三

理宗 三

四年春正月壬寅朔，诏边将毋擅兴暴掠，虐杀无辜，以慰中原遗黎之望。帝制《训廉》、《谨刑》二铭，戒饬中外。以李鸣复参知政事，杜范同知枢密院事，刘伯正签书枢密院事，余玠华文阁待制、依旧四川安抚制置使、知重庆府兼四川总领财赋，李曾伯宝章阁直学士、依旧淮东安抚制置使、知扬州兼淮西制置使。戊午，枢密院言："四川帅臣余玠，大小三十六战，多有劳效，宜第功行赏。"诏玠趣上立功将士姓名等第，即与推恩。庚申，以余玠兼四川屯田使。二月癸酉，出封桩库缗钱各十万，命两淮、京湖、四川制司收瘗频年交兵遗骸，立为义冢。夏四月丁丑，有流星大如太白，出于尾。癸未，填星守太微垣。乙未，祈雨。五月庚戌，余玠言："利阆城大获山、蓬州城营山、渠州城大良平、嘉定城旧治、泸州城神臂山，诸城工役，次第就绪。神臂山城成，知泸州曹致大厥功可嘉，乞推赏以励其余。"诏致大带行遥郡刺史。丁巳，武功大夫、雄威军都统制杨价世守南边，连年调戍播州，捍御勤瘁，诏价转右武大夫、文州刺史。戊午，大元兵围寿春府。吕文德节制水陆诸军解围有功，诏赴枢密院禀议，发 缗钱百万，诣两淮制司犒师。庚申，守阙进勇副尉桂虎、进义副尉楚富、吐浑将虞候郑蔡捍御寿春，俱有劳效，诏各官资两转，给缗钱千。乙丑，前签书枢密院事邹应龙薨，赠少保、监察御史。胡清献劾淮西提刑徐敏子三罪，诏削两秩，送江州居住。六月庚午朔，吕文德依旧侍卫马军副都指挥使兼淮西招抚使、知濠州。乙亥，赐礼部进士留梦炎以下四百二十四人及第、出身有差。壬午，诏：安丰军策应解寿春围将士补转官资有差。诏：寿春一军先涉大海，捣山东胶、密诸州有功，今大元兵围城，能守城不隳，其立功将士皆补转有差。乙未，有流星大如太白，出于毕。丙申，吴潜提举隆兴府玉隆万寿宫，任便居住。秋七月己亥朔，祈雨。乙卯，招收沿淮失业壮丁为武胜军，以五千人为额。辛酉，盗发永州东安县，飞虎军正将吴龙、统制郑存等讨捕有功，诏补转官资有差。甲子，诏："故直龙图阁项安世正学直节，先朝名儒，可特赠集英殿修撰。"八月壬辰，太白昼见。九月癸卯，右丞相史嵩之以父病谒告，许之，诏范钟、刘伯正暂领相事。甲辰，史弥忠卒，赠少师，封郑国公，赐谥文靖。诏史嵩之起复右丞相兼枢密使。癸丑，荧惑、填星合于轸。甲寅，京湖制司言，诸将李福等破申州、蔡州西平县城壁及马家等寨，诏将士各补官推赏有差。己未，将作监徐元杰上疏论史嵩之起复，宜许其举执政自代。帝不允，遂求去。帝曰："经筵赖卿规益，何事引去耶？"癸亥，太白犯斗宿距星。乙丑，雷。丁卯，雷。台臣言严州及绍兴、萧山等县征商烦苛，诏亟罢之。冬十月甲戌，诏庆元府守臣丁敦谕史嵩之赴阙，嵩之控辞，不允。壬辰，杜范、游侣提举万寿观兼侍讲。十一月辛丑，诏趣游侣、杜范赴阙。戊申，雷。庚戌，诏陈韡、李性传赴阙。十二月庚午，以范钟为左丞相兼枢密使，杜范为右丞相兼枢密使，游侣知枢密院事，刘伯正参知政事兼签书枢密院事。诏戒饬百官。许右丞相史嵩之终丧。甲戌，以赵葵同知枢密院事。乙亥，郑清之授少保，依旧观文殿大学士、醴泉观使兼侍读，仍奉朝请，进封卫国公。

五年春正月丁酉朔，诏更新庶政，绥抚中原遗民。丙午，杜范辞免右丞相，不允。己酉，雷。乙卯，以李性传签书枢密院事兼权参知政事。二月丙寅朔，雨土。甲戌，复五河，诏吕文德进三秩，羊洪进二秩，余有战功者推赏，其阵没人，具姓名赠恤。丁丑，范钟等上《玉牒》、《日历》及孝宗、光宗《御集》、《经武要略》、《宁宗实录》。壬辰，太白昼见，经天。三月庚子，诏严赃吏法，仍命有司举行彭大雅、程以升、吴淇、徐敏子纳贿之罪。准淳熙故事，戒吏贪虐、预借、抑配、重催、取赢。以缗钱百万犒淮东师。夏四月甲申，填星犯上相星。丙戌，杜范薨，赠少傅，谥清献。戊子，余玠言权巴州何震之守城死于兵，诏进赠官三秩，一子与下州文学。京湖制司言："钤辖王云等袭邓州镇平县灵山，战顺阳铁撅峪，皆有劳效，野战数十合，云等六人被重创死，路钤于江一军力战。"诏王云赠三秩，仍官其二子为承信郎。王宽、王立、田秀、董亮、董玉各加赠恤，于江等各转一官资。诏李曾伯、余玠、董槐、孟珙、王鑑职事修举，曾伯、玠升阁职，槐、珙、鑑转官，并因其任。五月丁酉，吕文福、夏贵上战功，诏贵官两转，文福带行阁职。丁未，诏："沿江、湖南、江西、湖广、两浙制帅漕司及许浦水军司，共造轻捷战船千艘，置游击军壮士三万人，分备捍御。"戊申，日生赤黄背气。辛亥，诏董槐赴阙。丁巳，淮东制置使李曾伯辞免焕章阁学士，从之。六月甲申，祈雨。丙戌，工部侍郎徐元杰暴卒，赠四秩。置诏狱。秋七月癸巳朔，日有食之。旱。辛丑，镇江、常州亢旱，诏监司、守臣及沿江诸郡安集流民。甲辰，祈雨。乙卯，诏给徐元杰、刘汉弼官田五百亩、缗钱五千恤其家。丁巳，京湖制司言总制亢国用师

众战裕州拐河，战黑山，战大神山，皆有劳效。诏国用官两转，李山等四十七人官一转。吕文德言与大元兵战五河隘口，又战于濠州，大元兵还。诏文德屯驻诸军战守将士，推恩有差。八月庚辰，范钟再乞归田，不允。九月甲辰，京湖制置司言："刘整等率精锐，以云梯四面登镇平县城，入城巷战，焚城中仓库、糗粮、器甲，路将武胜等四人死之；略广阳，焚列屯、寨栅、庐舍凡二十余所；还抵灵山，又力战有功。"诏整官两转，同行蔡贵等二百二十人各官一转。辛亥，祀明堂，奉太祖、太宗、宁宗并侑。大赦。冬十一月乙未，郑清之乞归田，不允。丙申，诏师弥典司属籍，职事修举，授太傅，加食邑，依前判大宗正事、嗣秀王。壬子，诏：大元兵入蜀，权成都府冯有硕、权汉州王骧、权成都县杨兑、权资州刘永、权潼川府魏靐死于官守，其各赠官三转，仍官其一子。癸丑，诏将领关贵、统制白傅才率众复洋州，还遇大元兵交战，将士百五十三人皆阵没，已祔飨闵忠庙，赠恤其家。关贵、白傅才各赠承节郎，官其一子进勇副尉。十二月甲戌，诏寿春守臣刘雄飞等以大元兵围城捍御有功，雄飞及吕文福、林子密等十一人各官三转，刘用等补转官资有差。己卯，以游侣为右丞相兼枢密使，郑清之为少师、奉国军节度使，依前醴泉观使兼侍读，仍奉朝请，赐玉带及赐第行在。兄与懂换授安德军节度使、开府仪同三司、万寿观使，仍奉朝请；弟嗣沂王贵谦、嗣荣王与芮并加授少保。以赵葵知枢密院事兼参知政事，李性传同知枢密院事，陈韡兼参知政事。壬午，太史奏来岁正旦日当食，诏以是月二十一日避殿减膳，命百司讲行阙政，凡可以消弭灾变者，直言毋隐。

六年春正月辛卯朔，日有食之。置国用所，命赵与𢢞为提领官。二月戊辰，范钟再乞归田里，诏官三转，观文殿大学士、醴泉观使兼侍读。己巳，范钟再辞，诏提举洞霄宫，任便居住。庚午，以刘雄飞知寿春府、节制屯田军马。三月癸巳，日晕周匝，珥气。夏四月辛酉，太白昼见。壬戌，太阴犯太白。甲戌，以丘岳兼两淮屯田副使，贾似道兼蕲、黄屯田副使。丁丑，日晕周匝。戊寅，诏朱熹门人胡安之、吕焘、蔡模并迪功郎、本州州学教授。给札录其著述，并条具所欲言者以闻。闰四月辛卯，李曾伯以台谏论，诏落职予祠，寻罢祠禄。戊戌，吕文德言："今春北兵攻两淮，统制汪怀忠等逆战赵家园，拔还俘获人民；路钤夏贵，知州王成、倪政等帅舟师援安丰军，所至数战，将士阵亡者众。"诏倪政赠官三转，官一子承信郎，许通、夏珪、孙才、江德仙各赠官两转，官其一子下班祗应，给缗钱恤其家；余立功将士恩赏有差。辛丑，月晕五重。癸卯，余玠言：北兵分四道入蜀，将士捍御有功者，辄以便宜推赏，具立功等第补转官资以闻。诏从之。五月庚申，诏贾似道措置淮西山寨城筑。壬戌，太白犯权星。己卯，诏诸镇募兵、造舟、置马，帅臣其务奖激将士，以严边防。六月甲午，保信军节度使希丞薨。丙申，祈雨。壬子，以陈韡参知政事兼同知枢密院事。乙卯，台臣言李鸣复、刘伯正进则害善类，退则蠹州里。诏鸣复落职罢宫观，伯正削一秩。秋七月壬戌，泉州岁饥，其民谢应瑞非因有司劝分，自出私钱四十余万，籴米以振乡井，所全活甚众。诏

补进义校尉。丁卯,太阴犯斗。己巳,吕文德言:"北兵围寿春城,州师至黄家穴,总管孙琦、吕文信、夏贵等战龙堭有功。"诏文德官一转,余依等第赏补;其阵没董先等二十二人、伤者四百三十七人,赠恤恩赏有差。癸酉,有流星出自室,大如太白。八月辛卯,太阴犯房。己酉,赐文士刘克庄进士出身,以为秘书少监兼国史院编修官、实录院检讨官。壬子,太白昼见。癸丑,以刘克庄兼崇政殿说书。枢密院言:"前知普州何叔丁、签书判官杨仁举,淳祐元年冬北兵攻城,两家二十余人死于难,叔丁孙嗣祖、仁举幼子肖翁被俘逃归。"诏叔丁等赠官恤后有差。九月甲子,有流星出于斗,大如太白。戊辰,以贾似道为敷文阁直学士、京湖制置使、知江陵府兼夔路策应使。太白昼见。癸酉,孟珙薨,赠少师。冬十月己丑,少保、嗣荣王与芮之子赐名孟启,授贵州刺史。乙未,填星、岁星、荧惑合于亢。己酉,太白入氐。十一月癸亥,岁星入氐。甲戌,右丞相游侣五请归田里,诏不允。辛巳,诏:"北兵入蜀,前四川制置使陈隆之阖家数百口罹害,死不易节,其特赐徽猷阁待制,官其二子,赐谥立庙。死事史季俭、杨戩子各赐官两转,官一子。"十二月乙未,诏史嵩之依所乞守金紫光禄大夫、观文殿大学士、永国公致仕。台谏论史嵩之无父无君,丑声秽行,律以无将之法,罪有余诛,乞寝宫祠,削官远窜。

七年春正月乙卯朔,诏:"间者绌逐非才,收召众正,史嵩之已令致事,示不复用。咨尔二三大臣,其一乃心,务举实政,以辑宁我邦家。若辞浮于实,玩愒岁月,朕何赖焉。"建资善堂,授孟启宜州观察使,就内小学。二月庚寅,诏:"淮安主簿周子镕,久俘于北,数遣蜡书谍报边事,今遂生还,可改朝奉郎,优与升擢。"己亥,贵妃贾氏薨。戊申,日晕周匝。壬子,诏改潜邸为龙翔宫。三月庚午,祈雨。夏四月丁亥,填星犯亢。庚子,以王伯大签书枢密院事,吴潜同签书枢密院事。辛丑,以郑清之为太傅、右丞相兼枢密使,封越国公;游侣罢为观文殿大学士、醴泉观使兼侍读;赵葵为枢密使兼参知政事,督视江淮、京西、湖北军马、陈晔知枢密院事、湖南安抚大使、知潭州。甲辰,赵葵兼知建康府、行宫留守、江东安抚使,应军行调度并听便宜行事;赵希墍礼部尚书、督视行府参赞军事。庚戌,出缗钱千万、银十五万两、祠牒千、绢万,并户部银五千万两,付督视行府赵葵调用。五月甲寅,宁淮军统制张忠戍浮山,手搏北将,俱溺水死,赠武略大夫,官一子承信郎,缗钱五千给其家。祈雨。壬申,以吴潜兼权参知政事。乙亥,御集英殿策士,诏求直言弭旱。六月癸巳,赐礼部进士张渊微以下五百二十七人及第、出身有差。丙申,以旱,避殿减膳。诏中外臣僚士民直陈过失,毋有所讳。戊申,诏:"旱势未释,两淮、襄、蜀及江、闽内地,曾经兵州县,遣骼暴露,感伤和气,所属有司收瘗之。"秋七月己未,太阴犯心。乙丑,吴潜罢。丁卯,以别之杰参知政事,郑寀同签书枢密院事。己卯,吴潜依旧端明殿学士、知福州、福建安抚使。八月甲申,郑寀罢。辛卯,雨。辛丑,前彭州守臣宇文景讧死事,诏赠官、进三秩,官一子下州文学。壬寅,诏监司、守臣议荒政以振乏绝,租税合蠲减者具实来上。甲辰,高定子薨,赠少保。丙午,蔡抗进其父沈《尚书解》。九月丙辰,有流星出于室。癸酉,雷。冬十月辛丑,太白昼见。己酉,台臣言添差、抽差、摄局、须入、奏辟、改任、荐举、借补、旷职、匿过十弊。十一月丁巳,诏:"茶陵知县事黄端卿为郴寇所害,进官三秩,官一子将仕郎,立庙衡州。"十二月辛巳,李鸣复卒。壬辰,诏:"太学生程九万自北脱身来归,且条上边事,赐迪功郎。"

八年春二月丁亥,赵葵言吕文德泊诸将解泗州之围有功,诏补转推赏有差。戊子,太阴生黄白晕。癸巳,雨雹。乙未,福州福安县民罗母年过百岁,特封孺人,复其家。敕有司岁时存问,以厚风化。辛丑,赵葵表:"招、泗断桥,将士用命,兵退。陈奕、谭渭玉、王成等战涡河、龟山有劳,闻其步兵多山东人,遂调史用政等袭胶州,复袭高密县,以牵制侵淮之师。"诏趣上立功将士等第、姓名推赏。乙丑,雨雹。甲戌,诏:"先锋军统制田智润泗州潮河坝之战,父子俱死于兵,赠智润修武郎,子承节郎,更官其一子承信郎,给缗钱五千恤其家。"夏四月庚辰,诏淮东制置司于泗州立庙,祠夏皋及张忠、田智润父子,赐额以旌忠节。丁亥,赠朝奉郎程克己妻王氏同没王事,进赠安人。五月癸丑,赵葵进三秩。六月乙酉,日生赤黄晕周匝。戊戌,以徐鹿卿为枢密使兼参知政事兼侍讲。甲辰,有流星出河鼓,大如太白。秋七月戊申,太白入井。辛亥,以王伯大参知政事,应𰀃同知枢密院事,谢方叔签书枢密院事,史宅之同签书枢密院事,赵与篡资政殿学士,依旧知临安府、浙西安抚使。癸酉,王伯大罢为资政殿学士、知建宁府。九月辛酉,祀明堂,大赦。雷。冬十月甲戌朔,别之杰三疏乞归田里,诏以资政殿大学士知绍兴府。乙亥,应𰀃、谢方叔并兼参知政事。己卯,余玠言:"都统制张实等以战功,承俾便宜与官三转,给刺史象符、金银器二百两、银三百两、缗钱一万,余将士依等第转官,给金银符、钱帛有差。"诏命词、给告身付之。

九年春正月乙巳,孟启授庆远军节度使,进封益国公。庚申,诏周世宗八世孙柴彦颖补承务郎,袭封崇义公。辛酉,诏:"两淮、京湖沿江旷土,军民从便耕种,秋成日官不分收,制帅严劝谕觉察。"癸亥,诏给官田五百亩,命临安府创慈幼局,收养道路遗弃初生婴儿,仍置药局疗贫民疾病。乙丑,雨雹。丁卯,许应龙薨。己巳,范钟薨,赠少保,谥文肃。辛未,诏以官田三百亩给表忠观,旌钱氏功德,仍禁樵采。闰二月甲辰,以郑清之为太师、左丞相兼枢密使,进封魏国公;赵葵为右丞相兼枢密使;应𰀃、谢方叔并参知政事;史宅之同知枢密院事。乙卯,郑清之五辞免太师,许之。三月癸未,以贾似道为宝文阁学士、京湖安抚制置大使。乙酉,程元凤江、淮等路都大提点坑冶铸钱公事兼知饶州。丁亥,诏以四月朔日食,自二十一日避殿、减膳、彻乐。夏四月壬寅朔,日有食之。庚戌,赵葵四辞免右丞相兼枢密使,诏不允。五月己丑,赵葵乞归田里,又不允。甲午,郑寀薨。六月壬戌昼,南方有星,急流至浊没,大如太白。丙寅,诏边郡各立庙一,赐额曰"褒忠",凡没于王事忠节显著者并祠焉,守臣春秋致祀。秋七月壬辰，诏知吉州李义山更削三秩，监赃钱银纳安边所。癸酉，太白犯进贤星。八月己酉，以吴潜为资政殿学士、知绍兴府、浙东安抚使。辛亥，诏趣赵葵治事，命吴渊宣谕赴阙。九月丙子，诏赵与𥲅提领户部财用，置新仓，积贮百二十万，名淳祐仓，许辟官四人。乙未，册命婉容阎氏为贵妃。冬十月辛丑，太白入氐。丁卯，谏臣周坦言：知建宁府杨栋任成都制幕时，尽载激赏库珍宝先遁，陷丁黼于死，致全蜀生灵涂炭。诏褫栋阁职，罢新任。十一月辛未，太白入氐。壬申，有流星出自织女星。丙子，赵与𥲅资政殿学士、提领国用、浙西安抚使。癸未，应𦒜乞归田里，诏以资政殿学士知平江府。十二月己亥，以董槐兼侍读。乙巳，以吴潜同知枢密院事兼参知政事，徐清叟签书枢密院事。戊申，太白昼见。戊午，史宅之薨，赠少师。

　　十年春正月甲午，应𦒜三乞归田里，与祠禄。二月乙卯，雨土。三月癸未，赵葵辞，以为观文殿大学士、醴泉观使兼侍读，奉朝请。庚寅，以贾似道为端明殿学士、两淮制置大使、淮东安抚使、知扬州；余玠龙图阁学士，职任依旧；李曾伯徽猷阁学士、京湖安抚制置使、知江陵府。丙申，有流星夕陨。夏四月己酉，幸龙翔宫。五月丙寅朔，以福州观察使、提举佑神观善珂为保康军节度使、提举万寿观，嗣濮王；吴渊资政殿学士，依旧职任，与执政恩数。癸未，贾似道言王登浚筑江陵城濠有劳，诏登初官选人，减举主三员。八月甲寅，台州大水。九月甲子朔，贾似道兼淮西安抚使。己巳，赐礼部进士方梦魁以下五百一十三人及第、出身有差。甲戌，进士第一名方梦魁改赐名逢辰。戊寅，以严州水，复民田租。冬十月丁酉，诏郡邑间有水患，其被灾细民，随处发义仓振之。辛酉，诏诸主兵官今后行罚，毋杖脊以伤人命。十一月壬申，赵葵授特进，依旧观文殿大学士、判潭州、湖南安抚大使。壬午，雷。癸未，以雷震非时，自二十四日避殿减膳。诏："公卿大夫百执事各扬乃职，裨朕不逮。"参知政事谢方叔、吴潜、签书枢密院事徐清叟并乞解机政，诏不允。十二月壬辰朔，郑清之乞归田里，诏不允。戊戌，太白、岁星合于危。丁巳，虹见。

　　十一年春正月丁卯，诏孟启改赐名孜，依前庆远军节度使，进封建安郡王。己丑，诏沿海沿江州郡，申严水军之制。监察御史程元凤言：资善堂宜选用重厚笃实之士。上嘉纳之。二月乙未，左丞相清之等上《玉牒》、《日历》、《会要》及《光宗宁宗实训》、《宁宗经武要略》。丁酉，诏清之等各进秩有差。庚子，游佀芝致仕，诏依旧观文殿大学士、进二秩。甲寅，太白犯昴。乙卯，太白昼见。三月丁卯，少保、保宁军节度使、嗣濮王不擅薨，赠少师，追封新兴郡王。乙亥，雨土。戊寅，以谢方叔知枢密院、参知政事，吴潜参知政事，徐清叟同知枢密院事。辛巳，城宝应，诏移一军戍守。李庭芝进一秩，将士推恩有差。俞兴升成都安抚使、知嘉定府，任责威、茂、黎、雅边防。夏四月戊戌，潭州民林符三世孝行，一门义居，福州陈氏，笄年守志，寿逾九袠，诏皆旌表其门。丁未，进《淳祐条法事类》凡四百三十篇，郑清之等各进二秩。六月甲午，四川余玠奏进北马五百，诏立功将士趣上姓名推恩。丙申，高达带行遥郡刺史、权知襄阳府、管内安抚、节制屯戍军马。乙巳，诏求遗书并山林之士有著述者，许上进。秋七月癸亥，太白昼见。丙寅，太阴入氐。壬申，太白入井。丁丑，有流星出于毕，大如太白。庚辰，前签书枢密院事陈卓薨，赠少师。八月己丑朔，流星夕陨。癸巳，太阴入氐。丁酉，荧惑入井。丁未，命吕文福庐州驻扎御前诸军都统制。庚戌，诏以故直龙图阁楼昉所著《中兴小传》百篇、《宋十朝纲目》并《撮要》二书，付史馆誊写，昉追赠龙图阁待制。辛亥，诏："比览林光世《易范》，明《易》推星配象演义，有司其以礼津遣赴阙。"九月辛未，祀明堂，大赦。闰十月癸丑，太白入氐。癸酉，吴潜五疏乞罢机政，不允。十一月丙申，京湖制司表都统高达等复襄、樊，诏立功将士三万二千七百有二人各官一转，以缗钱三百五十万犒师。甲辰，郑清之乞解机政，诏依前太傅、保宁军节度使充醴泉观使，封齐国公，仍奉朝请。己酉，诏承信郎陈思献书籍，赐官一转。庚戌，太师郑清之薨，赠尚书令，追封魏郡王，谥忠定。甲寅，以谢方叔为左丞相，吴潜为右丞相。乙卯，以徐清叟参知政事兼同知枢密院事，董槐端明殿学士、签书枢密院事。十二月戊辰，诏以八事训饬在廷，曰肃纪纲、用正人、救楮币、固边陲、清吏道、淑士气、定军制、结人心。己卯，游佀薨，赠少师，谥清献。

　　十二年春正月癸巳，武功大夫王坚以复兴元功，转遥郡团练使。辛丑，太学录杨懋卿以孝行卓异，诏表其门，以其事宣付史馆。癸丑，诏宰执议立方田，开沟浍，自近圻始。创置游击军，水步各半。二月乙卯朔，日有食之。己未，诏陈显伯资善堂翊善，蔡抗资善堂赞读、翁甫资善堂直讲。壬午，诏襄、郢新复州县，赋税复三年。大元兵数万攻随、郢、安、复，京西马步军副总管马荣率将士战严窦山。癸未，再战铜冶坪。三月丁亥，又战子陵大脊山。诏荣兵不满千，能御大难，赏官两转，进州钤，带行閤门祗候，赐金带。诸将王成、杨进各官两转升迁，余推恩有差。丁未，守三汊口诸将焚北屯积蓄，断其浮梁。夏四月庚申，有流星出自角、亢，大如太白。戊辰，诏襄、郢新复州郡，耕屯为急，以缗钱百万命京阃措置，给种与牛。壬申，荧惑犯权星。乙亥，蔡抗兼侍立修注官。丙子，置池州游击水军。五月甲申朔，祈雨。壬辰，诏申儆江防，每岁以葺战舰、练舟师勤惰为殿最赏罚。乙巳，盗起信州玉山县。罢诸郡经界。戊申，太阴犯毕。六月癸亥，发米三万石振衢、信饥，玉山寇平。丙寅，严、衢、婺、台、处、上饶、建宁、南剑、邵武大水，遣使分行振恤存问，除今年田租。秋七月庚寅，太白、荧惑合于轸。八月己未，诏来年省试仍旧用二月一日，殿试用四月十五日以前，庶免滞留远方士子。己巳，诏以缗钱四十万振恤在京军民。丁丑，诏行《会天历》。辛巳，诏改明年为宝祐元年。九月丁亥，少师、保康军节度使、嗣沂王贵谦薨，赠太傅，追封申王。戊戌，太白、填星合于箕。丙午，太白犯斗。冬十月癸丑，以徐清叟参知政事，董槐同知枢密院事。嗣濮王善珂薨，赠少师、追封咸宁郡王。戊午，濮安懿王长孙善奕福州观察使、提举佑神观、嗣濮王。壬申,诏襄、樊已复,其务措置屯田,修渠堰。十一月庚寅,吴潜罢。丙申夜,临安火;丁酉夜,火乃熄。戊戌,诏避殿减膳。壬寅,诏求直言。十二月乙卯,以吴潜为观文殿大学士、提举江州太平兴国宫。己未,诏追录彭大雅创城渝州功,复承议郎,官其子。癸亥,诏海神为大祀,春秋遣从臣奉命往祠,奉常其条具典礼来上。壬申,太阴入氐。丁丑,立春,雷。

宝祐元年春正月庚寅朔,诏以艺祖嫡系十一世孙嗣荣王与芮之子建安郡王孜为皇子,改赐名禥,授崇庆军节度使,进封永嘉郡王。制《资善堂记》赐皇子。戊戌,日生戴气。癸卯,大元兵渡汉江,屯万州,入西柳关。高达调将士扼河关,上山大战,至鳖坑、石碑港而还。诏高达、程大元、李和各官两转,余恩赏有差。二月己酉朔,日有食之。戊辰,陈埙贪赃不法,窜潮州。辛未,罢尚书省,创置呈白房。三月戊子,与芮授少师,加食邑七百户;希遁检校少傅,加食邑五百户;与懽授少保,加食邑七百户;乃裕保康军节度使,加食邑五百户。丙申,别之杰薨,赠少师。夏四月丁巳,有流星大如太白。五月甲午,诏余玠赴阙。乙未,诏侍从、台谏、给舍、制司各举帅才二人。丁酉,荧惑、岁星合在昴。己亥,赐礼部进士姚勉以下及第、出身有差。六月戊申朔,江、湖、闽、广旱。庚戌,四川制司言余玠疾革,诏以资政殿学士,与执政恩数。辛亥,以贾似道为资政殿大学士,李曾伯端明殿学士、职任依旧。庚申,以余晦为司农卿、四川宣谕使。祈雨。秋七月壬午,王伯大薨。丙戌,蔡抗兼资善堂翊善,施退翁兼资善堂直讲。庚寅,温、台、处三郡大水,诏发丰储仓米并各州义廪振之。癸巳,诏余玠以兴元归附之兵分隶本路诸州都统,务存存之,仍各给良田,制司济以钱粟。甲午,余玠卒,赠官五转。庚子,以董槐兼参知政事。癸卯,诏抚谕四川官吏军民。八月丁未朔,以马光祖为司农卿、淮西总领财赋。甲寅,起居郎萧泰来出知隆兴府。先是,起居舍人牟子才与泰来并除,子才四疏辞,极陈泰来奸险污秽,耻与为伍,泰来不得已,请祠,遂予郡。丙辰,以余晦权刑部侍郎、四川安抚制置使、知重庆府兼四川总领财赋。乙丑,行皇宋元宝钱。九月壬午,程元凤升兼侍读,牟子才升兼侍讲。壬辰,城夔门。太阴入毕。冬十月丙午朔,诏出缗钱二百万,振恤京城军民。十一月丙子朔,诏奖谕襄阳守臣高达。己丑,贾似道献所获良马,赐诏褒嘉,其将士增秩、赏赉有差。十二月乙卯,册瑞国公主。庚申,刘伯正薨,赠五秩。

卷四十四　　本纪第四十四

理　宗　四

二年春正月乙亥朔,大元城利州、阆州。诏湘潭县民陈克良孝行,表其门。二月甲辰朔,诏太常厘正秦桧谥,因谕辅臣曰:"谥'缪狠'可也。"荧惑犯权星。乙巳,诏利州统制吕达战没,赠官四转,官一子承信郎,一子下班祗应。己酉,余晦兼四川屯田使。庚申,诏饶州布衣饶鲁不事科举,一意经学,补迪功郎、饶州教授。辛酉,日晕周匝。戊辰,故直华文阁李燔,先儒朱熹门人,赐谥文定。三月壬午,王元善使大元,留七年来归。戊子,雪。诏蠲江、淮今年二税。己丑,诏录襄城功,高达带行环卫官、遥郡团练使,职任依旧;王登行军器监丞、制司参议官;程大元、李和以下将士六千六百一十三人补转官资有差。甲午,城东海,贾似道以图来上。夏四月辛亥,诏边兵贫困可悯,闲田甚多,择其近便者分给耕种,制司守臣治之。乙丑,以徐清叟知枢密院事兼参知政事,董槐参知政事。六月壬寅朔,罢临安府临平镇税场。甲辰,四川制司言:合州、广安军北兵入境,王坚、曹世雄等战御有功。诏坚官两转,余各补转官资。甲寅,侍御史吴燧等论故蜀帅余玠聚敛罔利七罪,玠死,其子如孙尽窃帑庾之积以归。诏簿录玠家财。以李曾伯为资政殿学士,依旧节制四川。丙辰,利州王佐坚守孤垒,降将南永忠以兵薄城下,佐骂之,永忠流涕而退。初,隆庆教授郑炳孙不从南永忠降,先缢杀其妻女,亦朝服自缢。诏奖谕:佐进官一秩,炳孙赠朝奉郎、直秘阁,仍访其子,官以文资。王伯大乞致仕,诏进一秩,允所请。丁巳,以贾似道同知枢密院事,职任依旧。庚午,诏余晦赴阙。闰六月壬申,董槐疏:蜀事孔棘,愿假臣宣抚之名,置司夔门,以通荆、蜀。上优诏答曰:"士大夫以事功自勉者鲜,卿请帅蜀,足见忠壮。然经理西事,当在庙堂,宜竭谋猷,以副委任。"诏蒲择之暂权四川制置司事。甲戌,录嘉定战功。先是,大元兵围城五旬,帅守俞兴、元用等夜开关力战而围解。诏俞兴等十六人各官五转,将士补转有差。以包恢复提点浙西刑狱,招捕获浦盐寇。乙亥,台州海寇积年,民罹其害,路分董榇泊进士周自中等擒获,诏榇官一转,余推赏有差。壬午,以李曾伯为四川宣抚使兼京湖制置大使,进讨夔路,诏赐曾伯同进士出身。罢江湾浮盐局,戊戌,大元使离扬州北归。秋七月己酉,诏"前蜀帅余玠镇抚无状,兵苦于征戍,民困于征求,兹俾其家输所取蜀财,犒师振民,并边诸郡田租,其复三年。"诏思、播两州连年捍御,其守臣田应庚、杨文各官一转,余推恩。诏贾似道开阃,以枢密行府为名。庚戌,有流星大如太白。甲寅,故光禄大夫贾涉谥忠肃。壬戌,复安西堡。己巳,获浦海寇平,包恢进直龙图阁,刘达授横行、带遥郡。李性传赴阙,以王坚为兴元都统兼知合州。八月乙亥,诏以前知阆州兼利西安抚王惟忠付大理狱,寻命台臣监鞫。辛巳,徐清叟乞罢机务,诏不允。癸巳,谢方叔等上《玉牒》、《日历》、《会要》及《七朝经武要略》、《中兴四朝志传》,诏方叔、徐清叟、董槐等各进秩。戊戌,籍王惟忠家财。九月辛亥,祀明堂,大赦。辛酉,诏诣西太一宫,为国祈祥,起居郎牟子才再疏谏而止。丙寅,诏戒外戚毋干请。诏:山阴、萧山、诸暨、会稽四县水,其除今年田租。丁卯,太白昼见。冬十月庚午朔,谢方叔等进宝祐编《吏部七司续降条令》。癸酉,皇

子 諶進封忠王。甲午，斬王惟忠于都市。丁酉，追削余玠資政殿學士，奪余晦刑部侍郎告身。戊戌，段元鑑上隆慶堡戰功。十一月壬寅，日南至。忠王冠。丁未，大元城光化舊治。十二月庚午，排保甲，行自實法。癸未，雷。四川苦竹隘捷至。甲午，隆慶部兵周榮被獲歸北，密約段元鑑入隘解圍，事覺就禽，不屈而死，馬徽、白端戰歿。詔四川宣撫司為之立廟。安西堡受攻五月，將士力戰解圍，居民以資糧助軍實。詔四川宣撫司具名推恩，在城人並賞一資，復租賦五年。余玠男如孫徵所認錢三千萬將足。詔如孫削三秩、勒停。

三年春正月己未，迅雷。巴州捷至。庚申，城均州龍山。起居郎牟子才上疏言："元夜張燈侈靡，倡優下賤，奇技獻笑，媟污清禁，上累聖德。今因震霆示威，臣願聖明覺悟，天意可回。"帝納其言。壬戌，詔宗正寺所擬宗子名，以用、宜、季、次、紹五字，續大、由、友、嗣、甫之下。二月乙亥，詔右千牛衛上將軍乃猷授蘄州防禦使，奉沂靖惠王祠事。兼給事中王埜言："國家與大元本無深仇，而兵連禍結，皆原于入洛之師輕啟兵端。二三狂妄如趙楷、全子才、劉子澄輩，輕而無謀，遂致只輪不返。全子才誕妄慘毒，今乃援劉子澄例自陳改正，乞寢二人之命，罷其祠祿，以為喪師誤國之戒。"從之。己卯，復廣陵堡城，賈似道以圖來上。壬午，詔發緡錢二百萬給四川調度。乙酉，詔以告身、祠牒、新會、香、鹽，命臨安府守臣馬光祖收換兩界舊敝會子。三月己酉，詔沿邊耕屯，課入登羨，管屯田官推賞，荊襄、兩淮及山寨如之。庚戌，邵武寇平。癸丑，詔自實法宜寬期限，監司、守臣其申儆吏奸，毋煩擾民。以吳淵為觀文殿學士、京湖制置使、知江陵府。己未，雨土。夏四月乙酉，以江萬里知福州、福建安撫使。五月，久雨。丁未，以監司、州郡辟書冗濫，詔申嚴禁止。己酉，李性傳薨。辛酉，太陰入畢。嘉定大雨、雹，與敘南同日地震。浙西大水。六月辛未，大風。甲戌，太陰入氐。甲戌，李全子松壽葺舊海城，窺海道，賈似道調兵敗之，敕書獎諭，趣上立功等第、姓名推賞。戊子，洪天錫劾內官盧允升、董宋臣，疏不報，竟去，詔遷太常少卿。辛卯，王埜以御史胡大昌言罷給事中，依舊端明殿學士、提舉洞霄宮。秋七月辛丑，太陰入氐。癸丑，以呂文德知鄂州，節制鼎、澧、辰、沅、靖五州。丙辰，謝方叔、徐清叟以御史朱應元言罷。辛酉，有流星大如太白。詔三省樞府機政，令董槐、程元鳳輪日判事取旨。壬戌，以謝方叔為觀文殿學士、提舉臨安府洞霄宮。八月乙丑朔，以董槐為右丞相兼樞密使，程元鳳簽書樞密院事、權參知政事，蔡抗為端明殿學士、同簽書樞密院事，徐清叟資政殿學士、提舉玉隆萬壽宮，任便居住。丁卯，歲星、熒惑在柳。己巳，太陰在氐。馬光祖兼節制和州、無為、安慶三郡屯田使。丙子，鄭性之薨。庚寅，福建安撫江萬里以臺臣李衢言罷新命、提舉武夷山沖佑觀。辛卯，應饗薨。九月甲午朔，雷。丙午，以徐清叟為資政殿學士、提舉洞霄宮。丙辰，陳顯伯兼資善堂翊善，皮龍榮兼資善堂贊讀。壬戌，權中書舍人陳大方言："劉子澄端平入洛之師，賈勇贊決，北兵方入唐州界，子澄已率先遁

逃，一敗塗地，二十年來，為國家患者，皆原于此，宜投之四裔。"詔罷子澄祠祿。冬十月甲戌，太白晝見。丁丑，有流星出自畢。十一月丁巳，熒惑犯太微垣上相星。十二月乙丑，嗣濮王善奕薨。丙子，少傅、節度使與懽薨，贈少師，追封奉化郡王。

四年春正月乙未，詔謝方叔奪職罷祠，謝修削三秩勒停。乙巳，太陰犯歲星。己酉，太陰犯熒惑。辛亥，以吳淵為京湖制置使兼夔路策應使，軍馬急切，便宜行事。庚申，蜀閫奏捷。辛酉，詔史嵩之觀文殿大學士，依前金紫光祿大夫、永國公致仕。二月戊辰，雨雹。丙子，詔襲封衍聖公孫孔洙添差通判吉州，不厘務。三月壬寅，以少師、嗣榮王與芮為太傅。乙卯，日暈周匝。丙辰，帝制《字民訓》賜改秩親民官。夏四月庚午，月暈周匝。癸未，以程元鳳參知政事；蔡抗同知樞密院事，賈似道參知政事，職任依舊；李曾伯資政殿大學士、福建安撫使；吳淵進二秩，職任依舊；吳潛沿海制置使、判慶元府；馬光祖煥章閣直學士，職任依舊。五月甲午，孫夢觀兼資善堂贊讀，章鑑兼資善堂直講。先聖五十代孫孔元龍賜迪功郎，授初品官。甲辰，羅氏鬼國遺報思、播言：大元兵屯大理國，取道西南，將大入邊。詔以銀萬兩，使思、播結約羅鬼為援。徐清叟夺資政殿大學士、罷祠祿，王埜夺端明殿學士罷祠，仍襲執政恩數。丁未，太白晝見。詔申嚴老鼠隘防戍。襄、樊閫臣奏捷。甲寅，賜禮部進士文天祥以下六百一人及第、出身有差。六月甲戌，朱禩孫太府寺簿、知瀘州兼蘷江川路安撫，任責瀘、敘、長寧邊防。浙江堤成。癸未，董槐罷。臺臣丁大全既累疏擊之，辭極詆毀，且以臺牒役殿兵夜半迫槐出關，物論殊駭；三學生屢上書以為言，詔以槐為觀文殿大學士、提舉臨安府洞霄宮。詔程元鳳、蔡抗可輪日判事，軍國重務取旨。丁亥，太白入井。秋七月甲寅，知敘州史俊調舟師與大元兵戰，凡十三合，詔俊官三轉，仍帶閣門行宣贊舍人。乙卯，以程元鳳為右丞相兼樞密使，蔡抗參知政事，張磻端明殿學士、簽書樞密院事。八月甲子，程元鳳上疏言正心、待臣、進賢、愛民、備邊、守法、謹微、審令八事。九月壬辰，西南蕃呂告蠻甘寧名天兄慕義與烏蘇蠻合力為國御難，詔各補承信郎。丙申，知邕州程茞以貪暴，詔削二秩罷之。甲寅，監察御史朱熠言："境土蹙而賦斂日繁，官吏增而調度日廣。景德、慶曆時，以三百二十餘郡之財賦，供一萬餘員之奉祿；今日以一百餘郡之事力，贍二萬四千餘員之冗官。邊郡則有科降支移，內地則欠經常納解。欲寬民力，必汰冗員。"帝納焉。冬十月壬戌，太陰犯斗。十一月戊子朔，荊、襄閫臣以功狀來上，詔推賞將士。戊戌，京湖繼上戰功。詔："蜀罹兵革，吾民重困，所當勞來撫摩，使之樂業。比聞官吏乃肆誅求，殊失培植邦本之意。自今四川制司戒飭屬郡，違者罪無赦，御史臺其嚴覺察。"乙巳，以監察御史黃衍、翁應弼劾太學武學生劉黻等八人不率，詔拘管江西、湖南州軍，宗學生與俐等七人并削籍，拘管外宗正司。癸丑，以張磻同知樞密院事，丁大全端明殿學士、簽書樞密院事，馬天驥端明殿學士、同簽書樞密院事。詔戒群臣洗心饬行，毋縱于貨賄，其或不悛，舉行

淳熙成法。又开国以来勋臣之裔,有能世济其美而不世其禄者,所在州郡以闻。参知政事蔡抗忤挝去国,勉留不返,诏授职予祠,寻以林存言,寝其命。十二月戊午朔,荧惑犯填星。庚申,大元城枣阳。乙丑,以张磻兼参知政事。甲戌,奖谕荆阃吴渊,其有功将士,趣上姓名、等第推赏。

五年春正月丁亥朔,以赵葵为少保、宁远军节度使、京湖宣抚使、判江陵府兼夔路策应大使,进封卫国公;贾似道进知枢密院事、职任依旧;吴渊参知政事;李曾伯荆湖南路安抚使兼知潭州;吴潜、赵与𥥆各官一转。乙巳,雷。丙午,禁奸民作白衣会,监司、郡县官等失觉察者坐罪。辛亥,吴渊薨,赠少师,谥庄敏。二月戊午,四川嘉定上战功。以贾似道为两淮安抚使。辛酉,命赵葵兼湖广总领财赋,余晦淮西总领财赋。壬戌,筑思州三隘。丁丑,布衣余一飞、高杞陈襄阳备御策,诏命赵葵行之。夏四月丁卯,诏襄阳安抚高达以白河战功,转行右武大夫、带遥郡防御使;王登以沮河督战官一转,升直秘阁,并职任依旧。己卯,大元兵攻苦竹隘,诏京湖调兵应援。闰四月己丑,程元凤等进《玉牒》、《日历》、《会要》、《经武要略》、及《中兴四朝志传》。甲午,诏徐敏子严防邕、宜。己酉,以吕文德知靖州,职任依旧。祈雨。五月庚申,雨。丁卯,城荆山,置怀远军荆山县。诏贾似道官两转。戊寅,诏京湖、沿江、海道严备舟师防遏。辛巳,复剑门垒,赏蒲择之官两转,朱禩孙、蒲𪭢、杨大渊、韩勇各官四转。壬午,夏贵正任吉州刺史、带御器械、镇江驻扎都统制、知怀远军。六月丙戌,太白、岁星合于翼。辛卯,太阴入氐。丁酉,祈雨。马天骥以台臣言罢,诏依旧端明殿学士、提举临安洞霄宫。秋七月丙辰,祈雨。戊午,雨。己未,太白昼见。丁卯,有流星大如桃。丙子,太阴入井。八月丙戌,光化军奏捷。台州火。癸巳,诏谢方叔仍旧职,蔡抗以资政殿学士并领祠在京。甲午,给事中邵泽等言谢方叔罪状,诏寝祠命。丙申,京城火。庚子,以张磻参知政事,丁大全同知枢密院事兼权参知政事。己酉,史嵩之薨,赠少师,谥庄肃。九月壬子朔,诏今后台臣迁他职,辄出关,以违制论,仍著为令。辛酉,祀明堂,大赦。冬十月庚寅,张磻薨,赠少师。癸巳,雷。甲午,虹见。丁酉,以林存签书枢密院事。庚子,诏皇子忠王禥授镇南、遂安军节度使,皇女进封昇国公主。十一月丙辰,李曾伯兼节制广南,任责边防。乙丑,奖谕安南国,赐金器币、香茗。乙亥,诏京湖帅臣,黄平、清浪、平溪分置屯戍。庚辰,诏三边郡县官毋擅离职守,诸制帅臣其严纠察。十二月壬午,李曾伯依旧资政殿学士、湖南安抚使兼广南制置使,移司静江府。丁未,荧惑入氐。

六年春正月辛亥朔,以丁大全参知政事兼同知枢密院事,林存兼权参知政事。癸亥,诏出封桩库银万两付蜀阃。辛未,诏授成穆皇后弟太师郭师禹孙善庸承务郎,仍免铨注差。癸酉,罢李曾伯广西经略,以广南制置大使兼知静江府。其经略司官属,改充制司官属。甲戌,诏枢密院编修官吕逢年诣蜀阃,趣办关隘、屯栅、粮饷,相度黄平、思、播诸处险要缓急事宜,具工役以闻。戊寅,雷。

二月辛巳朔,以马光祖为端明殿学士、京湖制置使、知江陵府,兼夔路策应、湖广总领财赋并屯田事。壬辰,雨土。三月辛亥朔,祈雨。丙辰,马光祖请以吕文德、王鑑、王登、汪立信等充制司参议官及辟制司准备差使等官,诏光祖开阃之初,姑从所请。戊辰,以马光祖兼荆湖北路安抚使。庚午,荧惑退入氐。甲戌,诏湖北提点刑狱文复之移司江陵,兼京湖制司参议官。夏四月庚辰朔,诏:自冬徂春,天久不雨,民失东作。自四月一日始,避殿减膳,仰答谴告。癸未,程元凤等以久旱乞解机务,诏不允。甲申,大雨。丙申,群臣三表请御正殿,从之。丁酉,诏田应己思州驻扎御前忠胜军副都统制,往播州共筑关隘防御。己亥,台臣朱熠劾沿江制置副使吕好问黄州之役贪酷误事,诏褫职。乙巳,程元凤罢,以观文殿学士判福州,寻提举洞霄宫。丙午,赵葵三辞免福建安抚使,诏授醴泉观使兼侍读。丁未,以丁大全为右丞相兼枢密使,林存同知枢密院事兼权参知政事,朱熠端明殿学士、签书枢密院事。五月庚戌朔,诏襄、樊围解,高达、程大元应援,李和城守,皆有劳绩,将士用命,深可嘉尚,其亟议行赏激。癸丑,诏怀远、涟水相继奏功,夏贵官两转,兼河南招抚使。毛兴转右武大夫,并依旧任。丁巳,李曾伯言:"广西多荒田,民惧增赋不耕,乞许耕者复三年租,后两年减其租之半,守令劝垦辟多者赏之。"奏可。丙寅,命嗣荣王与芮判大宗正事。丁卯,嗣秀王师弥薨。六月癸巳,台臣戴庆炣劾淮东总领赵与訔,夺职镌秩。秋七月庚戌,城凌霄山,诏朱禩孙进一秩,易士英带行阁门宣赞,余转官有差。癸丑,荧惑犯房宿。戊午,赵葵四辞免醴泉观使兼侍读,乞外祠,从之。戊辰,蜀郡刘整上捷,诏推恩赏。癸酉,知平江府余晦,以台臣戴庆炣言曩败绩于蜀,误国欺君,诏夺宝章阁待制罢任,追冒支官钱。甲戌,诏前福建漕臣高斯得已夺职镌官,其赃百余万严限征偿,以惩贪吏。乙亥,吕文德入播州,诏京湖给银万两。八月癸未,太阴行犯荧惑。戊戌,诏上流锁江防御。癸卯,诏申严倭船入界之禁。九月壬子,诏蜀、广、海道申严防遏。甲寅,诏安南情状叵测,申饬边防。戊辰,安丰上战功。有流星透霞。冬十月丙子朔,诏蜀中将帅虽未克复成都,而暴露日久,战功亦多,宜与序升,其亟条具以闻。丁丑,以俞兴为四川制置副使、知嘉定府兼成都安抚副使。乙酉,诏知隆庆府杨礼守安西堡有功,官两转。戊子,大元兵攻通、泰州。庚寅,广南刘雄飞奏横山之功,诏雄飞官三转,部兵将校官两转。辛卯,诏常州、江阴、镇江发米振赡淮民。十一月己酉,林存罢,以资政殿学士知建宁府。癸丑,颍州上战功,诏亟推赏,以示激厉。诏追复余玠官职。甲寅,筑黄平,赐名镇远州,吕逢年进一秩。诏抚谕沿边将士。丙辰,给事中张镇言:徐敏子曩帅广右,嗜杀黩货,流毒桂府。诏仍旧羁管隆兴府。丁巳,叶梦鼎依旧职知隆兴府。壬戌,以朱熠同知枢密院事兼权参知政事,饶虎臣端明殿学士、同签书枢密院事,贾似道枢密使、两淮宣抚使。甲子,太阴犯权星。丁卯,东海失守,贾似道抗章引咎,诏令以功自赎,特与放罪。戊戌,淮东帅臣奏大元兵退。填星、荧惑在危。十二月戊寅,诏改来年为开庆元年。庚辰,大元兵渡马湖入蜀,诏马光祖时暂移司峡州,六郡镇抚向士璧移司绍庆府,以便策应。癸未,房州上战功。丙戌,诏置横山屯。丁亥,向士璧不俟朝命进师归州,捐赀百万以供军费;马光祖不待奏请招兵万人,捐奉银万两以募壮士,遂有房州之功。诏士璧、光祖各进一秩。辛丑,诏李曾伯城筑关隘,训练民兵峒丁,申严防遏。填星、太白、荧惑合于室。

开庆元年春正月乙巳朔,诏饬中外奉公法,图实政。马光祖与执政恩数。李曾伯进观文殿学士。己酉,大元兵攻忠、涪,渐薄夔境,诏蒲择之、马光祖战守调遣,便宜行事。辛亥,诏:"戍蜀将士,频年战御,暴露可闵。今申命蒲择之从优犒师,春防毕日即与更戍,其辄逃归者从军令。"癸丑,诏吕文德城黄平,深入蛮地,抚辑有方,与官三转。庚申,诏知宾州吕振龙,知象州奚必胜,兵至闻风先遁,兵退乃返,并追毁出身文字,窜远郡。横州守臣刘清卿设险坚守,与官一转。壬戌,监察御史章士元言谢方叔帅蜀误国,诏方叔更与镌秩,其子修审广南。癸亥,左司谏沈炎言余晦坏蜀,幕属李卓、王克己济恶敛怨,诏晦、卓、克已各夺两官。丙寅,印应飞依旧职知鄂州兼湖北转运使。丁卯,贾似道以枢密使为京西湖南北四川宣抚大使、都大提举两淮兵甲、湖广总领、知江陵府。蜀帅蒲择之以重兵攻成都,不克。大元兵破利州、隆庆、顺庆诸郡,阆、蓬、广安守将相继纳降,又造浮梁于涪州之蔺市。戊辰,以李庭芝权知扬州。二月乙亥朔,诏京西提刑王登提兵援蜀,功未及成,赍志以殁,赠官五转,致仕恩外,仍官一子。庚辰,以赵与篡为观文殿学士、两淮安抚制置使兼知扬州。乙酉,出内库缗钱三千万助边用。丙戌,以马光祖为资政殿学士、沿江制置使、江东安抚、知建康府、行宫留守。己丑,诏蠲建康、太平、宁国、池州、广德等处沙田租。壬辰,诏蠲涟水军制司所收屯田租。乙未,发平粜仓米三万,减直振在京民。辛丑,涪州报大元兵退。三月庚戌,诏印应雷、黄梦桂赴都堂禀议。命有司县重赏募将士,毁蔺市浮梁。癸丑,诏:蜀死节臣、云顶山诸处将士,咸褒录其后。丁巳,以吕文德为保康军节度使、四川制置副使兼知重庆府。庚申,马光祖奏大元兵自乌江还北。辛酉,雨土。夏四月甲戌朔,以段元鉴、杨礼坚守城壁,殁于王事,诏各赠奉国军节度使,封"二字"侯,立庙赐额。致仕恩外,更官一子成忠郎。丁丑,以向士璧为湖北安抚副使、知峡州,兼归、峡、施、珍、南平军、绍庆府镇抚使。甲申,诏:守合州王坚婴城固守,百战弥厉,节义为蜀列城之冠,诏赏典加厚。乙酉,知施州谢昌元自备缗钱百万,米麦千石,筑郡城有功,诏官一转。乙未,诏赐夏贵溧阳田三十顷。丙申,以吕文德兼四川总领财赋。五月甲辰朔,城金州、开州。辛亥,雨雹。乙卯,达州上吕文德等战功,诏迁补有功将士。丁巳,诏湖北诸郡去年旱潦饥疫,令江陵、常、澧、岳、寿诸州发仓米振粜,仍严戢吏弊,务令惠及细民。乙丑,行开庆通宝钱。辛未,赐礼部进士周震炎以下四百四十二人及第、出身有差。婺州大水,发义仓米振之。六月甲戌,吕文德引兵入重庆。诏谕四川军民共奋忠勇,效死勿去,有功行赏,靡间

迩遐。有能效顺来归,悉当宥过加恤。仍奖吕文德断桥通道之功,命兼领马军行司。辛巳,以朱熠参知政事,饶虎臣同知枢密院事。丙戌,南平来报战功。戊戌,诏申严海道防御。己亥,诏奖谕贾似道。壬寅,以李庭芝直宝谟阁、湖北安抚副使兼知峡州。太白昼见。秋七月辛亥,太白入井。癸亥,蔡抗薨,赠少保,谥文肃。以知播州杨文、知思州田应庚守御勤劳,诏各官一转。八月甲申,以濠州统制张斌柘塘之战,殁于王事,赠官三转,仍与一子下班祗应。乙酉,降人来言:大元宪宗皇帝崩于军中。戊子,诏吴潜开闽海道,勤劳三年,屡疏求退,依旧观文殿大学士、判宁国府、特进、崇国公。辛卯,命吕文德兼湖北安抚使。庚子,太白犯权星、荧惑。九月壬子,贾似道表言大元兵自黄州沙武口渡江,中外震动。己未,嗣濮王善腾薨。庚申,以吴潜兼侍读、奉朝请,戴庆炣端明殿学士、签书枢密院事。下诏责己,勉谕诸阃进兵。壬戌,诏出内府缗钱千万、银五万两、帛五万匹给宣司,缗钱五百万、银三万两、帛三万匹给沿江副司犒师。诏:已命御史陈寅趣淮东调兵五万,应援上流。癸亥,赵葵特进、观文殿大学士,封卫国公,判庆元府、沿海制置使。命侍御史沈炎往沿江制置副司趣兵援鄂渚。再出内库缗钱五百万、银二万两、帛二万匹给两淮制司,缗钱二百万、银万两、帛万匹给沿江制司,以备军赏。戊辰,太白犯荧惑。己巳,诏贾似道兼节制江西、二广人马,通融应援上流。庚午,合州解围,诏王坚宁远军节度使,依前左领军卫上将军、兴元府驻扎御前诸军都统制兼知合州、节制军马,进封清水县开国伯。冬十月辛未朔,丁大全罢,以观文殿学士判镇江府。壬申,以吴潜为左丞相兼枢密使,进封相国公;贾似道为右丞相兼枢密使,进封茂国公,宣抚大使等如旧。癸酉,命赵葵为江东宣抚使,马光祖移司江州应援鄂州,史岩之沿江制置副使,移司寿昌军应援鄂州。丙子,改封吴潜为庆国公。丁丑,诏给还浙西提举常平司岁收上享户沙地租二百万,永勿复征。庚辰,诏合州围解,宣阃制臣及二三大将之功,宜加优赏。吕文德授检校少师,李遇龙进三秩、权刑部侍郎,各赐金币;将佐以下,进秩、赐金有差。诏自今月十一日始,避殿减膳彻乐。又诏:"比者蜀道稍宁,然干戈之余,疮痍未复,流离荡析,生聚何资。咨尔旬宣之寄,牧守之臣,轻徭薄赋,一意抚摩,恤军劳民,庶底兴复。其被兵百姓,迁入城郭,无以自存者,三省下各郡以财粟振之。"壬午,御史陈寅言:知江州袁玠贪赃不悛,残贼州邑。诏削玠五秩,窜南雄州。癸未,丁大全落职、罢新任。乙酉,雷。丙戌,以赵葵为沿江、江东宣抚使,置司建康,任责捍御。癸巳,向士璧权兵部侍郎、湖南安抚使兼知潭州,任责广西边防。十一月壬寅,以朱熠权知枢密院事,饶虎臣、戴庆炣并权参知政事。癸卯,吕文福带遥郡防御使、河南招抚使、知淮安军。诏追毁袁玠出身以来文字,除名不叙,移万安军。戊申,诏求直言。辛亥,舟师战浔黄洲。乙卯,诏赵葵授少保、观文殿大学士、江东西宣抚使,进封益国公,其饶、信、袁、临、抚、吉、隆兴官军民兵,并听节制调遣,谘访、罢行、黜陟皆得便宜行事。以缗钱五百万、银五万两给其用。丙辰,诏选精

锐招信、泗州千人,扬州拱卫军千人,安丰、濠州各千五百人,赴京听调遣。庚申,夏贵入见,帝抚劳甚至。闰十一月甲戌,诏出内帑缗钱五千万犒内外诸军。丁丑,以向士璧为湖南制置副使,余职仍旧,赐金带。己卯,荧惑入氐。癸未,诸将陶林、文通进兵有功,诏林带行遥郡刺史,文通转武功大夫,赐银有差。甲申,以印应雷为军器监、淮西总领财赋兼江东转运判官,吕文德检校少保、京西湖北安抚使兼制置使、知鄂州兼侍卫马军都指挥使。己丑,皮龙荣兼资善堂翊善。庚寅,陶林奏沼山寺战功。癸巳,向士璧连以功状来上。乙未,诏降周震炎第四甲出身。丙申,贾似道表:大战数合,皆有功。十二月己亥朔,贾似道言鄂州围解,诏论功行赏。丁未,荧惑犯房宿、钩钤星。辛亥,诏改来年为景定元年。壬子,改封吴潜为许国公,贾似道为肃国公。

卷四十五　　本纪第四十五

理　宗　五

景定元年春正月丙子,诏奖贾似道功。庚辰,岁星、荧惑合在尾。壬辰,诏:"知涪州赵斌,聚粮不运饷兵士,遂为北有,已削一秩,罚轻,再削两秩。"乙未,潼川城仙侣山。贾似道言:"高达守鄂州城凡三月,大元师北还。"二月丙午,诏贾似道以缗钱三千万犒师,并示赏功之典。己酉,以高达为宁江军承宣使、右金吾卫上将军,赐缗钱五十万;吕文德赐缗钱百万、浙西良田百顷;鄂州战守将士赐缗钱三千万;王鉴、孙虎臣、苏刘义等各官十转。高达迁湖北安抚副使、知江陵府兼夔路策应使,陈奕、阮思聪并正任防御使。江西、湖南帅司言:大元兵破瑞州、临江军城,兴国、寿昌、洪、抚、全、永、衡诸郡民皆被兵,存者奔窜它所。甲寅,诏临江守臣陈元桂死节,官五转,赠宝章阁待制。与一子京官、一子选人恩泽。给缗钱十万治葬,立庙死所,谥曰正节。瑞州守臣陈昌世治郡虽有善政,兵至,民拥之以逃,以弃城失守,削三秩勒停。乙卯,诏孙虎臣和州防御使,张世杰以下十三人各官五转;立功将士并补两官资,赐银绢。庚申,雨雹。辛酉,大元遣偏师自大理由广南抵衡州,向士璧会合刘雄飞逆战于道,俘民获还者甚众。诏雄飞升保康军承宣使,余转官、赐银钱。贾似道赐金器千两、币千匹,命国子监主簿刘锡趣召赴阙。向士璧迁兵部侍郎,职任仍旧。吕文德、高达、陈奕等各赐金币有差。丙寅,大元军过分宁、武宁二县,河湖砦都监权巡检张兴宗死之,诏赠武翼郎,官一子承信郎,以缗钱三万给其家。湖南诸将温和转左武大夫、带行遥郡刺史,李虎官三转、带行阁门宣赞,邓进带行复州团练使,各赐银绢,旌其守御之功。三月戊辰朔,日有食之。庚午,命夏贵兼黄、寿策应使,总舟师。癸酉,以横山之战将士效节,多死行阵,总管张世雄、沈彦雄、陈喜、秦安、李孝信、郑俊、李安国各赠十官资,赐缗钱万恤其家。甲戌,赏夏贵鸿宿州、白鹿矶战功,迁福州观察使,职任仍旧。将士推赏。乙亥,诏全、岳、永、衡、柳、象、瑞、兴国、南康、隆兴、江州、临江、潭州诸县经兵,农民失业,应开庆元年以前二税尽除之。癸未,贾似道奏蘔草坪大战,进至黄州。乙酉,诏范文虎转左武大夫、环卫官、黄州武定诸军都统制,张世杰环卫官、职任依旧。鄂州统制张胜死于汉阳战阵,赠官五转,官其子焕进武校尉。丙戌,贾似道言,自鄂趋黄,与北朝回军相遇,诸将用命捍御。诏孙虎臣、范文虎、张世杰以下各赐金帛。夏四月戊戌朔,侍御史沈炎疏吴潜过失,以"忠王之立,人心所属,潜独不然,章汝钧对馆职策,乞为济邸立后,潜乐闻其论,授汝钧正字,奸谋叵测。请速诏贾似道正位鼎轴。"诏朱熠、戴庆炣轮日判事,大政则共议以闻。己亥,贾似道表言夏贵等战新生洲,进至白鹿矶,皆身自督战有功。诏赴阙。庚子,以王坚为侍卫步军司都指挥使。戊申,以刘整知泸州兼潼川安抚副使。己酉,扬州大火。吴潜以观文殿大学士提举临安府洞霄宫。癸丑,进贾似道少师,依前右丞相兼枢密使,进封卫国公;朱熠知枢密院事兼参知政事;饶虎臣参知政事;戴庆炣同知枢密院事兼参知政事,皮龙荣端明殿学士、签书枢密院事。己未,以夏贵为保康军承宣使、左金吾上将军、知淮安州兼淮东安抚副使、京东招抚使,赐金器币、溧阳田三十顷。壬戌,进马光祖资政殿大学士,职任依旧。癸亥,以吕文德兼夔路策应使。丙寅,命马光祖兼淮西总领财赋。五月戊辰朔,诏赵葵依旧少保、两淮宣抚使、判扬州,进封鲁国公;徐清叟观文殿大学士、知建宁府。饶虎臣罢。壬申,李曾伯、史岩之并落职解官,曾伯坐岭南闭城自守,不能备御;岩之坐鄂州围解,大元兵已渡江北还,然后出兵,又命程芾任事,以致败绩。甲戌,诏赠吕文信宁远军承宣使,立庙赐额,子师宪带行阁职,更与两子承信郎;辅周和州防御使,录其白鹿矶死事。乙亥,诏李庭驭军无律,贷命追夺,窜郁林州。丁丑,赐贾似道玉带。庚辰,戴庆炣卒,赠资政殿大学士。壬午,荧惑犯斗。癸未,以皮龙荣兼权参知政事;沈炎端明殿学士、同签书枢密院事;马塈鄂州都统制,驻扎江陵府。甲申,祈雨。戊子,诏饶虎臣以资政殿学士提举临安府洞霄宫、任便居住。杨栋召赴阙。壬辰,以姚希得为敷文阁待制、知庆元府兼沿海制置使。乙未,诏李庭芝起复秘阁修撰、主管两淮安抚制置司公事兼知扬州。六月丁酉朔,夏贵奏淮安战功。庚子,窜丁大全于南康军。壬寅,诏立皇子忠王禥为皇太子,赐字长源。戊申,王埜卒。壬子,赐李遇龙金带。陈奕带御器械,依旧镇江驻扎御前诸军都统制,赐田三十顷。诏升巢县为镇巢军。甲寅,杨栋、叶梦鼎并太子詹事。乙卯,陈韡进一秩、福建安抚使、知福州,徐清叟观文殿学士、知泉州。秋七月丁卯朔,皇太子入东宫,行册礼,大赦。壬申,贵妃阎氏薨,赐谥惠昭。东南有星如太白。丁亥,命皇太子听朝侍立。戊子,上谓宰执曰:"北使便来,事体当议。"贾似道奏:"和出彼谋,岂容一切轻徇?倘以交邻国之道来,当令入见。"己丑,侍御史何梦然劾丁大全、吴潜欺君无君之罪。庚寅，贾似道兼太子少师，朱熠、皮龙荣、沈炎并兼宾客。辛卯，诏丁大全削三秩、谪居南安军，吴潜夺观文殿大学士，罢祠，削二秩、谪居建昌军。癸巳，诏举孝廉。八月壬寅，以程元凤为淮、浙发运使、判平江府。己酉，太阴犯填星。诏皇太子受册毕，贾似道、朱熠、皮龙荣、沈炎各进一秩，东宫官吏诸军兵等官一转，余皆推恩。壬子，与籛蕙，赠少师，谥忠宪。太白犯房。壬戌，李曾伯、史岩之各削二秩。甲子，饶虎臣削二秩，夺资政殿学士，罢祠。九月癸酉，守泸州刘整以功来上。丁丑，知漳州、节制屯戍军马洪天锡言，援例创辟干官一员，报行军机密文字，奏可。辛巳，祀明堂，大赦。丙戌，荧惑犯壁。戊子，李松寿犯淮安。冬十月乙未朔，诏申严边防。甲辰，诏党丁大全、吴潜者，台谏其严觉察举劾以闻，当置于罪，以为同恶相济者之戒。时似道专政，台谏何梦然、孙附凤、桂锡孙、刘应龙承顺风指，凡为似道所恶者无贤否皆斥，帝弗悟其奸，为下是诏。戊申，李松寿修南城，诏趣淮阃调兵毁之。壬子，破李松寿兵于涟水城下，夷南城旧址。乙卯，有星自东北急流向太阴。壬戌，窜吴潜于潮州。十一月丙寅，诏内侍有时修削二秩，永罢不叙。洪焘知临安府兼浙西安抚使。壬午，以中军统制、知简州马千权兴州都统兼知合州。戊子，荧惑与填星顺行，太阴犯房。十二月甲午朔，诏华亭奉宸庄，其隶外廷助军饷。包恢叙复元官职、知常州。辛丑，建阳县嘉禾生，一本十五穗，诏改建阳为嘉禾县。甲寅，吕文德上夔路战功。乙卯，少师、庐陵郡王思正薨，谥简惠。印应雷直徽猷阁、知江州、主管江西安抚司公事，节制蕲、黄、兴国三郡。庚申，以监察御史桂锡孙言，追寝全子才叙复之命。

二年春正月癸亥朔，诏："监司率半岁具劾去赃吏之数来上，视劾多寡为殿最，行赏罚。守臣助监司所不及，以一岁为殿最，定赏罚。本路、州无所劾，而台谏论列，则监司守臣皆以殿定罚。有治状廉声者，摭实以闻。"乙丑，城安庆。诏马光祖进二秩。丁丑，命皇太子谒拜孔子于太学。己卯，福建安抚使陈韡累疏请老，诏进一秩，守观文殿学士致仕。以董槐判福州、福建安抚使。乙酉，诏封张栻为华阳伯，吕祖谦开封伯，从祀孔子庙庭。二月丙申，孙虎臣战邳州，全师而归。癸卯，诏诸路监司申严伪会赏罚之令。甲寅，进封周国公主。三月壬戌朔，日有食之。乙亥，故宁远军承宣使张祥、都统制阎忠进，以援蜀之功，祥赠节度使，忠进赠复州团练。除恩泽外，各更官一子承信郎，赐缗钱二万。戊寅，贾似道等上《玉牒》、《日历》、《会要》、《经武要略》及孝宗、光宗、宁宗《实录》，诏似道、皮龙荣、朱熠、沈炎各进二秩。夏四月癸巳朔，余思追毁出身文字，除名勒停，窜新州。乙未，以皮龙荣参知政事，沈炎同知枢密院事兼权参知政事，何梦然签书枢密院事，俞兴保康军承宣使、四川安抚制置使。丙申，吕文德超授太尉、京湖安抚制置屯田使、夔路策应使兼知鄂州，李庭芝右文殿修撰、枢密都承旨、两淮安抚制置副使、知扬州。己亥，诏申严江防。壬寅，吕文德兼湖广总领财赋。乙巳，马天骥资政殿学士、知福州、福建安抚使，吕文福带御器械、淮西安抚副使兼知庐州、官一转。戊申，马光祖进观文殿学士，职任依旧。乙卯，窜吴潜于循州。丙辰，窜丁大全于贵州，追削二秩。丁巳，杨镇授左领军卫上将军、驸马都尉，高达知庐州、淮西安抚副使。五月癸亥，贾似道请祠禄，诏不允。庚午，谢方叔叙复观文殿大学士致仕。戊寅，以刘雄飞知夔州、夔路安抚使。乙酉，王坚迁左金吾卫上将军、湖北安抚使兼知江陵府。六月乙未，诏霖雨为沴，避殿、减膳、彻乐。乙巳，诏近畿水灾，安吉为甚，亟讲行荒政。辛亥，以范文虎为左领军卫大将军，主管侍卫步军司兼马军司。秋七月甲子，蜀帅俞兴奏守泸州刘整率所部兵北降，由兴构隙致变也。至是，兴移檄讨整。辛未，制置使蒲择之坐密通蜡书叛贼罗显，诏窜万安军。太阴犯斗。乙亥，以厉文翁为资政殿学士、沿海制置使、知庆元府。戊寅，王惟忠家讼冤，诏夺谢方叔合得恩数。丁大全责授新州团练使、贵州安置。台臣吴燧夺职罢祠，陈大方、胡大昌皆镌官。壬午，陈韡卒，赠少师，谥忠肃。丙戌，吴潜责授化州团练使、循州安置。八月壬辰，命韩宣兼常德、辰、沅、澧、靖五郡镇抚使。吕文德兼四川宣抚使，范文虎以白鹿矶之功赏七官，以五官转行遥郡防御使，余官给凭。丁酉，诏夺向士璧从官恩数，穷竟侵盗掩匿之罪。时以兵退，遣官会计边费，似道忌功，欲以污蔑一时阃臣，士璧及赵葵、史岩之、杜庶皆责征偿。信州谢枋得以赵葵檄给钱粟募民兵守御，至是，自偿万缗。壬寅，筑周国公主馆于安济桥。乙巳，以江万里为端明殿学士、同签书枢密院事，依执政恩数。九月辛酉，诏湖、秀二郡水灾，守令其亟劝分，监司申严荒政。乙亥，李庭芝言李松寿已遁。大元使郝经久留真州，帝趣与锡赉。经之留，谋出贾似道，帝惑其言不悟。盖似道在鄂时，值我世祖皇帝归正大位撤兵，似道自诡有再造之功，讳言岁币及讲和之事，故不使经入见。冬十月癸巳，吕文德言已复泸州外堡，拟即对江垒石为城，以示持久之计，从之。戊戌，雷电。甲申，诏申奖贾似道鄂州之功。丙午，以何梦然同知枢密院事兼参知政事。癸丑，程元凤授特进、观文殿大学士、醴泉观使兼侍读。甲寅，皇太子择配，帝诏其母族全昭孙之女择日入见。宝祐中，昭孙没于王事，全氏见上，上曰："尔父死可念。"对曰："臣妾父固可念，淮、湖百姓尤可念。"上曰："即此语可母天下。"追开庆丁大全用事，以京尹顾嵒女为议，大全败，故有是命。丙辰，沈炎资政殿学士、提举临安府洞霄宫、任便居住。十一月己未朔，刘雄飞和州防御使、枢密副都承旨、四川安抚制置副使兼知重庆府、四川总领、夔路转运使。庚申，周国公主馆成，诏董宋臣、李忠辅各官一转。甲戌，资政殿学士致仕汝腾卒，赠官四转，谥忠清。安南国贡象二。丁丑，马光祖提领户部财用兼知临安府、浙西安抚使。下嫁周国公主于杨镇。己卯，以镇为宜州观察使，赐玉带，寻升庆远军承宣使。诏："驸马都尉杨镇家合有赏典，杨蕃孙官两转，杨铎、杨鉴官一转，并直秘阁，余转官进封有差。"癸未，封全氏永嘉郡夫人。十二月庚寅，改窜蒲择之于南康军。辛卯，宰臣奏："太子语臣等言：'近奉圣训，夫妇之道，王化之基，男女正位，天地大义。平日所讲修身齐家之道，当真履实践，勿为口耳之学.'请宣付史馆,永为世程法。"从之。甲午,以皮龙荣兼权知枢密院事,何梦然参知政事兼太子宾客,马光祖同知枢密院事兼太子宾客、知临安府。己亥,太阴犯五车。壬寅,江万里依旧端明殿学士、提举临安府洞霄宫、任便居住。癸卯,册永嘉郡夫人全氏为皇太子妃。

三年春正月戊子朔,诏申饬百官尽言。诏量移丁大全、吴潜党人,并永不录用。壬戌,诏:"陈垲等耆年奉祠,宜示崇奖:陈垲端明殿学士,林彬之宝章阁待制,史季温直华文阁,丁仁直宝谟阁,仍并予祠禄。"甲子,福建路安抚使马天骥进资政殿大学士,职任依旧。乙丑,诏谕西蜀郡县等官,已授遇阙,毋遥受虚批月日,违期不赴。丁卯,以善诸嗣濮王。戊辰,周国公主进封周、汉国公主。庚午,赐贾似道第宅于集芳园,给缗钱百万,就建家庙。甲戌,诏权知梁山军李鑑守城有功,带行阁门宣赞舍人,就知梁山军。复泸州,改为江安军。吕文德进府仪同三司。二月丁亥朔,临安、安吉、嘉兴属邑水,民溺死者众,诏守臣给槥瘞之。诏奖谕制置司,其立功参赞将士,进秩、升职犒给有差。乃裕授检校少保。以皮龙荣为资政殿大学士、知潭州、湖南安抚使。乙巳,太阴入氐。戊申,诏省试中选士人覆试于御史台,为定制。庚戌,李璮以涟、海三城叛大元来归,献山东郡县。诏改涟水为安东州,授璮保信宁武军节度使、督视京东河北等路军马、齐郡王,复其父李全官爵。璮即松寿。三月乙丑,以孙附凤为端明殿学士、签书枢密院事兼太子宾客。辛未,诏升海州东海县为东海军。丁丑,汪立信升直华文阁、知江州、主管江西安抚司公事,节制蕲、黄、兴国三郡军马。庚辰,吕文福依旧职差知濠州兼淮西招抚使。夏四月庚寅,太白昼见。庚子,荧惑与岁星合在危。甲辰,有流星大如杯。五月壬戌,荧惑犯壁垒阵。丙寅,雨雹。己巳,诏:"广西静江屯田,小试有效,其邕、钦、宜、融、柳、象、浔诸州守臣任责措置,经略安抚以课殿最,仍条具来上。"辛未,马光祖以病请祠,诏知福州兼福建安抚使。丁丑,赐礼部进士方山京以下六百三十七人及第、出身。庚辰,夏贵上蕲县战功。六月戊子,诏李璮受围,给银五万两,下益都府犒师,遣青阳梦炎率师援之。庚寅,以孙附凤兼权参知政事,杨栋端明殿学士、同签书枢密院事兼太子宾客。壬辰,吴潜没于循州,诏许归葬。己亥,董槐乞致仕,诏授特进。戊申,诏青阳梦炎援李璮,不俟解围,辄提援兵南归,谕制置司劾之。己酉,有流星大如荧惑。庚戌,安南国王日煚上表乞世袭,诏授检校太师、安南国王,加食邑,男威晃授静海军节度观察处置使、检校太尉兼御史大夫、上柱国、安南国王、效忠顺化功臣,仍赐金带、器币、鞍马。癸丑,诏应谪臣僚终于贬所者,许令归葬。秋七月丙辰,诏州县官廪禄不时给者,御史台觉察,或以他物折支,计赃论罪。壬戌,董槐薨,赠少师,谥文清。庚午,周、汉国公主薨,赐谥端孝。壬申,江州都统聂世兴调遣入蜀,托疾悖行,诏夺二秩,押往京湖制司自效。戊寅,侍御史范纯父言:"前四川制置使俞兴,妒功启戎,罢任镌秩,罚轻,乞更确存,以纾众怒。"奏可。辛巳,诏重修《吏部七司条法》。癸未,诏申严诸路郡县苛取苗米

之禁。甲申,夜有白气亘天。八月甲午,海州石湫堰成,诏知州张汉英带行遥郡刺史、马步军副总管,带行环卫官。丁酉,筑蕲州城。知州王益落阶官,正任高州刺史;制置使汪立信上《新城图》,诏奖谕。戊戌,李璮兵败,为大元所诛,事闻,诏沿边诸郡严边防。汪立信升直敷文阁、主管沿江制置司公事、知江州、主管江西安抚司公事。癸卯,太阴犯昴。乙巳,沿江制置使姚希得进宝章阁学士,职任依旧。九月壬申,召陈奕赴枢密院禀议。丙子,有流星大如太白。丁丑,温州布衣李元老,读书安贫,不事科举,今已百四岁,诏补迪功郎致仕,本郡给奉。闰九月甲申朔,太白昼见。丙戌,流星透霄,大如太白。戊戌,诏刑部长贰、大理卿、少卿,岁终无评事可举,即举在京三狱官。庚子,有流星大如太白。丙午,诏应知县罪罢,虽经赦,毋注紧、望阙,著为令。戊申,诏:"绍兴府火,给贷居民钱,今及二载,民贫可悯,悉除勿征。"冬十月乙卯,诏蠲四川制总、州县盐酒榷额。己未,太阴犯岁星。甲子,以杨栋签书枢密院事、兼权参知政事兼太子宾客,叶梦鼎端明殿学士、同签书枢密院事兼太子宾客。丁卯,吕文德言遣将校御敌,多逗遛不进,且奏功失实,具姓名上闻。诏吕文焕、王达、赵真削两秩,马堃、王甫削一秩,余贬降有差。太阴犯五车星。庚午,太白入氐。甲戌,归化州岑从毅纳土输赋,献丁壮为王臣。诏改归化为来安州,从毅进秩修武郎、知州事,令世袭。丙子,诏安丰六安县升军使。十一月壬辰,丁大全窜贵州,招游手,立将校,置弓矢舟楫,纵仆隶淫虐军民,诏夺大全贵州团练使,移置新州。癸巳,马光祖乞祠禄,诏提举临安府洞霄宫、任便居住。丙申,徐清叟薨,赠少师,谥忠简。丁酉,资阳砦主万户小哥及其子众家奴叛来降,诏小哥赐姓王,名永坚,补武翼大夫、夔路副总管,重庆府驻扎。戊戌,以夏贵知庐州、淮西安抚副使。丁未,皇孙容州观察使封资国公焯薨,赠保静军节度使、广国公。荧惑、填星合在娄。十二月辛巳,吕文德累疏辞兼四川宣抚,诏仍兼四川策应使。

四年春正月壬午朔,诏侍从、台谏、给舍、卿监、郎官以上及制总、监司各举所知,不拘员限,不如所举,行连坐法。戊子,林希逸言蒲阳布衣林亦之、陈藻有道之士,林公遇幼承父泽,奉亲不仕,诏林亦之、陈藻赠迪功郎,林公遇进元官上进赠一官。诏董宋臣同提举奉安符宝所,仍奉祠禄。己亥,严州火。丙午,诏革词诉改送之弊。二月癸丑,诏吴潜、丁大全党人迁谪已久,远者量移,近者还本贯,并不复用。丁大全溺死藤州,诏许归葬。诏俞兴往岁失陷泸城,更削一秩。丁巳,置官田所,以刘良贵为提领,陈当为检阅。戊午,日晕周匝。乙亥,吕文德浚筑鄂州、常、澧城池讫事,诏奖之,守臣韩宣转遥郡承宣使,苏刘义吉州刺史。三月丁亥,以吕文德为宁武、保康军节度使,职任依旧;刘雄飞枢密都承旨、四川安抚制置使兼知重庆府、四川总领财赋、夔路转运使。加授姚希得刑部尚书,李庭芝兵部侍郎,朱禩孙太府卿,汪立信太府少卿,并依旧任。壬辰,太阳赤黄晕。丁酉,以王坚知和州兼管内安抚使,吕思望知濠州兼淮西招抚使。庚子,以何

梦然兼权知枢密院事。丁未,诏知宁国府赵汝楳推行经界,不扰而办,职事修举,升直华文阁,依旧任。戊申,忠州防御使贵杰授福州观察使。夏四月乙卯,太阴犯权星。丙寅,官田所言,知嘉兴县段浚、知宜兴县叶哲佐买公田不遵元制,诏罢之。戊辰,太阳赤黄晕,不匝。五月庚寅,太阴入氐。丁酉,婺州布衣何基,建宁府布衣徐几,皆得理学之传。诏各补迪功郎,何基婺州教授兼丽泽书院山长,徐几建宁府教授兼建安书院山长。戊戌,四川制司言:二月甲寅,大元兵攻嘉定城,马堃出战御之。诏马堃援夔迁延,削一秩,令以所转四官理作叙复。流星出自角宿距星。六月壬子,祈雨。乙卯,京城火。丙辰,诏饶虎臣叙复元官,依旧提举太平兴国宫。庚申,诏:平江、江阴、安吉、嘉兴、常州、镇江六郡已买公田三百五十余万亩,今秋成在迩,其荆湖、江西诸道,仍旧和籴。丙寅,诏公田竣事,刘良贵官两转,陈当、廖邦杰洎六郡官进秩有差。丁卯,流星出自河鼓。庚午,宰执进《玉牒》、《日历》、《会要》、《经武要略》及《徽宗长编》、《宁宗实录》,诏贾似道以下官两转。秋七月壬辰,敕令所进《宁宗以来宽恤诏令》。戊戌,以董宋臣为入内内侍省押班。八月甲寅,董宋臣以病乞收回恩命,请祠,诏赐告五月。乙卯,流星出自天仓星。九月甲申,诏赵汝楳为大府少卿、淮东总领财赋。辛卯,祀明堂,大赦。甲午,以何梦然知枢密院事兼参知政事,杨栋同知枢密院事兼权参知政事,叶梦鼎签书枢密院事。冬十月己未,诏发缗钱百四十万,命浙西六郡置公田庄。甲子,命张珏兴元府驻扎、御前诸军都统制兼知合州。十一月己亥,福州火。十二月丁未朔,诏皇太子宫讲官詹事以下,日轮一员,辰入酉出,专讲读,备咨问,以称辅导之实。己未,诏在京置栲栅、私系囚并非法狱具,台宪其严禁戢,违者有刑。辛未,太白、岁星顺行。

五年春正月丁丑朔,诏崇经术,考德行。癸巳,出奉宸库珠、香、象、犀等货下专场贸易,助收币楮。庚子,太子右谕德汤汉三乞休致,授秘阁修撰、知福州、福建安抚使。二月壬戌,流星出自毕。甲子,太阴犯房。丁卯,太阴犯斗。辛未,雨土。三月辛巳,王坚卒,赐谥忠壮。马光祖依旧观文殿学士、沿江制置使、知建康府、江东安抚使、行宫留守。己丑,日晕周匝。夏四月丙午,诏:管景模妻孥陷没,效忠愈坚,平时所得奉入,率以抚恤将士,遂至空乏,特赐缗钱三十万。寻赐金带。丁未,以夏贵为枢密都承旨、四川安抚制置使兼知重庆府、四川总领、夔路转运使。辛亥,诏郡邑行乡饮酒礼。癸丑,太阴入太微垣。乙卯,信阳军将领余元友等提兵防护耕有功,补转两官资。戊午,太白昼见。乙丑,何梦然、马天骥以台臣劾罢。己巳,江万里以资政殿学士知建宁府,李曾伯以观文殿学士知庆元府、沿海制置使。庚午,太白、岁星合于娄。五月庚辰,何梦然以资政殿大学士知建宁府。辛卯,以杨栋参知政事,叶梦鼎同知枢密院事兼参知政事,姚希得端明殿学士、同签书枢密院事,马天骥提举洞霄宫。甲午,流星出自河鼓,大如太白。乙未,安南国奉表谢恩,进方物,诏却之,仍赐金帛,以奖恭顺。己亥,太白经天,

昼见。六月甲辰朔,知衢州谢墍因寇焚掠常山县弃城遁,诏削三秩,褫职不叙。台臣言衢州詹泂之变,乃谢墍任都吏徐信苟取激之,墍罪重罚轻。诏斩信,籍其家,墍再削两秩勒停。丁未,诏饶虎臣叙复资政殿学士,依前通奉大夫,差遣如故。甲寅,加授李庭芝宝章阁直学士,依旧任,朱禩孙右文殿修撰、知静江府、广西经略使,汪立信秘阁修撰、枢密副都承旨、沿江制置副使兼知江州、江西安抚使。诏吕文德职事修举,与官一转。太阴犯心。戊午,祈雨。太白昼天关星。乙丑,命董宋臣兼主管御前马院、御前酒库。戊辰,荧惑、岁星并行。己巳,太白、太阴并行入井。庚午,太阳赤黄晕。秋七月甲戌,彗星出柳。丁丑,诏避殿减膳,应中外臣僚许直言朝政阙失。己卯,流星出自右摄提星,彗星退于鬼。辛巳,彗星退于井。甲戌,京城大火。癸巳,谢奕昌卒,赠少保,追封临海郡王,谥庄宪。甲午,填星守毕。乙未,马天骥以台臣劾其贪赃,夺职罢祠,其子时楙削一秩、罢新任。丙申,知嘉定府洪涛言:新繁县御容殿前枯木再荣,殿有画太祖像;又顺化人杨嗣光等奉太宗、真宗、仁宗、英宗、神宗像来归,令楼藏府中天庆观。诏本府选差武臣迎奉赴行在所,嗣光补武阶两资。祈雨。台臣言太子宾客杨栋指誓为蚩尤旗,欺天罔君,诏栋罢职予祠。戊戌,彗星退于参。八月壬寅朔,荧惑与填星合。丙午,以杨栋知建宁府。戊午,彗星消伏。甲子,彗星复见于参。辛未,彗星化为霞气。九月己丑,日生格气。癸巳,内侍李忠辅以台臣劾其贪肆欺罔,削两秩放罢。乙未,建宁府教授谢枋得校文宣城及建康漕闱,发策十余问,言权奸误国,赵氏必亡。左司谏舒有开劾其怨望腾谤,大不敬,窜兴国军。冬十月丙午,太阴犯斗。辛亥,诏十七界会浸轻,并以十八界会易之,限一月止。乙丑,诏行关子铜钱法,每百作七十七文足,以一准十八界会之三。帝有疾,不视朝。丙寅,大赦。丁卯,帝崩。遗诏皇太子禥即皇帝位。咸淳元年三月甲申,葬于会稽之永穆陵。二年十二月丙戌,谥曰建道备德大功复兴烈文仁武圣明安孝皇帝,庙号理宗。

赞曰:理宗享国久长,与仁宗同。然仁宗之世,贤相相继。理宗四十年之间,若李宗勉、崔与之、吴潜之贤,皆弗究于用;而史弥远、丁大全、贾似道窃弄威福,与之始终。治效之不及庆历、嘉祐,宜也。蔡州之役,幸依大朝以定夹攻之策,及函守绪遗骨,俘宰臣天纲,归献庙社,亦可以刷会稽之耻,复齐襄之仇矣。顾乃贪地弃盟,入洛之师,事衅随起,兵连祸结,境土日蹙。郝经来使,似道讳言其纳币请和,蒙蔽抑塞,拘留不报,自速灭亡。呼,可惜哉!由其中年嗜欲既多,怠于政事,权移奸臣,经筵性命之讲,徒资虚谈,固无益也。虽然,宋嘉定以来,正邪贸乱,国是靡定,自帝继统,首黜王安石孔庙从祀,升濂、洛九儒,表章朱熹《四书》,丕变士习,视前朝奸党之碑、伪学之禁,岂不大有径庭也哉!身当季运,弗获大效,后世有以理学复古帝王之治者,考论匡直辅翼之功,实自帝始焉。庙号曰"理",其殆庶乎!

卷四十六　　本纪第四十六

度　　宗

度宗端文明武景孝皇帝，讳禥，太祖十一世孙。父嗣荣王与芮，理宗母弟也。嘉熙四年四月九日生于绍兴府荣邸。初，荣文恭王夫人全氏梦神言："帝命汝孙，然非汝家所有。"嗣荣王夫人钱氏梦日光照东室，是夕，齐国夫人黄氏亦梦神人采衣拥一龙纳怀中，已而有娠。及生，室有赤光。资识内慧，七岁始言，言必合度，理宗奇之。及在位岁久，无子，乃属意托神器焉。淳祐六年十月己丑，赐名孟启，以皇侄授贵州刺史，入内小学。七年正月乙卯，授宜州观察使，就王邸训习。九年正月乙巳，授庆远军节度使，封益国公。十一年正月壬戌，改赐名孜，进封建安郡王。宝祐元年正月庚辰，诏立为皇子，改赐今名。癸未，授崇庆军节度使，开府仪同三司，进封永嘉郡王。二年七月，以宗正少卿蔡抗兼翊善。时资善堂初建，理宗制《堂记》，书以赐王。十月癸酉，进封忠王。十一月壬寅，加元服，赐字邦寿。五年十月庚子，授镇南、遂安军节度使。景定元年六月壬寅，立为皇太子，赐字长源，命杨栋、叶梦鼎为太子詹事。七月丁卯，太子入东宫。癸未，行册礼。时理宗家教甚严，鸡初鸣问安，再鸣回宫，三鸣往会议所参决庶事。退入讲堂，讲官讲经，次讲史，终日手不释卷。将哺，复至榻前起居，率为常。理宗问今日讲何经，答之是，则赐坐赐茶；否，则为之反覆剖析；又不通，则继以怒，明日须更覆讲。二年正月丁丑，谒孔子于太学，请以张栻、吕祖谦列从祀。十二月癸卯，册永嘉郡夫人全氏为皇太子妃。

五年十月丁卯，理宗崩。受遗诏，太子即皇帝位。戊辰，尊皇后谢氏曰皇太后，生日为寿崇节。庚午，宰执、文武百官诣祥曦殿上表请听政，不允。辛未，大赦。十一月壬申，宰执以下日表请视朝，不允。丁丑，凡七表，始从。丙戌，帝初听政，御后殿，命马廷鸾、留梦炎兼侍读，李伯玉、陈宗礼、范东叟兼侍讲，何基、徐几兼崇政殿说书。诏求直言。又诏先朝旧臣赵葵、谢方叔、程元凤、马光祖、李曾伯各上言以匡不逮。召江万里、王㬇、洪天锡、汤汉等赴阙。诏躬行三年丧。复济王竑元赠少师、节度使，追封镇王，谥昭肃，有司讨论坟制增修之。加封嗣荣王与芮武康、宁江军节度使，依前太师、判宗正事。诏抚劳边防将士。监察御史劾宦官李忠辅、何舜卿赃罪，并窜远方。戊戌，诏儒臣日侍经筵，辅臣观讲。乙未，命洪天锡以侍御史兼侍读。十二月辛丑，诏改明年为咸淳元年，行铜钱关子，率贯以七百七十文足。壬寅，戒赃吏绝贡羡余。甲辰，诏以生日为乾会节。初开经筵，讲殿以熙明为名。礼部尚书马廷鸾进读《大学衍义序》，陈心法之要。是岁，两浙、江东西、湖南北、广东西、福建、成都、京西、潼川、夔、利路户五百六十九万六千九百八十九，口一千三百二万六千五百三十二。大理寺奏大辟三十三人。

咸淳元年春正月辛未朔，日有食之。丞相贾似道请为总护山陵使，不允，寻下诏奖谕。癸酉，直学士院留梦炎疏留似道。甲戌，谏议大夫朱貔孙等亦请改命，不报。诏临安免征商三月。丙子，京湖制置使吕文德辞免，不允。二月庚申，置籍中书，记谏官、御史言事，岁终以考成绩。三月癸酉，似道乞解机政，不允。壬午，京湖制司创招镇边军。甲申，葬理宗于永穆陵。夏四月壬寅，赏四川都统昝万寿云顶山、金堂峡之功，及其将士。丁未，寿崇节，免征临安官私房僦地钱。戊申，乾会节，如上免征，再免在京征商三月。自是祥庆、灾异、寒暑皆免。戊午，贾似道特授太师。己未，幸景灵宫，发米八万石赡京城民。夔路都统王胜以李市、沙平之战获功，转官两资，将士效力者，上其名推赏。五月己巳，追命史弥远为公忠翊运定策元勋。闰月乙巳，久雨，京城减直粜米三万石。自是米价高即发廪平粜，以为常。丁未，发钱二十万赡在京小民，钱二十万赐殿、步、马司军人，钱二万三千赐宿卫。自是行庆、恤灾，或遇霪雨雪寒，咸赐如上数。以江万里参知政事，王㬇同知枢密院事、权参知政事，马廷鸾端明殿学士、签书枢密院事。丁巳，以钱三十万命临安府通变平物贾。丁卯，故成都马步军总管张顺殁于王事，诏特赠官五转，其子与八官恩泽。六月乙酉，名理宗御制之阁曰显文，置学士、直学士、待制、直阁等官。戊子，沿海制置使叶梦鼎三辞免，不允。己丑，名理宗原庙殿曰章熙。秋七月丁酉，太白昼见。初命迪功郎邓道为韶州相江书院山长，主祀先儒周惇颐。壬寅，参知政事江万里乞归田里，不允。戊申，夔路安抚徐宗武城开、达石城，乞推恩，从之。壬戌，督州县严钱法，禁民间用牌帖。癸亥，以谅阴，命宰执类试，阮登炳以下，依廷试例出身。禁在京置窠栅、私系囚。八月庚辰，命陈奕沿江按阅军防，赐钱二十万给用。丁亥，诏有司收民田租，或揩克无艺，监司其严禁戢，违者有刑。甲午，大元元帅阿术帅大军至庐州及安庆，诸路统制范胜、统领张林、正将高兴、副将孟兴逆战，没于阵。诏胜等各官其一子进勇副尉。九月己酉，以洪天锡为工部侍郎兼侍读。壬子，命宰执访司马光、苏轼、朱熹后人，贤者能者，各上其名录用。癸丑，吕文德言京湖制、帅、策应三司官属，乞推恩。诏各进一秩。庚申，吏部侍郎李常上七事，曰崇廉耻、严乡举、择守令、黜贪污、谳疑狱、任儒师、修役法。冬十月壬申，减四川州县盐酒课，始自景定四年正月一日，再免征三年。乙亥，减田契税钱什四。庚辰，江安州、潼川安抚司以攻怀、简小富砦战图来上，诏优答以赏。十一月乙未，兄少保、保宁军节度使致仕乃裕薨，赠少傅，追封临川郡王。

二年春正月癸丑，江万里四请归田，乞祠禄，不允，以为湖南安抚使兼知潭州。二月乙巳，侍讲范东叟奏正心之要有三：曰进德，曰立政，曰事天。上嘉纳焉。戊寅，诏免湖南漕司积年运上峡米耗折遣直。辛卯，诏左、右史循旧制立侍御坐前。三月庚子，赏夔路总管张喜等防护开、达军功，将士进官有差。乙巳，诏郡守两年为任，方别授官。戊申,赐敕书奖谕吕文德。夏四月乙丑,洪天锡三请祠,不允,以显文阁待制知潭州兼湖南安抚使。甲申,侍御史程元凤上言:"帝王致寿之道在修德,后世怵邪说以求之,往辙可鉴。修德之目有三,曰清心,曰寡欲,曰崇俭,皆致寿之原。"上嘉纳之。丁亥,授信州布衣徐直方史馆编校。五月癸丑,诏诸节制将帅讨军实,节浮费,毋占役兵士,致妨训练。六月丁丑,给界鬼国化州印。壬午,以衢州饥,命守、令劝分诸藩邸发廪助之。秋七月壬辰,祈雨,诏以来年正月一日郊。壬寅,礼部侍郎李伯玉言:"人材贵乎善养,不贵速成,请罢童子科,息奔竞,以保幼稚良心。"诏自咸淳三年为始罢之。八月甲申,安南国遣使贺登位,献方物。九月丙辰,浙西安抚使李芾以台臣黄万石等言,削两秩免。冬十一月辛丑,两淮制置使李庭芝立城,屯驻武锐一军,以工役费用及图来上。诏奖劳之。乙卯,少师致仕赵葵薨,赠太傅,赐谥忠靖。丁巳,利东安抚使、知合州张珏调统制史炤、监军王世昌等复广安大梁城,诏推爵赏有差。十二月丁丑,申严戢贪之令。甲申,以请先帝谥祭告天地、宗庙、社稷。丙戌,奉册宝请于南郊,上谥曰建道备德大功复兴烈文仁武圣明安孝皇帝,庙号理宗。大理寺奏岁终大辟三十五人。

三年春正月己丑朔,郊,大赦。丁酉,奉皇太后宝;上尊号曰寿和。辛丑,寿和太后册、宝礼成,谢堂等二十七人各进一秩,高平郡夫人谢氏等二十二人各进封、特封有差。癸卯,册命妃全氏为皇后。戊申,帝诣太学谒孔子,行舍菜礼,以颜渊、曾参、孔伋、孟轲配享,颛孙师升十哲,邵雍、司马光升列从祀,雍封新安伯。礼部尚书陈宗礼、国子祭酒陈宜中进读《中庸》。己酉,执经官宗礼、讲经官宜中各进一秩,宜中赐紫章服。太学、武学、宗学、国子学、宗正寺官若医官、监书库、门、庖等,各进一秩,诸斋长谕及起居学生推恩有差。乙卯,寿和太后亲属谢奕修、郭自中、黄兴在等二十八人各升补一秩。二月己未,克复广安军,诏改为宁西军。庚申,马光祖再乞致仕,不允。乙丑,诏贾似道太师、平章军国重事,一月三赴经筵,三日一朝,治事都堂。丙子,枢密院言:知夔州、夔路安抚徐宗武创立卧龙山堡寨。诏宗武带行遥郡团练使,以旌其劳。三月癸卯,知房州李鑑及将校杜汝隆、夏喜以战龙光砦有功,优与旌赏。夏四月庚申,寿和太后两次册、宝,族兄弟谢奕实等十五人、族侄谢在达等四十七人、族侄孙谢镛等十四人各锡银十两、帛十四。诏:太中大夫全清夫儒科发身,恳陈换班,靖退可尚,特授清远军承宣使、提举佑神观,仍奉朝请。乙酉,张珏护合州春耕,战款龙溪,以状言功,诏趣上立功将士姓名。五月丁亥朔,日有食之。戊申,诏曰:"比常命有司按月给百官奉,惟官愈卑,去民愈亲,仍闻过期弗予,是吏奉吾命不虔也,诸路监司其严纠劾。"六月壬戌,加授吕文德少傅,马光祖参知政事,李庭芝兵部尚书,并职任仍旧。皇后受册推恩,弟全清夫以下十五人官一转,全必枢以下十七人补承信郎。癸酉,美人杨氏进封淑妃。戊寅,诏荣王族姻与莱等三十四人各转官有差。秋七月丁亥,张珏授正任团练使、带行左领军卫大将军,赐金带。壬辰,枢密院言:

"右武大夫、权鄂州都统汪政鄂城战御,又焚光化城外积聚,及攻真阳城,皆有功,该转十二官。"诏转横行遥郡。甲午,四川都统昝万寿调统制赵宝、杨立等率舟师护粮达渠城,以功推赏。己酉,权黎州张午招谕大青羌主归义,乞用两林西番瑜林例,赐予加优,从之。八月辛酉,遣步帅陈奕率马军舟师巡逻江防。壬戌,边报警急,诏谕吕文德等申严防遏。乙丑,太师、武康、宁江军节度使、判大宗正事嗣荣王与芮进封福王,主荣王祀事。壬申,久雨,命在京三狱、赤县、直司、签厅择官审决狱讼毋滞。九月乙未,诏郡县折收民田租,毋厚直取赢,违者论罪。癸卯,知邕州总统谭渊、李旺、周胜等躏特磨行大理界,率兵攻建水州,禽其知州阿㫚以下三百余人,获马二百余,焚谷米、器甲、庐舍。师还论功,各转官三资,军校补转有差。冬十月庚申,复开州,赐四川策应司钱百万劳军。甲戌,大雷电。十一月丙申,故左丞相吴潜追复光禄大夫。壬寅,赏知房州李鑑调遣路将夏嘉、统领冯兴等均州武阳坝战功。十二月丙辰,吕文焕依旧带行御器械,改知襄阳府兼京西安抚副使,丁卯,台臣言叙夔元官观文殿学士、提举洞霄宫皮龙荣贪私倾险,尝朋附丁大全,乞寝新命。诏予祠禄。

四年春正月癸未,赐吕师夔紫章服、金带。己丑,吕文德言知襄阳府兼京西安抚副使吕文焕、荆鄂都统制唐永坚蜡书报白河口、万山、鹿门山北帅兴筑城堡,檄知郢州翟贵、两淮都统张世杰申严备御。癸巳,故守合州王坚赐庙额曰"报忠"。癸卯,沔州驻扎、潼川安抚副使昝万寿特升右武大夫、带行左骁卫大将军,赐金带。乙酉,印应雷改知庆元府兼沿海制置使。庚戌,诏曰:"迩年近臣无谓引去以为高,勉留再三,弗比益远,往往相尚,不知其非义也。亦由一二大臣尝勇去以为众望,相踵至今。孟子于齐王不遇,故去,是未尝有君臣之情也,然犹三宿出昼,庶几改之。儒者家法,无亦取此乎!朕于诸贤,允谓无负,其弗高尚,使人疑于负朕。"闰月庚午,赐夏贵金带。夏四月壬午,汤汉三辞免刑部侍郎、福建安抚使。庚寅,乾会节,帝御紫宸殿,群臣称贺。上曰:"谢方叔托名进香,擅进金器诸物,且以先帝手泽,每系之跋,率多包藏,至以先帝行事为己功,殊失大臣体,宜镌一秩。"于是卢钺等相继论列方叔昨蜀、广败事,误国殄民,今又违制擅进,削一秩罚轻。诏削四秩,夺观文殿大学士、惠国公,罢宰臣恩数,仍追《宝奎录》并系跋真本来上。丙申,右正言黄镛言:"今守边急务,非兵农合一不可。一曰屯田,二曰民兵。川蜀屯田为先,民兵次之,淮、襄民兵为先,屯田次之,此足食足兵良策也。"不报。丁酉,诏故修武郎姚济死节,立庙,赐额曰"忠壮"。五月辛酉,枢密都承旨高达再辞侍卫亲军虞候,乞归田里,命孙虎臣代之。壬申,赐陈文龙以下六百六十四人进士及第、出身。丙子,贾似道乞骸骨,不允。六月辛巳,叶梦鼎再乞归田里,不允。诏罢浙西诸州公田庄官,募民自耕输租,租减什三,毋私相易田,违制以盗卖官田论。秋七月戊午,有星出氐宿,西北急流入骑官星没。己未,淑妃杨氏亲属杨幼节以下百三十四人推恩进秩。八月壬寅,奉安《宁宗实录》、《理宗实录》、《御集》、《日历》、《会要》、《玉牒》、《经武要略》、《咸淳日历》《玉牒》，贾似道、叶梦鼎、马廷鸾各转两官，诸局官若吏推恩有差。九月癸未，太白昼见。大元兵筑白河城，始围襄、樊。冬十月戊寅朔，日有食之。子宪生。参知政事常挺乞归田里，诏予郡。己亥，已减四川州县盐酒课，诏自咸淳四年始，再免征三年。十一月癸丑，枢密院言："南平、绍庆六郡镇抚使韩宣城渝、嘉、开、达、常、武诸州有劳，鱳峡州至江陵水陆措置，尽瘁以死，宜视没于王事加恩。"诏宣守本官致仕，任一子承节郎，仍赠正任承宣使。丁巳，诏知江陵府陈奕，裨将周全、王德等战西山、南谷口、田家山有功，各以等第推赏。戊午，子锽生。丙寅，福建安抚使汤汉再辞免，乞祠禄，诏别授职。辛未，以文武官在选，困于部吏，隆寒旅琐可闵。诏吏部长贰、郎官日趣铨注，小有未备，特与放行，违者有刑。自是隆寒盛暑，申严诫饬。常挺卒，赠少保。壬申，行义役法。十二月辛卯，以夏贵为沿江制置副使兼知黄州。癸巳，史馆状《理宗实录》接续起修。张九成、孙象先力学饬行，不坠家声，其免一解示表厉。命建康府建南轩书院，祠先儒张栻，戊戌，汪立信知潭州兼湖南安抚使，职任依旧。乙巳，诏赏京湖总管张喜、赵万等石门坂堰战功。

五年春正月丁未，以李庭芝为两淮安抚制置大使兼知扬州。壬子，京湖策应司参谋呼延德领诸将张喜等遇北兵，战于蛮河。癸亥，叶梦鼎累章请老，留之，固辞，依前少保、判福州、福建安抚使，封信国公。以马廷鸾参知政事兼同知枢密院事。甲戌，以江万里参知政事。二月戊子，江万里辞免参知政事，不允。三月丙午，北帅阿术自白河以兵围樊城。甲寅，叶梦鼎辞免判福州、福建安抚使，诏不允。乙卯，皇后归宁，族姻推恩，保信军节度使全清夫以下五十六人各进一秩，咸安郡夫人全氏以下三十二人各特封有差。大元兵城鹿门。己未，诏浙西六郡公田设官督租有差。辛酉，京湖都统张世杰率马步舟师援襄、樊，战于赤滩圃。戊辰，以江万里为左丞相，马廷鸾为右丞相兼枢密使。己巳，以马光祖知枢密院事兼参知政事，吴革沿江制置使。夏四月丙子，赏张世杰战功。辛巳，江万里、马廷鸾辞免，诏不允。壬午，知渠州张资上蓬界白土、神山、蒲渡等处今年春战功。丙戌，以安西统张朝宝、利东路安抚张珏领兵护钱粟饷宁西军，还至水硙头，战有功，诏推赏。己丑，刘雄飞依旧枢密都承旨、知沅州兼常德、澧、辰、沅、靖五郡镇抚使。癸巳，李庭芝特进一秩。高邮县夏世贤七世义居，诏署其门。五月己酉，马光祖依旧观文殿学士、提举洞霄宫。乙卯，程元凤薨，赠少师。庚申，有星自斗宿距星东北急流向牛宿，至浊没。壬戌，诏：信阳诸将娄安邦、朱兴战千石畈，吕文焕、呼延德战福山、杨青、李忠战石湫，俱有劳效，推赏有差。壬申，京湖制司言：故夔路安抚徐宗武没于王事，乞优加赠恤。诏致仕恩外，特官其一子承节郎。六月庚辰，以吕文福为复州团练使、知濠州兼淮西安抚副使。甲申，皇子昰生。辛卯，家铉翁辞免新命，诏别授职。庚子，李庭芝辞免兼淮东提举，不允。秋七月己酉，观文殿学士马光祖乞守本官致仕，诏允所请。庚申，祈雨。壬戌，东南有星自河鼓距星西北急流，至浊没。八月戊寅，诏郡县收民田租，毋巧计取赢，毋厚直折纳，转运司申严按劾。诏襄、樊将士战御宣力，以钱二百万犒师，趣上其立功姓名补转官资。九月丙午，祈晴。辛酉，祀明堂，大赦。丙寅，明堂礼成，加上寿和圣福皇太后尊号册、宝，太师、判大宗正事、福王、主荣王祀事与芮加食邑一千户。冬十月甲申，子宪授检校太尉、武安军节度使，封益国公。己丑，吕文德进封崇国公，加食邑七百户。以汤汉为显文阁直学士、提举玉隆万寿宫兼象山书院山长。十一月戊辰，少傅文德乞致仕，诏特授少师，进封卫国公，依所请致仕。十二月癸酉，文德卒，赠太傅，赐谥武忠。己卯，以范文虎为殿前副都指挥使。寿和圣福皇太后尊号册宝礼成，侄谢堂、侄孙光孙等二十八人各转一官，余姻推恩有差。甲申，以钱二百万命京湖帅臣给犒襄、郢等处水陆戍士。戊子，诏安南国王父陈日煚、国王陈威晃并加食邑一千户。大元兵筑南新城。

六年春正月壬寅，以李庭芝为京湖安抚制置使兼夔路策应使，印应雷两淮安抚制置使。己酉，以钱二百万赐夔路策应司备御赏给。庚戌，以高达为湖北安抚使、知鄂州，孙虎臣起复淮东安抚副使、知淮安州。辛酉，行《成天历》，丁卯，上制《字民》、《牧民》二训，以戒百官。戊辰，以江万里为福建安抚使。二月辛未，检校少保、安德军节度使与菜加食邑五百户。丁亥，陈宜中经筵进讲《春秋》终篇，赐象简、金御仙花带、鞍马。丁酉，以吕文福为淮西安抚副使兼知庐州。己亥，朱禩孙权兵部尚书，仍四川安抚制置、总领夔路转运、知重庆府。三月庚子朔，日有食之。癸丑，诏曰："吏以廉称，自古有之，今绝不闻，岂不自章显而壅于上闻欤？其令侍从、卿监、郎官，各举廉吏，将显擢焉。"癸亥，诏："赣、吉、南安境数被寇，虽有寨卒，寇出没无时，莫能相救。宜即要冲立四寨，寨屯兵百，使地势联络，御寇为便。从三郡择将官领之。"夏四月戊寅，以文天祥兼崇政殿说书。五月辛丑，以吴革为沿江制置宣抚使。六月庚午，诏《太极图说》、《西铭》、《易传序》、《春秋传序》，天下士子宜肆其文。戊寅，贾似道托疾退辞，疏十数上，上留益坚，礼异之，曰师相而不名。马廷鸾泊省、部、台谏、学馆、诸司，连章请留似道。庚辰，子宪薨。庚寅，诏以襄、郢水陆屯戍将士隆暑露处，出钱二百万，命京湖制司给赐。秋七月，复开州。己亥，更铸印给之。八月甲寅，瑞安府乐清县嘉禾生，诏荐士增四名。壬辰，诏：郡县行推排法，虚加寡弱户田租，害民为甚。其令各路监司询访，亟除其弊。诏精择监司、守令，监司察郡守，郡守察县令，置籍考核，岁终第其治状来上。癸巳，以夏贵能举职事，进一秩。诏似道十日一朝。

九月庚戌，以黄万石为沿海制置使。壬子，台州大水。冬十月丁丑，遣范文虎总统殿司、两淮诸军，往襄、樊会合备御，赐钱百五十万犒师。己卯，诏台州发义仓米四千石并发丰储仓米三万石，振遭水家。甲申，以陈宗礼、赵顺孙兼权参知政事，依旧同提举编修敕令、《经武要略》。闰十月己酉，安吉州水，免公田租四万四千八十石。戊午，诏殿、步、马诸军贫乏阵没孤遗者多，方此隆寒，其赐钱二十万、米万石振之。十一月丁丑，嘉兴、华亭两县水，免公田租五万一千石，民田租四千八百一十石。庚辰，诏襄、郢屯戍将士隆寒可闵，其赐钱二百万犒师。己丑，都统张世杰领兵江防。乙未，诏陈宗礼进一秩，为资政殿学士，依所请守兼参知政事致仕。十二月戊戌，陈宗礼卒，赠七秩。己亥，诏唐全、张兴祖等赍蜡书入襄阳，往复甚艰，各补转三官，赐钱二千缗。大元兵筑万山城。

七年春正月乙丑，子昰授左卫上将军，进封建国公。诏汤汉、洪天锡赴阙。诏戒贪吏。辛未，绍兴府诸暨县湖田水，免租二万八百石有奇。三月戊寅，发屯田租谷十万石，振和州、无为、镇巢、安庆诸州饥。辛巳，日晕，赤黄周匝。乙酉，平江府饥，发官仓米六万石。吉州饥，发和籴米十万石，皆减直振粜。丙戌，诏减内外百司吏额。戊子，发米一万石，往建德府济粜。诏临江军宣圣四十七代孙延之子孙，与放国子监试。夏四月辛亥，免广东提举司盐筦银三万两。甲寅，礼部侍郎陈宜中再乞补外，以显文阁待制出知福州兼福建路安抚使。五月乙酉，赐礼部进士张镇孙以下五百二人及第、出身。壬辰，发米二万石，诣衢州振粜。六月癸巳，以钱百万、银五千两命知嘉定府昝万寿修城浚壕，缮甲兵，备御遏。以韩震带行御器械、知江安州兼潼川东路安抚副使，马堃带行御器械、知咸淳府、节制涪、万州。台臣劾朱善孙督财运受赃四万五千，诏特贷死，配三千里，禁锢不赦。乙未，诏以蜀阃调度浩繁，赐钱二百万给用。丙申，诸暨县大雨、暴风、雷电，发米振遭水家。瑞州民及流徙者饥，乏食，发义仓米一万八千石，减直振粜。己亥，诏以陆九渊孙溥补上州文学。己酉，镇江府转输米十万石于五河新城积贮。癸丑，以隆暑，给钱二百万赐襄、郢屯戍将士。丙辰，抚州黄震言：“本州振荒劝分，前谷城县尉饶立积米二百万，靳不发廪，虽尝监贷，宜正遏籴之罪。”诏饶立削两秩、武冈军居住。洪天锡三辞召命，诏守臣勉谕赴阙。戊午，绍兴府饥，振粮万石。己未，两淮五河筑城具完，赐名安淮军。大元会兵围襄阳。秋七月辛未，枢密院言吴信、周旺赍蜡书入襄城，往复效劳，诏各补官三转。丁丑，湖南转运司访求先儒张栻后人义伦以闻，诏补将仕郎。壬午，四川制置使朱禩孙言："夏五以来，江水凡三泛溢，自嘉而渝，漂荡城壁，楼橹圮坏。又嘉定地震者再，被灾为甚，乞赐黜罢，上答天谴。"诏不允。癸未，诏：城五河，淮东制置印应雷具有劳绩，进一秩，宣劳官属将士皆推恩。八月壬辰朔，日有食之。甲午，以钱三百万，遣京湖制置李庭芝诣郢州调遣犒师。丁未，命沿江制置副使夏贵会合策应，以钱二百万随军给用。九月乙亥，显文阁直学士汤汉、显文阁直学士洪天锡各辞召命，诏并升华文阁学士，仍予祠禄。己丑，子昺生。冬十月丙申，少傅、嗣秀王与泽薨，诏赠少师，追封临海郡王。癸丑，从政郎朱鉴孙进《群经要略》。己未，诏殿、步、马诸军贫乏阵没孤遗者，方此隆寒，其赐钱二十万、米万石振之。十一月癸亥，诏民有以孝弟闻于乡者，守、令其具名上闻，将旌异劳观焉。己巳，诏汤汉官一转，端明殿学士，依所请致仕。十二月甲午，诏诸路监司循按刑狱，傔从扰民，御史台申严觉察。丙午，以钱三十万命四川制司下渠、洋、开州、宁西镇抚使张朝宝创司犒师。己亥，淮东统领兼知镇江府赵潨乞祠禄，不允。谢方叔特叙复元官职、惠国公致仕。辛亥，初置士籍。戊午，诏举廉能材堪县令者，侍从、台谏、给舍各举十人，卿监、郎官各举五人，制帅、监司各举六人，知州、军、监各举二人。

八年春正月庚申，诏："朕惟崇俭必自宫禁始，自今宫禁敢以珠翠销金为首饰服用，必罚无贷。臣庶之家，咸宜体悉。工匠犯者，亦如景祐制，必从重典。"又诏："有虞之世，三载考绩，三考黜陟幽明。汉之为吏者长子孙，则其遗意也。比年吏习偷薄，人怀一切，计日待迁，事未克究，又望而之他。吏胥狃玩，窃弄官政，吾民奚赖焉？继自今内之郎曹，外之牧守以上，更不数易，其有治状昭著，自宜奖异。"辛未，子昺生。己丑，汤汉卒，赐谥文清。二月癸巳，谢方叔卒，赠少师。前知台州赵子寅殁，无所归，特赠直秘阁，给没官宅一区、田三百亩，养其孤遗，以旌廉吏。丙午，以钱二百万给犒襄、郢水陆战戍将士。三月丙子，同知枢密院事兼权参知政事赵顺孙授中大夫。夏四月戊子，知合州、利路安抚张珏创筑宜胜山城。五月己巳，王爚除观文殿学士、提举万寿观兼侍读。大元兵久围襄、樊，援兵阻关险，不克进。诏荆、襄将帅移驻新郢，遣部辖张顺、张贵将死士三千人自上流夜半轻舟转战。比明达襄城，收军阅视，失张顺。六月丙申，皮龙荣徙衡州。丁酉，以章鉴为端明殿学士、同签书枢密院事、同提举《经武要略》。以钱千万命京湖制司籴米百万石，转输襄阳府积贮。乙巳，以家铉翁兼权知绍兴府、浙东安抚、提举司事，以唐震为浙西提点刑狱。王爚乞寝新命，不允，勉谕赴阙。辛亥，台臣言江西推排田结局已久，旧设都官、团长等虚名尚在，占吝常役，为害无穷，又言广东运司银场病民。诏俱罢之。癸丑，以钱五百万缗命四川制司诣湖北籴运上峡入蘷中米五十万石。秋七月辛未，知静江府、广西经略安抚使兼计度转运使胡颖乞祠禄，诏勋一转，依所乞宫观。八月丙戌朔，日有食之。辛丑，诏家铉翁赴阙。丁未，绍兴府六邑水，发米振遭水家。壬子，王爚辞免明堂大礼陪祠。乙卯，诏福建安抚陈宜中克举厥职，升宝谟阁待制。九月丁卯，诏洪天锡转端明殿学士，允所请致仕。辛未，明堂礼成，祀景灵宫。还遇大雨，改乘逍遥辇入和宁门，肆赦。庚辰，诏以朱禩孙兼四川屯田使。乙酉，洪天锡卒，赠五官，谥文毅。冬十月己亥，绍兴府言八月一日，会稽、余姚、上虞、诸暨、萧山五县大水，诏减田租有差。丁未，以章鉴兼权参知政事。右丞相马廷鸾七疏乞骸骨，诏不允。庚戌，以秋雨水溢，诏减钱塘、仁和两县民田租什二，会稽湖田租什三，诸暨湖田租尽除之。辛亥，陈宜中兼给事中。十一月乙卯，右丞相马廷鸾累疏乞骸骨，授观文殿学士、知饶州。诏以隆寒，殿、步、马司诸军贫窭并阵没孤遗者，振以钱粟。丙辰，陈奕以殿前都指挥使摄侍卫步军司、马军司。己未，马廷鸾辞免知饶州，乞祠禄。诏允所请，以观文殿大学士、鄱阳郡公提举洞霄宫。壬戌，命阮思聪赴枢密院廪议。己巳，诏明堂礼成，安南国王陈日煚、陈威晃各加食邑一千户，赐鞭、鞍、马等物。十二月甲寅，以叶梦鼎为少傅、右丞相兼枢密使。

九年春正月乙丑，樊城破，范天顺、牛富死之。癸未，诏定安丰统制金文彪、朱文广、王文显、盛全泧河、古河、泉河、珉河等处战功行赏。二月甲申，诏鄂州左水军统制张顺没身战阵，赠宁远军承宣使，官其二子承信郎，立庙京湖，赐额曰忠显。甲午，朱禩孙抚谕备御，义不辞难，敕书奖谕。丁未，以夏贵检校少保。庚戌，吕文焕以襄阳府归大元。癸丑，以朱涧寺战功，推赏来归人马宣、沿江都统王喜等将士千五百七十余人。三月庚申，贾似道言边遽日闻，请身督师以励将帅。诏不允。四川制司言："近出师成都，刘整故吏罗鑑自北复还，上整书稿一帙，有取江南二策：其一曰先取全蜀，蜀平，江南可定；其二曰清口、桃源，河、淮要冲，宜先城其地，屯山东军以图进取。"帝览奏，亟诏淮东制司往清口，择利城筑以备之。叶梦鼎辞免右丞相，诏不允。庚午，遣金吾卫上将军阮思聪由平江、镇江及黄州行视城池，凡合缮修增易者亟条奏。丙子，来归人方德秀补成忠郎，栗勇、杨林、胡巨川补保义郎，刘全补承信郎。戊寅，贾似道始奏李庭芝表言襄帅吕文焕以城降大元。已卯，加督万寿宁远军承宣使、职任仍旧。庚辰，夏贵辞免检校少保，不允。壬午，诏建机速房，以革枢密院漏泄兵事、稽违边报之弊。贾似道累疏请身督师，诏勉留。夏四月，诏褒襄城死节，右领卫将军范天顺赠静江军承宣使，右武大夫、马司统制牛富赠金州观察使，各官其二子承信郎，赐土田、金币恤其家。甲申，汪立信权兵部尚书、京湖安抚制置使、知江陵府、夔路策应使、湖广总领，不许辞免。以钱二百万给立信开阃犒师。叶梦鼎乞致仕，遣官勉谕赴都堂治事。辛卯，以赵溍为淮西总领兼沿江制置、建康留守。诏黄万石赴阙。壬辰，诏："襄阳六年之守，一旦而失，军民离散，痛切朕心。今年乾会节，其免集英殿宴，以钱六十万给沿江制置赵溍江防捍御。"癸巳，知招信军陈岩乞祠禄。诏曰："乃者边吏弗戒，致有襄难，将士频岁暴露，边民荡析离居，蠹伤朕心。尔阃臣专征方面，宜身率诸将，宣扬国威，以赏戮用命不用命。尔守臣有土有民，宜申儆国人，保固封守。尔诸将尚迪果毅，一乃心力，各以其兵，敌王所忾。今朕多诰，尔其悉听明训，毋懈毋惓，习于故常，功多有厚赏，尔不克用劝，罚固不得私也。又如中外小大臣僚，有材识超卓、明控御之宜、怀攻守之略者，密具以闻，一如端拱二年制书，朕当虚心以听。"李庭芝乞解罢，诏赴阙。壬寅，诏复置枢密院都统制、副都统制各一员。丁未，以高达为宁江军节度使、湖北安抚使、知峡州。诏忠州潜藩已升咸淳府，刺史王达改授高州刺史。李庭芝陛召赴阙，诏与祠。巳酉，诏："南归人复有战功者予优赏，杨春、薛聚成、陈君谟、周海、周兴各补成忠郎，萧成、侯喜、丁甫、刘铸、郑岿各补承信郎。"以夏贵兼侍卫马军都指挥使。庚戌，诏汪立信赏罚调用悉听便宜行事。辛亥，吕师夔言："比贾似道得李庭芝书，报臣叔父文焕以襄城降，臣闻之陨越无地，不能顷刻自安。请以经略安抚、转运、静江府印委次官护之，席藁俟命，容臣归省偏亲，誓当趋事

赴功，毁家纾难，以赎门户之愆，以报君父之造。"诏不允。五月乙卯，以黄万石权户部尚书兼知临安府、浙西安抚使。四川制司朱禩孙言："所部诸县除正辟文臣外，诸郡属邑，许令本司不拘外县一体选辟文臣，以幸蜀之士民。"奏可。丙辰，知庐州吕文福言："从兄文焕以襄阳降，为其玷辱，何颜以任边寄，乞放罢归田里。"诏不允。吕师夔五疏乞罢任，诏赴阙。丁卯，申禁奸民妄立经会，私创庵舍，以避征徭，保伍容庇不觉察坐之。辛未，刘雄飞乞致仕。戊寅，孝感县丞关应庚上书言边防二十事，诏授武当军节度推官兼司法，京湖制司量材任使。庚辰，马军司统制王仙昔在襄、樊缘战陷阵，今复来归，特与官五转，充殿前司正额统制，赐钱一万。布衣林椿年等上书言边防十数事，诏诸人上书凡言请以丞相似道督视者不允，余付机速房。六月，刑部尚书兼给事中陈宜中言，樊城之溃，牛富死节尤著，以职卑，赠恤下范天顺一阶，未慊舆情。诏加赠富宁远军承宣使，仍赐土田、金币恤其家。前四川宣抚司参议官张梦发诣贾似道，上书陈危急三策，曰镇汉江口岸，曰城荆门军当阳界之玉泉山，曰峡州宜都而下联置堡寨，以保聚流民，且守且耕，并图上城筑形势。贾似道不以上闻，下京湖制司审度可否，事竟不行。成都安抚使昝万寿去冬调将士攻毁成都大城，今春战硐门，五月统制杨国宝领兵至雅州，统领赵忠领兵至眉州，两路捍御有劳，诏具将士宣力等第、姓名以闻。吕文福言文焕为人扶拥，以襄阳降非由己心。诏与李庭芝元陈异同，其审核以闻。庭芝表："向在京湖，来归人吴旺等备言文焕父子降状，先纳管钥，旋献襄城，且陈策攻郢州，请自为先锋。言人人同，制司案辞可征，非敢加诬人罪。"诏文福勉力捍御，毋坠家声。京湖制司言："去年冬间，探问总管刘仪、盛聪，总制赵铎，领精锐至均州文龙崖立寨。吕文焕既降，均城受敌，知郡刘懋偕刘仪等捍御宣劳。"诏懋升右武大夫、带行左卫大将军，仍旧职，仪添差荆湖北路兵马钤辖，聪添差鄂州兵马钤辖，各官三转，将士官两转。左藏东库塞材望上书言边事大可忧者七，急当为者五。不报。丙戌，刘雄飞卒，特赠一官。戊子，京湖制司请给器械，诏内军器库选犀利者赐之，仍赠钱百万备修缮。四川制置朱禩孙言月奉银计万两，愿以犒师，向后月免请。诏常禄勿辞。己丑，给事中陈宜中言，乞正范文虎不力援襄之罚，诏文虎降一官、依旧知安庆府。安南国进方物，特赐金五百两、帛百匹。癸卯，汪立信言："臣奉命分阃，延见吏民，皆痛哭流涕而言襄、樊之祸，皆由范文虎及俞兴父子。文虎以三衙长闻难怯战，仅从薄罚，犹子天顺死节不屈，犹或可以少赎其愆。兴奴仆庸材，器量褊浅，务复私仇，激成刘整之祸，流毒至今。其子大忠挟多资为父行贿，且自希荣进，今虽寸斩，未足以快天下之忿，乞置重典，则人心兴起，事功可图。"诏俞大忠追毁出身文字，除名、循州拘管。又言守阙进义副尉童明，襄阳破，挺身来归，且尝立功开州，乞补转四官。诏特与官两转。闰月辛亥，命殿前指挥使陈奕总统舟师备鄂州、黄州江防。癸丑，来归人郭珍补成忠郎，张进、张春、张德林、向德成、王全、娄德、王兴各补承信郎。丙辰，朝散郎师显行进

《注皇朝文鉴》。前临安府司法梁炎午陈攻守之要五事，不报。命大理寺丞钟蜚英点视沿江堡隘兵船。戊辰，知叙州郭汉杰言，马湖蛮王汝作、鹿巫蛮王沐丘，帅蛮兵五百余助官军民义阻险马湖，捍御有功。诏赏汝作、沐丘金帛及其部兵有差。叙州总管曹顺一军，凡在战阵者，趣具立功等第来上。秋七月丁亥，权绍兴府节制紫城军义军荣鼎及将校赵居敬、丁福、孟青、蒲祥、白贵、史用、罗宜、王繁等九人，成都之役没于兵，各追赠官秩，仍官其子。癸巳，知达州赵章、知开州鲜汝忠、知渠州张资等复洋州。戊戌，张珏等复马骏山。八月癸丑，权知均州徐鼎、总管盛聪战房州胡师峪、板仓。乙卯，知房州李鑑调权竹山县王国材、统制熊权、总辖马宗明，战落马坪、白羊山，诏有司各以劳效论赏。九月辛巳，以章鑑签书枢密院事兼参知政事，陈宜中同签书枢密院事。成都安抚使昝万寿城嘉定乌尤山。乙未，以洪焘为浙东安抚使。丙申，以黄万石为湖南安抚使。冬十月己酉，来归人汪福、许文政各官二转。癸丑，镇巢军、和州、太平州诸将查文、李文用、孟浩等十一人，以射湖冈、万岁岭、后港及焦湖北岸战功，咸赐爵赏。癸亥，雷。四川制司言何炎向失洋州，调知达州赵章等率诸部军义复之；七月又复洋州、吴胜堡两城，权椽统辖谢益知洋州，总制赵桂楫知巴州，俾任责吴胜堡战守之事。至是以功来上，且以二州摄事守臣请命于朝，诏与正授。丁丑，两淮制置使印应雷告老，进二秩致仕。李庭芝两淮安抚制置使，赐钱二百万激犒备御。十一月壬午，子㬎授左卫上将军，封嘉国公。戊子，知泰州龚㮚遣其将王大显等捍御水寨有功，又获俘民以还，诏水步两军将校凡用命者赏激有差。甲午，以夏贵为淮西制置使兼知庐州，陈奕沿江制置使兼知黄州，吕文福知阁门事。诏从李庭芝请分淮东、西制置为两司，就命庭芝交割淮东，仍兼淮西策应使。乙未，以夏贵为淮西安抚制置使，赐钱百万激犒备御。李庭芝辞免淮西策应使，不允。知安丰军陈万以舟师自城西大涧口抵正阳城，遇北兵力战，诏旌其劳。十二月甲子，以马廷鸾为浙东安抚使、知绍兴府。丙寅，权参知政事章鑑再乞解机政，不允。丁丑，沿江制置使所辖四郡夏秋旱涝，免屯田租二十五万石。

十年春正月壬午，城鄂州汉口堡。权总制施忠、部将熊伯明、知泰州龚㮚以天长县东横山、秦潼湖、青蒲口等处战功推赏。戊子，江万里以疾辞职任，诏依旧观文殿大学士、提举洞霄宫。乙丑，以留梦炎知潭州兼湖南安抚使。庚寅，城鄂州沌口西岸堡。京湖制司言襄阳勇信中军铃辖吴信随吕文焕北往，今并妻子冒险来归。诏吴信赴阙，制司仍存恤其家。丙申，江东沙圩租米，以咸淳九年水灾，诏减什四。乙巳，雨土。二月己酉，以赵顺孙为福建安抚使。辛酉，诏诸制阃就任升除恩数，其告命、衣带、鞍马，阁门勿差人给赐，往要厚赂，以失优宠制臣之意，违者有刑。三月己卯，免郡县侵负义仓米七十四万八千余石。夏四月乙卯，子㬎授左卫上将军，进封永国公。诏赏沿江都统王达、黄俣战黄连寺之功。戊午，以吕文福为常德、辰、沅、澧、靖五郡镇抚使、知沅州。辛酉，诏赏光州守陈岩、路分李全、许彦德、总管何成、路铃仰子虎等牛市畈、丁

家庄战功。乌苏蛮王诣云南军前纳款大元。五月丁亥，以高世杰为湖北安抚副使兼知岳州，总统出戍军马。辛丑，马廷鸾辞免观文殿大学士、知绍兴府、浙东安抚使，诏不允。壬寅，张珏表请城马骏、虎头两山，或先筑其一，以据险要。六月戊午，以银二万两命寿春府措置边防。秋七月壬午，汪立信乞致仕，不允。癸未，帝崩于福宁殿，遗诏太子㬎即皇帝位。甲申，台臣劾内医蔡幼习，诏夺五秩，送五百里州军居住，二子并罢阁门职。八月己酉，上大行皇帝谥曰端文明武景孝皇帝，庙号度宗。德祐元年正月壬午，葬于永绍陵。

赞曰：宋至理宗，疆宇日蹙，贾似道执国命。度宗继统，虽无大失德，而拱手权奸，衰敝寖甚。考其当时事势，非有雄才睿略之主，岂能振起其坠绪哉！历数有归，宋祚寻讫，亡国不于其身，幸矣。

卷四十七　　本纪第四十七

瀛国公 二王附

瀛国公名㬎，度宗皇帝子也，母曰全皇后，咸淳七年九月己丑，生于临安府之大内。九年十一月授左卫上将军，封嘉国公。十年七月癸未，度宗崩，奉遗诏即皇帝位于柩前，年四岁，谢太后临朝称诏。甲申，兄昰保康军节度使、开府仪同三司，进封吉王，加食邑一千户；弟昺保宁军节度使、开府仪同三司，进封信王，加食邑一千户。命平章贾似道依文彦博故事，独班起居。丙戌，上皇太后尊号曰寿和圣福太皇太后，皇后曰皇太后。又诏以生日为天瑞节。戊子，命临安府振赡细民。辛卯，以朱禩孙为京湖、四川宣抚使兼知江陵府。壬寅，诏抚三边将士。命州郡举遗逸。除浙西安抚司、两浙转运、临安府见追赃赏钱。诏求言。

八月甲辰，诏乞言于老臣江万里、叶梦鼎、马廷鸾、留梦炎、赵顺孙、王爚。李庭芝筑清河城，以图来上，诏庭芝进一秩，宣劳将士，具名推赏。加知鄂州李雷应守军器监，知太平州孟之缙尚书兵部员外郎，知江州钱真孙直宝章阁，知镇江军洪起畏直敷文阁。癸丑，大霖雨，天目山崩，水涌流，安吉、临安、余杭民溺死者亡算。甲寅，太皇太后以老不能御正衙，命暂以慈元殿为后殿。辛酉，作度宗庙。戊辰，以全清夫为昭信军节度使、谢堂检校少保，谢堅保康军节度使。马廷鸾乞骸骨归田里，诏趣之任。九月丁丑，资政殿大学士、光禄大夫王爚乞致仕，诏不允。戊寅，发米振余杭、临安两县水灾。余杭灾甚，再给米二千石。己巳，似道乞免答拜，从之。辛巳，覆试文武举士人。壬午，覆试文武举士人。癸未，大元兵大会于襄阳。丙戌，丞相伯颜将一军趣郢州，元帅唆都将一军入淮，翟招讨将一军徇荆南。丁亥，大元军薄郢州。戊子，免被水

州县今年田租。甲午，初开经筵。丁酉，天瑞节，免征临安府公私房赁钱十日。以金符十三、银符百给夏贵激赏奇功。己亥，试正奏名进士，赐王龙泽以下出身有差。壬寅，有星见西方，委曲如蚓。复州副将翟国荣遇大元兵，战烂泥湖，死之。闽中旱。冬十月丙午，知达州赵章复洋州，加右骁骑尉中郎将。大元兵破渠州礼义城，知州张资自杀。丁未，饶州布衣董声应进《诸史纂约》、《兵鉴》、《刑鉴》，诏声应充史馆编校文字。癸丑，上度宗谥。广西经略司权参议官邢友龙由潮州、漳州寇，破之。乙卯，令州县行义田、义役。丁巳，友龙以下诸将各转官有差。大元兵攻郢州，都统制张世杰力战御之，遂去，由藤湖入汉。戊午，郢州副都统赵文义追战全子湖死，恤其家。庚申，赠翟国荣复州团练使，官其二子，立庙复州。壬戌，以钱百万给郢城屯戍将士。甲子，诏以明年为德祐元年。乙丑，以章鑑同知枢密院事兼权参知政事，陈宜中签书枢密院事兼权参知政事。大元兵徇沙洋城，京湖宣抚司遣总管王虎臣援之。丙寅，城破，虎臣与守臨官王大用皆被执。荧惑犯镇星。大元兵至新城。戊辰，总制黄顺出降。己巳，副总制仁宁出降。都统制边居谊力战，城破，赴火死。知复州翟贵以城降。闽中地震。十一月癸酉，以朱禩孙为京湖、四川宣抚使。丁丑，命沿江制置使赵溍巡江策应，赐钱百万激赏战功。戊寅，马廷鸾力辞浙东安抚使、知绍兴府，诏依旧观文殿大学士、提举洞霄宫。赠赵文义清远军节度使，与其兄威武军节度使文亮共立庙扬州，赐名传忠。庚辰，以陆秀夫为淮东安抚制置司参议官。壬午，削诸班直溢额人。癸未至乙酉，覆试特奏名士人。丙戌，以王爚为左丞相，章鑑为右丞相，并兼枢密使。似道自九月乞命左右丞相，至是从之。以张晏然兼京湖、四川宣抚司参议官。己丑至庚寅，覆试特奏名士人。壬辰至癸巳，如上覆试。甲午，括邸第戚畹及御前寺观田，令输租。丁酉，加安南国王陈日㷂宁远功臣，其子威晃奉正功臣。十二月癸卯朔，命建康府、太平州、池州振避兵淮民。以隆寒，劳赐京湖及沿江戍守将士。甲辰，诏淮西四郡水旱，去年屯田未输之租其勿征。丁未，提举兴国宫吕师夔请募兵江州，诏知州钱真孙同募，尚书省以钱米给之。癸丑，大元兵攻阳逻堡，夏贵以兵力守，武定军都统制王达战死。乙卯，大元兵夜以偏师乘雪渡青山矶。丙辰，都统程鹏飞鏖战，被重创，归鄂州，都统高邦宪也马家渡，弃舟走，被执。大元兵复攻夏贵于阳逻堡，都统制刘成以定海水军战死。贵败，沿江纵兵大掠，归庐州。朱禩孙将兵至鄂州，闻鄂兵败，夜奔江陵府。己未，权知汉阳军王仪以城降。吕文焕以北兵攻鄂州。庚申，程鹏飞及权守张晏然以城降。幕僚张山翁不屈，诸将欲杀之，丞相伯颜曰："义士也，释之。"诏钱塘、仁和两县民年七十至九十已上者，赐帛及酒米。癸亥，诏似道都督诸路军马，以步军指挥使孙虎臣总统诸军，所辟官属皆先命后奏。诏天下勤王。甲子，起李芾为湖南提刑。乙丑，以高达为湖北制置使兼安抚、知江陵府。诏："边费浩繁，吾民重困，贵戚释道、田连阡陌，安居暇食，有司核其租税收之。"赠王达清远军承宣使。庚午，度宗梓宫发引至浙江上，俟潮涨绝江，潮失期，日晡不至。程鹏飞以北兵徇黄州，知州陈奕遣人请降于寿昌军。李庭芝以兵勤王。辛未，命州郡节制戍经从兵。

德祐元年春正月癸酉朔，大元兵入黄州。甲戌，陈奕遣人下蕲州，并招其子岩于安东州。丁丑，知蕲州管景模遣人请降于黄州。戊寅，诏浙东邸第出米，减价粜民。壬午，葬度宗于永绍陵。大元兵入蕲州。癸未，似道以吕师夔权刑部尚书、都督府参赞军事，任中流调遣。乙酉，以陈宜中同知枢密院事兼参知政事。吕师夔、钱真孙遣人请降于蕲州。丙戌，大元兵徇江州。知安东州陈岩夜遁。邠州降。知寿昌军胡梦麟寓治于江州，丁亥，自杀。戊子，知南康军叶闾遣人请降于江州。似道出师。知德安府来兴国以城降。夔路安抚张起岩与其将弋德攻开州，复取之。己丑，知安庆府范文虎遣人以酒馔如江州迎师。乙未，祔度宗神主于新宫。以孙虎臣为宁武军节度使。戊戌，赦畿罪。池州都统张林遣人请降于江州。大元兵入安庆，范文虎降，通判夏椅仰药死。是月，知达州鲜汝忠以城降。

二月癸卯，似道以宋京为都督府计议官，使大元军中。甲辰，以黄万石为江南西路制置使，加湖北制置副使高达检校少保。庚戌，大元兵入池州，权守赵卯发自经死。宋京如军中，请称臣、奉岁币，不得请而还。辛亥，赠刘成清远军承宣使。乙卯，五郡镇抚吕文福遣所部淮兵入卫，降诏褒之。丙辰，诏劳贾似道，命都督府岁举改官如史嵩之故事。己未，加张起岩福州观察使，弋德以下各转五官。庚申，虎臣与大元兵战于丁家洲，败绩，奔鲁港，夏贵不战而去。似道、虎臣以单舸奔扬州，诸军尽溃，翁应龙以都督府印奔临安。壬戌，大元兵徇饶州，知州唐震死之。故相江万里赴水死，通判万道同以城降。沿江制置大使赵溍、知镇江府洪起畏、知宁国府赵与可、知隆兴府吴益皆弃城遁。知和州王喜以城降。建康都统翁福出迎大元兵。甲子，大元兵至临江军，民尽去，知军鲍廉死之。似道上书请迁都。乙丑，下公卿杂议，王爚言己不能与大计，遂去。张世杰将兵入卫临安，道饶州，复取之，其将谢元、王海、李旺、袁恩、吕再兴皆战死。江西提刑文天祥起兵勤王。丙寅，以天祥为江西安抚副使、知赣州，趣入卫。诏募兵。以谢堂为两浙镇抚使，谢至保宁军节度使，全永坚、谢屋并检校少保。戊辰，征两浙、福建诸郡厢禁兵之半入卫。湖南提刑李芾以兵勤王。知江阴军郑瓘弃城遁，知无为军刘权、知太平州孟之缙皆以城降。己巳，大元兵攻嘉定九顶山，都统侯兴战死。以陈宜中知枢密院事兼参知政事，曾渊子同知枢密院事、两浙安抚制置大使兼知临安府，文及翁签书枢密院事，倪普同签书枢密院事。召王爚为浙西、江东宣抚招抚大使，使居京师，以备咨访。遣大元国信使郝经等归。庚午，加夏贵开府仪同三司，令以所部兵入卫。令长吏给经过兵民钱米，一切勿征税。应编配、拘锁人，除伪造关会、强劫盗放火者，余悉纵之。放免浙西公田逋米及诸处见监赃，诸文武官在谪籍者，并放自便与叙复改正，放参亲民。加张珏宁远军节度使，昝万寿保康军节度使，张世杰和州防御使，令将兵入卫。陈宜中乞诛似道，诏罢似道平章、都督，予祠。赵与

可除名,令临安府捕案之。招似道溃兵。辛未,右丞相章
鑑遁。

三月壬申朔,诏复茶盐市舶法。似道诸不恤民之政,
次第除之,以公田给佃主,令率其租户为兵。殿前指挥使
韩震请迁都,陈宜中杀之。震所部兵叛,攻嘉会门,射火
箭至大内,急发兵捕之,皆散走。癸酉,都统徐旺荣迎大
元兵入建康府,镇江统制石祖忠请降于建康。命浙西提刑
司准备差遣刘经戍吴江,两浙转运司准备差遣罗林、浙西
安抚司参议官张濡戍独松关,山阴县丞徐垓、正将郁天兴
戍四安镇,起赵淮为太府寺丞,戍银树东坝。湖北安抚司
计议官吴继明攻通城县,复取之,执县令以归。遣使召章
鑑还朝。甲戌,以似道为醴泉观使。大元兵至无锡县,知
县阮应得出战,一军皆没,应得赴水死。诏发兵戍吴江。
乙亥,发兵戍独松岭、铜岭。诏谕吕文焕、陈奕、范文虎
使通和议息兵。以王爚为左丞相兼枢密使。闽中地复大
震。丙子,下诏罪已。以陈宜中为特进、右丞相兼枢密使。
罢章鑑官,予祠。侍御史陈过请窜贾似道并治其党人翁应
龙等,不俟报而去。监察御史潘文卿、季可乞从过所请,
乃命捕应龙下临安府狱。罢廖莹中、王庭、刘良贵、游汶、
朱浚、陈伯大、董朴,责洪起畏镇江自效。丁丑,知滁州
王应龙以城降。己卯,杖翁应龙,刺配吉阳军。命王爚、
陈宜中并都督诸路军马。加吕文福福州观察使。庚申,赠
唐震华文阁待制。削万道同三官,罢之。壬午,复吴潜、
向士璧官。知常州赵与鑑闻兵至,遁。常民钱訔以城降。
甲申,大元兵至西海州,安抚丁顺降。乙酉,知东海州施
居文乞降于西海州。知平江府潜说友、通判胡玉、林镗以
城降。加张世杰保康军承宣使,总都督府诸军。丙戌,知
广德军令狐槩以城降。徙浙西提点刑狱司于平江府。张世
杰遣其将阎顺、李存进军广德,谢洪永进军平江,李山进
军常州。丁亥,张德以下各转官有差。谢元等赠十官。有
星二斗于中天,顷之,一星陨。己丑,滁人执王应龙归于
扬州,杀之。加吕文福保康军承宣使,趣入卫。文福至饶
州,杀使者,入江州降大元。庚寅,左司谏潘文卿、右正
言季可、同知枢密院曾渊子、两浙转运副使许自、浙东安
抚王霖龙相继皆遁。签书枢密院文及翁、同签书枢密院倪
普讽台臣劾已,章未上,亟出关遁。知安东州孙嗣武以城
降。雨土。辛卯,命在京文武官并转两官,其畔官而遁者,
令御史台觉察以闻。阎顺战安吉县,复取风平。张濡部曲
害大元行人严忠范于独松关,执廉希贤下临安,重创死。
壬辰,岳州安抚高世杰军洞庭中,大元兵攻之,世杰降。
癸巳,攻岳州,总制孟之绍以城降。甲午,诏褒谕张世杰、
阎顺,诸将各转官有差。乙未,免安吉县今年夏田租,有
战没者,县令、丞恤之。丙申,顾顺攻广德军,复取之。
以陈合同签书枢密院事。丁酉,赠边居谊利州观察使。戊
戌,赦边城降将罪,能自拔而归者录之,复一州者予知州,
复一县者予知县,所部僚吏将卒及土豪立功者同赏。罢章
鑑祠官并夺宰辅恩数,曾渊子削两官,夺执政恩数,陈过、
陈坚、徐卿孙各削两官,夺侍从恩数。赵与鑑追两官罢之,
遇赦永不收叙。罢许自、王霖龙。令淮东制置司用标由。
庚子,徙淮东总领所于江阴军。加吴继明阁门宣赞舍人。

四月壬寅朔,赠赵卯发华文阁待制。贬陈过江府。
雄江军统制洪福率众复镇巢军。甲辰,赠江万里太师,谥
文忠,辍视朝二日。乙巳,大元兵入广德县,知县王汝翼
与寓居官赵时晦率义兵战斗山,路分孟唐老与其二子皆
死,汝翼被执,至建康死之。王大用赠三官,王虎臣赠两
官,官其二子。丙午,大元兵破沙市城,都统孟纪死之,
监镇司马梦求自经死。戊申,京湖宣抚朱禩孙、湖北制
置副使高达以江陵降,京湖北路相继皆下。张起岩提兵保
飞山。己酉,命刘师勇戍平江府。辛亥,顾顺诸将各转三
官,孟唐老赠三官。壬子,以高斯得签书枢密院事权参知
政事。总统张敏与大元兵战丰城,死之。癸丑,赠五官,
官其一子。阮应得赠十官。乙卯,以福王与芮为武康、宁
江军节度使、判绍兴府。丙辰,王爚来,令如文彦博故事,
自朝参起居外并免拜。以枢密副使召夏贵提兵入卫。丁
巳,总制霍祖胜攻溧阳县,复取之。戊午,赠张资眉州防
御使,侯兴复州团练使。乙未,文及翁、倪普并削一官,
夺执政恩数;潜说友削三官,夺侍从恩数。庚申,令
狐槩除名,配郁林州牢城,籍其家。知金坛县李成大率义局官
含山县尉胡传心、阳春主簿潘大同、濠梁主簿潘大盉、进
士潘孙潘应奎攻金坛县,取之。镇江统制侯岩、县尉赵
嗣滨复助大元兵来战,成大二子及大同等皆死,执成大以
归。壬戌,大元兵攻真州,知州苗再成、宗子赵孟锦率兵
大战于老鹳觜。癸亥,加知思州田谨贤、知播州杨邦宪并
复州团练使,趣兵入卫。有大星自心东北流入浊没。乙丑,
荧惑犯天江。提举太平兴国宫常楙请立济王后。丁卯,加
李庭芝参知政事。戊辰,诏宜兴、溧阳民兵助战有功,特
免今年田租。江阴民被兵,其租亦勿收责。庚午,大元兵
至扬子桥,扬州都拨发官雷大震出战死。是月,常德、鼎、
澧皆降。

五月辛未朔,命宰执日赴朝堂治事。旌德县城守有
功,免其民今年田租。癸酉,大元兵至宁国县,知县赵与
禟出战死。甲戌,淮安总制李宗荣、知庆远府仇子真将
兵来勤王。乙亥,加苗再成濠州团练使,赵孟锦扬州都统
司计议官。以洪福知镇巢军。丁丑,诏赵溍统军民船屯
江阴。刘师勇攻常州,复取之,执安抚戴之泰,司户赵必
佾、总管陆春战死。戊寅,淮东兵马铃辖阮克己将兵来
勤王,加左骁骑中郎将。己卯,赐婺州处士何基谥文定,
王柏承事郎。加张珏检校少保、四川制置副使、知重庆府。
庚辰,赠雷大震保康军节度使。辛巳,加刘师勇濠州团练
使,其将刘圭以下各转官有差。戊子,赠潘大同等官,余
有功人并转两官。辛卯,贬潜说友南安军,吴益汀州,并
籍其家。罢李珏,送婺州。籍吕文焕、孟之缙、陈奕、范
文虎家。甲午,饶、信州饥,令民入粟补官。罢市舶分司,
令通判任舶事。淮东、西官民兵各转一官。丙申,诏张世
杰、张彦、阮克己、仇子真四道出兵,遣使告天地、宗庙、
社稷、诸陵、宫观。己亥,劳军。吴继明复蒲圻、通城、
崇阳三县,加带行御器械、权知鄂州,令择险为寓治。
赠鲍廉直华文阁,官其一子;赵与禟直华文阁。

六月庚子朔,日有食之,既,昼晦如夜。昝万寿以嘉
定及三龟、九顶、紫云城降。知叙州李演将兵援嘉定府,

遂解归，战羊雅江，兵败被执。辛丑，太皇太后诏削尊号"圣福"字以应天戒。复魏克愚官，太学生萧规、唐棣并补承信郎。知嘉兴府余安裕坐闻风求去，贻书朝中，语涉不道，削一官送徽州。徐卿孙削一官贬吉州。命侍从官已上各举才堪文武者五人，余廷臣各举三人，虽在谪籍，亦听举之。丙午，王应麟言："开庆之祸，始于丁大全，请凡大全之党，在谪籍者皆勿宥。"从之。己酉，免广德军今年田租及诸郡县未纳纲解。王应麟缴还章鉴、曾渊子录黄，言韩震为逆，二人实庇之；且渊子庇翁应龙致有逸罚，又尝窃府库金以遁。庚戌，命削鉴一官，放归田里，渊子再削一官，徙吉州，诛翁应龙，籍其家。辛亥，铨试。甲寅，留梦炎入朝，王爚请相梦炎，乞以经筵备顾问，陈宜中请相梦炎，乞祠，诏二相毋藉此求闲。以爚为平章军国重事，一月两赴经筵，五日一朝；宜中左丞相兼枢密使，都督诸路兵；梦炎右丞相兼枢密使，都督诸路兵。乙卯，诏求言。知叙州郭汉杰以城降。丙辰，疏决在京罪人。免引见。戊午，知泸州梅应春以城降。己未，以李庭芝知枢密院事兼参知政事。庚申，知富顺监王宗义以城降。王应麟复缴还曾渊子贬吉州录黄，癸亥，贬韶州。丙寅，吴继明诸将各转官有差。丁卯，朱禩孙除名，籍其家。

秋七月庚午朔，江西制置黄万石移治抚州，诏还隆兴府。辛未，张世杰诸军战焦山下，败绩。甲戌，徙似道居婺州，廖莹中除名贬昭州，王庭除名贬梅州，徙曾渊子雷州。宁国吏杨义忠率义兵出战死，乙亥，赠武功大夫。丁丑，徙似道建宁府。太白入东井。庚申，加知高邮军褚一正閤门宣赞舍人，知怀远军金之才带御器械，知安淮军高福閤门祗候，知泗州谭兴閤门宣赞舍人，知濠州孙立右卫大将军，赏守边功。壬午，太白昼见。诏饶州被兵，令免今年田租。路钤刘用调兵入靖州，知州康玉劫之，通判张起岩入杀玉，复靖国。癸未，拘内司局钱饷兵。丙戌，令权籴公田今年租，每石以钱十贯给佃主，十贯给种户，其镇江、常州、江阴被兵者勿籴。庚寅，谪似道为高州团练副使、贬循州，籍其家。籴浙西邸第、寺观田米十之三。追复皮龙荣官。监司、郡守避事不即到官者，令御史台觉察以闻。辛卯，王爚子喉京学生刘九皋等伏阙上书言：宜中擅权，党似道，庇赵溍、潜说友，使门客子弟交通关节，其误国将甚于似道。宜中去，遣使四辈召之，皆不至。谢堂乞罢两浙镇抚司，不从。张世杰乞济师，不报。壬辰，下刘九皋等临安狱，罢王爚为醴泉观使。癸巳，以夏贵知扬州，朱焕知庐州。甲午，遣使召宜中还朝。乙未，以陈文龙同签书枢密院事兼参知政事。通判婺州张镇孙闻兵遁，罢其官。贬胡玉连州、林锴韶州，并除名。沿江招讨大使汪立信卒。丙申，削李珏两官、贬潮州。以开庆兵祸，追罪史嵩之夺其谥。戊戌，遣使召宜中还朝。

八月己亥朔，总制毛献忠将衢州兵入卫。辛丑，疏决临安府罪人。壬寅，右正言徐直方遁。加夏贵枢密副使、两淮宣抚大使，李芾湖南镇抚大使。总制戴虎破大南砦，转三官。加张起岩太府寺丞、知靖州，刘用以下立功人各转官有差。大元兵驻巴陵县黄沙。乙巳，吴继明复平江县。戊申，试太学上舍生。己酉，拘閤贵妃集庆寺、贾贵妃演福寺田还安边所。庚戌，刘师勇攻吕城，破之。癸丑，复《嘉定七司法》。丁巳，遣使召宜中还朝。加张世杰神龙卫四厢都指挥使，总都督府诸兵。戊午，加刘师勇和州防御使。荧惑犯南斗。赵淇除大理少卿，王应麟封还录黄，言昔内外以宝鱼献似道，淇兄弟为甚，己未，遂罢之。甲子，以文天祥为浙西、江东制置使兼知平江府。乙丑，扬州文武官转两官。加吴继明湖北招讨使，朱旺诸将各转三官。

九月己巳，陈宜中授观文殿大学士、醴泉观使兼侍读。左司谏陈景行请令讲官坐讲陪宿直，从之。辛未，加田谨贤福州观察使，杨邦宪利州观察使，趣入卫。己卯，陈宜中乞任海防，不允。辛巳，有事于明堂，赦。李成大被执，不屈死，壬午，赠五官。丙戌，命文天祥为都督府参赞官，总三路兵。会稽县尉郑虎臣部送似道之贬所，至漳州，杀之。大元兵至泰州，知州孙虎臣自杀，庚寅，赠太尉。免靖州今年田租。辛卯，徙李珏梧州。乙未，刘良贵再削两官、贬信州。张彦与大兵战败被执，以城降。

冬十月己亥，加张世杰沿江招讨使，刘师勇福州观察使，总统出戍兵。壬寅，宜中来。癸卯，玉牒殿灾。丁未，以梦炎为左丞相，宜中为右丞相，并兼枢密使、都督。城临安。辛亥，以张世杰为沿江制置副使兼知江阴军兼浙西策应使。丁巳，太白会填星。戊午，领户部财用常楙、中书舍人王应麟请立济王后。赠夏椅直秘阁。征绍兴府处士陆应月为史馆编校文字。壬戌，大元兵发建康，参政阿剌罕、四万户总管奥鲁赤将右军出四安镇，趣独松关，参政董文炳、范文虎将左军出江入江阴军，丞相伯颜将中军入常州。荧惑犯垒壁阵。癸亥，张全、尹玉、麻士龙援常州，士龙战虞桥死，全奔五牧。朱焕至庐州，贵不内。焕归，复以 为淮东制置副使。陈合坐匿廖莹中家资，夺执政恩数。甲子，尹玉战五牧，死之，张全不战遁。丙寅，趣赵溍、赵与可、郑鬴所募兵。诏中外官有习兵略者，各以书来上。是月，李世修以江阴降。

十一月丁卯朔，铜关将贝宝、胡岩起攻溧水死，赠宝武翼郎，岩起朝奉郎。庚午，以陈文龙同知枢密院事兼权参知政事，黄镛同签书枢密院。命诸制司各举才堪将帅者十人，不限偏裨士卒，如不隶军中者，许投匮自荐。辛未，起居舍人曾唯辞官不允，去。癸酉，赠尹玉濠州团练使、麻士龙高州刺史，免张全、朱华临阵退師罪。丁丑，诏被俘将士能率众来归者，以人数补官，能立功者予节钺，诸閫以下官，以所招人多寡行赏。戊寅，大元兵破广德军。己卯，破四安镇，正将胡明等死之。召文天祥入卫。辛巳，曾唯削一官免。太白犯房。壬午，大元兵至隆兴府，黄万石弃抚州遁，转运判官刘槃以隆兴降。癸未，大元兵破兴化县，知县胡拱辰自杀。甲申，中书舍人王应麟辞免兼给事中，不允。大元兵至常州，招降不听，攻二日，破之，屠其城。知州姚訔、通判陈炤、都统王安节皆死，刘师勇溃围奔平江。乙酉，改宜兴县为南兴军。礼部侍郎陈景行辞官不允，去。丙戌，赠济王太师、尚书令，进封镇王，谥昭肃，令福王与芮择后奉祀，赐田万亩。丁亥，独松关告急，趣文天祥入卫。戊子，调民兵出守余杭、钱塘。己丑，独松关破，冯骥死之，张濡遁，邻邑望风皆遁。通判平江府郑畤遁，庚寅，通判王矩之、都统制王邦杰遣人迎降于常州。辛卯，大元兵趋抚州，都统密佑逆战于璧邪，兵败，死之。癸巳，以张世杰为浙西制置副使兼知平江府。甲午，权礼部尚书王应麟遁，黄万石提兵走建昌军。乙未，左丞相梦炎遁。丙申，遣使召梦炎还朝。赐余杭、武康、长兴县民钱，并免今年田租。郑畤降一官，罢通判。抚州施至道以城降。

十二月丁酉朔，诏许似道归葬，以其祖田庐还之。戊戌，复赵与可为都督府参议官，放李珏自便。己亥，赠王汝翼朝奉郎。庚子，以吴坚签书枢密院事，黄镛兼权参知政事。遣柳岳奉书诣大元军中，称盗杀廉尚书，乞班师修好。癸卯，以陈文龙为参知政事兼权知枢密院事，赐谢堂同进士出身，同知枢密院事。甲辰，赠姚訔龙图阁待制，其父希得赠太师，陈炤直宝章阁，冯骥集英殿修撰。嘉兴府告急，给封桩库钱为兵备。命赵与𢘻戍缙云县。复季可官，令如龙泉县募兵。乙巳，以陈景行为浙东安抚副使，戍处州。起方逢辰戍淳安县。丙午，追封吕文德和义郡王。丁未，出安边封桩库金付浙东诸郡为兵备。大元兵入平江府。起吴君擢为太府少卿，提点临平民兵。遣使召梦炎、应麟，皆不至。戊申，张世杰入卫，加检校少保，降诏奖谕。王爚薨，辍视朝二日。乙酉，括临安府州县马。庚戌，柳岳还。癸丑，宗正少卿陆秀夫、刑部尚书夏士林、兵部侍郎吕师孟使军前。诏吕文焕、赵孟桂通好。己未，方兴、丁广、赵文礼兵皆败归。庚申，以柳岳为工部侍郎，洪雷震为右正言，使燕祈请。大元兵破大洪山，知随州朱端履降。权吏部尚书丁应奎、左侍郎徐宗仁遁。癸亥，遣使召梦炎，不至。

德祐二年春正月丁卯朔，大元兵自元年十月围潭州，湖南安抚兼知州李芾拒守三月，大小战数十合，力尽将破，芾阖门死，郡人知衡州尹谷亦举家自焚，帅司参议杨霆及幕属陈亿孙、颜应焱等皆从芾死。守将吴继明、刘孝忠以城降。宝庆降，通判曾如骥死之。陆秀夫等至大元军中，求称侄纳币，不从；称侄孙，不从。戊辰，还。太皇太后命用臣礼。己巳，嘉兴守刘汉杰以城降。庚午，同签书枢密院事黄镛、参知政事陈文龙遁。以谢堂为两浙镇抚大使，文天祥知临安府，全永坚浙东抚谕使。辛未，命吴坚为左丞相兼枢密使，常楙参知政事。日午，宣麻慈元殿，文班止六人。诸关兵尽溃。遣监察御史刘岊奉表称臣，上大元皇帝尊号曰仁明神武皇帝，岁奉银绢二十五万，乞存境土以奉蒸尝。癸酉，左司谏陈孟虎、监察御史孔应得遁。荧惑犯木星。甲戌，大元兵至瑞州，知州姚岩弃城去。乙亥，以贾余庆知临安府。丙子，命吉王昰、信王昺出镇。丁丑，以夏士林签书枢密院事。己卯，加全永坚太尉。参知政事常楙遁。三学生誓死不去，特与放释褐出身。以杨亮节为福州观察使，提举吉王府行事；俞如珪为环卫官、提举信王府行事。大元兵入安吉州，知州赵良淳自经死。月晕东井。庚辰，签书枢密院事夏士林遁。辛巳，祀太乙宫。癸未，升封吉王昰为益王、判福州、福建安抚大使，信王昺为广王、判泉州兼判南外宗正事。以留梦炎为江东西、湖南北宣抚大使。甲申，大元兵至皋亭山，遣监察御史杨应奎上传国玺降，其表曰："宋国主臣㬎谨百拜奉表言，臣眇然幼冲，遭家多难，权奸似道背盟误国，至勤兴师问罪。臣非不能迁避，以求苟全，今天命有归，臣将焉往。谨奉太皇太后命，削去帝号，以两浙、福建、江东西、湖南、二广、两淮、四川见存州郡，悉上圣朝，为宗社生灵祈哀请命。伏望圣慈垂念，不忍臣三百余年宗社遽至陨绝，曲赐存全，则赵氏子孙，世世有赖，不敢弭忘。"是夜，丞相陈宜中遁，张世杰、苏刘义、刘师勇各以所部兵去。乙酉，以文天祥为右丞相兼枢密使、都督。丙戌，命天祥同吴坚使大元军。赐家铉翁进士出身、签书枢密院事，贾余庆同签书枢密院事、知临安府。戊子，知建德军方回、知婺州刘怡、知处州梁椅、知台州杨必大皆降。是月，知临江军滕岩瞻遁。二月丁酉朔，日中有黑子相荡，如鹅卵。辛丑，率百官拜表祥曦殿，诏谕郡县使降。大元使者入临安府，封府库，收史馆、礼寺图书及百司符印、告敕，罢官府及侍卫军。壬寅，犹遣贾余庆、吴坚、谢堂、刘岊、家铉翁充祈请使。是日，大元军军钱塘江沙上，潮三日不至。三月丁丑，入朝。五月丙申，朝于上都。降封开府仪同三司、瀛国公。是月，陈宜中等立昰是于福州，后二年四月，昰殂于碙洲，陆秀夫等复立卫王昺，后三年始平之。

赞曰：司马迁论秦、赵世系同出伯益。夫稷、契、伯益其子孙皆有天下，至于运祚短长，亦系其功德之厚薄焉。赵宋虽起于用武，功成治定之后，以仁传家，视秦宜有间矣。然仁之敝失于弱，即文之敝失于僿也。中世有欲自强，以革其敝，用乖其方，驯致梦扰。建炎而后，土宇分裂，犹能六主百五十年而后亡，岂非礼义足以维持君子之志，恩惠足以固结黎庶之心欤？瀛国四岁即位，而天兵渡江，六岁而群臣奉之入朝。汉刘向言："孔子论《诗》至'殷士肤敏，祼将于京。'喟然叹曰：大哉天命，善不可不传于后嗣，是以富贵无常。"至哉言乎！我皇元之平宋也，吴越之民，市不易肆。世祖皇帝命征南之帅，辄以宋祖戒曹彬勿杀之言训之。《书》曰："大哉王言，一哉王心。"我元一天下之本，其在于兹。

二王者，度宗庶子也。长建国公昰，母淑妃杨氏；季永国公昺，母修容俞氏。度宗崩，谢太后召贾似道等入宫议所立，众以为昰长当立，似道主立嫡，乃立㬎而封昰为吉王，昺信王。德祐二年正月，文天祥尹临安，请以二王镇闽、广，不从，始命二王出閤。大元兵追临安，宗亲复以请，乃徙封昰为益王、判福州、福建安抚大使，昺为广王、判泉州兼判南外宗正，以驸马都尉杨镇及杨亮节、俞如珪为提举。大元兵至皋亭山，镇等奉之走婺州。丞相伯颜入临安，遣范文虎将兵趣婺，召镇以王还，镇得报即去，曰："我将就死于彼，以缓追兵。"亮节等遂负王徒步匿山中七日，其将张全以兵数十人始追及之，遂同走温州，陆秀夫、苏刘义继追及于道。遣人召陈宜中于清澳，宜中来谒，复召张世杰于定海，世杰亦以所部兵来温之江心寺。高宗南奔时尝至是，有御座在寺中，众相率哭座下，奉昰为天下兵马都元帅,胄副之。乃发兵除吏,以秀王与睪为福建察访使兼安抚、知西外宗正,赵吉甫知南外宗正兼福建同提刑,先入闽中抚吏民,谕同姓。太皇太后寻遣二宦者以兵八人召王于温,宜中等沉其兵江中,遂入闽。时汀、建诸州方欲从黄万石降,闻昰将至,即闭城却使者,万石将刘俊、宋彰、周文英辈亦多来归。五月乙未朔,宜中等乃立昰于福州,以为宋主,改元景炎,册杨淑妃为太后,同听政。封信王昺为卫王。宜中为左丞相兼都督,李庭芝为右丞相,陈文龙、刘黻为参知政事,张世杰为枢密副使,陆秀夫为签书枢密院事。命吴浚、赵溍、傅卓、李珏、翟国秀等分道出兵。改福州为福安府,温州为瑞安府。郊赦。是日黎明,有大声出府中,众皆惊仆。文天祥自镇江亡归,庚辰,以为右丞相兼知枢密院事。遣其将吕武入江、淮招豪杰,杜浒如温州募兵。广东经略使徐直谅遣梁雄飞请降于隆兴帅府,乃假雄飞招讨使,使徇广州。既而直谅闻昰立,命权通判李性道、摧锋军将黄俊等拒雄飞于石门,性道不战,俊战败奔广州,直谅弃城遁。六月丙子,雄飞入广州,诸降将皆授以官,俊独不受,遂为众所杀。吴浚聚兵于广昌,取南丰、宜黄、宁都三县。翟国秀取秀山,傅卓至衢、信诸县,民多应之者。命文天祥为同都督。七月丁酉,进兵南剑州,欲取江西。是月,吴浚兵败于南丰,翟国秀闻兵至,遂引还。傅卓兵败,诣江西元帅府降。平章阿里海牙破严关,马暨退保静江府。八月,漳州乱,命陈文龙为闽广宣抚使以讨之。甲戌,秀王与睪围婺州。丙子,闻大兵至,遂解归。以王积翁为福建提刑、招捕使、知南剑州,备御上三郡;黄恮为同提刑、招捕使、知漳州,备御下三郡。张世杰遣兵助吴浚与元帅李恒战兜零,兵败,奔宁都。兴化石手军乱。九月,复以陈文龙知兴化军。东莞人熊飞为黄世杰守潮、惠二州,闻赵溍至,即以兵应之,攻雄飞于广州。壬寅,雄飞遁,熊飞遂复韶州。新会令曾逢龙亦帅兵至广州,李性道出迎谒,飞与逢龙执而杀之。衢州守将魏福兴出战福星桥,死。壬子,赵溍入广州。是月,招讨也的迷失会东省兵于福州。元帅吕师夔、张荣实将兵入梅岭。十月壬戌朔,文天祥入汀州。赵溍遣曾逢龙就熊飞御大军于南雄,逢龙战死,熊飞奔韶州。大军围韶州,守将刘自立以城降,飞率兵巷战,兵败,赴水死。十有一月,参政阿剌罕、董文炳将兵至处州,李珏以城降。甲辰,秀王与睪逆战于瑞安,观察使李世达死之。与睪及其弟与虑、子孟备、监军赵由葛、察访使林温被执,皆死。阿剌罕兵至建宁府,执守臣赵崇钊,知邵武军赵时赏、知南剑州王积翁皆弃城去。乙巳,昰入海。癸丑,大军至福安府,知府王刚中以城降。昰欲入泉州,招抚蒲寿庚有异志。初,寿庚提举泉州舶司,擅蕃舶利者三十年。昰舟至泉,寿庚来谒,请驻跸,张世杰不可。或劝世杰留寿庚,则凡海舶不令自随,世杰不从,纵之归。继而舟不足,乃掠其舟并没其赀,寿庚乃怒杀诸宗室及士大夫与淮兵之在泉者。昰移潮州。是月,福、兴化皆降。英德守臣凌弥坚、徐梦得等亦降。十二月辛酉朔,赵溍弃广州遁。乙丑,制置方兴亦遁,吴浚退走入瑞金。戊辰,蒲寿庚及知泉州田真子以城降。知兴化军陈文龙婴城不下,乙酉,通判曹澄孙以城降,文龙被执,不屈死。昰次甲子门。

至元十四年正月,大军破汀关。癸巳,知循州刘兴降。壬寅,吴浚弃瑞金遁,镇抚孔遵入瑞金,文天祥走漳州,浚寻还汀州,降。戊申,知潮州马发及其通判戚继祖降,癸丑,复来归。丁巳,权知梅州钱荣之以城降。二月,大军至广州,县人赵若冈以城降。广东诸郡皆降。三月,文天祥取梅州,陈文龙从子瓒举兵杀守将林华,据兴化军。四月,文天祥取兴国县,广东制置使张镇孙袭广州取之,梁雄飞等弃城走韶州。五月,张世杰将兵取潮州,文天祥提兵自梅州出江西,入会昌县,淮民张德兴亦起兵杀太湖县丞王德颙,据司空山,攻下黄州、寿昌军。丁巳,遇宣慰郑鼎,战樊口,鼎坠水死。六月辛酉,文天祥取雩都。己卯,入兴国县。七月,遣兵取吉、赣诸县,围赣州。衡山人赵璠、抚州人何时皆起兵应之。乙巳,张世杰围泉州,遣将高日新复邵武。淮兵在福州者,欲杀王积翁以应世杰,皆为积翁所戮。江西宣慰李恒遣兵援赣州,而自将兵入兴国。八月,文天祥诸将兵皆败,乃引兵即邹沨于永丰,沨兵亦溃。己巳,荧惑掩月,天色赤。壬申,文天祥兵败于兴国。己卯,大军破司空山,张德兴败,亡走。甲申,天祥至空坑,兵尽溃,遂挺身走循州,诸将皆被执。九月,元帅唆都援泉州。戊申,张世杰归浅湾。左丞塔出将兵入大庾岭,参政也的迷失将兵复取邵武,入福州。十月甲辰,唆都破兴化军,陈瓒死之。进攻潮州,马发拒之,乃去攻惠州。十一月,塔出围广州。庚寅,张镇孙以城降。元帅刘深以舟师攻昰于浅湾,昰走秀山。陈宜中入占城,遂不反。十二月丙子,昰至井澳,飓风坏舟,几溺死,遂成疾。旬余,诸兵士始稍稍来集,死者十四五。丁丑,刘深追昰至七州洋,执俞如珪以归。

十五年正月,大军夷广州城。张世杰遣兵攻雷州,不克。己酉大军克涪州,执守将王明。二月,大军破潮州,马发死之。三月,文天祥取惠州,广州都统凌震、转运判官王道夫取广州。昰欲往居占城,不果,遂驻硐洲,遣兵取雷州。曾渊子自雷州来,以为参知政事,广西宣谕使。四月戊辰,昰殂于硐洲,其臣号之曰端宗。庚午,众又立卫王昺为主,以陆秀夫为左丞相。是月,有黄龙见海中。五月癸未朔,改元祥兴。乙酉,升硐洲为翔龙县。遣张应科、王用取雷州,应科三战皆不利,用因降。六月丁巳,应科再战雷州,遂死之。知高州李象祖降。己未,昺徙居厓山,升广州为翔龙府。己卯,有大星东南流,坠海中,小星千余随之,声如雷,数刻乃已。己卯,都元帅张弘范、李恒征厓山。十月,赵与珞与谢明、谢富守琼州,阿里海牙遣马成旺招之,与珞率兵拒于白沙口。十一月癸巳,州民执与珞以降。闰月庚戌,王道夫弃广州遁。壬戌,凌震遁。癸亥,大军入广州。十二月壬午,王道夫攻广州,兵败被执。凌震兵继至,亦败。文天祥走海丰,壬寅,被执于五坡岭。震兵又败于荔塘。大军破南安县,守将李梓发死之。

十六年正月壬戌,张弘范兵至厓山。庚午,李恒兵亦来会。世杰以舟师碇海中,棋结巨舰千余艘,中舻外舳,贯以大索，四周起楼棚如城堞，居胄其中。大军攻之，舰坚不动。又以舟载茅，沃以膏脂，乘风纵火焚之。舰皆涂泥，缚长木以拒火舟，火不能爇。二月戊寅朔，世杰部将陈宝降。己卯，都统张达以夜袭大军营，亡失甚众。癸未，有黑气出山西。李恒乘早潮退攻其北，世杰以淮兵殊死战。至午潮上，张弘范攻其南，南北受敌，兵士皆疲不能战。俄有一舟樯旗仆，诸舟之樯旗遂皆仆。世杰知事去，乃抽精兵入中军。诸军溃，翟国秀及团练使刘俊等解甲降。大军至中军，会暮，且风雨，昏雾四塞，咫尺不相辨。世杰乃与苏刘义断维，以十余舟夺港而去，陆秀夫走卫王舟，王舟大，且诸舟环结，度不得出走，乃负昺投海中，后宫及诸臣多从死者，七日，浮尸出于海十余万人。杨太后闻昺死，抚膺大恸曰："我忍死艰关至此者，正为赵氏一块肉尔，今无望矣！"遂赴海死，世杰葬之海滨，已而世杰亦自溺死。宋遂亡。

赞曰：宋之亡征，已非一日。历数有归，真主御世，而宋之遗臣，区区奉二王为海上之谋，可谓不知天命也已。然人臣忠于所事而至于斯，其亦可悲也夫！

卷四十八　　　　　志第一

天　文　一

仪象　极度　黄赤道　中星　土圭

夫不言而信，天之道也。天于人君有告戒之道焉，示之以象而已。故自上古以来，天文有世掌之官，唐虞羲、和，夏昆吾，商巫咸，周史佚、甘德、石申之流。居是官者，专察天象之常变，而述天心告戒之意，进言于其君，以致交修之儆焉。《易》曰："天垂象，见吉凶，圣人则之"，又曰："观乎天文，以察时变"是也。然考《尧典》，中星不过正人时以兴民事。夏仲康之世，《胤征》之篇："乃季秋月朔，辰弗集于房。"然后日食之变昉见于《书》。观其数羲、和以"俶扰天纪"、"昏迷天象"之罪而讨之，则知先王克谨天戒，所以责成于司天之官者，岂轻任哉！

箕子《洪范》论休咎之征曰："王省惟岁，卿士惟月，师尹惟日。""庶民惟星，星有好风，星有好雨。"《礼记》言体信达顺之效，则以天降膏露先之。至于周《诗》，屡言天变，所谓"旻天疾威，敷于下土"，又所谓"雨无其极，伤我稼穑"，"正月繁霜，我心忧伤"，以及"彼月而微，此日而微"，"烨烨震电，不宁不令"。孔子删《诗》而存之，以示戒也。他日约鲁史而作《春秋》，则日食、星变屡书而不为烦。圣人以天道戒谨后世之旨，昭然可睹矣。于是司马迁《史记》而下，历代皆志天文。第以羲、和既远，官乏世掌，赖世以有专门之学焉。然其说三家：

曰周髀，曰宣夜，曰浑天。宣夜先绝，周髀多差，浑天之学遭秦而灭，洛下闳、耿寿昌晚出，始物色得之。故自魏、晋以至隋、唐，精天文之学者荦荦名世，岂非难得其人欤！

宋之初兴，近臣如楚昭辅，文臣如窦仪，号知天文。太宗之世，召天下伎术有能明天文者，试隶司天台；匿不以闻者罪论死。既而张思训、韩显符辈以推步进。其后学士大夫如沈括之议，苏颂之作，亦皆底于幻眇。靖康之变，测验之器尽归金人。高宗南渡，至绍兴十三年，始因秘书丞严抑之请，命太史局重创浑仪。自是厥后，窥测占候盖不废焉尔。宁宗庆元四年九月，太史言日食于昼，草泽上书言食于夜。及验视，如草泽言。乃更造《统天历》，命秘书正字冯履参定。以是推之，民间天文之学盖有精于太史者，则太宗召试之法亦岂徒哉！今东都旧史所书天文祯祥、日月薄蚀、五纬凌犯、彗孛飞流、晕珥虹霓、精祲云气等事，其言时日灾祥之应，分野休咎之别，视南渡后史有详略焉。盖东都之日，海内为一人，君遇变修德，无或他谀。南渡土宇分裂，太史所上，必谨星野之书。且君臣恐惧修省之余，故于天文休咎之应有不容不缕述而申言之者，是亦时势使然，未可以言翁、日官之术有精粗敬怠之不同也。今合累朝史臣所录为一志，而取欧阳修《新唐书》、《五代史记》为法，凡征验之说有涉于傅会，咸削而不书，归于传信而已矣。

仪象

历象以授四时，玑衡以齐七政，二者本相因而成。故玑衡之设，史谓起于帝喾，或谓作于宓牺。又云璇玑玉衡乃羲、和旧器，非舜创为也。汉马融有云："上天之体不可得知，测天之事见于经者，惟有玑衡一事。玑衡者，即今之浑仪也。"吴王蕃之论亦云："浑仪之制，置天梁、地平以定天体，为四游仪以缀赤道者，此谓玑也；置望筒横萧于游仪中，以窥七曜之行，而知其躔离之次者，此谓衡也。"若六合仪、三辰仪与四游仪并列为三重者，唐李淳风所作。而黄道仪者，一行所增益。如张衡祖洛下闳、耿寿昌之法，别为浑象，置诸密室，以漏水转之，以合璇玑所加星度，则浑象本别为一器。唐李淳风、梁令瓒祖之，始与浑仪并用。

太平兴国四年正月，巴中人张思训创作以献。太宗召工造于禁中，逾年而成，诏置于文明殿东鼓楼下。其制：起楼高丈余，机隐于内，规天矩地。下设地轮、地足；又为横轮、侧轮、斜轮、定身关、中关、小关、天柱；七直神，左摇铃，右扣钟，中击鼓，以定刻数，每一昼夜周而复始。又以木为十二神，各直一时，至其时则自执辰牌，循环而出，随刻数以定昼夜短长。上有天顶、天牙、天关、天指、天抱、天束、天条，布三百六十五度，为日、月、五星、紫微宫、列宿、斗建、黄赤道，以日行度定寒暑进退。开元遗法，运转以水，至冬中凝冻迟涩，遂以疏略，寒暑无准。今以水银代之，则无差失。冬至之日，日在黄道表，去北极最远，为小寒，昼短夜长。夏至之日，日在赤道里，去北极最近，为小暑，昼长夜短。春秋二分，日在两交，春和秋凉，昼夜平分。寒暑进退，皆由于此。并著日月象,皆取仰视。按旧法,日月昼夜行度皆人所运行。新制成于自然,尤为精妙。以思训为司天浑仪丞。

铜候仪,司天冬官正韩显符所造,其要本淳风及僧一行之遗法。显符自著经十卷,上之书府。铜仪之制有九:

一曰双规,皆径六尺一寸三分,围一丈八尺三寸九分,广四寸五分,上刻周天三百六十五度,南北并立,置水臬以为准,得出地三十五度,乃北极出地之度也。以钉贯之,四面皆七十二度,属紫微宫,星凡三十七坐,一百七十有五星,四时常见,谓之上规。中一百一十度,四面二百二十度,属黄赤道内外官,星二百四十六坐,一千二百八十九星,近日而隐,远而见,谓之中规。置臬之下,绕南极七十二度,除老人星外,四时常隐,谓之下规。

二曰游规,径五尺二寸,围一丈五尺六寸,广一寸二分,厚四分,上亦刻周天,以钉贯于双规巅轴之上,令得左右运转。凡置管测验之法,众星远近,随天周遍。

三曰直规,二,各长四尺八寸,阔一寸二分,厚四分,于两极之间用夹窥管,中置关轴,令其游规运转。

四曰窥管,一,长四尺八寸,广一寸二分,关轴在直规中。

五曰平准轮,在水臬之上,径六尺一寸三分,围一丈八尺三寸九分,上刻八卦、十干、十二辰、二十四气、七十二候于其中,定四维日辰,正昼夜百刻。

六曰黄道,南北各去赤道二十四度,东西交于卯酉,以为日行盈缩、月行九道之限。凡冬至日行南极,去北极一百一十五度,故景长而寒;夏至日在赤道北二十四度,去北极六十七度,故景短而暑。月有九道之行,岁匝十二辰,正交出入黄道,远不过六度。五星顺、留、伏、逆行度之常数也。

七曰赤道,与黄道等,带天之纮以隔黄道,去两极各九十一度强。黄道之交也,按经东交角宿五度少,西交奎宿一十四度强。日出于赤道外,远不过二十四度。冬至之日行斗宿,日入于赤道内,亦不过二十四度,夏至之日行井宿;及昼夜分,炎凉等。日、月、五星阴阳进退盈缩之常数也。

八曰龙柱,四,各高五尺五寸,立于平准轮下。

九曰水臬,十字为之,其水平满,北辰正。以置四隅,各长七尺五寸,高三寸半,深一寸。四隅水平则天地准。

唐贞观初,李淳风于浚仪县古岳台测北极出地高三十四度八分,差阳城四分。今测定北极高三十五度以为常准。

熙宁七年七月,沈括上《浑仪》、《浮漏》、《景表》三议。

《浑仪议》曰:

五星之行有疾舒,日月之交有见匿,求其次舍经刻之会,其法一寓于日。冬至之日,日之端南者也。日行周天而复集于表锐,凡三百六十有五日四分日之几一,而谓之岁。周天之体,日别之谓之度。度之离,其数有二:日行则舒则疾,会而均,别之曰赤道之度;日行自南而北,升降四十有八度而迤,别之曰黄道之度。度不可见,其可见者星也。日、月、五星之所由,有星焉。当度之画者凡二十有八,而谓之舍。舍所以絜度,度所以生数也。度在天者也,为之玑衡,则度在器。度在器,则日月五星可抟乎器中,而天无所豫也。天无所豫,则在天者不为难知也。

自汉以前,为历者必有玑衡以自验迹。其后虽有玑衡,而不为历作。为历者亦不复以器自考,气朔星纬,皆莫能知其必当之数。至唐僧一行改《大衍历法》,始复用浑仪参实,故其术所得,比诸家为多。

臣尝历考古今仪象之法,《虞书》所谓璇玑玉衡,唯郑康成粗记其法,至洛下闳制圆仪,贾逵又加黄道,其详皆不存于书。其后张衡为铜仪于密室中,以水转之,盖所谓浑象,非古之玑衡也。吴孙氏时王蕃、陆绩皆尝为仪及象,其说以谓旧以二分为一度,而患星辰稠概,张衡改用四分,而复椎重难运。故蕃以三分为度,周丈有九寸五分寸之三,而具黄赤道焉。绩之说以天形如鸟卵小椭,而黄、赤道短长相害,不能应法。至刘曜时,南阳孔定制铜仪,有双规,规正距子午以象天;有横规,判仪之中以象地;有时规,斜络天腹以候赤道;南北植干,以法二极;其中乃为游规、窥管。刘曜太史令晁崇、斛兰皆尝为铁仪,其规有六,四常定,一象地,一象赤道,其二象二极,乃是定所谓双规者也。其制与定法大同,唯南北柱曲抱双规,下有纵衡水平,以银错星度,小变旧法。而皆不言有黄道,疑其失传也。唐李淳风为圆仪三重:其外曰六合,有天经双规、金浑纬规、金常规。次曰三辰,转于六合之内,圆径八尺,有璇玑规、月游规,所谓璇玑者,黄、赤道属焉。又次曰四游,南北为天枢,中为游筒可以升降游转,别为月道,傍列二百四十九交以携月游。一行以为难用,而其法亦亡。其后率府兵曹梁令瓒更以木为游仪,因淳风之法而稍附新意,诏与一行杂校得失,改铸铜仪,古今称其详确。至道中,初铸浑天仪于司天监,多因斛兰、晁崇之法。皇祐中,改铸铜仪于天文院,姑用令瓒、一行之论,而去取交有失得。

臣今辑古今之说以求数象,有不合者十有三事:

其一,旧说以谓今中国于地为东南,当令西北望极星,置天极不当中北。又曰:天常倾西北,极星不得居中。臣谓以中国规观之,天常北倚可也,谓极星偏西则不然。所谓东西南北者,何从而得之?岂不以日之所出者为东,日之所入者为西乎?臣观古之候天者,自安南都护府至浚仪大岳台才六千里,而北极之差凡十五度,稍北不已,庸讵知极星之不直人上也?臣尝读黄帝《素书》:"立于午而面子,立于子而面午,至于自卯而望酉,自酉而望卯,皆曰北面。立于卯而负酉,立于酉而负卯,至于自午而望南,自子而望北,则皆曰南面。"臣始不谕其理,逮今思之,乃常以天中为北也。常以天中为北，则盖以极星常居天中也。《素问》尤为善言天者。今南北才五百里，则北极辄差一度以上；而东西南北数千里间，日分之时候之，日未尝不出于卯半而入于酉半，则又知天枢既中，则日之所出者定为东，日之所入者定为西，天枢则常为北无疑矣。以衡窥之，日分之时，以浑仪抵极星以候日之出没，则常在卯、酉之半少北。此殆放乎四海而同者，何从而知中国之为东南也？彼徒见中国东南皆际海而为是说也。臣以谓极星之果中、果非中，皆无足论者。彼北极之出地六千里之间所差者已如是，又安知其茫昧几千万里之外邪？今直当据建邦之地，人目之所及者，裁以为法。不足为法者，宜置而勿议可也。

其二曰：纮平设以象地体，今浑仪置于崇台之上，下瞰日月之所出，则纮不与地际相当者。臣详此说虽粗有理，然天地之广大，不为一台之高下有所推迁。盖浑仪考天地之体，有实数，有准数。所谓实者，此数即彼数也，此移赤彼亦移之谓也。所谓准者，以此准彼，此之一分，则准彼之几千里之谓也。今台之高下乃所谓实数，一台之高不过数丈，彼之所差者亦不过此，天地之大，岂数丈足累其高下？若衡之低昂，则所谓准数者。衡移一分，则彼不知其几千里，则衡之低昂当审，而台之高下非所当恤也。

其三曰：月行之道，过交则入黄道六度而稍却，复交则出于黄道之南，亦如之。月行周于黄道，如绳之绕木，故月交而行日之阴，则日为之亏；入蚀法而不亏者，行日之阳也。每月退交二百四十九周有奇，然后复会。今月道既不能环绕黄道，又退交之渐当每日差池，今必候月终而顿移，亦终不能符会天度，当省去月环。其候月之出入，专以历法步之。

其四，衡上、下二端皆径一度有半，用日之径也。若衡端不能全容日月之体，则无由审日月定次。欲日月正满上衡之端，不可动移，此其所以用一度有半为法也。下端亦一度有半，则不然。若人目迫下端之东以窥上端之西，则差几三度。凡求星之法，必以所求之星正当穿之中心。今两端既等，则人目游动，无因知其正中。今以钩股法求之，下径三分，上径一度有半，则两窍相覆，大小略等。人目不摇，则所察自正。

其五，前世皆以极星为天中，自祖暅以玑衡窥考天极不动处，乃在极星之末犹一度有余。今铜仪天枢内径一度有半，乃谬以衡端之度为率。若玑衡端平，则极星常游天枢之外；玑衡小偏，则极星乍出乍入。令瓒旧法，天枢乃径二度有半，盖欲使极星游于枢中也。臣考验极星更三月，而后知天中不动处远极星乃三度有余，则祖暅窥考犹为未审。今当为天枢径七度，使人目切南枢望之，星正循北极枢里周常见不隐，天体方正。

其六，令瓒以辰刻、十干、八卦皆刻于纮，然纮平正而黄道斜运，当子、午之间，则日径度而道促，卯、酉之际，则日逡行而道舒。如此，辰刻不能无谬。新铜仪则移刻于纬，四游均平，辰刻不失。然令瓒天中单环，直中国人顶之上，而新铜仪纬斜络南北极之中，与赤道相直。旧法设之无用，新仪移之为是。然当侧窥如车轮之牙，而不当衡规如鼓陶，其旁迫狭，难赋辰刻，而又蔽映星度。

其七，司天铜仪，黄、赤道与纮合铸，不可转移，虽与天运不符，至于窥测之时，先以距度星考定三辰所舍，复运游仪抵本宿度，乃求出入黄道与去极度，所得无以异于令瓒之术。其法本于晁崇、斛兰之旧制，虽不甚精缛，而颇为简易。李淳风尝谓斛兰所作铁仪，赤道不动，乃如胶柱。以考月行，差或至十七度，少不减十度。此正谓直以赤道候月行，其差如此。今黄、赤道度，再运游仪抵所舍宿度求之，而月行则以月历每日去极度算率之，不可谓之胶也。新法定宿而变黄道，此定黄道而变宿，但可赋三百六十五度而不能具余分，此其为略也。

其八，令瓒旧法，黄道设于月道之上，赤道又次月道，而玑最处其下。每月移一交，则黄、赤道辄变。今当省去月道，徙玑于赤道之上，而黄道居赤道之下，则二道与衡端相迫，而星度易审。

其九，旧法：规环一面刻周天度，一面加银丁。所以施银丁者，夜候天晦，不可目察，则以手切之也。古之人以璿为之，璿者，珠之属也。今司天监三辰仪设齿于环背，不与横萧会，当移列两旁，以便参察。

其十，旧法：重玑皆广四寸，厚四分。其他规轴，椎重朴拙，不可旋运。今小损其制，使之轻利。

其十一，古之人知黄道岁易，不知赤道之因变也。黄道之度，与赤道之度相偶者也。黄道徙而西，则赤道不得独胶。今当变赤道与黄道同法。

其十二，旧法：黄、赤道平设，正当天度，掩蔽人目，不可占察。其后乃别加钻孔，尤为拙谬。今当侧置少偏，使天度出北际之外，自不凌蔽。

其十三，旧法：地纮正络天经之半，凡候三辰出入，则地际正为地纮所伏。今当徙纮稍下，使地际与纮之上际相直。候三辰伏见，专以纮际为率，自当默与天合。

又言浑仪制器：

浑仪之为器，其属有三，相因为用。其在外者曰体，以立四方上下之定位。其次曰象，以法天之运行，常与天随。其在内玑衡，玑以察纬，衡以察经。求天地端极三明匿见者，体为之用；察黄道降陟辰刻运徙者，象为之用；四方上下无所不属者，玑衡为之用。

体之为器，为圆规者四。其规之别：一曰经，经之规二并峙，正抵子午，若车轮之植。二规相距四寸，夹规为齿，以别去极之度。北极出纮之上三十有四度十分度之八强，南极下纮亦如之。对衡二釭，联二规以为一，釭中容枢。二曰纬，纬之规一，与经交于二极之中，若车轮之倚，南北距极皆九十一度强。夹规为齿，以别周天之度。三曰纮，纮之规一，上际当经之半，若车轮之仆，以考地际，周赋十二辰，以定八方。纮之下有趺，从一衡一，刻沟受水以为平。中沟为地，以受注水。四末建趺，为升龙四以负纮。凡浑仪之属皆属焉。龙吭为纲维之四捷以为固。

象之为器，为圆规者四。其规之别：一曰玑，玑之规二并峙，相距如经之度。夹规为齿，对衡二钜，钜中容枢，皆如经之率。设之亦如经，其异者经胶而玑可旋。二曰赤道，赤道之规一，刻玑十分寸之三以衔赤道。赤道设之如纬，其异者纬胶于经，而赤道衔于玑，有时而移，度穿一窍，以移岁差。三曰黄道，黄道之规一，刻赤道十分寸之二以衔黄道，其南出赤道之北际二十有四度，其北入赤道亦如之。交于奎、角，度穿一窍，以铜编属于赤道。岁差盈度，则并赤道徙而西。黄赤道夹规为齿，以别均迤之度。

玑衡之为器，为圆规二，曰玑，对峙，相距如象玑之度。夹规为齿，皆如象玑。其异者：象玑对衡二钜，而玑对衡二枢，贯于象玑天经之钜中。三物相重而不相胶，为间十分寸之三，无使相切，所以利旋也。为横箫二，两端夹枢，属于玑，其中挟衡为横一，栖于横箫之间。中衡为辖，以贯横箫，两末入于玑之罅而可旋。玑可以左右，以察四方之祥；衡可以低昂，以察上下之祥。

《浮漏议》曰：

播水之壶三，而受水之壶一。曰求壶、废壶，方中皆圆尺有八寸，尺有四寸五分以深，其食二斛，为积分四百六十六万六千四百六十。曰复壶，如求壶之度，中离以为二，元一斛介八斗，而中有达。曰建壶，方尺植三尺有五寸，其食斛有半。求壶之水，复壶之所求也。壶盈则水驶，壶虚则水凝。复壶之胁为枝渠，以为水节。求壶进水暴，则流怒以摇，复以壶，又折以为介。复为枝渠，达其滥溢。枝渠之委，所谓废壶也，以受废水。三壶皆所以播水，为水制也。自复壶之介，以玉权酾于建壶，建壶所以受水为刻者也。建壶一易箭，则发土室以泻之。求、复、建壶之泄，皆欲迫下，水所趣也。玉权下水之概寸，矫而上之然后发，则水挠而不躁也。复壶之达半求壶之注，玉权半复壶之达。枝渠博皆分，高如其博，平方如砥，以为水概。壶皆为之幂，无使秽游，则水道不慧。求壶之幂龙纽，以其出水不穷也。复壶士纽，士所以生法者，复壶制法之器也。废壶鲵纽，止水之沈，鲵所伏也。铜史令刻，执漏政也。冬设煴燎，以泽凝也。注水以龙喝直颈附于壶体，直则易浚，附于壶体则难败。复壶玉为之喙，衔于龙喝，谓之权，所以权其盈虚也。建壶之执窒瓠涂而弥之以重帛，窒则不吐也。管之善利者，水所溲也，非玉则不能坚良以久。权之所出高则源轻，源轻则其委不悍而溲物不利。箭不效于玑衡，则易权、洗箭而改画，覆以玑衡，谓之常不弊之术。今之下漏者，始尝甚密，久复先大者管泐也。管泐而器皆弊者，无权也。弊而不可复寿者，术固也。察日之晷以玑衡，而制箭以日之晷迹，一刻之度，以赋余刻，刻有不均者，建壶有眚也。赘者磨之，创者

补之，百刻一度，其壶乃善。昼夜已复，而箭有余才者，权鄙也。昼夜未复，而壶吐者，权沃也。如是，则调其权，此制器之法也。

下漏必用甘泉，恶其垽之为壶眚也。必用一源泉之冽者，权之而重，重则敏于行，而为箭之情慓；泉之卤者，权之而轻，轻则椎于行，而为箭之情弩。一井不可他汲，数汲则泉浊。陈水不可再注，再注则行利。此下漏之法也。

箭一如建壶之长，广寸有五分，三分去二以为之厚，其阳为百刻，为十二辰。博腴二十有一，如箭之长，广五分，去半以为之厚。阳为五更，为二十有五筹，阴刻消长之衰。三分箭之广，其中刻契以容腴。夜算差一刻，则因箭而易腴。镣匏，箭舟也。其虚五升，重一锱有半。锻而赤柔者金之美者也，然后渍而不墨，墨者其久必蚀。银之有铜则墨，铜之有锡则屑，特铜久潴则腹败而饮，皆工之所不材也。

《景表议》曰：

步景之法，惟սս南北为难。古法置槷为规，识日出之景与日入之景。昼参诸日中之景，夜考之极星。极星不当天中，而候景之法取晨夕景之最长者规之，两表相去中折以参验，最短之景为日中。然测景之地，百里之间，地之高下东西不能无偏，其间又有邑屋山林之蔽，倘在人目之外，则与浊氛相杂，莫能知其所蔽，而浊氛又系其日之明晦风雨，人间烟气尘坌变作不常。臣在本局候景，入浊出浊之节，日日不同，此又不足以考见出没之实，则晨夕景之短长未能得其极数。

参考旧闻，别立新术。候景之表三，其崇八尺，博三寸三分，杀一以为厚者。圭首刻其南使偏锐。其趺方厚各二尺，环趺刻渠受水以为准。以铜为之。表四方志墨以为中刻，缀四绳，垂以铜丸，各当一方之墨。先约定四方，以三表南北相重，令趺相切，表别相去二尺，各使端直。四绳皆附墨，三表相去左右上下以度量之，令重重如一。自日初出，则量西景三表相去之度，又量三表之端景之所至，各别记之。至日欲入，候东景亦如之。长短同，相去之疏密又同，则以东西景端随表景规之，半折以求最短之景。五者皆合，则半折最短之景为北，表南墨之下为南，东西景端为东西。五候一有不合，未足以为正。既得四方，则惟设一表，方首，表下为石席，以水平之，植表于席之南端。席广三尺，长如九服冬至之景，自表趺刻以为分，分积为寸，寸积为尺。为密室以栖表，当极为霤，以下午景使当表端。副表并趺崇四寸，趺博二寸，厚五分，方首，剡其南，以铜为之。凡景表景薄不可辨，即以小表副之，则景墨而易度。

元祐间苏颂更作者，上置浑仪，中设浑象，旁设昏晓更筹，激水以运之。三器一机，吻合躔度，最为奇巧。宣和间，又尝更作之。而此五仪者悉归于金。中兴更谋制作，绍兴三年正月，工部员外郎袁正功献浑仪木样，太史局令丁师仁始请募工铸造，且言："东京

旧仪用铜二万斤，今请折半用八千斤有奇。"已而不就，盖在廷诸臣罕通其制度者。乃召苏颂子携取颂遗书，考质旧法，而携亦不能通也。至十四年，乃命宰臣秦桧提举铸浑仪，而以内侍邵谔专领其事，久而仪成。三十二年，始出其二置太史局。而高宗先自为一仪置诸宫中，以测天象，其制差小，而邵谔所铸盖祖是焉，后在钟鼓院者是也。

清台之仪，后其一在秘书省。按：仪制度：表里凡三重，其第一重曰六合仪，阳经径四尺九寸六分，阔三寸二分，厚五分。南北正位，两面各列周天度数，南北极出入地皆三十一度少，度阔三分。阴纬单环大小如阳经，阔三寸二分，厚一寸八分。上置水平池，阔九分，深四分，沿环通流，亦如旧制。内外八干、十二枝，画艮、巽、坤、乾卦于四维。第二重曰三辰仪，径四尺三分，阔二寸二分，厚五分。釭钏刻画如阳经。赤道单环，径四尺一寸四分，阔一寸二分，厚五分。上列二十八宿、均天度数，阔二分七厘。黄道单环，径四尺一寸四分，阔一寸二分，厚五分，上列七十二候，均分卦策，与赤道相交，出入各二十四度弱。百刻单环，径四尺五寸六分，阔一寸二分，厚五分，上列昼夜刻数。第三重曰四游仪，径三尺九寸，阔一寸九分，厚五分。釭钏刻画如璿玑，度阔二分半。望筒长三尺六寸五分，内圆外方，中通孔窍，四面阔一寸四分七厘，窥眼阔五寸三分，夹窥径五尺三分。鳌云以负龙柱，龙柱左右各高五尺二寸。十字平水台高一尺一寸七分，长五尺七寸，阔五寸二分。水槽阔七分，深一寸二分。若水运之法与夫浑象，则不复设。

其后朱熹家有浑仪，颇考水运制度，卒不可得。苏颂之书虽在，大抵于浑象以为详，而其尺寸多不载，是以难遽复云。旧制有白道仪以考月行，在望筒之旁。自熙宁沈括以为无益而去之，南渡更造，亦不复设焉。

极度

极度　极星之在紫垣，为七曜、三垣、二十八宿众星所拱，是谓北极，为天之正中。而自唐以来，历家以仪象考测，则中国南北极之正，实去极星之北一度有半，此盖中原地势之度数也。中兴更造浑仪，而太史令丁师仁乃言："临安府地势向南，于北极高下当量行移易。"局官吕璨言："浑天无量行更易之制，若用于临安与天参合，移之他往必有差忒。"遂罢议。后十余年，邵谔铸仪，则果用临安北极高下为之。以清台仪校之，实去极星四度有奇也。

黄赤道

黄赤道　占天之法，以二十八宿为纲维，分列四方，南北去极各九十有一度有奇，南低而北昂，去地各三十有六度，一定不易者，名之曰赤道。以日躔半在赤道内，半在赤道外，出入内外极远者皆二十有四度，以其行赤道之中者名之曰黄道。凡五纬皆随日由黄道行，惟月之行有九道，四时交会归于黄道而转变焉，故有青、黑、白、赤四者之异名。

夫赤道终古不移，则星舍宜无盈缩矣。然自唐一行作《大衍历》，以仪揆测之，得毕、觜、参、鬼四宿，分度与古不同。皇祐初，日官周琮以新仪测候，与唐一行尤异。绍圣二年，清台以赤道度数有差，复命考正。惟牛、室、尾、柳四宿与旧法合，其他二十四宿躔度或多或寡。盖天度之不齐，古人特纪其大纲，后世渐极于精密也。

若夫黄道横络天体，列宿躔度自随岁差而增减。中兴以来，用《统元》、《纪元》及《乾道》、《淳熙》、《开禧》、《统天》、《会元》，每一历更一黄道，其多寡之异有不可胜载者，而步占家亦随各历之躔度焉。

中星

中星　四时中星见于《尧典》，盖圣人南面而治天下，即日行而定四时，虚、鸟、火、昴之度在天，夷隩析因之候在人，故《书》首载之，以见授时为政之大也。而后世考验冬至之日，尧时躔虚，至于三代则躔于女，春秋时在牛，至后汉永元已在斗矣。大略六十余年辄差一度。开禧占测已在箕宿，校之尧时，几退四十余度。盖自汉太初至今，已差一气有余。而太阳之躔十二次，大约中气前后，乃得本月宫次。盖太阳日行一度，近岁《纪元历》定岁差，约退一分四十余秒。盖太阳日行一度而微迟缓，一年周天而微差，积累分秒而躔度见焉。历家考之，万五千年之后，所差半周天，寒暑将易位，世未有知其说者焉。

土圭

土圭　《周官》大司徒以土圭之法正日景，以求地中。而冯相氏春夏致日，秋冬致月，以辨四时之叙。汉之造历必先定东西，立晷仪，唐诏太史测天下之晷，盖校定日景，推验气节，必先乎此也。宋朝测景在浚仪之岳台，崇宁间姚舜辅造《纪元历》，求岳台晷景，冬至后初限六十二日二十二分。盖立八尺之表，俟圭尺上正八尺之景去冬至多寡日辰，立为初限，用减二至，得一百二十日四十二分为夏至后初限，以为后法。盖冬至之景，长短实与岁差相应，而地里远近古今亦不同焉。中兴后，清台亦立晷圭，如汴京之制，冬至必测验焉。《统天历》、《开禧历》亦皆以六十二日数分为冬至初限，而议者谓临安之晷景当与岳台异。或谓当立八尺之表，俟圭景上八尺之景在四十九日有奇，当用四十九日五分为临安冬至后初限，用减二至限，得一百三十三日有奇为夏至后初限。参合天道，其法为密焉。然土圭之法本以致日景，求地中，而表景不应，灾祥系焉。占家知之，而亦不能知其所以然也。

卷四十九　　志第二

天　文　二

紫微垣　太微垣　天市垣

紫微垣

紫微垣东蕃八星，西蕃七星，在北斗北，左右环列，翊卫之象也。一曰大帝之坐，天子之常居也，主命、主度也。东蕃近阊阖门第一星为左枢，第二星为上宰，三星曰少宰，四星曰上弼一曰上辅，五星为少弼一曰少辅，六星为上卫，七星为少卫，八星为少丞或曰上丞。其西蕃近阊阖门第一星为右枢，第二星为少尉，第三星为上辅，第四星为少辅，第五星为上卫，第六星为少卫，第七星为上丞。其占，欲均明，大小有常，则内辅盛；垣直，天子自将出征；门开，兵起宫垣。两蕃正南开如门，曰阊阖。有流星自门出四野者，当有中使御命，视其所往分野论之；不依门出入者，外蕃国使也。太阴、岁星犯紫微垣，有丧。太白、辰星犯之，改世。荧惑守宫，君失位。客星守，有不臣，国易政。国皇星，兵。彗星犯，有异王立。流星犯之，为兵、丧，水旱不调。使星入北方，兵起　石氏云：东西两蕃总十六星，西蕃亦八星，一右枢，二上尉，三少尉，四上辅，五少辅，六上卫，七少卫，八少丞。上宰一星，上辅二星，三公也。少宰一星，少辅二星，三孤也。此三公、三孤在朝者也。左右枢、上少丞，疑丞辅弼，四邻之谓也。尉二星，卫四星，六军大副尉，四卫将军也。

北极五星，在紫微宫中，北辰最尊者也，其纽星为天枢，天运无穷，三光迭耀，而极星不移，故曰"居其所而众星共之"。枢星在天心，四方去极各九十一度。贾逵、张衡、蔡邕、王蕃、陆绩皆以北极纽星之枢，是不动处。在纽星末犹一度有余。今清台则去极四度半。第一星主月，太子也；二星主日，帝王也，亦太一之坐，谓最赤明者也；第三星主五行，庶子也。《乾象新星书》曰："第三星主五行，第四星主诸王，第五星为后宫。"闰云："北极五星，初一曰帝，次二曰后，次三曰妃，次四曰太子，次五曰庶子。"四曰太子者，最赤明者也。后四星勾曲以抱之者，帝星也。太公望以为北辰，以为耀魄宝，以为帝极者是也。或以勾陈口中一星为耀魄宝者，非是。北极中星不明，主不用事；右星不明，太子忧；左星不明，庶子忧；明大动摇，主好出游；色青微者，凶。客星入，为兵、丧。彗入，为易位。流星入，兵起地动。

北斗七星在太微北，杓携龙角，衡殷南斗，魁枕参首，是为帝车，运于中央，临制四海，以建四时、均五行、移节度、定诸纪，乃七政之枢机，阴阳之元本也。魁第一曰天枢，正星，主天。又曰枢为天，主阳德，天子象。其分为秦，《汉志》主徐州。《天象占》曰："天子不恭宗庙，不敬鬼神，则不明，变色。"二曰璇，法星，主地。又曰璇为地，主阴刑，女主象。其分为楚，《汉志》主益州。《天象占》曰："若广营宫室，妄凿山陵，则不明，变色。"三曰玑，为人，主火，为令星，主中祸。其分为梁，《汉志》主冀州。若王者不恤民，骤征役，则不明，变色。四曰权，为时，主水，为伐星，主天理，伐无道。其分为吴，《汉志》主荆州。若号令不顺四时，则不明，变色。五曰玉衡，为音，主土，为杀星，主中央，助四方，杀有罪。其分为燕，《汉志》主兖州。若废正乐，务淫声，则不明，变色。六曰闿阳，为律，主木，为危星，主天仓、五谷。其分为赵，《汉志》主扬州。若不劝农桑，峻刑法，退贤能，则不明，变色。七曰摇光，为星，主金，为部星，为应星，主兵。其分为齐，《汉志》主豫州。王者聚金宝，不修德，则不明，变色。又曰一至四为魁，魁为璇玑；五至七为杓，杓为玉衡：是为七政，星明其国昌。第八曰弼星，在第七星右，不见，《汉志》主幽州。第九曰辅星，在第六星左，常见，《汉志》主并州。《晋志》，辅星傅乎闿阳，所以佐斗成功，丞相之象也。其色在春青黄，在夏赤黄，秋为白黄，冬为黑黄。变常则国有兵殃，明则臣强。斗旁欲多星则安，斗中星少则人恐。太阴犯之，为兵、丧、大赦。白晕贯三星，王者恶之。星孛于北斗，大危。彗星犯，为易主。流星犯，主客兵。客星犯，为兵。五星犯之，国乱易主。

按：北斗与辅星为八，而《汉志》云九星，武密及杨维德皆采用之。《史记索隐》云："北斗星间相去各九千里。其二阴星不见者，相去八千里。"而丹元子《步天歌》亦云九星，《汉书》必有所本矣。

勾陈六星，在紫宫中，五帝之后宫也，太帝之正妃也，大帝之帝居也。《乐纬》曰："主后宫。"巫咸曰："主天子护军。"《荆州占》："主大司马。"或曰主六军将军。或曰主三公、三师，为万物之母。六星比陈，象六宫之化，其端大星曰元始，余星乘之曰庶妾，在北极配六辅　甘氏曰：勾陈在辰族左，是为钩陈卫六军将军。或以为后宫，非是。勾陈口中一星为阳德，天皇大帝内坐。或即以为天皇大帝，非是。其占，色不欲甚明，明即女主恶之。星盛，则辅强；主不用谏，佞人在侧，则不见。客星入之，色苍白，将有忧；白，为立将；赤黑，将死。客星出而色赤，战有功；守之，后宫有女使欲谋。彗星犯之，后宫有谋，近臣忧。流星入，为迫主。青气入，大将忧。

天皇大帝一星，在勾陈口中，其神曰耀魄宝，主御群灵，执万神图，大人之象也。客星犯之，为除旧布新。彗、孛犯，大臣叛。流星犯，国有忧。云气入之，润泽，吉。黄白气入，连大帝坐，臣献美女；出天皇上者，改立王。

四辅四星，又名四弼，在极星侧，是曰帝之四邻，所以辅佐北极，而出度授政也。去极星各四度。闰云："四辅一名中斗。"或以为后宫，非是。武密曰："光浮而动，凶；明小，吉；暗，则不理。"客星犯之，大臣忧。彗、孛犯，权臣死。流星犯，大臣黜。黄、白气入，四辅有喜。白气入，相失位。

五帝内坐五星，在华盖下，设叙顺，帝所居也。色正，吉；变色，为灾。客星犯紫宫中坐，占为大臣犯主。彗、孛犯之，民饥，大臣忧，三年有兵起。流星犯，为兵起；臣叛；出，为有诛戮。云气入，色黄，太子即位，期六十日，赤黄，人君有异。

六甲六星，在华盖杠旁，主分阴阳，配节候，故在帝旁，所以布政教、授农时也。明，则阴阳和；不明，则寒暑易节；星亡，水旱不时。客星犯之，色赤，为旱；黑，为水；白，则人多疫。彗、孛犯，女主出政令。流星犯，为水旱，术士诛。云气犯，色黄，术士兴。苍白，史官受爵。

柱史一星，在北极东，主记过，左右史之象。一云在天柱前，司上帝之言动。星明，为史官得人；不明，反是。客星犯之，史官有黜者。彗、孛犯，太子忧，若百官黜。流星犯，君有咎。云气犯，色黄，史有爵禄。苍白气入，左右史死。

女史一星，在柱史北，妇人之微者，主传漏。

天柱五星，在东垣下，一云在五帝左稍前，主建政教。一曰法五行，主晦朔、昼夜之职。明正，则吉，人安，阴阳调；不然，则司历过。客星犯之，国中有贼。彗、孛犯，宗庙不安，君忧，一曰三公当之。云气赤黄，君喜；黑，三公死。

女御四星，在大帝北，一云在勾陈腹，一云在帝坐东北，御妻之象也。星明，多内宠。客星犯之，后宫有诛，一云自戮。孛、彗犯，后宫有诛。流星犯，后宫有出者。一云外国进美女。云气化黄，为后宫有子，喜；苍白，多病。

尚书五星，在紫微东蕃内，大理东北，《晋志》在东南维，一云在天柱右稍前，主纳言，凤夜咨谋，龙作纳言之象。彗、孛犯之，官有叛，或太子忧。流星若出，则尚书出使；犯之，谏官黜，八坐忧。云气入，黄，为喜；黄而赤，尚书出镇；黑，尚书有坐罪者。

大理二星，在宫门左，一云在尚书前，主平刑断狱。明，则刑宪平；不明，则狱有冤酷。客星犯之，贵臣下狱；色黄，赦；白，受戮；赤黄，无罪；守之，则刑狱冤滞，或刑官有黜者。彗犯，狱官忧；流星，占同。云气入，黄白，为赦；黑，法官黜。

阴德二星，巫咸图有之，在尚书西，甘氏云："阴德外坐在尚书右，阳德外坐在阴德右，太阴太阳入垣翊卫也。"《天官书》则以"前列直斗口三星，随北耑锐，若见若不见，曰阴德。"谓施德不欲人知也。主周急振抚。明，则立太子，或女主治天下。客星犯之，为旱，饥；守之，发粟振给。彗、孛犯，后宫有逆谋。流星犯，君令不行。云气入，黄，为喜；青黑，为忧。

天床六星，在紫微垣南门外，主寝舍解息燕休。一曰在二枢之间，备幸之所也。陶隐居云："倾则天王失位。"客星入宫中，有刺客，或内侍忧。彗、孛犯之，主忧，大臣失位。流星犯，后妃叛，女主立，或人君易位。云气入，色黄，天子得美女，后宫喜有子；苍白，主不安，青黑，忧；白，凶。

华盖七星，杠九星，如盖有柄下垂，以覆大帝之坐也，在紫微宫临勾陈之上。正，吉；倾，则凶。客星犯之，王室有忧，兵起。彗、孛犯，兵起，国易政。流星犯，兵起宫内，以赦解之；贯华盖，三公灾。云气入，黄白，主喜；赤黄，侯王喜。

传舍九星，在华盖上，近河，宾客之馆，主北使入中国。客星犯，邦有忧；一曰客星守之，备奸使；亦曰北地兵起。彗、孛犯，守之，亦为北兵。黑云气入，北兵侵中国。

八谷八星，在华盖西、五车北，一曰在诸王西。武密曰："主候岁丰俭，一稻、二黍、三大麦、四小麦、五大豆、六小豆、七粟、八麻。"甘氏曰："八谷在宫北门之右，司亲耕，司候岁，司尚食。"星明，吉；一星亡，一谷不登；八星不见，大饥。客星入，谷贵。彗星入，为水。黑云气犯之，八谷不收。

内阶六星，在文昌东北，天皇之阶也。一曰上帝幸文馆之内阶也。明，吉；倾动，忧。彗、孛、客、流星犯之，人君逊避之象。

文昌六星，在北斗魁前、紫微垣西，天之六府也，主集计天道。一曰上将、大将军，建威武；二曰次将、尚书，正左右；三曰贵相、大常，理文绪；四曰司禄、司中、司隶，赏功进；五曰司命、司怪、太史，主灭咎；六曰司寇、大理，佐理宝。所谓一者，起北斗魁前近内阶者也。明润色黄，大小齐，天瑞臻，四海安；青黑微细，则多所残害；动摇，三公黜。月晕其宿，大赦。岁星守之，兵起。荧惑守之，将凶。太白守、入，兵兴。填星守，国安。客星守，大臣叛。彗、孛犯，大乱。流星犯，宫内乱。

三公三星，在北斗杓南及魁第一星西，一云在斗柄东，为太尉、司徒、司空之象。在魁西者名三师，占与三公同，皆主宣德化、调七政、和阴阳之官也。移徙，不吉；居常，则安；一星亡，天下危；二星亡，天下乱；三星不见，天下不治。客星犯，三公忧。彗、孛及流星犯之，三公死。

天牢六星，在北斗魁下，贵人之牢也，主绳愆禁暴。甘氏云："贱人之牢也。"月晕入，多盗。荧惑犯之，民相食，国有败兵。太白、岁星守，国多犯法。客星、彗星犯之，三公下狱，或将相忧。流星犯之，有赦宥之令。

势四星，在太阳守西北，一曰在玑星北。势，腐形人也，主助宣王命，内常侍官也。以不明为吉，明则阉人擅权。

天理四星，在北斗魁中，贵人之牢也。星不欲明，其中有星则贵人下狱。客星犯，多狱。彗、孛犯之，国危。赤云气犯之，兵大起，将相行兵。

相一星，在北斗第四星南，总百司，集众事，掌邦典，以佐帝王。一曰在中斗文昌之南，在朝少师行大宰者。明，吉；暗，凶；亡，则相黜。

太阳守一星，在相星西北、斗第三星西南，大将、大臣之象，主设武备以戒不虞。一曰在下台北，太尉官也，在朝少傅行大司马者。明，吉；暗，凶。客、彗、孛犯之，为易政，将相忧，兵乱。云气入，黄，为喜；苍白，将死；赤，大臣忧。

内厨二星，在紫微垣西南外，主六宫之内饮食及后妃夫人与太子燕饮。彗、孛或流星犯之，饮食有毒。

天厨六星，在扶筐北，一曰在东北维外，主盛馔，今光禄厨也。星亡，则饥；不见，为凶。客星、流星犯之，亦为饥。

天一一星，在紫微宫门右星南，天帝之神也，主战斗，知吉凶。明，则阴阳和，万物盛，人君吉；亡，则天下乱。客星犯，五谷贵。彗、孛犯之，臣叛。流星犯，兵起，民流。云气犯，黄，君臣和；黑，宰相黜。

太一一星，在天一南相近一度，亦天帝神也，主使十六神，知风雨、水旱、兵革、饥馑、疾疫、灾害所在之国也。明，吉；暗，凶；离位，有水旱。客星犯，兵起，民流，火灾，水旱，饥馑。彗、孛犯，兵、丧。流星犯，宰相、史官黜。云气犯，黄白，百官受赐；赤为旱、兵；苍白，民多疫。

天枪三星，在北斗杓东。一曰天钺，天之武备也，故在紫微宫左右，所以御难也。明，吉；暗、小，兵败；芒角动，兵起。客星、彗星、流星犯，皆为兵、饥。

天棓五星，在女床北，天子先驱也，主分争与刑罚藏兵，亦所以御难，备非常也。一星不具，其国兵起；明，有忧；细微，吉。客星入，兵、丧。彗星守，兵起。流星犯，诸侯多争。云气犯，苍白、黑，为凶。

天戈一星，又名玄戈，在招摇北，主北方。芒角动摇，则北兵起。客星守之，北兵败。彗、孛、流星犯之，占同。云气犯，黑，为北兵退；苍白，北人病。

太尊一星，在中台北，贵戚也。不见，为忧。客、彗、流星犯之，并为贵戚将败之徵。

按《步天歌》载，中宫紫微垣经星常宿可名者三十五坐，积数一百六十四。而《晋志》所载太尊、天戈、天枪、天棓皆属太微垣，八谷八星在天市垣，与《步天歌》不同。

太微垣

太微垣十星，《汉志》曰："南宫朱鸟，权、衡。"《晋志》曰："天子庭也，五帝之坐也，十二诸侯之府也。其外蕃，九卿也。一曰太微为衡，衡主平也；又为天庭，理法平辞，监升授德，列宿受符，诸神考节，舒情稽疑也。南蕃中二星间曰端门。东曰左执法，廷尉之象。西曰右执法，御史大夫之象。执法所以举刺凶邪。左执法东，左掖门也。右执法西，右掖门也。东蕃四星：南第一曰上相，其北，东太阳门也；第二曰次相，其北，中华东门也；第三曰次将，其北，东太阴门也；第四曰上将，所谓四辅也。西蕃四星：南第一曰上将，其北，西太阳门也；第二曰次将，其北，中华西门也；第三曰次相，其北，西太阴门也；第四曰上相，亦曰四辅也。"《汉志》："环卫十二星，蕃臣：西，将；东，相；南四星，执法；中，端门；左右，掖门。"《乾象新书》：十星，东西各五，在翼、轸北。其西蕃北星为上相，南门右星为右执法。东西蕃有芒及动摇者，诸侯谋上。执法移，刑罚尤急。月、五星入太微轨道，吉；其所犯中坐，成刑。月犯太微垣，辅臣恶之，又君弱臣强，

四方兵不制；犯执法，《海中占》云："将相有免者期三年。"月入东西门、左右掖门，而南出端门，有叛臣，君忧；入西门，出东门，君忧，大臣假主威。月中犯乘守四辅，为臣失礼，辅臣有诛。月晕，天子以兵自卫。一月三晕太微，有赦。月食太微，大臣忧，王者恶之。岁星入，有赦；犯之，执法臣有忧；入东门，天下有急兵；守之，将、相、执法宪臣死；入端门，守天庭，大祸至；入南门，出东门，旱；入南门，逆出西门，国有丧；逆行入东门，出西门，国破亡。填星、荧惑犯之，逆行入，为兵、丧；犯上将，上将忧；守端门，国破亡，或三公谋上，有戮臣；犯西将，天子战于野，上相死；入太微，色白无芒，天下饥，退行不正，有大狱；犯太微门，左右将死；入天庭在屏星南，出左掖门左将死，右掖门右将死，直出端门无咎；入太微，凌犯、留止，为兵，入二十日，廷尉当之，留天庭十日有赦；犯太微东南陬，岁饥，执法大臣忧；犯上相，大臣死。填星犯入太微，有德令，女主执政。若逆行执法、四辅，守之，有忧；守太微，国破；守西蕃，王者忧。太白犯入太微，为兵，大臣相杀；留守，有兵、丧；与填星犯太微中，王者恶之；入右掖门，从端门出，贵人夺势；昼见太微，国有兵、丧。月掩太白于端门外，国受兵。辰星犯太微，天子当之，有内乱；入天庭，后宫忧，大水；守左右执法，入，兵起，有赦；入西门，后宫灾，大水，入西门，出东门，为兵、丧、水灾。客星犯入太微，色黄白，天子喜；出入端门，国有忧；左掖门，旱；右掖门，国乱；出天庭，有苛令，兵起；入太微三十日，有赦；犯四辅，辅臣凶。彗星犯太微，天下易；出太微，宫中忧，火灾；犯执法，执法者黜；犯天庭，王者有立；孛于翼，近太微上将，为兵、丧；孛于西蕃，主革命；孛五帝，亡国杀君。流星出太微，大臣有外事；出南门甚众，贵人有死者；纵横太微宫，主弱臣强；由端门入翼，光照地有声，有立王。云气出入，色微青，君失位。青白黑云气入左右掖，为丧；出，无咎。赤气入东掖门，内兵起。黄白云气入太微垣，人主喜，年寿长。入左右掖门，天子有德令。黑及苍白气入，天子忧，出则无咎。黑气如蛇入垣门，有丧。

内五帝坐五星，内一星在太微中，黄帝坐，含枢纽之神也。天子动得天度，止得地意，从容中道则明以光，不明则人主当求贤以辅法；不则夺势。四帝星夹黄帝坐，四方各去二度。东方，苍帝灵威仰之神也。南方，赤帝赤熛怒之神也。西方，白帝白招拒之神也。北方，黑帝叶光纪之神也。黄帝坐明，天子寿，威令行；小，则反是，势在臣下；若亡，大人当之。月出坐北，祸大；出坐南，祸小；出近之，大臣诛，或饥。犯黄帝坐，有乱臣。抵帝坐，有土功事。月晕帝坐，有赦。《海中占》：月犯帝坐，人主恶之。五星守黄帝坐，大人忧。荧惑、太白入，有强臣。岁星犯，有非其主立。荧惑犯，兵乱；入天庭，至帝坐，有赦。太白入之，兵在宫中。填逆行，守黄帝坐，亡君之戒。五星入，色白，为乱。客星色黄白抵帝坐，臣献美女。彗星入，宫乱；抵帝坐，或如粉絮，兵、丧并起。流星犯之，大臣忧。抵四帝坐，辅臣忧，人多死。苍白气抵帝坐，天

子有丧；青赤，近臣欲谋其主；黄白，天子有子孙喜。月犯四帝，天下有丧，诸侯有忧。五星犯四帝，为忧。

太子一星，在帝坐北，帝储也。储有德，则星明润。云气入，黄为喜，黑为忧。太白、荧惑、客星、流星守、犯，皆为忧。一云金、火守之，或入，太子不废则为篡逆之事。

内五诸侯五星，在九卿西，内侍天子，不之国也。《乾象新书》：在郎位南，辟雍礼得，则星明；亡，则诸侯黜。

从官一星，在太子北，侍臣也。以不见为安，一曰不见则帝不安，如常则吉。

幸臣一星，在帝坐东北，常侍太子，以暗为吉。《新书》：在太子东，青、赤气入之，近臣谋君不成。

内屏四星，在端门内，近右执法。屏者，所以拥蔽帝庭也。

左右执法各一星，在端门两旁，左为廷尉之象，右为御史大夫之象，主举刺凶奸。君臣有礼，则光明润泽。《乾象新书》：在中台南，明，则法令平。月、五星及客星犯守，则君臣失礼、辅臣黜。荧惑、太白入，为兵。流星犯之，尚书忧。

郎位十五星，在帝坐东北，一曰依乌郎府也。周之元士，汉之光禄、中散、谏议、议郎、郎中是其职，主卫守也。其星不具，后妃灾，幸臣诛。星明大，或客星入之，大臣为乱，元士忧。彗、孛犯，郎官失势。彗星、柱矢出其次，郎佐谋叛。荧惑守之，兵、丧。赤气入，兵起；黄白，吉；黑，凶。

郎将一星，在郎位北，主阅具，以为武备也。若今之左、右中郎将。《新书》曰：在太微垣东北。明，大臣叛。客星犯、守，郎将诛。黄、白气入，则受赐。流星犯，将军忧。

常陈七星，如毕状，在帝坐北，天子宿卫虎贲之士，以设强御也。星摇动，天子自出将；明，则武兵用；微，则弱。客星犯，王者行诛。

九卿三星，在三公北，主治万事，今九卿之象也。《乾象新书》：在内五诸侯南，占与天纪同。

三公三星，在谒者东北，内坐朝会之所居也。《乾象新书》：在九卿南，其占与紫微垣三公同。

谒者一星，在左执法东北，主赞宾客、辨疑惑。《乾象新书》：在太微垣门内，左执法北。明盛，则四夷朝贡。

三台六星，两两而居，起文昌，列抵太微。一曰天柱，三公之位也。在人曰三公，在天曰三台，主开德宣符。西近文昌二星，曰上台，为司命，主寿；次二星曰中台，为司中，主宗室；东二星曰下台，为司禄，主兵，所以昭德塞违也。又曰三台为天阶，太一蹑以上下。一曰泰阶，上阶上星为天子，下星为女主；中阶上星为诸侯三公，下星为卿大夫；下阶上星为士，下星为庶人，所以和阴阳而理万物也。又曰上台上星主兖、豫，下星主荆、扬；中台上星主梁、雍，下星主冀；下台上星主青，下星主徐。人主好兵，则上阶上星疏而色赤。修宫广囿，肆声色，则上阶合而横。君弱则上阶迫而色暗。公侯皆叛，率部动兵，则中阶上星赤。外夷来侵，边国骚动，则中阶下星疏而横，色白。卿大夫废正向邪，则中阶下星疏而色赤。民不从令，犯刑为盗，则上阶下星色黑。去本就末，奢侈相尚，则下阶上星阔而横，色白。君臣有道，赋省刑清，则上阶为之戚。诸侯贡聘，公卿尽忠，则中阶为之比。庶人奉化，徭役有叙，则下阶为之密。若主奢欲，数夺民时，则上阶为之夺。诸侯僭强，公卿专贪，则中阶为之疏。士庶逐末，豪杰相凌，则下阶为之阔。三阶平，则阴阳和，风雨时，谷丰世泰；不平，则反是。三台不具，天下失计。色明齐等，君臣和而政令行，微细，反是。一曰天柱不见，王者恶之。司命星亡，春不得耕。司中不具，夏不得耨。司禄不具，秋不得获。一曰三台色青，天下疾；赤，为兵；黄润，为德；白，为丧；黑，为忧。月入，君忧，臣乱，公族叛。月入而晕，三公下狱。客星入之，贵臣赐爵邑；出而色苍，臣夺爵；守之，大臣黜，或贵臣多病。彗星犯，三公黜。流星入，天下兵将忧；抵中台，将相忧，人主恶之。云气入，苍白，民多伤；黄白润泽，民安君喜；黄，将相喜；赤，为忧；青黑，忧在三公；苍白，三公黜。

按上台二星在柳北，其北星入柳六度。中台二星，其北入张二度。下台二星在太微垣西蕃北，其北星入翼二度。武密书：三台属鬼，又属柳、属张。《乾象新书》：上台属柳，中台属张，下台属翼。

长垣四星，在少微星南，主界域，及北方。荧惑入之，北人入中国。太白入，九卿谋，边将叛。彗、孛犯之，北地不安。流星入，北方兵起，将入中国。

少微四星，在太微西，士大夫之位也。一名处士，亦天子副主，或曰博士官，一曰主卫掖门。南第一星处士，第二星议士，第三星博士，第四星大夫。明大而黄，则贤士举。月五星犯守处士，女主忧，宰相易。岁犯，小人用，忠臣危。火犯，贤德退。土犯，宰相易，女主忧。金犯，大臣诛，又曰以所居主占之。客星、孛星犯之，王者忧，奸臣众。彗星犯，功臣有罪，一曰法令臣诛。流星出，贤良进，道术用。云气入，色苍白，贤士忧，大臣黜。

灵台三星，在明堂西，神之精明曰灵，四方而高曰台，主观云物，察符瑞，候灾变也。武密曰：与司怪占同。

虎贲一星，在下台星南，一曰在太微西蕃北、下台南，静室旄头之骑官也。明，则臣顺，与车骑星同占。

明堂三星，在太微西南角外，天子布政之宫。明吉，暗凶。五星、客星及彗星之，主不安其宫。

右上元太微宫常星一十九坐，积数七十有八，而《晋志》所载，少微、长垣各四星，属天市垣，与《步天歌》不同。

天市垣

天市垣二十二星，在氐、房、心、尾、箕、斗内宫之内。东蕃十一星：南一曰宋，二曰南海，三曰燕，四曰东海，五曰徐，六曰吴越，七曰齐，八曰中山，九曰九河，十曰赵，十一曰魏。西蕃十一星：南一曰韩，二曰楚，三曰梁，四曰巴，五曰蜀，六曰秦，七曰周，八曰郑，九曰晋，十曰河间，十一曰河中。象天王在上，诸侯朝王，王出皋门大朝会，西方诸侯在应门左，东方诸侯在应门右。其率诸侯幸都市也亦然。一曰在房、心东北，主权衡，主聚众。又曰天旗庭，主斩戮事。《乾象新书》曰：市中星众润泽，则岁实。荧惑守之，戮不忠之臣。彗星扫之，为徙市易都。客星入，为兵起；出，为贵丧。《天文录》曰：天子之市，天下所会也。星明大，则市吏急，商人无利；小，则反是；忽然不明，籴贵，中多小星，则民富。月入天市，易政更弊，近臣有抵罪，兵起。月守其中，女主忧，大臣灾。五星入，将相忧，五官灾；守之，主市惊更弊。又曰：五星入，兵起。荧惑守，大饥，火灾。或芒角色赤如血，市臣叛。填星守，籴贵。太白入，起兵，籴贵。辰星守，蛮夷君死。客星守，度量不平，星色白，市乱；出天市，有丧。彗星守，谷贵；出天市，豪杰起，徙易市都；扫帝坐，出天市，除旧布新。流星入，色苍白，物贵；赤，火灾，民疫。一曰出天市，为外兵。云气入，色苍白，民多疾；苍黑，物贵；出，物贱；黄白，物贱；黑，为啬夫死。

帝坐一星，在天市中，天皇大帝外坐也。光而润泽，主吉，威令行，微小，大人忧。月犯之，人主忧。五星犯，臣谋主，下有叛；荧惑，尤甚。客星入，色赤，有兵；守之，大臣为乱。彗、孛犯，人民乱，宫庙徙。流星犯，诸侯兵起，臣谋主，贵人更令。

候一星，在帝坐东北（候，一作后），主伺阴阳也。明大，辅臣强；细微，国安；亡，则主失位；移，则不安居。太阴犯之，辅臣忧。客、彗守之，辅臣黜。孛犯，臣谋叛。

宦者四星，在帝坐西南侍，主刑余之臣也。星微，吉；失常，宦者有忧。

斗五星，在宦者南，主平量。《乾象新书》：在帝坐西，覆则岁熟，仰则荒。客、彗犯，为饥。

斛四星，在斗南，主度量、分铢、算数。其星不明，凶；亡，则年饥。一曰在市楼北，名天斛。

列肆二星，在斛西北，主货金、玉、珠、玑。

屠肆二星，在帛度东北，主屠宰、烹杀。《乾象新书》：在天市垣内十五度。

车肆二星，在天市门中，主百货。星不明，则车盖尽行；明，则吉。客星、彗星守之，天下兵车尽发。《乾象新书》：在天市垣南门偏东。

宗正二星，在帝坐东南，宗大夫也。武密曰：主口司宗得失之官。《乾象新书》：在宗人西。彗星守之，若失色，宗正有事。客星守之，更号令也；犯之，主不亲宗庙。星孛其分，宗正黜。

宗人四星，在宗正东，主录亲疏享祀。宗族有序，则星如绮文而明正；动，则天子亲属有变。客星守之，贵人死。

宗星二星，在候星东，宗室之象，帝辅血脉之臣。《乾象新书》：在宗人北。客星守之，宗支不和；暗，则宗支弱。

帛度二星，在宗星东北，主度量买卖平货易者。《乾象新书》：在屠肆南。星明大，尺量平，商人不欺。客星、彗星守之，丝绵大贵。

市楼六星，在天市中，临箕星之上，市府也，主市贾律度。其阳为金钱，阴为珠玉，变见，各以其所占之。《乾象新书》：主阛阓，度律制令，在天市中。星明，吉；暗，则市吏不理。彗星、客星守之，市门闭。

七公七星，在招摇东，为天相，三公之象也，主七政。明，则辅佐强；大而动，为兵；齐政，则国法平；戾，则狱多囚；连贯索，则世乱；入河中，籴贵，民饥。太白守之，天下乱，兵起。客星守，岁饥，主危。流星出其分，主将黜。

贯索九星，在七公星前，贱人之牢也。一曰连索，一曰连营，一曰天牢，主法律，禁强暴。牢口一星为门，欲其开也。星在天市垣北。星皆明，天下狱繁；七星见，小赦；五星、六星，大赦；动，则斧锧用；中空，改元。石申曰：一星亡，则有赐爵；三星亡，大赦，远期八十日；入河中，为饥；中星众，则囚多。辰星犯之，主水，米贵。彗星出，其分中外豪杰起。客星入，有枉死者；色黄，诸侯献地；青，为忧；赤，为兵；白，乃为吉。流星入，女主忧，或赦；出，则贵女死。云气入，色苍白，天子亡地；青，兵起；黑，狱多枉死；白，天子喜。

天纪九星，在贯索东，九卿之象，万事纲纪，主狱讼。星明，则天下多讼；亡，则政理坏，国纪乱，散绝，则地震山崩；与女床合，则君失礼，女谒行。客星守之，主危，民饥。客星犯，诸侯举兵。彗、孛犯之，地震。客星、彗星合守，天下狱讼不理。

女床三星，在天纪北，后宫御女侍从官也，主女事。明，则宫人恣；舒，则妾代女主；不动，则吉；不见，女子多疾。客星、彗星守之，宫人谋上。客星入，女子忧，后宫恣动，女谒行。云气出，色黄，后宫有福；白，为丧；黑，凶；青，女多疾。

右天市垣常星可名者一十七坐，积数八十有八。而市楼、天斛、列肆、车肆、斗、帛度、屠肆等星，《晋志》皆不载，《隋志》有之，属天市垣，与《步天歌》合。又贯索，七公、女床、天纪，《晋志》属太微垣。按《乾象新书》：天纪在天市垣北，女床属箕宿，贯索属房宿，七公属氐宿。武密以七公属房，又属尾；贯索属房，又属氐、属心；女床属于尾、箕。说皆不同。

卷五十　　　　　　　志第三

天　文　三

二十八舍上

二十八舍

东方

角宿二星，为天关，其间天门也，其内天庭也。故黄道经其中，七曜之所行也。左角为天田，为理，主刑。其南为太阳道。右角为将，主兵。其北为太阴道。盖天之三门，犹房之四表。星明大，吉，王道太平，贤者在朝；动摇、移徙，王者行；左角赤明，狱平；暗而微小，王道失。陶隐居曰：“左角天津，右角天门，中为天关。”日食角宿，王者恶之；晕于角内，有阴谋，阴国用兵得地，又主大赦。月犯角，大臣忧狱事，法官忧黜。又占忧在宫中。月晕，其分兵起；右角，右将灾；左亦然。或曰主水；色黄，有大赦。月晕三重，入天门及两角，兵起，将失利。岁星犯，为饥。荧惑犯之，国衰，兵败；犯左角，有赦；右角，兵起；守之，谗臣进，政事急；居阳，有喜。填星犯角为丧，一曰兵起。太白犯角，群臣有异谋。辰星犯，为小兵；守之，大水。客星犯，兵起，五谷伤；守左角，色赤，为旱；守右角，大水。彗星犯之，色白，为兵；赤，所指破军；出角，天下兵乱。星孛于角，白，为兵；赤，军败；入天市，兵、丧。流星犯之，外国使来；入犯左角，兵起。云气黄白入右角，得地；赤入左，有兵；入右，战胜；黑白气入于右，兵将败。

按汉永元铜仪，以角为十三度；而唐开元游仪，角二星十二度。旧经去极九十一度，今测九十三度半。距星正当赤道，其黄道在赤道南，不经角中；今测角在赤道南二度半，黄道复经角中，即与天象合。景祐测验，角二星十二度，距南星去极九十七度，在赤道外六度，与《乾象新书》合，今从《新书》为正。

南门二星，在库楼南，天之外门也，主守兵禁。星明，则远方来贡；暗，则夷叛；中有小星，兵动。客、彗守之，兵起。

库楼十星，六大星库也，南四星楼也，在角宿南。一曰天库，兵车之府也。旁十五星，三三而聚者柱也，中央四小星衡也。芒角，兵起；星亡，臣下逆；动，则将行；实，为吉；虚，乃凶。岁星犯之，主兵。荧惑犯之，为兵、旱。月入库楼，为兵。彗、孛入，兵、饥。客星入，夷兵起。流星入，兵尽出。赤云气入，内外不安。天库生角，有兵。

平星二星，在库楼北，角南，主平天下法狱，廷尉之象。正，则狱讼平；月晕，狱官忧。荧惑犯之，兵起，有赦。彗星犯之，政不行，执法者黜。

平道二星，在角宿间，主平道之官。武密曰：“天子八达之衢，主辙轨。”明正，吉；动摇，法驾有虞。岁星守之，天下治。荧惑、太白守为，乱。客星守之，车驾出行。流星守，去贤用奸。

天田二星，在角北，主畿内封域。武密曰：“天子籍田也。”岁星守之，谷稔。荧惑守之，为旱。太白守，谷伤。辰星守，为水灾。客星守，旱、蝗。

天门二星，在平星北。武密云："在左角南，朝聘待客之所。"星明，万方归化；暗，则外兵至。月晕其外，兵起。荧惑入，关梁不通；守之，失礼。太白守，有伏兵。客星犯，有谋上者。

进贤一星，在平道西，主卿相举逸材。明，则贤人用；暗，则邪臣进。太阴、岁星犯之，大臣死。荧惑犯，为丧，贤人隐。太白犯之，贤者退。岁星、太白、填星、辰星合守之，其占为天子求贤。黄白紫气贯之，草泽贤人出。

周鼎三星，在角宿上，主流亡。星明，国安；不见，则运不昌；动摇，国将移。《乾象新书》引郑鄬定鼎事，以周衰秦无道，鼎沦泗水，其精上为星。李太异曰："商巫咸《星图》已有周鼎，盖在秦前数百年矣。"

按《步天歌》，库楼十星，柱十五星，衡四星，平星、平道、天田、天门各二星，进贤一星，周鼎三星，俱属角宿。而《晋志》以左角为天田，别不载天田二星，《隋志》有之。平道、进贤、周鼎，《晋志》皆属太微垣，库楼并衡星、柱星、南门、天门、平星皆在二十八宿之外。唐武密及景祐书乃与《步天歌》合。

亢宿四星，为天子内朝，总摄天下奏事。听讼、理狱、录功。一曰疏庙，主疾疫。星明大，辅忠民安；动，则多疾。为天子正坐，为天符。秋分不见，则谷伤籴贵。太阳犯之，诸侯谋国，君忧。日晕，其分大臣凶，多雨，民饥、疫。月犯之，君忧或大臣当之；左为水，右为兵。月晕，其分先起兵者胜；在冬，大人忧。岁星犯之，有赦，谷有成；守之，有兵，人多病；留三十日以上，有赦，又曰："犯则逆臣为乱。"荧惑犯，居阳，为喜；阴，为忧；有芒角，大人恶之；守之久，民忧，多雨水，又为兵。填星犯，谷伤，民亡；逆行，女专政，逆臣为谋；守之，有兵。太白犯之，国亡，民灾；逆行，为兵乱；有芒角，贵臣戮；守之，有水旱灾，或为丧。辰星犯之，为水，又为大兵；守之，米贵，民疾，岁旱，盗起，民相恶。客星犯，国不安；色赤为兵、旱，黄为土功；青黑，使者忧；守之谷伤。一云有赦令；黑，民流。彗犯，国灾；出，则有水、兵、疫、臣叛；白，为丧。孛星犯，国危，为水，为兵；入，则民流；出，则其国饥。流星入，外国使来，谷熟；出，为天子遣使，赦令出。李淳风曰："流星入亢，幸臣死。"云气犯之，色苍，民疫；白，为土功；黑，水；赤，兵。一云：白，民虐疾；黄，土功。

右亢宿四星，汉永元铜仪十度，唐开元游仪九度。旧去极八十九度，今九十一度半。景祐测验，亢九度，距南第二星去极九十五度。

大角一星，在摄提间，天王坐也。又为天栋，正经纪也。光明润泽，为吉；青，为忧；赤，为兵；白，为丧；黑，为疾；色黄而静，民安；动，则人主好游。月犯之，大臣忧，王者恶之。月晕，其分人主有服。五星犯之，臣谋主，有兵。太白守之，为兵。彗星出，其分主更改，或为兵。天子失仁则守之。孛星犯，为兵；守之，主忧。客星犯、守，臣谋上；出，则人主受制。流星入，王者恶之；犯之，边兵起。云气青，主忧；白，为丧；黄气出，有喜。

折威七星，在亢南，主斩杀，断军狱。月犯之，天子忧。五星犯，将军叛。彗、孛犯，边将死。云气犯，苍白，兵乱；赤，臣叛主；黄白，为和亲；出，则有赦；黑气入，人主恶之。

摄提六星，左右各三，直斗杓南，主建时节，伺禨祥。其星为盾，以夹拥帝坐，主九卿。星明大，三公恣；主弱；色温不明，天下安；近大角，近戚有谋。太阴入，主受制。月食，其分主恶之。荧惑、太白守，兵起，天下更主。彗、孛入，主自将兵；出，主受制。流星入，有兵；出，有使者出；犯之，公卿不安。云气入，赤，为兵，九卿忧；色黄，喜；黑，大臣戮。

阳门二星，在库楼东北，主守阨塞，御外寇。五星入，五兵藏。彗星守之，外夷犯塞，兵起。赤云气入，主用兵。

顿顽二星，在折威东南，主考囚情状，察诈伪也。星明，无咎；暗，则刑滥。彗星犯之，贵人下狱。

按《步天歌》，大角一星，折威七星，左、右摄提总六星，顿顽、阳门各二星，俱属角宿。而《晋志》以大角、摄提属太微垣，折威、顿顽在二十八宿之外。阳门则见于《隋志》，而《晋史》不载。武密书以摄提、折威、阳门皆属角、亢。《乾象新书》以右摄提属角，左摄提属亢，余与武密书同。《景祐》测验，乃以大角、摄提、顿顽、阳门皆属于亢，其说不同。

氐宿四星，为天子舍室，后妃之府，休解之房。前二星，適也；后二星，妾也。又为天根，主疫。后二星大，则臣奉度，主安；小，则臣失势；动，则徭役起。日食，其分卿相有逸谀，一曰王者后妃恶之，大臣忧。日晕，女主恣，一曰国有忧，日下兴师。月食其宿，大臣凶，后妃恶之，一曰籴贵；大将凶，人疫；在冬，为水，主危，以赦解之。月犯，左右郎将有诛，一曰有兵、盗。右星，主水；掩之，有阴谋，将军当之。岁星犯，有赦，或立后；守之，地动，年丰；逆行，为兵。荧惑犯之，臣僭上，一云将军忧；守，有赦。填星犯，左右郎将有诛；守之，有赦，色黄，后喜，或册太子；留舍，天下有兵，齐明，赦。太白犯之，郎将诛；入，其分疾疫；或云犯之，拜将；乘右星，水灾。辰星犯，贵臣暴忧；守之，为水，为旱，为兵；入守，贵人有狱；乘左星，天子自将。客星犯，牛马贵；色黄白，为喜，有赦，或曰边兵起，后宫乱，五十日不去，有刺客。彗星犯，有大赦，籴贵；灭之，大疫；入，有小兵，一云主不安。孛星犯，籴贵；出，则有赦；入，为小兵；或云犯之，臣干主。流星犯，秘阁官有事；在冬夏，为水、旱；《乙巳占》，后宫有喜，色赤黑，后宫不安。云气入，黄为土功；黑主水；赤为兵；苍白为疾疫；白，后宫忧。

按汉永元铜仪、唐开元游仪，氐宿十六度，去极九十四度。景祐测验与《乾象新书》皆九十八度。

天乳一星，在氐东北，当赤道中。明，则甘露降。彗、客入，天雨。

将军一星，骑将也，在骑官东南，总领车骑军将、部阵行列。色动摇，兵外行。太白、荧惑、客星犯之，大兵出，天下乱。

招摇一星，在梗河北，主北兵。芒角、变动，则兵大行；明，则兵起；若与栋星、梗河、北斗相直，则北方当来受命中国。又占：动，则近臣恣；离次，则库兵发；色青，为忧；白，为君怒；赤，为兵；黑，为军破；黄，则天下安。彗星犯，北边兵动；出，其分夷兵大起。孛犯，蛮夷乱。客星出，蛮夷来贡，一云北地有兵、丧。流星出，有兵。云气犯，色黄白，相死；赤，为内兵乱；色黄，兵罢；白，大人忧。

帝席三星，在大角北，主宴献酬酢。星明，王公灾；暗，天下安；星亡，大人失位；动摇，主危。彗犯，主忧，有乱兵。客星犯，主危。

亢池六星，在亢宿北。亢，舟也；池，水也。主渡水，往来送迎。微细，凶；散，则天下不通；移徙不居其度中，则宗庙有怪。五星犯之，川溢。客星犯，水、虫多死。武密云："主断军狱，掌弃市杀戮。"与旧史异说。

骑官二十七星，在氐南，天子虎贲也，主宿卫。星众，天下安；稀，则骑士叛；不见，兵起。五星犯，为兵。客星守之，将出有忧，士卒发。流星入，兵起，色苍白，将死。

梗河三星，在帝席北，天矛也。一曰天锋，主北边兵，又主丧，故其变动应以兵、丧。星亡，国有兵谋。彗星犯之，北兵败。客星入，兵出，阴阳不和。一云北兵侵中国。流星出，为兵。赤云气犯，兵败；苍白，将死。

车骑三星，在骑官南，总车骑将，主部阵行列。变色动摇，则兵行。太白、荧惑、客星犯之，大兵出，天下乱。

阵车三星，在氐南，一云在骑官东北，革车也。太白、荧惑守之，主车骑满野，内兵无禁。

天辐二星，在房西斜列，主乘舆，若《周官》巾车官也。近尾，天下有福。五星、客、彗犯之，则辇毂有变。一作天福。

按《步天歌》，已上诸星俱属氐宿。《乾象新书》以帝席属角，亢池属亢；武密与《步天歌》合，皆属氐，而以梗河属亢。《占天录》又以阵车属于亢，《乾象新书》属氐，余皆与《步天歌》合。

房宿四星，为明堂，天子布政之官也，亦四辅也。下第一星，上将也；次，次将也；次，次相也；上星，上相也。南二星君位，北二星夫人位。又为四表，中为天衢、为天关，黄道之所经也。南间曰阳环，其南曰太阳；北间曰阴环，其北曰太阴。七曜出乎天衢，则天下和平，由阳道，则旱、丧；由阴道，则水、兵。亦曰天驷，为天马，主车驾。南星曰左骖，次左服，次右服，次右骖。亦曰天厩。又主开闭，为畜藏之所由。星明，则王者明；骖星大，则兵起；离，则民流；左骖、服亡，则东南方不可举兵，右亡，则西北不可举兵。日食，其分为兵，大臣专权。日晕，亦为兵，君臣失政，女主忧。月食其宿，大臣忧，又为王者昏，大臣专政。月晕，为兵；三宿，主赦，及五舍不出百日赦。太阴犯阳道，为旱；阴道，为雨；中道，岁稔。又占上将诛。当天门、天驷，谷熟。岁星犯之，更政令，又为兵，为饥，民流；守之，大赦，天下和平，一云良马出。荧惑犯，马贵，人主忧；色青，为丧；赤，为兵；黑，将相灾；白芒，火灾；守之，有赦令；十日勾巳者，臣叛。填星犯之，女主忧，勾巳，相有诛，守之，土功兴，一曰旱、兵，一曰有赦。太白犯，四边合从；守之，为土功；出入，霜雨不时。辰星犯，有殃；守之，水灾。一云北兵起，将军为乱。客星犯，历阳道，为旱；阴道，为水，国空，民饥；色白，有攻战；入，为籴贵。彗星犯，国危，人乱，其分恶之。孛星犯，有兵，民饥，国灾。流星犯之，在春夏，为土功；秋冬，相忧；入，有丧。《乙巳占》：出，其分天子恤民，下德令。云气入，赤黄，吉；如人形，后有子；色赤，宫乱；苍白气出，将相忧。

按汉永元铜仪、唐开元游仪，房宿五度。旧去极百八度，今百十度半。景祐测验，房距南第二星去极百十五度，在赤道外二十三度。《乾象新书》在赤道外二十四度。

键闭一星，在房东北，主关籥。明，吉；暗，则宫门不禁。月犯之，大臣忧，火灾。岁星守之，王不宜出。填星占同。太白犯，将相忧。荧惑犯，主忧。彗星、客星守之，道路阻，兵起，一云兵满野。

钩钤二星，在房北，房之钤键，天之管籥。王者至孝则明。又曰明而近房，天下同心。房、钩钤间有星及疏折，则地动，河清。月犯之，大人忧，车驾行。月食，其分将军死。岁星守之，为饥；去其宿三寸，王失政，近臣起，乱。荧惑守之，有德令。太白守，喉舌忧。填星守，王失土。彗星犯，宫庭失业。客星、流星犯，王有奔马之败。

东咸、西咸各四星，东咸在心北，西咸在房西北，日、月、五星之道也。为房之户，以防淫泆也。明，则信吉。东咸近钩钤，有逸臣入。西咸近上及动，有知星者入。月、五星犯之，有阴谋，又为女主失礼，民饥。荧惑犯之，臣谋上。与太白同犯，兵起。岁星、填星犯之，有阴谋。流星犯之，后妃恋，王有忧。客星犯，主失礼，后妃恋。

罚三星，在东、西咸正南，主受金罚赎。曲而斜列，则刑罚不中。彗星、客星犯之，国无政令，忧多，枉法。

日一星，在房宿南，太阳之精，主昭明令德。明大，则君有德令。月犯之，下谋上。岁星守，王得忠臣，阴阳和，四夷宾，五谷丰。太白、荧惑犯之，主有忧。客星、彗星犯之，主失位。

从官二星，在房宿西南，主疾病巫医。明大，则巫者擅权。彗、孛犯之，巫臣作乱。云气犯，黑，为巫臣戮；黄，则受爵。

按《步天歌》，以上诸星俱属在房。日一星，《晋、隋志》皆不载，以他书考之，虽在房宿南，实入氐十二度半。武密书及《乾象新书》惟以东咸属心，西咸属房，与《步天歌》不同，余皆吻合。

心宿三星，天王正位也。中星曰明堂，天子位，为大辰，主天下之赏罚；前星为太子；后星为庶子。星直，则王失势。明大，天下同心；天下变动，心星见祥；摇动，则兵离民流。日食，其分刑罚不中，将相疑，民饥，兵、丧。日晕，王者忧也。月食其宿，王者恶之，三公忧，下有丧。月晕，为旱，谷贵，虫生，将凶。与五星合，大凶。太阴犯之，大臣忧；犯中央及前后星，主恶；出心大星北，国旱；出南，君忧，兵起。岁星犯之，有庆贺事，谷丰，华夷奉化；色不明，有丧，旱。荧惑犯之，大臣忧，贯心，为饥；与太白俱守，为丧。又曰：荧惑居其阳，为喜；阴，为忧。又曰：守之，主易政；犯，为民流，大臣恶之；守星南，为水；北，为旱；逆行，大臣乱。填星犯之，大臣喜，谷丰；守之，有土功；留舍三十日有赦；居

久，人主贤；中犯明堂，火灾；逆行，女主干政。太白犯，籴贵，将军忧，有水灾，不出一年有大兵，舍之，色不明，为丧；逆行环绕，大人恶之。辰星犯明堂，则大臣当之，在阳为燕，在阴为塞北，不则地动、大雨；守之，为水，为盗。客星犯之，为旱；守之，为火灾；舍之，则籴贵，民饥。彗星犯之，大臣相疑；守之而出，为蝗、饥，又曰为兵。星孛，其分有兵、丧，民流。流星犯，臣叛；入之，外国使来；色青，为兵，为忧；黄，有土功；黑，为凶。云气入，色黄，子孙喜；白，乱臣在侧；黑，太子有罪。

按汉永元铜仪、唐开元游仪，心三星皆五度，去极百八度。景祐测验，心三星五度，距西第一星去极百十四度。

积卒十二星，在房西南，五营军士之象，主卫士扫除不祥。星小，为吉；明，则有兵；一星亡，兵少出；二星亡，兵半出；三星亡，兵尽出。五星守之，兵起；不则近臣诛。彗星、客星守之，禁兵大出，天子自将。云气犯之，青赤，为大臣持政，欲论兵事。

按《步天歌》，积卒十二星属心，《晋志》在二十八宿之外，唐武密书与《步天歌》合。《乾象新书》乃以积卒属房宿为不同，今两存其说。

尾宿九星，为天子后宫，亦主后妃之位。上第一星，后也；次三星，夫人；次星，嫔妾也。亦为九子。均明，大小相承，则后宫有序，子孙蕃昌。明，则后有喜，谷熟；不明，则后有忧，谷荒。日食，其分将有疾，在燕风沙，兵、丧，后宫有忧，人君戒出。日晕，女主丧，将相忧。月食，其分贵臣犯刑，后宫有忧。月晕，有疫，大赦，将相忧，其分有水灾，后妃忧。太阴犯之，臣不和，将有忧。岁星犯，谷贵；入之，妾为嫡，臣专政；守之，旱，火灾。荧惑犯之，有兵，留二十日，水灾；留三月，客兵聚；入之，人相食，又云宫内乱。填星犯之，色黄，后妃喜；入，为兵、饥、盗贼；逆行，妾女为女主；守之而有芒角，更姓易政。太白犯、入，大臣起兵；久留，为水灾；出、入、舍、守，籴贵，兵起，后宫忧；失行，军破城亡。辰星犯守，为水灾，民疾，后宫有罪者，兵起；入，则万物不成，民疫。客星犯、入，宫人恶之；守之，贱女暴贵；出，则为风、为水，后宫恶之，兵罢，民饥多死。彗星犯，后惑主，宫人出，兵起，宫门多土功；出入，贵臣诛，有水灾。孛犯，多土功，大臣诛；守之，宫人出，出，为大水，民饥。流星入、犯，色青，旧臣归；在春夏，后宫有口舌；秋冬，贤良用事；出，则后宫喜，有子孙；色白，后宫妾死；出入，风雨时，谷熟，入，后族进禄；青黑，则后妃丧。云气入，色青，外国来降；出，则臣有乱。赤气入，有使来言兵。黑气入，有诸侯客来。

按汉永元铜仪，尾宿十八度，唐开元游仪同。旧去极百二十度，一云百四十度；今百二十四度。景祐测验，亦十八度，距西行从西第二星去极百二十八度，在赤道外二十二度。《乾象新书》二十七度。

神宫一星，在尾宿第三星旁，解衣之内室也。

天江四星，在尾宿北，主太阴。明动，为水，兵起；星不具，则津梁不通；参差，马贵。月犯，为兵，为臣强，

河津不通。荧惑犯，大旱；守之，有立主。太白犯，暴水。彗星犯，为大兵。客星入，河津不通。流星犯，为水，为饥。赤云气犯，车骑出；青，为多水；黄白，天子用事，兵起；入，则兵罢。

傅说一星，在尾后河中，主章祝官也，一曰后宫女巫也，司天王之内祭祀，以祈子孙。明大，则吉，王者多子孙，辅佐出；不明，则天下多祷祠；亡，则社稷无主；入尾下，多祝诅。《左氏传》"天策焞焞"，即此星也。彗星、客星守之，天子不享宗庙。赤云气入，巫祝官有诛者。

鱼一星，在尾后河中，主阴事，知云雨之期。明大，则河海水出；不明，则阴阳和，多鱼；亡，则鱼少；动摇，则大水暴出；出，则河大鱼多死。月晕或犯之，则旱，鱼死。荧惑犯其阳，为旱；阴，为水。填星守之，为旱。赤云气犯出，兵起，将忧；入，兵罢；黄白气出，兵起。

龟五星，在尾南，主卜，以占吉凶。星明，君臣和；不明，则上下乖。荧惑犯，为旱；守，为火。客星入，为水，忧。流星出，色赤黄，为兵；青黑，为水，各以其国言之。赤云气出，卜祝官忧。

按神宫、傅说、鱼各一星，天江四星，龟五星，《步天歌》与他书皆属尾。而《晋志》列天江于天市垣，以傅说、鱼、龟在二十八宿之外，其说不同。

箕宿四星，为后宫妃后之府，亦曰天津，一曰天鸡。主八风，又主口舌，主蛮夷。星明大，谷熟；不正，为兵；离徙，天下不安；中星众亦然，籴贵。凡日月宿在箕、壁、翼、轸者，皆为风起；舌动，三日有大风。日犯或食其宿，将疾，佞臣害忠良，皇后忧，大风沙。日晕，国有妖言。月食，为风，为水，旱，为饥。后恶之。月晕，为风，谷贵，大将易，又王者纳后。月犯，多风，籴贵，为旱，女主忧，君将死，后宫干政。岁星入，宫内口舌，岁熟，在箕南，为旱；在北，为有年；守之，多恶风，谷贵，民饥死。荧惑犯，地动，入，为旱；出，则有赦；久守，为水，逆行，诸侯相谋，人主恶之。填星犯，女主忧；久留，有赦；守之，后喜，有土功；色黄光润，则太后喜；又占：守，有水；守九十日，人流，兵起，蝗。太白犯，女主喜，入，则有赦；出，为土功，籴贵；守之，为旱，为风，民疾；出入留箕，五谷不登，多蝗。辰星犯，有赦；守，则为旱；动摇、色青，臣自戮，又占：为水溢、旱、火灾、谷不成。客星入犯，有土功，宫女不安，民流，守之，饥；色赤，为兵；守其北，小熟，东，大熟，南，小饥，西，大饥；出，其分民饥，大臣有弃者；一云守之，秋冬水灾。彗星犯守，东夷自灭，出，则为旱，为兵，北方乱。孛犯，为外夷乱，籴贵；守之，外夷灾；出，为谷贵，民死，流亡；春夏犯之，金玉贵，秋冬，土功兴，入，则多风雨；色黄，外夷来贡。云气出，色苍白，国灾除；入，则蛮夷来见；出而色黄，有使者；出箕口，敛，为雨；开，为多风少雨。

按汉永元铜仪，箕宿十度，唐开元游仪十一度。旧去极百十八度，今百二十度。景祐测验，箕四星十度，距西北第一星去极百二十三度。

糠一星，在箕舌前，杵西北。明，则丰熟；暗，则民饥，流亡。

杵三星，在箕南，主给庖舂。动，则人失釜甑；纵，则丰；横，则大饥；亡，则岁荒；移徙，则人失业。荧惑守，民流。客星犯、守，岁饥。彗、孛犯，天下有急兵。

按《晋志》，糠一星、杵三星在二十八宿之外。《乾象新书》与《步天歌》皆属箕宿。

北方

南斗六星，天之赏禄府，主天子寿算，为宰相爵禄之位，传曰：天庙也。丞相太宰之位，褒贤进士，禀受爵禄，又主兵。一曰天机。南二星魁，天梁也。中央二星，天相也。北二星，天府廷也。又谓南星者，魁星也；北星，杓也，第一星曰北亭，一曰天开，一曰铁锁。石申曰："魁第一主吴，二会稽，三丹阳，四豫章，五庐江，六九江。"星明盛，则王道和平，帝王长龄，将相同心，不明，则大小失次；芒角动摇，国失忠臣，兵起，民愁。日食在斗，将相忧，兵起，皇后灾，吴分有兵。日晕，宰相忧，宗庙不安。月食，其分国饥，小兵，后、夫人忧。月晕，大将死，谷不生。月犯，将臣黜，风雨不时，大臣诛；一岁三入，大赦；又占：入，为女主忧，赵、魏有兵；色恶，相死。岁星犯，有赦；久守，水灾，谷贵；守及百日，兵用，大臣死。荧惑犯，有赦，破军杀将，火灾；入二十日，籴贵；四十日，有德令；守之，为兵、盗；久守，灾甚；出斗上行，天下忧；不行，臣忧；入，内外有谋；守七日，太子疾。填星犯，为乱，入，则失地，逆行，地动；出、入，留二十日，有大丧；守之，大臣叛。又占：逆行，先水后旱；守之，国多义士。太白犯之，有兵，臣叛；留守之，破军杀将；与火俱入，白烁，臣子为逆；久，则祸大。辰星犯，水，谷不成，有兵，守之，兵、丧。客星犯，兵起，国乱，入，则诸侯相攻，多盗，大旱，宫庙火，谷贵七日不去，有赦。彗星犯，国主忧；出，则其分有谋，又为水灾，宫中火，下谋上，有乱兵；入，则为火，大臣叛。孛犯入，下谋上，有乱兵；出，则为兵，为疾，国忧。流星入，蛮夷来贡。犯之，宰相忧，在春天子寿，夏为水，秋则相黜，冬大臣逆；色赤而出斗者，大臣死。云气入，苍白，多风；赤，旱，出，有兵起，宫庙火；入，有两赤气，兵；黑，主病。

按汉永元铜仪，斗二十四度四分度之一，唐开元游仪，二十六度。去极百十六度，今百十九度。景祐测验，亦二十六度，距魁第四星去极百二十二度。

鳖十四星，在南斗南，主水族，不居汉中，川有易者。荧惑守之，为旱。辰星守，为火。客星守，为水。流星出，色青黑，为水；黄，为旱。云气占同。一曰有星守之，白衣会，主有水。

天渊十星，一曰天池，一曰天泉，一曰天海，在鳖星东南九坎间，又名太阴，主灌溉沟渠。五星守之，大水，河决。荧惑入，为旱。客星入，海鱼出。彗星守之，川溢伤人。

狗二星，在南斗魁前，主吠守，以不居常处为灾。荧惑犯之，为旱。客星入，多土功，北边饥；守之，守御之臣作乱。

建六星，在南斗魁东北，临黄道，一曰天旗，天之都关。为谋事，为天鼓，为天马。南二星，天库也。中二星，市也，铁锁也。上二星，为旗跗。斗建之间，三光道也，主司七曜行度得失，十一月甲子天正冬至，大历所起宿也。星动，人劳役。月犯之，臣更天子法；掩之，有降兵。月食，其分皇后娣侄当黜。月晕，大将死，五谷不成，蛟龙见，牛马疫。月与五星犯之，大臣相谮有谋，亦为关梁不通，大水。岁星守，为旱，籴贵，死者众，诸侯有谋；入，则有兵。荧惑守之，臣有黜者，诸侯有谋，籴贵；入，则关梁不通，马贵；守旗跗三十日，有兵。填星守之，王者有谋。太白守，外国使来。辰星守，为水灾，米贵，多病。彗、孛、客星犯之，王失道，忠臣黜。客星守之，道路不通，多盗。流星入，下有谋；色赤，昌。

天弁九星升一作辨，在建星北，市官之长，主列肆、阛阓、市籍之事，以知市珍也。明盛，则万物昌；不明及彗、客犯之，籴贵；久守之，囚徒起兵。

天鸡二星，在牛西，一在狗国北，主异鸟，一曰主候时。荧惑舍之，为旱，鸡多夜鸣。太白、荧惑犯之，为兵。填星犯之，民流亡。客星犯，水旱失时；入，为大水。

狗国四星，在建星东南，主三韩、鲜卑、乌桓、玁狁、沃且之属。星不具，天下有盗；不明，则安；明，则边寇起。月犯之，乌桓、鲜卑国乱。荧惑守之，外夷兵起。太白守之，鲜卑受攻。客星守，其王来中国。

天籥八星，在南斗杓第二星西，主开闭门户。明，则吉；不备，则关籥无禁。客星、彗星守之，关梁闭塞。

农丈人一星，在南斗西南，老农主稼穑者，又主先农、农正官。星明，岁丰；暗，则民失业，移徙，岁饥。客星、彗星守之，民失耕，岁荒。

按《步天歌》，已上诸星皆属南斗。《晋志》以狗国、天鸡、天弁、天籥、建星皆属天市垣，余在二十八宿之外。《乾象新书》以天籥、农丈人属箕，武密又以天籥属尾，互有不同。

牛宿六星，天之关梁，主牺牲事。其北二星，一曰即路，一曰聚火。又曰：上一星主道路，次二星主关梁，次三星主南越。明大，则王道昌，关梁通，牛贵；怒，则马贵；动，则牛灾，多死；始出而色黄，大豆贱，赤，则豆有虫，青，则大豆贵；星直，籴贱，曲，则贵。日食，其分兵起；晕，为阴国忧，兵起。月食，有兵；晕，为水灾，女子贵，五谷不成，牛多暴死，小儿多疾。月晕在冬三月，百四十日外有赦；晕中央大星，大将被戮。月犯之，有水，牛多死，其国有忧。岁星入犯，则诸侯失期，留守，则牛多疫，五谷伤；在牛东，不利小儿，西，主风雪，北，为民流，逆行，宫中有火，居三十日至九十日，天下和平，道德明。荧惑犯之，诸侯多疾，臣谋主；守，则谷不成，兵起；入或出守斗南，赦。填星犯之，有土功；守之，雨雪，民人、牛马病。太白犯之，诸侯不通，守，则国有兵起；入，则为兵谋，人多死。辰星犯之，败军移将，臣谋主。客星犯守之，牛马贵，越地起兵；出，牛多死，地动，马贵。彗星犯之，吴分兵起；出，为籴贵，牛死。孛犯，改元易号，籴贵，牛多死，吴、越兵起，下当有自立者。流星犯之，王欲改事；春夏，谷熟，秋冬，谷贵；色黑，牛马昌，关梁入贡。云气苍白横贯，有兵、丧；赤，亦为兵；黄白气入，牛蕃息；黑，则牛死。

按汉永元铜仪，以牵牛为七度，唐开元游仪八度。旧去极百六度，今百四度。景祐测验，牛六星八度，距中央大星去极百十度半。

天田九星，在斗南，一曰在牛东南，天子畿内之田。其占与角北天田同。客星犯之，天下忧。彗、孛犯之，农夫失业。

河鼓三星，在牵牛西北，主天鼓，盖天子及将军鼓也。一曰三武，主天子三将军，中央大星为大将军，左星为左将军，右星为右将军。左星，南星也，所以备关梁而拒难也，设守险阻，知谋微也。鼓欲正直而明，色黄光泽，将吉；不正，为兵、忧；星怒，则马贵；动，则兵起；曲，则将失计夺势；有芒角，将军凶猛象也；乱摇，差度乱，兵起。月犯之，军败亡。五星犯之，兵起。彗星、客星犯，将军被戮。流星犯，诸侯作乱。黄白云气入之，天子喜；赤，为兵起；出，则战胜；黑，为将死。青气入之，将忧；出，则祸除。

左旗九星，在河鼓左旁，右旗九星，在牵牛北、河鼓西南，天之鼓旗旌表也。主声音、设险、知敌谋。旗星明大，将吉。五星犯守，兵起。

织女三星，在天市垣东北，一曰在天纪东，天女也，主果蓏、丝帛、珍宝。王者至孝，神祇咸喜，则星俱明，天下和平；星怒而角，布帛贵。陶隐居曰："常以十月朔至六七日晨见东方。"色赤精明者，女工善；星亡，兵起，女子为候。织女足常向扶筐，则吉，不向，则丝绵大贵。月晕，其分兵起。荧惑守之，公主忧，丝帛贵，兵起。彗星犯，后族忧。星孛，则有女丧。客星入，色青，为饥；赤，为兵；黄，为旱；白，为丧；黑，为水。流星入，有水、盗，女主忧。云气入，苍白，女子忧；赤，则为女子兵死；色黄，女有进者。

渐台四星，在织女东南，临水之台也，主晷漏、律吕事。明，则阴阳调而律吕和；不明，则常漏不定。客星、彗星犯之，阴阳反戾。

辇道五星，在织女西，主王者游嬉之道。汉辇道通南北宫，其象也。太白、荧惑守之，御路兵起。

九坎九星，在牵牛南，主沟渠、导引泉源、疏泻盈溢，又主水旱。星明，为水灾，微小，吉。月晕，为水；五星犯之，水溢。客星入，天下忧。云气入，青，为旱；黑，为水溢。

罗堰三星，在牵牛东，拒马也，主堤塘、壅蓄水源以灌溉也。星明大，则水泛溢。

天桴四星，在牵牛东北横列，一曰在左旗端，鼓桴也，主漏刻。暗，则刻漏失时。武密曰："主桴鼓之用。"动摇，则军鼓用；前近河鼓，若桴鼓相直，皆为桴鼓用。太白、荧惑守之，兵鼓起。客星犯之，主刻漏失时。

按《步天歌》，已上诸星俱属牛宿。《晋志》以织女、渐台、辇道皆属太微垣，以河鼓、左旗、右旗、天桴属天市垣，余在二十八宿之外。武密以左旗属箕属斗，右旗亦属斗，渐台属斗，又属牛，余与《步天歌》同。《乾象新书》则又以左旗、织女、渐台、辇道、九坎皆属于斗。

须女四星，天之少府，贱妾之称，妇职之卑者也，主布帛裁制、嫁娶。星明，天下丰，女巧，国富；小而不明，反是。日食在女，戒在巫祝、后妃祷祠，又占越分饥，后妃疾。日晕，后宫及女主忧。月食，为兵、旱，国有忧。月晕，有兵谋不成；两重三重，女主死。月犯之，有女惑，有兵不战而降，又曰将军死。岁星犯之，后妃喜，外国进女；守之，多水，国饥，丧，籴贵，民大灾，荧惑犯之，大臣、皇后忧，布帛贵，民大灾；守之，土人不安，五谷不熟，民疾，有女丧，又为兵；入则籴贵；逆行犯守，大臣忧；居阳，喜；阴，为忧。填星犯守，有苛政，山水出，坏民舍，女谒行，后专政，多妖女；留五十日，民流亡。太白犯之，布帛贵，兵起，天下多寡女；留守，有女丧，军发。辰星犯，国饥，民疾；守之，天下水，有赦，南地火，北地水，又兵起，布帛贵。客星犯，兵起，女人为乱；守之，宫人忧，诸侯有兵，江淮不通，籴贵。彗星犯，兵起，女为乱；出，为兵乱，有水灾，米盐贵。星孛，其分兵起，女为乱，有奇女来进；出入，国有忧，王者恶之。流星犯，天子纳美女，又曰有贵女下狱；抵须女，女主死。《乙巳占》：出入而色黄润，立妃后；白，为后宫妾死。云气入，黄白，有嫁女事；白，为女多病；黑，为女多死；赤，则妇人多兵死者。

按汉永元铜仪，以须女为十一度。景祐测验，十二度。距西南星去极百五度，在赤道外十四度。

十二国十六星，在牛女南，近九坎，各分土居列国之象。九坎之东一星曰齐，齐北二星曰赵，赵北一星曰郑，郑北一星曰越，越东二星曰周，周东南北列二星曰秦，秦南二星曰代，代西一星曰晋，晋北一星曰韩，韩北一星曰魏，魏西一星曰楚，楚南一星曰燕，有变动，各以其国占之。陶隐居曰："越星在婺女南，郑一星在越北，赵二星在郑南，周二星在越东，楚一星在魏西南，燕一星在楚南，韩一星在晋北，晋一星在代北，代二星在秦南，齐一星在燕东。"

离珠五星，在须女北，须女之藏府，女子之星也。又曰：主天子旒珠、后夫人环珮。去阳，旱；去阴，潦。客星犯之，后宫有忧。

奚仲四星，在天津北，主帝车之官。凡太白、荧惑守之，为兵祥。

天津九星，在虚宿北，横河中，一曰天汉，一曰天江，主四渎津梁，所以度神通四方也。一星不备，津梁不通；明，则兵起；参差，马贵；大，则水灾；移，则水溢。彗、孛犯之，津败，道路有贼。客星犯，桥梁不修；守之，水道不通，船贵。流星出，必有使出，随分野占之。赤云气入，为旱；黄白，天子有德令；黑，为大水；色苍，为水，为忧；出，则祸除。

败瓜五星，在匏瓜星南，主修瓜果之职，与匏瓜同占。

匏瓜五星一作弧瓜，在离珠北，天子果园也，其西靠星主后宫，不明，则后失势；不具或动摇，为盗；光明，则岁丰，暗，则果实不登。彗、孛犯之，近臣僭，有戮死者。客星守之，鱼盐贵，山谷多水；犯之，有游兵不战。苍白云气入之，果不可食；青，为天子攻城邑；黄，则天子赐诸侯果；黑，为天子食果而致疾。

扶筐七星，为盛桑之器，主劝蚕也，一曰供奉后与夫人之亲蚕。明，吉；暗，凶；移徙，则女工失业。彗星犯，将叛。流星犯，丝绵大贵。

按《步天歌》，已上诸星俱属须女，而十二国及奚仲、匏瓜、败瓜等星，《晋志》不载，《隋志》有之。《晋志》又以离珠、天津属天市垣，扶筐属太微垣。《乾象新书》以周、越、齐、赵属牛，秦、代、韩、魏、燕、晋、楚、郑属女。武密以离珠、匏瓜属牛又属女，以奚仲属危。《乾象新书》以离珠、匏瓜属牛，败瓜属斗又属牛，以天津西一星属斗，中属牛，东五星属女。

虚宿二星，为虚堂，冢宰之官也，主死丧哭泣，又主北方邑居、庙堂祭祀祝祷事。宋均曰："危上一星高，旁两星下，似盖屋也。"盖屋之下，中无人，但空虚似乎殡宫，主哭泣也。明，则天下安；不明，为旱，攲斜上下不正，享祀不恭；动，将有丧。日食，其分其邦有丧。日晕，民饥，后妃多丧。月食，主刀剑官有忧，国有丧。月晕，有兵谋，风起则不成，又为民饥。月犯之，宗庙兵动，又国忧，将死。岁星犯，民饥；守之，失色，天王改服；与填星同守，水旱不时。荧惑犯之，流血满野；守之，为旱，民饥，军叛；入，为火灾，功成见逐；或勾巳，大人战不利。填星犯之，有急令；行疾，有客兵；入，则有赦，谷不成，人不安；守之，风雨不时，为旱，米贵，大人欲危宗庙，有客兵。太白犯，下多孤寡，兵，丧；出，则政急；守之，臣叛君；入，则大臣下狱。辰星犯，春秋有水；守之，亦为水灾，在东为春水，南为夏水，西为秋水，北冬有雷雨、水。客星犯，籴贵；守之，兵起，近期一年，远则二年，有哭泣事；出，为兵、丧。彗星犯之，国凶，有叛臣；出，为野战流血；出入，有兵起，芒焰所指国必亡。星孛其宿，有哭泣事；出，则为野战流血，国有叛臣。流星犯，光润出入，则冢宰受赏，有赦令；色黑，大臣死；入而色青，有哭泣事；黄白，有受赐者；出，则贵人求医药。云气黄入，为喜；苍，为哭；赤，火，黑，水；白，有币客来。

按汉永元铜仪，以虚为十度，唐开元游仪同。旧去极百四度，今百一度。景祐测验，距南星去极百三度，在赤道外十二度。

司命二星，在虚北，主举过、行罚、灭不祥，又主死亡。逢星出司命，王者忧疾，一曰宜防祅惑。

司禄二星，在司命北，主增年延德，又主掌功赏、食料、官爵。

司危二星，在司禄北，主矫失正下，又主楼阁台榭、死丧、流亡。

司非二星，在司危北，主司候内外，察愆尤，主过失。

《乾象新书》：命、禄、危、非八星主天子已下寿命、爵禄、安危、是非之事。明大，为灾；居常，为吉。

哭二星，在虚南，主哭泣、死丧。月、五星、彗、孛犯之，为丧。

泣二星在哭星东，与哭同占。

天垒城十三星，在泣南，圜如大钱，形若贯索，主鬼方、北边丁零类，所以候兴败存亡。荧惑入守，夷人犯塞。客星入，北方侵。赤云气掩之，北方惊灭，有疾疫。

离瑜三星，在十二国东，《乾象新书》在天垒城南。离，圭衣也；瑜，玉饰，皆妇人见舅姑衣服也。微，则后宫俭约；明，则妇人奢纵。客星、彗星入之，后宫无禁。

败臼四星，在虚、危南，两两相对，主败亡、灾害。石申曰："一星不具，民卖甄釜；不见，民去其乡。"五星入，除旧布新。客星、彗星犯之，民饥，流亡。黑气入，主忧。

按《步天歌》，已上诸星俱属虚宿。司命、司禄、司危、司非、离瑜、败臼、《晋志》不载，《隋志》有之。《乾象新书》以司命、司禄、司危、司非属须女；泣星、败臼属危。武密书与《步天歌》合。

危宿三星，在天津东南，为天子宗庙祭祀，又为天子土功，又主天府、天市、架屋、受藏之事。不明，客有诛，土功兴；动或暗，营宫室，有兵事。日食，陵庙摧，有大丧，有叛臣。日晕，有丧。月食，大臣忧，有丧，宫殿圮。月晕，有兵、丧，先用兵者败。月犯之，宫殿陷，臣叛主，来岁籴贵，有大丧。岁星犯守，为兵、役徭，多土功，有哭泣事，又多盗。荧惑犯之，有赦；守之，人多疾，兵动，诸侯谋叛，宫中火灾；守上星，人民死，中星诸侯死，下星大臣死，各期百十日；守三十日，东兵起，岁旱，近臣叛；入，为兵，有变更之令。填星守之，为旱，民疾，土功兴，国大战；犯之，皇后忧，兵、丧；出、入、留、舍，国亡地，有流血；入，则大乱，贼臣起。太白犯之，为兵，一曰无兵兵起，有兵兵罢，五谷不成，多火灾；守之，将忧，又为旱，为火；舍之，有急事。辰星犯之，大臣诛，法官忧，国多灾；守之，臣下叛，一云皇后疾，兵、丧起。客星犯，有哭泣，一曰多雨水，谷不收；入之，有土功，或三日有赦；出，则多雨水，五谷不登；守之，国败，民饥。彗星犯之，下有叛臣兵起；出，则将军出国，易政，大水，民饥。孛犯，国有叛者兵起。流星犯之，春夏为水灾，秋冬为口舌；入，则下谋上，抵危，北地交兵。《乙巳占》：流星出入色黄润，入民安，谷熟，土功兴；色黑，为水，大臣灾。云气入，苍白，为土功；青，为国忧；黑，为水，为丧；赤，为火；白，为忧，为兵；黄出入，为喜。

按汉永元铜仪，以危为十六度；唐开元游仪十七度。旧去极九十七度，距南星去极九十八度，在赤道外七度。

虚梁四星，在危宿南，主园陵寝庙、祷祝。非人所处，故曰虚梁。一曰宫宅屋帏帐寝。太白、荧惑犯之，为兵。彗、孛犯，兵起，宗庙改易。

天钱十星，在北落师门西北，主钱帛所聚，为军府藏。明，则库盈；暗，为虚。太白、荧惑守之，盗起。彗、孛犯之，库藏有贼。

坟墓四星，在危南，主山陵、悲惨、死丧、哭泣。大曰坟，小曰墓。五星守犯，为人主哭泣之事。

杵三星，在人星东，一云白星北，主舂军粮。不具，则民卖甄釜。

臼四星，在杵星下，一云在危东。杵臼不明，则民饥；星众，则岁乐；疏，为饥；动摇，亦为饥；杵直下对臼，则吉；不相当，则军粮绝；纵，吉；横，则荒；又白星覆，岁饥；仰，则岁熟。彗星犯之，民饥，兵起，天下急。客星守之，天下聚会米粟。

盖屋二星，在危宿南九度，主治宫室。五星犯之，兵起。彗、孛犯守，兵灾尤甚。

造父五星，在传舍南，一曰在腾蛇北，御官也。一曰司马，或曰伯乐，主御营马厩、马乘、辔勒。移处，兵起，马贵；星亡，马大贵。彗、客入之，仆御谋主，有斩死者，一曰兵起；守之，兵动，厩马出。

人五星，在虚北，车府东，如人形，一曰主万民，柔远能迩；又曰卧星，主夜行，以防淫人。星亡，则有诈作诏者，又为妇人之乱。星不具，王子有忧。客、彗守犯，人多疾疫。

车府七星，在天津东，近河，东西列，主车府之官，又主宾客之馆。星光明，润泽，必有外宾，车驾华洁。荧惑守之，兵动。彗、客犯之，兵车出。

钩九星，在造父西河中，如钩状。星直，则地动；他星守，占同。一曰主辇舆、服饰。明，则服饰正。

按《步天歌》，已上诸星俱属危宿。《晋志》不载人星、车府，《隋志》有之。杵、臼星，《晋、隋志》皆无。造父、钩星，《晋志》属紫微垣，盖屋、虚梁、天钱在二十八宿外。《乾象新书》以车府西四星属虚，东三星属危。武密书以造父属危又属室，余皆与《步天歌》合。按《乾象新书》又有天纲一星，在危宿南，入危八度，去极百三十二度，在赤道外四十一度。《晋、隋志》及诸家星书皆不载，止载危、室二宿间与北落师门相近者。近世天文乃载此一星，在鬼、柳间，与外厨、天纪相近。然《新书》两天纲虽同在危度，其说不同，今姑附于此。

营室二星，天子之宫，一曰玄宫，一曰清庙，又为军粮之府，主土功事。一曰室一星为天子宫，一星为太庙，为王者三军之廪，故置羽林以卫；又为离宫阁道，故有离宫六星在其侧。一曰定室，《诗》曰"定之方中"也。星明，国昌；不明而小，祠祀鬼神不享；动，则有土功事；不具，忧子孙；无芒、不动，天下安。日食在室，国君忧，王者将兵，一曰军绝粮，士卒亡。日晕，国忧，女主忧黜。月食，其分有土功，岁饥。月晕，为水，为火，为风。月犯之，为土功，有哭泣事。岁星犯之，有急而为兵；入，天子有赦，爵禄及下；舍室东，民多死；舍北，民忧；又曰守之，宫中多火灾，主不安，民疫。荧惑，岁不登，守之，有小灾，为旱，为火，籴贵；逆行守之，臣谋叛；入，则创改宫室，成勾巳者，主失宫室。填星犯，为兵；守之，天下不安，人主徙宫，后、夫人忧，关梁不通，贵人多死；久守，大人恶之，以赦解，吉；逆行，女主出入恣；留六十日，土功兴。太白犯五寸许，天子政令不行；守，则兵大忌之，以赦令解；一曰太子、后妃有谋，若乘守勾巳、逆行往来，主废后妃，有大丧，宫人恣；去室一尺，威令不行；留六十日，将死；入，则有暴兵。辰星犯之，为水；入，则后有忧，诸侯发动于西北。客星犯入，天子有兵事，军饥，将离，外兵来；出于室，兵先起者败。彗星出，占同；或犯之，则弱不能战；出入犯之，则先起兵者胜，一曰出室为大水。孛犯或出入，先起兵者胜；出，有小灾，后宫乱。武密曰："孛出，其分有兵、丧；道藏所载，室专主兵。"流星犯，军乏粮，在春夏将军贬，秋冬水溢。《乙巳占》曰："流星出入色黄润，军粮丰，五谷成，国安民乐。"云气入，黄，为土功；苍白，大人恶之；赤，为兵，民疫；黑，则大人忧。

按汉永元铜仪，营室十八度，唐开元游仪十六度。旧去极八十五度。景祐测验，室十六度，距南星去极八十五度，在赤道外六度。

雷电六星，在室南，明动，则雷电作。

离宫六星，两两相对为一坐，夹附室宿上星，天子之别宫也，主隐藏止息之所。动摇，为土功；不具，天子忧。太白、荧惑入，兵起；犯或勾巳环绕，为后妃眚。彗星犯之，有修除之事。

垒壁阵十二星一作壁垒，在羽林北，羽林之垣垒，主天军营。星明，国安；移动，兵起；不见，兵尽出，将死。五星入犯，皆主兵。太白、辰星，尤甚。客星入，兵大起，将吏忧。流星入南，色青，后忧；入北，诸侯忧；色赤黑，入东，后有谋；入西，太子忧；黄白，为吉。

腾蛇二十二星，在室宿北，主水虫，居河滨。明而微，国安；移向南，则旱；向北，大水。彗、孛犯之，水道不通。客星犯，水物不成。

土功吏二星，在壁宿南，一曰在危东北，主营造宫室，起土之官。动摇，则版筑事起。

北落师门一星，在羽林军南，北宿在北方，落者，天军之藩落也，师门犹军门。长安城北门曰"北落门"，象此也。主非常以候兵。星明大，安；微小、芒角，有大兵起。岁星犯之，吉。荧惑入，兵弱不可用。客星犯之，光芒相及，为兵，大将死；守之，边人入塞。流星出而色黄，天子使出；入，则天子喜；出而色赤，或犯之，皆为兵起。云气入，苍白，为疾疫；赤，为兵；黄白，喜；黑云气入，边将死。

八魁九星，在北落东南，主捕张禽兽之官也。客、彗入，多盗贼，兵起。太白、荧惑入守，占同。

天纲一星，在北落西南，一曰在危南，主武帐宫舍，天子游猎所会。客、彗入，为兵起，一云义兵。

羽林军四十五星，三三而聚散，出垒壁之南，一曰在营室之南，东西布列，北第一行主天军，军骑翼卫之象。星众，则国安；稀，则民动；羽林中无星，则兵尽出，天下乱。月犯之，兵起。岁星入，诸侯悉发兵，臣下谋叛，必败伏诛。太白入，兵起。填星入，大水。五星入，为兵、

荧惑、太白经过，天子以兵自守。荧惑入而芒赤，兴兵者亡。客星入，色黄白，为喜；赤，为臣叛。流星入南，色青，后有疾；入北，诸侯忧；入东而赤黑，后有谋；入西，太子忧。云气苍白入南，后有忧；北，诸侯忧；黑，太子、诸侯忌之；出，则祸除；黄白，吉。

斧钺三星，在北落师门东，芟刈之具也，主斩刍稿以饲牛马。明，则牛马肥腯；动摇而暗，或不见，牛马死。《隋志》、《通志》皆在八魁西北，主行诛、拒难、斩伐奸谋。明大，用兵将忧；暗，则不用；移动，兵起。月入，大臣诛。岁星犯，相诛。荧惑犯，大臣戮。填星入，大臣忧。太白入，将诛。客、彗犯，斧钺用；又占：客犯，外兵被擒，士卒死伤，外国降；色青，忧；赤，兵；黄白，吉。

按《步天歌》，已上诸星皆属营室。雷电、土功吏、斧钺，《晋志》皆不载，《隋志》有之。垒壁阵、北落师门、天纲、羽林军，《晋志》在二十八宿外，腾蛇属天市垣。武密书以腾蛇属营室，又属壁宿。《乾象新书》以西十六星属尾、属危，东六星属室；羽林军西六星属危，东三十九星属室；以天纲属危，斧钺属奎。《通占录》又以斧钺属壁、属奎，说皆不同。

壁宿二星，主文章，天下图书之秘府。明大，则王者兴，道术行，国多君子；星失色，大小不同，王者好武，经术不用，图书废；星动，则有土功。日食于壁，阳消阴坏，男女多伤，国不用贤。日晕，名士忧。月食，其分大臣忧，文章士废，民多疫。月晕，为风、水，其分有忧。月犯之，国有忧，为饥，卫地有兵。岁星犯之，水伤五谷，久守或凌犯、勾巳，有兵起。荧惑犯之，卫地忧；守之，国旱，民饥，贤不用；一占：王有大灾。填星犯守，图书兴，国王寿，天下丰，国用贤；一占：物不成，民多病，逆行成勾巳者，有土功；六十日，天下立王。太白犯之一二寸许，则诸侯用命；守之，文武并用，一曰有军不战，一曰有兵丧，一曰水灾，多风雨；一曰犯之多火灾。辰星犯，国有盖藏保守之事，王者刑法急；守之，近臣忧，一曰其分有丧，有兵，奸臣有谋，逆行守之，桥梁不通。客星犯之，文章士死，一曰有丧；入，为土功，有水；守之，岁多风雨；舍，则牛马多死。彗星犯之，为兵，为火，一曰大水，民流。孛犯，为兵，有火、水灾。流星犯，文章废；《乙巳占》曰："若色黄白，天下文章士用。"赤云气入之，为兵；黑，其下国破；黄，则外国贡献，一曰天下有烈士立。

按汉永元铜仪，东壁二星九度。旧去极八十六度。景祐测验，壁二星九度，距南星去极八十五度。

天厩十星，在东壁之北，主马之官，若今驿亭也，主传令置驿，逐漏驰骛，谓其急疾与晷漏竞驰也。月犯之，兵马归。彗星入，马厩火。客星入，马出行。流星入，天下有惊。

霹雳五星，在云雨北，一曰在雷电南，一曰在土功西，主阳气大盛，击碎万物。与五星合，有霹雳之应。

云雨四星，在雷电东，一云在霹雳南，主雨泽，成万物。星明，则多雨水。辰星守之，有大水；一占：主阴谋

杀事，孳生万物。

铁锁五星，在天仓西南，刈具也，主斩刍饲牛马。明，则牛马肥；微暗，则牛马饥饿。

按《步天歌》，壁宿下有铁锁五星，《晋、隋志》皆不载。《隋志》八魁西北三星曰铁锁，又曰铁钺，其占与《步天歌》室宿内斧钺略同，恐即是此误重出之。霹雳五星、云雨四星，《晋志》无之，《隋志》有之。武密书以云雨属室宿。天厩十星，《晋志》属天市垣，其说皆不同。

卷五十一　　　　志第四

天文四

二十八舍下

西方

奎宿十六星，天之武库，一曰天豕，一曰封豕，主以兵禁暴，又主沟渎。西南大星曰天豕目，亦曰大将。明动，则兵、水大出。日食，鲁国凶，边兵起及水旱。日晕，为兵，为火。月食，聚敛之臣有忧。月晕，兵败，籴贵，将戮，人疾疫。月犯之，其分乱。岁星犯之，近臣为逆；守之，虫为灾，人饥，盗起，多狱讼；久守，北兵降；色润泽，大熟；守二十日以上，兵起鲁地，逆行守之，君好兵，民流亡。荧惑犯之，环绕三十日以上，将相凶，大水，民流；守二十日以上，鲁地有兵；动摇、进退，有赦；舍，岁大熟；留，臣下专权，多狱讼；守百日以上，多盗。填星入犯，吴、越有兵，一曰齐、鲁，一曰兵、丧；守之，有贵女执政；出入，水泉溢。太白犯之，大水，有兵，霜杀物；入，则外兵入国，昼见，将相死。辰星犯之，江河决，有兵，为旱，为火。守之，王者忧，兵、旱。客星犯之，有沟渎事；守，则王者有忧，军败，贼臣在侧；入之，破军杀将；舍留不去，人饥，出，则为谋臣惑天子。彗犯之，为饥，为兵、丧；出，则有水灾。星孛之，其下兵出，民饥，国无继嗣；出，则西北有兵起。流星入犯之，有沟渎事，破军杀将。《乙巳占》：流星出入，色黄白光润，文昌武偃；赤如火光作声，为弓弩用；一曰入则有聚众事。赤云气入犯，为兵；黄，为天子喜；黑，则大人有忧。

按汉永元铜仪，以奎为十七度，唐开元游仪十六度。旧去极七十六度，景祐测验同。

天溷七星，在外屏南，主天厕养猪之所，一曰天之厕溷也。暗，则人不安；移徙，则忧。

土司空一星，在角南，一曰天仓，主土事。凡营城邑、浚沟洫、修堤防、则议其利，建其功，四方小大功课，岁尽则奏其殿最而行赏罚。星大、色黄，则天下安。五星犯之，男女不得耕织。彗、客犯之，水旱，民流，兵大起，土功兴。客星守之，有土功，哭泣事。黄云气入，土功兴，移京邑。

策一星，在王良北，天子仆也，主执策御。流星、彗、孛、客星犯之，皆为大兵起，天子自将于野；近之，下有谋乱者。

附路一星附一作傅，在阁道南旁，别道也。一曰在王良东，主太仆，主御风雨。芒角，则车骑在野；星亡，有道路之变；不具，则兵起。太白、荧惑入，兵起。彗、孛犯之，道路不通。客星入，马贼。苍白云气入，太仆有忧；赤，为太仆诛；黄白，太仆受赐；黑，为太仆死。

阁道六星，在王良前，飞道也，从紫宫至河神所乘也。一曰主辇阁之道，天子游别宫之道也。星不见，则辇阁不通；动摇，则宫掖有兵。彗、孛、客星犯之，主不安国，有丧。白云气入，有急事；黑，主有疾；黄，则天子有喜。

王良五星，在奎北，居河中，天子奉车御官也。其四星曰天驷，旁一星曰王良，亦曰天马星，动则车骑满野。一曰为天桥，主御风雨、水道。星不具，或客星守之，津梁不通。与阁道近，有江河之变。星明，马贱；暗，则马灾。太白、荧惑入守，为兵。彗、客犯之，为兵、丧，天下桥梁不通。流星犯之，大兵将出。青云气入犯之，王良奉车忧坠车。云气赤，王良有斧锁忧。

外屏七星，在奎南，主障蔽臭秽。

军南门，在天大将军南，天大将军之南门也。主谁何出入。星不明，外国叛；动摇，则兵起；明，则远方来贡。

按《步天歌》，以上诸星俱属奎宿。以《晋志》考之，王良、附路、阁道、军南门、策星，俱在天市垣，别无外屏、天溷、土司空等星，《隋志》有之。而武密以王良、外屏、天溷皆属于壁，或以外屏又属奎。《乾象新书》以王良西一星属壁，东四星属奎，外屏西一星属壁，东六星属奎，与《步天歌》各有不合。

娄三星，为天狱，主苑牧牺牲，供给郊祀，亦为兴兵聚众。明大，则赋敛以时。星直，则有执法命者；就聚，国不安。日食于娄，宰相、大人当之，郊祀神不享。日晕，有兵，大人多死。月食，其分后妃忧，民饥。月晕，在春百八十日有赦，又为籴贵，三日内雨解之。月犯，多畋猎，其分忧，将死，民流。一曰多冤狱。岁星犯之，牛多死，米贱，有赦；守之，国安，一曰：民多疫，六畜贵，有兵自罢。荧惑犯守，为旱，为火，谷贵，又曰：守二十日以上，大臣死。星动，人多死；若逆行入成勾巳者，国廪灾。填星犯之，天子戒边境，不可远行，将兵凶；守之，谷丰，民乐；若逆行，女谒行；留舍于娄，外国兵来。太白犯之，有聚众事；守之，期三十日有兵，民饥。辰星犯之，刑罚急，多水旱，大臣忧，王者以赦除之；守而芒角、动摇、色赤黑者，臣下起兵。客星犯，为大兵；守之，五谷不成，又曰：臣惑主，专政，岁多狱讼；环绕三日，大赦。彗星犯之，民饥死；出，则先旱后水，谷大贵，六畜疾，仓库空，又曰国有大兵。星孛，其分为兵，为饥。流星出犯之，有法令清狱。青赤云气入，为兵、丧；黑，为大水。

按汉永元铜仪，以娄为十二度，唐开元游仪十三度。旧去极八十度。景祐测验，娄宿十二度，距中央大星去极八十度，在赤道内十一度。

天仓六星，在娄宿南，仓谷所藏也，待邦之用。星近而数，则岁熟粟聚；远而疏，则反是。月犯之，主发粟。五星犯，兵起，岁饥，仓粟出。荧惑、太白合守，军破将死。荧惑入，军转粟千里；近之，天下旱。太白犯之，外国人相食，兵起西北。辰星守之，大水。客、彗犯之，五谷不成。客星入，岁饥籴贵。流星入，色赤，为兵；犯之，粟以兵出；色黄白，岁大稔。苍白云气入，岁饥，赤，为兵、旱，仓廪灾；黄白，岁大熟。

右更五星，在娄西，秦爵名，主牧师官，亦主礼义。星不具，天下道不通。太白、荧惑犯守，山泽兵起。

左更五星，在娄东，亦秦爵名，山虞之官，主山泽林薮竹木蔬菜之属，亦主仁智。占同右更。

天大将军十一星，在娄北，主武兵。中央大星，天之大将也；外小星，吏士也。动摇，则兵起，大将出；小星动摇，或不具，亦为兵；旗直扬者，随所击胜。五星犯守，大将忧。客星守之，大将不安，军吏以饥败。流星入，大将忧。苍白云气犯之，兵多疾；赤，为军出。

天庾四星，在天仓东南，主露积。占与天仓同。

按《晋志》，天仓、天庾在二十八宿之外，天大将军属天市垣，左更、右更惟《隋志》有之。《乾象新书》以天仓属奎。武密亦以属奎，又属娄。《步天歌》皆属娄宿。

胃宿三星，天之厨藏，主仓廪，五谷府也。明，则天下和平，仓廪实，民安；动，则输运。暗，则仓空；就聚，则谷贵、民流；中星众，谷聚；星小，谷散；芒，则有兵。日食，大臣诛，一曰乏食，其分多疾，谷不实，又曰有委输事。日晕，谷不熟。月食，王后有忧，将亡，亦为饥，郊祀有咎。月晕，兵先动者败，妊妇多死，又曰主死，天多雨，或山崩，有破军。岁星在晕内，天子有德令。月晕在四孟之月，有赦。荧惑在晕中，为兵。月犯之，邻国有暴兵，天下饥，外国忧，谷不实，民多疾；变色，将军凶。岁星犯之，大人忧，兵起；守，则国昌；入，则国令变更，天下狱空；若逆行，五谷不成，国无积蓄。荧惑犯之，兵乱，仓粟出，贵人忧；守之，旱饥，民疫，客军大败；入，则改法令，牢狱空；进退环绕勾巳、凌犯及百日以上，天下仓库并空，兵起。填星犯之，大臣为乱；守之，无蓄积，有德令，岁谷大贵；若逆行守勾巳者，有兵，色赤，兵起流血；青，则有德令。辰星犯，其分不宁；守之，有兵，国有立侯，巫咸曰："为旱，谷不成，有急兵。"又逆行守之，仓空，水灾。客星犯之，王者忧，仓廪用；退行入，则有赦；守之，强臣凌国，谷不熟；乘之，为火，舍而不去，人饥；出，其分君有忧。彗星犯之，兵动，臣叛，有水灾，谷不登。星孛，其分兵起，王者恶之。流星犯之，仓库空；色赤，为火灾。苍白云气出入犯之，以丧籴粟事，黑，为仓谷败腐；青黑，为兵；黄白，仓实。

按汉永元铜仪，胃宿十五度。景祐测验，十四度。

天囷十三星，如乙形，在胃南，仓廪之属，主给御廪粢盛。星明，则丰稔；暗，则饥。月犯之，有移粟事。五星犯之，仓库空虚。客、彗入，仓库忧，水火焚溺。青白云气入，岁饥，民流亡。

大陵八星，在胃北，亦曰积京，主大丧也。中星繁，诸侯丧，民疫，兵起。月犯之，为兵，为水、旱，天下有丧。月晕前足，大赦。五星入，为水、旱、兵、丧。荧惑守之，天下有丧。客、彗入，民疫。流星出犯之，其下有积尸。苍白云气犯之，天下兵、丧；赤，则人多战死。

积尸一星，在大陵中。明，则有大丧，死人如山。月犯之，有叛臣。五星犯之，天下大疾。客、彗犯，有大丧。苍色云气入犯之，人多死；黑，为疫。

天船九星，在大陵北，河之中，天之船也，主通济利涉。石申曰："不在汉中，津河不通。"明，则天下安；不明及移徙，天下兵、丧。月犯之，百川流溢，津梁不通。五星犯之，水溢，民移居。彗星犯之，为大水。客星犯，为水，为兵。青云气入，天子忧，不可御船；赤，为兵，船用；黄白，天子喜。

天廪四星，在昴宿南，一曰天廥，主蓄黍稷，以供享祀。《春秋》所谓御廪，此之象也。又主赏功，掌九谷之要。明，则国实岁丰；移，则国虚，黑而稀，则粟腐败。月犯之，谷贵。五星犯之，岁饥。客星犯，仓库空虚。流星入，色青为忧；赤，为旱，为火；黄白，天下熟。青云气入，蝗，饥，民流；赤，为旱；黑，为水；黄，则岁稔。

积水一星，在天船中，候水灾也。明动上行，舟船用。荧惑犯，有水。

按《晋志》，大陵、积尸、天船、积水俱属天市垣，天囷、天廪在二十八宿之外。武密以天囷、大陵属娄，又属胃；天船属胃，又属昴。《乾象新书》，天囷五星属娄，余星属胃，大陵西三星属娄，东五星属胃，与《步天歌》互有不同。

昴宿七星，天之耳目也，主西方及狱事。又为旄头，北星也，又主丧。昴、毕间为天街，天子出，旄头、罕毕以前驱，此其义也。黄道所经。明，则天下牢狱平；六星皆明与大星等，为大水。七星皆黄，兵大起。一星亡，为兵、丧。摇动，有大臣下狱及有白衣之会。大而数尽动，若跳跃者，北兵大起。一星独跳跃而动，北兵欲犯边。日食，王者疾，宗姓自立，又占边兵起。日晕，阴国失地，北主忧，赵地凶，又云大饥。月食，大臣诛，女主忧，饥，边兵起，将死，北地叛。月岁三晕，弓弩贵，民饥。晕在正月上旬，有赦；犯之，为饥，北主忧，天子破北兵，变色，民流，国亡，下有暴兵，有赦，出昴北，天下有福。乘之，法令峻，大水，谷不登。岁星犯之，狱空；乘之，阴国有兵，北主忧；守之，主急刑罚，狱空，一曰臣下狱有解者；守其北，有德令，又曰水物不成；久守，大臣坐法，民饥，留守，破军杀将。荧惑犯守，为兵，为旱、饥，守东，齐、楚、越地有兵，守南，荆、楚有兵；西，则兵起秦、郑；北，则兵起燕、赵，又为贵人多死，北地不宁；入则有喜，有赦，天下无兵，守而环绕勾巳，为赦；久守，籴贵。填星犯，或出入守之，北地为乱，有土功，五谷不成，水火为灾，民疫，又为女主失势；入，则地动水溢，宗庙坏；留，则大将出征。太白入犯之，大赦；在东，六畜伤；在西，六月有兵；又曰守之，北兵动，将下狱；昼见，边兵起；出、入、留、舍，在南为男丧，北为女丧。辰星犯，北主忧，守之，谷不成，民饥；久守，为水，为兵。客星犯，贵人有急，北兵大败，逸人在内；守之，臣叛主，兵起，入，则其分有丧。彗星犯之，大臣为乱，出，则边兵起，有赦。星孛，其分臣下乱，有边兵，大臣诛。流星出入犯之，夷兵起。《乙巳占》："流星入，北方来朝；出，则天子有赦令恤民。"苍赤云气犯之，民疫，黑，则北主忧；青，为水，为兵；青白，人多丧；黄，则有喜。

按汉永元铜仪，昴宿十二度，唐开元游仪十一度。旧去极七十四度。景祐测验，昴宿十一度，距西南星去极七十一度。

刍藁六星，在天苑西，一曰在天囷南，主积藁之属。一曰天积，天子之藏府。星明，则刍藁贵；星盛，则百库之藏存；无星，则百库之藏散。月犯之，财宝出。辰星、荧惑犯之，刍藁有焚溺之患。赤云气犯之，为火；黄，为喜。

天阴五星，主从天子弋猎之臣。不明，则为吉；明，则禁言泄。

天河一星一作天阿，在天廪星北。《晋志》在天高星西，主察山林妖变。五星、客、彗犯之，主妖言满路。

卷舌六星，在昴北，主枢机智谋，一曰主口语，以知谗佞。曲而静，则贤人升；直而动，多谗人，兵起，天下有口舌之害。徙出汉外，则天下多妄说。星繁，人多死。月犯之，天下多丧。五星犯，佞人在侧。彗、客犯之，侍臣忧。

天苑十六星，在昴、毕南，如环状，天子养禽兽之苑。明，则禽兽牛马盈；不明，则多瘴死；不具，有斩刈事。五星犯之，兵起。客、彗犯，为兵，兽多死。流星入，色黑，禽兽多死；黄，则蕃息。《云气占》同。

天谗一星，在卷舌中，主巫医。暗，则为吉；明盛，人君纳佞言。

月一星，在昴宿东南，蟾蜍也，主日月之应，女主臣下之象，又主死丧之事。明大，则女主大专。太白、荧惑守之，臣下起兵为乱。彗、客犯之，大臣黜，女主忧。

砺石四星，在五车星西，主百工磨砺锋刃，亦主候伺。明，则兵起；常，则吉。荧惑入，边兵起，诸侯发兵。客星守之，为兵。

按《晋志》，天河、卷舌、天谗俱属天市垣，天苑在二十八宿之外，刍藁、天阴、月、砺石，《晋志》不载，《隋史》有之。武密又以刍藁属胃，卷舌属胃，又属昴。《乾象新书》以刍藁属娄，卷舌西三星属胃，东三星属昴，天苑西八星属胃，南八星属昴。《步天歌》以上诸星皆属昴宿，互有不合。

毕宿八星，主边兵弋猎。其大星曰天高，一曰边将，主四夷之尉也。《天官书》曰："毕为罕车。"明大，则远人来朝，天下安；失色，边兵乱，一星亡，为兵、丧；动摇，则边兵起；移徙，天下狱乱；就聚，则法令酷。日食，边王死，军自杀其主，远国有谋乱。日晕，有边兵；不则北主忧，又占有风雨。月食，有赦，赵分有兵，或赵君忧。月晕，兵乱，饥，丧；晕三重，边有叛者，七日内风雨解之，又为阴国有忧，天下赦。犯毕大星，下犯上，大将死，阴国忧；入毕口，多雨，穿毕，岁饥，盗起；失行，离于毕，则雨；居中，女主忧；又曰犯北，则阴国忧；南，则阳国忧。岁星犯之，冬多风雨，又曰为水；入毕口，边兵起，民饥，有赦；守三十日，客兵起；出阳，为旱；阴，为水。荧惑犯右角，大战；左角，小战；入，则边兵忧；守之，为饥，有赦。成勾巳环绕，大赦，一曰入毕中，有兵兵罢；又曰守之，有畋猎事，北主忧，天下道路不通；入毕口，有赦，逆行至昴，为死丧，已去还守，贵臣忧；舍毕口，赵国忧。填星犯之，兵起西北，不战；守之，兵有降军，有赦，一曰土功徭役烦，兵起；入，则地震水溢，守毕口，大人当之；出、入、留、舍，其野兵起，客军死。太白犯右角，战败，将死；入毕口，将相为乱，大赦，国易政令，诸侯起兵，为水，五谷不成；贯毕，仓廪空，四国兵起。辰星犯之，边地灾；入毕口，国易政；守之，水溢，民病，物不成，边兵起；守毕口，人为乱。客星犯之，大人忧，无兵兵起，有兵兵罢；入，则多狱事；守之，为饥，边兵起；出，为车马急行。彗星犯之，北地为乱，人民忧。星孛，其分土功兴，多徭役。色苍，为饥，破军；黄，则女为乱；白，为兵、丧；黑，为水。流星犯之，边兵大战；色赤贯之，戎兵大至；入而复出，为赦；入而黄白有光，外人入贡。苍白云气入，岁不收；赤，为兵、旱，为火；黄白，天子有喜。

按汉永元铜仪，毕十六度。旧去极七十八度。景祐测验，毕宿十七度，距毕口北星去极七十七度。

天节八星，在毕、附耳南，主使臣持节宣威四方。明大，则使忠；不明，则奉使无状。荧惑守之，臣有谋逆，或使臣死。太白守之，大将出。客、彗犯之，法令不行。客星守，持节臣有忧。

九州殊口九星，在天节南下，晓方俗之官，通重译者也。常以十一月候之。亡一星，一国忧；二星以上，天下乱，兵起。太白、荧惑守之，亦为兵。客星入，民忧，水负海，国不安，有兵。

附耳一星，在毕下，主听得失，伺愆邪，察不祥也。星盛，则中国微，有盗贼，边候警，外国反。动摇，则谗臣在君侧。岁星犯之，有兵，将相丧。太白犯之，佞臣在侧。

九斿九星，在玉井西南，一曰在九州殊口东，南北列，主天下兵旗，又曰天子之旗也。太白、荧惑犯之，兵骑满野。客星犯，诸侯兵起，禽兽多疾。

天街二星，在昴、毕间，一曰在毕宿北，为阴阳之所分。《大象占》：近月星西，街南为华夏，街北为外邦。又曰三光之道，主伺候关梁中外之境。明，则王道正。月犯天街中，为中平，天下安宁；街外，为漏泄，谗夫当事，民不得志；不由天街，主政令不行。月晕其宿，关梁不通。荧惑守之，道路绝；久守，国绝礼。岁星居之，色赤，为殃，或大旱。太白守之，兵塞道路，六夷旄头灭，一曰民饥。

天高四星，在坐旗西，《乾象新书》：在毕口东北。台榭之高，主望八方云雾氛气，今仰观台也。不见，为主失礼；守常，则吉。微暗，阴阳不和。月、五星犯之，则水旱不时；乘之，外臣诛。月晕，不出六月有丧。荧惑入十日,为小赦;留三十日,大赦。客、彗守之,大旱。苍白云气犯,亦然。

诸王六星,在五车南,主察诸侯存亡。明,则下附上;不明,则下叛;不见,宗庙危,四方兵起。荧惑入之,诸王妃恣,为下所谋;守之,下不信上。太白、荧惑犯,诸王当之,一曰宗臣忧。客、彗守,诸侯黜。

五车五星、三柱九星,在毕宿北,五帝坐也,又五帝之车舍也。主天子五兵,又主五谷丰耗。一车主赍麻、一车主麦,一车主豆,一车主黍,一车主稻米。西北大星曰天库,主太白,秦分及雍州,主豆。东北一星曰天狱,主辰星,燕、赵分及幽、冀,主稻。东南一星曰天仓,主岁星,鲁分徐州,卫分并州,主麻。次东南一星曰司空,主填星,楚分荆州,主黍粟。次西南一星曰卿,主荧惑,魏分益州,主麦。《天文录》曰:"太白,其神令尉;辰星,其神风伯;岁星,其神雨师;荧惑,其神丰隆;填星,其神雷公。此五车有变,各以所主占之。"三柱,一曰天渊,一曰天休,一曰天旂,欲其均用阔狭有常,星繁,则兵大起。石申曰:"天库星中河而见,天下多死人,河津绝。"又曰:"天子得灵台之礼,则五车、三柱均明有常。"天旂星不见,则大风折木;天休动,则四国叛。一柱出,或不见,兵半出;三柱尽出,及不见,兵亦尽出。柱外出一月,谷贵三倍;出二月、三月,以次倍贵;外出不尽两间,主大水。月犯天库,兵起,道不通;犯天渊,贵人死,臣逾主。月晕,女主恶之;在正月,为赦;晕一车,赦小罪;五车俱晕,赦殊罪;四、七、十月晕之,为水;晕十一、十二月,谷贵。五星犯,为旱,丧;犯库星,为兵起。岁星入之,籴贵。荧惑入之,为火,或与岁星占同。填星入天库,为兵,为丧,舍中央,为大旱,燕、代之地当之;舍东北,畜蕃,帛贱;舍西北,天下安。太白入之,兵大起;守五车,中国兵所向憎伏。舍西北,为疾疫,牛马死,应酒泉分。辰星入舍为水;犯之,兵以水潦起。客星犯,则人劳;庚寅日候近之,为金车,主兵;甲寅日候近之,为木车,主槽增价;戊寅日候近之,为土车,主土功;丙寅日候近之,为火车,主旱;壬寅日候近之,为水车,主水溢;入之,色青为忧,赤为兵;守天渊,有大水;守天休,左为兵,右为丧;黄为吉。彗、孛犯之,兵起,民流。流星入,甲子日,主粟;丙午日,主麦;戊寅日,主豆;庚申日,主黍;壬戌日,主黍:各以其日占之,而粟麦等价增。白云气入,民不安;赤,为兵起。

天潢五星,在五车中。主河梁津渡。星不见,则津梁不通。月入天潢,兵起。五星失度,留守之,皆为兵。荧惑、填星入之,为大旱,为火。荧惑舍之,牛马疫,为兵。辰星出天潢,有赦。客星入,为兵;留守,则有水害。苍白或黑云气入,为丧;赤,为兵;黄白,则天子有喜。

咸池三星,在天潢南,主陂泽池沼鱼鳖凫雁。明大,则龙见,虎狼为害;星不具,河道不通。月入,为暴兵。五星入,为兵,为旱,失忠臣,君易政;守之,为饥;为兵。客星入,天下大水。流星入,为丧;出,则兵起。云气入,色苍白,鱼多死;赤,为旱;白,为神鱼见;黑,为大水。

参旗九星,一曰天旗,一曰天弓,司弓弩,候变御难。星如弓张,则兵起;明,则边寇动;暗,为吉。又曰天弓不具,天下有兵。五星犯之,兵起。荧惑守之,下谋上,诸侯起兵;一曰有边兵。太白守之,兵乱。客星守,天下忧。流星入,北地兵起。云气犯之,色青,入自西北,兵来,期三年。

天关一星,在五车南,亦曰天门,日月之所行,主边方,主关闭。星芒角,为兵;不与五车合,大将出。月岁三晕,有赦;犯之,有乱臣更法。五星守之,贵人多死。岁星、荧惑守之,臣谋主,为水,为饥。太白、荧惑守之,大赦,关梁有兵。太白入,则大乱。填星守,王者壅蔽;犯之,臣谋主。太白失行,兵起。客星犯之,民多疾,关市不通;又曰诸侯不通,民相攻。客星入,多盗。流星犯之,天下有急,关梁不通,民忧,多盗。黄云气犯,四方入贡。

天园十三星,在天苑南,植菜果之处。曲而钩,菜果熟。白云气犯之,兵起。

按《步天歌》,以上诸星皆属毕宿。武密书以天节属昴,参旗、天关、五车、三柱皆属觜,与《步天歌》不同。《乾象新书》以天节、参旗皆属毕;天园西八星属昴,东五星亦属毕;五车北西南三大星属毕,东二星及三柱属参。说皆不同,今皆存之。

觜觿三星,为三军之候,行军之藏府,葆旅收,敛万物。明,则军粮足,将得势;动,则盗贼行,葆旅起;暗,则不可用兵。日食,臣犯主,戒在将臣。晕及三重,其下谷不登,民疫,五重,大赦,期六十日。月食,为旱,大将忧,有叛主者。正月月晕,有赦,外军不胜,大将忧,偏裨有死者。岁星犯之,其分兵起;守,则农夫失业,后有忧,丁壮多暴死,下有叛者,民多疾疫;入,则多盗,天时不和;国君诛伐不当,则逆行。荧惑犯之,其分有叛者,为旱,为火,为兵起,为籴贵;与觜觿合,赵分相忧;入,则其下有兵。填星入犯,为兵,为土功,其分失地,女主恣,则填星逆行而色黄。太白犯之,兵起;守之,其分易令,大臣叛,物不成,民疫。辰星犯之,不可举兵,一曰赵地水,有叛者;守之,赵分饥。客星出入其宿,青为忧,赤为兵,黑为水,白为丧,黄白为吉。彗星犯之,兵起;出入其分,失地,民流。星孛之,为兵乱,军破,其色与客星同占。流星入犯之,有叛者,有破军。云气犯之,赤,为兵;苍白,为兵、忧;黑,赵地大人有忧;色黄,有神宝入。

按汉永元铜仪、唐开元游仪,皆以觜觿为三度。旧去极八十四度。景祐测验,觜宿三星一度,距西南星去极八十四度,在赤道内七度。

坐旗九星,在司怪西北,君臣设位之表也。星明,则国有礼。

司怪四星,在井钺星前,主候天地、日月、星辰变异,鸟兽、草木之妖,明主闻灾,修德保福。星不成行列,宫中及天下多怪。

按《步天歌》,坐旗、司怪俱属觜宿,武密书及《乾象新书》皆属于参。

参宿十星，一曰参伐，一曰天市，一曰大辰，一曰铁钺，主斩刈万物，以助阴气；又为天狱，主杀，秉威行罚也；又主权衡，所以平理也；又主边城，为九译，故不欲其动。参为白虎之体，其中三星横列者，三将也；东北曰左肩，主左将；西北曰右肩，主右将；东南曰左足，主后将军；西南曰右足，主偏将军。参应七将，中央三小星曰伐，天之都尉，主鲜卑外国，不欲其明。七将皆明大，天下兵精；王道缺，则芒角张；伐星明与参等，大臣有谋，兵起；失色，军散败；芒角动，边有急，兵起，有斩伐之事；星移，客伐主；肩细微，天下兵弱；左足入玉井中，兵起，秦有大水，有丧，山石为怪；星差戾，王臣贰；左股星亡，东南不可举兵；右股，则主西北。又曰参足移北为进，将出有功；徙南为退，将军失势。三星疏，法令急。日食，大臣忧，臣下相残，阴国强。日晕，有来和亲者，一曰大饥。月食其度，为兵，臣下有谋，贵臣诛，其分大饥，外兵大将死，天下更令。月晕，将死，人殃乱，战不利。月犯，贵臣忧，兵起，民饥；犯参伐，偏将死。岁星犯之，水旱不时，大疫，为饥；守之，兵起，民疫；入，则天下更政。荧惑犯之，为兵，为内乱，秦、燕地凶；守之，为旱，为兵，四方不宁；逆行入，则大饥。填星犯之，有叛臣；守之，其下国亡，奸臣谋逆，一云有丧，后、夫人当之；逆行留守，兵起。太白犯之，天下发兵；守之，大人为乱，国易政，边民大战。辰星犯之，为水，为兵，贵臣黜。辰星与参出西方，为旱，大臣诛。逆守之，兵起。客星入犯之，国内有斩刈事；守之，边州失地，环绕者，边将有斩刈事。彗星犯之，边兵败，君亡，远期三年；贯之，色白，为兵、丧。星孛于参，君臣俱忧，国兵败。流星入犯之，先起兵者亡。《乙巳占》曰："流星出而光润，边安，有赦，狱空。"青云气入犯之，天子起边城，苍白，为臣乱；赤，为内兵；黄色润泽，大将受赐；黑，为水灾，大臣忧。白云气出贯之，将死，天子疾。

按汉永元铜仪，参八度。旧去极九十四度。景祐测验，参宿十星十度，右足入毕十三度。

玉井四星，在参左足下，主水泉，以给庖厨。动摇，为忧。客星入，为水，为费国失地；出，则国得地，一云将出。流星入，为大水。云气入而色青，井水不可食。

屏二星，一作天屏，在玉井南，一云在参右足。星不具，人多疾。不明，大人寝疾。星亡，主多病。月、五星犯之，为水。客星出于屏，亦为大人有疾。彗星犯之，水旱不时。

军井四星，在玉井东南，军营之井，主给师，济疲乏。月犯，刍稿、财宝出。荧惑入，为水，兵多死。太白入，兵动，民不安。客星入，忧水害。

厕四星，在屏星东，一曰在参右脚南，主溷。色黄，为吉，岁丰；青黑，人主腰下有疾。星不具，则贵人多病。客星入，为谷贵。彗、孛入，岁饥。青云气入，为兵，黑，为忧；黄，则天子有喜。

天屎一星，在天厕南。色黄，则年丰。凡变色，为蝗，为水旱，为霜杀物。常以秋分候之。星亡不见，天下荒，星微，民多流。

按《步天歌》，玉井、军井、厕各四星，屏二星，天屎一星，俱属参宿。《晋志》玉井在参左足，武密书属觜，《乾象新书》属毕；军井，《晋志》在玉井南，武密亦属觜，《乾象新书》亦属毕，唐开元游仪在玉井东南；屏、厕、天屎，《晋志》皆不载，《隋志》屏在玉井南，开元游仪在觜，《隋志》厕在屏东，屎在厕南，《乾象新书》皆属参，与《步天歌》互有不合。

南方

东井八星，天之南门，黄道所经，七曜常行其中，为天之亭候，主水衡事，法令所取平也。武密占曰：井中为三光正道，五纬留守若经之，皆为天下无道。不欲明，明则大水。又占曰：用法平，井宿明。钺一星，附井宿前，主伺奢淫而斩之；明大与井宿齐，则用钺于大臣。月宿，其分有风雨。日食，秦地旱，民流，有不臣者；晕，则多风雨；有青赤气在日，为冠，天子立侯王。月食，有内乱，大臣黜，后不安，五谷不登，分有兵、丧。月晕，为旱，为兵，为民流，国有忧，一曰有赦。阴阳不和则晕，晕及三重，在三月为大水，在十二月日壬癸为大赦。月犯之，将死于兵，水官黜，刑不平，犯井钺，大臣诛，有水事。岁星犯之，王急法，多狱讼，水溢，将军恶；犯井钺，近臣为乱，兵起；逆行入井，川流壅塞。荧惑犯之，兵先起者殃，又曰天子以水败；入守经旬，下有兵，贵人不安；守三十日，成勾巳，角动，色赤黑，贵人当之，百川溢，兵起。填星入犯之，兵起东北，大臣忧；入井钺，王者恶之；在觜而去东井，其下亡地。太白犯之，咎在将，久守，其分君失政，臣为乱。辰星犯之，星进则兵进，退则兵退，刑法平，又曰北兵起，岁恶。芒角、动摇，色赤黑，为水，为兵乱。客星犯之，谷不登，大臣诛，有土功，小儿妖言。彗星犯之，民谗言，国失政，一曰大臣诛，其分兵灾。流星犯之，在春夏则秦地谋叛，在秋冬则宫中有忧。《乙巳占》：流星色黄润，国安；赤黑，秦分民流，水灾。苍黑云气入犯之，民有疾疫；黄白润泽，有客来言水泽事。黑气入，为大水。常以正月朔日入时候之，井宿上有云，岁多水潦。

按汉永元铜仪，井宿三十度，唐开元游仪三十三度，去极七十度。景祐测验，亦三十三度，距西北星去极六十九度。

五诸侯五星，在东井北，主断疑、刺举、戒不虞、理阴阳、察得失，亦曰主帝心。一曰帝师，二曰帝友，三曰三公，四曰博士，五曰太史，五者常为帝定疑议。星明大、润泽，则天下治。五礼备，则光明，不相侵陵；暗，则贵人谋上；芒角，祸在中。岁星犯之，兵起三年。荧惑犯之，大臣叛不成。太白犯之，诸侯兴兵亡国；经天昼见，则诸侯受诛。客星犯，王室乱，诸侯亡地，秦国殃；守之，诸侯亲属失位。彗、孛犯之，执法臣诛，又曰贵臣当之，期一年。云气犯之，色苍白，诸侯有丧；不，则臣有诛戮。天下有大水。

积水一星，在北河西北，所以供酒食之正也。不见，为灾。岁星犯之，水物不成，鱼盐贵，民饥。荧惑犯之，为兵，为水。辰星犯之，为水、旱。客星犯之，兵起，大水，大臣忧，期一年。苍白云气入犯之，天下有水。

积薪一星，在积水东北，供庖厨之正也。星不明，五谷不登。荧惑犯之，为旱，为兵，为火灾。客星守之，薪贵。赤云气入犯之，为水灾。

南河三星，与北河夹东井，一曰天之关门也，主关梁。南河曰南戍，一曰南宫，一曰阳门，一曰越门，一曰权星，主火。两河戍间，日、月、五星之常道也。河戍动摇，中国兵起。河星不具，则路不通。水泛溢。月出入两河间中道，民安，岁美，无兵；出中道之南，君恶之，大臣不附。星明，为吉；昏昧动摇，则边兵起，远人叛，主忧。月犯之，为中邦忧，一曰为兵，为丧，为旱，为疫；行西南，为兵、旱；入南戍，则民疫；晕，则为土功；乘之，四方兵起；经南戍南，则为刑罚失。岁星犯之，北主忧。荧惑犯两河，为兵；守三十日以上，川溢；守南河，谷不登，女主忧；守南戍西，果不成；在东，则有攻战。填星乘南河，为旱，民忧；守之，为兵，道不通。太白舍三十日，川溢；一曰有奸谋；守两河，为兵起。客星守之，为旱，为疫。彗、孛出，为兵；守，为旱。流星出，为兵、丧，边戍有忧。苍白云气入之，河道不通；出而色赤，天子兵向诸侯。黄气入之，有德令；出，为灾。

北河亦三星，北河曰北戍，一曰北宫，一曰阴门，一曰胡门，一曰衡星，主水。五星出、入、留、守之，为兵起；犯之，为女丧；乘之，为北主忧。岁星入北戍，大臣诛。荧惑从西入北戍，六十日有丧；从东入，九十日有兵，一曰出北戍北守之，边将有不请于上而用兵外国者胜。填星守之，兵起，六十日内有赦，一曰有土功；若守戍西，五谷不实。太白舍北戍，三十日为女丧，有内谋；守阴门，不出百日天下兵悉și。辰星守之，外兵起，边臣有谋；留止，则兵起四方。客星入犯之，有丧于外，奸人在中；入自东，兵起，期九十日；入自西，有丧，期六十日；守之，为大水。流星经两河间，天下有难；入，为北兵入中国，关梁不通。云气苍白入犯之，边有兵，疾疫，又为北主忧。

四渎四星，在东井南垣之东，江、河、淮、济之精也。明大，则百川决。

水位四星，在积薪东，一曰东井东北，主水衡。岁星犯之，为大水；一曰出南，为旱。荧惑守之，田不治。客星犯之，水道不通，伏兵在水中；一曰客星若水、火，守犯之，百川流溢。彗、孛出，为大水，为兵，谷不成。流星入之，天下有水，谷败民饥。赤云气入，为旱、饥。

天樽三星，在五诸侯南，一曰在东井北，樽，器也，主盛馔粥，以给贫馁。明，为丰；暗，则岁恶。

阙丘二星，在南河南，天子双阙，诸侯两观也。太白、荧惑守之，兵战阙下。

军市十三星，状如天钱，天军贸易之市，有无相通也。中星众，则军余粮；小，则军饥。月入，为兵起，主不安。五星守之，军粮绝。客星入，有刺客起，将离卒亡。流星出，为大将出。

野鸡一星，在军市中，主变怪。出市外，天下有兵。守静，为吉；芒角，为凶。

狼一星，在东井东南，为野将，主侵掠。色有常，不欲动也。芒角、动摇，则兵起；明盛，兵器贵；移位，人相食；色黄白，为凶；赤，为兵。月犯之，有兵不战，一曰有水事。月食在狼，外国有谋。五星犯之，兵大起，多盗。彗、孛犯之，盗起。客星守之，色黄润，为喜；黑，则有忧。赤云气入，有兵。

弧矢九星，在狼星东南，天弓也，主行阴谋以备盗，常属矢以向狼。武密曰："天弓张，则北兵起。"又曰："天下尽兵。"动摇明大，则多盗；矢不直狼，为多盗；引满，则天下尽为盗。月入弧矢，臣逾主。月晕其宿，兵大起。客星入，南夷来降；若舍，其分秋雨雪，谷不成；守之，外夷饥；出入之，为兵出入。流星入，北兵起，屠城杀将。赤云气入之，民惊，一曰北兵入中国。

老人一星，在弧矢南，一名南极。常以秋分之旦见于丙，候之南郊，春分之夕没于丁。见，则治平，天子寿昌；不见，则兵起，岁荒，君忧。客星入，为民疫，一曰兵起，老者忧。流星犯之，老人多疾，一曰兵起。白云气入之，国当绝。

丈人二星，在军市西南，主寿考，悼耄矜寡，以哀穷人。星亡，人臣不得自通。

子二星，在丈人东，主侍丈人则。不见，为灾。

孙二星，在子星东，以天孙侍丈人侧，相扶而居以孝慈。不见，为灾；居常，为无咎。

水府四星，在东井西南，水官也，主堤塘、道路、梁沟，以设堤防之备。荧惑入之，有谋臣。辰星入，为水。客星入，天下大水。流星入，色青，所主之邑大水；赤，为旱。

按《步天歌》自五诸侯至水府常星一十八坐，俱属东井。武密书以丈人二星、子、孙各一星属牛宿。《乾象新书》以丈人与子属参、孙属井；又以水府四星亦属参。武密以水府属井。余皆与《步天歌》合。

舆鬼五星，主观察奸谋，天目也。东北星主积马，东南星主积兵，西南星主积布帛，西北星主积金玉，随变占之。中央星为积尸，主死丧祠祀；一曰铁锧，主诛斩。星明大，谷不成；不明，民散。锧欲其忽忽不明，明则兵起，大臣诛；动而光，赋重役烦，民怀嗟怨。日食，国不安，有大丧，贵人忧。晕，则其分有兵，大臣有诛废者。月食，贵臣、皇后忧，期一年。晕，为旱，为赦。月犯之，秦分君忧，一曰军将死，贵臣、女主忧，民疫。岁星犯之，谷伤民饥，君不听事；犯鬼锧，执法臣诛。荧惑犯之，忠臣诛，一曰兵起，后失势；入，则后及相忧，一曰贼在君侧，有兵、丧；勾巳，国有赦；留守十日，诸侯当之；二十日，太子当之；勾巳环绕，天子失庙。填星犯之，大臣、女主忧；守之，忧在后宫，为旱，为土功；入锧，王者恶之；犯积尸，在阳为君，在阴为后，左为太子，右为贵臣，随所守恶之。太白入犯之，为兵，乱臣在内，一曰将有诛；贯之而怒，下有叛臣；久守之，下有兵，为旱，为火，万物不成。辰星犯之，五谷不登；守，为有丧，忧在贵人。客星犯之，国有自立者败，一曰多土功；入之，有诅盟祠鬼事。彗星犯之，兵起，国不安。星孛，其下有丧，兵起，宜修德禳之。流星犯鬼锧，有戮死者；入，则四国来贡。白云气入，有疾疫；黑，后有忧；赤，为旱；黄，为土功；入犯积尸，贵臣有忧；青，为病。

按汉永元铜仪，舆鬼四度。旧去极六十八度。景祐测验，舆鬼三度，距西南星去极六十八度。

爟四星，在鬼宿西北，一曰在轩辕西，主烽火，备边亭之警急。以不明为安，明大则边有警。赤云气入，天下烽火皆动。

天狗七星，在狼星北，主守财。动移，为兵，为饥，多寇盗，有乱兵。填星守之，人相食。客、彗守之，则群盗起。

外厨六星，为天子之外厨，主烹宰，以供宗庙。占与天厨同。

积尸气一星，在鬼宿中，孛孛然入鬼一度半，去极六十九度，在赤道内二十二度，主死丧祠祀。

天纪一星，在外厨南，主禽兽之齿。太白、荧惑守犯之，禽兽死，民不安。客星守之，则政隳。

天社六星，在弧矢南。昔共工氏之勾龙能平水土，故祀之以配社，其精上为星。明，则社稷安；不明、动摇，则下谋上。太白、荧惑犯之，社稷不安。客星入，有祀事于国内；出，则有祀事于国外。

按《晋志》，爟四星属天市垣，天狗七星在七星北。武密以天狗属牛宿，又属舆鬼，《乾象新书》属井。外厨六星，《晋志》在柳宿南，武密书亦属柳，《乾象新书》与《步天歌》皆属舆鬼。天纪一星，武密书及《乾象新书》皆属柳，惟《步天歌》属鬼宿。天社六星，武密书属井，又属鬼。《乾象新书》以西一星属井，中一星属鬼，末一星属柳。今从《步天歌》，以诸星俱属舆鬼，而备存众说。

柳宿八星，天之厨宰也，主尚食，和滋味，又主雷雨。《尔雅》曰："咪，谓之柳。柳，鹑火也。"又主木功。一曰天库，又为鸟喙，主草木。明，则大臣谨重，国家厨食具；开张，则人饥死；亡，则都邑振动，直，则为兵。日食，宫室不安，王者恶之，厨官、桥道、堤防有忧。日晕，飞鸟多死，五谷不成；三抱而戴者，君有喜。月食，宫室不安，大臣忧。月晕，林苑有兵，天下有土功，厨狱官忧，又为兵，为饥，为旱，疫。岁星犯之，国多义兵。荧惑犯之，色赤而芒角，其下君死，一曰宫中忧火灾；守之，有兵，逆臣在侧；逆行守之，王不宁。填星犯守，君臣和，天下喜；石申曰："天子戒饮食之官。"出、入、留、舍，有急令。太白犯之，有急兵。逆行勾巳，臣谋主，昼见，为兵。辰星犯之，民相仇，岁旱，君戒在酒食。客星犯之，咎在周国；守，则布帛、鱼盐贵。色苍白，杀边诸侯。彗星犯之，大臣诛，为兵，为丧。星孛于柳，南夷叛，甘德曰："为兵，为丧。"流星出犯之，周分忧；色黄，为喜；入，则王者内有火灾；《乙巳占》："出，则宗庙有喜，贤人用；入，为天厨官有忧，木功废。"赤云气入，为火；黄，为赦；黄白，为天子有喜，起宫室。

按汉永元铜仪，以柳为十四度，唐开元游仪十五度。旧去极七十七度。景祐测验，柳八星一十五度，距西头第三星去极八十三度。

酒旗三星，在轩辕右角南，酒官之旗也，主宴享饮食。星不具，则天下有大丧，帝王宴饮，沉昏非礼，以酒亡国；明，则宴乐谨。五星守之，天下大酺，有酒肉赐宗室。荧惑犯之，饮食失度。太白犯之，三公九卿有谋。客、彗犯，主以酒过为相所害。赤云气入，君以酒失。

按《晋志》，酒旗在天市垣。《步天歌》以酒旗属柳宿。以《通占镜》考之，亦属柳，又属七星。《乾象新书》亦属七星，与《步天歌》不同，今并存之。

七星七星，一名天都，主衣裳文绣，又主急兵。故星明，王道昌；暗，则贤良去，天下空；动，则兵起；离，则易政。盖天曰：七星为朱雀颈。颈者，文明之粹，羽仪所承。日食其宿，主不安，刑在门户之神。又曰：文章士受诛，其分兵起，臣为乱。日晕，周邦君忧；青色抱而顺，在兵为东军吉。月食，后及大臣有忧，又为岁饥，民流，其国更政。晕，其地旱，狱官凶。岁星犯之，王忧兵，五谷多伤。荧惑犯之，桥梁不通；逆行，则地动为火灾；出、入、留、舍，其国失地，水决。填星犯守，世治平，王道兴，后、夫人喜。太白犯之，兵暴起，大臣为乱；经天，防诈伪。辰星犯之，贼臣在侧；守，则其分有忧，万物不成，兵从中起，贵臣有罪，民疫流亡。客星犯之，为兵，《荆州占》云："河水决，民流。"彗犯，有乱兵起，贵臣戮；武密曰："彗星出七星，状如杵，为兵。"星孛于星，有乱兵起宫殿，贵臣戮，大臣相潛。流星犯之，为兵、忧；又曰：入，则有急使来。《乙巳占》："流星入，库官有喜，锦绣进，女工用。"苍白云气入，贵人忧；出，则天子用急使。赤入，为兵；黑，为贤士死；黄，则远人来贡；白，为天子遣使赐诸侯帛。

按景祐测验，七星七度，距大星去极九十七度。

轩辕十七星，在七星北，后妃之主，士职也。一曰东陵，一曰权星，主雷雨之神。南大星，女主也；次北一星，夫人也，屏也，上将也；次北一星，妃也，次将也；其次诸星，皆次妃之属也。女主南小星，女御也；左一星少民，后宗也；右一星大民，太后宗也。欲其色黄小而明。武密曰："后妃后宫之象，阴阳交合，感为雷，激为电，和为雨，怒为风，乱为雾，凝为霜，散为露，聚为云气，立为虹蜺，离为背瑶，分为抱珥，此二十四变皆权主之。"微细，则皇后不安；黑，则忧在大人；移徙，则民流，东西角大张而振，后族败。月入之，女主失势，或火灾；犯左右角，大臣以罪免；中犯乘守大民，为饥，太后宗有罪；守少民，小有饥，女主失势；守御女，有忧。月晕，女主有丧。月、五星凌犯、环绕、乘守，皆为女主有祸。月食，女主忧。岁星犯之，女主失势，一曰大臣当之；乘守大民，为大饥，太后宗黜；中犯乘守少民，为小饥，后宫有黜者。荧惑犯守勾巳，后妃离德；犯御女，天子仆妾忧；犯大民、少民，忧在后宗；守之，宫中有戮者。填星行其中，女主失势，有丧。太白犯之，皇后失势。客星犯之，近臣谋灭宗族。彗、孛犯，女主为寇，一曰兵起。流星入之，后宫多谗乱《乙巳占》："流星出之，后有中使出。"一曰天子有子孙喜。

天稷五星，在七星南，农正也，取百谷之长以为号。明，则岁丰；暗，或不具为饥；移徙，天下荒歉。客星入之，有祠事于内；出，有祠事于国外。

天相三星，在七星北，一曰在酒旗南，丞相大臣之象。武密曰："占与相星同。"五星犯守之，后妃、将相忧。彗、客犯之，大臣诛。云气入，黄，为大臣喜；黑，为将疾。

内平四星，在三台南，一曰在中台南，执法平罪之官。明，则刑罚平。

按轩辕十七星，《晋志》在七星北，而列于天市垣；武密以轩辕属七星，又属柳；《乾象新书》以西八星属柳，中属七星，末属张。天稷五星，《晋志》在七星南；武密亦以天稷属七星，又属柳；《乾象新书》以西二星属柳，余属七星。天相三星，《晋志》在天市垣，武密书属七星，《乾象新书》属轸宿。内平四星，《晋志》在天市垣，武密书属柳，《乾象新书》属张，《步天歌》属七星。诸说皆不同，今并存之。

张宿六星，主珍宝、宗庙所用及衣服，又主天厨饮食、赏赉之事。明，则王行五礼，得天下之中；动，则赏赉不明，王者子孙多疾；移徙，则天下有逆；就聚，则有兵。日食，为王者失礼，掌御馔者忧。甘德曰："后失势，贵臣忧，期七十日。"晕及有黄气抱日，主功臣效忠。又曰："财宝大臣黜，将相忧。"月食，其分饥，臣失势，皇后有忧。晕，为水灾。陈卓曰："五谷、鱼盐贵。"巫咸曰："后妃恶之，宫中疫。"月犯之，将相死，其国忧。岁星入犯之，天子有庆贺事；守之，国大丰，君民同心；三十日不出，天下安宁，其国升平。荧惑犯之，功臣当封；入，则为兵起；又曰色如四时休王，其分贵人安，社稷无虞，又曰荧惑春守，诸侯叛；逆行守之，为地动，为火灾，又曰将军惊，土功作，又曰会则不可用兵。填星犯之，为女主饮宴过度，或宫女失礼，入，为兵，出，则其分失地；守，有土功。太白犯之，国忧；守之，其国兵谋不成，石申曰："国易政。"舍留，其国兵起。辰星犯守，五谷不成，兵起，大水，贵臣负国，民疫，多讼；芒角，臣伤其君；入，为火灾；出，则有叛臣。客星犯之，天子以酒为忧；守之，周、楚之国有隐士出；入于张，兵起，国饥，舍留不去，前将军有谋。又曰利先起兵。彗星犯之，国用兵，民亡；守，为兵；出，为旱；又曰犯守，君欲移徙宫殿。星孛于张，为民流，为兵大起。《乙巳占》："流星出入，宗社昌，有赦令，下臣入贺。"苍白云气入之，庭中筋客有忧；黄白，天子因喜赐客；黑，为其分水灾；色赤，天子将用兵。

按汉永元铜仪，张宿十七度，唐开元游仪十八度。旧去极九十七度。景祐测验，张十八度，距西第二星去极一百三度。

天庙十四星，在张宿南，天子祖庙也。明，则吉；微细，其所有兵，军食不通。客星中犯之，有白衣会，兵起。又曰祠官有忧。武密曰："与虚梁同占。"

按天庙十四星，《晋志》虽列于二十八宿之外，而亦曰在张宿南，与《隋志》所载同，兼与《步天歌》合。

翼宿二十二星，天之乐府，主俳倡戏乐，又主外夷远客、负海之宾。星明大，礼乐兴，四国宾；动摇，则蛮夷使来；离徙，天子将举兵。日食，王者失礼，忠臣见谮，为旱灾。晕，为乐官黜；上有抱气三，敌心欲和。月食，亦为忠臣见谮，飞虫多死，北方有兵，女主恶之，石申曰："大臣有谋。"月犯之，国忧，其分有兵，大将亡，女主恶之。岁星犯，五谷为风所伤，守之，王道具，将相忠，文术用；逆行入之，君好畋猎。荧惑犯之，其分民饥，臣下不从命，边兵起；出、入、留、舍，为兵；守之，佞臣为乱。填星犯之，大臣忧；守之，主圣臣贤，岁丰，后有喜；出、入、留、舍，兵起；逆行，则女主失政。太白入或犯之，皆为兵起；出、入、留、舍，大风水灾，其分君不安，舍左，为旱；守犯、勾巳、凌突，则大臣专君令。辰星凌抵，下臣为乱伏诛；守之，旱，饥，民流，龙蛇见；守其中，兵大起；同见西方，大臣忧。客星入犯之，国有兵，大臣忧，一曰负海国有使来；守之，为兵起。彗星犯之，大臣忧，国有兵、丧。星孛于翼，亦为大臣忧，其分失礼乐；出，则其地有谋，下有兵、丧；芒所指，有降人。流星犯之，亦为忧在大臣；出，则其下有兵；入，为贵臣囚系，《乙巳占》曰："流星入，天下贤士入见，南夷来贡，国有贤臣。"赤云气出入，有暴兵；黄而润泽，诸侯来贡；黑，为国忧。

按汉永元铜仪，翼宿十九度，唐开元游仪十八度。旧去极九十七度。景祐测验，翼宿一十八度，距中行西第二星去极百四度。

东瓯五星，在翼南，蛮夷星也。《天文录》曰："东瓯，东越也，今永嘉郡永宁县是也。"芒角、动摇，则蛮夷叛。太白、荧惑守之，其地有兵。

按东瓯五星，《晋志》在二十八宿之外，《乾象新书》属张宿；武密书属翼宿，与《步天歌》合。

轸宿四星，主冢宰、辅臣，主车骑，主载任。有军出入，皆占于轸。又主风，占死丧。明大，则车驾备；移徙，天子有忧；就聚，则兵起。辖二星，傅轸两旁，主王侯，左辖为王者同姓，右辖为异姓。星明，兵大起；远轸，凶；辖举，南蛮侵；车无辖，国有忧。日食，忧在将相，戒车驾之官，一曰后不安。晕而生背气，其下兵起，城拔，视背所向击之胜，又曰王者恶之。月食，后及大臣忧。月晕，有兵，岁旱，多大风。岁星犯之，为火灾，为民疫，大忧，主库者有罪；入，则其国将死；守之，国有丧；七日不移，有赦，又曰君有忧。荧惑犯之，有乱兵；入轸，将军为乱，水伤稼，民多妖言；逆行，为火，为兵。填星犯之，为兵，为土功；入，则兵败；逆行，女主忧；出、入、舍、留，六十日兵起，大旱。太白犯之，为兵起，得地；入，为兵；守之，亡地，将忧；起左角，逆行至轸，失地，经天，则兵满野。辰星犯之，民疫，大臣忧，中国有贵丧；守之，大水，入，则天下以火为忧，一曰国有丧。客星犯之，为兵，为丧；入，则有土功，籴贵，诸侯使来；出，则君使诸侯；守之，边兵起，民饥；守辖，军吏忧。彗星犯之，为兵，为丧；色赤，为君失道，又曰天子起兵，王公废黜。星孛于轸，亦为兵、丧，又曰下谋上，主忧。流星犯之，有兵起，亦有丧，不出一年，库藏空；春夏犯之，为皮革用；秋冬，为水旱不调。

　　按汉永元铜仪，以轸宿为十八度。旧去极九十八度。景祐测验，亦十八度，去极一百度。

　　长沙一星，在轸宿中，入轸二度，去极百五度，主寿命。明，则君寿长，子孙昌。

　　青丘七星，在轸东南，蛮夷之国号。星明，则夷兵盛；动摇，夷兵为乱；守常，则吉。

　　军门二星，在青丘西，一曰在土司空北，天子六宫之门。主营候，设豹尾旗，与南门同占。星非其故，及客星犯之，皆为道不通。

　　器府三十二星，在轸宿南，乐器之府也。明，则八音和，君臣平；不明，则反是。客、彗犯之，乐官诛。赤云气掩之，天下音乐废。

　　土司空四星，在青丘西，主界域，亦曰司徒。均明，则天下丰；微暗，则稼穑不登。太白、荧惑犯之，男女废耕桑。客、彗犯之，为兵起，民流。

　　按《步天歌》，以左辖右辖二星、长沙一星、军门二星、土司空四星、青丘七星、器府三十二星俱属轸宿；《晋志》惟辖星、长沙附于轸，余在二十八宿之外；《乾象新书》以军门、器府、土司空属翼，青丘属轸；武密书以军门属翼，余皆属轸。今从《步天歌》，而附见诸家之说。

卷五十二　　　　志第五

天　文　五

七曜　景星　彗孛　客星　流星　妖星　星变　云气　日食　日变　日煇气　月食　月变　月煇气

七曜

日为太阳之精，君之象，日行一度，一年一周天。日月行有道之国，则光明。君道至大，则日色光明；动不失时，则日扬光。至德之萌，日月如连璧。君臣有道，则日含"王"字；君亮天工，则日备五色；有圣人起，则日再中。人君有德，日有四彗，光芒四出；日有二彗，一年再赦。

《周礼》视祲掌十煇之法；一曰祲，阴阳五色之气，浸淫相侵；二曰象，云气成形象；三曰镌，日旁气刺日；四曰监，云气临日上；五曰暗，谓蚀及日光脱；六曰瞢，不光明；七曰弥，白虹贯日；八曰序，谓气若山而在日上，及冠珥背璚重叠次序于日旁；九曰隮，谓晕及虹也；十曰想，五色有形想。

凡黄气环在日左右为抱气；居日上为戴气、为冠气；居日下为承气、为履气；居日下左右为纽气、为缨气。抱气则辅臣忠，余皆为喜、为得地，吉。

一珥在日西则西军胜，在东则东军胜，南北亦然；无兵，亦有拜将。两珥气圜而小在日左右，主民寿考。三珥色黄白，女主喜；纯白，为丧；赤，为兵；青，为疾；黑，为水。四珥主立侯王，有子孙喜。

日有黄芒，君福昌；多黄辉，王政太平。日无光，为兵、丧，又为臣有阴谋。日旁云气白如席，兵众战死；黑，有叛臣；如蛇贯之而青，谷多伤；白，为兵；赤，其下有叛；黄，臣下交兵；黑，为水。日始出，黑云气贯之，三日有暴雨。青云在上下，可出兵。有赤气如死蛇，为饥，为疫。杂气刺日皆为兵。

日晕，七日内无风雨，亦为兵；甲乙，忧火；丙丁，臣下忠；戊己，后族盛；庚辛，将利；壬癸，臣专政。半晕，相有谋；黄，则吉；黑，为灾。晕再重，岁丰；色青，为兵，谷贵；赤，蝗为灾。三重，兵起。四重，臣叛。五重，兵、饥。六重，兵、丧。七重，天下亡。

日并出，诸侯有谋，无道用兵者亡。日辟，为兵寇。日阴，下失政。日中见飞燕，下有废主。日中黑子，臣蔽主明。日昼昏，臣蔽君之明，有篡弑。赤如血，君丧臣叛。日夜出，兵起，下陵上，大水。日光四散，君失明。白虹贯日，近臣乱，诸侯叛。日赤如火，君亡。日生牙，下有贼臣。

日食，为阴蔽阳，食既则大臣忧，臣叛主，兵起。日食在正旦，王者恶之。日珥，甲乙，日有二珥四珥而食，白云中出，主兵；丙丁，黑云，天下疫；戊己，青云，兵、丧；庚辛，赤云，天下有少主；壬癸，黄云，有土功。日食在甲乙日，主四海之外，不占；丙丁，江、淮、海、岱也；戊己，中州河、济也；庚辛，华山以西；壬癸，常山以北。各以其下所主当之。寅卯辰木，招谋者司徒也。巳午未火，招谋者太子也。申酉戌金，司马也。亥子丑水，司空也。

月为太阴之精，女主之象，一月一周天。君明，则依度；臣专，则失道。或大臣用事，兵刑失理，则乍南乍北；或女主外戚专权，则或进或退。月变色，为殃；青，饥；赤，兵、旱；黄，喜；黑，水。昼明，则奸邪作。月旁瑞气，一珥，五谷登；两珥，外兵胜；四珥及生戴气，君喜国安。终岁不晕，天下偃兵。

晦而明见西方，曰朏；朔而明见东方，曰仄匿。朏则政缓，仄匿则政急。六日而弦，臣专政。七日而弦，主胜客。八日而弦，天下安。十日不弦，将死，战不胜。两月并见，兵起，国乱，水溢。星入月中，亡国破将。白晕贯之，下有废主。白虹贯之，为大兵起。生齿，则下有叛臣。生足，则后族专政。

月珥背璚，晕而珥，六十日兵起；珥青，忧；赤，兵、丧；黑，国亡；黄，喜。有背璚，臣下弛纵，欲相残贼，不和之气。晕三重，兵起；四重，国亡；五重，女主忧；六重，国失政；七重，下易主；八重，亡国；九重，兵起亡地；十重，天下更始。

月食，从上始则君失道，从旁始为相失令，从下始为将失法。岁星犯之，兵、饥、民流。荧惑犯之，大将死，有叛臣，民饥。填星犯之，人臣弑主；合，国饥。月食填星，民流；一曰月犯填，女主忧，民流。太白犯，出月右为阴国有谋，左为阳国有谋；出月下，君死、民流。月戴太白，起兵；入月，将死；与太白会，太子危。辰星犯之，天下水。月食辰，水，饥。辰入月，臣叛主。彗星入，或犯之，兵期十二年，大饥；贯月，臣叛主。流星犯之，有兵；入无光，有亡国；在月上下，国将乱。月犯列星，其国受兵。星食月，国相死。星见月中，主忧。

凡月之行，历二十有九日五十三分而与日相会，是谓合朔。当朔日之交，月行黄道而日为月所掩，则日食，是为阴胜阳，其变重，自古圣人畏之。若日月同度于朔，月行不入黄道，则虽会而不食。月之行在望与日对冲，月入于暗虚之内，则月为之食，是为阳胜阴，其变轻。昔朱熹谓月食终亦为灾，阴若退避，则不至相敌而食。所谓暗虚，盖日火外明，其对必有暗气，大小与日体同。此日月交会薄食之大略也。日食修德，月食修刑，自昔人主遇灾而惧，侧身修行者，此也。

岁星为东方，为春，为木。于人五常，仁也；五事，貌也。超舍而前为嬴，退舍为缩。色光明润，君寿民富。又主福，主大司农，主五谷。石申曰：岁星所在，国不可伐，如岁在卯，不可东征。甘德曰：所去，国凶；所之，国吉；退行，为凶灾。主泰山、徐青兖及角、亢、氐、房、心、尾、箕。君令不顺，则岁星退行；入阴为内事，入阳为外事；行阴道为水，行阳道为旱。星大，则喜；小，则牛马多死，疾疫。初见小而日益大，所居国利。初出大而日小，国耗。《荆州占》：岁星色黑，为丧；黄，则岁丰；白，为兵；青，多狱；君暴，则色赤。荧惑相犯，为大战；相去方寸为犯，战，客胜。食火，国亡。边侵曰食。守之为贼。居之不去为守。触火，则国乱。两体俱动而直曰触。合斗，为饥、旱。离复合、合复离曰斗。填星相犯，退，犯填，太子叛。当东反西曰退。与填星合，为内乱，民饥。芒角相及同光曰合。守填星，其下城败。太白相犯，大臣黜，女主丧。触太白，则四边来侵。守太白，为四序不调。合斗，则大将死。辰星相犯，太子忧。触辰，主忧；守，忧贼。合，则君臣和。昼见，则臣强。他星犯之，主不安。客星犯守，主忧。流星犯之，色苍黑，大农死；赤，为饥疫；黄，则岁丰。抵之，臣叛主。

荧惑为南方，为夏，为火。于人五常，礼也；五事，视也。晋灼曰："常以十月入太微，受制而出，行列宿，司无道，出入无常。"二岁一周天。出，则有兵；入，则兵散。逆行一舍二舍，为不祥，所舍国为乱、贼、疾、丧、饥、兵。或环绕勾巳，芒角、动摇、变色，乍前乍后，为殃愈甚。退行一舍，天下有火灾；五舍，大臣叛。《星经》曰："主霍山、扬、荆、交州，又主舆鬼、柳、七星。"又主大鸿胪，又曰主司空，为司马，主楚、吴、越以南，司天下群臣之过失。东行，则兵聚东方；西行，则兵聚西方。天下安，则行疾。与岁星相犯，主册太子，有赦。触岁星，有子；守之，太子危。填星相犯，兵大起。入填星，将为乱；触之，有刀兵；守，有内贼，太子危。与太白

相犯，主亡，兵起；守北，太子忧；南，庶子忧。环绕、偏将死。与辰星相犯，兵败。与辰星相会，为旱，秋为兵，冬为丧；守之，太子忧，有赦。他星相犯，兵起，祆星犯之，为兵，为火。

填星为中央，为季夏，为土。于人五常，信也；五事，思也。常以甲辰元始之岁填行一宿，二十八岁而一周天。四星皆失，填为之动。所居，国吉，女子有福，不可伐去之，失地。天子失信，则填大动。盈则超舍，以德盈则加福，刑盈则不复；缩则退舍不及常，德宿则迫戚，刑缩则不育。《星经》曰："主嵩山、豫州，又主东井。"行中道，则阴阳和调。退行一舍，为水；二舍，海溢河决。经天退行，天下更政，地动。巫咸曰：光明，岁熟。大明，主昌。小暗，主忧。春青，夏赤，女主喜。春色苍，岁大熟；色赤，饥。有芒，兵。与岁星相犯相斗，为内乱；合，则野有兵。荧惑相犯，为兵、丧；合，则为兵，为内乱，大人忌之。太白相犯，为内兵，有大战，一曰王者失地。合于太微，国有大兵，一曰国亡。辰星犯，为兵，为旱。祆星犯，下臣谋上。流星犯，则民多事。与月相犯，有兵。

太白为西方，为秋，为金。于人五常，义也；五事，言也。常以正月甲寅与火晨出东方，二百四十日而入。入四十日又出西方，二百四十日而入。入三十五日而复出东方。出以寅戌，入以丑未也。一年一周天。日方南太白居其南，日方北太白居其北，为嬴，侯王不宁，用兵进吉退凶。日方南太白居其北，日方北太白居其南，为缩，侯王有忧，用兵退吉进凶。《星经》曰："主华阴山、梁、雍、益州，又主奎、娄、胃、昴、毕、觜、参。"出西方，失行，外国败。出东方，失行，中国败。若经天，天下革，民更主，是谓乱纪，人众流亡。昼见，与日争明，强国弱，女主昌，又主大臣。巫咸曰：光明见影，战胜，岁熟。状炎然而上，兵起。光如张盖，下有立王。凡与岁星相犯，兵败失地。犯荧惑，客败主胜。犯填星，太子不安，失地。犯辰星，主兵。入月，主死，其下兵。犯月角，兵起，在左则中国胜，在右则外国胜。当见不见，失地破军。他星犯，其事急。祆星犯，边城有战。客星犯，主兵将死。凡太白至午位，避日而伏，若行至未，即为经天，其灾异重也。

辰星为北方，为冬，为水。于人五常，智也；五事，听也。常以二月春分见奎、娄，五月夏至见东井，八月秋分见角、亢，十一月冬至见牵牛。出以辰戌，入以丑未，二旬而入。晨候之东方，夕候之西方也。一年一周天。出早为月食，晚为彗星及天祆。一时不出，其时不和。四时不出，天下大饥。《星经》曰："主常山、冀、并、幽州，又主斗、牛、女、虚、危、室、壁。"又曰主燕、赵、代，主廷尉，以比宰相之象。石申曰：色黄，五谷熟；黑，为水；苍白，为丧。凡与岁星相犯，皇后有谋。荧惑犯，妨太子。填星犯，兵败；太白亦然。芒角相及同光曰合，他星光曜相逮为害。客星、太阴、流星相犯，主内患。

凡五星：岁星色青，比参左肩；荧惑色赤，比心大星；填星色黄，比参右肩；太白色白，比狼星；辰

星色黑，比奎大星。得其常色而应四时则吉，变常为凶。

木与土合为内乱，饥；与水合为变谋而更事；与火合为饥，为旱；与金合为白衣之会，合斗，国有内乱，野有破军，为水。太白在南，岁星在北，名曰牝牡，年谷大熟。太白在北，岁星在南，其年或有或无。火与金合为烁，为丧，不可举事用兵，从军为军忧；离之，军却。出太白阴，分地；出其阳，偏将战。与土合为忧，主辇卿。与水合为北军，用兵举事大败。一曰，火与水合为焠，不可举事用兵。土与水合为壅沮，不可举事用兵，有覆军。一曰，为变谋更事，必为旱。与金合为疾，为白衣会，为内兵，国亡地。与木合国饥。水与金合为变谋，为兵、忧。

木、火、土、金与水斗，皆为战，兵不在外，皆为内乱。

三星合，是谓惊立绝行，其国外内有兵与丧，百姓饥乏，改立侯王。四星合，是谓大汤，其国兵、丧并起，君子忧，小人流。五星若合，是谓易行，有德，受庆，改立王者，奄有四方，子孙蕃昌；亡德受殃，离其国家，灭其宗庙，百姓离去，被满四方。五星皆大，其事亦大；皆小，事亦小。五星俱见，其年必恶。

凡五星与列宿相去方寸为犯，居之不去为守，两体俱动而直曰触，离复合、合复离曰斗，当东反西曰退，芒角相及同舍曰合。凡五星东行为顺，西行曰逆，顺则疾，逆则迟，通而率之，终于东行。不东不西曰留，与日相近而不见曰伏，伏与日同度曰合。

凡金、水二星，行速而不经天，自始与日合后，行速而先日，夕见西方。去日前稍远，夕时欲近南方则渐迟，迟极则留，留而近日，则逆行而合日；在于日后，晨见东方。逆极则留，留而后迟，迟极去日稍远，旦时欲近南方，则速行以追日，晨伏于东方，复与日合度。此五星合见、迟疾、顺逆、留行之大端也。

凡五星之行，古法：周天之数，如岁星谓十二年一周天，乃约数耳。晋灼谓太岁在四仲则行三宿，在四孟、四季则行二宿，故十二年而行周二十八宿。其说亦非。夫二十八宿，度有广狭，而岁星之行自有盈缩，岂得以十二年一周无差忒乎？唐一行始言岁星自商、周迄春秋季年，率百二十余年而超一次，因以为常。以春秋乱世则其行速，时平则其行迟，其说尤迂。既乃为后率前率之术以求之，则其说自悖矣。今绍兴历法，岁星每年行一百四十五分，是每年行一次之外有余一分，积一百四十四年剩一次矣。然则先儒之说安可信乎？余四星之行，固无逆顺，中间亦岂无差忒？一行不复详言，盖亦知之矣。

景星

景星，德星也，一曰瑞星，如半月，生于晦朔，大而中空，其名各异。曰周伯，其色黄，煌煌然，所见之国大昌。曰含誉，光耀似彗，喜则含誉射。曰格泽，状如炎火，下大上锐，色黄白，起地上，见则不种而获。曰归邪，两赤彗向上，有盖。曰天保星，有音，如炬火下地、野鸡鸣。皆五行冲和之气所生也。其王蓬芮、玄保、昭明、昏昌、旬始、司危、菟昌、地维臧光之类，亦皆为瑞星。然前志以王蓬芮已下星为妖星。又奇星，古无所考，见于仁宗、英宗之时，故附于景星之末云。

彗孛

彗星，小者数寸，长者或竟天。见则兵起，大水，除旧布新之兆也。其体无光，傅日而为光。故夕见则东指，晨见则西指。光芒所及则为灾。有五色，各依五行本精所生。

孛星，彗属。偏指曰彗，芒气四出曰孛。孛者，孛孛然，非常恶气之所生也。主大乱，主大兵，灾甚于彗。旄头星，《玉册》云：亦彗属也。

客星

客星有五：周伯、老子、王蓬絮、国皇、温星是也。周伯，大而黄，煌煌然，所见之国，兵丧，饥馑，民庶流亡。老子，明大纯白，出则为饥，为凶，为善，为恶，为喜，为怒。王蓬絮，状如粉絮，拂拂然，见则其国兵起，有白衣之会。国皇，大而黄白，有芒角，主兵起，水灾，人主恶之。温星，色白，状如风动摇，常出四隅。皆主兵。此五星错出乎五纬之间，其见无期，其行无度，各以其所在分野而占之。又四隅各有三星：东南曰盗星，主大盗；西南曰种陵，出则谷贵；西北曰天狗，见则天下大饥；东北曰女帛，主有大丧。

流星

流星，天使也。自上而降曰流，东西横行亦曰流。流星有八，曰天使，曰天晖，曰天雁，曰天保，曰地雁，曰梁星，曰营头，曰天狗。流星之为天使者，有祥有妖，为天晖、天雁、夜陨而为天保，则祥；若夜陨而为地雁、梁星，昼陨而为营头，则妖。流星之大者为奔星，夜陨而为天狗，厥妖大。自下而升曰飞。飞星有五，亦有妖祥之分，飞星化而为天刑则祥；为降石，为顿顽，为解衔，为大滑，则为妖。

妖星

妖星，五行乖戾之气也。五星之精，散而为妖星，形状不同，为殃则一。各以其所见日期、分野、形色，占为兵、饥、水、旱、乱、亡。星长三尺至五尺，期百日，等而上之，至一丈期一年，三丈期三年，五丈期五年，十丈期七年，十丈已上，不出九年。盖妖星长大则期远而殃深，短小则期近而殃浅。

天棓星乃岁之精，主奋争。天枪如彗，出西方，长二三尺，名天枪，主破国。天猾主招乱。天欃出西方，长数丈，主国乱。蚩尤旗类彗而后曲，主兵。天冲状如人，苍衣赤首，不动，主下谋上，灭国。国皇大而赤，去地三丈，如炬火，主内寇。及登主夷分，主恣虐，且见则主弱。昭明如太白，光芒不行，主兵、丧。司危，《天官书》如太白，有目，去地可六丈，大而白，其下有兵，主击强。五残如辰星，去地六七丈，其下有兵，主奔亡。六贼去地六丈，大而赤，有光，出非其方，下有兵、丧。狱汉青中赤表，下有三彗，去地可六丈，大而赤，数动。大贲主灭邪暴兵。烛星主灭邪。绌流主伏逃。莤星、昴、孛星主灾。旬始出北斗旁，如雄鸡，见则更主。击咎主大兵，有反者，大乱。天杵主牮羊。天柎主击殃。伏灵见则世乱。天败主斗冲。司奸主见怪。天狗有毛，旁有短彗，下如狗形，见则兵饥。天残主贪残。卒起有谋反，主惊亡。枉矢色黑，蛇行，望之如有毛目，长数匹者，见则兵起，破女君臣忧，上下乱。拂枢主制时。灭宝主伐乱。绕绖主乱挈。惊理主相屠。大奋祀主招邪。

天锋彗象，形似矛锋，见则兵起，有乱臣。昭星有三彗，兵出，有大盗不成，又主灭邪。蓬星大如二斗器，色白，出东南方，东北主旱，或大水。长庚星如一匹布著天，见则兵起。四填大而赤，可二丈，为兵。地维藏光星如月，始出，大而赤，去地二丈，东南，旱；西北，兵；出东北，大水。老子星色白，为善为恶，为饥为凶，为喜为怒。营头星有云如坏山坠，所坠下有覆军流血。积陵出西南，长三丈，主兵，小饥。昏昌出西北，气青赤色，中赤外青，主国易政。莘星出西北，状如环，大则诸侯失地。白星如削瓜，主男丧。菟昌有赤青环之，主水，天下改易。濛星赤如牙旗，长短四面，西南最多，乱之象。长星出西方。

岁星之精，化为天棓、天枪、天猾、天冲、国皇、及登，苍彗。火星之精，化为昭旦、蚩尤之旗、昭明、司危、天槐，赤彗。土星之精，化为五残、六贼、狱汉、大贲、昭星、绌流、莤星、旬始、蚩尤、虹蜺、击咎、黄彗。太白之精，化为天杵、天柎、伏灵、天败、司奸、天狗、天残、卒起，白彗。辰星之精，化为枉矢、破女、拂枢、灭宝、绕绖、惊理、大奋祀，黑彗。

而月旁祅星，亦各有所生。天枪、天荆、真若、天㩻、天楼、天垣，岁星所生也，见以甲寅日，有两青方在其旁。天阴、晋若、官张、天惑、天雀、赤若、蚩尤，荧惑所生也，出在丙寅日，有两赤方在其旁。天上、天伐、从星、天枢、天翟、天沸、荆彗，填星所生也，出在戊寅日，有两黄方在其旁。若星、帚星、若彗、竹彗、墙星、权星、白雚，太白所生也，出在庚寅日，有两白方在其旁。天美、天毚、天社、天林、天庥、天蒿、端下，辰星所生也，出以壬寅日，有两黑方在其旁，见则为水、旱、兵、丧、饥、乱。

云气

《周礼·保章氏》："以五云之物辨吉凶，水旱降丰荒之祲象。"故鲁僖公日南至登观台以望，汉明帝升灵台以望元气，吹时律，观物变。盖古者分至启闭必书，云物为备故也。迨乎后世，其法寖备。瑞气则有庆云、昌光之属，妖气则有虹蜺、牮云之类，以候天子之符应，验岁事之丰凶，明贤者之出处，占战阵之胜负焉。

日食

建隆元年五月己亥朔，日有食之。二年四月癸巳朔，日有食之。

乾德三年二月壬寅朔，日当食不食。五年六月戊午朔，日有食之。

开宝元年十二月己酉朔，日有食之。三年四月辛酉朔，日有食之。四年十月癸亥朔，日有食之。五年九月丁巳朔，日有食之。七年二月庚辰朔，日有食之。八年七月辛未朔，日有食之。

太平兴国二年十一月丁亥朔，日有食之，既。六年九月乙未朔，日有食之。七年三月癸巳朔，日有食之。八年二月戊子朔，日有食之。

雍熙二年十二月庚子朔，日有食之。三年六月戊戌朔，日有食之。

淳化二年闰二月辛未朔，日有食之。三年二月乙丑朔，日有食之。四年二月己未朔，日有食之。八月丙辰朔，日有食之。五年十二月戊寅朔，日有食之，云阴不见。

咸平元年五月戊午朔，日有食之。十月丙戌朔，日有食之。二年九月庚辰朔，日有食之。三年三月戊寅朔，日有食之。五年七月甲午朔，日有食之。

景德元年十二月庚辰朔，日有食之。三年五月壬寅朔，日有食之，云阴不见。四年五月丙申朔，日有食之，阴雨不见。

大中祥符二年三月丙辰朔，日有食之，阴雨不见。五年八月丙申朔，日有食之。六年十二月戊午朔，日有食之。七年十二月癸丑朔，日当食不食。八年六月己酉朔，日有食之。

天禧三年三月戊午朔，日有食之。五年七月甲戌朔，日有食之。

乾兴元年七月甲子朔，日食几尽。

天圣二年五月丁亥朔，日当食不食。四年十月甲戌朔，日有食之。六年三月丙申朔，日有食之。七年八月丁亥朔，日有食之。

明道二年六月甲午朔，日有食之。

景祐三年四月己酉朔，日当食不食。

宝元元年正月戊戌朔，日有食之。

康定元年正月丙辰朔，日有食之。

庆历二年六月癸酉朔，日有食之。三年五月丁卯朔，日有食之。四年十一月戊午朔，日当食不食。五年四月丁亥朔，日有食之，云阴不见。六年三月辛巳朔，日有食之。

皇祐元年正月甲午朔，日有食之。四年十一月壬寅朔，日有食之。五年十月丙申朔，日有食之。

至和元年四月甲午朔，日有食之。

嘉祐元年八月庚戌朔，日有食之。三年八月己亥朔，日有食之。四年正月丙申朔，日有食之。六年六月壬子朔，日有食之，云阴不见。

熙宁元年正月甲午朔，日有食之。二年七月乙丑朔，日有食之，云阴不见。六年四月甲戌朔，日有食之，云阴不见。八年八月庚寅朔，日有食之，云阴不见。

元丰元年六月癸卯朔，日当食不食。三年十一月己丑朔，日有食之。四年十一月癸未朔，日当食不食。五年四月壬子朔，日有食之，云阴不见。六年九月癸卯朔，日有食之。

元祐二年七月庚戌朔，日有食之，阴雨不见。六年五月己未朔，日有食之。

绍圣元年三月壬申朔，日有食之。二年二月丁卯朔，日当食不食。四年六月癸未朔，日有食之，云阴不见。

元符三年四月丁酉朔，日有食之。

建中靖国元年四月辛卯朔，日有食之，云阴不见。

大观元年十一月壬子朔，日有食之。二年五月庚戌朔，日有食之。四年九月丙寅朔，日有食之。

政和三年三月壬子朔，日有食之。五年七月戊辰朔，日有食之。

重和元年五月壬午朔，日有食之。

宣和元年四月丙子朔，日有食之。五年八月辛巳朔，日有食之，阴云不见。

建炎三年九月丙午朔，日食于亢。

绍兴五年正月乙巳朔，日食于女。七年二月癸巳朔，日食于室。是年当金之天会十五年，《金史》不书日食。八年至十二年，日食多在夜，史蒙蔽不书。十三年十二月癸未朔，日食于牛，雾云不见。十五年六月乙亥朔，日食于井。十七年十月辛卯朔，日食于氐。是年乃金之皇统七年，《金史》不书日食。十八年四月戊子朔，日有食之，雾云不见。十九年三月癸未朔，日有食之，雾云不见。二十四年五月癸丑朔，日有食之，雾云不见。二十五年五月丁未朔，日有食之，雾云不见。二十八年三月辛酉朔，日有食之，雾云不见。三十年八月丙午朔，日食于翼。三十一年正月甲戌朔，太史言日当食而不食。三十二年正月戊辰朔，日食于女。

隆兴元年六月庚申朔，日食于井。二年六月甲寅朔，日有食之，雾云不见。

乾道五年八月甲申朔，日食在翼，雾云不见。九年五月壬辰朔，日食在井，雾云不见。

淳熙元年十一月甲申朔，日食在尾，雾云不见。三年三月丙午朔，日有食之，雾云不见。四年九月丁酉朔，日有食之，雾云不见。十年十一月壬戌朔，日食于心。十五年八月甲子朔，日食于翼。十六年二月辛酉朔，日有食之，雾云不见。

庆元元年三月丙戌朔，日食于娄。四年正月己亥朔，日有食之，雾云不见。五年正月癸巳朔，日有食之，雾云不见。六年六月乙酉朔，日有食之，雾云不见。是年乃金承安五年，《金史》不书日食。

嘉泰二年五月甲辰朔，日食于毕。三年四月己亥朔，日有食之。《金史》不书。

开禧二年二月壬子朔，日当食，太史言不见亏分。

嘉定三年六月丁巳朔，日有食之。四年十一月己酉朔，日当食，太史言不见亏分。《金史》不书。七年九月壬戌朔，日食于角。九年二月甲申朔，日食于室。十年七月丙子朔，日食于张。十一年七月庚午朔，日有食之。十四年五月甲申朔，日食于毕。十六年九月庚子朔，日食于轸。

宝庆三年六月戊申朔，日有食之。

绍定元年六月壬寅朔，日有食之。六年九月壬寅朔，日有食之，雾云不见。

端平二年二月甲子朔，日当食不亏。

嘉熙元年十二月戊寅朔，日有食之。

淳祐二年九月庚辰朔，日有食之。三年三月丁丑朔，日有食之。五年七月癸巳朔，日有食之。六年正月辛卯朔，日有食之。九年四月壬寅朔，日有食之。十二年二月乙卯朔，日有食之。

宝祐元年二月己酉朔，日有食之。

景定元年三月戊辰朔，日有食之。二年三月壬戌朔，日有食之。

咸淳元年正月辛未朔，日有食之。三年五月丁亥朔，日有食之。四年十月戊寅朔，日有食之。六年三月庚子朔，日有食之。七年八月壬辰朔，日有食之。八年八月丙戌朔，日有食之。

德祐元年六月庚子朔，日食，既，星见，鸡鹜皆归。明年，宋亡。

日变

周显德七年正月癸卯，日既出，其下复有一日相掩，黑光摩荡者久之。

开宝七年正月丙戌，日中有黑子二。

景德元年十二月甲辰，日有二影，如三日状。三年九月戊申，日赤如赭。四年四月甲申，日无光。

宝元二年十二月庚申，日赤如朱，逾二刻复。

庆历八年正月乙未，日赤无光。

熙宁十年二月辛卯，日中有黑子如李，至乙巳散。

元丰元年闰正月庚子，日中有黑子如李，至二月戊午散。十二月丙午，日中有黑子如李大，至丁巳散。二年二月甲寅，日中有黑子如李，至癸亥散。

崇宁二年五月癸卯，日淡赤无光。三年十月壬辰，日中有黑子如枣大。

政和二年四月辛卯，日中有黑子，乍二乍三，如栗大。八年十一月辛亥，日中有黑子如李大。

宣和二年正月己未，日蒙蒙无光。五月己酉，日中有黑子如枣大。三年十二月辛卯，日中有黑子，如李大。四年二月癸巳，日蒙蒙无光。

靖康元年闰十一月庚申，日赤如火，无光。

建炎三年三月己卯，日中有黑子，至壬寅始消。

绍兴元年二月己卯，日中有黑子如李大，三日乃伏。六年十月壬戌，日中有黑子如李大，至十一月丙寅始消。七年二月庚子，日中有黑子如李大，旬日始消。四月戊申，日中有黑子，至五月乃消。八年二月辛酉，日中有黑子。十月乙亥，日中有黑子。十五年六月丙午，日中有黑气往来。丁未，日中有黑子，日无光。

乾道五年正月甲申，日色黄白，昏雾四塞。

淳熙十二年正月癸巳，日中生黑子，大如枣。戊戌至庚戌，日中皆有黑子。十三年五月庚辰，日中生黑子，大如枣。

绍熙四年十一月辛未，日中有黑子，至庚辰始消。

庆元六年八月乙未，日中有黑子如枣大，至庚子始消。十二月乙酉，又生，至乙巳始消。

嘉泰二年十二月甲戌，日中生黑子，大如枣。丙戌，始消。四年正月癸未，开禧元年四月辛丑，日中皆有黑子大如枣。

嘉熙二年十月己巳，日中有黑子。

德祐二年二月丁酉朔，日中有黑子，如鹅卵相荡。

日煇气

建隆元年迄开宝末，凡冠气七，珥百，抱气七，承气六，赤黄气三，黄白气三，青气二，缨一，晕一百五十六，半晕四十五，重晕五十九，重半晕七，交晕一十八，背气二百三十一，纽气戟气三。

太平兴国迄至道末，凡冠气一十八，戴气三，抱气一十三，珥七十七，承气三，赤黄气璚气一，青气三，晕五十九，半晕二十三，重晕一十二，交晕三，背气四十四，纽气三，戟气一，直气一十五。

咸平元年迄乾兴末，凡重轮二十四，彗一，五色气一，冠气二百六十六，珥四十一，戴气一百九十七，抱气五十七，承气一百八十四，直气七十七，光气一，黄气九，赤黄气四，紫气五，赤黄交气二，赤黄绿碧气二，青赤气二十一，黄白气一，黑气二，白气五，缨三，戟气一，纽气二，背气二百九十九，晕一千二百三十一，半晕六百五十三，重晕二十七，交晕一十三。

天圣元年迄嘉祐末，凡日黄曜有光一，煇气一十九，龙凤云一，庆云二，五色云八，紫黄云五，赤黄云一，紫云二，青黄紫晕八百五十五，周晕二十六，重晕一十六，交晕五，连环晕一，珥八百四十七，冠气一百四十，戴气二百五十六，承气一百，重承气一，抱气一十八，负气一，背气一百七，格气二，直气五，白虹贯日四，白气如绳贯日并晕一。

治平元年迄四年，凡五色云八，煇气一，晕一百二十八，周晕三，重晕一十二，交晕二，珥八十九，冠气一十一，戴气三十九，承气五，背气三十三，白虹贯日一，白虹贯珥一。

治平以后迄元丰末，凡日晕一千三百五十六，周晕二百七十七，重晕七十四，交晕四十九，连环晕一，珥八百八十二，冠气四十二，戴气二百七十一，承气五十，抱气二，背气二百四十六，直气二，戟气一，缨气五，璚气一，白虹贯日九，贯珥三，五色云二十六。

自元丰八年三月五日迄元符三年正月十二日，晕五百二十八，周晕二百五十七，重晕六十八，交晕六十七，五色气晕二，珥五百五十六，冠气六十一，戴气一百五十，承气三十三，背气一百七十四，直气三，戟气四，缨气一，格气五，白虹贯日一十六，贯珥一，五色云十二。

自元符三年正月迄靖康二年四月，凡日晕九，晕戴三，半晕一，晕珥背一，半晕重背一，晕缨一，珥背三，珥十三，晕珥七，冠气七，晕背四，戴气六，承气二，抱气四，背气一十七，五色气晕一，直气四，环气戴二，戟气一，履气二，半晕重履一，半晕再重一。

建炎三年春、明年二月辛丑，白虹贯日。四年十一月癸卯，日生背气。

绍兴元年正月壬戌，日生背气。二年四月壬申、五月戊寅，日皆生戴气。闰四月丙申，日生背气。三年二月乙卯，日生戴气。六月甲申朔，日生背气。四年正月壬子，日生承气。三月壬戌，日晕于轸。甲子，又晕于娄。辛未，又晕于胃，是日，日生抱气。五月甲戌，日生背气。六月壬辰，日晕于井。五年正月庚申，日有戴气。六年二月丙寅，日晕于娄。三月戊寅，日晕于张。丁亥，又晕于胃。四月己亥，日生戴气。庚子，复生，仍有承气。十一月庚寅，日左右生珥并背气。癸巳，日又生背气。七年二月辛丑，氛气翳日。八年二月辛巳，白虹贯日。二十一年闰四月壬申，日生赤黄晕周匝。二十七年二月壬寅，白虹贯日。二十八年二月戊申，日生赤黄晕周匝。二十九年正月癸酉，日连晕，上生青赤黄色戴气，日左右生珥。三十一年四月戊辰，日生赤黄晕周匝。六月辛酉，日上晕外生赤黄色，有背气。七月辛卯，日上晕外生背气。

隆兴二年二月壬申，日生赤黄色晕，日左右生青赤黄珥。癸未，日生赤黄色晕周匝。三月庚戌，日生赤黄色晕周匝。六月甲子，日有戴气。七月甲申朔，日生赤黄晕不匝，上生重晕，又生背气及青珥。丁亥，日生重晕，上生青赤黄色背气。癸卯，日生赤黄晕不匝，晕外生背气，赤黄，两头向外曲。

乾道元年六月丁未，日晕周匝，下晕外生格气，横在日下。二年二月庚辰，日左生赤黄色直气长丈余，及半晕背气。三年三月丁巳，日晕于娄，外生赤黄承气。四月辛卯，日晕，赤黄色周匝。五月戊戌朔，日赤黄晕周匝。甲辰，日下晕外有青赤黄承气。六月丙子，日赤黄晕周匝。四年六月丁巳，日赤黄晕周匝。五年正月己巳，日生黄色戴气承气。六年三月丁丑，日晕不匝，下生承气。闰五月壬辰，日半晕再重，生戴气承气。丁酉，日左生珥。八年六月辛丑，日晕不匝，左右生珥。壬寅，日晕周匝。丁未，日晕不匝，外生承气，日下晕。九年二月丙子，日晕于奎。

淳熙元年三月辛丑，日晕于胃。二年七月甲辰，日背气。三年二月庚子，日晕不匝，外日半晕再重。四年二月戊子，日晕不匝，日上连晕生戴气，日下晕外生承气。五年三月癸卯、四月乙酉、六月庚辰，皆日晕周匝。十二月乙未，日生两珥，一戴气。六年二月癸丑，日半晕再重。六月己丑，日晕周匝。十二月辛亥，日晕外生戴气。八年正月己酉，日生戴气，后日左生青赤黄珥。闰三月丙申，日晕周匝。七月己卯，日半晕外生背气。十一年正月戊申，日半晕再重。十三年五月己卯，日晕周匝。十五年二月己卯，日赤黄晕周匝。六月丙申，日上生青赤黄色背气。十六年三月壬寅，日半晕再重。

绍熙元年五月庚辰，日半晕再重。六月甲申，日生黄晕周匝。二年二月壬寅，日生戴气，青赤黄色。三月辛未，日生赤黄晕周匝。四月癸未，日生戴气。七月庚申，日晕外生背气。壬戌，日有背气。四年二月癸亥，日晕周匝。十一月辛巳，日晕外生背气。五年四月乙卯，日晕周匝。六月丙午，日上晕外生背气。

庆元元年正月丙辰，白虹贯日。二月辛巳，日上晕外生青赤黄背气。四月己未，日生赤黄色格气。二年五月己丑，日生背气，其色青黄。

嘉泰元年六月辛卯，日晕周匝。

嘉定四年七月己卯巳初刻，日有赤黄晕不匝，至酉初后，日上晕外生青黄赤黄背气。六年四月己卯，日赤黄晕周匝。七年三月壬申，日生赤黄晕，外有青赤黄承气，后晕周匝。十一年二月丙辰，日有赤黄晕，白虹贯日。丙寅，日有戴气。十五年二月己亥，日晕于娄，周匝，有承气。十七年六月辛卯，日生背气。

宝庆三年十二月己酉，日旁有气如珥。

绍定三年二月丙申，日有背气。四年七月己丑，日生承气。五年三月丁酉，日生抱气承气。

端平元年四月甲申，日生赤晕。六月戊子，日生赤黄晕，上下有格气。二年六月戊寅，日有承气。三年二月辛亥，日晕周匝。

嘉熙元年二月己酉，日晕周匝。三月癸亥、七月壬申，日有背气。四年二月丙申朔，日生背气。辛丑，白虹贯日。

淳祐元年二月戊寅，午后日晕。三年七月甲午，日生格气。五年五月戊申，日生赤黄晕，外有背气。六月甲子，日晕周匝。六年三月癸巳，日晕周匝，生珥气。四月丁丑，日晕周匝。七年二月戊申，日晕周匝。八年六月己酉，日晕于井，赤黄，周匝。

宝祐元年正月戊戌，日生戴气。二年二月辛酉，日晕周匝。四年三月乙卯，日晕周匝。

景定四年四月戊辰，日生赤黄晕。五年三月己丑，日晕于娄，周匝，赤黄，自午至申。六月庚午，日生赤黄晕。九月己丑，日生格气。

咸淳元年六月壬午，日生承气。七年春三月辛巳，日晕，赤黄，周匝。

月食

开宝元年十一月庚寅，月食。二年十月戊子，月食。三年四月乙酉，月食。五年八月壬寅，月食。七年八月庚寅，月当食不食。

太平兴国二年六月甲辰，月食，既。十一月壬寅，月食。三年十月丙寅，月食，云阴不见。五年八月乙卯，月食，既。

雍熙元年正月丙寅，月食。二年七月戊午，月当食不食。四年五月丁丑，月食。

端拱二年三月丁酉，月当食不食。

淳化元年正月庚寅，月食。二年八月壬午，月食，既。三年正月癸卯，月食。八月丙子，月食，云阴不见。五年六月乙未，月食。十二月癸巳，月食，既。

至道元年六月己丑，月食，云阴不见。十二月丁亥，月食。二年十月辛亥，月食。

咸平元年十月庚子，月食。二年九月乙未，月食。三年二月壬戌，月食。八月庚申，月食。四年八月甲寅，月食。五年正月辛亥，月食。七月戊申，月食。六年正月甲辰，月食。七月壬寅，月食。

景德元年十一月乙丑，月食。二年五月壬戌，月食。十月庚寅，月食。三年十一月癸丑，月食。四年五月辛亥，月食，云阴不见。九月戊寅，月当食不食。

大中祥符元年九月癸酉，月食。二年九月丁卯，月当食不食。三年闰二月甲子，月食。五年正月甲申，月食，阴翳不见。七月庚辰，月食。十二月丁丑，月食。八年十月辛卯，月食。九年四月己丑，月食，云阴不见。

天禧元年四月壬午，月食。十月庚辰，月食。三年二月壬寅，月食。四年八月癸巳，月食。

天圣二年五月壬寅，月当食不食。四年五月戊午，月食。

庆历二年六月丁亥，月食。五年四月庚子，月食。九月戊戌，月食。六年九月壬辰，月食。

皇祐二年七月庚子，月食。四年十一月丙辰，月食。五年十月辛亥，月食。

至和二年九月庚午，月食。

嘉祐元年八月甲子，月食，既。二年二月壬戌，月食。八月戊午，月食。三年闰十二月辛巳，月食。四年六月寅，月食。十二月己亥，月食，既。五年十二月己巳，月食。七年十月己丑，月食。八年十月癸未，月食，既。

治平元年四月庚辰，月食。四年二月甲午，月食。

熙宁元年七月乙酉，月食。二年闰十一月丁未，月食。三年五月乙巳，月当食，云阴不见。四年五月己亥，月食。十一月丙戌，月食。六年三月戊午，月食。九月乙卯，月食。七年九月己酉，月食，既。九年正月壬申，月食，云阴不见。十年正月丙寅，月食。七月癸亥，月食，云阴不见。

元丰元年正月庚申，月当食，有云障之。六月戊午，月食。二年六月壬子，月当食，云阴不见。三年十月甲戌，月食，云阴不见。四年四月辛未，月食，既。十月己巳，月食。五年十月癸亥，月食。六年八月丁亥，月当食不食。七年二月乙酉，月食，云阴不见。八月辛巳，月食，云阴不见。八年八月丙子，月食，既。

元祐元年十二月戊戌，月当食，云阴不见。三年六月庚寅，月食，既。十二月丁亥，月当食，云阴不见。四年五月甲申，月食，云阴不见。五年五月戊寅，月食，云阴不见。六年四月癸卯，月食，云阴不见。七年三月戊戌，月食，既。八年九月己丑，月食，云阴不见。

绍圣三年七月癸卯，月食，云阴不见。四年正月庚子，月食，云阴不见。

元符元年五月壬戌，月当食不食。二年五月丙辰，月食，既。十月甲寅，月食，既。三年十月戊申，月食。

崇宁二年二月甲子，月食，既。八月辛酉，月食，既。三年二月己未，月食。八月丙辰，月食。四年十二月戊寅，月食。五年六月乙亥，月食。十二月壬申，月食，既。

大观三年十月丙戌，月食。四年四月甲申，月食，既。九月庚辰，月食，既。

政和元年三月戊寅，月食。九月甲戌，月食。三年二月丁酉，月食。十月甲午，月食。四年正月辛卯，月食，既。六年十一月乙巳，月食。七年十一月乙亥，月食。

重和元年五月丙申，月食。

宣和二年三月丙辰，月食。六年正月癸亥，月食。十二月戊午，月食，既。

建炎三年二月壬午，月食于轸。

绍兴元年八月己卯，月当食，云阴不见。二年二月丙子,月未当阙而阙,体如食,色黄白。七月甲戌,月食于室,既。三年七月戊辰,月食于危。四年十二月庚寅,月食于井。五年十一月乙酉,月食于井,既。六年五月辛巳,月食于南斗。十一月己卯,月当食,云阴不见。八年三月辛丑,月当食,云阴不见。九月丁酉,月当食,云阴不见。九年九月壬辰,月食于胃,既。十二年七月丙午,月食,云阴不见。十三年六月庚子,月食,既。十二月戊戌,月当食,云阴不见。十四年六月甲午,月食于女。十五年五月己未,月当食,阴云不见。十六年四月甲寅,月食。二十一年二月丙辰望,月当食,阴云不见。二十五年五月壬戌望,月当食,以山色遮映,不见亏分。二十七年九月丁丑,月食。三十年正月甲午望,月当食,阴云蔽之。

隆兴二年五月己亥,月当食,阴云蔽之。

乾道元年四月甲午,月当食,阴云蔽之。四年二月丁未,月食,既。五年二月辛丑,月当食,阴云不见。六年十一月辛酉,月当食,阴云不见。八年六月壬子,月当食,阴云不见。

淳熙元年四月壬申,月当食,阴云不见。二年四月丙寅,月食于房,既。九月癸亥,月当食,云阴不见。三年三月庚申,月当食,云阴不见。五年二月己卯,月当食,云阴不见。六年正月甲戌,月食,既。八年十一月丁亥,月食。九年十一月辛巳,月食。十年五月己卯,月食。十二年三月戊戌,月食。九月乙未,月当食,云阴不见。十三年三月壬辰,月食,阴云不见。八月庚寅,月食,既。十四年八月甲申,月当食,阴云不见。十六年十二月辛丑,月当食,云阴不见。

绍熙元年六月丁酉,月当食,阴云不见。十一月乙未,月当食,阴云不见。二年六月壬辰,月当食,阴云不见。三年四月乙巳,月当食,阴云不见。五年九月癸卯,月当食,云阴不见。

庆元二年八月壬戌,月食。三年七月己未,月食,既。四年七月庚戌,月食。六年五月庚午,月食,阴云不见。

嘉泰二年五月己未,月当食,阴云不见。三年三月癸未,月当食,阴云不见。

开禧元年三月壬申,月当食,阴云不见。闰八月己巳,月当食,阴云不见。三年正月壬辰,月食。七月戊子,月食。

嘉定元年二月丙戌,月当食,阴雨不见。十二月庚辰,月食。二年六月丁丑,月食。三年十一月己亥,月食。五年十月戊子,月食。七年二月庚戌,月食。八月丁未,月食。八年八月辛丑,月食,既。九年二月己亥,月食,云阴不见。闰七月乙未,月食,云阴不见。十年十二月戊午,月食。十一年六月乙卯,月食。十二年壬子,月食,既。十二年五月庚戌,月食,既,云阴不见。十一月丙午,月食。十三年五月甲辰,月食,云阴不见。十四年十月丙寅,月食。十五年三月癸亥,月当食于氐,既,云阴不见。十六年三月丁巳,月食,云阴不见。

宝庆元年正月丁丑,月食。七月癸酉,月食,阴雨不见。二年七月戊辰,月食,阴雨不见。

绍定元年十一月甲申,月食。二年十一月己卯,月食。

四年四月庚午,月食。五年三月乙未,月食。六年二月庚寅,月食。

端平二年十二月癸卯,月食。三年十二月丁酉,月食。

嘉熙元年六月乙未,月食。三年四月甲寅,月食。四年四月戊申,月食。

淳祐元年九月庚子,月食。四年七月癸丑,月食。五年七月戊申,月食。七年五月丁卯,月食。八年十月己丑,月食。十一年三月乙亥,月食。九月壬申,月食。十二年八月丙寅,月食。

宝祐二年闰六月丙戌,月食。三年十二月丁丑,月食。五年十月丁酉,月食。六年四月癸巳,月食。十月辛卯,月食。

开庆元年四月戊子,月食。十月乙酉,月食。

景定二年七月甲戌,月食。

咸淳二年六月丁丑,月食。十一月甲辰,月食。四年七月癸亥,月食。五年九月丁巳,月食。六年三月乙卯,月食。九月辛亥,月食。九年正月戊辰,月食。十二月壬戌,月食。

月变

天禧四年四月乙酉,西南方两月重见。

月煇气

建隆元年迄开宝末,凡珥一十九,煇气一十三,晕二十九,重晕一,半晕一十四,交晕二,纽气二。

太平兴国元年迄至道末,凡冠气一,珥六,煇气五,赤气二,抱气一,晕八,半晕三,背气一。

咸平元年迄乾兴末,凡重轮三,珥一百二十,冠气十二,晕气十二,承气八,抱气三,戴气九,赤黄气十七,五色气十一,青赤气二,黄红气一,晕三百九十四,五色重晕二十,背气一。

天圣元年迄嘉祐末,凡扬光一,光芒气一,红光煇气一,煇气五,五色煇气一,晕二百五十七,周晕三十三,交晕四,连环晕一,珥七十二,冠气五,戴气一十三,承气五,背气一,白虹贯月一,黄虹贯月二。

治平元年迄四年,凡五色煇气一,五色晕气一,晕五十一,珥一十五,冠气一,戴气四,背气二。四年迄元丰末,凡五色煇气十一,五色晕气六,晕四百二十三,周晕二百四十七,交晕二,珥一百三十四,冠气七,戴气五十,承气五,背气一十,白虹贯月五,贯珥一。

自元丰八年三月五日至元符三年正月十二日,凡五色晕气九,晕八十九,周晕二百五十一,重晕一,交晕三,珥一百三,冠气七,戴气二十七,背气八,白虹贯月二,贯珥一。

自元符三年正月迄靖康二年四月,凡晕五,晕珥二,五色晕五,珥二,晕冠一,交晕一,重晕一,白虹贯月一,五色云一。

建炎四年十月己卯,晕生五色。

绍兴二年四月壬申,晕于轸。五月乙亥,晕生五色。四年六月壬午,晕生珥。五年正月戊午,晕于东井。

乾道元年三月丁巳,晕周匝,著太微西扇星。三年五月壬午,生黄白晕,左右珥。四年三月壬寅,生黄白晕周匝。五年二月庚子，黄白晕周匝。

嘉泰三年七月壬午，白虹如半晕贯月中。

淳祐六年闰四月辛丑，晕五重。十月辛丑，生珥。八年二月戊子，晕生黄白。

宝德四年三月乙卯，四月庚午，景定三年十月甲子，十二月辛酉，四年二月戊午，晕皆周匝。

德祐二年正月己卯，晕东井。

卷五十三　　　　志第六

天　文　六

月犯五纬　月犯列舍上

月犯五纬

建隆二年十一月癸未，月犯岁星。三年二月乙巳，又犯。

开宝三年九月乙卯，犯填星。

太平兴国三年七月己亥，掩荧惑。八月甲戌，与太白合。八年七月辛巳，凌岁星。

端拱元年二月戊申，犯填星。辛亥，犯岁星。六月丁卯，掩填星。

淳化元年十一月丙申，与荧惑合。二年六月己丑，犯岁星。三年三月癸亥，与太白合。九月戊午，掩荧惑。十二月甲申，与荧惑合。四年十月癸未，与辰星合。五年二月己亥，犯岁星。

至道元年三月乙卯，又犯。三年八月戊申，犯填星。十二月癸丑，犯岁星。

咸平元年三月乙丑，犯荧惑。五月己巳，掩岁星。七月甲子，又犯。十二月甲午，犯填星。二年二月戊子，犯太白。十一月乙未，犯荧惑。三年二月壬子，犯太白。九月辛丑，又犯。四年十月辛酉，掩荧惑。十一月己丑，又犯。五年二月癸巳，犯岁星。六年十一月癸卯，犯填星。十二月庚午，又犯。

景德元年八月壬申，犯填星。二年五月辛卯，犯填星。十二月癸未，犯岁星。

大中祥符二年十一月丙子，犯岁星。三年十月丙辰，犯荧惑。四年正月丁丑，犯太白。二月壬辰，犯填星。八月丙寅，犯太白。五年三月癸未，犯填星。六月乙巳，又犯。六年正月壬子，犯填星。二月丙戌，犯岁星。四月辛巳，又犯。七月癸卯，又犯。十月甲申，犯太白。七年十二月丁丑，犯填星。八年三月己亥，犯荧惑。四月丙辰，掩荧惑。八月癸未，犯填星。九年五月己巳，犯岁星。十月戊戌，犯太白。十二月丙戌，犯荧惑。

天禧元年正月戊申，犯填星。三年四月乙未，犯荧惑。五月癸亥，又犯。九月己卯，犯岁星。四年二月乙未，又犯。三月癸亥，又犯。七月辛亥，犯太白。八月庚子，犯荧惑。五年五月辛卯，犯填星。九月己卯，又犯。

天圣三年正月丁未，犯荧惑。五年七月己未，犯岁星。八月丁亥，犯荧惑。十一月戊申，掩岁星。六年九月己酉，犯填星。

明道元年九月戊子，犯填星。

景祐二年四月丁巳，掩太白。

宝元元年三月己酉，犯填星。四月庚寅，犯岁星。

庆历元年八月庚子，掩岁星。十月丙申，犯填星。四年七月壬午，犯荧惑。六年三月丙申，犯岁星。七月乙酉，又犯。

皇祐元年七月丙午，犯岁星。二年六月壬申，犯填星。四年十月己丑，犯岁星。

至和二年五月庚辰，犯填星。十一月己酉，犯岁星。十二月辛丑，犯填星，甲辰，掩岁星。

嘉祐元年三月丙寅，掩填星。闰三月癸巳，掩岁星。五月戊子，犯填星。二年四月庚申，犯荧惑。六月戊申，犯太白。己卯，犯荧惑。四年五月丁酉，犯太白。十月甲戌，犯荧惑。十二月甲戌，又犯；庚午，掩之。五年三月甲午，掩荧惑。六年闰八月辛丑，犯填星。十一月癸亥，又犯。八年七月壬戌，掩岁星。

治平四年正月辛亥，犯辰星。八月辛未，犯太白。癸酉，犯岁星。九月壬寅，犯太白。十月戊辰，掩填星，又犯荧惑。

熙宁元年二月丁巳，犯填星。四月壬子，犯岁星。五年四月癸亥，犯填星。闰七月庚申，犯岁星。六年九月甲辰，掩太白。十年九月庚午，犯太白。十二月壬辰，犯岁星。

元丰七年十月甲午，犯辰星。八年八月戊寅，犯填星。十一月戊戌，犯岁星。庚子，犯填星。

元祐三年七月庚午，犯太白。十月壬辰，犯岁星。四年三月丙子，又犯。七月辛卯，犯填星。十月癸丑，掩填星。六年九月癸卯，犯填星。十二月甲戌，掩岁星。八年十二月丁巳，犯荧惑。

绍圣元年六月甲戌，犯太白。九月辛酉，犯填星。十二月癸未，又犯。二年正月庚戌，又犯。三月壬申，又犯。三年九月戊戌，犯岁星。四年七月丁丑，犯荧惑。

元符二年八月壬辰，犯岁星。十一月辛巳、十二月戊申皆犯。三年六月癸卯，犯荧惑。

建中靖国元年五月辛未，犯填星。

崇宁元年七月丁亥，犯太白。五年二月戊子，犯荧惑。

大观二年十二月戊子，犯荧惑。四年七月戊午，犯岁星。

政和元年正月己巳，犯岁星。

宣和元年正月乙卯，犯填星。三年八月戊申，犯荧惑。四年八月庚戌，犯填星。七年十一月乙酉，犯荧惑。

建炎四年六月戊寅，犯荧惑。

绍兴元年九月己未，犯太白。六年五月壬午，犯填星。十六年六月庚申，掩填星。二十年二月己未，犯岁星。二十四年八月戊子，犯岁星。二十七年六月甲辰，犯太白。三十年六月壬子，犯荧惑。三十二年正月癸巳，犯太白。二月己亥，犯岁星。

隆兴元年三月丙申、四月丙子、七月戊戌,皆犯填星。
乾道元年十一月庚午,犯荧惑。四年十月庚子、十一月戊申,皆掩、犯荧惑。七年三月辛巳,又犯。
淳熙三年五月庚午,犯太白。六年十一月己未,犯岁星。九年十一月癸巳,犯太白。
庆元四年七月己亥,宿于岁星。
嘉泰三年四月,犯太白。四年十月辛丑,掩、犯岁星。十二月丙申,又掩、犯。
嘉定二年六月甲申,掩食填星,不见。乙丑,掩食荧惑。五年九月丁未,犯岁星。十二年八月甲申,犯荧惑。十三年十月辛酉,犯太白。十五年三月壬子,掩食太白。
端平二年正月丁酉,犯太白。
嘉熙元年四月丁亥,犯荧惑。五月丙辰,又犯。七月辛酉,犯岁星、填星。
淳祐元年二月癸酉,掩食荧惑。六年四月壬戌,犯太白。
宝祐四年正月乙巳,掩岁星。己酉,犯荧惑。六年八月癸未,又犯。
景定元年八月己酉,掩填星。三年十月己未,犯岁星。

月犯列舍

建隆三年四月壬辰,月犯舆鬼。庚子,犯氐。五月甲子,犯左执法。六月丙申,犯房第一星。十二月庚戌,入南斗魁。
乾德四年二月癸卯,犯五车。五年正月壬子,犯南斗魁。七月丁未,犯昴。十月己巳,掩昴。
开宝元年正月辛卯,犯昴。二年正月丙戌,犯昴。三年六月乙未,犯东井。十月癸未,犯天关。五年七月庚辰,犯东井。六年三月丁巳,犯毕大星。
太平兴国五年七月乙丑,掩五诸侯。七年二月丙子,犯舆鬼。三月丙申,犯昴。八年三月癸未,入南斗魁。八月戊寅,犯昴。壬午,犯舆鬼。庚寅,犯角。十月癸未,犯东井。乙巳,犯心后星。九年正月庚申,掩五车东南。甲戌,入南斗魁。二月壬辰,犯七星。丁巳,犯五诸侯。丙午,犯舆鬼。五月丙寅,掩星第三星。六月壬寅,犯昴。七月甲子,又犯。癸酉,犯五诸侯第三星。九月丁未,犯南斗魁。甲子,犯昴。己巳,入舆鬼,掩积尸。十二月丙戌,掩昴。
雍熙二年正月庚午,入南斗魁。二月丙戌,犯舆鬼西北星。三月戊申,犯昴。四月乙丑,掩心后星。五月丙辰,犯房第二星。闰九月丁亥,掩昴。十月辛酉,犯轩辕,掩御女。
端拱元年八月壬戌,掩建第一星。甲戌,掩建星。十二月乙亥,犯房。二年四月辛酉,犯角左星。
淳化元年四月丙辰,犯角大星。七月甲午,犯毕。丙辰,掩毕左股第二星。九月辛巳,犯牵牛。十一月乙未,犯角大星。二年四月庚辰,犯氐东南星。六月乙亥,入氐。十二月乙亥,犯毕。丙戌,入氐。三年十一月癸卯,入毕,掩大星。乙卯,入氐。四年九月癸巳,掩牵牛。闰十月丁未,入太微端门。五年正月丙寅,犯轩辕大星。五月丁未,入毕。十月庚子,凌轩辕大星。丙午,入氐,犯东北星。

至道元年六月辛巳,入太微。十一月乙卯,犯毕大星。甲子,入太微。三年九月癸未,入轩辕。
咸平元年六月壬辰,入太微。二年八月戊午,入南斗魁。九月癸巳,犯右执法。辛巳,犯轩辕。十月癸亥,犯昴。庚午,又犯太微屏星。三年二月乙丑,犯心中星。五月壬午,犯右执法。戊子,犯心中星。丙申,犯太微上相。六月丁未,与荧惑犯右执法。辛未,入毕。九月庚子,入太微。十月己巳,犯角右星。十二月丙寅,掩心。四年正月戊子,犯太微上将。丁酉,犯南斗魁。四月丁未,又犯。六月癸丑,掩房次相。八月乙巳,犯心后星。丙寅,犯轩辕大星。九月乙亥,犯南斗魁。丁酉,犯角大星。十月乙丑,犯五车。十一月乙未,犯心后星。十二月庚戌,犯五车。己未,犯角。壬戌,犯心前星。五年四月庚辰,犯心后星。五月戊申,犯南斗魁。七月壬寅,掩箕。甲寅,犯昴。八月庚午,犯南斗魁。辛丑,掩昴。丙戌,犯五诸侯。九月丙辰,犯轩辕大星。十月壬午,犯轩辕小星。甲申,犯右执法。十二月甲申,掩心前星。六年正月戊戌,犯昴。辛亥,犯房上将次将、心小星。三月丁未,犯心后星。五月甲午,犯轩辕大星。七月甲寅,犯五诸侯东南星。八月甲申,犯轩辕大星。九月癸卯,犯昴。己巳,犯五车。十月庚申,犯南斗魁。丙子,犯舆鬼。十一月戊戌,犯毕。
景德元年三月庚戌,犯舆鬼。四月辛未,入南斗魁。五月乙丑,入太微端门,犯屏星。六月甲子,掩心后星。丙子,掩昴。戊寅,犯五车东南星。九月戊子,犯南斗魁。十二月辛丑,犯房。二年正月乙卯,犯昴。七月甲寅,掩心中星。庚午,犯东井北辕。十一月庚申,犯舆鬼。辛未,犯心前星。三年二月己卯,犯昴。十一月己酉,又犯。四年六月壬午,掩南斗。戊午,犯天关。七月庚午,掩氐。辛未,犯房次相。八月甲寅,犯东井。九月己巳,犯建星。十二月丙戌,犯氐。
大中祥符元年六月壬寅,犯建星。八月丁未,犯毕。戊申,犯天门。己酉,掩东井。九月癸亥,掩南斗杓。十一月甲午,犯牵牛。十二月丁酉,犯毕。丙午,掩角左星。己酉,犯房上相。二年八月丁亥,在氐。戊子,犯房。乙巳,入东井。九月壬申,又入东井。乙亥,犯轩辕。十月丙戌,犯建星。丁酉,犯毕。十一月丁卯,入东井。丙子,入氐。三年正月壬戌,入东井。丁卯,在执法南。庚午,犯氐距星。丙子,犯牵牛。二月丁亥,犯毕。闰二月辛未,犯牵牛。三月庚辰,入太微端门。甲申,犯东井。四月甲寅,在轩辕西南。五月丁亥,在氐西北。七月戊戌,犯毕大星。八月己丑,犯毕。戊辰,犯东井。十月庚申,犯毕。乙丑,在轩辕西南。戊辰,犯左执法。庚午,入亢距星。十一月丙申,犯进贤。十二月丁巳,犯东井。四年正月壬午,犯毕。三月乙酉,入太微。五月癸未,在氐。戊子,犯牵牛。六月庚戌,入氐。戊辰,在东井。七月戊寅,犯西咸。癸未,犯牵牛。癸巳,掩毕大星。八月乙巳,在氐。己酉,犯建。庚戌,犯牵牛。十月乙卯,犯毕。辛酉,犯轩辕御女。十一月乙酉,犯东井。十二月戊午,入太微,掩左执法。己未,在进贤西南。辛酉,入氐。五年二月戊申,入东井。壬子,入太微。癸丑,犯执法。三月庚辰,入太微，犯屏星。五月甲戌，犯太微上将。壬午，犯建。癸未，犯右执法。六月壬寅，又犯。丙午，入氐。七月丁丑，犯建星。戊寅，犯牵牛。八月己酉，犯建星。乙卯，犯毕。九月乙酉，入东井。十月庚子，犯牵牛。庚戌，犯毕。戊午，入太微。闰十月丁丑，犯毕。丙戌，入太微端门。十一月丁未，入东井。丁巳，入氐。十二月庚辰，入太微。六年正月壬寅，入东井。二月己巳，又入。癸酉，犯轩辕大星。乙亥，入太微。三月壬寅，又入。四月甲子，在东井。戊辰，犯轩辕大星。庚午，入太微。犯右执法。甲戌，入氐。五月丁未，入太微。甲辰，昏度犯南斗。七月己亥，犯牵牛。庚戌，犯毕。癸丑，掩东井。八月丙戌，入太微端门。九月丁未，犯东井。甲寅，入太微。十月辛未，入毕。庚申，入太微。乙酉，入氐。十一月己亥，犯毕。壬寅，入东井。甲辰，犯舆鬼。辛亥，入氐。十二月己巳，犯东井。七年二月甲子，又入。三月庚寅，犯天关。丁酉，入太微。四月己巳，入氐。六月庚申，入太微。甲子，入氐。丁卯，犯南斗杓。庚辰，入东井。七月丁未、九月壬寅，又入。十一月癸卯，入太微。癸亥，掩天关。八年正月己丑，犯毕。二月己未，掩东井。乙丑，入太微。三月乙酉，掩天关，又入太微。闰六月壬寅，掩东井。七月乙卯，犯罚星。壬申，犯舆鬼。八月辛巳，入氐。壬午，犯钺。癸卯，入太微。十月壬辰，入东井。辛丑，入氐。十二月丁酉，又入。戊戌，犯房上相。九年正月甲寅，在东井。庚申，犯太微右执法。二月戊子，在太微。三月甲寅，又入。四月丙子，在东井。戊寅，犯舆鬼。癸未，入太微。己丑，掩天江第二星。五月甲寅，在氐。七月乙丑，掩东井。八月丙申，犯轩辕第五星。戊戌，犯太微屏星。九月丁未，犯南斗。十月戊子，犯五诸侯。壬辰，犯太微。十一月甲子，在氐。丁卯，犯天江。十二月丁亥，入太微。

天禧元年三月丙午，犯舆鬼。戊午，犯南斗杓。四月丁丑，入太微。辛巳，入氐。五月甲辰，犯太微。六月丙子，入氐。七月庚子，入太微，犯上相。九月庚申，入太微。十月甲申，犯舆鬼。戊子，入太微端门。十一月丙辰，犯太微上相。十二月壬午，犯右执法。二年正月甲寅，入氐。戊午，犯南斗距星。二月丁丑，犯太微屏星。三月乙巳，入太微。六月壬辰，入太微西垣。己亥，犯房。八月乙卯，入太微。九月癸未，入太微，犯屏星。十月庚戌，入太微。三年五月壬戌，又入。八月壬辰，入南斗魁。癸卯，犯昴。九月己卯，入太微。十月癸卯，犯轩辕次星。乙巳，犯右执法。丙午，犯角大星。十一月癸酉，入太微。戊寅，犯房。四年正月庚辰，掩昴。二月壬寅，犯箕。卯，犯南斗。三月癸亥，犯右执法。乙丑，掩角右星。辰，掩心后星。庚午，入南斗魁。四月乙未，掩房次将。丙申，犯天江。丁酉，犯箕。戊戌，掩南斗魁。五月癸亥，掩心后星。乙丑，入南斗魁。六月丁亥，犯角南星。十一月庚申，掩昴。丁卯，犯轩辕大星。辛未，掩角距星。闰十二月庚申，犯舆鬼。戊辰，犯房。辛未，犯南斗魁。五年正月壬午，掩昴。甲申，掩五车东南星。壬辰，犯房上相。丙申，掩心后星。戊戌，入南斗魁。二月己未，入太微端门。三月丙午，犯太微屏星。癸巳，犯南斗。五月庚子，犯五车东南星。六月庚午，犯五诸侯。七月辛巳，掩昴。八月壬戌，犯五车东南星。九月戊子，犯昴。壬辰，犯五诸侯。乙未，掩轩辕大星。十月乙卯，掩昴。丁巳，犯五车。戊午，掩东井。

乾兴元年正月丁丑，犯昴。己卯，又犯五车东南星。辛卯，犯房。四月丙辰，犯南斗魁第二星。五月癸未，犯南斗。七月戊寅，又犯。辛卯，犯东井。癸巳，犯舆鬼。十一月己卯，犯五车。

天圣元年正月壬申，犯昴。丁亥，掩心大星。五月丙子，掩房。六月丙午，犯南斗魁。闰九月乙巳，犯昴。二年二月丁卯，犯鬼，因掩积尸。四月辛未，掩房南星。六月丁卯，犯天江。戊寅，犯昴下三星。八月己卯，掩轩辕大民星。十月庚午，犯井钺。辛巳，犯氐。三年六月甲子，犯建。丙子，犯东井。七月戊子，犯房。八月丙子，又犯。九月丁亥，犯建。十二月辛酉，犯东井。四年正月戊子，犯东井。十月己丑，犯东井。十二月丁亥，犯毕距星。五年九月癸卯，犯建。丁巳，犯东井。十月壬申，犯牵牛中星。甲申，犯东井。辛卯，掩角南星。壬辰，入氐。十一月庚申，犯氐。六年正月癸丑，犯角南星。二月甲戌，入东井。戊子，犯牵牛。六月壬申，又犯氐。七月丙辰，犯毕。己卯，犯东井。七年四月庚子，犯氐。六月庚戌，掩毕。九月壬申，犯毕距星。八年六月乙巳，犯毕。十月甲午，掩毕柄第二星。九年八月辛丑，犯轩辕大星。九月壬戌，犯毕。十月戊戌，犯右执法。十一月甲申，掩毕大星。丁酉，犯氐。

明道元年二月丙午，犯毕大星。六月壬戌，又犯。七月壬辰，犯东井。九月癸巳，入太微。十月乙卯，犯鬼西南星。十一月戊子，犯谒者。二年二月辛丑，入毕口。八月己亥，入氐。九月戊子，入太微。十二月丁未，犯积尸。

景祐元年闰六月丁卯，掩东咸。庚辰，犯毕。八月甲子，犯南斗。十一月庚戌，犯房。十二月壬申，入太微。二年二月丙寅，又入。四月己未，犯鬼。六月丙辰，入太微。九月乙巳，又入。三年六月己卯，犯氐。八月乙卯，犯南斗。四年六月壬午，犯南斗魁。

宝元元年三月戊申，入太微。四月丁丑，犯角。庚辰，犯心前星。六月乙亥，犯心。八月辛未，犯箕。二年五月癸卯，犯心大星。十月壬戌，犯南斗。

康定元年四月辛卯，犯轩辕大星。七月癸亥，犯南斗。十一月己巳，犯轩辕御女。十二月己丑，犯昴。

庆历元年正月辛未，犯房次将。六月庚子，犯昴。癸卯，犯东井。七月丙辰，掩心后星。戊午，掩南斗天相。八月庚子，犯积尸。九月己巳，犯轩辕御女。二年二月甲申，犯舆鬼。四月戊子，犯房次将。三年七月戊子，犯东井。九月癸未，入东井。丙戌，犯轩辕右角。四年七月申，犯东井。八月癸丑、十月丙午又犯。五年十二月癸酉，犯房上相。六年七月壬午，犯左角。丁亥，犯斗天府。九月甲申，犯牛。十一月己丑，犯毕距星。辛卯，犯东井。庚子，犯氐距星。七年七月己卯，犯氐。八月壬戌，犯毕大星。乙丑，犯东井。八年二月癸酉，犯毕，六月己丑，又犯。十一月丙午，掩毕。

皇祐元年二月戊辰，又掩。五月庚子，犯太微上相。癸卯，入氐。七月戊戌，犯氐。九月丙午，犯毕。十一月辛丑，掩毕。十二月戊辰，犯毕。二年三月丁酉，犯轩辕大星。八月庚申，入氐。壬申，入东井。十一月丙申，犯毕。己酉，入氐。十二月辛卯，犯毕大星。三年三月癸丑，犯毕。四月己丑，入太微。癸巳，入氐。六月壬寅，犯毕。九月甲子，犯毕距星。四年正月丙辰，犯东井。八月丙申，犯舆鬼。五年八月丁巳，犯东井。

至和二年二月辛丑，犯氐。壬寅，犯心前星。闰三月癸巳，犯太微左执法。丙申，犯氐。五月壬辰，掩心前星。七月己丑，犯南斗。壬辰，犯壁垒阵。八月甲戌，犯轩辕大星上第二星。

嘉祐元年十一月己丑，犯昴。庚子，犯角左星。癸卯，犯心。十二月，犯房。二年四月庚申，犯心。己卯，又犯。七月己卯，犯角大星。九月丁丑，犯心后星。己丑，犯昴。戊戌，犯太微西垣上将。三年正月庚寅，犯左角。二月癸卯，入斗魁。三月乙亥，犯五车东南星。四月乙巳，犯五诸侯东星。乙卯，掩房距星。五月乙酉，掩南斗距星。戊子，掩壁垒阵。七月庚辰，入南斗魁。辛卯，犯五车东南星。八月辛亥，犯壁垒阵。辛酉，犯五诸侯。壬戌，犯舆鬼。甲子，犯轩辕大星。九月甲戌，掩箕。己卯，犯壁垒阵。甲申，犯昴。丁亥，犯东井。十一月甲戌，犯壁垒阵。己卯，犯昴。癸未，犯五诸侯。丙戌，掩轩辕大星。十二月甲寅，犯轩辕左角少民。闰十二月己卯，犯舆鬼。四年正月戊申，掩轩辕大星。丙辰，犯心后星。二月庚午，犯五车。四月庚寅，掩昴。五月乙巳，犯房距星。戊申，掩南斗魁。辛亥，犯壁垒阵。六月癸酉，掩心后星。八月癸酉，犯壁垒阵。九月丁未，犯昴。十月丁丑，犯东井。己卯，犯舆鬼。辛巳，犯轩辕御女。十一月己酉，犯轩辕左角少民。十二月己巳，掩昴。甲戌，掩舆鬼。五年正月卯，犯轩辕御女。辛亥，犯心。三月辛卯，犯昴。乙巳，犯心后星。戊申，犯南斗距星。四月癸亥，掩舆鬼西北星。癸酉，犯心。五月庚子，犯房距星。六月戊辰，犯心。七月庚戌，掩东井。八月壬戌，犯房距星。乙丑，犯南斗。九月庚寅，夜漏未上，掩心中央大星。壬寅，掩昴。十一月丁酉，犯昴。十二月丁卯，犯东井。己巳，犯舆鬼。戊寅，犯房距星。六年正月丙午，掩心大星。二月己未，犯昴。三月己丑，犯东井。七月庚寅，掩心大星。辛卯，犯天江。癸卯，犯昴。八月庚午，掩昴。癸酉，掩东井。九月乙丑，犯昴。十月乙未，犯东井。十一月庚申，犯昴。七年三月乙卯，犯轩辕右角。六月己亥，犯天街。八月己卯，犯房距星。九月丙寅，犯轩辕右角。十二月乙酉，犯井钺。八年二月庚辰，犯东井。庚寅，犯房。三月丁未，犯井钺。六月癸未，犯建。七月庚戌，又犯。八月甲戌，犯房。己卯，犯牵牛。辛卯，犯东井。九月己未，又犯。十一月癸丑，又犯。

治平元年正月丁未，犯天关。戊申，犯东井。三月庚戌，犯角。丁巳，犯牵牛中星。四月己巳，犯天关。庚午，犯东井。闰五月戊戌，犯氐。七月甲申，掩毕。八月甲寅，入东井。九月庚辰，犯天关。十月丙申，犯牵牛中星。丙午，犯毕。戊申，犯东井。二年正月戊寅，犯左角。二月丁未，入氐。辛亥，犯建。壬子，犯牵牛。三月丙寅，犯东井。四月癸巳，入东井。五月己巳，掩氐距星。甲申，犯毕。六月丁酉，入氐。甲寅，入东井。七月戊辰，犯建。壬午，入东井。八月丙午，犯毕。己酉，入东井。十月庚寅，犯牵牛中星。庚子，犯毕。壬寅，犯东井。十一月戊辰，犯毕。辛未，入东井。三年十一月癸亥，掩毕右股。丁丑，犯罚。十二月甲辰，掩西咸。四年正月庚申，入东井。甲子，犯轩辕大民。二月己酉，犯毕西第二星。戊子，入东井。癸巳，犯灵台。丁酉，犯亢。癸卯，犯牵牛。三月乙卯，入东井。闰三月庚辰，犯毕大星。癸未，入东井。四月庚戌，又入。己未，犯亢距星。庚申，入氐。壬戌，犯天江。甲子，犯建。乙丑，犯牵牛。五月甲申，犯左执法。戊子，入氐。辛卯，犯建。辛丑，犯毕北第四星。甲辰，入东井。六月乙酉，入氐。己未，掩建东第二星。辛未，入东井。八月庚戌，犯氐。乙卯，犯牵牛。癸亥，犯毕。庚午，犯轩辕御女。辛未，犯灵台。壬申，犯右执法。九月庚辰，犯南斗西第一星。辛巳，犯建南第三星。壬午，又犯牵牛。辛卯，犯毕大星。癸巳，入东井。十月戊午，犯毕西第三星。辛酉，入东井。甲子，犯轩辕大民。丙寅，犯灵台。丁卯，犯右执法。戊辰，犯上相。庚午，犯亢距星。辛未，入氐。十一月己卯，犯壁垒阵。戊子，入东井。壬辰，犯轩辕御女。十二月乙卯，犯东井西南第二星。庚申，犯轩辕少民。辛酉，入太微。戊辰，掩西咸第一星。庚午，犯建星。

熙宁元年正月庚辰，犯毕右股第二星。二月丁巳，入太微。庚申，入氐。三月癸未，入太微。四月壬子，犯东上相。甲寅，犯亢第三星。乙卯，入氐。五月丙子，犯轩辕御女。癸未，掩氐北第二星。甲申，犯罚南第一星。六月乙巳，犯西上相。庚戌，入氐。丙寅，入东井。七月癸酉，入太微垣轨道，无所犯。丙子，犯亢距星。甲午，入东井。八月乙巳，掩氐东北星。丙午，犯罚北第二星。辛酉，入东井。九月戊子，入东井。壬辰，犯轩辕御女。甲午，入太微。十月乙巳，犯牵牛。丙辰，入东井。庚申，犯轩辕少民。辛酉，入太微。十一月辛巳，犯毕大星。癸未，犯东井西第二星。己丑，入太微。十二月戊申，犯毕。甲寅，犯轩辕御女。丙辰，入太微。辛酉，犯氐。二年正月戊寅，犯西上相。戊子，入氐。二月己酉，犯轩辕大星。甲寅，犯亢距星。乙卯，入氐。三月丙子，犯轩辕大星。戊寅，入太微。癸未，犯氐东北星。四月庚子，入氐。庚戌，入氐。五月甲戌，犯东上相。壬辰，掩毕大星。六月乙酉，入氐。己未，犯毕。七月壬申，入氐。辛巳，入羽林军。己丑，入东井，犯东南第二星。八月甲寅，犯毕大星。丙辰，入东井。九月辛巳，犯毕。丁亥，犯轩辕大星。己丑，入太微。十月壬寅，犯壁垒阵。辛亥，犯东井东北第三星。丙申，入太微。十一月己巳，犯壁垒阵。丙子，犯毕。戊寅，入东井。癸未，犯灵台北第一星。甲申，入太微。闰十一月丙午，入东井。十二月辛未，犯毕大星。癸酉，犯东井西北第二星。戊寅，入太微，三年正月丙午，又入。庚戌，入氐。二月戊辰，入东井。甲戌，入太微。戊寅，入氐。壬午，犯建。三月癸巳，犯毕。庚子，入太微；四月戊辰，又入。壬申，入氐。五月乙未，入太微。甲辰，犯建西第一星。六月癸亥，入太微。丁卯，入氐。七月己亥，犯建。辛亥，犯东井钺星。八月乙丑，犯天籥。己卯，犯东井东第二星。九月乙巳，掩天关。丙午，犯东井距星。戊申，犯舆鬼东北星。辛亥，入太微。十月丙寅，犯羽林军。癸未，入氐。十一月癸巳，入羽林军。辛丑，入东井。丙午，入太微。戊申，入氐。十二月癸酉，犯西上将。四年正月辛卯，犯毕。乙未，犯天关。辛丑，入太微。癸卯，掩、犯平道东星。甲辰，犯亢。乙巳，入氐。二月辛酉，犯毕距星北第二星。癸亥，掩、犯东井距星。戊辰，入太微。甲戌，犯东咸。三月甲午，犯轩辕大星北一星。庚子，入氐。四月丁卯，又入。庚午，犯天江。丙子，入羽林军。五月庚寅，入太微。甲辰，入羽林军。六月戊午，入太微。癸亥，犯键闭。七月丙戌，入太微。己丑，入氐。八月甲子，犯壁垒阵第一星。九月乙巳，犯轩辕。丁未，入太微。十月辛酉，入羽林军。丁卯，犯毕北第三星。己巳，犯东井。甲戌，入太微。丁丑，犯亢距星。戊寅，入氐。十一月戊子，入羽林军。壬寅，入太微。十二月壬戌，犯毕距星。甲子，犯东井东北第一星。丁卯，犯轩辕大星北一星。五年正月丁酉，入太微。庚子，入氐。二月壬戌，犯轩辕大星北一星。甲子，入太微。三月丙戌，犯东井东北第一星。甲午，犯亢距星。乙未，入氐。五月甲申，掩轩辕大星。丙戌，入太微。六月乙卯，犯平道东星。丙辰，掩、犯亢距星。丁未，入氐。戊午，犯房北第一星。辛酉，犯南斗距星。七月癸巳，犯羽林军西一星。闰七月甲寅，犯天江东第三星。辛酉，入羽林军。八月癸卯，入太微。九月乙卯，入羽林军。壬戌，犯天街南星。十月癸未，入羽林军。甲申，犯壁垒阵东第一星。乙未，掩轩辕大星北一星。十一月庚戌，入羽林军。己未，犯东井东北一星。甲子，入太微。丁卯，犯亢距星。戊辰，入氐。己巳，犯钩钤东星。六年正月壬子，犯诸王西第一星。庚申，入太微。癸亥，入氐。甲子，犯东咸西南第二星。乙丑，犯天江西南第二星。二月己卯，犯天街西南星。乙酉，犯轩辕大星北一星。庚寅，入氐。三月甲寅，入太微。戊午，入氐。四月辛巳，入太微。癸未，犯进贤。癸巳，犯羽林军。五月己酉，入太微。六月辛巳，犯东咸西一星。七月甲辰，入太微。丁未，入氐。戊申，犯房北第一星。辛亥，掩南斗西第五星。八月癸未，入羽林军。甲申，犯壁垒阵东第二星。戊戌，入太微。九月辰，犯天江南第二星。乙丑，入太微。十月辛巳，犯外屏西第五星。甲申，犯月星。癸巳，入太微。丙申，入氐。十一月丙午，犯壁垒阵西北星。壬子，犯天街南星。十二月己卯，掩月星。辛巳，犯司怪北第二星。丁亥，入太微。七年正月乙卯，入太微，二月壬午，又入，三月己酉，又入。辛亥，犯进贤。癸丑，入氐。乙卯，犯天江南一星。四月乙亥，掩轩辕大星北一星。五月甲辰，入太微。六月辛未，又入。己卯，犯南斗西第五星。己丑，掩、犯天阴北第一星。庚寅，犯天街北星。七月甲辰，犯心大星。己酉，犯壁垒阵西南星。丙辰，犯天阴西南星。八月己卯，

犯壁垒阵东第四星。辛卯，犯轩辕大星北一星。九月戊申，犯外屏西第三星。辛亥，犯天阴中央星。十月戊寅，犯天阴西南星。己卯，犯月星。戊子，入太微。十一月丙辰，犯左执法，又入太微。十二月癸酉，掩、犯天阴第三星。八年正月癸卯，犯司怪北一星。乙巳，犯五诸侯第四星。庚戌，入太微。二月戊辰，犯昴距星。丁丑，入太微。戊寅，犯左执法。甲申，犯箕东北星。四月壬申，入太微。丁丑，犯心距星。壬午，犯壁垒阵。闰四月己亥，入太微。辛亥，入羽林军。壬子，犯壁垒阵东北第一星。丙辰，犯天阴西南星。五月丁卯，犯右执法。辛巳，犯外屏西第二星。六月甲午，入太微。己亥，犯日星。壬寅，入南斗魁。丙午，入羽林军。七月庚午，犯狗国西南星。癸酉，入羽林军。己卯，犯昴西南第二星。癸未，犯五诸侯。八月甲午，犯心距星。辛丑，入羽林军。十月戊戌，犯外屏西第三星。庚子，犯天阴西北星。己酉，犯长垣南一星。庚戌，犯西上将。十一月丁丑，犯灵台北第一星。庚辰，犯角距星。十二月庚戌，犯日星。九年正月辛未，犯长垣南一星。四月庚子，犯心大星。五月丁卯，犯房距星。壬申，犯壁垒阵。甲戌，又犯。六月乙未，掩心东星。庚子，犯壁垒阵西第五星。丙午，犯天阴西北星。七月甲戌，犯昴东北星。戊寅，犯五诸侯东一星。八月癸巳，掩狗国西北星。乙未，犯壁垒阵西第五星。癸卯，犯五车西南星。九月丁巳，犯心东星。壬戌，犯壁垒阵西南星。丙寅，犯外屏西第二星。辛未，犯司怪北第一星。丁丑，犯灵台南第二星。十月辛卯，犯壁垒阵西第八星。庚子，犯五诸侯西第四星。十一月庚申，犯外屏西第一星。十二月乙未，犯五诸侯东一星。丙申，犯舆鬼东北星。戊戌，犯轩辕大星。己亥，掩灵台南第二星。丙午，犯心东星。十年正月戊午，犯昴西北一星。乙亥，犯箕东北星。二月庚子，犯房距星。癸卯，入南斗。甲辰，犯狗国东北星。四月甲辰，犯外屏西第一星。六月庚寅，犯心东星。丙申，犯壁垒阵西一星。七月癸酉，犯五诸侯东一星。八月庚寅，犯壁垒阵西第二星。戊戌，犯五车东南星。九月辛酉，犯外屏西第一星。丙寅，犯司怪北第一星。十月乙酉，犯壁垒阵西第四星。己亥，犯灵台北第二星。癸亥，犯积薪。十二月癸未，犯外屏西一星。丙戌，犯昴西北星。辛卯，掩舆鬼西北星。辛丑，犯心东星。

元丰元年正月壬戌，犯明堂东北星。辛未，掩南斗西第五星。闰正月戊子，犯轩辕少民。乙未，犯房距星、次相。二月壬子，犯五诸侯东一星。癸亥，犯心大星。三月癸巳，入南斗，掩东第二星。四月丁巳，犯房南第二星。庚申，入南斗。庚午，犯昴西北星。五月乙酉，犯心东星。六月乙卯，犯南斗东南第一星。七月甲午，犯司怪北第二星。九月癸巳，犯轩辕御女。十月庚戌，犯云雨东北星。丙辰，犯司怪北一星。丁巳，犯东井东北第一星。戊午，犯积薪。十一月丙戌，犯舆鬼，又犯积尸。十二月己酉，犯昴西北星。癸亥，犯心星。丙寅，犯狗西星。二年正月乙卯，犯东井东北第一星。辛巳，犯舆鬼距星，又入犯东南星并积尸。甲申，犯灵台。二月庚戌，犯轩辕御女。辛亥，犯灵台南一星。三月辛未，犯昴西北星。壬午，犯天

门东星。乙酉，犯心大星。四月乙卯，犯南斗。五月己卯，犯日星，犯房距星。六月甲辰，犯天门东星。甲寅，犯泣西星。七月己卯，犯罗堰。癸未，犯云雨东北星。壬辰，犯舆鬼西南星。八月辛酉，犯轩辕御女。九月庚午，犯天江。甲戌，犯罗堰。丙子，犯泣西星。壬午，犯昴距星。十月乙巳，犯云雨西南星。庚戌，犯天街东北星。十一月丁丑，犯昴距星。己卯，犯司怪。庚辰，入东井。辛巳，犯水位。十二月戊申，犯天樽东北星。庚戌，犯轩辕大民，又犯酒旗。三年正月壬申，掩昴宿东北星。甲戌，犯司怪。乙酉，犯心距星。二月壬寅，入东井。乙巳，犯轩辕大民。三月庚午，犯天樽南星。丁丑，犯天门。庚辰，犯心大星。壬午，犯南斗。四月丁未，犯心距星。壬子，犯牵牛南星及罗堰。五月己巳，犯明堂西第二星。甲戌，犯日星，又犯房。己卯，犯牵牛。壬午，虚梁西第一星。六月己亥，犯泣西星。戊午，犯东井距星。七月己巳，犯心距星。戊寅，入云雨。癸未，犯昴。八月丙申，犯日星。甲辰，犯虚梁。九月辛未，犯泣西星。戊寅，犯天街东北星。庚辰，犯东井距星。辛巳，犯天樽南星。闰九月丙申，犯牵牛南星。庚子，犯云雨西北星。乙巳，犯昴。丁未，犯司怪南第二星。戊申，入犯东井东北第三星。辛未，犯酒旗。十月辛酉，犯氐。壬申，犯天阴西北星。十一月乙未，犯云雨。庚子，犯昴。庚戌，犯天门。十二月壬戌，犯云雨西北星。庚午，入东井。癸酉，犯轩辕右角。乙亥，犯明堂。辛巳，犯天江。癸未，犯建西第二星。四年三月壬辰，入东井。五月辛亥，犯月星。六月己巳，犯罗堰南第二星。己卯，犯诸王西第二星。辛巳，入东井。七月戊申，犯东井铖星。八月庚申，犯天江西第三星。壬戌，犯建西南第三星。癸酉，犯月星。己卯，犯轩辕大民。九月己丑，建西第一星。庚寅，犯天鸡东南星。辛卯，犯罗堰北第二星。十月辛酉，掩、犯虚梁西第三星。壬戌，犯云雨西北星。戊辰，犯天街西南星。庚午，犯东井西北第二星。十一月甲午，犯天阴西南星。乙未，犯月星。戊戌，入东井。癸卯，犯明堂西第三星。戊申，犯东咸西南第二星。己酉，犯天江东北第二星。十二月癸亥，犯天街西南星。乙丑，犯东井西北第二星。五年正月辛卯，犯诸王东第二星。癸巳，犯东井东南第二星。二月庚申，入东井。辛酉，犯水位星西第一星。三月戊子，入东井。庚子，犯建西第一星。五月乙酉，犯酒旗南第二星。甲午，犯天籥西北星。己亥，犯虚梁西第二星。六月丙子，七月丁亥，犯东咸西第二星。辛卯，犯牵牛距星。甲午，犯虚梁西第二星。甲辰，入东井。八月甲寅，犯钩钤西星。甲子，犯外屏西第一星。辛未，入东井，九月戊戌，又入。十月壬子，犯建西第五星。癸丑，犯牵牛距星。丁巳，犯云雨西南星。甲子，犯诸王西第五星。十一月癸未，犯虚梁西第三星。丙戌，犯外屏西第一星。癸巳，入东井。甲午，犯水位星西第一星。十二月己未，犯天关。庚申，入犯东井。六年正月己卯，犯云雨西星。乙酉，犯毕距星。丁亥，犯司怪南第一星。戊子，入东井。二月乙卯，又入。壬申，犯虚梁西第三星。三月癸未，入东井。四月庚戌，又入。己未，犯氐距星。五月乙未，入云雨。七月丙辰，犯虚梁西第一

星。八月丁丑，犯键闭。辛巳，犯牵牛距星。乙酉，入犯云雨东北星。癸巳，犯东井西北第二星。九月辛亥，犯虚梁西第三星。戊午，掩毕距星。辛酉，入东井。甲子，犯酒旗南第二星。十月戊子，入东井。十一月乙卯，又入乙丑，入氐。丙寅，犯房北第一星。十二月庚辰，掩、犯毕距第二星。七年正月辛亥，犯水位星西第一星。丙辰，犯明堂。二月戊寅，入东井。丁亥，入氐。辛卯，犯建三月壬寅，犯毕距星。乙巳，入东井。戊申，犯酒旗。四月戊寅，犯明堂东北第一星。壬午，入氐。丁亥，犯罗堰。壬辰，犯外屏西第二星。六月壬午，犯罗堰南第二星。七月辛酉，入东井。八月戊子，入犯东井。九月丙辰，入东井东南第一星。十月壬午，犯司怪南第一星。癸未，入东井。己丑，犯明堂。甲午，犯心大星。十一月庚戌，入东井。十二月辛未，犯外屏西第二星。乙亥，入犯毕。辛巳，犯酒旗。戊子，入氐。己丑，犯罚。八年正月壬寅，犯毕西第二星。乙巳，入东井。乙卯，入氐。二月壬申，入东井。甲申，犯东咸东第一星。三月庚戌，入氐。辛亥，犯罚。甲寅，犯建星西第五星。乙卯，犯牛距星。庚午，犯毕。四月丁卯，入井。五月己酉，犯天鸡西北星。六月壬申，入氐。丙子，犯建星西第四星。七月甲辰，犯天鸡。癸丑，犯毕，又行入毕。丙辰，入井。八月丁卯，入氐。辛未，犯建星西第四星。壬申，犯牛距星。甲戌，犯泣东星。九月辛亥，入井，犯东南第一星。十月丁卯，犯罗堰北一星。乙亥，犯毕西第二星。戊子，入氐。十一月甲午，犯牛距星。癸卯，入毕，又犯毕大星。乙巳，入井。己酉，犯轩辕御女。癸丑，犯进贤。十二月丁卯，犯外屏。庚午，掩毕距星。

卷五十四　　　　志第七

天　文　七

月犯列舍下

元祐元年正月丁酉，犯毕。庚子，入井。乙巳，犯灵台。丙午，犯右执法。己酉，犯亢。丁卯，入东井。戊辰，犯水位。甲戌，犯左执法。乙亥，犯进贤。戊寅，犯氐。闰二月壬辰，掩毕。乙未，入东井。乙巳，入氐。三月壬申，又入。戊辰，犯右执法。戊寅，犯罗堰。四月癸巳，犯轩辕御女。辛丑，犯罚。甲辰，犯建。五月癸亥，入太微。丁卯，入氐。辛巳，犯毕。六月庚寅，入太微。辛亥，入井。七月戊午，入太微。壬戌，入氐。八月癸卯，入毕，犯毕大星。九月辛酉，犯建星。丁丑，犯轩辕少民。戊寅，犯上将，又入太微。己卯，入太微。十月丁酉，犯天廪。戊戌，犯毕，入毕内。庚子，犯井。乙巳，犯灵台。丙午，入太微垣，犯右执法。丁未，犯太微垣东扇上相星。十一月戊辰，入井。癸酉，行入太微。甲戌，犯左执法。

戊寅，入氐。十二月癸巳，犯天高，又犯附耳。乙巳，犯井。丙申，犯水位。己亥，犯轩辕左角。辛丑，入太微。壬寅，犯太微东扇上相。乙巳，入氐。二年正月壬戌，犯井。戊辰，入太微。癸酉，入氐，犯东北星。甲戌，犯罚。二月庚寅，入井。乙未，犯太微上将。庚子，入氐。三月丁巳，入井。戊午，犯水位。辛酉，犯轩辕左角。乙丑，犯平道。丁卯，入氐。壬申，犯建。四月戊子，犯轩辕大星，掩御女。己丑，犯灵台。庚寅，入太微。甲午，入氐。丙申，犯罚星。五月戊辰，犯罗堰。辛未，犯壁垒阵。六月乙酉，入太微。己丑，入氐。己亥，犯壁垒阵。甲辰，犯附耳。丙午，入井。七月丁巳，犯氐。庚午，犯天廪。辛未，入犯毕。癸酉，犯井。丁丑，犯轩辕大星。八月申，入氐。庚寅，犯牛。甲午，犯壁垒阵。乙丑，犯天廪。丙寅，掩、犯毕大星。戊辰，入井。壬申，犯轩辕左角少民。癸酉，犯上将。甲戌，入太微。十月乙酉，犯罗堰。戊子，犯壁垒阵。辛丑，入太微。乙巳，入氐。十一月甲寅，犯壁垒阵。甲戌，犯罚星。十二月戊子，犯毕。乙未，犯灵台，又犯上将，入太微。三年正月戊午，入东井。己未，犯水位。甲子，入太微。二月乙未，入犯氐西北星。三月壬子，犯东井西扇北第二星。丁巳，犯灵台南第三星。庚申，犯平道。四月乙酉，入太微，犯内屏。辛卯，犯东咸。甲午，犯建。丁酉，犯壁垒阵。五月壬子，入太微垣。辛酉，犯建。辛未，犯天廪。六月甲申，入氐。壬辰，犯壁垒阵。七月癸丑，犯东咸。己未，犯壁垒阵。丁卯，犯天高。己巳，入东井。庚午，犯水位。八月己卯，入氐。己丑，犯壁垒阵。庚寅，犯天溷。癸巳，犯天廪。甲午，入毕。乙未，犯天关。丙申，犯东井北第二星。戊戌，犯鬼距星。九月辛酉，犯毕。癸亥，犯司怪。甲子，犯天樽。十月甲申，犯壁垒阵。己丑，犯天高。己卯，入东井。犯东扇北第三星。壬辰，犯水位。丙申，入太微。十一月戊午，入东井，犯西扇北第二星，己未，犯天樽西北星。庚申，入鬼，犯积尸气。癸亥，入太微。十二月辛卯，又入之。闰十二月辛未，入毕。癸巳，犯东井西扇第二星。甲寅，犯天樽。戊午，入太微，犯内屏。己未，犯太微三公。庚申，犯平道。四年正月丙戌，入太微。庚寅，犯氐。辛卯，犯罚。二月戊申，入井。壬子，犯长垣。癸丑，入太微，犯内屏。甲寅，犯三公。乙卯，犯平道东星。丁巳，入氐。三月丙子，犯天樽。丁丑，入鬼，犯积尸气。庚辰，入太微。乙酉，入氐。丁亥，犯天江。四月戊申，入太微。壬子，入犯氐。乙卯，犯天籥。壬戌，犯壁垒阵。五月乙亥，入太微。丁丑，犯平道。己卯，入氐。六月癸卯，入太微。丙午，入氐。己未，犯外屏。壬戌，犯毕。甲子，犯井。乙丑，犯天樽。七月甲戌，入氐。乙亥，犯罚。癸未，入羽林军。甲申，犯壁垒阵。八月辛丑，入氐。己未，入井。九月甲申，犯毕。丙戌，入犯井。戊子，犯鬼。辛卯，入太微。十月癸丑，犯井钺。乙卯，犯水位。己未，入太微。十一月己卯，犯毕。辛巳，入井。丙戌，入太微，犯内屏。十二月丙辰，犯亢。丁巳，入氐。五年正月丙子，犯东井。戊寅，入舆鬼。辛巳，入太微，犯内屏。乙酉，入氐。丙戌，犯东咸。丁亥，犯天江。二月癸卯，犯钺，又犯东井。戊申，入太微。辛亥，犯亢。癸丑，犯键闭。乙卯，犯天籥。三月己巳，犯诸王。庚午，犯司怪。丙子，入太微，犯内屏。四月甲辰，入太微，犯三公。乙巳，犯平道。庚戌，犯天籥。丙辰，入羽林军。五月庚午，入太微。庚寅，掩毕。六月癸卯，犯东咸。乙巳，犯南斗。庚戌，入犯羽林军。七月乙丑，入太微。丁卯，犯平道。己巳，入氐，犯壁垒阵。丁亥，入东井。己丑，犯舆鬼东北星。八月丙申，入氐。癸卯，犯壁垒阵。壬子，犯毕。九月壬申，入羽林军。辛巳，犯司怪。丁亥，入太微。十月乙未，犯南斗。庚子，入犯羽林军。辛丑，犯壁垒阵。己酉，入东井。庚戌，犯五诸侯。六年正月丙子，入太微。戊寅，犯平道。二月甲辰，入太微，犯内屏。辛亥，犯斗。四月壬寅，入氐。五月丙寅，入太微。戊辰，犯平道。庚午，入。戊寅，入羽林军。戊戌，犯键闭。乙巳，入羽林军。七月戊辰，犯斗。癸酉，入羽林军。甲戌，犯壁垒阵。八月庚子，入羽林军。闰八月戊辰，又入。辛未，犯外屏。丙子，犯司怪。丁丑，犯东井。戊寅，犯五诸侯。壬午，入太微。九月甲午，入羽林军。丙申，犯壁垒阵。戊戌，犯外屏。壬寅，犯诸王。庚戌，入太微。十月壬戌，入羽林军。己巳，犯天街。乙亥，犯轩辕大星。丁丑，入太微，犯内屏。庚辰，犯亢。辛巳，入氐。十一月己丑，入犯羽林军。戊戌，犯司怪。庚子，犯五诸侯。甲辰，犯太微次将。丙午，犯进贤。戊申，入氐。十二月甲子，犯诸王。壬申，入太微。七年正月己亥，入太微。壬寅，犯亢。二月戊午，犯月星。壬戌，犯五诸侯。丁卯，入太微。戊辰，犯进贤。戊寅，入羽林军。三月壬辰，犯轩辕大星。甲午，入太微，犯内屏。乙未，犯太微上相。丁酉，犯亢。戊戌，入氐。四月壬戌，入太微。癸亥，犯进贤。乙丑，犯氐距星。癸酉，入羽林军内。甲戌，犯壁垒阵。丙子，犯外屏。五月己丑，入太微。六月丙辰，入太微，犯内屏。庚申，入氐，犯东南星。壬戌，犯天江。戊辰，入羽林军。甲戌，犯月星。七月辛卯，入南斗。壬寅，犯诸王。八月壬戌，入羽林军。九月甲申，犯天江。戊子，犯哭、泣。辛卯，犯壁垒阵。乙未，犯天阴。丙申，犯月星。戊戌，犯司怪。庚子，犯五诸侯。癸卯，犯轩辕次北星。乙巳，入太微，犯内屏。十月丁巳，入羽林军。甲子，犯天街，又犯诸王。癸酉，入太微。丙子，犯氐距星。十一月甲申，入羽林军。庚寅，犯天阴。癸巳，犯司怪。庚子，入太微，犯内屏。十二月癸丑，犯壁垒阵。戊午，犯月星。壬戌，犯五诸侯。乙丑，犯轩辕次北星。丁卯，入太微，犯内屏。庚午，犯亢。壬申，犯房。八年正月甲午，入太微。丙申，犯进贤。己亥，犯日星。二月癸亥，犯太微上相。丁卯，犯心大星。三月甲申，犯五诸侯。丁亥，犯轩辕大星北第一星。己丑，入太微，犯内屏。庚寅，犯左执法。乙未，犯天江。丙申，犯箕。辛丑，入羽林军。壬寅，犯壁垒阵东北星。四月丙辰，入太微。五月丁亥，犯亢。甲午，犯壁垒阵西南星。六月乙酉，犯轩辕。甲子，犯壁垒阵。七月己卯，入太微。甲申，犯心距星。庚寅，犯五诸侯西第三星。九月壬午，犯狗国。庚寅，犯天阴。壬辰，犯司怪。乙未，犯五诸侯。庚子，入太微。十月辛亥，犯壁垒阵。乙卯，犯外屏。戊午,犯天阴。壬子,入羽林军。壬戌,犯五诸侯。丁卯,入太微,犯上将。十一月庚辰,入羽林军。乙酉,犯天阴。己亥,犯氐。十二月壬子,犯天阴。乙卯,犯司怪。丁巳,犯五诸侯。壬戌,入太微。癸亥,犯左执法。

绍圣元年正月丁亥,犯长垣。己丑,犯太微上将。二月庚戌,犯坐旗。庚申,犯角距星。甲子,犯箕距星。乙丑,犯斗。三月己卯,犯五诸侯东第二星。四月丙午,犯五诸侯西第三星。闰四月己丑,入太微,犯右执法。甲申,犯房距星。丁亥,入斗,犯东第二星。五月壬子,犯心星。六月己卯,犯房距星。辛巳,犯箕。八月丙子,犯箕东北星。九月戊申,入羽林军。丁巳,犯五诸侯东第二星。癸亥,犯太微左执法。十月甲戌,入羽林军。壬辰,犯角距星。乙未,犯房距星。十一月壬寅,入羽林军。乙巳,犯外屏西第二星。戊申,犯昴西北星。壬子,犯五诸侯西第四星。癸丑,犯鬼东北星。癸亥,犯心大星。十二月庚午,入羽林军。己卯,卯五诸侯西第三星。甲申,犯太微上将。二年正月乙巳,犯坐旗南第一星。辛亥,犯灵台。甲寅,犯角距星。丁巳,犯日星。二月庚午,犯昴。己卯,入太微,犯右执法。乙酉,犯心东星。三月乙卯,入斗。己未,入羽林军。四月癸酉,犯太微西扇上将。乙亥,犯角南星。己卯,犯房南第二星。五月甲辰,犯天门东星。己酉,犯箕东北星。六月甲戌,犯房距星。辛巳,入羽林军。戊子,犯五车东南星。七月壬寅,犯心东星。戊申,入羽林军,犯壁垒阵西第六星。丙辰,犯坐旗南星。八月辛未,犯箕北第一星。戊寅,犯外屏西第一星。丙戌,犯鬼东北星。九月癸卯,入羽林军。甲辰,犯壁垒阵西第八星。十月庚午,犯屏西第一星。丙子,犯昴西北星。乙巳,犯五车东南星。丁未,犯五诸侯西第五星。戊申,犯舆鬼东北星。辛亥,犯灵台南第二星。戊午,掩心宿后星。三年正月乙未,犯外屏。戊戌,犯昴。乙巳,犯轩辕左角。三月庚午,犯鬼西北星。壬申,掩轩辕大星。癸酉,犯灵台。四月丁卯,犯轩辕左角。甲戌,犯日星,又犯房距星。庚辰,犯代星。辛巳,犯壁垒阵。五月乙未,犯灵台。壬寅,犯心宿东星。乙巳,犯南斗。六月壬午,犯昴。七月丙午,犯外屏。癸丑,犯五诸侯。八月丁卯,入犯南斗。戊寅,犯五车。辛巳,犯舆鬼。甲申,犯灵台。九月甲午,犯南斗。辛丑,犯外屏。甲辰,犯昴。丙午,犯司怪。戊申,犯水位。壬子,犯明堂。十月壬戌,犯狗星。十一月己亥,犯昴。癸卯,犯舆鬼。壬子,犯日星。十二月壬戌,入犯云雨。庚午,犯五诸侯。辛未,入舆鬼,掩积尸气。四年正月戊戌,犯鬼西北星,入鬼。辛丑,犯灵台南第一星。二月乙亥,犯心东星。闰二月辛卯,犯井东扇北第一星。壬辰,犯五诸侯西第五星。癸巳,入鬼,又犯舆鬼。乙未,犯轩辕左角。己亥,犯天门东星。乙巳,入斗,犯斗西第四星。三月癸亥,犯灵台南第一星。己巳,犯日星,又犯房距星。壬申,犯斗距星。戊辰,掩云雨西北星。四月己丑,犯轩辕御女星。丁酉,犯心东星。庚子,犯狗西星。庚戌,犯昴西北星。五月丁卯,掩斗西第四星。癸酉,入犯云雨。六月甲午,入斗。乙未,犯狗东星。庚子,犯云雨西南星。七月壬戌,犯狗西星。壬申,掩、犯昴西北

星。乙亥,犯司怪北第二星。丙子,犯积薪。八月己丑,犯斗西第四星。癸巳,犯哭、泣东星。乙未,掩、犯云雨东北星。甲辰,入犯鬼及犯积尸气。九月丙辰,犯北距星。己未,犯秦西星。十月甲午,犯昴西北星。丁酉,入井,犯东扇北第一星。戊戌,犯积薪,又犯水位东第一星。庚子,犯轩辕御女星。壬寅,犯明堂南第三星。十一月丁巳,入犯云雨星。十二月辛卯,犯司怪北第二星。壬辰,犯井东扇北第一星。乙未,犯轩辕太民。丙申,犯灵台南第一星。丁酉,犯明堂。壬寅,犯心距星。癸卯,犯天江南第一星。

元符元年正月庚申,犯天樽。辛酉,入犯鬼。己巳,犯日星,又犯房距星。二月丁亥,犯天樽。辛卯,犯灵台。甲辰,犯哭、泣。三月癸丑,犯司怪。己巳,犯罗堰,又犯牛。癸酉,犯云雨。四月癸未,犯鬼距星。甲申,犯酒旗。甲午,犯斗。五月己未,犯心距星。庚申,犯天江。戊辰,犯云雨。六月乙未,又犯。庚子,犯昴西北星。八月壬午,犯天江。九月丙辰,犯虚梁。壬戌,犯昴。甲子,犯司怪。乙丑,入井。十月戊寅,犯斗。癸未,犯虚梁西第二星。己丑,犯天阴。癸巳,犯天樽。甲午,犯鬼距星。庚子,犯天门。十一月戊申,犯罗堰。壬子,犯云雨。丁巳,犯昴距星。庚申,入井。庚午,犯心大星。十二月戊寅,犯虚梁。丁亥,入井。戊子,犯水位。庚寅,犯酒旗,又犯轩辕右角。壬辰,犯明堂。戊戌,犯天江。二年正月甲寅,犯司怪北第三星。丙辰,犯水位西第三星。壬戌,犯天门东星。甲子,犯日星,又犯房距星。己巳,掩牛南第一星。二月己卯,犯昴距星。壬午,入井。乙酉,犯酒旗南第三星,又犯轩辕右角。丁亥,犯明堂西南第二星。壬辰,犯心距星。癸巳,犯天江西南第二星。己亥,犯虚梁西第一星。三月乙酉,犯井距星。庚戌,犯天樽南星。乙巳,犯天门东星。庚申,犯天江西南第一星。甲子,犯罗堰南星。戊辰,犯云雨东北星。四月丙子,犯司怪北第三星。丁丑,入井,又犯井东扇北第三星。丁亥,犯心距星。辛卯,犯牛南星。甲午,犯虚梁西第三星。乙未,犯云雨西北星。庚子,犯天阴北星。五月乙巳,犯水位西第二星。丙辰,犯天籥下东星。丁巳,犯建星西第二星。辛酉,犯虚梁西南第一星。六月辛巳,犯日星。丙戌,犯牛南星,又犯罗堰南第二星。庚寅,犯云雨东北星。丙寅,犯天街东北星。戊戌,入井。七月庚戌,犯天江西南第四星。壬子,犯建星西第三星。丙辰,犯虚梁西第三星。丁巳,犯云雨西北星。壬戌,犯天阴西北星。乙丑,犯司怪北第三星。丙寅,入井,犯东扇北第三星。八月癸未,犯虚梁西第一星。庚寅,犯昴东南星。辛巳,犯诸王第二星。癸巳,入井。丙申,犯酒旗南第三星。九月丁巳,犯天阴北星。闰九月甲申,犯天阴西北星。辛卯,犯轩辕右角。十月辛丑,犯建西第一星。壬寅,犯天鸡东南星。乙巳,犯虚梁西第一星。壬子,犯月星。癸丑,犯诸王西第二星。乙卯,入犯井东扇北第二星。丙辰,犯水位西第二星,戊午,犯酒旗南第二星。庚申,犯明堂西第二星。十一月午,犯井钺星,又犯井距星,又入井。十二月庚子,犯虚梁西第二星。丙午,犯天阴西北星。丁未,又犯月星。庚

戌，入井，犯东扇北第二星。辛亥，犯水位西第二星。癸丑，犯酒旗南第二星，又犯轩辕右角太民。乙卯，犯明堂西第二星。三年正月乙亥，犯诸王西第一星。丁丑，入东井。四月庚戌，犯东咸西第三星。五月辛卯，犯昴。七月乙酉，犯天阴西南星。九月癸未，入东井。十二月甲辰，犯司怪北第二星。丙辰，入氐。

建中靖国元年正月己巳，犯月星。二月己亥，犯井钺，癸卯，犯轩辕右角太民。四月乙巳，犯罚星。五月丙子，犯牛大星。六月己酉，犯外屏西第二星。七月己巳，犯南斗。八月丁酉，犯建西第二星。九月丁丑，犯司怪北第四星。十一月癸酉，入东井。十二月丁酉，犯天街西南星。

崇宁元年正月丁卯，入东井。己巳，犯水位西第一星。二月癸卯，入氐。三月庚午，犯角距星。六月丁亥，犯轩辕大星。九月癸巳，犯壁垒阵。十月乙丑，入毕口。二年二月乙卯，犯天高。四月壬戌，入氐。五月己亥，犯云雨东北星。七月戊子，犯建星西二星。九月丙戌，犯哭泣。十一月庚寅，入井。三年正月乙未，入氐。丙申，犯键闭。二月辛酉，犯亢距星。四月戊午，犯房北第一星。七月未，犯建星西第二星。甲申，犯牛大星。九月辛卯，犯井西扇北第二星。十一月己丑，入太微。四年正月戊寅，犯诸王西第二星。闰二月甲戌，犯井距星。癸卯，犯水位，五月乙巳，犯亢距星。丙午，入氐。七月丙辰，入毕口。八月癸酉，犯建星西第三星。十月庚辰，入井。十二月丁丑，犯鬼东南星。五年正月戊申，入太微。三月辛亥，犯建距星。五月辛丑，入氐。七月壬寅，犯牛大星。甲辰，犯壁垒阵西五星。九月戊申，犯井距星。十一月丁未，犯长垣南一星。戊申，入太微。

大观元年正月甲辰，入太微。五月甲午，犯进贤。六月甲子，入氐。八月乙亥，入毕。九月己丑，犯天籥。巳，犯壁垒阵。十二月丁未，犯建。二年正月庚申，犯井钺。甲子，犯轩辕。二月癸巳，入太微，犯内屏。四月庚子，入羽林军，五月己未，入氐。六月癸巳，犯壁垒阵。九月壬申，入太微。十一月辛酉，犯井。三年正月辛酉，犯太微西扇次将。二月己丑，入太微，犯内屏。三月癸亥，犯南斗。四月己卯，犯五诸侯。六月庚辰，犯平道。七月庚戌，犯房。八月甲午，犯井。九月壬子，入羽林军。十月甲午，犯太微西扇次将。乙未，犯谒者。十二月壬辰，掩亢。四年正月戊申，犯天街。二月辛卯，犯南斗。三月甲寅，犯亢。六月乙亥，犯进贤。七月戊申，犯南斗。八月甲戌，犯天江。十一月己卯，犯五诸侯。

政和元年二月乙卯，犯南斗。三月庚辰，犯东咸。六月乙酉，入羽林军。七月壬申，犯狗。八月丙申，犯心距星。二年三月甲子，犯五诸侯。三年三月壬戌，犯长垣。甲子，入太微。四月丙戌，犯五诸侯西第四星。五月甲午，入南斗。丁酉，犯壁垒阵。七月庚寅，犯狗国。九月癸巳，犯昴。十月壬戌，犯五车。乙巳，犯鬼。己巳，犯右执法。四年二月庚戌，犯昴。五月己丑，入南斗。六月甲寅，犯心东星。八月癸亥，犯司怪。五年正月壬辰，犯心大星。三月丙戌，犯房。五月庚寅，犯云雨。六月壬子，犯狗。九月甲申，犯昴星。十月丙辰，入鬼星。十二月甲寅，犯明堂。六年闰正月癸卯，犯司怪。二月辛巳，犯房。四月己卯，犯南斗。六月辛未，犯心大星。八月乙丑，犯日星。九月庚戌，犯天樽。十月乙丑，犯罗堰。七年正月己酉，犯心。甲戌，犯天门。四月辛未，犯日星。七月庚子，犯哭、泣。八月乙丑，犯牛。十月壬申，入井。十一月丁酉，犯天街。

重和元年二月乙丑，犯酒旗。六月己巳，犯云雨。八月丙辰，犯房。

宣和元年十一月己未，犯鬼。二年正月己酉，犯毕。七月辛亥，犯牛。九月丁巳，入井。十二月辛卯，犯东咸。三年二月壬申，掩角。五月丙午，入氐。十一月丙戌，犯罚。四年七月戊辰，犯建。十月壬寅，入井。十一月癸酉，犯轩辕御女。五年正月壬戌，犯毕。三月己巳，入氐。七月甲子，犯牛。六年正月己巳，入氐。六月辛酉，犯壁垒阵。十月丁巳，犯毕。七年正月甲申，犯鬼。六月丁巳，入羽林军。十二月丙辰，入太微。

靖康元年二月庚戌，入太微。甲寅，入氐。三月戊寅，入太微。庚辰，入氐。四月丁未，犯平道。己酉，入氐。辛亥，犯天江。五月己巳，犯鬼。壬申，入太微。六月己未，犯毕。七月戊辰，入太微。壬申，入氐。癸酉，犯罚。己卯，入羽林军。己丑，入井。八月戊戌，入氐。丙午，入羽林军。乙卯，犯天关。丙辰，入东井。九月癸未，犯井钺。十月辛丑，入羽林军。丙辰，入太微。十一月丁丑，犯天关。戊寅，入井。庚辰，犯鬼积尸气。十二月癸酉，入井。乙亥，犯鬼积尸气。二年三月乙未，入井。辛丑，入太微。四月壬戌，犯天关。

建炎三年三月乙未，入氐。四年六月辛巳，犯心。七月辛亥，入南斗魁中。八月辛卯，犯五诸侯。十二月壬辰，掩心大星。

绍兴元年三月癸卯，犯五诸侯西第五星。四月癸酉，犯轩辕大星。辛巳，犯心。戊子，入羽林军。六月丙子，犯心。癸未，犯昴。八月辛未，犯心宿东星。癸未，犯昴。九月辛丑，入南斗。乙巳，入羽林军。辛巳，犯五诸侯。十一月巳酉，犯五诸侯东第一星。十二月癸未，犯角。二年二月辛未，犯五诸侯西第四星。乙亥，入太微。三月己酉，犯心大星。五月戊寅，入羽林军。六月乙巳、七月酉，又入。辛丑，入南斗魁中。七月乙丑，犯房距星。八月戊申，犯司怪。三年四月辛丑，入南斗魁中。五月丙寅，掩心第三星。七月癸亥，入南斗魁中。九月戊午，入南斗，犯西第五星。十月壬寅，犯轩辕大星。十一月丁巳，犯壁垒阵西第六星。乙丑，犯五车。丁卯，犯五诸侯西第四星。己卯，犯斗。十二月辛卯，犯昴。丙申，犯鬼。丁酉，犯轩辕御女。甲辰，掩心前星。四年正月壬戌，犯五诸侯东第一星。癸亥，犯鬼西北星。三月乙卯，犯司怪。四月巳，犯房。八月癸未，犯心后星。十二月丙戌，犯昴西北星。五年四月癸未，犯房。十月庚辰，犯南斗。壬戌，入井。十一月甲申，又入。甲午，入氐。六年正月己卯，入井。三月甲申，犯心大星。四月辛丑，入井。六月己未，犯昴。九月戊子，犯轩辕右角大民。十月辛亥，犯司怪北第二星。十二月丙午，入井。七年正月辛未，犯天街。二月辛丑，入井。三月戊辰，犯井鉞。六月丁巳，犯井。七月甲申，又犯。九月己卯，又犯。十月丁未、閏十月甲戌、十二月己巳，皆犯井。三月辛巳，犯斗宿西第一星。四月乙未，犯司怪。閏十月癸酉，又犯之。五月丁丑，犯建。八月己亥，又犯。丙午，犯房北第二星。八年三月癸亥，犯井。四月戊午、七月丁未、八月甲戌、九月辛丑、十月己巳、十二月甲子，皆犯井。乙亥，犯房北第一星。九年正月辛卯，入犯東井。四月癸丑、六月乙亥、八月己巳、九月丙申、十月甲子、十二月己未，皆入犯東井。二月己巳，入氐。四月癸亥、六月戊午、八月癸丑，皆入氐。六月乙未，犯建西第四星。九月丙辰，掩角距星。壬戌，犯天高。十二月丁巳，又犯。十年正月丙戌，犯入井。三月辛巳、四月戊申、閏六月丁酉、八月辛巳、十月丁亥，皆犯入井。三月辛卯，入氐。六月癸丑、七月戊申、八月乙亥、十二月辛卯，皆入氐。閏六月乙未，犯畢。九月丁巳，犯畢距星。十二月壬子，又犯畢。十一年正月戊午，犯氐。二月甲戌，犯畢。八月乙酉，皆犯畢。三月甲辰，入井。六月乙亥，入氐。十一月乙卯，入太微垣，犯左執法。丙辰，犯進賢。己未，犯氐東北星。十二月乙亥，入畢，掩大星。十二年正月壬寅，犯畢距星。四月辛未，入太微。十一月，行犯權大星，并掩御女。十三年正月癸卯，犯權星并御女。八月己酉，復掩權大星。十四年正月庚申，入畢，掩大星。六月丁亥，犯亢距星。十六年八月壬寅，犯鈎鈐。十七年二月己未，入羽林軍，是歲凡六。三月己卯、入氐，五月甲戌、六月壬寅、十一月乙酉，皆入氐。七月癸酉，入南斗。十月乙未，又入。十一月甲戌，犯司怪。十八年三月乙丑，犯五諸侯。壬午，入羽林軍，是歲凡八。四月壬寅，入氐。五月丙寅，入太微，犯東上相。六月丁酉，入氐。七月乙丑，犯房。戊辰，入南斗。閏八月癸亥，又入。十九年正月辛丑，犯亢。二月甲戌，入南斗。丁丑，入羽林軍。是歲凡八。六月庚申，犯房。癸亥，入南斗。八月戊午，又入。二十年四月丁巳，犯角。六月戊午，入南斗，是歲凡三。壬戌，入羽林軍，是歲凡五。七月己卯，犯角距星。壬午，犯房。八月癸亥，犯昴距星。十一月乙未，犯角距星。二十一年正月丙申，入南斗。二月辛酉，犯心東星。三月丙申，入羽林軍，是歲，凡七。閏四月己丑，犯壁壘陣。八月乙亥，入南斗。十月癸未，犯壁壘陣。十一月戊申，犯昴。二十二年正月丙辰，犯心東星。二月庚午，犯昴，是歲，凡三。乙亥，犯鬼。三月癸巳，入南斗，是歲，凡四。二十三年正月癸卯、二月庚午，犯輿鬼。壬申，犯權御女星。三月戊申，犯南斗。七月乙未，犯房距星。十月癸酉，犯司怪。十一月辛丑，入東井。二十四年正月庚申，犯昴。六月丙午、十二月庚寅，皆犯司怪。戊戌，犯昴距星。九月己巳、十二月辛卯，皆入東井。二十五年四月庚辰、七月己巳，又入東井，是歲凡六。六月辛丑，犯鉞。十月庚寅，犯天關。十二月乙酉，犯司怪。二十六年正月壬子、十月乙酉、十一月庚辰，皆犯司怪。癸丑，入東井，是歲，凡八。八月丙子，犯房。十月乙亥，犯牛。二十七年正月甲戌，犯天關。庚寅，犯建。二月癸卯、三月庚午，皆入東井，是歲凡七。四月己酉，犯房鈎

鈐，又犯鍵閉。六月甲辰，犯罰，又犯東井。七月庚午，入氐。丙子，犯羅堰。乙酉，犯天關。十一月乙丑，犯牛。十二月辛亥，犯角宿距星。二十八年正月辛未，入東井。是歲凡五。二月甲寅，犯牛。三月庚辰，犯建。四月己酉，犯羅堰。五月丙子，犯牛。六月丁酉，犯氐。壬寅，掩建。八月丁酉，又掩。八月辛卯，犯亢。壬辰，入氐。丁未，入畢口內，犯大星。九月甲戌，掩犯畢。十月癸巳，掩牛宿距星。癸丑，犯氐距星。十一月辛巳、十二月戊申，入氐。丁未，犯亢。二十九年正月丙寅，犯入東井，是歲凡六。乙亥，犯氐距星。二月癸卯，入氐方口內，是歲凡四。甲辰，犯西咸。三月己未，犯天高。壬申，犯東咸。乙亥，犯建星。四月辛卯，犯權右角大民。甲辰，犯羅堰。五月甲子，犯亢。六月戊申，犯附耳。庚申，入氐。丙寅，犯羅堰。七月癸巳，掩牛宿距星。九月丁酉，入畢口，犯大星。十一月壬辰，犯畢。十二月己巳，犯亢距星。壬申，犯東咸。三十年正月戊戌，入氐。二月乙丑，又入，是歲凡五。三月甲申，入東井，是歲凡三。七月戊子，犯牛。八月乙卯，又犯。九月庚辰，犯南斗。十月庚申，掩入畢。十一月庚寅，入犯東井。三十一年正月甲申，犯東井，是歲凡五。二月乙卯，犯權星御女。庚申，入氐。三月戊子，又入，是歲，凡五。四月辛亥，犯太微垣西上將星。辛巳，犯平道星。戊子，犯牛距星。戊戌，犯畢距星。七月丁丑，犯西咸。癸未，犯牛。癸巳，入畢大星。九月丙申，犯太微東左執法星。十一月壬午，掩畢。辛卯，掩太微東上相星。十二月壬子、甲寅，犯輿鬼，掩積尸。三十二年正月丁丑，掩畢宿大星，犯附耳。庚辰，犯東井，是歲凡七。戊子，入氐，是歲凡二。己丑，犯西咸。二月庚戌，犯酒旗。壬子，入太微西，掩右執法星。乙卯，犯亢。己亥，犯太微西上將。庚辰，入太微。辛巳，犯進賢。四月癸未，犯牛。五月庚午，犯太微東上相星。庚辰，入羽林軍。九月壬寅、十一月、十二月皆入。戊子，入畢，掩犯大星及附耳。七月甲辰，掩建。十月丙寅，又掩。九月庚戌，入畢。十二月壬申，又入。十月己卯，犯司怪。

隆興元年二月己巳，入東井，是歲凡六。癸酉，犯權大星。七月丙申、十月壬子，皆入氐。壬寅，犯壁壘陣西勝星。十月甲子，又犯。癸卯，入羽林軍，是歲凡三。十月丙午，犯權。十二月丁卯，掩天高。戊辰，犯天關。二年正月戊子，入羽林軍，是歲凡六。甲午，掩入畢。二月甲子，入東井，是歲凡五。己巳，犯長垣。辛未，入太微，掩、犯左執法并上相星。三月辛卯，犯東咸。四月丙申，入氐。七月丁亥，入太微，犯內屏星。八月乙丑，犯壁壘陣。十月丁卯，犯畢。庚辰，入氐。十一月丁亥，入羽林軍。丙辰，掩司怪。己亥，犯輿鬼，掩積尸。丁未，入氐。戊申，犯西咸。閏十一月壬戌，犯天高。己巳，犯長垣。

乾道元年二月甲申、五月癸酉、十月庚寅，皆掩、犯諸王星。戊戌，犯東咸。庚申，入太微，犯內屏。六月壬午，又如之。甲子，入氐。六月丙戌，又入。辛未，入羽林軍，是歲凡八。五月辛酉，掩天江。七月丁巳，犯南斗。八月壬午，掩、犯鈎鈐。十二月戊戌，又掩。甲申，犯天籥。乙酉，掩南斗。九月壬子，又掩。九月庚午，入太微。

十月丁酉、十二月壬辰，皆入太微。十月庚辰，犯狗。十一月丁巳，犯天街，掩诸王。二年正月壬子，犯诸王。二月己卯，又犯。乙卯，掩、犯五诸侯。二月乙酉，犯权。己亥，入羽林军。五月辛酉，又入。五月甲寅，犯键闭。六月辛巳，入氐。八月丙子，又入。壬子，犯房。乙酉，犯南斗，入魁。八月庚辰，又入。乙未，犯月。八月辛巳，掩、犯狗国。九月庚戌，犯哭。十一月戊午，犯权。十二月壬辰，入氐。三年二月戊子，掩、犯东咸。辛卯，入南斗。三月甲寅，入氐。四月辛巳，又入。四月壬申，犯五诸侯。九月癸未、十一月戊寅，皆犯。五月乙巳，入太微。癸丑，掩、犯南斗。丁丑，犯房。庚辰，入南斗魁。七月乙巳，犯心大星。闰七月丁丑，犯周星。戊寅，犯哭，又入羽林军。八月乙巳，犯代。九月庚辰，犯月星。十月戊午，犯亢。十二月壬寅，犯昴。甲寅，入氐，掩东南星。四年正月辛未，犯五车。二月丁巳，入羽林军，是岁凡九。三月庚午，犯权。四月庚子，犯左执法。乙巳，犯心前星。五月乙亥，入南斗。十月壬辰，又入。六月丙申，犯角。七月壬午，犯五车。丙辰，入太微。八月丁未，掩天阴。十月乙未，犯壁垒阵。戊戌，又犯。丙午，犯五诸侯。庚午，犯昴。壬申，犯司怪。癸未，犯心。十二月乙巳，入太微，犯左执法。丁未，掩、犯角。五年正月癸酉，入太微，犯左执法。戊寅，掩心东星。二月壬辰、八月癸卯、十一月乙丑，皆犯昴。乙亥，犯长垣。三月癸亥、六月壬子、九月甲戌、十一月己巳，皆掩犯五诸侯。戊辰，犯左执法。己卯，入羽林军，是岁凡七。四月庚子，犯心。五月甲子，犯角距星。庚午，入南斗。六月辛亥，犯五车。九月壬申，又犯。七月甲子，犯箕。十月丁亥，入南斗魁，又掩第五星。六年正月庚申，犯昴。戊辰，犯右执法。癸酉，犯心东星。二月辛卯，犯五诸侯。癸酉，入犯南斗。丁未，入羽林军，是岁，凡三。三月壬戌，犯灵台。庚午，入南斗魁。五月己丑、七月丁亥，皆如之。五月壬戌，掩日星，又犯房。闰五月庚寅，犯心东星。七月戊戌，犯昴。庚子，犯五车。九月壬午，犯狗。十月壬戌，犯五车东南星。七年正月甲申，犯五车。三月甲申，犯权星御女。四月戊午，犯心大星。六月癸丑，掩心东星。乙卯，掩、犯南斗。九月丁丑、十二月丙寅，皆如之。十月乙卯，犯昴。十一月乙未，犯房宿日星。八年正月辛卯，犯心距星。三月丁丑，犯鬼。丙戌，犯心大星。四月癸丑，犯房。九月戊子，犯鬼宿距星。九年四月丙子，犯心。六月辛未，掩、犯心大星。

淳熙元年七月戊申，入东井。十一月戊戌、十二月丑，皆入。八月乙亥，犯井钺。十二月癸亥，犯天街。二年正月壬辰，犯井钺。二月庚申，入东井。四月乙卯、九月戊戌、十月癸巳，皆入。六月癸亥，犯南斗。七月戊子，犯房。闰九月乙卯，犯牛。十月癸卯，入氐。三年正月丑、七月己酉，又入氐。三月庚戌、九月辛酉，皆入东井。四月乙酉，犯角宿距星。七月丁未，犯角。十一月甲寅，犯毕。四年正月庚申，入氐。二月戊寅，入东井。七月壬戌、十月甲申、十二月己卯，皆入。七月庚戌，犯牛宿距星。八月丁亥，入毕宿方口内。九月壬寅，犯毕。五年正月乙卯，入氐。闰六月己亥、十二月庚戌，皆如之。三月辛丑，入东井，是岁凡四。闰六月乙卯，入毕宿方口内。十一月壬申，掩毕宿附耳星。六年正月甲戌，犯太微右执法星。二月甲午，犯毕。四月辛卯，入东井，是岁凡三。五月丁卯，又入。十月戊申，犯左执法，又行入太微垣。乙亥，又入。十二月丁未，犯壁垒阵西七星。七年正月庚午，入太微，犯左执法。癸酉，入氐。三月戊辰、四月未、六月庚寅、十一月甲戌、十二月辛丑，皆如之。四月壬辰，入太微。六月丁亥、十二月丁酉，皆如之。六月乙巳，掩毕大星。七月乙亥，入东井，是岁凡三。八月丙午，犯权大星。十一月戊辰，又犯。十月甲午，犯毕。十二月己丑，又犯。十一月甲戌，入氐。八年正月己未，入东井，是岁凡六。二月丙申，入氐。四月戊午、六月癸丑，皆入。三月己未，入太微。闰三月丁亥、八月庚寅、十月癸巳，又入。六月丁卯，入毕。八月壬戌，九月己丑，皆入。九年六月壬戌，又入。八月己未，入东井。十二月己未，入氐。十年正月丙子，入东井，是岁凡二。二月乙酉，入太微。三月丁丑、六月庚子、七月丙寅、十一月壬午、闰十一月庚戌，皆入。三月辛丑，入氐。六月癸卯、七月辛未，皆入。九月癸酉，入羽林军。十二月乙亥，犯权大星。十一年正月己酉，入氐。七月癸巳、八月庚申，皆如之。二月甲子，犯诸王。七月丁酉，犯南斗。十一月辛卯，入羽林军。十二年正月戊申，入南斗。八月癸酉，犯五诸侯。十三年四月己巳，入羽林军。五月甲申，入太微。七月甲申，犯心大星。八月己卯，亦如之。丁亥，犯南斗。十四年三月戊申，犯心距星。四月甲申，行犯房北第三星。辛卯，入羽林军，是岁凡二。五月壬子，犯心大星。六月寅，行入斗。七月丙午，掩、犯房。九月乙丑，掩、犯角宿距星。十五年正月庚申，入南斗魁。六月丁丑、九月己亥、十二月戊子，皆如之。二月乙酉，掩心后星。六月己丑，犯昴。丁巳，犯五车东南星。十月己卯，又犯五车。十六年三月庚戌，入南斗魁。

绍熙元年六月乙未，宿斗距星西北。四年七月丁亥，犯天关。十月庚戌，入东井。十二月乙巳，又入。五年三月丁卯、闰十月癸酉，皆入。十二月丁丑，入氐。

庆元元年六月辛酉，十二月壬申，皆入。己卯，入东井。三年二月辛亥，入毕。四年六月庚寅，犯毕西第二星。壬申，入井。壬寅，入氐宿方口内。九月乙巳，犯壁垒阵西第八星。甲寅，入东井。戊午，行入太微垣内。十月癸酉，犯壁垒阵。十一月己卯、十二月壬午，亦如之。五年三月戊戌，入东井。七月甲寅、十二月辛未，亦如之。四月壬申，行入太微。六年二月壬申，又入。

嘉泰元年七月乙卯，入氐。二年四月甲申，入太微。戊子，入氐。九月己酉，犯斗。三年四月辛丑，又犯。丙午，入太微。十月癸卯，入羽林军。辛酉，入氐。四年三月壬申，犯权。六月戊申，入羽林军。七月丙子，又入羽林军。十月壬子，入太微。癸丑，犯天江。

开禧元年正月庚午，犯五诸侯。三月乙丑，又犯。三月己巳，入太微。四月戊申，入羽林军。二年六月丙寅，又入。七月己丑，入斗。十月辛亥，又入。三年二月癸丑，犯五车东南星。乙丑，犯心东星。六月丁巳，入南斗魁。丁卯，犯昴。十二月癸丑，犯五车。

嘉定元年二月丙午，犯昴。三月乙亥，犯五车。六月丁丑，犯房。二年十月乙丑，犯斗。三年九月庚寅，犯心中星。四年闰二月己丑，入东井。五年正月丁巳，又入。己酉，犯南斗。六年二月庚辰，入东井。十月辛亥，犯毕。庚申，犯角宿距星。七年六月辛丑，入氐。八年正月戊辰，犯毕。七月辛卯，又犯。辛未，入东井。十一月辛未，又如之。九年正月丙寅，入东井。乙亥，入氐。十二月戊子、犯毕。十年三月庚辰，入毕。五月丁亥，入氐。十二月丙寅，又入。十一月壬辰，犯权大星。十一年二月庚戌，入东井。九月戊子、十二月庚戌，皆如之。四月辛亥，入太微。六月庚戌，入氐。九月丙戌，入毕。十二月四月癸酉，入太微。九月丙辰，又如之。八月癸未，入东井。十月庚午，入羽林军。十三年正月戊戌，犯毕。九月甲辰，又犯。二月癸酉，入太微。九月癸巳，犯南斗。丙午，入东井。十四年正月壬巳，入氐。七月己丑，又入。三月丙申，入太微。四月辛未，犯南斗。八月丙寅，入羽林军。十五年五月丁巳，入氐。八月癸未，入南斗。十六年六月辛巳，犯心前星，又犯中星。十一月庚申，入太微。

宝庆三年七月乙酉，犯心后星。

端平元年五月己酉，入氐。二年六月壬申，又入。十二月庚子，入井。三年四月丙申，入太微。十一月甲戌，又入。五月辛巳，入毕。七月壬戌，入氐宿。戊寅，入东井。

嘉熙元年七月癸酉，入井。二年四月乙酉，入太微。闰四月丁未，入井。三年八月辛丑，入氐。四年正月辛巳，入太微。五月庚午，又入。甲戌，入氐宿方口内。

淳祐元年正月丁未，入氐。六年七月丁卯，犯斗西第五星。八月辛卯，犯房宿距星。七年七月己未，犯心宿中央星。十一年七月乙丑，入氐宿方口内。八月癸巳，又入。十二年五月戊申，犯毕宿大星。十二月壬申，入氐宿方口内。

宝祐元年九月壬辰，入毕。三年五月辛酉，又入。六月甲戌，入氐。七月辛丑，八月己巳，皆入。四年十月壬戌，犯斗。五年六月辛卯，入氐宿方口内。七月丙子，入井。六年十一月甲子，犯权。

景定元年十一月戊子，犯房。二年七月辛未，犯斗。三年二月乙巳，入氐。六月乙未，入氐宿方口内。八月癸卯，犯昴宿距星。十月丁卯，犯五车。四年四月乙卯，犯权。五月庚寅，入氐宿方口内。五年二月甲子，犯房。丁卯，犯斗。四月癸丑，入太微。六月甲寅，犯心。十月丙午，犯斗。

咸淳十年二月壬子，犯毕。

卷五十五　　　志第八

天 文 八

五纬犯列舍

岁星

建隆二年四月乙巳，犯左执法。五月己丑，犯东井。十月乙巳，犯亢。

太平兴国八年七月丙寅，入张。

雍熙元年正月辛巳，犯灵台第一星。

至道元年十一月庚戌，犯右执法。三年十月丁巳，入氐。

咸平元年三月乙酉，退行入氐。七月庚戌，入亢。

景德二年八月壬子，入太微。十二月壬辰，犯天樽。三年十月戊寅，犯轩辕大星。四年闰五月己巳，犯轩辕大星。九月乙亥，入太微。

大中祥符元年正月甲子，犯右执法。四月丁未，入太微。七月己未，又在太微。二年十月庚戌，入氐。三年四月庚申，退行入氐。丙子，守氐。四年六月己巳，犯天江。五年三月丁丑，犯牵牛。六年四月乙丑，犯壁垒阵。九年五月辛未，失度。

天禧三年九月壬戌，入太微。丙寅，犯右执法。十一月乙丑，犯右执法。四年二月己酉，犯右执法。三月庚申，犯舆鬼、积薪，又犯哭星。五月乙丑、七月乙卯，犯右执法。五年十二月丁未，犯房。

乾兴元年正月丁丑，犯键闭。二月庚午，犯房。

天圣元年八月戊午，犯天籥。三年五月辛卯，犯壁垒阵。七月乙未，又犯。六年八月庚午，犯钺。十月丙寅，又犯。七年八月己亥，犯舆鬼。九月己未，犯积尸。八年九月丁未，犯轩辕。九年十月戊戌，犯左执法。

明道元年正月辛巳，掩左执法。五月戊戌，犯太微左执法。

景祐元年正月己巳，犯东咸。四月丙申，犯钩钤。戊申，犯房。甲寅，掩房上相。七月戊子，又犯房。二年五月丁未，犯天籥。

康定元年六月丁未，犯井钺。七月戊午，犯东井。十月庚子，又犯。

庆历元年八月庚辰，犯鬼。丙戌，犯积尸。十一月癸酉，退犯舆鬼。二年四月乙酉，犯舆鬼。庚寅，犯积尸。三年九月庚寅，犯左执法。四年二月戊午，犯左执法。

嘉祐二年八月乙巳，犯氐。三年五月乙酉，退犯东咸第二星。七月辛卯，顺行，又犯。四年正月丙申，犯建。五年七月己亥，退犯十二诸国代星。

治平元年闰五月癸未，入东井。八月丁未，犯天樽。二年四月癸巳，犯天樽。七月丙辰，犯舆鬼。三年九月庚午，犯灵台。十月甲午，犯太微上将。四年正月壬子，犯西上将。二月戊子，犯灵台。四月甲子，又犯。五月丙申，犯西上将。六月乙丑，入太微。十月丁卯，犯进贤。

熙宁元年七月壬申，犯进贤。十一月丙戌，入氐。二年七月辛巳，犯氐。丁亥，入氐。八年六月己未，犯诸王。八月庚戌，又犯。九年六月辛卯，入东井。七月丁丑，犯天樽西星。十月戊戌，犯天樽东北星。十年三月戊寅，犯天樽西星。

元丰元年八月丁巳，犯灵台北第一星。九月乙亥，犯西上将。十月戊申，入太微。二年正月己丑，又犯。三月辛未，犯灵台北星。三年十月辛酉，犯氐距星。庚午，入氐。四年二月壬午，退入氐。五年九月癸未，犯天江北第一星。七年四月壬午，犯壁垒阵西第六星。七月癸卯，又犯西第五星。十一月丙辰，又犯。十二月庚午，犯天樽。

元祐四年二月壬子，犯天樽。五年五月壬辰，犯轩辕大星。十月癸巳，入太微。庚戌，犯右执法。七年十月庚申，入氐。八年四月癸亥，退入氐。十二月丁卯，犯天江。

绍圣元年三月乙巳，犯天籥。三年三月丁未，犯壁垒阵。四月戊子，入羽林军。七月辛丑，又犯壁垒阵。十一月甲辰，又犯。

元符元年正月己未，犯外屏。二年六月甲申，犯诸王东第一星。十一月丁亥，又犯。

建中靖国元年十二月己酉，犯轩辕大星。

崇宁元年六月甲辰，犯轩辕左角少民。二年正月戊戌，退行入端门。三年八月乙卯，犯亢距星。四年正月辛巳，犯房北第一星。闰二月庚辰，犯房钩钤。五年十月辛未，犯南斗西第二星。

大观元年二月庚午，犯斗。二年十月庚辰，犯壁垒阵。三年十二月丙申，犯外屏。四年六月癸未，犯天阴。

政和元年八月甲寅，犯钺。二年三月乙亥，犯司怪。八月丁酉，犯积薪。九月丁卯，犯鬼。三年三月戊寅，犯积薪。闰四月壬戌，犯鬼，入犯积尸气。八月甲辰，犯轩辕。四年正月丁亥，犯轩辕大星。八月己巳，入太微垣。十月辛酉，犯左执法。五年正月丁丑，又犯。二月辛酉，入太微。六年闰正月己酉，犯亢。七月辛亥，又犯。十一月丙辰，犯房。七年三月丙辰，又犯。

重和元年五月甲午，犯斗。

宣和元年五月乙亥，犯牛。二年二月甲戌，犯壁垒阵。四年三月戊戌，犯昴。五年八月壬午，犯井。

靖康元年十月癸卯，犯左执法。二年正月壬戌，又犯。丁卯，入太微。六月甲申，犯诸王东第一星。

建炎三年五月丙午，逆行犯房。七月癸未，犯钩钤。

绍兴二年八月庚寅，逆行犯壁垒阵。五年四月壬子，犯井钺。七月丁丑、十月丙午、十一月庚午朔至戊子，逆行入井。六年三月庚午，入井。壬辰，复入，留二十日。七月壬辰，犯鬼。癸巳，犯积尸气。十二月壬戌，又如之。十二月庚申，逆行犯鬼东南星。辛酉，入鬼宿内。七年正月癸亥，三月壬午，逆行入鬼，犯积尸气。八年九月己丑，犯太微垣东左执法。十年正月戊子，七月辛未，入氐。十一年七月戊午，犯东咸西第二星。十七年七月壬戌，顺行

入东井，不犯星。十一月丙戌，退行入井。二十一年十一月辛丑，顺行犯氐。戊申，又入氐。二十二年七月辛亥，入氐。二十八年七月丁丑，顺行犯诸王。二十九年六月己酉，闰六月辛酉，顺行入犯东井。七月戊戌，顺行犯天樽。十二月己巳，入犯东井。三十二年正月戊寅，退行入太微。二月戊戌朔，退行犯太微垣西上将星。乙巳，退行逆出太微西门。五月庚子，顺行犯太微垣西上将星。乙巳，复顺行犯太微。乙酉，顺行犯右执法。十月庚午，顺行犯进贤。

隆兴元年十月戊子，顺行犯氐。十一月庚寅，又入氐。二年二月己卯，退行入氐。六月壬申、癸未，犯氐。

乾道三年十月乙巳，犯壁垒阵。四年九月丙戌，留守壁垒阵。六年六月癸丑，十一月丁丑，犯诸王。七年六月癸酉，犯天樽。十一月癸巳，又如之。八年三月丁丑，犯天樽。十一月癸未，留守权大星。九年五月乙卯，犯权大星。十月庚寅，十二月庚午，犯太微右执法。

淳熙元年二月壬午，犯太微垣西上将星。二年四月庚申，犯进贤。十月丁亥，入氐。三年五月己未，留守氐。五年四月壬午，留守牛。六年五月癸亥，留入羽林军。六月乙巳，十一月壬戌，犯壁垒阵西第六星。八月丁未，留守壁垒阵西第五星。九年十一月庚申，守诸王星。十年七月己巳，犯天樽。十一年九月癸卯、十月辛巳，皆犯、守权大星。十二年十月辛亥，犯太微右执法。十五年正月壬子，犯房北第一星。二月己巳，留守房。五月癸亥，留守氐。十六年六月乙未，留守天江。

绍熙五年八月壬辰，犯司怪。十一月庚戌，犯诸王。

庆元二年八月乙亥，犯权大星。四年三月乙巳，入太微，犯右执法。五年十二月己卯，犯房。六年三月丙寅，犯房。

嘉泰二年八月丙戌，留守牛。三年七月戊午，行入羽林军。

开禧二年七月乙未，犯井钺。八月庚戌，犯东井。三年九月甲戌，顺行入鬼，在积尸气、锁星西南。

嘉定元年闰四月壬申，顺行入鬼，犯积尸气、锁星。七月辛酉，顺行犯权大星。二年二月丙戌，犯、守权大星。三年二月己巳，退行入太微，犯左执法。四月乙亥，留守太微。四年十一月甲子，犯房。五年四月乙巳，退行犯房宿。七月丙辰，顺行犯房。辛酉，顺行犯钩钤。六年三月丙寅，留守建星。八年八月甲午，犯壁垒阵，入羽林军。十年七月壬寅，留守毕。十一年七月甲戌，顺行犯井钺。八月丙午，顺行入东井。九月己丑，留守东井。十二年七月辛酉，顺行犯鬼。十三年二月庚寅，顺行犯鬼。十四年二月乙丑，退行犯权左角少民星。十五年三月甲子，退行犯太微左执法。十六年正月戊申，留守氐距星。

绍定三年六月乙酉，顺行入井。十一月丁未，退行入井。

端平元年四月戊寅，退守太微东上相。二年二月癸酉，留氐。八月癸巳，顺行入氐宿。

嘉熙元年五月庚午朔，留守建星。二年五月壬寅，退行壁垒阵。

淳祐二年六月丁丑，顺行犯井宿。六年十一月癸亥，

入氐。

咸淳三年十月甲寅，顺行犯权大星。

荧惑

建隆元年十月癸酉，犯进贤。十一月乙卯，犯氐。二年八月戊申，犯哭星。九月乙酉，犯壁垒阵。三年十月甲辰，犯氐。十二月庚戌，入天籥。

乾德三年九月乙亥，犯司怪。四年四月壬子，入舆鬼，犯积尸。五月辛卯，犯轩辕。五年九月戊申，犯舆鬼。十二月戊辰，犯五诸侯。

开宝元年五月壬子，犯太微上将。六月壬戌，掩心大星。二年七月乙亥，犯舆鬼。八月戊寅，掩积尸。三年八月壬辰，犯房。五年二月己卯，退入太微，犯上相。七月甲子，入氐。

太平兴国八年七月癸亥，入舆鬼。

雍熙元年七月乙卯，入东井。十二月辛巳，逆犯轩辕第二星。三年七月癸巳，入舆鬼。九月乙亥，犯轩辕大星。

端拱元年六月己丑，入舆鬼，犯积尸。八月戊午，又犯轩辕大星。九月甲申，犯灵台。壬辰，犯太微上将。乙巳，犯执法。十月癸亥，又犯左执法。十一月甲申，犯进贤。二年二月辛未，退行犯亢。六月壬申，犯氐东南星。八月丙寅，犯天江。十一月庚辰，犯哭星。十二月己巳，犯房，又犯钩钤。

淳化元年八月戊申，犯轩辕大星。壬申，犯灵台。九月庚辰，犯太微上将。壬辰，犯右执法。癸巳，犯左执法。二年正月丙戌，犯房第一星。四月丁亥，犯天江。三年十月乙巳，犯左执法。十一月己亥，入氐。四年四月戊辰，入羽林。丙子，犯氐。五年三月甲戌，犯东井西垣第一星。十月己未，入氐。十一月癸丑，犯房第一星。

至道二年正月丁卯，守昴。三月，守东井。闰七月丁亥，犯毕大小星。十月己未，入太微。甲子，入氐。十一月丁亥，又入太微。三年五月庚午，入太微端门。八月庚子，掩南斗魁。己未，入东井。

咸平元年四月癸巳，入舆鬼。二年十一月戊申，退行犯舆鬼。三年二月癸酉，又犯。四月辛酉，犯轩辕大星。六月丁未，犯右执法。四年八月甲子，犯舆鬼。十月庚子，犯轩辕。十一月庚寅，犯太微上将。五年四月庚辰，又犯。甲申，犯太微西垣。壬辰，犯右执法。七月丁巳，犯氐。八月丙子，犯房。六年七月壬寅，犯舆鬼。八月庚申，犯轩辕大星。九月戊申，犯灵台。十月己未，入太微，犯上将。十一月庚寅，犯左执法。壬辰，犯进贤。甲辰，犯太微上相。十二月甲子，又犯进贤。

景德元年三月丙申，犯太微上将。戊戌，犯次相。己酉，犯执法。七月乙丑，犯氐。闰九月庚戌，犯南斗。二年八月丁丑，犯轩辕大星。甲戌，犯左执法。十二月乙酉，犯氐。三年正月己巳，犯房上相。庚午，犯次相。二月甲戌，犯钩钤。丙寅，犯房次相。三月丁未，守心。乙丑，犯钩钤。丙寅，又退行犯次相。七月丁亥，犯天江。四年八月丙申，与岁星犯太微上将。己酉，犯右执法。十一月丙寅，犯氐。丙戌，犯西咸。

大中祥符元年九月戊辰，犯壁垒阵。二年十一月乙卯，犯氐。十二月庚寅，犯东井。三年四月辛卯，犯右执法。四年三月庚寅，犯东井。五月乙亥，入舆鬼。五年七月辛卯，犯毕。闰十月丁卯，在诸王北。六年正月己亥，犯毕。丁巳，犯司怪。二月甲戌，掩、犯东井。三月己未，犯舆鬼。五月辛丑，犯轩辕大星。七年七月己酉，犯井钺，又犯东井。八月己卯，犯天樽。八年二月己亥，犯五诸侯。三月辛丑，犯舆鬼。四月癸丑，掩井钺。五月丁亥，入太微。庚寅，犯轩辕大星。辛丑，犯太微上将。丙子，犯右执法。九年七月丁巳，犯天樽。八月丙戌，犯舆鬼。巳丑，犯积尸。十月丁丑，犯轩辕大星。十二月丁酉，又犯轩辕。

天禧元年五月戊戌，犯灵台。己酉，掩太微上相。丁酉，犯右执法。六月丙子，犯左执法。二年五月庚寅，入东井。七月癸酉，犯舆鬼。九月辛巳，犯灵台。十月壬辰，犯太微上将。十一月丙寅，犯左执法。甲申，又犯太微上将。十二月壬辰，又犯。乙巳，入太微。己酉，犯氐。三年三月戊辰，入太微。四月己丑，又入太微，犯右执法。四年九月丁卯，犯灵台。庚午，犯五诸侯。十月辛巳，入太微。丁亥，犯右执法。辛丑，犯左执法。十一月丙寅，掩进贤。闰十二月辛未，入氐。五年三月辛卯，退行犯亢。六月甲寅，入氐。壬申，犯房。七月庚子，犯天江。八月庚戌，掩南斗魁第二星。壬戌，犯南斗。

乾兴元年七月甲午，犯轩辕大星。九月辛未，入太微。己丑，出太微端门，犯左执法。十一月庚辰，犯亢。

天圣元年正月丙寅，犯房。丁卯，犯钩钤、键闭。癸酉，犯罚。二月庚申，犯天籥。四月戊午，犯南斗魁。八月癸巳，又犯南斗距星。闰九月乙巳，犯壁垒阵。二年十一月戊申，犯房。三年正月辛卯，犯天籥。三月庚戌，又犯壁垒阵。五月辛卯，犯羽林。六月壬戌，又犯壁垒阵。七月戊子，又犯。十一月乙巳，犯外屏。四年正月己亥，犯天阴。二月癸酉，犯天高。八月甲午，犯东井。九月壬申，犯氐。十二月戊寅，犯天街。六年三月甲辰，犯东井。七年七月壬午，犯井钺。丙戌，又犯井距星。八年正月己卯，犯东井。九年九月丁巳，犯舆鬼。壬戌，犯积尸。

明道元年正月庚子，犯舆鬼东北星。二月甲辰，掩鬼。二年八月癸卯，犯积尸。

景祐元年四月辛亥，犯太微上将。五月壬申，犯右执法。丁亥，犯左执法。八月戊午，犯房。丁卯，犯东咸。甲申，犯天江。九月丙午，犯南斗。二年七月甲午，入鬼。九月丁亥，犯牵牛。甲午，犯灵台。己亥，入太微。十月庚午，犯左执法。十二月辛亥，犯平道。戊辰，犯太微上相。三年正月壬辰，犯亢。三月己亥，犯进贤。七月甲辰，犯房次将。九月癸巳，犯南斗。

宝元元年正月辛丑，犯房。三月丙午，犯轩辕。六月庚午，犯心前星。七月癸卯，犯天江。八月辛未，犯南斗。九月丙申，犯天鸡。

康定元年正月乙酉，犯建星。

庆历五年二月甲寅，犯东井。四月丙午，犯鬼积尸。五月乙酉，犯轩辕大星。六年七月乙巳，犯东井。九月甲午，犯舆鬼。七年正月壬寅，犯五诸侯。三月丁亥，犯鬼积尸。六月庚申，犯左执法。八年八月辛未，犯鬼积尸。

皇祐元年五月甲辰，犯右执法。二年八月庚申，入鬼，犯积尸。十月庚午，犯太微上将。闰十一月丙辰，犯太微东上相。三年四月丙戌，犯左执法。七月戊午，犯氐。八月辛丑，犯天江。四年十月乙酉，犯太微左执法。五年六月丙戌，犯氐。闰七月壬午，犯天江。八月乙巳，犯南斗。

至和元年十一月，犯亢。丁丑，犯氐距星。二年九月甲申，犯壁垒阵。

嘉祐元年十月甲子，犯氐。二年三月戊子，犯壁垒阵。五月戊子，又犯壁垒阵东星。三年三月庚子，入东井。十一月癸未，犯钩钤。十二月丁未，犯天江。四年二月丁酉，犯羽林。七月己酉，犯毕距星。九月戊午，退犯天街。十月癸酉，犯月星。五年二月丙戌，犯东井。四月庚午，犯舆鬼。癸酉，掩积尸。六月壬戌，犯轩辕左角，光相接。六年八月丁巳，犯司怪。己巳，入东井。闰八月癸巳，犯天樽。十月乙亥，退犯五诸侯东一星。七年三月乙卯，犯舆鬼西北星。辛酉，犯鬼积尸。五月丙寅，犯灵台。六月壬午，入太微，不犯。八年六月癸酉，犯诸王。八月戊戌，犯舆鬼。辛丑，犯积尸。十二月甲申，犯轩辕。

治平元年五月己未，犯太微西垣上将。闰五月癸酉，犯右执法。七月癸巳，入氐。二年六月辛丑，入东井。七月乙酉，犯鬼锧。十月壬辰，犯灵台。三年三月辛巳，犯太微西上将。四月己酉，犯右执法。七月壬午，入氐。四年六月辛酉，犯积薪。七月丁丑，犯舆鬼，又犯积尸。八月辛亥，犯轩辕大星。癸亥，又犯少民。九月甲申，犯西上将。戊戌，犯右执法。十月壬子，犯左执法。壬戌，犯上相。十一月丙子，犯进贤。十二月乙卯，犯亢。

熙宁元年六月丙寅，犯氐东南星。丁卯，又入氐。七月丙戌，犯房北第二星。乙未，犯东咸南第一星。八月甲寅，犯天江南第二星。二年九月甲戌，犯西上将。丙戌，入太微。闰十一月乙巳，犯氐距星。己酉，入氐。十二月戊寅，犯房。戊子，犯壁。三年正月癸巳，犯东咸第二星。二月辛卯，入天籥。五月癸巳、正月乙巳，犯罚。八月午，犯南斗。十月戊午，犯壁垒阵西北星。四年三月乙未，犯诸王西第二星。十月戊寅，犯亢南第一星。十一月辛卯，犯氐距星。乙未，入氐。十二月戊辰，犯罚。五年正月己丑，犯天江东第一星。癸卯，入天籥。五月丙午，入羽林军。十二月戊午，犯外屏西第二星。六年正月庚戌，犯天阴西南第一星。庚午，犯月星。二月丁丑，犯天街西南星。甲申，犯诸王西第二星。三月戊辰，入东井。四月庚子，犯积薪。十月辛巳，犯氐距星。癸未，入氐。十一月戊申，犯钩钤西第一星。七年四月壬申，犯壁垒阵西第八星。十二月辛巳，犯天阴西南第一星。八年正月辛亥，犯月星。二月甲子，犯诸王西第一星。三月丁酉，犯司怪北第二星。丙辰，入犯东井东北第一星。四月己丑，犯积薪。闰四月辛丑，入舆鬼。九月壬戌，犯诸王东第三星。八月戊戌，犯井钺。壬寅，犯东井距星。丁未，入东井。十月戊戌，犯东井北第一星。十一月丁卯，犯司怪。十年正月丙寅，犯司怪第二星。四月丙戌，又犯舆鬼东北星。戊子，入舆鬼。

元丰元年六月己巳，犯司怪南二星。七月庚辰，入井。戊戌，犯天樽西北星。八月戊午，犯积薪。九月壬申，犯舆鬼西北星。丁丑，入舆鬼，犯积尸。二年二月壬戌，入犯舆鬼东北星。三年七月丁卯，入东井。甲申，犯天樽西北星。八月辛丑，犯积薪。乙卯，犯舆鬼积尸。闰九月丁巳，犯长垣。十月戊辰，犯灵台北星。癸未，入太微。四年四月甲申，犯右执法。七月庚戌，入氐。五年七月辛丑，犯舆鬼西北星。乙巳，入舆鬼。十月癸丑，犯西上将。丁巳，入太微。十一月壬午，犯左执法。甲午，犯西上将。六年三月戊寅，犯进贤。己亥，犯东上相。闰六月戊戌，入犯氐东南星。七月丙辰，犯房北第二星。甲子，犯东咸西第一星。八月癸未，犯天江南第二星。七年八月己未，犯灵台。九月己亥，犯西上相。丁未，入太微。乙丑，犯左执法。十月己丑，犯进贤。十一月戊午，犯亢距星。十二月辛巳，入氐。八年正月戊午，犯房北第一星。二月乙丑，犯键闭。癸酉，犯罚北第一星。乙酉，犯东咸。三月壬戌，犯壁垒阵。七月己未，犯天江。十月戊寅，犯秦星。十一月丙午，犯壁垒阵西第六星。十二月壬戌，顺行犯壁垒阵。

元祐元年闰二月丙辰，犯天街。八月甲寅，入太微。十月丙午，犯亢。十一月己未，犯氐距星，入氐。十二月丁亥，犯房。己丑，犯钩钤。辛卯，犯键闭。三年二月乙巳，犯天街。三月壬子，犯诸王。四月丙申，入犯东井。十月丁未，犯亢南第一星。十一月戊申，犯氐距星，己酉，入氐。十二月甲辰，犯天江。甲寅，犯天籥。四年二月丁未，犯壁垒阵。三月丁丑，又犯壁垒阵。六月寅，犯外屏。八月己未，退行，又犯外屏。十二己未，犯天阴西南星。五年二月戊戌，犯诸王。三月癸未，入东井。甲申，犯之。六年八月乙巳，犯诸王。七年二月戊辰，犯东井。四月乙卯，犯舆鬼。丙辰，又入舆鬼。五月辛亥，犯长垣。八年四月乙卯，犯外屏。八月庚戌，入东井。庚午，犯天樽。九月乙未，犯积薪。十月辛酉，犯舆鬼。

绍圣元年二月丙寅，犯五诸侯东第一星。三月丁酉，犯鬼西北星。五月戊申，犯灵台北第一星。二年七月乙未，入井。八月丙戌，入鬼。三年正月戊戌，退犯轩辕。五月癸巳，犯灵台。辛丑，犯太微上将。丙辰，犯太微右执法。八月丁丑，入氐。四年六月丙戌，入犯井。己亥，犯天樽西北星。七月丁巳，掩犯积薪。丁卯，犯鬼西北星。庚午，入鬼，犯积尸气。八月丁未，犯轩辕大星。十月癸未，犯太微西垣上将。甲申，入太微。十一月甲戌，犯太微东垣上相。丁丑，掩之。

元符元年正月壬戌，犯太微东垣上相。乙丑，入太微垣，行轨道。四月丙午，犯太微左执法。六月丙午，犯亢。七月乙丑，入氐。己巳，又犯之。八月乙酉，犯房南第三星。辛卯，犯东咸。十一月壬戌，犯代星。十二月戊寅，犯壁垒阵。乙未，又犯壁垒阵。二年七月庚申，入鬼，犯积尸气。八月丙申，犯轩辕大星。九月丁卯，犯太微西垣上相。闰九月壬申，入太微。甲午，犯太微左执法。十月甲辰，犯太微东垣上相。己未，犯进贤。十一月庚寅，犯亢距星。十二月壬戌，入氐。三年正月辛未，犯氐东南星。

四月壬寅，退行犯亢南第一星。八月丁巳，犯南斗西第二星。

建中靖国元年九月己未，入太微。十月甲辰，犯平道西第一星。

崇宁元年五月丁巳，退行入南斗魁。戊辰，又犯南斗西第二星。二年二月壬戌，犯昴西南星。丙子，犯天街北星。十月甲子，犯亢南第一星。三年四月壬子，犯壁垒阵西五星。四年三月壬寅，犯井钺。甲寅，犯井距星。乙巳，又入井。五年八月乙卯，犯天街南星。十月乙丑，犯昴东南星。甲申，犯天阴东北星。

大观元年正月辛丑，犯毕。三月癸巳，入井。四月癸未，犯鬼及犯积尸气。五月己酉，犯酒旗。六月壬戌，犯轩辕大星。七月乙酉，犯灵台。二年六月辛卯，犯天街。七月癸酉，犯司怪。八月己丑，入井。三年正月庚午，又犯井。三月丙寅，犯鬼。六月癸未，入太微。七月己酉，犯太微左执法。己巳，犯进贤。四年六月庚午，犯月星。七月辛酉，入井。闰八月丙辰，犯鬼，又犯积尸气。

政和元年五月乙酉，犯右执法。二年六月辛亥，入井。三年正月乙亥，犯太微垣内屏。四月丙午，犯太微上将。闰四月乙丑，犯太微右执法。七月癸巳，入氐。九月庚辰，犯天江。四年九月乙未，犯上将。十月甲子，又犯左执法。十一月庚寅，犯进贤。五年正月乙亥，犯亢。七月庚辰，犯氐。八月乙丑，犯天江。六年八月丁丑，犯灵台。九月癸巳，入太微。庚戌，又犯太微左执法。十二月癸亥，入氐。七年正月丁酉，犯键闭。七月乙未，犯天江。

重和元年正月丁亥，犯外屏。闰九月癸亥，犯进贤。十月戊申，又入氐。

宣和元年九月癸亥，犯壁垒阵。二年十月庚辰，犯亢。三年正月戊申，犯南斗。丙辰，又入南斗。四年正月辛未，犯天街。五年六月乙未，犯天阴。九月己未，犯司怪。六年闰三月庚辰，犯五诸侯。七年九月壬辰，犯鬼。

靖康元年正月乙酉，又犯五诸侯。丁亥，又守五诸侯。三月戊寅，又入鬼。己卯，又犯鬼积尸气。

建炎三年八月癸丑，入鬼，犯积尸。甲子，犯太微垣西上将星。丙寅，又入太微。十月乙巳，出太微垣东左掖门。己酉，犯垣东上相，徘徊不去。四年三月乙亥，犯左执法。七月戊辰，犯房。八月丁丑，犯东咸。乙未，犯天江。十一月乙卯，入壁垒阵。

绍兴元年正月乙亥朔，入羽林。九月丙辰，入太微。十月丁丑，犯左执法。庚辰，顺行出太微垣内左掖门。十一月辛丑，犯进贤。二年正月丙申，入氐。五月乙亥，犯氐东南星。七月乙丑，犯天江。八月戊戌，犯斗西第二星。三年九月壬子，顺行入太微。甲寅，犯右执法。乙丑，出端门。丙寅，犯左执法。十月癸巳，犯进贤。十一月丁巳，犯亢南第一星。辛未，犯氐。甲戌，入氐。十二月辛丑，犯房北第一星。壬寅，犯钩铃。癸卯，犯键闭。四年正月辛亥朔，犯东咸。十月丙子，犯壁垒阵。戊戌，又犯西第六星。己亥，入羽林军。五年四月甲辰，入井。十月乙丑，入氐。十一月丙戌，犯房。丁亥，犯钩铃。乙未，犯东咸。十二月乙卯，犯天江。六年五月戊寅，犯壁垒阵。七年二月己酉，犯诸王西第二星。四月甲午，入井。五月庚辰，入鬼，犯积尸。九年四月己巳，入鬼，犯积尸。十年十月庚子，犯五诸侯。十一年三月乙卯，入鬼。十二年七月乙未，犯司怪。丁未，入井。八月，入鬼，犯积尸。十二月丙戌，逆行犯权大星北第一星。十四年八月庚辰，犯积尸。十五年九月辛酉，犯天江南第一星。十六年十月丙午，犯左执法。甲寅，出太微左掖门。十七年七月己卯，顺行犯房宿。己丑，顺行犯东咸。八月戊申，顺行犯天江。十月乙酉，顺行犯壁垒阵。庚寅，晦，顺行入羽林军。十八年闰八月戊辰，顺行犯太微西上将。九月癸巳，犯太微左执法。十一月甲辰，顺行入氐。十二月壬申，顺行犯房。十九年七月戊申，犯南斗。十月辛未，顺行犯壁垒阵，入羽林。二十年十一月丙戌，顺行犯氐。二十一年四月戊辰，入羽林。庚午，行犯壁垒阵。二十二年二月壬申，顺行犯天街。三月丙午，顺行犯司怪。十一月癸卯，顺行犯房宿钩铃。十二月癸酉，顺行犯天江。二十三年三月戊午，顺行入羽林。二十五年八月壬寅，顺行入东井。十月壬寅，退行犯东井。十一月癸酉，退行犯司怪。二十六年二月丁亥，顺行犯东井、钩铃。六月甲午，顺行犯太微垣西上将。七月庚申，顺行犯太微左执法。二十七年六月癸亥，顺行犯司怪。七月癸酉，又入东井。癸巳，顺行犯天樽。九月乙丑，顺行犯舆鬼，又犯积尸。二十八年二月癸丑，顺行犯舆鬼。乙卯，又如之。六月乙未，顺行犯太微垣西右执法。二十九年六月壬子，顺行犯司怪。闰六月壬戌，顺行入东井。是月戊辰，又如之。庚辰，顺行犯天樽。七月申，顺行犯舆鬼。辛亥，入鬼，犯积尸气。十月辛未，顺行犯太微垣西上将。十二月辛酉，留太微垣内屏西南星十日。三十一年四月庚申，犯太微垣西上将。八月戊申，顺行入氐。九月庚寅，犯天江。十一月乙酉，犯牛。三十二年闰二月壬午，退行犯进贤。五月癸巳，顺行入犯氐。

隆兴元年八月壬午，犯长垣。九月乙未，犯太微垣西上将。十月庚申，入太微垣东，犯左执法。癸未，犯进贤。十二月甲戌，入氐。二年正月辛亥，犯房。甲寅，犯键闭。二月辛未，顺行犯东咸。三月辛亥，退行犯东咸。四月戊寅，退行犯房。七月壬子，犯天江。己卯，顺行犯南斗。十月乙丑，顺行犯周星。己巳，犯秦星。己亥，犯代星。十一月庚子，犯壁垒阵。癸卯，顺行入羽林军。

乾道元年三月甲寅，犯诸王星。八月乙酉，顺行犯太微垣西上将星。辛丑，入太微。九月庚戌，犯太微垣左执法。壬申，犯进贤。十一月丙辰，顺行入氐。十二月癸未，顺行犯房，又犯钩铃。二年正月乙卯，顺行犯天江。九月庚戌，顺行犯壁垒阵西胜星。辛亥，入壁垒阵。丙辰，入羽林军。甲子，犯壁垒阵。十月乙未，犯壁垒阵西第八星。三年二月壬辰，犯月星。四月乙亥，犯司怪。九月庚寅，犯亢。十月乙巳，入氐。十一月庚午，犯钩铃。十二月己亥，犯天江。四年三月甲子，犯壁垒阵。辛巳，犯壁垒阵及入羽林军。七月丙戌，留守天囷。十二月乙卯，犯天阴。五年正月乙亥，犯月星。甲申，犯天街。三月丁丑，犯井。十一月戊子，犯天江。六年二月甲申，犯牛。七月己亥，犯诸王。七年二月壬戌，犯东井。四月癸丑，入鬼，犯积尸。五月己丑，犯权大星。八年八月丙午，入东井。癸亥，犯天樽。十月癸卯，犯鬼。辛亥，又犯。戊午，犯积尸气。十一月己巳，又犯鬼。九年四月丁丑，犯权。五月庚戌，犯太微垣西上将星。六月癸亥，犯太微垣西右执法。

淳熙元年七月辛卯，入东井。丙午，入天樽。八月乙亥，犯鬼。二年正月庚子，犯权大星。五月甲午，犯太微西上将。八月乙亥，入氐。三年十月乙亥，犯太微西上将。十一月丙寅，犯太微垣东上将。四年正月己巳，入太微。七月庚申，入氐。辛酉，犯氐。八月己卯，犯房。五年九月乙亥，犯太微右执法。十月壬辰，出左掖门。十二月壬子，入氐。六年二月己酉，入氐。三月辛未，犯氐宿距星。四月丙午，守亢。六月丙申，犯氐。七月己未，犯房。八月己丑，犯天江。十一月乙亥，入羽林军。丁丑，犯壁垒阵西第七星。七年九月乙丑，入太微。庚午，出。十二月壬午，犯氐。甲申，又入。八年五月己卯，入南斗。六月庚戌，守箕。癸酉，犯南斗。七月戊寅，入南斗。庚寅，犯狗。九月戊寅，犯秦星。壬辰，犯壁垒阵。十月辛酉，入羽林军。九年十一月庚午，犯氐距星。辛未，入氐。十二月戊戌，犯钩钤。十年五月甲子，入羽林军。六月庚子，入壁垒阵。八月癸丑，又犯。九月戊辰，退入羽林军。十一年二月壬戌，犯诸王星。十二年三月丁未，入羽林军。十三年四月丙子，犯舆鬼。十四年七月壬寅，犯诸王星。甲子，犯司怪。癸未，入井。十月庚辰，留守五诸侯。十五年六月庚寅，犯右执法。十六年闰五月丙戌，犯诸王。六月丙辰，入东井。八月乙巳，犯舆鬼。乙卯，顺行入鬼，犯积尸气。

绍熙元年五月丙辰，犯灵台。二年七月丁未，入东井。庚寅，入鬼，犯积尸气。十一月庚戌，入太微。三年正月己酉，入太微垣内，留守。三月乙未，入太微垣西，犯上将星。四月丁巳，犯太微右执法。七月乙酉，入氐。八月丁未，犯房北第二星。四年十月丁酉，入太微垣内，徘徊内屏者凡四阅月。十一月己巳，犯上相。五年七月癸酉，犯氐。八月壬辰，犯房。十一月庚寅，犯壁垒阵。

庆元元年九月丙戌，入太微垣内。戊申，始出。二年三月癸卯，退犯天江。五月甲午，守犯心大星。十月戊戌，犯氐宿距星。四年五月庚子，入羽林军。五年十一月癸巳，入氐。

嘉泰元年五月丁丑，失行不由黄道。三年二月壬寅，犯井宿。

开禧元年正月庚辰，留守五诸侯西第四星。四月丁巳，犯权大星。六月丙午，犯太微西右执法。甲戌，入井。十一月甲辰，入太微。十二月戊午，留守太微垣。三年二月己未，退，留守权星。

嘉定元年九月辛酉，入太微顺行。二年二月乙酉，退行犯太微上相。三月癸卯，退行犯左执法。己酉，留守太微垣。六月壬戌，顺行入房。己丑，顺行犯天江。九月己酉，顺行犯南斗。三年十月己未，入太微垣，犯右执法。四年正月辛卯，入氐宿方口内。二月丁丑，犯房。四月丙戌，退行入氐。五月丙寅，犯氐。六月乙巳，犯东咸。八

月壬辰，犯南斗。十一月壬子，犯壁垒阵。五年八月癸卯，入太微。九月戊申，又犯右执法。十一月丙寅，入氐。六年闰九月庚午，犯壁垒阵。十月戊戌，入羽林。七年十月甲寅，顺行犯氐。八年四月戊午，入羽林军。十年九月丁亥，留守天关。十一月壬午，退行犯月星。辛卯，留守昴宿月星。十一年四月壬戌，顺行入鬼，犯积尸气。十二年七月壬戌，顺行入井。十四年七月己丑，顺行犯司怪。十六年十月丁酉，入太微。十七年正月戊申，留守太微垣东上相星。

宝庆二年正月戊寅，入氐。

绍定元年七月戊戌，犯南斗。十月戊申，犯壁垒阵。十一月癸酉，顺行入羽林军。二年十一月己丑，顺行入氐。三年七月丁巳，退行入羽林军。六年二月癸卯，犯东井。

端平元年九月辛丑，入井。十二月，犯司怪。二年六月己丑，入太微。三年七月庚午，入井。

嘉熙元年正月癸酉，守鬼宿。四月庚子，犯权。五月丙子，犯将星。二年七月壬寅，顺行入鬼，犯积尸气。九月壬午，犯权大星。十月丁卯，入太微。三年五月辛未，犯太微垣执法星。八月己亥，入氐。丁巳，犯房。四年八月乙巳，犯太微垣左执法。十一月辛酉，犯太微垣东上相。甲子，顺行入太微垣。

淳祐元年六月乙酉，犯氐宿东南星。丙戌，入氐宿方口内。三年正月庚辰，顺行入氐。十一年八月丁酉，顺行入井。十二年四月壬申，犯权。

宝祐二年二月甲辰，又犯。三年十一月丁巳，犯太微垣上相星。五年十二月丁未，入氐。六年三月庚午，退行入氐。

开庆元年闰十一月己卯，入氐。十二月丁未，入房宿钩钤星。

景定元年五月壬午，退行斗宿。三年五月壬戌，犯壁垒阵西方胜星。

德祐元年四月乙丑，犯天江。八月戊午，犯南斗。十月壬戌，犯壁垒阵。

填星

开宝五年七月乙丑，犯东井。

端拱元年闰五月庚寅，退行犯建星，相去五寸许。

咸平二年七月辛巳，犯毕。四年六月丙申，犯东井。十月辛丑，犯井钺。己未，犯东井。五年三月戊戌，犯钺。六年九月戊戌，守舆鬼。

景德二年十月丙子，守轩辕。三年五月癸亥，犯轩辕。九月戊辰，犯灵台。四年八月辛亥，入太微右掖。乙卯，又入太微。

大中祥符二年正月辛巳，入太微。十月癸巳，犯进贤。十一月乙卯，犯平道。三年三月辛卯，犯进贤。五月癸卯，又犯。十一月戊寅，犯亢。四年十二月壬寅，入氐。五年正月甲戌，守氐。九月戊辰，入氐。十月己巳，又入。六年四月癸未，入氐。十二月丙戌，犯东井。七年三月丁未，犯罚。五月乙酉，犯键闭。丙戌，犯舆鬼。六月辛酉，犯房上将。

天禧元年二月癸酉,犯建星。三年五月丁卯,犯牵牛。
天圣四年十月庚寅,犯右更。
明道二年七月癸巳,犯鬼。十二月壬子,又犯。
景祐元年正月丁卯,犯南斗,又犯鬼。三月戊子,又犯。三年九月辛巳,犯太微上相。四年十月己卯,犯左执法。
康定元年三月戊寅,犯平道。
庆历七年六月庚申,犯建。
嘉祐三年六月丙寅,犯毕。九月庚辰,犯毕。五年六月己巳,犯井钺。甲申,犯东井。十月甲申,退犯东井距星。六年七月己亥,犯天樽。七年八月己丑,入鬼。十一月乙巳,退犯舆鬼距星。
治平元年七月壬辰,犯轩辕大星。二年九月戊辰,犯灵台。四年九月癸卯,犯东上相。
熙宁元年正月庚辰,退犯上相。二月乙巳,入太微。十月乙亥,犯东上相。二年十一月丙子,犯亢距星。三年正月丁巳,犯亢。十一月壬寅,入氐。五年五月丙午,又入。十一月己酉,犯罚南星。六年四月戊寅,犯罚南第一星。五月庚申,又退犯键闭。八月甲申,犯罚。七年正月丁未,犯天江东北第一星。八年八月丁巳,犯天龠西北星。九年正月壬午,犯建西第二星。
元丰二年二月丙午,犯十二国代东星。三年七月丙寅,犯壁垒阵西第五星。十月丁亥,又犯之。七年六月乙未,犯外屏。
元祐三年七月己未,犯诸王。五年六月乙巳,入东井。七月甲子,十一月丁亥,皆犯东井。六年三月庚辰,犯东井。四月己亥,入太微垣,行轨道。十一月癸巳,犯水位。七年七月己丑,入舆鬼。十二月丁丑,犯舆鬼。八年正月甲申,犯舆鬼。壬辰,退入舆鬼。丁酉,入鬼,犯积尸。
绍圣二年八月己丑,入太微垣上将。九月庚申,入太微垣轨道。三年二月己卯,入太微,犯上将。是月庚戌、四月庚辰、五月丙申,俱犯。甲辰,入太微垣,行轨道。九月乙巳,又入太微。十月甲戌,犯太微左执法。四年正月丁未,又犯。十月癸巳,犯进贤。
元符元年正月丙辰,又犯。七月癸亥,又犯。
建中靖国元年五月辛酉,犯氐东南星。
崇宁元年四月庚戌,犯房北第一星。四年十二月己卯,犯建西第二星。五年六月戊辰,又犯。
大观元年闰八月丙午,犯泣星。
政和七年十月丙辰,犯毕。
重和元年二月甲戌,犯天街。
宣和七年十月庚子,入太微。
靖康二年正月丁巳,犯上相。
建炎三年三月乙未,犯亢。
绍兴二年三月己未,犯东咸第三星。八月戊申,复犯第三星。五年闰二月庚戌、三月癸卯、五月丁丑,皆犯建星。七年六月己未,犯牛宿南星。十一年八月甲午,入羽林军。十八年八月辛丑,顺行犯东井钺星。二十年正月辛卯,退,留守东井。二十四年八月庚戌,顺行入太微。二十五年三月戊午,退行犯太微垣西上将。二十六年十一月庚辰,犯平道。二十七年正月癸巳,退行犯进贤。三十年十一月辛巳,顺行犯房。壬寅,顺行犯键闭。三十一年三月己亥,退行犯键闭。八月庚戌,顺行犯房。
乾道元年七月丙寅,留守建星。二年二月甲午,犯牛。三月庚申,留守牛宿。五月己未,掩狗国星。三年七月乙丑,犯周鼎。四年八月乙卯,守壁垒阵。五年四月戊子,入羽林军。五月丙辰,留守羽林军。七月丙戌,犯壁垒阵。九月甲戌,守壁垒阵。六年六月戊午,退入羽林军。九月庚寅,又入守之。七年八月丁卯,退行犯壁垒阵东胜星。十月乙卯、十一月庚寅,又犯、守之。
淳熙三年十月己丑,犯毕。四年六月丁丑,十月甲申,犯天关。五年正月壬戌,留守诸王。五月辛卯,入井。八月丙辰,留守东井。十一月辛巳,又犯。六年正月壬申,留守井钺星。是月戊子、二月戊申,皆犯入东井。九月庚午,留守水位。十二月戊戌,犯天樽。七年八月壬辰,入鬼,犯积尸气。戊申,犯鬼。十一月丙辰,又如之。八年四月戊午,入鬼。九年十一月己丑,留守权左角。十年三月辛巳,留守权大星。十月癸卯,犯太微上将。癸丑,入太微。十二月壬戌,犯上将。十一年九月甲辰,入太微。十一月己亥,留守太微垣。十二年四月庚午,守太微垣右执法。十三年三月壬午,犯太微东上相星。四月乙巳,入太微。乙巳,留守太微垣。十五年三月丁巳,五月癸亥,犯亢。十月辛卯,入氐。十六年正月辛丑,留守氐。
绍熙三年二月辛丑,留守天江。
庆元四年七月乙丑,犯壁垒阵西第五星。
嘉泰四年七月己卯,留守天廪。
开禧元年八月甲辰,留守毕。二年八月壬子,留守诸王。三年七月辛卯,犯井钺。九月甲戌,留守井。
嘉定元年四月辛亥,犯井。二年正月癸亥,犯守井。六年三月壬戌,留守权左角少民星。闰九月己丑,顺行入太微。十一月丙子,留太微垣,守右执法。七年十二月戊戌,留守太微垣东上相星。十一年正月辛巳,守氐距星。六年辛亥,留守亢。十一月丙子,入氐。十二年四月壬申,退行入氐。五月乙卯,留守氐。十三年七月乙巳,犯房。
端平二年十月己未,退行犯毕宿距星。十二月己亥,留守天街。三年正月丁卯,顺行犯毕距星。
嘉熙元年八月乙酉,顺行犯井东第二星。
淳祐四年四月癸未,留守太微垣,守右执法。五年四月甲申,退守上相。七年四月丁亥,犯亢。
景定元年正月庚辰,入尾。五年七月甲午,留守于毕。
咸淳二年八月庚午,入井。

太白
建隆二年九月丁丑,犯南斗。
乾德三年八月庚申,犯太微上将。四年六月辛丑,犯右执法。五年八月辛酉,又犯。
开宝元年十一月庚寅,犯房。四年四月己巳,犯东井。五年十一月己未,犯哭星。
太平兴国六年八月戊子,入太微,犯右执法。
雍熙元年二月壬辰,犯昴。八月壬寅,掩轩辕第一星。

十一月戊戌，入氐。戊午，又犯心前星。己未，又犯大星。二年闰九月癸未，入南斗魁。四年十月癸卯，犯进贤。

端拱元年十月辛巳，犯哭星。癸未，犯天垒。二年五月己亥，犯毕右股第一星。六月乙卯，犯天关。七月壬申，犯舆鬼东南星。八月壬子，犯轩辕大星。九月庚辰，犯左执法。

淳化元年六月庚申，犯太微垣，入端门。三年九月辛丑，犯右执法。癸卯，犯太微端门。十月壬午，入氐。四年十月乙丑，犯南斗魁第二星。

至道元年三月癸巳，凌东井第一星。五月壬戌，犯轩辕大星，相去一尺许。十一月庚戌，入氐。三年八月戊申，犯太微上将。

咸平元年七月癸酉，犯角左星。八月，犯轩辕。九月癸亥，犯南斗魁。庚辰，犯太微次将。十一月癸酉，又入轩辕。乙亥，入太微。二年正月己卯，入南斗魁。四月己未，入太微，犯次将，守屏星。甲子，又入。六月丁丑，入东井。三年二月甲寅，犯昴。八月己未，犯轩辕大星。九月壬午，犯右执法。四年九月乙亥，犯房、心。十月丙午，入南斗。闰十二月丙戌，犯角大星。己酉，犯房。辛卯，犯箕。壬辰，犯南斗魁。五年正月丁巳，犯心后星。二月庚申，掩昴。壬申，掩五车。六年四月庚辰，犯舆鬼。五月乙巳，犯轩辕。九月戊申，犯左执法。十一月癸巳，入氐。

景德元年闰九月丙寅，犯南斗。十月丙午，犯哭。二年五月己未，掩心前星。六月己丑，犯南斗。七月甲寅，犯舆鬼积尸。八月己丑，犯太微上相。三年十一月甲子，犯西咸。

大中祥符元年七月丁卯，犯水位。庚辰，犯舆鬼。丁亥，犯权。八月辛丑，犯轩辕大星。丁未，犯轩辕少民。二年八月壬寅，入氐。九月戊午，在心。戊辰，犯天江。三年正月戊辰，犯牵牛。四年四月甲子，犯舆鬼。五月戊子，犯轩辕大星。丙申，犯轩辕少民。九月己丑，犯右执法。乙未，犯左执法。十月戊申，在进贤西南。十一月丁亥，犯房上相。十二月壬戌，犯建星。五年十月戊申，犯箕。十一月甲辰，犯壁垒阵。六年正月丁酉，犯右更。五月戊午，犯天关。六月乙丑，犯罚星。辛未，犯东井。己卯，犯天樽。七月乙未，犯舆鬼。甲寅，犯轩辕大星。八月，犯建。丁丑，掩毕，又犯右执法。七年四月甲子，犯东井。六月甲子，犯太微上将。辛未，犯执法。七月丁酉，犯角南星。十一月戊子，入氐。九年二月己卯，犯昴。甲辰，犯五车。八月癸未，犯轩辕大星。己丑，犯轩辕东南。丙申，在灵台南，相去一尺。九月丙午，犯右执法。壬子，犯左执法。

天禧元年七月戊戌，犯右执法。八月甲午，犯房次相。十月己巳，入南斗。三年九月己巳，犯左执法。十月庚寅，犯进贤。甲辰，犯亢。十一月乙卯，入氐。四年七月丁巳，掩房。己未，犯箕。庚申，入南斗魁。辛未，犯昴。八月乙酉，犯心后星。丁亥，入南斗魁。戊戌，犯昴。庚子，掩五车。五年六月甲寅，入东井。七月戊寅，犯舆鬼。壬午，犯五诸侯、箕。丙申，犯轩辕大星。八月壬子，犯太微上相。戊午，犯右左执法。

乾兴元年五月庚午，犯鬼及积尸。七月乙卯，犯角。

天圣元年正月庚午，犯建。二年二月丙戌，犯五车。八月庚午，犯轩辕东星。甲申，自右掖门行入太微。辛巳，犯太微上将。九月戊子，犯右执法。甲午，犯左执法。三年六月己卯，犯太微上将。十月乙卯，犯南斗。五年九月辛丑，犯灵台。乙巳，犯明堂。庚申，犯左执法。七年五月己巳，犯毕距星。八年四月辛亥，犯舆鬼。

明道元年二月庚午，犯五车。六月乙丑，犯东井。八月壬子，掩轩辕左角。九月丙子，犯左执法。二年八月午，犯房。十月癸巳，犯南斗。十一月癸亥，又犯。

景祐二年三月壬寅，犯东井。四月乙卯，犯五诸侯。己巳，入鬼。九月甲午，犯右执法。十一月甲申，入氐。四年六月癸酉，犯东井。七月辛丑，犯鬼。己未，犯轩辕大星。

宝元元年四月己巳，犯东井。癸巳，犯舆鬼。七月甲辰，犯角南星。

康定元年正月乙酉，犯昴。六月丁未，犯东井。

庆历三年五月己卯，犯轩辕大星。九月甲申，犯左执法。五年六月辛酉，犯东井。六年七月丙戌，犯左执法。八年闰正月丙寅，犯昴。二月丁酉，犯五车东南星。六月庚辰，犯东井。八月庚午，犯轩辕大星。

皇祐元年九月戊午，犯斗天相。四年十月丙子，犯南斗。五年六月癸酉，犯毕。乙未，犯井钺。

至和二年三月壬午，犯五车。四月辛巳，犯毕。七月癸巳，犯舆鬼。八月庚申，犯轩辕大星。九月庚辰，犯太微左执法。

嘉祐元年十月丁巳，入氐。戊辰，犯房。二年九月庚子，犯南斗。四年八月甲子，犯轩辕右角。九月丁未，犯太微左执法。十月癸酉，犯亢。癸未，入氐。十月庚子，犯罚南星。癸卯，犯东咸。十二月辛未，犯建。五年九月庚寅，犯房。乙巳，犯天江。十一月戊戌，犯壁垒阵。丁未，退犯井钺。六年六月乙卯，犯毕距星。七月甲申，犯东井。庚寅，犯天樽。甲辰，犯舆鬼距星。八月甲子，犯轩辕大星。戊午，犯灵台北星。七年三月癸酉，入东井。十一月乙巳，入氐。己未，犯西咸南星。癸亥，犯罚。

治平元年二月辛卯，犯昴。闰五月丙寅，入毕，不犯。六月甲子，犯东井。七月壬申，犯舆鬼。癸巳，犯轩辕大星。八月己酉，犯灵台。甲寅，入太微。丙寅，犯右执法。十月丙申，入氐。壬子，犯心前星。二年八月乙未，犯氐。己酉，入太微。庚戌，犯右执法。九月壬午，犯斗距星。十月庚寅，入氐。丙午，犯心距星。四年闰三月庚寅，犯东井东第一星。癸卯，犯五诸侯东第一星。四月丁巳，犯舆鬼东北星。八月丁未，犯轩辕大民。甲寅，犯轩辕御女。庚午，犯灵台。九月辛巳，犯右执法。壬午，掩之。戊子，入太微。十月乙卯，犯亢。丙寅，入氐。十一月丁丑，犯房。己卯，犯键闭。丁酉，犯天江。

熙宁元年八月己未，入氐。十一月辛巳，犯壁垒阵西第二星。二年六月辛亥，犯天关。庚申，犯东井距星。辛酉，入东井。七月辛未，犯天樽，犯舆鬼东南星。八月丙午，犯轩辕大星。三年五月壬子，犯灵台。六月乙丑，犯右执法。十月癸酉，犯亢距星。十一月庚寅，入氐。丁未，犯罚。四年十一月辛丑，犯十二国代星。庚戌，犯壁垒阵西第五星。五年二月甲戌，犯昴东北第二星。六月己酉，犯毕距星。七月丁亥，入东井。十月戊寅，入氐。十一月己酉，犯罚。六年六月癸未，犯东上相。丁酉，犯左执法。八月丁丑，掩氐东南星。九月甲辰，犯天江南第二星。丙寅，犯南斗距星。丁卯，入南斗。七年二月乙未，犯壁垒阵西第七星。八年二月庚寅，犯天阴中星。三月戊戌，犯月星。癸卯，犯天街北星。辛酉，犯司怪北第二星。闰四月戊戌，犯舆鬼西北星。八月丁酉，犯轩辕御女。九月癸亥，犯右执法。辛未，犯左执法。十月丁酉，犯亢距星。丙午，入氐。九年九月丁巳，犯东咸西第一星。辛巳，犯南斗西第二星。十月庚寅，犯狗国西北星。十一月辛酉，犯壁垒阵西北星。十年六月壬寅，犯东距星。癸卯，入东井。九月己酉，入太微。

元丰元年十月丙辰，犯亢距星。庚午，入氐。十一月己丑，犯罚南第二星。十二月壬戌，犯建西第二星。二年十一月壬辰，犯壁垒阵西第五星。十二月戊戌，犯壁垒阵三年正月甲戌，又犯外屏西第二星。二月甲寅，犯昴距星。六月癸巳，犯毕距第二星。乙未，入毕口。七月戊辰，犯东井西北第二星。己巳，入东井。戊子，犯水位西第三星。八月丙申，犯舆鬼。九月戊寅，入太微。乙酉，犯左执法。闰九月丙申，犯进贤。丁巳，犯氐距星。十月己未，入氐。四年八月甲戌，犯心距星。九月戊申，犯南斗距星。庚戌，入南斗。六年二月壬申，犯天阴东北星。三月癸未，犯司怪北第二星。四月丁卯，犯五诸侯。八月己卯，犯轩辕御女。九月乙巳，犯右执法。丁巳，犯东上相。甲子，犯进贤。十月戊寅，犯亢距星。戊子，入氐。七年十一月己酉，犯壁垒阵西第五星。十二月辛巳，犯云雨。八年六月甲戌，顺行犯天关。癸未，顺行犯井距星。甲申，顺行入井。七月乙未，犯天樽。八月甲申，犯轩辕少民。辛巳，犯灵台。

元祐元年闰二月丙辰，犯诸王。十月戊戌，犯亢。壬子，入氐。二年十二月己丑，犯壁垒阵。三年二月己亥，犯昴。六月癸未，犯天高。七月辛亥，入东井。壬戌，犯天樽。庚午，犯水位。八月丁丑，犯鬼。戊戌，犯轩辕大星。九月甲寅，犯太微垣上将。庚申，入太微，犯右执法。丁卯，犯左执法。十月丁未，犯亢南第一星。十一月甲辰，入氐。丁巳，犯罚。四年六月丙午，犯太微垣西上将。戊申，入太微。九月壬辰，入斗。五年正月丁亥，犯罗堰。十一月戊戌，犯壁垒阵。六年正月乙酉，犯外屏。二月甲寅，犯天阴。三月癸酉，犯平道。丁丑，犯天江。四月乙酉，犯五诸侯。闰八月辛酉，犯轩辕御女。丁卯，犯轩辕左角。九月丁亥，犯右执法。己丑，入太微。十月庚午，入氐。十一月丙戌，犯罚。七年八月丙寅，入氐。己巳，犯月星。辛未，犯司怪。丁丑，犯房，又犯钩铃。十月戊戌，犯南斗。十一月庚辰，犯伐。甲申，犯壁垒阵。十二月壬戌，犯云雨。八年六月乙酉，犯诸王东第二星。丙辰，犯天关。丙寅，入东井。庚午，犯东井。八月庚戌，犯轩辕大星。甲戌，入太微。

绍圣元年五月戊午，犯灵台北第一星。十月甲午，入氐。十一月丙午，犯西咸南第一星。癸丑，犯罚南第二星。二年正月乙巳，犯罗堰南第一星。十一月辛亥，犯壁垒阵西星。庚申，犯壁垒阵西第六星。三年二月庚戌，犯昴。庚辰，入昴。五月戊午，犯毕。六月庚申，又入。戊辰，入犯天高。庚辰，犯天关。丙戌，犯司怪。七月壬辰，犯东井。癸巳，入东井。八月庚申，犯舆鬼。庚辰，犯轩辕大星。九月乙酉，犯轩辕左角。乙未，犯太微上将。己亥，入太微垣，行轨道。己酉，犯太微左执法。甲寅，犯太微上相。癸未，入氐。十一月辛丑，犯东咸。四年四月壬寅，犯五诸侯西第五星。五月己卯，犯长垣南第一星。六月乙酉，犯灵台北第一星。丁亥，犯太微垣西上将星。戊子，入太微。壬寅，犯太微左执法。八月壬午，犯氐东南星。壬辰，犯房南第三星。庚子，犯心大星。己酉，犯天江南第一星。十二月戊申，入建。

元符元年正月庚戌，犯建。丙辰，犯天鸡。己巳，犯罗堰。二月乙未，犯壁垒阵。十二月乙亥，犯代星。己亥，犯壁垒阵。二年正月己酉，犯壁垒阵东北星。二月乙未，犯天阴东南星。三月甲辰，犯月星。庚戌，犯诸王西第一星。丁卯，犯司怪北第二星。四月辛卯，犯五诸侯西第五星。五月乙巳，入犯鬼西北星。九月癸卯，犯轩辕御女。丁巳，犯灵台南第二星。戊辰，入太微。己巳，犯太微右执法。闰九月丙子，犯左执法。十月壬子，入氐。壬戌，犯西咸南第一星。戊辰，犯罚星南第一星。十二月乙亥，犯建西第二星。三年七月己巳，犯角南星。八月丙申，犯亢南第一星。九月丁亥，犯南斗西第二星。

建中靖国元年四月丁酉，犯外屏西第二星。六月辛亥，入东井。

崇宁元年三月壬申，犯月星。四月戊戌，犯井钺。六月庚辰，犯进贤。十月甲戌，犯亢距星。二年正月乙巳，犯壁垒阵西第五星。八月丙子，入氐。九月戊子，犯房钩铃。三年二月癸亥，犯昴距星。七月戊戌，犯积薪。八月壬寅，犯鬼积尸气。四年五月甲寅，犯轩辕大星。八月庚辰，犯罚。十二月庚辰，犯建西三星。五年正月丁未，犯灵台，犯牛东南星。

大观元年正月丁未，犯外屏。二月丙戌，犯月星。三月庚寅，犯天街。壬辰，犯毕。四月戊午，入井。十月辛酉，犯左执法。丙子，犯角大星。闰十月丙戌，犯亢。丁未，犯房。十一月壬子，犯心。三年七月丁丑，犯亢。八月丙戌，入氐。庚子，犯房钩铃。三年二月癸卯，犯壁垒阵。五月辛亥，犯天阴。六月壬辰，入井。四年四月己卯，犯井钺。庚辰，犯井。辛巳，入井。十月戊午，入氐。十一月庚寅，犯天江。

政和元年十一月甲戌，犯天江。三年六月戊午，入太微垣，犯右执法。四年十二月乙卯，入羽林军。五年三月辛未，犯天街。四月乙卯，犯五诸侯。十一月壬辰，犯罚。六年九月庚戌，犯南斗。十一月庚寅，犯壁垒阵。七年八月癸酉，入太微。

重和元年六月庚午，犯上将。十一月壬申，犯天江。

宣和二年五月丁丑，犯天阴。三年八月己亥，犯钩铃。

十月丁未，入井。四年二月辛丑，犯壁垒阵。五年五月甲寅，犯鬼。十一月庚午，犯房。六年七月庚子，犯亢。七年五月壬辰，犯毕。

靖康元年四月丁未，犯井东扇北第一星。五月壬申，入鬼，犯积尸气。十一月庚午，犯亢。壬午，入氐。闰十一月戊戌，犯键闭。

建炎三年七月辛巳，入太微。闰八月丙戌，犯心前星。四年正月癸亥，犯建星。

绍兴元年九月丁酉，犯轩辕左角。乙卯，入太微。丙辰，犯右执法。癸亥，复犯。十月戊辰，入太微。己丑，犯亢南第二星。十一月己亥，入氐。二年九月庚申，犯天江。三年六月甲午，入井。八月乙酉，犯轩辕左角少民星。四年四月庚辰，犯司怪。五月辛亥，犯舆鬼。十一月甲子，入氐。五年正月乙卯，犯建。十一月己丑，犯壁垒阵。庚寅，入羽林。六年五月辛卯，犯毕。六月辛酉，入井。七月己巳，复犯井东北第二星。己卯，犯水位。八月戊申，犯轩辕大星。九月戊辰，顺行入太微垣，乙酉，始出。丁亥，犯进贤。十月辛丑，入亢。己酉，入氐。辛亥，又如之。七年五月辛巳，犯鬼宿西北。六月丙辰，犯太微垣西上将。八月十二月戊午，入羽林军。乙亥，经行壁垒阵，入羽林军。九年二月壬申，犯月星。四月癸亥，犯五诸侯西第五星。五月甲申，入鬼，犯积尸气。九月乙巳，入太微垣，犯左执法，丁未，始出。十年四月丙子，入氐。十一年六月乙亥，犯井距星。十二年五月甲午，犯鬼西北星。乙未，犯积尸气。十七年四月丙午，顺行犯五诸侯。九月己卯，顺行入太微垣。庚辰，顺行犯右执法。十一月乙丑，顺行入氐。十九年六月乙卯，犯井钺。丙辰，犯东井。丁巳，入东井。二十一年十一月己酉，顺行入羽林军。二十二年六月甲子，犯东井。乙酉，入东井。七月辛亥，顺行入鬼，犯积尸气。九月壬辰，顺行入太微垣。庚子，犯左执法。十月甲戌，入氐。二十三年八月辛酉，顺行犯亢。二十五年四月戊子，顺行犯五诸侯。八月癸卯，顺行犯权左角少民。十月癸卯，顺行入氐。二十六年七月壬戌，顺行犯太微左执法。八月丁亥，顺行犯亢距星。戊戌，顺行入氐。九月乙丑，顺行犯天江。十月甲申，顺行犯南斗。闰十月辛酉，顺行犯壁垒阵。二十七年六月丙申，顺行犯井钺。己亥、甲辰，皆入东井。七月戊子，顺行犯权左角少民星。二十八年三月甲申，犯司怪。十一月庚午，顺行入氐。二十九年十一月癸未，顺行犯壁垒阵西胜星。戊戌，顺行入羽林军。三十年六月丙辰，顺行犯天关。壬申，入东井。八月癸亥，顺行犯权大星。丁巳，犯权左角少民星。十月庚申，顺行入氐。三十一年六月戊辰，掩，犯太微右执法。七月壬辰，顺行犯角宿距星。三十二年正月丁亥，顺行犯建。二月己亥，顺行犯牛。

隆兴元年六月丙子，入东井。八月乙酉，犯权左角少民星。九月辛丑，入太微。庚戌，犯左执法，入守垣内，壬子，始出。十月辛酉，顺行犯进贤。十一月戊戌，犯房。庚子，犯键闭。十二月庚申，顺行犯天籥。辛未，犯建。二年八月庚辰，顺行入氐。辛巳，犯氐。十月己卯，犯天籥。丙寅，顺行犯南斗。己巳，顺行犯狗。十一月甲申，顺行入天田。甲辰，顺行犯壁垒阵。

乾道元年五月戊午，顺行犯诸王。六月辛巳，入东井。丁未，顺行犯鬼。八月癸未，入太微。十二月庚子，顺行入羽林军。二年三月己酉，顺行犯天街。己亥，顺行入鬼。九月己酉，犯明堂。十一月辛亥，顺行入氐。十二月壬辰，顺行犯南斗。三年十一月丁丑，犯羽林军。四年五月己卯，犯毕。辛巳，入毕口内。六月丁酉，犯天关。癸卯，犯司怪。辛亥，入东井。七月庚申，犯天樽。甲戌，犯鬼。八月己亥，犯权。丙辰，入太微，九月丙寅，出。十月丁酉，入氐。五年九月庚申，犯心宿大星。七年八月丁卯，犯权左角少民星。九月甲申，犯右执法，入太微垣，甲午，出。十月丁卯，入氐。十一月己卯，犯房。丙戌，犯东咸。八年八月壬戌，入氐。甲子，犯氐东南星。九月癸酉，犯房。甲戌，犯钩钤。戊子，犯天江。十一月丁亥，犯壁垒阵。

淳熙元年十一月甲午，入氐。辛亥，犯罚。十二月壬午，犯建。二年十一月丁卯，入羽林军。三年五月癸亥，犯毕。六月己卯，犯天关。丁亥，犯井钺。辛卯，入东井。八月戊戌，入太微，犯右执法。四年七月乙卯，犯角宿距星。九月辛丑，犯心前星。六年六月乙未，入东井。八月癸卯，犯权、御女星。十月戊申，入氐。七年八月乙巳，入氐。八年五月甲辰，入东井。九年十一月乙亥，入氐。十年闰十一月己亥，犯壁垒阵。十一年七月壬申，入东井。八月丁巳，犯权大星。十二年六月癸酉，犯太微右执法。十四年六月甲戌，入井。九月丁未，入太微。戊申，顺行犯太微右执法。丙寅，犯进贤。十五年九月丙申，犯房。十月辛未，犯南斗魁。十六年闰五月丙戌，入井。

绍熙元年十一月戊午，入氐。三年七月己卯，犯天江。八月甲辰，犯权左角少民星。四年九月戊戌，犯心东星。

庆元元年六月丁卯，入东井。九月戊子，入太微，戊戌，始出。

嘉泰三年六月甲寅，入井。十月寅，入氐。四年六月乙未，犯斗。

开禧元年六月壬子，入井。二年五月辛卯，犯权大星。十一月壬戌，入氐。三年十一月癸巳，顺行入壁垒阵。

嘉定元年六月甲戌，犯井钺。四年六月庚子，入井。八月庚寅，犯权大星。七年十一月丙寅，顺行入氐。十年七月乙酉，犯角。十二年六月庚辰，顺行入井。八月壬申，顺行犯权星、御女。丁丑，犯权左角少民星。十三年十月丁巳，顺行犯南斗。十五年十一月丙午，顺行入氐宿方口内。

绍定五年七月甲申，顺行入井。

端平二年七月丙午，顺行入井。八月丁巳，犯太微右执法。

嘉熙二年十月戊辰，顺行入氐。四年六月己亥，顺行犯毕距星。癸丑，犯天关。七月乙丑，顺行入井。八月己酉，顺行犯权大星。

淳祐元年十月庚辰，顺行入氐。三年闰八月丁丑，顺行犯权大星。十月丙戌，入氐。四年九月癸亥，顺行犯斗。六年五月壬戌，顺行犯权大星。十月己酉，顺行入氐。八年七月戊申，入井。九年七月癸酉，犯进贤。十月辛丑、十一月辛未，顺行入氐。十一年二月甲寅，顺行犯昴。七月壬申，顺行入井。闰十月癸亥，顺行入氐。十二年九月丙午，顺行犯斗宿距星。

宝祐四年六月丁亥，顺行入井。

开庆元年七月辛亥，顺行入井。八月庚子，顺行犯权。

景定元年八月壬子，犯房。三年十月庚午，顺行入氐。五年六月戊午，顺行犯天关。己巳，与太阴并行入井。

咸淳四年七月庚午，顺行入斗。

德祐元年七月丙子，入东井。十一月辛巳，犯房。

辰星

景德四年九月戊子，见东方，在亢。

大中祥符四年六月己巳，犯轩辕大星。六年十月壬戌，入氐。

天圣八年四月壬寅，犯鬼积尸。

熙宁四年十一月丁亥，犯罚南第一星。五年九月癸酉，入氐。

元丰八年十月癸未，入氐。

元祐五年七月丁亥，犯轩辕大星。六年十月庚午，犯键闭。

元符元年五月戊午，入舆鬼，犯积尸气。十月辛丑，犯西咸。二年闰九月壬辰，入氐。

绍兴二十一年十月庚午、二十八年十月癸卯，俱入氐。

隆兴二年十月壬申，入氐，至戊寅出，凡七日。

卷五十六　　志第九

天　文　九

**岁星昼见　太白昼见经天　五纬相犯
老人星　景星　彗星　客星**

岁星昼见

嘉祐五年三月乙未，岁星昼见。六年六月壬申，昼见。七年六月丙子，昼见。八年七月癸亥，昼见。

治平元年六月壬戌，昼见。

元符二年八月癸未，昼见。

太白昼见经天

开宝元年六月丁丑，太白昼见。戊寅，复见。

淳化元年六月庚午，七月丁丑，十一月戊戌，皆昼见。

咸平三年六月己未，昼见。四年十二月丙寅，昼见在南斗。六年五月甲午、八月庚午，皆昼见。

景德元年十一月辛亥，昼见。二年四月甲辰，昼见。三年七月乙巳，昼见。庚申，又见。十二月癸酉，又见。

大中祥符元年七月庚申，昼见。四年六月丙午、八月乙巳，皆昼见。六年四月壬午，昼见。七年七月癸卯，昼见。九年五月庚午，昼见。

天禧三年六月辛卯，复见。四年七月丁巳，昼见。五年六月丙午，昼见。

乾兴元年十一月壬辰，又见。

天圣三年六月壬戌，十二月戊寅，皆昼见。五年五月壬寅，昼见。

明道元年七月，昼见三十日。

庆历三年八月甲寅，昼见。

皇祐三年四月丙午，昼见。

至和元年五月壬辰、九月己丑、十月辛卯，皆昼见。三年四月己丑，昼见。

嘉祐二年六月己未，昼见。四年正月庚寅，昼见。七月辛丑，昼见。五年九月庚寅，昼见。六年六月乙丑，昼见。七年五月戊午，昼见。七月己酉，经天，复见。十月乙未，昼见。

治平元年正月戊戌，昼见。六月辛酉，昼见。二年七月丁丑，昼见。十二月辛亥，又见。四年二月丁酉，昼见。闰三月癸未，昼见。五月辛巳，昼见。七月癸卯，八月丁未，昼见。

熙宁元年十一月癸酉，昼见。二年六月壬戌，昼见。三年五月癸巳、九月壬子、五年二月癸亥、五月丙午、八年三月戊午、七月戊寅，皆昼见。九年十月乙酉，十年五月甲戌，昼见。

元丰元年四月癸亥，昼见。三年七月戊子，昼见。四年七月己丑，昼见。六年八月乙卯，昼见。七年十月乙卯，昼见。

元祐元年六月庚戌，昼见。十月庚寅，昼见。三年二月辛丑，昼见。七月辛未，又见。六年四月壬寅，昼见。闰八月乙丑，又见。七年十一月辛巳，昼见。八年四月己未，昼见。

绍圣元年五月己酉，昼见。九月庚申，又见。二年十一月丙申，昼见。三年五月壬子，昼见。四年六月己酉，昼见。

元符二年五月甲辰，昼见。八月癸巳，又见。

崇宁元年六月己酉，昼见。三年正月癸卯，昼见。

大观二年十一月丁未，昼见。四年十月戊戌，又见。

政和三年十二月辛酉，昼见。六年十月乙丑，昼见。七年三月辛未，昼见。

重和元年十月己卯，昼见。

宣和二年六月丁丑，昼见。六年十一月丙子，昼见。

建炎元年十月甲戌，绍兴元年四月壬申，昼见。四年六月庚子、十一月戊申，昼见经天。六年正月壬辰，昼见经天。十七年七月辛巳。二十八年六月壬戌。

隆兴元年七月丙申，经天昼见。二年六月戊辰，七月庚子，经天昼见。

乾道元年三月甲寅，昼见。乙亥，昼见经天。二年四月甲申，昼见。五月甲寅，经天昼见。庚午，昼见。三年九月戊子，四年五月乙丑，昼见，与日争明。六月辛卯，经天。五年六月庚寅，昼见。十一月甲子，昼见。庚午，昼见。

淳熙三年五月癸酉，经天昼见。四年十一月壬戌，又见。六年七月乙丑，昼见。癸未，经天。九年六月庚申，昼见。甲子，经天。九月癸巳、十一年五月乙卯、十二年六月戊寅，昼见。七月丁酉，经天昼见，至八月壬申始灭。十四年六月辛卯，昼见。七月辛丑，经天。

绍熙元年五月丙子，昼见，与日争明。四年七月乙丑，十一月甲戌，昼见。

庆元元年三月庚寅，经天昼见。七月己亥，昼见。四年九月壬寅，昼见。癸卯，经天。

嘉泰元年六月丙午，经天昼见。十一月己巳，昼见。十二月己卯，经天昼见。三年六月癸亥，经天昼见。

开禧元年三月庚申，二年五月壬寅，三年十二月乙巳，昼见，与日争明。

嘉定元年五月甲子，四年七月壬戌，五年九月丙午，六年二月丁丑，昼见。七年五月丁丑、八月乙巳、九月壬戌，昼见。九年五月癸酉、十年五月乙丑，昼见。癸酉，经天。十一月庚辰，昼见。戊戌，经天。十二年二月庚子，昼见。三月丁亥，经天昼见。六月辛未，昼见。辛亥，经天，昼见。十三年九月甲午、十四年三月甲午、十五年五月庚戌，九月辛未，昼见。十七年六月丁卯，昼见经天。

宝庆元年六月辛卯，昼见。

绍定五年四月丁丑，昼见。五月癸巳，经天。

端平元年十一月壬戌，经天。二年四月丁亥、七月戊戌，昼见经天。

嘉熙元年二月己酉，二年五月辛巳，八月辛酉，昼见经天。三年十二月辛酉，四年二月丁未，淳祐元年六月庚寅，昼见。十月戊戌。乙巳，经天。二年十二月壬戌，昼见。三年七月己亥，四年八月壬辰，五年二月辛卯，昼见经天。六年四月辛酉，八月壬子，昼见。九月戊辰，昼见经天。七年十月辛巳，九年十二月戊申，十一年二月乙卯、七月癸亥，宝祐二年九月丁卯、三年十月甲戌、四年五月丁未、五年七月己未，开庆元年六月壬寅，景定三年四月庚寅、闰九月甲申、五年四月戊午，昼见。五月乙亥，咸淳元年七月丁酉、四年九月癸酉，德祐元年七月丙子，昼见。

　　五纬相犯

建隆元年正月甲子，太白犯荧惑于娄。十月壬申，又相犯于轸。三年十一月甲戌，荧惑犯岁星于房。

乾德四年六月甲辰，太白犯荧惑于张。

开宝四年十月甲辰，太白犯荧惑于牵牛。

太平兴国八年三月乙巳，荧惑犯岁星。

端拱二年正月丁亥，辰星犯岁星于须女。十一日壬辰，荧惑犯岁星。

淳化二年三月癸丑，太白犯岁星于娄。五年六月丙午，太白、岁星相犯于柳。十一月丙子，太白犯辰星于虚。

至道元年五月戊午，荧惑犯填星于奎。

咸平元年二月甲寅，太白犯填星。三年四月癸亥，辰星掩太白。六年正月庚戌，太白犯填星。

景德二年六月己亥，太白犯岁星。三年七月戊辰，辰星犯岁星。己酉，太白犯岁星。四年七月癸巳，荧惑犯岁星。八月乙未，荧惑又犯岁星。

大中祥符元年九月壬申，太白犯填星。二年十一月癸亥，荧惑犯岁星。四年十一月庚午，太白犯填星。辛未，辰星犯填星。五年正月壬午，荧惑犯岁星。七年三月乙巳，荧惑犯岁星。九年六月甲戌，荧惑犯岁星。

天禧元年四月壬辰，太白犯岁星。二年六月戊午，太白犯岁星。七月癸酉，辰星犯太白。五年九月庚子，犯岁星。十月己巳，荧惑犯填星。

天圣元年三月丁丑，荧惑犯岁星。二年九月戊申，太白犯荧惑，十一月壬子，辰星犯太白。三年五月癸未，太白、辰星相犯于井。五年六月辛卯，荧惑犯填星。壬辰，掩填星。七年五月辛未，太白犯填星，在毕宿一度半。八年六月乙酉，太白犯荧惑。

景祐元年闰六月庚辰，太白犯填星。十一月甲寅，又犯荧惑。二年五月丁亥，又犯填星。九月辛巳，荧惑犯星，在张六度。四年七月己未，太白犯荧惑。九月辛亥，荧惑犯填星，在翼十五度。

康定元年九月壬申，辰星犯填星。

庆历三年九月甲申，太白犯岁星。

皇祐三年十一月丁丑，荧惑犯填星。

嘉祐元年九月乙巳，太白犯岁星。三年闰十二月甲戌，荧惑犯岁星，躔斗四度。五年正月壬辰，太白犯岁星。六年三月癸巳，荧惑犯岁星，在营室。七月己丑，太白犯填星，躔井十二度。闰八月己亥，太白犯辰星，在轸四度。七年正月庚申，太白犯岁星，在营室。六月丁丑，太白犯荧惑，在翼一度半。八年四月己丑，太白犯岁星，在胃。是日，荧惑晨见东方。五月庚辰，荧惑犯岁星，在昴四度。

治平元年十一月庚午，辰星犯太白，在尾十六度。二年四月丁巳，太白犯岁星。五月癸亥，辰星犯太白。戊子，太白犯填星，在张五度。八月己亥，荧惑犯岁星，躔柳七度半。十月丙申，又犯填星，在翼二度。三年十二月癸卯，太白犯荧惑，躔危四度。四年九月癸巳，太白犯填星。丙申，犯岁星。十月甲子，荧惑犯填星。十一月己卯，又犯岁星。十二月丁卯，荧惑犯荧惑。

熙宁元年十一月己丑，太白犯荧惑。三年正月己未，荧惑犯岁星。十月乙酉，太白犯填星。八年三月庚寅，太白犯填星。十年七月癸酉，太白犯岁星。

元丰二年五月庚寅，荧惑犯岁星。四年十月乙亥，荧惑犯太白。五年三月丙戌，太白犯填星。十二月丙寅，辰星犯岁星。七年十一月甲寅，太白犯岁星。

元祐元年闰二月戊申，荧惑犯太白。八年四月乙卯，太白犯荧惑。

绍圣元年闰四月庚午，荧惑犯填星。三年九月丙午，太白犯填星。

元符元年十二月乙未，太白犯荧惑。二年闰九月癸未，辰星犯填星。十月乙巳，太白犯填星。十二月辛亥，荧惑犯填星。三年四月丙辰，荧惑犯填星。

崇宁元年十一月壬寅，太白犯填星。三年十一月庚寅，太白犯辰星。

大观元年十二月乙酉，太白犯荧惑。二年正月甲寅，太白犯岁星。二月壬午，荧惑犯岁星。十月丁酉，太白犯填星。十一月壬申，太白犯岁星。三年三月辛未，太白犯岁星。四年二月辛未，太白犯岁星。五月甲辰，荧惑犯岁星。

政和元年二月辛丑，太白犯填星。十二月乙未，又犯。三年七月乙丑，荧惑犯太白。四年十月甲子，荧惑犯岁星。七年正月癸卯，荧惑犯岁星。

宣和二年十月己卯，太白犯荧惑。三年闰五月壬午，荧惑犯岁星。六年二月己卯，荧惑犯岁星。七年七月乙未，太白犯岁星。

靖康元年六月辛丑，太白犯岁星。

绍兴十九年六月壬戌，太白犯填星。二十年九月戊子，荧惑犯岁星。二十一年闰四月甲午，辰星犯填星。二十六年七月癸亥，太白犯荧惑。二十七年四月壬寅，太白犯岁星。二十八年十月乙未，辰星犯填星。三十年七月己亥，太白犯岁星。

隆兴元年九月丁酉，太白犯荧惑。十二月甲子，太白犯填星。二年正月丁亥至己丑，荧惑犯守岁星。十一月甲午，辰星犯岁星。

乾道三年十一月乙亥，太白犯岁星。四年三月丁卯，荧惑犯填星。六年七月乙巳，荧惑犯岁星于毕。八年五月癸巳，太白犯岁星。九年二月庚申，荧惑犯岁星。七月丁巳，太白犯岁星。

淳熙二年闰九月丁巳，太白犯荧惑。八年七月丁丑，太白犯填星。十一年七月庚戌，太白犯岁星。十四年十月庚辰，填星犯太白。十六年五月乙未，太白犯荧惑。

绍熙二年十二月戊子，太白犯岁星。

庆元元年九月戊子，太白犯荧惑。四年十月壬午，太白犯岁星。五年十一月辛丑，荧惑犯岁星。十二月辛未，太白犯填星。六年四月癸巳，荧惑犯填星。

嘉泰二年五月庚戌，荧惑犯填星。

开禧二年六月甲寅，荧惑犯岁星。三年十月丁未，太白犯荧惑。

嘉定十年七月戊子，荧惑触岁星。

宝庆二年十月辛亥，荧惑犯填星。十一月辛酉，荧惑犯岁星。

绍定元年十月甲子、五年六月乙丑、端平元年六月辛巳、三年六月丁未、嘉熙四年八月癸丑、宝祐四年十二月戊午，荧惑俱犯填星。

开庆元年九月戊辰，太白犯荧惑。

咸淳十年十月丙寅，荧惑犯填星。

德祐二年正月癸酉，荧惑犯岁星。

五纬相合

岁星

建隆三年十一月壬申，与荧惑合于房。

开宝元年正月壬寅，与填星、太白合于娄。

淳化五年六月丙午，与太白合于柳。

至道元年五月庚戌，与太白、太阴同度，不相犯。

景德四年九月戊子，与填星合于翼。

天禧二年八月癸丑，与荧惑合于张。

绍兴十六年三月乙丑，与填星、太白合于昴。十月戊戌，与填星合于毕。十七年七月壬戌，与太白合。二十二年十二月乙丑，与荧惑合于尾。三十一年六月甲寅，与太白合于张。

隆兴元年十一月庚寅，与太白合。

乾道元年十二月庚子，与填星合于南斗。二年十一月丁巳，与填星合于牛。六年五月戊寅，与太白合于毕。七年六月庚戌，与太白合于井。

淳熙十四年四月癸未，与填星合于轸。十月己丑，与太白合于氐。

庆元元年四月辛酉，与太白合于井。

开禧元年七月癸未，与太白合。二年二月甲子，与填星合于昴。

端平二年十月己未，与太白合于心。

嘉熙四年五月甲子，与太白合于娄。

宝祐三年八月丁卯，岁星、荧惑在柳。

景定元年正月庚辰，与荧惑行入尾。

荧惑

雍熙二年七月丙戌，与岁星合于轸。

建炎四年六月戊子，与填星合于亢。九月壬戌，与岁星合于斗。

绍兴二年六月丙午，与填星合于房。十一月乙亥，与岁星合于室。三年八月戊子，与太白合于张。四年二月戊子，与填星合于箕。五年闰二月丙午，与岁星合于昴。六年正月丁亥，与填星合于斗。七年五月甲申，与岁星、太白合于柳。闰十一月丁卯，与辰星合于氐。八年二月己未，与填星合于女。十三年九月辛未，与岁星合于尾。十五年八月庚寅，与太白合于氐。二十年三月甲午，与太白合于毕。九月戊子，又合于轸。十一月戊子，与太白行入氐。二十二年十月己卯，与太白合于氐。十一月壬子，与岁星合于心。二十六年七月庚申，与填星合于轸。二十九年闰六月己未，与岁星合于井。三十年七月庚子，与填星合于氐。三十一年十一月丁未，与岁星合于翼。三十二年八月辛未，与填星合于尾。十一月壬戌，与太白合于羽林军。

隆兴元年七月壬寅，与辰星合于柳。十二月壬申，与岁星合于氐。二年四月癸未，与岁星合于氐。八月癸酉，与填星合于箕。

乾道元年八月辛巳，与太白合于翼。二年二月乙酉，与岁星合于斗。三月癸酉，与填星合于牛。四年二月庚申，与填星合。五月壬戌，与岁星合。五年十一月甲子，与太白合于房。戊辰，与辰星合于心。辛巳，又合于尾。六年二月甲申，与太白合。辛卯，合于女。三月戊午，合于危。乙丑，与填星合于室。七月辛巳，与填星合于土。九月癸卯，合于毕。八年四月辛丑，与填星合于奎。九年三月辛丑，与岁星合于柳。四月乙丑，又合于星。

淳熙二年六月丙寅，合于轸。四年九月己亥，合于尾。

六年十一月甲子，合于危。九年二月壬寅，合于胃。十一年三月甲寅，合于井。

绍熙三年九月乙亥，与填星合于尾。

庆元四年五月庚子，又合。八月甲戌，合于虚。六年四月癸巳，合于室。

嘉泰四年五月乙亥，合于胃。

开禧三年十月丙辰，与太白合于箕。

嘉定元年五月戊辰，与填星合于井。八月庚寅，与岁星合于张。六年三月癸卯，合于斗。七年三月辛巳，与太白合于参。八年四月戊午，与岁星合于室。九年十月庚午，与辰星合于房。十年七月戊寅，与岁星合于昴。十五年五月丁丑，合于轸。

宝庆二年十月辛亥，与岁星、填星合于女。

绍定元年十月丁巳，与填星合于危。二年正月丁亥，与岁星合于娄。三年十月己巳，与填星合于室。五年六月乙丑，与填星合于娄。

端平元年六月庚午，与填星合于胃。三年六月癸卯，合于毕。

嘉熙三年八月癸亥，与太白合于斗。四年七月己丑，与太白合于鬼。八月己酉，与填星合于柳。

淳祐四年九月癸丑，合于轸。

宝祐元年五月丁酉，与岁星合于昴。

景定三年四月庚子，合于危。十一月丁未，与填星合于娄。五年六月戊辰，与岁星合。八月壬寅，与填星合。

咸淳十年十月丙寅，与填星行在轸。

填星

端拱二年九月乙巳，与荧惑合于危。

淳化二年正月癸丑，与太白合于须女。

至道元年五月乙卯，与荧惑合于东壁。

绍兴十年十二月戊子、十一年三月庚子，与太白合于室。

隆兴二年十月辛巳，合于斗。

乾道二年五月己未，与岁星合于南斗。

淳熙五年闰六月己酉，与荧惑合于井。

淳祐六年十月乙未，与岁星、荧惑合于亢。

宝祐六年十一月甲戌，与荧惑顺行在危。十二月辛丑，与太白、荧惑合于室。

太白

乾德四年六月己亥，与荧惑合于张。

开宝三年五月庚戌，与填星合于毕。六月乙未，与岁星合于东井。五年十月甲辰，与荧惑合于牵牛。

雍熙四年十二月丁巳，与填星、岁星合于南斗魁。

淳化二年三月癸丑，与岁星合于娄，太白在南。三年正月丙辰，与荧惑合于娄，岁星在胃。

至道元年五月丙辰，与岁星合于七星，不相犯。

太中祥符元年九月乙酉，与岁星合于角、亢。

建炎四年十一月辛丑，与岁星合于南斗。十二月壬午，与荧惑合于危。

绍兴元年九月丁酉，与荧惑合于张。十一月乙卯，填星合于心。二年十一月甲子，与荧惑合于危。癸未，与岁星、荧惑合于室。三年四月戊子，与岁星合于奎。四年二月丁酉，合于娄。五年正月乙卯，十月戊申，与填星合于斗。六年七月癸酉，与岁星合于井。七年四月丁巳，与荧惑合于东井。五月乙亥，与荧惑、辰星合于井。十一月癸巳，与荧惑合于尾。八年正月乙巳，与填星合于女。十一月丙午，合于虚。九年三月癸卯，与荧惑合于井。十一月壬申，与岁星合于角。十年十一月丁未，与填星合于危。十三年十二月乙巳，合于奎。十四年六月癸卯，与荧惑合于井。十七年二月庚戌，与填星合。庚申，与岁星合。十二月庚戌，与辰星合于南斗。十九年六月戊午，与填星合于井。七月丁未，与岁星、辰星合于张。二十年三月戊寅，与荧惑合于昴。四月庚戌，与填星合于东井。六月甲寅，与岁星合于翼。十月丙午，与岁星、荧惑合于轸。己巳，与荧惑合于角。二十二年九月庚申，与荧惑、辰星合于角。十月庚午，与荧惑合于亢。二十三年六月甲子，与填星合于张。九月癸卯，与岁星合于尾。闰十二月癸卯，合于南斗。二十五年九月壬申，与荧惑合于轸。十一月壬申，与辰星合于尾。二十六年七月丙辰，与荧惑合，壬戌，与荧惑、填星合于轸。二十七年三月辛卯，与荧惑、岁星合于奎。二十八年二月丁未，与填星合于胃。六月乙未，与荧惑合。十一月己未，与荧惑合于亢。三十年七月丙申，与岁星合于柳。三十一年六月壬寅，合于星。九月庚午，与填星合于房。十二月甲辰，合于尾。

隆兴元年八月庚辰，与荧惑合于张。十月丁丑，与岁星合于亢。十二月辛酉，与填星合于箕。二年八月己卯，与岁星合于氐。十月丙辰，与填星合于箕。

乾道元年七月乙亥，与荧惑合于张。三年正月癸亥，与填星、岁星合。十一月壬申，与岁星合。五年四月乙巳，与荧惑合于井。十一月甲子，合于房。十二月癸巳，合于尾。六年正月甲子，合于斗。三月壬戌，与填星合。五月乙丑，与岁星合于昴。七年二月丙寅，与岁星合于毕。三月甲午，与荧惑合于井。八年五月癸未，与荧惑合于井。九年三月辛酉，与填星合于奎。七月甲寅，与荧惑合于张。

淳熙元年正月丁未，与填星合于奎。十月乙丑，与岁星合于轸。二年闰九月甲寅，与荧惑合于尾。三年二月庚辰，与填星合于胃。五月乙丑，合于毕。六月癸巳，与荧惑合于井。四年九月壬子，与荧惑、岁星合于尾。五年正月庚戌，与岁星合于斗。十一月壬戌，合于牛。六年三月丁丑，六月丁酉，与填星皆合于井。八年六月壬申，合于柳。九年二月丙寅，与荧惑合于昴。五月乙亥，与填星合于柳。十一月乙亥，又与荧惑合于氐。十一年七月壬寅，与岁星合于柳。八月己卯，与填星合于翼。九月乙卯，与辰星、荧惑合于亢。十二月六月癸酉，与填星合于翼。十五年六月丙子，与填星合于亢。甲申，与岁星合于氐。

绍熙元年十一月丁丑，与填星合。五年十一月庚戌，与荧惑合于危。

庆元元年三月庚寅，与岁星合于参。六月庚午，合于井。八月癸酉，与荧惑合于张。二年十一月丙子，与填星合于牛。三年八月甲戌,与荧惑、岁星合于翼。四年十月戊寅,与岁星合于角。五年十二月辛未,与填星合于危。

嘉泰元年五月戊午,与荧惑合于柳。二年正月丁巳,与荧惑、岁星合于南斗。十二月癸酉,与岁星合于女。

开禧二年二月壬申,与填星、岁星合于昴。

嘉定元年六月戊寅,与填星、荧惑合于井。二年四月丁丑,与填星合于井。四年八月乙酉,与填星合于室。五年九月丁未,与岁星合于心。七年六月庚子,与填星合于翼。十一月丁卯,与荧惑合于氐。九年九月庚寅,与填星合于角。十二年闰三月甲寅,七月壬寅,与岁星合于井。十三年八月丙戌,与填星合于房。

宝庆二年正月壬午,与岁星、填星合于女。三年八月甲申,与荧惑合于星、翼。

绍定三年闰二月乙酉,与岁星合于毕。五年八月壬申,合于张。六年五月庚戌,与荧惑合在柳。

端平元年正月丁未,合于斗。二年二月壬午,与填星合于胃。三年九月庚申,与岁星合在尾。

嘉熙元年六月乙未,与填星合于井。四年七月甲戌,与荧惑合于井。

淳祐三年闰八月壬寅,与填星合于翼。六年三月戊午,与荧惑合于毕。十年十二月戊戌,与岁星合于危。十二年七月庚寅,与荧惑合于轸。九月戊戌,与填星合于箕。

宝祐五年六月丙戌,与岁星合于翼。

景定五年四月庚午,与岁星合于娄。

咸熙三年七月己亥,与填星合于井。

德祐元年十月丁巳,与填星合。

辰星

景德三年七月己酉,与岁星、太白合于柳。

绍兴四年三月乙亥,与太白合于毕。七年五月戊子,与荧惑、太白合于柳。九年九月乙巳,与岁星合于角。十七年三月乙卯,与填星合。二十一年闰四月壬辰,与填星合于东井。二十三年四月丙寅,与太白合于毕。二十八年十月丙申,与填星合于亢。

隆兴二年十一月庚寅,与岁星合。十二月丁亥,与太白合。

乾道元年三月甲戌,与荧惑合于毕。四年二月壬子,与太白合于胃。五年六月庚寅,与岁星合。七年四月丙寅,淳熙四年五月乙巳,与太白合于井。十五年六月庚寅,与太白合于张。十二月壬戌,与岁星合于尾。

绍熙四年三月辛巳,与太白会于昴。

五纬俱见

乾德五年三月,五星如连珠,聚于奎、娄之次。

景德四年七月,五星当聚鹑火而近太阳,同时伏。

庆历三年十一月壬辰,五星皆见东方。

靖康元年六月丙辰,填星、荧惑、太白、岁星聚。

乾道四年二月壬子,六月辛丑,八月己亥,六年五月乙亥,十月庚申,八年十月癸卯,五星俱见。

淳熙十三年闰七月戊午,五星皆伏。八月乙亥,七曜俱聚于轸。

老人星

乾德三年八月辛酉、四年八月乙卯、六年正月戊申、开宝二年七月丁亥、本平兴国四年八月乙亥、五年八月己卯、六年八月己卯、八年八月辛卯、雍熙三年八月己酉、四年八月辛亥、端拱元年八月乙卯、二年八月己亥、淳化元年八月丁卯、二年八月辛未、三年八月戊寅、四年九月己亥、五年八月己丑、至道元年八月己亥、二年闰七月己亥、三年八月辛丑、咸平元年八月癸丑、二年八月癸亥、三年八月己卯、四年八月甲子、五年八月乙丑、六年八月丙子、景德元年八月癸酉、二年八月庚辰、三年八月庚寅、四年二月己卯、八月甲午、大中祥符元年正月丁亥、八月丙申、二年二月壬辰、八月乙巳、三年二月辛巳、八月酉、四年正月戊寅、八月丙寅、七年正月癸丑、八月己巳、八年七月癸酉、九年正月甲寅、八月壬午、天禧元年八月癸巳、二年正月丁巳、八月辛卯、三年八月己亥、四年八月己亥、五年二月丙午、八月己巳、老人星皆出丙。

治平四年二月癸巳、八月戊申、熙宁元年正月乙未、八月己卯、二年二月乙卯、八月壬戌、三年正月甲寅、八月癸酉、四年二月己未、八月丁丑、五年二月己未、闰七月己亥、六年正月庚午、八月丁酉、七年二月甲申、八月庚寅、八年二月己丑、八月庚戌、九年二月丁酉、八月庚子、十年正月己卯、九月戊申、元丰元年二月乙酉、八月丙午、二年二月壬戌、八月乙卯、三年二月甲寅、八月己未、四年八月丁卯、五年二月甲戌、八月己巳、六年二月己未、八月丁丑、七年二月辛巳、八月己卯、八年二月庚辰、八月辛巳、元祐元年二月戊寅、八月庚子、二年二月庚寅、九月辛亥、三年二月癸巳、八月己亥、四年二月壬子、八月丁未、五年正月甲午、八月辛亥、六年二月己亥、闰八月壬戌、七年正月壬子、八月壬戌、八年二月丙寅、八月己巳、九年二月己丑、绍圣元年八月丙子、二年二月壬午、八月丁巳、三年二月庚午、八月癸未、四年二月甲申、八月甲申、五年二月庚辰、元符元年八月辛卯、二年二月乙未、九月壬辰、崇宁元年二月壬寅、八月癸未、二年二月甲寅、八月庚戌、三年二月戊午、八月辛酉、四年二月庚申、八月丙寅、五年二月戊辰、八月甲戌、大观元年二月乙亥、八月丁丑、二年二月甲午、八月壬午、三年二月戊子、八月癸巳、四年二月乙未、闰八月丁酉、政和元年二月癸卯、八月己亥、二年二月乙巳、八月己酉、三年二月甲午、八月己未、四年二月己酉、八月辛未、五年二月庚申、八月甲子、六年闰正月壬戌、八月丁卯、七年正月戊午、八月丙子、重和元年二月壬申、八月乙亥、宣和元年二月癸未、八月癸未、二年二月辛巳、八月己丑、三年二月丙戌、八月癸巳、四年二月己亥、八月辛丑、五年二月庚子、八月丙午、六年二月戊申、八月辛亥、七年二月癸丑、八月庚申、建炎四年七月戊辰、皆见于丙。

景星

开宝四年八月癸卯,景星见。

景德三年四月戊寅，周伯星见，出氐南骑官西一度，状如半月，有芒角，煌煌然可以鉴物，历库楼东，八月，随天轮入浊，十一月，复见在氐。自是常以十一月辰见东方，八月西南入浊。

大中祥符七年正月己酉，含誉星见。其年九月丙戌，又见，似彗有尾而不长。

天圣元年二月己亥，奇星见。二年八月丙子，四年七月壬申，又见。

明道二年二月戊戌，含誉星见东北方，其色黄白，光芒长二尺许。

景祐二年正月己丑，奇星又见。

至和三年二月辛卯、八月己未、嘉祐二年八月庚午、三年八月丙辰、四年正月庚戌、八月癸未、五年八月庚午、六年正月癸丑、八月壬辰、七年正月辛亥、八月正月辛酉、治平元年二月己丑、七月癸巳、二年二月癸巳、八月己亥、三年正月庚辰、八月庚戌、奇星皆见。

彗孛

彗星

开宝八年六月甲子，出柳，长四丈，辰见东方，西南指，历舆鬼至东壁，凡十一舍，八十三日而灭。

端拱二年七月戊子，又出东井积水西，青白色，光芒渐长，辰见东北，旬日夕见西北，历右摄提，凡三十日至亢没。

咸平元年正月甲申，又出营室北，光芒尺余，至丁酉，凡十四日灭。六年十一月辛亥，旄头犯舆鬼。甲寅，有彗孛于井、鬼，大如杯，色青白，光芒四尺余，历五诸侯及五车入参，凡三十余日没。

天禧二年六月辛亥，彗出北斗魁第二星东北，长三尺许，与北斗第一星齐，北行经天牢，拂文昌，长三尺余，历紫微、三台、轩辕速行而西，至七星，凡三十七日没。

景祐元年八月壬戌夜，有星孛于张、翼，长七尺，阔五寸，十二日而没。十二月己未夜，有星出外屏，有芒气。

皇祐元年二月丁卯，彗出虚，晨见东方，西南指，历紫微至娄，凡一百一十四日而没。

嘉祐元年七月，彗出紫微，历七星，其色白，长丈余，至八月癸亥灭。

治平三年三月己未，彗出营室，晨见东方，长七尺许，西南指危泊坟墓，渐东速行，近日而伏。至辛巳，夕见西南，北有星，无芒彗，益东方，别有白气一，阔三尺许，贯紫微极星并房宿，首尾入浊，益东行，历文昌、北斗贯尾。至壬午，星复有芒彗，长丈余，阔三尺余，东北指，历五车，白气为岐横天，贯北河、五诸侯、轩辕、太微五帝坐内五诸侯及角、亢、氐、房宿。癸未，彗长丈五尺，星有彗气如一升器，历营宿至张，凡一十四舍，积六十七日，星气孛皆灭。

熙宁八年十月乙未，星出轸度中，如填，青白。丙申，西北生光芒，长三尺，斜指轸，若彗。丁酉，光芒长五尺。戊戌，长七尺，斜指左辖，至丁未，入浊不见。

元丰三年七月癸未，彗出西北太微垣郎位南，白气长一丈，斜指东南，在轸度中。丙戌，向西北行，在翼度中。戊子，长三尺，斜穿郎位。癸卯，犯轩辕，至丁酉入浊不见。庚子晨，复出于张度中。至戊子，凡三十有六日，没不见。

绍圣四年八月己酉，彗出氐度中，如填，有光，色白，气长三丈，斜指天市左星，九月壬子，光芒长五尺，入天市垣。己未，犯天市垣宦者。庚申，犯天市垣帝坐。戊辰，没不见。

崇宁五年正月戊戌，彗出西方，如杯口大，光芒散出如碎星，长六丈，阔三尺，斜指东北，自奎宿贯娄、胃、昴、毕，后入浊不见。

大观四年五月丁未，彗出奎、娄，光芒长六尺，北行入紫微垣，至西北入浊不见。

靖康元年六月壬戌，彗出紫微垣。

绍兴元年九月，彗星见。十二月戊寅、二年八月甲寅，见于胃。丙辰，行犯土司空，至九月甲戌始灭。十五年四月戊寅，彗星见东方。丙申，复见于参度。五月丁巳，化为客星，其色青白。壬戌，留守张，至六月丁亥乃消。十六年十一月庚寅，彗星见西南危宿。二十六年七月丙午，彗星见东井，约长一丈，光芒二尺。癸丑，又犯五诸侯。三十一年六月己巳，彗星见北斗天权星东北，太史妄称为含誉。

淳熙二年七月辛丑，有星孛于西北方，当紫微垣外七公之上，小如荧惑，森然蓬孛，至丙午始消。

嘉定十五年八月甲午，彗星见右摄提，光芒三尺余，体类岁星，凡两月，历氐、房、心乃没。

绍定三年十一月丁酉，有星孛于天市垣屠肆星之下，明年二月壬午乃消。五年闰九月，彗星见东方，十月己未始消。

嘉熙四年正月辛未，彗星见于室，至三月辛未乃消。

景定五年七月甲戌，彗星见于柳，芒角烛天，长十余丈，日高方敛，凡月余，己卯，退行，见于舆鬼。辛巳，在井。丙申，见于参。戊戌，在参宿度内。八月末，光芒稍减，凡四月乃灭。

客星

建隆二年十二月己酉，出天市垣宗人星东，微有芒彗，三年正月辛未，西南行入氐宿，二月癸丑，至七星没。

太平兴国八年二月甲辰，出太微垣端门东，近屏星，北行。

端拱二年七月丁亥，出北河星西北，稍暗，微有芒彗，指西南。

淳化元年正月辛巳，出轸宿，逆至张，七十日，经四十度乃不见。

景德二年八月甲辰，出紫微天棓侧，孛孛然如粉絮，稍入垣内，历御女、华盖，凡十一日没。三年三月乙巳，出东南方。

大中祥符四年正月丁丑，见南斗魁前。

天禧五年四月丙辰，出轩辕前星西北，大如桃，速行，经轩辕大星入太微垣，掩右执法，犯次将，历屏星西北，凡七十五日，入浊没。

明道元年六月乙巳，出东北方，近浊，有芒彗。至丁巳，凡十三日没。

至和元年五月己丑，出天关东南，可数寸，岁余稍没。

熙宁二年六月丙辰，出箕度中，至七月丁卯，犯箕乃散。三年十一月丁未，出天囷。

元祐六年十一月辛亥，出参度中，犯、掩厕星，壬子，犯九斿星，十二月癸酉，入奎，至七年三月辛亥乃散。

绍兴八年五月，守娄，鲁分也。九年二月壬申，守亢，陈分也。

乾道二年三月癸酉，出太微垣内五帝坐大星西，微小，色青白。

淳熙八年六月己巳，出奎宿，犯传舍星，至明年正月癸酉，凡一百八十五日始灭。

嘉泰三年六月乙卯，出东南尾宿间，色青白，大如填星。甲子，守尾。

嘉定十七年六月己丑，犯尾宿。

嘉熙四年七月庚寅，出尾宿。

卷五十七　　　　志第十

天文十

流陨一

流陨

建隆元年正月戊午，有星出东北方，青赤色，北行，初小后大，尾迹断续，光烛地。四月，有星出天市垣。六月癸酉，有大星赤色，出心大星。甲申，有星赤色，出太微垣，历上相。乙未，有大星色赤，流虚东北。九月癸亥，有星出昴。甲子，有星如缶，出卯，光明烛地。十二月戊辰，有星青赤色，出参旗西南，慢行而没，苍光烛地。三年六月丁酉，有星出天市，入南斗魁。

乾德元年二月丙午，有星如桃，色赤，出弧矢东南没，有光明。二年二月乙丑，有星黄白色，出太微五帝坐南，速行至外厨没，其体散落，光烛地。三年六月丁巳，有星如桃，色黄赤，出北斗魁，经太微垣北，过角宿西，渐大，行五尺余，没，尾迹凝天有光明。十二月丁巳，有星出天河，青白色，南行至天仓没，初小后大，光浊地。四年正月乙未，有星出天社，青白色，速行，尾迹三丈余，初小后大，没，有光明。四月甲寅，有星出天乳，青赤色，东南行，贯房没，光烛地。闰八月己丑，有星出天船，青白色，西北速行，没于文昌。

开宝元年七月戊子，有星出大角，青白色，北行没，明烛地。九月戊子，有星出文昌，赤黄色，东北速行而没。二年六月己卯，有星出河鼓，慢行，明烛地。三年九月庚午，广州民见众星皆北流。四年八月辛卯，有星出织女，西北行，尾迹三丈余，没，久有声。五年八月乙巳，有星出王良，西北行，四丈余，有声而散。七年九月甲午，有星出室，西北行，星体散落有声，明烛地。

太平兴国三年十月甲寅，有星出天船，赤黄色，至天棓，星体散落，明烛地。八年三月丙寅，有星昼出西南，当未地，青白色，尾迹二丈余，没于东南，有光明。七月辛巳，有星如称权，没于娄。八月壬寅，有星出紫微钩陈东，赤黄色，向北速行，近北极没。

雍熙元年十月丁酉，有星出昴，赤色，东南蛇行二丈余，没。二年正月壬戌，有星出东井，其大倍于金星，入舆鬼没。四年六月庚戌酉初，有星出西北，色青白，入浊，当戌地，有声如雷。八月乙亥，有星出天关东，色赤黄，尾贯月。

端拱元年四月辛亥，有星出天津，赤黄色，蛇行，有声，明烛地，犯天津东北。闰五月辛亥丑时，有星出奎，如半月，北行而没。乙卯，有星出紫微钩陈西，色青，尾迹短，赤光照地，北行而没。九月癸丑，有星出西南，如太白，有尾迹，至中天。旁出一小星，行丈余，又出一小星，相随至五车没。二年四月辛亥戌时，有星出东南，色白，坠于氐、房间。壬申，有星出渐台，血色赤，东南急行，掩左旗，过河鼓没。

淳化元年九月辛巳，有星出羽林，色青，南行，光夺月。十一月壬午，流星出天关，南行，历天井、郎位、摄提，至大角东北坠于地，光芒四照，声如隤墙。二年正月丙申，有星出水府西，色赤黄，经参旗分为三星，相从至天苑东没，光烛地。七月癸酉，有星出云雨侧，色青白，缓行三尺余，没。二年三月己酉未时，西北方有星西北速行，色青白，有尾迹。四月己卯，有星出文昌，西南速行至柳，分为二星而没。六月己丑，有星出天市垣屠肆东，色青白，西北慢行丈余，分为三星，从而没。四年五月乙未平明，有星东南出南斗，色青白，西北行而没。五年八月己酉，常星未见，有星出东方，色青白，东北慢行，至浊没，大约出奎、娄间。九月庚午，有星出昴北，缓行，过卷舌，至砺石没。

至道元年四月乙巳，常星未见，有星出心北，色青赤，急行而坠。七月癸丑，有星出危，色青白，入羽林没。二年五月辛丑，有星出紫微北，尾迹丈余，如彗而有声，坠于壁、室间。五月己未，日未及地五尺间，有星出中天，色赤黄，有尾迹，东行速行二丈余，没。六月己卯，有星出牵牛西，历狗国，光芒丈余，坠东南，及地无声。又有星出翼，贯八庙，坠于稷星东，光烛地。九月丁酉平明，有星出北方，东行三丈余，分为三星，从而没。三年九月丁丑，有星二，陨于西南，一出南斗，一出牵牛，有光三丈许。

咸平五年三月丙午，有星昼出心，至南斗没，赤光丈余。八月辛巳，有星出营室，色白。丙申，有流星出东方，西南行，大如斗，有声若牛吼，小星数十随之而陨。戊戌，又有星千数入舆鬼，至中台，凡一大星偕小星数十随之，其间两星，一至狼星，一至南斗没。丁未，有星昼出紫微垣，贯北斗没。壬子，有星出中天，尾迹数道如迸火，西流至狼、弧没。六年五月乙未，有星出王良西，又出北极稍东北，至垣外没，有声如雷。六月庚午，有星昼出东北方，色黄白，有尾迹。七月壬辰，有星出昴，尾迹丈余，色白，隐隐有声，至狼星没。十一月癸丑，有星出毕，至屏星北没，尾迹蛇行，屈曲三丈余，久方没。十二月乙酉，威虏军有星历城西北，尾迹长数里，光照地，落蕃帐，有声如雷者三。

景德元年六月戊午，有星昼出西南方，赤黄，有尾迹，速流丈余，没。十月戊申，天雄军有星出北方，陨于西北，光丈余。十二月庚辰，有星出文昌，慢行西北，分为数星，至紫微垣东北没。戊子，有星出昴，至参旗，迸为数星没。二年正月丙子，日未没，有星速流西南。二月己亥，有星出太微上将，光烛地。四月癸卯，有星北流入天仓，尾迹丈余。十月戊寅，有星出太微垣内屏北，至翼分为三星，随而没，尾迹青白色。十一月壬子，有星出南昼，声如雷，光烛地。三年五月乙卯，有星出天津东北、紫微垣北，分为四星，随而没，赤黄，有尾迹。六月乙亥，有星出云雨星北，至羽林天军南，进为三星没。丁酉，有星出胃北，入天囷，进为数星，光烛地。七月庚申，有星出灵台，有炬彗，声如雷，至南北没，赤光照地。十一月辛丑，有星出中台东北，速流，有声，光烛地。四年三月庚申，有星昼出南方。六月丙辰，有星出北方，慢流至八谷，进为数星没，光烛地。己未，有星出天市，分为三星，至尾没。七月辛卯，有星出败瓜南，慢流，历河鼓，入天市，至宗人东北，进为二星没，色赤黄，有尾迹。十二月癸巳，有星出弧矢，赤黄色，尾迹丈余，光烛地，速流入浊。

大中祥符元年二月戊申，有星十余，急流入浊，色赤黄，有尾迹。五月辛未，有星如太白，出天市垣宗人东南，尾迹丈余，阔三寸，向北慢流，至女床西，分为数星没。六月戊申，有星出北斗魁内，赤黄，有尾迹，稍北速行，进为数星没。八月己丑，有星昼出中天，如太白，有尾迹，急流东南，近日没。九月乙丑，有星出天仓，急流东南，星体散落。二年三月己未，有星出天津南，至离珠没，尾迹五丈余，照地明。四月丙申，有星出八谷，有尾迹，速流而西，至五车东，进为数星没。五月乙亥，有星昼出东方，如太白，尾迹赤黄，流至日北没。八月丙申，有星出北斗杓，西南急行，至郎将西，分为数点。九月乙丑，有星出南河，如桃，色赤，至中台没。三年三月丁未，有星出天市宗人东北，尾迹二丈，至左旗，进为数星没，光烛地。五月丁亥，有星出北斗魁，如桃，色青白，尾迹二丈余。六月丁巳，有星出文昌，至上台没。乙卯，有星出传舍，如桃，色赤黄，至紫微没。壬申，有星出建星，入南斗没，赤黄，有尾迹。七月庚辰，有星出宗人西，北流入浊，光照地。八月丁未，有星出贯索，至帝座没，尾迹光明。壬戌，有星出文昌，至北极没，尾迹丈余。九月庚辰，有星出轩辕左，入太微垣没。十月庚戌，有星出东方，赤黄，无尾迹，分为数星，稍南没。四年二月辛亥，有星出东方，尾迹赤黄，二丈余。四月乙丑，有星出柳，色赤黄，至翼没。五月戊子，有星出东方，赤黄色。六月壬戌，有星出觜东北，流入浊。七月壬申，有星出紫微宫，速流至

天皇没。戊寅，有星自内阶流经文昌，至上台，进为数星，随而没。十月戊午，有星出东北，入浊。又出七星南，至天稷没，尾迹丈余。五年二月戊申，有星出贯索，经库楼，进为数星没。八月戊午，有星大小二十余，皆有尾迹，北流。又一星光烛地，出紫微垣外，尾丈余，阔三寸许，东北流，至传舍没。庚申，星出天耗北，尾迹十丈余，明烛地，至文昌没。六年乙巳，有星昼出南方，赤光迸逸，照地明。十一月丁巳，有星出太微郎位东，色赤黄，有尾迹，至轸北，进为数星没。十二月癸亥，有星出西南，色青白，入东北没。七年三月丙戌，有星出南河，大如杯，至玉井没。四月辛酉，星出钩陈，尾迹赤黄。七月丁未，有星昼出东南方，色黄，急流而北。九月辛亥，有星出军市，至柳，进为三星没。十一月癸未，有星昼出日西南，尾迹二丈余，阔三寸许，青白色，西流而没。己丑，有星出南河，至弧矢没，光烛地。八年二月丁卯，有星出郎将北，进为三星。四月癸丑，有星出亢西，至右摄提，进为数星，随而没。五月乙酉，有星青白色，出人星，至腾蛇没，光烛地。丙申，有星西南流，进为数星没，明照地。八月己亥，有星出参，南流入浊。九年四月庚子，有星昼出，赤黄色，急流西北没。

天禧元年四月己巳，有星出轸，至器府北没，光照地。六月，有星出河鼓，速流至天田，进为数星没。十二月癸巳，有星出东北，尾迹赤黄，急流西南没。二年八月乙卯，有星二，有尾迹，赤黄，一出五车，一出狼北，入浊。戊午，有星出酒旗，至明堂没，光烛地。九月戊子，有星出西南，至天园没。十一月辛酉，有星出南河，色赤黄，至柳没。三年六月乙巳，有星出昴，急流至天仓没。十二月壬寅，有星出轩辕，尾迹黄，慢流至太微垣，久之，有声如雷。四年正月丁丑，有星出王良，明照地，至腾蛇没。五年四月丙辰，有星出轩辕前星，大如桃，状若粉絮，犯次将，入太微垣，历屏星，凡七十五日，入浊没。己未，有星出南方，如二升器，色青赤，北流入浊，尾迹三丈许。七月辛巳，有星出文昌，明光烛地。十月乙巳，有星出天津西。

乾兴元年三月庚寅，夜漏未上，星出七星，曳尾缓行，至翼没。五月己巳，星出天棓，速行入紫微极星西没。癸酉，星出张，西北入浊。壬午，星出危，赤黄，有尾迹，速行而东，炸烈如迸火，随至羽林军南没，明烛地。己丑，星出北河，至轩辕没。九月己巳，星出羽林，流至刍稿没。己丑，星出天市垣旁，缓行经天，过天市垣，至营室没。壬辰，星出营室，行至天仓没。十月丁酉，星出右旗，如太白，西南速行，至天弁没，明烛地。十一月壬辰，常星未见，有星出五车，南行至奎没。

天圣元年正月丙戌，星出北斗魁西，至八谷没。三月戊辰，星出贯索，至五车没。六月戊戌，星出天弁，至建星没。己丑，星出北斗星，东北入浊没。庚寅，星出五车，至五诸侯没。闰九月癸巳，星出五车，至参没。丙申，星出东壁，至天仓没。甲辰，常星未见，星出营室，至外屏没。己酉，星出翼，南行入浊。二年辛丑，星出五车，至毕没。六月丁卯，昼漏上，星出中天，赤黄色，有尾迹，

西南缓行入浊。辛巳，星出牵牛，南入浊。九月辛卯，星出太微，没于右执法。四年正月壬午，星出亢，东南流入浊。丁巳，星出灵台，至翼没。丙午，星出北斗魁，近文昌没。其夜，又有星出箕，南行入浊。四月丙寅，星出太微从官侧，南行入浊。五月辛巳，星出天市垣市楼侧，东北流入浊。闰五月丙辰，星出天船，没于紫微钩陈侧。六月乙亥，星出土司空，东南入浊。八月乙未，星出天桴，近天仓没。九月丁未，星出王良，西北入浊。十一月丙辰，星出东井，没于南河侧。十二月丁丑，星出钩陈，没于天桴侧。戊戌，星出太微，至文昌没。五年正月壬寅，星出天社，西南入浊。九月癸卯，星出天厨，北流入浊。丁未，星出北辰，没于天床侧。甲子，有星出北河，没于东井。六年四月甲申，夜漏欲尽，有星大如斗器，自北方至于西南，光照地，有声如雷，曳尾迹长数丈，久之，散为苍白云。七年二月乙丑，星出天乳，贯天市，入浊。八年二月丁酉，星出轩辕大星侧，如杯，速行至器府没。

明道元年三月癸巳，星出中台，贯北河，入东井没，炸烈有声，明烛地。食顷，又有星出天市垣宗人侧，东流入浊。四月乙巳，星出贯索，大如杯，没于钩陈侧，光照地。八月癸亥，星出天船，近钩陈没，明烛地。乙丑，星出胃，大如杯，有尾迹，西北缓行，迸为六七小星，相随没于大陵，明烛地。丙寅，星出营室，西南速行，至危没。良久，又有星出天园，至天社没，光烛地。九月丙子，星出娄，没于云雨侧，尾迹久方散。食顷，又有星出天大将军，近奎没，尾迹久方散，明烛地。续又星出北辰，西北速行，至内阶没。又有星出天苑，没于天园，明烛地。

景祐元年八月己卯，星出东井，行至厕星没，尾迹久方散，明烛地。乙酉，星出北斗魁，西北速行，入紫微东南垣没。又有星出文昌，西北速行，至紫微钩陈没，尾迹久方散，明烛地。九月丁亥，星出天津，如太白，青色，有尾迹，没于危。良久，星出五车，没天廪。己丑，星出东井，如太白，赤黄色，有尾迹，向东速行，至柳没，光照地。其夜，星出娄，至奎没，明烛地。十一月乙卯，星出轩辕大星侧，如太白，赤黄，向东速行，入浊，明照地。二年八月庚申，星出大陵，如太白，赤黄色，东南缓行，没于昴，尾迹久方散，明烛地。九月丙午，常星未见，星出婺女，缓行，近南斗没。十一月辛丑，星出五车，至觜觿没，明烛地。四年闰四月癸未，夜漏未上，星出天津，大如杯，东北行入浊。己亥，星出上台，至轩辕没。五月辛亥，星出华盖，至北辰没。六月壬申，星出天津，入天市垣，至宗人没。是夜，星出王良。如太白，青白色，有尾迹，东南速行，至娄没，明烛地。己卯，星出梗河，没于亢。七月戊申，有星数百皆西南流，其最大者一星至东壁没，光烛地，久之不散。九月庚子，星出南河，东南速行，近狼星没，青白色，有尾迹如太白，明烛地。己酉，星出牵牛，如太白，青白色，西南入浊。丁卯，星出紫宫，没天桴，有尾迹，明烛地。

宝元元年正月戊戌，星出左摄提，如太白，赤黄色，至天市西垣没，明烛地。二月甲午，星出河鼓，至七公没。三月辛丑，星出东井，没参侧。庚戌，星出大角，至氐没。

辛亥，星出北斗魁，如太白，青白色，有尾迹，东北速行入浊，光照地。四月壬申，有星出中台，如太白，青白色，有尾迹，向北速行入浊，明烛地。又星出天江，如太白，有尾迹，西南速行，至房没。八月壬申，星出东井，如太白，东北速行，没舆鬼，明烛地。十月壬午，星出天津，至营室没。己丑，星出东井，如太白，赤黄，有尾迹，狼侧没，明烛地。十一月癸丑，星出中台，至轩辕没。二年正月庚申，星出翼，如太白，行至角没。三月癸丑，星出右旗，赤黄，有尾迹，向南速行，没于建星，明烛地。五月庚戌，星出房，至积卒没。闰十二月甲寅，星出文昌，如太白，有尾迹，西北速行，至五车没，明烛地。

康定元年三月戊寅，有星出文昌，如太白，青白色，北行入浊。四月丁未，有星出紫宫东垣上卫侧，至北辰没。癸丑，星出北斗，北行入浊。六月庚戌，星出天弁，西北入浊，明烛地。九月戊寅，星出天船，东行，入五车没。十月壬辰，星出天津，速行至紫宫西垣没。壬戌，中天有星大如碗，赤黄，有尾迹，西南速行，没于浊，光照地，良久，有声如雷。十一月乙亥，星出文昌，北行，明烛地，入浊。

庆历元年八月癸未，星出天船，如太白，东北速行入浊，青白色，明烛地。己亥，星出奚仲，大如杯，色青白，西南缓行，没于天津侧，明烛地。辛丑，有星经天廪，东南缓行入浊。乙巳，夜漏未上，星出营室，如太白，东行入浊，青白色。九月己酉，星出奎，如太白，有尾迹，西行，没于东壁，明烛地。丙辰，星出毕，如太白，有尾迹，西北速行，至王良没。丁卯，星出北辰，如太白，北行入浊，明烛地。戊辰，星出壁垒阵，如太白，赤黄，有尾迹，西南入浊，明烛地。二年二月庚子，星出房，如太白，赤黄，有尾迹，西南速行，入浊没，明烛地。三月戊寅，星出钩陈侧，如太白，赤黄，有尾迹，西行缓行，至天桴没，明烛地。四月丁丑，星出贯索，大如盏，青白色，有尾迹，东北慢行，至阁道没，明烛地。丙申，星出贯索，如太白，赤黄色，西北速行，没于中台侧，明烛地。七月壬寅，星出河鼓，大如杯，青白色，西速行，至牵牛没，明烛地。己酉，星出婺女，如太白，青白色，有尾迹，东南慢行入浊。乙丑，星出天津，如太白，赤黄，向西速行，至贯索没，尾迹久方散，明烛地。八月壬寅，星出北斗杓，如太白，青白色，西北行，没于浊。乙亥，夜漏未上，星出箕，南行入浊。又有星出天仓，如太白，东南入浊没。壬午，星出危，东南行，至浊没。九月辛亥，星出天船，如太白，东行入浊，青白色，有尾迹。庚申，星出娄，至东壁没。乙丑，星出娄，至天仓没。丁卯，星出五车，东北流，没于文昌侧。闰九月辛未，星出羽林军，如太白，赤黄色，西南行入浊。乙亥，星出娄，西行入浊。十二月庚申，有星出弧矢，南行入浊，赤黄，有尾迹，烛地。三年二月壬寅，星出上台，至轩辕没，有尾迹，明烛地。四月戊申，夜漏未上，中天星出大角，如太白，西行至轩辕没。辛亥，星出女床，至天市西垣没。丙辰，星出牵牛，如太白，西南缓行，至天渊没。七月己卯，星出北斗魁，西北行入浊。甲申，星出贯索，如太白，速行至北斗柄没。

甲寅，星出阁道，如太白，东北速行入浊，有尾迹，明烛地。十月戊申，星出柳，如太白，西南速行，至弧矢没，尾迹久方散。五年五月辛巳，星出紫宫钩陈侧，北行入浊。六月辛酉，星出奎，如太白，西行，至天仓没，有尾迹，明烛地。壬戌，星出营室，如太白，赤黄色，东南速行，过危，至虚没，有尾迹，明烛地。七月甲午，星出建星，如太白，向南速行，至浊没。乙巳，星出牵牛，如太白，南行，至浊没。八月甲寅，星出八谷，东北入浊。少顷，有星出天将军，如太白，西北速行，至王良没，有尾迹，其色赤黄。巳卯，星出文昌，大如盏，直北速行入浊，有尾迹，明烛地。壬午，星出北河，至柳没。十月甲寅，星出毕，东南速行，至天苑没，赤黄，有尾迹。丙辰，星出张，东南速行，至浊没。丙寅，星出天津，大如杯，东速行，至危没，赤黄，有尾迹，明烛地。六年三月乙未，星出大角，如太白，西南速行，至浊没。庚戌，星出文昌，如太白，向北速行入浊，青白色，有尾迹，明烛地。六月丁巳，星出营室，大如杯，光烛地，有声，北行，至王良没。七月癸巳，星出昴，至参没。九月辛巳，星出王良，如太白，东北速行入浊。乙巳，星出南河，如太白，东北速行，没于舆鬼侧。七年四月己酉，星出营室，东北速行入浊。戊辰，星出郎位，如太白，至梗河没，有尾迹，明烛地。六月己巳，星出天田，赤黄色，有尾迹，西南缓行，至折威没。戊辰，星出尾，西南速行入浊。九月乙亥，星出河鼓，入天市垣，至宗人没。戊寅，星出天苑，如太白，南行，至天园没，有尾迹，明烛地。庚辰，星出东井，没于狼。丙戌，星出北落师门，西南缓行，至浊没。十二月癸亥，星出五车，赤黄色，西北速行，至天船没。八年正月乙酉，星出天厕侧，西南速行入浊，有尾迹，明烛地。丁酉，星出柳，直南速行入浊。二月乙酉，星出文昌，青白色，东北速行，至浊没。四月己巳，星出奎，如太白，东北速行，至娄没。五月壬寅，星出氐，如太白，向西南速行，入浊没。戊午，星出房，色赤黄，东南入浊。六月戊寅，星出北落师门，西南速行，没于浊。己卯，星出北斗，至郎位没，有尾迹，明烛地。癸巳，星出天津，至紫宫西垣没。七月庚申，星出七公，如太白，西北速行，入浊没。八月乙亥，星出天市，西南速行入浊，有尾迹，色赤黄。是夜，星出东壁，赤黄色，东北速行，至浊没。九月壬寅，星出天仓，如太白，东北速行，至胃没。甲子，星出天苑，西南速行，入浊没。十月乙酉，星出匏瓜，如太白，向东速行，至天津没。十二月乙丑，星出南河，如太白，东南行，至弧矢没。己丑，星出天市垣，东南行，至浊没。

皇祐元年三月庚子，星出轸，西南速行，没于翼。四月辛巳，星出织女，向南速行，入天市垣，至宗人没，明烛地。甲申，星出心，如太白，东南速行入浊。六月丙寅，星出紫宫钩陈侧，如太白，北行入浊。己巳，星出匏瓜，赤黄，有尾迹，向南行，至建星没。丁丑，星出造父，如太白，向西南速行，至天棓没，有尾迹，明烛地。九月壬子，星出阁道，东南速行，至娄没，有尾迹，明烛地。十一月癸巳，星出文昌，向东速行，至五车没，有尾迹，明烛地。十二月乙丑，星出亢，赤黄色，向东北缓行，至天市垣西没。丁酉，星出文昌，向北速行，没于北辰侧。二年四月癸未，星出氐，赤黄色，东南速行，至心没，有尾迹，明烛地。五月乙巳，星出贯索，向东速行，至女床没。七月己丑，星出奎，赤黄色，西南缓行，没于营室侧。九月辛卯，星出织女，如太白，向西速行，入浊没。十二月丁未，星出库楼，如太白，赤黄色，至翼没。三年七月丙辰，星出南斗，赤黄色，尾迹凝天，向南缓行，至浊没。八月庚辰，星出奎，如太白，西北速行，没于浊。九月癸丑，星出上台，东北入浊。十月乙巳，星出天枪，如太白，西北速行入浊。四年三月庚申，星出郎将，东行，至贯索没。壬申，星出文昌，没于五车侧。四月辛巳，星出天市垣市楼侧，至南斗没。癸卯，星出东壁，没于天船侧。六月庚子，星出危，如太白，东南速行入浊。壬寅，星出天船，如太白，东北入浊。八月丁酉，星出天仓，如太白，西南速行，至浊没。戊戌，星出参旗，如太白，西南速行，至天苑没。九月丙午，星出娄，西南速行入浊。戊申，星出紫宫北辰侧，赤黄色，西南速行，至贯索没，尾迹凝天，明烛地。己酉，星出营室，如太白，东南速行入浊。是夜，星出参，如太白，东南速行入浊，尾迹赤黄。甲子，有星出南河，如太白，东北入浊。十月丁丑，星出天棓，西北速行入浊，有尾迹，明烛地。丙申，星出天仓，如太白，西南速行入浊。十一月丙申，星出北河，没于北斗璇星侧。五年正月壬寅，夜漏未上，星出东井，如太白，东北速行，至浊没，有尾迹，明烛地。五月庚戌，星出北斗魁侧，西北速行入浊，尾迹赤黄。庚申，星出大角，如太白，西北行，至中台没，青白色，有尾迹。六月癸酉，星出紫宫北辰侧，赤黄色，北行，至浊没。七月癸卯，星出王良，至天津没。甲辰，星出奎，如太白，速行没于危。是夜，星出紫宫北辰侧，色赤黄，西南速行，至天市垣东没，有尾迹，明烛地。乙巳，星出王良，速行至营室没。戊午，星出贯索，西南速行，入天市垣，至宦者没。八月丙戌，星出紫宫北辰侧，至王良没。是夜，又星出危，没婺女侧。癸亥，星出大陵，至营室没，有尾迹，明烛地。九月乙亥，星出参，如太白，西北速行，至昴没，有尾迹，明烛地。

至和元年七月壬戌，星出王良，色赤黄，向北速行，至天船没，有尾迹，明烛地。八月壬寅，星出上台，东北行入浊。二年七月甲申，星出牵牛，如太白，赤黄色，南行，有尾迹，明烛地。九月己卯，星出弧矢，如太白，西南速行，至丈人没，尾迹青白。又有星出轩辕，向北速行，至中台没。庚辰，星出天廪，东南缓行，至天苑没。十一月戊辰，星出南河，向南行，至弧矢没。辛酉，星出弧矢，色赤黄，南行入浊。十二月甲申，星出太微东垣，如太白，赤黄色，东南速行，至轸没。辛卯，星出柳，如太白，赤黄色，直北速行入浊。

嘉祐元年三月辛酉，星出库楼，没于尾。乙亥，星出紫微北辰东，如太白，色赤黄，西南速行，至右摄提没。壬午，星出张，至东瓯没。九月壬午，星出东井，如太白，赤黄色，向北速行，至文昌没。二年正月丁酉，星出文昌，如太白，速行入紫宫北辰没。辛丑，星出华盖，缓行至北辰没。甲辰，星出觜觽，缓行至毕没。二月甲子，星出紫宫东垣，大如杯，东北行入浊。七月乙亥，星出北斗魁西，如太白，西北速行入浊。丁丑，星出王良，如太白，赤黄色，西南缓行，至亢没，有尾迹，明烛地。九月丙子，星出王良，如太白，赤黄色，向西速行，至腾蛇没，有尾迹，明烛地。丁亥，星出南河子星侧。戊戌，昼漏上，中天有星出狼，大如杯，东南速行，至浊没，尾迹青白。三年正月乙未，星出参，赤黄色，向西速行，至天廪没。五月甲午，星出河鼓，如太白，赤黄色，东北缓行，至虚没。七月辛未，星出天船，东北行，至浊没。乙酉，星出北河，如太白，赤黄色，东南缓行，散为数道，至狼没，尾迹凝天。丁酉，有星出危，西南速行入浊。其夜，又有星出天苑，缓行入浊。八月丙午，星出天纲，东南速行入浊，尾迹赤黄。戊申，星出危，西南速行入浊，有尾迹，明烛地。己未，星出牵牛西，速行至牵牛北没。癸亥，星出王良，向南速行，至天津没。夜漏尽，有星出柳，如太白，赤黄色，西北行，至北斗没。乙丑，星出文昌，向西速行，至北极没。九月庚午，星出娄，向南速行，至土司空没。甲申，出天将军，如太白，青白色，向西速行，至浊没。庚寅，星出五车，如太白，赤黄色，东北速行，至北河没，有尾迹，明烛地。辛卯，星出王良，北行至钩陈没。四年二月己亥，星出翼，入浊。夜漏尽，又有星出营室，没于钩陈。癸卯，星出天枪，至郎将没。乙卯，星出角，西行，至翼没。五月辛丑，星出右摄提，西行入浊。己酉，星出大角，至轸没。癸丑，星出营室，大如杯，赤黄色，西南速行，至羽林军没，炸烈有声。六月癸亥，星出天仓，至天苑没，有尾迹，明烛地。甲子，星出天津，至北辰没。辛未，星出胃，没于钩陈。又星出天船，至王良没。乙亥，星出坟墓，至北落师门没。又有星出天船，东南速行，至昴没。癸未，星出氐宿，西南行入浊。己丑，星出毕，速行至五车没。八月乙亥，夜漏尽，星出舆鬼，速行至五车没。又星出舆鬼，速行至太微北落。癸未，星出军市，速行至弧矢没。己丑，星出天囷，至天仓没。九月己亥，星出紫宫钩陈侧，大如碗，东北速行，曳尾长五尺，初直后曲，流至北辰东没，后尾迹凝结如盘，食顷散。又有星出太微西，东北速行入浊。辛丑，星出天津，速行至织女没。癸丑，星四，皆如太白，赤黄色，有尾迹，明烛地：一出天桴，西南速行，至天市垣候星没；一出危，西南速行，至女没；一出毕，南行没于天苑侧；一出五车北，速行至钩陈没。十月乙丑，昼漏上，星出天大将军，西南行，至浊没，色青白，尾迹凝天，良久散。其夜，有星出参，至弧矢没。丁卯，星出婺女，东南至浊没。戊辰，星出东井，东行，至柳没。戊寅，星出狼，南行，至浊没。丁亥，星出天仓。乙未，星出上台南，速行至北河没。十二月甲子，星出贯索，至女床没。五年正月辛卯，星出毕，大如碗，赤黄色，速行至天仓没，明烛地，尾迹炸烈而散，有声如雷。四月辛未，星出氐，缓行，东南入浊没。癸酉，星出婺女，至羽林军没。庚辰，夜漏尽，星出大角，西南行，至浊没，尾迹青白。癸未，星出女床，东行，至河鼓没。乙酉，星出骑官，西南行，至浊没。甲午，星出天市东，如太白，向东速行，至河鼓没，尾迹赤黄。丙申，星出贯索，东北行，至北斗柄没。辛亥，星出天桴，西南行，入天市，至宦者没。六月己未，星出娄，东北行，至浊没。壬戌，星出天仓，东南行，至浊没。辛巳，星出天津，西南行，至天市垣宦者没。又有星出王良，至土司空没。癸酉，星出南斗，大如杯，行入浊。八月庚申，星出东壁，东行入浊。丙寅，夜漏未上，星出虚，大如杯，东南入浊。甲午，星出五车，至文昌没。乙卯，星出天苑，南行入浊。十月乙亥，星出轩辕星北斗魁旁，没，尾迹赤黄。十一月壬辰，星出五车，至毕没。十二月壬申，有星出北河，至舆鬼没。戊寅，星出弧矢，至南河没。己卯，夜漏未上，星出轸，至氐侧没。六年六月丁巳，星出天市垣宦者侧，没于氐。己巳，星出天市垣车肆侧，西南行，至尾没。七月乙酉，星出腾蛇，至危没。其夜，又有星出娄，大如杯，赤黄色，速行入羽林没。丙戌，星出天津，至危没，尾迹赤黄。庚寅，星出文昌，北行，至浊没。八月丁巳，星出娄，东北速行，至昴没。戊辰，星出钩陈，北行入浊。己卯，星出天市垣北，东行，入浊没。丁卯，星出狼，大如杯，至天社没，明烛地，尾迹凝天，良久散。九月甲寅，星出营室，西南行入浊。癸亥，星出柳，东行，至翼没。十一月癸丑，星出东北维，去地五丈许，大如碗，向东北缓行入浊，尾迹青白。壬申，星出参旗，至浊没。丙子，星出狼，大如杯而赤黄，缓行至弧矢没，有尾迹，明烛地。十二月辛丑，星出贯索，如太白，东北速行，入天市，至候星没，尾迹青白。七年正月乙亥，星出下台，至上台没。二月己卯，星出北河，大如杯，色赤黄，速行，没于阁道侧，有尾迹，明烛地。壬辰，星出东井，如太白，至毕没。四月庚子，星出太微郎位，如太白，西南缓行，至张没，尾迹赤黄。六月丁丑，星出北落师门，南行入浊。七月丁未，星出牵牛，至南斗没。又有星出羽林军，至北落师门没。己酉，星出壁垒阵，如太白，向西速行，至败臼没，尾迹赤黄。辛酉，星出天纪，西北速行入浊。八月己卯，星出文昌，至下台没。乙未，星出天苑，南行入浊，尾迹赤黄。己亥，星出天津，西南入浊。九月丙辰，星出土空，东南入浊。丁卯，星出东壁，大如杯，西行，至虚没，有尾迹，赤黄，明烛地。十月丙子，星出昴，如太白，西北速行，至天大将军没，尾迹赤黄。丁丑，星出大陵，如太白，南行，至天仓没。庚寅，星出南河，至天社没，明烛地。丁酉，星出天庙，南入浊。己亥，星出参，如太白，西南行，至天园没，尾迹青白。八年正月辛酉，星出轸，赤黄色，东南速行，入库楼没。三月癸卯，星出匏瓜，东南至危没，赤黄色，有尾迹，明烛地。癸亥，星出文昌，北行入浊，有尾迹，明烛地。又有星出传舍，速行至北辰没。五月癸卯，星出天市垣宗人侧，东南速行，至鳖星没。己亥，星出招摇，赤黄色，行南向，入氐没。七月乙丑，星数百，纵横西流。八月庚寅，星出阁道，东南速行，入浊没。甲子，星出上台，大如杯，赤黄色，向东速行，至下台没。

治平元年二月丁卯，星出紫宫钩陈侧，西北入浊没，明烛地，尾迹炸烈有声。六月辛酉，夜漏未上，星出河鼓，东南速行,至危没。七月癸未,星出危,西南速行,入天市垣没。八月辛亥,星出北辰,大如杯,速行至钩陈没,尾迹青黄。丁巳,星出奎,大如碗,速行至五车没。壬戌,夜漏尽,星出奎,西南行,至浊没。九月癸酉,星出北斗魁,大如盏,东北速行,至浊没,尾迹赤黄。十二月癸丑,星出军市,东南速行,至浊没。二年二月丁酉,星出太庙,色青白,西南入浊。乙卯,星出中台,色赤黄,西北慢行,至内阶没。五月壬戌,星出北斗魁,如杯,色青白,北行,至浊没。六月己丑昼,有星出中天,大如碗,西速行,至浊没,尾迹赤黄。八月己未,星出河鼓,大如盏,色赤黄,速行至天市垣内宗星没。丁巳,星出危,至浊没。九月癸酉,星出北斗魁,东北速行,至浊没。三年四月癸巳,星出房,至浊没,明烛地,尾迹炸而散。七月庚申,昼漏未上,星出紫宫,西行,曳尾长二丈,没,尾迹青黄。九月丁丑,有星出参,至天仓没。十一月己卯,星出王良,西北速行,至浊没,尾迹青黄。

卷五十八　　志第十一

天文十一

流陨二

熙宁元年正月辛卯,星出张西南,如太白,速行入浊没,赤黄。乙未,星出左摄提西,如太白,东南急行,至库楼北没,赤黄,有尾迹。二月戊午,星出常陈南,如太白,西慢行至轩辕东没,赤黄,有尾迹。辛酉,星出北斗魁东,如太白,南急行,至轩辕大星南没,赤黄,有尾迹。壬戌,星出角东,如太白,西急行,至翼没,赤黄,有尾迹。戊辰,星出大角南,如太白,东南急行,至氐没,赤黄,有尾迹。己巳,星出天市垣内宦者,如太白,西南急流,至氐没,青白,有尾迹。四月壬寅,星出轩辕南,如太白,东南慢行,至轸没,赤黄,有尾迹。己酉,星出天市垣内宦者西,如太白,西南慢流,至织女没,青白,有尾迹。壬戌,星出天棓东,如太白,东北慢行,至天津没,赤黄,有尾迹。五月乙亥,星出天棓,如太白,东北急行,至天津没,青白,有尾迹,照地明。六月癸卯,星出天枪南,如太白,西南速行,至角没,赤黄,有尾迹。又星出平星南,如太白,西南急行,入浊没,青白,有尾迹。乙巳,星出轸东,如太白,缓行入浊没,青白,有尾迹,照地明。丁未,星出牵牛西,如太白,东南速行,入浊没,赤黄。戊申,星出骑官北,如太白,南缓行,入浊没,青白。又星出垒壁阵,如太白,东南速行,至浊没。戊午,星出阁道北,如岁星,东北缓行,入浊没,青白。庚申,星透云出天棓西,如太白,北急行,至天市垣西墙没,赤黄,有尾迹。壬戌,星出王良南,如岁星,东北急行,至天大将军没,赤黄,有尾迹。有星出紫微垣内,至钩陈没,

赤黄,有尾迹。又星出紫微垣内北极南,如太白,西北速行,至西咸北没,赤黄,有尾迹。甲子,星出尾北,如杯口,西缓行,至平星没,赤黄,有尾迹。丙寅,星出氐北,如岁星,西南急流,入浊没,赤黄,有尾迹。七月乙亥,星出虚南,如岁星,西急行,至天市垣西墙没,赤黄色,有尾迹。丙子,星出东壁东,如太白,东南急行,入浊没,赤黄,有尾迹。丙戌,星出天大将军北,如岁星,东北慢行,入浊没,青白。乙未,星出九坎北,如太白,西北缓行,至牵牛,分迸而没,赤黄。又星出右旗,如太白,西缓行,入浊没,青白,有尾迹,照地明。己亥,星出天廪北,如太白,南急行,至天苑没,赤黄,有尾迹,照地明。八月癸卯,星出天棓东,如太白,北速行,入浊没,赤黄,有尾迹,照地明。甲辰,星透云出虚北,如岁星,北缓行,至奎没,赤黄。乙巳,星出女床东,如杯口,西北急流,至天市垣墙河中北没,赤黄,有尾迹,照地明。又星出参北,如太白,东速行,入浊没,赤黄,有尾迹,照地明。又星出王良南,如太白,西南急行,至天津没,赤黄,有尾迹,照地明。丙午,星出左摄提南,如太白,西北慢行,至浊没,赤黄,有尾迹。丁未,星出牵牛,如杯口,东南缓行,入浊没,青白,有尾迹。癸亥,星出垒壁阵,如太白,西南缓行,至狗国没,赤黄,有尾迹,照地明。乙丑,星出垒壁阵北,如太白,西南速行,至十二国没,赤黄,有尾迹。九月甲戌,星出上台南,如太白,东北急行,至内平星没,赤黄,有尾迹,照地明。庚辰,星出北斗魁中,如岁星,西北缓行,入浊没,青白。又星出弧矢西,如太白,西南急行,至天社没,青白,有尾迹,照地明。辛巳,星出紫微垣内北极星北,如太白,北急行,入浊没,赤黄,有尾迹,照地明。癸未,星出紫微垣南,如太白,北急行,至北斗没,赤黄,有尾迹。戊子,星出毕南,如太白,南慢行,入浊没,青白,有尾迹,照地明。癸巳,星出织女西,如太白,西南慢流,入天市垣内没,有尾迹,照地明。甲午,星出中台北,如太白,东南急流,至下台没,青白,照地明。丙申,星出天津北,如岁星,西北急流,至女床没,赤黄。丁酉,星出轩辕,如太白,西北慢流,至紫微垣内北极没,赤黄,有尾迹,照地明。十月庚子,星出羽林军东,如太白,东急行,入浊没,赤黄,有尾迹,照地明。又星出垒壁阵西,如杯口,西南速行,入浊没,青白,照地明。壬寅,星出钩陈西,如太白,北急行,至北斗没,赤黄,有尾迹。又星出东井北,如岁星,东北急行,至柳没,赤黄,有尾迹。又星出扶筐,如太白,西北急行,至浊没,赤黄,有尾迹,照地明。甲辰,星出垒壁阵东,如太白,南急行,入浊没,赤黄,有尾迹。照地明。又星出天津西,如太白,西北缓行,入浊没,青白,照地明。又星出昴南,如太白,西南缓行,至天囷没,赤黄,有尾迹,明烛地。又星出郎位东,如太白,东北速行,至右摄提没,赤黄,明烛地。庚戌,星出娄南,如岁星,西南速行,至昴没,青白,有尾迹。乙卯,星出天市垣南墙西,如太白,西急行,入浊没,青白。壬戌,星出轩辕西,如太白,东南急行,至张没,赤黄,有尾迹。癸亥,星出娄北,如太白,西急流,至浊没,赤黄,有尾迹。十

一月庚午，星出钩陈东，如太白，东北急流，至北斗魁没，青白，有尾迹，照地明。癸未，星出营室东，如太白，西南急行，至羽林军没，赤黄，有尾迹。十二月己亥，星出王良北，如太白，东慢行，至五车没，赤黄，有尾迹，照地明。庚子，星出天仓东，如太白，东南急行，至浊没，青白，有尾迹。辛酉，星出太微垣东墙，如太白，速行至柳没，黄白，有尾迹。

二年正月庚寅，星透云出紫微垣内钩陈西，如太白，西慢行，入浊没，青白。二月甲辰，星出平星南，如太白，南急行，入浊没，赤黄，有尾迹。三月壬辰，星出天市垣西墙东，如太白，北急行，至天纪没，赤黄，有尾迹。癸巳，星出贯索南，如太白，东南慢行，至浊没。四月庚戌，星出轩辕东，如杯口，北慢行，至北斗没，赤黄，有尾迹。辛酉，星出阁道西，如太白，东南速行，至东壁没，青白，有尾迹。五月己丑，星出太微垣内五帝坐，如杯口，东行至角宿没，青白，有尾迹，照地明。六月己亥，星出心西，如岁星，西南急行，至库楼没，赤黄，有尾迹。乙巳，星出氐南，如太白，南缓行，入浊没，赤黄，有尾迹。壬子，星出天津，如太白，西北速行，至天枪没，青白，有尾迹。辛酉，昼有流星；夕有星透云出织女，西南急行，入浊没，赤黄，有尾迹。癸亥，星出太微垣东墙，如太白，西急行，入浊没，青白，有尾迹。甲子，星出尾北，如太白，南急行，入浊没，青白。七月丁卯，星出危南，如太白，西南急行，至垒壁阵没，赤黄，有尾迹。辛未，星出梗河东，如太白，西北速行，至天枪没，赤黄，有尾迹。丁亥，星出天船西，如太白，东北速行，入浊没，赤黄，有尾迹。甲午，星出天津西，如太白，西南缓行，至心没，赤黄，有尾迹。八月丁酉，星透云出钩陈西，如太白，西南急流，至天桴没，赤黄，有尾迹。癸亥，星出北斗魁北，如太白，北急流，入浊没，青白，有尾迹。九月甲子，星出娄北，如岁星，西北急行，至王良没，青白，有尾迹。甲戌，星出右旗，如太白，西南急行，至天市垣西墙没，青白，有尾迹。丁丑，星出五车东，如岁星，东北速行，至北河没，青白，有尾迹。十月乙未，星出天苑南，如太白，速行入浊没，赤黄，有尾迹。甲辰，星出毕东，如太白，南急行，至浊没，赤黄，有尾迹。癸丑，星出胃东，如太白，东南急流，至天苑没，青白，有尾迹。甲寅，星出卷舌西，如岁星，西南急行，至娄没，青白，有尾迹。十一月丙寅，星出织女北，如太白，西南急行，至河鼓没，青白，有尾迹，照地明。壬申，星出羽林军内，如岁星，西南急行，至浊没，青白。己卯，星透云出大陵北，如太白，西南急行，至东壁没，青白，有尾迹。闰十一月辛酉，星出天仓，如岁星，西南缓行，至浊没，青白。

三年正月丙申，星出右摄提，如太白，东北速行，入浊没，赤黄，有尾迹。己未，星出毕，如杯，西南缓行，至浊没，青白，有尾迹。二月丁卯，星出七星南，如太白，西南急行，至浊没，青白。己丑，星出太微西扇上将南，如盂，西急行，入浊没，赤黄，有尾迹，明烛地。又星出文昌中，如杯，西北急行，入浊没，赤黄，有尾迹，明烛地。又星出北斗魁南，如盂，西北急行，入浊没，赤黄，有尾迹，明烛地。庚寅，星出紫微垣西墙东，如杯，北慢流，至浊没，赤黄，有尾迹，明烛地。三月戊戌，星出七公，如杯，速行入紫微垣中钩陈没，青白，有尾迹，明烛地。壬寅，星出天市垣西墙东，如杯，东南急流，至骑官没，青白，有尾迹。己未，星出轸北，如太白，西北慢行，至明堂没，赤黄，有尾迹。四月壬戌，星出紫微垣内帝星南，如太白，北急行，至钩陈没，赤黄，有尾迹。癸未，星出文昌南，如杯，西北慢行，至浊没，青白，有尾迹，照地明。甲申，星出轩辕东，如太白，东南慢行，至太微垣左执法，赤黄。六月己巳，星出牵牛东，如太白，东急流，至浊没，赤黄，有尾迹。壬申，星出紫微垣西墙北，如太白，东北慢流，至浊没，赤黄。庚辰，星出羽林军东，如杯，东南急流，入浊没，青白，有尾迹。七月庚子，星透云出紫微垣西墙，如太白，南慢行，至天市垣西墙没，青白，有尾迹。八月丙戌，星出紫微垣西墙，如杯，北急行，至浊没，赤黄，有尾迹。九月己亥，星出紫微垣西墙，如太白，西北慢流，至浊没，青白，有尾迹。丁未，星透云出天船，如太白，西慢流，至内阶没，赤黄，有尾迹。庚戌，星出紫微垣东墙，如太白，东北急流，至钩陈没，青白，有尾迹。十月己未，星出奎西，如太白，南慢行，至天仓南没，青白，有尾迹。戊辰，星出天囷西，如太白，西南速行，至土司空没，赤黄，有尾迹。十一月戊戌，星出五车，如太白，西南缓行，入浊没，赤黄，有尾迹。十二月甲子，星出外屏，如太白，西南速行，入浊没，赤黄，有尾迹。

四年正月丙午，星出五车西，如杯，南速行，入浊没，赤黄，照地明。二月甲子，星出昴西，如杯，西缓行，入浊没，青白。三月癸巳，星出天市垣内斗星西，如太白，西北速行，至贯索西没，赤黄，有尾迹。五月己亥，星出左摄提，如太白，东北急行，至浊没，赤黄，有尾迹。六月丁丑，星出营室西，如太白，西南急流，至垒壁阵没，赤黄，有尾迹。辛巳，星出造父西，如太白，东南慢流，至天桴没，青白，有尾迹。七月戊申，星出天津东，如太白，西慢流，至天桴没，赤黄，有尾迹。八月己未，星出五诸侯西，如太白，东南慢流，入浊没，青白，有尾迹，照地明。辛酉，星出天市垣西墙西，如太白，西急行，入浊没，赤黄，有尾迹。癸亥，星出北河西，如太白，西北急行，至上台没，赤黄。乙丑，星出南斗北，如太白，西南缓行，入浊没，赤黄。九月甲午，星出紫微垣西墙东，如太白，东北速行，入浊没，赤黄，有尾迹。乙巳，星出天廪，如太白，南缓行，至天苑没，青白，有尾迹，照地明。丙午，星出北落师门南，如太白，南缓行，至天苑没，青白，有尾迹，照地明。又星出北落师门南，如太白，南缓行，入浊没，青白，有尾迹。十月壬子，星出紫微垣内北极北，如太白，东北缓行，至紫微垣西墙没，青白，有尾迹。癸丑，星出外屏北，如太白，东缓行，至天囷没，赤黄，有尾迹。甲寅，星出文昌西，如杯，北速行，至紫微垣右枢没，青白，有尾迹，照地明。乙卯，星出牵牛，如太白，南速行，入浊没，赤黄，有尾迹。庚申，星出天苑南，如太白，东南慢行，至浊没，赤黄，有尾迹。戊辰，星出天囷东，如杯，东缓行，至浊没，青白，有尾迹。癸酉，星出五车东，如太白，东北急行，至浊没，赤黄，有尾迹，照地明。十一月壬辰，星出天棓西，如杯，西北缓行，至浊没，赤黄，有尾迹。庚子，星出太微垣左执法南，如太白，东南慢行，至角没，赤黄，有尾迹。

五年七月己丑，星出七公南，如太白，西南急行，至天市垣西墙没，赤黄。癸巳，星出太微垣东，如杯，西急行，入浊没，青白，有尾迹如钩，南行。十月戊寅，星出紫微垣内后宫东，如杯，北慢行，入浊没，赤黄，照地明。又星出文昌西，如杯，急行至卷舌没，赤黄，有尾迹。照地明。甲申，星出天鸡南，如杯，西慢行，至浊没，赤黄。丁亥，星出紫微垣东，如杯，北慢行，至浊没，青白。戊子，星出羽林军，如太白，西南急行，至浊没，赤黄，有尾迹。乙巳，星出娄南，如杯，西北急行，至七公没，赤黄，有尾迹。照地明。十一月甲寅，星出七星南，如杯，西慢行，至参旗没，青白，有尾迹。十二月辛卯，星透云出五车东，如太白，东北急行，至文昌没，赤黄，有尾迹。壬辰，星出招摇东，如太白，西北急行，至浊没，青白。丙申，星出角南，如太白，南慢行，至库楼没，赤黄，有尾迹。

六年正月庚申，星出天市垣东，如杯，东南急行，至浊没，青白。三月庚午，星出氐东，如盂，西慢行，入浊没，赤黄，照地明。四月丙子，星出贯索西，如杯，北慢行，至紫微垣墙上宰没，青白，照地明。戊寅，星出贯索西，如太白，西南急行，至亢没，赤黄，有尾迹。己卯，星出柳北，如太白，西南急行，至南河没，赤黄，有尾迹。五月癸卯，星出腾蛇西，如杯，西北慢行，至浊没，青白，照地明。六月辛卯，星出营室北，如杯，东南急行，至垒壁阵没，赤黄，有尾迹，照地明。庚子，星出天市垣吴越东，如杯，东南急行，至牵牛没，青白，有尾迹，照地明。七月丙寅，星出垒壁阵西，如杯，南缓行，至浊没，青白，有尾迹。戊辰，星出天关，如杯，东南缓行，至东井内没，青白，有尾迹，照地明。己巳，星出天仓东，如太白，南速行，至天囷没，赤黄，有尾迹，照地明。八月庚辰，星出天市垣内宗正南，如太白，西南速行，入浊没，赤黄，有尾迹。壬辰，星出羽林军西，如杯，南缓行，入浊没，青白，有尾迹，分进，照地明。乙未，星出河鼓，如杯，南速行，至建没，青白，有尾迹，照地明。九月甲辰，星出钩陈东，如杯，北速行，入浊没，赤黄，有尾迹，照地明。丙午，星出天苑南，如杯，南速行，入浊没，青白，有尾迹，照地明。辛亥，星出天船西，如杯，西速行，穿北斗没，赤黄，有尾迹，照地明。辛酉，星出钩陈东，如杯，西南速行，至天纪没，赤黄，有尾迹。丁卯，星出文昌西，如杯，西北速行，至王良没，赤黄，照地明。十一月甲辰，出弧矢东，如盂，西南缓行，至天社没，青白，有尾迹，照地明。辛酉，出轩辕南，如杯，南缓行，入浊没，赤黄，有尾迹，照地明。

七年正月丁未，出角南，如太白，东南速行，至浊没，青白。丁巳，出张南，如杯，西南缓行，至浊没，赤黄，有尾迹。二月壬申，出天棓北，如杯，东北缓行，至造父没，青白，有尾迹，照地明。辛卯，出轸北，如杯，东慢行，至角没，青白，有尾迹，照地明。三月甲子，出西咸北，如杯，南急行，至氐没，赤黄，有尾迹，照地明。四月壬申，出轩辕西，如太白，西北慢行，至五车没，青白，有尾迹。又出渐台南，如杯，东北急行，至天津没，青白，有尾迹，照地明。丙戌，星出天市垣蜀星西，如杯，东北慢行，至候星没，青白，有尾迹，照地明。六月辛未，星出辇道东，如太白，北急行，至钩陈没，赤黄，有尾迹。又星出狗国南，如太白，东北慢行，至天田南，曲尺东行，至天垒城没，赤黄。己卯，星出天市垣内列肆西，如太白，西南慢行，入浊没，赤黄色，有尾迹。庚辰，星出华盖北，如杯，东北慢行，至天船没，赤黄，有尾迹。乙酉，星出垒壁阵北，如太白，东南急行，入浊没，赤黄，有尾迹。庚寅，星出梗河西，如太白，西南急行，至氐没，赤黄，有尾迹。又星出五车北，如太白，东北急行，至北河没，青黄，有尾迹，照地明。辛卯，星出危西，如太白，西南急行，至南斗没，赤黄，有尾迹。壬辰，星出紫微垣墙内钩陈北，如太白，西北急行，至北斗魁内没，赤黄，有尾迹，照地明。七月甲寅，星出王良北，如盂，北慢行，至文昌没，赤黄，有尾迹。丁巳，星出天津北，如太白，北急行，至紫微垣墙内没，赤黄，有尾迹，照地明。戊午，星出大陵北，如太白，东北慢行，至浊没，赤黄，有尾迹。壬戌，星出羽林军东，如太白，东南急行，入浊没，赤黄，有尾迹。癸亥，星出天仓，如杯，南急行，入浊没，青白，有尾迹。八月戊寅，星出北斗天枢南，如太白，东北慢行，至文昌没，青白，有尾迹。癸未，星出羽林军内，如杯，北慢行，至大陵没，赤黄，有尾迹。乙酉，星出天纪西，如太白，东慢流，至奚仲没，赤黄，有尾迹。九月丁酉，星出羽林军南，如太白，南慢流，至浊没，赤黄，有尾迹。辛丑，星出王良西，如太白，西北急流，至浊没，有尾迹。丙午，星出天囷东，如太白，东急流，至九斿没，青白，有尾迹，照地明。戊申，星出天仓北，如太白，东北慢流，至浊没，青黄。甲子，星透云出营室东，如太白，西南急流，至左旗没，有尾迹。十月丙子，星出天仓西，如杯，西南慢流，至败白没，赤黄，尾迹分裂，照地明。又星出轸东，如杯，东南急流，至浊没，有尾迹，照地明。丙戌，星出五车，如杯，东北慢流，至浊没，赤黄，有尾迹，照地明。戊子，星出天苑南，如太白，西南急流，至浊没，赤黄，有尾迹。又星出右枢星东，如太白，东北慢流，至浊没，青白。

八年正月壬子，星出贯索西，如杯，东北急流，至浊没，赤黄，有尾迹，照地明。二月乙亥，星出七星，如太白，西缓行，至弧矢没，赤黄，有尾迹。三月丁酉，星出积水东，如太白，西北速行，至五车东没，赤黄，有尾迹。戊戌，星出贯索东，如太白，东北速行，至织女没，赤黄，有尾迹。四月癸亥，星出北斗天枢北，如杯，北速行，至钩陈没，赤黄。闰四月癸巳，未昏，星出土司空南，如太白，西南速行，至天庙没，赤黄，有尾迹，照地明。又星出心东，如杯，南速行，至浊没，赤黄，照地明。五月壬戌，星出尾东，如太白，西南速行，至浊没，赤黄，有尾迹。戊寅，星出文昌西，如太白，西北缓行，至浊没，赤黄。六月癸巳，星出天市垣西墙西，如太白，西南缓行，入氐没，赤黄。戊戌，星出天市垣齐星东，如太白，西南缓行，至浊没，赤黄，有尾迹。又星出齐星北，如太白，西南速行，至天市垣内列肆没，赤黄，有尾迹。又星出文昌东，如太白，北行至浊没，赤黄，有尾迹，照地明。乙巳，星出北落师门南，如太白，南速行，至浊没，赤黄。壬子，星出北斗魁东，如杯，北缓行，至浊没，青白，有尾迹，照地明。七月辛酉，星出天津北，如太白，东北缓行，至天船没，赤黄，有尾迹，照地明。庚午，星出北斗摇光西，如杯，北速行，至浊没，赤黄。癸未，星出奎北，如太白，东北速行，至大将军没，赤黄，有尾迹。甲申，星出天市垣东，如太白，西南速行，至浊没，赤黄。八月癸巳，星出垒壁阵南，如太白，南缓行，至浊没，赤黄。九月壬戌，星出织女南，如太白，西南缓行，至浊没，赤黄。乙丑，星出织女南，如太白，西北速行，至浊没，赤黄，有尾迹。丙寅，星透云出河鼓北，如太白，东南缓行，至危没，赤黄。又星出天仓南，如太白，西南速行，至浊没，赤黄，有尾迹。又星出中台东，如太白，东北速行，至浊没，青白，有尾迹。十月壬辰，星出军市西，如太白，西南速行，至浊没，赤黄，有尾迹，照地明。乙未，星出弧矢西北，如杯，东南缓行，至浊没，青白，有尾迹，照地明。丙申，星出大陵西，如杯，西北缓行，至阁道没，青白。又星出五车西，如太白，北速行，至天船没，青白，有尾迹。

九年正月丙子，星出七公北，如太白，东北急行，至浊没，赤黄，有尾迹。己卯，星出天船东，如杯，西北急行，至天大将军没，赤黄，有尾迹，照地明。三月甲子，星透云出天市垣内宗正西，如太白，西北慢行，至太微垣内五帝坐没，赤黄，有尾迹。又星透云出紫微垣西，如杯，西北急行，至浊没，赤黄，有尾迹，照地明。丙子，星出卷舌东，如太白，南慢行，至浊没，赤黄，有尾迹。四月庚寅，星出天市垣，如杯，北急行，至紫微垣没，青白，有尾迹，照地明。辛亥，星出心南，如太白，南急行，入浊没，赤黄，有尾迹。五月庚申，星出天津，如杯，东南慢行，入浊没，赤黄，有尾迹，照地明。丁丑，星出尾北，如太白，东南急行，入浊没，赤黄，有尾迹。戊寅，星出心南，如太白，南急行，入浊没，赤黄。壬午，星出天津北，如太白，西南急行，至天江没，赤黄，有尾迹。六月丙戌，星出华盖西，如太白，西北急行，至浊没，赤黄，有尾迹。戊子，星出车府东，如太白，东南急行，至赤黄，有尾迹。壬辰，星出牵牛东，如太白，南慢行，至浊没，赤黄，有尾迹，照地明。甲辰，星出阁道北，如杯，西南急行，至钩陈没，赤黄，有尾迹，照地明。乙巳，星透云出虚南，如太白，南急行，入浊没，赤黄，有尾迹。丙午，星出东壁北，如杯，南急流，至羽林军没，赤黄，有尾迹。己酉，星出阁道南，如太白，西急行，至车府没，赤黄，有尾迹。辛亥，星出天市垣内斛星南，如太白，东南急流，至建没，赤黄，有尾迹。又星出北斗内大理北，如太白，东北急行，至浊没，有尾迹。又星出天枪

南，如太白，西南急行，至浊没，赤黄，有尾迹，照地明。癸丑，星出天棓南，如太白，东南慢行，至天津没，赤黄，有尾迹。七月乙卯，星出羽林军西，如太白，西南急行，至浊没，赤黄，有尾迹。戊寅，星出外屏西，如太白，东北急行，至天囷没，赤黄，有尾迹。壬午，星出王良西，如杯，东北慢行，至浊没，青白，有尾迹。八月戊子，星出大角东，如太白，南缓行，至氐没，赤黄，有尾迹。又星出王良北，如太白，西北急流，至天津没，青白，有尾迹。壬寅，星出危北，如杯，西南急流，至浊没，赤黄，有尾迹，照地明。甲辰，星出梗河南，如太白，西急流，至浊没，青白，有尾迹，照地明。戊申，星出外屏北，如太白，南急流，至土司空没，赤黄，有尾迹。辛亥，星出营室西，如太白，南急流，至坟墓没，赤黄。壬子，星出参西，如太白，东南急流，至狼星没，赤黄，有尾迹，照地明。又星出紫微垣内后宫东，如杯，北急流，至浊没，赤黄，有尾迹，照地明。癸丑，星出天大将军，急流至造父没，赤黄，有尾迹，照地明。九月丁巳，星出昴北，如杯，东北急流，至五车没，赤黄，有尾迹。又星出紫微垣少辅东，如杯，西北急流，至浊没，赤黄，有尾迹，照地明。戊午，星出南河东，如岁星，东慢流，至七星没，赤黄，有尾迹。辛酉，星出牵牛西，如太白，东慢流，至危没，赤黄，有尾迹。戊辰，星出王良西，如太白，西北慢流，至北斗没，青白，有尾迹。丁丑，星出危西，如太白，南慢流，至牵牛没，青白，有尾迹。庚辰，星出紫微垣墙右枢北，如太白，北急流，至浊没，赤黄，有尾迹，照地明。十月己酉，星出天囷西，如太白，东南缓行，至天苑没，赤黄，有尾迹。己丑，星出昴南，如太白，西北缓行，至内阶没，赤黄，有尾迹，照地明。庚子，星出五车西，如杯，缓行至钩陈没，赤黄。辛丑，星出屏星，如盂，向东速行，入浊没，有尾迹，照地明。癸卯，星出天仓北，如太白，东北缓行，至天囷没，赤黄，有尾迹。丁未，星出柳东，如太白，东速行，入浊没，青白，有尾迹。十一月甲寅，星出参旗西，如太白，南缓行，至天苑内没，赤黄，有尾迹。庚午，星出弧矢东，东南缓行，入浊没，赤黄，有尾迹。十二月癸未，星出天苑东，如太白，西南缓行，至浊没，赤黄，有尾迹。庚子，星出娄东，如杯，西南缓行，至浊没，青白，有尾迹，照地明。甲辰，星出军井西，如太白，南缓行，至天囷没，赤黄，有尾迹。

十年正月丁丑，星出紫微垣内相南，如太白，南缓行，至太微垣右执法没，赤黄，有尾迹。辛巳，星出参西，如太白，西南速行，至天苑没，赤黄，有尾迹。二月丙戌，星出五车大星西，如太白，赤黄色，北急流，至大陵没，有尾迹。癸巳，星透云出北斗北，如太白，速行入浊没，青白，有尾迹。戊申，星出天弁东南，如杯，东速行，入浊没，赤黄，有尾迹，明烛地。三月丁巳，星出右枢东，如太白，东北速行，至浊没，赤黄，有尾迹。四月甲申，星出河鼓北，如太白，东速行，至浊没，青白，有尾迹。甲辰，星出郎位北，如太白，西急行，至下台南没，赤黄，明烛地。己酉，星出积卒北，如杯，南急流，至浊没，青

卷五十九　　志第十二

天文十二

流陨 三

元丰元年正月丁卯，星出天纪，向南速行，至天社北没，赤黄。庚午，星出天纪南，如太白，西南慢行，至天社没，赤黄，有尾迹。闰正月壬寅，星出紫微垣内钩陈北，如杯，北慢行，至浊没，青白，有尾迹。甲辰，星出柳北，如杯，西急行，至天廪没，赤黄，有尾迹，照地明。二月己酉，星出太微垣内，如杯，西南急行，至翼没，有尾迹，照地明。癸亥，星出角南，如杯，西南急行，至土司空没，青白。三月丁酉，星出箕东，如杯，西南急行，至浊没，赤黄，有尾迹，照地明。四月丙寅，星出阁道东，如杯，北急行，入浊没，赤黄，有尾迹，照地明。六月甲辰，东南方光烛地，有星如盂，出瓠瓜，至内阶没，分裂，有声如雷。己巳，星出左摄提西，如太白，西南急行，至太微垣内五诸侯没，赤黄，有尾迹，照地明。辛未，星出外屏北，如太白，东北慢行，至浊没，青白，有尾迹。七月甲申夕，星出大角南，如太白，北慢行，至北斗没，赤黄，有尾迹。庚子，星出天市垣内列肆东，如杯，西慢行，至亢没，青白，有尾迹。八月己酉，星出紫微垣内阴德南，如杯，北急行，至浊没，赤黄，有尾迹，照地明。乙卯，星出营室北，如盂，西北慢行，至浊没，赤黄，有尾迹，照地明。丙辰，星出贯索西北，如太白，西慢行，至浊没，青白，有尾迹。甲子，星隔云照地明，东北急行，至浊没。九月庚辰，星出钩陈北，如杯，西北急行，至浊没，赤黄，有尾迹。甲申，星出七公北，如太白，西北慢行，至浊没，青白，有尾迹。己亥，星出天囷南，如杯，东南慢行，至浊没，青白，有尾迹，照地明。又星出东井西，如杯，北急行，至浊没，赤黄，有尾迹，照地明。十月乙巳，星出天津北，如太白，西北急行，至天桴没，赤黄，有尾迹，照地明。十二月丙寅，星出北河北，如杯，东南急行，至弧矢没，赤黄，有尾迹，照地明。

二年三月戊子，星出氐内，如太白，东北缓行，至天市垣内候星没，赤黄，有尾迹，照地明。五月戊辰，星出轸中，如太白，西速行，至浊没，赤黄，有尾迹，照地明。庚午，星出天厨东，如太白，东北速行，至天津没，赤黄，有尾迹，照地明。甲午，星出氐南，如太白，南速行，至浊没，青白。丙申，星出织女北，如杯，北速行，至紫微垣内太子没，赤黄，有尾迹，照地明。丁酉，星出紫微垣上宰北，如杯，北速行，至右枢没，青白，照地明。六月戊戌，星出尾东，如杯，南速行，至浊没，青白，照地明。庚子，星出危东，如杯，东缓行，至浊没，青白，有尾迹，照地明。七月乙巳，星出雷电北，如太白，东速行，至霹

白，有尾迹，明烛地。又星出太微垣内屏南，如太白，西南慢流，至翼南没，赤黄，有尾迹，照地明。五月甲戌，星出库楼北，如太白，西南慢流，至浊没，赤黄。乙亥，星出五车西南，如太白，西北急流，至文昌没，赤黄，有尾迹。丁丑，星出天市垣内候北，如太白，东北急流，至左旗没，赤黄，有尾迹。六月辛丑，星出天市垣西，如杯，西北急流，至右摄提没，赤黄，有尾迹，照地明。乙巳，星出王良东，如太白，西北急行，至紫微垣内钩陈没，赤黄，有尾迹。丙午，星出天鸡南，如太白，南慢流，至浊没，青白，有尾迹。戊申，星出南斗南，如太白，东南急流，至浊没，赤黄，有尾迹。七月庚戌，星透云出北斗南，如太白，西南急流，至氐宿没，赤黄，有尾迹。又星出天市垣内宗人东，如太白，南急流，至尾没，赤黄，有尾迹。甲寅，星透云出氐，如太白，西北急流，至浊没，赤黄，有尾迹。乙亥，星出人星西南，如太白，西北急流，至织女没，赤黄，有尾迹。八月己卯，星出左摄提东，如杯，东慢流，至天大将军没，赤黄，有尾迹，照地明。壬午，星出钩陈东，如太白，东北慢流，至浊没，青白，有尾迹，照地明。壬辰，星出天船西，如太白，西慢流，至紫微垣没，赤黄，有尾迹。甲辰，星出军市西，如太白，东南慢流，至浊没，青白，有尾迹，照地明。九月庚戌，星出内阶北，如杯，北慢流，至文昌没，青白，有尾迹，照地明。戊辰，星透云出织女，如太白，西北急流，至紫微垣内北极没，赤黄，有尾迹，照地明。又星出紫微垣内北极东，如太白，北急流，至浊没，青白，有尾迹。己巳，星出司怪西，如太白，东北急流，至浊没，赤黄，有尾迹，照地明。庚午，星出天船北，如太白，西北急流，至紫微垣内阶没，青白，有尾迹。壬申，星出紫微垣少尉东，如杯，北急流，至浊没，青白，有尾迹，照地明。丙子，星出河鼓北，如太白，西急行，至浊没，青白，有尾迹。十月己卯，星出七星北，如太白，东急行，至浊没，赤黄。乙酉，星出天纪北，如杯，西慢行，至浊没，赤黄，有尾迹，照地明。丁亥，星出昴南，如杯，西急行，至营室北没，赤黄，有尾迹，照地明。又星出东井北，如杯，东急行至轩辕没，赤黄，有尾迹，照地明。辛卯，星出天桴北，如太白，北急流，至浊没，赤黄，有尾迹。己亥，星出霹雳北，如太白，西北急行，至浊没，赤黄，有尾迹，照地明。庚子，星出紫微垣内，如太白，北急流，至浊没，青白，照地明。辛丑，星出轩辕西第三星北，如杯，东南慢流，至天狗没，赤黄，有尾迹，照地明。乙巳，星出紫微垣内钩陈东，如太白，东北慢行，至浊没，青白。十一月癸丑，星出天庙西，如太白，西南急行，至浊没，赤黄，有尾迹，照地明。甲寅，星出天厨北，如杯，西行至天桴没，赤黄。又星出天船北，如太白，西北急行，至腾蛇没，赤黄，有尾迹，照地明。乙卯，星出紫微垣内五帝坐南，如太白，东北急行，至角没，青白，有尾迹。十二月甲申，星出天庙东南，如杯，南急行，至浊没，赤黄，有尾迹。

霁，赤黄，有尾迹。庚子，星出氐北，如杯，西速行，至浊没，青白，照地明。庚寅，星出天津西，如杯，南急行，至河鼓没，赤黄，有尾迹，照地明。八月癸卯，星出天囷西，如太白，东南速行，至浊没，赤黄，有尾迹。九月戊辰，星出天弁，如太白，西南速行，至天市垣没，青白，有尾迹，照地明。十月丁未，星出天船北，如太白，西南速行，至营室没，青白，有尾迹。乙卯，星出北斗西，如太白，东北速行，至浊没，赤黄，有尾迹。十二月壬子，星出舆鬼东，如太白，东北速行，至轩辕没，有尾迹，照地明。

三年正月癸未，星出右摄提西，如太白，青白色，东北速行，至浊没，有尾迹。二月辛丑，星出弧矢南，如太白，东南速行，至浊没，青白，有尾迹。五月庚午，星出尾南，如太白，南速行，至浊没，青白，有尾迹。辛未，星出中台北，如太白，东南缓行，至天江没，赤黄。丁丑，星出织女西，如杯，东北速行，至浊没，青白，有尾迹。六月己亥，星出南斗南，如杯，南速行，至鳖星没，青白，有尾迹，照地明。壬子，星出天津东，如杯，东速行，至浊没，青白，有尾迹，照地明。七月甲子，星出天棓，如杯，北急行，至浊没，赤黄，有尾迹。丙寅，星出天棓北，如杯，西南急流，至浊没，赤黄，有尾迹，照地明。己丑，星出北斗西，如太白，东北急流，至浊没，赤黄，有尾迹，照地明。八月乙卯，星出天囷北，如太白，东南慢流，至弧矢没，赤黄，有尾迹，照地明。戊午，星出紫微垣内大理西，如太白，北慢流，至浊没，青白，有尾迹。闰九月辛卯，星出舆鬼南，如杯，急流至轩辕没，赤黄，照地明。庚戌，星出紫微垣内钩陈北，如太白，北急流，至天棓没，青白，照地明。十月庚申，星出狼东，如太白，东南急流，至浊没，青白，有尾迹，照地明。十一月丙辰，星出厕星东，如太白，东南慢流，至浊没，青白。

四年正月戊戌，星出五车北，如杯，西南急流，至天囷没，赤黄，有尾迹。分裂。六月戊寅，星出紫微垣内厨南，如太白，南慢流，至大角没，赤黄，有尾迹。八月丁巳，星出壁垒阵南，如杯，西南慢流，至浊没，青白，有尾迹，照地明。癸亥，星出文昌北，如太白，东北慢流，至浊没，青白，有尾迹。癸酉，星出贯索南，如太白，东南至天市垣秦星没，赤黄色，有尾迹，照地明。戊寅，星出娄，大如太白，东急流，至浊没，青白。己卯，星出文昌西，如太白，北慢流，至紫微垣内钩陈没，赤黄，有尾迹。九月己酉，星出天街，如杯，北急行，穿五车北没，赤黄，有尾迹，照地明。庚戌，星出天仓南，如太白，南急行，至浊没，赤黄，有尾迹，照地明。十一月乙丑，星出紫微垣内六甲，如太白，东北慢行，入浊没，赤黄，有尾迹，照地明。乙未，星出钩陈北，如太白，东北慢行，至浊没，赤黄，有尾迹，照地明。

五年四月庚申，星出角东，如太白，东南急行，至浊没，赤黄。辛未，星出紫微垣内钩陈北，如太白，急行至浊没，青白。五月己丑，星出天津西，如太白，西北急行，至紫微垣内钩陈没，赤黄，有尾迹。六月丁卯，星出天枪东，如太白，西急行，至天樽没，赤黄，有尾迹，照地明。己卯，星出郎位，如太白，东南急行，至浊没，赤黄，有尾迹，照地明。七月辛巳，星出天市垣内列肆西北，如杯，西急行，至浊没，赤黄，有尾迹，照地明。十月庚戌，星出参南，如太白，东南急行，至浊没，青白。辛亥，星出参旗南，如杯，东急行，至军井没，青白，有尾迹。甲寅，星出腾蛇西，如太白，南速行，入虚没，赤黄，有尾迹，照地明。甲子，星出中台南，如太白，东北速行，至浊没，赤黄，有尾迹。十一月辛巳，星出五车西南，如太白，西北速行，入云没，赤黄，有尾迹，照地明。甲申，星出天津北，如太白，东北速行，至紫微垣内钩陈没，赤黄，有尾迹。十二月庚申，星出东壁西，如太白，西南速行，至浊没，赤黄，有尾迹。戊辰，星出毕南，如太白，西南速行，至浊没，赤黄。壬申，星出中台北，如太白，东北速行，至浊没，赤黄。

六年四月辛酉，星出轩辕西南，如杯，西缓行，至天樽没，青白，有尾迹，照地明。闰六月丙子，星出贯索东北，如杯，西南急行，至浊没，青白，有尾迹，照地明。戊寅，星出贯索西，如盂，西缓行，至浊没，赤黄，有尾迹，照地明。己卯，星出天枪东，如太白，西南急行，至浊没，赤黄，有尾迹。癸卯，星出壁垒阵西南，如太白，西南慢行，至浊没，青白，有尾迹，照地明。八月癸巳，星透云出王良南，如太白，西南急行，至室没，青白，有尾迹。甲午，星出腾蛇北，如太白，西北急行，至浊没，青白，有尾迹。丙申，星出天船北，如太白，西北急流，至文昌没，赤黄，有尾迹，照地明。九月癸卯，星出五车东，如杯，北急行，至浊没，赤黄，照地明。己巳，星出舆鬼东北，如太白，西北速行，至紫微垣内文昌没，赤黄，有尾迹，照地明。庚申，星出危北，如太白，西南急行，至牵牛没，赤黄，有尾迹。乙丑，星出织女西南，如太白，西北急行，至浊没，青白，有尾迹。十月辛丑，星出大角西，如太白，南慢行，至角距星没，青白，有尾迹，照地明。

七年四月辛未，星出牛星东，如杯，西南慢行，至浊没，赤黄，有尾迹。丙子，星出亢，如太白，西南急行，至角没，赤黄，有尾迹，照地明。六月庚辰，星出天棓南，如太白，西南急行，入天市垣内候星没，青白，有尾迹。癸巳，星出紫微垣东，如杯，东北流行，至浊没，赤黄，有尾迹。戊子，星出王良西，如杯，西北速行，至女床没，赤黄，有尾迹。丁酉，星出鳖星南，如太白，东南急行，至浊没，赤黄，有尾迹，照地明。七月丙午，星出阁道北，如杯，北慢行，至浊没，青白。己未，星出胃东，如太白，东急行，至浊没，青白，有尾迹。八月辛未，星出文昌东，如太白，西北速行，至浊没，青白，有尾迹，照地明。癸巳，星出天津东，如太白，西南急流，至河鼓没，青白，有尾迹。十一月乙卯，星出虚南，如杯，西南急行，至浊没，赤黄，有尾迹。丁巳，星出七星东，如太白，东南急行，入浊没，赤黄，有尾迹，照地明。

八年正月丙午，星透云出南，如杯，东南速行，至浊没，赤黄，有尾迹，照地明。二月丙寅，星出娄南，如太白，西速行，至浊没，赤黄，有尾迹。庚辰，星出太微垣左执法北，如太白，东南速行，至浊没，赤黄，有尾迹，照地明。十一月戊申，星出北斗天璇，如杯，流至南河没，赤黄，有尾迹，照地明。闰十二月甲子，星出天厨北，如太白，向北急流，至浊没，赤黄，有尾迹。

四年二月己酉，星出五诸侯西，如太白，急流至五车北没，赤黄，有尾迹，明烛地。三月戊戌，星透云出织女东，如太白，速行至天津西没，赤黄，明烛地。己亥，星透云出氐西，如太白，速行至浊没，赤黄，有尾迹，明烛地。四月壬寅，星出车肆南，如太白，速行至浊没，青白，有尾迹，明烛地。五月癸巳，星出天弁南，如太白，速行至尾北没，赤黄，有尾迹，明烛地。八月甲辰，星出天津东，如太白，慢流至霹雳东没，青白，有尾迹。九月己巳，星出天津东南，如太白，速行至女床西北没，赤黄，有尾迹，明烛地。壬午，星透云出天棓北，如太白，速行至浊没，赤黄，有尾迹。十月丁巳，星出天津东南，如太白，速行至浊没，赤黄，有尾迹，明烛地。十一月乙酉，星出司怪西南，如杯，慢流至参旗没，赤黄，有尾迹。

元祐元年正月癸巳，星出狼星南，向东南急流，至浊没，赤黄，有尾迹，明烛地。癸丑，透云星出近轸南，如太白，东南急流，至浊没，青白，有尾迹，明烛地。二月丙戌，透云星出近紫微垣文昌西，向西北急流，至王良北没，赤黄，有尾迹，明烛地。又星出上台北，向西北急流，至王良南没，赤黄，有尾迹，明烛地。闰二月庚戌，星出五车南，向西北慢流，至浊没，青白。五月壬申，星出女北，向东急流，至虚东没，青白，有尾迹，明烛地。六月甲辰，星出天津西，如太白，西南急流，至尾北没，赤黄，有尾迹，明烛地。七月丁巳，星出坟墓东，如太白，慢流至壁南没，青白，有尾迹，明烛地。九月庚申，星出天苑南，如太白，向南急流，入浊没，赤黄，有尾迹，明烛地。壬戌，星出天津北，如太白，西北急流，至浊没，赤黄，有尾迹。十月庚寅，星出羽林军南，如太白，西南急流，至浊没，赤黄，有尾迹。辛丑，透云星出近五车西，如太白，西南急流，至天囷北没，青白，有尾迹。丙午，星出室南，如太白，西南急流，至浊没，赤黄，有尾迹，明烛地。戊申，星出紫微垣北，如太白，西北急流，至浊没，青白，有尾迹。十二月庚寅，星出天苑南，如太白，东北急流，至浊没，赤黄，有尾迹。

二年正月癸酉，星出柳南，如杯，东南急流，至浊没，赤黄，有尾迹，照地明。辛巳，星出轸南，如杯，向南急流，至浊没，赤黄，有尾迹，照地明。壬子，星出柱史西，如盂，西北急流，至钩陈东没，赤黄，有尾迹。四月丙午，星出天棓南，如太白，东北急流，至天津没，赤黄，有尾迹，照地明。六月壬寅，星出文昌东，如杯，向北急流，至浊没，赤黄，有尾迹，照地明。九月甲寅，星出天市垣中山北，如太白，向西急流，至天纪西没，赤黄，有尾迹，照地明。丁丑，星出雷电南，如太白，向西急流，入天市垣内至宗正东没，赤黄，有尾迹，照地明。

三年三月己酉，星出亢南，如杯，向南慢行，至浊没，赤黄，有尾迹，照地明。六月壬午昼酉时八刻后，星出西南甲位，如盂，向东急流，至卯位没，青白，有尾迹。庚子，星出壁南，如杯，东南急流，入羽林军内没，赤黄，有尾迹，照地明。甲辰，星出天市垣魏星西，如太白，西北急流，至梗河西没，赤黄，有尾迹。又有星出霹雳南，如杯，东南急流，至羽林军东没，赤黄，有尾迹，照地明。八月癸巳夕，有星自中天向东急流，至浊没，青白，有尾迹，照地明。

五年正月己酉，星出右摄提，如杯，西北缓行，至浊没，青白，有尾迹，明烛地。四月癸丑，星出天厨，如太白，急流北至浊没，赤黄，有尾迹，明烛地。又星出天棓，如杯，急流北至浊没，青白，有尾迹，明烛地。又星出天市垣斗星西北，如杯，急流至北斗西没，青白，有尾迹，明烛地。五月癸酉，星出文昌，如太白，急流北至浊没，赤黄，有尾迹，明烛地。六月庚申，星出室北，如太白，东北缓行，至浊没，青白，有尾迹。辛酉，星出氐，如太白，西北急流，至浊没，赤黄，有尾迹。又星出紫微垣少尉，如太白，西北急流，至浊没，赤黄，有尾迹，明烛地。七月辛未，星出危，如太白，东南急流，至浊没，青白，有尾迹，明烛地。癸未，星出天市垣屠肆西，如太白，急流西至贯索南没，赤黄，有尾迹，明烛地。丁亥，星出自天市垣市西，如太白，西南急流，至心没，赤黄，有尾迹，明烛地。八月甲午，星出房西，如太白，东南急流，至心没，赤黄，有尾迹，明烛地。庚子，星出内厨，如太白，急流至文昌北没，赤黄，有尾迹，明烛地。癸卯，星出八谷西，如太白，东北急流，至浊没，青白，有尾迹。九月辛巳，星出军市西，如太白，东南急流，至浊没，赤黄，有尾迹。乙酉，星出渐台西，如太白，急流至浊没，青白，有尾迹。辛卯，星出羽林军内，如太白，西南急流，至浊没，赤黄，有尾迹，明烛地。十月甲午，星出柳，如杯，缓北行，至浊没，有尾迹，明烛地。己未，星出车府西，如太白，急流北至天津西南没，青白，有尾迹，明烛地。又星出紫微垣柱史南，如杯，西南缓行，至天津东没，黄，有尾迹，明烛地。十一月壬戌，星出紫微垣内极星北，如太白，急流北，至浊没，青白，有尾迹。十二月己亥，星出柳，如太白，西北流，至北河没，赤黄，有尾迹，明烛地。丙辰，星出卷舌西，如太白，急流西，至浊没，青白，有尾迹。

六年二月辛丑，星出翼东，如杯，东南急流，至浊没，赤黄，有尾迹，明烛地。丙辰，星透云出郎将西，如太白，东北速行，至紫微垣内少尉没，赤黄，有尾迹，明烛地。五月乙酉，星出天市垣内宗人南，如杯，西北急流，至宋星南没，赤黄，有尾迹，明烛地。丁亥，星出贯索东，如太白，东南急流，至候东没，赤黄，有尾迹。六月丙辰，星透云出太微垣内郎位北，如太白，西南急流，至浊没，赤黄，有尾迹。七月癸亥，透云星二，皆如太白：一出天枪东，西南急流，至亢东没；一出奎东，西南急流，至壁垒阵东没；赤黄，有尾迹。九月甲寅，星出天津北，如太白，东北慢流，至内阶没，赤黄，有尾迹，明烛地。十月壬戌，星出娄南，如太白，东南慢流，至天苑没，赤黄，有尾迹，明烛地。丁卯，星出东北方，如杯，急流至浊没，赤黄，有尾迹。又星出王良南，如太白，东南急流，至浊没，赤黄，有尾迹，明烛地。

七年二月戊午，星出败瓜东南，如太白，急流至虚东没，赤黄，有尾迹，明烛地。甲戌，星出平星西，如太白，急流至浊没，赤黄，有尾迹。己卯，星出紫微垣帝星西北，如杯，急流至浊没，青白，有尾迹，明烛地。癸未，星出心东，如太白，急流至尾南没，青白，有尾迹，明烛地。三月辛亥，星出北极天枢北，如太白，急流至浊没，青白，有尾迹，明烛地。四月癸亥，星出辇道东，如太白，急流至浊没，青白，有尾迹，明烛地。甲子，透云星出天市垣燕星南，如太白，急流至浊没，赤黄，有尾迹。辛巳，星出牛西北，如杯，急流至壁垒阵西没，青白，有尾迹，明烛地。六月庚午，星出腾蛇南，如太白，急流至匏瓜东北没，赤黄，有尾迹，明烛地。乙亥，星出阁道东，如太白，急流至天船北没，赤黄，有尾迹，明烛地。八月辛未，星出奎距星西南，如太白，急流至浊没，青白，有尾迹，明烛地。九月甲辰，星出参旗西，如太白，急流至参东南没，青白，有尾迹，明烛地。

八年正月甲申，星出天市垣内候南，如杯，东南急流，至箕南没，赤黄，有尾迹，明烛地。三月庚寅，透云星出左摄提东南，如太白，东北慢流，至浊没，青白，有尾迹，明烛地。又星出天市垣内，如太白，东北急流，至渐台南没，赤黄，有尾迹，明烛地。五月辛丑，透云星出紫微垣天厨西，如太白，向北急流，至浊没，青白，有尾迹，明烛地。六月庚申，星出氐北，如太白，慢流至角西没，赤黄，有尾迹，明烛地。八月壬戌，星出中天，如太白，东南急流，至浊没，青白，有尾迹。庚午，星出五车北，如太白，东北急流，至浊没，赤黄，有尾迹，明烛地。九月辛卯，星出紫微垣，如杯，向南急流，青白，有尾迹，明烛地，至五车内没。乙未，透云星出羽林军南，如太白，东南急流，至浊没，赤黄，有尾迹，明烛地。丁酉，星出败瓜西，如太白，西南急流，至天弁北没，赤黄，有尾迹，明烛地。又星出王良北，如太白，向北急流，至上辅西北没，青白，有尾迹，明烛地。己亥，透云星出天苑南，如太白，东南急流，至浊没，赤黄，有尾迹，明烛地。癸卯，星出天苑西南，如太白，西南急流，至浊没，赤黄，有尾迹，明烛地。十月乙巳，星出营室北，如太白，西南急流，至左旗北没，赤黄，有尾迹，明烛地。戊申，星出天桴东南，如杯，北流，至浊没，赤黄，有尾迹，明烛地。又星出壁西，如太白，向南慢流，至羽林军没，青白，有尾迹，明烛地。

绍圣元年正月壬午昼，星出中天，如太白，西南急流，入浊没，赤黄。丙戌，星出钩陈北，如杯，东北急流，至北斗没，赤黄，有尾迹，明烛地。丁酉，透云星出北斗摇光西，如太白，西北速行，至钩陈没，赤黄，有尾迹，明烛地。二月丙午，透云星出壁东，如杯，西南慢流，至浊没，青白，有尾迹。庚午，星出紫微垣内天枪西南，如杯，急流入浊没，赤黄，有尾迹，明烛地。四月辛酉，星出北斗摇光南，如太白，向南急流，至大角没，赤黄，有尾迹，明烛地。六月癸酉，星出人星南，如太白，急流至牛没，赤黄，有尾迹，明烛地。丁丑昼，有飞星出东南，如太白，西北急流，至中天没，青白，有尾迹，明烛地。乙未，星出牛东南，如太白，西南速行，入浊没，赤黄，有尾迹，明烛地。丙申，透云星出室北，如太白，西南速行入天市垣，至宗正西没，赤黄，有尾迹。八月戊戌，星出奎南，如太白，东南速行至天囷没，赤黄，有尾迹，明烛地。九月庚子，星出天囷南，如太白，急流至九州殊口没，赤黄，有尾迹，明烛地。丁巳，透云星出羽林军南，如太白，西南急流，入浊没，赤黄，有尾迹，明烛地。辛酉，星出天弁西，如太白，慢行至浊没，赤黄，有尾迹，明烛地。丙寅，星出室东，如太白，急流至浊没，青白。戊辰，星出紫微垣内钩陈南，如杯，急流至浊没，赤黄，有尾迹，明烛地。十月己巳，星出紫微垣内，如太白，慢行至浊没，青白，有尾迹，明烛地。癸酉，星出轩辕，如太白，急流至浊没，赤黄，有尾迹，明烛地。甲申，星出天仓南，如太白，慢行至上台没，赤黄，有尾迹，明烛地。辛卯，星出鬼东，如太白，急流至浊没，赤黄，有尾迹，明烛地。十一月庚子，星出北斗天枢西北，如杯，急流至浊没，赤黄，有尾迹，明烛地。壬戌，星出天宿，如太白，急流至天稷西没，赤黄，有尾迹，明烛地。又星出天庙南，如杯，慢行至浊没，青白，照地明。十二月辛未，透云星出柳西，如太白，东南速行，至张没，赤黄，有尾迹，明烛地。壬申，星出天厨，如太白，急流至浊没，青白，有尾迹。

二年三月丁未，星出危西，如杯，西急流，至败瓜南没，赤黄，有尾迹，明烛地。丙辰，星出天津东北，如杯，向东慢流，至室北没，青白，有尾迹，明烛地。四月甲申，透云星出上台南，如太白，西北慢流，至浊没，青白，有尾迹，明烛地。五月癸卯，星出渐台东，如太白，东北急流，至人星南没，赤黄，有尾迹，明烛地。甲寅，星出阁道东北，如太白，东北急流，至浊没，青白，有尾迹，明烛地。辛酉，透云星出建西北，如太白，西南急流，至箕宿南没，赤黄，有尾迹，明烛地。六月壬午，透云星出壁垒阵北，如太白，东南急流，至浊没，青白，有尾迹，明烛地。七月辛丑，星出九州殊口东，如太白，东南慢流，至浊没，赤黄，有尾迹，明烛地。乙巳，星出天桴北，如杯，东北急流，至内阶东没，赤黄，有尾迹，明烛地。庚申，星出天枪西南，如太白，西南急流，至浊没，青白，有尾迹，明烛地。九月乙未，星出北斗天枢西南，如太白，东北急流，至浊没，青白，有尾迹，明烛地。丁酉，星出左史东，如杯，东北急流，至上台西没，赤黄，有尾迹，明烛地。庚戌，星出外厨西南，如太白，西北急流，至浊没，赤黄，有尾迹，明烛地。十月癸亥，星出厕星东，如太白，东南急流，至浊没，青白，有尾迹，明烛地。甲子，星出辇道东，如太白，西南慢流，至渐台南没，赤黄，有尾迹。又星出腾蛇西北，如太白，西北急流，至浊没，青白，有尾迹，明烛地。丙寅，星出天仓南，如太白，向南急流，至浊没，赤黄，有尾迹，明烛地。戊辰，星出昴东南，如太白，向西急流，至天阴西没，青白，有尾迹，明烛地。甲戌，星出壁南，如太白，向东南急流，至天仓南没，赤黄，有尾迹，明烛地。丙戌，透云星出参旗北，如太白，向东慢流，至觜北没，赤黄，有尾迹。丁亥，透云星出娄东，如杯，向东急流，至胃北没，青白，有尾迹，明烛地。庚寅，透云星出张南，如太白，东南急流，至浊没，赤黄，有尾迹，明烛地。十一月癸巳，星出外屏西，如太白，西南急流，至羽林军西没，赤黄，有尾迹，明烛地。庚申，星出外屏西南，如太白，西北慢流，至浊没，赤黄，有尾迹。十二月甲子，透云星出中天，如杯，西南急流，至浊没，赤黄，有尾迹，明烛地。戊辰，透云星出五车北，如太白，西北急流，至浊没，青白，有尾迹，明烛地。

　　三年二月丙子，透云星出太微垣，如太白，慢流至浊没，赤黄，有尾迹。四月庚申，星出贯索西南，如太白，急流至女床东没，赤黄，有尾迹，明烛地。五月乙未，星出平星北，如杯，急流至浊没，青白，有尾迹，明烛地。辛丑，星出天棓南，如太白，急流至渐台东南没，赤黄，有尾迹。六月壬戌，星出女床南，如太白，急流至织女西没，赤黄，有尾迹，明烛地。七月癸丑，星出室北，如太白，急流至天仓东北没，赤黄，有尾迹，明烛地。乙卯，透云星出危南，如太白，急流至浊没，赤黄，有尾迹，明烛地。丁巳，星出左更东，如太白，慢流至觜北没，青白，有尾迹，明烛地。八月癸亥，星出天津南，如太白，急流至天棓北没，赤黄，有尾迹，明烛地。乙酉，星出天仓南，如太白，慢流至浊没，青白，有尾迹，明烛地。九月乙未，星出七公北，如太白，慢流至角北没，青白，有尾迹，明烛地。丁未，星出五车西北，如太白，急流至文昌南没，青白，有尾迹，明烛地。辛亥，星出右史西，如太白，急流至壁东没，赤黄，有尾迹，明烛地。壬子，星出天仓南，如太白，急流至浊没，赤黄，有尾迹，明烛地。又星出昴南，如杯，慢流至诸王没，青白。癸丑，星出北斗天璇东，如太白，慢流至辇道西南没，赤黄，有尾迹，明烛地。又星出阁道西北，如太白，急流至大将军西没，赤黄，有尾迹，明烛地。甲寅，星出柳西南，如太白，急流至屏星没，赤黄，有尾迹，明烛地。又星出文昌西北，如杯，急流至钩陈西没，赤黄，有尾迹，明烛地。十月己未，星出天市垣吴越星西，如太白，急流至浊没，赤黄，有尾迹，明烛地。丁丑，透云星出织女西南，如太白，急流至浊没，青白，有尾迹，明烛地。壬午，星出亢池东南，如太白，急流至浊没，青白，有尾迹，明烛地。十一月癸巳，星出五车东南，如太白，东北慢流，至浊没，青白，有尾迹，明烛地。甲午，星出太微垣郎位西北，如太白，急流至周鼎北没，赤黄，有尾迹，明烛地。戊戌，星出柳北，如太白，急流至轩辕西没，赤黄，有尾迹，明烛地。壬子，星出紫微垣太一西，如太白，慢流至铁锁南没，赤黄，有尾迹，明烛地。十二月丁巳，星出南河北，如太白，，急流至浊没，赤黄，有尾迹，明烛地。

　　四年正月甲辰，星出北斗开阳南，如太白，东北急流，至钩陈没，青白，有尾迹，明烛地。二月戊午，星出井南，如太白，东南急流，至弧矢西北没，赤黄，有尾迹，明烛地。丙子，星出星宿北，如太白，向北急流，至紫微垣右枢西没，赤黄，有尾迹，明烛地。三月己未昼，星出东南丙位，如太白，西南急流，至西南未位没，赤黄，有尾迹。四月壬辰，星出天渊东南，如太白，南慢流，至浊没，青白，有尾迹，明烛地。五月戊戌，星出人星东，如太白，向东急流，至浊没，青白，有尾迹，明烛地。庚辰，星出紫微垣钩陈西南，如太白，向北慢流，至浊没，赤黄，有尾迹，明烛地。六月甲申，星出亢西南，向西急流，至浊没，色赤黄；又星出室西南，急流至女西没，色青黄，皆如太白，有尾迹，明烛地。乙未，星出紫微垣少辅东，如太白，西北急流，至北斗天权西没，赤黄，有尾迹，明烛地。丙午，透云星出王良西北，如太白，东北急流，至浊没，青白，有尾迹，明烛地。戊申，星透云出室西北，如太白，西北急流，至紫微垣内钩陈南没，赤黄，有尾迹，明烛地。七月丙辰，星出天津北，如太白，东北急流，至天棓西没，色赤黄。戊午，透云星出匏瓜南，如太白，向东急流，至人星西南没，赤黄，有尾迹，明烛地。丙子，星出匏瓜南，如太白，西南速行，至牛西没，赤黄，有尾迹。八月己酉，星出天市垣南海，向西南慢流，至浊没，色青白；又星出天大将军西，西北急流，至室东没，色赤黄，皆如太白，有尾迹，明烛地。九月壬子，星出女床西北，如太白，西南急流，至天市垣内斗星北没，赤黄，有尾迹，明烛地。乙卯，星出河鼓西，西南急流，入天市垣东海西没，色赤黄；又星出天园东，东南急流，入浊没，色青白，皆如太白，有尾迹，明烛地。戊午，透云星出牛西，大如杯，西南急流，至建北没，赤黄，有尾迹，明烛地。丁卯，星出天棓西，如太白，西北急流，入浊没，青白，有尾迹，明烛地。十月丁酉，星出天关东北，如太白，东南慢流，至浊没，青白，有尾迹。辛丑，透云星出文昌北，如太白，向北急流，入紫微垣内钩陈北没，赤黄，有尾迹，明烛地。十二月甲申，星出太微垣内五诸侯西，如太白，西南急流，至明堂南没，赤黄，有尾迹，明烛地。癸巳，透云星出天庙东，如太白，东南慢流，至浊没，青白，有尾迹，明烛地。乙巳，星出中台南，如太白，西南慢流，至八谷北没，赤黄，有尾迹，明烛地。丁未，星出天仓北，西南急流，至壁垒阵北没，赤黄；又星出天仓西北，西南急流，至浊没，青白，皆如太白，有尾迹，明烛地。

　　元符元年二月丁亥，星出井北，如太白，急流至参没，赤黄，有尾迹，明烛地。戊申，星出宗正东，如太白，急流至天江南没，赤黄，有尾迹，明烛地。三月甲戌，星出明堂南，急流至土司空西没；又星出天乳北，急流至角没；皆如太白，赤黄，有尾迹，明烛地。四月乙酉，透云星出卷舌，如杯，慢流至浊没，青白，有尾迹。戊子，星出氐

卷六十　　志第十三

天文十三

流陨 四

西，如太白，慢流至浊没，赤黄，有尾迹，明烛地。丙午，星出文昌南，慢行至浊没；又星出平星东南，急流至浊没，皆如杯，青白，有尾迹。五月庚戌，星出斗宿南，如太白，急流至浊没，赤黄，有尾迹，明烛地。戊辰，星出左旗东南，如太白，急流至下台东没，赤黄，有尾迹，明烛地。癸酉，星出文昌东，如太白，急流至浊没，青白，有尾迹，明烛地。六月癸巳，星出天津东南，如杯，至室东没，青白，有尾迹。又星出室，如杯，至壁东没，青白，有尾迹。辛丑，星出箕，如太白，急流至尾没，赤黄，有尾迹，明烛地。壬寅，星出文昌西，如太白，慢行至浊没，赤黄，有尾迹，明烛地。七月丁未，星出天津西北，如太白，急流至建东没，赤黄，有尾迹，明烛地。甲寅，星出腾蛇东北，如太白，急流至阁道东没，赤黄，有尾迹，明烛地。乙卯，星出大角东北，如太白，急流至浊没，青白，有尾迹。丁巳戌时初刻，星出东方，如杯，急流至浊没，赤黄，有尾迹。癸亥，星出钩陈南，如太白，慢行至文昌北没，赤黄，有尾迹，明烛地。八月壬辰，西南方有星自浊出，如太白，慢行经天，至紫微垣北斗天枢西北没，赤黄，有尾迹，明烛地。九月癸亥，星出天囷东南，如太白，急流至浊没，青白，有尾迹。丙寅，星出井西，如太白，急流至室西北没，赤黄，有尾迹，明烛地。十月丁酉，星出壁南，如太白，急流至女西没，赤黄，有尾迹，明烛地。十一月辛未，星出胃南，如太白，慢行至娄西南没，赤黄，有尾迹，明烛地。

二年正月辛酉，星出太阳守东南，如太白，慢流至浊没，青白，有尾迹，明烛地。二月丙申，星出钩陈东，如太白，西北慢流，至浊没，青白。壬寅，星出天市垣赵星西南，如太白，急流至吴越星没，赤黄，有尾迹，明烛地。癸卯，星出灵台北，如太白，向西慢行，至轩辕没，赤黄，有尾迹，明烛地。五月戊辰，星出氐西南，如太白，西南速行，至浊没，青白，有尾迹，明烛地。六月丁酉，星出亢池东，如太白，西北急流，至太微垣东扇上将没，赤黄，有尾迹，明烛地。戊戌，透云星出壁垒阵南，如太白，东南速行，至羽林军没，赤黄，有尾迹。八月乙未，透云星出阁道东，如太白，东北急流，至浊没，赤黄，有尾迹，明烛地。九月己巳，星出昴东南，如太白，向南慢行，至天苑没，青白，有尾迹，明烛地。闰九月乙亥，星出河鼓西，如太白，西南急流，入天市垣内没，青白，有尾迹，明烛地。又星出天苑东南，如太白，向南急流，至浊没，青黄，有尾迹，明烛地。十月辛丑，星出女西北，如太白，西南急流，至牛西北没，青白，有尾迹，明烛地。癸卯，星出上台东，如太白，西北急流，至文昌没，青白，有尾迹，明烛地。壬戌，星出壁南，如太白，向南急流，入羽林军没，赤白，有尾迹，明烛地。十一月丙子，星出阴德东，如太白，东北慢行，至北斗魁内大理西没，赤黄，有尾迹。庚寅，星出中台东，如太白，向北急流，至浊没，赤黄，有尾迹，明烛地。

三年五月癸巳，星出织女，如杯，西北慢流，至北斗摇光没，青白，有尾迹，明烛地。

建中靖国元年正月癸亥，星出西南，如盂，东北急流，入尾距星没，青黑，无尾迹，明烛地。

崇宁元年三月庚辰，星出张，如金星，西南急流，至浊没，赤黄，有尾迹，明烛地。五月丁卯，星出尾，如杯，西南慢流，入浊没，青白，有尾迹，明烛地。闰六月癸酉，星出斗，向西南慢流，至建没，青白，有尾迹，数小星从之。八月己未，星出羽林军，如杯，急流至浊没，青白，有尾迹，明烛地。十月壬子，星出天船，如盂，急流至五车没，青黑，有尾迹，声隆隆然。十二月己卯，星出娄，如金星，西南慢流，至外屏没，赤黄，有尾迹，明烛地。二年正月戊申，星出未位，如金星，急流至北河没，青白，有尾迹，明烛地。六月戊午，星出亢，如金星，西南急流，入浊没，赤黄，有尾迹，明烛地。九月辛巳，星出牛，如杯，西南慢流，至狗国没，青白，有尾迹，明烛地。十一月甲辰，星出参，如金星，西南急流，至浊没，青白，有尾迹，明烛地。十二月丁未，星出大陵，如金星，至腾蛇没，赤黄，有尾迹，明烛地。三年四月戊申，星出轸，如杯，西北慢流，入太微垣内屏星没，赤黄，有尾迹，明烛地；又入太微；又入屏星。六月丙午，星出氐，如金星，东北慢流，入天市垣，赤黄，有尾迹，明烛地。八月己酉，星出建，如杯，西南急流，至鳖没，青白，有尾迹，明烛地。十二月甲子，星出天大将军，如盂，西北急流，入王良没，赤黄，无尾迹，明烛地。四年正月甲申，星出角，如盂，西南慢流，入浊没，青白，无尾迹，明烛地。闰二月壬申，星出井，如金星，西北急流，入五车没，青白，有尾迹，明烛地。三月庚子，星出紫微垣华盖，如杯，至钩陈大星没，赤黄，有尾迹，明烛地。五月庚申，星出河鼓，如盂，西北急流，入浊没，青白，有尾迹，十二月甲午，星出参，如杯，东南慢流，入军市没，赤黄，有尾迹，明烛地。五年六月庚午，星出西咸，如金星，东北急流，入天市垣内没，青白，有尾迹，明烛地。六月乙酉，星出库楼，如杯，向西急流，入浊没，赤黄，有尾迹，明烛地。九月癸卯，星出天船，如杯，慢流至诸王没，青白，有尾迹，明烛地。十二月壬戌，星出奎，向南急流，入天仓没，青白，有尾迹及三丈，明烛地，声散如裂帛。

大观元年二月丁卯，星出参，如杯，西南急流，入浊没，赤黄，无尾迹，明烛地。四月辛未，星出轸，如盂，向南慢流，入浊没，青白，有尾迹，明烛地。六月乙亥，星出尾西南，如杯，西南慢流，入浊没，青白，有尾迹，明烛地。七月庚戌，星出箕，如杯，西南急流，入浊没，赤黄，无尾迹，照地明。二年十二月癸卯，星出奎，如盂，西北急流，入造父没，赤黄，有尾迹，照地明，有声。

政和元年四月丙辰，星出亢，如盂，西北急流，至右摄提没，赤黄，有尾迹，照地明。五月辛巳，日未中，星陨东南。二年九月乙卯，星出斗，如杯，西南急流，入浊没，赤黄，有尾迹，照地明。三年四月丙申，星出心，如盂，西南急流，至积卒没，青白，有尾迹，照地明。四年九月庚子，星出坟墓，如盂，东南急流，入羽林军没，青白，有尾迹，照地明。七年十二月甲子，星出胃东南，如盂，西北急流，至天大将军没，赤黄，有尾迹，照地明。

重和元年九月庚辰，星出斗魁南，如盂，东南急流，至天渊没，赤黄，有尾迹，照地明。

宣和元年三月丁卯，星出柳，如盂，东北急流，入太微垣，赤黄，有尾迹，照地明。十月戊子，星出云雨，如盂，西南慢流，入羽林军内没，青白，照地明。二年六月庚寅，星出氐南，如太白。东北急流，入天市垣，无尾迹。十二月辛巳，星出奎西南，如杯，西南慢流，至北没，赤黄，有尾迹，照地明。三年七月癸未，星出斗，如太白，东南急流，入浊没，青白，有尾迹，照地明。四年十一月丙寅，星出王良北，如杯，急流至紫微垣内上辅北没，赤黄，有尾迹，照地明。五年二月丙午，星出北河东北，如杯，东南慢流，至轸没，赤黄，有尾迹，照地明。六年七月丁酉，星出太阳守，如盂，东北急流，入浊没，赤黄，有尾迹，照地明。七年十一月戊子，星出王良北，如杯，急流入紫微垣上辅北，赤黄，有尾迹，照地明。

靖康元年二月丙辰，星出张，如太白，东南急流，至浊没，青白，有尾迹，照地明。又星出北河，如太白，东南慢流，至轸东没，赤黄，有尾迹，照地。三月壬辰，星出紫微垣内钩陈东南，如金星，东北慢流，至浊没，赤黄，有尾迹，照地。五月乙未，星出权东北，如桃，西北急流，至浊没，青白，有尾迹，照地。六月癸丑，星流大如五斗器，众光随之，明照地，起东南，坠西北，有声如雷。庚申，星出紫微垣内华盖东南，如金星，向北急流，至左枢没。二年正月乙未，大星出建，向西南急流，至浊没，赤黄，有尾迹，照地。

建炎四年六月乙酉，星出紫微垣钩陈。十月辛未，星出壁。

绍兴元年四月甲戌，星出东方，昼陨。七月乙未朔，星出河鼓。八月辛未，星出羽林军。十一月庚戌，星出娄宿西南。丁巳，星出天枪北。十二月甲子朔，星出大陵西北。二年三月甲午，星出紫微垣华盖西南。乙卯，星出角。丁巳，星出紫微垣右枢星。戊午，星出轩辕大星西南。闰四月乙巳，星出太微垣西右执法北。五月癸未，星出河鼓。五年十月壬戌，星出室东南，赤黄而大。六年十月壬子，星出壁西北。七年八月壬寅，星陨于汴。八年十一月乙巳，星出天囷东北。九年五月癸未，星出房宿东南。十七年八月己未，星出危宿，慢流至贯索没，青白色，有尾迹，照地明，大如太白，二十六年六月丁亥，星出东北方，光明照地。二十八年六月戊戌，星昼陨，有尾长三丈，至西北没。二十九年八月戊寅，星出紫微垣西南，约长三尺，赤黄色，西南急流，至钩陈大星东北没。三十一年六月乙卯，星出右摄提，赤白色，急流向东南没，有尾迹，大如岁星。丁巳，星出，青白色，自东北急流向东南没，有尾迹，大如盏口。甲子，星出氐，赤黄色，慢流至角宿天田没，初小后大，如太白，后有小星随之。九月壬午，星昼陨，约长三丈。

隆兴元年六月丁丑，星出尾宿，青白色，向东南慢流没。七月壬寅，星出天市垣内，赤色，向西北慢流，至右摄提西南没，炸散小星二十余颗，有声，尾迹大如太白，丙午，又出天市垣，慢流至氐宿没，青白色，微有尾迹，小如填星。癸丑，星出织女，急流向贯索西北没，青白色，明大如土星，照地。丙辰，星出辇道，急流入天梧西南没，赤黄色，有尾迹，小如土星。八月庚申，星出羽林军，赤黄色，向东南急流，至浊没。戊辰，星出虚宿，赤黄色，急流至牛宿西南没。壬申，星出天市垣，赤青色，慢流至西咸西北没。癸酉，星出壁宿，赤黄色，急流犯王良星没，如太白。丙子，星出羽林军门，青白色，慢流委曲行，至东南浊没。辛巳，星出南斗，赤黄色，慢流入羽林军没，有尾迹，大如金星；次有星一，赤黄色，有尾迹，亦如金星，出云雨星，慢流向西南，至女宿之下没。戊子，星出羽林军门东南，慢流至浊没，青白色，有尾迹，大如土星。又星一，青白色，出天仓，向东南急流，有尾迹，小如木星，至浊没。九月庚戌，星出紫微垣外坐，赤黄色，向西北急流，抵紫微垣内坐尚书星没。十一月庚寅，星出轸宿，急流向东南骑官星没，赤黄色，有尾迹，大如木星。丁未，飞星出天船，急流向紫微垣外坐内厨西北没，炸出二小星，青白色，有尾迹，照地，大如木星。二年二月辛酉，飞星出权星，慢流至太微垣内五帝坐大星西南没，青白色，微有尾迹，大如岁星。六月丁丑，星出王良，青白色，急流犯天津西南没。己卯，飞星出造父，急流入紫微垣内钩陈大星东南没，青白色，大如填星。辛亥，星出天关，急流贯入毕口西北没，有尾迹，照地明，大如太白，赤黄色。十月丙辰，星出赵国，向西南慢流，犯赵东星没，有尾迹，大如填星，赤黄色。十一月壬午朔，星出卯位，慢流至西南没，有尾迹，照地明，大如太白，青白色。癸未，星出，犯弧矢，急流至天庙东南没，有尾迹，大如太白，青白色。丁亥，星出天苑，向西南慢流，至浊没，微有尾迹，大如太白，色赤黄。癸卯，星出羽林军，慢流向西北浊没，大如太白，色赤黄。辛亥，星出南河，向东南慢流，至翼宿没，微有尾迹，大如太白，色赤黄。十二月壬午，星出弧矢，向东南至浊没，有尾迹，照地明，大如太白，色青白。

乾道元年三月丙辰，星出周国，急流至天鸡没，微有尾迹，大如岁星，色黄白。甲子，星出张宿，慢流向西南，至浊没，有尾迹，照地明，大如太白，色赤黄。五月丁丑，星出河鼓，白色，向东北慢流，至浊没，有尾迹，照地明，大如太白，六月甲辰，星出东北，慢流向西南没，有尾迹、音声，大如太白，色赤黄。七月壬戌，星出西南，慢流至东南没，大如岁星，色赤黄。庚午，星出代国，慢流至赵国没，大如岁星，色青白。九月戊申，星出王良，慢流至尾宿没。十月癸未,星出权星东南,急流至太微垣没,有尾迹,照地明,如太白,色青白。二年二月庚子,星出西北方,急流至浊没,明大如岁星,色青白。六月丙子,星出角宿,急流至轸宿没,有尾迹,大如太白,色赤黄。七月己巳,星出织女,急流至天市垣内宗星没,有尾迹,大如岁星,青白色。十一月己未,星出,急流东南苍黑云间没,大如岁星,色青白。十二月,星出天关,急流至外屏星没,有二小星随之,赤黄色,微有尾迹,大如岁星。三年九月甲午,星出卷舌,急流至娄宿没,有尾迹,大如岁星,黄白色。又有星青白色,出北斗,急流至少宰西北没,大如岁星。五年七月甲子,星出宗正,赤色,慢流至女宿没,有尾迹,照地明,大如岁星。九月丙辰,星出,赤黄色,如蛇,入天梧没。六年九月辛巳,星出狼星,入弧矢,至浊没,微有尾迹,大如填星,赤黄色。十月庚戌,星出天囷,急流至浊没,有尾迹,大如岁星,赤黄色。七年七月戊戌,星大如拳,急流向西北方,至浊没,有尾迹,照地如电。九月甲午,透云星出,急流向西南方,至浊没,高丈余,有尾迹,照地明,大如太白,色青白。

淳熙三年正月辛未,星出狼星,急流至浊没,尾迹照地明,大如太白,四月戊戌,星出角宿,青白色。五年八月乙巳,星出狼星,急流向东南没,微有尾迹,大如太白,青白色。六年八月壬辰,星出紫微垣钩陈大星,慢流至浊没,有尾迹,大如盏口,青白色。七年五月乙亥,星出天市垣内东海星,慢流,炸作三小星,有尾迹,照地,大如盏口,青白色。八月丁未,星出贯索大星西北,急流至浊没,有尾迹,照地明,大如太白,色青白。十一年四月乙丑,星出自中天,慢流向东北方没,微有尾迹,炸作小星相从,有声,明大如太白,色青白。十五年二月辛未,星出太尊,大如盏口,急流至浊没,色青白。

庆元二年九月甲午、四年六月甲午,星皆昼陨。七月壬寅,星出羽林军下,青白色,大如碗。九月丁巳,星出奎宿,向壁垒阵没,赤白色,大如太白,五年六月丁丑,星出东北,慢流至西南方没,大如岁星,青白色。九月壬子,星出西南,慢流向东北没,大如太白,青白色。

嘉泰二年四月辛巳,星出西北,急流东北至浊没,色赤。十月乙酉,星出五车,大如岁星。四年十一月庚午,星出天津,急流入天市垣没。

开禧元年正月庚子,星出中天,赤色,大如太白。向浊没。七月癸亥,星出天津,入斗宿东南没,色赤,大如太白,二年六月癸丑,星出招摇,入库楼,色赤,大如太白。

嘉定元年六月辛未,星出天津东北,慢流向天市垣没。二年六月壬午,星出织女东南,慢流入天市垣没,色赤,有尾迹,照地明,大如太白。庚寅,星出中天,急流向东北,至浊没。三年九月己酉,星夕陨。五年七月乙巳,星出中天,慢流向西南方,至浊没。六年五月癸亥,星昼陨。九月癸卯,星夕陨。丁巳,星昼陨。十月戊戌,星出昴宿西南,慢流向天廪东南没。壬戌,星出西南,慢流至浊没,青白色。十二月壬寅,星昼陨。七年三月壬午,星出轸宿距星东南,慢流至浊没。五月辛卯,星出天津西南,慢流向心宿西北没。八年七月癸未,星出室宿距星东北,急流向天仓星西北没。乙酉,星出织女东南,慢流向牛宿西北没,有尾迹,照地明,大如太白,青白色。八月甲辰,星出天津西南,慢流向河鼓东北没。十二月丙申,星出五诸侯东北,慢流向天关西南没,有声及尾迹,明照地,赤黄色。九年六月乙巳,星出牛宿距星东北,慢流至浊没。十年五月壬申,星出尾宿距星西北,慢流向牛宿距星东南没。十一年六月乙卯,星出河鼓距星西南,急流向正西,至浊没。十二年十一月乙亥,星出昴宿东南,急流至浊没。十三年十二月丁巳,星出参旗东北,慢流至浊没,赤黄色。十四年二月壬午,星出南河距星东北,慢流向西南,至浊没,赤黄色。八月戊午,星出房宿距星,急流至浊没,有尾迹,照地明,大如太白,赤黄色。十一月甲申,星出天仓距星西北,慢流向东南方,至浊没,赤黄色。十六年十一月壬戌,星出五诸侯东北,急流向西北,至浊没,色赤黄,隆隆有声,及尾迹照地,大如盏。

宝庆二年四月辛亥,星出,大如太白,

绍定元年六月己酉,星昼陨。二年正月庚辰、九月壬辰,星出,大如太白,三年十一月丁未,星昼陨。四年七月庚戌,星出,大如太白,九月甲辰,星昼陨。五年八月甲寅,星夕陨。闰九月己酉,星出,大如太白,

端平元年六月丙戌,星西南行,大如太白,有尾迹,照地明。二年四月戊子,星出,大如太白,六月庚辰,星昼陨。七月丁酉,星出,大如太白,辛丑,星昼陨。十月辛卯,星出,大如太白,三年五月庚辰,星出心宿,大如太白,六月癸巳,星夕陨。

嘉熙元年正月壬午,星出,大如太白,二月己丑,星夕陨。九月癸丑,星出七公西,至浊没。十月戊戌,星出,大如桃。二年四月甲子、七月辛卯、九月乙未,星出,大如太白,六月甲辰、八月癸亥,星昼陨。三年三月甲戌,星昼陨。八月辛丑,星出,大如太白,四年正月辛巳、六月戊午,星出,大如太白,二月辛丑、三月癸未,星昼陨。

淳祐元年六月癸酉,星出,大如太白,己卯,星昼陨。三年六月甲戌,星出氐宿距星,大如太白,八月乙卯,星昼陨。四年四月丙子,星出尾宿距星下,大如太白,六月乙未,星出毕宿,大如太白,六年七月癸酉,星出室宿,大如太白,九月甲子,星出斗宿,尾迹青白照地,大如太白,七年九月丙辰,星出室宿。八年六月甲辰,星出河鼓,大如太白,十月丙辰,星出角宿距星。九年六月壬戌,其日,星自南方急流,至浊没,赤黄色,大如太白,十月壬申,星出织女。十年四月丁酉朔,星夕陨。十一年七月丁丑,星出毕宿距星,赤黄色,大如太白,八月己丑朔,星夕陨。十二年四月庚申,星出角宿、亢星,大如太白,八月癸丑,星出角,色赤照地。

宝祐元年四月丁巳,星出,大如太白。二年七月庚戌,星出,大如太白。三年七月辛酉,星出,大如太白,十月丁丑,星出毕宿距星。五年七月丁卯,星出,大如桃。六年九月戊辰,透霞星出。

开庆元年六月己亥,星出斗宿河鼓,急流向东南,至浊没,赤黄色,有音声,尾迹照地明,大如太白。

景定元年七月丙子，星出东南，大如太白。十月乙卯，星出东北，急流向太阴，有音声，尾迹照地明，大如桃。三年四月甲辰，星出，大如盏。六月己酉，星出，大如荧惑。九月丙子，星出，大如太白。闰九月丙戌，透霞星出，大如太白。庚子，星出，大如太白。四年五月戊戌，星出角宿距星。六月丁卯，星出河鼓。八月乙卯，星出天仓。五年二月壬戌，星出毕宿。五月甲午，星出河鼓大星东南，急流向西北，至浊没，赤黄，有尾迹，照地明，大如太白。七月己卯，星出右摄提。

咸淳二年六月甲戌，星出左摄提。三年七月庚寅，星出昴宿东南，急流至浊没，赤黄，有尾迹，照地明，大如太白。四年七月戊午，星出氐宿距星西北，急流入骑官星没，赤黄，有尾迹，照地明，大如桃。五年五月庚申，星出斗宿距星东北，急流向牛，至浊没。六月庚寅，星出斗宿。七月壬戌，星出东南河鼓距星西北，急流至浊没。

德祐元年四月癸亥，有大星自心东北流入浊没。

妖星

建隆二年五月己丑，天狗堕西南。

绍兴十七年正月乙亥，妖星出东北方女宿内，小如岁星，光芒长五丈，二月丙寅始消。

淳熙十三年九月辛亥，星出，大如太白，色先赤后黄白，尾迹约二尺，委曲如蛇行，类枉矢。十四年五月，有星出浊际，大如日，与日相摩荡而入。

嘉定十一年五月癸未，蚩尤旗竟天。

端平二年春，天狗坠怀安金堂县，声如雷，三州之人皆闻之，化为碎石，其色红。

咸淳十年九月壬寅，有星见西方，曲如蚓。

德祐元年二月丁亥，有星二斗于中天，顷之，一星坠。

星变

绍兴三十一年六月戊午，大角星东北生角。

隆兴二年九月戊戌，大角光体摇动。十月丙子，弧矢九星内矢一星偏西不向狼星。

乾道元年八月乙巳，大角光体摇动。

淳熙元年七月辛亥，奎宿生芒。

云气

乾德三年七月己卯夜，西方起苍白气，长五十丈，贯天船、五车，亘井宿。

开宝元年十月乙未旦，西北起苍白气三道，长二十丈，趋东散。

太平兴国四年四月己巳夜，西北有白气压北斗。

雍熙三年正月己未夜，赤气如城。四年正月癸酉夜，白气起角、亢，经太微垣，历轩辕大星，至月傍散。

端拱元年十月壬申迟明，巽上有云过中天，连地，浓润，前赤黄，后黑苍色，先广后大，行势如截。十一月戊午夜，西北方有气如日脚，高二丈。

至道二年二月丙子夜，西方苍白色气长短八道，如彗扫，稍经天汉，参错如交蛇。

咸平三年十月辛亥，黑气贯北斗。十二月庚午，黑气长三丈余，贯心宿，入太市垣抵帝坐，久方散。四年三月丙申，白气二，亘天。十月辛亥，黑气贯北斗。五年正月，白气如虹贯日，久而散。七月戊戌，白气如阵贯东井。六年四月己巳，白气东西亘天。丁丑，白气贯日。五月辛亥，白气出昴，至东壁没。六月辛未，赤气出贯天。丙子，白气出河鼓左右旗，分为数道没。七月癸卯，白气如彗，起西南。

景德元年三月，白气贯轩辕，苍白气十余如布亘天。五月乙巳，白气数道如芒帚，长七尺许。七月辛亥，黄气出壁，长五丈余。十一月癸丑，黑气十余道冲日。二年正月丙寅，黄白气贯月，黑气环之。二月丁丑，白气五道贯北斗。十月丙子，白气出阁道东西，孛孛有光。三年三月丙辰，北方赤气亘天，白气贯月。四月癸卯，黄气如柱贯月。十月甲午，黑气贯北斗魁。四年三月己未，白气东西亘天。庚申，白气出南方，长二丈许，久而不散。四月庚午，白气贯北斗，长十丈。庚寅，白气如布袭月，三丈许。甲午，南方有黑气贯心宿，长五丈许。十一月己巳，中天有赤气如扫，长七尺，在舆鬼南。

大中祥符元年正月癸亥朔，黄气出于艮。丁丑，白气二，东西亘天。七月，西北方白云气如彗帚三十余条。二年九月戊午，黄气如柱起东南方，长五丈许。三年四月丁巳，中天黑气东西亘天。十二月癸亥，青赤气贯太微。五年二月壬寅，白气长五丈，出东井，贯北斗魁及轩辕。七年五月，有气出紫微为宫阙状，光烛地。

天禧三年四月，黄气如柱贯月。

天圣七年二月己卯夜，苍黑云长三丈，贯弧矢、翼、轸。

明道元年十月庚子夜，黄白气五，贯紫微垣。十二月壬戌，西北有苍白气亘天。

景祐元年八月壬戌，青黄白气如彗，长七尺余，出张、翼之上，凡三十三日不见。四年七月戊申夜，黑气长丈余，出毕宿下。

宝元二年正月壬子夜，苍黑云起西北方，长三十尺，渐东南行，历娄、胃、昴、毕及火、木，相次中天而散。三月甲寅夜，细黑云起西北方，长三十丈，贯王良及营室。

康定元年三月丙子夜，东南方近浊，黑色横亘数丈，阔尺许，良久散。六月壬子，黑气起心宿西，长五十丈，首尾侵浊，久之散。

庆历元年八月庚辰夜，东方有白气，长十尺许，在星宿度中，至十日，长丈余，冲天相，居星宿大星南九十余日没。壬午夜，黑气起西南，长七丈，贯危宿、羽林，入浊，至天津，良久散。癸卯夜，苍白云起西北，阔二尺许，首尾至浊，良久没。二年十一月壬申，黑气贯北斗柄。八月甲申，白云贯北斗。三年正月戊戌，中天有白气，长二十丈，向西南行，贯日。四月癸卯，白气二，生西北隅，上中天，首尾至浊，东南行，良久散。七月戊辰，西南生黑气，长三丈许，经天而散。八月壬子夜，白气贯北斗魁。

四年五月甲子夜，黑气起东北方，近浊，长五丈许，良久散。九月辛巳夜，中天有气长二丈许，贯卷舌、南河东北，少顷散。十一月甲子夜，苍白云起，南近浊，久方散。八年正月丁酉夜，黑气生，首尾至浊，渐东行，久之乃散。二月辛卯夜，西方近浊生黑气，长三丈，良久散。

皇祐四年十一月壬寅夜，黑气生东方，南北至浊，贯参宿、轩辕。辛酉夜，白气起北方，近浊，长五丈许，历北斗，久之散。

治平元年六月戊午夜，苍白云起东北方，长一丈许，贯毕。二年二月乙未夜，苍黑云起西北方，长五丈许，贯东井及北斗，良久散。四月癸巳夜，苍黑云起西北方，长三十尺，西至轩辕大民，北抵钩陈。丙午夜，西北方有白气，渐东南行，首尾至浊，贯角宿，移西北，久方散。九月庚申夜，西北苍黑云长三丈许，贯营室壁垒阵及天河。三年六月丁未夜，东方有苍白云，长一丈许，贯毕。四年二月癸巳夜，苍白云起南方，长三丈，阔尺，贯南门星。三月甲寅夜，西南方起苍白云二，长三丈，阔尺，相距二尺，贯东井南河，久之乃散。闰三月辛巳夜，苍黑云起南方，两首至浊，阔尺，贯尾、箕、斗、牛、库楼、骑官。五月戊寅夜，苍黑云起北方，长三丈，阔尺，贯紫微垣、王良。壬寅夜，苍黑云起北方，长三丈，阔尺，贯紫微垣。甲辰夜，苍黑云起东方，长丈，阔尺，贯天苑、五车、参旗。六月癸亥夜，白云起东北方，长五丈，上阔下狭，贯天船、阁道、传舍、紫微垣、天棓。戊辰夜，黑云起北方，长三丈，阔尺，贯北斗、紫微垣、王良。八月乙亥夜，黑气起西北方，长丈，阔尺，贯北斗。十月庚申夜，黄气一，上下贯月中。十一月丙子夜，苍黑气起南方，长五丈，阔二尺，东至库楼，北至南河，横贯翼。十二月庚戌夜，苍黑云起南方，长三丈，阔二尺，贯五车、东井、五诸侯。

熙宁元年正月乙酉夜，苍白云起西南方，长四丈，阔尺，贯月及南河、舆鬼、轩辕。六月己酉夜，苍黑方，长二丈，阔尺，贯北斗魁，东贯文昌。十月庚申夜，苍黑云起北方，东西两首至浊，贯织女、天棓、紫微垣、北斗魁。二年四月甲辰夜，苍黑云起东南方，长三丈，阔尺，贯天市垣。六月辛酉夜，苍黑云起西南方，长四丈，阔二尺，贯大角、左右摄提、天市垣、斗、女、牛。七月甲申，日下有五色云。十一月，每夕有赤气见西北隅，如火，至人定乃灭。三年二月庚申夜，苍黑云起西北方，长三丈，阔二尺，贯王良、扶箱、天厨。六月己未夜，苍黑云起西北方，长丈，阔尺，贯五车。又起西北，长丈余，贯北斗魁、文昌。五年七月丁亥夜，苍白云起南方，长丈，贯氐、房、心。六年五月庚申夜，苍黑云起东北方，长五丈，阔二尺，贯云雨、阁道。七年三月壬子，苍白云起西南方，长二丈，阔尺，贯日，经中天过，白气如带。四月壬申夜，苍白云起北方，长五丈，阔二尺，贯北斗魁、钩陈、王良、阁道，东至奎。丙戌夜，苍白云起西北方，长三丈，阔尺，贯东井、紫微垣钩陈。六月辛未夜，苍黑云起天河中，长五丈，南北两首至浊，贯尾、箕；又苍黑云起东方，长五丈，贯羽林、外屏。甲戌，苍白云起西方，长三丈，贯轸、角、太微。丙戌夜，苍白云起南方，长二丈，贯危、室、壁及八魁。丁亥夜，苍白云起东方，长二丈，贯月及毕、奎、娄、外屏。又起南方，长二丈，贯危、室、壁及八魁。壬辰夜，苍白云起西南方，长二丈，贯天棓、紫微垣。癸巳夜，苍黑云起东方，长五丈，贯牛、天仓、岁、太白、卷舌。七月庚戌夜，苍黑云起东方，长丈余，贯参旗及参。八年二月己巳夜，苍黑云起西方，长丈，贯轸、轩辕。乙酉夜，苍黑云起东方，长三丈，贯心、天市垣列肆、宗人。五月壬戌夜，苍黑云起西南方，长二丈，贯氐、房、心。癸亥，苍黑云起西方，长三丈，贯轩辕、太微垣五帝坐。十月庚子夜，黑云起西北方，长三丈，贯毕、大陵、钩星。九年四月庚寅夜，白气起东北方天棓，入天市垣。辛亥夜，苍黑云起南方，长二丈，贯库楼、骑官、积卒、心、尾。六月乙未夜，苍黑云起东北方，长四丈，贯室、壁、阁道。七月己亥夜，苍黑云起南方，长四丈，贯军市、天园。十月乙酉夜，苍黑云起西北方，长四丈，贯北斗、钩、车府。十年六月癸未夜，苍黑云起南方，长三丈，阔尺，贯龟、鳖、天渊。乙巳夜，苍白云起东北方，长三丈，阔尺，贯五车及毕。七月丙子夜，苍黑云起北方，长丈，贯北斗魁。八月庚辰，苍黑云起东北方，长二丈，贯参、井、北河、五诸侯。九月庚申夜，苍黑云起北方，由北斗魁枓贯紫微垣，至天棓。十月辛丑夜，苍黑云起南方，长二丈，贯斧钺、铁锁。

元丰二年四月戊申夜，白云起南方，长三丈，贯库楼、积卒、龙尾。辛亥夜，苍白云起南方，长三丈，贯房。五年四月壬申夜，苍白云起北方，长二丈，出太微垣，贯五帝坐、常陈。八年十月庚申夜，苍黑云生北方，长三丈，阔尺，贯北斗、文昌、天枪。

元祐三年七月戊辰夜，东北方近浊，天明照地，如月将出，偏西北有白气经天。九月己酉夜，赤气起北方，渐生白气数道。

绍圣二年十一月，桂阳监庆云见。

元符二年九月戊辰夜，赤气起北方紫微垣北斗星东南，次有白气十道，各长五尺。

崇宁元年十一月己酉，赤气随日没。二年五月戊子夜，苍白云起东南方，长三丈，贯尾、箕、斗。

政和元年十一月甲戌夜，苍白气起紫微垣，贯四辅。五年四月庚子，有白气自北直彻中天，渐成五色，如华盖。七年五月乙卯夜，赤云、白气起东北方。

宣和元年六月辛巳夜，赤气起北方，半天如火。七月戊午夜，赤云起东北方，贯白气三十余道。二年二月戊戌夜，赤云起东北，渐向西北，入紫微垣。三年九月壬午夜，苍白气长三丈，贯月。四年九月丁丑，西方日下有赤气。七年四月壬子夜，有赤云入紫微垣。

靖康元年正月丁丑夜，赤白气起西方。九月戊寅，有赤气随日出。九月乙未，西方日下有赤气。十一月乙丑，日下有赤气。闰十一月丁酉，赤气亘天。二年正月己亥夜，西北阴云中有火光，长二丈余，阔数尺，时时见。二月壬午夜，白气如虹，自南亘北，渐移西南至东北。三月戊子夜，白气贯斗。

建炎元年八月壬申，东北有赤气。四年五月壬子，赤云亘天中,有白气十余道,贯之如练,起于紫微,犯北斗及文昌,由东南而散。

绍兴元年二月己巳,白气亘天。七年正月辛未夜,东北赤气如火,出紫微宫;二月癸卯,又如之。十一月癸卯,有赤云如火,随日入。八年九月甲申朔夜,有赤气如火,出紫微垣内。十八年八月丁亥,西北方赤气如火。二十七年二月乙酉,赤气出紫微垣。十月壬寅,赤气随日出。三十年正月壬申,东北方赤气一带五处如火影。十一月甲午,西南方白气自尾历壁、娄、昴宿。十二月戊申,其夜白气出尾宿,历心、房、氐、亢、角,入天市,贯太微,至郎位止,有类天汉。三十一年十二月辛丑,其夜,白气出斗宿,历牛、女、危,至娄止,约广六丈,类天汉,东西亘天。

隆兴元年十二月壬午,其夜,白气出危宿,历室、壁、奎、胃、娄至昴止。二年十一月庚寅,其日,赤云气遍天,随日入。

乾道元年正月庚午,其夜,白气出奎宿,渐上,经娄、胃、昴,贯毕,入参宿内止。三月戊辰,其夜,白气自参宿至角宿止,与天汉相接,约广七丈。四月丁酉,其夜,苍白气自西北渐上,东北入天市垣;辛丑,入北斗魁中及入文昌星;乙巳,入紫微垣内至北极、天枢中。十月己丑,苍白云气长二丈,穿入翼宿。十一月丙寅,白气出女宿,历虚、危、室、壁、奎、娄、胃宿,入昴宿止。二年十二月庚子,白气亘天。六年十月庚午,赤气随日出。十一月丁丑,赤气随日入。七年七月壬寅,赤气随日入。十月己未,赤气随日出。八年十月乙巳,赤气随日入;丙午,随日出。九年十月壬申,其日,矞云见。

淳熙元年十月戊寅,东北方生曲虹。三年八月丁酉,赤气随日入;戊戌,随日出。五年十月丁巳,生曲虹。十年正月戊子,西南有白气,如天汉而明,南北广六丈,东西亘天。十四年十一月甲寅,赤气随日入。

绍熙四年十一月甲戌夜,赤云、白气见。五年六月壬寅,白气如带亘天;己酉,又如之。

庆元四年八月庚辰,白气如带亘天。五年二月癸酉夜,白气如带亘天,八月癸亥,又如之。

嘉泰四年二月庚申,赤气亘天。十一月壬申,其日,白气如带亘天。癸酉,虹见。

嘉定六年十月乙卯,赤气随日出;十一月辛卯,随日入。

嘉熙四年二月丙辰,白气亘天。

淳祐二年二月癸丑朔,白气亘天。十年十一月丁丑,虹见。

景定三年七月甲申夜,白气亘天,如匹布。

卷六十一　　　志第十四

五行一上

水　上

天以阴阳五行化生万物,盈天地之间,无非五行之妙用。人得阴阳五行之气以为形,形生神知而五性动,五性动而万事出,万事出而休咎生。和气致祥,乖气致异,莫不于五行见之。《中庸》:"至诚之道,可以前知。国家将兴,必有祯祥;国家将亡,必有妖孽。见乎蓍龟,动乎四体。祸福将至,善必先知之,不善必先知之。"人之一身,动作威仪,犹见休咎,人君以天地万物为体,祯祥妖孽之致,岂无所本乎?故由汉以来,作史者皆志五行,所以示人君之戒深矣。自宋儒周惇颐《太极图说》行世,儒者之言五行,原于理而究于诚。其于《洪范》五行五事之学,虽非所取,然班固、范晔志五行已推本之,及欧阳修《唐志》,亦采其说,且于庶征惟述灾害,而休祥阙焉,亦岂无所见欤?

旧史自太祖而嘉禾、瑞麦、甘露、醴泉、芝草之属,不绝于书,意者诸福毕至,在治世为宜。祥符、宣和之代,人君方务以符瑞文饰一时,而丁谓、蔡京之奸,相与傅会而为欺,其应果安在哉?高宗渡南,心知其非,故《宋史》自建炎而后,郡县绝无以符瑞闻者,而水旱、札瘥一切咎征,前史所罕见,皆屡书而无隐。于是六主百五十年,兢兢自保,足以图存。

《易·震》之《象》曰:"震来虩虩,恐致福也。"人君致福之道,有大于恐惧修省者乎?昔禹致群臣于会稽,黄龙负舟,而执玉帛者万国。孔甲好鬼神,二龙降自天,而诸侯相继畔夏。桑谷共生于朝,雉升鼎耳而雊,而大戊、武丁复修成汤之政。穆王得白狼、白鹿,而文、武之业衰焉。徐偃得朱弓矢,宋湣有雀生鹯,二国以霸,亦以之亡。大概征之休咎,犹卦之吉凶,占者有德以胜之则凶可为吉,无德以当之则吉乃为凶。故德足胜妖,则妖不足虑;匪德致瑞,则物之反常者皆足为妖。妖不自作,人实兴之哉!今因先后史氏所纪休咎之征,汇而辑之,作《五行志》。

润下,水之性也。水失其性,则为灾沴。旧说以恒寒、鼓妖、鱼孽、豕祸、雷电、霜雪、雨雹、黑眚、黑祥皆属之水,今从之。醴泉、河清虽为瑞应,苟非其时,未必不为异,故杂附于编。他如甘露、嘉禾、芝草一切祥瑞之物,见于后者,因其事而考其时,则休咎自见,故亦各以类相从云。

建隆元年十月,棣州河决,坏厌次、商河二县居民庐舍、田畴。二年,宋州汴河溢。孟州坏堤。襄州汉水涨溢数丈。四年八月，齐州河决。九月，徐州水损田。

乾德二年四月，广陵、扬子等县潮水害民田。七月，泰山水，坏民庐舍数百区，牛畜死者甚众。三年二月，全州大雨水。七月，蕲州大雨水，坏民庐舍。开封府河决，溢阳武。河中府、孟州并河水涨，孟州坏中渾军营、民舍数百区。河坏堤岸石，又溢于郓州，坏民田。泰州潮水损盐城县民田。淄州、济州并河溢，害邹平、高苑民田。四年，东阿县河溢，损民田。观城县河决，坏居民庐舍，注大名。又灵河县堤坏，水东注卫南县境及南华县城。七月，荥泽县河南北堤坏。八月，宿州汴水溢，坏堤。淄州清河水溢，坏高苑县城，溺数百家及邹平县田舍。泗州淮溢。衡州大雨水月余。五年，卫州河溢，毁州城，没溺者甚众。

开宝元年六月，州府二十三大雨水，江河泛溢，坏民田、庐舍。七月，泰州潮水害稼。八月，集州霖雨河涨，坏民庐舍及城壁、公署。二年七月，下邑县河决。是岁，青、蔡、宿、淄、宋诸州水，真定、澶、滑、博、洺、齐、颍、蔡、陈、亳、宿、许州水，害秋苗。三年，郑、澶、郓、淄、济、虢、蔡、解、徐、岳州水灾，害民田。四年六月，汴水决宋州谷熟县济阳镇。又郓州河及汶、清河皆溢，注东阿县及陈空镇，坏仓库、民舍。郑州河决原武县。蔡州淮及白露、舒、汝、庐、颍五水并涨，坏庐舍、民田。七月，青、齐州水伤田。五年，河决澶州濮阳，绛、和、庐、寿诸州大水。六月，河又决开封府阳武县之小刘村。宋州、郑州并汴水决。忠州江水涨二百尺。六年，郓州河决杨刘口。怀州河决获嘉县。颍州淮、溎水溢，浒民舍、田畴甚众。七月，历亭县御河决。单州、濮州并大雨水，坏州廨、仓库、军营、民舍。是秋，大名府、宋、亳、淄、青、汝、澶、滑诸州并水伤田。七年四月，卫、亳州水。泗州淮水暴涨入城，坏民舍五百家。安阳县河涨，坏居民庐舍百余区。八年五月，京师大雨水。濮州河决郭龙村。六月，澶州河决顿丘县。沂州大雨，水入城，坏居舍、田苗。九年三月，京师大雨水。淄州水害田。

太平兴国二年六月，孟州河溢，坏温县堤七十余步，郑州坏荥泽县宁王村堤三十余步，又涨于澶州，坏英公村堤三十步。开封府汴水溢，坏大宁堤，浸害民田。忠州江涨二十五丈。兴州江涨，毁栈道四百余间。管城县焦肇水暴涨，逾京水。濮州大水，害民田凡五千七百四十三顷。颍州颍水涨，坏城门、军营。七月，复州蜀、汉江涨，坏城及民田、庐舍。集州江涨，泛嘉川县。三年五月，怀州河决获嘉县北注。又汴水决宋州宁陵县境。六月，泗州淮涨入南城，汴水又涨一丈，塞州北门。十月，滑州灵河已塞复决。四年三月，河南府洛水涨七尺，坏民舍。泰州雨水害稼。宋州河决宋城县。卫州河决汲县，坏新场堤。八月，梓州江涨，坏阁道、营舍。九月，澶州河涨。郓州清、汶二水涨，坏东阿县民田。复州沔阳及湖鼻涨，坏民舍、田稼。五年五月，颍州颍水溢，坏堤及舍。徐州白沟河溢入州城。七月，复州江水涨，毁民舍、堤塘皆坏。六年，河中府河涨，陷连堤，溢入城，坏军营七所，民舍百余区。鄜、延、宁州并三河水涨，溢入州城；鄜州坏军营，建武指挥使李海及老幼六十三人溺死；延州坏仓库、军民庐舍千六百区；宁州坏州城五百余步，诸军营、军舍五百二十区。七年三月，京兆府渭水涨，坏浮梁，溺死五十四人。四月，耀、密、博、卫、常、润诸州水害稼。六月，均州溳水、均水、汉江并涨，坏民舍，人畜死者甚众。又河决临邑县，汉阳军江水涨五丈。七月，大名府御河涨，坏范济口。南剑州江水涨，坏居民舍一百四十余区。京兆府咸阳渭水涨，坏浮梁，工人溺死五十四人。九月，梧州江水涨三丈，入城，坏仓库及民舍。十月，河决怀州武陟县，害民田。八年五月，河大决滑州房村，径澶、濮、曹、济诸州，浸民田，坏居民庐舍，东南流入淮。六月，陕州河涨，坏浮梁；又永定涧水涨，坏民舍、军营千余区。河南府澍雨，洛水涨五丈余，坏巩县官署、军营、民舍殆尽。谷、洛、伊、瀍四水暴涨，坏京城官署、军营、寺观、祠庙、民舍万余区，溺死者以万计。又河清县丰饶务仓库、军营、民舍百余区。雄州易水涨，坏民庐舍。鄜州河水涨，溢入城，坏官寺、民舍四百余区。荆门军长林县山水暴涨，坏民舍五十一区，溺死五十六人。八月，徐州清河涨丈七尺，溢出，塞州三面门以御之。九月，宿州睢水涨，泛民舍六十里。是夏及秋，开封、浚仪、酸枣、阳武、封丘、长垣、中牟、尉氏、襄邑、雍丘等县河水害民田。九年七月，嘉州江水暴涨，坏官署、民舍，溺者千余人。八月，延州南北两河涨，溢入东西两城，坏官寺、民舍。淄州霖雨，孝妇河涨溢，坏官寺、民田。孟州河涨，坏浮梁，损民田。雅州江水涨九丈，坏民庐舍。新州江涨，入南砦，坏军营。

雍熙二年七月，朗江溢，害稼。八月，瀛、莫州大水，损民田。三年六月，寿州大水。

端拱元年二月，博州水害民田。五月，英州江水涨五丈，坏民田及庐舍数百区。七月，磁州漳、滏二水涨。

淳化元年六月，吉州大雨，江涨，漂坏民田、庐舍。黄梅县堰口湖水涨，坏民田、庐舍皆尽，江水涨二丈八尺。洪州涨坏州城三十堵，民舍二千余区，漂二千余户。孟州河涨。二年四月，京兆府河涨，陕州河涨，坏大堤及五龙祠。六月乙酉，汴水溢于浚仪县，坏连堤，浸民田。上亲临视，督卫士塞之。辛卯，又决于宋城县。博州大霖雨，河涨，坏民庐舍八百七十区。亳州河溢，东流泛民田、庐舍。七月，齐州明水涨，坏黎济砦城百余堵。许州沙河溢。雄州塘水溢，害民田殆尽。嘉州江涨，溢入州城，毁民舍。复州蜀、汉二江水涨，坏民田、庐舍。泗州招信县大雨，山河涨，漂浸民田、庐舍，死者二十一人。八月，藤州江水涨十余丈，入州城，坏官署、民田。九月，邛州蒲江等县山水暴涨，坏民舍七十区，死者七十九人。是秋，荆湖北路江水注溢，浸田亩甚众。三年七月，河南府洛水涨，坏七里、镇国二桥；又山水暴涨，坏丰饶务官舍、民庐，死者二百四十人。十月，上津县大雨，河水溢，坏民舍，溺者三十七人。四年六月，陇城县大雨，牛头河涨二十丈，没溺居人、庐舍。九月，澶州河涨，冲陷北城，坏居人舍、官署、仓库殆尽，民溺死者甚众。梓州玄武县涪江涨二丈五尺，壅下流入州城，坏官私庐舍万余区，溺死者甚众。十月。澶州河决，水西北流入御河，浸大名府城，知府赵昌言壅城门御之。

至道元年四月甲辰，京师大雨、雷电，道上水数尺。五月，虔州江水涨二丈九尺，坏城流入深八尺，毁城门。二年六月，河南瀍、涧、洛三水涨，坏镇国桥。七月，建州溪水涨，溢入州城，坏仓库、民舍万余区。郓州河涨，坏连堤四处。宋州汴河决谷熟县。闰七月，陕州河涨。是月，广南诸州并大雨水。

咸平元年七月，侍禁、阁门祇候王寿永使彭州回，至凤翔府境，山水暴涨，家属八人溺死。齐州清、黄河泛溢，坏田庐。二年十月，漳州山水泛溢，坏民舍千余区，民黄挈等十家溺死。三年三月，梓州江水涨，坏民田。五月，河决郓州王陵埽。七月，洋州汉水溢，民有溺死者。四年七月，同州㴚谷水溢夏阳县，溺死者数十人。五年二月，雄、霸、瀛、莫、深、沧、诸州、乾宁军水，坏民田。六月，京师大雨，漂坏庐舍，民有压死者。积潦浸道路，自朱雀门东抵宣化门尤甚，皆注惠民河，河复涨，溢军营。

景德元年九月，宋州汴水决，浸民田，坏庐舍。河决澶州横陇埽。二年六月，宁州山水泛溢，坏民舍、军营，多溺死者。三年七月，应天府汴水决，南注亳州，合浪宕渠东入于淮。八月，青州山水坏石桥。四年六月，郑州索水涨，高四丈许，漂荥阳县居民四十二户，有溺死者。邓州江水暴涨。南剑州山水泛溢，漂溺居人。七月，河溢澶州，坏王八埽。八月，横州江涨，坏营舍。

大中祥符元年六月，开封府尉氏县惠民河决。二年七月，徐、济、青、淄大水。八月，凤州大水，漂溺民居。十月，京畿惠民河决，坏民田。三年六月，吉州、临江军并江水泛溢，害民田。九月，河决河中府白浮梁村。四年七月，洪、江、筠、袁州江涨，害民田，坏州城。八月，河决通利军，大名府御河溢，合流坏府城，害田，人多溺死。九月，河溢于孟州温县。苏州吴江泛溢，坏庐舍。十一月，楚、泰州潮水害田，人多溺者。五年正月，河决棣州聂家口。七月，庆州淮安镇山水暴涨，漂溺居民。六年六月，保安军积阴河溢，浸城垒，坏庐舍，判官赵震溺死，又兵民溺死凡六百五十人。七年六月，泗州水害民田。河南府洛水涨。秦州定西砦有溺死者。八月，河决澶州。十月，滨州河溢于安定镇。八年七月，坊州大雨河溢，民有溺死者。九年六月，秦州独孤谷水坏长道县盐官镇城桥及官廨、民舍二百九十五区，溺死六十七人。七月，延州洎定平、安远、塞门、栲栳四寨山水泛溢，坏堤、城。九月，雄、霸州界河泛溢。利州水漂栈阁万二千八百间。

天禧三年六月，河决滑州城西南，漂没公私庐舍，死者甚众，历澶州、濮、郓、济、单至徐州，与清河合，浸城壁，不没者四板。明年既塞。六月，复决于西北隅。

乾兴元年正月，秀州水灾，民多艰食。十月己酉夜，沧州盐山、无棣二县海潮溢，坏公私庐舍，溺死者众。是岁，京东、淮南路水灾。

天圣初，徐州仍岁水灾。三年十一月辛卯，襄州汉水坏民田。四年六月丁亥，剑州、邵武军大水，坏官私庐舍七千九百余区，溺死者百五十余人。是月，河南府、郑州大水。十月乙酉，京山县山水暴涨，漂死者众，县令唐用之溺焉。是岁，汴水溢，决陈留堤，又决京城西贾陂入护龙河，以杀其势。五年三月，襄、颍、许、汝等州水。七月辛丑，泰州盐官镇大水，民多溺死。六年七月壬子，江宁府、扬、真、润三州江水溢，坏官私庐舍。是月，雄、霸州大水。八月甲戌，临潼县山水暴涨，民溺死者甚众。是月，河决楚王埽。七年六月，河北大水，坏澶州浮梁。

明道元年四月壬子，大名府冠氏等八县水浸民田。

景祐元年闰六月甲子，泗州淮、汴溢。七月，澶州河决横陇埽。八月庚午，洪州分宁县山水暴发，漂溺居民二百余家，死者三百七十余口。三年六月，虔、吉诸州久雨，江溢，坏城庐，人多溺死。四年六月乙亥，杭州大风雨，江潮溢岸，高六尺，坏堤千余丈。八月甲戌，越州大水，漂溺居民。

宝元元年，建州自正月雨，至四月不止，溪水大涨，入州城，坏民庐舍，溺死者甚众。

康定元年九月甲寅，滑州大河泛溢，坏民庐舍。

庆历元年三月，汴流不通。八年六月乙亥，河决澶州商胡埽。是月，恒雨。七月癸丑，卫州大雨水，诸军走避，数日绝食。是岁，河北大水。

皇祐元年二月甲戌，河北黄、御二河决，并注于乾宁军。河朔频年水灾。二年，镇定复大水，并边尤被其害。三年七月辛酉，河决馆陶县郭固口。八月，汴河绝流。四年八月，鄜州大水，坏军民庐舍。

嘉祐二年六月，开封府界及京东西、河北水潦害民田。自五月大雨不止，水冒安上门，门关折，坏官私庐舍数万区，城中系筏渡人。七月，京东西、荆湖北路水灾。淮水自夏秋暴涨，环浸泗州城。是岁，诸路江河溢决，河北尤甚，民多流亡。三年七月，京、索、广济河溢，浸民田。五年七月，苏、湖二州水灾。六年七月乙酉，泗州淮水溢。七年六月，代州大雨，山水暴入城。七月，窦州山水坏城。河决北京第五埽。

治平元年，庆、许、蔡、颍、唐、泗、濠、楚、庐、寿、杭、宣、鄂、洪、施、渝州、光化军水。九月，陈水灾。二年八月庚寅，京师大雨，地上涌水，坏官私庐舍，漂人民畜产不可胜数。是日，御崇政殿，宰相而下朝参者十数人而已。诏开西华门以泄宫中积水，水奔激，殿侍班屋皆摧没，人畜多溺死，官为葬祭其无主者千五百八十人。

熙宁元年秋，霸州山水涨溢，保定军大水，害稼，坏官私庐舍、城壁，漂溺居民。河决恩、冀州，漂溺居民。二年八月，河决沧州饶安，漂溺居民，移县治于张为村。泉州大风雨，水与潮相冲泛溢。损田稼，漂官私庐舍。四年八月，金州大水，毁城，坏官私庐舍。七年六月，熙州大雨，洮河泛溢。八年四月，潭、衡、邵、道诸州江水溢，坏官私庐舍。九年七月，太原府汾河夏秋霖雨，水大涨。十月，海阳、潮阳二县海潮溢，坏庐舍，溺居民。十年七月，河决曹村下埽，澶渊绝流，河南徙，又东汇于梁山、张泽泺，凡坏郡县四十五，官亭、民舍数万，田三十万顷。洺州漳河决，注城。大雨水，二丈河、阳河水湍涨，坏南仓，溺居民。沧、卫霖雨不止，河泺暴涨，败庐舍，损田苗。

元丰元年，章丘河水溢，坏公私庐舍、城壁，漂溺民居。舒州山水暴涨，浸官私庐舍，损田稼，溺居民。四年四月，澶州临河县小吴河溢北流，漂溺居民。五月，淮水泛涨。五年秋，阳武、原武二县河决，坏田庐。七年六月，青田县大水，损田稼。七月，河北东、西路水。北京馆陶水，河溢入府城，坏官私庐舍。八月，赵、邢、洺、磁、相诸州河水泛溢，坏城郭、军营。是年，相州漳河决，溺临漳县居民。怀州黄、沁河泛溢，大雨水，损稼，坏庐舍、城壁。磁州诸县镇，夏秋漳、滏河水泛溢。临漳县斛律口决，坏官私庐舍，伤田稼，损居民。

元祐四年，夏秋霖雨，河流泛涨。八年，自四月雨至八月，昼夜不息，畿内、京东西、淮南、河北诸路大水。诏开京师宫观五日，所在州令长吏祈祷，宰臣吕大防等待罪。

绍圣元年七月，京畿久雨，曹、濮、陈、蔡诸州水，害稼。

元符元年，河北、京东等路大水。二年六月，久雨，陕西、京西、河北大水，河溢，漂人民，坏庐舍。是岁，两浙苏、湖、秀等州尤罹水患。

大观元年夏，京畿大水。诏工部都水监疏导，至于八角镇。河北、京西河溢，漂溺民户。十月，苏、湖水灾。二年秋，黄河决，陷没邢州钜鹿县。三年七月，阶州久雨，江溢。四年夏，邓州大水，漂没顺阳县。

政和五年六月，江宁府、太平、宣州水灾。八月，苏、湖、常、秀诸郡水灾。七年，瀛、沧州河决，沧州城不没者三版，民死者百余万。

重和元年夏，江、淮、荆、浙诸路大水，民流移、溺者众，分遣使者振济。发运使任谅坐不奏泗州坏官私庐舍等勒停。

宣和元年五月，大雨，水骤高十余丈，犯都城，自西北牟驼冈连万胜门外马监，居民尽没。前数日，城中井皆浑，宣和殿后井水溢，盖水信也。至是，诏都水使者决西城索河堤杀其势，城南居民冢墓俱被浸，遂坏藉田亲耕之稼。水至溢猛，直冒安上、南薰门，城守凡半月。已而通汴，汴渠将溢，于是募人决下流，由城北入五丈河，下通梁山泺，乃平。十一月，东南州县水灾。四年十二月戊戌，诏："访闻德州有京东、西来流民不少，本州振济有方，令保奏推恩。余路遇有流移，不即存恤，按劾以闻。"六年秋，京畿恒雨。河北、京东、两浙水灾，民多流移。

建炎二年春，东南郡国水。

绍兴二年闰月，徽、严州水，害稼。三年七月丙子，泉州水三日，坏城郭、庐舍。五年秋，西川郡国水。六年冬，饶州雨水坏城四百余丈。十四年五月丙寅，婺州水。乙丑，兰溪县水侵县市，丙寅中夜，水暴至，死者万余人。十六年，潼川府东、南江溢，水入城，浸民庐。十八年八月，绍兴府、明、婺州水。二十二年，淮甸水。二十三年，金堂县大水。潼川府江溢，浸城内外民庐。宣州大水，其流泛溢至太平州。七月，光泽县大雨，溪流暴涌，平地高十余丈，人避不及者皆溺，半时即平。二十七年，镇江、建康、绍兴府、真、太平、池、江、洪、鄂州、汉阳军大水。二十八年六月丙申，兴、利二州及大安军大雨水，流民庐，坏桥栈，死者甚众。九月，江东、淮南数郡水。浙东、西沿江海郡县大风，水，平江、绍兴府、湖、常、秀、润为甚。二十九年七月戊戌，福州水入城，闽、候官、怀安三县坏田庐，官吏不以闻，宪臣樊光远坐黜。三十年五月辛卯夜，於潜、临安、安吉三县山水暴出，坏民庐、田桑，溺死者甚众。三十一年八月，建始县大水，流民庐，死者甚众。三十二年四月，淮溢数百里，漂民田庐，死者尤众。六月，浙西郡县山涌暴水，漂民舍，坏田覆舟。

隆兴元年八月，浙东、西州县大风，水，绍兴、平江府、湖州及崇德县为甚。二年七月，平江、镇江、建康、宁国府、湖、常、秀、池、太平、庐、和、光州、江阴、广德、寿春、无为军、淮东郡皆大水，浸城郭，坏庐舍、圩田、军垒。操舟行市者累月，人溺死者众。越月，积阴苦雨，水患益甚，淮东有流民。

乾道元年六月，常、湖州水坏圩田。二年八月丁亥，温州大风，海溢，漂民庐、盐场、龙朔寺，覆舟，溺死二万余人，江滨胔骼尚七千余。三年六月，庐、舒、蕲州水，坏苗稼，漂人畜。七月己酉，临安府天目山涌暴水，决临安县五乡民庐二百八十余家，人多溺死。八月，湖、秀州、上虞县水，坏民田庐。时积潦至于九月，禾稼皆腐。江东山水溢，江西诸郡水，隆兴府四县为甚。四年七月壬戌，衢州大水，败城三百余丈，漂民庐，孳牧，坏禾稼。诸暨县大水害稼。江宁、建康府水。是岁，饶、信亦水。五年七月丁巳，建宁府瑞应场大潦、山枣等山暴水涌出，漂民庐，溺死甚众。是岁夏秋，温、台州凡三大风，水漂民庐，坏田稼，人畜溺死者甚众，黄岩县为甚，郡守王之望、陈岩肖不以闻，皆黜削。六年五月，平江、建康、宁国府、温、湖、秀、太平州、广德军及江西郡大水，江东城市有深丈余者，漂民庐，湮田稼，溃圩堤，人多流徙。八年五月，赣州、南安军山水暴出，及隆兴府、吉、筠州、临江军皆大雨水，漂民庐，坏城郭，溃田害稼。六月壬寅，四川郡县大雨水，嘉、眉、邛、蜀州、永康军及金堂县尤甚，漂民庐，决田亩。九年五月戊午，建康、隆兴府、严、吉、饶、信、池、太平州、广德军水，漂民居，坏圩湮田，分水县沙塞四百余亩，采石流民多渡江。六月，湖北郡县水。

淳熙元年七月壬寅、癸卯，钱塘大风涛，决临安府江堤一千六百六十余丈，漂居民六百三十余家，仁和县瀹江二乡坏田圃。三年八月辛巳，台州大风雨，至于壬午，海涛、溪流合激为大水，决江岸，坏民庐，溺死者甚众。癸未，行都大雨水，坏德胜、江涨、北新三桥及钱塘、余杭、仁和县田，流入湖、秀州，害稼。浙东西、江东郡县多水，婺州、会稽、嵊、广德军建平三县尤甚。四年五月庚子，建宁府、福、南剑州大雨水，至于壬寅，漂民庐数千家。已亥夜，钱塘江涛大溢，败临安府堤八十余丈；庚子，又败堤百余丈。明州濒海大风，海涛败定海县堤二千五百余丈，鄞县堤五千一百余丈，漂没民田。九月丁酉、戊戌，大风雨驾海涛，败钱塘县堤三百余丈；余姚县溺死四十余人,败堤二千五百六十余丈;败上虞县堤及梁湖堰及运河岸;定海县败堤二千五百余丈;鄞县败堤五千一百余丈。五年六月戊辰,古田县大水,漂民庐,圮县治市桥。闰月己亥,阶州水,坏城郭。乙巳,兴化军及福清县及海口镇大水,漂民庐、官舍、仓库,溺死者甚众。六年夏,衢州水。秋,宁国府、温、台、湖、秀、太平州水,坏圩田,乐清县溺死者百余人。七年五月戊戌,分宜县大水,决田害稼。八年五月壬辰,严州大水,漂浸民居万九千五百四十余家,垒舍六百八十余区。绍兴府大水,五县漂浸民居八万三千余家,田稼尽腐;渔浦败堤五百余丈,新林败堤通运河。是岁,徽、江二州亦水。十年五月辛巳,信州大水入城,沈庐舍、市井。襄阳府大水,漂民庐,盖藏为空。江东、浙东数郡亦水。八月辛酉,雷州大风激海涛,没濒海民舍,死者甚众。九月乙丑,福、漳州大风雨,水暴至,长溪、宁德县濒海聚落、庐舍、人舟皆漂入海,漳城半没,浸八百九十余家。丁卯,吉州龙泉县大水,漂民庐,坏田亩,溺死者众。十一年四月,和州水,湮民庐,坏圩田。五月丙申,阶州白江水溢,决堤圮城,浸民庐、垒舍、祠庙、寺观甚多。建康府、太平州水。六月甲申,处州龙泉县大雨,水浸民舍,坏杠梁,汇田害稼。七月壬辰,明州大风雨,山水暴出,浸民市,圮民庐,覆舟杀人。十二年六月,婺州及富阳县皆水,浸民庐,害田稼。八月戊寅,安吉县暴水发枣园村,漂庐舍、寺观,坏田稼殆尽,溺死千余人,郡守刘藻不以闻,坐黜。是岁,鄂州自夏徂冬,水浸民庐。九月,台州水。十四年三月辛未,汀州水,漂百余家,军垒六十余区。十五年五月,淮甸大雨水,淮水溢,庐、濠、楚州、无为、安丰、高邮、盱眙军皆漂庐舍、田稼,庐州城圮。荆江溢,鄂州大水,漂军民垒舍三千余。江陵、常德、德安府、复、岳、澧州、汉阳军水。戊午,祁门县群山暴汇为大水,漂田禾、庐舍、冢墓、桑麻、人畜什七,浮骼甚众,余害及浮梁县。六月,建宁、隆兴府、袁、抚州、临江军水圮民庐。七月,黄岩县水败田潴。番易湖溢番易县,漂民舍、田稼,有流徙者。十六年四月甲戌,绍兴府新昌县山水暴作,害稼湮田,漂民庐。五月丙辰,沅、靖州山水暴溢至辰州,常德府城没一丈五尺,漂民庐舍。汀州大水,浸民庐千五百余家,溺死三千人。分宜县水。丁巳,阶州白江水溢,浸城市民庐。六月庚寅,镇江府大雨水五日,浸军民垒舍三千余。辛卯,潼川府东南二江溢,决堤,毁桥,浸民庐,涪城、中江、射洪、通泉、郪县没田庐。

绍熙二年三月,宁化县连水漂庐舍、田亩,溺死二十余人。五月戊申,建宁州水。己酉,福州水,浸附郭民庐,怀安、候官县漂千三百余家,古田、闽清县亦坏田庐。庚午,利州东江溢。坏堤、田、庐舍。辛未,潼川府东、南江溢;六月戊寅,又溢,再坏堤桥,水入城,没庐舍七百四十余家,郪、涪、射洪、通泉县汇田为江者千余亩。七月癸亥,嘉陵江暴溢,兴州圮城门、郡狱、官舍凡十七所,漂民居三千四百九十余,潼川崇庆府、绵、果、合、金、龙、汉州、怀安、石泉、大安军鱼关皆水。时上流西蕃界古松州江水暴溢,龙州败桥阁五百余区,江油县溺死

众。三年五月壬辰,常德府大雨水,浸民田庐。乙未,潼川府东、南江溢,后六日又溢,浸城外民庐,人徙于山。己亥,池州大雨水连夕,青阳县山水暴涌,漂田庐杀人,盖藏无遗;贵池县亦水。庚子,泾县大雨水,败堤,圮县治、庐舍。六月辛丑,建平县水,败堤入城,漂浸民庐。甲戌,祁门县水。七月壬申,天台、仙居大水连夕,漂浸民居五百六十余,坏田伤稼。襄阳、江陵府大雨水,汉江溢,败堤防,圮民庐,没田稼者逾旬,复州、荆门军水亦如之。镇江府三县水,损下地之稼。四年四月,上高县水,浸二百余家。五月壬申、癸酉,奉新县大雷雨、水,漂浸八百二十余家。五月辛未、丙子,镇江府大雨水,浸营垒六千余区。戊寅,安丰军大水,平地三丈余,漂田庐,丝麦皆空。是月,诸暨、萧山、宣城、宁国县大水,坏稼。广德军属县水害稼。筠州水浸民庐。戊寅,进贤县水,圮百二十余家。六月丙申,兴国军水,池口镇及大冶县漂民庐,有溺死者。戊戌,靖安县水,漂三百二十余家。是夏,江、赣州、江陵府亦水。七月乙酉,丰城县水,壬午,临江军水,皆圮民庐。丁亥,新淦县漂浸二千三百余家。八月辛丑,隆兴府水,圮千二百七十余家。吉州水,漂浸民庐及泰和县官舍。自夏及秋,江西九州三十七县皆水。是岁,兴化军大风激海涛,漂没田庐尤多。五年五月辛未,石埭、贵池、泾县皆水,圮民庐,溺死者众。是月,泰州大水。七月壬申,慈溪县水,漂民庐,决田害稼,人多溺死。乙亥,会稽、山阴、萧山、余姚、上虞县大风驾海涛,坏堤,伤禾稼。八月辛丑,钱塘、临安、新城、富阳、於潜县大雨水,余杭县尤甚,漂没田庐,死者无算。安吉水,平地丈余。平江、镇江、宁国府、明、台、温、严、常州、江阴军皆水。是秋,武陵县江溢,圮田庐甚众。

庆元元年六月壬申,台州及属县大风雨,山洪、海涛并作,漂没田庐无算,死者蔽川,漂沉旬日。至于七月甲寅,黄岩县水尤甚。常平使者莫漳以缓乎振恤,坐免。七月,临安府水。二年秋,浙东郡国大水。三年九月,绍兴府属县二婺州属县二,水害稼,五年秋,台、温、衢、婺水,漂民庐,人多溺死,衢守张经以匿灾吝振坐黜。六年五月,建宁府、严、衢、婺、饶、信、徽、南剑州及江西郡县皆大水,自庚午至于甲戌,漂民庐,害稼。

嘉泰二年七月丙午,上杭县水,圮田庐,坏稼,民多溺死。建安县漂军民庐舍百二十余,山摧,覆民庐七十七家,溺压死者六十余。丁未,长溪县漂民庐二百八十余家。古田县漂官舍、民庐甚众,溺死者二百七十。剑浦县圮三百五十余家,死者亦众。三年四月,江南郡邑水害稼。

开禧元年九月丙戌,汉、淮水溢,荆襄、淮东郡国水,楚州、盱眙军为甚,圮民庐,害稼。二年五月庚寅,东阳县大水,山千七百三十余所同夕崩洪,漂聚落五百四十余所,湮田二万余亩,溺死者甚众。三年,江、浙、淮郡邑水,鄂州、汉阳军尤甚。

嘉定二年五月己亥,连州大水,败郭百余丈,没官舍、郡庠、民庐,坏田亩聚落甚多。六月辛酉,西和州水,没长道县治、仓库。丙子,昭化县水,没县治,漂民庐。成州水,入城,圮垒舍。同谷县及遂宁府、阆州皆水。七

月壬辰，台州大风雨激海涛，漂圮二千二百八十余家，溺死尤众。三年四月甲子，新城县大水。五月，严、衢、婺、徽州、富阳、余杭、盐官、新城、诸暨、淳安大雨水，溺死者众，圮田庐、市郭，首种皆腐。行都大水，浸庐舍五千三百，禁旅垒舍之在城外者半没，西湖溢。四年七月辛酉，慈溪县大水，圮田庐，人多溺者。八月，山阴县海败堤，漂民田数十里，斥地十万亩。五年五月庚戌，严州水。六月丁丑，台州及建德、诸暨、会稽县水，坏田庐。六年六月丁丑，淳安县山涌暴水，陷清泉寺，漂五乡田庐百八十里，溺死者无算，巨木皆拔。丁亥，於潜县大水。戊子，诸暨县风雷大雨，山涌暴作，漂十乡田庐，溺死者尤多。钱塘县、临安、余杭、於潜、安吉县皆水。九年五月，行都及绍兴府、严、衢、婺、台、处、信、饶、福、漳、泉州、兴化军大水，漂田庐，害稼。十年冬，浙江涛溢，圮庐舍，覆舟，溺死甚众。蜀、汉二州江没城郭。十一年六月戊申，武康、吉安县大水，漂官舍、民庐，坏田稼，人畜死者甚众。十二年，盐官县海失故道，潮汐冲平野三十余里，至是侵县治，庐州港淶及上下管、黄湾冈等场皆圮。蜀山沦入海中，聚落、田畴失其半，坏四郡田。后六年始平。十四年，建康府大水。十五年七月，萧山县大水。时久雨，衢、婺、徽、严暴流与江涛合，圮田庐，害稼。十六年五月，江、浙、淮、荆、蜀郡县水，平江府、湖、常、秀、池、鄂、楚、太平州、广德军为甚，漂民庐，害稼，圮城郭、堤防，溺死者众。鄂州江湖合涨，城市沉没，累月不泄。是秋，江溢，圮民庐。余杭、钱塘、仁和县大水。福、漳、泉州、兴化军水坏稼十五六。十七年五月，福建大水，漂水口镇民庐皆尽，候官县甘蔗砦漂数百家，人多溺死；建宁府没平政桥，入城；南剑州圮郡治、城楼、郡狱、官舍，城坏，民避水楼上者皆死。乙卯，建昌军大水，城不没者三板，漂民庐，圮官舍、城郭、桥梁，害稼。

绍定二年，天台、仙居县大水。四年，沿江水灾。

端平三年三月辛酉，蕲州大雨水，漂民居。是年，英德府、昭州及襄、汉江皆大水。

嘉熙元年，饶、信州水。二年，浙江溢。

淳祐二年，绍兴府、处、婺州水。七年，福建水。十年，严州水。十一年八月甲辰，汀州山水暴至，漂人民。九月，江陵水。是年，江、浙多水，饶州亦水。十二年六月，建宁府、严、衢、婺、信、台、处、南剑州、邵武军大水，冒城郭，漂室庐，死者以万数。

宝祐元年七月，温、台、处、信、饶州大水。

开庆元年五月己未，婺州水，漂民庐。是岁，滁、严州水。

景定二年，浙东水。

咸淳六年五月，大雨水。七年五月甲申，诸暨县大水，漂庐舍。是月，重庆府江水泛溢者三，漂城壁，坏楼橹。十年三月，庐州水。四月，绍兴府大雨水。八月，临安府水，安吉、武康县水。

太平兴国四年八月，滑州黎阳县河清。

端拱元年二月，澶、濮二州河清二百余里。

大中祥符三年十一月丁酉，陕西河清。十二月乙巳，河再清，当汾水合流处清如汾水。

元丰四年十月，环州河水变甘。

大观元年八月，乾宁军河清。二年十二月，陕州河清，同州韩城县、郃阳县至清及百里，涉旬不变。自是迄政和、宣和，诸路数奏河清，辄遣郎官致祭，宰臣等率百官拜表贺，岁以为常。

大中祥符元年二月，醴泉出蔡州汝阳凤原乡，有疾者饮之皆愈。八年十一月，通州军言醴泉出汶山下，有疾者饮之皆愈。

熙宁元年五月，京师开化坊醴泉出。

政和五年正月，河阳台观醴泉出。

卷六十二　　志第十五

五行一下

水　下

建隆三年春，延、宁二州雪盈尺，沟洫复冰，草木不华。丹州雪二尺。

太平兴国七年三月，宣州霜雪害桑稼。

雍熙二年冬，南康军大雨雪，江水冰，胜重载。

端拱元年闰五月，郓州风雪伤麦。

淳化三年九月，京兆府大雪害苗稼。四年二月，商州大雪，民多冻死。

咸平四年三月丁丑，京师及近畿诸州雪，损桑。

天禧元年十一月，京师大雪，苦寒，人多冻死，路有僵尸，遣中使埋之四郊。二年正月，永州大雪，六昼夜止，江、溪鱼皆冻死。

庆历三年十二月丁巳，大雨雪。

皇祐四年十二月己丑，雪。初，帝以愆亢，责躬减膳，每见辅臣，忧形于色。庞籍等因言："臣等不能燮理阴阳，而上烦陛下责躬引咎，愿守散秩以避贤路。"帝曰："是朕诚不能感天而惠不能及民，非卿等之过也。"是夕，乃得雪。

至和元年正月，京师大雪，贫弱之民冻死者甚众。

嘉祐元年正月甲寅朔，御大庆殿受朝。前一夕，殿庭设仗卫既具，而大雨雪折宫架。是日，帝因感风眩，促礼行而罢。壬午，大雨雪，泥涂尽冰。都民寒饿，死者甚众。

元祐二年冬，京师大雪连月，至春不止。久阴恒寒，罢上元节游幸，降德音诸道。八年十一月，京师大雪，多流民。

元符二年正月甲辰朔，御大庆殿受朝贺，以雪罢。

政和三年十一月，大雨雪，连十余日不止，平地八尺余。冰滑，人马不能行，诏百官乘轿入朝。飞鸟多死。七年十二月，大雪。诏收养内外乞丐老幼。

靖康元年闰十一月，大雪，盈三尺不止。天地晦冥，或雪未下时，阴云中有雪丝长数寸堕地。二年正月丁酉，大雪，天寒甚，地冰如镜，行者不能定立。是月乙卯，车驾在青城，大雪数尺，人多冻死。

建炎三年六月，寒。

绍兴元年二月寒食日，雪。五年二月乙巳，雨雪。六年二月癸卯，雪。十三年三月癸丑，雨雪。十七年二月丙申，雪。十八年二月癸卯，雪。二十八年三月丙寅，雨雪。二十九年二月戊戌，大雪。三十一年正月戊子，大雨雪，至于己亥，禁旅垒舍有压者，寒甚。

乾道元年二月，大雪。三月，暴寒，损苗稼。二年春，大雨，寒，至于三月，损蚕麦。二月丙申，雪。四年二月癸丑，大雪。五年二月戊子，雪。六年五月，大风雨，寒，伤稼。七年二月丙辰，雨雪。

淳熙十二年，淮水冰，断流。是冬，大雪。自十二月至明年正月，或雪，或霰，或雹，或雨水，冰冱尺余，连日不解。台州雪深丈余，冻死者甚众。十六年四月戊子，天水县大雨雪，伤麦。

绍熙元年三月，留寒至立夏不退。十二月，建宁府大雪深数尺。查源洞寇张海起，民避入山者多冻死。二年正月，行都大雪积冱，河冰厚尺余，寒甚。是春，雷雪相继，冻雨弥月。四年二月己未，雪。

庆元五年二月庚午，雪。六年二月乙酉，雪。五月，亡暑，气凛如秋。

开禧三年二月戊申，雪。

嘉定元年二月甲寅，雪。四年二月丙子，雪。六年二月丁亥，雪。六月，亡暑，夜寒。九年二月乙酉、丙申，雪。十年二月庚申、壬戌，雪。十七年三月癸丑，雪。

宝庆元年四月辛卯，雪。

绍定四年二月己巳，雨雪。六年三月壬子，雨雪。

端平元年二月癸酉，雨雪。二年三月乙未，雨雪。

嘉熙二年二月乙未，雨雪。

淳祐六年二月壬申，雨雪。

宝祐元年二月壬子，雨雪。二年三月戊子，雨雪。六年二月，雨雪。

开庆元年二月庚辰，雨雪。

景定五年二月辛亥，雨雪。

建隆三年春，厌次县陨霜杀桑，民不蚕。

淳化三年三月，商州霜，花皆死。

景德四年七月，渭州瓦亭砦早霜伤稼。

大中祥符九年十二月，大名、澶、相州并霜，害稼。

至和二年，河东自春陨霜杀桑。

绍兴七年二月庚申，霜杀桑稼。

淳熙十六年七月，阶、成、凤、西和州霜，杀稼几尽。

绍熙三年九月丁未，和州陨霜连三日，杀稼。是月，淮西郡国稼皆伤。

嘉熙元年三月，霜。

建隆元年十月，临清县雨雹伤稼。二年七月，义川、云岩二县大雨雹。四年七月，海州风雹。

乾德二年四月，阳武县雨雹。宋州宁陵县风雨雹伤民田。六月，潞州风雹。七月，同州郃阳县雨雹害稼。八月，肤施县风雹霜害民田。三年四月，尉氏、扶沟二县风雹，害民田，桑枣十损七八。

开宝二年，风雹害夏苗。

太平兴国二年六月，景城县雨雹。七月，永定县大风雹害稼。五年四月，冠氏、安丰二县风雹。七年五月，芜湖县雨雹伤稼。八年五月，相州风雹害民田。

端拱元年三月，霸州大雨雹，杀麦苗。闰五月，润州雨雹伤麦。

淳化元年六月，许州大风雹，坏军营、民舍千一百五十六区。鱼台县风雹害稼。

至道二年十一月，代州风雹伤田稼。

咸平元年九月，定州北平等县风雹伤稼。三年四月丁巳，京师雨雹，飞禽有陨者。六年四月甲申，京师暴雨雹，如弹丸。

大中祥符三年丙申，京师雨雹。五年八月丙辰，京师雨雹。

天禧元年九月，镇戎军彭城砦风雹，害民田八百余亩。

天圣元年五月丙辰，大雨雹。二年七月壬午，大雨雹。六年，京师雨雹。

嘉祐四年四月丙戌，震雷雨雹。

熙宁元年秋，鄜州雨雹。三年七月、七年四月五月，京师雨雹。八年夏，鄜州、泾州雨雹。九年二月，京师雹。十年夏，鄜州雨雹。秦州大雨雹。

绍圣二年十月辛未，西南方有雷声，次大雨雹。四年闰二月癸卯，京师雨雹，自辰至申。

建中靖国元年二月丙申，京师雨雹。五月辛酉，京师大雨雹。

崇宁三年十月辛丑，京师雨雹。

大观元年十月己巳、三年五月戊申，京师大雨雹。

政和七年六月，京师大雨雹，皆如拳，或如一升器，几两时而止。

宣和四年二月癸卯，京师雨雹。四年三月朔，雨雹。

靖康元年十二月己卯、庚辰，京师雨雹。

建炎三年八月甲戌，大雨雹。

绍兴元年二月壬辰，高宗在越州，雨雹震雷。二年二月丙子，临安府大雨雹。三年正月，雨雹震雷。四年三月己未，大雨雹伤稼。五年闰月乙巳朔，雨雹而雪。十月丁未夜，秀州华亭县大风电，雨雹，大如荔枝实，坏舟覆屋。十二月戊辰，雨雹。七年二月癸丑，雨雹。先一夕雷，后一日雪，癸丑又雹。八年六月丙辰，大雨雹。九年二月甲戌，雨雹伤麦。十二月辛丑，雨雹。十年二月辛亥，大雨雹。十二月庚辰，雨雹。十一年正月辛酉，雨雹。十三年二月甲子，雨雹伤麦。五月戊午夜，雹。七月庚午、壬申，雹害稼。十一月己未，雨雹。十七年正月庚辰，雨雹；五月丙寅，又雹。二十一年三月己卯，雹伤禾麦。二十八年四月辛亥，雨雹。二十九年二月戊戌，雹损麦。

隆兴元年三月丙申夜，雨雹。二年二月丁丑，雹与霰俱。四月庚午，雹。六月，雨雹。七月丁未，雨雹。十月辛卯，雨雹。十二月己亥，雨雪而雹。闰月，雨雹。

乾道元年二月庚寅夜，雹。二年十月辛卯，雨雹。三年二月壬午，雪；癸未，雹。四年正月癸未夜，雹，有霰。二月丁酉、癸丑，雨雹；乙卯，雹而雪。五年二月丙午，雹损麦；六年二月壬午，亦如之。八年七月壬辰，雨雹。

淳熙三年四月丁亥，雨雹。癸巳，天台、临海二县大风雹，伤麦。四年正月，建康府雨雹。五月丙寅，雨雹。五年，建康府雨雹者再。六年正月丁丑，雹伤麦。三月壬申夜，大雨雹。八年十二月甲寅，雨雹。十二年二月辛酉夜，雨雹。十三年闰月丙午，雨雹。十五年二月丁亥，雨雪而雹。六月丁卯，雨雹。十六年二月己卯，雹而雨。

绍熙元年二月丙申，雪；丁酉，雹。二年正月戊寅，大雨雹，震雷电以雨，至二月庚辰，大雪连数日。是月庚寅朔，建宁府大风雨雹，仆屋杀人。三月癸酉，大风雨雹，大如桃李实，平地盈尺，坏庐舍五千余家，禾麻、蔬果皆损；瑞安县亦如之，坏屋杀人尤甚。秋，祐川县大风雹，坏粟麦。

庆元三年二月戊辰，雪；己巳，雹。四月乙丑，雨雹，大如杯，破瓦，杀燕雀。

嘉泰元年三月丙寅，雨雹三日。五月丁丑，雨雹。七月癸亥，大雨而雹。二年四月庚寅，雨雹伤稼。六月庚子，大风雹而寒。四年正月壬辰，雪而雹。

开禧二年正月己酉，雹而雷。

嘉定元年闰月壬申，雨雹害稼。二年三月乙未，雨雹。六年夏，江、浙郡县多雨雹害稼。十五年九月癸丑，大震雨雹。十六年秋，雨雹。

绍定元年五月丁酉，雨雹。五年九月壬寅，雨雹。六年三月丙辰，大雨雹。

端平二年五月乙未，雹。三年六月庚戌，雨雹。

嘉熙元年二月壬辰，雨雹。

淳祐二年四月壬申，雨雹。八年二月壬辰，雨雹。三月乙丑，雨雹。九年正月，雨雹。

宝祐三年五月，嘉定府大雨雹。

开庆元年五月辛亥，雨雹。

景定元年二月庚申，雨雹。

建隆四年四月癸巳，宿州昼日无雨，雷霆暴作，军校傅韬震死。是夜夜半，雷起于京师。开封县署役夫刘延嗣、万进震死，顷之复苏，有烟焰自牖入室，因骇仆，遍体焦灼。

乾德二年正月辛巳，雷起京师西南，东行有电。五月戊寅，大名府大雨，雷震焚蓺聚。四年七月，海州雷震长吏厅，伤刺史梁彦超。

开宝七年六月，易州雷，震死耀武军士八人。八年八月，邛州延贵镇震死民费贵及其子四人。

太平兴国二年七月，景城县震死牛商冯异。

端拱二年八月，兴化军民刘政震死，有文在胸曰"大不孝"。

淳化三年七月，泗州大风雨，震僧伽塔柱。

至道元年三月甲戌，雷未发声，召司天监寺赵昭问之，答云："按占书，雷不发声，宽政之应也。"七月，泗州大风雨，雷震僧伽塔及坏钟楼。

咸平元年正月戊寅，京师西北有雷电。十一月，瀛州、顺安军并东北有雷。三年冬，黄州西北雷震，似盛夏时。十二月，真定府东南雷。四年十月乙巳，京师西南雷电。闰十二月，大名府雷。六年十一月甲午，京师暴雷震，司天言："国家发号布德，未及黎庶。"时议改元肆赦，诏宰相增广条目，采民病悉除之。

景德三年九月丙寅夕，京师大震雷。

大中祥符元年正月癸未，京师西北方雷。五年十二月己巳，京师西北雷电。九年五月，殿侍张信奉南海祝版乘驿至唐州，震死。

嘉祐四年四月丙戌，大震雷，雨雹。

庆历六年五月，雷雹、地震。

绍圣三年十月十五日，西南方有雷声，次雨雹。

大观三年十月戊子，大雷雹而雨。

建炎四年正月己未，雷。时御舟次温州章安镇，高宗谓宰臣曰："雷声甚厉，前史以为君弱臣强，四夷兵不制。"是夕，金人破明州。壬戌，又雷。

绍兴五年九月戊寅，雷。十月丁巳，雷。六年十月丙午，雷。九年九月甲午、十月丁卯，雷。十一年十一月己酉，雷。十五年十月辛卯、十二月甲寅，雷。十六年，温州大雷电，震死六人于龙翔寺。十八年闰月甲戌，雷。十九年十月甲寅，雷。二十一年二月辛未，南安军大雷电，大庚县震死四人。十一月辛未夜，震雷。十二月癸酉，雷。二十二年十二月戊寅、己卯，雷。二十六年十二月甲子，雷。二十七年九月癸未，雷。三十一年正月丁丑，雷。

乾道三年十一月丙寅，雷雨，不克郊。戊辰，日南至，大震雷。八年九月乙酉，雷。九年闰月癸卯，雷。

淳熙九年九月壬午，雷。十二年十一月戊子，雷。十二月丁丑，雷。十三年正月己丑，雷；后三十五日，雪。十四年十一月乙卯，雷。十六年七月乙丑，大雷震太室斋殿东鸱吻。

绍熙元年九月辛酉，雷。十一月壬午，日南至。郊祀，风雨大至，帝震恐，因致疾。四年十一月己卯，日南至；辛巳，雷。五年十月癸巳，大雷电。

庆元二年正月戊子，雷。十一月，雷。三年十月癸亥，雷。六年九月己未，雷。

嘉泰二年正月己巳，雷。三年正月，雷。四年正月辛卯，雷。

开禧二年正月，雪、雷。九月，雷。三年十月辛未、癸酉，雷。

嘉定二年九月戊子，雷。三年正月，雷。十月壬申，雷。八年辛丑、九月辛酉，雷。四年九月，雷。五年七月戊辰，雷雨震太室之鸱吻。十月丁酉，雷。六年闰月壬辰，雷震电；乙未昧爽，洊雷。七年九月癸亥，雷。八年九月丙寅，雷。十一年九月辛巳，祀明堂，肆赦，震雷。十四年十月庚午，雷。十五年九月癸丑，雷。十六年九月乙卯、十二月壬辰，雷。十七年九月丁亥，雷。

宝庆二年九月庚申、十月辛丑，雷。

绍定二年九月庚辰，雷。五年九月壬寅，雷。

端平二年十二月辛亥，雷。三年九月庚午，雷。是月，祀明堂，大雨震电。十月戊戌，雷。

嘉熙元年九月丁巳，雷。二年九月己酉、十月庚戌，雷。

淳祐元年十二月丙寅，雷。二年九月己丑，雷。三年三月丙辰，雷。十年十一月壬午，雷。十二年十二月丁丑，雷。

宝祐三年九月，雷。

开庆元年十月乙酉，雷。

景定二年十月戊戌，雷电；己亥，雷电。

咸淳四年闰月丁巳、九月庚申，雷。九年十月癸亥、十二月丙辰、壬戌，雷。

建炎七年五月，汴京无云而雷。

绍兴三十年十月壬戌，昼漏半，无云而雷；癸亥，日过中，无云而雷。

淳熙十四年六月甲申昧爽，祷雨太乙宫，乘舆未驾，有大声自内发，及和宁门，人马辟易相践，有失巾屦者。

至道元年十二月，广州大鱼击海水而出。鱼死，长六丈三尺，高丈余。

政和七年夏中，有二鱼落殿中省厅屋上。

宣和二年三月，内出鱼，纯赤色，蔡京等乞付史馆，拜表贺。

绍兴十八年，漳浦县崇照盐场海岸连有巨鱼，高数丈。割其肉数百车，剜目乃觉，转鬐而傍舰皆覆。又渔人获鱼，长二丈余，重数千斤，剖之，腹藏人骸，肤发如生。二十四年四月，海盐县海洋有巨鳅，群虾从之，声若讴歌。抵岸偃沙上，犹扬鬐拨剌，其高齐县门。

乾道六年，行都北阙有鲇鱼，色黑，腹下出人手于两傍，各具五指。七年十一月丁亥，洞庭湖巨鼋走沙拥舟，身广长皆丈余，升舟，以首足压重舰没水。

淳熙十三年二月庚申，钱塘龙山江岸有大鱼如象，随潮汐复逝。十六年六月甲辰，钱塘旁江居民得鱼，备五色，鲫首鲤身。民诡言梦得鱼，觉而在手犹跃，事闻，有司令纵之。

庆元三年二月，饶州景德镇渔人得鱼，颁尾鲤鳞而首异常鱼。镇之老人言其不祥。绍兴二年尝出，后为水灾。盖是岁五月，镇果大水，皆鱼孽也。

嘉定十七年，海坏畿县盐官地数十里。先是，有巨鱼横海岸，民窬食之，海患共六年而平。

建隆元年七月，澶州蝗。二年五月，范县蝗。三年七月，深州螟虫生。四年六月，澶、濮、曹、绛等州有蝗。七月，怀州蝗生。

乾德二年四月，相州螟虫食桑。五月，昭庆县有蝗，东西四十里，南北二十里。是时，河北、河南、陕西诸州有蝗。三年七月，诸路有蝗。

开宝二年八月，冀、磁二州蝗。

太平兴国二年闰七月，卫州螟虫生。六年七月，河南府、宋州蝗。七年四月，北阳县螟虫生，有飞鸟食之尽。滑州螟虫生。是月，大名府、陕州、陈州蝗。七月，阳谷县螟虫生。

雍熙三年七月，鄄城县有蛾，蝗自死。

淳化元年七月，淄、澶、濮州、乾宁军有蝗。沧州蝗螟虫食苗。棣州飞蝗自北来，害稼。三年六月甲申，京师有蝗起东北，趣至西南，蔽空如云翳日。七月，贝、许、沧、沂、蔡、汝、商、兖、单等州，淮阳军、平定、彭城军蝗、蛾抱草自死。

至道二年六月，亳州、宿、密州蝗生，食苗。七月，长葛、阳翟二县有螟虫食苗。历城、长清等县有蝗。三年七月，单州螟虫生。

景德二年六月，京东诸州螟虫生。三年八月，德、博蟓生。四年九月，宛丘、东阿、须城三县蝗。

大中祥符二年五月，雄州螟虫食苗。三年六月，开封府尉氏县螟虫生。四年六月，祥符县蝗。七月，河南府及京东蝗生，食苗叶。八月，开封府祥符、咸平、中牟、陈留、雍丘、封丘六县蝗。九年六月，京畿、京东西、河北路蝗螟继生，弥覆郊野，食民田殆尽，入公私庐舍。七月辛亥，过京师，群飞翳空，延至江、淮南，趣河东，及霜寒始毙。

天禧元年二月，开封府、京东西、河北、河东、陕西、两浙、荆湖百三十州军，蝗螟复生，多去岁蛰者。和州蝗生卵，如稻粒而细。六月，江、淮大风，多吹蝗入江海，或抱草木僵死。二年四月，江阴军螟虫生。

天圣五年七月丙午，邢、洺州蝗。甲寅，赵州蝗。十一月丁酉朔，京兆府旱蝗。六年五月乙卯，河北、京东蝗。

景祐元年六月，开封府、淄州蝗。诸路募民掘蝗种万余石。

宝元二年六月癸酉，曹、濮、单三州蝗。四年，淮南旱蝗。是岁，京师飞蝗蔽天。

皇祐五年，建康府蝗。

熙宁元年，秀州蝗。五年，河北大蝗。六年四月，河北诸路蝗。是岁，江宁府飞蝗自江北来。七年夏，开封府界及河北路蝗。七月，咸平县鹳谷食蝗。八年八月，淮西蝗，陈、颍州蔽野。九年夏，开封府畿、京东、河北、陕西蝗。

元丰四年六月，河北蝗。秋，开封府界蝗。五年夏，又蝗。六年夏，又蝗。五月，沂州蝗。

元符元年八月，高邮军蝗抱草死。

崇宁元年夏，开封府界、京东、河北、淮南等路蝗。二年，诸路蝗，令有司酺祭。三年、四年，连岁大蝗，其飞蔽日，来自山东及府界，河北尤甚。

宣和三年，诸路蝗。五年，蝗。

建炎二年六月，京师、淮甸大蝗。八月庚午，令长吏修酺祭。

绍兴二十九年七月，盱眙军、楚州金界三十里，蝗为风所堕,风止,复飞还淮北。三十二年六月,江东、淮南北郡县蝗,飞入湖州境,声如风雨;自癸巳至于七月丙申,遍于畿县,余杭、仁和、钱塘皆蝗。丙午,蝗入京城。八月,山东大蝗。癸丑,颁祭酺礼式。

隆兴元年七月,大蝗。八月壬申、癸酉,飞蝗过都,蔽天日。徽、宣、湖三州及浙东郡县,害稼。京东大蝗,襄、随尤甚,民为乏食。二年夏,余杭县蝗。

乾道元年六月,淮西蝗,宪臣姚岳贡死蝗为瑞,以佞坐黜。

淳熙三年八月,淮北飞蝗入楚州、盱眙军界,如风雷者逾时,遇大雨皆死,稼用不害。九年六月,全椒、历阳、乌江县蝗。乙卯,飞蝗过都,遇大雨,堕仁和县界。七月,淮甸大蝗,真、扬、泰州窖扑蝗五千斛,余郡或日捕数十车,群飞绝江,堕镇江府,皆害稼。十年六月,蝗遗种于淮、浙,害稼。十四年七月,仁和县蝗。

绍熙二年七月,高邮县蝗。至于泰州。五年八月,楚、和州蝗。

嘉泰二年,浙西诸县大蝗,自丹阳入武进,若烟雾蔽天,其堕亘十余里,常之三县捕八千余石,湖之长兴捕数百石。时浙东近郡亦蝗。

开禧三年,夏秋久旱,大蝗群飞蔽天,浙西豆粟皆既于蝗。

嘉定元年五月,江、浙大蝗。六月乙酉,有事于圜丘、方泽,且祭酺。七月又酺,颁酺式于郡县。二年四月,又蝗,五月丁酉,令诸郡修酺祀。六月辛未。飞蝗入畿县。三年,临安府蝗。七年六月,浙郡蝗。八年四月,飞蝗越淮而南。江、淮郡蝗,食禾苗、山林草木皆尽。乙卯,飞蝗入畿县。己亥,祭酺,令郡有蝗者如式以祭。自夏徂秋,诸道捕蝗者以千百石计,饥民竞捕,官出粟易之。九年五月。浙东蝗。丁巳,令郡国酺祭。是岁,荐饥,官以粟易蝗者千百斛。十年四月,楚州蝗。

绍定三年,福建蝗。

端平元年五月,当涂县蝗。

嘉熙四年,建康府蝗。

淳祐二年五月,两淮蝗。

景定三年八月,两浙蝗。

绍兴十年春,有野豕入海州,市民刺杀之。时州已陷,夏,镇江军帅王胜攻取之;明年,以其郡属金,悉空其民。

乾道六年,南雄州民家豕生数豚,首各具他兽形,有类人者。

庆元初,乐平县民家豕生豚,与南雄同而更具他蹄。三年四月,余干县民家豕生八豚,其二为鹿。古田县豕食婴儿。

淳化三年六月,黑风昼晦。

景祐四年七月,黑气长丈余,出毕宿下。

康定元年,黑风昼晦。

元丰末,尝有物大如席,夜见寝殿上,而神宗崩。元符末,又数见,而哲宗崩。至大观间,渐昼见。政和元年以后,大作,每得人语声则出。先若列屋摧倒之声,其形

厐丈余,仿佛如龟,金眼,行动硁硁有声。黑气蒙之。不大了了,气之所及,腥血四洒,兵刃皆不能施。又或变人形,亦或为驴。自春历夏,昼夜出无时,遇冬则罕见。多在掖庭宫人所居之地,亦尝及内殿,后习以为常,人亦不大怖。宣和末,寖少,而乱遂作。

政和三年夏至,宰臣何执中奉祀北郊。有黑气长数丈,出自斋宫,行一里许,入坛壝,绕祭所,皆近人穿灯烛而过。俄又及于坛,礼将毕,不见。

宣和中,洛阳府畿间,忽有物如人,或蹲踞如犬。其色正黑,不辨眉目。始,夜则掠小儿食之;后虽白昼,入人家为患,所至喧然不安,谓之"黑汉"。有力者夜执枪棒自卫,亦有托以作过者,如此二岁乃息。已而北征事起,卒成金人之祸。三年春,日有眚,忽青黑无光,其中汹汹而动,若钅金而涌沸状。日旁有黑正如水波,周回旋绕,将暮而稍止。

建炎三年二月甲寅,日初出,两黑气如人形,夹日旁,至巳时乃散。

乾道四年春,舒州雨黑米,坚如铁,破之,米心通黑。

淳熙十一年二月。临安府新城县深浦天雨黑水终夕。十六年六月,行都钱塘门启,黑风入,扬沙石。

庆元元年,徽州黄山民家古井,风雨夜出黑气,波浪喷涌。

咸平元年五月,抚州王羲之墨池水色变黑如云。

大中祥符元年五月丁丑,泰山王母池水变红紫色。四年二月己未,河中府宝鼎县瀵泉有光,如烛焰四五炬,其声如雷。三年八月,解州盐池紫泉场水次二十里许不种自生,其味特嘉,命屯田员外郎何敏中往祭池庙。八月,东池水自成盐,仅半池,洁白成块,晶莹异常。祀汾阴经度制置使陈尧叟继献,凡四千七百斤,分赐近臣及诸列校。

绍兴十四年,乐平县河冲里田陇数十百顷,田中水类为物所吸,聚为一直行,高平地数尺,不假堤防而水自行;里南程氏家井水溢,亦高数尺,夭矫如长虹,声如雷,穿墙毁楼。二水斗于杉墩,且前且却,约十刻乃解,各复故。

天圣四年十月甲午,昏雾四塞。

靖康元年正月丁未,雾气四塞,对面不见。

建炎二年十一月甲子,北京大雾四塞,是夕,城陷。三年三月,车驾发温州航海,乙丑,次松门,海中白雾,昼晦。六月,久阴。四年三月乙丑,四方雾下如尘。

绍兴三年,自正月阴晦,阳光不舒者四十余日。五年正月甲申,雾气昏塞。七月,刘豫毁明堂,天地晦冥者累日。七年,氛气翳日。八年三月甲寅,昼晦,日无光,阴雾四塞。乙卯,昼夜云气昧浊。四月,积雨方止,氛雾四塞,昼日无光。

隆兴元年五月丙午,朝雾四塞。二年六月,积阴弥月。

乾道二年十一月,久阴。五年正月甲申,昼蒙。六年五月,连阴。六月,日青无光。

淳熙六年十二月乙丑,昼蒙。十三年正月丁亥,亦如之。

庆元二年二月己卯,昼瞑,四方昏塞。三年二月丁卯,昼晦,昏雾四塞。六年十二月辛卯、嘉定三年正月丙午、十年正月乙未、十三年三月壬辰,皆昼蒙。

建炎四年三月辛亥,白虹贯日。

绍兴八年三月辛巳,白虹亘天。二十七年二月壬寅,白虹贯日。三十年十二月辛酉,曲虹见日之西。

乾道三年十月丙申,虹见。

淳熙元年十月戊寅,曲虹见日东。二年十月庚辰,虹见。五年十月丁巳,曲虹见日东。

庆元元年正月丙辰,白虹贯日。

嘉泰三年七月壬午,亦如之。四年十一月,虹见。

嘉定十一年二月丙辰,白虹贯日。

嘉熙三年十月乙丑,虹见。四年二月辛丑,白虹贯日。

淳祐十年十二月丁巳,虹见。

宝祐五年十月,虹见。

太祖从周世宗征淮南,战于江亭,有龙自水中向太祖奋跃。

乾德五年夏,京师雨,有黑龙见尾于云际,自西北趋东南。占主大水。明年,州府二十四水坏田庐。

开宝六年四月,单父县民王美家龙起井中,暴雨飘庐舍,失族属,及坏旧镇廨舍三百五十余区,大木皆折。七年六月,棣州有火自空堕于城北门楼,有物抱东柱,龙形金色,足三尺许,其气甚腥。旦视之,壁上有烟痕,爪迹三十六。

大中祥符二年八月,青蛇出无为军廨,长数尺。

宣和元年夏,雨,昼夜凡数日。及霁,开封县前茶肆中有异物如犬大,蹲踞卧榻下。细视之,身仅六七尺,色苍黑,其首类驴,两颊作鱼颔而色正绿,顶有角,生极长,于其际始分两歧,声如牛鸣,与世所绘龙无异。茶肆近军器作坊,兵卒来观,共杀食之。已而京城大水,讹言龙复仇云。

绍兴初,朱胜非出守江州,过梁山,龙入其舟,才长数寸,赤背绿腹,白尾黑爪甲,目有光,近龙孽也。行都柴垛桥旌忠庙三蛇出没庭庑,大者盈尺,方鳞金色,首脊有金钱,遇雾,或变化数百于蕉卉间。庙徙而蛇孽亦绝。十一年四月,衡山县净居岩有蛇长二丈,身围数尺,黑色而方文,震死,山水大至。先是,山气遇夜辄昏昧,蛇毙始明。二十五年六月,湖口县赤龙横水中如山,寒风怒涛,覆舟数十艘,士卒溺者数十人。三十年春,宜黄县大蛇见于丞治,长二丈。捕之纵数里外,俄复至者数四。

乾道五年七月乙亥,武宁县龙斗于复塘村,大雷雨,二龙奔逃,珠坠,大如车轮,牧童得之。自是连岁有水灾。

太平兴国三年,灵州献官马驹,足有二距。

雍熙二年,虔州吏李祚家马生驹,足有距。四年,鄜州直罗民高英家马生前两足如牛。端拱二年,夏州民程真家马生二驹。

大中祥符九年十二月,大名监马生驹,赤色,肉尾无骏。

宣和五年,马生两角,长三寸,四足皆生距。时北方正用兵。

绍兴八年,广西海壖有海兽如马,蹄鬣皆丹,夜入民舍。聚众杀之,明日海溢,环村百余家皆溺死,近马祸也。五年,广西市马,全纲疫死。

淳熙六年十二月,宕昌西马、金州马皆大疫。十二年,黎、雅州献马,有角长二寸。京房《易传》曰:"臣易上,政不顺,厥妖马生角,兹谓贤士不足。"

绍熙元年二月丙申,右丞相留正乘马早朝,入禁扉,马毙,近马祸也。

嘉定五年正月,史弥远入贺于东宫,马惊堕地,衣帻皆败,其额微损,事与上同。

建隆元年,雄州归义军民刘进妻产三男。二年,孟州民孟福、定州民孟公礼等妻各产三男。三年,齐州、晋州大旱,民家多生魃。龙冈县民林嗣妻、京师龙捷军卒宜超妻产三男。

乾德三年,江陵府民刘晖妻产三男。四年,安州骁健军卒赵远妻产三男。五年,光州民高与、德州民赵嗣、乾宁军卒王进妻产三男。

开宝元年,沂州民王政、澶州民谢兴妻产三男。二年,阆州民孙延广、开州民董远妻产三男。七年,青城县王宥妻产三男。河南府民刘元妻产三男。

太平兴国二年,邢州招收军卒李遇、汝州归化军卒鱼霸、常州民谢祚妻产三男。晋原县民杨万妻产三男。七年,澶州龙卫军卒靳兴、普州民郑彦福妻产三男。汾州民郑训妻产三女。雁门县民刘习妻产四男。滑州归化军卒安旺妻产二男一女。八年,扬州顺化军卒俞钊、温州民李遇、荣州民李祚妻产三男。九年,扬子县民妻生男,毛被体半寸余,面长、顶高、乌肩、眉毛粗密,近发际有毛两道软长眉,紫唇、红耳、厚鼻、大类西域僧。至三岁,画图以献。

雍熙二年,奉新县民何靖妻产三男。三年,鲁山县民张美、相州林虑县民张钦妻产三男。四年,晋原县民周承晖、固始县民杨昇妻产三男。

端拱元年,祁州民冯遇妻产三男。二年,齐州民徐美、并州民侯远、常州卒徐流妻产三男。

淳化元年正月,河阳县民王斌、新息县民李珪妻产三男。八月,汾州悉达院僧智严头生角三寸。二年,晋陵县民黄钊、南充县民彭公霸、龙阳县民周信、王屋县民李清、临清县民国忠、邻水县吏谢元昇、奉化县卒朱旺妻产三男。瀛州民胡立、邢州民高德妻产三男。四年,邯郸县民郑安、河间县民王希挙、安州民宋和妻产三男。五年,雍丘县营卒盛泰妻产三男。

至道元年,保州敌军校李深、宋城县民王洽、临淮县民贺用、永清县民董美、鄄城县民马方妻产三男。二年,安丰县民王构、伊阳县民张寿、成都县民彭操妻产三男。三年,汾州民赵演、沂州民孙祠、南剑州民刘相、饶安县民睦鸾、卫州宣武军卒李筠妻产三男。

咸平元年,台州永安县王旺、澶州静戎军卒郑穗妻产三男。莘县民怀梁、获嘉县民王贵、永康县民罗彦瑫、温县民杨荣、毗陵县民魏吉妻产三男。三年，睢县民朱进、郓州武威军卒徐遵、深州民彭远妻产三男。四年，望都县民郭莹、邑州澄海军卒梁济妻产三男。五年，夏津县民赵替妻产三男。六年，石城县民刘诜、堂邑县民戴兴妻产三男。平乡县民郭让妻产四男。

景德元年，南昌县民李聪妻产三男。二年，奉新县民魏勇妻产三男。四年，八作司匠赵荣、南顿县民任登老、枣强县民张绪妻各产三男。

大中祥符元年，高邮军民王言妻产四男。二年，崞县民张留、清平军民杨泉妻产三男。三年，获嘉县民冯可妻产三男。宋城县民李悔妻产二男二女。四年，河池县民冯守钦妻产三男。五年，大名府宣勇军卒徐璘、赞皇县民李钊妻产三男。七年，铜鞮县民李谦、宋城县民白德、霍丘县民朱璘、平凉县民焦思顺妻产三男。八年，河南府民宋再兴、真阳县民周元、历亭县民田用侯言、霍丘县民王忠杜戬、濮阳县民卫志聪、定州骁武军卒张吉、雍丘县怀勇军卒黄进妻产三男。永嘉县民张保妻产四男。九年，曹州雄勇军卒聂德、瀛州民刘元、澧州民张贵、广州民刘吉妻产三男。

天禧元年，连江县民陈霸妻产三男。三年，钱塘县民谢文信、遂安县民李承遇妻产三男。四年，孝感县民杜明、平恩县民刘顺妻产三男。七月，耒阳县民张中妻产三男，其额有白志方寸余，上生白发。

自天圣迄治平，妇人生四男者二，生三男者四十四，生二男一女者一。熙宁元年距元丰七年，郡邑民家生三男者八十四，而四男者一，三男一女者一。元丰八年至元符二年，生三男者十八，而四男者二，三男一女者一。元符三年至靖康，生三男者十九，而四男者一。前志以为人民蕃息之验。

宣和六年，都城有卖青果男子，孕而生子，蓐母不能收，易七人，始免而逃去。丰乐楼酒保朱氏子之妻，可四十余，楚州人，忽生髭，长仅六七寸，疏秀而美，宛然一男子，特诏度为女道士。

绍兴三年，建康府桐林湾妇产子，肉角、有齿。是岁，人多产鳞毛。二十年八月，真符县民家一产三男。

隆兴元年，建康民流寓行都而妇产子，二首具羽毛之形。

乾道五年，衡、湘间人有化为虎者。余杭县妇产子，青而毛，二肉角，又有二家妇产子亦如之，皆连体两面相乡。三家才相距一二里。潮州城西妇孕过期产子，如指大，五体皆具者百余，蠕蠕能动。

淳熙十年，番易南乡妇产子，肘各有二臂，及长，斗则六臂并运。十三年，行都有人死十有四日复生。十一月辛未，邓家巷妇产肉块三，其一直目而横口。十四年六月，临安府浦头妇产子，生而能言，四日，暴长四尺。

绍熙元年三月癸酉，行都市人夜以杀相惊，奔逃者良久乃定。是岁，昆山县工采石而山压。三年六月，它工采石邻山，闻其声呼，相应答如平生。其家凿石出之，见其妻，喜曰："久闭乍风，肌肤如裂。"俄顷，声微嗫不语，化为石人，貌如生。

庆元元年，乐平县民妇产子有尾。永州民产子首有角，腋有肉翅。二年七月，进贤县妇产子亦如之，而面有三目。

嘉定四年四月，镇江府后军妻生子，一身二首而四臂。

淳化五年六月，京师疫，遣太医和药救之。
至道三年，江南频年多疾疫。
大观三年，江东疫。
建炎元年三月，金人围汴京，城中疫死者几半。
绍兴元年六月，浙西大疫，平江府以北，流尸无算。秋冬，绍兴府连年大疫，官募人能服粥药之劳者，活及百人者度为僧。三年二月，永州疫。六年，四川疫。十六年夏，行都疫。二十六年夏，行都又疫，高宗出柴胡制药，活者甚众。

隆兴二年冬，淮甸流民二三十万避乱江南，结草舍遍山谷，暴露冻馁，疫死者半，仅有还者亦死。是岁，浙之饥民疫者尤众。

乾道元年，行都及绍兴府饥，民大疫，浙东、西亦如之。六年春，民以冬燠发作。八年夏，行都民疫，及秋未息。江西饥民大疫，隆兴府民疫，遭水患，多死。

淳熙四年，真州大疫。八年，行都大疫，禁旅多死。宁国府民疫死者尤众。十四年春，都民、禁旅大疫，浙西郡国亦疫。十六年，潭州疫。

绍兴二年春，涪州疫死数千人。三年，资、荣二州大疫。

庆元元年，行都疫。二年五月，行都疫。三年三月，行都及淮、浙郡县疫。

嘉泰三年五月，行都疫。

嘉定元年夏，淮甸大疫，官募掩骼及二百人者度为僧。是岁，浙民亦然。二年夏，都民疫死甚众。淮民流江南者饥与暑并，多疫死。三年四月，都民多疫死。四年三月，亦如之。十五年，赣州疫。十六年，永、道二州疫。

德祐元年六月庚子，是日，四城迁徙，流民患疫而死者不可胜计，天宁寺死者尤多。二年闰三月，数月间，城中疫气薰蒸，人之病死者不可以数计。

熙宁元年七月戊子夜，西南云间有声鸣，如风水相激，浸周四方。主民劳，兵革岁动。六年七月丙寅夜，西北云间有声如磨物，主百姓劳。七年七月庚子夜，西北天鸣，主惊忧之事。

绍兴二十一年八月乙亥，天有声如雷，水响于东南，四日乃止。

开禧元年六月壬寅，天鸣有声。

天禧三年正月晦，沈丘县民骆新田闻震，顷之，陨石入地七尺许。

淳熙十六年三月壬寅，陨石于楚州宝应县，散如火，甚臭腥。

庆元二年六月辛未，黄岩县大石自陨，雷雨甚至，山水濆涌。

卷六十三　　　　　志第十六

五行二上

火　上

炎上，火之性也。火失其性，则为灾眚。旧说以恒燠、草妖、羽虫之孽、羊祸、赤眚、赤祥之类皆属之火，今从之。

建隆元年，宿州火，燔民舍万余区。二年三月，内酒坊火，燔舍百八十区，酒工死者三十余。三年正月，滑州甲仗库火。燔仪门及军资库一百九十区，兵器、钱帛并尽。开封府通许镇民家火。燔庐舍三百四十余区。二月，安州牙吏施延业家火。燔民舍并显义军营六百余区。五月，京师相国寺火，燔舍数百区。海州火，燔数百家，死者十八人。

乾德四年二月，岳州衙署、廪库火，燔市肆、民舍殆尽，官吏逾城仅免。三月，陈州火，燔民舍数十区。潭州火，燔民舍五百余区；逾月，民周泽家火，又燔仓廪、民舍数百区，死者三十六人。是春，诸933言火者甚众。八月，衡州火，燔公署、仓库、民舍仅千余区。五年，京师建隆观火。

开宝三年八月，辰州廨火，燔军资库。五年七月，忠州火，仓库殆尽。七年九月，永城县火，燔民舍一千八百余区。八年四月，洋州火，燔州廨、民舍千七百区。永城县火，燔军营、民舍千九百八十区，死者九人。

太平兴国七年八月，益州西仓灾。

雍熙元年五月丁丑，乾元、文明二殿灾。初夕，阴云雷震，火起月华门，翌日辰、巳方止。二年九月庚寅夜，楚王元佐宫火，燔舍数百区，王自是以疾废于家。三年，光化军民却勋家火，延燔军廨、舍、库。

端拱元年二月，云安军威棹营火。二年三月，衡州火，燔州县官舍、仓库、军营三百余区。又崇贤坊有鸟燔数十处，七日不灭。

淳化三年十月，蔡州怀庆军营火，燔汝河桥民居、官舍三千余区，死者数人。十二月，建安军城西火，燔民舍、官廨等殆尽。四年二月，永州保安津舍火，飞焰过江，烧州门及民屋三百余家。

咸平二年四月，池州仓火，燔米八万七千斛。

景德元年正月，平虏军营火，焚民居庐舍甚众。四年十一月，鄜州火，燔仓库并尽。

大中祥符元年正月，桂州甲仗库灾。二年四月，昇州火，燔军营、民舍殆尽。四年八月，徐州草场火。十月，镇州城楼、战棚火。七月，雄州甲仗库火。八年二月甲寅，宗正寺火。四月壬申夜，荣王元俨宫火，自三鼓北风甚，癸酉亭午乃止，延燔左承天祥符门、内藏库、朝元殿、乾元门、崇文院、秘阁、天书法物内香藏库。九年五月甲子，左天厩坊草场火。

天禧二年二月戊寅，北宅蔡州团练使德雍院火，延燔数百区。三年春，京师多火。六月，永州军营火，延民舍数百余区。五年四月丁巳，事材场火。

天圣三年二月丁卯，蕲州榷货务火。五年四月壬辰，寿宁观火。七年六月丁未，玉清昭应宫灾。初，大中祥符元年，诏建宫以藏天书。七年，宫始成，凡二千六百一十楹。至是，火发夜中，大雷雨，至晓而尽。

明道元年八月壬戌，修文德殿成。是夜，禁中火，延燔崇德、长春、滋福、会庆、延庆、崇徽、天和、承明八殿。

景祐三年七月庚子，太平兴国寺火起阁中，延燔开先殿及寺舍数百楹。是夕，大雨雹。十月巳酉，澶州横龙水口西岸料物场火，焚薪刍一百九十余万。

宝元二年六月丁丑，益州火，焚民庐舍二千余区。

康定元年六月乙未，南京鸿庆宫神御殿火。

庆历元年五月癸亥，庆州草场火，延燔州城楼橹。三年十一月丙寅，上清宫火。四年三月丙戌夜，代州五台山寺火。六月丁未，开宝寺灵感塔灾。七月甲子，燕王宫火。六年七月辛丑，洪福禅院火。八年正月壬午，江宁府火。初，李景江南大建宫室、府寺，其制多仿帝室，至是一夕而焚，唯玉烛殿独存。

皇祐五年正月丁巳，会灵观火。

至和元年四月辛丑，祥元观火。二年，并州太宗神御殿火。

嘉祐三年正月，温州火，燔屋万四千间，死者五十人。

治平四年十二月壬子夜，睦亲宫火，焚九百余间。甲寅，广亲宫又火。

熙宁六年二月丙申，永昌陵上宫火，燔东城门。七年九月壬子，三司火，自巳至戌，焚屋千八百楹，案牍殆尽。十一月，洞真宫火。九年十月，鲁王、濮王宫火。十年正月，仙韶院火。撤屋二百五十楹。三月丙子，开封府火。

元丰元年八月，邕州火，焚官舍千三百四十六区，诸军衣万余袭，谷帛军器百五十万。四年六月，衡州火，烧官舍、民居七千二百楹。钦州大雷震，火焚城屋。五年二月，洞真宫火。八年二月辛巳，开宝寺火。时寓礼部贡院于寺，点校试卷官翟曼、陈之方、马希孟焚死，吏卒死者十四人。

元祐元年三月，宗室宫院火。六年十二月，开封府火。

绍圣三年三月七日，内尚书省火，寻扑灭。上谕执政：禁中屡火，方醮禳，已罢春宴，仍不御垂拱殿三日。四年七月甲子，禁中火。

元符元年四月，宗室宫院火。

建中靖国元年六月壬寅，集禧观火，大雨中久而后灭。

崇宁二年六月，中太乙宫火。三年三月辛丑，大内火。

政和三年四月，苏州火，延烧公私屋一百七十余间。

五月，封州火，延烧公私屋六百八十二间。五月辛丑，京师大盈仓火。是岁，成都府大慈寺、温州绛州皆火。

重和元年九月，掖庭大火，自甲夜达晓，大雨如倾，火益炽，凡爇五千余间，后苑广圣宫及宫人所居几尽，焚死者甚众。

靖康元年十二月丙子夜，尚书省火，延烧礼、祠、工、刑、吏部，拆尚书省牌掷火中禳之乃息。二年三月戊戌，天汉桥火，焚百余家。顷之，都亭驿又火。己酉，保康门火。

绍兴元年十月乙酉，临安府、越州大火，民多露处。十二月辛未，越州火，焚吏部文书，乙酉，移跸钱塘。二年正月丁巳，宣州火，燔民居几半。五月庚辰，临安府大火，亘六七里，燔万数千家。十二月甲午，行都大火。燔吏刑工部、御史台、官府、民居、军垒尽，乙未旦乃熄。三年九月庚申，行都阙门外火，多燔民居。四年正月戊寅，行都火，燔数千家。六年二月，行都屡火，燔千余家。十二月，行都大火，燔万余家，人有死者。时高宗亲征刘豫，都民之暴露者多冻死。七年正月辛丑，平江府火。二月辛丑，镇江府、楚、真、扬、太平州火。是岁，临安府火。八年二月丁酉，太平府大火，宣抚司及官舍、民居、帑藏、文书皆尽，死者甚众，录事参军吕应中、当涂县丞李致虚死焉。九年二月己卯，行都火。七月壬寅，又火。十年十月，行都火，燔民居，延及省部。十一月丁巳，温州大火，燔州学、酤征舶等务、永嘉县治及民居千余。十一年七月癸亥，婺州大火，燔州狱、仓场、寺观暨民居几半。九月甲寅，建康府火，燔府治三十余区，民居三千余家。十二年二月辛巳，镇江府火，燔仓米数万石，刍六万束，民居尤众。是月，太平、池州及芜湖县皆火。三月丙申，行都火。四月，行都又火。十四年正月甲子，行都火。十五年，大宁监火，燔官舍、帑藏、文书。九月丙子，行都火，经夕，渐近太室而灭。十七年八月，建康府火。十二月辛亥，静江府火，燔民舍甚众。二十年正月壬午，行都火，燔吏部文书皆尽。二十五年，汴京宫室悉焚。二十六年，潭州南岳庙火。二十九年四月，镇江府火，焚军垒、民居。十二月丙子，婺州大火，燔官舍、民居、寺观，人有死者。

乾道元年正月，泰州火，燔民舍几尽。是年春，德安府应城县厩驿火。二年冬，真州六合县武锋军垒火。十二月，婺州火。自是火患不息，人火之也。三年五月，泉州火。五年十二月壬申，太室东北垣外民舍火。七年十一月丁亥，禁垣外阛人私舍火，延及民居。九年九月，台州火，经夕，至于翌日昼漏半，燔州狱、县治、酒务及居民七千余家。

淳熙元年十二月丁巳，泉州火，燔城楼及五十余家。二年六月戊午，潭州南岳庙火。八月，严州火。十一月癸亥，丽正门内东庑灾。是岁，泸州火，坐上焚民居不实，守臣贬秩。三年九月，大内射殿灾，延及东宫门。四年十一月辛酉，鄂州南市火，暴风通夕，燔千余家。五年四月庚寅，兴州沙市火，燔三百四十余家，有死者。十一月，和州牧营火，燔一百六十区。七年二月，江陵府沙市大火，燔数千家，延及船舰，死者甚众。八月，温州试士，火作

于贡闱。八年正月，扬州火。九月乙亥，行都火。九年九月，合州大火。燔民居几尽，官舍仅有存者。十一年二月辛酉，兴元府义胜军垒舍火。十二年八月，温州火，燔城楼及四百余家。十月，鄂州大火，燔万余家。江风暴作，结庐堤上，泊舟岸下者，焚溺无遗。十四年五月，大内武库灾，戎器不害。六月庚寅，行都宝莲山民居火，延烧七百余家，救焚将校有死者。五月，成都府市火，燔万余家。十六年九月，南剑州大火，民居存者无几。

绍熙元年八月壬寅，处州火，燔数百家。十二月戊申，建宁府浦城县火。时查洞寇张海作乱，焚五百余家。二年四月，行都传法寺火，延及民居。言者以戚里土木为孽，火数起之应。是月，徽州大火，夜燔州治、谯楼、官舍、狱宇、钱帛库务，凡十有九所，五百二十余区，延烧千五百家，自庚子至于壬寅乃熄。五月己巳，金州火，燔州治、官舍、帑藏、保胜军器库、城内外民居甚众。三年正月己巳，行都火，通夕，至于翌日，阛阓焚者半。十一月，又火，燔五百余家。十二月甲辰，鄂州火，至于翌日，燔八百家。

庆元二年八月己酉，永州火，燔三百家。三年闰月甲申，金州都统司中军垒舍火，焚千三百余区。阅六月乙酉，又火。燔二千余区。是冬，绍兴府僧寺火，延烧数百家。六年八月戊戌，徽州火。燔州狱、官舍，延及八百余家。

嘉定元年三月戊寅，行都大火，至于四月辛巳，燔御史台、司农寺、将作军器监、进奏文思御辇院、太史局、军头皇城司、法物库、御厨、班直诸军垒，延烧五万八千九十七家。城内外亘十余里，死者五十有九人，践死者不可计。城中庐舍九毁其七，百官多僦舟以居。火作于宝莲山御史台胥杨浩家，谏议大夫程松请戮浩以谢都民。疏再上，始黥配万安军，犹免决。自是民讹言相惊，亡赖因纵火为奸利。二年六月己卯，临安府火。三年正月丁酉，襄阳府火作而风暴，选锋军校于友直死于救焚，止延烧六十余家。帅、漕臣上其功，赠二秩，官其子二。十一月甲午，福州火。燔四百余家。四年三月丁卯，行都大火，燔尚书中书省、枢密院、六部、右丞相府、制敕粮料院、亲兵营、修内司，延及学士院、内酒库、内宫门庑，夜召禁旅救扑。太室撤庙庑，迁神主并册、宝于寿慈宫。翼日戊辰旦，火及和宁门鸱吻，禁卒张隆飞梯斧之，门以不焚。火作时，分数道，燔二千七十余家。又翌日己巳，神主还太室。时省部皆寓治驿、寺。四月丙申，临安府梵天寺火。六月，盱眙军天长县禁军营火，铠械为尽。八月壬辰，鄂州外南市火，燔五百余家。

开禧二年二月癸丑，寿慈宫灾。四月壬子，行都火，燔数百家。

嘉定二年八月己巳，信州火，燔二百家。九月丁酉，吉州火，燔五百余家。是岁，泸州火，燔千余家。十一月丁亥，建宁府政和县火，燔百余家。四年闰二月己卯，绍兴府嵊县浦桥火，燔百余家。三月，滁州火，燔民居甚多。十月，抚州火。辛卯，福州一夕再火，燔城门、僧寺，延烧千余家，死者数人。五年五月己未，和州火。燔二千家。八年八月辛丑，湖州火，燔寺观，延烧三百家。九年

七月甲戌，南剑州沙县火，燔县门、官舍及千一百余家，民有死者。十一年二月，行都火。燔数百家。九月己巳，禁垣外万松岭民舍火，燔四百八十余家。十三年二月庚寅，安丰军故步镇火，燔千余家，死者五十余人。八月庚午，庆元府火，燔官舍、第宅、寺观、民居甚众。十一月壬子，行都火，燔城内外数万家、禁垒百二十区。十七年四月丁卯，西和州焚军垒及民居二千余家，人火之也。守臣尚震午误以为金人至而遁。六月丁亥，岳州火，燔岳阳楼、州狱、帑库，延及八十家。己丑又火，燔百余家。

绍定元年三月，行都火，燔六百余家。

嘉熙元年六月，临安府火，燔三万家。

淳祐元年，徽州火。十二年十一月丙申，行都火，至丁酉夜始熄。

景定四年，绍兴火。五年，临安府大火。

德祐元年，玉牒所灾。

乾德二年冬，无雪。五年冬，无雪。

开宝元年冬，京师无雪。二年冬，无雪。

淳化二年冬，京师无冰。

至道元年冬，无雪。二年冬，无雪。

大中祥符二年，京师冬温，无冰。

天圣五年，夏秋大暑，毒气中人。

嘉祐六年冬，京师无冰。

治平四年冬，无雪。

元丰八年冬，无雪。

元祐元年冬，无雪。四年冬，京师无雪。五年冬，无冰雪。

绍兴五年五月，大燠四十余日，草木焦槁，山石灼人，暍死者甚众。三十一年冬，无雪。

乾道三年，冬温，少雪无冰。五年，冬温，无雪。六年，冬温，无雪冰。

绍熙三年冬，潼川路不雨，气燠如仲夏，日月皆赤，荣州尤甚。

庆元元年冬，无雪。二年冬，无雪。四年冬，无雪。越岁，春燠而雷。六年，冬燠无雪，桃李华，虫不蛰。

开禧三年冬，少雪。

嘉定元年，春燠如夏。六年冬，燠而雷，无冰，虫不蛰。八年夏五月，大燠，草木枯槁，百泉皆竭，行都斛水百钱，江、淮杯水数十钱，暍死者甚众。九年冬，无雪。十三年冬，无冰雪。越岁，春暴燠，土燥泉竭。

建隆二年九月，亳州献芝一株。

乾德四年闰八月，黄冈县民段赞屋柱生紫芝一本二茎，知州郑守忠以献。十二月，登州献芝五茎。

开宝四年，成都府民罗达家生芝。六年正月，知梓州赵延通献芝一本。河中府大明观殿芝草生，节度使陈思让以闻。七年七月，陈州节度党进献控鹤营卒孙洪家芝二本。八月，又献芝一本，四十九茎。九月，麻城县麇芝生柱上，刺史王明以献。十月，梓州献芝草。

太平兴国二年八月，青城县民家竹一本，上分双茎。三年六月，项城县令王元正献芝草。七月，广州献芝草。八月，功臣堂柱生芝二本，知州范旻画图以献。四年八月，广州献芝草。九月，华山道士丁少微献白芝、黝芝各一器。五年五月，眉山县竹一茎十四节，上分二枝，长丈四尺。九月，真定府行宫殿梁生芝。如荷花，知府赵贤进以图来上。十月，龙水县华严寺旧截竹为筒引水。忽生枝叶，长二丈许，知州姜宣以闻。六年三月，广州献黄芝一本九茎。七月，新津县赵丰村竹一茎十二节，上分两岐，知州崔宪以闻。七年六月，知黄州裴仁凤献芝草。七月，知罗江县陈罩于罗璜山获芝四本以献。湘阴县万寿寺松根，芝草二本生，转运副使赵昌献之。八月，再生四本，昌又献。潭州民欧阳进、夏侯敏园中芝三本。宜兴县民长孙裕家生芝，紫茎黄盖。十月，雄州实信院竹丛生芝草，僧致仁采之复生，悉以上献。八年二月，知福州何允昭献芝二本。五月，汉州献芝。十月乙酉，蜀州献瑞竹一本十六节，上分两枝。知连州史昭文献芝二茎。十一月，婺源县民王化于王陵山石上得紫芝一本，丛生五茎。金州监军廨生芝三本。九年十月，金州献芝三本，永康军献芝九茎，同日至阙下。十一月，知梓州沈护获芝三茎。

雍熙二年七月，灵州芝草生，知州侯赟刻木为其状来献。三年三月，殿前承旨吴思能使楚、泗，献所得芝草五本。四月，眉山县献《异竹图》。八月，刑部尚书宋琪家牡丹三华。

端拱元年五月，知襄州郝正献芝五本。八月，广州凤集合欢树下，得芝三本。二年七月，彭山县民家生异竹。舒州芝草生，知州赵孚以献。十月，密州献芝草。

淳化元年四月，永州监军廨芝草生，知州克宪以闻。八月，黄州刺史魏丕献芝草。二年二月，射洪县安国寺竹二茎同本。六月，舒州竹连理，知州乐史以闻。十一月，陵州民赵崇家慈竹二茎，长六尺许，其上别有根柢，茎分十枝，长丈余；又一本三茎并笥。三年十月，朗州异竹生。京师太平兴国寺牡丹生华，占云："有丧。"是月，恭孝太子薨。四年正月，知兴化军冯亮献芝草。十月，彭门芝草生。十二月，荣州献《异竹图》。五年正月，密州献芝草四本，枝叶扶疏。二月，知温州何士宗献芝草五本；十月，又献十本。

至道元年十一月，潭州监军廨生竹一本，长二尺许，枝叶万余，尤为殊异。二年六月，虔州龙泉县合龙院一竿分两枝。河南县民张知远家芝草生，判府吕蒙正表上之。闰七月，密州献芝二本。三年二月，广东转运使康戬献紫芝。

咸平元年十二月，宣化县保圣山瑞竹生一本二枝。二年闰二月，宣、池、歙、杭、越、睦、衢、婺诸州箭竹生米如稻。时民饥，采之充食。九月，剑州驿厅梁上生芝草，一枝三朵，其色黄白，知州李仁衡图以献。四年正月，滩州献芝草一本，如佛状。十二月，知淮阳军王砺献芝草三本。六年五月，导江县民潘矩田生芝，三层，黄紫色，高五寸许。九月，相州牧龙坊生芝一茎，色紫黄，长尺余，分七枝，枝如手五指状。其最上枝类凤者，知州张鉴以献。

景德三年八月，蔡州献芝草。四年十月，知广安军王奇上《芝草图》。十二月，蓬州上《瑞竹图》。

大中祥符元年四月，温州献《瑞竹图》。五月辛未，以东封，遣经度制置使王钦若祭文宣王庙，于孔林得芝五株，色黄紫如云色，及人戴冠冕之状。诏内侍杨怀玉祭谢。复得芝四本，轻黄，如云气之状。癸未，内侍江德明于白龙潭石上得紫黄芝一本以献。六月，瑕丘县民宋固于尧祠前得黄紫芝九本，连理者四，又县民蔡珍得芝一本，王钦若以献。钦若又于岱岳及尧祠前，再得芝二十二本。连理者二，及有贯草石者。七月，钦若亲获芝十一本，又州长及民所得二十六本，有重台连理及外白内紫之状，且言："泰山至日生芝草，军民竞采，请给缗帛。"从之。兖州狱空，司理参军郭保让扫除其间，得芝四本。八月，须城县民家芝草生。乾封县民家屋柱生芝。滋长连袤，色鲜洁如绘画。钦若献芝草八千一百三十九本，有贯草木、附石、连理及饰为宝山者。黄州献异竹一本双茎。九月，赵安仁来献五色金玉丹紫芝八千七百十一本。巩县柴务牡丹华。十月，泰山芝草再生者甚众。辛丑，车驾次郓州，知州马元方献芝草五本。甲辰，钦若等又献泰山芝草三万八千五十本，有并五连、三连理者，五色重晕如宝盖，下相连带，凡草木五谷如宝山、灵禽、瑞兽之象者六百四十二。诏令封禅日列天书辇前，又送诸路名山胜景及赐宰相。是月，复州献芝草，类神仙佛像。河中府酒厨梁上生芝，一本十二叶，其色如玉。安阳县段赟家紫连理，长尺余，又民李钊屋柱生芝三本。霍丘县河亭及圣惠坊并有紫芝生。十二月，福州怀安县龙眼树上紫芝连理。温州献《灵芝图》。二年正月，福州荔枝树生连理芝二本。二月，饶州献芝草四本。七月，遂州皇泽寺芝草生，凡五十本。九月，荣州廨庭中生芝二本。十月，果州青居山献金晕连理芝草。十一月，华山张超谷石上生紫芝二本。嵩岳生芝草五十本。石首县文宣王庙殿柱芝草生。又龙盖山万福里民宗永昌园藤上芝草生，一本双茎。十二月，汉州芝草生。黔州芝草一茎十二枝，若山峰状。三年正月，井研县三惠寺生芝草十本。二月，昌州廨厅柱芝生四本。闰二月，饶州芝草生。三月，西充县青莲塔院、太平观并生芝草。四月，京师竹有华，占云："岁不丰。"六月，绵、邵、鄂州并芝草生。七月，虢州圣女观生芝草三本。八月，颖县民得田芝十二本。蜀州生芝草，一茎九叶。江陵县民张仲家竹自根上分干，其一干又分三茎，九月，江陵府永泰寺竹出地七节，分为两茎，长丈余，知府陈尧咨以闻。华州敷水民侯元则入华阳川石罅，得芝一本，知州顾端以献。十月，内侍任文庆诣茅山，设醮洞中，获芝草二十八本，有如人手者。十一月，安乡县谢山获芝二十二本，其七状如珊瑚而色紫。十二月，神泉县获芝四本。四年正月，知华州崔端献芝草，状如仙人掌。须城县民李道安于黄仙公洞台上得芝草一本以献。二月，崔端又献芝草十本。知益州任中正献芝草二十二本。知遂州毋宾古献芝草。四月，古田县僧舍竹一本，上分三茎。端昌县民李让家筀竹一本，去地五尺许，分为二茎，知州范应辰以闻。六月，夔州芝草生廨舍中。七月，知亳州徐泌、知江州王文震并献芝草。知郴州袁延庆献芝草十本。八月，邕州云封寺柏树生芝五本，

知州刘知诰以献。西充县广川王庙生芝十本，其三连理。八月，知信州李放献《瑞竹图》三本。十一月，河中府献芝草。真源县民王顺慈、司徒健家生芝各一本。岳州、道州并献芝草。南岳奉册使薛映、副使钱惟演过荆门军神林石上，获芝草以献。十二月，铅山县仁寿僧舍生芝草一本，双枝，长尺八寸。五年六月，浔州六祖院法堂紫芝双秀，知州高志宁以闻。八月，亳州献芝草。十月，泽州厅事梁上，生白茎紫盖芝二十四本。闰十月，常州芝草生。又萧山县芝生李树上十一本。十一月，广州献芝草二百三十七本。晋原县僧舍芝草一本。十二月，随州芝草生。亳州献鹿邑县民所获芝草四本。候官县山上生芝草五十四本。闽县望泉寺生芝草十本。宁德县支提山石上生芝草十五本。六年二月，江州庐山崇圣院生芝九本，知州王文震以献。四月，饶州承天院东山生芝四本，连叶。六月，寿丘县获紫茎金芝一本。景陵县管坦山林中获芝三十本。七月，内侍石延福登兖州寿丘，获芝一本，贯草而生，又旁得三十本。亳州团练使高汉英献芝八本。鼎州城门柱下生芝一本。八月，继照堂生芝一本，紫茎黄盖。奉祀经度制置使丁谓至真源县，太清宫道士、濑阳乡民继获芝八十本以献。乙丑，又获二百五十本，有一本三茎，一茎如云气佛像者。九月，又得宋城县民所获芝五十本献之。十月，丁谓来朝，献芝草三万七千一百八本，饰以仙人、宝禽、异兽之状；十一月，又献九万五千一百本。明年，车驾至真源，民有诣行阙献者，又一万八千本。是冬，兖州景灵宫芝草生。庆成军大宁庙圣制碑阁生金芝二本。昭州龙岳山资寿寺芝草生。浔州厅廨柱芝生一本，上分为二，其上又生二本，凡三重。无锡县民曹诜家食案生芝，赤黄有光，长尺许。又知南安军章得一献芝草。七年正月，明州献茹侯山石上生芝一本四茎。二月，知信州欧阳陟献芝草七本，忠州献芝五本。四月，福州献芝草二本。五月，鄌县西上石崖生紫十五本。七月，华州民入华山，得白石上芝草，双茎连盖。八月，均州、献州献芝千二百二十七本。十月，庆成军大宁庙石双茎生芝，其上合干。明、英二州芝草生。十一月，蜀州芝草二本生竹根。八年二月，青州武成王庙柱生芝一本，知州张知白以图献。三月，荣州应灵县弥陀佛舍生紫芝三本，其一双干，上如盖。四月，昌州有芝生石上，一本四茎，其色黄白。四月，彰明县民家竹一根，上分二本、十三节。又开元寺桃竹一茎，上分十八节，皆相对。五月，道州舜祠旁生芝二十一本。六月，盩厔县民家芝草三茎，共成一叶，又石芝一本。十月，晋原县民柏辰家生芝三根，合为一本。九年七月，知信州董温献芝十二本。八月，知庐州余献卿献芝二本。九月，涪城县石壁生芝一本。十一月，武冈县民何文化园竹生两株同本，上分四茎。十二月，晋原县民李彦滔家竹一本，双茎对节，知州王世昌图以献。

天禧元年三月，新津县平盖下玉皇案下芝草生。鄂州天庆观圣祖殿芝草生。四月，邵阳等县竹生穗如米，民饥食之。又浮梁县竹生穗如米。七月，汉阳军太平兴国寺芹竹一本，生二茎，节皆相对。十二月庚午，内出芝草如真武像。二年正月庚子，内出真游、崇徽二殿《梁上芝草

图》示宰相。五月，兖州景灵宫昭庆殿生金芝二本。三年六月，汉阳军芝草生一百五十余本。七月，嵩山崇福宫获芝草一百本，有重台连理、贯草者，知河南府冯拯以献。四年四月，梁山军民王崇辰竹园生金晕紫芝五本。十一月，上饶县民王寿园中生芝草三本，皆金晕，其二连理。

乾兴元年六月，苏、秀二州湖田生圣米，居民取以食。兴州竹有实，如大麦，民取以食。占曰："大饥。"八月，洋州民李永负土成母坟，芝生坟上。

天圣元年五月，兴州竹有实如大麦，民取以食之。占曰："竹有实，大饥。"八月甲寅，有芝生于天安殿柱，召辅臣观之。九月戊午，城西下木场芝草生。三年七月，梓州城门生芝二本。四年正月。梓州民家生芝四本。九月，荣州芝生。

明道元年七月，荣州、连州并芝生。

景祐二年九月，嘉州芝草生。四年五月丙寅，有芝生于化成殿楹。

庆历元年二月丙午，京师雨药。二年八月，梓州芝草生。五年八月，洪州章江禅院堂柱芝草生，高一尺三寸，叶二十一层，色白黄，有紫晕，旁生小芝，叶九层，上有气如烟。

皇祐元年七月，福州生芝一十二本。十月，湖州芝草生。三年六月丁亥，无为军献芝草凡三百五十本。上曰："朕以丰年为上瑞，贤臣为宝，至于草木、鱼虫之异，焉足尚哉！"

五年闰七月，荣州芝草生。

嘉祐三年十一月，河南府芝草生。六年正月，清川县汉光武祠生芝草，一本三岐。八月，施州歌罗砦生芝四本。十月，汝州新砦巡检廨舍生芝五本。

熙宁元年，益阳县雷震山裂，出米可数十万斛，赍至京师，信米也，但色黑如炭。八年七月，鼎州产芝三本，其一类珊瑚，枝叶摎结，盐官县自三月地产物如珠，可食；水产菜如菌，可为菹，饥民赖之。九年五月，流江县产芝二十一本。

元丰二年四月，眉州生瑞竹。六月，忠州雨豆。七月甲午，南宾县雨豆。八月，全州芝生十二本。三年六月，安州芝生二十九本，其一连理。临江军芝生四十三本。四年十月，鄞县天庆观生瑞竹一本，自第九节分茎双起。五年七月，永康县生紫芝九本。十一月，阆中县生紫芝六、金芝七。永康县生紫芝九。六年八月，吉州芝生三十三本。十二月，滕县官舍生异草，经月不腐。七年四月，景灵宫芝生六本于天元殿门。五月，开化县芝生九本，黄白紫色。八月，永安陵下宫芝生一本。十月，青州芝生二十一本。

元祐元年七月，武安军言："前秘书省正字郑忠臣母坟前生芝草一本，紫茎黄盖。"三年六月，临江县涂井镇雨白黍；七月，又雨黑黍。四年九月，江津县石上生芝草二本六茎。五年二月，晋原县生芝草四十二本。七年十一月，滁州生芝二百余本。

绍圣三年九月，淄川县生芝草，有谷十科穿芝草生二枝。十月，河南府大内地生芝草。

元符二年正月，处州民田生瑞竹。二月，泸州生芝草一本，同根骈干，至盖复合为一。又衡州郡厅生紫芝一根十六叶。

崇宁元年八月，盘石县芝草连理。三年十月，复州、泽州芝草生。四年正月，戎州、宿州芝草生。七月，泸州芝草、瑞竹生。五年冬，澶州、安州芝草生。

大观元年三月，宣、郓、湖、润州皆芝草生。庐州雨大豆。九月，崇天台及兖州孔林芝草生。二年，陈、兖、筠州、广德军芝草生。三年秋，西京、湖、海、普、渠州、南安军芝草生。

政和元年正月，莱州芝草生。十一月，虔州圣祖殿芝草生。二年二月戊子，河南府新安县蟾蜍背生芝草。自是而后，祥瑞日闻。玉芝产禁中殆无虚岁，凡殿宇、园苑及妃嫔位皆有之。外则中书尚书二省、太学、医学亦产紫芝。四年八月，建州境内竹生米数千万石。五年十一月癸酉，越州承天寺瑞竹一竿七枝，干相似，其叶圆细，生花结实。诏送秘书省，仍拜表贺。五年五月，禁中芭蕉连理。八月甲子，蕲州进芝草一万一千六百枝，内一枝紫色，九干。十二月己未，汝州进六万本，其间连理、双枝者一千八百八十，有司不胜其纪。初犹表贺，后以为常，不皆贺也。时朱胜非为京东提举学事，行部至密州界，见县令部数百夫入山采芝。弥漫山谷，皆芝菌也。或附木石，或出平地，有一本数十叶，层叠高大，众色咸备。郡守李文仲采及三十万本，每万本作一纲入贡。文仲寻进职，授本道转运使。

建炎二年九月癸卯，权知密州杜彦献芝草，五叶，如人指掌，色赤而泽。宰臣黄潜善奏："色符火德，形像股肱之瑞。"高宗不启视，却之。

绍兴元年七月乙未，浙西安抚大使刘光世以枯秸生穗奏瑞。高宗曰："朕在潜邸，梁间生芝草，官僚皆欲上闻，朕手碎之，不欲宝此奇怪。"乃却之。十六年正月辛未，泸州天雨豆，近草妖也。十六年，梅州孔子庙生芝。二十一年，绍兴府学御书下生芝。番阳县石门民家篁竹生重萼牡丹，又民家灶鼎生金色莲华。房州治所綵山下生萱。万州、虔州放生池生莲，皆同蒂异萼。二十三年六月，汀州生莲，同蒂异萼者十有二。二十五年五月，太室楹生芝九茎，秦桧帅百官观之，称贺。勾龙廉、沈中立以献颂迁擢，周麟之请绘之卤簿行旗。桧孙礼部侍郎埙请以黎州甘露降草木、道州连理木、镇江府瑞瓜、南安军瑞莲、严、信州瑞芝悉图之旗。是冬，桧薨，高宗曰："比年四方奏瑞，文饰取悦，若信州林机奏秦桧父祠堂生芝，佞谀尤甚。"明年四月甲午，诏郡国无献瑞。

乾道元年七月，池州竹生穗，实如米，饥民采之以食，守臣鲁詧为《野谷生竹图》以献。御史劾詧不以民食草木为病，坐佞免官。

庆元五年八月，太室西北夹室楹生白芝，四叶，前史以白芝为丧祥。明年八月，国连有大丧。

嘉泰二年十一月，秘书省右文殿楹生芝二茎。

卷六十四　　志第十七

五行二下

火　下

乾德二年十月，眉州献《禾生九穗图》。四年四月，府州、尉氏县、云阳县并有麦两歧。五月，鱼台县麦秀三歧。六月，南充县民何约田禾一茎十三穗，一茎十一穗；七月，又生一茎九穗。

开宝二年五月，梓、蜀二州；六年四月，东明县；八年五月，郑州、梓州、合州巴川县并献瑞麦。

太平兴国元年九月，隰州献合穗禾，长尺余。十月，渝州献九穗禾。三年四月，夏县，五月舒州，六月阆州，麦并秀两歧。四年七月，洺州献嘉禾。邛、资二州禾并九穗。八月，泾州民田并有嘉禾。九月，知温州何士宗献《嘉禾九穗图》。五年七月，蓬莱县民王明田谷隔垅合穗，相去一尺许。八月，知慈州张愈献合穗禾。九月，流溪县，六年五月汝阴县，九年五月施州，麦并秀两歧。

端拱元年五月，陈州；淳化元年四月魏城县；七月，阆州；二年四月，蔡州；五月，陈州、陵州仁寿县；四年五月，达州；五年四月，永城县，并献瑞麦。

至道元年六月，嘉禾生眉山县萧德纯田，一本二十四穗。七月，金水县胥罗翊田禾生九穗。舒州监军吴光谦廨粟畦两本，歧分十穗。临涣县民侯正家二禾合成一穗。八月，绵竹县禾生九穗。夏州团练使赵光嗣献嘉禾一函。十月，濠州献《瑞谷图》。二年五月，泗州献瑞麦。三年二月，洋州嘉禾合穗，知州施翊以闻。四月，唐州、遂州、磐石县并献瑞麦。五月，黄州、建昌军麦秀二三穟。八月，雅州禾一茎十四穗。雄州嘉禾生。九月，知代州李允正献嘉禾穗一匣。

咸平元年五月，曲水县麦秀二三穗。七月，嘉禾生后苑，一茎二十四穗。百丈县民李文宝禾生一茎十七穗。八月，苏州廨后园、邠州民田并禾生合穗。平夷县民王义田禾两穗合为一。化城县民张美田禾九穗。二年五月，华州麦秀二三穗。七月，资官县吏董昭美禾一茎九穗者各一。棣、洺二州嘉禾合穗。彭城县民张福先田粟一茎分四穗。八月，鄄县赵范粟一茎九穗。玄武县民李知进田粟一茎，上分八苗，成二十一穗。榆次县民周贵田禾三茎共穗。三年五月，鄢县、海陵县并麦秀二三穗。七月，真定府禾三茎一穗。达州民李国清田禾一苗九穗。八月，辰州公田禾生一茎三穗者四。隰州嘉禾合穗，图以献。四年八月，舒州嘉禾生。九月，知河中府郭尧卿献《嘉禾合穗图》。五年八月，临汾县民吉遇、洪洞县民范思安田并禾生隔二陇上合为一。六年七月，涉县民连罕田隔四垅同颖。铜梁县民杨彦鲁禾一茎九穗。

景德元年正月，宁晋县民耿待问田禾合穗者三本，知州王用和图以献。二年七月，获鹿县禾合穗。八月，荥阳县及相州嘉禾异亩同颖。九月，并州贡《嘉禾图》。三年八月，大名府、沧州并嘉禾生。真定府禾异亩同颖。九月，荣州禾一茎十八穗。四年六月，南雄州保昌民田禾一本九穗，以图来献。七月，神泉县民张篆田禾一苗九穗。贝、兖二州嘉禾合穗。九月，卫、德二州、广安军并上《嘉禾图》。

大中祥符元年，曲水县、南郑县并麦秀二三穗。七月，乾封县奉高乡民田禾异垅同颖，判州王钦若以闻。八月，郓州献嘉禾。淳化县民贺行满田禾隔四垅，相去四尺许，合为一穗。新平县民尹遇田禾合穗者二本。真定府粟生二穗。九月，澧州嘉禾一茎十穗。虢州团练使綦兴献合穗禾。嘉州民潘德麟田禾二茎各九穗。麟州嘉禾生。二年六月，简州民集若宁家禾九穗。七月，黔州嘉禾异亩合穗。八月，嘉州廨有一茎十四穗生庭中，岐山县禾异亩同颖，知州施护以闻。三年四月，同州麦秀二三穗。七月，冀、淄、昭三州嘉禾多穗，异亩同颖。八月，宁化军嘉禾合穗；宝鼎县民张知友田禾隔四垅，相去二尺许合穗，判府陈尧叟以闻。楼烦县民田禾异本同颖。剑州嘉禾生，一茎九穗。四年三月辛巳，帝至西京，福昌县民朱懿文嘉禾一本七穗。昌元县民舒元晁田禾一茎九穗，知州柴德方以闻。金水县民田禾一茎三十六穗。四月，六安县麦秀二三穗。五月，唐、汝、庐、宿、泗、濠州麦自生。八月，蜀州禾一茎九穗。长寿县民常自天田禾合穗者二。蒲县禾异亩同颖。九月，知虢州李昭献合穗禾。五年四月，遂州麦秀两穗或三穗。七月，华州禾一茎两穗。真定府四县嘉禾合穗。八月，京兆府嘉禾生。九月，巴州禾一茎二十四穗，一茎十七穗。六年三月，邕州麦秀两穗或三穗。七月，益州嘉禾九穗至十穗。朝邑县民田禾八茎同颖。己未，召近臣观嘉谷于后苑，有七穗至四十八穗，绘以示百官。八月，龙门县、永宁军博野县民田并嘉禾生合穗。瀛州嘉禾生，知州冯守信以闻。忻州秀容、定襄二县民田禾合穗。保定军公田、大通监并嘉禾生。九月，京兆府献《长安县嘉禾图》，一枝双穗。七年，通泉县尉刘定辞官廨禾一本六穗。邯郸县民马义田禾隔垅合穗者二本。滁州権酒署内禾一茎二穗。晋原、平原二县民田禾并一本十二穗。三月，鄄城县麦秀两穗、三穗。八月，知亳州李迪献禾一茎三穗至十穗。府谷县民刘善田禾隔三垅合成一穗。岚州牙吏燕清田禾一茎八穗，一茎五穗。辽州平城民田禾隔二垅合穗，有十三本或二十一本合为一者。九月，施州禾一茎九穗至十二穗。真定、贝州并嘉禾合穗。八月，湖阳县麦秀两穗、三穗。四月，旭川县民任庆和田禾一茎九穗。闰六月，眉山县民杨文继、邛州李义田禾并一茎九穗。七月，永静军禾隔垅合穗者二，军使仲甫以闻。八月，桂阳监民何文胜田粟一本二穗。九年四月，建初县麦秀两穗或三穗。八月，判大名府魏咸信献合穗禾。永静军阜城县民田谷隔三垅合穗者二本。广州嘉禾生。安化县民吴景延田禾穗长尺五寸。九月，知凤翔府赵湘、知邠州王守斌并献《嘉禾图》。

天禧元年七月，流江县禾一茎九穗。二年九月，河北安抚副使张昭远献谷穗三，各长尺余。资州禾一茎九穗。三年七月，饶阳县民杨宣田禾二垅，相去二尺许，合为一穗。益州嘉禾一茎九穗。四年八月，内出《玉宸殿瑞谷图》示近臣，每本有九穗、十穗者。九月，鄞县民岑贯田禾一茎九穗，知州苏维甫以闻。五年四月，河南府民田嘉禾合穗，知府王钦若以闻。七月，导江县民赵元赏、青城县民王伟田禾并一茎九穗。

乾兴元年五月，南剑州麦一本五穗。绵州麦秀两歧。八月，洋州嘉禾合穗。十一月，高陵县嘉禾合穗。

天圣二年八月乙酉，宁化军嘉禾异亩同颖。四年九月，荣州禾一本九穗。五年，资州禾一本九穗。六年，忻州禾异本同颖。五月乙未，陈州瑞麦一茎二十穗。六月，陈州献《瑞麦图》。七年七月，河南府嘉禾合穗。八年八月壬午，召近臣观瑞谷于元真殿。九年，肤施县禾异亩同颖。

景祐元年七月，磁州嘉禾合穗。八月，大名府嘉禾合穗。九月，泾州、磁州、保德军并嘉禾合穗。十月，孝感、应城二县稻再熟。成德军禾一本九穗。三年五月，荣州禾一茎九穗。四年七月己巳，临清县谷异亩同颖者六十本。

康定元年六月，蜀州、怀安军并禾九穗。

庆历二年，寿安县嘉禾合穗。六年五月，昭化县禾一茎两歧。八月，赵州、怀州并嘉禾异亩合穗。九月，定襄县嘉禾隔二垅合穗。长江县禾一茎十穗。十二月，石照诸县野谷稑生。七年九月，邠州、荣州、德州并嘉禾合穗。

皇祐元年，密州禾合穗者五本。永康军禾一茎九穗。二年九月，延州、石州并嘉禾异亩合穗。永康军嘉禾一茎九穗。十二月，密州禾十茎合一穗。石州四茎合一穗。三年五月，彭山县上《瑞麦图》，凡一茎五穗者数本。帝曰："朕尝禁四方献瑞，今得西川麦秀图，可谓真瑞矣！其赐田夫束帛以劝之。"是月，滁州麦一茎五穗。四年八月，嘉州、蜀州并嘉禾一茎九穗。九月，南剑州有禾一本，双茎二十穗。五年三月，资州嘉禾一茎九穗。闰六月，资州麦秀两歧。七月，郓州、祁州禾异亩同颖。九月，成德军嘉禾异亩同颖。绵州禾一茎九穗。

至和元年十二月，蜀州嘉禾一茎九穗。二年五月，亳州麦秀两歧。六月，应天府贡大麦一本七十穗，小麦一本二百穗。八月，邛州嘉禾一茎九穗。

嘉祐三年六月，绵州麦一穗两歧。七月，泰山上《瑞麦图》，凡五本五百一穗。四年六月，彰明县有麦两歧百余本。五年三月，崇安县嘉禾一本九十茎。七年，陵州禾一茎九穗。九月，平遥县禾异亩合穗。

熙宁元年，永兴军禾一茎四穗。眉州禾一茎九穗。四年，乾宁军禾合穗。成德军、晋州、汾州禾异垅同穗。六年，南溪县禾一苗九穗。八年，怀安军、泸州、渠州各麦秀两歧。安喜县禾二本间五垅合穗。平山县禾合穗者二。保塞县禾七本间一垅或两垅合穗。潞城县禾合穗者二。九年，火山军禾间五垅，束鹿、秀容二县间四垅，渤海县皆异垅同颖。流江县禾一苗九穗。谯县麦一本三穗。尉氏县、湖阳县、彭城县麦一本两穗。渠州大麦一穗两歧，或三歧、四歧者。阳翟县麦秀两歧。天兴、宝鸡二县皆麦秀两歧，

仍一本有三四穗或六穗者。石州、安州麦两歧。十年，磁州禾合穗。眉州禾生九穗。亳州禾生二穗。

元丰元年，武康军禾一茎十一穗。汝州禾合穗。宁江军禾一茎十穗。邢州麦秀两歧。夔州麦一本三穗。二年，简州、安德军麦秀两歧。曹州生瑞禾。北京、安武军、怀州、镇戎军禾异亩同颖。镇戎军、怀州禾皆异亩同颖。袁州禾一茎八穗至十一穗，皆层出，长者尺余。府州禾异亩同颖。三年，眉州禾一本九穗。齐州禾一茎五穗。赵州禾二本合穗。安州麦一本三穗至五穗，凡十四茎。深州麦秀两歧，或三四穗，凡四十亩。眉州麦秀两歧。四年，徐州麦一本百七十二穗。代州禾异亩同颖。襄邑县禾一本九穗。五年，高邑县禾一茎五穗。青州、安肃军、宪州禾皆异亩同颖。六年，洪州七县稻已获再生，皆实。威胜军武乡县禾二本间五垅合穗。历城县禾二本合穗。赵州禾间三垅合穗。唐州禾二穗者四。泸州禾九穗。怀、青、潍三州禾皆异垅同穗。府州、陕州保平军禾皆合穗。七年，蜀州禾生九穗。青州禾异亩同颖者十一。同州禾异亩同颖。合州麦秀两歧。八年，亳州麦一茎二穗，一茎三穗，一茎四穗。镇潼军秋禾苗异垅同穗。岷州禾皆四穗。泰宁军禾异本同颖者三。是岁秋、冬，保、泽、赵、鄂、隰、沧、潍、密、简、饶诸州、威胜军禾合穗，或异亩同颖。

元祐元年，简州禾合穗。石州禾异亩同颖。二年，忻、隰、磁、滩、怀州禾异亩同颖。赵、忻州禾合穗。三年，祁、保、彭州禾异亩同颖。瀛、磁、代、丰州、安国军禾合穗。剑州、安国军麦秀两歧。夔州麦一本十二穗。四年，泰宁军麦异亩同颖。流江县禾一本二穗。荣德县禾一本九穗。青、郑、济、赵州禾合穗及有一本三穗。峨嵋县禾异亩同颖，又旱登一百五十三穗。五年，冀州、安武军、大名府、成德军禾合穗。永宁军禾二本隔五垅合穗。平定军禾异亩同颖。汀州禾生三十六穗。剑州禾一本八穗。普州麦一茎双穗。夔州麦秀五歧。六年，汝阳县、美原县、兖州邹县麦一茎数穗。南剑州粟一本三十九穗。瀛、定、怀、汝、晋、昌州、平定、永康军禾合穗。七年，均、兖、祁、沧、资、华、柳州禾合穗。鄂州禾一本一枝两穗，三本三枝两穗。仙源县禾异垅合穗。耀州粟二茎隔两垅合为一穗。梁山军禾一茎九穗。固始县麦有双穗。定陶县、丹阳县麦秀两歧。

绍圣元年，博野县麦一本五穗。汉阳军麦秀两歧。乐寿县麦一本两穗或三穗。怀安军禾一本九穗。二年，青、潍、果、冀、德、滨、岚、濮、达州禾合穗。三年，安武军禾合穗。岚州禾两根合穗者二。普、相、青、齐、岚州、永康军禾异亩同颖，合秀至九穗。泉州粟二本五穗、八穗。瑕丘县、武陟县、陕城、小溪四县麦合穗。良原县、沈丘县、长子县麦秀两歧。四年，河中府麦秀三穗。虹县、云安县麦秀两歧。茂州一枝两穗。汶山县一枝三穗至六穗。西京、郓、齐、隰州禾合穗。颍昌府禾一茎四穗至五穗。

元符元年，庆州禾异本同颖。青、晋、潞州、荆南府、永宁、镇戎军等十一处禾合穗。邢州禾异垅合穗。南剑州、嘉州禾一茎九穗。内乡县麦一茎两穗。符离、灵璧、临涣、蕲、虹五县麦秀两穗。两当县麦秀三穗。安平县生

瑞麦。二年，涟水军麦合穗。邓、岷州、镇戎军禾合穗。十一月，岷州宕昌砦生瑞麦。

建中靖国元年，沛县、晋州禾合穗。崇宁元年，淄州禾合穗。二年，晋宁军、忻州禾合穗。五年，河南府、保德军、庆、兰、潭、冀、府州、苛岚军禾合穗。淮西路民田既刈，复生实。

大观元年，蜀州粟一茎九穗。二年，巩州粟一茎六穗。镇潼军、隆德府、保德军、庆、兰州禾合穗。武信军禾一茎九穗。简州麦秀两歧。三年，武信军、泸、遂、普州麦秀两歧。四年，蔡州麦一茎两歧至七八歧者九十亩。九月，尚书左仆射张商英表上《袁州瑞禾图》及宋大雅《彼修者禾》十有三章，赐诏褒答。商英请并写置中书省右仆射厅壁，许之，仍许三省、枢密院同观。

政和元年，知河南府邓洵武言："秋禾大稔，自双穗至十穗以上，嘉禾无双。"荣州粟一茎九穗。蔡州麦一茎两歧或三五歧至八九亩近约十亩，远或连野。二年，知定州梁士野奏嘉禾合穗，一科相隔五垄，计六尺三寸，生为一穗，并中间垄内一科三茎，上生粟三穗。五年，邓州、仙井监嘉禾合穗。是冬，台州进宁海县旱禾一稃二米者凡三石。时方修明堂，遂协成典礼，诏许拜表贺。自是史官多记奇祥异瑞，谓麦禾为常事不书。惟宣和末，郭药师言嘉禾合穗，以新收复，特书之。

建隆三年七月，南唐李景献凤卵。

雍熙四年十月，知润州程文庆献鹤，颈毛如垂缨。

端拱元年八月，清远县廨舍有凤集柏树，高六尺，众禽随之东北去，知州李昌龄图以献。

至道元年九月，京师自丑至酉，群鸟百余万，飞翔有声，识者云"突厥雀"。

景德元年五月庚寅午时，白州有三凤自东来，入城中，众禽围绕于万岁寺，栖百尺木上。身长九尺，高五尺，文五色，冠如金杯。申时北向而去。画图以闻。

大中祥符元年春，昇州见黄雀群飞蔽日，有从空坠者，占主民有役事。是岁火。

宝元二年，长举县有白鹊，觜脚红，不类常鹊。

治平四年五月，太子右赞善大夫陈世修献白乌。

熙宁七年六月乙未，增城县凤凰见。

元丰三年八月戊寅，平棘县获白鹊。九月丙午，赵州获白乌。六年七月壬申，丹州生白鹊。

政和三年九月，大飨明堂，有鹤回翔堂上，明日，又翔于上清宫。是时，所在言瑞鹤，宰臣等表贺不可胜纪。

宣和元年九月戊午，蔡京等表贺赤乌，又贺白鹊。政和后，禁苑多为村居野店，又聚珍禽、野兽、麋鹿、鸳鹅、禽鸟数百实其中。至宣和间，每秋风夜静，禽兽之音四彻，宛若深山大泽陂野之间，识者以为不祥。宣和末，南郊礼毕，御郊宫端诚殿。天未明，百辟方称贺，忽有鸦正鸣于殿屋，若与赞拜声相应和，闻者骇之。时已报女真背盟，未逾月，内禅。明年有青城之难。

建炎三年，高宗在扬州。二月辛亥早朝，有禽翠羽，飞鸣行殿三匝，一再止于宰臣汪伯彦朝冠。冠，尊服，飞鸟践之不祥；翠羽，又青祥也。刘向以为"野鸟入宫，宫室将空"。一曰败亡之应。是月，金人入扬州，有仓卒渡江之变。未几，伯彦罢相，寻坐贬。四年正月丁巳，金人围陕州，有鸢、鸦数万飞噪城上，与战声相乱。金将娄宿曰："城当陷，急攻之。"遂失守，近羽孽也。七年，枭鸣于刘豫后苑，又群鸟鸣于内庭，如曰"休也"。豫恶之，募人获一枭者予钱五千。是岁，伪齐亡。十七年二月，有白乌六集于高禖坛上，府尹沈该以瑞奏。二十七年，饶州番阳县有妖鸟，兔身鸡尾，长喙方足赤目，止于民屋数日，弹矢不能中。

乾道六年，邵武军泰宁县有雀飞鸣，立死于瑞宁佛刹香炉。先是绍兴初，是邑有雀立死于丹霞佛刹香炉，皆羽孽也，而浮图氏因谓之雀化。

庆元三年春，池州铜陵县鸳鸯雄化为雌。

绍兴五年，江东、西羊大疫。十七年，汀州羊无角。嘉定九年，信州玉山县羊生骈首。

端拱元年十一月戊午夜，西北方有赤气如日脚，高二丈。

咸平六年六月辛未，赤气出娄，贯天庾，占曰："仓廪有火灾。"

景德三年三月丙辰，北方赤气亘天。

大中祥符三年十二月癸亥，青赤气贯紫微。

庆历三年十二月二十六日，天雄军、德、博州天降红雪，尽，血雨。

熙宁二年十一月，每夕有赤气见西北隅，如火，至人定乃灭。

元祐三年七月丁卯夜，东北方明如昼，俄成赤气，内有白气经天。

建中靖国元年正月朔夕，有赤气起东北，弥亘西方，久之，中出白气二，及赤气将散，复有黑气在其傍。

宣和元年四月丙子夜，西北赤气数十道亘天，犯紫宫北斗。仰视，星皆若隔绛纱，拆裂有声，间以白黑二气，自西北俄入东北，延及东南，迨晓乃止。

靖康元年九月戊寅，有赤气随日出。

建炎元年八月庚午，东北方有赤气，占曰"血祥"。四年五月，洞庭湖夜赤光如火见东北，亘天，俄转东南，此血祥也。壬子夜，西北方有赤气弥天，贯以白气如练者十数，犯北斗、文昌、紫微，由东南而散。

绍兴七年正月乙酉夜，北方有赤气达旦。辛卯，斗、牛间赤气如火。十一月癸卯，南方有赤气，东北皆赤云，自日入至于甲夜。八年九月甲申，赤气出紫微垣。十八年八月丁亥、九月甲寅，皆有赤气如火。二十年十一月，建昌军新城县永安村大风雪，夜半若数百千人行声，语笑歌哭，杂扰匆遽，而凝寒阴塞，咫尺莫辨。明旦，雪中有人、畜、鸟、兽蹄迹，流血污染十余里，入山乃绝。二十七年三月乙酉，赤气出紫微垣。七月壬申赤气随日入。十月壬寅，赤气如火；三十年二月壬申，亦如之。三十二年春，淮水溢，中有赤气如凝血。

隆兴二年十一月庚寅，日入后，赤云随之。

乾道元年八月壬午，赤气中天，自日入至于甲夜。六年十月庚午，赤气随日出。十一月丁丑，赤云随日入，至于甲夜。七年七月壬寅、十月乙巳、丙午，淳熙三年八月丁酉、戊戌，皆有赤气随日出入。十三年，行都民家有血自地中出，溅染污人衣。十四年十一月癸丑、甲寅，有赤气随日入出。

绍熙三年春，潼川路久旱，日、月、星皆有赤气。四年十一月甲戌，赤云夜见，白气间之。

庆元六年十月，赤气夜发横天。

嘉泰四年二月庚辰夜，有赤云间以白气，东北亘天，后八日，国有大火，占者以为火祥。

嘉定六年十月乙卯，赤气随日出。十一月辛卯，赤气随日入。

端平三年七月甲申，天雨血。

宝祐二年，蜀雨血。

开宝七年六月，棣州有火自空堕于城北，有物如龙。

端拱元年九月，泸州盐井竭，遣匠刘晚入视，忽有声如雷，火焰突出，晚被伤。

建炎元年正月辛卯夜，西北阴雪中有如火光。

绍兴三十二年，建昌军新城县有巨室，箧中时有火光，燔衣帛过半而箧不焚，近火孽也。

卷六十五　　　　志第十八

五行三

木

曲直，木之性也。木失其性，则为妖祥。旧说以狂咎、木冰、恒雨、服妖、龟孽、鸡祸、青眚、青祥之类，皆属之木，今从之。

太平兴国六年正月，瑞安县民张度解木五片，皆有"天下太平"字。

至道六年，修昭应宫，有木断之，文如点漆，贯彻上下，体若梵书。十一月，襄州民刘士家生木。有文如龙、鱼、凤、鹤之状。七年五月，抚州修天庆观，解木有文如墨画云气、峰峦、人物、衣冠之状。七月，彰明县崇仙观柱有文为道士形及北斗七星象。

大中祥符八年，晋州庆唐观古柏中别生槐，长丈余。

天圣元年二月，河阳柳二本连理。六月，河阳橹、枣各连理。五年正月，绵谷县松柏同本异干。九年十月，公井县冬青木连理。

明道元年八月，黄州橘木及柿木连枝。

康定元年十月，始兴县柑两本连理。

庆历三年十二月，澧州献瑞木，有文曰"太平之道"。六年九月甲辰，登州有巨木浮海而出者三千余。

治平四年六月，汀州进桐木板二，有文曰"天下太平"。

熙宁元年三月，简州木连理。是岁，英州因雷震，一山梓树尽枯而为龙脑，价为之贱，至京师，一两才值钱一千四百。二年，建州民杨纬言："元年三月，大雷雨，所居之西有黄龙见，下获一木如龙，而形未具。七月，大雷雨，复有龙飞其下。及霁，木龙尾、翼、足皆具，归合旧木，宛然一体。"图象以进。十年八月乙巳，惠州柚木有文曰"王帝万年，天下太平"。

元丰元年五月，剑州木连理。三年六月己未，饶州长山雨木子数亩，状类山芋子，味香而辛，土人以为桂子，又曰"菩提子"，明道中尝有之。是岁大稔。十二月，泌阳县甘棠木连理。六年五月，卫真县洞霄宫枯槐生枝叶。

元祐元年八月己丑，杭州民俞举庆七世同居，家园木连理。五年四月，德州木连理。

元符元年八月，施州李木连理。二年九月，眉山县楷木二株，异根同干，木枝相附。

崇宁四年正月，襄城县李、梨木连理。

大观元年三月，湟州栏木生叶。八月，瑞州、永兴军并木连理。二年十二月，岢岚军园池生瑞木。

政和三年七月，玉华殿万年枝木连理。南雄州枫木连理。十月，武义县木根有"万宋年岁"四字。四年，建州木连理。六月，沅陵县江涨，流出楠木二十七，可为明堂梁柱，蔡京等拜表贺。九月丙申，彭城县柏开华。十二月辛丑，元氏县民王寅屋柱槐木再生枝叶，高四十余尺。是岁，邵州海棠木连理，泽州、台州槐木连理，荆门军紫薇木连理。六年，坊、充、洪、明、夔、徐、新、全、隰、太平州并木连理。梅州枯木生枝。

宣和二年四月，永州民刘思析薪，有"天下太平"字。

绍兴十四年四月，虔州民毁敧屋析柱，木里有文曰："天下太平"，时守臣薛弼上之，方大乱，近木妖也。二十年八月，福州冲虚观皂荚木翠叶再实。二十一年，建德县定林寺桑生年实，栗生桃实，占曰："木生异实，国主殃。"二十五年十月，赣州献太平木。时秦桧擅朝，喜饰太平，郡国多上草木之妖以为瑞。绍兴间，汉阳军有插榴枝于石罅，秀茂成阴，岁有花实者。初，郡狱有诬服孝妇杀姑，妇不能自明，属行刑者插箸上华于石隙，曰："生则可以验吾冤。"行刑者如其言，后果生。

淳熙十六年三月，扬州桑生瓜，樱桃生茄，此草木互为妖也。七月，晋陵县民析薪，中有木字曰"绍熙五年"，如是者二。是时，绍熙犹未改元，其后果止五年，此近木妖也。

绍熙四年，富阳县栗生来禽实。五年，行都雨木，与《唐志》贞元陈留雨木同占，木生于下而自上陨者，将有上下易位之象。

嘉定六年五月己巳，严州淳安、遂安、桐庐三县大木自拔，占曰："木自拔，国将乱。"

景定四年五月，成都太祖庙侧大木仆，忽起立，生三芽。

德祐二年正月戊辰,宝应县民析薪,中有"天太下赵"四字,献之,制置使李庭芝赏以钱五千。

咸平六年十一月庚戌,雨木冰。
大中祥符五年正月戊寅,京师雨木冰。
天禧五年正月戊寅,京师雨木冰。
庆历三年十二月丁巳,雪木冰,占曰:"兵象也。"
嘉祐元年正月,雨木冰。
治平二年十月乙巳,雨木冰。
熙宁三年十月、八年正月、九年正月,京师雨木冰。
元祐八年二月,京师大寒,霰、雪,雨木冰。
宣和五年十月乙酉,雨木冰。
靖康元年十月乙卯,雨木冰。二年正月丁酉,雨木冰。
绍熙五年十一月辛亥,雨木冰。

宣和六年,御楼观灯,时开封尹设次以弹压于西观下,帝从六宫于其上,以观天府之断决者,帘幕深密,下无由知。众中忽有人跃出,黑色布衣,若寺僧童行状,以手画帘,出指斥语。执于观下,帝怒甚,令中使传旨治之。箠掠乱下,又加炮烙,询其谁何,略不一语,亦无痛楚之状。又断其足筋,俄施刀脔,血肉狼籍。帝大不悦,为罢一夕之欢,竟不得其何人,付狱尽之。七年八月,都城东门外鬻菜夫至宣德门下,忽若迷罔,释荷担向门戟手,出悖骂语。且曰:"太祖皇帝、神宗皇帝使我来道,尚宜速改也。"逻卒捕之,下开封狱,一夕方省,则不知向之所为者,乃于狱中尽之。

建炎二年十一月,高宗在扬州,郊祀后数日,有狂人具衣冠,执香炉,携绛囊,拜于行宫门外。自言:"天遣我为官家儿。"书于囊纸,刻于右臂,皆是语。鞫之不得姓名,高宗以其狂,释不问。明年二月,金人犯维扬。三月,有明受之变。

绍兴元年四月庚辰,闽州有狂僧衰经哭于郡谯门曰:"今日佛下世。"且言且哭,实隆祐太后上仙日云。闽距行都万里,逾月而遗诏至。

淳熙十四年正月,绍兴府有狂人突入恩平郡王第,升堂践王坐曰:"我太上皇孙,来赴。"郡鞫讯,终不语,亦狂咎也。是冬,高宗崩。明年八月,王薨。

绍熙二年十二月庚辰昧爽,成都府有人衰服入帐门,大呼阃帅吴镕姓名,亦狂咎也。

建隆元年十月,蔡州大霖雨,道路行舟。

开宝二年八月,帝驻潞州,积雨累日未止。九月,京师大雨霖。五年,京师雨,连旬不止。河南、河北诸州皆大霖雨。九年秋,大霖雨。

太平兴国二年,道州春夏霖雨不止,平地二丈余。五年五月,京师连旬雨不止。七年六月,齐州逮捕临邑尉王坦等六人。系狱未具,一夕,大风雨坏狱户,王坦等六人并压死。

雍熙二年八月,京师大霖雨。

淳化元年六月,陇城县大雨,坏官私庐舍殆尽,溺死者百三十七人。三年九月,京师霖雨。四年七月,京师大雨,十昼夜不止,朱雀、崇明门外积水尤甚,军营、庐舍多坏。是秋,陈、颍、宋、亳、许、蔡、徐、濮、澶、博诸州霖雨,秋稼多败。五年秋,开封府、宋、亳、陈、颍、泗、寿、邓、蔡、润诸州雨水害稼。

咸平元年五月,昭州大霖雨,害民田,溺死者百五十七人。

景德三年八月,青州大雨,坏鼓角楼门,压死者四人。

大中祥符二年八月,无为军大风雨,折木,坏城门、军营、民舍,压溺千余人。十月,兖州霖雨害稼。三年四月,昇州霖雨。五月辛丑,京师大雨,平地数尺,坏军营、民舍,多压者,近畿积潦。五年九月,建安军大霖雨,害农事。

天禧四年七月,京师连雨弥月。甲子夜,大雨,流潦泛溢,民舍、军营圮坏大半,多压死者。自是频雨,及冬方止。

乾兴元年二月,苏、湖、秀州雨,坏民田。

天圣四年六月戊寅,莫州大雨,坏城壁。七年,自春涉夏,雨不止。

明道二年六月癸丑,京师雨,坏军营、府库。

景祐三年七月庚子,大雨震电。

庆历六年七月丁亥,河东大雨,坏忻、代等州城壁。

皇祐二年八月,深州大雨,坏民庐舍。四年八月癸未,京城大风雨,民庐摧圮,至有压死者。

嘉祐二年八月,河北沿边久雨,濒河之民多流移。五月丁未,昼夜大雨。六月乙亥,雨坏太社、太稷坛。三年八月,霖雨害稼。六年七月,河北、京西、淮南、两浙、江南东西淫雨为灾。闰八月,京师久雨。是岁频雨,及冬方止。

治平元年,京师自夏历秋,久雨不止,摧真宗及穆、献、懿三后陵台。

熙宁元年八月,冀州大雨,坏官私庐舍、城壁。七年六月,陕州大雨,漂溺陕、平陆二县。

元丰四年七月,泰州海风驾大雨,漂浸州城,坏公私舍数千楹。

元祐二年七月丁卯,以雨罢集英殿宴。

元符二年九月,以久雨罢秋宴。三年七月,久雨,哲宗大升舆在道陷泥中。

建中靖国元年二月,久雨,时钦圣宪肃皇后、钦慈皇后二陵方用工,诏京西祈晴。

崇宁元年七月,久雨,坏京城庐舍,民多压溺而死者。三年六月,久雨。四年五月,京师久雨。又自七月至九月,所在霖雨伤稼,十月始霁。

靖康元年四月,京师大雨,天气清寒。又自五月甲申至六月,暴雨伤麦,夏行秋令。

建炎二年春,淫雨。三年二月癸亥,高宗初至杭州,久霖雨,占曰:"阴盛,下有阴谋。"时苗傅、刘正彦为乱。五月,霖雨,夏寒。

绍兴元年,行都雨,坏城三百八十丈。是岁,婺州雨,坏城。三年，雨，自正月朔至于二月。七月，四川霖雨，至于明年正月。四年六月，淫雨害稼，苏、湖二州为甚。九月，久雨，时刘豫连金人入寇；十月，高宗亲征而霁。五年三月，霖雨，伤蚕麦，行都雨甚。九月，雨，至于明年正月。六年五月，久雨不止。七年十月，高宗如建康，久雨。八年三月，积雨，至于四月，伤蚕麦，害稼。二十一年夏，襄阳府大雨十余日。二十三年六月，大雨，坏军垒、民田。三十年五月，久雨，伤蚕麦，害稼。八月，施州大风雨。三十二年六月，浙西大霖雨。

隆兴元年三月，霖雨，行都坏城三百三十余丈。二年六月，阴雨。七月，浙西、江东大雨害稼。八月，风雨逾月。

乾道元年二月，行都及越、湖、常、润、温、台、明、处九郡寒，败首种，损蚕麦。二年正月，淫雨，至于四月。夏寒。江、浙诸郡损稼，蚕麦不登。三年五月丙午，泉州大雨，昼夜不止者旬日。八月，淫雨，江浙淮闽禾、麻、菽、麦、粟多腐。四年四月，阴雨弥月。六年五月，连雨六十余日。十一月，连雨。辛巳，郊祀，云开于圜丘，百步外有澍雨。八年四月，四川阴雨七十余日。六月壬寅，大雨彻昼夜，至于己酉。九年闰正月，淫雨。

淳熙二年夏，建康府霖雨，坏城郭。三年五月，淮、浙积雨损禾麦。八月，浙东西、江东连雨。癸未、甲申，行都大风雨。九月，久雨。十月癸酉，孝宗出手诏决狱，援笔而风起开霁。四年九月丁酉、戊戌，绍兴府余姚、上虞二县大风雨。五年闰六月己亥，阶州暴雨，至于戊申。乙巳，兴化军、福州福清县暴风雨夜作。六年四月，衢州霖雨。九月，连雨；己巳，将郊而霁。八年四月，雨腐禾麦。五月，久雨，败首种。十年五月，信州霖雨，自甲戌至于辛巳。八月，福州大霖雨，自己未至于九月乙丑，吉州亦如之。十一年四月，淫雨。戊寅，建康府、太平州大霖雨。六月甲申，处州龙泉县暴雨。十二年五月、六月，皆霖雨。十三年秋，利州路霖雨，败禾稼稞稏，金、洋、阶、成、岷、凤六州亦如之。十五年五月，荆、淮郡国连雨。戊午，祁门县霖雨。十六年四月，西和州霖雨，害禾麦。五月，浙西、湖北、福建、淮东、利西诸道霖雨。

绍熙元年春，久阴连雨，至于三月。夏，阶、成、岷、凤四州霖雨伤麦。二年二月，赣州霖雨，连春夏不止，坏城四百九十丈，圮城楼、敌楼凡十五所。四月，福建路霖雨，至于五月。七月，利路久雨，伤种麦。癸亥，兴州暴雨连日。八月，行都久雨。三年五月，江东、湖北路连雨。常德府大雨彻昼夜，自壬辰至于庚子。宁国府、池州、广德军自己亥至于六月辛丑朔，雨甚，祁门县至于庚戌。七月壬申，天台、仙居二县大雨连旬。淮西路、镇江、襄阳府皆害禾麦。八月，普州雨害稼。四年四月，霖雨，至于五月，浙东西、江东、湖北郡县坏圩田，害蚕、麦、蔬、稞，绍兴、宁国府尤甚。镇江府大雨，自辛未至于丙子，淮西郡县自丙子至于戊寅。五年八月，雨，畿县、浙东西皆害稼。九月，雨，至于十月癸巳，大雨三昼夜不止，江东西、福建郡县皆苦雨。

庆元元年正月，霖雨。甲辰，帝蔬食露祷，丙午霁。二月，又雨，至于三月，伤麦。五月，霖雨。七月，雨，至于八月。二年六月壬申，台州焱风暴雨连夕。八月，行都霖雨五十余日。三年七月，雨连月。四年八月，久雨。五年五月，行都雨，坏城，夜压附城民庐，多死者。六月，浙东、西霖雨，至于八月。六年五月庚午，严州霖雨，连五昼夜不止。

嘉泰二年六月，福建路连雨，至于七月丁未，大风雨为灾。三年八月，久雨。

开禧元年七月，利路郡县霖雨害稼。闰月，盱眙军阴雨，至于九月，败禾稼。十月，行都淫雨，至于明年春。二年春，淫雨，至于三月。

嘉定二年五月戊戌，连州大雨连昼夜。六月，利、阆、成、西和四州霖雨。七月壬辰，台州大风雨夜作。三年三月，阴雨六十余日。五月，淫雨，至于六月，首种多败，蚕麦不登。四年八月，霖雨，至于九月。五年春，淫雨，至于三月，伤蚕麦。十一月，雨雪积阴，至于明年春。六年春，淫雨，至于二月。丁亥，雨雪集霰。五月，阴雨经日。辛酉，严州霖雨。六月戊子，绍兴府大风雨，浙东、西雨，至于七月。七年九月，阴雨，至于十月，害禾麦。九年四月、六月，大霖雨，浙东、西郡县尤甚。十年三月，连雨，至于四月。十月，霖雨害稼。十一年六月，霖雨，浙西郡县尤甚。十二年六月，霖雨弥月。十五年七月，浙东、西霖雨为灾。十六年五月，霖雨，浙西、湖北、江东、淮东尤甚。八月，大风雨害稼。十七年八月，霖雨。

乾德四年二月长春节，甘露降江宁府报恩院。五年二月，甘露降江陵府玉泉寺松树。

开宝元年十二月，甘露降蔡州僧院柏树。

太平兴国三年正月，甘露降寿州廨。四年五月，甘露降河东县廨丛竹凡三夜。七年四月丙戌，知汉州安守亮献柏叶上甘露一器。九年三月丙子，甘露降西京南太一宫新城。

雍熙三年四月庚子，甘露降后院草木。四年十二月，甘露降兴化军罗汉峰前五松。

端拱二年二月，甘露降寿州廨园柏及资圣寺桧。

淳化二年十二月，资州廨及延寿观、德纯寺甘露降松柏，凡六日。三年正月，舒州；二月，衢州；四月，舒州；四年六月，舒州：并甘露降。

至道二年四月，蕲州；三年五月，泉州；六月苏州，甘露降。

咸平元年四月，甘露降平戎军廨果树，凡九十余本。十一月，甘露降亳州真观灵宝柏树。二年五月，太平、浔州；三年二月，泉州；十一月，浔州；四年二月，龚州；五年正月，桂州；十一月，许州，并甘露降。

景德元年，义宁县；二年正月，郁林州；二月，晋州及神山县；三年正月，梓州；四月，遂州；十二月，荣州、怀安军，甘露降。

大中祥符元年十二月，上饶县、信阳军；二年正月，信阳军、陈、鄂二州；三月，陵、昇、梓三州；三年二月，柳州、怀安军；闰二月，富顺监；五月，泽、耀、晋、益四州；四年正月，梓州；三月，泽州；四月，常州；五年四月，遂州；五月，无为军；六月，梓州；七月，真定府；十一月，荣州开元寺；六年三月，梓州；六月，鄜州；八月，遂州；九月，信州；十月，亳州太清宫；十一月，浔州；十二月，荣州、南仪州；七年二月，凤翔府天庆观；五月，郓州；十月，亳州太清宫；十一月，彭州天庆观；八年正月，中江县；二月，果州；十月，衢州；九年十一月，玉清昭应宫，并甘露降。

天禧元年正月，贵州天庆观；二月，玉清昭应宫；三月，后苑；四月，会灵观；五月，庐州通判厅及后土祠；十二月，昭应天庆观；二年十二月，荣州开元寺、怀安军天庆观；三年四月，舒州；五月，益州；四年三月，邵武军；十二月，平泉县；五年三月，泉州；十一月，韶州，并甘露降。

天圣元年正月，柳州；十一月，河南府；二年五月，凤州；十月，泾州；四年，荣州、怀安军；六年，太平州；七年正月，益州；九年正月，荣州，并甘露降。

明道元年十一月，韶州、梓州甘露降。

景祐四年十二月，成德军；庆历四年正月，桂州；皇祐三年十二月，吉州；嘉祐七年三月，眉州、蓬州；九月，陵州，并甘露降。

熙宁元年距元丰八年，甘露降凡二十余处。

元祐元年距元符三年，亦如之。

大观初，甘露降于九成宫帝萧室。三年冬，降于尚书省及六曹，御制七言四韵诗赐执政已下。其后内自禁中及宣和殿、延福宫、神霄宫，下至三学、开封府、大理寺、宰臣私第，皆有之，岁岁拜表称贺。

建隆初，蜀孟昶末年，妇女竞治发为高髻，号"朝天髻"。未几，昶入朝京师。江南李煜末年，有卫士秦友登寿昌堂榻，覆其鞋而坐，讯之，风狂不瘥。识者云："鞋，履也，李氏将覆于此地而为秦所有乎？'履'与'李'、'友'与'有'同音，赵与秦，同祖也。"又煜宫中盛雨水染浅碧为衣，号"天水碧"。未几，为王师所克，士女至京师犹有服之者。天水，国之姓望也。

淳化三年，京师里巷妇人竞剪黑光纸团靥，又装镂鱼腮中骨，号"鱼媚子"以饰面。黑，北方色；鱼，水族，皆阴类也。面为六阳之首，阴侵于阳，将有水灾。明年，京师秋冬积雨，衢路水深数尺。

景德四年春，京城小儿裂裳为小儿旗，系竿首，相对挥舣，兵斗之象也。是岁，宜州卒陈进为乱，出师讨平之。

绍兴二十一年，行都豪贵竞为小青盖，饰赤油火珠于盖之顶，出都门外，传呼于道。珠者，乘舆服御饰升龙用焉，臣庶以加于小盖，近服妖，亦僭咎也。二十三年，士庶家竞以胎鹿皮制妇人冠，山民采捕胎鹿无遗。时去宣和未远，妇人服饰犹集翠羽为之，近服妖也。二十七年，交阯贡翠羽数百，命焚之通衢，立法以禁。

绍熙元年，里巷妇女以琉璃为首饰。《唐志》琉璃钗钏有流离之兆，亦服妖也，后连年有流徙之厄。

理宗朝，宫妃系前后掩裙而长窣地，名"赶上裙"；梳高髻于顶，曰"不走落"；束足纤直，名"快上马"；粉点眼角，名"泪妆"；剃削童发，必留大钱许于顶左，名"偏顶"，或留之顶前，束以彩缯，宛若博焦之状，或曰"鹁角"。

咸淳五年，都人以碾玉为首饰。有诗云："京师禁珠翠，天下尽琉璃。"

太平兴国三年三月，凿金明池，既掘地，有龟出，殆逾万数。

大中祥符二年四月，有黑龟甚众，沿汴水而下。

至和元年二月，信州贡绿毛龟。

大观元年闰十月丙戌，都水使者赵霆行河，得两首龟以为瑞，蔡京信之，曰："此齐小白所谓罔见之而霸者也。"郑居中曰："首岂容有二，而京主之，意殆不可测。"帝命弃龟金明池。

政和四年，瑞州进六目龟。五年，博州进白龟。

绍兴八年五月，汴京太康县大雷雨，下冰龟数十里，随大小皆龟形，具首足卦文。

乾道五年，舒州民献龟，骈生二首，不能伸缩。郡守张栋纵之灊山，近龟孽也。

嘉定十四年春，楚州境上龟大小死者蔽野。

咸平三年八月，黄州群鸡夜鸣，至冬不止。

绍兴初，陈州民家鸡忽人言，近鸡祸也。松阳县民家鸡生三足，县治有鸡伏卵，毛生壳外，近鸡祸，亦毛孽也。

乾道六年，西安县官塘有物，鸡首人身，高丈余，昼见于野。

庆元三年，饶州军营鸡卵出蛇，近鸡孽，亦蛇孽也。婺源县张村民家雌鸡化为雄，烹之，形冠距而腹卵孕。同里洪氏家雄鸡伏子，中一雏三足。

咸淳五年，常州鸡羽生距。

建隆元年夏，相、金、均、房、商五州鼠食苗。二年五月，商州鼠食苗。

乾德五年九月，金州鼠食苗。

太平兴国七年十月，岳州鼠害稼。

绍兴十六年，清远、翁源、真阳三县鼠食稼，千万为群。时广东久旱，凡羽鳞皆化为鼠。有获鼠于田者，腹犹蛇文，渔者夜设纲，旦视皆鼠。自夏徂秋，为患数月方息，岁为饥，近鼠妖也。

乾道九年，隆兴府鼠千万为群，害稼。

淳熙五年八月，淮东通、泰、楚、高邮黑鼠食禾既，岁大饥。时江陵府郭外，群鼠多至塞路，其色黑、白、青、黄各异，为车马践死者不可胜计，逾三月乃息。

绍熙四年，饶州民家二小鼠食牛角，三徙牛牢不免，角穿肉瘠以毙，近鼠妖也。

庆元元年六月，番阳县民家一猫带数十鼠，行止食息皆同，如母子相哺者，民杀猫而鼠舐其血。鼠象盗，猫职捕，而反相与同处，司盗废职之象也，与唐龙朔洛州猫鼠同占。

绍兴三年八月辛亥，尚书省后楼无故自坏。

庆元元年夏，建昌军民居木柱有声如牛鸣者，三日乃止。

咸淳九年，丞相贾似道起复之日，在越上私第，方拜家庙，忽闻内有裂帛声，众宾愕然，密询左右，知家庙栋裂，皆逡巡而退。

卷六十六　　　志第十九

五行四

金

从革，金性也。金失其性，则为变怪。旧说以僭咎、恒旸、诗妖、民讹、毛虫之孽、白眚、白祥之类皆属之金，今从之。

建隆二年七月，晋州神山县北谷中有铁随水流出，方二丈三尺，其重七千斤。

太平兴国四年九月，夹江县民王谊得黑石二，皆丹文，其一云"君王万岁"，其二云"赵二十一帝"，缄其石来献。

至道二年二月，桂阳监熔银自涌成山峰状。

咸平四年十二月，亳州太清宫钟自鸣。

乾兴元年四月甲戌，修奉山陵总管言：皇堂隧道穿得铜锅，有两耳，又于寝宫三门下穿得铜盂一、铁瓮一、铁甲叶三。

天圣元年三月庚辰，涪陵县相思寺夜有光出阿育王塔之旧址，发之，得金铜像三百二十七。五年七月壬寅，辽山县旧河凌地摧塔，获古钱一百四十六千五百四十三文。

明道元年五月壬午，汉州江岸获古钟一。

庆历四年五月乙亥，金黔县得生金山，重三百二十四两。

皇祐四年，乾宁军渔人得小钟二于河滨。五年二月己亥，乾宁军又进古钟一。

至和二年四月甲午，浏阳县得古钟一。

熙宁元年至元丰元年，横州共获古铜鼓一十七。

元丰三年八月，岳州永庆寺获铜钟一、铜磬二。六年，南溪县穿土得铜钱五万四千有奇。七年三月，筠州获铜钟一。十一月，宾州获铜鼓一。八年，昌元县通盐井得铜锅九、铜盆一、铜盘一。

崇宁五年十月，荆南获古铜鼎。

政和二年，玄圭始出。晋州上一石，绿色，方三尺余，当中有文曰"尧天正"，其字如掌大而端楷类手画者，"尧"字居右，"天正"字缀行于左。都堂验视，砻石三分

而字画愈明，又于"尧"字之下隐约出一"瑞"字，位置始均，盖曰"天正尧瑞"云。或谓晋阳，尧都也，方玄圭出，乃有此瑞。四年，府畿、汝、蔡之间，连山大小石皆变为玛瑙，尚方取为宝带、器玩甚富。五年正月，湖南提举常平刘钦言：芦荻冲生金，重九斤八两，状类灵芝祥云；又淘得碎金四百七两有奇。十一月，越州民拾生金。湟州丁羊谷金坑仅千余眼得矿，成金共四等，计一百三十四两有奇。

重和元年十二月，孝感县楚令尹子文庙获周鼎六。

宣和四年后，御府所藏，往往复变为石，而色类白骨，此与周宝圭占略同。五年，荥阳县贾谷山麒麟谷采石修明堂，得一石有文曰"明"，百官表贺。五年四月，又获甗鼎三。

崇宁四年三月，铸九鼎，用金甚厚，取九州水土内鼎中。既奉安于九成宫，车驾临幸，遍礼焉，至北方之宝鼎，忽漏水溢于外。刘炳谬曰："正北在燕山，今宝鼎但取水土于雄州境，宜不可用。"其后竟以北方致乱。

建炎元年，南京留守朱胜非夜防城，见南门外火光烛地，掘之，得铜印，有文曰"朱胜私印"。火铄金，金所畏也。后拜相，有明受之变，卒坐贬。三年，吉州修城，役夫得髑髅弃水中，俄浮一钟，有铭五十六字，大略云："唐兴元，吾子没，瘗庐陵西皋，后当火德五九之际，世衰道败，浙、梁相继丧乱，章、贡康昌之日，吾亦复出是邦，东平鸿工，复使吾子同河伯听命水官。"郡守命录其辞，录毕而钟自碎。

绍兴十一年三月庚申，长安兵刃皆生火光。二十六年，郫县地出铜马，高三尺，制作精好，风雨夜嘶。绍兴中，耕者得金瓮重二十四钧于秦桧别业。

乾道二年三月丙午夜，福清县石竹山大石自移，声如雷。石方可九丈，所过成蹊，才四尺，而山之木石如故。

庆元二年十二月，吴县金鹅乡铜钱百万自飞。

建隆二年，京师夏旱，冬又旱。三年，京师春夏旱。河北大旱，霸州苗皆焦仆。又河南、河中府、孟、泽、濮、郓、齐、济、滑、延、隰、宿等州并春夏不雨。四年，京师夏秋旱。又怀州旱。

乾德元年冬，京师旱。二年正月，京师旱。夏，不雨。是岁，河南府、陕、虢、麟、博、灵州旱，河中府旱甚。四年春，京师不雨。江陵府、华州、涟水军旱。五年正月，京师旱；秋，复旱。

开宝二年夏至七月，京师不雨。三年春夏，京师旱。邠州夏旱。五年春，京师旱；冬，又旱。六年冬，京师旱。七年，京师春夏旱；冬又旱。河南府、晋、解州夏旱。滑州秋旱。八年春，京师旱。是岁，关中饥，旱甚。

太平兴国二年正月，京师旱。三年春夏，京师旱。四年冬，京师旱。五年夏，京师旱；秋又旱。六年春夏，京师旱。七年春，京师旱。孟、虢、绛、密、瀛、卫、曹、淄州旱。九年夏，京师旱。秋，江南大旱。

雍熙二年冬，京师旱。三年冬，京师旱。四年冬，京

师旱。

端拱二年五月，京师旱，秋七月至十一月，旱，上忧形于色，蔬食致祷。是岁，河南、莱、登、深、冀、旱甚，民多饥死，诏发仓粟贷之。

淳化元年正月至四月，不雨，帝蔬食祈雨。河南、凤翔、大名、京兆府、许、沧、单、汝、乾、郑、同等州旱。二年春，京师大旱。三年春，京师大旱；冬，复大旱。是岁，河南府、京东西河北河东陕西及亳建淮阳等三十六州军旱。四年夏，京师不雨，河南府、许汝亳滑商州旱。五年六月，京师旱。

至道元年，京师春旱。二年春夏，京师旱。

咸平元年春夏，京畿旱。又江浙、淮南、荆湖四十六军州旱。二年春，京师旱甚。又广南西路、江、浙、荆湖及曹、单、岚州、淮阳军旱。三年春，京师旱。江南频年旱。四年，京畿正月至四月不雨。

景德元年，京师夏旱，人多暍死。三年夏，京师旱。

大中祥符二年春夏，京师旱。河南府及陕西路、潭、邢州旱。三年夏，京师旱。江南诸路、宿州、润州旱。八年，京师旱。九年秋，京师旱。大名府、澶州、相州旱。

天禧元年，京师春旱，秋又旱。夏，陕西旱。四年春，利州路旱。夏，京师旱。五年冬，京师旱。

天圣二年春，不雨。五年夏秋，大旱。六年四月，不雨。

明道元年五月，畿县久旱伤苗。二年，南方大旱。景祐三年六月，河北久旱，遣使诣北岳祈雨。

庆历元年九月丁未朔，遣官祈雨。二年六月戊寅，祈雨。三年，遣使诣岳渎祈雨。四年三月丙寅，遣内侍两浙、淮南、江南祠庙祈雨。五年二月，诏：天久不雨，令州县决淹狱，又幸大相国寺、会灵观、天清寺、祥源观祈雨。六年四月壬申，遣使祈雨。七年正月，京师不雨。二月丙寅，遣官岳渎祈雨。三月辛丑，西太乙宫祈雨。

皇祐元年五月丁未，遣官祈雨。三年，恩、冀诸州旱。三月，分遣朝臣诣天下名山大川祠庙祈雨。

至和二年四月甲午，遣官祈雨。

嘉祐五年，梓州路夏秋不雨。七年三月甲子，罢春燕，以久旱故也。辛丑，西太乙宫祈雨。

治平元年春，京师逾时不雨。郑、滑、蔡、汝、颍、曹、濮、洺、磁、晋、耀、登等州、河中府、庆成军旱。二年春，不雨。

熙宁二年三月，旱甚。三年，诸路旱。六月，畿内旱。八月，卫州旱。五年五月，北京自春至夏不雨。七年，自春及夏河北、河东、陕西、京东西、淮南诸路久旱。九月，诸路复旱。时新复洮河亦旱，羌户多殍死。八年四月，真定府大旱。八月，淮南、两浙、江南、荆湖等路旱。九年八月，河北、京东、京西、河东、陕西旱。十年春，诸路旱。

元丰二年春，河北、陕西、京东西诸郡旱。三年春，西北诸路旱。五年，亢旱。六年夏，畿内旱。

元祐元年春，诸路旱。正月，帝及太皇太后车驾分日诣寺观祷雨。是冬，复旱。二年春，旱。三年秋，诸路旱，京西、陕西尤甚。四年春，京师及东北旱，罢春燕。八年秋，旱。

绍圣元年春，旱，疏决四京畿县囚。三年，江东大旱，溪河涸竭。四年夏，两浙旱。

元符元年，东南旱。二年春，京畿旱。

建中靖国元年，衢、信等州旱。

大观二年，淮南、江东西诸路大旱，自六月不雨，至于十月。

政和元年，淮南旱。三年，江东旱。四年旱，诏振德州流民。

宣和元年二月，诏汝、颍、陈、蔡州饥民流移，常平官勒停。秋，淮南旱。四年，东平府旱。五年夏，秦凤路旱。是岁，燕山府路旱。

建炎二年夏，旱。

绍兴二年，常州大旱。帝问致旱之由，中书舍人胡交修奏守臣周祀残酷所致，寻以属吏坐赃及杀不辜，窜岭南。三年四月，旱，至于七月，帝蔬食露祷，乃雨。五年五月，浙东、西旱五十余日。六月，江东、湖南旱。秋，四川郡国旱甚。六年，夔、潼、成都郡县及湖南衡州皆旱。七年春，旱七十余日，时帝将如建业，随所在分遣从臣，有事于名山大川。六月，又旱，江南尤甚。八年冬，不雨。九年六月，旱六十余日，有事于山川。十一年七月，旱。戊申，有事于岳渎。乙卯，祷雨于圜丘、方泽、宗庙。十二年三月，旱六十余日。秋，京西、淮东旱。十二月，陕西旱。十八年，浙东、西旱，绍兴府大旱。十九年，常州、镇江府旱。二十四年，浙东、西旱。二十九年二月，旱七十余日。秋，江、浙郡国旱。三十年春，阶、成、凤、西和州旱。秋，江、浙郡国旱，浙东尤甚。

隆兴元年，江、浙郡国旱，京西大旱。二年，台州春旱。兴化军、漳、福州大旱，首种不入，自春至于八月。

乾道三年春，四川郡县旱，至于秋七月，绵、剑、汉州、石泉军尤甚。四年夏六月，旱，帝将撤盖亲祷于太乙宫而雨。时襄阳、隆兴、建宁亦旱。八月，诏颁皇祐祀龙法于郡县。五年夏秋，淮东旱，盱眙、淮阴为甚。六年夏，浙东、福建路旱，温、台、福、漳、建为甚。七年春，江西东、湖南北、淮南、浙、婺、秀州皆旱；夏秋，江、洪、筠、潭、饶州、南康、兴国、临江军尤甚，首种不入。冬，不雨。九年，婺、处、温、台、吉、赣州、临江、南安诸军、江陵府皆久旱，无麦苗。

淳熙元年，浙东、湖南郡国旱，台、处、郴、桂为甚。蜀关外四州旱。二年秋，江、淮、浙皆旱，绍兴、镇江、宁国、建康府、常、和、滁、真、扬州、盱眙、广德军为甚。三年夏，常、昭、复随郢金洋州、江陵德安兴元府、荆门汉阳军皆旱。四年春，襄阳府旱，首种不入。五年，常、绵州、镇江府及淮南、江东西郡国旱，有事于山川群望。六年，衡、永、楚州、高邮军旱。七年，湖南春旱，诸道自四月不雨，行都自七月不雨，皆至于九月。绍兴、隆兴、建康、江陵府、台、婺、常、润、江、筠、抚、吉、饶、信、徽、池、舒、蕲、黄、和、浔、衡、永州、兴国、临江、南康、无为军皆大旱，江、筠、徽、婺州、广德军、无锡县尤甚，祷雨于天地、宗庙、社稷、山川群望。八年正月甲戌，积旱始雨。七月，不雨，至于十一月：临安、镇江、建康、江陵、德安府、越、婺、衢、严、湖、常、饶、信、徽、楚、鄂、复、昌州、江阴、南康、广德、兴国、汉阳、信阳、荆门长宁军及京西、淮郡皆旱。九年夏五月，不雨，至于秋七月，江陵、德安、襄阳府、润、婺、温、处、洪、吉、抚、筠、袁、潭、鄂、复、恭、合、昌、普、资、渠、利、阆、忠、涪、万州、临江、建昌、汉阳、荆门、信阳、南平、广安、梁山军、江山、定海、象山、上虞、嵊县皆旱。十年六月旱，至于七月，江淮、建康府、和州、兴国军、恭、涪、泸、合、金州、南平军旱。十一年四月，不雨，至于八月，兴元府、吉、赣、福、泉、汀、漳、潮、梅、循、邕、宾、象、金、洋、西和州、建昌军皆旱，兴元、吉尤甚。冬，不雨，至于明年二月。十四年五月，旱。六月戊寅，有事于山川群望。甲申，帝亲祷于太乙宫。七月己酉，大雩于圜丘，望于北郊，有事于岳、渎、海凡山川之神。时临安、镇江、绍兴、隆兴府、严、常、湖、秀、衢、婺、处、明、台、饶、信、江、吉、抚、筠、袁州、临江、兴国、建昌军皆旱，越、婺、台、处、江州、兴国军尤甚，至于九月，乃雨。十五年，舒州旱。

绍熙元年，重庆府、蕲、池州旱。二年五月，真、扬、通、泰、楚、滁、和、普、隆、涪、渝、遂、高邮、盱眙军、富顺监皆旱，简、资、荣州大旱。三年夏，鄂、扬、和州大旱；秋，简、资、普、荣、叙、隆、富顺监亦大旱。四年，绵州大旱，亡麦。简、资、普、渠、合州、广安军旱。江、浙自六月不雨，至于八月，镇江、江陵府、婺、台、信州、江西、淮东旱。五年春，浙东、西自去冬不雨，至于夏秋，镇江府、常、秀州、江阴军大旱，庐、和、濠、楚州为甚，江西七郡亦旱。

庆元二年五月，不雨。三年，潼、利、夔路十五郡旱，自四月至于九月，金、蓬、普州大旱；四月壬子，祷于天地、宗庙、社稷。六年四月，旱；五月辛未，祷于郊丘、宗社。镇江府、常州大旱，水竭，淮郡自春无雨，首种不入，及京、襄皆旱。

嘉泰元年五月，旱。丙辰，祷于郊丘、宗社。戊辰，大雩于圜丘。浙西郡县及蜀十五郡皆大旱。二年春，旱，至于夏秋。七月庚午，大雩于圜丘，祈于宗社。浙西、湖南、江东旱，镇江、建康府、常、秀、潭、永州为甚。四年五月，不雨，至于七月。浙东西、江西郡国旱。

开禧元年夏，浙东、西不雨百余日，衢、婺、严、越、鼎、沣、忠、涪州大旱。二年，南康军、江西、湖南北郡县旱。三年二月，不雨；五月己丑，祷于郊丘、宗社。

嘉定元年夏，旱，闰月辛卯，祷于郊丘、宗社。二年夏四月，旱，首种不入，庚申，祷于郊丘、宗社。六月乙酉，又祷，至于七月乃雨。浙西大旱，常、润为甚。淮东西、江东、湖北皆旱。四年，资、普、昌、合州旱。六年五月，不雨，至于七月，江陵、德安、汉阳军旱。八年春，旱，首种不入。四月乙未，祷于太乙宫。庚子，命辅臣分祷郊丘、宗社。五月庚申，大雩于圜丘，有事于岳、渎、海，至于八月乃雨。江、浙、淮、闽皆旱，建康、宁国府、衢、婺、温、台、明、徽、池、真、太平州、广德、兴国、南康、盱眙、安丰军为甚，行都百泉皆竭，淮甸亦然。十年七月，不雨，帝日午曝立，祷于宫中。十一年秋，不雨，至于冬，淮郡及镇江、建宁府、常州、江阴、广德军旱。十四年，浙、闽、广、江西旱，明、台、衢、婺、温、福、赣、吉州、建昌军为甚。十五年五月，不雨，岳州旱。

嘉熙元年夏，建康府旱。三年，旱。四年，江、浙、福建旱。

淳祐七年，旱。十一年，闽、广及饶州旱。

咸淳六年，江南大旱。十年，庐州旱，长乐、福清二县大旱。

建隆中，京师士庶及乐工、少年竞唱歌曰《五来子》。自建隆、开宝，凡平荆、湖、川、广、江南，五国皆来朝。时西川孟昶赋敛无度，射利之家配率尤甚，既乏缗钱，唯仰在质物。乃竞书简札揭于门曰："今召主收赎。"又每岁除日，命翰林为词题桃符，正旦置寝门左右。末年，学士辛寅逊撰词，昶以其非工，自命笔题云："新年纳余庆，嘉节号长春。"昶以其年正月降王师，即命吕余庆知成都府，而"长春"乃太祖诞圣节名也，"召"与"赵"、"赎"与"蜀"同音。

开宝初，广南刘𫓩令民家置贮水桶，号"防火大桶"。又𫓩末年，童谣曰："羊头二四，白天雨至。"后王师以辛未年二月四日擒𫓩。识者以为国家以火德王，房为宋分；羊，未神也；雨者，王师如时雨之义也；"防"与"房"、"桶"与"宋"同音。

周广顺初，江南伏龟山圯，得石函，长二尺，广八寸，中有铁铭，云："维天监十四年秋八月，葬宝公于是。"铭有引曰："宝公尝为偈，大事书于版，帛幂之。人欲读之者，必施数钱乃得，读讫即幂之。是时，名士陆倕、王筠、姚察而下皆莫知其旨。或问之，云在五百年后。至卒，乃归其铭同葬焉。"铭曰："莫问江南事，江南自有冯。乘鸡登宝位，跨犬出金陵。子建司南位，安仁秉夜灯。东邻家道阙，随虎遇明兴。"其字皆小篆，体势完具，徐铉、徐锴、韩熙载皆不能解。及煜归朝，好事者云：煜丁酉年袭位，即乘鸡也；开宝八年甲戌，江南国灭，是跨犬也；当王师围其城而曹彬营其南，是子建司南位；潘美营其北，是安仁秉夜灯也；其后太平兴国三年，淮海王钱俶举国入觐，即东邻也；家道阙，意无钱也；随虎遇，戊寅年也。

皇祐五年正月戊午，狄青败侬智高于归仁铺。初，谣言"农家种，伞家收"。至是，智高果为青所破。

建炎三年四月，鼎州桃源洞大水，巨石随流而下，有文曰："无为大道，天知人情；无为窈冥，神见人形。心言意语，鬼闻人声；犯禁满盈，地收人魂。"金石同类，类金为变怪者也。

绍兴二年，李纲帅长沙，道过建宁，僧宗本题邑治之壁曰："东烧西烧，日月七七。"后数日，江西盗李敦仁入境，焚其邑，七月七日也。

淳熙中，淮西竞歌汪秀才曲曰："骑驴渡江，过江不得。"又为猱舞以和之。后舒城狂生汪格谋不轨，州兵入其家，缚之。其子拒杀，聚恶少数千为乱，声言渡江。事平，格亦伏诛。七年正月，余杭门外墙壁有诗，其言颇涉怪，后廉得主名，杖遣之。主管城北厢刘君暨以失察异言，坐削秩，其诗不录。十四年，都城市井歌曰："汝亦不来我家，我亦不来汝家。"至绍熙二三年，其事始应于两宫。

嘉定三年，都城市井作歌词，末句皆曰"东君去后花无主"，朝廷恶而禁之。未几，太子询薨。

庆元四年三月甲辰，有邮筒置诗达御前者，诏宰臣究其诗，不录。

嘉泰四年，越人盛歌《铁弹子白塔湖曲》。俄有盗金十一者自号"铁弹子"，缪传其斗死于白塔湖中，后获于诸暨县。

汉乾祐中，荆南高从诲凿池于山亭下，得石匣，长尺余，肩镉甚固。从诲神之，屏左右，焚香以启匣，中得石，有文云："此去遇龙即歇。"及建隆中，从诲孙继冲入朝，改镇徐州。"龙"、"隆"音相近。

太平兴国中，京师儿童以木雕合子，中有窍，藏腋下有声，号云"腋底闹"。后卢多逊投荒，人以为谶，其在肘腋而司国典也。

天禧二年五月，西京讹言有物如乌帽，夜飞入人家，又变为犬狼状。人民多恐骇，每夕重闭深处，至持兵器驱逐者。六月乙巳，传及京师，云能食人。里巷聚族环坐，叫噪达曙，军营中尤甚，而实无状，意其妖人所为。有诏严捕，得数辈，讯之，皆非。

政和七年，诏修神保观，俗所谓"二郎神"者。京师人素畏之，自春及夏，倾城士女负土以献，揭榜通衢，云某人献土；又有饰形作鬼使，巡门催纳土者。或以为不祥，禁绝之。后金人斡离不围京师，其国谓之"二郎君"云。

绍兴元年十二月，越州连火，民讹言相惊，月几望当再火。枢密院以军法禁之，乃定。

嘉泰二年六月，故循王张俊家火。后旬日，市井讹言相惊，绛衣妇人为火痒下坠。都民徙避，昼夜弗宁，禁之，后亦不火。

庆元六年十月，琼州讹言妖星流堕民郭七家，声如雷。通判曾丰暨琼山县令移文惊扰，后皆坐绌。签书枢密院事林存为似道所挤，道死于漳。漳有富民蓄油黏木甚佳，林氏子弟求之，价高不可得，因抚其木曰："收取收取，待贾丞相用。"德祐元年，似道谪死，郡守与之经营，竟得此木以殓。

宋初，陈抟有纸钱使不行之说，时天下惟用铜钱，莫喻此旨。其后用交子、会子，其后会价愈低，故有"使到十八九，纸钱飞上天"之谣。似道恶十九界之名，乃名关子，然终为十九界矣，而关子价益低，是纸钱使不行也。

宋以周显德七年庚申得天下。图谶谓"过唐不及汉，一汴、二杭、三闽、四广"，又有"寒在五更头"之谣，故宫漏有六更。按汉四百二十余年，唐二百八十九年。开庆元年，宋祚过唐十一年，满五庚申之数；至德祐二年正月降附，得三百一十七年，而见六庚申，如宫漏之数。

建隆三年，有象至黄陂县匿林中，食民苗稼，又至安、复、襄、唐州践民田，遣使捕之。明年十二月，于南阳县获之，献其齿革。乾德二年五月，有象至澧阳、安乡等县，又有象涉江入华容县，直过阛阓门；又有象至澧州澧阳县城北。

乾德四年八月，普州兔食禾。五年，有象自至京师。

雍熙四年，有犀自黔南入万州，民捕杀之，获其皮角。

开宝八年四月，平陆县鸷兽伤人，遣使捕之，生献十头。十月，江陵府白昼虎入市，伤二人。

太平兴国三年，果、阆、蓬、集诸州虎为害，遣殿直张延钧捕之，获百兽。俄而七盘县虎伤人，延钧又杀虎七以为献。七年，虎入萧山县民赵驯家，害八口。

淳化元年十月，桂州虎伤人，诏遣使捕之。

至道元年六月，梁泉县虎伤人。二年九月，苏州虎夜入福山砦，食卒四人。

咸平二年十二月，黄州长析村二虎夜斗，一死，食之殆半，占云："守臣灾。"明年，知州王禹偁卒。咸平六年十月乙酉，有狐出皇城东北角楼，历军器库至夹道，获之。

大中祥符九年三月，杭州浙江侧，昼入虎入税场，巡检俞仁祐挥戈杀之。

天圣九年五月，宿州获白兔。六月，庐州获白兔。

明道二年六月，唐州获白兔。

皇祐三年十二月，泰州获白兔。

嘉祐三年六月丁卯，交阯贡异兽二。初，本国称贡骐驎，状如牛身，被肉甲，鼻端有角，食生刍果，必先以杖击其角，然后食。既至，而枢密使田况辨其非麟，诏止称异兽。

熙宁元年九月，抚州获白兔。十二月，岚州获白鹿。四年九月，庐州获白兔。

政和五年十二月，安化军获白兔。六月，泰州军获白兔。七年十月，达州获白兔。

宣和元年十月，淄州获黑兔。宣和七年秋，有狐由艮岳直入禁中，据御榻而坐，诏毁狐王庙。

绍兴十一年，海州属金，悉空其民安江。后二十年，有二虎入城，人射杀之，虎亦搏人。明年，魏胜举州来归，亦空其民。汉龚遂曰："野兽入宫室，宫室将空。"虎豕皆毛孽也。十三年，南康县雷雨，群狸震死于岩穴中，岩石皆为碎。二十二年，刘彭老家猫产数子，皆三足。

乾道七年，潮州象数百食稼，农设阱田间，象不得食，率其群围行道车马，敛谷食之，乃去。

淳熙二年，江州马当山群狐掠人。十年，滁州有熊虎同入樵民舍，夜，自相搏死。

绍熙元年三月，临安府民家猫生子一，有八足二尾。四年，鄂州武昌县虎为人患。五年八月，扬州献白兔。侍御史章颖劾守臣钱之望以孽为瑞。占曰："国有忧。"白，丧祥也。是岁，光宗崩。

庆元三年，德兴县群狐入民舍。

咸淳九年十一月辛卯黎明，有虎出于扬州市，毛色微黑，都拨发官曹安国率良家子数十人射之。制置使李庭芝占曰："千日之内，杀一大将。"于是脔其肉于城外而厌之。

绍兴六年四月，中京大雪、雷震，犬数十争赴土河而死，可救者才二三。

淳熙元年六月，饶州大雷震犬于市之旅舍。

庆元二年，抚州有犬若人，坐于郡守之坐。未几，郡守林廷彦卒于官。

德祐元年五月壬申，扬州禁军民毋得蓄犬，城中杀犬数万，输皮纳官。

乾德三年七月己卯夜，西方起苍白气，长五十尺，贯天船、五车，亘井宿，占曰："主兵动。"六年十月己未旦，西北起苍白气三道，长二十尺，趋东散，占曰："游兵之象。"

太平兴国四年四月己未夜，西北有白气压北斗。

雍熙四年正月癸酉，白气起角、亢经、太微垣，历轩辕大星，至月傍散。

至道二年二月丙子夜，西方有苍白气，长短八道，如彗扫稍，经天汉，参错如交蛇，占曰："所见之方主兵胜。"

咸平四年三月丙申，白气二亘天。五年正月，白气如虹贯日，久而散。七月戊戌，白气如阵贯东井。六年四月己巳，白气东西亘天。丁丑，白气贯日。五月辛亥，白气出昴至壁没。六月丙子，白气出河鼓左右旗，分为数道没。七月癸卯，白气如彗，起西南方，占曰："有兵丧。"

景德元年五月，白气贯轩辕，苍白气十余如布亘天。二年二月丁亥，白气五道贯北斗，占为大风、幸臣忧。十月丙子，白气出阁道西，孛孛有光，占曰："宫中忧。"三年三月，白气贯日。四年三月己未，白气东西亘天。庚申，白气出南方，长二丈许，久而不散。四月庚午，白气贯北斗，长十丈，占为大风。庚寅，白气如布袭月，三丈许。

大中祥符元年正月丁丑，白气二，东西亘天。五年二月壬寅，白气长五丈，出东井，贯北斗魁及轩辕，占为兵、为雷雨。

明道元年十二月壬戌，西北有苍白气亘天。

康定二年八月庚辰夜，东方有白气长十尺许，在星宿度中，至十日，长丈余，冲天相，九十余日没。

庆历八年甲申，白气贯北斗。三年正月戊戌，中天有白气长二十尺，向西南行贯日，占曰："边兵忧。"四月癸卯，白气二生西北隅，上中天，首尾至浊，东南行，良久散，占曰："其下有兵寇。"八月壬子夜，白气贯北斗魁。九月辛巳夜，中天有白气长二丈许，贯卷宿、南河，东北行，少顷散，占曰："风雨之候。"

皇祐四年十一月辛酉夜，白气起北方近浊，长五丈许，历北斗，久之散，占曰："多大风。"

嘉祐元年三月，彭城县白鹤乡地生面，占曰："地生面，民将饥。"五月，钟离县地生面。

治平二年四月丙午夜，西北方有白气，渐东南行，首尾至浊，贯角宿，移西北，久方散。占曰："有兵战疾疫事。"

熙宁九年四月庚寅夜，白气长丈，起东北方天市垣。

元祐三年七月戊辰夜，西北有白气经天，主兵，宜防西、北二鄙。

元符二年九月戊辰夜，有白气十道，各长五尺，主兵及大臣黜。

崇宁二年五月戊子夜，苍白气起东南方，长三丈，贯尾、箕、斗，主蛮夷入贡，旧臣来归。

宣和三年九月壬午夜，苍白气长三丈，贯月，主其下有乱者。

靖康元年十二月丙辰，白气出太微垣。二年二月壬午夜，白气如虹，自南亘北，须臾，移西南，至东北，天明而没。三月戊子，白气贯斗。

建炎二年，杜充为北京留守，天雨纸钱于营中，厚盈寸。明日，与金人战城下，败绩。纸，白祥也。三年三月，白气贯日。四年五月壬子夜，北方有白气十余道如练。二十六年七月辛酉夜，天雨水银。

绍兴元年，潭州得白玉于州城莲花池中，孔彦舟以献，诏却之。前史以为玉变近白祥，后彦舟为剧盗。二月己巳夜，东南有白气。十一年三月庚申，金人居长安，油、酒皆变白色。三十年十一月甲午夜，西南有白气出危，入昴。十二月戊申，白气出尾，入轸，贯天市垣。三十一年十二月辛丑，白气如带，东西亘天，出斗，历牛。

隆兴元年十二月壬午夜，白气见西南方，出危，入昴。二年正月甲寅夜，西南有白气，亘天如带。

乾道元年正月庚午，白气见西北方，出奎，入参。三月戊辰，白气如带，自参及角，东西亘天。四月丁酉夜，白气见西北方，入天市垣。辛丑夜，白气入北斗。乙巳夜，白气入紫微垣。十月己丑夜，苍白气见东南方，入翼。十一月丙寅，白气如带，出女，入昴，东西亘天。十二月午夜，白气如带，东西亘天，出女，入昴。

淳熙十年正月戊子夜，西南有白气如天汉而明，南北广可六丈，东西亘天，历壁至毕。

绍熙五年六月壬寅夜，白气亘天，自紫微至亢、角。己酉日入后，白气亘天，顷刻而散。

庆元四年八月庚辰，白气亘天。五年二月癸酉夜，东北方白气如带，自角至参。八月癸亥，东北方有白气如带，亘天。

嘉泰四年十一月辛未，昼有白气分数道，亘天。

嘉熙四年二月丙辰，白气亘天。

淳祐二年四月甲寅，白气亘天。

景定三年七月甲申，白气如匹布，亘天。

咸淳九年，襄阳城中白气自西而出。

绍兴二年，宣州有铁佛象，坐高丈余，自动迭前迭却，若伛而就人者数日，既而郡有火。火气盛，金失其性而为变怪也。七月，天雨钱，或从石罅中流出，有轮郭，肉好不分明，穿之，碎若沙土。二月，温州戒福寺铜佛象顶珠自动，光彩激射，经日不少停，数日火作，寺焚。

淳熙九年春，德兴县民家镜自飞舞，与日光相射。

庆元二年正月，泰宁县耕夫得镜，厚三寸，径尺有二寸，照见水底，与日争辉，病热者对之，心骨生寒，后为雷震而碎。

卷六十七　　志第二十

五 行 五

土

稼穑作甘，土之性也。土失其性，则为灾凶，旧说以恒风、脂夜之妖，华孽、蠃虫之孽，牛祸、黄眚、黄祥，皆属之土，今从之。

建隆元年，河南诸州乏食。

乾德元年，齐、隰等州饥。二年，州府二十二饥。

开宝四年，州府六水、一旱，诸州民乏食。五年，大饥。六年，水，民饥。九年，州府十二饥。

太平兴国四年，太平州饥。

淳化元年，开封、河南等九州饥。五年，京东西、淮南、陕西水潦，民饥。

咸平五年，河北及郑、曹、滑饥。

景德元年，江南东、西路饥。二年，淮南、两浙、荆湖北路饥。三年，京东西、河北、陕西饥。

大中祥符三年，陕西饥。四年，河北、陕西、剑南饥。五年，河北、淮南饥。七年，淮南、江、浙饥。八年，陕西州府五饥。

天禧元年，饥。三年，江、浙及利州路饥。

天圣三年，晋、绛、陕、解饥。

明道元年，京东、淮南、江东饥。二年，淮南、江东、西川饥。

宝元二年，益、梓、利、夔路饥。

嘉祐三年，夔州路旱，饥。

熙宁三年，河北、陕西旱。四年，河北旱，饥。六年，淮南、江东、剑南西川、润州饥。七年，京畿、河北、京东西、淮西、成都、利州、延、常、润、府州、威胜、保安军饥。八年，两河、陕西、江南、淮、浙饥。九年，雄州饥。十年，漳泉州、兴化军饥。元丰元年，河北饥。四年，凤翔府、凤阶州饥。七年，河东饥。

元符二年，饥。

崇宁元年，江、浙、熙河饥。

大观三年，秦、凤、阶、成饥。

重和元年，京西饥。五年，河北、京东、淮南饥。

建炎元年，汴京大饥，米升钱三百，一鼠直数百钱，人食水藻、椿槐叶，道殣，骼无余胔。三年，山东郡国大饥，人相食。时金人陷京东诸郡，民聚为盗，至车载干尸为粮。

绍兴元年，行在、越州及东南诸路郡国饥。淮南、京东西民流常州、平江府者多殍死。二年春，两浙、福建饥，米斗千钱。时馈饷繁急，民益匮食。三年，吉、郴、道州、桂阳监饥。五年，湖南大饥，殍死、流亡者众。夏，潼川路饥，米斗二千，人食糟糠。兴元饥，民流于果、阆。秋，温、处州饥。六年春，浙东、福建饥，湖南、江西大饥，殍死甚众，民多流徙，郡邑盗起。夏，蜀亦大饥，米斗二千，利路倍之，道殣枕藉。是岁，果州守臣宇文彬献《禾粟九穗图》，吏部侍郎晏敦复言："果、遂饥民未苏，不宜导谀。"坐黜爵。七年夏，钦、廉、邕州饥。九年，江东西、浙东饥，米斗千钱，饶、信州尤甚。十年，浙东、江南荐饥，人食草木。十一年，京西、淮南饥。十八年冬，浙东、江、淮郡国多饥，绍兴尤甚。民之仰哺于官者二十八万六千人，不给，乃食糟糠、草木，殍死殆半。十九年春、夏，绍兴府大饥，明、婺州亦如之。二十四年，衢州饥。二十八年，平江府饥。二十九年，绍兴府荐饥。

隆兴元年，绍兴府大饥，四川尤甚。平江、襄阳府、随、泗州、枣阳、盱眙军大饥，随、枣间米斗六七千。二年，平江府、常、秀州饥，华亭县人食粃糠。行都及镇江府、兴化军、台、徽州亦艰食。淮民流徙江南者数十万。

乾道元年春，行都、平江、镇江、绍兴府、湖、常、秀州大饥，殍徙者不可胜计。是岁，台、明州、江东诸郡皆饥。夏，亡麦。二年夏，亡麦。三年九月，不雨，麦种不入。四年春，蜀、邛、绵、剑、汉州、石泉军大饥，邛为甚。盗延八郡，汉饥民至九万余。五年夏，饶、信州荐饥，民多流徙。徽州大饥，人食蕨葛。台、楚州、盱眙军亦饥。秋冬不雨，淮郡麦种不入。六年冬，宁国府、广德军、太平、湖、秀、池、徽、和州皆饥。七年秋，江东西、湖南十余郡饥，江、筠州、隆兴府为甚。人食草实，流徙淮甸，诏出内帑收育弃孩。淮郡亦荐饥，金人运麦于淮北岸易南岸铜镪，斗钱八千。江西饥，民流光、濠、安丰间，皆效淮人私籴，钱为之耗。荆南亦饥。八年，江西亡麦。隆兴府荐饥，南昌、新建县饥民仰给者二八千余。九年春，成都、永康、邛三州饥。秋，台州饥，温、婺州亦饥。

淳熙元年，浙东、湖南、广西、江西、蜀关外皆饥，台、处、郴、桂、昭、贺尤甚。二年，淮东西、江东饥，滁、真、扬州、盱眙军、建康府为甚。是岁，镇江、宁国府、常州、广德军亦艰食。诏奖建康留守刘珙振济有方。三年，淮甸饥。夏，台州亡麦。冬，复、施、随、郢州、荆门军、襄阳、江陵、德安府大饥；四年春，尤甚。六年冬，和州饥。泰、通、楚州、高邮军大饥，人食草木。七年，镇江府、台州、无为、广德军民大饥。是岁，江、浙、荆、湘、淮郡皆饥。八年春，江州饥，人采葛而食，诏罢守臣章驿。冬，行都、宁国、建康府、严、婺、太平州、广德军饥，徽、饶州大饥，流淮郡者万余人，浙东常平使者朱熹进对论荒政，请蠲田赋、身丁钱，诏江、浙、淮、湖北三十八郡并免之。九年春，大亡麦。行都饥，於潜、昌化县人食草木。绍兴府、衢、婺、严、明、台、湖州饥。徽州大饥，穜稑亦绝。湖北七郡荐饥。蜀潼、利、夔三路郡国十八皆饥，流徙者数千人。十年，合、昌州荐饥，民就振相蹂死者三千余人。十一年，泉、汀、漳州、兴化军亡禾。邕、宾、象州饥。十二年，福建饥，亡麦。江西、广东西饥。金州饥，有流徙者。十四年，金、洋、阶、成、凤、西和州人乏食。七月，秀州饥，有流徙者。临安府九县饥。十六年夏，成州亡麦。冬，阶、成、凤、西和州荐饥。

绍熙二年，蕲州饥。夔路五郡饥，渝、涪为甚。阶、成、凤、西和州亡麦。三年，资、荣州亡麦，普、叙、简、隆州、富顺监皆大饥，亡麦，殍死者众，民流成都府至千余人，威远县弃儿且六百人。扬州亦饥。四年，简、资、普州饥，绵州亡麦。夏，绍兴府亡麦。安丰军大亡麦。五年冬，亡麦苗。行都、淮、浙东、江东郡国皆饥，常、明州、宁国、镇江府、庐、滁、和州为甚，人食草木。

庆元元年春，常州饥，民之死徙者众。楚州饥，人食糟粕。淮、浙民流行都。三年，浙东郡国亡麦，台州大亡麦，民饥多殍。襄、蜀亦饥。四年秋，浙东西荐饥，多道殣。六年冬，常州大饥，仰哺者六十万人。润、扬、楚、通、泰州、建康府、江阴军亦乏食。

嘉泰元年，浙西郡国荐饥，常州、镇江、嘉兴府为甚。二年，四川饥，广安、怀安军、潼川府大亡麦。衡、郴州、武冈、桂阳军乏食。三年春，邵、永州大饥，死徙者众，民多剽盗。夏，行都艰食。四年春，抚、袁州、隆兴府、临江军大饥，殍死者不可胜瘗，有举家二十七人同赴水死者。

开禧二年，绍兴府、衢、婺州亡麦。湖北、京西、淮东西郡国饥，民聚为剽盗。南康军、忠、涪州皆饥。

嘉定元年，淮民大饥，食草木，流于江、浙者百万人。先是淮郡罹兵，农久失业，米斗二千，殍死者十三四，炮人肉、马矢食之。诏所至郡国振恤归业，时邦储既匮，郡计不支，去者多死，亦有俘掠而北者。是岁，行都亦饥，米斗千钱。二年春，两淮、荆、襄、建康府大饥，米斗钱数千，人食草木。淮民刲道殣食尽，发瘗胔继之，人相扼噬。流于扬州者数千家，度江者聚建康，殍死日八九十人。是秋，诸路复大歉，常、润尤甚。冬，行都大饥，殍者横市，道多弃儿。三年春，建康府大饥，人相食。五月，衢州饥，颇聚为剽盗。七年，台州大亡麦。八年，淮、浙、江东西饥，都昌县为盗者三十六党。九年，行都饥，闾巷有殍。十年，台、衢、婺、饶、信州饥，剽盗起，台为甚。蜀石泉军饥，殍死殆万余人。十一年秋，淮、浙、江东饥馑，亡麦苗。十二年春，潼川府饥而不害。十三年春，福州饥，人食草根。十六年春，海州新附山东民饥，京东、河北路新附山西民亦饥。湖南永、道州大饥。是岁，行都、江、淮、闽、浙郡国皆亡麦禾。十七年春，余杭、钱塘、仁和三县饥，镇江府饥，真、鄂州亦乏食。

嘉熙四年，绍兴府荐饥，临安府大饥，严州饥。

咸淳七年，江南大饥。八年冬，襄阳饥，人相食。

德祐二年正月，扬州饥。三月，扬州谷价腾踊，民相食。

乾德二年五月，扬州暴风，坏军营舍仅百区。三年六月，扬州暴风，坏军营舍及城上敌棚。

开宝二年三月，帝驻太原城下，大风，一夕而止。八年十月，广州飓风起，一昼夜，雨水二丈余，海为之涨，飘失舟楫。九年四月，宋州大风，坏甲仗库、城楼、军营凡四千五百九十六区。

太平兴国二年六月，曹州大风，坏济阴县廨及军营。四年八月，泗州大风，浮梁竹笮，铁索断，华表石柱折。六年九月，高州大风雨，坏廨宇及民舍五百区。七年八月，琼州飓风，坏城门、州署、民舍殆尽。八年九月，太平军飓风拔木，坏廨宇、民舍千八十七区。十月，雷州飓风坏禀库、民舍七百区。九年八月，白州飓风，坏廨宇、民舍。

端拱二年，京师暴风起东北，尘沙瞑日，人不相辨。

淳化二年五月，通利军大风害稼。三年六月丁丑，黑风自西北起，天地晦暝，雷震，有顷乃止。先是京师大热，疫死者众，及此风至，疫疾遂止。

至道二年八月，潮州飓风，坏州廨、营寨。

咸平元年八月，涪州大风，坏城舍。四年八月丙子，京师暴风。

景德二年六月甲午，大风吹沙折木。八月，福州海上有飓风，坏庐舍。三年七月丙寅，京师大风。四年三月甲寅夕，京师大风，黄尘蔽天，自大名历京畿，害桑稼，唐州尤甚。

大中祥符二年四月乙未，大风起京师西北，连日不止。五年八月，京师大风。七年三月戊辰，京师大风，扬沙砾。是日，百官习仪恭谢坛，有陷仆者。八年六月辛亥，京师风起巳位，吹沙扬尘。

天禧二年正月，永州大风，发屋拔木，数日止。三年五月，徐州利国监大风起西南，坏庐舍二百余区，压死十二人。四年四月丁亥，大风起西北，飞沙折木，昼晦数刻。五月乙卯，暴风起西北，有声，折木吹沙，黄尘蔽天，占并主阴谋奸邪。是秋，内侍周怀政坐妖乱伏诛。

天圣九年十二月辛酉，大风三日止。

景祐元年六月己巳，无锡县大风发屋，民被压死者众。九月甲寅夜漏上，风自丑起有声，摆木鸣条。二年六月戊寅平明，风自未来，占者以为百谷丰衍之候。

皇祐四年七月丁巳，大风起西北方，拔木。

嘉祐二年正月元日平旦，海风从东北来，遍天有苍黑云，占云："大熟多雨。"

熙宁四年二月辛巳，京东自濮州至河北旁边，大风异常，百姓惊恐，六年四月，馆陶县黑风。九年十一月，海阳潮阳二县飓风、潮，害民居田稼。十年六月，武城县大风，坏县廨，知县李愈妻、主簿寇宗奭妻之母压死。七月，温州大风雨，漂城楼、官舍。

元丰四年六月，邕州飓风，坏城楼、官私庐舍。七月甲午夜，泰州海风作，继以大雨，浸州城，坏公私庐舍数千间。静海县大风雨，毁官私庐舍二千七百六十三楹。丹阳县大风雨，溺民居，毁庐舍。丹徒县大风潮，飘荡沿江庐舍，损田稼。六月，邕州飓风，坏城楼、官私庐舍。五年六月，朱崖军飓风，毁庐舍。

元祐八年，福建、两浙海风驾潮，害民田。

绍圣元年秋，苏、湖、秀等州海风害民田。

靖康元年正月望夜，大风起西北，有声，吹沙走石，尽明日乃止。二月戊申，大风起东北，扬尘翳空。三月己巳夜五更,大风乍缓乍急,声如叫怒。十一月丁亥,大风发屋折木。闰十一月甲寅,大风起北方,雪作,盈数尺,连夜不止。二年正月己亥,天气昏暗,狂风迅发,竟日夜,西北阴云中如有火光,长二丈余,阔数尺,民时时见之。庚戌,大风雨。二月乙酉,大风折木,晚尤甚。三月己亥,大风。四月庚申朔,大风吹石折木。辛酉,北风益甚,苦寒。

建炎元年正月丁酉,大风吹石折木。十二月乙酉,大风拔木。

绍兴二十八年七月壬戌,平江府大风雨驾潮,漂溺数百里,坏田庐。三十二年七月戊申,大风拔木。温州大风,坏屋覆舟。

隆兴元年,浙东、西郡国风水伤稼。二年八月,大风雨,漂荡田庐。

乾道二年八月丁亥,温州大风雨驾海潮,杀人覆舟,坏庐舍。五年十月,台州大风水,坏田庐。八年六月丙辰,惠州飓风,坏海舰三十余。时枢密院调广东经略司水军,四舰覆其三,死者百三十余人。

淳熙三年六月,大风连日。四年九月,明州大风驾海潮,坏定海、鄞县海岸七千六百余丈及田庐、军垒。六月乙巳夜,福清县、兴化军大风雨,坏官舍、民居、仓库及海口镇,人多死者。五年正月庚戌,大风。六年十一月,鄂州大风覆舟,溺人甚众。七年二月,江陵府大风,火及舟,焚溺死者尤众。十年八月辛酉,雷州飓风大作,驾海潮伤人,禾稼、林木皆折。

绍熙二年三月癸酉,瑞安县大风,坏屋拔木杀人。四年七月,兴化军海风害稼。五年六月丙子,大风。七月乙亥,行都大风拔木,坏舟甚众。绍兴府、秀州大风驾海潮,害稼。秋,明州飓风驾海潮,害稼。十月甲戌,行都大风拔木。

庆元二年六月壬申,台州暴风雨驾海潮,坏田庐。六年三月甲子,大风拔木。

嘉泰三年十月丁未,暴风。十一月癸未,大风,四年正月乙亥亦如之。

开禧元年四月乙卯、九月庚戌,大风。

嘉定元年九月乙丑,大风。二年二月戊子,大风。七月壬辰,台州大风雨驾海潮,坏屋杀人。三年八月癸酉,大风拔木,折禾穗,堕果实。宁宗露祷,至于丙子乃息。后御史朝陵于绍兴府,归奏风坏陵殿宫墙六十余所,陵木二千余章。四年闰月丁未,大风。六年十二月,余姚县风潮坏海堤,亘八乡。七年正月庚辰,江州放镫,黑云暴风忽作,游人相践,死者二十余。十年正月乙未,大风拔木。十一月丁丑,大风。十一年二月甲寅,大风。十月戊午,大风。十三年十一月庚戌、壬子,大风。十二月戊午,大风。十四年六月辛巳,大风。十六年秋,大风拔木害稼,十七年秋,福州飓风大作,坏田损稼。冬,鄂州暴风,坏战舰二百余,寿昌军坏战舰六十余,江州、兴国亦如之。

嘉熙二年,风雹。三年,风雹。

淳祐十一年,泰州风。

景定四年十一月,福州飓风。

咸淳四年闰月丁巳,大风雷雨,居民屋瓦皆动。七年五月甲申,绍兴府大风。十年四月,绍兴府大风拔木。

端拱二年,京师暴风起东北,尘沙暗日,人不相辨。

淳化三年六月丁丑,黑风自西北起,天地晦冥,雷震,有顷乃止。

大中祥符二年九月,无为军城北暴风,昼晦不可辨,拔木,坏城门、营垒、民舍。

天圣六年二月庚辰,大风昼瞑。

康定元年三月丙子,大风昼瞑,经刻乃复。

嘉祐八年十一月丙午,大风霾。

治平二年二月乙巳,大风昼晦。四年正月庚辰朔,大风霾。是日,上尊号,廷中仗卫皆不能整。时帝已不豫,后七日崩。

熙宁四年四月癸亥,京师大风霾。

元祐八年二月,京师风霾。

靖康二年正月己亥,天气昏暗,风迅发竟日。三月丁酉,风霾。

建炎元年正月辛卯朔,大风霾。丁酉,风霾,日色薄而有晕。三月丁酉,汴京风霾,日无光。是日,张邦昌僭位。二年七月癸未,风雨昼晦。是日,东京留守宗泽薨。

绍兴十一年三月庚申,金人居长安,昼晦。

乾道五年正月甲申,昼霾四塞。

淳熙五年四月丁丑,尘霾昼晦,日无光。

庆元九年十二月乙未,天雨霾。

开禧元年正月壬午,雨霾。

嘉定十年正月乙未,昼霾。二月癸巳,日无光。

德祐元年六月庚子朔,日有食之,既,天地晦冥,咫尺不辨人,鸡鹜归栖,自巳至申,其明始复。

至道二年秋九月,环、庆州梨生花,占有兵。明年,契丹扰北边。

景德元年二月,保顺军城壕冰,陷起文为桃李花、杂树、人物之状。

大中祥符九年正月,霸州渠冰有如华苽状。

大观二年十月乙巳,龚丘县桧生花,萼如莲实。

绍兴七年十二月,中书、门下省检正官张宗元出抚淮西军,寓建康。槃冰有文如画,佳卉茂木,华叶相敷,日易以水,变态奇出,春暄乃止。二十七年四月,徽州祁门县圃桃已实复华。

淳熙初,秀州昌氏家冰瓦有文,楼观、车马、人物、芙蓉、牡丹、萱草、藤萝之属,经日不释。淳熙中,兴化军仙游县九坐山古木末生花,臭如兰。

建隆二年九月,渭南县蚄蚗虫伤稼。三年七月,兖州、济、德、磁、洺螽生。

乾德六年七月,阶州蚄蚗虫生。

太平兴国二年六月,磁州有黑虫群飞食桑,夜出昼隐,食叶殆尽。七月,邢州钜鹿、沙河二县步屈虫食桑麦殆尽。五年七月,潍州蚄蚗虫生,食稼殆尽。七年九月,邠州蚍蜉虫生，食稼。九年七月，泗州蠓虫食桑。

雍熙二年四月，天长军螟虫食苗。

端拱二年七月，施州蚍蜉虫生，害稼。

淳化二年四月，中都县蝎虫生。七月，单州蝎虫生，遇雨死。

景德元年八月，陕、宾、棣州虫螟害稼。

大中祥符四年八月，兖州蚍蜉虫生，有虫青色随啮之，化为水。六年九月，陕西同、华等州蚍蜉虫食苗。

天圣五年五月戊辰，磁州虫食桑。

景祐四年五月，滑州灵河县民黄庆家蚕自成被，长二丈五尺，阔四尺。

嘉祐五年，深州野蚕成茧，被于原野。

熙宁九年五月，荆湖南路地生黑虫，化蛾飞去。金州生黑虫食苗，黄雀来，食之皆尽。

元祐六年闰八月，定州七县野蚕成茧。七年五月，北海县蚕自织如绢，成领带。

元符元年七月，藁城县野蚕成茧。八月，行唐县野蚕成茧。九月，深泽县野蚕成茧，织纴成万匹。二年六月，房陵县野蚕成茧。

政和元年九月，河南府野蚕成茧。四年，相州野蚕成茧。五年，南京野蚕成茧，织䌷五匹，绵四十两，圣茧十五两。

绍兴二十九年秋，浙东、江东西郡县螟。三十年十月，江、浙郡国螟蝝。

隆兴元年秋，浙东西郡国螟，害谷，绍兴府、湖州为甚。二年，台州螟。

乾道三年八月，江东郡县螟螣。淮、浙诸路多言青虫食谷穗。六年秋，浙西、江东螟为害。九年秋，吉、赣州、临江、南安军螟。

淳熙二年秋，浙、江、淮郡螟。四年秋，昭州螟。五年，昭州荐有螟螣。七年秋，永州螟。八年秋，江州螟。十二年八月，平江府有虫聚于禾穗，油洒之即堕，一夕，大雨尽涤之。十四年秋，江州、兴国军螟。十六年秋，温州螟。

庆元三年秋，浙东萧山、山阴县、婺州，浙西富阳、盐官、淳安、永兴县、嘉兴府皆螟。四年秋，铅山县虫食谷，无遗穗。

嘉定十四年，明、台、温、婺、衢蟊螣为灾。十五年秋，赣州螟。十六年，永、道州螟。

绍定三年，福州螟。

端平元年五月，当涂县螟。

淳祐二年五月，两淮螟。

景定三年八月，浙东、西螟。

乾德三年，眉州民王进牛生二犊。四年，南充县民马全信及相如县民彭秀等家牛生二犊。

开宝二年，九陇县民王达牛生二犊。

太平兴国三年，流溪县民白延进牛生二犊。五年，温江县民赵进牛生二犊。六年，广都县赵全牛生二犊。七年，什邡县民王信、华阳县民袁武等牛生二犊。八年，彭州民彭延、阆州民陈则、安乐县民王公泰牛生二犊。九年七月，知乾州卫昇献三角牛。

雍熙三年，果州民李昭牛生二犊。四年，郪县民鲜于志、鲜于皋、眉山县海罗参、仁寿县民阴饶、成都县民李本、成纪县民王和敏牛生二犊。

端拱元年，眉州民陈希简、晋原县民张昭郁、魏城县民鲜于部、罗江县民袁族、河阳县民李美、曲水县民曾虔、梓潼县民文光懿、永泰县民罗德、绵竹县民陈洪牛生二犊。

淳化元年，绵竹县民李昌远薄逸、阆州民和中、忠州民王钦、眉州王图、九陇县民杨皋、玄武县民羊迈达牛生二犊。二年，永川县民梁行良、仁寿县民梁仁超牛生二犊。三年，成都府民彭齐卿、洪雅县民程让、永昌县民田昭、巴州民杜文宥、庐山县民白闰牛生二犊。四年，成都府民任顺、曲水县民张思方、彭山县民李承远牛生二犊。

至道二年，新都县民蹇成美牛生二犊。颍阳县民冯延密牛生二犊，其二额有白。三年，新津县民文承富、赤水县民苏福、广安军吏胥仁迪牛生二犊。

咸平元年，眉山县民向琼玖陈元宝、丹稜县民刘承鹗、通泉县民王居中、曲水县民杨汉成杨景欢王师让、眉山县民陈彦宥牛生三犊。二年，濛阳县民杜挚、九陇县民杨太、眉山县民苏仁义、洪雅县吏陆文赞牛生二犊。三年，叙浦县民戴昌蕴牛生二犊。四年，流溪县民何承添、晋原县民颇全、永昌县民曾嗣、犀浦县民何福、彰明县民王玭牛生二犊。六年，渠江县民王德进、魏城民蒲谏王信、石照县民仲汉宗、大足县民刘武牛生二犊。

景德元年，魏城县民阎明、彭州濛阳县民郭琼牛生二犊。二年，三泉县民李景顺、东海县民时祐、小溪县刘可、赤水县民罗永并牛生二犊。三年，长江县民于承琛牛生二犊。四年，相如县民杨汉晖、邛州安仁县民罗莹、九陇县民白彦成、渠江县民王继丰家及顺安军屯田务牛生二犊。

大中祥符元年，龚丘县民李起牛生四犊，判州王钦若图以献。二年，立山县民卢仁侬、铜山县民勾熙正、什邡县民杜族、南康县陈邦并牛生二犊。三年，犍为县民陈知进牛生二犊。四年，东关县民陈知进牛生二犊。五年，富顺监些井场官杨守忠、曲水县民向平、蓬溪县民蹇知密牛生二犊。六年，广安军依政县民李福、贵溪县民徐志元牛生二犊。七年，双流县民姚彦信、涪城县民张礼、嘉州龙游县民张正、夹江县民郭升、天水县民王吉牛生二犊。八年，仁寿县民何志、通泉县民罗永泰、成都县民张进、华阳县民杨承珂牛生二犊。九年，平定军平定县民范训、临邛县民杨晖牛生二犊。

天禧元年，开江县民冉津及澧州石门县层山院牛生二犊。二年，临邛县民王道进、临溪县民王胜、西县民韩光绪牛生二犊。四年，贵溪县民叶政牛生二犊。五年，巴西县民向知道牛生二犊。

自天圣迄治平，牛生二犊者三十二，生三犊者一。

自熙宁二年距元丰八年，郡国言民家牛生二犊者三十有五，生三角者一。

元祐元年距元符三年，郡国言民家牛生二犊者十有五。

大观元年，阆州、达州言牛生二犊。四年三月，帝谓起居舍人宇文粹中曰："牛产二犊，亦载之起居注中，岂若野蚕成茧之类，民赖其利，乃为瑞邪？"自是史官不复尽书。

政和五年七月，安武军言，郡县民范济家牛生麒麟。

重和元年三月，陕州言牛生麒麟。

宣和二年十月，尚书省言，歙州歙县民鲍玑家牛生麒麟。三年五月，梁县民邢喜家牛生麒麟。

绍兴元年，绍兴府有牛戴刃突入城市，触马，裂腹出肠。时卫卒多犯禁屠牛，牛受刃而逸，近牛祸也。十六年，静江府城北二十里，有奔犊以角触人于壁，肠胃出，牛狂走，两日不可执，卒以射死。十八年五月，依政县牛生二犊。二十一年七月，遂宁府牛生二犊者三。二十五年八月，汉中牛生二犊。

淳熙十二年，仁和县良渚有牛生二首，七日而死。余杭县有犊二首。十六年三月，池州池口镇军屯牛狂走，触人死。

庆元三年，乐平县田家牛生犊如马，一角，鳞身肉尾，农以不祥杀之，或惜其为麟；同县万山牛生犊，人首。

淳化三年正月乙卯，京师雨土，占曰："小人叛。"自后李顺盗据益州。

景德元年七月辛亥，黄气出壁，长五尺余，占曰："兵出。"二年正月丙寅，黄白气环之。

大中祥符元年正月癸亥朔，黄气出于艮，占曰："主五谷熟。"二年九月戊午，黄气如柱起东南方，长五丈许。

天禧五年，襄州凤林镇道侧地涌起，高三尺，阔八尺，知州夏竦以闻。

明道元年十月庚子夜，黄白气五，贯紫微垣。

景祐元年八月壬戌夜，有黄白气如彗，长七尺余，出张、翼之上，凡三十有三日不见。

治平元年三月壬戌，雨土。十二月己亥，雨黄土。

熙宁五年十二月癸未、七年三月戊午，并雨黄土。八年五月丁丑，雨黄土兼细毛。

元丰二年十一月丁亥、五年三月乙巳、六年四月辛未，雨土。

元祐七年正月戊午，天雨尘土，主民劳苦。

宣和元年三月庚午，雨土著衣，主不肖者食禄。

绍兴十一年三月庚申，泾州雨黄沙。十八年十一月壬辰，肆赦，天有云赤黄，近黄祥也，太史附秦桧旨奏瑞。

乾道四年三月己丑，雨土若尘。

淳熙四年二月戊戌，雨土，五年二月壬午、甲申、四月丁丑、六年十一月乙丑、十一年正月辛卯、甲寅、十三年正月壬寅，亦如之。十五年九月庚子，南方有赤黄气。

绍熙四年十月甲寅，雨土，五年四月癸卯亦如之。十月乙未，天有赤黄色，占曰："是为天变。"色先赤后黄，近黄赤祥也。十一月辛亥，雨土。

庆元元年二月己卯、十一月己丑，天雨尘土。三年正月丙子、四月丙午、十二月甲申，天雨尘土。六年正月己巳、闰月丁未、十月己丑，雨土。九月辛丑、十一月辛卯，天雨尘土。

嘉泰元年六月己卯、九月己未、十二月辛丑，天雨尘土。

嘉定三年正月丙午，天雨尘土。八年二月己未、五月辛未，天雨尘土。九年十二月癸巳，天雨土。十年二月癸巳，雨土。十二年二月癸巳，天雨尘土。十三年三月辛卯，天雨尘土。十六年二月戊子，天雨尘土。

绍定三年三月丁酉，雨土。

嘉熙二年四月甲申，雨土。三年三月辛卯，天雨尘土。

淳祐五年二月丙寅朔，天雨尘土。十一年三月乙亥，天雨尘。

宝祐三年三月己未，雨土。六年二月壬辰，天雨尘土。

开庆元年三月辛酉，雨土。

景定五年二月辛未，雨土。

德祐元年三月辛巳，终日黄沙蔽天，或曰"丧氛"。

乾德三年，京师地震 史失日月 。五年十一月，许州开元观老君像自动，知州宋偓以闻。六年正月，简州普通院毗庐佛像自动。

至道二年十月，潼关西至灵州、夏州、环庆等州地震，城郭庐舍多坏，占云："兵饥。"是时，西夏寇灵州，明年，遣将率兵援粮以救之，关西民饥。

咸平二年九月，常州地震，坏鼓角楼、罗务、军民庐舍甚众。四年九月，庆州地震者再。六年正月，益州地震。

景德元年正月丙申夜，京师地震；癸卯夜，复震；丁未夜，又震，屋皆动，有声，移时方止。癸丑，冀州地震，占云："土工兴，有急令，兵革兴。"是年，契丹犯塞。二月，益、黎、雅州地震。三月，邢州地震不止。四月己卯夜，瀛州地震。五月，邢州地复震不止。十一月壬子，日南至，京师地震。癸丑，石州地震。四年七月丙戌，益州地震。己丑，渭州瓦亭砦地震者四。

大中祥符二年三月，代州地震。四年六月，昌、眉州并地震。七月，真定府地震，坏城垒。天圣五年三月，秦州地震。七年，京师地震。

景祐四年十二月甲子，京师地震。甲申，忻、代、并三州地震，坏庐舍，覆压吏民。忻州死者万九千七百四十二人，伤者五千六百五十五人，畜扰死者五万余；代州死者七百五十九人，并州千七百八十九十人。

宝元元年正月庚申，并、忻、代三州地震。十二月甲子，京师地震。

庆历三年五月九日，忻州地大震，说者曰："地道贵静，今数震摇，兵兴民劳之象也。"四年五月庚午，忻州地震，西北有声如雷。五年七月十四日，广州地震。六年二月戊寅，青州地震。三月庚寅，登州地震，岠嵎山摧。自是震不已，每震，则海底有声如雷。五月甲申，京师地震。七年十月乙丑，河阳、许州地震。

皇祐二年十一月丁酉夜，秀州地震，有声自北起如雷。

嘉祐二年，雄州北界、幽州地大震，大坏城郭，覆压者数万人。五年五月己丑，京师地震。

治平四年秋，漳、泉、建州、邵武、兴化军等处皆地震，潮州尤甚，拆裂泉涌，压覆州郭及两县屋宇，士民、军兵死者甚众。八月己巳，京师地震。

熙宁元年七月甲申，地震。乙酉、辛卯，再震；八月壬寅、甲辰，又震。是月，须城、东阿二县地震终日，沧州清池、莫州亦震，坏官私庐舍、城壁。是时，河北复大震，或数刻不止，有声如雷，楼橹、民居多摧覆，压死者甚众。九月戊子，莫州地震，有声如雷。十一月乙未，京师及莫州地震。十二月癸卯，瀛州地大震。丁巳，冀州地震。辛酉，沧州地震，涌出沙泥、船板、胡桃、螺蚌之属。是月，潮州地再震。是岁，数路地震，有一日十数震，有逾半年震不止者。二年十月庚戌，南郊、东坛门内地陷，有天宝十三年古墓。

元丰元年，邕州佛像动摇。初，像动而夏人入寇，又动而州大火，其后侬智高叛，复动，于是知州钱师孟投其像于江中。八年二月甲戌，宾州岭方县地陷。五月丙午，京师地震。

元祐二年二月辛亥，代州地震有声。四年春，陕西、河北地震。七年九月己酉，兰州、镇戎军、永兴军地震，十月庚戌朔，环州地再震。

绍圣元年十一月丙戌，太原府地震。二年十月、十一月，河南府地震。是岁，苏州自夏迄秋地震。三年三月戊戌夜，剑南东川地震。九月己酉，滁州、沂州地震。四年六月己酉，太原府地震有声。

元符元年七月壬申夜，云雾蔽天，地震良久。二年正月壬申，恩州地震。八月甲戌，太原府地震；三年五月己巳，太原府又震。

建中靖国元年十二月辛亥，太原府、潞、晋、隰、代、石、岚等州、岢岚威胜保化宁化军地震弥旬，昼夜不止，坏城壁、屋宇，人畜多死。自后有司方言祥瑞，郡国地震多抑而不奏。

政和七年六月，诏曰："熙河、环庆、泾原路地震经旬，城寨、关堡、城壁、楼橹、官私庐舍并皆摧塌，居民覆压死伤甚众，而有司不以闻，其遣官按视之。"

宣和四年，北方用兵，雄州地大震。玄武见于州之正寝，有龟大如钱，蛇若朱漆箸，相逐而行，宣抚使焚香再拜，以银奁贮二物。俄俱死。六年正月，京师连日地震，宫殿门皆动有声。七年七月己亥，熙河路地震，有裂数十丈者，兰州尤甚。陷数百家，仓库俱没。河东诸郡或震裂。

建炎二年正月戊戌，长安地大震，金将娄宿围城，弥旬无外援，乘地震而入，城遂陷。

绍兴三年八月甲申，地震，平江府、湖州尤甚。是岁，刘豫陷邓、随等州，金人犯蜀。四年，四川地震。五年五月，行都地震。六年六月乙巳夜，地震自西北，有声如雷，余杭县为甚。是冬，刘麟、猊犯顺，寇濠、寿州。七年，地震。二十四年正月戊寅，地震。二十五年三月壬申，地震。二十八年八月甲寅夜，震。三十一年三月壬辰，地震。三十二年七月戊申，地震。

隆兴元年十月丁丑，地震；六月甲寅，又震。

乾道二年九月丙午，地震自西北方。四年十二月壬子，石泉军地震三日，有声如雷，屋瓦皆落，时绵竹有冤狱云。

淳熙元年十二月戊辰，地震自东北方。九年十二月壬寅夜，地震。十年十二月丙寅，地震。十二年五月庚寅，地震。

庆元六年九月，东北地震。十一月甲子，地震东北方。

嘉定六年四月，行都地震。六月丙子，淳安县地震。九年二月辛亥，东、西川地大震四日。十年二月庚申，地震自东南。十二年五月。六月，西川地震。十四年正月乙未夜，地震，大雷。五月丙申，西川地震。

宝庆元年八月己酉，地震。

嘉熙四年十二月丙辰，地震。

淳祐元年十二月庚辰夜，地震。

宝祐三年，蜀地震。

咸淳七年，嘉定府城震者三。

雍熙三年，阶州福津县常峡山圮，壅白江水，逆流高十许丈，坏民田数百里。

淳化二年五月，名山县大风雨，登辽山圮，壅江水逆流入民田，害稼。

咸平元年七月庚午，宁化军汾水涨，坏北水门，山石摧圮，军士有压死者。二年七月庚寅，灵宝县暴雨崖圮，压居民，死者二十二户。三年三月辛丑夜，大泽县三阳砦大雨崖摧，压死者六十二人。四年正月，成纪县山摧，压死者六十余人。

景德四年七月，成纪县崖圮，压死居民。

熙宁五年九月丙寅，华州少华山前阜头峰越八盘领及谷，摧陷于石子坡。东西五里，南北十里，溃散坼裂，涌起堆阜，各高数丈，长若堤岸。至陷居民六社，凡数百户，林木、庐舍亦无存者。并山之民言："数年以来，峰上常有云，每遇风雨，即隐隐有声。是夜初昏，略无风雨，山上忽雾起，有声渐大，地遂震动，不及食顷而山摧。"

元祐元年十二月，郑州界小敷谷山摧，伤居民。

绍兴十二年十二月，陕西不雨，五谷焦枯，泾、渭、灞、浐皆竭。时秦民以饥离散，壮者为北人所买，郡邑遂空。

绍熙四年秋，南岳祝融峰山自摧。剑门关山摧。五年十二月，临安府南高峰山自摧。

庆元二年六月辛未，台州黄岩县大雨水，有山自徙五十余里，其声如雷，草木、冢墓皆不动，而故址溃为渊潭。时临海县清潭山亦自移。

嘉泰二年七月丁未，闽建安县山摧，民庐之压者六十余家。

嘉定六年六月丙子，严州淳安县长乐乡山摧水涌。九年，黎州山崩。

咸淳十年，天目山崩。

熙宁元年，荆、襄间天雨白牦如马尾，长者尺余，弥漫山谷。三月丁酉，潭州雨毛。八年五月丁丑，雨黄毛。

绍熙四年十一月癸酉，地生毛。

咸淳九年，江南平地产白毛，临安尤多。

卷六十八　　　　志第二十一

律　历　一

应天　乾元　仪天历

　　古者帝王之治天下，以律历为先。儒者之通天人，至律历而止。历以数始，数自律生，故律历既正，寒暑以节，岁功以成，民事以序，庶绩以凝，万事根本，由兹立焉。古人自入小学，知乐知数，已晓其原。后世老师宿儒犹或弗习律历，而律历之家未必知道，各师其师，岐而二之。虽有巧思，岂能究造化之统会，以识天人之蕴奥哉！是以审律造历，更易不常，卒无一定之说。治效之不古者，亦此之由，而世岂察及是乎！

　　宋初承五代之季王朴制律历、作律准，以宣其声，太祖以雅乐声高，诏有司考正。和岘等以影表铜臬暨羊头秬黍累尺制律，而度量权衡因以取正。然累代尺度与望臬殊，黍有巨细，纵横容积，诸儒异议，卒无成说。至崇宁中，徽宗任蔡京，信方士"声为律、身为度"之说，始大蠹乎古矣。

　　显德《钦天历》亦朴所制也，宋初用之。建隆二年，以推验稍疏，诏王处讷等别造新历。四年，历成，赐名《应天》，未几，气候渐差。太平兴国四年，行《乾元历》，未几，气候又差。继作者曰《仪天》，曰《崇天》，曰《明天》，曰《奉元》，曰《观天》，曰《纪元》，迨建康丙午，百六十余年，而八改历。南渡之后，曰《统元》，曰《乾道》，曰《淳熙》，曰《会元》，曰《统天》，曰《开禧》，曰《会天》，曰《成天》，至德祐丙子，又百五十年，复八改历。使其初而立法吻合天道，则千岁日至可坐而致，奚必数数更法，以求幸合玄象哉！盖必有任其责者矣。

　　虽然，天步惟艰，古今通患，天运日行，左右既分，不能无忒。谓七十九年差一度，虽视古差密，亦仅得其概耳。又况黄、赤道度有斜正，阔狭之殊，日月运行有盈缩、朒朓、表里之异。测北极者，率以千里差三度有奇，晷景称是。古今测验，止于岳台，而岳台岂必天地之中？余杭则东南，相距二千余里，华夏幅员东西万里，发敛晷刻岂能尽谐？又造历者追求历元，逾越旷古，抑不知二帝授时齐政之法，毕弹于是否乎？是亦儒者所当讨论之大者，诿曰星翁历生之责可哉？至于仪象推测之具，虽亦数改，若熙宁沈括之议、宣和玑衡之制，其详密精致有出于淳风、令瓒之表者，盖亦未始乏人也。今其遗法具在方册，惟《奉元》、《会天》二法不存。旧史以《乾元》、《仪天》附《应天》，今亦以《乾道》、《淳熙》、《会元》附《统元》，《开禧》、《成天》附《统天》。大抵数异术同，因仍增损，以追合乾象，俱无以大相过，备载其法，俾来者有考焉。

　　昔黄帝作律吕，以调阴阳之声，以候天地之气。尧则钦若历象，以授人时，以成岁功，用能综三才之道，极万物之情，以成其政化者也。至司马迁、班固叙其指要，著之简策。自汉至隋，历代祖述，益加详悉。暨唐贞观迄周显德，五代隆替，逾三百年，博达之士颇亦详缉废坠，而律志皆阙。宋初混一寓内，能士毕举，国经王制，悉复古道。《汉志》有备数、和声、审度、嘉量、权衡之目，后代因之，今亦用次序以志于篇。

　　曰备数。《周礼》，保氏教国子以六艺，其六曰九数，谓方田、粟米、差分、少广、商功、均输、方程、赢朒、旁要，是为九章。其后又有《海岛》、《孙子》、《五曹》、《张丘建》、《夏侯阳》、《周髀》、《缀术》、《缉古》等法相因而起，历代传习，谓之小学。唐试右千牛卫胄曹参军陈从运著《得一算经》，其术以因折而成，取损益之道，且变而通之，皆合于数。复有徐仁美者，作《增成玄一法》，设九十三问，以立新术，大则测于天地，细则极于微妙，虽粗述其事，亦适用于时。古者命官属于太史，汉、魏之世，皆在史官。隋氏始置算学博士于国庠，唐增其员，宋因而不改。

　　曰和声。《周礼》，典同掌六律六同之和，凡为乐器，以十有二律为之数度。古之圣人推律以制器，因器以宣声，和声以成音，比音而为乐。然则律吕之用，其乐之本欤！以其相生损益，数极精微，非聪明博达，则罕能详究。故历代而下，其法或存或阙，前史言之备矣。周显德中，王朴始依周法，以秬黍校正尺度，长九寸，虚径三分，为黄钟之管，作律准以宣其声。宋乾德中，太祖以雅乐声高，诏有司重加考正。时判太常寺和岘上言曰："古圣设法，先立尺寸，作为律吕，三分损益，上下相生，取合真音，谓之形器。但以尺寸长短非书可传，故累秬黍求为准的，后代试之，或不符会。西京铜望臬可校古法，即今司天台影表铜臬下石尺是也。及以朴所定尺比校，短于石尺四分，则声乐之高，盖由于此。况影表测于天地，则管律可以准绳。"上乃令依古法，以造新尺并黄钟九寸之管，命工人校其声，果下于朴所定管一律。又内出上党羊头山秬黍，累尺校律，亦相符合。遂下尚书省集官详定，众议佥同。由是重造十二律管，自此雅音和畅。

　　曰审度者，本起于黄钟之律，以秬黍中者度之，九十黍为黄钟之长，而分、寸、尺、丈、引之制生焉。宋既平定四方，凡新邦悉颁度量于其境，其伪俗尺度逾于法制者去之。乾德中，又禁民间造者。由是尺度之制尽复古焉。

　　曰嘉量。《周礼》，桌氏为量。《汉志》云，物有多少受以量，本起于黄钟之管容秬黍千二百，而龠、合、升、斗、斛五量之法备矣。太祖受禅，诏有司精考古式，作为嘉量，以颁天下。其后定西蜀，平岭南，复江表，泉、浙纳土，并、汾归命，凡四方斗、斛不中式者皆去之。嘉量之器，悉复升平之制焉。

　　曰权衡之用，所以平物一民、知轻重也。权有五，曰铢、两、斤、钧、石，前史言之详矣。建隆元年八月，诏有司按前代旧式作新权衡,以颁天下,禁私造者。及平荆湖,即颁量、衡于其境。淳化三年三月三日,诏曰:"《书》云:'协时、月,正日,同律、度、量、衡。'所以建国经而立民极也。国家万邦咸乂,九赋是均,顾出纳于有司,系权衡之定式。如闻秬黍之制,或差毫厘,锤钧为奸,害及黎庶。宜令详定称法,著为通规。"事下有司,监内藏库、崇仪使刘承珪言:"太府寺旧铜式自一钱至十斤,凡五十一,轻重无准。外府岁受黄金,必自毫厘计之,式自钱始,则伤于重。"遂寻究本末,别制法物。至景德中,承珪重加参定,而权衡之制益为精备,其法盖取《汉志》子谷秬黍为则,广十黍以为寸,从其大乐之尺,秬黍,黑黍也。乐尺,自黄钟之管而生也。谓以秬黍中者为分寸、轻重之制。就成二术,二术谓以尺、黍而求氂、絫。因度尺而求氂,度者,丈、尺之总名焉。因乐尺之源,起于黍而成于寸,析寸为分,析分为氂,析氂为毫,析毫为丝,析丝为忽。十忽为丝,十丝为毫,十毫为氂,十氂为分。自积黍而取絫。从积黍而取絫,则十黍为絫,十絫为铢,二十四铢为两。锤皆以铜为之。以氂、絫造一钱半及一两等二称,各悬三毫,以星准之。等一钱半者,以取一称之法。其衡合乐尺一尺二寸,重一钱,锤重六分,盘重五分。初毫星准半钱,至稍总一钱半,析成十五分,分列十氂;第一黍下等半钱,当五十氂,若十五斤称等五斤也。中毫至稍一钱,析成十分,分列十氂;末毫至稍半钱,析成五分,分列十氂。等一两者,亦为一称之则。其衡合乐尺一尺四寸,重一钱半,锤重六钱,盘重四钱。初毫至稍,布二十四铢,下别出一星,等五絫;每铢之下,复出一星,等五絫,则四十八星等二百四十絫,计二千四百絫为十两。中毫至稍五钱,布十二铢,列五星,星等二絫;布十二铢为五钱之数,则一铢等十絫,都等一百二十絫为半两。末毫至稍六铢,铢列十星,星等絫。每星一絫,都等六十絫为二钱半。以御书真、草、行三体淳化钱,较定实重二铢四絫为一钱者,以二千四百得十有五斤为一称之则。其法,初以积黍为准,然后以分而推忽,为定数之端。故自忽、丝、毫、氂、黍、絫、铢各定一钱之则。谓皆定一钱之则,然后制取等称也。忽万为分,以一万忽为一分之则,以十万忽定为一钱之则。忽者,吐丝为忽;分者,始微而著,言可分别也。丝则千,一千丝为一分,以一万丝定为一钱之则。毫则百,一百毫为一分,以一千毫定为一钱之则。毫者,毫毛也。自忽、丝、毫三者皆断骥尾为之。氂则十,一十氂为一分,以一百氂定为一钱之则。氂者,氂牛尾毛也,曳赤金成丝为之也。转以十倍倍之,则为一钱。转以十倍,谓自一万忽至十万忽之类定为则也。黍以二千四百枚为一两,一龠容千二百黍为十二铢,以二千四百黍定为一两之则。两者,以二龠为两。絫以二百四十,谓二百四十絫定为一两之则。铢以二十四,转相因成絫为铢,则以二百四十絫定成二十四铢为一两之则。铢者,言殊异。遂成其称。称合黍数,则一钱半者,计三百六十黍之重。列为五分,则每分计二十四黍。又每分析为一十氂,则每氂计二黍十分黍之四。以十氂分二十四黍,则每氂先得二黍。都分成四十分,则

一絫又得四分,是每氂得二黍十分黍之四。每四毫一丝六忽有差为一黍,则氂、絫之数极矣。一两者,合二十四铢为二千四百黍之重。每百黍为铢,二百四十黍为絫,二铢四絫为钱,二絫四黍为分。一絫二黍重五毫,六黍重二氂五毫,三黍重一氂二毫五丝,则黍、絫之数成矣。其则,用铜而镂文,以识其轻重。新法既成,诏以新式留禁中,取太府旧称四十、旧式六十,以新式校之,乃见旧式所谓一斤而轻者有十,谓五斤而重者有一。式既若是,权衡可知矣。又比用大称如百斤者,皆悬钧于架,植环于衡,环或偃,手或抑按,则轻重之际,殊为悬绝。至是,更铸新式,悉由黍、絫而齐其斤、石,不可得而增损也。又令每用大称,必悬以丝绳。既置其物,则却立以视,不可得而抑按。复铸铜式,以御书淳化三体钱二千四百暨新式三十有三、铜牌二十授于太府。又置新式于内府、外府,复颁于四方大都,凡十有一副。先是,守藏吏受天下岁贡金帛,而太府权衡旧式失准,得因之为奸,故诸道主者坐逋负而破产者甚众。又守藏更代,校计争讼,动必数载。至是,新制既定,奸弊无所指,中外以为便。度、量、权、衡皆太府掌造,以给内外官司及民间之用。凡遇改元,即差变法,各以年号印而识之。其印面有方印、长印、八角印,明制度而防伪滥也。

宋初,用周显德《钦天历》,建隆二年五月,以其历推验稍疏,乃诏司天少监王处讷等别造历法。四年四月,新法成,赐号《应天历》。太平兴国间,有上言《应天历》气候渐差,诏处讷等重加详定。六年,表上新历,诏付本监集官详定。会冬官正吴昭素、徐莹、董昭吉等各献新历,处讷所上历遂不行。诏以昭素、莹、昭吉所献新历,遣内臣沈元应集本监官属、学生参校测验,考其疏密。秋官正史端等言:"昭素历差。昭素、莹二历以建隆癸亥以来二十四年气朔验之,颇为切准。复对验二历,唯昭素历气朔稍均,可以行用。"又诏卫尉少卿元象宗与元应等,再集明历术吴昭素、刘内真、苗守信、徐莹、王熙元、董昭吉、魏序及在监官属史端等精加详定。象宗等言:"昭素历法考验无差,可以施之永久。"遂赐号为《乾元历》。《应天》、《乾元》二历皆御制序焉。

真宗嗣位,命判司天监史序等考验前法,研核旧文,取其枢要,编为新历。至咸平四年三月,历成来上,赐号《仪天历》。凡天道运行,皆有常度,历象之术,古今所同。盖变法以从天,随时而推数,故法有疏密,数有繁简,虽条例稍殊,而纲目一也。今以三历参相考校,以《应天》为本,《乾元》、《仪天》附而注之,法同者不复重出,法殊者备列于后。

建隆《应天历》

演纪上元木星甲子,距建隆三年壬戌,岁积四百八十二万五千五百五十八。《乾元》上元甲子距太平兴国六年辛巳,积三千五十四万三千九百七十七。《仪天》自上元土星甲子至咸平四年辛丑,积七十一万六千四百九十七。

步气朔

元法：一万二。《乾元》元率九百四十。《仪天》宗法一万一百。又总谓之日法。

岁盈：二十六万九千三百六十五。《乾元》岁周二十一万四千七百六十四。《仪天》岁周三十六万八千八百九十七。《仪天》有周天三百六十五、余二千四百七十、约余二千四百四十五；岁余五万二千九百七十、余二千四百七十。《应天》、《乾元》无此法，后皆仿此。

月率：五万九千七十三。《乾元》不置此法。《仪天》合率二十九万八千八百二十五十九。又《仪天》有岁闰一万九千八百六十二，月闰九千一百一十五、秒二。

会日：二十九、小余五千三百七。《乾元》朔策二十九、小余一千五百六十。《仪天》会日二十九、小余五千三百五十七。

弦策：七、小余三千八百二十七、秒六。《乾元》小余一千一百二十五。《仪天》小余三千八百六十四、秒二十七。策并同。

望策：十四、小余七千六百五十四、妙一十二。《乾元》小余二千二百五十七。《仪天》小余七千七百二十七、秒一十八。策并同。

气策：十五、小余二千一百八十五、秒二十四。《乾元》小余六百四十二半。《仪天》小余二千二百七、秒三。策并同。又《仪天》有气盈四千四百一十四、秒六。

朔虚分：四千六百九十五。《乾元》一千三百八十。《仪天》四千七百四十一。

没限：七千八百一十六、秒九。《乾元》二千二百九十七半。《仪天》七千八百九十二。又《仪天》有纪实六十万六千。

秒法：二十四。《乾元》一百。《仪天》秒母三十六。

纪法：六十。二历同。

推元积：《乾元》、《仪天》皆谓之求岁积分。置所求年，以岁盈展之为元积。

求天正所盈之日及分并冬至大小余：以八十四万一百六十八去元积，不尽者，半而进位，以元法收为所盈日，不满为小余。日满六十去之，不满者，命从甲子，算外，即冬至日辰、大小余也。《乾元》以岁周乘积年为岁积分，以七万八百六十去之，不尽，以五因，满元率收为日，不满为余日。《仪天》以岁周乘积年，进一位，为岁积分；盈宗法而一为积日，不满为余日。去命并同《应天》。

求次气：以天正冬至大、小余遍加诸常数，盈六十去之，不盈者，命如前，即得诸气日辰、大小余秒也。《乾元》置中气大、小余，以气策加之，命如前，即次气日辰也。《仪天》置冬至大、小余，加气策及余秒，秒盈秒母从小余，盈纪法去之，皆命如前法，各得次气常日辰及余秒。

求天正十一月朔中日：《乾元》谓之经朔。《仪天》谓之天正合朔。以月率去元积，不尽者，为天正十一月通余；以通余减七十三万六百三十五，余，半而进位，以元法收为日，不满为分，即得所求天正十一月朔中日及余秒。《乾元》以一万七千三百六十四去岁积分，不尽为朔余，以岁积分为朔积分，又倍五万二千九百二十，除之，余以五因，满元率为日，不满为分。《仪天》以合率去岁积分，不尽为闰余；满宗法为闰日，不满为余，以闰日及余减天正冬至大、小余，为天正合朔大、小余；去命如前，即得合朔日辰、大小余。

求次朔望中日：《乾元》谓之求弦望经朔。《仪天》谓之求次朔。置朔中日，累加弦策余秒，即得弦、望及次朔中日。《乾元》以弦策加经朔大、小余，即得次朔经日；以弦策及余秒加经朔，得上弦；再加，得望；三之，得下弦。

求望中月：置朔中月，加半交，盈交正去之，余为望中月。二历不立此法。

求朔弦望入气：置朔、望中日，各以盈缩准去，不尽者，为入气日及分。二历不立此法。

推没日：置有没之气小余，其小余七千八百一十六、秒九以上者求之也。返减元法，余以八因之，一千九十二、秒一十九半除为没日，命起气初，即得没日辰。其秒不足者，退一分，加二十四秒，然后除之，四分之三以上者进。《乾元》置有没之气小余，在二万二千二百九十七半以上者，以十五乘之，用减四万四千七百四十二半，余以六百四十二半除为没日。《仪天》以秒母通常气小余及秒，而从之以减岁周，余满五千二百九十七为没日，去命如前。

推灭日：以冬至大、小余，遍加朔日中为上位，有分为下位，在四千六百九十五以下者，为有灭之分也。置有灭之分，进位，以一千五百六十五除为灭日，以灭日加上位，命从甲子，算外，即得月内灭日。《乾元》置有灭之经朔小余，在一千二百八十以下者，以八因之，满三百六十八除为灭日。《仪天》经朔小余在朔虚法以下者，三因，进位，以朔虚分除为灭日。

求发敛

候策：五、小余七百二十八、秒二，母二十四。《乾元》候数五、小余一百一十四、秒十二，秒母七十二。《仪天》候率五、小余七百三十五、秒二十五，秒母三十六。

卦策：六、小余八百七十四、秒六。《乾元》卦位六、小余二百五十七，秒母六十。《仪天》卦率六、小余八百八十三、秒二十。

土王策：十二、小余一千七百四十八、秒一十二。《乾元》策三、小余一百二十八半，秒母一百一十。《仪天》土王率三、小余四百四十、秒五，秒母同上。

辰数：八百三十三半。《乾元》辰法二百四十五，辰率千五百二十。

刻法：一百。《乾元》一百四十七。《仪天》刻三百。

求七十二候：各因诸气大、小余秒命之，即初候日也；各以候策加之，得次候日；又加之，得末候日。二历同法。

求六十四卦：各置诸中气大、小余秒命之，即公卦用事日；以卦策加之，得次卦用事日；又加之，得终卦用事日。十有二节之初，皆诸侯外卦用事日。二历同法。

求五行用事：各因四立大、小余秒命之，即春木、夏火、秋金、冬水首用事日；以土王策加四季之节大、小余秒，命从甲子，算外，即其月土王用事日。《乾元》以土王策减四季中气大、小余。《仪天》以土王率加四季大、小余。

求二十四气加时辰刻：《乾元》谓之辰刻。《仪天》谓之求时。各置小余，以辰数除之为时数，不满，百收为刻分，命起子正，算外，即所在。《乾元》时数同，其不尽，以五因之，以刻法除为刻分。《仪天》以三因小余，以辰率除之为时数，不尽者，满刻率除为刻，余为分。

常气 月节 四正卦	初候 中候	末候 始卦	中卦 末卦
冬至 十一月中 坎初六	蚯蚓结 麋角解	水泉动 公中孚	辟复 侯 屯内
小寒 十二月节 坎九二	雁北乡 鹊始巢	雉始雊 侯 屯外	大夫 谦 卿 睽
大寒 十二月中 坎六三	鸡始乳 鸷鸟厉疾	水泽腹坚 公 升	辟临 侯 小过内
立春 正月节 坎六四	东风解冻 蛰虫始振	鱼上冰 侯 小过外	大夫 蒙 卿 益
雨水 正月中 坎九五	獭祭鱼 鸿雁来	草木萌动 公 渐	辟泰 侯 需内
惊蛰 二月节 坎上六	桃始华 仓庚鸣	鹰化为鸠 侯 需外	大夫 随 卿 晋
春分 二月中 震初九	玄鸟至 雷乃发声	始电 公 解	辟 大壮 侯 豫内
清明 三月节 震六二	桐始华 田鼠化为鴽	虹始见 侯 豫外	大夫 讼 卿 蛊
谷雨 三月中 震六三	萍始生 鸣鸠拂羽	戴胜降桑 公 革	辟夬 侯 旅内
立夏 四月节 震九四	蝼蝈鸣 丘蚓出	王瓜生 侯 旅外	大夫 师 卿 比
小满 四月中 震六五	苦菜秀 靡草死	小暑至 公 小畜	辟乾 侯 大有内
芒种 五月节 震上六	螳螂生 鵙始鸣	反舌无声 侯大 有外	大夫 家人 卿 井
夏至 五月中 离初九	鹿角解 蜩始鸣	半夏生 公 咸	辟 姤 侯 鼎内
小暑 六月节 离六二	温风至 蟋蟀居壁	鹰乃学习 侯 鼎外	大夫 丰 卿 涣
大暑 六月中 离九三	腐草为萤 土润溽暑	大雨时行 公 履	辟遯 侯 恒内
立秋 七月节 离九四	凉风至 白露降	寒蝉鸣 侯 恒外	大夫 节 卿 同人
处暑 七月中 离六五	鹰乃祭鸟 天地始肃	禾乃登 公 损	辟 否 侯 巽内
白露 八月节 离上九	鸿雁来 玄鸟归	群鸟养羞 侯 巽外	大夫 萃 卿 大畜
秋分 八月中 兑初九	雷乃收声 蛰虫坏户	水始涸 公 贲	辟观 侯 归妹内
寒露 九月节 兑九二	鸿雁来宾 雀入水为蛤	菊有黄花 侯 归妹外	大夫 无妄 卿 明夷
霜降 九月中 兑六三	豺乃祭兽 草木黄落	蛰虫咸俯 公 困	辟 剥 侯 艮内
立冬 十月节 兑九四	水始冰 地始冻	雉入大水为蜃 侯 艮外	大夫 既济 卿 噬嗑
小雪 十月中 兑九三	虹藏不见 天气上腾 地气下降	闭塞而成冬 公 大过	辟坤 侯 未济内
大雪 十一月节 兑上六	鹖鸟不鸣 虎始交	荔挺出 侯 未济外	大夫 蹇 卿 颐 二历同

求日躔

天总：七十三万六百五十八、秒六十四。《乾元》轨率二十一万四千七十七、秒七千五百一十、小分七十。《仪天》乾元数三百六十八万九千八十八、秒九十九。

天度：三百六十五、小余二千五百六十三、微八十八。《乾元》周天三百六十五度、小余二千五百六十三。《仪天》乾则三百六十五度、小余二千五百八十八、秒九十九。《应天》诸法皆在天总数中。《乾元》、《仪天》各立其法。《乾元》周天策一百七万三千八百五十三、秒七千五百五十三半，会周一万七千三百六十四，会余二十一万四千七百六十四，天中一百八十二、六千二百八十一半。《仪天》岁差一百一十八、秒九十九，一象度九十一、余三千一百四十二、秒五十，盈初缩末限分八十九万七千七百六十九、秒五十，限日八十八、余八千八百九十九、秒五十，缩初盈末限分九十四万六千七百八十五、秒十五，限日九十三、余七千四百八十五、秒五十，盈缩积二万四千五百四十三，进退率一千八百三十六，秒母一百。

常气	盈缩率 损益率	常数 先后积	定日
冬至	十四 五千四十五 秒十五	十五 二千一百八十五 秒十五	十四 五千四十五 秒十五
	损六十四	后二十	
小寒	一十九 一千二百八十六	三十 四千三百七十一	十四 六千二百三十六 秒十五
	损六十九	先五百二十九	
大寒	四十三 八千七百五 秒二十一	四十五 六千五百五十六 秒二十一	十四 七千四百二十五 秒十五
	损七十六	先九百七十五	
立春	五十八 七千三百二十半	六十 八千七百四十二半	十四 八千六百一十六 秒十五
	损八十二	先一千三百三十五	
雨水	七十三 七千三百六十三	七十六 九百二十六	十五 四千二十 秒十五

	损八十九	先一千六百六			白露	二百七十六	二百五十八	十五
惊蛰	八十八	九十一	十五			三千六百一十二	七千一百四十九 秒十五	四千三百二十八 秒十五
	八千八百三十四太	三千一百一十一太	一千四百七十 秒十五			损九十七	后一千七百八十	
	损九十七	先一千七百七十一			秋分	二百九十一	二百八十九	十五
春分	一百四	一百六	十五			五千八百三十二	七千五百一十八 秒五十一	
	一千三百三十九	五千二百九十七 秒九	二千八百九十九 秒十五			益九十七	后一千八百三十一	
	益九十七	先一千八百一十九			寒露	三百六	二百四	十五
清明	一百一十九	一百二十一	十五			五千一百二十六	三千七百四十半	四十二 秒五
	六千六十一空	七千四百八十三空	四千三百二十八 秒十五			益八十九	后一千七百八十六	
	益八十九	先一千七百八十			霜降	二百二十一	三百一十九	十四
谷雨	一百三十五	一百三十六	十五			三千四百四十三	五千八百九十秒三	八千六百一十六 秒三
	一千八百一十五十五	六千六百六十八 秒十五	五千七百五十七 秒十五			益八十二	后一千六百二十一	
	益八十三	先一千六百五			立冬	三百三十六	三百三十四	十四
立夏	一百五十	一百五十二	十五			一千六百六十四	八千七百五太 十六	七千四百二十五 秒十五
	八千七百六十五六	一千八百五十二 秒六	六千九百四十七 秒十五			益七十五	后一千三百五十七	
	益七十八	先一千三百五十			小雪	三百五十	三百五十	十四
小满	一百六十六	一百六十七	十五			七千四百一十九	三百九十九 秒十五	六千二百三十六 秒十五
	六千八百九十七二十一	四千三百一十二十	八千一百三十 秒十五			益七十	后九百八十八	
	益七十二	先九百九十五			大雪	三百六十五	三百六十五	十四
芒种	一百八十二	一百八十二	十五			二千四百四十五	二千四百四十五	五千四十五 秒十五
	六千二百二十三半	六千二百二十三半	九千三百七十二 秒十五			益六十四	后五百五十	
	益六十六	先五百四十一						
夏至	一百九十八	一百九十七	十五					
	五千五百四十九三	八千四百九秒三	九千三百二十七 秒十五					
	损六十五	先五						
小暑	二百一十四	二百一十三	十五					
	三千六百八十三十八	五百九十二太	八千一百三十六 秒十五					
	损七十二	后五百四十九						
大暑	二百三十	二百二十八	十五					
	六百二十九 九	二千七百八十七秒九	八千一百三十六 秒十五					
	损七十七	后九百八十五						
立秋	二百四十五	二百四十三	十五					
	六千三百八十六空	四千九百六十四空	五千七百五十七 秒十五					
	损八十三	后一千三百四十六						
处暑	二百六十一	二百五十八	十五					
	七千一百一十二五	七千二百四十八 秒十五	四千三百二十八 秒十五					
	损八十九	后一千六百一十一						

《乾元》二十四气日躔阴阳度

阴阳分	阴阳度
损益率	阴阳差

冬至	阳分二千二百七十六	阴度空
	益一百七十	阴差空
小寒	阳分一千七百八十四	阳初度二千二百七十六
	益一百三十三	阳差一百七十
大寒	阳分一千三百四十四	阳一度一千一百二十
	益一百一	阳差三百三
立春	阳分九百五十六	阳一度二千四百六十四
	益七十一	阳差四百四
雨水	阳分五百八十一	阳二度四百八十
	益四十三	阳差四百七十五
惊蛰	阳分二百九十三	阳二度一千六十一
	益十四	阳差五百一十八
春分	阳分一百九十四	阳二度一千二百五十五
	损十四	阳差五百三十二
清明	阳分五百八十一	阳二度一千六十一

	损四十三	阳差五百一十八
谷雨	阳分九百五十六	阳二度四百八十
	损七十一	阳差四百七十五
立夏	阳分一千三百四十四	阳一度二千四百六十四
	损一百一	阳差四百四
小满	阳分一千七百八十四	阳一度一千一百二十
	损一百三十三	阳差三百三
芒种	阳分二千二百七十六	阳初度二千二百七十六
	损一百七十	阳差一百七十
夏至	阴分二千二百七十六	阴度空
	益一百七十	阴差空
小暑	阴分一千七百八十四	阴度二千二百七十六
	益一百三十三	阴差一百七十
大暑	阴分一千三百四十四	阴一度一千一百二十
	益一百一	阴差三百三
立秋	阴分九百五十六	阴一度二千四百六十四
	益七十一	阴差四百四
处暑	阴分五百八十一	阴二度四百八十
	益四十三	阴差四百七十五
白露	阴分一百九十四	阴二度一千六十一
	益十四	阴差五百一十八
秋分	阴分一百九十四	阴二度一千二百五十五
	损十四	阴差五百二十一
寒露	阴分五百八十一	阴二度一千六十一
	损四十三	阴差五百一十八
霜降	阴分九百五十六	阴二度四百七十五
	损七十一	阴差四百七十五
立冬	阴分一千三百四十四	阴一度二千四百六十四
	损百一	阴差四百四
小雪	阴分一千七百八十四	阴一度一千一百二十
	损一百三十三	阴差三百三
大雪	阴分二千二百七十六	阴初度二千二百七十六
	损一百七十	阴差一百七十

《应天》、《乾元》二历，以常气求其阴阳差，故有二十四气立成。《仪天》以盈缩定分、四限直求二十四气阴阳差，乃更不制二十四气差法。

求日躔损益盈缩度：《乾元》谓之求每日阴阳差。《仪天》谓之求入盈缩分先后定数。各置定日及分，以冬至常数相减，百收，通为分，自雨水后十六为法，自霜降后十五为法。除分为气中率，二相减，为合差；半之，加减率为初、末率。后多者，减为初、加为末；后少者，加为初、减为末。又法，以除合差，为日差。后少者，日损初率；后多者，日益初率。为每日日躔损益率；累积其数，为盈缩度分。《乾元》各置气数，以一百二十乘之，以一万八千二十六除之，所得为平行率；相减，为合差；初、末并如《应天》。《仪天》以宗法乘盈缩积，以其限分除之，为限率分；倍之，为末限平率；日分乘之，亦以限分除之，为日差；半之，加减初、末限平率，在初者减初加末，在末者减末加初，为末定率；乃以日差累加减限初定率，初限以减、末限以加，为每日盈缩定分；各随其限盈加缩减其下先后数，为每日先后定数；冬至后积盈为先，在缩减之；夏至后，积缩为后，在盈减之。其进退率、升平积准此求之，即各得其限每日进退率、升平积也。

求日躔先后定数：《乾元》谓之求入气，求弦望气入，求日躔阴阳差。各以朔、弦、望入气日及减本气定日及分秒通之，下以损益率展，以元法为分，损减益加次气下先后积为定数。《乾元》以其月气节减经朔大、小余，即得入气日及分；又以弦策累加天正朔日入气大、小余，满气策去之，即得弦、望经朔入气日及分；以其日损益率乘入气日余分，所得，用损益其日阴阳差为定数。《仪天》法见上。又《仪天》有求四正节定日，去冬、夏二至盈缩之中，先后皆空，以常为定；其春、秋二分盈缩之极，以一百乘盈缩积，满宗法为日，先减后加，去命为前，各得定日。若求朔、弦、望盈缩限日，以天正闰日及余减缩末限日及分，余为天正十一月经朔加时入限日及余；以弦策累加之，即得弦、望及后朔初、末限日；各置入限日及余，以其日进退率乘之，如宗法而一，所得，以进退其日下升平积，即各为定数。

赤道宿度

斗：二十六　牛：八　女：十二　虚：十及分
危：十七　室：十六。壁：九二历同

北方七宿九十八度。虚分二千五百六十三、秒一十九。《乾元》七千五百三十五、秒二十五。《仪天》二千五百八十八、秒九十九。

奎：十六　娄：十二　胃：十四　昴：十一
毕：十七　觜：一。参：十

西方七宿八十一度。二历同

井：三十三　鬼：三　柳：十五　星：七
张：十八　翼：十八　轸：十七

南方七宿一百一十一度。二历同

角：十二　亢：九　氐：十五　房：五
心：五　尾：十八　箕：十一

东方七宿七十五度。二历同

又《仪天》云："前皆赤道度，自古以来，累依天仪测定，用为常准。赤道者，天中纮带，仪极攸凭，以格黄道也。"

求赤道变黄道度：《乾元》谓之求黄道度。《仪天》谓之推黄道度。准二至赤道日躔宿次。前后五度为限，初限十二，每限减半，终九限减尽。距二立之宿，减一度少强，又从尽起限，每限增半，九限终于十二。距二分之宿，皆乘限度，身外除一，余满百为度分，命曰黄赤道差。二至前后各九限，以差为减；二分前后各九限，以差为加。各加减赤道度为黄道度，有余分就近收为太、半、少之数。《乾元》初率九，每限减一，末率一。《仪天》初数一百七，每限减一十，末率二十七，其余限数加减并同《应天》。

黄道宿度

斗：二十三度半　牛：七度半二历同

女：十一度太二历并十一度半

虚：十度少强二千五百六十三、秒十九。《乾元》无分。《仪天》六十三分、九十九秒。

危：十七度少《乾元》同。《仪天》十七度太。

室：十六度太。　壁：十度《乾元》九度太。《仪天》同。

北方七宿九十七度二千五百六十三、秒十九。《乾元》九十六度半、《仪天》九十七度半、六十三、秒九十九。

奎：十七度半二历同　娄：一十二度太《乾元》十三度。《仪天》同。

胃：十四度少。二历并十四度太

昴：十一度二历同

毕：十六度半《乾元》同。《仪天》十六度少。

觜：一度　参：九度少二历并同

西方七宿八十二度少。《乾元》八十三度。《仪天》八十二度半。

井：三十度　鬼：二度太二历并同

柳：十四度半《乾元》、《仪天》十四度少。

星：七度。《乾元》、《仪天》并六度太。

张：十八度少《乾元》同。《仪天》十八度太。

翼：十九度少《乾元》十九度。《仪天》同。

轸：十八度太二历同

南方七宿一百一十度半。《乾元》一百九度太。《仪天》同。

角：十三度　亢：九度半二历并同

氐：十二度少《乾元》、《仪天》并十五度半。

房：五度二历同　心：五度《乾元》同。《仪天》四度太。

尾：十七度少。《乾元》同。《仪天》十七度。

箕：十度《乾元》十度太。《仪天》十度。

东方七宿七十五度少。《乾元》七十六度。《仪天》七十四度太。

求赤道日度：《仪天》谓之推日度。以天总除元积，为总数；不尽，半而进位，又以一百收总数从之，以元法收为度，不满为分秒，命起赤道虚宿四度分。《乾元》以轨率去岁积分，余以五因之，满轨率收为度，不满，退除为分，余同。《仪天》以乾数去岁积分，宗法收为度，命起卢宿二度，余同《应天》。又以一象度及余秒累加之，满赤道宿次即去之，各得四正，即初日加时赤道日度也。

求黄道日度：置冬至赤道日躔宿度，以所入限数乘之，所得，身外除一，满百为度，不满为分，用减赤道日度，为冬至加时黄道日度及分。《乾元》、《仪天》亦如其法。《乾元》即八十四，《仪天》以一百一除为度，余同《应天》。

求朔望常日月：《乾元》谓之求黄道平朔日度。置朔、望日躔先后定数，进一位，倍之，身外除之，以元法收为度分，先加后减朔望中日、月，为朔望中常日、月度分；用加冬至黄道之宿，命如前，即得朔望常日、月所在。《乾元》置会周一万七千三百六十，以距十一月后来月数乘之，所得，减去朔余，加会余而半之，以二百九十四收

为度，不尽，退除为分。《仪天》法在后。《乾元》又有求黄道加时朔日度，置平朔日，以日躔阳加阴减之，又以冬至黄道日度加而命之，即其朔加时黄道日度及分也。若求望日度者，以半朔策加之，即得望日度及分也。用阳度，即依本术。

每日加时黄道日度：《乾元》谓之每日行分。以定朔、望日所在相减，余以距后日数除之，为平行分；二行分相减，为合差；半之，加减平行分，为初行分；后平行多，减为初；后平行少，加为初。以距后日数除合差，为日差；后少者损，后多者益，为每日行分；累加朔、望日，即得所求。《乾元》同。《仪天》不立此法。又《仪天》有求次正定日加时黄道日度，置岁差，以限数乘之，退一位，满一百一为差秒及小分，再析之，乃以加一象度，所得，累加冬至黄道日，满黄道宿次去之，各得四正，即加时黄道日度也。若求四正定日夜半黄道日度，置其定日小余副之，以其日盈、缩分乘之，满宗法而一，盈加缩减其副，乃以减其日加时，即为夜半黄道日度。又有求每日夜半度，因四正初日夜半度，累加一策，以其日盈缩分盈加缩减，满黄道宿次去之，即得每日夜半日度。又有求定朔、弦、望加时日度，置定朔、望小余副之，以其日盈缩分乘之，以宗法收之为分，盈加缩减其副，以加其日夜半度，各得其时加日躔所次。如朔、望有进退者，此术不用。

卷六十九　　志第二十二

律　历　二

应天　乾元　仪天历

步月离入先后历《乾元》谓之月离。《仪天》谓之步月离。

离总：五万五千一百二十、秒一千二百四十二。《乾元》转分一万六千二百、秒一十二百四。《仪天》历终分二十七万八千三百一、秒一百六十五。

转日：二十七、五千五百四十六、秒六千二百一十。《乾元》转历二十七、一万六百三十、秒六千二十。《仪天》历周二十七、五千六百一、秒一百六十五。

历中日：一十三、七千七百七十四、秒三千一百五。《乾元》不立此法。《仪天》历中十三日、七千八百五十、秒五千八十二半。《仪天》有象限六日、八千九百七十五、秒二千五百四十一少。

朔差日：一、九千七百六十二、秒三千七百九十。《乾元》转差一、三千八百六十九、秒三千九百八十。《仪天》会差日一、九千八百五十七、秒九千八百三十五。

《仪天》又有象差日空、四千九百八十、秒四千九百五十八太；望一百八十二度六千三百四十四、秒四千九

百五十。

度母：一万一百。

秒法：一万。二历同

求天正十一月朔入先后历：《乾元》谓之求月离入历，求弦、望入历。《仪天》谓之推天正经朔入历。以通余减元积，余以离总去之为总数；不尽者，半而进位，以元法收为日，不满为分。如历中日以下为入先历；以上者去之，为入后历。命日，算外，即得天正十一月朔入先后历日分。累加七日、三千八百二十七分、秒六，盈历中日及分秒去之，各得次朔、望入先后历日分。《乾元》以朔余减岁积分，以转分去之，余以五因之，满元率收之为度；以弦策加之，即弦、望所入。以转差加之，得后朔历；累加之，即得弦、望入历及分。《仪天》以闰余减岁积分，余以历终分去之，不满，以宗法除之为日；在象限以下为初限，以上去之，余为末限，各为入迟疾历初、末限。

先后^{乾元谓}_{之入转}	离分^{乾元谓}_{之离度}	积度^{乾元谓}_{之离差}
	损益率_{乾元同}	先后积^{乾元谓之}_{阴阳差}
先一日	一千二百一十	初度
	乾元十二度六分	乾元三百五十五
	损十二	后空
	乾元益二百八十七	乾元阳差空
先二日	一千二百二十七	十二度一十
	乾元十二度二十二	乾元三百六十一
	损一百三十六	先九百八十八
	乾元益二百五十	乾元阳差二百八十七
先三日	一千二百四十五	二十四度三十七
	乾元十二度三十九	乾元三百六十四
	损二百八十八	先一千八百五十二
	乾元益二百一十三	乾元阳差五百三十七
先四日	一千二百六十二	二十六度八十二
	乾元十二度五十六	乾元三百六十九
	损四百三十九	先二千五百七十四
	乾元益一百七十三	乾元阳差七百五十
先五日	一千二百八十一	四十九度四十四
	乾元十二度七十七	乾元三百七十五
	损五百九十九	先三千一百三十五
	乾元益一百三十四	乾元阳差九百二十三
先六日	一千三百一	六十二度二十五
	乾元十二度九十六	乾元三百八十一
	损七百六十	先三千一百二十六
	乾元益九十三	乾元阳差一千五十七
先七日	一千三百二十一	七十五度二十六
	乾元十二度十七	乾元三百八十七
	初损九百三十七	先三千七百七十六
	末益九百九十二	乾元阳差一千一百五十
	乾元初益四十六 末损六	
先八日	一千三百四十五	八十八度四十七
	乾元十三度四十	乾元三百九十四
	益九百	先三千八百三十一
	乾元损六十二	乾元阳差一千一百九十
先九日	一千三百六十九	一百一度九十二
	乾元十三度六十六	乾元四百一
	益七百三十三	先三千七百三十二
	乾元损一百二	乾元阳差一千一百二十八
先十日	一千三百九十	一百一十五度六十一
	乾元十三度八十一	乾元四百一十七
	益五百六十五	先三千四百六十五
	乾元损一百四十一	乾元阳差一千二十六
先十一日	一千四百一十五	一百一十九度五十
	乾元十四度三	乾元四百一十三
	益三百九十四	先三千三百
	乾元损一百九十三	乾元阳差八百八十五
先十二日	一千四百三十五	一百四十三度六十六
	乾元十四度二十	乾元四百一十七
	益二百三十五	先二千四百二十四
	乾元损百二十一	乾元阳差七十二
先十三日	一千四百五十六	一百五十八度一
	乾元十四度三十五	乾元四百一十七
	益一百一十	先一千六百五十九
	乾元损一百五十六	乾元阳差四百八十一
先十四日	一千四百七十	一百七十二度
	乾元十四度五十九	乾元四百二十七
	初益三百三十一	先七百六十九
	末损七百八十一	乾元阳差二百二十五
	乾元初损二百二十五 末益六十三	
后一日 乾元十五日	一千四百七十 乾元十四度六十四	一百八十七度二十七 乾元四百三十
	损十二	初先空 末后空
	乾元益二百八十	乾元阴差六十三
后二日 乾元十六日	一千四百五十三 乾元十四度四十五	二百一度九十七 乾元四百二十五
	损一百三十六	后九百八十八
	乾元益二百四十二	乾元阴差二百四十三
后三日 乾元十七日	一千四百三十二 乾元十四度三十	二百一十六度五十 乾元四百二十
	损二百八十八	后一千八百五十二
	乾元益二百五	乾元阴差五百八十五
后四日 乾元十八日	一千四百六 乾元十四度一十	二百三十度八十二 乾元四百一十五
	损四百四十八	后二千五百六十四
	乾元益一百六十五	乾元阴差七百五十
后五日 乾元十九日	一千三百八十 乾元十三度九十一	二百四十四度八十八 乾元四百一十
	损六百八	后三千一百一十六
	乾元益一百四十六	乾元阴差九百九十五
后六日 乾元二十日	一千三百五十八 乾元十三度七十四	二百五十八度六十八 乾元四百四

			日：初一千六百三十二，末一千三百九。			
	损七百六十八 乾元八十四	后三千五百八 乾元阴差一千八十一	又《仪天》法			
后七日 乾元二十一日	一千三百三十七 乾元十三度五十一	二百七十二度二十六 乾元三百九十七	迟疾限日	历衰 历积度	历定分 损益率	历定度 升平积
	初损九百三十七 末益九百九十二 乾元初益三十五 末损十七	后三千七百四十 乾元阴差一千一百六十五	疾初初日	疾十五 初度	一千二百一十五 益一千八十六	十二度三分 升一千八十六
后八日 乾元二十二日	一千三百二十五 乾元十三度二十八	二百八十五度六十三 乾元三百九十	一日	疾十九 十二度三分	一千二百三十 益九百一十六	十二度十八分 升初
	益九百 乾元损七十一	后三千七百九十五 乾元阴差一千一百八十三	二日	疾二十二 二十四度二十二	一千二百四十九 益七百四十六	十二度三十七 升二千二
后九日 乾元二十三日	一千二百九十四 乾元十三度七	二百九十八度七十八 乾元三百八十四	三日	疾二十二 三十六度五十八	一千二百七十一 益五百七十六	十二度五十九 升二千七百四十八
	益七百三十二 乾元损一百一十二	后三千六百九十七 乾元阴差一千一百一十二	四日	疾二十二 四十九度一十六	一千二百九十三 益四百六	十二度八十一 升三千三百二十四
后十日 乾元二十四日	一千二百七十四 乾元十二度八十九	三百二十一度七十二 乾元三百七十八	五日	疾二十三 六十一度九十七	一千三百一十五 益二百三十六	十二度二分 升三千七百三十
	益五百六十四 乾元损一百五十	后三千四百二十九 乾元阴差一千	六日	疾二十四 七十四度九十九	一千三百三十八 益六十五	十二度七十二 升三千九百六十六
后十一日 乾元二十五日	一千二百五十六 乾元十二度十七	三百二十四度四十六 乾元三百七十二	疾末初日	疾二十三 八十八度二十三	一千三百六十二 损八十六	十三度四十九 升四千三十一
	益四百四 乾元损一百九十一	后二千九百九十二 乾元阴差八百四十三	一日	疾二十二 一百一度七十二	一千三百八十三 损三百五十六	十三度七十二 升三千九百四十六
后十二日 乾元二十六日	一千二百四十 乾元十二度五十	三百二十七度二 乾元三百六十七	二日	疾二十二 一百一十五度四十三	一千四百七 损四百六	十三度九十四 升二千七百一十五
	益二百五十二 乾元损二百二十九	后二千三百九十七 乾元阴差六百五十七	三日	疾二十二 一百二十九度五十六	一千四百二十九 损五百七十六	十四度一十五 升三千三百四
后十三日 乾元二十七日	一千二百二十五 乾元十二度三十五	三百四十九度四十二 乾元三百六十三	四日	疾十九 一百四十三度五十一	一千四百五十一 损七百四十六	十四度三十七 升二千七百二十八
	益一百二十 乾元损二百六十六	后一千六百四十九 乾元阴差四百二十八	五日	疾十五	一千四百七十	十四度五十六
后十四日 乾元二十八日	一千二百一十 乾元十二度十七	三百六十一度六十五 乾元三百五十八				
	初益二百三十一 末损七百八十一 乾元损一百六十一	后七百六十九 乾元阴差一百六十一				

七日：初数八千八百八十八，《乾元》初二千六百一十二。末数一千一百一十四。末三百二十八。
十四日：初数七千七百七十四，《乾元》初二千二百八十五。末数二千二百二十八。末六百五十五。《乾元》又有二十一日：初一千九百五十八，末九百八十二；二十八

		一百五十七度八十八	损七百二十六	升一千九百八十二	三百五十度五	损九百一十六	平一千九百八十二
六日	疾空	一千四百八十五		十四度七十一	六日 迟空	一千二百一十五	十二度三
		一百七十二度四十三	损一千二百	升一千六十六	三百六十二度二十三	损一千二	平一千六十六
迟初初日	迟十五	一千四百八十五		十四度七十一			
		一百八十七度一十三	益一千八十六	平初			
一日	迟十九	一千四百七十		十四度五十六			
		二百一度八十四	益九百一十六	平一千八十六			
二日	迟二十三	一千四百五十一		十四度三十七			
		二百一十六度三十九	损七百四十六	平二千二			
三日	迟二十二	一千四百二十九		十四度十五			
		二百三十度七十六	益五百七十六	平二千七百四十八			
四日	迟二十二	一千四百七		十三度九十四			
		二百四十四度九十一	益四百六	平三千三百一十四			
五日	迟二十三	一千三百八十五		十三度七十二			
		二百五十八度八十四	益三百三十六	平三千七百三十			
六日	迟二十四	一千三百六十二		十三度四十九			
		二百七十二度五十五	益七十五	平三千九百六十四			
迟末初日	迟二十三	一千三百三十八		十三度二十五			
		二百八十六度三	损八十六	平四千三十一			
一日	迟二十二	一千三百一十五		十三度二			
		二百九十九度二十八	损二百三十六	平三千九百四十六			
二日	迟二十二	一千二百九十三		十二度八十一			
		三百一十二度三十	损四百六	平三千七百一十			
三日	迟二十二	一千二百七十一		十二度一十			
		三百二十五度一十	损五百七十六	平三千三百四			
四日	迟十九	一千二百四十九		十二度三十七			
		三百三十七度六十九	损七百四十六	平二千七百二十八			
五日	迟十五	一千二百三十		十二度一十八			

月离先后度数:《乾元》谓之月离阴阳差。《仪天》谓之求朔弦望升平定数。以月朔、弦、望入历先后分通减元法,余进位,下以其日损益率展之,以元法收为分,所得,损益次日下先后积为定数。其七日、十四日,如初数以下者,返减之,以上者去之,余,返减末数,皆进位,下以损益率展之,各满末数为分,损益次日下先后积为定数。《乾元》置入历分,以其日损益率乘之,元率收为分,损益其下阴阳差为定数。四七术,如初数已下者,以初率乘之,如初数而一,以损益阴阳差为定数;若初数以上者,以初数减之,余乘末率,末数除之,用减初率,余加阴阳差,各为定数。

朔弦望定日:以日躔、月离先后定数,先加后减朔、弦、望中日,为定日。二历法同。

推定朔弦望日辰七直:以天正所盈之日加定积,视朔、弦、望中日,如入大、小雪气,即加去年天正所盈之日分;若入冬至气者,即加今年天正所盈之日分。日满七十六去之,不满者,命从金星甲子,算外,即得定朔、弦、望日辰星直也。视朔干名与后朔同者大,不同者小,其月无中气者为闰。又视朔所入辰分皆与二分相减,余二收,用减八分之六,其朔定小余如此;以上者进一日;朔或有交正见者,其朔不进。定望小余在日出分以下者,退一日,若有亏初在辰分以下亦如之。二历法同。

《仪天》又有求朔弦望加时月度,置弦、望加时日度,其中朔加时月与太阳同度,其日、度便为月离所次;余加弦、望象度及余秒,满黄道宿次去之,即定朔、弦、望加时日、度也。

九道宿度:《乾元》、《仪天》皆谓之月行九道。凡合朔所交,冬在阴历,夏在阳历,月行青道;冬至、夏至后,青道半交在春分之宿,出黄道东;立夏、立冬后,青道半交在立春之宿,出黄道东南;至所冲之宿亦如之。冬在阳历,夏在阴历,月行白道;冬至、夏至后,白道半交在秋分之宿,出黄道西;立冬、立夏后,白道半交在立秋之宿,出黄道西北;至所冲之宿亦如之。春在阳历,秋在阴历,月行朱道;春分、秋分后,朱道半交在夏至之宿,出黄道南;立春、立秋后,朱道半交在立夏之宿,出黄道西南;至所冲之宿亦如之。春在阴历,秋在阳历,月行黑道。春分、秋分后,黑道半交在冬至之宿,出黄道北;立春、立秋后,黑道半交在立冬之宿,出黄道东北;至所冲之宿亦如之。四序月离为八节,九道斜正不同,所入七十二候,皆与黄道相会。各距交初黄道宿度,每五度为限。初限十二,每限减半,终九限又减尽,距二立之宿减一度少强,却从减尽起,每限减半,九限终十二而至半交,乃去黄道六度;又自十二,每限减半,终九限又减一度少强,更从减尽起,每限增半,九限终十二,复与日轨相会。交初、交中、半交，各以限数，遇半倍使，乘限度为泛差。其交中前后各九限，以距二至之宿前后候数乘之，半交前后各九限，各至二分之宿前后候数乘之，皆满百而一为黄道差。在冬至之宿后，交初前后各九限为减，交中前后各九限为加；夏至之宿后，交初前后各九限为加，交中前后各九限为减。大凡月交后为出黄道外，交中后为入黄道内。半交前后各九限，在春分之宿后出黄道外，秋分之宿后入黄道内，皆以差为加；在春分之宿后入黄道内，秋分之宿后出黄道外，皆以差为减。倍泛差，退一位，遇减，身外除三；遇加，身外除一。又以黄道差减，为赤道差。交初、交中前后各九限，以差加；半交前后各九限，皆以差减。以黄赤道差减黄道宿度为九道宿度，有余分就近收为太、半、少之数。《乾元》初数九，每限减一，终于一，限数并同，即八十四除之。《仪天》初数一百一十七，每限减一十，终于二十七，以一百一除。二历皆不身外为法。初中正交、春秋二分、冬夏二至前后各九限，加减并同《应天》。又《仪天》即除法是九十乘黄道泛差，一百一收为度，乃得月与黄、赤道定差。以上入交定月出入各六度相较之差，黄道随其日行所向，斜正各异，余皆同《应天》。《仪天》有求定朔望加时入迟疾历初末限，置经朔、望入迟疾初末限日及余秒，如求定朔、弦、望法入之，即各得所求。又求初中正交入历，置其朔、望加时入迟疾历初末限日及余秒，视其日月行入阴阳历日及余秒，如近前交者即加，近后交者即返减交中日余，乃如之，各得初、中、正交入迟疾历初末限日及余秒也。其加减满或不足，即进退象限及余秒，各得所求。又求朔望加时及初、中、正交入迟疾限日入历积度，各置小余，以其日历定分乘之，宗法收之为分，一百一除之为度，以加其日下历积度，各得所求。又《乾元》、《仪天》有求正交黄道月度，《乾元》元率通定交度及分，以一百二十七乘之，满九十五而一，进一等，复收为入交度，用减其朔加时月度，即朔前月离正交黄道宿度。《仪天》置朔、望及正交历积度，以少减多，余为月行去交度及分；乃视其朔望在交前者加、交后者减朔望加时黄道月度，为初、中、正交黄道月度也。

九道交初月度：《乾元》谓之月离入交九道正交月度、九道朔度。《仪天》谓之求月离正交九道宿度。置月离交初黄道宿度，各以所入限数乘之遇半倍使，如百而一，为泛差；用求黄、赤二道差，依前法加减之，即月离交初九道宿度。《乾元》以日躔阴阳差阳加阴减，为朔、望常分；又以所入限率乘，正交黄道宿度相从之，以求黄、赤二道差，如前加减，为月离正交九道宿度；以入交定度加而命之，即朔前月离宿度。《仪天》置正交月离黄道，以距度下月九道差，宗法乘之，以距度所入限数乘之，余从之，为总差；半而退位，一百一收之，又计冬、夏二至以求度数乘，满九十而一为度差，依前法加减，为正交月离九道。

求九道朔月度：百约月离先后定数，后加先减四十二，用减中盈而从朔日，乃加交初九道宿次，即得所求。《乾元》置九道正交之度及分，以入交定度加之，命以九

道宿次，即其朔加时月离宿度及分也。《仪天》法见下。《乾元》又有定交度，置月离阴阳定数，以七十一乘之，满九百一除之为分，用阴减阳加常分为度及分。

求九道望月度：《仪天》谓之求定朔、望加时日月度。以象积加朔九道月度，命以其道，即得所求。《乾元》置朔、望加时日相距之度，以天中度及分加之，为加时象积；用加九道朔月度，命以其宿次去之，即望日月度及分也。自望推朔亦如之。《仪天》求定朔望加时九道日度，以其朔、望去交度，交前者减之，交后者加之，满九道宿度去之，即定朔、望加时九道日度也。求定朔望加时九道月度，置其日加时九道日度，其合朔者非正交，即日在黄道、月在九道各入宿度，多少不同，考其去极，若应绳准。故云月与太阳同度也。如求黄道月度法，盈九道宿次去之，各得其日加时九道宿度，自此以后，皆如求黄道月度法入之，依九道宿度行之，各得所求也。

求晨昏月：《乾元》谓之月离晨昏度。《仪天》谓之求晨昏月度。置后历七日下离分，与其日离分相比较，取多者乘朔、望定分，取少者乘晨昏分，皆满元法为分，百除为度分，仍相减之，朔、望度多者为后，少者为前。各得晨昏前后度分；前加后减朔、望九道月度为晨昏月。《乾元》置其月离差，在三百九十三以上者，用乘朔、望定分，以下者，只用三百九十三乘，为加时分；元率除之，进一位，二百九十四收为度；又以离差乘晨昏分，亦如前收之为度，与加时度相减之，加时度多为后、少为前，即得晨昏前后度及分，加减如《应天》。《仪天》以晨昏分减定朔、弦、望小余为后，不足者，返减之为前，以乘入历定分，宗法除之，一百一约之为度，乃以前加后减加时月度为晨昏月度。

晨昏象积：《仪天》谓之求晨昏程积度。置加时象积，以前象前后度前减后加，又以后象前后度前加后减，即得所求。《乾元》法同。《仪天》以所求朔、弦、望加时日度减后朔、弦、望加时日度，余从弦、望度及余，为加时程积；以所求前后分返其加减，又以后朔、弦、望前后度分依其加减，各为晨昏程积度及余也。

求每日晨昏月：《仪天》谓之求每日入历定度。累计距后象离分，百除为度分，用减晨昏象积为加，不足，返减，以距后象日数除之，为日差；用加减每日离分，百除为度分，累加晨昏月，命以九道宿次，即得所求。《乾元》法同。《仪天》从所求日累计距后历每日历度及分，以减程积为进，不足，返减之，余为退，以距后朔、弦、望日数均之，进加退减每日历定度及分，各为每日历定度及分也。

步晷漏

二十四气午中晷景《乾元》同		去极度	
黄道《乾元》谓之距中度		晨分《乾元》同	
冬至一丈二尺七寸一分		一百一十五	
	乾元同		
二十	乾元八十二	二千七百四十八	
	二十二		乾元八百八

小寒一丈二尺三寸一分 　　乾元一丈一尺三寸	一百一十四	大暑一尺九寸二分 　　乾元一尺九寸五分	七十度
五十八　乾元八十二 　　　　　五十九	二千七百三十五 乾元八百二	二十七 乾元一百一十六 　　一十五	一千八百一十二 乾元五百三十四
大寒一丈一尺二寸一分 　　乾元同	一百一十二乾元	立秋二尺五寸三分 　　乾元同	七十三
三十二　乾元八十四 　　　　八十四	二千六百八十八 乾元七百八十六	九十二 乾元一百一十三 　　三十	一千八百八十八 乾元五百五十八
立春九尺七寸一分 　乾元九尺七寸三分	一百八	处暑三尺三寸一分 　　乾元三尺三寸	七十八
六十七　乾元八十七 　　　　九十四	二千六百一十二 乾元七百六十一	七十九　乾元一百九 　　　　五十六	一千九百九十二 乾元五百八十五
雨水八尺二寸一分 　　乾元同	一百三	白露四尺三寸一分 　　乾元同	八十四
八十二　乾元九十一 　　　　六十七	二千五百八 乾元七百三十二	七十七　乾元一百五十 　　　　六　九	二千二百一十二 乾元六百二十四
惊蛰六尺七寸四分 　乾元六尺七寸三分	九十七	秋分五尺四寸三分 　　乾元同	九十一
九十三　乾元九十六 　　　　一十四	二千三百八十八 乾元六百九十九	三十一　乾元一百度 　　　　二十四	二千二百五十 乾元六百六十六
春分五尺四寸三分 　　乾元同	九十一	寒露六尺七寸四分 　乾元六尺七寸三分	九十七
三十一　乾元一百度 　　　　二十四	二千三百五十 乾元六百六十六	九十一　乾元九十六 　　　　十六	二千三百八十八 乾元六百九十九
清明四尺三寸一分 　　乾元同	八十四	霜降八尺二寸一分 　　乾元同	一百三
七十七　乾元一百五 　　　　二十四	二千二百一十二 乾元六百二十四	八十二　乾元九十一 　　　　六十九	二千五百八 乾元六百三十
谷雨三尺三寸一分 　　乾元三尺三寸	七十八	立冬九尺七寸一分 　乾元九尺七寸三分	一百八
七十九　乾元一百九 　　　　五十六	一千九百九十二 乾元五百八十九	六十七　乾元八十七 　　　　九十五	二千六百一十二 乾元七百六十二
立夏二尺五寸三分 　　乾元二尺五寸	七十三	小雪一丈一尺二寸一分 　　乾元同	一百一十二
九十二 乾元一百一十三 　　二十九	一千八百八十八 乾元五百五十八	三十二　乾元八十四 　　　　八十四	二千六百八十八 乾元七百八十六
小满一尺九寸六分 　乾元一尺九寸三分	七十度	大雪一丈二尺三寸一分 　　乾元同	一百一十四
二十七 乾元一百一十六 　　一十五	一千八百一十二 乾元五百三十四	五十八　乾元八十一 　　　　五十九	二千七百三十五 乾元八百三。仪天不置六成法
芒种一尺六寸乾元同 二　乾元一百一十八 一　　一十四	六十八 一千七百六十五 乾元五百一十九		
夏至一尺四寸八分 　乾元一尺四寸七分	六十七		
三十九 乾元一百一十八 　　五十八	一千七百五十二 乾元五百一十五		
小暑一尺六寸乾元同 二　乾元一百一十八 一　　一十四	六十八 一千七百六十五 乾元五百一十九		

求每日晷景去极度晨分：《乾元》谓之晷景距中度晨分。《仪天》别立法，具后。各以气数相减为分，自雨水后法十六，霜降后法十五，除分为中率，二率相减，为合差；半之，加减中率为初、末率。前多者，加为初、减为末；前少者，减为初、加为末。又以元法除合差，为日差；后多者累益初率，后少者累减初率。为每日损益率；以其数累积之，各得诸气初数也。《乾元》法同。

求昏分：以晨分减元法为昏分。《乾元》谓之元率，

《仪天》谓之宗法。

求每日距中度：《乾元》同。《仪天》谓之求每日距子度。以百乘晨分，如二千七百三十八为度，不尽，退除为距子度分，用减半周天度，余为距中星度分；倍距子度分，五等除，为每更度分。《乾元》百约晨分，进一位，以三千六百五十三乘，如元率收为度，余同《应天》。《仪天》置昏漏母，五因，进一位，以一千三百八十二、小分五十五、微分三十五除为度，不尽，以一千三百六十八、小分八十六退除，皆为距子度，余同《应天》。

求每日昏明中星：《乾元》谓之昏晓率星。置其日赤道日躔宿次，以距南度分加而命之，即其日昏中星；以距子度分加之，为夜半中星；又加之，为晓中星。二历法同。

求五更中星：置昏中星为初更中星；以每更度分加之，得二更初中星；又加之，得三更初中星；累加之，各得五更初中星所临。二历法同。

求日出入时刻：《乾元》谓之求昼夜出入辰刻。《仪天》谓之求日出入晨刻及分。以二百五十加晨减昏为出入分，以八百三十三半除为时，不满，百除为刻分，命如前，即得所求。《乾元》以七十三半加晨减昏为出入分，各以辰法除之，为辰数；不尽，以五因之，满刻法为刻，命辰数起子正，算外，即日出入辰刻也。《仪天》置其日昏漏母，以加昏明，余以三因，满辰法除为辰数，余以刻法除为刻，不满为分，辰数命子正，算外，即日出辰刻及分。乃置日出辰刻及分，以加昼刻及分，满辰法及分除为辰数，不满，为入时之刻及分。乃置其辰数，命子正，算外，即得日入辰刻及分。

昼夜分：《乾元》谓之昼夜刻。《仪天》谓之求每日夜半定漏、求每日昼夜刻。倍日出分，为夜分；减元法，为昼分；百约，为昼夜分。《乾元》置日入分，以日出分减之为昼分，以减元率为夜分，各以五因之，以刻法除为昼夜刻分。《仪天》先求夜半定漏，置其昏漏母，以刻法除之为刻，不满，三因为分，为夜半定漏及分。置夜半定漏刻及分，倍之，其分满刻法为刻，不满为分，即得夜刻及分。以夜刻减一百刻，余者为昼刻及分，减昼五刻，加夜刻，为日出没刻之数。

更筹：《乾元》谓之更点差分。倍辰分，以五收，为更差；又五收，为筹差。《乾元》法同。《仪天》不立此法。

步晷漏

冬至后初夏至后次象：八十八日、小余八千八百九十九半，约余八千八百一十一分。

夏至后初冬至后次象：九十三日、小余七千四百八十五，约余七千四百一十二分。

前限：一百八十八日、小余六千二百八十五，约余六千二百二十太。

辰法：八百四十一分三分之二。

刻法：一百一分。

辰：八刻三十三分三分之二。

昏明：二百五十二分半。

冬至后上限五十九日，下限一百二十三日、小余六千二百八十五，约余六千二百二十二太。

中晷：一丈二尺七寸一分半。

冬至后上差、夏至后下差：二千一百三十分。

升法：一十五万六千四百二十八分。

冬至后下差、夏至后上差：四千八百一十二分。

平法：一十七万四千三分。

夏至后上限同冬至后下限，夏至后下限同冬至后上限。

中晷：一尺四寸七分、小分八十四。

《仪天》求每日阳城晷景常数：置入冬、夏二至后来日数及分，以所入象日数下盈缩分盈减缩加之为其日定积，又以减其象小余为夜半定积及分。以隔位除一，用若夜半定积及分在二至上限以下者，为入上限之数；以上者，以返减前限日及约余，为入下限日及分。若冬至后上限、夏至后下限，以十四乘之，所得，以减上下限差分，为定差法；以所入上下限日数再乘之，所得，满一百万为尺，不满为寸及分，以减冬至晷影，余为其日中晷景常数也。若夏至后上限、冬至后下限，以三十五乘之，以上下差分为定法；以入上下限日数再乘之，退一等，满一百万为尺，不满尺为寸及分，用加夏至晷景，即得其日中晷景常数。

《仪天》求晷景每日损益差：以其日晷景与次日晷景相减，其日景长于次日晷影为损，短于次日晷景为益。

《仪天》求阳城中晷景定数：置五千分，以其日晷景定数损益差乘之，所得，以万约之为分，冬至后用减，夏至后用加；冬至一日有减无加，夏至一日有加无减。

《仪天》求晷漏损益度入前后限数：置入冬至后来日数，在前限以下者为损；以上者，减去前限，余为入后限日数者为益。若算立成，自冬至后一日，日加满初象，即加象下约余，为一象之数。

《仪天》求每日晷漏损益数：置入前后限损益日数及分，如初象以下为在上限；以上者，返减前限，余为下限，皆自相乘之，其分半以下乘，半以上收之；以一百通日，内其分，乃乘之；所得，在冬至后初象、夏至后次象，以升法除之。若冬至后次象、夏至后初象，以平法除之；皆为分，不满，退除为小分；所得，置于上位，又别置五五分于下，以上减下，以下乘上；用在升法者，以二千八百五十除之；用在平法者，以五千五百五十二除之；皆为分，不满，退除为小分；所得，以加上位，为其日损益数。

《仪天》求每日黄道去极度及赤道内外度分：若春分后置损益差，以五十乘之，以一千五十二除之为度，不满，以一千四十二除之为分，以加六十七度三千八百四十五。若秋分后，置损益差，以五十乘之，以一千六十除之为度，不满，以一千五十退除为分，以减一百一十五度二千二百二十二分，即得黄道去极度。置去极度分，与九十一度三千八百四十五相减，余者为赤道内外度分。若黄道去极度分在九十一度三千八百四十五以下者为内，若在以上者为外度及分。

《仪天》求每日晷漏母：各以其日损益差，自春分初日以后加一千七百六十八，自秋分初日以后减二千七百七十七，各得其日晷漏母，又曰晨分。

《仪天》求每日昏分及距午分：置日元分，以其日晷漏母减之，余者为昏分。又以其日晷漏母减五千五十分，余者为其日距午分。

月离九道交会《乾元》谓之交会，《仪天》谓之步交会。

交总：七十一万七千八百一、秒八十二。
正交：三百六十三度、八千二百八十三、秒七。
半交：一百八十一度、九千一百四十二、秒五十三半。
少交：九十度、九千五百二十一、秒二十六太。
平朔：一度、四千六百三十二。
平望：空、七千三百一十六。
朔差：二度、八千八百四十一。
望差：二度、一千五百二十五。
初准：一万六千六百四十一。
中准：一万八千一百九十一。
末准：一千五百五十。

《乾元》交会
交率：一万六千、秒七千八百九十一。
交策：二十七、余六百二十三、秒九千四百五十五。
朔准：二、九百三十六、秒五百四十五。
望准：十四、二千二百五十。
初限：三万六千五百九十四。
中限：四万二。
末限：三千四百八。

《仪天》步交会
交终分：二十七万四千八百四十三、秒二千二百七十九。
交终日：二十七、余二千一百四十三、秒二千二百七十九。
交中日：一十三、余六千一百二十一、秒六千一百二十一。
交朔日：二、余三千二百一十五、秒七千七百二十一。
交望日：一十四、余七千七百二十九、秒五千。
前限日：一十二、余四千五百一十三、秒七千二百七十九。
后限日：一、余一千六百七、秒八千八百六十半。
交差：四十五。
交数：五百七十二。
秒母：一万。
阴限：七千二百八十六。
交日：空、小余六千一百四十六、秒三百七十三。
阳限：三千一百七十四。
月食既限：二千五百八十二。
月食分法：九百一十二半。

中盈度：《乾元》谓之求平交朔日。《仪天》谓之求天正朔入交。以通余减元积，七十五展之，以四百六十七除为分，满交总去之，为总数；不尽，半而进位，倍总数，百收为分，用减，余以元法收为度，不满为分，命曰中盈度及分。《乾元》置朔分，以交率去之，余以五因之，满元率收为日，即得平交朔日及分；次朔、望，以朔、望准加之，即得所求。《仪天》置天正朔积分，以交终分去之，满宗法为日，即得所求。

求次朔望中盈：《仪天》谓之求次朔入交。各置天正经朔中盈度分，视十一月望，十二月朔、望中日，如二十九日五千三百七以下者，即加朔、望差度分秒，余月即加平朔、望度分秒，即得所求。《乾元》法见上。《仪天》置天正朔入交泛日余秒，如交朔及交望余秒皆满交终日及余秒即去之，各得朔、望入交泛日及余秒。

月离朔交初度分：《乾元》谓之求朔望交分。《仪天》谓之求入交常日。置其朔中盈度分，常与其朔常日度分合之，如正交以下者减半法，以上者倍而加之。加减讫为定，用减天正加时黄道宿度分，余命起天正之宿初算，即得所求。《乾元》置平交朔、望日及分，以元率通之，以日躔阴阳差阳加阴减，为朔、望交分。《仪天》以其日入盈朔限升平定数，升加平减入交泛日，即为其朔、望入交常日也。《仪天》又有求朔、望入定交日，置其日入迟疾升平定数，以交差乘之，如交数而一，升加平减入交常日，即为入定交日。

月入阴阳历：《乾元》谓之求朔望阴阳定分，《仪天》谓之求月行阴阳历。以月离先后定数，先加后减朔、望中盈，用加朔、望常日月分，分即百除，度即百通。如中准以下者为月出黄道外；以上者去之，余为月入黄道内。《乾元》以一百四十二乘阴阳差，一千八百二除，阳加阴减朔、望交分，为度定分；中限以上为阳，以下为阴。《仪天》视入交定日及余秒，在交中日以下为阳，以上者去之，余为月入阴历。

求食甚定余：置朔定分，如半法以下者返减半法，余为午前分；前以上者减去半法，余为午后分；以乘三百，如半昼分而一，为差。午后加之，午前半而减之。加减定朔分，为食定余。以差皆加午前、后分，为距中分。其望定分，便为食定余。《乾元》以半昼分约刻法为时差，乃视定朔小余，在半法以下为用减半法为午前分；以上者去之，为午后分；以时差乘，五因之，如刻法而一，午前减，午后加，又皆加午前、后分，为距日分；刻法而一，为距午刻分。月只以定朔小余为食定余。《仪天》置月行去交黄赤道差，视月道差，如黄赤道交者，依其加减；不如黄赤道交者，返其加减；定朔、望小余为食甚余，亦返其加减去交定分。其日食，则又以其日昼刻，其三百五十四为时差，乃视食甚余，如半法以下，返减半法，余为初率；半法以上者，半法去之，余为末率；满一百一收之，为初率；以减末率，倍之，以加食甚余，为食定余；亦加减初、末率，为午前后退分；置之，皆如求发敛加时术入之，即日、月食甚辰刻及分也。

入食限：置黄道内、外分，如初准已上、末准已下为入食限。望入食限则月食，朔入食限则日食。月在黄道内则日食，在外则不食，望则无问内、外皆食。末准已下为交后分；初准以上者，返减中准，为交前分。《乾元》置阴阳定分，在初限以上、末限以下，为入食限，余同《应天》。《仪天》置朔、望入交月行阴阳历日及余秒，如前限以上、后限以下者，为入食限。望入食限则月食，朔入食限、月入阴历则日食。如后限以下为交后限，以上以减交中日及余秒为交前限，各得所求。

入盈缩历：《乾元》、《仪天》不立此法。置朔定积，如一百八十二日、六千二百二十三以下为入盈日分；以上者去之，余为入缩日分。

黄道差：《乾元》谓之求嵩差。《仪天》谓之求黄道食差。置其朔入历盈、缩日及分，如四十五日以上、一百三十七日以下，皆以一千五百乘，为泛差；如四十五日以下，返减之，余为初限日，一百三十七日以上者减去之，余为末限日及分，以六十七乘，半之，用减泛差，以乘距午分，以元法收为黄道定分；入盈，以定分午前内减外加、午后内加外减；入缩，以定分午前内加外减，午后内减外加。《乾元》置入气日，以距冬至之气，以十五乘之，以所入气日通之，以一百八十二日以下为入阳历，以上者去之，为入阴历。置入历分，在四十五日以下，以三十七乘，五除，退一等，为泛差；在四十五日以上、一百三十七日以下，只用三十三，秒三十为泛差；一百三十七日以上者去之，余以三十七乘，五除，退一位，用减三十三，秒三十为泛差；皆以距午分乘为嵩差。《仪天》二至后日益差至立春、立秋，得一百一十三，小分六十二半，立夏、立冬后每日损，以宗法乘之；冬至、立冬后三气用四十四万二千三百八十四，夏至、立夏后各三气用二十七万九千八百五十八除，为食差；以食甚距午正刻乘其日食差，为定差；冬至后，甚在午正东，阴减阳加；甚在午正西，阴加阳减；夏至后即返此；立冬初日后，每气益差二十，秒四十四，至冬至初日加六十二，秒三十二；自后每气损差二十，秒四十四，终于大寒，甚在午正西，即每刻累益其差，阴历加，阳历减。

赤道差：《乾元》谓之求离差，《仪天》谓之求赤道食差。置入盈缩历日及分，如九十一日以下，返减之，为初限日；以上者，用减一百八十二日半，余为末限日及分，四因之，用减三百七十四，为泛差；以乘距中分，如半昼分而一，用减泛差，为赤道定分；盈初缩末内减外加、缩初盈末内加外减。《乾元》计春、秋二分后日加入气日，以十五乘，在九十日以下，以九十一乘，退为泛差；九十一日以上去之，余以九十一乘，退一等，以减八百一十九，为泛差；二分气内置入气日，以九十一乘，退为泛差；以半昼刻而一，以乘距午分，用加减泛差，为离差；食甚在出没以前者，不用求离差，只用泛差，春分后阴加阳减，秋分后阴减阳加。《仪天》二分后益差至二至，积差皆二千八百二十六，自后累减至二分空，冬至后日损三十一，小分八十，夏至后日益三十，小分十五，又以宗法乘积差，各以盈缩初末限分除之，为日差；乃以末限累增、初限累损，各为每日食差；又以半昼刻数约其日食差，以乘食甚距午正刻，所得以减食差，余为定数。余同《乾元》。

日食差：依黄、赤二差，同名相从，异名相消，为食差。二历法同。

距交分：《乾元》谓之去交分。《仪天》谓之去交定分。置交前后分，以黄、赤二差加减之，为距交分。如月在内道不足减者，返减入外道，不食；如月在外道不足减，返减食差，为返减入内道即有食。《乾元》置阴阳历去交前后分，以食差合加减之，依其加减，所得为去交前后定分。月在阴历，去交前后分不足减者，即返减食差，交前减之，余者为得阳历交后得减之，余者为阳历交前定分，并不入食限。月在阳历，去交前后分不足减者，亦返减食差，交前减之，余者为阴历交后定分，交后减之，余者为阴历交前定分，并入食限。《仪天》应食差，同名相从，异名相消，余同《乾元》法。

日食分：置距交分，如四百二十以下者类同阳历分；以上者去之，为阴历分；又以食定余减四分之三，午前倍之，午后半之。皆退一等，用减阴阳历分，为食定分；如不足减，即返减之，余进一位，加阴历分，为食定分；阳以四十二除，为食之大分；阴九百六十以下返减之，如九十六而一，为食之大分，命十为限。《乾元》置交前后分，以食差加减之，为定交分；在九百二十以下为阳，以上去之为阴。在阳以九十四、在阴以二百一十三除为大分，余同《应天》。《仪天》置入限去交定分，减七百二十八，阳限以上为阴历食，以阳限去之，余减阴限为阴历食分，以下者为阳历食分，亦减三百一十七，如限除之，皆进一位，各命十为限，余同《应天》。

月食分：置黄道内外前后分，如食限三百四十以下者，食既；以上者，返减末准，余一百二十一除，为月食之大分。其食五分以下，在子正前后八刻内，以二百四十二除为食之大分，命十为限。其前后分，以九百以上入或食或不食之限。《乾元》交定分在七百五十二以下，食既；以上，返减末限，以二百六十四除之为大分。《仪天》阳减阴加前后定分九百一十二半，在既限以下，食既；以上，以去交分减之，以月食法除之为大分。

日月食亏初复末：《乾元》谓之求定用刻，《仪天》谓之求日月泛用分、求亏初复末。百通日月食之大小分，以一千三百三十七乘之，各如其日离分，为定用分；加食定余，为复末定分；减之，为亏初定分。其月食，以食限减定用分，用减食甚，为亏初定分；如不足减者，即以食限分如望定余为食定分，余却依日食加减，各得月食亏初、复末定分也。《乾元》月以五百八十八，日以五百二十九，秒二十乘所食分，退一等，半之，为定用刻。《仪天》日以五百四十五，秒四十，月以六百六，皆乘所食分，其小分以本母除，从之，为泛用分；其食又视去交定分在一千七百二十六以下增半刻，八百五十六以下又增半刻，以一千三百五十乘，以辰定分除，为定用刻；皆减定朔、望小余为亏初，加之为复末。

日食起亏：《仪天》谓之求日食初起。视距交分如四百二十以上者，初起西北，甚于正北，复于东北；如以下者，初起西南，甚于正南，复于东南。凡食八分以上者，皆初起正西，复于正东。《仪天》、《乾元》日在阴历，初起西北；在阳历，初起西南，余并同《应天》。

月食起亏：《乾元》谓之月食初定，《仪天》谓之月食初起。月在内道，初起东南，甚于正南，复于西南；月在外道，初起东北，甚于正北，复于西北。凡食八分以上者，初起正东，复于正西。《乾元》《仪天》以内道为阴历，外道为阳历，余皆同《应天》。而《仪天》又法云，此法据古经所载，以究天体，食在午中前后一辰之内，其余方若要的验，当视日月食时所在方位高下，审详黄道斜正、月行所向，起亏、复满皆可知也。

带食出入：《仪天》谓之求带食出入见食分数。视其日出入分，如在亏初定分以上、复末定分以下，即带食出入。食甚在出入分以下，以出入分减复末定分，为带食差；食甚在出入分以上者，以亏初定分减出入分，为带食差；以乘食定分，满定用而一，日阳以四十二、阴以九十六、月一百二十一除之，为带食之大分，余为小分。《乾元》各以食甚余与其日晨昏分相减，余为带食差；其带食差在定用刻以下者，即带食出入；以上者，即不带食出入也。以带食差乘所食之分，满定用刻而一，所得以减所食之分，即带食出入所见之分也。其朔日食甚在昼者，晨为已食之分，昏为所残之分；若食甚在夜，昏为已食之分，晨为所残之分。其月食，见此可以知之也。《仪天》以食甚余减晨昏分，余为出入前分，不足者，返减食甚，余为出入后分，以乘所食之分，其食分以本母通之，从其小分，满定用分除之，所得以本母约之，不满者，半以上为半强，半以下为半弱，即得带食出入之分数也。其日、月食甚在出入前者，为所残之分，在出入后者，为已退之分。

更点：《乾元》、《仪天》谓之月食入定点。各置亏初、食甚、复末定分，如晨分以下者加晨分，昏分以上者减去昏分，皆以更分除为更数，不尽，以点分除之为点数。命初更，算外，即得所求。《乾元》法同。《仪天》倍其日晨分，以五除之为更分，又五除之为点分。乃视所求小余，如晨分以下加晨分，昏分以上减去昏分，求更点并同《应天》。

日月食宿分：《乾元》谓之日月食宿。以天正冬至黄道日度加朔望常日月度，命起斗初，算外，即日月食在宿分也。《乾元》以距日没辰至食甚辰之数，约其日离差，用加昏度。《仪天》用加时定月度也。

卷七十　　　　志第二十三

律历三

应天　乾元　仪天历

步五星

岁星总：七十九万七千九百三十一、秒五。《乾元》率二十三万四千五百三十五、秒五十七百二十五，《仪天》木星周率四百二万八千五百八十七、秒七千五百六十。

平合：三百九十八日、八千八百五十七、秒二十八。《乾元》余二十五百五十五、秒八千六百二十五，约分八十七。《仪天》余八千七百八十七、秒七千五百六十。二历平合皆谓之周日，数同《应天》。

变差：空、秒二十六。《乾元》差二十八、秒九千四百二十三半，秒母一万。《仪天》岁差九十八、秒九千五百。上限二百五度，下限一百六十度、二十五分、秒六十三。

荧惑总：一百五十六万一百五十二、秒三。《乾元》率四十五万八千五百九十二，秒九千一百八十三、十四。《仪天》火星周率七百八十七万七千一百九十一、秒一千一百。

平合：七百七十九日、九千二百二、秒一十八。《乾元》余二千七百四、秒五千九百一十七，约分九十二。《仪天》余九千二百九十一、秒一千一百。二历平合皆谓之周日，数同《应天》。

变差：三、秒空。《乾元》差二十九、秒一千一百三十五。《仪天》岁差九十八、余三千八百。上限一百九十六度八十，下限一百六十八度四十五、秒六十三。

镇星总：七十五万六千三百一十一、秒八十五。《乾元》率二十二万二千三百一十一、秒二十一百六十四、二十。《仪天》土星周率三百八十一万八千六百八、秒三千五百。

平合：三百七十八日、八百六、秒五十一。《乾元》余二百三十六、秒八千三百一十一，约分八。《仪天》余八百八、秒三千五百。二历平合皆谓之周日，数同《应天》。

变差：五、秒七十九。《乾元》差二十八、秒九千五百三。《仪天》岁差一百、秒一千一百，上限一百八十二度、六十三分、秒八十一，下限同上限。

太白总：一百一十六万八千三十二、秒四十二。《乾元》率三十四万三千三百三十九、秒一千五百四十七。《仪天》金星周率五百八十九万七千四百八十九、秒五千四百。

平合：五百八十三日、八千九百九十六、秒一十。《乾元》余二千六百七十六、秒一千七百三十五，约分九十一。《仪天》余九千一百八十九、秒五千四百。二历平合皆谓之周日，数同《应天》。

再合：二百九十一日、九千四百九十九、秒五。《乾元》、《仪天》不立此法。

变差：二、秒三十六。《乾元》差二十九、秒一千七百九十八。《仪天》岁差一百二十、余八千三百九，上限一百九十七度一十六，下限一百六十八度、秒六十三。

辰星总：二十三万一千八百六、秒四十二、八十。《乾元》率八万八千一百三十七、秒四千四百一十、八十。《仪天》水星周率一百一十七万三百八十七、秒二千八百。

平合：一百一十五日，八千八百二、秒三十。《乾元》余二千五百八十七、秒二千九百四，约分八十八。《仪天》余八千八百八十七、秒二千八百。二历平合皆谓之周日,数同《应天》。

再合:五十七日、九千四百二、秒一十五。《乾元》、《仪天》不立此法。

变差:三、秒七十八。《乾元》差二十九、秒一千一百三十八。《仪天》岁差九十八、秒三十,上限一百八十三度、六十二分,下限一百八十二度、六十二分、秒六十三。

求五星天正冬至后加时平合日度分秒:《乾元》谓之五星平合变日,《仪天》谓之常合中日中度。各以星总除元积为总数,不尽者,返减星总,余,半而进位;又置总数,木、火三之,土如其数,皆百而从之,以元法收之,为天正冬至后平合日度及分。《乾元》置岁积分,各以星率去之,不尽,用减星率,余以五因之,满元率收为日,不满,退除为分。《仪天》各以其星周率去岁积分,不满者,返减其周率,余以宗法收为日,不尽,退除为分。

求平合入历分:《乾元》谓之入历,《仪天》谓之推五星常合入历度分。各以其星变差展所求积年,满三百六十五万三千二百九十三、秒十九,去之不尽,以元法收为度,不满为分,以减平合日,为入历度分。《乾元》以积年乘星差,以周天策去之,不尽,以元率收为度,不满,退除为分,用减平合变日,为入历分。《仪天》各置其星岁差,以积年乘之,满三百六十八万九千八百八、秒九千九百去之,不尽,以宗法收为度,不满,退收为分。

求入阴阳变分:在阳末变分以下为入阳历;以上去之,余为入阴历。置入阴、阳历分,以阴、阳变数去之,不尽,为入阴、阳数及变分。

《乾元》岁星前限二万五百五,中限一万二百四十八,后限一万六千二十;荧惑前限一万九千六百八十二,中限六千五百六十四,后限一万六千八百四十四;镇星前限一万八千二百六十二,中限九千一百二十六,后限同前限,前、后、中皆半周天;太白前限一万九千七百一十六,中限九千八百五十八,后限一万六千八百九;辰星前、中、后与镇星同。又岁星前法一千七百八,后法一千三百三十四,荧惑前法一千六百四十一,后法一千四百三;镇星、辰星前后法皆一千五百二十二;太白前法一千六百四十三,后法一千四百二。《仪天》各置常合入历度分,如在上限末数已下者为增数;以上者减去上限末数下度分,余为入下限减数。又各置所入上、下限度分,以上、下限度分相近者减之,余为入次限、下限度及分。

岁星	阳变分	损益率	阳积
	阴变分	损益率	阴积
初	一千七百九	损八十九	阳六
	一千三百三十五	损九十三	阴一
二	一千四百一十七	损八十九	阳一百八十八
	二千六百七十	损八十七	阴九十三
三	五千一百二十六	损九十二	阳三百七十六
	四千六	损八十五	阴一百六十七
四	六千八百三十四	损九十一	阳五百一十三
	五千三百四十一	损八十八	阴四百六十七
五	八千五百四十三	损九十六	阳六百六十七
	六千六百七十六	损九十四	阴六百二十七
六	一万二百五十二	损九十八	阳七百三十五
	八千一十一	损九十四	阳七百七
七	一万一千九百六十	益九十八	阳七百六十九
	九千三百四十六	损九十九	阳七百五十四
八	一万三千六百六十九	益九十一	阳七百三十五
	一万六百八十二	损九十九	阴七百六十七
九	一万五千三百七十七	益九十五	阴五百八十一
	一万二千一十七	益八十九	阴七百八十
十	一万七千八十六	益八十九	阴四百九十六
	一万三千三百五十三	益八十	阴七百六十七
十一	一万八千七百九十四	益九十	阳三百八
	一万四千六百八十七	益八十一	阴五百
末	二万五百三	益九十二	阳一百三十七
	一万六千二十二	益八十二	阴二百四十六

荧惑	阳变分	损益率	阳积
	阴变分	损益率	阴积
初变度	一千五百二十二	损二十一	阳一
	一千五百二十一	损七十三	阴二
二	三千四十四	损四十七	阳一千二百二
	三千四十四	损七十二	阴四百四十四
三	四千五百六十六	损六十九	阳二千
	四千五百六十六	损七十二	阴八百一十七
四	六千八十七	损八十五	阳二千四百七十七
	六千八十七	损六十九	阴一千二百四十七
五	七千六百九	益九十八	阳二千六百九十九
	七千六百九	损七十四	阴一千七百一十四
六	九千一百三十一	益八十八	阳二千六百六十八
	九千一百三十一	损七十九	阴二千一百一十五
七	一万六百五十三	益八十	阳二千四百八十六
	一万六百五十三	损八十六	阴二千四百三十九
八	一万二千一百七十五	益七十四	阳二千二百八十
	一万二千一百七十五	损九十七	阴二千六百四十七
九	一万三千六百九十七	益七十二	阳一千七百九十

	一万三千六百九十七	益八十九	阴二千七百	二	三千二百八十七	损九十三	阳一百八十一
					二千八百	损九十二	阴七十
十	一万五千二百一十九	益七十	阳一千五百六十	三	四千九百三十一	损九十五	阳三百二十九
					四千二百	损九十三	阴一百八十三
	一万五千二百一十九	益七十三	阴二千五百三十一	四	六千五百七十四	损九十七	阳四百四十四
					五千六百一	损九十三	阴二百八十
十一	一万六千七百四十	益七十一	阳九百二	五	八千二百一十八	损九十八	阳五百二十六
	一万六千七百四十	益五十一	阴二千一百六		七千一	损九十三	阴三百七十八
末	一万八千二百六十三	益六十九	阳四百六十五	六	九千八百六十一	损九十八	阳五百七十五
					八千四百一	损九十五	阴四百七十六
	一万八千二百六十三	益十	阴一千三百六十一	七	一万一千五百五	益九十八	阳六百八
					九千八百一	损九十七	阴五百四十六
镇星	**阳变分**	**损益率**	**阳积**	八	一万三千一百四十八	益九十七	阳五百七十五
	阴变分	**损益率**	**阴积**				
初	一千五百二十二	损八十四	阳空		一万一千二百一	损九十九	阴五百八十八
	一千五百二十五	损八十六	阴一	九	一万四千七百九十二	益九十五	阳五百二十六
二	三千四十四	损八十五	阳二百八十九				
	三千四十四	损八十七	阴二百一十三		一万二千六百二	益九十七	阴六百二
三	四千五百六十六	损八十九	阳五百一十七	十	一万六千四百三十五	益九十三	阳四百四十四
	四千五百六十六	损九十	阴四百一十一				
四	六千八十七	损九十三	阳六百八十四		一万四千二	益九十二	阴五百六十
	六千八十七	损九十一	阴五百六十三	十一	一万八千七十九	益九十一	阳三百二十九
五	七千六百九	损九十七	阳七百九十一		一万五千四百二	益八十七	阴四百四十八
	七千六百九	损九十四	阴七百	末	一万九千七百廿二	益八十九	阳一百八十三
六	九千一百三十一	损九十九	阳八百三十七		一万六千八百三	益八十一	阴二百六十六
	九千一百三十一	损九十七	阴七百九十一	**辰星**	**阴阳变分**	**损益率**	**阴阳积**
七	一万六百五十三	益九十七	阳八百五十二	初	一千五百二十二	损九十四	空
	一万六百五十三	损九十九	阴八百三十七	二	三千四十四	损九十五	九十一
八	一万二千一百七十五	益九十四	阳八百六	三	四千五百六十六	损九十六	一百六十八
				四	六千八十七	损九十七	二百二十五
	一万二千一百七十七	益九十七	阳八百五十二	五	七千六百九	损九十八	二百七十一
				六	九千一百三十一	损九十九	三百
九	一万三千六百九十七	益九十二	阳七百一十五	七	一万六百五十三	益九十九	三百一十四
				八	一万二千一百七十五	益九十八	三百
	一万三千六百九十七	益九十四	阴八百六	九	一万三千六百九十七	益九十七	二百七十一
十	一万五千二百一十九	益九十	阳五百九十三	十	一万五千二百一十九	益九十六	二百二十五
	一万五千二百一十九	益九十	阴七百一十五	十一	一万六千七百四十	益九十五	一百六十八
十一	一万六千七百四十	益八十八	阳四百四十一	末	一万八千三百六十三	益九十四	九十二
	一万六千七百四十	益八十五	阳五百六十三				
末	一万八千二百六十三	益八十三	阳二百五十				
	一万八千六百二十三	益七十八	阴三百三十五				

		《乾元》五星		
太白	**阳变分**	**损益率**	**阳积**	
	阴变分	**损益率**	**阴积**	
		岁星		**荧惑**
		镇星		**太白**
		差分	差度	差分	差度
		前限	九空	一少	空	十五少
初	一千六百四十四	损九十一	阳空	初			
	一千四百	损九十五	阴二		空	九	空

一	九半	一度八十八	二	十二度十五		三百四十三半	七度三	九十三少	五度八十七
	十一太	一度二十六八	十一	一度八十	末限初	一百三十九半	七度七十二	七	二十七度三
二	十一半	三度六十八	三半	二十度二十二			七度一	末初九十三半	六度三
	九	二度二十八	十四	三度五十一	一	五	七度六十六	三	二十四度九十
三	十二少	五度一十九	八	二十四度九十一		九	五度三十七	十三少	五度五十一
	七	四度二	十九太	四度四十八	二	五少	五度三	一太	二十度二十三
四	二十四半	六度五十八	四十九太	二十七度三		八半	三度六十八	七太	四度半
	十二半	六度一十九	三十二太	五度三十一	三	五半	二度三十八	一少	十二度十五
五	三十八	七度二十八	八少	二十六度六十四		八	一度八十八	五	二度七十
	四十三少	七度三十八	九十六半	五度八十一					

辰星阴、阳差分并阴、阳差度并同初、末。

前限后初限同	差分		差度	
末限后末限同	差分		差度	
初	一十六半		空	
一	一百六十九		三度二	
二	二十少		九十八九十	
三	六十太		二度八十九	
四	二十六半		一度六十五	
五	三十七		二度六十一	
	三十七		二度六十一	
	二十六半		二度二十五	
	六十太		二度八十九	
	二十少		一度六十三	
	一百六十九		二度	
	十六半		空度九十	

《仪天》五星

木星限数	上限度分	损益率	增定度
	下限度分	损益率	减定度
一	十七度八少	益一百一十一	空
	十三度三十五半	益六十八	空
二	三十四度一十六半	益一百六	一度八十九半
	二十六度七十一	益一百二十七	空九十一
三	五十一度二十五	益八十八	三度一十七半
	四十度六少	益一百三十八	二度六十
四	六十八度三十三少	益八十二	五度二十一
	五十三度四十一太	益一百二十	四度一十二
五	八十五度四十一半	益四十一	六度六十半
	六十六度七十七半	益六十	六度三十一
六	一百二度半	益二十六	七度三十半
	八十度一十二太	益三十	七度一十一
七	一百一十九度五十八分	损二十六	七度太

（左栏续）

	三十八	七度七十三	五	二十四度七十二	
	六十太	七度七十三	九十六半	六度二	
一	十二	七度二十九	四	二十一度四十五	
	十二半	七度三十七	三十二太	五度七十九	
二	二十	五度八十三	三太	十七度四十	
	七	六度一十八	十九太	五度三十	
三	八半	五度二	三半	十三度一	
	九	四度二	十四	四度四十七	
四	十太	三度二	三半	八度四十	
	十一太	二度三十一	十一	三度三十	
五	十二少	一度三十八	四	三度九十八	
	十五少	一度三	九	一度七十九十	
后初	十四太	限度空	三半	初空	
	五	空	二十一半	空	
一	七太	空八十八	三少	三度九十八	
	四太	三度	十一太	一度	
二	八少	二度五十九	三	八度四十	
	七半	五度二十四	十三太	一度八十一	
三	八少	四度六十八	三	十三度一	
	三十半	七度二十三	十四	二度八十三	
四	十六半	六度二十九	三半	十七度四十	
	末四十三半	七度七十三	十五半	三度八十六	
五	三十三半	七度八	四少	二十一度四十五	
	七十六	七度三十九	十九半	四度七十三	
六	八十九	七度八十四	六半	二十四度七十一	
	一百一半	七度一十七	三十一少	五度四十	
七	一百三十三半	七度六十三	八十七半	二十六度六十四	

	上限度分/下限度分	损益率	增定度/减定度
	九十三度四十八半	益一十一	七度五十一
八	一百三十六度六十六半	损八十四	七度三十半
	一百六度八十三半	益七	七度六十五半
九	一百五十三度太	损五十	五度八十七
	一百二十度十九	损七	七度一十四半
十	一百七十度八十三少	损一百二十八	五度一半
	一百三十三度五十四半	损一百九十九	七度六十五
十一	一百八十九度九十半	损八十一	一度三十八
	一百四十六度九十	损一百九十五	四度九十九半
末	二百五度	损八十一	一度三十八
	一百六十度三十五分六十三	损一百七十九	二度五十九

火星 上限度分/下限度分　损益率/损益率　增定度/减定度

	上限度分/下限度分	损益率	增定度/减定度
一	一十六度四十	益七百四十一	空
	十四度四	益二百八十三	空
二	三十二度八十	益四百九十五	十二度一十七
	二十八度七十	益三百一十五	三度九十三
三	四十九度二十	益二百八十七	二十一度二十七
	四十二度十一少	益三百二十七	八度三十九
四	六十五度六十	益一百二十二	二十四度九十八
	五十六度十五	益三百一十六	十二度九十八
五	八十二度	损二十一	二十六度九十八
	七十度十八太	益二百八十七	十七度四十二
六	九十八度四十	损一百一十九	二十六度六十四
	八十四度二十一半	益二百三十二	二十一度四十五
七	一百十四度八十	损一百九十六	二十四度六十九
	九十八度二十六少	益一百四十五	二十四度七十一
八	一百三十一度二十	损二百四十八	二十一度四十八
	一百一十一度十三	益十九	二十六度七十五
九	一百四十七度六十	损二百六十八	一十七度四十一
	一百二十六度三十四	损一百四十六	二十七度二十
十	一百六十四度	损二百八十一	一十三度二十
	一百四十度三十七太	损三百三十七	二十四度九十七
十一	一百八十度四十	损二百七十一	八度四十七
	一百五十四度四十一半	损五百七十八	二十度二十四
末	一百九十六度八十	损二百四十二	三度九十七
	一百六十八度四十五秒六十三	损八百六十四	一十二度一十三

土星 上限度分（下限同）　损益率/损益率　增定度/减定度

	上限度分	损益率	增定度/减定度
一	十五度二十二	益六十七	增空
		益一百九十八	减空
二	三十度二十二太	益八十五	一度二
		益一百四十八	三度一
三	四十五度六十五太	益一百一十一	二度三十一
		益一百三十	五度二十六
四	六十度八十七半	益一百四十四	四度
		益三十三	七度二十四
五	七十六度九十	益七十九	六度十九
		损二十三	七度七十四
六	九十一度三十一半	益二十三	七度三十九
		损十三	七度三十九
七	一百六度五十三少	损二十三	七度七十四
		损十	七度十九
八	一百二十一度十五少	损七十九	七度三十九
		损四	七度四
九	一百三十六度九十七	损一百四十四	六度十九
		损一百五	六度九十八
十	一百五十二度一十九	损一百一十一	四度
		损一百一十一	五度三十八
十一	一百六十七度四十一	损八十五	二度三十一
		损一百一十八	三度六十九
末	一百八十二度六十二分八十一	损六十七	一度二
		损一百二十五	一度

金星 上限度/下限度　损益率/损益率　增定度/减定度

	上限度	损益率	增定度
一	十六度四十三	益一百五十一	增空

	上下限	损益率	增减度
	十四度一	益一百四十	减空
二	三十二度八十六	益一百三十二	二度四十八
	二十八度一	益一百三十	二度三十八
三	四十九度二十九	益五十	四度六十五
	四十二度二	益八十	四度二十
四	六十五度七十二	益十九	五度四十七
	五十六度三	益三十	五度三十一
五	八十二度十五	益九	五度七十八
	七十度四	益十六	五度七十四
六	九十八度五十八	益五	五度九十三
	八十四度五	益五	五度九十四
七	一百一十五度一	损五	六度一
	九十八度五	损五	六度一
八	一百三十一度四十四	损九	五度九十三
	一百十二度六	损十六	五度九十四
九	一百四十七度八十七	损十九	五度九十八
	一百二十六度七	损三十	五度七十四
十	一百六十四度三十	损五十	五度四十七
	一百四十度八	损八十	五度三十二
十一	一百八十度七十三	损一百三十二	四度六十五
	一百五十四度九	损一百三十	四度二十
末	一百九十七度十太	损一百五十一	二度四十八
	一百六十八度九秒六十三	损一百七十	二度三十八
水星	**上下限**	**损益率**	**增减度**
一	十五度二十一	益六十	增减空
二	三十度四十四	益五十	九十一
三	四十五度六十六	益三十八	一度六十七
四	六十度八十八	益二十七	二度二十五
五	七十六度十一	益十六	二度六十六
六	九十一度三十一	益六	二度九十
七	一百六度五十四	损六	二度九十九
八	一百二十一度七十六	损十六	二度九十
九	一百三十六度九十八	损二十七	二度六十六
十	一百五十二度二十	损三十八	二度二十五
十一	一百六十七度四十二	损五十	一度六十七
末	一百八十二度六十三	损六十	九十一

入阴阳定分:《乾元》谓之入诸历变分,《仪天》谓之求五星常合入增减定数。以入变分各减初变分,余却以其变下损益率展之,百而一为分;损益次变下阴、阳积为定分。《乾元》置平合入历分,以其星入段前、后限分加减之,如不足,加周天以减之,余却依入历分入初末限;各置其段入历分,前限以下为在前,以上者去之,为后限分;在中限以下为初限,以上去之,为末限分;置初、末,以前、后限星分除之为限数,不满,为初末限日;各以其限差分约之,为差;初限以加、末限以减,用加减前、后限度为定度。《仪天》各置常合所入限下度数及分,以其限下损益率乘之,退一等,以百约之为度,不满为分,以损益其限下增、减积度及分。若求诸变增、减定度者,置其变入上下限,准此求之。

定合积日:《乾元》谓之求定日,《仪天》谓之求五星定合积日。百除阴、阳定分,为日;阳加阴减平合日,为定积日及分。《乾元》置变日,以前、后限度前加后减,为定日。《仪天》各置其星常合中日及余,以入历增减度增者增之,减者减之,金、水返而加减之,以日躔定差先减后加之,金、水则先加后减,即得定合积日及分。又《仪天》求入盈缩初末限,皆以半周天为准。

入气盈缩度分:《乾元》谓之入气,《仪天》谓之求入盈缩初末限。置定积,以常数去之,不尽者,为入气日分;置入气日分,如求朔望盈缩术入之,即得入气盈缩度分。《乾元》置定日,以气策去之为气数,不尽,为入气日;命以冬至,算外,即得入气日及分。《仪天》各置定合积日,在半周天以下者去之,余为在缩,乃视在盈缩初限日及约余以下者,便为在盈缩初限;以上者,减去盈缩初限日约余,为在盈缩末限日及余。

定合日辰:《乾元》谓之日辰,《仪天》同《应天》。以其大、小余加入气日,命从甲子,算外,即得所求。《乾元》、《仪天》以冬至大、小余加定日,各满纪法去之,余并同《应天》。《乾元》冬至小余以元率退收,百为母;又有日躔阴阳度,置其气阴阳分,如求朔日度分术入之,即得所求。

求入月日数:《仪天》谓之求定合在何月日。置定合日辰大余,以定朔大余减之,余命算外,即得所求。二历法同。

定合定星:《乾元》同。《仪天》谓之求日躔先后定数、求五星定合定度及分。各以其星入气盈缩度分盈加缩减之,又以百除阴、阳定分,为度分;阳加阴减,皆加减平合,为定星;用加天正黄道日度,满宿去之,不满宿,即得所求。《乾元》各置其星平合中星,以日躔阴阳度阴减阳加之;又以其星入历限度前加后减之,即为其星定合定星。余同《应天》。《仪天》置所入限日下小余,以其日盈缩率乘,以宗法除为分,以盈缩其限下先后定分,为日躔先后定度及分;又各置其星常合中度及分,以限增定度及分增减之。金、水二星增者减,减者增;又以日躔先后定度及分,木、火、土即先减后加,金、水先加后减其日躔差,木星二因,退位,火星除二,土星退位,从下加三,金、水倍,用即得定度及分。余同《应天》。

岁星入段亦名入变

段名	平日	平度	阴阳历分			
	乾元谓之变日	乾元谓之变度	乾元谓之前后限分	前疾	一百八十	一百三十
	仪天谓之常日	仪天谓之常度	仪天谓之上下限		乾元一百十三	乾元七十七半
晨见	十七半	三半	三百五十二		仪天一百十二	仪天七十六度二十一
	二历同	二历同	乾元三度五十四,用阴阳度,用盈缩。仪天二度半,用躔差。		一万二千二百五十	一万二千二百五十
					乾元六千七百四十九	乾元八千一百四十九
					仪天六十七度半	仪天八十一半
前疾	九十八	十八半	一千八百五十一	前次	二百八十六	六百九十太
	乾元八十一半	乾元仪天并十五	乾元十四度九十八		乾元仪天各一百二	乾元六十
	仪天八十一		仪天十五度			仪天六十半
					一万七千一百	一万七千一百
前迟	一百三十一半	二十二半	二千二百四十九		乾元四千八百四十九	乾元四千八百五十
	乾元仪天并三十三半	乾元仪天各四度	乾元三度九十八 仪天三度		仪天四十八半	仪天四十八半
前留	一百五十八	空	空乾元仪天同	前迟	三百五十	二百一十六太
	乾元二十六半	乾元仪天同			乾元六十四	乾元二十四
	仪天二十七				仪天六十四半	仪天二十三
					二万四千五十	二万五百
前退	一百九十九半	十六太	二千二百		乾元三千三百五十	乾元三千四百
	乾元四十一半	乾元仪天各五度太减	乾元空四十九减 仪天一度半		仪天三十三半	仪天三十三度九十六
	仪天四十一			前留	三百五十九	空
后退	二百四十	十一乾元仪天五度太减	二千二百五十五		乾元仪天各九	
	乾元仪天各四十半		乾元空五十五 仪天一度四十六		空	空
						二历同
后留	二百六十七半	空	空	前退	三百八十九九十六	二百七十三
	乾元仪天各二十七	乾元仪天同	乾元仪天同		乾元仪天并三十四 十六	乾元仪天各减九度少
					二万七百三十二	二万七百三十二
后迟	三百一	十四半	一千四百五十		乾元二百八十二	乾元二百三十
	乾元三十三半	乾元仪天各三度半	乾元八度五分减 仪天二度六十三		仪天二度十二	仪天二度三十二
	仪天二十三半			后退	四百二十九九十六	一百九十七九十一
后疾	三百八十一	三十二半	三千一十二		乾元三十四 十六	乾元仪天各减九度半
	乾元八十三半	乾元十五度六十二半	乾元十五度六十,用阴阳,不用盈缩。		仪天二十四 十五	
	仪天八十半	仪天十五度六十三	仪天十一,用躔差。		二万一千一百	一万一千二百一十六
					乾元三百六十	乾元四百八十三
夕合	三百九十八八十九	三十三六十四	三千六百六十四		仪天三度五十九	仪天四度八十三
	乾元十七 三十七半	乾元三度五十半	乾元三度五十一半,用阴阳度。	后留	四百二十九九十二	空
	仪天十七 三十七分 秒一	仪天二度四十九 小分六	仪天二度五十二、小分五十八,用躔差。		乾元仪天各九	
					空	空
						二历同
荧惑入段				后迟	四百九十四九十二	二百十九九十
					乾元六十五	乾元二十三
段名	平日	平度			仪天六十四半	仪天二十三
	乾元谓之变日	乾元谓之变度			二万三千七百九十一	二万四千三百六十六
	仪天谓之常日	仪天谓之常度			乾元二千六百九十一	乾元三千一百五十
	阳历分	阴历分			仪天二十六 九十二	仪天三十一度四十九
	乾元谓之前限分	乾元谓之后限分		后次	五百九十七九十二	三百八十四六十四
	仪天谓之上限分	仪天谓之下限度			乾元一百三	乾元仪天各六十四半
晨见	七十二	五十五			一万八千九百六十六	二万八千九百六十六
	乾元仪天并同	乾元仪天并同			乾元五千一百七十五	乾元四千六百
	五千五百	四千一百三			仪天五十一 七十六	仪天四十
	乾元五千五百八	乾元四千一百五,用盈缩度。		后疾	七百七十九十二	三百五十九九十六
	仪天五十五度六	仪天四十一,用躔差。			乾元一百一十	乾元七十五 十六半
					仪天一百一十二	仪天七十六 二十一

	三万六千一百六十六 乾元七千二百二 仪天七十二度一	三万六千一百六十六 乾元七千二百三，用盈缩度。 仪天七十二度，用矇差。		空 二历并同
夕合	七百七十九九十二 乾元七十二 仪天七十二 小分九十六	四百一十四六六 乾元五十五 二十六 仪天五十五 小分五十一	后迟	二百九十四八 乾元仪天各十九 七百九十四 乾元空四十七 仪天空四十八	四二十一 乾元空八十七 仪天空八十八 七百八十 乾元空三十二 仪天空二十三
	四千九百四十一 乾元三万一千五百二十五减 仪天五十三 小分六十八	四千九百四十一 乾元三万一千二百二十五 仪天五十三、小分六十八，用矇差。	后疾	三百五十九八 乾元仪天各六十四半 一千一百六十四 乾元三度六十八 仪天三度六十五	十七十四 乾元仪天各六度五十六 一千一百五十 乾元三度七十四，用阴阳度，用盈缩度。仪天三度太，用矇差。
			夕合	三百七十八八 乾元仪天各十九 一千二百八十四 乾元一度十九 仪天一度十分 五十九	十二八十四 乾元二度七分 仪天一度四分 小分五 一千二百四十八 乾元一百二十五，用阴阳度。 仪天一度十四分，五十分，用矇差。

镇星入段

段名	平日 阳分	平度 阴分			
晨见	十九 二历同	三十 乾元二度十九 仪天二度五十半			
	一百二十 乾元一度十九 仪天一度一十	一百二十五 乾元一度三十七，用阴阳度，用盈缩度。 仪天一度十六，用矇差。			

太白入段

段名	平日 乾元谓之变日 仪天谓之常日	平度 乾元谓之变度 仪天谓之常度	阴阳历分
夕见	四十二 二历同	五十三 乾元五十三一分 仪天五十三二分	五千三百二十 乾元五千三百一十，用盈缩度。 仪天四十六，用矇差。

前疾	八十四 乾元仪天各六十五半 四百五十 乾元三度六十八 仪天三度六十五	八六十二 乾元仪天各六度五十六 四百八十八 乾元三度六十五 仪天二度六十八	夕疾	一百四十五 乾元一百二 仪天一百三	一百八十半 乾元一百二十七半 仪天一百二十七 四十八	一万八千五百五十一 乾元一万二千七百四十，用盈缩度。 仪天一百一十三。
前迟	一百三 乾元仪天各十九 五百三十九 乾元空五十七 仪天空五十八	九半 乾元空八十七 仪天空八十八 五百四十 乾元空五十四 仪天空五十四	夕次	二百一十九 乾元仪天各七十四	二百六十五 乾元仪天各八十四半	二万六千五百二 乾元八千四百五十，用盈缩度。 仪天七十八。
前留	一百四十 乾元仪天各三十七 空	空 空 二历同	夕迟	二百六十九 乾元仪天各四十九	三百二十半 乾元三十七半 仪天三十七	二万一千五百十 乾元三千七百一十 仪天四十六九十六
前退	一百八十九四 乾元四十九 四分半 仪天四十九 四分半 六百四十二 乾元一百七 仪天一度十四	六四十一 乾元三度八分减 仪天减三度七分 六百四十 乾元一百 仪天二度六分	夕留	二百七十五 乾元仪天各七	空	空
后退	二百三十八八 乾元仪天各四十九 四分 七百四十五 乾元一百七 仪天一度十四	三三十四 乾元减三度八分 仪天减三度七分 七百五十 乾元一百八 仪天一度十五				
后留	二百七十五八 乾元仪天各三十七	空				

				晨星入段		
夕退	二百八十五 乾元仪天各六	二百九十六 乾元六度半 仪天减六度	二万九千六百二 乾元减五百八十八，用盈缩度。 仪天四，用躔差。	段名	平日 乾元变度 仪天常度	阴阳历分 乾元前后限分 仪天上下限	阴阳历分 乾元前后限分 仪天上下限
				夕见	十七 二历同	三十四 二历同	三千四百一 乾元三千四百一，不用盈度。 仪天二十七、九十四，用躔差。
再合	乾元谓之夕合 仪天无此法 二百九十六九十五 乾元六 九十五半	二百九十一九十五 乾元四度五分减	二万九千一百九十四 乾元减四百七分，用盈缩度。 仪天六十，用躔差。	夕疾	二十九 乾元十七 仪天二十七	五十一 乾元二十二 仪天三十二	五千一百三 乾元二千二百三，用躔差，盈缩度。 仪天二十九。
晨见	二百九十八十九 乾元六 九十五半 仪天十三 九十一	二百八十七九十 乾元四度五分减 仪天减八度一十	二万八千七百九十一 乾元减四百七，用盈缩度。 仪天六十，用躔差。	夕迟	四十四 乾元十 仪天无此法	六十四 乾元八	六千三百九十八 乾元八百，用躔差，用盈缩度。
晨退	三百八十九十 乾元仪天各十	二百八十一 乾元仪天各六度半	二万八千一百九十一 乾元减六百二 仪天四	夕留	四十七 乾元仪天各三	空	空 二历并同
晨留	三百一十五九十 乾元仪天各七	空	空 二历并同	再合	五十七九十四 乾元十一 谓之夕合	五十七九十四 乾元减六度	五千七百九十四 乾元减六百二，用躔差，用盈缩度。
晨迟	三百六十四九十 乾元仪天各四十九	三百一十八九十 乾元仪天各三十七	三万一千八百九十一 乾元三千七百 仪天四十七九十八	晨见	六十八八十八 乾元十一 仪天一十二	五十一八十八 乾元减六度 仪天减十二度	五千一百八十八 乾元减六百四，用躔差，不同盈缩度。 仪天二，用躔差。
晨次	四百三十八九十 乾元七十五 仪天七十四	四百三十四 乾元仪天各八十四半	三千八百一十五 乾元减二万千六 十六 仪天七十八	晨留	七十一八十八 乾元仪天各三	空 二历并同	空
晨疾	五百四十一九十 乾元仪天各一百三	五百三十九十 乾元一百二十七半 仪天一百二十七 四十八	一万六千五百六十五 乾元一万二千七百四十三，用盈缩度。 仪天一百一十三，用躔差。	晨迟	八十六八十八 乾元十 仪天无此法	六十四八十八 乾元加八	六千四百八十八 乾元八百一，用躔差，不用盈缩度。
晨合	五百八十三九十 乾元仪天各四十二	五百八十三九十 乾元五十三一分 仪天五十三三分	二万一千八百六十五 乾元五千三百一，用盈缩度。 仪天四十五、九千五百，用躔度。	晨疾	九十八八十八 乾元十七 仪天二十七	八十一八十八 乾元二十三 仪天三十	八千一百八十七 乾元二千二百五，用躔差，盈缩度。 仪天二十七度九十四，用躔差。

晨合	一百一十五八十八	一百一十五八十八	一万一千五百一十五
	乾元十六八十八	乾元三十三八十三	乾元二千三百八十四，用躔差，用盈缩度。
	仪天十六八千七百九十九	仪天三十八千七百九十九	仪天二十七度九十四，用躔差。

诸段平日平度：《乾元》谓之诸星变定积，《仪天》谓之五星诸变中日中度。置平合日度，以诸段下平日平度加之，即得所求。《乾元》各置其星变日，以所求入历前加后度前加后减之。其太白辰星夕见变及晨疾变，皆以返用加减。荧惑晨见变定，置定差，以进一位满十一除之为定差，各依加减，即得所求；在留变者，置其变定积，以前变前后度前加后减之。其火星三因之，后退者倍之。《仪天》各置其星常合中日中度及分，以其星诸变段下常加合中日变度加减中星，即得诸变中日中度及分。

诸段入历：《仪天》谓之求五星诸变入限及增减定度。置平合入阴阳历分，各以逐段阴阳历分加之，为诸段入历分。《乾元》以在诸变历分中入历名曰限变度。《仪天》各置其星常合入历度分，以其星诸变段下上下限度分累加之，满周天去之，余依常合术入之，各得增减定度。其金星在晨疾、晨合、夕见变者，置增减定度及分，以四乘三除，为金星变定差。其火星在晨见变者，以九乘，增减定度及分，退一位，为晨星变定差。

诸段入变分：置入历分，各以变分去之，余为入变分。求阴阳定分，依平合术入之。《乾元》诸段变分在入变前述。《仪天》即同《应天》。

五星诸段定积日：《乾元》谓之求五星诸变定日。置其入阴阳定分，百除，为日分；阳减阴减诸段平日。其金水夕见、晨疾返为之定积。其金星晨次、晨迟，更用盈缩度缩加盈减定积为定。求其入气月日，如平合术入之。又荧惑前迟定积，置平合入阴阳历分，加二万一千六百七十五，盈三万六千五百二十五半去之。余与见求入阴阳历同者，更不求之，如不同历者，即依平合术入，所得，用加前迟留退、后退留平日为定积，入气月日如前。又五星用盈缩差及阴阳定分：岁荧惑镇星晨见、夕疾、定合，太白定合、夕见、夕退、再合、晨见及后、晨疾，皆用盈缩定差，太白定合晨、夕见及后疾，皆用盈缩定差。内岁星后疾不用盈缩定差，辰星各段总用盈缩定差盈加缩减。荧惑晨见阴阳定分身外加一，前疾阳定分再析，各为定分。《乾元》诸变定日在入变前。《仪天》各置其星入变中日，以其星所入变限增减定度及分，增者增之，减者减之。其金星定合、夕见、夕顺疾、夕次疾、晨次疾，水星定合、夕见、晨疾变，皆以增减定度及分，增者减之，减者增之，各得定日。合用日躔差者，乃以日躔先后定差先减后加，乃为定日及分。其日躔差，金水定合、夕见、晨疾，以日躔差先加后减，乃为定日及分天之度数。

定星：《乾元》谓之求五星诸变定星，《仪天》谓之求五星诸变定度。以合用盈缩定差加减平度分，又以阴阳定分阳加阴减。其金水夕见、晨疾返用为定星，求宿度，加平合入之。荧惑前迟、后退差以二百三十六度加前迟定星，二百五十七度加后退定星，如半周天以下为阳度；以上者去之，余为阴度；前迟阴阳度在一百一十度以上者，返减半周天，余为五因之，后退入阴阳度在七十四度以下者，亦五因之，皆满百为度分，阳减阴加定星，为前迟、后退定星；求宿度，加平合入之。《乾元》置其星变中星，以入历前后度前加后减之，又合用阴阳度者，阴减阳加之，为定星；以冬至黄道日度加之，命从斗宿，算外，即其变所入宿次也。若在留变者，更不求定星也，只用前变定星为留变定星。又荧惑留差，以一百一十九度减前迟定星，以一百三十四度减后退定星，在一百八十二度半以下为前，以上者去之为后，置前后度，在七十三度以下为在前，以上者返减一百八十三度半，余为后度，皆倍之，百除为度，命曰留差度及分也。又前退定星度，以一百二十三度减前退定星，又以一百三十一度减后退定星，在一百八十二度半以下者为前，以上者去之为后，视前后度在七十三度以下为前，以上者返减一百八十二度半为后；皆以倍之，百除为度，即得前后退差度及分也；用前减后加其段定星为定星。又五星用阴阳度：岁星荧惑镇星晨见，后疾，夕合；太白夕见、退、夕合，晨见、后疾，平合皆用日躔、阴阳度，其辰星诸段皆用之。《仪天》各置其星其变中度及分，以其变入限增减定度及分，增者增之，减者减之。其金星定合、夕见、夕定度及分，增者减之，减者增之，各得定日、次定日，各加减讫后，合用日躔先后定差者，以日躔先后定差及分先减后加之，即各得定度及分。其日躔差，木星定合，五因，半而退位，晨见先二因，退位，后五因，半而退位；后定疾先差五因，半而退位，定差二因退位；火星定合，身外除二，晨见先差七因，退位，后差身外除二，后差七因退位；土星定合，退位从下加三，晨见先差退位，后差从下加三，退位，后差退位；金星定合，二因之，夕见先差伏倍用，后差从下加三，晨疾伏先差从下加二，后差二因，夕退伏、晨退见六因，先后退位；水星夕见后差从下加三，先差二因，晨疾先差从下加三，后差倍用，定合乃用加减次定度为定度，置定度及分，以加天正冬至加时黄道日度及分，命从斗宿初度起算，至不满宿，算外，即得其变加时宿度，其火星前、后退及前迟变皆为次定星，又置之，以留退定差度及分，增者增之，减者减之，得为前、后退定度，前迟，置前留定差，以三除之，乃用增减前迟定度也。又火星留差，以一百二十四半减前迟次定度，又以二百四十六度少加后退定度，若在一百八十二度六十二分以下为入在增；以上者，以减去一百八十二度六十二分为入在减。置入在增、减度及分，如在七十二度以下者为上限；以上者，返减一百八十二度六十二分，余为下限。各置所入上、下限增减度及分，在上限四因之，在下限倍，身外加三，皆以一百约之为度及分，若在后留者，三因之为定差度及分。又，《仪天》有火星退定差度及分，以二百四十一度少加前退后次定度，又以一百一十九度减退次定度及分，余，在一百八十二度六十二分以下者为入在增；以上者，减去一百八十二度六十二分，余为入在减。又置入上、下限度分，若在七十二度以下者为上限，如在七十二度以上者为减一百八十二度六十二分，余为下限。又置上下限增减度分，在上为度，不满为分，即各得退定差度及分，其定差，如在后退者，倍之为定差。又有火星留定日，各置前、后留常中日，前留以前迟变入限增减定度及分，增者增之，减者减之，各以前、后留定差度及分，增者加之，减者损之，即得前、后留定日，其增减差通入历用之。又有火星前、后退定度，各置前、后变次定度及分，以前、后退定差度及分，如在增者加之，在减者损之，即得定度及分；置定度及分，以加天正冬至黄道日度及分，命从斗宿初度去之，至不满宿，算外，即得退行所在宿度及分也，其增减定度，三除乃用之。

日率度率：以本段定积减后段定积，为泛日率；以本段定星减后段定星，为定度率。又置后段甲子，以前段甲子减之，余为距后实日率。《乾元》以前段定积减后段定积为日率，以其段定星减后段定星为度率。《仪天》各置其段定日定度，以前段定日定度减之，余者为其段日率、度率。其退行段，置前段定度减之，余为退行度率。

平行分：《仪天》谓之求每日平行度及分。以距后日率除度率，为平行分。《乾元》以日率除度率为行分。《仪天》各置其段度率及分，以其段日率除之，即得其星平行分。

初末行分：《仪天》谓之求每段初末日度及分。置其段平行分，与后段平行分相减，为合差；半之，加减平行分，为初、末行分；后多者减平行分为初，加平行分为末；后少者加平行分为初，减平行分为末。《乾元》法同。《仪天》各以其段平行分与后段平行分相减，余为会差，半会差，以加减其段平行分，余同《应天》。又五星前留一段及后退段，皆加为初、减为末；后留一段及前退段，皆以半总差减为初、加为末。其总差消息前后段初、末分，令衰杀等以用总差，即得前后段初、末行分相应也。

求日差：以距后日除合差为日差。《乾元》以日率除合差为日差。《仪天》置其段总差，以减其日率，一百除之，即为每日差行之分。

求每日行分：以日差后多者益、后少者损初日行分，为每日行分。《乾元》、《仪天》法同。

求每日星所在：以每日行分顺加逆减其星，命如前，即得所求。其木火土水前、后迟段平行分倍之，前为初，后为末分，各以距后日除，为日差；前迟日损、后迟日益，为每日行分。《乾元》以日差累损益初日行分，累加其段宿次，即得每日星行宿次及分。《仪天》求每日差行度及分，各置其段总差，以减其日率一日以余之，即为每日差行之分。以每日差分累损益初日行分，为每日行度及分。初日行分多于末日行分，累损初日行分；少于末日行分，累益初日行分。将其每日行度及分累加其星初日所在宿次，各得每日所在宿次及分。如是退行段，将每日行分累减其初日宿次及分，即得退行所在宿度及分。又《仪天》有直求其日星所在宿次，置其所求日，减一，以乘每日差分，所得为积差，以积差加初日行分，初日多于末日减之；末日多于初日加之，即得其日行分；以初日行分并之，乃半之，为平行分；置平行分，以求日数乘之，为积度及分。以其积度及分加其星初日星度，命去之，即其星其日所在宿次及分。如是退行段，以其积度及分减其星初日宿度，余，为其星所在宿度及分。

漏刻，《周礼》，挈壶氏主挈壶水以为漏，以水火守之，分以日夜，所以视漏刻之盈缩，辨昏旦之短长。自秦、汉至五代，典其事者，虽立法不同，而皆本于《周礼》。惟后汉、隋、五代著于史志，其法甚详，而历载既久，传用渐差。国朝复挈壶之职，专司辰刻，署置于文德殿门内之东偏，设鼓楼、钟楼于殿庭之左右。其制有铜壶、水称、渴乌、漏箭、时牌、契之属：壶以贮水，乌以引注，称以平其漏，箭以识其刻，牌以告时于昼，牌有七，自卯至酉用之，制以牙，刻字填金。契以发鼓于夜，契有二：一曰放鼓，二曰止鼓。制以木，刻字于上。常以卯正后一刻为禁门开钥之节，盈八刻以为辰时，每时皆然，以至于酉。每一时，直官进牌奏时正，鸡人引唱，击鼓一十五声，惟午正击鼓一百五十声。至昏夜鸡唱，放鼓契出，发鼓、击钟一百声，然后下漏。每夜分为五更，更分为五点，更以击鼓为节，点以击钟为节。每更初皆鸡唱，转点即移水称，以至五更二点，止鼓契出，凡放鼓契出，禁门外击鼓，然后衙鼓作，止鼓契出亦然，而更鼓止焉。五点击钟一百声。鸡唱、击鼓，是谓攒点，至八刻后为卯时正，四时皆用此法。禁钟又别有更点在长春殿门之外，玉清昭应宫、景灵宫、会灵观、祥源观及宗庙陵寝亦皆置焉，而更以鼓为节，点以钲为节。大中祥符三年，春官正韩显符上《铜浑仪法要》，其中有二十四气昼夜进退、日出没刻数立成之法，合于宋朝历象，今取其气节之初，载之于左：

二十四气	日出	日没
	昼刻	夜刻
冬至	卯四刻一百四十四半	申三刻五十一半
	四十刻五	五十九刻一百四十二
小寒	卯四刻一百一十九半	申三刻七十六半
	四十刻五十五	五十九刻九十二
大寒	卯四刻三十四半	申四刻十四半
	四十一刻七十八	五十八刻六十九
立春	卯三刻五十六半	申四刻一百三十九半
	四十三刻三十四	五十六刻一百一十三
雨水	卯二刻五十八半	申五刻一百三十七半
	四十五刻三十	五十四刻一百一十七
惊蛰	卯一刻四十半	申七刻八半
	四十七刻六十六	五十二刻八十一
春分	卯初空	酉初空
	五十刻空	五十刻空
清明	寅七刻八	酉一刻四十半
	五十二刻八十一	四十七刻六十六

谷雨	寅五刻一百二十七半 五十四刻一百三十七	酉二刻六十八半 四十五刻十
立夏	寅四刻一百四十九半 五十七刻六	酉三刻七十六半 四十二刻一百四十一
小满	寅三刻一百四十六半 五十八刻九十九	酉四刻四十九半 四十一刻四十八
芒种	寅三刻七十一半 五十九刻一百二	酉四刻一百二十四半 四十刻四十五
夏至	寅三刻五十一半 五十九刻一百四十二	酉四刻一百四十四半 四十刻五
小暑	寅三刻七十一半 五十九刻一百二	酉四刻一百二十四半 四十刻四十五
大暑	寅三刻一百四十六半 五十八刻九十九	酉四刻四十九半 四十一刻四十八
立秋	寅四刻一百一十九半 五十七刻六	酉三刻七十六半 四十二刻一百四十一
处暑	寅五刻一百二十七半 五十四刻一百三十七	酉二刻六十八半 四十五刻十
白露	寅七刻八半 五十二刻八十一	酉一刻四十半 四十七刻六十六
秋分	卯初空 五十刻空	酉初空 五十刻空
寒露	卯一刻四十半 四十七刻六十六	申七刻八半 五十二刻八十一
霜降	卯二刻五十八半 四十五刻三十	申五刻一百三十七半 五十四刻一百一十七
立冬	卯三刻五十六半 四十三刻三十四	申四刻六十九半 五十六刻一百一十三
小雪	卯四刻三十四半 四十一刻七十八	申四刻十四半 五十八刻六十九
大雪	卯四刻一百一十九半 四十刻五十五	申三刻七十六半 五十九刻九十二

殿前报时鸡唱,唐朝旧有词,朱梁以来,因而废弃,止唱和音。景德四年,司天监请复用旧词,遂诏两制详定,付之习唱。每大礼、御殿、登楼、入阁、内宴、昼改时、夜改更则用之,常时改刻、改点则不用。

五更五点后发鼓曰:

朝光发,万户开,群臣谒。平旦寅,朝辨色,泰时昕。日出卯,瑞露晞,祥光绕。食时辰,登六乐,荐八珍。禺中巳,少阳时,大绳纪。日南午,天下明,万物睹。日昳未,飞夕阳,清晚气。晡时申,听朝暇,湛凝神。日入酉,群动息,严扃守。

初夜发鼓曰:

日欲暮,鱼钥下,龙韬布。甲夜己,设钩陈,备兰锜。乙夜庚,杓位易,太阶平。丙夜辛,清鹤唳,梦良臣。丁夜壬,丹禁静,漏更深。戊夜癸,晓奏闻,求衣始。

端拱中,翰林天文郑昭晏上言:"唐贞观二年三月朔,日有食之,前志不书分数、宿度、分野、亏初复末时刻。臣以《乾元历》法推之,得其岁戊子,其朔戊申,日所食五分,一分在未出时前,四分出后,其时出在寅六刻,亏在三刻,食甚在八刻,复在卯四刻,当降娄九度。"又言:按历书云,凡欲取验将来,必在考之既往。谨按《春秋》交食及汉氏以来五星守犯,以新历及唐《麟德》、《开元》二历覆验三十事,以究其疏密。

日食:

《春秋》,鲁僖公十二年春三月庚午朔,日有食之。其年五月庚午朔,去交入食限误为三也。文公元年春二月癸亥朔,日有食之。其年三月癸巳朔,去交入食限误为二也。文公十五年夏六月辛丑朔,日有食之。是月汛交分入食限前。汉元光元年七月癸未晦,日有食之。今按历法,当以癸未为八月朔,盖日食朔、月食望,自为常理,今云晦日食者,盖司历之失也。征和四年八月辛酉晦,日有食之。辛酉亦当为九月朔,又失之。

五星守犯:

后汉永元五年七月壬午,岁星犯轩辕大星。《麟德》星五度。《开元》张五度。《乾元》张八度。

元初三年七月甲寅,岁星入舆鬼。《麟德》井二十九度。《开元》鬼一度。《乾元》柳五度。

后魏大延二年八月丁亥,岁星入鬼。《麟德》井二十八度。《开元》鬼二度。《乾元》柳三度。

正始二年六月己未,岁星犯昴。《麟德》昴二度。《开元》昴三度。《乾元》昴四度。

宋大明三年五月戊辰,岁星犯东井钺。《麟德》参四度。《开元》参六度。《乾元》井初度。

后汉永和四年七月壬午,荧惑入南斗,犯第三星。《麟德》箕七度。《开元》斗一度。《乾元》斗十二度。

魏嘉平三年十月癸未,荧惑犯亢南星。《麟德》角六度。《开元》亢五度。《乾元》亢三度。

晋永和七年五月乙未,荧惑犯轩辕大星。《麟德》星七度。《开元》张二度。《乾元》张二度。

后魏太常二年五月癸巳,荧惑犯右执法。《麟德》翼六度。《开元》翼十二度。《乾元》翼十三度。

陈天嘉四年八月甲午,荧惑犯轩辕大星。《麟德》张二度。《开元》张五度。《乾元》张四度。

后汉延光三年九月壬寅,镇星犯左执法。《麟德》翼十九度。《开元》轸二度。《乾元》翼五度。

晋永和十年正月癸酉,镇星掩钺星。《麟德》参六度。《开元》参七度。《乾元》井三度。

后魏神瑞二年三月己卯,镇星再犯舆鬼积尸。《麟德》井二十八度。《开元》井三十度。《乾元》柳初度。

齐永明九年七月庚戌,镇星逆在泣星东北。《麟德》危二度。《开元》虚九度。《乾元》危四度。

陈永定三年六月庚子,镇星入参。《麟德》参七度。《开元》参八度。《乾元》井二度。

后汉永初四年六月癸酉,太白入鬼。《麟德》参五度。《开元》井三十度。《乾元》鬼初度。

延光三年二月辛未,太白入昴。《麟德》晨伏。《开元》昴六度。《乾元》昴一度。

魏黄初三年闰六月丁丑,太白晨伏。《麟德》丁亥晨伏，后十日。《开元》同，丁丑晨伏。《乾元》十月置闰，七月丁丑晨伏。

晋咸康七年四月己丑，太白入舆鬼。《麟德》柳三度。《开元》鬼一度。《乾元》柳一度。

晋永和十一年九月己未，太白犯天江。《麟德》尾四度。《开元》尾九度。《乾元》尾十二度。

汉太始二年七月辛亥，辰星夕见。《麟德》伏未见。《开元》夕见轸九度。《乾元》夕见轸九度。

后汉元初五年五月庚午，辰星犯舆鬼。《麟德》井二十七度。《开元》井二十八度。《乾元》井二十九度。

汉安二年五月丁亥，辰星犯舆鬼。《麟德》夕见井二十二度。《开元》夕见鬼二度。《乾元》夕见鬼一度。

晋隆安三年五月辛未，辰星犯轩辕大星。《麟德》夕见星五度。《开元》夕见星三度。《乾元》夕见星五度。

后魏太和十五年六月丙子，辰星随太白于西方。《麟德》张二度。《开元》星五度。《乾元》张初度。

端拱二年四月己未，翰林祗候张玭夜直禁中，太宗手诏曰："览《乾元历》细行，此夕荧惑当退轸宿乃顺行，今止到角宿即顺行，得非历差否？"奏曰："今夕一鼓，占荧惑在轸末、角初，顺行也。据历法，今月甲寅至轸十六度，乙卯顺行，验天差二度。臣占荧惑明润轨道，兼前岁逆出太微垣，按历法差疾者八日，此皆上天祐德之应，非历法之可测也。"至道元年，昭晏又上言："承诏考验司天监丞王睿雍熙四年所上历，以十八事按验，所得者六，所失者十二。"太宗嘉之，谓宰相曰："昭晏历术用功，考验否臧，昭然无隐。"由是赐昭晏金紫，令兼知历算。二年，屯田员外郎吕奉天上言：

"按经史年历，自汉、魏以降，虽有编联，周、秦以前，多无甲子。太史公司马迁虽言岁次，详求朔闰，则与经传都不符合，乃言周武王元年岁在乙酉。唐兵部尚书王起撰《五位图》，言周桓王十年，岁在甲子，四月八日佛生，常星不见；又言孔子生于周灵王庚戌之岁，卒于周悼王四十一年壬戌之岁，皆非是也。马迁乃古之良史，王起又近世名儒，后人因循，莫敢改易。臣窃以史氏凡编一年，则有一十二月，月有晦朔、气闰，则须与岁次合同，苟不合同，何名岁次？本朝文教聿兴，礼乐咸备，惟此一事，久未刊详。臣探索百家，用心十载，乃知唐尧即位之年，岁在丙子，迄太平兴国元年，亦在丙子，凡三千三百一年矣。虞、夏之间，未有甲子可证，成汤既没，太甲元年始有二月乙丑朔旦冬至，伊尹祀于先王，至武王伐商之年正月辛卯朔，二十有八日戊午，二月五日甲子昧爽。又康王十二年六月戊辰朔，三日庚午朏，王命作册毕。自尧即位年，距春秋鲁隐公元年，凡一千六百七年；从隐公元年，距今至道二年，凡一千七百一十五年；从太甲元年，距今至道二年，凡二千七百三十二年；从鲁庄公七年四月辛卯夜常星不见，距今至道二年，凡一千六百八十一年，从周灵王二十年孔子生，其年九月庚戌、十月庚辰两朔频食，距今至道二年，凡一千五百四十五年；从鲁哀公十六年四月乙丑孔子卒，距今至道二年，凡一千四百七十二年。以上并据经传正文，用古历推校，无不符合，乃知《史记》及《五位图》所编之年，殊为阔略。诸如此事，触类甚多，若尽披陈，恐烦圣览。臣вось研既久，引证尤明，起商王小甲七年二月甲申朔旦冬至，自此之后，每七十六年一得朔旦冬至，此乃古历一蔀；每蔀积月九百四十、积日二万七千七百五十九，率以为常，直至《春秋》鲁僖公五年正月辛亥朔旦冬至，了无差爽。用此为法，以推经传，纵小有增减，抑又经传之误，皆可以发明也。古历到齐、梁以来，或差一日，更有近历校课，亦得符合。伏望圣慈，许臣撰集，不出百日，其书必成。倘有可观，愿藏秘府。"

诏许之。书终不就。

又司天冬官正杨文镒上言："新历甲子，请以百二十年。"事下有司，以其无所依据，议寝不行。太宗曰："支干相承，虽止于六十，倘再周甲子，成上寿之数，使期颐之人得见所生之年，不亦善乎？"遂诏新历甲子所纪百二十岁。

国初，有司上言："国家受周禅，周木德，木生火，则本朝运膺火德，色当尚赤。腊以戌日。"诏从之。

雍熙元年四月，布衣赵垂庆上书言："本朝当越五代而上承唐统为金德，若梁继唐，传后唐，至本朝亦合为金德。矧自国初符瑞色白者不可胜纪，皆金德之应也。望改正朔，易车旗服色，以承天统。"事下尚书省集议，常侍徐铉与百官奏议曰："五运相承，国家大事，著于前载，具有明文。顷以唐末丧乱，朱梁篡弑，庄宗早岁属籍，亲雪国仇，中兴唐祚，重新土运，以梁室比羿、浞、王莽，不为正统。自后数姓相传，晋以金，汉以水，周以木，天造有宋，运膺火德。况国初祀赤帝为感生帝，于今二十五年，岂可轻议改易？"又云："梁至周不合迭居五运，欲国家继唐统为金德，且五运迭迁，亲承历数，质文相次，间不容发，岂可越数姓之上，继百年之运？此不可之甚也。按《唐书》天宝九载，崔昌献议自魏、晋至周、隋，皆不得为正统，欲唐远继汉统，立周、汉子孙为王者后，备三恪之礼。是时，朝议是非相半，集贤院学士卫包上言符同，李林甫遂行其事。至十二载，林甫卒，复以魏、周、隋之后为三恪，崔昌、卫包由是远贬，此又前载之甚明也。伏请祗守旧章，以承天祐。"从之。

大中祥符三年，开封府功曹参军张君房上言："自唐室下衰，土德隤圮，朱梁氏强称金统，而庄宗旋复旧邦，则朱梁氏不入正统明矣。晋氏又复称金，盖谓乘于唐氏，殊不知李昪建国于江南耳。汉家二主，共止三年，绍晋而兴，是为水德。洎广顺革命，二主九年，终于显德，以上三朝七主，共止二十四年，行运之间，阴隐而难赜。伏自太祖承周木德而王，当于火行，上系于商，开国在宋，自是三朝迄今以为然矣。愚臣详而辨之，若可疑者。太祖禅周之岁，岁在庚申。夫庚者，金也，申亦金位，纳音是木，盖周氏称木，为二金所胜之象也。太宗登极之后，诏开金明池于金方之上，此谁启之？乃天之灵符也。陛下履极当强圉之岁，握符在作噩之春，适宋道之隆兴，得金天之正气。臣试以瑞应言之，则当年丹徒贡白鹿，姑苏进白龟，条支之雀来，颍川之雉至。臣又闻当封禅之时，鲁郊贡白兔，郓上得金龟，皆金符之至验也。愿以臣章下三事大臣，参定其事。"疏奏,不报。

天禧四年,光禄寺丞谢绛上书曰:

臣按古志,凡帝王之兴,必推五行之盛德,所以配天地而符阴阳也。故神农氏以火德,圣祖以土德,夏以木德,商以金德,周以火德。自汉之兴,王火德者,以谓承尧之后。且汉,尧之裔也。五帝之大,莫大于尧,汉能因之,是不坠其绪而善继其盛德也。国家膺开光之庆,执敦厚之德,宜以土瑞而王天下,然其推终始传,承周之木德而火当其次。且朱梁不预正统者,谓庄宗复兴于后。自石晋、汉氏以及于周,则李昇建国于江左而唐祚未绝,是三代者亦不得正其统矣。昔者,秦祚促而德暴,不入正统,考诸五代之际,亦是类矣。国家诚能下黜五代,绍唐之土德,以继圣祖,亦犹汉之黜秦,兴周之火德以继尧者也。

夫五行定位,土德居中,国家飞运于宋,作京于汴,诚万国之中区矣。《传》曰:"土为群物主,故曰后土。"《洪范》曰"土爰稼穑,稼穑作甘。"方今四海给足,嘉生蕃衍,迩年京师甘露下,泰山醴泉涌,作甘之兆,斯亦见矣。矧灵木异卉,资生于土,千品万类,不可胜道,非土德之验乎?

臣又闻之,太祖生于洛邑,而胞络惟黄;鸿图既建,五纬聚于奎躔,而镇星是主。及陛下升中之次,日抱黄珥;朝祀于太清宫,有星曰含誉,其色黄而润泽。斯皆凝命有表,盛德攸属,天意人事响效之大者,则土德之符在矣。是故天心之在兹,陛下拒而罔受;民意之若是,陛下谦而弗答。气壅未宣,河决遂溃,岂不神哉!然则天渊之勃流,水德之浸患,考六府之厌镇,验五行之胜克,亦宜兴土之运,御时之灾。伏望顺考符应,详习法度,惟陛下时而行之。

大理寺丞董行父又上言曰:"在昔泰皇以万物生于东,至仁体乎木,故德始于木。木以生火,神农受之为火德;火以生土,黄帝受之为土德;土以生金,少昊受之为金德;金以生水,颛顼受之为水德;水以生木,高辛受之为木德;木以生火,唐尧受之为火德;火以生土,虞舜传之为土德。土以生金,夏为金德;金以生水,商为水德;水以生木,周为木德;木以生火,汉应图谶为火德;火以生土,唐受历运为土德。陛下绍天之统,受天之命,固当上继唐祚,以金为德,显黄帝之嫡绪,彰圣祖之丕烈。臣又按圣祖先降于癸酉,太祖受禅于庚申,陛下即位于丁酉,天书下降于戊申。庚,金也,申、酉皆金气,天之体也。陛下绍唐、汉之运,继黄帝之后,三世变道,应天之统,正金之德,斯又顺也。"诏两制详议。既ন献议曰:"窃详谢绛所述,以圣祖得瑞,宜承土德,且引汉承尧绪为火德之比,虽班彪叙汉祖之兴有五,其一曰帝尧之苗裔。及序承正统,乃越秦而继周,非用尧之行。今国家或用土德,即当越唐上承于隋,弥以非顺,失其五德传袭之序。又据董行父请越五代绍唐为金德,若其度越累世,上承百代之统,则晋、汉洎周,咸帝中夏,太祖实受终于周室而陟于元后,岂可弗遵传继之序,续于遐邈之统?三圣临御六十余载,登封告成,昭姓纪号,率循火行之运,以辉炎灵之曜。兹事体大,非容轻议,矧雍熙中徐铉等议

之详矣。其谢绛、董行父等所请,难以施行。"诏可。

卷七十一　　志第二十四

律　历　四

崇天历

道体为一,天地之元,万物之祖也。散而为气,则有阴有阳;动而为数,则有奇有偶;凝而为形,则有刚有柔;发而为声,则有清有浊,其著见而为器,则有律、有吕。凡礼乐、刑法、权衡、度量皆出于是。自周衰乐坏,而律吕候气之法不传。西汉刘歆、扬雄之徒,仅存其说。京房作准以代律,分六十声,始于南事,终于去灭。然声细而难分,世不能用。历晋及隋、唐,律法微隐。《宋史》止载律吕大数,不获其详。今掇仁宗论律及诸儒言钟律者记于篇,以补续旧学之阙。

仁宗著《景祐乐髓新经》,凡六篇,述七宗二变及管分阴阳、剖析清浊,归之于本律。次及间声,合古今之乐,参之以六壬遁甲。

其一、释十二均,曰:"黄钟之宫为子、为神后、为土、为鸡缓、为正宫调,太簇商为寅、为功曹、为金、为般颉、为大石调,姑洗角为辰、为天刚、为木、为嗢没斯、为小石角,林钟徵为未、为小吉、为火、为云汉、为黄钟徵,南吕羽为酉,为从魁、为水、为滴、为般涉调,应钟变宫为亥、为登明、为日、为密、为中管黄钟宫,蕤宾变徵为午、为胜先、为月、为莫、为应钟徵。大吕之宫为大吉、为高宫,夹钟商为大冲、为高大石,仲吕角为太一、为中管小石调,夷则徵为传送、为大吕徵,无射羽为河魁、为高般涉,黄钟变宫为正宫调,林钟变徵为黄钟徵。太簇之宫为中管高宫,姑洗商为高大石,蕤宾角为歇指角,南吕徵为太簇徵,应钟羽为中管高般涉,大吕变宫为高宫,夷则变徵为大吕徵。夹钟之宫为中吕宫,仲吕商为双调,林钟角在今乐亦为林钟角,无射徵为夹钟徵,黄钟羽为中吕调,太簇变宫为中管高宫,南吕变徵为太簇徵。姑洗之宫为中管中吕宫,蕤宾商为中管商调,夷则角为中管林钟角,应钟徵为姑洗徵,大吕羽为中管中吕调,夹钟变宫为中吕宫,无射变徵为夹钟徵。仲吕之宫为道调宫,林钟商为小石调,南吕角为越调,黄钟徵为中吕徵,太簇羽为平调,姑洗变宫为中管中吕宫,应钟变徵为姑洗徵。蕤宾之宫为中管道调宫,夷则商为中管小石调,无射角为中管越调,大吕徵为蕤宾徵,夹钟羽为中管平调,中吕变宫为道调宫,黄钟变徵为仲吕徵。林钟之宫为南吕宫,南吕商为歇指调,应钟角为大石角,太簇徵为林钟徵,姑洗羽为高平调,蕤宾变宫为中管道调宫,大吕变徵为蕤

宾徵。夷则之宫为仙吕，无射商为林钟商，黄钟角为高大石调，夹钟徵为夷则徵，仲吕羽为仙吕调，林钟变宫为南吕宫，太簇变徵为林钟徵。南吕之宫为中管仙吕宫，应钟商为中管林钟商，大吕角为中管高大石角，姑洗徵为南吕徵，蕤宾羽为中管仙吕调，夷则变宫为仙吕宫，夹钟变徵为夷则徵。无射之宫为黄钟宫，黄钟商为越调，太簇角为变角，仲吕徵为无射徵，林钟羽为黄钟羽，南吕变宫为中管仙吕宫，姑洗变徵为南吕徵。应钟之宫为中管黄钟宫，大吕商为中管越调，夹钟角为中管双角，蕤宾徵为应钟徵，夷则羽为中管黄钟羽，无射变宫为黄钟宫，仲吕变徵为无射徵。"

二、明所主事，调五声为五行、五事、四时、五帝、五神、五岳、五味、五色，为生数一二三四五、成数六七八九十，为五藏、五官及五星。

三、辩音声，曰："宫声沈厚粗大而下，为君，声调则国安，乱则荒而危。合口通音谓之宫，其声雄洪，属平声，西域言'婆陁力'。一曰婆力。商声劲凝明达，上而下归于中，为臣，声调则刑法不作，威令行，乱则其宫坏。开口吐声谓之商，音将将、仓仓然，西域言'稽识'。'稽识'，犹长声也。角声长而通彻，中平而正，为民，声调则四民安，乱则人怨。声出齿间谓之角，喔喔、确确然，西域言'沙识'，犹质直声也。徵声抑扬流利，从下而上归于中，为事，声调则百事理，乱则事隳。齿合而唇启谓之徵，倚倚、哦哦然，西域言'沙腊'。'沙腊'，和也。羽声喔喔而远彻，细小而高，为物，声调则仓廪实、庶物备，乱则匮竭。齿开唇聚谓之羽，诩、雨、酗、芧然。西域言'般瞻'。变宫，西域言'侯利箠'，犹言'斛律'声也。变徵声，西域言'沙侯加滥'，犹应声也。"

其四、明律吕相生，祭天地宗庙，配律阳之数，曰："太空，育五太：太易、太初、太始、太素、太极也。分为七政，阳数七，所以齐律吕、均节度，不可加减也。以育六甲，六甲，天之使，行风雹，筴鬼神。为岁日时有善恶，故为九宫。九者，阳数变化之道也。为四正卦、五行、十干，阴阳错综，律吕相叶，命宫而商者应，修下而高者降，下生隔八，上生隔六，皆图于左。"

其五、著十二管短长。

其六、出度量衡，辩古今尺龠。律吕真声，本阴阳之气，可以感格天地，在于符合尺寸短长，宜因声以定之。因声定律，则庶几可得；以尺定声，则乖隔甚矣。

初，冯元等上《新修景祐广乐记》时，郑保信、阮逸、胡瑗等奏造钟律，诏翰林学士丁度、知制诰胥偃、右司谏高若讷、韩琦，取保信、逸、瑗等钟律详考得失。度等上议曰："保信所制尺，用上党秬黍圆者一黍之长，累而成尺。律管一，据尺裁九十黍之长，空径三分，空围九分，容秬黍千二百。遂用黍长为分，再累成尺，校保信尺、律不同。其龠、合、升、斗深阔，推以算法，类皆差舛，不合周、汉量法。逸、瑗所制，亦上党秬黍中者累广求尺，制黄钟之律。今用再累成尺，比逸、瑗所制，又复不同。至于律管、龠、合、升、斗、斛、豆、区、鬴亦率类是。盖黍有圆长、大小而保信所用者圆黍，又首尾相衔，逸等止用大者，故再考之即不同。尺既有差，故难以定钟、磬。谨详古今之制，自晋至隋，累黍之法，但求尺裁管，不以权量参校，故历代黄钟之管容黍之数不同。惟后周掘地得古玉斗，据斗造律，兼制权量，亦不同周、汉制度。故《汉志》有备数、和声、审度、嘉量、权衡之说，悉起于黄钟。今欲数器之制参互无失，则《班志》积分之法为近。逸等以大黍累尺、小黍实龠，自戾本法。保信黍尺以长为分，虽合后魏公孙崇所说，然当时已不施用，况保信今尺以圆黍累之，及首尾相衔，有与实龠之黍再累成尺不同。其量器，分寸既不合古，即权衡之法不可独用。"诏悉罢之。

又诏度等详定太府寺并保信、逸、瑗所制尺，度等言：

尺度之兴尚矣，《周官》璧羡以起度，广径八寸，表一尺。《礼记》布手为尺，《淮南子》十二粟为一寸，《孙子》十氂为分，十分为寸，虽存异说，莫可适从。《汉志》，元始中，召天下通知钟律者百余人，使刘歆典领之。是时，周灭二百余年，古之律度当有考者。以歆之博贯艺文，晓达历算，有所制作，宜不凡近。其审度之法云："一黍之广为分，十分为寸，十寸为尺。"先儒训解经籍多引以为义，历世祖袭，著之定法。然而岁有丰俭，地有硗肥，就令一岁之中，一境之内，取以校验，亦复不齐。是盖天物之生，理难均一，古之立法，存其大概尔。故前代制尺，非特累黍，必求古雅之器以杂校焉。晋泰始十年，荀勖等校定尺度，以调钟律，是为晋之前尺。勖等以古物七品勘之，一曰姑洗玉律，二曰小吕玉律，三曰西京铜望臬，四曰金错望臬，五曰铜斛，六曰古钱，七曰建武铜尺。当时以勖尺揆校古器，与本铭尺寸无差，前史称其用意精密。《隋志》所载诸代尺度，十有五等，然以晋之前尺为本，以其与姬周之尺、刘歆铜斛尺、建武铜尺相合。

窃惟周、汉二代，享年永久，圣贤制作，可取则焉。而隋氏销毁金石，典正之物，罕复存者。夫古物之有分寸，明著史籍，可以酬验者，惟有法钱而已。周之圜法，历载旷远，曰莫得而详。秦之半两，实重八铢；汉初四铢，其文亦曰半两。孝武之世始行五铢，下暨隋朝，多以五铢为号，既历代尺度屡改，故大小轻重鲜有同者，惟刘歆铜斛。世之所铸错刀并大泉五十，王莽天凤元年改铸货布、货泉之类，不闻后世复有两者。臣等检详《汉志》、《通典》、《唐六典》云："大泉五十，重十二铢，径一寸二分。错刀环如大泉，身形如刀，长二寸。货布重二十五铢，长二寸五分，广一寸，首长八分有奇，广八分，足股长八分，间广二分，围好径二分半。货泉重五铢，径一寸。"今以大泉、错刀、货布、货泉四物相参校，分寸正同。或有大小轻重与本志微差者，盖当时盗铸既多，不必皆中法度，但当较其首足、肉好、长广、分寸，皆合正史者用之，则铜斛之尺从可知矣。况经籍制度皆起周世，以刘歆术业之博，祖冲之算数之妙，荀勖揆较之详密，校之既合周尺，则最为可法。兼详隋牛弘等议，称后周太祖敕苏绰造铁尺，与宋尺同，以调中律，以均田度地。唐祖孝孙云，隋平陈之后，废周玉尺，用此铁尺律，然比晋前尺长六分四氂。今司天监影表尺，和岘所谓西京铜望臬者，盖以其洛都旧物也。晋荀勖所用西京铜望臬者，盖西汉之物，和岘谓洛阳为西京，乃唐东都尔。今以货布、错刀、货泉、人泉等校之，则景表尺长六分有奇，略合宋、周、隋之尺。由此论之，铜斛、货布等尺寸昭然可验。有唐享国三百年，其间制作法度，虽未逮周、汉，然亦可谓治安之世矣。

今朝廷必求尺之中，当依汉钱分寸。若以为太祖膺图受禅，创制垂法，尝诏和岘等用影表尺与典修金石，七十年间，荐之郊庙，稽合唐制，以示诒谋，则可且依影表旧尺，俟有妙达钟律之学者，俾考正之，以从周、汉之制。王朴律准尺比汉钱尺寸长二分有奇，比影表尺短四分，既前代未尝施用，复经太祖朝更易。其逸、瑗、保信及照所用太府寺等尺，其制弥长，出占远甚，又逸进《周礼度量法议》，欲且铸嘉量，然后取尺度权衡，其说疏舛，不可依用。谨考旧文，再造影表尺一、校汉钱尺二并人泉、错刀、货布、货泉总十七枚上进。

诏度等以钱、影表尺各造律管，比验逸、瑗并太常新旧钟磬，考定音之高下以闻。

度等言："前承诏考太常等四尺，定可用者，止按典故及以《汉志》占钱分寸参校影表尺，略合宋、周、隋之尺，谓宜准影表尺施用。今被旨造律管验音高下，非素所习，乞别诏晓音者总领校定。"诏乃罢之。而若讷卒用汉货泉度尺寸，依《隋书》定尺十五种上之，藏于太常寺：一、周尺，与《汉志》刘歆铜斛尺、后汉建武中铜尺、晋前尺同；二、晋田父玉尺，与梁法尺同，比晋前尺为一尺七氂；三、梁表尺，比晋前尺为一尺二分二氂一毫有奇；四、汉官尺，比晋前尺为一尺三分七毫；五、魏尺，杜夔之所用也，比晋前尺为一尺四分七氂；六、晋后尺，晋江东用之，比晋前尺为一尺六分三氂；七、魏前尺，比晋前尺为一尺一寸七氂；八、中尺，比晋前尺为一尺二寸一分一氂；九、后尺，同隋开皇尺、周氏尺，比晋前尺为一尺二寸八分一氂；十、东魏后尺，比晋前尺为一尺三寸八毫；十一、蔡邕铜龠尺，同后周玉尺，比晋前尺为一尺一寸五分八氂；十二、宋氏尺，与钱乐之浑天仪尺、后周铁尺同，比晋前尺为一尺六分四氂；十三、太府寺铁尺，制大乐所裁造尺也；十四、杂尺，刘曜浑仪土圭尺也，比晋前尺为一尺五分；十五、梁朝俗尺，比晋前尺为一尺七分一氂。太常所掌，又有后周王朴律准尺，比晋前尺长二分一氂，比梁表尺短一氂；有司天监影表尺，比晋前尺长六分三氂，同晋后尺；有中黍尺，亦制乐所新造也。

其后宋祁、田况荐益州进士房庶晓音，祁上其《乐书补亡》三卷，召诣阙。庶自言："尝得古本《汉志》，云：'度起于黄钟之长，以子谷秬黍中者一黍之起，积一千二百黍之广，度之九十分，黄钟之长，一为一分。'今文脱'之起积一千二百黍'八字，故自前世以来，累黍为尺以制律，是律生于尺，尺非起于黄钟也。且《汉志》'一为一分'者，盖九十分之一，后儒误以一黍为分，其法非是。当以秬黍中者一千二百实管中，黍尽，得九十分，为黄钟之长，九寸加一以为尺，则律定矣。"直秘阁范镇足之，乃为言曰："照以纵黍累尺，管空径三分，容黍千七百三十；瑗以横黍累尺，管容黍一千二百，而空径三分四氂六毫：是皆以尺生律，不合古法。今庶所言，实干三百黍于管。以为黄钟之长，就取三分以为空径，则无容受不合之差，校前二说为是。盖累黍为尺，始失之于《隋书》，当时议者以其容受不合，弃而不用。及隋平陈，得古乐器，高祖闻而叹曰：'华夏旧声也！'遂传用之。至唐祖孝孙、张文收，号称知音，亦不能更造尺律，止沿隋之古乐，制定声器。朝廷久以钟律未正，屡下诏书，博访群议，冀有所获。今庶所言，以律生尺，诚众论所不及，请如其法，试造尺律，更以古器参考，当得其真。"乃诏王洙与镇同于修制所如庶说造律、尺、龠：律径三分，围九分，长九十分；龠径九分，深一寸；尺起黄钟之长加十分，而律容千二百黍。初，庶言太常乐高古乐五律，比律成，才下三律，以为今所用黍，非古所谓一稃二米黍也。尺比横黍所累者，长一寸四分。

庶又言："古有五音，而今无正徵音。国家以火德王，徵属火，不宜阙。今以五行旋相生法，得徵音。"又言："《尚书》'同律、度、量、衡'，所以齐一风俗。今太常、教坊、钧容及天下州县，各自为律，非《书》同律之义。且古者帝王巡狩方岳，必考礼乐同异，以行诛赏。谓宜颁格律，自京师及州县，毋容辄异，有擅高下者论之。"帝召辅臣观庶所进律、尺、龠，又令庶自陈其法，因问律吕旋相为宫事，令撰图以进。其说以五正、二变配五音，迭相为主，衍之成八十四调。旧以宫、徵、商、羽、角五音，次第配七声，然后加变宫、变徵二声，以足其数。推以旋相生之法谓五行相戾非是，当改变徵为变羽，易变为闰，随音加之，则十二月各以其律为宫，而五行相生，终始无穷。诏以其图送详定所。庶又论吹律以听军声者，谓以五行逆顺，可以知吉凶，先儒之说略矣。

是时瑗、逸制乐有定议，乃补庶试秘书省校书郎，遣之。镇为论于执政曰：

今律之与尺所以不得其真，累黍为之也。累黍为之者，史之脱文也。古人岂以难晓不合之法，书之于史，以为后世惑乎？殆不然也。易晓而必合也，房庶之法是矣。今庶自言其法，依古以律而起尺，其长与空径、与容受、与一千二百黍之数，无不合之差。诚如庶言，此至真之法也。

且黄钟之实一千二百黍，积实分八百一十，于算法圆积之，则空径三分，围九分，长九十分，积实八百一十分，此古律也。律体本圆，圆积之是也。今律方积之，则空径三分四氂六毫，比古大矣。故围十分三氂八毫，而其长止七十六分二氂，积实亦八百一十分。律体本不方，方积之，非也。其空径三分，围九分，长九十，积实八百一十分，非外来者也，皆起于律也。以一黍而起于尺，与一千二百黍之起于律，皆取于黍。今议者独于律则谓之索虚而求分，亦非也。其空径三分，围九分，长九十分之起于律，与空径三分四厘六毫，围十分三厘八毫，长七十六分二厘之起于尺，古今之法，疏密之课，其不同较然可见，何所疑哉？若以谓工作既久而复改为，则淹引岁月，计费益广，又非朝廷制作之意也。其淹久而计费广者，为之不敏也。今庶言太常乐无姑洗、夹钟、太簇等数律，就令其律与其说相应，钟磬每编才易数三，因旧而新，敏而为之，则旬月功可也，又何淹久而广费哉？

执政不听。

四年，镇又上书曰：

陛下制乐以事天地、宗庙，以扬祖宗之休，兹盛德之事也。然自下诏以来，及今三年，有司之论纷然未决，盖由不议其本而争其末也。窃惟乐者，和气也。发和气者，声音也。声音之生，生于无形，故古人以有形之物传其法，俾后人参考之，然后无形之声音得而和气可道也。有形者，秬黍也，律也，尺也，龠也，鬴也，斛也，算数也，权衡也，钟也，磬也，是十者必相合而不相戾，然后为得，今皆相戾而不相合，则为非是矣。有形之物非是，而欲求无形之声音和，安可得哉？谨条十者非是之验，惟裁择焉！

按《诗》"诞降嘉种，维秬维秠。"诞降者，天降之也。许慎云："秬，一稃二米。"又云："一秬二米。"后汉任城县产秬黍二斛八斗，实皆二米，史官载之，以为嘉瑞。又古人以秬黍为酒者，谓之秬鬯。宗庙降神，惟用一尊；诸侯有功，惟赐一卣，以明天降之物，世不常有而可贵也。今秬黍取之民间者，动至数百斛，秬皆一米，河东之人谓之黑米。设有真黍，以为取数至多，不敢送官，此秬黍之为非是，一也。

又按先儒皆言律空径三分，围九分，长九十分，容千二百黍，积实八百一十分。今律空径三分四氂六毫，围十分二氂八毫，是为九分外大其一分三氂八毫，而后容千二百黍，除其围广，则其长止七十六分二氂矣。说者谓四氂六毫为方分，古者以竹为律，竹形本圆，今以方分置算，此律之为非是，二也。

又按《汉书》，分、寸、尺、丈、引本起黄钟之长，又云九十分黄钟之长者，据千二百黍而言也。千二百黍之施于量，则曰黄钟之龠；施于权衡，则曰黄钟之重；施于尺，则曰黄钟之长。今遗千二百之数，而以百黍为尺，又不起于黄钟，此尺之为非是，三也。

又按《汉书》言龠，其状似爵，爵谓爵盏，其体正圆。故龠当圆径九分，深十分，容千二百黍，积实八百一十分，与律分正同。今龠乃方一寸，深八分一氂，容千二百黍，是亦以方分置算者，此龠之非是，四也。

又按《周礼》鬴法：方尺，圆其外；深尺，容六斗四升。方尺者，八寸之尺也；深尺者，十寸之尺也。何以知尺有八寸、十寸之别？按《周礼》："璧羡度尺，好三寸以为度。"璧羡之制，长十寸，广八寸，同谓之度尺。以为尺，则八寸、十寸俱为尺矣。又《王制》云："古者以周尺八尺为步，今以六尺四寸为步。"八尺者，八寸之尺也；六尺四寸者，十寸之尺也。同谓之周尺者，是周用八寸、十寸尺明矣。故知八寸尺为鬴之方，十寸尺为鬴之深，而容六斗四升，千二百八十龠也。积实一百三万六千八百分。今鬴方尺，积千寸，此鬴之非是，五也。

又按《汉书》斛法：方尺，圆其外，容十斗，旁有庣焉。当隋时，汉斛尚在，故《隋书》载其铭曰："审律嘉量，斛方尺圆，其外庣旁，九厘五毫，幂百六十二寸，深尺，容一斛。"今斛方尺，深一尺六寸二分，此斛之非是，六也。

又按算法，圆分谓之径围，方分谓之方斜，所谓"径三、围九、方五、斜七"是也。今圆分而以方法算之，此算数非是，七也。

又按权衡者，起千二百黍而立法也。周之鬴，其重一钧，声中黄钟；汉之斛，其重二钧，声中黄钟。鬴、斛之制，有容受，有尺寸，又取其轻重者，欲见薄厚之法，以考其声也。今黍之轻重未真，此权衡为非是，八也。

又按："凫氏为钟：大钟十分，其鼓间之，以其一为之厚；小钟十分，其钲间之，以其一为之厚。"今无大小薄厚，而一以黄钟为率，此钟之非是，九也。

又按："磬氏为磬，倨句一矩有半，其博为一，股为二，鼓为三。"盖各以其律之长短为法也。今亦以黄钟为率，而无长短厚薄之别，此磬之非是，十也。

前此者，皆有形之物也，可见者也。使其一不合，则未可以为法，况十者之皆相戾乎？臣固知其无形之声音不可得而和也。请以臣章下有司，问黍之二米与一米孰是？律之空径三分与三分四厘六毫孰是？律之起尺与尺之起律孰是？龠之圆制与方制孰是？鬴之方尺圆其外，深尺与方尺孰是？斛之方尺圆其外，庣旁九厘五毫与方尺深尺六寸二分孰是？算数之以圆分与方分孰是？权衡之重以二米秬黍与一米孰是？钟磬依古法有大小、轻重、长短、薄厚而中律孰是？是不是定，然后制龠、合、升、斗、鬴、斛以校其容受；容受合，然后下诏以求真黍；真黍至，然后可以为量，为钟磬；量与钟磬合于律，然后可以为乐也。今尺律本末未定，而详定、修制二局工作之费无虑千万计矣，此议者所以云云也。然议者不言有司论议依违不决，而顾谓作乐为过举，又言当今宜先政令而礼乐非所急，此臣之所大惑也。傥使有司合礼乐之论，是其所是，非其所非，陛下亲临决之，顾于政令不已大乎。

昔汉儒议盐铁，后世传《盐铁论》。方今定雅乐以求废坠之法,而有司论议不著盛德之事,后世将何考焉?愿令有司,人人各以经史论议条上,合为一书,则孰敢不自竭尽,以副陛下之意?如以臣议为然,伏请权罢详定、修制二局,俟真季至,然后为乐,则必得至当而无事于浮费也。

诏送详定所。镇说自谓得古法,后司马光数与之论难,以为弗合。世鲜钟律之学,卒莫辩其是非焉。

宋兴百余年,司天数改历,其说曰:"历者岁之积。岁者月之积,月者日之积,日者分之积,又推余分置闰,以定四时,非博学妙思弗能考也。夫天体之运,星辰之动,未始有穷,而度以一法,是以久则差,差则敝而不可用,历之所以数改造也。物铢铢而较之,至石必differ,况于无形之数哉?"乾兴初,议改历,命司天役人张奎运算,其术以八千为日法,一千九百五十八为半分,四千二百九十九为朔,距乾兴元年壬戌,岁三千九百万六千六百五十八为积年。诏以奎补保章正。又推择学者楚衍与历官宋行古集天章阁,诏内侍金克隆监造历,至天圣元年八月成,率以一万五百九十为枢法,得九钜万数。既上奏,诏翰林学士晏殊制序而施行焉,命曰《崇天历》。历法曰演纪上元甲子,距天圣二年甲子,岁积九千七百七十五万六千三百四十。上考往古,岁减一算;下验将来,岁加一算。

步气朔

《崇天》枢法:一万五百九十。

岁周:三百八十六万七千九百四十。

岁余:五万五千五百四十。

气策:一十五、余五千三百一十四、秒六。

朔实:三十一万二千七百二十九。

岁闰:一十一万五千一百九十二。

朔策:二十九、余五千六百一十九。

望策:一十四、余八千一百四、秒一十八。

弦策:七、余四千五十二、秒九。

中盈分:四千六百二十八、秒一十二。

朔虚分:四千九百七十一。

闰限:三十万三千一百二十九、秒二十四。

秒法:三十六。

旬周:六十三万五千四百。

纪法:六十。

推天正冬至:置距所求积年,以岁周乘之,为气积分;满旬周去之,不尽,以枢法约之为大余,不满为小余。大余命甲子,算外,即所求年天正冬至日辰及余。若以后合用约分,即以枢法退除为分秒,各以一百为母。

求次气:置天正冬至大、小余,以气策秒累加之,秒盈秒法从小余,小余满枢法从大余,满纪法去之,不尽,命甲子,算外,即各得次气日辰及余秒。

推天正十一月经朔:置天正冬至气积分,朔实去之,不尽为闰余;以减天正冬至气积分,为天正十一月经朔加时积分;满旬周去之,不尽,以枢法约之为大余,不满为小余。大余命甲子,算外,即所求年天正十一月经朔日辰及余。

求弦望及次朔经日:置天正十一月经朔大、小余,以弦策累加之,去命如前,即各弦、望及次朔经日及余秒。

求没日:置有没之气小余,三百六十乘之,其秒进一位,从之,用减岁周,余满岁余为日,不满为余。命其气初日,算外,即其气没日日辰。凡二十四气小余满八千二百六十五、秒三十以上为有没之气。

求减日:置有减经朔小余,三十乘之,满朔虚分为日,不满为余。命经朔初日,算外,即为其朔减日日辰。凡经朔小余不满朔虚分为有减之朔。

步发敛

候策:五、余七百七十一、秒一十四。

卦策:六、余九百二十五、秒二十四。

土王策:三、余四百六十二、秒三十。

辰法:八百八十二半。

刻法:一千五十九。

秒法:三十六。

推七十二候:各因中节大、小余命之,为其气初候日也;以候策加之,为次候;又加之,为末候。

求六十四卦:各因中气大、小余命之,为公卦用事日;以卦策加之,得次卦用事日;以土王策加诸侯之卦,得十有二节之初外卦用事之日。

推五行用事日:各因四立日大、小余命之,即春木、夏火、秋金、冬水首用事日;以土王策减四季中气大、小余,命甲子,算外,即其月土始用事日。

七十二候及卦日与《应天》同。

求发敛去经朔:置天正十一月闰余,以中盈及朔虚分累益之,即每月闰余;满枢法除之为闰日,不尽为小余,即各得其月中气去经朔日及余秒。其余闰满闰限至闰,仍先见定大小。其月内无中气,乃为闰月。

求卦候去经朔:各以卦、候策及余秒累加减之,中气前以减,中气后以加。即各得卦、候去经朔日及余秒。

求发敛加时:置小余,以辰法除之为辰数,进一位,满刻法为刻,不满为刻分。其辰数命子正,算外,即各加时所在辰、刻及分。

卷七十二　　志第二十五

律　历　五

步日躔

周天分:三百八十六万八千六十五、秒二。

周天度:三百六十五度。虚分二千七百一十五、秒二,约分二十五、秒六十四。

岁差:一百二十五、秒二。

乘法:三十二。

除法:四百八十七。

秒法:一百。

常气	中积 损益率	升降分 朏朒积	盈缩分	常气	中积 损益率	升降分 朏朒积	盈缩分
冬至	空	升七千三百四十七	盈空	夏至	损五百八十二 一百八十二 六千五百九十空	朏五百八十二 降七千三百四十七	缩空
小寒	益五百八十二 一十五 二千三百十四六	朏空 升六千廿一	盈七千三百四十七	小暑	益五百八十二 一百九十七 八千九百四六	朏空 降六千廿一	缩七千三百四十七
大寒	益四百七十七 三十 四千六百廿八一十二	朏五百八十二 升四千六百九十六	盈一万三千五百六十八	大暑	益四百七十七 二百一十三 六百廿八一十二	朏五百八十二 降四千六百九十六	缩一万三千三百六十八
立春	益三百七十二 四十五 六千九百四十二十八	朏一千五十九 升三千三百九十六	盈一万八千六十四	立秋	益三百七十二 二百廿八 二千九百四十二十八	朏一千五十九 降三千三百九十六	缩一万八千六十四
雨水	益二百六十九 六十 九千二百五十六二十四	朏一千四百三十一 升二千七十	盈二万一千四百六十	处暑	益二百六十九 二百四十三 五千一百五十四廿四	朏一千四百三十一 降二千七十	缩二万一千四百六十
惊蛰	益一百六十四 七十六 九百八十三三十	朏一千七百 升七百七十五	盈二万三千五百三十	白露	益一百六十四 二百五十八 七千五百七十三十	朏一千七百 降七百五十七	缩二万三千五百三十
春分	益六十 九十一 三千二百九十五空	朏一千八百六十四 降七百五十七	盈二万四千二百八十七	秋分	益六十 二百七十三 九千八百八十五空	朏一千八百六十四 升七百五十七	缩二万四千二百八十七
清明	损六十 一百六 五千六百九六	朏一千九百廿四 降二千七十	盈二万三千五百三十	寒露	损六十 二百八十九 一千六百九六	朏一千九百廿四 升二千七十	缩二万三千五百三十
谷雨	损一百六十四 一百廿一 七千九百廿三十二	朏一千八百六十四 降三千三百九十六	盈二万一千四百六十	霜降	损一百六十四 三百四 三千九百廿三十二	朏一千八百六十四 升三千三百九十六	缩二万一千四百六十
立夏	损二百六十九 二百三十六 一万二百廿七十八	朏一千七百 降四千六百九十六	盈一万八千六十四	立冬	损二百六十九 三百一十九 六千二百三十七十八	朏一千七百 升四千六百九十六	缩一万八千六十四
小满	损三百七十二 一百五十二 一千九百六十二廿四	朏一千四百三十一 降六千廿一	盈一万三千三百六十七	小雪	损三百七十二 三百三十四 八千五百五十一廿四	朏一千四百三十一 升六千廿一	缩一万二千三百六十八
芒种	损四百七十七 一百六十七 四千三百七十五三十	朏一千五十九 降七千三百四十七	盈七千三百四十七	大雪	损四百七十七 三百五十 二百七十五三十	朏一千五十九 升七千三百四十七	缩七千三百四十七

损五百八十二　　朒五百八十二

求每日盈缩定数：以乘法乘所入气升降分，如除法而一，为其气中平率；与后气中平率相减，为差率；半差率，加减其气中平率，为其气初、末泛率。至后加为初，减为末；分后减为初，加为末。又以乘法乘差率，除法而一，为日差；半之，加减初、末泛率，为初、末定率。至后减初加末，分后加初减末。以日差累加减气之定率，为每日升降定率；至后减，分后加。以每日升降定率，冬至后升加降减，夏至后升减降加，其气初日盈缩分，为每日盈缩定数；其分、至前一气先后率相减，以前末泛率为其气初泛率，以半日差，至前加之，分前减之。为其气初日定率。余依本术。求朒朓准此。

求经朔弦望入气：置天正闰日及余，如气策及余秒以下者，以减气策及余秒，为入大雪气；已上者去之，余以减气策及余秒，为入小雪气；即得天正十一月经朔入大、小雪气日及余秒。求弦、望及后朔入气，以弦策累加之，满气策及余秒去之，即得。

求定气日：冬、夏二至以常气为定。余即以其气下盈缩分缩加盈减常气约余为定气，满若不足，进退大余，命甲子，算外，即定气日及分。

求经朔弦望入气朓朒定数：各以所入气小余乘其日损益率，如枢法而一，即得。

求赤道宿度：

斗：二十六度　牛：八度　女：十二度
虚：十度及分
危：十七度　室：十六度　壁：九度
　　北方七宿九十八度虚分二千七百一十五、秒二，约分二十五、秒六十四。
奎：十六度　娄：十二度　胃：十四度。
昴：十一度
毕：十七度　觜：一度　参：十度
　　西方七宿八十一度。
井：三十三度　鬼：三度　柳：十五度　星：七度
张：十八度。翼：十八度　轸：十七度
　　南方七宿一百一十一度。
角：十二度　亢：九度　氐：十五度　房：五度
心：五度　尾：十八度　箕：十一度
　　东方七宿七十五度。

前皆赤道度，其毕、觜、参及舆鬼四宿度数与古度不同，自《大衍历》依浑天仪以测定，为用纮带天中，仪极是凭，以格黄道。

推天正冬至赤道日度：以岁差乘距所求积年，满周天分去之，不尽，用减周天分，余以枢法除之为度，不尽为余秒。其度，命以赤道虚宿七度外起算，依宿次去之，不满者，即得天正冬至加时赤道日躔所距宿度及余秒。其余以枢法退除为分秒，各以一百为度。

求二十四气赤道日度：置天正冬至加时赤道日度及余秒，以气策及余秒累加之。先以三十六乘赤道秒，以一百乘气策秒，然后加之，即秒母皆同三千六百。满赤道宿次去之，即各得二十四气加时赤道日躔宿度及余秒。

求二十四气昏后夜半赤道日度：各以其气小余减枢法，其秒减六以一百乘，然乃减之。余加其气加时赤道日躔宿度及余秒，即其气初日昏后夜半赤道日度及余秒。求次日累加一度，满赤道次去之，各得所求。

求赤道宿积度：置冬至加时日躔赤道宿全度，以冬至加时日躔赤道宿度及约分秒减之，余为距后度及分秒；以赤道宿度累加距后度，即得各赤道宿积度及分秒。

求赤道宿积度入初末限：各置赤道宿积度及分秒，满九十一度三十一分、秒十一去之，余四十五度六十六分以下为入初之限；已上者，用减九十一度三十一分，余入末限度及分秒。

求二十八宿黄道度：各置赤道宿入初、末限度及分，用减一百二十五，余以初、末限度及分乘之，十二除为分，分满百为度，命为黄、赤道差度及分；至后分前以减、后分至前以加赤道宿积度，为其宿黄道积度；以前宿黄道积度减其宿黄道积度，为其宿黄道度及分。其分就近约为太、半、少。

黄道宿度

斗：二十三太　牛：七半　女：十一半
虚：十、秒六十四
危：十七太　室：十七　壁：九少
　　北方七宿九十七度半、秒六十四。
奎：十七半　娄：十二太　胃：十四太
昴：十一　毕：十六　觜：一　参：九少
　　西方七宿八十二度。
井：三十　鬼：二　柳：十四　星：七
张：十八太　翼：十九少　轸：十八
　　南方七宿一百一十度。
角：十三　亢：九半　氐：十五半　房：五
心：四　尾：十七　箕：十
　　东方七宿七十四度。

求冬至加时黄道日躔宿次：以冬至加时赤道日躔宿度，用减一百二十五，余以冬至加时赤道度及分乘之，十二除为分，分满百为度，用减九十一度赤道日度及分，即冬至加时黄道日躔宿度及分。

求二十四气初日加时黄道日躔宿次：置所求年冬至日躔黄道赤道差，以次年黄赤道差减之，余以所气数乘之，二十四而一，所得，以加其气下中积及约分，又以气初日盈缩分盈加缩减之，用加冬时黄道日度，依宿次命之，即各得其气初日加时黄道日躔所在宿度及分。若其年冬至加时赤道日躔度空，分、秒在岁差已下者，即如前宿全度，乃求黄赤道差，以次年冬至加时黄赤道差减之，余依本术，各得所求。此术以究算理之微，亟求其当，止以盈缩分加减中积，以天正冬至加时黄道日度加而命之。

求二十四气初日晨前夜半黄道日躔宿次：置一百分，分以一百约其气初日升降分，升加降减之，一日所行之分乘其初日约分，所得满百为分，分满百为度，不满百为秒，以减其初日黄道加时日躔宿次，即其日晨前夜半黄道日躔宿次。

求每日晨前夜半黄道日躔宿次：各因二十四气初日晨前夜半黄道日躔宿次，日加一度，以一百约每日升降为分秒，升加降减之，以黄道宿次命之，即每日晨前夜半黄道日躔所距宿度及分。

步月离

转周分：二十九万一千八百三、秒五百九十四。

转周日：二十七、余五千八百七十三、秒五百九十四。

朔差日：一、余一万三百三十五、秒九千四百六。

望差：一十四、余八千一百四、秒五千。

弦策：七、余四千五十二、秒二千五百。

七日：初数九千四百四十一，初约分八十九；末数一千一百七十九，末约分一十一。

十四日：初数八千二百三十二，初约分七十八；末数二千三百五十八，末约分二十二。

二十一日：初数七千五十二，初约分六十九；末数三千五百三十八，末约分二十三。

二十八日：初数五千八百七十三，初约分五十六。

已上秒法一万。

上弦：九十一度三十一分、秒四十一。

望：一百八十二度六十二分、秒八十二。

下弦：二百七十三度九十四分、秒二十三。

平行：一十三度三十六分、秒八十七半。

已上秒母一百。

推天正十一月经朔入转：置天正十一月经朔积分，以转周分秒去之，不尽，以枢法除之为日，不满为余秒，命日，算外，即所求天正十一月经朔加时入转日及余秒。若以朔差日及余秒加之，满转周日及余秒去之，即次日加时入转。

求弦望入转：因天正十一月经朔加时入转日及余秒，以弦策累加之，去命如前，即上弦、望及下弦加时入转日及余秒。若以经朔、弦、望小余减之，各得其日夜半入转日及余秒。

转日	进退差	转定分	转积度	增减差
	迟疾度	损益率	朏朒积	
一日	进十二	一千二百五十三	空	增一百三十
	迟空	益一千四十三	朒空	
二日	进十九	一千二百七十七	一十二度五	增一百廿
	迟一度三十一	益九百四十六	朒一千四十三	
三日	进二十三	一千二百三十六	廿四度廿二	增一百一
	迟二度五十一	益八百二十	朒一千九百八十九	
四日	进廿二	一千二百五十八	三十六度五十八	增七十九
	迟三度五十二	益六百三十	朒二千七百九十一	
五日	进廿三	一千二百八十	四十九度一十六	增五十七
	迟四度三十一	益四百五十	朒三千四百廿一	
六日	进廿四	一千三百三	六十一度九十六	增三十三
	迟四度八十八	益二百六十二	朒三千八百三十一	
七日	进廿五	一千三百廿七	七十四度九十九	初增一十一 末减一
	迟五度二十一	初益八十三 末损一十	朒四千一百二十四	
八日	进廿四	一千三百五十二	八十八度二十六	减一十五
	迟五度三十一	损一百一十七	朒四千二百七	
九日	进廿三	一千三百七十六	一百一度七十八	减三十九
	迟五度十六	损三百七	朒四千九十	
十日	进廿三	一千三百九十九	一百一十五度五十四	减六十二
	迟四度七十七	损四百九十三	朒三千七百八十三	
十一日	进廿二	一千四百廿二	一百廿九度五十六	减八十五
	迟四度一十五	损六百七十二	朒三千二百九十	
十二日	进十八	一千四百四十二	一百四十三度七十五	减一百五
	迟三度三十	损八百三十六	朒二千六百一十八	
十三日	进八	一千四百六十	一百五十八度一十七	减一百廿三
	迟二度二十五	损九百七十一	朒一千七百八十二	
十四日	退二	一千四百六十八	一百七十二度七十七	初减二百二 末增二十九

	迟一度二	初损八百十一 末益二百廿三	朒八百一十一	
十五日	退一十四	一千四百六十六	一百八十七度四十五	增一百廿九
	疾空廿九	益一千廿三	朒三百三十二	
十六日	退一十九	一千四百五十二	二百二度一十一	增一百一十五
	疾一度五十八	益九百一十四	朒二千二百五十六	
十七日	退廿一	一千四百三十三	二百一十六度六十三	增九十七
	疾二度七十三	益七百六十四	朒二千一百七十	
十八日	退廿三	一千四百一十三	二百三十度九十六	增七十五
	疾三度七十	益三百九十一	朒二千九百廿四	
十九日	退廿四	一千三百八十九	二百四十五度八	增五十一
	疾四度四十五	益四百九	朒三千五百廿五	
二十日	退廿四	一千三百六十五	二百五十八度九十七	增廿八
	疾四度九十六	益二百廿	朒三千九百三十四	
廿一日	退廿四	一千五百四十一	二百七十二度九十六	初增八 末减四
	疾五度廿四	初益六十三 末减三十一	朒四千一百五十四	
廿二日	退廿四	一千三百七十七	二百八十六度三	减廿
	疾五度廿八	损一百五十九	朒四千一百八十六	
廿三日	退廿四	一千二百九十三	二百九十九度廿	减四十四
	疾五度八	损三百四十九	朒四千一百廿七	
廿四日	退廿三	一千二百六十九	三百一十二度十三	减六十七
	疾四度六十四	损五百三十一	朒三千六百七十八	
廿五日	退一十八	一千二百四十六	三百廿四度八十二	减九十
	疾三度九十七	损七百一十	朒三千一百四十七	
廿六日	退一十七	一千二百廿八	三百三十七度廿八	减一百九
	疾三度七十七	损八百六十七	朒二千四百三十七	
廿七日	退四	一千二百一十一	三百四十九度五十六	减一百廿六
	疾一度九十六	初损九百九十二	朒一千五百七十	
廿八日	退三	一千二百七十一	三百六十一度六十七	初减七十二
	疾空七十二	初损五百七十八	朒五百七十八	

求朔弦望入转朒朓定数：置所入转余，乘其日损益率，枢法而一，所得，以损益其下朓朒积为定数。其四七日下余如初数下，以初率乘之，初数而一，以损益朓朒为定数。若初数已上者，以初数减之，余乘末率，末数而一，用减初率，余加朓朒，各为定数。其十四日下余若在初数已上者，初数减之，余乘末率，末数而一，为朒定数。

求朔望定日：各以入气、入转朓朒定数朓减朒加经朔、弦、望小余，满若不足，进退大余，命甲子，算外，各得定日及余。若定朔干名与后朔同名者大，不同者小，其月无中气者为闰月。凡注历，观朔小余，如日入分已上者，进一日，朔或当定，有食应见者，其朔不进。弦、望定小余不满日出分，退一日，其望定小余虽满此数，若有交食亏初起在日出已前者，亦如之。有月行九道迟疾，历有三大二小；若行盈缩累增损之，则有四大三小，理数然也，若俯循常仪，当察加时早晚，随其所近而进退之，不过三大二小。若正朔有加交，时亏在晦、二正见者，消息前后一两月，以定大小。

求定朔弦望加时日所在度：置定朔、弦、望约分，副之，以乘其日升降分，一万约之，所得，升加降减其副，以加其日夜半日度，命如前，各得其日加时日躔黄道宿次。

推月行九道：凡合朔所交，冬在阴历，夏在阳历，月行青道；冬、夏至后，青道半交在春分之宿，当黄道东；立冬、立夏后，青道半交在立春之宿，当黄道东南；至所冲之宿亦如之。冬在阳历，夏在阴历，月行白道；冬、夏至后,白道半交在秋分之宿,当黄道西;立冬、立夏后,白道半交在立秋之宿,当黄道西北;至所冲之宿亦如之。春在阳历,秋在阴历,月行朱道;春、秋分后,朱道半交在夏至之宿,当黄道南;立春、立秋后,朱道半交在立夏之宿,当黄道西南;至所冲之宿亦如之。春在阴历,秋在阳历,月行黑道。春、秋分后,黑道半交在冬至之宿,当黄道北;立春、立秋后,黑道半交在立冬之宿,当黄道东北;至所冲之宿亦如之。四序月离虽为八节,至阴阳之所交,皆与黄道相会,故月行有九道。各视月所入正交积度,满象度及分去之,入交积度及象度并在交会术中。若在半象以下者为入初限;已上者,复减象度,余为入末限;用减一百二十五,余以所入初、末限度及分乘,满二十四而一为分,分满百为度,所得,为月行与黄道差数。距半交后、正交前,以差数为减;距正交后、半交前,以差数为加。此加减出入六度,单与黄道相较之数,若较赤道,则随气迁变不常。计去冬、夏至以来度数,乘黄道所差,九十而一,为月行与赤道差数。凡日以赤道内为阴,外为阳;月以黄道内为阴,外为阳。故月行宿度,入春分交后行阴历,秋分交后行阳历,皆为同名;春分交后行阳历,秋分交后行阴历,皆为异名。其在同名,以差数加者加之,减者减之;其在异名,以差数加者减之,减者加之。皆以增损黄道宿积度,为九道宿积度;以前宿九道积度减之,为其九道宿度及分。其分就近约为少、半、太之数。

推月行九道平交入气:各以其月闰日及余,加经朔加时入交泛日及余秒,盈交终日去之,乃减交终日及余秒,即各平交入其月中气日及余秒。满气策及余秒去之,余即平交入后月节气日及余秒。因求次交者,以交终日及余秒加之,满气策及余秒去之,余为平交入气日及余秒,若求其气朏朒定数,如求朔、弦、望经日术入之,各得所求也。

求平交入转朏朒定数:置所入气余,加其日夜半入转余,以乘其日损益率,枢法而一,所得,以损益其下朏朒积,乃以交率乘之,交数而一,为定数。

求正交入气:以平交入气、入转朏朒定数,朏减朒加平交入气余,满若不足,进退其日,即正交入气日及余秒。

求正交加时黄道宿度:置正交入气余,副之,以乘其日升降分,一百约之,升加降减其副,乃一百乘之,枢法而一,以加其日夜半日度,即正交加时黄道日度及分秒。

求正交加时月离九道宿度:以正交度及分减一百二十五,余以正交度及分乘之,满二十四,余为定差。以差加黄道宿度,仍计去冬、夏至以来度数乘差,九十而一,所得,依名同异而加减之,满若不足,进退其度,命如前,即正交加时月离九道宿度及分。

推定朔、弦、望加时月所在度:各置其日加时月躔所在,变从九道,循次相当。凡合朔加时,月行潜在日下,与太阳同度,是为加时月离宿次;先置朔、弦、望加时黄道宿度,以正交加时黄道宿度减之,余以加其正交加时九道宿度,命起正交宿度,算外,即朔、弦、望加时所当九道宿度。其合朔加时若非正交,则日在黄道、月在九道各入宿度,虽多少不同,考其去极,若应绳准,故云月行潜在日下,与太阳同度。各以弦、望度及分秒加其所当九道宿度,满宿次去之,命如前,即各得加时九道月离宿次。

求定朔夜半入转:各视经朔夜半入转,若定朔大余有进退者,亦加减转日,不则因经为定。

求次定朔夜半入转:因定朔夜半入转,大月加二,小月加一,余皆四千七百一十六、秒九千四百六,满转周日及余秒去之,即次定朔夜半入转。累加一日,去命如前,各得次日夜半转日及余秒。

求晨昏度:以晨昏乘其日转定分,枢法而一,为晨转分;减转定分,余为昏转分;乃以朔、弦、望定小余乘转定分,枢法而一,为加时分;以减晨昏转分,余为前;不足覆减,余为后;仍前加后减加时月,即晨、昏月所在度。

求朔、弦、望晨昏定程:各以其朔昏定月减上弦昏定月,为朔后定程;以上弦昏定月减望日昏定月,为上弦后定程;以望日晨定月减下弦晨定月,为望后定程;以下弦晨定月减后朔晨定月,为下弦后定程。

求每日转定度:累计每程相距日转定分,以减定程为盈;不足,覆减为缩;以相距日均其盈缩,盈加缩减每日转定分,为每日转定度及分。

求每日晨昏月:因朔、弦、望晨昏月,加每日转定度及分,盈缩次去之,为每日晨昏月。凡注历,自朔日注昏,望后次日注晨。已前月度并依九道所推,以究算理之精微。如求其速要,即依后术求之。

推天正经朔加时平行月:置岁周,以天正闰余减之,余以枢法除之为度,不尽,退除为分秒,即天正经朔加时平行月积度。

求天正十一月定朔夜半平行月:置天正经朔小余,以平行分乘之,枢法而一为度,不尽,退除为分秒,所得,为加时度;用减天正经朔加时平行月,即经朔晨前夜半平行月,其定朔有进退者,即以平行度分加减之。即天正十一月定朔晨前夜半平行月积度。

求次定朔夜半平行月:置天正定朔夜半平行月,大月加三十五度八十分、秒六十一,小月加二十二度四十三分、秒七十三半,满周天度分去之,即每月定朔晨前夜半平行月积度及分。

求定望夜半平行月:计定朔距定望日数,以乘平行度及分秒,所得,加其定朔夜半平行月积度及分,即定望夜半平行月积度及分。

求天正定朔夜半入转:因天正经朔夜半入转,若定朔大余有进退者,亦进退之,不则因经而定,即所求年天正定朔晨前夜半入转及其余;以枢法退除为约分及秒,皆一百为母。

求定望及次定朔夜半入转:因天正定朔夜半入转及分秒,以朔望相距日累加之,满转周日二十七及分五十五、秒四十六去之,即各得定望及次定朔晨前夜半入转日及分秒。

求定朔望夜半定月：置定朔、望夜半入转分，乘其日增减差，一百约之为分，分满百为度，增减其下迟疾度，为迟疾定度，迟减疾加夜半平行月，为朔望夜半定月；以冬至加时黄道日度加而命之，即朔望夜半月离宿次。其入转若在四七日下，如求朒朏术入之，即得所求。

求朔望定程：以朔定月减望定月，为朔后定程；以望定月减次朔定月，即望后定程。

求朔望转积：计朔至望转定分，为朔后转积；自望至次朔亦如之，为望后转积。

求每日夜半月离宿次：各以其朔、望定程与转积相减，余为程差；以距后程日数除之，为日差；加岁转定分，为每日行度及分；定程多，加；定程少，减之。以每日行度及分累加朔、望夜半宿次，命之，即每日晨前夜半月离宿次。若求晨昏月，以其日晨昏分乘其日转定度及分，枢法而一，以加夜半月，即晨昏月所在度及分。若以四象为程，兼求弦日平行积余，各依次入之。若以九终转定分累加之，依宿次命之，亦得所求。

步晷漏

二至限：一百八十二、六十二分。

一象：九十一、三十二分。

消息法：七千八百七十三。

辰法：八百八十二半，八刻三百五十三。

昏明刻：一百二十九半。

昏明余数：二百六十四太。

冬至阳城晷景：一丈二尺七寸一分半；初限六十二，末限一百二十六、十二分。

夏至阳城晷景：一尺四寸七分，小分八十；初限一百二十六、十二分，末限六十二。

求阳城晷景入二至后日数：各计入二至后日数，乃如半日之分五十，又以二至约分减之，即入二至后来午中日数及分。

求阳城晷景入初末限定日及分：置其日中入二至后求日数及分，以其日午中入气盈缩分盈加缩减之，各如初限已下为在初限；已上，覆减二至限，余为入末限定日及分。求盈缩分，置入二至后来午中日数及分，以气策及约分除之为气数，不尽，为入气以来日数及分；加其气数，命以冬、夏至，算外，即其日午中所入气日及分。置所入气日约分，如出朒朏术入之，即得所求。

求阳城每日中晷定数：置入二至初、末限定日及分，如冬至后初限、夏至后末限者，以初、末限日及分减一百四十六，余退一等，为定差；又以初、末限日及分自相乘，以乘定差，满六千六百四十五为尺，不满，退除为寸分，命曰晷差；以晷差减冬至晷数，即其日阳城午中晷景定数。如冬至后末限、夏至后初限者，以初、末限日及分减一千二百一十七，余再退，为定差；亦以初末限日及分自相乘，以乘定差，满二万四千九百三十，余为尺，不满，退除为寸分，命曰晷差；以晷差加夏至晷数，即其日阳城中晷定数。若以中积求之，即得每日晷影常数。

求每日消息定数：以所入气日及加其气下中积，一象已下，自相乘；已上者，用减二至限，余亦自相乘，皆五因之，进二位，以消息法除之，为消息常数；副置常数，用减五百二十九半，余乘其副，以二千三百五十除之，加于常数，为消息定数。冬至后为消，夏至后为息。

求每日黄道去极度及赤道内外度：置其日消息数，十六乘之，以三百五十三除为度，不满，退除为分，所得，在春分后加六十七度三十一分，秋分后减一百一十五度三十一分，即每日黄道去极度分度。又以每日黄道去极度及分，与一象度相减，余为赤道内、外度。若去极度少，为日在赤道内；去极度多，为日在赤道外，即各得所求。其赤道内外度，为黄、赤道相去度分。

求每日晨昏分日出入分及半昼分：以每日消息定数，春分后加一千八百五十三少，秋分后减二千九百一十二少，各为每日晨分；用减枢法，为昏分。以昏明余数加晨分，为日出分；减昏分，为日入分；以日出分减半法，为昼分。

求每日距中度：置每日晨分，三因，进二位，以八千六百九十八除为度，不满，退除为分，即距子度；用减半周天，余为距中度；又倍距子度，五除，为每更差度及分。

求夜半定漏：置晨分，进一位，以刻法除为刻，不满为分，即每日夜半定漏。

求昼夜刻及日出入辰刻：倍夜半定漏，加五刻，为夜刻；减一百刻，余为昼刻。以昏明刻加夜半定漏，命子正，算外，即日出辰刻；以昼刻加之，命如前，即日入辰刻。

求更筹辰刻：倍夜半定漏，二十五而一，为筹差刻；五乘之，为更差刻。以昏明刻加日入辰刻，即甲夜辰刻；以更筹差刻累加之，满辰刻及分去之，各得每更筹所入辰刻及分。

求每日昏明度：置距中度，以其日昏后夜半赤道日度加而命之，即昏中星所格宿次；又倍距子度，加昏中星命之，即晓中星所格宿次。

求五更中星：皆以昏中星为初更中星，以每更差加而命之，即乙夜所格宿次；累加之，各得五更中星所格宿次。

求九服距差日：各于所在立表候之，若地在阳城北，测冬至后与阳城冬至晷景同者，累冬至后至其日，为距差日；若地在阳城南，测夏至后与阳城夏至晷景同者，累夏至后至其日，为距差日。

求九服晷景：若地在阳城北冬至前后者，置冬至前后日数，用减距差日，为余日；以余日减一百四十六，余退一等，为定差；以余日自相乘而乘之，满六千六百四十五除之为尺，不满，退除为寸分，加阳城冬至晷景，为其地其日中晷常数。若冬至前后日多于距差日，即减去距差日，余依阳城法求之，各其地其日中晷常数。若地在阳城南夏至前后者，以夏至前后日数减距差日，为余日，以减一千二百一十七，余再退，为定差；以余日自相乘而乘之，满二万四千九百三十为尺，不满，退除为寸分，以减阳城夏至晷数，即其地其日中晷常数；如不及减，乃减去阳城夏至日晷景，余即晷在表南也。若夏至前后日多于距差日，即减去距差日，余依阳城法求之，各其地其日中晷常数。若求中晷定数，先以盈缩分加减之，乃用法求之，即各得其地其日中晷定数。

求九服所在昼夜漏刻：冬、夏至各于所在下水漏，以定其处二至夜刻数，相减为冬、夏至差刻。乃置阳城其日消息定数，以其处二至差刻乘之，如阳城二至差刻二十而一，所得，为其地其日消息定数。乃倍消息定数，进一位，满刻法约之为刻，不满为分，乃加减其处二至夜刻，秋分后、春分前，减冬至夜刻；春分后、秋分前，加夏至夜刻。为其地其日夜刻；用减一百刻，余为昼刻。求日出入辰刻及距中度五更中星，皆依阳城法。

卷七十三　　志第二十六

律　历　六

崇天历

步交会

交终分：二十八万八千一百七十七、秒四千二百七十七。

交终日：二十七、余二千二百四十七、秒四千二百七十。

交中日：一十三、余六千四百一十八、秒七百三十八半。

朔差日：二、余三千三百七十一、秒五千七百二十三。

后限日：一、余一千六百八十五、秒七千八百六十一半。

望策：十四、余八千一百四、秒五十。

前限日：十二、余四千七百三十二、秒九千二百七十七。

交率：一百四十一。

交数：一千七百九十六。

交终度：三百六十三度七十六分。

交象：九十度九十四。

半交：一百八十一度八十八。

阳历食限：四千二百。

阳历定法：四百二十。

阴历食限：七千。

阴历定法：七百。

推天正十一月经朔加时入交：置天正十一月朔积分，以交终分秒去之，不尽，满枢法为日，不满为余秒，即天正经朔加时入交泛日及余秒。

求次朔及望入交：因天正经朔加时入交泛日及余秒，求次朔，以朔差日及余秒加之；求望，以望策及余秒加之，满交终日及余秒皆去之，即次朔及望加时所入。若以经朔、望小余减之，即各得朔、望夜半入交泛日及余秒。

求定朔夜半入交：因经朔、望夜半入交，若定朔、望大余有进退者，亦进退交日，不则因经为定，各得所求。

求次定朔夜半入交：各因前定朔夜半入交，大月加日二，小月加日一，余皆加八千三百四十二、秒五千七百二十三；若求次日，累加一日；满交终日及余秒皆去之，即得次定朔及每日夜半交泛日及余秒。

求朔望加时入交常日：置经朔、望入交泛日及余秒，以其朔、望入气朒朓定数，朓减朒加之，即朔、望入交常日及余秒。

求朔望加时入交定日：置其朔、望入转朒朓定数，以交率乘之，如交数而一，所得，以朓减朒加入交常日余，满若不足，进退其日，即朔、望加时入交定日及余秒。

求月行入阴阳历：视其朔、望入交定日及余秒，在中日及余秒以下者为月在阳历；如中日及余秒已上者，减去之，为月在阴历。凡入交定日，阳初阴末为交初，阴初阳末为交中。

求朔望加时月入阴阳历积度：置其月入阴阳历日及余，其余，先以一百乘之，枢法除为约分。以九百九乘之，六十八除为度，不尽，退除为分，即朔、望加时月入阴阳历积度及分。其月在阳历，即为入阳历积度；月在阴历，即为入阴历积度。

求朔望加时月去黄道度：置入阴阳历积度及分，如交象以下为在少象；已上，覆减半交，余为入老象。置所入老少象度及分，以五因之，用减一千一十，余，以老少象度及分乘之，八十四而一，列于上位；又置所入老少象度及分，如半象以下为在初限；已上，减去半象，余为入末限。置初、末限度及分于上，列半象度及分于下，以上减下，余以乘上，四十而一，所得，初限以减，末限以加，上位满百为度，不满为分，即朔、望加时月去黄道度数及分。

求食定余：置定朔小余，如半法以下覆加半法，余为午前分；已上，减去半法，余为午后分。置午前、后分于上，列半法于下，以上减下，下乘上，午前以三万一千七百七十除，午后以一万三千八百八十五除之，各为时差。午前以减、午后以加定朔小余，各为食定小余。以时差加午前、后分，为午前、后定分。其月食，直以定望小余便为食定小余。

求日月食甚辰刻：置食定小余，以辰法除之为辰数，不满，进一位，刻法除之为刻，不满为刻分。其辰数命子正，算外，即食甚辰、刻及分。

求气差：置其朔中积，满二至限去之，余在一象以下为在初；已上，覆减二至限，余为在末。皆自相乘，进二位，满二百三十六除之，用减三千五百三十三，为气差。以乘距午定分，半昼分而一，所得以减气差，为定数。春分后，交初以减，交中以加；秋分后，交初以加，交中以减。

求刻差：置其朔中积，满二至限去之，余，列二至限于下，以上减下，余以乘上，进二位，满二百三十六除之，为刻差以乘距午定分，四因之，枢法而一，为定数。冬至后食甚在午前，夏至后食甚在午后，交初以加，交中以减。冬至后食甚在午后，夏至后食甚在午前。交初以减，交中以加。

求日入食限：置入交定日及余秒，以气、刻、时三差定数各加减之，如中日及余秒以下为不食；已上者，减去中日及余秒，如后限以下、前限已上为入食限；后限以下为交后分；前限以上覆减中日，余为交前分。

求日食分：置入交前后分，如阳历食限以下者为阳历食定分；已上者，覆减一万一千二百，余为阴历食定分；不足减者，不食。各如阴阳历定法而一，为食之大分，不尽，退除为小分，半已上为半强，半已下为半弱。命大分以十为限，得日食之分。

求日食泛用分：置朔入阴阳历食定分，一百约之，在阳历者列八十四于下，在阴历者列一百四十于下，各以上减下，余以乘上，进二位，阳历以一百八十五除，阴历以五百一十四除，各为日食泛用分。

求月入食限：视月入阴阳历日及余，如后限以下为交后分；前限已上覆减中日，为交前分。

求月食分：置交前后分，如三千二百以下者，食既；已上，用减一万二百，不足减者不食；余以七百除之为大分，不尽，退除为小分，小分半已上为半强，半已下为半弱。命大分以十为限，得月食之分。

求月食泛用分：置望入交前后分，退一等，自相乘，交初以九百三十五除，交中以一千一百五十六除之，得数用减刻率，交初以一千一百一十二为刻率，交中以九百为刻率。各得所求。

求日月食定用分：置日月食泛用分，以一千三百三十七乘之，以所食日转定分除之，即得所求。

求日月食亏初复满小余：各以定用分减食甚小余，为亏初；加食甚小余，为复满；即各得亏初复满小余。若求时刻者，依食甚术入之。

求月食更筹定法：置其望晨分，四因之，退一等，为更法；倍之，退一等，为筹法。

求月食入更筹：置亏初、食甚、复满小余，在晨分以下加晨分，昏分已上减去昏分，余以更法除之为更数，不满，以筹法除之为筹数。其更数命初更，算外，即各得所入更、筹。

求朔、望食甚宿次：置其经朔、望入气小余，以入气、入转朏朒定数朏减朒加之，乘其日升降分，枢法而一，加减其日盈缩分，至后、分前以加，分后、至前以减。一百约之为分，分满百为度，以盈加缩减其定朔、望加时中积，以天正冬至加时黄道日度及分加而命之，即定朔、望加时日躔宿次。其望加半周天，命如前，即朔、望食甚宿次。

求月食既内外刻分：置月食交前、后分，覆减三千二百，不及减者，为食下既。一百约之，列六十四于下，以上减下，余以乘上，进二位，交初以二百九十三除，交中以三百六十五除，所得以定用分乘之，如泛用分而一，为月食既内刻分；覆减定用分，即既外刻分。

求日月带食出入分数：各以食定小余与日出、入分相减，余为带食差；其带食差满定用分已上者，不带食出入也。以带食差乘所食分，满定用分而一，若月食既者，以既内刻分减带食差，余所食分，以既外刻分而一，不及减者，为带食既出入也。各以减所食分，即带出、入所见之

分。其朔日食甚在昼者，晨为渐进之分，昏为已退之分；若食甚在夜者，晨为已退之分，昏为渐进之分。其月食者，见此可知也。

求日食所起：日在阴历，初起西北，甚于正北，复于东北；日在阳历，初起西南，甚于正南，复于东南。其食八分已上者，皆起正西，复于正东。此据午地而论之，其余方位，审黄道斜正、月行所向，可知方向。

求月食所起：月在阴历，初起东南，甚于正南，复于西南；月在阳历，初起东北，甚于正北，复于西北。其食八分已上，皆起正东，复于正西。此亦据午地而论之，其余方位，依日食所向，即知既亏、复满。

步五星

五星会策：十五度二十一分、秒九十。
木星周率：四百二十二万四千五十八、秒三十二。
周日：三百九十八、余九千二百三十八、秒三十二。
岁差：一百三、秒六。
伏见度：一十三。

变目	变日	变度	限度	初行率
前伏	一十六日	三度八十八十	二度八十五	二十二
前疾初	二十八日	六度六十	四度五十五	二十二
前疾末	二十八日	五度五十二	四度一十五	二十二
前迟初	二十八日	四度四十一	三度三十三	一十八
前迟末	二十八日	二度二十二	一度六十五	一十三
前留	二十四日			
前退	四十六日六十四	五度一十八	空度二十九	空
后退	四十六日六十四	五度一十八	空度二十九	一十六
后留	二十四日			
后迟初	二十八日	二度二十一	一度六十六	空
后迟末	二十八日	四度四十一	三度三十二	一十三
后疾初	二十八日	五度五十二	四度一十五	一十八
后疾末	二十八日	六度六十	四度五十五	二十
后伏	一十六日	三度八十八十	二度八十五	二十二

木星盈缩历

会数	损益率	盈积度
会数	损益率	缩积度
初	益一百六十三	盈空
初	益二百	缩空

一	益一百四十九	盈一度
一	益一百八十四	缩空一
二	益一百二十六	盈三度一十三
二	益一百五十九	缩三度八十五
三	益九十五	盈四度三十八
三	益一百二十七	缩五度四十五
四	益五十五	盈五度三十三
四	益八十八	缩六度七十一
五	益二十二	盈五度八十八
五	益三十八	缩七度五十七
六	损三十九	盈六度一十
六	损一十五	缩七度九十五
七	损六十五	盈五度七十一
七	损七十三	缩七度八十
八	损九十六	盈五度六
八	损一百二十六	缩七度七
九	损一百二十	盈四度一十
九	损一百六十七	缩五度八十一
十	损一百三十九	盈二度九十
十	损一百九十八	缩四度一十四
十一	损一百五十一	盈一度五十一
十一	损二百一十六	缩二度一十六

火星周率：八百二十五万九千三百六十六、秒五十九。

周日：七百七十九、余九千七百五十六、秒五十九。

岁差：一百三、秒五十三。

伏见度：二十。

变目	变日	变度	限度	初行率
前伏	六十九日	四十九度空	四十六度四十六	七十一
前疾初	六十一日	四十二度五十	四十一度二十三	七十一
前疾末	四十三日五十	三十度一十	二十八度五十六	七十
前次疾初	四十三日五十	二十九度三	二十七度五十二	六十八
前次疾末	四十三日五十	二十六度九十二	二十五度五十四	六十三
前迟初	四十三日五十	二十二度七十二	二十一度五十四	五十七
前迟末	四十三日五十	一十四度二十八	一十三度五十五	四十三
前留	一十三日			
前退	二十八日九十六	八度二十一	二度九十二	空
后退	二十八日九十六	八度二十一	二度九十二	二十九
后留	一十三日			
后迟初	四十三日五十	一十四度二十八	一十三度五十五	空
后迟末	四十三日五十	二十二度七十二	二十一度五十四	四十三
后次疾初	四十三日五十	二十六度九十二	二十五度五十四	五十七
后次疾末	四十三日五十	二十九度三	二十七度五十二	六十三
后疾初	四十三日五十	三十度一十	二十八度五十六	六十八
后疾末	六十一日五十	四十三度五十	四十三度二十五	七十
后伏	六十九日	四十九度空	四十六度四十六	七十一

火星盈缩历

会数	损益率	盈积度
会数	损益率	缩积度
初	益一千一百三十五	盈空
初	益四百一十二	缩空
一	益八百七十六	盈一十一度
一	益四百三十三	缩四度一十二
二	益四百一十七	盈二十度一十一
二	益四百五十五	缩八度四十五
三	益一百四十五	盈二十四度二十八
三	益四百六十七	缩十三度空
四	损二十四	盈二十五度七十三
四	益四百一	缩十七度六十七
五	损一百四十六	盈二十五度四十九
五	益三百四	缩二十一度六十八
六	损二百九十六	盈二十四度三
六	益一百五十二	缩二十四度七十二
七	损三百八十八	盈二十一度七
七	益二十六	缩二十六度廿四
八	损四百五十八	盈一十一度一十九
八	损一百五十二	缩二十六度五十
九	损四百四十五	盈一十二度六十一
九	损四百三十八	缩二十四度九十八
十	损四百二十	盈八度一十六
十	损九百	缩二十度六十
十一	损三百九十六	盈三度九十六
十一	损一千一百六十	缩一十一度六十

土星周率：四百万三千八百七十二、秒三十九。

周日：三百七十八、余八百五十二、秒三十九。

岁差：一百三、秒七十八。

伏见度：一十六。

变目	变日	变度	限度	初行率
前伏	一十八日三十四	二度三十四	一度四十六	一十二
前疾	二十八日九	三度二十	二度五十九	一十二

前次疾	二十八日	二度七十三	一度七十一	一十一
前迟	二十八日	一度六十四	一度二	八
前留	三十六日			
前退	五十日七十	三度五十八	度空一十八	空
后退	五十日七十	三度五十八	度空一十八	一十
后留	三十六日			
后迟	二十八日	一度六十四	一度二	空
后次疾	二十八日	二度七十三	一度七十一	八
后疾	二十八日	三度二十九	二度五	一十一
后伏	一十八日三十四	二度三十四	一度四十六	一十二

土星盈缩历

会数	损益率	盈积度
会数	损益率	缩积度
初	益一百八十七	盈空
初	益一百九十一	缩空
一	益一百七十一	盈一度八十七
一	益一百七十六	缩一度九十一
二	益一百四十四	盈三度五十八
二	益一百五十二	缩三度六十八
三	益一百一十二	盈五度二
三	益一百二十	缩五度二十
四	益六十七	盈六度一十四
四	益七十九	缩六度四十
五	益二十	盈六度八十一
五	益三十一	缩七度一十九
六	损二十九	盈七度一
六	损二十一	缩七度五十
七	损七十四	盈六度七十二
七	损七十二	缩七度二十九
八	损一百一十二	盈五度九十八
八	损一百一十九	缩六度五十七
九	损一百四十三	盈四度八十六
九	损一百五十五	缩五度三十八
十	损一百六十四	盈三度四十三
十	损一百八十三	缩三度八十三
十一	损一百七十九	盈一度九十七
十一	损二百	缩二度

金星周率：六百一十八万三千五百九十九、秒一十六。

周日：五百八十三、余九千六百二十九、秒一十六。

岁差：一百三十、秒八十。
夕见晨伏度：一十一。
晨见夕伏度：十。

变目	变日	变度	限度	初行率
前伏合	三十八日五十	四十九度五十	四十七度六十	一度二十七
夕疾初	六十二日	七十八度四十六	七十五度四十三	一度二十七
夕疾末	三十三日五十	四十一度七十	四十度一十	一度二十五
夕次疾初	三十三日五十	四十度三十六	三十八度八十	一度二十二
夕次疾末	三十三日五十	三十七度六十七	三十六度二十二	一度一十六
夕迟初	三十三日五十	二十二度二十九	三十一度四	一度五
夕迟末	三十三日五十	二十七度五十二	二十度六十九	八十五
夕留	八日			
夕退	十日九十五	五度五十五	一度二十二	
夕伏退	五日	四度	度空八十六	七十三
再合退	五日	四度	度空八十六	八十三
晨退	十日九十五	五度五十五	一度二十一	七十三
晨留	八日			
晨迟初	三十三日五十	二十七度五十三	二十度六十九	
晨迟末	三十三日五十	三十二度二十九	三十一度四	八十五
晨次疾初	三十三日五十	三十七度六十七	三十六度二十五	一度五
晨次疾末	三十三日五十	四十度三十六	三十八度八十	一度十五
晨疾初	三十三日五十	四十一度七十	四十度一十	一度十五
晨疾末	六十二日	七十八度四十六	七十五度四十二	一度二十五
后伏	三十八日	四十九度五十	四十七度六十	一度二十五

金星盈缩历

会数	损益率	盈积度
会数	损益率	缩积度
初	益五十二	盈空
初	益五十二	缩空
一	益四十八	盈空五十二
一	益四十八	缩空五十二
二	益四十一	盈一度
二	益四十一	缩一度
三	益三十一	盈一度四十一
三	益三十一	缩一度四十一

四	益二十一		盈一度七十二	
四	益二十一		缩一度七十二	
五	益七		盈一度九十三	
五	益七		缩一度九十三	
六	损七		盈二度	
六	损七		缩二度	
七	损二十一		盈一度九十三	
七	损二十一		缩一度	
八	损三十一		盈一度七十二	
八	损三十一		缩一度七十二	
九	损四十一		盈一度四十一	
九	损四十一		缩一度四十一	
十	损四十八		盈一度	
十	损四十八		缩一度	
十一	损五十二		盈空	
十一	损五十二		缩五十二	
二	益四十五		缩一度一十	
三	益三十五		盈一度五十五	
三	益三十五		缩一度五十五	
四	益二十二		盈一度九十	
四	益二十二		缩一度九十	
五	益八		盈二度一十二	
五	益八		缩二度一十二	
六	损八		盈二度二十	
六	损八		缩二度二十	
七	损二十二		盈二度一十二	
七	损二十二		缩二度一十二	
八	损三十五		盈一度九十	
八	损三十五		缩一度九十	
九	损四十五		盈一度五十五	
九	损四十五		缩一度五十五	
十	损五十三		盈一度一十	
十	损五十三		缩一度一十	
十一	损五十七		盈空五十七	
十一	损五十七		缩空五十七	

水星周率：一百二十二万七千一百七十、秒二十八。
周日：一百一十五、余九千三百二十、秒二十八。
岁差：一百三、秒九十四。
夕见晨伏度：一十四。
晨见夕伏度：二十一。

变目	变日	变度	限度	初行率
前伏合	一十六日	三十度	二十六度八	一度九十五
夕疾	一十三日	二十一度一十五	一十八度三十八	一度七十九
夕迟	一十三日	一十四度八十五	一十二度一十六	一度四十七
夕留	三日			
夕伏退	一十二日九十四	八度六	一度三十二	
再合退	一十二日九十四	八度六	一度三十二	九十三
晨留	三日			
晨迟	一十三日	一十四度八十五	一十二度一十六	
晨疾	一十三日	二十一度一十五	一十八度三十八	一度四十七
后伏	一十六日	三十度	二十六度八	一度七十九

水星盈缩历

会数	损益率	盈积度
会数	损益率	缩积度
初	益五十七	盈空
初	益五十七	缩空
一	益五十三	盈空五十七
一	益五十三	缩空五十七
二	益四十五	盈一度一十

推五星天正冬至后诸变中积中星：置气积分，各以其星周率去之，不尽，覆减周率，余满枢法除之为日，不满，退除为分，即天正冬至后平合中积；命之，积平合中星，以诸段变日、变度累加之，即诸变中积中星。其经退行者，即其变度；累减之，即其星其变中星。

求五星诸变入历：以其星岁差乘积年，满周天分去之，不尽，以枢法除之为度，不满，退除为分，以减其星平合中星，即平合入历；以其星其变限度依次加之，各得其星诸变入历度分。

求五星诸变盈缩定差：各置其星其变入历度分，半周天以下为在盈；以上，减去半周天，余为在缩。置盈缩限度及分，以五星会策除之为会数，不尽，为入会度及分；以其会下损益率乘之，会策除之为分，分满百为度，以损益其下盈缩积度，即其星其变盈缩定差。若用立成者，以其所入会度下差而用之。其木火土三星后退、后留者，置盈缩差，各列其星盈缩极度于下，皆以上减下，余以乘上，八十七除之，所得，木、土三因，火直用之；在盈益减损加、在缩益加损减其段盈缩差，为后退、后留定差，因为后迟初段定差。各须类会前留定差，观其盈缩初末，审察降杀，皆衰多益少而用之。

求五星诸变定积：各置其星其变中积，以其变盈缩定差盈加缩减之，即其星其变定积及分；以天正冬至大余及分加之，即其星其变定日及分；以纪法去定日，不尽，命甲子，算外，即得日辰。

求五星诸变在何月日：各置诸变定日，以其年天正经朔大余及分减之，若冬至大余少，加经朔大余者，加纪法乃减之。余以朔策及分除之为月数，不满，为入月日数及分。其月数命以天正十一月，算外，即其星其变入其月经朔日数及分。若置定积，以天正闰月及分加之，朔策除为月数，亦得所求。

求五星诸变入何气日：置定积，以气策及约分除之为气数，不尽，为入气已来日数及分。其气数命起天正冬至，算外，即五星诸变入其气日及分。其定积满岁周日及分即去之，余在来年天正冬至后。

求五星诸变定星：各置其变中星，以其变盈缩定差盈加缩减之，其金、水二星，金以倍之，水以三之，乃可加减。即五星诸变定星；以天正冬至加时黄道日度加而命之，即其星其变加时定星宿次及分。五星皆以前留为前退初日定星，后留为后迟初日定星。

求五星诸变初日晨前夜半定星：以其星其变盈缩所入会度下盈缩积度与次度下盈缩积度相减，余为其度损益分；乘其变初行率，一百约之，所得，以加减其日初行率，在盈，益加损减；在缩，益减损加。为初行积率；又置一百分，亦依其数加减之，以除初行积率，为初日定行率；以乘其率初日约分，一百约之，顺减退加其日加时定星，为其变晨前夜半定星；加冬至时日度命之，即所在宿次。

求诸变日度率：置后变定日，以其变定日减之，余为其变日率；又置后变夜半定星，以其变夜半定星及分减之，余为其变度率及分。

求诸变平行分：各置其变度率及分，以其变日率除之，为平行分，不满，退除为秒，即各得平行度及分秒。

求诸变总差：各以其段平行分与后段平行分相减，余为泛差；并前段泛差，四因之，九而一，为总差。若前段无平行分相减为泛差者，各因后段初日行分与其段平行分相减，为半总差，倍之，为总差。若后段无平行分相减为泛差者，各因前段末日行分与其段平行分相减，为半总差。其前后退行者，各置本段平行分，十四乘，十五除，为总差。其金星夕退、夕伏、再合、晨退，各依顺段术入之，即得所求。

求诸段初末日行分：各半其段总差，加减其段平行分，后段行分多者，减之为初，加之为末；后段行分少者，加之为初，减之为末。即各得其星其段初、末日行度及分秒。凡前后段平行分俱多或俱少，乃平注之；及本段总差不满大分者，亦平注之。其退行段，各以半总差前变减之为初，加之为末；后变加之为初，减之为末。

求每日晨前夜半星行宿次：置其段总差，减其段日率一，以除之，为日差；以日差累损益初日行分，后段行分少，日损之；后段行分多，日益之。为每日行度及分；以每日行度及分累加其星其段初日晨前夜半宿次，命之，即每日星行宿次。遇退行者，以每日行分累减之，即得所求。

径求其日宿次：置所求日，减一，日差乘之，加减初日行分，后行分少，即减之；后行分多，即加之。为所求日行分；加日行分而半之，以所求日乘之，为径求积度；加减其星初日宿次；命之，即其日星行宿次。

求五星定合日定星：以其星平合初日行分减一百分，余以约其日太阳盈缩分为分，分满百为日，不满为分，命为距合差日；以盈缩分减之，为距合差度；以差日、差度缩加盈减平合定积、定星，为其星定合日定积、定星。其金、水二星，以一百分减初日行分，余以除其日太阳盈缩分，为距合差日；以盈缩分加之，为距合差度；以差日、差度盈加缩减之。金、水二星退合者，以初日行分加一百分，以除太阳盈缩分，为距合差日；以距合差日减盈缩分，为距合差度；以差日、差度盈减缩加再合定积定星为其星再合定日定积定星。其金、水二星定积，各依见伏术，先以盈缩差求其加减讫，然后以距合差日、差度加减之。

求木火土三星晨见夕伏定日：各置其星其段定积，乃加减一象度，晨见加之，夕伏减之。半周天已下自相乘，半周天已上，覆减周天度及分，余亦自相乘，一百约为分，以其星伏见度乘之，十五除之，为差；乃以其段初日行分覆减一百分，余以除其差为日，不满，退除为分，所得，以加减定积，晨见加之，夕伏减之。各得晨见、夕伏定积；加天正冬至大余及分，命甲子，算外，即得日辰。

求金水二星夕见晨伏定日：各置其星其段定积，其定积先倍其段盈缩差，缩加盈减之，然加减一象度，夕见减之，晨伏加之。半周天已下自相乘，已上，覆减周天度，余亦自相乘，一百约为分，以其星伏见度乘之，十五除为差；乃置其段初日行分，减去一百分，余以除其差为日，不满，退除为分，所得，以加减定积，夕见加之，晨伏减之。各得夕见、晨伏定积。

求金水二星晨见夕伏定日：置其星其段定积，其定积先以一百乘其段盈缩差，乃以一百分加其日行分，以除其差，所得，盈加缩减，然加减一象度，晨见加之，夕伏减之。半周天已下自相乘，已上，覆减周天度，余亦自相乘，一百约为分，以其星伏见度乘之，十五除，为差；乃置其段初日行分，如一百，以除其差为日，不满，退除为分，所得，以加减定积，晨见加之，夕伏减之。各为其星晨见、夕伏定积。

历既成，以来年甲子岁用之，是年五月丁亥朔，日食不效，算食二分半，候之不食。诏候验。至七年，命入内都知江德明集历官用浑仪较测。时周琮言："古之造历，必使千百年间星度交食，若应绳准，今历成而不验，则历法为未密。"又有杨皞、于渊者，与琮396较验，而皞术于木为得，渊于金为得，琮于月、土为得，诏增入《崇天历》，其改用率数如后：

周天分：三百八十六万八千六十六、秒一十七。

周天：三百六十五度。虚分二千七百一十六、秒十七，约分二十五，秒六十一。

岁差：一百二十六、秒一十七。

木星

会数	损益率	盈积度
初	益一百五十	盈空
一	益一百三十六	盈一度五十
二	益一百一十六	盈二度八十六
三	益八十七	盈四度二
四	益五十一	盈四度八十九
五	益二十	盈五度四十
六	损三十六	盈五度六十

七	损六十	盈五度二十四
八	损八十八	盈四度六十四
九	损一百一十	盈三度七十六
十	损一百二十八	盈二度六十六
十一	损一百三十八	盈一度三十八

求诸变总差：各以其段平行分与后段平行分相减，余为泛差；并前段泛差，四因之，退一等，为总差。若前段无平行分相减为泛差，各因后段初日行分与其段平行分相减，为半总差；倍之，为总差。若前段无平行分相减为泛差者，各因前段末日行分与其段平行分相减，为半总差；倍之，为总差。其前后退行者，各置本段平行分，十四乘，十五除，为总差。其金星夕退、夕伏、再合、晨退，各依顺段术入之，即得所求。

求五星定合及见伏泛用积：其木、火、土三星，各以平合及前疾、后伏定积为泛用积，金、水二星平合及夕见、晨伏者，置其星其段盈缩差，金以倍之，水以三之，列于上位；又置盈缩差，以其段初行率乘之，退二等，以减上位；又置初行率，减去一百分，余以除之为日，不满，退除为分，乃盈减缩加中积，为其星其变泛用积。金、水二星再合及夕伏、晨见者，其星其段盈缩差，金星直用，水以倍之，进一位，以其段初行率加一百分以除之，所得，并盈缩差，以盈加缩减中积，为其星其段泛用积。

求五星定合定积定星：其木、火、土三星平合者，以平合初日行分减一百分，余以约其日太阳盈缩分为分，满百为日，不满为分，命为距合差日；以盈缩分减之，为距合差度；以差日、差度缩加盈减其星平合泛用积，为其星定合日定积定星。金、水二星平合者，以一百分减初日行分，余以除其日太阳盈缩分，为距合差日；以盈缩分加之，为距合差度；以差日、差度盈缩加减平合泛用积，为其星定合日定积定星也。金、水二星退合者，以初日行分一百分，以除太阳盈缩分，为距合差日；以距合差日减盈缩分，为距合差度；以差日盈减缩加再合泛用积，为其星再合定日定积差度；盈加缩减再合泛用积，为其星再合日定星。各加冬至大、小余及黄道加时日躔宿次命之，即得其日辰及宿次。

求木火土星晨见夕伏定用积：各置其星其段泛用积，乃加减一象度，晨见加之，夕伏减之。半周天已下自相乘，已上，覆减周天度，余亦自相乘，各二因百约之，在一百六十七已上，以一百约其日太阳盈缩分减之，不满一百六十七者即加之，以其星本伏见度乘之，十五除，为差；乃置其段初日行分，覆减一百分，余以除其差为日，不满，退除为分所得，以加减泛用积，晨见加之，夕伏减之。各得其星晨见、夕伏定用积；加天正冬至大余，命甲子，算外，即得日辰。

求金水二星夕见晨伏定用积：各置其星其段泛用积，乃加减一象度，夕见减之，晨伏加之。半周天已下自相乘，已上，覆减周天度，余亦自相乘，二因百约之，满一百六十七已上，以一百约太阳盈缩分减之，不满一百六十七者即加之，以其星本伏见度乘之，十五除，为差；乃置其段初日行分，减去一百分，余以除其差为日，不满，退除为分所得，以加减泛用积，晨见加之，夕伏减之。各得夕见、晨伏定用积；加命如前，即得日辰。

求金水二星晨见夕伏定用积：各置其星其段泛用积，乃加减一象度，晨见加之，夕伏减之。半周天以下自相乘，已上，覆减周天度，余亦自相乘，二因百约之，在一百六十七已上，以百约太阳盈缩分减之，不满一百六十七者即加之，以其星本伏见度乘之，十五除，为差；金星者，直以一百除其差为日，不满，退除为分，所得，以加减泛用积，晨见加之，夕伏减之。各为其星晨见、夕伏定用积；加命如前，即得日辰。

景祐元年七月，日官张奎言："自今月朔或遇节首，勿避。"诏中书集历官参议，而丁慎言请如旧制。有诏卒从奎议。

卷七十四　　志第二十七

律　历　七

明天历

《崇天历》行之至于嘉祐之末，英宗即位，命殿中丞、判司天监周琮及司天冬官正王炳、丞王栋、主簿周应祥、周安世、马杰、灵台郎杨得言作新历，三年而成。琮言："旧历气节加时，后天半日；五星之行差半次；日食之候差十刻。"既而司天中官正舒易简与监生石道、李遘更陈家学。于是诏翰林学士范镇、诸王府侍讲孙思恭、国子监直讲刘攽考定是非，上推《尚书》"辰弗集于房"与《春秋》之日食，参乡历之所候，而易简、道、遘等所学疏阔，不可用，新书为密。遂赐名《明天历》诏翰林学士王珪序之，而琮亦为义略冠其首。今纪其历法于后：

调日法朔余、周天分、斗分、岁差、日度母附

造历之法，必先立元，元正然后定日法，法定然后度周天，以定分、至，三者有程，则历可成矣。日者，积余成；度者，积分成。盖日月始离，初行生分，积分成日。自《四分历》洎古之六历，皆以九百四十为日法。率由日行一度，经三百六十五日四分之一，是为周天；月行十三度十九分之七，经二十九日有余，与日相会，是为朔策。史官当会集日月之行，以求合朔。

自汉太初至于今，冬至差十日，如刘歆《三统》复强于古，故先儒谓之最疏。后汉刘洪考验《四分》，于天不合，乃减朔余，苟合时用。自是已降，率意加减，以造日法。宋世何承天更以四十九分之二十六为强率，十七分之九为弱率，于强弱之际以求日法。承天日法七百五十二，得十五强一弱。自后治历者，莫不因承天法、累强弱之数，皆不悟日月有自然合会之数。

今稍悟其失，定新历以三万九千为日法，六百二十四万为度母，九千五百为斗分，二万六百九十三为朔余，可以上稽于古，下验于今，反覆推求，若应绳准。又以二百三十万一千为月行之余，月行十三度之余。以一百六十万四百四十七为日行之余。日行周天之余。乃会日月之行，以盈不足平之，并盈不足，是为一朔之法。日法也，名元法。今乃以大月乘不足之数，以小月乘盈行之分，平而并之，是为一朔之实。周天分也。以法约实，得日月相会之数，皆以等数约之，悉得今有之数。盈为朔虚，不足为朔余。又二法相乘为本母，各母互乘，以减周天，余则岁差生焉，亦以等数约之，即得岁差、度母、周天实用之数。此之一法，理极幽眇，所谓反覆相求，潜遹相通，数有冥符，法有偶会，古历家皆所未达。以等数约之，得三万九千为元法，九千五百为斗分，二万六百九十三为朔余，六百二十四万为日度母，二十二亿七千九百二十万四百四十七为周天分，八万四百四十七为岁差。

岁余：九千五百。古历曰斗分。

古者以周天三百六十五度四分度之一，是为斗分。夫举正于中，上稽往古，下验当时，反覆参求，合符应准，然后施行于百代，为不易之术。自后治历者，测今冬至日晷，用校古法，过盈，以万为母，课诸气分，率二千五百以下、二千四百二十八已上为中平之率。新历斗分九千五百，以万平之，得二千四百二十五半盈，得中平之数也。而三万九千年冬至小余成九千五百日，满朔实一百一十五万一千六百九十三，年齐于日分，而气朔相会。

岁周：一千四百二十四万四千五百。以元法乘三百六十五度，内斗分九千五百，得之，即为一岁之日分，故曰岁周。若以二十四均之，得一十五日，余八千五百二十、秒一十五，为一气之策也。

朔实：一百一十五万一千六百九十三。本会日月之行，以盈不足平而得二万六百九十三，是为朔余，备在调日法术中。是则四象全策之余也。今以元法乘四象全策二十九，总而并之，是为一朔之实也。古历以一百万平朔余之分，得五十三万六百以下、五百七十已上，为中平之率。新历以一百万平之，得五十三万五百八十九，得中平之数也。若以四象均之，得七日，余一万四千九百二十三、秒，是为弦策也。

中盈、朔虚分：闰余附日月以会朔为正，气序以斗建为中，是故气进而盈分存焉。置中节两气之策，以一月之全策三十减之，每至中气，即一万七千四十、秒一十二，是为中盈分。朔退而虚分列焉，置一月之全策三十，以朔策及余减之，余一万八千三百七，是为朔虚分。综中盈、朔虚分，而闰余章焉。闰余三万五千三百四十五、秒一十三。从消息而自致，以盈虚名焉。

纪法：六十。《易·乾》象之爻九，《坤》象之爻六，《震》、《坎》、《艮》象之爻皆七，《巽》、《离》、《兑》象之爻皆八。综八卦之数凡六十，又六旬之数也。纪者，终也，数终八卦，故以纪名焉。

天正冬至：大余五十七，小余一万七千。先测立冬晷景，次取测立春晷景，取近者通计，半之，为距至泛日；乃以晷数相减，余者以法乘之，满其日晷差而一，为差刻；乃以差刻求冬至，视其前晷多则为减，少则为加，求夏至者反之。加减距至泛日，为定日；仍加半日之刻，命从前距日辰，算外，即二至加时日辰及刻分所在。如此推求，则加时与日晷相协。今须积岁四百一年，治平元年甲辰岁，气积年也。则冬至大、小余与今适会。

天正经朔：大余三十四，小余三万一千。闰余八十八万三千九百九十。此乃检括日月交食加时早晚而定之，损益在夜半后，得戊戌之日，以方程约而齐之。今须积岁七十一万一千七百六十一，治平元年甲辰岁，朔积年也。则经朔大、小余与今有之数，借闰余而相会。

日度岁差：八万四百四十七。《书》举正南之星以正四方，盖先王以明时授人，奉天育物。然先儒所述，互有同异。虞喜云："尧时冬至日短星昴，今二千七百余年，乃东壁中，则知每岁渐差之所至。"又何承天云："《尧典》：'日永星火，以正仲夏；宵中星虚，以正仲秋。'今以中星校之，所差二十七八度，即尧时冬至，日在须女十度。"故祖冲之修《大明历》，始立岁差，率四十五年九月却一度。虞𠫤、刘孝孙等因之，各有增损，以创新法。若从虞喜之验，昴中则五十余年日退一度；若依承天之验，火中又不及百年日退一度。后《皇极》综两历之率而要取其中，故七十五年而退一度，此乃通其意未尽其微。今则别调新率，改立岁差，大率七十七年七月，日退一度，上元命于虚九，可以上覆往古，下逮于今。自帝尧以来，循环考验，新历岁差，皆得其中，最为亲近。

周天分：二十二亿七千九百二十万四百四十七。本齐日月之行，会合朔而得之。在调日法。使上考仲康房、宿之交，下验姜岌月食之冲，三十年间，若应准绳，则新历周天，有自然冥符之数，最为密近。

日躔盈缩定差：张胄玄名损益率曰盈缩数，刘孝孙以盈缩数为朓朒积，《皇极》有陟降率、迟疾数，《麟德》曰先后、盈缩数，《大衍》曰损益、朓朒积，《崇天》曰损益、盈缩积。所谓古历平策之日，而月或朝觌东方，夕见西方，则史官谓之朓朒。今以日行之所盈缩、月行之所迟疾，皆损益之，或进退其日，以为定朔，则舒亟之度，乃势数使然，非失政之致也。新历以七千一为盈缩之极，其数与月离相错，而损益、盈缩为名，则文约而义见。

升降分：《皇极》躔衰有陟降率，《麟德》以日景差、陟降率、日晷景消息为之，义通轨漏。夫南至之后，日行渐升，去极近，故晷短而万物皆盛；北至之后，日行渐降，去极远，故晷长而万物浸衰。自《大衍》以下，皆从《麟德》。今历消息日行之升降，积而为盈缩焉。

赤道宿：汉百二年议造历，乃定东西，立晷仪，下漏刻，以追二十八宿相距于四方，赤道宿度，则其法也。其赤道，斗二十六度及分，牛八度，女十二度，虚十度，危十七度，室十六度，壁九度，奎十六度，娄十二度，胃十四度，昴十一度，毕十六度，觜二度，参九度，井三十三度，鬼四度，柳十五度，星七度，张十八度，翼十八度，轸十七度，角十二度，亢九度，氐十五度，房五度，心五度，尾十八度，箕十一度，自后相承用之。至唐初，李淳风造浑仪，亦无所改。开元中，浮屠一行作《大衍历》，诏梁令瓒作黄道游仪，测知毕、觜、参及舆鬼四宿赤道宿度，与旧不同。毕十七度，觜一度，参十度，鬼三度。自一行之后，因相沿袭，下更五代，无所增损。至仁宗皇祐初，始有诏造黄道浑仪，铸铜为之。自后测验赤道宿度，又一十四宿与一行所测不同。斗二十五度，牛七度，女十一度，危十六度，室十七度，胃十五度，毕十八度，井三十四度，鬼二度，柳十四度，氐十六度，心六度，尾十九度，箕十度。盖古今之人，以八尺圆器，欲以尽天体，决知其难矣。又况图本所指距星，传习有差，故今赤道宿度与古不同。自汉太初后至唐开元治历之初，凡八百年间，悉无更易。今虽测验与旧不同，亦岁月未久。新历两备其数，如淳风从旧之意。

月度转分：《洪范传》曰："晦而月见西方谓之朒。月未合朔，在日后；今在日前，太疾也。朒者，人君舒缓、臣下骄盈专权之象。朔而月见东方谓之侧匿。合朔则月与日合，今在日后，太迟也。侧匿者，人君严急、臣下危殆恐惧之象。"盈则进，缩则退，躔离九道，周合三旬，考其变行，自有常数。《传》称，人君有舒疾之变，未达于有迟速之常也。后汉刘洪粗通其旨。尔后治历者多循旧法，皆考迟疾之分，增损平会之朔，得月后定追及日之际而生定朔焉。至于加时早晚，或速或迟，皆由转分强弱所致。旧历课转分，以九分之五为强率，一百一分之五十六为弱率，乃于强弱之际而求秒焉。新历转分二百九十八亿八千二百二十四万二千二百五十一，以一百万平之，得二十七日五十五万四千六百二十六，最得中平之数。旧历置日余而求朒朓之数，衰次不伦。今从其度而迟疾有渐，用之课验，稍符天度。

转度母：转法、会周附。本以朔分并周天，是为会周。一朔之月常度也，名周本母。去其朔差为转终，朔差乃终外之数也。各以等数约之，即得实用之数。乃以等数约本母为转度母，齐数也。又以等数约月分为转法，亦名转日法也。以转法约转终，得转日及余。本历创立此数，皆古历所未有。约得八千一百一十二万为转度母，二百九十八亿八千二百二十四万二千二百五十一为转终分，三百二十亿二千五百一十二万九千二百五十一为会周，一十亿八千四百四十七万三千为转法，二十一亿四千二百八十八万七千为朔差。

月离迟疾定差：《皇极》有加减限、朒朓积，《麟德》曰增减率、迟疾积，《大衍》曰损益率、朒朓积，《崇天》亦曰损益率、朒朓积。所谓日不及平行则损之，过平行则益之，从阳之义也；月不及平行则益之，过平行则损之，御阴之道也。阴阳相错而以损益、迟疾为名。新历以一万四千八百一十九为迟疾之极，而得五度八分，其数与躔相错，可以知合食加时之早晚也。

进朔：进朔之法，兴于《麟德》。自后诸历，因而立法，互有不同。假令仲夏月朔月行极疾之时，合朔当于亥正，若不进朔，则晨而月见东方；若从《大衍》，当戌初进朔，则朔日之夕，月生于西方。新历察朔日之余，验月行徐疾，变立法率，参验加时，常视定朔小余：秋分后四分法之三已上者，进一日；春分后定朔晨分差如春分之日者，三约之，以减四分之二；定朔小余如此数已上者，亦进，以来日为朔。俾循环合度，月不见于朔晨；交会无差，明必藏于朔夕。加时在于午中，则晦日之晨同二日之夕，皆合月见；加时在于酉中，则晦日之晨尚见，二日之夕未生；加时在于子中，则晦日之晨不见，二日之夕以生。定晦朔，乃月见之晨夕可知；课小余，则加时之早晏无失。使坦然不惑，触类而明之。

消息数：因漏刻立名，义通晷景。《麟德》历差曰屈伸率。天昼夜者，《易》进退之象也。冬至一阳爻生而晷道渐升，夜漏益减，象君子之道长，故曰息；夏至一阴爻生，而晷道渐降，夜漏益增，象君子之道消，故曰消。表景与阳为冲，从晦者也，故与夜漏长短。今以屈伸象太阴之行，而刻差曰消息数。黄道去极，日行有南北，故晷漏有长短。然景差徐疾不同者，句股使之然也。景直晷中则差迟，与句股数齐则差急，随北极高下，所遇不同。其黄道去极度数与日景、漏刻、昏晚中星反覆相求，消息用率，步日景而稽黄道，因黄道而生漏刻，而正中星，四术旋相为中，以合九服之变，约而易知，简而易从。

六十四卦：十二月卦出于孟氏，七十二候原于《周书》。后宋景业因刘洪传卦，李淳风据旧历元图，皆未睹阴阳之赜。至开元中，浮屠一行考扬子云《太玄经》，错综其数，索隐周公三统，纠正时训，参其变通，著在爻象，非深达《易》象，孰能造于此乎！今之所修，循一行旧义，至于周策分率，随数迁变。夫六十卦直常度全次之交者，诸侯卦也；竟六日三千四百八、十六秒而大夫受之；次九卿受之；次三公受之；次天子受之。五六相错，复协常月之次。凡九三应上九，则天微然以静；六三应上六，则地郁然而定。九三应上六即温，六三应上九即寒。上爻阳者风，阴者雨。各视所直之爻，察不刊之象，而知五等与君辟之得失、过与不及为。七十二候，李业兴以来迄于《麟德》，凡七家历，皆以鸡始乳为立春初候，东风解冻为次候，其余以次承之。与《周书》相校，二十余日，舛讹益甚。而一行改从古义，今亦以《周书》为正。

岳台日晷：岳台者，今京师岳台坊，地曰浚仪，近古候景之所。《尚书·洛诰》称东土是也。《礼》玉人职："土圭长尺有五寸以致日。"此即日有常数也。司徒职以圭正日晷，"日至之景，尺有五寸，谓之地中。"此即是地土中致日景与土圭等。然表长八尺，见于《周髀》。夫天有常运，地有常中，历有正象，表有定数。言日至者，明其日至此也。景尺有五寸与圭等者，是其景晷之真效。然夏至之日尺有五寸之景，不因八尺之表将何以得？故经见夏至日景者，明表有定数也。新历周岁中晷长短，皆以八尺之表测候，所得名中晷常数。交会日月，成象于天，以辨尊卑之序。日，君道也；月，臣道也。谪食之变，皆与人事相应。若人君修德以禳之，则或当食而不食。故太阴有变行以避日，则不食；五星潜在日下，为太阴御侮而扶救，则不食；涉交数浅，或在阳历，日光著盛，阴气衰微，则不食；德之休明而有小眚焉，天为之隐，是以光微蔽之，虽交而不见食。此四者，皆德感之所繇致也。按《大衍历议》：开元十二年七月戊午朔，当食。时自交阯至朔方，同日度景测候之际，晶明无云而不食。以历推之，其日入交七百八十四分，当食八分半。十三年，天正南至，东封礼毕，还次梁、宋，史官言："十二月庚戌朔，当食。"帝曰："予方修先后之职，谪见于天，是朕之不敏，无以对扬上帝之休也。"于是彻膳素服以俟之，而卒不食。在位之臣莫不称庆，以谓德之动天，不俟终日。以历推之，是月入交二度弱，当食十五分之十三，而阳光自若，无纤毫之变，虽算术乖舛，不宜若是。凡治历之道，定分最微，故损益毫厘，未得其正，则上考《春秋》以来日月交食之载，必有所差。假令治历者因开元二食变交限以从之，则所协甚少，而差失过多。由此明之，《诗》云："此日而微。"乃非天之常数也。旧历直求月行入交，今则先课交初所在，然后与月行更相表里，务通精数。

四正食差：正交如累璧，渐减则有差。在内食分多，在外食分少；交浅则间遥，交深则相薄；所观之地又偏，所食之时亦别。苟非地中，皆随所在而渐异。纵交分正等同在南方，冬食则多，夏食乃少。假均冬夏，早晚又殊，处南北则高，居东西则下。视有斜正，理不可均。月在阳历，校验古今交食，所亏不过其半。合置四正食差，则斜正于卯酉之间，损益于子午之位，务从亲密，以考精微。

五星立率：五星之行，亦因日而立率，以示尊卑之义。日周四时，无所不照，君道也；星分行列宿，臣道也。阴阳进退，于此取仪刑焉。是以当阳而进，当阴而退，皆得其常，故加减之。古之推步，悉皆顺行，至秦方有金、火逆数。

《大衍》曰："木星之行与诸星稍异：商、周之际，率一百二十年而超一次；至战国之时，其行寝急；逮中平之后，八十四年而超一次，自此之后，以为常率。"其行也，初与日合，一十八日行四度，乃晨见东方。而顺行一百八日，计行二十二度强，而留二十七日。乃退行四十六日半，退行五度强，与日相望。旋日而退，又四十六日半，退五度强，复留二十七日。而顺行一百八日，行十八度强，乃夕伏西方。又十八日行四度，复与日合。

火星之行：初与日合，七十日行五十二度，乃晨见东方。而顺行二百八十日，计行二百一十六度半弱，而留十一日。乃退行二十九日，退九度，与日相望。旋日而退，又二十九日，退九度，复留十一日。而顺行二百八十日，行一百六十四度半弱，而夕伏西方。又七十日，行五十二度，复与日合。

土星之行：初与日合，二十一日行二度半，乃晨见东方。顺行八十四日，计行九度半强，而留三十五日。乃退行四十九日，退三度半，与日相望。乃旋日而退，又四十九日，退三度少，复留三十五日。又顺行八十四日，行七度强，而夕伏西方。又二十一日，行二度半，复与日合。

金星之行：初与日合，五十八日半行四十九度太，而夕见西方。乃顺行二百三十一日，计行二百五十一度半，而留七日。乃退行九日，退四度半，而夕伏西方。又六日半，退四度太，与日再合。又六日半，退四度太，而晨见东方。又退九日，逆行四度半，而复留七日。而复顺行二百三十一日，行二百五十一度半，乃晨伏东方。又三十八日半，行四十九度太，复与日会。

水星之行：初与日合，十五日行三十三度，乃夕见西方。而顺行三十日，计行六十六度，而留三日，乃夕伏西方。而退十日，退八度，与日再合。又退十日，退八度，乃晨见东方，而复留三日。又顺行三十三日，行三十三度，而晨伏东方。又十五日，行三十三度，与日复会。

一行云："五星伏、见、留、逆之效，表、里、盈、缩之行，皆系之于时，验之于政。小失则小变，大失则大变；事微而象微，事章而象章。盖皇天降谴以警悟人主。又算者昧于象，占者迷于数，睹五星失行，悉谓之历舛，以数象相参，两丧其实。大凡校验之道，必稽古今注记，使上下相距，反覆相求，苟独异常，则失行可知矣。"

星行盈缩：五星差行，惟火尤甚。乃有南侵狼坐，北入鲍瓜，变化超越，独异于常，是以日行之分，自有盈缩。此乃天度广狭不等，气序升降有差，考古升降之分，积为盈缩之数。凡五星入气加减，兴于张子信，以后方士各自增损，以求亲密。而《开元历》别为四象六爻，均以进退，今则别立盈缩，与旧异。

五星见伏：五星见伏，皆以日度为规。日度之运，既进退不常；星行之差，亦随而增损。是以五星见伏，先考日度之行，今则审日行盈缩，究星躔进退，五星见伏，率皆密近。旧说，水星晨应见不见在雨水后、谷雨前，夕应见不见在处暑后、霜降前。又云，五星在卯酉南则见迟、伏早，在卯酉北则见早、伏迟，盖天势使之然也。

步气朔术

演纪上元甲子岁，距治平元年甲辰，岁积七十一万一千七百六十，算外。上验往古，每年减一算；下算将来，每年加一算。

元法：三万九千。

岁周：一千四百二十四万四千五百。

朔实：一百一十五万一千六百九十三。

岁周：三百六十五日、余九千五百。

朔策：二十九、余二万六百九十三。

望策：一十四、余二万九千八百四十六半。

弦策：七、余一万四千九百二十三、秒四半。

气策：一十五、余八千五百二十、秒一十五。

中盈分：一万七千四十一、秒一十二。

朔虚分：一万八千三百七。

闰限：一百一十一万六千三百四十四、秒六。

岁闰：四十二万四千一百八十四。

月闰：三万五千三百四十八、秒一十二。

没限：三万四百七十九、秒三。

纪法：六十。

秒母：一十八。

求天正冬至：置所求积年，以岁周乘之，为天正冬至气积分；满元法除之为积日，不满为小余。日盈纪法去之，不尽，命甲子，算外，即得所求年前天正冬至日辰及余。

求次气：置天正冬至大、小余，以气策加之，即得次气大、小余。若秒盈秒母从小余，小余满元法从大余，大余满纪法即去之。命大余甲子，算外，即次气日辰及余。余气累而求之。

求天正经朔：置天正冬至气积分，满朔实去之为积月，不尽为闰余；盈元法为日，不盈为余；以减天正冬至大、小余，为天正经朔大、小余。大余不足减，加纪法；小余不足减，退大余，加元法以减之。命大余甲子，算外，即得所求年前天正经朔日辰及余。

求弦望及次朔经日：置天正经朔大、小余，以弦策累加之，命如前，即得弦、望及次朔经日日辰及余。

求没日：置有没之气小余，二十四气小余在没限已上者，为有没之气。以秒母乘之，其秒从之。用减七十一万二千二百二十五，余以一万二百二十五除之为没日，不满为除。以没日加其气大余，命甲子，算外，即其气没日日辰。

求减日：置有减经朔小余，经朔小余不满朔虚分者，为有减之朔。以三十乘之，满朔虚分为减日，不满为余。以减日加经朔大余，命甲子，算外，即其月减日日辰。

步发敛术
候策：五、余二千八百四十、秒五。
卦策：六、余三千四百八、秒六。
土王策：三、余一千七百四、秒三。
辰法：三千二百五十。
刻法：三百九十。
半辰法：一千六百二十五。
秒母：一十八。

求七十二候：各置中节大、小余命之，为初候；以候策加之，为次候；又加之，为末候。各命甲子，算外，即得其候日辰。

求六十四卦：各因中气大、小余命之，为公卦用事日；以卦策加之，即次卦用事日；以土王策加诸侯之卦，得十有二节之初外卦用事日。

求五行用事日：各因四立之节大、小余命之，即春木、夏火、秋金、冬水首用事日；以土王策减四季中气大、小余，命甲子，算外，即其月土始用事日也。

求发敛加时：各置小余，满辰法除之为辰数，不满者，刻法而一为刻，又不满为分。命辰数从子正，算外，即得所求加时辰时。若以半辰之数加而命之，即得辰初后所入刻数。

求发敛去经朔：置天正经朔闰余，以月闰累加之，即每月闰余；满元法除之之闰日，不尽为小余，即得其月中气去经朔日及余秒。其闰余满闰限，即为置闰，以月内无中气为定。

求卦候去经朔：各以卦、候策及余秒累加减之，中气前，减；中气后，加。即各得卦、候去经朔日及余秒。

步日躔术
日度母：六百二十四万。
周天分：二十二亿七千九百二十万四百四十七。
周天：三百六十五度。余一百六十四万四百四十七，约分二千五百六十四、秒八十二。
岁差：八万四百四十七。
二至限：一百八十二度。余二万四千二百五十、约分六千二百一十八。
一象度：九十一。余一万二千一百二十五、约分三千一百九。

求朔弦望入盈缩度：置二至限度及余，以天正闰日及余减之，余为天正经朔入缩度及余；以弦策累加之，满二至限度及余去之，则盈入缩，缩入盈而互得之。即得弦、望及次经朔日所入盈缩度及余。其余以一万乘之，元法除之，即得约分。

求朔弦望盈缩差及定差：各置朔、弦、望所入盈缩度及约分，如在象度分以下者为在初；已上者，覆减二至限，余为在末。置初、末度分于上，列二至于下，以上减下，余以下乘上，为积数；满四千一百三十五除之为度，不满，退除为分，命曰盈缩差度及分。若以四百乘积数，满五百六十七除之，为盈缩定差。若用立成者，以其度损益率乘度除，满元法而一，所得，以损益其度下盈缩积，为定差度；其损益初、末分为二日者，各随其初、末以乘除。其后皆如此例。

求定气日：冬、夏二至，盈缩之端，以常为定。余者以其气所得盈缩差度及分盈减缩加常气日及约分，即为其气定日及分。

赤道宿度
斗：二十六　牛：八　女：十二　虚：十及分
危：十七　室：十六　壁：九
北方七宿九十八度。余一百六十万四百四十七，约分二千五百六十四。
奎：十六　娄：十二　胃：十四　昴：十一
毕：十七　觜：一　参：十
西方七宿八十一度。
井：三十三　鬼：三　柳：十五　星：七
张：十八　翼：十八　轸：十七
南方七宿一百一十一度。
角：十二　亢：九　氐：十五　房：五
心：五　尾：十八　箕：十一
东方七宿七十五度。

前皆赤道度，自《大衍》以下，以仪测定，用为常数。赤道者，常道也，纮于天半，以格黄道。

求天正冬至赤道日度：以岁差乘所求积年，满周天分去之，不尽，用减周天分，余以度母除之，一度为度，不满为余。余以一万乘之，度母退除为约分。命起赤道虚宿六度去之，至不满宿，即所求年天正冬至加时赤道日躔所在宿度及分。

求夏至赤道加时日度：置天正冬至加时赤道日度，以二至限度及分加之，满赤道宿度去之，即得夏至加时赤道日度。若求二至昏后夜半赤道日度者，各以二至之日约余减一万分，余以加二至加时赤道日度，即为二至初日昏后夜半赤道日度，每日加一度，满赤道宿度去之，即得每日昏后夜半赤道日度。

求赤道宿积度：置冬至加时赤道宿全度，以冬至赤道加时日度减之，余为距后度及分；以赤道宿度累加之，即各得赤道其宿积度及分。

求赤道宿积度入初末限，各置赤道宿积度及分，满九十一度三十一分去之，余在四十五度六十五分半以下分以日为母。为在初限；以上者，用减九十一度三十一分，余为入末限度及分。

求二十八宿黄道度：各置赤道宿入初、末限度及分，用减一百一十一度三十七分，余以乘初、末限度及分，进一位，以一万约之，所得，命曰黄赤道差度及分；在至后、分前减，在分后、至前加，皆加减赤道宿积度及分，为其宿黄道积度及分；以前宿黄道积度减其宿黄道积度，为其宿黄道度及分。其分就近为太、半、少。

黄道宿度
斗：二十三半　牛：七半　　女：十一半
虚：十少，秒六十四
危：十七太　　室：十七少　壁：九太
北方七宿九十七度半，秒六十四。
奎：十七太　　娄：十二太　胃：十四半
昴：十太
毕：十六　　　觜：一　　　参：九少
西方七宿八十二度。
井：三十　　　鬼：二太　　柳：十四少
星：七
张：十八太　　翼：十九半　轸：十八太
南方七宿一百一十一度。
角：十三　　　亢：九半　　氐：十五半
房：五
心：四　　　　尾：十七　　箕：十
东方七宿七十四度太。

七曜循此黄道宿度，准今历变定。若上考往古，下验将来，当据岁差，每移一度，乃依法变从当时宿度，然后可步日、月、五星，知其守犯。

求天正冬至加时黄道日度：以冬至加时赤道日度及分，减一百一十一度三十七分，余以冬至加时赤道日度及分乘之，进一位，满一万约之为度；不满为分，命曰黄赤道差；用减冬至赤道日度及分，即为所求年天正冬至加时黄道日度及分。

求冬至之日晨前夜半日度：置一万分，以其日升分加之，以乘冬至约余，以一万约之，所得，以减冬至加时黄道日度，即为冬至之日晨前夜半黄道日度及分。

求逐月定朔之日晨前夜半黄道日度：置其朔距冬至日数，以其度下盈缩积度盈加缩减之，余以加天正冬至晨前夜半黄道日度，命之，即其月定朔之日晨前夜半日躔所在宿次。

求每日晨前夜半黄道日度：各置其定朔之日晨前夜半黄道日度，每日加一度，以其日升降分升加降减之，满黄道宿度去之，即各得每日晨前夜半黄道日躔所在宿度及分。若次年冬至小余满法者，以升分极数加之。

卷七十五　　志第二十八

律　历　八

明天历

步晷漏术
二至限：一百八十二日六十二分。
一象度：九十一度三十一分。
消息法：一万六百八十九。
辰法：三千二百五十。
刻法：三百九十。
半辰法：一千六百二十五。
昏明刻分：九百七十五。
昏明：二刻一百九十五分。
冬至岳台晷景常数：一丈二尺八寸五分。
夏至岳台晷景常数：一尺五寸七分。
冬至后初限、夏至后末限：四十五日六十二分。
夏至后初限、冬至后末限：一百三十七日。

求岳台晷景入二至后日数：计入二至来日数，以二至约余减之，仍加半日之分，即为入二至后来日午中积数及分。

求岳台晷景午中定数：置所求午中积数，如初限以下者为在初；已上者，覆减二至限，余为在末。其在冬至后初限、夏至后末限者，以入限日减一千九百三十七半，为泛差；仍以入限日分乘其日盈缩积，盈缩积在日度术中。五因百约之，用减泛差，为定差；乃以入限日分自相乘，以乘定差，满一百万为尺，不满为寸、为分及小分，以减冬至常晷，余为其日午中晷景定数。若所求入冬至后末限、夏至后初限者，乃三约入限日分，以减四百八十五少，余为泛差；仍以盈缩差减极数，余者若在春分后、秋分前者，直以四约之，以加泛差，为定差；若春分前、秋分后者，以去二分日数及分乘之，满六百而一，以减泛差，余为定差；乃以入限日分自相乘，以乘定差，满一百万为尺，不满为寸、为分及小分，以加夏至常晷，即为其日午中晷景定数。

求每日消息定数：置所求日中日度分，如在二至限以下者为在息；以上者去之，余为在消。又视入消息度加一象以下者为在初；以上者，覆减二至限，余为在末。其初、末度自相乘，以一万乘而再折之，满消息法除之，为常数。乃副之，用减一千九百五十，余以乘其副，满八千六百五十除之，所得以加常数，为所求消息定数。

求每日黄道去极度及赤道内外度：置其日消息定数，以四因之，满三百二十五除之为度，不满，退除为分，所得，在春分后加六十七度三十一分，在秋分后减一百一十五度三十一分,即为所求日黄道去极度及分。以黄道去极度与一象度相减,余为赤道内、外度。若去极度少,为日在赤道内;若去极度多,为日在赤道外。

求每日晨昏分及日出入分:以其日消息定数,春分后加六千八百二十五,秋分后减一万七百二十五,余为所求日晨分;用减元法,余为昏分。以昏明分加晨分,为日出分;减昏分,为日入分。

求每日距中度及每更差度:置其日晨分,以七百乘之,满七万四千七百四十二除为度,不满,退除为分,命曰距子度;用减半周天,余为距中度。若倍距子度,五除之,即为每更差度及分。若依司辰星漏历,则倍距子度,减去待旦三十六度五十二分半,余以五约之,即每更差度。

求每日夜半定漏:置其日晨分,以刻法除之为刻,不满为分,即所求日夜半定漏。

求每日昼夜刻及日出入辰刻:倍夜半定漏,加五刻,为夜刻。用减一百刻,余为昼刻。以昏明刻加夜半定漏,满辰法除之为辰数,不满,刻法除之为刻,又不满,为刻分。命辰数从子正,算外,即日出辰刻;以昼刻加之,命如前,即日入辰刻。若以半辰刻加之,即命从辰初也。

求更点辰刻:倍夜半定漏,二十五而一,为点差刻;五因之,为更差刻。以昏明刻加日入辰刻,即甲夜辰刻;以更点差刻累加之,满辰刻及分去之,各得更点所入辰刻及分。若同司辰星漏历者,倍夜半定漏,减去待旦一十刻,余依术求之,即同内中更点。

求昏晓及五更中星:置距中度,以其日昏后夜半赤道日度加而命之,即其日昏中星所格宿次,其昏中星便为初更中星;以每更差度加而命之,即乙夜所格中星;累加之,得逐更中星所格宿次。又倍距子度,加昏中星命之,即晓中星所格宿次。若同司辰星漏历中星,则倍距子度,减去待旦十刻之度三十六度五十二分半,余约之为五更,即同内中更点中星。

求九服距差日:各于所在立表候之,若地在岳台北,测冬至后与岳台冬至暑景同者,累冬至后至其日,为距差日;若地在岳台南,测夏至后与岳台夏至暑景同者,累夏至后至其日,为距差日。

求九服暑景:若地在岳台北冬至前后者,以冬至前后日数减距差日,为余日;以余日减一万九百三十七半,为泛差;依前求之,以加岳台冬至暑景常数,为其地其日中暑常数。若冬至前后日多于距差日,乃减去距差日,余依前术求之,即得其地其日中暑常数。若地在岳台南夏至前后者,以夏至前后日数减距差日,为余日;乃三约之,以减四百八十五少,为泛差;依前术求之,以减岳台夏至暑景常数,即其地其日中暑常数。如夏至前后日数多于距差日,乃减岳台夏至常暑,余即暑在表南也。若夏至前后日多于距差日,即减去距差日,余依前术求之,各得其地其日中暑常数。若求定数,依立成以求午中暑景定数。

求九服所在昼夜漏刻:冬、夏二至各于所在下水漏,以定其地二至夜刻,乃相减,余为冬、夏至差刻。置岳台其日消息定数,以其地二至差刻乘之,如岳台二至差刻二十而一,所得,为其地其日消息定数。乃倍消息定数,满刻法约之为刻,不满为分,乃加减其地二至夜刻,秋分后、春分前,减冬至夜刻;春分后、秋分前,加夏至夜刻。为其地其日夜刻;用减一百刻,余为昼刻。其日出入辰刻及距中度五更中星,并依前术求之。

步月离术

转度母:八千一百一十二万。

转终分:二百九十八亿八千二百二十四万二千二百五十一。

朔差:二十一亿四千二百八十八万七千。

朔差:二十六度。余三千三百七十六万七千,约余四千一百六十二半。

转法:一十亿八千四百四十七万三千。

会周:三百二十亿二千五百一十二万九千二百五十一。

转终:三百六十八度。余三十八万二千二百五十一,约余三千七百八。

转终:二十七日。余六亿一百四十七万一千二百五十一,约余五千五百四十六。

中度:一百八十四度。余一千五百四万一千一百二十五半,约余一千八百五十四。

象度:九十二度。余七百五十二万五百六十二太,约分九百二十七。

月平行:十三度。余二千七百九十九万一千三千,约分三千六百八十七半。

望差:一百九十七度。余三千一百九十二万四千六百二十五半,约分三千九百三十四。

弦差:九十八度。余五千六百五十二万二千三百一十二太,约分六千九百六十七。

日衰:一十八、小分九。

求月行入转度:以朔差乘所求积月,满转终分去之,不尽为转余。满转度母除为度,不满为余,其余差以一万乘之,满转度母除之,即得约分;若以转法除转余,即为入转日及余。即得所求月加时入转度及余。若以弦度及余累加之,即得上弦、望、下弦及后朔加时入转度及分;其度若满转终度及余去之。其入转度如在中度以下为月行在疾历;如在中度以上者,乃减去中度及余,为月入迟历。

求月行迟疾差度及定差:置所求月行入迟速度,如在象度以下为在初。以上,覆减中度,余为在末。其度余用约分百为母。置初、末度于上,列二百一度九分于下,以上减下,余以下乘上,为积数;满一千九百七十六除为度,不满,退除为分,命曰迟疾差度。在疾为减,在迟为加。以一万乘积数,满六千七百七十三半除之,为迟疾定差。疾加、迟减,若用立成者,以其度下损益率乘度余,满转度母而一,所得,随其损益,即得迟疾及定差。其迟疾、初末损益分为二日者,各加其初、末以乘除。

求朔弦望所直度下月行定分:置迟疾所入初、末度分,进一位,满七百三十九除之,用减一百二十七,余为衰差。乃以衰差疾初迟末减、迟初疾末加,皆加减平行度分，为其度所直月行定分。其度以百命为分。

求朔弦望定日：各以日躔盈缩、月行迟疾定差加减经朔、弦、望小余，满若不足，进退大余，命甲子，算外，各得定日日辰及余。若定朔干名与后朔干名同者月大，不同月小，月内无中气者为闰月。凡注历，观定朔小余，秋分后四分之三已上者，进一日；若春分后，其定朔晨分差如春分之日者，三约之，以减四分之三；如定朔小余及此数已上者，进一日；朔或当交有食，初亏在日入已前者，其朔不进。弦、望定小余不满日出分者，退一日；其望或当交有食，初亏在日出已前，其望小余虽满日出分者，亦退之。又月行九道迟疾，历有三大二小；日行盈缩累增损之，则有四大三小，理数然也。若循其常，则当察加时早晚，随其所近而进退之，使月之大小不过连三。旧说，正月朔有交，必须消息前后一两月，移食在晦、二之日。且日食当朔，月食当望，盖自然之理。夫日之食，盖天之垂诫，警悟时政，若道化得中，则变咎为祥。国家务以至公理天下，不可私移晦朔，宜顺天诫。故《春秋传》书日食，乃纠正其朔，不可专移食于晦、二。其正月朔有交，一从近典，不可移避。

求定朔弦望加时日度：置朔、弦、望中日及约分，以日躔盈缩度及分盈加缩减之，又以元法退除迟疾定差，疾加迟减之，余为其朔、弦、望加时定日。以天正冬至加时黄道日度加而命之，即所求朔、弦、望加时定日所在宿次。朔、望有交，则依后术。

求月行九道：凡合朔所交，冬在阴历，夏在阳历，月行青道。冬至、夏至后，青道半交在春分之宿，当黄道东。立夏、立冬后，青道半交在立春之宿，当黄道东南；至所冲之宿亦如之。冬在阳历，夏在阴历，月行白道。冬至、夏至后，白道半交在秋分之宿，当黄道西；立冬、立夏后，白道半交在立秋之宿，当黄道西北；至所冲之宿亦如之。春在阳历，秋在阴历，月行朱道。春分、秋分后，朱道半交在夏至之宿，当黄道南；立春、立秋后，朱道半交在立夏之宿，当黄道西南；至所冲之宿亦如之。春在阴历，秋在阳历，月行黑道。春分、秋分后，黑道半交在冬至之宿，当黄道正北。立春、立秋后，黑道半交在立冬之宿，当黄道东北；至所冲之宿亦如之。四序离为八节，至阴阳之所交，皆与黄道相会，故月行九道。各视月所入正交积度，视正交九道宿度所入节候，即其道、其节所起。满象度及分去之，余者入交积度及象度并在交会术中。若在半象以下为在初限。以上，覆减象度及分，为在末限。用减一百一十一度三十七分，余以所入初、末限度及分乘之，退位，半之，满百为度，不满为分，所得为月行与黄道差数。距半交后、正交前，以差数减；距正交后、半交前，以差数加。此加减出入六度，单与黄道相较之数，若较之赤道，随势迁变不常。计去二至以来度数，乘黄道所差，九十而一，为月行与黄道差数。凡日以赤道内为阴，外为阳；月以黄道内为阴，外为阳。故月行宿度，入春分交后行阴历，秋分交后行阳历，皆为同名；若入春分交后行阴历，秋分交后行阳历，皆为异名。其在同名，以差数加者加之，减者减之；其在异名，以差数加者减之，减者加之。皆加减

黄道宿积度，为九道宿积度；以前宿九道宿积度减其宿九道宿积度，余为其宿九道宿度及分。其分就近约为太、半、少三数。

求月行九道入交度：置其朔加时定日度，以其朔交初度及分减之，余为其朔加时月行入交度及余。其余以一万乘之，以元法退除之，即为约余。以天正冬至加时黄道度加而命之，即正交月离所在黄道宿度。

求正交加时月离九道宿度：以正交度及分减一百一十一度三十七分，余以正交度及分乘之，退一等，半之，满百为度，不满为分，所得，命曰定差。以定差加黄道宿度，计去冬、夏至以来度数，乘定差，九十而一，所得，依同异名加减之，满若不足，进退其度，命如前，即正交加时月离九道宿度及分。

求定朔弦望加时月离所在宿度：各置其日加时日躔所在，变从九道，循次相加。凡合朔加时，月行潜在日下，与太阳同度，是为加时月离宿次。先置朔、弦、望加时黄道宿度，以正交加时黄道宿度减之，余以加其正交加时九道宿度，命起正交宿次，算外，即朔、弦、望加时所当九道宿度。其合朔加时若非正近，则日在黄道、月在九道各入宿度，虽多少不同，考其去极，若应绳准。故云月行潜在日下，与太阳同度。各以弦、望度及分加其所当九道宿度，满宿次去之，各得加时九道月离宿次。

求定朔夜半入转：以所求经朔小余减其朔加时入转日余，其经朔小余，以二万七千八百七乘之，即母转法。为其经朔夜半入转。若定朔大余有进退者，亦进退转日，无进退则因经为定。其余以转法退收之，即为约分。

求次月定朔夜半入转：因定朔夜半入转，大月加二日，小月加一日，余、分皆加四千四百五十四，满转终日及约分去之，即次月定朔夜半入转；累加一日，去命如前，各得逐日夜半入转日及分。

求定朔弦望夜半月度：各置加时小余，若非朔、望有交者，有用定朔、弦、望小余。以其日月行定分乘之，满元法而一为度，不满，退除为分，命曰加时度。以减其日加时月度，即各得所求夜半月度。

求晨昏月：以晨分乘其日月行定分，元法而一，为晨度；用减月行定分，余为昏度。各以晨昏度加夜半月度，即所求晨昏月所在宿度。

求朔弦望晨昏定程：各以其朔昏定月减上弦昏定月，余为朔后昏定程；以上弦昏定月减望昏定月，余为上弦后昏定程；以望晨定月减下弦晨定月，余为望后晨定程；以下弦晨定月减次朔晨定月，余为下弦后晨定程。

求转积度：计四七月行定分，以日衰加减之，为逐日月行定程；乃自所入日计求定之，为其程转积度分。其四七日月行定分者，初日益迟一千二百一十，七日渐疾一千三百四十一，十四日损疾一千四百六十一，二十一日渐迟一千三百二十八，乃观其迟疾之极差而损益之，以百为分母。

求每日晨昏月：以转积度与晨昏定程相减，余以距后程日数除之，为日差。定程多为加，定程少为减。以加减每日月行定分，为每日转定度及分。以每日转定度及分加

朔、弦、望晨昏月，满九道宿次去之，即为每日晨、昏月离所在宿度及分。凡注历，朔后注昏，望后注晨。已前月度，并依九道所推，以究算术之精微。若注历求其速要者，即依后术以推黄道月度。

求天正十一月定朔夜半平行月：以天正经朔小余乘平行度分，元法而一为度，不满，退除为分秒，所得，为经朔加时度。用减其朔中日，即经朔晨前夜半平行月积度。若定朔有进退，以平行度分加减之。即为天正十一月定朔之日晨前夜半平行月积度及分。

求次月定朔之日夜半平行月：置天正定朔之日夜半平行月，大月加三十五度八十分六十一秒，小月加二十二度四十三分七十三秒半，满周天度分即去之，即每月定朔之晨前夜半平行月积度及分秒。

求定弦望夜半平行月、计弦、望距定朔日数，以乘平行度及分秒，以加其定朔夜半平行月积度及分秒，即定弦、望之日夜半平行月积度及分秒。亦可直求朔望，不复求度，从简易也。

求天正定朔夜半入转度：置天正经朔小余，以平行月度及分乘之，满元法除为度，不满，退除为分秒，命为加时度；以减天正十一月经朔加时入转度及约分，余为天正十一月经朔夜半入转度及分。若定朔大余有进退者，亦进退平行度分，即为天正十一月定朔之日晨前夜半入转度及分秒。

求次月定朔及弦望夜半入转度：因天正十一月定朔夜半入转度分，大月加三十二度六十九分一十七秒，小月加十九度三十二分二十九秒半，即各得次月定朔夜半入转度及分。各以朔、弦、望相距日数乘平行度分以加之，满转终度及秒即去之，如在中度以下者为疾；以上者去之，余为入迟历，即各得次朔、弦、望定日晨前夜半入转度及分。若以平行月度及分收之，即为定朔、弦、望入转日。

求定朔弦望夜半定月：以定朔、弦、望夜半入转度分乘其度损益衰，以一万约之为分，百约为秒，损益其度下迟疾度，为迟疾定度。乃以迟加疾减夜半平行月，为朔、弦、望夜半定月积度。以冬至加时黄道日度加而命之，即定朔、弦、望夜半月离所在宿次。若有求晨昏月，以其日晨昏分乘其日月行定分，元法而一，所得为晨昏度；以加其夜半定月，即得朔、弦、望晨昏月度。

求朔弦望定程：各以朔、弦、望定月相减，余为定程。若求晨昏定程，则用晨昏定月相减，朔后用昏，望后用晨。

求朔弦望转积度分：计四七日月行定分，以日衰加减之，为逐日月行定分；乃自所入日计之，为其程转积度分。其四七日月行定分者，初日益迟一千二百一十，七日渐疾一千三百四十一，十四日损疾一千四百六十一，二十一日渐迟一千三百二十八，乃视其迟疾之极差而损益之，分以百为母。

求每日离宿次：各以其朔、弦、望定程与转积度相减，余为程差。以距后程日数除之，为日差。定程多为益差，定程少为损差。以日差加减月行定分。为每日月行定分；以每日月行定分累加定朔、弦、望夜半月在宿次，命之，即得每日晨前夜半月离宿次。如晨昏宿次，即得每日晨昏月度。

步交会术

交度母：六百二十四万。

周天分：二十二亿七千九百二十万四百四十七。

朔差：九百九十万一千一百五十九。

朔差：一度、余三百六十六万一千一百五十九。

望差：空度、余四百九十五万五百七十九半。

半周天：一百八十二度。余三百九十二万二百二十三半，约分六千二百八十二。

日食限：一千四百六十四。

月食限：一千三百三十八。

盈初限缩末限：六十度八十七分半。

缩初限盈末限：一百二十一度七十五分。

求交初度：置所求积月，以朔差乘之，满周天分去之，不尽，覆减周天分，满交度母除之为度，不满为余，即得所求月交初度及余；以半周天加之，满周天去之，余为交中度及余。若以望差减之，即得其月望交初度及余；以朔差减之，即得次月交初度及余；以交度母退除，即得余分。若以天正黄道日度加而命之，即各得交初、交中所在宿度及分。

求日月食甚小余及加时辰刻：以其朔、望月行迟疾定差疾加迟减经朔望小余，若不足减者，退大余一，加元法以减之；若加之满元法者，但积其数。以一千三百三十七乘之，满其度所直月行定分除之，为月行差数；乃以日躔盈定差盈加缩减之，余为其朔、望食甚小余。凡加减满若不足，进退其日，此朔望加时以究月行迟疾之数，若非有交会，直以经定小余为定。置之，如前发敛加时术入之，即各得日、月食甚所在晨刻。视食甚小余，如半法以下者，覆减半法，余为午前分；半法已上者，减去半法，余为午后分。

求朔望加时日月度：以其朔、望加时小余与经朔望小余相减，余以元法退收之，以加减其朔、望中日及约分，经朔望少，加；经朔望多，减。为其朔、望加时中日。乃以所入日升降分乘所入日约分，以一万约之，所得，随以损益其日下盈缩积，为盈缩定度；以盈加缩减加时中日，为其朔、望加时定日；望则更加半周天，为加时定月；以天正冬至加时黄道日度加而命之，即得所求朔、望加时日月所在宿度及分。

求朔望日月加时去交度分：置朔望日月加时定度与交初、交中度相减，余为去交度分。就近者相减之，其度以百通之为分。加时度多为后，少为前，即得其朔望去交前、后分。交初后、交中前，为月行外道阳历；交中后、交初前，为月行内道阴历。

求日食四正食差定数：置其朔加时定日，如半周天以下者为盈。以上者去之，余为在缩。视之，如在初限以下者为在初。以上者，覆减二至限，余为在末。置初、末限度及分，盈初限、缩末限者倍之。置于上位，列二百四十三度半于下，以上减下，余以下乘上，以一百六乘之，满三千九十三除之，为东西食差泛数。用减五百八，余为南北食差泛数。其求南北食差定数者，乃视午前、后分，如四分法之一以下者覆减之，余以乘泛数。若以上者即去之，余以乘泛数，皆满九千七百五十除之，为南北食差定数。盈初缩末限者，食甚在卯酉以南，内减外加；食甚在卯酉以北，内加外减。缩初盈末限者，食甚在卯酉以南，内加外减；食甚在卯酉以北，内减外加。其求东西食差定数者，乃视午前、后分，如四分法之一以下者以乘泛数；以上者，覆减半法，余乘泛数，皆满九千七百五十除之，为东西食差定数。盈初缩末限者，食甚在子午以东，内减外加；食甚在子午以西，内加外减。缩初盈末限者，食甚在子午以东，内加外减；食甚在子午以西，内减外加。即得其朔四正食差加减定数。

求日月食去交定分：视其朔四正食差，加减定数，同名相从，异名相消，余为食差加减总数；以加减去交分，余为日食去交定分。其去交定分不足减，乃覆减食差总数、若阳历覆减入阴历，为入食限；若阴历覆减入阳历，为不入食限。凡加之满食限以上者，亦不入食限。其望食者，以其望去交分便为其望月食去交定分。

求日月食分：日食者，视去交定分，如食限三之一以下者倍之，类同阳历食分。以上者，覆减食限，余为阴历食分。皆进一位，满九百七十六除为大分，不满，退除为小分，命十为限，即日食之大、小分。月食者，视去交定分，如食限三之一以下者，食既；以上者，覆减食限。余进一位，满八百九十二除之为大分，不满，退除为小分，命十为限，即月食之大、小分。其食不满大分者，虽交而数浅，或不见食也。

求日食泛用刻分：置阴、阳历食分于上，列一千九百五十二于下，以上减下，余以乘上，满二百七十一除之，为日食泛用刻、分。

求月食泛用刻分：置去交定分，自相乘，交初以四百五十九除，交中以五百四十除之，所得，交初以减三千九百，交中以减三千三百一十五，余为月食泛用刻、分。

求日月食定用刻分：置日月食泛用刻、分，以一千三百三十七乘之，以所直度下月行定分除之，所得为日月食定用刻、分。

求日月食亏初复满时刻：以定用刻分减食甚小余，为亏初小余；加食甚，为复满小余；各满辰法为辰数，不尽，满刻法除之为刻数，不满为分。命辰数从子正，算外，即得亏初、复末辰、刻及分。若以半辰数加之，即命从时初也。

求日月食初亏复满方位：其日食在阳历者，初食西南，甚于正南，复于东南；日在阴历者，初食西北，甚于正北，复于东北。其食过八分者，皆初食正西，复于正东。其月食者，月在阴历，初食东南，甚于正南，复于西南；月在阳历，初食东北，甚于正北，复于西北。其食八分已上者，皆初食正东，复于正西。此皆审其食甚所向，据午正而论之，其食余方察其斜正，则初亏、复满乃可知矣。

求月食更点定法：倍其望晨分，五而一，为更法；又五而一，为点法。若依司辰星注历，同内中更点，则倍晨分，减去待旦十刻之分，余，五而一，为更法；又五而一，为点法。

求月食入更点：各置初亏、食甚、复满小余，如在晨分以下者加晨分，如在昏分以上者减去昏分，余以更法除之为更数，不满，以点法除之为点数。其更数命初更，算外，即各得所入更、点。

求月食既内外刻分：置月食去交分，覆减食限三之一，不及减者为食不既。余列于上位，乃列三之二于下，以上减下，余以下乘上，以一百七十除之，所得，以定用刻分乘之，满泛用刻分除之，为月食既内刻分；用减定用刻分，余为既外刻、分。

求日月带食出入所见分数：视食甚小余在日出分以下者，为月见食甚、日不见食甚；以日出分减复满小余，若食甚小余在日出分已上者，为日见食甚、月不见食甚；以初亏小余减日出分，各为带食差；若月食既者，以既内刻分减带食差，余乘所食分，既外刻分而一，不及减者，即带食既出入也。以乘所食之分，满定用刻分而一，即各为日带食出、月带食入所见之分。凡亏初小余多如日出分为在昼，复满小余多如日出分为在夜，不带食出入也。若食甚小余在日入分以下者，为日见食甚、月不见食甚；以日入分减复满小余，若食甚小余在日入分已上者，为月见食甚、日不见食甚；以初亏小余减日入分，各为带食差；若月食既者，以既内刻分减带食差，余乘所差分，既外刻分而一，不及减者，即带食既出入也。以乘所食之分，满定用刻分而一，即各为日带食入、月带食出所见之分。凡亏初小余多如日入分为在夜，复满小余少如日入分为在昼，并不带食出入也。

步五星术

木星终率：一千五百五十五万六千五百四。

终日：三百九十八日。余三万四千五百四，约分八千八百四十七。

历差：六万一千七百五十。

见伏常度：一十四度。

变段	变日	变度
	历度	初行率
前一	一十八日	四度
	二度九十二	二十二六十四
前二	三十六日	七度四十七
	五度四十六	二十一六十四
前三	三十六日	六度四十
	四度六十八	一十九五十五
前四	三十六	四度二十七
	三度一十二	一十五四十二
前留	二十七日	
前退	四十六日四十四	五度三十二
	空度六十四	
后退	四十六日四十四	五度三十二
	空度六十四	一十四八十九

变段	变日 历度	变度 初行率
后留	二十七日	
后四	三十六日 三度一十二	四度二十七
后三	三十六日 四度六十八	六度四十 一十五九十九
后二	三十六日 五度四十六	七度四十七 一十九八十六
后一	一十八日 二度九十二	四度 二十一八十

火星终率：三千四十一万七千五百三十六。
终日：七百七十九日。余三万六千五百三十六，约分九千三百六十八。
历差：六万一千二百四十。
见伏常度：一十八度。

变段	变日 历度	变度 初行率
前一	七十日 四十九度二十九	五十二度三十三 七十五空
前二	七十日 四十七度七十	五十度三十三 七十三三十三
前三	七十日 四十四度五十二	四十六度九十七 六十九九十八
前四	七十日 三十八度一十六	四十度二十六 六十三六十六
前五	七十日 二十五度四十四	二十六度八十四 四十七二十四
前留	一十一日	
前退	二十八日九十七	九度五 二度二十四
后退	二十八日九十七	九度五 四十六六十四 二度二十四
后留	一十一日	
后五	七十日 二十五度四十四	二十六度八十四
后四	七十日 三十八度一十六	四十度二十六 五十一度三十六
后三	七十日 四十四度五十二	四十六度九十七 六十四二十二
后二	七十日 四十七度七十	五十度三十三 七十四四十六
后一	七十日 四十九度二十九	五十二度 七十三五十六

土星终率：一千四百七十四万五千四百四十六。
终日：三百七十八。余三千四百四十六，约分八百八十三。
历差：六万一千三百五十。
见伏常度：一十八度半。

变段	变日 历度	变度 初行率
前一	二十一日 一度五十四	二度五十 一十二四十一
前二	四十二日 二度六十四	四度二十九 一十一二十三
前三	四十二日 一度七十六	二度八十六 八八十五
前留	三十五日	
前退	四十九日四 空度四十八	三度二十三
后退	四十九日四 空度四十八	三度二十三 八五十七
后留	三十五日	
后三	四十二日 一度七十六	二度八十六
后二	四十二日 二度六十四	四度二十九 九一十九
后一	二十一日 一度五十四	二度五十 一十一三十九

金星终率：二千二百七十七万二千一百九十六。
终日：五百八十三日。余三万五千一百九十六，约分九千二十四。
见伏常度：一十一度少。

变段	变日 初行率	变度
前一	三十八日五十 一百二十九五十二	四十九度七十五
前二	三十八日五十 一百二十八八十三	四十九度三十七
前三	三十八日五十 一百二十六四十三	四十八度五十九
前四	三十八日五十 一百二十四五十七	四十七度二
前五	三十八日五十 一百一十八八十八	四十三度九十九
前六	三十八日五十 一百七十四八	三十七度六十二
前七	三十八日五十 八十四六十八	三十五度八
夕留	七日	
夕退	八日九十五	四度六十二
夕伏退	六日五十	四度七十五

变段	变日	变度
	六十二二十	
晨伏退	六日五十 八十三九十四	四度七五
晨退	八日九十五 六十二二十	四度六十二
晨留	七日	
后七	三十八日五十	三十五度八
后六	三十八日五十 八十七九十四	三十七度六十二
后五	三十八日五十 一百九一十二	四十三度八十九
后四	三十八日五十 一百一十九九十九	四十七度二
后三	三十八日五十 一百二十四九十九	四十八度五十九
后二	三十八日五十 一百二十七六十三	四十九度三十七
后一	三十八日五十 一百二十八九十二	四十九度七十五

水星终率：四百五十一万九千一百八十四。改九千一百九十四。

终日：一百一十五日。余三万四千一百八十四，约分八千七百六十五。

见伏常度：一十八度。

变段	变日 初行率	变度
前一	一十五日 二百四十七五十	三十三度
前二	三十日 一百七十六	三十三度
前留	三日	
夕伏退	九日九十四	八度六
晨伏退	九日九十四 一百三十六七十二	八度六
后留	三日	
后二	三十日	三十三度
后一	一十五日 一百九十二五十	三十三度

求五星天正冬至后诸段中积中星：置气积分，各以星终率去之，不尽，覆减终率，余满元法为日，不满，退除为分，即天正冬至后其星平合中积。重列之为中星，因命为前一段之初，以诸段变日、变度累加减之，即为诸段中星。变日加减中积，变度加减中星。

求木火土三星入历：以其星历差乘积年，满周天分去之，不尽，以度母除之为度，不满，退除为分，命曰差度；以减其星平合中星，即为平合入历度分；以其星段历度加之，满周天度分即去之，各得其星其段入历度分。金、水附日而行，更不求历差。其木、火、土三星前变为晨，后变为夕。金、水二星前变为夕，后变为晨。

求木火土三星诸段盈缩定差：木、土二星，置其星其段入历度分，如半周天以下者为在盈。以上者，减去半周天，余为在缩。置盈缩度分，如在一象以下者为在初限。以上者，覆减半周天，余为在末限。置初、末限度及分于上，列半周天于下，以上减下，以下乘上，木进一位，土九因之。皆满百为分，分满百为度，命曰盈缩定差。其火星，置盈缩度分，如在初限以下者为在初。以上者，覆减半周天，余为在末。以四十五度六十五分半为盈初、缩末限度，以一百三十六度九十六分半为缩初、盈末限度分。置初、末限度于上，盈初、缩末三因之。列二百七十三度九十三分于下，以上减下，余以下乘上，以一十二乘之，满百为度，不满，百约为分，命曰盈缩定差。若用立成法，以其度下损益率乘度下约分，满百者，以损益其度下盈缩差度为盈缩定差，若在留退段者，即在盈缩泛差。

求木火土三星留退差：置后退、后留盈缩泛差，各列其星盈缩极度于下，木极度，八度三十三分；火极度，二十二度五十一分；土极度，七度五十分。以上减下，余以下乘上，水、土三因之，火倍之。皆满百为度，命曰留退差。后退初半之，后留全用。其留退差，在盈益减损加、在缩损减益加其段盈缩泛差，为后退、后留定差。因为后迟初段定差，各须类会前留定差，观其盈缩，察其降差也。

求五星诸段定积：各置其星其段中积，以其段盈缩定差盈加缩减之，即其星其段定积及分；以天正冬至大余及约分加之，满纪法去之，不尽，命甲子，算外，即得日辰。其五星合见、伏，即为推算定日；后求见、伏合定日，即历注其日。

求五星诸段所在月：各置诸段定积，以天正闰日及约分加之，满朔策及分去之，为月数；不满，为入月以来日数及分。其月数命从天正十一月，算外，即其星其段入其月经朔日数及分。定朔有进退者，亦进退其日，以日辰为定。若以气策及约分去定积，命从冬至，算外，即得其段入气日及分。

求五星诸段加时定星：各置其星其段中星，以其段盈缩定差盈加缩减之，即五星诸段定星。若以天正冬至加黄道日度加而命之，即其段加时定星所在宿次。五星皆以前留为前退初定星，后留为后顺初定星。

求五星诸段初日晨前夜半定星：木、火、土三星，以其星其段盈缩定差与次度下盈缩定差相减，余为其度损益差；以乘其段初行率，一百约之，所得，以加减其段初行率，在盈，盈加损减；在缩，益减损加。以一百乘之，为初行积分；又置一百分，亦依其数加减之，以除初行积分,为初日定行分。以乘其段初日约分,以一百约之,顺减退加其段定星,为其段初日晨前夜半定星;以天正冬至加时黄道日度加而命之,即得所求。金、水二星,直以初行率便为初日定行分。

求太阳盈缩度:各置其段定积,如二至限以下为在盈;以上者去之,余为在缩。又视入盈缩度,如一象以下者为在初;以上者,覆减二至限,余为在末。置初、末限度及分,如前日度术求之,即得所求。若用立成者,直以其度下损益分乘度余,百约之,所得,损益其度下盈缩差,亦得所求。

求诸段日度率:以二段日晨相距为日率,又以二段夜半定星相减,余为其段度率及分。

求诸段平行分:各置其段度率及分,以其段日率除之,为其段平行分。

求诸段泛差:各以其段平行分与后段平行分相减,余为泛差;并前段泛差,四因之,退一等,为其段总差。五星前留前、后留后一段,皆以六因平行分,退一等,为其段总差,水星为半总差。其在退行者,木、火、土以十二乘其段平行分,退一等,为其段总差。金星退行者,以其段泛差为总差,后变则反用初、末。水星退行者,以其段平行分为总差,若在前后顺第一段者,乃平次段总差,为其段总差。

求诸段初末日行分:各半其段总差,加减其段平行分,为其段初、末日行分。前变加为初,减为末;后变减为初,加为末。其在退段者,前则减为初,加为末;后则加为初,减为末。若前后段行分多少不伦者,乃平注之;或总差不备大分者,亦平注之;皆类会前后初、末,不可失其衰杀。

求诸段日差:减其段日率一,以除其段总差,为其段日差。后行分少为损,后行分多为益。

求每日晨前夜半星行宿次:置其段初日行分,以日差累损益之,为每日行分。以每日行分累加减其段初日晨前夜半宿次,命之,即每日星行宿次。

径求其日宿次:置所求日,减一,以乘日差,以加减初日行分,后少,减之;后多,加之。为所求日行分;乃加初日行分而半之,以所求日数乘之,为径求积度;以加减其段初日宿次,命之,即径求其日星宿次。

求五星定合定日:木、火、土三星,以其段初日行分减一百分,余以除其日太阳盈缩余为日,不满,退除为分,命曰距合差日及分。以差日及分减太阳盈缩分,余为距合差度。以差日、差度盈减缩加。金、水二星平合者,一百分减初日行分,余以除其日太阳盈缩分为日,不满,退除为分,命曰距合差日及分。以减太阳盈缩分,余为距合差度。以差日、差度盈加缩减。金、水星再合者,以初日行分加一百分,以除其日太阳盈缩分为日,不满,退除为分,命曰再合差日;减太阳盈缩分,余为再合差度。差日、差度盈加缩减。差度则反其加减。皆以加减定积,为再合定日。以天正冬至大余及约分加而命之,即得定合日辰。

求五星定见伏:木、火、土三星,各以其段初日行分减一百分,余以除其日太阳盈缩分为日,不满,退除为分,以盈减缩加。金、水二星夕见、晨伏者,以一百分减初行分,余以除其日太阳盈缩分为日,不满,退除为分,以盈加缩减。其在晨见、夕伏者,以一百分加其段初日行分,以除其日太阳盈缩分为日,不满,退除为分,以盈减缩加。皆加减其段定积,为见、伏定日。以加冬至大余及约分,满纪法去之,命从甲子,算外,即得五星见、伏定日日辰。

琮又论历曰:"古今之历,必有术过于前人,而可以为万世之法者,乃为胜也。若一行为《大衍历》,议及略例,校正历世,以求历法强弱,为历家体要,得中平之数。刘焯悟日行有盈缩之差。旧历推日行平行一度,至此方悟日行有盈缩,冬至前后定日八十八日八十九分,夏至前后定日九十三日七十四分,冬至前后日行一度有余,夏至前后日行不及一度。李淳风悟定朔之法,并气朔、闰余,皆同一术。旧历定朔平注一大一小,至此以日行盈缩、月行迟疾加减朔余,余为定朔、望加时,以定大小,不过三数。自此后日食在朔,月食在望,更无晦、二之差。旧历皆须用章岁、章月之数,使闰余有差,淳风造《麟德历》,以气朔、闰余同归一母。张子信悟月行有交道表里,五星有入气加减。北齐学士张子信因葛荣乱,隐居海岛三十余年,专以圆仪揆测天道,始悟月行有交道表里,在表为外道阳历,在里为内道阴历。月行在内道,则日有食之,月行在外道则无食。若月外之人北户向日之地,则反观有食。又旧历五星率无盈缩,至是始悟五星皆有盈缩、加减之数。宋何承天始悟测景以定气序。景极长,冬至;景极短,夏至。始立八尺之表,连测十余年,即知旧《景初历》冬至常差天三日。乃造《元嘉历》,冬至加时比旧退减三日。晋姜岌始悟以月食所冲之宿,为日所在之度。日所在不知宿度,至此以月食之宿所冲,为日所在宿度。后汉刘洪作《乾象历》,始悟月行有迟疾数。旧历,月平行十三度十九分度之七,至是始悟月行有迟疾之差,极迟则日行十二度强,极疾则日行十四度太,其迟疾极差五度有余。宋祖冲之始悟岁差。《书·尧典》曰:"日短星昴,以正仲冬;宵中星虚,以殷仲秋。"至今三千余年,中星所差三十余度,则知每岁有渐差之数,造《大明历》率四十五年九月而退差一度。唐徐昇作《宣明历》,悟日食有气、刻差数。旧历推日食皆平求食分,多不允合,至是推日食,以气刻差数增损之,测日食分数,稍近天验。《明天历》悟日月会合为朔,所立日法,积年有自然之数,及立法推求晷影,知气节加时所在。自《元嘉历》后所立日法,以四十九分之二十六为强率、以十七分之九为弱率,并强弱之数为日法、朔余,自后诸历效之。殊不知日月会合为朔,并朔余虚分为日法,盖自然之理。其气节加时,晋、汉以来约而要取,有差半日,今立法推求,得尽其数。后之造历者,莫不遵用焉。其疏谬之甚者,即苗守信之《乾元历》、马重绩之《调元历》、郭绍之《五纪历》也。大概无出于此矣。然造历者,皆须会日月之行,以为晦朔之数,验《春秋》日食以明强弱。其于气序,则取验于《传》之南至。其日行盈缩、月行迟疾、五星加减、二曜食差、日宿月离、中星晷景、立数立法,悉本之于前语。然后较验，上自夏仲康五年九月'辰弗集于房'，以至于今，其星辰气朔、日月交食等，使三千年间若应准绳。而有前有后、有亲有疏者，即为中平之数，乃可施于后世。其较验则依一行、孙思恭，取数多而不以少，得为亲密。较日月交食，若一分二刻以下为亲，二分四刻以下为近，三分五刻以上为远。以历注有食而天验无食，或天验有食而历注无食者为失。其较星度，则以差天二度以下为亲，三度以下为近，四度以上为远；其较晷景尺寸，以二分以下为亲，三分以下为近，四分以上为远。若较古而得数多，又近于今，兼立法、立数，得其理而通于本者为最也。"琮自谓善历，尝曰："世之知历者鲜，近世独孙思恭为妙。"而思恭又尝推刘羲叟为知历焉。

卷七十六　　　志第二十九

律　历　九

皇祐浑仪

尧敕羲和制横箫以考察星度，其机衡用玉，欲其燥湿不变，运动有常，坚久而不能废也。至于后世，铸铜为圆仪，以法天体。自洛下闳造《太初历》，用浑仪，及东汉孝和帝时，太史惟有赤道仪，岁时测候，颇有进退。帝以问典星待诏姚崇等，皆曰："星图有规法，日月实从黄道，今无其器，是以失之。"至永元十五年，贾逵始设黄道仪。桓帝延熹七年，张衡更制之，以四分为度。其后，陆绩、王蕃、孔挺、斛兰、梁令瓒、李淳风并尝制作。五代乱亡，遗法荡然矣。真宗祥符初，韩显符作浑仪，但游仪双环夹望筒旋转，而黄、赤道相固不动。皇祐初，又命日官舒易简、于渊、周琮等参用淳风、令瓒之制，改铸黄道浑仪，又为漏刻、圭表，诏翰林学士钱明逸详其法，内侍麦允言总其工。既成，置浑仪于翰林天文院之候台，漏刻于文德殿之钟鼓楼，圭表于司天监。帝为制《浑仪总要》十卷，论前代得失，已而留中不出。今具黄道游仪之法，著于此焉。

第一重，名六合仪。

阳经双环：外围二丈三尺二寸八分，直径七尺七寸六分，阔六寸，厚六分。南北并立，两面各列周天三百六十五度少强，北极出地三十五度少强。

阴纬单环：外围、径、阔与阳经双环等，外厚二寸五分，内厚一寸九分。上列十干、十二支、八卦方位，以正地形。上有池沿环流转，以定平准。

天常单环：外围二丈四寸六分，直径六尺八寸二分，阔、厚一寸二分。上列十干、十二支、四维时刻之数，以测辰刻，与阳经、阴纬环相固，如卵之壳幕然。

第二重，名三辰仪。

璇玑双环：外围一丈九尺五寸六分，直径六尺五寸二分，阔一寸四分，厚一寸。两面各均周天三百六十五度少强，作二枢对两极。

赤道单环：外围一丈九尺六寸八分，直径六尺五寸六分，阔一寸一分，厚六分。上列二十八宿距度、周天三百六十五度少强，附于璇玑之上。

黄道单环：外围一丈九尺二分，直径六尺三寸四分，阔一寸二分，厚一寸。上列周天三百六十五度少强，均分二十四气、七十二候、六十四卦、三百六十策。出入赤道二十四度，与赤道相交，每岁退差一分有余。

白道单环：外围一丈八尺六寸三分，直径六尺二寸一分，阔一寸一分，厚五分。上列交度，置于黄道环中，入黄道六度，每一交终，退行黄道一度半弱，皆旋转于六合之内。

第三重，名四游仪。

璇枢双环：外围一丈八尺二寸一分，直径六尺七分，阔二寸，厚七分。两面各列周天三百六十五度少强，挟直距以对枢轴，东西运转于三辰仪内，以格星度。

横箫望筒：长五尺七寸，外方内圆，中通望孔，直径六分，周于日轮，在璇枢直距之中，使南北游仰，以窥辰宿，无所不至。

十字水平槽：长九尺四寸八分，首阔一尺二寸七分，身阔九寸二分、高七尺。水槽阔一寸，深八分，四柱各长六尺七寸八分，植于水槽之末，以辅天体，皆以铜为之。乃格七曜远近盈缩，以知昼夜长短之效。其所测二十八舍距度，著于后；其周天星入宿去极所主吉凶，则具在《天文志》。

角十二度，亢九度，氐十六度，房五度，心四度，尾十九度，箕十度，斗二十五度，牛七度，女十一度，虚十度，危十六度，室十七度，壁九度，奎十六度，娄十二度，胃十五度，昴十一度，毕十八度，觜一度，参十度，井三十四度，鬼二度，柳十四度，星七度，张十八度，翼十八度，轸十七度。

皇祐漏刻

自黄帝观漏水，制器取则，三代因以命官，则挈壶氏其职也。后之作者，或下漏，或浮漏，或轮漏，或权衡，制作不一。宋旧有刻漏及以水为权衡，置文德殿之东庑。景祐三年，再加考定，而水有迟疾，用有司之请，增平水壶一、渴乌二、昼夜箭二十一。然常以四时日出传卯正一刻，又每时正巳传一刻，至八刻巳传次时，即二时初末相侵殆半。皇祐初，诏舒易简、于渊、周琮更造，其法用平水重壶均调水势，使无迟疾。分百刻为昼夜；冬至昼漏四十刻，夜漏六十刻；夏至昼漏六十刻，夜漏四十刻；春秋二分昼夜各五十刻。日未出前二刻半为晓，日没后二刻半为昏，减夜五刻以益昼漏，谓之昏旦漏刻。皆随气增损焉。冬至、夏至之间，昼夜长短凡差二十刻，每差一刻，别为一箭，冬至互起其首，凡有四十一箭。昼有朝、有禺、有中、有晡、有夕，夜有甲、乙、丙、丁、戊，昏旦有星中，每箭各异其数。凡黄道升降差二度四十分，则随历增减改箭。每时初行一刻至四刻六分之一为时正，终八刻六分之二则交次时。今列二十四气、昼夜日出入辰刻、昏晓中星，以备参合。

节气				节气			
冬至	昼四十刻	分空			夜四十刻	二十分	
	日出卯正五刻	分空	昏中星壁初度		日入酉正四刻	五十分	晓中星危初度
	夜六十刻	分空		夏至	昼六十刻	分空	
	日入申正三刻	二十分	晓中星角初度		日出寅正三刻	二十分	昏中星亢六度
					夜四十刻	分空	
					日入酉正五刻	分空	晓中星危十四度
小寒	昼四十刻	一十九分	三日后昼四十一刻	小暑	昼五十九刻	四十分	
	日出卯正四刻	五十分	昏中星奎六度		日出寅正三刻	三十分	昏中星氐十二度
	夜五十九刻	四十一分			夜四十刻	二十分	
	日入申正三刻	三十分	晓中星亢二度		日入酉正四刻	五十分	晓中星室十三度
大寒	昼四十一刻	十九分	二日后昼四十二刻	大暑	昼五十八刻	四十分	四日后昼五十八刻
	日出卯正四刻	二十分	昏中星娄八度		日出寅正四刻	分空	昏中星尾初度
	夜五十八刻	四十一分	十一日后昼四十三刻		夜四十一刻	二十分	十一日后昼五十七刻
	日入申正四刻	分空	晓中星氐七度		日入酉正四刻	二十分	晓中星奎五度
立春	昼四十二刻	五十四分	三日后昼四十四刻	立秋	昼五十七刻	五分	八日后昼五十六刻
	日出卯正三刻	二十二分	昏中星昴初度		日出寅正四刻	四十分	昏中星尾十二度
	夜五十七刻	六分	十一日后昼四十五刻		夜四十二刻	五十五分	十五日后昼五十五刻
	日入申正四刻	四十八分	晓中星房四度		日入酉正三刻	三十六分	晓中星娄七度
雨水	昼四十四刻	五十八分	昏中星毕八度	处暑	昼五十五刻	三分	七日后昼五十四刻
	日出卯正二刻	三十一分	昏中星毕八度		日出寅正五刻	五十分	昏中星箕六度
	夜五十五刻	五十分	晓中星尾五度		夜四十四刻	五十七分	十三日后昼五十三刻
	日入申正五刻	五十分	晓中星尾五度		日入酉正二刻	三十分	晓中星昴初度
惊蛰	昼四十七刻	二十四分	五日后昼四十九刻	白露	昼五十二刻	三十五分	五日后昼五十二刻
	日出卯正一刻	十七分	昏中星参九度		日出寅正七刻	三分	昏中星斗五度
	夜五十二刻	三十六分	十一日后昼五十刻		夜四十七刻	二十五分	十一日后昼五十一刻
	日入申正七刻	三分	晓中星尾十六度		日入酉正一刻	十七分	晓中星毕九度
春分	昼五十刻	分空	三日后昼五十一刻	秋分	昼五十刻	分空	初日后昼五十刻
			九日后昼五十二刻				七日后昼四十九刻
			十五日后昼五十二刻				十三日后昼四十八刻
	日出卯正初刻	分空	昏中星井十九度		日出卯正初刻	分空	昏中星斗六度
	夜五十刻	分空			夜五十刻	分空	
	日入酉正初刻	分空	晓中星箕九度		日入酉正初刻	分空	晓中星井一度
清明	昼五十二刻	三十五分	六日后昼五十四刻	寒露	昼四十七刻	二十四分	四日后昼四十七刻
	日出寅正七刻	三分	昏中星柳三度		日出卯正一刻	十七分	昏中星牛初度
	夜四十七刻	二十五分	十二日后昼五十五刻		夜五十二刻	三十六分	十日后昼四十六刻
	日入酉正一刻	十七分	晓中星斗八度		日入申正七刻	三分	晓中星井二十一度
谷雨	昼五十五刻	三分	四日后昼五十六刻	霜降	昼四十四刻	五十八分	初日后昼四十五刻
	日出寅正五刻	五十分	昏中星张一度				八日后昼四十四刻
	夜四十四刻	五十七分	十一日后昼五十七刻				十四日后昼四十三刻
	日入酉正二刻	二十分	晓中星斗一十九度		日出卯正二刻	三十分	昏中星女三度
立夏	昼五十七刻	五分	四日后昼五十八刻		夜五十五刻	二分	
	日出寅正四刻	四十八分	昏中星翼二度		日入申正五刻	五十分	晓中星柳五度
	夜四十二刻	五十五分	十四日后昼五十九刻	立冬	昼四十二刻	五十四分	八日后昼四十二刻
	日入酉正三刻	三十二分	晓中星牛四度		日出卯正三刻	三十二分	昏中星虚三度
小满	昼五十八刻	四十分	十四日后昼六十刻		夜五十七刻	六分	
	日出寅正四刻	分空	昏中星轸二度		日入申正四刻	四十八分	晓中星张二度
	夜四十一刻	二十分		小雪	昼四十一刻	十九分	三日后昼四十一刻
	日入酉正四刻	二十分	晓中星女九度		日出卯正四刻	二十分	昏中星危五度
芒种	昼五十九刻	四十分			夜五十八刻	四十八分	十五日后昼四十刻
	日出寅正三刻	三十分	昏中星角二度		日入申正四刻	分空	晓中星翼二度

大雪　昼四十刻　　　十九分
　　　日出卯正四刻　五十分　　昏中星室一度
　　　夜五十九刻　　四十一分
　　　日入申正三刻　三十分　　晓中星轸一度

皇祐圭表

　　观天地阴阳之体，以正位辨方、定时考闰，莫近乎圭表。宋何承天始立表候日景，十年间，知冬至比旧用《景初历》常后天三日。又唐一行造《大衍历》，用圭表测知旧历气节常后天一日。今司天监圭表乃石晋时天文参谋赵延义所建，表既欹倾，圭亦垫陷，其于天度无所取正。皇祐初，诏周琮、于渊、舒易简改制之，乃考古法，立八尺铜表，厚二寸，博四寸，下连石圭一丈三尺，以尽冬至景长之数，面有双水沟为平准，于沟双刻尺寸分数，又刻二十四气岳台晷景所得尺寸，置于司天监。候之三年，知气节比旧历后天半日。因而成书三卷，命曰《岳台晷景新书》论前代测候是非、步算之法颇详。既上奏，诏翰林学士范镇为序以识。琮以谓二十四气所得尺寸，比显德《钦天历》王朴算为密。今载气之盈缩，备采用焉。

　　小雪，皇祐元年己丑十月十九日戊寅
　　新表测景长一丈一尺三寸五分，王朴算景长一丈一尺三寸九分，新法算景长一丈一尺三寸四分小分四十八。
　　二年庚寅十月二十九日癸未云阴不测。
　　三年辛卯十月十日戊子
　　新表测景长一丈一尺三寸，王朴算景长一丈一尺四寸七分，新法算景长一丈一尺二寸九分小分九十八。
　　大雪，元年己丑十一月四日癸巳。云阴不测。
　　二年庚寅十一月十五日戊戌
　　新表测景长一丈二尺四寸五分半，王朴算景长一丈二尺四寸五分，新法算景长一丈二尺四寸四分小分二十五。
　　冬至，元年己丑十一月十九日戊申
　　新表测景长一丈二尺八寸五分，王朴算景长一丈二尺八寸六分，新法算景长一丈二尺八寸五分。
　　二年庚寅十一月三十日癸丑
　　新表测景长一丈二尺八寸四分，王朴算景长一丈二尺八寸六分，新法算景长一丈二尺八寸五分。
　　三年辛卯十一月十二日己未云阴不测。
　　小寒，元年己丑十二月四日癸亥
　　新表测景长一丈二尺四寸，王朴算景长一丈二尺四寸八分，新法算景长一丈二尺四寸小分十五。
　　二年庚寅闰十一月十五日戊辰云阴不测。
　　三年辛卯十一月二十七日甲戌
　　新表测景长一丈二尺三寸七分，王朴算景长一丈二尺四寸八分小分二十六。
　　大寒，元年己丑十二月十九日戊寅云阴不测。
　　二年庚寅十二月一日甲申
　　新表测景长一丈一尺一寸七分，王朴算景长一丈一尺四寸四分，新法算景长一丈一尺一寸八分小分四十。
　　三年辛卯十二月十二日己丑云阴不测。
　　立春，二年庚寅正月六日甲午云阴不测。
　　二年庚寅十二月十六日己亥云阴不测。
　　三年辛卯十二月二十七日甲辰
　　新表测景长九尺六寸七分半，王朴算景长一丈一寸五分，新法算景长一丈六寸八分小分七。
　　雨水，二年庚寅正月二十一日己酉云阴不测。
　　三年辛卯正月二日甲寅
　　新表测景长八尺一寸一分半，王朴算景长八尺五寸，新法算景长八尺九寸小分七十六。
　　四年壬辰正月十二日己未
　　新表测景长八尺一寸二分半，王朴算景长八尺六寸一分，新法算景长八尺一寸二分小分一十八。
　　惊蛰，二年庚寅二月七日甲子
　　新表测景长六尺六寸三分，王朴算景长六尺八寸五分，新法算景长六尺六寸三分小分三十九。
　　三年辛卯正月十七日己巳
　　新表测景长六尺六寸五分，王朴算景长六尺八寸五分，新法算景长六尺六寸五分小分六十八。
　　四年壬辰正月二十八日乙亥云阴不测
　　春分，二年庚寅二月二十三日己卯
　　新表测景长五尺三寸五分，王朴算景长五尺二寸七分，新法算景长五尺三寸四分小分七十七。
　　三年辛卯二月四日乙酉云阴不测
　　四年壬辰二月十四日庚寅
　　新表测景长五尺三寸一分，五朴算景长五尺二寸七分，新法算景长五尺三寸小分七十二。
　　清明，二年庚寅三月八日乙未
　　新表测景长四尺二寸，王朴算景长三尺八寸九分，新法算景长四尺一寸八分小分六十一。
　　三年辛卯二月十九日庚子云阴不测。
　　四年壬辰二月二十九日乙巳
　　新表测景长四尺二寸二分，王朴算景长三尺九寸六分，新法算景长四尺二寸一分小分八十五。
　　谷雨，二年庚寅三月二十三日庚戌云阴不测
　　三年辛卯三月四日乙卯
　　新表测景长三尺三寸，王朴算景长二尺九寸六分，新法算景长三尺二寸九分小分八十六。
　　四年壬辰三月十五日庚申
　　新表测景长三尺三寸一分半，王朴算景长三尺一寸，新法算景长三尺三寸一分小分一十六。
　　立夏，二年庚寅四月九日乙丑
　　新表测景长二尺五寸七分，王朴算景长二尺三寸，新法算景长二尺五寸六分小分二十八。
　　三年辛卯三月十九日庚午
　　新表测景长二尺五寸七分半，王朴算景长二尺三寸，新法算景长二尺五寸七分小分四十二。
　　四年壬辰三月三十日乙亥
　　新表测景长二尺五寸八分半，王朴算景长二尺三寸四分，新法算景长二尺五寸八分小分四十四。

小满，二年庚寅四月二十四日庚辰

新表测景长二尺三分，王朴算景长一尺八寸六分，新法算景长二尺三分小分五十一。

三年辛卯四月五日乙酉

新表测景长二尺三分半，王朴算景长一尺八寸六分，新法算景长二尺三分小分五十一。

四年壬辰四月十六日辛卯云霁不测。

芒种，二年庚寅五月九日乙未

新表测景长一尺六寸九分，王朴算景长一尺六寸，新法算景长一尺六寸半分小分九十七。

三年辛卯四月二十一日辛丑

新表测景长一尺六寸七分，王朴算景长一尺五寸九分，新法算景长一尺六寸七分小分八十四。

四年壬辰五月二日丙午

新表测景长一尺六寸八分半，王朴算景长一尺六寸，新法算景长一尺六寸八分小分二十。

夏至，二年庚寅五月二十五日辛亥

新表测景长一尺五寸七分半，王朴算景长一尺五寸一分，新法算景长一尺五寸七分。

三年辛卯五月七日丙辰云霁不测。

四年壬辰五月十七日辛酉

新表测景长一尺五寸七分，王朴算景长一尺五寸一分，新法算景长一尺五寸七分。

小暑，二年庚寅六月十一日丙寅云霁不测

三年辛卯五月二十二日辛未

新表测景长一尺六寸九分半，王朴算景长一尺六寸，新法算景长一尺六寸九分小分七十五。

四年壬辰六月三日丙子云霁不测。

大暑，二年庚寅六月二十六日辛巳

新表测景长二尺四寸，王朴算景长一尺八寸五分，新法算景长二尺四寸小分九十七。

三年辛卯六月七日丙戌。

新表测景长二尺二分太，王朴算景长一尺八寸五分，新法算景长二尺四寸小分二十四。

四年壬辰六月十九日壬辰

新表测景长二尺五分，王朴算景长一尺八寸七分，新法算景长二尺六寸小分五十三。

立秋，二年庚寅七月十一日丙申

新表测景长二尺五寸九分，王朴算景长二尺二寸九分，新法算景长二尺五寸九分小分五十一。

三年辛卯六月二十三日壬寅

新表测景长二尺六寸一分半，王朴算景长二尺三寸三分，新法算景长二尺六寸二分小分七十三。

处暑，二年庚寅七月二十七日壬子云霁不测。

三年辛卯七月九日丁巳

新表测景长三尺三寸六分，王朴算景长三尺，新法算景长三尺三寸六分小分六十五。

四年壬辰七月十九日壬戌云霁不测。

白露，二年庚寅八月十三日丁卯云霁不测

三年辛卯七月二十四日壬申云霁不测

四年壬辰八月五日丁丑云霁不测

秋分，二年庚寅八月二十八日壬午云霁不测

三年辛卯八月九日丁亥

新表测景长五尺三寸八分，王朴算景长五尺二寸一分，新法算景长五尺三寸八分小分六十九。

四年壬辰八月二十日壬辰云霁不测

寒露，二年庚寅九月十三日丁酉云霁不测

三年辛卯九月二十四日壬寅

新表测景长六尺六寸七分，王朴算景长六尺八分，新法算景长六尺六寸七分小分八十八。

四年壬辰九月六日戊申

新表测景长六尺七寸三分半，王朴算景长六尺九寸一分，新法算景长六尺七寸四分小分八十四。

霜降，二年庚寅九月二十八日壬子

新表测景长八尺一寸六分，王朴算景长八尺四寸五分，新法算景长八尺一寸四分小分七十。

三年辛卯九月十日戊午云霁不测。

四年壬辰九月二十一日癸亥

新表测景长八尺二寸，王朴算景长八尺五寸六分，新法算景长八尺一寸九分小分六十六。

立冬，二年庚寅十月十四日戊辰

新表测景长九尺八寸半分，王朴算景长一丈一寸，新法算景长九尺八寸一分小分二十五。

三年辛卯九月二十五日癸酉

新表测景长九尺七寸九分，王朴算景长一丈一寸，新法算景长九尺七寸八分小分六十三。

四年壬辰十月六日戊寅

新表测景长九尺七寸六分，王朴算景长一丈一寸，新法算景长九尺七寸六分小分一十。

测景正加时早晚

后汉熹平三年，《四分历》志立冬中景长一丈，立春中景长九尺六寸。寻冬至南极，日晷最长，二气去日数既同，则中景应等，而前长后短，顿差四寸。此历景冬至后天之验也。二气中景日差九分半弱，进退均调，略无盈缩，以率计之，二气各退二日十二刻，则晷景之数，立冬更短，立春更长，并差二寸，二气中景俱长九尺八寸矣，即立冬、立春之正日也。以此推之，历置冬至后天亦二日十二刻也。熹平三年，时历丁丑冬至，加时正在日中。以二日十二刻减之，定乙亥冬至，加时在夜半后二十八刻。《宋志》大明五年十月十日，景一丈七寸七分半；十一月二十五日，景一丈八寸一分太。二十六日，一丈七寸五分强。折取其中，则中天冬至应在十一月三日求其早晚。令后二日景相减，则一日差率也，倍之为法。前二日减，以百刻乘之，为实。以法除实，得冬至加时在夜半后三十一刻，在《元嘉历》后一日，天数之正也。量检弥年，则加减均同。异岁相课，则远近应率。观二家之说，略而未通。熹平乃要取其中，而失于至前、至后之余。大明则左右率，而失于为实、为法之数。若夫较景、定气，历家最为急务。观古较验，止以冬至前后数日之间，以定加时早晚。且景之差行，当二至前后，进退在微芒之间。又日有变行，盈缩稍异，若以为准，则加时相背。又晋、汉历术，多以前后所测晷要取其中，此亦差过半日。今比岁较验，在立冬、立春景移过寸，若较取加时，则宜以其相近者通计，半之为距至泛日；乃以其晷数相减，余者以法乘之，满其日晷差而一，为刻；乃以差刻求冬至，视其前晷，多则为减，少则为加，求夏至返之。加减距至泛日，为定日；仍加半日之刻，命从前距日辰，算外，即二至加时日辰及刻分。如此推求，则二至加时早晚可验矣。

皇祐岳台晷景法

按《大衍》载日及《崇天》定差之率，虽号通密，然未能尽上下交应之理，则晷度无由合契。今立新法，使上符盈缩之行，下参句股之数，所算尺寸与天测验，无有先后。其术曰：计二至后日数，乃减去二至约余，仍加半日之分，即所求日午中积数，而置之以求进退差分，求进退差分者，置中积之数，如一象九十一日三十二分以下为在前；如一象以上，返减二至限一百八十二日六十一分，余为在后。置前后度于上，列二百于下，以上减下，余以下乘上，满四十一百三十五除之为分，不满，退除为小分。在冬至后即为进差，在夏至后即为退差。仍列初、末二限，求入初、末限者，置所求日午中积数，日在冬至后初限、夏至后末限之数四十五日六十二分以下，即为所求在初限；如在已上者，乃返减二至限，余即为所求入末限。其冬至后末限、夏至后初限，以一百三十七日为率。用求午中晷数。求午中晷数者，视所求。如入冬至后初限、夏至后末限者，以入限日减一千九百三十七半，余为泛差；仍以限日分乘其进退差，五因百约之，用减泛差，为定差；乃以入限日分自相乘，以乘定差，满一百万为尺，不满为寸，为分及小分，以减冬至常晷一丈二尺八寸五分，余为其日午中晷数。若所求入冬至后末限、夏至后初限者，乃三约入限日分，以减四百八十五少，余为泛差；仍以进退差减极数，余者若在春分后、秋分前者，直以四约之，以加泛差，为定差；若在春分前、秋分后者，乃以去二分日数及分乘之，满六百而一，以减泛差，余为定差，乃以入限日分自相乘，以乘定差，满一百万为尺，不满为寸，为分及小分，以加夏至常晷一尺五寸七分，即为其日午中晷数。若用周岁历，直以其日晷景损益差分乘其日午中之余，满法约之，乃损益其下晷数，即其日午中定晷。如此推求，则上下通应之理，句股斜射之原，皆可视验，乃具岳台晷景周岁算数。

冬至后	每日损差	每日午中晷景常数
初日	空分小分一十九	一丈二尺八寸五分
一日	空分小分五十八	一丈二尺八寸四分小分八十一
二日	空分小分九十六	一丈二尺八寸四分小分二十三
三日	一分小分三十五	一丈二尺八寸三分小分二十七
四日	一分小分七十二	一丈二尺八寸一分小分九十二
五日	二分小分一十一	一丈二尺八寸小分一十九
六日	二分小分四十八	一丈二尺七寸八分小分八
七日	二分小分八十五	一丈二尺七寸五分小分六十
八日	三分小分二十一	一丈二尺七寸七分小分七十五
九日	三分小分五十八	一丈二尺六寸九分小分五十四
十日	三分小分九十二	一丈二尺六寸五分小分九十六
十一日	四分小分二十八	一丈二尺六寸二分小分三
十二日	四分小分六十二	一丈二尺五寸七分小分七十五
十三日	四分小分九十六	一丈二尺五寸三分小分一十三
十四日	五分小分二十九	一丈二尺四寸八分小分一十七
十五日	五分小分六十一	一丈二尺四寸二分小分八十八
十六日	五分小分九十一	一丈二尺三寸七分小分二十七
十七日	六分小分二十三	一丈二尺三寸一分小分三十五
十八日	六分小分五十二	一丈二尺二寸五分小分一十二
十九日	六分小分八十一	一丈二尺一寸八分小分六十
二十日	七分小分九	一丈二尺一寸一分小分七十九
二十一日	七分小分三十六	一丈二尺四分小分七十
二十二日	七分小分六十二	一丈一尺九寸七分小分三十四
二十三日	七分小分八十七	一丈一尺八寸九分小分七十二
二十四日	八分小分一十一	一丈一尺八寸一分小分八十五
二十五日	八分小分三十四	一丈一尺七寸三分小分七十四
二十六日	八分小分五十五	一丈一尺六寸五分小分四十
二十七日	八分小分七十三	一丈一尺五寸六分小分八十五
二十八日	九分小分空	一丈一尺四寸八分小分一十三
二十九日	九分小分一十四	一丈一尺三寸九分小分一十二
三十日	九分小分三十二	一丈一尺二寸九分小分九十八

日			日		
三十一日	九分小分四十八	一丈一尺二寸小分六十六	五十八日	一寸小分一十九	八尺四寸二分小分五十七
三十二日	九分小分六十二	一丈一尺一寸一分小分一十八	五十九日	一寸小分一十二	八尺三寸二分小分三十八
三十三日	九分小分七十六	一丈一尺一分小分五十五	六十日	一寸小分八	八尺二寸二分小分二十六
三十四日	九分小分八十九	一丈九寸一分小分七十八	六十一日	一寸小分三	八尺一寸二分分一十八
三十五日	一寸小分一	一丈八尺一寸一分小分六十九	六十二日	九分小分九十七	八尺二分小分一十五
三十六日	一寸小分一十二	一丈七寸一分小分八十八	六十三日	九分小分九十一	七尺九寸二分小分一十八
三十七日	一寸小分二十	一丈六寸一分小分七十六	六十四日	九分小分八十六	七尺八寸二分小分二十五
三十八日	一寸小分二十八	一丈五寸一分小分五十六	六十五日	九分小分八十一	七尺七寸二分小分三十九
三十九日	一寸小分三十五	一丈四寸一分小分二十八	六十六日	九分小分七十五	七尺六寸二分小分五十八
四十日	一寸小分四十	一丈三寸小分九十三	六十七日	九分小分六十九	七尺五寸二分小分八十三
四十一日	一寸小分四十四	一丈二寸小分五十三	六十八日	九分小分六十二	七尺四寸三分小分一十四
四十二日	一寸小分四十八	一丈一寸小分九	六十九日	九分小分五十七	七尺三寸三分小分五十二
四十三日	一寸小分四十九	九尺九寸九分小分六十一	七十日	九分小分五十一	七尺二寸三分小分九十五
四十四日	一寸小分五十	九尺八寸九分小分一十二	七十一日	九分小分四十九	七尺一寸四分小分四十四
四十五日	一寸小分五十七	九尺七寸八分小分六十二	七十二日	九分小分三十八	七尺四分小分九十七
四十六日	一寸小分六十七	九尺六寸八分小分五	七十三日	九分小分三十一	六尺九寸五分小分六十一
四十七日	一寸小分六十一	九尺五寸七分小分三十八	七十四日	九分小分二十五	六尺八寸六分小分三十
四十八日	一寸小分六十	九尺四寸六分小分七十七	七十五日	九分小分一十七	六尺七寸七分小分五
四十九日	一寸小分五十六	九尺三寸六分小分一十七	七十六日	九分小分一十三	六尺六寸七分小分八十八
五十日	一寸小分五十二	九尺二寸五分小分十	七十七日	九分小分六	六尺五寸八分小分七十五
五十一日	一寸小分四十九	九尺一寸五分小分九	七十八日	八分小分九十七	六尺四寸九分小分六十九
五十二日	一寸小分四十五	九尺一寸五分小分九	七十九日	八分小分九十	六尺四寸小分七十三
五十三日	一寸小分四十一	八尺九寸四分小分一十八	八十日	八分小分八十一三	六尺三寸一分小分八十三
五十四日	一寸小分三十八	八尺八寸三分小分七十七	八十一日	八分小分七十七	六尺二寸三分小分空
五十五日	一寸小分三十二	八尺七寸三分小分三十九	八十二日	八分小分六十八	六尺一寸四分小分二十三
五十六日	一寸小分二十七	八尺六寸三分小分七	八十三日	八分小分六十二	六尺五分小分五十五
五十七日	一寸小分二十三	八尺五寸二分小分八十	八十四日	八分小分五十五	五尺九寸六分小分九十三
			八十五日	八分小分四十七	五尺八寸八分小分三十八

八十六日	八分小分三十九	五尺七寸九分小分九十一	一百一十三日	六分小分一十二	三尺八寸三分小分四十二
八十七日	八分小分三十三	五尺七寸一分小分五十二	一百一十四日	六分小分四	三尺七寸七分小分三十
八十八日	八分小分二十五	五尺六寸三分小分二十	一百一十五日	五分小分九十七	三尺七寸一分小分二十六
八十九日	八分小分一十七	五尺五寸四分小分九十五	一百一十六日	五分小分八十九	三尺六寸五分小分二十九
九十日	八分小分九	五尺四寸六分小分七十八	一百一十七日	五分小分八十	三尺五寸九分小分四十
九十一日	七分小分九十六	五尺三寸八分小分六十九	一百一十八日	五分小分七十三	三尺五寸三分小分六十
九十二日	七分小分八十三	五尺三寸小分七十三	一百一十九日	五分小分六十五	三尺四寸七分小分八十七
九十三日	七分小分七十六	五尺二寸二分小分九十	一百二十日	五分小分五十七	三尺四寸二分小分二十三
九十四日	七分小分六十七	五尺一寸五分小分一十四	一百二十一日	五分小分四十九	三尺三寸六分小分六十五
九十五日	七分小分五十九	五尺七分小分四十七	一百二十二日	五分小分四十	三尺三寸一分小分一十六
九十六日	七分小分五十	四尺九寸九分小分八十八	一百二十三日	五分小分三十二	三尺二寸五分小分七十六
九十七日	七分小分四十二	四尺九寸二分小分三十八	一百二十四日	五分小分二十	三尺二寸小分四十四
九十八日	七分小分三十四	四尺八寸四分小分九十六	一百二十五日	五分小分一十七	三尺一寸五分小分一十八
九十九日	七分小分二十六	四尺七寸七分小分六十二	一百二十六日	五分小分九	三尺一寸小分二
一百日	七分小分一十七	四尺七寸小分三十六	一百二十七日	五分小分一	三尺四分小分九十二
一百一日	七分小分九	四尺六寸三分小分一十九	一百二十八日	四分小分九十三	二尺九寸九分小分九十一
一百二日	七分小分一	四尺五寸六分小分一十	一百二十九日	四分小分八十五	二尺九寸四分小分九十八
一百三日	六分小分九十三	四尺四寸九分小分九	一百三十日	四分小分七十七	二尺九寸小分一十三
一百四日	六分小分八十五	四尺四寸二分小分一十六	一百三十一日	四分小分六十九	二尺八寸五分小分三十六
一百五日	六分小分七十七	四尺三寸五分小分三十一	一百三十二日	四分小分六十一	二尺八寸小分六十七
一百六日	六分小分六十九	四尺二寸八分小分五十四	一百三十三日	四分小分五十二	二尺七寸六分小分六
一百七日	六分小分六十	四尺二寸一分小分八十五	一百三十四日	四分小分四十五	二尺七寸一分小分五十四
一百八日	六分小分五十	四尺一寸五分小分二十五	一百三十五日	四分小分三十六	二尺六寸七分小分九
一百九日	六分小分四十五	四尺八分小分七十四	一百三十六日	四分小分二十九	二尺六寸二分小分七十三
一百一十日	六分小分三十七	四尺二分小分二十九	一百三十七日	四分小分二十	二尺五寸八分小分四十四
一百一十一日	六分小分二十九	三尺九寸五分小分九十二	一百三十八日	四分小分一十一	二尺五寸四分小分二十四
一百一十二日	六分小分二十一	三尺八寸九分小分六十三	一百三十九日	四分小分四	二尺五寸小分一十三
			一百四十日	三分小分九十五	二尺四寸六分小分九
			一百四十一日	三分小分八十七	二尺四寸二分小分一十四

宋　史

一百四十二日	三分小分七十九	二尺三寸八分小分二十七	一百六十九日	一分小分三十六	一尺六寸六分小分四十七
一百四十三日	三分小分七十	二尺三寸四分小分四十八	一百七十日	一分小分三十五	一尺六寸五分小分三十八
一百四十四日	三分小分六十二	二尺三寸小分七十八	一百七十一日	一分小分一十六	一尺六寸四分小分一十三
一百四十五日	三分小分五十三	二尺二寸七分小分一十六	一百七十二日	一分小分六	一尺六寸三分小分九十七
一百四十六日	三分小分四十五	二尺二寸三分小分六十三	一百七十三日	空分小分九十六	一尺六寸二分小分九十一
一百四十七日	三分小分三十七	二尺二寸小分一十八	一百七十四日	空分小分八十六	一尺六寸一分小分九十五
一百四十八日	三分小分二十九	二尺一寸六分小分八十一	一百七十五日	空分小分七十五	一尺六寸小分九
一百四十九日	三分小分一十八	二尺一寸三分小分五十二	一百七十六日	空分小分六十五	一尺五寸九分小分三十四
一百五十日	三分小分一十	二尺一寸小分三十四	一百七十七日	空分小分五十五	一尺五寸八分小分六十九
一百五十一日	三分小分二	二尺七分小分二十四	一百七十八日	空分小分四十四	一尺五寸八分小分一十四
一百五十二日	二分小分九十三	二尺四分小分二十三	一百七十九日	空分小分三十三	一尺五寸七分小分七十
一百五十三日	二分小分八十四	二尺一分小分二十九	一百八十日	空分小分二十三	一尺五寸七分小分三十七
一百五十四日	二分小分七十六	一尺九寸八分小分四十五	一百八十一日	空分小分一十二	一尺五寸七分小分一十四
一百五十五日	二分小分六十六	一尺九寸五分小分六十九	一百八十二日	空分小分三	一尺五寸七分小分二
一百五十六日	二分小分五十八	一尺九寸三分小分三	夏至后	每日益差	每日午中晷景常数
一百五十七日	二分小分四十九	一尺九寸小分四十五	初日	空分小分五	一尺五寸七分小分空
一百五十八日	二分小分三十九	一尺八寸七分小分九十六	一日	空分小分一十六	一尺五寸七分小分五
一百五十九日	二分小分三十	一尺八寸五分小分五十七	二日	空分小分二十七	一尺五寸七分小分二十一
一百六十日	二分小分二十二	一尺八寸三分小分二十七	三日	空分小分三十八	一尺五寸七分小分四十九
一百六十一日	二分小分一十一	一尺八寸一分小分五	四日	空分小分四十八	一尺五寸七分小分八十六
一百六十二日	二分小分三	一尺七寸八分小分九十四	五日	空分小分五十九	一尺五寸八分小分三十四
一百六十三日	一分小分九十三	一尺七寸六分小分九十一	六日	空分小分六十九	一尺五寸八分小分九十三
一百六十四日	一分小分八十四	一尺七寸四分小分九十八	七日	空分小分七十九	一尺五寸九分小分六十二
一百六十五日	一分小分七十五	一尺七寸三分小分一十四	八日	空分小分八十九	一尺六寸小分四十一
一百六十六日	一分小分六十四	一尺七寸一分小分三十九	九日	一分小分空	一尺六寸一分小分三十
一百六十七日	一分小分五十五	一尺六寸九分小分七十五	十日	一分小分一十	一尺六寸二分小分三十
一百六十八日	一分小分四十六	一尺六寸八分小分二十	十一日	一分小分一十	一尺六寸三分小分四十
			十二日	一分小分三十	一尺六寸四分小分五十九
			十三日	一分小分三十九	一尺六寸五分小分八十九

十四日	一分小分四十八	一尺六寸七分小分二十八	四十二日	三分小分九十九	二尺四寸三分小分六十三
十五日	一分小分五十九	一尺六寸八分小分七十七	四十三日	四分小分六	二尺四寸七分小分六十二
十六日	一分小分六十九	一尺七寸小分三十六	四十四日	四分小分一十五	二尺五寸一分小分六十八
十七日	一分小分七十八	一尺七寸二分小分五	四十五日	四分小分二十三	二尺五寸五分小分八十三
十八日	一分小分八十七	一尺七寸三分小分八十五	四十六日	四分小分三十三	二尺六寸小分六
十九日	一分小分九十八	一尺七寸五分小分七十	四十七日	四分小分三十九	二尺六寸四分小分三十八
二十日	二分小分六	一尺七寸七分小分六十七	四十八日	四分小分四十八	二尺六寸八分小分七十七
二十一日	二分小分一十五	一尺七寸九分小分七十三	四十九日	四分小分五十五	二尺七寸三分小分二十五
二十二日	二分小分二十五	一尺八寸一分小分八十八	五十日	四分小分六十四	二尺七寸七分小分八十
二十三日	二分小分三十四	一尺八寸四分小分一十三	五十一日	四分小分七十二	二尺八寸二分小分四十四
二十四日	二分小分四十三	一尺八寸六分小分四十七	五十二日	四分小分七十九	二尺八寸七分小分一十六
二十五日	二分小分五十二	一尺八寸八分小分九十	五十三日	四分小分八十九	二尺九寸一分小分六十五
二十六日	二分小分六十一	一尺九寸一分小分四十二	五十四日	四分小分九十六	二尺九寸六分小分八十四
二十七日	二分小分七十	一尺九寸四分小分三	五十五日	五分小分四	三尺一分小分八十
二十八日	二分小分七十九	一尺九寸六分小分七十三	五十六日	五分小分一十二	三尺六分小分八十四
二十九日	二分小分八十七	一尺九寸九分小分五十二	五十七日	五分小分二十	三尺一寸一分小分九十六
三十日	二分小分九十七	二尺二分小分三十九	五十八日	五分小分二十八	三尺一寸七分小分一十六
三十一日	三分小分五	二尺五分小分三十六	五十九日	五分小分三十六	三尺二寸二分小分四十四
三十二日	三分小分一十四	二尺八分小分四十一	六十日	五分小分四十四	三尺二寸七分小分八十
三十三日	三分小分二十二	二尺一寸一分小分五十五	六十一日	五分小分五十二	三尺三寸三分小分二十四
三十四日	三分小分三十一	二尺一寸八分小分七十七	六十二日	五分小分六十	三尺三寸八分小分七十六
三十五日	三分小分四十	二尺一寸八分小分八	六十三日	五分小分六十八	三尺四寸四分小分三十六
三十六日	三分小分四十八	二尺二寸一分小分四十八	六十四日	五分小分七十五	三尺五寸小分四
三十七日	三分小分五十七	二尺二寸四分小分九十六	六十五日	五分小分八十四	三尺五寸五分小分七十九
三十八日	三分小分六十五	二尺二寸八分小分五十三	六十六日	五分小分九十二	三尺六寸一分小分六十三
三十九日	三分小分七十三	二尺三寸二分小分一十八	六十七日	五分小分九十九	三尺六寸七分小分五十五
四十日	三分小分八十二	二尺三寸五分小分九十一	六十八日	六分小分八	三尺七寸三分小分五十四
四十一日	三分小分九十	二尺三寸九分小分七十三			

六十九日	六分小分一十六	三尺七寸九分小分六十二	九十六日	八分小分四十四	五尺七寸四分小分七十
七十日	六分小分二十三	三尺八寸五分小分七十八	九十七日	八分小分四十七	五尺八寸三分小分一十四
七十一日	六分小分三十二	三尺九寸二分小分一	九十八日	八分小分五十八	五尺九寸一分小分六十一
七十二日	六分小分三十九	三尺九寸八分小分三十三	九十九日	八分小分六十六	六尺小分一十九
七十三日	六分小分四十八	四尺四分小分七十二	一百日	八分小分七十	六尺八分小分八十五
七十四日	六分小分四十五	四尺一寸七分小分七十五	一百一日	八分小分八十	六尺一寸七分小分五十五
七十五日	六分小分六十四	四尺一寸七分小分七十五	一百二日	八分小分八十六	六尺二寸六分小分三十五
七十六日	六分小分七十一	四尺二寸四分小分三十九	一百三日	八分小分九十三	六尺三寸五分小分二十一
七十七日	六分小分八十	四尺三寸一分小分一十	一百四日	九分小分空	六尺四寸四分小分一十四
七十八日	六分小分八十八	四尺三寸七分小分九十	一百五日	九分小分八	六尺五寸三分小分一十四
七十九日	六分小分九十七	四尺四寸四分小分七十八	一百六日	九分小分一十三	六尺六寸二分小分二十二
八十日	七分小分三	四尺五寸一分小分七十五	一百七日	九分小分二十一	六尺七寸一分小分三十五
八十一日	七分小分一十三	四尺五寸八分小分七十八	一百八日	九分小分二十七	六尺八寸小分五十六
八十二日	七分小分二十一	四尺六寸五分小分九十一	一百九日	九日小分三十五	六尺八寸九分小分八十三
八十三日	七分小分二十九	四尺七寸三分小分一十	一百十日	九分小分四十	六尺九寸九分小分一十八
八十四日	七分小分三十七	四尺八寸小分四十	一百一十一日	九分小分四十七	七尺八分小分五十八
八十五日	七分小分四十四	四尺八寸七分小分七十七	一百一十二日	九分小分五十四	七尺一寸八分小分五
八十六日	七分小分五十四	四尺九寸五分小分二十一	一百一十三日	九分小分六十	七尺二寸七分小分五十九
八十七日	七分小分六十三	五尺二分小分七十五	一百一十四日	九分小分六十四	七尺三寸七分小分一十九
八十八日	七分小分六十九	五尺一寸小分三十八	一百一十五日	九分小分七十三	七尺四寸六分小分八十三
八十九日	七分小分七十七	五尺一寸八分小分七	一百一十六日	九分小分七十八	七尺五寸六分小分五十三
九十日	七分小分九十四	五尺二寸五分小分八十四	一百一十七日	九分小分八十三	七尺六寸六分小分三十一
九十一日	八分小分一	五尺三寸三分小分七十四	一百一十八日	九分小分八十七	七尺七寸六分小分一十四
九十二日	八分小分一十三	五尺四寸一分小分七十五	一百一十九日	九分小分九十六	七尺八寸六分小分一
九十三日	八分小分二十	五尺四寸九分小分八十八	一百二十日	九分小分九十九	七尺九寸五分小分九十七
九十四日	八分小分二十七	五尺五寸八分小分八	一百二十一日	一寸小分四	八尺五分小分九十六
九十五日	八分小分三十五	五尺六寸六分小分三十五	一百二十二日	一寸小分九	八尺一寸六分小分空
			一百二十三日	一寸小分一十七	八尺二寸六分小分九

一百二十四日	一寸小分一十九	八尺三寸六分小分二十六	一百五十日	九分小分五十七	一丈一尺五分小分二十三
一百二十五日	一寸小分二十五	八尺四寸六分小分四十五	一百五十一日	九分小分四十三	一丈一尺一寸四分小分八十
一百二十六日	一寸小分二十九	八尺五寸六分小分七十	一百五十二日	九分小分二十五	一丈一尺二寸四分小分二十二
一百二十七日	一寸小分三十三	八尺六寸六分小分九十九	一百五十三日	九分小分七	一丈一尺三寸三分小分四十七
一百二十八日	一寸小分三十八	八尺七寸七分小分三十二	一百五十四日	八分小分九十	一丈一尺四寸二分小分五十四
一百二十九日	一寸小分四十三	八尺八寸七分小分七十	一百五十五	八分小分六十八	一丈一尺五寸一分小分四十四
一百三十日	一寸小分四十五	八尺九寸八分小分一十三	一百五十六日	八分小分四十八	一丈一尺六寸小分一十二
一百三十一日	一寸小分五十一	九尺八分小分五十八	一百五十七日	八分小分二十五	一丈一尺六寸八分小分六十
一百三十二日	一寸小分五十四	九尺一寸九分小分九	一百五十八日	八分小分二	一丈一尺七寸六分小分八十五
一百三十三日	一寸小分五十五	九尺二寸九分小分六十三	一百五十九日	七分小分七十七	一丈一尺八寸四分小分八十七
一百三十四日	一寸小分六十二	九尺四寸小分一十八	一百六十日	七分小分五十二	一丈一尺九寸二分小分六十四
一百三十五日	一寸小分六十四	九尺五寸小分八十	一百六十一日	七分小分二十七	一丈二尺小分一十六
一百三十六日	一寸小分六十六	九尺六寸一分小分四十四	一百六十二日	六分小分九十八	一丈二尺七分小分四十三
一百三十七日	一寸小分五十二	九尺七寸二分小分一十	一百六十三日	六分小分六十七	一丈二尺一寸四分小分四十二
一百三十八日	一寸小分五十	九尺八寸二分小分六十二	一百六十四日	六分小分四十五	一丈二尺二寸一分小分二
一百三十九日	一寸小分四十八	九尺九寸三分小分一十二	一百六十五日	六分小分一十一	一丈二尺二寸七分小分五十三
一百四十日	一寸小分四十六	一丈三分小分六十	一百六十六日	五分小分八十	一丈二尺三寸三分小分六十四
一百四十一日	一寸小分四十三	一丈一寸四分小分六	一百六十七日	五分小分四十九	一丈二尺三寸九分小分四十四
一百四十二日	一寸小分三十九	一丈二寸四分小分四十九	一百六十八日	五分小分一十六	一丈二尺四寸四分小分九十三
一百四十三日	一寸小分三十二	一丈三寸四分小分八十八	一百六十九日	四分小分八十三	一丈二尺五寸小分九
一百四十四日	一寸小分二十五	一丈四寸五分小分二十	一百七十日	四分小分五十	一丈二尺五寸四分小分九十二
一百四十五日	一寸小分一十七	一丈五寸五分小分四十五	一百七十一日	四分小分一十四	一丈二尺五寸九分小分四十二
一百四十六日	一寸小分八	一丈六寸五分小分六十二	一百七十二日	三分小分八十	一丈二尺六寸三分小分五十六
一百四十七日	九分小分九十六	一丈七寸五分小分七十	一百七十三日	三分小分四十五	一丈二尺六寸七分小分三十六
一百四十八日	九分小分八十五	一丈八寸五分小分六十六	一百七十四日	三分小分七	一丈二尺七寸小分八十一
一百四十九日	九分小分七十二	一丈九寸五分小分五十一	一百七十五日	二分小分七十一	一丈二尺七寸三分小分八十八

一百七十六日	二分小分三十四	一丈二尺七寸六分小分五十九
一百七十七日	二分小分三	一丈二尺七寸八分小分九十三
一百七十八日	一分小分五十二	一丈二尺八寸小分九十六
一百七十九日	一分小分二十	一丈二尺八寸二分小分四十八
一百八十日	空分小分八十二	一丈二尺八寸三分小分六十八
一百八十一日	空分小分四十三	一丈二尺八寸四分小分五十
一百八十二日	空分小分七	一丈二尺八寸四分小分九十三

卷七十七　　志第三十

律　历　十

观天历

元祐《观天历》

演纪上元甲子，距元祐七年壬申，岁积五百九十四万四千八百八算。上考往古，每年减一；下验将来，每年加二。

步气朔

统法：一万二千三十。
岁周：四百三十九万三千八百八十。
岁余：六万三千八十。
气策：一十五、余二千六百二十八、秒一十二。
朔实：三十五万五千二百五十三。
朔策：二十九、余六千三百八十三。
望策：一十四、余九千二百六、秒一十八。
弦策：七、余四千六百三、秒九。
岁闰：一十三万八百四十四。
中盈分：五千二百五十六、秒二十四。
朔虚分：五千六百四十七。
没限分：九千四百二。
闰限：三十四万四千三百四十九、秒一十二。
旬周：七十二万一千八百。
纪法：六十。
以上秒母同三十六。

推天正冬至：置距所求积年，以岁周乘之，为气积分；满旬周去之，不尽，以统法约之为大余，不满为小余。其大余命甲子，算外，即所求年天正冬至日辰及余。

求次气：置天正冬至大、小余，以气策及余秒累加之，秒盈秒法从小余一，小余盈统法从大余一，大余盈纪法去之。命甲子，算外，即各得次气日辰及余秒。

推天正经朔：置天正冬至气积分，以朔实去之，不尽为闰余；以减天正冬至气积分，余为天正十一月经朔加时积分；满旬周去之，不尽，以统法约之为大余，不满为小余。其大余命甲子，算外，即所求年天正十一月经朔日辰及余。

求弦望及次朔经日：置天正十一月经朔大、小余，以弦策累加之，去命如前，即各得弦、望及次朔经日及余秒。

求没日：置有没之气小余，以三百六十乘之，其秒进一位，从之，用减岁周，余满岁余除之为日，不满为余。其日，命其气初日日辰，算外，即为其气没日日辰。凡气小余在没限以上者，为有没之气。

求灭日：置有灭之朔小余，以三十乘之，满朔虚分除之为日，不满为余。其日命其月经朔初日日辰，算外，即为其月灭日日辰。凡经朔小余不满朔虚分者，为有灭之朔。

步发敛

候策：五、余八百七十六、秒四。
卦策：六、余一千五十一、秒一十二。
土王策：三、余五百二十五、秒二十四。
月闰：一万九千六百三、秒二十四。
辰法：二千五。
半辰法：一千二半。
刻法：一千三百三。
秒母：三十六。

推七十二候：各因中节大、小余命之，为初候；以候策加之，为次候；又加之，为末候。

求六十四卦：各因中气大、小余命之，为初卦用事日；以卦策加之，为中卦用事日；又加之，得终卦用事日。以土王策加诸侯内卦，得十有二节之初外卦用事日；又加之，得大夫卦用事日；复以卦策加之，得卿卦用事日。

推五行用事：各因四立之节大、小余命之，即春木、夏火、秋金、冬水首用事日；以土王策减四季中气大、小余，命甲子，算外，为其月土始用事日。

求中气去经朔：置天正冬至闰余，以月闰累加之，满统法约之为日，不尽为余，即各得每月中气去经朔日及余秒。其闰余满闰限者，为月内有闰也；仍定其朔内无中气者为闰月。

求卦候去经朔：以卦、候策累加减中气，去经朔日及余，中气前，减；中气后，加。即各得卦、候去经朔日及余秒。

求发敛加时：倍所求小余，以辰法除之为辰数，不满，五因之，满刻法为刻，不满为余。其辰数命子正，算外，即各得所求加时辰、刻及分。

步日躔

周天分：四百三十九万四千三十四、秒五十七。
周天度：三百六十五、余三千八十四、秒五十七。

岁差：一百五十四、秒五十七。

二至限日：一百八十二、余七千四百八十。

冬至后盈初夏至后缩末限日：八十八、余一万九百五十八。

夏至后缩初冬至后盈末限日：九十三、余八千八百五十二。

求每日盈缩分：置入二至后全日，各在初限已下为初限；已上，用减二至限，余为末限。列初、末限日及分于上，倍初、末限日及约分于下，相减相乘。求盈缩分者，在盈初、缩末，以三千二百九十四除之。在盈末、缩初，以三千六百五十九除之，皆为度，不满，退除为分秒。求朏朒积者，各退二位，在盈初缩末，以三百六十六而一；在盈末缩初，以四百七而一，各得所求。以盈缩相减，余为升降分；盈初缩末为升，缩初盈末为降。以朏朒积相减，余为损益率。在初为益，在末为损。

求经朔弦望入盈缩限：置天正闰日及余，减缩末限日及余，为天正十一月经朔入缩末限日及余；以弦策累加之，满盈缩限日去之，即各得弦望及次朔入盈缩限日及余秒。

求经朔弦望朏朒定数：各置所入盈缩限日小余，以其日下损益率乘之，如统法而一，所得，损益其下朏朒积为定数。

求定气：冬夏二至以常气为定气。自后，以其气限日下盈缩分盈加缩减常气约余，即为所求之气定日及分秒。

赤道宿度

斗：二十六　　牛：八　　女：十二
虚：十少、秒六十四
危：十七　　室：十六　　壁：九
北方七宿九十八度少、秒六十四。
奎：十六　　娄：十二　　胃：十四　　昴：十一
毕：十七　　觜：一　　参：十
西方七宿八十一度。
井：三十三　　鬼：三　　柳：十五　　星：七
张：十八　　翼：十八　　轸：十七
南方七宿一百一十一度。
角：十二　　亢：九　　氐：十五　　房：五
心：五　　尾：十八　　箕：十一
东方七宿七十五度。

前皆赤道宿度，与古不同。自《大衍历》依浑仪测为定，用纮带天中，仪极攸凭，以格黄道。

推天正冬至加时赤道日度：以岁差乘所求积年，满周天分去之，不尽，用减周天分，余以统法除之为度，不满为余。命起赤道虚宿四度外去之，至不满宿，即为所求年天正冬至加时赤道日度及余秒。

求夏至赤道日度：置天正冬至加时赤道日度，以二至限及余加之，满赤道宿次去之，即得夏至加时赤道日度及余秒。因求后昏后夜半赤道日度者，以二至小余减统法，余以加二至赤道日度之余，即二至初日昏后夜半赤道日度，以每日累加一度，去命如前，各得所求。

求二十八宿赤道积度：置二至加时日躔赤道全度，以二至加时赤道日度及约分减之，余为距后度。以赤道宿次累加之，即得二十八宿赤道积度及分秒。

求二十八宿赤道积度入初末限：各置赤道积度及分秒，满象限九十一度三十一分、秒九即去之，若在四十五度六十五分、秒五十四半已下为初限；已上，用减象限，余为末限。

求二十八宿黄道度：各置赤道积入初、末限度及分，三之，为限分。用减四百，余以限分乘之，一万二千而一为度，命曰黄赤道差。至后以减、分后以加赤道宿积度，为黄道积度；以前宿黄道积度减之，余为二十八宿黄道度及分。其分就近约为太、半、少，若二至之宿不足减者，即加二至限，然后减之，余依术算。

黄道宿度

斗：二十三半　　牛：七半　　女：十一半
虚：十少、秒六十四。
危：十七太　　室：十七少　　壁：九太
北方七宿九十七度半、秒六十四。
奎：十七太　　娄：十二太　　胃：十四半　　昴：十一太
毕：十六　　觜：一　　参：九少
西方七宿八十二度。
井：三十　　鬼：二太　　柳：十四少　　星：七
张：十八太　　翼：十九半　　轸：十八太
南方七宿一百一十一度。
角：十三　　亢：九半　　氐：十五半　　房：五
心：四太　　尾：十七　　箕：十
东方七宿七十四度太。

前黄道宿度，乃依今历岁差变定。若上考往古，下验将来，当据岁差，每移一度，依历推变，然后可步七曜，知其所在。

求天正冬至加时黄道日度：置天正冬至加时赤道日度及约分，三之，为限分；用减四百，余以限分乘之，一万二千而一为度，命曰黄赤道差；用减天正冬至加时赤道日度及分，即为所求年天正冬至加时黄道日度及分。夏至日度，准此求之。

求二至初日晨前夜半黄道日度：置一万分，以其日升降分升加降减之，以乘二至小余，如统法而一，所得，以减二至加时黄道日度，余为二至初日晨前夜半黄道日度及分。

求每日晨前夜半黄道日度：置二至初日晨前夜半黄道日度及分，每日加一度，百约其日下升降分，升加降减之，满黄道宿次去之，即各得二至后每日晨前夜半黄道日度及分。

求太阳过宫日时刻：置黄道过宫宿度，以其日晨前夜半黄道宿度及分减之，余以统法乘之，如其太阳行分而一，为加时小余；如发敛求之，即得太阳过宫日、时、刻及分。

黄道过宫太史局吴泽等补治有此一段，开封进士吴时举、国学进士程惠、常州百姓张文进本并无之。

危宿十五度少，入卫之分，亥。　奎宿三度半，入鲁之分，戌。

胃宿五度半，入赵之分，酉。　毕宿十度半，入晋之分，申。

井宿十二度，入秦之分，未。　柳宿七度半，入周之分，午。

张宿十七度少，入楚之分，巳。　轸宿十二度，入郑之分，辰。

氐宿三度少，入宋之分，卯。　尾宿八度，入燕之分，寅。

斗宿九度，入吴之分，丑。　女宿六度少，入齐之分，子。

步月离

转周分：三十三万一千四百八十二，秒三百八十九。

转周日：二十七，余六千六百七十二，秒三百八十九。

朔差日：一、余一万一千七百四十，秒九千六百一十一。

弦策：七、余四千六百三、秒二千五百。

望策：一十四、余九千二百六、秒五千。

以上秒母同一万。

七日：初数一万六千六百九十，初约八十九；末数一千三百四十，末约一十一。

十四日：初数九千三百五十一，初约七十八；末数二千六百七十九，末约二十二。

二十一日：初数八千一十一，初约六十七；末数四千一十九，末约三十三。

二十八日：初数六千六百七十二，初约五十五。

上弦：九十一度三十一分，秒四十一。

望：一百八十二度六十二分、秒八十二。

下弦：二百七十三度九十四分、秒二十三。

平行：一十三度三十六分、秒八十七半。

以上秒母同一百。

求天正十一月经朔加时入转：置天正十一月经朔加时积分，以转周分秒去之，不尽，以统法约之为日，不满为余。命日，算外，即得所求年天正十一月经朔加时入转日及余秒。若以朔差日及余秒加之，满转周日及余秒去之，即次朔加时入转日及余秒。各以其月经朔小余减之，余为其月经朔夜半入转。

求弦望入转：因天正十一月经朔加时入转日及余秒，以弦策累加之，去命如前，即得弦、望入转日及余秒。

转日	转定分	增减差 损益率	迟疾度 朒朓积
一日	一千二百六	增一百三十一 益一千一百八十七	迟空度 朒空
二日	一千二百一十五	增一百二十二 益一千八十九	迟一度三十一 朒一千一百八十七
三日	一千二百三十二	增一百四 益九百四十五	迟二度五十三 朒二千二百七十六
四日	一千二百五十一	增八十六 益七百六十五	迟三度五十七 朒三千二百二十一
五日	一千二百七十五	增六十二 益五百六十	迟四度四十三 朒三千九百八十六
六日	一千三百一	增三十六 益三百二十二	迟五度五 朒四千五百四十六
七日	一千三百二十七	初增一十末减 初益九十九末损九	迟五度四十一 朒四千八百六十九
八日	一千三百五十四	减一十七 损一百五十四	迟五度五十一 朒四千九百五十九
九日	一千三百七十八	减四十一 损三百六十九	迟五度三十四 朒四千八百五
十日	一千四百三	减六十一 损五百九十四	迟四度九十三 朒四千四百三十六
十一日	一千四百二十七	减九十 损八百一十	迟四度二十七 朒三千八百四十二
十二日	一千四百四十六	减一百九 损九百七十九	迟三度三十七 朒三千三十二
十三日	一千四百五十七	减一百二十二 损一千九十九	迟二度二十八 朒二千五十三
十四日	一千四百七十三	初减一百六末增三十 初损九百五十四末益二百七十	迟一度六 朒九百五十四
十五日	一千四百六十六	增一百二十九 益一千一百六十一	疾空度三十 朓二百七十
十六日	一千四百五十四	增一百一十七	疾一度五十九

	益一千五十二	朒一千四百三十一	
十七日	一千四百三十七	增一百	疾二度七十六
	益九百	朒二千四百八十三	
十八日	一千四百一十六	增七十九	疾三度七十六
	益七百一十一	朒三千三百八十三	
十九日	一千三百九十四	增五十七	疾四度五十五
	益五百一十二	朒四千九十四	
二十日	一千三百六十八	增三十一	疾五度一十二
	益二百七十九	朒四千六百六	
二十一日	一千三百四十一	初增九末減五	疾五度四十三
	初益八十二末損四十五	朒四千八百八十五	
二十二日	一千三百一十五	減二十二	疾五度四十七
	損一百九十八	朒四千九百二十二	
二十三日	一千二百九十	減四十七	疾五度二十五
	損四百二十三	朒四千七百二十四	
二十四日	一千二百六十五	減七十三	疾四度七十八
	損六百五十七	朒四千三百一	
二十五日	一千二百四十三	減九十四	疾四度五
	損八百四十六	朒三千六百四十四	
二十六日	一千二百三十五	減一百一十二	疾三度一十一
	損一千八	朒二千七百九十八	
二十七日	一千二百一十三	減一百二十四	疾一度九十九
	損一千一百一十六	朒一千一百一十六	
二十八日	一千二百六	初減七十五	疾空度七十五
	損六百七十四	朒六百七十四	

求朔弦望入转朒朒定数：置入转余，乘其日算外损益率，如统法而一，所得，以损益其下朒朒积为定数。其在四七日下余如初数已下，初率乘之，初数而一，以损益其下朒朒积为定数。若初数已上者，以初数减之，余乘末率，末数而一，用减初率，余加其日下朒朒积为定数。其十四日下余若在初数已上者，初数减之，余乘末率，末数而一，便为朒定数。

求朔弦望定日：各以入限、入转朒朒定数，朒减朒加经朔、弦、望小余，满若不足，进退大余，命甲子，算外，各得定日及余。若定朔干名与后朔干名同者月大，不同者月小，其月内无中气者为闰月。凡注历，观定朔小余，秋分后在统法四分之三已上者，进一日；若春分后定朔晨昏差如春分之日者，三约之，用减四分之三；定朔小余在此数已上者，亦进一日；或当交亏初在日入已前者，其朔不进。弦、望定小余不满日出分者，退一日；望若有交，亏初在日出分已前者，其定望小余虽满日出分，亦退一日。又有月行九道迟疾，历有三大二小者；依盈缩累增损之，则有四大三小，理数然也。若俯循常仪，当察加时早晚，随其所近而进退之，使不过三大二小。

求定朔弦望加时日度：置定朔、弦、望约分，副之，以乘其日升降分，一万约之，所得，升加降减其副，以加其日夜半日度，命如前，各得定朔、弦、望加时日躔黄道宿度及分秒。

求月行九道：凡合朔初交，冬入阴历，夏入阳历，月行青道。冬至、夏至后，青道半交在春分之宿，出黄道东；立冬、立夏后，青道半交在立春之宿，出黄道东南；至所冲之宿亦如之。冬入阳历，夏入阴历，月行白道。冬至、夏至后，白道半交在秋分之宿，出黄道西；立冬、立夏后，白道半交在立秋之宿，出黄道西北；至所冲之宿亦如之。春入阳历，秋入阴历，月行朱道。春分、秋分后，朱道半交在夏至之宿，出黄道南；立夏、立秋后，朱道半交在立夏之宿，出黄道西南；至所冲之宿亦如之。春入阴历，秋入阳历，月行黑道。春分、秋分后，黑道半交在冬至之宿，出黄道北；立春、立秋后，黑道半交在立冬之宿，出黄道东北；至所冲之宿亦如之。四序离为八节，至阴阳之所交，皆与黄道相会，故月行有九道。各视月行所入正交积度，满交象去之，入交积度及交象度，并在交会术中。若在半交象已下为限；已上，覆减交象，余为末限。置初、末限度及分，三之，为限分；用减四百，余以限分乘之，二万四千而一为度，命曰月道与黄道差数。距正交后、半交前，以差数加；距半交后、正交前，以差数减。此加减出入黄道六度，单与黄道相校之数，若校赤道，则随气迁变不常。仍计去冬、夏二至已来度数，乘差数，如九十而一，为月道与赤道差数。凡日以赤道内为阴，外为阳；月以黄道内为阴，外为阳。故月行宿度，入春分交后行阴历，秋分交后行阳历，皆为同名；入春分交后行阴历，秋分交后行阳历，皆为异名。其在同名者，以差数加者加之，减者减之；其在异名者，以差数加者减之，减者加之。二差皆增益黄道宿积度，为九道宿积度；以前宿九道积度减之，为其宿九道度及分秒。其分就近约之为太、半、少。

求月行九道平交入气：各以其月闰日及余，加经朔时入交泛日及余秒，盈交终日及余秒去之，乃减交终日及余秒。即各得平交入其月中气日及余秒；若满气策即去之，余为平交入后月节气日及余秒。若求朏朒定数，如求朔、望朏朒术入之，即得所求。

求平交入转朏朒定数：置所入气余，加其夜半入转余，乘其日算外损益率，如统法而一，所得，以损益其下朏朒积，乃以交率乘之，交数而一，为定数。

求正交入气：以平交入气、入转朏朒定数，朏朒加平交入气余，满若不足，进退其日，即正交入气日及余秒。

求正交加时黄道日度：置正交入气余，副之，以乘其日升降分，一万约之，升加降减其副，乃以一百乘之，如统法而一，以加其日夜半日度，即正交加时黄道日度及分秒。

求正交加时月离九道宿度：置正交度加时黄道日及分，三之，为限分。用减四百，余以限分乘之，二万四千而一，命曰月道与黄道差数。以加黄道宿度，仍计去冬、夏二至已来度数，以乘差数，如九十而一，为月道与赤道差数。同名以加，异名以减，二差皆增损正交度，即正交加时月离九道宿度及分秒。

求定朔弦望加时月离黄道宿度：置定朔、弦、望加时日躔黄道宿度及分，凡合朔加时，月行潜在日下，与太阳同度，是为加时月度。各以弦、望度加其所当日度，满黄道宿次去之，即各得定朔、弦、望加时月离黄道宿度及分秒。

求定朔弦望加时月离九道宿度：置定朔、弦、望加时月离黄道宿度及分秒，加前宿正交后黄道积度，如前求九道术入之，以前定宿正交后九道积度减之，余为定朔、弦、望加时月离九道宿度及分秒。凡合朔加时，若非正交，即日在黄道、月在九道所入宿度。虽多少不同，考其去极，若应绳准，故曰加时九道。

求定朔午中入转：各视经朔夜半入转日及余秒，以半法加之，若定朔大余有进退者，亦进退转日，否则因经为定。因求次日，累加一日，满转周日及余秒去之，即每日午中入转。

求晨昏月度：以晨分乘其日算外转定分，如统法而一，为晨转分；用减转定分，余为昏转分；乃以朔、弦、望小余乘其日算外转定分，如统法而一，为加时分；以减晨昏转分，余为前；不足减者，覆减之，余为后；以前加后减定朔、弦、望月度，即晨、昏月所在度。

求朔弦望晨昏定程：各以其朔昏定月减上弦昏定月，余为朔后昏定程；以上弦昏定月减望昏定月，余为上弦后昏定程；以望晨定月减下弦晨定月，余为望后晨定程；以下弦晨定月减后朔晨定月，余为下弦后晨定程。

求每日转定度数：累计每程相距日转定分，以减程，余为盈；不足减者，覆减之，余为缩；以相距日除之，所得，盈加缩减每日转定分，为每日转定度及分秒。

求每日晨昏月：置朔、弦、望晨昏月，以每日转定度及分加之，满宿次去之，为每日晨昏月。凡注历，自朔日注昏月，望后一日注晨月。已前月度并依九道所推，以究算术之精微，如求速要，即依后术求之。

求天正十一月经朔加时平行月：置岁周，以天正闰余减之，余以统法约之为度，不满，退除为分秒，即天正十

一月经朔加时平行月度及分秒。

求天正十一月定朔夜半平行月：置天正经朔小余，以平行月度分秒乘之，如统法而一为度，不满，退除为分秒，以减天正十一月经朔加时平行月度，即天正十一月经朔晨前夜半平行月。其定朔大余有进退者，亦进退平行度，否则因经为定，即天正十一月定朔晨前夜半平行月积度及分秒。

求次定朔夜半平行月：置天正十一月定朔晨前夜半平行月积度及分秒，大月加三十五度八十分，秒六十一，小月加二十二度四十三分、秒七十三半，满周天度及约分、秒去之，即得次定朔晨前夜半平行月积度及分秒。

求弦望定日夜半平行月：各计朔、弦、望相距之日，乘平行度及分秒，以加其月定朔晨前夜半平行月积度及分秒，即其月弦望定日晨前夜半平行月积度及分秒。

求定朔晨前夜半入转：置其月经朔晨前夜半入转日及余秒，若定朔大余有进退者，亦进退转日，否则因经为定，其余如统法退除为分秒，即得其月定朔晨前夜半入转日及分秒。因求次日，累加一日，满转周二十七日五十五分、秒四十六去之，即每日晨前夜半入转。

求定朔弦望晨前夜半定月：置定朔、弦、望晨前夜半入转分，乘其日算外增减差，百约为分，分满百为度，增减其下迟疾度，为迟疾定度；迟减疾加定朔、弦、望晨前夜半平行月积度及分秒，以天正冬至加时黄道日度加而命之，即各得定朔、弦、望晨前夜半月离宿度及分秒。如求每日晨、昏月，依前术入之，即得所求。

步晷漏

二至限：一百八十二日六十二分。

一象：九十一日三十一分。

消息法：九千七百七十三。

半法：六千一十五。

辰法：二十五。

半辰法：一十二半。

刻法：一千二百三。

辰刻：八、余四百一。

昏明分：三百太。

昏明刻：二、余六百一半。

冬至岳台晷影常数：一丈二尺八寸五分。

夏至岳台晷影常数：一尺五寸七分。

冬至后初限夏至后末限：四十五日、六十二分。

冬至后末限夏至后初限：一百三十七日、空分。

求岳台晷影入二至后日数：计入二至以来日数，以二至约分减之，乃加半日之分五十，即入二至后来午中日数及分。

求岳台午中晷影定数：置入二至后日及分，如初限已下者为初；已上，覆减二至限，余为末。其在冬至后初限、夏至后末限者，以入限日及分减一千九百三十七半，为泛差。仍以入限日及分乘其日盈缩积，其盈缩积者，以入盈缩限日及分与二百相减相乘，为盈缩积也。五因百约，用减泛差，为定差；乃以入限日及分自相乘，以定差乘之，满一百万为尺，不满为寸、分，以减冬至岳台晷影常数，

余为其日午中晷影定数。其在冬至后末限、夏至后初限者，以三约入限日及分，减四百八十五少，为泛差；仍以盈缩差度减去极度，余者春分后、秋分前，四约，以加泛差，为定差。春分前、秋分后，以去二分日数乘之，六百而一，以减泛差，为定差。乃以入限日及分自相乘，以定差乘之，满一百万为尺，不满为寸分，以加夏至岳台晷影常数，为其日午中晷影定数。

求每日午中定积日：置其日午中入二至后来日数及分，以其日盈缩分盈加缩减之，即每日午中定积日及分。

求每日午中消息定数：置定积日及分，在一象已下自相乘，已上，用减二至限，余亦自相乘，七因，进二位，以消息法除之，为消息常数；副置之，用减六百一半，余以乘其副，以二千六百七十除之，以加常数，为消息定数。冬至后为息，夏至后为消。

求每日黄道去极度：置其日消息定数，十六乘之，满四百一除之为度，不满，退除为分，春分后加六十七度三十一分，秋分后减一百一十五度三十一分，即每日午中黄道去极度及分。

求每日太阳去赤道内外度：置其日黄道去极度及分，与一象度相减，余为太阳去赤道内、外度及分。去极多为日在赤道外，去极少为日在赤道内。

求每日晨昏分及日出入分半昼分：置其日消息定数，春分后加二千一百少，秋分后减三千三百八少，各为其日晨分；用减统法，余为昏分。以昏明分加晨分，为日出分；减昏分，为日入分；以日出分减半法，余为半昼分。

求每日距中度：置其日晨分，进位，十四因之，以四千六百一十一除之为度，不满，退除为分，即距子度。用减半周天，余为距中度；五而一，为每更差数。

求每日夜半定漏：置晨分，进一位，如刻法而一为刻，不满为刻分，即每日夜半定漏。

求每日昼夜刻及日出入辰刻：置夜半定漏，倍之，加五刻，为夜刻。减百刻，为昼刻。以昏明刻加夜半定漏，命子正，算外，得日出辰刻。以昼刻加之，命如前，即日入辰刻。其辰数依发敛求之。

求更点辰刻：置其日夜半定漏，倍之，二十五而一为筹差；半之，进位，为更差。以昏明刻加日入辰刻，即甲夜辰刻；以更筹差累加之，满辰刻及分去之，各得每更筹所在辰刻及分。若用司辰漏者，倍夜半定漏，减去待旦十刻，余依术算，即得内中更筹也。

求每日昏晓中星及五更中星：置距中度，以其日昏后夜半赤道日度加而命之，即得其日昏中星所格宿次，命之曰初更中星。以每更差度加而命之，即乙夜中星。以更差度累加之，去命如前，即五更及晓中星。若依司辰星漏倍距子度，减去待旦三十六度五十二分半，余依术求更点差度，即内中昏晓五更及攒点中星也。

求九服距差日：各于所在立表候之，若地在岳台北，测冬至后与岳台冬至晷影同者，累冬至后至其日，为距差日。若地在岳台南，测夏至后与岳台晷影同者，累夏至后至其日，为距差日。

求九服晷影：若地在岳台北冬至前后者，以冬至前后日数减距差日，为余日。以余日减一千九百三十七半，为泛差。依前术求之，以加岳台冬至晷影常数，为其地其日午中晷影定数。冬至前后日多于距差日者，乃减去距差日，余依法求之，即得其地其日午中晷影定数。若地在岳台南夏至前后者，以夏至前后日数减距差日，为余日。乃三约之，以减四百八十五少，为泛差。依前术求之，以减岳台夏至晷影常数，即其地其日午中晷影定数。如夏至前后日数多于距差日，乃减去距差日，余依法求之，即得其地其日午中晷影定数，即晷在表南也。

求九服所在昼夜漏刻：各于所在下水漏，以定二至夜刻，乃相减，余为二至差刻。乃置岳台其日消息定数，以其处二至差刻乘之，如岳台二至差刻二十除之，所得为其地其日消息定数。乃倍消息定数，进位，满刻法约之为刻，不满为分，以加减其处二至夜刻，春分后、秋分前，以加夏至夜刻；秋分后、春分前，以减冬至夜刻。为其地其日夜刻；以减百刻，余为昼刻。求日出入差刻及五更中星，并依岳台法求之。

卷七十八　　　　志第三十一

律历十一

观天历

步交会

交终分：三十二万七千三百六十一、秒九千九百四十四。

交终日：二十七、余二千五百五十一、秒九千九百四十四。

交中日：一十三、余七千二百九十、秒九千九百七十二。

朔差日：二、余三千八百三十一、秒五十六。

望策：一十四、余九千二百六、秒五千。

后限日：一、余一千九百一十五、秒五千二十八。

前限日：一十二、余五千三百七十五、秒四千九百四十四。

以上秒母同一万。

交率：一百八十三。

交数：二千三百三十一。

交终度：三百六十三分七十六。

交中度：一百八十一分八十八。

交象度：九十分九十四。

半交象度：四十五分四十七。

阳历食限：四千九百，定法四百九十。

阴历食限：七千九百，定法七百九十。

求天正十一月经朔加时入交泛日：置天正十一月经朔加时积分，以交终分及秒去之，不尽，满统法为日，不满为余秒，即天正十一月经朔加时入交泛日及余秒。

求次朔及望加时入交泛日：置天正经朔加时入交泛日及余秒，求次朔，以朔差加之。求望，以望策加之，满交终日及余秒去之。即次朔及望加时入交泛日及余秒。若以经朔小余减之，余为夜半入交泛日。

求定朔望夜半入交泛日：置经朔、望夜半入交泛日，若定朔、望大余有进退者，亦进退交日，否则因经为定，即定朔望夜半入交泛日及余秒。

求次朔望夜半入交泛日：置定朔夜半入交泛日及余秒，大月加二日，小月加一日，余皆加九千四百七十八、秒五十六，求次日，累加一日，满交终日及余秒去之，即次定朔及每日夜半入交泛日及余秒。

求朔望加时入交常日：置经朔、望入交泛日及余秒，以其朔、望入盈缩限朒朓定数朒减朓加之，即朔、望加时入交常日及余秒。

求朔望加时入交定日：置其朔、望入转朒朓定数，以交率乘之，交数而一，所得，以朓减朒加入交常日及余秒，满与不足，进退其日，即朔、望加时入交定日及余秒。

求月行入阴阳历：置其朔、望入交定日及余秒，在交中已下为月行阳历；已上去之，余为月行阴历。

求朔望加时月行入阴阳历积度：置月行入阴阳历日及余秒，以统法通日，内余，九而一为分，分满百为度，即朔望加时月行入阴阳历积度及分。

求朔望加时月去黄道度：置入阴阳历积度及分，如交象已下为入少象；已上，覆减交中度，余为入老象。皆列于上，下列交中度，相减相乘，进位，如一百三十八而一，为泛差。又视入老、少象度，如半交象已下为初；已上去之，余为末。皆二因，退位，初减末加泛差，满百为度，即朔、望加时月去黄道度及分。

求日月食甚定余：置定朔小余，如半统法已下，与半统法相减相乘，如三万六千九十而一为时差，以减。如半统法已上减去半统法，余亦与半统法相减相乘，如一万八千四十五而一为时差，午前以减，午后以加，皆加、减定朔小余，为日食甚小余。与半法相减，余为午前、后分。其食者，以定望小余为月食甚小余。

求日月食甚辰刻：各置食甚小余，倍之，以辰法除之为辰数，不满，五因，满刻法而一为刻，不满为分。其辰数命子正，算外，即食甚辰刻及分。若加半辰，即命起子初。

求气差：置其朔盈、缩限度及分，自相乘，进二位，盈初、缩末一百九十七而一，盈末、缩初二百一十九而一，皆用减四千一十，为气泛差。以乘午前、后分，如半昼分而一，所得，以减泛差，为定差。春分后，交初以减，交中以加；秋分后，交初以加，交中以减。如食在夜，反用之。

求刻差：置其朔盈、缩限度及分，与半周天相减相乘，进二位，二百九而一，为刻泛差。以乘午前、后分，如三千七百半而一，为定差。冬至后午前、夏至后午后，交初以加，交中以减。冬至后午后、夏至后午前，交初以减，交中以加。

求日入食限交前后分：置朔入交定日及余秒，以气、刻、时三差各加减之，如交中日已下为不食；已上去之，如后限已下为交后分；前限已上覆减交中日，余为交前分。

求日食分：置交前后分，如阳历食限已下为阳历食定分；已上，用减一万二千八百，余为阴历食定分。如不足减者，日不食。各如定法而一为大分，不尽，退除为小分。小分半已上为半强，已下为半弱。命大分以十为限，即得日食之分。

求日食泛用分：置日食定分，退二位，列于上，在阳历列九十八于下，在阴历列一百五十八于下，各相减相乘，阳以二百五十而一，阴以六百五十而一，各为日食泛用分。

求月入食限交前后分：置望月行入阴阳历日及余秒，如后限已下为交后分。前限已上覆减交中日，余为交前分。

求月食分：置交前后分，如三千七百已下，为食既；已上，覆减一万一千七百，不足减者为不食。余以八百而一为大分，不尽，退除为小分。小分半已上为半强，已下为半弱。命大分以十为限，即得月食之分。

求月食泛用分：置望交前、后分，自相乘，退二位，交初以一千一百三十八而一，用减一千二百三，交中以一千二百六十四而一，用减一千八十三，各为月食泛用分。

求日月食定用分：置日月食泛用分，以一千三百三十七乘之，以定朔、望入转算外转定分而一，所得，为日月食定用分。

求日月食亏初复满小余：置日月食甚小余，以定用分减之，为亏初；加之，为复满：即各得所求小余。若求辰刻，依食甚术入之。

求月食更筹法：置望辰分，四因，退位，为更法；五除之，为筹法。

求月食入更筹：置亏初、食甚、复满小余，在辰分已下加辰分，昏分已上减去昏分，皆以更法除之为更数，不尽，以筹法除之为筹数。其更、筹数命初更，算外，即各得所入更、筹。

求日月食甚宿次：置朔、望之日晨前夜半黄道日度及分，以统法约日食甚小余，加之，内月食更加半周天，各依宿次去之，即日月食甚所在宿次。

求月食既内外刻分：置月食交前、后分，覆减三千七百，如不足减者，为食不既。退二位，列于上，下列七十四，相减相乘，进位，如三十七而一，所得以定用分乘之，如泛用分而一，为既内分；以减定用分，余为既外分。

求日月带食出入所见之分：各以食甚小余与日出、入分相减，余为带食差。其带食差在定用分已上，为不带食出入。以乘所食之分，满定用分而一，若月食既者，以既内分减带食差，余乘所食之分，如既外分而一，所得，以减既分，如不足减者，为带食既出入。以减所食之分，余为带食出、入所见之分。

求日食所起：日在阳历，初起西南，甚于正南，复满东南；日在阴历，初起西北，甚于正北，复满东北。其食八分已上者，皆起正西，复满正东。此据午地而论之，当审黄道斜正可知。

求月食所起：月在阳历，初起东北，甚于正北，复满西北；月在阴历，初起东南，甚于正南，复满西南。其食八分已上者，皆起正东，复满正西。此据午地而论之，当审黄道斜正可知。

步五星

五星历策：一十五度、约分二十一、秒九十。

木星周率：四百七十九万八千五百二十六、秒九十二。

周日：三百九十八、余一万五百八十六、秒九十二。

岁差：一百一十六、秒七十二。

伏见度：一十三半。

变目	变日 限度	变度 初行率
晨伏	一十七日 二度七十三	三度七十五 二十三
晨疾初	二十八日 四度三十九	六度二 二十三
晨疾末	二十八日 四度八	五度六十 二十二
晨迟初	二十八日 三度三十七	四度六十二 一十九
晨迟末	二十八日 一度三十八	一度九十 一十四
晨留	二十四日	
晨退	四十六日四十四 空度八十七	五度七 空
夕退	四十六日四十四 空度八十七	五度七 一十六
夕留	二十四日	
夕迟初	二十八日 一度三十八	一度九十 空
夕迟末	二十八日 三度三十七	四度六十二 一十四
夕疾初	二十八日 四度八	五度六十 一十九
夕疾末	二十八日 四度三十九	六度二 二十一
夕伏	一十七日 二度七十五	三度七十五 二十二

木星盈缩历

策数	损益率 损益率	盈积度 缩积度
初	益一百七十二 益一百七十二	空 空
一	益一百四十三 益一百四十三	一度七十二 一度七十二
二	益一百一十四 益一百一十四	三度一十五 三度一十五
三	益八十五 益八十五	四度二十九 四度二十九
四	益五十四 益五十四	五度一十四 五度一十四
五	益二十二 益二十二	五度六十八 五度六十八
六	损二十二 损二十二	五度九十 五度九十
七	损五十四 损五十四	五度六十八 五度六十八
八	损八十五 损八十五	五度一十四 五度一十四
九	损一百一十四 损一百一十四	四度二十九 四度二十九
十	损一百四十三 损一百四十三	三度一十五 三度一十五
十一	损一百七十二 损一百七十二	一度七十二 一度七十二

火星周率：九百三十八万二千五百六十、秒七十六。

周日：七百七十九、余一万一千一百九十、秒七十六。

岁差：一百一十六、秒一十三。

伏见度：一十八。

变目	变日 限度	变度 初行率
晨伏	六十八日 四十七度五十	五十度空分 七十四
晨疾初	五十五日 三十七度九	三十九度五 七十二
晨疾末	五十五日 三十七度空	三十八度九十四 七十
晨次疾初	四十七日 三十九度四十六	三十一度二 六十八
晨次疾末	四十七日 一十六度七十九	二十八度二十 六十四
晨迟初	三十九日 一十七度七十八	一十八度七十二 五十六
晨迟末	三十九日 九度五十	一十度空分 四十
晨留	一十一日	
晨退	二十八日九十六 二度二十二	八度五十九 空
夕退	二十八日九十六 二度二十二	八度五十九 四十五

			变目	变日 限度	变度 初行率
夕留	一十一日		晨伏	十九日 一度五十	二度五十 一十四
夕迟初	三十九日 九度五十	一十度空分 空	晨疾初	二十八日 一度九十三	三度二十二 一十二
夕迟末	三十九日 一十七度七十八	一十八度七十二 四十	晨疾末	二十八日 一度六十八	二度八十 一十一
夕次疾初	四十七日 二十六度七十九	二十八度二十 五十六	晨迟	二十八日 空度八十四	一度四十 九
夕次疾末	四十七日 二十九度四十六	三十一度二 六十四	晨留	三十六日	
夕疾初	五十五日 三十七度空分	三十八度九十四 六十八	晨退	五十日四 空度四十七	三度五十 空
夕疾末	五十五日 三十七度九	三十九度五 七十	夕退	五十日四 空度四十七	三度五十 一十
夕伏	六十八日		夕留	三十六日	

火星盈缩历

策数	损益率 损益率	盈积度 缩积度
初	益千一百六十 益四百四	空 空
一	益八百八十 益四百二十六	一十一度六十 四度四
二	益四百三十 益四百五十	二十度四十 八三十
三	益一百五十五 益四百八十五	二十四度七十 一十二度八十
四	损五千 益三百八十五	二十六度二十五 一十七度六十五
五	损一百二十 益三百五	二十五度七十五 二十一度五十
六	损三百五 益一百二十	二十四度五十五 二十四度五十五
七	损三百八十五 益五十	二十一度五十 二十五度七十五
八	损四百八十五 损一百五十五	一十七度六十五 二十六度二十五
九	损四百五十 损四百三十	一十二度八十 二十四度七十
十	损四百二十六 损八百八十	八度三十 二十度四十
十一	损四百四 损一千一百六十	四度四 一十一度六十

土星周率：四百五十四万八千四百三十一、秒八十五。

周日：三百七十八、余一千九百一十、秒八十五。

岁差：一百一十六、秒三十。

伏见度：一十六半。

变目	变日 限度	变度 初行率
夕迟	二十八日 空度八十五	一度四十 空
夕疾初	二十八日 一度六十八	二度八十 九
夕疾末	二十八日 一度九十三	三度二十二 一十一
夕伏	一十九日 一度五十	二度五十 一十二

土星盈缩历

策数	损益率 损益率	盈积度 缩积度
初	益二百二十 益二百二十	空二度 空
一	益一百八十 益一百八十	二度二十 二度二十
二	益一百四十 益一百四十	四度 四度
三	益一百 益一百	五度四十 五度四十
四	益六十 益六十	六度四十 六度四十
五	益二十 益二十	七度 七度
六	损二十 损二十	七度二十 七度二十
七	损六十 损六十	七度 七度
八	损一百 损一百	六度四十 六度四十
九	损一百四十	五度四十

	损一百四十	五度四十		晨伏	三十八日五十	五十度空分
十	损一百八十	四度			四十八度空分	一百三十
	损一百八十	四度				
十一	损二百二十	二度二十		金星盈缩历		
	损二百二十	二度二十				

金星周率：七百二万四千三百二十一、秒三十四。
周日：五百八十三、余一万八千三百一十一、秒三十四。
岁差：一百一十六、秒六十九。
伏见度：一十一半。

变目	变日	变度
	限度	初行率
夕伏	三十八日五十	五十度空分
	四十八度空分	一百三十
夕疾初	五十日	六十三度七十五
	六十一度二十	一百三十
夕疾末	五十日	六十一度二十五
	五十八度八十	一百二十五
夕次疾初	四十日	四十六度空分
	四十四度一十八	一百二十
夕次疾末	四十日	四十二度空分
	四十度三十二	一百一十
夕迟初	三十日	二十六度二十五
	二十五度二十	一百
夕迟末	二十日	一十二度空分
	一十一度五十一	七十五
夕留	七日	
夕退	九日九十五	四度三十一
	一度二十二	空
夕伏退	六日五十	五度空分
	一度五十	七十三
伏合退	六日五十	五度空分
	一度五十	八十一
晨退	九日九十五	四度三十一
	一度二十三	七十三
晨留	七日	
晨迟初	二十日	一十二度空分
	一十一度五十二	空
晨迟末	三十日	二十六度二十五
	二十五度二十	七十五
晨次疾初	四十日	四十二度空分
	四十度三十二	一百
晨次疾末	四十日	四十六度空分
	四十四度一十八	一百一十
晨疾初	五十日	六十一度二十五
	五十八度八十	一百二十
晨疾末	五十日	六十三度七十五
	六十一度二十	一百二十五

策数	损益率	盈积度
	损益率	缩积度
初	益五十三	空
	益五十三	空
一	益四十九	空度五十三
	益四十九	空度五十三
二	益四十二	一度二
	益四十二	一度二
三	益三十二	一度四十四
	益三十二	一度四十四
四	益二十二	一度七十六
	益二十二	一度七十六
五	益七	一度九十八
	益七	一度九十八
六	损七	二度五
	损七	二度五
七	损二十二	一度九十八
	损二十二	一度九十八
八	损三十二	一度七十六
	损三十二	一度七十六
九	损四十二	一度四十四
	损四十二	一度四十四
十	损四十九	一度二
	损四十九	一度二
十一	损五十三	空度五十三
	损五十三	空度五十三

水星周率：一百三十九万四千二、秒七。
周日：一百一十五、余一万五百五十二、秒七。
岁差：一百一十六、秒四十。
夕见晨伏度：一十五。
晨见夕伏度：二十一。

变目	变日	变度
	限度	初行率
夕伏	一十五日	三十度空分
	二十五度二十	二百二十二
夕疾	一十四日	二十三度空分
	一十九度五十五	一百七十八
夕迟	一十三日	一十三度空分
	十度九十二	一百五十一
夕留	三日	
夕伏退	十二日九十三	八度七
	二度二十六	
晨伏退	十二日九十三	八度七

	二度二六	一百五
晨留	三日	
晨迟	一十三日	一十三度空分
	十度九十二	空
晨疾	一十四日	二十三度空分
	一十九度五十五	一百五十一
晨伏	一十五日	三十度空分
	二十五度二十	一百七十九

水星盈缩历

策数	损益率	盈积度
	损益率	缩积度
初	益五十九	空
	益五十九	空
一	益五十四	空度五十九
	益五十四	空度五十九
二	益四十六	一度一十二
	益四十六	一度一十二
三	益三十六	一度五十九
	益三十六	一度五十九
四	益二十四	一度九十五
	益二十四	一度九十五
五	益八	二度一十九
	益八	二度一十九
六	损八	二度二十七
	损八	二度二十七
七	损二十四	二度一十九
	损二十四	二度一十九
八	损三十六	一度九十五
	损三十六	一度九十五
九	损四十六	一度五十九
	损四十六	一度五十九
十	损五十四	一度一十五
	损五十四	一度一十三
十一	损五十九	空度五十九
	损五十九	空度五十九

求五星天正冬至后平合中积中星：置天正冬至气积分，各以其星周率去之，不尽，用减周率，余满统法约之为度，不满，退除为分秒，命之为平合中积。因而重列之为平合中星，各以前段变日加平合中积，又以前段变度加平合中星，其经退行者即减之，各得五星诸变中积中星。

求五星入历：各以其星岁差乘所求积年，满周天去之，不尽，以统法约之为度，不满，退除为分秒，以减平合中星，为平合入历度及分秒。求诸变者，各以前段限度累加之，为五星诸变入历度及分秒。

求五星诸变盈缩定差：各置其星其变入历度及分秒，如半周天已下为盈，已上去之为缩。以五星历策度除之为策数，不尽，为入策度及分秒。以其策下损益率乘之，如历策而一为分，分满百为度，以损益其下盈缩积度，即五星诸段盈缩定差。

求五星平合及诸变定积：各置其星变中积，以其段盈缩定差盈加缩减之，即其段定积日及分。以天正冬至大余及约分加之，满统法去之，不尽，命甲子，算外，即定日辰及分。

求五星诸变入所在月日：各置其星其变定积，以天正闰日及约分加之，满朔策及约分除之为月数，不尽，为入月已来日数。命月数起天正十一月，算外，即其星其段入其月经朔日数及分。乃以其朔日、辰相距，即所在月、日。

求五星平合及诸变加时定星：各置其星其变中星，以盈缩定差盈加缩减之，内金倍之，水三之，然后加减，即五星诸段定星。以天正冬至加时黄道日度加时命之，即其星其段加时所在宿度及分秒。五星皆因留为后段初日定星，余依术算。

求五星诸变初日晨前夜半定星：各以其段初行率乘其段加时分，百约之，以顺减退加其日加时定星，即为其星其段初日晨前夜半定星。加命如前，即得所求。

求诸变日率度率：各以其段日辰距至后段日辰为其段日率；以其段夜半定星与后段夜半定星相减，余为其段度率。

求诸变平行分：各置其段度率，以其段日率除之，为其段平行度及分秒。

求诸变总差：各以其段平行分与后段平行分相减，余为泛差。并前段泛差，四因，退一位，为总差。若前段无平行分相减为泛差者，因后段初日行分与其段平行分相减，为半总差，倍之，为总差。若后段无平行分相减为泛差者，因前段末日行分与其段平行分相减，为半总差，倍之，为总差。其在再行者，以本段平行分十四乘之，十五而一，为总差。内金星依顺段术求之。

求初末日行分：各半段总差，加减其段平行分，后行分少，加之为初，减之为末；后行分多，减之为初，加之为末。退行者，前段减之为初，加之为末；后段加之为初，减之为末。为其星其段初、末日行分。

求每日晨前夜半星行宿次：置段总差，减日率一以除之，为日差；累损益初日行分，后行分少，损之；后行分多，益之。为每日行度及分秒，乃顺加退减其星其段初日晨前夜半定星，命之，即每日夜半星行所在宿次。

径求其日宿次：置所求日，减一，半之，以日差乘而加减初日行分，后行分少，减之；后行分多，加之算。以所求日乘之，为积度；以顺加退减其星其段初日夜半宿次，即所求日夜半宿次。

求五星合见伏行差：木、火、土三星，以其段初日星行分减太阳行分，为行差。金、水二星顺行者，以其段初日太阳行分减星行分，为行差。金、水二星退行者，以其段初日星行分并太阳行分，为行差。内水星夕伏、晨见，直以太阳行分为行差。

求五星定合见伏泛用积：木、火、土三星，各以平合晨疾、夕伏定积，便为定合见、伏泛用积。金、水二星各置其段盈缩定差，内水星倍之，以其段行差除之为日，不满，退除为分，在平合夕见、晨伏者，盈减缩加定积，为定合见、伏泛用积；在退合夕伏、晨见者，盈加缩减定积，为定合见、伏泛用积。

求五星定合积定星：木、火、土三星，以平合行差除其日盈缩分，为距合差日。以盈缩分减之，为距合差度。以差日、差度盈缩减加其星定合泛用积，为其星定合定积、定星。金、水二星顺合者，以平合行差除其日盈缩分，为距合差日。以盈缩分加之，为距合差度；以差日、差度盈加缩积其星定合泛用积，为其星定合定积、定星。金、水二星退合者，以平合行差除其日盈缩分，为距合差日；以减盈缩减之分，为距合差度；以差日盈缩减加，以差度盈加缩减再定合泛用积，为其星再定合定积、定星。各以天正冬至大余及约分加定积，满统法去之，命甲子，算外，即得定合日辰。以天正冬至加时黄道日度加定星，依宿次去之，即得定合所在宿次。

求五星定见伏定积：木、火、土三星以泛用积晨加、夕减一象，如半周天已下自相乘，已上，覆减一周天，余亦自相乘，七十五而一，所得，以其星伏见度乘之，十五而一为差，如其段行差除之为日，不满，退除为分，见加伏减泛用积，为其星定见、伏定积。金、水二星以行差除其日盈缩分为日，在夕见、晨伏，盈加缩减泛用积，为常用积；夕伏、晨见，盈减缩加泛用积，为常用积；如常用积在半周天已下为冬至后；已上去之，余为夏至后。各在一象已下自相乘，已上，覆减一周天，余亦自相乘，冬至后晨、夏至后夕，以十八而一；冬至后夕、夏至后晨，以七十五而一，所得，以其星伏见度乘之，十五而一为差，如其段行差除之为日，不满，退除为分，冬至后晨见、夕伏，夏至后夕见、晨伏，以加常用积，为其星定见、伏定积；冬至后夕见、晨伏，夏至后晨见、夕伏，以减常用积，为其星定见、伏定积。加命如前，即得定见、伏日辰。

卷七十九　　志第三十二

律历十二

纪元历

崇宁《纪元历》

演纪上元上章执徐之岁，距元符三年庚辰，岁积二千八百六十一万三千四百六十算；至崇宁五年丙戌，岁积二千八百六十一万三千四百六十六算。

步气朔第一

日法：七千二百九十。

期实：二百六十六万二千六百二十六。

朔实：二十一万五千二百七十八。

岁周：三百六十五日、余一千七百七十六。

气策：一十五、余一千五百九十二太。

朔策：二十九、余三千八百六十八。

望策：一十四、余五千五百七十九。

弦策：七、余二千七百八十九半。

中盈分：三千一百八十五半。

朔虚分：三千四百二十二。

没限：五千六百九十七少。

旬周：四十三万七千四百。

纪法：六十。

求天正冬至：置上元距所求积年，以期实乘之，为天正冬至气积分；满旬周去之，不满，如日法而一为大余，不尽为小余。其大余命己卯，算外，即所求年天正冬至日辰及余。

求次气：置天正冬至大、小余，以气策加之，四分之一为少，之二为半，之三为太。如满秒母，收从小余，小余满日法从大余，大余盈纪法乃去之。去命如前，即次气日辰及余。

求天正经朔：置天正冬至气积分，以朔实去之，不尽，为天正闰余；用减气积分，余为天正十一月经朔加时积分。满旬周去之，不满，如日法而一为大余，不尽为小余。其大余命己卯，算外，即所求年天正十一月经朔日辰及余。

求弦望及次朔经日：置天正经朔大、小余，以弦策累加之，去命如前，即各得弦、望及次朔经日辰及余。

求没日：置有没常气小余，凡常气小余在没限已上者，为有没之气。六十乘之，用减四十四万三千七百七十一，余满六千三百七十一而一为日，不满为余。命日起其气初日辰，算外，即为气内没日辰。

求灭日：置有灭经朔小余，凡经朔小余不满朔虚分者，为有灭之朔。三十乘之，满朔虚分而一为日，不满为余。命日起其月经朔日辰，算外，即为月内灭日辰。

步发敛

候策：五、余五百三十、秒五十五。

卦策：六、余六百三十七、秒六。

土王策：三、余三百一十八、秒三十三。

岁闰：七万九千二百九十。

月闰：六千六百七半。

闰限：二十万八千六百七十半。

辰法：一千二百一十五。

半辰法：六百七半。

刻法：七百二十九。

秒法：六十。

求七十二候：各置中节大、小余命之，为初候；以候策加之为次候；又加之为末候。各命己卯，算外，即得所求日辰。

求六十四卦：各置中气大、小余命之，为公卦用事日；以卦策加之，得辟卦用事日；又加之，得诸侯内卦用事日；

以土王策加之，得十有二节之初诸侯外卦用事日；又加之，得大夫卦用事日；复以卦策加之，得卿卦用事日。各命己卯，算外，即得所求日辰。

求五行用事：各因四立之节大、小余命之，即春木、夏火、秋金、冬水首用事日。以土王策减四季中气大、小余，即其季土始用事之日。各命己卯，算外，即得所求日辰。

七十二候及卦目与前历同。

求中气去经朔：置天正闰余，以月闰累加之，满日法为闰日，不满为余，即其月中气去经朔日算。因求卦候者，各以卦、候策依次累加减之，中气前减，中气后加。各得其月卦、候去经朔日算。

求发敛加时：置所求小余，倍之，如辰法而一为辰数，不满，五因之，如刻法而一为刻，不尽为分。命辰数起子正，算外，即各得加时所在辰、刻及分。如半辰数，即命起子初。

步日躔

周天分：二亿一千三百一万八千一十七。

岁差：七千九百三十七。

周天度：三百六十五、约分二十五、秒七十二。

象限：九十一、约分三十一、秒九。

乘法：一百一十九。

除法：一千八百一十一。

秒法：一百。

常气	中积日 损益率	盈缩分 朒朓积	先后数
冬至	空	盈七千六十	先初
	益三百八十五	朒积空	
小寒	一十五 一十五百九十二太 二十一 八十四	盈五千九百二十	先七千六十
	益三百二十三	朒三百八十五	
大寒	三十 三千一百八十五半 四十三 六十九	盈四千七百一十七	先一万二千九百八十
	益二百五十七	朒七百八	
立春	四十五 四千七百七十八少 六十五 五十四	盈三千四百五十一	先一万七千六百九十七
	益一百八十七	朒九百六十五	
雨水	六十 六千三百七十一八十七 三十九	盈二千一百二十二	先二万一千一百四十八
	益一百一十六	朒一千一百五十三	
惊蛰	七十六 六百七十三太 二十四 九	盈七百三十	先二万三千二百七十
	益四十	朒一千二百六十九	
春分	九十一 二千二百六十六半 三十一 九	缩七百三十	先二万四行
	损四十	朒一千三百九	
清明	一百六 三千八百五十九少 五十二 九十三	缩二千一百二十二	先二万三千二百七十
	损一百一十六	朒一千三百六十九	
谷雨	一百二十一 五千四百五十二 七十四 七十八	缩三千四百五十一	先二万一千一百四十八
	损一百八十八	朒一千一百五十三	
立夏	一百三十六 七千四十四太 六十三	缩四千七百一十七	先一万七千六百九十七
	损二百五十七	朒九百六十五	
小满	一百五十二 一千三百四十七半 一十八 四十八	缩五千九百二十	先一万二千九百八十
	损三百二十三	朒七百八	
芒种	一百六十七 二千九百四少 四十三 三十三	缩七千六十	先七千六十
	损三百八十五	朒三百八十五	
夏至	一百八十二 四千五百三十三 六十二 一十八	缩七千六十	后初
	益三百八十五	朓空	
小暑	一百九十七 六千一百二十五太 八十四 三	缩五千九百二十	后七千六十
	益三百二十三	朓三百八十五	
大暑	二百一十三 四百二十八半 八十七 五	缩四千七百一十七	后一万二千九百八十
	益二百五十七	朓七百八	

立秋	二百二十八 二千二十七 少 二十七 七十 二	缩三千四百五十 一	后一万七千六 百九十七
	益一百八十八	朒九百六十五	
处暑	二百四十三 三千一百六十 四 四十九 五十七	缩二千一百二十 二	后二万一千一 百四十八
	益一百一十六	朒一千一百五十 三	
白露	二百五十八 五千二百六 太 七十一 四十 二	缩七百三十	后二万三千二 百七十
	益四十	朒一千二百六十 九	
秋分	二百七十三 六千七百九十 九半 九十三 二十七	盈七百三十	后二万四千
	损四十	朒一千三百九	
寒露	二百八十九 一千一百二少 一十五 一十 二	盈二千一百二十 二	后二万三千二 百七十
	损一百一十六	朒一千二百六十 九	
霜降	三百四 二千六百九十 五 三十六 九十六	盈三千四百五十 一	后二万一千一 百四十八
	损一百八十八	朒一千一百五十 三	
立冬	三百一十九 四千二百八十 七太 五十八 八十一	盈四千七百一十 七	后一万七千六 百九十七
	损二百五十七	朒九百六十五	
小雪	三百二十四 五千八百八十 半 八十 六 十六	盈五千九百二十	后一万二千九 百八十
	损三百二十三	朒七百八	
大雪	三百五十 一百八十三少 二 五十一	盈七千六十	后七千六十
	损三百八十五	朒三百八十五	

求每日盈缩分先后数：置所求盈缩分，以乘法乘之，如除法而一，为其气中平率；与后气中平率相减，为合差；半合差，加减其气中平率，为初、末泛率。至后加为初、

减为末，分后减为初、加为末。又以乘法乘合差，如除法而一，为日差；半日差，加减初、末泛率，为初、末定率。至后减初加末，分后加初减末。以日差累加减其气初定率，为每日盈缩分；至后减，分后加。各以每日盈缩分加减气下先后数。冬至后，积盈为先，在缩减之；夏至后，积缩为后，在盈减之。其分、至前一气，无后气相减，皆因前气合差为其气合差。余依前术，求朒朒仿此。

求经朔弦望入气：置天正闰日及余，如气策以下者，以减气策，为入大雪气；以上者去之，余以减气策，为入小雪气；即天正十一月经朔入气日及余。求弦、望及后入气，以弦策累加之，满气策去之，即各得弦、望及次朔入气日及余。

求经朔弦望入气朒朒定数：各以所入气小余乘其损益率，如日法而一，所得，以损益其日下朒朒积，各为定数。

赤道宿度

斗：二十五　　牛：七少　　女：十一少
虚：九少，秒七十二
危：十五半　　室：十七　　壁：八太
北方七宿九十四度，秒七十二。

奎：十六半　　娄：十二　　胃：十五　　昴：十一少
毕：十七少。　觜：半　　　参：十半
西方七宿八十三度。

井：三十三少　鬼：二半　　柳：十三太　星：六太
张：十七少　　翼：十八太　轸：十七
南方七宿一百九度少。

角：十二　　亢：九少　　氐：十六　　房：五太
心：六少　　尾：十九少　箕：十半
东方七宿七十九度。

按诸历赤道宿次，就立全度，颇失真数。今依宋朝浑仪校测距度，分定太、半、少，用为常数，校之天道，最为密近。如考唐，用唐所测；考古，用古所测：即各得当时宿度。

求冬至赤道日度：以岁差乘所求积年，满周天分去之，不满，覆减周天分，余如五千八百三十二而一为分，不尽，退除为秒。其分，满百为度，命起赤道虚宿七度外去之，至不满宿，即所求年天正冬至加时日躔赤道宿度及分秒。

求春分、夏至、秋分赤道日度：置天正冬至加时赤道日度，累加象限，满赤道宿次去之，即各得春分、夏至、秋分加时日在宿度及分秒。

求四正后赤道宿积度：置四正赤道宿全度，以四正赤道日度及分减之，余为距后度；以赤道宿度累加之，各得四正后赤道宿积度及分。

求赤道宿积度入初末限：视四正后赤道宿积度及分，在四十五度六十五分，秒五十四半已下为入初限；已上，用减象限，余为入末限。

求二十八宿黄道度：以四正后赤道宿入初、末限度及分，减一百一度，余以初、末限度及分乘之，进位，满百为分，分满百为度，至后以减、分后以加赤道宿积度，为

其宿黄道积度；以前宿黄道积度减之，其四正之宿，先加象限，然后以前宿减之。为其宿黄道度分。其分就近约为太、半、少。

黄道宿度

斗：二十三　　牛：七　　　女：十一
虚：九少、秒七十二
危：十六　　　室：十八　　壁：九半
　　北方七宿九十三度太、秒七十二。
奎：十八　　　娄：十二太　胃：十五半　昴：十一
毕：十六半　　觜：半　　　参：九太
　　西方七宿八十四度。
井：三十半　　鬼：二半　　柳：十三少　星：六太
张：十七太　　翼：二十　　轸：十八半
　　南方七宿一百九度。
角：十二太　　亢：九太　　氐：十六少　房：五太
心：六　　　　尾：十八少　箕：九半
　　东方七宿七十八度少。

前黄道宿度，依今历岁差所在算定。如上考往古，下验将来，当据岁差，每移一度，依术推变当时宿度，然后可步七曜，知其所在。如求七曜所在，置所在积度，以前黄道宿积度减之，为所在黄道宿度及分。

求天正冬至加时黄道日度：以冬至加时赤道日度及分秒，减一百一度，余以冬至加时赤道日度及分秒乘之，进位，满百为分，分满百为度，命曰黄赤道差；用减冬至赤道日度及分秒，即所求年天正冬至加时黄道日度及分秒。

求二十四气加时黄道日度：置所求年冬至日躔黄赤道差，以次年黄赤道差减之，余以所求气数乘之，二十四而一，所得以加其气中积及约分，又以其气初日先后数先加后减之，用加冬至加时黄道日度，依宿次命之，即各得其气加时黄道日躔宿度及分秒。如其年冬至加时赤道宿度空，分秒在岁差已下者，即加前宿全度。然求黄赤道差，余依术算。

求二十四气晨前夜半黄道日度：置日法，以其气小余减之，余副置之；以其气初日盈缩分乘之，如万约之，所得，盈加缩减其副，满日法为度，不满，退除为分秒，以加其气加时黄道日度，即各得其气一日晨前夜半黄道日度及分秒；每日加一度，以百约每日盈缩分为分秒，盈加缩减之，满黄道宿次去之，即每日晨前夜半黄道日躔宿度及分秒。其二十四气初日晨前夜半黄道日度，系属前气，自前气推算，即各得所求。

求每日午中黄道日度：置一万分，以所入气日盈缩分盈加缩减而半之，满百为分，不满为秒，以加其日晨前夜半黄道日度，即其日午中日躔黄道宿度及分。

求夏至加时黄道日度：置天正冬至加时黄道日度及分秒，以二至限及分秒加之，满黄道宿次去之，不满，为夏至加时黄道日度及分秒。

求每日午中黄道积度：以二至加时黄道日度距至所求日午中黄道日度，为入二至后黄道积度及分。

求每日午中黄道入初末限：视二至后黄道积度，在四十三度一十二分、秒八十七以下为初限；以上，用减象限，余为入末限。其积度满象限去之，为二分后黄道积度，在四十八度一十八分、秒二十二以下为初限；以上，用减象限，余为入末限。

求每日午中赤道日度：以所求日午中黄道积度，入至后初限、分后末限度及分秒，进三位，加二十万二千五十少，开平方除之，所得，减去四百四十九半，余在初限者，直以二至赤道日度加而命之；在末限者，以减象限，余以二分赤道日度加而命之；即每日午中赤道日度。以所求日午中黄道积度，入至后末限、分后初限度及分秒，进三位，用减三十万三千五十少，开平方除之，所得，以减五百五十半，余在初限者，直以二分赤道日度加而命之；在末限者，以减象限，余以二至赤道日度加而命之；即每日午中赤道日度。

求太阳入宫日时刻及分：各置入宫宿度及分秒，以其日晨前夜半日度减之，余以二十四乘，为时实；以其日太阳行度及分秒为法实，如法而一，为半时数；不满，进二位，为刻实；以二十四乘，前法除之为刻，不满，退除为分。其半时命起子正，算外，即得太阳入宫初正时、刻及分。其逐刻日、时及分，旧历均其日数，从其简略，未尽其详。今但依入宫正术求之，即允协天道。

步晷漏

二至限：一百八十二、分六十二、秒一十八。
象限：九十一、分二十一、秒九。
一象度：九十一、分二十一、秒四十三。
冬至后初限夏至后末限：六十二日、分二十。
夏至后初限冬至后末限：一百二十日、分四十二。
　　已上分秒母各同一百。
冬至岳台晷影常数：一丈二尺八寸三分。
夏至岳台晷影常数：一尺五寸六分。
昏明分：一百八十二少。
昏明刻：二分三百六十四半。
辰刻：八分二百四十三。
半辰刻：四分一百二十一半。
刻法：七百二十九。

求午中入气：置所求日大余及半法，以所入气大、小余减之，为其日午中入气日及余。

求午中中积：置其气中积，以午中入气日及余加之，其余以日法退除为分秒。为所求日午中中积及分秒。

求午中入二至后初末限：置午中中积及分，为入冬至后；满二至限去之，为入夏至后。其二至后，如在初限已下为入初限；已上，覆减二至限，余为入末限。

求岳台晷影午中定数：冬至后初限、夏至后末限，以百通日，内分，自相乘为实，置之；以七百二十五除之，所得，加一十万六百一十七，并入限分，折半为法，实如法而一为分，不满，退除为小分，其分满十为寸，寸满十为尺，用减冬至岳台晷影常数，即得所求午中晷影定数。夏至后初限、冬至后末限，以百通日，内分，自相乘为实，乃置入限分，九因，再折，加一十九万八千七十五为法，其夏至前后，日如在半限以上者，减去半限，余置于上，列半限于下，以上减下，余以乘上，进二位，七十七除之，所得加法为定法，然后除之。实如法而一为分，不满，退除为小分，其分满十为寸，寸满十为尺，以加夏至岳台晷影常数，即得所求日午中晷影定数。

求每日日行积度：以午中入气余乘其日盈缩分，日法而一，冬至后盈加缩减、夏至后缩加盈减先后数，以先加后减中积日及分秒，满与不足，进退其日，为所求日行积度及分秒。

求每日赤道内外度：置所求日午中日行积度及分，如不满二至限，在象限已下为冬至后度；象限已上，用减二至限，为夏至前度。如满二至限去之，余在象限以下为夏至后度；象限已上，用减二至限，为冬至前度。并置之于上，列象限于下，以上减下，余以乘上，冬至前后五百一十七而一，夏至前后四百而一为度，不满，退除为分，以加二至前后度，所得，用减象限，余置于上，列二至限于下，以上减下，余以乘上，其度、分、秒皆以百通，然后乘之。退一位，如三十四万八千八百五十六而一为秒，满百为分，分满百为度，即所求日黄道去赤道内外度及分。冬至前后为外，夏至前后为内。

求每日午中太阳去极度：以每日午中黄道去赤道内、外度及分，内减外加一象度及分，为每日午中太阳去极度及分。

求每日日出入分晨昏分半昼分：置所求日黄道去赤道内外度及分，以三百六十三乘之，进一位，如二百三十九而一，所得，以加减一千八百二十二半，赤道内以减，赤道外以加。为所求日日出分；用减日法，为日入分。以昏明分减日出分，为晨分；加日入分，为昏分；以日出分减半法，为半昼分。

求每日昼夜刻日出入辰刻：置日出分，倍之，进一位，满刻法为刻，不满为分，即所求日夜刻；以减百刻，余为昼刻；半夜刻，满辰刻为辰数；命子正，算外，即日出辰刻；以半辰刻加之，即命起时初。以昼刻加之，满辰刻为辰数；命日出，算外，即日入辰刻及分。

求每更点差刻及逐更点辰刻：置夜刻，减去十五刻，五而一，为更差；又五而一，为点差。以昏明刻加日入辰刻，即初更辰刻；以更点差刻累加之，满辰刻及分去之，各得更点所入辰刻及分。

求每日距中度及每更差度：置所求日黄道去赤道内、外度及分，以四千四百三十五乘之，如五千八百一十二而一为度，不满，退除为分，以内加外减一百度七十二分、秒七为距中度。用减一百六十四度八十一分、秒五十七，余四因，退一位，为每更差度。

求昏晓五更及攒点中星：置距中度，以其日午中赤道日度加而命之，即昏中星所格宿次，命为初更中星；以每更差度加而命之，即二更中星；以每更差度累加之，满赤道宿度去之，即逐更及攒点中星；加三十六度六十二分、秒五十七，满赤道宿度去之，即晓中星。

求九服晷景：各于所在测冬夏二至晷数，乃相减之，余为二至差数。如地在岳台南测夏至晷景在表南者，并冬夏二至晷数为二至差数。其所求日在冬至后初限、夏至后末限者，置岳台冬至晷景常数，以所求日岳台午中晷景定数减之，余以其处二至差数乘之，如岳台二至差数一丈一尺二寸七分而一，所得，以减其处冬至晷数，即其地其日中晷定数。所求日在夏至后初限、冬至后末限者，置所求日岳台午中晷景定数，以岳台夏至晷景常数减之，余以其处二至差数乘之，如岳台二至差数而一，所得，以加其处夏至晷数，即其地其日中晷定数。如其处夏至景在表南者，以所得之数减其处夏至晷数，余为其地其日中晷定数，亦在表南也。其所得之数多于其处夏至晷数，即减去夏至晷数，余为其地其日中晷定数，在表北也。

求九服所在昼夜漏刻：各于所在下水漏，以定其处冬夏二至夜刻，但得一至可矣，不必须要冬夏二至。乃与五十刻相减，余为至差刻。置所求日黄道去赤道内外度及分，以至差刻乘之，进一位，如二百三十九而一为刻，不尽，以刻法乘之，复八而一为分，内减外加五十刻，即所求日夜刻；减百刻，余为昼刻。其日日出入辰刻及更点差刻、每更点辰刻，并依岳台术求之。

步月离

转周分：二十万八百七十三、秒九百九十。
转周日：二十七、余四千四百四十三、秒九百九十。
朔差日：一、余七千一百一十四、秒九千一十。
望策：一十四、余五千五百七十九。
弦策：七、余二千七百八十九半。
　　已上秒母一万。

七日：初数六千四百七十八，初约分八十九；末数八百一十二，末约分一十一。
十四日：初数五千六百六十六，初约分七十八；末数一千六百二十四，末约分二十二。
二十一日：初数四千八百五十四，初约分六十七；末数二千四百三十六，末约分三十三。
二十八日：初数四千四十三，初约分五十五。
上弦：九十一度、分三十一、秒四十三。
望：一百八十二度、分六十二、秒八十六。
下弦：二百七十三度、分九十四、秒二十九。
月平行：十三度、分三十六、秒八十七太。
　　已上分、秒母皆同一百。

求天正十一月经朔入转：置天正十一月经朔加时积分，以转周分及秒去之，不尽，满日法除之为日，不满为余秒，命日，算外，即所求年天正十一月经朔加时入转日及余秒。若以朔差日及余秒加之，满转周日及余秒去之，即次朔加时入转日。

求弦望入转：各因其月经朔加时入转日及余秒，以弦策累加之，去命如前，即上弦、望及下弦经日加时入转日及余秒。

转日	进退衰	转定分	加减差
	迟疾度	损益率	朒朓积
一日	退一十	一千四百六十八	加一百三十一

日			
	疾初	益七百一十四	朒初
二日	退十五	一千四百五十七	加一百二十
	疾一度三十一	益六百五十四	朒七百一十四
三日	退二十	一千四百四十二	加一百五
	疾二度五十一	益五百七十三	朒一千三百六十八
四日	退二十三	一千四百二十二	加八十五
	疾三度五十六	益四百六十四	朒一千九百四十一
五日	退二十六	一千三百九十九	加六十二
	疾四度四十一	益三百三十八	朒二千四百五
六日	退二十六	一千三百七十三	加三十六
	疾五度三	益一百九十六	朒二千七百四十三
七日	退二十六	一千三百四十七	初加一十一末减一
	疾五度三十九	初益六十末损五	朒二千九百三十九
八日	退二十六	一千三百二十一	减一十六
	疾五度四十九	损八十八	朒二千九百九十四
九日	退二十四	一千二百九十五	减四十二
	疾五度三十三	损二百二十九	朒二千九百六
十日	退二十四	一千二百七十一	减六十六
	疾四度九十一	损三百六十	朒二千六百七十七
十一日	退十九	一千二百四十七	减九十
	疾四度二十五	损四百九十	朒二千三百一十七
十二日	退十四	一千二百二十八	减一百九
	疾三度三十五	损五百九十五	朒一千八百二十七
十三日	退十	一千二百一十四	减一百二十二
	疾二度二十六	损六百七十	朒一千二百三十二
十四日	进四	一千二百四	初减一百三十末加三十
	疾一度三	初损五百六十二末益一百六十四	朒五百六十二
十五日	进十一	一千二百八	加一百二十九
	迟空度三十	益七百三	朒一百六十四
十六日	进十七	一千二百一十九	加一百一十八
	迟一度五十九	益六百四十三	朒八百六十七
十七日	进二十二	一千二百三十六	加一百一
	迟二度七十七	益五百五十一	朒一千五百一十
十八日	进二十三	一千二百五十八	加七十九
	迟三度七十八	益四百三十一	朒二千六十一
十九日	进二十六	一千二百八十一	加五十六
	迟四度五十七	益三百五	朒二千四百九十
二十日	进二十六	一千三百七	加三十
	迟五度一十三	益一百六十四	朒二千七百九十七
二十一日	进二十六	一千三百三十三	初加七末减三
	迟五度四十三	初益三十八末损一十六	朒二千九百六十一
二十二日	进二十五	一千三百五十九	减二十二
	迟五度四十七	损一百二十	朒二千九百八十三
二十三日	进二十四	一千三百八十四	减四十七
	迟五度二十五	损二百五十六	朒二千八百六十三
二十四日	进二十三	一千四百八	减七十一
	迟四度十八	损三百八十八	朒二千六百七
二十五日	进十八	一千四百三十一	减九十四
	迟四度七	损五百一十二	朒二千二百一十九
二十六日	进十四	一千四百四十九	减一百一十二
	迟三度一十三	损六百一十一	朒一千七百七
二十七日	进九	一千四百六十三	减一百二十六
	迟二度一	损六百八十七	朒一千九十六
二十八日	退四	一千四百七十二	初减七十五
	迟空度七十五	初损四百九十五	朒四百九

求朔弦望入转朒朒定数：置入转余，以其日算外损益率乘之，如日法而一，所得，以损益其下朒朒积为定数。其四七日下余如初数已下者，初率乘之，初数而一，以损益朒朒为定数。如初数已上者，以初数减之，余乘末率，末数而一，用减初率，余加朒朒为定数。其十四日下余如初数已上者，初数减之，余乘末率，末数而一，为朒朒定数。

求朔弦望定日：各置经朔、弦、望小余，以入气、入转朒朒定数朒减朒加之，满与不足，进退大余，命己卯，算外，各得定日日辰及余。定朔干名与后朔干名同者月大，不同者月小，其月内无中气者为闰月。凡注历，观定朔小余，秋分后在日法四分之三已上者，进一日；春分后定朔日出分差如春秋之日者，三约之，用减四分之三；定朔小余及此数已上者，亦进一日；或当交亏初在日入已前者，其朔不进。弦、望定小余不满日出分者，退一日；望若有食亏初在日出已前者，定望小余进满日出分，亦进一日。又月行九道迟疾，有三大二小；日行盈缩累增损之，则有四大三小，理数然也。若俯循常仪，当察加时早晚，随其所近而进退之，使不过三大二小。

求定朔弦望加时日所在度：置定朔、弦、望约余，副之，以乘其日盈缩分，万约之，所得，盈加缩减其副，满百为分，分满百为度，以加其日夜半日度，命之，各得其日加时日躔黄道宿次。

求平交日辰：置交终日及余秒，以其月经朔加时入交泛日及余秒减之，余为平交入其月经朔加时后日算及余秒，以加减其月经朔大、小余，其大余命己卯，算外，即平交日辰及余秒。求次交者，以交终日及余秒加之，大余满纪法去之，命如前，即次平交日辰及余秒。

求平交入转朒朓定数：置平交小余，加其日夜半入转余，以乘其日损益率，日法而一，所得，以损益其下朒朓积为定数。

求正交日辰：置平交小余，以平交入转朒朓定数朒减朓加之，满与不足，进退日辰，即正交日辰及余秒；与定朔日辰相距，即所在月日。

求经朔加时中积：各以其月经朔加时入气日及余，加其气中积及余，其日命为度，其余以日法退除为分秒，即其月经朔加时中积度及分秒。

求正交加时黄道月度：置平交入经朔加时后日算及约余秒，以日法通日，内余，进一位，如五千四百五十三而一为度，不满，退除为分秒，以加其月经朔加时中积，然后以冬至加时黄道日度加而命之，即得其月正加时月离黄道宿度及分秒。如求次交者，以交终度及分秒加而命之，即得所求。

求黄道宿积度：置正交加时黄道宿全度，以正交加时月离黄道宿度及分秒减之，余为距后度及分秒，以黄道宿度累加之，即各得正交后黄道宿积度及分秒。

求黄道宿积度入初末限：各置黄道宿积度及分秒，满交象度及分去之，在半交象已下为初限；已上者，以减交象度，余为入末限。入交积度、交象度并在交会术中。

求月行九道宿度：凡月行所交，冬入阴历，夏入阳历，月行青道。冬至、夏至后，青道半交在春分之宿，当黄道东；立冬、立夏后，青道半交在立春之宿，当黄道东南；至所冲之宿亦如之。冬入阳历，夏入阴历，月行白道。冬至、夏至后，白道半交在秋分之宿，当黄道西；立冬、立夏后，白道半交在立秋之宿，当黄道西北；至所冲之宿亦如之。春入阳历，秋入阴历，月行朱道。春分、秋分后，朱道半交在夏至之宿，当黄道南；立春、立秋后，朱道半交在立夏之宿，当黄道西南；至所冲之宿亦如之。春入阴历，秋入阳历，月行黑道。春分、秋分后，黑道半交在冬至之宿，当黄道北；立春、立秋后，黑道半交在立冬之宿，当黄道东北；至所冲之宿亦如之。四序离为八节，至阴阳之所交，皆与黄道相会，故月行有九道。各以所入初、末限度及分减一百一度，余以所入初、末限度及分乘之，半而退位为分，分满百为度，命为月道与黄道泛差。凡日以赤道内为阴，外为阳；月以黄道内为阴、外为阳。故月行正交，入夏至后宿度内为同名，入冬至后宿度内为异名。其在同名者，置月行与黄道泛差，九因八约之，为定差。半交后、正交前以差减，正交后、半交前以差加。此加减出入六度，正如黄、赤道相交同名之差。若较之渐异，则随交所在，迁变不常。仍以正交度距秋分度数乘定差，如象限而一，所得，为月道与赤道定差，前加者为减，减者为加。其在异名者，置月行与黄道泛差，七因八约之，为定差；半交后、正交前以差加，正交后、半交前以差减。此加减出入六度，异如黄赤道相交异名之差，若较之渐同，则随交所在，迁变不常。仍以正交度距春分度数乘定差，如象限而一，所得，为月行与赤道定差，前加者为减，减者为加；皆加减黄道宿积度，为九道宿积度；以前宿九道积度减之，为其宿九道度及分。其分就近约为太、半、少。论春、夏、秋、冬，以四时日所在宿度为正。

求正交加时月离九道宿度：以正交加时黄道日度及分减一百一度，余以正交度及分乘之，半而退位为分，分满百为度，命为月道与黄道泛差。其在同名者，置月行与黄道泛差，九因八约之，为定差，以加；仍以正交度距秋分度数乘定差，如象限而一，所得，为月道与赤道定差，以减。其在异名者，置月行与黄道泛差，七因八约之，为定差，以减；仍以正交度距春分度数乘定差，如象限而一，所得，为月道与赤道定差，以加。置正交加时黄道月度及分，以二差加减之，即正交加时月离九道宿度及分。

求定朔弦望加时月所在度：置定朔加时日躔黄道宿次，凡合朔加时，月行潜在日下，与太阳同度，是为加时月离宿次；各以弦、望度及分秒加其所当弦、望加时日躔黄道宿度，满宿次去之，命如前，各得定朔、弦、望加时月所在黄道宿度及分秒。

求定朔弦望加时九道月度：各以定朔、弦、望加时月离黄道宿度及分秒，加前宿正交后黄道积度，为定朔、弦、望加时正交后黄道积度。如前求九道积度，以前宿九道积度减之，余为定朔、弦、望加时九道月离宿度及分秒。其合朔加时若非正交，则日在黄道、月在九道。所入宿度虽多少不同，考其两极，若应绳准，故云月行潜在日下，与太阳同度。

求定朔午中入转：以经朔小余与半法相减，余以加减经朔加时入转，经朔小余少，如半法加之；多，如半法减之。为经朔午中入转。若定朔大余有进退，亦加减转日，否则因经为定，命日，算外，即得所求。次月仿此求之。

求每日午中入转：因定朔午中入转日及余秒，每日累加一日，满转周日及余秒去之，命如前，即得每日午中入转日及余秒。

求晨昏月度：置其日晨分，乘其日算外转定分，日法而一，为晨转分；用减转定分，余为昏转分；又以朔、弦、望定小余乘转定分，日法而一，为加时分；以减晨昏转分，为前；不足，覆减之，余为后；乃前加后减加时月度，即晨、昏月所在宿度及分秒。

求朔弦望晨昏定程：各以其朔昏定月减上弦昏定月，余为朔后昏定程；以上弦昏定月减望昏定月，余为上弦后昏定程；以望晨定月减下弦晨定月，余为望后晨定程；以下弦晨定月减后朔晨定月，余为下弦后晨定程。

求每日转定度：累计每程相距日转定分，与晨昏定程相减，余以相距日数除之，为日差；定程多为加，定程少为减。以加减每日转定分，为每日转定度及分秒。

求每日晨昏月：因朔、弦、望晨昏月，加每日转定度及分秒，满宿次去之，为每日晨昏月。凡注历，自朔日注昏月，望后次日注晨月。已前月度以究算术之精微，如求其速要，即依后术径求。

求经朔加时平行月：各以其月经朔入气日及余秒，其余以日法退除为分秒。加其气中积日及约分，命日为度，即为经朔加时平行月积度及分秒。

求所求日加时平行月：置所求日大余及加时小余，以其月经朔大、小余减之，余为入经朔加时后日数及余；以其日乘月平行度及分秒，列于上位，又以其余乘月平行度及分秒，满日法除之为度，不满，退除为分秒，并上位，用加经朔加时平行月，满周天度及分秒去之，即得所求日加时平行月积度及分秒。

求所求日加时入转：以所求日加时入经朔加时后日数及余，加经朔加时入转日及余秒，满转周日及余秒去之，命日，算外，即得所求。其余先以日法退除为分秒。

求所求日加时定月：置所求日加时入转分，以其日算外加减差乘之，百约为分，分满百为度，加减其下迟疾度，为迟疾定度；乃以迟减疾加所求日加时平行月，为定月。各以天正冬至加时黄道日度加而命之，即得所求日加时月离黄道宿度及分秒。其入转若在四、七日者，如求朏朒术入之。

卷八十　　志第三十三

律历十三

纪元历

步交会

交终分：一十九万八千三百七十七、秒八百八十。
交终日：二十七、余一千五百四十七、秒八百八十。
交中日：一十三、余四千四百一十八、秒五千四百四十。
朔差日：二、余二千三百二十、秒九千一百二十。
望策：一十四、余五千五百七十九。
　　已上秒母一万。
交率：三百二十四。
交数：四千一百二十七。
交终度：三百六十三、约分七十九、秒四十四。
交中度：一百八十一、约分八十九、秒七十二。
交象度：九十、约分九十四、秒八十六。
半交象度：四十五、约分四十七、秒四十三。
日食阳历限：三千四百，定法三百四十。
阴历限：四千三百，定法四百三十。
月食限：六千八百，定法四百四十。
　　已上分秒母各同一百。

推天正十一月经朔加时入交：置天正十一月经朔加时积分，以交终分及秒去之，不尽，满日法为日，不满为余秒，即天正十一月经朔加时入交泛日及余秒。

求次朔及望入交：置天正十一月经朔加时入交泛日及余秒，求次朔，以朔差加之；求望，以望策加之：满交终日及余秒去之，即各得次朔及望加时入交泛日及余秒。若以经朔、望小余减之，各得朔、望夜半入交泛日及余秒。

求定朔望夜半入交：因经朔、望夜半交泛日及余秒，视定朔、望日辰有进退者，亦进退交日，否则因经为定，各得所求。

求次定朔夜半入交：各因定朔夜半交泛日及余秒，大月加二日，小月加一日，余皆加五千七百四十二、秒九千一百二十，即次朔夜半入交；若求次日，累加一日；满交终日及余秒皆去之，即每日夜半入交泛日及余秒。

求定朔望加时入交：置经朔、望加时入交泛日及余秒，以入气、入转朏朒定数朏减朒加之，即得定朔、望加时入交泛日及余秒。

求定朔望加时月行入交积度：置定朔、望加时入交泛日及余秒，以日法通日，内余，进一位，如五千四百五十三而一为度，不满，退除为分，即定朔、望加时月行入交积度及分。每日夜半，准此求之。

求定朔望加时月行入交定积度：置定朔、望加时月行入交积度及分，以定朔、望加时入转迟疾度迟减疾加之，满与不足，进退交终度及分。即定朔、望加时月行入交定积度及分。每日夜半，准此求之。

求定朔望加时月行入阴阳历积度：置定朔、望加时月行入交定积度及分，如在交中度及分已下为入阳历积度；已上者去之，余为入阴历积度。每日夜半，准此求之。

求定朔望加时月去黄道度：视月入阴阳历积度及分，如交象已下为在少象；已上，覆减交中度，余为入老象。置所入老、少象度及分于上，列交象度于下，以上减下，余以乘上，五百而一，所得，用减所入老、少象度及分，余，列交中度于下，以上减下，余以乘上，满一千三百七十五而一，所得为度，不满，退除为分，即为定朔、望加时月去黄道度及分。每日夜半，准此求之。

求朔望加时入交常日：置其月经朔、望加时入交泛日及余秒，以其月入气朏朒定数朏减朒加之，满与不足，进退其日，即得朔、望加时入交常日及余秒。近交初为交初，在二十六日、二十七日为交初；近交中为交中，在十三日、十四日为交中。

求日月食甚定数：以其朔望入气、入转朏朒定数，同名相从，异名相消，副置之；以定朔、望加时入转算外损益率乘之，如日法而一，其定朔、望如算外在四七日者，视其余在初数已下，初率乘之，初数而一；初数已上，以末率乘之，末数而一。所得，视入转，应朒者依其损益，应朏者益减损加其副；以朏减朒加经朔望小余，为泛余。满与不足，进退大余。日食者视泛余，如半法已下，为中前；列半法于下，以上减下，余以乘上，如一万九百三十五而一，所得，为差；以减泛余，为食甚定余；用减半法，为午前分。如泛余在半法已上，减去半法，为中后；列半法于下。以上减下，余以乘上，如日法而一，所得，为差；以加泛余，为食甚定余；乃减去半法，为午后分。月食者视泛余，如半法已上减去半法，余在一千八百二十二半已下自相乘，已上者，覆减半法，余亦自相乘，如三万而一，所得，以减泛余，为食甚定余；如泛余不满半法，在日出分三分之二已下，列于上位，已上者，用减日出分，余倍之，亦列于上位，乃四因三约日出分，列于之下，以上减下，余以乘上，如一万五千而一，所得，以加泛余，为食甚定余。

求日月食甚辰刻：倍食甚定余，以辰法除之为辰数，不尽，五因之，满刻法除之为刻，不满为分。命辰数起子正，算外，即食甚辰刻及分。若加半辰，命起子初。

求日月食甚入气：食甚大、小余及食定小余，并定朔、望大余，以此与经朔望大、小余相减。置其朔望食甚大、小余，与经朔望大、小余相减之，余以加减经朔望入气日余，经朔望少即加之，多即减之。为日、月食甚入气日及余秒。各置食甚入气及余秒，加其气中积，其余，以日法退除为分，即为日、月食甚中积及分。

求日月食甚日行积度：置食甚入气余，以所入气日盈缩分乘之，日法而一，加减其日先后数，至后加，分后减。先加后减日、月食甚中积，即为日、月食甚日行积度及分。

求气差：置日食甚日行积度及分，满二至限去之，余在象限已下为在初；已上，覆减二至限，余为在末。皆自相乘，进二位，满三百四十三而一，所得，用减二千四百三十，余为气差；以午前、后分乘之。如半昼分而一，以减气差，为气差定数。在冬至后末限、夏至后初限，交初以减，交中以加。夏至后末限、冬至后初限，交初以加，交中以减。如半昼分而一，所得，在气差已上者，即以气差覆减之，余应加者为减，减者为加。

求刻差：置日食甚日行积度及分，满二至限去之，余列二至限于下，以上减下，余以乘上，进二位，满三百四十三而一，所得为刻差。以午前、后分乘而倍之，如半法而一，为刻差定数。冬至后食甚在午前，夏至后食甚在午后，交初以加，交中以减。冬至后食甚在午后，夏至后食甚在午前，交初以减，交中以加。如半法而一，所得在刻差已上者，即倍刻差，以所得之数减之，余为刻差定数，依其加减。

求朔入交定日：置朔入交常日及余秒，以气、刻差定数各加减之，交初加三千一百，交中减三千，为朔入交定日及余秒。

求望入交定日：置望入转朏朒定数，以交率乘之，如交数而一，所得，以朏减朒加入交常日之余，满与不足，进退其日，即望入交定日及余秒。

求月行入阴阳历：视其朔、望入交定日及余秒，如在中日及余秒已下为月在阳历；如中日及余秒已上，减去中日，为月在阴历。

求入食限交前后分：视其朔、望月行入阴阳历，不满日者为交后分；在十三日上下者覆减交中日，为交前分；视交前、后分各在食限已下者为入食限。

求日食分：以交前、后分各减阴阳历食限，余如定法而一，为日食之大分；不尽，退除为小分。命大分以十为限，即得日食之分。其食不及大分者，行势稍近交道，光气微有映蔽，其日或食或不食。

求月食分：视其望交前、后分，如二千四百已下者，食既；已上，用减食限，余如定法而一，为月食之大分；不尽，退除为小分。命大分以十为限，得月食之分。

求日食泛用分：置交前、后分，自相乘，退二位，阳历一百九十八而一，阴历三百一十七而一，所得，用减五百八十三，余为日食泛用分。

求月食泛用分：置交前、后分，自相乘，退二位，如七百四而一，所得，用减六百五十六，余为月食泛用分。

求日月食定用分：置日、月食泛用分，副之，以食甚加时入转算外损益率乘之，如日法而一，如算外在四、七日者，依定余求之。所得，应朒者依其损益，应朏者益减损加其副，即为日月食定用分。

求月食既内外分：置月食交前、后分，自相乘，退二位，如二百四十九而一，所得，用减二百三十一，余以定用分乘之，如泛用分而一，为月食既内分；用减定用分，余为既外分。

求日月食亏初复满小余：置日、月食甚小余，各以定用分减之，为亏初；加之，为复满；其月食既者，以既内分减之，为初既；加之，为生光；即各得所求小余。如求时刻，依食甚术入之。

求月食更点法：置月食甚所入日晨分，倍之，减去七百二十九，余五约之，为更法；又五除之，为点法。

求月食入更点：置亏初、食甚、复末小余，在晨分已下加晨分，昏分已上减去昏分，余以更法除之为更数，不满，以点法除之为点数。其更数命初更，算外，即各得所入更、点。

求日食所起：日在阳历，初起西南，甚于正南，复于东南；日在阴历，初起西北，甚于正北，复于东北。其食八分已上，皆起正西，复于正东。此据午地而论之。

求月食所起：月在阳历，初起东北，甚于正北，复于西北；月在阴历，初起东南，甚于正南，复于西南。其食八分已上，皆起正东，复于正西。此亦据午地而论之。

求日月出入带食所见分数：各以食甚小余与日出、入分相减，余为带食差；以乘所食之分，满定用分而一，如月食既者，以既内分减带食差，余进一位，如既外分而一，所得，以减既分，即月带食出入所见之分，不及减者，为带食既出入。以减所食分，即日月出、入带食所见之分。其食甚在昼，晨为渐进，昏为已退；其食甚在夜，晨为已退，昏为渐进。

求日月食甚宿次：置食甚日行积度，望即更加半周天。以天正冬至加时黄道日度加而命之，即各得日、月食甚宿度及分。

步五星

木星周率：二百九十万七千八百七十九、秒六十四。
周差：二十四万五千二百五十三、秒六十四。
历率：二百六十六万二千六百三十六、秒二十二。
周日：三百九十八、约分八十八、秒六十。
历度：三百六十五、约分二十四、秒五十。
历中度：一百八十五、约分六十二、秒二十五。
历策度：一十五、约分二十一、秒八十五。
伏见度：一十三。

段目	常日 限度	常度 初行率
合伏	十六日八十六 二度九十三	三度八十六 二十三　二十五
晨疾初	二十八日 四度六十四	六度一十一 二十二　五十四
晨疾末	二十八日 四度一十九	五度五十一 二十一　一十一
晨迟初	二十八日 三度三十八	四度三十八 一十八　二十五
晨迟末	二十八日 一度四十五	一度九十一 一十二　五十三
晨留	二十四日	
晨退	四十六日五十八　三十 度空三十三　一十二	四度八十七　八十八 一十五
夕退	四十六日五十八　三十 度空三十三　一十二	四度八十七　八十八 一十五　七十五
夕留	二十四日	
夕迟初	二十八日 一度四十五	一度九十一
夕迟末	二十八日 三度二十八	四度三十八 一十二　五十三
夕疾初	二十八日 四度一十九	五度五十一 一十八　二十五
夕疾末	二十八日 四度六十四	六度一十一 二十一　一十一
夕伏	十六日八十六 二度九十三	三度八十六 二十二　五十四

木星盈缩历

策数	损益率 损益率	盈积度 缩积度
一	益一百五十九 益一百五十九	初 初
二	益一百四十二 益一百四十二	一度五十九 一度五十九
三	益一百二十 益一百二十	三度一 三度一
四	益九十三 益九十三	四度二十一 四度二十一
五	益六十一 益六十一	五度一十四 五度一十四
六	益二十四 益二十四	五度七十五 五度七十五
七	损二十四 损二十四	五度九十九 五度九十九
八	损六十一 损六十一	五度七十五 五度七十五
九	损九十三 损九十三	五度一十四 五度一十四
十	损一百二十 损一百二十	四度二十一 四度二十一
十一	损一百四十二 损一百四十二	三度一 三度一
十二	损一百五十九 损一百五十九	一度五十九 一度五十九

火星周率：五百六十八万五千六百八十七、秒六十四。
周差：三十六万四百一十四、秒四十四。
历率：二百六十六万二千六百四十七、秒二十。
周日：七百七十九、约分九十二、秒九十七。
历度：三百六十五、约分二十四、秒六十五。
历中度：一百八十二、约分六十二、秒三十二半。
历策度：二十五、约分二十一、秒八十六。
伏见度：一十九。

段目	常日 限度	常度 初行率
合伏	六十七日 四十五度四十八	四十八度 七十一　九十二
晨疾初	六十三日 四十二度二十六	四十四度六十 七十一　三十六
晨疾末	五十八日 三十七度九十九	四十度九 七十　二十四
晨次疾初	五十二日 三十二度三十二	三十四度六 六十八
晨次疾末	四十五日 二十四度九十九	二十六度三十二 六十三

晨迟初	三十七日	十六度六十八	十	损一百五十二	二十五度七十六
	十五度八十	五十四		损四百三十三	十三度四十四
晨迟末	二十八日	五度七十五	十一	损四百六十四	二十四度二十四
	五度四十五	三十七 二十六		损四百五十三	九度一十一
晨留	十一日		十二	损八百	一十九度六十
晨退	二十八日九十六	八度一十五 六十		损四百五十八	四度五十八
	四十八半	九半		损一千一百六十	一十一度六十
	三度五 三十半				
夕退	二十八日九十六	八度一十五 六十			
	四十八半	九半			
	三度五 三十半	四十一 三十			
夕留	十一日				
夕迟初	二十八日	五度七十五			
	五度四十五				
夕迟末	二十七日	十六度六十八			
	十五度八十	三十七 二十六			
夕次疾初	四十五日	二十六度三十二			
	二十四度九十九	五十四			
夕次疾末	五十二日	三十四度六			
	三十二度三十二	六十三			
夕疾初	五十八日	四十度九			
	三十七度九十九	六十八			
夕疾末	六十三日	四十四度六十			
	四十二度二十六	七十 二十四			
夕伏	六十七日	四十八度			
	四十五度四十八	七十一 三十六			

土星周率：二百七十五万六千二百八十八、秒七十八。

周差：九万三千六百六十二、秒七十八。

历率：二百六十六万九千九百二十五、秒九十。

周日：三百七十八、约分九、秒一十七。

历度：三百六十六、约分二十四、秒四十九。

历中度：一百八十三、约分一十二、秒二十四半。

历策度：一十五、约分二十六、秒二。

伏见度：一十七。

段目	常日 限度	常度 初行率
合伏	十九日四十八	二度四十八
	一度五十六	一十三 一十
晨疾	二十七日五十	三度二十二
	二度二	一十二 四十
晨次疾	二十七日五十	二度六十四
	一度六十五	一十一
晨迟	二十七日五十	一度四十八
	空度九十一	八 二十
晨留	三十六日	
晨退	五十一日六 五十八	三度三十九 六十
	空度二十八 四十	
夕退	五十一日六 五十八	三度三十九 六十
	空度二十八 四十	九 七十五
夕留	三十六日	
夕迟	二十七日五十	一度四十八
	空度九十一	
夕次疾	二十七日五十	二度六十四
	一度六十五	八 二十
夕疾	二十七日五十	三度二十二
	二度二	一十一
夕伏	十九日四十八	二度四十八
	一度五十六	一十二 四十

火星盈缩历

策数	损益率 损益率	盈积度 缩积度
一	益一千一百六十 益四百五十八	初 初
二	益八百 益四百五十三	十一度六十 四度五十八
三	益四百六十四 益四百三十三	十九度六十 九度一十一
四	益一百五十二 益三百九十六	二十四度二十四 十三度四十
五	损五十七 益三百四十一	二十五度七十九 十七度四十
六	损一百七十二 益二百六十六	二十五度一十九 二十度八十一
七	损二百六十六 益一百七十二	二十三度二十七 二十三度四十七
八	损三百四十一 益五十七	二十度八十 二十五度一十九
九	损三百九十六	十七度四十

土星盈缩历

策数	损益率 损益率	盈积度 缩积度
一	益二百一十三 益一百六十三	初 初

二	益一百九十七	二度一十三	夕退	九日七十 一十四	三度七十九 八十六	
	益一百四十九	一度六十三		一度六十九 一十四		
三	益一百六十八	四度一十	夕伏退	六日	四度五十	
	益一百二十八	三度一十二		二度二	六十八	
四	益一百二十八	五度七十八	合伏退	六日	四度五十	
	益一百	四度四十		二度二	八十二	
五	益八十一	七度六	晨退	九日七十 一十四	三度七十九 八十六	
	益六十五	五度四十		一度六十九 一十四	六十八	
六	益三十三	七度八十七	晨留	七日		
	损二十三	六度五				
七	损三十三	八度二十	晨迟初	一十八日二十五	六度九十三 五十	
	损二十三	六度二十八		六度六十六	空	
八	损八十一	七度八十七	晨迟末	二十九日二十五	二十四度七十二	
	损六十五	六度五		二十三度七十三	六十九	
九	损一百二十八	七度六	晨次疾初	三十九日二十五	四十二度二十九	
	损一百	五度四十		四十度六十	一百	
十	损一百六十八	五度七十八	晨次疾末	四十七日七十五	五十度空	
	损一百二十八	四度四十		五十四度七十二	一百一十五五十	
十一	损一百九十七	四度一十	晨疾初	四十七日七十五	五十九度三十九	
	损一百四十九	三度一十二		五十七度一	一百二十三二十五	
十二	损二百一十三	二度一十三	晨疾末	四十七日七十五	六十度一十六 五十	
	损一百六十三	一度六十三		五十七度七十六	一百二十五五十	
			晨伏	三十九日二十二	四十度七十五	
				四十七度	一百二十六五十	

金星周率:四百二十五万六千六百五十一、秒四十三半。
合日:二百九十一、约分九十五、秒一十四。
历率:二百六十六万二千六百九十六、秒一十六。
周日:五百八十三、约分九十、秒二十八。
历度:三百六十五、约分二十五、秒三十二。
历中度:一百八十二、约分六十二、秒六十六。
历策度:一十五、约分二十一、秒八十九。
伏见度:一十半。

段目	常日 限度	常度 初行率
合伏	三十九日二十五	四十九度七十五
	四十七度七十六	一百二十七
夕疾初	四十七日七十五	六十度一十六 五十
	五十七度七十六	一百二十六五十
夕疾末	四十七日七十五	五十九度三十九
	五十七度一	一百二十五五十
夕次疾初	四十七日七十五	五十七度空
	五十四度七十二	一百二十三二十五
夕次疾末	二十九日二十五	四十二度二十九
	四十度六十	一百一十五五十
夕迟初	二十九日二十五	二十四度七十二
	二十三度七十三	一百
夕迟末	一十八日二十五	六度九十三 五十
	六度六十六	六十九
夕留	七日	

金星盈缩历

策数	损益率 损益率	盈积度 缩积度
一	益五十二	初
	益五十二	初
二	益四十八	空度五十二
	益四十八	空度五十二
三	益四十一半	一度
	益四十一半	一度
四	益三十二半	一度四十一半
	益三十二半	一度四十一半
五	益二十一	一度七十四
	益二十一	一度七十四
六	益七	一度九十五
	益七	一度九十五
七	损七	二度二
	损七	二度二
八	损二十一	一度九十五
	损二十一	一度九十五
九	损三十二半	一度七十四
	损三十二半	一度七十四
十	损四十一半	一度四十一半
	损四十一半	一度四十一半
十一	损四十八	一度

	损四十八	一度
十二	损五十二	空度五十二
	损五十二	空度五十二

水星周率：八十四万四千七百三十八、秒五。
合日：五十七、约分九十三、秒八十一。
历率：二百六十六万二千七百九十四、秒九十五。
周日：一百一十五、约分八十七、秒六十二。
历度：三百六十五、约分二十六、秒六十八。
历中度：一百八十二、约分六十三、秒三十四。
历策度：一十五、约分二十一、秒九十四半。
晨伏夕见：一十四。
夕伏晨见：一十九。

段目	常日	常度
	限度	初行率
合伏	十五日	二十九度
	二十四度三十六	二百五
夕疾	十五日	二十三度七十五
	一十九度九十五	一百八十一六十六
夕迟	十五日	一十三度二十五
	一十一度一十三	一百三十五
夕留	二日	
夕伏退	一十日	八度
	二度	
合伏退	一十日	八度
	二度	一百八
晨留	二日	
晨迟	十五日	一十三度二十五
	一十一度一十三	一百三十五
晨疾	十五日	二十三度七十五
	一十九度九十五	一百三十五
晨伏	十五日	二十九度
	二十四度三十四	一百八十一

水星盈缩历

策数	损益率	盈积度
	损益率	缩积度
一	益五十七	空度
	益五十七	空度
二	益五十三	空度五十七
	益五十三	空度五十七
三	益四十五	一度一十
	益四十五	一度一十
四	益三十五	一度五十五
	益三十五	一度五十五
五	益二十二	一度九十
	益二十二	一度九十
六	益八	二度一十二
	益八	二度一十二
七	损八	二度二十
	损八	二度二十
八	损二十二	二度一十二
	损二十二	二度一十二
九	损三十五	一度九十
	损三十五	一度九十
十	损四十五	一度五十五
	损四十五	一度五十五
十一	损五十三	一度一十
	损五十三	一度一十
十二	损五十七	空度五十七
	损五十七	空度五十七

推五星天正冬至后平合及诸段中积中星：置气积分，各以其星周率除之，所得周数。不尽者，为前合。以减周率，余满日法为日，不满，退除为分、秒，即其星天正冬至后平合中积；命之为平合中星，以诸段常日、常度累加之，即诸段中积、中星。其段退行者，以常度减之，即其段中星。

求木火土三星平合诸段入历：置其星周数，求冬至后合，皆加一数置之。以周差乘之，满其星历率去之，不尽，满日法为度，不满，退除为分、秒，即为其星平合入历度及分、秒。以其段限度依次累加之，即得诸段入历。

求金水二星平合及诸段入历：置气积分，各以其星率去之，不尽，满日法除之为度，不满，退除为分、秒，以加平合中星，即为其星天正冬至后平合入历度及分、秒；以其星其段限度依次累加之，即得诸段入历。

求五星平合及诸段盈缩定差：各置其星其段入历度及分，如历中已下为在盈；已上减去历中，余为在缩；以其星历策除之为策数，不尽，为入策度及分；命策数，算外，以其策损益率乘之，如历策而一为分，分满百为度；以损益其下盈缩积，即其星其段盈缩定差。

求五星平合及诸段定积：各置其星其段中积，以其段盈缩定差盈加缩减之，即其定积日及分；以天正冬至大余及约分加之，即为定日及分；盈纪法六十去之，不尽，命己卯，算外，即得日辰。

求五星平合诸段所在月日：各置其段定积，以天正闰日及约分加之，满朔策及约分除之为月数，不尽，为入月已来日数及分。其月数命天正十一月，算外，即其星其段入其月经朔日数及分，乃以日辰相距为定朔月、日。

求五星平合及诸段加时定星：各置其段中星，以其段盈缩定差盈加缩减之，金星倍之，水星三之，乃可加减。即五星诸段定星；以天正冬至加时黄道日度加而命之，即其星其段加时所在宿度及分秒。五星皆因前留为前段初日定星，后留为后段初日定星，余依术算。

求五星诸段初日晨前夜半定星：各以其段初行率乘其段加时分，百约之，乃以顺减退加其日加时定星，即为其段初日晨前夜半定星；加命如前，即得所求。

求诸段日率度率：各以其段日辰距至后段日辰，为其段日率；以其段夜半定星与后段夜半定星相减，为其段度率及分秒。

求诸段平行度：各置其段度率及分秒，以其段日率除之，为其段平行度及分秒。

求诸段总差：各以其段平行分与后段平行分相减，余为泛差；并前段泛差，四因，退一位，为总差。若前段无平行分相减为泛差者，因后段初日行分与其段平行分相减，余为半总差；倍之，为总差。若后段无平行分相减为泛差者，因前段末日行分与其段平行分相减，余为半总差，倍之，为总差。晨迟末段，视段无平行分，因前初段末日行分与晨迟末段平行分相减，为半总差；其退行者，各置本段平行分，十四乘之，十五而一，为总差。内金星依顺段术入之，即得所求。夕迟初段，视前段无平行分，因后末段初日行分与夕迟初段平行分相减，为半总差。

求诸段初末日行分：各半其段总差，加减其段平行分，后段平行分多者，减之为初，加之为末；后段平行分少者，加之为初，减之为末。其在退行者，前减之为初，加之为末；后加之为初，减之为末。各为其星其段初、末日行度及分秒。如前后段平行分俱多、俱少者，平注之；本段总差不满大分者，亦平注之。

求每日晨前夜半星行宿次：置其段总差，减日率一以除之，为日差；累损益初日行分，后行分少，损之；后行分多，益之。为每日行度及分秒；乃顺加退减其段初日晨前夜半宿次命之，即每日晨前夜半星行所在宿次。

径求其日宿次：置所求日，减一，半之，以日差乘之加减初行日分，后行分少，减之；后行分多，加之。以所求日乘之，为积度；乃顺加退减其段初日宿次，即得所求日宿次。

求五星平合及见伏入气：置定积，以气策及约分除之，为气数，不尽，为入气已来日数及分秒。其气数命天正冬至，算外，即五星平合及见、伏入气日及分秒。其定积满岁周日及分，去之，余，在来年冬至后。

求五星合见伏行差：木、火、土三星，以其段初日星行分减太阳行分，余为行差。金、水二星顺行者，以其段初日太阳行分减星行分，余为行差。金、水二星退行者，以其段初日星行分并太阳行分，为行差。

求五星定合及见伏泛积：木、火、土三星，各以平合晨疾、夕伏定积，便为定合定见、定伏泛积。金、水二星，各置其段盈缩差，内水星倍之，以其段行差除之为日，不满，退除为分秒，在平合夕疾、晨伏者，乃盈减缩加定积，为定合定见、定伏泛积；在退செ夕伏、晨见者，乃盈加缩减定积，为定合定见、定伏泛积。

求五星定合定积定星：木、火、土三星，以平合行差除其日先后数，为距合差日；以先后数减之，为距合差度；以差日、差度后加先减其星定合泛积，为其星定合日定积、定星。金、水二星顺合者，以平合行差除其日先后数，为距合差日；以先后数加之，为距合差度；差度先加后减、差日先减后加其星定合泛积，为其星定合日定积、定星。金、水二星退合者，以退合行差除其日先后数，为距合差日；以减先后数，为距合差度；以差日先减后加，以差度先加后减再定合泛积，为其星再定合积星。各以冬至大余及约分加定积，满纪法去之，命己卯，算外，即得定合日辰；以冬至加时黄道日度加定星，依宿次去之，即得定合所在宿次。

求木火土三星定见伏定积日：各置其星定见、伏泛积，晨加夕减象限日及分秒，如二至限已下自相乘，已上，覆减岁周，余亦自相乘，百约为分，以其星伏见度乘之，十五除之，为差；其差如其段行差而一为日，不满，退除为分、秒，见加伏减泛积，为定积；如前加命，即得日辰。

求金水二星定见伏定日：夕见、晨伏，以行差除其日先后数，为日；先加后减泛用积，为常用积。晨见、夕伏，以行差除其日先后数，为日；先减后加泛用积，为常用积。如常用积在二至限已下为冬至后；已上去之，余为夏至后。其二至后日及分在象限已下自相乘，已上，用减二至限，余亦自相乘，如法而一，所得为分；冬至后晨，夏至后夕，以十八为法；冬至后夕、夏至后晨，以七十五为法。以伏见度乘之，十五除之，为差；满行差而一为日，不满，退除为分秒，加减常用积，为定用积；加命如前，即得定见、伏日辰。冬至后，晨见、夕伏加之，夕见、晨伏减之；夏至后，晨见、夕伏减之，夕见、晨伏加之。其水星，夕疾在大暑气初日至立冬气九日三十五分已下者，不见；晨留在大寒气初日至立夏气九日三十五分已下者，春不晨见，秋不夕见。

熙宁六年六月，提举司天监陈绎言："浑仪尺度与《法要》不合，二极、赤道四分不均，规、环左右距度不对，游仪重涩难运，黄道映蔽横箫，游规曡裂，黄道不合天体，天枢内极星不见。天文院浑仪尺度及二极、赤道四分各不均，黄道、天常环、月道映蔽横箫，及月道不与天合，天常环相攻难转，天枢内极星不见。皆当因旧修整，新定浑仪，改用古尺，均赋辰度，规、环轻利，黄赤道、天常环并侧置，以北际当天度，省去月道，令不蔽横箫，增天枢为二度半，以纳极星，规、环、二极，各设环枢，以便游运。"诏依新式制造，置于司天监测验，以较疏密。七年六月，司天监呈新制浑仪、浮漏于迎阳门，帝召辅臣观之，数问同提举官沈括，具对所以改更之理。寻又言："准诏，集监官较其疏密，无可比较。"诏置于翰林天文院。七月，以括为右正言，司天秋官正皇甫愈等赏有差。初，括上《浑仪》、《浮漏》、《景表》三议，见《天文志》。朝廷用其说，令改造法物、历书。至是，浑仪、浮漏成，故赏之。

元丰五年正月，翰林学士王安礼言："详定浑仪官欧阳发所上浑仪、浮漏木样，具新器之宜，变旧器之失，臣等窃详司天监浮漏，疏谬不可用，请依新式改造。其道、皇祐浑仪、景表亦各差舛，请如法条奏修正。"从之。元祐四年三月，翰林学士许将等言："详定元祐浑天仪象所先奉诏制造水运浑仪木样，如试验候天不差，即别造铜器，今校验皆与天合。"诏以铜造，仍以元祐浑天仪象为名。将等又言："前所谓浑天仪者，其外形圆，可遍布星度；其内有玑、有衡，可仰窥天象。今所建浑仪象，别为二器,而浑仪占测天度之真数,又以浑象置之密室,自为天运,与仪参合。若并为一器,即象为仪,以同正天度,则浑天仪象两得之矣。请更作浑天仪。"从之,七年四月,诏尚书左丞苏颂撰《浑天仪象铭》。六月,元祐浑天仪象成,诏三省、枢密院官阅之。绍圣元年十月,诏礼部、秘书省,即详定制造浑天仪象所,以新旧浑仪集局官同测验,择其精密可用者以闻。

宣和六年七月,宰臣王黼言:

臣崇宁元年邂逅方外之士于京师,自云王其姓,面出素书一,道玑衡之制甚详。比尝请令应奉司造小样验之,逾二月,乃成璇玑,其圆如丸,具三百六十五度四分度之一,置南北极、崑仑山及黄、赤二道,列二十四气、七十二候、六十四卦、十干、十二支、昼夜百刻,列二十八宿、并内外三垣、周天星。日月循黄道天行,每天左旋一周,日右旋一度,冬至南出赤道二十四度,夏至北入赤道二十四度,春秋二分黄、赤道交而出卯入酉。月行十三度有余,生明于西,其形如钩,下环,西见半规,及望而圆;既望,西缺下环,东见半规,及晦而隐。某星始见,某星已中,某星将入,或左或右,或迟或速,皆与天象吻合,无纤毫差。玉衡植于屏外,持扼枢斗,注水激轮,其下为机轮四十有三,钩键交错相持,次第运转,不假人力,多者日行二千九百二十八齿,少者五日行一齿,疾徐相远如此,而同发于一机,其密殆与造物者侔焉。自余悉如唐一行之制。

然一行旧制机关,皆用铜铁为之,涩即不能自运,今制改以坚木若美玉之类。旧制外络二轮,以缀日月,而二轮蔽亏星度,仰视蹠次不审,今制日月皆附黄道,如蚁行磨上。旧制虽有合望,而月体常圆,上下弦无辨,今以机转之,使圆缺隐见悉合天象。旧制止有候刻辰钟鼓,昼夜短长与日出入更筹之度,皆不能辨,今制为司辰寿星,运十二时轮,所至时刻,以手指之,又为烛龙,承以铜荷,时乃吐珠振荷,循环自运。其制皆出一行之外。即其器观之,全象天体者,璇玑也;运用水斗者,玉衡也。昔人或谓玑衡为浑天仪,或谓有玑而无衡者为浑天象,或谓浑仪望筒为衡:皆非也。甚者莫知玑衡为何器。唯郑康成以运转者为玑,持正者为衡,以今制考之,其说最近。

又月之晦明,自昔弗烛厥理,独扬雄云:"月未望则载魄于西,既望则终魄于东,其溯于日乎?"京房云:"月有形无光,日照之乃光。"始知月本无光,溯日以为光。本朝沈括用弹况月,粉涂其半,以象对日之光,正侧视之,始尽圆缺之形。今制与三者之说若合符节。宜命有司置局如样制,相址于明堂或合台之内,筑台陈之,以测上象。又别制三器,一纳御府,一置钟鼓院,一备车驾行幸所用。仍著为成书,以诏万世。

诏以讨论制造玑衡所为名,命黼总领,内侍梁师成副之。

卷八十一　　志第三十四

律历十四

中原既失,礼乐沦亡。高宗时,胡铨著《审律论》,曰:

臣闻司马迁有言曰:"六律为万事根本,其于兵械尤所重,望敌知吉凶,闻声效胜负,百王不易之道也。"臣尝深爱迁之言律于兵械为尤重,而深惜后之谈兵者止以战斗、击刺、奇谋,此律之所以汨陈而学者未尝道也。

夫律、度、量、衡,古也渊源于马迁,滥觞于班固,刘昭挹其流,孟康、京房、钱乐之徒汨其泥而扬其波。迁之言曰:"黄钟之实八十一以为宫,而以九为法,实如法,得长一寸,则黄钟为九寸矣。黄钟之实十七万七千一百四十七,而以一万九千六百八十三为法,实如法,亦得长一寸,亦黄钟为九寸也。然则十七万七千一百四十七与夫所谓八十一者,虽多少之不同,而其实一也;万九千六百八十三与夫所谓九者,虽多少之不同,而其法一也。又曰,丑二,寅八,卯十六,辰六十四。夫丑与卯,阴律也;寅与辰,阳律也。生阴律者皆二,所谓下生者倍其实;生阳律者皆四,所谓上生者四其实。迁之言财数百,可谓简矣,而后之言律者祖焉,是不亦渊源于马迁乎?

固之言曰:黄钟之实,八百一十分。盖迁意也。然以林钟之实五百四十,而乃以为六百四十,林钟、太蔟之实以其长自乘,则声虽有,小同于黄钟之宫耳。然则魏柴玉制律,而与黄钟商、徵不合,其失兆此矣。夫自子一分,终于亥十七万七千一百四十七分,盖迁术也。而固亦曰,太极元气,函三为一,始动于子,参之于丑,历十二辰之数,而得黄钟之实,以为阴阳合德,化生万物。其说盖有本矣。然其言三分蕤宾损一,下生大吕,而不言夫所谓浊倍之变何?夫蕤宾之比于大吕,则蕤宾清而大吕浊,今又损二分之一以生大吕,则大吕之声乃清于蕤宾,是不知夫倍大吕之浊。然则萧衍之论,至于夹钟而裁长三寸七分,其失兆此矣。是不亦滥觞于班固乎?

昭之言曰:推林钟之实至十一万八千九十八、太蔟之实至十五万七千四百六十四,二乘而三约之者,为下生之实;四乘而三约之者,为上生之实。此迁、固之意,昭则详矣。然以蕤宾为上生大吕,而大吕乃下生夷则,何也?盖昭之说阳生阴为下生,阴生阳为上生。今以蕤宾为上生大吕,则是阳生阴,乃上生也;以大吕为下生夷则,是阴生阳,乃下生也。其蔽亦由不知夫大吕有浊倍之变,则其视迁、固去本远矣。是不亦挹其流于刘昭乎?

若夫孟康、京房、钱乐之之徒,则又大不然矣。

夫班固以八十一分为黄钟之实,起十二律之周径,度其长以容其实,初未尝有径三围九之说也。康之徒惑于八十一分之实,以一寸为九十分,而不察方圆之异,于是有径三围九之论兴焉。天律之形圆,如以为径三围九,则刓其四用之方,而不足于九分之数,以之容黍,岂能至于千二百黍哉!然则所谓围九,方分也。何以知之?知龠之方,则知黄钟之分亦方也。固虽无明说,其论洛下闳起历之法曰:"律容一龠,积八十一寸,则一日之分也。"夫八十一寸者,是乃八百一十分,以千二百黍纳之龠中,则不摇而自满,是无异黄钟之容也。龠之制,方寸而深八分。一龠之方,则黄钟之分,安得而不方哉!围九方分而圆之,则径不止于三分矣。故夫径三围九之说,孟康为之也。

然由律生吕,数十有二,止矣;京氏演为六十,钱乐之广为三百六十,则与黄帝之说悖矣。盖乐之用《淮南》之术,一律而生五音,十二律而为六十音,而六之,故三百六十音,以当一岁之日。以黄钟、太蔟、姑洗、林钟、南吕生三十有四,以大吕、夹钟、中吕、蕤宾、夷则、无射生二十有七,应钟生二十有八,始于包育,而终于安运。然由黄钟迄于壮进百有五十,则三分损一焉以下生;由依行迄于亿兆二百有九,则三分益一焉以上生;惟安运为终而不生。其言与黄帝之法大相牴牾。自迁、固而下,至是杂然莫适为主,至五季王朴而后议少定,沈括、蒋之奇论之当矣。是不亦汩其泥而扬其波乎?

呜呼!律也者,固以实为本而法为末,陛下修其实于上,而有司方定其法于下,以协天地中和之声,则夫数子者,其说有可考焉,臣敢轻议哉!

淳熙间,建安布衣蔡元定著《律吕新书》,朱熹称其超然远览,奋其独见,爬梳剔抉,参互考寻,推原本根,比次条理,管括机要,阐究精微。其言虽多出于近世之所未讲,而实无一字不本于古人之成法。其书有《律吕本原》、《律吕证辨》。《本原》者,《黄钟》第一、《黄钟之实》第二、《黄钟生十二律》第三、《十二律之实》第四、《变律》第五、《律生五声图》第六、《变声》第七、《八十四声图》第八、《六十调图》第九、《候气》第十、《审度》第十一、《嘉量》第十二、《谨权量》第十三。《证辨》者,《造律》第一、《律长短围径之数》第二、《黄钟之实》第三、《三分损益上下相生》第四、《和声》第五。权臣既诬元定以伪学,贬死春陵,虽有其书,卒为空言,呜呼惜哉!

久之,宜春欧阳之秀复著《律通》,其自序曰:

自律吕之度数不见于经,而释经者反援《汉志》以为据,盖滥觞于《管子》、《吕氏春秋》,流衍于《淮南子》、司马迁之书,而波助于刘歆、京房之学。班固《汉志》,尽歆所出也;《司马彪志》,尽房所出也。后世协律者,类皆执守以为定法。历代合乐,不为无人,而终不足以得天地阴阳之和声,所以不能追还于隆古之盛者,大抵由三分损益之说拘之也。夫律固不能舍损益之说以求之,由其有损有益,而后有上生下生之异。至其专用三分以为损益之法则失之,未免乎声与数之不相合,有非天成之自然耳。

盖尝因其损益、上下生之义,而去其专用三分之蔽,乃多为分法以求之,自黄钟以往,其下生者盈十,而上生者止一而已。此其数之或损或益,出于自然,而与旧法固不侔矣。若谓相生之法,一下必一上,既上而复下,则其法之穷也,于蕤宾、大吕间见之。夫黄钟而降,转以相生,至于姑洗则下生应钟,而应钟之上生蕤宾者,法也。今乃蕤宾之生大吕,又从而上生焉,此《班志》所载,所以变其说为下生大吕,而大吕之长遂用倍法矣。夫律之相生而用倍法,犹为有理,独专用三分以为损益,则律之长短,不中乎天地自然之数尔。

生律之分,盖不止于三分损益之一端,以一律而分为三,此生律之极数,特一求徵声之法耳。苟以三分损益,一下生而一上生,则声律殆无穷矣,何至于十二而止也乎。夫十二律之生也,十律皆下生,一律独上生。唯其下生者,损之极也,而后上生者益焉。上生则律穷矣,此穷上反下,穷下反上之理也。琴一弦之间具十二律,皆用下生之法,而末以上生法终之。若以七弦而紧慢之为旋宫之法,则应钟一均之律,宫声之外,多用倍法生一律矣。此天地声音自然而然,不可拘于一而不知通变也。故正律止于十二而已。

窃意十二律之度数,当具于《周礼》之《冬官》,如《考工记》凫氏为钟、磬氏为磬之类,各有一职。然《冬官》一篇既亡,则世无以考其度数之详,而三分损益之说散见于书传者,恐或得之目击而不及识其全,或得之口授而未能究其误,或求诸手决而不能究其真,因是遂著为定论。夫人皆以为法之尽善矣,岂知三分损益所生之律,乃仅得其声之近似而未真。盖非师旷之聪,则耳不能齐,其声之近似者,足以惑人之听,是以不复求其法之未尽善者。此蔡邕所以不如耳决之明者,亦不能尽信其法也。

后世之制乐者,不知律法之固有未善,而每患其声音高下之不协,以至取古昔遗亡之器而求之,盖亦不知本矣。声以数而传,数以声而定,二者皆有自然之则。如侈者声必咋,弇者声必郁,高者数必短,下者数必长。侈弇者,数也,未闻其声而已知其有咋郁之分;高下者,声也,未见其数已知其有长短之异。故不得其自然之声,则数不可得而考;不得其自然之数,则声不可得而言。今之制律者,不知出此,而顾先区区于秬黍之纵横、古尺之修短、斛斗之广狭、钟磬之高下谋之,是何足以得其声之和哉!

邵雍曰:"世人所见者,汉律历耳。"然则三分损益之法为未善,亦隐然矣。近世蔡元定特著一书,可谓究心,然其说亦有可用与否。其可用者,多其所自得,而又有证于古,凡载于吾书者可见矣;其否者,皆由习熟于三分上下生之说,而不于声器之近似者察之也。岂尝察之而未有法以易之乎?此《律通》之所以作也。

盖律之所以长短,不止乎三分损益之一端,自四分以往,推而至于有二十分之法。管之所以广狭,必限于千二百黍之定数,因其容受有方分、圆分之异,与黍体不相合,而遂分辨其空龠有实积、隙积之理。其还相为宫之法,有以推见其为一阴一阳相继之道,而非一上一下相生之谓也。

嗟乎！观吾书者，能知其数之出于自然而然，则知由先汉以前至于今日，上下几二千年，凡史传所述三分损益一定之说者，可以删而去之矣。使其说之可用也，则累世律可协、乐可和，何承天、刘焯辈不改其法矣。故京房六十律不足以和乐，而况钱乐之衍为三百六十之非法，徒增多而无用乎？是其数非出于自然之无所加损，而徒欲傅会于当期之日数云尔。

古之圣人所以定律止于十二者，自然之理数也。苟不因自然之理数，则以三分损益之法衍之，声律殆不特三百六十而已也，而况京房之六十乎！且房之律，吾意其自为之也，而托言受之焦延寿，以欺乎人，以售其说。使律法之善，何必曰受诸人？律法不善矣，虽焦延寿何益哉！所谓善不善者，亦顾其法之可用与否耳。曩者，魏汉津尝创用指尺以制律，乃窃京房之故智，上以取君之信，下以遏人之议，能行之于一日，岂能使一世而用之乎？

今《律通》之作，其数之损益可以互相生，总为百四十四以为之体，或变之，又可得二百一十有六以为之用，乾坤之策具矣。世不用则已，用则声必和，亦因古黄钟九寸法审之，以人物之声而稍更定之耳。或曰："律止十二，胡为复衍百四十四律乎？"应之曰："十二者，正声也；百四十四者，变声也。使不为百四十四者，何以见十二宫七声长短之有定数，而宫、商、角、徵、羽清浊之有定分乎？其要主于和而已。故有正声则有变声也，通其变然后可与论律矣。"

《律通》上、下二篇：《十二律名数》第一，《黄钟起数》第二，《生律分正法》第三，《生律分变法》第四，《正变生律分起算法》第五，《十二宫百四十四律数》第六，《律数傍通法》第七，《律数傍通别法》第八；《九分为寸法辨》第九、第十，《五十九律会同》第十一，《空围龠实辨》第十二，《十二律分阴阳图说》第十三，《阳声阴声配乾坤图》第十四，《五声配五行之序》第十五，《七声配五行之序》第十六，《七声分类》第十七，《十二宫七声倡和》第十八，《六十调图说》第十九，《辨三律声法》第二十。真德秀、赵以夫皆盛称之。

舒州桐城县丞李如箎作《乐书》，评司马光、范镇所论律，曰：

镇得蜀人房庶言尺法，庶言："尝得古本《汉书》，云：'度起于黄钟之长，以子谷秬黍中者，一黍之起，积一千二百黍之广，度之九十分，黄钟之长，一为一分。'今文脱去'之起积一千二百黍'八字，故自前世累黍为尺，纵置之则太长，横置之则太短。今新尺横置之不能容一千二百黍，则大其空径四氂六毫，是以乐声太高，皆由儒者误以一黍为一分，其法非是。不若以千二百黍实管中，随其短长断之，以为黄钟九寸之管九十分，其长一为一分，取三分以度空径，数合则律正矣。"镇盛称此论，以为先儒用意皆不能到。其意谓制律之法，必以一千二百黍实黄钟九寸之管九十分，其管之长一为一分，是度由律起也。光则据《汉书》正本之"度起于黄钟之长。以子谷秬黍中者，一黍之广，度之九十分，黄钟之长，一为一分。"本无"之起积一千二百黍"八字。其意谓制律之法，必以一黍之广定为一分，九十分则得黄钟之长，是律由度起也。

《书》云："同律、度、量、衡。"先言律而后及度、量、衡，是度起于律，信矣。然则镇之说是，而光之说非也。然庶之论积一千二百黍之广之说则非，必如其说，则是律非起于度而起于量也。光之说虽非先王作律之本，而后之为律者，不先定其分寸，亦无以起律。又其法本《汉志》之文，则光之说亦不得谓其非是也。

故尝论之，律者，述气之管也。其候气之法，十有二月，每月为管，置于地中。气之来至，有浅有深，而管之入地者，有短有长。十二月之气至，各验其当月之管，气至则灰飞也。其为管之长短，与其气至浅深，或不相当则不验。上古之圣人制为十二管，以候十二辰之气，而十二辰之音亦由之而出焉。以十二管较之，则黄钟之管最长，应钟之管至短；以林钟比于黄钟，则短其三分之一；以太簇比之林钟，则长其三分之一；其余或长或短，皆上下于三分之一之数。其默符于声气自然之应者如此也，当时恶睹所谓三分损益哉！又恶睹夫一千二百黍实黄钟容受之量与夫一黍之广一为一分之说哉！古之圣人既为律矣，欲因之以起度、量、衡之法，遂取秬黍之中者以实黄钟之管，满龠倾而数之，得黍一千有二百，因以制量；以一黍之广而度之，得黄钟管九十分之一，因以起度；以一龠之黍之重而两之，因以生衡。去古既远，先王作律之本始，其法不传，而犹有所谓一千二百黍为一龠容受之量与夫一黍之广一为一分者可考也。推其容受而度其分寸，则律可得而成也。先王之本于律以起度、量、衡者，自源而生流也；后人以度、量、衡而起律者，寻流而及源也。

光、镇争论往复，前后三十年不决，大概言以律起度，以度起律之不同。镇深辟光以度起律之说，不知后世舍去度数，安得如古圣人默符声气之验，自然而成律也哉？至若庶之增益《汉志》八字以为脱误，及其他纷纷之议，皆穿凿以为新奇，虽镇力主之，非至当之论有补于律法者也。

如箎书曰《乐本》，曰《乐章》。

沙随程迥著《三器图议》，曰："体有长短，所以起度也；受有多寡，所以生量也；物有轻重，所以用权也。是器也，皆准之上党羊头山之秬黍焉。以之测幽隐之情，以之达精微之理。推三光之运，则不失其度；通八音之变，则可召其和。以辨上下则有品，以分隆杀则有节。凡朝廷之出治，生民之日用，未有顷刻不资焉者。古人以度定量，以量定权，必参相得，然后黄钟之律可求，八音五声从之而应也。皇祐中，阮逸、胡瑗累黍定尺，既大于周尺，姑欲合其量也，然竟于权不合，乃谓黍称二两，已得官称一两，反疑史书之误。及韩琦、丁度详定，知逸、瑗之失，亦莫能以三器参相考也。"

先是，镇上封事曰："乐者，和气也；发和气者，音声也。音声生于无形，故古人以有形之物传其法，俾后人参考之。有形者何？秬黍也、律也、尺也、龠也、鬴也、斛也、算数也、权称也、钟也、磬也，是十者必相合而不相戾，而后为得也。"迥谓："以黍定三器，则十者无不该。三者，尺为之本。周尺也者，先儒考其制，吻合者不一。至宋祁取《隋书》大业中历代尺十五等，独以周尺为之本，以考诸尺。韩琦嘉祐累黍尺二，其一亦与周尺相近。司马备刻之于石。光旧物也。苟以是定尺，又以是参定权量，以合诸器，如挈裘而振其领，其顺者不可胜数也。"

迥博学好古，朱熹深礼敬之。其后江陵府学教授庐陵彭应龙，既注《汉·律历志》，设为问答，著《钟律辨疑》三卷，至为精密，发古人所未言者。

宋历在东都凡八改，曰《应天》、《乾元》、《仪天》、《崇天》、《明天》、《奉元》、《观天》、《纪元》。星翁离散，《纪元历》亡，绍兴二年，高宗重购得之，六月甲午，语辅臣曰："历官推步不精，今历差一日，近得《纪元历》，自明年当改正，协时月正日，盖非细事。"是岁，始议制浑仪。十一月，工部言，《浑仪法要》当以子午为正，今欲定测枢极，合差局官二员。诏差李继宗等充测验定正官，俟造毕进呈日，同参详指说制度官丁师仁、李公谨入殿安设。三年正月壬戌，进呈浑仪木样。壬申，太史局令丁师仁等言，省识东都浑仪四座：在测验浑仪刻漏所曰至道仪，在翰林天文局曰皇祐仪，在太史局天文院曰熙宁仪，在合台曰元祐仪，每座约铜二万余斤，今若半之，当万余斤。且元祐制造，有两府提举。时都司覆实，用铜八千四百斤。诏工部置物料，临安府佣工匠，仍令工部长、贰提举。

五年，日官言，正月朔旦日食九分半，亏在辰正。常州布衣陈得一言：当食八分半，亏在巳初。其言卒验。侍御史张致远言："今岁正月朔日食，太史所定不验，得一尝为臣言，皆有依据。盖患算造者不能通消息、盈虚之奥，进退、迟疾之分，致立朔有讹。凡定朔小余七千五百以上者，进一日。绍兴四年十二月小余七千六百八十，太史不进，故十一月小尽；今年五月小余七千一百八十，少三百二十，乃为进朔，四月大尽。建炎三年定十一月三十日甲戌为腊，阴阳书曰：腊者，接也，以故接新，在十二月近大寒前后戌日定之，若近大寒戌日在正月十一日，若即用远大寒戌日定之，庶不出十二月。如宣和五年十二月二十七日丙午大寒，后四日庚戌，虽近，缘在六年正月一日，此时以十九日戊戌为腊。得一于岁旦日食，尝预言之，不差毫刻。愿诏得一改造新历，委官专董其事。仍尽取其书，参校太史有无，以补遗阙。择历算子弟粗通了者，授演撰之要，庶几日官无旷，历法不绝。"二月丙子，诏秘书少监朱震即秘书省监视得一改造新历。八月，历成，震请赐名《统元》，从之。诏翰林学士孙近为序，以六年颁行，迁震一秩，赐得一通微处士，官其一子。道士裴伯寿等受赏有差。

得一等上推甲子之岁，得十一月甲子朔夜半冬至日度起于虚中以为元。著《历经》七卷，《历议》二卷，《立成》四卷，《考古春秋日食》一卷，《七曜细行》二卷，《气朔入行草》一卷，诏付太史氏，副藏秘府。

绍兴九年，史官重修神宗正史，求《奉元历》不获，诏陈得一、裴伯寿赴阙补修之。

十四年，太史局请制浑仪，工部员外郎谢伋言："臣尝询浑仪之法，太史官生论议不同，铸作之工，今尚阙焉。臣愚以为宜先询访制度，敷求通晓天文历数之学者，参订是非，斯合古制。"苏颂之子应诏赴阙，请访求其父遗书，考质制度。宰相秦桧曰："在廷之臣，罕能通晓。"高宗曰："此阙典也，朕已就宫中制造，范制虽小，可用窥测，日以晷度、夜以枢星为则，非久降出，第当广其尺寸尔。"于是命桧提举。时内侍邵谔善运思，专令主之，累年方成。

《统元历》颁行虽久，有司不善用之，暗用《纪元》法推步，而以《统元》为名。乾道二年，日官以《纪元历》推三年丁亥岁十一月甲子朔，将颁行，裴伯寿诣礼部陈《统元历》法当进作乙丑朔，于是依《统元》法正之。

光州士人刘孝荣言："《统元历》交食先天六刻，火星差天二度。尝自著历，期以半年可成，愿改造新历。"礼部谓："《统元》法用之十有五年，《纪元》法经六十年，日月交食有先天分数之差，五星细行亦有二三度分之殊。算造历官拘于依经用法，致朔日有进退，气节日分有误，于时宜改造。"伯寿言："造历必先立表测景验气，庶几精密。"判太史局吴泽私于孝荣，且言铜表难成、木表易坏以沮之。乃诏礼部尚书周执羔提领改造新历，执羔亦谓测景验气，经涉岁月。孝荣乃采万分历，作三万分以为日法，号《七曜细行历》，上之。三年，执羔以历来上，孝宗曰："日月有盈缩，须随时修改。"执羔对曰："舜协时月正日，正为积久不能无差，故协正之。"孝宗问曰："今历与古历何如？"对曰："尧时冬至日在牵牛，今冬至日在斗一度。"

孝荣《七曜细行历》自谓精密，且预定是年四月戊辰朔日食一分，日官言食二分，伯寿并非之，既而精明不食。孝荣又定八月庚戌望月食六分半，候之，止及五分。又定戊子岁二月丁未望月食九分以上，出地，其光复满。伯寿言："当食既，复满在戌正三刻。"

侍御史单时言："比年太史局以《统元历》稍差而用《纪元历》，《纪元》寖差，迩者刘孝荣议改历，四月朔日食不验，日官两用《统元》、《纪元》以定晦朔，二历之差，岁益已甚，非所以明天道、正人事也。如四月朔之日不食，虽为差误，然一分之说，犹为近焉。八月望之月食五分，新历以为食六分，亦为近焉。闻欲以明年二月望月食为验，是夜或有阴晦风雨，愿令日官与孝荣所定七政躔度其说异同者，俟其可验之时，以浑象测之，察其稍近而屡中者，从其说以定历，庶几不致甚差。"诏从之。十一月，诏国子司业权礼部侍郎程大昌、监察御史张敦实监太史局验之。时孝宗务知法法疏密，诏太史局以高宗所降小浑仪测验造历。四年二月十四日丁未望，月食生光复满，如伯寿言。

时等又言："去年承诏，十二月癸卯、乙巳两夜监测太阴、太白，新历为近。今二月十四日望月食，臣与大昌等以浑仪定其光满，则旧历差近，新历差远。若遽以旧历为是，则去年所测四事皆新历为近，今者所定月食，乃复稍差，以是知天道之难测。儒者莫肯究心，一付之星翁历家，其说又不精密。愿令继宗、孝荣等更定三月一日内七政躔度之异同者，仍令臣等往视测验而造历焉。"三月，诏时与大昌同验之。太史局止用《纪元历》与新历测验，未尝参以《统元历》。臣等先求判太史局李继宗、天文官刘孝荣等《统元》、《纪元》、新历异同，于三月初九日夜、十一日早、十四日夜、二十日早诣太史局，召三历官上台，用铜仪窥管对测太阴、木、火、土星昏晨度经历度数，参稽所供，监视测验。初九日昏度：旧历太阴在黄道张宿十二度八十七分，在赤道张宿十度；新历在黄道张宿十四度四十分，在赤道张宿十五度太。臣等验得在赤道张宿十五度半。今考之新历稍密，旧历皆疏。十一日早晨度：木星在黄道室宿十五度七分，在赤道室宿十三度少；土星在黄道虚宿七度三分，在赤道虚宿七度强。新历木星在黄道室宿十五度四十四分，在赤道室宿十四度少弱；土星在黄道虚宿六度二十一分，在赤道虚宿六度少弱。臣等验得五更三点，土星在赤道虚宿六度弱；五更五点，木星在赤道室宿十四度。今考之新历稍密，旧历皆疏。十二日，都省令定验《统元》、《纪元》及新历疏密。《统元历》昏度，太阴在黄道氐宿初度九十四分，在赤道氐宿三度少；《纪元历》在黄道氐宿初度八十三分，在赤道氐宿二度太；新历在黄道亢宿八度七十一分，在赤道亢宿九度少弱。三历官以浑仪由南数之，其太阴北去角宿距星二十一度少弱。新旧历官称昏度亢宿未见，祇以窥管测定角宿距星，复以书考东方七宿，角占十二度，亢占九度少；既亢宿未见，当除角宿十二度，即太阴此时在赤道亢宿九度少弱。今考之新历全密，《纪元》、《统元历》皆疏。二十日早晨度：《统元历》太阴在黄道斗宿十一度九十一分，在赤道斗宿十二度少；火星在黄道危宿七度九十一分，在赤道危宿七度少；土星在黄道虚宿八度八十二分，在赤道虚宿八度太强。《纪元历》太阴在黄道斗宿十一度四十分，在赤道斗宿十一度半；火星在黄道危宿六度，在赤道危宿六度太；土星在黄道虚宿七度三十九分，在赤道虚宿七度半弱。新历太阴在黄道斗宿十度六十一分，在赤道斗宿十度少；火星在黄道危宿七度二十分，在赤道危宿六度；土星在黄道虚宿六度五十三分，在赤道虚宿六度半。三历官验得太阴在赤道斗宿十度，火星在赤道危宿六度强，土星在赤道虚宿六度半。今考之太阴，《纪元历》疏；火星，新历、《纪元历》全密，《统元历》疏；土星，新历全密，《纪元》、《统元历》疏。"

又诏时与尚书礼部员外郎李焘同测验，时等言："先究《统元》、《纪元》、新历异同，召三历官上台，用铜仪窥管对测太阴、土、火、木星晨度经历度数，参稽所供，监视测验。二十四日早晨度：《统元历》太阴在黄道危宿十一度九十分，在赤道危宿九度；木星在黄道室宿十八度一十五分，在赤道壁宿初度少；火星在黄道危宿十度七十分，在赤道危宿十度；土星在黄道虚宿八度九十五分，在赤道虚宿九度。《纪元历》太阴在黄道危宿十度五十三分，

在赤道危宿八度半；木星在黄道室宿十七度六十八分，在赤道室宿十六度少；火星在黄道危宿九度八十四分，在赤道危宿九度；土星在黄道留在虚宿七度四十分，在赤道虚宿七度半。新历太阴在黄道危宿十三度五分，在赤道危宿十二度；木星在黄道室宿十八度一十分，在赤道室宿十六度半强；火星在黄道危宿十度八分，在赤道危宿九度；土星在黄道虚宿六度六十分始留，在赤道虚宿六度半强始留。三历官验得太阴在赤道危宿十度，木星在赤道室宿十六度太，火星在赤道危宿九度半，土星在赤道虚宿六度半弱。今考之太阴，《统元历》精密，《纪元历》、新历皆疏；木星，新历稍密，《纪元》、《统元历》皆疏；火星，《纪元》、新历皆稍密，《统元历》疏；土星，新历稍密，《纪元》、《统元历》皆疏。二十七日早晨度：《统元历》木星在黄道壁宿初度四十六分，在赤道壁宿初度太强；火星在黄道危宿十二度九十二分，在赤道危宿十二度强；土星留在黄道虚宿八度九十八分，在赤道虚宿九度。《纪元历》木星在黄道壁宿初度二十五分，在赤道壁宿初度分空；火星在黄道危宿十二度九十七分，在赤道危宿十一度；土星留在黄道虚宿七度四十八分，在赤道虚宿七度半。新历木星在黄道壁宿初度四十四分，在赤道壁宿初少强；火星在黄道危宿十二度二十二分，在赤道危宿十一度半；土星留在黄道虚宿六度六十分，在赤道虚宿六度半强。三历官验得木星在赤道壁宿初度少，火星在赤道危宿十一度，土星在赤道虚宿六度半。今观木星，新历稍密，《纪元》、《统元历》皆疏；火星，《纪元》全密，《统元》、新历皆疏；土星，新历稍密，《纪元》、《统元历》皆疏。"

由是朝廷始知三历异同，乃诏太史局以新旧历参照行之。礼部言："新旧历官互相异同，参照实难，新历比之旧历稍密。"诏用新历，名以《乾道历》，己丑岁颁行。

孝荣有《考春秋日食》一卷，《汉魏周隋日月交食》一卷，《唐日月交食》一卷，《宋朝日月交食》一卷，《气朔入行》一卷，《强弱日法格数》一卷。

卷八十二　　　志第三十五

律历十五

乾道四年，礼部员外郎李焘言："《统元历》行之既久，与天不合，固宜；《大衍历》最号精微，用之亦不过三十余年，后之欲行远也难矣。抑历未差，无以知其失，未验，无以知其是。仁宗《崇天历》，天圣至皇祐四年十一月日食，二历不效，诏以唐八历及宋四历参定，皆以《景福》为密，遂欲改作。而刘羲叟谓：'《崇天历》颁行逾三十年，所差无几，讵可偶缘天变，轻议改移？'又谓：'古圣人历象之意，止于敬授人时，虽则预考交会，不必吻合辰刻，或有迟速，未必独是历差。'乃从羲叟言，复用《崇天历》。羲叟历学为宋第一，欧阳修、司马光辈皆

遵用之。《崇天历》既复用，又十三年，治平二年，始改用《明天历》，历官周琮皆迁官。后三年，验熙宁三年七月月食不效，乃诏复用《崇天历》，夺琮等所迁官。熙宁八年，始更用《奉元历》，沈括实主其议。明年正月月食，遽不效，诏问修历推恩者姓名，括具奏辨，得不废。识者谓括强辨，不许其深于历也。然后知羲叟之言然。愿申饬历官，加意精思，勿执今是。益募能者，熟复讨论，更造密度，补治新历。"缘焘尝承诏监视测验，值新历太阴、荧惑之差，恐书成所差或多，见讥能者，乃诏诸道访通历者。久之，福州布衣阮兴祖上言新历差谬，荆大声不以白部，即补兴祖为局生。

初，新历之成也，大声、孝荣共为之。至是，大声乃以太阴九道变赤道别演一法，与孝荣立异于后。秘书少监、崇政殿说书兼权刑部侍郎汪大猷等言："承诏于御史台监集局官，参算明年太阴宿度，笺注御览诣实。今大声等推算明年正月至月终九道太阴变赤道，限十二月十五日以前具稿成，至正月内，臣等召历官上台，用浑仪监验疏密。"从之。

五年，国子司业兼权礼部侍郎程大昌、侍御史单时，秘书丞唐孚、秘书郎李木言："都省下灵台郎程充历算官盖尧臣、皇甫继明、宋允恭等言：'厥今更造《乾道新历》，朝廷累委官定验，得见日月交食密近天道，五星行度允协躔次，惟九道太阴间有未密。搜访能历之人补治新历，半年未有应诏者，独荆大声别演一法，与刘孝荣《乾道历》定验正月内九道太阴行度。今来二法皆未能密于天道，《乾道》太阴一法与诸历比较，皆未尽善。今撮其精微，撰成一法，其先推步到正月内九道太阴正对在赤道宿度，愿委官与孝荣、大声验之。如或精密，即以所修九道经法，请得与定验官更集孝荣、大声等同赴台，推步明年九道太阴正对在赤道宿度，点定月分定验，从其善者用之。'大昌等从大声、孝荣所供正月内太阴九道宿度，已赴太史局测验上中旬毕，及取大声、孝荣、尧臣等三家所供正月下旬太阴宿度，参照觉视，测验疏密，尧臣、继明、允恭请具今年太阴九道宿度。欲依逐人所请，限一月各具今年太阴九道变黄道正对赤道其宿某度，依经具稿，送御史台测验官不时视验，然后见其疏密。"

裴伯寿上书言：

孝荣自陈预定丁亥岁四月朔日食、八月望月食，俱不验。又定去年二月望夜二更五点月食九分以上，出地复满。臣尝言于宰相，是月之食当食既出地，《纪元历》亦食既出地，生光在戌初二刻，复满在戌正三刻。是夕，月出地时有微云，至昏时见月已食既，至戌初三刻果生光，即食既出地可知；复满在戌正三刻，时二更二点；臣所言卒验。孝荣言行历交食先天六刻，今所定月食复满，乃后天四刻，新历谬误为甚。

其一曰步气朔，孝荣先言气差一日，观景表方知其失，此不知验气者也。臣之验气，差一二刻亦能知之。《纪元》节气，自崇宁间测验，逮今六十余载，不无少差，苟非测验，安知其失？凡日月合朔，以交食为验，今交食既差，朔亦弗合矣。

其二曰步发敛，止言卦候而已。

其三曰步日躔，新历乃用《纪元》二十八宿赤道度，暨至分宫，遽减《纪元》过宫三十余刻，殊无理据。而又赤道变黄道宿度，娄、胃二宿顿减《纪元》半度。在术则娄、胃二宿合二十八度，娄当十二度太，今新历娄作十二度半，乃弃四分度之一。室、轸二宿虚收复多，少数变宿，分宫既讹，是以乾道己丑岁太阳过宫差误。

其四曰步晷漏，新历不合前史。唐开元十二年测景于天下，安南测夏至午中晷在表南三寸三分，新历算在表北七寸；其铁勒测冬至午中晷长一丈九尺二寸六分，新历算晷长一丈四尺九寸九分，乃差四尺二寸七分，其谬盖若此。

其五曰步月离，诸历迟疾、朒朓极数一同，新历朓之极数少朒之极数四百九十三分，疾之极数少迟之极数二十分，不合历法。

其六曰步交会，新历妄设阳准、阴准等差，盖欲苟合已往交食，其间复有不合者，则迁就天道，以预定丁亥、戊子二岁日月之食，便见差违。

其七曰步五星，以浑仪测验新历星度，与天不合。盖孝荣与同造历人皆不能探端知绪，乃先造历，后方测验，前后倒置，遂多差失。夫立表验气，窥测七政，然后作历，岂容掇拾绪余，超接旧历，以为新术，可乎？

新历出于五代民间《万分历》，其数朔余太强，明历之士往往鄙之。今孝荣乃三因万分小历，作三万分为日法，以隐万分之名。三万分历即万分历也。缘朔余太强，孝荣遂减其分，乃增立秒，不入历格。前古至于宋诸历，朔余并皆无秒，且孝荣不知王处讷于万分增二，为《应天历》日法，朔余五千三百七，自然无秒，而去王朴用秒之历。

臣与造《统元历》之后，潜心探讨复三十余年，考之诸历，得失晓然。诚假臣演撰之职，当与太史官立表验气，窥测七政，运算立法，当远过前历。

诏送监视测验官详之，达于尚书省。

时谈天者各以技术相高，互相诋毁。谏议大夫单时、秘书少监汪大猷、国子司业权礼部侍郎程大昌、秘书丞唐孚、秘书郎李木言："《乾道新历》，荆大声、刘孝荣同主一法，自初测验以至权行施用，二人无异议。后缘新历不密，诏访求通历者，孝荣乃讼阮兴祖缘大声补局生，自是纷纷不已。大声官以判局兼提点历书为名，乃言不当责以立法起算。不知起历授时，何所凭据。且正月内五夜，比较孝荣所定五日并差，大声所定五日内三日的中，两日稍疏。继伯寿进状献术，时等将求其历书上台测验，务求至当，而大声等正居其官，乃饰辞避事，测验弗精。且大声、孝荣同立新法，今犹反覆，苟非各具所见，他日历成，大声妄有动摇，即前功尽废。请令孝荣、大声、尧臣、伯寿各具乾道五年五月已后至年终，太阴五星排日正对赤道躔度，上之御史台，令测验官参考。"诏从之。

六年，日官言："比诏权用《乾道历》推算，今岁颁历于天下，明年用何历推算？"诏亦权用《乾道历》一年。秋，成都历学进士贾复自言，诏求推明荧惑、太阴二事，转运使资遣至临安，愿造新历毕还蜀，仍进《历法九议》。孝宗嘉其志，馆于京学，赐廪给。太史局李继宗等言："十二月望，月食大分七、小分九十三。贾复、刘大中等各亏初、食甚分夜不同。"诏礼部侍郎郑闻监李继宗等测验。是夜，食八分。秘书省言，灵台郎宋允恭、国学生林永叔、草泽祝斌、黄梦得、吴时举、陈彦健等各推算日食时刻、分数异同。乃诏谏议大夫姚宪监继宗等测验五月朔日食。宪奏时刻、分数皆差舛，继宗、泽、大声削降有差。

太史局春官正、判太史局吴泽等言："乾道十年颁赐历日，其中十二月已定作小尽，乾道十一年正月一日注：癸未朔，毕乾道十一年正月一日。《崇天》、《统元》二历算得甲申朔，《纪元》、《乾道》二历算得癸未朔，今《乾道历》正朔小余，约得不及进限四十二分，是为疑朔。更考日月之行，以定月朔大小，以此推之，则当是甲申朔。今历官弗加精究，直以癸未注正朔，窃恐差误，请再推步。"于是俾继宗监视，皆以是年正月朔当用甲申。兼今岁五月朔，太阳交食，本局官生瞻视到天道日食四分半：亏初西北，午时五刻半；食甚正北，未初二刻；复满东北，申初一刻。令宋永叔等五人各言五月朔日食分数并亏初、食甚、复满时刻皆不同。并见行《乾道历》比之，五月朔天道日食多算二分少强，亏初少算四刻半，食甚少算三刻，复满少算二刻以上。又考《乾道历》比之《崇天》、《纪元》、《统元》三历，日食亏初时刻为近；较之《乾道》，日食亏初时刻为不及。继宗等参考来年十二月系大尽，及十一年正月朔当用甲申，而太史局丞、同判太史局荆大声言《乾道历》加时系不及进限四十二分，定今年五月朔日食亏初在午时一刻。今测验五月朔日食亏初在午时五刻半，《乾道历》加时弱四百五十分，苟以天道时刻预定乾道十二年正月朔，已过甲申日四百五十分。大声今再指定乾道十一年正月合作甲申朔，十年十二月合作大尽，请依太史局详定行之。"五月，诏历官详定。

淳熙元年，礼部言："今岁颁赐历书，权用《乾道新历》推算，明年复欲权用《乾道历》。"诏从之。十一月，诏太史局春官正吴泽推算太阳交食不同，令秘书省敕责之，并罚造历者。三年，判太史局李继宗等奏："令集在局通算历人重造新历，今撰成新历七卷，《推算备草》二卷，校之《纪元》、《统元》、《乾道》诸历，新历为密，愿赐历名。"于是诏名《淳熙历》，四年颁行，令礼部、秘书省参详以闻。

淳熙四年正月，太史局言："三年九月望，太阴交食。以《纪元》、《统元》、《乾道》三历推之，初亏在攒点九刻，食二分及三分已上；以新历推之，在明刻内食大分空，止在小分百分中二十七。是夜，瞻候月体盛明，虽有云而不翳，至旦不见亏食，于是可见《纪元》、《统元》、《乾道》三历不逮新历之密。今当预期推算淳熙五年历，盖旧历疏远，新历未行，请赐新历名，付下推步。"

礼部验得孟邦杰、李继宗等所定五星行度分数各有异同。继宗云：六月癸酉，木星在氐宿三度一十九分。邦杰言：夜昏度瞻测得木星在氐宿三度半，半系五十分，虽见月体，而西南方有云翳之。继宗云：是月戊寅，木星在氐宿三度四十一分；邦杰言：四望有云，虽云间时露月体，所可测者木星在氐宿三度太，太系七十五分。继宗云：庚辰土星在毕宿三度二十四分，金星在参宿五度六十五分，火星在井宿七度二十七分；邦杰言：五更五点后，测见土星入毕宿二度半，半系五十分，金星入参宿六度半，火星入井宿八度多三分。继宗云：七月辛丑，太阴在角宿初度七十一分，木星在氐宿五度七十六分；邦杰言：测见昏度太阴入轸宿十六度太，太系七十五分，木星入氐宿六度少，少系二十五分。孝宗曰："自古历无不差者，况近世此学不传，求之草泽，亦难其人。"诏以《淳熙历》权行颁用一年。

五年，金遣使来朝贺会庆节，妄称其国历九月庚寅晦为己丑晦。接伴使、检详丘崈辨之，使者辞穷，于是朝廷益重历事。李继宗、吴泽言："今年九月大尽，系三十日，于二十八日早晨度瞻见太阴离东浊高六十余度，则是太阴东行未到太阳之数。然太阴一昼夜东行十三度余，以太阴行度较之，又减去二十九日早晨度太阴所行十三度余，则太阴尚有四十六度以上未行到太阳之数，九月大尽，明矣。其金国九月作小尽，不当见月体；今既见月体，不为晦日。乞九月三十日、十月一日差官定之。"诏遣礼部郎官吕祖谦。祖谦言："本朝十月小尽，一日辛卯朔，夜昏度太阴躔在尾宿七度七十分。以太阴一昼夜平行十三度三十一分，至八日上弦日，太阴计行九十一度余。按历法，朔至上弦，太阴平行九十一度三十一分，当在室宿一度太。金国十月大尽，一日庚寅朔，夜昏度太阴约在心宿初度三十一分。太阴一昼夜亦平行十三度三十一分，自朔至本朝八日为金国九日，太阴已行一百四度六十二分，比之本朝十月八日上弦，太阴多行一昼夜之数。今测见太阴在室宿二度，计行九十二度余，始知本朝十月八日上弦，密于天道。"诏祖谦复测验。是夜，邦杰用浑天仪法物测验，太阴在室宿四度，其八日上弦夜所测太阴在室宿二度。按历法，太阴平行十三度余，行迟行十二度。今所测太阴，比之八日夜又东行十二度，信合天道。

十年十月，诏：甲辰岁历字误，令礼部更印造，颁诸安南国。继宗、泽及荆大声削降有差。

十二年九月，成忠郎杨忠辅言："《淳熙历》简陋，于天道不合。今岁三月望，月食三更二点，而历在二更二点；数亏四分，而历亏五分。四月二十三日，水星据历当夕伏，而水星方与太白同行东井间，昏见之时，去浊犹十五余度。七月望前，土星已伏，而历犹注见。八月未弦，金已过氐矣，而历犹在亢。此类甚多，而朔差者八年矣。夫守疏敝之历，不能革旧，其可哉！忠辅于《易》粗窥大衍之旨，创立日法，撰演新历，不敢以言者，诚惧太史顺过饰非。恃刻漏则水有增损、迟疾，恃浑仪则度有广狭、斜正。所赖今岁九月之交食在昼，而《淳熙历》法当在夜，以昼夜辨之，不待纷争而决矣。辄以忠辅新历推算，淳熙十二年九月定望日辰退乙未，太阴交食大分四、小分八十五，晨度带入渐进大分一、小分七；亏初在东北，卯正一刻一十一分，系日出前；食甚在正北，辰初一刻一十分；复满在西北，辰正初刻，并日出后。其日日出卯正二刻后，与亏初相去不满一刻。以地形论之，临安在岳台之南，秋分后昼刻比岳台差长，日当先历而出，故知月起亏时，日光已盛，必不见食。以《淳熙历》推之，九月望夜，月食大分五、小分二十六，带入渐进大分三、小分四十七；亏初在东北，卯初三刻，系攒点九刻后；食甚在正北，卯正三刻后；复满在西北，辰正初刻后，并在昼。"礼部乃考其异同，孝宗曰："日月之行有疏数，故历久不能无差，大抵月之行速，多是不及，无有过者。可遣台官、礼部官同验之。"诏遣礼部侍郎颜师鲁。其夜戌正二刻，阴云蔽月，不辨亏食。师鲁请诏精于历学者与太史定历，孝宗曰："历久必差，闻来年月食者二，可俟验否？"

十三年，右谏议大夫蒋继周言，试用民间有知星历者，遴选提领官，以重其事，如祖宗之制。孝宗曰："朝士鲜知星历者，不必专领。"乃诏有通天文历算者，所在州、军以闻。八月，布衣皇甫继明等陈："今岁九月望，以《淳熙历》推之，当在十七日，实历敝也。太史乃注于十六日之下，徇私迁就，以掩其过。请造新历。"而忠辅乞与历官刘孝荣及继明等各具己见，合用历法，指定今年八月十六日太阴亏食加时早晚、有无带出、所见分数及节次、生光复满方面、辰刻、更点同验之，仰合乾象，折衷疏密。再请今年八月二十九日验月见东方一事，苟见月余光，则其日不当以为晦也。又今年九月十六日验月未盈一事，苟见月体东向之光犹薄，则其日不当为望也。知晦望之差，则朔之差明矣。必使气之与朔无毫发之差，始可演造新历。付礼部议，各具先见，指定太阴亏食分数、方面、辰刻，定验折衷。诏师鲁、继周监之。既而孝荣差一点，继明等差二点，忠辅差三点，乃罢遣之。

十四年，国学进士会稽石万言：

《淳熙历》立元非是，气朔多差，不与天合。按淳熙十四年历，清明、夏至、处暑、立秋四气，及正月望、二月十二月下弦、六月八月上弦、十月朔，并差一日。如卦候、盈、虚、没、灭、五行用事，亦各随气朔而差。南渡以来，浑仪草创，不合制度，无圭表以测日景长短，无机漏以定交食加时，设欲考正其差，而太史局官尚如去年测验太阴亏食，自一更一点还光一分之后，或一点还光二分，或一点还光三分以上，或一点还光三分以下，使更点乍疾乍徐，随景走弄，以肆欺蔽。若依晋泰始、隋开皇、唐开元课历故事，取《淳熙历》与万所造之历各推而上之于千百世之上，以求交食，与夫岁、月、日、星辰之著见于经史者为合与否，然后推而下之，以定气朔，则与前古不合者为差，合者为不差，甚易见也。

然其差谬非独此耳，冬至日行极南，黄道出赤道二十四度，昼极短，故四十刻，夜极长，故六十刻；夏至日行极北，黄道入赤道二十四度，昼极长，故六十刻，夜极短，故四十刻；春、秋二分，黄、赤二道平而昼夜等，故各五十刻。此地中古今不易之法。至王普重定刻漏，又有南北分野、冬夏昼夜长短三刻之差。今《淳熙历》皆不然，冬至昼四十刻极短、夜六十刻极长，乃在大雪前二日，所差一气以上；自冬至之后，昼当渐长，夜当渐短，今过小寒，昼犹四十刻，夜犹六十刻，所差七日有余；夏至昼六十刻极长、夜四十刻极短，乃在芒种前一日，所差亦一气以上；自夏至之后，昼当渐短，夜当渐长，今过小暑，昼犹六十刻，夜犹四十刻，所差亦七日有余；及昼、夜各五十刻，又不在春分、秋分之下。

至于日之出入，人视之以为昼夜，有长短，有渐，不可得而急与迟也，急与迟则为变。今日之出入增减一刻，近或五日，远或三四十日，而一急一迟，与日行常度无一合者。请考正《淳熙历》法之差，俾之上不违于天时、下不乖于人事。

送秘书省、礼部详之。

皇甫继明、史元龟、皇甫迨、庞元亨等言："石万所撰《五星再聚历》，乃用一万三千五百为日法，特窃取唐末《崇元》旧历而婉其名尔。《淳熙历》立法乖疏，丙午岁定望则在十七日，太史知其不可，遂注望于十六日下，以掩其过。臣等尝陈请于太史局官对辨，置局更历，迄今未行。今考《淳熙历经》则又差于将来。戊申岁十一月下弦则在二十四日，太史局官必俟颁历之际，又将妄退于二十三日矣。法不足恃，必假迁就，而朔望二弦，历法纲纪，苟失其一，则五星盈缩、日月交会、与夫昏旦之中星、昼夜之晷刻，皆不可得而正也。浑仪、景表，壶漏之器，臣等私家无之，是以历之成书，犹有所待。国朝以来，必假创局而历始成，请依改造大历故事，置局更历，以祛太史局之敝。"事上闻，宰相王淮奏免送后省各详，孝宗曰："使秘书省各司同察之，亦免有异同之论。"六月，给事中兼修玉牒官王信亦言更历事，以为历法深奥，若非详加测验，无以见其疏密。乞令继明与万各造来年一岁之历，取其无差者。诏从之。十二月，进所造历。淮等奏："万等历日与淳熙十五年历差二朔，《淳熙历》十一月下弦在二十四日，恐历法有差。"孝宗曰："朔岂可差？朔差则所失多矣。"乃命吏部侍郎章森、秘书丞宋伯嘉参定以闻。

十五年，礼部言："万等所造历日与《淳熙历》法不同，当以其年六月二日、十月晦日月不应见而见为验，兼论《淳熙历》下弦不合在十一月二十四日，是日请遣官监视。"诏礼部侍郎尤袤与森监之。六月二日，森奏："是夜月明，至一更二点入浊。"十月晦，袤奏："晨前月见东方。"孝宗问："诸家孰为疏密？"周必大等奏："三人各定二十九日早，月体尚存一分，独忠辅、万谓既有月体，不应小尽。"孝宗曰："十一月合朔在申时，是以二十九日尚存月体耳。"

十六年，承节郎赵涣言："历象大法及《淳熙历》，今岁冬至并十二月望，月食皆后天一辰，请遣官测验。"诏礼部侍郎李巘、秘书省邓驲等视之。巘等请用太史局浑仪测验，如乾道故事，差秘书省提举一员专监之。诏差秘书丞黄艾、校书郎王叔简。

绍熙元年八月，诏太史局更造新历颁之。二年正月，进《立成》二卷、《绍熙二年七曜细行历》一卷，赐名《会元》，诏献序之。

绍熙四年，布衣王孝礼言："今年十一月冬至，日景表当在十九日壬午，《会元历》注乃在二十日癸未，系差一日。《崇天历》癸未日冬至加时在酉初七十六分，《纪元历》在丑初一刻六十七分，《统元历》在丑初二刻二分，《会元历》在丑初一刻二百四十分。追今八十有七年，常在丑初一刻，不减而反增。《崇天历》实天圣二年造，《纪元历》崇宁五年造，计八十二年。是时测景验气，如冬后天乃减六十七刻半，方与天道协。其后陈得一造《统元历》，刘孝荣造《乾道》、《淳熙》、《会元》三历，未尝测景。苟弗立表测景，莫识其差。乞遣官令太史局以铜表同孝礼测验。"朝迁虽从之，未暇改作。

庆元四年，《会元历》占候多差，日官、草泽互有异同，诏礼部侍郎胡纮充提领官，正字冯履充参定官，监杨忠辅造新历。右谏议大夫兼侍讲姚愈言："太史局文籍散逸，测验之器又复不备，几何而不疏略哉！汉元凤间，言历者十有一家，议久不决，考之经籍，验之帝王录，然后是非洞见。元和间，以《太初》违天益远，晦朔失实，使治历者修之，以无文证验，杂议蜂起，越三年始定。此无他，不得儒者以总其纲，故至于此也。《周官》冯相氏、保章氏志日月星辰之运动，而冢宰实总之。汉初，历官犹宰属也。熙宁间，司马光、沈括皆尝提举司天监，故当是时历数明审，法度严密。乞命儒臣常兼提举，以专其责。"

五年，监察御史张岩论冯履唱为诐辞，罢去。诏通历算者所在具名来上。及忠辅历成，宰臣京镗上进，赐名《统天》，颁之，凡《历经》三卷、《八历冬至考》一卷、《三历交食考》三卷、《晷景考》一卷、《考古今交食细草》八卷、《盈缩分损益率立成》二卷、《日出入晨昏分立成》一卷、《岳台日出入昼夜刻》一卷、《赤道内外去极度》一卷、《临安午中晷景常数》一卷、《禁漏街鼓更点辰刻》一卷、《禁漏五更攒点昏晓中星》一卷、《将来十年气朔》二卷、《己未庚申二年细行》二卷，总三十二卷。庆元五年七月辛卯朔，《统天历》推日食，云阴不见。六年六月乙酉朔，推日食不验。

嘉泰二年五月甲辰朔，日有食之，诏太史与草泽聚验于朝，太阳午初一刻起亏，未初刻复满。《统天历》先天一辰有半，乃罢杨忠辅，诏草泽通晓历者应聘修治。

开禧三年，大理评事鲍澣之言："历者，天地之大纪，圣人所以观象明时，倚数立法，以前民用而诏方来者。自黄帝以来，至于秦、汉，六历具存，其法简易，同出一术。既久而与天道不相符合，于是《太初》、《三统》之法相继改作，而推步之术愈见阔疏，是以刘洪、祖冲之之减破斗分，追求月道，而推测之法始加详焉。至于李淳风、一行而后，总气朔而合法，效乾坤而拟数，演算之法始加备焉。故后世之论历，转为精密，非过于古人也，盖积习考验而得之者审也。试以近法言之：自唐《麟德》、《开元》而至于五代所作者，国初《应天》而至于《绍熙》、《会元》，所更者十二书，无非推求上元开辟为演纪之首，气朔同元，而七政会于初度。从此推步，以为历本，未尝敢辄为截法，而立加减数于其间也。独石晋天福间，马重绩更造《调元历》，不复推古上元甲子七曜之会，施于当时，五年辄差，遂不可用，识者咎之。今朝廷自庆元三年以来，测验气景，见旧历后天十一刻，改造新历，赐名《统天》，进历未几，而推测日食已不验，此犹可也。但其历书演纪之始，起于唐尧二百余年，非开辟之端也。气朔五星，皆立虚加、虚减之数；气朔积分，乃有泛积、定积之繁。以外算而加朔余，以距算而减转率，无复强弱之法，尽废方程之旧。其余差漏，不可备言。以是而为术，乃民间之小历，而非廷颁正朔、授民时之书也。汉人以谓历元不正，故盗贼相续，言虽迂诞，然而历纪不治，实国家之重事。愿诏有司选演撰之官，募通历之士，置局讨论，更造新历，庶几并智合议，调治日法，追迎天道，可以行远。"

澣之又言："当杨忠辅演造《统天历》之时，每与议论历事，今见《统天历》舛近，亦私成新历。诚改新历，容臣投进，与太史、草泽诸人所著之历参考之。"七月，澣之又言："《统天历》来年闰差，愿以诸人所进历，令秘书省参考颁用。"

秘书监兼国史院编修官、实录院检讨官曾渐言："改历，重事也，昔之主其事者，无非道术精微之人，如太公、洛下闳、刘歆、张衡、杜预、刘焯、李淳风、一行、王朴等，然犹久之不能无差。其余不过递相祖述，依约乘除，舍短取长，移疏就密而已，非有卓然特达之见也。一时偶中，即复舛戾。宋朝敝在数改历法。《统天历》颁之初，即已测日食不验，因仍至今置闰遂差一月，其为改无疑。然朝廷以一代巨典责之专司，必其人确然著论，破见行之非，服众多之口，庶几可见。按乾道、淳熙、元，凡三改历，皆出刘孝荣一人之手，其后遂为杨忠辅所胜。久之，忠辅历亦不验，故孝荣安职至今。绍熙以来，王孝礼者数以自陈，每预测验，或中或不中；李孝节、陈伯祥本皆忠辅之徒；赵达，卜筮之流；石如愚献其父书，不就测验晷景，止定月食分数，其术最疏；陈光则并与食不论，愈无凭依。此数人者，未知孰为可付，故鲍澣之屡以为请。今若降旨开局，不过收聚此数人者，和会其说，使之无争。来年闰差，其事至重。今年八月，便当颁历外国，而三数月之间急遽成书，结局推赏，讨论未尽，必生诋訾。今刘孝荣、王孝礼、李孝节、陈伯祥所拟改历及澣之所进历，皆已成书，愿以众历参考，择其与天道最且密者颁用，庶几来年置闰不差。请如先朝故事，搜访天下精通历书之人，用沈括所议，以浑仪、浮漏、圭表测验，每日记录，积三五年，前后参较，庶几可传永久。"

渐又言："庆元三年以后，气景比旧历有差，至四年改造新历未成时，当颁五年历，乃差官以测算晷景、气朔加时辰刻附《会元历》颁赐。今若颁来年气朔，既有去年十月以后、今年正月以前所测晷景，已见天道冬至加时分数，来年置闰，比之《统天历》亦已不同，兼诸所进历并可参考。请速下本省，集判局官于本省参考，使澣之覆议，以最近之历推算气朔颁用。"于是诏渐充提领官，澣之充参定官，草泽精算造者、尝献历者与造《统天历》者皆延之，于是《开禧》新历议论始定。诏以戊辰年权附《统天历》颁之。既而婺州布衣阮泰发献《浑仪十论》，且言《统天》、《开禧》历皆差。朝廷令造木浑仪，赐文解罢遣之。

嘉定三年，邹淮言历书差忒，当改造。试太子詹事兼同修国史、实录院同修撰兼秘书监戴溪等言，请询渐、澥之造历故事。诏溪充提领官，澥之充参定官，邹淮演撰，王孝礼、刘孝荣督推算官生十有四人，日法用三万五千四百。四年春，历成，未及颁行，溪等去国，历亦随寝。韩侂胄当国，或谓非所急，无复敢言历差者，于是《开禧历》附《统天历》行于世四十五年。

嘉泰元年，中奉大夫、守秘书监俞丰等请改造新历。监察御史施康年劾太史局官吴泽、荆大声、周端友循默尸禄，言灾异不及时，诏各降一官。臣僚言："颁正朔，所以前民用也。比历书一日之间，吉凶并出，异端并用，如土鬼、暗金兀之类，则添注于凶神之上犹可也，而其首则揭九良之名，其末则出九曜吉凶之法、勘昏行嫁之法，至于《周公出行》、《一百二十岁宫宿图》，凡闾阎鄙俚之说，无所不有。是岂正风俗、示四夷之道哉！戋削不经之论。"从之。二年五月朔，日食，太史以为午正，草泽赵大猷言午初三刻半日食三分。诏著作郎张嗣古监视测验，大猷言然，历官乃抵罪。

嘉定四年，秘书省著作郎兼权尚左郎丁端祖请考试司天生。十三年，监察御史罗相言："太史局推测七月朔太阳交食，至是不食。愿令与草泽新历精加讨论。"于是泽等各降一官。

淳祐四年，兼崇政殿说书韩祥请召山林布衣造新历。从之。五年，降算造成永祥一官，以元算日食未初三刻，今未正四刻，元算亏八分，今止六分故也。

八年，朝奉大夫、太府少卿兼尚书左郎中兼敕令所删修官尹焕言："历者，所以统天地、侔造化，自昔皆择圣智典司其事。后世急其所当缓，缓其所当急，以为利吾国者，惟钱谷之务；固吾围者，惟甲兵是图，至于天文、历数，一切付之太史局，荒疏乖谬，安心为欺，朝士大夫莫有能诘之者。请召四方之通历算者至都，使历官学焉。"

十一年，殿中侍御史陈垓言："历者，天地之大纪，国家之重事。今淳祐十年冬所颁十一年历，称成永祥等依《开禧》新历推算，辛亥岁十二月十七日立春在酉正一刻，今所颁历乃相师尧等依《淳祐》新历推算，到壬子岁立春日在申正三刻。质诸前历，乃差六刻，以此颁行天下，岂不贻笑四方！且许时演撰新历，将以革旧历之失。又考验所食分数，《开禧》旧历仅差一二刻，而李德卿新历差六刻二分有奇，与今颁行前后两历所载立春气候分数亦差六刻则同。由此观之，旧历差少，未可遽废；新历差多，未可轻用。一旦废旧历而用新历，不知何所凭据。请参考推算颁行。"

十二年，秘书省言："太府寺丞张湜同李德卿算造历书，与谭玉续进历书颇有牴牾，省官参订两历得失疏密以闻。其一曰：玉讼德卿窃用《崇天历》日法三约用之。考之《崇天历》用一万五百九十为日法，德卿用三千五百三十为日法，玉之言然。其二曰：玉讼积年一亿二千二十六万七千六百四十六，不合历法。今考之德卿用积年一亿以上。其三曰：玉讼壬子年六月，癸丑年二月、六月、九月，丙辰年七月置闰皆差一日。今秘书省检阅林光世用二家历法各为推算。其四曰：德卿历与玉历壬子年立春、立夏以下十五节气时刻皆同，雨水、惊蛰以下九节气各差一刻。其五曰：德卿推壬子年二月乙卯朔日食，带出已退所见大分八；玉推日食，带出已退所见大分七。辰当璧宿度，同。其六曰：德卿历斗分作三百六十五日二十四分二十八秒，玉历斗分作三百六十五日二十四分二十九秒，二历斗分仅差一秒。惟二十八秒之法，起于齐祖冲之，而德卿用之。使冲之之法可久，何以历代增之？玉既指其谬，又多一秒，岂能必其天道合哉！请得商榷推算，合众长而为一，然后赐名颁行。"十二年，历成，赐名《会天》，宝祐元年行之，史阙其法。

咸淳六年十一月三十日冬至，至后为闰十一月。既已颁历，浙西安抚司准备差遣臧元震言：

历法以章法为重，章法以章岁为重。盖历数起于冬至，卦气起于《中孚》，十九年谓之一章，一章必置七闰，必第七闰在冬至之前，必章岁至、朔同日。故《前汉·志》云："朔旦冬至，是谓章月。"《后汉·志》云："至、朔同日，谓之章月。""积分成闰，闰七而尽，其岁十九，名之曰章。"《唐志》曰："天数终于九，地数终于十，合二终以纪闰余。"章法之不可废也若此。

今所颁庚午岁历，乃以前十一月三十日为冬至，又以冬至后为闰十一月，莫知其故。盖庚午之闰，与每岁闰月不同；庚午之冬至，与每岁之冬至又不同。盖自淳祐壬子数至咸淳庚午，凡十九年，是为章岁，其十一月是为章月。以十九年七闰推之，则闰月当在冬至之前，不当在冬至之后。以至、朔同日论之，则冬至当在十一月初一日，不当在三十日。今以冬至在前十一月三十日，则是章岁至、朔不同日矣。若以闰月在冬至后，则是十九年之内止有六闰，又欠一闰。且一章计六千八百四十日，于内加七闰月，除小尽，积日六千九百四十日或六千九百三十九日，约止有一日。今自淳祐十一年辛亥章岁十一月初一日章月冬至后起算，十九年至咸淳六年庚午章岁十一月初一日当为冬至，方管六千八百四十日。今算造官以闰月在十一月三十日冬至之后，则此一章止有六闰，更加六闰除小尽外，实积止六千九百一十二日，比之前后章岁之数，实欠二十八日。历法之差，莫甚于此。况天正冬至乃历之始，必自冬至后积三年余分，而后可以置第一闰。今庚午年章岁丙寅日申初三刻冬至，去第二日丁卯仅有四分日之一，且未正日，安得遽有余分？未有余分，安得遽有闰月？则是后一章之始不可推算，其谬可知矣。今欲改之，有简而易行之说。盖历法有平朔，有经朔，有定朔。一大一小，此平朔也；两大两小，此经朔也；三大三小，此定朔也。今正以定朔之说，则当以前十一月大为闰十月小，以闰十一月小为十一月大，则丙寅日冬至即可为十一月初一，以闰十一月初一之丁卯为十一月初二日，庶几递趱下一日置闰，十一月二十九日丁未始为大尽。然则冬至既在十一月初一，则至、朔同日矣；闰月既在至节前，则十九年七闰矣。此昔人所谓晦节无定，由时消息，上合履端之始，下得归余于终，正谓此也。

夫历久未有不差，差则未有不改者。后汉元和初历差，亦是十九年不得七闰，历虽已颁，亦改正之。顾今何靳于改之哉！元震谓某儒者，岂欲与历官较胜负？既知其失，安得默而不言邪！

于是朝廷下之有司，遣官偕元震与太史局辨正，而太史之词穷，元震转一官，判太史局邓宗文、谭玉等各降官有差。因更造历，六年，历成，诏试礼部尚书冯梦得序之；七年，颁行，即《成天历》也。

德祐之后，陆秀夫等拥立益王，走海上，命礼部侍郎邓光荐与蜀人杨某等作历，赐名《本天历》，今亡。

卷八十三　　志第三十六

律历十六

绍兴统元　乾道　淳熙　会元历

演纪上元甲子，距绍兴五年乙卯，岁积九千四百二十五万一千五百九十一。《乾道》上元甲子，距乾道三年丁亥，岁积九千一百六十四万五十八百二十三。《淳熙》上元甲子，距淳熙三年丙申，岁积五千二百四十二万一千九百七十二。《会元》上元甲子，距绍熙二年辛亥，岁积二千五百四十九万四千七百六十七。

步气朔

元法：六千九百三十。《乾道》三万。《淳熙》五千六百四十。《会元》统率三万八千七百。

岁周：二百五十三万一千一百三十八；岁周日：三百六十五、余一千六百八十八。《乾道》期实一十九百五十七千三百八，岁周三百六十五、余七千三百八。《淳熙》岁实二百五万九千九百七十四，岁周日三百六十五、余一千三百七十四。《会元》气率一十四百一十三万四千九百三十二。

气策：一十五日、余一千五百一十四、秒十五。《乾道》余六千五百五十四半。《淳熙》余一千二百三十二、秒二十五。《会元》余八百四十五十五半。

朔实：二十万四千六百四十七。《乾道》八十八万五千九百一十七、秒七十六。《淳熙》一十六万六千五百五十二、秒五十六。《会元》朔率一百一十四万二千八百三十四。

岁闰：七万五千三百七十四。《乾道》三十二万六千二百九十四、秒八十八，又有闰限八十五万八千七百二十六、秒五十二，月闰二万七千一百九十一、秒二十四。《会元》四十二万九百二十四，又有闰限七十二万一千九百一十。《乾道》又有没限二万二千四百四十五半。《淳熙》四千四百七、秒七十五。《会元》三万二百四十四半。

朔策：二十九日、余三万六千七十七。《乾道》余一万五千九百一十七、秒七十六。《淳熙》三万九百九十二、秒五十六。《会元》余二万五百三十四、约分五十三、秒五。

望策：十四日、余五千三百三半。《乾道》余一万二千九百五十八、秒八十八。《淳熙》余四千三百一十六、秒二十八。《会元》余二万九千六百一十七。

弦策：七日、余二千六百五十一太。《乾道》余一万一千四百七十九、秒四十四。《淳熙》余二千一百五十八、秒一十四。《会元》余一万四千八百八半。

中盈分：三千三百二十八、秒三十。《乾道》一万三千一百九。《淳熙》二千四百六十四、秒五十。《会元》一万六千九百一十一。

朔虚分：三千二百五十三。《乾道》一万四千八十二、秒二十四。《淳熙》二千六百四十七、秒四十四。《会元》一万八千一百六十六。

旬周：四十一万五千八百。《乾道》一百八十万。《淳熙》三十三万八千四百、秒一。《会元》二百三十二万二千。

纪法：六十。三历同。

推天正冬至：置距所求积年，以岁周乘之，为气积分；以旬周去之，不尽，总法约之为大余，不满为小余。大余命甲子，算外，即得所求年天正冬至日辰及余。其小余总法退除为约分，即百为母。

求次气：置冬至大、小余，以气策及余秒加之，秒盈秒法从一小余，小余满总法从一大余，满纪法去，命甲子，算外，合得次气日辰及余秒。

求天正经朔：置天正冬至气积分，以朔实去之，不尽为闰余；以减冬至气积分，余为天正十一月经朔加时朔积分；以旬周去之，不满，总法约之为大余，不满为小余。命甲子，算外，即得所求年天正十一月经朔加时朔积分。以旬周去之，不满，总法约之为大余，不满为小余。大余命甲子，算外，即得所求天正十一月经朔日辰及余。

求弦望及次朔经日：置天正十一月经朔大、小余，以弦策加之，为上弦；累加之，去命如前，各得弦、望及次月朔经日及余也。

求没日：置有没之气小余，以一百八十乘之，秒从之，用减一百二十六万五千五百六十九，余以一万八千一百六十九除之为日，不满为余。命其气初日，算外，即得其气辰。凡二十四气，小余五千四百一十五、秒一百六十五。

求灭日：置有灭经朔小余，三十乘之，满朔虚分除为日，不满为余。命经朔初日，算外，即得其月灭日辰。经朔小余不满朔虚分者，为有灭之朔。

步发敛

候策：五日、余五百四、秒一百二十五。《乾道》余二千一百八十四、秒二十五。《淳熙》余四百一十、秒七十五。《会元》余二千八百二十二、秒五十。

卦策：六日、余六百五、秒一百一十四。《乾道》余二千六百二十一、秒二十四。《淳熙》余四百九十二、秒九十。《会元》余三千三百八十二、秒二十。

土王策：三日、余三百二、秒一百四十七。《乾道》余二千三百一十、秒二十七。《淳熙》余二百四十六、秒四十五。《会元》一千六百九十一、秒一十。

辰法：五百七十七半。《乾道》二千五百。《淳熙》四百七十。《会元》三千二百二十五。

半辰法：二百八十八太。《乾道》一千二百五十。《淳熙》二百三十五。《会元》一千六百一十二半。

刻法：六百九十三。《乾道》三百。《淳熙》五百六十四。《会元》三百八十七。

秒法：一百八十。《乾道》三十。《淳熙》、《会元》同一百。《淳熙》又有月闰五千一百一十一、秒九十四。

求六十四卦、五行用事日、二十四气、七十二候。四历俱与前历同，此不载。

求发敛去经朔日：置天正闰余，以中盈及朔虚分累益之，即每月闰余；满总法除之为闰日，不尽为小余，即各得其月中气去经朔日辰。因求卦候者，各以卦、候、土王策依次累加减之，中气前减，中气后加。各得其月卦、候去经朔日辰。

求发敛加时：置所求小余，以辰法除之为辰数，不满，进一位，以刻法而一为刻，不尽为刻分。其辰数命子正，算外，各得加时所在辰、刻及分。加辰刻即命起子初。

步日躔

周天分：二百五十三万一千二百二十六、秒八十七。《乾道》分一千九十五万七千七百一十七、秒五。《淳熙》一万一千五百一十三。《会元》轨差五百二十五、秒一十三。

岁差：八十八、秒八十七。《乾道》四百九、秒五。《淳熙》一万一千五百一十三。《会元》轨差五百二十五、秒一十三。

周天度：三百六十五、约分二十五、秒六十四。三历同。

乘法：五十五。《乾道》八十七。《淳熙》一百一十九。《会元》一百一十九。

除法：八百三十七。《乾道》一千三百二十四。《淳熙》一千八百一十二。《会元》一千八百一十一。

秒法：一百。三历同。

《乾道》又有象限九十一度、分三十一、秒九，《淳熙》、《会元》同。《淳熙》又有乾实三亿九百万七千六百一十三，半周天一百八十二度、分二十五、秒七十二。《会元》半周天度同，分六十二、秒八十六。

常气	中积及余 损益率	盈缩分 朒朒积	升降差
冬至	空	统元空	升七千一百五十六
		乾道空	升七千二百六十七
		淳熙空	升七千六十
		会元空	升七千一百八
	益三百七十一	朒空	
	益一千六百三十	同	
	益二百九十八	同	
	益二十五十七	朒初	
小寒 十五	统元一万五百一十四 秒一十五	盈七千一百五十六	升五千九百八十
	乾道六千五百五十四半	盈七千二百六十七	升五千九百八十一
	淳熙一千二百五十二 秒一十五 二十一 八十四	盈七千六十	升五千九百二十
	会元八千四百五十五半 二十一 八十四		升五千七百七十三
	益三百一十	朒三百七十一	
	益一千三百四十三	朒一千六百三十	
	益二百五十	朒二百九十八	
	益一千六百七十二	朒二十五十七	
大寒 三十	统元三千二十八 秒三十	盈一万三千一百三十六	升四千七百七十一
	乾道一万三千一百九	盈一万三千二百四十八	升四千六百八十
	淳熙二万四百六十四 秒五十 四十三 六十九	盈一万二千九百八十	升四千六百一十九
	会元一万六千九百一十一 四十三 六十九		升四千四百五十六
	益二百四十七	朒六百八十一	
	益一千五十	朒二千九百七十三	
	益一百九十九	朒五百四十八	
	益一千二百九十	朒三千七百二十九	

立春	统元四千五百四十二　秒四十五	盈一万七千九百七十	升三千四百九十三		益三十八	朒一千二百二十一	
	乾道一万九千六百六十三半	盈一万七千九百二十八	升三千六百六十三		益一百五十二	朒五千二百三十三	
					益三十一	朒九百八十二	
	淳熙三千六百九十六　秒七十五　六十五　五十四	盈一万七千六百九十七	升三千四百五十一		益一百八十一	朒六千四百七十七	
	会元二万五千三百六十六半　六十五　五十四		升三千一百五十九				
	益一百八十一	朒九百二十八		春分	统元二千一百五十四　秒九十	盈二万四千二百八十八	降七百三十
	益七百五十五	朒四千二百三十三			乾道九千三百二十七	益二万四千	降六百八十
	益一百四十五	朒七百四十七					
	益九百一十四	朒五千一百一十九			淳熙一千七百五十三　秒五十　三十一　九	盈同乾道	降同统元
							降六百二十三
					会元一万二千三十三　三十一　九		
雨水	统元六千五十六　秒六十	盈二万一千四百	升二千五百八十		损三十八	朒一千二百五十九	
	乾道二万六千二百一十八半	盈二万二千二百	升二千二百一十九		损一百五十二	朒五千三百八十五	
					损三十一	朒一千一十三	
	淳熙四千九百二十九　秒空　八十七　三十五	盈二万一千一百四十八	升二千二百一十二		损一百八十一	朒六千六百五十八	
	会元三万三千八百二十二　八十七　三十九		升一千八百八十一				
	益一百一十二	朒一千一百九十		清明	统元三千六百六十八　秒一百五	盈二万二千五百八十	降二千一百五十八
	益四百五十五	朒四千七百七十八			乾道一万五千八百八十一半	盈二万三千三百二十	降二千二百一十九
	益九十	朒八百九十二					
	益五百四十四	朒五千九百三十三			淳熙二千九百八十五　秒七十五　五十二　九十三	盈二万三千二百七十	降二千一百二十三
惊蛰	统元六百四十　秒七十五	盈二万三千五百一十八	升七百三十		会元二万四百八十八半　五十二　九十四		降一千八百八十一
	乾道二千七百七十二半	盈二万三千三百二十	升六百八十		损一百一十二	朒一千二百二十一	
					损四百五十五	朒五千二百三十三	
	淳熙五百二十一　秒二十五　九　二十四	盈二万三千二百七十	升七百三十		损九十	朒九百八十二	
	会元三千五百七十七半　九　二十四		升六百二十三		损五百四十四	朒六千四百七十七	

	统元五千一百八十二 秒一百二十	盈二万一千四百	降三千四百九十三		损一万三千一百三十六	朏六百八十一	
	乾道二万二千四百三十六	盈二万一千二百九十一	降三千三百六十三		损一千三百四十三	朏二千九百七十三	
谷雨	一百二十一				损二百五十	朏五百四十八	
	淳熙四千二百一十八 秒空 七十四	盈二万一千一百四十八	降三千四百五十一		损一千六百七十二	朏三千七百二十九	
	七十八						
	会元二万八千九百四十四 七十四		降三千一百五十九		统元二千七百九十四 秒一百六十五	盈七千一百五十六	降七千一百五十六
	七十九				乾道一万二千九十九半	盈七千二百六十七	降七千二百六十七
	损一百八十一	朏一千一百九			一百六十七		
	损七百五十五	朏四千七百七十八		芒种	淳熙二千二百七十四 秒五十 四十 三十三	盈七千六十	降七千六十
	损一百四十五	朏八百九十二			会元一万五千六百一十半 四十 三十三		降七千一百八
	损九百一十四	朏五千九百三十三			损三百七十一	朏三百七十一	
	统元六千九百九十六 秒一百三十五	盈一万九千七百十八	降四千七百七十一		损一千六百三十	朏一千六百三十	
	乾道二万八千九百九十半	盈一万九千七百九十八	降四千六百八十		损二百九十八	朏二百九十八	
立夏	一百三十六				损二千五十七	朏二千五十七	
	淳熙五千四百五十八 秒二十 九十六 六十三	盈一万七千六百九十七	降四千七百一十七				
	会元三万七千三百九十九半 九十六 六十三		降四千四百五十六		统元四千三百九 秒空	空	降七千一百五十六
	损二百四十七	朏九百二十八			乾道一万八千六百五十四	空	降七千二百六十七
	损一千五十	朏四千二十三		夏至	一百八十二		
	损一百九十九	朏七百四十七			淳熙三千五百七 秒空 六十二	空	降七千六十
	损一千二百九十	朏五千一十九			一十八		
	统元一千二百八十 秒一百五十	盈一万三千一百十六	降五千九百八十		会元二万四千六十六 六十二 一十八		降七千一百八
	乾道五千五百四十五	盈一万三千二百四十八	降五千九百八十一		益三百七十一	朏空	
小满	一百五十二				益一千六百三十	朏空	
	淳熙一千四十二 秒五十 十八 四十八	盈一万二千九百八十	降五千九百二十		益二百九十八	朏空	
	会元七千一百五十五 一十八 四十八		降五千七百七十三		益二千五十七	朏空	

						益一百八十一	朒九百二十八	
						益七百五十五	朒四千二百二十三	
小暑	统元五千八百二十三　秒十五	缩七千一百五十六	降五千九百八十			益一百四十五	朒七百四十七	
	乾道二万五千二百八半	缩七千二百六十七	降五千九百八十一			益九百一十四	朒五千一十九	
	一百九十七	缩七千六百一十	降五千九百二十					
	淳熙四千七百五十九　秒二十八十四二				处暑	统元三千四百三十五　秒六十	缩二万一千四百一十八	降二千一百五十八
	会元三万二千五百二十一半八十四三		降五千七百七十三			乾道一万四千八百七十二	缩二万一千二百九十一	降二千二百一十九
	益三百一十	朒三百七十一				二百四十三		
	益一千三百四十三	朒一千六百三十				淳熙二千七百九十六　秒空四十九	缩二万一千一百四十八	降二千一百二十二
	益二百五十	朒二百九十八五十				会元一万九千一百八十八四十九五十八		降一千四百八十一
	益一千六百七十二	朒二百五十七				益一百一十二	朒一千一百九	
大暑	统元四百七秒三十	缩一万三千一百三十六	降四千七百七十一			益四百五十五	朒四千七百七十八	
	乾道一千七百六十三	缩一万三千二百四十八	降四千六百八十			益九十	朒八百九十二	
	二百十三					益五百四十四	朒五千九百三十三	
	淳熙三百三十一　秒五十八十七	缩一万二千九百八十	降四千七百一十七					
	会元二千二百七十七五八十八		降四千五百五十六		白露	统元四千九百四十九　秒七十五	缩二万三千五百一十八	降七百三十
	益二百四十七	朒六百八十一				乾道二万一千四百二十六半	缩二万三千三百一十	降六百八十
	益一千五十	朒二千九百七十三				二百五十八		
	益一百九十九	朒五百四十八				淳熙四千二十八　秒二十五七十一四十二	缩二万三千二百七十	降七百三十
	益一千二百九十	朒三千七百二十九				会元二万七千六百四十三半七十一四十三		降六百二十三
立秋	统元一千九百一十一　秒四十五	缩一万七千九百七十	降三千四百九十三			益三十八	朒一千二百二十一	
	乾道八千三百一十七半	缩一万七千九百二十八	降三千三百六十三			益一百五十二	朒五千二百三十三	
	二百二十八					益三十一	朒九百八十二	
	淳熙一千五百六十二　秒七十五二十七七十二	缩一万七千六百九十七	降三千四百五十一			益一百八十一	朒六千四百七十七	
	会元一万七百三十二半二十七七十三		降三千一百五十九					

秋分	统元六千四百六十三 秒九十	缩二万四千二百八十	升七百三十		损一百八十一	朒一千二百九十		
	乾道二万七千九百八十一	缩二万四千	升六百八十		损七百五十五	朒四千一百七十八		
	二百七十三				损一百四十五	朒八百九十二		
	淳熙五千二百六十 秒五十九十三二十七	缩二万四千	升七百三十		损九百一十四	朒五千九百三十三		
	会元三万六千九十九九十三二十七		升六百二十三					
	损三十八	朒一千二百五十九		立冬	统元四千七十五 秒一百三十五	缩一万七千九百七十	升四千七百七十一	
	损一百五十二	朒五千五百八十五			乾道一万七千六百四十四半	缩一万七千九百二十八	升四千六百八十	
	损三十一	朒一千一十三			三百十九			
	损一百八十一	朒六千六百五十八			淳熙三千三百一十七 秒二十五 五十八 八十一	缩一万七千六百九十七	升四千七百一十七	
寒露	统元一千四十七 秒一百五	缩二万三千五百五十	升二千一百五十八		会元二万二千七百六十五半 五十八 八十二			升四千四百五十六
	乾道四千五百三十五半	缩二万三千三百二十	升二千二百一十九		损二百四十七	朒九百二十、		
	二百八十九		升二千一百二十二		损一千五十	朒四千二十三		
	淳熙八千五百二十 秒七十五 一十一	缩二万三千二百七十	升二千一百二十二		损一百九十九	朒七百七十九		
	会元五千八百五十四半 一十五 一十二		升一千八百八十一		损一千二百九十	朒五千一百九十		
	损一百一十二	朒一千二百二十一						
	损四百五十五	朒五千二百三十三		小雪	统元五千五百八十九 秒一百五十	缩一万三千一百二十六	升五千九百八十	
	损九十	朒九百八十二			乾道二万四千一百九十九	缩一万三千二百四十八	升五千九百八十一	
	损五百四十四	朒六千四百七十七			三百三十四			
霜降	统元二千五百六十一 秒一百二十	缩二万一千四百四十八	升三千四百九十三		淳熙四千五百四十九 秒五八十 六十六	缩一万二千九百八十	升五千九百二十	
	乾道一万一千九十	缩二万一千二百九十一	升三千三百六十三		会元三万一千二百二十一八十 六十七			升五千七百七十三
	三百四		升三千四百五十一		损三百一十	朒六百八十一		
	淳熙二千八百八十五 秒空三十六九十六	缩二万一千一百四十八	升三千一百五十九		损一千三百四十三	朒二千九百七十三		
	会元一万四千三百一十三十六九十七				损三百五十	朒五百一十八		
					损一千六百七十二	朒三千七百二十九		

大雪	统元一百七十三	秒一百六十五	缩七千一百五十六	升七千一百五十六
	乾道七百五十三半		缩七千二百六十七	升七千二百六十七
	三百五十			
	淳熙一百四十二	秒七十五	缩七千六十	升七千六十
	五十一			
	会元九百七十六半	二五十二		升七千一百八
	损三百七十一		朒三百七十一	
	损一千六百三十		朒一千六百三十	
	损二百九十八		朒二百九十八	
	损二千五十七		朒二千五十七	

求每月盈缩分，朔、弦、望入气朒朒定数，赤道宿度，冬至赤道日度，赤道宿积度入初末限，二十八宿黄道度，天正冬至加时黄道日度，二十四气加时黄道日度，二十四气初日晨前夜半黄道日躔宿次，晨前夜半黄道日躔宿次，太阳入宫日时刻及分。法同前历，此不载。

步月离

转周分：一十九万九千五十三，秒二千五百六十三。《乾道》八十二万六千六百三十七，秒七千三百九十五。《淳熙》一十五万五千四百七，秒九千七百四十。《会元》转率一百六万六千三百六十一、秒七千三百一十。

转周日：二十七，余三千八百四十三，秒二千五百六十三。《乾道》余一万六千六百三十七，秒七千三百九十五。《淳熙》余三千一百二十七，秒九千七百四。《会元》余三万一千四百六十一，秒七千三百一十。

朔差日：一、余六千七百六十三，秒七千四百三十七。《乾道》余二万九千二百八十，秒二百五。《淳熙》余五千五百四，秒五千八百六十。《会元》余三万七千七百七十二、秒二千六百一十。

望策：一十四、余五千三百三、秒五千。

弦策：七、余二千六百五十一、秒七千五百。《乾道》余一万一千四百七十九，秒四千四百。《淳熙》余二千一百五十八、秒一千四百。《会元》一万四千八百八，秒五十。

七日：初数六千一百五十八，约分八十九；末数七百七十二，约分一十一。

十四日：初数五千三百八十七，约分七十八；末数一千五百四十三，约分二十二。

二十一日：初数四千六百一十五，约分六十七；末数二千三百一十五，约分三十三。

二十八日：初数三千八百四十三，约分五十五；末数空。

以上秒母一万。

以下秒母一百。

上弦：九十一度三十一分、秒四十一。三历同。

望：一百八十二度六十二分、秒八十二。三历秒八十六。

下弦：二百七十三度九十四分、秒二十三。三历秒二十九。

平行分：一十三度三十六分、秒八十七半。

推天正十一月经朔入转，经弦、望及次朔入转。法同前历，此不载。

入转日	进退差 转日度	转定分 加减差	损益率 迟疾度	朒朒数
一日	统元退十二	一千四百六十八	益六百八	朒空
		乾道一千四百六十四	益二千八百五十	朒空
	淳熙退十二	一千四百六十八	益五百五十三	朒空
		会元一千四百六十七	益三千七百六十三	朒初
	空	加一百三十一	疾空	
		加一百二十七	疾空	
			疾空	
		加一百三十	疾初	
二日	统元退十八	一千四百五十六	益六百一十八	朒六百八十
		乾道一千四百五十三	益二千六百三	朒二千八百五十
	淳熙退十五	一千四百五十七	益五百六十三	朒五百五十三
		会元一千四百五十四	益三千四百八十七	朒三千七百六十三
	十四度六十八	加一百九十一	疾一度三十一	
		加一百一十六	疾一度二十七	
			疾一度三十一	
		加一百一十七	疾一度三十	
三日	统元退二十一	一千四百三十八	益五百一十三	朒一千二百九十八
		乾道一千四百三十八	益二千二百六十六	朒五千四百五十三
	淳熙退二十	一千四百三十二	益四百四十三	朒一千五十九
		会元一千四百四十	益二千九百八十一	朒七千二百五十

	二十九度二十四					七十一度七十三	加三十三	疾四度
		加一百一	疾二度四十三				加三十六	疾四度八十
			疾二度五十一					疾五度三十
		加一百三	疾二度四十七				加三十九	疾四度九十九
四日	統元退二十三	一千四百一十七	益四百一十一	朒一千八百二十一	七日	統元退二十四	一千三百四十六	初益五十四末損七	朒二千六百九十七
		乾道一千四百一十六	益一千七百七十三	朒七千七百一十九			乾道一千三百四十六	初益二百一十七末損二十三	朒一萬一千五百七十九
	淳熙退二十三	一千四百二十二	益三百五十八	朒一千五百七十二		淳熙退二十六	一千三百四十七	初益四十六末損四	朒二千二百七十四
		會元一千四百二十二	益二千四百六十一	朒一萬一千一百三十一			一千三百四十七	初益三百七十六末損十九	朒一萬五千五百七十四
	四十三度六十二	加八十	疾三度五十一			會元一千三百四十九		
						八十五度四十一	初加十末減一	疾五度二十一
		加七十九	疾三度四十四					疾五度一十六
			疾三度五十六					疾五度三十九
		加八十五	疾三度五十				初加一十三末減一	疾五度三十八
五日	統元退二十四	一千三百九十四	益二百九十三	朒二千二百三十二	八日	統元退二十四	一千三百二十二	損七十六	朒二千七百四十四
		乾道一千三百九十四	益一千二百七十九	朒九千四百九十二			乾道一千三百二十三	損三百一十四	朒一萬一千八百三
	淳熙退二十六	一千三百九十九	益二百六十二	朒一千八百六十		淳熙退二十六	一千三百二十一	損六十七	朒二千三百一十六
		會元一千四百一	益一千八百五十三	朒一萬二千五百九十二			會元一千三百一十九	損五百二十一	朒一萬五千九百二十一
	五十七度七十九	加五十七	疾四度			九十八度八十二	減十五	疾五度三十
		加五十七	疾四度二十三				減一十四	疾五度二十六
			疾四度四十一					疾五度四十九
		加六十四	疾四度三十五					
六日	統元退二十四	一千三百七十	益一百七十二	朒二千五百二十五			減十八	疾五度五十
		乾道一千三百七十三	益八百八	朒一萬七百七十二	九日	統元退二十三	一千二百九十八	損二百	朒一千六百六十八
	淳熙退二十六	一千三百七十三	益一百五十二	朒二千一百二十二			乾道一千二百九十九	損八百三十九	朒一萬一千四百八十九
		會元一千三百七十六	益一千一百二十九	朒一萬四千四百四十五		淳熙退二十四	一千二百九十五	損一百七十八	朒二千二百四十九
							會元一千二百九十二	損一千三百二	朒一萬五千四百

日	历			
		一百十二度十一	减三十九	疾五度十五
			减三十八	疾五度一十六
				疾五度三十三
			减四十五	疾五度三十二
十日	统元退二十三	一千二百七十五	损三百二十一	朒二千四百六十八
	乾道一千二百七十五		损一千四百五	朒一万六千一百五十
	淳熙退二十四	一千二百七十一	损二百七十八	朒二千七百一十一
	会元一千二百六十八		损一千九百一十七	朒一万四千九十七
		一百二十五度	减六十二	疾四度七十六
			减六十二	疾四度七十四
				疾四度九十一
			减六十八	疾四度八十七
十一日	统元退二十	一千二百五十二	损四百三十八	朒二千一百四十七
	乾道一千二百五十四		损一千八百六十三	朒九千六百四十五
	淳熙退十九	一千二百四十七	损三百八十	朒一千七百九十三
	会元一千二百四十八		损二千五百七十七	朒一万二千一百
		一百三十七度八十四	减八十五	疾四度十四
			减八十三	疾四度一十二
				疾四度二十五
			减八十九	疾四度一十八
十二日	统元退十七	一千二百三十二	损五百四十五	朒一千七百九
	乾道一千二百四十		损三千一百七十六	朒七千三百八十二
	淳熙退十四	一千二百二十六	损四百六十七	朒一千四百一十三
	会元一千二百三十		损三千九百一十七	朒九千五百二十三
		一百五十度三十六	减一百五	疾三度二十九
			减九十七	疾三度二十九
				疾三度三十五
			减一百七	疾三度二十九
十三日	统元退九	一千二百一十五	损六百三十六	朒一千一百六十四
	乾道一千二百一十五		损二千七百三十八	朒五千二百六
	淳熙退十	一千二百一十四	损五百一十八	朒九百五十三
	会元一千二百一十七		损三千四百七十三	朒六千四百二十六
		一百六十八度六十六	减一百二十二	疾二度二十四
			减一百二十二	疾二度三十六
				疾二度二十二
			减一百二十	疾二度二十二
十四日	统元进二	一千二百六十二	初损五百三十一末益一百五十一	朒五百三十一
	乾道一千一百九十八		初损二千四百六十八末益六百五十一	朒二千四百六十八
	淳熙进四	一千二百四	初损四百三十五末益二百二十七	朒四百三十五
	会元一千二百六		初损二千九百五十三末益八百三十九	朒二千九百五十三
		一百七十四度八十三	初减一百一末减二十五	疾一度二
			初减一百一十末加二十五	疾一度一十
				疾一度三
				疾一度二
十五日	统元进十四	一千二百八十九	益六百六十九	朒一百五十一
	乾道一千二百一十三		益二千七百八十三	朒六百五十
	淳熙进十一	一千二百八十四	益五百四十四	朒一百二十七
	会元一千二百九十		益三千七百五	朒八百三十九

	一百八十六度八十九	加一百二十九	迟初度二十九	
		加一百二十四	迟空二十九	
			迟空三十	
		加一百二十八	迟空二十九	
十六日	统元进十九	一千二百二十二	益五百九十八	朒八百二十
	乾道一千二百二十二		益二千五百八十一	朒三千四百三十三
	淳熙进十七	一千二百一十九	益四百九十八	朒六百七十一
	会元一千二百二十二		益三千三百二十九	朒四千五百四十四
	一百九十八度九十七	加一百一十五	迟一度五十八	
		加一百一十五	迟一度五十三	
			迟一度五十九	
		加一百一十五	迟一度五十七	
十七日	统元进二十一	一千二百四十一	益四百九十九	朒一千四百一十八
	乾道一千二百三十六		益二千二百六十六	朒六千一十四
	淳熙进二十二	一千二百三十六	益四百二十六	朒一千一百六十九
	会元一千二百三十八		益二千八百六十六	朒七千八百七十三
	二百十一度十九	加九十六	迟二度七十三	
		加一百八	迟二度六十七	
			迟二度七十七	
		加九十九	迟二度七十二	
十八日	统元进二十三	一千二百六十二	益三百八十六	朒一千九百一十七
	乾道一千二百五十七		益一千七百九十六	朒八千二百八十
	淳熙进二十三	一千二百五十八	益三百三十三	朒一千五百九十五
	会元一千二百五十七		益二千三百一十六	朒一万七百三十九
	二百二十三度六十	加七十五	迟三度六十九	
		加八十	迟三度六十九	
			迟三度七十八	
		加八十	迟三度七十一	
十九日	统元进二十四	一千二百八十五	益二百六十七	朒二千三百
	乾道一千二百七十八		益一千三百二十三	朒一万七十六
	淳熙进二十六	一千二百八十一	益二百三十六	朒一千九百二十八
	会元一千二百七十八		益一千七百八	朒一万三千五十五
	三百三十六度二十三	加五十二	迟四度四十四	
		加五十九	迟四度四十九	
			迟四度五十七	
		加五十九	迟四度五十一	
二十日	统元进二十四	一千三百九一	益一百四十一	朒二千五百七十
	乾道一千三百三	一千三百七十三	益七百六十三	朒一万一千三百九十九
	淳熙进二十六	会元一千三百三	益一百二十七	朒二千一百六十四
			益九百八十四	朒一万四千七百六十三
	二百四十九度	加二十七	迟四度九十六	
		加三十四	迟五度八	
			迟五度一十	
		加三十四	迟五度一十	
二十一日	统元进二十四	一千三百三十三	初益四十末损二十	朒二千七百一十一
	乾道一千三百三十一		初益一百五十七末损二十二	朒一万一千一百六十二
	淳熙进二十六	一千三百三十三	初益二十九末损一十二	朒二千二百九十二
	会元一千三百三十三		初益二百三末损五十八	朒一万五千七百四十七

日	历			
		二百六十二度六十六	初加八末减四	迟五度二十三
			初加七末减一.	迟五度四十二
				迟五度四十三
			初加七末减四	迟五度四十
二十二日	统元进二十四	一千三百五十七	损一百四九	朓二千七百三十一四十九
	乾道	一千三百六十二	损五百二十九	朓一万一千二百九十七
	淳熙进二十五	一千三百五十九	损九十三	朓二千三百八十
	会元	一千三百六十二	损七百二十四	朓一万五千八百九十二
		二百七十五度	减二十	迟五度二十七
			减二十四	迟五度四十八
				迟五度四十七
			减二十五	迟五度四十九
二十三日	统元进二十三	一千三百八十一	损二百一十八	朓二千六百二十七
	乾道	一千三百八十七	损一千一百二十二	朓一万一千七百
	淳熙进二十二	一千三百八十四	损一百九十八	朓二千二百一十五
	会元	一千三百八十八	损一千四百七十六	朓一万五千一百六十八
		二百八十九度六	减四十四	迟五度七
				迟五度二十四
			减五十	迟五度二十五
			减五十一	迟五度二十
二十四日	统元进二十二	一千四百四	损三百四十八	朓二千三百九十九
	乾道	一千四百一十二	损一千六百八十三	朓一万六千七百三十六
	淳熙进二十三	一千四百八会元 一千四百一十	损三百	朓二千一十七
			损二千一百一十三	朓一万三千六百九十二

日	历			
		三百二十度八十七	减六十七	迟四度六十三
			减七十五	迟四度七十四
				迟四度七十八
			减七十三	迟四度七十三
二十五日	统元进二十一	一千四百二十六	损四百六十三	朓二千五百八十八
	乾道	一千四百二十七	损四百九	朓五百九十三
	淳熙进十八	一千四百三十	损三百九十七	朓一千七百一十七
	会元	一千四百三十	损二百六十九二	朓一万一千五百七十九
		三百十六度九十一	减八十九	迟九十六
			减九十	迟九十九
				迟七
			减九十三	迟空
二十六日	统元进十四	一千四百一十七	损五百六十七	朓一千五百八十八
	乾道	一千四百四十六	损二千四百四十六	朓六千九百三十四
	淳熙进十四	一千四百一十九	损四百七十二	朓一千三百二十
	会元	一千四百四十九	损三千一百八十五	朓八千八百八十七
		三百三十一度十七	减一百九	迟七
			减一百九	迟九
				迟三十一
			减一百一十	迟七
二十七日	统元进十一	一千四百六十一	损六百四十四	朓一千二百一十二
	乾道	一千四百六十二	损二千八百五	朓四千四百八十八
	淳熙进九	一千四百六十三	损五百三十二	朓八百四十二
	会元	一千四百六十一	损三千五百八十九	朓五千七百二
		三百四十五度九十八	减一百二十四	迟一度九十八
			减一百二十五	迟二度空
				迟二度一
			减一百二十二	迟一度九十七

二十八日	统元退四	一千四百七十二	损三百七十七	朒三百七十七
	乾道一千四百七十	初损一千六百八十三	朒一千六百八十三
	淳熙退四十三	一千四百七十	初损三百一十六	朒三百十六
	会元一千四百六十九	初损二千一百一十三	朒二千一百一十三
三百六十度二十五		减七十四	迟空七十四	
		初减七十五	迟空七十五	
		初减七十三	迟空七十三	

《乾道》又有七日初数二万六千六百五十九、初约八十九，末数三千三百四十一、末约一千一；十四日初数二万二千三百一十九、初约七十八，末数六千六百八十一、末约二十三；二十一日初数一万九千九百九十八、初约六十七，末数一万二十二、末约三十三；二十八日初数一万六千六百三十七、初约五十五，末数空、末约空。《淳熙》七日初数五千一十一，末数六百二十、初约八十九、末约一十二；十四日初数四千三百八十三，末数一千二百五十七，初约七十八、末约二十二；二十一日初数三千七百五十五，末数一千八百八十五，初约六十七、末约三十三；二十八日初数三千一百二十七、初约五十五。《会元》七日初数三万四千三百九十、初约八十九，末数四千三百一十、末约一十一；十四日初数三万八千、初约七十八，末数八千六百二十、末约二十二；二十一日初数二万五千七百七十一、初约六十七，末数一万二千九百二十九、末约三十三；二十八日初数二万一千四十、初约五十五，末数一百六十一。

求朔、弦、望入转朓朒定数：朔、弦、望定日朔、弦、望加时日所在度；推月行九道；求九道宿度，月行九道平交入气，平定入转，朓朒定数，正交入气，正交加时黄道日度，正交加时月离九道宿度，定朔、弦、望日所在宿度，定朔夜半入转，次朔夜半入转，月晨昏度，朔、弦、望晨昏定程，转定度，晨昏月，天正十一月经朔加时平行月，天正十一月定朔日晨前夜半平行月，次朔夜半平行月，定弦、望夜半平行月，天正定朔夜半入转，弦、望及后朔定日夜半入转，定朔、弦、望夜半月度。法同前历，此不载。

步晷漏

二至限：一百八十二、六十三分。《乾道》分同，秒一十八。《淳熙》、《会元》同。

象限：九十一、三十一分。三历同，秒九。

消息法：一万二千三十一。

辰法：五百七十七半，计八刻二百三十一分。《乾道》余一百。《淳熙》余一百八十八。《会元》余一百二十九。

昏明刻：三百四十六半。《乾道》余一百五十。《淳熙》余二百八十二。

昏明余数：一百七十三少。《乾道》昏明分七百五十。《淳熙》昏明分一百四十一。《会元》九百六十七半。

冬至岳台晷景：一丈二尺八寸三分。

夏至岳台晷景：一尺五寸六分。

冬至后初限夏至后末限：六十二日。分空。

夏至后初限冬至后末限：一百二十日六十二分。

求每日消息定数：黄道去极度及赤道内、外度，晨昏日出、入分及半昼分，每日距中度，夜半定漏，昼、夜刻及日出、入辰刻，更筹辰刻，昏、明度，五更攒点中星，九服距差日，九服晷景，九服所在昼、夜漏刻。法与前历同，此不载。

步交会

交终分：一十八万八千五百八十、秒六千四百五十七。《乾道》八十一万六千三百六十六、秒六千三十四。《淳熙》交实一十五万三千四百七十六、秒九千五百四十六。《会元》交率一百五万三千一百一十三、秒二千一百四十。

交终日：二十七、余一千四百七十、秒六千四百五十七。《乾道》余六千三百六十六、秒六千三十四。《淳熙》余一千一百九十六、秒九千五百四十三。《会元》余八千二百一十三、秒二千一百四十。

交中日：一十三、余四千二百、秒三千二百二十八半。《乾道》余一万八千一百八十三、秒三十七。《淳熙》余三千四百一十八、秒四千七百七十一半。《会元》余二万三千四百五十六、秒六千七十。

朔差：二日、余二千二百六、秒三千五百四十三。《乾道》余九千五百五十一、秒一千五百六十六。《淳熙》余一千七百九十五、秒六千五百五十七。《会元》余一万二千三百二十、秒七千八百六十。

后限：一日、余一千一百三、秒一千七百七十一半。《乾道》余四千七百七十五、秒五千七百八十三。

前限：十二日、余三千九十七、秒一千四百五十。《乾道》余一万三千四百七、秒七千二百三十四。

望策：十四日、余五千三百三、秒五十。《乾道》余二万二千九百五十八、秒八千八百。《淳熙》余四千三百一十六、秒二千八百。《会元》余二万九千六百一十七。

交率：四十二。《乾道》八十。《淳熙》六十一。《会元》五百七。

交数：五百三十五。《乾道》一千一十九。《淳熙》七百七十七。

交终度：三百六十三度七十六分。《乾道》分七十九、秒四十。《淳熙》同。《会元》分同、秒四十四。

交象度：九十度九十四分。《乾道》分同、秒八十五。《淳熙》同。《会元》分同、秒八十六。

半交象度：一百八十一度八十八分。《乾道》度四十五、分四十七、秒四十二半。《淳熙》同。《会元》秒四十二。

阳历食限：二千七百四十五。《乾道》一万四千四百。《淳熙》二千六百三十。《会元》一万八千。

阳历定法：二百七十四半。《乾道》一千四百四十。《淳熙》二百六十三。

阴历食限：四千五百八十五。《乾道》一万八千。《淳熙》三千二百四十。《会元》二万二千五百。

阴历定法：四百五十八半。《乾道》三百二十四。

《乾道》又有月食限二万九千一百，《淳熙》五千四百六十，《会元》三万六千。《乾道》月食定法一千八百，《淳熙》三百五十六。《乾道》月食既限一万一千一百，《淳熙》月食既限一千九百。

推天正十一月加时入交泛日：求次朔及望入交泛日，定朔、望夜半交泛，次朔夜半入交泛日，朔、望加时入交常日，朔望加时入交定日，月行阴阳历，朔、望加时入阴阳历积度，朔、望加时月去黄道度，食甚定余，日月食甚入气，日月食甚中积、气差、刻差，日入食限，日入食分，日食泛用分，月入食限，月入食分，月食泛用分，日月食定用分，日月食亏初、复满小余，月食既内、外分，日月食所起，月食更、点定法，月食入更点，日月带食出入所见分数，日月食甚宿次。法同前历，此不载。

步五星

五星会策：一十五度、二十一分、秒九十。

木星终率：二百七十六万四千二百三十二。《乾道》一千一百九十六万六千五百八十一、秒五十五。《淳熙》周实二百二十四万九千七百一十五、秒六十五。《会元》周率一千五百四十三万六千八百三十四、秒九十八。

终日：三百九十八、约分八十八、秒七十九。《乾道》分八十八、秒六十。《淳熙》约分八十八、秒五十七。《会元》分八十八、秒四十六。

岁差：六十七、秒九十八。《乾道》周差一百万八千八百六十四、秒五十。《淳熙》一十八万九千七百四十一、秒六十五。

伏见度：一十三。

《乾道》历率一千九十五万七千二百四十九、秒九。《淳熙》二百五万九千九百八十一、秒十。《会元》一千四百一十三万五千四百五十六、秒九。《乾道》历中一百八十三、分六十三、秒二十四。《淳熙》同。《会元》秒八十六。《乾道》历策度一十五、分二十一、秒八十五。《淳熙》同。《会元》秒九十。

段目	常日 限度		常度 初行率	
晨伏	十六日 二度		三度 统元分二十三 乾道分二十二秒七十四 淳熙分同统元 会元分同乾秒八十五	
晨疾	统元三十七日		七度	
	乾道三十一日		六度	
	淳熙二十九日		度同乾道	
	会元同乾道		度同乾道	
	五度		分二十二	
	度同统元		分同统元	
	四度		分同统元	
	度同统元		分二十	
晨次疾	统元三十七日		六度	六十六
	乾道二十九日		五度	五十八
	淳熙二十九日		五度	五十九
	会元三十日		五度	八十五
	五度 空		二十	
	四度 二十四		二十	六十四
	四度 二十四		二十	七十
	四度 四十四		二十二	
晨迟	统元三十七日		三度	
	乾道二十七日		四度	
	淳熙二十八日		四度	
	会元二十八日		四度	
	二度 六十		十五	
	三度 八		一十七	八十四
	三度 二十		一十七	九十
	三度 八		一十八	
晨留	统元二十五日		空	
	乾道二十四日		空	
	淳熙二十二日			
	会元二十二日			
	空		空	
晨退	统元四十六日	五十六	五度	一十六
	乾道四十六日	六十九 三十	四度 八十四	八十八
	淳熙四十六日	六十九 二十八半	四度 八十一	八十九半
	会元四十六日	六十九 二十三	四度 九十二	九十五半
	空 三十一	五十七半		
	空 三十五	四十四	空	
	空 四十一	十半	空	
	空 三十 三十一		空	
夕退	统元四十六日	一十六	五度	一十六
	乾道四十六	六十九 三十	四度 八十四	八十八
	淳熙四十六日	六十九 二十八半	四度 八十一	八十九半
	会元四十六	六十九 二十三	四度 九十二	九十五半
	空 三十一		十六	
	空 二十五	四十四	一十五	五十九
	空 四十 一十半		一十五	四十八
	空 三十 二十七		一十六	

夕留	统元二十五日	空	
	乾道二十四日	空	
	淳熙二十二日		
	会元二十二日		
	空		
	空		
夕迟	统元三十七日	三度	四十六
	乾道二十五日	一度	六十六
	淳熙二十八日	四度	八十八
	会元二十五日	一度	
	二度	六十	
	一度	二十六	
	一度	四十二	
夕次疾	统元三十七日	六度	六十六
	乾道三十一日	六度	六十二
	五度 空	十五	
	五度 三	二十	六十四
夕疾	统元三十七日	七度	九十八
	乾道二十九日	五度	五十八
	淳熙二十九日	五度	五十九
	会元三十日	五度	八十五
	五度 九十九	二十	
	四度 二十四	一十七	八十四
	四度 二十四	二十七	九十七
	四度 四十四	一十八	
夕伏	统元十六日 八十八	三度	八十八
	乾道十六日	三度	七十五
	淳熙十六日 七十五	三度	七十五
	会元一十六日 七十五	三度	七十五
	二度 九十一	一十二	
	二度 八十五	二十一	四
	二度 八十五	二十一	
	二度 八十五	二十二	

岁星盈缩历

策数	损益率 损益率	盈积度 缩积度	
初	统元益一百四十五	盈空	
	乾道益一百五十九	盈空	
	淳熙益一百五十一	盈空	
	会元益一百五十	初	
	益一百七十八	缩空	
	益二百二	缩空	
	益一百七十二	初	
	益七十五		
一	统元益一百三十五	盈一度	四十五
	乾道益一百四十二	盈一度	五十九
	淳熙益一百三十五	盈一度	五十一
	会元益一百三十七	盈一度	五十
	益一百六十一	缩一度	七十八
	益一百八十一	缩二度	二
	益一百五十六	缩一度	七十二
	益一百五十八	缩一度	七十五
二	统元益一百一十四	盈二度	八十
	乾道益一百二十	盈三度	一
	淳熙益一百一十四	盈二度	八十六
	会元益一百一十六	盈二度	八十七
	益一百四十	缩三度	一十九
	益一百五十三	缩三度	八十三
	益一百三十五	缩三度	二十八
	益一百二十五	缩三度	三十三
三	统元益九十七	盈三度	九十四
	乾道益九十三	盈四度	二十一
	淳熙益八十九	盈四度	空
	会元益九十一	盈四度	三
	益一百一十一	缩四度	七十九
	益一百一十八	缩五度	三十六
	益一百二	缩四度	六十三
	益一百五	缩四度	六十八
四	统元益五十一	盈四度	八十一
	乾道益六十	盈五度	一十四
	淳熙益五十七	盈四度	八十八
	会元益五十九	盈四度	九十四
	益七十三	缩五度	九十
	益七十六	缩六度	五十四
	益六十九	缩五度	六十五
	益六十九	缩五度	七十三
五	统元益一十九	盈五度	二十三
	乾道益二十一	盈五度	七十四
	淳熙益二十	盈五度	四十五
	会元益二十二	盈五度	五十三
	益二十五	缩六度	六十三
	益二十八	缩七度	三十
	益二十四	缩六度	三十四
	益二十五	缩六度	四十二
六	统元损三十六	盈五度	五十一
	乾道损二十一	盈五度	九十五
	淳熙损二十	盈五度	六十五
	会元损二十二	盈五度	七十五
	损十	缩六度	八十八
	损二十八	缩七度	五十八
	损二十四	缩六度	五十八
	损二十五	缩六度	六十七
七	统元损五十八	盈五度	一十五
	乾道损六十	盈五度	七十四
	淳熙损五十七	盈五度	四十五
	会元损五十九	盈五度	五十三
	损五十五	缩六度	七十八
	损七十六	缩七度	三十
	损六十九	缩六度	三十四
	损六十九	缩六度	
八	统元损八十六	盈四度	五十七
	乾道损九十三	盈五度	一十四
	淳熙损八十八	盈四度	八十八
	会元损九十一	盈四度	九十四
	损一百一十七	缩六度	二十三
	损一百八	缩六度	五十四
	损一百二	缩五度	六十五
	损一百五	缩五度	七十三

九	统元损一百八	盈三度	九十三
	乾道损一百二十	盈四度	二十一
	淳熙损一百一十四	盈四度	空
	会元损一百一十六	盈四度	三
	损一百四十七	缩五度	一十二
	损一百五十三	缩五度	三十六
	损一百三十五	缩四度	六十三
	损一百三十五	缩四度	六十八
十	统元损一百三十	盈二度	六十三
	乾道损一百四十二	盈三度	一
	淳熙损一百三十五	盈二度	八十六
	会元损一百三十七	盈二度	八十七
	损一百七十四	缩三度	六十五
	损一百八十一	缩三度	八十三
	损一百五十六	缩三度	二十八
	损一百五十八	缩三度	三十八
十一	统元损一百三十三	盈一度	三十五
	乾道损一百五十九	盈一度	五十九
	淳熙损一百五十一	盈一度	五十一
	会元损一百五十	盈一度	五十
	损一百九十一	缩一度	九十一
	损二百二	缩二度	二
	损一百七十二	缩一度	七十二
	损一百七十五	缩一度	七十五

火星终率：五百四十万四千八百四十六、秒三十九。《乾道》二千三百三十九万一千九百八、秒一十八。《淳熙》周实四百三十九万八千八百一、秒六十五。《会元》周率三千一十八万三千二百六十八、秒八十七。

终日：七百七十九、约分九十二、秒一。《乾道》七百七十七、分九十三、秒二。《淳熙》七百七十九、约分九十二、秒九十五。《会元》七百七十九、分九十二、秒九十四。

岁差：六千七、秒九。《乾道》周差一百四十八万二千七百八十八。《淳熙》二十七万八千八百三十、秒七十五。

伏见度：十九。二历同。《会元》二十。

《乾道》历率一千九百九十五万七千七百四十二、秒二十一，《淳熙》二百五十九万九千九百八十九、秒九十，《会元》一千四百一十三万五千四百五十五、秒四十七。《乾道》历中一百八十二、分六十二、秒三十三，《淳熙》秒三十二，《会元》秒八十六。《乾道》历策度一十五、分二十一、秒八十六，《淳熙》同，《会元》秒九十。

段目	常日 限度	常度 初行率	
晨伏	统元六十七日	四十八度	
	乾道六十七日	四十八度	
	淳熙六十七日 二十五	十八度 二十五	
	会元六十九日 七十五	四十九度 七十五	
	四十五度 五十一	七十二	
	四十五度 二十六	七十一 九十二	
	四十五度 五十九	七十二	
	四十六度 七十六	七十二	
晨疾初	统元六十五日	四十六度	三
	乾道五十九日	四十一度	七十八
	淳熙六十一日	四十三度	三十一
	会元五十八日	四十度	八十九
	四十三度 六十三	七十一	
	三十九度 四十	七十一 三十七	
	四十度 九十一	七十二	
	三十八度 九十三	七十一	
晨疾末	统元四十八日	三十三度	二十四
	乾道五十七日	三十九度	四十三
	淳熙六十一日	四十二度	九
	会元五十五日	三十八度	二十二
	三十一度 五十一	七十	
	三十七度 一十五	七十 二十七	
	三十九度 七十七	七十一	
	三十五度 九十二	七十	
晨次疾初	统元四十八日	三十一度	九十
	乾道五十八日	三十四度	九十一
	淳熙四十八日	三十一度	六十八
	会元五十一日	三十四度	一十七
	三十度 二十四	六十八	
	三十二 九十二	六十六 七	
	二十九度 九十三	六十八	
	三十三度 一十一	六十九	
晨次疾末	统元四十八日	二十九度	二
	乾道四十七日	二十七度	二十六
	淳熙四十八日	二十八度	五十六
	会元四十六日	二十七度	八十三
	二十七度 六十八	六十四	
	二十六度 二十八	六十三 六十七	
	二十六度 九十八	六十五	
	二十六度 一十六	六十五	
晨迟初	统元四十一日	一十九度	九十二
	乾道三十九日	一十七度	九十七
	淳熙三十三日	一十五度	三十四
	会元四十日	一十八度	八十
	十八度 八十八	五十七	
	一十六度 九十五	五十四 八十七	
	一十四度 四十九	五十五	
	一十七度 六十七	五十六	
晨迟末	统元三十二日	七度	二十一
	乾道二十九日	五度	七十
	淳熙三十三日	六度	二十七
	会元三十三日	六度	九
	六度 八十三	四十一	
	五度 三十七	三十七 二十七	
	五度 九十二	三十八	
	五度 七十二	三十八	
晨留	统元十二日	空	
	乾道一十日	空	
	淳熙一十日		
	会元七日		
	空	空	
	空		

晨退	统元二十八日	九十六		八度	十六	十七
	乾道二十八日	九十六		八度	三十	六十七
	五十一					
	淳熙二十八日	七十一		八度	一十五	七十
	四十七半			半		
	会元三十日	二十一	四	八度	四十	七十一
	十七			半		
	三度	六	十八半	空		
	四度	一	六十五	空		
	三度	七十五	二十九半			
	四度	五十六	六十一			
夕退	统元二十八日	九十六		八度	十六	十七
	乾道二十八日	九十六		八度	三十	六十七
	五十一					
	淳熙二十八日	七十一		八度	一十五	七十
	四十七半			半		
	会元三十日	二十一	四	八度	四十	七十一
	十七			半		
	三度	六	十八半	四十		
	四度	一	六十五	四十三	一	
	三度	七十五	二十九半	四十二	六	
	四度	五十六	六十一	四十二		
夕留	统元十二日			空		
	乾道一十日			空		
	淳熙一十日			空		
	会元七日			空		
	空			空		
	空			空		
夕迟初	统元三十二日			七度	二十一	
	乾道二十九日			五度	七十	
	淳熙三十三日			六度	二十七	
	会元三十三日			六度	九	
	六度	八十三		空		
	五度	三十七		空		
	五度	九十二		空		
	五度	七十三				
夕迟末	统元四十一日			十九度	九十二	
	乾道三十九日			一十七度	九十七	
	淳熙三十三日			一十五度	三十四	
	会元四十一日			一十八度	八十	
	十八度	八十八		四十一		
	一十六度	九十五		三十七	二十七	
	一十四度	四十九		三十八		
	一十七度	六十七		三十八		
夕次疾初	统元四十八日			二十九度	二十	
	乾道四十七日			二十七度	八十六	
	淳熙四十八日			二十八度	五十六	
	会元四十六日			二十七度	八十三	
	二十七度	六十七		五十七		
	一十六度	二十七		五十四	八十七	
	二十六度	九十八		五十五		
	二十六度	一十六		五十六		
夕次疾末	统元四十八日			三十一度	九十	
	乾道五十三日			三十四度	九十一	
	淳熙四十八日			三十一度	六十八	
	会元五十一日			三十四度	一十七	
	三十度	二十四		六十四		
	三十二度	九十二		六十三	六十七	
	二十九度	九十三		六十四		
	三十二度	一十一		六十五		
夕疾初	统元四十日			三十三度	二十四	
	乾道五十七日			三十九度	四十三	
	淳熙六十一日			四十二度	九	
	会元五十五日			三十八度	二十七	
	三十一度	五十一		六十八		
	三十七度	一十五		六十八	七	
	三十九度	七十七		六十八		
	三十五度	九十二		六十九		
夕疾末	统元六十五日			四十六度	三	
	乾道六十九日			四十一度	一十八	
	淳熙六十一日			四十三度	三十一	
	会元五十八日			四十七度	八十九	
	四十三度	六十三		七十		
	三十九度	四十		七十	二十七	
	四十度	九十一		七十一		
	三十八度	四十三		七十一		
夕伏	统元六十七日			四十八度		
	乾道六十七日			四十八度		
	淳熙六十七日	二十五		四十八度	二十五	
	会元六十九日	七十五		四十九度	七十五	
	四十五度	五十一		七十一		
	四十五度	二十六		七十一	三十七	
	四十五度	五十九		七十二		
	四十六度	七十六		七十一		

火星盈缩历

策数	损益率 损益率	盈积度 缩积度
初	统元益一千一百三十	盈空
	乾道益一千一百四十五	盈空
	淳熙益一千一百五十	初
	会元益一千一百三十七	初
	益四百一十	缩空
	益四百八十	缩空
	益四百八十	初
	益五百四	初
一	统元益八百七十二	十一度 三十
	乾道益七百八十五	十一度 四十五
	淳熙益七百八十	十一度 五十
	会元益七百八十六	十一度 三十七
	益四百二十一	四度 十
	益四百五十八	四度 八十
	益四百五十八	四度 八十
	益四百七十	五度 四

二	统元益四百一十五	二十度 二		九	统元损四百四十四	十二度 五十四
	乾道益四百五十二	一十九度 三十			乾道损四百二十五	一十三度 六十三
	淳熙益四百五十二	一十九度 三十			淳熙损四百二十五	一十三度 六十三
	会元益四百五十六	一十九度 二十三			会元损四百三十八	一十四度 二
	益四百五十三	八度 三十一			损四百三十六	二十四度 七十九
	益四百二十五	九度 三十八			损四百五十二	二十三度 八十二
	益四百二十五	九度 三十八			损四百五十二	二十三度 八十二
	益四百二十八	九度 七十四			损四百五十六	二十三度 七十九
三	统元益一百四十五	二十四度 十七		十	统元损四百二十八	八度 三十一
	乾道益一百四十四	二十三度 八十二			乾道损四百五十八	九度 三十八
	淳熙益一百四十四	二十三度 八十二			淳熙损四百五十八	九度 三十八
	会元益一百四十七	二十三度 七十九			会元损四百七十	九度 七十四
	益四百六十五	十二度 八十四			损八百八十六	二十度 四十三
	益三百七十九	一十三度 六十三			损七百八十五	一十九度 三十
	益三百七十九	一十三度 六十三			损七百八十	一十九度 三十
	益三百七十四	一十四度 二			损七百八十六	一十九度 二十三
四	统元损二十四	二十五度 六十二		十一	统元损三百九十二	三度 九十二
	乾道损五十六	二十五度 二十六			乾道损四百八十	四度 八十
	淳熙损五十六	二十五度 二十六			淳熙损四百八十	四度 八十
	会元损五十三	二十五度 二十六			会元损五百四	五度 四
	益四百	一十七度 四十九			损一千一百五十七	一十一度 五十七
	益三百二十	一十七度 四十二			损一千一百四十五	一十一度 四十五
	益三百二十	一十七度 四十二			损一千一百五十	一十一度 五十
	益三百一十一	一十七度 七十六			损一千一百三十七	一十一度 三十七
五	统元损一百六十六	二十五度 三十六				
	乾道损一百六十	二十四度 七十				
	淳熙损一百六十	二十四度 七十				
	会元损一百五十	二十四度 七十一				
	益三百四	二十一度 四十九				
	益二百四十八	二十度 六十二				
	益二百四十八	二十度 六十二				
	益二百三十六	二十度 八十七				
六	统元损二百九十五	二十三度 九十二				
	乾道损二百四十八	二十二度 一十				
	淳熙损二百四十八	二十三度 一十				
	会元损二百三十六	二十三度 一十二				
	益一百五十二	二十四度 五十三				
	益一百六十	二十三度 一十				
	益一百六十	二十三度 一十				
	益一百五十	二十三度 二十三				
七	统元损三百八十七	二十度 九十七				
	乾道损三百二十	二十度 六十二				
	淳熙损三百二十	二十度 六十二				
	会元损三百一十一	二十度 八十七				
	益二十四	二十六度 五				
	益五十六	二十四度 七十六				
	益五十六	二十四度 七十六				
	益五十三	二十四度 七十六				
八	统元损四百五十六	一十七度 十				
	乾道损三百七十九	一十七度 四十二				
	淳熙损三百七十九	一十七度 四十二				
	会元损三百七十四	一十七度 四十九				
	损一百五十二	二十六度 三十一				
	损一百四十四	二十五度 二十六				
	损一百四十四	二十五度 二十六				
	损一百四十七	二十五度 二十六				

土星终率：二百六十二万九十四、秒三十三。《乾道》一千一百三十四万二千七百四十六、秒一十五。《淳熙》周实二百一十三万二千四百三十八、秒六。《会元》周率一千四百六十三万二千一百四十七、秒七十一。

终日：三百七十八、约分七、秒九十九。《乾道》分九、秒一十五。《淳熙》约分九、秒一十八。《会元》分同《淳熙》，秒一十六。

岁差：六十七、秒三十四。

伏见度：十七。

《乾道》历率一千九十八万七千三百五十一、秒七十四，《淳熙》一千四百一十三万五千四百五十五、秒一十，《会元》二百六万五千六百二十二、秒七十四。《乾道》历中度一百八十三、分一十二、秒二十五，《淳熙》同，《会元》分六十二、秒八十六。《乾道》历策度一十五、分二十六、秒二，《淳熙》同，《会元》分二十一、秒九十。

段目	常日 限度	常度 初行率
晨伏	统元十九日 四十八	二度 四十八
	乾道十九日 五十	二度 五十
	淳熙十九日 七十五	二度 七十五
	会元二十一日 七十五	二度 七十五
	一度 五十四	一十三
	一度 五十五	一十三 一十八
	一度 六十七	一十四 四十五
	一度 七十	一十三

晨疾	统元二十八日		三度 二十八	夕留	统元三十五日	空
	乾道三十日		三度 五十二		乾道三十五日	空
	淳熙二十九日		三度 六十		淳熙五十五日	
	会元三十一日		三度 五十六		会元三十三日	
	二度 四		十二		空	
	二度 一十八		一十三 四十六		空	
	二度 一十九		一十三 四十二	夕迟	统元二十八日	一度 五十一
	二度 二十		一十二		乾道二十六日	一度 二十五
晨次疾	统元二十八日		二度 六十七		淳熙二十七日	空 九十五
	乾道二十八日		二度 六十八		会元二十五日	一度 三
	淳熙二十八日		二度 六十三		空 九十三	空
	会元二十八日		二度 六十六		空 七十六	
	一度 六十五		十一		空 五十七	
	一度 六十六		一十一 二		空 六十三	
	一度 六十		一十一 四十二	夕次疾	统元二十八日	二度 六十七
	一度 六十四		一十一		乾道二十八日	二度 六十八
晨迟	统元二十八日		一度 五十一		淳熙二十八日	二度 六十三
	乾道二十六日		一度 二十三		会元二十八日	二度 六十六
	淳熙二十七日		空 九十五		一度 六十五	八 一十四
	会元二十五日		一度 三		一度 六十六	八 一十四
	空 九十三		八 一十四		二度 六十	七 四十二
	空		七 四十二		一度 六十四	八
	空		八	夕疾	统元二十八日	三度 二十八
晨留	统元三十五日		空		乾道三十日	三度 五十二
	乾道三十五日		空		淳熙二十九日	三度 六十
	淳熙三十五日				会元三十一日	三度 五十六
	会元三十三日				二度 四	一十一
	空		空		二度 一十八	一十二 二
	空		空		二度 一十九	一十一 四十二
					二度 二十	一十一
晨退	统元五十日 五十六		三度 五十二 一十八	夕伏	统元十九日 四十八	二度 四十八
	乾道五十日 五十四 五十七		三度 五十 六十半		乾道一十九 五十	二度 五十
	淳熙五十日 二十九 五十九		三度 五十 五十九		淳熙一十九日 七十五	二度 七十五
	会元五十日 二十九 五十九		三度 五十七 六十半		会元二十一日 七十五	二度 七十五
	空 二十五 一十七半		空		一度 四十五	十二
	空 二十六 七十一半		空		一度 五十五	一十二 四十六
	空 三十九 四十一		空		一度 六十七	一十三 四十二
					一度 七十	一十二

土星盈缩历

策数	损益率 损益率	盈积度 缩积度
初	统元益一百八十九	盈空
	乾道益一百九十五	盈空
	淳熙益一百九十五	初
	会元益一百九十四	初
	益一百三十二	空
	益一百九十五	空
	益一百六十三	初
	益一百三十七	初
一	统元益一百七十三	一度 八十九
	乾道益一百七十七	一度 九十五
	淳熙益一百七十一	一度 九十五
	会元益一百八十六	一度 九十四

夕退 统元五十日 五十六 三度 五十一 一十八
乾道五十日 五十四 五十七半 三度 五十 六十半
淳熙五十日 二十九 五十九 三度 五十 五十九
会元五十日 二十九 五十九 三度 五十七 六十半
空 二十五 一十七半
空 二十六 五十一半
空 三十九 四十二
空 二十四 七十二

	益一百二十五	一度 三十二			损九十八	四度 七十四
	益一百七十七	一度 九十五			损一百一十九	六度 四十四
	益一百四十九	一度 六十三			损一百	五度 四十
	益一百三十一	一度			损九十六	四度 九十二
二	统元益一百四十六	三度 六十三		九	统元损一百四十五	四度 九十三
	乾道益一百五十三	三度 七十二			乾道损一百五十三	五度 二十五
	淳熙益一百五十三	三度 七十二			淳熙损一百五十三	五度 二十五
	会元益一百六十七	三度 八十			会元损一百六十七	五度 四十七
	益一百十九	二度 五十七			损一百十九	三度 七十六
	益一百五十三	三度 七十二			损一百五十三	五度 二十五
	益一百二十八	三度 一十二			损一百二十八	四度 四十
	益一百一十八	二度 六十八			损一百一十八	三度 八十六
三	统元益一百一十三	五度 八		十	统元损一百六十八	三度 四十八
	乾道益一百一十九	五度 二十五			乾道损一百七十七	三度 七十二
	淳熙益一百一十九	五度 二十五			淳熙损一百七十七	三度 七十二
	会元益一百三十六	五度 四十七			会元损一百八十六	三度 八十
	益九十八	三度 七十六			损一百二十五	二度 五十七
	益一百一十九	五度 二十五			损一百七十七	三度 七十二
	益一百	四度 四十			损一百四十九	三度 一十二
	益九十六	三度 八十六			损一百三十一	二度 六十八
四	统元益六十七	六度 二十一		十一	统元损一百八十	三度 八十
	乾道益七十八	六度 四十四			乾道损一百九十五	一度 九十五
	淳熙益七十八	六度 四十四			淳熙损一百九十五	一度 九十五
	会元益九十六	六度 八十六			会元损一百九十四	一度 九十四
	益六十六	四度 七十四			损一百十二	一度 三十二
	益七十八	六度 四十四			损一百九十五	一度 九十五
	益六十五	五度 四十			损一百六十三	一度 六十三
	益九十二	六度 八十三			损一百三十七	一度 三十七
五	统元益二十一	六度 八十八				
	乾道益二十八	七度 二十二				
	淳熙益二十八	七度 二十二				
	会元益三十五	七度 七十五				

金星终率：四百四万六千四百九十六、秒三十三。《乾道》一千七百五十一万六千八百七十二。《淳熙》周实三百二十九万三千一百七十、秒五十。《会元》周率二千二百五十九万七千三十九、秒三十七。

终日：五百八十三、约分九十一。《乾道》分八十九、秒五十七。《淳熙》分同《乾道》，秒五十四。《会元》分九十、秒二十八。

段目	常日 限度	常度 初行率
夕伏	统元三十九日	四十九度 五十
	乾道三十九日 五十	五十度
	淳熙三十九日 五十	五十度 空
	会元三十九日 二十五	四十九度 二十五
	四十七度 五十二	一百二十七
	四十八度 五十	一百二十六 九十一
	四十八度 空	一百二十七
	四十七度 二十八	一百二十六
夕疾初	统元五十八日	七十三度 一十五
	乾道五十日	六十二度 七十四
	淳熙五十一日	六十四度 空
	会元五十二日	六十四度 七十四
	七十度 二十二	一百二十六
	六十度 八十六	一度 一十六 二十一
	六十一度 四十四	一百二十六
	六十二度 一十五	一百三十五

宋　史　　　　　　　　　　　　　　　407

夕疾末	統元四十日	四十九度　八十一		一度　五十六　五十	空
	乾道四十八日	五十九度　一十四		空　四十二　七十八半	空
	淳熙五十一日	六十二度　九十八		一度　八十　七十五	空
	会元四十八日	五十九度　二十八		一度　七十五	空
	四十七度　八十二	一百二十五	伏合退	統元六日	四度　五十
	五十七度　三十七	一度　二十四　七十五		乾道六日	四度　五十
	六十度　四十六	一百二十五		淳熙六日	四度　五十
	五十六度　九十	一百二十四		会元五日　七十　一十四	四度　二十九　八十六
夕次疾初	統元四十日	四十八度　二十六		一度　六十二	六十六
	乾道四十四日	五十一度　一十一		空　五十四	空　六十九　空
	淳熙四十一日	四十八度　五十八		二度　空	六十九
	会元四十三日	五十一度　八十		一度　五十一　一十四	六十九
	四十六度　三十三	一百二十三	晨退	統元九日　九十五　五十	四度　三十四　五十
	五十度　五十五	一度　二十一　六十六		乾道九日　四十四　七十八半	三度　五十三　二十一半
	四十六度　六十三	一百二十二		淳熙九日　四十四　七十七	三度　七十三　二十三
	四十九度　七十三	一百二十三		会元一十日	四度　五十
夕次疾末	統元四十日	四十四度　二十		一度　五十六　五十	六十二
	乾道三十八日	四十一度　一十九		空　四十二　七十八半	空　六十九
	淳熙四十一日	四十四度　二十八		一度　八十　七十七	六十九
	会元三十七日	四十度　八十八		一度　七十五	六十九
	三十九度　九十五	一度　一十五　一十九	晨留	統元七日	空
	四十二度　五十	一百一十五		乾道七日	空
	三十九度　二十四	一百一十八		淳熙七日	空
夕遲初	統元三十二日	二十七度　六十二		会元五日	空
	乾道三十日	二十六度　一十九		空	空
	淳熙二十三日	二十度　一	晨遲初	統元二十日	八度　二十六
	会元三十日	二十五度　八十		乾道二十日	八度　六十一
	二十六度　五十二	一百		淳熙二十三日	一十度　三十三
	二十五度　四十	一度　一　五十八		会元二十二日	八度　九十九
	一十九度　二十	一百一		七度　九十三	空
	二十四度　七十六	一百三		八度　三十五	空
夕遲末	統元二十日	八度　二十		九度　九十一	空
	乾道二十日	八度　六十一		八度　六十三	空
	淳熙二十三日	一十度　三十三	晨遲末	統元三十二日	二十七度　六十二
	会元二十二日	八度　九十九		乾道三十日	二十六度　一十九
	七度　九十三	七十一		淳熙二十三日	二十度
	八度　三十五	空　七十二　二		会元三十日	二十五度　八十
	九度　九十一	七十三		二十六度　五十二	七十一
	八度　六十三	六十九		二十五度　四十	空　七十二　二
夕留	統元七日	空		一十九度　二十	七十三
	乾道七日	空		二十四度　七十六	六十九
	淳熙七日		晨次疾初	統元四十日	四十四度　二十
	会元五日			乾道三十八日	四十一度　一十九
	空	空		淳熙四十一日	四十四度　二十八
	空	空		会元三十七日	四十度　八十八
夕退	統元九日　九十五　五十	四度　三十四　五十		四十二度　四十三	一
	乾道九日　四十四　七十八半	三度　五十三　二十		三十九度　九十五	一度　一　五十八
	淳熙四十四　七十七	三度　七十三　二十三		四十二度　五十	一百一
	会元一十日	四度　五十		三十九度　二十四	一百二

408

晨次疾末	统元五十八日	七十三度　十五		益四十五	空　五十
	乾道五十日	六十二度　七十四		益四十八	空　五十三
	淳熙五十一日	六十四度　空		益四十一	空　五十三
	会元五十二日	六十四度　七十四		益三十六	空　三十九
	七十度　二十二	一百二十五	二	统元益三十九	空　九十五
	六十度　八十六	一度　二十四　七十五		乾道益四十一	一度　一
				淳熙益四十一	一度　空
	六十一度　四十四	一百二十五		会元益四十一	一度　一
	六十二度　一十五	一百二十四		益三十九	空　九十五
晨疾初	统元四十日	四十九度　八十一		益四十一	一度　一
	乾道三十八日	五十九度　一十四		益四十	一度　空
	淳熙四十一日	六十二度　九十八		益三十一	一度　七十五
	会元三十八日	五十九度　二十八	三	统元益二十九	三十四
	五十七度　三十七	一度　二十一　六十六		乾道益三十二	四十二
	六十度　四十六			淳熙益三十一	四十一
	五十六度　九十	一百二十二		会元益三十二	四十二
		一百二十三		益二十九	三十四
				益三十二	四十二
				益三十一	四十一
晨疾末	统元五十八日	七十三度　十五		益二十四	六
	乾道五十日	六十二度　七十四	四	统元益二十一	一度　六十三
	淳熙五十一日	六十四度　空		乾道益二十一	一度　七十四
	会元五十二日	六十四度　七十四		淳熙益二十一	一度　七十二
	七十度　二十二	一百二十五		会元益二十一	一度　七十四
	六十度　八十六	一度　二十四　七十五		益二十一	一度　六十三
				益二十一	一度　七十四
	六十一度　四十四	一百二十五		益二十一	一度　七十二
	六十二度　一十五	一百二十四		益十六	一度　三十
晨伏	统元三十九日	四十九度　五十	五	统元益六	一度　八十四
	乾道三十九日	五十度		乾道益八	一度　九十五
	淳熙三十九日	五十度　空		淳熙益七	一度　九十五
	会元三十九日	四十九　二十五		会元益八	一度　九十五
	四十七度　五十二	一百二十六		益六	一度　八十四
	四十八度　五十	一度　二十六　二十一		益七	一度　九十三
				益五	一度　四十六
	四十八度　空	一百二十六	六	统元损六	一度　九十
	四十七度　二十	一百二十五		乾道损八	二度　三
				淳熙损七	二度　空
	金星盈缩历			会元损八	二度　三
				损六	一度　九十
策数	损益率 损益率	盈积度 缩积度		损八	二度　三
				损七	二度　空
初	统元益五十	空		损五	一度　五十一
	乾道益五十三	空	七	统元损七十二	一度　八十四
	淳熙益五十二	初		乾道损二十一	一度　九十五
	会元益五十三	初		淳熙损二十一	一度　九十三
	益五十	空		会元损二十一	一度　九十五
	益五十三	初		损二十一	一度　八十四
	益五十九	初		损二十一	一度　九十五
一	统元益四十五	空　五十		损二十一	一度　九十三
	乾道益四十八	空　五十三		损一十六	一度　四十六
	淳熙益四十七	空　五十三	八	统元损三十九	一度　六十三
	会元益四十八	空　五十三		乾道损三十二	一度　七十四
				淳熙损三十一	一度　七十二
				会元损三十一	一度　七十四

	损二十九	一度 六十三	夕伏	统元十六日	三十度 五十
	损三十二	一度 七十四		乾道十六日	三十度 五十
	损三十一	一度 七十二		淳熙十五日	三十度 空
	损二十四	一度 三十		会元十七日 二十五	三十三度 二十五
九	统元损三十九	一度 三十四		二十五度 九十二	一度 九十八
	乾道损四十一	一度 四十二		二十五度 六十二	二度 二二十
	淳熙损四十一	一度 四十一		二十五度 一十	二百五 三十
	会元损四十一	一度 四十三		二十七度 九十三	二百
	损三十九	一度 三十四	夕疾	统元十四日	二十二度 六十八
	损四十一	一度 四十二		乾道十五日	二十三度 三十九
	损四十一	一度 四十一		淳熙十五日	二十二度 八十三
	损三十一	一度 六		会元十四日	二十二度 八十三
十	统元损四十五	空 九十五		一十九度 二十八	一度 八十二
	乾道损四十八	一度 一		一十九度 六十五	一度 九十九 六
	淳熙损四十七	一度 空		一十九度 一十八	一百八十四 十一
	会元损四十八	一度 一		一十九 一十六	一百八十六
	损四十五	空 九十五	夕迟	统元十四日	十二度 八十二
	损四十八	一度 一		乾道十四日	一十二度 八十一
	损四十七	一度 空		淳熙十五日	一十三度 一十七
	损三十六	空 七十五		会元十二日	一十度 一十八
十一	统元损五十	空 五十		十度 八十九	一度 四十一
	乾道损五十三	空 五十三		一十度 一十七	一度 三十二 七十八
	淳熙损五十三	空 五十三		一十六度 六	一百二十 五十
	会元损五十三	空 五十三		八度 五十五	一百四十
	损五十	空 五十	夕留	统元二日	空
	损五十三	空		乾道二日	空
	损五十三	空 五十三		淳熙二日	空
	损五十九	空 三十九		会元二日	空
				空	空
				空	空

水星终率：八十万三千四十八、秒八十三《乾道》三百四十七万六千二百八十四、秒五十。《淳熙》周实六十五万三千五百四十五、秒五十一。《会元》周率四百四十八万四千四百四、秒四十三。

终日：一百一十五、约分八十八。《乾道》分八十七、秒六十一，历分同。《乾道》、《淳熙》秒六十八。《会元》秒六十。

岁差：六十七、秒六十九。

晨伏夕见：一十四度半。《乾道》、《淳熙》度一十五。《会元》度一十六。

夕伏晨见：一十九度。《乾道》、《淳熙》同。《会元》度二十一。

《乾道》历率一十九十五万八千、秒九十六，《淳熙》二百六万一百一、秒一十一。《会元》周率一千四百一十三万五千四百五十六、秒七十五。《乾道》历中度一百八十二、分六十三、秒三十三，《淳熙》秒三十，《会元》分六十二、秒八十六。《乾道》历策度一十五、秒九十四。《淳熙》分二十一、秒同《乾道》。《会元》分同《淳熙》，秒九十。

段目	常日 限度	常度 初行率

夕退	统元十日 九十四	八度 六
	乾道一十日 九十三 八十三半	八度 六 一十九半
	淳熙一十日 九十三 八十四	八度 六 一十六
	会元一十二日 六十八	八度 三十一 二十八十
	一度 八十五	空
	二度 四十九 八十半	空
	二度 四十九 八十四	空
	二度 二十九 八十	空
再合退	统元十日 九十四	八度 六
	乾道一十日 九十三 八十三半	八度 六 一十九半
	淳熙一十日 九十三 八十四	八度 六 一十六
	会元一十二日 六十八	八度 三十一 二十八十
	一度 八十五	空 九十八
	二度 四十九 八十半	一度
	二度 四十九 八十四	一百一十 五十五
	二度 二十九 八十	九十八

晨留	统元三日	空	
	乾道二日	空	
	淳熙二日		
	会元二日		
	空	空	
	空		
晨迟	统元十四日	十二度 八九	
	乾道一十四日	一十二度 一十一	
	淳熙一十五日	一十三度 一十七	
	会元一十二日		
		一十度 一十八	
	十度 八九	空	
	一十一度 一十七	空	
	一十一度 六	空	
	八度 五十五		
晨疾	统元十四日	二十二度 六十八	
	乾道一十五日	二十三度 三十九	
	淳熙一十五日	二十三度 八十三	
	会元一十四日	二十二度 八十二	
	一十九度 二十八	一度 四十一	
	一十九度 六十五	一度 三十一 七十八	
	一十九度 一十八	一百二十 五十	
	一十九 一十六	一百四十	
晨伏	统元十六日	三十度 五十	
	乾道一十六日	三十度 五十	
	淳熙一十五日	三十度 空	
	会元一十七日 二十五	三十三度 二十五	
	二十五度 九十二	一度 八十二	
	二十五度 六十二	一度 七十九 六	
	二十五度 二十	一百八十四 一十一	
	二十七度 九十三	一百八十六	

水星盈缩历

策数	损益率 损益率	盈积度 缩积度	
初	统元益五十四	空	
	乾道益五十七	空	
	淳熙益五十八	初	
	会元益五十七	初	
	益五十四	空	
	益五十七	空	
	益五十八	初	
	益五十七	初	
一	统元益五十	空 五十四	
	乾道益五十二	空 五十七	
	淳熙益五十四	空 五十八	
	会元益五十二	空 五十七	
	益五十	空 五十四	
	益五十二	空 五十七	
	益五十四	空 五十八	
	益五十二	空 五十七	

二	统元益四十三	一度 四十	
	乾道益四十五	一度 九	
	淳熙益四十六	一度 一十二	
	会元益四十五	一度 九	
	益四十三	一度 四	
	益四十五	一度 九	
	益四十六	一度 一十二	
	益四十五	一度 九	
三	统元益三十三	一度 四十七	
	乾道益三十四	一度 五十四	
	淳熙益三十五	一度 五十八	
	会元益三十四	一度 五十四	
	益三十三	一度 四十七	
	益三十四	一度 五十四	
	益三十五	一度 五十八	
	益三十四	一度 五十四	
四	统元益二十一	一度 八十	
	乾道益二十三	一度 八十八	
	淳熙益二十三	一度 九十三	
	会元益二十三	一度 八十八	
	益二十一	一度 八十	
	益二十三	一度 八十八	
	益二十三	一度 九十三	
	益二十三	一度 八十八	
五	统元益八	二度 一	
	乾道益八	二度 一十一	
	淳熙益八	二度 一十六	
	会元益八	二度 一十一	
	益八	二度 一	
	益八	二度 一十一	
	益八	二度 一十六	
	益八	二度 一十一	
六	统元损八	二度 九	
	乾道损八	二度 一十九	
	淳熙损八	二度 二十四	
	会元损八	二度 一十九	
	损八	二度 九	
	损八	二度 一十九	
	损八	二度 二十四	
	损八	二度 一十九	
七	统元损二十一	二度 一	
	乾道损二十三	二度 一十一	
	淳熙损二十三	二度 一十六	
	会元损二十三	二度 一十一	
	损二十一	二度 一	
	损二十三	二度 一十一	
	损二十三	二度 一十六	
	损二十三	二度 一十九	
八	统元损三十三	一度 八十	
	乾道损三十四	一度 八十八	
	淳熙损三十五	一度 九十三	
	会元损三十四	一度 八十八	
	损三十三	一度 八十	
	损三十四	一度 八十八	
	损三十五	一度 九十三	
	损三十四	一度 八十八	

九	统元损四十三	一度	四十七
	乾道损四十五	一度	五十四
	淳熙损四十六	一度	五十八
	会元损四十五	一度	五十四
	损四十三	一度	四十七
	损四十五	一度	五十四
	损四十六	一度	五十八
	损四十五	一度	五十四
十	统元损五十	一度	四
	乾道损五十二	一度	九
	淳熙损五十四	一度	一十二
	会元损五十二	一度	九
	损五十	一度	四
	损五十二	一度	九
	损五十四	一度	一十二
	损五十二	一度	九
十一	统元损五十四	空	五十四
	乾道损五十七	空	五十七
	淳熙损五十八	空	五十八
	会元损五十七	空	五十七
	损五十四	空	五十四
	损五十七	空	五十七
	损五十八	空	五十八
	损五十七	空	五十七

卷八十四　志第三十七

律历十七

绍熙统天　开禧　成天历附

演纪上元甲子岁,距绍熙五年甲寅,岁积三千八百三十,至庆元己未,岁积三千八百三十五。《开禧》上元甲子,至开禧三年丁卯,岁积七百八十四万八千一百八十三。《成天》上元甲子,距咸淳七年辛未,岁积七千一百七十五万八千一百四十七。

步气朔

策法:万二千。《开禧》日法一万六千九百。《成天》七千四百二十。

岁分:四百三十八岁二千九百一十,余六万二千九百一十。《开禧》岁率六百一十七万二千六百八。《成天》二百七十一万一百一。

气策:十五、余二千六百二十一少,二十一分、秒八十四。《开禧》余三千六百九十二。《成天》余一千六百二十一、秒七。

朔实:三十五万四千三百主十八。《开禧》朔率四十九万九千六百六十七。《成天》二十一万九千一百一十七。

朔策:二十九、余六千三百六十八、五十三分、秒六。《开禧》余八千九百六十七。《成天》余三千九百三十七。

望策:一十四、余九千一百八十四。《开禧》余一万二千九百三十三半。《成天》余五千六百七十八、秒四。

弦策:七、余四千五百九十二。《开禧》余六千四百六十六太。《成天》余二千八百三十九、秒二。

气差:二十三万七千八百一十一。

闰差:二万一千七百四。《开禧》岁闰一十八万三千八百四,又月闰一万五千三百一十七,闰限三十一万五千二百六十三。《成天》岁闰八万六百九十七,月闰六千七百二十四、秒六,闰限一十三万八千四百二十。

斗分差:百二十七。

没限:九千三百七十八太。《开禧》一万三千二百八。《成天》五千七百九十九、秒一。

减限:五千六百三十二。

纪实:七十二万。《开禧》纪率一百一万四千。《成天》四十四万五千二百。

纪策:六十。二历同。

《开禧》又有中盈分七千三百八十四,《成天》三千二百四十秒。《开禧》朔虚分三千四百八十三。

求天正冬至:置上元距所求年积算,以岁分乘之,减去气差,余为气泛积;以积算与距算相减,余为距差;以斗分差乘之,万约,为朒差;小分半已上从秒一。复以距差乘之,秒半已上从分一,后皆准此。以减气泛积,余为气定积;如其年无朒差,及以距差乘朒差不满秒半已上者,以泛为定。满纪实去之,不满,如策法而一为大余,不尽为小余。其在余命甲子,算外,即得日辰。因求次气,以气策累加之,小余满策法从大余,大余满纪策去之,命日辰如前。如求已,径以朒差加减岁余,距差乘之,纪实去之,余以加减气积差二十万七千四百八十九,如策法而一,余同上法。其加减朒差,乘积算,少如距算者加之,多如距算者减之;其加减气积差,即反用之。

求天正经朔:置天正冬至气定积,以闰差减之,满朔实去之,不满,为天正闰泛余;用减气定积,余为天正十一月朔泛积;以百五乘距差,退位减之,为朔定积;积算少如距算者加之,无距差可乘者,以泛为定。求转交准此。满纪实去之,不满,如策法而一为大余,不尽为小余,其大余命甲子,算外,即得日辰。因求弦望及次朔,以弦策累加之;求朔望,以望策累加之;去命如前。《开禧》若在闰限已上者,为其年有闰月,用减朔率,以月闰而一,所得,命天正十一月,算外,即得经闰月。因求次年,以闰岁加之,命如前,即得所求。朔积分若满四十七万三千二百去之,不满,如日法而一,所得,命起箕宿,算外,即得天正十一月经朔直日之星。《成天》朔积若满二十万七千七百六十去之,不满,如日法而一,所得,命箕宿,算外,即得天正十一月经朔直日之星。

步发敛

候策:五、余八百七十三太。《开禧》余一千二百三十、秒一十。《成天》余五百四十、秒三十五。

卦策:六、余一千四十八半。《开禧》余一千四百七十六、秒十二。《成天》余六百四十八、秒四十二。

土王策:三、余五百二十四少。《开禧》余七百三十八、秒六。《成天》余三百二十四、秒二十一。

月闰:一万八百七十四。

辰法:一千。《开禧》四千二百二十五。《成天》一千八百五十五。

半辰法:五百。《开禧》二千一百一十二半。《成天》九百二十七半。

刻法:一百二十。《开禧》五百七。《成天》一千一百一十三。

刻分法:二十。《开禧》八十四半。《成天》一百八十五半。

求五行用事、二十四气、七十二候、六十四卦、中气去经朔、发敛加时。与前历同,此不载。

步日躔

周天分:四百三十八万三千九十。《开禧》周天率六百一十七万二千八百五十九、秒一。《成天》二百七十一万二百一十一、秒六十一。

周天差:三十三万八千九百二十。

周天度:三百六十五、余一千九百一十、秒六十一,约分二十五、秒七十五。《开禧》余四千三百五十九、秒一,约分二十五、秒七十九。《成天》余一千九百一十、秒六十一,约二十五、秒七十五。

半周天度:百八十二、约分六十二、秒八十七。

象限:九十一、约分三十一、秒六。《开禧》秒八。《成天》秒七。

乘法:三百八十。《开禧》二百六。《成天》三百二十五。

除法:五千七百八十三。《开禧》三千一百三十五。《成天》四千九百四十六。

《开禧》又有岁差二百五十一、秒一,《成天》一百九、秒一。《成天》又有半象限四十五、约分三十一、秒七。

常气	中积日及余 损益率	盈缩分 朒胐积	升降分
冬至	空	统天盈七千 开禧盈初 成天盈初	升空 升七千四百四十五 升七千二百一十五
	益六百二十八 益九百四十一 益四百	朒初 同 同	
小寒	统天二千六百二十一 开禧三千六百九十二二十一 八十四 一十五 成天一千六百二十 秒七 益五百二十四 益七百五十二 益三百二十七	盈五千八百四十 盈七千四百五十 盈七千一百一十五 朒六百一十八 朒九百四十一 朒四百	升七千 升五千九百五十一 升五千八百八十五
大寒	统天三千四百四十二四十三六十九 开禧七千二百八十四 三十 成天三千二百四十一 秒六 益四百六 益五百七十二 益二百五十四	盈四千六百三十 盈一万三千三百九十六 盈一万三千一百 朒一百五十一 朒一千六百九十三 朒七百二十七	升万二千八百四十 升四千五百二十四 升四千五百六十八
立春	统天七千八百六十三太五十三 开禧一万一千七十六 四十五 成天四千八百六十二 秒五 益三百二 益四百 益一百八十一	盈三千三百七十 盈一万七千九百一十 盈一万七千六百六十八 朒一千五百六十八 朒二千六百六十五 朒九百八十一	升一万七千四百七十 升三千一百六十四 升三千二百六十四
雨水	统天一万四百八十五八十七三十八 开禧一万四千七百六十 成天六千四百八十三 秒四	盈二千六十 盈二万一千八百四十 盈二万九百三十二	升二万六百四十 升一千七百一十一 升一千九百七十三

节气				节气			
	益一百八十五	朒一千八百七十		谷雨	统天八千九百七十七十四 七十五 开禧一万三千六百三十六 一百二十一 成天五千五百四十七 秒空 损三百二 损四百 损一百八十一	缩三千三百七十 盈二万一千八百四 盈二万九千三百二 朒一千八百七十 朒二千六百六十五 朒一千一百六十二	升二万八百四十 降三千一百六十四 降三千二百六十四
	益二百三十六	朒二千六百六十五					
	益一百九	朒一千一百六十二					
惊蛰	统天一千一百六少 九二十二 开禧一千五百六十九 七十六 成天六百八十四 秒三 益六十三 益八十二 益三十九	盈七百 盈二万二千九百五十五 朒二千五百十五 朒二千九百一 朒一千二百七十一	升二万二千九百 升六百四十五 升六百九十五	立夏	统天一万一千五百九十一少 开禧一万六千三百二十八 九十六 六十二 一百三十六 成天七千一百六十七 秒七 损四百一十六 损五百七十一 损二百五十四	缩四千六百三十 盈一万七千九百二十 盈一万七千六百十八 朒一千五百六十八 朒二千二百六十五 朒九百一十	升一万四千七百 降四千五百二十四 降四千五百六十八
春分	统天三千七百二十七半 开禧一千五百六十九 九十一 成天二千三百五 损六十三 损八十二 损三十九	缩七百 盈二万三千六百 盈与开禧同 朒二千一百一十八 朒二千九百八十三 朒一千三百一十	升二万三千六百 降六百四十五 降六百九十五	小满	统天二千二百一十二半 十八 四十四 开禧三千一百二十 一百五十二 成天一千三百六十八 秒六 损五百二十四 损七百五十二 损三百二十七	缩五千八百四十 盈一万三千三百九十六 盈一万三千一百 朒一千五百五十二 朒一千六百九十二 朒七百二十七	升一万二千八百四十 降五千九百五十一 降五千八百八十五
清明	统天六千三百四十八太 九十二 开禧八千九百九十四 一百六 成天三千九百二十一 秒一 损一百八十五 损二百三十六 损一百九	缩二千六百十 盈二万二千九百五十五 朒二千五百十五 朒二千九百一 朒一千二百七十一	升二万二千九百 降一千八百七十一 降一千九百七十三	芒种	统天四千八百三十三太 四十 二十八 开禧六千八百一十三 一百六十七 成天二千九百八十九 秒五	缩五千八百四十 盈七千四百四十五 盈七千二百一十五	降七千 降五千九百五十一 降七千二百一十五

	损六百二十八	朒六百二十八			益三百二	朒一千五百六十八	
	损九百四十一	朒九百四十一			益四百	朒二千六百五	
	损四百	朒四百			益一百八十一	朒九百八十一	
夏至	统天七千四百五十五 六十二十二 开禧一万五千四百一百八十二 成天四千六百一十 秒四 益六百二十八 益九百四十一 益四百	缩七千 缩初 缩初 朒空 朒初 朒初	降空 降七千四百四十五 降七千二百一十五	处暑	统天五千九百四十 四十九五十 开禧八千三百七十二四十九五十四 二百四十三 成天三千六百七十四 秒空四十九五十一 益一百八十五 益二百三十六 益一百九	缩二千六十 缩二万一千八十四 缩二万九千三百一十二 朒一千八百七十 朒二千六百六十五 朒一千六百三	降二万八百四十 降一千八百七十一 降一千九百七十三
小暑	统天一万七十六少 八十三九十七 开禧一万四千一百九十六八十四 空 一百九十七 成天六千二百三十一 秒二 益五百二十四 益七百五十二 益三百二十七	缩五千八百四十 缩七千四百四十五 缩七千二百一十五 朒六百二十八 朒九百四十一 朒四百	降七千 降五千九百五十一 降五千八百八十五	白露	统天八千五百六十一少 七十一三十四 开禧一万二千六十四七十一三十八 二百五十八 成天五千二百九十四 秒七七十一三十五 益六十三 益八十二 益三十九	缩七百 缩二万二千九百五十 缩二万二千九百五十 朒二千五百一十五 朒二千九百一十 朒一千二百七十一	降二万二千九百 降六百四十五 降六百四十五
大暑	统天六百九十七半 五八十一 开禧九百八十八五八十五 二百一十三 成天四百三十二 益四百一十六 益五百七十二 益二百五十四	缩四千六百三十 缩一万三千三百一十六 缩一万三千一百 朒一千一百 朒一千六百九十三 朒七百二十七	降一万二千八百四十 降四千五百二十四 降四千五百六十八	秋分	统天一万一千一百八十二半 九十三十九 开禧一万五千五百七十六九十三二十三 二百七十三 成天六千九百一十五 秒六九十三二十	盈七百 缩二万三千六百 缩二万三千六百	降二万三千六百 升六百四十五 升六百九十五
立秋	统天二千三百一十八太 二十七六十六 开禧四千六百八十 二十七六十九 二百二十八 成天二千五十三 秒一二十七六十七	缩三千三百七十 缩一万七千九百二十 缩一万七千六百一十八	降一万七千四百七十 降三千一百六十四 降三千二百六十四				

		益六十三		朒二千一百一十八			
		损八十二		朒二千九百八十三			
		损三十九		朒一千三百六十			
寒露		统天一千八百三太 十五三		盈二千六十	降二万二千九百	小雪	统天九千六百六十七半 八十五六	盈五千八百四十	降一万二千八百四十
		开禧二千五百四十八 十五八		缩二万二千九百五十五	升一千八百七十一		开禧一万二千六百二十四 六十二	缩一万三千三百九十六	升五千九百五十一
		二百八十九					三百三十四		
		成天一千一百一十六 秒五 十四		缩二万二千九百五	升一千九百七十三		成天五千九百七十九 秒二 八十五十八	缩一万三千一百	升五千八百八十五
		益一百八十五		朒二千五百一十五			损五百二十四	朒一千一百五十二	
		损二百三十六		朒二千九百五			损七百五十二	朒一千六百九十三	
		损一百九		朒一千二百七十一			损三百二十七	朒七百二十七	
霜降		统天四千四百二十五 三十六八十八		盈三千三百七十	降二万八百四十	大雪	统天二百八十八太 二四十一	盈五千八百四十	降七千
		开禧六千二百四十 三十六九十二		缩二万一千八百八十四	升三千一百六十四		开禧四百一十六 二四十六	缩七千四百四十五	升五千九百五十一
		三百四					三百五十		
		成天二千七百三十七 秒四 三十六八十九		缩二万九百三十二	升三千二百六十四		成天一百八十 秒一二四十二	缩七千二百一十五	升七千二百一十五
		损三百二		朒一千八百七十			损六百二十八	朒六百二十八	
		损四百		朒二千六百六十五			损九百四十一	朒九百四十一	
		损一百八十一		朒一千一百六十二			损四百	朒四百	
立冬		统天七千四十六少 五十八七十三		盈四千六百三十	降一万七千四百七十				
		开禧九千九百三十二 五十八七十七		缩一万七千九百二十	升四千五百二十四				
		三百一十九							
		成天四千三百五十八 秒三 五十八七十三		缩一万七千六百六十八	升四千五百六十八				
		损四百一十六		朒一千五百八十八					
		损五百七十二		朒二千二百六十五					
		损二百五十四		朒九百八十一					

求每日盈缩分、升降数，经朔、弦、望加时入气，入气朒朓数，赤道宿度，天正冬至加时赤道日度，夏至、春秋分加时赤道日度，分、至后赤道宿积度，赤道宿积入初、末限，二十八宿黄道度，天正冬至加时黄道日度，二十四气加时黄道日度，二十四气初日夜半黄道日度，二十四气夜半黄道日度，午中黄道日度，午中赤道日度。与前历同。

赤道过宫

危十二度　　九十六分　　秒一十六　　入卫分，陬訾之次，在亥，用甲、丙、庚、壬。

奎二度　　十四分　　秒九十八　　入鲁分，降娄之次，在戌，用艮、巽、坤、乾。

胃四度　　八分　　秒八十　　入赵分，大梁之次，在酉，用癸、乙、丁、辛。

毕八度　　二十七分　　秒六十二　　入晋分，实沈之次，在申，用甲、丙、庚、壬。

井十度　　四十六分　　秒四十四　　入秦分，鹑首之次，在未，用艮、巽、坤、乾。

柳五度　　一十五分　　秒二十六　　入周分，鹑火之次，在午，用癸、乙、丁、辛。

軫九度	五十二分	秒九十	入鄭分,寿星之次,在辰,用艮、巽、坤、乾。
氐一度	七十一分	秒七十二	入宋分,大火之次,在卯,用癸、乙、丁、辛。
尾四度	十五分	秒五十四	入燕分,析木之次,在寅,用甲、丙、庚、壬。
斗四度	八十四分	秒三十六	入吴分,星纪之次,在丑,用艮、巽、坤、乾。
女三度	三分	秒十八	入齐分,玄枵之次,在子,用癸、乙、丁、辛。

右赤道过宫宿度,依今历上元命日所起虚宿七度,为子正玄枵之中,以历策累加之,满赤道宿次去之,即得十二辰次初、中宿度及分秒。

求黄道过宫:各置赤道所入辰次宿度及分秒,以其宿其年黄道全度乘之,如其宿赤道全度而一,即各得所求。此法见于《大衍历》,以本历所起赤道日躔宿度为子正玄枵之中。《纪元历》起虚宿七度,与今载黄道起宿过宫于经,俾将来推变者有所本为。

黄道过宫

危十三度	四十七分	秒十七	入卫分,娵訾之次,在亥,用甲、丙、庚、壬。
奎一度	三十七分	秒二十五	入鲁分,降娄之次,在戌,用艮、巽、坤、乾。
胃四度	十九分	秒十五	入赵分,大梁之次,在酉,用癸、乙、丁、辛。
毕七度	八十二分	秒四	入晋分,实沈之次,在申,用甲、丙、庚、壬。
井九度	四十二分	秒八十九	入秦分,鹑首之次,在未,用艮、巽、坤、乾。
柳五度	分空	秒二十七	入周分,鹑火之次,在午,用癸、乙、丁、辛。
张十五度	六十二分	秒四十四	入楚分,鹑尾之次,在巳,用甲、丙、庚、壬。
軫九度	六十五分	秒空	入鄭分,寿星之次,在辰,用艮、巽、坤、乾。
氐一度	七十四分	秒五十一	入宋分,大火之次,在卯,用癸、乙、丁、辛。
尾三度	八十六分	秒六十四	入燕分,析木之次,在寅,用甲、丙、庚、壬。
斗四度	三十五分	秒九十二	入吴分,星纪之次,在丑,用艮、巽、坤、乾。
女二度	九十五分	秒七	入齐分,玄枵之次,在子,用癸、乙、丁、辛。

步月离

转实:三十二万六百五十五。《开禧》转率四十六万五千六百七十二、秒五千三百九十六。《成天》转周分二十万四千四百五十五、秒一千六百四十一。

转策:二十七余六千六百五十五。《开禧》余九千三百七十二、秒五千三百九十六。《成天》余四千一百一十五、秒一千六百四十一。

转差:十八万八千八百。

朔差日:一、余一万一千七百一十三。《开禧》余一万六千四百九十四、秒四千六百四。《成天》余七千二百四十一、秒八千三百五十九。

上弦度:九十一、约分三十一、秒四十四。《开禧》秒四十五。《成天》秒四十五。

望度:一百八十二、约分六十二、秒八十七。《开禧》秒九十。《成天》秒八十七。

下弦度:二百七十二、约分九十四、秒三十二。《开禧》秒三十四。《成天》秒三十一。

平行度:一十三、约分三十六、秒八十七。

七日:初数万六百六十四、约分八十九;末数一千三百三十六、约分一十一。

十四日:初数九千三百二十八、约分七十八;末数二千六百七十二、约分二十三。

二十一日:初数七千九百九十二、约分六十七;末数四千八、约分二十三。

二十八日:初数六千六百五十五、约分五十五;末数空。

入转日	进退差 迟疾度	转定分 损益率	加减差 朒朒积
一日	统天退十二	一千四百七十	加一百三十三
	开禧退十	一千四百六十六	加一百二十九
	成天退十二	一千四百六十五	加一百二十八
	疾度空	益一千一百九十四	朒空
	疾初	益一千六百三十一	朒初
	疾初	益七百一十	朒初
二日	统天退十六	一千四百五十八	加一百二十一
	开禧退十六	一千四百五十六	加一百一十九
	成天退十五	一千四百五十三	加一百一十六
	疾一度三十三	益一千八十六	朒一千一百九十四
	疾一度二十九	益一千五百四	朒一千六百三十一
	疾一度二十八	益六百一十四	朒七百一十
三日	统天退十九	一千四百四十二	加一百五
	开禧退十九	一千四百四十	加一百三
	成天退十八	一千四百三十八	加一百

	疾二度五十四	益九百四十二	朒二千二百八十	八日	统天退二十七	一千三百一十九	减十八
	疾二度八十四	益一千三百二	朒三千一百三十五		开禧退二十八	一千三百二十七	减十六
	疾二度四十四	益五百六十一	朒一千三百五十四		成天退二十六	一千三百二十	减一十七
四日	统天退二十二	一千四百二十二	加八十六		疾五度五十九	损一百六十二	朒五千一十七
	开禧退二十二	一千四百二十一	加八十四		疾五度四十七	损二百二	朒六千九百一十四
	成天退二十一	一千四百三十	加八十三		疾五度四十	损九十四	朒二千九百九十八
	疾三度五十九	益七百七十二	朒三千二百二十二	九日	统天退二十四	一千二百九十二	减四十五
	疾三度五十一	益一千六十二	朒四千四百三十七		开禧退二十四	一千二百九十五	减四十二
	疾二度四十五	益四百六十一	朒一千九百一十五		成天退二十三	一千二百九十四	减四十三
五日	统天退二十五	一千四百一	加六十四		疾五度四十一	损四十四	朒四千八百五十
	开禧退二十四	一千三百九十九	加六十二		疾五度三十一	损五百三十一	朒六千七百一十二
	成天退二十四	一千三百九十九	加六十二		疾五度二十三	损二百三十九	朒二千九百四
	疾四度四十五	益五百七十四	朒三千九百六十四	十日	统天退二十一	一千二百六十八	减六十九
	疾四度三十五	益七百八十四	朒五千四百九十九		开禧退二十二	一千二百七十一	减六十六
	疾四度二十八	益三百四十四	朒二千三百七十六		成天退二十	一千二百七十一	减六十六
六日	统天退二十八	一千三百七十六	加三十九		疾四度九十六	损六百一十九	朒四千四百五十一
	开禧退二十七	一千三百七十五	加三十八		疾四度八十九	损八百三十四	朒六千一百八十一
	成天退二十六	一千三百七十五	加三十八		疾四度八十	损三百六十六	朒二千六百六十五
	疾五度九	益三百五十	朒四千五百六十八	十一日	统天退十八	一千二百四十七	减九十
	疾四度九十七	益四百八十	朒六千二百八十三		开禧退一十九	一千二百四十九	减八十八
	疾四度九十	益二百一十一	朒二千七百二十		成天退一十八	一千二百五十一	减八十六
七日	统天退二十九	一千三百四十八	初加一十二末减一		疾四度二十七	损八百七	朒三千八百三十二
	开禧退二十八	一千三百四十九	初加十三末减二		疾四度二十三	损一千一百一十二	朒五千三百四十七
	成天退二十九	一千三百四十九	初加一十三末减二		疾四度一十四	损四百七十七	朒二千二百九十九
		初益一百八末损九	朒四千九百一十八	十二日	统天退十五	一千二百二十九	减一百八
	疾五度二十五	初益一百六十四末损十三	朒六千七百六十三		开禧退一十六	一千二百三十	减一百七
					成天退一十六	一千二百三十二	减一百四
	初疾五度二十八末疾四十一	初益七十二末损五	初朒二千九百三十一末朒三十三		疾三度三十七	损九百六十九	朒三千二百二十四
					疾三度二十五	损一千三百五十三	朒四千六百三十五
					疾三度二十八	损五百七十八	朒一千八百二十二

十三日	统天退十二	一千二百一十四	减一百二十三			迟二度七十七	益九百一十五	朒二千四百八十六
	开禧退一十二	一千二百一十四	减一百三十三			迟二度七十四	益一千二百六十四	朒三千四百六十三
	成天退一十四	一千二百一十七	减一百二十			迟二度七十	益五百四十四	朒一千四百九十八
	疾二度二十九	损一千一百四	朒二千五十五	十八日	统天进二十三	一千二百五十五	加八十二
	疾二度二十九	损一千五百五十五	朒二千二百八十二		开禧进二十三	一千二百五十七	加八十
	疾二度二十四	损六百六十六	朒一千二百四十		成天进二十二	一千二百五十九	加七十八
十四日	统天进五	一千二百二	初减一百六末加二十九		迟三度七十九	益七百三十六	朒三千四百一
	开禧进七	一千二百二	初减一百五末加三十		迟三度七十四	益一千一十七	朒四千七百二十七
	成天进八	一千二百三	初减一百四末加二十		迟三度六十八	益四百三十三	朒一千四百一十二
	疾一度六	初损九百五十一末益三百六十	朒七百五十一	十九日	统天进二十六	一千二百七十八	加五十九
	疾一度五	初损一千三百二十七末益三百七十九	朒一千三百二十七		开禧进二十六	一千二百八十	加五十七
	初疾度四末迟初	初损五百七十八末益一百六十六	朒初朒五百七十八末朒初		成天进二十四	一千二百八十一	加五十六
十五日	统天进十二	一千二百七	加一百三十		迟四度	益五百三十	朒四千一百三十七
	开禧进一十二	一千二百九	加一百二十八		迟四度五十四	益七百二十一	朒五千七百三十八
	成天进一十二	一千二百一十一	加一百二十六		迟四度四十六	益三百一十一	朒二千四百七十五
	迟空	益一千一百六十七	朒二百六十	二十日	统天进二十八	一千三百四	加三十三
	迟初度三十	益一千六百一十八	朒三百七十九		开禧进二十七	一千三百六	加三十一
	迟初度三十	益六百九十九	朒一百六十六		成天进二十七	一千三百五	加三十二
十六日	统天进十六	一千二百一十九	加一百一十八		迟五度二十	益二百九十六	朒四千六百六十七
	开禧进一十六	一千二百二十一	加一百一十六		迟五度一十一	益三百九十二	朒六千四百五十九
	成天进一十六	一千二百二十三	加一百八十四		迟五度二	益一百七十八	朒二千七百八十六
	迟一度五十九	益一千五十九	朒一千四百二十七	二十一日	统天进二十九	一千三百三十二	初加七末减二
	迟一度五十九	益一千四百六十	朒一千九百九十七		开禧进二十八	一千三百三十三	初加六末减二
	迟一度五十六	益六百三十三	朒八百六十五		成天进二十九	一千三百三十二	初加七末减二
十七日	统天进二十	一千二百三十五	加一百二		迟五度五十三	初益六十三末损十八	朒四千九百六十三
	开禧进二十	一千二百三十七	加一百		迟五度四十二	初益七十六末损二十五	朒六千八百五十一
	成天进二十	一千二百三十九	加九十八		初迟五度三十四末迟五度四十一	初益三十九末损一十一	初朒二千九百六十四末朒三千三
				二十二日	统天进二十七	一千三百六十一	减二十四
					开禧进二十六	一千三百六十一	减二十四
					成天进二十七	一千三百六十一	减二十四

	迟五度五十八	损二百一十五	朒五千八
	迟五度四十六	损三百三	朒六千九百二
	迟五度三十九	损一百三十三	朒二千九百九十二
二十三日	统天进二十四	一千三百八十八	减五十一
	开禧进二十四	一千三百八十七	减五十
	成天进二十二	一千三百八十八	减五十一
	迟五度三十四	损四百五十八	朒四千七百九十三
	迟五度二十二	损六百三十二	朒六千五百九十九
	迟五度一十五	损二百八十三	朒二千八百五十九
二十四日	统天进二十一	一千四百一十二	减七十五
	开禧进二十	一千四百一十一	减七十四
	成天进一十九	一千四百一十一	减七十三
	迟四度八十三	损六百七十三	朒四千三百三十三
	迟四度七十二	损九百二十六	朒五千九百六十七
	迟四度六十四	损四百五	朒二千五百七十六
二十五日	统天进十七	一千四百三十三	减九十六
	开禧进十六	一千四百三十一	减九十四
	成天进十五	一千四百二十九	减九十二
	迟四度八	损八百六十二	朒三千六百六十二
	迟三度九十八	损一千一百八十八	朒五千三十一
	迟三度九十一	损五百一十一	朒二千一百七十一
二十六日	统天进十三	一千四百五十	减一百一十三
	开禧进十二	一千四百四十七	减一百一十
	成天进一十二	一千四百四十四	减一百七
	迟三度十三	损一千一十四	朒二千八百
	迟三度四分	损一千三百九十一	朒三千八百四十一
	迟二度九十九	损五百九十四	朒一千六百六十
二十七日	统天进八	一千四百六十三	减一百二十六
	开禧进八	一千四百五十九	减一百二十二
	成天进一十	一千四百五十七	减一百二十
	迟一度九十九	损一千一百三十一	朒一千七百八十六
	迟一度九十四	损一千五百四十二	朒二千四百五十二
	迟一度九十二	损六百六十六	朒一千六十六
二十八日	统天退一	一千四百七十二	初减七十三末加六十一
	开禧退一	一千四百六十七	初减七十二
	成天退二	一千四百六十七	初减七十二
	迟空七十三	初损六百五十五末益五百四十	朒六百五十五
	迟初度七十二	初损九百一十	朒九百一十
	迟初度七十二	初损四百	朒四百

求天正十一月经朔加时入转，经朔、弦、望入转朒朒数，朔、弦、望定日，定朔、弦、望加时黄道日度，平交日辰，平交加时入转朒朒定数，正交日辰，经朔加时中积，正交国时黄道月度，四象加时黄道月度，四象后黄道积度，四象后黄道积度入初、末限，月行九道，月行去黄道差，月行去赤道差，月行九道宿度，正交加时月离九道宿度，定朔、弦、望加时黄道月度，定朔、弦、望加时九道月度，定朔、弦、望午中入转，每日午中入转，晨昏月度，朔、弦、望晨昏定程，每日转定数，每日晨昏月，所求日加时平行月积度，所求日加时定月。法同前历，此不载。

步晷漏

二至限：一百八十二、分六十二、秒。《开禧》秒一十五。《成天》秒一十四。

一象度：九十一、分三十一、秒四十四。

冬至后初限夏至后末限：六十二日、分六。《开禧》九分。《成天》分八。

夏至后初限冬至后末限：一百二十日、分五十六。《开禧》分五十三。《成天》分五十四。

冬至岳台中晷常数：一丈二尺八寸五分。

临安中晷常数：一丈八寸二分。

夏至岳台中晷常数：一尺五寸七分。二历六分）

临安中晷常数：九寸一分。

本法：九千。《开禧》一万二千六百七十五。《成天》五千五百六十五。

半法：六千。《开禧》四百五十。《成天》三千七百一十。

少法：三千。《开禧》四千二百二十五。

昏明分：三百。《开禧》四百二十二半。《成天》一百八十五半。

昏明刻：二、余六十。开禧余二百五十三半。成天余五百五十六半。

辰刻：八、余四十。《开禧》余一百六十九。《成天》余三百七十一。

半辰刻：四、余二十。《开禧》余八十四半。《成天》余一百八十五半。

求午中入气及中积，午中定积入二至后初、末限，岳台午中晷景定数，九服午中晷景定数，临安午中晷景定数，每日赤道内、外度，每日午中太阳去极度，日出、入晨昏半昼分，昼夜刻，日出入辰刻，更点差刻及辰刻，每日距中度及每更差度，昏晓五更中星，九服昼夜刻，临安日出、入分，临安距中度。法在前历，此不载。

步交会
交实：三十二万六千五百四十七。《开禧》交率四十五万九千八百八十六，秒四千八百二十五。《成天》交终分二十万一千九百一十四，秒七千五十一。
交策：二十七、余三千五百八十六、秒四千八百二十五。《开禧》余二千五百四十七。《成天》余一千五百七十四、秒七千五十一。
交中策：一十三、余七千二百七十三半。《开禧》余一万二千四百一十。
交差：八万二百九十八。
朔差日：二、余三千八百二十一。《开禧》余五千三百八十、秒五千一百七十五。《成天》二千三百六十二、秒二千九百四十九。
交率：十九。
秒母：一万。
交数：二百四十二。
交终度：三百六十二、约分七十九、秒二十四。《开禧》秒四十四。《成天》约分七十九、秒四十六。
交中度：一百八十一、约分八十九、秒六十二。《开禧》秒七十二。《成天》约分八十九、秒七十三。
交象度：九十、约分九十四、秒八十一。《开禧》秒八十六。《成天》同《开禧》。
半交象度：四十五、约分四十七、秒四十半。《成天》秒四十三。
日食岳台阳历限：五千六百，定法五百六十。《开禧》七千八百九十，定法七百八十九。《成天》三千四百七十，定法三百四十七。
临安阳历限：五千六百八十，定法五百六十八。
岳台阴历限：七千一百，定法七百一十。《开禧》九千七百四十，定法九百七十四。《成天》四千二百八十，定法四百二十八。
临安阴历限：六千七百，定法七百一十。
月食限：一万一千二百，定法七百三十。《开禧》一万五千七百八十，定法一千五十二。《成天》六千九百四十，定法四百六十三。
既限：三千九百。《成天》四千六百三十。
求天正十一月经朔加时入交，定朔、望夜半入交，每日夜半入交，定朔、望加时入交，定朔、望加时月行入交积度，定朔、望加时月行入交定积度，定朔、望加时月行入阴阳历积度，定朔、望加时月去黄道度，日月食甚转定分，日月食甚入转朒朒胁数、入交数、常望定日，日月食甚泛大、小余，日食甚定大、小余，月食甚定大、小余，日月食甚入气，日月食甚日月积度，至差、分差、立差，朔入交定日，日月食甚月行入阴阳历交前、后分，日食分，

月食分，日食泛用分，月食泛用分，日月食定用分，月食既内、外分，日月食亏初、复满小余，月食更点法，月食入更点，日月食带出入及亏后、满前所见分，日月食甚宿次，日食所起，月食所起，日月食甚九服加时差，日月九服食分差。法同前历，此不载。

步五星
岁策：三百六十五、约分二十四、秒二十五。
气策：一十五、约分二十一、秒八十四。
朔策：二十九、约分五十三、秒六。
历策：一十五、约分二十一、秒九十一。
木星周实：四百七十八万六千六百一十九。《开禧》周率六百七十四万一千一百七十二、秒八十七。《成天》二百九十五万九千七百三十二、秒三十二。
周策：三百九十八、约分八十八、秒四十九。《开禧》余一万四千九百七十二、秒八十七、约分八十八、秒六十。《成天》余六千五百七十二、约分八十八、秒五十七。
周差：一百三十八万三千六十五。
岁差：十九万六千二百。
伏见度：一十三。
《开禧》历率六百一十七万一千八百五十九、秒八十九。《成天》二百七十一万二百一十、秒六十九。《开禧》历中度一百八十三、约分六十二、秒九十。《成天》秒八十七。《开禧》历策度一十五、约分二十一、秒九十一。《成天》同。

段目	常日 限度	常度 初行率
晨疾初	统天三十	六 四十三
	开禧三十日	六度 三十六分
	成天三十一日	六度 八十九分
	四 九十	二十二 二十九
	四度 八十三分	二十二分 秒二十四
	五度 二十一分	二十三分 秒五十八
晨疾末	统天二十九	五 五十七
	开禧二十九日	五度 三十七分
	成天二十九日	五度 三十九
	四 二十四	二十 五十三
	四度 七分	二十分 秒一十八
	四度 八分	二十分 秒八十六
晨迟初	统天二十八	四 十四
	开禧二十八日	四度 七
	成天二十八日	三度 八十五分
	三 十五	十七 四十四
	三度 九	一十六分 八十六
	二度 九十一分	一十六分 秒四十四
晨迟末	统天二十六	一 五十三
	开禧二十六日	二度 三分
	成天二十六日	一度 四十四分
	一 十六	十 八十七
	一度 五十四分	一十二分 秒二十二
	一度 九分	一十一分 秒六
晨留	统天二十三日	空
	开禧二十三日	
	成天二十二日	

			木星盈缩历		
	空	空	策数	损益率 损益率	盈积度 缩积度
晨退	统天四十六日 四十四分 秒二十四半	四 八十四分 秒八十八	初	统天益一百四十八 开禧益一百五十三 成天益一百五十二 益一百七十五 益一百七十九 益一百七十五	空 初 初 度 初 初
	开禧四十六日 五十四分 秒三	四 九十 八十五			
	成天四十六日 二十四分 秒一十九	空 三十四 四十一半			
	空 三十三 三十七	空			
	空 三十二 四十				
		十五	一	统天益一百三十五 开禧益一百三十七 成天益一百三十五 益一百三十五 益一百六十 益一百五十六	一度 一度 五十三 一度 五十二 一度 七十五 一度 七十九分 一度 七十五分
夕退	统天四十六 四十四 二十四半	四 八十四 八			
	开禧四十六日 五十四分 秒三十	四度 九十分			
	成天四十六 二十四分 二十九	四度 九十四分 秒八十四半			
	空 三十三 三十七 秒八十五半	十五 三十一	二	缩天益一百一十六 开禧益一百一十六 成天益一百一十四 益一百二十七 益一百三十五 益一百三十二	二度 八十三 二度 九十分 二度 八十七分 三度 二十八 三度 三十九分 三度 三十一分
	度空 三十二分 秒四十	一十五 四十四			
	度空 三十四 四十一半	一十五 秒四十八			
夕留	统天三十三		三	统天益九十一 开禧益九十 成天益八十九 益九十七 益一百四 益一百三	三度 九十九 四度 六分 四度 一分 四度 五十五 四度 七十四分 四度 六十三分
	开禧二十三				
	成天二十二日				
	空	空			
夕迟初	统天二十六	一 五十三			
	开禧二十六日	二度 三分			
	成天二十六日	一度 四十四分	四	统天益六十 开禧益五十九 成天益六十 益六十三 益六十七 益六十	四度 九十 四度 九十六 四度 九十分 五度 五十二 五度 七十八分 五度 六十六分
	一 十六	空			
	一度 五十分	空			
	一度 九分				
夕迟末	统天二十八	四 十四			
	开禧二十八日	四度 七	五	统天益二十三 开禧益二十二 成天益二十七 益二十五 益二十四 益三十	五度 五十五 五度 五十五 五度 五十分 六度 十五 六度 四十五分 六度 三十五分
	成天二十八日	三度 八十五分			
	三 十五	十 八十七			
	三度 九分	一 十二分 秒二十二			
	二度 九十一	一 十一分 秒六			
夕疾初	统天二十九	五 五十七	六	统天损二十三 开禧损二十三 成天损二十七 损二十五 损二十四 损三十	五度 七十三 五度 七十一 五度 七十七分 六度 四十 六度 六十九分 六度 六十五分
	开禧二十九日	五度 三十七分			
	成天二十九日	五度 三十九分			
	四 二十四	十七 六十四			
	四度 七分	一 十六分 秒八十六			
	四度 八分	一 十六分 秒四十四	七	统天损六十 开禧损五十九 成天损六十 损六十三 损六十七 损六十九	五度 五十 五度 五十五分 五度 五十分 六度 十五 六度 四十五分 六度 三十五分
夕疾末	统天三十	六 四十四			
	开禧三十日	六度 三十六分			
	成天三十一日	六度 八十九			
	四 九十	二十 五十三			
	四度 八十三分	二十分 一十八			
	五度 二十一分	二十分 秒八十八	八	统天损九十一 开禧损九十 成天损八十九	四度 九十 四度 九十六 四度 九十分
夕伏	统天十七	四 空			
	开禧十六日	三度 九十分			
	成天一十七日 二十分	四度 二十分			
	三 五	二十二 二十九			
	三度 九十六分	二十二 二十四			
	三度 一十八分	二十三分 秒五十八			

	损九十七	五度 五十二		三十七 七十四	六十九 八十四
	损一百四	五度 七十八分		三十七度 三十五	六十九 四十二
	损一百三	五度 六十六分		三十七度 四十三	六十九分 秒七十六
九	统天损一百十六	三度 九十九	晨次疾初	统天五十一	三十一度 五十一
	开禧损一百一十六	四度 六分		开禧五十二日	三十四度 一分
	成天损一百一十四	四度 一分		成天五十一	三十三度 一分
	损二十七	四度 五十五		三十一 七十	六十七 九十七
	损一百三十五	四度 七十四分		三十二 九	六十七 八
	损一百三十二	四度 六十三分		三十一度 一十九分	六十六分 秒八十四
十	统天损一百三十五	二度 八十三	晨次疾末	统天四十五	二十六度 一十三
	开禧损一百三十五	二度 九十分		开禧四十四日	二十五度 六十七
	成天损一百三十五	二度 八十七分		成天四十四	二十五度 五十四分
	损一百五十三	三度 二十八		二十四 七十六	六十二 四十
	损一百六十	三度 三十九分		二十四度 二十二	六十三 七十四
	损一百五十六	三度 三十一		二十四度 一十三	六十二分 秒六十二
十一	统天损一百四十八	一度 四十分	晨迟初	统天三十八	十七 十八
	开禧损一百五十三	一度 五十三分		开禧四十日	一十八度 九
	成天损一百五十二	一度 五十二分		成天三十九	一十七度 四十四分
	损一百五十七	一度 七十五		十六 二十二	五十二 六十四
	损一百七十九	一度 七十九分		一十七 七	五十二 九十六
	损一百七十五	一度 七十五分		一十六度 四十九分	五十三分 秒四十八

火星周实：九百三十五万九千一百五十五。《开禧》周率一千三百一十九万八百四，秒一。《成天》五百七十八万七千七十二，秒八十八。

周策：七百七十九、约分九十二、秒九十六。《开禧》余一万五千七百四，秒一，约分九十二、秒九十二。《成天》余六千八百九十二，秒八十八，约分九十二、秒九十。

周差：二百二十六万四千二十五。

岁差：四百四万六千四百。

伏见度：十九半。

《开禧》历率六百一十七万二千九百五十九、秒一。《成天》二百七十一万二百一十、秒二十七。《开禧》历中度一百八十二、约分六十二、秒九十。《成天》秒八十七。《开禧》历策度一十五、约分二十一、秒九十一。《成天》同《开禧》。

段目	常日 限度	常度 初行率
合伏	统天六十八日 二十五	四十八度 七十五
	开禧六十七日 八十分	四十八度 八十分
	成天六十九 二十五分	五十度 二十五分
	四十六度 一分	七十一 八十二
	四十六度 四分	七十二 六十八
	四十七度 四十分	七十三分 秒二十四
晨疾初	统天六十三	四十四 三十七
	开禧六十二日	四十三度 六十一分
	成天六十二日	四十三度 八十八分
	四十一 八十八	七十 九十一
	四十一度 一十五分	七十一分 二十六
	四十一度 四十六分	七十一分 秒八十
晨疾末	统天五十八	三十九 九十八
	开禧五十八	三十九度 五十九
	成天五十八	三十九度 六十一分

晨迟末	统天二十九	六度 十五
	开禧二十八	六度 三十八
	成天二十九	六度 一十四分
	五 八十	三十四 四十六
	六度 二	三十七 四十八
	五度 八十分	三十五分 秒九十二
晨留	统天九	空
	开禧九日	
	成天九日	
	空	空
晨退	统天二十八 七十一 四 十八	八 八十九 六十四 半
	开禧二十九 一十六 四 十六	八度 八十 七十二
	成天二十八日 七十一分 秒四十五	八度 五十二分 秒六十八
	三 二十二 六半	空
	三度 三十九 五十三半	空
	三度 三十六分 秒三十一半	空
夕退	统天二十八 七十一 四 十八	八 八十九 六十四 半
	开禧二十九 一十六 四 十六	八度 八十分 秒七十二
	成天二十八日 七十一分 秒四十五	八度 五十二分 六十八半
	三 二十二 六十半	四十五 四十三
	三度 三十分 秒五十二半	四十四分 秒二十三
	三度 三十六 三十一半	四十四分 七十二
晨留	统天九	空
	开禧九	
	成天九	
	空	空

夕迟初	统天二十九	十八 十五		益四百五十二	四 五十八
	开禧二十八	六度 三十八		益四百九十	五度 二十五
	成天二十九	六度 一十四分		益四百九十	五度 三十六
	五 八十	空	二	统天益四百五十六	十九 四十四
	六度 二分	空		开禧益四百七十五	一十九 三十九
	五度 八十分	空		成天益四百五十八	一十九度 五十二
夕迟末	统天三十八	十七 十八		益四百三十三	九 十一
	开禧四十日	一十八度 九分		益四百五十五	一十 十五
	成天三十九	一十七度 四十四分		益四百三十六	一十度 二十六
	十六 二十二	三十四 四十六	三	统天一百四十四	二十四 空
	一十七 七分	三十七分 四十八		开禧一百七十六	二十四 一十四
	一十六度 四十九	三十五 九十二		成天一百四十二	二十四度 一十分
夕次疾初	统天四十五	二十六 二十三		益三百九十六	十三 四十四
	开禧四十四日	二十五 六十七		益三百八十五	一十四 七十
	成天四十四日	二十五度 五十四		益三百七十四	一十四度 六十二分
	二十四 七十六	五十二 六十四	四	统天损三十八	二十五 四十四
	二十四 二十二	五十三 九十六		开禧损三十五	二十五 九十
	二十四度 一十三	五十三分 秒四十一		成天损三十九	二十五度 五十二
夕次疾末	统天五十一	三十三 五十八		益三百四十	十七 四十
	开禧五十二日	三十四 一分		益三百一十五	一十八 五十五
	成天五十一日	三十三度 一分		益三百四	一十八度 三十六分
	三十一 七十	六十二 四十	五	统天损一百六十三	二十五 六
	三十二 九分	六十三 七十四		开禧损一百四十	二十五 五十五
	三十一度 一十九分	六十二分 六十二		成天损一百三十七	二十五度 一十三分
夕疾初	统天五十八	三十九 九十八		益二百六十三	二十 八十
	开禧五十八	三十九度 五十九		益二百四十五	二十一 七十
	成天五十八	三十九度 六十一		益二百二十六	二十一度 四十分
	三十七 七十四	六十七 九十六	六	统天损二百六十三	二十三 四十三
	三十七 三十五	六十七 八		开禧损二百四十五	二十三 四十
	三十七 四十三	六十六 八十四		成天损二百二十六	二十三度 七十六分
夕疾末	统天六十三	四十一 三十七		益一百六十三	二十四 四十五
	开禧六十二日	四十三度 六十一		益一百四十	二十三度 六十六分
	成天六十二	四十三度 八十八分			
	四十一 八十八	六十九 八十四	七	统天损三百四十	二十 八十
	四十一度 一十五	六十九 四十二		开禧损三百一十五	二十一 七十
	四十一度 四十六分	六十九分 七十六		成天损三百六	二十一度 五十分
夕伏	统天六十八 二十五	四十八 七十五		益三十八	二十五 六
	开禧六十七 八十	四十八 八十		益三十五	二十五 五十五
	成天六十九 二十五	五度 二十五		益四十六	二十五度 六分
	四十六 一分	七 九十一	八	统天损三百九十六	十七 四十
	四十六 四分	七十一分 二十六		开禧损三百八十五	一十八 五十五
	四十七度 四十八	七十一分 八十		成天损三百七十七	一十八度 四十四
				损四百四十	二十五 四十四
	火星盈缩历			损一百七十六	二十五 九十
策数	损益率	盈积度		损一百四十五	二十五 五十二分
	损益率	缩积度	九	统天损四百三十三	十三 四十四
初	统天益一千五百五十二	度空		开禧损四百五十五	一十四 七十
	开禧益一千一百四十二	初		成天损四百三十九	一十四度 六十七分
	成天益一千一百五十六	初		损四百五十六	二十四 空
	益四百五十八	度空		损四百七十五	二十四 一十四
	益五百二十五	初		损四百五十七	二十四度 七分
	益五百三十六	初	十	统天损四百五十三	九 一十一
一	统天益七百九十二	十二 五十二		开禧损四百九十	一十 一十五
	开禧益七百九十七	一十一 四十二		成天损四百九十二	一十度 二十八分
	成天益七百九十六	一十七度 五十六			

	损七百九十二	十九 四十四
	损七百九十七	一十九 三十九
	损七百九十四	一十九度 五十分
十一	统天损四百五十八	四 五十八
	开禧损五百二十五	五 二十五
	成天损五百三十六	五度 三十六
	损一千一百五十二	十一 五十二
	损一千一百四十二	十一 四十二
	损一千一百五十六	一十一度 五十六分

土星周实：四百五十三万七千一百。《开禧》周率六百三十八万九千七百四十八、秒九十一，《成天》二百八十万五千四百四十、秒二十一。

周策：三百七十八、约分九、秒十六。《开禧》余一千五百四十八、秒九十一，《成天》余六百八十、秒二十一。

周差：三百五十五万一百。

岁差：一百一十一万五千四百。

伏见度十八。

《开禧》历率六百一十七万二千八百五十九、秒一，《成天》二百七十一万二百二十一。《开禧》历中度一百八十二、约分六十二、秒九十；《成天》一百八十二，分同《开禧》，秒八十七。《开禧》历策度一十五、约分二十二、秒九十一，《成天》同《开禧》。

段目	常日 限度	常度 初行率
合伏	统天二十 六十七	二 六十七
	开禧六十七 八十	四十八 八十
	成天二十一 二十分	二度 七十
	一 六十三	十三 三十三
	四十六 四	七十二 六十八
	一度 六十五分	一十三分 三十四
晨疾	统天三十	三 四十九
	开禧六十二	四十三 六十一
	成天二十九	三度 二十五
	二 十三	十二 三十七
	四十一 一十五	七十一 二十六
	一度 九十八分	一十二分 二十二
晨次疾	统天二十八	二 六十六
	开禧五十二	三十四 一
	成天二十八	二度 五十
	一 六十三	十 四十七
	三十二 九	六十七 八
	一度 五十三	一十分 二十八
晨迟	统天二十五	一 二十八
	开禧四十七	一十八 九
	成天二十七日	一度 五十四分
	空 七十八	七 三十二
	一十七 七	五十二 九十六
	度空 九十四	七分 秒六十六
晨留	统天三十四	空
	开禧九	
	成天三十三	

段目	常日 限度	常度 初行率
晨退	空 统天五十一 三十七 五 十八 开禧二十九 一十六 四 十六 成天五十 八十四 五十 八半 空 二十五 七十一 三 三十九 五十三半 度空 三十一 七十	空 三 六十七 五十四 八 八十 七十二 三度 五十七 五十 五 空 空 空
夕退	统天五十一 三十七 五 十八 开禧二十九 一十六 四 十六 成天五十 八十四 五十 八半 空 二十五 七十一 三 三十九 五十三半 度空 三十一 七十	三 六十七 五十四 八 八十 七十二 三度 五十七 五十 五 十 四十七 四十四 二十三 九分 七十八
夕留	统天三十四 开禧九 成天三十三 空	空
夕迟	统天二十五 开禧二十八 成天二十七 空 七十八 六 二 度空 九十四	一 二十八 六 三十四 一度 五十四分 空 空 空
夕次疾	统天二十八 开禧四十四 成天二十八 一 六十二 二十四 二十二 一度 五十三分	二 六十六 二十五 六十七 二度 五十一分 七 三十二 五十三 九十六 七分 六十六
夕疾	统天三十 开禧五十八 成天二十九 二 十三 三十七 三十五 一度 九十八分	三 四十九 三十九 五十九 三度 二十五分 十 四十七 六十七 八 一分 二十八
夕伏	统天二十 六十七 开禧六十二 成天二十一 二十分 一 六十二 四十一 四 一度 六十五分	二 六十七 四十三 六十一 二度 七十分 十二 三十七 七十一 二十六 一十二分 一十二

土星盈缩历

策数	损益率 损益率	盈积度 缩积度
初	统天益二百八 开禧益三百二十二 成天益二百二十五	度空 初 初

	益一百五十八	度空
	益一百六十五	初
	益一百六十	初
一	统天益一百九十三	二 八
	开禧益一百九十五	二 二十三
	成天益一百九十五	二度 一十五分
	益一百四十五	一 五十八
	益一百五十一	一 六十五
	益一百五十二	一度 六十分
二	统天益一百六十八	四 一
	开禧益一百六十二	四 一十八
	成天益一百六十一	四度 二十分
	益一百二十五	三 三
	益一百三十	三 一十六
	益一百三十八	三度 一十二分
三	统天益一百三十三	五 六十九
	开禧益一百二十四	五 八十
	成天益一百二十三	五度 八十一
	益九十八	四 二十八
	益一百二	四 四十六
	益一百一十二	四度 五十分
四	统天益八十八	七 二
	开禧益八十一	七 四
	成天益八十一	七度 四分
	益六十四	五 二十八
	益六十七	五 四十八
	益七十四	五度 六十二分
五	统天益三十三	七 九十
	开禧益三十三	七 八十五
	成天益三十五	七度 八十五分
	益二十三	五 九十
	益二十五	六 一十五
	益三十五	六度 四十分
六	统天损三十三	八 二十三
	开禧损二十三	八 二十八
	成天损三十五	八度 二十分
	损二十三	六 一十三
	损二十五	六 四十
	损三十五	六度 七十五分
七	统天损八十八	七 九十
	开禧损八十一	七 八十五
	成天损八十五	七度 八十五分
	损六十四	五 九十
	损六十七	六 一十五
	损七十四	六度 四十分
八	统天损一百三十三	七 二
	开禧损一百二十四	七 四
	成天损一百二十八	七度 分空
	损九十八	五 二十六
	损一百	五 四十八
	损一百七	五度 六十六分
九	统天损一百六十八	五度 六十九
	开禧损一百六十一	五 八十
	成天损一百六十四	五度 七十二分
	损一百二十五	四 二十八
	损一百二十	四 四十六
	损一百三十四	四度 五十九分
十	统天损一百九十三	四 一
	开禧损一百九十五	四 一十八
	成天损一百九十三	四度 八分
	损一百四十五	三 三
	损一百五十一	三 一十六
	损一百五十五	三度 二十五
十一	统天损二百	二 八
	开禧损二百二十三	二 二十三
	成天损二百一十五	二 一十五分
	损一百五十八	一 五十八
	损一百六十五	一 六十五分
	损一百七十	一度 七十分

金星周实：七百万六千八百三十三。《开禧》周率九百八十六万七千九百五十六、秒一十。《成天》四百三十三万二千五百五十六、秒九十五。

周策：五百八十三、约分九十、秒二十八。《开禧》余一万五千二百五十六、秒一十，分秒同。《成天》余六千六百九十六、秒九十五，约分九十、秒二十六。

周差：一百二万三千六百七十一。

岁差：三百三十一万二千三百。

伏见度：十半。

《开禧》历率六百一十七万二千八百五十八、秒八十八，《成天》二百七十一万二千二百一十、秒十三。《开禧》历中度一百八十二、约分六十二、秒九十，《成天》秒八十七。《开禧》历策度一十五、约分二十一、秒九十一，《成天》同。

段目	常日 限度	常度 初行率
合伏	统天三十九	四十九 五十
	开禧三十九日	四十九 五十
	成天三十九日	四十九度 五十分
	四十七 五十二	一 二十七 六十九
	四十七 五十一	一 二十七 六十八
	四十七度 五十四分	一度 二十八分 秒六十八
夕疾初	统天五十二	六十五 一十一
	开禧五十二	六十五 一十三
	成天五十一	六十三度 三十三分
	六十二 五十	一 二十五 九十五
	六十二 三十八	一 二十六 一十六
	六十度 八十二	一度 二十五分 秒一十六
夕疾末	统天四十八	五十九 一十四
	开禧四十八	五十九度 八分
	成天四十九	五十九度 七十六分
	五十六 七十七	一 二十四 三十五
	五十六 五十九	一 二十四 三十四
	五十七度 四十分	一度 二十三分 秒一十八

426

夕次疾初	统天四十二		五十 十七	晨退	统天九 九十五 十四	三 八十七 八十六
	开禧四十四		五十二度 五十三分		开禧一十	四度 四十四
	成天四十三日		五十度 八十分		成天一十日	三度 八十九分
	四十八 十六		一 二十二 二		一 七十 十四	空 六十七 七十九
	五十度 三十一分		一 二十 分 八十二		一度 八十四	六十九 五十二
	四十八度 七十九分		一度 二十分 秒七十六		一度 六十九分	六十七分 秒七十二
夕次疾末	统天三十七		四十 八十三	晨留	统天六	空
	开禧三十七				开禧六	
	成天三十九日		四十二度 二十五分		成天六	
	三十九 十九		一 十六 六十六		空	空
	四十度 五十八		一度 一十五分 秒五十二	晨迟初	统天二十二	九 二十一
夕迟初	统天三十		二十六 三十七		开禧一十八	七 三十六
	开禧三十二日		二十七 二十二		成天一十七日	七度 六十六分
	成天三十二日		二十七度 九分		八 八十四	空
	二十五 三十一		一 一 五十九		六	
	二十六度 七分		一 空 四十八		七度 三十六分	空
	二十六度 二分		一度 一分 秒一十四	晨迟末	统天三十	二十六 三十七
夕迟末	统天二十二		九 二十一		开禧三十二	二十一 二十二
	开禧一十八		七度 二十六		成天三十二	二十七度 九分
	成天一十七日		七度 六十六分		二十五 三十一	空 六十七 七十三
	八 八十四		空 六十七 七十二		二十一 七	六十七 六十四
	六度 九十五分		六十九 六十四		二十六度 二分	六十八分 秒一十六
	七度 三十六分		六十八分 秒一十六	晨次疾初	统天三十七	四十 八十三
夕留	统天六		空		开禧三十七	四十 二十二
	开禧六				成天三十九	四十二度 二十五分
	成天六日				三十九 十九	一 一 五十九
	空		空		三十八 五十三	一 分空 秒四十八
夕退	统天九 九十五 十四		三 八十七 八十六		四十度 五十八分	一度 一分 秒二十 四一作一十四
	开禧一十日		四度 四十四	晨次疾末	统天四十二	五十 十七
	成天一十日		三度 八十九分		开禧四十四	五十二 五十三
	一 七十 十四		空		成天四十三日	五十度 八十分
	一度 八十四		空		四十八 十六	一 十六 六十六
	一度 六十九分		空		五十 三十一	一 十六 六十四
夕伏退	统天六		四 五十		四十八度 七十九分	一度 一十五分 秒五十二
	开禧五 九十五 一十二半		八 五十四 八十六	晨疾初	统天四十八	五十九 十四
	成天五日 九十五分 秒一十三		四度 五十四分 八十五		开禧四十八	五十九 八
	一 九十六		空 六十七 七十九		成天四十九	五十九度 七十六分
	一 八十八 一十六半		六十九 五十二		五十六 七十七	一 二十二 二
	一度 七十八分 秒一十三		六十七分 秒七十二		五十六 五十九	一 二十一 八十二
合伏退	统天六		四 五十		五十七度 四十分	一度 二十分 秒七十六
	开禧五 九十五 秒一十三半		八 五十四 八十六半	晨疾末	统天五十二	六十五 十一
	成天五日 九十五分 秒一十三		四度 五十四分 秒八十五		开禧五十二	六十五 一十三
	一 九十六		空 八十二 二十		成天五十一	六十三度 三十三分
	一 八十八 一十三半		八十三分 一十六		六十二 五十	一 二十四 三十五
	一度 七十八分 秒一十三		八十五分 秒一十四		六十二 二十八	一 二十四 三十四
					六十度 八十二	一度 二十三分 秒一十八
				晨伏	统天三十九	四十九 五十
					开禧三十九	四十九 五十
					成天三十九	四十九 五十分

金星盈缩历

策数	损益率/损益率	盈积度/缩积度
初	统天益五十三	度空
	开禧益五十二	初
	成天益五十四	初
	益五十三	度空
	益五十二	初
	益五十四	初
一	统天益四十九	空 五十三
	开禧益四十九	初度 五十二分
	成天益四十九	初度 五十四分
	益四十八	空 五十一
	益四十九	初 五十二
	益四十九	初度 五十四分
二	统天益四十二	一 一分
	开禧益四十三	一度 三分
	成天益四十二	一
	益四十一	一
	益四十三	一
	益四十二	一度 三分
三	统天益三十七	一 四十二
	开禧益三十四	一 四十四
	成天益三十三	一度 四十五分
	益三十二	一 四十一
	益三十四	一 四十四
	益三十三	一 四十五分
四	统天益二十一	一 七十四
	开禧益二十二	一 七十八
	成天益二十二	一度 七十八分
	益二十一	一 七十四
	益二十二	一度 七十八分
五	统天益八	一 九十五
	开禧益七	二 分空
	成天益九	二度 分空
	益八	一 九十五
	益七	二 分空
	益九	二 分空
六	统天损八	二 三
	开禧损七	二 七
	成天损九	二 九分
	损八	二 三
	损七	二 七
	损九	二 九分
七	统天损二十一	一 九十五
	开禧损二十二	二 分空
	成天损二十二	二度 分空
	损二十一	一 九十一
	损二十二	二 分空
	损二十二	二 分空
八	统天损三十二	一 七十四
	开禧损三十四	一 七十八
	成天损三十三	一度 七十八分
	损三十二	一 七十四
	损三十四	一 七十八
	损三十三	一度 七十八分
九	统天损四十一	一 四十二
	开禧损四十三	一 四十四
	成天损四十二	一度 四十五分
	损四十一	一 四十二
	损四十三	一 四十四
	损四十二	一度 四十五分
十	统天损四十八	一 一
	开禧损四十九	一
	成天损四十九	一度 三分
	损四十八	一 一
	损四十九	一
	损四十九	一度 三分
十一	统天损五十三	空 五十三
	开禧损五十二	初度 五十二
	成天损五十四	初度 五十四分
	损五十三	空 五十三
	损五十三	初度 五十二
	损五十四	初度 五十四分

水星周实:一百三十九万五百一十四。《开禧》周率一百九十五万八千三百五、秒一十。《成天》八十五万九千七百九十九、秒九十。

周策:一百一十五、约分八十七、秒六十二。《开禧》余一万四千八百五、秒一十,约分八十七、秒六十。《成天》余六千四百九十九、秒九十。

周差:八十九万五千一百六十二。

岁差:一百一万二千八百。

夕见晨伏度:十五半。

晨见夕伏度:二十半。

《开禧》历率六百一十七万二千八百六十、秒四,《成天》二百七十一万二百一十一、秒一十五。《开禧》历中度一百八十二、约分六十二、秒九十,《成天》秒八十七。《开禧》历策度十五、约分二十一、秒九十一,《成天》同。

段目	常日/限度	常度/初行率
合伏	统天十六	三十一 五十
	开禧一十七 六十五	三十六 六十五
	成天一十七 二十五分	三十三度 二十五分
	二十六 三十	二 二度 秒二分
	二十八 二十二	二度 九分 五十
	二十七度 六十一分	二度 一十五分 秒三十四

夕疾	统天十五	二十二 二十四	晨伏	统天十六	二十一 五十
	开禧一十五	二十二 四十		开禧一十七 六十五	三十三度 六十五
	成天一十五日	二十一度 八十六分		成天一十七 二十五分	三十三度 二十五分
	十八 五十七	一 六十八		二十六 三十	一 六十八 空
	一十八 七十九	一 七十一 七十八		二十八 二十二	一 七十一 七十八
	一十八度 一十五分	一度 七十分 秒一十六		二十七度 六十一分	一度 七十分 秒一十六
夕迟	统天十三	十二 七十六			
	开禧一十二	一十 一	水星盈缩历		
	成天一十二日	一十一度 六十四分			
	十 六十五	一 二十七	策数	损益率 损益率	盈积度 缩积度
	八 四十七	一 二十六 八十六	初	统天益五十八	度空
	九度 六十七分	一度 二十一分 三十		开禧益五十七	初
夕留	统天二	空		成天益五十九	
	开禧二			益五十八	度空
	成天二日			益五十七	初
	空	空	一	统天益五十三	空 五十八
夕伏退	统天十一 九十三 八十一	八 五十 六十九		开禧益五十三	初 五十七
	开禧一十一 二十八 八十	八 二十一 二十		成天益五十五	初度 五十九分
	成天一十一 六十八分 秒八十	八度 八十一分 秒二十		益五十二	空 五十八
	二 四十一 八十一	空		益五十三	初 五十七
	二 四十五 八十	空		益五十五	初
	二度 五十分 秒八十		二	统天益四十四	一 十
合伏退	统天十一 九十三 八十一	八 五十六 十九		开禧益四十六	一 十
	开禧一十一 二十八 八	八度 二十一 二十		成天益四十八	一度 一十四分
	成天一十一日 六十八分 八十	八度 八十一分 秒二十		益四十四	一 十
	二 四十一 八十一	一 五十七		益四十六	一 十
	二 四十五 八	一 六 五十六		益四十八	一度 一十四分
	二度 五十分 秒八十	一度 五分 秒七十五	三	统天益三十四	一 五十四
晨留	统天二	空		开禧益三十六	一 五十六
	开禧二			成天益三十八	一度 六十二分
	成天二日			益三十四	一 五十四
	空	空		益三十六	一 五十六
晨迟	统天十三	十二 七十六		益三十八	一度 六十二分
	开禧一十二	一十 一	四	统天益二十二	一 八十八
	成天一十二日	一十一度 六十四分		开禧益二十三	一 九十二
	十 六十五	空		成天益二十五	二度 分空
	八度 四十七	空		益二十二	一 八十八
	九度 六十七分	空		益二十三	一 九十二
晨疾	统天十五	二十二 二十四		益二十五	二度 分空
	开禧一十五	二十二 四十分	五	统天损八	二 十
	成天一十五日	二十一度 八十六分		开禧益七	二 一十五
	十八 五十七	一 二十七 空		成天益九	二度 二十五分
	一十八 七十九	一 二十六 八十六		益八	二 十
	一十八度 一十五分	一度 二十一分 秒三十		益七	二 一十五
				益九	二度 二十五分
			六	统天损八	二度 十八
				开禧损七	二度 二十二
				成天损九	二度 三十四分
				损八	二 十八
				损七	二 二十二
				损九	二度 三十四分

七	统天损二十二	二十
	开禧损二十三	二度 一十五
	成天损二十五	二度 二十五分
	损二十二	二十
	损二十三	二度 一十五
	损二十五	二度 二十五
八	统天损三十四	一 八十八
	开禧损三十六	一度 九十二
	成天损三十八	二度 分空
	损三十四	一 八十八
	损三十六	一度 九十二
	损三十八	二度 分空
九	统天损四十四	一 五十四
	开禧损四十六	一度 五十六
	成天损四十八	一度 六十二分
	损四十四	一 五十四
	损四十六	一度 五十六
	损四十八	一度 六十二分
十	统天损五十二	一 二十
	开禧损五十三	一度 二十
	成天损五十五	一度 一十四分
	损五十二	一 二十
	损五十三	一度 二十
	损五十五	一度 一十四分
十一	统天损五十八	空 五十八
	开禧损五十七	初度 五十七
	成天损五十九	初度 五十九分
	损五十八	空 五十八
	损五十七	初度 五十七
	损五十九	初度 五十九分

求五星天正冬至后平合及诸段中积、中星，五星平合及诸段入历，五星平合及诸段盈缩差，五星平合及诸段定积，五星平合及诸段定日，五星平合诸段所在月日，五星平合及诸段加时定星，五星平合及诸段初日夜半定星，诸段平行分，诸段总差，诸段初、末日行分，诸段每日夜半星行宿次，径求其日宿次，五星平合见伏入气，五星平合见伏行差，五星定合定见、定伏泛积，五星定合定用积、用星，木火土三星定见、定伏用积，金水二星定见、定伏用积。 法同前历，此不载。

卷八十五　　志第三十八

地　理　一

京城　京畿路　京东路　京西路

唐室既衰，五季迭兴，五十余年，更易八姓，宇县分裂，莫之能一。宋太祖受周禅，初有州百一十一，县六百三十八，户九十六万七千三百五十三。建隆四年，取荆南，得州、府三　江陵府，归，峡，，县一十七，户一十四万二千三百。平湖南，得州一十五、监一　潭、衡、邵、郴、道、永、全、岳、澧、朗、蒋、辰、锦、溪、叙，桂阳监，县六十六，户九万七千三百八十八。乾德三年，平蜀，得州、府四十六　益、彭、眉、嘉、邛、蜀、绵、汉、资、简、梓、遂、黎、雅、陵、戎、泸、维、茂、昌、荣、果、阆、渠、合、龙、普、利、兴、文、巴、剑、蓬、壁、夔、忠、万、集、开、渝、涪、黔、施、达、洋，兴元府，县一百九十八，户五十三万四千三十九。开宝四年，平广南，得州六十　广、韶、潮、循、封、端、英、连、雄、龚、惠、康、恩、春、泷、勤、新、高、潘、雷、罗、辩、桂、贺、昭、梧、蒙、恭、象、富、融、宜、柳、严、思唐、邕、澄、贵、蛮、横、宾、钦、浔、容、牢、白、廉、党、绣、郁林、藤、窦、义、禺、顺、琼、崖、儋、万安、振，县二百一十四，户一十七万二百六十三。八年，平江南，得州一十九、军三　昇、宣、歙、池、洪、润、常、鄂、筠、饶、信、虔、吉、袁、抚、江、汀、建、剑、江阴、雄远、建昌军，县一百八，户六十五万五千六十五。计其末年，凡有州二百九十七，县一千八十六，户三百九万五百四。太宗太平兴国三年，陈洪进献地，得州二　漳、泉。县十四，户十五万一千九百七十八。钱俶入朝，得州十三、军一　杭、苏、越、湖、衢、婺、台、明、温、秀、睦、福、处，衣锦，县八十六，户五十五万六百八十。四年，平太原，得州十、军一　并、汾、岚、宪、忻、代、辽、沁、隆、石，宝兴，县四十，户三万五千二百二十。七年，李继捧来朝，得州四　夏、银、绥、宥。雍熙元年，复以四州授继捧，自后不复领于职方，县八。雍熙中，天下上闰年图，州、府、军、监几于四百。至是，天下既一，疆理几复汉、唐之旧，其未入职方氏者，唯燕、云十六州而已。

至道三年，分天下为十五路，天圣析为十八，元丰又析为二十三：曰京东东、西，曰京西南、北，曰河北东、西，曰永兴，曰秦凤，曰河东，曰淮南东、西，曰两浙，曰江南东、西，曰荆湖南、北，曰成都、梓、利、夔，曰福建，曰广南东、西。东南际海，西尽巴僰，北极三关，东西六千四百八十五里，南北万一千六百二十里。崇宁四年，复置京畿路。大观元年，别置黔南路。三年，并黔南入广西，以广西黔南为名。四年，仍旧为广南西路。当是时，天下有户二千八十八万二千二百五十八，口四千六百七十三万四千七百八十四　天下主客户：自至道末四百一十三万二千五百七十六，天禧五年，主户六百三万九千三百三十一，客户不预焉。至嘉祐八年，主户一千二百四十六万二千三百一十一，口二千六百四十二万一千六百五十一。至治平三年，天下主客户一千四百一十八万一千四百八十六，口二千五十万六千九百八十。熙宁十年，户一千四百二十四万五千二百七十，口三千八十万七千二百一十。元祐元年，户一千七百九十五万七千九十二，口四千七万二千六百六。绍圣元年，户一千九十一十二万九百二十一，口四千二百五十六万六千二百四十三。元符三年，户一千九百九十六万八百一十二，口四千四百九十一万四千九百九十一。崇宁元年，户二千二百六十万四千三百七，口四千五百三十二万四千一百五十四。各府、州下户口与总数少异，姑两存之，视西汉盛时盖有加焉。隋、唐疆理虽广，而户口皆有所不及。迨宣和四年，又置燕山府及云中府路，天下分路二十六，京府四，府三十，州二百五十四，监六十三，县一千二百三十四，可谓极盛矣。

大抵宋有天下三百余年，繇建隆初讫治平末，一百四年，州郡沿革无大增损。熙宁始务辟土，而种谔先取绥州，韩绛继取银州，王韶取熙河，章惇取懿、洽，谢景温取徽、诚，熊本取南平，郭逵取广源，最后李宪取兰州，沈括取葭芦、米脂、浮图、安疆等寨。虽尝以河东边界七百里地与辽人，当时王安石议，盖曰："吾将取之，宁姑与之也。"迨元祐更张，葭芦等四寨给赐夏人，而分画久不能定。绍圣遂罢分画，督诸路各乘势攻讨进筑。自三年秋八月讫元符二年冬，凡陕西、河东建州一安西，军二晋宁、绥德，关三龙平、会宁、金城，城九安西、平夏、威戎、兴平、定边、威羌、金汤、白豹、会川，寨二十八平羌、平戎、殄羌、暖泉、米脂、克戎、安疆、横山、绥远、宁羌、灵平、高平、西平、新泉、滥羌、通峡、天都、临羌、定戎、鸟谷、大和、通秦、宁河、弥川、宁远、神泉、乌龙，堡十开光、通塞、石门、通会、大和、通秦、宁河、弥川、宁川、三交，又取青唐鄯、邈川湟、宁塞廊、龙支宗哥等城。建中靖国悉还吐蕃故壤，稍纾民力。崇宁亟变前议，专以绍述为事，蔡京始任童贯、王厚，更取湟、鄯、廓三州二十余垒。陶节夫、钟传、刑恕、胡宗回、曾孝序之徒，又相与凿空驾虚，驰骛于元符封域之表。讫于重和，既立靖夏泾原、制戎廓延、制羌西宁三城，虽夏人浸衰，而民力亦弊。西事甫定，北衅旋起。盖自崇宁以来，益、梓、夔、黔、广西、荆湖南、北迭相视效，斥大土宇，靡有宁岁，凡所建州、军、关、城、寨、堡，纷然莫可胜纪。厥后建燕山、云中两路，粗阅三岁，祸变旋作，中原板荡，故府沦没，职方所记，漫不可考。

高宗苍黄渡江，驻跸吴会，中原、陕右尽入于金，东画长淮，西割商、秦之半，以散关为界，其所存者，两浙、两淮、江东西、湖南北、西蜀、福建、广东、广西十五路而已，有户一千二百六十六万九千六百八十四此宁宗嘉定十一年数。建国江左又百五十年，迨德祐丙子，遂并归于我皇元版图，而天下始复合为一焉。

今据元丰所定，并京畿为二十四路，首之以京师，重帝都也。终之以燕、云，以其既得而旋失，故附见于后。而凡四京之城阙官室，及南渡行在之所，其可考者冠乎篇首，为《地理志》云。

东京，汴之开封也。梁为东都，后唐罢，晋复为东京，宋因周之旧为都，建隆三年，广皇城东北隅，命有司画洛阳宫殿，按图修之，皇居始壮丽矣。雍熙三年，欲广宫城，诏殿前指挥使刘延翰等经度之，以居民多不欲徙，遂罢。宫城周回五里。

南三门：中曰乾元宋初依梁、晋之旧，名曰明德，太平兴国三年改丹凤，大中祥符八年改正阳，明道二年改宣德。雍熙元年改今名，东曰左掖，西曰右掖。东西面门东华、西华旧名宽仁、神兽，开宝三年改今名。熙宁十年，又改东华门北曰谠门，北一门曰拱宸旧名玄武，大中祥符五年改今名，熙宁十年，改门内西横门曰临华。乾元门正南门曰大庆，东、西横门曰左、右升龙。左右北门内各二门，曰左、右长庆熙宁间，改左、右长庆隔门曰左、右嘉肃，左、右银台。东华门内一门曰左承天祥符乾德六年赐名，大中祥符元年正月，天书降其上，诏加"祥符"二字而增葺之。西华门内一门曰右承天。左承天门内道北门曰宣祐旧名光天，大中祥符八年改大宁，明道元年改今名。

正南门内正殿曰大庆，东、西门曰左、右太和宋初曰日华、月华，大中祥符八年改今名。正衙殿曰文德宋初曰文明，雍熙元年改今名。熙宁间，改南门曰端礼。两掖门曰东、西上阁，东、西门曰左、右嘉福宋初曰左、右勤政，明道元年十月改今名。大庆殿旧名崇元，乾元四年重修，改曰乾元，太平兴国九年改朝元，大中祥符八年改天安，明道三年改今名。北有紫宸殿旧名崇德，明道元年改，视朝之前殿也。西有垂拱殿旧名长春，明道元年改。常日视朝之所也。次西有皇仪殿开宝四年，赐名滋福，明道元年十月改，又次西有集英殿旧名广政，开宝三年曰大明，淳化间日含光，大中祥符八年名会庆，明道元年十月改今名宴殿也。殿后有需云殿旧名玉华，后改琼华，熙宁初改今名。东有异平楼旧名紫云，明道元年改。宫中观宴之所也。宫后有崇政殿旧名简贤讲武，太平兴国二年改今名。熙宁间，改北横门曰通极。阅事之所也。殿后有景福殿，殿西有殿北向，曰延和，便坐殿也大中祥符七年，建后苑东门，洎北向便殿成，赐名宣和门、承明殿，明道元年改端明，二年改今名。凡殿有门者，皆随殿名。

宫中又有延庆、旧名万岁，大中祥符七年改。安福、观文、旧名集圣，明道二年改肃仪，庆历八年改今名。清景、庆云、玉京等殿，寿宁堂旧名清净，明道元年改。延春阁、旧名万春，宝元元年改。福宁殿即延庆，明道元年改。东西有门曰左、右昭庆。观文殿西门曰延真，其东真君殿曰积庆，前建感真阁。又有龙图阁，下有资政、崇和、宣德、述古殿。天章阁下有群玉、蕤珠二殿，后有宝文阁，即寿昌阁，庆历元年改。阁东西有嘉德、延康二殿，前有景辉门。后苑东门曰宁阳，即宣和门，明道元年改。苑内有崇圣殿、太清楼，其西又有宜圣、化成、即玉宸殿，明道元年改。金华、西凉、清心等殿，翔鸾、仪凤二阁，华景、翠芳、瑶津三亭。延福宫有穆清殿，延庆殿北有柔仪殿，初有殿无名，章献太后名曰崇徽，明道元年改宝慈，景祐二年改今名。崇徽殿北有钦明殿。旧名天和，明道元年改观文，又改清居，治平三年改今名。延福宫北有广圣宫，天圣二年建，名长宁，景祐二年改。内有太清、玉清、冲和、集福、会祥五殿，建流盃殿于后苑。明道元年八月，修文德殿成。是夜，禁中火，延燔崇德、长春、滋福、会庆、延庆、崇徽、天和、承明八殿，命宰相吕夷简为修葺大内使，枢密副使杨崇勋副之，发京东西、河北、淮南、江东西路工匠给役，内出乘舆物，左藏库易缗钱二十万助其费，以故改诸殿名。

又有慈德殿，杨太后所居，景祐元年赐名。观稼殿，在后苑，观种稻，景祐二年创建。延义阁，在崇政殿西。迩英阁，在崇政殿西南，盖侍臣讲读之所也，与延义同，景祐三年赐名。隆儒殿，迩英阁后小殿，皇祐三年始赐名。慈寿殿，皇太后所居，治平元年赐名。庆寿宫，保慈宫，熙宁二年建。玉华殿，在后苑。基春殿，熙宁七年建，在玉华殿后。睿思殿，八年建。承极殿，元丰三年建。崇庆、隆祐二宫，元祐元年建。睿成宫，神宗所居东宫，绍圣二年赐名。宣和殿，在睿思殿后，绍圣二年四月殿成，其东侧别有小殿曰凝芳，其西曰琼芳，前曰重熙，后曰环碧。元符三年废。崇宁初复作，大观三年，徽宗制记刻石，实蔡京为之。圣瑞宫，皇太妃所居，因以名宫。显谟阁，元符元年建，藏神宗御集，建中靖国元年，改曰熙明，寻复旧。玉虚殿，元符初建。玉华阁，大观初建，在宣和殿后。亲蚕宫，政和元年建。燕宁殿，在延福北，奉安仁宗慈圣光献皇后御容。延福宫，政和三年春，新作于大内北拱辰门外。旧宫在后苑之西南，今其地乃百司供应之所，凡内酒坊、裁造院、油醋柴炭鞍辔等库，悉移它处，又迁两僧寺、两军营，而作新宫焉。始南向，殿因宫名曰延福，次曰蘂珠，有亭曰碧琅玕。其东门曰晨晖，其西门曰丽泽。宫左复列二位。其殿则有穆清、成平、会宁、睿谟、凝和、崑玉、群玉，其东阁则有蕙馥、报琼、蟠桃、春锦、叠琼、芬芳、丽玉、寒香、拂云、偃盖、翠葆、铅英、云锦、兰薰、摘金，其西阁有繁英、雪香、披芳、铅华、琼华、文绮、绛萼、秾华、绿绮、瑶碧、清阴、秋香、丛玉、扶玉、绛云、会宁之北，叠石为山，山上有殿曰翠微，旁为二亭：曰云屺，曰层巘。凝和之次阁曰明春，其高逾一百一十尺。阁之侧为殿二：曰玉英，曰玉涧。其背附城，筑土植杏，名杏冈，覆茅为亭，修竹万竿，引流其下。宫之右为挟二阁，曰宴春，广十有二丈，舞台四列，山亭三峙。凿圆池为海，跨海为二亭，架石梁以升山，亭曰飞华，横度之四百尺有奇，纵数之二百六十有七尺。又疏泉为湖，湖中作堤以接亭，堤中作梁以通湖，梁之上又为茅亭、鹤庄、鹿砦、孔翠诸栅，蹄尾动数千，嘉花名木，类聚区别，幽胜宛若生成，西抵丽泽，不类尘境。初，蔡京命童贯、杨戬、贾详、蓝从熙、何䜣等分任宫役，五人者因各为制度，不务沿袭，故号"延福五位"。东西配大内，南北稍劣。其东直景龙门，西抵天波门，宫东西二横门，皆视禁门法，所谓晨晖、丽泽者也，而晨晖门出入最多。其后又跨旧城修筑，号"延福第六位"。跨城之外浚濠，深者水三尺，东景龙门桥，西天波门桥，二桥之下叠石为固，引舟相通，而桥上人物外自通行不觉也，名曰景龙江。其后又辟之，东过景龙门至封丘门。景龙江北有龙德宫。初，元符三年，以慈亲宅潜邸为之，及作景龙江，江夹岸皆奇花珍木，殿宇比比对峙，中途曰壶春堂，绝岸至龙德宫。其地岁时次第展拓，后尽都城

一隅焉，名曰撷芳园，山水美秀，林麓畅茂，楼观参差，犹艮岳、延福也。宫在旧城，因附见此。保和殿，政和三年四月作，九月殿成，总为屋七十五间。玉清神霄宫，政和三年建，旧名玉清和阳，在福宁殿东，七年改今名。上清宝箓宫，政和五年作，在景龙门东，对景晖门。既又作仁济、辅正二亭于宫前，命道士施民符药，徽宗时登皇城下视之。又开景龙门，城上作复道，通宝箓宫，以便斋醮之路，徽宗数从复道上往来。是年十二月，始张灯于景龙门上下，名曰"预赏"。其明年，乃有期门之事。万岁山艮岳。政和七年，始于上清宝箓宫之东作万岁山。山周十余里，其最高一峰九十步，上有亭曰介，分东、西二岭，直接南山。山之东有萼绿华堂，有书馆、八仙馆、紫石岩、栖真嶝、览秀轩、龙吟堂。山之南则寿山两峰并峙，有雁池、噰噰亭，北直绛霄楼。山之西有药寮，有西庄，有巢云亭，有白龙沜、濯龙峡、蟠秀、练光、跨云亭、罗汉岩。又西有万松岭，半岭有楼曰倚翠，上下设两关，关下有平地，凿大方沼，中作两洲：东为芦渚，亭曰浮阳。西为梅渚，亭曰雪浪。西流为凤池，东出为雁池，中分二馆，东曰流碧、西曰环山，有阁曰巢凤，堂曰三秀，东池后有挥雪厅。复由嶝道上至介亭，亭左复有亭曰极目、曰萧森，右复有亭曰丽云、半山。北俯景龙江，引江之上流注山间。西行为漱琼轩，又行石间为炼丹、凝观、圆山亭，下视江际，见高阳酒肆及清斯阁。北岸有胜筠庵、蹑云台、萧闲馆、飞岑亭。支流别为山庄，为回溪。又于南山之外为小山，横亘二里，曰芙蓉城，穷极巧妙。而景龙江外，则诸馆舍尤精。其北又因瑶华宫火，取其地作大池，名曰曲江，池中有堂曰蓬壶，东尽封丘门而止。其西则自天波门桥引水直西，殆半里，江乃折南，又折北。折南者过阊阖门，为复道，通茂德帝姬宅。折北者四五里，属之龙德宫。宣和四年，徽宗自为《艮岳记》，以为山在国之艮，故名艮岳。蔡絛谓初名凤凰山，后神降，其诗中有"艮岳排空霄"，因改名艮岳。宣和六年，诏以金芝产于艮岳之万寿峰，又改名寿岳。蔡絛谓南山成，又改名寿岳。岳之正门名曰阳华，故亦号阳华宫。自政和讫靖康，积累十余年，四方花竹奇石，悉聚于斯，楼台亭馆，虽略如前所记，而月增日益，殆不可以数计。宣和五年，朱勔于太湖取石，高广数丈，载以大舟，挽以千夫，凿河断桥，毁堰拆闸，数月乃至，赐号"昭功敷庆神运石"，是年，初得燕地故也。勔缘此授节度使。大抵群阉兴筑不肯已。徽宗晚岁，患苑囿之众，国力不能支，数有厌恶语，由是得稍止。及金人再至，围城日久，钦宗命取山禽水鸟十余万。尽投之汴河，听其所之。拆屋为薪，凿石为炮，伐竹为笓篱。又取大鹿数百千头杀之，以啖卫士云。

旧城周回二十里一百五十五步。东二门：北曰望春，宋初名和政。南曰丽景。南面三门：中曰朱雀，东曰保康，大中祥符五年创建。西曰崇明。西二门：南曰宜秋，北曰闾阖。北三门：中曰景龙，东曰安远，西曰天波。以上宋初仍梁、晋旧名，至太平兴国四年改今名。

新城周回五十里百六十五步。大中祥符九年增筑，

元丰元年重修。政和六年，诏有司度国之南展筑京城，移置官司军营。旧城周四十八里二百三十三步，周显德三年筑。南三门：中曰南薰，东曰宣化，西曰安上。东二门：南曰朝阳，北曰含辉。太平兴国四年改寅宾，后复。西二门：南曰顺天，北曰金耀。北四门：中曰通天，天圣初改宁德，后复。东曰长景，次东曰永泰，西曰安肃。初号卫州门。以上皆因周旧名，至太平兴国四年，改今名。汴河上水门，南曰大通，太平兴国四年赐名，天圣初，改顺济，后复今名。北曰宣泽。旧南北水门皆曰大通，熙宁十年改。汴河下，南曰上善，北曰通津。天圣初，改广津，熙宁十年复。惠民河，上曰普济，下曰广利。广济河，上曰咸丰，下曰善利，旧名咸通。上南门曰永顺。熙宁十年赐名。其后又于金耀门南置开远门。旧名通远。以上皆太平兴国四年赐名，天圣初改今名。

西京。唐显庆间为东都，开元改河南府，宋为西京，山陵在焉。宫城周回九里三百步。城南三门：中曰五凤楼，东曰兴教，西曰光政。因隋、唐旧名。东一门，曰苍龙。西一门，曰金虎。北一门，曰拱宸。旧名玄武，大中祥符五年改。五凤楼内，东西门曰左、右永泰，门外道北有鸾和门，太平兴国三年，以车辂院门改。右永泰门西有永福门。兴教、光政门内各三门，曰：左、右安礼，左、右兴善，左、右银台。苍龙、金虎门内第二隔门曰膺福、千秋。膺福门内道北门曰建礼。

正殿曰太极，旧名明堂，太平兴国三年改。殿前有日、月楼，日华、月华门，又有三门，曰太极殿门。后有殿曰天兴，次北殿曰武德。西有门三重，曰：应天、乾元、敷政。内有文明殿，旁有东上阁门、西上阁门，前有左、右延福门。后又有殿曰垂拱，殿北有通天门，柱廊北有明福门，门内有天福殿，殿北有寝殿曰太清，第二殿曰思政，第三殿曰延春。东又有广寿殿，视朝之所也。北第二殿曰明德，第三殿曰天和，第四殿曰崇徽。天福殿西有金銮殿，对殿南廊有彰善门。殿北第二殿曰寿昌，第三殿曰玉华，第四殿曰长寿，第五殿曰甘露，第六殿曰乾阳，第七殿曰善兴。西有射弓殿。千秋门内有含光殿。拱宸门内西偏有保宁门，门内有讲武殿，北又有殿相对。内园有长春殿、淑景亭、十字亭、九江池、砌台、娑罗亭。宫城东西有夹城，各三里余。东二门：南曰宾曜，北曰启明。西二门：南曰金曜，北曰乾通。宫室合九千九百九十余区。夹城内及内城北，皆左右禁军所处。

皇城周回十八里二百五十八步。南面三门：中曰端门，东西曰左、右掖门。东一门，曰宣仁。西三门：南曰丽景，与金曜相直，中曰开化，与乾通相直，北曰应福。内皆诸司处之。

京城周五十二里九十六步。隋大业元年筑，唐长寿二年增筑。南三门：中曰定鼎，东曰长夏，西曰厚载。东三门：中曰罗门，南曰建春，北曰上东。西一门，曰关门。北二门：东曰安喜，西曰徽安。政和元年十一月，重修大内，至六年九月毕工。朱胜非言："政和间，议朝谒诸陵，敕有司预为西幸之备，以蔡攸妻兄宋昪为京西都漕，修治西京大内，合屋数千间，尽以真漆为饰，工役甚大，为费不赀。而漆饰之法，须骨灰为地，科买督迫，灰价日增，一斤至数千。于是四郊冢墓，悉被发掘，取人骨为灰矣。"

南京。大中祥符七年，建应天府为南京。宫城周二里三百一十六步。门曰重熙、颁庆。殿曰归德。元丰六年，赐度僧牒修外城门及西桥等。京城周回一十五里四十步。东二门：南曰延和，北曰昭仁。西二门：南曰顺成，北曰回銮。南一门，曰崇礼。北一门，曰静安。中有隔城，又有门二：东曰承庆，西曰祥辉。其东又有关城，南北各一门。

北京。庆历二年，建大名府为北京。宫城周三里一百九十八步，即真宗驻跸行宫。城南三门：中曰顺豫，东曰省风，西曰展义。东一门，曰东安。西一门，曰西安。顺豫门内东西各一门，曰左、右保成。次北班瑞殿，殿前东西门二：东曰凝祥，西曰丽泽。殿东南时巡殿门，次北时巡殿，次靖方殿，次庆宁殿。时巡殿前东西门二：东曰景清，西曰景和。京城周四十八里二百六步，门一十七。熙宁九年，改正南南河门曰景风，南砖曰亨嘉，鼓角曰阜昌。正北北河门曰安平，北砖曰耀德。正东冠氏门曰华景，冠氏第二重曰春祺，子城东曰泰通。正西魏县门曰宝成，魏县第二重曰利和，子城西曰宣泽。东南朝城门曰安流，朝城第二重曰巽齐。西南观音门曰安正，观音第二重曰静方。上水关曰善利，下水关曰永济。内城创置北门曰靖武。○元丰七年，废善利、永济关。

行在所。建炎三年闰八月，高宗自建康如临安，以州治为行宫。宫室制度皆从简省，不尚华饰。垂拱、大庆、文德、紫宸、祥曦、集英六殿，随事易名，实一殿。重华、慈福、寿慈、寿康四宫，重寿、宁福二殿，随时异额，实德寿一宫。延和、崇政、复古、选德四殿，本射殿也。慈宁殿，绍兴九年，以太后有归期建。钦先孝思殿，十五年建，在崇政殿东。翠寒堂，孝宗作。损斋，绍兴末建，贮经史书，为燕坐之所。东宫，在丽正门内，孝宗、庄文、景献、光宗皆常居之。讲筵所，资善常。在行宫门内，因书院而作。天章、龙图、宝文、显猷、徽猷、敷文、焕章、华文、宝谟九阁，实天章一阁。

京畿路。皇祐五年，以京东之曹州，京西之陈、许、郑、滑州为辅郡，隶畿内，并开封府，合四十二县，置京畿路转运使及提点刑狱总之。至和二年，罢京畿路转运使、提点刑狱。其曹、陈、许、郑、滑各隶本路，为辅郡如故。崇宁四年，京畿路复置转运使及提点刑狱。先是，改开封府界为京畿路，是年，又于京畿四面置四辅郡：颍昌府为南辅，郑州为西辅，澶州为北辅，建拱州于开封襄邑县为东辅，并属京畿。大观四年，罢四辅，许、郑、澶州还隶京西及河北路，废拱州，复以襄邑县隶开封府。政和四年，襄邑县复为拱州，后与颍昌府、郑州、开德府复为东、南、西、北辅。宣和二年，罢四辅，颍昌府、郑州、开德府各还旧隶，拱州隶京东西路，旧开封府界依旧为京畿。

开封府。崇宁户二十六万一千一百一十七，口四十四万二千九百四十。贡方纹绫、方纹纱、蘼蔗席、麻黄、酸枣仁。县十六：开封，赤。祥符，赤。东魏浚仪县，大中祥符二年改。尉氏，畿。陈留，畿。雍丘，畿。封丘，畿。中牟，畿。宣和三年，改纣王城为青阳城。阳武，畿。延津，畿。旧酸枣县，政和七年改。长垣，隋匡城县。建隆元年，改为鹤丘，后又改。东明，畿。本东明镇，乾德元年置。扶沟，畿。鄢陵，畿。考城，畿。崇宁四年，与太康同隶拱州。大观四年，废拱州，二县复来隶。太康，畿。宣和二年，复隶拱州，六年，仍隶京畿。咸平，畿。旧通许镇，隶陈留，咸平五年置县。

京东路。至道三年，以应天、兖徐曹青郓密 齐济沂登莱单濮潍淄、淮阳军广济军清平军宜化军、莱芜监利国监为京东路。熙宁七年，分为东、西两路：以青淄潍莱登密沂徐州、淮阳军为东路；郓兖齐濮曹济单州、南京为西路。元丰元年，割两路齐州属东路，割东路徐州属西路。元祐元年，诸提点刑狱不分路，京东西路、京东东路并为京东路，京西南路、京西北路并为京西路，秦凤等路、永兴军等路并为陕府西路，河北西路、河北东路并为河北路，淮南西路、淮南东路并为淮南路，其后仍分为两路。

东路。府一，济南。州七 青，密，沂，登，莱，潍，淄。军一，淮阳。县三十八。

青州，望。北海郡，镇海军节度。建隆三年以北海县置军。淳化五年，改军名。庆历二年，初置京东东路安抚使。崇宁户九万五千一百五十八，口一十六万二千八百三十七。贡仙纹绫、梨、枣。县六：益都，望。寿光，望。临朐，紧。博兴，上。千乘，上。临淄。上。

密州，上。本防御州。建隆元年，复为防御。开宝五年，升为安化军节度。后降防御。六年，复为节度。崇宁户一十四万四千五百六十七，口三十二万七千三百四十。贡绢、牛黄。县五：诸城，望。安丘，望。唐辅郡，梁改安丘，晋胶西县。开宝四年，复今名。莒，望。高密，上。胶西。元祐三年，以板桥镇为胶西县，兼临海军使。

济南府，上，济南郡，兴德军节度。本齐州。先属京东路。咸平四年，废临济县。元丰元年，割属京东东路。政和六年，升为府。崇宁户一十三万三千三百二十一，口二十一万四千六十七。贡绵、绢、阳起石、防风。县五：历城，紧。禹城，紧。章丘，中。景德三年，以章丘县置清平军。熙宁三年废军，即县治置军使。长清，中。至道二年，徙城于刺榆临邑。中。建隆三年，河决公乘渡口，坏城。三年，移治孙耿镇。政和元年，升为望。

沂州，上，琅琊郡，防御。崇宁户八万二千八百九十三，口一十六万五千二百三十。贡仙灵脾、紫石英、茯苓、钟乳石。县五：临沂，望。承，望。沂水，望。费，望。新泰。中。

登州，上，东牟郡，防御。崇宁户八万一千二百七十三，口一十七万三千四百八十四。贡金、牛黄、石器。县四：蓬莱，望。文登，中。黄，望。牟平，紧。有乳山、阎家口二寨。

莱州，中，东莱郡，防御。崇宁户九万七千 四百二十七，口一十九万八千九百八。贡牛黄、海藻、牡砺、石器。县四：掖，望。莱阳，望。胶水，望。即墨。中

潍州，上，团练。建隆三年，以青州北海县建为北海军，置昌邑县隶之。乾德三年，升为州，又增昌乐县。崇宁户四万四千六百七十七，口一十万九千五百四十九。贡绫丝素绝。县三：北海，望。昌邑，望。本隋都昌县，后废。建隆三年，复置。昌乐。紧。本唐营丘县，后废。乾德中，复置安仁县，俄又改。

淄州，上，淄川郡，军事。崇宁户六万一千一百五十二，口九万八千六百一十。贡绫、防风、长理石。县四：淄川，望。长山，中。邹平，中下。景德元年，移治济阳废县。高苑。下。景德三年，以县置宣化军。熙宁三年，废军为县，隶州，即县治置军使。

淮阳军，同下州。太平兴国七年，以徐州下邳县建为军，并以宿迁来属。崇宁 户七万 六千 八百八十七，口一十五万 四千 一百 三十。贡绢。县二：下邳，望。宿迁。中

西路。府四：应天，袭庆，兴仁，东平。州五：徐，济，单，濮，拱。军一，广济。县四十三。

应天府，河南郡，归德军节度。本唐宋州。至道中，为京东路。景德三年，升为应天府。大中祥符七年，建为南京。熙宁五年，分属西路。崇宁户七万九千七百四十一，口一十五万七千四百四。贡绢。县六：宁陵，畿。与楚丘同隶拱州。大观四年，复来隶。政和四年，又拔隶拱州。宣和六年，复来隶。宋城，赤。谷熟，畿。下邑，畿。虞城，畿。楚丘。畿。

袭庆府，鲁郡，泰宁军节度。本兖州。大中祥符元年，升为人都督。政和八年，升为府。崇宁户七万一千七百七十七，口二十一万七千七百三十四。贡人花绫、墨、云母、紫石英、防风、茯苓。县七：瑕，上。大观四年，以瑕丘县为瑕县。奉符，上。本汉乾封县。开宝五年，移治岱岳镇。大中祥符元年改。泗水，上。龚，上。大观四年，以龚丘县为龚县。仙源，中上。魏曲阜县。大中祥符五年改。莱芜，中。邹。下。熙宁五年，省为镇，入仙源。元丰七年复。监一，莱芜。主铁冶。

徐州，大都督，彭城郡，武宁军节度。本属 京东路，元丰元年，割属京东西路。崇宁户六万 四千四百三十，口一十五万 二千二百三十七。贡双丝绫、䌷、绢。县五：彭城，望。沛，望。萧，望。滕，紧。丰。紧。监二：宝丰，元丰六年置，铸铜钱，八年废。利国。主铁冶。

兴仁府，辅，济阴郡，彰信军节度。本曹州。建中靖国元年，改赐军额曰兴仁。崇宁元年，升曹州为兴仁府，复还旧节。大观二年，以拱州为东辅，升督府。政和元年，罢督府，复为辅郡。崇宁户三万五千九百八十，口六万六

千九百三十一。贡绢、葶苈子。县四：济阴，望。宛亭，望。元祐元年，改宛句县为宛亭。乘氏，紧。南华。上。

东平府，东平郡，天平军节度。本郓州。庆历二年，初置京东西路安抚使。大观元年，升大都督府。政和四年，移安抚使于应天府。宣和元年，改为东平府。崇宁户十三万三百五，口三十九万六千六十三。贡绢、阿胶。县六：须城，望。阳谷，望。景德三年，徙孟店。中都，紧。寿张，上。东阿，紧。平阴。上。监一，东平。宣和二年复置。政和三年罢。

济州，上，济阳郡，防御。户五万七百一十八，口二十五万九千一百三十七。贡阿胶。县四：钜野，望。任城，望。金乡，望。郓城，望。

单州，上，砀郡，建隆元年，升为团练，崇宁户六万一千四百九，口一十一万六千九百六十九。贡蛇床、防风。县四：单父，望。砀山，望。成武，紧鱼台。上。

濮州，上，濮阳郡，团练。崇宁户三万一千七百四十七，口五万二千六百八十一。贡绢。县四：鄄城，望。雷泽，紧。临濮，上。范。上。

拱州，保庆军节度。本开封府襄邑县。崇宁四年建为州，赐军额，为东辅。以开封之考城、太康，南京之宁陵、楚丘、柘城来隶。大观四年，废拱州，复为襄邑县，还隶开封。政和四年，复为州，又复为辅郡。宣和二年，罢辅郡，仍隶京东西路，以襄邑、太康、宁陵为属县，余归旧隶。六年，又以宁陵归南京，太康归开封，复割柘城来隶。县二：襄邑畿。柘城。畿。

广济军。乾德元年，置发运务。开宝九年，改转运司。太平兴国二年，建为军。四年，割曹、澶、濮、济四州地，复置县以隶焉。熙宁四年废军，以定陶县隶曹州。元祐元年，复为军。县一，定陶。上。

开封府，京东路，分为东西两路，得兖、豫、青、徐之域，当虚、危、房、心、奎、娄之分，西抵大梁，南极淮、泗，东北至于海，有盐铁丝石之饶。其俗重礼义，勤耕纴，浚郊处四达之会，故建为都。政教所出，五方杂居。睢阳当漕舟之路，定陶乃东运之冲，其后河截清水，颇涉艰阻。兖、济山泽险迥，盗或隐聚。营丘东道之雄，号称富衍，物产尤盛。登、莱、高密负海之北，楚商兼凑，民性愎戾而好讼斗。大率东人皆朴鲁纯直，甚者失之滞固，然专经之士为多。下邳俗尚颇类淮楚焉。

京西路。旧分南、北两路，后并为一路。熙宁五年，复分南、北两路。

南路。府一，襄阳。州七：邓，随，金，房，均，郢，唐。军一，光化。县三十一。

襄阳府，望，襄阳郡，山南东道节度。本襄州。宣和元年，升为府。崇宁户八万七千三百七，口一十九万二千六百五。贡麝香、白谷、漆器。县六：襄阳，紧。邓城，望。谷城，紧。宜城，中下。中卢，中下。隋义清县。太平兴国元年改。绍兴五年，省入南漳。南漳。中下。

邓州，望，南阳郡，武胜军节度。旧为上郡。政和二年，升为望郡。建隆初，废临濑县。崇宁户一十一万四千一百二十七，口二十九万七千五百五十。贡白菊花。县五：穰，上。南阳，中下。庆历四年，废方城县为镇入焉；元丰元年，改为县，隶唐州。内乡，中下。顺阳。中下。太平兴国六年，升顺阳镇为县。淅川。中下。

随州，上，汉东郡，崇信军节度。乾德五年，升为崇义军节度。太平兴国元年，改今名。崇宁户三万八百四，口六万七千二十一。贡绢、绫、葛、覆盆子。县三：随，上。熙宁元年，废光化县为镇入焉。唐城，中下。枣阳。中下。

金州，上，安康郡，乾德五年，改昭化军节度。崇宁户三万九千六百三十六，口六万五千六百七十四。贡麸金、麝香、枳壳实、杜仲、白胶香、黄檗。县五：西城，下。洵阳，中。乾德四年，废洵阳县入焉。汉阴，中。石泉，下。平利。下。熙宁六年，省为镇，入西城。元祐复。

房州，下，房陵郡，保康军节度。开宝中，废上庸、永清二县。雍熙三年并为军。崇宁户三万三千一百五十一，口四万七千九百四十一。贡麝香、纻布、钟乳、石、笋。县二：房陵，上。竹山。下。

均州，上，武当郡，武当军节度。本防御。乾德六年，移入上州防御。宣和元年，赐军额。崇宁户三万一百七，口四万四千七百九十六。贡麝香。县二：武当，上。郧乡。上。

郢州，上，富水郡，防御。崇宁户四万七千二百八十一，口七万八千七百二十七。贡白纻。县二：长寿，上。京山。下。

唐州，上，淮安郡，建隆元年，升为团练。开宝五年，废平氏县。崇宁户八万九千九百五十五，口二十万二千一百七十二。贡绢。县五：泌阳，中下。湖阳，中下。有银场。比阳，中下。桐柏，下。开宝六年，移治淮渎故庙。方城。下。后魏县。庆历四年，废为镇，入邓州南阳县，元丰元年，复为县，隶州。

光化军，同下州。乾德二年，以襄州阴城镇建为军，析谷城县三乡，置乾德县隶焉。熙宁五年废军，改乾德为光化县，隶襄州。元祐初，复为军。县一，乾德。望。

北路。府四：河南，颍昌，淮宁，顺昌。州五：郑，滑，孟，蔡，汝。军一，信阳。县六十三。

河南府，洛阳郡，因梁、晋之旧为西京。熙宁五年，分隶京西北路。崇宁户一十二万七千七百六十七，口二十三万三千二百八十。贡蜜、蜡、瓷器。县十六：河南，赤。洛阳，赤。熙宁五年，省入河南，元祐二年复。永安，赤。奉陵寝。景德四年，升镇为县。偃师，畿。庆历三年废，四年复，熙宁五年，省入缑氏，八年，复置，省缑氏县为镇隶焉。颍阳，畿。庆历三年，废为镇，四年复。熙宁二年，省入登封，元祐二年，复置。巩，畿。密，畿。崇宁四年，割隶郑州，宣和二年，还隶府。新安，畿。福昌，畿。熙宁五年，省入寿安，元祐元年，复为县。伊阳，畿。熙宁二年，割栾川冶镇入虢州卢氏县。五年，废伊阙县为镇入河南，六年，改隶伊阳。渑池，畿。景祐四年，改铁门镇曰延禧。永宁，畿。长水，畿。寿安，畿。庆历三年，废为镇，四年，复。河清，畿。开宝元年，移治白波镇。熙宁八年闰四月，置铁监。登封，畿。监一，阜财。熙宁七年置，铸铜钱。

颍昌府，次府，许昌郡，忠武军节度。本许州。元丰三年，升为府。崇宁四年，为南辅，隶京畿。大观四年，罢辅郡。政和四年，复为辅郡，隶京畿。宣和二年，复罢辅郡，依旧隶京西北路。崇宁户六万六千四十一，口一十六万一百九十三。贡绢、藨席。县七：长社，次赤。熙宁四年，省许田县为镇入焉。郾城，次畿。阳翟，次畿。长葛，次畿。临颍，次畿。舞阳，次畿。郏。中。元隶汝州，崇宁四年来隶。

郑州，辅，荥阳郡，奉宁军节度。熙宁五年，废州，以管城、新郑隶开封府；省荥阳、荥泽县为镇入管城，原武县为镇入阳武。元丰八年，复州。元祐元年，还旧节；复以荥阳、荥泽、原武为县，与滑州并隶京西路。崇宁四年，建为西辅。大观四年，罢辅郡。政和四年，又复。宣和二年，又罢。崇宁户三万九百七十六，口四万一千八百四十八。贡绢、麻黄。县五：管城，望。荥泽，中。原武，上。新郑，上。荥阳，紧。

滑州，辅，灵河郡，太平兴国初，改武成军节度。熙宁五年，废州，县并隶开封府。元丰四年，复旧，县复来隶。元祐元年，还旧节度。崇宁户二万六千五百二十二，口八万一千九百八十八。贡绢。县三：白马，中。熙宁三年，废灵河县隶焉。韦城，望。胙城，紧。

孟州，望。河阳三城节度。政和二年，改济源郡。崇宁户三万三千四百八十一，口七万一百六十九。贡梁米。县六：河阳，望。济源，望。温，望。汜水，上。熙宁五年，省入河阴。元丰二年复置。大中祥符四年，改武牢关曰行庆。河阴，中。王屋，中。熙宁五年，自河南来隶。

蔡州，紧，汝南郡，淮康军节度。崇宁户九万八千五百二，口十八万五千一十三。贡绫。县十：汝阳，上。上蔡，上。新蔡，中。褒信，中。遂平，中。新息，中。确山，中。隋朗山县。大中祥符五年改。真阳，中。西平，中。平舆，中。

淮宁府，辅，淮阳郡，镇安军节度。本陈州。政和三年，改辅为上。宣和元年，升为府。崇宁户三万二千九十四，口十五万九千六百一十七。贡绅、绢。县五：宛丘，紧。项城，上。商水，中。西华，中。南顿，中。熙宁六年，省为镇，入商水、项城二县。元祐元年复。

顺昌府，上，汝阴郡，旧防御，后为团练。开宝六年，复为防御。元丰二年，升顺昌军节度。旧颍州，政和六年，改为府。崇宁户七万八千一百七十四，口一十六万六百二十八。贡绅、绫、绢。县四：汝阴，望。开宝六年，移治于州城东南十里。泰和，望。颍上，紧。沈丘，紧。

汝州，辅，临汝郡，陆海军节度。本防御州。政和四年，赐军额。崇宁户四万一千五百八十七，口一十四万一千四百九十五。贡绅、绢。县五：梁，中。襄城，紧。叶，上。鲁山，中宝丰。中。旧名龙兴，熙宁五年，省为镇，入鲁山。元祐元年复。宣和二年，改为宝丰县。

信阳军，同下州。开宝九年，降为义阳军，废钟山县。太平兴国元年，改为信阳军。崇宁户九千九百五十四，口二万五十，贡纻布。县二：信阳，中下。罗山。中下。开宝九年废，雍熙二年复置。

京西南、北路，本京西路，盖《禹贡》冀、豫、荆、兖、梁五州之域，而豫州之壤为多，当井、柳、星、张、角、亢、氐之分。东暨汝、颍，西被陕服，南略鄢、郢，北抵河津。丝、枲、漆、纩之所出。而洛邑为天地之中，民性安舒，而多衣冠旧族。然土地褊薄，迫于营养。盟津、荥阳、滑台、宛丘、汝阴、颍川、临汝在二京之交，其俗颇同。唐、邓、汝、蔡率多旷田，盖自唐季之乱，土著者寡。太宗迁晋、云、朔之民于京、洛、郑、汝之地，垦田颇广，民多致富，亦由俭啬而然乎！襄ँ为汴南巨镇，淮安、随、枣阳、西城、武当、上庸、东梁、信阳，其习俗近荆楚。

卷八十六　　志第三十九

地　理　二

河北路　河东路

河北路。旧分东、西两路，后并为一路。熙宁六年，再分为两路。

东路。府三：大名，开德，河间。州十一：沧，冀，博，棣，莫，雄，霸，德，滨，恩，清。军五：德清，保顺，永静，信安，保定。县五十七。

大名府，魏郡。庆历二年，建为北京。八年，始置大名府路安抚使，统北京、澶怀卫德博滨棣、通利保顺军。熙宁以来并因之，六年，分属河北东路。崇宁户一十五万五千二百五十三，口五十六万八千九百七十六。贡花绅、绵绅、平绅、紫草。县十二：元城，赤。熙宁六年，省大名县为镇入焉。莘，畿。大名，次赤。熙宁六年，省入元城。绍圣三年复。政和六年，徙治南乐镇。内黄，畿。成安，畿。熙宁六年，省洹水县为镇入焉。魏，次畿。馆陶，畿。熙宁五年，省永济县为镇入焉，寻复旧。临清，次畿。夏津，畿。清平，畿。宋初，自博州来隶。熙宁二年，又割博平县明灵砦来隶焉，本县移置明灵。冠氏，畿宗城。畿。熙宁五年，省临清县为镇入焉。当年复旧，寻以永济隶临清。熙宁六年，又省经城县为镇入焉。

开德府，上，澶渊郡，镇宁军节度。本澶州。崇宁四年，建为北辅。五年，升为府。宣和二年，罢辅郡，仍隶河北东路。崇宁户三万一千八百七十八，口八万二千八百二十六。贡莨菪蓆、南粉。县七：濮阳，中。观城，望。皇祐元年，省入濮阳、顿丘。四年，复置。临河，紧。清丰，中。庆历四年，徙清丰县治德清军，即县置军使，隶州。熙宁六年，省顿丘县入清丰。卫南，中。朝城，畿。旧隶大名府，崇宁四年，与南乐来隶。南乐。畿。德清军。见上。

沧州，上，景城郡，横海军节度。崇宁户六万五千八百五十二，口一十一万八千二百一十八。贡大绢、大柳箱。县五：清池，望。熙宁四年，省饶安县为镇入清池。有乾符、巷姑、三女、泥姑、小南河五寨。政和三年，改巷姑曰海清，三女曰三河，泥姑曰河平。无棣，望。治平中，徙无棣县治保顺军，即县治置军使，隶州。盐山，紧。乐陵，紧。熙宁二年，徙治咸平镇。南皮，中。熙宁六年，省临津县入焉。

保顺军。周置军于沧州无棣县南三十里。开宝三年，又以沧棣二州界保顺、吴桥二镇之地益焉，仍棣沧州。

冀州，上，信都郡，旧团练。庆历八年，升安武军节度。崇宁户六万六千二百四十四，口一十万一千三十。贡绢。县六：信都，望。蓨上。南宫，上。皇祐四年，升新河镇为县，废南宫。六年，省新河为镇入焉。枣强，上。熙宁元年，省为镇入信都。十年，复置。武邑，上。衡水，中。

河间府，上，河间郡，瀛海军节度。至道三年，以高阳隶顺安军。旧名关南，太平兴国元年，改名高阳关。庆历八年，始置高阳关路安抚使，统瀛莫雄贝冀沧、永静保定乾宁信安一十州军。本瀛州，防御。大观二年升为府，赐军额。崇宁户三万一千九百三十，口六万二百六。贡绢。县三：河间，望。雍熙中，即县西置平房砦，景德二年，改为肃宁城。乐寿，望。至道三年，自深州来隶。熙宁六年，省景城为镇入焉。束城。上。熙宁六年，省为镇入河间，元祐元年复。

博州，上，博平郡，防御。淳化三年，河决，移治于孝武渡西。崇宁户四万六千四百九十二，口九万一千三百二十三。贡平绢。县四：聊城，望。高唐，望。堂邑，望。博平，紧。熙宁二年，割明灵砦隶北京清平。

棣州，上，乐安郡，防御。建隆二年，升为团练，俄为防御。大中祥符八年，移治阳信县界八方寺。崇宁户三万九千一百三十七，口五万七千二百三十四。贡绢。县三：厌次，上。商河，中。阳信，下。

莫州，上，文安郡，防御。熙宁六年，省长丰县为镇，又省鄚县入任丘。元祐二年，复鄚县，寻又罢为镇。崇宁户一万四千五百六十，口三万一千九百九十二。贡绵。县一：任丘。上。有马村王家二寨。政和三年改马村砦曰定安，王家砦曰定平。

雄州，中，防御。本唐涿州瓦桥关。政和三年，赐郡名曰易阳。崇宁户一万三千一十三，口五万二千九百六十七。贡绌。县二：归信，中。有张家、木场、三桥、双柳、大涡、七姑垣、红城、新垣八寨。容城。中。建隆四年复置。

霸州，中，防御。本唐幽州永清县地，后置益津关。周置霸州，以莫之文安、瀛州之大城来属。政和三年，赐郡名曰永清。崇宁户一万五千九百一十八，口二万一千五百一十六。贡绢。县二：文安，上。景祐二年，废永清县入焉。有刘家涡、刁鱼、荚金口、阿翁、雁头、黎阳、喜涡、鹿角八寨。元丰四年，割鹿角砦隶信安军。政和三年，改刘家涡砦曰安平，阿翁曰仁孝，雁头曰和宁，喜涡曰喜安。大城。上。

德州，上，平原郡，军事。宋初，省归化县。景祐二年，废安陵县入将陵，后割属永静军。熙宁六年，省德平县为镇，入安德。崇宁户四万四千五百九十一，口八万二千二十五。贡绢。县二：安德，望。平原。紧。

滨州，上，军事。大观二年，赐渤海郡名。大中祥符五年，废蒲台县。崇宁户四万九千九百九十一，口一十一万四千九百八十四。贡绢。县二：渤海，望。招安。上。庆历二年，升招安镇为县，熙宁六年，省为镇入渤海。元丰二年复为县。

恩州，下，清河郡，军事。唐贝州，晋永清军节度，周为防御。宋初，复为节度。庆历八年，改州名，罢节度。崇宁户五万一千三百四十二，口八万五千九百八十六。贡绢、白毡。县三：清河，望。端拱元年，徙治永宁镇。淳化五年徙今治。熙宁四年，省清阳县入焉。武城，望。历亭。紧。至和元年，废漳南县入焉。

永静军，同下州。唐景州。太平兴国六年，以军直属京。淳化元年，以冀州阜城来属。景德元年，改军名。崇宁户三万四千一百九十三，口三万九千二十二。贡箪、绢。县三：东光，紧。将陵，望。景祐元年，移治于长河镇。阜城。中。嘉祐八年，省为镇入东光。熙宁十年复为县。

清州，下，本乾宁军。幽州芦台军之地，晋陷契丹。周平三关，置永安县，属沧州。太平兴国七年置军，改县曰乾宁隶焉。大观二年，升为州。政和三年，赐郡名曰乾宁。崇宁户六千六百一十九，口一万二千七十八。贡绢。县一：乾宁。熙宁六年省为镇。元符二年复。崇宁三年再省。政和五年又复。寨六。钓台、独流北、独流东、当城、沙涡、百万。

信安军，同下州。太平兴国六年，以霸州淤口砦建破虏寨。景德二年，改为信安。崇宁户七百一十五，口一千四百三十七。贡绢。寨七。周河、刁鱼、田家、狼城、佛圣涡、鹿角、李详。元丰四年，霸州鹿角砦始隶军。

保定军，同下州。太平兴国六年，以涿州新镇建平戎军。景德元年，改为保定军。景祐元年，析霸州文安、大城二县五百户隶军。宣和七年，废保定军为保定县，隶莫州，知县事仍兼军使，寻依旧。崇宁户一千二十九，口二千四百八十四。贡绌。寨二。桃花、父母。政和三年，改父母砦曰安宁。

西路。府四：真定，中山，信德，庆源。州九：相，濬，怀，卫，洺，深，磁，祁，保。军六：天威，北平，安肃，永宁，广信，顺安。县六十五。

真定府，次府，常山郡，唐成德军节度。本镇州，汉以赵州之元氏、栾城二县来属。开宝六年，废九门、石邑二县。端拱初，以鼓城隶祁州。淳化元年，以束鹿隶深州。庆历八年，初置真定府路安抚使，统真定府、磁相邢赵洺六州。崇宁户九万二千三百五十三，口一十六万三千一百九十七。贡罗。县九：真定，次畿。藁城，次畿。栾城，次畿。元氏，次畿。井陉，次畿。熙宁六年，省入获鹿、平山。八年复置，徙治天威军，即县治置军使，隶府。有天威军、小作口、王家谷三寨。获鹿，次畿。平山，次畿。有甘泉、岚州、沂州、檀明、夫妇、柏岭、黄冈、烘山、赤箭、抱儿、石虎、中子、雕栱、东临山、西临山十五寨。行唐，次畿。灵寿。次畿。熙宁六年，省为镇入行唐。八年复。有赤陉、飞吴二寨。寨一：北砦。咸平二年置。熙宁八年，析行唐县二乡隶砦。天威军。见上。

相州，望，邺郡，彰德军节度。崇宁户三万六千三百四十，口七万一千六百三十五。贡暗花牡丹花纱、知母、胡粉、绢。县四：安阳，紧。熙宁五年，省永和县入焉。汤阴，紧。宣和二年，以汤阴县隶濬州，寻复来隶。临漳，紧。熙宁五年，省邺县入焉。林虑。中。

中山府，次府，博陵郡。建隆元年，以易北平并来属。太平兴国初，改定武军节度。本定州，庆历八年，始置定州路安抚使，统定、保、深、祁、广信、安肃、顺安、永宁八州。政和三年，升为府，改赐郡名曰中山。崇宁户六万五千九百三十五，口一十八万六千三百五。贡罗、大花绫。县七：安喜，紧。无极，紧。曲阳，上。唐，上。望都，中。新乐，中。北平。中下。寨一，军城。隶曲阳县。北平军。庆历二年，以北平砦建军。四年复隶州，即北平县治置军使，隶州。

信德府，次府，钜鹿郡。后唐安国军节度。本邢州，宣和元年，升为府。崇宁户五万三千六百一十三，口九万五千五百五十二。贡绢、白磁盏、解玉砂。县八：邢台，上。宣和二年，改龙冈县为邢台。沙河，上。任，中。尧山，中。平乡，上。熙宁六年，省平乡县为镇入钜鹿。元祐元年复。内丘，上。熙宁六年，省尧山县入焉，元祐元年复。南和，中。熙宁五年，省任县为镇入焉。元祐元年复。钜鹿。上。

濬州，平川军节度。本通利军。端拱元年，以滑州黎阳县为军。天圣元年，改通利为安利。四年，以卫州卫县隶军。熙宁三年废为县，隶卫州。元祐元年复为军。政和五年升为州，号濬川军节度，改今额。崇宁户三千一百七十六，口三千二百二。县二：卫，上。熙宁六年，废为镇入黎阳。后复。黎阳。中。

怀州，雄，河内郡，防御。建隆元年，升为团练，俄为防御。崇宁户三万二千三百一十一，口八万八千一百八十五。贡牛膝、皂角。县三：河内，紧。熙宁六年，省武德县为镇入焉。修武，上。熙宁六年，省为镇入武陟。元祐元年复。武陟。中。

卫州，望，汲郡，防御。崇宁户三万三千二百四十，口四万六千三百六十五。贡绢、绵。县四：汲，中。新乡，紧，熙宁六年，废为镇入汲。元祐二年复。获嘉，上。天圣四年，自怀州来隶。共城。中。监一：黎阳。熙宁七年置，铸铜钱。

洺州，望，广平郡，建隆元年，升为防御。熙宁三年，省曲周县为镇，入鸡泽。六年，省临洺县为镇，入永年。元祐二年，曲周、临洺复为县，寻复为镇。四年，曲周、鸡泽依旧别为两县。崇宁户三万八千八百一十七，口七万三千六百。贡绅。县五：永年，上。肥乡，望。平恩，紧。鸡泽，中。曲周。中。

深州，望，饶阳郡，防御。雍熙四年，废陆泽县。崇宁户三万八千三十六，口八万三千七百一十。贡绢。县五：静安，望。本汉下博县，周置静安军，以县隶，俄复焉。太平兴国七年，又隶静安军。雍熙二年军废，还属，三年废，四年复置，改今名。束鹿，望。淳化中，自真定来属。安平，望。饶阳，望。武强。望。

磁州，上，滏阳郡，团练。旧名慈，政和三年改作磁。崇宁户三万六千四百九十一，口九万六千九百二十二。贡磁石。县三：滏阳，上。熙宁六年，省昭德县为镇入焉。邯郸，上。武安。上。有固镇、永安、黄泽、海回四寨。

祁州，中，蒲阴郡，团练。端拱初，以镇州鼓城来属。景德元年，移治于定州蒲阴，以无极隶定州。熙宁六年，省深泽县为镇，入鼓城。元祐元年复。崇宁户二万四千四百八十四，口四万九千九百七十五。贡花绅。县三：蒲阴，望。鼓城，紧。深泽。中。

庆源府，望，赵郡，庆源军节度。本赵州，军事。大观三年，升为大藩。崇宁四年，赐军额。宣和元年，升为府。崇宁户三万四千一百四十一，口六万一百三十七。贡绢、绵。县七：平棘，望。宁晋，望。临城，上。唐县。熙宁六年，省隆平县为镇入焉，元祐元年复。高邑，中。熙宁五年，省柏乡、赞皇二县为镇入焉，元祐元年皆复。隆平，中。柏乡，中。赞皇。下。

保州，下，军事。本莫州清苑县。建隆初，置保塞军。太平兴国六年，建为州，政和三年，赐郡名曰清苑。崇宁户二万七千四百五十六，口二十三万二百三十四。贡绢。县一：保塞。望，太平兴国六年，析易州满城之南境入焉。

安肃军，同下州。本易州遂城县。太平兴国六年，建为静戎军，析易州遂城三乡置静戎军隶焉。景德元年并县，改安肃军。宣和七年，废军为安肃县。知县事仍兼军使，寻依旧。崇宁户七千一百九十七，口一万四千七百五十一。贡素绅。县一：安肃。中。

永宁军，同下州。雍熙四年，以定州博野县建宁边军。景德元年，改永宁军。宣和七年，废为博野县，知县事仍兼军使，寻依旧。县一：博野。望。

广信军，同下州。太平兴国六年，改易州遂城县为威勇军。景德元年，改广信军。崇宁户四千四百四十五，口八千七百三十八。贡绅、粟。县一：遂城。中。

顺安军，同下州。本瀛州高阳关砦。太平兴国七年，置唐兴砦。淳化三年，建为顺安军。至道三年，以瀛州高阳来属。熙宁六年，省高阳县为镇。十年，复为县。崇宁户八千六百五，口一万六千五百七十八。贡绢。县一：高阳。中。

河北路，盖《禹贡》兖、冀、青三州之域，而冀、兖为多。当毕、昴、室、东壁、尾、箕之分。南滨大河，北际幽、朔，东濒海岱，西压上党。茧丝、织纴之所出。人性质厚少文，多专经术，大率气勇尚义，号为强忮。土平而近边，习尚战斗。有河漕以实边用，商贾贸迁，刍粟峙积。宋初募置乡义，大修战备，为三关，置方田以资军廪。契丹数来侵扰，人多去本，及荐修戎好，益开互市，而流庸复来归矣。大名、澶渊、安阳、临洺、汲郡之地，颇杂斥卤，宜于畜牧。浮阳际海，多鬻盐之利。其控带北地，镇、魏、中山皆为雄镇云。

河东路。府三：太原，隆德，平阳。州十四：绛，泽，代，忻，汾，辽，宪，岚，石，隰，慈，麟，府，丰。军八：庆祚，威胜，平定，岢岚，宁化，火山，保德，晋宁。县八十一。

太原府，太原郡，河东节度。太平兴国四年，平刘继元，降为紧州，军事，毁其城，移治于榆次县。又废太原县，以平定、乐平二县属平定军，交城属大通监。七年，移治唐明监。旧领河东路经略安抚使。元丰为次府，大观元年升大都督府。崇宁户一十五万五千二百六十三，口一百二十四万一千七百六十八。贡大铜鉴、甘草、人参、矾石。县十：阳曲，次赤。有百井、阳兴二寨。太谷，次畿。榆次，次畿。寿阳，次畿。盂，次畿。交城，次畿。宝元二年，自大通监来隶。文水，次畿。祁，次畿。清源，次畿。平晋，中。熙宁三年，废入阳曲。政和五年复。监二：大通，永利。

隆德府，大都督府，上党郡，昭义军节度。太平兴国初，改昭德。旧领河东路兵马钤辖，兼提举泽晋绛州、威胜军屯驻泊本城兵马巡检事。本潞州。建中靖国元年，改为军。崇宁三年，升为府，仍还昭德旧节。崇宁户五万二千九百九十七，口一十三万三千一百四十六。贡人参、蜜、墨。县八：上党，望。屯留，上。襄垣，上。潞城，上。壶关，中。长子，中。涉，中。黎城。中。天圣三年，徙治涉之东南白马驿。熙宁五年，省入潞城县。元祐元年复。

平阳府，望，平阳郡，建雄军节度。本晋州，政和六年，升为府。崇宁户七万五千九百八，口一十八万三千二百五十四。贡蜜、蜡烛。县十：临汾，望。洪洞，紧。襄陵，紧。熙宁五年，废慈州乡宁县分隶焉。有雕掌、豹尾二寨。神山，上。有韩买、安国、史壁、叠头等堡。赵城，上。熙宁五年，省为镇隶洪洞。元丰三年复为县。汾西，中。有厚畬、青岸、石桥、青山、边柏五寨。霍邑，中。冀氏，中。有府城、永兴二寨，陶川、白练、当谷、横岭四堡。岳阳，中下。和川，中下。太平兴国六年，废沁州，以县来属。熙宁五年，省为镇入冀氏。元祐元年复为县。务二：炼矾，矾山。

庆祚军。政和三年，以赵城造父始封之地升为军，以军事领之。

绛州，雄，绛郡，防御。崇宁户五万九千九百三，口九万四千二百三十七。贡防风、蜡烛、墨。县七：正平，望。曲沃，望。太平，望。熙宁五年，废慈州，以乡宁县分隶太平、稷山。翼城，上。稷山，中。绛，中。有中山、花崖、华山三寨。垣曲。下。有铜钱一监。

泽州，上，高平郡。崇宁户四万四千一百三十三，口九万一千八百五十二。贡白石英、禹余粮、人参。县六：晋城，紧。高平，上。阳城，上。端氏，中。陵川中。沁水。中下。关一：雄定。旧天井关，属晋城县。靖康元年改今名。

代州，上，雁门郡，防御。景德二年，废唐林县。旧置沿边安抚司。崇宁户三万三千二百五十八，口一十五万九千八百五十七。贡麝香、青、碌。县四：雁门，中下。有西陉、胡谷、雁门三寨。崞，中下。有楼板、阳武、石峡、土墱四寨。五台，中下。繁畤。下。有繁畤、茹越、大石、义兴冶、宝兴军、瓶形、梅回、麻谷八寨。

忻州，下，定襄郡，团练。崇宁户一万八千一百八十六，口四万二千二百三十二。贡解玉砂、麝。县二：秀容，紧。熙宁五年，省定襄入焉。元祐元年，定襄复为县。有石岭关、忻口、云内、徒合四寨。定襄。中下。

汾州，望，西河郡，军事。崇宁户五万一千六百九十七，口一十八万五千六百九十八。贡土绐、石膏。县五：西河，望。有永利西监。平遥，望。介休，上。灵石，中。有阳凉南关、阳凉北关。孝义。上。太平兴国元年，改为中阳，后复为孝义。熙宁五年，省为镇入介休。元祐元年复。

辽州，下，乐平郡。熙宁七年州废，省平城、和顺二县为镇，入辽山县，隶平定军；省榆社县为镇，入威胜军武乡县。元丰八年，复置州，县镇并复来隶。元祐元年，复置和顺、榆社、平城县。崇宁户七千三百一十五。贡人参。县四：辽山，下。有黄泽砦。和顺，下。榆社，中下。平城。中。

宪州，中，汾源郡，军事。初治楼烦，咸平五年，移治静乐军、县，遂废军，又废，楼烦改隶岚州。熙宁三年，废宪州，以静乐县隶岚州。十年，复宪州，仍领静乐县。政和五年，赐郡名。崇宁户二千七百二十二，口七千四百四十四。贡麝香。县一：静乐。中。咸平五年，废天池、玄池二县入焉。

岚州，下，昌烦郡，军事。太平兴国五年，以岚谷隶岢岚军。崇宁户一万三千二百六十九，口六万六千二百一十四。贡麝香。县三：宜芳，中。有飞鸢堡。合河，中下。有乳浪砦。楼烦。下。咸平五年，自宪州来隶。

石州，下，昌化郡，军事。旧带岚、石、隰三州都巡检使。元丰五年，置葭芦、吴堡二寨隶州，因置二寨沿边都巡检使，遂令三州各带沿边都巡检使。初领县五，元符二年，升葭芦砦为晋宁军，以州之临泉县隶焉。大观三年，复以定胡县隶晋宁军。崇宁户一万五千八百九，口七万二千九百二十九。贡蜜、蜡。县三：离石，中。平夷，中。有伏落津砦。方山。下。

隰州，下，大宁郡，团练。熙宁五年，废慈州，以吉乡县隶州，即县治置吉乡军使，仍省文城县为镇隶焉。元祐元年，复慈州。七年，以州之上平、永宁两关俯逼西界，以州为次边。崇宁户三万八千二百八十四，口一十三万八千四百三十九。贡蜜、蜡。县六：隰川，上。温泉，上。有碌矾一务，水头、白壁、先锋三寨。蒲，中。大宁，中。石楼，中。有上平、永宁二寨。永和，中。

慈州，下，团练。旧领吉乡、文城、乡宁三县。熙宁五年废州，以吉乡隶隰州，即县治置吉乡军使，仍省文城为镇，隶焉。又以乡宁隶晋州襄陵县。元祐元年，复吉乡军为慈州。户口阙。县一：吉乡。中。

麟州，下，新秦郡。乾德初，移治吴儿堡。五年，升建宁军节度。端拱初，改镇西军节度。崇宁户三千四百八十二，口八千六百八十四。贡柴胡。县一：新秦。上。政和四年，废银城、连谷二县入焉。有神堂、静羌二寨，惠宁、镇川二堡。银城有屈野川，五原寨、银城、神木、建宁三寨，肃定、神木、通津、阑干四堡。连谷有屈野川、横阳堡。大和砦，地名大和谷，元符二年进筑，赐名。东至神木砦五十五里，南至弥川砦三十里，西至饶咩浪界壕七十里，北至清水谷二十里。大和堡。地名麻乜娘，元符二年进筑，赐名。东至肃定堡界二十五里，南至清水谷二十里，西至松木骨堆界六十五里，北至银城砦二十五里。

府州，中，靖康军节度。本永安军，崇宁元年，改军额。政和五年，赐郡名曰荣河。旧置麟府路军马司，以太原府代州路钤辖领之。崇宁户一千二百四十二，口三千一百八十五。贡甘草。县一：府谷。下。有安丰、宁府、百胜三寨，河滨、斥堠、靖安、西安四堡。宁川堡，府州安丰砦外第九寨，元符元年赐名。东至斥堠堡三十五里，南至安丰砦界四十五里，西至丰州宁丰砦四十里，北至肯没怒川界壕一百五十里。宁边砦，地名端正平，元符二年进筑，赐今名。东至宁府砦界三十里，南至靖化堡界三十里，西至吴儿烽十五里，北至保宁砦界三十里。宁疆堡，宣和六年，独移庄岭建堡，赐名宁疆。震威城，宣和六年，铁炉骨堆建寨，赐名。

丰州，下。庆历元年，元昊攻陷州地。嘉祐七年，以府州萝泊川掌地复建为州。今军事。政和五年，赐郡名宁丰。崇宁户一百五十三，口四百一十一。贡甘草、柴胡。寨二：永安，保宁。

威胜军，同下州。太平兴国三年，于潞州铜鞮县乱柳石围中建为军。崇宁户一万九千九百六十二，口三万七千七百二十六。贡土绢。县四：铜鞮，中。太平兴国初，与武乡自潞州来隶。武乡，上。熙宁七年废辽州，以榆社县为镇入焉。元丰八年，复置辽州，以榆社往隶。沁源，中下。太平兴国六年废沁州。以县来隶。绵上。中下。宝元二年，自大通监来隶。庆历六年，徙治军西北大觉寺地。

平定军，同下州。太平兴国二年，以镇州广阳砦建为军。四年，以并州平定、乐平二县来属。崇宁户九千三百六，口二万八千六百七。贡绢。县二：平定，中。唐广阳县，太平兴国四年改。有故井陉关、百井砦。乐平。中。有静阳砦。

岢岚军，同下州。太平兴国五年，以岚州岚谷县建为军。崇宁户二千九百一十七，口六千七百二十。贡绢。县一：岚谷。下。熙宁三年废，元丰六年复置。有永和、洪谷等六寨。

宁化军，同下州。崇宁户一千七百一十八，口三千八百二十一。贡绢。县一：宁化。熙宁三年废，元祐元年复，崇宁三年又废为镇。有西阳、脑子、细腰、窟谷四寨。

火山军，同下州。本岚州之地。太平兴国七年，建为军。治平四年，置火山县，熙宁四年，废之。崇宁户五千四十五，口九千四百八十。贡柴胡。寨一：下镇。火山军旧领雄勇、偏头、董家、横谷、桔槔、护水六寨。庆历初，置下镇砦。嘉祐六年，废偏头寨。熙宁元年，废桔槔砦。《元丰九域志》：领寨一。

保德军，同下州。淳化四年，析岚州地置定羌军。景德元年改。崇宁户九百六十三，口四千五十。贡绢。津二：大堡、沙谷。

晋宁军，本西界葭芦砦。元丰五年收复，六月，并吴堡砦并隶石州。元祐四年，以葭芦砦给赐西人。绍圣四年收复。元符二年，以葭芦砦为晋宁军，割石州之临泉隶焉。知军领岚石路沿边安抚使，兼岚、石、隰州都巡检使。大观三年，复以石州定胡县来隶。东至剋胡砦隔河五里，南至吴堡砦一百七十里，西至神泉砦二十五里，北至通秦砦二十里。领县二：定胡，中。旧领定胡、天浑津、吴堡三寨。按吴堡砦元丰四年收复，东至黄河，南至绥德军白草砦九十里，西至绥德军义合砦六十里，北至晋宁军一百七十里。临泉。中下。旧领剋胡、葭芦二寨。按葭芦砦乃元丰五年收复，后为晋宁军。神泉砦，地名榆木川，在废葭芦砦北。元符元年赐今名。东至晋宁军二十五里，南至乌龙砦二十五里，西至隔祚岭界壕十里，北至通秦砦四十里。三交堡，地名三交川岭。元符元年，神泉砦筑堡毕工，赐名。乌龙砦，元符二年进筑，赐名。东至神泉砦二十五里，南至暖泉砦二十里，西至暖泉砦三十里，北至女萌烽一十七里。通秦砦，地名界哕岭，元符二年赐今名。东至黄河二十九里，南至神泉砦四十二里，西至女萌骨堆界壕五十里，北至通秦堡一十七里。宁河砦，地名窟薛岭，元符二年赐名。东至黄河三十里，南至通秦堡一十七里，西至尹遇合一十三里，北至章堡二十五里。弥川砦，地名弥勒川，元符二年赐名。东至黄河六十里，南至弥川堡十五里，西至砦浪骨堆界堆七十里，北至麟州大和砦三十里。通秦堡，地名精移堡，元符二年，同寨赐名。东至黄河一十七里一百二十步，南至通秦砦一十七里，西至龙移川界壕五十里，北至宁河砦一十一里。宁河堡，地名哥崖岭，元符二年，同寨赐名。弥川堡，地名小红崖，元符二年，同寨赐名。东至黄河四十里，南至宁河砦一十五里，西至祖平四十里，北至秦平堡一十里。靖川堡。东至黄河三十里，南至宁河砦十四里，西至界首立子谷四十五里，北至弥川堡一十三里。

河东路，盖《禹贡》冀、雍二州之域，而冀州为多。当觜、参之分。其地东际常山，西控党项，南尽晋、绛，北控云、朔，当太行之险地，有盐、铁之饶。其俗刚悍而朴直，勤农织之事业，寡桑柘而富麻苎。善治生，多藏蓄，其靳啬尤甚。朔方、楼烦，马之所出，岁增贸市以充监牧之用。太宗平太原，虑其恃险，徙州治焉。然犹为重镇，屯精兵以控边部云。

卷八十七　　　　志第四十

地　理　三

陕　西

陕西路。庆历元年，分陕西沿边为秦凤、泾原、环庆、鄜延四路。熙宁五年，以熙、河、洮岷州、通远军为一路，置马步军都总管、经略安抚使。又以熙、河等五州军为一路，通旧鄜延等五路，共三十四州军，后分永兴、保安军、河中、陕府、商、解、同、华、耀、虢、鄜、延、丹、坊、环、庆、邠、宁州为永兴军等路，转运使于永兴军，提点刑狱于河中府置司；凤翔府、秦、阶、陇、凤、成、泾、原、渭、熙、河、洮、岷州、镇戎、德顺、通远军为秦凤等路，转运使于秦州、提点刑狱于凤翔府置司；仍以永兴、鄜延、环庆、秦凤、泾原、熙河分六路，各置经略、安抚司。

永兴军路。府二：京兆，河中。州十五：陕、延、同、华、耀、邠、鄜、解、庆、虢、商、宁、坊、丹、环。军一：保安。县八十三。其后延州、庆州改为府，又增银州、醴州及定边、绥德、清平、庆成四军。凡府四，州十五，军五，县九十。

京兆府，京兆郡，永兴军节度。本次府，大观元年升大都督府。旧领永兴军路安抚使。宣和二年，诏永兴军守臣等衔不用军额，称京兆府。崇宁户二十三万四千六百九十九，口五十三万七千二百八十八。贡靴毡、蜡、席、酸枣仁、地骨皮。县十三：长安，次赤。樊川，次赤。旧万年县，宣和七年改。鄠，次畿。蓝田，次畿。咸阳，次畿。泾阳，次畿。栎阳，次畿。高阳，次畿。兴平，次畿。临潼，次畿。唐昭应县，大中祥符改。醴泉，次畿。武功，次畿。政和八年，同醴泉拨入醴州。乾祐，次畿。监二。熙宁四年置，铸铜钱；八年置，铸铁钱。

河中府，次府，河东郡，护国军节度。旧兼提举解州、庆成军兵马巡检事。大中祥符中，以荣河为庆成军。崇宁户七万九千九百六十四，口二十二万七千三十。贡五味子、龙骨。县七：河东，次赤。隰县。熙宁三年，省河西

县，六年，省永乐县为镇入焉。临晋，次畿。猗氏，次畿。虞乡，次畿。万泉，次畿。龙门，次畿。元祐二年，置铸钱监二。荣河。次畿。旧隶庆成军，熙宁元年废，以荣河隶府，即县治置军使。庆成军。见上。

解州，中，防御。崇宁户三万二千三百五十六，口一十一万三千三百二十一。贡盐花。县三：解，中。闻喜，望。安邑。紧。

陕州，大都督府，陕郡。太平兴国初，改保平军，旧兼提举商、虢州兵马巡检事。崇宁户四万七千八百六，口一十三万五千七百一。贡绸、绢、括蒌根、柏子仁。县七：陕，中。熙宁六年，省硖石县为石壕镇入焉。平陆，上。夏，上。灵宝，上。熙宁四年，省湖城县入焉。芮城，中下。湖城，中下。元丰元年，复置县。阌乡。中下。太平兴国三年，自虢州与湖城二县来隶。监二。熙宁三年置，铸铜钱；八年置，铸铁钱。

商州，望，上洛郡，军事。崇宁户七万三千一百二十九，口一十六万二千五百三十四。贡麝香、枳壳实。县五：上洛，中。商洛，中下。洛南，中下。丰阳，中。上津。中下。

虢州，雄，虢郡，军事。崇宁户二万二千四百九十，口四万七千五百六十三。贡麝香、地骨皮、砚。县四：卢氏，中。熙宁二年，以西京伊阳县栾川冶镇隶焉。虢略，中。唐弘农县。建隆初，改常农。至道三年，改今名。熙宁四年，省玉城县为镇入焉。朱阳，中。乾德六年，废入常农，太平兴国七年，复置。栾川。元祐二年，以栾川冶为镇，崇宁三年，改为县。

同州，望，冯翊郡，定国军节度。崇宁户八万一千一十，口二十三万三千九百六十五。贡白蒺藜、生熟干地黄。县六：冯翊，紧。澄城，紧。朝邑，紧。邰阳，上。熙宁四年，省夏阳县为镇入焉。白水，中。韩城。中。元祐二年，置铸钱监。监一：沙苑。

华州，望，华阴郡。建隆初，为镇国军节度。皇祐五年，改镇潼军节度。崇宁户九万四千七百五十，口二十六万九千三百八十。贡茯苓、细辛、茯神。县五：郑，上。下邽，望。蒲城，望。唐奉先县。开宝四年改。建隆中，自京兆隶同州。天禧四年，自同州来隶。华阴，紧。渭南。上。熙宁六年，省为镇入郑。元丰元年，复为县。旧自京兆府来隶。监二。熙宁四年置，铸铜钱；八年置，铸铁钱。

耀州，紧，华原郡。开宝五年，为感义军节度。太平兴国初，改感德军。崇宁户一十万二千六百六十七，口三十四万七千五百三十五。贡瓷器。县六：华原，上。富平，望。三原，望云阳，上。同官，上。美原。中。

清平军。本凤翔府盩厔县清平镇。大观元年，升为军，复置终南县，隶京兆府。清平军使兼知终南县，专管勾上清太平宫。县一：终南。

延安府，中，都督府，延安郡，彰武军节度。本延州。元祐四年，升为府。旧置鄜延路经略、安抚使，统延州、鄜州、丹州、坊州、保安军、四州一军；其后增置绥德

军，又置银州，凡五州二军。银州寻废。崇宁户五万九百二十六，口一十六万九千二百一十六。贡黄蜡、麝香。县七：肤施，中。熙宁五年，省丰林县为镇、金明县为寨并入焉。有金明龙安二寨、安塞一堡。元丰四年，又收复塞门砦。宣和二年，改龙安曰德安砦。延川，中。熙宁八年，省延水县为镇入焉。有丹头、绥平、怀宁、顺安、白草、永平六寨，安定、黑水二堡及永宁关。元丰四年收复，置细浮图、义合、米脂三寨。七年，以米脂、义合、浮图、怀宁、顺安、绥平六城寨隶绥德城。元符二年，废顺安、白草、丹头三寨。延长，中。门山，中。临真，中。敷政，中。有招安、万安二寨。元符二年，废招安砦为驿。甘泉。中下。城二：治平四年，收复绥州。熙宁中，改为绥德城。四年，置啰兀城、抚宁宾草二堡，寻废。元丰五年，置永乐城，赐名银川砦，寻废。青涧城，元符二年，隶绥德城。绥德城。元符二年，改为军。监一。熙宁八年置，铸铁钱。塞门砦，延州北蕃部旧寨，至道后与芦关、石堡、安远砦俱废。元丰四年收复，仍隶延州肤施县。东至珍羌砦五十里，西至平戎砦六十里，南至安塞堡四十里，北至乌延口九十里。平羌砦，地本克胡山砦，绍圣四年赐名。东至安定堡六十里，西至安塞堡三十五里，南至龙安砦五十四里，北至珍羌砦六十里。威戎城，地本昇平塔，绍圣四年赐名。东至临夏城四十里，西至威羌砦七十里，南至黑水堡六十里，北至界台七十里。平戎砦，地本杏子河东山，绍圣四年赐名。东至塞门砦六十里，西至顺宁砦七十里，南至园林堡五十一里，北至杏子堡四十里。开光堡，绍圣四年修筑。元符元年赐名，二年，隶绥德城。珍羌砦，地名那娘山，元符元年进筑，赐名。东至威羌砦四十里，西至塞门砦五十里，南至平羌砦六十里，北至御谋城三十五里。威羌砦，地名白洛岭，元符元年进筑，赐名。东至威戎城七十里，西至珍羌砦四十里，南至安定堡七十里，北至芦移堡七十里。御谋城，崇宁三年进筑，赐名。东至芦移堡三十五里，西至界台三十五里，南至珍羌砦三十五里，北至界台二十里。石堡砦，崇宁三年进筑，赐名威德军，五年复为寨。国初尝置城，至道后废之，地在延州北。制戎城，政和八年，赐鄜延路天降山新城改今名。新砦，芦移堡，东至屈丁堡五十里，西至御谋城三十五里，南至威羌砦七十里，北至界台一十三里。屈丁堡，万安堡，东至威戎城六十里，西至芦移堡四十里，南至威羌砦四十里，北至屈丁堡五十一里。丹头堡，青石崖堡，窟囉堡。

鄜州，上，洛交郡，保大军节度。崇宁户三万五千四百一，口九万二千四百一十五。贡麝香，今改贡蜡烛。县一：宜川。上。后魏义川县。太平兴国中改名，以鄜州废咸宁县入焉。熙宁三年省汾川县、七年省云岩县为镇、八年析同州韩城县新封乡并入焉。

坊州，上，中部郡，军事。崇宁户一万三千四百八，口四万一百九十一。贡弓弦麻、席。县二：中部，紧。宜君，中。熙宁元年，省昇平县为镇入焉。有矾场。

保安军，同下州。崇宁户二千四十二，口六千九百三十一。贡毛段、苁蓉。寨二：德靖，东至保安军八十里，西至庆州荔原堡六十里，南至庆州平戎镇五十里，北至金汤城六十里。顺宁。东至平戎砦七十里，西至金汤城九十里，南至保安军四十里，北至万全砦四十里。堡一：园林。东至安塞堡七十里，西至保安军四十里，南至招安驿七里，北至平戎堡五十一里。金汤城，旧金汤砦，在德靖砦西南，元符二年进筑。东至顺宁砦九十里，西至庆州白豹城四十里，南至德靖砦六十里，北至通庆城六十里。威德军。保安军之北，两界上有浊流名藏底河，夏人近是筑城，为要害必争之地。政和三年，贾炎乞进筑，不果。七年，知庆州姚古克之，即威德军。

绥德军。唐绥州。熙宁二年，收复废为城，隶延州，在州东北三十里。元丰七年，以延州米脂、义合、浮图、怀宁、顺安、绥平六城寨隶绥德城。元符二年，改为军，并将暖泉、米脂、开光、义合、怀宁、克戎、临夏、绥平砦、青涧城、永宁关、白草、顺安砦并隶军。暖泉砦，元符二年进筑，赐名。东至河东乌龙砦二十里，西至米脂砦四十五里，南至义合砦八十里，北至清边砦七十里。米脂砦，本西夏寨，元丰四年收复，为米脂城，后复为寨，隶延州延川县。七年，改隶绥德城。元祐四年，给赐夏人。元符元年收复，仍赐旧名。东至暖泉砦四十五里，西至克戎城六十里，南至开光堡三十里，北至嗣武城二十里。开光堡，绍圣四年修筑。元符元年赐名。二年，自延安府来属。东至暖泉砦六十里，西至克戎砦五十里，南至绥德军三十里，北至米脂砦三十里。义合砦，本夏人寨，元丰四年收复，隶延州延川县。七年，改隶绥德城。东至晋宁军六十里，西至绥德军四十里，南至顺安驿六十里，北至暖泉砦八十里。怀宁砦，延州延川县旧寨。东至绥德军四十里，西至绥平砦四十里，南至青涧城七十里，北至克戎砦六十里。克戎砦，本西人细浮图砦，元丰四年收复，隶延州延川县。七年，改隶绥德城。元祐四年，给赐夏人。绍圣四年收复，赐名。东至绥德军六十里，西至临夏砦三十里，南至怀宁砦六十里，北至镇边砦六十五里。临夏砦，地名啰岩谷岭，元符元年筑城，赐今名。东至克戎砦三十里，西至威戎城四十里，南至绥平砦六十里，北至界堠八十二里。绥平砦，延州延川县旧寨，元符二年，割隶绥德军。东至怀宁砦四十里，西至黑水堡四十里，南至丹头驿四十里，北至临夏砦六十里。青涧城，延州旧城。东至永宁县七十里，西至来平砦七十里，南至延川县四十里，北至怀宁军七十里。永宁关，延州延川县旧关。白草砦，延州延川县旧寨，元符二年废，后复置。顺安砦，延州延川县旧寨，元符二年废，后复置。嗣武砦，旧啰兀城，属延州，元丰四年置，寻废。崇宁三年修复，赐名。东至清边砦二十里，西至镇边砦二十里，南至米脂砦二十里，北至龙泉砦二十里。龙泉砦，宣和二年，改名通泉，寻复故。东至清边砦二十里，西至镇边砦四十里，南至嗣武城二十里，北至中山堡八里。清边砦，东至河东界五十里，西至龙泉砦二十里，南至暖泉砦七十里，北至生界堠一十三里。以下寨堡，凡不书年月者，皆未详建置本末。镇边砦，东至龙泉砦四十里，西至大虫坑二十五里,南至克戎城六十五里,北至生界堠二十五里。龙安砦,本属延安府肤施县,不详何年来属。东至安定堡八十里,西至招安驿四十里,南至金明驿三十五里,北至御安堡四十里。海末堡,海末至柏林十六堡。黑水、安定、安塞本延安旧堡。窟儿堡,大厥堡,花佛岭堡,临川堡,定远堡,马栏堡,中山堡,黑水堡,安定堡,佛堂堡,唐推堡,双林堡,安塞堡,浮图堡,柏林堡。

银州,银川郡。领儒林、抚宁、真乡、开光四县。五代以来为西夏所有,熙宁三年收复,寻弃不守。元丰四年收复。五年,即永乐小川筑新城,距故银州二十五里,前据银州大川,赐名银川砦,旋被西人陷没。崇宁四年收复,仍为银州。五年,废为银川城。

庆阳府,中,安化郡,庆阳军节度。本庆州。建隆元年,升团练。乾德元年,复为军事。政和七年,升为节度,军额曰庆阳。宣和七年,改庆州为府。旧置环庆路经略、安抚使,统庆州、环州、邠州、宁州、乾州,凡五州。其后废乾州,置定边军,已而复置醴州,凡统三州一军。崇宁户二万七千八百五十三,口九万六千四百三十三。贡紫茸白花毡、麝香、黄蜡。县三:安化,中。有大顺一城、府城、东谷、柔远、人顺四寨。元丰四年,废府城砦、金村堡、平戎镇。五年,收复礓诈砦,赐名安疆砦。元祐元年,复平戎镇。合水,望。熙宁四年始置,省华池、乐蟠二县为镇。七年,改华池镇为华池砦。有东华池、西华池二寨,荔原一堡。彭原。熙宁三年,自宁州来隶。安疆砦,本西人礓诈砦,元丰五年收复,赐名。元祐四年,给赐夏人。绍圣四年修复。东至德靖砦九十里,西至东谷砦六十里,南至大顺城四十里,北至白豹城四十里。又隶定边军。横山砦,地名西擽啰,元符元年进筑,赐名。东至东谷砦界擽啰四十五里,西至宁羌砦七十里,南至通塞堡三十里,北至定边军三十里。通塞堡,元符元年进筑。东至东谷砦二十里,西至西谷口砦二十里,南至怀安镇四十里,北至横山砦三十里。定边城,元符二年修筑,后别为定边军。白豹城,旧属西界,元符二年修复,赐旧名。东至安疆砦四十里,西至东谷砦二十里,南至柔远砦五十里,北至胜羌堡五十里。别见定边军。绥远砦,地本骆驼巷,元符二年进筑,赐名。东至定边军二十里,西至宁羌砦六十里,南至横山砦五十里,北至神堂砦约五十里。宁羌砦,地本萌门三岔,元符元年进筑,赐名。东至绥远砦六十里,西至安塞砦五十里,南至西谷砦三十里,北至王尚原界堠五十里。镇安城,政和六年进筑。东至鄜延路通庆城三十里,西至九阳堡二十里,南至威边砦三十里,北至西界地名苍鸡二十里。麦川堡,本名麦经岭,政和六年赐名。系环庆路,未详属何州军,姑附于此,东至怀威砦二十里,西至羚戎堡二十里,南至威边砦一十五里,北至镇安城一十里。威宁堡,本名衡家堡,政和六年赐名。系环庆路,未详属何州军,姑附于此。东至九阳堡一十五里,西至定边军一十五里,南至羚戎堡一十里,北至七道哆移塔五里。羚戎堡,东至怀威堡四十里,西至定边军约二十里,南至胡博川二十里,北至通祖卢门城砦五十里。府城砦,元丰二年已废,不知

何年修复。金村堡,同上。胜羌堡,东至洛河川二十里,西至通塞堡约五十里,南至白豹城五十里,北至威边砦二十里。定戎堡,东至启祖峰二十里,西至那丁原五里,南至兴平城二十里,北至清平关一十里。威边砦,东至洛河川二十里,西至横山砦三十五里,南至胜羌堡二十里,北至镇安城三十里。怀威堡。东至鄜延路通庆城十五里,西至羚戎堡约四十里,南至威宁砦约二十里,北至西界罗轻砦约五十里。

环州,下,军事。旧降为通远军,淳化五年复为州。崇宁户七千一百八十三,口一万五千五百三十二。贡甘草。县一:通远。上。有乌仑、肃远、洪德、永和、平远、定边、团堡、安塞八寨。兴平城,地名灰家嘴,元符元年筑,赐名。东至贺子儿十里,西至流井堡四十里,南至洪德砦二十里,北至清平关三十里。清平关,地名之字平,元符二年进筑,赐名。东至鬼通砦二十五里,西至安边城四十里,南至兴平城三十里,北至陷道口铺二十七里。安边城,地名徐丁台,崇宁五年筑,赐名。东至清平关四十里,西至折薑和市贼砦八十里,南至废肃远砦一百余里,北至牛圈界堠二十里。罗沟堡,朱灰台至绥远砦中路,地名火罗沟及阿原烽,政和三年建筑,赐名。东南至绥远砦约二十里,西南至宁羌砦约六十里,南至阿原堡约四十里,西至朱台堡约一十五里。阿原堡,地名见"罗沟堡",政和三年赐名。东至绥远砦三十里,西至宁羌砦三十里,南至西谷砦四十里,北至罗沟堡约四十里。朱台堡,本朱灰台,政和三年建筑,赐名。东至鸡嘴堡约一十八里,西至木瓜堡五十里,南至阿原堡约四十里,北至蕤毛砦约二百步。安边砦、大拔砦,元丰二年已废,不知何年复修。方渠砦,流井堡,东至兴平城四十里,西至安边城三十里,南至党罗原五里,北至萌井约五十余里。归德堡,东至木瓜堡五里,西至定戎堡约三十里,南至洪德砦四十里,北至虾蟆和市贼砦四十里。木瓜堡,东至宁羌砦二十五里,西至归德堡五十里,南至惠丁堡四十里,北至界堠里罗平砚五里。麝香堡,东至龙札谷五里,西至打米谷八里,南至木瓜原一十五里,北至乌丁原二十里。通归堡,东至归德堡二十里,西至兴平城约三十余里,南至洪德砦二十里,北至堡子谷约一十里。惠丁堡。东至宁羌砦约四十里,西至麝香堡约三十里,南至安塞砦约三十五里,北至木瓜堡四十里。

邠州,紧,新平郡,静难军节度。崇宁户五万八千二百五十五,口一十六万二千一百六十一。贡火筋、荜豆、剪刀。县五:新平,望。宜禄,望三水,上。定平,紧。熙宁五年,隶宁州。政和七年,自宁州来隶。淳化。中。淳化四年,升耀州云阳黎国镇为县。熙宁八年,置铸钱监,元丰三年废。宣和元年,自耀州来隶。

宁州,望,彭原郡,兴宁军节度。本军事州,宣和元年赐军额。崇宁户三万七千五百五十八,口一十二万二千四十一。贡庵闾、荆芥、砚、席。县三:定安,紧。襄乐,上。真宁,下。

醴州,本京兆府奉天县。旧置乾州,熙宁五年废,以

奉天还隶府。政和七年，复以县为州，更名醴。八年，割属环庆路。县五：奉天，次畿。永寿，下。乾德三年，自邠州来隶。熙宁五年，废乾州，永寿及麻亭、常宁二寨，俱隶邠州。政和八年复来隶。武功，醴泉，二县本属京兆府，政和八年三月，割属醴州。好畤。本属凤翔府，政和八年三月，割属醴州。

定边军。元符二年，环庆路建筑定边城，后改为军。东至九阳堡三十五里，西至绥远砦二十里，南至横山砦三十里，北至通化堡二十里。县一：定边。政和六年，陕西、河东路宣抚使童贯奏："环庆路已建筑勒勚台等处新城，正据控扼，包占边面，乞依姚古所请，于定边军置倚郭一县。"诏赐今名。白豹城，元符二年进筑，赐旧名。已见"庆阳府"。东谷砦，旧寨，已见"庆阳府安化县"。绥远砦，地名骆驼巷，元符二年进筑，赐名。东至定边军二十里，西至宁羌砦六十里，南至横山砦五十里，北至神堂堡约五十里。神堂堡，大观二年进筑，赐名。东至观化堡三十里，西至绥远砦多移岭界堠十三里，南至绥远砦三十里，北至勤皇原卓望处三里。观化堡，东至通祖岭界堠约十五里，西至鸡觜堡约三十里，南至通化堡二十里，北至甜井砦约一十里。通化堡，东至通祖岭平界堠约三十里，西至绥远砦二十余里，南至定边军二十里，北至观化堡二十里。九阳堡，东至镇安城二十里，西至定边军三十五里，南至东谷砦九十里，北至界堠里乾谷三里。鸡觜堡。东至通化堡约二十里，西至多移岭界堠约一十里，南至绥远砦一十六里，北至神堂堡约一十四里。

秦凤路。府一：凤翔。州十二：秦，泾，熙，陇，成，凤，岷，渭，原，阶，河，兰。军三：镇戎，德顺，通远。县三十八。其后增积石、震武、怀德三军，西宁、乐、廓、西安、洮、会六州，又改通远军为巩州。凡府一、州十九，军五，县四十八。

秦州，下府，天水郡，雄武军节度。旧置秦凤路经略安抚使，统秦州、陇州、阶州、成州、凤州、通远军，凡五州一军，其后割通远军属熙河，凡统州五。崇宁户四万八千六百四十八，口一十二万三千二百二十二。贡席，芍药。县四：成纪，上。有渭水、三阳、上蜗牛、下蜗牛、堡子、伏羌、小三阳、照川、土门、四顾、平戎、赤崖湫、西青、远近湫、定西、小定西、下硖、注鹿原、上硖、圆川、伏羌、得胜、榆林、大像、菜园、探长、新水谷、旧水谷、柽林、丙龙、石人铺、驼项、永宁、盐泉、小永宁、冷水泉、双泉、新土、旧土三十九堡。陇城，中。有静戎、永固、定平、长山、白榆林、郭马、安塞七堡。清水，中。有弓门、铁窟、斫鞍、堡子、小弓门、坐交、得铁、冶坊、桥子、李子、古道、永安、四顾、威塞、床穰、镇边、和戎、安远、挟河、定川、中城、东城、西城、静边、临川、德威、广武、宁远、长樵二十九堡。天水。上。监一：太平。城二：伏羌，熙宁三年，废丹山、纳述、乾川三堡，增伏羌砦为城，有得胜、榆林、大像、菜园、探长、新水、柽林、丙龙、石人、驼项、旧水一十一堡。甘谷。熙宁元年置，有吹藏、

大甘、陇诺三堡。四年，置尖竿、陇阳二堡。砦七：治平四年，置鸡川。熙宁元年，改攧珠堡为通渭堡。五年，改古渭砦为通渭军，废者达、本当、七麻三堡，改通渭堡为寨，割永宁、宁远、威远、熟羊、来远并隶军。寻改绥远、定边二寨为镇，隶陇州。定西，领宁西、牛鞍、上硖、下硖、注鹿原、圆川六堡。三阳，领渭滨、或安、上下蜗牛、闻喜、伏归、硖口、照川、土门、四顾、平戎、赤崖湫、西青、远近湫十四堡。弓门，领东鞍、安人、斫鞍、上下铁窟、坐交、得铁、冶坊七堡。静戎，领白榆林、长山、郭马、静塞、定平、永固、邦矬、宁塞、长燋九堡。安远，陇城，鸡川。堡三：熙宁三年，改床穰为镇。五年，改冶坊砦为冶坊堡。八年，改床穰镇为堡。床穰，领白石、古道、中城、东城、西城、定戎、定安、雄边、临川、德威、广武、定川、挟河、镇边一十四堡。冶坊，领桥子、古道、永安、博望、威塞、李子六堡。达隆。堡川城，政和六年，于秦凤东西川口进筑，赐名。东至甘谷堡一十八里，西至熙河路安西城管下龟儿镇一十二里，南至甘谷城一百一十里，北至会川城一百二十里。甘泉堡，东至泾原路第十七堡五十里，西至堡川城一十八里，南至泾原路治平砦一百五十里，北至泾原路通安砦一百五十里。别见"渭州"。安远砦。《吏部通用酬赏格》：秦州又有安远等五寨，定边、绥远二寨。熙宁八年，废为镇，属陇州，其后，复为寨。定边砦，绥远砦，小落门砦，保安砦，弓钟砦，董哥平砦。

凤翔府，次府，扶风郡，凤翔军节度。乾德初，置崇信县。淳化中，割崇信属仪州。熙宁五年，废乾州，以好畤县来隶。政和八年，又以好畤隶醴州。崇宁户一十四万三千三百七十四，口三十二万二千三百七十八。贡蜡烛、榛实、席。县九：天兴，次赤。岐山，次畿。扶风，次畿。盩厔次畿。大观元年，以县清平镇置军。郿，次畿。有铁冶务。宝鸡，次畿。虢，次畿。麟游，次畿。普润。次畿。监一：司竹。

陇州，上，汧阳郡，防御。崇宁户二万八千三百七十、口八万九千七百五十。贡席。县四：汧源，望。有古道银场。熙宁八年，改秦州定边砦为陇西镇，隶县。汧阳，紧。吴山，中。陇安。中。开宝二年，析汧阳县四乡置县。

成州，中下，同谷郡。开宝六年，升为团练。崇宁户一万二千九百六十四，口三万三千九百九十五。贡蜡烛、鹿茸。县二：同谷，上。有骨鹿、马邑、赤土、平原、滔山、胡桃六寨。栗亭。中。

凤州，下，河池郡，团练。本防御，乾德元年，降为团练。崇宁户三万七千七百九十六，口六万一千一百四十五。贡蜜、蜡烛。县三：梁泉，上。河池，紧。开宝五年，移治固镇。有水银务。两当。上。至道元年，移治广乡镇。监一：开宝。建隆三年，于两当县置银冶。开宝五年，升为监。治平元年罢置官，以监隶两当县，元丰六年废。

阶州，中下，武都郡，军事。本唐武州。陷西戎，后复其地改置焉。崇宁户二万六百七十四，口四万九千五

二十。贡羚羊角、蜡烛。县二：福津，中下。领峰贴硖武平沙滩三寨、囤城堡、平定关。将利。中下。砦一：故城。本故城镇，不知何年建为寨。

渭州，下，陇西郡，平凉军节度。本军事，政和七年，升为节度。旧置泾原路经略、安抚使，泾州、原州、渭州、仪州、德顺军、镇戎军皆属。熙宁五年，废仪州。元符二年，增置西安州。崇宁三年，又以熙河路会州来属。大观二年，又增置怀德军。凡统五州三军。崇宁户二万六千五百八十四，口六万三千五百一十二。贡绢、苁蓉。县五：平凉，中。有瓦亭砦。潘原，中。安化，中。熙宁七年，废制胜关，移县于关地，以旧地为镇。崇信，中。华亭。中下。熙宁五年，废仪州，与安化、崇信同来隶。靖夏城，政和六年，赐泾原路席苇平新城名曰靖夏。未详属何军州，姑附此。甘泉堡。崇宁五年，泾原路经略司于甜井子修筑守御，赐名。未详属何州军，姑附此。别见"秦州"。

泾州，上，安定郡。太平兴国元年，改彰化军节度。崇宁户二万八千四百一十一，口八万八千六百九十九。贡紫茸、毛毼段。县四：保定，望。有长武砦。灵台，上。良原，上。长武。望。咸平四年，升长武镇为县。五年，省为寨，属保定县。大观二年，复以寨为县。

原州，望，平凉郡，军事。崇宁户二万三千三十六，口六万三千四百九十九。贡甘草。县二：临泾，中。彭阳。中。唐丰义县，太平兴国初改。至道三年，自宁州来隶。镇二：新城，熙宁三年，废截原砦入焉。柳泉。领耳朵城一寨。砦五：开边，熙宁三年，废新门砦入焉。西壕，平安，绥宁，领羌城、南山、颠倒三堡。靖安。领中普、吃啰岔、中岭、张昴、常理、新勒、鸡川、立马城、杀獐川九堡。安羌堡，新城堡。

德顺军，同下州。庆历三年，即渭州陇干城建为军。崇宁户二万九千二百六十九，口一十二万六千二百四十一。贡甘草。县一：陇干。元祐八年，以外底堡置。城一：水洛。领王家城、石门堡。砦五：静边，别见"镇戎军"。得胜，领开边堡。隆德，通边，治平。治平四年置，领牧龙堡。怀远砦，东至镇戎砦六十里，西至得胜砦三十里，南至张义堡四十里，北至镇羌砦二十七里。中安堡，威戎堡。东至章川堡三十里，西至同家堡二十五里，南至治平砦四十里，北至静边砦二十里。

镇戎军，同下州。本原州平高县之地。至道三年，建为军。崇宁户一千九百六十一，口八千五十七。贡白毡。城一：彭阳。砦七：治平四年，置信岔堡、凉棚堡。熙宁元年，置熙宁砦、硝坑堡、东西水口堡。元丰四年，废东水口堡。六年，置故砦堡。东山，乾兴，天圣，有信岔、凉棚二堡。三川，高平，有故砦堡。定川，熙宁。有硝坑堡。堡二：开远，张义。熙宁四年，废安边堡入开远。五年，置张义。平夏城，旧石门城，绍圣四年赐名。大观二年，升为怀德军。灵平砦，旧好水砦，绍圣四年赐名。大观二年，割属怀德军。镇羌砦，绍圣四年赐名。东至三川堡二十一里，西至寺子岔堡二十五里，南至怀远砦二十七里，北至九羊砦二十五里。高平堡，元符元年修复，赐旧寨名。威川砦，政和七年赐名，本密多台。飞泉砦，政和七年赐名。本飞井坞。飞井堡，乾兴砦管下。狼井堡，熙宁砦管下狼井、安远、窦信、梅谷、开疆，凡五堡。安远堡，窦信岔堡，梅谷堡，开疆堡，李家堡，肃远堡，埈地平堡，镇西堡，水口堡，怀远城，别见"德顺军"。德靖砦，保安旧有德靖砦，自属鄜延路。静边砦。天禧旧寨，属德顺军。东至德顺军七十里，西至第十七堡三十五里，南至威戎堡三十里，北至隆德砦五十里。

会州。元丰五年，熙河路加"兰会"二字，时未得会州。元符二年，始建筑，割安西城以北六寨隶州。崇宁三年，置倚郭县曰敷文，又以会州隶泾原路。县一：敷文。安西城，旧名汝遮，绍圣三年建筑，赐名，属熙河路。东至秦凤界六十二里，西至原川子一百里，南至定西砦二十七里，北至平西砦三十三里。平西砦，绍圣四年赐名，地本青石硙，属熙河路。东至秦凤界三十余里，西至胜如堡一百一十里，南至安西城三十三里，北至会宁关四十四里。会宁关，旧名颠耳关，元符元年建筑，赐名通会，未几改今名，属秦凤路。东至泾原路和市七里，西至熙河路定远城分界五十里，南至熙河路平西砦四十里，北至黄河南岸古烽台一百余里。会川城，旧名青南讹心，元符二年建筑，赐名，属秦凤路。东至泾原路通安砦六十里，西至熙河定远城一百五十里，南至会宁关六十里，北至新泉砦四十里。新泉砦，旧名东北冷牟，元符元年赐名，属秦凤路。东至怀戎堡界白草原三十里，西至会川城界粗儿原三十五里，南至会川城三十里，北至会州四十里。）怀戎堡，崇宁二年筑，属秦凤路。东至泾原路分界定戎砦地分二十二里半，西至本堡管下水泉堡二十里，由香谷至会州共六十里，南至会川城分界三十五里，北至柔狼山界墕四十里，系与夏国西寿监军地对境，经由枯柴谷至柔狼山，有险隘去处。德威城，政和六年，筑清水河新城，赐名，属秦凤路。东至麻累山二十五里，西至黄河四里，河北倚卓啰监军地分，水贼作过去处，南至啰逤谷口新移正川堡二十五里，北至北浪口至马练贼城约二十余里。静胜堡，政和六年，赐清水河新城接应堡名静胜，会川城管下。新修筑静胜堡，不系守御处，在黄河南石嘴上，至本城一百二十里，河北岸与夏国卓啰监军地分相对。通泉堡，属秦凤路新泉砦管下，不系守御处，在黄河南岭上，至本寨四十里，与河北岸夏国卓啰监军地分相对。水泉堡，系怀戎堡管下，距本堡二十里，不系守御处。正川堡。系德威城管下，啰逤谷口新移正川堡距本处二十五里，不系守御处。

怀德军。本平夏城。绍圣四年建筑。大观二年，展城作军，名曰怀德，以滟羌、灵平、通峡、镇羌、九羊、通远、胜羌、萧关隶之，增置将兵，与西安、镇戎互为声援应接。萧关初名威德，又改今名。东至结沟堡一十五里，西至石门堡一十八里，南至灵平砦一十二里，北至通峡砦一十八里。滟羌砦，故没烟后峡，元符元年进筑，赐名。东至通峡砦一十八里，西至正原堡四十里，南至石门堡三十里，北至萧关一百三十五里。通峡砦，故没烟前峡，元符元年建筑,赐名。东至东弯堡七里,西至盪羌砦一十八里,南至怀德军一十八里,北至胜羌砦八十里。灵平砦,故好水砦,绍圣四年赐名。大观二年,自镇戎军来属。东至古高平堡一十五里,西至九羊砦三十二里,南至熙宁砦二十八里,北至怀德军一十二里。硖口堡,东河湾堡,古高平堡,惠民堡,结沟堡,系通峡砦管下五堡。镇羌堡,东至三川堡二十八里,西至寺子岔堡二十五里,南至怀远砦二十七里,北至九羊砦二十五里。九羊砦,故九羊谷,元符元年建筑,赐名。东至灵平砦三十里,西至宁安砦六十六里,南至三川砦五十里,北至临羌砦八十里。石门堡,故石门峡东塔子砦,元符元年建筑,赐名。通远砦,东至龙泉谷三十五里,西至临羌砦六十五里,南至通峡砦五十里,北至胜羌砦三十三里。龙泉堡,通远砦管下。胜羌堡,东至漫嗒口七里,西至宁韦堡四十里,南至通峡砦八十里,北至萧关六十里。萧关,崇宁四年建筑。东至葫芦河一十五里,西至绥宁堡三十里,南至胜羌砦六十里,北至临川堡一十八里。临川堡,通关堡,山西堡。系萧关管下。

西安州。元符二年,以南牟会新城建为西安州。东至天都砦二十六里,西至通会堡五十五里,南至宁安砦一百里,北至啰没宁堡三十五里。盪羌砦,地名没烟峡,元符元年建筑,赐名。后属怀德军。通会堡,元符元年赐名,系熙河兰会路修筑,地名祭厮坚谷口,不知何年拨属泾原路西安州。天都砦,元符二年,洒水平新寨赐名天都。东至临羌砦二十里,西至西安州二十六里,南至天都山一十里,北至绥戎堡六十五里。临羌砦,元符二年,秋苇平新寨赐名临羌。东至通远砦六十五里,西至天都砦二十里,南至定戎砦八十里,北至绥戎砦七十里。横岭堡,系天都砦管下。宁韦堡,定戎堡,元符二年赐名,地本䤋隈川。东至山前堡三十里,西至秦凤路分界堠一十二里,南至通安砦一百里,北至劈通流界堠五十里。劈通川堡,啰没宁堡,北岭上堡,山前堡,高峰堡,宁安砦,崇宁五年,武延川岷朱龙山下新寨赐名宁安。东至九羊砦六十六里,西至通安砦六十一里,南至得胜砦九十里,北至西安州一百里。那罗牟堡,寺子岔堡,石棚泉堡,通安砦,崇宁五年,乌鸡三岔新寨赐名通安。东至宁安砦六十一里,西至同安堡三十五里,南至甘泉堡一百五里,北至定戎砦一百里。同安堡,系通安砦管下。绥戎堡,管下秋苇川口堡、锹镢川中路堡、征通谷中路东水泉堡,皆不详建置始末。东至萧关三十里,西至山前堡三十五里,南至临羌砦七十里,北至枅桅岭界堠五十里。秋苇川堡,锹镢川中路堡,征通谷中路东水泉堡。

熙州,上,临洮郡,镇洮军节度。本武胜军。熙宁五年收复,始改焉。寻为州。初置熙河路经略、安抚使,熙州、河州、洮州、岷州、通远军五州属焉。后得兰州,因加"兰会"字。元祐改熙河兰会路为熙河兰岷路,元符复故。会州既割属泾原,又改为熙河兰廓路,宣和又改为熙河湟廓路,又改湟州为乐州,又改为熙河兰乐路,寻复改为熙河兰廓路。旧统五州军,兰、廓、西宁、震武、积石六州军相继来属,又改通远军为巩州,凡统九州、三军。

崇宁户一千八百九十三,口五千二百五十四。贡毛毼段、麝香。县一:狄道。中下。熙宁六年置,九年省。元丰二年复置。砦一:康乐。熙宁六年,置康乐城为寨,省马骔砦。马骔砦旧属秦州长道县。堡九:熙宁五年,置庆平、通谷、渭源、北关。六年,改刘家川为当川,置南关、南川。七年,置结河。元丰七年,置临洮。通谷,庆平,渭源,结河,南川,当川,南关,北关,临洮。东至定远城四十里,西至定羌城界三十五里,南至熙州六十五里,北至阿千堡七十里。安羌城,宣和六年,赐熙河兰廓路新建溢机堡名为安羌城,不知属何州军,姑附于此。广平堡。

河州,上,安乡郡,军事。熙宁六年收复。崇宁户一千六十一,口三千八百九十五。贡麝香。县一:宁河。熙宁六年,置枹罕县,九年省。崇宁四年,升宁河砦为县。旧香子城。城一:定羌。熙宁七年,改河诺城为定羌城。寨一:南川。熙宁七年,置南山堡,寻改为南川砦。堡四:熙宁七年,置东谷。八年,置阎精。元丰三年,置西原、北河二堡。东谷,阎精,西原,北河。关一:通会。熙宁七年置。循化城,旧一公城,崇宁二年收复,改今名。别见"乐州"。东至怀羌城四十五里,西至积石军界一百余里,南至下桥家族地分一百余里,北至来同堡六十五里。大通城,旧达南城,崇宁二年收复,改今名。别见"乐州"。东至通津堡界十五里,西至菊花河六十里,南至扑水原二十一里,北至宁塞堡界十五里。安疆砦,旧名当标城,崇宁二年收复,改今名。别见"乐州"。东至来同堡三十三里,西至通津堡五十里,南至循化城一百一十里,北至黄河二十里。怀羌城,崇宁三年,王厚收复。东至南川砦六十里,西至循化城六十五里,南至洮州界一百七十余里。北至安疆砦一百七十里。来羌城,崇宁三年,王厚收复。东至安乡关七十里,西至大通城界三十八里,南至南川界四十八里,北至黄河二十里。讲朱城,元符二年,洮西安抚司收复河南讲朱、一公、错凿、当标、彤撒、东迎六城,寻弃之。崇宁二年,再收复。除一公改循化城,当标改安疆砦,余四城皆未详。按:讲朱、错凿、一公、当标皆在河州之南,元符二年,边厮波结先以此四城来降,未几,王赡乃进据之。错凿城,彤撒城,东迎城,宁河砦,崇宁四年,已升宁河砦为县,别有宁河砦。东至定羌城三十里,西至河州四十五里,南至通会关三十里,北至河州界二十里。来同堡,旧名甘扑堡,崇宁三年筑,赐今名。东至南川砦九十里,西至安疆砦三十五里,南至怀羌城三十五里,北至来羌城三十里。通津堡,旧名南达堡,崇宁三年赐今名。东至安疆砦四十五里,西至大通城界二十五里,南至循化城一百三十里,北至大通城界二十里。南山堡,《元丰九域志》属原州绥宁县。安乡关,旧城桥关,元符三年赐名。东至京玉关界四十里,西至临滩堡四十里,南至河州界三十五里,北至安川堡一十五里。临滩堡。东至安乡关四十里,西至古鸡山二十里,南至南川砦界二十里,北至黄河四十里。

巩州,下。本通远军。熙宁五年,以秦州古渭砦为军。

崇宁三年，升为州。崇宁户四千八百七十八，口一万一千八百五十七。贡麝香。县三：陇西，元祐五年增置。永宁，宁远。崇宁三年，升永宁砦为县，又升宁远砦为县。城一：定西。元丰四年，以兰州西使城为定西城。五年，改定西城为通远军，以汝遮堡为定西城，属通远军。崇宁二年，废定西城管下熨斗平堡，通西砦管下榆木岔堡，并安西城。别见"兰州"。东至龟儿嘴镇六十五里，西至龛谷堡一百一十五里，南至通西砦四十六里，北至安西城二十七里。砦六：熙宁五年，割秦州永宁、宁远、咸远、通渭、熟羊、来远六寨隶军。六年，置盐川砦。八年，废咸远砦为镇。元丰五年，收通西砦。七年，废来远砦为镇，属永宁。崇宁五年，通渭县复为寨，未详何年以寨为县。永宁，宁远，崇宁三年，与永宁同升为县。通渭，东至甘泉城五十五里，西至巩州六十四里，南至来远镇一百里，北至甘泉城界六十里。熟羊，盐川，熙宁六年九月置寨，后改为镇。通西。东至甘泉城一百二十里，西至熟羊砦七十里，南至三岔堡四十八里，北至定西砦四十八里。堡七：熙宁五年，割秦州三岔、匕羊、广吴、渭川、哑儿五堡隶军。七年，以岷州遮羊堡来隶。元丰元年，遮羊复隶岷州。五年，置榆木岔、熨斗平二寨堡。七年，废匕羊、广吴、渭川、哑儿四堡。三岔，旧堡，熙宁四年置。榆木岔，崇宁二年废。熨斗平，崇宁二年废。者达堡，秦州，熙宁五年改古渭砦为通远军，废者达、本当、七麻堡。今通渭乃领七麻堡，不知何年复置者达、本当堡。七麻堡，本当堡，扑麻龙堡。

岷州，下，和政郡，团练。熙宁六年收复。崇宁户四万五百七十，口六万七千七百三十一。贡甘草。县三：祐川，唐县。崇宁三年复。大潭，中。建隆三年，合良恭、大潭两镇置县，隶秦州。熙宁七年，自秦州来隶。长道。紧，熙宁七年，自秦州来隶。砦五：秦州临江砦，熙宁六年，割隶军。七年，置荔川，床川，闾川，又置宕昌。临江，荔川，床川，闾川，宕昌。堡三：熙宁六年，以秦州马务堡隶州。七年，置遮羊堡，寻改为镇。十年，置铁城堡。元丰元年，遮羊堡复隶于州。遮羊，谷藏，并熙宁七年置。铁城。熙宁十年置。监一：滔山。熙宁九年置，铸铁钱。

兰州，下，金城郡，军事。元丰四年收复。崇宁户三百九十五，口九百八十一。贡甘草。县一：兰泉。崇宁三年置，倚郭。砦一：元丰四年，置龛谷、吹龙二寨。七年，割吹龙属阿干堡。龛谷。元祐七年废。绍圣三年，复修为堡。东至定远砦一百里，西至阿干堡七十里，南至通谷堡一百二十里，北至定远城三十里。堡二：元丰四年，置皋兰堡、巩哥关。五年，置西关、胜如、质孤堡。六年，改巩哥关作东关堡，废西关、胜如、质孤，置阿千堡。七年，废皋兰堡。元祐五年，复修胜如、质孤二堡，寻废。东关，东至质孤堡三十六里，西至兰州一十八里，南至屈金支山三十里，北至黄河不及里。阿干。有阿干水。东至屈金支山二十五里，西至西关堡界二十里，南至临洮堡七十里，北至兰州界三十七里。定西城，元丰四年，以兰州西使城为定西城。五年，改定西城为通远军，以汝遮堡为定西城，属通远军。别见"巩州"。定远城，元祐七年筑，旧名李诺平，本龛谷砦，因地窄及无水，故废之，改筑为定远军城。东至安西城八十里，西至东关堡五十里，南至龛谷堡三十里，北至黄河一百七里。金城关，绍圣四年进筑，南距兰州约二里。崇宁三年，王厚乞移置斫龙谷口，不行。京玉关，元符三年赐名，本号把拶桥。东至西关堡四十里，西至通川堡四十里，南至临洮堡一百三十九里，北至觚六岭分界三十里。通川堡，元符三年，自京玉关至啰吒抹通城中路铮厮狐川新筑堡，赐名，寻弃之。崇宁二年，再收复。东至京玉关四十里，西至通湟砦四十里，南至圆子堡约九里，北至觚六岭分界八十里。别见"乐州"。

洮州。唐末陷于吐蕃，号临洮城。熙宁五年，诏以熙、河、洮、岷、通远军为一路，时未得洮州。元符二年得之，寻弃不守。大观二年收复，改临洮城仍旧为洮州。三年，升团练。东至岷州界一百一十三里，西至乔家族生界二百里，南至鲁黎族生界一百五里，北至河州界一百二十里。通岷砦。东至铎龙桥六十七里，西至洮州四十里，南至洮河二十里，北至熙州界五十五里。

廓州，元符二年，以廓州为宁塞城。崇宁三年弃之，是年收复，仍为廓州。城下置一县，五年罢。大观三年，为防御。东至宁塞砦一十七里，西至同波北堡不及里，南至黄河不及里，北至肤公城界十五里。肤公城，旧名结啰城，崇宁三年收复，后改今名。王厚云：结啰城至廓州约三十余里。东至来宾城界一百三里，西至怀和砦界五十七里，南至同波北堡界一十三里，北至绥平堡界二十五里。绥平堡，旧名保敦谷，崇宁三年兴筑，赐名。东至保塞砦界二十里，西至清平砦界二十里，南至肤公城界二十里，北至保塞砦界一十七里。米川城，旧米川县，崇宁三年修筑。王厚云：米川沿河西至廓州约六十里，过河取正路至结啰城约三程，本城至廓州约三十余里。宁塞砦，东至河北堡界四十五里，西至廓州巡检界二十三里，南至黄河一十五里，北至龙支城界五十里。同波堡。东至廓州巡检界二十里，西至肤公城界一十五里，南至黄河不及里，北至肤公城一十五里。

乐州。旧邈川城，元符二年收复，建为湟州，建中靖国元年弃之。崇宁二年又复。三年，置倚郭县，五年罢。大观三年，加向德军节度。宣和元年，改为乐州。东至把拶宗六十里，西至龙支城界六十里，南至来羌界一百四十里，北至界首赊吒岭一百一十里。通湟砦，故啰吒抹通城，元符二年收复，三年赐名。东至通川堡四十里，西至湟州三十五里，南至安陇砦二十五里，北至临宁砦界六十里。别见"兰州"。宁洮砦，故瓦吹砦，元符二年收复，三年赐名。东至通湟砦四十五里，西至来宾城一十七里，南至来宾城界二十里，北至安陇砦界一十七里。安陇砦，故陇朱黑城，元符二年收复，三年赐名。东至赤沙岭三十里，西至麻宗山脚二十五里，南至巩藏岭三十五里，北至湟州四十五里。安川堡，故臈哥堡，在巴金岭上，元符二年收复，三年赐名。东至湟州界七十里，西至来宾城界四十里，南至安乡关三十里，北至宁川堡四十里。宁川堡，元符二年收复，三年赐名，寻弃之。崇宁二年，再收复。绥远关，旧名洒金平，崇宁二年建筑，赐今名。东至湟州二十里，西至胜宗谷口三十里，南至麻宗山脚五十五里，北至丁星原四十里。来宾城，旧名虬当川，崇宁三年赐名。东至安川堡分界七十里，西至青丹谷三十里，南至黄河一十里，北至安陇砦七十里。大通城，旧名达南城，东至通津堡界十五里，西至菊花河六十里，南至扑水原二十一里，北至宁川堡界一十五里。循化城，旧名一公城，别见"河州"。东至怀羌城四十五里，西至积石军界一百余里，南至下乔家族地一百余里，北至来同堡六十五里。 安疆砦，旧名当标砦，与大通、循化皆崇宁二年改。别见"河州"。东至来同堡三十三里，西至通津堡五十里，南至循化城一百一十里，北至黄河二十里。德固砦，旧名胜铎谷，崇宁三年筑五百步城，后赐名德固砦。东至绥远关界一十里，西至龙支城界二十里，南至渴驴岭一十里，北至清江山脚二十里。临宗砦，崇宁三年赐名。南宗堡稍南一十五里乳骆河之西。东至三诺巩哥岭五十余里，西至丁星原约三十余里，南至湟州分界二十一里，北至界首抹年岭七十里。通川堡，崇宁二年，王厚收复，系湟州管下。别见"兰州"。东至京玉关四十里，西至通湟砦四十里，南至圆子堡约九里，北至虬六岭分界八十里。 南宗堡，元符二年，与啰吒抹通城同收复，寻弃之。后再收复。 峡口堡。与通川、南宗堡皆崇宁二年王厚收复。

西宁州。旧青唐城。元符二年，陇拶降，建为鄯州，仍为陇右节度，三年弃之。崇宁三年收复，建陇右都护府，改鄯州为西宁州，又置倚郭县。赐郡名曰西平，升中都督府。三年，加宾德军节度。五年，罢倚郭县。东至保塞砦五十七里，西至宁西城四十里，南至清平砦五十里，北至宣威城五十里。龙支城，旧宗哥城，元符二年改今名，寻弃之。崇宁三年收复。东至德固砦一十八里，西至保塞砦药邦硖二十二里，南至廓州界分水岭四十里，北至习令波族分界八十五里。宁西城，旧名林金城，改今名。东至汤厮甘二十里，西至厮哥罗川一百里，南至京雕岭二十里，北至金谷岘四十里。清平砦，旧名溪兰宗堡，后改赐砦名。东至廓州绥平堡界三十五里，西至赤岭铁堠子一百二十里，南至怀和砦界二十五里，北至西宁州界二十五里。保塞砦，旧名安儿城。以上城砦皆崇宁三年收复，赐名。东至龙支城界二十二里，西至西宁州界三十里，南至廓州界二十里，北至青归族一十五里。宣威城，旧名瞎牛城，崇宁三年，改今名。东至绥边砦四十里，西至宁西城界三十五里，南至西宁州界二十五里，北至南宗岭九十里。绥边砦，旧名宗谷，崇宁三年建筑，后改今名。东至龙支城界六十里，西至宣威城界三十里，南至西宁州界三十二里，北至驼骆河界南一里。怀和砦，旧名丁令谷，崇宁三年置砦，赐名，又隶积石军。东至廓州界八十三里，西至青海一百三十余里，南至顺通堡界一十三里，北至清平砦界二十五里。制羌砦。政和八年赐名。地名虬龊岭，属西宁州。

震武军。政和六年，建筑古骨龙城，赐名震武城。未

几，改为震武军。不见四至，据童贯奏，古骨龙元属湟州。通济桥，震武城浮桥，政和六年赐名。善治堡，政和六年，震武城通济桥堡赐名。大同堡，本名古骨龙城应接堡，政和六年赐名。德通城，本瞎令古城，政和七年，刘法既解震武军围，进筑，赐名。石门堡，瞎令古城北，地名石门子，政和七年赐名。

积石军。本溪哥城。元符间，为吐蕃溪巴温所据。大观二年，臧征扑哥以城降，即其地建军。东至廓州界八十里，西至青海一百余里，南至盖龙岷八十里，北至西宁州界八十里。怀和砦，已见"西宁州"。东至廓州界八十五里，西至青海一百三十余里，南至顺通堡界一十三里，北至清平砦界二十五里。 顺通堡，东至临松堡一十二里，西至本军一十八里，南至临松堡二十五里，北至怀和砦一十二里。临松堡。东至廓州界五十里，西至顺通堡界一十二里，南至把拶公原界约六十里，北至黄河一十五里。

陕西路，盖《禹贡》雍、梁、冀、豫四州之域，而雍州全得焉。当东井、舆鬼之分，西接羌戎，东界潼、陕，南抵蜀、汉，北际朔方。有铜、盐、金、铁之产，丝、枲、林、木之饶，其民慕农桑，好稼穑。鄠、杜、南山，土地膏沃，二渠灌溉，兼有其利。大抵夸尚气势，多游侠轻薄之风，甚者好斗轻死。蒲、解本隶河东，故其俗颇纯厚。被边之地，以鞍马、射猎为事，其人劲悍而质木。梁泉少桑麻之利，布泉、盐酪资于他郡。上洛多淫祀，申以科禁，故其俗稍变。秦、陇、仪、渭、泾、原、邠、宁、鄜、延、环、庆等皆分兵屯守，以备不虞云。

卷八十八　　　志第四十一

地　理　四

**两浙　淮南东路　淮南西路　江南东路
江南西路　荆湖南路　荆湖北路**

两浙路。熙宁七年，分为两路，寻合为一；九年，复分；十年，复合。府二：平江，镇江。州十二：杭，越，湖，婺，明，常，温，台，处，衢，严，秀。县七十九。南渡后，复分临安、平江、镇江、嘉兴四府、安吉、常、严三州、江阴一军为西路；绍兴、庆元、瑞安三府、婺、台、衢、处四州为东路。绍兴三十二年，户二百二十四万三千五百四十八，口四百三十二万七千三百二十二。

临安府，大都督府，本杭州，余杭郡。淳化五年，改宁海军节度。大观元年，升为帅府。旧领两浙西路兵马钤辖。建炎元年，带本路安抚使，领杭、湖、严、秀四州。三年，升为府，带兵马钤辖。绍兴五年，兼浙西安抚使。崇宁户二十万三千五百七十四，口二十九万六千六百一

十五。贡绫、藤纸。县九：钱塘，望。有盐监。仁和，望。梁钱江县。太平兴国四年改。绍兴中，与钱塘并升赤。余杭，望。临安，望。钱镠奏改衣锦军。太平兴国四年，改顺化军，县复旧名。五年，军废。富阳，紧。於潜，紧。新城，上。梁改新登。太平兴国四年复。淳化五年，升南新场为县；熙宁五年，省南新县为镇入焉。盐官，上。昌化。中。唐唐山县。太平兴国四年改。有紫溪盐场。绍兴中，七县并升畿。

绍兴府，本越州，大都督府，会稽郡，镇东军节度。大观元年，升为帅府。旧领两浙东路兵马钤辖。绍兴元年，升为府。崇宁户二十七万九千三百六，口三十六万七千三百九十。贡越绫、轻庸纱、纸。县八：会稽，望。山阴，望。嵊，望。旧剡县，宣和三年改。诸暨，望。有龙泉一银坑。余姚，望。上虞，望。萧山，紧。新昌。紧，乾道八年，以枫桥镇置义安县，淳熙元年省。

平江府，望，吴郡。太平兴国三年，改平江军节度。本苏州，政和三年，升为府。绍兴初，节制许浦军。崇宁户一十五万二千八百二十一，口四十四万八千三百一十二。贡葛、蛇床子、白石脂、花席。县六：吴，望。长洲，望。昆山，望。常熟，望。吴江，紧。嘉定。上。嘉定十五年，析昆山县置，以年为名。

镇江府，望，丹阳郡，镇江军节度，开宝八年改。本润州，政和三年升为府，建炎三年置帅。四年，加大使兼沿江安抚，以浙西安抚复还临安。崇宁户六万三千六百五十七，口一十六万四千五百六十六。贡罗、绫。县三：丹徒，紧。有圌山砦。丹阳，紧。熙宁五年，省延陵县为镇入焉。金坛。紧。

湖州，上，吴兴郡，景祐元年，升昭庆军节度。宝庆元年，改安吉州。崇宁户一十六万二千三百三十五，口三十六万一千六百九十八。贡白纻、漆器。县六：乌程，望。归安，望。太平兴国七年，析乌程地置县。安吉，望。长兴，望。德清，紧。武康。上。太平兴国三年，自杭州来隶。

婺州，上，东阳郡，淳化元年，改保宁军节度。崇宁户一十三万四千八十，口二十六万一千六百七十八。贡绵、藤纸。县七：金华，望。义乌，望。永康，紧。武义，上。浦江，上。唐浦阳县，梁钱镠奏改。兰溪，望。东阳。望。

庆元府，本明州，奉化郡，建隆元年，升奉国军节度。本上州，大观元年，升为望。绍兴初，置沿海制置使。八年，以浙东安抚使兼制司；十一年，罢；隆兴元年，复置。淳熙元年，魏惠宪王自宣州移镇，置长史、司马。绍熙五年，以宁宗潜邸，升为府。崇宁户一十一万六千一百四十，口二十二万一十七。贡绫、干山蕷、乌贼鱼骨。县六：鄞，望。奉化，望。慈溪，上。定海，上。象山，下。昌国。下。熙宁六年，析鄞县地置，有盐监。绍兴间，升望。

常州，望。毗陵郡，军事。崇宁户一十六万五千一百一十六，口二十四万六千九百九。贡白纻、纱、席。县四：晋陵，望。武进，望。宜兴，望。唐义兴县。太

平兴国初改。无锡。望。

江阴军，同下州。熙宁四年，废江阴军为县，隶常州。建炎初，以江阴县复置军；绍兴二十七年废，三十一年，复置。县一：江阴。下。

瑞安府，本温州，永嘉郡，太平兴国三年，降为军事。政和七年，升应道军节度。建炎三年，罢军额。咸淳元年，以度宗潜邸，升府。崇宁户一十一万九千六百四十，口二十六万二千七百一十。贡鲛鱼皮、蠲糨纸。县四：永嘉，紧。有永嘉盐场。平阳，望。有天富盐场。瑞安，紧。有双穗盐场。乐清。上。唐乐成县，梁钱镠改。

台州，上，临海郡，军事。崇宁户一十五万六千七百九十二，口三十五万一千九百五十五。贡甲香、金漆、鲛鱼皮。县五：临海，望。黄岩，望。有于浦、杜渎二盐场。宁海，紧。天台，上。仙居。上。唐乐安县，梁钱镠改永安。景德四年改今名。

处州，上，缙云郡，军事。崇宁户一十万八千五百二十三，口一十六万五百三十六。贡绵、黄连。县六：丽水，望。龙泉，望。宣和三年，改为剑川县。绍兴元年复故。有高亭一银场。松阳，上。梁钱镠奏改长松，钱元瓘奏改白龙。咸平二年复故。遂昌，上。有永丰银场。缙云，上。青田。中。南渡后，增县一：庆元。中。庆元三年，分龙泉松源乡置县，因以年纪名。

衢州，上，信安郡，军事。崇宁户一十万七千九百三，口二十八万八千八百五十八。贡绵、藤纸。县五：西安，望。礼贤，紧。本江山县，南渡后改。龙游，上。唐龙丘县。宣和三年，改为盈川县。绍兴初复改。信安，中。本常山县，咸淳三年改。开化。中。太平兴国六年，升开化场为县。

建德府，本严州，新定郡，遂安军节度。本睦州，军事。宣和元年，升建德军节度；三年，改州名、军额。咸淳元年，升府。崇宁户八万二千三百四十一，口一十万七千五百二十一。贡白纻、簟。县六：建德，望。淳安，望。旧青溪县。宣和初，改淳化，南渡改今名。桐庐，上。太平兴国三年，自杭州来隶。分水，中。遂安，中。寿昌。中。监一：神泉。熙宁七年置，铸铜钱，寻罢。庆元三年复。

嘉兴府，本秀州，军事。政和七年，赐郡名曰嘉禾。庆元元年，以孝宗所生之地，升府。嘉定元年，升嘉兴军节度。崇宁户一十二万二千八百一十三，口二十二万八千六百七十六。贡绫。县四：嘉兴，望。华亭，紧。海盐。上。有盐监，沙腰、芦沥二盐场。崇德。中。

两浙路，盖《禹贡》扬州之域，当南斗、须女之分。东南际海，西控震泽，北又滨于海。有鱼盐、布帛、秔稻之产。人性柔慧，尚浮屠之教。俗奢靡而无积聚，厚于滋味。善进取，急图利，而奇技之巧出焉。余杭、四明，通蕃互市，珠贝外国之物，颇充于中藏云。

淮南路。旧为一路，熙宁五年，分为东、西两路。东路。州十：扬，亳，宿，楚，海，泰，泗，滁，真，通。军二：高邮，涟水。县三十八。南渡后，州九：扬、

楚、海、泰、泗、滁、淮安、真、通，军四：高邮、招信、淮安、清河，为淮东路，宿、亳不与焉。绍兴三十二年，户一十一万八百九十七，口二十七万八千九百五十四。

扬州，大都督府，广陵郡，淮南节度。熙宁五年，废高邮军，并以县隶州。元祐元年，复高邮军。旧领淮南东路兵马钤辖。建炎元年，升帅府。二年，高宗驻跸。四年，为真、扬镇抚使，寻罢。嘉定中，淮东制置开幕府于楚州，仍兼安抚。崇宁户五万六千四百八十五，口十万七千五百七十九。贡白苎布、莞席、铜镜。县一：江都。紧。熙宁五年，省广陵县入焉。南渡后，增县二：广陵，紧。泰兴。中。旧隶泰州，绍兴五年来属。十年，又属泰州。十二年，又来隶，以柴墟镇延冷村隶海陵。二十九年，尽仍旧。

亳州，望，谯郡，本防御。大中祥符七年，建为集庆军节度。南渡后，没于金。崇宁户一十三万一百一十九，口一十八万三千五百八十一。贡绉纱、绢。县七：谯，望。城父，望。酂，望。永城，望。卫真，望。唐真源县。大中祥符七年改。鹿邑，紧。蒙城。望。

宿州，上，符离郡，建隆元年，升防御。开宝元年，建为保静军节度。元领五县，绍兴中，割虹县隶楚州，后没于金。崇宁户九万一千四百八十三，口一十六万七千三百七十九。贡绢。县四：符离，望。蕲，望。临涣，紧。大中祥符七年，割隶亳州，天禧元年来隶。灵璧。元祐元年，以虹之零壁镇为县，七月，复为镇。七年二月，零壁复为县。政和七年，改零壁为灵璧。

楚州，紧，山阳郡，团练。乾德初，以盱眙属泗州。开宝七年，以盐城还隶。太平兴国二年，又以盐城监来隶。熙宁五年，废涟水军，以涟水县隶州；元祐二年，复为涟水军。建炎四年，置楚泗承州涟水军镇抚使、淮东安抚制置使、京东河北镇抚大使。绍兴五年，权废承州两县，和、庐、濠、黄、滁、楚州各一县，置镇官。三十二年，涟水复来属。嘉定初，节制本路沿边军马。十年，制置安抚司公事。宝庆三年，升宝应县为州。绍定元年，升山阳县为淮安军。端平元年，改军为淮安州。崇宁户七万八千五百四十九，口二十万七千二百。贡苎布。县四：山阳，望。建炎间没于金，绍兴元年收复。绍定元年，升淮安军，改县为淮安。盐城，上。有九盐场。建炎间入于金，绍兴元年隶涟水，三年，又来属。淮阴，中。绍兴五年，废为镇，六年，复。嘉定七年，徙治八里庄。宝应。紧。宝庆三年，升为宝应州，而县如故。

海州，上，东海郡，团练。建炎间，入于金，绍兴七年复。隆兴初，割以畀金，隶山东路，以涟水来属。嘉定十二年复。宝庆末，李全据之。绍定四年，全死，又复。端平二年，徙治东海县。淳祐十二年，全子璮又据之，治朐山。景定二年，璮降，置西海州。崇宁户五万四千八百三十，口九万九千七百五十。贡绢、獐皮、鹿皮。县四：朐山，紧。怀仁，中。沭阳，中东海。中。

泰州，上，海陵郡。本团练，乾德五年，降为军事。建炎三年，入于金，寻复。四年，置通、泰镇抚使。绍兴十年，移治泰兴沙上，时泰兴隶海陵，复旧治。元领四县，绍兴十二年，割泰兴隶扬州。建炎四年，又以兴化隶高邮军。崇宁户五万六千九百七十二，口一十一万七千二百七十四。贡隔织。县二：海陵，望。如皋。中下。开宝七年，以海陵监移治。

泗州，上，临淮郡。建隆二年，废徐城县。乾德元年，以楚州之盱眙、濠州之招信来属。建炎四年，复属濠州。绍兴十二年入金，后复。崇宁户六万三千六百三十二，口一十五万七千三百五十一。贡绢。县三：临淮，上。虹，中。绍兴九年，自宿州来隶。淮平。上。绍兴二十一年，地入于金，析临淮地置今县。南渡后，有淮平无盱眙，盖盱眙县即招信军也。

滁州，上，永阳郡，军事。建炎间，置滁、濠镇抚使，寻废。嘉熙中，移治王家沙。景定五年，复旧治。崇宁户四万二十六，口九万七千八十九。贡绢。县三：清流，望。全椒，紧。来安。望。唐永阳县，南唐改。绍兴五年，废入清流。十八年，复。乾道九年废为镇。淳熙二年复。

真州，望，军事。本上州。乾德三年，升为建安军。至道二年，以扬州之六合来属。大中祥符六年，为真州。大观元年，升为望。政和七年，赐郡名曰仪真。建炎三年，入于金，寻复。崇宁户二万四千二百四十二，口八万二千四十三。贡麻纸。县二：扬子，中。本扬州永正县之白沙镇，南唐改为迎銮镇。建炎元年升军，四年，废为县。绍兴十一年复升军，十二年，复为县。六合。望。

通州，中，军事。政和七年，赐郡名曰静海。建炎四年，入于金，寻复。崇宁户二万七千五百二十七，口四万三千一百八十九。贡獐皮、鹿皮、鳔胶。县二：静海，望。周属扬州，析其地为县，与海门同来隶。海门。望。监一：利丰。掌煎盐。太平兴国八年，移治于州西南四里。

高邮军，同下州，高沙郡，军事。开宝四年，以扬州高邮县为军。熙宁五年，废为县，隶扬州。元祐元年，复为军。建炎四年，升承州，割泰州兴化县来属；置镇抚使。绍兴五年，废为县，复隶扬州，以知县兼军使。三十一年，复为军，仍以兴化来属。崇宁户二万八百一十三，口三万八千七百五十一。县一；今县二：高邮，望。兴化。紧。旧隶扬州，改隶泰州。建炎四年来隶。绍兴五年废为镇，十九年，复县，隶泰州。乾道二年还隶，寻又隶泰州，淳熙四年复旧。

安东州，本涟水军。太平兴国三年，以泗州涟水县置军。熙宁五年，废为县，隶楚州。元祐二年，复为军。绍兴五年，废为县；三十二年，复为军。绍定元年，属宝应州。端平元年，复为军。景定初，升安东州。崇宁户一万九千五百七十九，口四万七百八十五。县一：涟水。望。

招信军，本泗州盱眙县，建炎三年，升军，四年为县，隶濠州。绍兴二年，复隶泗州。七年，仍旧隶京东。十一年，隶天长军。十二年，复升军，以天长来属。宝庆三年，入于金，绍定四年复，仍为招信军。县二：天长，望。旧天长军。至道二年军废，复为县，隶扬州。建炎元年升军，绍兴元年为县。十一年，复升军；十三年，复为县，隶招信。建炎四年,隶濠州。绍兴四年复;十一年,隶天长军;十二年,复来隶。

淮安军,本泗州五河口。端平二年,金亡,遗民来归,置隄使屯田。咸淳七年六月,置军。县一:五河。咸淳七年置,有浍、泾、沱、漴、淮五河,故名。

清河军,咸淳九年置。县一:清河。

西路。府:寿春。州七:庐、蕲、和、舒、濠、光、黄。军二:六安、无为。县三十三。南渡后,府二:安庆、寿春,州六:庐、蕲、和、濠、光、黄,军四:安丰、镇巢、怀远、六安。为淮西路。

寿春府,寿春郡,紧,忠正军节度。本寿州。开宝中,废霍山、盛唐二县。政和六年,升为府。八年,以府之六安县为六安军。绍兴十二年,升安丰为军,以六安、霍丘、寿春三县来隶。三十二年,升寿春为府,以安丰军隶焉。隆兴二年,军使兼知安丰县事。乾道三年,罢寿春,复为安丰军。崇宁户一十二万六千三百八十三,口二十四万六千三百八十一。贡葛布、石斛。县四:下蔡,紧。安丰,望。霍丘,望。寿春,紧。绍兴初,隶安丰,三十二年为府,乾道三年为倚郭。

六安军,政和八年,升县为军。绍兴十三年,废为县。景定五年,复为军。端平元年,又为县,后复为军。县一:六安。中。

庐州,望,保信军节度。大观二年,升为望。旧领淮南西路兵马钤辖。建炎二年,兼本路安抚使。绍兴初,寄治巢县。乾道二年,置司于和州。五年,复旧。崇宁户八万三千五十六,口一十七万八千三百五十九。贡纱、绢、蜡、石斛。县三:合肥,上。舒城,下。梁,中。本慎县。绍兴三十二年,避孝宗讳,改今名。

蕲州,望,蕲春郡,防御。建炎初,为盗所据,绍兴五年收复。景定元年,移治龙矶。崇宁户一十一万四千九十七,口一十九万三千一百一十六。贡苎布、箪。县五:蕲春,望。嘉熙元年治宿,景定二年,随州治泰和门外。蕲水,望。广济,望。黄梅,上。罗田。元祐八年,以蕲水县石桥为罗田县。

和州,上,历阳郡,防御。南渡后,为姑熟、金陵藩蔽也。淳熙二年,兼管内安抚。崇宁户三万四千一百四,口六万六千三百七十一。贡苎布、绵布。县三:历阳,紧。有梁山、栅江二寨。含山,中。有东关砦。乌江,中。绍兴五年废为镇,七年,复。

安庆府,本舒州,同安郡,德庆军节度。本团练州。建隆元年,升为防御。政和五年,赐军额。建炎间,置舒、蕲镇抚使。绍兴三年,舒、黄、蕲三州仍听江南西路安抚司节制。十七年,改安庆军。庆元元年,以宁宗潜邸,升为府。端平三年,移治罗刹洲,又移杨槎洲。景定元年,改筑宜城。旧属沿江制置使司。崇宁户一十二万八千三百五十,口三十四万一千八百六十六。贡白术。县五:怀宁,上。桐城,上。宿松,上。望江,上。太湖,上。监一:同安。熙宁八年置,铸铜钱。

濠州,上,钟离郡,团练。乾道初,移戍藕塘,嘉定四年,始城定远县,复旧。崇宁户六万四千五百七十,口一十五万三千四百五十七。贡绢、糟鱼。县二:钟离,望。定远,望。

光州,上,弋阳郡,光山军节度。本军事州。宣和元年,赐军额。绍兴二十八年,避金太子光瑛讳,改蒋州。嘉熙元年,兵乱,徙治金刚台,寻复故。崇宁户一万二千二百六十八,口一十五万六千四百六十。贡石斛、葛布。县四:定城,上。固始,望。光山,中下。同上避讳,改期思,寻复故。仙居。中下。南渡无。

黄州,下,齐安郡,军事。建炎隶沿江制置副使司。崇宁户八万六千九百五十三,口一十三万五千九百一十六。贡苎布、连翘。县三:黄冈,望。黄陂,上。端平三年,寓治青山矶。麻城。中。端平三年,治什子山。

无为军,同下州。太平兴国三年,以庐州巢县无为镇建为军,以巢、庐江二县来属。建炎二年,入于金,寻复。景定三年,升巢县为镇巢军。崇宁户六万一百三十八,口一十一万二千一百九十九。贡绢。县三:无为,望。熙宁三年,析巢、庐江二县地置县。巢,望。至道二年,移治郭下。绍兴五年废,六年,复。十一年,隶庐州,十二年,复来属。景定三年升军,属沿江制置使司。庐江。望。有崑山矾场。

怀远军,宝祐五年五月置。县一:荆山。

淮南东、西路,本淮南路,盖《禹贡》荆、徐、扬、豫四州之域,而扬州为多。当南斗、须女之分。东至于海,西抵滩、浼,南滨大江,北界清、淮。土壤膏沃,有茶、盐、丝、帛之利。人性轻扬,善商贾,廛里饶富,多高赀之家。扬、寿皆为巨镇,而真州当运路之要,符离、谯、亳、临淮、朐山皆便水运,而隶淮服。其俗与京东、西略同。

江南东、西路。建炎元年,以江宁府、洪州并升帅府,四年,合江东、西为江南路,以鄂、岳来属。又置三帅:鄂州路,统鄂、岳、筠、袁、虔、吉州、南安军;江西路,统江、洪、抚、信州、兴国、南康、临江、建昌军;建康府路,统建康府、池、饶、宣、徽、太平州、广德军。绍兴初,复分东西,以建康府、池、饶、徽、宣、信、抚、太平州、广德建昌军为江南东路;以江、洪、筠、袁、虔、吉州、兴国、南康、临江、南安军为江南西路。寻以抚州、建昌军还隶西路,南康军还隶东路。置帅于池、江二州。未几,以二州地僻隘,复还建康府、洪州。

东路。府一:江宁。州七:宣、徽、江、池、饶、信、太平。军二:南康、广德。县四十三。南渡后,府二:建康、宁国。州五:徽、池、饶、信、太平。军二:南康、广德,为东路。绍兴三十二年,户九十六万六千四百二十八,口一百七十二万四千一百三十七。

江宁府,上,开宝八年,平江南,复为昇州节度。天禧二年,升为建康军节度。旧领江南东路兵马钤辖。建炎元年,为帅府。三年,复为建康府,统太平、宣、徽、广德。五月,高宗即府治建行宫。绍兴八年,置主管行宫留守司公事;三十一年,为行宫留守。乾道三年,兼沿江军寻省。崇宁户一十二万七百一十三，口二十万二百六十六。贡笔。县五：上元，次赤。江宁，次赤。句容，次畿。天禧四年，改名常宁。溧水，次畿。溧阳。次畿。

宁国府，本宣州，宣城郡，宁国军节度。乾道二年，以孝宗潜邸，升为府。七年，魏惠宪王出镇，置长史、司马。崇宁户十四万七千四十，口四十七万七百四十九。贡纻布、黄连、笔。县六：宣城，望。南陵，望。宁国，紧。旌德，紧。太平，中。泾，紧。

徽州，上，新安郡，军事。宣和三年，改歙州为徽州。崇宁户一十万八千三百一十六，口一十六万七千八百九十六。贡白苎、纸。县六：歙，望。休宁，望。祁门，望。婺源，望。绩溪，望。黟。紧。

池州，上，池阳郡，军事，建炎四年，分江东、西置安抚使，领建康、太平、宣、徽、饶、广德。后以建康路安抚使兼知池州。崇宁户一十三万五千五十九，口二十万六千九百三十二。贡纸、红白姜。县六：贵池，望。青阳，上。开宝末，自昇州与铜陵并来隶。铜陵，上。建德，上。唐至德县，吴改。石埭，上。东流。中下。太平兴国三年，自江州来隶。监一：永丰。铸铜钱。

饶州，上，鄱阳郡，军事。崇宁户一十八万一千三百，口三十三万六千八百四十五。贡麸金、竹簟。县六：鄱阳，望。余干，望。浮梁，望。乐平，望。德兴，紧。安仁。中。开宝八年，以余干县地置安仁场，端拱元年，升为县。监一：永平。铸铜钱。

信州，上，上饶郡，军事。崇宁户一十五万四千三百六十四，口三十三万四千四百九十七。贡蜜、葛粉、水晶器。县六：上饶，望。玉山，望。弋阳，望。淳化五年，升弋阳之宝丰场为县；景德元年，废宝丰县为镇，康定中复，庆历三年又废。贵溪，望。铅山，中。开宝八年平江南，以铅山直属京，后还隶。永丰，中。旧永丰镇，隶上饶，熙宁七年为县。

太平州，上，军事。开宝八年，改南平军。太平兴国二年，升为州。崇宁户五万三千二百六十一，口八万一百三十七。贡纱。县三：当涂，上。芜湖，中。开宝末，自建康军与繁昌同隶宣州。太平兴国三年，与繁昌复来隶。繁昌。中

南康军，同下州。太平兴国七年，以江州星子县建为军。本隶西路，绍兴初，来属。崇宁户七万六百一十五，口一十一万二千三百四十三。贡茶芽。县三：星子，上。太平兴国三年，升星子镇为县。七年，与都昌同来隶。建昌，望。太平兴国七年，自洪州来隶。都昌。上。以县有都村，南接南昌，西望建昌，故名。绍兴七年，自江州来隶。

广德军，同下州。太平兴国四年，以宣州广德县为军。崇宁户四万一千五百，口一十万七千二百二十二。贡茶芽。县二：广德，望。开宝末，自江宁府隶宣州。建平，望。端拱元年，以郎步镇为县，来隶。

西路。州六：洪，虔，吉，袁，抚，筠。军四：兴国，

南安，临江，建昌。县四十九。南渡后，府一：隆兴。州六：江，赣，吉，袁，抚，筠。军四：兴国，建昌，临江，南安，为西路。绍兴三十二年，户一百八十九万一千三百九十二，口三百二十二万一千五百三十八。

隆兴府，本洪州，都督府，豫章郡，镇南军节度。旧领江南西路兵马钤辖。绍兴三年，以淮西屯兵听江西节制，兼宣抚舒、蕲、光、黄、安、复州，寻罢。四年，止称安抚、制置使。八年，复兼安抚、制置大使。隆兴三年，以孝宗潜藩，升为府。崇宁户二十六万一千一百五，口五十三万二千四百四十六。贡葛。县八：南昌，望。新建，望。太平兴国六年置县。奉新，望。唐新吴县，南唐改。丰城，望。分宁，望。建炎间，升义宁军，寻复。武宁，紧。靖安，中。南唐改。进贤。崇宁二年，以南昌县进贤镇升为县。

江州，上，浔阳郡，开宝八年，降为军事。大观元年，升为望郡。旧隶江南东路。建炎元年，升定江军节度。二年，置安抚、制置使，以江、池、饶、信为江州路。绍兴元年，复为二路，本路置安抚大使。嘉熙四年，为制置副使司治所。咸淳四年，移制置司黄州；十年，还旧治。崇宁户八万四千五百六十九，口一十三万八千五百九十。贡云母、石斛。县五：德化，望。唐浔阳县，南唐改。德安，紧。瑞昌，中。湖口，中。彭泽。中。监一：广宁。铸铜钱。

赣州，上。本虔州，南康郡，昭信军节度。大观元年，升为望郡。建炎间，置管内安抚使，绍兴十五年罢，复置江西兵马钤辖，兼提举南安军、南雄州兵甲司公事。二十三年，改今名。崇宁户二十七万二千四百三十二，口七十万二千一百二十七。贡白纻。县十：赣，望。有蛤湖银场。虔化，望。绍兴二十三年，改宁都。有宝积铅场。兴国，望。太平兴国中，析赣县之七乡置。信丰，望。雩都，望。会昌，望。太平兴国中，析雩都六乡于九州镇置。有银场。瑞金，望。有九龙银场。石城，紧。安远，上。龙南。中。南唐县，本名龙南。宣和三年，改虔南。绍兴二十三年，改龙南，取百丈龙滩之南为义。

吉州，上，庐陵郡，军事。崇宁户三十三万五千七百一十，口九十五万七千二百五十六。贡纻布、葛。县八：庐陵，望。吉水，望。雍熙元年，析庐陵地置。安福，望。太和，望。龙泉，望。宣和三年，改泉江，绍兴复旧。永新，望。至和元年，徙吉水县地置永新县。永丰，望。万安。(望。熙宁四年，以龙泉县万安镇置。

袁州，上，宜春郡，军事。崇宁户一十三万二千二百九十九，口三十二万四千三百五十三。贡纻布。县四：宜春，望。分宜，望。雍熙元年置。有贵山铁务。萍乡，望。万载。紧。开宝末，自筠州来属。宣和三年，改名建城。绍兴元年，复今名。

抚州，上，临川郡，军事。建炎四年，隶江南东路。绍兴四年，复来隶。崇宁户一十六万一千四百八十，口三十七万三千六百五十二。贡葛。县五：临川，望。绍兴十九年，析惠安、颖秀二乡入崇仁。崇仁，望。宜黄，望。开宝三年，升宜黄场为县。金谿，紧。开宝五年，

升金粲场为县。乐安。绍兴十九年置，割崇仁、吉水四乡隶之。二十四年，以云盖乡还隶永丰。

瑞州，上，本筠州，军事。绍兴十三年，改高安郡。宝庆元年，避理宗讳，改今名。崇宁户一十一万一千四百二十一，口二十万四千五百六十四。贡纻。县三：高安，望。上高，望。新昌，望。太平兴国六年，析高安地置县。

兴国军，同下州。太平兴国二年，以鄂州永兴县置永兴军。三年，改兴国。崇宁户六万三千四百二十二，口一十万五千三百五十六。贡纻。县三：永兴，望。大冶，紧。南唐县，自鄂州与通山并来隶。有富民钱监及铜场、磁湖铁务。通山。中。太平兴国二年，升羊山镇为县。绍兴四年，又为镇，五年复。

南安军，同下州。淳化元年，以虔州大庾县建为军。崇宁户三万七千七百二十一，口五万五千五百八十二。贡纻。县三：南康，望。《元丰九域志》南安军领县三，《崇宁地理》不载南康县。据《元丰志》，南康系望县，有瑞阳锡务，不知并于何时。大庾，中。淳化元年，自虔州与上犹、南康并来隶。上犹。上。有上田铁务。嘉定四年，改南安。

临江军，同下州。淳化三年，以筠州之清江建军。崇宁户九万一千六百九十九，口二十万二千六百五十六。贡绢。县三：清江，望。新淦，望。淳化三年，自吉州来隶。新喻。望。淳化三年，自袁州来隶。

建昌军，同下州。旧建武军，太平兴国四年改。崇宁户一十一万二千八百八十七，口一十八万五千三十六。贡绢。县二：南城，望。淳化二年，自抚州来隶。有太平等四银场。南丰。望。南渡后增县二：新城，绍兴八年，析南城五乡置。广昌。绍兴八年，析南丰南境三乡置。

江南东、西路，盖《禹贡》扬州之域，当牵牛、须女之分。东限七闽，西略夏口，南抵大庾，北际大江。川泽沃衍，有水物之饶。永嘉东迁，衣冠多所萃止，其后文物颇盛。而茗荈、冶铸、金帛、秔稻之利，岁给县官用度，盖半天下之入焉。其俗性悍而急，丧葬或不中礼，尤好争讼，其气尚使然也。

荆湖南、北路。绍兴元年，以鄂、岳、潭、衡、永、郴、道州、桂阳军为东路，鄂州置安抚司；鼎、澧、辰、沅、靖、邵、全州、武冈军为西路，鼎州置安抚司。二年，罢东、西路，仍分南、北路安抚司，南路治潭州；北路治鄂，寻治江陵。

北路。府二：江陵，德安。州十：鄂、复、鼎、澧、峡、岳、归、辰、沅、靖。军二：荆门，汉阳。县五十六。南渡后，府三：江陵，常德，德安。州九：鄂、岳、归、峡、复、澧、辰、沅、靖。军三：汉阳，荆门，寿昌。绍兴三十二年，户二十五万四千一百一，口四十四万五千八百四十四。

江陵府，次府，江陵郡，荆南节度。旧领荆湖北路兵马钤辖，兼提举本路及施、夔州兵马巡检事。建炎二年，升帅府。四年，置荆南府、归、峡州、荆门、公安军镇抚使，绍兴五年罢。始制安抚使兼营田使，六年，为经略安抚使；七年，罢经略，止除安抚使。淳熙元年，还为荆南府。未几，复为江陵府制置使。景定元年，移治于鄂。咸淳十年，荆湖、四川宣抚使兼江陵府事。崇宁户八万五千八百一，口二十二万三千二百八十四。贡绫、纻、碧涧茶芽、柑桔。县八：江陵，次赤。公安，次畿。潜江，次畿。乾德三年，升白伏巡为县。监利，次畿。至道三年，以玉沙隶复州。熙宁六年，废复州，以玉沙入监利县，寻复其旧。松滋，次畿。石首，次畿。枝江，次畿。熙宁六年，省入松滋，元祐元年复。建炎四年，江陵寄治，绍兴五年还旧。嘉熙元年，移渐、涅州。咸淳六年，移江南白水镇下沱市。建宁。次畿。乾德三年，升白旧巡为县，并置万庾县，万庾寻废。熙宁六年，省建宁入石首。元祐元年复。南渡后，省。

鄂州，紧，江夏郡，武昌军节度。初为武清军，至道二年，始改。建炎二年，兼鄂、岳制置使。四年，兼江南鄂州路安抚，寻改鄂州路安抚。绍兴二年，改兼荆湖北路安抚。六年，管内安抚；十一年，罢。嘉定十一年，置沿江制置副使。淳祐五年，兼荆湖北路安抚使。九年，罢。景定元年，改荆湖制置使。咸淳七年，罢。崇宁户九万六千七百六十九，口二十四万七百六十七。贡银。县七：江夏，紧。崇阳，望。唐县。开宝八年，又改今名。武昌，上。蒲圻，中。咸宁，中。通城，中。熙宁五年，升崇阳县通城镇为县。绍兴五年，废为镇。十七年，复。嘉鱼。下。熙宁六年，析复州地入焉。监一：宝泉。熙宁七年置，铸铜钱。南渡后，升武昌县为寿昌军。

德安府，中，安陆郡，安远军节度。本安州。天圣元年，隶京西路，庆历元年还本路。宣和元年，升为府。开宝中，废吉阳县。建炎四年，为安陆、汉阳镇抚使。绍兴三年，复来属。咸淳中，徙治汉阳城头山。崇宁户五万九千一百八十六，口一十四万三千八百九十二。贡青纻。县五：安陆，中。熙宁二年，省云梦县为镇入焉，元祐元年复。应城，中。孝感，中。建炎间，移治紫资砦。应山，中下。云梦。中。绍兴七年，移治仵落市，十八年复旧。南渡后，无应山。

复州，上，景陵郡，防御。建炎四年，置德安、复州、汉阳军镇抚使。绍兴三年，置荆湖北路安抚使。端平三年，移治沔阳镇。贡鵰。县二：景陵，紧。晋县。熙宁六年废州，以景陵属安州。元祐元年复。玉沙。下。至道三年，自江陵来隶。宝元二年，废沔阳入焉。熙宁六年，又隶江陵府。元祐元年，与景陵皆复。

常德府，本鼎州，武陵郡，常德军节度。乾德二年，降为团练。本朗州。大中祥符五年，改今名。熙宁七年，废桃源、汤口、白崖三寨。元丰三年，废白塼、黄石二寨。政和七年，升为军。建炎四年，升鼎、澧州镇抚使。绍兴元年，置荆湖北路安抚使，治鼎州，领鼎、澧、辰、沅、靖州；三十二年，罢。乾道元年，以孝宗潜藩，升府。八年，依旧提举五州。崇宁户五万八千二百九十七，口一十三万八百六十五。贡纻、布、练布。县三：武陵，望。

桃源，望。乾德中，析武陵地置县。龙阳。中。大观中，改辰阳。绍兴元年复旧。五年，升军使，移治黄城砦。三十年，复县。南渡后，增县一：沅江。中下。自岳州来隶。乾道中，割隶岳州，今复来隶。

澧州，上，澧阳郡，军事。建炎四年，寓治陶家市山寨，随复旧。崇宁户八万一千六百七十三，口二十三万六千九百二十一。贡绫、竹簟。县四：澧阳，望。安乡，中下。石门中下。有台宜砦。慈利。下。有索口、安福、西牛、武口、澧州五寨。

峡州，中，"峡"字旧从"硖"，今从"山"。夷陵郡，军事。建炎中，移治石鼻山。绍兴五年，复旧。端平元年，徙治于江南县。崇宁户四万九百八十，口一十一万六千四百。贡五加皮、芒硝、杜若。县四：夷陵，中。有汉流、巴山、麻溪、鱼阳、长乐、梅子六寨，及铅锡场。宜都，中。长杨，中下。有汉流、飞鱼二盐井。元丰五年，废新安、长杨二寨。远安。中下。

岳州，下，巴陵郡，岳阳军节度。本军事州。宣和元年赐军额。建炎间，岳、鄂二州各带沿江管内安抚司公事。绍兴二十五年，改州曰纯，改军曰华容；三十一年，复旧。崇宁户九万七千七百九十一，口一十二万八千四百五十。贡绫。县四：巴陵，上。华容，望。有古楼砦。平江，上。临湘。淳化元年，升王朝场为县，寻改。

归州，下，巴东郡，军事。建炎四年，隶夔路；绍兴五年，复。三十一年，又隶夔；淳熙十四年，复。明年，又隶夔。端平三年，徙郡治于南浦。崇宁户二万一千五十八，口五万二千一百四十七。贡绫。县三：秭归，下。熙宁五年，省兴山县为镇入焉；元祐元年复。有桃礼砦、青林盐井。巴东，下。有折叠砦。兴山。下。开宝元年，移治昭君院。端拱二年，又徙香溪北。

辰州，下，卢溪郡，军事。太平兴国七年，置招谕县。熙宁七年，以麻阳、招谕二县隶沅州；废慢水砦、龙门、水浦、铜安、龚溪木寨。九年，废明溪、丰溪、佘溪、新兴、凤伊、铁炉、竹平、木楼、乌速、骡子、酉溪寨堡。崇宁户一万七千六百三十，口二万三千三百五十。贡朱砂、水银。县四：沅陵，中。溆浦，中下。有悬鼓砦。元丰二年，置龙潭堡。辰溪，下。有龙门、铜安二寨。卢溪。下。城一：会溪。熙宁八年十二月置。寨三：池蓬，镇溪，黔安。嘉祐三年，置池蓬，熙宁三年，置镇溪。八年，置黔安。

沅州，下，潭阳郡，军事。本懿州。熙宁七年收复，以潭阳县地置卢阳县，以辰州麻阳、招谕二县隶州。八年，并锦州砦人户及废招谕县入麻阳，为一县。元丰三年，并镇江砦人户入黔江城，为黔阳县，寻废镇江砦为铺。五年，升旧渠阳砦为县，元祐六年，省为寨，崇宁二年，复为县。崇宁户九千六百五十九，口一万九千一百五十七。贡朱砂、水银。县四：卢阳，下。有蒋州、西县、八洲、长宜、回溪、镇江、龙门、怀化八铺。麻阳，下。有锦州砦、龚溪、龙家、竹砦、虚踵、齐天、又溪六铺。龚溪砦，熙宁六年赐名，其后为铺，未详。黔阳，下。有竹砦、烟溪、无状、木州、洪江五铺。渠

阳。寨八：熙宁间，复硖中胜云鹤绣五州、富锦圆三州。六年，以硖州新城为安江砦，富州新城为镇江砦。七年，废慢水砦、龙家堡，以辰州龙门、铜安二寨隶州，寻废为铺。宣和元年，复置铜安砦。元丰三年，置托口砦。四年，以古诚州贯保新砦为贯保砦，奉爱、丰山新堡为丰山新堡，小田、长渡村堡为小田砦。安江，有洪江、铜安二铺。托口，有竹滩一铺，元丰八年罢。贯保，元丰三年置，六年，隶诚州。元祐六年废，崇宁二年复置。渠阳，元祐三年，以渠阳军改，来隶。竹滩，洪江，并元祐五年置，隶黔阳县。若溪，崇宁三年置。便溪。崇宁三年，以蒋州改。

靖州，下，军事。熙宁九年，收复唐溪洞诚州。元丰四年，仍建为诚州。五年，沅州贯保砦改为县，总治本砦并托口、小由、丰山四堡寨户口，以渠阳县为名，隶州。六年，移托口、小由两寨却属沅州，析邵州莳竹县隶州，移渠阳县为州治。七年，沅州小由砦复隶州，寻废小由砦、丰山堡。元祐二年，废为渠阳军。三年，废军为寨，属沅州。元祐五年，复以渠阳砦为诚州。崇宁二年，改为靖州。大观元年为望郡。崇宁户一万八千六百九十二，口阙。贡白绢。县三：永平，下。本渠阳县，崇宁二年，改名，绍兴八年，移入州。会同，下。本三江县，崇宁二年改。通道。下。本罗蒙县，崇宁二年改。寨四：狼江，收溪，贯保，罗蒙。元丰六年，置收溪，复以沅州贯保来隶。七年，置罗蒙。元祐三年，废收溪、罗蒙。崇宁二年，又置若水、丰山二寨。堡五：石家，泸村，多星，大由，天村。元丰四年，置石家、泸村；六年，置多星；七年，置大由、天村。元祐三年，废多星、大由、天村等堡，崇宁三年复置；又置羊镇堡、木砦堡。大观二年，又置飞山堡。政和三年，又置零溪堡。八年，又置通平堡。

荆门军，开宝五年，长林、当阳二县自江陵来隶。熙宁六年，废军，县复隶江陵府。元祐三年，复为军。端平三年，移治当阳县。县二：长林，次畿。当阳。次畿。绍兴十四年，废入长林；十六年复。

汉阳军，同下州。熙宁四年，废为县，以汉川县为镇，属鄂州。元祐元年，复置。绍兴五年，又废为县；七年，复为军。县二：汉阳，紧。汉川。下。太平兴国二年，自德安来隶。绍兴五年废，七年复。

寿昌军，下，本鄂州武昌县。嘉定十五年，升寿昌军使，续升军。端平元年，以武昌县还隶鄂州。县一：武昌。上。以武昌山为名。孙权所都。南渡后，为江州治所，后复故。

南路。州七：潭，衡，道，永，邵，郴，全。军一：武冈。监一：桂阳。县三十九。南渡后，增茶陵军。绍兴三十二年，户九十六万八千九百三十，口二百一十三万六千七百六十七。

潭州，上，长沙郡，武安军节度。乾德元年，平湖南，降为防御。端拱元年，复为军。旧领荆湖南路安抚使。大观元年，升为帅府。建炎元年，复为总管安抚司。绍兴元年，兼东路兵马铃辖；二年，复为安抚司。崇宁户四十三

万九千九百八十八，口九十六万二千八百五十三。贡葛、茶。县十二：长沙，望。开宝中，废长丰县入焉。衡山，望。淳化四年，以衡山、岳州湘阴并来隶。有黄䕫银场。安化，望。熙宁六年置，改七星砦为镇入焉，废首溪砦。元祐三年，置博易场。醴陵，紧。攸，上。湘乡，中。湘潭，中益阳，中。浏阳，中。有永兴及旧溪银场。湘阴，中。乾德二年，自鼎州隶岳州，俄而来隶。宁乡，中。善化，元符元年，以长沙县五乡、湘潭县两乡为善化县。

衡州，上，衡阳郡，军事。崇宁户一十六万八千九十五，口三十万八千二百五十三。贡麸金、犀。县五：衡阳，紧。有熙宁钱监。耒阳，中。常宁，中下。熙宁六年，废常宁县奖中砦。有芝源银场。安仁，中下。乾德二年，升安仁场为县。南渡后，升茶陵为军。

道州，中，江华郡，军事。乾德三年，废大历县。熙宁六年，废扬梅、胜冈、绵田三寨。绍兴元年，隶荆湖东路；二年，复旧。崇宁户四万一千五百三十五，口八万六千五百五十三。贡白纻、零陵香。县四：营道，紧。熙宁五年，省永明县为镇入焉，元祐元年复。江华，紧。有黄富铁场。宁远，紧。唐延唐县。乾德三年改。永明。上。

永州，中，零陵郡，军事。熙宁六年，废福田、乐山二寨。八年，废零陵砦。崇宁户八万九千三百八十七，口二十四万三千三百二十二。贡葛、石燕。县三：零陵，望。祁阳，中。东安，中。雍熙元年，升东安场为县。有东安砦。

郴州，中，桂阳郡，军事。绍兴初，改隶荆湖东路，二年，仍来属。崇宁户三万九千三百九十三，口一十三万八千五百九十九。贡纻。县四：郴，紧。有新塘、浦溪二银坑。桂阳，中。唐义昌县，后唐改郴义。太平兴国初，又改。有延寿银坑。宜章，中。唐义章县。太平兴国初改。永兴。中。旧高亭县。熙宁六年改。南渡后，增县二：兴宁，嘉定二年，析郴县资兴、程水二乡置资兴县，后改今名。桂东。本郴县地。嘉定四年，析桂阳之零陵、宜城二乡置今县于上犹砦。

宝庆府，本邵州，邵阳郡，军事。大观九年，升为望郡。宝庆元年，以理宗潜藩，升府。淳祐六年，升宝庆军节度。崇宁户九万八千八百六十一，口二十一万八千一百六十。贡犀角、银。县二：邵阳，望。新化。望。熙宁五年收复梅山，以其地置县。有惜溪、柘溪、藤溪、深溪、云溪五寨。

全州，下，军事。绍兴元年，听广西路经略安抚司节制。崇宁户三万四千六百六十三，口一十万六千四百三十二。贡葛、零陵香。县二：清湘，望。有香烟、禄塘、长乌、羊状、硖石、磨石、荻源七寨。灌阳。中。有洮水、灌水、吉宁砦。

茶陵军，绍兴九年，升县为军，仍隶衡州。嘉定四年，析康乐、云阳、常平三乡置酃县，亦尝隶衡州。县一：酃。下。因酃湖为名。

桂阳军，本桂阳监，同下州。绍兴元年，隶荆湖东路，二年，复故。三年，升军。崇宁户四万四百七十六，口一十一万五千九百。贡银。县二：平阳，上。隋县，晋废。天禧三年置。有大富等九银坑，熙宁七年复。蓝山。中。景德三年，自郴州来隶。南渡后，增县一：临武。中。自石晋废，绍兴十一年复。

武冈军，崇宁五年，以邵州武冈县升为军。县三：武冈，中。有山塘一寨。熙宁六年，废白沙砦，置关硖、武阳、城步三寨。元祐四年，置赤木砦。绍圣元年，置神山砦。崇宁二年，置通硖。大观元年，置峡口砦。绥宁，中。本邵州莳竹县地。熙宁九年废，崇宁九年复。绍兴十一年，移治武阳砦，二十五年，还旧。后废临冈来入。临冈。本莳竹县。元丰四年，以溪洞徽州为县，隶邵州。八年，建临口砦。崇宁五年，改寨为县，隶武冈军。南渡后，废临冈，增新宁。下。汉夷地。绍兴二十五年，于水头江北立今县。

荆湖南、北路，盖《禹贡》荆州之域。当张、翼、轸之分。东界鄂渚，西接溪洞，南抵五岭，北连襄汉。唐末藩臣分据，宋初下之。鄂、岳本属河南，安、复中土旧地，今以壤制而分隶焉。江陵国南巨镇，当荆江上游，西控巴蜀。澧、鼎、辰三州，皆旁通溪洞，置兵戍守。潭州为湘、岭要剧，鄂、岳处江、湖之都会，全、邵屯兵，以扼蛮獠。大率有材木、茗荈之饶，金铁、羽毛之利。其土宜谷稻，赋入稍多。而南路有袁、吉壤接者，其民往往迁徙自占，深耕穊种，率致富饶，自是好讼者亦多矣。北路农作稍惰，多旷土，俗薄而质。归、峡信巫鬼，重淫祀，故尝下令禁之。

卷八十九　　志第四十二

地　理　五

福建路　成都府路　潼川府路　利州路　夔州路

福建路。州六：福、建、泉、南剑、漳、汀。军二：邵武，兴化。县四十七。南渡后，升建州为府。绍兴三十二年，户一百三十九万五百六十五，口二百八十二万八千八百五十二。

福州，大都督府，长乐郡，威武军节度。旧领福建路铃辖，建炎三年升帅府。崇宁户二十一万一千五百五十二。贡荔枝、鹿角菜、紫菜。元丰贡红花蕉布。县十二：闽，望。侯官，望。福清，望。古田，望。唐县。有宝兴银场、古田金坑。永福，望。有黄洋、保德二银场。长溪，望。有玉林银场及盐场。长乐，紧。有海坛山盐场。罗源，中。旧永贞县。闽清，中。宁德，中。王审知时置。怀安，望。太平兴国五年，析闽县置。连江。望。

建宁府，上，本建州，建安郡。旧军事，端拱元年，升为建宁军节度；绍兴三十二年，以孝宗旧邸，升府。崇宁户一十九万六千五百六十六。贡火箭、石乳、龙茶。元丰贡龙凤等茶，练。县七：建安，望。汉县。有北苑茶焙、龙焙监库及石舍、永兴、丁地三银场。浦城，望。有余生、蕉溪、斤竹三银场。嘉禾，望。本建阳县。有瞿岭四银场。景定元年改今名。松溪，紧。崇安，望。淳化五年，升崇安场为县。政和，紧。咸平三年，升关隶镇为县。政和五年，改关隶为政和县。有天受银场。瓯宁，望。熙宁三年废，元祐四年复。监一：丰国。咸平二年置，铸铜钱。

泉州，望，清源郡。太平兴国初，改平海军节度。本上郡，大观元年，升为望郡。崇宁户二十万一千四百六。贡松子。元丰贡绵、蕉、葛。县七：晋江，望。有盐亭一百六十一。南安，中。同安，中。有安仁、上下马栏、庄坂四盐场。惠安，望。太平兴国六年，析晋江置县。有盐亭一百二十九。永春，中。闽桃源县，有倚洋一铁场。安溪，下。有青阳铁场。德化，下。有赤水铁场。

南剑州，上，剑浦郡，军事。太平兴国四年，加"南"字。崇宁户一十一万九千五百六十一。贡土茴香。元丰贡茶。县五：剑浦，紧。旧龙津县，南唐改。有大演、石城二银场，雷、大熟等五茶焙。将乐，上。太平兴国四年，自建州来隶。有石牌、安福二银场。顺昌，上。南唐升永顺场为县。沙，中。有龙泉银场。尤溪。上。有尤溪、宝应等九银场。

漳州，下，漳浦郡，军事。崇宁户一十万四百六十九。贡甲香、鲛鱼皮。县四：龙溪，望。有吴惯、沐帙、中栅三盐场。漳浦，望。有黄敦盐场。龙岩，望。有大济、宝兴二银场。长泰。望。太平兴国五年，自泉州来隶。

汀州，下，临汀郡，军事。淳化五年，以上杭、武平二场并为县，元符元年，析长汀、宁化置清流县。崇宁户八万一千四百五十四。贡蜡烛。县五：长汀，望。有上宝锡场，归禾、拔口二银务，莒溪铁务。宁化，望。有龙门新旧二坑。上杭，上。有钟寮金场。天圣二年，徙治钟寮场东，乾道四年徙治郭下。武平，上。清流。南渡后，增县一：莲城。本长汀莲城堡，绍兴三年升县。

邵武军，同下州。太平兴国五年，以建州邵武县建为军，仍以归化、建宁二县来属。崇宁户八万七千五百九十四。贡纻。县四：邵武，望。有黄土等三盐场，龙须铜场，宝积等三银场。光泽，望。太平兴国六年，析邵武置县。有太平银场、新安铁场。泰宁，望。南唐归化县。元祐元年，改为泰宁。有碌碌金场、江源银场。建宁。望。有龙门等三银场。

兴化军，同下州。太平兴国四年，以泉州游洋、百丈二镇地置太平军，寻改。户六万三千一百五十七，贡绵、葛布。县三：莆田，望。自泉州与仙游同来隶。仙游，望。兴化。中。太平兴国四年，析莆田置县。

福建路，盖古闽越之地。其地东南际海，西北多峻岭抵江。王氏窃据垂五十年，三分其地。宋初，尽复之。有银、铜、葛越之产，茶、盐、海物之饶。民安土乐业，川源浸灌，田畴膏沃，无凶岁之忧。而土地迫狭，生籍繁夥；虽硗确之地，耕耨殆尽，亩直寖贵，故多田讼。其俗信鬼尚祀，重浮屠之教，与江南、二浙略同。然多向学，喜讲诵，好为文辞，登科第者尤多。

成都府路。府一：成都。州十二：眉，蜀，彭，绵，汉，嘉，邛，简，黎，雅，茂，威。军二：永康，石泉。监一：仙井。县五十八。南渡后，府三：成都，崇庆，嘉定。州十一：眉，彭，绵，汉，邛，黎，雅，茂，简，威，隆。军二：永康，石泉。淳熙二年，户二百五十八万，口七百四十二万。

成都府，次府，本益州，蜀郡，剑南西川节度。太平兴国六年，降为州。端拱元年，复为剑南西川成都府。淳化五年，降为益州，罢节度。嘉祐五年，复为府。六年，复节度。旧领成都府路兵马钤辖。建炎三年，罢兼利州路。绍兴元年，领成都路安抚使。五年，兼西路安抚、制置大使。十年置宣抚，罢制置司，知府带本路安抚使。十八年，罢宣抚，复制置司；乾道六年，又罢，并归安抚司，知府仍带本路安抚使。淳熙二年，复制置司，罢宣抚司。开禧元年，置宣抚，罢制置司。未几，两司并置；后罢宣抚，仍置制置大使。嘉定七年，去"大"字。崇宁户一十八万二千九十，口五十八万九千九百三十。贡花罗、锦、高纴布、笺纸。县九：成都，次赤。华阳，次赤。新都，次畿。郫，次畿。熙宁五年，省犀浦为镇入焉。双流，次畿。温江，次畿。新繁，次畿。汉繁县，前蜀改。广都，次畿。熙宁五年废陵州，以贵平、籍二县为镇入焉。灵泉，次畿。旧名灵池，天圣四年改。

眉州，上，通义郡，至道二年，升为防御。崇宁户七万二千八百九，口一十九万二千三百八十四。贡麸金、巴豆。县四：眉山，望。隋通义县。太平兴国初改。彭山，望。丹棱，望。青神，紧。

崇庆府，紧，本蜀州，唐安郡，军事。绍兴十四年，以高宗潜藩，升崇庆军节度。淳熙四年，升府。崇宁户六万七千八百三十五，口二十七万三千五十。贡春罗、单丝罗。县四：晋源，望。新津，望江原，望。唐唐安县。开宝四年改。永康，望。蜀析青城地置县。

彭州，紧，濛阳郡，军事。崇宁户五万七千五百二十四。贡罗。县三：九陇，望。唐原。熙宁二年置堋口县，四年，省为镇入焉。有鹿角砦、堋口、木头二茶场。崇宁，望。唐昌县。崇宁元年改。濛阳。望。

绵州，上，巴西郡，军事。绍兴三年，以知州事兼绵、威、茂州、石泉军沿边安抚使，节制屯戍军马。五年，川、峡宣抚副使移司绵州，六年罢。二十一年，罢沿边安抚使。嘉熙元年，为四川制置副使治所。崇宁户一十二万二千九百一十五，口二十三万四百九。贡绫、纻布。县五：巴西，望。彰明，望魏城，紧。罗江，紧。盐泉。中。

汉州，上，德阳郡，军事。户一十二万九百，口五十二万七千二百五十二。贡纻布。县四：雒，望。什邡，望绵竹，望。德阳。望。

嘉定府，上，本嘉州，犍为郡，军事。乾德四年，废绥山、罗目、玉津三县。庆元二年，以宁宗潜邸，升府。开禧元年，升嘉庆军节度。崇宁户七万一千六百五十二，口二十一万四百七十二。贡麸金。县五：龙游，上。宣和元年，改曰嘉祥，后复故。熙宁五年，省平羌县入焉。洪雅，上。淳化四年，自眉州来隶。夹江，中。峨眉，中。犍为，下。大中祥符四年，移治惩非镇。监一：丰远。铸铁钱。

邛州，上，临邛郡，军事。崇宁户七万九千二百七十九，口一十九万三千三十二。贡丝布。县六：临邛，望。熙宁五年，省临溪县为镇入焉，并入依政、蒲江、火井、依政，望。安仁，望。有延贡砦。大邑，望。有思安砦。蒲江，上。有盐井监、盐井砦。火井。中。开宝三年，移治平乐镇，至道三年复旧。监一：惠民。铸铁钱。建炎三年罢。

简州，下，阳安郡，军事。崇宁户四万一千八百八十八，口九万五千六百一十九。贡绵䌷、麸金。县二：阳安，上。平泉。中。

黎州，上，汉源郡，军事。崇宁户二千七百二十二，口九千八十。贡红椒。县一：汉源。下。庆历六年，废通望县入焉。旧废飞越县有博易务。领羁縻州五十四。罗岩州、索古州、秦上州、合钦州、剧川州、辄荣州、莲口州、柏坡州、博卢州、明川州、脆胶州、蓬矢州、大渡州、米川州、木属州、河东州、诺祚州、甫岚州、昌化州、归化州、粟川州、丛夏州、和良州、和都州、附木州、东川州、上贵州、滑川州、北川州、吉川州、甫萼州、北地州、苍荣州、野川州、邛陈州、贵林州、护川州、牒琮州、浪渺州、郎郭州、上钦州、时蓬州、俨马州、橄查州、邛川州、护邛州、脚川州、开望州、上蓬州、北蓬州、剥重州、久护州、瑶剑州、明昌州。

雅州，上，卢山郡，军事。崇宁户二万七千四百六十四，口六万二千三百七十八。贡麸金。县五：严道，中。有碉门砦。卢山，上。有灵关砦。名山，中。熙宁五年，省百丈县为镇入焉，元祐二年复。荣经，中下。百丈。中下。州城内一茶场。熙宁九年置。领羁縻州四十四。当马州、三井州、来锋州、名配州、钳泰州、隶恭州、画重州、罗林州、笼羊州、林波州、林烧州、龙蓬州、敢川州、惊川州、祸眉州、木烛州、百坡州、当品州、严城州、中川州、钳矣州、昌磊州、钳井州、百颇州、会野州、富仁州、推梅州、作重州、祸林州、金林州、诺祚州、三恭州、布岚州、欠马州、罗蓬州、论川州、让川州、远南州、卑卢州、夔龙州、辉川州、金川州、东嘉梁州、西嘉梁州。

茂州，上，通化郡，军事。熙宁九年，即汶川县置威戎军使，以石泉县隶绵州。崇宁户五百六十八，口一千三百七十七。贡麝香。县一：汶山。下。砦一：镇羌。熙宁九年置。关一：鸡宗。熙宁九年置。南渡后，增县一：汶川。下。有博马场。领羁縻州十。珰州、直州、时州、涂州、远州、飞州、乾州、可州、向州、居州。春祺城，本羁縻保州，政和四年，建为祺州，县曰春祺，宣和三年，废为城，隶茂州。寿宁砦，本羁縻直州，政和六年，建寿宁军，在大皂江外，距茂州五里，八年，废为寨，宣和三年，废寨为堡，又废敷文关为敷文堡。延宁砦，本威戎军，熙宁间所建，政和六年，汤延俊等纳土，重筑军城，改名延宁，宣和三年，废为寨，隶茂州，四年，又废寨及寿宁堡入汶川县。

威州，下，维川郡，军事。本维州。景祐三年，以与潍州声相乱，改今名。崇宁户二千二十，口三千一十三。贡当归、羌活。县二：保宁，下。唐薛城县，南唐改。通化。下。天圣元年，改金川。景祐四年复。治平三年，省通化军隶县。有博易场。领羁縻州二。保州、霸州。嘉砦，本羁縻霸州，政和四年，建为亨州，县曰嘉会，宣和三年，废州，以县为寨，隶威州。通化军，熙宁间所建，在保、霸二州之间。政和三年，董舜咨纳土，因旧名重筑军城，宣和三年，省军使为监押，隶威州。

永康军，同下州。本彭州导江县灌口镇。唐置镇静军。乾德四年，改为永安军，以蜀州之青城及导江县来隶。太平兴国三年，改为永康军。熙宁五年，废为寨；九年，复即导江县治置永康军使，隶彭州。元祐初，复故。县二：导江，望。乾德中，自彭州来隶。熙宁五年，军废，复隶彭州，后复于此置军。有博马场。青城。望。乾德中，自蜀州来隶。熙宁五年军废，还隶蜀州，不知何年复来隶。

仙井监，同下州。本陵州。至道三年，升为团练。咸平四年废，始建县。熙宁五年，废为陵井监。宣和四年，改为仙井监。隆兴元年，改为隆州。崇宁户三万二千八百五十三，口一十万四千五百四十五。贡苦药子、续随子。县二：仁寿，中。井研。中下。南渡后，增县二：贵平，中下。熙宁五年，废入广都。乾道六年复。籍。中下。废复同上。镇一：大安。旧永安镇。崇宁二年改。盐井一。

石泉军，本绵州石泉县。政和七年，建为军，割蜀之永康、绵之龙安、神泉来隶。宣和三年，降为军使，县皆还旧隶。宣和七年，复为军额。县三：石泉，下。神泉，上。有石关砦。龙安。上。有三盘砦及茶场。宣和元年，改龙安曰安昌，后复故。宝祐后，为军治所。堡九。重和元年置。会同、靖安、嘉平、通津、横望、平陇、凌霄、翠翚、连云。

潼川府路。府二：潼川、遂宁。州九：果、资、普、昌、叙、泸、合、荣、渠。军三：长宁、怀安、广安。监一：富顺。绍兴三十二年，户八十万五千三百六十四，口二百六十三万六千四百七十六。

潼川府，紧，梓潼郡，剑南东川节度。本梓州。乾德四年，改静戎军，置东关县。太平兴国中，改安静军。端拱二年，为东川；元丰三年，复加"剑南"二字。重和元年，升为府。旧兼提举梓州果、渠、怀安、广安军兵马巡检盗贼公事。乾道六年，升泸南为潼川府路安抚使。崇宁户一十万九千六百九，口四十四万七千五百六十五。贡绫、曾青、空青。县十：郪望。有三十四盐井。中江，望。隋玄武县。大中祥符五年改。有盐井。涪城，望。有四镇、二十七盐井。射洪，紧。有盐井。盐亭，紧。熙宁五年，省永泰县为镇入焉。有六盐井。通泉，上。有三铁治。飞乌，中。有五盐井。铜山，中。有铜冶。东关，中下。有四盐井。永泰。中下。本尉司，南渡后为县。

遂宁府，都督府，遂宁郡，武信军节度。本遂州。政和五年，升为府。宣和五年，升大藩。端平三年，兵乱，权治蓬溪砦。崇宁户四万九千一百三十二，口一十万二千五百五十五。贡樗蒲绫。县五：小溪，望。隋方义县。太平兴国初改。蓬溪，望。长江，紧。端平三年，以下三县俱废。青石，紧。遂宁。中。唐县。熙宁六年，省青石县入焉。七年，复置。

顺庆府，中，本果州，南充郡，团练。宝庆三年，以理宗初潜之地，升府，隶剑南东路。端平三年，兵乱。淳祐九年，徙治青居山。崇宁户五万五千四百九十三，口一十三万三百一十三。贡丝布、天门冬。县三：南充，望。熙宁六年，省流溪县为镇入焉；绍兴二十七年，复为县。西充，望。流溪。望。

资州，上，资阳郡，军事。乾德五年，废月山、丹山、银山、清溪四县。宣和二年，改龙水为资川，后复故，淳祐三年废。崇宁户三万二千二百八十七，口四万七千二百一十九。贡麸金。县四：盘石，紧。有一十八盐井、一铁冶。资阳，紧。龙水，中下。内江。下。有六十六盐井。

普州，上，安岳郡，军事。乾德五年，废崇龛、普慈二县。端平三年，兵乱。淳祐三年，据险置治。宝祐以后废。崇宁户三万二千一百一十八，口七万三千二百二十一。贡葛、天门冬。县三：安岳，中下。熙宁五年，废普康县入焉。安居，中。乐至。下。

昌州，上，昌元郡，军事。崇宁户三万六千四百五十六，口九万三千五十五。贡麸金、绢。县三：大足，上。昌元，上。咸平四年，移治罗市。永川。上。

叙州，上，南溪郡，军事。乾德中，废开边、归顺二县。本戎州，政和四年改。咸淳三年，徙治登高山。崇宁户一万六千四百四十八，口三万六千六百六十八。贡葛。县四：宜宾，中。唐义宾县。太平兴国元年改。熙宁四年，省宜宾入僰道为镇。政和四年，改僰道为宜宾。南溪，中。乾德中，移治旧奋城。有盐井。宣化。唐义宾县。太平兴国元年改。熙宁四年，改为镇，隶僰道。宣和元年，复以镇为县，改今名。庆符。本叙州徼外地。政和三年，建为祥州，置庆符、来附二县。宣和三年，州废，并来附县入庆符县，隶叙州。寨五：柔远、乐从、清平、石门、怀远。靖康元年，废柔远、乐从二寨隶怀远。羁縻州三十。建州、照州、献州、南州、洛州、盈州、德州、为州、移州、扶德州、播浪州、筠州、武昌州、志州，已上皆在南广溪洞；商州、驯州、浪川州、骋州，已上皆在马湖江；协州、切骑州、靖州、曲江州、哥陵州、品州、柯逈州、碾卫州、滈州、从州、播陵州、钳州，已上皆在石门路。

泸州，上，泸川郡，泸川军节度。本军事州。宣和元年，赐军额。乾道六年，升本路安抚使。嘉熙三年，筑合江之榕山，再筑江安之三江碛，四年，又筑合江之安乐山为城。淳祐三年，又城神臂崖以守。景定二年，刘整以城归大元，后复取之，改江安州。崇宁户四万四千六百一十一，口九万五千四百一十。贡葛。县三：乾德五年，废绵水，富义复置上监州。治平四年，废羊瓶砦。元丰二年，废白芳砦。三年，废平夷堡，于罗池改筑安远砦；废大硐、武宁二寨。五年，复置武宁砦，隶长宁军。泸川，中。江安，中。有宁远、安夷、西宁远、南田、武宁、安远等寨。合江。中。有遥埧、青山、安溪、小溪、带头、使君六寨。大观三年，以安溪砦为县，隶纯州；后废纯州，复为寨。宣和三年，废遥埧；四年，复。南渡后，增县一：纳溪。皇祐三年，纳溪口置寨。绍定五年，升为县。监一：南井。城三：乐共城，元丰四年置。堡寨四：江门砦、镇溪堡、梅岭堡、大洲堡、九支城，大观三年，建纯州，置九支、安溪两县及美利城。宣和三年，废纯州及九支县为九支城，以安溪、美利城为寨，改慈竹砦为堡。武都城。大观三年，建滋州，置承流、仁怀两县。宣和三年，废州为武都城，以仁怀为堡，承流县并入仁怀。安远砦，元丰三年置。大观四年废。政和五年复。博望砦，政和七年置。板桥堡，政和堡，政和六年置。绥远砦。前隶武都城，宣和三年隶州。领羁縻州十八。纳州、薛州、晏州、巩州、奉州、悦州、思峩州、长宁州、能州、淯州、浙州、定州、宋州、顺州、蓝州、溱州、高州、姚州。

长宁军，本羁縻州。熙宁八年，夷人得箇祥献长宁、晏、奉、高、薛、巩、淯、思峩等十州，因置淯井监隶泸州。政和四年，建为长宁军。领寨堡六：梅洞砦，政和五年置。清平砦，旧隶祥州，政和二年建筑，赐今名。宣和三年废祥州，以寨隶军。武宁砦，熙宁七年置，旧名小溪口。十年，改今名。元丰四年废。五年复置。政和四年，建长宁军，以武宁为倚郭县。宣和二年，废县为堡。四年，复为寨。宁远砦，皇祐元年，置三江砦。三年，改今名。宣和三年，以寨为堡。四年，复为寨。安夷砦，熙宁六年置，旧名婆娑。大观四年废。政和六年复置。石笋堡。政和五年置。初名梅赖，后赐今名。南渡后，县一：安宁。嘉定四年，升安夷砦为县。有武宁、宁远二寨。

合州，中，巴川郡，军事。淳祐三年，移州治于钓鱼山。崇宁户四万八千二百七十七，口八万四千四百八十四。贡牡丹皮、白药子。县五：石照，中。魏石镜县。乾德三年改。汉初，中。巴川，中。赤水，中下。铜梁。中下。熙宁四年，省赤水入焉；七年，复置。

荣州，下，和义郡，军事。乾德五年，废和义县。端平三年，择地侨治。宝祐后废。崇宁户一万六千六百六十七，口五万二千八十七。贡斑布。县四：荣德，中下。旧名旭川。治平四年改。熙宁四年，省公井县为镇入焉。有盐监一，端平三年废。威远，中。资官，中。有盐井。应灵。中下。有盐井。

渠州，下，邻山郡，军事。宝祐三年，徙治礼义山。崇宁户三万二千八百七十七，口六万三千八百三十。贡绵䌷、买子木。县三：流江，紧。西魏县。景祐三年，废大竹县入焉；绍兴三年，复分置。邻水，下。唐县。乾德四年，移治崑楼镇。邻山。下。梁县。乾德三年，移治故邻州城。南渡后，增县一：大竹。

怀安军，同下州。乾德五年，以简州金水县建为军。崇宁户二万九千六百二十五，口一十七万四千九百八十五。贡䌷。县二：金水，望。金堂。望。乾德五年，自汉州来隶。

宁西军，本广安军，同下州。开宝二年，以合州侬洄、渠州新明二镇建为军。淳祐三年，城大良平为治所。宝祐末，归大元。景定初，复取之。咸淳二年，改军名。崇宁户四万七千五十七，口一十一万一千七百五十四。贡绢。县三：渠江，中。开宝二年，自渠州来隶。岳池，紧。开宝二年，自果州来隶。新明。中。开宝二年，自合州来属。六年，移治单溪镇。南渡后，增县一：和溪。开禧三年，升镇为县。

富顺监，同下州。本泸州之富义县。掌煎盐。乾德四年，升为富义监。太平兴国元年改。治平元年，置富顺县；熙宁元年，省。嘉熙元年，蜀乱监废。咸淳元年，徙治虎头山。崇宁户一万一千二百四十一，口二万三千七百一十六。贡葛。领镇十三，盐井一。

利州路。府一：兴元。州九：利、洋、阆、剑、文、兴、蓬、政、巴。县三十八。关一：剑门。南渡后，府三：兴元、隆庆、同庆。州十二：利、金、洋、阆、巴、沔、文、蓬、龙、阶、西和、凤。军二：大安，天水。绍兴三十二年，户三十七万一千九十七，口七十六万九千八百五十二。

兴元府，次府，梁州，汉中郡，山南西道节度。旧兼提举利州路兵马巡检事。建炎二年，升本路钤辖。四年，兼本路经略、安抚使。后分利州路为东、西路：兴元、剑、利、阆、金、洋、巴、蓬、大安为东路，治兴元；阶、成、西和、凤、文、龙、兴为西路，治兴州。又置利州路阶、成、西和、凤州制置使，泾原、秦凤路经略、安抚使。乾道四年，合为一路，兴元帅兼领之；淳熙二年，复分；三年，又合；五年，复分；绍熙五年，再合；庆元二年，又分；嘉定三年，复合。崇宁户六万二百八十四，口一十二万三千五百四十。贡胭脂、红花。县四：南郑，次赤。城固，次畿。褒城，次畿。西。次畿。至道二年，割隶大安军；三年，还隶。有锡冶一务。茶场一。熙宁八年置。南渡后，增县一：廉水。次畿。绍兴四年，析南郑县置，以廉水为名。

利州，都督府，益川郡，宁武军节度。旧昭武军，景祐四年改。绍兴十四年，分东、西两路；绍熙五年，复合为一；庆元二年，复分；嘉定三年，复合；十一年，又分；端平三年，兵乱废。崇宁户二万五千三百七十三，口五万一千五百三十九。贡金、钢铁。县四：绵谷，中。葭萌，中。嘉川，中下。咸平五年，自集州来隶。熙宁三年，省平蜀县入焉。昭化。下。后周益昌县。开宝五年改。

洋州，望，洋川郡，武康军节度。旧武定军，景祐四年改。建炎以后，尝置蓬、巴、洋州安抚使，寻罢。崇宁户四万五千四百九十，口九万八千五百六十七。贡隔织。县三：兴道，望。西乡，上。真符，中。

阆州，上，阆中郡。乾德四年，改安德军节度。绍兴十四年，隶东路。端平三年，兵乱。淳祐三年，移治大获山。崇宁户四万三千九百三十六，口一十万九百七。贡莲绫。县七：阆中，望。阆水迂曲，绕县三面，故名。绍兴十八年，省玉井镇入焉。苍溪，紧 南部，紧 新井，紧 奉国，中。熙宁四年，省岐平县为镇入焉。新政，中。西水。中下。熙宁四年，省晋安县为镇入焉。

隆庆府，本剑州，上，普安郡，军事。乾德五年，废永归县。隆兴二年，以孝宗潜邸，升普安军节度。绍熙元年，升府。端平三年，兵乱。崇宁户三万五千二十三，口一十万七千五百七十三。贡巴戟。县六：普安，中。熙宁五年，省临津县为镇入焉。梓潼，上。阴平，中。武连，中。普成，中下。剑门。中下。熙宁五年，以剑门关剑门县复隶州。有小剑、白绵、砠砍、粮谷、龙聚、托溪六寨。

巴州，中，清化郡，军事。乾德四年，废盘道、归仁、始宁三县。咸平五年，以清化属集州。熙宁五年，废集州，又废壁州，以其县来隶。建炎三年，兼管内安抚。嘉熙四年，兵乱民散。崇宁户二万三千三百三十七，口四万一千五百一十六。贡绵䌷。县五：化城，中下。省集州清化县为镇入焉。难江，上。旧隶集州。恩阳，中下。熙宁三年，省七盘县为镇入焉。曾口，下。熙宁五年，省其章县为镇入焉。通江。下。省壁州白石、符阳二县入焉。

文州，中下，阴平郡，军事。建炎后，带沿边管内安抚，寻罢，隶利西路。绍定末，置司成都。端平后，兵乱州废。崇宁户一万二千五百三十一，口二万二千七十八。贡麝香。县一：曲水。中下。西魏县。有重石、毗谷、张添、磨蓬、留券、罗移、思村、戍门、披波、绥南十寨，水银务一。

沔州，下，顺政郡，军事。本兴州。绍兴十四年，为利西路治所。开禧三年，吴曦僭改开德府。曦诛，改沔州。崇宁户一万二千四百三十，口一万九千六百七十三。贡蜜、蜡。县二：顺政，中。开禧三年，改为略阳。长举。中下。监一：济众。铸铁钱。

蓬州，下，咸安郡，军事。乾德三年，废宕渠县。淳祐三年，置司古渝县。崇宁户二万七千八百二十七，口五万一千四百七十二。贡纻丝绫、绵䌷。县四：蓬池，中。仪陇，中。营山，中。唐朗池县。大中祥符五年改。熙宁三年，省蓬山县为镇入焉。伏虞。中下。熙宁五年，省良山县为镇入焉。南渡后，增县二：良山，中下。建炎二年复。相如。望。以南有司马相如故宅而名。嘉熙间，兵乱。宝祐六年，自果州来属。

政州，下，江油郡，军事。本龙州。政和五年，改为政州。绍兴元年，复为龙州。端平三年，兵乱。宝祐六年，徙治雍村。崇宁户三千五百二十三，口九千二百九十四。贡麸金、羚羊角、天雄。县二：江油，中。有乾坡砦。清川。下，本马盘，唐改今名。康定初，增戍兵。端平三年，兵乱地废。

大安军，中，本三泉县。旧属兴元府。乾德三年，平蜀，以县直属京。至道二年，建为大安军。三年，军废，县仍旧属京。绍兴三年，复升军。崇宁六千七十五，口一万八百九十一。领镇二：金牛，青乌。南渡后，复置三泉县，隶军。

金州，上，安康郡，昭化军节度。前宋隶京西南路，惟此一州未没于金。建炎四年，属利州。绍兴元年，置金、均、房州镇抚使。六年，复隶京西南路。九年，隶西川宣抚司。十年，置金、房、开、达安抚使。十三年，隶利州路，又以商州上津、丰阳两县来属。乾道四年，兼管内安抚。县五：西城，下。汉阴，中下。绍兴二年，迁治新店，以旧县为镇，嘉定三年，升激口镇为县。有饶凤镇。洵阳，中。石泉，下。平利。下。南渡后，增县一：上津。中下。本平利县地。绍兴十六年，以鹘岭关卓驭平为界。

阶州，中下，武都郡，军事。本隶秦凤路。绍兴初，陕西地尽入于金，惟阶、成、岷、凤、洮五郡、凤翔府和尚原、陇州方山原存。绍兴初，以杨家崖为家计砦。县二：福津，中下。将利。中下。

同庆府，中下，同谷郡，军事。本成州，隶秦凤路，绍兴十四年来属。宝庆元年，以理宗潜邸，升同庆府。县二：同谷，中。栗亭。中。

西和州，下，和政郡，团练。本隶秦凤路。绍兴元年，入于金，改祐州。旧名岷州。十二年，与金人和，以岷犯金太祖嫌名，改西和州，因郡名和政云。以淮西有和州，故加"西"字。开禧二年，又入于金。县三：长道，紧。大潭，中。祐川。

凤州，下，河池郡，团练。旧属秦凤路，绍兴十四年来隶。县三：梁泉，上。两当，上。河池。紧。

天水军，同下州。绍兴初，秦州入于金，分置南、北天水县。十三年，隶成州。后以成纪之太平社、陇城之东阿社来属。嘉定元年升军，九年，移于天水县旧治。仍置县一：天水。绍兴十五年，废成纪、陇城二县来入。

夔州路。州十：夔，黔，施，忠，万，开，达，涪，恭，珍。军三：云安，梁山，南平。监一：大宁。县三十二。南渡后，府三：重庆，咸淳，绍庆。州八：夔，达，涪，万，开，施，播，思。军三：云安，梁山，南平。监一：大宁。绍兴三十二年，户三十八万六千九百七十八，口一百一十三万四千三百九十八。

夔州，都督府，云安郡，宁江军节度。州初置在白帝城，景德三年，徙城东。建炎三年，升夔、利兵马钤辖。淳熙十五年，帅臣带归、峡州兵马司。元丰户一万一千二百一十三。贡蜜、蜡。县二：奉节，中。巫山。中下。

绍庆府，下，本黔州，黔中郡，军事，武泰军节度。绍定元年，升府。绍熙三年，移巡检治增潭。元丰户二千八百四十八。贡朱砂、蜡。县二：彭水，中。嘉祐八年，废洪杜、洋水、都濡、信宁四县入焉。有洪杜、小洞、界山、难溪四寨。绍兴二年，以元隶珍州户四十九还隶。黔江。下。有白石、门闸、佐水、永安、安乐、双洪、射营、右水、蛮塚、浴水、潜平、鹿角、万就、六堡、白水、土溪、小溪、石柱、高望、木孔、东流、李昌、仆射、相阳、小村、石门、蔄田、木栅、虎眼二十九寨。羁縻州四十九。南宁州、远州、捷州、清州、蒋州、知州、蛮州、袭州、裁州、邦州、鹤州、劳州、义州、福州、儒州、令州、郝州、普宁州、绦州、那州、窝州、丝州、邛州、敷州、晃州、侯州、楚州、添州、瑶州、双城州、训州、乡州、茂龙州、整州、乐善州、抚水州、思元州、逸州、思州、南平州、勋州、姜州、棱州、鸿州、和武州、晖州、亳州、鼓州、悬州。南渡后，羁縻州五十六。

施州，下，清江郡，军事。元丰户一万九千八百四。贡黄连、木药子。县二：清江，中下。有歌罗、永宁、细沙、宁边、尖木、夷平六寨。熙宁六年五月，省施州永兴砦，置夷平砦。元丰三年七月，废永宁砦，置建廊、安确二寨。建始。中下。有连天一寨。监一：广积。绍圣三年置，铸铁钱。

咸淳府，下，本忠州，南宾郡，军事。咸淳元年，以度宗潜邸，升府。元丰户三万五千九百五十。贡绵绸。县三：临江，中下。垫江，(中下。熙宁五年，省桂溪县入焉。南宾。下。南渡后，增县二：丰都，下。龙渠。下。

万州，下，南浦郡，军事。开宝三年，以梁山为军。元丰户二万五百五十五。贡金、木药子。县二：南浦，下。有平云砦。武宁。下。

开州，下，盛山郡，军事。崇宁户二万五千。贡白纻、车前子。县二：开江，上。庆历四年，废新浦县入焉。清水。中。旧名万岁县，后改。

达州，上，通川郡，军事。本通州。乾德三年改。乾德五年，废阆英、宣汉二县。熙宁六年，省三冈县；七年，省石鼓县，分隶通川、新宁、永睦三县。元丰户四万六百四十。贡绸。县五：通川，中。巴渠，中。永睦，下。隋永穆县。今改。新宁，下。东乡。下。南渡后，增县一：通明。下。旧通明院。

涪州，下，涪陵郡，军事。熙宁三年，废温山县为镇。大观四年，废白马砦。咸淳二年，移治三台山。元丰户一万八千四百四十八。贡绢。县三：涪陵，下。有白马盐场。乐温，下。武龙。下。宣和元年，改武龙县为枳县。绍兴元年依旧。

重庆府，下，本恭州，巴郡，军事。旧为渝州。崇宁元年，改恭州，后以高宗潜藩，升为府。旧领万寿县，乾德五年，废。雍熙中，又废南平县。庆历八年，以黔州羁縻南、溱二州来隶。皇祐五年，以南州置南川县。熙宁七年，以南川县隶南平军。元丰户四万二千八十。贡葛布、牡丹皮。县三：巴，中。有石英、峰玉、蓝溪、新兴四镇。江津，中下。乾德五年，移治马骏镇。壁山。下。羁縻州一。溱州，领荣懿、扶欢二县。以首首领之，后

卷九十　　　　志第四十三

地　理　六

广南东路　广南西路　燕山府路

　　广南东路。府一：肇庆。州十四：广，韶，循，潮，连，梅，南雄，英，贺，封，新，康，南恩，惠。县四十三。南渡后，府三：肇庆，德庆，英德。州十一：广，韶，循，潮，连，封，新，南恩，梅，雄，惠。绍兴三十二年，户五十一万三千七百一十一，口七十八万四千七百七十四。

　　广州，中，都督府，南海郡，清海军节度。开宝五年，废咸宁、番禺、蒙化、游水四县。大观元年，升为帅府。旧领广南东路兵马钤辖，兼本路经略、安抚使。元丰户十四万三千二百六十一。贡胡椒、石发、糖霜、檀香、肉豆蔻、丁香母子、零陵香、补骨脂、舶上茴香、没药、没石子。元丰贡沉香、甲香、詹糖香、石斛、龟壳、水马、氍皮、藤簟。县八：南海，望。隋县。后改常康，开宝五年复。　番禺，上。开宝中，废入南海。皇祐三年复置。有银炉铁场。　增城，中　清远，中。有大富银场、静定铁场、钱纩铅场。　怀集，中。有大利银场。　东莞，中下。开宝五年，废入增城。六年复置。有桂角等二银场，静康等三盐场，海南、黄田等三盐栅。　新会，下。有千岁锡场、海晏等六盐场。　信安。下。本义宁县，开宝五年，废入新会。六年，复置。太平兴国初，改信安。熙宁五年，省为镇，入新州新兴县。元祐元年复为县。绍圣元年，复省为镇，后复为县，还隶广州。南渡后，无信安，增县一：香山。绍兴二十二年，以东莞香山镇为县。

　　韶州，中，始兴郡，军事。元丰户五万七千四百三十八。贡绢、钟乳。县五：曲江，望。有永通钱监、灵源等三银场，中子铜场。　翁源，望。有大湖银场，大富铅场。　乐昌，中。有黄坑等二银场、太平铅场。　仁化，中。开宝五年，废入乐昌。咸平三年，复置。有大众、多田二铁场，多宝铅场。　建福。宣和三年，以岑水场析曲江、翁源地置县。　南渡后，无建福，增县一：乳源。乾道二年，析曲江之崇信、乐昌依化乡，于洲头津置。监一：永通。

　　循州，下，海丰郡，军事。元丰户四万七千一百九十二。贡绢、藤盘。县三：龙川，望。有大有铅场。宣和三年，改龙川曰雷乡。绍兴元年复旧。　兴宁，望。晋县。天禧三年，移治长乐。有夜明银场。　长乐。上。熙宁四年，析兴宁县置。有罗翊等四锡场。

　　潮州，下，潮阳郡，军事。元丰户七万四千六百八十

隶南平军。

　　云安军，同下州。开宝六年，以夔州云安县建为军。建炎三年为军使。元丰户一万一千七十五。贡绢。县一：云安。　望。有思问、捍技、平南三寨，玉井盐场、团云盐井。监一：云安。熙宁四年，以云安监户口析置安义县。八年，户还隶云安县，复为监。

　　梁山军，同下州，高梁郡。开宝三年，以万州石氏屯田务置军，拨梁山县来隶。熙宁五年，又析忠州桂溪地益军。元祐元年，还隶万州，寻复故。元丰户一万二千二百七十七。贡绵。县一：梁山。　中下。

　　南平军，同下州。熙宁八年，收西番部，以恭州南川县铜佛坝地置军。领县二：南川，中下。熙宁八年，省入隆化。元丰元年复置。有荣懿、开边、通安、安稳、归正五寨，溱川堡。　隆化。下。熙宁八年，自涪州来隶。有七渡水砦，大观四年砦废。　溱溪砦，本羁縻溱州，领荣懿、扶欢二县。熙宁七年，招纳，置荣懿等寨隶恭州，后隶南平军。大观二年，别置溱州及溱溪、夜郎两县。宣和二年，废州及县，以溱溪砦为名，隶南平军。

　　大宁监，同下州。开宝六年，以夔州大昌县盐泉所建为监。元丰户六千六百三十一。贡蜡。县一：大昌。　中下。端拱元年，自夔州来隶。旧在监南六十里，嘉定八年，徙治水口监。

　　珍州，唐贞观中开山洞置，唐末没于夷。大观二年，大骆解上下族帅献其地，复建为珍州。宣和三年，承州废，以绥阳县来隶。县二：乐源、绥阳，本羁縻夷州，大观三年，酋长献其地，建为承州，领绥阳、都上、义泉、宁夷、洋川五县；宣和三年，废州及都上等县，以绥阳隶珍州。遵义砦，大观二年，播州杨文贵献其地，建遵义军及遵义县；宣和三年废军及县，以遵义砦为名，隶珍州。

　　思州，政和八年建，领务川、邛水、安夷三县。宣和四年，废州为城及务川县，以务川城为名；邛水、安夷二县皆作堡，并隶黔州。绍兴元年，复为思州。县三：务川，安夷，邛水。　宣和四年并废，隶黔州。绍兴二年复。

　　播州，乐源郡。大观二年，南平夷人杨文贵等献其地，建为州，领播川、琅川、带水三县。宣和三年，废为城，隶南平军。端平三年，复以白绵堡为播州，三县仍废，嘉熙三年，复设播州，充安抚使。咸淳末，以珍州来属。县一，乐源。　中。有遵义砦，开禧三年升军，嘉定十一年复为寨。

　　川、峡四路，盖《禹贡》梁、雍、荆三州之地，而梁州为多。天文与秦同分。南至荆峡，北控剑栈，西南接蛮夷。土植宜柘，蚕丝织文纤丽者穷于天下，地狭而腴，民勤耕作，无寸土之旷，岁三四收。其所获多为遨游之费，踏青、药市之集尤盛焉，动至连月。好音乐，少愁苦，尚奢靡，性轻扬，喜虚称。庠塾聚学者众，然怀土罕趋仕进。涪陵之民尤尚鬼俗，有父母疾病，多不省视医药，及亲在多别籍异财。汉中、巴东，俗尚颇同，沦于偏方，殆将百年。孟氏既平，声教攸暨，文学之士，彬彬辈出焉。

二。贡蕉布、甲香、鲛鱼皮。县三：海阳，望。有海门等三寨、三河口盐场、丰济银场、横衢等二锡场。潮阳，中下。本海阳县地。绍兴二年，废入海阳。八年复。揭阳。宣和三年，割海阳三乡置揭阳县。绍兴二年，废入海阳。八年复，仍移治吉帛村。是谓"三阳"。

连州，下，连山郡，军事。元丰户三万六千八百四十三。贡苎布、官桂。元丰贡钟乳。县三：桂阳，望。有同官银场。阳山，中。有铜坑铜场。连山。中。绍兴六年废为镇。十八年复。

梅州，下，军事。本潮州程乡县。南汉置恭州，开宝四年改，熙宁六年废，元丰五年复。宣和二年，赐郡名义安。绍兴六年，废州为程乡县，仍带程乡军事。十四年，复为州。元丰户一万二千三百七十。贡银、布。县一：程乡。中。有乐口银场、石坑铅场、龙坑铁场。

南雄州，下，本雄州，军事。开宝四年，加"南"字。宣和二年，赐郡名保昌。元丰户二万三百三十九。贡绢。县二：保昌，望。始兴。中。旧隶韶州，开宝四年来隶。

英德府，下，本英州，军事。宣和二年，赐郡名曰真阳。庆元元年，以宁宗潜邸，升府。元丰户三千一十九。贡纻布。县二：真阳，望。有钟峒银场、礼平铜场。浛光。上。开宝四年，自广州隶连州。六年，自连州来隶。有贤德等三银场。

贺州，下，临贺郡，军事。开宝四年，废荡山、封阳、冯乘三县。本属东路，大观二年五月，割属西路。户四万二百五。贡银。县三：临贺，紧。有太平银场。富川，上。桂岭，中。南渡后，属广西路。

封州，望，临封郡，军事。本下郡，大观元年，升为望郡。绍兴七年，省州，以二县隶德庆府。十年，复旧。元丰户二千六百七十九。贡银。县二：封川，下。开建。下。开宝五年，废入封川。六年，复置。

肇庆府，望，高要郡，肇庆军节度。本端州，军事。元符三年，升兴庆军节度。大观元年，升下为望。重和元年，赐肇庆府名，仍改军额。元丰户二万五千一百三。贡银、石砚。县二：高要，中。有沙利银场、浮芦铁场。四会。中。旧隶广州，熙宁六年来属。有金场、银场。

新州，下，新兴郡，军事。开宝五年，废平兴县。元丰户一万三千六百四十一。贡银。县一：新兴。中。咸平六年，移治州城西。

德庆府，望。本康州，晋康郡，军事。开宝五年，废州及悦城、晋康、都城并入端溪，以隶端州，寻复为州。大观四年，升为望郡。绍兴元年，以高宗潜邸，升为府。十四年，置永庆军节度。元丰户八千九百七十九。贡银。县二：端溪，下。有云烈锡场。泷水。下。旧隶泷州，州废，以县来隶。有罗磨、护峒二银场。

南恩州，下，恩平郡，军事。旧恩州。开宝五年，废恩平、杜陵二县。庆历八年以河北路有恩州，乃加"南"字。元丰户二万七千二百一十四。贡银。县二：阳江，中。有海口、海陵、博腊、遂训等四寨，有铅场。阳春。下。熙宁六年废春州，并铜陵县入阳春来隶。有榄径铁

场。

惠州，下，军事。宣和二年，赐郡名博罗。元丰户六万一千一百二十一。贡甲香、藤箱。县四：归善，中。有阜民钱监，酉平、流坑二银场，永吉、信上、永安三锡场，三丰铁场，淡水盐场。海丰，下。有云溪、杨安、劳谢三锡场，古龙、石桥二盐场。河源，紧。有立溪、和溪、永安三锡场。博罗。中。有铁场。

广南西路。大观元年，割融、柳、宜及平、允、从、庭、孚、观九州为黔南路，融州为帅府，宜州为望郡。三年，以黔南路并入广西，以广西黔南路为名。四年，依旧称广南西路。州二十五：桂，容，邕，融，象，昭，梧，藤，龚，浔，柳，贵，宜，宾，横，化，高，雷，钦，白，郁林，廉，琼，平，观。军三：昌化，万安，朱崖。县六十五。南渡后，府二：静江，庆远。州二十：容，邕，象，融，昭，梧，藤，浔，贵，柳，宾，横，化，高，雷，钦，廉，贺，琼，郁林。军三：南宁，万安，吉阳。绍兴三十二年，户四十八万八千六百五十五，口一百三十四万一千五百七十二。

静江府。本桂州，始安郡，静江军节度。大观元年，为大都督府，又升为帅府。旧领广南西路兵马钤辖，兼本路经略、安抚使。绍兴三年，以高宗潜邸，升府。宝祐六年，改广西制置大使，后四年废，复为广西路经略、安抚使。元丰户四万六千三百四十三。贡银、桂心。县十一：临桂，紧。嘉祐六年，废慕化县入焉。兴安，望。唐全义县。晋置溥州。乾德元年，州废。太平兴国初，改今名。灵川，望。荔浦，望。永福。下。脩仁，中。熙宁四年，废脩仁县为镇入荔浦。元丰元年复。义宁，中下。本义宁镇，马氏奏置。开宝五年，废入广州新会。六年复置。理定，下。古，下。永宁。中。唐丰水县。熙宁四年，废为镇入荔浦。元祐元年复。南渡后，无永宁县。

容州，下，都督府，普宁郡，宁远军节度。开宝五年，废欣道、渭龙、陵城三县。元丰户一万三千七百七十六。贡银、珠砂。县三：普宁，上。开宝五年，废绣州，以常林、阿林、罗绣三县并入焉。陆川，中。开宝五年，废顺州，省龙豪、温水、龙化、南河四县入焉。九年，移治公平，淳化五年，又徙治于旧温水县。北流。中。开宝五年废禹州，以截石、扶莱、罗辨、陵城四县地入焉。

邕州，下，都督府，永宁郡，建武军节度。开宝五年，废朗宁、封陵、思龙三县。大观元年，升为望郡。绍兴三年，置司市马于横山砦，以本路经略、安抚总府事，同提点买马，专任武臣；隆兴后文武通差。宝祐元年，兼邕、宜、钦、融镇抚使。元丰户五千二百八十八。贡银。县二：宣化，下。景祐二年，废如和县入焉。武缘。下。景祐二年，废乐昌县入焉。寨一：太平。旧领永平、太平、古万、横山四寨，《元丰九域志》止存太平一寨。金场一：镇乃。熙宁六年置。羁縻州四十四，县五，洞十一。忠州、冻州、江州、万丞州、思陵州、左州、思诚州、谭州、渡州、龙州、七源州、思明州、西平州、上思州、禄

州、石西州、思浪州、思同州、安平州、员州、广源州、勤州、南源州、西农州、万崖州、覆利州、温弄州及五黎县、罗阳、陀陵县、永康县、武盈洞、古甑洞、凭祥洞、镡峒、卓峒、龙英洞、龙竿洞、佃洞、武德洞、古佛洞、八靴洞：并属左江道。思恩州、鹇州、思城州、勘州、归乐州、武裁州、伦州、万德州、蕃州、昆明州、婪凤州、侯唐州、归恩州、田州、功饶州、归城州、武笼州及龙川县：并属右江道。初，安平州曰波州，皇祐元年改。元祐三年，又改怀化洞为州。

融州，融水郡，清远军节度。本军事州，大观二年，升为帅府。三年，罢帅府，赐军额，又升为下都督府。崇宁元年，置武阳砦、罗城堡。二年，置乐善砦，废罗城堡。四年，即融水县王口砦置平州。政和元年，废平州，仍为王口砦，与融江、文村、浔江、临溪四堡寨来隶，寻复故。绍兴四年，复废平州为王口砦，观州为高峰砦。元丰户五千六百五十八。贡金、桂心。县一：融水。中。开宝五年，置罗城县。熙宁七年，废武阳、罗城二县为镇来隶。寨一：融江。南渡后，增县一：怀远。下。绍兴四年州废，复为寨来隶；十四年，复为县。有临溪、文村、浔江三堡，高峰砦。羁縻州一：乐善州。

象州，下，象郡，景德四年，升防御。景定三年，徙治来宾县之蓬莱。元丰户八千七百一十七。贡金、藤器、槵子。县四：阳寿。中下。来宾。中下。旧隶严州，州废来属。开宝七年，又以废严州之归化入焉。武化，下。熙宁七年，废武化县入来宾。元祐元年复。武仙。下。南渡后，无武化县。

昭州，下，平乐郡，军事。开宝五年，废永平县。元丰户一万五千八百八十。贡银。县四：平乐。中。大中祥符元年，移治州城东。立山。中。熙宁五年废蒙州，以东区、蒙山二县入焉。龙平。中。开宝五年废富州，以县来隶，又以思勤、马江入焉。熙宁八年，又隶梧州。元丰八年复来隶。宣和中改昭平。淳熙六年复今名。恭城。下。太平兴国元年，徙治于北乡龙渚市。景定五年复旧。

梧州，下，苍梧郡，军事。元丰户五千七百二十。贡银、白石英。县一：苍梧。下。熙宁四年，省戎城县为镇，入苍梧。

藤州，下，感义郡，军事。开宝三年，废宁风、感义、义昌三县。元丰户六千四百二十二。贡银。县二：镡津。中。岑溪。下。熙宁四年，废南仪州为县，隶州。

龚州，下，临江郡，军事。开宝五年，废阳川、武林、随建、大同四县。政和元年，州废，隶浔州，三年，复。绍兴六年，复废，仍隶浔州。元丰户八千三十九。贡银。县一：平南。中。开宝五年，以恩明州之武郎来属。嘉祐二年，废武郎县入焉。

浔州，下，浔江郡，军事。开宝五年，废皇化县，俄又废州，以桂平隶贵州。六年，复置。元丰户六千一百四十一。贡银。县一：桂平。下。

柳州，下，龙城郡，军事。咸淳元年，徙治柳城县之龙江。元丰户八千七百三十。贡银。县三：马平。中。洛容。中。嘉祐四年，废象县入洛容。柳城。中。梁龙城县。景德三年改。

贵州，下，怀泽郡，军事。元丰户七千四百六十。贡银。县一：郁林。中下。隋郁平县。开宝四年改。

庆远府，下。本宜州，龙水郡，庆远军节度。旧军事州。景祐三年，废崖山县。宣和元年，赐军额。河池县，不详何年并省。咸淳元年，以度宗潜邸，升庆远府。元丰户一万五千八百二十三。贡生豆蔻、草豆蔻。元丰贡银。县四：龙水。上。淳化五年，以柳州洛曹来隶；嘉祐七年，废入龙水。熙宁八年二月，废羁縻芝忻远军古阳县为怀远砦 述昆县为镇，并思立砦并入焉。有怀远、思立二寨。后改宜山。天河。下。大观元年六月，以天河县并德谨砦、堰江堡隶融州。靖康元年九月，复来隶。有德谨一寨。忻城，中下。庆历三年，以羁縻芝忻、归恩、纥州地置县。思恩。下。熙宁八年，自环州来隶，徙治带溪砦，省镇宁州礼丹县入焉。元丰六年，复徙旧治。有普义、带溪、镇宁三寨。南渡后，增县一：河池。下。有银场。羁縻州十，军一，监二。温泉州、环州、镇宁州，领县二。蕃州、金城州、文州、兰州，领县三。安化州，领县四。述昆、智州，领县五。怀远军，领县一。又有富仁、富安二监。旧领思顺、归化二州，庆历四年，并入柳州马平县。

宾州，下，安城郡，军事。开宝五年，废州、琅邪保城二县，以岭方隶邕州。六年，以岭方复置州。元丰户七千六百二十。贡银、藤器。县三：岭方。下。迁江。中。本邕州羁縻州，天禧四年置。上林。中下。开宝五年，自邕州来属，废澄州止戈、贺水、无虞入焉。

横州，下，宁浦郡，军事。开宝五年，废乐山、从化二县，又以废峦州永定来属。元丰户三千四百五十一。贡银。县二：宁浦。下。永定。下。开宝六年，废峦州武灵、罗竹二县入焉。熙宁四年，省入宁浦。元祐三年复置，后更名永淳。

化州，下，陵水郡，军事。本辩州，太平兴国五年改。开宝中，废陵罗县。元丰户九千三百七十三。贡银、高良姜。县二：石龙。下。吴川。下。本属罗州，州废，开宝五年来隶。南渡后，增县一：石城。乾道三年，析吴川西乡置，因石城冈为名。

高州，下，高凉郡，军事。开宝五年，废良德县。景德元年，并入窦州，移治茂名。三年，复置，以二县还隶。元丰户一万一千七百六十六。贡银。县三：电白。下。信宜。中下。唐信仪县。太平兴国初改信宜。熙宁四年废窦州，以信宜县来隶。有银场。茂名。下。开宝五年，自潘州来隶。

雷州，下，海康郡，军事，开宝五年，废徐闻、遂溪二县。元丰户一万三千七百八十四。贡良姜。元丰贡斑竹。县一：海康。下。有冠头砦。南渡后，复二县：遂溪，绍兴十九年复置。徐闻。乾道七年复置。

钦州，下，宁越郡，军事。开宝五年，废遵化、钦江、内亭三县。天圣元年，徙州治南宾砦。元丰户一万五百五十二。贡高良姜、翡翠毛。县二：灵山，望。有咄步砦。

安远。下。唐保京县。宋初改安京，景德中，改今名。有如洪、如昔二寨。

白州，下，南昌郡，军事。开宝五年，废南昌、建宁、周罗三县。政和元年废州，以其地隶郁林，三年复。南渡后，复废入郁林。元丰户四千五百八十九。贡银、缩砂。县一：博白。中。南渡后，隶郁林州。

郁林州，下，郁林郡，军事州。开宝中，废郁平、兴德二县。州初治兴业，至道二年，徙今治。政和元年，废白州，博白来隶。三年，复置白州，以博白还旧隶。南渡后，废白州，以博白来隶。元丰户三千五百六十四。贡缩砂。元丰贡银。县二：南流，中下。旧隶牢州，州废来隶，又以废牢州之定川、宕川、党州容山、怀义、抚康、善牢入焉。兴业。下。以废郁平、兴德入焉。

廉州，下，合浦郡，军事。开宝五年，废封山、蔡龙、大廉三县，移州治于长沙场，置石康县。太平兴国八年，改太平军，移治海门镇。咸平元年复。元丰户七千五百。贡银。县二：合浦，上。有二寨。石康。下。本常乐州，宋并为县。

琼州，下，琼山郡，靖海军节度。本军事州。大观元年，以黎母山夷峒建镇州，赐军额为靖海。政和元年，镇州废，以其地及军额来归。元丰户八千九百六十三。贡银、槟榔。县五：琼山，中。熙宁四年，省舍城入焉。有感恩、英田场二栅。澄迈。下。开宝五年废崖州，与舍城、文昌并来隶。文昌，下。临高，下。绍兴初，移于莫村。乐会。下。唐置，环以黎洞，寄治南管。大观三年，割隶万安军，后复来属。

南宁军，旧昌化军，同下州。本儋州，熙宁六年，废州为军。绍兴六年，废昌化、万安、吉阳三军为县，隶琼州。十三年，为军使，十四年复为军，以属县还隶本军。后改今名。元丰户八百三十三。贡高良姜。元丰贡银。县三：宜伦，下。隋义伦县。太平兴国初改。昌化，下。熙宁六年省，元丰三年复。有昌化砦。感恩。下。熙宁六年省，元丰四年复。

万安军，同下州。旧万安州，万安郡。熙宁七年，废为军。绍兴六年，废军为万宁县，以军使兼知县事，隶琼州。十三年，复为军。元丰户二百七十。贡银。县二：万宁，下。后复名万安。陵水。下。熙宁七年为镇，元丰三年复。绍兴六年隶琼州。十三年，复来隶。

吉阳军，同下州。本朱崖军，即崖州。熙宁六年，废为军。绍兴六年，废军为宁远县。十三年复。后改名吉阳军。元丰户二百五十一。贡高良姜。镇二：临川、藤桥。熙宁六年，省宁远、吉阳二县为临川、藤桥二镇。宁远即临川。南渡后，县二：宁远，下。绍兴六年复县，隶琼州。十三年，复来属。吉阳。下。熙宁六年，废为藤桥镇，隶琼州。绍兴六年复。

平州。崇宁四年三月，王江古州蛮户纳土，于王口砦建军，以怀远为名，割融州融江、文村、浔江、临溪四堡寨并隶军。寻改怀远军为平州，仍置倚郭怀远县。又置百万砦及万安砦，又于安口隘置允州及安口县，又于中古州置格州及乐古县。五年，改格州为从州。政和元年，废平

州，依旧为王口砦；并融江、文村、浔江、临溪四堡寨并依旧隶融州，废怀远县。又废从州为乐古砦，并通靖、镇安、百万砦并拨隶允州。又废允州，权留平州，又权置百万砦。宣和二年，赐平州郡名曰怀远。绍兴四年，废平州仍为王口砦，隶融州。十四年，复以王口砦为怀远县。

从州。废置具平州。

允州。废置同上。

庭州。大观元年，以宜州河池县置庭州，倚郭县曰怀德。又于南丹州中平县置砦曰靖南，寻拨隶庭州。大观二年，置安远砦。大观四年，废庭州，移靖南砦于废孚州。宣和五年，移安远砦于平安山置。

孚州。大观元年，以地州建隆县置孚州，倚郭县曰归仁。四年，废孚州及归仁县为靖南砦。先于南丹州中平县置靖南砦，今移置此。政和七年，复置孚州及归仁县，仍移靖南砦归旧处。宣和三年，复废孚州及归仁县，置靖南砦。大观四年，隶观州。绍兴四年，废靖南砦。

溪州。大观元年，以宜州思恩县带溪砦置溪州。四年，废。

镇州。大观元年，置镇州于黎母山心，倚郭县以镇宁为名，升镇州为都督府，赐静海军额。政和元年，废镇州，以静海军额为琼州。

延德军。崇宁五年，初置延德县于朱崖军黄流、白沙、侧浪之间。大观元年，改为军，又置倚郭县曰通远。政和元年，废延德军为感恩县，昌化军通远县为通远镇，隶朱崖军。政和六年，置延德砦，又以通远镇为寨。

地州。崇宁五年纳土。大观元年，以地州建隆县置孚州。

文州。崇宁五年纳土。大观元年，置绥南砦。绍兴四年废。

兰州。崇宁五年纳土。

那州。崇宁五年纳土。

观州。大观元年，克南丹州，以南丹州为观州，置倚郭县。大观四年，以南丹州还莫公晟，复于高峰砦置观州。绍兴四年，废观州为高峰砦，存留木门、马台、平洞、黄泥、中村等堡寨。

隆州。

兑州。政和四年，置隆州、兑州并兴隆县、万松县。宣和三年，废隆州及兴隆县为威远砦，兑州及万松县为靖远砦。二州先置思忠、安江、凤麟、金斗、朝天等五寨并废，各隶新寨，仍并隶邕州。

广南东、西路，盖《禹贡》荆、扬二州之域，当牵牛、婺女之分。南滨大海，西控夷洞，北限五岭。有犀象、玳瑁、珠玑、银铜、果布之产。民性轻悍。宋初，以人稀土旷，并省州县。然岁有海舶贸易，商贾交凑，桂林邕、宜接夷獠，置守戍。大率民婚嫁、丧葬、衣服多不合礼。尚淫祀，杀人祭鬼。山林翳密，多瘴毒，凡命官吏，优其秩奉。春、梅诸州，炎疠颇甚，许土人领任。景德中，令秋冬赴治，使职巡行，皆令避盛夏瘴雾之患。人病不呼医服药。儋、崖、万安三州，地狭户少，常以琼州牙校典治。安南数郡，土壤遐僻，但羁縻不绝而已。

燕山府路。府一：燕山。州九、涿，檀，平，易，营，顺，蓟，景，经。县二十。宣和四年，诏山前收复州县，合置监司，以燕山府路为名，山后别名云中府路。

燕山府。唐幽州，范阳郡，卢龙军节度。石晋以赂契丹，契丹建为南京，又改号燕京。金人灭契丹，以燕京及涿、易、檀、顺、景、蓟六州二十四县来归。宣和四年，改燕京为燕山府，又改郡曰广阳，节度曰永清军，领十二县。五年，童贯、蔡攸入燕山。七年，郭药师以燕山叛，金人复取之。析津，宛平，都市，赐名广宁。昌平，良乡，潞，武清，安次，永清，玉河，香河，赐名清化。潮阴。

涿州。唐置，石晋以赂契丹。宣和四年，金将郭药师以州降，赐郡名曰涿水，升威行军节度。县四：范阳，归义，固安，新城。赐名威城。

檀州。隋置，石晋以赂契丹。宣和四年，金人以州来归，赐郡名曰横山，升镇远军节度。七年，金人复破之。县二：密云，行唐。赐名威塞。

平州。隋置，后唐时为契丹所陷，改辽兴府，以营、滦二州隶之。宣和四年，赐郡名渔阳，升抚宁军节度。五年，辽将张觉据州来降，寻为金所破。县三：卢龙，赐名卢城。石城，赐名临关。马城。赐名安城。

易州。唐置，雍熙四年，陷于契丹。宣和四年，金人以州来归，赐郡名曰遂武，防御。县三：易水，涞水，容城。

营州。隋置，后唐时为契丹所陷。宣和四年，赐郡名曰平卢，防御。县一：柳城。赐名镇山。

顺州。唐置，石晋以赂契丹。宣和四年，金人以州来归，赐郡名曰顺兴，团练。县一：怀柔。

蓟州。唐置，石晋以赂契丹。宣和四年，金人以州来归，赐郡名曰广川，团练。七年，金人破之。县三：渔阳，赐名平卢。三河，玉田。

景州。契丹置。宣和四年，金人以州来归，赐郡名曰滦川，军事。县一：遵化。

经州。本蓟州玉田县。宣和六年，建为州。七年，陷于金。

云中府路。

云中府。唐云州，大同军节度。石晋以赂契丹，契丹号为西京。宣和三年，始得云中府、武、应、朔、蔚、奉、圣、归、化、儒、妫等州，所谓山后九州也。

武州。唐置，石晋以赂契丹。宣和五年，金人以州来归。六年，筑固疆堡。寻复为金人所取。

应州。故属大同军节度，后唐置彰国军，石晋以赂契丹。宣和五年，契丹将苏京以州来降。金人寻逐京，复取之。

朔州。唐置，后唐为振武军，石晋以赂契丹。宣和五年，守将韩正以州来降。金人寻逐正，复取之。

蔚州。唐置，石晋以赂契丹。宣和五年，守将陈翊以州来降。六年，翊为金人所杀，复取之。

奉圣州。唐新州，后唐置威塞军节度，石晋以赂契丹。在云中府之东，契丹改为奉圣州。

归化州。旧毅州，后唐改为武州，石晋以赂契丹，契丹改为归化州。

儒州。唐置，石晋以赂契丹。

妫州。唐置，石晋以赂契丹，契丹改为可汗州。

卷九十一　　　　志第四十四

河渠一

黄河上

黄河自昔为中国患，《河渠书》述之详矣。探厥本源，则博望之说，犹为未也。大元至元二十七年，我世祖皇帝命学士蒲察笃实西穷河源，始得其详。今西蕃朵甘思南鄙曰星宿海者，其源也，四山之间，有泉近百泓，汇而为海，登高望之，若星宿布列，故名。流出复潴，曰哈剌海，东出曰赤宾河，合忽阑、也里术二河，东北流为九渡河，其水犹清，骑可涉也。贯山中行，出西戎之都会，曰阔即、曰阔提者，合纳怜河，所谓"细黄河"也，水流已浊。绕昆仑之南，折而东注，合乞里马出河，复绕昆仑之北，自贵德、西宁之境，至积石，经河州，过临洮，合洮河，东北流至兰州，始入中国。北绕朔方、北地、上郡而东，经三受降城、丰东胜州，折而南，出龙门，过河中，抵潼关。东出三门，集津为孟津，过虎牢，而后奔放平壤。吞纳小水以百数，势益雄放，无崇山巨矶以防闲之，旁激奔溃，不遵禹迹。故虎牢迤东距海口三二千里，恒被其害，宋为特甚。始自滑台、大伾，尝两经泛溢，复禹迹矣。一时奸臣建议，必欲回之，俾复故流，竭天下之力以塞之。屡塞屡决，至南渡而后，贻其祸于金源氏，由不能顺其就下之性以导之故也。

若江、若淮、若洛、汴、衡漳，暨江、淮以南诸水，皆有舟楫溉灌之利者，历叙其事而分纪之。为《河渠志》。

河入中国，行太行西，曲折山间，不能为大患。既出大伾，东走赴海，更平地二千余里，禹迹既湮，河并为一，特以堤防为之限。夏秋霖潦，百川众流所会，不免决溢之忧，然有司所以备河者，亦益工矣。

自周显德初，大决东平之杨刘，宰相李谷监治以自阳谷抵张秋口以遏之，水患少息。然决河不复故道，离而为赤河。

太祖乾德二年，遣使案行，将治古堤。议者以旧河不可卒复，力役且大，遂止。但诏民治遥堤，以御冲注之患。其后赤河决东平之竹村，七州之地复罹水灾。三年秋，大雨霖，开封府河决阳武，又孟州水涨，坏中潬桥梁，澶、郓亦言河决，诏发州兵治之。四年八月，滑州河决，坏灵河县大堤,诏殿前都指挥使韩重赟、马步军都军头王廷义等督士卒丁夫数万人治之,被泛者蠲其秋租。

五年正月,帝以河堤屡决,分遣使行视,发畿甸丁夫缮治。自是岁以为常,皆以正月首事,季春而毕。是月,诏开封大名府、郓澶滑孟濮齐淄沧棣滨德博怀卫郑等州长吏,并兼本州河堤使,盖以谨力役而重水患也。

开宝四年十一月,河决澶渊,泛数州。官守不时上言,通判、司封郎中姚恕弃市,知州杜审肇坐免。五年正月,诏曰:"应缘黄、汴、清、御等河州县,除准旧制种艺桑枣外,委长吏课民别树榆柳及土地所宜之木。仍案户籍高下,定为五等:第一等岁树五十本,第二等以下递减十本。民欲广树艺者听,其孤、寡、茕、独者免。"是月,澶州修河卒赐以钱、鞋,役夫给以茶。三月,诏曰:"朕每念河渠溃决,颇为民患,故署使职以总领焉,宜委官联佐治其事。自今开封等十七州府,各置河堤判官一员,以本州通判充;如通判阙员,即以本州判官充。"五月,河大决濮阳,又决阳武。诏发诸州兵及丁夫凡五万人,遣颍州团练使曹翰护其役。翰辞,太祖谓曰:"霖雨不止,又闻河决。朕信宿以来,焚香上祷于天,若天灾流行,愿在朕躬,勿延于民也。"翰顿首对曰:"昔宋景公诸侯耳,一发善言,灾星退舍。今陛下忧及兆庶,恳祷如是,固当上感天心,必不为灾。"

六月,下诏曰:"近者澶、濮等数州,霖雨荐降,洪河为患。朕以屡经决溢,重困黎元,每阅前书,详究经渎。至若夏后所载,但言导河至海,随山浚川,未闻力制湍流,广营高岸。自战国专利,堙塞故道,小以妨大,私而害公,九河之制遂隳,历代之患弗弭。凡搢绅多士、草泽之伦,有素习河渠之书,深知疏导之策,若为经久,可免重劳,并许诣阙上书,附驿条奏。朕当亲览,用其所长,勉副询求,当示甄奖。"时东鲁逸人田告者,纂《禹元经》十二篇,帝闻之,召至阙下,询以治水之道,善其言,将授以官,以亲老固辞归养,从之。翰至河上,亲督工徒,未几,决河皆塞。

太宗太平兴国二年秋七月,河决孟州之温县、郑州之荥泽、澶州之顿丘,皆发缘河诸州丁夫塞之。又遣左卫大将军李崇矩骑置自陕西至沧、棣,案行水势。视堤岸之缺,亟缮治之;民被水灾者,悉蠲其租。三年正月,命使十七人分治黄河堤,以备水患。滑州灵河县河塞复决,命西上阁门使郭守文率卒塞之。七年,河大涨,蹙清河,凌郓州,城将陷,塞其门,急奏以闻。诏殿前承旨刘吉驰往固之。

八年五月,河大决滑州韩村,泛澶、濮、曹、济诸州民田,坏居人庐舍,东南流至彭城界入于淮。诏发丁夫塞之。堤久不成,乃命使者按视遥堤旧址。使回条奏,以为"治遥堤不如分水势。自孟抵郓,虽有堤防,唯滑与澶最为隘狭。于此二州之地,可立分水之制,宜于南北岸各开其一,北入王莽河以通于海,南入灵河以通于淮,节减暴流,一如汴口之法。其分水河,量其远迩,作为斗门,启闭随时,务乎均济。通舟运,溉农田,此富庶之资也。"不报。时多阴雨,河久未塞,帝忧之,遣枢密直学士张齐贤乘传诣白马津,用太牢加璧以祭。十二月,滑州言决河塞,群臣称贺。

九年春,滑州复言房村河决,帝曰:"近以河决韩村,发民治堤不成,安可重困吾民,当以诸军代之。"乃发卒五万,以侍卫步军都指挥使田重进领其役,又命翰林学士宋白祭白马津,沈以太牢加璧,未几役成。

淳化二年三月,诏:"长吏以下及巡河主埽使臣,经度行视河堤,勿致坏隳,违者当置于法。"四年十月,河决澶州,陷北城,坏庐舍七千余区,诏发卒代民治之。是岁,巡河供奉官梁睿上言:"滑州土脉疏,岸善溃,每岁河决南岸,害民田。请于迎阳凿渠引水,凡四十里,至黎阳合大河,以防暴涨。"帝许之。五年正月,滑州言新渠成,帝又案图,命昭宣使罗州刺史杜彦钧率兵夫,计功十七万,凿河开渠,自韩村埽至州西铁狗庙,凡十五余里,复合于河,以分水势。

真宗咸平三年五月,河决郓州王陵埽,浮钜野,入淮、泗,水势悍激,侵迫州城。命使率诸州丁男二万人塞之,逾月而毕。始,赤河决,拥济、泗,郓州城中常苦水患。至是,霖雨弥月,积潦益甚,乃遣工部郎中陈若拙经度徙城。若拙请徙于东南十五里阳乡之高原,诏可。是年,诏:"缘河官吏,虽秩满,须水落受代。知州、通判两月一巡堤,县令、佐迭巡堤防,转运使勿委以他职。"又申严盗伐河上榆柳之禁。

景德元年九月,澶州言河决横垄埽;四年,又坏王八埽,并诏发兵夫完治之。大中祥符三年十月,判河中府陈尧叟言:"白浮图村河水决溢,为南风激还故道。"明年,遣使滑州,经度西岸,开减水河。九月,棣州河决聂家口,五年正月,本州请徙城,帝曰:"城去决河尚十数里,居民重迁。"命使完塞。既成,又决于州东南李民湾,环城数十里民舍多坏,又请徙于商河。役兴逾年,虽捍护完筑,裁免决溢,而湍流益暴,壖地益削,河势高民屋殆逾丈矣,民苦久役,而终忧水患。八年,乃诏徙州于阳信之八方寺。

著作佐郎李垂上《导河形胜书》三篇并图,其略曰:

臣请自汲郡东推禹故道,挟御河,较其水势,出大伾、上阳、太行三山之间,复西河故渎,北注大名西、馆陶南,东北合赤河而至于海。因于魏县北析一渠,正北稍西迳衡漳直北,下出邢、洺,如《夏书》过洚水,稍东注易水,合百济、会朝河而至于海。大伾而下,黄、御混流,薄山障堤,势不能远。如是则载之高地而北行,百姓获利,而契丹不能南侵矣。《禹贡》所谓"夹右碣石入于海",孔安国曰:"河逆上此州界。"

其始作自大伾西八十里,曹公所开运渠东五里,引河水正北稍东十里,破伯禹古堤,迳牧马陂,从禹故道,又东三十里转大伾西、通利军北,挟白沟,复西大河,北迳清丰、大名西,历洹水、魏县东,暨馆陶南,入屯氏故渎,合赤河而北至于海。既而自大伾西新发故渎西岸析一渠,正北稍西五里,广深与汴等,合御河道,逼大伾北,即坚壤析一渠,东西二十里,广深与汴等,复东大河。两渠分流,则三四分水，犹得注澶渊旧渠矣。大都河水从西大河故渎东北，合赤河而达于海，然后于魏县北发御河西岸析一渠，正北稍西六十里，广深与御河等，合衡漳水；又冀州北界、深州西南三十里决衡漳西岸，限水为门，西北注滹沱，潦则塞之，使东渐渤海，旱则决之，使西灌屯田，此中国御边之利也。

两汉而下，言水利者，屡欲求九河故道而疏之。今考图志，九河并在平原而北，且河坏澶、滑，未至平原而上已决矣，则九河奚利哉。汉武舍大伾之故道，发顿丘之暴冲，则滥觉泛齐，流患中土，使河朔平田，膏腴千里，纵容边寇劫掠其间。今大河尽东，全燕陷北，而御边之计，莫大于河。不然，则赵、魏百城，富庶万亿，所谓海盗而招寇矣。一日伺我饥馑，乘虚入寇，临时用计者实难；不如因人足财丰之时，成之为易。

诏枢密直学士任中正、龙图阁直学士陈彭年、知制诰王曾详定。中正等上言："详垂所述，颇为周悉。所言起滑台而下，派之为六，则缘流就下，湍急难制，恐水势聚而为一，不能各依所导。设或必成六派，则是更增六处河口，悠久难于堤防。亦虑入滹沱、漳河，渐至二水淤塞，益为民患，又筑堤七百里，役夫二十一万七千，工至四十日，侵占民田，颇为烦费。"其议遂寝。

七年，诏罢葺遥堤，以养民力。八月，河决澶州大吴埽，役徒数千，筑新堤，亘二百四十步，水乃顺道。八年，京西转运使陈尧佐议开滑州小河分水势，遣使视利害以闻。及还，请规度自三迎阳村北治之，复开汊河于上游，以泄其壅溢。诏可。

天禧三年六月乙未夜，滑州河溢城西北天台山旁，俄复溃于城西南，岸摧七百步，漫溢州城，历澶、濮、曹、郓，注梁山泊；又合清水、古汴渠东入于淮，州邑罹患者三十二。即遣使赋诸州薪石、楗橛、芟竹之数千六百万，发兵夫九万人治之。四年二月，河塞，群臣入贺，上亲为文，刻石纪功。

是年，祠部员外郎李垂又言疏河利害，命垂至大名府、滑卫德贝州、通利军与长吏计度。垂上言：

臣所至，并称黄河水入王莽沙河与西河故渎，注金、赤河，必虑水势浩大，荡浸民田，难于防备。臣亦以为河水所经，不无为害。今者决河而南，为害既多，而又阳武埽东、石堰埽西，地形污下，东河泄水又艰。或者云："今决处澶底坑深，旧渠逆上，若塞之，旁必复坏。"如是，则议塞河者诚以为难。若决河而北，为害虽少，一旦河水注御河，荡易水，迳乾宁军，入独流口，遂及契丹之境。或者云："因此摇动边鄙。"如是，则议疏河者又益为难。臣于两难之间，辄画一计：请自上流引北载之高地，东至大伾，泻复于澶渊旧道，使南不至滑州，北不出通利军界。

何以计之？臣请自卫州东界曹公所开达渠东五里，河北岸凸处，就岸实土坚引之，正北稍东十三里，破伯禹古堤，注裴家潭，迳牧马陂，又正东稍北四十里，凿大伾西山，酾为二渠：一逼大伾南足，决古堤正东八里，复澶渊旧道；一逼通利军城北曲河口，至大禹所导西河故渎，正北稍东五里，开南北大堤，又东七里，入澶渊旧道，与南渠合。夫如是，则北载之高地，大伾二山雁股之间分酌其势，浚泻两渠，汇注东北，不远三十里，复合于澶渊旧道，而滑州不治自涸矣。

臣请以兵夫二万，自来岁二月兴作，除三伏半功外，至十月而成。其均厚埤薄，俟次年可也。

疏奏，朝议虑其烦扰，罢之。

初，滑州以天台决口去水稍远，聊兴葺之，及西南堤成，乃于天台口旁筑月堤。六月望，河复决天台下，走卫南，浮徐、济，害如三年而益甚，帝以新经赋率，虑殚困民力，即诏京东西、河北路经水灾州军，勿复科调丁夫，其守捍堤防役兵，仍令长吏存恤而番休之。五年正月，知滑州陈尧佐以西北水坏，城无外御，筑大堤，又叠埽于城北，护州中居民；复就凿横木，下垂木数条，置水旁以护岸，谓之"木龙"，当时赖焉。复并旧河开枝流，以分导水势，有诏嘉奖。

说者以黄河随时涨落，故举物候为水势之名：自立春之后，东风解冻，河边入候水，初至凡一寸，则夏秋当至一尺，颇为信验，故谓之"信水"。二月、三月桃华始开，冰泮两积，川流猥集，波澜盛长，谓之"桃华水"。春末芜菁华开，谓之"菜华水"。四月末垄麦结秀，擢芒变色，谓之"麦黄水"。五月瓜实延蔓，谓之"瓜蔓水"。朔野之地，深山穷谷，固阴冱寒，冰坚晚泮，逮乎盛夏，消释方尽，而沃荡山石，水带矾腥，并流于河，故六月中旬后，谓之"矾山水"。七月菽豆方秀，谓之"豆华水"。八月菱苓华，谓之"荻苗水"。九月以重阳纪节，谓之"登高水"。十月水落安流，复其故道，谓之"复槽水"。十一月、十二月断冰杂流，乘寒复结，谓之"蹙凌水"。水信有常，率以为准；非时暴涨，谓之"客水"。

其水势，凡移谼横注，岸如刺毁，谓之"扎岸"。涨溢逾防，谓之"抹岸"。埽岸故朽，潜流漱其下，谓之"塌岸"。浪势旋激，岸土上陨，谓之"沦卷"。水侵岸逆涨，谓之"上展"。顺涨，谓之"下展"。或水乍落，直流之中，忽屈曲横射，谓之"径夺"。水猛骤移，其将澄处，望之明白，谓之"拽白"，亦谓之"明滩"。湍怒略凈，势稍旧起，行舟值之多溺，谓之"荐浪水"。水退淤澱，夏则胶土肥腴。初秋则黄灭土，颇为疏壤，深秋则白灭土，霜降后皆沙也。

旧制，岁虞河决，有司常以孟秋预调塞治之物，梢芟、薪柴、楗橛、竹石、茭索、竹索凡千余万，谓之"春料"。诏下濒河诸州所产之地，仍遣使会河渠官吏，乘农隙率丁夫水工，收采备用。凡伐芦荻谓之"芟"，伐山木榆柳枝叶谓之"梢"，辫竹纠芟为索。以竹为巨索，长十尺至百尺，有数等。先择宽平之所为埽场。埽之制，密布芟索，铺梢，梢芟相重，压之以土，杂以碎石，以巨竹索横贯其中，谓之"心索"。卷而束之，复以大芟索系其两端，别以竹索自内旁出，其高至数丈，其长倍之。凡用丁夫数百或千人，杂唱齐挽，积置于卑薄之处，谓之"埽岸"。既下,以橛臬阁之,复以长木贯之,其竹索皆埋巨木于岸以维之,遇河之横决,则复增之,以补其缺。凡埽下非积数叠,亦不能遏其迅湍,又有马头、锯牙、木岸者,以蹙水势护堤焉。

凡缘河诸州,孟州有河南北凡二埽,开封府有阳武埽,滑州有韩房二村、凭管、石堰、州西、鱼池、迎阳凡七埽,旧有七里曲埽,后废。通利军有齐贾、苏村凡二埽,澶州有濮阳、大韩、大吴、商胡、王楚、横陇、曹村、依仁、大北、冈孙、陈固、明公、王八凡十三埽,大名府有孙杜、侯村二埽,濮州有任村、东、西、北凡四埽,郓州有博陵、张秋、关山、子路、王陵、竹口凡六埽,齐州有采金山、史家涡二埽,滨州有平河、安定二埽,棣州有聂家、梭堤、锯牙、阳成四埽,所费皆有司岁计而无阙焉。

仁宗天圣元年,以滑州决河未塞,诏募京东、河北、陕西、淮南民输薪刍,调兵伐濒河榆柳,赒溺死之家。二年,遣使诣滑、卫行视河势。五年,发丁夫三万八千,卒二万一千,缗钱五十万,塞决河,转运使五日一奏河事。十月丙申,塞河成,以其近天台山麓,名曰天台埽。宰臣王曾率百官入贺。十二月,浚鱼池埽减水河。

六年八月,河决于澶州之王楚埽,凡三十步。八年,始诏河北转运司计塞河之备,良山令陈曜请疏郓、滑界糜丘河以分水势,遂遣使行视遥报。明道二年,徙大名之朝城县于杜婆村,废郓州之王桥渡、淄州之临河镇以避水。

景祐元年七月,河决澶州横陇埽。庆历元年,诏权停修决河。自此久不复塞,而议开分水河以杀其暴。未兴工而河流自分,有司以闻,遣使特祠之。三月,命筑堤于澶以捍城。八年六月癸酉,河决商胡埽,决口广五百五十七步,乃命使行视河堤。

皇祐元年三月,河合永济渠注乾宁军。二年七月辛酉,河复决大名府馆陶县之郭固。四年正月乙酉,塞郭固而河势犹壅,议者请开六塔以披其势。至和元年,遣使行度故道,且诣铜城镇海口,约古道高下之势。二年,翰林学士欧阳修奏疏曰:

朝廷欲俟秋兴大役,塞商胡,开横陇,回大河于古道。夫动大众必顺天时、量人力,谋于其始而审其终,然后必行,计其所利者多,乃可无悔。比年以来,兴役动众,劳民费财,不精谋虑于厥初,轻信利害之偏说,举事之始,既已苍皇,群议一摇,寻复悔罢。不敢远引他事,且如河决商胡,是时执政之臣,不慎计虑,遽谋修塞。凡科配梢芟一千八百万,骚动六路一百余军州,官吏催驱,急若星火,民庶愁苦,盈于道涂。或物已输官,或人方在路,未及兴役,寻已罢修,虚费民财,为国敛怨,举事轻脱,为害若斯。今又闻复有修河之役,三十万人之众,开一千余里之长河,计其所用物力,数倍往年。当此天灾岁旱、民困国贫之际,不量人力,不顺天时,知其有大不可者五:

盖自去秋至春半,天下苦旱,京东尤甚,河北次之。国家常务安静振恤之,犹恐民起为盗,况于两路聚大众、兴大役乎?此其必不可者一也。

河北自恩州用兵之后,继以凶年,人户流亡,十失八九。数年以来,人稍归复,然死亡之余,所存者几,疮痍未敛,物力未完。又京东自去冬无雨雪,麦不生苗,将逾暮春,粟未布种,农心焦劳,所向无望。若别路差夫,又远者难为赴役;一出诸路,则两路力所不任。此其必不可者二也。

往年议塞滑州决河,时公私之力,未若今日之贫虚;然犹储积物料,诱率民财,数年之间,始能兴役。今国用方乏,民力方疲,且合商胡塞大决之洪流,此一大役也。凿横陇开久废之故道,又一大役也。自横陇至海千余里,埽岸久已废,顿须兴缉,又一大役也。往年公私有力之时,兴一大役,尚须数年,今猝兴三大役于灾旱贫虚之际。此其必不可者三也。

就令商胡可塞,故道未必可开。鲧障洪水,九年无功,禹得《洪范》五行之书,知水润下之性,乃因水之流,疏而就下,水患乃息。然则以大禹之功,不能障塞,但能因势而疏决尔。今欲逆水之性,障而塞之,夺洪河之正流,使人力斡而回注,此大禹之所不能。此其必不可者四也。

横陇湮塞已二十年,商胡决又数岁,故道已平而难凿,安流已久而难回。此其必不可者五也。

臣伏思国家累岁灾谴甚多,其于京东,变异尤大。地贵安静而有声,巨屿山摧,海水摇荡,如此不止者仅十年,天地警戒,宜不虚发。臣谓变异所起之方,尤当过虑防惧,今乃欲于凶艰之年,聚三十万之大众于变异最大之方,臣恐灾祸自兹而发也。况京东赤地千里,饥馑之民,正苦天灾。又闻河役将动,往往伐桑毁屋,无复生计。流亡盗贼之患,不可不虞。宜速止罢,用安人心。

九月,诏:"自商胡之决,大河注金堤,浸为河北患。其故道又以河北、京东饥,故未兴役。今河渠司李仲昌议欲纳水入六塔河,使归横陇旧河,舒一时之急。其令两制至待制以上、台谏官,与河渠司同详定。"

修又上疏曰:

伏见学士院集议修河,未有定论。岂由贾昌朝欲复故道,李仲昌请开六塔,互执一说,莫知孰是。臣愚皆谓不然。言故道者,未详利害之原;述六塔者,近乎欺罔之缪。今谓故道可复者,但见河北水患,而欲还之京东。然不思天禧以来河水屡决之因,所以未知故道有不可复之势,臣故谓未详利害之原也。若言六塔之利者,则不待攻而自破矣。今六塔既已开,而恩、冀之患,何为尚告奔腾之急?此则减水未见其利也。又开六塔者云,可以全回大河,使复横陇故道。今六塔止是别河下流,已为滨、棣、德、博之患,若全回大河,顾其害如何?此臣故谓近乎欺罔之缪也。

且河本泥沙,无不淤之理。淤常先下流,下流淤高,水行渐壅,乃决上流之低处,此势之常也。然避高就下,水之本性,故河流已弃之道,自古难复。臣不敢广述河源,且以今所欲复之故道,言天禧以来屡决之因。

初，天禧中，河出京东，水行于今所谓故道者。水既淤涩，乃决天台埽，寻塞而复故道；未几，又决于滑州南铁狗庙，今所谓龙门埽者。其后数年，又塞而复故道。已而又决王楚埽，所决差小，与故道分流，然而故道之水终以壅淤，故又于横陇大决。是则决河非不能力塞，故道非不能力复，所复不久终必决于上流者，由故道淤而水不能行故也。及横陇既决，水流就下，所以十余年间，河未为患。至庆历三、四年，横陇之水，又自海口先淤，凡一百四十余里；其后游、金、赤三河相次又淤。下流既梗，乃决于上流之商胡口。然则京东、横陇两河故道，皆下流淤塞，河水已弃之高地。京东故道，屡复屡决，理不可复，不待言而易知也。

昨议者度京东故道功科，但云铜城已上乃特高尔，其东比铜城以上则稍低，比商胡已上则实高也。若云铜城以东地势斗下，则当日水流宜决铜城已上，何缘而顿淤横陇之口，亦何缘而大决也？然则两河故道，既皆不可为，则河北水患何为而可去？臣闻智者之于事，有所不能必，则较其利害之轻重，择其害少者而为之，犹愈害多而利少，何况有害而无利，此三者可较而择也。

又商胡初决之时，欲议修塞，计用梢芟一千八百万，科配六路一百余州军。今欲塞者乃往年之商胡，则必用往年之物数。至于开凿故道，张奎所计工费甚大，其后李参减损，犹用三十万人。然欲以五十步之狭，容大河之水，此可笑者，又欲增一夫所开三尺之方，倍为六尺，且阔厚三尺而长六尺，自一倍之功，在于人力，已为劳苦。云六尺之方，以开方法算之，乃八倍之功，此岂人力之所胜？是则前功既大而难兴，后功虽小而不实。

大抵塞商胡、开故道，凡二大役，皆困国劳人，所举如此，而欲开难复屡决已验之故道，使其虚费，而商胡不可塞，故道不可复，此所谓有害而无利者也。就使幸而暂塞，以纾目前之患，而终于上流必决，如龙门、横陇之比，此所谓利少而害多也。

若六塔者，于大河有减水之名，而无减患之实。今下流所散，为患已多，若全回大河以注之，则滨、棣、德、博河北所仰之州，不胜其患，而又故道淤涩，上流必有他决之虞，此直有害而无利耳，是皆智者之不为也。今若因水所在，增治堤防，疏其下流，浚以入海，则可无决溢散漫之虞。

今河所历数州之地，诚为患矣；堤防岁用之夫，诚为劳矣。与其虚费天下之财，虚举大众之役，而不能成功，终不免为数州之患，劳岁用之夫，则此所谓害少者，乃智者之所宜择也。

大约今河之势，负三决之虞：复故道，上流必决；开六塔，上流亦决；河之下流，若不浚使入海，则上流亦决。臣请选知水利之臣，就其下流，求入海路而浚之；不然，下流梗涩，则终虞上决，为患无涯。臣非知水者，但以今事可验者较之耳。愿下臣议，裁取其当焉。

预议官翰林学士承旨孙抃等言：开故道，诚久利，然功大难成；六塔下流，可导而东去，以纾恩、冀金堤之患。

十二月，中书上奏曰："自商胡决，为大名、恩冀患。先议开铜城道，塞商胡，以功大难卒就，缓之，而忧金堤泛溢不能捍也。愿备工费，因六塔水势入横陇，宜令河北、京东预完堤埽，上河水所居民田数。"诏下中书奏，以知澶州事李璋为总管，转运使周沆权同知潭州，内侍都知邓保吉为钤辖，殿中丞李仲昌提举河渠，内殿承制张怀恩为都监。而保吉不行，以内侍押班王从善代之。以龙图阁直学士施昌言总领其事，提点开封府界县镇事蔡挺、勾当河渠事杨纬同修河决。挺又奏请罢六塔之役，时宰相富弼尤主仲昌议，疏奏亦不省。

嘉祐元年四月壬子朔，塞商胡北流，入六塔河，不能容，是夕复决，溺兵夫、漂刍藁不可胜计。命三司盐铁判官沈立往行视，而修河官皆谪。宦者刘恢奏："六塔之役，水死者数千万人，穿土干禁忌；且河口乃赵征村，于国姓、御名有嫌，而大兴畚锸，非便。"诏御史吴中复、内侍邓守恭置狱于澶。劾仲昌等违诏旨，不俟秋冬塞北流而擅进约，以致决溃。怀恩、仲昌仍坐取河材为器，怀恩流潭州，仲昌流英州，施昌言、李璋以下再谪，蔡挺夺官勒停。仲昌，垂子也。由是议者久不复论河事。

五年，河流派别于魏之第六埽，曰二股河，其广二百尺。自二股河行一百三十里，至魏、恩、德、博之境，曰四界首河。七月，都转运使韩贽言："四界首古大河所经，即《沟洫志》所谓'平原、金堤，开通大河，入笃马河，至海五百余里'者也。自春以丁壮三千浚之，可一月而毕。支分河流入金、赤河，使其深六尺，为利可必。商胡决河自魏至于恩冀、乾宁入于海，今二股河自魏、恩东至于德、沧入于海，分而为二，则上流不壅，可以无决溢之患。"乃上《四界首二股河图》。七年七月戊辰，河决大名第五埽。

英宗治平元年，始命都水监浚二股、五股河，以纾恩、冀之患。初，都水监言："商埽埋塞，冀州界河浅，房家、武邑二埽由此溃，虑一旦大决，则甚于商胡之患。"乃遣判都水监张巩、户部副使张焘等行视，遂兴工役，卒塞之。

神宗熙宁元年六月，河溢恩州乌栏堤，又决冀州枣强埽，北注瀛。七月，又溢瀛州乐寿埽。帝忧之，顾问近臣司马光等。都水监丞李立之请于恩、冀、深、瀛等州，创生堤三百六十七里以御河，而河北都转运司言："当用夫八万三千余人，役一月成。今方灾伤，愿徐之。"都水监丞宋昌言谓："今二股河门变移，请迎河港进约，签入河身，以纾四州水患。"遂与屯田都监内侍程昉献议，开二股以导东流。于是都水监奏："庆历八年，商胡北流，于今二十余年，自澶州下至乾宁军，创堤千有余里，公私劳扰。近岁冀州而下，河道梗涩，致上下埽岸屡危。今枣彊抹岸，冲夺故道，虽创新堤，终非久计。愿相六塔旧口，并二股河导使东流，徐塞北流。"而提举河渠王亚等谓："黄、御河带北行入独流东砦，经乾宁军、沧州等八砦边界，直入大海。其近海口阔六七百步，深八九丈，三女砦以西阔三四百步，深五六丈。其势愈深，其流愈猛，天所以限契丹。议者欲再开二股,渐闭北流,此乃未尝睹黄河在界河内东流之利也。"

十一月,诏翰林学士司马光、入内内侍省副都知张茂则,乘传相度四州生堤,回日兼视六塔、二股利害。二年正月,光入对:"请如宋昌言策,于二股之西置上约,擗水令东。俟东流渐深,北流淤浅,即塞北流,放出御河、胡卢河,下纾恩、冀、深、瀛以西之患。"

初,商胡决河自魏之北,至恩、冀、乾宁入于海,是谓北流。嘉祐五年,河流派于魏之第六埽,遂为二股,自魏、恩东至于德、沧,入于海,是谓东流。时议者多不同,李立之力主生堤,帝不听,卒用昌言说,置上约。

三月,光奏:"治河当因地形水势,若强用人力,引使就高,横立堤防,则逆激旁溃,不惟无成,仍败旧绩。臣虑官吏见东流已及四分,急于见功,遽塞北流。而不知二股分流,十里之内,相去尚近,地势复东高西下。若河流并东,一遇盛涨,水势西合入北流,则东流遂绝;或于沧、德堤埽未成之处,决溢横流。虽除西路之患,而害及东路,非策也。宜专护上约及二股堤岸。若今岁东流止添二分,则此去河势自东,近者二三年,远者四五年,候及八分以上,河流冲刷已阔,沧、德堤埽已固,自然北流日减,可以闭塞,两路俱无害矣。"

会北京留守韩琦言:"今岁兵夫数少,而金堤两埽,修上、下约甚急,深进马头,欲夺大河。缘二股及嫩滩旧阔千一百步,是以可容涨水。今截去八百步有余,则将束大河于二百余步之间,下流既壅,上流蹙遏湍怒,又无兵夫修护堤岸,其冲决必矣。况自德至沧,皆二股下流,既无堤防,必侵民田。设若河门束狭,不能容纳涨水,上、下约随流而脱,则二股与北流为一,其患愈大。又恩、深州所创生堤,其东则大河西来,其西则西山诸水东注,腹背受水,两难捍御。望选近臣速至河所,与在外官合议。"帝在经筵以琦奏谕光,命同茂则再往。

四月,光与张巩、李立之、宋昌言、张问、吕大防、程昉行视上约及方锯牙、济河,集议于下约。光等奏:"二股河上约并在滩上,不碍河行。但所进方锯牙已深,致北流河门稍狭,乞减折二十步,令近后,仍作蛾眉堤裹护。其沧、德界有古遥堤,当加葺治。所修二股,本欲疏导河水东去,生堤本欲捍御河水西来,相为表里,未可偏废。"帝因谓二府曰:"韩琦颇疑修二股。"赵抃曰:"人多以六塔为戒。"王安石曰:"异议者,皆不考事实故也。"帝又问:"程昉、宋昌言同修二股如何?"安石以为可治。帝曰:"欲作签河甚善。"安石曰:"诚然。若及时作之,往往河可东,北流可闭。"因言:"李立之所筑生堤,去河远者至八九十里,本计以御漫水,而不可御河南之向著,臣恐漫水亦不可御也。"帝以为然。五月丙寅,乃诏立之乘驿赴阙议之。

六月戊申,命司马光都大提举修二股工役。吕公著言:"朝廷遣光相视董役,非所以褒崇近职、待遇儒臣也。"乃罢光行。

七月,二股河通快,北流稍自闭。戊子,张巩奏:"上约累经泛涨,并下约各已无虞,东流势渐顺快,宜塞北流,除恩、冀、深、瀛、永静、乾宁等州军水患。又使御河、胡卢河下流各还故道,则漕运无壅遏,邮传无滞留,塘泊无淤浅。复于边防大计,不失南北之限,岁减费不可胜数,亦使流移归复,实无穷之利。且黄河所至,古今未尝无患,较利害轻重而取舍之可也。惟是东流南北堤防未立,闭口修堤,工费甚夥,所当预备。望选习知河事者,与臣等讲求,具图以闻。"乃复诏光、茂则及都水监官、河北转运使同相度闭塞北流利害,有所不同,各以议上。

八月己亥,光入辞,言:"巩等欲塞二股河北流,臣恐劳费未易。或幸而可塞,则东流浅狭,堤防未全,必致决溢,是移恩、冀、深、瀛之患于沧、德等州也。不若俟三二年,东流益深阔,堤防稍固,北流渐浅,薪刍有备,塞之便。"帝曰:"东流、北流之患孰轻重?"光曰:"两地皆王民,无轻重;然北流已残破,东流尚全。"帝曰:"今不俟东流顺快而塞北流,他日河势改移,奈何?"光曰:"上约固则东流日增,北流日减,何忧改移。若上约流失,其事不可知,惟当并力护上约耳。"帝曰:"上约安可保?"光曰:"今岁创修,诚为难保,然昨经大水而无虞,来岁地脚已牢,复何虑。且上约居河之侧,听河北流,犹惧不保;今欲横截使不行,庸可保乎?"帝曰:"若河水常分二流,何时当有成功?"光曰:"上约苟存,东流必增,北流必减;借使分为二流,于张巩等不见成功,于国家亦无所害。何则？西北之水,并于山东,故为害大,分则害小矣。巩等亟欲塞北流,皆为身谋,不顾国力与民患也。"帝曰:"防捍两河,何以供亿?"光曰:"并为一则劳费自倍,分二流则劳费减半。今减北流财力之半,以备东流,不亦可乎?"帝曰:"卿等至彼视之。"

时二股河东流及六分,巩等因欲闭断北流,帝意向之。光以为须及八分乃可,仍待其自然,不可施功。王安石曰:"光议事屡不合,今令视河,后必不从其议,是重使不安职也。"庚子,乃独遣茂则。茂则奏:"二股河东倾已及八分,北流止二分。"张巩等亦奏:"丙午,大河东徙,北流浅小。戊申,北流闭。"诏奖谕司马光等,仍赐衣、带、马。

时北流既塞,而河自其南四十里许家港东决,泛滥大名、恩、德、沧、永静五州军境。三年二月,命茂则、巩相度澶、滑州以下至东流河势、堤防利害。时方浚御河,韩琦言:"事有缓急,工有后先,今御河漕运通驶,未至有害,不宜减大河之役。"乃诏辍河夫卒三万三千,专治东流。

卷九十二　　志第四十五

河　渠　二

黄河中

熙宁四年七月辛卯，北京新堤第四、第五埽决，漂溺馆陶、永济、清阳以北，遣茂则乘驿相视。八月，河溢澶州曹村，十月，溢卫州王供。时新堤凡六埽，而决者二，下属恩、冀，贯御河，奔冲为一。帝忧之，自秋迄冬，数遣使经营。是时，人争言导河之利，茂则等谓："二股河地最下，而旧防可因，今堙塞者才三十余里，若度河之湍，浚而逆之，又存清水镇河以析其势，则悍者可回，决者可塞。"帝然之。

十二月，令河北转运司开修二股河上流，并修塞第五埽决口。五年二月甲寅，兴役，四月丁卯，二股河成，深十一尺，广四百尺。方浚河则稍障其决水，至是，水入于河，而决口亦塞。

六月，河溢北京夏津。闰七月辛卯，帝语执政："闻京东调夫修河，有坏产者，河北调急夫尤多，若河复决，奈何？且河决不过占一河之地，或西或东，若利害无所校，听其所趋，如何？"王安石曰："北流不塞，占公私田至多，又水散漫，久复淀塞。昨修二股，费至少而公私田皆出，向之潟卤，俱为沃壤，庸非利乎。况急夫已减于去岁，若复葺理堤防，则河北岁夫愈减矣。"

六年四月，始置疏浚黄河司。先是，有选人李公义者，献铁龙爪扬泥车法以浚河。其法：用铁数斤为爪形，以绳系舟尾而沈之水，篙工急棹，乘流相继而下，一再过，水已深数尺。宦官黄怀信以为可用，而患其太轻。王安石请令怀信，公义同议增损，乃别制浚川杷。其法：以巨木长八尺，齿长二尺，列于木下如杷状，以石压之；两旁系大绳，两端钉大船，相距八十步，各用滑车绞之，去来挠荡泥沙，已又移船而浚。或谓水深则杷不能及底，虽数往来无益；水浅则齿碍沙泥，曳之不动，卒乃反齿向上而曳之。人皆知不可用，惟安石善其法，使怀信先试之以浚二股，又谋凿直河数里以观其效。且言于帝曰："开直河则水势分。其不可开者，以近河，每开数尺即见水，不容施功尔。今第见水即以杷浚之，水当随水改趋直河，苟置数千杷，则诸河浅淀，皆非所患，岁可省外浚之费几百千万。"帝曰："果尔，甚善。闻河北小军垒当起夫五千，计合境之丁，仅及此数，一夫至用钱八缗。故欧阳修尝谓开河如放火，不开如失火，与其劳人，不如勿开。"安石曰："劳人以除害，所谓毒天下之民而从之者。"帝乃许春首兴工，而赏怀信以度僧牒十五道，公义与堂除，以杷法下北京，令虞部员外郎、都大提举大名府界金堤范子渊与通判、知县共试验之，皆言不可用。会子渊以事至京师，安石问其故，子渊意附会，遂曰："法诚善，第同官议不合耳。"安石大悦。至是，乃置浚河司，将自卫州浚至海口，差子渊都大提举，公义为之属。许不拘常制，举使臣等；人船、木铁、工匠，皆取之诸埽；官吏奉给视都水监丞司；行移与监司敌体。

当是时，北流闭已数年，水或横决散漫，常虞壅遏。十月，外监丞王令图献议，于北京第四、第五埽等处开修直河，使大河还二股故道，乃命范子渊及朱仲立领其事。开直河，深八尺，又用杷疏浚二股及清水镇河，凡退背鱼肋河则塞之。王安石乃盛言用杷之功，若不辍工，虽二股河上流，可使行地中。

七年，都水监丞刘玠言："自开直河，闭鱼肋，水势增涨，行流湍急，渐塌河岸，而许家港、清水镇河极浅漫，几于不流。虽二股深快，而蒲泊已东，下至四界首，退出之田，略无固护，设遇漫水出岸，牵回河头，将复成水患。宜候霜降水落，闭清水镇河，筑缕横堤一道以遏涨水，使大河复循故道。又退出良田数万顷，俾民耕种。而博州界堂邑等退背七埽，岁减修护之费，公私两济。"从之。是秋，判大名文彦博言："河溢坏民田，多者六十村，户至万七千，少者九村，户至四千六百，愿蠲租税。"从之。又命都水诘官吏不以水灾闻者。外都水监丞程昉以忧死。

十月，安石去位，吴充为相。十年五月，荥泽河堤急，诏判都水监俞光往治之。是岁七月，河复溢卫州王供及汲县上下埽、怀州黄沁、滑州韩村；己丑，遂大决于澶州曹村，澶渊北流断绝，河道南徙，东汇于梁山、张泽泺，分为二派，一合南清河入于淮，一合北清河入于海，凡灌郡县四十五，而濮、齐、郓、徐尤甚，坏田逾三十万顷。遣使修闭。

八月，又决郑州荥泽。于是文彦博言："臣正月尝奏：德州河底淤淀，泄水稽滞，上流必至壅遏。又河势变移，四散漫流，两岸俱被水患，若不预为经制，必溢魏、博、恩、澶等州之境。而都水略无施设，止固护东流北岸而已。适累年河流低下，官吏希省费之赏，未尝增修堤岸，大名诸埽，皆可忧虞。谓如曹村一埽，自熙宁八年至今三年，虽每计春料当培低怯，而有司未尝如约，其埽兵又皆给他役，实在者十有七八。今者果大决溢，此非天灾，实人力不至也。臣前论此，并乞审择水官。今河朔、京东州县，人被患者莫知其数，嗷嗷吁天，上轸圣念，而水官不能自讼，犹汲汲希赏。臣前论所陈，出于至诚，本图补报，非敢激讦也。"

元丰元年四月丙寅，决口塞，诏改曹村埽曰灵平。五月甲戌，新堤成，闭口断流，河复归北。初议塞河也，故道堙而高，水不得下，议者欲自夏津县东开签河入董固以护旧河，袤七十里九十步；又自张村埽直东筑堤至庞家庄古堤，袤五十里二百步。诏枢密都承旨韩缜相视。缜言："涨水冲刷新河，已成河道。河势变移无常，虽开河就堤，及于河身创立生堤，枉费功力。惟增修新河，乃能经久。"诏可。

十一月，都水监言："自曹村决溢，诸埽无复储蓄，乞给钱二十万缗下诸路，以时市梢草封桩。"诏给十万缗，非朝旨及埽岸危急，毋得擅用。

二年七月戊子，范子渊言："因护黄河岸毕工，乞中分为两埽。"诏以广武上、下埽为名。

三年七月，澶州孙村、陈埽及大吴、小吴埽决，诏外监丞司速修闭。初，河决澶州也，北外监丞陈祐甫谓："商胡决三十余年，所行河道，填淤渐高，堤防岁增，未免泛滥。今当修者有三：商胡一也，横垄二也，禹旧迹三也。然商胡、横垄故道，地势高平，土性疏恶，皆不可复，复亦不能持久。惟禹故渎尚存，在大伾、太行之间，地卑而势固。故秘阁校理李垂与今知深州孙民先皆有修复之议。望召民先同河北漕臣一员，自卫州王供埽按视，讫于海口。"从之。

四年四月，小吴埽复大决，自澶注入御河，恩州危甚。六月戊午，诏："东流已填淤不可复，将来更不修闭小吴决口，候见大河归纳，应合修立堤防，令李立之经画以闻。"帝谓辅臣曰："河之为患久矣，后世以事治水，故常有碍。夫水之趋下，乃其性也，以道治水，则无违其性可也。如能顺水所向，迁徙城邑以避之，复有何患？虽神禹复生，不过如此。"辅臣皆曰："诚如圣训。"河北东路提点刑狱刘定言："王莽河一径水，自大名界下合大流注冀州，及临清徐曲御河决口、恩州赵村埽子决口两径水，亦注冀州城东。若遂成河道，即大流难以西倾，全与李垂、孙民先所论违背，望早经制。"诏送李立之。

八月壬午，立之言："臣自决口相视河流，至乾宁军分入东、西两塘，次入界河，于劈地口入海，通流无阻，宜修立东西堤。"诏覆计之。而言者又请："自王供埽上添修南岸，于小吴口北创修遥堤，候将来矾山水下，决王供埽，使直河注东北，于沧州界或南或北，从故道入海。"不从。

九月庚子，立之又言："北京南乐、馆陶、宗城、魏县，浅口、永济、延安镇，瀛州景城镇，在大河两堤之间，乞相度迁于堤外。"于是用其说，分立东西两堤五十九埽。定三等向著：河势正著堤身为第一，河势顺流堤下为第二，河离堤一里内为第三。退背亦三等：堤去河最远为第一，次远者为第二，次近一里以上为第三。立之在熙宁初已主立堤，今竟行其言。

五年正月己丑，诏立之："凡为小吴决口所立堤防，可按河势向背应置埽处，毋虚设巡河官，毋横费工料。"六月，河溢北京内黄埽。七月，决大吴埽堤，以纾灵平下埽危急。八月，河决郑州原武埽，溢入利津、阳武沟、刀马河，归纳梁山泺。诏曰："原武决口已引夺大河四分以上，不大治之，将贻朝廷巨忧。其辍修汴堤埽岸司兵五千，并力筑堤修闭。"都水复言："两马头垫落，水面阔二十五步，天寒，乞候来春施工。"至腊月竟塞云。九月，河溢沧州南皮上、下埽，又溢清池埽，又溢永静军阜城下埽。十月辛亥，提举汴河堤岸司言："洛口广武埽大河水涨，塌岸坏下闸斗门，万一入汴，人力无以枝梧。密迩都城，可不深虑。"诏都水监官速往护之。丙辰，广武上、下埽危急，诏救护，寻获安定。

七年七月，河溢卫城埽，决横堤，破北京。帅臣王拱

辰言："河水暴至，数十万众号叫求救，而钱谷禀转运，常平归提举，军器工匠隶提刑，埽岸物料兵卒即属都水监，逐司在远，无一得专，仓卒何以济民？望许不拘常制。"诏："事干机速，奏覆牒禀所属不及者，如所请。"戊申，命拯护阳武埽。

十月，冀州王令图奏："大河行流散漫，河内殊无紧流，旋生滩碛。宜近澶州相视水势，使还复故道。会明年春，宫车晏驾。

大抵熙宁初，专欲导东流，闭北流。元丰以后，因河决而北，议者始欲复禹故迹。神宗爱惜民力，思顺水性，而水官难其人。王安石力主程昉、范子渊，故二人尤以河事自任，帝虽藉其才，然每抑之。其后，元祐元年，子渊已改司农少卿，御史吕陶劾其"修堤开河，糜费巨万，护堤压埽之人，溺死无数。元丰六年兴役，至七年功用不成。乞行废放。"于是黜知兖州，寻降知峡州。其制略曰："汝以有限之材，兴必不可成之役，驱无辜之民，置之必死之地。"中书舍人苏轼词也。

八年三月，哲宗即位，宣仁圣烈皇后垂帘。河流虽北，而孙村低下，夏、秋霖雨，涨水往往东出。小吴之决既未塞，十月，又决大名之小张口，河北诸郡皆被水灾。知澶州王令图建议浚迎阳埽旧河，又于孙村金堤置约，复故道。本路转运使范子奇仍请于大吴北岸修进锯牙，擗约河势。于是回河东流之议起。

元祐元年二月乙丑，诏："未得雨泽，权罢修河，放诸路兵夫。"九月丁丑，诏秘书监张问相度河北水事。十月庚寅，又以王令图领都水，同问行河。

十一月丙子，问言："臣至滑州决口相视，迎阳埽至大、小吴，水势低下，旧河淤仰，故道难复。请于南乐大名埽开直河并签河，分引水势入孙村口，以解北京向下水患。"令图亦以为然，于是减水河之议复起。既从之矣，会北京留守韩绛奏引河近府非是，诏问别相视。

二年二月，令图、问欲必行前说，朝廷又从之。三月，令图死，以王孝先代领都水，亦请如令图议。

右司谏王觌言："河北人户转徙者多，朝廷责郡县以安集，空仓廪以振济，又遣专使察视之，恩德厚矣。然耕耘是时，而流转于道路者不已；二麦将熟，而寓食于四方者未还。其故何也，盖亦治其本矣。今河之为患三：泛滥淳潴，漫无涯涘，吞食民田，未见穷已，一也；缘边漕运独赖御河，今御河淤淀，转输艰梗，二也；塘泊之设，以限南北，浊水所经，即为平陆，三也。欲治三患，在遴择都水、转运而责实耳。今转运使范子奇反覆求合，都水使者王孝先暗缪，望别择人。"

时知枢密院事安焘深以东流为是，两疏言："朝廷久议回河，独惮劳费，不顾大患。盖自小吴未决以前，河入海之地虽屡变移，而尽在中国；故京师恃以北限强敌，景德澶渊之事可验也。且河决每西，则河尾每北，河流既益西决，固已北抵境上。若复不止，则南岸遂属辽界，彼必为桥梁，守以州郡；如庆历中因取河南熟户之地，遂筑军以窥河外，已然之效如此。盖自河而南，地势平衍，直抵京师，长虑却顾，可为寒心。又朝廷捐东南之利，半以宿

河北重兵，备预之意深矣。使敌能至河南，则逸不相及。今欲便于治河而缓于设险，非计也。"

王岩叟亦言："朝廷知河流为北道之患日深，故遣使命水官相视便利，欲顺而导之，以拯一路生灵于垫溺，甚大惠也。然昔者专使未还，不知何疑而先罢议；专使反命，不知何所取信而议复兴。既敕都水使者总护役事，调兵起工，有定日矣，已而复罢。数十日间，变议者再三，何以示四方？今有大害七，不可不早为计。北塞之所恃以为险者在塘泊，黄河埋之，猝不可浚，浸失北塞险固之利，一也。横遏西山之水，不得顺流而下，壅溢于千里，使百万生齿，居无庐，耕无田，流散而不复，二也。乾宁孤垒，危绝不足道，而大名、深、冀腹心郡县，皆有终不自保之势，三也。沧州扼北敌海道，自河不东流，沧州在河之南，直抵京师，无有限隔，四也。并吞御河，边城失转输之便，五也。河北转运司岁耗财用，陷租赋以百万计，六也。六七月之间，河流交涨，占没西路，阻绝辽使，进退不能，两朝以为忧，七也。非此七害，委之可，缓而未治可也。且去岁之患，已甚前岁，今岁又甚焉，则奈何？望深诏执政大臣，早决河议而责成。"太师文彦博、中书侍郎吕大防皆主其说。

中书舍人苏辙谓右仆射吕公著曰："河决而北，先帝不能回，而诸父欲回之，是自谓智勇势力过先帝也。盍因其旧而修其未备乎？"公著唯唯。于是三省奏："自河北决，恩、冀以下数州被患，至今未见开修的确利害，致妨兴工。"乃诏河北转运使、副，限两月同水官讲议闻奏。

十一月，讲议官皆言："令图、问相度开河，取水入孙村口还复故道处，测量得流分尺寸，取引不过，其说难行。"十二月，张景先复以问说为善，果欲回河，惟北京已上、滑州而下为宜，仍于孙村浚治横河旧堤，止用逐埽人兵、物料，并年例客军，春天渐为之可也。朝廷是其说。

三年六月戊戌，乃诏："黄河未复故道，终为河北之患。王孝先等所议，已尝兴役，不可中罢，宜接续工料，向去决要回复故道。三省、枢密院速与商议施行。"右相范纯仁言："圣人有三宝：曰慈，曰俭，曰不敢为天下先。盖天下大势，惟人君所向，群下竞趋如川流山摧，小失其道，非一言一力可回，故居上者不可不谨也。今圣意已有所向而为天下先矣。乞谕执政：'前日降出文字，却且进入。'免希合之臣，妄测圣意，轻举大役。"尚书王存等亦言："使大河决可东回，而北流遂断，何惜劳民费财，以成经久之利。今孝先等自未有必然之论，但侥幸万一，以冀成功，又预求免责，若遂听之，将有噬脐之悔。乞望选公正近臣及忠实内侍，覆行按视，审度可否，兴工未晚。"

庚子，三省、枢密院奏事延和殿，文彦博、吕大防、安焘等谓："河不东，则失中国之险，为契丹之利。"范纯仁、王存、胡宗愈则以虚费劳民为忧。存谓："今公私财力困匮，惟朝廷未甚知者，赖先帝时封桩钱物可用耳。外路往往空乏，奈何起数千万物料、兵夫，图不可必成之功？且御契丹得其道，则自景德至今八九十年，通好如一家，设险何与焉？不然，如石晋末耶律德光犯阙，岂无黄河为阻，况今河流未必便冲过北界耶？"太后曰："且熟议。"

明日，纯仁又画四不可之说，且曰："北流数年未为大患，而议者恐失中国之利，先事回改；正如顷西夏本不为边患，而好事者以为不取恐失机会，遂兴灵武之师也。臣闻孔子论为政曰：'先有司。'今水官未尝保明，而先示决欲回河之旨，他日败事，是使之得以藉口也。"

存、宗愈亦奏："昨亲闻德音，更令熟议。然累日犹有未同，或令建议者结罪任责。臣等本谓建议之人，思虑有所未逮，故乞差官覆按。若但使之结罪，彼所见不过如此，后或误事，加罪何益。臣非不知河决北流，为患非一。淤沿边塘泊，断御河漕运，失中国之险，遏西山之流。若能全回大河，使由孙村故道，岂非上下通愿？但恐不能成功，为患甚于今日。故欲选近臣按视：若孝先之说决可成，则积聚物料，接续兴役；如不可为，则令沿河踏行，自恩、魏以北，塘泊以南，别求可以疏导归海去处，不必专主孙村。此亦三省共曾商量，望赐详酌。"存又奏："自古惟有导河并塞河。导河者顺水势，自高导令就下；塞河者为河堤决溢，修塞令入河身。不闻斡引大河令就高行流也。"于是收回戊戌诏书。

户部侍郎苏辙、中书舍人曾肇各三上疏。辙大略言：

黄河西流，议复故道。事之经岁，役兵二万，聚梢桩等物三十余万。方河朔灾伤困弊，而兴必不可成之功，吏民窃叹。今回河大议虽寝，然闻议者固执来岁开河分水之策。今小吴决口，入地已深，而孙村所开，丈尺有限，不独不能回河，亦必不能分水。况黄河之性，急则通流，缓则淤淀，既无东西皆急之势，安有两河并行之理？纵使两河并行，未免各立堤防，其费又倍矣。

今建议者其说有三，臣请折之：一曰御河湮灭，失馈运之利。昔大河在东，御河自怀、卫经北京，渐历边郡，馈运既便，商贾通行。自河西流，御河湮灭，失此大利，天实使然。今河自小吴北行，占压御河故地，虽使自北京以南折而东行，则御河湮灭已一二百里，何由复见？此御河之说不足听也。二曰恩、冀以北，涨水为害，公私损耗。臣闻河之所行，利害相半，盖水来虽有败田破税之害，其去亦有淤厚宿麦之利。况故道已退之地，桑麻千里，赋役全复，此涨水之说不足听也。三曰河徙无常，万一有契丹界入海，边防失备。按河昔在东，自河以西郡县，与契丹接境，无山河之限，边臣建为塘水，以捍契丹之冲。今河既西，则西山一带，契丹可行之地无几，边防之利，不言可知。然议者尚恐河复北徙，则海口出契丹界中，造舟为梁，便于南牧。臣闻契丹之河，自北南注以入于海。盖地形北高，河无北徙之道，而海口深浚，势无徙移，此边防之说不足听也。

臣又闻谢卿材到阙，昌言："黄河自小吴决口，乘高注北，水势奔决，上流堤防无复决怒之患。朝廷若以河事付臣，不役一夫，不费一金，十年保无河患。"大臣以其异已罢归，而使王孝先、俞瑾、张景先三人重画回河之计。盖由元老大臣重于改过，故假契丹不测之忧，以取必于朝廷。虽已遣百禄等出按利害，然未敢保其不观望风旨也。愿亟回收买梢草指挥，来岁勿调开河役兵，使百禄等明知圣意无所偏系，不至阿附以误国计。

肇之言曰："数年以来，河北、京东、淮南灾伤，今岁河北并边稍熟，而近南州军皆旱，京东、西、淮南饥殍疮痍。若来年虽未大兴河役，止令修治旧堤，开减水河，亦须调发丁夫。本路不足，则及邻路，邻路不足，则及淮南，民力果何以堪？民力未堪，则虽有回河之策，及梢草先具，将安施乎？"

会百禄等行视东西二河，亦以为东流高仰，北流顺下，决不可回。即奏曰：

往者王令图、张问欲开引水签河，导水入孙村口还复故道。议者疑焉，故置官设属，使之讲议。既开撅井筒，折量地形水面尺寸高下，顾临、王孝先、张景先、唐义问、陈祐之皆谓故道难复。而孝先独叛其说，初乞先开减水河，俟行流通快，新河势缓，人工物料丰备，徐议闭塞北流。已而召赴都堂，则又请以二年为期。及朝廷诘其成功，遽云："来年取水入孙村口，若河流顺快，工料有备，便可闭塞，回复故道。"是又不俟新河势缓矣。回河事大，宁容异同如此！盖孝先、俞瑾等知合用物料五千余万，未有指拟，见买数计，经岁未及毫厘，度事理终不可为，故为大言。

又云："若失此时，或河势移背，岂独不可减水，即永无回河之理。"臣等窃谓河流转徙，乃其常事；水性就下，固无一定。若假以五年，休养数路民力，沿河积材，渐浚故道，葺旧堤，一旦流势改变，审议事理，酾为二渠，分派行流，均减涨水之害，则劳费不大，功力易施，安得谓之一失此时，永无回河之理也？

四年正月癸末，百禄等使回入对，复言："修减水河，役过兵夫六万三千余人，计五百三十万工，费钱粮三十九万二千九百余贯、石、匹、两，收买物料钱七十五万三百余缗，用过物料二百九十余万条、束，官员、使臣、军大将凡一百一十余员请给不预焉。愿罢有害无利之役，那移工料，缮筑西堤，以护南决口。"未报。己亥，乃诏罢回河及修减水河。

四月戊午，尚书省言："大河东流，为中国之要险。自大吴决后，由界河入海，不惟淤坏塘泺，兼浊水入界河，向去浅淀，则河必北流。若河尾直注北界入海，则中国全失险阻之限，不可不为深虑。"诏范百禄、赵君锡条画以闻。

百禄等言：

臣等昨按行黄河独流口至界河，又东至海口，熟观河流形势；并缘界河至海口铺寨地分使臣各称：界河未经黄河行流已前，阔一百五十步下至五十步，深一丈五尺下至一丈；自黄河行流之后，今阔至五百四十步，次亦三二百步，深者三丈五尺，次亦二丈。乃知水性就下，行疾则自刮除成空而稍深，与《前汉书》大司马史张戎之论正合。

自元丰四年河出大吴，一向就下，冲入界河，行流势如倾建。经今八年，不舍昼夜，冲刷界河，两岸日渐开阔，连底成空，趋海之势甚迅。虽遇元丰七年八年、元祐元年泛涨非常，而大吴以上数百里，终无决溢之害，此乃下流归纳处河流深快之验也。

塘泺有限辽之名，无御辽之实。今之塘水，又异昔时，浅足以褰裳而涉，深足以维舟而济，冬寒冰坚，尤为坦途。如沧州等处，商胡之决即已淀淤，今四十二年，迄无边警，亦无人言以为深忧。自回河之议起，首以此动烦圣听。殊不思大吴初决，水未有归，犹不北去；今入海湍迅，界河益深，尚复何虑？藉令有此，则中国据上游，契丹岂不虑乘流扰之乎？

自古朝那、萧关、云中、朔方、定襄、雁门、上郡、太原、右北平之间，南北往来之冲，岂塘泺界河之足限哉。臣等窃谓本朝以来，未有大河安流，合于禹迹，如此之利便者。其界河向去只有深阔，加以朝夕海潮往来渲荡，必无浅淀，河尾安得直注北界，中国亦无全失险阻之理。且河遇平壤滩漫，行流稍迟，则泥沙留淀；若趋深走下，湍激奔腾，惟有刮除，无由淤积，不至上烦圣虑。

七月己巳朔，冀州南宫等五埽危急，诏拨提举修河司物料百万与之。甲午，都水监言："河为中国患久矣，自小吴决后，泛滥未著河槽，前后遣官相度非一，终未有定论。以为北流无患，则前二年河决南宫下埽，去三年决上埽，今四年决宗城中埽，岂谓北流可保无虞？以为大河卧东，则南宫、宗城皆在西岸；以为卧西，则冀州信都、恩州清河、武邑或决，皆在东岸。要是大河千里，未见归纳经久之计，所以昨相度第三、第四铺分决涨水，少纾目前之急。继又宗城决溢，向下包蓄不定，虽欲不为东流之计，不可得也。河势未可全夺，故为二股之策。今相视新开第一口，水势湍猛，发泄不及，已不候工毕，更拨沙河堤第二口泄减涨水，因而二股分行，以纾下流之患。虽未保冬夏常流，已见有可为之势。必欲经久，遂作二股，仍较今所修利害孰为轻重，有司具析保明以闻。"

八月丁未，翰林学士苏辙言：

夏秋之交，暑雨频并。河流暴涨出岸，由孙村东行，盖每岁常事。而李伟与河埽使臣因此张皇，以分水为名，欲发回河之议，都水监从而和之。河事一兴，求无不可，况大臣以其符合已说而乐闻乎。

臣闻河道西行孙村侧左，大约入地二丈以来，今所报涨水出岸，由新开口地东入孙村，不过六七尺。欲因六七尺涨水，而夺入地二丈河身，虽三尺童子，知其难矣。然朝廷遂为之遣都水使者，兴兵功，开河道，进锯牙，欲约之使东。方河水盛涨，其西行河道若不断流，则遏之东行，实同儿戏。

臣愿急命有司，徐观水势所向，依累年涨水旧例，因其东溢，引入故道，以纾北京朝夕之忧。故道堤防坏决者，第略加修葺，免其决溢而已。至于开河、进约等事，一切毋得兴功，俟河势稍定然后议。不过一月，涨水既落，则西流之势，决无移理。兼闻孙村出岸涨水，今已断流，河上官吏未肯奏知耳。

是时，吴安持与李伟力主东流，而谢卿材谓"近岁河流稍行地中，无可回之理"，上《河议》一编。召赴政事堂会议，大臣不以为然。癸丑，三省、枢密院言："继日霖雨，河上之役，恐烦圣虑。"太后曰："访之外议，河水已东复故道矣。"

乙丑，李伟言："已开拨北京南沙河直堤第三铺，放水入孙村口故道通行。"又言："大河已分流，即更不须开淘。因昨来一决之后，东流自是顺快，渲刷渐成港道。见今已为二股，约夺大河三分以来，若得夫二万，于九月兴工，至十月寒冻时可毕。因引导河势，岂止为二股通行而已，亦将遂为回夺大河之计。今来既因擗捥东流，修全锯牙，当迤逦增进一埽，而取一埽之利，比至来年春、夏交，遂可全复故道。朝廷今日当极力必闭北流，乃为上策。若不明诏有司，即令回河，深恐上下迁延，议终不决，观望之间，遂失机会。乞复置修河司。"从之。

五年正月丁亥，梁焘言："朝廷治河，东流北流，本无一偏之私。今东流未成，边北之州县未至受患，其役可缓；北流方悍，边西之州县，日夕可忧，其备宜急。今倾半天下之力，专事东流，而不加一夫一草于北流之上，得不误国计乎！去年屡决之害，全由堤防无备。臣愿严责水官，修治北流埽岸，使二方均被恻隐之恩。"

二月己亥，诏开修减水河。辛丑，乃诏三省、枢密院："去冬愆雪，今未得雨，外路旱暵阔远，宜权罢修河。"

戊申，苏辙言："臣去年使契丹，过河北，见州县官吏，访以河事，皆相视不敢正言。及今年正月，还自契丹，所过吏民，方举手相庆，皆言近有朝旨罢回河大役，命下之日，北京之人，欢呼鼓舞。惟减水河役迁延不止，耗蠹之事，十存四五，民间窃议，意大臣业已为此，势难遽回。既为圣鉴所临，要当迤逦尽罢。今月六日，果蒙圣旨，以旱灾为名，权罢修黄河，候今秋取旨。大臣覆奏尽罢黄河东、北流及诸河功役，民方忧旱，闻命踊跃，实荷圣恩。然臣窃详圣旨，上合天意，下合民心。因水之性，功力易就，天语激切，中外闻者或至泣下，而臣奉行，不得其平。由此观之，则是大臣所欲，虽害物而必行；陛下所为，虽利民而不听。至于委曲回避，巧为之说，仅乃得行，君权已夺，国势倒植。臣所谓君臣之间，逆顺之际，大为不便者，此事是也。黄河既不可复回，则先罢修河司，只令河北转运司尽将一道兵功，修贴北流堤岸；罢吴安持、李伟都水监差遣，正其欺罔之罪，使天下晓然知圣意所在。如此施行，不独河事就绪，天下臣庶，自此不敢以虚诳欺朝廷，弊事庶几渐去矣。"

八月甲辰，提举东流故道李伟言："大河自五月后日益暴涨，始由北京南沙堤第七铺决口，水出于第三、第四铺并清丰口一并东流。故道河槽深三丈至一丈以上，比去年尤为深快，颇减北流横溢之患。然今已秋深，水当减落，若不稍加措置，虑致断绝，即东流遂成淤淀。望下所属官司，经画沙堤等口分水利害，免淤故道，上误国事。"诏吴安持与本路监司、北外丞司及李伟按视，具合措置事连书以闻。

九月，中丞苏辙言："修河司若不罢，李伟若不去，河水终不得顺流，河朔生灵终不得安居。乞速罢修河司，及检举六年四月庚子敕，窜责李伟。"

七年三月，以吏部郎中赵偁权河北转运使。偁素与安持等议不协，尝上《河议》，其略曰："自顷有司回河几三年，功费骚动半天下，复为分水又四年矣。故所谓分水者，因河流、相地势导而分之。今乃横截河流，置埽约以扼之，开浚河门，徒为渊潭，其状可见。况故道千里，其间又有高处，故累岁涨落辄复自断。夫河流有逆顺，地势有高下，非朝廷可得而见，职在有司，朝廷任之亦信矣，患有司不自信耳。臣谓当缮大河北流两堤，复修宗城弃堤，闭宗城口，废上、下约，开阚村河门，使河流湍直，以成深道。聚三河工费以治一河，一二年可以就绪，而河患庶几息矣。愿以河事并都水条例一付转运司，而总以工部，罢外丞司使，措置归一，则职事可举，弊事可去。"

四月，诏："南、北外两丞司管下河埽，今后令河北、京西转运使、副、判官、府界提点分认界至，内河北仍于衔内带'兼管南北外都水公事'。"

十月辛酉，以大河东流，赐都水使者吴安持三品服，北都水监丞李伟再任。

卷九十三　　志第四十六

河渠三

黄河下　　汴河上

元祐八年二月乙卯，三省奉旨："北流软堰，并依都水监所奏。"门下侍郎苏辙奏："臣尝以谓软堰不可施于北流，利害甚明。盖东流本人力所开，阔止百余步，冬月河流断绝，故软堰可为。今北流是大河正溜，比之东流，何止数倍，见今河水行流不绝，软堰何由能立？盖水官之意，欲以软堰为名，实作硬堰，阴为回河之计耳。朝廷既已觉其意，则软堰之请，不宜复从。"赵偁亦上议曰："臣窃谓河事大利害有三，而言者互进其说，或见近忘远，徼幸盗功，或取此舍彼，诪张昧理。遂使大利不明，大害不去，上惑朝听，下滋民患，横役枉费，殆无穷已，臣切痛之。所谓大利害者：北流全河，患水不能分也；东流分水，患水不能行也；宗城河决，患水不能闭也。是三者，去其患则为利，未能去则为害。今不谋此，而议欲专闭北流，止知一日可闭之利，而不知异日既塞之患，止知北流伏槽之水易为力，而不知阚村方涨之势，未可并以入东流也。夫欲合河以为利，而不恤上下壅溃之害，是皆见近忘远，徼幸盗功之事也。有司欲断北流而不执其咎，乃引分水为说，姑为软堰；知河冲之不可以软堰御，则又为决堰之计。臣恐枉有工费，而以河为戏也。请俟涨水伏槽，观大河之势，以治东流、北流。"

五月，水官卒请进梁村上、下约，束狭河门，既涉涨水，遂壅而溃。南犯德清，西决内黄，东淤梁村，北出阚村，宗城决口复行魏店，北流因淤遂断，河水四出，坏东郡浮梁。十二月丙寅，监察御史郭知章言："臣比缘使事至河北，自澶州入北京，渡孙村口，见水趋东者，河甚阔而深；又自北京往洺州，过杨家浅口复渡，见水之趋北者，才十之二三，然后知大河宜闭北行东。乞下都水监相度。"于是吴安持复兼领都水，即建言："近准朝旨，已堰断魏店刺子，向下北流一枝断绝。然东西未有堤岸，若涨水稍大，必披滩漫出，则平流在北京、恩州界，为害愈甚。乞塞梁村口，缕张包口，开青丰口以东鸡爪河，分杀水势。"吕大防以其与己意合，向之，诏问北京留守相视。

时范纯仁复为右相，与苏辙力以为不可。遂降旨："令都水监与本路安抚、转运、提刑司共议，可则行之，有异议速以闻。"绍圣元年正月也。是时，转运使赵偁深不以为然，提刑上官均颇助之。偁之言曰："河自孟津初行平地，必须全流，乃成河道。禹之治水，自冀北抵沧、棣，始播为九河，以其近海无患也。今河自横垄、六塔、商胡、小吴，百年之间，皆从西决，盖河徙之常势。而有司置埽创约，横截河流，回河不成，因为分水。初决南宫，再决宗城，三决内黄，亦皆西决，则地势西下，较然可见。今欲弭息河患，而逆地势，庆水性，臣未见其能就功也。请开阚村河门，修平乡钜鹿埽、焦家等堤，浚澶渊故道，以备涨水。"大名安抚使许将言："度今之利，若舍故道，止从北流，则虑河下已湮，而上流横溃，为害益广。若直闭北流，东徙故道，则复虑受水不尽，而破堤为患。窃谓宜因梁村之口以东，因内黄之口以行北，而尽闭诸口，以绝大名诸州之患。俟春夏水大至，乃观故道，足以受之，则内黄之口可塞；不足以受之，则梁村之役可止。定其成议，则民心固而河之顺复有时，可以保其无害。"诏："令吴安持同都水监丞郑佑，与本路安抚、转运、提刑司官具图、状保明闻奏，即有未便，亦具利害来上。"

三月癸酉，监察御史郭知章言："河复故道，水之趋东，已不可遏。近日遣使按视，逐司议论未一。臣谓水官朝夕从事河上，望专委之。"乙亥，吕大防罢相。

六月，右正言张商英奏言："元丰间河决南宫口，讲议累年，先帝叹曰：'神禹复生，不能回此河矣。'乃敕自今后不得复议回河闭口，盖采用汉人之论，俟其泛滥自定也。元祐初，文彦博、吕大防以前敕非是，拔吴安持为都水使者，委以东流之事。京东、河北五百里内差夫，五百里外出钱雇夫，及支借常平仓司钱买梢草，斩伐榆柳。凡八年而无尺寸之效，乃迁安持太仆卿，王宗望代之。宗望至，则刘奉世犹以彦博、大防余意，力主东流，以梁村口吞纳大河。今则梁村口淤淀，而开沙堤两处决口以泄水矣。前议累七十里堤以障北流，今则云俟霜降水落兴工矣。朝廷咫尺，不应九年为水官蔽欺如此。九年之内，年年矶山水涨，霜降水落，岂独今年始有涨水，而待水落乃可以兴工耶？乞遣使按验虚实，取索回河以来公私费钱粮、梢草，依仁宗朝六塔河施行。"

会七月辛丑，广武埽危急，诏王宗望亟往救护。壬寅，帝谓辅臣曰："广武去洛口不远，须防涨溢下灌京师，已遣中使视之。"辅臣出图、状以奏曰："此由黄河北岸生滩，水趋南岸。今雨止，河必减落，已下水官，与洛口官同行按视，为签堤及去北岸嫩滩，令河顺直，则无患矣。"

八月丙子，权工部侍郎吴安持等言："广武埽危急，刷塌堤身二千余步处，地形稍高。自巩县东七里店至见今洛口，约不满十里，可以别开新河，引导河水近南行流，地步至少，用功甚微。王宗望行视并开井筒，各称利便外，其南筑大堤，工力浩大，乞下汽各属官司，躬往相度保明。"从之。

十月丁酉，王宗望言："大河自元丰溃决以来，东、北两流，利害极大，频年纷争，国论不决，水官无所适从。伏自奉昭凡九月，上禀成算，自阚村下至栲栳堤七节河门，并皆闭塞。筑金堤七十里，尽障北流，使全河东还故道，以除河患。又自阚村下至海口，补筑新旧堤防，增修疏浚河道之淤浅者，虽盛夏涨潦，不至壅决。望付史官，纪绍圣以来圣明独断，致此成绩。"诏宗望等具析修闭北流部役官等功力等第以闻。然是时东流堤防未及缮固，濒河多被水患，流民入京师，往往泊御廊及僧舍。诏给券，谕令还本土，以就振济。

己酉，安持又言："准朝旨相度开浚澶州故道，分减涨水。按澶州本是河行旧道，顷年曾乞开修，时以东西地形高仰，未可兴工。欲乞且行疏导燕家河，仍令所属先次计度合增修一十一埽所用工料。"诏："令都水监候来年将及涨水月分，先具利害以闻。"

癸丑，三省、枢密院言："元丰八年，知澶州王令图议，乞修复大河故道。元祐四年，都水使者吴安持，因纾南宫等埽危急，遂就孙村口为回河之策。及梁村进约东流，孙村口窄狭，德清军等处皆被水患。今春，王宗望等虽于内黄下埽闭断北流，然至涨水之时，犹有三分水势，而上流诸埽已多危急，下至将陵埽决坏民田。近又据宗望等奏，大河自闭塞阚村而下，及创筑新堤七十余里，尽闭北流，全河之水，东还故道。今访闻东流向下，地形已高，水行不快。既闭断北流，将来盛夏，大河涨水全归故道，不惟旧堤损缺怯薄，而阚村新堤，亦恐未易枝梧。兼京城上流诸处埽岸，虑有壅滞冲决之患，不可不豫为经画。"诏：权工部侍郎吴安持、都水使者王宗望、监丞郑佑同北外监丞司，自阚村而下直至海口，逐一相视，增修疏浚，不致壅滞冲决。

丙辰，张商英又言："今年已闭北流，都水监长贰交章称贺，或乞付史官，则是河水已归故道，止宜修缉堤埽，防将来冲决而已。近闻王宗望、李仲却欲开澶州故道以分水，吴安持乞候涨水前相度。缘开澶州故道，若不与今东流底平，则才经水落，立见淤塞。若与底平，则从初自合闭口回河，何用九年费财动众？安持称候涨水相度，乃是悠悠之谈。前来涨水并今来涨水，各至澶州、德清军界，安持首尾九年，岂得不见？更欲延至明年，乃是狡兔三窟，自为潜身之计，非公心为国事也。况立春渐近调夫，如是时不早定议，又留后说，邦财民力，何以支持？访闻先朝水官孙民先、元祐六年水官贾种民各有《河议》，乞取索照会。召前后本路监司及经历河事之人，与水官诣都堂反覆诘难，务取至当，经久可行，定议归一，庶免以有限之财事无涯之功。"二年七月戊午，诏："沿黄河州军，河防决溢，并即申奏。"

元符二年二月乙亥，北外都水丞李伟言："相度大小河门，乘此水势衰弱，并先修闭，各立蛾眉埽镇压。乞次于河北、京东两路差正夫三万人，其他夫数，令修河官和雇。"三月丁巳，伟又乞于澶州之南大河身内，开小河一道，以待涨水，纾解大吴口下注北京一带向著之患。"并从之。

六月末，河决内黄口，东流遂断绝。八月甲戌，诏："大河水势十分北流，其以河事付转运司，责州县共力救护堤岸。"辛丑，左司谏王祖道请正吴安持、郑佑、李仲、李伟之罪，投之远方，以明先帝北流之志。诏可。

三年正月己卯，徽宗即位。郑佑、吴安持辈皆用登极大赦，次第牵复。中书舍人张商英缴奏："佑等昨主回河，皆违神宗北流之意。"不听。商英又尝论水官非其人，治河当行其所无事，一用堤障，犹塞儿口止其啼也。三月，乃以商英为龙图阁待制、河北都转运使兼专功提举河事。商英复陈五事：一曰行古沙河口；二曰复平恩四埽；三曰引大河自古漳河、浮河入海；四曰筑御河西堤，而开东堤之积；五曰开木门口，泄徒骇河东流。大要欲随地势疏浚入海。会四月，河决苏村。七月，诏："商英毋治河，止厘本职，其因河事差辟官吏并罢。"复置北外都水丞司。

建中靖国元年春，尚书省言："自去夏苏村涨水，后来全河漫流，今已淤高三四尺，宜立西堤。"诏都水使者鲁君贶同北外丞司经度之。于是左正言任伯雨奏：

河为中国患，二千岁矣。自古竭天下之力以事河者，莫如本朝。而徇众人偏见，欲屈大河之势以从人者，莫甚于近世。臣不敢远引，只如元祐末年，小吴决溢，议者乃谲谋异计，欲立奇功，以邀厚赏。不顾地势，不念民力，不惜国用，力东东流之议。当洪流中，立马头，设锯齿，梢刍材木，耗费百倍。力遏水势，使之东注，陵虚驾空，非特行地上而已。增堤益防，惴惴恐决，澄沙淤泥，久益高仰，一旦决溃，又复北流。此非堤防之不固，亦理势之必至也。

昔禹之治水，不独行其所无事，亦未尝不因其变以导之。盖河流混浊，泥沙相半，流行既久，迄逦淤淀，则久而必决者，势不能变也。或北而东，或东而北，亦安可以人力制哉！

为今之策，正宜因其所向，宽立堤防，约拦水势，使不至大段漫流。若恐北流淤淀塘泊，亦低宜因塘泊之岸，增设堤防，乃为长策。风闻近日又有议者献东流之计，不独比年灾伤，居民流散，公私匮竭，百无一有，事势窘急，固不可为；抑亦自高注下，湍流奔猛，溃决未久，势不可改。设若兴工，公私徒耗，殆非利民之举，实自困之道也。

崇宁三年十月，臣僚言："昨奉诏措置大河，即由西路历沿边州军，回至武强县，循河堤至深州，又北下衡水县，乃达于冀。又北渡河过远来镇，及分遣属僚相视恩州之北河流次第。大抵水性无有不下，引之就高，决不可得。况西山积水，势必欲下，各因其势而顺导之，则无壅遏之

患。"诏开修直河，以杀水势。

四年二月，工部言："乞修苏村等处运粮河堤为正堤，以支涨水，较修弃堤直堤，可减工四十四万、料七十一万有奇。"从之。闰二月，尚书省言："大河北流，合西山诸水，在深州武强、瀛州乐寿埽，俯瞰雄、霸、莫州及沿边塘泺，万一决溢，为害甚大。"诏增二埽堤及储蓄，以备涨水。是岁，大河安流。

五年二月，诏滑州系浮桥于北岸，仍筑城垒，置官兵守护之。八月，葺阳武副堤。

大观元年二月，诏于阳武上埽第五铺开修直河至第十五铺，以分减水势。有司言："河身当长三千四百四十步，面阔八十尺，底阔五丈，深七尺，计役十万七千余工，用人夫三千五百八十二，凡一月毕。"从之。十二月，工部员外郎赵霆言："南北两丞司合开直河者，凡七十有七，用缗钱八九万。"异时成功，可免河防之忧，而省久远之费。"诏从之。

二年五月，霆上免夫之议，大略谓："黄河调发人夫修筑埽岸，每岁春首，骚动数路，常至败家破产。今春滑州鱼池埽合起夫役，尝令送免夫之直，用以买土，增贴埽岸，比之调夫，反有赢余。乞诏有司，应堤埽合调春夫，并依此例，立为永法。"诏曰："河防夫工，岁役十万，滨河之民，困于调发。可上户出钱免夫，下户出力充役，其相度条画以闻。"丙申，邢州言河决，陷钜鹿县。诏迁县于高地。又以赵州隆平下湿，亦迁之。

六月己卯，都水使者吴玠言："自元丰间小吴口决，北流入御河，下合西山诸水，至清州独流砦三叉口入海。虽深得保固形胜之策，而岁月浸久，侵犯塘堤，冲坏道路，啮损城寨。臣奉诏修治堤防，御捍涨溢。然筑八尺之堤，当九河之尾，恐不能敌。若不遇有损缺，逐旋增修，即又至隳坏，使与塘水相通，于边防非计也。乞降旨修葺。"从之。庚寅，冀州河溢，坏信都、南宫两县。

三年八月，诏沈纯诚开撩兔源河。兔源在广武埽对岸，分减埽下涨水也。

政和四年十一月，都水使者孟昌龄言："今岁夏秋涨水，河流上下并行中道，滑州浮桥不劳解拆，大省岁费。"诏许称贺，官吏推恩有差。昌龄又献议导河大伾，可置永远浮桥，谓："河流自大伾之东而来，直大伾山西而止，数里方回南，东转而过，复折北而东，则又直至大伾山之东，亦止不过十里耳。视地形水势，东西相直径易，曾不十余里间，且地势低下，可以成河，倚山可为马头，又有中潬，正如河阳。若引使穿大伾大山及东北二小山，分为两股而过，合于下流，因是三山为趾，以系浮梁，省费数十百倍，可宽河朔诸路之役。"朝廷喜而从之。

五年，置提举修系永桥所。六月癸丑，降德音于河北、京东、京西路，其略曰："凿山酾渠，循九河既道之迹；为梁跨趾，成万世永赖之功。役不逾时，虑无怨素。人绝往来之阻，地无南北之殊。灵祇怀柔，黎庶呼舞。眷言朔野，爰暨近畿，畚锸繁兴，薪刍转徙，民亦劳止，朕甚悯之。宜推在宥之恩，仍广蠲除之惠。应开河官吏，令提举所具功力等第闻奏。"又诏："居山至大伾山浮桥属滑州者，赐

名天成桥；大伾山至汶子山浮桥属滑州者，赐名荣光桥。"俄改荣光曰圣功。七月庚辰，御制桥名，磨崖以刻之。方河之开也，水流虽通，然湍激猛暴，遇山稍隘，往往泛溢，近寨民夫多被漂溺，因亦及通利军，其后遂注成巨浸云。是月，昌龄迁工部侍郎。

八月己亥，都水监言："大河已就三山通流，正在通利之东，虑水溢为患。乞移军城于大伾山、居山之间，以就高仰。"从之。十月丁巳，中书省言冀州枣强埽决，知州辛昌宗武臣，不谙河事，诏以王仲元代之。

十一月丙寅，都水使者孟揆言："大河连经涨淤，滩面已高，致河流倾侧东岸。今若修闭枣强上埽决口，其费不赀，兼冬深难施人力，纵使极力修闭，东堤上下二百余里，必须尽行增筑，与水争力，未能全免决溢之患。今漫水行流，多碱卤及积水之地，又不犯州军，止经数县地分，迤逦缠御河归纳黄河。欲自决口上恩州之地水堤为始，增补旧堤，接续御河东岸，签合大河。"从之。乙亥，臣僚言："禹迹湮没于数千载之远，陛下神智独运，一旦兴复，导河三山。长堤盘固，横截巨浸，依山为梁，天造地设。威示南北，度越前古，岁无解系之费，人无病涉之患。大功既成，愿申饬有司，以日继月，视水向著，随为堤防，益加增固，每遇涨水，水官、漕臣不辍巡视。"诏付昌龄。

六年四月辛丑，高阳关路安抚使吴玠言冀州枣强县黄河清，诏许称贺。七月戊午，太师蔡京请名三山桥铭阁曰缵禹继文之阁，门曰铭功之门。十月辛卯，蔡京等言："冀州河清，乞拜表称贺。"

七年五月丁巳，臣僚言："恩州宁化镇大河之侧，地势低下，正当湾流冲激之处。岁久堤岸怯薄，沁水透堤甚多，近镇居民例皆移避。方秋夏之交，时雨霂然，一失堤防，则不惟东流莫测所向，一隅生灵所系甚大，亦恐妨阻大名、河间诸州往来边路。乞付有司，贴筑固护。"从之。六月癸酉，都水使者孟扬言："旧河阳南北两河分流，立中潬，系浮梁。顷缘北河淤淀，水不通行，止于南河修系一桥。因此河项窄狭，水势冲激，每遇涨水，多致损坏。欲措置开修北河，如旧修系南北两桥。"从之。九月丁未，诏扬专一措置，而令河阳守臣王序营办钱粮，督其工料。

重和元年三月己亥，诏："滑州、澶州界万年堤，全藉林木固护堤岸，其广行种植，以壮地势。"五月甲辰，诏："孟州河阳县第一埽，自春以来，河势湍猛，侵啮民田，迫近州城止二三里。其令都水使者同漕臣、河阳守臣措置固护。"是秋雨，广武埽危急，诏内侍王仍相度措置。

宣和元年九月辛未，蔡京等言："南丞管下三十五埽，今岁涨水之后，岸下一例生滩，河行中道，实由圣德昭格，神祇顺助。望宣付史馆。"诏送秘书省。十二月，开修兔源河并直河毕工，降诏奖谕。

二年九月己卯，王黼言："昨孟昌龄计议河事，至滑州韩村埽检视，河流冲至寸金潭，其势就下，未易御遏。近降诏旨，令就画定港湾，对开直河。方议开凿，忽自成直河一道，寸金潭下，水即安流，在役之人，聚首仰叹。乞付史馆，仍帅百官表贺。"从之。

三年六月，河溢冀州信都。十一月，河决清河埽。是岁，水坏天成、圣功桥，官吏行罚有差。四年四月壬子，都水使者孟扬言："奉诏修系三山东桥，凡役工十五万七千八百，今累经涨水无虞。"诏因桥坏失职降秩者，俱复之，扬自正议大夫转正奉大夫。

七年，钦宗即位。靖康元年二月乙卯，御史中丞许翰言："保和殿大学士孟昌龄、延康殿学士孟扬、龙图阁直学士孟揆，父子相继领职二十年，过恶山积。妄设堤防之功，多张梢桩之数，穷竭民力，聚敛金帛。交结权要，内侍王仍为之奥主，超付名位，不知纪极。大河浮桥，岁一造舟，京西之民，犹惮其役。而昌龄首建三山之策，回大河之势，顿取百年浮桥之费，仅为数岁行路之观。漂没生灵，无虑万计，近辅郡县，萧然破残。所辟官吏，计金叙绩，富商大贾，争注名牒，身不在公，遥分爵赏。每兴一役，干没无数，省部御史，莫能钩考。陛下方将澄清朝著，建立事功，不先诛窜昌龄父子，无以昭示天下。望籍其奸赃，以正典刑。"诏并落职：昌龄在外宫观，扬依旧权领都水监职事，揆候措置桥船毕取旨。翰复请钩考簿书，发其奸赃。乃诏昌龄与中大夫，扬、揆与中奉大夫。三月丁丑，京西转运司言："本路岁科河防夫三万，沟河夫一万八千。缘连年不稔，群盗劫掠，民力困弊，乞量数减放。"诏减八千人。

汴河，自隋大业初，疏通济渠，引黄河通淮，至唐，改名广济。宋都大梁，以孟州河阴县南为汴首受黄河之口，属于淮、泗。每岁自春及冬，常于河口均调水势，止深六尺，以通行重载为准。岁漕江、淮、湖、浙米数百万，及至东南之产，百物众宝，不可胜计。又下西山之薪炭，以输京师之粟，以振河北之急，内外仰给焉。故于诸水，莫此为重。其浅深有度，置官以司之，都水监总察之。然大河向背不常，故河口岁易；易则地形，相水势，为口以逆。遇春首辄调数州之民，劳费不赀，役者多溺死。吏又并缘侵渔，而京师常有决溢之虞。

太祖建隆二年春，导索水自旃然，与须水合入于汴。三年十月，诏："缘汴河州县长吏，常以春首课民夹岸植榆柳，以固堤防。"

太宗太平兴国二年七月，开封府言："汴水溢坏开封大宁堤，浸民田，害稼。"诏发怀、孟丁夫三千五百人塞之。三年正月，发军士千人复汴口。六月，宋州言："宁陵县河溢，堤决。"诏发宋、亳丁夫四千五百人，分遣使臣护役。四年八月，又决于宋城县，以本州诸县人夫三千五百人塞之。

淳化二年六月，汴水决浚仪县。帝乘步辇出乾元门，宰相、枢密迎谒。帝曰："东京养甲兵数十万，居人百万家，天下转漕，仰给在此一渠水，朕安得不顾。"车驾入泥淖中，行百余步，从臣震恐。殿前都指挥使戴兴叩头恳请回驭，遂捧辇出泥淖中。诏兴督步卒数千塞之。日未旰，水势遂定。帝始就次，太官进膳。亲王近臣皆泥泞沾衣。知县宋炎亡匿不敢出，特赦其罪。是月，汴又决于宋城县，发近县丁夫二千人塞之。

至道元年九月，帝以汴河岁运江、淮米五七百万斛，

以济京师,问侍臣汴水疏凿之由,令参知政事张洎讲求其事以闻。其言曰:

禹导河自积石至龙门,南至华阴,东至砥柱,又东至于孟津,东过洛汭,至于大伾,即今成皋是也,或云黎阳山也。禹以大河流泛中国,为害最甚,乃于贝丘疏二渠,以分水势:一渠自舞阳县东,引入漯水,其水东北流,至千乘县入海,即今黄河是也;一渠疏畎引傍西山,以东北形高敞坏堤,水势不便流溢,夹右碣石入于渤海。《书》所谓"北过洚水,至于大陆",洚水即浊漳,大陆则邢州钜鹿泽。"播为九河,同为逆河,入于海。"河自魏郡贵乡县界分为九道,下至沧州,今为一河。言逆河者,谓与河水往复相承受也。齐桓公塞以广田居,唯一河存焉,今其东界至莽梧河是也。禹又于荥泽下分大河为阴沟,引注东南,以通淮、泗。至大梁浚仪县西北,复分为二渠:一渠元经阳武县中牟台下为官渡水;一渠始皇疏凿以灌魏郡,谓之鸿沟,莨荡渠自荥阳五出池口来注之。其鸿沟即出河之沟,亦曰莨荡渠。

汉明帝时,乐浪人王景、谒者王吴始作浚仪渠,盖循河沟故渎也。渠成流注浚仪,故以浚仪县为名。灵帝建宁四年,于敖城西北垒石为门,以遏渠口,故世谓之石门。渠外东合济水,济与河、渠浑涛东注,至敖山北,渠水至此又兼泲之水,即《春秋》晋、楚战于泲。泲又音汳,即"汴"字,古人避"反"字,改从"汴"字。渠水又东经荥阳北,旃然水自县东流入汴水。郑州荥阳县西二十里三皇山上,有二广武城,二城相去百余步,汴水自两城间小涧中东流而出,而济流自兹乃绝。唯汴渠首受旃然水,谓之鸿渠。东晋太和中,桓温北伐前燕,将通之,不果。义熙十三年,刘裕西征姚秦,复浚此渠,始有湍流奔注,而岸善溃塞,裕更疏凿而漕运焉。隋炀帝大业三年,诏尚书左丞相皇甫谊发河南男女百万开汴水,起荥泽入淮千余里,乃为通济渠。又发淮南兵夫十余万开邗沟,自山阳淮至于扬子江三百余里,水面阔四十步,而后行幸焉。自后天下利于转输。昔孝文时,贾谊言"汉以江、淮为奉地",谓鱼、盐、谷、帛,多出东南。至五凤中,耿寿昌奏:"故事,岁增关东谷四百万斛以给京师。"亦多自此渠漕运。

唐初,改通济渠为广济渠。开元中,黄门侍郎、平章事裴耀卿言:江、淮租船,自长淮西北溯鸿沟,转相输纳于河阴、含嘉、太原等仓。凡三年,运米七百万石,实利涉于此。开元末,河南采访使、汴州刺史齐澣,以江、淮漕运经淮水波涛有沉损,遂浚广济渠下流,自泗州虹县至楚州淮阴县北八十里合于淮,逾时毕功。既而水流迅急,行旅艰险,寻乃废停,却由旧河。

德宗朝,岁漕运江、淮米四十万石,以益关中。时叛将李正己、田悦分军守徐州,临涡口,梁崇义阻兵襄、邓,南北漕引皆绝。于是水陆运使杜佑请改漕路,自浚仪西五十里疏其南涯,引流入琵琶沟,经蔡

河至陈州合颍水,是秦、汉故道,以官漕久不由此,故填淤不通,若畎流培岸,则功用甚寡;又庐、寿之间有水道,而平冈亘其中,曰鸡鸣山,佑请疏其两端,皆可通舟,其间登陆四十里而已,则江、湖、黔、岭、蜀、汉之粟,可方舟而下。由是白沙趋东关,经庐、寿,浮颍步蔡,历琵琶沟入汴河,不复经溯淮之险,径于旧路二千里,功寡利博。朝议转行,而徐州顺命,淮路乃通。至国家膺图受命,以大梁四方所凑,天下之枢,可以临制四海,故卜京邑而定都。

汉高帝云:"吾以羽檄召天下兵未至。"孝文又云:"吾初即位,不欲出虎符召郡国兵。"即知兵甲在外也。唯有南北军、期门郎、羽林孤儿,以备天子扈从藩卫之用。唐承隋制,置十二卫府兵,皆农夫也。及罢府兵,始置神武、神策为禁军,不过三数万人,亦以备扈从藩卫而已,故禄山犯关,驱市人而战;德宗蒙尘,扈驾四百余骑,兵甲皆在郡国。额军存而可举者,除河朔三镇外,太原、青社各十万人,邠宁、宣武各六万人,潞、徐、荆、扬各五万人,襄、宣、寿、镇海各二万人,自余观察、团练据要害之地者,不下万人。今天下甲卒数十万众,战马数十万匹,并萃京师,悉集七亡国之士民于辇下,比汉、唐京邑,民庶十倍。甸服时有水旱,不至艰歉者,有惠民、金水、五丈、汴水等四渠,派引脉分,咸会天邑,舳舻相接,赡给公私。所以无匮乏,唯汴水横亘中国,首承大河,漕引江、湖,利尽南海,半天下之财赋,并山泽之百货,悉由此路而进。然则禹力疏凿以分水势,炀帝开畎以奉巡游,虽数湮废,而通流不绝于百代之下,终为国家之用者,其上天之意乎?

真宗景德元年九月,宋州言汴河决,浸民田,坏庐舍。遣使护塞,逾月功就。三年六月,京城汴水暴涨,诏觇候水势,并工修补,增起堤岸。工毕,复遣使致祭。

大中祥符二年八月,汴水涨溢,自京至郑州,浸道路。诏选使乘传减汴口水势。既而水减,阻滞漕运,复遣浚汴口。八年六月,诏自今后汴水添涨及七尺五寸,即遣禁兵三千,沿河防护。八月,太常少卿马元方请浚汴河中流,阔五丈,深五尺,可省修堤之费。即诏遣使计度修浚。使还,上言:"泗州西至开封府界,岸阔底平,水势薄,不假开浚。请止自泗州夹冈,用功八十六万五千四百三十八,以宿、亳丁夫充,计减功七百三十一万,仍请于沿河作头踏道擗岸,其浅处为锯牙,以束水势,使其浚成河道,止用河清、下卸卒,就未放春水前,令逐州长吏、令佐役。自今汴河淤淀,可三五年一浚。又于中牟、荥泽县置开减水河。"并从之。

天禧三年十二月,都官员外郎郑希甫言:"汴河两岸皆是陂水,广浸民田,堤脚并无流泄之处。今汴河南省自明河接澳入淮,望诏转运使规度以闻。"

仁宗天圣三年,汴流浅,特遣使疏河注口。四年,大涨,堤危,众情恟恟忧京城,诏度京城西贾陂冈地,泄之于护龙河。六年,勾当汴口康德舆言:"行视阳武桥万胜镇,宜存斗门。其梁固斗门三宜废去,祥符界北岸请

为别窦，分减溢流。"而勾当汴口王中庸欲增置孙村之石限，悉从其请。七年，德舆言，修河芟地为并滩农户所侵。诏限一月使自实，检括以还县官。皇祐三年，命使诣中牟治堤。明年八月，河涸，舟不通，令河渠司自口浚治，岁以为常。旧制，水增七尺五寸，则京师集禁兵、八作、排岸兵，负土列河上以防河。满五日，赐钱以劳之，曰"特支"；而或数涨数防，又不及五日而罢，则军士屡疲，而赐予不及。是岁七月，始制防河兵日给钱，薄其数，才比特支十分之一，军士便之。明年，遣使行河相利害。

嘉祐六年，汴水浅涩，常稽运漕。都水奏："河自应天府抵泗州，直流湍驶无所阻。惟应天府上至汴口，或岸阔浅漫，宜限以六十步阔，于此则为木岸狭河，扼束水势令深驶。梢，伐岸木可足也。"遂下诏兴役，而众议以为未便。宰相蔡京奏："祖宗时已尝狭河矣，俗好沮败事，宜勿听。"役既半，岸木不足，募民出杂梢。岸成而言者始息。旧曲滩漫流，多稽留覆溺处，悉为驶直平夷，操舟往来便之。

神宗熙宁四年，创开訾家口，日役夫四万，饶一月而成。才三月已浅淀，乃复开旧口，役万工，四日而水稍顺。有应舜臣者，独谓新口在孤柏岭下，当河流之冲，其便利可常用勿易，水大则泄斗门，水小则为辅渠于下流以益之。安石善其议。

五年，先是 宣徽北院使、中太一官使张方平尝论汴河曰："国家漕运，以河渠为主。国初浚河渠三道，通京城漕运，自后定立上供年额：汴河斛斗六百万石，广济河六十二万石，惠民河六十万石。广济河所运，止给太康、咸平、尉氏等县军粮而已。惟汴河专运粳米，兼以小麦，此乃大仓蓄积之实。今仰食于官廪者，不惟三军，至于京师士庶以亿万计，太半待饱于军稍之余，故国家于漕事至急至重。然则汴河乃建国之本，非可与区区沟洫水利同言也。近岁已罢广济河，而惠民河斛斗不入大仓，大众之命，惟汴河是赖。今陈说利害，以汴河为议者多矣。臣恐议者不已，屡作改更，必致汴河日失其旧。国家大计，殊非小事。愿陛下特回圣鉴，深赐省察，留神远虑，以固本业。"方平之言，为王安石发也。

六年夏，都水监丞侯叔献乞引汴水淤府界闲田，安石力主之。水既数放，或至绝流，公私重舟不可荡，有阁折者。帝以人情不安，尝下都水分析，并诏三司同府界提点官往视。十一月，范子奇建议：冬不闭汴口，以外江纲直入汴至京，废运般。安石以为然。诏汴口官吏相视，卒用其说。是后高丽入贡，令溯汴赴阙。

七年春，河水壅溢，积潦败堤。八月，御史盛陶谓汴河开两口非便，命同判都水监宋昌言视两口水势，檄同提举汴口官王玘。玘言訾家口水三分，辅渠七分。昌言请塞訾家口，而留辅渠。时韩绛、吕惠卿当国，许之。

八年春，安石再相，叔献言："昨疏浚汴河，自南京至泗州，概深三尺至五尺。惟虹县以东，有礓石三十里余，不可疏浚，乞募民开修。"诏检计工粮以闻。七月，叔献又言："岁开汴口作生河，侵民田，调夫役。今惟用訾家口，减人夫、物料各以万计，乞减河清一指挥。"从之。未

几，汴水大涨，至深一丈二尺，于是复请权闭汴口。

九年十月，诏都水度量疏浚汴河浅深，仍记其地分。十年，范子渊请用浚川杷，以六月兴工，自谓功利灼然，请"候今冬疏浚毕，将杷具、舟船等分给逐地分。使臣于闭口之后，检量河道淤淀去处，至春水接续疏导"。大抵皆无甚利。已而清汴之役兴。

卷九十四　　志第四十七

河　渠　四

汴河下　洛河　蔡河　广济河　金水河
白沟河　京畿沟渠　白河　三白渠　邓许诸渠附

元丰元年五月，西头供奉官张从惠复言："汴口岁开闭，修堤防，通漕才二百余日。往时数有建议引洛水入汴，患黄河啮广武山，须凿山岭十数丈，以通汴渠，功大不可为。去年七月，黄河暴涨，水落而稍北，距广武山麓七里，退滩高阔，可凿为渠，引洛入汴。"范子渊知都水监丞，画十利以献。又言："氾水出玉仙山，索水出嵩渚山，合洛水，积其广深，得二千一百三十六尺，视今汴流尚赢九百七十四尺。以河、洛湍缓不同，得其赢余，可以相补。犹虑不足，则旁堤为塘，渗取河水，每百里置木闸一，以限水势。两旁沟、湖、陂、泺，皆可引以为助，禁伊、洛上源私引水者。大约汴舟重载，入水不过四尺，今深五尺，可济漕运。起巩县神尾山，至土家堤，筑大堤四十七里，以捍大河。起沙谷至河阴县十里店，穿渠五十二里，引洛水属于汴渠。"疏奏，上重其事，遣使行视。

二年正月，使还，以为工费浩大，不可为。上复遣入内供奉宋用臣，还奏可为，请"自任村沙谷口至汴口开河五十里，引伊、洛水入汴河，每二十里置束水一，以刍楗为之，以节湍急之势，取水深一丈，以通漕运。引古索河为源，注房家、黄家、孟家三陂及三十六陂，高仰处潴水为塘，以备洛水不足，则决以入河。又自氾水关北开河五百五十步，属于黄河，上下置闸启闭，以通黄、汴二河船筏。即洛河旧口置水㳂，通黄河，以泄伊、洛涨。古索河等暴涨，即以魏楼、荥泽、孔固三斗门泄之。计工九十万七千有余。仍乞修护黄河南堤堋，以防侵夺新河"。从之。

三月庚寅，以用臣都大提举导洛通汴。四月甲子兴工，遣礼官告祭。河道侵民冢墓，给钱徙之，无主者，官为瘗藏。六月戊申，清汴成，凡用工四十五日。自任村沙口至河阴县瓦亭子，并氾水关北通黄河，接运河，长五十一里。两岸为堤总长一百三里，引洛水入汴。七月甲子，闭汴口，徙官吏、河清卒于新洛口。戊辰，遣礼官致祭。十一月辛未，诏差七千人，赴汴口开修河道。

三年二月，宋用臣言："洛水入汴至淮，河道漫阔，

多浅涩，乞狭河六十里，为二十一万六千步。"以四月兴役。五月癸亥，罢草屯浮堰。五年三月，宋用臣言："金水河透水槽阻碍上下汴舟，宜废撤。"从之。十月，狭河毕工。

六年八月，范子渊又请"于武济山麓至河岸并嫩滩上修堤及压埽堤，又新河南岸筑新堤，计役兵六千人，二百日成。开展直河，长六十三里，广一百尺，深一丈，役兵四万七千有奇，一月成。"从之。十月，都提举司言："汴水增涨，京西四斗门不能分减，致开决堤岸。今近京惟孔固斗门可以泄水下入黄河。若孙贾斗门虽可泄入广济，然下尾窄狭，不能尽吞。宜于万胜镇旧减水河、汴河北岸修立斗门，开淘旧河，创开生河一道，下合入刁马河，役夫一万三千六百四十三人，一月毕工。"诏从其请，仍作二年开修。七年四月，武济河溃。八月，诏罢营闭，纵其分流，止护广武三埽。

哲宗元祐元年闰二月辛亥，右司谏苏辙言："近岁京城外创置水磨，因此汴水浅涩，阻隔官私舟船。其东门外水磨，下流汗漫无归，浸损民田一二百里，几败汉高祖坟。赖陛下仁圣恻怛，亲发德音，令执政共议营救。寻诏畿县于黄河春夫外，更调夫四万，开自盟河，以疏泄水患，计一月毕工。然以水磨供给京城内外食茶等，其水止得五日闭断，以此工役重大，民间每夫日顾二百钱，一月之费，计二百四十万贯。而汴水浑浊，易至填淤，明年又须开淘，民间岁岁不免此费。闻水磨岁入不过四十万贯，前户部侍郎李定以此课利，惑误朝听，依旧存留。且水磨兴置未久，自前未有此钱，国计何阙？而小人浅陋，妄有靳惜，伤民辱国，不以为愧。况今水患近在国门，而恬不为怪，甚非陛下勤恤民物之意。而又减耗汴水，行船不便。乞废罢官磨，任民磨茶。"

三月，辙又乞"令汴口以东州县，各具水匮所占顷亩，每岁有无除放二税，仍具水匮可与不可废罢，如决不可废，当如何给还民田，以免怨望。"八月辛亥，辙又言："昨朝旨令都水监差官，具括中牟、管城等县水匮，元浸者几何，见今积水所占几何，退出顷亩几何。凡退出之地，皆还本主。水占者，以官地还之；无田可还，即给元直。圣恩深厚，弃利与民，所存甚远。然臣闻水所占地，至今无可对还，而退出之田，亦以迫近水匮，为雨水浸淫，未得耕凿。知郑州岑象求近奏称：'自宋用臣兴置水匮以来，元未曾取以灌注，清汴水流自足，不废漕运。'乞尽废水匮，以便失业之民。"十月，遂罢水匮。

四年冬，御史中丞梁焘言：

尝求世务之急，得导洛通汴之实，始闻其说则可喜，及考其事则可惧。窃以广武山之北，即大河故道，河常往来其间，夏秋涨溢，每抵山下。旧来洛水至此，流入于河。后欲导以趋汴渠，乃乘河未涨，就嫩滩之上，峻起东西堤，辟大河于堤北，攘其地以引洛水，中间缺为斗门，名通舟楫，其实盗河以助洛之浅涸也。洛水本清，而今汴常黄浊，是洛不足行汴，而所以能行者，附大河之余波也。增广武三埽之备，竭京西所有，不足以为支费，其失无虑数百万计。从来上下习为欺罔，朝廷惑于安流之说，税屋之利，恬不为虑。而不知新沙疏弱，力不能制悍河，水势一薄，则烂熳溃散，将使怒流循洛而下，直冒京师。是甘以数百万日增之费，养异时万一之患，亦已误矣。夫岁倾重费以坐待其患，何若折其奔冲，以终除其害哉！

为今之计，宜复为汴口，仍引大河一支，启闭以时，还祖宗百年以来润国养民之赐，诚为得策。汴口复成：则免广武倾注，以长为京师之安；省数百万之费，以纾京西生灵之困；牵大河水势，以解河北决溢之灾；便东南漕运，以蠲重载留滞之弊；时节启闭，以除蹙凌打凌之苦；通江、淮八路商贾大船，以供京师之饶。为甚大之利者六，此不可忽也。惟拆去两岸舍屋，尽废僦钱，为害者一而甚小，所谓损小费以成大利也。臣之所言，特其大略尔。至于考究本末，措置纤悉，在朝廷择习之臣付之，无牵浮议，责其成功。又言：

臣闻开汴之时，大河旷岁不决，盖汴口析其三分之水，河流常行七分也。自导洛而后，频年屡决，虽洛口窃取其水，率不过一分上下，是河流常九分也。犹幸流势趋北，故溃溢北出。自去岁以来，稍稍卧南，此其可忧，而洛口之作，理须早计。窃以开洛之役，其功甚小，不比大河之上，但辟百余步，即可以通水三分，即永为京师之福，又减河北屡决之害；兼水势既已牵动，在于回河尤为顺便，非独孙村之功可成，澶州故道，亦有自然可复之理。望出臣前章，面诏大臣与本监及知水事者，按地形水势，具图以闻。

不报。至五年十月癸巳，乃诏导河水入汴。

绍圣元年，帝亲政，复召宋用臣赴阙。七月辛丑，广武埽危急。壬寅，帝语辅臣："埽去洛河不远，须防涨溢下灌京师。"明日，乃诏都水监丞冯忱之相度筑栏水签堤。丁巳，帝谕执政曰："河埽久不修，昨日报洛水又大溢，注于河，若广武埽坏，河、洛为一，则清汴不通矣，京都漕运殊可忧。宜亟命吴安持、王宗望同力督作，苟得不坏，过此须图久计。"丙寅，吴安持言："广武第一埽危急，决口与清汴绝近，缘洛河之南，去广武山千余步，地形稍高。自巩县东七里店至今洛口不满十里，可以别开新河，导洛水近南行流，地里至少，用功甚微。"诏安持等再按视之。

十一月，李伟言："清汴导温洛贯京都，下通淮、泗，为万世利。自元祐以来屡危急，而今岁特甚。臣相视武济山以下二十里名神尾山，乃广武埽首所起，约置刺堰三里余，就武济河下尾废堤、枯河基址增修疏导，回截河势东北行，留旧埽作遥堤，可以纾清汴下注京城之患。"诏宋用臣、陈祐甫覆按以闻。

十二月甲午，户部尚书蔡京言："本部岁计，皆藉东南漕运。今年上供物，至者十无二三，而汴口已闭。臣责问提举汴河堤岸司杨琰，乃称自元丰二年至元祐初，八年之间，未尝塞也。"诏依元丰条例。明年正月庚戌，用臣亦言："元丰间，四月导洛通汴，六月放水，四时行流不绝。遇冬有冻，即督沿河官吏，伐冰通流。自元祐二年，冬深辄闭塞，致河流涸竭，殊失开导清汴本意。今欲卜日伐冰，放水归河，永不闭塞。及冻解，止将京西五斗门减放，以节水势，如惠民河行流，自无壅遏之患。"从之。

三年正月戊申，诏提举河北西路常平李仲罢归吏部。仲在元祐中提举汴水辇运，建言："西京、巩县、河阳、汜水、河阴县界，乃沿黄河地分，北有太行、南有广武二山，自古河流两山之间，乃缘禹迹。昨自宋用臣创置导洛清汴，于黄河沙滩上，节次创置广、雄武等堤埽，到今十余年间，屡经危急。况诸埽在京城之上，若不别为之计，患起不测，思之寒心。今如弃去诸埽，开展河道，讲究兴复元丰二年以前防河事，不惟省岁费、宽民力，河流且无壅遏决溢之患。望遣谙河事官相视施行。"又乞复置汴口，依旧以黄河水为节约之限，罢去清汴闸口。

四年闰二月，杨琰乞依元丰例，减放洛水入京西界大白龙坑及三十六陂，充水匮以助汴河行运。诏贾种民同琰相度合占顷亩，及所用功力以闻。五月乙亥，都提举汴河堤岸贾种民言："元丰改汴口为洛口，名汴河为清汴者，凡以取水于洛也。复匮清水，以备浅涩而助行流。元祐间，却为黄河拨口，分引浑水，令自达上流入洛口，比之清洛，难以调节。乞依元丰已修狭河身丈尺深浅，检计物力，以复清汴，立限修浚，通放洛水。及依旧置洛斗门，通放西河官私舟船。"从之。帝尝谓知枢密院事曾布曰："先帝作清汴，又为天源河，盖有深意。元祐中，几废。近贾种民奏：'若尽复清汴，不用浊流，乃当世灵长之庆。'"布对曰："先帝以天源河为国姓福地，此众人所知，何可废也。"十二月，诏："京城内汴河两岸，各留堤面丈有五尺，禁公私侵牟。"

元符三年，徽宗即位，无大改作，汴渠稍湮则浚之。大观中，言者论："胡师文昨为发运使，创开泗州直河，及筑签堤阻遏汴水，寻复淤淀，遂行废拆。然后并役数郡兵夫，其间疾苦窜殁，无虑数千，费钱谷累百万计。狂妄生事，诬奏冒功，官员冒赏至四十五人。"师文由是自知州降充宫观。

宣和元年五月，都城无故大水，浸城外官寺、民居，遂破汴堤，汴渠将溢，诸门皆城守。起居郎李纲奏："国家都汴，百有六十余载，未尝少有变故。今事起仓猝，遐迩惊骇，诚大异也。臣尝躬诣郊外，窃见积水之来，自都城以西，漫为巨浸。东拒汴堤，停蓄深广，湍悍浚激，向东南而流，其势未艾。然或淹浸旬时，因以风雨，不可不虑。夫变不虚发，必有感召之因。愿诏廷臣各具所见，择其可采者施行之。"诏："都城外积水，缘有司失职，堤防不修，非灾异也。"罢纲送吏部，而募人决水下流，由城北注五丈河，下通梁山泺，乃已。

七月壬子，都提举司言："近因野水冲荡沿汴堤岸，及河道淤浅，若止役河清，功力不胜，望俟农隙顾夫并修。"从之。五年十二月庚寅，诏："沿汴州县创添栏河锁栅岁额，公私不以为便，其遵元丰旧制。"

靖康前后，汴河上流为盗所决者数处，决口有至百步者，塞久不合，干涸月余，纲运不通，南京及京师皆乏粮。责都水使者措置，凡二十余日而水复旧，纲运沓来，两京粮始足。又择使臣八员为沿汴巡检，每两员各将兵五百人，自洛口至西水门，分地防察决溢云。

洛水贯西京，多暴涨，漂坏桥梁。建隆二年，留守向拱重修天津桥成。甃巨石为脚，高数丈，锐其前以疏水势，石纵缝以铁鼓络之，其制甚固。四月，具图来上，降诏褒美。开宝九年，郊祀西京，诏发卒五千，自洛城菜市桥凿渠抵漕口三十五里，馈运便之。其后导以通汴。

蔡河贯京师，为都人所仰，兼闵水、洧水、潩水以通舟。闵水自尉氏历祥符、开封合于蔡，是为惠民河。洧水自许田注鄢陵东南，历扶沟合于蔡。潩水出郑之大隗山，注临颍，历鄢陵、扶沟合于蔡。凡许、郑诸水合坚白雁、丈八沟，京、索合西河、褚河、湖河、双河、栾霸河皆会焉。犹以其浅涸，故植木横栈；栈为水之节，启闭以时。

太祖建隆元年四月，命中使浚蔡河，设斗门节水，自京距通许镇。二年，诏发畿甸、陈、许丁夫数万浚蔡水，南入颍川。乾德二年二月，令陈承昭率丁夫数千凿渠，自长社引潩水至京师，合闵水。潩水本出密县大隗山，历许田。会春夏霖雨，则泛溢民田。至是渠成，无水患，闵河益通漕焉。

太宗淳化二年，以潩水泛溢，浸许州民田，诏自长葛县开小河，导潩水，分流二十里，合于惠民河。

真宗咸平五年七月，京师霖雨，沟洫壅，惠民河溢，泛道路，坏庐舍，知开封府寇准治丁冈古河泄导之。大中祥符元年六月，开封府言："尉氏县惠民河决。"遣使督视完塞。二年四月，陈州言："州地洿下，苦积潦，岁有水患，请自许州长葛县浚减水河及补枣村旧河，以入蔡河。"从之。九年，知许州石普请于大流堰穿渠，置二斗门，引沙河以漕京师。遣使按视。四月，诏遣中使至惠民河，规画置坝子，以通舟运。

仁宗天圣二年二月，崇仪副使、巡护惠民河田承说献议：重修许州合流镇大流堰斗门，创开减水河通漕，省迂路五百里。诏遣使按视以闻。五年八月，都大巡护惠民河王克基言："先准宣惠民、京、索河水浅小，缘出源西京、郑、许州界，惠民河下合横沟、白雁沟、京、索河下合西河、湖河、双河、栾霸河、丈八沟，各为民间截水莳稻灌园，宜令州县巡察。"七年，王克基言："按旧制，蔡河斗门栈板须依时启闭，调停水势。"嘉祐三年正月，开京城西葛家冈新河，以有司言："至和中，大水入京城，请自祥符县界葛家冈开生河，直城南好草陂，北入惠民河，分注鲁沟，以纡京城之患。"

神宗熙宁四年七月，程昉请开宋家等堤，畎水以助漕运。八月，三班借职杨琰请增置上下坝闸，蓄水备浅涸。诏琰掌其事。六年九月戊辰，将作监尚宗儒言："议者请置蔡河木岸，计功颇大。"诏修固土岸。八年，诏京西运米于河北，于是侯叔献请因丁字河故道凿堤置闸，引汴水入于蔡，以通舟运。河成，舟不可行，寻废。十月，诏都水监修惠民河，欲便修城也。九年七月，提辖修京城所请引雾泽陂水至咸丰门，合京、索河，由京、索河入副堤河，下合惠民。都水监谓："不若于顺天门外签 直河身，及于染院后签 入护龙河，至咸丰门南复入京、索河，实为长利。"从之。

徽宗崇宁元年二月，都水监言：惠民河修签河次下硬堰毕工。诏立捕获盗泄赏。大观元年十二月，开澳河入蔡河，从京畿都转运使吴择仁之请也。政和元年十月己酉，诏差水官同京畿监司视蔡河堤防及淤浅者，来春并工治之。

广济河导菏水，自开封历陈留、曹、济、郓，其广五丈，岁漕上供米六十二万石。

太祖建隆二年正月，遣使往定陶规度，发曹、单丁夫数万浚之。三月，幸新水门观放水入河。先是，五丈河泥淤，不利行舟。遂诏左监门卫将军陈承昭于京城之西，夹汴水造斗门，引京、索、蔡河水通城濠入斗门，俾架流汴水之上，东进于五丈河，以便东北漕运。公私咸利。三年正月，遣右龙武统军陈承昭护修五丈河役，车驾临视，赐承昭钱二十万。乾德三年，京师引五丈河造西水砲。

太宗太平兴国三年正月，命发近县丁夫浚广济河。

真宗景德二年六月，开封府言："京西沿汴万胜镇，先置斗门，以减河水，今汴河分注浊水入广济河，堙塞不利。"帝曰："此斗门本李继源所造，屡询利害，以为始因京、索河遇雨即泛流入汴，遂置斗门，以便通泄。若遽壅塞，复虑决溢。"因令多用巨石，高置斗门，水虽甚大，而余波亦可减去。三年，内侍赵守伦建议：自京东分广济河由定陶至徐州入清河，以达江、湖漕路。役既成，遣使覆视，绘图来上。帝以地有隆阜，而水势极浅，虽置堰埭，又历吕梁滩碛之险，非可漕运，罢之。

仁宗天圣六年七月，尚书驾部员外郎阎贻庆言："五丈河下接济州之合蔡镇，通利梁山泺。近者天河决荡，溺民田，坏道路，合蔡而下，漫散不通舟，请治五丈河入夹黄河。"因诏贻庆与水官李守忠规度，计功料以闻。

神宗熙宁七年，赵济言："河浅废运，自此物贱伤农，宜议兴复，以便公私。"诏张士澄、杨琰修治。八月，都提举汴河堤岸司言："欲于通津门汴河岸东城里三十步内开河，下通广济，以便行运。"从之。八年，又遣琰同陈祐甫因汴河置渗水塘，又自孙贾斗门置虚堤八，渗水入西贾陂，由减水河注雾泽陂，皆为河之上源。九年，诏依元额漕粟京东，仍修坝闸，为启闭之节。九年三月，诏遣官修广济河坝闸。元丰五年三月癸亥，罢广济辇运司，移上供物自淮阳军界入汴，以清河辇运司为名，命张士澄都大提举。七月，御史王植言："广济安流而上，与清河溯流入汴，远近险易较然，废之非是。"诏监司详议。七年八月，都大提举汴河堤岸司言："京东地富，谷粟可漕，独患河涩。若因修京城，令役兵近汴穴土，使之成渠，就引河水注之广济，则漕舟可通，是一举而两利也。"从之。

哲宗元祐元年，诏斥祥符雾泽陂募民承佃，增置水匮。又即宣泽门外仍旧引京、索河，置槽架水，流入咸丰门。皆以为广济浅涩之备。三月，三省言："广济河辇运，近因言者废罢，改置清河辇运，迂远不便。"诏知棣州王谔措置兴复。都水监亦言："广济河以京、索河为源，转漕京东岁计。今欲依旧，即令于宣泽门外置槽架水，流入咸丰门里，由旧河道复广济河源，以通漕运。"从之。

金水河一名天源，本京水，导自荥阳黄堆山，其源曰祝龙泉。

太祖建隆二年春，命左领军卫上将军陈承昭率水工凿渠，引水过中牟，名曰金水河，凡百余里，抵都城西，架其水横绝于汴，设斗门，入浚沟，通城濠，东汇于五丈河。公私利焉。乾德三年，又引贯皇城，历后苑，内庭池沼，水皆至焉。开宝九年，帝步自左掖，按地势，命水工引金水由承天门凿渠，为大轮激之，南注晋王第。真宗大中祥符二年九月，诏供备库使谢德权决金水，自天波门并皇城至乾元门，历天街东转，缭太庙入后庙，皆砻以砲甓，植以芳木，车马所经，又累石为间梁。作方井，官寺、民舍皆得汲用。复引东，由城下水窦入于濠。京师便之。

神宗元丰五年，金水河透水槽阻碍上下汴舟，遣宦用臣按视。请自板桥别为一河，引水北入于汴，后卒不行，乃由副堤河入于蔡。以源流深远，与永安青龙河相合，故赐名曰天源。先是，舟至启槽，颇滞舟行。既导洛通汴，遂自城西超字坊引洛水，由咸丰门立堤，凡三千三十步，水遂入禁中，而槽废。然旧惟供洒扫，至徽宗政和间，容佐请于七里河开月河一道，分减此水，灌溉内中花竹。命宋昇措置导引，四年十一月，毕工。重和元年六月，复命蓝从熙、孟揆等增堤岸，置桥、槽、坝、闸，浚澄水，道水入内。内庭池籞既多，患水不给，又于西南水磨引紫河一派，架以石渠绝汴，南北筑堤，导入天源河以助之。

白沟无山源，每岁水潦甚则通流，才胜百斛船，逾月不雨即竭。

至道二年三月，内殿崇班阎光泽、国子博士邢用之上言："请开白沟，自京师抵彭城吕梁口，凡六百里，以通长淮之漕。"诏发诸州丁夫数万治之，以光泽护其役。议者非之。会宋州通判王矩上表，极陈其不可，且言："用之田园在襄邑，岁苦水潦，私幸渠成。"遂罢其役。咸平六年，用之为度支员外郎，又令自襄邑下流治白沟河，导京师积水，而民田无害。

神宗熙宁六年，都水监丞侯叔献请储三十六陂及京、索二水为源，仿真、楚州开平河置闸，则四时可行舟，因废汴渠。帝曰："白沟功料易耳，第汴渠岁运甚广，河北、陕西资焉。又京畿公私所用良材，皆自汴口而至，何可遽废？"王安石曰："此役苟成，亦无穷之利也。当别为漕河，引黄河一支，乃为经久。"冯京曰："若白沟成，与汴、蔡皆通漕，为利诚大，恐汴终不可废。"帝然之，诏刘璯同叔献覆视。八月，都水监言："白沟自滩河至于淮八百里，乞分三年兴修。其废汴河，俟白沟毕功，别相视。仍请谷熟淤田司并京东汴河所隶河清兵赴役。"从之。七年正月，都水监言："自盟河畎导汴南诸水，近者失于疏浚，为害甚大。"于是辍夫修治，而白沟之役废。

初，王安石欲罢白沟、修汴南水利，帝曰："人多以白沟不可为，而卿独见可为？"安石曰："果不可为，罢之诚宜；若可为，即俟时为之，何必计校人言也。"

徽宗政和二年十月，都水监丞孟昌龄言开浚含晖门外白沟河，开堰放水，仍旧通流。

京畿沟洫：汴都地广平，赖沟渠以行水潦。真宗景德二年五月，诏开京城濠以通舟楫，毁官水硙三所。三年，分遣入内内侍八人，督京城内外坊里开浚沟渠。先是，京都每岁春浚沟渫，而势家豪族，有不即施工者。帝闻之，遣使分视，自是不复有稽迟者，以至雨潦暴集，无所雍遏，都人赖之。大中祥符三年，遣供备库使谢德权治沟洫，导太一宫积水抵陈留界，入亳州涡河。五年三月，帝宣示宰臣曰："京师所开沟渠，虽屡铃辖，仍令内侍分察吏扰。"

仁宗天圣元年八月，东西八作司与内殿承制、阁门祗候刘永崇等言："内外八厢创置八字水口，通流两水入渠甚利，虑所置处豪富及势要阻抑，乞下令巡察。"从之。二年七月，内殿崇班、阁门祗候张君平等言："准敕按视开封府界至 南京、宿、亳诸州沟河形势，疏决利害凡八事：一、商度地形，高下连属，开治水势，依寻古沟洫浚之，州县计力役均定，置籍以主之。二、施工开治后，按视不如元计状及水壅不行、有害民田者，按官吏之罪，令偿其费。三、约束官吏，毋敛取夫众财货入己。四、县令佐、州守倅，有能劝课部民自用工开治不致水害者，叙为劳绩，替日与家便官；功绩尤多，别议旌赏。五、民或于古河渠中修筑堰堨，截水取鱼，渐至淀淤，水潦暴集，河流不通，则致深害，乞严禁之。六、开治工毕，按行新旧广深丈尺，以校工力。以所出土，于沟河岸一步外筑为堤埒。七、凡沟洫上广一丈，则底广八尺，其深四尺，地形高处或至五六尺，以此为率。有广狭不等处，折计之，则毕工之日，易于覆视。八、古沟洫在民田中，久已淤平，今为赋籍而须开治者，据所占地步，为除其赋。"诏令颁行。

神宗熙宁元年三月，都水监言："畿内沟河至多，而诸县各役人夫开淘，十才二三，须二三年方可毕工。请令府界提点司选官，与县官同定紧慢功料，据合差夫数，以五分夫，役十分工，依年分开淘，提点司通行点校。"从之。二年闰十一月，诏以府界道路积水，妨民输纳，命都水监差官沟畎。元丰五年，诏开在京城濠，阔五十步，深一丈五尺，地脉不及者，至泉止。

徽宗大观元年七月，以京城霖雨，水浸居民，道路不通，遣官分督疏导。是月又诏："自京至八角镇，积水妨行旅。转运司选官疏导，修治桥梁，毋使病涉。"

白河在唐州，南流入汉。太平兴国三年正月，西京转运使程能献议，请自南阳下向口置堰，回水入石塘、沙河，合蔡河达于京师，以通湘潭之漕。诏发唐、邓、汝、颍、许、蔡、陈、郑丁夫及诸州兵，凡数万人，以弓箭库使王文宝、六宅使李继隆、内作坊副使李神祐、刘承珪等护其役。堑山堙谷，历博望、罗渠、少柘山，凡百余里，月余，抵方城，地势高，水不能至。能献复多役人以致水，然不可通漕运。会山水暴涨，石堰坏，河不克就，卒堙废焉。

端拱元年，供奉官阁门祗候阁文逊、苗忠俱上言："开荆南城东漕河，至师子口入汉江，可通荆、峡漕路至襄州；又开古白河，可通襄、汉漕路至京。"诏八作使石全振往视之，遂发丁夫治荆南漕河至汉江，可胜二百斛重载，行旅者颇便，而古白河终不可开。

三白渠在京兆泾阳县。淳化二年秋，县民杜思渊上言："泾河内旧有石翣以堰水入白渠，溉雍、耀田，岁收三万斛。其后多历年所，石翣坏，三白渠水少，溉田不足，民颇艰食。乾德中，节度判官施继业率民用梢穰、苞篱、栈木，截河为堰，壅水入渠。缘渠之民，颇获其利。然凡遇暑雨，山水暴至，则堰辄坏。至秋治堰，所用复取于民，民烦数役，终不能固。乞依古制，调丁夫修叠石翣，可得数十年不挠。所谓暂劳永逸矣。"诏从之，遣将作监丞周约已等董其役，以用功尤大，不能就而止。

至道元年正月，度支判官梁鼎、陈尧叟上《郑白渠利害》："按旧史，郑渠元引泾水，自仲山西抵瓠口，并北山东注洛，三百余里，溉田四万顷，亩收一钟。白渠亦引泾水，起谷口，入栎阳，注渭水，长二百余里，溉田四千五百顷。两渠溉田凡四万四千五百顷，今所存者不及二千顷，皆近代改修渠堰，浸壅旧防，繇是灌溉之利，绝少于古矣。郑渠难为兴工，今请遣使先诣三白渠行视，复修旧迹。"于是诏大理寺丞皇甫选、光禄寺丞何亮乘传经度。

选等使还，言：

周览郑渠之制，用功最大。并仲山而东，凿断冈阜，首尾三百余里，连亘山足，岸壁颓坏，堙废已久。度其制置之始，泾河平浅，直入渠口。暨年代浸远，泾河陡深，水势渐下，与渠口相悬，水不能至。峻崖之处，渠岸摧毁，荒废岁久，实难致力。其三白渠溉泾阳、栎阳、高陵、云阳、三原、富平六县田三千八百五十余顷，此渠衣食之源也，望令增筑堤堰，以固护之。旧设节水斗门一百七十有六，皆坏，请悉缮完。渠口旧有六石门，谓之"洪门"，今亦隳圮，若复议兴置，则其功甚大，且欲就近度其岸势，别开渠口，以通水道。岁令渠官行视，岸之缺薄，水之淤填，即时浚治。严豪民盗水之禁。

泾河中旧有石堰，修广皆百步，捍水雄壮，谓之"将军翣"，废坏已久。杜思渊尝请兴修，而功不克就。其后止造木堰，凡用梢桩万一千三百余数，岁出于缘渠之民。涉夏水潦，木堰遽坏，漂流散失，至秋，复率民以葺之，数敛重困，无有止息。欲令自今溉田既毕，命水工拆堰木置于岸侧，可充二三岁修堰之用。所役缘渠之民，计田出丁，凡调万三千人。疏渠造堰，各获其利，固不惮其劳也。选能吏司其事，置署于泾阳县侧，以时行视，往复甚便。

又言：

邓、许、陈、颍、蔡、宿、亳七州之地，有公私闲田凡三百五十一处，合二十二万余顷，民力不能尽耕。皆汉、魏以来，召信臣、杜诗、杜预、任峻、司马宣王、邓艾等立制垦辟之地。内南阳界凿山开道，疏通河水，散入唐、邓、襄三州以溉田。又诸处陂塘防堤，大者长三十里至五十里，阔五丈至八丈，高一丈五尺至二丈。其沟渠，大者长五十里至百里，阔三丈至五丈，深一丈至一丈五尺，可行小舟。臣等周行历览，若皆增筑陂堰，劳费颇甚，欲堤防未坏可兴水利者，先耕二万余顷，他处渐图建置。

时著作佐郎孙冕总监三白渠，诏冕依选等奏行之。后自仲山之南，移治泾阳县。其七州之田，令选于邓州募民耕垦，皆免赋入。复令选等举一人，与邓州通判同掌其事。选与亮分路按察，未几而罢。

景德三年，盐铁副使林特、度支副使马景盛陈关中河渠之利，请遣官行郑、白渠，兴修古制。乃诏太常博士尚宾乘传经度，率丁夫治之。宾言："郑渠久废不可复，今自介公庙回白渠洪口直东南，合旧渠以畎泾河，灌富平、栎阳、高陵等县，经久可以不竭。"工既毕而水利饶足，民获数倍。

卷九十五　志第四十八

河　渠　五

漳河　滹沱河　御河　塘泺缘边诸水
河北诸水　岷江

漳河源于西山，由磁、洺州南入冀州新河镇，与胡卢河合流，其后变徙，入于大河。

神宗熙宁三年，诏程昉同河北提点刑狱王广廉相视。四年，开修，役兵万人，袤一百六十里。帝因与大臣论财用，文彦博曰："足财用在乎安百姓，安百姓在乎省力役。且河久不开，不出于东，则出于西，利害一也。今发夫开治，徙东从西，何利之有？"王安石曰："使漳河不由地中行，则或东或西，为害一也。治之使行地中，则有利而无害。劳民，先王所谨，然以佚道使民，虽劳不可不勉。"会京东、河北大风，三月，诏曰："风变异常，当安静以应天灾。漳河之役妨农，来岁为之未晚。"中书格诏不下。寻有旨权令罢役，程昉愤悱，遂请休退。朝廷令以都水丞领淤田事于河上。

五月，御史刘挚言："昉等开修漳河，凡用九万夫。物料本不预备，官私应急，劳费百倍。逼人夫夜役，践踩田苗，发掘坟墓，残坏桑柘，不知其数。愁怨之声，流播道路，而昉等妄奏民间乐于工役。河北厢军，铲刷都尽，而昉等仍乞于洺州调急夫，又欲令役兵不分番次，其急切扰攘，至于如此。乞重行贬窜，以谢疲民。"中丞杨绘亦以为言。王安石为昉辨说甚力，后卒开之。五年，工毕，昉与大理寺丞李宜之、知洺州黄秉推恩有差。

七年六月，知冀州王庆民言："州有小漳河，向为黄河北流所壅，今河已东，乞开浚。"诏外都水监相度而已。

滹沱河源于西山，由真定、深州、乾宁，与御河合流。

神宗熙宁元年，河水涨溢，诏都水监、河北转运司疏治。六年，深州、祁州、永宁军修新河。八年正月，发夫五千人，并胡卢河增治之。

元丰四年正月，北外都水丞陈祐甫言："滹沱自熙宁八年以后，泛滥深州诸邑，为患甚大。诸司累相度不决，谓其下流旧入边吴、宜子淀，最为便顺，而屯田司惧填淤塘泺，烦文往复，无所适从。昨差官计之，若障入胡卢河，约用工千六百万，若治程昉新河，约用工六百万，若依旧入边吴等淀，约用工二十九万，其工费固已相远。乞严立期会，定归一策。"诏河北屯田转运司同北外都水丞司相视。

五年八月癸酉，前河北转运副使周革言："熙宁中，程昉于真定府中渡创系浮梁，增费数倍。既非形势控扼，请岁八九月易以版桥，至四五月防河即拆去，权用船渡。"从之。

御河源出卫州共城县百门泉，自通利、乾宁入界河，达于海。

神宗熙宁二年九月，刘彝、程昉言："二股河北流今已闭塞，然御河水由冀州下流，尚当疏导，以绝河患。"先是，议者欲于恩州武城县开御河约二十里，入黄河北流故道，下五股河，故命彝、昉相度。而通判冀州王庠谓，第开见行流处，下接胡卢河，尤便近。彝等又奏："如庠言，虽于河流为顺，然其间漫浅沮洳，费工犹多，不若开乌栏堤东北至大、小流港，横截黄河，入五股河，复故道，尤便。"遂命河北提举籴便粮草皮公弼、提举常平王广廉按视，二人议协，诏调镇、赵、邢、洺、磁、相州兵夫六万浚之，以寒食后入役。

三年正月，韩琦言："河朔累经灾伤，虽得去年夏秋一稔，疮痍未复。而六州之人，奔走河役，远者十一二程，近者不下七八程，比常岁劳费过倍。兼镇、赵两州，旧以次边，未尝免夫，一旦调发，人心不安。又于寒食后入役，比满一月，正妨农务。"诏河北都转运使刘庠相度，如可就寒食前入役，即亟兴工，仍相度最远州县，量减差夫，而辍修塘堤兵千人代其役。二月，琦又奏："御河漕运通流，不宜减大河夫役。"于是止令枢密院调兵三千，并都水监卒二千。三月，又益发壮城兵三千，仍诏提举官程昉等促迫功限。六月，河成，诏昉赴阙，迁宫苑副使。四年，命昉为都大提举黄、御等河。

八年，昉与刘珵言："卫州沙河湮没，宜自王供埽开浚，引大河水注之御河，以通江、淮漕运。仍置斗门，以时启闭。其利有五：王供危急，免河势变移而别开口地，一也。漕舟出汴，横绝沙河，免大河风涛之患，二也。沙河引水入于御河，大河涨溢，沙河自有限节，三也。御河涨溢，有斗门启闭，无冲注淤塞之弊，四也。德、博舟运，免数百里大河之险，五也。一举而五利附焉。请发卒万人，一月可成。"从之。

九年秋，昉奏毕功。中书欲论赏，帝令河北监司案视保明，大名安抚使文彦博覆实。十月，彦博言：

去秋开旧沙河，取黄河行运，欲通江、淮舟楫，彻于河北极边。自今春开口放水，后来涨落不定，所行舟筏皆轻载，有害无利，枉费功料极多。今御河上源，止是百门泉水，其势壮猛，至卫州以下，可胜三四百斛之舟，四时行运，未尝阻滞。堤防不至高厚，亦无水患。今乃取黄河水以益之，大即不能吞纳，必致决溢；小则缓漫浅涩，必致淤淀。凡上下千余里，必难岁岁开浚。况此河穿北京城中，利害易睹。今始初冬，已见阻滞，恐年岁间，反坏久来行运。倪谓通江、淮之漕，即尤不然。自江、浙、淮、汴入黄河，顺流而下，又合于御河，大约岁不过一百万斛。若自汴顺流径入黄河，达于北京，自北京而雇车乘，陆行入仓，约用钱五六千缗，却于御河装载赴边城，其省工役、物料及河清衣粮之费，不可胜计。

又去冬，外监丞欲于北京黄河新堤开置水口，以通行运，其策尤疏。此乃熙宁四年秋黄河下注御河之处，当时朝廷选差近臣，督役修塞，所费不赀。大名、恩冀之人，至今疮痍未平，今奈何反欲开口导水耶？都水监虽令所属相视，而官吏恐忤建谋之官，止作迁延，回报谓俟修固御河堤防，方议开置河口，况御河堤道，仅如蔡河之类，若欲吞纳河水，须如汴岸增修，犹恐不能制蓄。乞别委清强官相视利害，并议可否。又言："今之水官，尤为不职，容易建言，侥幸恩赏。朝廷便为主张，中外莫敢异议，事若不效，都无谴罚。臣谓更当选择其人，不宜令狂妄辈横费生民膏血。"

已而都水监言，运河乞置双闸，例放舟船实便，与彦博所言不同。十二月，命知制诰熊本与都水监、河北转运司官相视。本奏：

河北州军赏给茶货，以至应接沿边榷场要用之物，并自黄河运至黎阳出卸，转入御河，费用止于客军数百人添支而已。向者，朝廷曾赐米河北，亦于黎阳或马陵道口下卸，倒装转致，费亦不多。昨因程昉等擘画，于卫州西南，循沙河故迹决口置闸，凿堤引河，以通江、淮舟楫，而实边郡仓廪。自兴役至毕，凡用钱米、功料二百万有奇。今后每岁用物料一百一十六万，厢军一千七百余人，约费钱五万七千余缗。开河行水，才百余日，所过船筏六百二十五，而卫州界御河淤浅，已及三万八千余步；沙河左右民田，浸浸者几千顷，所免租税二千贯石有余。有费无利，诚如议者所论。

然尚有大者，卫州居御河上游，而西南当王供向著之会，所以捍黄河之患者，一堤而已。今穴堤引河，而置闸之地，才及堤身之半。询之土人云，自庆历八年后，大水七至，方其盛时，游波有平堤者。今河流安顺三年矣，设复矾水暴涨，则河身乃在闸口之上。以湍悍之势而无堤防之阻，泛滥冲溢，下合御河，臣恐垫溺之祸，不特在乎卫州，而濒御河郡县，皆罹其患矣。

夫此河之兴，一岁所济船筏，其数止此，而萌每岁不测之患，积无穷不赀之费，岂陛下所以垂世裕民之意哉！臣博采众论，究极利病，咸以谓葺故堤，堰新口，存新闸而勿治，庶可以销淤淀决溢之患，而省无穷之费。万一他日欲由此河转粟塞下，则暂开亟止，或可纾飞挽之劳。

未几，河果决卫州。

元丰五年，提举河北黄河堤防司言："御河狭隘，堤防不固，不足容大河分水，乞令纲运转入大河，而闭截徐曲。"既从之矣。明年，户部侍郎蹇周辅复请开拨，以通漕运，及令商旅舟船至边。是时，每有一议，朝廷辄下水官相度，或作或辍，迄莫能定。大抵自小吴埽决，大河北流，御河数为涨水所冒，亦或湮没。哲宗绍圣三年四月，河北都转运使吴安持始奏，大河东流，御河复出。诏委前都水丞李仲提举开导。

徽宗崇宁元年冬，诏侯临同北外都水丞司开临清县坝子口，增修御河西堤，高三尺，并计度西堤开置斗门，决北京、恩、冀、沧州、永静军积水入御河枯源。明年秋，黄河涨入御河，行流漫大名府馆陶县，败庐舍，复用夫七千，役二十一万余工修西堤，三月始毕，涨水复坏之。

政和五年闰正月，诏于恩州北增修御河东堤，为治水堤防，令京西路差借来年分沟河夫千人赴役。于是都水使者孟揆移拨十八埽官兵，分地步修筑，又取枣强上埽水口以下旧堤所管榆柳为桩木。

塘泺，缘边诸水所聚，因以限辽。河北屯田司、缘边安抚司皆掌之，而以河北转运使兼都大制置。凡水之浅深，屯田司季申工部。其水东起沧州界，拒海岸黑龙港，西至乾宁军，沿永济河合破船淀、灰淀、方淀为一水，衡广一百二十里，纵九十里至一百三十里，其深五尺。东起乾宁军、西信安军永济渠为一水，西合鹅巢淀、陈人淀、燕丹淀、大光淀、孟宗淀为一水，衡广一百二十里，纵三十里，或五十里，其深丈余或六尺。东起信安军永济渠，西至霸州莫金口，合水汶淀、得胜淀、下光淀、小兰淀、李子淀、大兰淀为一水，衡广七十里，或十五里或六里，其深六尺或七尺。东北起霸州莫金口，西南保定军父母砦，合粮料淀、迴淀为一水，衡广二十七里，纵八里，其深六尺。霸州至保定军并塘岸水最浅，故咸平、景德中，契丹南牧，以霸州、信安军为归路。东南起保安军，西北雄州，合百水淀、黑羊淀、小莲花淀为一水，衡广六十里，纵二十五里或十里，其深八尺或九尺。东起雄州，西至顺安军，合大莲花淀、洛阳淀、牛横淀、康池淀、畴淀、白羊淀为一水，衡广七十里，纵三十里或四十五里，其深一丈或六尺或七尺。东起顺安军，西边吴淀至保州，合齐女淀、劳淀为一水，衡广三十余里，纵百五十里，其深一丈三尺或一丈。起安肃、广信军之南，保州西北，畜沈苑河为塘，衡广二十里，纵十里，其深五尺，浅或三尺，曰沈苑泊。自保州西合鸡距泉、尚泉为稻田、方田，衡广十里，其深五尺至三尺，曰西塘泊。自何承矩以黄懋为判官，始开置屯田，筑堤储水为阻固，其后益增广之。凡并边诸河，若滹沱、胡卢、永济等河，皆汇于塘。

天圣以后，相循而不废，仍领于沿边屯田司。而当职之吏，各从其所见，或曰："有兵将在，契丹来，云无所事塘。自边吴淀西望长城口，尚百余里，皆山阜高仰，水不能至，契丹骑驰突，得此路足矣，塘虽距海，亦无所用。夫以无用之塘，而废可耕之田，则边谷贵，自困之道也。不如勿广，以息民为根本。"或者则曰："河朔幅员二千里，地平夷无险阻。契丹从西方入，放兵大掠，由东方而归，我婴城之不暇，其何以御之？自边吴淀至泥姑海口，绵亘七州军，屈曲九百里，深不可以舟行，浅不可以徒涉，虽有劲兵，不能度也。东有所阻，则甲兵之备，可以专力于其西矣。孰谓无益？"论者自是分为两歧，而廷朝以契丹出没无常，阻固终不可以废也。

仁宗明道二年，刘平自雄州徙知成德军，奏曰："臣向为沿边安抚使，与安抚都监刘志尝陈备边之略。臣今徙真定路，由顺安、安肃、保定州界，自边吴淀望赵旷川、长城口，乃契丹出入要害之地，东西不及一百五十里。臣窃恨圣朝七十余年，守边之臣，何可胜数，皆不能为朝廷预设深沟高垒，以为扼塞。臣闻太宗朝，尝有建请置方田者。今契丹国多事，兵荒相继，我乘此以引水植稻为名，开方田，随田塍四面穿沟渠，纵广一丈，深二丈，鳞次交错，两沟间屈曲为径路，才令通步兵。引曹河、鲍河、徐河、鸡距泉分注沟中，地高则用水车汲引，灌溉甚便。愿以刘志知广信军，与杨怀敏共主其事，数年之后，必有成绩。"帝遂密敕平与怀敏建方田。侍禁刘宗言又奏请种木于西山之麓，以法榆塞，云可以限契丹也。后刘平去真定，怀敏犹领屯田司。塘日益广，至吞没民田，荡涤丘墓，百姓始告病，乃有盗决以免水患者，怀敏奏立法依盗决堤防律。

景祐二年，怀敏知雄州，又请立木为水则，以限盈缩。宝元元年十一月己未，河北屯田司言："欲于石塚口导永济河水，以注缘边塘泊，请免所经民田税。"从之。时岁旱，塘水涸，怀敏虑契丹使至，测知其广深，乃壅界河水注之，塘复如故。

庆历二年三月己巳，契丹遣使致书，求关南十县。且曰："营筑长堤，填塞隘路，开决塘水，添置边军，既潜稔于猜嫌，虑难敦于信睦。"四月庚辰，复书曰："营筑堤埭，开决陂塘，昨缘霖潦之余，大为衍溢之患，既非疏导，当稍缮防，岂蕴猜嫌，以亏信睦。"辽使刘六符尝谓贾昌朝曰："南朝塘泺何为者哉？一苇可杭，投箠可平。不然，决其堤，十万土囊，遂可逾矣。"时议者亦请涸其地以养兵。帝问王拱辰，对曰："兵事尚诡，彼诚有谋，不应以语敌，此六符夸言尔。设险守国，先王不废，且祖宗所以限辽骑也。"帝深然之。

七月，契丹复议和好，约两界河淀已前开畎者并依旧外，自今已后，各不添展。其见堤堰水口，逐时决泄壅塞，量差兵夫，取便修叠疏导。非时霖潦，别至大段涨溢，并不在关报之限。是岁，刘沆言知顺安军，上言："屯田司浚塘水，漂招贤乡六千户。"

五年七月，初与契丹约，罢广两界塘淀。约既定，朝廷重生事，自是每边臣言利害，虽听许，必戒之以毋张皇，

使契丹有词。而杨怀敏独治塘益急，是月，怀敏密奏曰："前转运使沈邈开七汲口泄塘水，臣已亟塞之。知顺安军刘宗言闭五门蝶头港、下赤大涡柳林口漳河水，不使入塘，臣已复通之，令注白羊淀矣。邈、宗言朋党沮事如此，不谴诛无以惩后。"诏从怀敏奏，自今有妄乞改水口者，重责之。

嘉祐中，御史中丞韩绛言："宜祖已上，本籍保州，怀敏广塘水，侵皇朝远祖坟。近闻诏旨以钱二百千赐本宗使易葬，此亏薄国体尤甚，物论骇叹，愿请州县屏水患而已。"知雄州赵滋言："屯田司当徐河间筑堤断水，塘堤具存，可覆视也。宜开水窦六十尺，修石限以节之。"咸其奏。八年，河北提点刑狱张问言："视八州军塘，出土为堤，以畜西山之水，涉夏河溢，而民田无患。"亦施行焉。

神宗熙宁元年正月，复汾州西河泺。泺旧在城东，围四十里，岁旱以溉民田，雨以潴水，又有蒲鱼、菱芡之利，可给贫民。前转运使王沿废为田，人不以为便。至是，知杂御史刘述请复之。是岁，又遣程昉谕边臣营治诸泺，以备守御。

五年，东头供奉官赵忠政言："界河以南至沧州凡三百里，夏秋可徒涉，遇冬则冰合，无异平地。请自沧州东接海，西抵西山，植榆柳、桑枣，数年之间，可限契丹。然后施力耕种，益出租赋，以助边储。"诏程昉察视利害以闻。

六年五月，帝与王安石论王公设险守国，安石曰："《周官》亦有掌固之官，但多侵民田，恃以为国，亦非计也。太祖时未有塘泊，然契丹莫敢侵轶。"他日，枢密院官言："程昉放滹沱水，大惧填淤塘泺，失险固之利。"安石谓："滹沱旧入边吴淀，新入洪城淀，均塘泺也。何昔不言而今言乎？"盖安石方主昉等，故其论如此。

六年十二月癸酉，命河北同提点制置屯田使阎士良专兴修朴椿口，增灌东塘淀泺。先是，沧州北三堂等塘泺，为黄河所注，其后河改而泺塞。程昉尝请开琵琶湾引河水，而功不成。至是，士良请堰水绝御河，引西塘水灌之，故有是命。

七年六月丁丑，河北沿边安抚司上《制置沿边浚陂塘筑堤道条式图》，请付边郡屯田司。又言于沿边军城植柳莳麻，以备边用。并从之。

九年六月，高阳关言："信安、乾宁塘泺，昨因不收独流决口，至今干涸。"于是命河北东、西路分遣监司，视广狭浅深，具图本上。十年正月甲子，诏："比修契河北破缺塘堤，收匮水势。其信安军等处因塘水减涸，退出田土，已召人耕佃者复取之。"

元丰三年，诏谕边臣曰："比者契丹出没不常，不可全恃信约以为万世之安。况河朔地势坦平，略无险阻，殆非前世之比。惟是塘水实为碍塞，卿等当体朕意，协力增修，自非地势高仰，人力所不可施者，皆在滋广，用谨边防。盖功利近在目前而不为，良可惜也。"六年十二月，定州路安抚使韩绛言："定州界西自山麓，东接塘淀，绵地百余里，可潴水设险。"诏以引水灌田陂为名。哲宗元祐

中，大臣欲回河东流者，皆以北流坏塘泺为言，事见前篇。

徽宗大观二年十二月，诏曰："潴水为塘，以备泛滥，留屯营田，以实塞下，国家设官置吏，专总其事。州县习玩，岁久隳坏。其令屯田司循祖宗以来塘堤故迹修治之，毋得增益生事。"大抵河北塘泺，东距海，西抵广信、安肃，深不可涉，浅不可舟，故指为险固之地。其后淤淀干涸，不复开浚，官司利于稻田，往往泄去积水，自是堤防坏焉。

河北诸水，有通转饷者，有为方田限辽人者。太宗太平兴国六年正月，遣八作使郝守濬分行河道，抵于辽境者，皆疏导之。又于清苑界开徐河、鸡距河五十里入白河。自是关南之漕，悉通济焉。端拱二年，以左谏议大夫陈恕为河北东路招置营田使，魏羽为副使；右谏议大夫契知古为河北西路招置营田使，索湘为副使，欲大兴营田也。

先是，自雄州东际于海，多积水，契丹患之，未尝敢由此路入，每岁，数扰顺安军。议者以为宜度地形高下，因水陆之便，建阡陌，浚沟洫，益树五稼，所以实边廪而限契丹。雍熙后，数用兵，岐沟、君子馆败衄之后，河朔之民，农桑失业，多闲田，且戍兵增倍，故遣恕等经营之。恕密奏："戍卒皆堕游，仰食县官，一旦使冬被甲兵，春执耒耜，恐变生不测。"乃诏止令葺营堡，营田之议遂寝。

淳化二年，从河北转运使请，自深州新砦镇开新河，导胡卢河，分为一派，凡二百里抵常山，以通漕运。胡卢河源于西山，始自冀州新河镇入深州武彊县，与滹沱河合流，其后变徙，入大河。至神宗熙宁中，内侍程昉请开决引水入新河故道，诏本路遣官按视。永静军判官林伸、东光县令张言举言："新河地形高仰，恐害民田"昉言："地势最顺，宜无不便。"乃复遣刘玠、李直躬考实，而玠等卒如昉言，伸等坐贬官。

四年春，诏六宅使何承矩等督戍兵万八千人，自霸州界引滹沱水灌稻为屯田，用实军廪，且为备御焉。初，临津令黄懋上封事，盛称水田之利，乃以承矩洎内供奉官阎承翰、殿直张从古同制置河北缘边屯田事，仍以懋为大理寺丞，充屯田判官，其所经画，悉如懋奏。

真宗咸平四年，知静戎军王能请自姜女庙东决鲍河水，北入阎台淀，又自静戎之东，引北注三台、小李村，其水溢入长城口而南，又壅复北流而东入于雄州。五年，顺安军兵马都监马济复请自静戎军东，拥鲍河开渠入顺安军，又自顺安军之西引入威房军，置水陆营田于渠侧。济等言："役成，可以达粮漕，隔辽骑。"帝许之，独盐台淀稍高，恐决引非便，不从其议。因诏莫州部署石普并护其役，逾年功毕。帝曰："普引军壁马村以西，开凿深广，足以张大军势。若边城壁沟悉如此，则辽人仓卒难驰突而易追袭矣。"其年，河北转运使耿望开镇州常山镇南河水入洨河至赵州，有诏褒之。三月，西京左藏库使知白白请于泥姑海口、章口复置海作务造舟，令民入海捕鱼，因侦平州机事。异日王师征讨，亦可由此进兵，以分敌势。先是，置船务，以近海之民与辽人往还，辽人尝泛舟直入

千乘县，亦疑有乡导之者，故废务。至是，令转运使条上利害。既而以为非便，罢之。

景德元年，北面都钤辖阎承翰自嘉山东引唐河三十二里至定州，酾而为渠，直蒲阴县东六十二里会沙河，径边吴泊，遂入于界河，以达方舟之漕。又引保州赵彬堰徐河水入鸡距泉，以息挽舟之役，自是朔方之民，灌溉饶益，大蒙其利矣。八月，诏沧州、乾宁军谨视斗门水口，壅潮水入御河东塘堰，以广溉荫。四年五月，知雄州李允则决渠为水田，帝以渠接界河，罢之。因下诏曰："顷修国好，听其盟约，不欲生事，姑务息民。自今边城止可修葺城壕，其余河道，不得辄有浚治。"

大中祥符七年四月，泾原都钤辖曹玮言："渭北有古池，连带山麓，今浚为渠，令民导以溉田。"六月，知永兴军陈尧咨导龙首渠入城，民庶便之。并诏嘉奖。天禧末，诸州屯田总四千二百余顷，而河北屯田岁收二万九千四百余石，保州最多，逾其半焉。江、淮、两浙承伪制，皆有屯田，克复后，多赋与民输租，第存其名。在河北者虽有其实，而岁入无几，利在畜水以限辽骑而已。

仁宗天圣四年闰五月，陕西转运使王博文等言："准敕相度开治解州安邑县至白家场永丰渠，行舟运盐，经久不至劳民。按此渠自后魏正始二年，都水校尉元清引平坑水西入黄河以运盐，故号永丰渠。周、齐之间，渠遂废绝。隋大业中，都水监姚暹决堰浚渠，自陕郊西入解县，民赖其利。及唐末至五代乱离，迄今湮没，水甚浅涸，舟楫不行。"诏三司相度以闻。

神宗即位，志在富国，故以劝农为先。熙宁元年六月，诏诸路监司："比岁所在陂塘湮没，濒江圩埠浸坏，沃壤不得耕，宜访其可兴者，劝民兴之，具所增田亩税赋以闻。"二年十月，权三司使吴充言："前宜城令朱纮，治平间修复木渠，不费公家束薪斗粟，而民乐趋之。渠成，溉田六千余顷，数邑蒙其利。"诏迁纮大理寺丞，知比阳县。或云纮之木渠，绕山度溪以行水，数勤民而终无功。

十一月，制置三司条例司具《农田利害条约》，诏颁诸路："凡有能知土地所宜种植之法，及修复陂湖河港，或元无陂塘、圩埠、堤堰、沟洫而可以创修，或水利可及众而为人所擅有，或田去河港不远，为地界所隔，可以均济流通者；县有废田旷土，可纠合兴修，大川沟渎浅塞荒秽，合行浚导，及陂塘堰埭可以取水灌溉，若废坏可兴治者，各述所见，编为图籍，上之有司。其土田迫大川，数经水害，或地势污下，雨潦所钟，要在修筑圩埠、堤防之类，以障水潦，或疏导沟洫、畎浍，以泄积水。县不能办，州为遣官，事关数州，具奏取旨。民修水利，许贷常平钱谷给用。"初，条例司奏遣刘彝等八人行天下，相视农田水利，又下诸路转运司各条上利害，又诏诸路各置相度农田水利官。至是，以《条约》颁焉。

秘书丞侯叔献言："汴岸沃壤千里，而夹河公私废田，略计二万余顷，多用牧马。计马而牧，不过用地之半，则是万有余顷常为不耕之地。观其地势，利于行水。欲于汴河两岸置斗门，泄其余水，分为支渠，及引京、索河并三十六陂，以灌溉田。"诏叔献提举开封府界常平，使行之，

而以著作佐郎杨汲同提举。叔献又引汴水淤田，而祥符、中牟之民大被水患，都水监或以为非。

三年三月，帝谓王安石、韩绛曰："都水沮坏淤田者，以侵其职事尔。"安石曰："必欲任属，当以杨汲为都水监。今每事禀于沈立、张巩，何能办集。"七月，帝闻淤田多浸民田稼、屋宇，令内侍冯宗道往视，宗道以说者为妄。八月，叔献、汲并权都水监丞、提举沿汴淤田。

九月戊申，遣殿中丞陈世修乘驿经度陈、颍州八丈沟故迹。初，世修言："陈州项城县界蔡河东岸有八丈沟，或断或续，迤逦东去，由颍及寿，绵亘三百五十余里，乞因其故道，量加浚治。兴复大江、次河、射虎、流龙、百尺等陂塘，导水行沟中，棋布灌溉，俾数百里复为稻田，则其利百倍。"绘图来上，帝意向之。王安石曰："世修言引水事即可试，八丈沟新河则不然。昔邓艾不赖蔡河漕运，故能并水东下，大兴水田。厥后既分水以注蔡河，又有新修闸以限之，与昔不同。惟无所用水，即水可并而沟可复矣。"故先命世修相度。

四年三月，帝语侍臣："中人视麦者，言淤田甚佳，有未淤不可耕之地，一望数百里。独枢密院以淤田无益，谓其薄如饼。"安石曰："就令薄，固可再淤，厚而后止。"是月，帝以庆州军乱，召执政对资政殿。冯京曰："府界既淤田，又行免役，作保甲，人极劳弊。"帝："淤田于百姓何苦?闻土细如面。"王安石曰："庆卒之变，陛下旰食。大臣宜于此时共图消弭，乃合为浮议，归咎淤田、保甲，了不相关，此非待至明而后察也。"十月，前知襄州光禄卿史炤言："开修古淳河一百六里，灌田六千六百余顷，修治陂堰，民已获利，虑州县遽欲增税。"诏三司应兴修水利，呈开荒梗，毋增税。

五年二月侯叔献等言："民愿买官淤田者七十余户，已分赤淤、花淤等，及定其直各有差，仍于次年起税。若愿增钱者，不以投状先后给之。"五月，御史张商英言："尝闻献议者请开邓州穰县永国渠，引湍河水灌溉民田，失邵信臣故道，凿焦家庄，地势偏仰，水不通流。"诏京西路覆实，遣程昉领其事。昉刬河去疏土，筑为巨堰。水行再岁，会霖雨，溪谷合流大涨，堰下土疏恶，莫能御，由此废不复治。闰七月，程昉奏引漳、洺河淤地凡二千四百余顷，帝曰："灌溉之利，农事大本，但陕西、河东民素不习此，苟享其利，后必乐趋。三白渠为利尤大，有旧迹，可极力修治。凡疏积水，须自下流开导，则畎浍易治。《书》所谓'浚畎浍距川'是也。"

时人人争言水利。提举京西常平陈世修乞于唐州引淮水入东西邵渠，灌注九子等十五陂，溉田二百里。提举陕西常平沈披乞复京兆府武功县古迹六门堰，于石渠南二百步傍为土洞，以木为门，回改河流，溉田三百四十里。大抵迂阔少效。披坐前为两浙提举，开常州五泻堰不当，法寺论之，至是降一官。十一月，陕西提举常平杨蟠议修郑、白渠，诏都水丞周良孺相视。乃自石门堰泾水开新渠，至三限口以合白渠。王安石请捐常平息钱助民兴作，帝曰："纵用内帑钱，亦何惜也。"

六年三月，程昉言："得共城县旧河槽，若疏导入三渡河，可灌西蚍稻田。"从之。五月，诏："诸创置水硙碾硾妨灌溉民田者，以违制论。"命赞善大夫蔡朦修永兴军白渠。八月，程昉欲引水淤漳旁地，王安石以为长利，须及冬乃可经画。九月丙辰，赐侯叔献、杨汲府界淤田各十顷。十月，命叔献理提点刑狱资序，周良孺与升一任，皆赏淤田之劳也。阳武县民邢晏等三百六十四户言："田沙碱瘠薄，乞淤溉，候淤深一尺，计亩输钱，以助兴修。"诏与淤溉，勿输钱。

十二月，河北提举常平韩宗师论程昉十六罪，盛陶亦言昉。帝以问安石，安石请令昉、宗师及京东转运司各差官同考实以闻。还奏得良田万顷，又淤四千余顷。于是进呈。宗师疏至言："昉奏百姓乞淤田，实未尝乞。"帝曰："此小失，何罪，但不知淤田如何尔?"安石曰："今检到好田万顷，又淤四千余顷，陛下以为不知，臣实未喻。"帝曰："昉修漳河，漳河岁决；修滹沱，又无下尾。"安石力为辨说。已而宗师与昉皆落罪。他日，帝论唐太宗能受谏，安石因言："陛下判功罪不及太宗。如程昉开闭四河，除漳河、黄河外，尚有溉淤及退出田四万余顷。自秦以来，水利之功，未有及此。止转一官，又令与韩宗师同放罪，臣恐后世有以议圣德。"安石右昉，大率类此。

是时，原武等县民因淤田坏庐舍坟墓，妨秋稼，相率诣阙诉。使者闻之，急责县令追呼，将杖之。民谣云："诣阙谢平。"使者因为民谢表，遣二吏诣鼓院投之，安石大喜。久之，帝始知雍丘等县淤田清水颇害民田，诏提举常平官视民耕地，蠲税一料。枢密院奏："淤田役兵多死，每一指挥，仅存军员数人。"下提点司密究其事，提点司言："死事者数不及三厘。"

七年正月，程昉言："沧州增修西流河堤，引黄河水淤田种稻，增灌塘泊，并深州开引滹沱水淤田，及开回胡卢河，并回滹沱河下尾。"六月，金州西城县民葛德出私财修长乐堰，引水灌溉乡户土田，授本州司士参军。八月甲戌，诏司农寺具所兴修农田水利次第。九月，又诏："籍所兴水利，自今遣使体访，其不实不当者，案验以闻。"从侍御史张琥请也。十一月壬寅，知谏院邓润甫言："淤田司引河水淤酸枣、阳武县田，已役夫四五十万，以地下难淤而止。相度官吏初不审议，妄兴夫役，乞加绌罚。"诏开封劾元检计按覆官。丁未，同知谏院范百禄言："向者都水监丞王孝先献议，于同州朝邑县界畎黄河，淤安昌等处碱地。及放河水，而碱地高原不能及，乃灌注朝邑县长丰乡永丰等十社千九百户秋苗田三百六十余顷。"诏蠲被水户夏税。是岁，知耀州阎充国募流民治漆水堤。

八年正月，程昉言："开滹沱、胡卢河直河淤田等部役官吏劳绩，别为三等，乞推恩。"从之。三月庚戌，发京东常平米，募饥民修水利。四月，管辖京东淤田李孝宽言："矶山涨水甚浊，乞开四斗门，引以淤田，权罢漕运再旬。"从之。深州静安令任迪乞俟来年刈麦毕，全放滹沱、胡卢两河，又引永静军双陵口河水，淤溉南北岸二万七千余顷，河北安抚副使沈披请治保州东南沿边陆地为水田，皆从之。闰四月丁未，提点秦凤等路刑狱郑民宪请于熙州南关以南开渠堰，堰引洮水并东山直北通下至北关,并自通远军熟羊砦导渭河至军溉田。诏民宪经度,如可作陂,即募京西、江南陂匠以往。

五月乙酉,右班殿直、干当修内司杨琰言:"开封、陈留、咸平三县种稻,乞于陈留界旧汴河下口,因新旧二堤之间修筑水塘,用碎甓筑虚堤五步以来,取汴河清水入塘灌溉。"从之。七月,江宁府上元县主簿韩宗厚引水溉田二千七百余顷,迁光禄寺丞。太原府草泽史守一修晋祠水利,溉田六百余顷。八月,知河中府陆经奏,管下淤官私田约二千余顷,下司农覆实。九月癸未,提举出卖解盐张景温言:"陈留等八县碱地,可引黄、汴河水淤溉。"诏次年差夫。十二月癸丑,侯叔献言:"刘瑾相度淮南合兴修水利,仅十万余顷,皆出运河,乞候开河毕工,以水利司钱募民修筑圩埠。"

九年八月,程师孟言:"河东多土山高下,旁有川谷,每春夏大雨,众水合流,浊如黄河矾山水,俗谓之天河水,可以淤田。绛州正平县南董村旁有马壁谷水,尝诱民置地开渠,淤瘠田五百余顷。其余州县有天河水及泉源处,亦开渠筑堰。凡九州二十六县,新旧之田,皆为沃壤,嘉祐五年毕功,缋成《水利图经》二卷,迄今十七年矣。闻南董村田亩旧直三两千,收谷五七斗。自灌淤后,其直三倍,所收至三两石。今臣权领都水淤田,窃见累岁淤京东、西碱卤之地,尽成膏腴,为利极大。尚虑河东犹有荒瘠之田,可引天河淤溉者。"于是遣都水监丞耿琬淤河东路田。

十年六月,师孟、琬引河水淤京东、西沿汴田九千余顷;七月,前权提点开封府界刘淑奏淤田八千七百余顷;三人皆减磨勘年以赏之。九月,入内内侍省都知张茂则言:"河北东、西路夏秋霖雨,诸河决溢,占压民田。"诏委官开畎。

元丰元年二月,都大提举淤田司言:"京东、西淤官私瘠地五千八百余顷,乞差使臣管干。"许之。四月,诏:"辟废田、兴水利、建立堤防、修贴圩埠之类,民力不给者,许贷常平钱谷。"六月,京东路体量安抚黄廉言:"梁山张泽两泺,十数年来淤淀,每岁泛浸近城民田,乞自张泽泺下流浚至滨州,可泄壅滞。"从之。十二月壬申,二府奏事,语及淤田之利。帝曰:"大河源深流长,皆山川膏腴渗漉,故灌溉民田,可以变斥卤而为肥沃。朕取淤土亲尝,极为润腻。"二年,导洛通汴。六月,罢沿汴淤田司。十二月辛酉,置提举定州路水利司。二年,知潍州杨采开白浪河。

哲宗元祐以后,朝廷方务边事,水利亦浸缓矣。四年二月甲辰,诏:"濒河州县,积水占田,在任官能为民沟畎疏导,退出良田百顷至千顷以上者,递赏之,功利大者取特旨。"四年六月乙丑,知陈州胡宗愈言:"本州地势卑下,秋夏之间,许蔡汝邓、西京及开封诸处大雨,则诸河之水,并由陈州沙河、蔡河同入颍河,不能容受,故境内潴为陂泽。今沙河合入颍河处,有古八丈沟,可以开浚,分决蔡河之水,自为一支,由颍、寿界直入于淮,则沙河之水虽甚汹涌,不能壅遏。"诏可。

徽宗建中靖国元年十一月庚辰,敕书略曰:"熙宁、元丰中,诸路专置提举官,兼领农田水利,应民田堤防灌溉之利,莫不修举。近多因循废弛,虑岁久日更隳坏,命典者以时检举推行。"

崇宁二年三月,宰臣蔡京言:"熙宁初,修水土之政,元祐例多废弛。绍复先烈,当在今日。如荒闲可耕,瘠卤可腴,陆可为水,水可为陆,陂塘可修,灌溉可复,积潦可泄,圩埠可兴,许民具陈利害。或官为借贷,或自备工力,或从官办集。如能兴修,依格酬奖,事功显著,优与推恩。"从之。

三年十月,臣僚言:"元丰官制,水之政令,详立法之意,非徒为穿塞开导、修举目前而已,凡天下水利,皆在所掌。在今尤急者,如浙右积水,比连震泽,未有归宿,此最宜讲明而未之及者也。愿推广元丰修明水政,条具以闻。"从之。

岷江水发源处古导江,今为永康军。《汉史》所谓秦蜀守李冰始凿离堆,辟沫水之害,是也。

沫水出蜀西徼外,今阳山江、大皂江皆为沫水,入于西川。始,嘉、眉、蜀、益间,夏潦洋溢,必有溃暴冲决可畏之患。自凿离堆以分其势,一派南流为成都以合岷江,一派由永康至泸州以合大江,一派入东川,而后西川沫水之害减,而耕桑之利博矣。

皂江支流迤北曰都江口,置大堰,疏北流为三:曰外应,溉永康之导江、成都之新繁,而达于怀安之金堂;东北曰三石洞,溉导江与彭之九陇、崇宁、濛阳,而达于汉之雒;东南曰马骑,溉导江与彭之崇宁、成都之郫、温江、新都、新繁、成都、华阳。三流而下,派别支分,不可胜纪,其大者十有四:自外应而分,曰保堂,曰仓门;自三石洞曰将军桥,曰灌田,曰雒源;自马骑曰石址,曰豉夔,曰道溪,曰东穴,曰投龙,曰北,曰樽下,曰玉徙。而石渠之水,则自离堆别而东,与上下马骑、乾溪合。凡为堰九:曰李光,曰鹰村,曰百丈,曰石门,曰广济,曰颜上,曰弱水,曰济,曰导,皆以堤摄北流,注之东而防其决。离堆之南,实支流故道,以竹笼石为大堤,凡七垒,如象鼻状以捍之。离堆之趾,旧镌石为水则,则盈一尺,至十而止。水及六则,流始足用,过则从侍郎堰减水河泄而归于江。岁作侍郎堰,必以竹为绳,自北引而南,准水则第四以为高下之度。江道既分,水复湍暴,沙石填委,多成滩碛。岁暮水落,筑堤壅水上流,春正月则役工浚治,谓之"穿淘"。

元祐间,差宪臣提举,守臣提督,通判提辖。县各置籍,凡堰高下、阔狭、浅深,以至灌溉顷亩、夫役工料及监临官吏,皆注于籍,岁终计效,赏如格。政和四年,又因臣僚之请,检计修作不能如式以致决坏者,罚亦如之。大观二年七月,诏曰:"蜀江之利,置堰溉田,旱则引灌,涝则疏导,故无水旱。然岁计修堰之费,敷调于民,工作之人,并缘为奸,滨江之民,困于骚动。自今如敢妄有检计,大为工费,所剩坐赃论,入己准自盗法,许人告。"

兴元府褒斜谷口,古有六堰,浇溉民田,顷亩浩瀚。每春首,随食水户田亩多寡,均出夫力修葺。后经靖康之乱,民力不足,夏月暴水,冲损堰身。绍兴二十二年,利州东路帅臣杨庚奏谓："若全资水户修理，农忙之时，恐致重困。欲过夏月，于见屯将兵内差不入队人，并力修治，庶几便民。"从之。

兴元府山河堰灌溉甚广，世传为汉萧何所作。嘉祐中，提举常平史炤奏上堰法，获降敕书，刻石堰上。中兴以来，户口凋疏，堰事荒废，累增修葺，旋即决坏。乾道七年，遂委御前诸军统制吴拱经理，发卒万人助役，尽修六堰，浚大小渠六十五，复见古迹，并用水工准法修定。凡溉南郑、褒城田二十三万余亩，昔之瘠薄，今为膏腴。四川宣抚王炎表称拱宣力最多，诏书褒美焉。

卷九十六　　志第四十九

河　渠　六

东南诸水上

开宝间，议征江南。诏用京西转运使李符之策，发和州丁夫及乡兵凡数万人，凿横江渠于历阳，令符督其役。渠成，以通漕运，而军用无阙。

八年，知琼州李易上言："州南五里有度灵塘，开修渠堰，溉水田三百余顷，居民赖之。"

初，楚州北山阳湾尤迅急，多有沈溺之患。雍熙中，转运使刘蟠议开沙河，以避淮水之险，未克而受代。乔维岳继之，开河自楚州至淮阴，凡六十里，舟行便之。

天禧元年，知昇州丁谓言："城北有后湖，往时岁旱水竭，给为民田，凡七十六顷，出租钱数百万，荫溉之利遂废。令欲改田除租，迹旧制，复治岸畔，疏为塘陂以畜水，使负郭无旱岁，广植蒲芡，养鱼鳖，纵贫民渔采。"又明州请免濠池及慈溪、鄞县陂湖年课，许民射利。诏并从之。

二年，江、淮发运使贾宗言："诸路岁漕，自真、扬入淮、汴，历堰者五，粮载烦于剥卸，民力罢于牵挽，官私船舰，由此速坏。今议开扬州古河，缭城南接运渠，毁龙舟、新兴、茱萸三堰，凿近堰漕路，以均水势。岁省官费十数万，功利甚厚。"诏屯田郎中梁楚、阁门祗候李居中按视，以为当然。明年，役既成，而水注新河，与三堰平，漕船无阻，公私大便。

四年，淮南劝农使王贯之导海州石闼堰水入涟水军，溉民田；知定远县江泽、知江阴军崔立率民修废塘，浚古港，以灌高仰之地。并赐诏奖焉。

神宗熙宁元年十月，诏："杭之长安、秀之杉青、常之望亭三堰，监护使臣并以'管干河塘'系衔，常同所属令佐，巡视修固，以时启闭。"从堤举两浙开修河渠胡淮之请也。

二年三月甲申，先是，凌民瞻建议废吕城堰，又即望亭堰置闸而不用。及因浚河，骤败古泾函、石闸、石砐，

河流益阻，百姓劳弊，至是，民瞻等贬降有差。

六年五月，杭州於潜县令郏亶言："苏州环湖地卑多水，沿海地高多旱，故古人治水之迹，纵则有浦，横则有塘，又有门堰、泾沥而棋布之。今总二百六十余所。欲略循古人之法，七里为一纵浦，十里为一横塘，又因出土，以为堤岸，度用夫二十万。水治高田，旱治下泽，不过三年，苏之田毕治矣。"十一月，命亶兴修水利。然措置乖方，民多愁怨，仅及一年，遂罢两浙工役。又数月，中书检正沈括复言："浙西泾浜浅涸，当浚；浙东堤防川渎堙没，当修。请下司农贷缗募役。"从之，仍命括相度两浙水利。

九年正月壬午，刘瑾言："扬州江都县古盐河、高邮县陈公塘等湖，天长县白马塘沛塘、楚州宝应县泥港射马港、山阳县渡塘沟龙兴浦、淮阴县青州涧、宿州虹县万安湖小河、寿州安丰县芍陂等，可兴置，欲令逐路转运司选官覆按。"从之。

元丰五年九月，淮南监司言："舒州近城有大泽，出灊山，注北门外。比者，暴水漂居民，知州杨希元筑捍水堤千一百五十丈，置泄水斗门二，遂免淫潦入城之患。"并玺书奖谕。

六年正月戊辰，开龟山运河，二月乙未告成，长五十七里，阔十五丈，深一丈五尺。初，发运使许元自洪阴开新河，属之洪泽，避长淮之险，凡四十九里。久而浅涩，熙宁四年，皮公弼请复浚治，起十一月壬寅，尽明年正月丁酉而毕，人便之。至是，发运使罗拯复欲自洪泽而上，凿龟山里河以达于淮，帝深然之。会发运使蒋之奇入对，建言："上有清汴，下有洪泽，而风浪之险止百里淮，迩岁溺公私之载不可计。凡诸道转输，涉湖行江，已数千里，而覆败于此百里间，良为可惜。宜自龟山蛇浦下属洪泽，凿左肋为复河，取淮为源，不置堰闸，可免风涛覆溺之患。"帝遣都水监丞陈祐甫经度。祐甫言："往年田棐任淮南提刑，尝言开河之利。其后淮阴至洪泽，竟开新河，独洪泽以上，未克兴役。今既不用闸蓄水，惟随淮面高下，开深河底，引淮通流，形势为便。但工费浩大。"帝曰："费虽大，利亦博矣。"祐甫曰："异时，淮中岁失百七十艘。若捐数年所损之费，足济此役。"帝曰："损费尚小，如人命何。"乃调夫十万开治，既成，命之奇撰记，刻石龟山，后至建中靖国初，之奇同知枢密院，奏："淮水浸淫，冲刷堤岸，渐成垫缺，请下发运司及时修筑。"自是，岁以为常。

是年，将作监主簿李湜言："鼎、澧等州，宜开沟洫，置斗门，以便民田。"诏措置以闻。七年十月，浚真、楚运河。

哲宗元祐四年，知润州林希奏复吕城堰，置上下闸，以时启闭。其后，京口、瓜州、犇牛皆置闸。是岁，知杭州苏轼浚茆山、盐桥二河，分受江潮及西湖水，造堰闸，以时启闭。初，杭近海，患水泉咸苦，唐刺史李泌始导西湖，作六井，民以足用。及白居易复浚西湖，引水入运河，复引溉田千顷。湖水多葑，自唐及钱氏后废而不理。至是，葑积二十五万余丈，而水无几。运河失湖水之利，

取给于江潮，潮水淤河，泛溢阛阓，三年一浚，为市井大患，故六井亦几废。轼既浚二河，复以余力全六井，民获其利。

十二月，京东转运司言："清河与江、浙、淮南诸路相通，因徐州吕梁、百步两洪湍浅险恶，多坏舟楫，由是水手、牛驴、摔户、盘剥人等，邀阻百端，商贾不行。朝廷已委齐州通判滕希靖、知常州晋陵县赵竦度地势穿凿。今若开修月河石堤，上下置闸，以时开闭，通放舟船，实为长利。乞遣使监督兴修。"从之。

绍圣二年，诏"武进、丹阳、丹徒县界沿河堤岸及石砬、石木沟，并委令佐检察修护，劝诱食利人户修葺。任满，稽其勤惰而赏罚之。"从工部之请也。

四年四月，水部员外郎赵竦请浚十八里河，令贾种民相度吕梁、百步洪，添移水磨。诏发运并转运司同视利害以闻。

元符元年正月，知润州王愈建言："吕城堋常宜车水入澳，灌注闸身以济舟。若舟沓至而力不给，许量差牵驾兵卒，并力为之。监官任满，水无走泄者赏，水未应而辄开闸者罚，守贰、令佐，常觉察之。"诏可。

三月甲寅，工部言："淮南开河所开修楚州支家河，导涟水与淮通。"赐名通涟河。

二年闰九月，润州京口、常州犇牛澳闸毕工。先是，两浙转运判官曾孝蕴献澳闸利害，因命孝蕴提举兴修，仍相度立启闭日限之法。

三年二月，诏："苏、湖、秀州，凡开治运河、港浦、沟涔，修垒堤岸，开置斗门、水堰等，许役开江兵卒。"

徽宗崇宁元年十二月，置提举淮、浙澳闸司官一员，掌杭州至扬州瓜洲澳闸，凡常、润、杭、秀、扬州新旧等闸，通治之。

崇宁二年初，通直郎陈仲方别议浚吴松江，自大通浦入海，计工二百二十二万七千有奇，为缗钱、粮斛十八万三千六百，乞置干当官十员。朝廷下两浙监司详议，监司以为可行。时又开青龙江，役夫不胜其劳，而提举常平徐确谓："三州开江兵卒千四百人，使臣二人，请就令护察已开之江，遇潮沙淤淀，随即开淘；若他役者，以违制论。"确与监司往往较赏，人以为滥。

十二月，诏淮南开修遇明河，自真州宣化镇江口至泗州淮河口，五年毕工。

明年三月，诏曰："昨二浙水灾，委官调夫开江，而总领无法，役人暴露，饮食失所，疾病死亡者众。水仍为害，未尝充实按罪，反蒙推赏，何以厌塞百姓怨咨。"乃下本路提刑司体量。提刑司言："开浚吴松、青龙江，役夫五万，死者千一百六十二人，费钱米十六万九千三百四十一贯石，积水至今未退。"于是元相度官转运副使刘何等皆坐贬降。

四年正月，以仓部员外郎沈延嗣提举开修青草、洞庭直河。

大观元年五月，中书舍人许光凝奏："臣向在姑苏，遍询民吏，皆谓欲去水患，莫若开江浚浦。盖太湖在诸郡间，必导之海然后水有所归。自太湖距海，有三江，有诸浦，能疏涤江、浦，除水患犹反掌耳。今境内积水，视去岁损二尺，视前岁损四尺，良由初开吴松江，继浚八浦之力也。吴人谓开一江有一江之利，浚一浦有一浦之利。愿委本路监司，与谙晓水势精强之吏，遍诣江、浦，详究利害，假以岁月，先为之备。然后兴夫调役，可使公无费财，而岁供常足；人不告劳，而民食不匮，是一举而获万世之利也。"诏吴择仁相度以闻，开江之议复兴矣。

十一月，诏曰："《禹贡》：'三江既导，震泽底定。'今三江之名，既失其所，水不趋海，故苏、湖被患。其委本路监司，选择能臣，检按古迹，循导使之趋下，并相度圩岸以闻。"于是复诏陈仲方为发运司属官，再相度苏州积水。

二年八月，诏："常、润岁旱河浅，留滞运船，监司督责浚治。"三年，两浙监司言："承诏案古迹，导积水，今请开淘吴松江，复置十二闸。其余浦闸、沟港、运河之类，以次增修。若田被水围，劝民自行修治。"章下工部，工部谓："今所具三江，或非禹迹；又吴松江散漫，不可开淘泄水。"遂命诸司再相度以闻。

四年八月，臣僚言："有司以练湖赐茅山道观，缘润州田多高仰，及运渠、夹冈水浅易涸，赖湖以济，请别用天荒江涨沙田赐之，仍令提举常平官考求前人规画修筑。"从之。十月，户部言："乞如两浙常平司奏，专委守、令籍古潴水之地，立堤防之限，俾公私毋得侵占。凡民田不近水者，略仿《周官》遂人、稻人沟防之制，使合众力而为之。"诏可。

政和元年，知陈州霍端友言："陈地污下，久雨则积潦害稼。比疏新河八百里，而去淮尚远，水不时泄。请益开二百里，起西华，循宛丘，入项城，以达于淮。"从之。

政和元年十月，诏苏、湖、秀三州治水，创立圩岸，其工费许给越州鉴湖租赋。已而升苏州为平江府，润州为镇江府。

二年七月，兵部尚书张阁言："臣昨守杭州，闻钱塘江自元丰六年泛溢之后，潮汛往来，率无宁岁。而比年水势稍改，自海门过赭山，即回薄岩门、白石一带北岸，坏民田及盐亭、监地，东西三十余里，南北二十余里。江东距仁和监止及三里，北趣赤岸瓯口二十里。运河正出临平下塘，西入苏、秀，若失障御，恐他日数十里膏腴平陆，皆溃于江，下塘田庐，莫能自保，运河中绝，有害漕运。"诏亟修筑之。

四年二月，工部言："前太平州判官卢宗原请开修自江州至真州古来河道湮塞者凡七处，以成运河，入浙西一百五十里，可避一千六百里大江风涛之患；又可就土兴筑自古江水浸没膏腴田，自三百顷至万顷者凡九所，计四万二千余顷，其三百顷以下者又过之。乞依宗原任太平州判官日已兴政和圩田例，召人户自备财力兴修。"诏沈鏻等相度措置。

六年闰正月，知杭州李偃言："汤村、岩门、白石等处并钱塘江通大海，日受两潮，渐至侵啮。乞依六和寺岸，用石砌叠。"乃命刘既济修治。

八月，诏："镇江府傍临大江，无港澳以容舟楫，三年间覆溺五百余艘。闻西有旧河，可避风涛，岁久湮废，宜令发运司浚治。"

是年，诏曰："闻平江三十六浦内，自昔置闸，随潮启闭，岁久埋塞，致积水为患。其令守臣庄徽专委户曹赵霖讲究利害，导归江海，依旧置闸。"于是，发运副使应安道言："凡港浦非要切者，皆可徐议。惟当先开崑山县界茜泾塘等六所；秀之华亭县，欲并循古法，尽去诸堰，各置小斗门；常州、镇江府、望亭镇，仍旧置闸。"八月，诏户曹赵霖相度役兴，而两淛扰甚。七年四月己未，尚书省言："卢宗原浚江，虑成搔扰。"诏权罢其役，赵霖别与差遣。

重和元年二月，前发运副使柳庭俊言："真扬楚泗、高邮运河堤岸，旧有斗门水闸等七十九座，限则水势，常得其平，比多损坏。"诏检计修复。六月，诏："两淛霖雨，积水多浸民田，平江尤甚，由未浚港浦故也。其复以赵霖为提举常平，措置救护民田，振恤人户，毋令流移失所。"八月，诏加霖直秘阁。

宣和元年二月，臣僚言："江、淮、荆、汉间，荒瘠弥望，率古人一亩十钟之地，其堤阏、水门、沟洫之迹犹存。近绛州民吕平等诣御史台诉，乞开浚熙宁旧渠，以广浸灌，愿加税一等。则是近世陂池之利且废矣，何暇复古哉。愿诏常平官，有兴修水利功效明白者，亟以名闻，特与褒除，以励能者。"从之。

八月，提举专切措置水利农田所奏："淛西诸县各有陂湖、沟港、泾浜、湖泺，自来蓄水灌溉，及通舟楫，望令打量官按其地名、丈尺、四至，并镌之石。"从之。

三月，赵霖坐增修水利不当，降两官。六月，诏曰："赵霖兴修水利，能募被水艰食之民，凡役工二百七十八万二千四百有奇，开一江、一港、四浦、五十八溇，已见成绩，进直徽猷阁，仍复所降两官。"

宣和二年九月，以真、扬等州运河浅涩，委陈亨伯措置。三年春，诏发运副使赵亿以车畎水运河，限三月中三十纲到京。宦者李琮言："真州乃外江纲运会集要口，以运河浅涩，故不能速发。按南岸有泄水斗门八，去江不满一里。欲开斗门河身，去江十丈筑软坝，引江潮入河，然后倍用人工车畎，以助运水。"从之。

四月，诏曰："江、淮漕运尚矣。春秋时，吴穿邗沟，东北通射阳湖，西北至末口。汉吴王濞开邗沟，通运海陵。隋开邗沟，自山阳至扬子入江。雍熙中，转运使刘蟠以山阳湾迅急，始开沙河以避险阻。天禧中，发运使贾宗始开扬州古河，缭城南接运渠，毁三堰以均水势。今运河岁浅涩，当询访故道，及今河形势与陂塘潴水之地，讲究措置悠久之利，以济不通。可令发运使陈亨伯、内侍谭稹条具措置以闻。"

八月，臣僚言："比缘淮南运河水涩逾半岁，禁纲舟篙工附载私物，今河水增涨，其令如旧。"

初，淮南连岁旱，漕运不通，扬州尤甚，诏中使按视，欲浚河与江、淮平。会两浙有方腊之乱，内侍童贯为宣抚使，谭稹为制置使，贯欲海运陆辇，稹欲开一河，自盱眙出宣化。朝廷下发运司相度，陈亨伯遣其属向子谨视之。子谨曰："运河高江、淮数丈，自江至淮，凡数百里，人力难浚。昔唐李吉甫废闸置堰，治陂塘，泄有余，防不足，漕运通流。发运使曾孝蕴严三日一启之制，复作归水澳，惜水如金。比年行直达之法，走茶盐之利，且应奉权幸，朝夕经由，或启或闭，不暇归水。又顷毁朝宗闸，自洪泽至召伯数百里，不为之节，故山阳上下不通。欲救其弊，宜于真州太子港作一坝，以复怀子河故道，于瓜州河口作一坝，以复龙舟堰，于海陵河口作一坝，以复茱萸、待贤堰，使诸堰水不为瓜洲、真、泰三河所分，于北神相近作一坝，权闭满浦闸，复朝宗闸，则上下无壅矣。"亨伯用其言，是后滞舟皆通利云。

三年二月，诏："赵之鉴湖，明之广德湖，自措置为田，下流埋塞，有妨灌溉，致失常赋，又多为权势所占，两州被害，民以流徙。宜令陈亨伯究实，如租税过重，即裁为中制；应妨下流灌溉者，并弛以予民。"

五年三月，诏："吕城至镇江运河浅涩狭隘，监司坐视，无所施设，两淛专委王曺，淮南专委向子谨，同发运使吕淙措置车水，通济舟运。"

四月，又命王仲闳同廉访刘仲元、漕臣孟庾专往来措置常、润运河。又诏："东南六路诸闸，启闭有时。比闻纲舟及命官妄称专承指挥，抑令非时启版，走泄河水，妨滞纲运，误中都岁计，其禁止之。"

五月，诏："以运河浅涸，官吏互执所见，州县莫知所从。其令发运司提举等官同廉访使者，参订经久利便列奏。"是月，臣僚言："镇江府练湖，与新丰塘地理相接，八百余顷，灌溉四县民田。又湖水一寸，益漕河一尺，其来久矣。今堤岸损缺，不能贮水，乞候农隙次第补葺。"诏本路漕臣并本州县官详度利害，计检工料以闻。

六年九月，卢宗原复言："池州大江，乃上流纲运所经，其东岸皆暗石，多至二十余处；西岸则沙洲，广二百余里。谚云'拆船湾'，言舟至此，必毁拆也。今东岸有车轴河口沙地四百余里，若开通入杜湖，使舟经平水，径池口，可避二百里风涛拆船之险，请措置开修。"从之。

七年九月丙子，又诏宗原措置开浚江东古河，自芜湖由宣溪、溧水至镇江，渡扬子，趋淮、汴，免六百里江行之险，并从之。

靖康元年三月丁卯，臣僚言："东南濒江海，水易泄而多旱，历代皆有陂湖蓄水。祥符、庆历间，民始盗陂湖为田，后复田为湖。近年以来，复废为田，雨则涝，旱则涸。民久承佃，所收租税，无计可脱，悉归御前，而漕司之常赋有亏，民之失业无算。可乞尽括东南废湖为田者，复以为湖，庶几涸瘵之民，稍复故业。"诏相度利害闻奏。

八月辛丑，户部言："命官在任兴修农田水利，依元丰赏格，千顷以上，该第一等，转一官，下至百顷，皆等第酬奖；绍圣亦如之。缘政和续附常平格，千顷增立转两官，减磨勘三年，实为太优。"诏依元丰、绍圣旧格。

卷九十七　　　志第五十

河渠七

东南诸水下

淮郡诸水：绍兴初，以金兵蹂践淮南，犹未退师，四年，诏烧毁扬州湾头港口闸、泰州姜堰、通州白莆堰，其余诸堰，并令守臣开决焚毁，务要不通敌船；又诏宣抚司毁拆真、扬堰闸及真州陈公塘，无令走入运河，以资敌用。五年正月，诏淮南宣抚司，募民开浚瓜洲至淮口运河浅涩之处。

乾道二年，以和州守臣言，开凿姥下河，东接大江，防捍敌人，检制盗贼。六年，淮东提举徐子寅言："淮东盐课，全仰河流通快。近运河浅涩，自扬州湾头港口至镇西山光寺前桥垛头，计四百八十五丈，乞发五千余卒开浚。"从之。七年二月，诏令淮南漕臣，自洪泽至龟山浅涩之处，如法开撩。

淳熙三年四月，诏筑泰州月堰，以遏潮水。从守臣张子正请也。八年，提举淮南东路常平茶盐赵伯昌言："通州、楚州沿海，旧有捍海堰，东距大海，北接盐城，袤一百四十二里。始自唐黜陟使李承实所建，遮护民田，屏蔽盐灶，其功甚大。历时既久，颓圮不存。至本朝天圣改元，范仲淹为泰州西溪盐官日，风潮泛溢，浒没田产，毁坏亭灶，有请于朝，调四万余夫修筑，三旬毕工。遂使海濒沮洳潟卤之地，化为良田，民得奠居，至今赖之。自后浸失修治，才遇风潮怒盛，即有冲决之患。自宣和、绍兴以来，屡被其害。阡陌洗荡，庐舍漂流，人畜丧亡，不可胜数。每一修筑，必请朝廷大兴工役，然后可办。望令淮东常平茶盐司：今后捍海堰如有塌损，随时修葺，务要坚固，可以经久。"从之。

九年，淮南漕臣钱冲之言："真州之东二十里，有陈公塘，乃汉陈登浚源为塘，用救旱饥。大中祥符间，江、淮制置发运司真州，岁藉此塘灌注长河，流通漕运。其塘周回百里，东、西、北三面，倚山为岸，其南带东，则系前人筑垒成堤，以受启闭。废坏岁久，见有古来基趾，可以修筑，为旱干溉田之备。凡诸场盐纲、粮食漕运、使命往还，舟舰皆仰之以通济，其利甚博。本司自发卒贴筑周回塘岸，建置斗门、石砇各一所，乞于扬子县尉阶衔内带'兼主管陈公塘'六字，或有损坏，随时补筑，庶几久远，责有所归。"

十二年，和州守臣请于千秋涧置斗门，以防麻澧湖水泄入大江，遇岁旱灌溉田畴，实为民利。十四年，扬州守臣熊飞言："扬州运河，惟藉瓜洲、真州两闸潴积。今河水走泄，缘瓜洲上、中二闸久不修治，独潮闸一坐，转运、提盐及本州共行修整，然迫近江潮，水势冲激，易致损坏；真州二闸，亦复损漏。令有司葺理上、下二闸，以防走泄。"从之。

绍熙五年，淮东提举陈损之言："高邮、楚州之间，陂湖渺漫，茭葑弥满，宜创立堤堰，以为潴泄，庶几水不至于泛溢，旱不至于干涸。乞兴筑自扬州江都县至楚州淮阴县三百六十里，又自高邮、兴化至盐城县二百四十里，其堤岸傍开一新河，以通舟船。仍存旧堤以捍风浪，载柳十余万株，数年后堤岸亦牢，其木亦可备修补之用。兼扬州柴墟镇，旧有堤闸，乃泰州泄水之处，其闸坏久，亦于此创立斗门。西引盱眙、天长以来众湖之水，起自扬州江都，经由高邮及楚州宝应、山阳，北至淮阴，西达于淮；又自高邮入兴化，东至盐城而极于海；又泰州海陵南至扬州泰兴而彻于江：共为石砇十三，斗门七。乞以绍熙堰为名，镌诸坚石。"淮田多沮洳，因损之筑堤捍之，得良田数百万顷。奏闻，除直秘阁、淮东转运判官。

浙江通大海，日受两潮。梁开平中，钱武肃王始筑捍海塘，在候潮门外。潮水昼夜冲激，版筑不就，因命强弩数百以射潮头，又致祷胥山祠。既而潮避钱塘，东击西陵，遂造竹器，积巨石，植以大木。堤岸既固，民居乃奠。

逮宋大中祥符五年，杭州言浙江击西北岸益坏，稍逼州城，居民危之。即遣使者同知杭州戚纶、转运使陈尧佐画防捍之策。纶等因率兵力，籍梢楗以护其冲。七年，纶等既罢去，发运使李溥、内供奉官卢守懃经度，以为非便。请复用钱氏旧法，实石于竹笼，倚叠为岸，固以桩木，环亘可七里。斩材役工，凡数百万，逾年乃成；而钩末壁立，以捍潮势，虽湍涌数丈，不能为害。

至景祐中，以浙江石塘积久不治，人患垫溺，工部郎中张夏出使，因置捍江兵士五指挥，专采石修塘，随损随治，众赖以安。邦人为之立祠，朝廷嘉其功，封宁江侯。

及高宗绍兴末，以钱塘石岸毁裂，潮水漂涨，民不安居，令转运司同临安府修治。孝宗乾道九年，钱塘庙子湾一带石岸，复毁于怒潮。诏令临安府筑填江岸，增砌石塘，淳熙改元，复令有司："自今江岸冲损，以乾道修治为法。"

理宗宝祐二年十二月，监察御史兼崇政殿说书陈大方言："江潮侵啮堤岸，乞戒饬殿、步两司帅臣，同天府守臣措置修筑，留心任责，或有溃决，咎有攸归。"

三年十一月，监察御史兼崇政殿说书李衢言："国家驻跸钱塘，今逾十纪。惟是浙江东接海门，胥涛澎湃，稍越故道，则冲啮堤岸，荡析民居，前后不知其几。庆历中，造捍江五指挥，兵士每指挥以四百人为额。今所管才三百人，乞下临安府拘收，不许占破。及从本府收买桩石，沿江置场桩管，不得移易他用。仍选武臣一人习于修江者，随其资格，或以副将，或以路分钤辖系衔，专一钤束修江军兵，值有摧损，随即修补；或不胜任，以致江潮冲损堤岸，即与责罚。"

临安西湖周回三十里，源出于武林泉。钱氏有国，始置撩湖兵士千人，专一开浚。至宋以来，稍废不治，水涸草生，渐成葑田。

元祐中，知杭州苏轼奏谓："杭之为州，本江海故地，水泉咸苦，居民零落。自唐李泌始引湖水作六井，然后民足于水，井邑日富，百万生聚，待此而食。今湖狭水浅，六井尽坏，若二十年后，尽为葑田，则举城之人，复饮咸水，其势必耗散。又放水溉田，濒湖千顷，可无凶岁。今虽不及千顷，而下湖数十里间，茭菱谷米，所获不赀。又西湖深阔，则运河可以取足于湖水，若湖水不足，则必取足于江潮。潮之所过，泥沙浑浊，一石五斗，不出三载，辄调兵夫十余万开浚。又天下酒官之盛，如杭岁课二十余万缗，而水泉之用，仰给于湖。若湖渐浅狭，少不应沟，则当劳人远取山泉，岁不下二十万工。"因请降度牒减价出卖，募民开治。禁自今不得请射、侵占、种植及葑葜为界。以新旧菱荡课利钱送钱塘县收掌，谓之开湖司公使库，以备逐年雇人开葑撩浅。县尉以"管勾开湖司公事"系衔。轼既开湖，因积葑草为堤，相去数里，横跨南、北两山，夹道植柳，林希榜曰"苏公堤"，行人便之，因为轼立祠堤上。

绍兴九年，以张澄奏请，命临安府招置厢军兵士二百人，委钱塘县尉兼领其事，专一浚湖；若包占种田，沃以粪土，重置于法。十九年，守臣汤鹏举奏请重开。乾道五年，守臣周淙言："西湖水面唯务深阔，不容填溢，并引入城内诸井，一城汲用，尤在涓洁。旧招军士止有三十余人，今宜增置撩湖军兵，以百人为额，专一开撩。或有种植茭菱，因而包占，增叠堤岸，坐以违制。"

九年，临安守臣言："西湖冒佃侵多，葑茭蔓延，西南一带，已成平陆。而濒湖之民，每以葑草围裹，种植荷花，骎骎不已。恐数十年后，西湖遂淤，将如越之鉴湖，不可复矣。乞一切芟除，务令净尽，禁约居民，不得再有围裹。"从之。

临安运河在城中者，日纳潮水，沙泥浑浊，一汛一淤，比屋之民，委弃草壤，因缘填塞。元祐中，守臣苏轼奏谓："熙宁中，通判杭州时，父老皆云苦运河淤塞，率三五年常一开浚。不独劳役兵民，而运河自州前至北郭，穿阛阓中盖十四五里，每将兴工，市肆汹动，公私骚然。自胥吏、壕寨兵级等，皆能恐喝人户，或云当于某处置土、某处过泥水，则居者皆有失业之忧。既得重赂，又转而之他。及工役既毕，则房廊、邸舍，作践狼籍，园圃隙地，例成丘阜，积雨荡潏，复入河中，居民患厌，未易悉数。若三五年失开，则公私壅滞，以尺寸水行数百斛舟，人牛力尽，跬步千里，虽监司使命，有数日不能出郭者。询其所以频开屡塞之由，皆云龙山浙江两闸，泥沙浑浊，积日稍久，便及四五尺，其势当然，不足怪也。寻铲刷捍江兵士及诸色厢军，得一千人，七月之间，开浚茆山、盐桥二河，各十余里，皆有水八尺。自是公私舟船通利，三十年以来，开河未有若此深快者。然潮水日上，淤塞犹昔，则三五年间，前功复弃。今于钤辖司前置一闸，每遇潮上，则暂闭此闸，候潮平水清复开，则河过阛阓中者，永无潮水淤塞、开淘骚扰之患。"诏从其请，民甚便之。

绍兴三年十一月，宰臣奏开修运河浅涩，帝曰："可发旁郡厢军、壮城、捍江之兵，至于廪给之费，则不当吝。"宰臣朱胜非等曰："开河非今急务，而馈饷艰难，为害甚大。时方盛寒，役者良苦，临流居人，侵塞河道者，悉当迁避；至于春闸所经，沙泥所积，当预空其处，则居人及富家以僦屋取赁者皆非便，恐议者以为言。"帝曰："禹卑宫室而尽力于沟洫，浮言何恤焉！"八年，又命守臣张澄发厢军、壮城兵千人，开浚运河埋塞，以通往来舟楫。

隆兴二年，守臣吴芾言："城里运河，先已措置北梅家桥、仁和仓、斜桥三所作坝，取西湖六处水口通流灌入。府河积水，至望仙桥以南至都亭驿一带，河道地势，自昔高峻。今欲先于望仙桥城外保安牐两头作坝，却于竹车门河南开掘水道，车戽运水，引入保安门通流入城，遂自望仙桥以南开至都亭驿桥，可以通彻积水，以备缓急。计用工四万。"从之。

乾道三年六月，知荆南府王炎言："临安居民繁伙，河港埋塞，虽屡开导，缘裁减工费，不能迄功。臣尝措置开河钱十万缗，乞候农暇，特诏有司，用此专充开河支费，庶几河渠复通，公私为利。"上俞其请。四年，守臣周淙出公帑钱招集游民，开浚城内外河，疏通淤塞，人以治办称。

淳熙二年，两浙漕臣赵磻老言："临安府长安牐至许村巡检司一带，漕河浅涩，请出钱米，发两岸人户出力开浚。"又言："欲于通江桥置板闸，遇城中河水浅涸，启板纳潮，继即下板，固护水势，不得通舟；若河水不乏，即收闸板，听舟楫往还为便。"

七年，守臣吴渊言："万松岭两旁古渠，多被权势有司公吏之家造屋侵占，及内砦前石桥、都亭驿桥南北河道，居民多抛粪土瓦砾，以致填塞，流水不通。今欲分委两通判监督，地分厢巡，逐时点检，勿令侵占并抛扬粪土。秩满，若不淤塞，各减一年磨勘；违，展一年，以示劝惩。"

十四年七月，不雨，臣僚言："窃见奉口至北新桥三十六里，断港绝潢，莫此为甚。今宜开浚，使通客船，以平谷直。"从之。

盐官海水：嘉定十二年，臣僚言："盐官去海三十余里，旧无海患，县以盐灶颇盛，课利易登。去岁海水泛涨，湍激横冲，沙岸每一溃裂，尝数十丈。日复一日，浸入卤地，芦州港渎，荡为一壑。今闻潮势深入，逼近居民。万一春水骤涨，怒涛奔涌，海风佐之，则呼吸荡出，百里之民，宁不俱葬鱼腹乎？况京畿赤县，密迩都城。内有二十五里塘，直通长安牐，上彻临平，下接崇德，漕运往来，客船络绎，两岸田亩，无非沃壤。若海水径入于塘，不惟民田有咸水湴没之患，而里河堤岸，亦将有溃裂之忧。乞下浙西诸司，条具筑捺之策，务使捍堤坚壮，土脉充实，不为怒潮所冲。"从之。

十五年，都省言：盐官县海塘冲决，命浙西提举刘垕专任其事。既而垕言：

县东接海盐，西距仁和，北抵崇德、德清，境连平江、嘉兴、湖州；南濒大海，元与县治相去四十余里。数年以来，水失故道，早晚两潮，奔冲向北，遂致县南四十余里尽沦为海。近县之南，元有捍海古塘亘二十里。今东西两段，并已沦毁，侵入县两旁又各三四里，止存中间古塘十余里。万一水势冲激不已，不惟盐官一县不可复存，而向北地势卑下，所虑咸流入苏、秀、湖三州等处，则田亩不可种植，大为利害。

详今日之患，大概有二：一曰陆地沦毁，二曰咸潮泛溢。陆地沦毁者，固无力可施；咸潮泛溢者，乃因捍海古塘冲损，遇大潮必盘越流注北向，宜筑土塘以捍咸潮。所筑塘基址，南北各有两处：在县东近南则为六十里咸塘，近北则为袁花塘；在县西近南亦曰咸塘，近北则为淡塘。

亦尝验两处土色虚实，则袁花塘、淡塘差胜咸塘，且各近里，未至与海潮为敌。势当东就袁花塘、西就淡塘修筑，则可以御县东咸潮盘溢之患。其县西一带淡塘，连县治左右，共五十余里，合先修筑。兼县南去海一里余，幸而古塘尚存，县治民居，尽在其中，未可弃之度外。今将见管桩石，就古塘稍加工筑叠一里许，为防护县治之计。其县东民户，日筑六十里咸塘。万一又为海潮冲损，当计用桩木修筑袁花塘以捍之。

上以为然。

明州水：绍兴五年，明州守臣李光奏："明、越陂湖，专溉农田。自庆历中，始有盗湖为田者，三司使切责漕臣，严立法禁。宣和以来，王仲嶷守越，楼异守明，创为应奉，始废湖为田，自是岁有水旱之患。乞行废罢，尽复为湖。如江东、西之圩田，苏、秀之围田，皆当讲究兴复。"诏逐路转运司相度闻奏。

乾道五年，守臣张津言："东钱湖容受七十二溪，方圆广阔八百顷，傍山为固，叠石为塘八十里。自唐天宝三年，县令陆南金开广之。国朝天禧元年，郡守李夷庚重修之。中有四闸七堰，凡遇旱涝，开闸放水，溉田五十万亩。比因豪民于湖塘浅岸渐次包占，种植菱荷，障塞湖水。绍兴十八年，虽曾检举约束，尽罢请佃。岁久菱根蔓延，渗塞水脉，致妨蓄水；兼塘岸间有低塌处，若不淘浚修筑，不惟寖失水利，兼恐堤埂相继摧毁。乞候农隙趁时开凿，因得土修治埂岸，实为两便。"从之。

鄞县水：嘉定十四年，庆元府言："鄞县水自四明诸山溪涧会至他山，置堰小泾，下江入河。所入上河之水，专溉民田，其利甚博。比因淤塞，堰上山觜少有溪水流入上河。自春徂夏不雨，令官吏发卒开淘沙觜及浚港汉，又于堰上垒叠沙石，逼使溪流充入上河。其他山水入府城南门一带，有碶闸三所：曰乌金，曰积渎，曰行春。乌金碶又名上水碶，昔因倒损，遂搽为坝，以致淤沙在河，或遇溪流聚涌，时复冲倒所搽坝，走泄水源。行春桥又名南石碶，碶面石板之下，岁久损坏空虚，每受潮水，演溢奔突，出于石缝，以致咸潮衮入上河。其县东管有道士堰，至白鹤桥一带，河港堙塞；又有朱赖堰，与行春等碶相连，堰

下江流通彻大海。今春阙雨，上河干浅，堰身塌损，以致咸潮透入上河，使农民不敢车注溉田。乞修砌上水、乌金诸处坝堰，仍选清强能干职官，专一提督。"

润州水：绍兴七年，两浙转运使向子諲言："镇江府吕城、夹冈，形势高仰，因春夏不雨，官漕艰勤。寻遣官属李洞询究练湖本末，始知此湖在唐永泰间已废而复兴。今堤岸弛禁，致有侵佃冒决，故湖水不能潴蓄，舟楫不通，公私告病。若夏秋霖潦，则丹阳、金坛、延陵一带良田，亦被淹没。臣已令丹阳知县朱穆等增置二斗门、一石砭，及修补堤防，尽复旧迹，庶为永久之利。"乾道七年，以臣僚言："丹阳练湖幅员四十里，纳长山诸水，漕渠资之，故古语云：'湖水寸，渠水尺。'在唐之禁甚严，盗决者罪比杀人。本朝寖缓其禁以惠民，然修筑甚严。春夏多雨之际，潴蓄盈满，虽秋无雨，漕渠或浅，但泄湖水一寸，则为河一尺矣。兵变以后，多废不治，堤岸圮阙，不能贮水；强家因而专利，耕以为田，遂致淤淀。岁月既久，其害滋广。望责长吏浚治堙塞，立为盗决侵耕之法，著于令。庶几练湖渐复其旧，民田获灌溉之利，漕渠无浅涸之患。"诏两浙漕臣沈度专一措置修筑。

庆元五年，两浙转运、浙西提举言："以镇江府守臣重修吕城两闸毕，再造一新闸以固堤防，庶为便利。"从之。

浙西运河，自临安府北郭务至镇江江口闸，六百四十一里。淳熙七年，帝因辅臣奏金使往来事，曰："运河有浅狭处，可令守臣以渐开浚，庶不扰民。"至十一年冬，臣僚言："运河之浚，自北关至秀州杉青，各有堰闸，自可潴水。惟沿河上塘有小堰数处，积久低陷，无以防遏水势，当以时加修治。兼沿河下岸泾港极多，其水入长水塘、海盐塘、华亭塘，由六里堰下，私港散漫，悉从江湖，以私港深、运河浅也。若要固运河下岸一带泾港，自无走泄。又自秀州杉青至平江府盘门，在太湖之际，与湖水相连；而平江阊门至常州，有枫桥、许墅、乌角溪、新安溪、将军堰，亦各通太湖。如遇西风，湖水由港而入，皆不必浚。惟无锡五泻牐损坏累年，常是开堰，彻底放舟；更江阴军河港势低，水易走泄。若从旧修筑，不独潴水可以通舟，而无锡、晋陵间所有阳湖，亦当积水，而四傍田亩，皆无旱暵之患。独自常州至丹阳县，地势高仰，虽有犇牛、吕城二闸，别无湖港潴水；自丹阳至镇江，地形尤高，虽有练湖，缘湖水日浅，不能济远，雨晴未几，便觉干涸。运河浅狭，莫此为甚，所当先浚。"上以为然。

至嘉定间，臣僚又言："国家驻跸钱塘，纲运粮饷，仰给诸道，所系不轻。水运之程，自大江而下至镇江则入闸，经行运河，如履平地，川、广巨舰，直抵都城，盖甚便也。比年以来，镇江闸口河道淤塞，不复通舟，乞令漕臣同淮东总领及本府守臣，公共措置开撩。"

越州水：鉴湖之广，周回三百五十八里，环山三十六源。自汉永和五年，会稽太守马臻始筑塘，溉田九千余顷，

至宋初八百年间，民受其利。岁月浸远，浚治不时，日久堙废。濒湖之民，侵耕为田，熙宁中，盗为田九百余顷。尝遣庐州观察推官江衍经度其宜，凡为湖田者两存之，立碑石为界，内者为田，外者为湖。政和末，为郡守者务为进奉之计，遂废湖为田，赋输京师。自时奸民私占，为田益众，湖之存者亡几矣。绍兴二十九年十月，帝谕枢密院事王纶曰："往年宰执尝欲尽干鑑湖，云可得十万斛米。朕谓若遇岁旱，无湖水引灌，则所损未必不过之。凡事须远虑可也。"

隆兴元年，绍兴府守臣吴芾言："鑑湖自江衍所立碑石之外，今为民田者，又一百六十五顷，湖尽堙废。今欲发四百九十万工，于农隙接续开凿。又移壮城百人，以备撩滧浚治，差强干使臣一人，以'巡辖鑑湖堤岸'为名。"

二年，芾又言："修鑑湖，全藉斗门、堰闸蓄水，都泗堰闸尤为要害。凡遇纲运及监司使命舟船经过，堰兵避免车拽，必欲开闸通放，以致启闭无时，失泄湖水。且都泗堰因高丽使往来，宣和间方置闸，今乞废罢。"其后芾为刑部侍郎，复奏："自开鑑湖，溉废田二百七十顷，复湖之旧。又修治斗门、堰闸十三所。夏秋以来，时雨虽多，亦无泛溢之患，民田九千余顷，悉获倍收，其为利较然可见。乞将江衍原立禁牌，别定界至，则堤岸自然牢固，永无盗决之虞。"

绍兴初，高宗次越，以上虞县梁湖堰东运河浅涩，令发六千五百余工，委本县令、佐监督浚治。既而都省言，余姚县境内运河浅涩，坝闸隳坏，阻滞纲运，遂命漕臣发一万七千余卒，自都泗堰至曹娥塔桥，开撩河身、夹塘，诏漕司给钱米。

萧山县西兴镇通江两闸，近为江沙壅塞，舟楫不通。乾道三年，守臣言："募人自西兴至大江，疏沙河二十里，并浚闸里运河十三里，通使纲运，民旅皆利。复恐潮水不定，复有填淤，且通江六堰，纲运至多，宜差注指使一人，专以'开撩西兴沙河'系衔，及发捍江兵士五十名，专充开撩沙浦，不得杂役，仍从本府起立营屋居之。"

常州水：隆兴二年，常州守臣刘唐稽言："申、利二港，上自运河发流，经营回复，至下流析为二道，一自利港，一自申港，以达于江。缘江口每日潮汐带沙填塞，上流游泥淤积，流泄不通；而申港又以江阴军钉立标榻，拘拦税船，每潮来，则沙泥为木标所壅，淤塞益甚。今若相度开此二河，但下流申、利二港，并隶江阴军，若议定深阔丈尺，各于本界开淘，庶协力皆办。又孟渎一港在犇牛镇西，唐孟简所开，并宜兴县界沿湖旧百渎，皆通宜兴之水，藉以疏泄。近岁阻于吴江石塘，流行不快，而沿湖河港所谓百渎，存者无几。今若开通，委为公私之便。"至乾道二年，以漕臣姜诜等请，造蔡泾桶及开申港上流横石，次浚利港以泄水势。

六年三月，又命两浙运副刘敏士、浙西提举芮辉于新泾塘置闸堰，以捍海潮；杨家港东开河置闸，通行盐船。仍差闸官一人，兵级十五人，以时启闭挑撩。五月，又以两浙转运司并常州守臣言，填筑五泻上、下两闸，及修筑闸里堤岸。仍于郭渎港口舜郎庙侧水聚会处，筑捺硬坝，以防走泄运水。委无锡知县主掌钥匣，遇水深六尺，方许开闸，通放客舟。

淳熙五年，以漕臣陈岘言，于十月募工开浚无锡县以西横林、小井及犇牛、吕城一带地高水浅之处，以通漕舟。

九年，知常州章冲奏：

常州东北曰深港、利港、黄田港、夏港、五斗港，其西曰灶子港、孟渎、泰伯渎、烈塘，江阴之东曰赵港、白沙港、石头港、陈港、蔡港、私港、令节港，皆古人开导以为溉田无穷之利者也；今所在堙塞，不能灌溉。

臣尝讲求其说，抑欲不劳民，不费财，而漕渠旱不干，水不溢，用力省而见功速，可以为悠久之利者，在州之西南曰白鹤溪，自金坛县洮湖而下，今浅狭特七十余里，若用工浚治，则漕渠一带，无干涸之患；其南曰西蠡河，自宜兴太湖而下，止开浚二十余里，若更令深远，则太湖水来，漕渠一百七十余里，可免浚治之扰。至若望亭堰闸，置于唐之至德，而彻于本朝之嘉祐，至元祐七年复置，未几又毁之。臣谓设此堰闸，有三利焉：阳羡诸渎之水奔趋而下，有以节之，则当潦岁，平江三邑必无下流淫溢之患，一也。自常州至望亭一百三十五里，运河一有所节，则沿河之田，旱岁资以灌溉，二也。每岁冬春之交，重纲及使命往来，多苦浅涸；今启闭以时，足通舟楫，后免车亩灌注之劳，三也。

诏令相度开浚。

嘉泰元年，守臣李珏言：

州境北边扬子大江，南并太湖，东连震泽，西据滆湖，而漕渠，界乎其间。漕渠两傍曰白鹤溪、西蠡河、南戚氏、北戚氏、直湖州港，通于二湖；曰利浦、孟渎、烈塘、横河、五泻诸港，通于大江，而中间又各自为支沟断汊，曲绕参错，不以数计。水利之源，多于他郡，而常苦易旱之患，何哉？

臣尝询访其故：漕渠东起望亭，西上吕城，一百八十余里，形势西高东下。加以岁久浅淤，自河岸至底，其深不满四五尺。常年春雨连绵、江湖泛涨之时，河流忽盈骤减；连岁雨泽愆阙，江湖退缩，渠形尤亢，间虽得雨，水无所受，旋即走泄，南入于湖，北归大江，东径注于吴江；晴未旬日，又复干涸，此其易旱一也。至若两傍诸港，如白鹤溪、西蠡河、直湖、烈塘、五泻堰，日为沙土淤涨，遇潮高水泛之时，尚可通行舟楫；若值小汐久晴，则俱不能通。应自余支沟别港，皆已堙塞，故虽有江湖之浸，不见其利，此其易旱二也。况漕渠一带，纲运于是经由，使客于此往返。每遇水涩，纲运便阻；一入冬月，津送使客，作坝车水，科役百姓，不堪其扰；岂特溉田缺事而已。

望委转运、提举常平官同本州相视漕渠，并彻湖之处，如法浚治，尽还昔人遗迹，及于望亭修建上、下二闸，固护水源。

从之。

昇州水：乾道五年，建康守臣张孝祥言：“秦淮之水流入府城，别为两派：正河自镇淮新桥直注大江；其为青溪，自天津桥出栅砦门，亦入于江。缘栅砦门地，近为有力者所得，遂筑断青溪水口，创为花圃。每水流暴至，则泛溢浸荡，城内居民，尤被其害。若访古而求，使青溪直达大江，则建康永无水患矣。”既而汪澈奏于西园依异时河道开浚，使水通栅门入。从之。

先是，孝祥又言：“秦淮水三源，一自华山由句容，一自庐山由溧水，一自溧水由赤山湖，至府城东南，合而为一，萦回绵亘三百余里，溪、港、沟、浍之水尽归焉。流上水门，由府城入大江。旧上、下水门展阔，自兵变后，砌叠稍狭，虽便于一时防守，实遏水源，流通不快。兼两岸居民填筑河岸，添造屋宇。若禁民不许侵占，秦淮既复故道，则水不泛溢矣。又府东门号陈二渡，有顺圣河，正分秦淮之水，每遇春夏天雨连绵，上源奔涌，则分一派之水，自南门外直入于江，故秦淮无泛滥之患。今一半淤塞为田，水流不通，若不惜数亩之田，疏导之以复古迹，则其利尤倍。”

其后汪澈言：“水潦之害，大抵缘建康地势稍低，秦淮既泛，又大江湍涨，其势溢溢，非由水门窄狭、居民侵筑所致。且上水门砌叠处正不可阔，阔则春水入城益多。自今指定上、下水门砌叠处不动，夹河居民之屋亦不毁除，止去两岸积坏，使河流通快。况城中系行宫东南王方，不宜开凿。”从之。

嘉定五年，守臣黄度言：“府境北据大江，是为天险。上自采石，下达瓜步，千有余里，共置六渡：一曰烈山渡，籍于常平司，岁有河渡钱额；五曰南浦渡、龙湾渡、东阳渡、大城堲渡、冈沙渡，籍于府司，亦有河渡钱额。六渡岁为钱万余缗。历时最久，舟楫废坏，官吏、篙工，初无廪给，民始病济，而官漫不省。遂至奸豪冒法，别置私渡，左右旁午。由是官渡济者绝少，乃听吏卒苛取以充课。徒手者犹惮往来，而车檐牛马几不敢行，甚者抔之中流，以邀索钱物。窃以为南北津渡，务在利涉，不容简忽而但求征课。臣已为之缮治舟舰，选募篙梢，使远处巡检兼监渡官。于诸渡月解钱则例，量江面阔狭，计物货重轻，斟酌裁减，率三之一或四之一；自人车牛马，皆有定数，雕榜约束，不得过收邀阻。乞觅哀一岁之入，除烈山渡常平钱如额解送，其余诸渡，以二分充修船之费，而以其余给官吏、篙梢、水手食钱。令监渡官逐月照数支散，有余则解送府司，然后尽绝私渡，不使奸民逾禁。”从之。

秀州水：秀州境内有四湖：一曰柘湖，二曰淀山湖，三曰当湖，四曰陈湖。东南则柘湖，自金山浦、小官浦入于海。西南则淀山湖，自芦沥浦入于海。西北则陈湖，自大姚港、朱里浦入于吴松江。其南则当湖、月河、南浦口、澉浦口亦达于海。支港相贯。

乾道二年，守臣孙大雅奏请，于诸港浦分作闸或斗门，及张泾堰两岸创筑月河，置一闸，其两柱金口基址，并以石为之，启闭以时，民赖其利。

十三年，两浙转运副使张叔献言：“华亭东南枕海，西连太湖，北接松江，江北复控大海。地形东南最高，西北稍下。柘湖十有八港，正在其南，故古来筑堰以御咸潮。元祐中，于新泾塘置闸，后因沙淤废毁。今除十五处筑堰及置石砝外，独有新泾塘、招贤港、徐浦塘三处，见有咸潮奔冲，淤塞民田。今依新泾塘置闸一所，又于两旁贴筑咸塘，以防海潮透入民田。其相近徐浦塘，元系小派，自合筑堰。又欲于招贤港更置一石砝。兼杨湖岁久，今稍浅淀，自当开浚。”上曰：“此闸须当为之。方今边事宁息，惟当以民事为急。民事以农为重，朕观汉文帝诏书，多为农而下。今置闸，其利久远，不可惮一时之劳。”

十五年，以两浙路转运判官吴坰奏请，命浙西常平司措置钱谷，劝谕人户，于农隙并力开浚华亭等处沿海三十六浦堙塞，决泄水势，为永久利。

乾道七年，秀州守臣丘崈奏：“华亭县东南大海，古有十八堰，捍御咸潮。其十七久皆捺断，不通里河；独有新泾塘一所不曾筑捺，海水往来，遂一县民田。缘新泾旧堰迫近大海，潮势湍急，其港面阔，难以施工，设或筑捺，决不经久。运港在泾塘向里二十里，比之新泾，水势稍缓。若就此筑堰，决可永久，堰外凡管民田，皆无咸潮之害。其运港止可捺堰，不可置闸。不惟濒海土性虚燥，难以建置；兼一日两潮，通放盐运，不减数十百艘，先后不齐，比至通放尽绝，势必昼夜启而不闭，则咸潮无缘断绝。运港堰外别有港汊大小十六，亦合兴修。”从之。

八年，崈又言：“兴筑捍海塘堰，今已毕工，地理阔远，全藉人力固护。乞令本县知、佐兼带‘主管塘堰职事’系衔，秩满，视有无损坏以为殿最。仍令巡尉据地分巡察。”诏特转丘崈左承议郎，令所筑华亭捍海塘堰，趁时栽种芦苇，不许樵采。

九年，又命华亭县作监闸官，招收土军五十人，巡逻堤堰，专一禁戢，将卑薄处时加修捺。令知县、县尉并带‘主管堰事’，则上下协心，不致废坏。

淳熙九年，又命守臣赵善悉发一万工，修治海盐县常丰闸及八十一堰埧，务令高牢，以固护水势，遇旱可以潴积。十年，以浙西提举司言，命秀州发卒浚治华亭乡鱼祈塘，使接松江太湖之水；遇旱，即开西牐堰放水入泖湖，为一县之利。

苏州水：乾道初，平江守臣沈度、两浙漕臣陈弥作言：“疏浚昆山、常熟县界白茆等十浦，约用三百万余工。其所开港浦，并通彻大海。遇潮，则海内细沙，随泛以入；潮退，则沙泥沉坠，渐致淤塞。今依旧招置阙额开江兵卒，次第开浚，不数月，诸浦可以渐次通彻。又用兵卒驾船，遇潮退，摇荡随之，常使沙泥随潮退落，不致停积，实为久利。”从之。淳熙元年，诏平江府守臣与许浦驻扎戚世明同措置开浚许浦港，三旬讫工。

黄岩县水：淳熙十二年，浙东提举勾昌泰言：“黄岩县旧有官河，自县前至温岭，凡九十里。其支流九百三十六处，皆以溉田。元有五闸，久废不修。今欲建一闸，约费二万余缗,乞诏两浙运司于桩名钱内支拨。"明年六月,昌泰复言:"黄岩县东地名东浦,绍兴中开凿,置常丰闸。名为决水入江,其实县道欲令舟船取径通过,每船纳钱,以充官费。一日两潮,一潮一淤,才遇旱乾,更无灌溉之备。已将此闸筑为平陆,乞戒自今永不得开凿放入江湖,庶绝后患。"

荆、襄诸水:绍兴二十八年,监察御史都民望言:"荆南江陵县东三十里,沿江北岸古堤一处,地名黄潭。建炎间,邑官开决,放入江水,设以为险阻以御盗。既而夏潦涨溢,荆南、复州千余里,皆被其害。去年因民诉,始塞之。乞令知县遇农隙随力修补,勿致损坏。"从之。

淳熙八年,襄阳府守臣郭杲言:"本府有木渠,在中庐县界,拥漳水东流四十五里,入宜城县。后汉南郡太守王宠,尝凿之以泄蛮水,谓之木里沟,可溉田六千余顷。岁久埋塞,乞行修治。"既而杲又修护城堤以捍江流,继筑救生堤为二闸,一通于江,一达于濠。当水涸时,导之入濠;水涨时,入之于江。自是水虽至堤,无湍悍泛滥之患焉。十年五月,诏疏木渠,以渠旁地为屯田。寻诏民间侵耕者就给之,毋复取。

庆元二年,襄阳守臣程九万言:"募工修作邓城永丰堰,可防金兵冲突之患,且为农田灌溉之利。"三年,臣僚言:"江陵府去城十余里,有沙市镇,据水陆之冲,熙宁中,郑獬作守,始筑长堤捍水。缘地本沙渚,当蜀江下流,每遇涨潦奔冲,沙水相荡,摧圮动辄数十丈,见存民屋,岌岌危惧。乞下江陵府同驻扎副都统制司发卒修筑,庶几远民安堵,免被垫溺。"从之。

广西水:灵渠源即离水,在桂州兴安县之北,经县郭而南。其初乃秦史禄所凿,以下兵于南越者。至汉,归义侯严出零陵离水,即此渠也;马伏波南征之师,饷道亦出于此。唐宝历初,观察使李渤立斗门以通漕舟。宋初,计使边翊始修之。嘉祐四年,提刑李师中领河渠事重辟,发近县夫千四百人,作三十四日,乃成。

绍兴二十九年,臣僚言:"广西旧有灵渠,抵接全州大江,其渠近百余里,自静江府经灵川、兴安两县。昔年并令两知县系衔'兼管灵渠',遇埋塞以时疏导,秩满无阙,例减举员。兵兴以来,县道苟且,不加之意,吏部差注,亦不复系衔,渠日浅涩,不胜重载。乞令广西转运司措置修复,俾通漕运,仍俾两邑令系衔兼管,务要修治。"从之。

卷九十八　　志第五十一

礼一 吉礼一

五代之衰乱甚矣,其礼文仪注往往多草创,不能备一代之典。宋太祖兴兵间,受周禅,收揽权纲,一以法度振起故弊。即位之明年,因太常博士聂崇义上《重集三礼图》,诏太子詹事尹拙集儒学之士详定之。开宝中,四方渐平,民稍休息,乃命御史中丞刘温叟、中书舍人李昉、兵部员外郎、知制诰卢多逊、左司员外郎、知制诰扈蒙、太子詹事杨昭俭、左补阙贾黄中、司勋员外郎和岘、太子中舍陈鄂撰《开宝通礼》二百卷,本唐《开元礼》而损益之。既又定《通礼义纂》一百卷。

太宗尚儒雅,勤于治政,修明典章,大抵旷废举矣。真宗承重熙之后,契丹既通好,天下无事,于是封泰山,祀汾阴,天书、圣祖崇奉迭兴,专置详定所,命执政、翰林、礼官参领之。寻改礼仪院,仍岁增修,纤微委曲,缘情称宜,盖一时弥文之制也。

自《通礼》之后,其制度仪注传于有司者,殆数百篇。先是,天禧中,陈宽编次礼院所承新旧诏敕,不就。天圣初,王皞始类成书,尽乾兴,为《礼阁新编》,大率礼文,无著述体,而本末完具,有司便之。景祐四年,贾昌朝撰《太常新礼》及《祀仪》,止于庆历三年。皇祐中,文彦博又撰《大享明堂记》二十卷。至嘉祐中,欧阳修纂集散失,命官设局,主《通礼》而记其变,及《新礼》以类相从,为一百卷,赐名《太常因革礼》,异于旧者盖十三四焉。

熙宁十年,礼院取庆历以后奉祀制度,别定《祀仪》,其一留中,其二付有司。知谏院黄履言:"郊祀礼乐,未合古制,请命有司考正群祀。"诏履与礼官讲求以闻。元丰元年,始命太常寺置局,以枢密直学士陈襄等为详定官,太常博士杨完等为检讨官。襄等言:"国朝大率皆循唐故,至于坛墠神位、法驾舆辇、仗卫仪物,亦兼用历代之制。其间情文讹舛,多戾于古。盖有规摹苟略,因仍既久,而重于改作者;有出于一时之仪,而不足以为法者。请先条奏,候训敕以为礼式。"

未几,又命龙图直学士宋敏求同御史台、阁门、礼院详定《朝会仪注》,总四十六卷,曰《阁门仪》,曰《朝会礼文》,曰《仪注》,曰《徽号宝册仪》。《祭祀》总百九十一卷:曰《祀仪》,曰《南郊式》,曰《大礼式》,曰《郊庙奉祀礼文》,曰《明堂祫享令式》,曰《天兴殿仪》,曰《四孟朝献仪》,曰《景灵宫供奉敕令格式》,曰《仪礼敕令格式》。《祈禳》总四十卷:曰《祀赛式》,曰《斋醮式》,曰《金箓仪》。《蕃国》总七十一卷:曰《大辽令式》,曰《高丽入贡仪》,曰《女真排办仪》,曰《诸蕃进贡令式》。《丧葬》总百六十三卷:曰《葬式》,曰《宗室外臣葬敕令格式》,曰《孝赠式》。其损益之制,视前多矣。

绍圣而后,累朝续编,起治平,讫政和,凡五十一年,为书三百卷,今皆不传。而大观初,置议礼局于尚书省,命详议、检讨官具礼制本末,议定请旨。三年书成,为《吉礼》二百三十一卷、《祭服制度》十六卷,颁焉。议礼局请分秩五礼,诏依《开宝通礼》之序。政和元年,续修成四百七十七卷,且命仿是修定仪注。三年,《五礼新仪》成,凡二百二十卷,增置礼直官,许士庶就问新仪,而诏开封尹王革编类通行者,刊本给天下,使悉知礼意,其不奉行者论罪。宣和初,有言其烦扰者,遂罢之。

初，议礼局之置也，诏求天下古器，更制尊、爵、鼎、彝之属。其后，又置礼制局于编类御笔所。于是郊庙禋祀之器，多更其旧。既有诏讨论冠服，遂废靴用履，其他无所改议，而礼制局亦罢。

大抵累朝典礼，讲议最详。祀礼修于元丰，而成于元祐，至崇宁复有所增损。其存于有司者，惟《元丰郊庙礼文》及《政和五礼新仪》而已。乃若圜丘之罢合祭天地；明堂专以英宗配帝，悉罢从祀群神；大蜡分四郊；寿星改祀老人；禧祖已祧而复，遂为始祖；即景灵宫建诸神御殿，以四孟荐享；虚禘祭；去牙盘食；却尊号；罢入阁仪并常朝及正衙横行。此熙宁、元丰变礼之最大者也。

元祐册后，政和冠皇子，元符创景灵西宫，崇宁亲祀方泽、作明堂、立九庙、铸九鼎、祀荧惑，大观受八宝、大祀皆前期十日而戒。凡此盖治平以前所未尝行者。

钦宗即位，尝诏春秋释奠改从《元丰仪》，罢《新仪》不用而未暇也。靖康之厄，荡析无余。

南渡中兴，锐意修复，高宗尝谓辅臣曰："晋武平吴之后，上下不知有礼，旋致祸乱。周礼不秉，其何能国？"孝宗继志，典章文物，有可称述。治平日久，经学大明，诸儒如王普、董弅等多以礼名家。当时尝续编《太常因革礼》矣，淳熙复有编辑之旨。其后朱熹讲明详备，尝欲取《仪礼》、《周官》、《二戴记》为本，编次朝廷公卿大夫士民之礼，尽取汉、晋而下及唐诸儒之说，考订辨正，以为当代之典，未及成书而没。

理宗四十年间，屡有意乎礼文之事，虽曰崇尚理学，所谓"礼云礼云，玉帛云乎哉"，盖可三叹。咸淳以降，无足言者。

今因前史之旧，芟其繁乱，汇为五礼，以备一代之制，使后之观者有足征焉。

五礼之序，以吉礼为首，主邦国神祇祭祀之事。凡祀典皆领于太常。岁之大祀三十：正月上辛祈谷，孟夏雩祀，季秋大享明堂，冬至圜丘祭昊天上帝，正月上辛又祀感生帝，四立及土王日祀五方帝，春分朝日，秋分夕月，东西太一，腊日大蜡祭百神，夏至祭皇地祇，孟冬祭神州地祇，四孟、季冬荐享太庙、后庙，春秋二仲及腊日祭太社、太稷，二仲九宫贵神。中祀九：仲春祭五龙，立春后丑日祀风师、亥日享先农，季春巳日享先蚕，立夏后申日祀雨师，春秋二仲上丁释奠文宣王、上戊释奠武成王。小祀九：仲春祀马祖，仲夏享先牧，仲秋祭马社，仲冬祭马步，季夏土王日祀中霤，立秋后辰日祀灵星，秋分享寿星，立冬后亥日祠司中、司命、司人、司禄，孟冬祭司寒。

其诸州奉祀，则五郊迎气日祭岳、镇、海、渎，春秋二仲享先代帝王及周六庙，并如中祀。州县祭社稷，奠文宣王，祀风雨，并如小祀。凡有大赦，则令诸州祭岳、渎、名山、大川在境内者，及历代帝王、忠臣、烈士载祀典者，仍禁近州庙咸加祭。有不克定时者，太卜署预择一季祠祭之日，谓之"画日"。凡坛墠、牲器、玉帛、馔具、斋戒之制，皆具《通礼》。后复有高禖、大小酺神之属，增大祀为四十二焉。

其后，神宗诏改定大祀：太一，东以春，西以秋，中以夏冬；增大蜡为四，东西蜡主日配月；太庙月祭朔。而中祀：四望，南北蜡。小祀：以四立祭司命、户、灶、中霤、门、厉、行，以藏冰、出冰祭司寒，及月荐新太庙。岁通旧祀凡九十二，惟五享后庙焉。政和中，定《五礼新仪》，以荧惑、阳德观、帝鼐、坊州朝献圣祖、应天府祀大火为大祀；雷神、历代帝王、宝鼎、牡鼎、苍鼎、冈鼎、彤鼎、阜鼎、晶鼎、魁鼎、会应庙、庆成军祭后土为中祀；山林川泽之属，州县祭社稷、祀风伯雨师雷神为小祀。余悉如故。

建炎四年十一月，权工部尚书韩肖胄言："祖宗以来，每岁大、中、小祀百有余所，罔敢废阙。自车驾巡幸，惟存宗庙之祭，至天地诸神之祀，则废而不举。今国步尚艰，天未悔祸，正宜斋明恭肃，通于神明，而忽大事、弃重礼，恐非所以消弭天灾、导迎景贶。虽小祀未可遍举，如天地、五帝、日月星辰、社稷，欲诏有司以时举行。所有器服并牲牢礼料，恐国用未充，难如旧制，乞下太常寺相度裁定，省繁就简，庶几神不乏祀，仰副陛下昭事怀柔、为民求福之意。"寻命礼部太常裁定：每岁以立春上辛祀谷，孟夏雩祀，季秋及冬至四祀天，夏至一祀地，立春上辛日祀感生帝，立冬后祀神州地祇，春秋二社及腊前一日祭太社、太稷。免牲、玉，权用酒醴，仍依方色奠币。以辅臣为初献，礼官为亚、终献。

绍兴三年，复大火祀，配以阏伯，以辰、戌出纳之月祀之。二十七年，礼部太常寺言："每岁大祀三十六，除天地、宗庙、社稷、感生帝、九宫贵神、高禖、文宣王等已行外，其余并乞寓祠斋宫。"自绍兴以来，大祀所行二十有三而已，至是乃悉复之。

旧制，郊庙祝文称嗣皇帝，诸祭称皇帝。著作局准《开元礼》全称帝号。真宗以兼秘书监李至请，改从旧制。又诸祭祝辞皆临事撰进，多违典礼，乃命至增撰旧辞八十四首，为《正辞录》三卷。既复命知制诰李宗谔、杨亿、直史馆陈彭年详定之，以为永式。祝版当进署者，并命秘阁吏书，上亲署讫，御宝封给之。凡先代帝王，祝文止称庙号。凡亲行大祀，则皇子弟为亚献、终献。

五代以来，宰相为大礼使，太常卿为礼仪使，御史中丞为仪仗使，兵部尚书为卤簿使，京府尹为桥道顿递使。至是，大礼使或用亲王，礼仪使专命翰林学士，仪仗、卤簿使亦或以他官。太平兴国九年，始铸五使印。太宗将封泰山，以仪仗使兼判桥道顿递事。大中祥符后，凡有大礼，以中书、枢密分为五使，仍特铸印。

景祐二年，诏有司："皇地祇、神州，旧常参官摄事，非所以尊神，自今命两省。岁九大祠，宰臣摄事者，参知政事、尚书丞郎、学士奉祠。"于是参知政事盛度，享太庙已受誓戒，除知枢密院，乃不奉祠。又故事，三岁一亲郊，不郊辄代以他礼，庆赏与郊同，而五使皆以辅臣，不以官之高下。天圣中，乃以朝林学士领仪仗，御史中丞领卤簿，始用官次。又每岁大祀，皆遣台省近臣摄太尉，其后或委他官，太中祥符始复旧制。又国朝沿唐制，以太尉掌誓戒。今议太尉三公，非其所任，请以吏部尚书掌誓戒。诏用左仆射，阙则用右仆射、刑部尚书一员莅之。

熙宁四年，参知政事王珪言："南郊，乘舆所过，必勘箭然后出入，此师行之法，不可施于郊祀。"礼院亦言。于是，凡车驾出入门皆罢之。六年，以详定所请，又罢太庙及宣德、朱雀、南薰诸门勘契。又皇帝自大次至版位，内臣二人执翟羽前导，号曰"拂翟"，失礼尤甚，请除之。

凡郊坛，值雨雪，即斋宫门望祭殿望拜，祭日不设登歌，祀官以公服行事，中祀以上皆给明衣。

开宝元年十一月郊，以燎坛稍远，不闻告燎之声，始用爟火，令光明远照，通于祀所。

又太庙初献，依开宝例，以玉斝、玉瓒，亚献以金斝，终献以瓢斝。外坛器亦如之。庆历中，太常请皇帝献天地、配帝以匏爵，亚献以木爵。亲祠太庙，酌以玉斝，亚献以金斝。郊庙饮福，皇帝皆以玉斝。诏饮福，唯用金斝。亚、终献，酌以银斝。至饮福，尚食奉御酌上尊酒，投温器以进。

凡常祀，天地宗庙，皆内降御封香，仍制漆匮，付光禄、司农寺。每祠祭，命判寺官缄署礼料送祀所。凡祈告，亦内出香。遂为定制。嘉祐中，裴煜请："大祠悉降御封香，中、小祠供太府香。中祠减大祠之半，小祠减中祠之半。东、西太一宫系大祠，岁太府供香，非时祈请，降御封香准大祠例。及皇地祇、五方帝、百神、文宣、武成从配神位，牲牢寡薄。"吕公著亦论庙牲未备，悉加其数。元符元年，左司员外郎曾旼言："周人以气臭事神，近世易之以香。按何佟之议，以为南郊、明堂用沉香，本天之质，阳所宜也；北效用上和香，以地于人亲，宜加杂馥。今令文北极天皇而下皆用湿香，至于众星之位，香不复设，恐于义未尽。"于是每陛各设香。又言："先儒以为实柴所祀者无玉，槱燎所祀者无币。今太常令式，众星皆不用币，盖出于此。然考《典瑞》、《玉人》之官，皆曰'圭璧以祀日月星辰'。则实柴所祀非无玉矣。槱燎无币，恐或未然。"至是遂命众星随其方色用币。

庆历三年，礼官余靖言："祈谷、祀感生帝同日，其礼当异，不可皆用四圭有邸，色尚赤。"乃定祈谷、明堂苍璧尺二寸，感生帝四圭有邸，朝日日圭、夕月月圭皆五寸，从祀神州无玉，报社稷两圭有邸，祈不用玉。明年，《祀仪》成，比《通礼》多所更定云。嘉祐中，集贤校理江休复言："《六典》大祀养牲，在涤三月，袷享日近，已逾其期，而牲牢未供。乞依汉、唐置廪牺局。"下礼院议：岁大小祀几百数，而牲盛之事，储养无素，宜如休复言。乃置廪牺局，设牢预养，藉田旧地，种植粢盛，纳于神仓，以待祭祀之用。

元丰六年，详定礼文所言："本朝昊天上帝、皇地祇、太祖位各设三牲，非尚质贵诚之义。请亲祠圜丘、方泽正配位皆用犊，不设羊豕俎及鼎匕，有司摄事亦如之。又笾、簋、尊、豆皆非陶器，及用龙杓。请改用陶，以桦为杓。又请南北郊先行升烟瘗血之礼，至荐奠毕，即如旧仪，于坛坎燔瘗牲币。又北郊皇地祇及神州地祇，当为坎瘗，今乃建坛燔燎，非是。请今祭地祝版、牲币并瘗于坎。又《祀仪》：惟昊天上帝、皇地祇、高禖燔瘗牲首，自感生帝、神州地祇而下皆不燔瘗牲体，殊不应典礼。请自今昊天上帝、感生帝皆燔牲首以报阳；皇地祇、神州、太社、太稷，凡地之祭，皆瘗牲之左髀以报阴。荐享太庙亦皆升首于室。"

又言："古者祭祀用牲，有豚解，有体解，荐腥则解为十一体。今亲祠南郊，正配位之俎，不殊左右胖，不分贵贱，无豚解、体解之别。请郊庙荐腥，解其牲两髀、两肩、两胁并脊为七体，左右胖俱用。其载于俎，以两髀在端，两肩、两胁次之，脊居中，皆进末。至荐熟，沉肉于汤，止用右胖。髀不升俎，前后肱骨离为三，曰肩、臂、臑。后髀股骨去体离为二，曰肫、胳。前脊谓之正脊，次直谓之脡脊，阔于脡脊谓之横脊，皆二骨。胁骨最后二为短胁，旁中二为正胁，最前二为代胁。若升俎，则肩、臂、臑在上端，膊、胳在下端，脊、胁在中央。其俎之序，则肩、臂、臑、正脊、脡脊、横脊、代胁、长胁、短胁、膊、胳凡十一体，而骨体升俎，进神坐前如少牢礼，皆进下。其牲体各预以半为腥俎，半为熟俎，肠胃肤俎亦然。"

又请："亲祠饮福酒讫，仿《仪礼》'佐食抟黍'之说，命太官令取黍于簋，抟以授祝，祝受以豆，以嘏乎皇帝而无嘏辞。又本朝亲祠南郊，习仪于坛所，明堂习仪于大庆殿，皆近于渎。伏请南郊习仪于青城，明堂习仪于尚书省，以远神为恭。又赐胙：三师，三公，侍中，中书令，门下、中书侍郎，尚书左、右丞，知枢密、同知院事，礼仪、仪仗、卤簿、顿递使，牛羊豕肩、臂、臑各五；太子三师、三少，特进，观文大学士、学士，御史大夫，六尚书，金紫、银青光禄大夫，节度使，资政殿大学士，观文翰林资政端明龙图天章宝文承旨，侍讲、侍读，学士，左右散骑常侍，尚书列曹侍郎，龙图、天章、宝文直学士，光禄、正议、通议大夫，御史中丞，太子宾客，詹事，给事中，中书舍人，节度观察留后，左右谏议，龙图、天章、宝文待制，太中、中大夫，秘书、殿中丞，太常、宗正卿，牛豕肩、臂、臑各三；入内内侍省押班、副都知，光禄卿，监礼官，博士，牛羊脊、胁各三；太祝，奉礼，司奠彝，郊社、太庙、宫闱令，监牲牢、供应祠事内官，羊髀、膊、胳三；应执事、职掌，乐工，门干，宰手，驭马、驭车人，并均给脾、肫、胳、觳及肠、胃、肤之类。"

庆历元年，判太常寺吕公绰言："旧礼，郊庙尊罍数皆准古，而不实三酒、五齐、明水、明酒，有司相承，名为'看器'。郊庙配位惟用祠祭酒，分大、中祠位二升，小祠位一升，止一尊酌献、一尊饮福。宜诏酒官依法制齐、酒，分实之坛殿上下尊罍，有司毋设空器，并如唐制以井水代明水、明酒；正配位酌献、饮福酒，用酒二升者各增二升，从祀神位用旧升数。"

卷九十九　　志第五十二

礼二 吉礼二

南郊

南郊坛制。　梁及后唐郊坛皆在洛阳。宋初始作坛于东都南薰门外，四成、十二陛、三壝。设燎坛于内坛之外丙地，高一丈二尺。设皇帝更衣大次于东壝东门之内道北，南向。仁宗天圣六年，始筑外壝，周以短垣，置灵星门。亲郊则立表于青城，表三壝。神宗熙宁七年，诏中书、门下参定青城殿宇门名。先是，每郊撰进，至是始定名，前门曰泰禋，东偏门曰迎禧，正东门曰祥曦，正西门曰景曜，后三门曰拱极，内东侧门曰贲明，西侧门曰肃成，殿曰端诚，殿前东、西门曰左右嘉德，便殿曰熙成，后园门曰宝华，著为定式。元丰元年二月，诏内壝之外，众星位周环，每二步植一杙，缭以青绳，以为限域。既而详定奉祀礼文所言："《周官》外祀皆有兆域，后世因之，稍增其制。国朝郊坛率循唐旧，虽仪注具载圜丘三壝，每壝二十五步，而有司乃以青绳代内壝，诚不足以等神位、序祀事、严内外之限也。伏请除去青绳，为三壝之制。"从之。

徽宗政和三年，诏有司讨论坛壝之制。十月，礼制局言："坛旧制四成，一成二十丈，再成十五丈，三成十丈，四成五丈，成高八尺一寸；十有二陛，陛十有二级；三壝，二十五步。古所谓地上圜丘、泽中方丘，皆因地形之自然。王者建国，或无自然之丘，则于郊泽吉土以兆坛位。为坛之制，当用阳数，今定为坛三成，一成用九九之数，广八十一丈，再成用六九之数，广五十四丈，三成用三九之数，广二十七丈。每成高二十七尺，三成总二百七十有六，《乾》之策也。为三壝，壝三十六步，亦《乾》之策也。成与壝地之数也。"诏行之。

建炎二年，高宗至扬州，庶事草创，筑坛于州南门内江都县之东南，诏东京所属官吏奉祭器、大乐、仪仗、法物赴行在所。绍兴十三年，太常寺言："国朝圆坛在国之东南，坛侧建青城斋宫，以备郊宿。今宜于临安府行宫东南修建。"于是，遂诏临安府及殿前司修建圆坛，第一成纵广七丈，第二成纵广一十二丈，第三成纵广一十七丈，第四成纵广二十二丈。一十二陛，每陛七十二级，每成一十二缀。三壝，第一壝去坛二十五步，中壝去内壝、外壝去中壝各半之。燎坛方一丈，高一丈二尺，开上南出户，方六尺，三出陛，在坛南二十步丙地。其青城及望祭殿与行事陪祠官宿斋幕次，并令绞缚，更不修盖。先是，张构为京尹，议筑斋宫，可一劳永逸，宇文价曰："陛下方经略河南，今筑青城，是无中原也。"遂罢役。

神位　元丰元年十一月，详定郊庙奉祀礼文所言："按东汉坛位，天神从祀者至千五百一十四，故外设重营，以为等限。日月在中营内南道，而北斗在北道之西，至于五星中官宿之属，则其位皆中营，二十八宿外官星之属，则其位皆外营。然则为重营者，所以等神位也。唐因隋制，设为三壝，天神列位不出内壝，而御位特设于坛下之东南。若夫公卿分献、文武从祀，与夫乐架馔幔，则皆在中壝之内，而大次之设乃在外壝。然则为三壝者，所以序祀事也。

景德三年，卤簿使王钦若言："汉以五帝为天神之佐，今在第一龛；天皇大帝在第二龛，与六甲、岳渎之类接席；帝座，天市之尊，今与二十八宿、积薪、腾蛇、杵臼之类同在第三龛。卑主尊臣，甚未便也。若北极、帝坐本非天帝，盖是天帝所居，则北极在第二，帝坐在第三，亦高下未等。又太微之次少左右执法，子星之次少孙星，望令司天监参验。"乃诏礼仪使、太常礼院、司天监检定之。

礼仪使赵安仁言："按《开宝通礼》，元气广大则称昊天，据远视之苍然，则称苍天。人之所尊，莫过于帝，托之于天，故称上帝。天皇大帝即北辰耀魄宝也，自是星中之尊。《易》曰：'日月丽乎天，百谷草木丽乎土。'又曰：'在天成象，在地成形。'盖明辰象非天，草木非地，是则天以苍昊为体，不入星辰之列。又《郊祀录》：'坛第二等祀天皇大帝、北斗、天一、太一、紫微、五帝坐，差在行位前，余内官诸位及五星、十二辰、河汉，都四十九坐齐列，俱在十二陛之间。'唐建中间，司天冬官正郭献之奏：'天皇、北极、天一、太一，准《天宝敕》并合升第一等。'贞元二年亲郊，以太常议，诏复从《开元礼》，仍为定制。《郊祀录》又云：'坛第三等有中宫、天市垣、帝坐等十七坐，并在前。'《开元礼义罗》云：'帝有五坐，一在紫微宫，一在大角，一在太微宫，一在心，一在天市垣。'即帝坐者非直指天帝也。又得判司天监史序状：'天皇大帝一星在紫微勾陈中，其神曰耀魄宝，即天皇是星，五帝乃天帝也。北极五星在紫微垣内，居中一星曰北辰，第一主月为太子，第二主日为帝王，第三为庶子，第四为嫡子，第五为天子之枢，盖北辰所主非一，又非帝坐之比。太微垣十星有左右执法、上将、次将之名，不可备陈，故总名太微垣。《星经》旧载孙星，而《坛图》止有子星，辨其尊卑，不可同位。'窃惟《坛图》旧制，悉有明据，天神定位，难以跻升，望依《星经》，悉以旧礼为定。"

钦若复言："旧史《天文志》并云：北极，北辰最尊者。又勾陈口中一星曰天皇大帝，郑玄注《周礼》谓：'礼天者，冬至祭天皇于北极也。'后魏孝文禋六宗，亦升天皇五帝上。按晋《天文志》：'帝坐光而润，则天子吉，威令行。'既名帝坐，则为天子所占，列于下位，未见其可。又安仁议，以子、孙二星不可同位。陛下方洽高禖之庆，以广维城之基，苟因前代阙文，便为得礼，实恐圣朝茂典，尤未适中。"诏天皇、北极特升第一龛，又设孙星于子星位次，帝坐如故。

钦若又言："帝坐止三，紫微、太微者已列第二等，唯天市一坐在第三等。按《晋志》，大角及心中星但云天王坐，实与帝坐不类。"诏特升第二龛。

旧郊丘，神位板皆有司题署，命钦若改造。至是，钦若奉板便殿，坛上四位，涂以朱漆金字，余皆黑漆，第一等金字，第二等黄字，第三等以降朱字，悉贮漆匣，覆以黄缣帊。帝降阶观之，即付有司。又以新定《坛图》、五帝、五岳、中镇、河汉合在第三等。

四年，判太常礼院孙奭言："准礼，冬至祀圜丘，有司摄事，以天神六百九十位从祀。今惟有五方上帝及五人神十七位，天皇大帝以下并不设位。且太昊、勾芒，惟孟夏雩祀、季秋大享及之，今乃祀于冬至，恐未协宜。"翰林学士晁迥等言："按《开宝通礼》：圜丘，有司摄事，祀昊天、配帝、五方帝、日月、五星、中官、外官、众星总六百八十七位；雩祀、大享，昊天、配帝、五天帝、五人帝、五官总十七位；方丘，祭皇地祇、配帝、神州、岳镇、海渎七十一位。今司天监所设圜丘、雩祀、明堂、方丘并七十位，即是方丘有岳、渎从祀，圜丘无星辰，而反以人帝从祀。望如奭请，以《通礼》及神位为定，其有增益者如后敕。"从之。

政和三年，议礼局上《五礼新仪》：皇帝祀昊天上帝，太史设神位版，昊天上帝位于坛上北方南向，席以稿秸；太祖位于坛上东方西向，席以蒲越；天皇大帝、五帝、大明、夜明、北极九位于第一龛；北斗、太一、帝坐、五帝内坐、五星、十二辰、河汉等内官神位五十有四于第二龛；二十八宿等中官神位百五十有九于第三龛；外官神位一百有六于内壝之内，众星三百有六十于内壝之外。第一龛席以稿秸，余以莞席，皆内向配位。

太祖乾德元年，始有事于南郊。自五代以来，丧乱相继，典章制度，多所散逸。至是，诏有司讲求遗逸，遵行典故，以副寅恭之意。是岁十一月十六日，合祭天地于圜丘。初，有司议配享，请以僖祖升配，张昭献议曰："隋、唐以前，虽追立四庙或六七庙，而无遍加帝号之文。梁、陈南郊，祀天皇，配以皇考；北齐圜丘，祀昊天，以神武升配；隋祀昊天于圜丘，以皇考配；唐贞观初，以高祖配圜丘；梁太祖郊天，以皇考烈祖配。恭惟宣祖皇帝，积累勋伐，肇基王业，伏请奉以配享。"从之。

九年正月，诏以四月幸西京，有事于南郊。自国初以来，南郊四祭及感生帝、皇地祇、神州凡七祭，并以四祖迭配。太祖亲郊者四，并以宣祖配。太宗即位，其七祭但以宣祖、太祖更配。是岁亲享天地，始奉太祖升侑。雍熙元年冬至亲郊，从礼仪使扈蒙之议，复以宣祖配。四年正月，礼仪使苏易简言："亲祀圜丘，以宣祖配，此则符圣人大孝之道，成严父配天之仪。太祖皇帝光启丕图，恭临大宝，以圣授圣，传于无穷。按唐永徽中，以高祖、太宗同配上帝。欲望将来亲祀郊丘，奉宣祖、太祖同配；其常祀祈谷、神州、明堂，以宣祖崇配；圜丘、北郊、雩祀，以太祖崇配。"奏可。

真宗至道三年十一月，有司言："冬至圜丘、孟夏雩祀、夏至方丘，请奉太宗配；上辛祈谷、季秋明堂，奉太祖配；上辛祀感生帝、孟冬祭神州地祇，奉宣祖配；其亲郊，奉太祖、太宗并配。"诏可。乾兴元年，真宗崩，诏礼官定迁郊祀配帝，乃请："祈谷及祭神州地祇，以太祖配；雩祀及昊天上帝及皇地祇，以太宗配；感生帝，以宣祖配；明堂，以真宗配；亲祀郊丘，以太祖、太宗配。"奏可。

景祐二年郊，诏以太祖、太宗、真宗三庙万世不迁。南郊以太祖定配，二宗迭配，亲祀皆侑。常祀圜丘、皇地祇配以太祖，祈谷、雩祀、神州配以太宗，感生帝、明堂以宣祖、真宗配如旧。庆历元年，判太常寺吕公绰言："历代郊祀，配位无侧向，真宗示辅臣《封禅图》曰：'尝见郊祀昊天上帝，不以正坐，盖皇地祇次之。今修登封，上帝宜当子位，太祖、太宗配位，宜比郊祀而斜置之。'其后，有司不谕先帝以告成报功、酌宜从变之意，每郊仪范，既引祥符侧置之文，又载西向北上之礼，临时择一，未尝考定。"乃诏南郊祖宗之配，并以东方西向为定。皇祐五年郊，诏自今圜丘，三圣并侑。嘉祐六年，谏官杨畋论水灾缘郊庙未顺。礼院亦言："对越天地，神无二主。唐始用三祖同配，后遂罢之。皇祐初，诏三圣并侑，后复迭配，未几复并侑，以为定制。虽出孝思，然颇违经典，当时有司失于讲求。"下两制议，翰林学士王珪等曰："推尊以享帝，义之至也。然尊尊不可以渎，故郊无二主。今三后并侑，欲以致孝也，而适所以渎乎享帝，非无以宁神也，请如礼官议。"七年正月，诏南郊以太祖定配。

高宗建炎二年，车驾至扬州，筑坛于江都县之东南。是岁冬至，祀昊天上帝，以太祖配。度宗咸淳二年，将举郊祀，时复议以高宗参配。吏部侍郎兼中书门下省检正洪焘等议，以为："物无二本，事无二初，舜之郊喾，商之郊契，周郊后稷，皆所以推原其始也。礼者，所以别等差，视仪则，远而尊者配于郊，近而亲者配于明堂，明有等也。臣等谓宜如绍兴故事，奉太宗配，将来明堂遵用先皇帝彝典，以高宗参侑，庶于报本之礼、奉先之孝，为两尽其至。"诏恭依。

仪注 乾德元年八月，礼仪使陶谷言："飨庙、郊天，两日行礼，从祀官前七日皆合于尚书省受誓戒，自来一日之内受两处誓戒，有亏虔洁。今拟十一月十六日行郊礼，望依礼文于八日先受从享太庙誓戒，九日别受郊天誓戒，其日请放朝参。"从之。自后百官受誓戒于朝堂，宗室受于太庙。

祭之日均用丑时，秋夏以一刻，春冬以七刻，前二日遣官奏告。配帝之室，仪鸾司设大次、小次及文武侍臣、蕃客之次，太常设乐位、神位、版位等事。前一日司尊彝帅其属以法陈祭器于堂东，仆射、礼部尚书视涤濯告洁，礼部尚书、侍郎省牲，光禄卿奉牲，告充、告备，礼部尚书视鼎镬，礼部侍郎视腥熟之节。祭之旦，光禄卿率其属取笾、豆、簠、簋实之。及荐腥，礼部尚书帅其属荐笾、豆、簠、簋，户部、兵部、工部尚书荐三牲之腥熟俎。礼毕，各彻，而有司受之以出。晡后，郊社令帅其属扫除，御史按视。奏中严外办以礼部侍郎，请解严以礼部郎中。赞者设亚、终献位于小次之南，宗室位于其后；设公卿位于亚、终献之南，分献官位于公卿之后，执事者又在其后，俱重行，西向北上。其致福也，太牢以牛左肩、臂、臑折九个，少牢以羊左肩七个，牺豕以左肩五个。有司摄事、进胙皆如礼。太尉展视以授使者，再拜稽首。既享，大宴，号曰饮福，自宰臣而下至应执事及乐工、驭车马人等，并均给有差，以为定式。是岁十一月日至，皇帝服衮冕，执圭，合祭天地于圜丘，还御明德门楼，肆赦。

仁宗天圣二年，诏加真宗谥，上谓辅臣曰："郊祀重事，朕欲就禁中习仪，其令礼官草具以闻。"先郊三日，奉谥册宝于太庙。次日，荐享玉清昭应、景灵宫，宿太庙。既享，赴青城，至大次，就更衣坛改服衮冕行事。五年，郊后择日恭谢，大礼使王曾请节庙乐，帝曰："三年一享，不敢惮劳也。"三献终，增礼生七人，各引本室太祝升殿，彻豆。三日，又斋长春殿，谢玉清昭应宫。礼毕，贺皇太后，比籍田，劳酒仪，略如元会。其恭谢云："臣某虔遵旧典，郊祀礼成，中外协心，不胜欢抃。"宣答曰："皇帝德备孝恭，礼成严配，万国称颂，欢豫增深。"帝再拜还内。枢密使以下称贺，阁门使宣答，枢密副使升殿侍立，百官称贺。酒三行，还内殿，受命妇贺，司宾自殿侧幕次引内命妇于殿庭，北向立，尚仪奏："请皇太后即御坐。"司宾赞："再拜。"引班首升自西阶，称封号妾某氏等言："郊祀再举，福祚咸均，凡在照临，不胜忻抃。"降，再拜。尚宫承旨，降自东阶，称"皇太后圣旨"，又再拜。司宾宣答曰："已成巨礼，欢豫良深。"皆再拜。次外命妇贺，如内命妇仪，退，皆赴别殿贺皇帝，惟不致词，不宣答。

神宗元丰六年十一月二日，帝将亲郊，奉仁宗、英宗徽号册宝于太庙。是日晚，斋于大庆殿。三日，荐享于景灵宫，斋于太庙。四日，朝享七室，斋于南郊之青城。五日冬至，祀昊天上帝于圜丘，以太祖配。是日，帝服靴袍，乘辇至大次。有司请行礼。服大裘，被衮冕以出，至坛中壝门外，殿中监进大圭，帝执以入，宫架乐作，至午阶下版位，西向立，乐止。礼仪使赞曰："有司谨具，请行事。"宫架奏《景安》之乐，文舞作六成，止，帝再拜，诣罍洗，宫架乐作，至洗南北向，乐止。帝搢圭，盥帨讫，乐作，至坛下，乐止。升午阶，登歌乐作，至坛上，乐止。殿中监进镇圭，《嘉安》乐作，诣上帝神坐前，北向跪，奠镇圭于缫藉，执大圭，俯伏，兴，搢圭跪，三上香，奠玉币，执圭，俯伏，兴，再拜。内侍举镇圭授殿中监，乐止。《广安》乐作，诣太祖神坐前，东向，奠圭币如上帝仪。登歌乐作，帝降坛，乐止。宫架乐作，还位，西向立，乐止。礼部尚书、户部尚书以下奉馔俎，宫架《丰安》乐作，奉奠讫，乐止。再诣罍洗，帝搢大圭，盥帨，洗爵拭爵讫，执大圭，宫架乐作，至坛下，乐止。升自午阶，登歌乐作，至坛上，乐止。登歌《禧安》乐作，诣上帝神坐前，搢圭跪，执爵祭酒，三奠讫，执圭，俯伏，兴，乐止。太祝读册，帝再拜讫，乐作。次诣太祖神坐前，如前仪。登歌乐作，帝降自午阶，乐止。宫架乐作，还位，西向立，乐止。文舞退，武舞进，宫架《正安》之乐作，乐止。亚献盥帨讫，《正安》乐作，礼毕，乐止。终献行礼并如上仪，献毕，宫架乐作，帝升自午阶，乐止。登歌乐作，至饮福位，

乐止。《禧安》乐作，帝再拜，搢圭跪，受爵，祭酒三，啐酒，奠爵，受俎，奠俎，受拊黍豆，再受爵，饮福讫，奠爵，执圭，俯伏，兴，再拜，乐作。帝降，还位如前仪。礼部、户部尚书彻俎豆，礼直官曰："赐胙行事。"陪祀官再拜，宫架《宴安》乐作，一成止。宫架乐作，帝诣望燎位，南向立，乐止。礼直官曰："可燎。"俟火燎半柴，礼仪使跪奏："礼毕。"宫架乐作，帝出中壝门，殿中监受大圭，归大次，乐止。有司奏解严。

帝乘舆还青城，百官称贺于端诚殿。有司转仗卫，奏中严外办。帝服通天冠、绛纱袍，乘舆以出。至玉辂所，侍中跪请降舆升辂。帝升辂，门下侍郎奏请进行，又奏请少驻，侍臣乘马，将至宣德门，奏《采茨》一曲，入门，乐止。侍中请降辂赴幄次，有司奏解严。帝常服，乘舆御宣德门，肆赦，群臣称贺如常仪。

初，淳化三年，将以冬至郊，前十日，皇子许王薨，有司言："王薨在未受誓戒之前，准礼，天地、社稷之祀不废。"诏下尚书省议。吏部尚书宋琪等奏："以许王薨谢，去郊礼裁十日，又诏辍十一日以后五日朝参，且至尊成服，百僚皆当入慰。有司又以十二、十三日受誓戒，按令式，受誓戒后不得吊丧问疾。今若皇帝既辍朝而未成服，则全爽礼文，百僚既受誓而入奉慰，又违令式。况许王地居藩戚，望著亲贤，于昆仲为大宗，于朝廷为冢嗣，遽兹薨逝，朝野同哀，伏想圣情，岂胜追念。当愁惨之际，行对越之仪，臣等实恐上帝之弗歆，下民之斯惑。况祭天之礼，岁有四焉，载于《礼经》，非有差降。请以来年正月上辛日祭天地。"从之。

神宗之嗣位也，英宗之丧未除。是岁当郊，帝以为疑，以问讲读官王珪、司马光、王安石，皆对以不当废。珪又谓："'丧三年不祭，惟祭天地、社稷，为越绋而行事。'《传》谓：'不敢以卑废尊也。'景德二年，真宗居明德太后之丧，即易月而服除。明年遂享太庙，而合祀天地于圜丘。请冬至行郊庙之礼，其服冕、车辂、仪物、音乐缘神事者皆不可废。"诏用景德故事，惟郊庙及景灵宫礼神用乐，卤簿鼓吹及楼前宫架、诸军音乐，皆备而不作，警场止鸣金钲、鼓角，仍罢诸军呈阅骑队。故事，斋宿必御楼警严，幸后苑观花，作水戏，至是悉罢之。有司言："故事，当谒谢于祖宗神御殿，献享月吉礼，以礼官摄。"诏遣辅臣仍罢诣佛寺。是后国有故，皆遣辅臣。

高宗绍兴十二年，臣僚言："自南巡以来，三岁之祀，独于明堂，而郊天之礼未举，来岁乞行大礼。"诏建圜坛于临安府行宫东城之外，自是凡六郊焉。

孝宗隆兴二年，诏曰："联恭览国史，太祖乾德诏书有云：'务从省约，无至劳烦。'仰见事天之诚，爱民之仁，所以垂万世之统者在是。今岁郊见，可令有司，除礼物、军赏，其余并从省约。"初降诏以十一月行事，以冬至适在晦日，以至道典故，改用献岁上辛，遂改来年元为乾道。乃以正月一日有事南郊，礼成，进胙于德寿宫，以牛腥体肩三、臂上臑二。导驾官自端诚殿簪花从驾至德寿宫上寿，饮福称贺，陈设仪注，并同上寿礼。皇帝致词曰："皇帝臣某言：享帝合宫，受天纯嘏，臣某与百僚不胜大

庆，谨上千万岁寿。"自后郊祀、明堂进胙饮福，并如上仪。

光宗绍熙二年十一月郊，以值雨，行礼于望祭殿。帝遂感疾。理宗四十一年，一郊而已。度宗咸淳二年，权工部尚书赵汝暨等奏："今岁大礼，正在先帝大祥之后，臣等窃惟帝王受命，郊见天地，不可缓也。古者有改元即郊，不用前郊三年为计。况今适在当郊之岁，既逾大祥之期，圜丘之祀，岂容不举？"于是降礼，以十一月十七日款谒南郊，适太史院言："十六日太阴交蚀。"遂改来年正月一日南郊行礼，太常寺言："皇帝既已从吉，请依仪用乐。其十二月二十九日朝献景灵宫，三十日朝享太庙，尚在禫制之内，所有迎神、奠币、酌献、送神作乐外，其盥洗升降行步等乐，备而不作。"

卷一百　志第五十三

礼三 吉礼三

北郊　祈谷　五方帝　感生帝

北郊　宋初，方丘在宫城之北十四里，以夏至祭皇地祇。别为坛于北郊，以孟冬祭神州地祇。建隆以来，迭奉四祖崇配二坛。太平兴国以后，但以宣祖、太祖更配。真宗乃以太宗配方丘，宣祖配神州地祇。皇祐初，礼官言："皇地祇坛四角再成，面广四丈九尺，东西四丈六尺。上成高四尺五寸，下成高五尺，方五丈三尺，陛广三尺五寸，卑陋不应典礼。请如唐制增广之。"五年，诸坛皆改。嘉祐配位七十一，加羊、豕各五。庆历用犊、羊、豕各一。既而谏官司马光奏："大行请谥于南郊，而皇地祇止于望告，失尊卑之序。"下礼院，定非次祭告皇地祇，请差官诣北郊行事。其神州之坛，方三丈一尺，皇祐增高三尺，广四十八步，内墰四面以青绳代之。仍遣内臣降香，有司摄事如仪。

神宗元丰元年二月，郊庙奉祀礼文所言："古者祀天于地上之圜丘，在国之南，祭地于泽中之方丘，在国之北，其牲币礼乐亦皆不同，所以顺阴阳、因高下而事之以其类也。由汉以来，乃有夫妇共牢，合祭天地之说，殆非所谓求神以类之意。本朝亲祀上帝，即设皇地祇位，稽之典礼，有所未合。"遂诏详定更改以闻。于是陈襄、王存、李清臣、张璪、黄履、陆佃、何洵直、杨完等议，或以当郊之岁，冬夏至日分祭南北郊，各一日而祀遍；或于圜丘之旁，别营方丘而望祭；或以夏至盛暑，天子不可亲祭，改用十月；或欲亲郊圜丘之岁，夏至日遣上公摄事于方丘，议久未决。

三年，翰林学士张璪言："先王顺阴阳之义，以冬至祀天，夏至祀地，此万世不可易之理。议者乃欲改用他月，无所据依。必不得已，宜即郊祀之岁，于夏至之日，盛礼容，具乐舞，遣冢宰摄事。虽未能皆当于礼，庶几先王之遗意犹存焉。"于是礼官请如璪议，设宫架乐、文武二舞，改制乐章，用竹册匏爵，增配帝犊及捧俎分献官，广坛墰斋宫，修仪注上之。既而曾肇言："今冬至若罢合祭，而夏至又以有司摄事，则不复有亲祭地祇之时，于父天母地之义若有隆杀。请遇亲祀南郊之岁，以夏至日备礼躬款北郊，以存事地之义。"四年四月，乃诏："亲祀北郊，并依南郊之仪，有故不行，即以上公摄事。"六年，礼部、太常寺上亲祀仪并如南郊；其摄事唯改舞名及不备官，其笾豆、乐架、玉币之数，尽如亲祠。是岁十一月甲辰冬至，祀昊天上帝，以太祖配，始罢合祭，不设皇地祇位。

哲宗初立，未遑亲祀，有司摄事如元丰仪。元祐五年夏至，祭皇地祇，命尚书右丞许将摄事。将言："王者父天母地，三岁冬至，天子亲祠，遍享宗庙，祀天圜丘，而夏至方泽之祭，乃止遣上公，则皇地祇遂永不在亲祠之典，此大阙礼也。望博诏儒臣，讲求典故，明正祀典，为万世法。"礼部尚书赵彦若请依元丰所定，郊祀之岁，亲祀方丘及摄事，已合礼之正，更不须聚议。礼部郎中崔公度请用陈荐议，仍合祭天地，从祀百神。复诏尚书、侍郎、两省及侍从、台谏、礼官集议。于是翰林学士顾临等八人，请合祭如故事，俟将来亲祠北郊，则合祭可罢。宋兴，一祖六宗，皆合祭天地，其不合祭者，惟元丰六年一郊尔。去所易而就所难，虚地祇之大祭，失今不定，后必悔之。吏部侍郎范纯礼等二十二人，皆主北郊之议。中书舍人孔武仲又请以孟冬纯阴之月，诣北郊亲祠，如神州地祇之祭。彭汝砺、曾肇复上疏论合祭之非。文多不载。

九月，三省上顾临等议。太皇太后曰："宜依仁宗皇帝故事。"吕大防言："诸儒献议，欲南郊不设皇地祇位，于祖宗之制未睹其可。"范百禄以"圜丘无祭地之礼，《记》曰：'有其废之，莫可举也。'先帝所废，稽古据经，未可轻改。"大防又言："先帝因礼文所建议，遂令诸儒定北郊祀地之礼，然未经亲行。今皇帝临御之始，当亲见天地，而独不设地祇位，恐亦未安。况祖宗以恩霈四方，庆赍将士，非三岁一行，则国力有限。今日宜为勉行权制，俟北郊议定及太庙亲礼，行之未晚。"太皇太后以大防之言为是。而苏颂、郑雍皆以"古者人君嗣位之初，必郊见天地。今皇帝初郊而不祀地，恐未合古。"乃下诏曰："国家郊庙特祀，祖宗以来命官摄事，惟三岁一亲郊，则先享清庙，冬至合祭天地于圜丘。元丰间，有司援周制，以合祭不应古义，先帝乃诏定亲祀北郊之仪，未之及行。是岁，郊祀不设皇地祇位，而宗庙之享率如权制。朕方修郊见天地之始，其冬至日南郊，宜依熙宁十年故事，设皇地祇位以严并况之仪。厥后躬行方泽之祀，则修元丰六年五月之制。俟郊礼毕，集官详议典礼以闻。"十一月冬至，亲祠南郊，遂合祭天地，而诏罢饮福宴。

八年，礼部尚书苏轼复陈合祭六议，令礼官集议以闻。已而下诏依元祐七年故事，合祭天地于南郊，仍罢集议。绍圣元年，以右正言张商英言："先帝制详定礼文所，谓合祭非古，据经而正之。元祐之臣，乃复行合祭，请再下礼官议。"御史中丞黄履谓："南郊合祭，因王莽谄事元后，遂跻地位，同席共牢。追先帝亲郊，大臣以宣仁同政，复用莽意合祀，渎乱典礼。"帝以询辅臣，章惇曰："北郊止可谓之社。"黄履曰："郊者，交于神明之义，所以天地皆称郊。社者，土之神尔，岂有祭大祇亦可谓之社乎？"乃以履奏送礼部、太常寺。权礼部侍郎盛陶、太常丞王谊等言："宜用先帝北郊仪注，以时躬行，罢合祭礼。"已而三省言："合祭既非礼典，但盛夏祭地祇，必难亲行。"诏令两省、台谏、礼官同议，可亲祀北郊，然后罢合祭之礼。曾布、钱勰、范纯礼、韩宗师、王古、井亮采、常安民、李琮、虞策、刘定、傅楫、黄裳、丰稷、叶祖洽等言，互有是否。蔡京、林希、蔡卞、黄履、吴安持、晁端彦、翟思、郭知章、刘拯、黄庆基、董敦逸等请罢合祭。诏从之。然北郊亲祀，终帝之世未克举云。

建中靖国元年，命礼部、太常寺详定北郊仪制。殿中侍御史彭汝霖又请改合祭之礼，韩忠彦以为不可。曾布力主北郊之说，帝亦然之，遂罢合祭。

政和三年，诏礼制局议方坛制度。是岁，新坛成。初，元丰三年七月，诏改北郊圜坛为方丘。六年，命礼部、太常定北郊坛制。哲宗绍圣三年，权尚书侍郎黄裳等言："南郊青城至坛所五百一十八步，自瑞圣园至皇地祇坛之东坛五百五十六步，相去不远。其坛系国初所建，神灵顾享已久。元丰间，有司请地祇、神州并为方坛，坛之外为坎，诏止改圜坛为方。请下有司，比类南郊增饰制度，除治四面，稍令低下，以应泽中之制。"诏礼部再为详定，指画兴筑。至是，礼制局言："方坛旧制三成，第一成高三尺，第二成、第三成皆高二尺五寸，上广八丈，下广十有六丈。夫圜坛既则象于乾，则方坛当效法于坤。今议方坛定为再成，一成广三十六丈，再成广二十四丈，每成崇十有八尺，积三十六尺，其广与崇皆得六六之数，以坤用六故也。为四陛，陛为级一百四十四，所谓坤之策百四十有四者也。为再壝，壝二十有四步，取坤之策二十有四也。成与壝俱再，则两地之义也。"斋宫大内门曰广禋，东偏门曰东秩，西偏门曰西平，正东门曰含光，正西门曰咸亨，正北门曰至顺，南内大殿门曰厚德，东曰左景华，西曰右景华，正殿曰厚德，便殿曰受福、曰坤珍、曰道光，亭曰承休，后又增四角楼为定式。

其神位，崇宁初，礼部员外郎陈旸言："五行于四时，有帝以为之主，必有神以为之佐。今五行之帝既从享于南郊第一成，则五行之神亦当列于北郊第一成。天莫尊于上帝，而五帝次之；地莫尊于大祇，而岳帝次之，今尚与四镇、海渎并列，请升之于第一成。"至是，议礼局上《新仪》：皇地祇位于坛上北方南向，席以稿秸；太祖皇帝位于坛上东方西向，席以蒲越。木神勾芒、东岳于坛第一龛，东镇、海渎于第二龛，东山林、川泽于坛下，东丘陵、坟衍、原隰于内壝之内，皆在卯阶之北，以南为上。神州地祇、火神祝融、南岳于坛第一龛，南镇、海渎于第二龛，南山林、川泽于坛下，南丘陵、坟衍、原隰于内壝之内，皆在午阶之东，以西为上。土神后土、中岳于坛第一龛，中镇于第二龛，中山林、川泽于坛下，中丘陵、坟衍、原隰隰于内壝之内，皆在午阶之西，以西为上。金神蓐收、西岳于坛第一龛，西镇、海渎于第二龛，崑崙西山林、川泽于坛下，西丘陵、坟衍、原隰于内壝之内，皆在酉阶之南，以北为上。水神玄冥、北岳于坛第一龛，北镇、海渎于第二龛，北山林、川泽于坛下，北丘陵、坟衍、原隰于内壝之内，皆在子阶之西，以东为上。神州地祇席以稿秸，余以莞席，皆内向。其余并如元丰仪坛壝之制。其位板之制，上帝位板长三尺，取参天之数，厚九寸，取乾元用九之数，广尺二寸，取天之备数，书徽号以苍色，取苍璧之义。皇地祇位板长二尺，取两地之数，厚六寸，取坤元用六之数，广一尺，取地之成数，书徽号以黄色，取黄琮之义。皆以金饰。配位板各如天地之制。

又言："《大礼格》，皇地祇玉用黄琮，神州地祇、五岳以两圭有邸。今请二者并施于皇地祇，求神以黄琮，荐献以两圭有邸。神州惟用圭邸，余不用。玉琮之制，当用坤数，宜广六寸，为八方而不刻；两圭之长宜共五寸，并宿一邸，色与琮同。牲币如之。"又言："常祭，地祇、配位各用冰鉴一；今亲祀，盛暑，请增正配及从祀位冰鉴四十一。"并从之。

四年五月夏至，亲祭地于方泽，以皇弟燕王俣为亚献，赵王偲为终献。皇帝散斋七日于别殿，致斋七日于内殿，一日于斋宫。前一日告配太祖室，其有司陈设及皇帝行事，并如郊祀之仪。是后七年，至宣和二年、五年，亲祀者凡四。

高宗绍兴初，惟用酒脯鹿臡，行一献礼。二年，太常少卿程瑀言："皇地祇，当一依祀天仪式。"诏从之。又言："国朝祀皇地祇，设位于坛之北方南向。政和四年，设于南方北向。今北面望祭，北向为难，且于经典无据。请仍南向。"

淳熙中，朱熹为先朝南北郊之辩曰："《礼》'郊特牲而社稷太牢'，《书》'用牲于郊，牛二'及'社于新邑'，此明验也。本朝初分南北郊，后复合而为一。《周礼》亦只说祀昊天上帝，不说祀后土，故先儒言无北郊，祭社即是祭地。古者天地未必合祭，日月、山川、百神亦无一时合祭共享之礼。古之时，礼数简而仪从省，必是天子躬亲行事，岂有祭天却将上下百神重沓累积并作一祭耶？且郊坛陛级两边上下，皆是神位，中间恐不可行。或问：郊祀后稷以配天，宗祀文王以配上帝，帝即是天，天即是帝，却分祭，何也？曰：为坛而祭，故谓之天，祭于屋下而以神祇祭之，故谓之帝。"

祈谷、雩祀 宋之祀天者凡四：孟春祈谷，孟夏大雩，皆于圜丘或别立坛。季秋大飨明堂。惟冬至之郊，则三岁一举，合祭天地焉。开宝中，太祖幸西京，以四月有事南郊，躬行大雩之礼。淳化、至道，太宗亦以正月躬行祈谷之祀，悉如圜丘之礼。

景德三年，龙图阁待制陈彭年言："伏睹画日，来年正月三日上辛祈谷，至十日始立春。按《月令》，正月元日注为祈谷，郊祀昊天上帝。《春秋传》曰：'启蛰而郊，郊而后耕。'盖春气初至，农事方兴，郊祀昊天，以祈嘉谷，当在建寅之月，迎春之后。自晋泰始二年，始用上辛，不择立春之先后。齐永明元年，立春前郊，议欲迁日，王俭曰：'宋景平元年、元嘉六年并立春前郊。'遂不迁日。吴操之云：'应在立春前。'然则左氏所记，乃三代彝章；王俭所言，乃后世变礼。来年正月十日立春，三日祈谷，斯则袭王俭之末议，违左氏之明文。望以立春后上辛行祈谷礼。"因诏有司详定诸祠祭祀。有司言："今年四月五日，雩祀上帝，十三日立夏祀赤帝。按《月令》：'立夏之日，天子迎夏于南郊。'《注》云：'为祀赤帝于南郊。'又云：'是月也，大雩。'《注》云：'《春秋传》曰：龙见而雩。'龙星谓角、亢也，立夏后，昏见于东方。按《五礼精义》云：'自周以来，岁星差度，今之龙见或在五月，以祈甘雨，于时已晚，但四月上旬卜日。'今则惟用改朔，不待得节，祭于立夏之前，殊违旧礼之意。苟或龙见于仲夏，雩祀于季春，相去辽阔，于礼未周。欲请并于立夏后卜日，如立夏在三月，则待改朔。"

天禧元年十二月，礼仪院言："准画日，来年正月十七日祈谷，前二日奏告太祖室，缘岁以正月十五日朝拜玉清昭应宫，景德四年以前，祈谷止用上辛，其后用立春后辛日，盖当时未有朝拜宫观礼。王俭启云：'近代明例，不以先郊后春为嫌。'又宋孝武朝有司奏'魏代郊天值雨，更用后辛'，或正月上辛，事有相妨，并许互用，在于礼典，固亦无嫌。"

初，祈谷、大雩，皆亲祀上帝。由熙宁迄靖康，惟有司摄事而已。元丰中，礼官言："庆历大雩宗祀之仪，皆用犊、羊、豕各一，唯祈谷均祀昊天上帝止用犊一。请依雩祀、大享明堂牲牢仪，用犊、羊、豕各一。"

四年十月，详定郊庙奉祀礼文所言："近诏宗祀明堂以配上帝，其余从祀群神悉罢。今祈谷、大雩犹循旧制，皆群神从祀，恐与诏旨相戾。请孟春祈谷、孟夏大雩，惟祀上帝，以太宗皇帝配，余从祀群神悉罢。"又请改筑雩坛于国南门，以严祀事。并从之。

五年七月，礼部言："雩坛当立于圜丘之左巳地，其高一丈，广轮四丈，周十二丈，四出陛，为三壝，各二十五步，周垣四门，一如郊坛之制。"从之。大观四年二月，礼局议以立春后上辛祈谷，诏以"今岁孟春上辛在丑，次辛在亥，遇丑不祈而祈于亥，非礼也。"乃不果行。

政和《祈谷仪》：前期降御札，以来年正月上辛祈谷，祀上帝。前祀十日，太宰读誓于朝堂，刑部尚书莅之；少宰读誓于太庙斋房，刑部侍郎莅之。皇帝散斋七日，致斋三日。前祀一日，服通天冠、绛纱袍，乘玉辂，诣青城。祀日，自斋殿服通天冠、绛纱袍，乘舆至大次，服衮冕，执圭，入正门，宫架作《仪安》之乐作。礼仪使奏请行事，宫架作《景安》之乐，《帝临降康》之舞六成，止。太常升烟，礼仪使奏请再拜。盥洗，升坛上，登歌《嘉安》之乐作。皇帝搢大圭，执镇圭，诣上帝神位前，北向，奠镇圭于缫藉，执大圭，俯伏，兴。又奏请搢大圭，跪，受玉币，尊讫，诣太宗神位前，东向，尊币如上仪，登歌作《仁安》之乐。皇帝降阶，有司进熟，礼仪使奏请执大圭，升坛，登歌《歆安》之乐作。皇帝诣上帝神位前酌献，执

爵祭酒，读册文讫，奏请皇帝再拜。诣太宗神位前酌献，并如上仪，登歌作《绍安》之乐。皇帝降阶，入小次，文舞退，武舞进，宫架《容安》之乐作。亚献酌献，宫架作《隆安》之乐，《神保锡羡》之舞。终献如之。礼仪使奏请皇帝诣饮福位，宫架《禧安》之乐作。皇帝受爵。又请再拜。有司彻俎，登歌《成安》之乐作。送神，宫架《景安》之乐作。皇帝诣望燎位。礼毕，还大次。雩祀上帝仪亦如之。惟太宗神位奠币作《献安》之乐，酌献作《感安》之乐。

南渡后，以四祀二在南郊圜坛，二在城西惠照院斋宫。绍兴十四年始具乐舞，用政和仪，增笾豆之数。乾道五年，太常少卿林栗乞四祭并即圜坛，礼部侍郎郑闻谓："明堂当从屋祭，不当在坛。有司摄事，当于望祭殿行礼。"从之。淳熙十六年，光宗受禅，始奉高宗配焉。

五方帝　宋因前代之制，冬至祀昊天上帝于圜丘，以五方帝、日、月、五星以下诸神从祀。又以四郊迎气及土王日专祀五方帝，以五人帝配，五官、三辰、七宿从祀。各建坛于国门之外：青帝之坛，其崇七尺，方六步四尺；赤帝之坛，其崇六尺，东西六步三尺，南北六步二尺；黄帝之坛，其崇四尺，方七步；白帝之坛，其崇七尺，方七步；黑帝之坛，其崇五尺，方三步七尺。天圣中，诏太常葺四郊宫，少府监遣吏赍祭服就给祠官，光禄进胙，监祭封题。庆历用羊、豕各一，正位太尊、著尊各二，不用牺尊，增山罍为二，坛上簠、簋、俎各增为二。皇祐定坛如唐《郊祀录》，各广四丈，其崇用五行八七五九六为尺数。嘉祐加羊、豕各二。

元祐六年，知开封府范百禄言："每岁迎气于四郊，祀五帝，配以五神，国之大祠也。古者天子皆亲帅三公、九卿、诸侯、大夫以虔恭重事，而导四时之和气焉。今吏部所差三献皆常参官，其余执事赞相之人皆班品卑下，不得视中祠行事者之例。请下礼部与太常议，宜以公卿摄事。"从之。

景德中，南郊卤簿使王钦若言："五方帝位板如灵威仰、赤熛怒、含枢纽、白招拒、叶光纪，恐是五帝之名，理当恭避。"礼官言："《开宝通礼义纂》，五者皆是帝号。《汉书注》自有名，即苍帝灵符，赤帝文祖，白帝显纪，黑帝玄矩，黄帝神斗是也。既为美称，不烦回避。"嘉祐元年，以集贤校理丁讽言，按《春秋文耀勾》为五帝之名，始下太常去之。

其祀仪：皇帝服衮冕，祀黑帝则服裘被衮。配位，登歌作《承安》之乐，余并如祈谷礼。立春祀青帝，以帝太昊氏配，勾芒氏、岁星、三辰、七宿从祀。勾芒位坛下卯阶之南，岁星、析木、大火、寿星位坛下子阶之东，西上。角、亢、氐、房、心、尾、箕宿，位于坛下子阶之西，东上。立夏祀赤帝，以帝神农氏配，祝融氏、荧惑、三辰、七宿从祀。祝融位坛下卯阶之南，荧惑、鹑首、鹑火、鹑尾位于阶之东，西上。井、鬼、柳、星、张、翼、轸宿，位于坛下子阶之西，东上。季夏祀黄帝，以黄帝氏配，后土、镇星从祀。后土位坛下卯阶之南，镇星位

坛下子阶之东。立秋祀白帝，以帝少昊氏配，蓐收、太白、三辰、七宿从祀。蓐收位坛下卯阶之南，太白、大梁、降娄、实沈位坛下子阶之东，西上。奎、娄、胃、昴、毕、觜、参宿，位于子阶之西，东上。立冬祀黑帝，以帝高阳氏配，玄冥、辰星、三辰、七宿从祀。玄冥位坛下卯阶之南，辰星、诹訾、玄枵、星纪位子阶之东，西上。斗、牛、女、虚、危、室、壁宿，位子阶之西，东上。绍兴仍旧制，祀五帝于郊。

感生帝 即五帝之一也。帝王之兴，必感其一。北齐、隋、唐皆祀之，而隋、唐以祖考升配，宋因其制。乾德元年，太常博士聂崇义言：" 皇帝以火德上承正统，请奉赤帝为感生帝。每岁正月，别坛而祭，以符火德。"事下尚书省集议，请如崇义奏。乃酌隋制，为坛于南郊，高七尺，广四丈，日用上辛，配以宣祖。牲用骍犊二，玉用四圭，有邸，币如方色。明年正月，有司言："上辛祀昊天上帝，五方帝从祀。今既奉赤帝为感生帝，一日之内，两处俱祀，似为烦数。况同时并祀，大礼非宜。昊天从祀，请不设赤帝坐。"从之。

乾兴元年九月，太常丞同判礼院谢绛言："伏睹本院与崇文院检讨官详定，以宣祖配感生帝。窃寻宣祖非受命开统，义或未安。唐武德初，圜丘、方丘、雩祀并以景帝配，祈谷、大享并以元帝配。太宗初，奉高祖配圜丘、明堂、北郊，元帝配感生帝。高宗永徽二年，祀高祖于圜丘，祀太宗于明堂，兼感生帝作主。又以景帝、元帝称祖，万代不迁，停配以符古义。臣以为景帝厥初受封为唐始祖，盖与宣祖不侔。宣祖于唐，是为元帝之比。唐有天下，裁越三世，而景、元二祖配典已停。有宋受命，既自太祖，于今四圣，而宣祖侑祀未停，恐非往典之意。请依永徽故事，停宣祖配，仍用太宗故事，宗祀真宗于明堂，兼感生帝作主。若据郑氏说，则曰五帝迭王，王者因所感别祭，尊于南郊，以祖配之。今若不用武德、永徽故事，请以太祖兼配，正符郑说。详郑之意，非受命始封之祖不得配，故引周后稷配灵威仰之义为证。惟太祖始造基业，躬受符命，配侑感帝，据理甚明。如恐祠日相妨，当以太宗配祈谷，太祖配雩祀，亦不失尊严之旨。臣以为宣庙非惟不迁，而迭用配帝，于古为疑。《礼》：'祖有功，宗有德。'但非受命之祖，亲尽必毁，况配享乎？"

翰林承旨李维等议："按《礼·祭法》正义曰：'郊，谓夏正建寅之月，祭感生帝于南郊。'此则崇配之文也。窃惟感帝祀祈谷，礼秩差轻；宣祖比太祖，功业有异。今以太祖配祈谷，宣祖配感帝，称情立文，于礼斯协。"诏从所定。

其祀仪：皇帝散斋七日，致斋三日。太史设帝位于坛上，北方南向，席以稿秸。配帝位于坛上，东方西向，席以蒲越。配位，奠币，作《皇安》之乐，酌献，作《肃安》之乐，余如祈谷祀上帝仪。

绍兴十八年，臣僚言："我朝祀赤帝为感生帝，世以僖祖配之。祖宗以来，奉事尤谨，故子孙众多，与天无极。中兴浸久，祀秩咸修。惟感生帝，有司因循，尚淹小祀，寓于招提，酒脯而已。宜诏有司升为大祀，庶几天意潜孚，永锡蕃祐。"诏礼官议之，遂跻大祀。礼行三献用笾豆十二，设登歌乐舞，望祭于斋宫。

卷一百一　　志第五十四

礼四 吉礼四

明堂

明堂 宋初，虽有季秋大享之文，然未尝亲祠，命有司摄事而已。真宗始议行之，属封岱宗、祀汾阴，故亦未遑。皇祐二年三月，仁宗谓辅臣："今年冬至日，当亲祀圜丘，欲以季秋行大享明堂礼。然自汉以来，诸儒各为论议，驳而不同。夫明堂者，布政之宫，朝诸侯之位，天子之路寝，乃今之大庆殿也。况明道初合祀天地于此，今之亲祀，不当因循，尚于郊墠寓祭也。其以大庆殿为明堂，分五室于内。"仍诏所司详定仪注以闻。礼院请依《周礼》，设五室于大庆殿。旧礼，明堂五帝位皆为幔室。今旁帷上幕，宜用青缯朱里；四户八牖，赤缀户，白缀牖，宜饰以朱白缯。

诏曰："祖宗亲郊，合祭天地，祖宗并配，百神从祀。今祀明堂，正当亲郊之期，而礼官所定，祭天不及地祇，配坐不及祖宗，未合三朝之制。且移郊为大享，盖亦为民祈福，宜合祭皇地祇，奉太祖、太宗、真宗并配，而五帝、神州亦亲献之。日、月、河、海诸神，悉如圜丘从祀之数。"礼官议诸神位未决，帝谕文彦博等曰："郊坛第一龛者在堂，第二、第三龛设于左右夹庑及龙墀上，在墠内外者，列于堂东西厢及后庑，以象坛墠之制。仍先缋图。"

令辅臣、礼官视设神位。昊天上帝，堂下山罍各四。皇地祇，大尊、著尊、牺尊、山罍各二，在堂上室外神坐左；象尊二，壶尊二，山罍四，在堂下中陛东。三配帝、五方帝，山罍各二，于室外神坐左。神州，大尊、著尊、山罍各二，在堂上神坐左。牲各用一犊，毛不能如其方，以纯色代。笾豆，数用大祀。日、月、天皇大帝、北极，大尊各二，在殿上神坐左。笾豆，数用中祀。五官，数用小祀。内官，象尊各二，每方岳、镇、海、渎，山尊各二，在堂左右。中官，壶尊各二，在丹墀、龙墀上。外官，每方丘陵、坟衍、原隰，概尊各二，众星，散尊各二，在东西厢神坐左右。配帝席蒲越，五人帝莞，北极以上稿秸加褥，五官、五星以下莞不加褥，余如南郊。景灵宫升降，置黄道褥位。致斋日，陈法驾卤簿仪仗，墠门大次之后设小次。知庙卿酌奠七祠，文臣分享奉慈、后庙，近侍宿朝堂。行事及从升登、百官分宿昇龙门外，内庭省官宿本所，诸方客宿公馆。设宿爝火于望燎位东南。牲增四犊，羊、豕依郊各十六，以荐从祀。帝谓前代礼有祭玉、燔玉，今独有燔玉,命择良玉为琮、璧。皇地祇黄琮、黄币,神州两圭有邸、黑币,日月圭、璧,皆置神坐前,燔玉加币上。五人帝、五官白币,日月、内官以下,币从方色。

九月二十四日未漏上水一刻,百官朝服,斋于文德殿。明日未明二刻,鼓三严,帝服通天冠、降纱袍,玉辂,警跸,赴景灵宫,即斋殿易衮圭,荐享天兴殿毕,诣太庙宿斋,其礼具太庙。未明三刻,帝靴袍、小辇,殿门契勘,门下省奉宝舆先入。及大次,易衮圭入,至版位,乐舞作,沃盥,自大阶升。礼仪使导入太室,诣上帝位,奠玉币于神坐,次皇地祇、五方帝、神州,次祖宗。奠币酌献之叙亦然。皇帝降自中阶,还版位,乐止。礼生引分献官奉玉币,祝史、斋郎助奠诸神坐,乃进熟。诸太祝迎上帝、皇地祇馔,升自中阶;青帝、赤帝、神州、配帝、大明、北极、太昊、神农氏馔,升自东阶;黄帝、白帝、黑帝、夜明、天皇大帝、轩辕、少昊、高阳氏馔,升自西阶;内中官、五官、外官、五星诸馔,随便升设。亚献将升,礼生分引献官俱诣罍洗,各由其阶酌献五人帝、日月、天皇、北极,下及左右夹庑、丹墀、龙墀、庭中五官、东西厢外官众星坐。礼毕,帝还大次,解严,改服乘辇,御紫宸殿,百官称贺。乃常服,御宣德门肆赦,文武内外官递进官有差。宣制毕,宰臣百僚贺于楼下,赐百官福胙及内外致仕文武升朝官以上粟帛、羊酒。

嘉祐七年七月,诏复有事于明堂,有司言:"皇祐参用南郊百神之位,不应祭法。宜如隋、唐旧制,设昊天上帝、五方帝位,以真宗配,而五人帝、五官神从祀,余皆罢。又前一日,亲享太庙,尝停孟冬之荐,考详典礼,宗庙时祭,未有因严配而辍者。今明堂去孟冬画日尚远,请复荐庙。前者祖宗并侑,今用典礼独配;前者地祇、神州并享,今以配天而罢。是皆变于礼中之大者也。《开元》、《开宝》二礼,五帝无亲献仪。旧礼,先诣昊天奠献,五帝并行分献,以侍臣奠币,皇帝再拜,次诣真宗神坐,于礼为允。"而帝欲尽恭于祀事,五方帝位并亲献焉。朝庙用犊一,羊七,豕七;昊天上帝、配帝犊各一,羊、豕各二;五方、五人帝共犊五,豕五,羊五;五官从祀共羊、豕十。

英宗即位,礼官议仁宗配明堂,知制诰钱公辅等言:"《孝经》曰:'昔者周公郊祀后稷以配天,宗祀文王于明堂以配上帝。'又曰:'孝莫大于严父,严父莫大于配天,则周公其人也。'以周公言之则严父,以成王言之则严祖。方是时,政则周公,祭则成王,亦安在必严其父哉?《我将》之诗是也。真宗则周之武王,仁宗则周之成王,虽有配天之业,而无配天之祭,未闻成、康以严父之故,废文王配天之祭而移之。以孔子之心推周公之祭,则严父也;以周公之心摄成王之祭,则严祖也,严祖、严父,其义一也。汉明始建明堂,以光武配,当始配之代,适符严父说,章、安二帝亦弗之变,最为近古而合乎礼。唐中宗时,则以高宗配;在玄宗时,则以睿宗配;在永泰时,则以肃宗配。礼官不能推明经训,务合古初,反雷同其论以惑时主,延及于今,牢不可破。仁宗嗣位之初,傥有建之论者,则配天之祭常在乎太宗矣。愿诏有司博议,使配天之祭不

胶于严父,而严父之道不专乎配天。"

观文殿学士孙抃等曰:"《易》称'先王作乐崇德,荐之上帝,以配祖考'。盖祖、考并可配天,符于《孝经》之说,不可谓必严其父也。祖、考皆可配郊与明堂而不同位,不可谓严祖、严父其义一也。虽周家不闻废文配而移于武,废武配而移于成,然《易》之配考,《孝经》之严父,历代循守,不为无说。魏明帝祀文帝于明堂以配上帝,史官谓是时二汉之制具存,则魏所损益可知,亦不可谓章、安之后配祭无传,遂以为未尝严父也。唐至本朝讲求不为少,所以不敢异者,舍周、孔之言无所本也。今以为《我将》之诗,祀文王于明堂而歌者,安知非孔子删《诗》,存周全盛之《颂》被于管弦者,独取之也?仁宗继体守成,置天下于泰安四十二年,功德可谓极矣。今祔庙之始,抑而不得配帝,甚非所以宣章严父之大孝。"

谏官司马光、吕诲曰:"孝子之心,孰不欲尊其父?圣人制礼以为之极,不敢逾也。《诗》曰:'思文后稷,克配彼天。'又《我将》:'祀文王于明堂。'下此,皆不见于经。前汉以高祖配天,后汉以光武配明堂。以是观之,自非建邦启土、造有区夏者,皆无配天之文。故虽周之成、康,汉之文、景、明、章,德业非不美也,然而不敢推以配天,避祖宗也。孔子以周公有圣人之德,成太平之业,制礼作乐,而文王適其父,故引以证'圣人之德莫大于孝'答曾子,非谓凡有天下者皆当尊其父以配天,然后为孝也。近代祀明堂者,皆以其父配上帝,此乃误释《孝经》之义,而违先王之礼也。景祐中,以太祖为帝者之祖,比周之后稷,太宗、真宗为帝者之宗,比周之文、武,然则祀真宗于明堂以配上帝,亦未失古礼。仁宗虽丰功美德洽于四海,而不在二祧之位,议者乃欲舍真宗而以仁宗配,恐于祭法不合。"诏从抃议。

御史赵鼎请递迁真宗配雩祭,太宗配祈谷、神州,用唐故事。学士王珪等以为:"天地大祭有七,皆以始封受命创业之君配神作主,明堂用古严父之道配以近考,故在真宗时以太宗配,在仁宗时以真宗配,今则以仁宗配。仁宗始罢太宗明堂之配,太宗先已配雩祀、祈谷及神州之祭,本非递迁。今明堂既用严父之道,则真宗配天之祭于礼当罢,不当复分雩祭之配也。"治平四年九月,大享明堂,以英宗配。

元丰,详定礼文所言:"祀帝南郊,以天道事之,则虽配帝用犊,《礼》所谓'帝牛不吉,以为稷牛'是也。享帝明堂,以人道事之,则虽天帝用太牢,《诗》所谓'我将我享,维羊维牛'是也。自梁用特牛,隋、唐因之,皆用特牲,非所谓以人道享上帝之意也。皇祐、熙宁所用犊与羊、豕,皆未应礼。今亲祠上帝、配帝、五方帝、五帝,请用牛、羊、豕各一。"太常礼院言:"今岁明堂,尚在慈圣光献皇后三年之内,请如熙宁元年南郊故事,惟祀事用乐,卤簿鼓吹、宫架、诸军音乐皆备而不作,警场止鸣金钲、鼓角而已。"自是,凡国有故皆用此制。

六月,诏曰:"历代以来,合宫所配,杂以先儒六天之说,朕甚不取。将来祀英宗皇帝于明堂,惟以配上帝,余从祀群神悉罢。"详定所言:"按《周礼》有称昊天上帝,

有称上帝，有称五帝者，一帝而已。将来祀英宗于明堂，合配昊天上帝及五帝，欲以此修入仪注。"并据知太常礼院赵君锡等状："按《周官》掌次职曰：'王大旅上帝，则张毡案；祀五帝，则设大次、小次。'又司服职曰：'祀昊天上帝则服大裘而冕，祀五帝亦如之。'明上帝与五帝异。则宗祀文王以配上帝者，非可兼五帝也。自郑氏之学兴，乃有六天之说，而事非经见。晋泰始初，论者始以为非，遂于明堂惟设昊天上帝一坐而已。唐《显庆礼》亦然。请如诏祀英宗于明堂，惟配上帝，以称严父之意。"又请："以莞席代稿秸、蒲越，以玉爵代匏爵，其豆、登、簠、俎、尊、罍并用宗庙之器，第以不祼，不用彝瓒。罢爟火及设褥，上帝席以稿秸，配帝席以蒲越，皆加褥其上。饮福受胙，俟终三献。"并从之。

监察御史里行王祖道言："前诏以六天之说为非古，今复欲兼祀五帝，是亦六天也。礼官欲去四圭而废祀神之玉，殊失事天之礼。望复举前诏，以正万世之失。"仍并诏详定合用圭、璧。详定所言："宋朝祀天礼以苍璧，则燎玉亦用苍璧；礼神以四圭有邸，则燎玉亦用四圭有邸。而议者欲以苍璧礼神，以四圭有邸从燎，义无所主。《开宝、开元礼》，祀昊天上帝及五帝于明堂，礼神燔燎皆用四圭有邸。今诏唯祀上帝，则四圭有邸，自不当设。宜如南郊，礼神燔燎皆用苍璧。"又请："宿斋于文德殿，祭之旦，服通天冠、绛纱袍，至大次，改祭服行事，如郊庙之礼。"

先是，三省言："按天圣五年南郊故事，礼毕行劳酒之礼，如元会仪。今明堂礼毕，请太皇太后御会庆殿，皇帝于帘内行恭谢礼，百僚称贺讫，升殿赐酒。"太皇太后不许，诏将来明堂礼毕，更不受贺，百官并于内东门拜表。九月辛巳，大享于明堂。礼毕，诣景灵宫及诸寺观行恭谢礼。元符元年，尚书左丞蔡卞言："每岁大享明堂，即南郊望祭殿行礼，制度湫窄，未足以仰称严事之意。今新作南郊斋宫端诚殿，实天子洁斋奉祠及见群臣之所，高明邃深，可以享神，即此行礼，于义为合。"

初，元丰礼官以明堂寓大庆路寝，别请建立以尽严奉，而未暇讲求。至是蔡京为相，始以库部员外郎姚舜仁《明堂图议》上，诏依所定营建。明年正月，以彗出西方，罢。大观元年九月辛亥，大享于明堂，犹寓大庆殿。

政和五年，诏："宗祀明堂以配上帝，寓于寝殿，礼盖云阙。崇宁之初，尝诏建立，去古既远，历代之模无足循袭。朕刺经稽古，度以九筵，分其五室，通以八风，上圆下方，参合先王之制。相方视址，于寝之南，俾工鸠材，自我作古，以称朕事上帝率见昭考之心。"既又以言者"明堂基宜正临丙方近东，以据福德之地"，乃徙秘书省宣德门东，以其地为明堂。

又诏："明堂之制，朕取《考工》互见之文，得其制作之本。夏后氏曰世室，堂修二七，广四修一，五室三四步四三尺，九阶，四旁两夹窗。考夏后氏之制，名曰世室，又曰堂者，则世室非庙堂。修二七，广四修一，则度以六尺之步，其堂修十四步，广十七步之半。又曰五室三四步四三尺者，四步益四尺，中央土室也，三步益三尺，木、火、金、水四室也。每室四户，户两夹窗，此夏制也。商人重屋，堂修七寻，崇三尺，四阿重屋，而又曰堂者，非寝也。度以八尺之寻，其堂修七寻。又曰四阿重屋，阿者屋之曲也，重者屋之复也，则商人有四隅之阿，四柱复屋，则知下方也。周人明堂度以九尺之筵。三代之制不相袭，夏曰世室，商曰重屋，周曰明堂，则知皆室也。东西九筵，南北七筵，堂崇一筵，五室，凡室二筵者，九筵则东西长，七筵则南北狭，所以象天，则知上圜也。名不相袭，其制则一，唯步、寻、筵广狭不同而已。朕益世室之度，兼四阿重屋之制，度以九尺之筵，上圜象天，下方法地，四户以合四序，八窗以应八节，五室以象五行，十二堂以听十二朔。九阶、四阿，每室四户，夹以八窗。享帝严父，听朔布政于一堂之上，于古皆合，其制大备。宜令明堂使司遵图建立。"

于是内出图式，宣示于崇政殿，命蔡京为明堂使，开局兴工，日役万人。京言："三代之制，修广不相袭，夏度以六尺之步，商度以八尺之寻，而周以九尺之筵，世每近，制每广。今若以二筵为太室，方一丈八尺，则室中设版位、礼器已不可容，理当增广。今从周制，以九尺之筵为度，太室修四筵，三丈六尺。广五筵，四丈五尺。共为九筵。木、火、金、水四室各修三筵，益四五，三丈一尺五寸。广四筵，三丈六尺。共七筵，益四尺五寸。十二堂古无修广之数，今亦广以九尺之筵。明堂、玄堂各修四筵，三丈六尺。广五筵，四丈五尺。左右个各修广四筵。三丈六尺。青阳、总章各修广四筵，三丈六尺。左右个各修四筵，三丈六尺。广三筵，益四五，三丈一尺五寸。四阿各四筵，三丈六尺。堂柱外基各一筵，九尺。堂总修一十九筵，一十七丈一尺。广二十一筵。一十八丈九尺。"

蔡攸言："明堂五门，诸廊结瓦，古无制度，汉、唐或盖以茅，或盖以瓦，或以木为瓦，以夹纻漆之。今酌古之制，适今之宜，盖以素瓦，而用琉璃缘里及顶盖鸱尾缀饰，上施铜云龙。其地则随所向甃以五色之石。栏楯柱端以铜为文鹿或辟邪象。明堂设饰，杂以五色，而各以其方所尚之色。八窗、八柱则以青、黄、绿相间。堂室柱门栏楯，并涂以朱。堂阶为三级，级崇三尺，共为一筵。庭树松、梓、桧，门不设戟，殿角皆垂铃。"诏以"玄堂"犯祖讳，取"平在朔易"之义，改为平朔，门亦如之。仍改敷祐门曰左敷祐，左承天门曰右敷祐，右承天门曰平秩，更衣大次曰斋明殿。七年四月，明堂成，有司请颁常视朔听朝。诏："明堂专以配帝严父，余悉移于大庆、文德殿。"群臣五表陈请，乃从之。

礼制局言："祀天神于冬至，祀地祇于夏至，乃有常日，无所事卜。季秋享帝，以先王配，则有常月而未有常日。礼不卜常祀而卜其日，所谓卜日者，卜其辛尔。盖月有上辛、次辛，请以吉辛为正。"

又言："《周礼》：'祀昊天上帝，则大裘而冕，祀五帝亦如之。享先王则衮冕。'盖于大裘举正位以见配位，于衮冕举配位以见正位，以天道事之，则举卑明尊；大裘象道，衮冕象德，明堂以人道享上帝，请服衮冕。郊祀正位设蒲越，明堂正配位以莞，盖取《礼记》所谓'莞簟之安'。请明堂正配位并用莞簟。又《周礼》：'以苍璧礼天。'又曰：'四圭有邸，以祀天，旅上帝。'然说者谓礼神在求神之前，祀神在礼神之后。盖一祭而并用也。夏祭方泽，两圭有邸，与黄琮并用。明堂大享，苍璧及四圭有邸亦宜并用。圜丘、方泽，执玄圭则搢大圭，执大圭则奠玄圭。《礼经》，祀大神祇，享先王，一如明堂亲祠，宜如上仪。其正配二位，请各用笾二十六，豆二十六，簠八，簋八，登三，铏三，牺盘、神位席、币篚、祝篚、玉爵反坫、瑶爵、牛羊豕鼎各一，并扃匕、毕茅、羃俎六，大尊、山尊、著尊、牺尊、象尊各二，壶尊六，皆设而弗酌。尊加羃。牺尊、象尊、壶尊、牺罍、象罍、壶罍各五，加勺、羃。御盘匜一，并篚、勺、巾。饮福受黍豆一，以玉饰。饭福受胙俎一。亚献、终献盥洗罍、爵洗罍并篚、勺、巾各一，神厨鸾刀一。"

又言："明堂用牲而不设庶羞之鼎。按元丰礼，明堂牲牢正配，各用牛一、羊一、豕一。宗庙止用三鼎而不设庶羞之鼎，其俎亦止合用六。宗庙祭祀五齐三酒，有设而弗酌者，若酒正所谓'以法共五齐三酒，以实八尊'是也。有设而酌者，若司尊彝所谓'醴齐缩酌，盎齐涚酌，凡酒修酌'是也。今太庙、明堂之用，请以大尊实泛齐，山尊实醴齐，著尊实盎齐，牺尊实缇齐，象尊实沉齐，壶尊实三酒，皆为弗酌之尊。又以牺尊实醴齐为初献，象尊实盎齐为亚献，并陈于阼阶之上，牺在西，象在东。壶尊实清酒为终献，陈于阼阶之下，皆为酌尊。尊三，其贰以备乏匮。明堂虽严父，然配天与上帝，所以求天神而礼之，宜同郊祀，用礼天神六变之乐，以天帝为尊焉。皇祐以来，以大庆殿为明堂，奏请致斋于文德殿，礼成，受贺于紫宸殿。今明堂肇建，宜于大庆殿奏请致斋，于文德殿礼成受贺。宿斋奏严，本以警备。仁宗诏明堂直端门，故斋夕权罢。今明堂在寝东南，不与端门直，将来宗祀，大庆殿斋宿，皇城外不设卤簿仪仗，其警场请列于大庆殿门之外。王者礼上帝于郊，配以祖，祀于明堂，配以祢。今有司行事，乃寓端诚殿，未尽礼意。请非祭祀岁，有司行事，亦于明堂。改仪仗使曰礼卫，卤簿使曰礼器，桥道顿递使曰礼顿，大礼、礼仪二使仍旧制。又设季秋大享登歌，并用方士。"

初，礼部尚书许光凝等议："明堂五室祀五帝，而王安石以五帝为五精之君，昊天之佐，故分位于五室，与享于明堂。神宗诏唯以英宗配帝，悉去从祀群神。陛下肇新宏规，得其时制，位五帝于五室，既无以祢概配之嫌，止祀五帝，又无群神从祀之渎，则神考绌六天于前，陛下正五室于后，其揆一也。"至是诏罢从祀，而亲祠五室焉。寻诏每岁季秋大享，亲祠明堂如孟月朝献礼，罢有司摄事，及五使仪仗等。

已而太常寺上《明堂仪》：皇帝散斋七日于别殿，致斋三日于内殿，有司设大次于斋明殿，设小次于明堂东阶下。祀日，行事、执事、陪祠官立班殿下，东西相向。皇帝服衮冕，太常卿、东上阁门官、太常博士前导。礼部侍郎奏中严外办，太常卿奏请行礼。太常卿奏礼毕，礼部郎中奏解严。其礼器、牲牢、酒馔、奠献、玉币、升烟、燔首、祭酒、读册、饮福、受胙并乐舞等，并如祀祀明堂仪。其行事、执事、陪祠官，并前十日受誓戒于明堂。行事、执事官致斋三日，前一日并服朝服立班省馔，祀日并祭服。陪位官致斋一日。祀前二日仍奏告神宗配侑。自是迄宣和七年，岁皆亲祀明堂。

高宗绍兴元年，礼部尚书秦桧等言："国朝冬祀大礼，神位六百九十，行事官六百七十余员，今卤簿、仪仗、祭器、法物散失殆尽，不可悉行。宗庙行礼，又不可及天地。明堂之礼，可举而行，乞诏有司讨论以闻。"礼部、御史、太常寺言："仁宗明堂以大庆殿为之，今乞于常御殿设位行礼。"乃下诏曰："肇称吉礼，已见于三岁之郊；载考彝章，当间以九筵之祀。因秋成物，辑古上仪，会天地以同禋，升祖宗而并配。"乃以九月十八日行事。

四年，太常寺看详、国子监丞王普明堂有未合礼者十一事：其一，谓陶匏用于郊丘，玉爵用于明堂，今兹明堂实兼郊礼，宜用陶匏，他日正宗祀之礼，当奉玉爵。其二，《礼经》，太牢当以牛、羊、豕为序，今用《我将》之诗，遂以羊、豕、牛为序，所谓以辞害意，岂有用大牲作元祀，而反在羊、豕之后者？其三，陈设尊罍，宜仿《周官》司尊彝秋尝之制。其四，泛齐醴齐，宜代以今酒而不易其名。其五、其六，祭器、冕服，当从古制。其七，皇帝未后诣斋室，则是致斋二日有半，乞用质明以成三日之礼。其八，斋不饮酒茹荤，乞罢官给酒馔，俾得专心致志，交于神明。其九，设神位版及升烟、奠册，不当委之散吏。其十、十一，皆论乐。并从之。

三十一年，以钦宗之丧，用元祐故事，皆前期朝献景灵宫、朝享太庙，皆遣大臣行事；唯亲行大享之礼，礼毕宣赦，乐备不作。附庙毕如故事。享罢合祭，奉徽宗配。祀五天帝、五人帝于堂上，五官神于东厢，仍罢从祀诸神位，用熙宁礼也。

孝宗淳熙六年，以群臣议，复合祭天地，并侑祖宗、从祀百神，如南郊。十五年九月，有事于明堂，上问宰执配位。周必大奏："昨已申请，高宗几筵未除，用徽宗故事未应配坐，且当以太祖、太宗并配。"留正亦言之。上曰："有绍兴间典故，可参照无疑。"

嘉定十七年闰八月，理宗即位，大享当用九月八日，在宁宗梓宫未发之前，下礼官及台谏、两省详议。吏部尚书罗点等言："本朝每三岁一行郊祀，皇祐以来始讲明堂之礼，至今遵行。稽之《礼经》，有'越绋行事'之文，'既殡而祭'之说，则虽未葬以前，可以行事。且绍熙五年九月，在孝宗以日易月释服之后，未发引之前；庆元六年九月，亦在光宗以日易月释服之后，未发引之前。今来九月八日，前祀十日，皇帝散斋别殿，百官各受誓戒，系在闰八月二十七日，即当以日易月未释服之内。乞下太史局，于九月内择次辛日行礼，则在释服之后，正与前史相同。"乃用九月二十八日辛卯。前二日，朝献景灵宫，前一日，享太庙，遣官摄事。皇帝亲行大享，礼成不贺。

淳祐三年，将作少监、权枢密都承旨韩祥言："窃以明堂之礼，累圣不废严父配侑之典。南渡以来，事颇不同。

高庙中兴，徽宗北狩，当时合祭天地于明堂，以太祖、太宗配，非废严父之祀，以父在故也。及绍兴末，乃以徽庙配。孝宗在位二十八年，娱奉父，故无祀父之典，南郊、明堂，惟以太祖、太宗配，沿袭至今，遂使陛下追孝宁考之心有所未尽。"时朝散大夫康熙亦援倪思所著合宫严父为言。上曰："三后并侑之说最当。是后明堂以太祖、太宗、宁宗并侑。"宝祐五年九月辛酉，复奉高宗升侑。于是明堂之礼，一祖三宗并配。度宗咸淳五年，明堂大享，又去宁宗，奉理宗与祖宗并配。

先是，绍兴初，权礼部尚书胡直孺等言："国朝配祀，自英宗始配以近考，司马光、吕海争之，以为诎祖进父，然卒不能夺王珪、孙抃之诡辞。其后，神宗谓周公宗祀在成王之世，成王以文王为祖，则明堂非以考配明矣。王安石亦对以误引《孝经》严父之说，惜乎当时无有辨正之者。今或者曰：后稷为周之祖，文王、武王是为二祧。高祖为汉之祖，孝文、孝武特崇两庙。皆子孙世世所奉承者。太祖为帝者祖，太宗、真宗宜为帝者宗。皇祐以一祖二宗并配，议出于此。直孺等闻前汉以高祖配天，后汉以光武配明堂，盖古之帝王非建邦启土者，皆无配之祭。故虽周之成、康，汉之文、景、明、章，其德业非不美也，然而子孙不敢推以配天者，避祖宗也。有宋肇基创业之君，太祖是已。太祖则周之后稷，配祭于郊者也；太宗则周之文王，配祭于明堂者也。此二祭者，万世不迁之法。皇祐宗祀，合祭天地，固宜以太祖、太宗配。当时盖拘于严父，故配帝并及于真宗。今主上绍膺大统，自真宗至于神宗均为祖庙，独跻则患在于无名，并配则几同于袷享。今参酌皇祐诏书，请合祭昊天上帝、皇地祇于明堂，奉太祖、太宗以配，惟礼专而事简，庶几可以致力于神，万世行之可也。"

七年，徽宗哀闻。是岁九月，中书舍人傅崧卿援严父之说，不幸太上讳问奄至，而大享不及，理实未安。吏部尚书孙近等言："元年以来，祖、宗并配，今论者乃欲祖、宗并配之外，增道君皇帝一位，不合典礼。"权礼部侍郎陈公辅言："今梓宫未还，庙社未定，疆土未复，臣窃意祖宗、上皇神灵所望于陛下者，必欲兴衰拨乱，恢复中原，迎还梓宫，归藏陵寝，以隆我宋无疆之业。若如议者之言，以陛下贵为天子，上皇北狩十有一年，未获天下之养，今不幸而崩，且欲因明堂之礼，追配上帝，谓是足以尽人子之孝，则于陛下之志，恐亦小矣。宜依故事合祭天地，祖、宗并侑。太上升配，似未可行。"至嘉定四年，遂以太祖、太宗、高宗、宁宗并侑，至度宗，复以太祖、太宗、高宗、理宗并配焉。

卷一百二　　志第五十五

礼五 吉礼五

社稷　岳渎　籍田　先蚕　奏告　祈祟

社稷　自京师至州县，皆有其祀。岁以春秋二仲月及腊日祭太社、太稷。州县则春秋二祭，刺史、县令初献，上佐、县丞亚献，州博士、县簿尉终献。如有故，以次官摄。若长吏职官或少，即许通摄，或别差官代之。牲用少牢，礼行三献，致斋三日。其礼器数：正配坐尊各二，笾、豆各八，簠、簋各二，俎三。从祀笾、豆各二，簠、簋、俎各一。太社坛广五丈，高五尺，五色土为之。稷坛在西，如其制。社以石为主，形如钟，长五尺，方二尺，剡其上，培其半。四面宫垣饰以方色，面各一屋，三门，每门二十四戟，四隅连饰架罳，如庙之制，中植以槐。其坛三分宫之一，在南，无屋。庆历用羊、豕各二，正配位笾、豆十二，山罍、簠、簋、俎二，祈报象尊一。

元丰三年，详定所言："社稷祝版、牲币、馔物，请并瘗于坎，更不设燔燎。又《周礼·大宗伯》'以血祭社稷'，社为阴祀，血者幽阴之物，是以求近神之意。郊天先荐血，次荐腥，次荐爓，次荐熟。社稷、五祀，先荐爓，次荐熟。至于群小祀，荐熟而已。今社稷不用血祭，又不荐爓，皆违经礼。请以埋血为始，先荐爓，次荐熟。古者祭社，君南向于北埔下，所以答阴也，今社稷壝内不设北埔，而有司摄事，乃设东向之位，非是。请设北埔，以备亲祠南向答阴之位，有司摄事，则立北埔下少西。《王制》曰：'天子社稷皆太牢，诸侯社稷皆少牢。'今一用少牢，殊不应礼。夫为一郡邑报功者，当用少牢；为天下报功者，当用太牢。所有春秋祈报太社、太稷，请于羊、豕外加角握牛二。"又言："社稷之祭，有瘗玉而无礼玉，《开元礼》：奠太社、太稷，并以两圭有邸。请下有司造两圭有邸二，以为礼神之器，仍诏于坛侧建斋厅三楹，以备望祭。"

先是，州县社主不以石。礼部以谓社稷不屋而坛，当受霜露风雨，以达天地之气，故用石主，取其坚久。又《礼》：诸侯之坛半天子之制。请令州县社主用石，尺寸广长亦半太社之制。遂下太常，修入祀仪。元祐中，又从博士孙谔言，祭太社、太稷，皆设登歌乐。大观，议礼局言："太社献官、太祝、奉礼，皆以法服；至于郡邑，则用常服。请下祭服制度于郡县，俾其自制，弊则听改造之。"

绍兴元年，以春秋二仲及腊前祭太社、太稷于天庆观，又望祭于临安天宁观。十四年，始筑坛壝于观桥之东，立石主，置太社令一员，备牲牢器币，进熟、望燎如仪。

岳镇海渎之祀 太祖平湖南，命给事中李昉祭南岳，继令有司制诸岳神衣、冠、剑、履，遣使易之。广南平，遣司农少卿李继芳祭南海，除去刘鋹所封伪号及宫名，易以一品服。又诏："岳、渎并东海庙，各以本县令兼庙令，尉兼庙丞，专掌祀事。"又命李昉、卢多逊、王祐、扈蒙等分撰岳、渎祠及历代帝王碑，遣翰林待诏孙崇望等分诣诸庙书于石。六年，遣使奉衣、冠、剑、履，送西镇吴岳庙。

太平兴国八年，河决滑州，遣枢密直学士张齐贤诣白马津，以一太牢沈祠加璧。自是，凡河决溢、修塞皆致祭。秘书监李至言："按五郊迎气之日，皆祭逐方岳镇、海渎。自兵乱后，有不在封域者，遂阙其祭。国家克复四方，间虽奉诏特祭，未著常祀。望遵旧礼，就迎气日各祭于所隶之州，长史以次为献官。"其后，立春日祀东岳岱山于兖州，东镇沂山于沂州，东海于莱州，淮渎于唐州。立夏日祀南岳衡山于衡州，南镇会稽山于越州，南海于广州，江渎于成都府。立秋日祀西岳华山于华州，西镇吴山于陇州，西海、河渎并于河中府，西海就河渎庙望祭。立冬祀北岳恒山、北镇医巫闾山并于定州，北镇就北岳庙望祭，北海、济渎并于孟州，北海就济渎庙望祭。土王日祀中岳嵩山于河南府，中镇霍山于晋州。

真宗封禅毕，加号泰山为仁圣天齐王，遣职方郎中沈维宗致告。又封威雄将军为炳灵公，通泉庙为灵派侯，亭山神庙为广禅侯，峰山神庙为灵岩侯，各遣官致告。诏泰山四面七里禁樵采，给近山二十户以奉神祠，社首、徂徕山并禁樵采。车驾次澶州，祭河渎庙，诏进号显圣灵源公，遣右谏议大夫薛映诣河中府，比部员外郎丁顾言诣澶州祭告。秘书丞董温其言："汉以霍山为南岳，望令寿州长吏春秋致祭。"礼官言："虽前汉尝以霍山为南岳，缘今岳庙已在衡山，难于改制。其霍山如遇水旱祈求及非时，准别敕致祭，即委州县奉行。"诏封江州马当上水府，福善安江王；太平州采石中水府，顺圣平江王；润州金山下水府，昭信泰江王。

及祀汾阴，命陈尧叟祭西海，曹利用祭汾河。车驾至潼关，遣官祠西岳及河渎，并用太牢，备三献礼。庚午，亲谒华阴西岳庙，群臣陪位，庙垣内外列黄麾仗，遣官分奠庙内诸神，加号岳神为顺圣金天王。还至河中，亲谒奠河渎庙及西海望祭坛。五月乙未，加上东岳曰天齐仁圣帝，南岳曰司天昭圣帝，西岳曰金天顺圣帝，北岳曰安天元圣帝，中岳曰中天崇圣帝。命翰林、礼官详定仪注及冕服制度、崇饰神像之礼。其玉册制，如宗庙谥册。帝自作《奉神述》，备纪崇奉意，俾撰册文。有司设五岳册使一品卤簿及授册黄麾仗、载册辂、衮冕舆于乾元门外，各依方所。群臣朝服序班、仗卫如元会仪。上服衮冕，御乾元殿。中书侍郎引五岳玉册，尚衣奉衮冕升殿，上为之兴。奉册使、副班于香案前，侍中宣制曰："今加上五岳帝号，遣卿等持节奉册展礼。"咸承制再拜。奉册使以次升自东阶，受册御坐前，降西阶；副使受衮冕舆于丹墀，随奉册使降立丹墀西。玉册发，至于朝元门外，帝复坐。册使奉册升辂，鼓吹振作而行。东岳、北岳册次于瑞圣园，南岳册次于玉津园，西岳、中岳册次于琼林苑。及庙，内外列黄麾仗，设登歌。奉册于车，奉衮冕于舆，使、副袴褶骑从，遣官三十员前导。及门，奉置幄次，以州长吏以下充祀官，致祭毕，奉玉册、衮冕置殿内。又加上五岳帝后号：东曰淑明，南曰景明，西曰肃明，北曰靖明，中曰正明。遣官祭告。诏岳、渎、四海诸庙，遇设醮，除青词外，增正神位祝文。又改唐州上源桐柏庙为淮渎长源公，加守护者。帝自制五岳醮告文，遣使醮告。即建坛之地构亭立石柱，刻文其上。

天禧四年，从灵台郎皇甫融请，凡修河致祭，增龙神及尾宿、天江、天记、天社等诸星在天河内者，凡五十位。

仁宗康定元年，诏封江渎为广源王，河渎为显圣灵源王，淮渎为长源王，济渎为清源王，加东海为渊圣广德王，南海为洪圣广利王，西海为通圣广润王，北海为冲圣广泽王。皇祐四年，又以灵台郎王大明言，汴口祭河，兼祠箕、斗、奎，与东井、天津、天江、咸池、积水、天渊、天潢、水位、水府、四渎、九坎、天船、王良、罗堰等十七星在天河内者。五年，以侬智高遁，益封南海洪圣广利招顺王。其五镇，沂山旧封东安公，政和三年封王；会稽旧封永兴公，政和封永济王；吴山旧封成德公，元丰八年封王；医巫闾旧封广宁公，政和封王；霍山旧封应圣公，政和封应灵王。东海，大观四年，加号助顺广德王。

绍兴七年，太常博士黄积厚言："岳镇海渎，请以每岁四立日分祭东西南北，如祭五方帝礼。"诏从之。

乾道五年，太常少卿林栗言："国家驻跸东南，东海、南海，实在封域之内。自渡江以后，惟南海王庙，岁时降御书祝文，加封至八字王爵。如东海之祠，但以莱州隔绝，未尝致祭，殊不知通、泰、明、越、温、台、泉、福，皆东海分界也。绍兴中金人入寇，李宝以舟师大捷于胶西，神之助顺，为有功矣。且元丰间尝建庙于明州定海县，请依南海特封八字王爵，遣官诣明州行礼。"诏可。

籍田之礼 岁不常讲。雍熙四年，始诏以来年正月择日有事于东郊，行籍田礼。所司详定仪注："依南郊置五使。除耕地朝阳门七里外为先农坛，高九尺，四陛，周四十步，饰以青；二壝，宽博取足容御耕位。观耕台大次设乐县、二舞。御耕位在壝门东南，诸侯耕位次之，庶人又次之。观耕台高五尺，周四十步，四陛，如坛色。其青城设于千亩之外。"又言："隋以青箱奉穜稑，唐废其礼。青箱旧无其制，请用竹木为之而无盖，两端设襻，饰以青；中分九隔，隔盛一种，覆以青帊。穜稑即早晚之种，不定谷名，请用黍、稷、秫、稻、粱、大小豆、大小麦，陈于箱中。"大礼使李昉言："按《通礼》，乘舆根车，今请改乘玉辂，载耒耜于耕根车。又前典不载告庙及称贺之制，今请前二日告南郊、太庙。耕礼毕，百官称贺于青城。礼有劳酒，合设会于还宫之翼日，望如亲祀南郊之制，择日大宴。"详定所言："御耒耜二具，并盛以青缯，准唐乾元故事，不加雕饰。礼毕，收于禁中，以示稼穑艰难之意。其祭先农，用纯色犊一，如郊祀例进胙，余并权用大祠之制。皇帝散斋三日，致斋二日，百官不受誓戒。神农、后稷册，学士院撰文进书。"以卤簿使贾模等言，复用象辂载耒耜，以重其事。五年正月乙亥，帝服衮冕，执镇圭，亲享神农，以后稷配，备三献，遂行三推之礼。毕事，解严，还行宫，百官称贺。帝改御大辇，服通天冠、绛纱袍，鼓吹振作而还。御乾元门大赦，改元端拱，文武递进官有差。二月七日，宴群臣于大明殿，行劳酒礼。

景德四年，判太常礼院孙奭言："来年画日，正月一日享先农，九日上辛祈谷，祀上帝。《春秋传》曰：'启蛰而郊，郊而后耕。'《月令》曰：'天子以元日祈谷于上帝，乃择元辰，亲载耒耜，躬耕帝籍。'先儒皆云：元日，谓上辛郊天也；元辰，谓郊后吉亥享先农而耕籍也。《六典》、《礼阁新仪》并云上辛祀昊天，次云吉亥享先农。望改用上辛后亥日，用符礼文。"

明道元年，诏以来年二月丁未行籍田礼，而罢冬至亲郊。遣官奏告天地、宗庙、诸陵、景灵宫，州都就告岳渎、宫庙。其礼一如端拱之制，而损益之。礼成，遣官奏谢如告礼。

元丰二年，诏于京城东南度田千亩为籍田，置令一员，徙先农坛于中，神仓于东南，取卒之知田事者为籍田兵。乃以郊社令辛公佑兼令。公佑请因旧钺麦殿规地为田，引蔡河水灌其中，并植果蔬，冬则藏冰，凡一岁祠祭之用取具焉。先荐献而后进御，有余，则贸钱以给杂费，输其余于内藏库，著为令。权管干籍田王存等议，以南郊钺麦殿前地及玉津园东南羡地并民田共千一百亩充籍田外，以百亩建先农坛兆，开阡陌沟洫，置神仓、斋宫并耕作人牛庐舍之属，绘图以进。已而殿成，诏以思文为名。

政和元年，有司议：享先农为中祠，命有司摄事，帝止行耕籍之礼。罢命五使及称贺、肆赦之类。太史局择日不必专用吉亥。耕籍所乘，改用耕根车，罢乘玉辂。躬耕之服，止用通天冠、绛纱袍，百官并朝服。仿雍熙仪注，九卿以左右仆射、六尚书、御史大夫摄，诸侯以正员三品官及上将军摄。设庶人耕位于诸侯耕位之南，以成终亩之礼。备青箱，设九谷，如隋之制。寻复以耕籍为大祠，依四孟朝享例行礼，又命礼制局修定仪注。

孟春之月，太史择上辛后吉日，皇帝亲耕籍田，命有司以是日享先农、后稷于本坛，如常仪。前期，殿中监设御坐于思文殿，仪鸾司设文武官次殿门外之左右。其日早，奉礼郎设御耕褥位于耕籍所，尚舍设观耕御坐于坛上，南向。典仪设侍耕群臣位于御耕之东西，设从耕群臣位于御耕之东南，西向，北上。奉礼郎设御耒席于三公之北，稍西，南向。太仆设御耕牛于御坛之西，稍北；太仆卿位于耕牛之东，稍前，南向。太常设左辅位于御耕之东，稍南，西向；司农位二，一在左辅之后，一在其南，并西向。籍田令三，皆位司农卿南，少退，北上。奉青箱官位于后。诸执耒耜者位公卿耕者后，侍耕者前，西向。三公、三少、宰臣、亲王等每员三人，执政二人，从耕；群官一名助耕，并服绛衣、介帻。三公以次群官耒耜各一具，每一具正副牛二，随牛人二。庶人耕位在从耕官位之南，西向。庶人百人，并青衣，耕牛二百，每两牛用随牛人一人，

耒耜百具，畚五十具，锸二十五具，以木为刃。耆老百人，常服陪位于庶人位南，西向。司农少卿位二于庶人位前，太社令位于司农少卿之西，少退，俱北向。畿内诸令位庶人之东，西向。尚辇局设玉辂于仗内。前期三日，司农以青箱奉九谷穜稑之种进内。前二日，皇后率六宫献于皇帝，受于内殿。前一日，降出付司农。

其日质明，左辅奉耒耜载于玉辂讫，耕籍使朝服乘车，用本品卤簿，以仪仗二千人卫耒耜先诣坛所。尚辇奉御设平辇于祥曦殿，皇帝靴袍出自内东门，从驾臣僚禁卫并起居如常仪。将至耕所，文武侍耕、从耕以下及耆老、庶人俱诣籍田西门外立班，再拜奉迎讫，各就次。从耕、陪耕等官服朝服以俟耕。车驾至思文殿，进膳讫，左辅以御耒耜授籍田令，横执之，诣耕籍所，置于席，遂守之。凡执耒耜者横执之，受则先其耒、后其耜。诸县令率终亩庶人、陪耕耆老先就位，司农卿、籍田令、太社令、奉青箱官、诸执耒耜者以次就位。御史台引殿中侍御史一员先入就位，次礼直官、宣赞舍人等分引侍耕、从耕群官各就位。尚辇奉御进辇思文殿。左辅奏请中严。少顷，奏外办。皇帝通天冠、绛纱袍，乘辇出。将至御耕位，尚舍先设黄道，太常请降辇就位。既降辇，太常卿前导至褥位南向立，奏请行礼。礼直官请籍田令进诣御耒席南向，引司农卿诣籍田令东西向，籍田令俯伏跪，执事者以绿受之，籍田令解绿出耒。执耒兴，东向立，以授司农卿，司农卿西向立，以授左辅，左辅诣御耕位前少东，北向。太常卿奏请受耒耜，左辅执以进，执耒者助执之。皇帝受以三推，左辅前受耒耜，授司农卿，以授籍田令，各复位。籍田令跪而纳于绿，执耒兴，以授执事者，退复位。

皇帝初耕，诸执耒耜者以耒耜各授从耕者，礼直官引太常卿诣御位前，北向，奉请皇帝升坛观耕，复位立。前导官导皇帝升坛，即御坐南向。礼直官、太常博士、太常卿近东，西向北上立。礼直官引三公、三少、宰臣、亲王各五推，余从耕官各九推，讫，执耒耜者前受耒耜。礼直官引司农少卿帅庶人以次耕于千亩，候耕少顷，礼直官引左辅诣御坐前跪奏礼毕。降坛，乘辇还思文殿，左辅奏解严，侍耕、从耕官皆退。次籍田令以青箱授司农卿，诣耕所，出穜稑播之。次司农少卿帅太社令检校终亩。次司农卿诣御前北向俯伏跪奏省功毕，退。所司放仗以俟，皇帝常服还内，侍卫如常仪。绍兴七年，始举享先农之礼，以立春后亥日行一献礼。十六年，皇帝亲耕籍田，并如旧制。

先蚕之礼久废，真宗从王钦若请，诏有司检讨故事以闻。按《开宝通礼》："季春吉巳，享先蚕于公桑。前享五日，诸与享官散斋三日，致斋二日。享日未明五刻，设先蚕氏神坐于坛上北方，南向。尚宫初献，尚仪亚献，尚食终献。女相引三献之礼，女祝读文，饮福、受胙如常仪。"又按《唐会要》："皇帝遣有司享先蚕如先农可也。"乃诏："自今依先农例，遣官摄事。"礼院又言："《周礼》：'蚕于北郊。'以纯阴也。汉蚕于东郊，以春桑生也。请约附故事，筑坛东郊，从桑生之义。坛高五尺，方二丈，四陛，

陛各五尺。一壝，二十五步。祀礼如中祠。"

庆历用羊、豕各一，摄事献官太尉、太常、光禄卿，不用乐。元丰，详定所言："季春吉巳，享先蚕氏。唐《月令注》：'以先蚕为天驷。'按先蚕之义，当是始蚕之人，与先农、先牧、先炊一也。《开元享礼》：为瘗坎于坛之壬地。而《郊祀录》载《先蚕祀文》，有'肇兴蚕织'之语，《礼仪罗》又以享先蚕无燔柴之仪，则先蚕非天驷星明矣。今请就北郊为坛，不设燎坛，但瘗埋以祭，余如故事。"

政和，礼局言："《礼》：天子必有公桑蚕室，以兴蚕事。岁既毕，则奉茧而缫，遂朱绿之，玄黄之，以为郊庙之祭服。今既开籍田以供粢盛，而未有公桑蚕室以供祭服，尚为阙礼。请仿古制，于先蚕坛侧筑蚕室，度地为宫，四面为墙，高仞有三尺，上被棘，中起蚕室二十七，别构殿一区为亲蚕之所。仿汉制，置茧馆，立织室于宫中，养蚕于薄以上。度所用之数，为桑林。筑采桑坛于先蚕坛南，相距二十步，方三丈，高五尺，四陛。凡七事。置蚕官令、丞，以供郊庙之祭服。又《周官内宰》：'诏后帅内外命妇蚕于北郊。'郑氏谓：'妇人以纯阴为尊。'则蚕为阴事可知。《开元礼》享先蚕，币以黑，盖以阴祀之礼祀之也。请用黑币，以合至阴之义。"诏从其议，命亲蚕殿以无斁为名。又诏："亲蚕所供，不独衮服，凡施于祭祀者皆用之。"

宣和元年三月，皇后亲蚕，即延福宫行礼。其仪：季春之月，太史择日，皇后亲蚕，命有司享先蚕氏于本坛。前期，殿中监帅尚舍设坐殿上，南向；前楹施帘，设东西阁殿后之左右。又设内命妇妃嫔以下次于殿之左右，外命妇以下次于殿门内外之左右，随地之宜，量施帷幄。于采桑坛外，四面开门，设皇后幄次于坛壝东门之内道北，南向。

其日，有司设褥位坛上，少东，东向。设内命妇位坛下东北，南向；设外命妇位坛下东南，北向，俱异位重行西上。内外命妇，一品各二人；二品、三品各一人。又设从采桑内命妇等位于外命妇之东，南向；用内命妇一员充诣蚕室，授蚕母桑以食蚕。设从采桑外命妇等位于外命妇东，北向，俱异位重行西上。设执皇后钩筐者位于内命妇之西，少南，西上。尚功执钩，司制执筐；内外命妇钩筐者，各位于后，典制执钩，女史执筐。又于坛上设执皇后钩筐位于皇后采桑位之北，稍东，南向，西上。

前出宫一日，兵部率其属陈小驾卤簿于宣德门外，太仆陈厌翟车东偏门内，南向。其日未明，外命妇应采桑及从采桑者，先诣亲蚕所幕次，以俟起居，各令其女侍者进钩筐，载至亲蚕所，授内谒者监以授执钩筐者。前一刻，内命妇各服其服，内侍引内命妇妃嫔以下，俱诣殿庭起居讫，内侍奏请中严；少顷，又奏外办。皇后首饰、鞠衣，乘龙饰肩舆如常仪，障以行帷，出内东门至左昇龙门。内侍跪奏："具官臣某言，请降肩舆升厌翟车。"讫，俯伏，兴，少退。御者执绥升厌翟车，内侍诣车前奏，请车进发，出宣德东偏门，执事者进钩筐，载之车。至亲蚕所殿门，降车，乘肩舆入殿后西阁门，侍卫如常仪。内侍先引内外命妇及从采桑者俱就坛下位，诸执钩筐者各就位。内侍奏请中严；少顷，奏外办。皇后首饰、鞠衣，乘肩舆，内侍前导至坛东门，华盖、仗卫止于门外，近侍者从之入。内侍奏请降肩舆，至幄次内，下帘。又内侍至幄次，请行礼，导皇后诣坛，升自南陛，东向立。执钩筐者自北陛以次升坛就位次，内侍引尚功诣采桑位前西向，奉钩以进，皇后受钩采桑，司制奉筐进以受桑，皇后采桑三条，止，以钩授尚功，尚功受钩，司制奉筐俱退，复位。

初，皇后采桑，典制各以钩授内外命妇，皇后采桑讫，内外命妇以次采桑，女使执筐者受之，内外命妇一品各采五条，二品、三品各采九条，止，典制受钩，与执筐者退，复位。内侍各引内外命妇退，复位。内侍诣皇后前，奏礼毕，退，复位。内侍引皇后降自南陛，归幄次。少顷，奏请乘肩舆如初。内侍前导，皇后归殿后阁，内侍奏解严。初，皇后降坛，内侍引内命妇诣蚕室，尚功帅执钩筐者以次从至蚕室，尚功以桑授蚕母，蚕母受桑缕切之，授内命妇食蚕，洒一簿讫，内侍引内外命妇各还次，皇后还宫。

宣和重定亲蚕礼，外命妇、宰执并一品夫人升坛侍立，余品列于坛下。六年闰二月，皇后复行亲蚕之礼焉。绍兴七年，始以季春吉巳日享先蚕，视风师之仪。乾道中，升为中祀。

告礼　古者，天子将出，类于上帝，命吏告社稷及圻内山川。又天子有事，必告宗庙，历代因之。宋制：凡行幸及封泰山、祠后土、谒太清宫，皆亲告太庙。三岁郊祀，每岁祈谷上帝，祀感生帝，雩祀，祭方丘，明堂、神州地祇、圜丘，并遣官告祖宗配侑之意。他大事：即位、改元、更御名、上尊号、尊太后、立皇后太子、皇子生、籍田、亲征、纳降、献俘、朝陵、肆赦、河平及大丧、上谥、山陵、园陵、祔庙、奉迁神主，皆遣官奏告天地、宗庙、社稷、诸陵、岳渎、山川、宫观、在京十里内神祠。其仪牺尊、笾、豆各一，实以酒、脯、醢。宫寺以素馔、时果代，用祝币，行一献礼。若车驾出京，则有軷祭，用羝羊一。所过州郡桥梁、山川、帝王名臣陵庙去路十里内者，各令本州以香、酒、脯祭告。建隆元年，太祖平泽、潞，仍祭袄庙、泰山、城隍。征扬州、河东，并用此礼。四年，修葺太庙，遣官奏告四室及祭本庙土神。凡建修同。如迁神主，修毕奉安。是岁十一月，诏以郊祀前一日，遣官奏告东岳、城隍、浚沟庙、五龙庙及子张、子夏庙，他如仪。

太平兴国五年十一月，车驾北征。前一日，遣官祭告天地于圜丘，用特牲；太庙、社稷用太牢；望祭岳渎、名山、大川于四郊，磔风于风伯坛，祀雨师于本坛，祷马于马祖坛，祭蚩尤、祃牙于北郊，并用少牢；祭北方天王于北郊迎气坛，用香、柳枝、灯油、乳粥、酥蜜饼、果。仍遣内侍一人监祭。咸平中北征，礼同。八年，滑州合河口毕工，遣官告天地、岳渎，后天禧中，又遣谢玉清昭应景灵上清太一宫、会灵祥源观及诸陵。雍熙四年，诏以亲耕籍田，遣官奏告外，又祭九龙、黄沟、扁鹊、吴起、信陵、张耳、单雄信七庙，后又增祭德安公、岳台诸神庙，为定式。

淳化三年十二月将郊，常奏告外，又告太社、太稷及文宣、武成等庙。景德二年，契丹遣使修好，遣官奏告诸陵。四年二月次西京，遣告汾阴、中岳、太行、河、洛、启母少姨庙，东还，奏告如常仪。大中祥符元年，天书降，及封禅，告天地、宗庙、社稷及诸祠庙、宫观；其在外者，乘传以往。澶、郓、兖州、高阳帝喾、帝尧，亦皆告之。四年，加五岳帝号，告天地、宗庙、社稷。五年，圣祖降，告如封禅礼。六年，宫庭嘉禾生，遣官告庙及玉皇、圣祖天尊大帝。天禧元年，奉迎太祖圣容赴西京，遣官奏告如常仪，及经由五里内并西京城内外神祠。天圣七年，玉清昭应宫火，遣告诸陵。十年，大内火，遣告天地、庙社。明道二年，诏以虫螣为沴，减尊号四字，告天地、宗庙。熙宁七年，南郊雅饰，奏告太庙、后庙。八年，以韩琦配享，告英宗庙。元符三年四月朔，太阳亏，遣官告太社。大观元年十二月，以恭受八宝，告天地、宗庙、社稷。政和二年冬至，受元圭，礼同。三年二月，以太平告成，册告诸陵。四年二月，皇长子冠，告天地、宗庙、社稷、诸陵。五年，建明堂，告如上礼，及宫观、岳渎。

高宗建炎已后，事有关于国体者皆告。绍兴九年，金人遣使议和割地；十一年，诏撰讲和誓文；二十四年，进《徽宗御集》；二十六年，进《太后回銮事实》；二十七年，进《玉牒仙源类谱》；明年，进《神宗宝训》，进祖宗《仙源积庆图》，进《徽宗实录》，进《祐陵迎奉录》；三十一年，金人叛盟兴师，开禧二年，吴曦伏诛，嘉定七年，进《高宗中兴经武要略》；十三年，进《宗藩庆系录》，刊正《宪圣慈烈皇后圣德事迹》，进《光宗玉牒》；十四年，进《孝宗宝训》；十五年，得玉玺；明年，上玉玺；端平元年，获完颜守绪函骨；淳祐五年，进《光宗宁宗两朝宝训》、《经武要略》、《玉牒》、《日历》、《会要》；宝祐元年，皇女延昌公主进封瑞国公主，又封秦国；五年，进《中兴四朝史》；景定二年，进《孝宗、光宗实录》，皇女周国公主下降；咸淳四年，安奉《宁宗理宗实录》、《御集》、《会要》、《经武要略》：皆告天地、宗庙、社稷、欑陵。其余即位、改元、受禅、册宝、皇子生、冠及巡幸、纳降、献俘之属，并仍旧制。

祈报 《周官》："太祝掌六祝之辞，以事鬼神，示其福祥。"于是历代皆有桧祟之事。宋因之，有祈，有报。祈，用酒、脯、醢，郊庙、社稷，或用少牢；其报如常祀。或亲祷诸寺观，或再幸，或彻乐、减膳、进蔬馔，或分遣官告天地、太庙、社稷、岳镇、海渎，或望祭于南北郊，或五龙堂、城隍庙、九龙堂、浚沟庙，诸祠如子张、子夏、信陵君、段干木、扁鹊、张仪、吴起、单雄信等庙亦祀之。或启建道场于诸寺观，或遣内臣分诣州郡，如河中之后土庙、太宁宫，亳之太清、明道宫，兖之会真景灵宫、太极观，凤翔之太平宫，舒州之灵仙观，江州之太平观，泗州之延祥观，皆函香奉祝，驿往祷之。凡旱、蝗、水潦、无雪，皆崇祷焉。

咸平二年旱，诏有司祠雷师、雨师。内出李邕《祈雨法》：以甲、乙日择东方地作坛，取土造青龙，长吏斋三日，诣龙所，汲流水，设香案、茗果、瓷饵，率群吏、乡老日再至祝酹，不得用音乐、巫觋。雨足，送龙水中。余四方皆如之，饰以方色。大凡日干及建坛取土之里数，器之大小及龙之修广，皆以五行成数焉。诏颁诸路。

景德三年五月旱，又以《画龙祈雨法》付有司刊行。其法：择潭洞或湫泺林木深邃之所，以庚、辛、壬、癸日，刺史、守令帅耆老斋洁，先以酒脯告社令讫，筑方坛三级，高二尺，阔一丈三尺，坛外二十步，界以白绳。坛上植竹枝，张画龙。其图以缣素，上画黑鱼左顾，环以天黿十星；中为白龙，吐云黑色；下画水波，有龟左顾，吐黑气如线，和金银朱丹饰龙形。又设皂幡，刳鹅颈血置盘中，柳枝洒水龙上，俟雨足三日，祭以一豭，取画龙投水中。大中祥符二年旱，遣司天少监史序祀玄冥五星于北郊，除地为坛，望告。已而雨足，遣官报谢及社稷。

初，学士院不设配位，及是问礼官，言："祭必有配，报如常祀。当设配坐。"又诸神祠、天齐、五龙用牛祠，袄祠、城隍用羊一，八笾，八豆。旧制，不祈四海。帝曰："百谷之长，润泽及物，安可阙礼？"特命祭之。

天禧四年四月，大风飞沙折木，昼晦数刻，命中使诣宫观，建醮禳之。天圣三年九月，帝宣谕："近内臣南中勾当回，言诸处名山洞府，投送金龙玉简，开启道场，颇有烦扰。速令分祈，投龙处不得开建道场。"康定二年三月，以黄河水势甚浅，致分流入汴未能通济，遣祭河渎及灵津庙。又澶州曹村埽方中减水直河，而水自流通，遣使祭谢，后修塞，礼同。治平四年十二月，诏以来岁正旦日食，命翰林学士承旨王珪祭社。

熙宁元年正月，帝亲幸寺观祈雨，仍令在京差官分祷，各就本司先致斋三日，然后行事。诸路择端诚修洁之士，分祷海镇、岳渎、名山、大川，洁斋行事，毋得出谒宴饮、贾贩及诸烦扰，令监司察访以闻。诸路神祠、灵迹、寺观，虽不系祀典，祈求有应者，并委州县差官洁斋致祷。已而雨足，复幸西太一宫报谢。九年十二月，以安南行营将士疾病者众，遣同知太常礼仪院王存诣南岳虔洁致祷，仍建祈福道场一月。又以西江运粮获应，命本州长吏往祭龙祠。十年四月，以夏旱，内出《蜥蜴祈雨法》：捕蜥蜴数十纳瓮中，渍之以杂木叶，择童男十三岁下、十岁上者二十八人，分两番，衣青衣，以青饰面及手足，人持柳枝沾水散洒，昼夜环绕，诵咒曰："蜥蜴蜥蜴，兴云吐雾，雨令滂沱，令汝归去！"雨足。

元丰元年十月，太皇太后违豫，命辅臣以下分祷天地、宗庙、社稷，及都内诸神祠。又作祈福道场于寺观及五岳、四渎凡灵迹所在。八年，帝疾，分祷亦如之。又以京城火灾，建醮于集禧观，且为民祈福。元祐元年十二月，以华州郑县山摧，命太常博士颜复往祭西岳。七年，诏："太皇太后本命岁，正月一日，京师及天下州军，各斋僧尼、道士、女冠一日，在京宫观、寺院，开建道场七昼夜，内外狱囚并设食三日。"八年，太皇太后违豫，祈祷如元丰，仍致祷诸陵。又令南京等处长吏，诣祖宗神御所在建置道场。绍兴二年三月苦雨，命往天竺山祈晴，即日雨止。四年，知枢密院张浚言："四川自七月以来霖雨、地震，乞制祝文，名山大川祈祷。"上曰："霖雨、地震之灾，岂非兵久在蜀，调发供馈，民怨所致。当修德以应之，又可祷乎？"

七年正月一日，诏："朕痛两宫北狩，道君皇帝春秋益高，念无以见勤诚之意，可遣官往建康府元符万岁宫修建祈福道场三昼夜，务令严洁，庶称朕心。"又谓辅臣曰："宣和皇后春秋浸高，朕朝夕思之，不遑安处。已遣人于三茅山设黄箓醮，仰祝圣寿。"是岁七月，张浚等言："雨泽稍愆，乞祷。"上曰："朕患不知四方水旱之实，宫中种稻两区，其一地下，其一地高，高者其苗有槁意矣，须精加祈祷，以救旱暵。"八年，宰臣奏积雨伤蚕，上曰："朕宫中自蚕一薄，欲知农桑之候，久雨叶湿，岂不有损？"乃命往天竺祈晴。

三十二年，太常少卿王普言："逆亮诛夷，虏骑遁去，两淮无警，旧疆寝归。兹者回銮临安，当行报谢之礼。"从之。嘉定八年八月，蝗，祷于霍山。九年六月蝗，祷群祀。淳祐七年六月大旱，命侍从祷于天竺观音及霍山祠。

卷一百三　　　　志第五十六

礼六 吉礼六

朝日夕月　九宫贵神　高禖　大火　寿星灵星
风伯雨师　司寒　蜡　七祀　马祖　醡神

朝日夕月　庆历，用羊、豕各二，笾豆十二，簠、簋、俎二。天禧初，太常礼院以监察御史王博文言，详定："准礼，春分朝日于东郊，秋分夕月于西郊。《国语》：'太采朝日，少采夕月。'又曰：'春朝朝日，秋夕夕月。'唐柳宗元论云：'夕之名者，朝拜之偶也。古者旦见曰朝，暮见曰夕。'按礼，秋分夕月。盖其时昼夜平分，太阳当午而阴魄已生，遂行夕拜之祭以祀月。未前十刻，太官令率宰人割牲，未后三刻行礼，盖是古礼以夕行朝祭之仪。又按礼云：从子至巳为阳，从午至亥为阴。参详典礼，合于未后三刻行礼。"皇祐五年，定朝日坛，旧高七尺，东西六步一尺五寸；增为八尺，广四丈，如唐《郊祀录》。夕月坛与隋、唐制度不合，从旧则坛小，如唐则坎深。今定坎深三尺，广四丈。坛高一尺，广二丈。四方为陛，降入坎深，然后升坛。坛皆两壝，壝皆二十五步。增大明、夜明坛山罍二，笾豆十二。礼生引司天监官分献，上香，奠币、爵，再拜。嘉祐加羊、豕各五。《五礼新仪》定二坛高广、坎深如皇祐，无所改。中兴同。

太一九宫神位　在国门之东郊。坛之制，四陛外，西南又为一陛，曰坤道，俾行事者升降由之。其九宫神坛再成，第一成东西南北各六百二十尺，再成东西南北各一百尺，俱高三尺。坛上置小坛九，每坛高一尺五寸，纵广八尺，各相去一丈六尺。初用中祀，咸平中改为大祀，坛增两壝，玉用三圭有邸，藉用稿秸加褥如币色，其御书祝礼如社稷。寻以封禅，别建九宫坛泰山下行宫之东，坛二成，成一尺，面各长五丈二尺，四陛及坤道各广五丈。上九小坛，相去各八尺，四隅各留五尺。坛下两壝，依大祠礼。及祀汾阴，亦遣使祀焉。自后亲郊恭谢，皆遣官于本坛别祭。

景祐二年，学士章得象等定司天监生于渊、役人单训所请祀九宫太一依逐年飞移位次之法："案郤良遇《九宫法》，有《飞棋立成图》，每岁一移，推九州所主灾福事。又唐术士苏嘉庆始置九宫神坛，一成，高三尺，四陛。上依位次置九小坛：东南曰招摇，正东曰轩辕，东北曰太阴，正南曰天一，中央曰天符，北曰太一，西南曰摄提，正西曰咸池，西北曰青龙。五数为中，戴九履一，左三右七，二四为上，六八为下，符于遁甲，此则九宫定位。岁祭以四孟，随岁改位行棋，谓之飞位。自乾元以后，止依本位祭之，遂不飞易，仍减冬、夏二祭。国朝因之。今于渊等所请，合天宝初祭之理，又合良遇《飞棋之图》。然其法本术家，时祭之文经礼不载。议者或谓不必飞宫，若日月星辰躔次周流而祭有常所，此则定位之祀所当从也。若其推数于回复，候神于恍忽，因方弭沴，随气考祥，则飞位之文固可遵用。请依唐礼，遇祭九宫之时，遣司天监一员诣祠所，随每年贵神飞棋之方，旋改祭位。仍自天圣己巳入历，太一在一宫，岁进一位，飞棋巡行，周而复始。"诏可。庆历仪，每坐笾、豆十二，簠、簋、俎二。皇祐增坛三成。又礼官言："岁雩祀外，水旱稍久，皆遣官告天地、宗庙、社稷及诸寺观、宫庙，九宫贵神今列大祀，亦宜准此。"

熙宁四年，司天中官正周琮言："《太一经》推算，七年甲寅岁，太一阳九、百六之数，复元之初。故《经》言：'太岁有阳九之灾，太一有百六之厄，皆在入元之初终。'今阳九、百六当癸丑、甲寅岁，为灾厄之会。然五福太一移入中都，可以消异为祥。窃详五福太一，自国朝雍熙元年甲申岁，入东南巽时，修东太一宫。天圣七年己巳岁，五福太一入西南坤位，修西太一宫。请稽详故事，崇建祠宇，迎于京师。"诏建中太一宫于集禧观。十太一神，并用通天冠、绛纱袍。元丰中，太常博士何洵直言："熙宁祀仪，九宫贵神祝文称'嗣天子臣某'，以礼秩论之，当与社稷为比，请依祀仪为大祀。其祝版即依会昌故事及《开宝通礼》，书御名不称臣。又近制，诸祠祭牲数，正配以全体解割，各用一牢，贵神九位悉是正坐，异坛别祝，尊为大祀，而共用二少牢，于腥熟之俎，骨体不备。谓宜每位一牢，凡九少牢。"诏下太常，修入祀仪。

元祐七年，监察御史安鼎言："按汉武帝始祠太一一位，唐天宝初兼祀八宫，谓之九宫贵神。汉祀太一，日用一犊，凡七日而止。唐祀类于天地。今春秋祀九宫太一，用羊、豕，其四立祭太一宫十神，皆无牲，以素馔加酒焉。再详《星经》：太一一星在紫宫门右，天一之南，号曰天之贵神。其佐曰五帝，飞行诸方，蹑三能以上下，以天极星其一明者为常居。主使十六神，知风雨、水旱、兵革、饥馑、疫疾、灾害之事。《唐书》曰：'九宫贵神，实司水旱。太一掌十六神之法度，以辅人极。'《国朝会要》亦云：

'天之尊神及十精、十六度，并主风雨。'由是观之，十神太一、九宫太一与汉所祀太一共是一神。今十神皆用素馔，而九宫并荐羊豕，似非礼意。"诏礼官详定：十神、九宫太一各有所主，即非一神，故自唐迄今皆用牲牢，别无祠坛用素食礼。遂依旧制。

崇宁三年，太常博士罗畸言："九宫诸神位，无礼神玉，惟有燔玉。窃谓宜用礼神玉，少仿其币之色荐于神坐。"议礼局言："先王制礼，用圭璧以祀日月星辰，所谓圭璧者，圭，其邸为璧，以取杀于上帝也。今九宫神皆星名，而其玉用两圭有邸。夫两圭有邸，祀地之玉，以祀星辰，非周礼也。乞改用圭璧以应古制。"

《政和新仪》："立春日祀东太一宫；立夏、季夏土王日祀中太一宫；立秋日祀西太一宫；立冬日祀中太一宫。宫之真室殿，五福太一在中，君基太一在东，太游太一在西，俱南向。延休殿，四神太一。承釐殿，臣基太一在东，西向，北上。凝祐殿，直符太一。臻福殿，民基太一在西，东向，北上。膺庆殿，小游太一在中，天一太一在东，地一太一在西。灵贶殿，太岁在中，太阴在西，俱南向。三皇、五方帝、日月、五星、二十八宿、十日、十二辰、天地水三官、五行、九宫、八卦、五岳、四海、四渎、十二山神等，并为从祀。东、西太一宫准此。东太一宫大殿，五福太一在东，君基太一在西，俱南向。太游太一殿在大殿之北，南向。臣基太一殿在南，北向。小游太一、直符太一、四神太一殿在大殿之东，西向，北上。天一太一、民基太一、地一太一在大殿之西，东向，北上。西太一宫黄庭殿，五福在中，君基在东，太游在西；均福殿，小游在中，俱南向。延贶殿，天一在中，四神在南，臣基在北，俱西向。资祐殿，地一在中，四神在南，臣基在北，俱西向。资祐殿，地一在中，民基在南，直符在东北，俱东向。"九宫贵神坛三成，一成纵广十四丈，再成纵广十二丈，三成纵广十丈，各高三尺。上依方位置小坛九，各高一尺五寸，纵广八尺。四陛、坤道、两墙，每墙二十五步，如旧制。

绍兴十一年，太常丞朱辂言："九宫贵神所主风、雨、霜、雪、雹、疫，所系甚重，请举行祀典。"太常寺主簿林大鼐亦言："十神太一、九宫太一，皆天之贵神，国朝分为二，并为大祀。比一新太一宫，而九宫贵神尚寓屋而不坛。"乃诏临安府于国城之东，建筑九宫坛壝，其仪如祀上帝。其太一宫，初议者请即行宫之北隅建祠，后命礼官考典故，择地建宫。十八年，宫成，御书其榜。十太一位于殿上，南面，西上。从祀，东庑九十有八，西庑九十有七，皆北上。孝宗受禅，又建本命殿，名曰崇禧。光宗又迁介福殿像于挟室，而名新殿曰崇福。

高禖 初，仁宗未有嗣，景祐四年二月，以殿中侍御史张奎言，诏有司详定。礼官以为："《月令》虽可据，然《周官》阙其文，《汉志》郊祀不及禖祠，独《枚皋传》言'皇子禖祝'而已。后汉至江左概见其事，而仪典委曲，不可周知。惟高齐禖祀最显，妃嫔参享，黩而不蠲，恐不足为后世法。唐明皇因旧《月令》，特存其事，开元定礼，已复不著。朝廷必欲行之，当筑坛于南郊，春分之日以祀青帝，本《诗》'克禋以祓'之义也。配以伏羲、帝喾，原本始，喾著祥也。以禖从祀，报古为禖之先也。以石为主，牲用太牢，乐以升歌，仪视先蚕，有司摄事，祝版所载，具言天子求嗣之意。乃以弓矢、弓韣致 神前，祀已，与胙酒进内，以礼所御，使斋戒受之。仍岁令有司申请俟旨，命出特祀。"即用其年春分，遣官致祭。为圜坛高九尺，广二丈六尺，四陛，三壝，陛广五尺，壝各二十五步。主用青石，长三尺八寸，用木生成之数，形准庙社主，植坛上稍北，露其首三寸。青玉、青币、牲用牛一、羊一、豕一，如卢植之说。乐章、祀仪并准青帝，尊器、神坐如勾芒，唯受福不饮，回授中人为异。祀前一日，内侍请皇后宿斋于别寝，内臣引近侍宫嫔从。是日，量地设香案、褥位各二，重行，南向，于所斋之庭以望禖坛。又设褥位于香案北，重行。皇后服袆衣，褥位以绯。宫嫔服朝贺衣服，褥位以紫。祀日，有司行礼，以福酒、胙肉、弓矢、弓韣授内臣，奉至斋所，置弓矢等于箱，在香案东；福酒于坫，胙肉于俎，在香案西。内臣引宫嫔诣褥位，东上南向。乃请皇后行礼，导至褥位，皆再拜。导皇后诣香案位，上香三，请带弓韣，受弓矢，转授内臣置于箱，又再拜。内臣进胙，皇后受讫，转授内臣。次进福酒，内臣曰："请饮福。"饮讫，请再拜。乃解弓韣，内臣跪受，置于箱。导皇后归东向褥位。又引宫嫔最高一人诣香案，上香二，带弓韣，受弓矢，转授左右，及饮福，解弓韣，如皇后仪，唯不进胙。又引以次宫嫔行礼，亦然。俟俱复位，内侍请皇后诣南向褥位，皆再拜退。是岁，宫中又置赤帝像以祈皇嗣。

宝元二年，皇子生，遣参知政事王鬷以太牢报祠，准春分仪，惟不设弓矢、弓韣，著为常祀，遣两制官摄事。庆历三年，太常博士余靖言："皇帝嗣续未广，不设弓矢、弓韣，非是。"诏仍如景祐之制。

熙宁二年，皇子生，以太牢报祀高禖，惟不设弓矢、弓韣。既又从礼官言："按祀仪，青帝坛广四丈，高八尺。今祠高禖既以青帝为主，其坛高广，请如青帝之制。又祀天以高禖配，今郊禖坛祀青帝于南郊，以伏羲、高辛配，复于坛下设高禖位，殊为爽误。请准古郊禖，改祀上帝，以高禖配，改伏羲、高辛位为高禖，而彻坛下位。"诏："高禖典礼仍旧，坛制如所议，改犊为角握牛，高禖祝版与配位并进书焉。"又言："伏羲、高辛配，祝文并云'作主配神'。神无二主，伏羲既为主，其高辛祝文，请改云'配食于神'。"

元祐三年，太常寺言："祀仪，高禖坛上正位设青帝席，配位设伏羲、高辛氏席，坛下东南设高禖，从祀席正配位各六俎，实以羊、豕腥熟，高禖位四俎，实以牛腥熟。祀日，兵部、工部郎中奉羊、豕俎升坛，诣正配位。高禖位俎，则执事人奉焉。窃以青帝为所祀之主，而牲用羊豕；禖神因其嘉祥从祀，而牲反用牛，又牛俎执事者陈之，而羊、豕俎皆奉以郎官，轻重失当。请以三牲通行解割，正、配、众祀位并用，皆以六曹郎官奉俎。今羊俎以兵部，豕俎以工部，牛俎请以户部郎官。"

《政和新仪》：春分祀高禖，以简狄、姜嫄从祀，皇帝亲祠，并如祈谷祀上帝仪。惟配位作《承安》之乐，而增简狄、姜嫄位牛、羊、豕各一。绍兴元年，太常少卿赵子画言："自车驾南巡，虽多故之余，礼文难备，至于祓无子，祝多男，所以系万方之心，盖不可阙。乞自来岁之春，复行高禖之祀。"十七年，车驾亲祀高禖，如政和之仪。

大火之祀　康定初，南京鸿庆宫灾，集贤校理胡宿请修其祀，而以阏伯配焉。礼官议："阏伯为高辛火正，实居商丘，主咊大火。后世因之，祀为贵神，配火侑食，如周弃配稷、后士配社之比，下历千载，遂为重祀。祖宗以来，郊祀上帝，而大辰已在从祀，阏伯之庙，每因赦文及春秋，委京司长吏致奠，咸秩之典，未始云阙。然国家有天下之号实本于宋，五运之次，又感火德，宜因兴王之地，商丘之旧，为坛兆祀大火，以阏伯配。建辰、建戌出内之月，内降祝版，留司长吏奉祭行事。"乃上坛制：高五尺，广二丈，四陛，陛广五尺，一壝，四面距坛各二十五步。位牌以黑漆朱书曰大火位，配位曰阏伯位。牲用羊、豕一，器准中祠。岁以三月、九月择日，令南京长吏以下分三献，州、县官摄太祝、奉礼。庆历，献官有祭服。

建中靖国元年又建阳德观以祀荧惑。因翰林学士张康国言，天下崇宁观并建火德真君殿，仍诏正殿以离明为名。太常博士罗畸请宜仿太一宫，遣官荐献，或立坛于南郊，如祀灵星、寿星之仪。有司请以阏伯从祀离明殿，又请增阏伯位。按《春秋传》曰：五行之官封为上公，祀为贵神。祝融，高辛氏之火正也；阏伯，陶唐氏之火正也。祝融既为上公，则阏伯亦当服上公衮冕九章之服。既又建荧惑坛于南郊赤帝坛壝外，令有司以时致祭，增用圭璧，火德、荧惑以阏伯配，俱南向。五方火精、神等为从祀。坛广四丈，高七尺，四陛，两壝，壝二十五步，从《新仪》所定。

绍兴三年，诏祀大火。太常寺言："应天府祀大火，今道路未通，宜于行在春秋设位。"乾道五年，太常少卿林栗等言："本寺已择九月十四日，依旨设位，望祭应天府大火，以商丘宣明王配。二十一日内火，祀大辰，以阏伯配。大辰即大火，阏伯即商丘宣明王也。缘国朝以宋建号，以火纪德，推原发祥之所自，崇建商丘之祠，府曰应天，庙曰光德，加封王爵，锡谥宣明，所以追严者备矣。今有司旬日之间举行二祭，一称其号，一斥其名，义所未安。乞自今祀荧惑、大辰，其配位称阏伯，祝文、位板并依应天府大火礼例，改称宣明王，以称国家崇奉火正之意。"

诸星祠　有寿星、周伯、灵星之祭。大中祥符二年，翰林天文邢中和言："景德中，周伯星出亢宿下。按《天文志》，角、亢为太山之根，果符上封之应。望于亲郊日特置周伯星位于亢、宿间。"诏礼官与司天监定议，且言："周伯星出氐三度，然亢、氐相去不远，并郑分。兖州，寿星之次，宜如中和奏，设位氐宿之间，以为永式。"景德三年，诏定寿星之祀。太常礼院言："按《月令》：'八月命有司享寿星于南郊。'《注》云：'秋分日，祭寿星于南郊。寿星，南极老人星也。'《尔雅》云：'寿星，角、亢也。'《注》云：'数起角、亢，列宿之长，故云寿星。'唐开元中，特置寿星坛，常以千秋节日祭老人星及角、亢七宿。请用祀灵星小祠礼，其坛亦如灵星坛制，筑于南郊，以秋分日祭之。"

元丰中，礼文所言："时令秋分，享寿星于南郊。熙宁祀仪：于坛上设寿星一位，南向。又于坛下卯陛之南设角、亢、氐、房、心、尾、箕七位，东向。按《尔雅》所谓'寿星角、亢'，非此所谓秋分所享寿星也。今于坛下设角、亢位，以氐、房、心、尾、箕同祀，尤为无名。又按晋《天文志》：'老人一星在弧南，一日南极，常以秋分之旦见于丙，春分之夕没于丁，见则治平，主寿昌，常以秋分候之南郊。'后汉于国都南郊立老人星庙，祀之，则寿星谓老人矣。请依后汉，于坛上设寿星一位，南向，祀老人星。其坛下七宿位不宜复设。"

庆历以立秋后辰日祀灵星，其坛东西丈三尺，南北丈二尺，寿星坛方丈八尺。皇祐定如唐制，二坛皆周八步四尺。其享礼，笾八、豆八，在神位前左右，重三行。俎二，在笾、豆外，簠一、簋一，在二俎间。象尊二，在坛上东隅，北向西上。七宿位各设笾一、豆一，在神位前左右。俎一，在笾、豆外，中设簠一、簋一，在俎左右。爵一，在神位正前。壶尊二，在神位右。光禄实以法酒。

《政和新仪》改定：坛高三尺，东西袤丈三尺，南北袤丈二尺，四出陛，一壝，二十五步。初，乾兴祀灵星，值屠牲有禁，乃屠于城外。至是，敕有司："凡祭祀牲牢，无避禁日，著为令。"南渡后，灵星、寿星、风师、雨师、雷师及七祀、司寒、马祖，并仍旧制。

风伯、雨师　诸州亦致祭。大中祥符初，诏惟边地要剧者，令通判致祭，余皆长吏亲享。未几，泽州请立风伯、雨师庙，乃令礼官考仪式颁之。有司言："唐制，诸郡置风伯坛社坛之东，雨师坛于西，各稍北数十步，卑下于社坛。祠用羊一，笾、豆各八，簠、簋各二。"元丰详定局言："《周礼》：'小宗伯之职，兆五帝于四郊，四类亦如之。'郑氏曰：'兆为坛之营域。四类，日、月、星、辰，运行无常，以气类为之位，兆日于东郊，兆月与风师于西郊，兆司中、司命于南郊，兆雨师于北郊。'各以气类祭之，谓之四类。汉仪，县邑常以丙戌日祠风伯于戌地，以己丑日祀雨师于丑地，亦从其类故也。熙宁祀仪：兆日东郊，兆月西郊，是以气类为之位。至于兆风师于国城东北，兆雨师于国城西北，司中、司命于国城西北亥地，则是各从其星位，而不以气类也。请稽旧礼，兆风师于西郊，祠以立春后丑日；兆雨师于北郊，祠以立夏后申日；兆司中、司命、司禄于南郊，祠以立冬后亥日。其坛兆则从其气类，其祭辰则从其星位，仍依熙宁仪，以雷师从雨师之位，以司民从司中、司命、司禄之位。"

旧制，风师坛高四尺，东西四步三尺，南北减一尺。皇祐定高三尺，周三十三步；雨师坛、雷师坛高三尺，方一丈九尺。皇祐定周六步。政和之制，风坛广二十三步，雨、雷坛广十五步，皆高三尺，四陛，并一壝，二十五步。其雨师、雷师二坛同壝。司中、司命、司民、司禄为四坛，各广二十五步，同壝。

又言："《周礼》：'大宗伯以槱燎祀司中、司命、风师、雨师。'所谓周人尚臭，升烟以报阳也。今天神之祀皆燔牲首，风师、雨师请用柏柴升烟，以为歆神之始。"又言："《周礼》乐师之职曰：'凡国之小事用乐者，令奏钟鼓。'说者曰：'小祀也。'小师职《注》：'小祭祀谓司中、司命、风师。'是也。既已有钟鼓，则是有乐明矣。请有司祀司中、司命、风师、雨师用乐，仍制乐章以为降神之节。"又言："《周礼》小司徒之职：'凡小祭祀奉牛牲羞其肆。'又《肆师》云：'小祭祀用牲。'所谓小祭祀，即司中、司命、司民、司禄、宫中七祠之类是也。后世以有司摄事，难于纯用太牢，犹宜下同大夫礼，用羊、豕可也。今祀仪，马祖、先牧、司中、司命、司民、司禄、司寒，岁用羊、豕一。《祠令》：小祠，牲入涤一月，所以备洁养之法。今每位肉以豕，又取诸市，与令文相戾。请诸小祠祭以少牢，仍用体解。"又言："社稷五祀，先荐燔，次荐熟；至于群小祀，荐熟而已。请四方百物、宫中七祠、司中、司命、风师、雨师止荐熟。"并从之。

司寒之祭，常以四月，命官率太祝，用牲、币及黑牡、秬黍祭玄冥之神，乃开冰以荐太庙。建隆二年，置藏冰署而修其祀焉。秘书监李至言："案《诗·豳·七月》曰：'四之日献羔祭韭。'盖谓周以十一月为正，其四月即今之二月也。《春秋传》曰：'日在北陆而藏冰。'谓夏十二月，日在危也。'献羔而启之'，谓二月春分，献羔祭韭，始开冰室也。'火出而毕赋'，火星昏见，谓四月中也。又案《月令》：'天子献羔开冰，先荐寝庙。'详其开冰之祭，当在春分，乃有司之失也。"帝览奏，曰："今四月，韭可苦屋矣，何谓荐新？"遂正其礼。天圣新令："春分阴冰，祭司寒于冰井务，卜日荐冰于太庙。季冬藏冰，设祭亦如之。"

元丰，详定所言："熙宁祀仪，孟冬选吉日祀司寒。按古享司寒，惟以藏冰启冰之日，孟冬非有事于冰，则不应祭享。今请惟季冬藏冰则享司寒，牲用黑牡羊，谷用黑秬黍。仲春开冰，则但用羔。孔颖达注《月令》曰：'藏冰则用牡秬，启唯告而已。'祭礼大、告礼小故也。且开冰将以御至尊，当有桃弧、棘矢以禳除凶邪。设于神坐，则非礼也。当从孔氏说，出冰之时，置弓矢于凌室之户。"

大观，礼局言："《春秋左氏传》，以少昊有四叔，其二为玄冥。杜预、郑玄皆以玄冥为水官，故历代祀为司寒，则玄冥非天神矣。今仪注，礼毕有司取祝币瘗坎，赞者赞币燔燎，是以祀天神之礼享人鬼也。请罢燔燎而埋祝币。"诏从其请。

大蜡之礼，自魏以来始定议。王者各随其行，社以其盛，腊以其终。建隆初，以有司言："周木德，木生火，宜以火德王，色尚赤。"遂以戌日为腊。三年，戌戌腊，有司画日，以七日辛卯。和岘奏议曰："按蜡始于伊耆，后

历三代及汉，其名虽改，而其实一也。汉火行，用戌腊，腊者接也，新故相接，畋猎禽兽以享百神，报终成之功也。王者因之，上享宗庙，旁及五祀，展其孝心，尽物示恭也。魏、晋以降，悉沿其制。唐乘土德，贞观之际，以前寅日蜡百神，卯日祭社宫，辰日享宗庙。开元定礼，三祭皆于腊辰，以应土德。今以戌日为腊，而以前七日辛卯行蜡礼，恐未为宜。况宗庙、社稷并遵腊享，独蜡不以腊，请下礼官议。"议如岘言，今后蜡百神、祀社稷、享宗庙皆用戌腊一日。天圣三年，同知礼院陈诂言："蜡祭一百九十二位，祝文内载一百八十二位，唯五方田畯、五方邮表畷一十位不载祝文。又《郊祀录》、《正辞录》、《司天监神位图》皆以虎为于菟，乃避唐讳，请仍为虎。五方祝文，众族之下增入田畯、邮表畷云。"

元丰，详定所言："《记》曰：'八蜡以祀四方，年不顺成，八蜡不通。'历代蜡祭，独在南郊为一坛，惟周、隋四郊之兆，乃合礼意。又《礼记·月令》以蜡与息民为二祭，故隋、唐息民祭在蜡之后日。请蜡祭，四郊各为一坛，以祀其方之神，有不顺成之方则不修报。其息民祭仍在蜡祭之后。"先是，太常寺言："四郊蜡祭，宜依百神制度筑坛，其东西有不顺成之方，即祭日月。其神农以下，更不设祭。又旧仪，神农、后稷并设位坛下，当移坛上。按《礼记正义》：伊耆氏，神农也。今坛下更设伊耆氏位，合除去之。"

《政和新仪》：腊前一日蜡百神。四方蜡坛广四丈，高八尺，四出陛，两壝，每壝二十五步。东方设大明位，西方设夜明位，以神农氏、后稷氏配，配位以北为上。南北坛设神农位，以后稷配，五星、二十八宿、十二辰、五官、五岳、五镇、四海、四渎及五方山林、川泽、丘陵、坟衍、原隰、井泉、田畯、仓龙、朱鸟、麒麟、白虎、玄武，五水庸、五坊、五虎、五鳞、五羽、五介、五毛、五邮表畷、五裸、五猫、五昆虫从祀，各依其方设位。中方镇星、后土、田畯设于南方蜡坛酉阶之西，中方岳镇以下设于南方蜡坛午阶之西。伊耆设于北方蜡坛卯阶之南，其位次于辰星。

绍兴十九年，有司检会《五礼新仪》，腊前一日蜡东方、西方为大祀，蜡南方、北方为中祀，并用牲牢。乾道四年，太常少卿王瀹又请于四郊各为一坛，以祀其方之神，东西以日月为主，各以神农、后稷配；南北皆以神农为主，以后稷配。自五帝、星辰、岳镇、海渎以至猫虎、昆虫，各随其方，分为从祀。其后南蜡仍于圆坛望祭殿，北蜡于余杭门外精进寺行礼。

太庙司命、户、灶、中霤、门、厉、行七祀　熙宁八年，始置位版。太常礼院请禘享遍祭七祀。详定所言："《周礼》：天子六服，自鷩冕而下，各随所祭而服。今既不亲祀，则诸臣摄事日，当从王所祭之服，其摄事之臣不系其官。"又言："《礼·祭法》曰：'王自为立七祀：曰司命，曰中霤，曰国行，曰泰厉，曰门，曰户，曰灶。'孟春祀户，祭先脾；孟夏祀灶，祭先肺；中央土祀中霤，祭先心；孟秋祀门，祭先肝；孟冬祀行，祭先肾。又《传》

曰：'春祀司命，秋祠厉。'此所祀之位，所祀之时，所用之俎也。《周礼》：'司服掌王之吉服，祭群小祀则服玄冕。'《注》谓宫中七祀之属。《礼记》曰：'一献熟。'《注》谓宫中群小神七祀之等。《周礼·大宗伯》：'若王不与祭祀则摄位。'此所祀之服，所献之礼，所摄之官也。近世因禘祫则遍祭七祀，其四时则随时享分祭，摄事以庙卿行礼而服七旒之冕，分太庙牲以为俎，一献而不荐熟，皆非礼制。请以立春祭户于庙室户外之西，祭司命于庙门之西，制脾于俎；立夏祭灶于庙门之东，制肺于俎；季夏土王日祭中霤于庙庭之中，制心于俎；立秋祭门及厉于庙门外之西，制肝于俎；立冬祭司命及行于庙门外之西，制肾于俎，皆用特牲，更不随时享分祭。有司摄事，以太庙令摄礼官，服必玄冕，献必荐熟。亲祀及腊享，即依旧礼遍祭之。"《政和新仪》定太庙七祀，四时分祭，如元仪礼，腊享祫享则遍祭，设位于殿下横街之北，道西，东向，北上。

  马祖 《祀典》：仲春祀马祖，仲夏享先牧，仲秋祭马社，仲冬祭马步，并择日。坛壝之制，三坛各广九步，高三尺，四陛，一壝。

  又有醡神之祀。庆历中，上封事者言："蝗螟为害，乞内外并修祭醡。"礼院言："按《周礼》：'族师，春秋祭醡。'醡为人物灾害之神。郑玄云：'校人职有冬祭马步。则未知此醡者，螟螣之醡欤，人鬼之步欤？盖亦为坛位如雩禜云。'然则校人职有冬步，是与马为害者，此醡盖人物之害也。汉有螟螣之醡神，又有人鬼之步神。历代书史，悉无祭醡仪式。欲准祭马步仪，坛在国城西北，差官就马坛致祭，称为醡神。

  若外州者，即略依祭礼。其仪注，先择便于除地，设营缵为位，营缵谓立表施绳以代坛。其致斋、行礼、器物，并如小祠。先祭一日致斋，祭日，设神坐内向，用尊及篚一、豆一，实以酒醴，设于神坐左。又设盥洗及篚于酒尊之左，俱内向。执事者位于其后，皆以近神为上。荐神用白币一丈八尺在篚。将祭，赞祀官拜，就盥洗讫，进至神坐前，上香、奠币。退诣壘盥洗，实以酒，再诣神坐前奠爵，读祝，再拜，退而瘗币。其醡神祝文曰："维年岁次月朔某日，州县具官某，敢昭告于醡神：蝗螟荐生，害于嘉谷，惟神降祐，应时消殄。请以清酒、制币嘉荐，昭告于神，尚享。"

  绍兴祀令：虫蝗为害，则祭醡神。嘉定八年六月，以飞蝗入临安界，诏差官祭告。又诏两浙、淮东西路州县，遇有蝗入境，守臣祭告醡神。

卷一百四 志第五十七

礼七 吉礼七

封禅 汾阴后土 朝谒太清宫 天书九鼎

  封禅 太宗即位之八年，泰山父老千余人诣阙，请东封。帝谦让未遑，厚赐以遣之。明年，宰臣宋琪率文武官、僧道、耆寿三上表以请，乃诏以十一月二十一日有事于泰山，命翰林学士扈蒙等详定仪注。既而乾元、文明二殿灾，诏停封禅，而以是日有事于南郊。

  真宗大中祥符元年，兖州父老吕良等千二百八十七人及诸道贡举之士八百四十六人诣阙陈请，而宰臣王旦等又率百官、诸军将校、州县官吏、蕃夷、僧道、父老二万四千三百七十人五上表请，始诏今年十月有事于泰山。遣官告天地、宗庙、社稷、太一宫及在京祠庙、岳渎，命翰林、太常礼院详定仪注，知枢密院王钦若、参知政事赵安仁为封禅经度制置使并判兖州，三司使丁谓计度粮草，引进使曹利用、宣政使李神福修行宫道路，皇城使刘承珪等计度发运。诏禁缘路采捕及车骑蹂践田稼，以行宫侧官舍、佛寺为百官宿顿之所，调兖、郓兵充山下丁役。行宫除前后殿外，并张幕为屋，覆以油帊。仍增自京至泰山驿马，令三司沿汴、蔡、御河入广济河运仪仗什物赴兖州，发上供木，由黄河浮筏至郓州，给置顿费用，省辇送之役。以王旦为大礼使，王钦若为礼仪使，参知政事冯拯为仪仗使，知枢密院陈尧叟为卤簿使，赵安仁为桥道顿递使，仍铸五使印及经度制置使印给之。遣使诣岳州，采三脊茅三十束，有老人黄皓识之，补州助教，赐以粟帛。

  初，太平兴国中，有得唐玄宗社首玉册、苍璧，至是令瘗于旧所。其前代封禅坛址摧圮者，命修完之。山上置圜台，径五丈，高九尺，四陛，上饰以青，四面如其方色，一壝，广一丈，围以青绳三周。燎坛在其东南，高丈二尺，方一丈，开上南出户，方六尺。山下封祀坛，四成，十二陛，如圜丘制，上饰以玄，四面如方色；外为三壝，燎坛如山上坛制。社首坛，八角；三成，每等高四尺，上阔十六步；八陛，上等广八尺，中等广一丈，下等广一丈二尺；三壝四门；如方丘制。又为瘗坎于壬地外壝之内。以玉为五牒，牒各长尺二寸，广五寸，厚一寸，刻字而填以金，联以金绳，缄以玉匮，置石䃭中。金脆难用，以金涂绳代之。 正坐、配坐，用玉册六副，每简长一尺二寸，广一寸二分，厚三分，简数量文多少。匮长一尺三寸。检长如匮，厚二寸，阔五寸，缠金绳五周，当缠绳处刻为五道，而封以金泥，泥和金粉、乳香为之。印以受命宝。封匮当宝处，刻深二分，用石䃭藏之。其䃭用用石再累，各方五尺，厚一尺，凿中广深，令容玉匮。磩旁施检处，皆刻深七寸，阔一尺，南北各三，东西各二，去隅皆七寸，缠绳处皆刻三道，广一寸五分，深三分。为石检十以撅磩，皆长三尺，阔一尺，厚七寸，刻三道，广深如缠绳。其当封处，刻深二寸，取足容宝，皆有小石盖，与封刻相应。其检立磩旁，当刻处又为金绳三以缠磩，皆五周，径三分，为石泥封磩。泥用石末和方色土为之。用金铸宝，曰"天下同文"，如御前宝，以封磩际。距石十二分，距四隅皆阔二尺，厚一尺，长一丈，斜刻其道，与磩隅相应，皆再累，为五色土圜封磩，上径一丈二尺，下径三丈九尺。命直史馆刘锴、内侍张承素领徒封圜台石磩，直集贤院宋皋、内侍郝昭信封社首石磩，并先往规度之。

详定所言："朝觐坛在行宫南，方九丈六尺，高九尺，四陛。陛，南面两陛，余三面各一陛。一壝，二分在南，一分在北。又按唐封禅，备法驾。准故事，乘舆出京，并用法驾，所过州县不备仪仗。其圜台上设登歌、钟、磬各一虡，封祀坛宫架二十虡，四隅立建鼓、二舞。社道坛设登歌如圜台，坛下宫架、二舞如封祀坛。朝觐坛宫架二十虡，不用熊罴十二案。又按《六典》，南郊合祀天地，服衮冕，垂白珠十有二，黝衣纁裳十二章。欲望封禅日依南郊例。泪礼毕，御朝觐坛。诸州所贡方物，陈列如元正仪。令尚书户部告示，并先集泰山下。"仍诏出京日，具小驾仪仗：太常寺三百二十五人，兵部五百六十六人，殿中省九十一人，太仆寺二百九十九人，六军诸卫四百六十八人，左右金吾仗各一百七十六人，司天监三十七人。

有司言："南郊惟昊天、皇地祇、配帝、日月、五方、神州各用币，内官而下别设六十六段分充。按《开宝通礼》，岳镇、海渎币从方色，即明皆有制币。今请封祀坛内官至外官三百一十八位，社首坛岳镇以下一十八位，并用方色币。又南郊牲，正坐、配坐用犊，五方帝、日月、神州共用羊、豕二十二，从祀七百三十七位，仍以前数分充。今请神州而上十二位用犊，其旧供羊、豕，改充从祀牲。又景德中，升天皇、北极在第一等，今请亦于从祀牲内体荐。"

旧制，郊祀正坐、配坐褥以黄，皇帝拜褥以绯。至是，诏配坐以绯，拜褥以紫。又以灵山清洁，命祀官差减其数，或令兼摄，有期丧未满、余服未卒哭者不得预祭，内侍诸司官，除掌事宿卫外，从升者裁二十四人，诸司职掌九十三人。其文武官升山者，皆公服。

详定所言："《汉书》八神与历代封禅帝王及所禅山，并于前祀七日遣官致祭，以太牢祀泰山，少牢祀社首。"九月，诏审刑院、开封府毋奏大辟案。帝习仪于崇德殿。初，礼官言无帝王亲习之文，帝曰："朕以达寅恭之意，岂惮劳也。"既毕，帝见礼文有未便，谕宰臣与礼官参议。于是详定所言："按《开宝礼》，则燔燎毕封册；开元故事，则封磩后燔燎。今如不对神封册，则未称寅恭，或封磩后送神，则并为喧渎。欲望俟终献毕，皇帝升坛，封玉匮，置磩中，泥印讫，复位，饮福，送神，乐止，举燎火。次天书降，次金匮降。礼仪使奏礼毕，皇帝还大次，俟封磩毕，皇帝再升坛省视。缘祀礼已毕，更不举乐。省讫，降坛。"仍诏山上亚献、终献，登歌作乐。

十月戊子朔，禁天下屠杀一月。帝自告庙，即屏荤蔬食，自进发至行礼前，并禁音乐。有司请登封日圜台立黄麾仗，至山下坛设权火。将行礼，燃炬相属，又出朱字漆牌，遣执仗者传付山下。牌至，公卿就位，皇帝就望燎位，山上传呼万岁，下即举燎。皇帝还大次，解严，又传呼而下，祀官始退。社首瘗坎，亦设权火三为准。遣司天设漏壶山之上下，命中官覆校日景，复于坛侧击板相应。自太平顶、天门、黄岘岭、岱岳观，各竖长竿，揭笼灯下照，以相参候。

辛卯，发京师，以玉辂载天书先行。次日如之。至郓州，令从官、卫士蔬食。丁未，次奉高宫。戊申，斋于穆清殿，诸升山者官给衣，令祀日沐浴服之。庚戌，帝服通天冠、绛纱袍，乘金辂，备法驾，至山门幄次，改服靴袍，乘步辇登山，卤簿、仪卫列山下，天书仗不上山，与法驾仗间立。知制诰朱巽奉玉册牒及圜台行事官先升，且以回马岭至天门路峻绝，人给横板二，长三尺许，系彩两端，施于背，膺选从卒，推引而上。卫士皆给钉鞋，供奉马止于中路。自山趾盘道至太平顶，凡两步一人，彩绣相间，树当道者不伐，止萦以缯。帝每经陕险，必降辇徒步。亚献宁王元偓，终献舒王元偁，卤簿使陈尧叟从。祀官、点馔习仪于圜坛。是夕，山下罢警场。

辛亥，设昊天上帝位于圜台，奉天书于坐左，太祖、太宗并配西北侧向，帝服衮冕，升台奠献，悉去侍卫，拂翟止于壝门，笼烛前导亦彻之。玉册文曰："嗣天子臣某，敢昭告于昊天上帝：臣嗣膺景命，昭事上穹。昔太祖揖让开基，太宗忧勤致治，廓清寰宇，混一车书，固抑升中，以延积庆。元符锡祚，众宝效祥，异域咸怀，丰年屡应。虔修封祀，祈福黎元。谨以玉帛、牺牲、粢盛、庶品，备兹禋燎，式荐至诚。皇伯考太祖皇帝、皇考太宗皇帝配神作主。尚飨。"玉牒文曰："有宋嗣天子臣某，敢昭告于昊天上帝：启运大同，惟宋受命，太祖肇基，功成治定；太宗膺图，重熙累盛。粤惟冲人，丕承列圣，寅恭奉天，忧勤听政。一纪于兹，四陲来暨，丕觋殊尤，元符章示，储庆发祥，清净可致，时和年丰，群生咸遂。仰荷顾怀，敢忘继志，金议大封，聿申昭事。躬陟乔岳，对越上天，率礼祗肃，备物吉蠲，以仁守位，以孝奉先。祈福遂下，侑神昭德，惠绥黎元，懋建皇极，天禄无疆，灵休允迪，万叶其昌，永保纯锡。"命群官享五方帝及诸神于山下封祀坛。上饮福酒，摄中书令王旦跪称曰："天赐皇帝太一神策，周而复始，永绥兆人。"三献毕，封金、玉匮。王旦奉玉匮，置之石磩，摄太尉冯拯奉金匮以降，将作监领徒封磩。帝登圜台阅视讫，还御幄。辛拯率从官称贺，山下传呼万岁，声动山谷。即日仗还奉高宫，百官奉迎于谷口。帝复斋于穆清殿。

壬子，禅祭皇地祇于社首山，奉天书升坛，以祖宗配。玉册文曰："嗣天子臣某，敢昭告于皇地祇：无私垂祐，有宋肇基，命惟天启，庆赖坤仪。太祖神武，威震万宇；太宗圣文，德绥九土。臣恭膺宝命，纂承丕绪，穹昊降祥，灵符下付，景祚延鸿，秘文昭著。八表以宁，五兵不试，九谷丰穰,百姓亲比,方舆所资,凉德是愧。溥率同词,缙绅协议,因以时巡,亦既肆类。躬陈典礼,祗事厚载,致孝祖宗,洁诚严配。以伸大报,聿修明祀,本支百世,黎元受祉。谨以玉帛、牺牲、粢盛、庶品,备兹禋瘗,式荐至诚。皇伯考太祖皇帝、皇考太宗皇帝配神作主。尚飨。"帝乃山下,服靴袍,步出大次。

癸丑,有司设仗卫、宫县于坛下,帝服衮冕,御封禅坛上之寿昌殿受朝贺,大赦天下,文武递进官勋,减免赋税、工役各有差,改乾封县曰奉符县,宴百官卿监以上于穆清殿、泰山父老于殿门。甲寅,发奉符,始进常膳。

帝之巡祭也,往还四十七日,未尝遇雨雪,严冬之候,景气恬和,祥应纷委。前祀之夕,阴雾风劲,不可以烛,及行事,风顿止,天宇澄霁,烛焰凝然,封磴讫,紫气蒙坛,黄光如帛,绕天书匣。悉纵四方所献珍禽异兽山下。法驾还奉高宫,日重轮,五色云见。鼓吹振作,观者塞路,欢呼动天地。改奉高宫曰会真宫。九天司命上卿加号保生天尊,青帝加号广生帝君,天齐王加号仁圣,各遣使祭告。诏王旦撰《封祀坛颂》,王钦若撰《社首坛颂》,陈尧叟撰《朝觐坛颂》。圜台奉祀官并于山上刻名,封祀、九宫、社首坛奉祀官并于《社首颂》碑阴刻名,扈从升朝官及内殿崇班、军校领刺史以上与蕃夷酋长并于《朝觐颂》碑阴刻名。

明年二月,诏知兖州李迪、京东转运使马元方等同修圜封,以吕良首请,命摄兖州助教。

政和三年,兖、郓耆寿、道释等及知开德府张为等五十二人表请东封,优诏不允。六年,知兖州宋康年请下秘阁检寻祥符东封典故付臣经画。时蔡京当国,将讲封禅以文太平,预具金绳、玉检及他物甚备,造舟四千艘,雨具亦千万计,迄不能行。

汾阴后土 真宗东封之又明年,河中府言:"进士薛南及父老、僧道千二百人列状乞赴阙,请亲祠后土。"诏不允。已而南又请,河南尹宁王元偓亦表请,文武百僚诣东上阁门三表以请。诏明年春有事于汾阴后土,命知枢密院陈尧叟为祀汾阴经度制置使,翰林学士李宗谔副之,枢密直学士戚纶、昭宣使刘承珪计度发运,河北转运使李士衡、盐铁副使林特计度粮草,龙图阁待制王曙、西京左藏库使张景宗、供备库使蓝继宗修治行宫、道路,宰臣王旦为大礼使,知枢密院王钦若为礼仪使,参知政事冯拯为仪仗使,赵安仁为卤簿使,陈尧叟为桥道顿递使。又以旦为天书仪卫使,钦若、安仁副之,丁谓为扶侍使,蓝继宗为扶侍都监,内侍周怀政、皇甫继明为夹侍。发陕西、河东兵五千人赴汾阴给役,出厩马,增传置,命翰林、礼院详定仪注,造玉册、祭器。先令尧叟诣后土祠祭告,分遣常参官告天地、庙社、岳镇、海渎。

详定所言:"祀汾阴后土,请如封禅,以太祖、太宗并配。其方丘之制,八角,三成,每等高四尺,上阔十六步。八陛,上陛广八尺,中广一丈,下广一丈二尺。三重壝,四面开门。为瘗坎于坛之壬地外壝之内,方深取足容物。其后土坛别无方色。正坐玉册,玉匮一副;配坐玉册,金匮二副;金泥,金绳。所用石匮并盖三层,方广五尺,下层高二尺,上开牙缝一周,阔四寸,深五寸,中容玉匮,其阔一尺,长一尺六寸。匮刻金绳道三周,各相去五寸,每缠绳处,阔一寸,深五分。上层厚一尺,仍于上四角更刻牙缝,长八寸,深四寸。每缠金绳处深四寸,方三寸五分,取容封宝。先即庙庭规地为坎,深五尺,阔容石匮及封固者。先以金绳三道南北络石匮,候祀毕封匮讫,中书侍郎奉匮至庙,与太尉同置石匮中,将作监加盖,系金绳毕,各填以石泥,印以'天下同文之宝',如社首封磴制。帝省视后,将作监率执事更加盝顶石盖,然后封固如法。上为小坛,如方丘状,广厚皆五尺。"

经度制置使诣脽上筑坛如方丘,庙北古双柏旁有堆阜,即其地为之。有司请祭前七日遣祀河中府境内伏羲、神农、帝舜、成汤、周文武、汉文帝、周公庙及于脽下祭汉、唐六帝。

四年正月,帝习仪于崇德殿。丁酉,法驾发京师。二月丙辰,至宝鼎县奉祇宫。戊午,致斋。己未,遣入内都知邓永迁诣祠上衣服、供具。庚申,百官宿祀所。是夜一鼓,扶侍使奉天书升玉辂,先至脽上。二鼓,帝乘金辂,法驾诣坛,夹路设燎火,盘道回曲,周以黄麾仗。初,路出庙南,帝以未修谒,不欲乘舆辇过其前,令凿路由庙后至坛次。翼日,帝服衮冕登坛,祀后土地祇,备三献,奉天书于神坐之左次,以太祖、太宗配侑。

册文曰:"维大中祥符四年,岁次辛亥,二月乙巳朔,十七日辛酉,嗣天子臣某,敢昭告于后土地祇:恭惟位配穹旻,化敷品汇。瞻言分壤,是宅景灵。备礼亲祠,抑惟令典。肇启皇宋,混一方舆,祖祢绍隆,承平兹久。眇躬缵嗣,励翼靡遑,厚德资生,绵祉允穆,清宁孚祐,戴履蒙休。申锡宝符,震以珍物,虔遵时迈,已建天封。明察礼均,有所未答,栉沐祗事,用致其恭。夷夏骏奔,琮牲以荐,肃然郊上,对越坤元。式祈年丰,楙昭政本,兆民乐育,百福蕃滋,介祉无疆,敢忘祗畏。恭以琮币、牺牲、粢盛、庶品,备兹瘗礼。皇伯考太祖皇帝、皇考太宗皇帝侑神作主。尚享。"亲封玉册,正坐于玉匮,配坐于金匮,摄太尉奉之以降,置于石匮,将作监封固之。

帝还次,改服通天冠、绛纱袍,乘辇谒后土庙,设登歌奠献,遣官分奠诸神。至庭中,视所封石匮。还奉祇宫,钧容乐、太常鼓吹始振作。是日,诏改奉祇曰太宁宫。壬戌,御朝觐坛受朝贺,肆赦,宴群臣于穆清殿、父老于宫门。穆清殿,奉祇宫之前殿也。诏五使、从臣刻名碑阴。谒西岳庙,从官皆刻名庙中,仗卫仪物大略如东封之制。命薛南试将作监主簿,以首请祠汾阴故也。

太清宫 大中祥符六年,亳州父老、道释、举人三千三百十六人诣阙,请车驾朝谒太清宫,宰臣帅百官表请。诏以明年春亲行朝谒礼。命参知政事丁谓为奉祀经度制置使,判亳州,翰林学士陈彭年副之,权三司使林特计度粮草。礼仪院言:"按唐太清宫令,奠献用碧币,同人灵,故不用玉。今详太上老君,宜同天神用玉。昨荐献圣祖大帝用四圭有邸。"诏用苍璧,太清宫用竹册一副。丁谓言:

"太清宫封藏太上老君宝册,请用玉匮各一副,长广一尺,高如之,检厚一寸二分,长广如匮。刻金绳道五,封处深二分,方取容受命宝。石匮三层,各长五尺三寸。阔四尺二寸,下层高二尺,中容玉匮,凿深尺二寸,长二尺五寸,阔尺三寸。中层高一尺,南北刻金绳道三,相距各五寸,阔一寸,深五分。系金绳处各深四分,方取容'天下同文'宝,上层为盝顶盖。"以王旦为奉祀大礼使,向敏中为仪仗使,王钦若为礼仪使,陈尧叟为卤簿使,丁谓为桥道顿递使。又以王旦为天书仪卫使,王钦若同仪卫使,丁谓副之,兵部侍郎赵安仁为扶侍使,入内副都知张继能为扶侍都监。帝朝谒玉清昭应宫,赐亳州真源县行宫名曰奉元,殿曰迎禧。

七年正月十五日,发京师。十九日,至奉元宫,斋于迎禧殿。二十一日,帝服通天冠、绛纱袍,奉上太上老君混元上德皇帝加号册宝。夜漏上五刻,天书扶侍使奉天书赴太清宫。二鼓,帝乘玉辂,驻大次。三鼓,奉天书升殿,改服衮冕,行朝谒之礼,相王元偓为亚献,荣王元俨为终献。帝还大次,太尉奉册宝于玉匮,缠以金绳,封以金泥,印以受命之宝,纳于醮坛石匮,将作监加石盖其上。群臣称贺于大次。分命辅臣荐献诸殿,改奉元宫曰明道宫,奉安玉皇大帝像,改真源曰卫真县。车驾次亳州城西,诣新立圣祖殿朝拜。至应天府朝拜圣祖殿,诏号曰鸿庆宫,仍奉安太祖、太宗像。驾至自亳州,百官迎对于太一宫西之幄殿,有司以卫真灵芝二百舆洎白鹿前导天书而入。帝服靴袍,乘大辇,备仪卫还宫。

先是,大中祥符元年正月乙丑,帝谓辅臣曰:"朕去年十一月二十七日夜将半,方就寝,忽室中光曜,见神人星冠、绛衣,告曰:'来月三日,宜于正殿建黄箓道场一月,将降天书《大中祥符》三篇。'朕竦然起对,已复无见,命笔识之。自十二月朔,即斋戒于朝元殿,建道场以佇神贶。适皇城司奏,左承天门屋南角有黄帛曳鸱尾上,帛长二丈许,缄物如书卷,缠以青缕三道,封处有字隐隐,盖神人所谓天降之书也。"王旦等皆再拜称贺。帝即步至承天门,瞻望再拜,遣二内臣升屋,奉之下。旦跪奉而进,帝再拜受之,亲奉安舆,导至道场,付陈尧叟启封。帛上有文曰:"赵受命,兴于宋,付于眘。居其器,守于正。世七百,九九定。"缄书甚密,抉以利刀方起。帝跪受,复授尧叟读之。其书黄字三幅,词类《书·洪范》、老子《道德经》,始言帝能以至孝至道绍世,次谕以清净简俭,终述世祚延永之意。读讫,帝复跪奉,蕴以所缄帛,盛以金匮。旦等称贺于殿之北庑。丙寅,群臣入贺,于崇政殿赐宴,帝与辅臣皆蔬食。遣官奏告天地、宗庙、社稷及京城祠庙。丁卯,有司设大次朝元殿之西廊,黄麾仗,宫县、登歌,文武官陪列,帝服靴袍升殿,酌献三清天书。礼毕,步导入内。戊辰,大赦,改元,百官并加恩,改左承天门为左承天祥符。

四月辛卯朔,天书再降内中功德阁。六月八日,封祀制置使王钦若言:"泰山西南垂刀山上,有红紫云气,渐成华盖,至地而散。其日,木工董祚于灵液亭北,见黄素书曳林木之上,有字不能识,言于皇城使王居正,居正睹上有御名,驰告钦若,遂迎至官舍,授中使捧诣阙。"帝御崇正殿,趣召辅臣曰:"朕五月丙子夜,复梦乡者神人言:'来月上旬,当赐天书于泰山,宜斋戒祗受。'朕虽荷降告,未敢宣露,惟诫谕王钦若等,凡有祥异即上闻。朕今得其奏,果与梦协。上天眷佑,惟惧不称。"王旦等曰:"陛下至德动天,感应昭著,臣等不胜大庆。"再拜称贺。己亥,迎导天书,安于含芳园之正殿。辛丑,帝致斋。翼日,备法驾诣殿再拜受,授陈尧叟启封。其文曰:"汝崇孝奉吾,育民广福。锡尔嘉瑞,黎庶咸知。秘守斯言,善解吾意。国祚延永,寿历遐岁。"读讫,复奉以升殿。

九月甲子,告太庙,奉安天书朝元殿,建道场。扶侍使上香,庭中奏法曲,将行礼,诣幄殿酌献讫,奉以玉辂,中设几褥,夹侍立旁,周以黄麾仗,前后部鼓吹,道门威仪。扶侍使以下前导,封禅日皆奉以升坛,置正位之东。自是凡举大礼,皆如此制。于是制行殿供物,定仪仗千六百人。每岁元日,召宰臣、宗室至禁中朝拜。前一日,却去荤茹。帝自制誓文,刻石,置玉清昭应宫宝符阁下,摹刻天书奉安昭应宫刻玉殿,行酌献礼,令刻玉使日赴殿行香,副使已下,日莅事焉。

天禧元年正月,诏以十五日行宣读天书之礼。前二日,斋于长春殿,以王钦若为宣读天书礼仪使。有司设次天安殿,中位玉皇像,置录本天书于东,圣祖板位于西,建金箓道场三昼夜。其日三鼓,帝服通天冠、绛纱袍诣道场,焚香再拜,西向立,百官朝服升殿。摄中书令任中正跪奏:"嗣天子臣某,谨与宰臣等宣读天书,讲求圣意,虔思睿训,抚育生民。"仪卫使王旦跪取左承天门天书置案上,摄殿中监张景宗、张继能捧案,摄司徒王曾、摄司空张知白跪展天书,摄太尉向敏中宣读,每句已,即详绎其旨,言上天训谕之意,摄中书令王钦若录之。宣读毕,摄侍中张旻跪奏:"嗣天子臣某,敢不虔遵天命。"仪卫使受天书,跪纳匣中。又取功德阁天书、泰山天书宣读如上仪。王钦若跪进所录天书,帝跪受之,登歌酌献。礼毕,奉天书还内。帝自作《钦承宝训述》以示中外。是月之朔,又奉天书升太初殿,恭上玉皇大天帝圣号宝册、衮服焉。

帝于大中祥符五年十月语辅臣曰:"朕梦先降神人传玉皇之命云:'先令汝祖赵某授汝天书,令再见汝,如唐朝恭奉玄元皇帝。'翼日,复梦神人传天尊言:'吾坐西,斜设六位以候。'是日,即于延恩殿设道场。五鼓一筹,先闻异香,顷之,黄光满殿,蔽灯烛,睹灵仙仪卫天尊至,朕再拜殿下。俄黄雾起,须臾雾散,由西陛升,见侍从在东陛。天尊就坐,有六人揖天尊而后坐。朕欲拜六人,天尊止令揖,命朕前,曰:'吾人皇九人中一人也,是赵之始祖,再降,乃轩辕皇帝,凡世所知少典之子,非也。母感电梦天人,生于寿丘。后唐时,奉玉帝命,七月一日下降,总治下方,主赵氏之族,今已百年。皇帝善为抚育苍生,无怠前志。'即离坐,乘云而去。"王旦等皆再拜称贺。即召旦等至延恩殿,历观临降之所,并布告天下,命参知政事丁谓、翰林学士李宗谔、龙图阁待制陈彭年与礼官修崇奉仪注。闰十月,制九天司命保生天尊号曰圣祖上灵高道九天司命保生天尊大帝,圣祖母号曰元天大圣后,遣官就南郊设昊天及四位告之。

七年九月，即滋福殿设玉皇像，奉圣号匣，安于朝元殿后天书刻玉幄次。诏以来年正月上玉帝圣号，帝亲撰文，及天书下，亦以此日奏告，仍定仪式班之。以王旦为奏告大礼使，向敏中为仪仗使，寇准为卤簿使，丁谓为礼仪使，王嗣宗为桥道顿递使。

八年正月朔，驾诣玉清昭应宫奉表奏告，上玉皇大帝圣号曰太上开天执符御历含真体道玉皇大天帝，奉刻玉天书安于宝符阁，以帝御容侍立于侧，升阁酌献。复朝拜明庆二圣殿。礼毕还宫，易常服，御崇德殿，百官称贺。

九年，诏以来年正月朔诣玉清昭应宫上玉皇圣号宝册，二日诣景灵宫上圣祖天尊大帝徽号。十二月己亥，奉宝册、仙衣安于文德殿，乃斋于天安殿后室。四鼓，帝诣天安殿酌献天书毕，大驾赴玉清昭应宫，衮冕升太初殿，奉册讫，奠玉币，荐馔三献，饮福，登歌，二舞，望燎，如祀昊天上帝仪。毕，诣二圣殿，奉上绛纱袍，奉币进酒，分遣摄殿中监上紫微大帝绛纱袍、七元辅弼真君红绡衣、翊圣保德真君皂袍。帝改服靴袍，诣紫微殿、宝符阁焚香，群臣诣集禧殿门表贺。是日，天书赴景灵宫，大驾次至，斋于明福殿。二日，帝服衮冕，诣天兴殿奉上圣祖天尊大帝册宝、仙衣，荐献如上仪。乃改服诣保宁阁焚香，还宫，群臣入贺于崇德殿。命诸州设罗天大醮，先建道场二十七日。命王旦为兖州太极观奉上宝册使，赵安仁副之，遣官摄中书侍郎、殿中监，押当册宝、仙衣。二月丁亥，帝斋于长春殿。翼日，有司设圣母板位文德殿，行酌献礼，拜授册宝于王旦、仙衣于赵安仁，以升金辂，具卤簿仪卫，所过禁屠宰。三月乙巳，旦等诣观奉册上懿号曰圣祖母元天大圣后。其日，帝不视朝。礼毕，群臣入贺，赐饮崇德殿。

徽宗政和六年九月朔，复奉玉册、玉宝，上玉帝尊号曰太上开天执符御历含真体道昊天玉皇上帝，盖以论者析玉皇大天帝、昊天上帝言之，不能致一故也。又诏以王者父天母地，乃者只率万邦黎庶，强为之名，以玉册、玉宝昭告上帝，而地祇未有称谓，谨上徽号曰承天效法厚德光大后土皇地祇。

明年五月，诣玉清和阳宫奉上宝册，所用之礼，以瘗坎易燎柴，设望瘗位，玉以黄琮及两珪有邸，币以黄，舞以八成，其余并如奉上玉皇尊号之仪。徽宗崇尚道教，制郊祀大礼，以方士百人执仪仗前引，分列两序，立于坛下。

政和三年十一月五日，恭上神宗、哲宗徽号于太庙。翌日，祀昊天上帝于圜丘。太师蔡京奏："天神降格，实为大庆，乞付史馆。"帝出手诏，播告天下。群臣诣东上阁门拜表称贺，御制《天真示现记》，寻以天神降日为天应节，即其地建迎真宫。明年夏至，躬祀方丘，又制《神应记》，略云："羽卫多士，奉辇武夫，与陪祝官，顾瞻中天，有形有象，若人若鬼，持矛执戟，列于空际，见者骇愕。"仍遣使奏告陵庙，诏天下。

又用方士魏汉津之说，备百物之象，铸鼎九，于中太一宫南为殿奉安之，各周以垣，上施埤堄，墁如方色，外筑垣环之，曰九成宫。中央曰帝鼐，其色黄，祭以土王日，为大祀，币用黄，乐用宫架。北方曰宝鼎，其色黑，祭以冬至，币用皂。东北方曰牡鼎，其色青，祭以立春，币用皂。东方曰苍鼎，其色碧，祭以春分，币用青。东南曰冈鼎，其色绿，祭以立夏，币用绯。南方曰彤鼎，其色紫，祭以夏至，币用绯。西南曰阜鼎，其色黑，祭以立秋，币用白。西方曰晶鼎，其色赤，祭以秋分，币用白。西北曰魁鼎，其色白，祭以立冬，币用皂。八鼎皆为中祀，乐用登歌，享用素馔，复于帝鼐之宫立大角鼎星祠。

崇宁四年八月，奉安九鼎，以蔡京为定鼎礼仪使。帝幸九成宫酌献。九月朔，百官称贺于大庆殿，如大朝会仪。郑居中言："亳州太清宫道士王与之进《黄帝崇天祀鼎仪诀》，皆本于天元玉册、九宫太一，合于汉津所授上帝锡夏禹隐文。同修为《祭鼎仪范》，修成《鼎书》十七卷、《祭鼎仪范》六卷。先是，诏曰："九鼎以奠九州，以御神奸，其用有法，后失其传。阅王与之所上《祀仪》，推鼎之意，施于有用，盖非今人所能作。去古绵邈，文字杂糅，可择其当理合经，修为定制，班付有司。"至是书成，并以每岁祀鼎常典，付有司行之。

又诏以铸鼎之地作宝成宫，总屋七十一区，中置殿曰神灵，以祠黄帝；东庑殿曰成功，祠夏后氏；西庑殿曰持盈，祠周成王及周公、召公；后置堂曰昭应，祠唐李良及隐士嘉成侯魏汉津。太常礼部言："每岁欲于大乐告成崇政殿元进乐日，秋八月二十七日举祀事，祀黄帝依感生帝、神州地祇为大祀，币用黄，乐用宫架，祝文依祀圣祖称嗣皇帝臣名。其成功、持盈二殿，礼用中祀，币各用白。昭应堂礼用小祀，并以素馔。"从之。

政和六年，用方士王仔昔议，定鼎阁于天章阁，自九成宫徙九鼎奉安之。又诏改帝鼐为隆鼐，正南彤鼎为明鼎，西南阜鼎为顺鼎，正西晶鼎为蕴鼎，西北魁鼎为健鼎，正北宝鼎如旧，东北牡鼎为和鼎，正东苍鼎为育鼎，东南冈鼎为洁鼎，鼎阁为圜象徽调之阁。阁上神像，左周鼎星君，中帝席星君，右大角星君；阁下鼎鼐神像，各守逐鼎布列，亦用仔昔议也。驾诣鼎阁奉安神像，明日复诣阁行香，百僚陪位。其后，又诏九鼎新名乃狂人妄改，皆无依据，宜复旧名，惟圜象徽调阁仍旧。

八年，用方士言，铸神霄九鼎成，曰太极飞云洞劫之鼎、苍壶祀天贮醇酒之鼎、山岳五神之鼎、精明洞渊之鼎、天地阴阳之鼎、混沌之鼎、浮光洞天之鼎、灵光晃耀炼神之鼎、苍龟火蛇虫鱼金轮之鼎，奉安于上清宝箓宫神霄殿，与魏汉津所铸，凡十八鼎焉。

卷一百五　　志第五十八

礼八 吉礼八

文宣王庙　武成王庙　先代陵庙　诸神祠

至圣文宣王　唐开元末升为中祠,设从祀,礼令摄三公行事。朱梁丧乱,从祀遂废。后唐长兴二年,仍复从祀。周显德二年,别营国子监,置学舍。宋因增修之,塑先圣、亚圣、十哲像,画七十二贤及先儒二十一人像于东西庑之木壁,太祖亲撰《先圣、亚圣赞》,十哲以下命文臣分赞之。建隆中,凡三幸国子监,谒文宣王庙。太宗亦三谒庙。诏绘三礼器物、制度于国学讲论堂木壁。又命河南府建国子监文宣王庙,置官讲说及赐《九经》书。

真宗大中祥符元年,封泰山,诏以十一月一日幸曲阜,备礼谒文宣王庙。内外设黄麾仗,孔氏宗属并陪位,帝服靴袍,行酌献礼。又幸叔梁纥堂,命官分奠七十二弟子、先儒泊叔梁纥、颜氏。初,有司定仪肃揖,帝特展拜,以表严师崇儒之意,亲制赞,刻石庙中。复幸孔林,以树拥道,降舆乘马,至文宣王墓,设奠再拜,诏追谥曰玄圣文宣王,祝文进署,祭以太牢,修饰祠宇,给便近十户奉茔庙。仍追封叔梁纥为齐国公,颜氏鲁国太夫人,伯鱼母开官氏,郓国夫人。

二年五月乙卯,诏追封十哲为公,七十二弟子为侯,先儒为伯或赠官。亲制《玄圣文宣王赞》,命宰相等撰颜子以下赞,留亲奠祭器于庙中,从官立石刻名。既以国讳,改谥至圣文宣王。赐孔氏钱帛,录亲属五人并赐出身,又赐太宗御制、御书一百五十卷,银器八百两。诏太常礼院定州县释奠器数:先圣、先师每坐酒尊一,笾豆八,簠二、簋二、俎三、罍一、洗一、篚一,尊皆加勺、幂,各置于坫,巾共二,烛二,爵共四,坫。有从祀之处,诸坐各笾二、豆二、簠一、簋一、俎一、烛一、爵一。仁宗再幸国子监,谒文宣王庙,皆再拜焉。

熙宁七年,判国子监常秩等请立孟轲、扬雄像于庙廷,仍赐爵号,又请追尊孔子以帝号。下两制礼官详定,以为非是而止。

京兆府学教授蒋夔请以颜回为兖国公,毋称先师,而祭不读祝,仪物一切降杀,而进闵子骞九人亦在祀典。礼官以孔子、颜子称号,历代各有据依,难辄更改,仪物祝献,亦难降杀,所请九人,已在祀典。熙宁祀仪,十哲皆为从祀,惟州县释奠未载。请自今二京及诸州春秋释奠,并准熙宁祀仪。

诏封孟轲邹国公。晋州州学教授陆长愈请春秋释奠,孟子宜与颜子并配。议者以谓凡配享、从祀,皆孔子同时之人,今以孟轲并配,非是。礼官言:"唐贞观以汉伏胜、高堂生、晋杜预、范宁之徒与颜子俱配享,至今从祀,岂必同时?孟子于孔门当在颜子之列,至于荀况、扬雄、韩愈,皆发明先圣之道,有益学者,久未配食,诚阙典也。请自今春秋释奠,以孟子配食,荀况、扬雄、韩愈并加封爵,以世次先后,从祀于左丘明二十一贤之间。自国子监及天下学庙,皆塑邹国公像,冠服同兖国公。仍绘荀况等像于从祀:荀况,左丘明下;扬雄,刘向下;韩愈,范宁下。冠服各从封爵。"诏如礼部议,荀况封兰陵伯,扬雄封成都伯,韩愈封昌黎伯,令学士院撰赞文。又诏太常寺修四孟释菜仪。

元祐六年,幸太学,先诣国子监至圣文宣王殿行释奠礼,一献再拜。

崇宁初,封孔鲤为泗水侯,孔伋为沂水侯。诏:"古者,学必祭先师,况都城近郊,大辟黉舍,聚四方之士,多且数千,宜建文宣王庙,以便荐献。"又诏:"王安石可配享孔子庙,位于邹国公之次。"国子监丞赵子栎言:"唐封孔子为文宣王,其庙像,内出王者衮冕衣之。今乃循五代故制,服上公之服。七十二子皆周人,而衣冠率用汉制,非是。"诏孔子仍旧,七十二子易以周之冕服。又诏辟雍文宣王殿仍以"大成"为名。帝幸国子监,谒文宣王殿,皆再拜行酌献礼,遣官分奠兖国公而下。国子司业蒋静言:"先圣与门人通被冕服,无别。配享、从祀之人,当从所封之爵,服周之服,公之衮冕九章,侯、伯之鷩冕七章。衮,公服也,达于上。郑氏谓公衮无升龙,误矣。考《周官》司服所掌,则公之冕与王同;弁师所掌,则公之冕与王异。今既考正配享、从祀之服,亦宜考正先圣之冕服。"于是增文宣王冕为十有二旒。

大观二年,从通仕郎侯孟请,绘子思像,从祀于左丘明二十四贤之间。议礼局言:"建隆三年,诏国子监庙门立戟十六,用正一品礼。大中祥符二年,赐曲阜庙桓圭,从上公之制。又《史记·弟子传》曰,受业身通六艺者七十有七人,自颜回至公孙龙三十五人颇有年名及受业见于书传,四十二人姓名仅存。《家语》曰,七十二弟子皆升堂入室者。按《唐会要》七十七人,而《开元礼》止七十二人,又复去取不一。本朝议臣,断以七十二子之说,取琴张等五人,而去公夏首等十人。今以《家语》、《史记》参定,公夏首、后处、公肩定、颜祖、鄡单、罕父黑、秦商、原抗、乐欬、廉洁,《唐会要》、《开元礼》亦互见之,皆有伯爵,载于祀典。请追赠侯爵,使预祭享。"诏封公夏首钜平侯,后处胶东侯,公肩定梁父侯,颜祖富阳侯,鄡单聊城侯,罕父黑祈乡侯,秦商冯翊侯,原抗乐平侯,乐欬建成侯,廉洁胙城侯。又诏改封曾参武城侯,颛孙师颍川侯,南宫绦汶阳侯,司马耕睢阳侯,琴张阳平侯,左丘明中都伯,穀梁赤睢陵伯,戴圣考城伯,以所封犯先圣讳也。

政和三年,诏封王安石舒王,配享;安石子雱临川伯,从祀。《新仪》成,以孟春元日释菜,仲春、仲秋上丁日释奠。以兖国公颜回、邹国公孟轲、舒王王安石配享殿上;琅邪公闵损、东平公冉耕、下邳公冉雍、临淄公宰予、黎阳公端木赐并西向,彭城公冉求、河内公仲由、丹阳公言偃、河东公卜商、武城侯曾参并东向;东庑。颍川侯颛孙师以下至成都伯扬雄四十九人并西向,西庑,长山侯林放以下至临川伯王雱四十八人并东向。颁辟雍大成殿名于诸路州学。

五年,太常寺言:"兖州邹县孟子庙,诏以乐正子配享,公孙丑以下从祀,皆拟定其封爵:乐正子克利国侯,公孙丑寿光伯,万章博兴伯,告子不害东阿伯,孟仲子新泰伯,陈臻蓬莱伯,充虞昌乐伯,屋庐连奉符伯,徐辟仙源伯,陈代沂水伯,彭更雷泽伯,公都子平阴伯,咸丘蒙须城伯,高子泗水伯,桃应胶水伯,盆成括莱阳伯,季孙丰城伯,子叔承阳伯。"大晟乐成,诏下国子学选诸生肄习,上丁释奠,奏于堂上,以祀先圣。

靖康元年,右谏议大夫杨时言王安石学术之谬,请追夺王爵,明诏中外,毁去配享之像,使邪说淫辞不为学者之惑。诏降安石从祀庙廷。尚书傅墨卿言:"释奠礼馔,宜依元丰祀仪陈设,其《五礼新仪》勿复遵用。"

时又有算学。大观三年,礼部、太常寺请以文宣王为先师,兖、邹、荆三国公配享,十哲从祀。自昔著名算数者画像两庑,请加赐五等爵,随所封以定其服。于是中书舍人张邦昌定算学:封风后上谷公,箕子辽东公,周大夫商高郁夷公,大挠涿鹿公,隶首阳周公,容成平都公,常仪原都公,鬼俞区宜都公,商巫咸河东公,晋史苏晋阳伯,秦卜徒父颍阳伯,晋卜偃平阳伯,鲁梓慎汝阳伯,晋史赵高都伯,鲁卜楚丘昌衍伯,郑裨灶荥阳伯,赵史墨易阳伯,周荣方美阳伯,齐甘德菑川伯,魏石申隆虑伯,汉鲜于妄人清泉伯,耿寿昌安定伯,夏侯胜任城伯,京房乐平伯,翼奉良成伯,李寻平陵伯,张衡西鄂伯,周兴慎阳伯,单飏湖陆伯,樊英鲁阳伯,晋郭璞闻喜伯,宋何承天昌卢伯,北齐宋景业广宗伯,隋萧吉临湘伯,临孝恭powiat丰伯,张胄玄东光伯,周王朴东平伯,汉邓平新野子,刘洪蒙阴子,魏管辂平原子,吴赵达谷城子,宋祖冲之范阳子,后魏商绍长乐子,北齐信都芳乐城子,北齐许遵高阳子,隋耿询湖熟子,刘焯昌亭子,刘炫景城子,唐傅仁均博平子,王孝通介休子,瞿昙罗居延子,李淳风昌乐子,王希明琅琊子,李鼎祚赞皇子,边冈成安子,汉郎顗观阳子,襄楷隰阴子,司马季主夏阳男,落下闳阆中男,严君平广都男,魏刘徽淄乡男,晋姜岌成纪男,张丘建信成男,夏侯阳平陆男,后周甄鸾无极男,隋卢大翼成平男。寻诏以黄帝为先师。

礼部员外郎吴时言:"书画之学,教养生徒,使知以孔子为师,此道德之所一也。若每学建立殿宇,则配食、从祀,难于其人。诸春秋释奠,止令书画博士量率职事生员,陪预执事,庶使知所宗师。医学亦准此。"诏皆从之。

其释奠之礼:景德四年,同判太常礼院李维言:"按《开宝通礼》,诸州释奠,并刺史致斋三日,从祭之官斋于公馆。祭日,刺史为初献,上佐为亚献,博士为终献。今诸州长吏不亲行祀,非尊师重教之道。"诏太常礼院检讨以闻。按《五礼精义》,州县释奠,刺史、县令初献,上佐、县丞亚献,州博士、县主簿终献。有故,以次官摄之。大中祥符三年,判国子监孙奭言:"上丁释奠,旧礼以祭酒、司业、博士充三献官,新礼以三公行事,近岁止命献官两员临时通摄,未副崇祀向学之意。望自今备差太尉、太常、光禄卿以充三献。"又命崇文院刊《释奠仪注》及《祭器图》颁之诸路。熙宁五年,国子监言:"旧例遇贡举岁,礼部贡院集诸州府所贡第一人谒奠先圣,如春秋释奠仪。况春秋自有释奠礼,请罢贡举人谒奠。"崇宁,议礼局言:"太学献官、太祝、奉礼,皆以法服,至于郡邑,则用常服。望命有司降祭服于州县,凡献官、祝、礼,各服其服,以尽事神之仪。"诏以衣服制度放使州县自造焉。

其谒先师之礼:建隆二年,礼院准礼部贡院移,按《礼阁新仪》云:"旧仪无贡举人谒先师之文。开元二十六年,诏诸州贡举人见讫,就国子监谒先师,官为开讲,质问疑义,所司设食。昭文、崇文两馆学士及监内诸举人亦准此。"自后诸州贡举人,十一月朔日正衙见讫,择日谒先师,遂为常礼。大观初,大司成强渊明言:"考之礼经,士始入学,有释菜之仪。请自今每岁贡士始入辟雍,并以元日释菜于先圣。"其仪:献官一员,以丞或博士;分奠官八员,以博士、正录;大祝一员,以正录。应祀官前释菜一日赴学,各宿其次。至日,诣文宣王殿常服行礼,贡士初入学者陪位于庭,其他亦略仿释奠之仪。绍兴十年,诏与大社、大稷并为大祀。淳熙四年,去王雱画像。淳祐元年正月,理宗幸太学,诏以周敦颐、张载、程颢、程颐、朱熹从祀,黜王安石。景定二年,皇太子诣学,请以张栻、吕祖谦从祀。从之。

咸淳三年,诏封曾参郕国公,孔伋沂国公,配享先圣。封颛孙师陈国公,升十哲位。复以邵雍、司马光列从祀。其序:兖国公、郕国公、沂国公、邹国公,居正位之东面,西向北上,为配位;费公闵损、薛公冉雍、黎公端木赐、卫公仲由、魏公卜商,居殿上东面,西向北上,郓公冉耕、齐公宰予、徐公冉求、吴公言偃、陈公颛孙师,居殿上西面,东向北上,为从祀;东庑,金乡侯澹台灭明、任城侯原宪、汝阳侯南宫适、莱芜侯曾点、须昌侯商瞿、平舆侯漆雕开、睢阳侯司马耕、平阴侯有若、东阿侯巫马施、阳谷侯颜辛、上蔡侯曹恤、枝江侯公孙龙、冯翊侯秦祖、雷泽侯颜高、上邽侯壤驷赤、成邑侯石作蜀、钜平侯公夏首、胶东侯后处、济阳侯奚容点、富阳侯颜祖、滏阳侯句井疆、鄄城侯秦商、即墨侯公祖句兹、武城侯县成、汧源侯燕伋、宛句侯颜之仆、建成侯乐欬、堂邑侯颜何、林虑侯狄黑、郓城侯孔忠、徐城侯公西点、临濮侯施之常、华亭侯秦非、文登侯申枨、济阴侯颜哙、泗水侯孔鲤、兰陵伯荀况、睢陵伯穀梁赤、莱芜伯高堂生、乐寿伯毛苌、彭城伯刘向、中牟伯郑众、缑氏伯杜子春、良乡伯卢植、荥阳伯服虔、司空王肃、司徒杜预、昌黎伯韩愈、河南伯程颢、新安伯邵雍、温国公司马光、华阳伯张栻,凡五十二人,并西向;西庑,单父侯宓不齐、高密侯公冶长、北海侯公皙哀、曲阜侯原无繇、共城侯高柴、寿张侯公伯寮、益都侯樊须、钜野侯公西赤、千乘侯梁鳣、临沂侯冉孺、沭阳侯伯虔、诸城侯冉季、濮阳侯漆雕哆、高苑侯漆雕徒父、邹平侯商泽、当阳侯任不齐、牟平侯公良孺、新息侯秦冉、梁父侯公肩定、聊城侯鄡单、祁乡侯罕父黑、淄川侯申党、厌次侯荣旂、南华侯左人郢、胊山侯郑国、乐平侯原亢、胙城侯廉洁、博平侯叔仲会、高堂侯邦巽、临朐侯公西舆如、内黄侯蘧瑗、长山侯林放、南顿侯陈亢、阳平侯琴张、博昌侯步叔乘、中都伯左丘明、临淄伯公羊高、乘氏伯伏胜、考城伯戴圣、曲阜伯孔安国、成都伯扬雄、歧阳伯贾逵、扶风伯马融、高密伯郑玄、任城伯何休、偃师伯王弼、新野伯范宁、汝南伯周敦颐、伊阳伯程颐、郿伯张载、徽国公朱熹、开封伯吕祖谦，凡五十二人，并东向。

昭烈武成王　自唐立太公庙，春秋仲月上戊日行祭礼。上元初，封为武成王，始置亚圣、十哲等，后又加七十二弟子。梁废从祀之祭，后唐复之。太祖建隆三年，诏修武成王庙，与国学相对，命左谏议大夫崔颂董其役，仍令颂检阅唐末以来谋臣、名将勋绩尤著者以闻。四年四月，帝幸庙，历观图壁，指白起曰："此人杀已降，不武之甚，何受享于此？"命去之。景德四年，诏西京择地建庙，如东京制。大中祥符元年，加谥昭烈。

初，建隆议升历代功臣二十三人，旧配享者退二十二人。庆历仪，自张良、管仲而下依旧配享，不用建隆升降之次。元丰中，国子司业朱服言："释奠文宣王，以国子祭酒、司业为初献，丞为亚献，博士为终献，太祝、奉礼并以监学官充。及上戊释奠武成王，以祭酒、司业为初献，其亚献、终献及读祝、捧币，令三班院差使臣充之。官制未行，武学隶枢密院，学官员数少，故差右选。今武学隶国子监，长、贰、丞、簿，官属已多，请并以本监官充摄行事，仍令太常寺修入《祀仪》。"

政和二年，武学谕张滋言："《诗》云'赫赫南仲'、'维师尚父'、'文武吉甫'、'显允方叔'、'王命召虎'、'程伯休父'，是均为周将，功著声诗，今昔所尊惟一尚父，而南仲、吉甫之徒不预配食，余如却縠之阅礼乐、敦诗书，尉缭以言为学者师法，不当弃而不录，请并配食。"博士孙宗鉴亦请以黄石公配。后有司讨论不定，国子监丞赵子崧复言之。

宣和五年，礼部言："武成王庙从祀，除本传已有封爵者，其未经封爵之人，齐相管仲拟封涿水侯，大司马田穰苴横山侯，吴大将军孙武沪渎侯，越相范蠡遂武侯，燕将乐毅平房侯，蜀丞相诸葛亮顺兴侯，魏西河守吴起封广宗伯，齐将孙膑武清伯，田单昌平伯，赵将廉颇临城伯，秦将王翦镇山伯，汉前将军李广怀柔伯，吴将军周瑜平房伯。"于是释奠日，以张良配享殿上，管仲、孙武、乐毅、诸葛亮、李勣并西向，田穰苴、范蠡、韩信、李靖、郭子仪并东向。东庑，白起、孙膑、廉颇、李牧、曹参、周勃、李广、霍去病、邓禹、冯异、吴汉、马援、皇甫嵩、邓艾、张飞、吕蒙、陆抗、杜预、陶侃、慕容恪、宇文宪、韦孝宽、杨素、贺若弼、李孝恭、苏定方、王孝杰、王晙、李光弼，并西向；西庑，吴起、田单、赵奢、王翦、彭越、周亚夫、卫青、赵充国、寇恂、贾复、耿弇、段颎、张辽、关羽、周瑜、陆逊、羊祜、王濬、谢玄、王猛、王镇恶、斛律光、王僧辩、于谨、吴明彻、韩擒虎、史万岁、尉迟敬德、裴行俭、张仁亶、郭元振、李晟，并东向。凡七十

二将云。

绍兴七年五月，太常博士黄积厚乞以仲春、仲秋上戊日行礼。十一年五月，国子监丞林保奏："窃见昭烈武成王享以酒脯而不用牲牢，虽曰时方多事，礼用绵蕝，然非所以右武而励将士也。乞今后上戊释奠用牲牢，以管仲至郭子仪十八人祀于殿上。"从之。

乾道六年，诏武成王庙升李晟于堂上，降李勣于李晟位次，仍以曹彬从祀。先是，绍兴间，右正言都民望言："李勣邪说误国，唐祀几灭，李晟有再造王室之勋；宜升李晟于堂上，置李勣于河间王孝恭之下。"至是，著作郎博伯寿言："武成庙从祀，出于唐开元间，一时铨次，失于太杂。如尹吉甫之伐狁，召虎之平淮夷，实亚鹰扬之烈；陈汤、傅介子、冯奉世、班超之流，皆为有汉之隽功；在晋则谢安、祖逖，在唐则王忠嗣、张巡辈，皆不得预从祀之列。窃闻迩日议臣请以本朝名将从祀，谓宜并诏有司，讨论历代诸将，为之去取，然后与本朝名将，绘于殿庑，亦乞取建隆、建炎以来骁俊忠概之臣，功烈暴于天下者，参陪庙祀。"故有是命。

先代陵庙及录名臣后　建隆元年，诏："前代帝王陵寝、忠臣贤士丘垅，或樵采不禁、风雨不庇，宜以郡国置户以守，隳毁者修葺之。"

乾德初，诏："历代帝王，国有常享，著于甲令，可举而行。自五代乱离，百司废坠，匪神乏祀，阙孰甚焉。按《祠令》，先代帝王，每三年一享，以仲春之月，牲用太牢，祀官以本州长官，有故则上佐行事。官造祭器，送诸陵庙。"又诏："先代帝王，载在祀典，或庙貌犹在，久废牲牢，或陵墓虽存，不禁樵采。其太昊、炎帝、黄帝、高辛、唐尧、虞舜、夏禹、成汤、周文王、武王、汉高帝、光武、唐高祖、太宗，各置守陵五户，岁春秋祠以太牢；商中宗太戊、高宗武丁、周成王、康王、汉文帝、宣帝、魏太祖、晋武帝、后周太祖、隋高祖，各置三户，岁一享以太牢；秦始皇帝、汉景帝、武帝、明帝、章帝、魏文帝、后魏孝文帝、唐玄宗、宪宗、肃宗、宣宗、梁太祖、后唐庄宗、明宗、晋高祖，各置守陵两户，三年一祭以太牢；周桓王、景王、威烈王、汉元帝、成帝、哀帝、平帝、和帝、殇帝、安帝、顺帝、冲帝、质帝、献帝、魏明帝、高贵乡公、陈留王、晋惠帝、怀帝、愍帝、西魏文帝、东魏孝静帝、唐高宗、中宗、睿宗、德宗、顺宗、穆宗、代宗、敬宗、文宗、武宗、懿宗、僖宗、昭宗、梁少帝、后唐末帝诸陵，常禁樵采。"寻又禁河南府民耕晋、汉庙墙地。凡诸陵有经开发者，有司造衮冕服、常服各一袭，具棺椁以葬，掩坎日，所在长吏致祭。

又诏前代功臣、烈士，详其勋业优劣以闻。有司言："齐孙膑、晏婴、晋程婴、公孙杵臼、燕乐毅、汉曹参、陈平、韩信、周亚夫、卫青、霍去病、霍光、蜀昭烈帝、关羽、张飞、诸葛亮、唐房玄龄、长孙无忌、魏徵、李靖、李勣、尉迟恭、浑瑊、段秀实等，皆勋德高迈，为当时之冠；晋赵简子、齐孟尝君、赵奢、汉邴吉、唐高士廉、唐俭、岑文本、马周为之次；南燕慕容德、唐裴寂、元稹又次之。"

诏孙膑等各置守冢三户,赵简子等各二户,慕容德等禁樵采;其有开毁者,皆具棺椁、朝服以葬,掩坎日致祭,长吏奉行其事。

景德元年,诏:"前代帝王陵寝,名臣贤士、义夫节妇坟垄,并禁樵采,摧毁者官为修筑;无主者碑碣、石兽之类,敢有坏者论如律。仍每岁首所在举行此令。"郑州给唐相裴度守坟三户,赐秦国忠懿王钱俶守坟三户。加谥太公望昭烈武成王,建庙青州,周公旦追封文宪王,建庙兖州,春秋委长吏致祭。

熙宁元年,从知濮州韩铎请:"尧陵在雷泽县东穀林山,陵南有尧母庆都灵台庙,请敕本州春秋致祭,置守陵五户,免其租,奉洒扫。"又以中丞邓润甫言,唐诸陵除已定顷亩外,其余许耕佃为守陵户,余并禁止。先是,仁宗尝录唐张九龄九代孙锡,狄仁杰裔孙国宝,郭子仪孙元亨,长孙无忌孙宏,皆命以官。神宗又录魏征孙道严,段秀实十二世孙昊、八世孙文酉,仍复其家。

元祐六年,诏相州商王河亶甲冢、沂州费县颜真卿墓并载祀典。先是,乾德中,定先代帝王配享仪,下诸州以时荐祭,牲用羊、豕,政和议礼局遂为定制。

绍兴元年,命祠禹于越州,及祠越王句践,以范蠡配。淳熙四年,静江守臣张栻奏所领州有唐帝祠,其山曰尧山;有虞帝祠,其山曰虞山;请著之祀典。十四年,衡州守臣刘清之奏:"史载炎帝陵在长沙茶陵,祖宗时给近陵七户守视,禁其樵牧,宜复建庙,给户如故事。"淳祐八年,湖南安抚大使、知潭州陈晔再言,从之。

初,绍兴二年,驾部员外郎李愿奏:"程婴、公孙杵臼于赵最为功臣,神宗皇嗣未建,封婴为成信侯,杵臼为忠智侯,命绛州立庙,岁时奉祀,其后皇嗣众多。今庙宇隔绝,祭亦弗举,宜于行在所设位望祭。"从之。十一年,中书舍人朱翌言:"谨按晋国屠岸贾之乱,韩厥正言以拒之,而婴、杵臼皆以死匿其孤,卒立赵武,而赵祀不绝,厥之功也。宜载之祀典,与婴、杵臼并享春秋之祀,亦足为忠义无穷之劝。"礼寺亦言:"崇宁间已封厥义成侯,今宜依旧立祚德庙致祭。"十六年,加婴忠节成信侯,杵臼通勇忠智侯,厥忠定义成侯。后改封婴疆济公,杵臼英略公,厥启佑公,升为中祀。

诸祠庙　自开宝、皇祐以来,凡天下名在地志,功及生民,宫观陵庙,名山大川能兴云雨者,并加崇饰,增入祀典。熙宁复诏应祠庙祈祷灵验,而未有爵号,并以名闻。于是太常博士王古请:"自今诸神祠无爵号者赐庙额,已赐额者加封爵,初封侯,再封公,次封王,生有爵位者从其本封。妇人之神封夫人,再封妃。其封号者初二字,再加四字。如此,则锡命驭神,恩礼有序。欲更增神仙封号,初真人,次真君。"大观中,尚书省言,神祠加封爵等,未有定制,乃并给告、赐额、降敕。已而诏开封府毁神祠一千三十八区,迁其像入寺观及本庙,仍禁军民擅立大小祠。秘书监何志同言:"诸州祠庙多有封爵未正之处,如屈原庙,在归州者封清烈公,在潭州者封忠洁侯。永康军李冰庙,已封广济王,近乃封灵应公。如此之类,皆未有

祀典,致前后差误。宜加稽考,取一高爵为定,悉改正之。他皆仿此。"故凡祠庙赐额、封号,多在熙宁、元祐、崇宁、宣和之时。

其新立庙:若何承矩、李允则守雄州,曹玮帅秦州,李继和节度镇戎军,则以有功一方者也。韩琦在中山,范仲淹在庆州,孙冕在海州,则以政有威惠者也。王承伟筑祁州河堤,工部员外郎张夏筑钱塘江岸,则以为人除患者也。封州曹觐、德庆府赵师旦、邕州苏缄、恩州通判董元亨、指挥使马遂,则死于乱贼者也。若王韶于熙河,李宪于兰州,刘滬于水洛城,郭成于怀庆军,折御卿于岚州,作坊使王吉于麟州神堂砦,各以功业建祠。寇准死雷州,人怜其忠,而赵普祠中山、韩琦祠相州,则以乡里,皆载祀典焉。其他州县岳渎、城隍、仙佛、山神、龙神、水泉江河之神及诸小祠,皆由祷祈感应,而封赐之多,不能尽录云。

卷一百六　　　志第五十九

礼九 吉礼九

宗庙之制

宗庙之制　建隆元年,有司请立宗庙,诏下其议。兵部尚书张昭等奏:"谨案尧、舜、禹皆立五庙,盖二昭二穆与其始祖也。有商建国,改立六庙,盖昭穆之外,祀契与汤也。周立七庙,盖亲庙之外,祀太祖与文王、武王也。汉初立庙,悉不如礼。魏、晋始复七庙之制,江左相承不改。然七庙之室,隋文但立高、曾、祖、祢四庙而已。唐因立亲庙,梁氏而下,不易其法。稽古之道,斯为折衷。伏请追尊高、曾四代,崇建庙室。"于是判太常寺窦俨奏上皇高祖文安府君曰文献皇帝,庙号僖祖;皇曾祖中丞府君曰惠元皇帝,庙号顺祖;皇祖骁卫府君曰简恭皇帝,庙号翼祖;皇考武清府君曰昭武皇帝,庙号宣祖;皇高祖妣崔氏曰文懿皇后;皇曾祖妣桑氏曰惠明皇后;皇祖妣京兆郡太夫人刘氏曰简穆皇后。太祖御崇元殿,备礼册四亲庙,奉安神主,行上谥之礼。二年十月,祔明宪皇后杜氏于宣祖室。

太平兴国二年,有司言:"唐制,长安太庙,凡九庙,同殿异室。其制:二十一间皆四柱,东西夹室各一,前后面各三阶,东西各二侧阶。本朝太庙四室,室三间。今太祖升祔,共成五室,请依长安之制,东西留夹室外,余十间分为五室,室二间。"从之。四月己卯,奉神主祔庙,以孝明皇后王氏配。

至道三年十一月甲子,奉太宗神主祔庙,以懿德皇后符氏配。咸平元年,判太常礼院李宗讷等言:"僖祖称曾高祖,太祖称伯;文懿、惠明、简穆、昭宪皇后并称祖

妣，孝明、孝惠、孝章皇后并称伯妣。按《尔雅》有考妣、王父母、曾祖王父母、高祖王父母及世父之别。以此观之，唯父母得称考妣。今请僖祖止称庙号，顺祖而下，即依《尔雅》之文。"事下尚书省议，户部尚书张齐贤等言："《王制》'天子七庙'。谓三昭三穆与太祖之庙而七。前代或有兄弟继及，亦移昭穆之列，是以《汉书》'为人后者为之子'，所以尊本祖而重正统也。又《礼》云：'天子绝期丧。'安得宗庙中有伯氏之称乎？其唐及五代有所称者，盖礼官之失，非正典也。请自今有事于太庙，则太祖并诸祖室，称孝孙、孝曾孙嗣皇帝；太宗室，称孝子嗣皇帝。其《尔雅》'考妣'、'王父'之文，本不为宗庙言也。历代既无所取，于今亦不可行。"

诏下礼官议。议曰："按《春秋正义》'跻鲁僖公'云：'礼，父子异昭穆，兄弟昭、穆同。'此明兄弟继统，同为一代。又鲁隐、桓继及，皆当穆位。又《尚书》盘庚有商及王，《史记》云阳甲至小乙兄弟四人相承，故不称嗣子而曰及王，明不继兄之统也。又唐中、睿皆处昭位，敬、文、武昭穆同为一世。伏请僖祖室止称庙号，后曰祖妣，顺祖室曰高祖，后曰高祖妣，翼祖室曰曾祖，后曰曾祖妣，祝文皆称孝曾孙。宣祖室曰皇祖考，后曰皇祖妣，祝文称孝孙。太祖室曰皇伯考妣，太宗室曰皇考妣。每大祭，太祖、太宗昭、穆同位，祝文并称孝子。其别庙称谓，亦请依此。"

诏都省复集议，曰："古者，祖有功，宗有德，皆先有其实而后正其名。今太祖受命开基，太宗缵承大宝，则百世不祧之庙矣。岂有祖宗之庙已分二世，昭穆之位翻为一代？如臣等议，礼'为人后者为之子'，以正父子之道，以定昭、穆之义，则无疑也。必若同为一代，则太宗不得自为世数，而何以得为宗乎？不得为宗，又何以得为百世不祧之主乎？《春秋正义》亦不言昭穆不可异，此又不可以为证也。今若序为六世，以一昭一穆言之，则上无毁庙之嫌，下有善继之美，于礼为大顺，于时为合宜，何嫌而谓不可乎？"翰林学士宋湜言："三代而下，兄弟相继则多，昭、穆异位，未之见也。今详都省所议，皇帝于太祖室称孙，窃有疑焉。"

诏令礼官再议。礼官言："按《祭统》曰：'祭有昭、穆者，所以别父子远近长幼亲疏之序而无乱也。'《公羊传》，公孙婴齐为兄归父之后，《春秋》谓之仲婴齐。何休云：'弟无后兄之义，为乱昭穆之序，失父子之亲，故不言仲孙，明不以子为父孙。'晋贺循议兄弟不合继位昭穆云：'商人六庙，亲庙四，并契、汤而六，比有兄弟四人相袭为君者，便当上毁四庙乎？如此，四世之亲尽，无复祖祢之神矣。'温峤议兄弟相继、藏主夹室之事云：'若以一帝为一世，则当不得祭于祢，乃不及庶人之祭也。'夫兄弟同世，于恩既顺，于义无否。玄宗朝禘祫，皇伯考中宗、皇考睿宗同列于穆位。德宗亦以中宗为高伯祖。晋王导、荀崧议'大宗无子，则立支子'，又曰'为人后者为之子'，无兄弟相为之文。所以舍至亲取远属者，盖以兄弟一体，无父子之道故也。窃以七庙之制，百王是尊。至于祖有功，宗有德，则百世不迁之庙也；父为昭，子为

穆，则千古不刊之典也。今议者引《汉书》曰：'为人后者为之子。'殊不知弟不为兄后，子不为父孙，《春秋》之深旨。父谓之昭，子谓之穆，《礼记》之明文也。又按太宗享祀太祖二十有二载，称曰'孝弟'，此不易之制，又安可追改乎？唐玄宗谓中宗为皇伯考，德宗谓中宗为高伯祖，则伯氏之称，复何不可？臣等参议：自今合祭日，太祖、太宗依典礼同位异坐，皇帝于太祖仍称孝子，余并遵旧制。"

景德元年，有司详定明德皇太后李氏升祔之礼："按唐睿宗昭成、肃明二后，先天初，以昭成配；开元末，以肃明祔。此时儒官名臣，步武相接，宗庙重事，必有据依。推之闺门，亦可拟议。晋骠骑将军温峤有三夫人，峤薨，诏问学官陈舒。舒谓秦、汉之后，废一娶九女之制，妻卒更娶，无复继室，生既加礼，亡不应贬。朝旨以李氏卒于峤之微时，不沾赠典；王、何二氏追加章绶。唐太子少傅郑余庆将立家庙，祖有二夫人。礼官韦公肃议与舒同。略稽礼文，参诸故事，二夫人并祔，于理为宜。恭惟懿德皇后久从升祔，虽先后有殊，在尊亲则一，请同列太宗室，以先后次之。"诏尚书省集议，咸如礼官之请，祔神主于太庙。

乾兴元年十月，奉真宗神主祔庙，以章穆皇后郭氏配。康定元年，直秘阁赵希言奏："太庙自来有寝无庙，因堂为室，东西十六间，内十四间为七室，两首各一夹室。按礼，天子七庙，亲庙五，祧庙二。据古则僖、顺二神当迁。国家道观佛寺，并建别殿，奉安神御，岂若每主为一庙一寝。或前立一庙，以今十六间为寝，更立一祧庙，逐室各题庙号。钿宝神御物，宜销毁之。"同判太常寺宋祁言："周制有庙有寝，以象人君前有朝后有寝也。庙藏木主，寝藏衣冠。至秦乃出寝于墓侧，故陵上更称寝殿，后世因之。今宗庙无寝，盖本于兹。郑康成谓周制立二昭二穆，与太祖、文、武共为七庙，此一家之说，未足援正。自荀卿、王肃等皆云天子七庙，诸侯五，大夫三，士一，降杀以两。则国家七世之数，不用康成之说也。僖祖至真宗方及六世，不应便立祧庙。自周、汉每帝各立庙，晋、宋以来多同殿异室，国朝以七室代七庙，相承已久，不可轻改。《周礼》：'天府掌祖庙之守藏。'宝物世传者皆在焉。其神御法物、宝盝、钿床，请别为库藏之。"自是室题庙号，而建神御库焉。

嘉祐年，仁宗将祔庙，修奉太庙使蔡襄上八室图，为十八间。初，礼院请增庙室，孙抃等以为："七世之庙，据父子而言，兄弟则昭、穆同，不得以世数之。庙有始祖、有太祖、有太宗、有中宗。若以一君为一世，则小乙之祭不及其父。故晋之庙十一室而六世，唐之庙十一室而九世。国朝太祖之室，太宗称孝弟，真宗称孝子，大行称孝孙。而《禘祫图》：太祖、太宗同居昭位，南向；真宗居穆位，北向。盖先朝稽用古礼，著之祀典。大行神主祔庙，请增为八室，以备天子事七世之礼。"卢士宗、司马光以为："太祖已上之主，虽属尊于太祖，亲尽则迁。故汉元之世，太上庙主瘗于寝园；魏明之世，处士庙主迁于园邑；晋武祔庙，迁征西府君；惠帝祔庙，迁豫章府君。

自是以下,大抵过六世则迁。盖太祖未正东向,故上祀三昭三穆;已正东向,则并昭、穆为七世。唐初祀四世,太宗增祀六世。及太宗祔庙,则迁弘农府君,高宗祔庙,又迁宣帝,皆祀六世,前世成法也。玄宗立九室祀八世,事不经见。若以太祖、太宗为一世,则大行祔庙,僖祖亲尽,当迁夹室,祀三昭三穆,于先王典礼及近世之制,无不符合。"拚等复议曰:"自唐至周,庙制不同,而皆七世。自周以上,所谓太祖,非始受命之主,特始封之君而已。今僖祖虽非始封之君,要为立庙之祖,方庙数未过七世,遂毁其庙,迁其主,考之三代,礼未有此。汉、魏及唐一时之议,恐未合先王制礼之意。"乃存僖祖室以备七室。

治平四年,英宗将祔庙,太常礼院请以神主祔第八室,祧藏僖祖及文懿皇后神主于西夹室。自仁宗而上,以次递迁。翰林承旨张方平等议:"同堂八室,庙制已定,僖祖当祧,合于典礼。"乃于九月奉安八室神主,祧僖祖及后,祔英宗,罢僖祖讳及文懿皇后忌日。

熙宁五年,中书门下言:"僖祖以上世次,不可得而知,则僖祖有庙,与商、周、契、稷疑无以异。今毁其庙而藏主夹室,替祖考之尊而下祔于子孙,殆非所以顺祖宗孝心、事亡如存之义。请以所奏付两制议,取其当者。"时王安石为相,不主祧迁之说,故复有是请。

翰林学士元绛等上议曰:"自古受命之王,既以功德享有天下,皆推其本统以尊事其祖。故商、周以契、稷有功于唐、虞之际,故谓之祖有功,若必以有功而为祖,则夏后氏不郊鲧矣。今太祖受命之初,立亲庙,自僖祖以上世次,既不可知,则僖祖之为始祖无疑矣。觊谓僖祖不当比契、稷为始祖,是使天下之人不复知尊祖,而子孙得以有功加其祖考也。《传》曰:'毁庙之主,陈于太祖;未毁庙之主,皆升,合食于太祖。'今迁僖祖之主,藏于太祖之室,则是四时祫祭之日,皆降而合食也。请以僖祖之庙为太祖,则合于先王礼意。"翰林学士韩维议曰:"昔先王有天下,迹其基业之所起,奉以为太祖。故子夏序《诗》,称文、武之功起于后稷。后世有天下者,特起无所因,故遂为一代太祖。太祖皇帝功德卓然,为宋太祖,无少议者。僖祖虽为高祖,然仰迹功业,未见所因,上寻世系,又不知所以始,若以所事契、稷奉之,窃恐于古无考,而于今亦所未安。今之庙室与古殊制,古者每庙异宫,今祖宗同处一室,则西夹室在顺祖之右,考之尊卑之次,似亦无嫌。"

天章阁待制孙固请:"特为僖祖立室,由太祖而上,亲尽迭毁之主皆藏之。当禘祫时,以僖祖权居东向之位,太祖顺昭穆之列而从之,取毁庙之主而合食,则僖祖之尊自有所申。以僖祖立庙为非,则周人别庙姜嫄,不可谓非礼。"秘阁校理王介请依《周官》守祧之制,创祧庙以奉僖祖,庶不下祔子孙夹室,以替远祖之尊。

帝以维之说近是,而安石以维言夹室在右为尊为非理,帝亦然之。又安石以尊僖祖为始祖,则郊祀当以配天,若宗祀明堂,则太祖、太宗当迭配帝。又疑明堂以英宗配天,与僖祖为非始祖之说。遂下礼官详定。

同判太常寺兼礼仪事张师颜等议:"昔商、周之兴,本于契、稷,故奉之为太祖。后世受命之君,功业特起,不因先代,则亲庙迭毁,身自为祖。郑玄云'夏五庙无太祖,禹与二昭二穆而已',张荐云'夏后以禹始封,遂为不迁之祖'是也。若始封世近,上有亲庙,则拟祖上迁,而太祖不毁。魏祖武帝则处士迭毁,唐祖景帝则弘农迭毁,此前世祖其始封之君,以法契、稷之明例也。唐韩愈有言:'事异商、周,礼从而变。'晋琅邪王德文曰:'七庙之义,自由德厚流光,享祀及远,非是为太祖申尊祖之祀。'其说是也。礼,天子七庙,而太祖之远近不可以必,但云三昭三穆与太祖之庙而七,未尝言亲广之首,必为始祖也。国家以僖祖亲尽而祧之,奉景祐之诏,以太祖为帝者之祖,是合于礼矣。张昭、任彻之徒,不能远推隆极之制,因缘近比,请建四庙,遂使天子之礼下同诸侯。若使庙数备六,则更当上推两世,而僖祖次在第三,亦未可谓之始祖也。谨按建隆四年,亲郊崇配不及僖祖。开国以来,大祭虚其东向,斯乃祖宗已行之意。请略仿《周官》守祧之制,筑别庙以藏僖祖神主,大祭之岁,祀于其室。太庙则一依旧制,虚东向之位。郊配之礼,则仍其旧。"

同知太常礼院苏悦请:"即景灵宫祔僖祖,即与祔献、懿二祖于兴圣、明德庙,礼意无异。"同判礼院周孟阳等言:"自僖祖而上,世次莫知,则僖祖为始祖无疑,宜以僖祖配感生帝。"章衡请:"尊僖祖为始祖,而次祧顺祖,以合子为父屈之义。推僖祖侑感生之祀,而罢宣祖配位,以合祖以孙尊之义,余且如旧制。"而冯京欲以太祖正东向之位,安石力主元绛初议,遂从之。帝问:"配天孰始?"安石曰:"宣祖见配感生帝,欲改以僖祖配。"帝然之。于是请奉僖祖神主为始祖,迁顺祖神主夹室,以僖祖配感生帝祀。诏下太常礼院详定仪注。安石本议以僖祖配天,帝不许,故更以配感生帝焉。

元丰元年,详定郊庙礼文所图上八庙异宫之制,以始祖居中,分昭穆为左右。自北而南,僖祖为始祖;翼祖、太祖、太宗、仁宗为穆,在右;宣祖、真宗、英宗为昭,在左。皆南面北上。陆佃言:"太祖之庙百世不迁,三昭三穆,亲尽则迭毁。如周以后稷为太祖,王季为昭,文王为穆,武王为昭,成王为穆,康王为昭,昭王为穆,其后穆王入庙,王季亲尽而迁,则文王宜居昭位,武王宜居穆位,成王、昭王宜居昭位,康王、穆王宜居穆位,所谓父昭子穆是也。说者以昭常为昭,穆常为穆,则尊卑失序。"复图上八庙昭穆之制,以翼祖、太祖、太宗、仁宗为昭,在左;宣祖、真宗、英宗为穆,在右。皆南面北上。

何洵直图上八庙异宫,引熙宁仪:僖祖正东向之位,顺祖、宣祖、真宗、英宗南面为昭,翼祖、太祖、太宗、仁宗北面为穆,正得祖宗继序、德厚流光之本意。又以晋孙毓、唐贾公彦言"始祖居中,三昭在左,南面西上;三穆在右,南面东上。"为两图上之。又援《祭法》,言:"翼祖、宣祖在二祧之位,犹同祖祢之庙,皆月祭之,与亲庙一等,无亲疏远近之杀。顺祖实去祧之主,若有四时祈祷,犹当就坛受祭。请自今二祧神主,杀于亲庙,四时之祭,享尝乃止,不及大袷,不荐新物。去祧神主,有祷则为坛而祭，庶合典礼。"又请建新庙于始祖之西，略如古方明坛制。有诏，俟庙制成日取旨。

三年，礼文所言："古者宗庙为石室以藏主，谓之宗祏。夫妇一体，同几共牢。一室之中，有左主、右主之别，正庙之主，各藏庙室西壁之中；迁庙之主，藏于太祖太室北壁之中，其坎去地六尺一寸。今太庙藏主之室，帝后异处，迁主仍藏西夹室，求之于礼，有所未合。请新庙成，并遵古制。"从之。二月，慈圣光献皇后祔庙，前二日，告天地、社稷、太庙、皇后庙如故事。至日，奉神主先诣僖祖室，次翼祖室，次宣祖室，次太祖室，次太宗室。次太宗与懿德皇后、明德皇后同一祝，次享元德皇后。慈圣光献皇后，异馔位、异祝，行祔谒礼。次真宗室，次仁宗室，次英宗室。礼毕，奉神主归仁宗室。

元丰六年六月，孝惠、孝章、淑德、章怀四后升祔，准章献明肃、章懿二后，升祔礼毕，递享太庙，止行升祔享礼及祭七祀，权罢孟冬荐享，仍以配继先后为序。八年，礼部太常寺言："诏书定七世八室之制。今神宗皇帝崇祔，翼祖在七世之外，与简穆皇后祧藏于西夹室，置石室中。"十一月丁酉，祔神宗神主于第八室。自英宗上至宣祖以次升迁。绍圣元年二月，祔宣仁圣烈皇后于太庙。

元符三年，礼部太常寺言："哲宗升祔，宜如晋成帝故事，于太庙殿增一室，候祔庙日，神主祔第九室。"诏下侍从官议，皆如所言。蔡京议："以哲宗嗣神宗大统，父子相承，自当为世。今若不祧远祖，不以哲宗为世，则三昭四穆与太祖之庙而八。宜深考载籍，迁祔如礼。"陆佃、曾肇等议："国朝自僖祖而下始备七庙，故英宗祔庙，则迁顺祖，神宗祔庙，则迁翼祖。今哲宗于神宗，父子也，如礼官议，则庙中当有八世。况唐文宗即位则迁肃宗，敬宗为一世，故事不远。哲宗祔庙，当以神宗为昭，上迁宣祖，以合古三昭三穆之义。"先是，李清臣为礼部尚书，首建增室之议，侍郎赵挺之等和之。会清臣为门下侍郎，论者多从其议，惟京、佃等议异。二议既上，清臣辩说甚力，帝迄从焉。

六月，礼部请用太庙东夹室奉安哲宗神主。太常少卿孙杰言："先帝神主，错之夹室，即是不得祔于正庙，与前诏增建一室之议不同。昨用嘉祐故事，专置使修奉，请以夹室奉安神主，亦与元置使之意相违。请如太常前议，增建一室。"尚书省以庙室未备，行礼有期，权宜升祔，随即增修，比之前代设幄行事者，不为不至。诏依初旨行之，乃祔哲宗神主于夹室。

崇宁二年，祧宣祖与昭宪皇后神主藏西夹室，居翼祖、简穆皇后石室之次。五年，诏曰："去古既远，诸儒之说不同。郑氏谓：'太祖及文、武不祧之庙与亲庙四，为七。'是不祧之宗，在七庙之内。王氏谓：'非太祖而不毁，不为常数。'是不祧之宗，在七庙之外。本朝今已五宗，则七庙当祧者，二宗而已。迁毁之礼，近及祖考，殆非先王尊祖之意，宜令有司复议。"礼官言："先王之制，庙止于七，后王以义起礼，乃有增置九庙者。"礼部尚书徐铎又言："唐之献祖、中宗、代宗与本朝僖祖，皆尝祧而复。今存宣祖于当祧之际，复翼祖于已祧之后，以备九庙，礼无不称。"乃命铎为修奉使，增太庙殿为十室。四年十二月，复翼祖、宣祖庙，行奉安礼，惟不用前期誓戒及亚、终献之乐舞焉。

高宗建炎二年，奉太庙神主于扬州寿宁寺。三年，幸杭州，奉安于温州。绍兴五年，司封郎中林待聘言："太庙神主宜在国都。今新邑未奠，当如古行师载主之义，迁之行阙，以彰圣孝。"于是始建太庙于临安，奉迎安置。

卷一百七　　　　志第六十

礼十 吉礼十

禘祫

宗庙之礼　每岁以四孟月及季冬，凡五享，朔、望则上食、荐新。三年一祫，以孟冬；五年一禘，以孟夏，唯亲郊、封祀。又有朝享、告谢及新主祔谒，皆大祀也。二荐，则行一献礼。其祔祭，春祀司命及户，夏祀灶，季夏祀中霤，秋祀门及厉，冬祀行，惟腊享、禘祫则遍祀焉。

禘祫之礼。真宗咸平二年八月，太常礼院言："今年冬祭画日，以十月六日荐享太庙。按《礼》，三年一祫，以孟冬。又《疑义》云：三年丧毕，遭禘则禘，遭祫则祫。宜改孟冬荐享为祫享。"仁宗天圣元年，礼官言："真宗神主祔庙，已行吉祭，三年之制，又从易月之文，自天禧二年四月禘享，至今已及五年，合行禘礼。"遂以孟夏荐享为禘享。八年九月，太常礼院言："自天圣六年夏行禘享之礼，至此年十月，请以孟冬荐享为祫享。"诏恭依。

嘉祐四年十月，仁宗亲诣太庙行祫享礼，以宰臣富弼为祫享大礼使，韩琦为礼仪使，枢密使宋庠为仪仗使，参知政事曾公亮为桥道顿递使，枢密副使程戡为卤簿使。同判宗正寺赵良规请正太祖东向位，礼官不敢决。观文殿学士王举正等议曰："大祫之礼所以合昭穆，辨尊卑，必以受命之祖居东向之位。本朝以太祖为受命之君，然僖祖以降，四庙在上，故每遇大祫，止列昭穆而虚东向。魏、晋以来，亦用此礼。今亲享之盛，宜如旧便。"

礼官张洞、韩维言："国朝每遇禘祫，奉别庙四后之主合食太庙。唐《郊祀志》载禘祫祝文，自献祖至肃宗所配皆一后，惟睿宗二后，盖昭成，明皇母也。《续曲台礼》有别庙皇后合食之文，盖未有本室，遇祫享即祔祖姑下。所以大顺中，三太后配列禘祭，议者议其非礼。臣谓每室既有定配，则余后不当列，义当革正。"

学士孙抃等议："《春秋传》曰：'大祫者何，合祭也。未毁庙之主皆升合食于太祖。'是以国朝事宗庙百有余年，至祫之日，别庙后主皆升合食，非无典据。大中祥符中已曾定议，礼官著酌中之论，先帝有'恭依'之诏。

他年有司摄事,四后皆预。今甫欲亲祫而四后见黜,不亦疑于以礼之烦故邪?宗庙之礼,至尊至重,苟未能尽祖宗之意,则莫若守旧礼。臣等愚以谓如故便。"

学士欧阳修等曰:"古者宗庙之制,皆一帝一后。后世有以子贵者,始著并祔之文,其不当祔者,则有别庙之祭。本朝禘祫,乃以别庙之后列于配后之下,非惟于古无文,于今又四不可。淑德,太宗之元配,列于元德之下;章怀,真宗之元配,列于章懿之下,一也。升祔之后,统以帝乐;别庙之后,则以本室乐章自随,二也。升祔之后,同牢而祭,牲器祝册亦统于帝;别庙诸后,乃从专享,三也。升祔之后,联席而坐;别庙之后,位乃相绝,四也。章献、章懿在奉慈庙,每遇禘祫,本庙致享,最为得礼。若四后各祭于庙,则其尊自申,是于礼无失。以为行之已久,重于改作,则是失礼之举,无复是正也。请从礼官。"

诏:"四后祫享依旧,须大礼毕,别加讨论。"仍诏:"祫享前一日,皇帝诣景灵宫,如南郊礼,卫士毋得迎驾呼万岁。"有司言:"诸司奉礼,摄廪牺令省牲,依《通礼》改正祀仪。散斋四日于别殿,致斋二日于大庆殿,一日于太庙。尚舍直殿下,设小次,御坐不设黄道褥位。七室各用一太牢,每坐簠簋二,甒铏三,笾豆为后,无黼扆、席几。出三阁瑞石、篆书玉玺印、青玉环、金山陈于庭。别庙四后合食,牲乐奠拜无异仪。故事,七祀、功臣无牲,止于庙牲肉分割,知庙卿行事。请依《续曲台礼》,共料一羊,而献官三员,功臣单席,如大中祥符加褥。"

十月二日,命枢密副使张昇望告昊天上帝、皇地祇。帝斋大庆殿。十一日,服通天冠、绛纱袍,执圭、乘舆,至大庆殿门外降舆,乘大辇,至天兴殿,荐享毕,斋于太庙。明日,帝常服至大次,改衮冕,行礼毕,质明,乘大辇还宫,更服靴袍,御紫宸殿,宰臣、百官贺,升宣德门肆赦。二十一日,诣诸观寺行恭谢礼。二十六日,御集英殿为饮福宴。

治平元年,有司"准画日,孟冬荐享改为祫祭。按《春秋》,闵公丧未除而行吉禘,《三传》讥之。真宗以咸平二年六月丧除,至十月乃祫祭。天圣元年在谅阴,有司误通天禧旧禘之数,在再期内按行禘祭。以理推之,是二年冬应祫,而误禘于元年夏,故四十九年间九禘八祫,例皆太速。事失于始,则岁月相乘,不得而正。今在大祥内,礼未应祫,明年未禫,亦未应禘,至六月即吉,二月合行祫祭,乞依旧时享,庶合典礼。"

二年二月,翰林学士王珪等上议曰:"同知太常礼院吕夏卿状:古者新君践阼之三年,先君之丧二十七月为禫祭,然后新主祔庙,特行禘祭,谓之始禘。是冬十月行祫祭,明年又行禘祭,自此五年,再为禘祫。丧除必有禘祫者,为再大祭之本也。今当祫祭,缘陛下未终三年之制,纳有司之说,十月依旧时享。然享庙、祫祭,其礼不同。故事,郊享之年遇祫未尝权罢,唯罢腊祭。是则孟冬与享庙尝并行于季冬矣。其禘祫年数,乞一依太常礼院请,今年十月行祫祭,明年四月行禘祭。仍如夏卿议。"权罢今年腊享。

熙宁八年,有司言:"已尊僖祖为太庙始祖,孟夏禘祭,当正东向之位。"又言:"太庙禘祭神位,已尊始祖居东向之位,自顺祖而下,昭、穆各以南北为序。自今禘祫,著为定礼。"

元丰四年,详定郊庙礼文所言:"禘祫之义,存于《周礼》、《春秋》,而不著其名。行礼之年,经皆无文,唯《公羊传》曰:'五年而再盛祭。'《礼纬》曰:'三年一祫,五年一禘。'而又分为二说:郑氏则曰:'前三后二',谓禘后四十二月而祫,祫后十八月而禘。徐邈则曰:'前二后三',谓二祭相去各三十月。以二说考之,惟郑氏曰:'鲁礼,三年丧毕,祫于太庙,明年禘于群庙,自后五年而再盛祭,一祫一禘。'实为有据。本朝庆历初用徐邈说,每三十月一祭。熙宁八年,既禘而祫,此有司之失也。请今十八月而禘,禘四十二月而祫,庶几举礼不烦,事神不渎。"太常礼院言:"本朝自庆历以来,皆三十月而一祭。至熙宁五年后,始不通计,遂至八年禘祫并在一岁。昨元丰三年四月已行禘礼,今年若依旧例,十月行祫享,即比年频祫,复蹈前失。请依庆历以来之制,通计年数,皆三十月而祭。"诏如见行典礼。

详定所又言:"古者祼献、馈食,禴、祠、烝、尝,并为先王之享,未尝废一时之祭。故孔氏《正义》以为:'天子夏为大祭之禘,不废时祭之礿;秋为大祭之祫,不废时祭之尝。'则王礼三年一祫与禘享,更为时祭。本朝沿袭故常,久未厘正,请每禘祫之月虽已大祭,仍行时享,以严天子备礼,所以丕崇祖宗之义。其郊礼、亲祠准此。"

又言:"《礼》:不王不禘。虞、夏、商、周四代所禘,皆以帝有天下,其世系所出者明,故追祭所及者远也。太祖受命,祭四亲庙,推僖祖而上所自出者,谱失其传,有司因仍旧说,禘祫皆合群庙之主,缀食于始祖,失礼莫甚。今国家世系与四代不同,既求其祖之所自出而不得,则禘礼当阙,必推见祖系乃可以行。"神宗谓辅臣曰:"禘者,本以审禘祖之所自出,故礼,不王不禘。秦、汉以后,谱牒不明,莫知其祖之所自出,则禘礼可废也。"

已而详定所言:"古者天子祭宗庙,有堂事焉,有室事焉。按《礼》,祝延尸入奥,灌后乃出延牲,延尸主于室,坐于堂上,始祖南面,昭在东,穆在西,乃行朝践之礼,是堂事也。设馔于堂,复延主入室,始祖东面,昭南穆北,徙堂上之馔于室中,乃行馈食之礼,是室事也。请每行大祫,堂上设南面之位,室中设东面之位。"礼部言:"合食之礼,始祖东面、昭南穆北者,本室中之位也。今设位户外,祖宗昭、穆别为幄次,殆非合食之义。请自今祫享,即前楹通设帐幕,以应室中之位。"

大观四年,议礼局请:"每大祫,堂上设南面之位,室中设东南之位,始祖南面则昭穆东西相向,始祖东面则昭穆南北相向,以应古义。"又请:"陈瑞物及代国之宝与贡物可出而陈者,并令有司依嘉祐、元丰诏旨,凡亲祠太庙准此。"从之。

南渡之后,有祫而无禘。高宗建炎二年,祫享于洪州。绍兴二年,祫享于温州。时仪文草创,奉迁祖宗及祧庙神主、别庙神主,各设幄合食于太庙。始祖东向,昭、穆以次南北相向。

五年，吏部员外郎董弅言："臣闻戎、祀，国之大事，而宗庙之祭，又祀之大者也。大祀，禘祫为重，祫大禘小，则祫为莫大焉。今戎事方殷，祭祀之礼未暇遍举，然事有违经戾古，上不当天地神祇之意，下未合亿兆黎庶之心，特出于一时大臣好胜之臆说，而行之六十年未有知其非者。顾虽治兵御戎之际，正厥违误，宜不可缓。仰惟太祖受天明命，混一区宇，即其功德所起，宜祫享以正东向之尊。逮至仁宗，亲行祫享，尝议太祖东向，用昭正统之绪。当时在廷之臣，金谓自古必以受命之祖乃居东向之位，本朝太祖乃受命之君，若论七庙之次，有僖祖以降四庙在上，当时大祫，止列昭穆而虚东向，盖终不敢以非受命之祖而居之也。暨熙宁之初，僖祖以世次当祧，礼官韩维等据经有请，适王安石用事，奋其臆说，乃俾章衡建议，尊僖祖为始祖，肇居东向。冯京奏谓士大夫以太祖不得东向为恨，安石肆言以折之。已而又欲罢太祖郊配，神宗以太祖开基受命，不许，安石终不以为然。元祐之初，翼祖既祧，正合典礼。至于崇宁，宣祖当祧，适蔡京用事，一遵安石之术，乃建言请立九庙，自我作古，其已祧翼祖、宣祖并令依旧。循沿至今，太祖尚居第四室，遇大祫处昭穆之列。今若正太祖东向之尊，委合《礼经》。"

太常寺丞王普又言："弅所奏深得礼意，而其言尚有未尽。臣窃以古者庙制异宫，则太祖居中，而群庙列其左右；后世庙制同堂，则太祖居右，而诸室皆列其左。古者祫享，朝践于堂，则太祖南向，而昭穆位于东西；馈食于室，则太祖东向，而昭穆位于南北。后世祫享一于堂上，而用室中之位，故唯以东向为太祖之尊焉。若夫群庙迭毁，而太祖不迁，则其礼尚矣。臣故知太祖即庙之始祖，是为庙号，非谥号也。惟我太宗嗣服之初，太祖庙号已定，虽更累朝，世次犹近，每于祫享，必虚东向之位，以其非太祖必不可居也。迨至熙宁，又尊僖祖为庙之始祖，百世不迁，祫享东向，而太祖常居穆位，则名实舛矣。傥以熙宁之礼为是，僖祖当称太祖，而太祖当改庙号。然则太祖之名不正，前日之失大矣。今宜奉太祖神主居第一室，永为庙之始祖。每岁五享、告朔、荐新，止于七庙。三年一祫，则太祖正东向之位。太宗、仁宗、神宗南向为昭，真宗、英宗、哲宗北向为穆。五年一禘，则迎宣祖神主享于太庙，而以太祖配焉。如是，则宗庙之事尽合《礼经》，无复前日之失矣。"上曰："太祖皇帝开基创业，始受天命，祫享宜居东向之位。"宰相赵鼎等奏曰："三昭三穆，与太祖之庙而七，载在《礼经》，无可疑者。"

绍熙五年九月，太常少卿曾三复亦言：请祧宣祖，就正太祖东向之位，其言甚切。既而吏部尚书郑侨等亦乞因大行祔庙之际，定宗庙万世之礼，慰太祖在天之灵，破熙宁不经之论。今太祖为始祖，则太宗为昭，真宗为穆，自是而下以至孝宗，四昭四穆与太祖之庙而九。上参古礼，而不废崇宁九庙之制，于义为允。又言："治平四年，僖祖祧迁，藏在西夹室。至熙宁五年，王安石以私意使章衡等议，乃复祔僖祖以为始祖，又将推以配天，欲罢太祖郊配。韩维、司马光等力争，而安石主其说愈坚。孙固虑其罢太祖配天，建议以僖祖权居东向之位。既曰权居，则当厘正明矣。"诏从之。

闰十月，权礼部侍郎许及之言："僖、顺、翼、宣四祖，为太祖之祖考，所迁之主，恐不得藏于子孙之庙。今顺、翼二祖藏于西夹室，实居太庙太祖之右。遇祫享，则于夹室之前，设位以昭穆焉。"于是诏有司集议，吏部尚书兼侍读郑侨等言："僖祖当用唐兴圣之制，立为别庙，顺祖、翼祖、宣祖之主皆祔藏焉。如此，则僖祖自居别庙之尊，三祖不祔子孙之庙。自汉、魏以来，太祖而上，毁庙之主皆不合食，今遇祫，则即庙而享，于礼尤称。"诸儒如楼钥、陈傅良皆以为可，诏从之。

时朱熹在讲筵，独入议状，条其不可者四，大略云："准尚书吏部牒，集议四祖祧主宜有所归。今详群议虽多，而皆有可疑。若曰藏之夹室，则是以祖宗之主下藏于子孙之夹室。至于祫祭，设幄于夹室之前，则亦不得谓之祫。欲别立一庙，则丧事即远，有毁无立。欲藏之天兴殿，则宗庙、原庙不可相杂。议者皆知其不安，特以其心欲尊奉太祖三年一祫时暂东向之故，其实无益于太祖之尊，而徒使僖祖、太祖两朝威灵，相与校强弱于冥冥之中。今但以太祖当日追尊帝号之令而默推之，则知今日太祖在天之灵，必有所不忍而不敢当矣。又况僖祖祧主迁于治平，不过数年，神宗复奉以为始祖，已为得礼之正而合于人心，所谓'有其举之，莫敢废者'。"又言："当以僖祖为始祖，如周之后稷，太祖如周之文王，太宗如周之武王，与仁宗之庙，皆万世不祧；昭穆而次，以至高宗之庙亦万世不祧。"又言："元祐大儒程颐以为王安石言'僖祖不当祧'，复立庙为得礼。窃详颐之议论与安石不同，至论此事则深服之，足以见义理人心之所同，固有不约而合者。特以司马光、韩维之徒皆是大贤，人所敬信，其议偶不出此，而安石乃以变乱穿凿得罪于公议，故欲坚守二贤之说，并安石所当取者而尽废之。今以程颐之说考之，则是非可判矣。"

议既上，召对，令细陈其说。熹先以所论画为图本，贴说详尽，至是出以奏陈久之。上再三称善，且曰："僖祖自不当祧，高宗即位时不曾祧，寿皇即位，太上即位，亦不曾祧，今日岂可容易？可于榻前撰数语，径自批出。"熹方惩内批之弊，因乞降出札子，再令臣僚集议，上亦然之。熹既退，即进拟诏意，以上意谕庙堂，则闻已毁四祖庙而迁之矣。

时宰臣赵汝愚既以安石之论为非，异议者惧其轧己，藉以求胜，事竟不行。熹时以得罪，遗汝愚书曰："相公以宗子入辅王室，而无故轻纳妄议，拆祖宗之庙以快其私，欲望神灵降歆，垂休锡羡，以永国祚于无穷，其可得乎？"时太庙殿已为十二室，故孝宗升祔，而东室尚虚。熹以为非所以祝延寿康之意，深不然之，因自劾不堪言语侍从之选，乞追夺待制，不许。及光宗祔庙，遂复为九世十二室。盖自昌陵祔庙，逾二百年而后正太祖之位。庆元二年四月，礼部太常寺言："已于太庙之西，别建僖祖庙，及告迁僖、顺、翼、宣帝后神主诣僖祖庙奉安。所有今年孟冬祫享，先诣四祖庙室行礼，次诣太庙，逐幄次行礼。"

理宗绍定四年九月丙戌，京师大火，延及太庙。太常少卿度正言："伏见近世大儒侍讲朱熹详考古礼，尚论宗庙之制，画而为图，其说甚备。然其为制，务效于古而颇更本朝之制，故学士大夫皆有异论，遂不能行。今天降灾异，火发民家，延及宗庙，举而行之，莫此时为宜。臣于向来备闻其说，今备员礼寺，适当此变，若遂隐默，则为有负，谨为二说以献。其一，纯用朱熹之说，谓本朝庙制未合于古，因画为图，谓僖祖如周后稷，当为本朝始祖。夫尊僖祖以为始祖，是乃顺太祖皇帝之孝心也。始祖之庙居于中，左昭右穆各为一庙，门皆南向，位皆东向。祧庙之主藏于始祖之庙夹室，昭常为昭，穆常为穆，自不相乱。三年合食，则并出祧庙之主，合享于始祖之庙。始祖东向，群昭之主皆位北而南向，群穆之主皆位南而北向。昭穆既分，尊卑以定。其说合于古而宜于今，尽美尽善。举而行之，祖宗在天之灵必歆享于此，而垂祐于无穷也。其一说，则因本朝之制，而参以朱熹之说。盖本朝庙制，神宗尝命礼官陆佃讨论，欲复古制，未及施行。渡江以来，稽古礼文之事，多所未暇。今欲骤行更革，恐未足以成其事，而徒为纷纷。或且仍遵本朝之制，自西徂东，并为一列。惟于每室之后，量展一间，以藏祧庙之主。每室之前，量展二间，遇三年祫享，则以帷幄幕之，通为一室，尽出诸庙主及祧庙主并为一列，合食其上。前乎此庙为一室，凡遇祫享，合祭于其室，名为祫享，而实未尝合。今量展此三间，后有藏祧主之所，前有祖宗合食之地，于本朝之制，初无大段更革，而颇已得三年大祫之义。今来朝廷若能举行朱熹前议，固无以加；如其不然，姑从后说，亦为允当，不失礼意。然宗庙之礼，傥无其故，何敢妄议？今因大火之后，若加损益，亦惟其时，乞赐详议。"有旨，令侍从、礼部、太常集议，后竟不行。

卷一百八　　志第六十一

礼十一 吉礼十一

时享　荐新　加上祖宗谥号　庙讳

时享　太祖乾德六年十月，判太常寺和岘上言："按《礼阁新仪》，唐天宝五年，诏享太庙宜祭料外，每室加常食一牙盘。将来享庙，欲每室加牙盘食，禘祫、时享亦准此制。"

太宗太平兴国六年十二月，太常礼院言："今月二十三日，腊享太庙。缘孟冬已行时享，冬至又尝亲祀。按礼每岁五享，其禘祫之月即不行时享，虑成烦数，有爽恭虔。今请罢腊日荐享之礼，其孝惠别庙即如式。"从之。

淳化三年十月八日，太常礼院言："今年冬至，亲祀南郊，前期朝享太庙，及奏告宣祖、太祖室。常例，每遇亲祀，设朔、望两祭，乃是十一月内三祭，太庙两室又行奏告之礼，烦则不恭。又十一月二十日，皇帝朝享，去腊享日月相隔，未为烦数。欲望权停是月朔、望之祭，其腊享如常仪。"从之。

真宗景德三年正月，画日乙卯孟享太庙。其日以郓王外横，改用辛酉。十月十日，孟冬荐享。其月，明德皇后园陵，有司言："故事，大祠与国忌日同日者，其乐备而不作，今请如例。"从之。四年七月，以庄穆皇后祔享，权停孟享。

大中祥符三年十二月，帝谓王旦等言："来年正月十一日孟享太庙，而有司择八日宴，已在享庙致斋中。又七日上辛，祀昊天上帝。"王钦若言："若移宴日避祀事，即自天庆节以来皆有所妨。"冯拯言："上辛不可移，荐享宗庙是有司择日，于礼无嫌。"帝曰："当询礼官。"终以契丹使发有常期，又将西巡，故不及改。

八年，兼宗正卿赵安仁言："准诏以太庙朔望上食品味，令臣详定。望自今委御厨取亲享庙日所上牙盘例，参以四时珍膳，选上局食手十人，赴庙馔造，上副圣心，式表精悫。"诏：所上食味，委官闻令监造讫，安仁省视之。

神宗元丰三年十月，详定郊庙奉祀礼文所言："祠禴尝烝之名，春夏则物未成而祭薄，秋冬则物成而礼备。今太庙四时虽有荐新，而孟享礼料无祠禴蒸尝之别。伏请春加韭、卵，夏加麦、鱼，秋加黍、豚，冬加稻、雁，当馈熟之节，荐于神主。其笾豆于常数之外，别加时物之荐，丰约各因其时，以应古礼。"从之。

六年十一月，帝亲祠南郊。前期三日，奉仁宗、英宗徽号册宝于太庙。是日，斋于大庆殿。翌日，荐享于景灵宫。礼毕，帝服通天冠、绛纱袍，乘玉辂至太庙，宰臣、百官班迎于庙门。侍中跪请降辂，帝却乘舆，步入庙，趋至斋宫。翌日，帝服靴袍至大次。有司奏中严、外办，礼仪使跪奏请行事。帝服衮冕以出，至东门外，殿中监进大圭，帝执以入，宫架乐作，升东阶，乐止。登歌乐作，至位，乐止。太祝、宫闱令奉诸室神主于坐，礼仪使赞曰："有司谨具，请行事。"帝再拜，诣罍洗，登歌乐作，降阶，乐止。宫架乐作，至洗南，北向，乐止。帝搢圭，盥悦，洗瓒、拭瓒讫，执圭。宫架乐作，升堂，乐止。登歌乐作，殿中监进镇圭。帝搢大圭，执镇圭，诣僖祖室，乐止。登歌奏《瑞安》之曲。至神坐前，北向跪，奠镇圭于缫藉，执大圭跪，三上香，执瓒祼地，奠瓒，奉币。奠讫，执圭，俯伏，兴，出户外，北向再拜。内侍举镇圭以授殿中监。至次室行事，皆如前仪。帝还位，登歌乐作，至位，乐止。宫架《兴安》之乐作，文舞九成，止。礼部、户部尚书以次官奉逐室俎豆，宫架《丰安》乐作，奠讫，乐止。帝再诣罍洗，登歌乐作，降阶，乐止。宫架乐作，至洗南，北向立，乐止。帝搢圭，盥悦，洗爵、拭爵讫，执圭。宫架乐作，帝升东阶，乐止。登歌乐作，至僖祖室，乐止。宫架乐作，帝搢圭跪，受爵，祭酒，三奠爵，执圭，俯伏，兴，出户外，北向立，乐止。太祝读册文，帝再拜。诣次室，皆如前仪。帝还位，登歌乐作，至位，乐止。文舞退，武舞进，宫架《正安》之乐作，亚献以次行事如前仪，乐止。帝诣饮福位，登歌乐作，至位，乐止。宫架《僖安》乐作，帝再拜，搢圭跪，受爵，祭酒，三啐酒，奠爵，奠俎，受挼黍，奠黍豆，再受爵，饮福酒讫，奠爵，执圭，俯伏，兴，再拜，乐止。帝还位，登歌乐作，至位，乐止。太常博士遍祭七祀、配享功臣。户部、礼部尚书彻俎豆，登歌《丰安》乐作，彻讫，乐止。礼直官曰"赐胙"，行事、陪祠官皆再拜，宫架《兴安》乐作，一成，止。太祝、宫闱令奉神主入诸祏室。礼仪使跪奏礼毕，登歌乐作，帝降阶，乐止。宫架乐作，出东门，殿中监受大圭，归大次，乐止。有司奏解严，转仗赴南郊。

初，国朝亲享太庙，仪物有制。熙宁以来，率循旧典，元丰命官详定，始多损益。元年，详定郊庙礼文所言："古者纳牲之时，王亲执鸾刀，启其毛，而祝以血毛诏于室。今请改正仪注，诸太祝以毛血荐于神坐讫，彻之而退。唐崔沔议曰：'毛血盛于盘。'《开元》、《开宝通礼》及今仪注皆盛以豆。礼以豆盛菹醢，其荐毛血当盛以盘。"又言："三牲骨体俎外，当加牛羊肠胃、豕肤俎各一。又古者祭祀无迎神、送神之礼，其初祭及末，皆不当拜。又宜令户部陈岁贡以充庭实，如古礼，仍以龟为前，金次之，玉帛又次之，余居后。又《周礼》大宗伯之职，凡享，莅玉鬯。今以门下侍郎取瓒进皇帝，侍中酌鬯进瓒，皆未合礼。请命礼部尚书奉瓒临鬯，礼部侍郎奉盘，以次进，皇帝酌鬯祼地讫，侍郎受瓒并盘而退。"又言："皇帝至阼阶，乃令太祝、宫闱令始奉神主置于坐，行礼毕，皇帝俟纳神主，然后降阶。"并从之。

又言："神坐当陈于室之奥东面。当行事时，皇帝立于户内西向，即拜于户内。有司摄事，晨祼馈食，亦立于户内西向，更不出户而拜。其堂上荐腥，则设神坐于扆前南向，皇帝立于中堂北向。有司摄事同此。"诏俟庙制成取旨。

又请："诸庙各设莞筵纷纯，加缫席画纯，于户内之东西面，皇帝行三献礼毕，于此受嘏。"又言："每室所用几席，当如《周礼》，改用莞筵纷纯，加缫席画纯，加次席黼纯，左右玉几。凡祭祀，皆缫次各加一重，并莞筵一重为五重。"又言："古者宗庙九献，皇及后各四，诸臣一。自汉以来为三献，后无入庙之事，沿袭至今。若时享则有事于室，而无事于堂，禘祫则有事于堂，而无事于室。室中神位不在奥，堂上神位不当扆，有馈食而无朝践。度今之宜，以备古九献之意，请室中设神位于奥东面，堂上设神位于户外之西南面，皇帝立于户内西南，祼鬯为一献；出户立于扆前，北向，行朝践荐腥之礼为再献；皇帝立于户内西面，行馈食荐熟之礼为三献。"诏并候庙制成取旨。

又请："三年亲祠，并祫享及有司摄事，每室并用太牢及制币。宗庙堂上燔萧以求阳，而有司行事燔茅香，宜易用萧。灌鬯于地以求阴，宜束茅沃酒以象神之饮。凡币皆埋于西阶东，册则藏有司之匮。"又请："除去殿下板位及小次，而设皇帝板位于东阶之上，西向。"又请："凡奏告、祈祷、报谢，用牲牢祭馔，并出帝后神主，以明天地一体之义。又古者祭祀，兼荐上古、中古及当世之食，唐天宝中，始诏荐享每室加常食一牙盘，议者以为宴私之馔

可荐寝宫，而不可渎于太庙，宜罢之。古者吉祭必以其妃配，不特拜，请奠副爵无特拜。《仪礼》曰：'嗣举奠。'请皇帝祭太庙，既祼之后，太祝以斝酌奠于铏之南，俟正祭嘏讫，命皇子举奠而饮。"

又请："命刑部尚书一员以奉大牲，兵部尚书一员奉鱼十有五。仍令腥熟之荐，朝享、四孟及腊享，皆设神位于户内南向。其祼将于室，朝践于堂，馈熟于室，则于奥设莞筵纷纯，加缫席画纯，加次席黼纯，左右玉几。当筵前，设馈食之豆八，加豆八，以南为上。铏三，设于豆之南。南陈牛铏居北，羊铏在牛铏之南，豕铏在羊铏之南。羞豆二，曰酏食、糁食，设于荐豆之北。大羹湆盛以登，设于羞豆之北。九俎设于豆之东，三三为列，以南为上。所俎一，当腊俎之北，纵设之。牲首俎在北牖下，簠簋设于俎南，西上。笾十有八，设于簠簋之南，北上。户外之东设尊彝，西上，南肆。阼阶之下设六罍，其三在西，以盛玄酒，其三在东，以盛三酒。堂下陈鼎之位，在东序之南，居洗之西，皆西面北上。匕皆加于鼎之东，俎皆设于鼎之西，西肆。所俎在北，亦西肆。若庙门外，则陈鼎于东方，各当其镬，而在其镬之西，皆北面北上。"

又请："既晨祼，诸太祝入，以血毛奠神坐。太官令取肝，以鸾刀制之，洗于郁鬯，贯以苩，燎于炉炭。祝以肝苩入，诏神于室，又出与隋祠于户外之左，三祭于茅菹。当馈熟之时，祝取菹擩于醢，祭于神坐前，豆间三。又取黍稷肺祭，祭如初，藉以白茅。既祭，宫闱令束而瘗之于西阶东。若郊祀天地，则当进熟之时，祝取菹及黍稷肺，祭于正配神坐前，各三祭，毕，郊社令束茅菹而燔瘗之。祀天燔，祭地瘗，缩酒之茅，或燔或瘗，l当与隋祭之菹同。"又言："古者吉祭有配，皆一尸。其始祝酌奠，奠于铏南，止有一爵。及主人献尸，主妇亚献，宾长三献，亦止一爵。请罢诸室奠副爵。其祫享别庙，皇后自如常礼。应祠告天地、宗庙、社稷，并用牲币。如唐置太庙局令，以宗正丞充，罢摄知庙少卿，而宫闱令不预祠事。"又言："晨祼之时，皇帝先搢大圭，上香、祼鬯、复位，候作乐馈食毕，再搢大圭，执镇圭，奠于缫藉。次奠币、执爵，庶礼神并在降神之后。"从之。

八年，太常寺言："故事，山陵前，宗庙辍祭享，朔望以内臣行荐食之礼，俟祔祠毕仍旧。今景灵宫神御殿已行上食，太庙朔望荐食自当请罢。"从之。

元祐七年，诏复用牙盘食。旧制，并于礼馔外设，元丰中罢之，礼官吕希纯建议曰："先王之祭，皆备上古、中古及今世之食。所设礼馔，即上古、中古之食，牙盘常食，即今世之食。议者乃以为宗庙牙盘原于秦、汉陵寝上食，殊不知三代以来，自备古今之食。请依祖宗旧制，荐一牙盘。"从之，乃更其名曰荐羞。希纯又请："帝后各奠一爵，后爵谓之副爵。今帝后惟奠一爵共享，渎礼莫甚。请设副爵，亦如其仪。"

大观四年，议礼局言："太庙每享，各设太尊二，则是以追享、朝享之尊，施之于禘祠蒸尝，失礼尤甚。请今四时之享，不设太尊。"又言："圭瓒之制，亲祀以涂金银瓒，有司行事以铜瓒，其大小长短之制皆不如礼，请改

以应古制。"又言:"太庙圭瓒、别庙璋瓒,旧用珉石,请改用玉。"又言:"新定太庙陈设之仪,尽依周制,笾豆各用二十有六,簠簋各八。以笾二十有六为四行,以右为上,羞笾二为第一行,朝事笾八次之,馈食笾八次之,加笾八又次之。豆二十有六为四行,以左为上,羞豆二为第一行,朝事豆八次之,馈食豆八次之,加豆八又次之。簋八为二行,在笾之外,簠八为二行,在豆之外。笾豆所实之物,悉如《周礼》笾人、醢人之制,惟簋以稻粱,簠以黍稷,而茅菹以菸,蚳醢以蜂子代之。"又言:"宗庙之祭用太牢而三铏,实牛、羊、豕之羹,固无可论者。至于太羹止设一登,以《少牢馈食礼》考之,则少牢者羊、豕之牲也。佐食羞两铏,司士进湆二豆。三牲之祭,铏既设三,则登亦如其数。请太庙设三登,实牛、羊、豕之湆以为太羹,明堂亦如之。"

高宗建炎三年,奉安神主于温州,权用酒脯。绍兴五年,临安府建太庙,始用特羊,十年改用少牢。其庙享之礼,七年祀明堂于建康,以徽宗之丧,太常少卿吴表臣援熙宁故事,谓当英宗丧未除,不废景灵宫、太庙之礼。翰林学士朱震以为不然,谓:"《王制》:'丧三年不祭,惟天地、社稷越绋行事。'孰谓三年之丧,而可以见宗庙行吉礼乎?"吏部尚书孙近亦言:"按《春秋》:'君薨,卒哭而祔,祔而作主,特祀于寝,烝尝禘于庙。'杜预谓:'新主既特祀于寝,则宗庙常祀,自当如旧。'又熙宁元年,神宗谅暗,用景德故事,躬行郊庙之礼。今明堂大礼,已在以日易月服除之后,皇帝合享太庙,所有卤簿、鼓吹及楼前宫架、诸军音乐皆备而不作。"

三十二年,孝宗即位,择日朝享太庙。礼部言:"牲牢、礼料、酒、齐等物,并如五享行之。"绍熙五年,宁宗即位,时有孝宗之丧。闰十月,浙东提举李大性言:"自汉文帝以来,皆即位而谒庙。陛下龙飞已阅三月,未尝一至宗庙行礼。銮舆屡出,过太庙门而不入,揆之人情,似为阙典。乞早择日,恭谒太庙。"诏乃遵用三年之制。吏部员外郎李谦请以来年正月上日躬行告庙之礼。礼寺以为俟皇帝从吉,讨论施行。理宗即位,行三年之丧,初行明堂朝享,以大臣摄事,即吉后,始行亲享之礼。

荐新　太宗雍熙二年十一月,宗正寺言:"准诏,送兔十头充享太庙。按《开宝通礼》,荐新之仪,诣僖祖室户前,盥洗酌献讫,再拜,次献诸室如上礼。"遂诏曰:"夫顺时蒐狩,礼有旧章,非乐畋游,将荐宗庙,久旷前制,阙孰甚焉。爰遵时令,暂狩近郊,既躬获禽,用以荐俎。其月十一日畋猎,亲射所获田禽,并付所司,以备太庙四时荐享,著为令。"

景祐二年,宗正丞赵良规言:"《通礼》著荐新凡五十余物,今太庙祭享之外唯荐冰,其余荐新之礼,皆寝不行。宜以品物时新,所司送宗正,令尚食简择滋味与新物相宜者,配以荐之。"于是礼官、宗正条定:"逐室时荐,以京都新物,略依时训,协用典章。请每岁春孟月荐蔬,以韭以菘,配以卵。仲月荐冰,季月荐蔬以笋,果以含桃。夏孟月尝麦,配以彘,仲月荐果,以瓜以来禽,季月荐果,以芡以菱。秋孟月尝粟尝穄,配以鸡,果以枣以梨,仲月尝酒尝稻,蔬以茭笋,季月尝豆尝荞麦。冬孟月羞以兔,果以栗,蔬以薯蓣,仲月羞以雁以獐,季月羞以鱼。凡二十八种,所司烹治。自彘以下,令御厨于四时牙盘食烹馔,卜日荐献,一如《开宝通礼》。"又太常礼院言:"自来荐冰,惟荐太庙逐室帝主,后主皆阙。谨按朔望每室牙盘食,帝后同荐。又按《礼》:'有荐新如朔奠。'详此献祀,帝后主别无异等之义。今后前庙逐室后主,欲乞四时荐新,并如朔望牙盘例,后庙、奉慈庙如太庙之礼。"

皇祐三年,太常寺王洙言:"每内降新物,有司皆择吉日,至涉三四日,而物已损败。自今令礼部预为关报,于次日荐之,更不择日。"

元丰元年,宗正寺奏:"据太常寺报,选日荐新兔、薯蓣、栗黄。今三物久粥于市,而庙犹未荐,颇违礼意。盖节序有蚤晏,品物有后先,自当变通,安能齐一?又唐《开元礼》,荐新不出神主。今两庙荐新,及朔望上食,并出神主。请下礼官参定所宜。"

详定所言:"古者荐新于庙之寝,无尸,不卜日,不出神主,奠而不祭。近时择日而荐,非也。天子诸侯,物熟则荐,不以孟仲季为限。《吕氏·月令》,一岁之间八新物,《开元礼》加以五十余品。景祐中,礼官议以《吕纪》简而近薄,唐令杂而不经,于是更定四时所荐凡二十八物,除依《诗》、《礼》、《月令》外,又增多十有七品。虽出一时之议,然岁时登荐,行之已久。依于古则太略,违于经则无法。今欲稍加刊定,取其间先王所尝享用膳羞之物,见于经者存之,不经者去之。请自今孟春荐韭以卵,羞以菁,仲春荐冰,季春荐笋,羞以含桃;孟夏尝麦以彘,仲夏尝雏以黍,羞以瓜,季夏羞以芡以菱;孟秋尝粟与稷,羞以枣以梨,仲秋尝麻尝稻,羞以蒲,季秋尝菽,羞以兔以栗;孟冬羞以雁,仲冬羞以鹰,季冬羞以鱼。今春不荐鲔,诚为阙典。请季春荐鲔,无则阙之。旧有林檎、荞麦、薯蓣之类,及季秋尝酒,并合删去。凡新物及时出者,即日登献,既非正祭,则不当卜日。《汉仪》尝韭之属,皆于庙而不在寝,故《韦玄成传》以为庙岁二十五祠,而荐新在焉。自汉至于隋、唐,因仍其失,荐新虽在庙,然不出神主。今出神主,失礼尤甚。请依《五礼精义》,但设神座,仍候庙成,荐新于寝。"诏依所定,如鲔阙,即以鲂鲤代之。既而知宗正丞赵彦若言:"礼院以仲秋茭萌不经,易以蒲白。今仲秋蒲无白,改从春献。"

大观,礼局亦言:"荐新虽系以月,如樱、笋三月当进,或萌实未成,转至孟夏之类,自当随时之宜,取新以荐。"政和四年,比部员外郎何天衢言:"祭不欲数,数则烦,祭不欲疏,疏则怠。先王建祭祀之礼,必值疏数之中,未闻一日之间,遂行两祭者也。今太庙荐新,有与朔祭同日者。夫朔祭行于一月之首,不可易也。若夫荐新,则未卜日,一月之内,皆可荐也。新物未备,犹许次月荐之,亦何必同朔日哉?"自是荐新偶与朔祭同日,诏用次日焉。中兴仍旧制。

加上祖宗谥号　太祖建隆元年九月,太常礼院言:

"谨按唐大中初，追尊顺宗、宪宗谥号，皇帝于宣政殿授玉册，遣宰臣以下持节奉册赴太庙。授册日，帝既御殿，百僚拜讫，降阶跪授册于太尉，候太尉奉册出宣政门，然后升殿。凡皇帝行礼，皆太常卿赞导奉引。"奏可。是月二十七日，帝御崇元殿，备礼遣使奉册上四庙谥号。皇帝高祖府君册曰："孝曾孙嗣皇帝臣某，再拜稽首上言，伏以昊天有命，皇宋勃兴，括厚载以开阶，宅中区而抚运，夷夏蛮貊，罔不献诚，山川鬼神，罔不受职。非臣否德，肇此丕图，实赖先正储休，上玄降鉴，既虔膺于大宝，乃眇觌于遐源，敢遵历代之规，式荐配天之号。谨遣使司空兼门下侍郎同中书门下平章事王溥、副使兵部尚书李涛奉宝册，上尊谥曰文献皇帝，庙号僖祖，皇帝高祖母崔氏曰文懿皇后。"皇曾祖府君册曰："伏以天命匪忱，惟归于有德，人文设教，必始于贻谋。乘时既肇于兴王，报本敢稽于尊祖。非隆徽称，则大享何以配神，非镂良珉，则洪烈何由垂世？方作《猗那》之颂，永严昭穆之容。谨遣使王溥、副使李涛奉册宝，上尊谥曰惠元皇帝，庙号顺祖，皇曾祖母桑氏曰惠明皇后。"皇祖骁卫府君册曰："伏以人瞻乌止，运叶龙飞。非发源之长，析派不能通上汉；非积基之厚，嗣孙不能有中区。今人纪肇修，孝思罔极，酌百王之损益，荐四庙之蒸尝。谨遣使王溥、副使李涛奉宝册，上尊谥曰简恭皇帝，庙号翼祖，皇祖母京兆郡太夫人刘氏曰简穆皇后。"圣考太尉府君册曰："昔者流火开祥，周发荐文王之号，黄星应运，曹丕扬魏祖之功。咸因致孝之诚，式展尊亲之义，爰遵大典，亟上尊称。谨遣使王溥、副使李涛奉宝册，上尊谥曰昭武皇帝，庙号宣祖。"礼毕，群臣进表奉慰。

太宗太平兴国二年正月甲戌，上太祖英武圣文神德皇帝。真宗大中祥符元年十一月二十七日，帝于朝元殿备礼，奉祖宗尊谥册宝，再拜授摄太尉王旦奉之以出，安太祖册宝于玉辂，太宗册宝于金辂，诣太庙，奉上太祖曰启运立极英武圣文神德玄功大孝皇帝，太宗曰至仁应道神功圣德文武大明广孝皇帝。礼毕，亲行朝享之礼。天禧元年正月九日，加上六室尊谥二字：僖祖曰文献睿和皇帝，顺祖曰惠元睿明皇帝，翼祖曰简恭睿德皇帝，宣祖曰昭武睿圣皇帝，太祖曰启运立极英武睿文神德圣功至明大孝皇帝，太宗曰至仁应道神功圣德睿烈大明广孝皇帝。礼毕，群臣拜表称贺。十一日，帝行朝享之礼。

仁宗天圣二年十一月二十五日，加上真宗谥曰文明武定章圣元孝皇帝。庆历七年十一月二十五日，加上真宗谥曰膺符稽古成功让德文明武定章圣元孝皇帝。

神宗元丰六年五月，改加上尊谥作奉上徽号。十一月二日，奉上仁宗徽号曰体天法道极功全德神文圣武睿哲明孝皇帝，又上英宗徽号曰体乾应历隆功盛德宪文肃武睿神宣孝皇帝。

哲宗绍圣二年正月，帝谓辅臣曰："祖宗谥号，各加至十六字。神宗皇帝今止初谥，尚未增加，宜考求典故以闻。"宰臣章惇等对曰："祖宗加谥，岁月不定。真庙初加八字，是天圣二年。今神宗祔庙已十年，故事加徽号必在南郊前，谨如圣旨讨阅以闻。"四月二十七日，诏加上神宗皇帝徽号，于大礼前三日行礼。九月十六日，奉上册宝曰神宗绍天法古运德建功英文烈武钦仁圣孝皇帝。

徽宗崇宁三年十一月二十三日，更定神宗徽号曰体元显道帝德王功英文烈武钦仁圣孝皇帝，又奉哲宗徽号曰宪元继道显德定功钦文睿武齐圣昭孝皇帝。大观元年九月，加上僖祖徽号为十六字，曰立道肇基积德起功懿文宪武睿和至孝皇帝。政和三年十一月五日，加上神宗、哲宗徽号。前二日，皇帝御大庆殿，奉神宗册宝授太师、鲁国公蔡京，载以玉辂，奉哲宗册宝授少师、太宰何执中，载以金辂，并诣太庙幄殿，奉安以俟。四日，皇帝诣景灵宫行礼，赴太庙宿斋。五日，服衮冕，恭上神宗册宝于本室，曰体元显道法古立宪帝德王功英文烈武钦仁圣孝皇帝，又上哲宗册宝于本室，曰宪元继道世德扬功钦文睿武齐圣昭孝皇帝。次行朝享，礼毕，赴南郊青城宫。

绍兴十二年十一月，诏议加上徽宗徽号曰体神合道骏烈逊功圣文仁德宪慈显孝皇帝。十三年正月九日，皇帝御文德殿，命宰臣秦桧奏请太庙。十日，内殿宿斋，文武百僚集于发册宝殿门幕次，次礼仪使、阁门官、太常博士、礼直官分立御幄前，次分引百僚入就殿下，东西相向立定，礼直官引奉册宝使、侍中、中书令、举宝举册官诣殿下西阶之西，东向立。俟斋室帘降，皇帝服通天冠、绛纱袍，礼部侍郎奏中严外办。次礼直官、太常博士引礼仪使当幄前俯伏跪奏："礼仪使臣某言，请皇帝行奉上徽宗皇帝发册宝之礼。"奏讫，俯伏，兴。帘卷，前导官前导皇帝出幄，执大圭，诣册宝幄东褥位，西向立，礼仪使奏请再拜，皇帝再拜，三上香，再拜，在位官皆再拜。前导还褥位，西向立，侍中、中书令、举册举宝官升殿，入册宝幄。举册宝官俱措笏跪，举册宝与侍中、中书令奉册宝进行，皇帝后从，降自西阶，至殿下褥位，南向立。礼仪使奏皇帝再拜，举册官奉册，举宝官奉宝，皇帝措大圭，跪奉受册宝使，皇帝执大圭再拜，在位官皆再拜。持节者持节导册宝进行，出殿正门。礼仪使奏礼毕。皇帝释大圭，升自东阶，入斋室。礼部郎中奏解严。次册宝出北宫门，奉册宝使以下骑从，至太庙灵星门外下马，步从至太庙南神门外。次日，文武百僚集于太庙幕次，分引诣殿下再拜，册宝使诣各室奠献礼。次赞者引举册官举册，，举宝官举宝，礼直官引侍中、中书令前导册宝入自南正门，至殿西阶下权置定，各再拜。次诣徽宗室，册宝使俯伏跪奏称："嗣皇帝臣某，谨遣臣等奉徽号册宝。"奏讫，俯伏，兴。举册官举册进，中书令跪读册文，举宝官举宝进，侍中跪读宝文，册宝使以下各再拜，至册宝幄安奉。礼毕，以次退。次文武百僚奉表称贺。

绍熙二年八月，诏上高宗徽号曰受命中兴全功至德圣神武文昭仁宪孝皇帝。庆元三年，上孝宗徽号曰绍统同道冠德昭功哲文神武明圣成孝皇帝。嘉泰三年，上光宗徽号曰循道宪仁明功茂德温文顺武圣哲慈孝皇帝。宝庆三年，上宁宗徽号曰法天备道纯德茂功仁文哲武圣睿恭孝皇帝。咸淳二年，上理宗徽号曰建道备德大功复兴烈文仁武圣明安孝皇帝。并如绍兴十三年仪注。

庙讳　绍兴二年十一月，礼部、太常寺言："渊圣皇帝御名，见于经传义训者，或以威武为义，或以回旋为义，又为植立之象，又为亭邮表名，又为圭名，又为姓氏，又为木名，当各以其义类求之。以威武为义者，今欲读曰'威'；以回旋为义者，今欲读曰'旋'；以植立为义者，今欲读曰'植'；若姓氏之类，欲去'木'为'亘'。又缘汉法，'邦'之字曰'国'，'盈'之字曰'满'，止是读曰'国'、曰'满'，其本字见于经传者未尝改易。司马迁，汉人也，作《史记》，曰：'先王之制，邦内甸服，邦外侯服。'又曰：'盈而不持则倾。'于'邦'字、'盈'字亦不改易。今来渊圣皇帝御名，欲定读如前外，其经传本字，即不当改易，庶几万世之下，有所考证，推求义类，别无未尽。"三十二年正月，礼部、太常寺言："钦宗祔庙，翼祖当迁。于正月九日，告迁翼祖皇帝、简穆皇后神主奉藏于夹室。所有以后翼祖皇帝讳，依礼不讳。"诏恭依。

绍熙元年四月，诏："今后臣庶命名，并不许犯祧庙正讳。如名字见有犯祧庙正讳者，并合改易。"

嘉定十三年十月，司农寺丞岳珂言："孝宗旧讳从'伯'从'王'从'宗'。考国朝之制，祖宗旧讳二字者，皆著令不许并用。"又言"钦宗旧讳二字，其一从'面'从'旦'，其一从'火'从'亘'，皆合回避。乞并下礼、寺讨论，颁降施行。"既而礼、寺讨论："所有钦宗、孝宗旧讳，若二字连用，并合回避，宜从本官所请，刊入施行。"从之。

卷一百九　　志第六十二

礼十二 吉礼十二

后庙　景灵宫　神御殿　功臣配侑　群臣家庙

后庙之制　建隆三年，追册会稽郡夫人贺氏曰孝惠皇后，止就陵所置祠殿奉安神主，荐常馔，不设牙盘祭器。乾德元年，孝明皇后王氏崩，始议置庙及二后先后之次。太常博士和岘请共殿别室，以孝明正位内朝，请居上室；孝惠缘改葬，不造虞主，与孝明同祔，宜居次室。礼院又言："后庙祀事，一准太庙，亦当立戟。"及太祖祔庙，有司言："合奉一后配食。按唐睿宗追谥肃明、昭成二后，至睿宗崩，独昭成以帝母之重升配，肃明止享于仪坤庙。近周世宗正惠、宣懿二后并先崩，正惠无位号，宣懿居正位，遂以配食。今请以孝明皇后配，忌日行香废务，其孝惠皇后享于别庙。"从之。

太平兴国元年，追册越国夫人符氏为懿德皇后，尹氏为淑德皇后，并祔后庙。

至道三年，孝章皇后宋氏祔享，有司言："孝章正位中壸，宜居上室，懿德追崇后号，宜居其次。"诏孝章殿室居懿德下。六月，礼官议："按太平兴国中追册定谥，皆以懿德居上。淳化初，宗正少卿赵安易言，别庙祭享，懿德在淑德之上，未测升降之由。其时敕旨依旧懿德在上。按《江都集礼》，晋景帝即位，夏侯夫人应合追尊。散骑常侍任茂、傅玄等议云：'夏侯夫人初归景帝，未有王基之道，不及景帝统百揆而亡，后妃之化未著远迹，追尊无经义可据。'今之所议，正与此同。且淑德配合之初，潜跃之符未兆；懿德辅佐之始，藩邸之位已隆，然未尝正位中宫，母临天下。岂可生无尊极之位，没升配享之崇？于人情不安，于典籍无据。唐顺宗祔庙后十一年，始以庄宪皇后升配，宪宗祔庙后二十五年，始以懿安皇后升配。今请虚位，允协旧仪。"再诏尚书省集议及礼官同详定。上议曰："淑德皇后生无位号，没始追崇，况在初潜，早已薨谢，懿德皇后享封大国，作配先朝，虽不及临御之期，且夙彰贤懿之美，若以升祔，当归懿德。又详周世宗正惠、宣懿配食故事，当时议以正惠追尊位号，请以宣懿为配。是时以太后在位，疑宣懿祔庙之后，立忌非便。议者引晋哀帝时何太后在上，尊所生周氏为太妃，封其子为琅邪王。及太妃薨，帝奔丧琅邪第，七月而葬。此则奔丧行服，尚不厌降，即忌日废务，于理无嫌。今礼官引唐顺、宪二宗庙，享虚位之文，夫即追册二后，即虚室亦为非便，请奉懿德神主配祔。又按议者以周世宗神主祔庙，必若宣懿同祔，即正惠神主请加'太'字。今升祔懿德，请即加淑德'太'字，仍旧别庙。"诏："以懿德配享，至于'太'者尊极之称，加于母后，施之宗庙礼所未安。"乃不加"太"字，仍别庙配享。十二月，追尊贤妃李氏为元德皇太后。有司言："按《周礼·春官》大司乐之职，'奏《夷则》，歌《仲吕》，以享先妣'，谓姜嫄也。是帝喾之妃，后稷之母，特立庙曰閟宫。晋简文宣后以不配食，筑室于外，岁时享祭。唐先天元年，始祔昭成、肃明二后于仪坤庙。又玄宗元献杨后立庙于太庙之西。稽于前文，咸有明据。望令宗正寺于后庙内修奉庙室，为殿三间，设神门、斋房、神厨，以备荐享。"

咸平元年，判太常礼院李宗讷等言："元德皇太后别建庙室，淑德皇后亦在别庙，同是帝母而无'太'字。按唐穆宗三后，除宣懿升祔，正献、恭僖二后并立别庙，各有'太'字。又开元初，太常议昭成皇太后，请不除'太'字，云'入庙称后，义系于夫，在朝称太后，义系于子。如谥册入陵，神主入庙，则当去太字'。按神主入庙之说，盖为祔享太庙，以厌降故，不加'太'字，则本朝文懿诸后是也。如别建庙室，不可但称皇后，则唐正献、恭僖二太后是也。淑德皇后亦请加'太'字，既加之后，望迁就元德新庙，居第一室，以元德次之，仍迁庄怀又次之。"诏下中书集议。兵部尚书张齐贤等奏："宗庙神灵，务乎安静。况懿德作合之始，逮事舅姑，躬执妇道，祔享之礼，宜从后先，伏请仍旧。又汉因秦制，帝母称皇太后。检详去岁议状，请加淑德'太'字，而诏不加之者，缘当时元德皇太后未行追册。今册命已毕，望依礼官所言。"三年四月乙卯，祔葬元德皇太后于永熙陵。有司言："元德神主祔庙，准礼当行祔谒，载稽前典，有未合者。伏以追荐尊称，奉加'太'字，崇建别庙，以备蒸尝。况当禘祫之时，不预合食之列，庙享之制与诸后不同。俟神主还京，即祔庙室，荐献安神，更不行祔谒之礼，每岁五享、禘祫如太庙仪。"

景德四年，奉庄穆皇后郭氏神主谒太庙，祔享于昭宪皇后。享毕，祔别庙，殿室在庄怀之上。帝祀汾阴，谒庙毕，亲诣元德皇太后庙躬谢，自门降辇步入，酌献如太庙，设登歌，两省、御史、宗室防御使以上班庙内，余班庙外，遣官分告孝惠诸后庙。诏："太庙、元德皇后庙享用犊，诸后庙亲享用犊，摄事用羊、豕。"

五年，龙图阁直学士陈彭年言："禘祫日，孝惠、淑德二后神主自别庙赴太庙，祔简穆皇后神主之下，太祖神主之上，此盖用《曲台礼》别庙皇后禘祫祔享太庙之说。窃虑明灵合享，神主未安，望诏礼官再加详定。"有司言："按《曲台礼》载禘祫之仪，则如皇后先祔别庙，遇禘祫祔享于太庙，如是昭后，即坐于祖姑之下，南向；如是穆后，即坐于祖姑之下，北向。又按博士殷盈孙议云：'别庙皇后禘祫于太庙，祔于祖姑之下者，此乃皇后先没，已造神主。如昭成、肃明之没也，睿宗在位；元献之没也，玄宗在位；昭德之没也，德宗在位。四后于太庙未有本室，故创别庙，当为太庙合食之主，故禘祫乃奉以入享，此明其后太庙有本室，即当迁祔。帝方在位，故皇后暂立别庙，礼本合食，故禘祫乃升太庙，以未有位，故祔祖姑之下。据《开宝通礼》与《曲台礼》同。今有司不达礼意，遇禘祫岁，尚以孝惠、孝章、淑德三后神主祔享祖姑之下，乃在太祖、太宗之上。按《礼》称'妇祔祖姑'，谓既卒哭之明日，此正礼也，称'祖姑有三人，则祔于亲者'，注，玄谓'舅之母死，而又有继室二人，亲者谓舅所生'。然则祖姑有三人同在祖室，明妇有数人亦当同在夫之本室，不可祔于祖姑也。故《开元礼》但载肃明皇后别庙时享之仪，而无禘祫之礼，即知别庙时享及禘祫皆于本庙也。孝惠、孝章、淑德禘祫既祔太庙，则自今禘祫祔享本室，次于正主，庶协典礼。"六年，升祔元德皇后太宗庙室，诏以祔庙岁时为合享次序，而位明德皇后之次。

明道二年，判河南府钱惟演请以章献、章懿二后并祔真宗之室。太常礼院议："夏、商以来，父昭子穆，皆有配坐，每室一帝一后，礼之正仪。唐开元中，昭成、肃明二后始并祔于睿宗。今惟演引唐武宗母韦太后升祔穆宗，本朝孝明、孝章祔太祖故事。按穆宗惟韦后祔，太祖未尝以孝章配。伏寻先帝以懿德配享太宗，及明德园陵礼毕，遂得升祔。元德太后自追尊后，凡十七年始克升祔。今章穆皇后著位长秋，祔食真宗，斯为正礼。章献太后母仪天下，与明德例同，若从古礼，止应祀后庙，若便升祔，似非先帝慎重之意，又况前代无同日并祔之比，惟上裁之。"乃诏有司更议，皆谓："章穆位崇中壸，与懿德有异，已祔庙室，自协一帝一后之文。章献辅政十年，章懿诞育帝躬，功德莫与为比，退就后庙，未厌众心。按《周官》大司乐职，'奏《夷则》，歌《小吕》，以享先妣'者，姜嫄也，帝喾之妃，后稷之母，特立庙曰閟宫。宜别立新庙，奉安二太后神主，同殿异室，岁时荐享用太庙仪。别立庙名，自为乐曲，以崇世享。忌前一日，不御正殿，百官奉慰，著之令甲。"乃作新庙两庙间，名曰奉慈。

庆历四年，从吕公绰言："先帝特谥二后庄怀、庄穆，及上真宗文明武定章圣元孝之谥，郭后升祔，当正徽号，宜于郊礼前遣官先上宝册，改'庄'为'章'，止告太庙，更不改题。"遂如故事。将郊，所司导五后宝册赴三庙，各于神门外幄次以待。奏告毕，皆纳于室。俄又诏中书门下令礼官考故事，升祔章懿神主。礼院言："章献、章懿宜序章穆之次，章惠先朝遗制尝践太妃，至明道中始加懿号，与章怀颇同，请序章怀之次。太者生事之礼，不当施于宗庙。章献以顾托之重，临御之劳，欲称别庙，义无所嫌，属之配室，礼或未顺。"学士王尧臣等言："章献明肃盛烈丕功，非一惠可举，谥告于庙，册藏于陵，无容追减。章惠拥祐帝躬，并均顾复，故景祐中膺保庆之册，义专系子，礼须别祠。章穆升附，岁月已深。奉慈三室，先后已定，若再议升降，则情有重轻，请如旧制。"中书门下覆议："成宪在前，文考之意；配食一体，二慈之宜；奉承无私，陛下之孝。请如礼官及学士议。案祥符诏系章圣特旨，位叙先后，乞圣制定数，昭示无穷。"诏依所议。十月，文德殿奉安册，帝服通天冠、绛纱袍，执圭。太常奏乐，百官宿庙堂。次日，有司荐享诸庙。寅时，复诣正衙，宰臣、行事官赞导册宝至大庆殿庭发册，出宣德门，摄太尉贾昌朝、陈执中受以赴奉慈庙上宝册，告迁二主，皆涂"太"字，祔于太庙。

至和元年七月，有司奉诏立温成皇后庙，享祭器数视皇后庙。后以谏官言，改为祠殿，岁时令宫臣荐以常馔。

治平元年，同判太常寺吕公著言："按《丧服小记》'慈母不世祭'。章惠太后，仁宗尝以母称，故加宝庆之号。盖生有慈保之勤，故没有庙享之报。今于陛下恩有所止，礼难承祀，其奉慈庙，乞依礼废罢。"

熙宁二年，命摄太常卿张掞奉章惠太后神主瘗陵园。

元丰六年，详定所言："按《礼》，夫妇一体，故昏则同牢、合卺，终则同穴，祭则同几、同祝馔，未尝有异庙者也。惟周人以姜嫄为媒神，而帝喾无庙，又不可下入子孙之庙，乃以别庙而祭，故《鲁颂》谓之閟宫，《周礼》谓之先妣，可也。自汉以来，不祔不配者，皆援姜嫄为比，或以其微，或以其继而已。盖其间有天下者，起于侧微，而其后不及正位中宫，或以尝正位矣，有所不幸，则当立继以奉宗庙，故有'祖姑三人则祔于亲者'之说。立继之礼，其来尚矣。始微终显，皆嫡也，前娶后继，皆嫡也。后世乃以始微后继置之别庙，不得伸同几之义，则非礼意。恭惟太祖孝惠皇后、太宗淑德皇后、真宗章怀皇后实皆元妃，而孝章则太祖继后，乃皆祭以别庙，在礼未安，请升祔太庙，增四室，以时配享。"七月，遂自别庙升祔焉。

政和四年，有司言："政和元年孟冬祫享，奉惠恭神主入太庙，祔于祖姑之下。今岁当祫，而明达皇后神主奉安陵祠，缘在城外。三代之制，未有即陵以为庙者。今明达皇后追正典册,岁时荐享,并同诸后,宜就惠恭别庙增建殿室,迎奉神主以祔。"又言:"明达神主祔谒日,于英宗室增设宣仁圣烈皇后、明达皇后二位,及遍祭七祀、配享功臣,并别庙祔享惠恭、明达二位。"

绍兴七年,惠恭改谥为显恭,以上徽宗圣文仁德显孝之谥故也。十二年五月,礼部侍郎施坰言:"懿节皇后神主,候至卒哭择日祔庙,合依显恭皇后礼,于太庙内修建殿室,以为别庙安奉。"又言:"将来祔庙,其虞主合于本室后塴埋。缘别系行在祔庙,欲于本室册宝殿收奉,候回京日依别庙故事。"从之。七月,有司行九虞之祭奉安。三十二年,礼部、太常言:"故妃郭氏追册为皇后,合依懿节皇后祭于别庙。所有庙殿,见安懿节皇后神主,行礼狭隘。乞分为二室,以西为上,各置户牖,及掰截本庙斋宫,权安懿节神主,工毕还殿。"王普又请各置祏室。并从之。

乾道三年闰七月,安恭皇后神主祔于别庙,为三室。

景灵宫 创于大中祥符五年,圣祖临降,为宫以奉之。天圣元年,诏修宫之万寿殿以奉真宗,署曰奉真。明道二年,又建广孝殿,奉章懿皇后。治平元年,又诏就宫之西园建殿,以奉仁宗,署曰孝严,奉安御容,亲行酌献,命大臣分诣诸神御代行礼。翼日,太后酌献,皇后、大长公主以下内外命妇陪位于廷。诏每岁下元朝谒,如奉真殿仪,有期以上丧或灾异,则命辅臣摄事。名斋殿曰迎釐,宫西门曰广祐。四年,建英德殿,奉英宗神御。凡七十年间,神御在宫者四,寓寺观者十有一。

元丰五年,始就宫作十一殿,迎奉在京寺观神御入内,尽合帝后,奉以时王之礼。十一月,百官班于集英殿廷,帝诣蘂珠、凝华等殿,行告迁庙礼,礼仪使奉神御升彩舆出殿。明日,复行荐享如礼,礼仪使奉神舆行,帝出幄,导至宣德门外,亲王、使相、宗室正任以上前引,望参官及诸军都虞候、宗室副率以上陪位,内侍省押班整仪卫以从,奉安神御于十一殿。明日,帝诣宫朝献,先谒天兴殿,以次行礼,并如四孟仪。诏自今朝献孟春用十一日,孟夏择日,孟秋用中元日,孟冬用下元日,天子常服行事。荐圣祖殿以素馔,神御殿以膳羞,器服仪物,悉从今制。天兴殿门以奉天神不立戟,诸神御门置亲事官五百人,立戟二十四。累朝文武执政官、武臣节度使以上并图形于两庑。凡执政官除拜,赴官恭谢。其后南郊先诣宫行荐享礼,并如太庙仪。

元祐元年,太常寺言:"季秋有事于明堂,其朝享景灵宫、亲享太庙,当用三年不祭之礼,遣大臣摄事。"礼部言:"景灵宫天兴殿,用天地之礼,即非庙享,于典礼无违。"诏明堂前二日朝享景灵宫天兴殿。明年,奉安神宗神御于景灵宫,如十一殿奉安之礼。旧制,车驾上元节以十一日诣兴国寺、启圣院,朝谒太祖、太宗、神宗神御,下元节诣景灵宫朝拜天兴殿,朝谒真宗、仁宗、英宗神御。至是诏分每岁四孟月拜谒之所,自孟秋始,其不当亲献,则遣官分诣。初诣天兴殿、保宁阁、天元殿、太始殿,次诣皇武殿、俪极殿、大定殿、辉德殿,次诣熙文殿、衍庆

殿、美成殿,次诣治隆殿、宣光殿,宣光后改曰显承,徽宗又改大明殿。仍自来年孟春为始。皇太后崩,三省请奉安神御于治隆殿,以遵元祐初诏。复以御史刘极之言,特建原庙,庙成,名神御殿曰徽音,山殿曰宁真。

绍圣二年,奉安神宗神御于显承殿。元丰中,每岁四孟月,天子遍诣诸殿朝献。元祐初,议者请以四孟分献,一岁而遍,至是复用旧仪。诏自今四孟朝献分二日,先日诣天兴殿、保宁阁、天元、太始、皇武、俪极、大定、德辉诸殿,次日诣熙文、衍庆、美成、继仁、治隆、徽音、显承七殿。三年十月,帝诣天兴诸殿朝献。翼日,大雨,诏差已致斋官分献熙文七殿,自是雨雪用为例云。

徽宗即位,宰臣请特建景灵西宫,奉安神宗于显承殿,为馆御之首,昭示万世尊异之意。建哲宗神御殿于西,以东偏为斋殿,乃给度僧牒、紫衣牒千道为营造费,户牖工巧之物并置于荆湖北路。已而右正言陈瓘言五不可,且论蔡京矫诬。不从。

建中靖国元年,诏建钦圣宪肃皇后、钦慈皇后神御殿于大明殿北,名曰柔明。寻改钦仪,又改坤元。又名哲宗神御殿曰观成。寻改重光。诏自今景灵宫并分三日朝献。

崇宁三年,奉安钦成皇后神御坤元殿钦圣宪肃皇后之次,钦慈皇后又次之。

政和三年,奉安哲宗神御于重光殿。昭怀皇后神御殿成,诏名正殿曰柔仪,山殿曰昦娭。于是两宫合为前殿九,后殿八,山殿十六,阁一,钟楼一,碑楼四,经阁一,斋殿三,神厨二,道院一,及斋宫廊庑,共为二千三百二十区。

初,东京以来奉先之制,太庙以奉神主,岁五享,宗室诸王行事;朔祭而月荐新,则太常卿行事。景灵宫以奉塑像,岁四孟皇帝亲享,帝后大忌,则宰相率百官行香,后妃继之。遇郊祀、明堂大礼,则先期二日,亲诣景灵宫行朝享礼。

绍兴十三年二月,臣僚言:"窃见元丰五年,神宗始广景灵宫以奉祖宗衣冠之游,即汉之原庙也。自艰难以来,庶事草创,始建宗庙,而原庙神游犹寄永嘉。乃者权时之宜,四孟荐献,旋即便朝设位以享,未副广孝之意,乞命有司择爽垲之地,仿景灵宫旧规,随宜建置。俟告成有日,迎还晬容,奉安新庙,庶几四孟躬行献礼,用副罔极之恩。"从之。初筑三殿,圣祖居前,宣祖至哲宗诸帝居中殿,元天大圣后与祖宗诸后居后。掌宫内侍七人,道士十人,吏卒二百七十六人。上元结灯楼,寒食设秋千,七夕设摩睺罗。帘幕岁时一易,岁用酌献二百四十羊。凡帝后忌辰,用道、释作法事。十八年,增建道院,初本刘光世赐第,后以韩世忠第增筑之。天兴殿九楹,中殿七楹,后殿十有七楹,斋殿、进食殿皆备焉。

神御殿 古原庙也,以奉安先朝之御容。宣祖、昭宪皇后于资福寺庆基殿。太祖神御之殿七:太平兴国寺开元殿、景灵宫、应天禅院西院、南京鸿庆宫、永安县会圣宫、扬州建隆寺章武殿、滁州大庆寺端命殿。太宗神御之殿

七：启圣禅院、寿宁堂、景福殿、凤翔上清太平宫、并州崇圣寺统平殿及西院、鸿庆宫、会圣宫。真宗神御之殿十有四：景灵宫奉真殿、玉清昭应宫安圣殿、洪福院、寿宁堂、福圣殿、崇先观永崇殿、万寿观延圣殿、澶州信武殿、西京崇福宫保祥殿、华州云台观集真殿及西院、鸿庆宫、会圣宫、凤翔太平宫。仁宗、英宗、神宗、哲宗四朝神御于景灵宫、应天院，章献明肃皇后于慈孝寺彰德殿，章懿皇后于景灵宫广孝殿，明德、章穆二后于普安院重徽殿，章惠太后于万寿观广庆殿。

景德四年，奉安太祖御容应天禅院，以宰臣向敏中为奉安圣容礼仪使，权安于文德殿。百官班列，帝行酌献礼，卤簿导引，升彩舆进发，帝辞于正阳门外，百官辞于琼林苑门外。遣官奏告昌陵毕，群臣称贺。

皇祐中，以滁州通判王靖请，滁、并、澶三州建殿奉神御，乃宣谕曰："太祖擒皇甫晖于滁州，是受命之端也，大庆寺殿名曰端命，以奉太祖。太宗取刘继元于并州，是太平之统也，即崇圣寺殿名曰统平，以奉太宗。真宗归契丹于澶州，是偃武之信也，即旧寺殿名曰信武，以奉真宗。"既而统平殿灾，谏官范镇言："并州素无火灾，自建神御殿未几而辄焚，天意若曰祖宗御容非郡国所宜奉安者。近闻下并州复加崇建，是徒事土木，重困民力，非所以答天意也。自并州平七十七年，故城父老不入新城，宜宽其赋输，缓其徭役，以除民患，使河东之民不忘太宗之德，则陛下孝思，岂特建一神御殿比哉？"先是，睦亲、广亲二宅并建神御殿，翰林学士欧阳修言神御非人臣私家之礼。下两制、台谏、礼官议，以为"汉用《春秋》之义，罢郡国庙。今睦亲宅、广亲宅所建神御殿，不合典礼，宜悉罢。"诏以广亲宅置已久，唯罢修睦亲宅。

熙宁二年，奉安英宗御容于景灵宫，帝亲行酌献，仍诏岁以十月望朝享，有期以上丧或灾异，则命辅臣摄享。知大宗正丞事李德刍言："礼法：诸侯不得祭天子，公庙不设于私家。今宗室邸第并有帝后神御，非所以明尊卑崇正统也，望一切废罢。"下礼官详定，请如所奏。诏诸宗室官院祖宗神御迎藏天章阁。自是，臣庶之家凡有御容，悉取藏禁中。

元丰五年，作景灵宫十一殿，而在京宫观寺院神御，皆迎入禁中，所存惟万寿观延圣、广爱、宁华三殿而已。

宣和元年，礼部奏："太常寺参酌立到诸州府有祖宗御容所在朔日诸节序降至御封香表及下降香表行礼仪注：

朔日诸节序奉香表行礼仪注。斋戒，朝拜前一日，朝拜官及读表文官早赴斋所，俟礼备，礼生引读表文官、赍香表官集朝拜官听，执事者以香表呈视。礼生请读表文官稍前习读表，或密词即读封题，讫，礼生赞复位。次以御封香、礼馔等呈视讫，各复斋所。朝拜官用长吏，阙，以次官充，读表文亦以次官充，执事者以有服色者充。有司设香案、时果、牙盘食神御前，又设奠醪茗之器于香案前之左，置御封香表案于上；设朝拜官位于殿下，西向，读表文官位于殿之南，北向，陪位官位于其后；设焚表文位于殿庭东，南向。

朝拜日，质明前，香火官先诣殿下，北向拜讫，升殿，东向侍立。有司陈设讫，礼生先引陪位官入就位，北向，次引读表文官入就位，次引朝拜官就位，西向立定。礼生赞有司谨具，请行事。礼生赞再拜，拜讫，引读表文官先升殿，于香案之右东向立，次引朝拜官诣香案前，赞搢笏、上香、奠酒茗，拜、兴，少立。礼生赞搢笏、跪、读表文，或密词即读封题，执笏兴，降复位。朝拜官再拜，降复位。礼生赞再拜讫，引拜官、读表文官诣焚表文位南向立，焚讫，退。

一遇旦、望诸节序下降香表荐献行礼仪注。一如上仪。惟礼生引献官上香讫，跪，执事者以所荐之物授荐献官，受献讫，复授执事者，置于神御前，兴、拜、退一如上仪。"

诏颁行之。

东京神御殿在宫中，旧号钦先孝思殿。建炎二年闰四月，诏迎温州神御赴阙。先是，神御于温州开元寺暂行奉安，章圣皇帝与后像皆以金铸，置外方弗便，因愀然谓宰辅曰："朕播迁至此，不能以时荐享，祖宗神御越在海隅，念之坐不安席。"故有是命。三年二月，上览禁中神御荐享礼物，谓宰臣曰："朕自省阅神御，每位各用羊胃一，须二十五羊。祖宗仁厚，岂欲多害物命？谨以别味代之，在天之灵亦必歆享。"吕颐浩曰："陛下寅奉宗庙，罔不尽礼，而又仁爱及物，天下幸甚。"

绍兴十五年秋，复营建神御殿于崇政殿之东，朔望节序、帝后生辰，皇帝皆亲酌献行香，用家人礼。其殿名：徽宗曰承元，钦宗曰端庆，高宗曰皇德，孝宗曰系隆，光宗曰美明，宁宗曰垂光，理宗曰章熙，度宗曰昭光。

功臣配享　真宗咸平二年，始诏以太师、赠尚书令、韩王赵普配享太祖庙庭。继以翰林承旨宋白等议，又以故枢密使、赠中书令、济阳郡王曹彬配享太祖，以司空赠太尉中书令薛居正、忠武军节度使赠中书令潘美、尚书右仆射赠侍中石熙载配享太宗庙庭，仍奏告本室，禘祫皆配之。祀日，有司先事设幄次，布褥位于庙庭东门内道南，当所配室西向，设位板，方七寸，厚一寸半，笾、豆各一，簠、簋、俎各一。知庙卿奠爵，再拜。

乾兴元年，诏从翰林、礼官参议，以右仆射赠太尉中书令李沆、赠太师尚书令王旦、忠武军节度使赠中书令李继隆配享真宗。

嘉祐八年，诏以尚书右仆射赠尚书令王曾、太尉赠尚书令吕夷简、彰武军节度使赠侍中曹玮配享仁宗。

熙宁八年，诏以司徒兼侍中赠尚书令韩琦配享英宗；元丰元年，又以赠太师中书令曾公亮配焉。熙宁末，尝诏太常礼院讲求亲祠太庙不及功臣礼例。至是，禘祫外，亲享太庙并以功臣与。又从太常礼院请，配享功臣以见赠官书板位。

元祐初，从吏部尚书孙永等议，以故司徒、赠太尉富弼配享神宗；绍圣初，又以守司空、赠太傅王安石配。三年，罢富弼配，谓弼得罪于先帝也。

崇宁元年，诏以观文殿大学士、赠太师蔡确配享哲宗。

《五礼新仪》，配享功臣之位，设于殿庭之次：赵普、曹彬位于横街之南道西，东向，第一次，薛居正、石熙载、潘美位于第二次，李沆、王旦、李继隆位于第三次，俱北上；王曾、吕夷简、曹玮位于横街之南道东，西向，第一次，韩琦、曾公亮位于第二次，王安石位于第三次，蔡确位于第四次，俱北上。惟冬享、祫享遍设祭位。

追建炎初，诏夺蔡确所赠太师、汝南郡王，追贬武泰军节度副使，更以左仆射、赠太师司马光配享哲宗。既又罢王安石，复以富弼配享神宗。

绍兴八年，以尚书左仆射、赠太师韩忠彦配享徽宗。十八年二月，监登闻鼓院徐琏言："国家原庙佐命配享，当时辅弼勋劳之臣绘像庙庭，以示不忘，累朝不过一十余人。今之臣僚与其家之子孙必有存其绘像者，望诏有司寻访，复摹于景灵宫庭之壁，非独假宠诸臣之子孙，所以增重祖宗之德业，以为臣子劝。"遂下诸路转运司，委所管州军寻访各家，韩王赵普、周王曹彬、太师薛居正、石熙载、郑王潘美、太师李沆、王旦、李继隆、王曾、吕夷简、侍中曹玮、司徒韩琦、太师曾公亮、富弼、司马光、韩忠彦，各令摹写貌像投纳，绘于景灵宫之壁。

乾道五年九月，太常少卿林栗等言："钦宗皇帝庙庭尚虚配享，当时遭值艰难，沦胥莫救，罕可称述，而以身徇国，名节暴著，不无其人。虽生前官品不应配享之科，事变非常，难拘定制，乞特诏集议。"吏部尚书汪应辰奏："当时死事之臣，皆有次第褒赠。若令配享钦庙，典故所无，如创行之，又当访究本末，差次轻重，有所取舍，尤不可轻易。窃谓配享功臣，若依唐制，各庙既无其人，则当缺之。"乃罢集议，钦宗一庙遂无配享。

淳熙中，高宗祔庙，翰林学士洪迈言："配食功臣，先期议定。臣两蒙宣谕，欲用文武臣各两人，文臣故宰相赠太师秦国公谥忠穆吕颐浩、特进观文殿大学士谥忠简赵鼎，武臣太师蕲王谥忠武韩世忠、太师鲁王谥忠烈张俊。此四人皆一时名将相，合于天下公论。"议者皆以为宜，遂从之。秘书少监杨万里独谓丞相张浚不得配食为非，争之不得，因去位焉。

绍熙五年十二月，以左丞相、赠太师、鲁国公陈康伯配享孝宗庙庭。

嘉熙元年正月，以右丞相、赠太师葛邲配享光宗庙庭。

嘉定十四年八月，追封右丞相史浩为越王，改谥忠定，配享孝宗庙庭。

端平二年八月，以太师赵汝愚配享宁宗庙庭。

初，仁宗天圣中郊祀，诏录故相李昉、宋琪、吕端、张齐贤、毕士安、王旦，执政李至、王沔、温仲舒及陈洪进等子孙以官。元丰中，诏：景灵宫绘像旧臣推恩本支下两房子以上，取不食禄者，均有无，取齿长者；若子孙亦绘像，本房不食禄，更不取别房。绍圣初，林希请稽考庆历以后未经编次臣僚，其子孙应录用者以次编定。寻诏："赵普社稷殊勋，其诸孤有无食禄者，各官其一子，以长幼为序，毋过三人。"崇宁初，诏："哲宗绘像文武臣僚，并与子若孙一人初品官，若子孙众多，无过家一人。"又录艺祖功臣吕余庆族孙伟及司徒富弼孙直柔、直道以官，使奉其祀。靖康初，臣僚言："司马光之后再绝，复立族子稹，稹亦卒。今虽有子，而光遗表恩泽已五十年，不可复奏，请许移奏见存曾孙，使之世禄。"从之。

群臣家庙　本于周制，适士以上祭于庙，庶士以下祭于寝。唐原周制，崇尚私庙。五季之乱，礼文大坏，士大夫无袭爵，故不建庙，而四时寓祭室屋。庆历元年，南郊赦书，应中外文武官并许依旧式立家庙。已而宋庠又以为言，乃下两制、礼官详定其制度："官正一品平章事以上立四庙；枢密使、知枢密院事、参知政事、枢密副使、同知枢密院事、签书院事，见任、前任同，宣徽使、尚书、节度使、东宫少保以上，皆立三庙；余官祭于寝。凡得立庙者，许适子袭爵以主祭。其袭爵世降一等，死即不得作主祔庙，别祭于寝。自当立庙者，即祔其主，其子孙承代，不计庙祭、寝祭，并以世数疏数迁祧；始得立庙者不祧，以比始封。有不祧者，通祭四庙、五庙。庙因众子立而适长子在，则祭以适长子主之；嫡长子死，即不传其子，而传立庙者之长。凡立庙，听于京师或所居州县。其在京师者，不得于里城及南郊御路之侧。"仍别议袭爵之制，既以有庙者之子孙或官微不可以承祭，而朝迁又难尽推袭爵之恩，事竟不行。

大观二年，议礼局言："所有臣庶祭礼，请参酌古今，讨论条上，断自圣裁。"于是议礼局议："执政以上祭四庙，余通祭三庙。""古无祭四世者，又侍从官以至士庶，通祭三世，无等差多寡之别，岂礼意乎？古者天子七世，今太庙已增为九室，则执政视古诸侯，以事五世，不为过矣。先王制礼，以齐有万不同之情，贱者不得僭，贵者不得逾。故事二世者，虽有孝思追远之心，无得而越，事五世者，亦当跂以及焉。今恐夺人之恩，而使通祭三世，徇流俗之情，非先王制礼等差之义。可文臣执政官、武臣节度使以上祭五世，文武升朝官祭三世，余祭二世。""应有私第者，立庙于门内之左，如狭隘，听于私第之侧。力所不及，仍许随宜。"又诏："古者寝不逾庙，礼之废失久矣。士庶堂寝，逾度僭礼，有七楹、九楹者，若一旦使就五世、三世之数，则当彻毁居宇，以应礼制，岂得为易行？可自今立庙，其间数视所祭世数，寝间数不得逾庙。事二世者，寝听用二间。"议礼局言："《礼记·王制》：'诸侯五庙，二昭二穆，与太祖之庙而五。'所谓'太'者，盖始封之祖，不必五世，又非臣下所可通称。今高祖以上一祖未有名称，欲乞称五世祖。其家庙祭器：正一品，每室笾、豆各十有二，簠、簋各四，壶尊、罍、铏鼎、俎、筐各二，尊、罍加勺、幂各一，爵各一，诸室共用胙俎、罍洗一。从一品笾、豆、簠、簋降杀以两。正二品笾、豆各八，簠、簋各二。余皆如正一品之数。"诏礼制局制造，仍取旨以给赐之。

绍兴十六年二月癸丑，诏太师、左仆射、魏国公秦桧合建家庙，命临安守臣营之。太常请建于其私第中门之左，一常五室，五世祖居中，东二昭，西二穆。堂饰以黝噩。神板长一尺，博四寸五分，厚五寸八分，大书某官某大夫之神坐，贮以帛囊，藏以漆函。岁四享用孟月柔日行之，具三献。有司言时享用常器常馔，帝仿政和故事，命制祭器赐之。其后，太傅昭庆节度平乐郡王韦渊、太尉保庆节度吴益、少傅宁远节度杨存中并请建家庙，赐以祭器。

隆兴二年四月庚辰，少师、四川宣抚使吴璘请用存中例，从之。

乾道八年九月，诏有司赐少保、武安节度、四川宣抚使虞允文家庙祭器如故事。

淳熙五年七月，户部尚书韩彦古请以赐第进父世忠家庙如存中。十二月，少傅、保宁节度卫国公史浩请建家庙，量赐祭器。

嘉泰元年，太傅、永兴节度、平原郡王韩侂胄奏："曾祖琦效忠先朝，奕世侑食，家庙犹阙，请下礼官考其制建之。"二年，循忠烈王张俊，开禧三年，鄜武僖王刘光世子孙相继有请，皆从之。

嘉定十四年八月，诏右丞相史弥远赐第，遵淳熙故事赐家庙，命临安守臣营之。礼官讨论祭器，并如侂胄之制。弥远请并生母齐国夫人周氏及祔妻鲁国夫人潘氏于生母别庙，皆下有司赐器。

景定三年，诏丞相贾似道赐家庙，命临安守、漕营度，礼官讨论赐祭器，并如仪。

卷一百一十　　志第六十三

礼十三 嘉礼一

上尊号仪　高宗内禅仪　上皇太后皇太妃册宝仪

旧史以饮食、婚冠、宾射、飨宴、脤膰、庆贺之礼为嘉礼，又以岁时朝会、养老、宣赦、拜表、临轩命官附之，今依《政和礼》，分朝会为宾礼，余如其旧云。

尊号之典，唐始载于礼官。宋每大祀，群臣诣东上阁门，拜表请上尊号，或三上，或五上，多谦抑弗许。如允所请，即奏命大臣撰册文及书册宝。其受册多用祀礼毕日，御正殿行礼，礼毕，有司以册宝诣阁门奉进入内。建隆四年，群臣三上表上尊号，诏俟郊毕受册。前三日，遣官奉告天地、宗庙、社稷，遂为定制。

其仪：有司宿设崇元殿仗卫，文武百官并集朝堂之次，摄太尉奉册于案，吏部侍郎一员押，司徒奉宝于案，礼部侍郎一员押，以五品、六品清资官充举册、举宝官，皆承之以匦，覆之以帊，俱诣殿门外之东、太尉之前。大乐令帅工人入就位，诸侍卫官及宰执、两制、供奉官等立于殿阶下香案前左右，如常入阁仪。侍中奏中严外办，所司承旨索扇，扇上，皇帝衮冕，御舆出自西房，乐作，即御坐，扇开，乐止。符宝郎奉宝如常仪，礼直官、通事舍

人分引太尉以下文武群官应北面位者，各就横行位，太常卿于册案前导至丹墀西阶上少东，北面置讫。太尉、司徒、吏部礼部侍郎各入本班立定，典仪赞百官再拜舞蹈，三称万岁，又再拜起居讫，又再拜，分班序立。礼直官引太常卿随行，吏部侍郎押册案以次序行，太尉从之，礼部侍郎次押宝案行，司徒从之，诣西阶，至解剑褥讫。其读册中书令、读宝侍中，候册案将至，先升于前楹间第一柱北对立。太尉解剑、脱舄讫，吏部侍郎押册案先升，太尉从升，当御坐前。太尉搢笏，北面奉册案稍前跪置讫，俯伏，兴，少退，东向立；中书令进当册案前，读册讫，俯伏，兴，又搢笏，奉册于褥，东向函，北向进跪置御坐前，与举册官降还侍立位，太尉亦降，纳舄、带剑。礼部侍郎押宝案升，司徒随升，北面跪置，侍中读宝讫，置册之南，俱复位，其纳舄、带剑、俯伏，一如上仪。典仪赞在位官皆再拜，礼直官、通事舍人引太尉至西阶下，解剑、舄升，当御坐前跪贺，其词中书门下撰。贺讫复位，皆再拜，如读册宝仪。侍中升至御坐前承旨，退，临阶西向称"有制"，典仪赞再拜讫，宣曰："朕以鸿仪昭举，保命会昌，迫于群情，祇膺显号。退循寡昧，惕惧增深。所贺知。"宣讫复位，典仪赞再拜舞蹈，三称万岁，又再拜讫。侍中升阶奏礼毕，降复位，扇上，乐作，帝降坐，御舆入自东房，扇开，乐止。侍中版奏解严，中书侍郎帅奉案官升殿，跪奉册置于案，次门下侍郎奉宝如奉册礼，通事舍人赞引诣东上阁门状进，所司承旨放仗，百官再拜讫，退如常仪。自后受册皆如之。礼毕，赐百官食于朝堂。

熙宁元年，宰臣曾公亮等上表请加尊号，诏不允。先是，翰林学士司马光言："尊号起唐武后、中宗之世，遂为故事。先帝治平二年，辞尊号不受，天下莫不称颂圣德。其后佞臣建言，国家与契丹常有往来书，彼有尊号而中国独无，足为深耻。于是群臣复以非时上尊号，论者甚为朝廷惜之。今群臣以故事上尊号，臣愚以为陛下聪明睿知，虽宜享有鸿名，然践阼未久，又在亮阴之中，考之事体，似未宜受。陛下诚能断以圣意，推而不居，仍令更不得上表请，则颂叹之声将洋溢四海矣。"诏赐光曰："览卿来奏，深谅忠诚。朕方以频日淫雨，甲申地震，天威昭著，日虞倾祸。被此鸿名，有惭面目，况在亮阴，亦难当是盛典。今已批降指挥，可善为答辞，使中外知朕至诚惭惧，非欺众邀名。"其后，宰臣数上表请，终不允。

徽宗内禅　钦宗上尊号曰教主道君太上皇帝，居龙德宫。靖康元年正月朔，朝贺毕，车驾诣龙德宫贺，百官班门外，宰执进见如仪。

高宗内禅。绍兴三十二年六月十日御札："皇太子可即皇帝位，朕称太上皇帝，退处德寿宫，皇后称太上皇后。应军国事并听嗣君处分。"

十一日，行内禅之礼。有司设仗紫宸殿，宰臣、文武百僚立班，皇帝出宫，鸣鞭，禁卫诸班直、亲从仪仗并内侍省执骨朵使臣等并迎驾，自赞常起居。皇帝升御坐，知阁门官以下并内侍都知、御带以下一班起居，次管军一班起居，次宰执以下常起居讫，左仆射陈康伯、知枢密院事

叶义问、参知政事汪澈、同知枢密院事黄祖舜升殿奏曰："臣等不才,辅政累年,罪戾山积,乃蒙容贷,不赐诛责。今陛下超然独断,高蹈尧、舜之举,臣等心实钦仰。但自此不获日望清光,犬马之情,不胜依恋。"因再拜辞,相与泣下,几至号恸。帝亦为之流涕曰:"朕在位三十六年,今老且病,久欲闲退,此事断自朕心,非由臣下开陈,卿等当悉力以辅嗣君。"康伯等复奏曰:"皇太子仁圣,天下所共知,似闻谦逊太过,未肯便御正殿。"帝曰:"朕前此固尝与之言,早来禁中又面谕之,即步行径趋侧殿门,欲还东宫,已再三敦勉邀留,今在殿后矣。"宰执降阶,皇帝降坐,鸣鞭还内。宰执文武百僚并退,立班,听宣诏讫,再拜舞蹈,三称万岁,再拜讫,班权退,复追班入,诣殿下立班。

少顷,新皇帝服履袍,涕泣出宫。禁卫诸班直、亲从仪仗等迎驾,起居,鸣鞭。内侍扶掖皇帝至御榻,涕泣再三,不坐,内侍传太上皇帝圣旨,请皇帝升御坐,皇帝升御坐东侧坐。知阁门官以下一班起居、称贺,次管军官一班起居、称贺,次文武百僚横行北向立,舍人当殿称文武百僚宰臣陈康伯以下起居、称贺,皇帝降御坐,侧身西向不坐。俟宰臣以下再拜舞蹈、三称万岁、起居、称贺毕,康伯等升殿奏曰:"臣等言:愿陛下即御坐,以正南面,上副太上皇帝传授之意。"帝愀然曰:"君父之命出于独断,此大位,惧不敢当,尚容辞避。"康伯等再奏:"兹者伏遇皇帝陛下应天顺人,龙飞宝位,第以驾下之材,恐不足以仰辅新政,然依乘风云千载之遇,实与四海苍生不胜幸庆。"再拜贺毕,奏事而退。宰执下殿,皇帝还内,鸣鞭。宰执文武百僚赴祥曦殿,候太上皇帝登辇,扈从至德寿宫而退。

翌日,诣德寿宫朝见。前期,仪鸾司设大次于德寿宫门内,小次于殿东廊西向。其日,俟皇帝出即御坐,从驾臣僚、禁卫等起居如常仪。皇帝降御坐,乘辇至德寿宫,文武百僚诣宫门外迎驾,起居讫,前导官、太常卿、阁门官、太常博士、礼直官先入,诣大次前,分左右立定,俟皇帝降辇入,次御史台、阁门、太常寺报文武百僚入,诣殿庭北向立定。前导官导皇帝入小次,帘降,俟太上皇帝即御坐,小次帘卷,前导官导皇帝升殿东阶,诣殿上折槛前,奏请拜,皇帝再拜讫,前导官导皇帝稍前,躬奏圣躬万福讫,复位,再拜讫,导皇帝诣太上皇帝御坐之东,西向立。殿下在位官皆再拜,搢笏,三舞蹈,三叩头,出笏就拜,又再拜,班首不离位,奏圣躬万福,又再拜,班退,前导官以次退,从驾官归幕次,以俟从驾。太上皇帝驾兴,皇帝从,入见太上皇后,如宫中之仪。皇帝还内,如来仪。每遇正旦、冬至及朔望,并依上仪。

十二日,帝诣德寿宫,以雨,百僚免入见,上就宫中行礼。自后诣宫,若行宫中礼,即不集百官陪位。十三日,诏令宰臣率百官于初二日、十六日诣德寿宫起居。又诏:"朕欲每日一朝德寿宫,修晨昏之礼。面奉慈训,恐废万机,劳烦群下,不蒙赐许。礼官宜重定其期,如前代朝朔望,甚为疏阔,朕不敢取。"于是礼部、太常寺言:"《汉书》高皇帝五日一朝太上皇,乞依此故事,每五日一次诣德寿宫朝见,如宫中礼。"

帝始谒后殿,宰臣陈康伯等奏:"臣等朝德寿宫,太上皇宣谕,车驾每至宫,必于门外降辇,已再三勉谕,既行家人之礼,自宜至殿上降辇。"帝曰:"太上有旨不须五日一朝,只朝朔望,朕心未安,宜令有司详议。如宫门降辇,臣子礼所当然。"于是礼部、太常言:"除朝朔望外,乞于每月初八、二十三日诣德寿宫起居,如宫中仪。"自后皆遵此制,如值雨、盛暑、祁寒,临期承太上特旨乃免。

十一月冬至,上诣德寿宫称贺上寿,礼毕,入见太后,如宫中礼。自后冬至并同。隆兴元年正月朔,帝率百官诣德寿宫,如冬至仪。自后正旦并同。

乾道元年二月朔,帝诣德寿宫,恭请太上、太后至延祥观烧香,太上与帝乘马,太后于后乘舆;次幸聚景园,次幸玉津园。自后帝诣德寿宫恭请太上、太后至南内,或幸延祥观、灵隐寺、天竺寺、恭进太上圣政、册命皇太子,起居称谢。遇游幸,则宰执以下从驾至游幸所,除管军、环卫官等俟驾还护从还内,宰执以下并免护从,先退。

淳熙十六年,孝宗内禅,皇太子即皇帝位;绍熙五年,光宗内禅,皇子嘉王即皇帝位,并如绍兴三十二年故事。

太皇太后、皇太后、皇太妃册礼　建隆元年,诏尊母南阳郡太夫人为皇太后,仍令所司追册四亲庙。后不果行。至道三年四月,尊太宗皇后李氏为皇太后,宰臣等诣崇政殿门表贺皇帝,又诣内东门表贺皇太后。乾兴元年,真宗遗制尊皇后刘氏为皇太后,淑妃杨氏为皇太妃,亦不果行册礼。

天圣二年,宰臣王钦若等五表请上皇太后尊号。十一月,郊祀毕,帝御天安殿受册,百官称贺毕,再序班。侍中奏中严外办,礼仪使奏发册宝,帝服通天冠、绛纱袍,秉珪以出。礼仪使、阁门使导帝随册宝降自西阶,内臣奉至殿庭,置横街南东向褥位,册在北,宝在南,帝立殿庭北向褥位,奉册宝官奉册宝案,太常卿、吏部、礼部侍郎引置当中褥位。礼仪使奏请皇帝再拜,在位官皆再拜。太尉、司徒就册宝位,帝搢珪跪,奉册授太尉,又奉宝授司徒,皆搢笏东向跪受,兴,奉册宝案置于近东西向褥位。礼仪使奏请皇帝归御幄,易常服,乘舆赴文德殿后幄,百官班退赴朝堂,太尉、司徒奉册宝至文德殿外幄,太尉以下各就次以俟。

侍中奏中严外办,太后服仪天冠、衮衣以出,奏《隆安》之乐,行障、步障、方团扇,侍卫垂帘,即御坐,南向,乐止。太常卿导册案至殿西阶下,各归班,在位者皆再拜。太尉押册案,司徒奉册,中书令读册讫,侍中押宝案,司徒奉宝,侍中读宝毕,太尉、司徒诣香案前,分班东西序立。尚宫赞引皇帝诣皇太后坐前,帝服靴袍,帘内行称贺礼,跪曰:"嗣皇帝臣某言:皇太后陛下显崇徽号,昭焕寰瀛,伏惟与天同寿,率土不胜欣抃。"俯伏,兴,又再拜,尚宫诣御坐承旨,退,西向称:"皇太后答曰:皇帝孝思至诚,贯于天地,受兹徽号,感慰良深。"帝再拜,尚宫引归御幄,太尉率百官称贺,奏《隆安》之乐,太后降坐还幄,乐止。侍中奏解严,所司放仗,百官再拜退。

太后还内，内外命妇称贺太后、皇帝于内殿，在外命妇及两京留司官并奉表称贺。自是，上皇太后尊号礼皆如之。

熙宁二年，神宗尊皇太后曹氏为太皇太后，诣文德殿跪奉玉册授摄太尉曾公亮、金宝授摄司徒韩绛，又跪奉皇太后高氏玉册授摄太尉文彦博、金宝授摄司徒赵抃，礼毕，百官称贺。

哲宗即位，诏尊太后高氏为太皇太后，皇后向氏为皇太后，德妃朱氏为皇太妃。礼部议："皇太妃生日节序物色，其冠服之属如皇后例，称慈旨，庆贺用笺。太皇太后、皇太后于皇太妃称赐，皇帝称奉，百官不称臣。皇帝问皇太妃起居用笺，皇太妃答皇帝用书。"宰臣请特建太皇太后宫曰崇庆，殿曰崇庆、曰寿康；皇太后宫曰隆祐，殿曰隆祐、曰慈徽。

元祐二年，诏太皇太后受册依章献明肃皇后故事，皇太后受册依熙宁二年故事，皇太妃与皇太后同日受册，令太常礼官详定仪注。右谏议大夫梁焘请对文德殿，太皇太后曰："大臣欲行此礼，予意谓必难行。"焘对曰："诚如圣虑，愿坚执勿许。且母后权同听政，盖出一时不得已之事，乞速罢之。"中书舍人曾肇亦言："太皇太后听政以来，止于延和殿，受辽使朝见，亦止于御崇政殿，未尝践外朝。今皇帝述仁祖故事，以极崇奉之礼，太皇太后傥以此时特下明诏，发扬皇帝孝敬之诚，而固执谦德，止于崇政殿受册，则皇帝之孝愈显，太皇太后之德愈尊，两义俱得，顾不美欤？"太皇太后欣然纳之，乃诏将来受册止于崇政殿。寻以天旱权罢。未几，太师文彦博等以时雨溥澍，秋稼有望，请举行册礼，凡三请乃从。九月六日，发太皇太后册宝于大庆殿，发皇太后、太妃册宝于文德殿，行礼如仪。

绍圣元年，诏："奉太皇太后旨，皇太妃特与立宫殿名，坐六龙舆，张繖，出入由宣德正门。"有司请应宫中并依称臣妾，外命妇入内准此；百官拜笺称贺，称殿下。

徽宗即位，加哲宗太妃号曰圣瑞，既又御文德殿，册命元符皇后刘氏为太后，并依皇后礼制。

建炎元年五月，册元祐皇后为隆祐太后，令所司择日奉上册宝，时方巡幸，不克行礼；遥尊韦贤妃为宣和皇后。绍兴七年三月，诏略曰："宣和皇后凤拥庆羡，是生眇冲，乃骨肉之至亲，偕父兄而时迈。十年地阻，怀《陟岵》、《凯风》之思；万里使还，奉上皇、宁德之讳。宜尊为皇太后，令所司择日奉上册宝。"太常寺言："请依祖宗故事，俟三年之丧终制，然后行礼。"时翰林学士朱震言："唐德宗建中上太后沈氏尊号时，沈太后莫知所在，犹供张舍元殿，具衮冕，出左序，立东方，再拜奉册。今太后圣体无恙，信使相望，岂可不举扬前宪？臣又闻，三年之制，惟天地、社稷越绋行事。德宗以大历十四年即位，明年改元建中，时行易月之制，故以冕服行事。今陛下退朝之服，尽如礼制，谓当供张别殿，遣三公奉册，藏于有司，恭俟来归。愿下礼官讲明。"诏从之。礼部、太常言："宝文欲乞以'皇太后宝'四字为文，合差撰册文官一员，书册文官一员，书篆宝文官一员，并差执政。"十年，营建皇太后宫，以慈宁为名。十二月，帝自常御殿诣慈宁殿遥贺皇太后，奉上册宝。

十二年八月，皇太后还慈宁宫，十月十八日，奉进册宝。其日张设慈宁殿，设坐殿中，皇太后服袆衣即御坐，本殿官设册宝于殿下，慈宁宫事务官并本殿官并朝服诣殿下，再拜，搢笏，举册宝奉进；先进册，次进宝，进毕，降坐，易袆衣，服常服。皇帝诣慈宁殿贺，如宫中仪，次宰臣率百僚拜表称贺。

三十二年六月，诏上太上皇帝、太上皇后尊号，集议以闻。左仆射陈康伯等言："五帝之寿，惟尧最高，百王之圣，惟尧独冠。今兹高世之举，视尧有光，恭请上太上皇帝尊号曰光尧寿圣太上皇帝，太上皇后尊号曰寿圣太上皇后。"诏恭依，仍令礼部、太常讨论礼仪以闻。左仆射陈康伯撰太上皇帝册文，兼礼仪使、参政汪澈书册文并篆宝，知枢密院叶义问撰太上皇后册文，同知枢密院事黄祖舜书册文。

八月十四日，奉上册宝。是日，陪位文武百僚、太傅以下行事官，并朝服入诣大庆殿下立班。皇帝自内服履袍入御幄，服通天冠、绛纱袍出大庆殿，诣册宝褥位前再拜，在位官皆再拜讫，皇帝行发册宝授太傅之礼如仪。礼毕，皇帝还幄，服履袍还内，文武百僚退。

仪仗鼓吹，备而不作。护卫册宝，太傅以下行事官导从册宝至德寿宫。皇帝自祥曦殿服履袍乘辇，至德寿宫大次降辇，陪位文武官入殿庭立班定，太傅以下行事官从册宝入殿，皇帝服通天冠、绛纱袍升殿，诣西向褥位立，太上皇帝自宫服履袍即坐，皇帝北向四拜起居讫，次太傅以下皆四拜起居。

次行奉册之礼，中书令、参知政事史浩读册，摄侍中叶义问读宝，读讫，退复位。皇帝再拜称贺曰："皇帝臣某稽首言：伏惟光尧寿圣太上皇帝陛下册宝告成，鸿名肇正，与天同寿，率土均欢。"皇帝再拜，次侍中承旨宣答曰："皇帝孝通天地，礼备古今，勉受鸿名，良深感慰。"皇帝再拜讫，西向立，次太傅以下再拜称贺致词曰："摄太傅、尚书左仆射臣康伯等稽首言：伏惟光尧寿圣太上皇帝陛下肃临宝位，诞受丕称，独推天父之尊，普慰帝臣之愿。"奏讫，再拜舞蹈。次侍中承旨宣答曰："光尧寿圣太上皇帝圣旨：倦勤滋久，佚老是图，勉受嘉名，但增感慰。"又再拜舞蹈。次太上皇帝降坐入宫，皇帝后从寿圣太上皇后册宝入宫。

皇帝诣太上皇后坐前北向立，太上皇后升坐，皇帝四拜起居，行奉上册宝之礼，读册官陈子常读册，读宝官梁康民读宝，读讫复位，皇帝再拜称贺致词曰："皇帝臣某稽首言：伏惟寿圣太上皇后殿下德茂坤元，礼崇大号，宝书祗受，欢抃无疆。"皇帝再拜，次宣答官承旨宣答曰："寿圣太上皇后教旨：皇帝禩容载崇，显号来膺，诚孝通天，但深感惕。"皇帝再拜讫，太上皇后降坐入宫。次太傅以下文武百僚就德寿殿下拜笺称贺以俟，皇帝服履袍乘辇还内。十六日，宰臣率文武百僚诣文德殿拜表称贺。

卷一百一十一　　志第六十四

礼十四 嘉礼二

册立皇后仪　册命皇太子仪　册皇太子妃仪　公主受封仪　册命亲王大臣仪

　　册立皇后　建隆元年，立琅邪郡夫人王氏为皇后，命所司择日备礼册命。自后，凡制书云册命者，多不行册礼。后妃皆写册命告身，以金花龙凤罗纸、金涂檩袋，有司进入，学士院草制，宣于正殿。近臣、牧守、宗室皆修贡礼，群臣拜表称贺，又诣内东门奉笺贺皇后。

　　真宗册德妃刘氏为皇后，不欲令藩臣贡贺，不降制于外廷，止命学士草词付中书。

　　仁宗册皇后曹氏，其册制如皇太子，玉用珉玉五十简，匣依册之长短；宝用金，方一寸五分，高一寸，其文曰"皇后之宝"，盘螭纽，绶并缘册宝法物约旧制为之，匣、盝并朱漆金涂银装。其礼与《通礼》异，不立仗，不设县。

　　前一日，守官设次于朝堂，设册宝使、副次于东门外，命妇次于受册宝殿门外，设皇后受册宝位于殿庭阶下北向。奉礼设册宝使位于内东门外，副使、内侍位于其南，差退，东向北上，册宝案位于使前南向，又设内给事位于北厢南向。

　　其日，百官常服早入次，礼直官、通事舍人先引中书令、侍中、门下侍郎、中书侍郎及奉册宝官，执事人绛衣介帻，诣垂拱殿门就次，以俟册降。礼直官、通事舍人分引宰臣、枢密、册宝使副、百官诣文德殿立班，东西相向。内侍二员自中承旨降皇后册宝出垂拱殿，奉册宝官俱擂笏率执事人，礼直官导中书侍郎押册，中书令后从，门下侍郎押宝，侍中后从，由东上阁门出，至文德殿庭权置。

　　礼直官、通事舍人引使、副就位，次引侍中于使前，西向称"有制"，典仪曰"再拜"，赞者承传，使、副、在位官皆再拜，宣曰："赠尚书令、冀王曹彬孙女册为皇后，命公等持节展礼。"使、副再拜，侍中还位，门下侍郎帅主节者诣使东北，主节以节授门下侍郎，门下侍郎执节授册使，册使跪受，兴，付主节，幡随节立于使左。次引中书令、侍中诣册宝东北，西向立，中书侍郎引册案立于中书令右，中书令取册授册宝使，使跪受，兴，置于案，中书令、中书侍郎退复班。门下侍郎引宝案于侍中之右，取宝授册宝使如上仪，退复位，典仪赞拜讫，礼直官、通事舍人引使、副押册宝，持节者前导，奉册宝官奉舁，授卫如式，以次出朝堂门，诣内东门附内臣入进。

　　内臣引内外命妇入就位，内侍诣阁请皇后服袆衣。册宝至，使、副俱东向内给事前，北向跪称："册宝使李迪、副使王随奉制授皇后册宝。"俯伏，兴，退复位。内给事入诣受册宝殿门皇后前跪奏讫，内侍进诣使前，西面跪受册宝，以授内谒者监，使退复位。内谒者监、主当内臣持册宝入内东门，内侍从之，以次入诣殿庭。内侍赞引皇后降立庭中北向位，内侍跪取册，次内侍跪取宝，兴，立皇后右少前，西向，内侍二员进立皇后左少前东向，内侍称"有制"，内侍赞皇后再拜，内侍奉册进授皇后，皇后受以授内侍，次内侍奉宝亦然。复赞再拜讫，导皇后升坐，内臣引内外命妇称贺如常仪。礼毕，内侍导皇后降坐还阁，内外命妇班退。皇后易常服，谢皇帝、皇太后，用常礼。百官诣东上阁门表贺。

　　元祐五年八月，太皇太后诏：以皇帝纳后，令翰林学士、御史中丞、两省与太常礼官检详古今六礼沿革，参考《通礼》典故，具为成式。群臣又议勘昏，御史中丞郑雍等请不用阴阳之说，吕大防亦言不可，太后纳之。

　　六年八月，三省、枢密院言："六礼，命使纳采、问名、纳吉、纳成、告期，差执政官摄太尉充使，侍从官或判宗正官摄宗正卿充副使。以旧尚书省权为皇后行第。纳采、问名同日，次日纳吉、纳成、告期。纳成用谷圭为贽，不用雁。'请期'依《开宝礼》改为'告期'，'亲迎'为'命使奉迎'。纳采前，择日告天地、宗庙。皇帝临轩发册，同日，先遣册礼使、副，次遣奉迎使，令文武百官诣行第班迎。"又言："据《开元礼》，纳采、问名合用一使，纳吉、纳成各别日遣使。今未委三礼共遣一使，或各遣使。又合依发册例立仗。"诏："各遣使，文德殿发制依发册立仗。"

　　七年正月，诏尚书左丞苏颂撰册文并书。学士院上六礼辞语，其纳采制文略曰："太皇太后曰：'咨某官封姓名，浑元资始，肇经人伦，爰及夫妇，以奉天地、宗庙、社稷。谋于公卿，咸以为宜。率由旧典，今遣使持节太尉某、宗正卿某以礼纳采。"其答文曰："太皇太后嘉命，访婚陋族，备数采择，臣之女未闲教训，衣履若人。钦承旧章，肃奉典制。某官封粪土臣姓某稽首再拜承制诏。"问名制曰："两仪合德，万物之统，以听内治，必咨令族。重申旧典，今遣使持节某官以礼问名。"答曰："使者重宣中制，问臣名族。臣女，夫妇所生，先臣故某官之遗微孙，先臣故某官之遗曾孙，先臣故某官之遗孙，先臣故某官之外孙女，年若干。钦承旧章，肃奉典制。"纳吉制曰："人谋龟筮，同符元吉，恭顺典礼，今使某官以礼纳吉。"答曰："使者重宣中制，臣陋族卑鄙，忧惧不堪。钦承旧章，肃奉典制。"纳成制曰："咨某官某之女，孝友恭俭，实维母仪，宜奉宗庙，永承天祚。以黝纁、谷圭、六马以章典礼，今使某官以礼纳成。"答曰："使者重宣中制，降婚卑陋，崇以上公，宠以丰礼，备物典策。钦承旧章，肃奉典制。"告期制曰："谋于公卿，大筮元龟，罔有不臧，吉日惟某月、某甲子可迎。率遵典礼，今遣某官以礼告期。"答曰："使者重宣中制，以某月、某甲子吉日告期。臣钦承旧章，肃奉典制。"奉迎制曰："礼之大体，钦顺重正，其期维吉，典图是若，今遣某官以礼奉迎。"答曰："使者重宣中制，今日吉辰，备礼以迎。蝼蚁之族，猥承大礼，忧惧战悸。钦率旧章，肃奉典制。"余如式。

　　三月，礼部、太常寺上纳后仪注：

发六礼制书。太皇太后御崇庆殿,内外命妇立班行礼毕,内给事出殿门,置六礼制书案上,出内东门。礼直官、通事舍人引由宣祐门至文德殿后门入,权置案于东上阁门。

命使纳采、问名。文德殿,宰臣、亲王、执政官、宗室、百僚、大小使臣易朝服,乐备而不作。班定,内给事奉制书案置横街北稍东,西向北上,礼直官、通事舍人引门下、中书侍郎,次引使、副就横街南承制位,北向东上,内给事诣使者东,北面称"太皇太后有制",典仪曰"再拜",在位官皆再拜。宣制曰:"皇帝纳后,命公等持节行礼。"典仪曰"再拜",使、副皆再拜。授制书讫,典仪曰"再拜",在位官皆再拜。礼直官、通事舍人、太常博士引使、副从制案出,载于油络网犊车,出宣德门,鼓吹备而不作。至皇后行第大门外,令史二人对奉制案立,主人立大门内,傧者立主人之左,北面,进受命,出曰:"敢请事。"使者曰:"某奉制纳采。"傧者入告,主人曰:"臣某之女若而人,既蒙制访,臣某不敢辞。"傧者出告,入引主人出大门外,再拜。使者先入,使者曰:"太皇太后制。"主人再拜。宣制书毕,主人再拜受讫,主人进表讫,再拜,使者出。问名同上仪。使者曰:"将加卜筮,奉制问名。"主人曰:"臣某之女若而人,既蒙制命,臣某不敢辞。"

命使纳吉、纳成、告期并同命使纳采、问名仪。纳吉,使者曰:"加请卜筮,占曰从制,使某纳吉。"主人曰:"臣某之女若而人,龟筮云吉,臣预有焉。臣某谨奉典制。"告期,使者曰:"某奉制告期。"主人曰:"臣某谨奉典制。"以上纳吉、纳成、告期。请见、授制、接表并如纳采仪。

临轩命使册后及奉迎于文德殿。百官朝服,皇帝常服乘辇至殿后阁,侍中奏中严外办,乃服通天冠、绛纱袍,乘辇出自西房,降辇即御坐。两省官及待制、权侍郎、观察使以上,分东西入殿门,各就位,东西相向立。奉宝置御坐前,奉宣后册由东上阁门出,至文德殿庭横行,典仪曰"拜",在位官皆再拜。使、副受册,宣制曰:"册某氏为皇后,命公等持节展礼。"典仪曰"拜",使、副再拜受册宝讫,典仪赞百官再拜。宣制曰:"太皇太后制:命公等持节奉迎皇后。"典仪赞使、副再拜受节,又赞百官再拜。侍中奏礼毕解严,百官再拜出,皇帝常服还内。册宝至皇后行第,如纳采仪。使者曰:"某奉制授皇后备物典册。"皇后受册宝,内外命妇序立如仪,主人以书奉使者。

奉迎。百官常服班宣德门外行第,傧者请,使者曰:"某奉制以礼奉迎。"傧者入告,主人曰:"臣某谨奉典制。"傧者出告,入引主人出大门外再拜。使者先入,曰:"有制",主人再拜,使者宣制毕,主人再拜受制,答表又再拜。姆导皇后,尚宅前引,升堂出立房外,典仪赞使、副再拜。使者曰:"今月吉日,某等承制以礼奉迎。"内侍受以入,使、副退,主人以书授使者,奉于司言,受以奏闻。皇后降立堂下再拜讫,升堂,主人升自东阶,西向曰:"戒之戒之,夙夜无违命!"主人退,母进西阶上东向,施衿、结帨曰:"勉之戒之,夙夜无违命!"皇后升舆至中门,升车出大门,使、副及群臣前引。将至宣德门,百官、宗室班迎,再拜讫,分班。皇后入门,鸣钟鼓,班迎官退,乃降车入,次升舆入端礼门、文德殿、东上阁门,出文德殿后门,入至内东门内降舆,司舆前导,诣福宁殿门大次以俟。晡后,皇后车入宣德门,侍中版奏请中严,内侍转奏,皇帝服通天冠、绛纱袍,御福宁殿,尚宫引皇后出次,诣殿庭之东,西向立。尚仪跪奏外办,请皇帝降坐礼迎,尚宫前引,诣庭中之西,东面揖皇后以入,导升西阶入室,各就榻前立。尚食跪奏具,皇帝揖皇后皆坐,尚食进馔,食三饭,尚食进酒,受爵饮,尚食以馔从;再饮如初,三饮用卺如再饮。尚仪跪奏礼毕,俱兴,尚宫请皇帝御常服,尚寝请皇后释礼服入幄。次日,以礼朝见太皇太后、皇太后,参皇太妃,如宫中之仪。

诏从之。

四月,太皇太后手书曰:"皇帝年长,中宫未建,历选诸臣之家,以故侍卫亲军马军都虞候、赠太尉孟元孙女为皇后。"制诏:"六礼,尚书左仆射兼门下侍郎吕大防摄太尉,充奉迎使,同知枢密院事韩忠彦摄司徒副之;尚书左丞苏颂摄太尉,充发册使,签书枢密院事王岩叟摄司徒副之;尚书左丞苏辙摄太尉,充告期使,皇叔祖、同知大宗正事宗景摄大宗正卿副之;皇伯祖、判大宗正事、高密郡王宗晟摄太尉,充纳成使,翰林学士范百禄摄宗正卿副之;吏部尚书王存摄太尉,充纳吉使,权户部尚书刘奉世摄宗正卿副之;翰林学士梁焘摄太尉,充纳采、问名使,御史中丞郑雍摄宗正卿副之。"

五月甲午,行纳采、问名礼。丁酉,行纳吉、纳成、告期礼。戊戌,帝御文德殿发册及命使奉迎皇后。己亥,百官表贺于东上阁门,次诣内东门贺太皇太后,又上笺贺皇后,上笺贺皇太妃。皇后择日诣景灵宫行庙见礼。

大观四年,册贵妃郑氏为皇后,议礼局重定仪注:临轩册使,皇帝御文德殿,服通天冠、绛纱袍,百官朝服,陈黄麾细仗,依古用宫架。册使出殿门,依近仪不乘辂。权以穆清殿为受册殿。其日,皇后服袆衣,其奉册宝授皇后,皆用内侍。受册讫,皇后上表谢皇帝,内外命妇立班称贺,群臣入殿贺皇帝,于内东门上笺贺皇后。其上礼仪注,乞依进马条令施行;其会群臣,及皇后会外命妇仪注,并依《开元》、《开宝礼》。受册之殿陈宫架,用女工,升降行止并以乐节,而别定乐名、乐章。

皇后上表乞免受册排黄麾仗及乘重翟车、陈小驾卤簿等,而于延福宫受册。其朝谒景灵宫,亦止依近例云。

绍兴十三年闰四月十七日,册贵妃吴氏为皇后。前期,于文德殿内设东西房、东西阁,凡香案、宫架、册宝幄次、举麾位、押案位、权置册宝褥位、受制承制宣制位、奉节位、赞者位、奉册宝位、举册举宝官位及文武百僚、应行事官、执事官位,皆仪鸾司、太常典仪分设之,以俟临轩发册。

其日质明，皇帝服通天冠、绛纱袍出西阁，协律郎举麾奏《乾安》之乐，皇帝降辇即御坐，乐止，册使、副以下应在位官皆再拜。侍中宣制曰："册贵妃吴氏为皇后，命公等持节展礼。"册使、副再拜，参知政事以节授册使，册使跪受，以授掌节者。中书令以册授册使，侍中以宝授副使，并权置于案，册使、副以下应在位官皆再拜。册使押册，副使押宝，持节者前导，《正安》之乐作，出文德殿门，乐止，至穆清殿门外幄次，权置以俟。

皇后首饰、袆衣出阁，协律郎举麾，《坤安》之乐作，皇后至殿上中间南向立定，乐止。册使、副就内给事前东向跪称："册使副姓某奉制授皇后备礼典册。"内给事入诣皇后前，北向奏讫，册使举册授内侍，内侍转授内谒者监；副使举宝授内侍，内侍转授内谒者监；掌节者以节授掌节内侍，内侍持节前导，册宝并案进行入诣殿庭。册宝初入门，《宜安》之乐作，至位，乐止。皇后降自东阶，至庭中北向位，初行，《承安》之乐作，至位，乐止。皇后再拜，举册官搢笏跪举册，读册官搢笏跪宣册，内谒者监奉册进授皇后，皇后受以授司言，又奉宝进授皇后，皇后受以授司宝。司言、司宝置册宝于案，举册宝官并举案官俱搢笏举册宝并案兴，诣东阶之东，西向位置定。皇后初受册宝，《成安》之乐作，受讫，乐止。皇后再拜，礼毕。

册皇太子 至道元年八月壬辰，诏立皇太子，命有司草其册礼，以翰林学士宋白为册皇太子礼仪使。有司言："前代太子无执圭之文，请如王公之制执桓圭，余如旧制。"

九月丁卯，太宗御朝元殿，陈列如元会仪，帝衮冕，设黄麾仗及宫县之乐于庭，百官就位。太子常服乘马，就朝元门外幄次，易远游冠、朱明衣，所司赞引三师、三少导从至殿庭位，再拜起居毕，分班立。

太常博士引摄中书令就西阶解剑、履，升殿诣御坐前，俯伏，兴，奏宣制，降就剑、履位，由东阶至太子位东，南向称"有制"，太子再拜。中书侍郎引册案就太子东，中书令北面跪读册毕，太子再拜受册，以授右庶子；门下侍郎进宝授中书令，中书令授太子，太子以授左庶子，各置于案。由黄道出，太子随案南行，乐奏《正安》之曲，至殿门，乐止，太尉升殿称贺，侍中宣制，答如仪。

皇太子易服乘马还宫，百官赐食于朝堂。中书、门下、枢密院、师、保而下诣太子参贺，皆序立于宫门之外。庶子版奏外备，内臣褰帘，太子常服出次坐，中书、门下、文武百官、枢密、师、保、宾客而下再拜，并答拜；四品以下官参贺，升坐受之。越三日，具卤簿，谒太庙，常服乘马，出东华门升辂，仪仗内行事官乘车者，并服礼衣，余皆袴褶乘马导从。

有司言："唐礼，宫臣参贺皆舞蹈，开元始罢之。故事，百官及东宫接见只呼皇太子，上笺启称皇太子殿下，百官称名，宫官称臣；常行用左春坊印，宫中行令。又按唐制，凡东宫处分论事之书，太子并画令，左、右庶子以下署名姓，宣奉行书按画日；其与亲友、师傅，不用此制。今请用开元之制，宫臣止称臣，不行舞蹈之礼。今皇太子兼判开封府，其所上表状即署太子之位，其当申中书、枢密院状，祗判官等署，余断案及处分公事并画诺。"诏惟改"诺"为"准"，余并从之。其朝皇后仪，止用宫中常礼。时真宗以寿王为皇太子，兼判开封，请见僚属，称名而免称臣。

神宗未及受册礼而即位，乃以册宝送天章阁，遂为故事。

绍兴三十二年五月，诏曰："朕以不德，躬履艰难三十有六年，忧劳万机，宵旰靡怠。属时多故，未能雍容释负，退养寿康，今边鄙粗宁，可遂如志。皇子毓德允成，神器有托，朕心庶几可立为皇太子，仍改名，所司择日备礼册命。"未及行礼，六月十一日内禅。

乾道元年八月十日，制立皇子邓王愭为皇太子。十月，诏以知枢密院洪适为礼仪使，撰册文，签书枢密院事叶颙书册，工部侍郎王弗篆宝。

十六日，皇帝御大庆殿行册礼，皇太子服远游冠、朱明衣，执桓圭。前期，习仪礼官及有司并先一日入宿卫，展宫架乐，设太子次、册宝幄次、百官次，又设皇太子受册位、典宝褥位，应行礼等皆有位，列黄麾半仗于殿门内外。质明，百官就次，皇太子常服诣幕次，符宝郎陈八宝于御位之左右，有司奉册宝至幄次，百官朝服入班殿庭。

有司自幄次奉册宝至褥位，参知政事、中书令导从，退各就位，侍中升殿俟宣制，皇太子易服执圭俟于殿门外。乐正撞黄钟之钟，《乾安》之乐作，皇帝即御坐，殿上侍臣起居，乐止。行礼官赞引皇太子入就殿庭，东宫官从，初入殿门，《明安》之乐作，乐止，皇太子起居，次百官起居，各拜舞如仪。

皇太子诣受册位，侍中前承旨，降阶宣制曰："册邓王愭为皇太子。"皇太子拜舞如仪，侍中升殿复位。中书令诣读册位，捧册官奉册至，中书令跪读毕，兴，皇太子再拜，有司奉册至皇太子位，中书令跪以册授皇太子，皇太子跪受，以授右庶子，置于案；次侍中以宝授皇太子，皇太子跪受，以授左庶子，如上仪。皇太子再拜。中书舍人押册、中允押宝以出，次皇太子出，如来仪。初行乐作，出殿门乐止。次百官称贺，乐正撞蕤宾之钟，《乾安》之乐作，皇帝降坐，乐止，放仗，在位官再拜以出。

礼毕，百官易常服，赴内东门司拜笺贺皇后，次赴德寿宫拜表笺贺，诸路监司、守臣等并奉表称贺。明日，车驾诣德寿宫谢。又明日，上御紫宸殿，引皇太子称谢，还东宫，百官赴东宫参贺。

皇太子择日先朝谒景灵宫，次日朝谒太庙、别庙，又择日诣德寿宫称谢。先是，礼官言："皇太子朝谒景灵宫无所服典故，乞止用常服。次朝谒太庙、别庙，当衮冕，乘金辂，设仗。"从之。皇太子言："乘辂、设仗，虽有至道、天禧故事，非臣子所安。"诏免。

册皇太子妃 政和五年三月，诏选皇太子妃。六年六月，诏选少傅、恩平郡王朱伯材女为皇太子妃，令所司备礼册命。庚辰，帝服通天冠、绛纱袍，御文德殿发册。先是，议礼局上《五礼新仪》："皇太子纳妃，乘金辂亲迎。"

皇太子三奏辞乘辂及临轩册命，诏免乘辂，而发册如礼焉。

公主受封，降制有册命之文，多不行礼，惟以纶告进内。至嘉祐二年，封福康公主为兖国公主，始备礼册命。

前一日，百官班文德殿，内降册印，宣制、册案、援卫一如册皇后仪。有司先设册使等幕次于内东门外，命妇次于公主本位门之外，公主受册印位于本位庭阶下北向，册使位于内东门、副使及内给事于其南差退并东向，设册印案位于册使前南向，内给事位于册使北南向。

自文德殿奉册印将至内东门，内给事诣本位，请公主服首饰、褕翟。册印至内东门外褥位置讫，内臣引内命妇入就位，礼直官引册使、副等俱就东向位，内给事就南向位。

通事舍人、博士引册使就内给事前东向，躬称"册使某、副使某奉制授公主册印"，退复位，内给事入诣所设受册印位公主前，言讫退。内给事进诣册使前西向，册使跪以册印授内给事，内给事跪授内谒者，内谒者及主当内臣等持入内东门，内给事从入诣本位，赞公主降诣庭中北向立，跪取册，兴，立公主右少前西向。又内给事立公主左少前东向，称"有制"，赞者曰"拜"，公主再拜，右给事奉册跪置之，公主受以授左给事，右给事又奉印授公主，如上仪。赞者曰"拜"，公主再拜毕，引公主升位。次内臣引内命妇贺毕，遂引公主谢皇帝、皇后，一如内中之仪。群臣进名贺。其册印如贵妃，有匣，文曰"兖国公主之印"。遂为定制。

神宗进封邠国大长公主、鲁国公主皆请免册礼，止进告入内云。

册命亲王大臣之制，具《开宝通礼》，虽制书有备礼册命之文，多上表辞免，而未尝行。每命亲王、宰臣、使相、枢密使、西京留守、节度使，并翰林草制，夜中进入，翼日自内置于箱，黄门二人舁之，立御坐东。内朝退，乃奉箱出殿门外，宣付阁门，降置于案，俟文德殿立班，阁门使引制案置于庭，宣付中书、门下，宰相跪受，复位，以授通事舍人，赴宣制位唱名讫，奉诣宰相，宰相受之，付所司。

若立后妃，封亲王、公主，即先称有制，百官再拜，宣制讫，复再拜舞蹈称贺。若宰相加恩制书，即宣付通事舍人，引宰相于宣制石东，北向再拜立，听讫，拜舞复位。若百官受制，即自班中引出听麻，文班于宣制石东，武班于西，并如宰相仪，听讫，出赴朝堂。其罢相者，即引出赴朝堂金吾仗舍。

诸王、宰相朝谢，前一日，内降官告，从内出东上阁门外宣词以赐，授节者，仍交旌节。授者俯伏，执旌节交于颈上者三。参知政事、宣徽使、枢密使、大两省、两制、秘书监、上将军、观察使以上授官告敕牒者，皆拜敕舞蹈，若止授敕或宣头者止再拜，余官悉不拜敕、不舞蹈，惟御史大夫、中丞拜授东上阁门使，又引至殿门外中笼门再拜。

亲王、节度、使相官告，并载以彩舆迎归第。亲王舆中，设银师子香合，辇官十二人，并幞头、绯绣宽衣；旌节各二，马四，㸐稍官十六人，执旌拢马对引，由乾元门西偏门出至门外；马技骑士五十人，枪牌步兵六十人，教坊乐工六十五人，及百戏、蹴鞠、斗鸡、角抵次第迎引，左右军巡使具军容前导至本宫。使相舆中用银香炉，辇官十二人，金鹅帽、锦络缝紫䌷宽衣；旌节各一，马二，㸐稍官八人，马技骑士二十人，枪牌步兵二十四人，军巡使不前导，余如亲王制。有故则罢。

凡谏、舍、刺史以上在外任加恩者，悉令其亲属乘传赍诏，就以告牒赐之。

政和礼局上册命亲王、大臣仪，讫不果行。

卷一百一十二　　志第六十五

礼十五 嘉礼三

圣节　诸庆节

圣节　建隆元年，群臣请以二月十六日为长春节。正月十七日，于大相国寺建道场以祝寿，至日，上寿退，百僚诣寺行香。寻诏："今后长春节及诸庆节，常参官、致仕官、僧道、百姓等毋得进奉。"

太宗以十月七日为乾明节，复改为寿宁节。

真宗以十二月二日为承天节。其仪：帝先御长春殿，诸王上寿，次枢密使副、宣徽、三司使，次使相，次管军节度使、两使留后、观察使，次节度使至观察使，次皇亲任观察使以下，各上寿，仍以金酒器、银香合、马、袖表为献。既毕，咸赴崇德殿叙班，宰相率百官上寿，赐酒三行，皆用教坊乐，赐衣一袭，文武群臣、方镇州军皆有贡礼。前一月，百官、内职、牧伯各就佛寺修斋祝寿，罢日以香赐之，仍各设会，赐上尊酒及诸果，百官兼赐教坊乐。

景德二年，始令枢密三司使副、学士复赴百官斋会，少卿、监、刺史以上及近职一子赐恩，僧道则赐紫衣、师号，禁屠，辍刑。

仁宗以四月十四日为乾元节，正月八日皇太后为长宁节。诏定长宁节上寿仪：太后垂帘崇政殿，百官及契丹使班庭下，宰臣以下进奉上寿，阁门使于殿上帘外立侍，百官再拜，宰臣升殿，跪进酒帘外，内臣跪承以入。宰臣奏曰："长宁节，臣等不胜欢抃，谨上千万岁寿。"复降，再拜，三称万岁。内臣承旨宣曰："得公等寿酒，与公等同喜。"咸再拜。宰臣升殿，内侍出帘外跪授虚盏，宰臣跪受，降，再拜舞蹈，三称万岁。内侍承旨宣群臣升殿，再拜，升，陈进奉物当殿庭，通事舍人称"宰臣以下进奉"，客省使殿上喝"进奉出"。内谒者监进第二盏，赐酒三行，侍中奏礼毕，皆再拜舞蹈。太后还内，百官诣内东门拜表称贺。其外命妇旧入内者即入内上寿，不入内者进表。内侍引内命妇上寿，次引外命妇，如百官仪。次日大宴。

英宗以正月三日为寿圣节。礼官奏："故事，圣节上寿，亲王、枢密于长春殿，宰臣、百官于崇德殿，天圣谅闇皆于崇政殿。"于是紫宸上寿，群臣升殿间，饮献一觞而退。又一日，赐宴于锡庆院。

神宗以熙宁元年四月十日为同天节，以宅忧罢上寿，惟拜表称贺。明年，亲王、枢密使、管军、驸马、诸司使副诣垂拱殿，宰臣、百官、大国使诣紫宸殿上寿，命坐，赐酒三行，不举乐。明年，以大旱，罢同天节上寿，群臣赴东上阁门表贺。

中书门下言："同天节上寿班，自今枢密使副、宣徽、三司使、殿前马步军副都指挥使以上共作一班，进酒一盏；亲王、宗室、使相至观察、驸马、管军观察使以上，皆赴紫宸殿，依本班序立上寿，更不赴垂拱殿。"盖以管军观察使以上及亲王、驸马并于垂拱殿以官序高下各班进酒毕而日晏，外朝有班者仍诣紫宸殿，议者以为近渎，改焉。而诏祖免以上宗妇听班贺于禁中。

哲宗即位，诏以太皇太后七月十六日为坤成节。宰臣请以十二月八日为兴龙节。哲宗本七日生，以避僖祖忌，故后一日。

徽宗以十月十日为天宁节，定上寿仪：皇帝御垂拱殿，群臣通班起居毕，分班，从义郎以下医官、待诏等退。知引进司官一员读奏目，知东上阁门官一员奏进寿酒，由东阶升，舍人通教坊使以下赞再拜，奏圣躬万福，又再拜，复位。次看盏人稍前，舍人赞再拜，上殿祗候，分东西两阶立，候进酒升殿。次舍人引亲王入殿庭，北向立，赞再拜，班首奏万福。舍人引奉西入，列于亲王后，酒器檐床置马前，揖天武躬奏万福，进奉马先出。内侍进御茶床，殿中监酹酒讫，知东上阁门官殿上躬奏："亲王某以下进寿酒。"舍人揖亲王以下躬赞再拜，乃引亲王二员升殿，知东上阁门官引诣御坐前，舍人东阶下西向立，后准此。尚酝典御奉盘、盏授班首，摺笏受盘、盏，西向立，奉御启盏，亲王一员摺笏注酒，班首奉诣御坐东进讫，少退，虚跪，兴，以盘授典御，退，阁门引降阶。舍人引当殿北向立，东上，赞拜，兴，摺笏跪奉表，舍人接表，一员在东，余诣亲王西，置表笏上，授引进。知引进司官殿上读奏目，退，亲王以下俯伏，兴，躬，舍人赞拜，引班首升东阶，余殿下分立。阁门引诣御坐东，北向摺笏，尚酝典御如前奉盘立，乐作，皇帝饮讫，受盏，复位，再拜如上仪。知引进官诣折槛东，西向宣曰"进奉收"。赞拜，舞蹈，又再拜，西出。亲王以下赴紫宸殿立班。引进官宣"进奉出"，天武奉进奉以出。阁门复上殿，教坊使赞送御酒，又再拜，教坊致语讫，赞再拜，退。次枢密官上寿，次管军观察以上上寿、进奉并如仪。内侍举御茶床，舍人赞教坊使以下谢祗应，再拜讫，阁门侧奏无公事。

皇帝赴紫宸殿后阁受群臣上寿。质明，三公以下百僚并于殿门外就次，东上阁门、御史台、太常寺分引入诣殿庭东西立。阁门附内侍进班齐牌，皇帝出阁，禁卫诸班亲从迎驾，自赞常起居。皇帝升坐，鸣鞭，礼直官、通事舍人引三公至执政官，御史台、东上阁门分引百官，并横行北向立，典仪赞再拜舞蹈，班首奏万福，又再拜讫，分东西立。礼直官引殿中监、少监升东阶，诣酒尊所稍西，南向西上立，舍人揖教坊使以下通班大起居，次看盏人谢升殿，赞再拜。内侍进御茶床，殿侍酹酒讫，礼直官、通事舍人分引三公至执政官，御史台、东上阁门分引百僚，并横行北向立，典仪赞再拜，赞者承传，在位官皆再拜。礼直官、通事舍人引上公升东阶，东上阁门官接引升殿，授盏、启盏如上仪。上公诣御坐，俯伏跪奏："文武百僚、上公具官臣某等稽首言：天宁令节，臣等不胜大庆，谨上千万岁寿。"俯伏，兴，退，降阶，舍人接引复位，典仪赞再拜讫，礼直官引知枢密院官诣御坐前承旨，退诣折槛稍东，西向宣曰："得公等寿酒，与公等内外同庆。"典仪赞拜如仪，百官分东西立。礼直官、通事舍人引上公升东阶，东上阁门官接引诣御坐东，摺笏，殿中监授盘，上公奉进御坐东，北向，乐作，皇帝饮讫，阁门引接盏，降，复位，典仪赞拜如上仪。宗室遥郡以下先退。礼直官引枢密院官诣御坐前承旨，退诣折槛稍东，宣曰："宣群臣升殿。"典仪赞拜讫，礼直官、通事舍人分引三公以下升东阶，亲王、使相以下升西阶；御史台、东上阁门分引秘书监以下升两朵殿，并东西廊席后立。尚酝典御以盏授殿中监，奉御启盏，殿中监西向立，殿中少监以酒注于盏，第二、第三准此。奉诣御坐前，躬进讫，少退，奉盘西向立。乐作，皇帝饮讫，殿中监接盏退，授奉御，出笏复位。通事舍人分引殿上官横行北向，舍人赞再拜，典仪曰"再拜"，赞者承传，皆再拜。舍人赞就坐，各立席后，复赞就坐，群官皆坐。酒初行，先宰臣，次百官，皆作乐。尚食典御、奉御进食，太官设群官食，皇帝再举酒，群官兴，立席后，乐作，饮讫，舍人赞就坐，再行群官酒，皇帝三举酒，并如第二之仪。酒三行，舍人曰"可起"，群官兴，立席后。若宣示盏，即随东上阁门官以下揖，称"宣示盏"，躬，赞就坐。若宣劝，即立席后，躬，饮讫，赞再拜。内侍举御茶床，礼直官引左辅诣御坐前北向俯伏跪奏："左辅具臣某言礼毕。"俯伏，兴，退，复位。礼直官、通事舍人分引三公以下文武百僚降阶横行北向立，枢密院官在亲王后。典仪赞再拜，皆舞蹈再拜退。

靖康元年四月十三日，太宰徐处仁等表请为乾龙节。至日，皇帝帅百官诣龙德宫上寿毕，即本宫赐侍从官以上宴。

建炎元年五月，宰臣等上言，请以五月二十一日为天申节。诏曰："朕承祖宗遗泽，获托士民之上，求所以扶危持颠之道，未知攸济。念二圣銮舆在远，万民失业，将士暴露，夙夜痛悼，寝食几废，况以眇躬之故，闻乐饮酒，以自为乐乎？非惟深拂朕志，实增感于朕心。所有将来天申节百官上寿常礼，可令罢勿。"至是止就佛寺启散祝寿道场，诣阁门或后殿拜表称贺。

绍兴十三年二月，臣僚奏："臣闻孝理天下者，帝之盛德，归美报上者，臣子之至诚。是皆因性自然，发于观感，必各尽其至，然后为称。恭惟陛下抚艰难之运，忧勤在御，兢兢业业，图济中兴，孝德通于神明，皇天为之悔祸，长乐还阙，适当诞节之前，陛下以天下养，获伸宫闱上寿之仪，臣民得于观听，天下无不欣庆，所以崇大养而成孝理之功者，既以尽善尽美矣。陛下诞圣佳辰，乃臣子所愿奉觞上寿，以尽归美之意，其可不举而行之乎？臣愚，欲望将来天申节许令有司举行旧典，至日，百官得以奉万年之觞，仰祝圣寿，天下幸甚。"太常、礼部讨论：每遇圣节，枢密院以下先诣垂拱殿上寿毕，宰臣率百僚于紫宸殿上寿。前一月，分日启建道场，至前一日，枢密院官满散依例作斋筵。至日，三省官上寿立班讫，次赴满散作斋筵。后二日，大宴于集英殿。时命御史台、太常寺修立仪注。

孝宗隆兴元年，太上皇帝天申节，皇帝及宰臣、文武百僚诣德寿宫上寿。是日，以钦宗大祥，前一日，皇帝起居如宫中仪，百僚拜表称贺。

乾道八年，立皇太子，皇帝率皇太子及文武百僚诣德寿宫上寿。前期，仪鸾司陈设德寿宫殿门之内外，设御坐于殿上当中南向，设大次于德寿宫门内南向，小次于殿东廊西向，设皇帝褥位二：一于御坐东南，西向；一于御坐之南，北向。尚酝设御酒尊、酒器于御坐之东，有司又设御茶床于御坐之西，俱稍北。其日，文武百僚内不系从驾者，并先赴德寿宫门外以俟迎驾起居。质明，皇帝服靴袍出即御坐，从驾臣僚、禁卫起居如常仪。皇帝降坐，乘辇将至德寿宫，文武百僚迎驾再拜起居讫，前导官、太常卿、阁门官、太常博士、礼直官先入，诣大次前分左右立定。皇帝降辇入次，御史台、阁门、太常寺分引皇太子并文武百僚入诣殿廷，东西相向立定，前导官导皇帝入小次，帘降。皇太子并文武百僚并横行北向立。太上皇帝出宫升御坐，鸣鞭，小次帘卷。前导官导皇帝升殿东阶，诣殿折槛前北向褥位，再拜，躬奏圣躬万福，再拜，皇帝诣太上皇帝御坐之东褥位西向立，前导官于殿上随地之宜立。次舍人揖皇太子并文武百僚躬，典仪曰"再拜"，赞者承传，在位官皆再拜，搢笏舞蹈，又再拜，皇太子不离位，奏圣躬万福，各再拜，直身，分东西相向立。礼直官引奉盘盏官、受盘盏官、承旨宣答官、奏礼毕官、殿中监、少监升殿。内侍进御茶床，尚酝典御以盘盏、酒注授殿中监、少监，次礼直官引奉盘盏官诣酒尊所北向，殿中监启盏，殿中少监注酒，奉盘盏官奉酒诣皇帝前北向，礼直官引受盘盏官诣太上皇帝御坐前，西向立，皇太子并文武百僚横行北向立。奉盘盏官躬进皇帝，皇帝奉酒，前导官导皇帝诣太上皇帝御坐前躬进讫，少后，以盘授受盘盏官。前导官导皇帝诣太上皇坐前褥位北向俯伏跪，殿下皇太子并百僚偕躬身。皇帝奏："臣某谨率文武百僚稽首言：天申令节，臣某与百僚等不胜大庆，谨上千万岁寿。"奏讫，伏，兴，再拜，在位官皆再拜。承旨宣答官宣曰："得皇帝寿酒，与皇帝并百僚内外同庆。"皇帝再拜，在位官皆再拜讫，分东西相向立。皇帝诣御坐东，西向立，奉盘盏官以盘北向恭进，皇帝奉盘，乐作，俟太上皇帝饮酒，皇帝躬接盏讫，皇帝少后，以盘盏授受盘盏官，以授殿中监，各复位立。皇太子并文武百僚横行北向，皇帝诣褥位北向再拜，在位官皆再拜。皇帝诣太上御坐东褥位西向立，皇太子、文武百僚再拜，搢笏舞蹈，又再拜讫，内侍举茶床，奏礼毕官北向俯伏跪奏："具官臣某言礼毕。"在位官再拜。太上皇帝驾兴，皇帝从入，文武百僚以次退。

淳熙二年十一月，诏："太上皇帝圣寿无疆，新岁七十，以十一日冬至加上尊号册宝，十二月十七日立春行庆寿礼。"是日早，文武百僚并簪花赴文德殿立班，听宣庆寿赦。宣赦讫，从驾至德寿宫行庆寿礼，致词曰："皇帝臣某言：天祐君亲，锡兹难老，维春之吉，年德加新。臣某与群臣等不胜大庆，谨上千万岁寿。"余与前上寿仪注同。礼毕，从驾官、应奉官、禁卫等并簪花从驾还内，文武百僚文德殿拜表称贺。

十年十二月，以太上皇后新年七十，诏以立春日行庆贺之礼。十三年春正月朔，以太上皇帝圣寿八十，帝率群臣诣德寿宫行礼，其仪注、恩赦并如淳熙二年典故。

孝宗以十月二十二日为会庆节，光宗以九月四日为重明节，宁宗以十月十九日为天祐节，寻改为瑞庆节，理宗以正月五日为天基节，度宗以四月九日为乾会节，瀛国公以九月二十八日为天瑞节。其上寿称贺之礼，大略皆如天申节仪。

诸庆节　古无是也，真宗以后始有之。大中祥符元年，诏以正月三日天书降日为天庆节，休假五日，两京诸路州、府、军、监前七日建道场设醮，断屠宰；节日，士庶特令宴乐，京师然灯。又以六月六日为天贶节，京师断屠宰，百官行香上清宫。又以七月一日圣祖降日为先天节，十月二十四日降延恩殿日为降圣节，休假、宴乐并如天庆节。中书、亲王、节度、枢密、三司以下至驸马都尉，诣长春殿进金缕延寿带、金丝续命缕，上保生寿酒。改御崇德殿，赐百官饮，如圣节仪。前一日，以金缕延寿带、金涂银结续命缕、绯彩罗延寿带、彩丝续命缕分赐百官，节日戴以入。礼毕，宴百官于锡庆院。天禧初，诏以大中祥符元年四月一日天书再降内中功德阁为天祯节，一如天贶节。寻以仁宗嫌名，改为天祺节。

政和三年十一月五日，以修祀事，天真示见，诏为天应节。又以五月十二日祭方丘日为宁节，既又以二月十五日太上混元上德皇帝降圣日为真元节，八月九日青华帝君生辰为元成节，正月四日有太祖神御之州府宫殿行香为开基节，十月二十五日为天符节，皆如天庆节，著为令。

高宗建炎元年十一月五日，诏："政和以来添置诸节，除开基节外，余并依祖宗法。"

卷一百一十三　　志第六十六

礼十六 嘉礼四

宴飨　游观　赐酺

宴飨之设，所以训恭俭、示惠慈也。宋制，尝以春秋之季仲及圣节、郊祀、籍田礼毕，巡幸还京，凡国有大庆皆大宴，遇大灾、大札则罢。天圣后，大宴率于集英殿，次宴紫宸殿，小宴垂拱殿，若特旨则不拘常制。凡大宴，有司预于殿庭设山楼排场，为群仙队仗、六番进贡、九龙五凤之状，司天鸡唱楼于其侧。殿上陈锦绣帷帘，垂香球，设银香兽前槛内，藉以文茵，设御茶床、酒器于殿东北楹间，群臣盏斝于殿下幕屋。设宰相、使相、枢密使、知枢密院、参知政事、枢密副使、同知枢密院、宣徽使、三师、三公、仆射、尚书丞郎、学士、直学士、御史大夫、中丞、三司使、给、谏、舍人、节度使、两使留后、观察、团练使、待制、宗室、遥郡团练使、刺史、上将军、统军、军厢指挥使坐于殿上，文武四品以上、知杂御史、郎中、郎将、禁军都虞候坐于朵殿，自余升朝官、诸军副都头以上、诸蕃进奉使、诸道进奉军将以上分于两庑。宰臣、使相坐以绣墩；曲宴行幸用机子。参知政事以下用二蒲墩，加罽球；曲宴，枢密使、副并同。军都指挥使以上用一蒲墩；自朵殿而下皆绯缘毡条席。殿上器用金，余以银。其日，枢密使以下先起居讫，当侍立者升殿。宰相率百官入，宣徽、阁门通唱，致辞讫，宰相升殿进酒，各就坐，酒九行。每上举酒，群臣立侍，次宰相、次百官举酒；或传旨命酹，即搢笏起饮，再拜。曲宴多令不拜。或上寿朝会，止令满酌，不劝。中饮更衣，赐花有差。宴讫，蹈舞拜谢而退。

建隆元年，大宴于广德殿，酒九行而罢。乾德元年十一月，南郊礼成，大宴广德殿，谓之饮福。是后三年，开宝三年、五年、六年、七年、八年，并设秋宴于大明殿，以长春节在二月故也。太平兴国之后，止设春宴，在大明者十一，在含光者六。宴日，亲王、枢密使副、宣徽、三司使、驸马都尉皆侍立，军校自龙武四厢都指挥使以上立于庭。其宴契丹使亦于崇德殿，但近臣及刺史、郎中而上预焉。

淳化四年正月，以南郊礼成，大宴含光殿，直史馆陈靖上言："古之飨宴者，所以省祸福而观威仪也。故宴以礼成，宾以贤序，《风》、《雅》之作，兹为盛焉。伏见近年内殿赐宴，群当坐于朵殿、两廊者，拜舞方毕，趋驰就席，品列之序，纠纷无别。及至尊举爵，群臣起立，先后不整，俯仰失节。欲望自今令有司预依品位告谕，其有逾越班次、拜起失节、喧哗过甚者，并令纠举。又惟饮赐之典，以宠武夫，大烹之余，故为盛馔。计一饭所费，可数人之属厌，而将校辈或至终宴之时，尚有欲炙之色，盖执事者失于察视，不及洁丰而使然也。伏望并申严制。"至道元年三月，御史中丞李昌龄亦言："广宴之设，以均饫赐，得齿高会，宜乎尽礼。而有位之士，鲜克致恭，当纠其不恪。又供事禁庭，当定员数，籍姓名以谨其出入。酒肴之司，或亏精洁，望分命中使巡察。"并从之。

咸平三年二月，大宴含光殿，自是始备设春秋大宴。五年，御史台言："大宴，起居舍人、司谏、正言、三院使、御史并坐于殿廊，望自今移升朵殿，自余依旧。"十二月，诏凡内宴，宗正卿令升朵坐，班次依合班仪。翰林学士梁颢请以春秋大宴、小宴、赏花、行幸次为四图，颁下阁门遵守。从之。

景德二年九月，诏曰："朝会陈仪，衣冠就列，将以训上下、彰文物，宜慎等威，用符纪律。况屡颁于条令，宜自顾于典刑。稍历岁时，渐成懈慢。特申明制，以儆具僚。自今宴会，宜令御史台预定位次，各令端肃，不得喧哗。违者，殿上委大夫、中丞，朵殿委知杂御史、侍御史，廊下委左右巡使，察视弹奏；内职殿直以上赴起居、入殿庭行私礼者，委阁门弹奏；其军员，令殿前侍卫司各差都校一人提辖，但亏失礼容，即送所司勘断讫奏。仍令阁门、宣徽使互相察举，敢蔽匿者纠之。"

大中祥符元年十二月，诏宣徽院、御史台、阁门、殿前马步军司，凡内宴臣僚、军员并祗候使臣等，并以前后仪制晓谕，务令遵禀，违者密具名闻。其军员有因酒言词失次及醉仆者，即先扶出，或遣殿前司量添巡检军士护送归营。又诏臣僚有托故请假不赴宴者，御史台纠奏。天禧四年，直集贤院祖士衡言："大宴将更衣，群臣下殿，然后更衣，更衣后再坐，则群臣班于殿庭，候上升坐，起居谢赐花，再拜升殿。"

仁宗天圣三年，监察御史朱谏言："伏见大宴，宗室先退，允为得礼。尚有文武臣僚父子、兄弟者，皆预再坐，欲望自今内宴，百官有父子、兄弟、叔侄同赴，再坐时卑者先退。"庆历七年，御史言："凡预大宴并御筵，其所赐花，并须戴归私第，不得更令仆从持戴，违者纠举。"

熙宁二年正月，阁门言："准诏裁定集英殿宴入殿人数：中书二十二人，枢密院三十人，宣徽院八人，亲王八人，昭德军节度使、兼侍中曹佾三人，皇亲使相三人，皇亲正刺史已上至节度使并驸马都尉各一人，翰林司一百七十八人，御厨六百人，仪鸾司一百五十人，祗候库二十人，内衣物库七人，新衣库七人，内弓箭库三人，铃辖教坊所三人，钟鼓楼一十六人，御药院八人，内物料库九人，法酒库一十六人，内酒坊八人，入内内侍省前后行、亲事官共五人，皇城司职员手分二人，御史台知班一十一人，酒扫亲从官人员已下一百人，两廊觇步亲从官四十二人，提举司勾押官手分三人，提举火烛巡检人员一十人，快行亲从官一十一人，支散两省花后苑造作所工匠等四人，客省承授行首八人，四方馆职掌二人，阁门承受行首已下一十八人。"是岁十一月，以皇子生，宴集英殿。

七年九月，诏："自今大宴，亲王、皇亲使相、枢密使副使、宣徽使、驸马都尉并于殿门外幕次就赐酒食。"旧制，会食集英西廊之庑下，喧卑为甚，权发遣宣徽院吴充奏其事，故有是命。

元丰七年三月，大宴集英殿，命皇子延安郡王侍立。宰相王珪等率百官廷贺。诏曰："皇家庆事，与卿等同之。"珪等再拜称谢。久之，王乃退。时王未出阁，帝特令侍宴，以见群臣。九年，阁门言："大宴不用两军妓女，只用教坊小儿之舞。"王拱辰请以女童代之。元祐八年，诏罢独看。故事，大宴前一日，御殿阅百戏，谓之独看。修国史范祖禹言："是日进《神宗纪》草，陛下览先帝史册甫毕，即观百戏，理似未安，故请罢之。"

元祐二年九月，经筵讲《论语》彻章，赐宰臣、执政、经筵官宴于东宫，帝亲书唐人诗分赐之。三年六月，罢春宴。八月，罢秋宴，以魏王出殡，翰林学士苏轼不进教坊致语故也。是后以时雨未足，集英殿试举人，尚书省火，禁中褉襧，邠国公主未葬，皆罢宴。凡大宴有故而罢，则赐预宴官酒馔于阁门朝堂，升殿官虽假故不从游宴，亦遣中使就第赐焉。亲王、中书、枢密、宣徽、三司使副、学士、步军都虞候以上、三师、三公、东宫三师三公以下、曾任中书门下致仕者，亦同。

凡外国使预宴者，祥符中宴崇德殿，夏使于西廊南赴坐，交使以次歇空，进奉、押衙次交州，契丹舍利、从人则于东廊南赴坐。四年，又升甘州、交州于朵殿，夏州押衙于东廊南头歇空坐。七年，龟兹进奉人使歇空坐于契丹舍利之下。其后又令龟兹使副于西廊南赴坐，进奉、押衙重行于后，瓜州、沙州使、副亦于西廊之南赴坐，其余大略以是为准。

大观三年，议礼局上集英殿春秋大宴仪：

其日，预宴文武百僚诣殿庭，东西相向立。皇帝出御需云殿，阁门、内侍、管军等起居。皇帝降坐，御集英殿，鸣鞭，殿中监已下通班起居。殿中监、少监升殿，通唤阁门官升殿。摄左右军巡使靴笏起居讫，系鞋执杖侍立，余非应奉官分出。次钟鼓楼节级就位，四拜起居。

次舍人通唤讫，分引群官横行北向，东上阁门官赞大起居，班首出班俯伏，跪，致辞讫，俯伏，兴，复位。群官再拜舞蹈，又再拜，赞各就坐，再拜，舍人分引升殿，席前相向立，朵殿、两庑官立于席后。有辽使则舍人引大辽舍利西入大起居，赞各就坐，赞再拜，赞就坐，引升西廊。次舍人传事引从人分入，四拜起居，谢坐，并同舍利仪。教坊使以下通班大起居，看盏人谢，升殿再拜。内侍进御茶床，殿侍酹酒讫，次赞天武门外袛候。东上阁门官诣御坐，奏班首姓名以下进酒。

舍人分引殿上臣僚横行北向，赞再拜。舍人引班首稍前，东上阁门官接引诣御坐，东北向，搢笏，殿中监奉盘盏授班首，少监启盏，以酒注之。班首奉诣御前进酒，少退，虚跪，兴，以盘授殿中监，出笏，东上阁门官引退，舍人接引复位，赞再拜。舍人引班首稍前，殿上臣僚席前相向立，东上阁门官接引诣御坐，东北向，搢笏，殿中监授盘，奉诣御前，西向立，

乐作，皇帝饮讫。舍人分引殿上臣僚横行北向，东上阁门引班首接盏，退，虚跪，兴，授盏殿中监，出笏，引退，舍人接引复位，赞再拜，赞各赐酒，群臣再拜，赞各就坐，群臣皆立席后，复赞就坐。

酒初行，群官搢笏受酒，先宰相，次百官，皆作乐。皇帝再举酒，并殿中监、少监进。群臣俱立席后，乐作，饮讫，赞各就坐。复行群臣酒，饮讫。皇帝三举酒，皆如第一之仪。尚食典奉御进食，太官设群臣食，乐作。赐袛应臣僚酒食，赞谢拜讫，复位。皇帝四举酒，并典御进酒。乐工致语，群官皆立席后，致语讫，赞百官再拜，就坐，乐作。皇帝五举酒，乐工奏乐，庭下舞队致词，乐作，舞队出。

东上阁门奏再坐时刻。俟放队讫，内侍举御茶床，皇帝降坐，鸣鞭，群臣退。赐花，再坐。前二刻，御史台、东上阁门催班，群官戴花北向立，内侍进班齐牌，皇帝诣集英殿，百官谢花再拜，又再拜就坐。内侍进御茶床，皇帝举酒，殿上奏乐，庭下作乐。皇帝再举酒，殿上奏乐，庭下舞队前致语，乐作，出。皇帝三举酒、四举酒皆如上仪。若宣示盏，即随所向，阁门官以下揖称宣示盏，躬赞就坐。若宣劝，即立席后躬饮讫，赞再拜。内侍举御茶床，舍人引班首以下降阶再拜舞蹈，又再拜讫，分班出。阁门官侧奏无公事，皇帝降坐，鸣鞭。

集英殿饮福大宴仪　初，大礼毕，皇帝逐顿饮福，余酒封进入内。宴日降出，酒既三行，泛赐预坐臣僚饮福酒各一盏，群臣饮讫，宣劝，各兴，立席后，赞再拜谢讫，复坐饮，并如春秋大宴之仪。

绍兴十三年三月三日，诏宴殿陈设止用绯、黄二色，不用文绣，令有司遵守，更不制造。五月，阁门修立集英殿大宴仪注。

乾道八月十二月，诏令后前宰相到阙，如遇赴宴赐茶，其合会墩杌，非特旨，并依官品。又行门、禁卫诸色袛应人，依绍兴例，并赐绢花。自是惟正旦、生辰、郊祀及金使见辞各有宴，然大宴视东京时则亦简矣。

曲宴　凡幸苑囿、池御，观稼、畋猎，所至设宴，惟从官预，谓之曲宴。或宴大辽使、副于紫宸殿，则近臣及刺史、正郎、都虞候以上预。暮春后苑赏花、钓鱼，则三馆、秘阁皆预。

太祖建隆元年七月，亲征泽、潞，宴从臣于河阳行宫，又宴韩令坤已下于礼贤讲武殿，赐袭衣、器币、鞍马，以赏泽、潞之功也。四年四月，宴从臣于玉津园。乾德三年七月六日，诏皇弟开封尹、宰相、枢密使、翰林学士、中书舍人泛舟后苑新池，张乐宴饮，极欢而罢。是岁重阳，宴近臣于长春殿。

太宗太平兴国九年三月十五日，诏宰相、近臣赏花于后苑，帝曰："春气暄和，万物畅茂，四方无事。朕以天下之乐为乐，宜令侍从词臣各赋诗。"帝习射于水心殿。雍熙二年四月二日，诏辅臣、三司使、翰林、枢密直学士、

尚书省四品两省五品以上、三馆学士宴于后苑，赏花、钓鱼，张乐赐饮，命群臣赋诗习射。赏花曲宴自此始。三年十二月一日，大雨雪，帝喜，御玉华殿，召宰臣及近臣谓曰："春夏以来，未尝饮酒，今得此嘉雪，思与卿等同醉。"又出御制《雪诗》，令侍臣属和。后凡曲宴不尽载。

真宗咸平元年二月二十二日，宴群臣于崇德殿，不作乐。二年八月七日，再宴，用乐。三年二月晦，赏花，宴于后苑，帝作《中春赏花钓鱼诗》，儒臣皆赋，遂射于水殿，尽欢而罢。自是遂为定制。四年十一月二十日，御龙图阁曲宴，诏近臣观太宗草、行、飞白、篆、籀、八分书及画。景德二年十二月五日，宴尚书省五品、诸军都指挥使以上、契丹使于崇德殿，不举乐，以明德太后丧制故也。时契丹初来贺承天节，择膳夫五人赍本国异味，就尚食局造食，诏赐膳夫衣服、银带、器帛。大中祥符六年七月二十九日，诏辅臣观粟于后苑御山子，观御制文阁御书及《嘉禾图》，赐饮。是日，皇子从游。天禧四年七月十一日，诏近臣及寇准、冯拯观内苑谷，遂宴于玉宸殿。十月二十九日，诏皇太子、宗室、近臣、诸帅赴玉宸殿翠芳亭观稻，赐宴，仍以稻分赐之。

仁宗天圣二年，既禫除，百官五表请听乐，而秋燕用乐之半。诏辅臣曰："昨日宴宫中，朕数四上勉皇太后听乐。"王钦若以闻太后，太后曰："自先帝弃天下，吾终身不欲听乐。皇帝再三为请，其可重违乎！"明年上元节，乃朝谒景灵上清宫、启圣院、相国寺，还御正阳门，宴从官，观灯。次日，太后召命妇临观。及春秋大宴，岁为常。夏，观南御庄刈麦，秋，瑞圣园刈谷，并宴从官，或射，不为常。皇祐五年，后苑宝政殿刈麦，谓辅臣曰："朕新作此殿，不欲植花，岁以种麦，庶知穑事不易也。"自是幸观谷、麦，惟就后苑，春夏赏花、钓鱼则岁为之。嘉祐七年十二月，特召两府、近臣、三司副使、台谏官、皇子、宗室、驸马都尉、管军品僚至龙图、天章阁，观三圣御书，及宝文阁为飞白分赐，下逮馆阁官，制《观书诗》，韩琦以下和进，遂宴群玉殿，传诏学士王珪撰诗序，刊石于阁。数日，再会天章阁，观三朝瑞物，复宴群玉殿，酒行，上曰："天下久无事，今日之乐，与卿等共之，宜尽醉，勿复辞。"因召韩琦至御榻前，别赐一大卮。出禁中名花，金盘贮香药，令各持归，莫不沾醉，至暮而罢。

熙宁元年四月，御史中丞滕甫言："臣闻君命召，不俟驾，此臣子所以恭其上也。今锡宴而有托词不至者，甚非恭上之节也。请自今宴设，群臣非大故与实有疾病，无得托词，仍令御史台察举。"二年八月，《实录》书成，皆宴垂拱殿。十月，修定阁门仪制所言："垂拱殿曲宴，当直翰林学士与观文、资政、龙图、宝文、枢密、直龙图、天章、宝文阁直学士并赴坐，而翰林学士兼他职者不预，考之官制，似未齐一。请自今曲宴，翰林学士与杂学士并赴。"从之。元丰五年七月，以《两朝国史》书成，宴于垂拱殿。十一月，宴景灵宫祠官于紫宸殿。

元祐二年九月，经筵讲《论语》彻章，赐宰臣、执政、经筵官宴于东宫，帝亲书唐人诗赐之。绍圣三年十一月，以进《神宗皇帝实录》毕，曲宴，宰臣、执政、文臣试侍郎、武臣观察使以上并修图史官赴坐。元符元年五月，诏受宝毕，宴于紫宸殿，宰臣以下，文臣职事官、六曹员外郎、监察御史以上，武臣郎将、诸军副指挥使以上预坐。

政和二年三月，上巳御筵，诏令移用他日，以国有故，宰臣请罢宴故也。大观三年，议礼局上垂拱殿曲宴仪：

皇帝视事毕，东上阁门进呈坐图，舍人奏阁门无公事，皇帝降坐，鸣鞭，入殿后阁。

诸司排设备，东上阁门附内侍奏班齐，皇帝出阁升坐，鸣鞭。三公、直学士以上、亲王、使相至观察使以上，分东西入，诣殿庭，横行北向立定。班首奏圣躬万福，舍人赞各就坐，再拜讫，分引诣东西阶升殿，席前相向立。次教坊使以下常起居，次看盏人谢，升殿，次内侍进御茶床，殿侍酹酒讫，阁门诣御坐，躬奏班首姓名以下进酒。舍人分引殿上臣僚，横行北向，赞再拜。班首奉酒躬进，乐作，皇帝饮讫。舍人赞各赐酒，群官俱再拜。赞各就坐，群官皆立席后，复赞就坐。

酒初行，先宰相，次百官，皆作乐。后准此。尚食兴，奉御进食，太官令设群官食。酒五行，若宣示盏，即随所向，阁门揖称宣示盏，躬，赞就坐。若宣劝，即立席后躬饮，赞再拜。内侍举御茶床，舍人引班首以下降阶横行，北向再拜，分班出。皇帝降坐。

上巳、重阳赐宴仪：

其日，预宴官以下并赴宴所就次，诸司排设备，预宴官以下诣庭中望阙位立。次中使诣班首之左，稍前立，中使宣曰"有敕"，在位官皆再拜讫。中使宣曰"赐卿等御筵"，在位官皆再拜，搢笏舞蹈，又再拜。中使退，预宴官分东西升阶就坐。

酒行，乐作。食讫、食毕，乐止。酒五行，预宴官并兴就次，赐花有差。少顷，戴花毕，与宴官诣望阙位立，谢花，再拜讫，复升就坐。酒行，乐作。饮讫、食毕，乐止。酒四行而退。

游观　天子岁时游豫，则上元幸集禧观、相国寺，御宣德门观灯；首夏幸金明池观水嬉，琼林苑宴射；大祀礼成，则幸太一宫、集禧观、相国寺恭谢，或诣诸寺观焚香，或至近郊阅武、观稼，其事盖不一焉。

太祖建隆元年四月，幸玉津园。是后凡十三临幸。九月，幸宜春苑。是后观习水战者二十有八，幸大相国寺、封禅寺者各五，龙兴寺及弟弟开封尹园各三，幸太清观、建隆观者再，崇夏寺、广化寺、等觉寺者各一，观水硙者八，阅炮车、观水柜、观稼、幸飞龙院、幸开封府、幸都亭驿、幸礼贤院、幸茶库染院、幸河仓、幸金凤园，皆一再至焉。

太宗太平兴国二年二月，幸新凿池，赐役卒钱布有差，六月，幸飞龙院。是后凡四幸。三年四月，观刈麦。九年正月六日，幸景龙门外水硙，帝临水而坐，召从臣观之，因谓曰："此水出于山源，清澄甘洁。近河之地，水味皆甘，岂河润所及乎？"宋琪等曰："亦犹人性善恶，染习致然。"帝曰："卿言是也。"四月，幸金明池习水战，帝御水殿，召近臣观之，谓宰相曰："水战，南方之事也。今其地已定，不复施用，时习之，示不忘战耳。"因幸讲武台，阅走军都试，军中之绝技者递加赐赉。遂登琼林苑楼，陈百戏，掷金钱，令乐人争之，极欢而罢。五月二日，出南薰门观稼，召从臣列坐田中，令民刈麦，咸赐以钱帛。回幸玉津园观渔，张乐、习射，既宴而归。明年五月，幸城南观麦，赐田夫布帛有差。雍熙四年四月，幸金明池观水嬉，赐从官饮。帝曰："雨霁天凉，中外无事，宜勿惜醉。"因登苑中楼，尽欢而罢。淳化三年三月，幸金明池，命为竞渡之戏，掷银瓯于波间，令人泅波取之。因御船奏教坊乐，岸上都人纵观者万计。帝顾视高年皓首者，就赐白金器皿。九月，幸潜龙园，驻辇池东岸，临水谓近臣曰："朕不至此已十年，昔尹京日，无事常痛饮池上，今池边之木已成林矣。"因顾教坊使郭守忠等数人曰："汝等前日以乐童从我，今亦皓首，光阴迅速如此。"嗟叹久之。帝亲引满举白，群臣尽醉。

真宗咸平元年八月，幸诸王宫。二年九月，幸开宝寺、福圣院。是后，二寺临幸者凡十有四。三年五月，幸金明池观水戏，扬旗鸣鼓，分左右翼，植木系彩，以为标识，方舟疾进，先至者赐之。移幸琼林苑，登露台，钧容直奏乐，台下百戏竞集，从臣皆醉。自是凡四临幸。九月，大相国寺。是后再幸者九。幸上清宫者十有二，幸玉津园者十，幸太一宫、玉清昭应宫各六，余不尽载。大中祥符八年正月十九日，中书门下上言："伏睹今月十四日，皇帝诣诸宫寺焚香，总三十余处，过百拜以上。臣等侍从，倍增忧灼，昨崇政殿可面奏陈。臣闻尊事万灵，固先精意；登用百礼，乃贵时中。在经久之从宜，必裁正而惟允。伏望特命攸司，载详定式。自今车驾幸诸宫、观、寺、院，正殿再拜；及诸殿，令群臣以下分拜。庶垂亿载，允叶通规。"乃诏礼仪院详定差减焉。

仁宗景祐三年，诏阁门详定车驾幸宫、观、寺、院支赐茶绢等第。

哲宗绍圣四年三月八日，诏自今遇车驾出新城，令殿前马、步军司取旨，权差马、步军赴新城外四面巡检下祗应，每壁马军二百人，步军三百人，并于城外巡警。

三元观灯，本起于方外之说。自唐以后，常于正月望夜，开坊市门然灯。宋因之，上元前后各一日，城中张灯，大内正门结彩为山楼影灯，起露台，教坊陈百戏。天子先幸寺观行香，遂御楼，或御东华门及东西角楼，饮从臣。四夷蕃客各依本国歌舞列于楼下。东华、左右掖门、东西角楼、城门大道、大宫观寺院，悉起山棚，张乐陈灯，皇城雉堞亦遍设之。其夕，开旧城门达旦，纵士民观。后增至十七、十八夜。

太祖建隆二年上元节，御明德门楼观灯，召宰相、枢密、宣徽、三司使、端明、翰林、枢密直学士、两省五品以上官、见任前任节度观察使侍宴，江南、吴越朝贡使预焉。四夷蕃客各坐楼下，赐酒食劳之，夜分而罢。三年正月十三夜然灯，罢内前排场戏乐，以昭宪皇太后丧制故也。

太平兴国二年七月中元节，御东角楼观灯，赐从官宴饮。五年十月下元节，依中元例，张灯三夜。雍熙五年上元节，不观灯，躬耕籍田故也。后凡遇用兵及灾变、诸臣之丧，皆罢。

真宗景德元年正月十四日，赐大食、三佛齐、蒲端诸国进奉使缗钱，令观灯宴饮。大中祥符元年十一月二十五日，诏天庆节听京城然灯一昼夜。六年四月十六日，先天降圣节亦如之。天圣二年六月，罢降圣节然灯。

政和三年正月，诏放灯五日。五年十二月二十九日，诏景龙门预为元夕之具，实欲观民风、察时态、黼饰太平、增光乐国，非徒以游豫为事。特赐公、师、宰执以下宴，及御制诗四韵赐太师蔡京。六年正月七日，御笔："今岁闰余候晚，犹未春和。暑短气寒，于宴集无舒缓之乐。景灵宫朝献，移十四日东宫、十五日西宫，毕，诣上清储祥宫烧香。十六日诣醴泉观等处烧香。上元节移于闰正月十四日为始。"宣和六年十二月二十四日，赐太师蔡京以下应两府赴睿谟殿宴，景龙门观灯。续有旨，宣太傅王黼赴宴。七年正月十八日，宴辅臣，观灯。

赐酺 自秦始。秦法，三人以上会饮则罚金，故因事赐酺，吏民会饮，过则禁之。唐尝一再举行。

太宗雍熙元年十二月，诏曰："王者赐酺推恩，与众共乐，所以表升平之盛事，契亿兆之欢心。累朝以来，此事久废，盖逢多故，莫举旧章。今四海混同，万民康泰，严禋始毕，庆泽均行。宜令士庶之情，共庆休明之运，可赐酺三日。"二十一日，御丹凤楼观酺，召侍臣赐饮。自楼前至朱雀门张乐，作山车、旱船，往来御道。又集开封府诸县及诸军乐人列于御街，音乐杂发，观者溢道，纵士庶游观，迁市肆百货于道之左右。召畿甸耆老列坐楼下，赐之酒食。明日，赐群臣宴于尚书省，仍作诗以赐。明日，又宴群臣，献歌、诗、赋、颂者数十人。

真宗景德三年九月，诏许群臣、士庶选胜宴乐，御史台、皇城司毋得纠察。四年二月甲申，上御五凤楼观酺，宗室、近臣侍坐。楼前露台奏教坊乐，召父老五百人列坐，赐饮于楼下。后二日，上复御楼，赐宗室、文武百官宴于都亭驿，赐诸班、诸军将校羊酒。大中祥符元年正月，诏应致仕官并令赴都亭驿酺宴，御楼日合预坐者亦听。又诏朝贵已辞、未见，并听赴会。凡赐酺，命内诸司使三人主其事，于乾元楼前露台上设教坊乐。又骈系方车四十乘，上起彩楼者二，分载钧容直、开封府乐。复为棚车二十四，每十二乘为之，皆驾以牛，被之锦绣，萦以彩缋，分载诸军、京畿伎乐，又于中衢编木为栏处之。徙坊市邸肆对列御道，百货骈布，竞以彩幄镂版为饰。上御乾元门，召京邑父老分番列坐楼下，传旨问安否，赐以衣服、茶帛。若五日，则第一日近臣侍坐，特召丞、郎、给、谏，上举觞，教坊乐作，二大车自昇平桥而北，又有旱船四挟之以进，辎车由东西街交骛，并往复日再焉。东距望春门，西连闾阖门，百戏竞作，歌吹腾沸。宗室亲王、近列牧伯洎旧臣、宗室官，为设彩棚于左右廊庑。士庶纵观，车骑填溢，欢呼震动。第二日宴群臣百官于都亭驿、宗室于亲王宫。第三日宴宗室内职于都亭驿、近臣于宰相第。第四日宴百官于都亭驿、宗室于外苑。第五日复宴宗室内职于都亭驿、近臣于外苑。上多作诗，赐令属和，及别为劝酒诗。禁军将校日会于殿前马、步军之廨。

是岁，东封泰山，所过州府，上御子城门楼，设山车、彩船载乐，从臣侍坐，本州父老、进奉使、蕃客悉预。兖州驻跸，仍赐群臣会于延寿宫。所在改赐门名，兖州曰"回銮覃庆"，郓州曰"升中延福"，濮州曰"告成延庆"。澶州以行宫迫隘，当衢结彩为殿，名曰"延禧"。幸汾阴、亳州，皆如东封路。河中府门名曰"诏毕宣恩"，陕州曰"霈泽惠民"，郑州曰"回銮庆赐"。西京将议改五凤楼名，上曰："此太祖所建，因瑞应，不可更也。"华阴就行宫宴父老，赐驿亭名曰"宣泽"。至郑州，以太宗忌日甫过，罢会，赐与如例。亳州曰"奉元均庆"，南京曰"重熙颂庆"。

天禧五年，以畿县追集、老人疲劳之故，止召两赤县、坊县父老预会，其不预名亦听，给以赐物。天下赐酺，各令州、府会官属父老，边州或遣中使就赐。又诏开封府："赐酺日，罪人酗酒而不伤人者，咸释之。再犯，论如法。"后赐酺皆准此。宋之繁庶，于斯为盛，后遂为定制云。

卷一百十四　　志第六十七

礼十七 嘉礼五

**巡幸　养老　视学　赐进士宴
幸秘书省　进书仪　大射仪　乡饮酒礼**

巡幸之制　唐《开元礼》有告至、肆觐、考制度之仪，《开宝通礼》因之。

太祖幸西京，所过赐夏、秋田租之半。真宗朝诸陵及举大礼，途中皆服折上巾、窄袍，出京、过京城，服靴袍、具鸾驾。群臣公服系鞋，供奉班及内朝官前导。凡从官并日赴行宫，合班起居，晚朝视事，群臣不赴。中顿侍食，百官就宿顿迎驾讫，先发，或道途隘远，则免迎驾。将进发，近臣、诸军赐装钱。出京，留司马、步诸军夹道左右，至新城门外奉辞，留守辞于门内，百官、父老辞于苑前，召留守等赐饮苑中。州县长吏、留司官待于境。所过赐巡警兵、守津梁行邮治道卒时服钱履，父老绫袍、茶帛，途中赐卫士缗钱。所幸寺、观，赐道、释茶帛，或加紫衣、师号。吏民有以饩饔、酒果、方物献者，计值答之。命官籍所过系囚、逋负者，日引对，多原释。仍采访民间疾苦，振恤鳏、寡、孤、独。车服、度量、权衡有不如法，则举仪制禁之。有奇材、异德及政事尤异者，孝子、顺孙、义夫、节妇为乡里所称者，其不守廉隅、昧于正理者，并条析以闻。官吏知民间疾苦者，亦许录奏。所过州、府，结彩为楼，陈音乐百戏。道、释以威仪奉迎者，悉有赐。东京留守遣官表请还京，优诏答之。驾还京，大陈兵卫以入。

凡行幸，太祖、太宗不常其数。自咸平中，车驾每出，金吾将军帅士二百人，执梃周绕，谓之禁围，春、夏绯衣，秋、冬紫衣。郊祀、省方并增二百，服锦袄，出京师则加执剑。亲王、中书、枢密、宣徽行围内，余官围外。大礼备仪卫，则有司先布土为黄道，自宫至祀所，左右设香台、画瓮、青绳阑干。巡省在途则不设。凡巡省，翰林进号传诗付枢密院，每夕摘字，令卫士相应为识。东京旧城城门、西京皇城司并契勘，内外城、宫庙门并勘箭，出入皆然。入藩镇外城、子城门亦勘箭。朝陵定扈从官人数，入柏城者，仆射以上三人，丞、郎以上二人，余各一人。东封，定仗内导驾官从人数，亲王、中书、枢密、宣徽、三司使四人，学士、尚书丞郎、节度使三人，大两省、大卿监、三司副使、枢密承旨、客省阁门使副、金吾大将军押仗鸣珂、内殿崇班以上二人，余各一人。命诸司巡察之。自后举大礼，皆循此制。

建炎元年七月，诏曰："祖宗都汴，垂二百年。比年以来，图虑弗臧，祸生所忽。肆朕纂承，顾瞻宫室，何以为怀？是用权时之宜，法古巡狩，驻跸近甸，号召军马。朕将亲督六师，以援京城及河北、河东诸路，与之决战。归宅故都，迎还二圣，以称朕夙夜忧勤之意。"十月一日，车驾登舟，巡幸淮甸，宰执、侍从、百司、三卫、禁旅五军将佐扈卫以行，驻跸扬州。

三年，幸杭州，自杭州幸江宁府，寻幸浙西，自浙西幸浙东。乃下诏曰："国家遭金人侵逼，无岁无兵。朕纂承以来，深轸念虑，谓父兄在难，而吾民未抚，不欲使之陷于锋镝。故包羞忍耻，为退避之谋，冀其逞志而归，稍得休息。自南京移淮甸，自淮甸移建康而会稽，播迁之远，极于海隅。卑词厚礼，使介相望。以至愿去尊称，甘心贬屈，请用正朔，比于藩臣，遣使哀祈，无不曲尽。假使金石无情，亦当少动。累年卑屈，卒未见从。生民嗷嗷，何时宁息？今诸路之兵聚于江、浙之间，朕不惮亲行，据其要害。如金人尚容朕为汝兵民之主，则朕于事大之礼，敢有不恭！或必用兵窥我行在，倾我宗社，涂炭生灵，竭取东西金帛、子女，则朕亦何爱一身，不临行阵，以践前言，以保群生。朕已取十一月二十五日移跸，前去浙西，为迎敌计。惟我将士人民，念国家涵养之恩，二圣拘摩之辱，悼杀戮焚残之祸。与其束手待毙，曷若并计合谋，同心戮力，奋励而前，以存家国！"乃诏御前应奉官司自合扈从外，内太常寺据实用人数扈从，余接续起发。四年正月，次台州。二月，次温州。三月，幸浙西。

绍兴元年，诏移跸临安府。六年，诏周视军师，车驾进发，遣官奏告天地、社稷、宗庙。自临安幸平江，寻幸建康。八年二月，还临安。三十一年九月，诏："金人背盟失信，今率精兵百万，躬行天讨，用十二月十日车驾进发，应行宫临安府文武百僚城北奉辞。"其日，应文武百僚先诣城北幕次，俟车驾御舟将至，御史台、阁门、太常寺分引文武百僚立班定，两拜讫，俟御舟过，班退。三十二年正月，诏："视师江上，北骑遁去，两淮无警，已委重臣统护诸将经画进讨。今暂还临安，毕恭文 衬庙之礼。

宜令有司增修建康百官吏舍、诸军营寨，以备往来巡幸，可择日进发。"车驾还宫。

养老于太学　皇帝服通天冠、绛纱袍，乘金辂，至太学酌献文宣王。三祭酒，再拜，归御幄。比车驾初出，量时刻，遣使迎三老、五更于其第。三老、五更俱服朝服，乘安车，导从至太学就次；国老、庶老，有司预戒之，各服朝服，集于其次。大乐正帅工人、二舞入，立于庭。东上阁门、御史台、太常寺、客省、四方馆自下分引百官、宗室、客使、学生等，以次入就位，如视学班。太常博士赞三老、五更俱出次，引国老、庶老立于后，重行异位。

礼直官、通事舍人引左辅奏请中严，少顷，又奏外办，皇帝出大次，侍卫如常仪。大乐正令撞黄钟之钟，右五钟皆应，协律郎跪，俯伏，举麾兴，宫架《乾安》之乐作，皇帝即御坐，乐止。典仪曰"再拜"，在位官皆再拜。三老、五更杖而入，各左右二人夹扶，太常博士前引，史臣执笔以从。三老、五更入门，宫架《和安》之乐作，至宫架北，北向立，以东为上。奉礼郎引群老随入，位于其后，乐止。博士揖进，三老在前，五更在后，仍杖夹扶，宫架《和安》之乐作，至西阶下，乐止。博士揖三老、五更自西阶升堂，国老、庶老立堂下。三老、五更当御坐揖，群老亦揖，皇帝为兴。次奉礼郎揖国老升堂，博士引三老、五更，奉礼郎引国老以下，各于席后立。典仪赞各就坐，赞者承传，宫架《尊安》之乐作，三老、五更就坐。三公授几，九卿正履讫，殿中监、尚食奉御进珍羞及黍稷等，先诣御坐前进呈，遂设于三老前，乐止。尚食奉御诣三老坐前，执酱而馈讫。尚酝奉御诣酒尊所，取爵酌酒，奉御执爵，奉于三老。次太官、良酝令以次进珍羞酒食于五更、群老之前，皆食。大乐正引工人升，登歌奏《惠安》之乐，三终。史臣既录三老所论善言、善行，宫架作《申安》之乐。《宪言成福》之舞毕，文舞退，作《受成告功》之舞，毕，三老以下降筵，博士引三老、五更于堂下，当御坐前，奉礼郎引群老复位，俱揖，皇帝为兴。三老、五更降阶至堂下，宫架《和安》之乐作，出门，乐止。礼直官、通事舍人引左辅前奏礼毕，退，复位。兴仪赞拜讫，皇帝降坐，太常卿导还大次，百僚以次退，车驾还宫。三老、五更升安车，导从还，翼日诣阙表谢。

视学　哲宗始视学，遂幸国子监，诣至圣文宣王殿行释奠礼，一献再拜。御敦化堂，召从官赐坐，礼部、太常寺、本监官承事郎以上侍立，承务郎以下、三学生坐于东西庑，侍讲吴安诗执经，祭酒丰稷讲《尚书·无逸》终篇，复命宰臣以下至三学生坐，赐茶，丰稷服三品服，本监官、学官等赐帛有差。遂幸昭烈武成王庙，酌献肃揖。

徽宗幸太学，遂幸辟雍，奠献如上仪。诏司业吴绚等转官改秩，循资赐章服，文武学生授官，免省试、文解，赐帛有差。所司预设次于敦化堂后，又于堂上稍北当中两间设次，南向设御坐。又设从官及讲筵讲书、执经官并太学官坐御坐之南，东西重行异位。太学生坐于两庑，相向并北上。宰臣以下从官之次，设于中门外。

皇帝酌献文宣王毕，幸太学，降辇入次，帘垂更衣。礼直官、通事舍人引讲官与侍立官入就堂下，皆系鞋。讲书、执经官、学生各立堂下，东西相向。俟报班齐，皇帝升坐，班首奏万福，在位者皆应喏讫，阁门使承旨临阶宣升堂，通事舍人喝拜，应在位者再拜讫，分左右升堂，各就位少立。起居郎、舍人分左右侍立。礼直官、通事舍人引讲书及执经官就北向位，班首奏万福，阁门使宣升堂，舍人喝再拜讫，分东西升堂，立于御坐左右。讲书官在西，东向；执经官在东，西向；学生就北向位。舍人喝拜，在位者皆再拜，立于东西两庑。内侍进书案，以经授执经官，稍前，进于案上。舍人喝拜就坐，宰臣以下并堂上坐，如阁门所进坐位图。讲书毕，通事舍人曰"可起"，群臣皆起，降阶讫。执经官降，讲书官于御坐前致辞讫，亦降。舍人喝拜，如有宣答，即再喝拜。阁门宣坐赐茶，舍人喝拜讫，宰臣以下升堂，各立于位后，学生各就北向位。舍人喝拜，在位者俱拜讫，各分东西庑，以北为上下。舍人喝就坐，上下皆就坐。赐茶毕，礼直官、通事舍人引堂上官降阶就位，舍人喝拜，在位者俱拜讫，礼直官引之以次出。学生就位，舍人喝拜，学生俱再拜，退。

绍兴十三年七月，国学大成殿告成，奉安庙像。明年二月，国子司业高闶请幸学，上从之。诏略曰："偃革息民，恢儒建学。声明丕阐，轮奂一新。请既方坚，理宜从欲。将款谒于先圣，仍备举于旧章。"三月，上服靴袍，乘辇入监，止辇于大成殿门外。入幄，群臣列班于庭。帝出幄，升东阶，跪上香，执爵三祭酒，再拜，群臣皆再拜，上降入幄。分奠从祀如常仪。尚舍先设次于崇化堂之后，及堂上之中南向设御坐。阁门设群臣班于堂下，如月朔视朝之仪。宰辅、从臣次于中门之外。上乘辇幸太学，降辇于堂，入次更衣。讲筵入就堂下讲位，北向；执经官、学生皆立于堂下，东西相向。帝出次，升御坐，群臣起居如仪。乃命三公、宰辅以下升堂，皆就位，左右史侍立。讲书及执经官北面起居再拜，皆命之升立于御坐左右。学生北面再拜，分立两庑北上。内侍进书案牙签，以经授执经官，赐三公、宰辅以下坐。讲毕，群臣皆起，降阶，东西相向立。执经官降，讲官进前致词，乃降，北面再拜，左右史降。乃赐茶，三公以下北面再拜，升，各立于位后。学生北面再拜，分两庑立，上下就坐。赐茶毕，三公以下降阶，学生自两庑降阶，北面再拜，群臣以次出。上降坐还次，乘辇还宫。时命礼部侍郎秦熺执经、司业高闶讲《易》之《泰》，遂幸养正、持志二斋，赐闶三品服，学官迁秩，诸生授官免举，赐帛有差。

上既奠拜，注视貌象，翼翼钦慕，览唐明皇及太祖、真宗、徽宗所制赞文，命有司悉取从祀诸赞，皆录以进。帝遂作先圣及七十二子赞，冠以序文，亲洒翰墨，以方载之，五月丙辰，登之彩殿，备仪卫作乐，命监学之臣，自行宫北门迎置学宫，揭之大成殿上及二庑。序曰："朕自睦邻息兵，首开学校。教养多士，以遂忠良。继幸太学，延见诸生。济济在庭，意甚嘉之。因作《文宣王赞》。机政余闲，历取颜回而下七十二人，亦为制赞。用广列圣崇儒右文之声，复知'师弟子间缨弁森森、覃精绎思'之训，其于世道人心庶几焉。"二十六年十二月，言者谓："陛下崇儒重道，制为赞辞，刻宸翰于琬琰，光昭往古。寰宇儒绅，敦不顾瞻《云汉》之章？请奉石刻于国子监，以碑本遍赐郡学。"从之。

淳熙四年，孝宗幸太学，如绍兴之仪。命礼部侍郎李焘执经、祭酒林光朝讲《大学》。寻幸武学，如太学之仪。帝肃揖武成王，不拜。嘉泰三年正月，宁宗幸太学，如淳熙之仪。淳祐元年正月，理宗幸太学，宗、武两学官属、生员并赴太学陪位，候车驾至学，诣先圣文宣王位，三上香，执爵三祭酒，俯伏，兴，再拜，在位官皆再拜。皇帝至崇化堂，宰臣、使相、执政并起居。执经官由东阶、讲官由西阶并升堂，于御前分东西相向立。次引国子监三学学官、学生一班北面再拜，赞各就坐，赐茶。俟讲书毕，起，立班再拜。礼成，执经官、讲书官、国子监三学官、生员各推恩转官有差。咸淳三年正月戊辰，度宗幸太学祗谒，礼部尚书陈宗礼执经，国子祭酒雷宜中讲《中庸》，余并如仪。

赐贡士宴 名曰"闻喜宴"。《政和新仪》：押宴官以下及释褐贡士班首初入门，《正安》之乐作，至庭中望阙位立，乐止。预宴官就位，再拜讫。押宴官西向立，中使宣曰"有敕"，在位者皆再拜讫。中使宣曰"赐卿等闻喜宴"，在位者皆再拜，揖笏，舞蹈，又再拜。次引押宴官稍前谢坐再拜，在位者皆再拜。若赐敕书，即引贡士班首稍前，中使宣曰"有敕"，贡士再拜。中使宣曰"赐卿等敕书"，班首稍前，揖笏，跪，中使授敕书讫，少退，班首以敕书加笏上，俯伏，兴，归位再拜，在位者皆再拜。凡预宴官分东西升阶就坐，贡士以齿。酒初行，《宾兴贤能》之乐作，饮讫，食毕，乐止。酒再行，《于乐辟雍》之乐作。酒三行，《乐育人材》之乐作。酒四行，《乐且有仪》之乐作。酒五行，《正安》之乐作。再坐，酒行、乐作，节次如上仪。皆饮讫、食毕，乐止。押宴官以下俱兴，就次，赐花有差。少顷，戴花毕，次引押宴官以下并释褐贡士诣庭中望阙位立，谢花再拜，复升就坐，酒行、乐作，饮讫、食毕，乐止。酒四行讫，退。次日，预宴官及释褐贡士入谢如常仪。

宁宗庆元五年五月，赐新及第进士曾从龙以下闻喜宴于礼部贡院，上赐七言四韵诗，秘书监杨王休以下继和以进，自后每举并如之。

幸秘书省 绍兴十四年七月，新建秘书省成，秘书少监游操等援宣和故事，请车驾临幸，诏从之。二十七日，幸秘书省，至右文殿降辇，颁手诏曰："盖闻周建外史，掌三皇、五帝之书；汉选诸儒，定九流、《七略》之奏。文德之盛，后世推承。仰惟祖宗建开册府，凡累朝名世之士，由是以兴，而一代致治之原，盖出于此。朕嘉兴与学士大夫共宏斯道，乃一新史观，新御榜题，肆从望幸之忱，以示右文之意。呜呼！士习为空言，而不为有用之学久矣。尔其勉修术业，益励猷为，一德一心，以共赴亨嘉之会，用丕承我祖宗之大训，顾不善欤！"遂陈累朝御书、御制、晋唐书画、三代古器，次宣皇太子、宰臣以下观讫，退。遂赐宴于右文殿，酒五行，群臣再拜退。车驾还内，赐少监游操三品服、御书扇，余官笔墨，馆阁官各转一官。淳熙五年九月十三日，孝宗幸秘书省，如绍兴十四年之仪，帝赋诗，群臣皆属和。

进书仪 绍兴二十年五月八日，进呈《中兴圣统》，太常博士丁娄明言："乞比附进呈玉牒行礼。"二十四年，进呈《徽宗御集》，礼部言："昨绍兴十年，徽宗御制，拟以'敷文'名阁，今乞权安奉于天章阁，续俟崇建。"二十六年十月，进呈《太后回銮事实》。二十七年三月，宰臣沈该言："玉牒所官陈康伯等先次编修太祖皇帝玉牒，自诞圣至即位，自建隆元年至开宝九年，通修一十七年开基玉牒，旧制以梅红罗面签金字，今欲题曰《皇宋太祖皇帝玉牒》。又编修今上皇帝玉牒，自诞圣之后圣德祥瑞、建大元帅府事迹，至即帝位二十余年，又自即位后编修至绍兴二年，通修二十六年中兴玉牒，今欲题曰《皇宋今上皇帝玉牒》。宣祖、太祖、太宗、魏王下各宗《仙源类谱》、五世昭穆，今已修写进呈，乞择日进呈。"诏从其请。

前期，仪鸾司、临安府于玉牒殿上南向，设权安奉玉牒、类谱并《中兴圣统》幄次；又至玉牒所内外，设骑从官及文武百官等侍班幕次；又于景灵宫内外，设骑从官幕次。进呈前一日，俟朝退，玉牒所提领官、都大提举、诸司官、承受官、玉牒所官等赴本所幕次宿卫。俟仪仗乐人等排立，御史台、阁门、太常寺分引玉牒所官诣玉牒殿下，北向立。礼直官引提领官诣玉牒殿下，北向立。礼直官揖、躬、拜，提领官拜，在位官皆再拜讫。次引提领官诣香案前，揖笏，三上香，执笏退，复位，皆再拜讫，班退，归幕次宿卫。仪仗乐人作乐，昼夜更互排立。

其日五更，御史台、阁门、太常寺分引提领官、宰执、使相、侍从、台谏、两省官、知阁、礼官、南班宗室诣玉牒殿，北向立。礼直官揖、躬、拜，提领官拜，在位官皆再拜讫。次引提领官诣玉牒、类谱香案前，揖笏，三上香，执笏，退，复位。礼直官引提领官诣幄前，西向立。次骑从官分左右乘马，俟玉牒所率辇官奉擎玉牒、类谱，腰舆进行，乐人作乐，仪卫、仪仗迎引。次引提领官、宰执、使相、侍从、台谏、两省官、知阁、礼官、南班宗室骑从，至和宁门下马，执笏步从玉牒、类谱至垂拱殿门外幄次，步从官权归幕次，乐止。仪卫、乐人等并于幄次前排立，俟进呈玉牒、类谱，并如阁门仪讫。

俟玉牒、类谱出殿门，御史台、阁门、太常寺分引提领官、宰执、使相、侍从、台谏、两省官、知阁、礼官、南班宗室分左右执笏步从，仪卫乐人前引，迎奉出皇城北宫门，步从等官上马骑从，至和宁门外。前引将至玉牒所，御史台、阁门、太常寺分引文武百官于玉牒所门内殿门外立班，内文臣鞏务通直郎以上及承务郎见任寺监主簿执事官以上，武臣修武郎以上，迎拜讫。如值雨，地下沾湿，迎拜官吏不迎拜。骑从官至玉牒所，并下马执笏步从，诣玉牒殿下，分东西相向立。礼直官引提领官诣玉牒、类谱幄前，西向立定。

俟玉牒所率輂官奉擎玉牒、类谱入幄，仪仗、仪卫、辇官、乐人更互排立。提领官、宰执、使相、侍从、台谏、两省官、知阁、礼官、南班宗室及玉牒所官，分官赴景灵官，迎奉《皇帝中兴圣统》赴玉牒殿，同时安奉。

俟安奉时将至，设香案毕，次御史台、阁门、太常寺分引文武百官诣玉牒殿下，并北向立班定。礼直官引提领官诣幄前西立，俟日官报时及。次玉牒所安奉玉牒、类谱讫。次引提领官复位，北向立定。礼直官揖、躬、拜，提领官拜，在位官皆再拜讫。礼直官引提领官诣香案前，搢笏，三上香，执笏退，复位立定，在位皆再拜讫，退。仪卫、乐人等以次退。自是，凡进书并仿此，惟进太上皇圣政，则有诣德寿官之仪。

淳祐五年二月十二日，进孝宗、光宗两朝御集、《宁宗实录》及《理宗玉牒日历》。其日，皇帝御垂拱殿，提举官、礼仪使、宗室、使相、宰执以下，赴实录院、右文殿、玉牒所、经武阁并行烧香礼毕，奉迎诸书至和宁门，步导至垂拱殿，以俟班齐，各随腰舆入殿下，东西向立。

皇帝服靴袍出宫，殿下鸣鞭，禁卫、诸班直、亲从等并入内省执骨朵使臣，国史实录院、日历所、编修经武要略所、玉牒所点检文字以下并腰舆下人，并迎驾，自赞常起居。内擎腰舆人不拜，止应喏。皇帝即御坐。先知阁门官以下，各班起居如常仪。

次入内官下殿，各取合进呈书匣升殿，于殿上东壁各置案上，以南为上。知阁门官二员，自御坐前导皇帝起诣三朝诸书香案前褥位，东向立。阁门提点奏请上香，三上香讫，又奏请皇帝再拜讫，知阁门官前导皇帝复归御坐。知阁门官归东朵殿上侍立，仪鸾司彻香案、拜褥，降东朵殿。

次舍人请国史实录院以下提举官、礼仪使、宰执并进读官升殿，于御坐东面西立。国史实录院、国史日历院、编修经武要略所、玉牒所官，殿下依旧立。俟入内官进御案，《孝宗御集》提举官并进御集官稍前立，分进读御集官于御前过，西壁面东立。御集提举诸司官于《孝宗御集》匣前，搢笏、启封、开钥讫，出笏，归侍立位。御集承受官搢笏，于御集匣内取册，转授提举官搢笏接讫，承受出笏，提举官奉册置御案上，出笏。皇帝起前立，提举诸司官、承受官分东西相向立，并搢笏揭册讫，各出笏。进读御集官搢笏前，取筹子指读，逐版揭册指读，并如上仪。俟进读毕，皇帝复坐，进读御集官置筹子于御案上，出笏，却于御前东壁面西立以俟。提举官搢笏、收册，复授承受官搢笏接讫，提举官出笏，稍后立。承受官奉册入匣讫，出笏，提举诸司官搢笏、锁匣讫，出笏，归侍立位。次读《光宗御集》、《宁宗实录》、《光宗经武要略》，并同上仪。

次玉牒提举官并进读玉牒官稍前立，分进读玉牒官于御前过，西壁面东立。玉牒提举诸司官于玉牒匣前搢笏、启封钥讫，出笏，归侍立位。玉牒承受官搢笏取册，授提举官置御案上，进读亦如前仪，读毕锁匣，出笏，归侍立位。次日历提举官并进读日历官启封钥，进读亦同。

俱毕，入内官彻案，承受官奉册入匣讫，出笏，提举诸司官搢笏、钥匣讫，出笏，归侍立位。仪鸾司彻卓子，降东朵殿。奉书匣下殿，各置腰舆上。国史实录院、日历所、编修经武要略所、玉牒所提举官，礼仪使，宰执并降东阶下殿，东壁面西立。舍人引各官及礼仪使一班当殿面北立定，引各直身出班、敛身称谢讫，归位立，揖，躬身赞拜，两拜讫。赞各祗候直身立宣答，御药下殿宣答，提举官、礼仪使并敛身听宣答讫，御药升殿。揖，躬身赞拜，两拜讫。赞各祗候直身立，舍人引赴东壁面西立。

次引国史实录院、日历所、编修经武要略所、玉牒所官一班首直身出班、敛身称谢讫，归位立，揖，躬身赞拜，两拜讫，赞各祗候直身立。如传旨谢恩，知阁门官承旨讫，于折槛东面西立，传与舍人承旨讫，再揖，躬身赞谢恩拜，两拜讫，赞各祗候直身立。不该赐茶官先退。

次引国史实录院、日历所、编修经武要略所、玉牒所提举诸司官并承受官以下一班当殿面北立定，揖，躬身赞谢恩拜，两拜讫，赞各祗候直身立，各归位立。

次引国史实录院、日历所、编修经武要略所、玉牒所点检文字以下一班当殿面北立定，揖，躬身，赞谢恩拜，两拜讫，赞各祗候直身立，各归位立。传旨宣坐赐茶讫，舍人奏阁门无公事，皇帝起还宫，百官导送，奏安两朝《御集》、《实录》于天章阁，《经武要略》于经武阁、《玉牒》于玉牒所、《日历》于秘阁如仪。

大射之礼，废于五季，太宗始命有司草定仪注。其群臣朝谒如元会。酒三行，有司言"请赐王、公以下射"，侍中称制可。皇帝改服武弁，布七埒于殿下，王、公以次射，开乐县东西厢，设熊虎等侯。陈赏物于东阶，以赉能者；设丰爵于西阶，以罚否者。并图其冠冕、仪式、表著、埻埒之位以进。帝览而嘉之，谓宰臣曰："俟弭兵，当与卿等行之。"

凡游幸池苑，或命宗室、武臣射，每帝射中的，从官再拜奉觞、贡马为贺。预射官中者，帝为之解，赐袭衣、金带、散马，不解则不赐。苑中皆有射棚、画晕的。射则用招箭班三十人，服绯紫绣衣、帕首，分立左右，以唱中否。节序赐宴，则宗室、禁军大校、牧伯、诸司使副皆令习射，遂为定制。外国使入朝，亦令帅臣伴，赐射于园苑。

政和宴射仪：皇帝御射殿，侍宴官公服、系鞋，射官窄衣，奏圣躬万福，再拜升殿。酒三行，引射官降，皆执弓矢，谢恩再拜，三公以下在右，射官在左，不射者依坐次分立。

皇帝初射中，舍人赞拜，凡左右祗应臣僚，除内侍外，并阶上下再拜。行门、禁卫、诸班、亲从、诸司祗应人并自赞再拜。招箭班殿上躬奏讫，跪进碗。射官先传弓箭与殿侍，侧立。内侍接碗讫，就拜，起，降阶再拜。有司进御茶床，天武引进奉马列射垛前，员僚奏圣躬万福，东上阁门官诣御前，躬奏班首姓名以下进酒。班首以下横行立，赞再拜，班首奉酒进，乐作，饮毕，殿上臣僚再拜。舍人赞各赐酒，群官俱再拜，赞各就坐，群官皆立席后，引进司官临阶，宣进奉出，天武奉马出，乐合，复赞就坐，饮讫，揖，兴，诸司收坐物等。射官左侧临阶，取弓箭侍立。皇帝再射中的或双中，如上仪。进酒临时取旨，得旨进酒，更不进奉中扁碗。及解中，更不贺、不进酒。

臣僚射中，引降阶再拜讫，殿下侧立。御箭解中，招箭班进碗，如上仪。舍人再引射，中官当殿揖，躬宣"有敕，赐窄衣、金带"。跪受，箱诣再拜，过殿侧服所赐讫，再引当殿再拜，更不谢。如宣再射，或更赐箭令射，如未退，即就位再拜。如再射中，御箭再解中，赐鞍辔马如上仪。臣僚射中，御箭不解，引降阶再拜，立。招箭班殿上躬奏讫，下殿，舍人宣"有敕，赐银碗"。跪受执碗并箭，就拜，起，再拜。如合赐散马，即同宣赐，宣"有敕，赐银碗，兼赐散马若干匹"。射讫，进御茶床，诸司复陈坐物等，群官各立席后，赞就坐，群官俱坐。酒五行，宣示盏、宣劝如仪，皆作乐。宴毕，内侍举御茶床，三公以下降阶再拜，退。

乾道二年二月四日，车驾幸玉津园，皇帝射讫，次命皇太子，次庆王，次恭王，次管军臣僚等射，如是者三。每射四发，帝前后四中的。

淳熙元年九月，车驾幸玉津园，命从驾文武官行宴射之礼，皇太子、宰执以下，酒三行，乐作。皇帝临轩，有司进弓矢。皇帝中的，皇太子进酒，率宰执以下再拜称贺。宣皇太子射，射中，赐。宣预射臣僚射，使相郑藻、起居舍人王卿月、环卫官萧夺里懒射中，各赐袭衣、金带。

乡饮之礼有三：《周礼》，乡大夫，三年大比，兴贤者、能者，乡老及乡大夫帅其吏，与其众寡，以礼宾之，一也；党正，国索鬼神而祭祀，则礼属民而饮酒于序，以正齿位，二也；州长，春秋习射于序，先行乡饮礼，三也。后世腊蜡百神、春秋习射、序宾饮酒之仪，不行于郡国，唯贡士日设鹿鸣宴，犹古者宾兴贤能、行乡饮之遗礼也。然古礼有宾主、傧介，与今之礼不同。器以尊俎，与今之器不同。宾坐于西北，介坐于西南，主人坐东南，傧坐东北，与今之位不同。主人献宾，宾酢主人，主人酬宾，次主人献介，介酢主人，次主人献众宾，与今之仪不同。今制，州、军贡士之月，以礼饮酒，且以知州、军事为主人，学事司所在，以提举学事为主人，其次本州官人行，上舍生当贡者，与州之群老为众宾，亦古者序宾、养老之意也。是月也，会凡学之士与武士习射，亦古者习射于序之意也。

唐贞观所颁礼，惟明州独存，淳化中会例行之。政和礼局定饮酒祭降之节，与举酒作乐器用之属，并参用辟雍宴贡士仪，其有古乐处，令用古乐。既又以河北转运判官张孝纯之言："《周官》以六艺教士，必射而后行。古者诸侯贡士，天子试诸射宫，请诏诸路州郡，每岁宴贡士于学，因讲射礼。"于是礼官参定射仪：乡饮酒前一日，本州于射亭东西序，量地之宜，设提举学事诸监司、知州、通判、州学教授、应赴乡饮酒官贡士幕次，本州兵马教谕备弓矢应用物，设乐。其日初筵，提举学事、知州军、通判帅应赴乡饮酒官贡士诣射亭，执弓矢，揖人射，乘矢若中，则守帖者举获唱获，执算者以算投壶毕，多算胜少算。射毕，赞者赞揖，酬酢如仪毕，揖退饮，如乡饮酒。

绍兴七年，郡守仇悆置田以供费。十三年，比部郎中林保乞修定乡饮仪制，遍下郡国，于是国子祭酒高闶草具其仪上之，傧介之位，皆与古制不合，诸儒莫解其指意。

庆元中，朱熹以《仪礼》改定，知学者皆尊用之，主宾、傧介之位，始有定说。其主，则州以守、县以令，位于东南；宾，以里居年高及致仕者，位于西北，傧，则州以倅、县以丞或簿，位东北；介，以次长，位西南。三宾，以宾之次者；司正，以众所推服者；相及赞，以士之熟于礼仪者。其日质明，主人率宾以下，先释菜于先圣先师，退各就次，以俟肃宾。介与众宾既入，主人序宾祭酒，再拜，诣罍洗洗觯，至酒尊所酌实觯，授执事者，至宾席前跪以献宾，宾酬主人，主人酬介，介酬众宾，宾主以下各就席坐讫。酒再行，次沃洗，赞者请司正扬觯致辞，司正复位，主人以下复坐。主人兴，复至阼阶楣下，从宾介复至西阶下立，三宾至西阶立，并南向。主人拜，宾介以下再拜。宾介与众宾先自西趋出，主人少立，自东出。宾以下立于庠门外之右，东乡；主人立于门外之左，西乡。傧从主人再拜，宾介以下皆再拜，退。

卷一百一十五　　志第六十八

礼十八 嘉礼六

皇太子冠礼皇子附　公主笄礼　公主下降仪宗室附
亲王纳妃　品官婚礼　士庶人婚礼

皇太子冠仪，尝行于大中祥符之八年。徽宗亲制《冠礼沿革》十一卷，命仪礼局仿以编次。

其仪：前期奏告天地、宗庙、神稷、诸陵、宫观。殿中监帅尚舍张设垂拱、文德殿门之内，设香案殿下螭陛间，又为房于东朵殿。大晟展宫架乐于横街南，太常设太子冠席东阶上，东宫官位于后，设褥位，陈服于席南，东领北上。远游冠簪导、衮冕簪导同箱，在服南。设罍洗阼阶东，罍在洗东，篚在洗西，实巾一，加勺幂。光禄设醴席西阶上，南面，实侧尊在席南。又设馔于席，加幂。执事者并公服，立罍洗酒馔之所。九旒冕、远游冠、折上巾各一置，奉礼郎三人执以侍于东阶之东、西北上。设典仪位于宫架东北，赞者二人在南，西向。

礼直官、通事舍人、太常博士引太子诣朵殿东房。皇帝乘辇，驻垂拱殿，百官起居如月朔视朝仪。左辅版奏中严，内外符宝郎奉宝先出；左辅奏外办，皇帝服通天冠、绛纱袍诣文德殿，帘卷。大乐正令撞黄钟之钟，右五钟皆应。殿上鸣鞭，皇帝出西阁乘辇，协律郎俯伏，跪，举麾，兴，工鼓柷，奏《乾安》之乐，殿上扇合。礼直官、太常博士引礼仪使导皇帝出，降辇即坐，帘卷扇开，鞭鸣乐止，炉烟升。符宝郎奉宝陈于御坐左右，礼直官、通事舍人、太常博士引掌冠、赞冠者入门，《肃安》之乐作，至位，乐止。典仪曰"再拜"，在位者皆再拜。左辅诣御坐前，承制降东阶，诣掌冠者前西向称有制，典仪赞在位官再拜讫，宣制曰："皇太子冠，命卿等行礼。"掌冠、赞冠者再拜讫，文臣侍从官、宗室、武臣节度使以上升殿，东西立，应行礼官诣东阶下立。

东宫官入，诣太子东房，次礼直官等引太子，内侍二人夹侍，东宫官后从，《钦安》之乐作，即席西向坐，乐止。引掌冠、赞冠者以次诣罍洗，乐作，搢笏，盥帨讫，出笏，升，乐止。执折上巾者升，掌冠者降一等受之，右执项，左执前，进皇太子席前，北向立，祝曰："咨尔元子，肇冠于阼。筮日择宾，德成礼具。于万斯年，承天之祜。"乃跪冠，《顺安》之乐作，掌冠者兴，席南北面立，后准此。赞冠者进席前，北面跪正冠，兴，立于掌冠者之后。太子兴，内侍跪进服，服讫，乐止。

掌冠者揖太子复坐，礼直官等引赞冠者降诣罍洗，如上仪。赞冠者进席前，北向跪，脱折上巾置于匴，兴，内侍跪受，兴，置于席。执远游冠者升，掌冠者降二等受之，右执项，左执前，进太子席前，北向立，祝曰："爰即令辰，申加元服。崇学以让，三善皆得。副予一人，受天百福。"乃跪冠，《懿安》之乐作，掌冠者兴。赞冠者进，跪簪结纮，兴。太子兴，内侍跪进服，服讫，乐止。

掌冠者揖太子复坐，掌冠者降诣罍洗，及赞冠者跪，脱远游冠，并如上仪。执衮冕者升，掌冠者降三等受之，右执项，左执前，进太子席前，北向立，祝曰："三加弥尊，国本以正。无疆惟休，有室大竞。懋昭厥德，保兹永命。"乃跪冠，《成安》之乐作。掌冠者兴。赞冠者如上仪，跪簪结纮。内侍进服，服讫，乐止。礼直官等引太子降自东阶，乐作，由西阶升，即醴席南向坐，乐止。又引掌冠者诣罍洗，乐作，盥帨讫，升西阶，乐止。赞冠者跪取爵，内侍注酒，掌冠者受爵，跪进太子席前，北向立，祝曰："旨酒嘉荐，有飶其香。拜受祭之，以定尔祥。令德寿岂，日进无疆。"太子搢圭，跪受爵，《正安》之乐作，饮讫，奠爵执圭。太官令设馔席前，太子搢圭，食讫，乐止，执圭兴，太官令彻馔、爵。

礼直官等引自西阶诣东房，易朝服，降立横街，南北向，东宫官复位，西向。太子初行，乐作，至位，乐止。礼直官等引掌冠、赞冠者诣前，西向，掌冠者少进，字之曰："始生而名，为实之宾。既冠而字，以益厥文。永受保之，承天之庆。奉敕字某。"太常博士请再拜，太子再拜讫，搢笏，舞蹈，再拜，奏圣躬万福，又再拜。左辅承旨，降自东阶，诣太子前，西向，宣曰："有敕"，太子再拜，宣敕曰："事亲以孝，接下以仁。远佞近义，禄贤使能。古训是式，大猷是经。"宣讫，太子再拜讫，礼直官等引太子前，俯伏，跪，奏称："臣虽不敏，敢不祗奉！"奏讫，兴，复位，再拜讫，引出殿门，乐作，出门，乐止。侍立官并降复位，典仪曰"拜"，赞者承传，在位者皆再拜。礼仪使奏礼毕，鸣鞭。大乐正令撞蕤宾之钟，左五钟皆应，《乾安》之乐作，皇帝降坐，左辅奏解严，放仗，在位官皆再拜，退。

太子入内，朝见皇后，如宫中仪。乃择日谒太庙、别庙，宿斋于本宫。质明，服远游冠、朱明衣，乘金辂。至庙，改服衮冕，执圭行礼，群臣称贺，皇帝赐酒三行。

皇子冠，前期择日奏告景灵宫，太常设皇子冠席文德殿东阶上，稍北东向，设褥席，陈服于席南，东领北上。九旒冕服、七梁进贤冠服、折上巾公服、七梁冠簪导、九旒冕簪导同箱，在服南。设罍洗、酒馔、旒冕、冠、巾及执事者，并如皇太子仪。

其日质明，皇帝通天冠、绛纱袍，御文德殿。皇子自东房出，内侍二人夹侍，王府官从，《恭安》之乐作，即席南向坐，乐止。掌冠者进折上巾，北向跪冠，《修安》之乐作；赞冠者进，北面跪正冠，皇子兴，内侍跪进服讫，乐止。掌冠者揖皇子复坐，以爵跪进，祝曰："酒醴和旨，笾豆静嘉。授尔元服，兄弟具来。永言保之，降福孔皆。"皇子搢笏，跪受爵，《翼安》之乐作，饮讫，太官令进馔讫。再加七梁冠，《进安》之乐作。掌冠者进爵，祝曰："宾赞既戒，肴核惟旅。申加厥服，礼仪有序。允观尔成，承天之祜。"皇子跪受爵，《辅安》之乐作，太官奉馔。三加九旒冕，《广安》之乐作。掌冠者进爵，祝曰："旨酒嘉栗，甘荐令芳。三加尔服，眉寿无疆。永承天休，俾炽而昌。"皇子跪受爵，《贤安》之乐作，太官奉馔，馔彻。

皇子降，易朝服，立横阶南，北向位，掌冠者字之曰："岁日云吉，威仪孔时。昭告厥宇，君子攸宜。顺尔成德，永受保之。奉敕字某。"皇子再拜舞蹈，又再拜，奏圣躬万福，又再拜。左辅宣敕，戒曰："好礼乐善，服儒讲艺。蕃我王室，友于兄弟。不溢不骄，惟以守之。"皇子再拜，进前俯伏，跪称："臣虽不敏，敢不祗奉！"俯伏，兴，复位，再拜，出。殿上侍立官并降，复位，再拜，放仗。明日，百僚诣东上阁门贺。

公主笄礼　年十五，虽未议下嫁，亦笄。笄之日，设香案于殿庭；设冠席于东房外，坐东向西；设醴席于西阶上，坐西向东；设席位于冠席南，西向。其裙背、大袖长裙、榆翟之衣，各设于椸，陈下庭；冠笄、冠朵、九翚四凤冠，各置于盘，蒙以帕。首饰随之，陈于服椸之南，执事者三人掌之。柿总置于东房。内执事宫嫔盛服旁立，俟乐作，奏请皇帝升御坐，乐止。

提举官奏曰："公主行笄礼。"乐作，赞者引公主入东房。次行尊者为之总髻毕，出，即席西向坐。次引掌冠者东房，西向立，执事奉冠笄以进，掌冠者进前一步受之，进公主席前，北向立，乐止，祝曰："令月吉日，始加元服。弃尔幼志，顺尔成德。寿考绵鸿，以介景福。"祝毕，乐作，东向冠之，冠毕，席南北向立；赞冠者为之正冠，施首饰毕，揖公主适房，乐止。执事者奉裙背入，服毕，乐作，公主就醴席，掌冠者揖公主坐。赞冠者执酒器，执事者酌酒，授于掌冠者执酒，北向立，乐止，祝曰："酒醴和旨，笾豆静嘉。受尔元服，兄弟具来。与国同休，降福孔皆。"祝毕，乐作，进酒，公主饮毕，赞冠者受酒器，执事者奉馔，食讫，彻馔。

复引公主至冠席坐，乐止。赞冠者至席前，赞冠者脱冠置于盘，执事者彻去，乐作。执事者奉冠以进，掌冠者进前二步受之，进公主席前，北向立，乐止，祝曰："吉月令辰，乃申尔服，饰以威仪，淑谨尔德。眉寿永年，享受遐福。"祝毕，乐作，东向冠之，冠毕，席南北向立。赞冠者为之正冠，施首饰毕，揖公主适房，乐止。执事奉大袖长裙入，服毕，乐作。公主至醴席，掌冠者揖公主坐。赞冠者执酒器，执事者酌酒，授于掌冠者执酒，北向立，乐止，祝曰："宾赞既戒，殽核惟旅。申加尔服，礼仪有序。允观尔成，永天之祐。"祝毕，乐作，进酒，公主饮毕，赞冠者受酒器，执事者奉馔食讫，彻馔。

复引公主至冠席坐，乐作。赞冠者至席前，赞冠者脱冠置于盘，执事者彻去，乐作。执事奉九翚四凤冠以进，掌冠者进前三步受之，进公主席前，向北而立，乐止，祝曰："以岁之吉，以月之令，三加尔服，保兹永命。以终厥德，受天之庆。"祝毕，乐作，东向冠之，冠毕，席南北向立。赞冠者为之正冠、施首饰毕，揖公主适房，乐止。执事者奉褕翟之衣入，服毕，乐作，公主至醴席，掌冠者揖公主坐。赞冠者执酒器，执事者酌酒，授于掌冠者执酒，北向立，乐止，祝曰："旨酒嘉荐，有飶其香。咸加尔服，眉寿无疆。永承天休，俾炽而昌。"祝毕，乐作，进酒，公主饮毕，赞冠者受酒器。执事者奉馔，食讫，彻馔。

复引公主至席位立，乐止，掌冠者诣前相对，致辞曰："岁日具吉，威仪孔时。昭告厥字，令德攸宜。表尔淑美，永保受之。可字曰某。"辞讫，乐作，掌冠者退。引公主至君父之前，乐止，再拜起居，谢恩再拜。少俟，提举进御坐前承旨讫，公主再拜。提举乃宣训辞曰："事亲以孝，接下以慈。和柔正顺，恭俭谦仪。不溢不骄，毋诐毋欺。古训是式，尔其守之。"宣讫，公主再拜，前奏曰："儿虽不敏，敢不祗承！"归位再拜，见后母之礼如之。

礼毕，公主复坐，皇后称贺，次妃嫔称贺，次掌冠、赞冠者谢恩，次提举众内臣称贺，其余班次称贺，并依常式。礼毕，乐作；驾兴，乐止。

公主下降 初被选尚者即拜驸马都尉，赐玉带、袭衣、银鞍勒马、采罗百匹，谓之系亲。又赐办财银万两，进财之数，倍于亲王聘礼。出降，赐甲第。余如诸王夫人之制。掌扇加四，引障花、烛笼各加十，皆行舅姑之礼。诸亲递加赐赉。其县主系亲以金带，赐办财银五千两，纳财赐赉，大率三分减其二。宗室女特封郡君者，又差降焉。

嘉祐初，礼官言："礼阁新仪，公主出降前一日，行五礼。古者，结婚始用行人，告以夫家采择之意，谓之纳采。问女之名，归卜夫庙，吉，以告女家，谓之问名、纳吉。今选尚一出朝廷，不待纳采。公主封爵已行诞告，不待问名。若纳成则既有进财，请期则有司择日。宜稍依五礼之名，存其物数，俾知婚姻之事重、而夫妇之际严如此，亦不忘古礼之义也。"时兖国公主下嫁李玮，诏赐出降日，令夫家主婚者具合用雁、币、玉、马等物，陈于内东门外，以授内谒者，进入内侍掌事者受，唯马不入。

神宗即位，诏以"昔侍先帝，恭闻德音，以旧制士大夫之子有尚帝女者，辄皆升行，以避舅姑之尊。岂可以富贵之故，屈人伦长幼之序。宜诏有司革之，以厉风俗。"于是著为令。仍命陈国长公主行舅姑之礼，驸马都尉王师约更不升行。公主见舅姑行礼自此始。旧例，长公主凡有表章不称妾，礼院议谓："男子、妇人，凡于所尊称臣若妾，义实相对。今宗室伯叔近臣悉皆称臣，即公主理宜称妾。况家人之礼，难施于朝廷。请大长公主而下，凡上笺表，各据国封称妾。"从王师约之请也。

康国公主下降，太常寺言："按令，公主出降，申中书省，请皇后帅宫闱掌事人送至第外，命妇从，今请如令。"诏："出降日，婉仪帅宫闱掌事者送至第外，命妇免从。"

徽宗改公主为姬，下诏曰："在熙宁初，有诏厘改公主、郡主、县主名称，当时群臣不克奉承。近命有司稽考前世，周称'王姬'，见于《诗·雅》。'姬'虽周姓，考古立制，宜莫如周。可改公主为帝姬、郡主为宗姬、县主为族姬。其称大长者，为大长帝姬，仍以美名二字易其国号，内两国者以四字。"

其出降日，婿家具五礼，修表如上仪。太史局择日告庙。

亲迎。前一日，所司于内东门外量地之宜，西向设婿次。其日，婿父醮子如上仪。乃命之曰："往迎肃雍，以昭惠宗祐。"子再拜，曰："祗率严命！"又再拜，降，出乘马，至东华门内下马，礼直官引就次。有司陈帝姬卤簿、仪仗于内东门外，候将升厌翟车，引婿出次于内东门外，躬身西向。掌事者执雁，内谒者奉雁以进，俟帝姬升车，婿再拜，先还第。

同牢。其日初昏，掌事者设巾、洗各二于东阶东南，一于室北。水在洗东，尊于室中，实四爵、两卺于篚。婿至本第，下马以俟。帝姬至，降车，赞者引婿揖之以入，及寝门又揖，导之升阶，入室盥洗。掌事者布对位，又揖帝姬，皆即坐受盏三饮，俱兴，再拜，赞者彻酒。

见舅姑。夙兴，帝姬著花钗、服褕翟以俟见。赞者设舅姑位于堂上，舅位于东，姑位于西，各服其服就位。女相者引帝姬升自西阶，诣舅位前再拜，赞者以枣栗授帝姬奉置舅位前，舅即坐，赞者进彻以东，帝姬退，复位，又再拜。女相者引诣姑位前再拜，赞者以腶修授帝姬奉置姑位前，姑即坐，赞者亦彻以东，帝姬退，复位，又再拜。次醴妇、盥馈、飨妇如仪。

诸王纳妃 宋朝之制，诸王聘礼，赐女家白金万两。敲门，即古之纳采。用羊二十口、酒二十壶、彩四十匹。定礼，羊、酒、彩各加十，茗百斤，头䯻巾段、绫、绢三十匹，黄金钗钏四双，条脱一副，真珠琥珀璎珞、真珠翠毛玉钗朵各二副，销金生色衣各一袭，金涂银合二，锦绣绫罗三百匹，果盘、花粉、花幂、眠羊卧鹿花饼、银胜、小色金银钱等物。纳财，用金器百两、彩千匹、钱五十万，锦绮、绫、罗、绢各三百匹，销金绣画衣十袭，真珠翠毛玉钗朵各三副，函书一架缠束帛，押马函马二十匹，羊五十口，酒五十壶，系羊酒红绢百匹，花粉、花幂、果盘、银胜、罗胜等物。亲迎，用涂金银装肩舆一，行障、坐障各一，方团掌扇四，引障花十树，生色烛笼十，高髻钗插并童子八人骑分左右导扇舆。其宗室子聘礼，赐女家白金五千两。其敲门、定礼、纳财、亲迎礼皆减半，远属族卑者又减之。

政和三年四月，议礼局上皇子纳夫人仪：

采择。使者曰："奉制，某王之俪，属之懿淑。谨之重之，使某行采择之礼。"傧者入告，主人曰："臣某之子颛愚，不足以备采择，恭承制命，臣某不敢辞。"

问名。使者曰："某王之俪，采择既谐。将加官占，奉制问名。"傧者入告，主人曰："制以臣某之子，可以奉侍某王，臣某不敢辞。"

告吉。使者曰："官占既吉，奉制以告。"傧者入告，主人曰："臣某之子，愚弗克堪。占贶之吉，臣与有幸。臣某谨奉典制。"

告成。使者曰："官占云吉，嘉偶既定，制使某以仪物告成。"傧者入告，主人曰："奉制赐臣以重礼，臣某谨奉典制。"

告期。使者曰："涓辰之良，某月某日吉，制使某告期。"傧者入告，主人曰："臣某谨奉典制。"

前期，太史局择日，奏告景灵宫。

赐告。前一日，主人设使者次，如常仪，使者以内侍为之。又设告箱之次于中门外，北向，随阙所向，设香案于寝庭。其日大昕，使者公服至，主人出迎于大门外，北向再拜，使者不答拜。谒者引使者入门而左，主人入门而右，举告箱者同入。主人立香案左，使者在右，举告箱者以告置于香案。女相者引夫人出，面阙立，使者称有制，女相者赞再拜，使者曰："赐某国夫人告。"又赞再拜，退，使者出。

皇帝醮戒于所御之殿，皇子乘象辂亲迎。同牢、夫人朝见、盥馈、皇帝皇后飨夫人如仪。

其诸王以下：

纳采。宾曰："某官以伉俪之重，施于某王，某官谓主人，某王谓婿。某王率循彝典，以某将事，敢请纳采。"某王谓婿父，某谓宾。傧者入告，主人曰："某之子弗闲于姆训，维是殿修、枣栗之馈，未知所以告虔也。某听命于庙，敢不拜嘉。"

问名。宾曰："合二姓之好，必稽诸龟筮，敢请问名。"傧者入告，主人曰："某王恭谨，重正昏礼，将以加诸卜，某敢不以告。"

纳吉。宾曰："某王承嘉命，稽诸卜筮，龟筮协从，使某以告。"傧者入告，主人曰："某王不忘寒素，欲施德于某未教之女，而卜以吉告，其曷敢辞。"

纳成。宾曰："某官以伉俪之重，施于某王，某王，上谓婿，下谓婿父。率循彝典，有不腆之币，以某将事，敢请纳成。"傧者入告，主人曰："某王顺彝典，申之以备物，某敢不重拜嘉。"

请期。宾曰："某王谨重嘉礼，将卜诸近日，使某请期。"傧者入告，主人再辞。傧者出告，宾曰："某既不获受命于某官，某王得吉卜曰某日，敢不以告。"傧者入告，主人曰："谨奉命以从。"

亲迎。前一日，主人设宾次，宾谓婿。如常仪。其日大昕，婿之父服其服，告于祢庙，无庙者设神位于厅东，不应设位者不设。子将行，父醮之于厅事。赞者设父位中间，南向，设子位父位之西，近南，东向。父即坐，子公服升自西阶，进立位前。赞者注酒于盏，西向授子，子再拜，跪受，赞者又设馔父位前，子举酒兴，即坐饮食讫，降，再拜，进立于父位前。命之曰："躬迎嘉偶，厘尔内治。"子再拜，曰："敢不奉命。"又再拜，降出，诣女家。主人服其服，告于祢庙，如请期之仪。宾将至，主人设神位于寝户外之西，设醴女位于户内，南向，具酒馔。宾至，赞者引就次，女盛服于房中，就位南向立，姆位于右，从者陪其后。父公服升自东阶，立于寝户外之东，西向。内赞者设酒馔，女就位坐，饮食讫，降，再拜，内赞者彻酒馔。主人降立东阶东南，西面，赞者引宾出次，立于门西，东面，傧者进受命，出请事，宾曰："某受命于父，以兹嘉礼，躬听成命。"傧者入告，主人曰："某固愿从命。"傧者出告讫，入引主人迎宾大门外之东，西面揖宾，宾报揖。主人入门而右，宾入门而左，执雁者从入，陈雁于庭，三分庭，一在南，北向。主人升立于东阶上，西面；宾从西阶进，当寝户前，北面再拜，降出，主人不降送。宾初入门，母出，立于寝户外之西，南面，宾拜讫，姆引女出于母左，父命之曰："往之汝家，以顺为正，无忘肃恭！"母戒之曰："必恭必戒，无违舅姑之命！"庶母申之曰："尔诚听于训言，毋作父母羞！"女出门，婿先还第。其同牢、庙见、见舅姑诸礼，皆如仪。

凡宗室婚姻，治平中，宗正司言："宗室女舅姑、夫族未立仪制，皆当创法。"诏："婿家有二世食禄，即许娶宗室女，未仕者与判、司、簿、尉，已任者随资序推恩。即婿别祖、女别房，旧为婚姻而于今卑尊不顺者，皆许。婿之三代、乡贯、生月、人材书札，止令婚主问验，以告宗正寺、大宗正司，寺、司详视，如条保明。所进财皆赐婿家，令止于本宫纳财，媒妁、使令之非理求丐，许告。宗室女事舅姑及见夫之族亲，皆如臣庶之家。"其后又令宗室女再嫁者，祖、父有二代任殿直若州县官已上，即许为婚姻。

熙宁十年，又诏："应袒免以上亲不得与杂类之家婚嫁，谓舅尝为仆、姑尝为娼者。若父母系化外及见居沿边两属之人，其子孙亦不许为婚。缌麻以上亲不得与诸司胥吏出职、纳粟得官及进纳技术、工商、杂类、恶逆之家子孙通婚。后又禁刑徒人子孙为婚。应婚嫁者委主婚宗室，择三代有任州县官或殿直以上者，列姓名、家世、州里、岁数奏上，宗正司验实召保，付内侍省宣系，听期而行。嫁女则令其婿召保。其冒妄成婚者，以违制论。主婚宗室与媒保同坐，不以赦降，自首者减罪，告者有赏。非袒免亲者依庶姓法。宗室离婚，委宗正司审察，若于律有可出之实或不相安，方听。若无故捃拾者，劾奏。如许听离，追完赐予物，给还嫁资。再娶者不给赐。非袒免以上亲与夫听离，再嫁者委宗正司审核。其恩泽已追夺而乞与后夫者，降一等。"寻诏："宗女毋得与尝娶人结婚，再适者不用此法。"

品官婚礼 纳采、问名、纳吉、纳成、请期、亲迎、同牢、庙见、见舅姑、姑醴妇、盥馈、飨妇、送者，并如诸王以下婚。四品以下不用盥馈、飨妇礼。

士庶人婚礼 并问名于纳采，并请期于纳成。其无雁奠者，三舍生听用羊，庶人听以雉及鸡鹜代。其辞称"吾子"。

亲迎。质明，掌事者设袆位厅事东间，南向。婿之父服其服，北面再拜，祝曰："某子某，年若干，礼宜有室，聘某氏第几女，以某日亲迎，敢告。"子将行，父坐厅事，南向，子服其服，三舍生及品官子孙假九品服，余并皂衫衣、折上巾。立父位西，少南，东向。赞者注酒于盏授子，子再拜，跪受，赞者又以馔设位前，子举酒兴，即坐饮食讫，降，再拜，进立父位前，命之曰："厘尔内治，往求尔匹。"子再拜，曰："敢不奉命。"又再拜，降出。

初婚，掌事者设酒馔室中，置二盏于盘，婿服其服如前服，至女家，赞者引就次，掌事者设袆位，主人受礼，如请期之仪。主人谓女父。女盛服立房中，父升阶立房外之东，西向。非南向者，各随其所向。父立于门外之左，余放此。赞者注酒于盏授女，女再拜受盏；赞者又以馔设于位前，女即坐饮食讫，降，再拜。父降立东阶下，宾出次，宾谓婿。主人迎于门，揖宾入，宾报揖，从入。主人升东阶，西面；宾升西阶，进当房户前，北面。掌事者陈雁于阶，宾曰："某受命于父，以兹嘉礼，躬听成命。"主人曰："某固愿从命。"宾再拜，降出，主人不降送。初，女出，父戒之曰："往之汝家，无忘肃恭！"母戒之曰："夙夜以思，无有违命！"诸母申之曰："无违尔父母之训！"女出，婿先还，俟于门外。妇至，赞者引就北面立，婿南面，揖以入，至于室。掌事者设对位室中，婿妇皆即坐，赞者注酒于盏授婿及妇，婿及妇受盏饮讫。遂设馔，再饮、三饮，并如上仪。婿及妇皆兴，再拜，赞者彻酒馔。

见祖袮、见舅姑、醴妇、飨送者，如仪。

卷一百一十六　　志第六十九

礼十九 宾礼一

大朝会仪　　常朝仪

《周官》：司仪掌九仪宾客摈相，诏王南乡以朝诸侯。"大行人掌大宾之礼、大客之仪，以亲诸侯"。盖君臣之际体统虽严，然而接以仁义，摄以威仪，实有宾主之道焉。是以《小雅·鹿鸣》燕其臣下，皆以嘉宾称之。宋之朝仪，政和详定五礼，列为宾礼。今修《宋史》，存其旧云。

大朝会。宋承前代之制，以元日、五月朔、冬至行大朝会之礼。太祖建隆二年正月朔，始受朝贺于崇元殿，服衮冕，设宫县、仗卫如仪。仗退，群臣诣皇太后宫门奉贺。帝常服御广德殿，群臣上寿，用教坊乐。五月朔，受朝贺于崇元殿，帝服通天冠，绛纱袍，宫县、仪仗如元会仪。乾德三年冬至，受朝贺于文明殿，四年于朝元殿，贺毕，常服御大明殿，群臣上寿，始用雅乐登歌、二舞，群臣酒五行罢。

太宗淳化三年正月朔，命有司约《开元礼》定上寿仪，皆以法服行礼，设宫县、万舞，酒三行罢。

真宗咸平三年五月朔，雨，命放仗，百官常服，起居于长春殿，退诣正衙，立班宣制。

仁宗天圣四年十二月，诏明年正月朔先率百官赴会庆殿，上皇太后寿，酒毕，乃受朝天安殿，仍令太常礼院修定仪制。

五年正月朔，晓漏未尽三刻，宰臣、百官与辽使、诸军将校，并常服班会庆殿。内侍请皇太后出殿后幄，鸣鞭，升坐；又诣幄后皇帝幄，引皇帝出。帝服靴袍，于帘内北向褥位再拜，跪称："臣某言：元正启祚，万物惟新。伏惟尊号皇太后陛下，膺时纳祐，与天同休。"内常侍承旨答曰："履新之祐，与皇帝同之。"帝再拜，诣皇太后御坐稍东。内给事酌酒授内谒者监进，帝跪进讫，以盘兴，内谒者监承接之，帝却就褥位，跪奏曰："臣某稽首言：元正令节，不胜大庆，谨上千万岁寿。"再拜，内常侍宣答曰："恭举皇帝寿酒。"帝再拜，执盘侍立，教坊乐止，皇帝受虚盏还幄。通事舍人引百官横行，典仪赞再拜、舞蹈、起居。太尉升自西阶，称贺帘外，降，还位，皆再拜、舞蹈。侍中承旨曰："有制。"皆再拜，宣曰："履新之吉，与公等同之。"皆再拜、舞蹈。阁门使帘外奏："宰臣某以下进寿酒。"皆再拜。太尉升自东阶，翰林使酌御酒盏授太尉，执盏起跪进帘外，内谒者监跪接以进，太尉跪奏曰："元正令节，臣等不胜大抃，谨上千万岁寿。"降，还位，皆再拜。宣徽使承旨曰："举公等觞。"皆再拜。太尉升，立帘外，乐止。内谒者监出帘授虚盏。太尉降阶，横行，皆再拜、舞蹈。宣徽使承旨宣群臣升殿，再拜，升，及东西厢坐，酒三行，侍中奏礼毕，退。枢密使以下迎乘舆于长春殿，起居称贺。百官就朝堂易朝服，班天安殿朝贺，帝服衮冕受朝。礼官、通事舍人引中书令、门下侍郎各于案取所奏文，诣褥位，脱剑舄，以次升，分东西立。诸方镇表、祥瑞案先置门外，左右令史绛衣对举，给事中押祥瑞、中书侍郎押表案入，分诣东、西阶下对立。既贺，更服通天冠、绛纱袍，称觞上寿，止举四爵。乘舆还内，恭谢太后如常礼。

神宗元丰元年，诏龙图阁直学士、史馆修撰宋敏求等详定正殿御殿仪注，敏求遂上《朝会仪》二篇、《令式》四十篇，诏颁行之。其制：

元正、冬至大朝会，有司设御坐大庆殿，东西房于御坐之左右少北，东西阁于殿后，百官、宗室、客使次于朝堂之内外。五辂先陈于庭，兵部设黄麾仗于殿之内外。大乐令展宫架之乐于横街南。鼓吹令分置十二案于宫架外。协律郎二人，一位殿上西阶之前楹，一位宫架西北，俱东向。陈舆辇、御马于龙墀，伞扇于沙墀，贡物于宫架南冬至不设贡物，余则列大庆门外。陈布将士于街。左、右金吾六军诸卫勒所部，列黄麾大仗于门及殿庭。百僚、客使等俱入朝。文武常参官朝服，陪位官公服，近仗就陈于阁外。大乐令、乐工、协律郎入就位。中书侍郎以诸方镇表案、给事中以祥瑞俟于大庆门外之左右冬至不设给事中位、祥瑞案。诸侍卫官各服其器服。

辇出，至西阁降辇，符宝郎奉宝诣阁门奉迎，百官、客使、陪位官俱入就位。侍中版奏中严，又奏外办。殿上鸣鞭，宫县撞黄钟之钟，右五钟皆应。内侍承旨索扇，扇合，帝服通天冠、绛纱袍。御舆出，协律郎举麾奏《乾安》乐，鼓吹振作。帝出自西房，降舆即坐，扇开，殿下鸣鞭。协律郎偃麾乐止，炉烟升。符宝郎奉宝置御坐前，中书侍郎、给事中押表案、祥瑞案入，诣东西阶下对立，百官、宗室及辽使班分东西，以次入，《正安》乐作，就位。乐止，押乐官归本班，起居毕，复案位。三师、亲王以下及御史台、外正任、辽使俱就北向位。典仪赞拜，在位者皆再拜、起居讫，太尉将升，中书令、门下侍郎俱降至西阶下立凡太尉升则乐作，至位乐止。太尉诣西阶下，解剑脱舄升殿。中书令、门下侍郎各于案取所奏之文诣褥位，解剑脱舄以次升，分东西立以俟。太尉诣御坐前，北向跪奏："文武百寮、太尉具官臣某等言：元正启祚，万物咸新冬至易为"暑运推移，日南长至"。伏惟皇帝陛下应乾纳祐，与天同休。"俯伏，兴，降阶，佩剑纳舄余官准此。还位，在位官俱再拜、舞蹈，三称万岁，再拜。侍中进当御坐前承旨，退临阶，西向，称制宣答曰："履新之庆冬至易曰"履长之庆"，与公等同之。"赞者曰"拜"，舞蹈，三称万岁。横行官分班立。中书令、门下侍郎升诣御坐前，各奏诸方镇表及祥瑞讫，户部尚书就承制位俯伏跪奏诸州贡物，请付所司。礼部尚书奏诸蕃贡物如之。司天监奏云物祥瑞，请付史馆，皆如上仪。侍中进当御坐前奏礼毕，殿上承旨索扇，殿下鸣鞭，宫县撞蕤宾之钟，左五钟皆应，协律郎举麾，宫县奏《乾安》乐，鼓吹振作，帝降坐，御舆入自东房，扇开，偃麾乐止。侍中奏解严，百官退还次。客使、陪位官并退。

有司设食案，大乐令设登歌殿上，二舞入，立于架南。预坐当升殿者位御坐之前，文武相向，异位重行，以北为上，非升殿者位于东西廊下。尚食奉御设寿尊于殿东楹少南，设坫于尊南，加爵一。有司设上下群臣酒尊于殿下东西厢。侍卫官及执事者各立其位，仗卫仍立俟，上寿百官立班如朝贺仪。

侍中版奏中严、外办，闻鸣鞭，索扇，帝服通天冠、绛纱袍，御舆出东房，乐作。帝即坐，扇开，乐止。赞拜毕，光禄卿诣横街南，跪奏："具官臣某言，请允群臣上寿。"兴，侍中承旨称"制可"，少退。舍人曰"拜"，光禄卿再拜讫，复位。三师以下就位，赞者曰"拜"，在位者皆拜舞，三称万岁。太尉升殿，诣寿尊所，北向，尚食奉御酌御酒一爵授太尉，搢笏执爵诣前跪进，帝执爵，太尉出笏，俯伏，兴，少退，跪奏："文武百寮、太尉具官臣某等稽首言：元正首祚，臣等不胜大庆，谨上千万寿。"俯伏，兴，降，复位。赞者曰"拜"，在位者皆再拜，三称万岁，侍中承旨退，西向宣曰："举公等觞。"赞者曰"拜"，在位者皆再拜，三称万岁，北向，班分东西序立。太尉自东阶侍立。帝举第一爵，《和安》乐作，饮毕，乐止。太尉受虚爵复于坫，降阶。三师以下再拜、舞蹈，称万岁如上仪。

侍中进奏："侍中具官臣某言，请延公王等升殿。"俯伏，兴，降，复位，侍中承旨退，称"有制"，赞者曰"拜"，在位者皆再拜。宣曰："延公王等升殿。"赞者曰"拜"，在位者皆再拜。公王等诣东西阶，升立于席后。尚食奉御进酒，殿中监省酒以进。帝举第二爵，登歌作《甘露》之曲。饮讫，殿中监受爵，乐止。群臣升殿，就横行位。舍人曰："各赐酒。"赞者曰"拜"，群官皆再拜，三称万岁。舍人曰："就坐。"太官令行酒，群官搢笏受酒，宫县作《正安》之乐，文舞入，立宫架北。觞行一周。凡行酒讫，并太官令奏巡周，乐止。尚食进食升阶，以次置御坐前。又设群官食，讫，太官令奏食遍。太乐丞引《盛德升闻》之舞入，作三变，止，出。殿中监进第三爵，群官立席后，登歌作《瑞木成文》之曲。饮讫，乐止。殿中丞受虚爵，舍人曰："就坐。"群官皆坐。又行酒、作乐、进食，如上仪。太乐丞引《天下大定》之舞，作三变，止，出。殿中监进第四爵，登歌奏《嘉禾》之曲，如第三爵。太官令行酒又一周，乐止，舍人曰："可起。"百寮皆立席后，侍中进御坐前跪奏，礼毕，俯伏，兴，与群官俱降阶复位，赞者曰："拜"，皆再拜、舞蹈，三称万岁，起，分班立。殿上索扇，扇合，殿下鸣鞭，太乐令撞蕤宾之钟，左右钟皆应。协律郎俯伏，举麾。太乐令令奏《乾安》之乐，鼓吹振作。帝降坐御舆入自东房，扇开，乐止。侍中奏解严，所司承旨放仗。百寮再拜，相次退。

旧制，朝贺、上寿，帝执镇圭，至是始罢不用。

元祐八年，太常博士陈祥道言："贵人贱马，古今所同。故觐礼马在庭，而侯氏升堂致命。聘礼马在庭，而宾升堂私觌。今元会仪，御马立于龙墀之上，而特进以下立于庭，是不称尊贤才、体群臣之意。请改仪注以御马在庭，于义为允。"

旧制，五月朔受朝，熙宁二年诏罢之。元符元年四月，得传国受命宝，礼官言："五月朔为故事当大朝会，乞就是日行受宝之礼，依上尊号宝册仪。"前一日，帝斋于殿内，翼日，服通天冠、绛纱袍，御大庆殿，降坐受宝，群臣上寿称贺。其后，徽宗以元日受八宝及定命宝、冬至日受元圭，皆于大庆殿行朝贺礼。

《新仪》成，改《元丰仪》太尉为上公，侍中为左辅，中书令为右弼，太乐令为大晟府，《盛德升闻》为《天下化成》之舞，《天下大定》为《四夷来王》之舞，及增刑部尚书奏"天下断绝，请付史馆"，余并如旧仪。凡遇国恤则废，若无事不视朝，则下敕云："不御殿。"群臣进表称贺于阁门。

绍兴十二年十月，臣僚言："窃以元正一岁之首，冬至一阳之复，圣人重之，制为朝贺之礼焉。自上世以来，未之有改也。汉高祖以五年即位，而七年受朝于长乐宫。我太祖皇帝以建隆元年即位，受朝于崇元殿。主上临御十有六年，正、至朝贺，初未尝讲，艰难之际宜不遑暇。兹者太母还宫，国家大庆，四方来贺，亶惟其时。欲望自今元正、冬至举行朝贺之礼，以明天子之尊，庶几旧典不至废坠。"礼部太常寺考定朝会之礼，依国故事，设黄麾、大仗、车辂、法物、乐舞等，百寮服朝服，再拜上寿，宣王公升殿，间饮三周。诏："自来年举行。"十一月，权礼部侍郎王赏等言："朝会之制，正旦、冬至及大庆受朝受贺，系御大庆殿。其文德、紫宸、垂拱殿礼制各有不同，月朔视朝则御文德殿，谓之前殿正衙，仍设黄麾半仗；紫宸、垂拱皆系侧殿，不设仪仗。元正在近，大庆殿之礼事务至多，乞候来年冬至别行取旨。"诏从之。

明年，阁门言："依汴京故事，遇行大礼，则冬至及次年正旦朝会皆罢。"

十四年九月，有司言："明年正旦朝会，请权以文德殿为大庆殿，合设黄麾大仗五千二十七人，欲权减三分之一；合设八宝于御坐之东西，及登歌、宫架、乐舞、诸州诸蕃贡物。行在致仕官、诸路贡士举首，并令立班。"诏从之。十五年正旦，御大庆殿受朝，文武百官朝贺如仪。

常朝之仪。唐以宣政为前殿，谓之正衙，即古之内朝也。以紫宸为便殿，谓之入阁，即古之燕朝也。而外又有含元殿，含元非正、至大朝会不御。正衙则日见，群臣百官皆在，谓之常参，其后此礼渐废。后唐明宗始诏群臣每五日一随宰相入见，谓之起居，宋因其制。皇帝日御垂拱殿。文武官日赴文德殿正衙曰常参，宰相一人押班。其朝朔望亦于此殿。五日起居则于崇德殿或长春殿，中书、门下为班首。长春即垂拱也。至元丰中官制行，始诏侍从官而上日朝垂拱，谓之常参官。百司朝官以上，每五日一朝紫宸，为六参官。在京朝官以上，朔望一朝紫宸，为朔参官、望参官，遂为定制。

正衙常参。国朝之制：两省、台官、文武百官每日赴文德殿立班，宰臣一员押班。常朝官有诏旨免常朝，及勾当更番宿者不赴。遇假并三日以上，即横行参假。宰相、参知政事及免常朝者悉集　事务急速，赴横行不及者，牒报台。如遇亲王、使相过正衙，则取别旨　。群臣见、谢、辞者，皆赴正衙。其日，文武班尚书、上将军以下，并先叙立于殿门之外，东西相向　文班一品、二品不叙立　。正衙见、谢、辞官立于大班之南，右巡使立正衙位南，北向。台官大夫、中丞、三院御史各就拜，班位再揖　三院不全即不揖　。揖讫，台官与左巡使先入，各就位　左右巡使立钟鼓楼下，左巡使奏武班，右巡使奏文班。如只巡使一员，即就入班南立，单奏。如俱阙，即于台官或员外郎以下差摄　。次两班及右巡使入，次见、谢、辞官入，次两省官入　两省官自殿西偏门入，于右勤政门北偏门立，俟文武班将至，循午阶就位，次文班一品、二品入。次宰臣出东上阁门，就位，通事舍人一员立于阁门外，北向，四色官立其后。舍人通承旨奉敕不坐，四色官应喏急趋至放班位宣敕，在位官皆再拜而退。其应横行者班定，通事舍人揖群官转班北向，舍人揖再拜复位，如常朝之仪　两省官幕次旧在中书门外，近制就使权就朝堂门南上将军幕次　。凡见、谢、辞官　新受、加恩、出使到阙者　，宰臣、亲王、使相　俟班定，引赞引出东上阁门，至押班位，西向立定，先赴午阶南中书门下正衙位再拜，却还押班位　、枢密使、副使、知院、同知院、签书院事、参知政事、宣徽使、宗室节度使以下至刺史将军　俟班定，四方馆吏引出东上阁门，至殿庭，由东黄道赴正衙位，北向，以西为首，将军以东为首。正衙毕，宰臣、枢密出西便门，亲王宗室入东上阁门，观文殿大学士、资政殿大学士、观文殿学士、三司使、翰林资政侍讲、侍读学士、直学士、知制诰、待制　直学士以上集丞郎幕次，待制集上将军幕次。俟班定，四方馆吏引入殿西便门赴班，于大夫、中丞前出　，门下、中书侍郎至正言　四方馆吏引先集勤政门北，俟班定，于一品、二品官未就位前先就位，放班讫，由西偏门出　，御史大夫至御史　序班如常朝　，三师、三公、仆射，东宫三师、三少　班入殿门，朝堂吏引入殿东便门赴班，于两省、台官前出，尚书丞郎、左右金吾上将军至将军　序班如堂朝　，节度使至刺史、军职四厢都指挥使以上，三司副使、文班京朝官、武官郎将以上，分司官、枢密都承旨、诸使副、医官带正员官者　并文东武西相向，重行序立，余如常朝　，其权三司使、开封府，吏部铨、秘书监、修撰、直馆阁校理检讨、三司判官、主判官、开封府判官、推官、宫僚、内职、军校领郡者，内客省使至通事舍人，节度行军司马至团练副使，幕职上佐州县官，诸司勒留官新受者，京朝官改赐章服者，致仕、责授、降授、并谢　行军副使仍辞　。京朝官、贡举发解毕者亦见　准仪制，知贡举官合谢辞。近岁皆即时锁宿，故谢辞皆停　。

垂拱殿起居，则内侍省都知、押班，率内供奉官以下并寄班等先起居；次客省、阁门使以下　呈进目者，次三班使臣　节度、观察、防御、团练、刺史等子弟充供奉官、侍禁、殿直，有旨令内朝起居者，次内殿当直诸班　殿前指挥使、左右班都虞候以下、内殿直、散员、散指挥、散都头、金枪班等　，次长入祗候、东西班殿侍，次御前忠佐，次殿前指挥使率军校至副指挥使，次驸马都尉　任刺史以上者缀本班　，次诸王府僚，次殿前诸军使、都头，次皇亲将军以下至殿直，次行门指挥使率行门起居　以上并内侍赞喝　。如传宣前殿不坐，即宰相、枢密使、文明殿学士、三司使、翰林枢密直学士、中书舍人、三司副使、知起居注、皇城内监库藏朝官、诸司使副、内殿崇班、供奉官、侍禁、殿直、翰林医官、待诏等同班入；次亲王、侍卫亲军马步军都指挥使率军校至副都指挥使，次使相，次节度使，次统军，次两使留后、观察使，次团练、防御使、刺史，次侍卫马步军使、都头，起居毕，见、谢班入。如御崇德殿〔即紫宸殿也〕。即枢密使以下先就班，候升坐〔诸司使副以下至殿直，分东西对立，余皆北面。长春殿皆北面〕，宰相、参知政事最后入〔以上并阁门赞喝〕。日止再拜，朔望及三日假，枢密使以下皆舞蹈。早朝，则宰相、枢密、宣徽使起居毕，升殿问圣体。宰相奏事，枢密、宣徽使退候。宰相对毕，枢密使复入奏事。次三司、开封府、审刑院及群臣以次登殿〔大两省以上领务京师有公事，许即时请对。自余受使出入要切者，欲回奏事，则听先进取旨〕。其见、谢、辞官，以次入于庭。凡见者先之，谢次之，辞又次之〔出使闲慢或未升朝官，或止拜于门外，自秘书监、上将军、观察使、内客省使以上得拜殿门阶上，及升殿止拜御坐前，余皆庭中班次〕。惟宰相、亲王、使相赴崇德殿，即宣徽使通唤，余皆侧立候通，再拜舞蹈；致辞，即不舞蹈；见，即将相升殿问圣体。其赐分物酒食及收进奉物，皆舞蹈称谢〔凡收进奉物皆入谢〕。幕职、州县官谢、辞，即判铨官引对，兼于殿门外宣辞戒励。凡国有大庆瑞及出师胜捷，枢密使率内职军校入贺致辞，阁门使宣答；宰相致辞，宣徽使宣答。如赐酒，即预坐官后入，作乐送酒，如曲宴之仪。晚朝则宰相、枢密、翰林学士当直者，洎近侍执事之臣皆赴。

乾德六年九月，始以旬假日御讲武殿〔又名崇政〕，近臣但赴早参〔宰相以下靴笏，诸司使以下系带〕。其节假及大祀，并令如式。

开宝九年四月，诏旬休日不视事。及太宗即位，复如旧视朝。退进食讫，则易服，御崇政殿。先群臣告谢，次军头引见司奏事于殿下，次三班、审官院、流内铨、刑部及诸司引见官吏。如假日起居辞见毕，即移御坐，临轩视事。既退，复有奏事，或阅器物之式者，谓之后殿再坐。

淳化三年，令有司申举十五条：常参文武官或有朝堂行私礼，跪拜，待漏行立失序，谈笑喧哗，入正衙门执笏不端，行立迟缓，至班列行立不正，趋拜失仪，言语微喧，穿班仗，出阁门不即就班，无故离位，廊下食、行坐失仪，入朝及退朝不从正衙门出入，非公事入中书。犯者夺奉一月；有司振举，拒不伏者，录奏贬降。

景德二年，光禄寺丞钱易言："窃睹文德殿常朝班不及三四十人，盖以凡掌职务止赴五日起居，颇违旧章。望令并赴朝参。"乃诏应三馆、秘书阁、尚书省二十四司、诸司寺监朝臣内殿起居外，并赴文德殿常参。其审刑院、大理寺、台直官、开封府判官推官司录两县令、司天监、翰林天文、监仓场库务等仍免。

大中祥符二年，御史知杂赵湘言："伏见常参官每日趋朝，多不整肃。旧制，并早赴待漏院，候开内门齐入。伏缘每日追辰以朝，以故后时方入。又风雨寒暑，即多称疾，宜令知班驱使官视其入晚者申奏。疾者遣医亲视。"

天禧四年十月，中书、门下言："唐朝故事：五日一开延英，只日视事，双日不坐。方今中外晏宁，政刑清简，望准旧事，三日、五日一临轩听政，只日视事，双日不坐。至于刑章、钱谷事务，遣差臣僚，除急切大事须面对外，余并令中书、枢密院附奏。"诏礼仪院详定，双日前后殿不坐，只日视事；或于长春殿，或于承明殿，应内殿起居群臣并依常日起居；余如中书、门下之议。俄又请只日承明殿常朝，依假日便服视事，不鸣鞭。诏可。

康定初，诏中书、枢密、三司，大节、大忌给假一日，小节、旬休并后殿奏事，前后殿毋得过五班，余听后殿对，御厨给食。假日，崇政殿辰漏，上入内进食，俟再坐复对。

神宗即位，御史中丞王陶以《皇祐编敕》宰臣押班仪制移中书，谓"天子新即位，大臣不应隳废朝仪"，不报。旧制：祖宗以来，日御垂拱殿，待制、诸司使以上俱赴，而百官班文德殿，曰常朝；五日皆入，曰起居。平时，宰相垂拱殿奏事毕，赴文德殿押班，或日昃未退，则阁门传宣放班，多不复赴。王陶以韩琦、曾公亮违故事不押班为不恭，劾之。琦、公亮上表待罪，且言："唐及五代《会要》，月九开延英，则余日宰相当押正衙班。及延英对日，未御内殿前，传宣放班，则宰相不押正衙班明矣。自祖宗继日临朝，宰相奏事。至祥符初，始诏循故事，押文德班。以妨职浸废，乃至今日。请下太常礼院详定。"陶坐绌。司马光代为中丞，请令宰相遵国朝旧制押班，不须详定。寻诏："宰相春分辰初、秋分辰正，垂拱殿未退，听勿赴文德殿，令御史台放班。"光又言："垂拱奏事毕，春分以后鲜有不过辰初，秋分以后鲜有不过辰正，然则自今宰臣常不至文德殿押班。请春分辰正、秋分巳初，奏事未毕，即如今诏，庶几此礼不至遂废。"乃诏春秋分率以辰正。

熙宁六年正月，西上阁门副使张诚一言："垂拱殿常朝，先内侍唱内侍都知以下至宿卫行门计一十八班起居，后通事舍人引宰执、枢密使以下大班入，次亲王，次侍卫马步军都指挥以下，次皇亲使相以下十班入，方引见、谢、辞。或遇百官起居日，自行门后，通事舍人引枢密以下，次亲王、使相以下至刺史十班入，方奏两巡使起居。立定，方引两省官入，次阁门引宰臣以下大班入。起居毕，候百官出绝，两省班出，次两巡使出，中书、枢密方奏事，已是日高。况大班本不分别丞郎、给谏、台省及常参官，今独使相以下曲为分别，虚占时刻。请遇垂拱殿百官起居日，将亲王以下十班合为四班，亲王为一班，侍卫马步军都指挥使为一班，皇亲使相以下至刺史重行异位为两班，可减六班，如垂拱殿常朝不系百官起居，或紫宸殿百官起居，其亲王、使相以下班，并依旧仪序入起居。"从之。九月，引进使李端愿言："近朔望御文德殿视朝，祁寒盛暑数烦清跸，而紫宸之朝岁中罕御。请朔日御文德，既望坐紫宸，庶几正衙、内殿朝仪并举。"从之。

元丰八年二月，诏诸三省、御史台、寺监长贰、开封府推判官六参，职事官、赤县丞以上，寄禄升朝官在京厘务者望参，不厘务者朔参。

哲宗元祐四年十月，以户部尚书吕公孺言，诏朔参官兼赴望参，望参官兼赴六参。五年，诏权侍郎并日参。

绍圣四年十月，御史台言："外任官到阙朝见讫，并令赴朔、望参。"寻又言："元丰官制，朝参班序有日参、六参、望参、朔参，已著为令。元祐中，改朔参兼赴望参，望参兼赴六参，有失先朝分别等差之意。止依元丰仪令。"

从之。

政和详定《五礼新仪》，有《文德殿月朔视朝仪》、《紫宸殿望参仪》、《垂拱殿四参仪》、《紫宸殿日参仪》、《垂拱殿日参仪》、《崇政殿再坐仪》、《崇政殿假日起居仪》，其文不载。中兴仍旧制。

乾道二年九月，阁门奏：垂拱殿四参 四参官谓宰执、侍从、武臣正任、文臣卿监员郎监察御史已上，皇帝坐，先读奏目。知阁以下，次御带、环卫官以下，次忠佐、殿前都指挥使以下，次殿前司官僚，次皇太子，次行门已上，逐班并常起居。次枢密、学士、待制、枢密都承旨以下，知阁并祗应武功大夫以下，通班常起居。次亲王，次马步军都指挥使，次使相，次马步军员僚已上，逐班并常起居。次殿中侍御史入侧宣大起居讫，归侍立位。次宰执以下，并两省官、文武百官入，相向立定，通班面北立，大起居讫 凡常起居两拜，大起居七拜，三省升殿侍立。次两省官出，次殿中侍御史对揖出，三省、枢密院奏事，次引见、谢、辞，次引臣僚奏事讫，皇帝起。诏："今后遇四参日，分起居班次，可移殿中侍御史及宰执以下百官班，令次枢密以下班起居。却令亲王并殿前都指挥使以下殿前司员僚，逐班于宰执以下班后起居，余并从之。"

淳熙七年九月，诏："自今垂拱殿日参，宰臣特免宣名。"

嘉定十二年正月，臣僚奏："窃见皇帝御正殿，或御后殿，固可间举，四参官亦有定日。近者每日改常朝为后殿，四参之礼亦多不讲，正殿、后殿、四参间免。陛下临朝之日固未尝辍，而外廷不知圣意，或谓姑从简便，非所以肃百执事也。常朝之礼止于从臣，后殿之仪从臣不与，四参止及卿郎，而乃累月仅一举。咫尺天威，疏简至此，非所以尊君上而励百辟也。伏愿陛下严常朝、后殿、四参之礼，起群下肃谨之心，彰明时厉精之治，岂不伟哉。"从之。

初，群臣见、辞、谢皆赴正衙。淳化二年，知杂御史张郁言："正衙之设谓之外朝，凡群臣辞、见及谢，先诣正衙，见讫，御史台具官位姓名以报，阁门方许入对，此国家旧制也。自乾德后，始诏先赴中谢，后诣正衙。而文武官中谢后，次日并赴正衙，内诸司遥领刺史、阁门通事舍人以上新授者亦赴正衙辞谢，出使急速免衙辞者亦具状报台，违者罚奉一月。其内诸司职官并将校至刺史以上新授者，欲望同百官例，赴正衙谢。"从之。元丰既定朝参之制，侍御史知杂事满中行上言："文德正衙之制，尚存常朝之虚名，袭横行之谬例，有司失于申请，未能厘正。两省、台官、文武百官赴文德殿，东西相向对立，宰臣一员押班，闻传不坐，则再拜而退，谓之常朝。遇休假并三日以上，应内殿起居官毕集，谓之横行。自宰臣、亲王已下应见、谢、辞者，皆先赴文德殿，谓之过正衙。然在京厘务之官例以别敕免参，宰臣押班近年已罢，而武班诸衙本朝又不常置。故今之赴常朝者，独御史台官与审官、待次阶官而已。今垂拱内殿宰臣以下既已日参，而文德常朝仍复不废，舛谬倒置，莫此为甚。至于横行参假，与夫见、谢、辞官先过正衙，虽沿唐之故事，然必俟天子御殿之日行之可也。"诏下详定官制所。言："今天子日听政于垂拱，以接执政官及内朝之臣，而更于别殿宣敕不坐，实为因习之误。兼有执事升朝官五日一赴起居，而未有执事者反谓之参，疏数之节尤为未当。又辞、见、谢，自已入见天子，则前殿正衙对拜为虚文。其连遇朝假，则百官司赴大起居，不当复有横行参假。宜如中行言。"于是常朝、正衙、横行之仪俱罢。

卷一百一十七　　　志第七十

礼二十 _{宾礼二}

入阁仪　明堂听政仪肆赦仪附　皇太后垂帘仪　皇太子正至受贺仪　皇太子与百官师保相见仪

入阁仪。唐制：天子日御正衙以见群臣，必立仗。朔望荐食陵寝，不能临前殿，则御便殿，乃自正衙唤仗由宣政两门而入，是谓东、西上阁门，群臣俟于正衙者因随以入，故谓之入阁。五代以来，正衙既废，而入阁亦希阔不讲，宋复行之。

建隆元年八月朔，太祖常服御崇元殿，设仗卫，文武百官入阁，始置待制、候对官，乃以工部尚书窦仪待制，太常卿边光范候对。仗退，赐食廊下。

乾德四年四月朔，帝服通天冠、绛纱袍，御崇元殿视朝，设金吾仗卫，群臣入阁。

太宗淳化二年十一月，诏以十二月朔御文德殿入阁，令史馆修撰杨徽之、张洎定为新仪。前一日，有司供帐于文德殿 宋初曰文明 。是日既明，先列文武官于殿庭之东西，百官、军校、行军副使等序班于正衙门外屏南阶下；次御史中丞、三院御史序立，中丞独穿金吾班过揖两班，一揖归本位；次监察御史两员监阁，于正衙门外屏北阶上北面立；次中书、门下、文明翰林枢密直学士、两省官分班立；次司天奏辰刻；次阁门版奏班齐。皇帝服靴袍乘辇，至长春殿驻辇，枢密使以下奏谒，前导至文德殿。殿上承旨索扇，卷帘。皇帝升位，扇却，仪鸾使焚香；次文武官等拜；次司天鸡唱；次阁门勘契；次阁门使承旨呼四色官唤仗，南班有辞谢者再拜先退，中书、门下班对揖，序立正衙门外屏北阶上；次翰林学士、两省官、中丞、侍御史序立；次金吾将军押纲仗入正衙门后，横行拜讫，分行上黄道，仗随入，金吾将军至龙墀分班揖讫，序立；次吏部、兵部侍郎执文武班簿入，对揖立；次中书、门下、学士、两省、御史台官入，北面拜讫，上黄道，将至午阶，靸靴急趋赴丹墀，弹奏御史至吏部侍郎南便落黄道，急趋就位；起居郎、舍人至兵部、吏部侍郎后，急趋而进，飞至香案前，皆拜讫序立；次金吾大将军先对揖并鞠躬，靸靴行至折方石位又对揖，北行至奏事石位鞠躬，一员奏军国内外平安，倒行就位；次引文武班就位，揖讫，鞠躬，廞靴急趋入沙墀；次引侍从班横行，宰相祝月起居毕，分班序立；文武两班出，序立于衙门外。刑法、待制官赴监奏位，中书、门下夹香案侍立，两省、御史台官、学士、兵部吏部侍郎、金吾将军、监阁御史并相次出，就衙门外立 惟学士立门侧北候宰相 。中书、门下诣香案前奏曰："中书公事，臣等已具奏闻。"讫，乃退，揖殿出。次刑法官、待制官各奏事，并宣徽使答讫，乃出就班。次弹奏官、左右史出。阁内失仪者，弹纠如式。弹奏官失仪，起居郎纠之；起居郎失仪，阁门使纠之；阁门使失仪，宣徽使纠之。凡出者皆廞靴急趋揖殿。次中书、门下、学士就位，阁门使宣放仗，再拜，赐廊下食，又再拜。次阁门使奏阁内无事，文武官出，殿上索扇，垂帘，辇还宫。其赐廊下食，自左右勤政门北东西两廊，文东武西，以北为上立定；中丞至本位，面南一揖，乃就坐食；至台吏，赞乃揾笏食，食讫复赞，食毕而罢。五月朔，命有司增黄麾仗三百五十人，令文武官随中书、门下横行起居，徙翰林学士位于参知政事后，与节度使分东西揖殿出。真宗凡三行之，景德以后，其礼不行。仁宗从知制诰李淑议，仍读时令，诏礼官详定仪注，以言者谓未合典礼而罢。

熙宁三年，知制诰宋敏求等言："奉诏重修定阁门仪制内文德殿入阁仪，按今文德殿，唐宣政殿也；紫宸殿，唐紫宸殿也。然祖宗视朝，皆尝御文德殿入阁。唐制，常设仗卫于宣政殿，或遇上坐紫宸，即唤仗入阁。如此，则当御紫宸殿入阁，方合旧典。"翰林学士王珪等议："按入阁者，乃唐旧日紫宸殿受常朝之仪也。唐紫宸与今同，宣政殿即今文德殿。唐制，天子坐朝，必立仗于正衙。若止御紫宸，即唤正衙仗自宣政殿东西阁门入，故为入阁。五代以来遂废正衙立仗之制。今阁门所载入阁仪者，止是唐常朝之仪，非盛礼也。"自是入阁之礼遂罢。

敏求又言："本朝惟入阁乃御文德殿视朝，今既不用入阁仪，即文德遂阙视朝之礼。请下两制及太常礼院，约唐制御宣政殿，裁定朔望御文德殿仪，以备正衙视朝之制。"学士韩维等以《入阁图》增损裁定上仪曰：

朔日不值假，前五日，阁门移诸司排办，前一日，有司供帐文德殿。其日，金吾将军常服押本卫仗，判殿中省官押细仗，先入殿庭，东西对列；文武官东西序立；诸军将校分入，北向立；朝堂引赞官引弹奏御史二员入殿门踏道，当下殿北向立；次催文武班分入，并东西相向立；诸军将校即于殿庭北向立班。皇帝服靴袍御垂拱殿，鸣鞭，内侍、阁门、管军依朔望常例起居；次引枢密、宣徽、三司使副、枢密直学士、内客省使以下至医官、待诏及修起居注官二员并大起居。诸司使以下，退排立。帝辇至文德殿后，阁门奏班齐，帝出，殿上索扇，升榻，鸣鞭；扇开，卷帘，仪鸾使焚香，喝文武官就位，四拜起居；鸡人唱时；舍人于弹奏御史班前西向喝大起居。御史由文武班后至对立位，次引左右金吾将军合班于宣制石南大起居，班首出班躬奏军国内外平安，归位再拜，各归东西押仗位。通喝舍人于宣制石南北向对立。舍人退于西阶，次揖宰臣、亲王以下，躬奏文武百僚、宰臣某姓名以下起居，分引宰臣以下横行，诸军将校仍旧立。阁门使喝大起居，舍人引宰臣至仪石北，俯伏跪致词祝月讫，其词云："文武百僚、宰臣全衔臣某姓名等言：孟春之吉，伏惟皇帝陛下膺受时祉，与天无穷，臣等无任欢呼抃蹈之至。"归位五拜。阁门使揖中书由东阶升殿，枢密使带平章事以上由西阶升殿侍立；给事中一员归左省位立；转对官立于给事中之南 如罢转对官，每遇御史台前期牒请。文官二员并依转对官例，先于阁门投进奏状 ；吏部侍郎及刑法官立于转对官南；兵部侍郎于右省班南，与吏部侍郎东西相向立，搢笏，各出班籍置笏上 吏部、兵部侍郎以知审官东、西院官充，刑法官以知审刑、大理寺官充 ；亲王、使相以下分班出，引转对官于宣制石南，宣徽使殿上承旨宣答如仪；次吏部、兵部侍郎及刑法官对揖出；次弹奏御史无弹奏对揖出 如有弹奏，并如仪 。引给事中至宣制石南揖，躬奏殿中无事；喝祇候，揖，西出；次引修起居注官，次引排立供奉官以下各合班于宣制石南躬；喝祇候揖，分班出；喝天武官等门外祇候，出。索扇，垂帘，皇帝降坐，鸣鞭；舍人当殿承旨放仗，四色官廞靴急趋至宣制石南，称奉敕放仗。金吾将军并判殿中省官对拜，讫，随仗出，亲王、使相、节度使至刺史、学士、台省官、诸军将校等并序班朝堂，谢赐茶酒。帝复御垂拱殿，中书、枢密及请对官奏事；不引见谢、辞班。后殿坐，临时取旨。其日遇有德音、制书、御札，仍候退御垂拱殿坐，制箱出外。应正衙见、谢、辞文武臣僚，并依御史台仪制唤班，依序分入于文武班后，以北为首，分东西相向，重行异位，依见、辞、谢班序位。余押班臣僚于班稍前押班，候刑法官对揖出，分引近前揖躬。舍人当殿宣班，引转对班见、谢、辞，并如紫宸仪。枢密使不带平章事、参知政事至同签书枢密院事、宣徽使并立于宣制石南稍北，宰臣、亲王、枢密使带平章事、使相并系押班者，立于仪石南，余官并立于宣制石南，合合通唤，阁门使引并如仪。赞喝讫，系中书、枢密并揖升殿辞谢，揖，西出，其合问圣体者，并如仪；余官分班出 弹奏御史候见、谢、辞班绝，对揖出 。其朝见，如谢都城门外御廷，及召赴阙谢茶药抚问之类，不可合班者，各依别班中谢对。赐酒食等并赐。其系正衙见门谢辞，亦门外唱放 。

应正衙见、谢、辞臣僚，前一日于阁门投诣正衙榜子，阁门上奏目；又投正衙状于御史台、四方馆。应朔日或得旨罢文德殿视朝，止御紫宸殿起居，其已上奏目。正衙见、谢、辞班并放免，依官品随赴紫宸殿引，或值改，依常朝文德殿，自有百官班日，并如旧仪。应外国蕃客见、辞，候唤班先引赴殿庭东，依本国职次重行异位立，候见、辞、谢班绝，西向躬。舍人当殿通班转于宣制石南，北向立，赞喝如仪，西出。其酒食分物并门赐，如有进奉，候弹奏御史出，进奉入。唯御马及担床自殿西偏门入,东偏门出。其进奉出入,文武官起居,舍人通某国进奉,宣徽使喝进奉出,节次如紫宸仪。候进奉出,给事中奏殿中无事,出。其后殿再坐,合引出者,从别仪。

其日,赐茶酒,宰臣、枢密于阁子,亲王于本厅,使相、宣徽使、两省官、待制、三司副使、文武百官、皇亲使相以下至率府副率,及四厢都指挥使以下至副都头,并于朝堂 如朝堂位次不足,即于朝堂门外设次 。管军节度使至四厢都指挥使、节度使、两使留后至刺史,并于客省厅。

诏从所定。

徽宗初建明堂,礼制局列上七议:

一曰:古者朔必告庙,示不敢专。请视朝听朔必先奏告,以见继述之意。

二曰:古者天子负扆南向以朝诸侯,听朔则各随其方。请自今御明堂正南向之位,布政则随月而御堂,其闰月则居门焉。

三曰:《礼记·月令》,天子居青阳、总章,每月异礼。请稽《月令》十二堂之制,修定时令,使有司奉而行之。

四曰:《月令》以季秋之月为来岁受朔之日。请以每岁十月于明堂受新历,退而颁之郡国。

五曰:古者天子负扆,公、侯、伯、子、男、蛮夷戎狄四塞之国各以内外尊卑为位。请自今元正、冬至及大朝会并御明堂,辽使依宾礼,蕃国各随其方,立于四门之外。

六曰:古者以明堂为布政之宫,自今若有御札、手诏并请先于明堂宣示,然后榜之朝堂,颁之天下。

七曰:赦书、德音,旧制宣于文德殿,自今非御楼肆赦,并于明堂宣读。

政和七年九月一日,诏颁朔、布政自十月为始。是月一日,上御明堂平朔左个,颁天运、政治及八年戊戌岁运、历数于天下。自是每月朔御明堂布是月之政。先是,群臣五上表请负扆听朝,诏弗允,至是复再请,始从之。十一月一日上御明堂,南面以朝百辟,退坐于平朔颁政。其礼:百官常服立明堂下,乘舆自内殿出,负坐斧扆明堂。大晟乐作,百官朝于堂下,大臣升阶进呈所颁布时令,左右丞一员跪请付外施行,宰相承制可之,左右丞乃下授颁政官,颁政官受而读之讫,出,阁门奏礼毕。帝降坐,百官乃退。自是以为常。其岁运、历数、天运、政治之辞,文多不载。是后则各随岁月星历气运推移沿改,而易其辞焉。

初,尚书左丞薛昂条具崇宁以来绍述熙、丰政事,各条其节目,系之月令,颁于明堂。寻诏:"颁月之朔,使民知寒暑燥湿之化,而万里之远,虽驿置日行五百里,已不及时。其千里外当前期十日进呈取旨,颁布诸州长吏封掌,俟月朔宣读之。"

宣和元年,蔡京言:"周观治象于正月之始和,以十二月颁告朔于邦国,皆不在十月。后世以十月者,祖秦朔故也。秦以十月为岁首,故月令以孟冬颁来岁之朔,今不当用。请以季冬颁岁运于天下。"诏自今以正月旦进呈宣读。四年二月,太常王黼编类《明堂颁朔布政诏书》、《条例》、《气令应验》,凡六十三册,上之。靖康元年,诏罢颁朔布政。

御楼肆赦。每郊祀前一日,有司设百官、亲王、蕃国诸州朝贡使、僧道、耆老位宣德门外,太常设宫县、钲鼓。其日,刑部录诸囚以俟。驾还至宣德门内幄次,改常服,群臣就位,帝登楼御坐,枢密使、宣徽使侍立,仗卫如仪。通事舍人引群臣横行再拜讫,复位。侍臣宣曰"承旨",舍人诣楼前,侍臣宣敕立金鸡。舍人退诣班南,宣付所司讫,太常击鼓集囚。少府监立鸡竿于楼东南隅,竿末伎人四面缘绳争上,取鸡口所衔绛幡,获者即与之。楼上以朱丝绳贯木鹤,仙人乘之,奉制书循绳而下,至地,以画台承鹤,有司取制书置案上。阁门使承旨引案宣付中书、门下,转授通事舍人,北面宣云"有制",百官再拜。宣赦讫,还授中书、门下,付刑部侍郎承旨放囚,百官称贺。阁门使进诣前,承旨宣答讫,百官又再拜、舞蹈,退。若德音、赦书自内出者,并如文德殿宣制之仪。其降御札,亦阁门使跪授殿门外置箱中,百官班定,阁门使授宰臣读讫,传告,百僚皆拜舞称万岁。真宗宣制,有司请用仪仗四千人,自承天殿设细仗导卫,近臣起居讫,则分左右前导之。

皇太后临朝听政。乾兴元年,真宗崩,遗旨以皇帝尚幼,军国事兼权取皇太后处分。宰相率百官称贺,复前奉慰,又慰皇太后于帘前。有司详定仪式:内东门拜表,合差入内都知一员跪授传进;皇太后所降批答,首书"览表具之",末云"所请宜许"或"不许"。初,丁谓定皇太后称"予",中书与礼院参议,每下制令称"予",便殿处分称"吾"。皇太后诏:"止称'吾',与皇帝并御承明殿垂帘决事。"百官表贺。

英宗即位,辅臣请与皇太后权同听政。礼院议:自四月内东门小殿垂帘,两府合班起居,以次奏事,非时召学士亦许至小殿。时帝以疾权居柔仪殿东阁西室,太后垂帘处分称"吾",唯两府日入候问圣体,因奏政事,退诣小殿帘外,覆奏太后。帝疾间,御前后殿听政,两府退朝,犹于小殿覆奏。

哲宗即位,太皇太后权同听政。三省、枢密院按仪注:未释服以前,遇只日皇帝御迎阳门,日参官并赴起居,依例奏事。每五日,遇只日于迎阳门垂帘,皇帝坐于帘内之北,宰执奏事则权屏去左右侍卫;事有机速,许非时请对,及赐宣召,亦许升殿。礼部、御史台、阁门奏讨论御殿及垂帘仪制,每朔、望、六参,皇帝御前殿,百官起居,三省、枢密院奏事,应见、谢、辞班退,各令诣内东门进榜子。皇帝只日御延和殿垂帘,日参官起居太皇太后,移班少西起居皇帝,并再拜。三省、枢密院奏事,三日以上四拜,不舞蹈,候祔庙毕,起居如常仪。帝前通事以内侍,殿下以阁门。吏部磨勘奏举人,垂帘日引。应见、谢、辞臣僚遇朔、望参日不坐,并先诣殿门,次内东门,应抬赐者并门赐之。于是帝御迎阳门幄殿，同太皇太后垂帘，宰臣、亲王以下合班起居。常制分班十六，至是合班，以阁门奏请故也。礼官请如有祥瑞、边捷，宰臣以下紫宸殿称贺皇帝毕，赴内东门贺太皇太后。从之。

徽宗即位，皇太后权同听政。三省、枢密院聚议：故事，嘉祐末，英宗请慈圣同听政，五月同御内东门小殿垂帘，至七月十三日英宗间日御前后殿，辅臣奏事，退诣内东门帘前覆奏。又故事，唯慈圣不立生辰节名，不遣使契丹；若天圣、元丰则御殿垂帘，立生辰节名，遣使与契丹往还及避家讳等。曾布曰："今上长君，岂可垂帘听政？请如嘉祐故事。"蔡卞曰："天圣、元丰与今日皆遗制处分，非嘉祐比。"布曰："今日之事，虽载遗制，实出自德音，又皆长君，正与嘉祐事相似。"有旨：依嘉祐、治平故事。布语同列曰："奏事先太后，次覆奏皇帝，如今日所得旨。"遂为定式矣。寻以哲宗灵驾发引，太后手书罢同听断焉。

皇太子元正、冬至受群臣贺仪。《政和新仪》：前一日，有司于东门外量地之宜，设三公以下文武群官等次如常仪；典仪设皇太子答拜褥位于阶下，南向，又设文武群官版位于门之外。其日，礼直官、舍人先引三公以下文武群臣以次入，就位立定。礼直官、舍人引左庶子诣皇太子前，跪请内严；少顷，又言外备。内侍褰帘，皇太子常服出次，左右侍卫如常仪。皇太子降阶诣南向褥位，典仪曰"再拜"，赞者承传曰"再拜"，三公以下皆再拜，皇太子答拜。班首少前称贺云："元正首祚　冬至云"天正长至"，景福维新。伏惟皇太子殿下，与时同休。"贺讫，少退，复位。左庶子前，承命诣群臣前答云："元正首祚　冬至云"天正长至"，与公等均庆。"典仪曰"再拜"，班首以下皆再拜，皇太子答拜。讫，礼直官、通事舍人引三公以下文武百官以次出，内侍引皇太子升阶，还次，降帘，侍卫如常仪。

少顷，礼直官、舍人引知枢密院官以下入，就位立定，内侍引皇太子降阶，诣南向褥位，枢密以下参贺如上仪。讫，退。次引师、傅、保、宾客以下入，就位，参贺如上仪。师、傅、保以下以次出。

内侍引皇太子升坐，礼直官引文武宫官入，就位，重行北向立，典仪曰"再拜"，在位官皆再拜。左庶子少前，跪言："具官某言：元正首祚　冬至云"天正长至"，伏惟皇太子殿下，与时同休。"俯伏，兴，复位。典仪曰"再拜"，在位者皆再拜，分东西序立。左庶子少前，跪言礼毕。左右近侍降帘，皇太子降坐，宫官退，左右侍卫以次出。

皇太子与百官相见。至道元年，有司言："百官见皇太子，自两省五品、尚书省御史台四品、诸司三品以上皆答拜，余悉受拜。宫官自左右庶子以下，悉用参见之仪。其宴会位在王公上。"

与师、傅、保相见。《政和新仪》：前一日，所司设师、傅、保以下次与宫门外道，西南向；设轩架之乐于殿庭，近南，北向。其日质明，诸卫率各勒所部屯门列仗，典谒

设皇太子位于殿东阶下西向，设师、傅、保位，于殿西阶之西，三少位于傅、保之南稍却，俱东向北上。师、傅、保以下俱朝服至宫门，通事舍人引就次，左庶子请内严。通事舍人引师、傅、保立于正殿门之西，三少在其南稍却，俱东向北上。左庶子言外备，诸侍奉之官各服其器服，俱诣阁奉迎。皇太子朝服以出，左右侍卫如常仪，轩架作《翼安》之乐，至东阶下西向立，乐止。通事舍人引师、傅、保及三少入，就位，轩架作《正安》之乐，至位乐止。皇太子再拜，师、傅、保以下答拜　若三少特见，则三少先拜　。通事舍人引师、傅、保以下出，轩架《正安》之乐作，出门，乐止。左庶子前跪称："左庶子某言，礼毕。"皇太子入，左右侍卫及乐作如来仪。

卷一百一十八　　志第七十一

礼二十一 宾礼三

朝仪班序　　百官转对　　百官相见仪制

朝仪班序。太祖建隆三年三月，有司上合班仪：太师，太傅，太保，太尉，司徒，司空，太子太师、太傅、太保，嗣王，郡王，左、右仆射，太子少师、少傅、少保，三京牧，大都督，大都护，御史大夫，六尚书，常侍，门下、中书侍郎，太子宾客，太常、宗正卿，御史中丞，左右谏议大夫，给事中，中书舍人，左、右丞，诸行侍郎，秘书监，光禄、卫尉、太仆、大理、鸿胪、司农、太府卿，国子祭酒，殿中、少府、将作监，前任节度使，开封、河南、太原尹，太子詹事，诸王傅，司天监，五府尹，国公，郡公，中都督，上都护，下都督，太子左右庶子，五大都督府长史，中都护，下都护，太常、宗正少卿，秘书少监，光禄等七寺少卿，司业，三少监，三少尹，少詹事，左右谕德、家令、率更令、仆，诸王府长史、司马，司天少监，起居舍人，侍御史，殿中侍御史，左右补阙、拾遗，监察御史，郎中、员外郎，太常博士，五府少尹，五大都督府司马，通事舍人，国子博士，五经博士，都水使者，四赤令，太常、宗正、秘书丞，著作郎，殿中丞，尚食、尚药、尚舍、尚乘、尚辇奉御，大理正，太子中允、赞善、中舍、洗马，诸王友、谘议参军，司天五官正。凡杂坐者，以此为准。诏曰："尚书中台，万事之本，而班位率次两省官；节度使出总方面，古诸侯也，又其检校兼守官多至师傅三公，而位居九寺卿监之下，甚无谓也。其给事、谏议、舍人宜降于六曹侍郎之下，补阙次郎中，拾遗、监察次员外郎，节度使升于六曹侍郎之上、中书侍郎之下，余悉如故。"

乾德元年闰十二月，诏："自今一品致仕官曾带平章事者，朝会宜缀中书门下班。"二年二月，诏重定内外官仪制。有司请令上将军在中书侍郎之下，大将军在少卿监

之下，诸卫率、副率在东宫五品之下，内客省使视太卿，客省使视太监，引进使视庶子，判四方馆事视少卿，阁门使视少监，诸司使视郎中，客省引进、阁门副使视员外郎，诸司副使视太常博士，通事舍人从本品，供奉官视诸卫率，殿直视副率，枢密承旨视四品朝官，兼南班官诸司使者从本品，副承旨视寺监丞，诸房副承旨视南省都事。凡视朝官者本品下，视京官在其上。

开宝六年九月，诏曰："周之宗盟，异姓为后，此先王所以睦九族而和万邦也。晋王亲贤莫二，位望俱崇，方资夹辅之功，俾先三事之列，宜位宰相上。"九年十一月，诏齐王廷美、武功郡王德昭位在宰相上。

大中祥符元年正月，有司上醵宴班位。驸马都尉、宫僚、员僚、皇亲大将军已下，行门、宰臣、枢密使已下，颍王、皇亲郡王、侍卫马军都指挥使已下，皇亲使相、皇亲节度使、皇亲观察留后已下，皇亲防御、团练、刺史三班合为一；节度使、观察留后已下，防御、团练、刺史三班合为一，并重行班位。诏依所定。既而武康军节度使李端愿言："使相亦当合为一班，不当独行尊异。"诏令阁门再定，而阁门引仪制及以前议为是。端愿复伸其议，自劾妄言。乃诏太常礼院与御史台同详定。礼院言："常朝起居班次，缘祖宗旧制，不宜并合。"从之。

四年闰三月，太常礼院、阁门言："准诏同详定阁门使李端悫所奏阁门仪制，宰臣与亲王立班坐位分左右各为班首，宰臣、枢密使带使相，或带郡王并使相作一行，总为中书门下班。其亲王独行一班者，准封爵令。兄弟皇子皆封国，谓之亲王，所以他官不可参缀。检会坐次图，直将宗室使相辄缀亲王，盖更张之时未见亲王，遂致失于讲求。近见朝拜景灵宫，东阳郡王颢亦缀亲王班，窃恐未安。今取到阁门仪制，其合班宰臣、使相在东，亲王在西，分班立。又祥符元年宴坐次图，宰臣王旦与使相石保吉在东，宁王元偓、舒王元偁、广陵郡王元俨、节度使惟吉在西，分班坐。其元俨、惟吉是郡王与节度使，许缀亲王班，窃虑当时出自特旨。今来检寻元初文字不见，在先朝只依祥符元年宴坐次图子，亲王及带使相郡王在西为一班。臣等参详，请依阁门仪制，亲王在西，独为一班，宗室郡王带使相许缀亲王立班坐次，即系临时特旨。"从之。

熙宁二年四月，国信所言："大辽贺同天节左番使耶律奭赴文德殿拜表，言南使到北朝缀翰林学士班，今来却在节度使之下。馆伴者谕之，始就班。时下御史台、阁门同详定，奏称人使不知本朝翰林学士班自在节度使之下，如遇合班，即节度使在翰林学士之西差前，别为一班立，俱不相压。欲且依久来仪制体例。"诏依所定。是月，编修阁门仪制所言："庆历中，改文明殿学士为观文殿学士，又置大学士。按文明殿即今文德殿，乃正衙前殿也，后唐始置学士，序位枢密副使之下，每遇紫宸殿坐朝，则升殿侍立。盖文德、紫宸通谓之前殿，故学士侍立为宜。其观文殿深在禁中，乃与资政、端明殿相类，而资政、端明学士并不侍立。窃详庆历所改职名，虽用旧之班著，而殿之次序与旧义理不同。其观文殿大学士自今遇紫宸殿坐朝，请更不升殿侍立。"从之。

元祐元年五月，诏："太师平章军国重事文彦博，已降旨令独班起居。自今赴经筵、都堂同三省、枢密院奏事，并序位在宰臣之上。"

百官转对。自建隆诏内殿起居日，令百官以次转对，限以二人。其封章于阁门通进，复鞠躬自奏，宣徽使承旨宣答，拜舞而出，著为阁门仪制。

淳化二年，诏：自今内殿起居日，复令常参官二人次对，阁门受其章。

大中祥符末，罢不复行。

景德三年，复诏："群臣转对，其在外京官内殿崇班以上，候得替，先具民间利害实封，于阁门上进，方得朝见。"

治平中，命御史台每遇起居日，令百官转对。御史台言："旧制，起居日，轮两省及文班秩高者二员转对。若两省官有充学士、待制，则缀枢密班起居，内朝臣僚不与。"寻诏遇转对日，增二员。

熙宁初，阁门言："旧制，中书省、枢密院奏事退，再引三班，假日则两班，或再御后殿引对，多及午刻，遇开经筵，即至申末，恐久劳圣躬。请遇经筵日，自二府奏事外，止引一班，或有急奏及言事官请对即取旨，俟罢经筵日仍旧。"又言："假日御崇政殿，每遇辰时，则隔班过延和殿再引，不待进食，至巳刻隔班取旨，尚许引对。请自今隔班过延和殿，俟已进食再引。遇寒暑、大风雨雪即令次日引对。"诏："自今授外任者许令转对讫朝辞。"监察御史里行张戬、程颢言："每欲奏事，必俟朝旨，或朝政有阙及闻外事而机速后时，则已无所及；况往复俟报，必由中书，万一事干政府，则或致阻格。请依谏官例，牒阁门求对，或有急奏，即许越次登对，庶几遇事入告，无忧失时。"又以编修阁门仪制所言，三衙有急奏，许于后殿登对，若别有奏陈，则报阁门如常制，或假日御崇政殿，则于已得旨对班后续引，且许两制以上同班奏事。

元丰中，诏："尚书侍郎同郎官一员奏事，郎中、员外郎番次随之，不许独留身。侍郎以下，亦不许独请奏事。其左右选非尚书通领者，听侍郎以上郎官自随。秘书、殿中省、诸寺监长官视尚书，贰丞以下视侍郎。"又诏："三省、枢密院独班奏事日。毋得过三班。若三省俱独班，则枢密院当请奏事。其见任官召对讫，次日即朝辞回任听旨。"

元祐中，宰臣吕大防言："昨垂帘听政，惟许台谏以二人同对，故不正之言无得以入。今陛下初见群臣，请者必众。既人人得进，则善恶相杂，故于采纳尤难。"帝曰："人君以纳谏为上，然邪正则不可不辨。"遂诏上殿班当直牒及帅臣、国信使副，许依元丰八年以前仪制。

绍圣初，臣僚言："文德殿视朝轮官转对，盖袭唐制，故祖宗以来，每遇转对，侍从之臣亦皆与焉。元祐间因言者免侍从官转对，续诏职事官权侍郎以上并免，自此转对止于卿、监、郎官而已。请自今视朝转对依元丰以前条制。"又诏："自今三省、枢密院进拟在京文臣开封府推判官、武臣横行使副、在外文臣诸路监司藩郡知州、武臣知州军已上，取旨召对。"臣僚言："每缘职事请对，待次旬日，遇有急奏，深恐失事。请自今后许依六曹、开封例，先次挑班上殿，仍不隔班。"又言："诸路监司，朝廷所选，以推行法令，省问风俗，朝辞之日，当令上殿。"六曹尚书如有职事奏陈，许独员上殿。其群臣请对，虽遇休假，特御便殿听纳。既又诏："应节镇郡守往令陛辞，归许登对，不特审观人材，亦所以重外任也。可于监司不许免对条下，增入节镇郡守依此。"

重和元年，臣僚言："比年以来，二三大臣奏对留身，逸疏善良，请求相继，甚非至公之体。"诏："自今惟蔡京五日一朝许留身，余非除拜、迁秩、因谢及陈乞免罢，并不许独班奏事，令阁门报御史台弹劾。"又诏："寺监职事上部，部上省，故得上下维持，纲纪所出。今后虽系两制，职司寺监不许独对。"臣僚言："祖宗旧制，有五日一转对者，今惟月朔行之，有许朝官转对者，今惟待制以上预焉。自明堂行视朔礼，岁不过一再，则是毕岁而论思者无几。请遇不视朔，即令具章投进，以备览观。"又："诸路监司未经上殿者，虽从外移，先赴阙引对，方得之官。"并从其议。

百官相见仪制。乾德二年，诏曰："国家职位肇分，轨仪有序，冀等威之斯辨，在品式之惟明。矧著位之庶官及内司之诸使，以至轩墀引籍，州县命官，凡进见于宰相，或参候于长吏，既为总摄，合异礼容，稽于旧仪，且无定法。或传晋天福、周显德中，以廷臣、内职、宾从、将校，比其品数，著为纲条，载于刑统，未为详悉。宜令尚书省集台省官、翰林、秘书、国子司业、太常博士等详定内外群臣相见之仪。"

翰林学士承旨陶谷等奏：

两省官除授、假使出入，并参宰相，起居郎以下参同舍人。五品以上官，遇于途，敛马侧立，须其过。常侍以下遇三公、三师、尚书令，引避；其值仆射，敛马侧立。御史大夫、中丞皆分路行。起居郎以下避仆射，遇大夫，敛马侧立；中丞，分路。尚书丞郎、郎中、员外并参三师、三公、令、仆，郎中、员外兼参左右丞、本行尚书、侍郎及本辖左右司郎中、员外。御史大夫以下参三师、三公、尚书令，中丞兼参大夫，知杂事参中丞，三院御史兼参知杂及本院之长。大夫避尚书令以上，遇仆射，敛马侧立而避。大夫遇尚书丞郎、两省官诸司三品以上、金吾大将军、统军上将军，皆分路。余官遇中丞，悉引避。知杂兼避中丞，遇左右丞敛马侧立，余皆分路。郎中及少卿监、大将军以下，皆避知杂。三院同行，如知杂之例。少卿监并参本司长官，丞参少卿。诸司三品遇仆射于途，皆引避。诸卫大将军参本卫上将军。东宫官参隔品。凡参者若遇于途，皆避。

公参之礼，列拜堂上，位高受参者答焉。四赤县令初见尹，趋庭，受拜后升厅如客礼。内客省使谒宰相、枢密使以客礼，阁门使以上列拜，皆答，客省副使至通事舍人、诸司使、枢密承旨不答焉。自枢密副、宣徽使皆差降其礼，供奉官、殿直、教坊使副、辞令官、伎术官并趋庭，倨受。诸司副使参大使，通事舍人参阁门使，防御、团练、刺史谒本道节帅，节度、防御、团练副使谒本使，并具军容趋庭，延以客礼。少尹、幕府于本院长宫悉拜。防御、团练判官谒本道节帅，并趋庭。上佐、州县官见宰相、枢密使及本属长官，并拜于庭。天长、雄武等军使见宰相、枢密亦知之。参本府宾幕官及曹掾，县簿、尉参令，皆拜。王府官见亲王如宾职见使长，府县官兼三馆职者见大尹同。赤县令、六品以下未尝参官，见宰相、枢密及本司长官，并拜阶上。流外见流内品官，并趋庭。

诸司非相统摄，皆称移牒。分路者不得笼街及占中道，依秩序以分左右。遇于驿舍，非相统摄及名位县隔，先至者居之。台省官当通官呵止者，如旧式。文武官不得假借呼称，以紊朝制。当避路者，若被宣召及有所捕逐，许横度焉。

又令："诸司使、副使、通事舍人见宰相、枢密使，升阶、连姓通名展拜，不答拜。其见枢密副使、参知政事、宣徽使，以客礼展拜。"

太平兴国以后，又制京朝官知令录者，见本使州长吏以客礼，三司判官、推官、主判官见本使，如郎中、员外见尚书丞郎之仪。

咸平中，又诏：开封府左右军巡使、京官知司录及诸曹参军到畿县见京尹，并趋庭设拜。六年，命翰林学士梁颢等详定阁门仪制，成六卷，因上言："三司副使序班、朝服比品素无定列，至道中，筵会在知制诰后、郎中前。今请同诸司、少卿监，班位在上。如官至给谏、卿监者，自如本品，朝会大宴随判使赴长春殿起居引驾。其朝会引驾至前殿，与诸司使同退。"

大中祥符五年，复命翰林学士李宗谔等详定仪制：文武百官遇宰相、枢密使、参知政事，并避。起居郎以下遇给、舍以上，敛马。御史大夫遇东宫三师、尚书丞郎、两省侍郎，分路而行。中丞遇三师、三少、太常卿、金吾上将军，并分路而行。知杂御史遇尚书侍郎、诸司三品、金吾大将军、统军、诸卫上将军，分路而行。三院同行如知杂例，不同行，遇左右丞则避。尚书丞郎、郎中、员外遇三师、三公、尚书令，则避。郎中、员外遇丞郎，则避。太常博士以下朝官遇本司长官、三师、三公、仆射、尚书丞郎、大夫、中丞、知杂御史，并避，权知判者不避，遇两省给舍以上，敛马。京官遇丞郎、给舍、大卿监、祭酒以上及本寺少监卿、司业，并避。诸军卫大将军以下遇上将军、统军，亦避。詹事遇上台官，如卿监之例。庶子、少詹事至太子仆遇东宫三师、三少，并避；遇上台官，如少卿监例。中允以下遇东宫三师、三少，并避；遇宾客、詹事，敛马；遇上台官，如太常博士例。应合避尚书者，并避三司使。其权知开封府如本官品避。其台省官虽不合避，而职在统临者，并避。武班、内职并依此品。

大观二年，定王、嘉王府侍讲沈锡等奏："二王出就外学，其初见及侍王礼仪、讲说疏数之节，请如故事。"手诏："按祥符故事，记室、翊善见诸王，皆下拜。真宗特以张士逊为王友,命王答拜,以示宾礼。今讲读辅翊之官,职在训道,亦王友傅也,可如例,令王答拜。"群臣赴台参、谢、辞者 新授、加恩、出使者,尚书侍郎则三院御史各一员、中丞、大夫皆对拜 三院仍班迎,不坐班即不赴。节度使、宾客、太常宗正卿则御史一员、中丞、大夫皆对拜。两使留后至刺史、秘书监至五官正、上将军至郎将、四厢都指挥使及内职军校遥郡以上、枢密都承旨、内职带正员官者、四赤县令、三京司录、节度行军至团练副使、幕职官任宪衔者,皆御史一员对拜,中丞、大夫对揖 亦令揖讫进言,得参风宪,再揖而退。若曾任中书、门下及左右丞皆不赴。加阶勋、食邑、章服、馆阁三司、开封府职事及内职转使额、军额,亦不赴台谢。仆射过正衙日,台官大夫以下与百官,并诣幕次致贺 文官一品、二品曾任中书、枢密院者不赴。大夫、中丞则郎中、少卿监、大将军以下亦然 本官约止则不赴,仆射赴上都省者罢此仪。

卷一百一十九　　志第七十二

礼二十二 宾礼四

**录周后　录先圣后　群臣朝使宴饯
朝臣时节馈廪　外国君长来朝
契丹夏国使副见辞仪高丽附
金国使副见辞仪　诸国朝贡**

昔周灭殷,封微子为殷后,俾修其礼物,作宾于王家,与国咸休。宋以柴周之后为二恪,又录孔子之后,亦先王崇德象贤之意也,故皆为宾礼。其余则有朝使之宴饯、岁时之廪馈及外国之使聘、远方之朝贡,著其迓饯宴赍之式,登降揖逊之仪,备一代之制焉。

太祖建隆元年正月四日,诏曰:"封二王之后,备三恪之宾,所以示子传孙,兴灭继绝。夏、商之居杞、宋,周、隋之启介、酅,古先哲王、实用兹道。矧予凉德,虚试前朝,虽周德下衰,勉从于禅让;而虞宾在位,岂忘于烝尝?其封周帝为郑王,以奉同祠,正朔服色,一如旧制。"又诏曰:"矧惟眇躬,逮事周室。讴歌狱讼,虽归新造之邦;庙貌园陵,岂忘旧君之礼?其周朝嵩、庆二陵及六庙,宜令有司以时差官朝拜祭飨,永为定式。仍命周宗正卿郭玘行礼。"乾德六年八月,诏于周太祖、世宗陵寝侧各设庙宇塑像,命右赞善大夫王硕管勾修盖。开宝六年三月,周郑王殂,诏辍朝十日。帝素服发哀于便殿。十月四日,葬周恭帝于顺陵,诏特辍四日、五日朝参。

仁宗天圣六年,录故虢州防御使柴贵子肃为三班奉职。七年,录故太子少傅柴守礼孙咏为三班奉职。其后,又录柴氏之后曰熙、曰愈、曰若拙、曰上善并为三班奉职、曰余庆、曰诚为州长史、助教,曰贻廓等十一人复其身,仍各赐钱一万。又录世宗曾孙揆、柔及贵曾孙日宣、守礼曾孙若讷皆为三班奉职。

嘉祐四年,著作郎何郾言:"昔舜受尧、禹受舜之天下,而封丹朱、商均以为国宾。周、汉以降,以及于唐,莫不崇奉先代,延及苗裔。本朝受周天下,而近代之盛莫如唐,自梁以下,皆不足以崇袭。臣愿考求唐、周之裔,以备二王之后,授以爵命,封县立庙,世世承袭,永为国宾。"事下太常议,曰:"古者立二王后,不惟继绝,兼取其明德可法。五代草创,载祀不永,文章制度,一无可考。上取唐室,世数已远,于经不合。惟周则我受禅之所自,义不可废。宜访求子孙,如孔子后衍圣公,授一京官,爵以公号,使专奉庙飨,岁时存问,赐之粟帛、牲器、祭服。每遇时祀,并从官给,其庙宇亦加严饰。如此,则上不失继绝之义,度之于今,亦简而易行。"从之。四月,诏曰:"先王推绍天之序,尚尊贤之义,褒其后嗣,宾以殊礼,岂非圣人稽古报功之大典哉?国家受命之元,继周而王,虽民灵欣戴,历数允集,而虞宾将逊,德美丕显。顷者推命本始,褒及支庶,每遇南郊,许奏白身一名充班行,恩则厚矣,而义未称。将上采姚、姒之旧,略循周、汉之典,详其世嫡,优以公爵,异其仕进之路,申以土田之锡,俾庙寝有奉,飨祀不辍,庶几乎《春秋》通三统、厚先代之制矣。宜令有司取柴氏谱系,于诸房中推最长一人,令岁时亲奉周室祀事。如白身,即与京主簿,如为班行者,即比类换文资,仍封崇义公,与河南府、郑州合入差遣,给公田十顷,专管勾陵庙。应缘祭飨礼料所须,皆从官给。如至知州资序,即别与差遣,却取以次近亲,令袭爵授官,永为定式。"八月,太常礼院定到内殿崇班、相州兵马都监柴咏于柴氏诸族最长,诏换殿中丞,封崇义公,签书奉宁军节度判官事,以奉周祀。又以六庙在西京,而岁时祭飨无器服之数,令有司以三品服一、四品服二及所当用祭器给之。

熙宁四年,西京留司御史台司马光言:"崇义公柴咏祭祀不以仪式。周本郭姓,世宗后侄,为郭氏后。今存周后,则宜封郭氏子孙以奉周祀。"帝阅奏,问王安石,安石曰:"宋受天下于世宗,柴氏也。"帝曰:"为人后者为之子。"安石曰:"为人后于异姓,非礼也。虽受天下于郭氏,岂可以天下之故而易其姓氏所出?"帝然之。五年正月,柴咏致仕。咏长子早亡,嫡孙夷简当袭。太常礼院言夷简有过,合以次子西头供奉官若讷承袭。诏以若讷为卫尉寺丞,袭封崇义公,签书河南府判官厅公事。

政和八年,徽宗诏曰:"昔我艺祖受禅于周,嘉祐中择柴氏旁支一名封崇义公。议者谓不当封周。然禅国者周,而三恪之封不及,礼盖未尽。除崇义公依旧外,择柴氏最长见在者以其祖父为周恭帝后,以其孙世世为宣义郎,监周陵庙,与知县请给,以示继绝之仁,为国二恪,永为定制。"

绍兴五年,诏周世宗玄孙柴叔夏为右承奉郎,袭封崇义公,奉周后。二十六年,叔夏升知州资序,别与差遣。以子国器袭封,令居衢州。朝廷有大礼,则入侍祠如故事。

其柴大有、柴安宅亦各补官。

淳祐九年，又以世宗八世孙柴彦颖特补承务郎，袭封崇义公。

时又求隋、唐及朱氏、李氏、石氏、刘氏、郭氏之后，及吴越、荆南、湖南、蜀汉诸国之子孙，皆命以官，使守其祀。具见《本纪》、《世家》。

录先圣后。仁宗景祐二年，诏以孔子四十六世孙北海尉宗愿为国子监主簿，袭封文宣公。皇祐三年七月，诏曰："国朝以来，世以孔氏子孙知仙源县，使奉承庙祀。近岁废而不行，非所以尊先圣也。宜以孔氏子孙知仙源县事。"

至和初，太常博士祖无择言："按前史，孔子后袭封者，在汉、魏曰褒成、褒尊、宗圣，在晋、宋曰奉圣，后魏曰崇圣，北齐曰恭圣，后周、隋并封邹国，唐初曰褒圣，开元中，始追谥孔子为文宣王。又以其后为文宣公，不可以祖谥而加后嗣。"遂诏有司定封宗愿衍圣公，令世袭焉。

治平初，用京东提点王纲言，自今勿以孔氏子弟知仙源县，其袭封人如无亲属在乡里，令常任近便官，不得去家庙。

熙宁中，以四十八代孙若蒙为沂州新泰县主簿，袭封。

元祐初，朝议大夫孔宗翰辞司农少卿，请依家世例知兖州以奉祀。又言："孔子后袭封疏爵，本为侍祠，今乃兼领他官，不在故郡。请自今袭封者无兼他职，终身使在乡里。"朝议依所请，命官以司其用度，立学以训其子孙，袭封者专主祠事，增赐田百顷，供祭祀之余许均赡族人。其差墓户并如旧法。赐书，置教授一员，教谕其家子弟，乡邻或愿学者听。改衍圣公为奉圣公，及删定家祭冕服等制度颁赐之。其后，通直郎孔宗寿等举若蒙弟若虚袭封，仍请自今众议择承袭之人，不必子继，庶几留意祖庙，惇睦族人。

宣和三年，诏宣议郎孔端友袭封衍圣公，为通直郎、直秘阁，仍许就任关升，以示崇奖。端友言：诏敕文宣王后与亲属一人判司簿尉，今孔若采当承继推恩。诏补迪功郎。

高宗绍兴二年，以四十九代孙孔玠袭封衍圣公。其后，以搢，以文远，以万春，以洙，终宋世，皆袭封主祀事。

群臣朝觐出使宴饯之仪。太祖、太宗朝，藩镇牧伯，沿五代旧制，入觐及被召、使回，客省赍签赐酒食。节度使十日，留后七日，观察使五日。代还，节度使五日，留后三日，观察一日，防御使、团练使、刺史并赐生料。节度使以私故到阙下，及步军都虞候以上出使回者，亦赐酒食、熟羊。群臣出使回朝，见日，面赐酒食，中书、枢密、宣徽使、使相并枢密使伴；三司使、学士、东宫三师、仆射、御史大夫、节度使并宣徽使伴。两省五品以上、侍御史、中丞、三司副使、东宫三少、尚书丞郎、卿监、上将军、留后、观察防御团练使、刺史、宣庆宣政昭宣使并客省使伴；少卿监、大将军、诸司使以下任发运转运提点刑狱、知军州、通判、都监、巡检回者即赐，并通事舍人伴；客省、引进、四方馆、阁门使并本厅就食。群臣贺，赐衣；奉慰，并特赐茶酒，或赐食外任遣人进奉，亦赐酒食，或生料。自十月一日后尽正月，每五日起居，百官皆赐茶酒，诸军分校三日一赐。冬至、二社、重阳、寒食，枢密近臣、禁军大校或赐宴其第及府署中，率以为常。

大中祥符五年，诏自今两省五品、尚书省四品、诸司三品以上官，同列出使，并许醵钱饯饮，仍休假一日。余官有亲属僚友出行，任以休务日饯送。故事，枢密、节度使、使相还朝，咸赐宴于外苑。见辞日，长春殿赐酒五行，仍设食，当直翰林龙图阁学士以上、皇亲、观察使预坐。八年四月，侍卫步军副都指挥使王能自镇定来朝，宴于长春殿。阁门言："旧制，节度使掌兵，无此礼例。既赴坐，则殿前马军都校当侍立，于品秩非便。"遂令皆预位。

中兴，仍旧制。凡宰相、枢密、执政、使相、节度、外国使见辞及来朝，皆赐宴内殿或都亭驿，或赐茶酒，并如仪。

时节馈廪。大中祥符五年十一月，以宰相王旦生日，诏赐羊三十口、酒五十壶、米面各二十斛，令诸司供帐，京府具衙前乐，许宴其亲友。旦遂会宗列及丞郎、给谏、修史属官。俄又赐枢密使副、参知政事羊三十口，酒三十壶、米面各三十斛。其后，以废务非便，奏罢会，而赐如故。又制：仆射、御史大夫、中丞、节度、留后、观察、内客省使、权知开封府，正、至、寒食，并客省赍签赐羊、酒、米、面；立春赐春盘；寒食神饸、饧粥；端午粽子；伏日蜜沙冰；重阳糕，并有酒，三伏日，又五日一赐冰。四厢及厢都指挥使，中书舍人，统军，防御、团练使，刺史，客省使，枢密都承旨，知银台司、审刑院，三司三司勾院，诸司使，禁军校、忠佐，海外诸蕃进奉领刺史以上，至寒食，并赐节料；立春，奉内朝者皆赐幡胜。

元祐二年十一月冬至，诏赐御筵于吕公著私第，遣中使赐上尊酒、香药、果实、缕金花等，以御饮器劝酒，遣教坊乐工，给内帑钱赐之。及暮赐烛，传宣令继烛，皆异恩也。

绍兴十三年十二月二十三日，高宗赐宰臣秦桧诏曰："省所奏辞免生日赐宴。朕闻贤圣之兴必五百岁，君臣之遇盖亦千载。夫以不世之英，值难逢之会，则其始生之日，可不为天下庆乎！式燕乐衎，所以示庆也。非乔岳之神无以生申、甫，非宣王之能任贤无以致中兴。今日之事，不亦臣主俱荣哉？宜服异恩，毋守冲节。所请宜不允。"

宋朝之制，凡外国使至，及其君长来朝，皆宴于内殿，近臣及刺史、正郎、都虞候以上皆预。

太祖建隆元年八月三日，宴近臣于广政殿，江南、吴越朝贡使皆预。乾德三年五月十六日，宴近臣及孟昶于大明殿。开宝四年五月七日，宴近臣及刘锠于崇德殿。十一月五日，江南李煜、吴越钱俶各遣子弟来朝，宴于崇德殿。八年三月晦，宴契丹使于长春殿。

太平兴国二年二月十一日，宴两浙进奉使、契丹国信使及李煜、刘锠、禁军都指挥使以上于崇德殿，不举乐，酒七行而罢。契丹遣使贺登极也。五月十一日，再宴契丹使于崇德殿，酒九行而罢，以其贡助山陵也。三年正月十六日，宴刘鋹、李煜、契丹使、诸国蕃客于崇德殿，以契丹使来贺正故也。三月二十五日，吴越钱俶来朝，宴于长春殿，亲王、宰相、节度使、刘鋹、李煜皆预。十月十六日，宴宰相、亲王以下及契丹使、高丽使、诸州进奉使于崇德殿，以乾明节罢大宴故也。是后，宴外国使为常。

其君长来朝，先遣使迎劳于候馆，使者朝服称制曰"奉制劳某主"，国主迎于门外，与使者俱入升阶，使者执束帛，称有制，国主北面再拜稽首受币，又再拜稽首，以土物侑，使者再拜受。国主送使者出，鸿胪引诣朝堂，所司奏闻，通事舍人承敕宣劳，再拜就馆。翌日，遣使戒见日如仪。又次日，奉见于乾元殿，设黄麾仗及宫县大乐。典仪设国主位于县南道西北向，又设其国诸官之位于其后。所司迎引，国主服其国服，至明德门外，通事舍人引就位。侍中奏中严，皇帝服通天冠、绛纱袍，出自西房，即御位。典仪赞省，国主再拜稽首。侍中承制降劳，皆再拜稽首，敕升坐，又再拜稽首，至坐，俯伏避席。侍中承制曰"无下拜"，国主复位。次引其国诸官以次入，就位，再拜并如上仪。侍中又承制劳还馆，通事舍人引国主降，复位，再拜稽首，出。其国诸官皆再拜，以次出。侍中奏礼毕，皇帝降坐。其锡宴与受诸国使表及币皆有仪，具载《开宝通礼》。

契丹国使入聘见辞仪。自景德澶渊会盟之后，始有契丹国信使副元正、圣节朝见。大中祥符九年，有司遂定仪注。

前一日，习仪于驿。见日，皇帝御崇德殿。宰臣、枢密使以下大班起居讫，至员僚起居后，馆伴使副一班入就位，东面立。次接书匣阁门使入殿立。次通事人入，不通，喝拜，两拜，奏圣躬万福，又喝两拜，随呼万岁，喝祗候，赴东西接引使副位。舍人引契丹使副自外捧书匣入，当殿前立。天武官抬礼物分东西向入，列于殿下，以东为上。舍人喝天武官起居，两拜，随呼万岁，奏圣躬万福，喝各祗候。阁门从东阶降，至契丹使位北。舍人揖使跪进书匣，阁门侧身揖笏、跪接，舍人受之。契丹使立，阁门执笏捧书匣升殿，当御前进呈讫，授内侍都知，都知拆书以授宰臣、枢密进呈讫，遂抬礼物出。舍人与馆伴使副引契丹使副至东阶下，阁门使下殿揖引同升，立御前。至国信大使传国主问圣体，通事传译，舍人当御前鞠躬传奏讫，揖北使。皇帝宣阁门回问国主，北使跪奏，舍人当御前鞠躬奏讫，遂揖北使起，却引降阶至辞见位，面西揖躬。舍人当殿通北朝国信使某官某祗候见，应喏绝，引当殿，喝拜，大起居 其拜舞并依本国礼，出班谢面天颜，归位，喝拜舞蹈讫，又出班谢沿路驿馆御筵茶药及传宣抚问，复归位，喝拜舞蹈讫，舍人宣有敕赐窄衣一对、金镀躞蹀子一、金涂银冠一、靴一两、衣著三百匹、银二百两、鞍辔马一 每句应喏，跪受，起，拜舞蹈讫，喝祗候，应喏西出 凡传语并奏圣躬万福、致辞，并通事传译，舍人

当殿鞠躬奏闻，后同 。次通北朝国信副使某官某祗候见，其拜舞、谢赐、致词并如上仪，西出 其敕赐衣一对，金腰带一，幞头，靴，笏，衣著二百匹，银器一百两，鞍辔马一 。次通事及舍人引舍利已下分班入，不通，便引合班，赞喝大起居，拜舞如仪。舍人喝有敕赐衣服、束带、衣著、银器分物，应喏跪受，抬担床绝，起，舞蹈拜讫，喝各祗候分班引出。次引差来通事以下从人分班入，不通，便引合班，喝两拜，奏圣躬万福，又拜，随呼万岁，喝有敕各赐衣服、腰带、衣著、银器分物，应喏跪受，起，喝两拜，随拜万岁，喝各祗候唱喏分班引出。次行门、殿直入，起居讫，殿上侍立。文明殿枢密直学士、三司使、内客省使下殿。舍人合班奏报阁门无事，唱喏讫，卷班西出。客省、阁门使以下东出，其排立，供奉官以下横行合班。宣徽使殿上喝供奉官已下各祗候分班出，并如常仪。皇帝降坐还内。

宴日，契丹使副以下服所赐，承受引赴长春殿门外，并侍宴臣僚宰执、亲王、枢密使以下祗候。俟长春殿诸司排当有备，阁门使附入内都知奏班齐，皇帝坐，鸣鞭，宰臣、亲王以下并宰执分班，舍人引入。其契丹使副缀亲王班入。舍人通某甲以下，唱喏，班首奏圣躬万福，喝各就坐、两拜，随呼万岁，喝就坐，分班引上殿。或皇帝抚问契丹使副，舍人便引下殿，喝两拜，随拜万岁，喝各就坐。次舍人、通事分引舍利以下东西分班，喝两拜，喝就坐，分引赴两廊下。次舍人引差来通事、从人东西分班入，合班，喝两拜，随呼万岁，喝就坐，分引赴两廊。次喝教坊已下两拜，班首奏圣躬万福，又喝拜，两拜，随拜万岁，喝各祗候。次引看盏二人稍近前，喝拜，两拜，随拜万岁，喝上殿祗候，分东西上殿立。有司进茶床，内侍酹酒，讫，阁门使殿上御前鞠躬奏某甲已下进酒，余如常仪。宴起，宰臣已下降阶，舍人两拜，揖笏，舞蹈，喝各祗候，分班出。次舍利合班，喝两拜，舞蹈，三拜，拜谢讫，喝各祗候分引出。次通事、从人合班，喝两拜，随呼万岁，喝各祗候，分班引出。次喝教坊使已下两拜，随拜万岁，喝各祗候。如传宣赐茶酒，又喝谢茶酒拜，两拜，随拜万岁，喝各祗候，出。阁门使殿上近前侧奏无事，皇帝降坐，鸣鞭还内。

辞日，皇帝坐，内殿起居班欲绝，诸司排当有备，催合侍宴臣僚东西相向，班立崇德殿庭。俟奏班齐，舍人喝拜，东西班殿侍两拜，奏圣躬万福，喝各祗候。次舍人通馆伴使副某甲以下常起居，次通契丹使某甲常起居，次通副使某甲常起居，俱引赴西面立。次通宰臣以下横行，通某甲以下，应喏，奏圣躬万福，喝各就坐，应喏，两拜呼万岁，分升殿东西向立。次通事、舍人引契丹舍利以下、次差来通事、从人俱分班入，当殿两拜，奏圣躬万福，喝各就坐，两拜，呼万岁，分引赴两廊立。次通教坊使、看盏。及进茶床、酹酒并阁门奏进酒，并如长春宴日之仪。酒五巡，起。宰臣以下降阶班立，两拜，揖笏，舞蹈，三拜，喝各祗候。宰臣以下并三司使、文明殿学士、枢密直学士升殿侍立，其余臣僚并契丹使并出。次引舍利及差来从人，俱两拜万岁讫，分班引出。如传宣赐茶酒，更喝谢

拜如前仪。已上班绝，舍人再引契丹使入，西面揖躬。舍人当殿通北朝国信使某祗候辞，通讫，引当殿两拜，出班致辞，归位，又两拜讫，宣有敕赐，跪受拜舞讫，喝好去，遂引出。次引副使致词、受赐、拜舞如前仪，亦出。次引舍利已下，次引差来通事、从人，俱分班入，舍人喝有敕赐衣服、衣着、银器分物，各应喏跪受，候抬担床绝，就拜，起，又两拜万岁，喝好去，分班引出。其使副各服所赐，再引入，当殿两拜万岁讫，喝祗候，引升殿，当御前立。皇帝宣阁门使授旨传语国主，舍人揖国信使跪，阁门使传旨通译讫，揖国信使起立，阁门使御前揖笏，于内侍都知处奉授书匣，舍人揖国信使跪，阁门使跪分付讫，揖起下殿，西出。

政和详定五礼，有《紫宸殿大辽使朝见仪》、《紫宸殿正旦宴大辽使仪》、《紫宸殿大辽使朝辞仪》、《崇政殿假日大辽使朝见仪》、《崇政殿假日大辽使朝辞仪》。其紫宸殿赴宴，辽使副位御坐西，诸卫上将军之南。夏使副在东朵殿，并西向北上。高丽、交阯使副在西朵殿，并东向北上，辽使舍利、从人各在其南。夏使从人在东廊舍利之南，诸蕃使副首领、高丽交阯从人，溪峒衙内指挥使在西廊舍利之南。又至各就位，有分引两廊班首诣御坐进酒，乐作，赞各赐酒，群官俱再拜就坐。酒五行，皆作乐赐华，皇帝再坐，赴宴官行谢华之礼。

夏国进奉使见辞仪。夏国岁以正旦、圣节入贡。元丰八年，使来。诏夏国见辞仪制依嘉祐八年，见于皇仪殿门外，朝辞诣垂拱殿。

政和新仪：夏使见日，俟见班绝、谢班前，使奉表函，引入殿庭，副使随入，西向立，舍人揖躬。舍人当殿躬奏夏国进奉使姓名以下祗候见，引当殿前跪进表函，舍人受之，副入内侍省官进呈。使者起，归位，四拜起居。舍人宣有敕赐某物，兼赐酒馔。跪受，箱过，俯伏兴，再拜。舍人曰各祗候，揖西出。次从人入，不奏，即引当殿四拜起居。舍人宣赐分物，兼赐酒食。跪受，箱过，俯伏兴，再拜。舍人曰各祗候，揖西出。辞日，引使副入殿庭，西向立，舍人揖躬。舍人当殿躬奏夏国进奉使姓名以下祗候辞，引当殿四拜。宣赐某物酒馔，再拜如见仪。凡蕃使辞，同日者，先夏国，次高丽，次交阯，次海外蕃客，次诸蛮。

高丽进奉使见辞仪。见日，使捧表函，引入殿庭，副使随入，西向立，舍人鞠躬，当殿前通高丽国进奉使姓名以下祗候见，引当殿，使稍前跪进表函，俯伏兴讫，归位大起居。班首出班躬谢起居，归位，再拜，又出班谢面天颜、沿路馆券、都城门外茶酒，归位，再拜，揖笏，舞蹈，俯伏兴，再拜。舍人宣有敕赐某物兼赐酒食，揖笏，跪受，箱过，俯伏兴，再拜。舍人曰各祗候，揖西出。次押物以下入，不通，即引当殿四拜起居。宣有敕赐某物兼赐酒食，跪受，箱过，俯伏兴，再拜起居。舍人曰各祗候，揖西出。

辞日，引使副入殿庭，西向立，舍人揖躬。舍人当殿躬通高丽进奉使姓名以下祗候辞，引当殿四拜起居。班首

出班致词，归位，再拜。舍人宣有敕赐某物兼赐酒食，揖笏，跪受，箱过，俯伏兴，再拜。舍人曰好去，揖西出。次从人入辞，如见。

政和元年，诏高丽在西北二国之间，自今可依熙宁十年指挥隶枢密院。明年入贡，诏复用熙宁例，以文臣充接伴使副，仍往还许上殿。七年，赐以笾豆各十二，簠簋各四，登一，铏二，鼎二，罍洗一，尊二。铭曰："惟尔令德孝恭，世称东蕃，有来显相，予一人嘉之。用锡尔宝尊，以宁尔祖考。子子孙孙，其永保之！"绍兴二年，高丽遣使副来贡，并赐酒食于同文馆。

金国聘使见辞仪。宣和元年，金使李善庆等来，遣直秘阁赵有开偕善庆等报聘。已而金使复至，用新罗使人礼，引见宣政殿，徽宗临轩受使者书。自后屡遣使来，帝待之甚厚，时引上殿奏事，赐予不赀，礼遇并用契丹故事。

绍兴三年十二月，宰臣进呈金使李永寿等正旦入见。故事，百官俱入。上曰："全盛之时，神京会同，朝廷之尊，百官之富，所以夸示。今暂驻于此。事从简便。旧日礼数，岂可尽行？无庸俱入。"使人见辞，并赐食于殿门外。八年，金国遣使副来，就驿议和。诏王伦就驿赐宴。十一年十一月，金国遣审议使来。入见，时殿陛之仪议犹未决。议者谓"兵卫单弱，则非所以隆国体；欲设仗卫，恐骇虏情。"乃设黄麾仗千五百人于殿廊，蔽以帝幕，班定彻帷。十二年，虏从徽宗梓宫、皇太后使副来。十三年十一月，有司言："贺正旦使初至，于盱眙军赐宴。未审回程合与不合筵待？"诏内侍省差使臣二员沿路赐御筵，一员于平江府，一员于镇江府，一员于盱眙军。寻诏：金国贺正旦人使到阙赴宴予坐次，令与宰臣相对稍南。使副上下马于执政官上下马处。三节人从并于宫门外上下马。立班则于西班，与宰臣相对立。仍权移西班使相在东壁宰臣之东。十四年正月一日，宴金国人使于紫宸殿。文臣权侍郎已上、武臣刺史已上赴坐。自后正旦赐宴仿此。五月，金国始遣贺天申节使来。有司言合照旧例：北使贺生辰圣节使副随宰臣紫宸殿上寿，进寿酒毕，皇帝、宰臣以下同使副酒三行，教坊作乐，三节人从不赴。既而三节人从有请，乞随班上寿，诏许之，仍赐酒食。遇贺正，人使朝辞在上辛祠官致斋之内，仍用乐。二十九年，以皇太后崩，其贺正使副止就驿赐宴。见辞日，赐茶酒，并不举乐。

大率北使至阙，先遣伴使赐御筵于班荆馆 在赤岸，去府五十里，酒七行。翌日登舟，至北郭税亭，茶酒毕，上马入余杭门，至都亭驿，赐褥被、钞锣等。明日，临安府书送酒食，阁门官入位，具朝见仪，投朝见榜子。又明日，入见。伴使至南宫门外下马，北使至隔门内下马。皇帝御紫宸殿，六参官起居。北使见毕，退赴客省茶酒，遂宴垂拱殿，酒五行，惟从官已上预坐。是日，赐茶器名果。又明日，赐生饩。见之二日，与伴使偕往天竺烧香，上赐沉香、乳糖、斋筵、酒果。次至冷泉亭、呼猿洞而归。翌日，赐内中酒果、风药、花饧，赴守岁筵，酒五行，用傀儡。正月朔旦，朝贺礼毕，上遣大臣就驿赐御筵，中使传旨宣劝，酒九行。三日，客省签赐酒食，内中赐酒

果。遂赴浙江亭观潮，酒七行。四日，赴玉津园燕射，命诸校善射者假管军观察使伴之，上赐弓矢。酒行乐作，伴射官与大使并射弓，馆伴、副使并射弩。酒九行，退。五日，大宴集英殿，尚书郎、监察御史已上皆预，学士撰致语。六日，朝辞退，赐袭衣、金带、大银器。临安府书送赆仪。复遣执政官就驿赐宴。晚赴解装夜筵，伴使与北使皆亲劝酬，且以衣物为侑。次日，加赐龙凤茶、金镀合。乘马出北阙门登舟，宿赤岸。又次日，复遣近臣押赐御筵仪。

自到阙朝见、燕射、朝辞，共赐大使金千四百两，副使金八百八十两，衣各三袭，金带各三条。都管上节各赐银四十两，中下节各三十两，衣一袭、涂金带一条。使人到阙筵宴，凡用乐人三百人，百戏军七十人，筑球军三十二人，起立球门行人三十二人，旗鼓四十人，并下临安府差；相扑一十五人，于御前等子内差，并前期教习之。

诸国朝贡。其交州、宜州、黎州诸国见辞，并如上仪。惟迓劳宴赍之数，则有杀焉。其授书皆令有司付之。又有西蕃唃氏、西南诸蕃占城、回鹘、大食、于阗、三佛齐、邛部川蛮及溪峒之属，或比间数岁入贡。层檀、日本、大理、注辇、蒲甘、龟兹、佛泥、拂菻、真腊、罗殿、渤泥、邈黎、阇婆、甘眉流诸国入贡，或一再，或三四，不常至。注辇、三佛齐使者至，以真珠、龙脑、金莲花等登陛跪散之，谓之"撒殿"。

元祐二年，知颍昌府韩缜言："交阯小国，其使人将及境，臣尝近弼，难以抗礼。按元丰中迓以兵官，饯以通判，使副诣府，其牺设令兵官主之。请如故事。"仍诏所过郡，凡前宰相、执政官知判者亦如之。又诏立回赐于阗国信分物法。岁遣贡使虽多，止一加赐。又命六阗国使以表章至，则间岁听一入贡，余令于熙、秦州贸易。

礼部言："元丰著令，西南五姓蕃，每五年许一贡。今西南蕃泰平军入贡，期限未及。"诏特许之。学士院言："诸蕃初入贡者，请令安抚、钤辖、转运等司体问其国所在远近大小，与见今入贡何国为比，保明闻奏，庶待遇之礼不致失当。"宣和诏蕃国入贡，令本路验实保明。如涉诈伪，以上书诈不实论。

建炎三年，占城国王遣使进贡，适遇大礼，遂加恩，特授检校少傅，加食邑。自后明堂郊祀，并仿此。绍兴二年，占城国王遣使贡沉香、犀、象、玳瑁等，答以绫锦银绢。

建炎四年，南平王甍，差广南西路转运副使尹东珣充吊祭使，赐绢布各五百匹，羊、酒、寓钱、寓彩、寓金银等，就钦州授其国迎接人，制赠侍中，进封南越王。封其子为交阯郡王，遇大礼，并加恩如占城国王。淳熙元年，赐"安南国王"印，铜铸，涂以金。

绍兴七年，三佛齐国乞进章奏赴阙朝见，诏许之。令广东经略司斟量，只许四十人到阙，进贡南珠、象齿、龙涎、珊瑚、琉璃、香药。诏补保顺慕化大将军、三佛齐国王，给赐鞍马、衣带、银器。赐使人宴于怀远驿。淳熙五年，再入贡。计其直二万五千缗，回赐绫罗绢等物、银二千五百两。

绍兴三十一年正月，安南献驯象。帝曰："蛮夷贡方物乃其职，但朕不欲以异兽劳远人。其令帅臣告谕，自今不必以驯象入贡。"三十二年，孝宗登极，诏曰："比年以来，累有外国入贡，太上皇帝冲谦弗受，况朕凉菲，又何以堪！自今诸国有欲朝贡者，令所在州军以理谕遣，毋得以闻。"淳祐三年，安南国主陈日㷋来贡，加赐功臣号。十一年，再来贡。景定三年六月，日㷋上表贡献，乞授其位于其子陈威晃。咸淳元年二月，加安南大国王陈日㷋功臣，增"安善"二字；安南国王陈威晃功臣，增"守义"二字，各赐金带、鞍马、衣服。二年，复上表进贡礼物，赐金五百两，赐帛一百匹，降诏嘉奖。

卷一百二十　　志第七十三

礼二十三 _{宾礼五附录}

**群臣上表仪　宰臣赴上仪　朝省集议班位
臣僚上马之制　臣僚呵引之制**

群臣上表仪。《通礼》：守宫设次于朝堂，文东武西，相对为首；设中书令位于群臣之北。礼曹掾举表案入，引中书令出，就南面立。礼部郎中取表授中书令，令即受表入奏。

其礼：凡正、至不受朝，及邦国大庆瑞、上尊号请举行大礼，宰相率文武群臣暨诸军将校、蕃夷酋长、道释、耆老等诣东上阁门拜表，知表官跪授表于宰臣，宰臣跪授于阁门使，乃由通进司奏御。凡有答诏，亦拜受于阁门，获可，奏者奉表称贺。其正、至，枢密使率内班拜表长春殿门外，亦阁门使受之。

又西京留守拜表仪制：留司百官每五日一上表起居，质明，并集长寿寺立班，置表于案，再拜以遣。其春、秋赐服及大庆瑞并如之。或令分司官赍诣行在，或止驿付南京留司，约用此制。若巡幸，东京则留司百官亦五日一上表起居，并集大相国寺。

其制：群臣诣阁拜奏者，首云文武百僚具官臣某等言；常奏御者，止云臣某言，并称尊号，已有功臣爵邑者具之；状奏者，前后列衔，不称尊号，亦云功臣爵邑。其外，又有书疏、奏札、榜子之类。

乾德二年，令有司详定表首。太常礼院言："仆射南省官品第二，太子三师官品第一，品位虽高，而南省上台为尊，合以仆射充首。若专以品秩为定，则诸行侍郎品第四，列于诸司三品卿监之上，不可以品序为准。按唐贞元六年诏，每有庆贺及诸臣上表，并合上公为首，如三公阙，以令、仆行之。中书、门下列贡章表，则仆射是百僚师长，难同宫僚之例。"诏百官集议。翰林学士陶谷等曰："按唐制：上台、东宫并是廷臣，当时左右仆射、侍中、中书令为正宰相。贞观末，带同中书门下三品者方为宰相。今仆射既非宰相，合在太子三师之下，理固不疑。若以官僚非廷臣，既宰相岂当兼领？今若先二品而后一品，升后列而退前班，紊其等威，事恐非顺。请以太子三师为表首。"窦仪等曰："东宫三师为表首，论讨故典，实皆无据。左右仆射当为表首者，其事有六：按《六典》，尚书为百官之本，今自一品至六品常参官，皆以尚书省官为首，则仆射合为表首，一也。又唐制，上表无上公，即尚书令仆以下行之，其嗣王合随宗正，若有班位，合依王品，则嗣王虽一品，不得为表首，二也。仆射位次三公，合为表首，三也。况仆射为百僚师长，东宫三师非师长之任，四也。晋天福中诏，谢贺上表，上公行之，如阙，即令仆射行之，五也。立制之班，卑者先入后出，尊者后入先出。今东宫一品立定，仆射乃入，仆射既退，东宫一品乃出，且在两省之后，六也。"

诏从仪等议，以仆射为表首焉。

宰臣赴上仪。《开元礼》有任官初上相见之仪。宋制：凡牧守赴上，多仍州府旧礼。台省之制，宰相、亲王、使相正衙谢讫，出文德殿便门至西廊，堂后官、两省杂事迎参；至中书便门，两省官迎班；升都堂，与送上官对揖，见任侍中、中书令、同平章事者，降阶，又与送上官对拜讫，分东、西升坐于床。两省杂事读案，堂后官接案。摺笏顶笔判署，凡三道：一，司天监寿星见；二，开封府嘉禾合穗；三，澶州黄河清。并判准，始谢送上官，讫，三司使、学士、两省官、待制、三司副使升堂展贺。百官先班中书门外，上事官降阶，百官入，直省官通班赞致贺，归后堂，与参知政事、枢密副使、宣徽使相见，会食讫，退。

建隆三年，中书、门下言："准唐天成元年诏故事，藩镇带平章事，合于都堂视事，刊石以记官族，输礼钱三千贯。近年颇隳裹制。自今藩镇带平章事者，输礼钱五百千，刻石记岁月。其钱以给两省公用，望举行之。"诏：自今宰相及枢密使兼平章事、侍中、中书令者，输礼钱三百千，藩镇五百千，刻石以记如旧制。增秩者不再输，旧相复入者输如其数。

乾德二年，置参知政事，就宣徽院赴上，而枢密使、副止上事于本厅。后以曹彬兼侍中，为枢密使，特令赴中书上事。

大中祥符中，诏：自今宰相官至仆射者，并于中书都堂赴上，不带平章事亦令赴上。有司上仪注，宰相用常仪。仆射本省上日，郎中、员外班迎于都堂门内，尚书丞、郎于东廊阶上稍近班迎揖，金吾将军升殿展拜贺，礼生赞引，主事读案。见任中书枢密使相、前任中书门下并不赴。余如宰相之仪。上讫，与本省御史台四品、两省五品、诸司三品以上会食。

右仆射王旦充玉清昭应宫使，有司按故事，宰相凡吉庆，百官皆班贺。诏以未葺攸司，其班贺权罢。旦赴上修宫所，特赐会，丞、郎、三司副使以上悉预。自是宫观使副上日皆赐会作乐。

天禧初，太保、平章事王旦为太尉。国朝以来，三公不兼宰相，无赴上仪。特诏有司详定，就尚书省赴上，百官班迎，宰相而下悉集。御史大夫、中丞、知杂、三院御史皆僚属送上，判案三道。中丞以上，即京府尹、赤县令、诸曹、节度、刺史、皇城、宫苑使悉集。翰林学士入院日赐设，惟学士、中书舍人赴坐。又资政、侍读、侍讲、龙图阁学士、直学士兼秘书监并赴上。秘阁及两省五品以上任三馆学士、判馆、修撰者，皆赐设焉。

朝省集议，前代不载其仪。宋初，刑政典礼之事当集议者，先下诏都省，省吏以告当议之官，悉集都堂，设左、右丞于堂之东北，南向；御史中丞于堂之西北，南向；尚书、侍郎于堂东厢，西向；两省侍郎、常侍、给事、谏舍于堂之西厢，东向，知名表郎官于堂之东南，北向；监议御史于堂之西南，北向。又设左右司郎中、员外于左、右丞之后，三院御史于中丞之后，郎中、员外于尚书、侍郎之后，起居、司谏、正言于谏舍之后。如有仆射、御史大夫，即于左右丞、中丞之前。如更有他官，即诸司三品于侍郎之南，东宫一品于尚书之前，武班二品于谏舍之南，皆重行异位。卑者先就席。左、右丞升厅，省吏抗声揖群官就坐，知名表郎官以所议事授所司奉诣左、右丞，左、右丞执卷读讫授中丞，中丞授于尚书、侍郎，以次读讫，复授知名表郎官。将毕，左、右丞奉笔叩头揖群官，以一副纸书所议事节署字于下，授四坐。监议御史命吏告云："所见不同者请不署字。"以官高者为表首。如止集本省官，坐如常仪，其知名表郎官、监议御史坐仍北向。惟仆射以上得乘马至都堂，他官虽同平章，事亦止屏外。

明道二年，尚书议庄献、庄懿太后升祔，省官带内外制、兼三司副使承例移文不赴。

监议御史段少连以为官带近职，一时之选，宜有建明，不当反自高异。乃奏议事不集以违制论。从之。

集贤校理赵良规言："国朝故事，令敕仪制，别有学士、知制诰、待制、三司副使著位，视品与前朝异，固无在朝叙职、入省叙官之说。若全不论彻，则后行员外郎兼学士，在朝立丞、郎上，入省居比，驾下；知制诰、待制入朝与侍郎同列，入省分厕散郎；员外郎任三司副使、郎中任判官，在三司为参佐，入本省为正员。所以旧来议事，集尚书省官，带职者不赴。别诏三省悉集，则及大小两省；内朝官悉集，则及学士、待制、三司副使；更集他官，则诸司三品、武官二品，各次本司长官。故事，尚书省官带知制诰，中书省奏班簿，是于尚书省、御史台了不著籍，故有绝曹之语。又凡定学士、舍人、两省著位，除先后入外，若有升降，皆特禀朝旨，岂有在朝、入省迭为高下？"御史台、礼院详定，久不决。

判礼院冯元等曰："会议之文，由来非一，或出朝廷别旨，或循官司旧规。故集本省者，即南省官；集学士、两省、台官者，容有两制、给舍、中丞；集学士、台省及诸司四品以上者，容有卿、监；集文武百官者，容有诸卫。盖谋事有小大，集官有等差，率系诏文，乃该余职。少连以太常易名之细，考功覆议之常，误谓群司普当会席，列为具奏，婴以严科，遂使绝曹清列，还入本行，分局常员，略无异等。请臣僚拟谥，止集南省官属，或事缘体大，临时敕判，兼召三省、台、寺，即依旧例。"御史台言："今尚书省官任两制者，系台省之籍，无坐曹之实。论职官之言，正为绝曹者设，岂可受禄则系官定奉，议事则绝曹为辞？况王旦、王化基、赵安仁、晁迥、杜镐、杨亿皆尝预议于尚书省。故相李昉为主客郎中、知制诰日，屡经都省议事。又议大事，仆射、御史大夫入省，唯仆射至厅下马，于今行之，所以重本省也。故都堂会议，列状以品，就坐以官，忽此更张，恐非通理。"

礼官吴育曰："两奏各有未安。尚书省制度虽崇，亦天子之有司，在朝廷既殊班列，入有司辄易尊卑，是以朝省为彼我，官职分二事也。两制近职，若有事议而云绝班不赴，非所以求至当。且知制诰中书省奏班簿，是谓绝班。翰林学士亦知制诰，不绝班簿。此因循之制，非确据也。纵绝班有例，而绝官无闻，一人命书，三省连判，而都无所系，止为奉钱，岂命官之礼？今取典故中最明一事，足以质定。祥符五年仆射上事仪：绝班之官，别头赞引，不与本省官同在迎班。请凡会议，省官带近职者，别作一行而坐，自为序列，非以相压。若招两制、台省、诸司、诸卫官毕集，则各从其类，自作一行，书议如其位次。"

诏尚书省议事，应带职官三司副使以上并不赴，如遇集议大事，令赴，别设坐次。

是岁，紫宸、垂拱殿刊石为百官表位。三司使、内朝班学士右，独立石位；门外，亦班其上。

熙宁二年，御史台、太常礼院详定臣僚御路上马之制：近上臣僚及北使到阙，并于御路上行马。中书枢密院执政官、宣徽院、御史中丞、知杂御史、左右金吾、摄事官清道者，导从呵引依旧式，其三司副使以上亦许出节。正任观察使以上与合出节臣僚，并许自宣德门外至天汉桥北御路上行马，如从驾出入及宗室内庭诸宫院车骑，并不在此限。

御史台又言："旧制：百官台参、辞谢臣僚于朝堂，先赴三院御史幕次，又赴中丞幕次，得以体按老疾。今止于御史厅一员对拜，不惟有失旧仪，兼恐不能公共参验。请如旧制朝堂押拜，遇放常朝，即诣御史台。"已而诏宰臣、亲王、使相、两府、宣徽使，遇入枢密院门，许至从南第二门外上下马。又诏：宰臣上马，枢密院次之，诸司又次之，左、右丞上下马处并同两省侍郎。

御史台言："左丞蒲宗孟、右丞王安礼贺仆射上尚书省，于都堂下马。按左、右丞上下马于本厅。请付有司推治。"安礼争论上前，以为今日置左、右丞为执政官，不应有厚薄。左、右丞于都堂上下马自此始。

寻诏执政官退朝上马，宰臣于枢密院，余于隔门外。都堂聚议退，左丞于门下侍郎厅，右丞于中书侍郎厅。品官诣尚书省上下马依杂压，大中大夫以上就第一贮廊，监察御史以上就过道，诸六曹尚书、侍郎即大中大夫以上就本厅，监察御史以上就客位，余并过道门外。

政和朝参臣僚上马次序：俟皇城门开，枢密入，次三省执政官，次一品二品文臣、六曹侍郎、殿中监、开封尹、大司成、侍从官、两省，次百官，御史台编栏以次入。

其宰相罢政，韩琦以司徒、节度判相州，曾公亮以司空、节度为集禧观使，王安石以观文殿大学士、吏部尚书知江宁府。曹佾以中书令、节度充景灵宫使，韩绛以观文殿大学士、吏部侍郎知大名府，致仕太师文彦博来朝，其大朝会班位仪物如之。吴复以观文殿大学士、吏部尚书为西太一宫使，大朝会缀中书、门下班而已。自是，旧相按例重轻以特旨行之。

治平四年，御史台言："庆历中，有诏详定武臣出节呵引之制：节度使在尚书下，三节。节度观察留后在诸行侍郎下，两节。观察使在中书舍人下，诸卫大将军、防御、团练使在大卿监下，内客省使比诸司大卿，景福殿使比将作监，引进使比庶子，在防御使上，以上各一节。诸州刺史、诸卫将军在少卿监下，宣庆、四方馆使比少卿，宣政、昭宣、阁门使比司天监少监，诸卫将军上，皇城使以下诸司使比郎中，客省、引进、阁门副使比员外郎，枢密都承旨在司天少监下、阁门使上，副都承旨在阁门使下，枢密副承旨、诸房副承旨在诸司使下，以上并两人呵引。当时已施行矣，而皇祐编敕删去此制，请复举行。"

卷一百二十一　　　志第七十四

礼二十四 军礼

祃祭　阅武　受降　献俘　田猎　打球　救日伐鼓

祃，师祭也，宜居军礼之首。讲武次之，受降、献俘又次之。田猎以下，亦各以类附焉。

军前大旗曰牙，师出必祭，谓之祃。后魏出师，又建蠢头旗上。太宗征河东，出京前一日，遣右赞善大夫潘慎修出郊，用少牢一祭蚩尤、祃牙；遣著作佐郎李巨源即北郊望气坛用香、柳枝、灯油、乳粥、酥蜜饼、果，祭北方天王。

咸平中，诏太常礼院定祃仪。所司除地为坛，两壝绕以青绳，张幄帝，置军牙、六纛位版。版方七寸，厚三分。祭用刚日，具馔。牲用大牢，以羊豕代。其币长一丈八尺，军牙以白，六纛以皂。都部署初献，副都部署亚献，部署三献，皆戎服，清斋一宿。将校陪位。礼毕焚币，瘗鼓以一牢。又择日祭马祖、马社。

阅武，仍前代制。太祖、太宗征伐四方，亲讲武事，故不尽用定仪，亦不常其处。尝讲武池朱明门外以习水战。复筑讲武台城西杨村，秋九月大阅，与从臣登台观焉。

真宗诏有司择地含辉门外之东武村为广场，冯高为台，台上设屋，构行宫。其夜三鼓，殿前、侍卫马步诸军分出诸门。诘旦，帝乘马，从官并戎服，赐以窄袍。至行宫，诸军阵台前，左右相向，步骑交属亘二十里，诸班卫士翼从于后。有司奏成列，帝升台东向，御戎帐，召从臣坐观之。殿前都指挥使王超执五方旗以节进退，又于两阵中起候台相望，使人执旗如台上之数以相应。初举黄旗，诸军旅拜。举赤旗则骑进，举青旗则步进。每旗动则鼓噪士噪，声震百里外，皆三挑乃退。次举白旗，诸军复再拜，呼万岁。有司奏军坚而整，士勇而厉，欲再举，诏止之，遂举黑旗以振旅。军于左者略右阵以还，由台前出西北隅；军于右者略左阵以还，由台前出西南隅，并凯旋以退。乃召从臣宴，教坊奏乐。回御东华门，阅诸军还营，钩容奏乐于楼下，复召从臣坐，赐饮。明日，又赐近臣饮于中书，诸军将校饮于营中，内职饮于军器库，诸班卫士饮于殿门外。

神宗阅左藏库副使开斌所教牌手于崇政殿，乃命殿前步军司择骁健者依法教习。自是，营屯及更戍诸军、畿甸三路民兵皆随伎艺召见亲阅焉。凡阅试禁卫、戍军、民兵，总率第其精粗，赐以金帛；而超等高者，至命为吏选官，其典领者优加职秩。泾原经略蔡挺肄习诸将军马，点阅周悉，队伍有法，入为枢密副使，因言于上而试之。旧以七军营阵校试，而分数不齐，前后牴牾。命校试官采撷定为八军法。及军法成，颁行诸路。既又定九军法，以一军营阵，即城南好草坡阅之，皆有赏赉。其按阅炮场连弩及便坐日阅召募新军时，令习战如故事。

建炎三年六月，高宗谕辅臣曰："朕欲亲阅武。"宰臣吕颐浩曰："方右武之时，理当如此。祖宗时不忘武备，如凿金明池，益欲习水战。"张浚曰："祖宗每上巳游幸，必命卫士驰射，因而激赏，亦所以讲武也。"帝曰："朕非久命诸将各阅所部人马，当召卿等共观，足以知诸将能否。"后以巡幸，不果行。

绍兴五年正月，始御射殿，阅诸班直殿前司诸军指教使臣、亲从宿卫亲兵并提辖部押亲兵使臣射射。共一千二百六十人，每六十人作一拨。遂诏户部支金千两，付枢密院激赏库充犒用。三月，御射殿，阅等子赵普等五十人角力，转资，支赐钱银有差。八月，御射殿，阅广东路经略司解发到韶州士庶子弟陈裕试神臂弓，特补进武校尉，赐紫罗窄衫、银束带，差充本路经略司指使。十四年十一月，阅殿前马步军将士艺精者，赏有差。自是，岁以冬月行之，号曰冬教。三十年十月，御射殿，引三衙统制、同统制、统领、同统领入内射射，诏余合赴内殿教人，依年例支降例物，令逐司自行按试等第给散 旧例，每岁引三衙官兵教。是日，止引统制、统领，故有是诏 。三十二年四月二十五日，御射殿隔门特坐，引呈新旧行门射射。

乾道二年十一月，幸候潮门外大教场，次幸白石教场。应从驾臣僚，自祥曦殿并戎服起居，从驾往回。内管军、御带、环卫官从驾，宰执以下免从。就逐幕次赐食，俟进晚膳毕，免奏万福，并免茶，从驾还内。二十四日，幸候潮门外大教场，进早膳，次幸白石教场阅兵。三衙率将佐等导驾诣白石，皇帝登台，三衙统制、统领官等起居毕，举黄旗，诸军皆三呼万岁拜讫，三衙管军奏报取旨，马军上马打围教场。举白旗，三司马军首尾相接；举红旗，向台合围，听一金止。军马各就围地，作圆形排立。射生官兵随鼓声出马射獐兔，一金止。叠金，射生官兵各归阵队。举黄旗，射生官兵就御台下献所获。帝遂慰劳，赐赍诸将鞍马金带，以及士卒。诸军欢腾，鼓舞就列。百姓观者如山。时久阴瞳，暨帝出郊，云雾解驳，风日开霁。帝遣谕主管殿前司王琪等曰："前日之教，师律整严，人无哗嚣，分合应度，朕甚悦之，皆卿等力也。"琪等曰："此陛下神武之化，六军恭谨所致。臣愿得以此为陛下剿绝奸宄。"

四年十月，殿前司言："相视龙王堂北、江岸以东茅滩一带平地，可作教场。已修筑将坛，将来三司马步军并各全装，披带衣甲，执色器械，至日，先赴教场下方营排办，候驾登台，听金鼓起居毕，依资次变阵教阅。所有圣驾出郊，除禁卫外，欲于本司入阵马军内摘差护圣马军八百人骑、弓箭、器械，作十六队，于仪卫前后引从，各分八队，队各五十人，往回沿路，各奏随军鼓笛大乐。及摘差本司入教阵队内诸军步亲随一千人，并统领将官三员，至日，先赴教台下，各分左右，于后壁周围留空地三十步，以容禁卫，外作三重环立。"十六日，车驾至滩上。诸人马，前一日于教场东列幕宿营。是日，三衙管军与各军统领将佐导驾乘马至护圣步军大教场亭，更御甲胄至滩上。皇帝登台，三衙起居毕，权主管殿前司王逵奏三司人马齐，举黄旗，诸军呼拜者三。逵奏请从头教。中军鸣角，倒门角旗出营，马步军簇队成，收鼓讫。连三鼓，马军上马，步人撮起旗枪。四鼓举白旗，中军鼓声旗应，变方阵为备敌之形。别高一鼓，步军四向作御敌之势，且战且前，马军出阵作战斗之势。别高一鼓，各分归地分。五鼓举黄旗，变圆阵为自环内固之形。如前节次讫。三鼓举赤旗，变锐阵，诸军相属，鱼贯斜列，前利后张，为冲敌之形。亦依前节次讫。王逵奏人马教绝，取旨。举青旗，变放教直阵，收鼓讫，一金止。重鼓三，马军下马，步人掷落旗枪，皆应规矩。帝大悦，犒赏倍之。士卒欢呼谢恩如仪。鸣角声簇队讫，放教拽队。步人分东西引拽，马军交头于御台下，随队呈试骁锐大刀武艺，继而进呈车炮、火炮、烟枪。及赭山打围射生，马步军统制官萧鹬巴以所获獐鹿等就御台下进献，人马拽绝。皇帝复御常服，乘马至车子院，宣唤殿前司拨发官马定远、侯彦昌各赐马一匹，彦昌仍自准备特升副将。进御酒，上谓王逵曰："今日教阅，进止分合，军律整肃，皆卿之力也。"逵奏："陛下神武，四海共知。六师军容，孰敢不肃！"时赐酒俱十分，逵奏以军马事不敢饮，帝曰："少饮之。"亲减大半。饮毕，谢恩退。又宣问主管侍卫马军司李舜举："今日按阅之兵，比向时所用之师何如？"舜举奏曰："今日所治之兵，皆陛下平时躬亲训练，抚以深恩、赐之重赏，忠勇百倍，非昔日可比。"

其仪：皇帝至祥曦殿，行门、禁卫等并戎服迎驾常起居。皇帝至，知阁门官以下并戎服常起居，讫。皇帝乘马出，从驾官从驾至候潮门外大教场御幄殿下马，入幄更衣讫，皇帝被金甲出幄，行门、禁卫等迎驾，奏万福。皇帝乘马至教场台下马,升台入幄。从驾官宰执、亲王、使相、正任知阁、御带、环卫官升台,于幄殿分东西相向立。管军并令全装衣甲带御器械执骨朵升台,于幄殿指南面西立,俟入内官喝排立。皇帝出幄,行门、禁卫等迎驾,奏万福。皇帝出,阁门分引殿前马步三司统制、统领官常起居讫。次三司将佐以下,听鼓声常起居。次殿帅执骨朵赴御坐前,奏教直阵。俟教阅毕,再赴御坐前奏教圆阵。俟教阅毕,再赴御坐前奏教锐阵。俟教阅毕,再赴御坐前奏教阅毕,归侍立。内侍传旨与殿前太尉某,诸军谢恩承旨讫,转与拨发官引三司统制、统领、将佐再拜谢恩讫,各归本军。皇帝起,入幄更衣讫,皇帝出幄。皇帝坐,舍人引宰执墩后立,俟进御茶床。舍人赞就坐,宰执躬身应喏讫,直身立,就坐。进第一盏酒,起立墩后,俟皇帝饮酒讫,舍人赞就坐,躬身应喏讫,直身立。俟宰执酒至,接盏饮酒讫,盏付殿侍。次舍人赞食,并如仪。至第四盏,传旨宣劝讫,御药传旨不拜,舍人承旨赞不拜,赞就坐。第五盏宣劝如第四盏仪。酒食毕,举御茶床。舍人分引宰执于幄殿前重行立,御药传旨不拜,舍人承旨讫,揖宰执躬身赞不拜,各祇候直身立,降踏道归幕次。皇帝起,乘马至车子院下马。皇帝出幄,至车子院门楼上,出赐亲王酒,再拜谢讫;次赐使相、正任并管军,知阁、御带、环卫官酒讫,逐班再拜谢,讫,依旧相向立。次亲王执盏进皇帝酒,皇帝饮酒讫,一班再拜谢,讫;俟皇帝观毕,起,降车子院门楼归幄。亲王以下退,皇帝乘马出车子院门,行门、禁卫等迎驾,奏万福。皇帝乘马至候潮门外大教场,应从驾官并戎服乘马从驾回。皇帝乘马入和宁门,至祥曦殿上下马还宫。余仿此。

淳熙四年十二月,大阅于茅滩。十年十一月,大阅于龙山。十六年十月,大阅于城南大教场。并如上仪。庆元元年十月,以在谅阴,令宰执于大教场教阅。二年十月,大阅于茅滩。嘉泰二年十二月,幸候潮门外教场大阅。端平二年四月大阅,以时暑,不及行。

受降献俘。太祖平蜀,孟昶降,诏有司约前代仪制为受降礼。昶至前一日,设御坐仗卫于崇元殿,如元会仪。至日,大陈马步诸军于天街左右,设昶及其官属素案席褥于明德门外,表案于横街北。通事舍人引昶及其官属素服纱帽北向序立。昶跪奉表授阁门使,复位待命。表至御前,侍臣读讫,阁门使承旨出。昶等俯伏。通事舍人掖昶起,官属亦起,宣制释罪,昶等再拜呼万岁。衣库使导所赐袭衣、冠带陈于前,昶等又再拜跪受,改服乘马,至升龙门下马,官属至启运门下马,就次。帝常服升坐,百官先入起居,班立。阁门使引昶等入,舞蹈拜谢。召昶升殿,阁门使引自东阶升,宣抚使承旨安抚之。昶至御坐前,躬承问讫,还位,与官属舞蹈出。中书率百官称贺,遂宴近臣及昶于大明殿。

岭南平,刘𬬮就擒,诏有司撰献俘礼。𬬮至,上御明德门,列仗卫,诸军、百官常服班楼前。别设献俘位于东西街之南,北向;其将校位于献俘位前,北上西向。有司率武士系𬬮等白练,露布前引。至太庙西南门,𬬮等并下马,入南神门,北向西上立,监将校官次南立。俟告礼毕,于西南门出,乘马押至太社,如上仪。乃押至楼南御路之西,下马立俟。献俘将校,戎服带刀。摄侍中版奏中严,百官班定;版奏外办,帝常服御坐。百官舞蹈起居毕,通事舍人引𬬮就献俘位,将校等诣楼前舞蹈讫,次引露布案诣楼前北向,宣付中书、门下,如宣制仪。通事舍人跪受露布,转授中书,门下转授摄兵部尚书。次摄刑部尚书诣楼前跪奏以所献俘付有司。上召𬬮诘责,𬬮伏地待罪。诏诛其臣龚澄枢等,特释𬬮缚与其弟保兴等罪,仍赐袭衣、冠带、靴笏、器币、鞍马,各服其服列谢楼下。百官称贺毕,放仗如仪。

南唐平,帝御明德门,露布引李煜及其子弟官属素服待罪。初,有司请如献刘𬬮仪。帝以煜奉正朔,非若𬬮拒命,寝露布弗宣,遣阁门使承制释之。

太宗征太原,刘继元降,帝幸城北,陈兵卫,张乐,宴从臣于城台。继元帅官属素服台下。遣阁门使宣制释罪,召继元亲劳之。从臣诣行宫称贺。时以在军中,故不备礼。继元至京师,诏告献太庙。前一日,所司陈设如常告庙仪。告日黎明,博士引太尉就位,通事舍人引继元西阶下东向立,其官属重行立。赞者赞太尉再拜讫,博士引就盥爵如常仪,诣东阶解剑脱舄,升第一室进奠,再拜,太祝跪读祝文讫,又再拜。通事舍人引继元及官属诣室前西阶下北向立,舍人赞云:"皇帝亲征,收复河东,伪主刘继元及伪命官属见。"赞者曰再拜,拜讫退位。次至第二、第三、第四、第五室,皆如第一室。博士引太尉降阶,佩剑纳履复位,赞者曰再拜,太尉与继元等皆再拜,退。焚祝版于斋坊。继元既命以官,故不称俘焉。

元符二年,西蕃王拢拶、邈川首领瞎征等降,诏具仪注。以受降日御宣德门,设诸班直、上四军仗卫,诸军素服陈列。降者各服蕃服以见,审问讫,有旨放罪,各等第赐首服袍带。百官称贺,而申御紫宸殿赐宴会。哲宗崩,枢密院留拢拶等西京听旨。诏罢御楼立仗,但引见于后殿。拢拶一班,契丹公主一班,夏国、回鹘公主次之,瞎征一班,边斯波结并族属次之。应族属首领各从其长,以次起居。僧尼公主皆蕃服蕃拜。并赐冠服,谢讫,赐酒馔横门外。

政和初,议礼局上《受降仪》。皇帝乘舆升宣德门楼,降舆坐御幄,百官与降王、蕃官各班楼下,如大礼肆赦仪。东上阁门以红绦袋班齐牌引升楼,楼上东上阁门官附内侍承旨索扇,扇合,帝即御坐,帘卷。内侍又赞扇开,侍卫如常仪。诸班亲从并里围降王人等迎驾,自赞常起居。次舍人赞执仪卫士常起居。次管干降王使臣并随行旧蕃官常起居。次礼直官、舍人引百官横行北向,赞者曰拜,在位官皆再拜舞蹈,三称万岁,又再拜。班首奏圣躬万福,又再拜退,百官各就东西位。舍人引降王服本国衣冠诣楼前北向,女妇少西立,僧又少西,尼立于后。入内省官诣御坐前承旨,传楼上东上阁门官承旨录讫,以红绦袋降制楼下,东上阁门官承旨退。降王以下俯伏,东上阁门官至,令通事舍人掖之起,首领以下皆起,鞠躬。阁门宣有敕,降王以下再拜,僧尼止躬呼万岁。阁门录敕旨付管干官,降王等躬听诘问。如有复奏，阁门录讫，仍以红绦袋引升楼。如无复奏，入内省官诣御坐承旨，传楼上阁门官称有敕放罪讫，舍人赞谢恩，降王以下再拜称万岁，复序立。入内省官诣御坐承旨，传楼上阁门官称有敕各赐首服袍带。楼下阁门官承旨引所赐檐床陈于西，舍人宣曰有敕，降王以下再拜鞠躬，舍人称各赐某物，赐物毕，又再拜称万岁。若赐官，即赞谢再拜，并归次易所赐服。舍人先引降王以下至授遥郡以上当楼前北向东上立，赞再拜，称万岁，又再拜；次赞服冠帔妇女再拜。们尼别谢，引还。次赞楼上侍立官称贺再拜，礼直官，舍人分引百官横行北向立，赞拜讫，班首少前，俯伏跪，称贺，其词中书随事撰述，贺讫，复位。在位者又再拜舞蹈，三称万岁，又再拜。东上阁门官进诣楼前承旨，就班宣曰有制，赞者曰拜，在位官皆再拜，宣答，其词学士院随事撰述，又赞再拜，三称万岁，又再拜。楼上枢密院前跪奏，称某官臣某言，礼毕，内侍索扇，扇合帘垂，帝降坐。内侍赞扇开，所司承旨放仗，楼下鞭鸣，百官再拜退。

开禧三年三月，四川宣抚副使安丙函逆臣吴曦首并违制创造法物、所受金国加封蜀王诏及金印来献。四月三日，礼部太常寺条具献馘典故，俟逆曦首函至日，临安府差人防守，殿前司差甲士二百人同大理寺官监引赴都堂审验。奏献太庙、别庙差近上宗室南班，奏献太社、太稷差侍从官。各前一日赴祠所致斋，至日行奏献之礼，大理寺、殿前司计会行礼时刻，监引首函设置以俟。奏献礼毕，枭于市三日，付大理寺藏于库。

端平元年，金亡。四月，京湖制置司以完颜守绪函骨来上，差官奏告宗庙社稷如仪。

田猎。太祖建隆二年，始校猎于近郊。先出禁军为围场，五坊以鸷禽细犬从。帝亲射走兔三，从官贡马称贺。其后多以秋冬或正月田于四郊，从官或赐窄袍暖靴，亲王以下射中者赐以马。

太宗将北征，因阅武猎近郊，以多盗猎狐兔者，命禁之。有卫士夺人獐，当死，帝曰："若杀之，后世必谓我重兽而轻人。"特贳其罪。帝常以腊日校猎，谕从臣曰："腊日出狩，以顺时令，缓辔从禽，是非荒也。"回幸讲武台，张乐，赐群臣饮。其后，猎西郊，亲射走兔五。诏以古者蒐狩，以所获之禽荐享宗庙，而其礼久废，今可复之。遂为定式。帝雅不好弋猎，诏除有司行礼外，罢近甸游畋，五坊所畜鹰犬并放之，诸州不得以鹰来献。已而定难军节度使赵保忠献鹘一，号"海东青"，诏还赐之。腊日，但命诸王略畋近郊，而五坊之职废矣。

真宗复诏教骏所养鹰鹘量留十余，以备诸王从时展礼。禁围草地，许民耕牧。

至仁宗时，言者言校猎之制所以顺时令、调戎事，请修此礼。于是诏枢密院奏定制度。猎日五鼓，帝御内东门，赐从官酒三行，奏钧容乐，幸琼林苑门，赐从官食。遂猎于杨村，宴于崆殿，奏教坊乐。遣使以所获驰荐太庙。既而召父老临问，赐以饮食茶绢，及五坊军士银绢有差。宰相贾昌朝等曰："陛下暂幸近郊，顺时田猎，取鲜杀而登

庙俎，所以昭孝德也；即高原而阅军实，所以讲武事也；问耆老而秩饫，所以养老也；劳田夫而赐惠，所以劝农也。乘舆一出，而四美皆具。伏望宣付史馆。"从之。明年，复猎于城南东韩村。自玉津园去辇乘马，分骑士数千为左右翼，节以鼓旗。合围场径十余里，部队相应。帝按辔中道，亲挟弓矢，屡获禽鸢。是时，道傍居人或畜狐兔凫雉驱场中。帝谓田猎以训武事，非专所获也，悉纵之。兔围内民田一岁租，仍召父老劳问。其后以谏者多，罢猎近甸。自是，终靖康不复讲。

打球，本军中戏。太宗令有司详定其仪。三月，会鞠大明殿。有司除地，竖木东西为球门，高丈余，首刻金龙，下施石莲华坐，加以采绩。左右分朋主之，以承旨二人守门，卫士二人持小红旗唱筹，御龙官锦绣衣持哥舒棒，周卫球场。殿阶下，东西建日月旗。教坊设龟兹部鼓乐于两廊，鼓各五。又于东西球门旗下各设鼓五。阁门豫定分朋状取裁。亲王、近臣、节度观察防御团练使、刺史、驸马都尉、诸司使副使、供奉官、殿直悉预。其两厢官，宗室、节度以下服异色绣衣，左朋黄襕，右朋紫襕；打球供奉官左朋服紫绣，右朋服绯绣，乌皮靴，冠以华插脚折上巾。天厩院供驯习马并鞍勒。帝乘马出，教坊大合《凉州曲》，诸司使以下前导，从臣奉迎。既御殿，群臣谢，宣召以次上马，马皆结尾，分朋自两厢入，序立于西厢。帝乘马当庭西南驻。内侍发金合，出朱漆球掷殿前。通事舍人奏云：御朋打东门。帝击球，教坊作乐奏鼓。球既度，飐旗、鸣钲、止鼓。帝回马，从臣奉觞上寿，贡物以贺。赐酒，即列拜，饮毕上马。帝再击之，始命诸王大臣驰马争击。旗下擂鼓。将及门，逐厢急鼓。球度，杀鼓三通。球门两旁置绣旗二十四，而设虚架于殿东西阶下。每朋得筹，既插一旗架上以识之。帝得筹，乐少止，从官呼万岁。群臣得筹则唱好，得筹者下马称谢。凡三筹毕，乃御殿召从臣饮。又有步击者、乘驴骡击者，时令供奉者朋戏以为乐云。

救日伐鼓。建隆元年，司天监言日食五月朔，请掩藏戈兵铠胄。事下有司，有司请皇帝避正殿，素服，百官各守本司，遣官用牲太社如故事。景德四年五月朔，日食。上避正殿不视事。

至和元年四月朔，日食，既内降德音：改元，易服，避正殿，减膳。百官诣东上阁门拜表请御正殿，复常膳。三表乃从。至日，遣官祀太社，而阴雨用雷，至申，乃见食，九分之余。百官称贺。先是皇祐初，以日食三朝不受贺，百官拜表。嘉祐四年，诏正旦日食毋拜表，自十二月二十一日不御前殿，减常膳，宴辽使罢作乐。至日，仍遣官祀太社。百官三表，乃御正殿，复膳。六年六月朔日食，诏礼官验详典故。皇帝素服，不御正殿，毋视事，百官废务守司。合朔前二日，郊社令及门仆守四门，巡门监察鼓吹令率工人如方色执麾旟，分置四门屋下。龙蛇鼓设于左东门者立北塾南面，南门者立东塾西面，西门者立南塾北面，北门者立西塾东面。队正一人执刀，率卫士五人执五兵之器，立鼓外。矛处东，戟处南，斧钺在西，稍在

北。郊社令立𤇆于坛，四隅縈朱丝绳三匝。又于北设黄麾，龙蛇鼓一次之，弓一、矢四次之。诸兵鼓俱静止，俟司天监告日有变，工举麾，乃伐鼓；祭告官行事，太祝读文，其词以责阴助阳之意。司天官称止，乃罢鼓。如雾晦不见，即不伐鼓。自是，日有食之，皆如其制。

治平四年，诏："古者日食，百司守职，盖所以祗天戒而备非常，今独阙之，甚非王者小心寅畏之道。可令中书议举行。"熙宁六年四月朔，日食，诏易服、避殿、减膳如故事。降天下死刑，释流以下罪。

政和上《合朔伐鼓仪》：有司陈设太社玉币笾豆如仪。社之四门，及坛下近北，各置鼓一，并植麾旗，各依其方色。坛下立黄麾，麾杠十尺，斿八尺。祭告日，于时前，太官令帅其属实馔具毕，光禄卿点视；次引监察御史、奉礼郎、太祝、太官令先入就位，次引告官就位，皆再拜；次引御史、奉礼郎、太祝升，就位。太官令就酌尊所，告官盥洗，诣太社三上香，奠币玉，再拜复位。少顷，引告官再盥洗，执爵三祭酒，奠爵，俯伏兴，少立，引太祝诣神位前跪读祝文。告官再拜退，伐鼓。其日时前，太史官一员立坛下视日。鼓吹令率工十人，如色服分立鼓左右以俟。太史称日有变，工齐伐鼓。明复，太史称止，乃罢鼓。其日废务，而百司各守其职如旧仪。

卷一百二十二　　志第七十五

礼二十五 凶礼一

山陵

山陵、谥祔、服纪、葬仪与士庶之丧制为凶礼。其上陵忌日，汉仪如吉祭。宋制，是日禁屠杀，设素馔，辍乐举哭，素服行事，因以类附焉。

太祖建国，号僖祖曰钦陵，顺祖曰康陵，翼祖曰定陵，宣祖曰安陵。

安陵在京城东南隅，乾德初，改卜河南府巩县西南四十里訾乡邓封村。以司徒范质为改卜安陵使，学士窦仪礼仪使，中丞刘温叟仪仗使，枢密直学士薛居正卤簿使，太宗时尹开封，为桥道顿递使。质寻免相，以太宗兼辖五使事，修奉新陵。皇堂下深五十七尺，高三十九尺，陵台三层，正方，下层每面长九十尺。南神门至乳台、乳台至鹊台，皆九十五步。乳台高二十五尺，鹊台增四尺。神墙高九尺五寸，环四百六十步，各置神门、角阙。

有司言："改卜陵寝，宣祖合用哀册及文班官各撰歌辞二首。吉仗用大驾卤簿。凶仗用大升舆、龙辀、鹅茸纛、魂车、香舆、铭旌、哀谥册宝车、方相、买道车、白幌弩、素信幡、钱山舆、黄白纸帐、暖帐、夏帐、千味台盘、衣舆、拂翣、明器舆、漆梓宫、夷衾、仪椁、素翣、包牲、仓瓶、五谷舆、瓷瓶、瓦瓶、辟恶车。进玄宫有铁帐覆梓宫，藉以棕榈褥，铁盆、铁山用然漆灯。宣祖衮冕、昭宪皇后花钗、翚衣、赠玉。十二神、当圹、当野、祖明、祖思、地轴及留陵刻漏等，并制如仪。"

有司又言："按《仪礼》'改葬缌'注云：'臣为君，子为父，妻为夫也，必服缌者，亲见尸柩，不可以无服，缌三月而除之。'又《五礼精义》云：'改葬无祖奠，盖祖奠设于柩车之前以为行始，至于改葬，告迁而已。'今请皇帝服缌，皇亲及文武官护送灵驾者亦服缌，既葬而除。不设祖奠，止于陵所行一虞之祭。宣祖谥册、谥宝旧藏庙室，合迁置陵内。改葬之礼，与始葬同，几筵宜新，明器坏者改作。凡敛衣、敛物并易之。其皇堂赠玉、镇圭、剑佩、旒冕、玉宝，并以珉玉、药玉，绶以青锦。安陵中玉圭、剑佩、玉宝等皆用于阗玉。孝明、孝惠陵内用珉玉、药玉。启故安陵，奉安宣祖、昭宪孝惠二后梓官于幄殿。灵驾发引，所过州府县镇，长吏令佐素服出城奉迎并辞，皆哭。自发引至摛皇堂，皆废朝，禁京城音乐。"

顺祖、翼祖皆葬幽州，至真宗始命营奉二陵，遂以一品礼葬河南县。制度比安陵减五分之一，石作减三分之一，寻改上定陵名曰靖陵。

开宝九年十月二十日，太祖崩，遗诏："以日易月，皇帝三日而听政，十三日小祥，二十七日大祥。诸道节度防御团练使、刺史、知州等，不得辄离任赴阙。诸州军府临三日释服。"群臣叙班殿庭，宰臣宣制发哀毕，太宗即位，号哭见群臣。群臣称贺，复奉慰尽哀而退。

礼官言："群臣当服布斜巾、四脚，直领布襕，腰绖。命妇布帕首、裙、帔。皇弟、皇子、文武二品以上，加布冠、斜巾、帽，首绖，大袖、裙、裤，竹杖。士民缟素，妇人素缦。诸军就屯营三日哭。"群臣屡请听政，始御长春殿。群臣丧服就列，帝去杖、绖，服斜巾、垂帽，卷帘视事。小祥，改服布四脚、直领布襕，腰绖，布裤，二品以上官亦如之。大祥，帝服素纱软脚幞折上巾，浅黄衫，缎皮鞓黑银带。群臣及军校以上，皆本色惨服、铁带、靴、笏。诸王入内服衰，出则服惨。又成服后，群臣朝晡临三日。大小祥、禫除、朔望，皆入临奉慰。内出遗留物颁赐诸臣亲王，遣使赍赐方镇。二十七日，命宰臣撰陵名、哀册文。

明年三月十七日，群臣奉谥号册宝告于南郊，明日，读于灵坐前。四月十日，启欑宫，帝与群臣皆服如初丧。群臣朝晡临殿中，退，易常服出宫城。十三日，发引，帝衰服，启奠哭，群臣入临，升梓宫于龙辀。祖奠彻，设次明德门外，行遣奠礼，读哀册，帝哭尽哀，再拜辞，释衰还宫，百官辞于都城外。二十五日，掩皇堂。二十九日，虞主至，奉安于大明殿。五月十九日，祔庙之第五室，以孝明皇后王氏升配。礼毕，群臣奉慰。其吉凶仗如安陵，惟增辒辌车、神帛肩舆，卤簿三千五百三十九人。陵在巩县，祔宣祖，曰永昌。

至道三年三月二十九日，太宗崩于万岁殿。真宗散发号擗，奉遗诏即位于殿之东楹。制永熙陵，皇堂深百尺，方广八十尺，陵台方二百五十尺。大驾卤簿，用玉辂一、革车五外，凡用九千四百六十八人。有司定散发之礼，皇帝、皇后、诸王、公主、县主、诸王夫人、六宫内人并左被发，皇太后全被发。帝服布斜巾、四脚、大袖、裙、裤、帽，竹杖，腰绖、首绖，直领布襕衫、白绫禫服。诸王皇亲以下如之，加布头冠、绢禫服。皇太后、皇后、内外命妇布裙、衫、帔、帕头，首绖，绢禫服。宫人无帔。文武二品以上布斜巾、四脚、头冠、大袖、襕衫、裙、裤，腰绖，竹杖，绢衬服。自余百官并布幞头、襕衫、腰绖。两省五品、御史台尚书省四品、诸司三品以上，见任前任防御、团练、刺史，内客省、阁门、入内都知、押班等，布头冠、幞头、大袖、襕、衫、裙、裤，腰绖。诸军、庶民白衫纸帽，妇人素缦不花钗，三日哭而止。山陵前，朔望不视事。

六月，诏翰林写先帝常服及绛纱袍、通天冠御容二，奉帐坐，列于大升舆之前，仍以太宗玩好、弓剑、笔砚、琴棋之属，蒙组绣置舆中，陈于仗内。十月三日，灵驾发引，其凶仗法物擎昇牵驾兵士力士，凡用万二千一百九十三人。挽郎服白练宽衫、练裙，勒帛，绢帻。余并如昌陵制。十一月二日，有司奉神主至太庙，近臣题谥号，祔于第六室，以懿德皇后符氏升祔。置卫士五百人于陵所，作殿以安御容，朝暮上食，四时致祭焉。

乾兴元年二月十九日，真宗崩，仁宗即位。二十日，礼仪院言："准礼例，差官奏告天地、社稷、太庙、诸陵，应祠祭惟天地、社稷、五方帝诸大祠，宗庙及诸中小祠并权停，俟祔庙礼毕，仍旧。"是日，命阁门使薛贻廓告哀于契丹。宣庆使韩守英为大内都巡检，内侍分领宫殿门，卫士屯护。阁门使王遵度为皇城四面巡检，新旧城巡检各权添差，益以禁兵器仗，城门亦设器甲，以辨奸诈。

二十一日，群臣入临，见帝于东序。阁门使宣口敕曰："先皇帝奄弃万国，凡在臣僚，毕同号慕，及中外将校，并加存抚。"群臣拜舞称万岁，复哭尽哀，退。是日上表请听政，凡三上，始允。二十三日，陈先帝服玩及珠襦、玉匣、含、襚应入梓宫之物于延庆殿，召辅臣通观。明日，大敛成服。二十五日，有司设御坐，垂帘崇政殿之西庑，帝幕皆缟素，群臣叙班殿门外。帝衰服，去杖、绖，侍臣扶升坐。通事舍人引群臣入殿庭，西向合班。俟帘卷，群臣再拜，班首奏圣躬万福，随班三呼万岁，退。宰臣升殿奏事如仪。三月一日，小祥，帝行奠，释衰服，群臣入临，退，赴内东门，进名奉慰。自是每七日皆临，至四十九日止。十三日，大祥，帝释服，服惨。

十四日，司天监言："山陵斩草，用四月一日丙时吉。"十六日，山陵按行使蓝继宗言："据司天监定永安县东北六里曰卧龙冈，堪充山陵。"诏雷允恭覆按以闻。皇堂之制，深八十一尺，方四十尺。制陵名曰永定。九月十一日，召辅臣赴会庆殿，观入皇堂物，皆生平御玩好之具。帝与辅臣议及天书，皆先帝尊道膺受灵贶，殊尤之瑞属于元圣，不可留于人间，宜于永定陵奉安。二十三日，奉导天书至长春殿，帝上香再拜奉辞。二十四日，天书先发，帝启奠梓宫，读哀册，礼毕，具吉凶仪仗。百官素服赴顺天门外，至板桥立班奉辞。还，诣西上阁门，进名奉慰。

十月十三日，掩皇堂。十八日，虞主至京。十九日，群臣诣会庆殿行九虞祭。二十三日，祔太庙第七室。

嘉祐八年三月晦日，仁宗崩，英宗立。丧服制度及奉修永昭陵，并用定陵故事，发诸路卒四万六千七百人治之。宣庆使石全彬提举制梓宫，画样以进，命务坚完，毋过华饰。三司请内藏钱百五十万贯、䌷绢二百五十万匹、银五十万两，助山陵及赏赉。遣使告哀辽、夏及赐遗留物，又遣使告谕诸路。又以听政莫告大行，近臣告升遐于天地、社稷、宗庙、宫观，又告嗣位。赐两府、宗室、近臣遗留物。

五月，翰林学士王珪言："天子之谥，当集中书门下御史台五品以上、尚书省四品以上、诸司三品以上，于南郊告天，议定，然后连奏。近制唯词臣撰议，即降诏命，庶僚不得参闻，颇违称天之义。臣拟上先帝尊谥，望诏有司稽详旧典，先之郊，而后下臣之议。"七月，宰臣以下宿尚书省，宗室团练使以上宿都亭驿，请谥于南郊。八月，告于福宁殿、天地、宗社、宫观。

九月二十八日，启欑宫，以初丧服日一临，易常服出。十月六日，灵驾发引，天子启奠，梓宫升龙辀。祖奠彻，与皇太后步出宣德门，群臣辞于板桥。十五日，奉安梓宫陵侧。十七日，开皇堂。十一月二日，虞主至，皇太后奠于琼林苑，天子步出集英殿门奉迎，奠于幄。七日，祭虞主。二十九日，祔太庙。主如汉制，不题谥号，及终虞，而行卒哭之祭。

礼院言："故事，大祥变除服制，以三月二十九日大祥，至五月二十九日禫，六月二十九日禫除，至七月一日从吉，已蒙降敕。谨按礼学，王肃以二十五月为毕丧，而郑康成以二十七月，《通典》用其说，又加至二十七月终，则是二十八月毕丧，而二十九月始吉，盖失之也。天圣中，《更定五服年月敕》断以二十七月，今士庶所同遵用。夫三年之丧，自天子达，不宜有异。请以三月二十九日为大祥，五月择日而为禫，六月一日而从吉。"于是大祥日不御前后殿，开封府停决大辟及禁屠至四月五日，待制、观察使以上及宗室管军官日一奠，二十八日而群臣俱入奠，二十九日禫除，群臣皆奉慰焉。

治平四年正月八日，英宗崩，神宗即位。十一日，大敛。二月三日，殡。四月三日，请谥。十八日，奏告及读谥册于福宁殿。七月二十五日，启欑。八月八日，灵驾发引。二十七日，葬永厚陵。

礼院准礼：群臣成服后，乘布裹鞍鞯。小祥临讫，除头冠、方裙、大袖。大祥临讫，裹素纱软脚幞头，惨公服，乘皂鞍鞯。禫除讫，素纱幞头、常服、黑带。二日，改吉服，去佩鱼。虞主至自掩圹，五虞皆在途，四虞于集英殿。曲赦两京、畿内、郑、孟等州如故事。

元丰八年三月五日，神宗崩。十三日，大敛，帝成服。十七日，小祥。四月一日，禫除。七月五日，请谥于南郊。九月八日，读谥宝册于福宁殿。二十三日，启欑。十月一日，灵驾发引。二十一日，葬永裕陵。二十九日，虞主至。十一月一日，虞祭于集英殿。自复土，六虞在途，太常卿摄事，三虞行礼于殿。四日，卒哭。五日，祔庙。

秘书正字范祖禹言："先王制礼，以君服同于父，皆斩衰三年，盖恐为人臣者不以父事其君，此所以管乎人情也。自汉以来，不惟人臣无服，而人君遂亦不为三年之丧。唯国朝自祖宗以来，外廷虽用易月之制，而宫中实行三年之丧。且易月之制，前世所以难改者，以人君自不为服也。今群臣易月，而人主实行三年之丧，故十二日而小祥，期而又小祥，二十四日大祥，再期而又大祥。夫练、祥不可以有二也，既以日为之，又以月为之，此礼之无据者。再期而大祥，中月而禫，禫者祭之名，非服之色也。今乃为之惨服三日然后禫，此礼之不经者也。既除服而又服之，盖不可以无服也。祔庙而后即吉，财八月矣，而遽纯吉，无所不佩，此又礼之无渐也。易月之制，因袭已久，既不可追，宜令群臣朝服，止如今日而未除衰，至期而服之，渐除其重者，再期而又服之，乃释衰，其余则君服斯服可也。至于禫，不必为之服，惟未纯吉以至于祥，然后无所不佩，则三年之制略如古矣。"诏礼官详议。

礼部尚书韩忠彦等议："朝廷典礼，时世异宜，不必循古。若先王之制，不可尽用，则当以祖宗故事为法。今言者欲令群臣服丧三年，民间禁乐如之，虽过山陵，不去衰服，庶协古制。缘先王恤典节文甚多，必欲循古，又非特如所言而已。今既不能尽用，则当循祖宗故事及先帝遗制。"诏从其议。

神主祔庙，是月冬至，百官表贺。崇政殿说书程颐言："神宗丧未除，节序变迁，时思方切，恐失居丧之礼，无以风化天下。乞改贺为慰。"不从。

绍圣四年，太史请迁去永裕陵禁山民冢一千三百余，以便国音。帝曰："迁墓得无扰乎？若无所害，则令勿迁，果不便国音，当给官钱，以资葬费。"

元符三年正月十二日，哲宗崩，徽宗即位。诏山陵制度并如元丰。七月十一日，启菆。二十日，灵驾发引。八月八日，葬永泰陵。九月九日，以升祔毕，群臣吉服如故事。

太常寺言："太宗皇帝上继太祖，兄弟相及，虽行易月之制，实斩衰三年，以重君臣之义。公除已后，庶事相称，具载国史。今皇帝嗣位哲宗，实承神考之世，已用开宝故事，为哲宗服衰重。今神主已祔，百官之服并用纯吉，皇帝服御宜如太平兴国二年故事。"

礼部言："太平兴国中，宰臣薛居正表称：'公除以来，庶事相称，独命彻乐，诚未得宜。'即是公除后，除不举乐外，释衰从吉，事理甚明。今皇帝当御常服、素纱展脚幞头、淡黄衫、黑犀带，请下有司裁制。"宰臣请从礼官议，乃诏候周服吉。

时诏不由门下，径付有司。给事中龚原言："丧制乃朝廷大事，今行不由门下，是废法也。臣为君服斩衰三年，古未尝改。且陛下前此议服，礼官持两可之论，陛下既察见其奸，其服遂正。今乃不得已从之，臣窃为陛下惜。开宝时，并、汾未下，兵革未弭，祖宗栉风沐雨之不暇，其服制权宜一时，非故事也。"原坐黜知南康军。于是诏依元降服丧三年之制，其元符三年九月"自小祥从吉"指挥，改正。

绍兴五年四月甲子，徽宗崩于五国城。七年正月，问安使何藓等还以闻，宰执入见，帝号恸擗踊，终日不食。宰臣张浚等力请，始进糜粥。成服于几筵殿，文武百僚朝晡临于行宫。自闻丧至小祥，百官朝晡临；自小祥至禫祭，朝一临。太常等言："旧制，沿边州军，不许举哀。缘诸大帅皆国家腹心爪牙之臣，休戚一体，至于将佐，皆怀忠愤，宜就所屯，自副将而上成服，日朝晡临，故校哭于本营。"命徽猷阁待制王伦等为奉迎梓宫使。

时知邵州胡寅上疏，略曰："三年之丧，自天子至于庶人，一也。及汉孝文自执谦德，用日易月，至今行之。子以便身忘其亲，臣以便身忘其君，心知其非而不肯改，自常礼言之，犹且不可，况变故特异如今日者，又当如何？恭惟大行太上皇帝、大行宁德皇后，蒙尘北狩，永诀不复，实由粘罕，是有不共戴天之仇。考之于礼，仇不复则服不除，寝苫枕戈，无时而终。所以然者，天下虽大，万事虽众，皆无以加于父子之恩，君臣之义也。伏睹某月某日圣旨，缘国朝故典，以日易月，臣切以为非矣。自常礼言之，犹须大行有遗诰，然后遵承。今也大行诏旨不闻，而陛下降旨行之，是以日易月，出陛下意也。大行幽厄之中，服御饮食，人所不堪，疾病粥药，必无供亿，崩殂之后，衣衾敛藏，岂得周备？其棺卜兆，知在何所？茫茫沙漠，瞻守为谁？伏惟陛下一念及此，荼毒摧割，备难堪忍，纵未能遵《春秋》复仇之义，俟仇殄而后除服，犹当革汉景之薄，丧纪以三年为断。不然，以终身不可除之服，二十七日而除之，是薄之中又加薄焉，必非圣人之所安也。"

又曰："虽宅忧三祀，而军旅之事，皆当决于圣裁，则谅阴之典，有不可举。盖非枕块无闻之日，是乃枕戈有事之辰，故鲁侯有周公之丧，而徐夷并兴，东郊不开，则是墨衰即戎，孔子取其誓命。今六师戒严，方将北讨，万几之众，孰非军务。陛下听断平决，得礼之变，卒哭之后，以墨衰临朝，合于孔子所取，其可行无疑也。如合圣意，便乞直降诏旨云'恭惟太上皇帝、宁德皇后，诞育眇躬，大恩难报，欲酬罔极，百未一伸。銮舆远征，遂至大故，讣音所至，痛贯五情。想慕慈颜，杳不复见，怨仇有在，朕敢忘之。虽军国多虞，难以谅阴，然衰麻枕戈，非异人任。以日易月，情所不安，兴自朕躬，致丧三年。即戎衣墨，况有权制，布告中外，昭示至怀。其合行典礼，令有司集议来上。如敢沮格，是使朕为人子而忘孝之道，当以大不恭论其罪。'陛下亲御翰墨，自中降出，一新四方耳目，以化天下，天地神明，亦必有以佑助。臣不胜大愿。"

六月，张浚请谥于南郊。户部尚书章谊等言："梓宫未还，久废谥册之礼，请依景德元年明德皇后故事，行埋重、虞祭、祔庙之礼，及依嘉祐八年、治平四年虞祭毕而后卒哭，卒哭而后祔庙，仍于小祥前卜日行之。异时梓宫之至，宜遵用安陵故事，行改葬之礼，更不立虞主。"从之。九月甲子，上庙号曰徽宗。九年正月，太常寺言："徽宗及显肃皇后将及大祥，虽皇堂未置，若不先建陵名，则春秋二仲，有妨荐献。请先上陵名。"宰臣秦桧等请上陵名曰永固。

徽宗与显肃初葬五国城，十二年，金人以梓宫来还。

将至，帝服黄袍乘辇，诣临平奉迎，登舟易缌服，百官皆如之。既至行在，安奉于龙德别宫，帝后异殿。礼官请用安陵故事，梓宫入境，即承之以椁；有司预备衮冕、翚衣以往，至则纳之椁中，不复改敛。秦桧白令侍从、台谏、礼官集议，灵驾既还，当崇奉陵寝，或称欑宫。礼部员外郎程敦厚希桧意，独上奏言："仍欑宫之旧称，则莫能示通和之大信，而用因山之正典，则若亡存本之后图。臣以为宜勿徇虚名，当示大信。"于是议者工部尚书莫将等乃言："太史称岁中不利大葬，请用明德皇后故事，权欑。"从之。以八月奉迎，九月发引，十月掩欑，在昭慈欑宫西北五十步，用地二百五十亩。十三年，改陵名曰永祐。

绍兴三十一年五月，金国使至，以钦宗讣闻。诏："朕当持斩衰三年之服，以申哀慕。"是日，文武百僚并常服、黑带，去鱼，诣天章阁南空地立班，听诏旨，举哭毕，次赴后殿门外进名奉慰，次诣几筵殿焚香举哭。六月，权礼部侍郎金安节等请依典故，以日易月，自五月二十二日立重，安奉几筵，至六月十七日大祥，所有衰服，权留以待梓宫之还。从之。七月，宰臣陈康伯等率百官诣南郊请谥，庙号钦宗，遥上陵名曰永献。其余并如徽宗典礼。

淳熙十四年十月八日，高宗崩，孝宗号恸擗踊，逾日不进膳。寻谕宰执王淮，欲不用易月之制，如晋武、魏孝文实行三年之丧，自不妨听政。淮等奏："《通鉴》载晋武帝虽有此意，后来只是宫中深衣、练冠。"帝曰："当时群臣不能将顺其美，司马光所以讥之。后来武帝竟欲行之。"淮曰："记得亦不能行。"帝曰："自我作古何害？"淮曰："御殿之时，人主衰绖，群臣吉服，可乎？"帝曰："自有等降。"乃出内批："朕当衰绖三年，群臣自行易月之令。其合行仪制，令有司讨论。"诏百官于以日易月之内，衰服治事。

二十日丁亥，小祥，帝未改服，王淮等乞俯从礼制。上流涕曰："大恩难报，情所未忍。"二十一日，车驾还内，帝衰绖御辇，设素仗，军民见者，往往感泣。诏自今五日一诣梓宫前焚香。帝欲衰服素幄，引辅臣及班次，而礼官奏谓："苴麻三年，难行于外庭。"奏入，不出。十一月戊戌朔，礼官颜师鲁、尤袤等奏："乞礼毕改服小祥之服，去杖、绖。禫祭礼毕，改服素纱软脚折上巾、淡黄袍、黑银带。神主祔庙毕，改服皂幞头、黑韫犀带。遇过宫烧香，则于宫中衰绖行礼，二十五月而除。"帝批："淡黄袍改服白袍。"二日己亥，大祥。四日辛丑，禫祭礼毕。五日壬寅，百官请听政，不允。八日，百官三上表，引《康诰》"被冕服出应门"等语以证。九日，诏可。

十五年正月十八日甲寅，百日，帝过宫行焚香礼。二十一日丁巳，谕辅臣曰："昨内引洪迈，见朕已过百日，犹服衰粗，因奏事应以渐，今宜服如古人墨衰之义，而巾则用缯或罗。朕以罗绢非是，若用细布则可。"王淮等言："寻常士大夫丁忧过百日，巾衫皆用细布，出而见客，则以黪布。今陛下举旷古不能行之礼，足为万世法。"帝又曰："晚间引宿直官之类如何？"淮曰："布巾、布背子便是常服。"上不以为然。自是每御延和殿，止服白布折上巾、布衫，过宫则衰绖而杖。

三月壬子，启欑，帝服初丧之服。甲寅，发引。丙寅，掩欑。甲戌，亲行第七虞祭。大臣言："虞祭乃吉礼，合用靴袍。"上曰："只用布折上巾、黑带、布袍可也。"

二十日丙戌，神主祔庙。是日诏曰："朕昨降指挥，欲衰绖三年，缘群臣屡请御殿易服，故以布素视事内殿。虽有俟过祔庙勉从所请之诏，稽诸典礼，心实未安，行之终制。乃为近古。宜体至意，勿复有请。"于是大臣乃不敢言。盖三年之制，断自帝心，执政近臣皆主易月之说。谏官谢锷、礼官尤袤心知其不可，而不敢尽言。惟敕令所删定官沈清臣再上书："愿坚'主听大事于内殿'之旨，将来祔庙毕日，预降御笔，截然示以终丧之志，杜绝辅臣方来之章，勿令再有奏请，力全圣孝，以示百官，以刑四海。"帝纳用焉。仍诏："欑宫遵遗诰务从俭约，凡修营百费，并从内库，毋侵有司经常之费。诸路监司、州军府监止进慰表，其余礼并免，不得以进奉欑宫为名，有所贡献。"上陵名曰永思。

绍熙五年六月九日，孝宗崩。太皇太后有旨，皇帝以疾听在内成服，太皇太后代皇帝行礼。

庆元二年六月九日，大祥。八月十六日，禫祭。时光宗不能执丧，宁宗嗣服，欲大祥毕更服两月，曰："但欲礼制全尽，不较此两月。"于是监察御史胡纮言："孙为祖服，已过期矣。议者欲更持禫两月，不知用何典礼？若曰嫡孙承重，则太上圣躬亦已康复，于宫中自行二十七月之重服，而陛下又行之，是丧有二孤也。自古孙为祖服，何尝有此礼？诏侍从、台谏、给舍集议。吏部尚书叶翥等言："孝宗升遐之初，太上圣体违豫，就宫中行三年之丧。皇帝受禅，正宜仿古方衰之服以为服，昨来有司失于讨论。今胡纮所奏，引古据经，别嫌明微，委为允当。欲从所请，参以典故：六月六日，大祥礼毕，皇帝及百官并纯吉服；七月一日，皇帝御正殿，飨祖庙。将来禫祭，令礼官检照累朝礼例施行。"四月庚戌，诏："群臣所议虽合礼经，然于朕追慕之意，有所未安，早来奏知太皇太后，面奉圣旨，以太上皇帝虽未康愈，宫中亦行三年之制，宜从所议。朕躬奉慈训，敢不遵依。"

初，高宗之丧，孝宗为三年服。及孝宗之丧，有司请于易月之外，用漆纱浅黄之制，盖循绍兴以前之旧。朱熹初至，不以为然，奏言："今已往之失，不及追改，惟有将来启欑发引，礼当复用初丧之服，则其变除之节，尚有可议。望明诏礼官稽考礼律，豫行指定。其官吏军民方丧之服，亦宜稍为之制，勿使肆为华靡。"其后，诏中外百官，皆以凉衫视事，盖用此也。方朱熹上议时，门人有疑者，未有以折之。后读《礼记正义·丧服小记》"为祖后者"条，因自识于本议之末，其略云："准《五服年月格》，斩衰三年，嫡孙为祖 谓承重者，法意甚明，而《礼经》无文，但《传》云：'父没而为祖后者服斩。'然而不见本经，未详何据。但《小记》云：'祖父没而为祖母后者三年。'可以傍照。至'为祖后者'条下疏中所引《郑志》，乃有'诸侯父有废疾不任国政，不任丧事'之问，而郑答以'天子、诸侯之服皆斩'之文，方见父在而承国于祖服。向来上此奏时，无文字可检，又无朋友可问，故大约且以礼律言之。亦有疑父在不当承重者，时无明白证验，但以礼律人情大意答之，心常不安。归来稽考，始见此说，方得无疑。乃知学之不讲，其害如此。而《礼经》之文，诚有阙略，不无待于后人。向使无郑康成，则此事终未有所断决，不可直谓古经定制，一字不可增损也。"已而诏于永思陵下宫之西，修奉欑宫，上陵名曰永阜。

庆元六年，光宗崩，上陵名曰永崇。

嘉定十七年，宁宗崩，上陵名曰永茂。

景定五年，理宗崩，上陵名曰永穆。

咸淳十年，度宗崩，上陵名曰永绍。

自孝宗以降，外庭虽用易月之制，而宫中实行三年之丧云。

卷一百二十三　　志第七十六

礼二十六 凶礼二

园陵　濮安懿王园庙　秀安僖王园庙　庄文景献二太子欑所　上陵　忌日 群臣私忌附

皇后园陵。太祖建隆二年六月二日，皇太后杜氏崩于滋德殿。三日，百官入临。明日大敛，欑于滋福宫，百官成服，中书、门下、文武百僚、诸军副兵马使以上并服布斜巾四脚、直领襕衫，外命妇帕头、帔、裙衫。九日，帝见百官于紫宸门。太常礼院言："皇后、燕国长公主高氏、皇弟泰宁军节度使光义、嘉州防御使光美并服齐衰三年。准故事，合随皇帝以日易月之制，二十五日释服，二十七日禫除毕，服吉，心丧终制。"从之。

七月，太常礼院言："准诏议定皇太后谥，按唐宪宗母王太后崩，有司集议，以谥状读于太庙，然后上之。周宣懿皇后谥，即有司撰定奏闻，未尝集议，制下之日，亦不告郊庙，修谥册毕始告庙，还，读于灵坐前。"诏从周制。于是，太常少卿冯吉请上尊谥曰明宪皇太后。九月六日，群臣奉册宝告于太庙，翌日上于滋福宫。十月十六日，葬安陵。十一月四日，神主祔太庙宣祖室。

乾德二年，改卜安陵于河南府巩县。三月二十五日，奉宝册，改上尊谥曰昭宪皇太后，读于陵次。二十六日，启故安陵。二十七日，灵驾发引，命摄太尉、开封尹光义遣奠，读哀册。四月九日，掩皇堂。

太祖孝明、孝惠二后。乾德元年十二月七日，皇后王氏崩。二十五日，命枢密承旨王仁赡为园陵使。时议改卜安陵于巩，并以二后陪葬焉。皇堂之制，下深四十五尺，上高三十尺。陵台再成，四面各长七十五步。神墙高七尺五寸，四面各长六十五步。南神门至乳台四十五步，高二丈三尺。吉仗用中宫卤簿，凶仗名物悉如安陵而差减其数，孝惠又减孝明焉。

二年三月二十七日，孝明皇后启欑宫，群臣服初丧之服；明日，孝惠皇后自幄殿发引。皆设遣奠，读哀册。四月九日，葬孝惠于安陵之西北，孝明于安陵之北。二十六日，皆祔于别庙。其后，孝明升祔太祖室。

太祖孝章皇后宋氏，太宗至道元年四月二十八日崩。帝出次，素服举哀，辍朝五日。六月六日，上谥曰孝章皇后。以岁在未，有忌，权欑于赵村沙台。三年正月二十日，祔葬永昌陵之北。皇堂、陵台、神墙、乳台、鹊台并如孝明园陵制度，仍以故许王及夫人李氏、魏王夫人王氏、楚王夫人冯氏、皇太子亡妻莒国夫人潘氏、将军惟正之妻裴氏陪葬。二月二日，祔神主于别庙。莒国潘氏，至道三年六月追册为庄怀皇后，陵曰保泰，神主祔后庙。

太宗贤妃李氏，真宗至道三年十二月追尊为皇太后，谥曰元德，祔葬永熙陵。大中祥符六年，升祔太宗室。

太宗明德皇后李氏，真宗景德元年三月十五日崩。十七日，群臣上表请听政，凡五上始允。帝去杖、绖，服衰，即御坐，哀动左右。太常礼院言："皇后宜准昭宪皇太后礼例，合随皇帝以日易月之制。宗室雍王以下，禫除毕，吉服，心丧终制。"五月，详定园陵，宜在元德皇太后陵西安葬。八月十二日，上谥。九月二十二日，迁坐于沙台欑宫。十月七日，祔神主太宗室。三年十月十五日，帝诣欑宫致奠。十六日，发引。二十九日，掩皇堂。

真宗章穆皇后郭氏，景德四年四月十五日崩。皇帝七日释服，后改用十三日。群臣三日释服。诸道、州、府官吏讣到日举哀成服，三日而除。二十一日，司天监详定园陵。帝令祔元德皇太后陵侧，但可安厝，不必宽广，其棺椁等事，无得镌刻花样，务令坚固。二十五日，殡于万安宫之西阶。诏两制、三馆、秘阁各撰挽词。闰五月十三日，上谥曰庄穆。六月二十一日，葬永熙陵之西北。七月，有司奉神主祔太庙，祔享于昭宪皇后，享毕，祔别庙。大中祥符二年四月十五日，大祥。诏特废朝，群臣奉慰。

真宗宸妃李氏，仁宗明道元年二月二十六日薨。初葬洪福禅院之西北，命晏殊撰墓铭。二年四月六日，追册为庄懿皇太后。十月五日，改葬永定陵之西北隅。十七日，祔神主于奉慈庙。

真宗章献明肃皇后刘氏，明道二年三月二十七日崩于宝慈殿，迁坐于皇仪殿。三十日，宣遗诰，群臣哭临，见帝于殿之东厢奉慰。宗室削杖不散发。中书、枢密、使相比宗室，去斜巾、垂帽、首绖及杖。翰林学士至龙图阁直学士已上、并节度使、文武二品已上，又去中单及裤。两省、御史台中丞文武百官以下，四脚幅巾、连裳、腰绖馆阁读书、翰林待诏、伎术官并给孝服。宰相、百官朝晡临三日，内外命妇朝临三日。

四月，遣使告哀辽、夏及赐遗留物。十日，司天监详定山陵制度。皇堂深五十七尺。神墙高七尺五寸，四面各长六十五步。乳台高一丈九尺，至南神门四十五步。鹊台高二丈三尺，至乳台四十五步。诏下宫更不修盖，余依。二十七日，以宰臣张士逊为山园使。是日，翰林学士冯元请上尊谥；九月四日，读于灵坐。十月五日，葬永定陵之西北隅。十七日，祔神主于奉慈庙。

真宗章惠皇后杨氏。景祐三年十一月五日，保庆皇太后崩。太常礼院言："皇帝本服缌麻三月，皇帝、皇后服皆用细布，宗室皆素服、吉带，大长公主以下亦素服，并常服入内，就次易服，三日而除。"诏以"保祐冲人，加服为小功，五日而除。"四年正月十六日，上谥。二月六日，葬永定陵之西北隅。十六日，升祔奉慈庙。

仁宗慈圣光献皇后曹氏。神宗元丰二年十月二十日，太皇太后崩于庆寿宫。是日，文武百官入宫，宰臣王珪升西阶，宣遗诰已，内外举哭，尽哀而出。二十六日大敛，命韩缜为山陵按行使。二十九日，皇帝成服。十一月，韩缜言："永昭陵北稍西地二百十步内，取方六十五步，可为山陵。"上以迫隘，缜言："若增十步，合征火相主及中五之数。"诏增十步。

十二月，中书言："先是，司天监选年月，迁祔濮安懿王三夫人。今大行太皇太后山陵，濮三夫人亦当举葬。"于是诏宗室正任防御使以上许从灵驾，已从濮安王夫人者，免从。

三年正月十四日，上谥。太常礼院言："大行太皇太后虽已有谥，然山陵未毕，俟掩皇堂，去'大行'，称慈圣光献太皇太后；祔庙题神主，仍去二'太'字。"

秘阁校理何洵直言："按礼，既葬，日中还，虞于正寝。盖古者之葬，近在国城之北，故可以平旦而往，至日中即虞于寝，所谓葬日虞，弗忍一日离也。后世之葬，其地既远，则礼有不能尽如古者。今大行太皇太后葬日至第六虞，自当行之于外，如旧仪；其七虞及九虞、卒哭，谓宜行之于庆寿殿。又按《春秋公羊传》曰：'虞主用桑。'《士虞礼》曰：'桑主不文。'伏请罢题虞主。"太常言："洵直所引，乃士及诸侯之礼。况嘉祐、治平并虞于集英殿，宜如故事。又嘉祐、治平，虞主已不书谥，当依所请。"

太常礼院又言："慈圣光献皇后祔庙，前三日，告天地、社稷、太庙、皇后庙如故事。至日，奉神主先诣僖祖室，次翼祖、宣祖、太祖、太祖后。太宗皇帝、懿德皇后、明德皇后同一祝，次飨元德皇后。慈圣光献皇后，异馔、异祝，行祔庙之礼。次真宗、仁宗、英宗室。礼毕，奉神主归仁宗室。如此，则古者祔谒之礼及近代遍飨故事，并行不废。"从之。三月十日，葬永昭陵。二十二日，祔于太庙。

英宗宣仁圣烈皇后高氏，哲宗元祐八年九月三日崩于崇庆宫。遗诰："皇帝成服，三日内听政，群臣十三日，诸州长吏以下三日而除。释服之后，勿禁作乐。园陵制度，务遵俭省。余并如章献明肃皇太后故事。"十四日，诏园陵依慈圣光献太皇太后之制。绍圣元年正月二十八日，礼部言："将题神主，谨按章献明肃皇后神主书姓刘氏。"诏依故事。四月一日，葬永厚陵。

神宗钦圣宪肃皇后向氏，建中靖国元年正月十三日崩。二月，太常寺言："大行皇太后山陵一行法物，宜依元丰二年慈圣光献皇后故事。皇堂之制，下深六十九尺，面方二丈五尺，石地穴深一丈，明高二丈一尺。鹊台二，各高四丈一尺。乳台二，各高二丈七尺。神墙高一丈三尺。"五月六日，葬永裕陵。二十六日，祔于神宗庙室。

先是，元祐四年，美人陈氏薨，赠充仪，又赠贵仪。徽宗入继大统，诏有司议追崇之典，上尊谥曰钦慈皇后，祔葬永裕陵，与钦圣同祔神宗室。崇宁元年二月，圣瑞皇太妃朱氏薨，制追尊为皇太后，遂上尊谥曰钦成皇后，五月祔葬永裕陵，祔神主于神宗室，皆备礼如故事。

哲宗皇后刘氏，政和三年二月九日崩。诏："崇恩太后合行礼仪，可依钦成皇后及开宝皇后故事，参酌裁定。"闰四月，上谥曰昭怀皇后。五月，葬永泰陵，祔神主于哲宗庙室。

徽宗皇后王氏，大观二年九月二十六日崩。尚书省言："章穆皇后故事，真宗服七日。"从之。十月，太史局言："大行皇后园陵斩草用十月二十四日斥，土用十一月十三日，葬用十二月二十七日。诸宗室合祔葬者，并依大行皇后月日时刻。"十一月，宰臣蔡京等请上谥曰靖和皇后。十二月，奉安梓宫于永裕陵之下宫，神主祔别庙。四年十二月，改谥曰惠恭。其后，高宗复改曰显恭。

哲宗昭慈圣献皇后孟氏，绍兴元年四月崩。诏以继体之重，当承重服。以遗诰择近地权殡，俟息兵归葬园陵。梓取周身，勿拘旧制，以为他日迁奉之便。六月，殡于会稽上亨乡。欑宫方百步，下宫深一丈五尺，明器止用铅锡。置都监、巡检各一员，卫卒百人。生日忌辰、旦望节序，排办如天章阁仪。虞主还州，行祔庙礼。

徽宗显仁皇后韦氏，绍兴二十九年崩，祔于永祐陵欑宫。

高宗宪圣慈烈皇后吴氏，庆元三年崩。时光宗以太上皇承重，宁宗降服齐衰期。四年三月甲子，权欑于永思陵。

孝宗成肃皇后夏氏，开禧三年崩，殡于永阜陵正北。吏部尚书陆峻言："伏睹列圣在御，间有诸后上仙，缘无山陵可祔，是致别葬。若上仙在山陵已卜之后，无有不从葬者。其他诸后，葬在山陵之前，神灵既安，并不迁祔。惟元德、章懿二后，方其葬时，名位未正，续行追册。其成穆皇后，孝宗登极即行追册，改殡所为欑宫，典礼已备，与元德、章懿事体不同，所以更不迁祔。窃稽前件典礼，只缘丧有前后，势所当然，其于礼意，却无隆杀。今来从葬阜陵，为合典故。"从之。

宁宗恭圣仁烈皇后杨氏，绍定五年十二月崩，祔葬茂陵。

濮安懿王园庙。治平三年，诏置园令一人，以大使臣为之。募兵二百人，以奉园为额。置柏子户五十人。庙三间二厦，神门屋二所，及斋院、神厨、灵星门。其告祭濮安懿王及诸神祝文，并本官教授撰。河南府给香币、酒脯、礼物。太祝、奉礼则命永安县尉、主簿摄，如阙官，以本府曹官。凡祭告及四仲飨，并依此制。奉安神主三献，命西京差判官一员亚献，朝臣一员终献，摄。知园令出纳神主。庙制用一品，夫人任氏坟域亦称为园。

元丰诏曰："濮安懿王，先帝斟酌典礼，即园立庙，诏王子孙岁时奉祀，义协恩称，后世无得议焉。今三夫人名位或未正，茔域或异处，有司置而不讲，曷足以彰明先帝甚盛之德，仰承在天之志乎？三夫人可并称曰'王夫人'，命主司择岁月迁祔濮园，俾其子孙以时奉主与王合食，而致孝思焉。"礼官奏请，王夫人迁葬给卤簿全仗，用鼓吹，至国门外减半。丧行与四时告享，并令嗣濮王主之。

南渡后，主奉祠事，以嗣濮王为之；园令一员，以宗室为之；祠堂主管兼园庙香火官一员，以武臣为之。绍兴二年九月，诏每岁给降福建度牒一十道，充祠堂仲飨、忌祭。五年二月，嗣濮王仲湜言："被旨迎奉濮安懿王神主至行在，今已至绍兴府，欲权就本处奉安。"从之。先是，神主、神貌在庐州，嗣濮王士从乞奉迁于稳便州郡安奉故也。

十三年五月，知大宗正事、权主奉濮安懿王祠堂士荟言："濮安懿王神貌、神主权于绍兴府光孝寺，仲享荐祭，其献官、牲牢、礼料并多简略。乞令有司讨论旧制。"行下礼部、太常寺令参酌，欲令士荟摄初献，仍差士荟子或从子二人摄亚、终献。其合用牲牢，羊、豕各一；笾、豆各十，设礼料。初献合服八旒冕，亚献、终献合服四旒冕，奉礼郎、太祝、太官令服无旒冕，并以旧制从事。从之。二十六年二月，嗣濮王士伐言："濮安懿王祠堂，外无门屏，内阙龛帐，别无供具，望下绍兴府置造修奉。"淳熙五年四月诏："濮安懿王祠堂园庙，自今实及三年，令本堂牒绍兴府检计修葺。"从嗣濮王士辂请也。

秀安僖王园庙。绍熙元年三月，诏秀王袭封等典礼。礼部、太堂寺乞依濮安懿王典礼，避秀安僖王名一字。诏恭依，仍置园庙。四月，诏："皇伯荥阳郡王伯圭除太保，依前安德军节度使，充万寿观使，嗣秀王，以奉王祀。"

六月，礼部、太常寺言："濮安懿王园庙制度，庙堂、神门宜并用兽。所安木主石坎，于室中西壁三分之一近南去地四尺开坎室，以石为之，其中可容神主趺匮。今来秀安僖王及夫人神主，欲乞并依上件典礼。四仲飨庙，三献官并奉礼郎等，系嗣秀王充初献，本位侄男摄亚、终献，其奉礼郎等，乞湖州差官充摄。行礼合用牲羊、豕，湖州排办；祭器、祭服，工部下文思院制造。每遇仲飨，本府前期牒报湖州排办。所有行礼仪注，乞从太堂寺参照濮安懿王仪注修定。"并之。其园庙差御带霍汉臣同湖州通判一员相度闻奏。八月，霍汉臣暨通判湖州朱僎言奉诏相度园庙，以图来上。十月，诏委通判一员，提督修造祠堂，如法修盖。

十一月，礼工部、太常寺言："濮安懿王园庙三间二厦、神门屋二坐、斋院、神厨、灵星门，欲令湖州照应建造。"从之。三年正月一日，嗣秀王伯圭奏："建造秀安僖王园庙，近已毕工，所有修制神主仪式，令所司检照典故修制，委官题写。"诏差权礼部尚书李山献题写。二月，伯圭又奏："秀安僖王祠堂园庙，乞从濮安懿王例，每三年一次，从本所移牒所属州府检计修造。"从之。

庄文太子丧礼。乾道三年七月九日，皇太子薨。设素幄于太子宫正厅之东。皇帝自内常服至幄，俟时至，易服皂幞头、白罗衫、黑银带、丝鞋，就幄发哀。是日，皇后服素诣宫，随时发哀，如宫中之礼。合赴陪位官并常服、吉带入丽正门，诣宫幕次，俟时至，常服、黑带立班。俟发哀毕，易吉服，退。

自发哀至释服日，皇帝不视事，权禁行在音乐，仍命诸寺院声钟。其小敛、大敛合祭告，以本宫主管春坊官一员行礼；其余祭告，以诸司官行礼。差护丧葬事一员，左藏库出钱二万贯、银五千两、绢五千匹。

成服日，皇帝服期，次粗布幞头、襕衫、腰绖、绢衬衫、白罗鞋。以日易月，十三日而除。皇后服次粗布盖首、长衫、裙、帔、绢衬服、白罗鞋。六宫人不从服。皇太子妃及本宫人并斩衰三年。文武百官成服一日而除。其文武合赴官及御史台、阁门、太常寺引班祗应人并服布幞头、襕衫，腰系布带。本宫官僚并服齐衰三日服，临七日而除，释衰服后藏其服，至葬日服，葬毕而除。

十二日，诏故皇太子攒所，就安穆皇后攒宫侧近择地。继而都大主管所言："太史局官等选到宝林院法堂堪充皇太子攒所。"从之。十三日，以皇太子薨告天地、宗庙、社稷、宫观。十八日，赐谥庄文。闰七月一日，遣摄中书令、尚书右仆射魏杞奉谥册、宝于皇太子灵柩前，百官常服入次，易黑带，行礼毕，常服赴后殿门外，进名奉慰。是夕，皇帝诣东宫行烧香之礼，如宫中之仪。

二日，出葬，宰臣叶颙等诣灵柩前行烧香之礼。兴灵讫，行事官陪位，亲王、南班宗室、东宫官僚入班厅下，再拜，宰臣升诣香案前，上香、酹茶、奠酒讫，举册官举哀册，读册官跪读，读讫，宰臣再拜，各降阶立。在位官皆再拜。灵柩进行，文武百僚奉辞于城外，亲王、宗室并骑从至葬所。掩圹毕，辞讫，退。是日，百僚进名奉慰。

四年五月，礼部、太常寺言："国朝典故，即无皇太子小祥典礼。今参酌讨论，将来庄文太子小祥日，乞皇帝前后殿特不视事。其日，先命侍从官一员常服诣太子神坐前行奠酹礼，令本宫官僚常服陪位，奠酹毕，退。次庆王、恭王常服赴神坐前奠酹毕，退。次太子妃并荣国公以下行家人礼。至大祥日，太子妃、荣国公以下及本宫人行礼毕，焚烧神帛，衰服，间月，妃及荣国公行禫祭家人礼。"从之。明年七月九日大祥，是日，皇帝不视事，差签书枢密院事梁克家诣太子宫行奠酹礼，如前仪。

景献太子，嘉定十三年八月六日薨。其发哀制服，并如庄文太子之礼。九日，诏护丧视殡所于庄文太子攒宫之东，并依其制建造。九月十日，赐谥景献，遣摄中书令、知枢密院事郑昭先奉谥册、宝于皇太子灵柩前，读册、读宝如仪，讫，班退。至兴灵日，宰臣诣皇太子柩前行礼毕，柩行。其宗室使相、南班官常服、黑带，并赴陪位，骑从至葬所，俟掩攒毕，奉辞讫，退。其日，皇帝不视事，百司赴后殿门外立班，进名奉慰。十四年七月二日小祥，差知枢密院事郑昭先充奠酹官。十五年八月六日大祥。九月十五日，诏景献太子几筵已彻，高平郡夫人傅氏可特封信国夫人，仍令主奉祭祀。

上陵之礼。古者无墓祭，秦、汉以降，始有其仪。至唐，复有清明设祭，朔望、时节之祀，进食、荐衣之式。五代，诸陵远者，令本州长吏朝拜，近者遣太常、宗正卿，或因行过亲谒。宋初，春秋命宗正卿朝拜安陵，以太牢奉祠。乾德三年，始令宫人诣陵上冬服，岁以为常。开宝九年，太祖幸西京，过巩县，谒安陵奠献。

雍熙二年，宗正少卿赵安易言："昨朝拜安陵、永昌陵，有司止设酒、脯、香，以未明行事，不设烛燎。又先赴永昌陵，后赴安陵，及帝后二位不遍拜，颇愆于礼。"事下有司，议曰："按《开元礼》，春秋二仲月，司徒、司空巡陵，不设牲牢之祀。今请如宗庙荐享，少加裁减，除不设登铏、牙盘食及太常登歌外，余悉如大祠。朝拜日，有司豫于陵南百步道东设次，具剪除器以备酒扫。设宗正卿位于兆外之左，西向；陵官位于卿之东南，执事官又于其南，俱西向北上。设祭器、礼料、酒馔于兆门内。宗正卿以下各就位，再拜，盥手，奠酒，读祝册，再拜。先赴安陵，次永昌陵，次孝明、孝惠、懿德、淑德皇后陵。"从之。

景德三年，真宗将朝诸陵，以宰臣王旦为朝拜诸陵大礼使。太常礼院言："朝陵故事，合排小驾卤簿。唐太宗朝献陵，宿设黄麾仗，周卫陵寝。今请周设黄麾仗。又唐制：前一日，陵令以玉册进御亲书，近臣奉出，陵令受之。今请造竹册四副，祝毕焚之。其百官位旧设陵所，从祝官及皇亲、客使分于神道左右，贞观中并陪祀司马门内。今望准旧仪施行。又旧仪，诣寝宫至大次之时，设百官位，奏请行礼。望令先入赴寝殿立班。贞观中，皇帝至小次，素服乘马，检会今年正月，车驾朝拜明德欑宫，止服素白衣。当时皇帝在大祥之内，今既服除，望止服淡黄袍。又按贞观、永徽故事，朝陵皆先亲后尊，拜辞讫，出还大次，便进发，今望先朝永熙陵；行事及辞，皇帝皆两次再拜，陪位官每陵亦各两次再拜，今请皇帝诣安陵参辞，四度再拜，永昌、永熙陵各两度设拜。旧仪，逐寝殿上食，备太牢之馔，珍羞庶品。近以羊豕代太牢。今请备少牢之祭，设奠、读册毕，复诣寝宫上珍羞庶品，别行致奠之礼。又旧仪，前发二日，太尉告太庙。今请依礼遍告六室。"诏特服素白衣，行事次序如告太庙，余依所请。

四年正月，车驾次巩县，罢鸣鞭及太常奏严、金吾传呼。既至，斋于永安镇行宫，太官进蔬膳。是夜，漏未尽三鼓，帝乘马，却舆辇伞扇，至安陵，素服步入司马门行奠献礼，诸陵亦然。又诣下宫。凡上宫用牲牢、祝册，有司奉事；下宫备膳羞，内臣执事，百官陪位。又诣元德太后陵奠献，别于陵西南设欑殿，祭如下宫。礼毕，遍诣孝明、孝惠、孝章、懿德、淑德、明德、庄怀七后陵，遂单骑从内臣巡视寝阙，而亲奠夔、魏、岐、郓、安、周六王及恭孝太子坟。其三陵陪葬皇子、皇孙、公主之未出阁者，及诸王夫人之蚤亡者，各设位次诸陵下宫之东序。安陵百二十一坟，量设三十位，男子、女子共祝版二；昌陵十五坟，量设十位，熙陵八坟，量设五位，并祝版一以致祭焉。辰后，暂诣欑次更衣，复诣诸陵奉辞。有司以朝拜无辞礼，帝不忍，故复往。仍遣官祭一品皇亲诸亲墓。

大中祥符四年正月，祀汾阴，经巩县，有司请于訾村王台设欑殿，置三陵神坐，皇帝靴袍就欑，设香酒、时果、牙盘食奠献，而命大臣以香币、酒脯诣诸陵致告。驾还，复行亲谒之礼，帝素服乘马至永安县，斋于行宫，夜漏未尽二鼓，诣三陵及元德太后、明德皇后陵奠献，哀恸。未明，礼毕，复诣四陵奉辞，省视几筵，奠献如初礼。又遍诣诸后陵、诸王坟致奠。命中使遍祭皇亲诸亲坟及汝州秦王坟。

是岁，命礼官定春秋二仲遣官朝陵仪注，以祭服行事，专差宗正卿一员朝陵三陵，别遣官二员分拜诸陵。又制长竿檐床二副，置陵表祝版，遣宽衣军士三十二人舁送陵下。其后添差陵庙行礼官四员，选朝官、京官宗姓者充。

翰林学士钱惟演言："春秋朝陵，载于旧式，公卿亲往，盖表至恭。唐显庆中，始诏三公行事，天宝以后，亦遣公卿巡谒，盖取朝廷大臣，不必须同国姓。后参用太常、宗正卿。晋开运中，亦命吏部侍郎。近年以来，止遣宗正寺官，人轻位卑，实亏旧制，望自今于丞、郎、诸司三品内遣官，阙则差两省谏、舍以上。所冀仰副追孝之心，以成稽古之美。"景祐初，沧州观察使守节言："寒食节例遣宗室拜陵，而十月令内司宾往，非所以致恭。"乃诏宗室正刺史以上一员朝拜。四年，减柏子户，安陵、永昌、永熙各留四十户，永定五十户，会圣宫十户。庆历二年寒食、十月朔，宗室刺史以上，听更往朝陵。

皇祐三年，太常博士李寿朋奏："帝后诸陵，荐飨皆有时，独昭宪皇后以合葬安陵，不及时祭。"礼院言："朝拜仪注，牲牢并如太庙常飨例，诸陵止奠一爵，而安陵奠两爵，二赞再拜，惟祭馔不兼设，盖有司相承失之。"于是诏安陵昭宪皇后祝版、牲币、御封香依太庙同室礼。更造诸陵祭器贮别库。三陵皆置卒五百人，唯定陵以章献太后故，别置一指挥。昭陵使甘昭吉引定陵例，请置守陵奉先两指挥，京西转运司请减定陵卒半以奉昭陵，诏选募一指挥，额五百人。

初，永安县官月朔朝定陵，望朝三陵。韩琦言："昭陵未有朝日。"乃令县官朔望分朝诸陵。熙宁中，诏文臣大两省、武臣阁门使以上，经过陵下，并许朝拜。又诏："自今臣僚朝拜诸陵，除见任、尝任执政官许进汤，余止奠献、荐新，不特拜。"

初，故事，车驾诣陵，谓之亲谒。南渡之后，此礼不举，故上陵或曰省视，或曰保护，或曰荐献，或曰祭告，或曰致祭，或曰望祭，或曰修奉，悉遣官，不专于行礼也。建炎元年五月一日诏："应永安军祖宗陵寝，可差西京留守及台臣一员躬亲省视，如有合修奉去处，措置奏闻。"仍诏鄜延路副总管刘光世充省视陵寝使。又诏河南府镇抚使翟兴，团结本处义兵，保护祖宗陵寝。四年六月，诏令礼部给降度牒一百道充祭告诸陵礼料，仍令翟兴所差来人赍祭告表以行。

绍兴元年九月，起居郎陈与义言："陛下躬履艰难之运，驻跸东南，列圣陵邑，远在洛师，顾瞻山川，未得时省。虽欲遣使，道路不通，圣怀日愤。近闻道路少通，差易前日，愿诏执事每半年择遣使臣两员，往省诸陵。"诏令枢密院每半年差使臣两员前去。三年正月,礼部、太常寺言:"春秋二仲,荐献诸陵,乞于行在法惠寺设位,望祭行礼。"从之。自是每岁荐献,率循此制。五月,诏令户部支金一百两付河南府镇抚使司干办公事任直清,充祭告永安军诸陵。

九年正月,上谓辅臣曰:"祖宗陵寝,久沦异域,今金国既割还故地,便当遣宗室使相与臣僚前去修奉洒扫。"寻命同判大宗正事士㒟、兵部侍郎张焘前云河南府祗谒修奉。六月,太常丞梁仲敏等言:"春秋二仲,遣宗室遥郡防御使荐献诸陵,太常少卿荐献永祐陵,权宜于行在设位行礼。今道路既通,望依旧遣官前诣。"诏令西京留守司候仲秋致奠便选官前诣诸陵荐献。士㒟、张焘回,言:"诸陵下石涧水,自兵兴以来,涸竭几十五年。二使到日,水即大至,父老惊叹,以为中兴之祥。"

十年三月,礼部言:"池州铜陵县丞吕和问进宫陵仪制,望付太常寺以备检照。永安军等处今已收复,遂委知军诣诸陵逐位检视,除永定、永昭、永厚、永裕、永泰陵园庙并无损动,内永安、永昌、永熙陵神台壥裂,未敢一面擅行补饰。太常寺看详若行补修,合就差所委修饰官奏告行礼。"诏令河南府委官,如法补饰,不得灭裂。其后兵部侍郎兼史馆修撰张焘言:"伏见宣谕官方庭实有请,乞将来先帝山陵,一依永安陵等制度。臣区区愚忠,愿明诏有司,异时永固陵凡金玉珍宝尽斥不用,播告天下,咸使闻知。如是,自然可保无虞。"上嘉纳之。三十二年六月,诏祖宗陵寝,今本处招讨使同本官吏躬亲朝谒,如法修奉,务在严洁,以称孝思之意。

乾道六年八月,诏承信郎刘湛特转两官,右迪功郎刘师颜特与右承务郎升擢差遣,秦世辅特转一官,升充正将,以湛等归正结义保护陵寝故也。

端平元年正月,京西湖北安抚制置使史嵩之露布以灭金闻。二月,御笔:"国家南渡以后,八陵迥隔,常切痛心。今京湖帅臣以图本上,恭览再三,悲喜交集,凡在臣子,谅同此情。可令卿、监、郎官以上,诣尚书省恭视集议。"遂遣太常寺主簿朱扬祖、阁门祗候林拓朝谒八陵。

绍兴元年六月,太常寺言:"昭慈献烈皇太后欑宫在越州会稽县,合依四孟朝献礼例,差宰执一员,前一日赴欑宫泰宁寺宿斋,至日,行朝拜之礼。"诏同知枢密院事李回行礼。二年三月,知绍兴府张守言:"昭慈献烈皇后欑宫近在府界,望许臣以时朝谒。"从之。自是守臣皆许朝谒。

十七年十一月,殿中侍御史余尧弼言:"望举行旧制,于春秋二仲遣官诣永祐陵欑宫荐献。"臣僚又言:"陵庙之祭,月有荐新,著在令典。方今宗庙久已遵奉,惟是永祐陵阙而未讲,望令有司讨论,举而行之。"太常寺讨论:"欲依《政和五礼》依典故,令两欑宫遵依每月检举,差官行礼,其新物令逐官预行关报绍兴府排办。"从之。

二十七年六月,诏:"永祐陵及昭慈圣献皇后欑宫检察承受,以检察宫陵所为名。"

三十年九月,吏部言:"绍兴府会稽知县依陵台令典故,于阶衔内带兼主管欑宫事务,量加优异。"

淳熙元年正月,礼部、太常寺言:"春秋二仲,差太常少卿荐献永祐陵欑宫,并周视陵域。如遇少卿有缺,乞从本寺前期取指挥。差本寺以次官充摄。所有今年仲春荐献,即日见阙少卿。"诏差太常丞钱良臣。自后春秋遇少卿阙,率以为例。

庆元元年六月,诏:"永阜陵孝宗皇帝欑宫,每岁秋季一就,令所差监察御史恭诣朝拜检察。"从御史台申请。诸陵亦如之。

忌日,唐初始著罢乐、废务及行香、修斋之文。其后,又朔望停朝,令天下上州皆准式行香。天祐初,始令百官诣阁奉慰。宋循其制,惟宣祖、昭宪皇后为大忌。前一日不坐,群臣诣西上阁门奉慰,移班奉慰皇太后,退,赴佛寺行香。凡大忌,中书悉集;小忌,差官一员赴寺。如车驾巡幸道遇忌日,皆不进名奉慰。留守自于寺院行香,仍不得在拜表之所。天下州府军监亦如之。

建隆二年,宣祖忌日,时明宪太后在殡,群臣止诣阁奉慰而罢行香。乾德二年,禘于太庙,其日,惠明皇后忌,有司言:"唐开成四年正月二十二日祀先农,与穆宗忌同日;太和七年十二月八日蜡百神,与敬宗忌同日。诏以近庙忌辰,作乐非便,宜令县而不作。窃以农、蜡之祭,犹避庙忌而不作乐,况僖祖同庙连室而在讳辰,讵可辄陈金石之奏?伏望依礼县而不作。"其后,宣祖、昭宪忌日,诏准太祖、太宗奉翼祖礼,前一日更不废务。

咸平中,有司将设春宴,金明池习水戏,开琼林苑,纵都人游赏。帝以是月太宗忌月,命详定故事以闻。史馆检讨杜镐等言:"按晋穆帝纳后月,是康帝忌月,礼官荀讷议:'有忌日,无忌月;若有忌月,即有忌时、忌岁,益无所据。'当时从讷所议。唐武后神功元年,建安王攸宜破契丹,诣阙献捷,军人入城,例有军乐,内史王及善以国家忌月,请备而不奏。凤阁侍郎王方庆奏:'按《礼经》,有忌日而无忌月。'遂举乐。宪宗时,太常博士韦公肃言:'《礼》无忌月禁乐,今太常教坊以正月为忌月,停郊庙飨宴之礼,中外士庶咸罢宴乐,窃恐乖宜。'时依公肃所奏。伏以忌日不乐,尝载《礼经》;忌月彻县,实无典故。况前代鸿儒,议论足据。其春宴及池苑,并合举乐。"

景德元年,北征凯旋京师,是日,以懿德皇后忌,诏彻卤簿、鼓吹。礼官议曰:"班师振旅,国之大事,后之忌日,家之私事。今大贺凯旋,军容宜肃。昔武王伐纣在谅阴中,犹前歌后舞。夫谅阴是重,远忌是轻,以此而论,举乐无爽。况《春秋》之义,不以家事辞王事,其还京日,法驾、鼓吹、音乐,并请振作。"

寻诏:"自今宗庙忌日,西京及诸节镇给钱十千,防御、团练州七千,军事州五千,以备斋设。"元德皇后忌日,旧制,枢密使依内诸司例,惟进名,不赴行香,知枢密院王钦若以为言。自是,三司使副、翰林枢密龙图直学士并赴焉。真宗崩,元德、明德皇后忌日在禫制内,乃停进名行香。凡奉慰,宰相、枢密使各帅百官、内职共进名,节度使、留后、观察使各进名。

忌日前后,各禁刑三日如天庆节,释杖以下情轻者,复断屠宰，不视事前后各三日，禁乐各五日。其后，以岁月渐远，禁刑、不视事各二日，禁乐各三日。章宪明肃太后忌辰，礼官请依章懿太后礼例，前后各二日不视事，一日禁屠宰，各三日禁乐。诏：应大忌日，行香，臣僚并素食。复立孝惠、孝章、淑德、章怀、章惠、温成诸后为小忌，未几，罢。神宗即位，太常礼院言："僖祖及文懿皇后神主既祧，准礼不讳，忌日亦请依唐睿宗祧迁故事废之。"

初，神御殿酌献，设皇帝位于庭下，而忌日两府列于殿上；寺院行香，左右巡使、两赤县令于中门相向分立，俟宰臣至，立位前，直省官赞通揖，于礼无据。乃命行香群臣班殿下，宰相一员升殿跪炉，而罢通揖。又诏：大忌日不为假，执政官蚤出。礼部言："顺祖及惠明皇后既葬迁主，罢行香。忌日，请于永昌院佛殿之东张幄斋荐。"乃诏："僖祖、翼祖并后六位忌日咸如之。"先是，翼祖、简穆皇后神主奉藏夹室，依礼不忌。后复诏还本室，而忌日亦如旧焉。

《政和新仪》：群臣进名奉慰，其日质明，文武朝参官入诣朝堂就次。御史台先引殿中侍御史一员入就位，次西上阁门、御史台分引朝参官及诸军将校，次礼直官引三公以下在西上阁门南阶下，每等重行异位，并北向东上。知西上阁门官于班前西立，搢笏，执名纸，躬。三公以下文武百僚俱再拜，俟阁门官执笏、置名纸笏上、入西上阁门讫，退。群臣奉慰诣景灵宫，每等重行异位，并北向东上。礼直官揖班首以下再拜讫，引班首自东阶升殿，舍人接引同升，诣香案前，搢笏，上香，跪奠茶讫，执笏兴，降阶复位，又再拜；次引班首以下分左右搢笏，行香，宰相、执政官分左右行香讫，执笏俱复位；次引班首升殿，诣香案前俯伏，跪，搢笏，执炉，俟读疏毕，执笏俯伏，兴，降阶复位，又再拜，退。

中兴之制：忌日，百僚行香，在外州军亦诣寺院行香，如在以日易月服制之内，并依礼例权停。大祥后次年，于历日内笺注立忌辰，禁音乐一日。绍兴元年二月，太常少卿苏迟等以徽宗、钦宗留北，有朔望遥拜之礼，乃言："凡遇祖宗帝后忌，前一日并忌日，皇帝自内先服红袍遥拜讫，易服行礼。"从之。二年八月，诏："应诸路州、军见屯军马统兵官，每遇国忌，免行香。"

十三年正月，御史台言："正月十三日，钦圣宪肃皇后忌，其日立春。准令，诸臣僚及将校立春日赐幡胜，遇称贺等拜表、忌辰奉慰退即戴。欲乞候十三日忌辰行香退，即行戴插。"从之。三十一年六月，礼部侍郎金安节等言："六月二十八日，钦慈皇后忌辰，系在渊圣皇帝以日易月释服之外，百官行香，宜如常制。"诏依。三十二年正月，礼部、太常寺言："已降旨：钦宗祔庙，翼祖当迁。于正月九日告迁翼祖皇帝、简穆皇后神主奉藏于夹室，所有以后翼祖皇帝忌及讳、简穆皇后忌，欲乞依礼不讳、不忌。"诏恭依。

淳熙元年十一月诏："文武百僚诣景灵宫国忌立班行香，自今如遇宰执俱致斋不及趁赴，于东班从上引官一员升殿跪炉行香，以次官一员诣西班行香。"先是，阁门得旨：国忌行香，宰执致斋不赴，其西壁武臣阙官押班，已降指挥，差使相或太尉、节度使等押班，可令文武班内班上一员东壁押班，止令西壁散香，今后准此。至是，礼部、太常寺重别指定来上，故有是命。

四年十月，太常少卿齐庆胄言："每遇国忌，文臣班列莫敢不肃，唯是武臣一班员数绝少，或以疾病在告，多不趁赴。"诏阁门、御史台申严行下，如有违戾，弹劾闻奏。九年十月，侍御史张大经奏："比来国忌行香日分，合赴官类多托疾在告，以免夙兴拜跪之劳。乞自今如遇行香日，有称疾托故不赴者，从本台弹奏，乞置典宪。"从之。

群臣私忌。开宝敕文："应常参官及内殿起居职官等，自今刺史、郎中、将军以下遇私忌，请准式假一日。忌前之夕，听还私第。"其后有司言："臣僚忌日恩赐，其间甚有无名者：如刘继元、李煜、刘𨧱之类，皆身为降俘，亡没已久，而尚沾恩赐；及周朝忌日，尚有追荐；本朝亦有追尊皇后生日道场，并诸神祠亦有为生日者。请付礼官详议，不经之物，一切省去。"诏周朝忌日仍旧，余罢之。

卷一百二十四　　志第七十七

礼二十七凶礼三

外国丧礼及入吊仪　诸臣丧葬等仪

凡外国丧，告哀使至，有司择日设次于内东门之北隅，命官摄太常卿及博士赞礼。俟太常卿奏请，即向其国而哭之，五举音而止。皇帝未释素服，人使朝见，不宜班，不舞蹈，不谢面天颜，引当殿，喝"拜"，两拜，奏圣躬万福。又喝"拜"，两拜，随拜万岁。或增赐茶药及传宣抚问，即出班致词，讫，归位。又喝"拜"，两拜，随拜万岁。喝"祗候"，退。

大中祥符二年十二月，北朝皇太后凶讣，遣使来告哀。诏遣官迓之，废朝七日，择日备礼举哀成服，礼官详定仪注以闻。其日，皇帝常服乘舆诣幕殿，俟时释常服，服素服，白罗衫、黑银带、素纱软脚幞头。太常卿跪，奏请皇帝为北朝皇太后凶讣至挂服，又奏请五举音。文武百僚进名奉慰，退幕殿。仍遣使祭奠吊慰。

三年正月，契丹贺正使为本国皇太后成服，所司设幕次、香、酒及衰服、绖、杖等，礼直官引使、副已下诣位，北向再拜。班首诣前，执盏跪奠，俯伏，兴，归位，皆再拜。俟使已下俱衰服、绖、杖，成服讫，礼直官再引各依位北向，举哭尽哀。班首少前，去杖，跪，奠酒讫，执杖，俯伏，兴，归位。焚纸马，皆举哭，再拜毕，各还次，服吉服，归驿。

天圣九年六月，契丹使来告哀。礼官详定：北朝凶讣，宜于西上阁门引来使奉书，令阁门使一员跪受承进，宰臣、枢密使已下待制已上，并就都亭驿吊慰。七月一日，使者耶律乞石至，帝与皇太后发哀苑中，使者自驿赴左掖门入，至左昇龙门下马，入北偏门阶下，行至右昇龙北偏门，入朝堂西偏门，至文德殿门上奉书。太常博士二员与礼直官赞引入文德殿西偏门阶下，行至西上阁门外阶下，面北跪，进书。阁门使跪受承进。太常博士、礼直官退。使者入西上阁门殿后偏门，入宣祐西偏门，行赴内东门柱廊中间，过幕次祗候，朝见讫，赴崇政殿门幕次祗候，朝见皇太后讫，出。三日，近臣慰乞石于驿。

嘉祐三年正月，契丹告国母哀。使人到阙入见，皇帝问云："卿离北朝日，侄皇帝悲苦之中，圣躬万福。"朝辞日，即云："皇帝传语北朝侄皇帝，婶太皇太后上仙，远劳人使讣告。春寒，善保圣躬。"中书、枢密以下、待制已上赴驿吊慰，云："窃审北朝太皇太后上仙，伏惟悲苦。"五月，献遗留物。

明道元年十一月二十四日敕：夏王赵德明薨，特辍朝三日，令司天监定举哀挂服日辰。其日，乘舆至幕殿，服素服。太常博士引太常卿当御坐前跪，奏请皇帝为夏王赵德明薨举哀，又奏请十五举音，又奏请可止。文武百僚进名奉慰。告哀使、副已下朝见，首领并从人作两班见。先首领见，两拜后，班首奏圣躬万福。又两拜，随 拜万岁。喝赐例物酒食，跪受。起，又两拜，随拜万岁。喝"各祗候"，退。从人仪同。是日，皇太后至幕殿，释常服，白罗大袖、白罗大带，举哀如皇帝仪。其遣使致祭吊慰，如契丹。

其入吊奠之仪。乾兴元年，真宗之丧，契丹遣殿前都点检崇义军节度使耶律三隐、翰林学士工部侍郎知制诰马贻谋充大行皇帝祭奠使、副，左林牙左金吾卫上将军萧日新、利州观察使冯延休充皇太后吊慰使、副，右金吾卫上将军耶律宁、引进使姚居信充皇帝吊慰使、副。

所司预于滋福殿设大行皇帝神御坐，又于稍东设御坐。祭奠吊慰使、副并素服，由西上阁门入，陈礼物于庭。中书、门下、枢密院并立于殿下，再拜讫，升殿，分东西立。礼直官、阁门舍人赞引耶律三隐等诣神御坐前阶下，俟殿上帘卷，使、副等并举哀，殿上皆哭。再拜讫，引升殿西阶，诣神御坐前上香、奠茶酒。贻谋跪读祭文毕，降阶，复位，又举哭，再拜讫，稍东立。俟皇太后升坐，中书、枢密院起居毕，帘外侍立。舍人引吊慰祭奠使、副朝见。殿上举哭，左右皆哭。吊慰使、副萧日新等升殿进书讫，降坐。俟皇帝升坐，中书、枢密院起居毕，升殿侍立。舍人引吊慰祭奠使、副朝见。皇帝举哭，左右皆哭。吊慰使、副耶律宁等升殿进书讫，赐三隐等袭衣、冠带、器币、鞍马，随从舍利、牙校等衣服、银带、器币有差。吊慰使、副萧日新等复诣承明殿，俟皇太后升坐，中书、枢密院侍立如仪。舍人引萧日新等升殿进问圣候书毕，赐银器、衣著有差。仍就客省赐三隐等茶酒，又令枢密副使张士逊别会三隐等伴宴于都亭驿。

英宗即位，契丹使来贺乾元节，命先进书奠梓宫，见于东阶。放夏国使人见，客省以书币入，后吊慰使见殿门外。契丹祭奠使见于皇仪殿东厢，群臣慰于门外。使人辞于紫宸殿，命坐赐茶。故事赐酒五行，自是，终谅阴，皆赐茶。

神宗之丧，夏国陈慰使丁努崽名谟铎、副使吕则、陈聿精等进慰表于皇仪门外，退赴紫宸殿门，赐帛有差。

元祐初，高丽入贡，有太皇太后表及进奉物。枢密院请遵故事，惟答以皇帝回谕敕书。已而宣仁圣烈太后崩，礼部、太常、阁门同详定：高丽奉慰使人于小祥前后到阙，令于紫宸殿门见，客省受表以进，赐器物、酒馔，退，并常服、黑带、不佩鱼。候见罢，纯吉服。

淳熙十四年，金国吊祭使到阙，惟皇帝先诣梓宫行烧香礼，及使入门祭讫，皆就幄举哭外，陈设行事并如先朝旧仪。其奉辞日，有司亦先设神御坐及设香案、茶酒、果食盘台于几筵殿上。宰执升殿分东西立，侍从官于殿下西面立。使、副入门，殿上下皆哭，使、副升殿，哭止。使、副诣神坐前一拜，上香、奠茶、三奠酒毕，拜，兴，读祭文官跪读祭文，一拜，兴，殿上下皆哭。使、副俱降，归位立，又再拜讫，退。

诸臣之丧。国制：诸王、公主、宗室将军以上有疾，皆乘舆临问。如小疾在家，或幸其第，有至三四者。其宫邸在禁中，多不时而往。惟宰相、使相、驸马都尉疾亟，幸其第，或赐劳加礼焉。

建隆元年七月，宰相范质有疾，太祖亲幸其第，赐黄金、银、绢有差。开宝二年，赵普有疾，帝再往视，赐银器、绢甚厚。太平兴国中，镇宁军节度使杨信久病喑，忽能言，帝异之，遂幸其第，加赐赉。大中祥符三年三月，镇安军节度使、驸马都尉石保吉疾亟，帝将临视之，其日大忌，宰相言于礼非便，遂遣内侍у谕保吉，明日始临省焉。六月，幸翰林侍讲学士邢昺第视疾，赐白金千两、衣著千匹、名药一奁。

熙宁七年十二月，诏颁新式，凡临幸问疾者赐银、绢，宰臣及枢密使带使相者二千五百两匹，枢密使、使相二千两匹，知枢密院事、参知政事、枢密副使、同知枢密院事一千五百两匹，签书枢密院事、同签书枢密院事、宣徽使七百五十两匹，殿前都指挥使一千五百两匹，驸马都尉任使相以下者二千五百两匹，任节度观察留后以下者一千五百两匹，并入内内侍省取赐。

车驾临奠。《太常新礼》：宰相、枢密、宣徽使、参知政事、枢密副使、驸马都尉甍，皆临幸莫酹，及发引，乘舆或再往。咸平二年，工部侍郎、枢密副使杨砺卒，即日冒雨临其丧。大中祥符元年，殿前都虞候、端州防御使李继和卒，真宗将临其丧，以问宰臣，对曰："继和以品秩实无此礼。陛下敦序外族，先朝亦尝临杜审琼之丧，于礼无嫌。"帝然之，即日幸其第。

康定二年，右正言、知制诰吴育奏："臣窃见车驾每有临奠臣僚、宗戚之家，皆即时出幸，道路不戒，羽卫不全，从官奔驰，众目惊异。万乘法驾，岂慎重之意乎？虽震悼方切于皇慈；而举动贵合乎经礼。臣窃详《通礼》旧仪，盖俟丧家成服，然后临奠，于事不迫，在礼亦宜。臣愚欲乞今后车驾如有临奠去处，乞俟本家既敛成服，然后出幸，则恩意容典，详而得中，警跸羽仪，备之有素。"事下礼官议："遭丧之家，有出殡日乃成服者，恐至时难行临奠。请自今圣驾临奠臣僚、宗戚之家，若奏讣在交未前，即传宣阁门，只于当日令所属候仪卫备，奏请车驾出幸；若奏讣在交未后，即次日临奠。庶使羽卫整肃，于事为宜。"诏可。

其仪：乘舆自内出，千牛将军四人执戈，一人执桃，一人执苅，前导。车驾将至所幸之第，赞礼者引丧主哭于大门内，望见乘舆，止哭，再拜，立于庭。皇帝至幕殿，改素服就临，丧主内外再拜。皇帝哭，十五举音，丧主内外皆哭。皇帝诣祭所三奠酒，丧主已下再拜。皇帝退，止哭。从官进名奉慰。皇帝改常服还内。

《通礼》著：皇帝临诸王、妃、主、外祖父母、皇后父母、宗戚、贵臣等丧，出宫服常服，至所临处变服素服。《天圣丧葬令》：皇帝临臣之丧，一品服锡衰，三品已上缌衰，四品已下疑衰。皇太子临吊三师、三少则锡衰，宫臣四品已上缌衰，五品已下疑衰。

辍朝之制。《礼院例册》：文武官一品、二品丧，辍视朝二日，于便殿举哀挂服。文武官三品丧，辍视朝一日，不举哀挂服。然其车驾临问并特辍朝日数，各系圣恩。一品、二品丧皆以翰林学士已下为监护葬事，以内侍都知已下为同监护葬事。葬日，辍视朝一日，皆取旨后行。庆历五年四月，礼院奏："准度支员外郎、集贤校理知院曾公亮奏：'朝廷行辍朝礼，并乞以闻哀之明日辍朝，其假日便以充数，仍为永例。如值其日前殿须坐，则礼有重轻，自可略轻而为重，更不行辍朝之礼。'臣今看详公亮所奏，诚为辍朝之间适宜顺变。然虑君臣恩礼之情有所未尽，欲乞除人使见辞、春秋二宴合当举乐，即于次日辍朝，余乞依公亮所奏。"诏可。

太平兴国六年，守司空兼门下侍郎平章事薛居正薨，准礼，一品丧合辍二日，诏特辍三日。其后邓王钱俶、太师赵普、右仆射李沆薨，皆一品，合辍二日，诏并特辍五日。二品、三品者，亦有特辍焉。太平兴国九年，右谏议大夫、参知政事李穆卒，准礼，谏议大夫不合辍朝，特辍一日。

开宝二年，罗彦瓌、魏仁浦薨，以郊祀及军事不辍朝。景德四年，同平章事王显薨，以皇帝朝拜诸陵，吉凶难于相干，更不辍朝。康定元年，光禄卿郑立卒，礼官举故事辍朝，台官言："卿、监职任疏远，恩礼不称。"自后遂不辍朝。

孝宗乾道三年四月一日，太常寺言："皇伯母秀王夫人薨，辍朝五日，内二日不视事。乞自今月二日为始，辍朝至六日止，其二、三日并不视事。"从之。

举哀挂服。尚舍设次于广德殿或讲武殿、大明殿，其后皆于后苑壬地。前一日，所司预设举哀所幕殿，周以帘帷，色用青素。其日，皇帝常服乘舆诣幕殿，侍臣奏请降舆，俟时释常服，服素服、白罗衫、黑银腰带、素纱软脚幞头。太常博士引太常卿当御坐前跪，奏请皇帝为某官薨举哀，又请举哭，十五举音，又奏请可止。中书、门下、文武百官进名于崇政殿门外奉慰。皇帝释素服，服常服，乘舆还内。

建隆四年，山南东道节度使慕容延钊卒，太祖素服发哀。其后赵普薨，太宗亦如之。景德元年，李沆薨，礼官言："举哀品秩，虽载礼典，伏缘国朝惟赵普、曹彬曾行兹礼，今望裁自圣恩。"诏特择日举哀。自后宰臣薨，皆用此礼。

真宗乳母秦国延寿保圣夫人卒，以太宗丧始期，疑举哀，礼官言："《通礼》：皇帝为乳母缌麻。按《丧葬令》：皇帝为缌，一举哀止。秦国夫人保傅圣躬，宜备哀荣。况太宗之丧已终易月之制，今为乳母发哀，合于礼典。"从之。

郑国长公主薨，礼官言："降服大功，择日成服。缘居大行皇太后大祥之内，衰服未除，典礼旧章，以轻包重，酌情顺变，礼当厌降，望不成服。皇亲诸亲，亦不制服。"帝曰："宗室诸王皆不制服，情所未忍。至期当遣诸王就其第成服，及令皇后临奠，余如所请。"皇从弟右监门卫大将军德钧卒，以皇帝恭谒陵寝，罢举哀成服。天禧元年，太尉王旦薨，时季秋大享明堂，其日发哀，真宗疑之。礼官言："祠事在质明之前，成服于既祠之后，于礼无嫌。"诏可。

康定二年，皇子寿国公昕薨，年二岁，礼官言："已有爵命，宜同成人。"遂发哀成服。熙宁十年，永国公薨，系无服之殇，诏特举哀成服。

元祐元年，王安石薨，在神宗大祥之内；司马光薨，亦在谅阴中，皆不举哀成服。高宗于刘光世、张俊、秦桧之丧，皆为临奠，然设幄举哀成服之礼，未之行也。孝宗乾道三年，始为皇伯母秀王夫人薨，设幕殿后苑壬地，举哀成服，复举行焉。

皇太后、皇后为本族之丧。孝明皇后姊太原郡君王氏卒，中书门下据太常礼院状："准礼例，皇后合出就故彰德军节度使王饶第发哀成服，文武百僚诣其第进名奉慰。"从之。章穆太后母楚国太夫人吴氏薨，太常礼院言："皇帝为外祖母本服小功，详《开宝通礼》，即有举哀成服之文；又缘近仪，大功以上成服，今请皇太后择日就本宫挂服，雍王以下为外祖母给假。"其后，太后嫡母韩国太夫人薨，亦用此制焉。章献明肃皇后改葬父母，前一日，皇后诣攒所，俟时诣成服所改服缌。尚仪奏："请诣灵柩发哭奠酒，退，六宫内人立班奉慰。掩圹毕，皇后诣坟奠献，再拜，释服还宫。外命妇进笺奉慰如仪。"

辍乐。太平兴国七年十月，中书言："今月七日乾明节，选定二十二日大宴。"二十日，参知政事窦偁卒，明日，皇帝亲幸其第，临丧恸哭，设奠还宫，即令罢宴。有司奏："伏以百司告备，六乐在庭，睿圣至仁，闻哀而罢，是以显君父爱慈之道，励臣子忠孝之心。伏请宣付史馆，传录美实。"诏可。

天禧二年九月十一日，宴近臣于长春殿，饯河阳三城节度使张旻赴任，以王旦在殡，不举乐。嘉祐六年三月五日，宰臣富弼母秦国太夫人薨，十七日春宴，礼院上言："君臣父子，家国同闻。元首股肱，相济成体。贵贱虽异，哀乐则同。一人向隅，满堂嗟戚。今宰臣新在苫块，欲乞罢春宴声乐,以表圣人忧恤大臣之意。"诏下,并春宴寝罢。

賵赠。凡近臣及带职事官薨,非诏葬者,如有丧讣及迁葬,皆赐賵赠,鸿胪寺与入内内侍省以旧例取旨。其尝践两府或任近侍者,多增其数,绢自五百匹至五十匹,钱自五十万至五万,又赐羊酒有差,其优者仍给米麦香烛。自中书、枢密而下至两省五品、三司三馆职事、内职、军校并执事禁近者亡殁,及父母、近亲丧,皆有赠赐。宗室期、功、袒免、乳母、殇子及女出适者,各有常数。其特恩加赐者,各以轻重为隆杀焉。

建隆元年十月,诏:"有死于矢石者,人给绢三匹,仍复其家三年,长吏存抚之。"庆历二年,诏:"阵亡军校无子孙者,赐其家钱,指挥使七万,副指挥使六万,军使、都头、副兵马使、副都头五万。"

熙宁七年,参酌旧制著为新式:诸臣丧,两人以上各该支赐孝赠,只就数多者给;官与职各该賵赠者,从多给,差遣、权并同,权发遣并与正同。诸两府、使相、宣徽使并前任宰臣问疾或浇奠已赐不愿敕葬者,并宗室不经浇奠支赐,虽不系敕葬,并支賵赠。余但经问疾或浇奠支赐或敕葬者,更不支賵赠。前两府如浇奠只支賵赠,仍加绢一百、布一百、羊酒米面各一十。诸支赐孝赠:在京,羊每口支钱一贯,以折第二等绢充,每匹折钱一贯三百文,余支本色;在外,米支白秔米,面每石支小麦五斗,酒支细色,余依价钱。诸文臣卿监以上,武臣元系诸司使以上,分司、致仕身亡者,其賵赠并依见任官三分中给二,限百日内经所在官司投状,召命官保关申,限外不给。待制、观察使以上更不召保。

元丰五年,诏:"鄜延路没于王事、有家属见今在本路欲归乡者给賵外,其大使臣以上更支行李钱百千,小使臣五十千,差使、殿侍三十千,其余比类支给。"

绍兴二十六年,诏:"今后命官实因干办公事邂逅非理致死者,并遵依旧法。所有李光申请于《绍兴条》内添注日限指挥,更不施行。"旧法非理致死者,谓焚溺坠压之类,通判以上赐银五百两,余三百两,职司已上取旨。初,绍兴二年五月,吏部侍郎李光申明立定折跌骨五十余日,三十日内身亡之人,并支前项银数。至是,户部侍郎宋贶言:"自立定日限,后来多是因他病身故之人,子孙规图赏给,计会所属,旋作差出名目,陈乞保奏,诚为期罔。"故有是命。

诏葬。《礼院例册》:诸一品、二品丧,敕备本品卤簿送葬者,以少牢赠祭于都城外,加璧,束帛深青二、纁二。诸重:一品柱鬲六,五品已上四,六品已下二。诸铭旌:三品已上长九尺,五品已上八尺,六品已上七尺,皆书某官封姓之柩。诸辌车:三品已上油幰、朱丝络网施襈,两厢画龙,幰竿末垂六旒苏;七品已上油幰、施襈,两厢画云气,垂四旒苏;九品已上无旒苏;庶人鳖甲车,无幰、襈、画饰。诸引、披、铎、翣、挽歌:三品已上四引、四披、六铎、六翣、挽歌六行三十六人;四品二引、二披、四铎、四翣、挽歌者四行十六人;五品、六品挽歌八人;七品、八品挽歌六人;六品、九品 谓非升朝者 挽歌四人。其持引、披者,皆布帻、布深衣;挽歌,白练帻、白练裤衣,皆执铎、绰,并鞋袜。诸四品已上用方相,七品已上用魌头。诸翣:五品已上,其竿长九尺;已下五尺已上。诸葬不得以石为棺椁及石室,其棺椁皆不得雕镂彩画、施方牖槛,棺内不得藏金宝珠玉。

又按《会要》:勋戚大臣薨卒,多命诏葬,遣中使监护,官给其费,以表一时之恩。凡凶仪皆有买道、方相、引魂车、香、盖、纸钱、鹅毛、影舆、锦绣虚车,大舆、铭旌;仪棺,行幕,各一;挽歌十六。其明器、床帐、衣舆、结彩床皆不定数。坟所有石羊虎、望柱各二,三品以上加石人二人。入坟有当圹、当野、祖思、祖明、地轴、十二时神、志石、券石、铁券各一。殡前一日对灵柩,及至坟所下事时,皆设敕祭,监葬官行礼。熙宁初,又著新式,颁于有司。

乾德三年六月,中书令、秦国公孟昶薨,其母李氏继亡,命鸿胪范禹偁监护丧事,仍诏礼官议定吉凶仪仗礼例以闻。太常礼院言:"检详故事,晋天福十二年葬故魏王,周广顺元年葬故枢密使杨邠,侍卫使史弘肇、三司使王章例,并用一品礼。墓方圆九十步,坟高一丈八尺,明器九十事,石作六事,音身队二十人,当圹、当野、祖思、祖明、地轴、十二时神、蚊厨帐、暖帐各一,辒车一,挽歌三十六人;拂一、翣一、翠六、辒车、魂车、仪椁车、买道车、志石车各一;方相氏、鹅毛翣、铭旌、香舆、影舆、盖舆、钱舆、五谷舆、酒醢舆、衣物舆、庖牲舆各一;黄白纸帐、园宅、象生什物、行幕,并志文、挽歌词、启攒启奠祝文,并请下有司修制。其仪:太仆寺革辂,兵部本品卤簿仪仗,太常寺本品鼓吹仪仗,殿中省伞一、曲盖二、朱漆团扇四,自导引出城,量远近各还。赠玉一、纁二,赠祭少牢礼料,亦请下光禄、太府寺、少府监诸司依礼供应。又楚王母依子官一品例,准令文,外命妇一品侍近二人,青衣六人,偏扇、方扇各十六,行鄣三、坐鄣二,白铜饰犊车驾牛驭人四,从人十六,夹车、从车六,伞一、大扇一、团扇二、戟六十。伏缘久不施用,如特赐施行,即合于孟昶吉凶仪仗内相参排列。"诏并令排列祗应,仍俟导引至城外,分半导至西京坟下之葬,命供奉官周贻庆押奉议军士二指挥防护至洛阳。又赐子玄喆坟庄一区。

开宝四年,建武军节度使何继筠卒,诏遣中使护葬,仍赐宝剑、甲冑同葬。咸平元年,护国军节度使、驸马都尉王承衍葬,卤簿、鼓吹备而不作,以在太宗大祥忌禁内也。元丰五年,崇信军节度使、华阴郡王宗旦薨,听以旌节、牌印葬。寻又诏:不即随葬者徒二年,因而行用者罪之。绍兴二十四年,太师、清河郡王张俊葬,上曰:"张俊极宣力,与他将不同,恩数务从优厚。"仍赐七梁额花冠貂蝉笼巾朝服一袭、水银二百两、龙脑一百五十两。其后,杨存中薨,孝宗令诸寺院声钟,仍赐水银、龙脑以敛。

《熙宁新式》:先是,知制诰曾布言:"窃以朝廷亲睦九族,故于死丧之际,临吊赙恤,至于窀穸之具,皆给于县官,又择近臣专董其事,所以深致其哀荣而尽其送终之礼。近世使臣沿袭故常,过取馈遗,故私家之费,往往倍于公上。祥符中，患其无节，尝诏有司定其数。皇祐中，又著之《编敕》，令使臣所受无过五百，朝臣无过三百，有违之者，御史奏劾。伏见比岁以来，不复循守，其取之者不啻十倍于著令。乞取旧例裁定酌中之数，以为永式。"诏令太常礼院详定，令布裁定以闻。

嘉祐七年，诏大宗正：自今皇亲之丧，五年以上未葬者，不以有无尊亲新丧，并择日葬之。初，龙图阁直学士向传式言："故事，皇亲系节度使以上方许承凶营葬，其卑幼丧皆随葬之。自庆历八年后，积十二年未葬者几四百余丧，官司难于卒办，致濮王薨百日不及葬。请自今两宅遇有尊属之丧，不以官品为限而葬之。"下判大宗正司、太常礼仪院、司天监议，而有是诏。元祐中，又诏御史台："臣僚父母无故十年不葬，即依条弹奏，及令吏部候限满检察。尚有不葬父母，即未得与关升磨勘。如失检察，亦许弹奏。"

追封册命。《通礼》：策赠贵臣，守官于主人大门外设使、副位，使人公服从朝堂受策，载于辂车，各备卤簿，至主人之门降车。使者称："有制。"主人降阶稽颡，内外皆哭。读册讫，主人拜送之。

国朝之制：有于私第册之者，有于本道册之者。私第册之者，乾德三年，正衙命使册赠孟昶尚书令，追封楚王是也。本道册者，建隆元年，故特进、检校太师、南平王高保融奉敕赠太尉，端拱元年，故守太师、尚书令、邓王钱俶特追封秦王是也。其仪与《通礼》大略相类，不复录。

定谥。王公及职事官三品以上薨 赠官同 ，本家录行状上尚书省，考功移太常礼院议定，博士撰议，考功审覆，判都省集合省官参议，具上中书门下宰臣判准，始录奏闻。敕付所司即考功录牒，以未葬前赐其家。省官有异议者，听具议闻。蕴德丘园，声实明著，虽无官爵，亦奏赐谥曰"先生"。

太平兴国八年，诏增《周公谥法》五十五字，美谥七十一字为一百字，平谥七字为二十字，恶谥十七字为三十字。其沈约、贺琛《续广谥》尽废。后以直史馆胡旦言："旧制，文武官臣僚皆以功行上下，各赐谥法。近朝以来，遂成阙典。建隆以后，臣僚三品以上合赐谥者百余人，望令史馆编录行状，送礼官定谥付馆，修入国史。"诏："今后并令礼官取行状定谥，关送考功详覆，关送史馆，永为定式。"

直集贤院王皞言："谥者，行之表也。善行有善谥，恶行有恶谥，盖闻谥知行，以为劝戒。《六典》：太常博士掌王公以下拟谥，皆迹其功德为之褒贬。近者臣僚薨卒，虽官该拟谥，其家自知父祖别无善政，虑定谥之际，斥其缪戾，皆不请谥。窃惟谥法自周公以来，垂为不刊之典，盖以彰善瘅恶，激浊扬清，使其身没之后，是非较然，用为劝惩。今若任其迁避，则为恶者肆志而不悛。乞自今后不必候其请谥，并令有司举行，如此，则隐匿无行之人，有所沮劝。若须行状申乞方行拟谥，考诸方册，别无明证。惟卫公叔文子卒，其子戍请谥。臣谓春秋之时，礼坏乐阙，公叔之卒，有司不能明举旧典，故至将葬，始请谥于君。且周制，太史掌小丧赐谥，小史掌卿大夫之家赐谥请谋，

以此知有司之职，自当举行，明矣。"诏下有司详定，如皞请焉。

礼院更议赠安远军节度使马怀德已葬请谥，乃言："自古作谥，皆在葬前。唐开元，三品以上将葬，既启殡，告赠谥于柩前；无赠者，设启奠即告谥。既葬加谥，出于唐时。如颜杲卿、卢弈尽忠王室，当时置而不议。至郭知运卒五十余年乃始请谥，右司员外郎崔原以为非旌善之礼，而太常博士独孤及谓新制死不必有谥，又谓有故阙礼，追远请谥，顺也。及长于开元之世。亲闻启奠告谥，而谓新制不必有谥，岂非诬哉？又有故阙礼，追远请谥，皆违礼经，何顺之有？国家给谥，一用唐令，然请谥之家，例供尚书省官酒食，撰议官又当有所赠遗，故或阙而不请。景祐四年，宋绶建议，令官给酒食。其后，又罢赠遗。自此，既葬请谥者甚众。岁月浸久，官阀行迹，士大夫所不能知，子孙与其门生故吏，志在虚美隐恶，而有司据以加谥，是废圣人之法，而徇唐庸有司之议也。"诏："自今得谥者，令葬前奏请；或其家不请，则尚书、太常合议定谥，前葬牒史馆及付其家。即徇私谥不以实，论如选举不以实法。既葬请谥者，不定谥。"

卷一百二十五　　志第七十八

礼二十八 凶礼四

士庶人丧礼　服纪

士庶人丧礼。开宝三年十月，诏开封府：禁丧葬之家不得用道、释威仪及装束异色人物前引。太平兴国七年正月，命翰林学士李昉等重定士庶丧葬制度。昉等奏议曰："唐大历七年，诏丧葬之家送葬祭盘，只得于丧家及茔所置祭，不得于街衢张设。又长庆三年，令百姓丧葬祭奠不得以金银、锦绣为饰及陈设音乐，葬物稍涉僭越，并勒毁除。臣等参详子孙之葬父祖，卑幼之葬尊亲，全尚朴素即有伤孝道。其所用锦绣，伏请不加禁断。其用音乐及栏街设祭，身无官而葬用方相者，望严禁之。其诏葬设祭者不在此限。又准后唐长兴二年诏：五品、六品常参官，丧舆舁者二十人，挽歌八人，明器三十事，共置八床；七品常参官舁者十六人，挽歌六人，明器二十事，置六床；六品以下京官及检校、试官等，舁者十二人，挽歌四人，明器十五事，置五床，并许设纱笼二。庶人，舁者八人，明器十二事，置两床。悉用香舆、魂车。其品官葬祖父母、父母，品卑者听以子品，葬妻子者递降一等，其四品以上依令式施行。望令御史台、街司颁行，限百日率从新制；限满违者，以违禁之物给巡司为赏。丧家辄举乐者，遣伶人。他不如制者，但罪下里工作。"从之。

九年，诏曰："访闻丧葬之家，有举乐及令章者。盖

闻邻里之内，丧不相舂，苴麻之旁，食未尝饱，此圣王教化之道，治世不刊之言。何乃匪人，亲罹衅酷，或则举奠之际歌吹为娱，灵柩之前令倡为戏，甚伤风教，实紊人伦。今后有犯此者，并以不孝论，预坐人等第科断。所在官吏，常加觉察，如不用心，并当连坐。"

景德二年，开封府言："文武官亡殁，诸寺击钟未有定制。欲望自今大卿监、大将军、观察使、命妇郡夫人已上，即据状闻奏，许于天清、开宝二寺击钟，其声数旋俟进止，自余悉禁。"从之。

绍兴二十七年，监登闻鼓院范同言："今民俗有所谓火化者，生则奉养之具唯恐不至，死则燔爇而弃捐之，何独厚于生而薄于死乎？甚者焚而置之水中，识者见之动心。国朝著令，贫无葬地者，许以系官之地安葬。河东地狭人众，虽至亲之丧，悉皆焚弃。韩琦镇并州，以官钱市田数顷，给民安葬，至今为美谈。然则承流宣化，使民不畔于礼法，正守臣之职也。方今火葬之惨，日益炽甚，事关风化，理宜禁止。仍饬守臣措置荒闲之地，使贫民得以收葬，少裨风化之美。"从之。二十八年，户部侍郎荣薿言："比因臣僚陈请禁火葬，令州郡置荒闲之地，使贫民得以收葬，诚为善政。臣闻吴越之俗，葬送费广，必积累而后办。至于贫下之家，送终之具，唯务从简，是以从来率以火化为便，相习成风，势难遽革。况州县休息之久，生聚日繁，所用之地，必须宽广。乃附郭近便处，官司以艰得之故，有未行摽拨者。既葬埋未有处所，而行火化之禁，恐非人情所安。欲乞除豪富士族申严禁止外，贫下之民并客旅远方之人，若有死亡，姑从其便，候将来州县摽拨到荒闲之地，别行取旨。"诏依，仍令诸州依已降指挥，措置摽拨。

服纪。宋天子及诸臣服制，前史皆散记诸礼中，未尝特录之也，后史则表而出之。高宗于外廷以日易月，于内廷则行三年之礼，御朝则浅素、浅黄。孝宗又力持三年之制。皇帝未成服，则素纱软脚幞头、白罗袍、黑银带、丝鞋。成服日，布梁冠 朱熹云：当用十二梁、首绖、直领布大袖衫 朱熹云：不当用襕，盖下已有裙、布裙、裤、腰绖、竹杖、白绫衬服，或斜巾、帽子。视事日，去杖、首绖。小祥日，改服布幞头、襕衫、腰绖、布裤。大祥毕，服素纱软脚幞头、白罗袍、素履、黑银带。禫祭毕，素纱软脚幞头、浅色黄罗袍、黑银带。祔庙日，服履、黄袍、红带。御正殿视事，则皂幞头、淡黄袍、黑犀带、素丝鞋。此中兴后制也。

孝宗居忧，再定三年之制。其服：布冠、直领大袖衫、布裙、首绖、腰绖、竹杖。小祥不易服。大祥礼毕，始去杖、去绖。禫祭毕，始服素纱软脚幞头、白袍、黑银带。祔庙毕，服皂幞头、黑犀带。每遇诣宫庙谒，则衰绖行礼，二十五月而除。三年之内，禁中常服布巾、布衫、布背子。视事则御内殿，服白布幞头、白布袍、黑银带，殿设素幄。每五日一次过宫，则衰绖而杖。虞祭则布折上巾、黑带、布袍。受金使吊则衰绖，御德寿殿东廊之素幄。受贺节使，则御垂拱殿东楹之素幄。是时，宰执、近臣皆不肯行，惟断自上心，坚不可夺，大臣乃不敢言。赞其决者，惟敕局下僚沈清臣一人而已。

臣为君服，宋制有三等：中书门下、枢密使副、尚书、翰林学士、节度使、金吾上将军、文武二品以上，布梁冠、直领大袖衫、布裙、裤、腰绖、竹杖，或布幞头、襕衫、布斜巾、绢衬服。文武五品以上并职事官监察御史以上、内客省、宣政、昭宣、知阁门事、前殿都知、押班，布梁冠、直领大袖衫、裙、裤、腰绖，或幞头、襕衫。自余文武百官，布幞头、襕衫、腰绖而已。入局治事，并不易服。宰执奏事去杖，小祥去冠，余官奏事如之。大祥，素纱软脚折上巾、黪公服、白韂锡带。禫除毕，去黪服，常服仍黑带、皂鞍韂。祔庙毕，始纯吉服。宗室出则常服，居则衰麻以终制。

光宗居孝宗之忧，赵汝愚当国，始令群臣服白凉衫、皂带治事，逮终制乃止。宁宗居光宗之忧，复令百官以日易月，禫除毕，服紫衫、皂带以治事，从礼部侍郎陈宗召请也。诸路监司、州军县镇长吏以下，服布四脚、直领布襕衫、麻腰绖，朝晡临，三日除之。内外命妇当入临者，布裙、衫、帔、首绖、绢衬衫、帕首。士庶于本家素服，三日而除。婚嫁，服除外不禁。文武臣僚之家，至山陵祔毕，乃许嫁娶，仍不用花彩及乐。

淳熙十四年十月，以将作监韦璞充金国告哀使，阁门舍人姜特立副之。礼部、太常寺言："告哀使、副并三节人，从礼例，如在大祥内，合服布幞头、襕衫、布裤、腰绖、布凉伞，鞍韂；在禫服内，合服素纱软脚幞头、黪色公服、黑韂犀带，青伞，皂鞍韂；俟禫除，即从吉服，仍系黑带，去鱼，凉伞、韂并从禫制，并去狻座。三节人衣紫衫、黑带，并不听乐，不射弓弩，候过界，听使、副审度，随宜改易服用。"从之。或遣留遗信物使，同上服。

丧服杂议。庆历七年，侍御史吴鼎臣言："武班及诸职司人吏，曾因亲丧出入禁门，甚有裹素纱幞头者，殊失肃下尊上之礼。欲乞文武两班，除以官品起复许裹素纱外，其余臣僚并诸职司人吏，虽有亲丧服未除，并须光纱加首，不得更裹素纱。"诏送太常礼院。礼官言："准令文，凶服不入公门。其遭丧被起，在朝参处，常服各依品服，惟色以浅，无金玉饰；在家，依其服制。其被起者，及期丧以下居式假者，衣冠朝集，皆听不预。今鼎臣所奏，有碍令文。"诏依所定，如遇筵宴，其服浅色素纱人，更不令祗应。

丁父母忧。淳化五年八月，诏曰："孝为百行之本，丧有三年之制，著于典礼，以厚人伦。中外文武官子弟，或父兄之沦亡，蒙朝廷之齿叙，未及卒哭，已闻莅官，遽忘哀戚，颇玷风教。自今文武官子弟，有因父亡兄殁特被叙用，未经百日，不得趣赴公参。御史台专加纠察；并有冒哀求仕，释服从吉者，并以名闻。"

咸平元年，诏任三司、馆阁职事者丁忧，并令持服。又诏："川峡、广南、福建路官，丁忧不得离任，既受代而丧制未毕者，许其终制。"寻令川峡官，除州军长吏奏裁，余并许解官。

大中祥符九年，殿中侍御史张廓言：“京朝官丁父母忧者，多因陈乞，与免持服。且忠孝恩义，士所执守，一悖于礼，其何能立？今执事盈庭，各务简易，况无金革之事，中外之官不阙，不可习以为例。望自后并依典礼，三年服满，得赴朝请。”

天禧四年，御史台言：“文武官并丁忧者，相承服五十四月，别无条例。”下太常，礼官议曰：“按《礼·丧服小记》云：'父母之丧偕，先葬者不虞、祔，待后事，其葬服斩衰。'《注》：'谓同月若同日死也。先葬者母也，其葬服斩衰者，丧之隆哀宜从重也。假令父死在前月而同月葬，犹服斩衰，不葬不变服也。言其葬服斩衰，则虞、祔各以其服矣。及练、祥皆然。卒事，反服重。'《杂记》云：'有父之丧，如未没丧而母死，其除父之丧，服其除服，卒事，反丧服。'《注》云：'没，犹终也。除服谓祥祭之服，卒事既祭，反丧服，服后死者之服。'又杜预云：'若父母同日卒，其葬先母后父，皆服斩衰，其虞、祔先父后母，各服其服，卒事，反服父服。若父已葬而母卒，则服母之服，虞讫，反服父之服。既除练，则服母之服。丧可除，则服父之服以除之，讫则服母之服。'贺循云：'父之丧未终，又遭母丧，当父服应终之月，皆服祥祭之服，如除丧之礼。卒事，反母之服。'臣等参考典故，则是随其先后而除之，无通服五十四月之文。请依旧礼改正。”

庆历三年，太常礼院议：“《礼记》：'父母之丧，无贵贱，一也。'又曰：'三年之丧，人道之至大也。'请不以文武品秩高下，并听终丧。”时以武臣入流者杂，难尽解官。诏：“自今三司副使已上，非领边寄，并终制，仍续月奉。武臣非在边而愿解官者听。”

凡夺情之制，文臣谏舍以上，牧伯刺史以上，皆卒哭后恩制起复；其在切要者，不候卒哭。内职遭丧，但给假而已，愿终丧者亦听。惟京朝、幕职、州县官皆解官行服，亦有特追出者。

凡公除与祭。景祐二年，礼仪使言：天圣五年，太常礼院言：自来宗庙祠祭，皆宰臣、参知政事行事，每有服制，旋复改差，多致妨阙。检会《唐会要》，贞元六年诏，百官有私丧公除者，听赴宗庙之祭。监祭御史以《礼》有"缌麻已上丧不得飨庙"，移牒吏部诘之。吏部奏：准《礼》，"诸侯绝周、大夫绝缌"者，所以杀旁亲，不敢废大宗之祭事，则缌不祭者，谓同宫未葬，欲人吉凶不相黩也。魏、晋已降，变而从权，缌已上丧服，假满即吉，谓之公除。凡既葬公除，则无事不可，故于祭无妨。乞今凡有惨服既葬公除，及闻哀假满，许吉服赴祭。同宫未葬，虽公除依前禁之。诏从。又王泾《郊祀录》："缌麻已上丧，不行宗庙之祭者，以明吉凶不相干也。贞元，吏部奏请得许权改吉服，以从宗庙之祭，此一时之事，非旧典也。"今本院看详，律称："如有缌麻已上丧遣充掌事者，笞五十。"此唐初所定。吏部起请，皆援引典故。奉诏，百官有私丧公除者，听赴宗庙之祭。后虽王泾著《郊祀录》称是一时之事，非旧典也。又别无诏敕改更，是以历代止依贞元诏命施行。至大中祥符中，详定官请依《郊祀录》，缌麻已上丧，不预宗庙之祭。今详贞元起请，证据分明，王泾所说，别无典故。望自今后有私丧公除者，听赴宗庙之祭，免致废阙。

庆历七年，礼官邵必言：“古之臣子，未有居父母丧而辄与国家大祭者。今但不许入宗庙，至于南郊坛、景灵宫，皆许行事。按唐吏部所请惨服既葬公除者，谓周以下也，前后相承，误以为三年之丧，得吉服从祭，失之甚也。又据律文：'诸庙享，有缌麻以上丧，不许执事，祭天地、社稷不禁。'此唐之定律者不详经意也。《王制》曰：'丧三年不祭，惟天地、社稷为越绋而行事。'《注》云：'不敢以卑废尊'也。是指王者不敢以私亲之丧，废天地、社稷之祭，非谓臣下有父母丧，而得从天子祭天地、社稷也。兼律文所以不禁者，亦止谓缌麻以上、周以下故也。南郊、太庙，俱为吉祀，奉承之意，无容异礼。今居父母丧不得入太庙，至南郊则为愈重。朝廷每因大礼，侍祠之官普有沾赉，使居丧之人得预祠事，是不欲庆泽之行，有所不被，奈何以小惠而伤大礼？近岁两制以上，并许终丧，惟于武臣尚仍旧制，是亦取古之墨缞从事，金革无避之义也。然于郊祀吉礼则为不可。”下礼院，议曰：“郊祀大礼，国之重事，百司联职，仅取齐集。若居丧被起之官悉不与事，则或有妨阙。但不以惨粗之容接于祭次，则亦可行。请依《太常新礼》，宗室及文武官有遭丧被起及卒哭赴朝参者，遇大朝会，听不入；若缘郊庙大礼，惟不入宗庙，其郊坛、景灵宫得权从吉服陪位，或差摄行事。”诏可。

天圣五年，侍讲学士孙奭言：“伏见礼院及刑法司外州执守服制，词旨俚浅，如外祖卑于舅姨，大功加于嫂叔，颠倒谬妄，难可遽言。臣于《开宝正礼》录出五服年月，并见行丧服制度，编祔《假宁令》，请下两制、礼院详定。”翰林学士承旨刘筠等言：“奭所上五服制度，皆应礼经。然其义简奥，世俗不能尽通，今解之以就平易。若'两相为服，无所降杀'，旧皆言'服'者，具载所为服之人；其言'周'者，本避唐讳，合复为'期'。又节取《假宁令》附《五服敕》后，以便有司；仍板印颁行，而丧服亲疏隆杀之纪，始有定制矣。”

子为嫁母。景祐二年，礼官宋祁言：“前祠部员外郎、集贤校理郭稹幼孤，母边更嫁，有子。稹无伯叔兄弟，独承郭氏之祭。今边不幸，而稹解官行服。按《五服制度敕》齐衰杖期降服之条曰：'父卒母嫁及出妻之子为母。'其左方注：'谓不为父后者。若为父后者，则为嫁母无服。'”诏议之。侍御史刘夔曰：

“按天圣六年敕，《开元五服制度》、《开宝正礼》并载齐衰降服条例，虽与祁言不异，然《假宁令》：'诸丧，斩、齐三年，并解官；齐衰杖期及为人后者为其父母，若庶子为后为其母，亦解官，申心丧；母出及嫁，为父后者虽不服，亦申心丧。'《注》云：'皆为生己者。'《律疏》云：'心丧者，为妾子及出妻之子合降其服，二十五月内为心丧。'再详格令：'子为嫁母，虽为父后者不服，亦当申心丧。'又称：'居心丧者，释服从吉及忘哀作乐、冒哀求仕者，并同父母正服。'今龙图阁学士王博文、御史中丞杜衍尝为出嫁母解官行丧。若使生为母子，没为路人，则必亏损名教，上玷孝治。

且杖期降服之制，本出《开元礼》文，逮乎天宝降敕，俾终三年，然则当时已悟失礼。晋袁准谓："为人后，犹服嫁母。据外祖异族，犹废祭行服，况父后应服嫁母。"刘智释云："虽为父后，犹为嫁母齐衰。"谯周云："非父所绝，为之服周可也。"昔孔鲤之妻为子思之母，鲤卒而嫁于卫，故《檀弓》曰："子思之母死，柳若谓子思曰：'子圣人之后也，四方于子乎观礼，子盍慎诸！'子思曰：'吾何慎哉！'"丧之礼，如子。云"子圣人之后"，即父后也。石苞问淳于睿："为父后者，不为出母服。嫁母犹出母也，或者以为嫁与出不异，不达礼意，虽执从重之义，以废祭见讥。君为详正。"睿引子思之义为答，且言："圣人之后服嫁母，明矣。"积之行服，是不为过。

诏两制、御史台、礼院再议，曰："按《仪礼》：'父卒继母嫁，为之服期。'谓非生己者，故父卒改嫁，降不为己母。唐上元元年敕，父在为母尚许服三年。今母嫁既是父终，得申本服。唐绍议曰：'为父后者为嫁母杖周，不为父后者请不降服。'至天宝六载敕，五服之纪，所宜企及，三年之数，以报免怀。其嫁母亡，宜终三年。又唐八坐议吉凶加减礼云'凡父卒，亲母嫁，齐衰杖期，为父后者亦不服，不以私亲废祭祀，惟素服居垩室，心丧三年，免役解官。母亦心丧之，母子无绝道也。'按《通礼五服制度》：父卒母嫁，及出妻之子为母，及为祖后，祖在为祖母，虽周除，仍心丧三年。"

侍讲学士冯元言："《仪礼》、《礼记正义》，古之正礼；《开宝通礼》、《五服年月敕》，国朝见行典制，为父后者，为出母无服。惟《通礼义纂》引唐天宝六年制：'出母、嫁母并终服三年。'又引刘智《释议》：'虽为父后，犹为出母、嫁母齐衰，卒哭乃除。'盖天宝之制，言诸子为出母、嫁母，故云'并终服三年'；刘智言为父后者为出母、嫁母，故云'犹为齐衰，卒哭乃除'，各有所谓，固无疑也。况《天圣五服年月敕》：'父卒母嫁及出妻之子为母降杖期。'则天宝之制已不可行。又但言母出及嫁，为父后者虽不服，亦申心丧，即不言解官。若专用礼经，则是全无服式；若俯同诸子杖期，又于条制相戾。请凡子为父后，无人可奉祭祀者，依《通礼义纂》、刘智《释议》，服齐衰，卒哭乃除，逾月乃祭，仍申心丧，则与《仪礼》、《礼记正义》、《通典》、《通礼》、《五服年月敕》'为父后，为出母、嫁母无服。'之言不远。如诸子非为父后者，为出母、嫁母，依《五服年月敕》，降服齐衰杖期，亦解官申心丧，则与《通礼五服制度》言'虽周除，仍心丧三年'，及《刑统》言'出妻之子合降其服，皆二十五月内为心丧'，其义一也。郭稹应得子为父后之条，缘其解官行服已过期年，难于追改，后当依此施行。"

诏：自今并听解官，以申心丧。

子为生母。大中祥符八年，枢密使王钦若言："编修《册府元龟》官太常博士、秘阁校理聂震丁所生母忧，嫡母尚在，望特免持服。"礼官言："按周制，庶子在父之室，则为其母不禫。晋解遂问蔡谟曰：'庶子丧所生，嫡母尚存，不知制服轻重。'答云：'士之妾子服其母，与凡人丧母同。'钟陵胡澹所生母丧，自有嫡兄承统，而嫡母存，疑不得三年，问范宣，答曰：'为慈母且犹三年，况亲所生乎？嫡母虽尊，然厌降之制，父所不及。妇人无专制之事，岂得引父为比而屈降支子乎？'南齐褚渊遭庶母郭氏丧，葬毕，起为中军将军。后嫡母吴郡公主薨，葬毕，令摄职。则震当解官行服，心丧三年；若特有夺情之命，望不以追出为名。自今显官有类此者，亦请不称起复，第遣厘职。"

熙宁三年，诏御史台审决秀州军事判官李定追服所生母丧。御史台言："在法，庶子为父后，如嫡母存，为所生母服缌三月，仍解官申心丧；若不为父后，为所生母持齐衰三年，正服而禫。今定所生仇氏亡日，定未尝请解官持心丧，止以父老乞还侍养。宜依礼制追服缌麻，而解官心丧三年。"时王安石庇定，擢为太子中允，而言者俱罢免。

妇为舅姑。乾德三年，判大理寺尹拙言："按律及《仪礼丧服传》、《开元礼仪纂》、《五礼精义》、《三礼图》等书，所载妇为舅姑服周；近代时俗多为重服，刘岳《书仪》有奏请之文。《礼图》、《刑统》乃邦家之典，岂可守《书仪》小说而为国章邪？"判少卿事薛允中等言："《户婚律》：'居父母及夫丧而嫁娶者，徒三年，各离之。若居周丧而嫁娶者，杖一百。'又《书仪》：'舅姑之服斩衰三年。'亦准敕行。用律敕有差，望加裁定。"

右仆射魏仁浦等二十一人奏议曰："谨按《礼·内则》云：'妇事舅姑，如事父母。'则舅姑与父母一也。而古礼有期年之说，至于后唐始定三年之丧，在理为当。况五服制度，前代增益甚多。按《唐会要》，嫂叔无服，太宗令服小功。曾祖父母旧服三月，增为五月。嫡子妇大功，增为期。众子妇小功，增为大功。父在为母服期，高宗增为三年。妇为夫之姨舅无服，玄宗令从夫服，又增姨舅同服缌麻及堂姨舅祖免。至今遵行。况三年之内，几筵尚存，岂可夫处苫块之中，妇被绮纨之饰？夫妇齐体，哀乐不同，求之人情，实伤理本。况妇为夫有三年之服，于舅姑止服期年，乃是尊夫而卑舅姑也。况孝明皇后为昭宪太后服丧三年，足以为万世法。欲望自今妇为舅姑服，并如后唐之制，其三年齐、斩，一从其夫。"

嫡孙承重。天圣四年，大理评事杜杞言："祖母颍川郡君钟殁，并无服重子妇，余孤孙七人，臣最居长，今已服斩衰，即未审解官以否？"礼院言："按《礼·丧服小记》曰：'祖父卒，而后，为祖母后者三年。'《正义》曰：'此论适孙承重之服。祖父卒者，适谓孙无父而为祖后。祖父已卒，今遭祖母丧，故云为祖母后也。若父卒为母，故三年。若祖父卒时，父已先亡，亦为祖父三年。若祖卒时父在，己虽为祖期，今父殁，祖母亡时，己亦为祖母三年也。'又按令文：'为祖后者，祖卒为祖母，祖父殁，嫡孙为祖母承重者，齐衰三年，并解官。'合依《礼》、令。"

宝元二年，度支判官、集贤校理薛绅言："祖母万寿县太君王氏卒，是先臣所生母，服纪之制，罔知所适，乞降条制，庶知遵守。"诏送太常礼院详定。礼官言："《五服年月敕》：'齊衰三年，為祖後者，祖卒則為祖母。'又曰：'齊衰不杖期，為祖父母。'《注》云：'父之所生庶母亦同，惟為祖後者不服。'又按《通禮義纂》：'為祖後者，父所生庶母亡，合三年否？'《記》云：'為祖母也，為後三年。不言嫡庶。然奉宗廟，當以貴賤為差，庶祖母不祔於皇姑，已受重於祖，當為祭主，不得申於私恩；若受重於父代而養，為後可也。'又曰：'庶祖母合從何服？禮無服庶祖母之文，有為祖庶母後者之服。晉王廙議曰：受命為後，則服之無嫌。婦人無子，託於族人，猶為之服，況其子孫乎？人莫敢卑其祖也。且妾子，父歿為母得申三年。孫無由獨屈，當服之也。'看詳《五服年月敕》，不載持重之文，於《義纂》即有所據。今薛紳不為祖後，受重於父，合申三年之制。"

史館檢討、同知太常禮院王洙言："《五服年月敕》與新定令文及《通禮》正文內五服制度，皆聖朝典法，此三處並無為父所生庶母服三年之文。唯《義纂》者是唐世蕭嵩、王仲丘等撰集，非創修之書，未可據以決事。且所引兩條，皆近世諸儒之說，不出於《六經》，臣已別狀奏駁。今薛紳不映之孫，耀卿為別子始祖，紳繼別之後為大宗，所守至重，非如次庶子等承傳其重者也。不可輒服父所生庶母三年之喪，以廢始祖之祭。臣謹按《禮經》所謂重者，皆承後之文。據《義纂》稱重於父，亦有二說：一者，嫡長子自為正體，受重可知；二者，或嫡長亡，取嫡或庶次承傳受重，亦名為受重也。若繼別子之後，自為大宗，所承至重，不得更遠係庶祖母為之服三年，惟其父以生己之故，為之三年可也。詳《義纂》所謂'受重于父者'，指嫡長子亡，次子承傳父重者也，但其文不同耳。"

詔太常禮院與御史臺詳定聞奏。眾官參詳："耀卿，王氏子；紳，王氏孫，尤親於慈母、庶母、祖母、庶祖母也，耀卿既亡，紳受重代養，當服之也。又薛紳頃因藉田覃恩，乞將敘封母氏恩澤，回授與故父所生母王氏，其薛紳官爵未合敘封祖母，蓋朝廷以耀卿已亡，紳是長孫，敦以教道，特許封邑，豈可王氏生則輒邀國恩，歿則不受重服？況紳被王氏鞠育之恩，體尊義重，合令解官持齊衰三年之服。"詔從之。

皇祐元年，大理評事石祖仁奏："叔從簡為祖父中立服後四十日亡，乞下禮院定承祖父重服。"禮官宋敏求議曰："自《開元禮》以前，嫡孫卒則次孫承重，況從簡為中子已卒，而祖仁為嫡孫乎？古者重嫡，正貴所傳，其為後者皆服三年，以主虞、練、祥、禫之祭。且三年之喪，必以日月之久而服之者有變也。今中立未及卒哭，從簡已卒，是日月未久而服未經變也。或謂已服期，不當改服斬，而更為重制。按《儀禮》：'子嫁，反在父之室，為父三年。'鄭氏注：'謂遭喪而出者，始服齊衰期，出而虞則以三年之喪。'是服可再制明矣。今祖仁宜解官，因其葬而制斬衰三年。後有如其類而已葬者，用再喪制服。"遂著為定式。

熙寧八年，禮院請為祖承重者依《封爵令》立嫡孫，以次立嫡子同母弟，無母弟立庶子，無庶子立嫡孫同母弟；如又無之，即立庶長孫，行斬衰服。于是禮房詳定：

"古者封建國邑而立宗子，故周禮適子死，雖有諸子，猶令嫡孫傳重，所以一本統、明尊之義也。至於商禮，則嫡子死立眾子，然後立孫。今既不立宗子，又未嘗封建國邑，則嫡孫喪祖，不宜純用周禮。若嫡子死無眾子，然後嫡孫承重，即嫡孫傳襲封爵者，雖有眾子猶當承重。"時知廬州孫覺以嫡孫解官持祖母服，覺叔父在，有司以新令，乃改知潤州。

元豐三年，太常丞劉次莊祖母亡，有嫡曾孫，次莊為嫡孫同母弟，在法未有庶孫承重之文。詔下禮官立法："自今承重者，嫡子死無諸子，即嫡孫承重；無嫡孫，嫡孫同母弟承重；無母弟，庶孫長者承重；曾孫以下准此。其傳襲封爵，自依禮、令。"

雜議。大中祥符八年，廣平公德彝聘王顯孫女，將大歸而德彝卒，疑其禮制。禮官言："按《禮》：'曾子問曰：娶女有吉日而女死，如之何？孔子曰：婿齊衰而弔，既葬而除。夫死亦如之。'《注》云：'謂無期三年之恩也，女服斬衰。'又《刑統》云：'依禮，有三月廟見、有未廟見就婚等三種之文，妻並同夫法，其有剋吉日及定婚夫等，惟不得違約改嫁，自餘相犯，并同凡人。'今詳女合服斬衰於室，既葬而除；或未葬，但出櫬即除之。"

天聖七年，興化軍進士陳可言："昨與本軍進士黃价同保，臣預解送之後，本軍言黃价昨赴舉時，有叔為僧，喪服未滿，臣例當駁放。竊思出家制服，禮律俱無明文，況僧犯大罪，並無緣坐；犯事還俗，准敕不得均分父母田園。又釋門儀式，見父母不拜，居父母喪不絰，死則法門弟子為之制服，其于本族並無服式。望下禮官詳議，許其赴試。"太常禮院言："檢會敕文，期周尊長服，不得應舉。又禮為叔父齊衰期，外繼者降服大功九月。其黃价為叔僧，合比外繼，降服大功。"

皇祐四年，吉州司理參軍祝紳幼孤，鞠於兄嫂。已嘗為嫂持服，兄喪，又請解官持喪。有司以為言。仁宗曰："近世蓋有匿親喪而干進者。紳雖所服非禮，然不忘鞠養恩，亦可勸也。候服闋日與幕職、知縣。"

繼絕。熙寧二年，同修起居注、直史館蔡延慶父褒，故太尉齊之弟也。齊初無子，子延慶。後齊有子，而褒絕，請復本宗。禮官以請，許之。紹聖元年，尚書省言："元祐南郊赦文，戶絕之家，近親不為立繼者，官為施行。今戶絕家許近親尊長命繼，已有著令，即不當官為施行。"四年，右武衛大將軍克務，乞故登州防禦使東牟侯克端子叔博為嗣，請赴期朝參起居，而不為克端服。大宗正司以聞。下禮官議，宜終喪三年。遂詔宗室居父母喪者，毋得乞為繼嗣。

大觀四年，詔曰："孔子謂興滅繼絕，天下之民歸心。王安石子雱無嗣，有族子棣，已嘗用安石孫恩例官，可以棣為雱後，以稱朕善善之意。"先是，元豐國子博士孟開，請以侄孫宗顏為孫，據晉侍中荀顗無子，以兄之孫為孫；其後王彥林請以弟彥通為叔母宋後繼絕孫，詔皆如所請。淳熙四年十月二十七日，戶部言："知蜀州吳擴申明：乞自今養同宗昭穆相當之子，夫死之後，不許其妻非理遣還。若所養子破蕩家產，不能侍養，實有顯過，即聽所養母訴官，近亲尊长证验得实，依条遣还，仍公共继嗣。"

卷一百二十六　　志第七十九

乐　一

　　有宋之乐，自建隆讫崇宁，凡六改作。始，太祖以雅乐声高，不合中和，乃诏和岘以王朴律准较洛阳铜望臬石尺为新度，以定律吕，故建隆以来有和岘乐。仁宗留意音律，判太常燕萧言器久不谐，复以朴准考正。时李照以知音闻，谓朴准高五律，与古制殊，请依神瞽法铸编钟。既成，遂请改定雅乐，乃下三律，炼白石为磬，范中金为钟，图三辰、五灵为器之饰，故景祐中有李照乐。未几，谏官、御史交论其非，竟复旧制。其后诏侍从、礼官参定声律，阮逸、胡瑗实预其事，更造钟磬，止下一律，乐名《大安》。乃试考击，钟声窀郁震掉，不和滋甚，遂独用之常祀、朝会焉，故皇祐中有阮逸乐。神宗御历，嗣守成宪，未遑制作，间从言者绪正一二。知礼院杨杰条上旧乐之失，召范镇、刘几与杰参议。几，杰请遵祖训，一切下王朴乐二律，用仁宗时所制编钟，追考成周分乐之序，辨正二舞容节；而镇欲求一秬二米真黍，以律生尺，改修钟量，废四清声。诏悉从几、杰议。乐成，奏之郊庙，故元丰中有杨杰、刘几乐。范镇言其声杂郑、卫，请太府铜制律造乐。哲宗嗣位，以乐来上，按试于庭，比李照乐下一律，故元祐中有范镇乐。杨杰复议其失，谓出于镇一家之学，卒置不用。徽宗锐意制作，以文太平，于是蔡京主魏汉津之说，破先儒累黍之非，用夏禹以身为度之文，以帝指为律度，铸帝鼐、景钟。乐成，赐名《大晟》，谓之雅乐，颁之天下，播之教坊，故崇宁以来有魏汉津乐。

　　夫《韶》、《濩》之音，下逮战国，历千数百年，犹能使人感叹作兴。当是时，桑间、濮上之音已作，而古帝王之乐犹存，岂不以其制作有一定之器，而授受继承亦代有其人欤？由是论之，郑、卫《风》《雅》，不异器也。知此道也，则虽百世不易可也。礼乐道丧久矣，故宋之乐屡变，而卒无一定不易之论。考诸家之说，累黍既各执异论，而身为度之说尤为荒唐。方古制作，欲垂万世，难矣！观其高二律、下一律之说，虽贤者有所未知，直曰乐声高下于歌声，则童子可知矣；八音克谐之说，智者有所未谕，直以歌声齐箫声，以箫声定十六声而齐八器，则愚者可谕矣。审乎此道，以之制作，器定声应，自不夺伦，移宫换羽，特余事耳。去怗滞靡曼而归之和平淡泊，大雅之音，不是过也。

　　南渡之后，大抵皆用先朝之旧，未尝有所改作。其后诸儒朱熹、蔡元定辈出，乃相与讲明古今制作之本原，以究其归极，著为成书，理明义析，具有条制，粲然使人知礼乐之不难行也。惜乎宋祚告终，天下未一，徒亦空言而已。

　　今集累朝制作损益因革、议论是非，悉著于编，俾来者有考焉。为《乐志》。

　　王者致治，有四达之道，其二曰乐，所以和民心而化天下也。历代相因，咸有制作。唐定乐令，惟著器服之名。后唐庄宗起于朔野，所好不过北鄙郑、卫而已，先王雅乐，殆将扫地。晋天福中，始诏定朝会乐章、二舞、鼓吹十二案。周世宗尝观乐县，问宫人，不能答。由是患雅乐凌替，思得审音之士以考正之，乃诏翰林学士窦俨兼判太常寺，与枢密使王朴同详定，朴作律准，编古今乐事为《正乐》。

　　宋初，命俨仍兼太常。建隆元年二月，俨上言曰："三、五之兴，礼乐不相沿袭。洪惟圣宋，肇建皇极，一代之乐，宜乎立名。乐章固当易以新词，式遵旧典。"从之，因诏俨专其事。俨乃改周乐文舞《崇德》之舞为《文德》之舞，武舞《象成》之舞为《武功》之舞，改乐章十二"顺"为十二"安"，盖取"治世之音安以乐"之义。祭天为《高安》，祭地为《静安》，宗庙为《理安》，天地、宗庙登歌为《嘉安》，皇帝临轩为《隆安》，王公出入为《正安》，皇帝食饮为《和安》，皇帝受朝、皇后入宫为《顺安》，皇太子轩县出入为《良安》，正冬朝会为《永安》，郊庙俎豆入为《丰安》，祭享、酌献、饮福、受胙为《禧安》，祭文宣王、武成王同用《永安》，籍田、先农用《静安》。

　　五月，有司上言："僖祖文献皇帝室奏《大善》之舞，顺祖惠元皇帝室奏《大宁》之舞，翼祖简恭皇帝室奏《大顺》之舞，宣祖昭武皇帝室奏《大庆》之舞。"从之。

　　乾德元年，翰林学士承旨陶谷等奉诏撰定祀感生帝之乐章，曲名，降神用《大安》，太尉行用《保安》，奠玉币用《庆安》，司徒奉俎用《咸安》，酌献用《崇安》，饮福用《广安》，亚献、终献用《文安》，送神用《普安》。五代以来，乐工未具，是岁秋，行郊享之礼，诏选开封府乐工八百三十人，权隶太常习鼓吹。

　　四年春，遣拾遗孙吉取成都孟昶伪宫县至京师，太常官属阅视，考其乐器，不协音律，命毁弃之。六月，判太常寺和岘言："大乐署旧制，宫县三十六虡设于庭，登歌两架设于殿上。望诏有司别造，仍令徐州求泗滨石以充磬材。"许之。先是，晋开运末，礼乐之器沦陷，至是，始令有司复二舞、十二案之制。二舞郎及引舞一百五十人，按视教坊、开封乐籍，选乐工子弟以备其列，冠服准旧制。鼓吹十二案，其制：设毡床十二，为熊罴腾倚之状，以承其下；每案设大鼓、羽葆鼓、金錞各一，歌、箫、笳各二，凡九人，其冠服同引舞之制。

　　十月，岘又言："乐器中有叉手笛，乐工考验，皆与雅音相应。按唐吕才歌《白雪》之琴，马滔进《太一》之乐，当时得与宫县之籍。况此笛足以协十二旋相之宫，亦可通八十四调，其制如雅笛而小，长九寸，与黄钟管等。其窍有六，左四右二，乐人执持，两手相交，有拱揖之状，请名之曰'拱宸管'。望于十二案、十二编磬并登歌两架各设其一，编于令式。"诏可。

　　太祖每谓雅乐声高，近于哀思，不合中和。又念王朴、窦俨素名知乐，皆已沦没，因诏岘讨论其理。岘言："以朴所定律吕之尺较西京铜望臬古制石尺短四分，乐声之高，良由于此。"乃诏依古法别创新尺，以定律吕。自此雅音和畅，事具《律历志》。

自国初已来，御正殿受朝贺，用宫县；次御别殿，群臣上寿，举教坊乐。是岁冬至，上御乾元殿受贺毕，群臣诣大明殿行上寿礼，始用雅乐、登歌、二舞。是月，和岘又上言：

郊庙殿庭通用《文德》、《武功》之舞，然其缀兆未称《武功》、《文德》之形容。又依古义，以揖让得天下者，先奏文舞；以征伐得天下者，先奏武舞。陛下以推让受禅，宜先奏文舞。按《尚书》，舜受尧禅，玄德升闻，乃命以位。请改殿宇所用文舞为《玄德升闻》之舞。其舞人，约唐太宗舞图，用一百二十八人，以倍八佾之数，分为八行，行十六人，皆著履，执拂，服裤褶，冠进贤冠。引舞二人，各执五采纛，其舞状、文容、变数，聊更增改。又陛下以神武平一宇内，即当次奏武舞。按《尚书》，周武王一戎衣而天下大定，请改为《天下大定》之舞，其舞人数、行列悉同文舞，其人皆被金甲、持戟。引舞二人，各执五采旗。其舞六变：一变象六师初举，二变象上党克平，三变象维扬底定，四变象荆湖归复，五变象邛蜀纳款，六变象兵还振旅。乃别撰舞典、乐章。其铙、铎、雅、相、金錞、麏鼓并引二舞等工人冠服，即依乐令，而《文德》、《武功》之舞，请于郊庙仍旧通用。

又按，唐贞观十四年，景云见，河水清，张文收采古《朱雁》、《天马》之义，作《景云河清歌》，名燕乐，元会第二奏者是也。伏见今年荆南进甘露，京兆、果州进嘉禾，黄州进紫芝，和州进绿毛龟，黄州进白兔。欲依月律，撰《神龟》、《甘露》、《紫芝》、《嘉禾》、《玉兔》五瑞各一曲，每朝会登歌，首奏之。有诏："二舞人数衣冠悉仍旧制，乐章如所请。"

六年，岘又言："汉朝获天马、赤雁、神鼎、白麟之瑞，并为郊歌。国朝，合州进瑞木成文，驯象由远方自至，秦州获白乌，黄州获白雀，并合播在管弦，荐于郊庙。"诏岘作《瑞文》、《驯象》、《玉乌》、《皓雀》四瑞乐章，以备登歌。未几，岘复言："按《开元礼》，郊祀，车驾还宫入嘉德门，奏《采茨》之乐；入太极门，奏《太和》之乐。今郊祀礼毕，登楼肆赦，然后还宫，宫县但用《隆安》，不用《采茨》。其《隆安》乐章本是御殿之辞，伏详《礼》意，《隆安》之乐自内而出，《采茨》之乐自外而入，若不并用，有失旧典。今太乐署丞王光裕诵得唐日《采茨曲》，望依月律别撰其辞，每郊祀毕，车驾初入奏之。御楼礼毕还宫，即奏《隆安》之乐。"并从之。太常寺又言："准令，宗庙殿庭宫县三十虡，郊社二十虡，殿庭加鼓吹十二案。开宝四年，郊祀误用宗庙之数，今岁亲郊，欲用旧礼。"有诏，圜丘增十六虡，余依前制。

太宗太平兴国二年，冬至上寿，复用教坊乐。九年，岚州献祥麟；雍熙中，苏州贡白龟；端拱初，澶州河清，广州凤凰集；诸州麦两穗、三穗者，连岁来上。有司请以此五瑞为《祥麟》、《丹凤》、《河清》、《白龟》、《瑞麦》之曲，荐于朝会，从之。

淳化二年，太子中允、直集贤院和㠓上言："兄岘尝于乾德中约《唐志》故事，请改殿庭二舞之名，舞有六变之象，每变各有乐章，歌咏太祖功业。今睹来岁正会之仪，登歌五瑞之曲已从改制，则文武二舞亦当定其名。《周易》有'化成天下'之辞，谓文德也；汉史有'威加海内'之歌，谓武功也。望改殿庭旧用《玄德升闻》之舞为《化成天下》之舞，《天下大定》之舞为《威加海内》之舞。其舞六变：一变象登台讲武，二变象漳、泉奉土，三变象杭、越来朝，四变象克殄并、汾，五变象肃清银、夏，六变象兵还振旅。每变乐章各一首。"诏可。

三年，元日朝贺毕，再御朝元殿，群臣上寿，复用宫县、二舞，登歌五瑞曲，自此遂为定制。㠓又请取今朝祥瑞之殊尤者作为四瑞乐章，备郊庙奠献，以代旧曲，诏从之。有司虽承诏，不能奉行，故今阙其曲。

太宗尝谓舜作五弦之琴以歌《南风》，后王因之，复加文武二弦。至道元年，乃增作九弦琴、五弦阮，别造新谱三十七卷。凡造九弦琴宫调、凤吟商调、角调、徵调、羽调、龙仙羽调、侧蜀调、黄钟调、无射商调、瑟调变弦法各一。制宫调《鹤唳天弄》、凤吟商调《凤来仪弄》、龙仙羽调《八仙操》，凡三曲。又以新声被旧曲者，宫调四十三曲，商调十三曲，角调二十三曲，徵调十四曲，羽调二十六曲，侧蜀调四曲，黄钟调十九曲，无射商调七曲，瑟调七曲。造五弦阮宫调、商调、凤吟商调、角调、徵调、羽调、黄钟调、无射商调、瑟调、碧玉调、慢角调、金羽调变弦法各一。制宫调《鹤唳天弄》、凤吟商调《凤来仪弄》，凡二曲。又以新声被旧曲者，宫调四十四曲，商调十三曲，角调十一曲，徵调十曲，羽调十曲，黄钟调十九曲，无射商调七曲，瑟调七曲，碧玉调十四曲，慢角调十曲，金羽调三曲。阮成，以示中书门下，因谓曰："雅乐与郑、卫不同，郑声淫，非中和之道。朕常思雅正之音可以治心，原古圣之旨，尚存遗美。琴七弦，朕今增之为九，其名曰君、臣、文、武、礼、乐、正、民、心，则九奏克谐而不乱矣。阮四弦，增之为五，其名曰：水、火、金、木、土，则五材并用而不悖矣。"因命待诏朱文济、蔡裔赍琴、阮诣中书弹新声，诏宰相及近侍咸听焉。由是中外献赋颂者数十人。二年，太常音律官田琮以九弦琴、五弦阮均配十二律，旋相为宫，隔八相生，并协律吕，冠于雅乐，仍具图以献。上览而嘉之，迁其职以赏焉。自是遂废拱宸管。

真宗咸平四年，太常寺言："乐工艺匪精，每祭享郊庙，止奏黄钟宫一调，未尝随月转律，望示条约。"乃命翰林侍读学士夏侯峤、判寺郭贽同按试，择其晓习月律者，悉增月奉，自余权停廪给，再俾学习，以奖励之。虽颇振纲纪，然亦未能精备。盖乐工止以年劳次补，而不以艺进，至有抱其器而不能振作者，故难于骤变。

景德二年八月，监察御史艾仲孺上言，请修饰乐器，调正音律，乃诏翰林学士李宗谔权判太常寺，及令内臣监修乐器。后复以龙图阁待制戚纶同判寺事，乃命太乐、鼓吹两署工校其优劣,黜去滥吹者五十余人。宗谔因编次律吕法度、乐物名数,目曰《乐纂》,又裁定两署工人试补条式及肄习程课。

明年八月,上御崇政殿张宫县阅试,召宰执、亲王临观,宗谔执乐谱立侍。先以钟磬按律准,次令登歌,钟、磬、埙、篪、琴、阮、笙、箫各二色合奏,筝、瑟、筑三色合奏,迭为一曲,复击镈钟为六变、九变。又为朝会上寿之乐及文武二舞、鼓吹、导引、警夜之曲,颇为精习。上甚悦。旧制,巢笙、和笙每变宫之际,必换义管,然难于遽易,乐工单仲辛遂改为一定之制,不复旋易,与诸宫调皆协。又令仲辛诞唱八十四调曲,遂诏补副乐正,赐袍笏、银带,自余皆赐衣带、缗钱,又赐宗谔等器币有差。自是,乐府制度颇有伦理。

先是,惟天地、感生帝、宗庙用乐,亲祀用宫县,有司摄事,止用登歌,自余大祀,未暇备乐。时既罢兵,垂意典礼,至是诏:"致恭明神,邦国之重事;升荐备乐,方册之彝章。矧在尊神,固当严奉。举行旧典,用格明灵。自今诸大祠并宜用乐,皆同感生帝,六变、八变如《通礼》所载。"

大中祥符元年四月,详定所言:"东封道路稍远,欲依故事,山上圆台及山下封祀坛前俱设登歌两架,坛下设二十架并二舞,其朝觐坛前亦设二十架,更不设熊黑十二案。"从之。

九月,都官员外郎、判太常礼院孙奭上言:"按礼文,飨太庙终献降阶之后,武舞止,太祝彻豆,《丰安》之乐作,一成止,然后《理安》之乐作,是谓送神。《论语》曰:'三家者以《雍》彻。'又《周礼》乐师职曰:'及彻,帅学士而歌彻。'郑玄曰:'谓歌《雍》也。'《郊祀录》载登歌彻豆一章,奏无射羽。然则宗庙之乐,礼有登歌彻豆,今于终献降阶之后即作《理安》之乐,诚恐阙失,望依旧礼增用。"诏判太常寺李宗谔与检讨详议以闻。宗谔等言:"国初撰乐章,有彻豆《丰安》曲辞,乐署因循不作,望如奭所奏。"从之。时以将行封禅,诏改酌献昊天上帝《禧安》之乐为《封安》,皇地祇《禧安》之乐为《禅安》,饮福《禧安》之乐为《祺安》,别制天书乐章《瑞安》、《灵文》二曲,每亲行礼用之。又作《醴泉》、《神芝》、《庆云》、《灵鹤》、《瑞木》五曲,施于朝会、宴享,以纪瑞应。

十月,真宗亲习封禅仪于崇德殿,睹亚献、终献皆不作乐,因令检讨故事以闻。有司按《开宝通礼》,亲郊,坛上设登歌,皇帝升降、尊献、饮福则作乐;坛下设宫县,降神、迎俎、退文舞、引武舞、迎送皇帝则作。亚献、终献、升降在退文舞引武舞之间。有司摄事,不设宫架、二舞,故三献、升降并用登歌。今山上设登歌,山下设宫县、二舞,其山上圆台亚献、终献准本祠例,无用乐之文。于是特诏亚、终献并用登歌。

五年,圣祖降,有司言:"按唐太清宫乐章,皆明皇亲制,其崇奉玉皇、圣祖及祖宗配位乐章,并望圣制。"诏可之。圣制荐献圣祖文舞曰《发祥流庆》之舞,武舞曰《降真观德》之舞。自是,玉清昭应宫、景灵宫亲荐皆备乐,用三十六虡。景灵宫以庭狭,止用二十虡。上又取太宗所撰《万国朝天曲》曰《同和》之舞,《平晋曲》曰《定功》之舞,亲作乐辞,奏于郊庙。自时厥后,仁宗以《大明》之曲尊真宗,英宗以《大仁》之曲尊仁宗,神宗以《大英》之曲尊英宗。

仁宗天圣五年十月,翰林侍讲学士孙奭言:"郊庙二舞失序,愿下有司考议。"于是翰林学士承旨刘筠等议曰:"周人奏《清庙》以祀文王,《执竞》以祀武王,汉高帝、文帝亦各有舞。至唐有事太庙,每室乐歌异名。盖帝王功德既殊,舞亦随变。属者,有司不详旧制,奠献止登歌而乐舞不作,其失明甚。请如旧制,宗庙酌献复用文舞,皇帝还版位,文舞退,武舞入。亚献酌醴已,武舞作,至三献已奠还位则正。盖庙室各颂功德,故文舞迎神后各奏逐室之舞。郊祀则降神奏《高安》之曲,文舞已作及皇帝酌献,惟登歌奏《禧安》之乐,而县乐舞缀不作,亚献、终献仍用武舞。"诏从之。是时,仁宗始大朝会,群臣上寿,作《甘露》、《瑞木》、《嘉禾》之曲。

明道初,章献皇太后御前殿,见群臣,作《玉芝》、《寿星》、《奇木连理》之曲,《厚德无疆》、《四海会同》之舞。明年,太后躬谢宗庙,帝耕籍田、享先农,率有乐歌。其后亲祀南郊、享太庙、奉慈庙、大享明堂、袷享,帝皆亲制降神、送神、奠币、瓒裸、酌献乐章,余诏诸臣为之。至于常祀、郊庙、社稷诸祠,亦多亲制。

景祐元年八月,判太常寺燕肃等上言:"大乐制器岁久,金石不调,愿以周王朴所造律准按修治,并阅乐工,罢其不能者。"乃命直史馆宋祁、内侍李随同肃等典其事,又命集贤校理李照预焉。于是,帝御观文殿取律准阅视,亲篆之,以属太常。明年二月,肃等上考定乐器并见工人,帝御延福宫临阅,奏郊庙五十一曲,因问照乐音高,命详陈之。照言:"朴准视古乐高五律,视教坊乐高二律。盖五代之乱,雅乐废坏,朴创意造准,不合古法,用之本朝,卒无福应。又编钟、镈、磬无大小、轻重、厚薄、长短之差,铜锡不精,声韵失美,大者陵,小者抑,非中度之器也。昔轩辕氏命伶伦截竹为律,后令神瞽协其中声,然后声应凤鸣,而管之参差亦如凤翅。其乐传之亘古,不刊之法也。愿听臣依神瞽律法,试铸编钟一虡,可使度、量、权、衡协和。"乃诏于锡庆院铸之。既成,奏御。

照遂建议请改制大乐,取京县秬黍累尺成律,铸钟审之,其声高亢。更用太府布帛尺为法,乃下太常制四律。别诏潞州取羊头山秬黍上送于官,照乃自为律管之法,以九十黍之量为四百二十星,率一星占九秒,一黍之量得四星六秒,九十黍得四百二十星,以为十二管定法。乃诏内侍邓保信监制群工。照并引集贤校理聂冠卿为检讨雅乐制度故实官,入内都知阎文应董其事,中书门下总领焉。凡所改制,皆关中书门下详定以闻。别诏翰林侍读学士冯元同祁、冠卿、照讨论乐理,为一代之典。又诏天下有深达钟律者,在所亟以名闻。于是,杭州郑向言阮逸、苏州范仲淹言胡瑗皆通知古乐,诏遣诣阙。其他以乐书献者,悉上有司。

五月,照言:"既改制金石,则丝、笙、匏、土、革、木亦当更制，以备献享。"奏可。照乃铸铜为龠、合、升、斗四物，以兴钟、镈、声量之法，龠之率六百三十黍为黄钟之容，合三倍于龠，升十二倍于合，斗十倍于升。乃改造诸器，以定其法。俄又以镈之容受差大，更增六龠为合，十合为升，十升为斗，铭曰"乐斗"。后数月，潞州上秬黍，照等择大黍纵累之，检考长短，尺成，与太府尺合，法乃定。

先时，太常钟磬每十六枚为虡，而四清声相承不击，照因上言："十二律声已备，余四清声乃郑、卫之乐，请于编县止留十二中声，去四清声，则哀思邪僻之声无由而起也。"元等驳之曰："前圣制乐，取法非一，故有十三管之和，十九管之巢，三十六簧之竽，二十五弦之瑟，十三弦之筝，九弦、七弦之琴，十六枚之钟磬，各自取义，宁有一之于律吕专为十二数者？且钟磬，八音之首，丝竹以下受之于均，故圣人尤所用心焉。《春秋》号乐总言金奏；《诗·颂》称美，实依磬声。此二器非可轻改。今照欲损为十二，不得其法，稽诸古制，臣等以为不可，且圣人既以十二律各配一钟，又设黄钟至夹钟四清声以附正声之次，原四清之意，盖为夷则至应钟四宫而设也。夫五音：宫为君，商为臣，角为民，徵为事，羽为物。不相凌谓之正，迭相凌谓之慢，百王所不易也。声重浊者为尊，轻清者为卑，卑者不可加于尊，古今之所同也。故列声之尊卑者，事与物不与焉。何则？事为君治，物为君用，不能尊于君故也。惟君、臣、民三者则自有上下之分，不得相越。故四清声之设，正谓臣民相避以为尊卑也。今若止用十二钟旋相考击，至夷则以下四管为宫之时，臣民相越，上下交戾，则凌犯之音作矣。此甚不可行也。其钟、磬十六，皆本周、汉诸儒之说及唐家典法所载，欲损为十二，惟照独见，臣以为且如旧制便。"帝令权用十二枚为一格，且诏曰："俟有知者，能考四钟协调清浊，有司别议以闻。"钟旧饰旋虫，改为龙。乃遣使采泗滨浮石千余段以为县磬。

先是，宋祁上言："县设建鼓，初不考击，又无三鼗，且旧用诸鼓率多陋敝。"于是敕元等详求典故而言曰："建鼓四，今皆具而不击，别设四散鼓于县间击之，以代建鼓。乾德四年，秘书监尹拙上言：'散鼓不详所置之由，且于古无文，去之便。'时虽奏可，而散鼓于今仍在。又雷鼓、灵鼓、路鼓虽击之，皆不成声，故常赖散鼓以为乐节，而雷鼗、灵鼗、路鼗阙而未制。今既修正雅乐，谓宜申敕大匠改作诸鼓，使考击有声。及创为三鼗，如古之制，使先播之，以通三鼓。罢四散鼓，如乾德诏书。"奏可。

时有上言，以为雷鼓八面，前世用以迎神，不载考击之法，而大乐所制，以柱贯中，故击之无声。更令改造，山趺上出云以承鼓，刻龙以饰柱，面各一工击鼓，一工左执鼗以先引。凡圆丘降神六变，初八面皆三击，椎而左旋，三步而止。三者，取阳数也。又载击以为节，率以此法至六成。灵鼓、路鼓亦如之。植建鼓于四隅，皆有左鞞、右应。乾隅，左鞞应钟，亥之位也；中鼓黄钟，子之位也；右应大吕，丑之位也。艮隅，左鞞太簇，寅之位也；中鼓夹钟，卯之位也；右应姑洗，辰之位也。巽隅，右应仲吕，巳之位也；中鼓蕤宾，午之位也；左鞞林钟，未之位也。坤隅，右应夷则，申之位也；中鼓南吕，酉之位也；左鞞无射，戌之位也。宜随月建，依律吕之均击之。后照等复以殿庭备奏，四隅既随月协均，顾无以节乐，而《周官·鼓人》"以晋鼓鼓金奏"，应以施用。诏依《周官》旧法制焉。于是县内始有晋鼓矣。

古者，镈钟击为节检，而无合曲之义，大射有二镈，皆乱击焉。后周以十二镈钟相生立之。景德中，李宗谔领太常，总考十二镈钟，而乐工相承，殿庭习用三调六曲。三调者，黄钟、大簇、蕤宾也；六曲者，调别有《隆安》、《正安》二曲。郊庙之县则环而击之。宗谔上言曰：金部之中，镈钟为难和，一声不及，则宫商失序，使十二镈工皆精习，则迟速有伦，随月用律，诸曲无不通矣。"真宗因诏黄钟、太簇二宫更增文舞、武舞、福酒三曲。至是，诏元等询考击之法，元等奏言："后周尝以相生之法击之，音韵克谐，国朝亦用随均合曲，然但施殿庭，未及郊庙。谓宜使十二钟依辰列位，随均为节，便于合乐，仍得并施郊庙。若轩县以下则不用此制，所以重备乐尊王制也。"诏从焉。

隋制，内宫县二十虡，以大磬代镈钟而去建鼓。唐武后称制，改用钟，因而莫革。及是，乃诏访元等曰："大磬应何法考击，何礼应用？"元等具言："古者，特磬以代镈钟，本施内宫，遂及柔祀，隋、唐之代，继有因改。先皇帝东禅梁甫，西瘗汾阴，并仍旧章，陈于县奏。若其所用，吉礼则中宫之县，祀礼则皇地祇、神州地祇、先蚕、今之奉慈庙、后庙，皆宜陈设。宫县则三十六虡，去四隅建鼓，如古便。若考击之法，谓宜同于镈钟。比缘诏旨，不俾循环互击，而立依均合曲之制，则特磬固应不出本均，与编磬相应，为乐之节也。"诏可。

九月，翰林学士承旨章得象等言："宋祁所上《大乐图义》，其论武舞所执九器，经、礼但举其凡而不著言其用后先，故旅进辈作而无终始之别。且鼗者，所谓导舞也；铎者，所谓通鼓也；錞者，所谓和鼓也；铙者，所谓止鼓也；相者，所谓辅乐也；雅者，所谓陔步也。宁有导舞方始而参以止鼓，止鼓既摇而乱以通铎？臣谓当舞入之时，左执干，右执戚，离为八列，别使工人执旌最前，鼗、铎以发之，錞以和之，左执相以辅之，右执雅以节之。及舞之将成也，则鸣铙以退行列，筑雅以陔步武，鼗、铎、錞、相皆止而不作。如此则庶协舞仪，请如祁所论。"其冬，帝躬款奉慈庙，乐县罢建鼓，始以磬代镈钟。

礼官又言："《春秋·隐公五年》：'考仲子之宫，初献六羽。'何休、范甯等咸谓，不言佾者，明佾则干舞在其中，妇人无武事，独奏文舞也。江左宋建平、王宏皆据以为说，故章皇后庙独用文舞。至唐垂拱以来，中宫之县既用镈钟，其后相承，故仪坤等庙献武舞，备钟石之乐，尤为失礼。前诏议奉慈之乐，有司援旧典，已用特磬代镈钟，取阴教尚柔，以静为体。今乐去大钟而舞进干盾，颇戾经旨，请止用《文德》之舞。"奏可。

大乐埙，旧以漆饰，敕令黄其色，以本土音。或奏言："柷旧以方画木为之，外图以时卉则可矣，而中设一色，非称也。先儒之说曰：'有柄，连底挏之。'郑康成以为设椎其中撞之。今当创法垂久，用明制作之意有所本焉。椸之中，东方图以青，隐而为青龙；南方图以赤，隐而为丹凤；西方图以白，隐而为驺虞；北方图以黑，隐而为灵龟；中央图以黄，隐而为神蟆。撞击之法，宜用康成之说。"从之。又诏以新制双凤管付大乐局，其制，合二管以足律声，管端刻饰双凤，施两簧焉。照因自造苇籥、清管、箫管、清笛、雅笛、大笙、大竽、宫琴、宫瑟、大阮、大嵇，凡十一种，求备雅器。诏许以大竽、大笙二种下大乐用之。

时又出两仪琴及十二弦琴二种，以备雅乐。两仪琴者，施两弦、十二柱；十二弦琴者，如常琴之制而增其弦，皆以象律吕之数。又敕更造七弦、九弦琴，皆令圆其首者以祀天，方其首者以祀地。

帝乃亲制乐曲，以夹钟之宫、黄钟之角、太簇之徵、姑洗之羽，作《景安》之曲，以祀昊天。更以《高安》祀五帝、日月，作《太安》以享景灵宫，罢旧《真安》之曲。以黄钟之宫、大吕之角、太簇之徵、应钟之羽作《兴安》，以献宗庙，罢旧《理安》之曲。《景安》、《兴安》惟乘舆亲行则用之。以姑洗之角、林钟之徵、黄钟之宫、太簇之角、南吕之羽作《祐安》之曲，以酌献五帝。以林钟之宫、太簇之角、姑洗之徵、南吕之羽作《宁安》之曲，以祭地及太社、太稷，罢旧《靖安》之曲。

于时制诏有司，以太祖、太宗、真宗三圣并侑，乃以黄钟之宫作《广安》之曲以奠币、《彰安》之曲以酌献。又诏，躬谒奉慈庙章献皇后之室，作《达安》之曲以奠瓒、《厚安》以酌献；章懿皇后之室，作《报安》之曲以奠瓒、《衍安》以酌献。皇帝入出作《乾安》，罢旧《降安》之曲。常祀：至日祀圜丘，太祖配，以黄钟之宫作《定安》以奠币、《英安》以酌献；孟春祈感生帝，宣祖配，以太簇之宫作《皇安》以奠币、《肃安》以酌献；祈谷祀昊天，太宗配，作《仁安》以奠币、《绍安》以酌献；孟夏雩上帝，太祖配，以仲吕之宫作《献安》以奠币、《感安》以酌献；夏至祭皇地祇，太祖配，以蕤宾之宫作《恭安》以奠币、《英安》以酌献；季秋大飨明堂，真宗配，以无射之宫作《诚安》以奠币、《德安》以酌献；孟冬祭神州地祇，太宗配，以应钟之宫作《化安》以奠币、《韶安》以酌献。又造《冲安》之曲，以七均演之为八十四，皆作声谱以授有司，《冲安》之曲独未施行。亲制郊庙乐章二十一曲，财成颂体，告于神明，诏宰臣吕夷简等分造乐章，参施群祀。

又为《景祐乐髓新经》，凡六篇：第一，释十二均；第二，明所主事；第三，辨音声；第四，图律吕相生，并祭天地、宗庙用律及阴阳数配；第五，十二管长短；第六，历代度、量、衡。皆本之于阴阳，配之于四时，建之于日辰，通之于轙竽，演之于壬式遁甲之法，以授乐府，以考正声，以赐群臣焉。

初，照等改造金石所用员程凡七百十四：攻金之工百五十三，攻木之工二百十六，攻皮之工四十九，刮摩之工九十一，搏埴之工十六，设色之工百八十九。起五月，止九月，成金石具七县。至于鼓吹及十二案，悉修饰之。

令冠卿等纂《景祐大乐图》二十篇，以载熔金镞石之法、历世八音诸器异同之状、新旧律管之差。是月，与新乐并献于崇政殿，诏中书、门下、枢密院大臣预观焉。自董监而下至工徒凡七百余人，进秩赏、赐各有差。其年十一月，有事南郊，悉以新乐并圣制及诸臣乐章用之。

先是，左司谏姚仲孙言："照所制乐多诡异，至如炼白石以为磬，范中金以作钟，又欲三辰、五灵为乐器之饰。臣愚，窃有所疑。自祖宗考正大乐，荐之郊庙，垂七十年，一旦黜废而用新器，臣窃以为不可。"御史曹修睦亦为言。帝既许照制器，且欲究其术之是非，故不听焉。

卷一百二十七　　　志第八十

乐　二

景祐三年七月，冯元等上新修《景祐广乐记》八十一卷，诏翰林学士丁度、知制诰胥偃、直史馆高若讷、直集贤院韩琦取邓保信、阮逸、胡瑗等钟律，详定得失可否以闻。

九月，阮逸言："臣等所造钟磬皆本于冯元、宋祁，其分方定律又出于胡瑗算术，而臣独执《周礼》嘉量声中黄钟之法及《国语》钧钟弦准之制，皆抑而不用。臣前蒙召对，言王朴律高而李照钟下。窃睹御制《乐髓新经历代度量衡》篇，言《隋书》依《汉志》黍尺制管，或不容千二百，或不啻九寸之长，此则明班《志》已后，历代无有符合者。惟蔡邕铜龠本得于《周礼》遗范，邕自知音，所以只传铜龠，积成嘉量，则是声中黄钟而律本定矣。谓管有大小长短者，盖嘉量既成，即以量声定尺明矣。今议者但争《汉志》黍尺无准之法，殊不知钟有钧、石、量、衡之制。况《周礼》、《国语》，姬代圣经，翻谓无凭，孰为稽古？有唐张文收定乐，亦铸铜瓯，此足验周之嘉量以声定律明矣。臣所以独执《周礼》铸嘉量者，以其方尺深尺，则度可见也；其容一龠，则量可见也；其重钧，则衡可见也；声中黄钟之宫，则律可见也。既律、度、量、衡如此符合，则制管歌声，其中必矣。臣昧死欲乞将臣见铸成铜瓯，再限半月内更铸嘉量，以其声中黄钟之宫，乃取李照新钟就加修整，务合周制钟量法度。文字已编写次，未敢具进。"诏送度等并定以闻。

十月，度等言："据邓保信黍尺二，其一用上党秬黍圆者一黍之长，累百成尺，与蔡邕合。臣等检详前代造尺，皆以一黍之广为分，唯后魏公孙崇以一黍之长累为寸法，太常刘芳取秬黍中者一黍之广即为一分，中尉元匡以一黍之广度黍二缝以取一分，三家竞不能决。而蔡邕铜龠，本志中亦不明言用黍长广累尺。今将保信黄钟管内秬黍二百粒以黍长为分，再累至尺二条，比保信元尺一长五黍，一长七黍，又律管黄钟龠一枚，容秬黍千二百粒，以元尺比量，分寸略同。复将实龠秬黍再累者校之，即又不同。其龠、合、升、斗亦皆类此。又阮逸、胡瑗钟律法黍尺，其一称用上党羊头山秬黍中者累广求尺，制黄钟之声。臣等以其大黍百粒累广成尺，复将管内二百粒以黍广为分，再累至尺二条，比逸等元尺一短七黍，一短三黍。盖逸等元尺并用一等大黍，其实管之黍大小不均，遂致差异。又其铜律管十二枚，臣等据楚衍等围九方分之法，与逸等元尺及所实确秬黍再累成尺者校之，又各不同。又所制铜称二量亦皆类此。臣等看详其钟、磬各一架，虽合典故，而黍尺一差，难以定夺。"又言："太祖皇帝尝诏和岘等用景表尺典修金石，七十年间，荐之郊庙，稽合唐制，以示诒谋。则可且依景表旧尺，俟天下有妙达钟律之学者，俾考正之，以从周、汉之制。其阮逸、胡瑗、邓保信并李照所用太府寺等尺及阮逸状进《周礼》度量法，其说疏舛，不可依用。"

五年五月，右司谏韩琦言："臣前奉诏详定钟律，尝览《景祐广乐记》，睹照所造乐不依古法，皆率己意别为律度，朝廷因而施用，识者非之。今将亲祀南郊，不可重以违古之乐上荐天地、宗庙。窃闻太常旧乐见有存者，郊庙大礼，请复用之。"诏资政殿大学士宋绶、三司使晏殊同两制官详定以闻。七月，绶等言："李照新乐比旧乐下三律，众论以为无所考据。愿如琦请，郊庙复用和岘所定旧乐，钟磬不经镌磨者犹存三县奇七虡，郊庙、殿庭可以更用。"太常亦言："旧乐，宫县用龙凤散鼓四面，以应乐节，李照废而不用，止以晋鼓一面应节。旧乐，建鼓四，并鞞、应共十二面，备而不击，李照以四隅建鼓与镈钟相应击之。旧乐，雷鼓两架各八面，止用一人考击，李照别造雷鼓，每面各用一人椎鼓，顺天左旋，三步一止，又令二人摇鞀以应之。又所造大竽、大笙、双凤管、两仪琴、十二弦琴并行。今既复用旧乐，未审所作乐器制度，合改与否？"诏："悉仍旧制，其李照所作，勿复施用。"

康定元年，阮逸上《钟律制议》并图三卷。皇祐二年五月，明堂礼仪使言："明堂所用乐皆当随月用律，九月以无射为均，五天帝各用本音之乐。"于是内出明堂乐曲及二舞名：迎神曰《诚安》；皇帝升降行止曰《仪安》；昊天上帝、皇地祇、神州地祇位奠玉币曰《镇安》，酌献曰《庆安》；太祖、太宗、真宗位奠币曰《信安》，酌献曰《孝安》，司徒奉俎曰《禧安》；五帝位奠玉币曰《镇安》，酌献曰《精安》，皇帝饮福曰《胙安》；退文舞、迎武舞、亚献、终献皆曰《穆安》，彻豆曰《歆安》，送神曰《诚安》，归大次曰《憩安》；文舞曰《右文化俗》，武舞曰《威功睿德》。又出御撰乐章《镇安》、《庆安》、《信安》、《孝安》四曲，余诏辅臣分撰。庚戌，诏："御所撰乐曲名与常祀同者，更之。"遂更常所用圜丘寓祭明堂《诚安》之曲曰《宗安》，祀感生帝《庆安》之曲曰《光安》，奉慈庙《信安》之曲曰《慈安》。

六月，内出御撰明堂乐曲八曲，以君、臣、民、事、物配属五音，凡二十声为一曲；用宫变、徵变者，天、地、人、四时为七音，凡三十声为一曲；以子母相生，凡二十八声为一曲：皆黄钟为均。又明堂月律五十七声为二曲，皆无射为均；又以二十声、二十八声、三十声为三曲，亦

无射为均，皆自黄钟宫入无射。如合用四十八或五十七声，即依前谱次第成曲，其彻声自同本律。及御撰鼓吹、警严曲、合宫歌并肄于太常。

是月，翰林学士承旨王尧臣等言：

奉诏与参议阮逸所上编钟四清声谱法，请用之于明堂者。窃以律吕旋宫之法既定以管，又制十二钟准为十二正声，以律计自倍半。说者云："半者，准正声之半，以为十二子声之钟，故有正声、子声各十二。"子声即清声也。其正管长者为均，自用正声；正管短者为均，则通用子声而成五音。然求声之法，本之于钟，故《国语》所谓"度律均钟"者也。

其编金石之法，则历代不同，或以十九为一虡者，盖取十二钟当一月之辰，又加七律焉；或以二十一为一虡者，以一均声更加浊倍；或以十六为一虡者，以一均清、正为十四，宫、商各置一，是谓"县八用七"也；或以二十四为一虡，则清、正之声备。故唐制以十六数为小架，二十四为大架，天地、宗庙、朝会各有所施。

今太常钟县十六者，旧传正声之外有黄钟至夹钟四清声，虽于图典未明所出，然考之实有义趣。盖自夷则至应钟四律为均之时，若尽用正声，则宫轻而商重，缘宫声以下，不容更有浊声。一均之中，宫弱商强，是谓陵僭，故须用子声，乃得长短相叙。自角而下，亦循兹法。故夷则为宫，则黄钟为角；南吕为宫，则大吕为角；无射为宫，则黄钟为商、太簇为角；应钟为宫，则大吕为商、夹钟为角。盖黄钟、大吕、太簇、夹钟正律俱长，并当用清声，如此则音律相谐而无所抗，此四清声可用之验也。至他律为宫，其长短、尊卑自序者，不当更以清声间之。

自唐末世，乐文坠缺，考击之法久已不传。今若使匏、土、丝、竹诸器尽求清声，即未见其法。又据大乐诸工所陈，自磬、箫、琴、和、巢笙五器本有清声，埙、篪、竽、筑、瑟五器本无清声，五弦阮、九弦琴则有太宗皇帝圣制谱法。至歌工引音极唱，止及黄钟清声。

臣等参议，其清、正二声既有典据，理当施用。自今大乐奏夷则以下四均正律为宫之时，商、角依次并用清声，自余八均尽如常法。至于丝、竹等诸器旧有清声者，令随钟石教习；本无清声者，未可创意求法，且当如旧。惟歌者本用中声，故夏禹以声为律，明人皆可。若强所不至，足累至和。请止以正声作歌，应合诸器亦自是一音，别无差戾。其阮逸所上声谱，以清浊相应，先后互击，取音靡曼，近于郑声，不可用。

诏可。

七月，御撰明堂无射宫乐曲谱三，皆五十七字，五音一曲，奉俎用之；二变七律一曲，饮福用之；七律相生一曲，退文舞、迎武舞及亚献、终献、彻豆用之。

是月，上封事者言："明堂酌献五帝《精安》之曲，并用黄钟一均声，此乃国朝常祀、五时迎气所用旧法，若于

亲行大飨，即所未安。且明堂之位，木室在寅，火室在巳，金室在申，水室在亥，盖木、火、金、水之始也；土室在西南，盖土王之次也。既皆用五行本始所王之次，则献神之乐亦当用五行本始月律，各从其音以为曲。其《精安》五曲，宜以无射之均：太蔟为角，献青帝；仲吕为徵，献赤帝；林钟为宫，献黄帝；夷则为商，献白帝；应钟为羽，献黑帝。"诏两制官同太常议，而尧臣等言："大飨日迫，事难猝更。"诏俟过大礼，详定以闻。

九月，帝服靴袍，御崇政殿，召近臣、宗室、馆阁、台谏官阅雅乐，自宫架、登歌、舞佾之奏凡九十一曲遍作之，因出太宗琴、阮谱及御撰明堂乐曲音谱，并按习大乐新录，赐群臣。又出新制颂埙、匏笙、洞箫，仍令登歌以八音诸器各奏一曲，遂召鼓吹局按警场，赐大乐、鼓吹令丞至乐工徒吏缗钱有差。帝既阅雅乐，谓辅臣曰："作乐崇德，荐之上帝，以配祖考。今将有事于明堂，然世鲜知音，其令太常并加讲求。"时言者以为镈钟、特磬未协音律，诏令邓保信、阮逸、卢昭序同太常检详典礼，别行铸造。太常荐太子中舍致仕胡瑗晓音，诏同定钟磬制度。

闰十一月，诏曰："朕闻古者作乐，本以荐上帝、配祖考，三、五之盛，不相沿袭，然必太平，始克明备。周武受命，至成王时始大合乐；汉初亦沿旧乐，至武帝时始定泰一、后土乐诗；光武中兴，至明帝时始改'大予'之名；唐高祖造邦，至太宗时孝孙、文收始定钟律，明皇方成唐乐。是知经启善述，礼乐重事，须三四世，声文乃定。

国初亦循用王朴、窦俨所定周乐，太祖患其声高，遂令和岘减一律，真宗始议随月转律之法，屡加按核。然念《乐经》久坠，学者罕传，历古研覃，亦未究绪。顷虽博加访求，终未有知声、知经可信之人。尝为改更，未适兹意。中书门下其集两制及太常礼乐官，以天地、五方、神州、日月、宗庙、社蜡祭享所用登歌、宫县，审定声律是非，按古合今，调谐中和，使经久可用，以发扬祖宗之功德，朕何惮改为？但审声、验书，二学鲜并，互诋胸臆，无所援据，慨然希古，靡忘于怀。"

于是中书门下集两制、太常官，置局于秘阁，详定大乐。王尧臣等言：天章阁待制赵师民博通今古，愿同祥定，及乞借参知政事高若讷所校十五等古尺。并从之。

三年正月，诏徐、宿、泗、耀、江、郑、淮阳七州军采磬石，仍令诸路转运司访民间有藏古尺律者上之。二月，诏两制及礼官参稽典制，议定国朝大乐名，中书门下审加详阅以闻。初，胡瑗请太祖庙舞用干戚，太宗庙兼用干、羽，真宗庙用羽、龠，以象三圣功德。然议者谓国朝七庙之舞，名虽不同，而干、羽并用，又庙制与古异。及瑗建言，止降诏定乐名而已。

七月，尧臣等言："按太常天地、宗庙、四时之祀，乐章凡八十九曲，自《景安》而下七十五章，率以'安'名曲，岂特本道德、政教嘉靖之美，亦缘神灵、祖考安乐之故。臣等谨上议，国朝乐宜名《大安》。"诏曰："朕惟古先格王随代之乐，亦既制作，必有称谓，缘名以讨义，由义以知德，盖名者，德之所载，有行远垂久之效焉。故《韶》以绍尧，《夏》以承舜，《濩》以救民，《武》以象伐，传之不朽，用此道也。国家举坠正失，典章交备，独斯体大而有司莫敢易言之。朕悯然念兹，大惧列圣之休未能昭揭于天下之听，是用申敕执事，远求博讲而考定其衷。今礼官、学士追三有事之臣，同寅一辞，以《大安》之议来复。且谓：艺祖之裁暴乱也，安天下之未安，其功大；二宗之致太平也，安天下之既安，其德盛；洎朕之承圣烈也，安祖宗之所安，其仁厚。祗览所议，熟复于怀。恭惟神德之造基，神功之戡武，章圣恢清净之治，冲人蒙成定之业，虽因世之迹各异，而靖民之道同归。以之播钟球、文羽籥、用诸郊庙、告于神明，曰'大'且'安'，诚得其正。"

十二月，召两府及侍臣观新乐于紫宸殿，凡镈钟十二：黄钟高二尺二寸半，广一尺二寸，鼓六，钲四，舞六、甬、衡并旋虫高八寸四分，遂径一寸二分，深一寸一厘，篆带每面纵者四、横者四，枚景挟鼓与舞，四处各有九，每面共三十六，两栾间一尺四寸，容九斗九升五合，重一百六斤；大吕以下十一钟并与黄钟同制，而两栾间递减半分；至应钟容九斗三升五合，而其重加至应钟重一百四十八斤，并中新律本律。特磬十二：黄钟、大吕股长二尺，博一尺，鼓三尺，博六寸九分寸之六，弦三尺七寸五分；太蔟以下股长尺八寸，博九寸，鼓二尺七寸，博六寸，弦三尺三寸七分半，其声各中本律。黄钟厚二寸一分，大吕以下递加其厚，至应钟厚三寸五分。诏以其图送中书。议者以为《周礼》："大钟十分其鼓间，以其一为之厚；小钟十分其钲间，以其一为之厚。"则是大钟宜厚，小钟宜薄。今大钟重一百六斤，小钟乃重一百四十八斤，则小钟厚，非也。又："磬氏为磬，倨句一矩有半，博为一，股为二，鼓为三。叁分其股博，去其一以为鼓博；三分其鼓博，以其一为之厚。"今磬无博厚、无长短，亦非也。

五年四月，命参知政事刘沆、梁适监议大乐。是月，知制诰王洙奏："黄钟为宫最尊者，但声有尊卑耳，不必在其形体也。言钟磬依律数为大小之制者，经典无正文，惟郑康成立意言之，亦自云假设之法。孔颖达作疏，因而述之。据历代史籍，亦无钟磬依律数大小之说，其康成、颖达等即非身曾制作乐器。至如言'磬前长三律，二尺七寸；后长二律，一尺八寸，是磬有大小之制'者，据此以黄钟为律。臣曾依此法造黄钟特磬者，止得林钟律声。若随律长短为钟磬大小之制，则黄钟长二尺二寸半，减至应钟，则形制大小比黄钟才四分之一。又九月、十月以无射、应钟为宫，即黄钟、大吕反为商声，宫小而商大，是君弱臣强之象。今参酌其镈钟、特磬制度，欲且各依律数，算定长短、大小、容受之数，仍以皇祐中秦尺为法，铸大吕、应钟钟磬各一，即见形制、声韵所归。"奏可。

五月，翰林学士承旨王拱辰言："奉诏详定大乐，比臣至局，钟磬已成。窃缘律有长短，磬有大小，黄钟九寸最长，其气阳，其象土，其正声为宫，为诸律之首，盖君德之象，不可并也。今十二钟磬，一以黄钟为率，与古为异。臣等亦尝询逸、瑗等，皆言'依律大小，则声不能谐。'故臣窃有疑，请下详定大乐所，更稽古义参定之。"是月，知谏院李兑言："曩者紫宸殿阅太常新乐，议者以钟之形制未中律度，遂斥而不用，复诏近臣详定。窃闻崇文院聚议，而王拱辰欲更前史之义，王洙不从，议论喧啧。夫乐之道广大微妙，非知音入神，岂可轻议？西汉去圣尚近，有制氏世典大乐，但能纪其铿锵，而不能言其义。况今又千余年，而欲求三代之音，不亦难乎？且阮逸废之人，安能通圣明述作之事？务为异说，欲规恩赏。朝廷制乐数年，当国财匮乏之时，烦费甚广。器既成矣，又欲改为，虽命两府大臣监议，然未能裁定其当。请以新成钟磬与祖宗旧乐参校其声，但取谐和近雅者合用之。"

六月，帝御紫宸殿，奏太常新定《大安》之乐，召辅臣至省府、馆阁预观焉，赐详定官器币有差。八月，诏："南郊姑用旧乐，其新定《大安》之乐，常祀及朝会用之。"翰林学士胡宿上言："自古无并用二乐之理，今旧乐高，新乐下，相去一律，难并用。且新乐未施郊庙，先用之朝会，非先王荐上帝、配祖考之意。"帝以为然。九月，御崇政殿，召近臣、宗室、台谏、省府推判官观新乐并新作晋鼓。乃以瑗为大理寺丞，逸夏尚书屯田员外郎，保信领荣州防御使，入内东头供奉官贾宣吉为内殿承制，并以制钟律成，特迁之。

至和元年，言者多以阴阳不和由大乐未定。帝曰："乐之不合于古，久矣。水旱之来，系时政得失，岂特乐所召哉？"二年，潭州上浏阳县所得古钟，送太常。初，李照斥王朴乐音高，乃作新乐，下其声。太常歌工病其太浊，歌不成声，私赂铸工，使减铜齐，而声稍清，歌乃协。然照卒莫之辨。又朴所制编钟皆侧垂，照、瑗皆非之。及照将铸钟，给铜于铸泻务，得古编钟一，工人不敢毁，乃藏于太常。钟不知何代所作，其铭云："粤朕皇祖宝龢钟，粤斯万年，子子孙孙永宝用。"叩其声，与朴钟夷则清声合，而其形侧垂。瑗后改铸，正其钮，使下垂，叩之弇，郁而不扬。其镈钟又长甫而震掉，声不和。著作佐郎刘羲叟谓人曰："此与周景王无射钟无异，上将有眩惑之疾。"嘉祐元年正月，帝御大庆殿受朝，前一夕，殿庭设仗卫，既具而大雨雪，至压宫架折，帝于禁中跣而告天，遂暴感风眩，人以羲叟之言为验。八月，御制恭谢乐章。是月，诏恭谢用旧乐。

四年九月，御制祫享乐舞名：僖祖奏《大基》，顺祖奏《大祚》，翼祖奏《大熙》，宣祖奏《大光》，太祖奏《大统》，太宗奏《大昌》，真宗奏《大治》，孝惠皇后奏《淑安》，孝章皇后奏《静安》，淑德皇后奏《柔安》，章怀皇后奏《和安》，迎神、送神奏《怀安》，皇帝升降奏《肃安》，奠瓒奏《顾安》，奉俎、彻豆奏《充安》，饮福奏《禧安》，亚献、终献奏《祐安》，退文舞、迎武舞奏《显安》，皇帝归大次奏《定安》，登楼礼成奏《圣安》，驾回奏《采茨》；文舞曰《化成治定》，武舞曰《崇功昭德》。帝自制迎神、送神乐章，诏宰臣富弼等撰《大祚》至《采茨》曲词十八。七年八月，御制明堂迎神乐章，皆肄于太常。

翰林学士王珪言："昔之作乐，以五声播于八音，调和谐合而与治道通，先王用于天地、宗庙、社稷，事于山川鬼神，使鸟兽尽感，况于人乎？然则乐虽盛而音亏，未知其所以为乐也。今郊庙升歌之乐，有金、石、丝、竹、匏、土、革而无木音。夫所谓柷、敔者，圣人用以著乐之始终，顾岂容有缺耶？且乐莫隆于《韶》，《书》曰'戛击'，是柷、敔之用。既云下而击鼗，知鸣球与柷、敔之在堂，故《传》曰：'堂上堂下，各有柷、敔也'。今陛下躬祠明堂，宜诏有司考乐之失而合八音之和。"于是下礼官议，而堂上始置柷、敔。

又秘阁校理裴煜奏："大祠与国忌同者，有司援旧制，礼乐备而不作。忌日必哀，志有所至，其不有乐，宜也。然乐所以降格神祇，非以适一己之私也。谨案开元中礼部建言，忌日享庙应用乐。裴宽立议，庙尊忌卑则作乐，庙卑忌尊则备而不奏。中书令张说以宽议为是。宗庙如此，则天地、日月、社稷之祠用乐明矣。臣以为凡大祠天地、日月、社稷与忌日同者，伏请用乐，其在庙则如宽之议。所冀略轻存重，不失其称。"下其章礼官，议曰"《传》称祭天以禋为歆神之始，以血为陈馔之始；祭地以埋为歆神之始，以血为陈馔之始。宗庙以灌为歆神之始，以腥为陈馔之始。然则天地、宗庙皆以乐为致神之始，故曰大祭有三始，谓此也。天地之间虚豁而不见其形者，阳也。鬼神居天地之间，不可以人道接也。声属于阳，故乐之音声号呼召于天地之间，庶几神明闻之，因而来格，故祭必求诸阳。商人之祭，先奏乐以求神，先求于阳也；次灌地求神于阴，达于渊泉也。周人尚臭，四时之祭，先灌地以求神，先求诸阴也。然则天神、地祇、人鬼之祀不可去乐明矣。今七庙连室，难分庙忌之尊卑，欲依唐制及国朝故事：庙祭与忌同日，并县而不作；其与别庙诸后忌同者，作之；若祠天地、日月、九宫、太一及蜡百神，并请作乐；社稷以下诸祠既卑于庙，则乐可不作。"翰林学士王珪等以为："社稷，国之所尊，其祠日若与别庙诸后忌同者，伏请亦不去乐。"诏可。

英宗治平元年六月，太常寺奏，仁宗配飨明堂，奠币歌《诚安》，酌献歌《德安》。二年九月，礼官李育上言："南郊、太庙二舞郎总六十八，文舞罢，舍羽籥，执干戚，就为武舞。臣谨按旧典，文、武二舞各用八佾，凡祀圜丘、祀宗庙，太乐令率工人以入，就位，文舞入，陈于架北，武舞立于架南。又文舞出，武舞入，有送迎之曲，名曰《舒和》，亦曰《同和》，凡三十一章，止用一曲。是进退同时，行缀先定，步武容体，各应乐节。夫《玄德升闻》之舞象揖让，《天下大定》之舞象征伐，柔毅舒急不侔，而所法所习亦异，不当中易也。窃惟天神皆降，地祇皆出，八音克谐，祖考来格，天子亲执珪币，'相维辟公'，'严恭寅畏'，可谓极矣。而舞者纷然纵横于下，进退取舍，蹙迫如是，岂明有德、象有功之谊哉？国家三年而躬一郊，同殿而享八室，而舞者阙如，名曰二舞，实一舞也。且如大朝会所以宴臣下，而舞者备其数；郊庙所以事天地、祖考，而舞者减其半；殊未为称。事有近而不可迩，礼有繁而不可省，所系者大，而有司之职不敢废也。伏请南郊、太庙文武二舞各用六十四人，以备帝王之礼乐，以明祖宗之功德。"奏可。

四年八月，学士院建言："国朝宗庙之乐，各以功德名舞。洪惟英宗，继天遵业，钦明勤俭，不自暇逸。践祚未几，而恩行威立，固已超轶百王之上。今厚陵复土，祔庙有期，而乐名未立，亡以诏万世。请上乐章及名庙所用舞曰《大英》之舞。自后礼官、御史有所建明，而详定朝会及郊庙礼文官于乐节有议论，率以时考正之。"

神宗熙宁九年，礼官以宗庙乐节而有请者三：

其一、今祠太庙《兴安》之曲，举柷而声已过，举敔而声不止，则始终之节未明。请祠祭用乐，一奏将终，则戛敔而声少止，击柷则乐复作，以尽合止之义。

其二、大乐降神之乐，均声未齐，短长不协，故舞行疾徐亦不能一。请以一曲为一变，六变用六，九变用九，则乐舞始终莫不应节。

其三、周人尚臭，盖先灌而后作乐；本朝宗庙之礼多从周，请先灌而后作乐。

元丰二年，详定所以朝会乐而有请者十：

其一、唐元正、冬至大朝会，迎送王公用《舒和》，《开元礼》以初入门《舒和》之乐作，至位，乐止。盖作乐所以待王公，今中书、门下、亲王、使相先于丹墀上东西立，皇帝升御坐，乃奏乐引三品以上官，未为得礼。请侍从及应赴官先就立位，中书、门下、亲王、使相、诸司三品、尚书省四品及宗室、将军以上，班分东西入，《正安》之乐作，至位，乐止。

其二、今朝会仪：举第一爵，宫县奏《和安》之曲，第二、第三、第四，登歌作《庆云》、《嘉禾》、《灵芝》之曲。则是合乐在前、登歌在后，有违古义。请第一爵，登歌奏《和安》之曲，堂上之乐随歌而发；第二爵，笙入奏《庆云》之曲，止吹笙，余乐不作。第三爵，堂上歌《嘉禾》之曲，堂下吹笙，《瑞木成文》之曲，一歌一吹相间；第四爵，合乐奏《灵芝》之曲，堂上下之乐交作。

其三、定文舞、武舞各为四表，表距四步为酂缀，各六十四。文舞者服进贤冠，左执籥，右秉翟，分八佾，二工执纛引前，衣冠同之。舞者进蹈安徐，进一步则两两相顾揖，三步三揖，四步为三辞之容，是为一成。余成如之。自南第一表至第二表为第一成，至第三表为再成，至北第一表为三成，覆身却行至第三表为四成，至第二表为五成，复至南第一表为六成，而武舞入。今文舞所秉翟羽，则集雉尾置于髹漆之柄，求之古制，实无所本。聂崇义图，羽舞所执类羽葆幢，析羽四重，以结绶系于柄，此蘥翳之谓也。请按图以翟羽为之。

其四、武舞服平巾帻，左执干，右执戈。二工执旌居前；执鼗、执铎各二工；金钅享二，四工举；二工执镯、执铙；执相在左，执雅在右，亦各二工；夹引舞者，衣冠同之。分八佾于南表前，先振铎以通鼓，乃击鼓以警戒，舞工闻鼓声，则各依酂缀总干正立定位，堂上长歌以咏叹之。于是播鼗以导舞，舞者进步，自南而北，至最南表，以见舞渐。然后左右夹振铎，次击鼓，以金钅享和之，以金镯节之，以相而辅乐，以雅而陔步。舞者发扬蹈厉，为猛贲趫速之状。每步

一进，则两两以戈盾相向，一击一刺为一伐，四伐为一成，成谓之变。至第二表为一变；至第三表为二变；至北第一表为三变；舞者覆身向堂，却行而南，至第三表为四变，乃击刺而前，至第二表回易行列，春、雅节步分左右而跪，以右膝至地，左足仰起，象以文止武为五变；舞蹈而进，为兵还振旅之状，振铎、摇鼗、击鼓，和以金钅享，废镯鸣铙，复至南第一表为六变而舞毕。古者，人君自舞《大武》，故服冕执干戚。若用八佾而为击刺之容，则舞者执干戚。说者谓武舞战象乐六奏，每一奏之中，率以戈矛四击刺。戈则击兵，矛则刺兵，玉戚非可施于击刺，今舞执干戚，盖沿袭之误。请左执干，右执戈。

其五、古之乡射礼，三笙一和而成声，谓三人吹笙，一人吹和。今朝会作乐，丹墀之上，巢笙、和笙各二人，其数相敌，非也。盖乡射乃列国大夫、士之礼，请增倍为八人，丹墀东西各三巢一和。

其六、今宫县四隅虽有建鼓、鼙、应，相传不击。乾德中，诏四建鼓并左右鼙、应合十有二，依李照所奏，以月建为均，与镈钟相应。鼙、应在建鼓旁，是亦朔鼙、应鼙之类。请将作乐之时，先击鼙，次击应，然后击建鼓。

其七、今乐县四隅设建鼓，不击，别施散鼓于乐县内代之。乾德中，尹拙奏宜去散鼓，诏可，而乐工积习亦不能废。李照议作晋鼓，以为乐节。请乐县内去散鼓，设晋鼓以鼓金奏。

其八、古者，瞽矇、视瞭皆掌播鼗，所以节一唱之终。请宫县设鼗，以为乐节。

其九、以天子礼求之，凡乐事播鼗，击颂磬、笙磬，以钟鼓奏《九夏》，是皆在庭之乐；戛击则柷、敔，球则玉磬，搏拊所以节乐，琴瑟所以咏诗，皆堂上乐也。磬本在堂下，尊玉磬，故进之使在上，若击石拊石，则当在庭。后世不原于此，以春秋郑人赂晋侯歌钟二肆，遂于堂上设歌钟、歌磬，盖歌钟则堂上歌之，堂下以鼓应之耳。歌必金奏相和，名曰歌钟，则以节歌是已，岂堂上有钟邪？歌磬之名，本无所出，晋贺循奏置登歌簨虡，采玉造小磬，盖取舜庙鸣球之制。后周登歌，备录钟磬，隋、唐迄今，因袭行之，皆不应礼。请正、至朝会，堂上之乐不设钟磬。

其十、古者歌工之数：大射工六人，四瑟，则是诸侯鼓瑟以四人，歌以二人；天子八人，则瑟与歌皆四人矣。魏、晋以来，登歌五人，隋、唐四人，本朝因之，是循用周制也。《礼》"登歌下管"，贵人声也，故《仪礼》瑟与歌工皆席于西阶上。隋、唐相承，庭中磬虡之下，系以偶歌琴瑟，非所谓升歌贵人声之义。今堂上琴瑟，比之周制，不啻倍蓰，而歌工止四人，音高下不相权。盖乐有八音，所以行八风，是以舞佾与钟磬俱用八为数。请罢庭中歌者，堂上歌为八，琴瑟之数放此，其筝、阮、筑悉废。

太常以谓："堂上钟磬去之，则歌声与宫县远。汉、唐以来，宫室之制寖广，堂上益远庭中，其上下乐节苟不相

应，则繁乱而无序。况朝会之礼，起于西汉，则后世难以纯用三代之制。其堂上钟磬、庭中歌工与筝、筑之器，从旧仪便。"遂如太常议。

卷一百二十八　　志第八十一

乐　三

元丰三年五月，诏秘书监致仕刘几赴详定所议乐，以礼部侍郎致仕范镇与几参考得失。而几亦请命杨杰同议，且请如景祐故事，择人修制大乐。诏可。

初，杰言大乐七失：

一曰歌不永言，声不依永，律不和声。盖金声舂容，失之则重；石声温润，失之则轻；土声函胡，失之则下；竹声清越，失之则高；丝声纤微，失之则细；革声隆大，失之则洪；匏声丛聚，失之则长；木声无余，失之则短。惟人禀中和之气而有中和之声，八音、律吕皆以人声为度，言虽永，不可以逾其声。今歌者或咏一言而滥及数律，或章句已阕而乐音未终，所谓歌不永言也。请节其烦声，以一声歌一言。且诗言人志，咏以为歌。五声随歌，是谓依咏；律吕协奏，是谓和声。先儒以为依人音而制乐，托乐器以写音，乐本效人，非人效乐者，此也。今祭祀乐章并随月律，声不依咏，以咏依声，律不和声，以声和律，非古制也。

二曰八音不谐，钟磬阙四清声。虞乐九成，以箫为主；商乐和平，以磬为依；周乐合奏，以金为首。钟、磬、箫者，众乐之所宗，则天子之乐用八；钟、磬、箫，众乐之本，乃倍之为十六。且十二者，律之本声；而四者，应声也。本声重大为君父，应声轻清为臣子，故其四声曰清声，或曰子声也。李照议乐，始不用四清声，是有本而无应，八音何从而谐哉？今巢笙、和笙，其管十九，以十二管发律吕之本声，以七管为应声。用之已久，而声至和，则编钟、磬、箫宜用四子声以谐八音。

三曰金石夺伦。乐奏一ச，诸器皆以其声应，既不可以不及，又不可以有余。今琴、瑟、埙、篪、笛、箫、笙、阮、筝、筑奏一声，则镈钟、特磬、编磬连击三声；声烦而掩众器，遂以夺伦，则镈钟、特磬、编钟、编磬节奏与众器同，宜勿连击。

四曰舞不象成。国朝郊庙之乐，先奏文舞，次奏武舞，而武舞容节六变：一变象六师初举，所向宜北；二变象上党克平，所向宜北；三变象维扬底定，所向宜东南；四变象荆湖来归，所向宜南；五变象邛蜀纳款，所向宜西；六变象兵还振旅，所向宜北而南。今舞者发扬蹈厉、进退俯仰，既不足以称成功盛德，失其所向，而文舞容节尤无法度，则舞不象成也。

五曰乐失节奏。乐之始，则翕然如众羽之合；纵之，纯如也；节奏明白，皦如也；往来条理，绎如也；然后成。今乐声不一，混淆无叙，则失于节奏，非所谓成也。

六曰祭祀、飨无分乐之序。盖金石众作之谓奏，咏以人声之谓歌。阳律必奏，阴吕必歌，阴阳之合也。顺阴阳之合，所以交神明、致精意。今冬至祀天，不歌大吕；夏至祭地，不奏太簇；春飨祖庙，不奏无射；秋飨后庙，不歌小吕。而四望山川无专祠用乐之制，则何以赞导宣发阴阳之气而生成万物哉？

七曰郑声乱雅。然朱紫有色而易别，雅、郑无象而难知，圣人惧其难知，故定律吕中正之音，以示万世。今古器尚存，律吕悉备，而学士、大夫不讲考击，奏作委之贱工，则雅、郑不得不杂。愿审调钟琯，用十二律还宫均法，令上下通习，则郑声莫能乱雅。遂为十二均图，并上之。

其论以为："律各有均，有七声，更相为用。协本均则乐调，非本均则乐悖。今黄钟为宫，则太簇、姑洗、林钟、南吕、应钟、蕤宾七声相应，谓之黄钟之均。余律为宫，同。宫为君，商为臣，角为民，徵为事，羽为物。君者，法度号令之所出，故宫生徵；法度号令所以授臣而承行之，故徵生商；君臣一德，以康庶事，则万物得所，民遂其生，故商生羽，羽生角。然臣有常职，民有常业，物有常形，而迁则失常，故商、角、羽无变声。君总万化，不可执以一方；事通万务，不可滞于一隅：故宫、徵有变声。凡律吕之调及其宫、乐章，具著于图。"

帝取所上图，考其说，乃下镇、几参定。而王朴、阮逸之黄钟乃当李照之太簇，其编钟、编磬虽有四清声，而黄钟、大吕正声舛误；照之编钟、编磬虽有黄钟、大吕，而全阙四清声，非古制也。朴之太簇、夹钟，则声失之高，歌者莫能追逐，平时设而不用。圣人作乐以纪中和之声，所以导中和之气，清不可太高，重不可太下，必使八音协谐、歌者从容而能永其言。镇等因请择李照编钟、编磬十二参于律者，增以王朴无射、应钟及黄钟、大吕清声，以为黄钟、大吕、太簇、夹钟之四清声，俾众乐随之，歌工咏之，中和之声庶可以考。请下朴二律。就太常钟磬择其可用者用之，其不可修者别制之。而太常以为大乐法度旧器，乞留朴钟磬，别制新乐，以验议者之术。诏以朴乐钟为清声，毋得销毁。

几等谓："新乐之成，足以荐郊庙，传万世。其明堂、景灵宫降天神之乐六奏：旧用夹钟之均三奏，谓之夹钟为宫；夷则之均一奏，谓之黄钟为角；林钟之均一奏，谓之太簇为徵，姑洗为羽。而《大司乐》'凡乐，圜钟为宫，黄钟为角，太簇为徵，姑洗为羽。'而'圜钟者，夹钟也'。用夹钟均之七声，以其宫声为始终，是谓圜钟为宫；用黄钟均之七声，以其角声为始终，是谓黄钟为角；用太簇均之七声，以其徵声为始终，是谓太簇为徵；用姑洗均之七声，以其羽声为始终，是谓姑洗为羽。今用夷则之均一奏，谓之黄钟为角，林钟之均二奏，谓之太簇为徵、姑洗为羽，则祀天之乐无夷则、林钟而用之，有太簇、姑洗而去之矣。唐典，祀天以夹钟宫、黄钟角、太簇徵、姑洗羽，乃周礼也，宜用夹钟为宫。其黄钟为角，则用黄钟均，以其角声为始终；太簇为徵，则用太簇均，以其徵声为始终；姑洗为羽，则用姑洗均，以其羽声为始终。祭地祇，享宗庙，皆视此均法以度曲。"

几等又以太常磬三等，王朴磬厚，李照磬薄，惟阮逸、胡瑗磬形制精密而声太高，以磬氏之法摩其旁，轻重与律吕相应。钟三等，王朴钟所谓"声疾而短闻"者也，阮逸、胡瑗钟所谓"声舒而远闻"者也，惟李照钟有旋虫之制。钟磬皆三十有六架，架各十有六，则正律相应，清声自足。其堂上堂下箎、笛率从新制，而调琴、瑟、阮、筑、埙诸器，随所下律。诏悉从之。乃缉新器用，徙置太常，辟屋以贮藏之。考选乐工，汰其椎钝癃老，而优募能者补其阙员，立为程度，以时习焉。

初，皇祐中，益州进士房庶论尺律之法，以为尝得古本《汉书》，言在《律历志》。范镇以其说为然，请依法作为尺律，然后别求古乐参考。于是庶奉诏造律管二，尺、量、龠各一，而殿中丞胡瑗以为非。诏镇与几等定乐，镇曰："定乐当先正律。"帝然之。镇作律、尺等，欲图上之。而几之议律主于人声，不以尺度求合。其乐大抵即李照之旧而加四清声，遂奏乐成。第加恩赏，而镇谢曰："此刘几乐也，臣何预焉！"乃复上奏曰："太常镈钟皆有大小、轻重之法，非三代莫能为者。禁中又出李照、胡瑗所铸铜律及尺付太常，按照黄钟律合王朴太簇律，仲吕律合王朴黄钟律，比朴乐才下半律，外有损益而内无损益，钟声郁而不发，无足议者。照之律虽是，然与其乐校，三格自相违戾。且以太簇为黄钟，则是商为宫也。方刘几奏上时，臣初无所预。臣顷造律，内外有损益，其声和，又与古乐合。今若将臣所造尺律依大小编次太常镈钟，可以成一代大典。又太常无雷鼓、灵鼓、路鼓，而以散鼓代之。开元中，有以画图献者，一鼓而为八面、六面、四面，明堂用之。国朝郊庙或考或不考，宫架中惟以散鼓，不应经义。又八音无匏，土二音；笙、竽以木斗攒竹而以匏裹之，是无匏音也；埙器以木 为之，是无土音也。八音不具，以为备乐，安可得哉！"不报。

四年十一月，详定所言："'搏拊、琴、瑟以咏'，则堂上之乐，以象朝廷之治；'下管、鼗鼓'，'合止柷、敔'，'笙、镛以间'，则堂下之乐，以象万物之治。后世有司失其传，歌者在堂，兼设钟磬；宫架在庭，兼设琴瑟；堂下匏竹，置之于床：并非其序。请亲祠宗庙及有司摄事，歌者在堂，不设钟磬；宫架在庭，不设琴瑟；堂下匏竹，不置于床。其郊坛上下之乐，亦以此为正，而有司摄事如之。"又言："以《小胥》宫县推之，则天子钟、磬、镈十二虡为宫县明矣。故或以为配十二辰，或以为配十二次，则虡无过十二。先王之制废，学者不能考其数。隋、唐以来，有谓宫县当二十虡，甚者又以为三十六虡。方唐之盛日，有司摄事，乐并用宫县。至德后，太常声音之工散亡，凡郊庙有登歌而无宫县，后世因仍不改。请郊庙有司摄事，改用宫架十二虡。"太常以谓用宫架十二虡，则律吕均声不足，不能成均。请如礼：宫架四面如辰位，设镈钟十二虡，而甲、丙、庚、壬设钟，乙、丁、辛、癸设磬，位各一虡。四隅植建鼓，以象二十四气。宗庙、郊丘如之。

五年正月，开封布衣叶防上书论乐器、律曲不应古法，复下杨杰议。杰论防增编钟、编磬二十有四为簨制，管箫视钟磬数，登歌用玉磬，去乐曲之近清声者，舞不立表，皆非是。其言均律差互，与刘几同。请以晋鼓节金奏。考经、礼，制簨虡教国子、宗子舞，用之郊庙，为何所取？而范镇亦言："自唐以来至国朝，三大祀乐谱并依《周礼》，然其说有黄钟为角、黄钟之角。黄钟为角者，夷则为宫；黄钟之角者，姑洗为角。十二律之于五声，皆如此率。而世俗之说，乃去'之'字，谓太簇曰黄钟商，姑洗曰黄钟角，林钟曰黄钟徵，南吕曰黄钟羽。今叶防但通世俗夷部之说，而不见《周礼》正文，所以称本寺均差互，其说难行。"帝以乐律绝学，防草莱中习之尤难，乃补防为乐正。

六年春正月，御大庆殿，初用新乐。二月，太常言："郊庙乐虡，若遇雨雪，望祭即设于殿上。"三月，礼部言："有司摄事，祀昊天舞名。请初献曰《帝临嘉至》，亚、终献曰《神娭锡羡》；太庙初献曰《孝熙昭德》，亚、终献曰《礼洽储祥》。"诏可。九月，礼部言："《周礼》，凡大祭祀，王出入则奏《王夏》，明入庙门已用乐矣。今既移祼在作乐之前，皇帝诣罍洗奏《乾安》，则入门亦当奏《乾安》，庶合古制。其入景灵宫及南郊壝门，乞如之。"

七年正月，诏从协律郎荣咨道请，于奉宸库选玉造磬，令太常审定音律。六月，礼部言："亲郊之岁，夏至祀皇地祇于方丘，遣冢宰摄事，礼容乐舞谓宜加于常祀。而其乐虡二十、乐工百五十有二、舞者六十有四，与常岁南北郊上公摄事无异，未足以称钦崇之意。乞自今准亲祠用三十六虡，工人三百有六，舞人百二十有四。"诏可。

元祐元年，咨道又言："先帝诏臣制造玉磬，将用于庙堂之上，依旧同编钟以登歌。今年亲祠明堂，请用之，以章明盛典。"从之。三年，范镇乐成，上其所制乐章三、铸律十二、编钟十二、镈钟一、衡一、尺一、斛一、响石为编磬十二、特磬一、箫、笛、埙、篪、巢笙、和笙各二，并书及图法。帝与太皇太后御延和殿，诏执政、侍从、台阁、讲读官皆往观焉。赐镇诏曰："朕惟春秋之后，礼乐先亡；秦、汉以来，《韶》、《武》仅在。散乐工于河、海之上，往而不还；聘先生于齐、鲁之间，有莫能致。魏、晋以下，曹、邹无讥。岂徒郑、卫之音，已杂华、戎之器。间有作者，犹存典刑。然铢、黍之一差，或宫、商之易位。惟我四朝之老，独知五降之非。审声知音，以律生尺。览诗书之来上，阅簨虡之在廷。君臣同观，父老太息。方诏学士、大夫论其法，工师、有司考其声。上追先帝移风易俗之心，下慰老臣爱君忧国之志。究观所作，嘉叹不忘。"

镇为《乐论》，其自叙曰："臣昔为礼官，从诸儒难问乐之差谬，凡十余事。厥初未习，不能不小牴牾。后考《周官》、《王制》，司马迁《书》、班氏《志》，得其法，流通贯穿，悉取旧书，去其牴牾。掇其要，作为八论。"其《论律》、《论黍》、《论尺》、《论量》、《论声器》，言在《律历志》。

《论钟》曰：

夫钟之制，《周官·凫氏》言之甚详，而训解者其误有三：若云："带，所以介，其名也介，在于、鼓、钲、舞、甬、衡之间。"介于、鼓、钲、舞之间则然，非在甬、衡之上，其误一也。又云："舞，上下促，以横为修，从为广，舞广四分。"今亦去径之二分以为之间，则舞间之方常居铣之四也。舞间方四，则鼓间六亦其方也。鼓六、钲六、舞四，即言鼓间与舞俏相应，则鼓与舞皆六，所云"钲六、舞四"，其误二也。又云："鼓外二，钲外一。"彼既以钲、鼓皆六，无厚薄之差，故从而穿凿，以迁就其说，其误三也。

今臣所铸编钟十二，皆从其律之长，故钟口十者，其长十六以为钟之身。钲者，正也，居钟之中，上下皆八，下去二以为之鼓，上去二以为之舞，则钲居四而鼓与舞皆六。是故于、鼓、钲、舞、篆、景、栾、队、甬、衡、旋虫，钟之文也，著于外者也；广、长、空径、厚、薄、大、小，钟之数也，起于内者也。若夫金锡之齐与铸金之状率按诸《经》，差之毫厘则声有高下，不可不审。其镈钟亦以此法而四倍之。

今太常钟无大小、无厚薄、无金齐，一以黄钟为率，而磨以取律之合，故黄钟最薄而轻。自大吕以降，迭加重厚，是以卑陵尊，以小加大，其可乎？且清声者不见于《经》，惟《小胥》注云："钟磬者，编次之，二八十六枚而在一虡谓之堵。"至唐又有十二清声，其声愈高，尤为非是。国朝旧有四清声，置而弗用，至刘几用之，与郑、卫无异。

《论磬》曰：

臣所造编磬，皆以《周官·磬氏》为法，若黄钟股之博四寸五分，股九寸，鼓一尺三寸五分；鼓之博三寸，而其厚一寸，其弦一尺三寸五分。十二磬各以其律之长而三分损益之，如此其率也。今之十二磬，长短、厚薄皆不以律，而欲求其声，不亦远乎？钟有齐也，磬，石也，天成之物也。以其律之长短、厚薄，而其声和，此出于自然，而圣人者能知之，取以为法，后世其可不考正乎？考正而非是，则不足为法矣。

特磬则四倍其法而为之。国朝祀天地、宗庙及大朝会，宫架内止设镈钟，惟后庙乃用特磬，非也。今已升祔后庙，特磬遂为无用之乐。臣欲乞凡宫架内于镈钟后各加特磬，贵乎金石之声小大相应。

《论八音》曰：

匏、土、革、木、金、石、丝、竹，是八物者，在天地间，其体性不同而且至相戾之物也。圣人制为八器，命之商则商，命之宫则宫，无一物不同者。能使天地之间至相戾之物无不同，此乐所以为和而八音所以为乐也。

乐下太常，而杨杰上言："元丰中，诏范镇、刘几与臣详议郊庙大乐，既成而奏，称其和协。今镇新定乐法，颇与乐局所议不同。且乐经仁宗命作，神考睿断，奏之郊庙、朝廷，盖已久矣，岂可用镇一说而遽改之？"遂著《元祐乐议》以破镇说。其《议乐章》曰：

国朝大乐所立曲名，各有成宪，不相淆杂，所以重正名也。故庙室之乐皆以"大"名之，如《大善》、《大仁》、《大英》之类是也。今镇以《文明》之曲献祖庙，以《大成》之曲进皇帝，以《万岁》之曲进太皇太后，其名未正，难以施于宗庙、朝廷。

《议宫架加磬》曰：

镇言："国朝祀天地、宗庙及大朝会，宫架内止设镈钟，惟后庙乃用特磬，非也。今已升后庙，特磬遂为无用之乐，欲乞凡宫架内于镈钟后各加特磬，贵乎金石之声小大相应。"按《唐六典》：天子宫架之乐，镈钟十二、编钟十二、编磬十二，凡三十有六虡，宗庙与殿庭同。凡中宫之乐，则以大磬代钟，余如宫架之制。今以镈钟、特磬并设之，则为四十八架，于古无法。皇帝将出，宫架撞黄钟之钟，右五钟皆应；皇帝兴，宫架撞蕤宾之钟，左五钟皆应。未闻皇帝出入，以特磬为节。

《议十六钟磬》曰：

镇谓："清声不见于《经》，惟《小胥》注云'钟磬者，编次之，十六枚而在一虡谓之堵。'至唐又有十二清声，其声愈高，尤为非是。国朝旧有四清声，置而弗用，至刘几用之，与郑、卫无异。"按编钟、编磬十六，其来远矣，岂徒见于《周礼·小胥》之注哉？汉成帝时，犍为郡于水滨得古磬十六枚，帝因是陈礼乐、《雅》《颂》之声，以风化天下。其事载于《礼乐志》，不为不详，岂因刘几然后用哉？且汉承秦，秦未尝制作礼乐，其称古磬十六者，乃二帝、三王之遗法也。其王朴乐内编钟、编磬，以其声律太高，歌者难逐，故四清声置而弗用。及神宗朝下三律，则四清声皆用而谐协矣。《周礼》曰："凫氏为钟，薄厚之所震动，清浊之所由出。"则清声岂不见于《经》哉？今镇以箫、笛、埙、篪、巢笙、和笙献于朝廷，箫必十六管，是四清声在其间矣。自古无十二管之箫，岂《箫韶》九成之乐已有郑、卫之声乎？

礼部、太常亦言"镇乐法自系一家之学，难以参用"，而乐如旧制。

四年十二月，始命大乐正叶防撰朝会二舞仪。

武舞曰《威加四海》之舞：

第一变：舞人去南表三步，总干而立，听举乐，三鼓，前行三步，及表而蹲；再鼓，皆舞，进一步，正立；再鼓，皆持干荷戈，相顾作猛贲速趋之状；再鼓，皆转身向里，以干戈相击刺，足不动；再鼓，皆回身向外，击刺如前；再鼓，皆正立举手，蹲；再鼓，皆舞，进一步转面相向立，干戈各置腰；再鼓，各前进，以左足在前，右足在后，左手执干当前，右手执戈在腰为进旅；再鼓，各相击刺；再鼓，各退身复位，整其干为退旅；再鼓，皆正立，蹲；再鼓，皆舞，进一步正立；再鼓，皆转面相向，秉干持戈坐作；再鼓，各相击刺；再鼓，皆起，收其干戈为克捷之象；再鼓，皆正立，遇节乐则蹲。

第二变：听举乐，依前蹲；再鼓，皆舞，进一步正立；再鼓，皆正面，作猛贲趫速之状；再鼓，皆转身向里相击刺，足不动；再鼓，各转身向外击刺如前；再鼓，皆正立，蹲；再鼓，皆舞，进一步，陈其干戈，左右相顾为猛贲趫速之状；再鼓，皆并入行，以八为四；再鼓，皆两两对相击刺；再鼓，皆回，易行列，左在右，右在左，再鼓，皆举手，蹲；再鼓，皆舞，进一步正立；再鼓，各分左右；再鼓，各扬其干戈；再鼓，交相击刺；再鼓，皆总干正立，遇节乐则蹲。

第三变：听举乐则蹲；再鼓，皆舞，进一步转而相向，再鼓，整干戈以象登台讲武；再鼓，皆击刺于东南；再鼓，皆按盾举戈，东南向而望，以象漳、泉奉土；再鼓，皆击刺于正南；再鼓，皆按盾举戈，南向而望，以象杭、越来朝；再鼓，皆舞，进一步正立；再鼓，皆击刺于西北；再鼓，皆按盾举戈，西北向而望，以象克殄并、汾；再鼓，皆击刺于正西；再鼓，皆按盾举戈，西向而望，以象肃清银、夏；再鼓，皆舞，进一步正跪，右膝至地，左足微起；再鼓，皆置干戈于地，各拱其手，象其不用；再鼓，皆左右舞蹈，象以文止武之意；再鼓，皆就拜，收其干戈，起而躬立；再鼓，皆舞，退，鼓尽即止，以象兵还振旅。

文舞曰《化成天下》之舞：

第一变：舞人立南表之南，听举乐则蹲；再鼓，皆舞，进一步正立；再鼓，皆稍前而正揖，合手自下而上；再鼓，皆左顾左揖；再鼓，皆右顾右揖；皆开手，蹲；再鼓，皆舞，进一步正立；再鼓，皆少却身，初辞，合手自上而下；再鼓，皆右顾，以右手在前、左手推后为再辞；再鼓，皆左顾，以左手在前、右手推出为固辞；再鼓，皆合手，蹲；再鼓，皆舞，进一步正立；再鼓，皆俯身相顾，初谦，合手当胸；再鼓，皆右侧身、左垂手为再谦；再鼓，皆左侧身、右垂手为三谦；再鼓，皆躬而授之，遇节乐则蹲。

第二变：听举乐则蹲；再鼓，皆舞，进一步转面相向；再鼓，皆稍前相揖；再鼓，皆左顾左揖；再鼓，开手，蹲，正立；再鼓，皆舞，进一步，复相向；再鼓，皆却身为初辞；再鼓，皆舞，辞如上仪；再鼓，皆再辞；再鼓，皆固辞；再鼓，皆合手，蹲，正立；再鼓，皆舞，进一步；再鼓，相向；皆顾为初谦；再鼓，皆再谦；再鼓，皆三谦；皆躬而授之，正立，遇节乐则蹲。

第三变：听举乐则蹲；再鼓，皆舞，进一步两两相向；再鼓，皆相趋揖；再鼓，皆左揖如上；再鼓，皆右揖；再鼓，皆开手，蹲，正立；再鼓，皆舞，进一步，复相向；再鼓，皆却身初辞；再鼓，皆再辞；再鼓，皆固辞；再鼓，皆合手，蹲，正立；再鼓，皆舞，进一步两两相向；再鼓，皆相顾初谦；再鼓，皆再谦；再鼓，皆三谦，躬而授之，正立，节乐则蹲。

凡二舞缀表器及引舞振作，并与大祭祀之舞同。协律郎陈沂按阅，以谓节奏详备，自是朝会则用之。

八年，太常博士孙谔言："臣尝奉社稷之祠，亲睹陈设，初疑其阙略而不备，退而考元祐祀仪，乃与所亲见者合焉。其登歌之乐，虽有钟、磬、簨虡、搏拊、柷、敔之属，独陈太社坛上，而太稷阙焉。夫宫架不备，非所以重社稷也。《周官》制祭祀之法，则有灵鼓以鼓之，有帗舞以舞之，有太簇、应钟、《咸池》以极其歌舞之节，此乐文之备也。唐社稷用二十架，至于开元，亦循三代之遗法，于坛之北，宫架备陈，别异天神，中建灵鼓，歌钟、歌虡各设二坛，下舞上歌，何其盛也！臣稽考典礼，凡祭太社、太稷，宜仿《周官》及《开元礼》文，于坛之北备设宫架，钟、匏、竹各列二坛，南架之内，更植灵鼓。"于是集侍从、礼官议增稷坛乐，而添用宫架之说不行。

元符元年十一月，诏登歌、钟、磬并依元丰诏旨，复先帝乐制也。

二年正月，诏前信州司法参军吴良辅按协音律，改造琴瑟，教习登歌，以太常少卿张商英荐其知乐故也。初，良辅在元丰中上《乐书》五卷，其书分为四类，以谓："天地兆分，气数爰定。律厥气数，通之以声。于是撰《释律》。律为经，声为纬。律以声为文，声以律为质。旋相为宫，七音运生。于是撰《释声》。声生于日，律生于辰，故经之以六律，纬之以五声。声律相协，和而无乖。播之八音，八音以生。于是撰《释音》。四物兼采，八器以成。度数施设，象隐于形。考器论义，道德以明。于是撰《释器》。"类各有条，凡四十四篇，大抵考之经传，精以讲思，颇益于乐理，文多，故弗著焉。

崇宁元年，诏宰臣置僚属，讲议大政。以大乐之制讹缪残阙，太常乐器弊坏，琴瑟制度参差不同，箫笙之属乐工自备，每大合乐，声韵淆杂，而皆失之太高。筝、筑、阮，秦、晋之乐也，乃列于琴、瑟之间；熊罴按，梁、隋之制也，乃设于宫架之外。笙不用匏，舞不象成，曲不协谱。乐工率农夫、市贾，遇祭祀朝会则追呼于阡陌、闾阎之中，教习无成，瞥不知音。议乐之臣以《乐经》散亡，无所据依。秦、汉之后，诸儒自相非议，不足取法。乃博求知音之士，而魏汉津之名达于上焉。

汉津至是年九十余矣，本剩员兵士，自云居西蜀，师事唐仙人李良，授鼎乐之法。皇祐中，汉津与房庶以善乐被荐，既至，黍律已成，阮逸始非其说，汉津不得伸其所学。后逸之乐不用，乃退与汉津议指尺，作书二篇，叙述指法。汉津尝陈于太常，乐工惮改作，皆不主其说。或谓汉津旧尝执役于范镇，见其制作，略取之，蔡京神其说而托于李良。

二年九月，礼部员外郎陈旸上所撰《乐书》二百卷，命礼部尚书何执中看详，以谓旸欲考定音律，以正中声，愿送讲议司，令知音律者参验行之。旸之论曰："汉津论乐，用京房二变、四清。盖五声十二律，乐之正也；二变、四清，乐之蠹也。二变以变宫为君，四清以黄钟清为君。事以时作，固可变也，而君不可变；太簇、大吕、夹钟，或可分也，而黄钟不可分。岂古人所谓尊无二上之旨哉？"壬辰，诏曰："朕惟隆礼作乐，实治内修外之先务，损益述作，其敢后乎？其令讲议司官详求历代礼乐沿革，酌古今之宜，修为典训，以贻永世，致安上治民之至德，著移风易俗之美化，乃称朕咨诹之意焉。"

三年正月，汉津言曰："臣闻黄帝以三寸之器名为《咸池》，其乐曰《大卷》，三三而九，乃为黄钟之律。禹效黄帝之法，以声为律，以身为度，用左手中指三节三寸，谓之君指，裁为宫声之管；又用第四指三节三寸，谓之臣指，裁为商声之管；又用第五指三节三寸，谓之物指，裁为羽声之管。第二指为民、为角，大指为事、为徵，民与事，君臣治之，以物养之，故不用为裁管之法。得三指合之为九寸，即黄钟之律定矣。黄钟定，余律从而生焉。臣今欲请帝中指、第四指、第五指各三节，先铸九鼎，次铸帝坐大钟，次铸四韵清声钟，次铸二十四气钟，然后均弦裁管，为一代之乐制。"

其后十三年，帝一日忽梦人言："乐成而凤凰不至乎！盖非帝指也。"帝寤，大悔叹，谓："崇宁初作乐，请吾指寸，而内侍黄经臣执谓'帝指不可示外人'，但引吾手略比度之，曰：'此是也。'盖非人所知。今神告朕如此，且奈何？"于是再出中指寸付蔡京，密命刘昺试之。时昺终匿汉津初说，但以其前议为度，作一长笛上之。帝指寸既长于旧，而长笛殆不可易，以动人观听，于是遂止。盖京之子絛云。

秋七月，景钟成。景钟者，黄钟之所自出也。垂则为钟，仰则为鼎。鼎之大，终于九斛，中声所极。制炼玉屑，入于铜齐，精纯之至，音韵清越。其高九尺，拱以九龙，惟天子亲郊乃用。立于宫架之中，以为君围。于是命翰林学士承旨张康国为之铭。其文曰："天造我宋，于穆不已。四方来和，十有二纪。乐象厥成，维其时矣。迪惟有夏，度自禹起。我龙受之，天地一指。于论景钟，中声所止。有作于斯，无袭于彼。九九以生，律吕根柢。维此景钟，非弇非侈。在宋之庭，屹然中峙。天子万年，既多受祉。维此景钟，上帝命尔。其承伊何，以燕翼子。永言宝之，宋乐之始。"

卷一百二十九　　志第八十二

乐　四

崇宁四年七月，铸帝鼐、八鼎成。八月，大司乐刘昺言："大朝会宫架旧用十二熊罴按，金錞、箫、鼓、鼖篥等与大乐合奏。今所造大乐，远稽古制，不应杂以郑、卫。"诏罢之。又依昺改定二舞，各九成，每三成为一变，执籥秉翟，扬戈持盾，威仪之节，以象治功。庚寅，乐成，列于崇政殿。有旨，先奏旧乐三阕，曲未终，帝曰："旧乐如泣声。"挥止之。既奏新乐，天颜和豫，百僚称颂。九月朔，以鼎乐成，帝御大庆殿受贺。是日，初用新乐，太尉率百僚奉觞称寿，有数鹤从东北来，飞度黄庭，回翔鸣

唳。乃下诏曰："礼乐之兴，百年于此。然去圣愈远，遗声弗存。乃者，得隐逸之士于草茅之贱，获《英茎》之器于受命之邦。适时之宜，以身为度，铸鼎以起律，因律以制器，按协于庭，八音克谐。昔尧有《大章》，舜有《大韶》，三代之王亦各异名。今追千载而成一代之制，宜赐新乐之名曰《大晟》，朕将荐郊庙、享鬼神、和万邦，与天下共之。其旧乐勿用。"

先是，端州上古铜器，有乐钟，验其款识，乃宋成公时。帝以端王继大统，故诏言受命之邦，而隐逸之士谓汉津也。朝廷旧以礼乐掌于太常，至是专置大晟府，大司乐一员、典乐二员并为长贰，大乐令一员、协律郎四员，又有制撰官，为制甚备，于是礼、乐始分为二。

五年九月，诏曰："乐不作久矣！朕承先志，述而作之，以追先王之绪；建官分属，设府庀徒，以成一代之制。二月，尝诏省内外冗官，大晟府亦并之礼官。夫舜命夔典乐，命伯夷典礼，礼乐异道，各分所守，岂可同职？其大晟府名可复仍旧。"

又诏曰："乐作已久，方荐之郊庙，施于朝廷，而未及颁之天下。宜令大晟府议颁新乐，使雅正之声被于四海，先降三京四辅，次帅府。"

大观二年，诏曰："自唐以来，正声全失，无徵角之音，五声不备，岂足以道和而化俗哉？刘诜所上徵声，可令大晟府同教坊依谱教习，仍增徵、角二谱，候习熟来上。"初，进士彭几进乐书，论五音，言本朝以火德王，而羽音不禁，徵调尚阙。礼部员外郎吴时善其说，建言乞召几至乐府，朝廷从之。至是，诜亦上徵声，乃降是诏。

三年五月，诏："今学校所用，不过春秋释奠，如赐宴辟雍，乃用郑、卫之音，杂以俳优之戏，非所以示多士。其自今用雅乐。"

四年四月，议礼局言："国家崇奉感生帝、神州地祇为大祠，以僖祖、太祖配侑，而有司行事不设宫架、二舞，殊失所以尊祖、侑神作主之意。乞皆用宫架、二舞。"诏可。六月，诏近选国子生教习二舞，以备祠祀先圣，本《周官》教国子之制。然士子肄业上庠，颇闻耻于乐舞与乐工为伍、坐作、进退。盖今古异时，致于古虽有其迹，施于今未适其宜。其罢习二舞，愿习雅乐者听。"

八月，帝亲制《大晟乐记》，命太中大夫刘昺编修《乐书》，为八论：

其一曰：乐由阳来，阳之数极于九，圣人摄其数于九鼎，寓其声于九成。阳之数复而为一，则宝鼎之卦为《坎》；极而为九，则彤鼎之卦为《离》。《离》，南方之卦也。圣人以盛大光明之业，如日方中，向明而治，故极九之数则曰景钟，大乐之名则曰《大晟》。日王于午，火明于南，乘火德之运。当丰大之时，恢扩规模，增光前烈，明盛之业，永观厥成。乐名《大晟》，不亦宜乎？

其二曰：后世以黍定律，其失乐之本也远矣。以黍定尺，起于西汉，盖承《六经》散亡之后，闻古人之绪余而执以为法，声既未协，乃屡变其法而求之。此古今之尺所以至于数十等，而至和之声愈求而不

可得也。《传》曰："万物皆备于我矣,反身而诚,乐莫大焉!"桓泰云乎哉?

其三曰:焦急之声不可用于隆盛之世。昔李照欲下其律,乃曰:"异日听吾乐,当令人物舒长。"照之乐固未足以感动和气如此,然亦不可谓无其意矣。自艺祖御极,和乐之声高,历一百五十余年,而后中正之声乃定。盖奕世修德,和气薰蒸,一代之乐,理若有待。

其四曰:盛古帝王皆以明堂为先务,后世知为崇配、布政之宫,然要妙之旨,秘而不传,徒区区于形制之末流,而不知帝王之所以用心也。且盛德在木,则居青阳,角声乃作;盛德在火,则居明堂,徵声乃作;盛德在金,则居总章,商声乃作;盛德在水,则居玄堂,羽声乃作;盛德在土,则居中央,宫声乃作。其应时之妙,不可胜言。一岁之中,兼总五运,凡丽于五行者,以声召气,无601总摄。鼓宫宫动,鼓角角应;彼亦莫知所以使之者。则永膺寿考,历数过期,不亦宜乎?

其五曰:魏汉津以太极元气,函三为一,九寸之律,三数退藏,故八寸七分为中声。正声得正气则用之,中声得中气则用之。宫架环列,以应十二辰;中正之声,以应二十四气;加四清声,以应二十八宿。气不顿进,八音乃谐。若立春在岁元之后,则迎其气而用之,余悉随气用律,使无过不及之差,则所以感召阴阳之和,其法不亦密乎?

其六曰:乾坤交于亥,而子生于黄钟之宫,故禀于乾,交于亥,任于壬,生于子。自乾至子凡四位,而清声具焉。汉津以四清为至阳之气,在二十八宿为虚、昴、星、房,四者居四方之正位,以统十二律。每清声皆有三统:申、子、辰属于虚而统于子,巳、酉、丑属于昴而统于丑,寅、午、戌属于星而统于寅,亥、卯、未属于房而统于卯。中正之声分为二十四宿,统于四清焉。

其七曰:昔人以乐之器有时而弊,故律失则求之于钟,钟失则求之于鼎,得一鼎之籥,则权衡度量可考而知。故鼎以全浑沦之体,律吕以达阴阳之情,天地之间,无不统摄,机缄运用,万物振作,则乐之感人,岂无所自而然邪?

其八曰:圣上稽帝王之制而成一代之乐,以谓帝舜之乐以教胄子,乃颁之于宗学。成周之乐,掌于成均,乃颁之府学、辟雍、太学;而三京藩邸,凡祭祀之用乐者皆赐之,于是中正之声被天下矣。汉施郑声于朝廷,唐升夷部于堂上,至于房中之乐,唯恐淫哇之声变态之不新也。圣上乐闻平淡之音,而特诏有司制为宫架,施之于禁庭,房中用雅乐,自今朝始云。

又为图十二:一曰五声,二曰八音,三曰十二律应二十八宿,四曰七均应二十八宿,五曰八十四调,六曰十二律所生,七曰十二律应二十四气,八曰十二律钟正声,九曰堂上乐,十曰金钟玉磬,十一曰宫架,十二曰二舞。图虽不能具载,观其所序,亦可以知其旨意矣:

天地相合,五数乃备,不动者为五位,常动者为五行,五行发而为五声。律吕相生,五声乃备,布于十二律之间,犹五纬往还于十有二次,五运斡旋于十有二时。其图五声以此。

两仪既判,八卦肇分。气盈而动,八风行焉。颛帝乃令飞龙效八风之音,命之曰《承云》。方是时,金、石、丝、竹、匏、土、革、木之音未备,后圣有作,以八方之物全五声者,制而为八音,以声召气,八风从律。其图八音以此。

上象著明器形,而下以声召气,吻合元精。其图十二律应二十八宿以此。

斗在天中,周制四方,犹宫声处中为四声之纲。二十八舍列在四方,用之于合乐者,盖乐方七角属木,南方七徵属火,西方七商属金,北方七羽属水。四方之宿各有所属,而每方之中,七均备足。中央七宫管摄四气。故二十八舍应中正之声者,制器之法也;二十八舍应七均之声者,和声之术也。其图七均应二十八宿以此。

合阴阳之声而文之以五声,则九六相交,均声乃备。黄钟为宫,是谓天统;林钟为徵,是谓地统;太簇为商,是谓人统。南吕为羽,于时属秋,姑洗为角,于时属春;应钟为变宫,于时属冬,蕤宾为变徵,于时属夏。旋相为宫,而每律皆具七音,而八十四调备焉。其图八十四调以此。

自黄钟至仲吕,则阳数极而为《乾》,故其位在左;蕤宾至应钟,则阴数极而为《坤》,故其位在右。阴穷则归本,故应钟自生阴律;阳穷则归本,故仲吕自归阳位。律吕相生,起于《复》而成于《乾》,终始皆本于阳,故曰"乐由阳来",六日则同之而已。相生之位,分则为《乾》、《坤》之爻,合则为《既济》、《未济》之卦。自黄钟至仲吕为《既济》,故属阳而居左;自蕤宾至应钟为《未济》,故属阴而居右。《易》始于《乾》、《坤》而终于《既济》、《未济》,天地辨位而水火之气交际于其中,造化之原皆自此出。其图十二律所生以此。

二十四气差之毫厘,则或先天而太过,或后天而不及。在律为声,在历为气。若气方得节,乃用中声;气已及中,犹用正律。其图十二律应二十四气以此。

汉津曰:"黄帝、夏禹之法,简捷径直,得于自然,故善作乐者以声为本。若得其声,则形数、制度当自我出。今以帝指为律,正声之律十二,中声之律十二,清声凡四,共二十有八"云。其图十二律钟正声以此。

堂上之乐,以人声为贵,歌钟居左,歌磬居右。近世之乐,曲不协律,歌不择人,有先制谱而后命辞。奉常旧工,村野癃老者斥之。升歌之工,选择惟艰,故堂上之乐铿然特异焉。其图堂上乐以此。

金玉之精,禀气于乾,故堂上之乐,钟必以金,磬必以玉。《历代乐仪》曰:"歌磬次歌钟之西,以节登歌之句。"即《周官》颂磬也,神考肇造玉磬,圣上绍述先志，而堂上之乐方备，非圣智兼全、金声而玉振之者，安能与于天道哉？其图金钟玉磬以此。

《大晟》之制，天子亲祀圆丘，则用景钟为君围，镈钟、特磬为臣围，编钟、编磬为民围，非亲祀则不用君围。汉津以谓："宫架总摄四方之气，故《大晟》之制，羽在上而以四方之禽，虡在下而以四方之兽，以象凤仪、兽舞之状。龙簨崇牙，制作华焕。"其图宫架以此。

新乐肇兴，法夏籥九成之数：文舞九成，终于垂衣拱手，无为而治；武舞九成，终于偃武修文，投戈讲艺。每成进退疾徐，抑扬顾揖，皆各象方今之勋烈。文武八佾，左执籥，右秉翟。盖籥为声之中，翟为文之华，秉中声而昌文德。武舞八佾，执干戈而进，以金鼓为节。其图二舞以此。

又列八音之器，金部有七：曰景钟，曰镈钟，曰编钟，曰金錞，曰金镯，曰金铙，曰金铎。其说以谓：

景钟乃乐之祖，而非常用之乐也。黄帝五钟，一曰景钟。景，大也。钟，四方之声，以象厥成。惟功大者其钟大，世莫识其义久矣。其声则黄钟之正，而律吕由是生焉。平时弗考，风至则鸣。镈钟形声宏大，各司其辰，以管摄四方之气。编钟随月用律，杂比成文，声韵清越。錞、镯、铙、铎，古谓之四金。鼓属乎阳，金属乎阴。阳造始而为之倡，故以金镈和鼓，阳动而不知已，故以金镯节鼓。阳之用事，有时而终，故以金铙止鼓。时止则止，时行则行，天之道也，故以金铎通鼓。金乃《兑》音，《兑》为口舌，故金之属皆象之。

石部有二：曰特磬，曰编磬。其说以谓："依我磬声"，以石有一定之声，众乐依焉，则钟磬未尝不相须也。往者，国朝祀天地、宗庙及大朝会，宫架内止设镈钟，惟后庙乃用特磬，若已升祔后庙，遂置而不用。如此，则金石之声小大不侔。《大晟》之制，金石并用，以谐阴阳。汉津之法，以声为主，必用泗滨之石，故《禹贡》必曰"浮磬"者，远土而近于水，取之实难。昔奉常所用，乃以白石为之，其声沉下，制作简质，理宜改造焉。

丝部有五：曰一弦琴，曰三弦琴，曰五弦琴，曰七弦琴，曰九弦琴，曰瑟。其说以谓：

汉津诵其师之说曰："古者，圣人作五等之琴，琴主阳，一、三、五、七、九，生成之数也。师延拊一弦之琴，昔人作三弦琴，盖阳之数成于三。伏羲作琴有五弦，神农氏为琴七弦，琴书以九弦象九星。五等之琴，额长二寸四分，以象二十四气；岳阔三分，以象三才；岳内取声三尺六寸，以象期三百六十；龙断及折势四分，以象四时；共长三尺九寸一分，成于三，极于九。九者，究也，复变而为一之义也。《大晟》之瑟长七尺二寸，阴爻之数二十有四，极三才之阴数而七十有二，以象一岁之候。既罢筝、筑、阮，丝声稍下，乃增瑟之数为六十有四，则八八之数法乎阴，琴之数则九十有九而法乎阳。"

竹部有三：曰长笛，曰篪，曰箫。其说以谓：

笛以一管而兼律吕，众乐由焉。三窍成籥，三才之和寓焉。六窍为笛，六律之声备焉。篪之制，采竹窍厚均者，用两节，开六孔，以备十二律之声，则篪之乐生于律。乐始于律而成于箫。律准凤鸣，以一管为一声。箫集众律，编而为器；参差其管，以象凤翼，箫然清亮，以象凤鸣。

匏部有六：曰竽笙，曰巢笙，曰和笙，曰闰余匏，曰九星匏，曰七星匏。其说以谓：

列其管为箫，聚其管为笙。凤凰于飞，箫则象之；凤凰戾止，笙则象之。故内皆用簧，皆施匏于下。前古以三十六簧为竽，十九簧为巢，十三簧为和，皆用十九数，而以管之长短、声之大小为别。八音之中，匏音废绝久矣。后世以木代匏，乃更其制，下皆用匏，而并造十三簧者，以象闰余。十者，土之成数；三者，木之生数，木得土而能生也。九簧者，以象九星。物得阳而生，九者，阳数之极也。七簧者，以象七星。笙之形若鸟敛翼，鸟，火禽，火数七也。

土部有一：曰埙。其说以谓：

释《诗》者以埙、篪异器而同声，然八音孰不同声，必以埙、篪为况？尝博询其旨，盖八音取声相同者，惟埙、篪为然。埙、篪皆六孔而以五窍取声。十二律始于黄钟，终于应钟。二者，其窍尽合则为黄钟，其窍尽开则为应钟，余乐不然。故惟埙、篪相应。

革部十有二：曰晋鼓，曰建鼓，曰鼗鼓，曰雷鼓，曰雷鼗，曰灵鼓，曰灵鼗，曰路鼓，曰路鼗，曰雅鼓，曰相鼓，曰搏拊。其说以谓：

凡言乐者，必曰钟鼓，盖钟为秋分之音而属阴，鼓为春分之音而属阳。金奏待鼓而后进者，雷发声而后群物皆鸣也；鼓复用金以节乐者，雷收声而后蛰虫坯户也。《周官》以晋鼓鼓金奏，阳为阴唱也。建鼓，少昊氏所造，以节众乐。夏加四足，谓之足鼓；商贯之以柱，谓之楹鼓；周县而击之，谓之县鼓。鼗者，鼓之兆也。天子锡诸侯乐，以柷将之；赐伯、子、男乐，以鼗将之。柷先众乐，鼗则先鼓而已。以雷鼓鼓天神，因天声以祀天也；以灵鼓鼓社祭，以天为神，则地为灵也；以路鼓鼓鬼享，人道之大也。以舞者迅疾，以雅节之，故曰雅鼓。相所以辅相于乐，今用节舞者之步，故曰相鼓。登歌今奏击拊，以革为之，实之以糠，升歌之鼓节也。

木部有二：曰柷，曰敔。其说以谓：

柷之作乐。敔之止乐，汉津尝问于李良，良曰："圣人制作之旨，皆在《易》中。《易》曰：'《震》，起也。《艮》，止也。'柷、敔之义，如斯而已。柷以木为底，下实而上虚。《震》一阳在二阴之下，象其卦之形也。击其中，声出虚，为众乐倡。《震》为雷，雷出地奋，为春分之音，故为众乐之倡，而外饰以山林物生之状。《艮》位寅，为虎，虎伏则以象止乐。背有二十七刻，三九阳数之穷。戛之以笙，裂而为十，古或用十寸，或裂而为十二，阴数。十二者，二六之数，阳穷而以阴止之。"

又有度、量、权、衡四法，候气、运律、教乐、运谱四议，与律历、运气或相表里，甚精微矣，兹独采其言乐事显明者。几为书二十卷。说者以谓蔡京使胥为缘饰之，以布告天下云。

政和二年，赐贡士闻喜宴于辟雍，仍用雅乐，罢琼林苑宴。兵部侍郎刘焕言："州郡岁贡士，例有宴设，名曰'鹿鸣'，乞于斯时许用雅乐，易去倡优淫哇之声。"八月，太常言："宗庙、太社、太稷并为大祠，今太社、太稷登歌而不设宫架乐舞，独为未备，请迎神、送神、诣罍洗、归复位、奉俎、退文舞、迎武舞、亚终献、望燎乐曲，并用宫架乐，设于北壝之北。"诏皆从之。

三年四月，议礼局上亲祠登歌之制　大朝会同：

金钟一，在东；玉磬一，在西：俱北向。柷一，在金钟北，稍西；敔一，在玉磬北，稍东。搏拊二：一在柷北，一在敔北，东西相向。一弦、三弦、五弦、七弦、九弦琴各一，瑟四，在金钟之南，西上；玉磬之南亦如之，东上。又于午阶之东　太庙则于泰阶之东，宗祀则于东阶之西，大朝会则于丹墀香案之东，设箫二、篪一、巢笙二、和笙三，为一列，西上　大朝会，和笙在笛南。埙一，在箫南　大朝会在篪南。闰余匏一，箫一，各在巢笙南。又于午阶之西　太庙则于泰阶之西，宗祀则于西阶之东，大朝会则于丹墀香案之西，设箫二、篪一、巢笙二、和笙二，为一列，东上。埙一，在箫南。七星匏一、九星匏一，在巢笙南。箫一，在九星匏西。钟、磬、柷、敔、搏拊、琴、瑟工各坐于坛上　太庙、宗祀、大朝会则于殿上，埙、篪、笙、箫、匏工并立于午阶之东西　太庙则于泰阶之东西，宗祀则于两阶之间，大朝会则于丹墀香案之东西。乐正二人在钟、磬南，歌工四人在敔东，俱东西相向。执麾挟仗色掌事一人，在乐虡之西，东向。乐正紫公服　大朝会服绛朝服，方心曲领，绯白大带、金铜革带、乌皮履，乐工黑介帻，执麾人平巾帻；并绯绣鸾衫、白绢夹裤、抹带　大朝会同。

又上亲祠宫架之制　景灵宫、宣德门、大朝会附：

四方各设编钟三、编磬三。东方，编钟起北，编磬间之，东向。西方，编磬起北，编钟间之，西向。南方，编磬起西，编钟间之；北方，编钟起西，编磬间之：俱北向。设十二镈钟、特磬于编架内，各依月律。四方各镈钟三、特磬三。东方，镈钟起北，特磬间之，东向。西方，特磬起北，镈钟间之，西向。南方，特磬起西，镈钟间之；北方，镈钟起西，特磬间之，皆北向　景灵宫、天兴殿镈钟、编钟、编磬如每岁大祠宫架陈设。

植建鼓、鞞鼓、应鼓于四隅，建鼓在中，鞞鼓在左，应鼓在右。设柷、敔于北架内：柷一，在道东；敔一，在道西。设瑟五十二　朝会五十六。宣德门五十四，列为四行：二行在柷东，二行在敔西。次，一弦琴七，左四右三。次，三弦琴一十有八；宣德门二十。次，五弦琴一十有八　宣德门二十。并分左右。次，七弦琴二十有三，次九弦琴二十有三，并左各十有二，右各十有一　宣德门七弦、九弦各二十五，并左十有三，右十有二。次巢笙二十有八，分左右　宣德门三十二。次匏笙三，在巢笙之间，左二，右一。次箫二十有八　宣德门、大朝会三十。次竽二十，次，篪二十有八　宣德门三十六。朝会篪三十三；左十有七，右十有六。次，埙一十有八　宣德门、朝会二十。次，籥二十有八，并分左右　宣德门籥三十六；朝会三十三，左十有七，右十有六。雷鼓、雷鼗各一，在左；又雷鼓、雷鼗各一，在右　地祇：灵鼓、灵鼗各二。太庙：路鼓、路鼗各二。大朝会晋鼓二。宣德门不设。并在三弦、五弦琴之间，东西相向，晋鼓一，在匏笙间，少南北向。

副乐正二人，在柷、敔之前，北向。歌工三十有二　宣德门四十。朝会三十有六。次柷、敔，东西相向，列为四行，左右各二行。乐师四人，在歌工之南北，东西相向。运谱二人，在晋鼓之左右，北向。执麾挟仗色掌事一名，在乐虡之右，东向。副乐正同乐正服　大朝会同乐正朝服，乐师绯公服，运谱绿公服　大朝会介帻，绛韝衣、白绢抹带，乐工执麾人并同登歌执麾人服　朝会同。

又上亲祠二舞之制　大朝会同：

文舞六十四人，执籥翟；武舞六十四人，执干戚，俱为八佾。文舞分立于表之左右，各四佾。引文舞二人，执纛在前，东西相向。舞色长二人，在执纛之前，分东西　若武舞则在执旌之前。引武舞，执旌二人，鼓二人，双铎二人，单铎二人，铙二人，持金镯四人，奏金镯二人，钲二人，相二人，雅二人，各立于宫架之东西，北向，北上，武舞在其后。舞色长幞头、抹额、紫绣袍。引二舞头及二舞郎，并紫平冕、皂绣鸾衫、金铜革带、乌皮履　大朝会引文舞头及文舞郎并进贤冠、黄鸾衫、银褐裙、绿裆、革带、乌皮履；引武舞头及武舞郎并平巾帻、绯鸾衫、黄画甲身、紫裆、豹文大口裤、起梁带、乌皮靴。引武舞人，武弁、绯绣鸾衫、抹额、红锦臂韝、白绢裤、金铜革带、乌皮履　大朝会同。

又上大祠、中祠登歌之制：

编钟一，在东；编磬一，在西：俱北向。柷一，在编钟之北，稍西；敔一，在编磬之北，稍东。搏拊二：一在柷北，一在敔北，俱东西相向。一弦、三弦、五弦、七弦、九弦琴各一，瑟一，在编钟之南，西上。编磬之南亦如之，东上。坛下午阶之东　太庙、别庙则于殿下泰阶之东，明堂、祠庙则于东阶之西，设箫一、篪一、埙一，为一列，西上。和笙一，在箫南。巢笙一，在篪南；箫一，在埙南。午阶之西亦如之，东上　太庙、别庙则于泰阶之西，明堂、祠庙则于西阶之东。钟、磬、柷、敔、搏拊、琴、瑟工各坐于坛上　明堂、太庙、别庙于殿上，祠庙于堂上，埙、篪、笙、箎、箫工并立于午阶东西 太庙、别庙于太阶之东西，明堂、祠庙于两阶之间，若不用宫架，即登歌工人并坐 。乐正二人在钟、磬南，歌工四人在敔东，俱东西相向。执麾挟仗色掌事一名，在乐虡之西，东向。乐正公服，执麾挟仗色掌事平巾帻，乐工黑介帻，并绯绣鸾衫、白绢抹带 三京帅府等每岁祭社稷，祀风师、雨师、雷神，释奠文宣王，用登歌乐，陈设乐器并同，每岁大、中祠登歌 。

又上太祠宫架、二舞之制：

四方各设镈钟三，各依月律。编钟一，编磬一。北方，应钟起西，编钟次之，黄钟次之，编磬次之，大吕次之，皆北向。东方，太簇起北，编钟次之，夹钟次之，编磬次之，姑洗次之，皆东向。南方，仲吕起东，编钟次之，蕤宾次之，编磬次之，林钟次之，皆北向。西方，夷则起南，编钟次之，南吕次之，编磬次之，无射次之，皆西向。设十二特磬，各在镈钟之内。

植建鼓、鼙鼓、应鼓于四隅。设柷、敔于北架内，柷在左，敔在右。雷鼓、雷鼗各二 地祇以灵鼓、灵鼗，太庙、别庙以路鼓、路鼗 。分东西，在歌工之侧。瑟二，在柷东。次，一弦、三弦、五弦、七弦、九弦琴各二，各为一列。敔西亦如之。巢笙、箫、竽、篪、埙、箎各四，为四列，在雷鼓之后 若地祇即在灵鼓后，太庙、别庙在路鼓后 。晋鼓一，在箎之后；俱北向。副乐正二人在柷、敔之北。歌工八人，左右各四，在柷、敔之南，东西相向。执麾挟仗色掌事一名，在宫架西，北向。副乐正本色公服，执麾挟仗色掌事及乐正平巾帻，服同登歌乐工。

凡轩架之乐三面，其制，去宫架之南面；判架之乐二面，其制，又去轩架之北面；特架之乐一面 。文武二舞并同亲祠，惟二舞郎并紫平冕、皂绣袍、银褐裙、白绢抹带，与亲祠稍异。

诏并颁行。

五月，帝御崇政殿，亲按宴乐，召侍从以上侍立。诏曰："《大晟》之乐已荐之郊庙，而未施于宴飨。比诏有司，以《大晟》乐播之教坊，试于殿庭，五声既具，无湮漉焦急之声，嘉与天下共之，可以所进乐颂之天下，其旧乐悉禁。"于是令尚书省立法，新徵、角二调曲谱已经按试者，并令大晟府刊行，后续有谱，依此。其宫、商、羽调曲谱自从旧，新乐器五声、八音方全。埙、篪、匏、笙、石磬之类已经按试者，大晟府画图疏说颁行，教坊、钧容直、开封府各颁降二副。开封府用所颁乐器，明示依式造毂，教坊、钧容直及中外不得违。今辄高下其声，或别为他声，或移改增损乐器，旧来淫哇之声，如打断、哨笛、呀鼓、十般舞、小鼓腔、小笛之类与其曲名，悉行禁止。违者与听者悉坐罪。

八月，大晟府奏，以雅乐中声播于宴乐，旧阙徵、角二调，及无土、石、匏三音，今乐并已增入。诏颁降天下。

九月，诏："《大晟乐》颁于太学、辟雍，诸生习学，所服冠以弁，袍以素纱，皂缘，绅带，佩玉。"从刘昺制也。

昺又上言曰："五行之气，有生有克，四时之禁，不可不颁示天下。盛德在木，角声乃作，得羽而生，以徵为相；若用商则刑，用宫则战，故春禁宫、商。盛德在火，徵声乃作，得角而生，以宫为相；若用羽则刑，用商则战，故夏禁商、羽。盛德在土，宫声乃作，得徵而生，以商为相；若用角则刑，用羽则战，故季夏土王，宜禁角、羽。盛德在金，商声乃作，得宫而生，以羽为相；若用徵则刑，用角则战，故秋禁徵、角。盛德在水，羽声乃作，得商而生，以角为相；若用宫则刑，用徵则战，故冬禁宫、徵。此三代之所共行，《月令》所载，深切著明者也。作乐本以导和，用失其宜，则反伤和气。夫淫哇潜杂，干犯四时之气久矣。陛下亲洒宸翰，发为诏旨，淫哇之声转为雅正，四时之禁亦有所颁，协气则粹美，绎如以成。"诏令大晟府置图颁降。

四年正月，大晟府言："宴乐诸宫调多不正，如以无射为黄钟宫，以夹钟为中吕宫，以夷则为仙吕宫之类。又加越调、双调、大食、小食，皆俚俗所传，今依月律改定。"诏可。

六年，诏："先帝尝命儒臣肇造玉磬，藏之乐府，久不施用，其令略加磨砻，俾与律合。并造金钟，专用于明堂。"又诏："《大晟》雅乐，顷岁已命儒臣著乐书，独宴乐未有纪述。其令大晟府编集八十四调并图谱，令刘昺撰以为《宴乐新书》。"十月，臣僚乞以崇宁、大观、政和所得珍瑞名数，分命儒臣作为颂诗，协以新律，荐之郊庙，以告成功。诏送礼制局。

七年二月，典乐裴宗元言："乞按习《虞书》赓载之歌，夏《五子之歌》，商之《那》，周之《关雎》、《麟趾》、《驺虞》、《鹊巢》、《鹿鸣》、《文王》、《清庙》之诗。"诏可。中书省言："高丽，赐雅乐，乞习教声律、大晟府撰乐谱辞。"诏许教习，仍赐乐谱。

三月，议礼局言："先王之制，舞有小大：文舞之大，用羽、籥；文舞之小，则有羽无籥，谓之羽舞。武舞之大，用干、戚；武舞之小，则有干无戚，谓之干舞。武又有戈舞焉，而戈不用于大舞。近世武舞以戈配干，未尝用戚。乞武舞以戚配干，置戈不用，庶协古制。"

又言："伶州鸠曰：'大钧有镈无钟，鸣其细也；细钧有钟无镈，昭其大也。'然则钟，大器也；镈，小钟也。以宫、商为钧，则谓之大钧，其声大，故用镈以鸣其细，而不用钟；以角、徵、羽为钧，则谓之小钧，其声细，故用钟以昭其大，而不用镈。然后细大不逾，声应相保，和平出焉。是镈、钟两器，其用不同，故周人各立其官。后世之镈钟，非特不分大小，又混为一器，复于乐架编钟、编磬之外，设镈钟十二，配十二辰，皆非是。盖镈钟犹之特磬，与编钟、编磬相须为用者也。编钟、编磬，其阳声六，以应律；其阴声六，以应吕。既应十二辰矣，复为镈钟十二以配之，则于义重复。乞宫架乐去十二镈钟，止设一大钟为钟，一小钟为镈，一大磬为特磬，以为众声所依。"诏可。

四月，礼制局言："尊祖配天者，郊祀也；严父配天者，明堂也。所以来天神而礼之，其义一也。则明堂宜同郊祀,用礼天神六变之乐,其宫架赤紫,用雷鼓、雷鼗。又圜丘方泽,各有大乐宫架,自来明堂就用大庆殿大朝会宫架。今明堂肇建,欲行创置。"

十月,皇帝御明堂平朔左个,始以天运政治颁于天下。是月也,凡乐之声,以应钟为宫、南吕为商、林钟为角、仲吕为闰徵、姑洗为徵、太簇为羽、黄钟为闰宫。既而中书省言:"五声、六律、十二管还相为宫,若以左旋取之,如十月以应钟为宫,则南吕为商、林钟为角、仲吕为闰徵、姑洗为徵、太簇为羽、黄钟为闰宫;若以右旋七均之法,如十月以应钟为宫,则当用大吕为商、夹钟为角、仲吕为闰徵、蕤宾为徵、夷则为羽、无射为闰宫。明堂颁朔,欲左旋取之,非是。欲以本月律为宫,右旋取七均之法。"从之,仍改正诏书行下。

自是而后,乐律随月右旋。

仲冬之月,皇帝御明堂,南面以朝百辟,退,坐于平朔,授民时。乐以黄钟为宫、太簇为商、姑洗为角、蕤宾为闰徵、林钟为徵、南吕为羽、应钟为闰宫。调以羽,使气适平。

季冬之月,御明堂平朔右个。乐以大吕为宫、夹钟为商、仲吕为角、林钟为闰徵、夷则为徵、无射为羽、黄钟为闰宫。客气少阴火,调以羽,尚羽而抑徵。

孟春之月,御明堂青阳左个。乐以太簇为宫、姑洗为商、蕤宾为角、夷则为闰徵、南吕为徵、应钟为羽、大吕为闰宫。客气少阳相火,与岁运同,火气太过,调宜羽,致其和。

仲春之月,御明堂青阳。乐以夹钟为宫、仲吕为商、林钟为角、南吕为闰徵、无射为徵、黄钟为羽、太簇为闰宫。调以羽。

季春之月,御明堂青阳右个。乐以姑洗为宫、蕤宾为商、夷则为角、无射为闰徵、应钟为徵、大吕为羽、夹钟为闰宫。客气阳明,尚徵以抑金。

孟夏之月,御明堂左个。乐以仲吕为宫、林钟为商、南吕为角、应钟为闰徵、黄钟为徵、太簇为羽、姑洗为闰宫。调宜尚徵。

仲夏之月,御明堂。乐以蕤宾为宫、夷则为商、无射为角、黄钟为闰徵、大吕为徵、夹钟为羽、仲吕为闰宫。客气寒水,调宜尚宫以抑之。

季夏之月,御明堂右个。乐以林钟为宫、南吕为商、应钟为角、大吕为闰徵、太簇为徵、姑洗为羽、蕤宾为闰宫。调宜尚宫,以致其和。

孟秋之月,御明堂总章左个。乐以夷则为宫、无射为商、黄钟为角、太簇为闰徵、夹钟为徵、仲吕为羽、林钟为闰宫。调宜尚商。

仲秋之月,御明堂总章。乐以南吕为宫、应钟为商、大吕为角、夹钟为闰徵、姑洗为徵、蕤宾为羽、夷则为闰宫。调宜尚商。

季秋之月,御明堂总章右个。乐以无射为宫、黄钟为商、太簇为角、姑洗为闰徵、仲吕为徵、林钟为羽、南吕为闰宫。调宜尚羽,以致其平。

闰月,御明堂,阖左扉。乐以其月之律。

十一月,知永兴军席旦言:"太学、辟雍士人作乐,皆服士服,而外路诸生尚衣襕幞,望下有司考议,为图式以颁外郡。"

八年八月,宣和殿大学士蔡攸言:"九月二日,皇帝躬祀明堂,合用大乐。按《乐书》:'正声得正气则用之,中声得中气则用之。'自八月二十八日,已得秋分中气,大飨之日当用中声乐。今看详古之神瞽考中声以定律,中声谓黄钟也,黄钟即中声,非别有一中气之中声也。考阅前古,初无中、正两乐。若以一黄钟为正声,又以一黄钟为中声,则黄钟君声,不当有二。况帝指起律,均法一定,大吕居黄钟之次,阴吕也,臣声也。今减黄钟三分,则入大吕律矣,易其名为黄钟中声,不唯纷更帝律,又以阴吕臣声僭窃黄钟之名。若依《乐书》'正声得正气则用之,中声得中气则用之',是冬至祀天、夏至祭地,常不用正声而用中声也。以黄钟为正声,易大吕为中声之黄钟,是帝律所起,黄钟常不用而大吕常用也。抑阳扶阴,退律进吕,为害斯大,无甚于此。今来宗祀明堂,缘八月中气未过,而用中声乐南吕为宫,则本律正声皆不得预。欲乞废中声之乐,一遵帝律,止用正声,协和天人,刊正讹谬,著于《乐书》。"诏可。攸又乞取已颁中声乐在天下者。

宣和元年四月,攸上书:

奉诏制造太、少二音登歌宫架,用于明堂,渐见就绪,乞报大晟府者凡八条:

一,太、正、少钟三等。旧制,编钟、编磬各一十六枚,应钟之外,增黄钟、大吕、太簇、夹钟四清声。今既分太、少,则四清声不当兼用,止以十二律正声各为一架。

其二,太、正、少琴三等。旧制,一、三、五、七、九弦凡五等。今来讨论,并依《律书》所载,止用五弦。弦大者为宫而居中央,君也。商张右傍,其余大小相次,不失其序,以为太、正、少之制,而十二律举无遗音。其一、三、五、七、九弦,太、少乐内更不制造。

其三,太、正、少籥三等。谨按《周官》籥章之职,龡以迎寒暑。王安石曰:"籥,三孔,律吕于是乎生,而其器不行于世久矣。近得古籥,尝以颁行。"今如《尔雅》所载,制造太、正、少三等,用为乐本,设于众管之前。

其四,太正少篴、埙、箎、箫各三等。旧制,箫一十六管,如钟磬之制,有四清声。今既分太、少,其四清声亦不合兼用,止用十二管。

其五,大晟匏有三色:一曰七星,二曰九星,三曰闰余,莫见古制。匏备八音,不可阙数,今已各分太、正、少三等,而闰余尤无经见,唯《大晟乐书》称"匏造十三簧者,以象闰余。十者,土之成数;三者,木之生数;木得土而能生也。"故独用黄钟一清声。黄钟清声,无应闰之理,今去闰余一匏,止用两色,仍改避七星、九星之名,止曰七管、九管。

其六,旧制有巢笙、竽笙、和笙。巢笙自黄钟而下十九管,非古制度。其竽笙、和笙并以正律林钟为宫，三笙合奏，曲用两调，和笙奏黄钟曲，则巢笙奏林钟曲以应之，宫、徵相杂。器本宴乐，今依钟磬法，裁十二管以应十二律，为太、正、少三等，其旧笙更不用。

其七，柷、敔、晋鼓、镈钟、特磬，虽无太、少，系作止和乐，合行备设。

其八，登歌宫架有搏拊二器，按《虞书》：'戛击鸣球，搏拊琴瑟。'王安石解曰：'或戛或击，或搏或拊。'与《虞书》所载乖戾。今欲乞罢而不用。"诏悉从之。

攸之弟儵曰：

初，汉津献说，请帝三指之三寸，三合而为九，为黄钟之律。又以中指之径围为容盛，度量权衡皆自是而出。又谓："有太声、有少声。太者，清声，阳也，天道也；少者，浊声，阴也，地道也；中声，其间，人道也。合三才之道，备阴阳之奇偶，然后四序可得而调，万物可得而理。"当时以为迂怪。

刘昺之兄焴以晓乐律进，未几而卒。昺始主乐事，乃建白谓：太、少不合儒书。以太史公《书》黄钟八寸七分琯为中声，奏之于初气；班固《书》黄钟九寸琯为正声，奏之于中气。因请帝指时止用中指，又不得径围为容盛，故后凡制器，不能成剂量，工人但随律调之，大率有非汉津之本说者。

及政和末，明堂成，议欲为布政调燮事，乃召武臣前知宪州任宗尧换朝奉大夫，为大晟府典乐。宗尧至，则言：太、少之说本出于古人，虽王朴犹知之，而刘昺不用。乃自创黄钟为两律。黄钟，君也，不宜有两。

蔡攸方提举大晟府，不喜佗人预乐。有士人田为者，善琵琶，无行，攸乃奏为大晟府典乐，遂不用中声八寸七分琯，而但用九寸琯。又为一律长尺有八寸，曰太声；一律长四寸有半，曰少声：是为三黄钟律矣。律与容盛又不翅数倍。黄钟既四寸有半，则圜钟几不及二寸。诸器大小皆随律，盖但以器大者为太，小者为少。乐始成，试之于政事堂，执政心知其非，然不敢言，因用之于明堂布政，望鹤愈不至。

儵又曰："宴乐本杂用唐声调，乐器多夷部，亦唐律。徵、角二调，其均自隋、唐间已亡。政和初，命大晟府改用大晟律，其声下唐乐已两律。然刘昺止用所谓中声八寸七分琯为之，又作匏、笙、埙、篪，皆入夷部。至于《徵招》、《角招》，终不得其本均，大率皆假之以见徵音。然其曲谱颇和美，故一时盛行于天下，然教坊乐工嫉之如仇。其后，蔡攸复于教坊用事乐工附会，又上唐谱徵、角二声，遂再命教坊制曲谱，既成，亦不克行而止。然政和《徵招》、《角招》遂传于世矣。"

二年八月，罢大晟府制造所并协律官。四年十月，洪州奏丰城县民锄地得古钟，大小九具，状制奇异，各有篆文。验之《考工记》，其制正与古合。令乐工击之，其声中律之无射。绘图以闻。七年十二月，金人败盟，分兵两道入，诏革弊事，废诸局，于是大晟府及教乐所、教坊额外人并罢。靖康二年，金人取汴，凡大乐轩架、乐舞图、舜文二琴、教坊乐器、乐书、乐章、明堂布政闰月体式、景阳钟并虡、九鼎皆亡矣。

卷一百三十　　志第八十三

乐　五

高宗南渡，经营多难，其于稽古饰治之事，时靡遑暇。建炎元年，首诏有司曰："朕承祖宗遗泽，获托臣民之上，扶颠持危，夙夜痛悼。况于闻乐以自为乐，实增感于朕心。"二年，复下诏曰："朕方日极忧念，屏远声乐，不令过耳。承平典故，虽实废名存，亦所不忍，悉从减罢。"是岁，始据光武旧礼，以建武二载创立郊祀，乃十一月壬寅祀天配祖，敕东京起奉大乐登歌法物等赴行在所，就维扬江都筑坛行事。凡卤簿、乐舞之类，率多未备，严更警场，至就取中军金鼓，权一时之用。

绍兴元年，始飨明堂。时初驻会稽，而渡江旧乐复皆毁散。太常卿苏迟等言："国朝大礼作乐，依仪合于坛殿上设登歌，坛殿下设宫架。今亲祠登歌乐器尚阙，宣和添用籥色，未及颁降，州郡无从可以创制，宜权用望祭礼例，止设登歌，用乐工四十有七人。"乃访旧工，以备其数。

四年，再飨，国子丞王普言："按《书·舜典》，命夔曰：'诗言志，歌永言，声依永，律和声。'盖古者既作诗，从而歌之，然后以声律协和而成曲。自历代至于本朝，雅乐皆先制乐章而后成谱。崇宁以后，乃先制谱，后命词，于是词律不相谐协，且与俗乐无异。乞复用古制。又按《周礼》奏黄钟、歌大吕以祀天神。黄钟，堂下之乐；大吕，堂上之乐也。郊祀之礼，皇帝版位在午阶下，故还位之乐当奏黄钟；明堂版位在阼阶上，则还位当歌大吕。今明堂礼不下堂，而袭郊祀还位例，并奏黄钟之乐，于义未当。"寻皆如普议。

先是，帝尝以时难备物，礼有从宜，敕戒有司参酌损益，务崇简俭。仍权依元年例，令登歌通作宫架，其押乐、举麾官及乐工器服等，蠲省甚多。既而国步渐安，始以保境息民为务，而礼乐之事寖以兴矣。

十年，太常卿苏携言："将来明堂行礼，除登歌大乐已备，见阙宫架、乐舞，诸路州军先有颁降登歌大乐，乞行搜访应用。"丞周执羔言："大乐兼用文、武二舞，今殿前司将下任道，系前大晟府二舞色长，深知舞仪，宜令赴寺教习。"卿陈桷言："前期五使，例合按阅，仍诏应侍祠执事朝臣，并作乐教习。"礼仪博士周林复言："神位席地陈设，至尊亲行酌献，堂上下皆地坐作乐，而钟磬工乃设木小榻，当教习日，使立以考击，庶革循习简陋之弊。"

初，上居谅阴，臣僚有请罢明堂行礼奏乐、受胙等事，上谕礼官详定。太常寺检照景德、熙、丰亲郊典故，除郊庙、景灵宫并合用乐，其卤簿、鼓吹及楼前宫架、诸军音乐,皆备而不作。每处警场,止鸣金钲、鼓角而已,即无去奏乐、受胙之文。大飨为民祈福,为上帝、宗庙而作乐,礼不敢以卑废尊。《书》"敛五福,锡庶民",况熙宁礼尤可考,其赦文有曰"六乐备舞,祥祉来臻"是也。于是诏遵行之。其后,礼部侍郎施珂奏:"礼经蕃乐出于荒政,盖一时以示贬抑。昨内外暂止用乐,今徽考大事既毕,慈宁又已就养,其时节上寿,理宜举乐,一如旧制。"礼部寻言:"太母还宫,国家大庆,四方来贺。自今冬至、元正举行朝贺之礼,依国朝故事,合设大仗及用乐舞等,庶几明天子之尊,旧典不至废坠。"有诏,俟来年举行。

十有三年,郊祀,诏以祐陵深弓剑之藏,长乐遂晨昏之养,昭答神天,就临安行在所修建圆坛。于是有司言:"大礼排设备乐,宫架乐办一料外,登歌乐依在京夏祭例,合用两料。其乐器,登歌则用编钟、磬各一架,柷、敔二,搏拊、鼓二,琴五色,自一、三、五、七至九弦各二,瑟四,邃四,埙、篪、箫并二,巢笙、和笙各四;并七星、九曜、闰余匏笙各一,麾幡一。宫架则用编钟、编磬各十二架,柷、敔二,琴五色,各十,瑟二十六;巢笙及箫并一十四,七星、九曜、闰余匏笙各一,竽笙十,埙一十二,篪一十八,邃二十,晋鼓一,建鼓四,麾幡一。"乃从太常下之两浙、江南、福建州郡,又下之广东西、荆湖南北,括取旧管大乐,上于行都,有阙则下军器所制造,增修雅饰,而乐器寝备矣。其乐工,诏依太常寺所请,选择行止畏谨之人,合登歌、宫架凡用四百四十人,同日分诣太社、太稷、九宫贵神。每祭各用乐正二人,执色乐工、掌事、掌器三十六人,三祭共一百一十四人,文舞、武舞计用一百二十八人,就以文舞番充。其二舞引头二十四人,皆召募补之。乐工、舞师照在京例,分三等廪给。其乐正、掌事、掌器,自六月一日教习;引舞、色长、文武舞头、舞师及诸乐工等,自八月一日教习。于是乐工渐集。

十四年,太常寺言:"将来大礼,见阙玉磬十六枚。其所定声律,系于玉分厚薄,取声高下。正声凡十有二,黄钟厚八分,进而为大吕、太簇、夹钟、姑洗、仲吕、蕤宾、林钟、夷则、南吕、无射、应钟,每律增一分,至应钟一寸九分而止。清声夹钟厚二寸三分,退而为太簇、大吕、黄钟,共四清声,各减一分,至黄钟二寸而止。"乃下之四川茶马司,宽数增分,市易以供用。太常博士张晟又言:"大乐所用武舞之饰,以干配刀,《周礼·司兵》'祭祀,授舞者兵',先儒谓'授以朱干、玉戚',《郊特牲》'朱干、玉戚,冕而舞大武'。"乃从所请,仿《三礼图》,令造玉戚,以配舞干。

是岁,始上徽宗徽号,特制《显安》之乐。至于奉皇太后册、宝于慈宁宫,乐用《圣安》;皇后受册、宝于穆清殿,乐用《坤安》,亦皆先后参次而举。《显安》以无射、夹钟为宫,周《大司乐》飨先王,奏无射而歌夹钟,"夹钟之六五,上生无射之上九。夹钟,卯之气,二月建焉,而辰在降娄;无射,戌之气,九月建焉,而辰在大火。"无射,阳律之终,夹钟实为之合,盖取其相亲合而萃祖考之精神于假庙也。《圣安》纯用大吕,《坤安》纯用中吕。大吕,阴律之首,崇母仪也;中吕,阴律之次,明妇顺也。

明年正旦朝会,始陈乐舞,公卿奉觞献寿。据元丰朝会乐:第一爵,登歌奏《和安》之曲,堂上之乐随歌而发;第二爵,笙入,乃奏瑞曲,惟吹笙而余乐不作;第三爵,奏瑞曲,堂上歌,堂下笙,一歌一吹相间;第四爵,合乐仍奏瑞曲,而上下之乐交作。今悉仿旧典,首奏《和安》,次奏《嘉木成文》、《沧海澄清》、《瑞粟呈祥》三曲,其乐专以太簇为宫。太簇之律,生气凑达万物,于三统为人正,于四时为孟春,故元会用之。

时给事中段拂等讨论景钟制度,按《大晟乐书》:"黄钟者,乐所自出,而景钟又黄钟之本,故为乐之祖,惟天子郊祀上帝则用之,自斋宫诣坛则击之,以召至阳之气。既至,声阕,众乐乃作。祀事既毕,升辇,又击之。盖天者,群物之祖,今以乐之祖感之,则天之百神可得而礼。音韵清越,拱以九龙,立于宫架之中,以为君围;环以四清声钟、磬、镈钟、特磬,以为臣围;编钟、编磬以为民围。内设宝钟球玉,外为龙虎凤琴。景钟之高九尺,其数九九,其实高八尺一寸。垂则为钟,仰则为鼎。鼎之大,中于九斛,退藏实八斛有一焉。"内出皇祐大乐中黍尺,参以太常旧藏黄钟律编钟,高适九寸,正相吻合,遂遵用黍尺制造。

钟成,命左仆射秦桧为之铭。其文曰:"皇宋绍兴十六年,中兴天子以好生大德,既定寰宇,乃作乐以畅天地之化,以和神人。维兹景钟,首出众乐,天子专用禋祀,谨拜手稽首而献铭。其铭曰:'德纯懿兮舜、文继。跻寿域兮孰内外?荐上帝兮伟兹器。声气应兮同久视。贻子孙兮弥万世。'"旋又命礼局造镈钟四十有八、编磬一百八十七、特磬四十八及添制编钟等,命军器所造建鼓八、雷鼓二、晋鼓一、雷鼗二、柷敔各四。寻制金钟、玉磬二架。

初,元丰本虞庭鸣球及晋贺循采玉造磬之义,命荣咨道肇造玉磬。元祐亲祠,尝一用之,久藏乐府。至政和加以磨砻,俾协音律,并造金钟,专用于明堂。盖堂上之乐,歌钟居左,歌磬居右。金玉禀气于乾,纯精至贵,故钟必以金,磬必以玉,始备金声玉振之全,此中兴所以继作也。于是帝谕辅臣,以钟磬音律,其余皆和,惟黄钟、大吕犹未应律,宜熟加考究。诏礼官以铸造镈钟,更须详审,令声和而律应,乃可奉祀。命太常前期按阅,仍用皇祐进呈雅乐礼例。皇帝御射殿,召宰执、侍从、台谏、寺监、馆阁及武臣刺史以上,阅视新造景钟及礼器。皇帝即御坐,撞景钟,用正旦朝会三曲,奏宫架之乐,其制造官推恩有差。添置景钟乐正一、镈钟乐工十有二,特磬乐工亦如之。次降下古制铜錞一,增造其二;古铜铙一,增造其六。改造登歌夷则律玉磬,降到长遂二十有四,并付太常寺掌之,专俟大礼施用。

既而刑部郎官许兴古奏:"比岁休祥协应,灵芝产于庙楹,瑞麦秀于留都。昔乾德六年,尝诏和岘作《瑞木》、《驯象》及《玉乌》、《皓雀》四瑞乐章,以备登歌。愿依典故,制为乐章,登诸郊庙。"诏从其请,命学士沈虚中作歌曲,以荐于太庙、圜丘、明堂。寻又内出御制郊祀大礼天地、宗庙乐章,及诏宰执、学士院、两省官删修郊祀大礼乐章,付太常肄习。

天子亲祀南郊，圜钟为宫，三奏，乐凡六成，歌《景安》，用《文德武功》之舞；飨明堂，夹钟为宫，三奏，乐凡九成，歌《诚安》，用《佑文化俗》、《威功睿德》之舞。前二日，朝献景灵宫，圜钟为宫，三奏，凡六成，所奏乐与南郊同，歌《兴安》，用《发祥流庆》、《降真观德》之舞。前一日，朝飨太庙，黄钟为宫，三奏，乐凡九成，歌《兴安》，所用文、武二舞与南郊同。僖祖庙用《基命》之乐舞，翼祖庙用《大顺》之乐舞，宣祖庙用《天元》之乐舞，太祖庙用《皇武》之乐舞，太宗庙用《大定》之乐舞。真宗、仁宗庙乐舞曰《熙文》、曰《美成》，英宗、神宗庙乐舞曰《治隆》、曰《大明》，哲宗、徽宗、钦宗庙乐舞曰《重光》、曰《承元》、曰《端庆》，皆以无射宫奏之。

每岁祀昊天上帝者凡四：正月上辛祈谷，孟夏雩祀，季秋飨明堂，冬至祀圜丘是也。圜钟为宫，乐奏六成，与南郊同，乃用《景安》之歌、《帝临嘉至》、《神娭锡羡》之舞。祀地祇者二：夏至祀皇地祇，乐奏八成，乃用《宁安》之歌、《储灵锡庆》、《严恭将事》之舞；立冬后祀神州地祇，乐奏八成，歌《宁安》，与祀皇地祇同名而异曲，用《广生储祐》、《厚载凝福》之舞。孟春上辛祀感生帝，其歌《大安》，其乐舞则与岁祀昊天同。三年一袷及时飨太庙，九成之乐、《兴安》之歌，与大礼前事朝飨同，而用《孝熙昭德》、《礼洽储祥》之舞。太社、太稷用《宁安》，八成之乐，与岁祀地祇同。至于亲制赞宣圣及七十二弟子，以广崇儒右文之声；亲视学，行酌献，定释奠为大祀，用《凝安》，九成之乐。郡邑行事，则乐止三成。他如亲飨先农、亲祀高禖，则敞坛壝，奏乐舞，按习于同文馆、法惠寺。亲耕籍田，则据宣和旧制，陈设大乐，而引呈耒耜、护卫耕根车、仪仗鼓吹以二千人为率。先农乐用《静安》；高禖乐用《景安》；皇帝亲行三推礼，乐用《乾安》。其补苴轶典、蒐讲弥文者至矣。先朝凡雅乐皆以"安"名，中兴一遵之。

南郊乐，其宫圜钟；明堂乐，其宫夹钟。圜钟即夹钟也。夹钟生于房、心之气，实为天帝之堂，故为天宫。祭地祇，其宫函钟，即林钟也。林钟生于未之气，未为坤位，而天社、地神实在东井、舆鬼之外，故为地宫。飨宗庙，其宫用黄钟。黄钟生于虚、危之气，虚、危为宗庙，故为人宫。此三者，各用其声类求之。然天宫取律之相次：圜钟为阴声第五，阴将极而阳生，故取黄钟为角。黄钟，阳声之首也。太簇，阳声之第二，故太簇为徵。姑洗，阳声之第三，故姑洗为羽。天道有自然之秩序，乃取其相次者以为声。地宫取律之相生：函钟上生太簇，故太簇为角；太簇下生南吕，南吕上生姑洗，故南吕为徵，姑洗为羽。地道资生而不穷，乃取其相生者以为声。人宫取律之相合：黄钟子，大吕丑，故黄钟为宫、大吕为角，子合丑也；太簇寅，应钟亥，故太簇为徵、应钟为羽，寅合亥也。人道以合而相亲，乃取其合者以为声。周之降天神、出地示、礼人鬼，乐之纲要实在于此。独商声置而不用，盖商声刚而主杀，实鬼神之所畏也。乐奏六成者，即仿周之六变，八成、九成亦如之。

文、武二舞皆用八佾。国初，始改《崇德》之舞曰《文德》，改《象成》之舞曰《武功》。其《发祥流庆》、《降真观德》则祥符所制，以荐献圣祖；其《佑文化俗》、《威功睿德》则皇祐所制，以奉明禋。其祀帝，有司行事，以《帝临嘉至》、《神娭锡羡》，与夫献太庙以《孝熙昭德》、《礼洽储祥》，则制于元丰。其《广生储祐》、《厚载凝福》以祀方泽，则制于宣和。至绍兴祀皇地祇，易以《储灵锡庆》、《严恭将事》，而用宣和所制舞以分祀神州地祇，转相缉熙，乐舞寖备。至中兴而赓续裁定，实集其成。中祀而下，多有乐而无舞，则在《礼》"凡小祭祀不兴舞"之义也。

绍兴三十一年，有诏："教坊日下蠲罢，各令自便。"盖建炎以来，畏天敬祖，虔恭祀事，虽礼乐焕然一新，然其始终常以天下为忧，而未尝以位为乐，有足称者。

孝宗初践大位，立班设仗于紫宸殿，备陈雅乐。礼官寻请车驾亲行朝飨，用登歌、金玉大乐及彩绘宫架、乐舞；仗内鼓吹，以钦宗丧制不用。迨安穆皇后祔庙，礼部侍郎黄中首言："国朝故事，神主升祔，系用鼓吹导引，前至太庙，乃用乐舞行事。宗庙荐享虽可用乐，鼓吹施于道路，情所未安，请备而不作。"续下给、舍详议，谓："荐享宗庙，为祖宗也，故以大包小，则别庙不嫌于用乐。今祔庙之礼为安穆而行，岂可与荐享同日语？将来祔礼，谒祖宗诸室，当用乐舞；至别庙奉安，宜停而不用。盖用乐于前殿，是不以钦宗而废祖宗之礼；停乐于别庙，是安穆为钦宗丧礼而屈也。如此，则于礼顺，于义允。"遂俞其请。既而右正言周操上言："祖宗前殿，尊无二上，其于用乐，无复有嫌。然用之享庙行礼之日则可，而用于今日之祔则不可。盖祔礼为安穆而设，则其所用乐是为安穆而用，虽曰停于别庙，而为祔后用乐之名犹在也。孰若前后殿乐俱不作为无可议哉？"诏从之。

隆兴元年天申节，率群臣诣德寿宫上寿，议者以钦宗服除，当举乐。事下礼曹，黄中复奏曰："臣事君，犹子事父也。《春秋》，贼未讨，不书葬，以明臣子之责。况钦宗实未葬，而可遽作乐乎？"事遂寝。

乾道改元，始郊见天地。太常洪适奏："圣上践阼，务崇乾德，郊丘讲礼，专以诚意交于神明。窃谓古今不相沿乐，金石八音不入俗耳，通国鲜习其艺，而听之则倦且寐，独以古乐尝用之郊庙尔。昔者，竽工、鼓员不应经法，孔光、何武尝奏罢于汉代，前史之。今乐工为数甚夥，其卤簿六引、前后鼓吹，有司已奏明，诏三分减一，惟是肆习尚逾三月之淹。夫驱游手之人振金击石，安能尽中音律，使凤仪而兽舞？而日给虚耗，总为缗钱近二百万。若从裁酌，用一月教习，自可应声合节，不至阙事。"于是诏郊祀乐工，令肄习一月。

太常寺复言："郊祀合用节奏乐工、登歌宫架乐工、引舞舞工，其分诣社稷及别庙，并番轮应奉，更不添置。"寻以礼官裁减坛下宫架二百七人，省十之一；琴二十人，瑟十二人，各省其半；笙、箫、遂可省者十有八人；筑、埙可省者十人。其分诣给祠凡一百十四，止用八十人。钟、磬凡四十八架，止设三十有二人，其宫架钟、磬仍旧。排殿闲慢乐色量省人数，悉报如章。

礼部郎官萧国梁又言："议礼者尝援绍兴指挥，时飨亚献既入太室，即引终献行事，虽便于有司侍祠，免至跛倚，而其流将至于简。宗庙用之郊飨尤为非宜。盖有献必有乐，卒爵而后乐阕。今亚、终献乐舞虽同，而其作有始，其成有终，不可乱也。若使之相继行事，杂于酌献之间，则其为乐舞者，不知亚献之乐耶？终献之乐耶？"诏从其请订定。

淳熙六年，始举明堂禋礼，命五使按雅乐并严更、警场于贡院，奉诏将乐器依堂上、堂下仪制排设，五使及应赴官僚从旁立观按阅，仍听往来察视。时大礼使赵雄言："前例，阅乐至皇帝诣饮福位一曲，即五使以下皆立，而每阅奠玉币及酌献等乐，皆坐自如，于礼未尽，不当袭用前例。"故有是诏。既而礼官讨论，自绍兴以来，凡五飨明堂，礼毕还辇，并未经用乐，即无作乐节次可考。乃参酌礼例，成礼称贺及肆赦用乐导驾，并用皇祐大飨典故施行。其南郊、明堂仪注，实述绍兴成宪，又命有司兼酌元丰、大观旧典，为后世法程。其用乐作止之节，粲然可观：

前三日，太常设登歌乐于坛上，稍南，北向，设宫架于坛南内壝之外，立舞表于鄹缀之间 明堂登歌设于堂上前楹间，宫架设于庭中 。前一日，设协律郎位二：一于坛上乐虡西北，一于宫架西北。押乐官位二：太常丞于登歌乐虡北，太常卿于宫架北。省牲之夕，押乐太常卿及丞入行乐架，协律郎展视乐器。

祀之日，乐正帅工人、二舞以次入。皇帝乘舆，自青城斋殿出，乐正撞景钟，降舆入大次，景钟止 明堂不用景钟 。服大裘衮冕，自正门入，协律郎跪，俯伏，举麾，兴。工鼓柷，宫架《乾安》之乐作，凡升降、行止皆奏 明堂奏《仪安》。至午阶版位，西向立，协律郎偃麾戛敔，乐止 明堂至阼阶下，乐止 。凡乐，皆协律郎举麾而后作，偃麾而后止。礼仪使奏请行事，宫架作《景安》之乐。 明堂作《诚安》。

文舞进，左丞相等升，诣神位前，乐作，六成止。皇帝执大圭再拜，内侍进御匜帨，宫架乐作，帨手毕，乐止。礼仪使前导升坛，宫架乐作，至坛下，乐止。升自午阶， 明堂并升自阼阶。登歌乐作，至坛上，乐止。登歌《嘉安》之乐作 明堂至堂上作《镇安》。奠镇圭、奠玉币于上帝，乐止。诣皇地祇、太祖、太宗神位前，如上仪。礼仪使导还版位，登歌乐作，降阶，乐止 明堂降自阼阶 。宫架乐作，至版位，乐止。奉俎官入正门，宫架《丰安》之乐作 明堂作《禧安》。跪，奠俎讫，内侍以御匜帨进，宫架乐作，帨手拭爵，乐止。礼仪使导升坛，宫架乐作，至午阶，乐止。升自午阶，登歌乐作，至坛上，乐止 明堂无升坛 。登歌《禧安》之乐作 明堂作《庆安》，诣神位前，三祭酒，少立，乐止。读册，皇帝再拜。每诣神位并如之。礼仪使导还版位，登歌乐作，降阶，乐止。宫架乐作，至版位，乐止。奏请还小次，宫架乐作，入小次，乐止。

武舞进，宫架《正安》之乐作 明堂作《穆安》。舞者立定，乐止。亚献，升，诣酌尊所，西向立，宫架《正安》之乐作 明堂皇太子为亚献，作《穆安》。三祭酒，以次酌献如上仪，乐止。终献亦如之。奏请诣饮福位，宫架乐作，至午阶，乐止。升自午阶，登歌乐作，将至位，乐止。登歌《禧安》之乐作 明堂作《祚安》。饮福，礼毕，乐止。礼仪使导还版位，登歌乐作，降阶，乐止。宫架乐作，至版位，乐止 明堂不降阶 。彻豆，登歌《熙安》之乐作 明堂作《歆安》。送神，宫架《景安》之乐作，一成止 明堂作《诚安》。诣望燎、望瘗位，宫架乐作，至位，乐止 明堂有燎无瘗 。燎、瘗毕，还大次，宫架《乾安》之乐作 明堂作《憩安》。至大次，乐止。皇帝乘大辇出大次，乐正撞景钟 明堂不用景钟 ，鼓吹振作，降辇还斋殿，景钟止。百官、宗室班贺于端诚殿，奏请圣驾进发，军乐导引，至丽正门，大乐正令奏《采茨》之乐，入门，乐止 明堂就贺于紫宸殿，不奏《采茨》。

乃御丽正门肆赦。前期，太常设宫架乐于门之前，设钲鼓于其西，皇帝升门至御阁，大乐正令撞黄钟之钟，右五钟皆应，《乾安》之乐作，升御坐，乐止。金鸡立，太常击鼓，囚集，鼓声止。宣制毕，大乐正令撞蕤宾之钟，左五钟皆应，皇帝还御幄，乐止。乘辇降门，作乐，导引至文德殿，降辇，乐止。

按大礼用乐，凡三十有四色：歌色一，箎色二，埙色三，篪色四，笙色五，箫色六，编钟七，编磬八，镈钟九，特磬十，琴十一，瑟十二，柷、敔十三，搏拊十四，晋鼓十五，建鼓十六，鞞、应鼓十七，雷鼓 祀天神用 十八，雷鼗鼓 同上 十九，灵鼓 祭地祇用 二十，灵鼗鼓 同上 二十一，路鼓 飨宗庙用 二十二，路鼗鼓 同上 二十三，雅鼓二十四，相鼓二十五，单鼗鼓二十六，旌纛二十七，金钲二十八，金錞二十九，单铎三十，双铎三十一，铙铎三十二，奏坐三十三，麾幡三十四。此国乐之用尤大者，故具载于篇。

初，绍兴崇建皇储，诏有司备礼册命，然在钦宗恤制，未及制乐。乾道初元，诏立皇太子，命礼部、太常寺讨论旧礼以闻。受册日，陈黄麾仗于大庆殿，设宫架乐于殿庭，皇帝升御坐，作《乾安》之乐，升，用黄钟宫，降，用蕤宾宫。皇太子入殿门，作《明安》之乐，受册出殿门亦如之，皆用应钟宫。至七年，易应钟而奏以姑洗。古者，太子生则太师吹管以度其声，观所协之律。有虞典乐教胄子，自天子之元子皆以乐为教，所以养其性情之正，荡涤邪秽，消融查滓而和顺于道德，则陈金石雅奏，以重元良。册拜宜仿古谊，式昭盛礼。由唐季世，储贰罕定，国家益多故而礼废乐阙。至于建隆定乐，虽诏皇太子出入奏《良安》，至道始册皇太子，有司言："太子受册，宜奏《正安》之乐。"百年旷典，至是举行，中外胥悦。至天禧册命，礼仪院复奏改《正安》之乐。乾道之用《明安》，实祖述天禧，而以姑洗为宫，则唐东宫轩垂奏乐旧贯云。

孝宗素恭俭，每贺正使赴宴作乐，多遇上辛斋禁，有司条治平用乐典故以进。及生辰使上寿，适亲郊散斋，枢密副使陈俊卿请以礼谕北使，毋用乐。不得已，则上寿之日设乐，而宣旨罢之，及宴使人，然后用之，庶存事天之诚。上可其奏，且曰："宴殿虽进御酒，亦勿用。"宰相叶颙、魏杞方主用乐之议，以为乐奏于紫宸，乃使客之礼。俊卿独奏曰："适奉诏旨，仰见圣学高明，过古帝王远甚？彼初未尝必欲用乐，而我乃望风希意，自为失礼以徇之，他日轻侮，何所不至？"寻诏："垂拱上寿止乐，正殿犹为北使权用。"后三年，贺使当朝辞，复值散斋，上乃谕馆伴以决意去乐及议所以处之者，如使人必以作乐为言，则移茶酒就驿管领，遂有更不用乐之诏。

其后因雨泽愆期，分祷天地、宗庙，精修雩祀。按礼，大雩，帝用盛乐。而唐开元祈雨雩坛，谓之特祀，乃不以乐荐。于是太常朱时敏言："《通典》载雩礼用舞僮歌《云汉》，晋蔡谟议谓：'《云汉》之诗，兴于宣王，歌之者取其修德禳灾，以和阴阳之义。'乞用舞僮六十四人，衣玄衣，歌《云汉》之诗。"诏亟从之。

淳熙二年，诏以上皇加上尊号，立春日行庆寿礼。有司寻言："乾道加尊号，用宫架三十六，乐工共一百一十三人。今来加号庆寿，事体尤重，合依大礼例，用四十八架，乐正、乐工用一百八十八人，庶得礼乐明备。"仍令分就太常寺、贡院前五日教习。前期，太常设宫架之乐于大庆殿，协律郎位于宫架西北，东向；押乐太常卿位于宫架之北，北向；皇太子及文武百僚，并位于宫架之北，东西相向，又设宫架于德寿殿门外，协律郎、太常卿位如之。及发册宝日，仪仗、鼓吹列于大庆殿门，乐正、师二人以次入。赞者引押乐太常卿、协律郎入，就位，奏中严外办讫，礼仪使奏请皇帝恭行发册宝之礼，太常卿导册宝，《正安》之乐作。中书令奉宝、侍中奉册进行，《礼安》之乐作。发宝册毕，鼓吹振作，仪卫等以次从行。皇帝自祥曦殿辇至德寿宫行礼，册宝入殿门，作《正安》之乐。上皇出宫，作《乾安》之乐；升御坐，奉上册宝，作《圣安》之乐；降御坐，作《乾安》之乐。太后册宝进行，用《正安》；出阁升坐，用《坤安》；降坐入阁，复作《坤安》之乐。礼部尚书赵雄等言："国朝旧制，车驾出，奏乐。今庆典之行，亘古未有，自非礼仪详备，无以副中外欢愉之心。请庆寿行礼日，圣驾往还并用乐及簪花。"诏从之。既而太常又言："郊禋礼成，宜进胙慈闱，行上寿饮酒礼。所有上寿合办仙楼仍用乐，其乐人照天申节礼例。"凡上诣德寿宫，或恭请上皇游幸，或至南内，或上皇命同宴游，或时序赏适，过宫侍宴，或圣节张乐、珥花、奉玉卮为上皇寿，率从容竟日，隆养至乐，备极情文。

及高宗之丧，孝宗力行三年之制，有司虽未尝别设乐禁，而过期不忍闻乐。金使以会庆节来贺，稽之旧典，引对使人或许上寿，惟辍乐不举。孝宗断以礼典，却其书币，就馆遣介。次年再至，始用绍兴故事，移宴于馆而不作乐。高宗升祔，太常言："祔祫行礼，当设登歌、宫架、乐舞、晨祼馈食，其用乐如朝祫之制。"于是，高宗庙房奏《大德》之乐舞。礼部言："今虞祔之行，纯用古礼，导引神主，自有卫仗及太常鼓吹，而杂用道、释，于礼非经，乞行蠲免。"诏从其请。

即而大享明堂，起居舍人郑侨奏："祭祀于事为大，礼乐于用为急，然先王处此，有常变之不同，各务当其礼而已。昔舜居尧丧，三载遏密，后世既用汉文以日易月之文，又用汉儒越绋行事之制，循习既久，不特用礼而又用乐，去古愈远。圣主躬服通丧，有司请举大礼，屈意从之。且大飨之礼，祭天地也，圣主身亲之，行礼作乐，似不可废。其他官分献与夫先期奏告例用乐者，权宜蠲寝，不亦可乎？今若因明堂损益而裁定之，亦足为将来法。"乃命太常讨论，始诏除降神、奠玉币、奉俎、酌献、换舞、彻豆、送神依典礼作乐外，所有皇帝及献官盥洗、登降等乐皆备而不作云。

卷一百三十一　　志第八十四

乐　　六

光宗受禅，崇上寿皇圣帝、寿成皇后暨寿圣皇太后尊号，寿皇乐用《乾安》，寿圣、寿成乐用《坤安》，三殿庆礼，在当时侈为盛仪。寻以礼部、太常寺言："国朝岁飨上帝，太祖肇造王业，则配冬飨于圜丘；太宗混一区宇，则春祈谷、夏大雩、秋明堂俱配焉。高宗身济大业，功德茂盛，所宜奉侑，仰继祖宗，以协先儒严祖之议，以彰文祖配天之烈。"乃季秋升侑于明堂，奠币用《宗安》之乐，酌献用《德安》之乐，并登歌作大吕宫。及加上高宗徽号，奉册、宝以告，用《显安》之乐。

绍熙元年，始行中宫册礼，发册于文德殿：皇帝升降御坐用《乾安》之乐，持节展礼官出入殿门用《正安》之乐。受册于穆清殿：皇后出就褥位用《坤安》，至位用《承安》，受册宝，用《成安》，受内外命妇贺就坐，用《和安》，内命妇进行贺礼，用《惠安》；外命妇进行贺礼用《咸安》，皇后降坐用《徽安》，归阁用《泰安》；册、宝入殿门用《宜安》。宋初立后，自景祐始行册命之礼。元祐纳后，典章弥盛，而六礼发制书日，乐备不作，惟皇后入宣德门，朝臣班迎，鸣钟鼓而已。崇宁中，乃陈宫架，用女工，皇后升降行止，并以乐为节。至绍兴复制乐，以重袆翟，诏执色勿用女工，令太常止于门外设乐。隆兴册礼时，则国乐未举，淳熙始遵用之，而绍熙敷贲旧典，于此特加详备。绍兴乐奏仲吕宫，仲吕为阴；绍熙乐奏太簇宫，太簇为阳：用乐同而揆律异焉。

明年郊祀，太常耿秉奏："致敬鬼神，以礼乐为本，乐欲其备，音欲其和。今所用雷鼓之属，正所以祀天致神，而皮革虚缓，声不能振应；登歌、大乐器及乐舞工人冠服，有积岁久而损弊者，宜葺新之。太常在籍乐工，不给于役，召募百姓，罕能习熟。郊祀事重，其乐工亲扈乘舆，和乐雅奏，期以接天地、享祖宗，请优其日廪，以籍田司钱给之,乐艺稍精,仍加赏劝。其缘托权要、送名充数者,严戢绝之。"又言:"大礼前期,皇帝朝飨太庙,别庙内安穆、安恭皇后二室,前此系大臣分诣行事。今既亲诣室祼,其酌献、升殿所奏乐曲,恐不相协,宜命有司更制。"皆从之。

宁宗即位,孝宗升祔,祧僖祖,立别庙,礼官言:"僖祖既仿唐兴圣立为别庙,遇祫则即庙以飨,孟冬祫飨日,合先诣僖祖庙室行礼。其乐舞欲依每岁别庙五飨设乐礼例,于僖祖添设登歌乐。如僖庙行礼,就庙殿依次作登歌乐,其宫架乐则于太庙殿上通作。"诏从之。

既而臣僚言:"皇帝因重明圣节,诣寿康宫上寿举乐,仰体圣主事亲尽孝之志,俯遂臣子尊君亲上之忱,此国家典礼之大者也。检照典故,天申节赐御筵,在上寿次日。今乃于前一日赐文武百僚宴,重明上寿,用乐攸始,而臣下听乐乃在君父之先,义有未安。"遂命改用次日。凡奉上册宝于慈福、寿康宫者,再备乐行礼,一用乾道旧制。寻御文德殿制册皇后,有司请设宫架之乐,依仪施行。庆元六年瑞庆节,金使至,以执光宗、慈懿皇后丧,诏就驿赐御筵,并不作乐。

嘉定二年,明堂大飨,礼部尚书章颖奏:"太常工籍阙少,率差借执役。当亲行荐飨,或容不根游手出入殿庭,非所以肃仪卫、严禁防也。乞申绍兴、开禧已行禁令,不许用市井替名,显示惩戒,庶俾骏奔之人小大严洁,以称精禋。"臣僚又奏:"郊祀登歌列于坛上,邇于上苍,盖在天地祖宗之侧也。宫架列于午阶下,则百神所同听也。夫乐音莫尚于和,今丝、竹、管、弦类有阙断,拊搏、佾舞,贱工、婆人往往垢玩猥杂,宜申严以肃祀事。"皆俞其请。至十四年,诏:"山东、河北连城慕义,殊俗郊顺,奉玉宝来献,其文曰'皇帝恭膺天命之宝',实惟我祖宗之旧。"乃明年元日,上御大庆殿受宝,用鼓吹导引,备陈宫架大乐,奏诗三章:一曰《恭膺天命》,二曰《旧疆来归》,三曰《永清四海》,并奏以太簇宫。

理宗享国四十余年,凡礼乐之事,式遵旧章,未尝有所改作。先是,孝宗庙用《大伦》之乐,光宗庙用《大和》之乐;至是,宁宗祔庙,用《大安》之乐。绍定三年,行中宫册礼,并用绍熙元年之典。及奉上寿明仁福慈睿皇太后册宝,始新制乐曲行事。当时中兴六七十载之间,士多叹乐典之久坠,类欲蒐讲古制,以补遗轶。于是,姜夔乃进《大乐议》于朝。夔言:

绍兴大乐,多用大晟所造,有编钟、镈钟、景钟,有特磬、玉磬、编磬,三钟三磬未必相应。埙有大小,箫、篪、篴有长短,笙、竽之簧有厚薄,未必能合度。琴、瑟弦有缓急燥湿,轸有旋复,柱有进退,未必能合调。总众音而言之,金欲应石,石欲应丝,丝欲应竹,竹欲应匏,匏欲应土,而四金之音又欲应黄钟,不知其果应否。乐曲知以七律为一调,而未知度曲之义;知以一律配一字,而未知永言之旨。黄钟奏而声或林钟,林钟奏而声或太簇。七音之协四声,各有自然之理。今以平、入配重浊,以上、去配轻清,奏之多不谐协。

八音之中,琴、瑟尤难。琴必每调而改弦,瑟必每调而退柱,上下相生,其理至妙,知之者鲜。又琴、瑟声微,常见蔽于钟、磬、鼓、箫之声;匏、竹、土声长,而金石常不能以相待,往往交击失宜,消息未尽。至于歌诗,则一句而钟四击,一字而竽一吹,不协古人橄木贯珠之意。况乐工苟焉占籍,击钟磬者不知声,吹匏竹者不知穴,操琴瑟者不知弦。同奏则动手不均,迭奏则发声不属。比年人事不和,天时多忒,由大乐未有以格神人、召和气也。

宫为君、为父,商为臣、为子,宫商和则君臣父子和。徵为火,羽为水,南方火之位,北方水之宅,常使水声衰、火声盛,则可助南而抑北。宫为夫,徵为妇,商虽父宫,实徵之子,常以妇助夫、子助母,而后声成文。徵盛则宫唱而有和,商盛则徵有子而生生不穷,休祥不召而自至,灾害不被而自消。圣主方将讲礼郊见,愿诏求知音之士,考正太常之器,取所用乐曲,条理五音,隐括四声,而使协和。然后品择乐工,其上者教以金、石、丝、竹、匏、土、歌诗之事,其次者教以夏、击、干、羽、四金之事,其下不可教者汰之。虽古乐未易遽复,而追还祖宗盛典,实在兹举。

其议雅俗乐高下不一,宜正权衡度量:

自尺律之法亡于汉、魏,而十五等尺杂出于隋、唐正律之外,有所谓倍四之器,银字、中管之号。今大乐外有所谓下宫调,下宫调又有中管倍五者。有曰羌笛、孤笛,曰双韵、十四弦以意裁声,不合正律,繁数悲哀,弃其本根,失之太清;有曰夏笛、鹧鸪,曰胡卢琴、渤海琴,沉滞抑郁,腔调含糊,失之太浊。故闻其声者,性情荡于内,手足乱于外,《礼》所谓"慢易以犯节,流湎以忘本,广则容奸,狭则思欲"者也。家自为权衡,乡自为尺度,乃至于此。谓宜在上明示以好恶。凡作乐制器者,一以太常所用及文思所颁为准。其他私为高下多寡者悉禁之,则斯民"顺帝之则",而风俗可正。

其议古乐止用十二宫:

周六乐奏六律、歌六吕,惟十二宫也。"王大食,三侑。"注云:"朔日、月半。"随月用律,亦十二宫也。十二管各备五声,合六十声;五声成一调,故十二调。古人于十二宫又特重黄钟一宫而已。齐景公作《徵招》、《角招》之乐,师涓、师旷有清商、清角、清徵之操。汉、魏以来,燕乐或用之,雅乐未闻有以商、角、徵、羽为调者,惟迎气有五引而已,《隋书》云"梁、陈雅乐,并用宫声"是也。若郑译之八十四调,出于苏祇婆之琵琶。大食、小食、般涉者,胡语;《伊州》、《石州》、《甘州》、《婆罗门》者,胡曲;《绿腰》、《诞黄龙》、《新水调》者,华声而用胡乐之节奏。惟《瀛府》、《献仙音》谓之法曲,即唐之法部也。凡有催衮者,皆胡曲耳,法曲无是也。且其名八十四调者,其实则有黄钟、太簇、夹钟、仲吕、林钟、夷则、无射七律之宫、商、羽而已,于其中又阙太簇之商、羽焉。国朝大乐诸曲，多袭唐旧。窃谓以十二宫为雅乐，周制可举；以八十四调为宴乐，胡部不可杂。郊庙用乐，咸当以宫为曲，其间皇帝升降、盥洗之类，用黄钟者，群臣以太簇易之，此周人王用《王夏》、公用《骜夏》之义也。

其议登歌当与奏乐相合：

《周官》歌奏，取阴阳相合之义。歌者，登歌、彻歌是也；奏者，金奏、下管是也。奏六律主乎阳，歌六吕主乎阴，声不同而德相合也，自唐以来始失之。故赵慎言云："祭祀有下奏太簇、上歌黄钟，俱是阳律，既违礼经，抑乖会合。"今太常乐曲，奏夹钟者奏阴歌阳，其合宜歌无射，乃或歌大吕；奏函钟者奏阴歌阳，其合宜歌蕤宾，乃或歌应钟；奏黄钟者奏阳歌阴，其合宜歌大吕，乃杂歌夷则、夹钟、仲吕、无射矣。苟欲合天人之和，此所当改。

其议祀享惟登歌、彻豆当歌诗：

古之乐，或奏以金，或吹以管，或吹以笙，不必皆歌诗。周有《九夏》，钟师以钟鼓奏之，此所谓奏以金也。大祭祀登歌既毕，下管《象》、《武》。管者，箫、篪、篷之属。《象》、《武》皆诗而吹其声，此所谓吹以管者也。周六笙诗，自《南陔》皆有声而无其诗，笙师掌之以供祀飨，此所谓吹以笙者也。周升歌《清庙》，彻而歌《雍》诗，一大祀惟两歌诗。汉初，此制未改，迎神曰《嘉至》，皇帝入曰《永至》：皆有声无诗。至晋始失古制，既登歌有诗，夕牲有诗，飨神有诗，迎神、送神又有诗。隋、唐至今，诗歌愈富，乐无虚作。谓宜仿周制，除登歌、彻歌外，繁文当删，以合于古。

其议作鼓吹曲以歌祖宗功德：

古者，祖宗有功德，必有诗歌，《七月》之陈王业是也。歌于军中，周之恺乐、恺歌是也。汉有短箫铙歌之曲凡二十二篇，军中谓之骑吹，其曲曰《战城南》、《圣人出》之类是也。魏因其声，制为《克官渡》等曲十有二篇；晋亦制为《征辽东》等曲二十篇；唐柳宗元亦尝作为铙歌十有二篇，述高祖、太宗功烈。我朝太祖、太宗平僭伪，一区宇；真宗一戎衣而却契丹；仁宗海涵春育，德如尧、舜；高宗再造大功，上俪祖宗。愿诏文学之臣，追述功业之盛，作为歌诗，使知乐者协以音律，领之太常，以播于天下。

夔乃自作《圣宋铙歌曲》：宋受命曰《上帝命》，平上党曰《河之表》，定维扬曰《淮海浊》，取湖南曰《沅之上》，得荆州曰《皇威畅》，取蜀曰《蜀山邃》，取广南曰《时雨霈》，下江南曰《望钟山》，吴越献国曰《大哉仁》，漳、泉献土曰《讴歌归》，克河东曰《伐功继》，征澶渊曰《帝临墠》，美仁治曰《维四叶》，歌中兴曰《炎精复》，凡十有四篇，上于尚书省。书奏，诏付太常。然夔言为乐必定黄钟，迄无成说。其议今之乐极为详明，而终谓古乐难复，则于乐律之原有未及讲。

其后，朱熹深悼先王制作之湮泯，与其友武夷蔡元定相与讲明，反覆参订，以究其归极。熹在庆元经筵，尝草

奏曰："自秦灭学，礼乐先坏，而乐之为教，绝无师授。律尺短长，声音清浊，学士大夫莫知其说，而不知其为阙也。望明诏许臣招致学徒，聚礼乐诸书，编辑别为一书，以补六艺之阙。"后修礼书，定为《钟律》、《乐制》等篇，垂宪言以贻后人。

盖宋之乐议，因时迭出，其乐律高下不齐，俱有原委。建隆初用王朴乐，艺祖一听，嫌其太高，近于哀思，诏和岘考西京表尺，令下一律，比旧乐始和畅。至景祐、皇祐间，访乐、议乐之诏屡颁，于是命李照改定雅乐，比朴下三律。照以纵黍累尺，虽律应古乐，而所造钟磬，才中太簇，乐与器自相矛盾。阮逸、胡瑗复定议，止下一律，以尺生律，而黄钟律短，所奏乐声复高。元丰中，以杨杰条乐之疵，召范镇、刘几参定。几、杰所奏，下旧乐三律，范镇以为声杂郑、卫，且律有四厘六毫之差，太簇为黄钟，宫商易位，欲求真黍以正尺律，造乐来献，复下李照一律。至元祐廷奏，而诏奖之。初，镇以房庶所得《汉书》，其言黍律异于他本，以大府尺为黄帝时尺，司马光力辨其不然。镇以周𬭚、汉斛为据，光谓𬭚本《考工》所记，斛本刘歆所作，非经不足法。镇以所收开元中笛及方响合于仲吕，校太常乐下五律，教坊乐下三律。光谓此特开元之仲吕，未必合于后夔，力止镇勿奏所为乐。光与镇平生大节不谋而同，惟钟律之论往返争议，凡三十余年，终不能以相一。

是时，濂、洛、关辅诸儒继起，远溯圣传，义理精究。周惇颐之言乐，有曰："古者圣王制礼法、修教化，三纲正，九畴叙，百姓大和，万物咸若，乃作乐以宣八风之气。乐声淡而不伤，和而不淫。淡则欲心平，和则躁心释。德盛治至，道配天地，古之极也。后世礼法不修，刑政苛紊，代变新声，导欲增悲，故有轻生败伦不可禁者矣。乐者，古以平心，今以助欲；古以宣化，今以长怨。不复古礼，不变今乐，而欲至治者，远哉！"

程颐有曰："律者，自然之数。先王之乐，必须律以考其声。尺度权衡之正，皆起于律。律管定尺，以天地之气为准，非秬黍之比也。律取黄钟，黄钟之声亦不难定，有知音者，参上下声考之，自得其正。"

张载有曰："声音之道与天地通，蚕吐丝而商弦绝，木气盛则金气衰，乃此理自相应。今人求古乐太深，始以古乐为不可知，律吕有可求之理，惟德性深厚者能知之。"此三臣之学，可谓穷本知变，达乐之要者矣。

熹与元定盖深讲于其学者，而研覃真积，述为成书。元定先究律吕本原，分其篇目，又从而证辨之。

其《黄钟篇》曰：

天地之数始于一，终于十：其一、三、五、七、九为阳，九者，阳之成也；其二、四、六、八、十为阴，十者，阴之成也。黄钟者，阳声之始，阳气之动也，故其数九。分寸之数，具于声气之先，不可得而见。及断竹为管，吹之而声和，候之而气应，而后数始形焉。均其长，得九寸；审其围，得九分；积其实，得八百一十分。长九寸，围九分，积八百一十分，是

为律本，度量权衡于是而受法，十一律由是损益焉。

其《证辨》曰：古者考声候气，皆以声之清浊、气之先后求黄钟也。夫律长则声浊而气先至，律短则声清而气后至，极长极短则不成声而气不应。今欲求声气之中，而莫适为准，莫若且多截竹以拟黄钟之管，或极其短，或极其长，长短之内，每差一分而为一管，皆即以其长杪为九寸，而度围径如黄钟之法焉。更迭以吹，则中声可得；浅深以列，则中气可验。苟声和气应，则黄钟之为黄钟者信矣。黄钟信，则十一律与度量权衡者得矣。后世不知出此，而惟尺之求。晋氏而下，多求之金石；梁、隋以来，又参之秬黍；至王朴专恃秬黍，金石亦不复考。夫金石真伪固难尽信，而秬黍长短小大不同，尤不可恃。古人谓'子谷秬黍，中者实其龠'，是先得黄钟而后度之以黍，以见周径之度，以生度量权衡之数而已，非律生于黍也。百世之下，欲求百世之前之律者，亦求之声气之元而毋必之于秬黍，斯得之矣。"

《黄钟生十一律篇》曰：

子、寅、辰、午、申、戌六阳辰皆下生，丑、卯、巳、未、酉、亥六阴辰皆上生。阳数以倍者，三分本律而损其一也；阴数以四者，三分本律而增其一也。六阳辰当位，自得六阴位以居其冲。其林钟、南吕、应钟三吕在阴，无所增损；其大吕、夹钟、仲吕三吕在阳，则用倍数，方与十二月之气相应，盖阴阳自然之理也。其《证辨》曰："按《吕氏》、《淮南子》，上下相生，与司马氏《律书》、《汉前志》不同，虽大吕、夹钟、仲吕用倍数则一，然《吕氏》、《淮南》不过以数之多寡为生之上下，律吕阴阳错乱而无伦，非其本法也。"

《十二律篇》曰：

按十二律之实，约以寸法，则黄钟、林钟、太簇得全寸；约以分法，则南吕、姑洗得全分；约以厘法，则应钟、蕤宾得全厘；约以毫法，则大吕、夷则得全毫；约以丝法，则夹钟、无射得全丝。约至仲吕之实十三万一千七十二，以三分之，不尽二算，其数不行，此律之所以止于十二也。其《证辨》曰："黄钟为十二律之首，他律无大于黄钟，故其正声不为他律役。至于大吕之变宫、夹钟之羽、仲吕之徵、蕤宾之变徵、夷则之角、无射之商，自用变律半声，非复黄钟矣。此其所以最尊而为君之象，然亦非人所能为，乃数之自然，他律虽欲役之而不可得也。此一节最为律吕旋宫用声之纲领也。"

《变律篇》曰：

十二律各自为宫，以生五声二变。其黄钟、林钟、太簇、南吕、姑洗、应钟六律，则能具足。至蕤宾、大吕、夷则、夹钟、无射、仲吕六律，则取黄钟、林钟、太簇、南吕、姑洗、应钟六律之声，少下，不和，故有变律。律之当变者有六：黄钟、林钟、太簇、南吕、姑洗、应钟。变律者，其声近正律而少高于正律，然后洪纤、高下不相夺伦。变律非正律，故不为宫。

其《证辨》曰："十二律循环相生，而世俗不知三分损益之数，往而不返。仲吕再生黄钟，止得八寸七分有奇，不成黄钟正声。京房觉其如此，故仲吕再生，别名执始，转生四十八律。不知变律之数止于六者，出于自然，不可复加。虽强加之，亦无所用也。房之所传出于焦氏，焦氏卦气之学，亦去四而为六十，故其推律必求合此数。不知数之自然，在律不可增，于卦不可减也。何承天、刘焯讥房之病，乃欲增林钟已下十一律之分，使至仲吕反生黄钟，还得十七万七千一百四十七之数，则是惟黄钟一律成律，他十一律皆不应三分损益之数，其失又甚于房。

《律生五声篇》曰：

宫声八十一，商声七十二，角声六十四，徵声五十四，羽声四十八。按黄钟之数九九八十一，是为五声之原，三分损一以下生徵，徵三分益一以上生商，商三分损一以下生羽，羽三分益一以上生角。至角声之数六十四，以三分之，不尽一算，数不可行，此声之数所以止于五也。 其《证辨》曰："《通典》曰：'黄钟为均，用五声之法以下十一辰，辰各有五声，其为宫商之法亦如之。辰各有五声，合为六十声，是十二律之正声也。'夫黄钟一均之数，而十一律于此取法焉。以十二律之宫长短不同，而其臣、民、事、物、尊卑，莫不有序而不相乱，良以是耳。沈括不知此理，乃以为五十四在黄钟为徵、在夹钟为角、在仲吕为商者，其亦误矣。俗乐之有清声，略知此意。但不知仲吕反生黄钟，黄钟又自林钟再生太簇，皆为变律，已非黄钟、太簇之清声耳。胡瑗于四清声皆小其围径，则黄钟、太簇二声虽合，而大吕、夹钟二声又非本律之半。且自夷则至应钟四律，皆以次而小其径围以就之，遂使十二律、五声皆有不得其正者。李照、范镇止用十二律，则又未知此理。盖乐之和者，在于三分损益；乐之辨者，在于上下相生。若李照、范镇之法，其合于三分损益者则和矣，自夷则已降，其臣、民、事、物，岂能尊卑有辨而不相凌犯乎？晋荀勖之笛，梁武帝之通，皆不知而作者也。"

《变声篇》曰：

变宫声四十二，变徵声五十六。五声宫与商、商与角、徵与羽相去各一律，至角与徵、羽与宫相去乃二律。相去一律则音节和，相去二律则音节远。故角、徵之间，近徵收一声，比徵少下，故谓之变徵；羽、宫之间，近宫收一声，少高于宫，故谓之变宫。角声之实六十有四，以三分之，不尽一算，既不可行，当有以通之。声之变者二，故置一而两，三之得九，以九因角声之实六十有四，得五百七十六。三分损益，再生变徵、变宫二声，以九归之，以从五声之数，存其余数，以为强弱。至变徵之数五百一十二，以三分之，又不尽二算，其数又不行，此变声所以止于二也。变宫、变徵，宫不成宫，徵不成徵，《淮南子》谓之"和谬"，所以济五声之不及也。变声非正声，故不为调。 其《证辨》曰："宫、羽之间有变宫，角、徵之间有变徵,此亦出于自然,《左氏》所谓'七音',《汉前志》所谓'七始'是也。然五声者,正声,故以起调、毕曲,为诸声之纲。至二变声,则不比于正音,但可济其所不及而已。然有五声而无二变,亦不可以成乐也。"

《八十四声篇》曰:

黄钟不为他律役,所用七声皆正律,无空、积、忽、微。自林钟而下,则有半声:大吕、太簇一半声,夹钟、姑洗二半声,蕤宾、林钟四半声,夷则、南吕五半声,无射、应钟为六半声。中吕为十二律之穷,三半声也。自蕤宾而下则有变律:蕤宾一变律,大吕二变律,夷则三变律,夹钟四变律,无射五变律,中吕六变律也。皆有空、积、忽、微,不得其正,故黄钟独为声气之元。虽十二律八十四声皆黄钟所生,然黄钟一均,所谓纯粹中之纯粹者也。八十四声:正律六十三,变律二十一。六十三者,九七之数也;二十一者,三七之数也。

《六十调篇》曰:

十二律旋相为宫,各有七声,合八十四声。宫声十二,商声十二,角声十二,徵声十二,羽声十二,凡六十声,为六十调,其变宫十二,在羽声之后、宫声之前;变徵十二,在角声之后、徵声之前;宫徵皆不成,凡二十四声,不可为调。黄钟宫至夹钟羽,并用黄钟起调、黄钟毕曲;大吕宫至姑洗羽,并用大吕起调、大吕毕曲;太簇宫至仲吕,并用太簇起调、太簇毕曲;夹钟宫至蕤宾羽,并用夹钟起调、夹钟毕曲;姑洗宫至林钟羽,并用姑洗起调、姑洗毕曲;仲吕宫至夷则羽,并用仲吕起调、仲吕毕曲;蕤宾宫至南吕羽,并用蕤宾起调、蕤宾毕曲;林钟宫至无射羽,并用林钟起调、林钟毕曲;夷则宫至应钟羽,并用夷则起调、夷则毕曲;南吕宫至黄钟羽,并用南吕起调、南吕毕曲;无射宫至大吕羽,并用无射起调、无射毕曲;应钟宫至太簇羽,并用应钟起调、应钟毕曲,是为六十调。六十调即十二律也,十二律即一黄钟也。黄钟生十二律,十二律生五声二变。五声各有纪纲,以成六十调,六十调皆黄钟损益之变也。宫、商、角三十六调,老阳也;其徵、羽二十四调,老阴也。调成而阴阳备也。

或曰:"日辰之数由天五、地六错综而生,律吕之数由黄钟九寸损益而生,二者不同。至数之成,则日有六甲、辰有五子为六十日;律吕有六律、五声为六十调,若合符节,何也?"曰:"即所谓调成而阴阳备也。"夫理必有对待,数之自然也。以天五、地六合阴与阳言之,则六甲、五子究于六十,其三十六为阳,二十四为阴。以黄钟九寸纪阳不纪阴言之,则六律、五声究于六十,亦三十六为阳,二十四为阴。盖一阳之中,又自有阴阳也。非知天地之化育者,不能与于此。其《证辨》曰:"《礼运》:'五声、六律、十二管还相为宫。'孔氏疏曰:'黄钟为第一宫,至中吕为第十二宫,各有五声,凡六十声。'声者,所以起调、毕曲,为诸声之纲领,正《礼运》所谓'还相为宫'也。《周礼·大司乐》,祭祀不用商,惟宫、角、徵、羽四声。古人变宫、变徵不为调,《左氏传》曰:'中声以降,五降之后,不容弹矣。'以二变声之不可为调也。后世以变宫、变徵参而为八十四调,其亦不考矣。"

《候气篇》曰:

以十二律分配节气,按历而俟之。其气之升,分、毫、丝、忽,随节各异。夫阳生于《复》,阴生于《姤》,如环无端。今律吕之数,三分损益,终不复始,何也?曰:"阳之升始于子,午虽阴生,而阳之升于上者未已,至亥而后穷上反下;阴之升始于午,子虽阳生,而阴升于上亦未已,至巳而后穷上反下。律于阴则不书,故终不复始也。是以升,阳之数,自子至巳差强,在律为尤强,在吕为差弱;自午至亥渐弱,在律为尤弱,在吕为差强。分数多寡,虽若不齐,然而丝分毫别,各有条理,此气之所以飞灰,声之所以中律也。"

或曰:"《易》以道阴阳,而律不书阴,何也?"曰:"《易》尽天下之变,善恶无不备,律致中和之用,止于至善者也。以声言之,大而至于雷霆,细而至于蠛蠓,无非声也。《易》则无不备也,律则写其所谓黄钟一声而已。虽有十二律六十调,然实一黄钟也。是理也,在声为中声,在气为中气,在人则喜怒哀乐未发与发而中节,此圣人所以一天人、赞化育之道也。" 其《证辨》曰:"律者,阳气之动,阳声之始,必声和气应,然后可以见天地之心。今不此之务,乃区区于柜黍之纵横、古钱之大小,其亦难矣。然非精于历数,则气节亦未易正。"

至于审度量、谨权衡,会粹古今,辨析尤详,皆所以参伍而定黄钟为中声之符验也。朱熹深好其书,谓国家行且平定,中原必将审音协律,以谐神人。受诏典领之臣,宜得此书奏之,以备东都郊庙之乐。

熹定《钟律》、《诗乐》、《乐制》、《乐舞》等篇,汇分于所修礼书中,皆聚古乐之根源,简约可观。而《钟律》分前后篇,其前篇为条凡七:一曰十二律阴阳、辰位相生次第之图,二曰十二律寸、分、厘、毫、丝、忽之数,三曰五声五行之象、清浊高下之次,四曰五声相生、损益、先后之次,五曰变宫、变徵二变相生之法,六曰十二律正变、倍半之法,七曰旋宫八十四声、六十调之图。其后篇为条凡六:一曰明五声之义,二曰明十二律之义,三曰律寸旧法,四曰律寸新法,五曰黄钟分寸数法,六曰黄钟生十一律数。大率采元定所著,更互演绎,尤为明邃。其《乐制》汇于王朝礼,其《乐舞》汇于祭礼,上下千载,旁搜远绍,昭示前圣礼乐之非迂,而将期古乐之复见于今,熹盖深致意焉。其《诗乐篇》别系于后。

卷一百三十二　　志第八十五

乐七 乐章一

郊祀　祈谷　雩祀　五方帝　感生帝

建隆郊祀八曲

降神，《高安》　在国南方，时维就阳。以祈帝祉，式致民康。豆笾鼎俎，金石丝簧。礼行乐奏，皇祚无疆。

皇帝升降，《隆安》　步武舒迟，升坛肃祗。其容允若，于礼攸宜。

奠玉币，《嘉安》　嘉玉制币，以通神明。神不享物，享于克诚。

奉俎，《丰安》　笙镛备乐，茧栗陈牲。乃迎芳俎，以荐高明。

酌献，《禧安》　丹云之爵，金龙之杓。挹于尊罍，是曰清酌。

饮福，《禧安》　洁兹五齐，酌彼六尊。致诚斯至，率礼弥敦。以介景福，永隆后昆。重熙累洽，帝道攸尊。

亚献、终献，《正安》　谓天盖高，其听孔卑。闻乐歆德，介以福禧。

送神，《高安》　倏兮而来，忽兮而回。云驭杳邈，天门洞开。

咸平亲郊八首

降神，《高安》　圜丘何方？在国之阳。礼神合祭，运启无疆。祖考来格，笾豆成行。其仪肃肃，降福穰穰。

皇帝升降，《隆安》　礼备乐成，乾健天行。帝容有穆，佩玉锵鸣。

奠玉币，《嘉安》　定位恣祀，告于神明。嘉玉量币，享于克诚。

奉俎，《丰安》　有牲斯纯，有俎斯陈。进于上帝，昭报深仁。

酌献，《禧安》　大报于帝，盛德升闻。醴齐良洁，粢盛芯芬。

饮福，《禧安》　祀帝圜丘，九州献力。礼行于郊，百神受职。灵祇格思，享我明德。天鉴孔章，玄祉昭锡。

亚献、终献，《正安》　羽籥云罢，干戚载扬。接神有恪，锡羡无疆。

送神，《高安》　神驾来思，风举云飞。神驭归止，天空露晞。

景祐亲郊，三圣并侑二首

奠币，《广安》　千龄启运，三后在天。嘉坛并侑，亿万斯年。

酌献，《彰安》　皇基缔构，帝系灵长。躬荐郁鬯，子孙保昌。

常祀二首

太祖配位奠币，《定安》　翕受骏命，震叠群方。侑祀上帝，德厚流光。

酌献，《英安》　诞受灵符，肇基丕业。配享洁尊，永隆万叶。

元符亲郊五首　余同咸平，凡阙者皆用旧词。

降神，《景安》　六变辞同。无为靡远，深厚广圻。祭神恭在，弁冕衮衣。粢盛丰美，明德馨辉。以祥以佑，非眇专祈。

升降，《乾安》　盥洗、饮福并奏。神灵拥卫，景从云随。玉色温粹，天步舒迟。周旋陟降，皇心肃祗。千灵是保，百福攸宜。

退文舞、迎武舞，《正安》　左手执籥，右手秉翟。进旅退旅，万舞有奕。

彻豆，《熙安》　陟彼郊丘，大祀是承。其豆孔庶，其香始升。上帝时歆，以我齐明。卒事而彻，福禄来成。

送神，《景安》　馨遗八尊，器空二笾。至祝至虔，穹祇贶祉。

政和亲郊三首

皇帝升降，《乾安》　因山为高，爰陟其首。玉趾蹜如，在帝左右。帝谓我王，予怀仁厚。眷言顾之，永绥九有。

配位酌献，《大宁》　于穆文祖，妙道九德。默契灵心，肇基王迹。启佑后人，垂裕罔极。合食昭荐，孝思维则。于皇顺祖，积德累祥。发源深厚，不耀其光。基天明命，厥厚克昌。是孝是享，申锡无疆。

高宗建炎初，国步尚艰，乃诏有司，天帝、地祇及他大祀，先以时举。太常寻奏，近已增募乐工，干、羽、簨、簴亦备，始循旧礼，用登歌乐舞。其祀昊天上帝。

降神用《景安》

圜钟为宫，三奏　蒐讲上仪，式修禋祀。日吉辰良，礼成乐备。风驭云旗，聿来歆止。嘉我馨德，介兹繁祉。

黄钟为角，一奏　我将我享，涓选休成。执事有恪，惟寅惟清。乐既六变，肃雍和鸣。高高在上，庶几是听。

太簇为徵，一奏　礼崇禋祀，备物荐诚。昭格穹昊，明德惟馨。风马云车，眹蠁居歆。申锡无疆，赉我思成。

姑洗为羽，一奏　惟天为大，物始攸资。恭承禋祀，以报以祈。神不可度，日监在兹。有馨明德，庶其格思。

皇帝盥洗，《正安》　灵承上帝，厉意专精。设洗于阼，叠水以清。盥以致洁，感通神明。无远弗届，其飨兹诚。

升坛，《正安》　皇矣上帝，神格无方！一阳肇复，典祀有常。豆登丰洁，荐德馨香。棐忱居歆，降福穰穰。

上帝位奠玉币，《嘉安》　治极发闻，不瑕有芬。嘉玉陈币，神届欣欣。诚心昭著，钦恭无文。以安以侑，笃祜何垠。

太祖位奠币，《安定》　茫茫苍穹，孰知其纪！精意潜通，虽远而迩。量币荐诚，有实斯筐。睠然顾之，永锡繁祉。

皇帝还位,《正安》　典祀有常,昭事上帝。奉以告虔,遽迄奠币。钟鼓既设,礼仪既备。神之格思,恭承贶赐。

捧俎,《丰安》　祀事孔明,礼文惟称。爰洁牺牲,载登俎豆。或肆或将,无声无臭。精祲潜通,永绥我后。

上帝酌献,《嘉安》　气萌黄钟,万物资始。钦若高穹,吉蠲时祀。神笑泰元,增授无已。群生熙熙,函蒙繁祉。

太祖位酌献,《英安》　赫赫翼祖,受命于天。德迈三代,威加八埏。陟配上帝,明禋告虔。流光垂裕,于万斯年。

文舞退、武舞进,《正安》　大德曰生,阴阳寒暑。乐舞形容,干戚籥羽。一弛一张,退旅进旅。神安乐之,祉锡绵宇。

亚、终献,《文安》　惟圣普临,顺皇之德。典礼有彝,享祀不忒。笾豆静嘉,降登肸饬。神具醉止,景贶咸集。

彻豆,《肃安》　内心齐诚,外物蠲洁。神来迪尝,俎豆既彻。燕及群生,靡或夭阏。降福穰穰,时万时亿。

送神,《景安》　于赫上帝,乘龙御天。惟圣克事,明飨斯虔。荐豆云彻,灵森且旋。载锡休祉,其惟有年。

望燎,《正安》　灵承上帝,精意感通。馨香旁达,粢盛既丰。登降有仪,祀备乐终。神之听之,福禄来崇。

绍兴十三年,初举郊祀,命学士院制宫庙朝献及圜坛行礼、登门肆赦乐章,凡五十有八。至二十八年,以臣僚有请改定,于是御制乐章十有三及徽宗元御制仁宗庙乐章一,共十有四篇。余则分命大臣与两制儒馆之士,一新撰述,并懿节别庙乐曲凡七十有四,俱汇见焉。其祀圜丘:

皇帝入中壝,《乾安》　帝出于震,巽惟齐明。律曰姑洗,以示洁清。我交于神,蠲斋必精,既盥而往,祈鉴斯诚。

降神,《景安》　阳动黄宫,日旋南极。天门荡荡,百神受职。爰熙紫坛,烟黄殊色。神哉沛来,盖亲有德。

盥洗,《乾安》　帝顾明德,监于克诚。齐戒涤濯,式示洁清。郊丘合祛,享意必精。既盥而荐,熙事备成。

升坛,《乾安》　帝监崇坛,媪神其从。稽古合祛,并侑神宗。升阶奠玉,诚意感通。贶施鼎来,受福无穷。

昊天上帝位奠玉币,《嘉安》　御制　上穹昊天,日星垂曜。照临下土,王国是保。维玉与帛,寅恭昭报。永左右之,钦若至道。

皇地祇位奠玉币,《嘉安》　御制　至哉坤厚,隤然止静。柔载动植,资始成性。玉光币色,璨若其映。式恭禋祀,有邦之庆。

太祖皇帝位尊币,《广安》　御制　明明翼祖,并侑泰坛。肇造绵宇,王业孔艰。表正封略,上际下蟠。躬以大报,亦止于燔。

太宗皇帝位奠玉币,《化安》　御制　赫赫巍巍,及时纯熙。昊天成命,后则受之。登迈遽古,光被声诗。有

币陟配,孙谋所贻。

降坛,《乾安》　躬展盛仪,天步逡巡。乐备礼交,嘉玉既陈。神方安坐,荐祉纷纶。陟降有容,皇心载勤。

还位,《乾安》　克昭王业,命成昊天。泰畤禋燎,八陛惟圜。肃然威仪,登降周旋。是谓精享,神监吉蠲。

奉俎,《丰安》　至大惟天,云何称德!展诚致荐,牲用博硕。诚以牲寓,帝由诚格。居歆降祥,时万时亿。

再诣盥洗,《乾安》　帝出于震,巽惟洁齐。神明其德,乃称禋柴。惟兹吉蠲,昭事丰怀。重盥而祀,敷锡孔皆。

再升坛与初升同,惟易奠玉作奠酌。

昊天上帝位酌献,《禧安》　御制　谒款坛陛,祇祀泰禋。丘圜自然,可格至神。桂尊登酌,嘉荐方新。靡福菲眇,敷佑下民。

皇地祇位酌献,《光安》　御制　厚德光大,承元之明。兹潜孳吹,升于昭清。冰天桂海,咸资化成。恭酌彝醪,报本惟精。

太祖皇帝位酌献,《彰安》　御制　于赫皇祖,创业立极。肃肃灵命,荡荡休德。嘉觞精洁,雅奏金石。丕显神谟,惟后之则。

太宗皇帝位酌献,《韶安》　御制　丕承帝宗,复受天命。群阴犹黩,一戎大定。莫邕斯馨,功歌在咏。佑启后人,文轨蚤正。

还位,《乾安》　肆类上帝,怀柔百神。稿秸既设,珪币既陈。精诚潜交,已事而竣。佑我亿载,基图日新。

入小次,《乾安》　恭展美报,聿修上仪。礼乐和节,登降适宜。德焉斯亲,神靡不娭。海内承福,式固邦基。

文舞退、武舞进,《正安》　泰元尊临,富媪繁祉。于皇祖宗,既昭格止。奏舞象功,灵其有喜。永言孝思,尽善尽美。

亚献,《正安》　阳丘其高,神祇并位。即奠厥玉,既奉厥醴。亦有嘉德,克相忞祀。旨酒载爵,以成熙事　终献同,止易再酌为三酌　。

出小次位,《乾安》　爰熙紫坛,天地并贶。来燕来宁,毕陈郁邕。承神至尊,精意所乡。告灵飨奠,祉福其畅。

诣饮福位,《乾安》　帝临崇坛,媪神其从。祖宗并歆,福禄攸同。兵寝刑措,时和岁丰。其膺受之,将施无穷　降坛同,止易"将"作"以"　。

饮福,《禧安》　八音克谐,神神出祇。风马云车,陟降在兹。锡我纯嘏,我应受之。一人有庆,燕及群黎。

还位,《乾安》　帝出于震,孝奏上仪。燔燎膻芗,神徕燕娭。肃若旧典,罔或不祇。既右飨之,禽受蕃釐。

彻豆,《熙安》　燎芗既升,炳萧以洁。于豆于登,煮蒿有苾。紫幄烟黄,神其安悦。将以庆成,薄言盍彻。

送神,《景安》　九霄眇邈,神不可求。何以降之?监德之修。三献备成,神不可留。何以送之?保天之休。

望燎,《乾安》　谓天盖高,阳嘘而生。日月列宿,皆天之神。肆求厥类,与阳俱升。视燎于坛,以终其勤。

望瘗,《乾安》　谓地盖厚,阴翕而成。社稷群望,皆

地之灵。肆求厥类,与阴俱凝。视瘗于坎,以终其勤。

还大次,《乾安》 舞具八佾,乐备六成。大矣孝熙,厉意专精。已事而竣,回轸还衡。我应受之,以莫不增。

还内,《采茨》 五辂鸣鸾,八神警跸。天官景从,莫不祗栗。禋威盛容,昭哉祖述。祚我无疆,叶气充溢。

宁宗郊祀二十九首

皇帝入中遗,《乾安》 合祀丘泽,登侑祖宗。顾諟惟精,灵承惟恭。有严皇仪,有庄帝容。监于克诚,肃肃雍雍。

降神,《景安》

圜钟为宫 天门荡荡,云车阴阴。百神咸秩,三灵顾歆。神哉来娭,神哉溥临。飨时宋德,翼翼小心。

黄钟为角 华盖既动,紫微洞开。星枢周旋,日车徘徊。灵兮顾佑,灵兮沛来。载燕载娭,式时坛垓。

太簇为徵 泰尊煴𬊈,祖功宗德。辰駓陪营,岳渎受职。神哉来下,神哉来格。飨德惟馨,留虞嘉席。

姑洗为羽 金石宣昭,羽旄纷纶。洁火夕照,明水夜陈。娭哉惟灵,娭哉惟神。风马招摇,惟德之亲。

皇帝盥洗,《乾安》 皇帝俭勤,盥用陶瓦。礼神颂祗,奠币献斝。月鉴阴肃,醴液融冶。挹彼注兹,礼无违者。

升坛,《乾安》 崇台穹隆,高灵下堕。庆阴仿佛,从坐岖峨。宵升于丘,时通权火。维天之命,百禄是荷。

降坛 帝飨于郊,一精二纯。紫舣陟降,嘉玉妥陈。神方留娭,瑞贶纷纶。申锡无疆,螽斯振振。

还位 肃肃礼度,锵锵宫奏。天行徐谧,皇仪昭懋。光连重璧,物备笾豆。于皇以飨,无声无臭。

尚书奉俎 列俎孔陈,嘉笾维实。鼎煁阳燧,玉流星液。我牲既硕,我荐既苾。神监下昭,安坐翔吉。

再诣盥洗 帝澄初觞,礼严再盥。精明显昭,齐颙洞贯。灵娭 留俞,神光炳焕。我宋受福,永寿于万。

再升坛 紫坛岳立,神光夜烛。有俨旐采,有鸾佩玉。霄垠顾佑,祖宗熙穆。对越不忘,俾尔戬谷。

降坛,《乾安》 天容澄谧,景气晏和。瓒斝荐醇,锵璆叶歌。帝降庭止,夜其何如?神助之休,宜尔众多。

还位,《乾安》 甘露流英,卿云舒采。灵俞有喜,神光晻暧。穆穆来苓,洋洋如在。帝用居歆,泽及四海。

入小次,《乾安》 听惟飨德,监惟棐忱。顾諟思明,灵承思钦。永言端涖,肃对下临。上帝是皇,毋贰尔心。

文舞退、武舞进,《正安》 羽籥陈容,干戚按节。德闲而泰,功劳而决。虞我神祇,扬我谟烈。尽美尽善,福流有截。

亚献,《正安》 帝临中坛,神从八陛。华玉展瑞,明馨荐醴。亦有嘉德,克相盛礼。献兹重觞,降福弥弥。

终献,《正安》 敬事天地,升侑祖宗。陈盟于三,介觞之重。秉德翼翼,有来雍雍。相予祀事,福嘏日溶。

出小次,《乾安》 孝奏展成,熙仪毕荐。光流桂俎,祥衍椒奠。风管晨凝,云容天转。拜贶于郊,右序诒燕。

诣饮福位,《乾安》 所飨惟清,所钦惟馨。灵喜留俞,天景窈冥。福禄来成,福禄来宁。皇用时敛,寿我慈庭。

饮福,《禧安》 瓒斝献鬯,觥罍氤氲。有醴惟香,有酒惟欣。肸蠁丰融,懿懿芬芬。我龙受之,如川如云。

降坛,《乾安》 天锡多祉,皇受五福。言瞻瑶坛,迄奉瑄玉。昭星炳燿,元气回复。帝仪载旋,有嘉穆穆。

还位,《乾安》 璇图天深,鼎文日辉。庆流皇家,象炳紫微。乾回冕旒,云焕衮衣。何千万年,式于九围。

尚书彻豆,《熙安》 笾豆既升,簠簋既登。礼备俎实,飨贵牲脀。时乃告彻,器用毕兴。祚我皇基,介福是膺。

送神,《景安》 神辅有德,来燕来娭。礼荐熙成,三灵逆釐。神飨有道,言旋言归。福祉咸蒙,百世本支。

诣望燎位,《乾安》 莫神乎天,阳嘘而生。日月星辰,皆乾之精。肆求厥类,与阳俱升。视燎于坛,展也大成。

诣望瘗位,《乾安》 地载万物,阴禽而成。山岳河渎,皆坤之灵。克肖其象,与阴俱凝。视瘗于坎,思求厥成。

还大次,《乾安》 福方流胙,祈方钦柴。卤簿载肃,球架允谐。帝祉具临,皇灵允怀。遣御于次,降福孔皆。

还内,《乾安》 八福呵跸,千官景从。回轸还衡,禋威盛容。妥饰芝凤,御朝云龙。归寿慈闱,敷时民雍。

景祐上辛祈谷,仁宗御制二首

太宗配位奠币,《仁安》 天祚有开,文德来远。祈谷日辛,侑神礼展。

酌献,《绍安》 于穆神宗,惟皇永命。荐醴六尊,声歌千咏。

绍兴祈谷三首

降神、盥洗、升坛、还位及上帝奠玉币、奉俎,并同圜丘。

太宗位奠币,《宗安》 于穆思文,克配上帝。涓选休成,遵扬严卫。祗荐明诚,肃陈量币。享兹吉蠲,申锡来裔。

上帝位酌献,《嘉安》 三阳肇新,万物资始。精诚祈天,其听斯迩。愿均雨旸,田畴之喜。如坻如京,以备百礼。

太宗位酌献,《德安》 天锡勇智,允惟太宗。功隆德盛,与帝比崇。礼严陟配,诚达精衷。尚其锡祉,岁以屡丰。

孟夏雩祀,仁宗御制二

太祖配坐奠币,《献安》 昊天盖高,祀事为大。严配皇灵,亿福来介。

酌献,《感安》 龙见而雩,神之来格。牺象精良,威灵赫奕。

绍兴雩祀一首

上帝位酌献,《嘉安》 苍苍昊穹,覆临下土。钦惟岁事,民所依怙。爰竭精虔,礼典斯举。甘泽以时,介我稷黍。

冬至、孟春、孟夏、季秋四祀,上公摄事七首

降神,《景安》二章 天何言哉,至清而健!默定幽

赞，降祥福善。凤设圜坛，恭陈嘉荐。贞驭下临，储休锡羡。　生物之祖，兴益之宗。于国之阳，以禋昊穹。六变降神，于论鼓钟。亲德享道，锡羡无穷。

太尉行，《正安》　礼经之重，祭典为宗。上公摄事，登降弥恭。庶品丰洁，令仪肃雍。百神萃止，惟吉之从。

司徒奉俎，《丰安》　礼崇禋祀，神鉴孔明。牲牷博腯，以炰以烹。馨香蠲洁，品物惟精。锡以纯嘏，享兹至诚。

饮福，《广安》　簠簋既陈，吉蠲登荐。洗心防邪，肃祗祭典。陟降惟寅，笾豆有践。百福咸宜，淳耀丕显。

亚、终献，《文安》　秩秩礼文，肃肃严祀。仰洽神休，式协民纪。灌献有容，叙其俎篚。明德惟馨，以介丕祉。

送神，《景安》　帝临中坛，肃恭禋祀。灵景舒光，飞龙旋轨。送神有章，神心具醉。辅德惟仁，永锡元祉。

景德以后祀五方帝十六首

青帝降神，《高安》　六变　四序伊始，三阳肇新。气迎东郊，蛰户咸春。功宣播殖，泽被生民。祝史正辞，昭事惟寅。

奠玉币、酌献，并用《嘉安》　条风始至，盛德在木。平秩东作，种献穜穋。律应青阳，气和玉烛。惠彼兆民，以介景福。

送神，《高安》　备物致用，荐羞神明。礼成乐举，克享克禋。

酌献，《祐安》　条风斯应，候历维新。阳和启蛰，吕物皆春。筦簧协奏，簠簋毕陈。精羞丰荐，景福攸臻。

赤帝降神，《高安》　长嬴戒序，候正南讹。功资蕃育，气应清和。鼎实嘉俎，乐备登歌。神其来享，降福孔多。

奠玉币、酌献，《嘉安》　景祐用《祐安》，辞亦不同　象分离位，德配炎精。景风协律，化神含生。百嘉茂育，乃顺高明。神无常享，享于克诚。

送神，《高安》　笾豆有践，黍稷惟馨。礼终三献，神归杳冥。

黄帝降神，《高安》　坤舆厚载，黄裳元吉。宅中居正，含章抱质。分王四季，其功靡秩。育此群生，首兹六律。

奠玉币、酌献，《嘉安》　景祐用《祐安》，辞亦不同　中央定位，厚德惟新。五行攸正，四气爰均。笙镛以间，簠簋斯陈。为民祈福，肃奉明禋。

送神，《高安》　土德居中，方舆配位。乐以送神，式申昭事。

白帝降神，《高安》　西颢腾晶，天地始肃。盛德在金，百嘉茂育，彇弩射牲，筑场登谷。明灵格思，旌罕纷属。

奠玉币、酌献，《嘉安》　景祐用《祐安》，辞亦不同　博硕肥腯，以炰以烹。嘉栗旨酒，有弥斯盈。肴核惟旅，肃肃烝烝。吉蠲备物，享于克诚。

送神，《高安》　飙轮戾止，景烛灵坛。金奏绎如，白露净传。

黑帝降神，《高安》　隆冬戒序，岁历顺成。一人有庆，万物由庚。有旨斯酒，有硕斯牲。报功崇德，正直聪明。

奠玉币、酌献，《嘉安》　景祐用《祐安》，辞亦不同　大仪斡运，星纪环周。三时不害，黍稷盈畴。克诚致享，品物咸羞。礼成乐变，锡祚贻休。

送神，《高安》　管磬咸和，礼献斯毕。灵欤言旋，神降之吉。

绍兴以后祀五方帝六十首

青帝降神，《高安》

圜钟宫三奏　于神何司，而德于木？肃然顾歆，则我斯福。我祀孔时，我心载祗。匪我之私，神来不来。

黄钟为角，一奏　神兮焉居？神在震方。仁以为宅，秉天之阳。神之来矣，道修以阻。望神未来，使我心苦。

太簇为徵，一奏　神在途矣，习习为风。百灵后先，敢一不恭！奔走疠疫，祓除蓄凶。顾瞻下方，逍遥从容。

姑洗羽一奏　温然仁矣，熙然春矣。龙驾帝服，穆将临矣。我酒清矣，我肴烝矣。我乐备矣，我神顾矣。

升殿，《正安》　在国之东，有坛崇成。节以和乐，式降式登。洁我珮服，璆琳锵鸣。匪坛斯高，曷妥厥灵？

青帝奠玉币，《嘉安》　物之熙熙，胡为其然。蒙神之休，乃敢报旃。有邸斯珪，有量斯币。于以奠之，格此精意。

太昊氏位尊币，《嘉安》　卜岁之初，我迎春祗。孰克侑飨，曰古宓戏。于皇宓戏，万世之德。再拜稽首，敢爱斯璧。

奉俎，《丰安》　灵兮安留，烟燎既升。有硕其牲，有俎斯承。匪牲则硕，我德惟馨。缓节安歌，庶几是听。

青帝酌献，《祐安》　百末布兰，我酒伊旨。酌以匏爵，洽我百礼。帝居青阳，顾予嘉觞。右我天子，宜君宜王。

太昊酌献，《祐安》　五德之王，谁实始之？功括造化，与天无期。酌我清酤，盥献载饬。神鉴孔飨，天子之德。

亚、终献，《文安》　贰觞具举，承神嘉虞。神具醉止，眷焉此都。我岁方新，我亩伊殖。时旸时雨，繄神之力。

送神，《高安》　忽而来兮，格神鸿休。忽而往兮，神不予留。神在天兮，福我寿我。千万春兮，高灵下堕。

赤帝降神，《高安》

圜钟为宫　离明御正，德协于火。有感其生，维帝是何。帝图炎炎，贻福锡我。鉴于妥虔，高灵下堕。

黄钟为角　赤精之君，位于朱明。茂育万物，假然长嬴。我洁我盛，我蠲我诚。神其下来，云车是承。

太簇为徵　八卦相荡，一气散施。隆炽恢台，职神尸之。肃肃飚御，神戾于天。于昭神休，天子万年。

姑洗为羽　烨烨其光，炳炳其灵。宜我如容，欸其如声。扇以景风，导以朱斿。我德匪类，神其安留。

升殿，《正安》　除地国南，有基崇崇。载陟载降，式虔式恭。燎烟既燔，歆冕斯容。神如在焉，肆予幽通。

赤帝奠玉币，《嘉安》 太微呈祥，炎德克彰。佑我基命，格于明昌。一纯二精，有严典祀。于以奠之，以介繁祉。

神农氏奠币，《嘉安》 练以缥黄，有筐将之。胩蠁斯答，有神昭之。维神于民，实始货食。归德报功，敢怠王国。

奉俎，《丰安》 有牲在涤，从以驿牡。或肆或将，有洁其俎。神嗜饮食，苾苾芬芬。莫腆于诚，神其顾歆！

赤帝酌献，《祐安》 四月维夏，兆于重离。帝执其衡，物无疠疵。于皇帝功，思乐旨酒。莫爵既成，垂福则有。

神农氏酌献，《祐安》 猗欤先农，肇兹黍稷！既殖既播，有此粒食。秬鬯洁清，彝樽疏幂。竭我瑶斝，莫报嘉绩。

亚、终献，《文安》 盥爵奠斝，载虔载恭。笾豆静嘉，于乐鼓钟。礼备三献，神具醉止。孰显神德？扬光纷委。

送神，《高安》 神来何从？驭然灵风。神去何之？杳然幽踪。伊神去来，雾散云烝。独遗休祥，山崇川增。

黄帝降神，《高安》

圜钟为宫 维帝奠位，乃咸于时。孰主张是，而枢纽之？谷我腹我，比予于儿。告我冠服，追其委蛇。

黄钟角 苏无不在，日舆我居。孰不可来？胩蠁斯须。象服龙驾，渊渊鼓桴。苏不汝多，多汝意乎。

太簇徵 乐哉帝居，逝留无常！尔信我宅，尔中我乡。乃眷兹土，于赫君王。翩然下来，去未遽央。

姑洗羽 澹兮抚琴，啾兮吹笙。神之未来，肃穆以听。缤纷羽旄，姣服在中。神既来止，亦无惰容。

升殿，《正安》 民生地中，动作食息。舆我周旋，莫匪尔极。捕鲽东海，搴茅南山。彼劳如何，刿升降间！

黄帝奠玉币，《嘉安》 万楼之宝，一约之丝。孕之育之，谁为此施？归之后神，神曰何为？不宰之功，荡然四垂。

有熊氏位奠币，《嘉安》 维有熊氏，以土胜王。其后皆沿，兹德用壮。黼黻幅舄，裳衣是创。币之元缥，对此昭亮。

奉俎，《丰安》 王曰钦哉，无爱斯牲！登我元祀，亦有皇灵。以将以享，或剥或烹。大夫之俎，天子之诚。

黄帝酌献，《祐安》 黍以为翁，郁以为妇。以侑元功，以酌大斗。伊谁歆之？皇皇帝后。伊谁嘏之？天子万寿。

有熊氏酌献，《祐安》 昔在绵邈，有人公孙。登政抚辰，节用良勤。所蓄既大，所引宜远。载其华樽，从以箫管。

亚、终献，《文安》 羽觞更陈，厥味清凉。饮之不烦，又有蔗浆。夜未艾止，明星浮浮。愿言妥灵，灵兮淹留。

送神，《高安》 灵不肯留，沛兮将归。玉节淼逝，翠旗并驰，顾瞻伫立，怅然佳期。謇千万年，无斁人斯。

白帝降神，《高安》

圜钟为宫 白藏启序，庶汇向成。有严禋祀，用答幽灵。风马云车，来燕来宁。洋洋在上，休福是承。

黄钟角 素精肇节，金行固藏。气冲炎伏，明河翻霜。功收有年，礼荐有章。祗越眇冥，鸿基永昌。

太簇徵 昊天之气，揪敛万汇。涓日洁齐，有严厥祀。有牲维肥，有酒维旨。神之燕娭，锡兹福祉。

姑洗羽 执矩斯兑，实惟素灵。受职储休，万宝以成。飨于西郊，奠玉陈牲。侑以雅乐，来歆克诚。

升殿，《正安》 素森谐律，西颢堕灵。肇复元祀，晨炀肃清。下土层陔，嘉荐芳馨。以御蕃祉，介我西成。

白帝奠玉币，《嘉安》 惟时素秋，肇举元祀。礼备乐作，降登有数。洋洋在上，神既来止。神之格思，锡我繁祉。

少昊氏位奠币，《嘉安》 西颢肃清，群生茂遂。有严报典，孔明祀事。珪币告虔，神灵燕喜。赍我丰年，以锡民祉。

奉俎，《丰安》 洽礼既陈，谐音具举。有涤斯牲，孔硕为俎。维帝居歆，介我稷黍。乐哉有秋，繄神之祜！

白帝酌献，《祐安》 俎商肇祀，灵孟孔飨。恭承嘉禧，湛湛秬鬯。监此馨香，灵其安留。畴惠下民，匪灵之休。

少昊氏位酌献，《祐安》 沉砀西颢，功载万世。乘金宅兑，侑我明祀。嘉肴布兰，牲玉洁精。神之燕虞，肃用有成。

亚、终献，《文安》 肃成万物，冷寥其秋。惟兹祀事，庋止灵旉。酌献具举，典礼是求。冀福斯民，黍稷盈畴。

送神，《高安》 沉砀白藏，顺成万宝。有来德馨，于昭神妥。露华晨晞，飚驭聿还。介我嗣岁，泽均幅员。

黑帝降神，《高安》

圜钟为宫 吉日壬癸，律中应钟。国有故常，北郊迎冬。乃藏祀事，必祗必恭。明默虽异，感而遂通。

黄钟为角 良月盈数，四气推迁。帝于是时，典司其权。高灵下堕，降祉幅员。神之听之，祀事罔愆。

太簇为徵 北方之神，执权司冬。三时务农，于焉告功。礼备乐作，归功于神。风马来游，永锡斯民。

姑洗为羽 天地闭塞，盛德在水。黑精之君，降福羡祉。洋洋在上，若或见之。齐庄承祀，其敢致思。

升殿，《正安》 昧爽昭事，煌煌露光。涤溉蠲洁，容仪肃庄。牲肥酒旨，荐此芬芳。降陟有序，礼无越常。

黑帝奠玉币，《嘉安》 晨曦未升，天宇肃穆。祗若元祀，将以币玉。神之格思，三献茅缩。明灵怿豫，下土是福。

高阳氏位奠币，《嘉安》 飚驭云盖，神之顾歆。丕昭礼容，发扬乐音。祀事既举，仰当神心。申以嘉币，式荐诚谌。

奉俎，《丰安》 辰牡孔硕，奉牲以告。秘祝非祈，丰年宜报。至意昭彻，交乎神明。降福穰穰，用燕群生。

黑帝酌献，《祐安》 赫赫神游，周流八极。德馨上闻，于焉来格。不腆酒醴，用伸悃愊。神其歆之！民用响德。

　　高阳氏酌献，《祐安》　十月纳禾，民务藏盖。不有神休，民罔攸赖。孟冬之吉，礼行不昧。神降百祥，昭著蓍蔡。

　　亚、终献，《文安》　万汇揫敛，时惟冬序。蠢尔黎氓，人此室处。酌献告神，礼以时举。赖此阴骘，民有所怙。

　　送神，《高安》　神之庆止，天门夜开。礼备告成，云骈亟回。旗纛晻霭，万灵喧阗。独遗祉福，用泽九垓。

　　乾德以后祀感生帝十首

　　降神，《大安》　和均玉管，政协璿衡。四序资始，万物含生。皇猷允洽，至德惟明。为民祈福，克致精诚。

　　太保行，《保安》　衣冠俨若，步武有容。公卿济济，率礼惟恭。

　　罍洗，《正安》　昊天降康，云何以报？斯谋斯惟，雍雍灌鬯。身之洁兮，神斯来止。神之享兮，民斯福矣。

　　奠玉币，《庆安》　笾豆有践，玉帛斯陈。神无常享，享于精纯。

　　奉俎，《咸安》　俎实具列，明德惟馨。肃容祗荐，神其降灵。

　　酌献，《崇安》　乐调凤律，酒浥牺尊。至灵斯御，盛德弥敦。

　　饮福，《广安》　三阳戒律，万汇腾精。既苏虫虫，毕达句萌。具陈牺象，式荐诚明。锡以蕃祉，永保咸平。

　　亚、终献，《文安》　大君有命，祀典咸修。荐献式叙，淑慎优柔。

　　彻豆，《肃安》　以下二首，政和中制　奉承明祀，惟羊惟牛。卬盛于豆，备陈庶羞。钟鼓喤喤，神具醉止。其彻嘉笾，永绥福祉。

　　送神，《普安》　既临下土，复归于天。神之报贶，受福无边。

　　景祐祀感生帝二首

　　宣祖配位奠币，《皇安》　浚发长源，粤惟始祖。五运协图，万灵来护。

　　酌献，《肃安》　龙德而隐，源流则长。宜乎亿祀，侑享弥昌。

　　元符祀感生帝五首

　　降神，《大安》六变　二仪交泰，七政顺行。四序资始，万物含生。皇朝创业，盛德致平。为民祈福，洁此精诚。

　　初献升降，《保安》　冕旒俨若，步武有容。公卿济济，《韶》、《濩》邕邕。

　　帝位酌献　乐和凤律，酒奠牺尊。神明斯享，礼盛难论。

　　亚、终献，《文安》　大君有命，阙典咸修。帝歆明祀，佑圣千秋。

　　送神，《普安》　俯临下土，回复上天。触类而长，苟福无边。

　　帝位奠玉币同前《庆安》，禧祖奠币同景祐《皇安》，酌献同景祐宣祖《肃安》，奉俎同熙宁《咸安》。

　　绍兴以后祀感生帝十六首

　　降神，《大安》

　　圜钟为宫　炎精之神，飞軿碧落。驾以浮云，丹书赤雀。礼备豆笾，乐谐箫勺。神具醉止，佑我景铄。

　　黄钟为角　宋德惟火，神实司之。上仪申藏，迎享重离。瑶币告洁，秀华金支。啾啾神龙，来介繁禧。

　　太簇为徵　于物司火，于方峙南。璇霄来下，羽卫毵毵。祠官祝釐，联珮合簪。本支有衍，则百斯男。

　　姑洗为羽　惟神之安，方解羽銮。赤旂霞曳，从以炎官。居歆嘉荐，肸蠁灵坛。神之格矣，民讫多盘。

　　盥洗，《保安》　冲牙锵鸣，肃容专精。交神之义，罔敢弗诚。设洗于阼，叠水惟清。盥以致洁，感通神明。

　　升殿，《保安》　三阳交泰，日新惟良。大建厥祀，兹报兴王。礼严陟降，德荐馨香。聿怀嘉庆，降福穰穰。

　　感生帝位奠玉币，《光安》　肃肃严祀，神幽必闻。骋驾临飨，将歆苾芬。嘉玉陈币，钦恭无文。永绥多祜，国祚何垠。

　　僖祖位奠币，《皇安》　于穆文献，景炎发祥。启兹皇运，垂庆无疆。筐币有陈，式昭肃庄。神之格思，如在洋洋。

　　奉俎，《咸安》　笾豆大房，秩秩在列。奉牲以告，既全既洁。乐均无爽，牲醴攸设。神兮燕娭，霓旌子子。

　　感生帝位酌献，《崇安》　盛德在火，相我炎祚。典祀有常，牲玉维具。风马云车，翩翩来顾。式蕃帝祉，后昆有裕。

　　僖祖位酌献，《肃安》　皇矣文献，开国有先。德配感生，对越在天。练日得辛，来止灵坛。神其锡羡，瑞应猗兰。

　　文舞退、武舞进，《正安》　苾苾芬芬，神具醉止。笙磬铿锵，于旄旖旎。騴假无言，神灵惟喜。申锡蕃釐，暨我孙子。

　　亚、终献，《文安》　伟炎厥初，缘感而系。庆衍式崇，昭融有契。乐功既谐，舭献斯继。歆类不违，克昌百世。

　　彻豆，《肃安》　洁陈斯备，昭格惟禋。神歆以忾，宰彻其馂。清歌振晓，叶气流春。永锡祚嗣，以渥烝民。

　　送神，《大安》　丰祀孔饰，肃来自天。兰尊既彻，飚驭载遄。骑云缥缈，聆乐流连。惟迈惟顾，降福绵绵。

　　望燎，《普安》　礼文既洽，熏燎聿升。嘉气四塞，丹诚上腾。惟类之应，惟福之兴。永炽天统，亿载灵承。

卷一百三十三　　志第八十六

乐八 乐章二

明堂大飨　皇地祇　神州地祇　朝日夕月　高禖　九宫贵神

景祐大享明堂二首

真宗配位奠币，《诚安》 思文圣考，对越在天。侑神作主，奉币申虔。

酌献，《德安》 偃革兴文，封峦考瑞。威烈巍巍，允膺宗祀。

皇祐亲享明堂六首

降神，《诚安》 维圣享帝，维孝严亲。肇图世室，躬展精禋。镛鼓既设，笾豆既陈。至诚攸感，保格上神。

奠玉币，《镇安》 乾亨坤庆育函生，路寝明堂致洁诚。玉帛非馨期感格，降康亿载保登平。

酌献，《庆安》 肃肃路寝，相维明堂。二仪鉴止，三圣侑旁。灵期诉合，祠节齐庄。至诚并贶，降福无疆。

三圣配位奠币，《信安》 祖功宗德启隆熙，严配交修太室祠。圭币荐诚知顾享，木支锡羡固邦基。

酌献，《孝安》 艺祖造邦，二宗绍德。肃雍孝享，登配圜极。先训有开，菲躬何力！歆馨锡羡，保民丽亿。

送神，《诚安》 我将我享，辟公显助。献终豆彻，礼成乐具。饰驾上游，升烟高骛。神保聿归，介兹景祚。

嘉祐亲享明堂二首

降神，《诚安》 烨烨房、心，下照重屋。我严帝亲，匪配之渎。西颢沉砀，夕景已肃。灵其来娭，嘉荐芳郁。

送神，《诚安》 明合宫，莫尊享帝。礼乐熙成，精与神契。桂尊初闻，羽驾倏逝。遗我嘉祥，于显万世。

熙宁享明堂二首

英宗奠币，《诚安》 于皇圣考，克配上帝。永言孝思，昭荐嘉币。

酌献，《德安》 英声迈古，施德在民。允秩宗祀，宾延上神。

元符亲享明堂十一首

皇帝升降，《仪安》 严父配天，孝乎明堂。舆奠升阶，降音以将。天步有节，帝容必庄。辟公宪之，礼元不忒。

上帝位奠玉币，《镇安》 圣能享帝，孝克事亲。于皇宗祀，盛节此陈。何以荐虔？二精有炜。何以致祥？上天鉴止。

神宗奠币，《信安》 合宫礼备，时维哲王。堂筵四敞，明德馨香。圣考来格，降福穰穰。承承继继，万祀其昌。

奉俎，《禧安》 奕奕明堂，天子即事。奠我圣考，配于上帝。凡百有职，畴敢不祗！俎洁牲肥，其登有仪。

上帝位酌献，《庆安》 惟礼不渎，所以严亲。惟孝不匮，所以教民。陟配文考，享天大神。重禧累福，祚裔无垠。

配位酌献，《德安》 隆功骏德，两有烈光。陟配宗祀，惠我无疆。

退文舞、迎武舞，《穆安》 舞以象功，乐惟崇德。文经万邦，武靖四国。一张一弛，其仪不忒。神鉴孔昭，孝思维则。

亚献，《穆安》 于昭盛礼，严父配天。尽物尽诚，莫

匪吉蠲。重觞既荐，九奏相宣。神介景福，亿万斯年。

饮福，《胙安》 莫尊乎天，莫亲乎父。既享既侑，诚申礼举。夏击堂上，八音始具。天子亿龄，饮神之胙。

彻豆，《钦安》 穆穆在堂，肃肃在庭。于显辟公，来相思成。神既歆止，有闻无声。锡我休嘉，燕及群生。

归大次，《憩安》 有奕明堂，万方时会。宗子圣考，作帝之配。乐酌虞典，礼从周志。鏊事即成，于皇来暨。

大观宗祀明堂五首

奠玉币，《镇安》 交于神明，内心为贵。外致其文，亦效精意。嘉玉既陈，将以量币。肃肃邕邕，惟帝之对。

有邦事神，享帝为尊。内心致德，外示弥文。嘉玉效珍，荐以量币。恭钦伊何？惟以宗祀。

配位奠币，《信安》 肇祀明堂，告成大报。颙颙祇祇，率见昭考。涓选休辰，齐明朝夕。于惟皇王，孝思罔极。

酌献，《孝安》 若昔大猷，孝思维则。永言孝思，丕承其德。于昭明威，侑于上帝。赉我思成，永绥福祉。

配位酌献，《大明》 于昭皇考，大明体神。宪章文思，宜民宜人。严父之道，陟配于天。躬行孝告，有孚于先。

绍兴亲享明堂二十六首

皇帝入门，《仪安》 惟我有宋，昊天子之。三年卜祀，百世承基。施及冲眇，奉牲以祠。敢忘斋栗，偏举上仪。

升堂，《仪安》 于赫明堂，肇称禋祀。祖宗来游，亦侑于帝。九州骏奔，百辟咸事。敛时纯休，锡我万世。

降神，《诚安》 噫神何亲？惟德是辅。玉牲具陈，诚则来顾。我开明堂，遵国之故。尚蒙居歆，以笃宗祐。

盥洗，《仪安》 肇开九筵，维古之仿。皇皇大神，来顾来享。庶仪交修，百避显相。微诚自申，交际天壤。

上帝位奠玉币，《镇安》 皇皇后帝，周览四方。眷我前烈，燕娭此堂。金支秀发，黼帐高张。世歆明祀，曰宋是常。

皇地祇位奠玉币，《嘉安》 至哉坤元，持载万物！继天神圣，观世治忽。颂祗之堂，荐以圭瓒。孰为邦休，四海无拂？

太祖位奠币，《广安》 推尊太元，重屋为盛。谁其配之？我祖齐圣。开基握符，正位凝命。于万斯年，孝孙有庆。

太宗位奠币，《化安》 帝神来格，靡祀不从。侑坐而食，独升祖宗。在庭祗肃，展采错重。三献之礼，百年之容。

徽宗位奠币，《泰安》 于穆帝临，至矣元造！克其仪，惟我文考。仁恩广覃，奕叶永保。宗祀惟初，以扬孝道。

皇帝还位，《仪安》 耳听锵玉，目瞻烟珠。乐备周奏，仪参汉图。神人并况，天地同符。亦既见帝，王心则愉。

尚书捧俎，《禧安》 展牲登俎，《箫韶》在庭。羞陈五室，意彻三灵。匪物斯享，惟诚则馨。永作祭主，神其

亿宁。

昊天上帝位酌献，《庆安》 日在东陆，维时上辛。肇开阳馆，恭礼尊神。苍玉辉夜，紫烟炀晨。祖宗并配，天地同禋。

皇地祇位酌献，《彰安》 地祇泰折，歌同我将。黝牲纯洁，丝竹发扬。博厚而久，含洪以光。扶持宗社，曰笃不忘。

太祖位酌献，《孝安》 一德开基，百年垂统。中天禘郊，薄海朝贡。宝龟相承，器鼎加重。泽深庆绵，帝复命宋。

太宗位酌献，《韶安》 绍天承业，继世立功。帷幄屡胜，车书始同。武扫氛雾，文垂日虹。遗泽所及，孰知其终！

徽宗位酌献，《成安》 钦惟合宫，承神至尊。祇戒专精，俨然若存。奠兹嘉觞，苣兰其芬。发祉贶祥，以子以孙。

皇帝还小次，《仪安》 匏尊既举，鞂席未移。有德斯顾，靡神不娭。物情肃穆，天宇清夷。宅中受命，永复邦基。

文舞退、武舞进，《穆安》 神之欹至，庆阴杳冥。风马云车，怳若有承。备形声容，于昭文明。庶几嘉虞，来享来宁。

亚献，《穆安》 四阿有严，神既庆止。备物虽仪，洁诚惟已。有来振振，相我熙事。载酌陶匏，以成毖祀。

终献，《穆安》 诚一为专，礼三而称。孰陪邦祠？惟我同姓。金丝屡调，圭玉交映。是谓熙成，福来神听。

皇帝饮福，《胙安》 孰谓天远，至诚则通。孰谓地厚，与天则同。惠我纯嘏，克成大功。握图而治，如日之中。

彻豆，《歆安》 工祝告休，笙镛云阕。酒茅既除，牲俎斯彻。幽明罔恫，中外咸悦。礼成伊何？天地同节。

送神，《诚安》 奕奕宗祀，煌煌礼文。高灵下堕，精意升闻。熙事既毕，忽乘青云。敢拜明贶，永清世氛。

望燎，《仪安》 载酌载献，以纯以精。歌传夜诵，物备秋成。报本斯极，听卑则明。愿储景贶，福我群生。

望瘗，《仪安》 礼协丰融，诚交仿佛。辟公受脤，宗祀临瘗。贻我来牟，以兴嗣岁。山川出云，天地同气。

还大次，《憩安》 应天以实，已事而竣。毡案朝帝，竹宫拜神。灵光下烛，协气斯陈。福禄时万，基图日新。

绍兴、淳熙分命馆职定撰十七首

降神，《景安》

圜钟为宫 上直房、心，时惟明堂。配天享亲，宗祀有常。盛德在金，日吉辰良。享我克诚，来格来康。

黄钟为角 合宫盛礼，金商令时。备成熙事，蒐扬上仪。骏奔在庭，精意肃祇。来享嘉荐，神灵燕娭。

太簇为徵 休德孔昭，灵承上帝。孝极尊亲，严配于位。嘉荐芬芳，礼无不备。神其格思，享兹诚至。

姑洗为羽 霜露既降，孝思奉先。陟降上帝，礼隆九筵。有馨黍稷，有肥牲牷。神来燕娭，想像肃然。

盥洗，《正安》 礼经之重，祭典为宗。上公摄事，进退弥恭。庶品丰洁，令仪肃雍。百祥萃止，惟吉之从。

升殿，《正安》 皇祖配帝，岁祀明堂。冕服陟降，玉佩玱玱。疾徐有节，进止克庄。维时右享，日靖四方。

上帝位奠玉币，《嘉安》 大享季秋，百执扬庋。明明太宗，赫赫上帝。祇荐忱诚，式严圭币。祚我明德，锡兹来裔。

太宗位奠币，《宗安》 穆穆皇祖，丕昭圣功。声律身度，乐备礼隆。祇荐量币，祀于合宫。玉帛万国，欢心载同。

捧俎，《丰安》 备物昭陈，工祝告具。维羊维牛，孔硕孔庶。有嘉维馨，加食宜饫。敛时五福，永膺丰胙。

上帝位酌献，《嘉安》 烨彼房、心，明明有融。维圣享帝，礼行合宫。祀事时止，粢盛洁丰。昭受申命，万福攸同。

太宗位酌献，《德安》 受命溥将，勋高百王。寰宇大定，圣治平康。有严陟配，宗祀明堂。神保是格，申锡无疆。

文舞退、武舞进，《正安》 温厚严凝，于皇上帝。文德武功，列圣并配。舞缀象成，肃雍进退。秉翟跣跣，总干蹈厉。

亚、终献，《文安》 总章灵承，维国之常。礼乐宣鬯，降升齐庄。竭诚尽志，荐兹累觞。于昭在上，申锡无疆。

彻豆，《肃安》 于皇上帝，肃然来临。恭荐芳俎，以达高明。烹饪既事，享于克诚。以介景福，惟德之馨。

送神，《景安》 帝在合宫，鉴观盛礼。黍稷惟馨，神心则喜。礼备乐成，亦既归止。亿万斯年，以贶多祉。

高宗位奠币，《宗安》 赫赫高庙，于尧有光。覆被万祀，冠冕百王。有量斯币，蠲洁是将。在帝左右，维时降康。

酌献，《德安》 炎运中兴，苍生载宁。九秩燕豫，三纪丰凝。精祀上帝，陟配威灵。锡羡胙祉，万世承永。

孝宗亲享明堂乐曲并同，惟天地位奠币、酌献及太祖酌献、皇帝入小次、还大次、亚献、送神等篇，各有删润。又以太祖奠币曲改名《广安》，酌献改名《恭安》，太宗奠币改名《化安》，酌献改名《英安》。

景德祀皇地祇三首

降神，《静安》 至哉厚德，陟配天长！沈潜刚克，广大无疆。资生万物，神化含章。同和八变，神灵效祥。

奠玉币，酌献，《嘉安》 于昭祀典，致享坤仪。备物咸秩，柔祇格思。功宣敏树，日益鸿禧。持载品汇，率土攸宜。

送神，《静安》 妙用无方，倏来忽逝。蠲洁寅恭，式终禋瘗。

景祐夏至祀皇地祇二首 仁宗御制

太祖奠币，《恭安》 赫矣淳耀，俶载帝基！一戎以定，万国来仪。寅恭洁祀，博厚皇祇。威灵攸在，福禄如茨。

酌献，《英安》 丕命惟皇，万物咸睹。卜年迈周，崇功冠禹。有烨炎精，大昌圣祚。酌鬯祈年，永锡繁祜。

熙宁祀皇地祇十二首

迎神，《导安》 昭灵积厚，混混坤舆。配天作极，阴惨阳舒。齐明荐享，百福其储。庶几来止，风马云车。

升降，《靖安》 有来穆穆，临此方丘。其行风动，其止霆收。躬事匪懈，丰盛洁羞。百昌咸殖，允矣神休！

奠币《鳌安》 纯诚昭融，芳美嘉荐。肃将二精，以享以奠。休光四充，灵祇来燕。其祥伊何？永世锡羡。

太祖，《肇安》 于皇烈祖，维帝所兴。光辉宗祀，如日之升。告灵作配，孝享烝烝。锡兹祉福，百世其承。

司徒奉俎，《承安》 我修祀事，于何致诚？罔敢怠佚，视兹硕牲。纳烹荐俎，侑以和声。格哉休应，世济皇明。

酌献，《和安》 猗嗟富媪，博厚含弘。发荣敷秀，动植兹丰。爰酌兹酒，肸蚃交通。众祥萃止，垂祜无穷。

太祖，《佑安》 光大含弘，坤元之力。海宇咸宁，烈祖之德。作配方坛，不僭不忒。子孙其承，毋替厥则。

饮福，《禔安》 载登坛阵，载酌尊彝。牲酒嘉旨，福禄纯熙。其福维何？万物咸宜。其禄维何？永祚神禧。

退文舞、迎武舞，《威安》 雍雍肃肃，建我采旄。舞以玉戚，不吴不敖。其将其肆，脾臄嘉肴。何以侑乐？钟鼓管箫。

亚、终献，《仪安》 折俎在筵，载羹在豆。何以酌之？酒醴是侑。何以锡之？贻尔眉寿。何以格之？永尔康阜。

彻豆，《丰安》 曳我黼黻，履舄接武。锵我珩璜，降升圄圄。其将肆兮，既曰不侮。其终彻兮，恭钦惟主。

送神，《阜安》 神兮来下，享此苾芬。酌献雍雍，执事孔勤。神之还矣，忽乘飞云。遗我祺祥，物象忻忻。

常祀皇地祇五首

迎神，《宁安》 八变 坤元之德，光大无疆。一气交感，百物阜昌。吉蠲致享，精明是将。介兹景福，鼎祚灵长。

升降，《正安》 礼经之重，祭典为宗。上公摄事，登降弥恭。庶品丰洁，令仪肃雍。百祥萃止，维吉之从。

奉俎，《丰安》 礼崇禋祀，神鉴孔明。牲牷博腯，以炰以烹。馨香蠲洁，品物惟精。锡以纯嘏，享兹至诚。

退文舞、迎武舞，《威安》 进旅退旅，载扬干扬。不愆于仪，容服有章。式绥式侑，神休是听。鼓之舞之，神永安宁。

送神，《宁安》 物备百嘉，乐周八变。克诚是享，明德斯荐。神鉴孔昭，蕃禧锡羡。回驭飘然，邈不可见。

绍兴祀皇地祇十五首

迎神，《宁安》

函钟为宫 至哉厚德，物生是资！直方维则，禽辟攸宜。于昭祀典，致享坤仪。礼罔不答，神之格思。

太簇为角 岁事方丘，旧典时式。至诚感神，馨非黍稷。肸蚃来临，鉴兹明德。永锡坤珍，时万时亿。

姑洗为徵 至哉坤元，乃顺承天。厚德载物，含洪八埏。日北多暑，祀仪吉蠲。式昭无斁，敢告恭虔。

南吕为羽 岁事方丘，情文孔时。名山大泽，侑祭无遗。牲陈黝牷，乐备《咸池》。柔祇皆出，介我繁禧。

盥洗，《正安》 于穆盛礼，肃肃在宫。岁事有初，直于东荣。涤濯是谨，惟寅惟清。祇荐柔嘉，享兹克诚。

升殿，《正安》 景风应时，聿严毖祀。用事方丘，锵锵济济。登降有节，三献成礼。神其格思，锡我繁祉。

正位奠玉币，《嘉安》 坤元博厚，对越天明。展事方泽，亶惟顾歆。嘉玉量币，祇荐纯精。锡我繁祉，燕及函生。

太祖位奠币，《定安》 毖祀泰圻，柔祇是承。于赫艺祖，道格三灵。式严配侑，厚德惟宁。爰昭荐币，享于克诚。

捧俎，《丰安》 丕答灵贶，岁事方丘。豆登在列，鼎俎斯侑。牲牷告具，寅畏弥周。柔祇昭格，飚至云流。

正位酌献，《光安》 祇事坤元，惕躬敢惮！爰洁粢盛，载严圭瓒。清明内融，嘉旨外粲。介我繁鳌，时亿时万。

太祖位酌献，《英安》 皇矣艺祖，九围是式！至哉柔祇，万汇允殖。保兹嘉邦，介我黍稷。酌郁告虔，作配无极。

文舞退、武舞进，《正安》 于穆媪神，媲德彼天。我修毖祀，以莫不虔。肆陈时夏，干羽相宜。灵其来游，降福绵绵。

亚、终献，《文安》 礼有祈报，国惟典常。笾豆丰洁，升降齐庄。备物致志，式荐累觞。昭格来享，自天降康。

彻豆，《娱安》 承天效法，其道贵诚。牲牷黄犊，荐德之馨。芳俎告毕，礼备乐盈。既静既安，庶物沾生。

送神，《宁安》 至厚至深，其动也刚。精诚默通，或出其藏。神之言归，化斯有光。相我炎图，万世无疆。

宋初祀神州地祇三首

降神，《静安》 朊朊郊原，茫茫宇县。画野分疆，禹功疏奠。灵祇是臻，豆笾祇荐。幽赞皇图，视之不见。

奠玉币，酌献，《嘉安》 肸蚃储灵，肃恭用币。锵洋导和，洪休允契。嘉气云蒸，浃于华裔。式荐坤珍，聿符明世。

送神，《静安》 献奠云毕，纯嘏祁祁。威灵藏用，邈矣何之？

景祐孟冬祭神州地祇二首

太宗位奠币，《化安》 削平伪邦，嗣兴鸿业。礼乐交修，仁德该洽。柔祇荐享，量币攸摄。侑坐延灵，神休允答。

酌献，《韶安》 有炜弥文，克隆宏构。贻此燕谋，具膺多祐。山解律吹莩，彝尊莫酒。佑乃沈潜，永祈丰祚。

元符祭神州地祇二首

迎神，《宁安》八变 朊朊浚邦，皇天是宅。必有幽赞，聪明正直。布列笾豆，考击金石。中外谧宁，繄神之力。

送神，《宁安》 都邑浩穰，民物富盛。主以灵祇，昭乃丕应。玉帛牲牷，鼓钟管磬。祇荐攸歆，归于至静。

绍兴祀神州地祇十六首

迎神，《宁安》
函钟为宫　芒芒下土，恢恢方仪。富媪统摄，潜运八维。爰称元祀，告备吉时。揭兹虔恭，俀其格思。
太簇为角　洪惟坤元，道著品物。上配紫昊，后载其德。良月肇岁，祭器布列。必先皇祇，以迓景福。
姑洗为徵　块圠无垠，磅礴罔测。山盈川冲，自生自殖。其报惟何？率礼靡忒。亿万斯年，功被无极。
南吕为羽　禽辟以时，协气陶蒸。播之金石，锵厥和声。冥冥眃眃，孔享纯诚。是听是娭，邦基永宁。
盥洗，《正安》　晨炀致烟，浡然四施。飘飘风马，仿佛来斯。祀事维清，沃之盥之。载涓载肃，罔有愧辞。
升殿，《正安》　崇崇其坛，屹矣层级。佩约步趋，降登中节。左瞻右睨，祥风蔼集。奔斾羽纷，昭鉴翊翊。
神州地祇位奠玉币，《嘉安》　璇玑谐序，籍敛荐嘉。昭答柔祇，迭奏雅歌。币琮以侑，仪豚气和。灵其溥临，容与燕嘉。
太宗位奠币，《嘉安》　穆穆令闻，溥博有容。泽被万宇，靡不率从。恭陈量币，明荐其衷。礼亦宜之，享德攸同。
奉俎，《丰安》　肃肃嘉承，唯德其物。工祝以告，繄民之力。神哉广生，孔蕃且硕。奠于嘉坛，吐之则弗。
神州地祇位酹献，《嘉安》　恭承明祀，嘉荐令芳。亦有桂酒，诚悫是将。瑟璈以酹，效欢厥觞。庶乎燕享，永怀不忘。
太宗位酹献，《化安》　宗德含洪，方祇可儗。辟土开疆，八埏同轨。是用作配，有永无斁。祼献以享，茂格蕃祉。
文舞退、武舞进，《文安》　奕奕缀兆，《咸池》孔彰。丕阐文德，靡忘发扬。进退有节，乃容之常。乐备尔奏，烨烨荣光。
亚、终献，《文安》　缩酹以祼，既旨且多。三献有序，情文愈加。黄祇临享，锡以休嘉。广兹灵禔，覃及迩遐。
彻豆，《成安》　展牲告全，乃登于俎。竣事而彻，侑以乐语。奉鼛宣室，祚我神主。敛敷庶民，并受其祜。
送神，《宁安》　云驭洋洋，既歆既顾。悠然聿归，曷求厥路。钦想颂堂，跂立以慕。赉我腪盦，莫不怿豫。
望瘗，《正安》　神罔怨恫，燕其有喜。祴事告成，爰修瘗礼。乐阕仪备，休气四起。尚谨不怼，念终如始。

景德朝日三首

降神，《高安》六变　阳德之母，羲御寅宾。得天久照，首兹三辰。正辞备物，肃肃振振。沦精降监，克享明禋。
奠玉币酹献，《嘉安》　醴齐良洁，有牲斯纯。大采玄冕，乃昭其文。王宫定位，粢盛苾芬。民事以叙，盛德升闻。
送神，《高安》　县象著明，照临下土。降福穰穰，德施周普。

夕月三首

降神，《高安》六变　凝阴禀粹，照临八埏。丽天垂象，继日代明。一气资始，四时运行。灵祇昭格，备物荐诚。
奠玉币、酹献，《嘉安》　夕耀乘秋，功存宇县。金奏在县，以时致荐。祀事孔寅，明灵降眷。洁粢丰盛，仓箱流衍。
送神，《高安》　凤陈筵豆，洁诚致祈。垂休保佑，景祚巍巍。

大观秋分夕月四首

降神，《高安》　至阴之精，亏而复盈。轮高仙桂，阶应祥蓂。玉兔影孤，金茎露溢。其驾星车，顾于兹夕。
奠玉币　玉钩乍弯，冰盘乍圆。扇掩秋后，乌飞枝边。精凝蟾蜍，辉光婵娟。歆于明祀，弭芳节焉。
酹献　名稽《汉仪》，歌参唐宗。往于卿少，乘秋气中。周天而行，如姊之崇。可飞霞佩，下琉璃宫。
送神　四扉大开，五云车立。霓裾媠从，风翺童执。摇曳胥来，锵洋爰集。歆我严禋，西面以揖。

绍兴朝日十首

降神，《高安》　圜钟为宫　玄鸟即至，序属春分。朝于太阳，厥典备存。载严大采，示民有尊。扬光下烛，煜㷿东门。
黄钟为角　升晖丽天，阳之母也。率无颇偏，兼烛下土。恭事崇坛，礼乐具举。顿御六龙，裴回容与。
太簇为徵　周祀及闇，汉制中营。胼胾是届，礼神以兄。我洁斯璧，我肥斯牲。神兮燕享，鉴观孔明。
姑洗为羽　屹尔王宫，泛临翊翊。惠此万方，岂惟五色。以修阳政，以习地德。云景杳冥，施祥无极。
初献升殿，《正安》　天宇四霁，嘉坛聿崇。肃祇严祀，登降有容。仰瞻曜灵，位居其中。既安既妥，沛哉丰融！
奠玉币，《嘉安》　物之备矣，以交于神。时惟炎精，不忘顾歆。经纬之文，璆琳之质。灿然相辉，其仪秩秩。
奉俎，《丰安》　扶桑朝暾，和气肸蚃。奉此牲牢，为俎孔硕。芬馨进闻，介我黍稷。所将以诚，兹用享德。
酹献，《嘉安》　匏爵斯陈，百味旨酒。勺以献之，再拜稽首。钟鼓在列，灵方安留。眷然加荐，惟时之休。
亚、终献，《文安》　礼馨沃盥，诚意肃将。包茅是缩，冀毕重觞。焕矣情文，既具醉止。熙事备诚，灵其有喜。
送神，《礼安》　羲和驾兮，其容杲杲。将安之兮？言归黄道。光赫万物，无古无今。人君之表，咸仰照临。

夕月十首

降神，《高安》
圜钟为宫　金行告遒，玉律分秋。礼崴西郊，愍祀事修。精意潜达，永孚于休。神之听之，爰格飚斿。
黄钟为角　时维秋仲，夜寂天清。实严姊事，用答阴灵。坛墠斯设，黍稷惟馨。云车来下，庶歆厥诚。
太簇为徵　溯日著明，丽天作配。洁以为祠，礼行肃拜。光凝冕服，气肃环珮。庶几昭格，祇而不懈。
姑洗为羽　穆穆流辉，太阴之精。盈亏靡忒，寒暑以均。克禋克祀，揆日涓辰。牲硕酒旨，来燕来宁。

升殿，《正安》　猗欤崇基，右平左墄。祗率典常，届兹秋夕。陟降惟寅，威仪抑抑。神其鉴观，穰简是集。

奠玉币，《嘉安》　少采陈仪，实曰坎祭。礼备乐举，严恭将事。于以奠之，嘉玉量币。神兮昭受，阴骘万汇。

奉俎，《丰安》　穀旦其差，有牷在涤。工祝致告，为俎孔硕。肸蚃是期，祚我明德。备兹孝钦，式和民则。

酌献，《嘉安》　白藏在序，享惟其时。躬即明坛，礼惟载祇。斟以瑶爵，神灵燕娭。歆馨顾德，锡我蕃釐。

亚、终献，《文安》　肃雍严祀，圣治昭彰。清酒既载，或肆或将。礼匪三献，终然允臧。神具醉止，其乐且康。

送神，《理安》　歌奏云阕，式礼莫愆。以我齐明，馨其吉蠲。神保聿归，降康自天。萝图永固，亿万斯年。

熙宁以后祀高禖六首

降神，《高安》　六变　容台讲礼，禖宫立祠。司分届后，带韣陈仪。嘉祥萃止，灵驭来思。皇支蕃衍，永固邦基。

升降，《正安》　郊禖之应，肇自生商。诞膺宝命，浚发其祥。天材蕃衍，德称君王。本支万世，与天无疆。

奠玉币，《嘉安》　昔帝高辛，先禖肇祀。爰揆仲阳，式祈嘉祉。陈之牺牲，授以弓矢。敷祐皇宗，施于孙子。

酌献，《祐安》　昭荐精衷，灵承端命。青帝顾怀，神禖储庆。祚以蕃昌，协于熙盛。螽斯众多，流于雅咏。

亚、终献，《文安》　赫赫高禖，万世所祀。其德不回，锡兹福祉。蕃衍椒聊，和平苯莒。传类降康，世济其美。

送神，《理安》　礼莫蠲衷，祭仪竣事。丕拥灵休，蕃衍皇嗣。

绍兴祀高禖十首

降神，《高安》

圜钟为宫　聿分春气，施生在时。禖宫肇启，精意以祠。礼仪告备，神其格思！厥灵有赫，锡我繁釐。

黄钟为角　眷此尊祀，实惟仲春。青圭束帛，克祀克禋。庶蒙嘉惠，嗣续诜诜。神之降鉴，云车来臻。

太簇为徵　猗欤禖宫，祀典所贵。粤自艰难，礼或弗备。以迄于今，始建坛壝。愿戒云车，歆此诚意。

姑洗为羽　春气肇分，万类滋荣。惟此祀事，皆象发生。求神以类，式昭至诚。庶几来格，子孙绳绳。

升坛，《正安》　有奕禖宫，在国之南。坛壝既设，威仪孔严。登祀济济，神兮顾瞻。佐我皇祚，宜百斯男。

奠玉币，《嘉安》　青律载阳，有虹颃颀。祈我繁祉，立子生商。三牲既荐，玉帛是将。克禋克祀，有嘉其祥。

奉俎，《丰安》　祇被禖坛，洁蠲羊豕。博硕肥腯，爰具牲醴。执事骏奔，肃将俎几。神其顾歆，永锡多子。

青帝位酌献，《祐安》　伏羲、高辛献并同　瑞虹至止，祀事孔时。酌以清酒，祼献载祇。神具醉止，介我蕃禧。乃占吉梦，维熊维罴。

亚、终献，《文安》　中春涓吉，裁事禖祠。礼备乐作，笾豆孔时。贰觞毕举，荐献无违。庶几神惠，祥启熊罴。

送神，《理安》　嘉荐令芳，有严禋祀。神来燕娭，亦即醉止。风驭言还，栗然欻起。以祓以除，锡我蕃祉。

景德祀九宫贵神三首

降神，《高安》　倬彼垂象，照临下土。躔次运行，功德周普。九宫即位，惟德是辅。神之至上，皇皇斯睹。

奠玉币，酌献，《嘉安》　灵禋既肃，明神既秩。在国之东，协日之吉。升歌有仪，六变中律。怀和万灵，降兹阴骘。

送神，《高安》　祗荐有常，惟神无方。回飙整驭，垂休降祥。

元祐祀九宫贵神二首

降神，《景安》　六变　上天贵神，九宫设位。功德及物，乃秩明祀。望拜紫坛，赫然灵气。奠玉荐币，歆之无愧。

送神，《景安》　天之贵神，推移九宫。厥位靡常，降康则同。来集于坛，顾歆恪恭。歌以送之，飚静旋穹。

绍兴祀九宫贵神十首

降神，《景安》

圜钟为宫　紫阙幽宏，惟神灵尊。辅成泰元，赞役乃坤。曰雨曰旸，缊豫调纷。享荐陨光，蒙祉如屯。

黄钟为角　载阳衍德，农祥孔昭。赉兹元叚，穰穰黍苗。象舆眇冥，金奏远姚。无阕厥灵，丹衷匪恌。

太簇为徵　于赫九宫，天神之贵。煌煌彪列，下土是茝。幽赞高穹，阴骘万类。肃若旧典，有严祀事。

姑洗为羽　练时吉良，聿崇明祀。粢盛洁丰，牲硕酒旨。肃唱和声，来燕来止。嘉承天休，赉及含齿。

初献升坛，《正安》　于昭慇祀，周旋有容。历阶将事，趋进鞠躬。改步如初，没阶弥恭。左墄右平，陟降雍雍。

太一位奠玉币，《嘉安》　煌煌九宫，照临下土。阴骘庶类，功施周普。恪修祀典，礼备乐举。嘉玉量币，馨非稷黍　摄提、权星、招摇、天符、青龙、咸池、太阴、天乙位乐曲并同。

奉俎，《丰安》　灵鉴匪远，诚心肃祇。是烝是享，俎实孔时。礼行乐奏，肸蚃是期。云车风马，神其燕娭。

太一位酌献，《嘉安》　惟天丕冒，彪列九神。财成元化，阴骘下民。有酒斯旨，登荐苾芬。昭哉降鉴，莆禄来臻　九位并同。

亚、终献，《文安》　均调大化，阴骘下民。骏功有赫，诞举明禋。嘉觞中贰，执事惟寅。清明鬯矣，福禄攸臻。

送神，《景安》　荐献有序，降登无违。礼乐备举，昭格燕娭。云车缥缈，神曰还归。报以景观，翊我昌期。

卷一百三十四　　志第八十七

乐九 乐章三

太庙常享　禘祫　加上徽号　郊前朝享　皇后别庙

建隆以来祀享太庙一十六首

迎神，《礼安》　肃肃清庙，奉祠来诣。格思之灵，如在之祭。克谨威仪，载严容卫。降福孔皆，以克永世。

皇帝行，《隆安》　工祝升阶，宾尸在位。祗达孝思，允修愸祀。显相有仪，克恭乃事。俨恪其容，通此精意。

莫瓒用《瑞木》　木符启瑞，著象成文。于昭大号，协应明君。灵命有属，鸿禧洞分。歌以升荐，休嘉洽闻。

又《驯象》　嘉彼驯象，来归帝乡。南州毓质，中区效祥。仁格巨兽，德柔遐荒。有感斯应，神化无方。

又《玉乌》　素乌爰止，淳精允臧。名符瑞牒，色应金方。洁白容与，翘英奋扬。孝思攸感，皇德逾张。

奉俎，《丰安》　维牺维牲，以炰以烹。植其鞉鼓，洁彼铏羹。孔硕兹俎，于穆厥声。肃雍显相，福禄来成。

酌献僖祖室，《大善》　汤汤洪河，经启长源。郁郁嘉木，挺生本根。大哉崇基，出乎庆门。发祥垂裕，永世贻孙。

顺祖室，《大宁》　元钟九千，生于仲吕。崇台九层，起于累土。赫日之升，《明夷》为主。孝孙作帝，式由祖武。

翼祖室，《大顺》　明明我祖，积德攸宜。肇继瓜瓞，将隆本支。爰资庆绪，式昭帝基。于穆清庙，永洽重熙。

宣祖室，《大庆》　艰难积行，绵长钟庆。同人之时，得主乃定。既叙宗祧，乃修舞咏。经武开先，永昭丕命。

太祖室，《大定》　猗欤太祖，受命于天！化行区宇，功溢简编。武威震耀，文德昭宣。开基垂统，亿万斯年。

太宗室，《大盛》　赫赫皇运，明明太宗。四奥咸暨，一变时雍。睿文炳焕，圣备温恭。千龄万祀，永播笙镛。

饮福，《禧安》　嘉粢旨酒，博脂牲牷。神鉴孔昭，享兹吉蠲。夙夜愸祀，孝以奉先。永锡纯嘏，功格于天。

亚献，《正安》　已象文治，乃观武成。进退可度，威仪克明。

终献，《正安》　《常武》徂征，诗人所称。总干山立，厥象伊疑。

彻豆，《丰安》　肥腯之牲，既析既荐，郁邑之酒，已酌已献。祝辞亦陈，和奏斯遍。享礼具举，彻其有践。

摄事十三首

降神，《理安》　肃肃清庙，昭事祖祢。粢盛苾芬，四海来祭。皇灵格思，令容有睟。降福孔皆，以克永世。

太尉行，《正安》　祼邑溥将，宾尸在位。帝德升闻，

孝思光被。公卿庶正，傅御师氏。至诚感神，福禄来暨。

莫瓒，《瑞安》　淳清育物，瑞木成文。元气陶冶，非烟郁氛。玄贶昭格，至和所熏。登歌祼献，胪虡如闻。

奉俎，《丰安》　丽碑割牲，以炰以烹。博硕肥腯，荐羞神明。祖考来格，享于克诚。如闻謦咳，式燕以宁。

酌献僖祖室，《大善》　肃肃艺祖，肇基鸿源。权舆光大，燕翼贻孙。载祀惟永，庆流后昆。威灵在天，顾我思存。

顺祖室，《大宁》　思文圣祖，长发其祥。锡羡蕃衍，德厚流光。眷命自天，卜世聿昌。祗肃孝享，降福无疆。

翼祖室，《大顺》　明明我祖，积德累仁。居晦匿曜，迈种惟勤。帝图天锡，辉光日新。寝庙绎绎，昭事同寅。

宣祖室，《大庆》　洸洸我祖，时惟鹰扬。潜德弗耀，发源灵长。肆类配天，永思不忘。来顾来享，百福是将。

太祖室，《大定》　赫赫太祖，受命于天。赤符启运，威加八埏。神武戡难，功无间然。翼翼丕承，亿万斯年。

太宗室，《大盛》　穆穆太宗，与天合德。昧旦丕显，乾乾翼翼。敷佑下民，时帝之力。永怀圣神，孝思罔极。

真宗室，《大明》　煌煌真宗，善继善承。经武耀德，臻于治平。封祀礼乐，丕昭鸿名。陟配文庙，皇图永宁。

彻豆，《丰安》　鼎俎既陈，豆笾既设。金石在庭，工师就列。备物有严，著诚致洁。孝惟时思，礼以《雍》彻。

送神，《理安》　神之来兮风肃然，神之去兮升九天。排凌兢兮还恍惚，羽旄纷兮萧燔烟。

真宗御制二首

莫瓒用《万国朝天》　鸿源浚发，睿图诞彰。高明锡羡，累洽延祥。巍巍艺祖，溥率宾王。煌煌文考，区宇大康。珍符昭显，宝历绵长。物性茂遂，民俗阜昌。甫田多稼，禾黍穰穰。含生嘉育，鸟兽跄跄。八纮统域，九服要荒。沐浴惠泽，祗畏典常。隔谷分壤，望斗辨方。并袭冠带，来奉圭璋。峨峨双阙，济济明堂。诸侯执帛，天后当阳。何以辨等？衮衣绣裳。何以褒德？辂车乘黄。声明焕赫，雅颂汪洋。启兹丕绪，祐我无疆。大统斯集，大乐斯扬。俯隆宗祐，仰继穹苍。

亚献、终献用《平晋乐》　五代衰替，六合携离。封疆窃据，兵甲竞驰。天顾黎献，涂炭可悲。帝启灵命，浚哲应期。皇祖丕变，金钺俄麾。率土执贽，犷俗来仪。瞻彼大卤，窃此余基。独迷文告，莫畏天威。神宗继统，璇图有辉。尚安蠢尔，罔怀格思。六飞凤驾，万旅奉辞。溪来发咏，不阵行师。云旗先路，壶浆塞岐。天临日照，宸虑通微。前歌后舞，人心悦随。要领自得，智力何施。风移僭冒，政治淳熙。书文混一，盛德咸宜。干戈倒载，振振言归。诞昭七德，永定九围。

真宗告飨六首

告受天书，《瑞安》　宝命自天，鸿禧锡祚。昭晰绿文，氤氲黄素。玄感荐彰，灵休诞布。寅奉珍符，聿怀永慕。

太祖、太宗加上尊谥，《显安》　报贶陟封，聿昭典礼。让德穹厚，归功祖祢。丕显尊称，尽善尽美。寅威孝

东封毕，躬谢酌献，《封安》　奕奕清庙，锡羡诒谋。升中神岳，显允皇猷。归格艺祖，昭报灵休。奉先追远，盛德益修。

祀汾阴毕，躬谢酌献，《显安》　于昭列圣，休德清明。威灵如在，享于克诚。报功厚载，馨荐惟精。归格饮至，礼备乐成。

圣祖降，亲告，《瑞安》　于赫圣祖，景灵在天。神游来暨，晬容穆然。诲言昭示，帝胄开先。齐明钦若，延鸿亿年。

六室加谥，《显安》　钦崇太霄，肃奉徽册。大礼克诚，鸿猷有赫。令芳爰荐，明灵斯格。昭谢垂祥，永怀何极。

景祐亲享太庙二首

迎神，《兴安》　追养奉先，纳孝练主。金奏凤鸣，《关雎》乐舞。莫邕恭神，肥腯展俎。积庆聪明，降景寰宇。

酌献真宗室，《大明》　于穆真皇，宅心道粹。和戎偃革，焕乎文治。操瑞拜图，封天祀地。盛德为宗，烝尝万世。

至和祫享三首

迎神，《兴安》　濡露降霜，永怀孝思。祫食谛叙，再闰之期。歌德咏功，八音播之。歆神惟始，灵其格兹。

莫瓒，《嘉安》　昭穆亲祖，自室徂堂。礼备乐成，肃然祼将。瑟瓒黄流，条鬯芬芳。气达渊泉，神孚来享。

送神，《兴安》　四祖基庆，三后在天。荐侑备成，灵娭其旋。孝孙应嘏，受福永年。送之怀之，明发恻然。

嘉祐祫享二首

迎神，《怀安》　躬兹孝享，礼备乐成。神登于俎，祝导于祊。展牲肥腯，奏格和平。灵其昭格，肃侑凝情。

送神，《怀安》　灵神归止，光景肃然。福祥裕世，明威在天。孝孙有庆，骏烈推先。佑兹基绪，弥万斯年。

熙宁以后享庙五首

酌献英宗室，《大英》　在宋五世，天子嗣昌。躬发英断，若乾之刚。声容沄沄，被于八荒。垂千万年，永烈有光。

送神，《兴安》　钟鼓俅旅，笾豆孔时。衎我祖宗，既右享之。神巫来止，孝孙之喜。神保聿归，孝孙之思。

禘祫孟享、腊享，宗正卿升殿，《正安》　进退有容，服摹有仪。匪亟匪迟，降登孔时。

祫享仁宗，《大和》　于穆仁庙，圣泽滂流。华夷用乂，动植蒙休。徽名冠古，奕世垂谋。帝躬祼献，盛典昭修。

英宗，《大康》　赫赫英皇，总提邦纪。浚发神功，恢张圣理。仙驭虽遥，鸿徽不弭。永言孝思，竭诚躬祀。

常祀五享三首

迎神，《兴安》九变　奕奕清庙，昭穆定位。霜露增感，粢盛洁祭。神灵来格，福祉攸暨。追孝奉先，本支百世。

太尉奠瓒，《嘉安》　有秩时祀，匪怠匪淶。有来宗主，载祗载肃。厥作祼将，流黄瓒玉。是享是宜，永绥多福。

送神，《兴安》　皇祖皇考，配帝配天。骏奔显相，神保言旋。祝以孝告，嘏以慈宣。去来永慕，宗事惟虔。

绍兴以后时享二十五首

迎神，《兴安》

黄钟为宫　奉先严祀，率礼大经。时思致享，肃荐芳馨。竭诚备物，乐奏和声。真驭来止，熙事克成。

大吕为角　圣灵在天，九关崇深。风马云车，纷其顾临。拥祥储休，昭答孝心。孝孙受祉，万福是膺。

太簇为徵　嘉承和平，秩祀为先。乃练休辰，祝史告虔。内心齐明，祀具孔蠲。交际恍惚，如在后前。

应钟为羽　道信于神，神灵燕娭。酒有嘉德，物惟其时。缓节安歌，乐奏具宜。欣欣乐康，福禄绥之。

奉俎，《丰安》　王假有庙，子孙保光。奉牲以告，玉俎膏香。专精厉意，神其迪尝。休承灵意，申锡无疆。

初献盥洗，《正安》　恪恭祀典，涓选休成。设洗致洁，直于东荣。嘉肴祗荐，明德惟馨。祖考来格，享兹孝诚。

升殿，《正安》　冠佩雍容，时惟上公。享于清庙，陟降弥恭。笾豆静嘉，粢盛洁丰。孝孙有庆，万福来同。

僖祖室酌献，《基命》　于穆文献，自天发祥。肇基明命，锡羡无疆。子孙千亿，宗社灵长。神之格思，如在洋洋。

宣祖室酌献，《天元》　天启炎历，集我大命。长发其祥，笃生上圣。夷乱芟荒，乾坤以定。时礼聿修，孝孙有庆。

太祖室酌献，《皇武》　赫赫艺祖，受天明命。威加八纮，德垂累圣。祀事孔明，有严笙磬。对越在天，延休锡庆。

太宗室酌献，《大定》　明明在上，时维太宗。允武允文，丕基绍隆。于肃清庙，昭报是丰。皇灵格思，福禄来同。

真宗室酌献，《熙文》　于穆真皇，维烈有光。丕承二后，奄奠万方。威加戎狄，道格穹苍。歆时禋祀，降福无疆。

仁宗室酌献，《美成》　至哉帝德，乃圣乃神！恭己南面，天下归仁。历年长久，垂裕后人。礼修旧典，宝命维新。

英宗室酌献，《治隆》　炎基克巩，赫赫英宗。绍休前烈，仁化弥隆。笃生圣子，尧、汤比踪。烝尝万世，福禄来崇。

神宗室酌献，《大明》　于昭神祖，运抚明昌。肇新百度，克配三王。遏荒底绩，圣武维扬。永言《执竞》，上帝是皇。

哲宗室酌献，《重光》　于皇浚哲，通骏有声。率时昭考，丕显仪刑。功光大业，道协三灵。永绥厥后，来燕来宁。

徽宗室酌献，《承元》　天锡神圣，徽柔懿恭。垂衣拱手，遵制扬功。配天立极，体道居中。佑我烈考，万福攸同。

钦宗室，《端庆》　于皇钦宗，道备德宏。允恭允俭，克类克明。孝遵前烈，仁翊函生。歆兹肆祀，永燕宗祊。

高宗室，《大德》　于皇时宋，自天保定。高宗受之，再仆景命。绍开中兴，翼善传圣。何千万年，永绥厥庆。

孝宗室，《大伦》　圣人之德，无加于孝。思皇孝宗，履行立教。始终纯诚，非曰笑貌。于万斯年，是则是效。

光宗室，《大和》　维宋洽熙，帝继于理。万姓厚生，三辰顺轨。对时天休，以燕翼子。肃唱和声，神其有喜。

文舞退、武舞进，《正安》　肃肃清庙，于显维德。我祀孔时，我奏有翼。秉翟载骏，有来干戚。神之燕娭，休祥允格。

亚、终献，《文安》　观德宗祐，奕世烈光。有严祀典，粤循旧章。乐谐九变，献举重觞。燕娭如在，戬谷穰穰。

彻豆，《恭安》　礼备乐成，物称诚竭。相维辟公，神人以说。歌《雍》一章，诸宰斯彻。天子万世，无竞维烈。

送神，《兴安》　霜露既降，时思展禋。在天之御，眷然顾歆。乐成礼备，言归廱廛。既安既乐，福禄来成。

祫享八首

迎神，《兴安》

黄钟宫　时维孟冬，霜露既零。合食盛礼，以时以行。孝心翼翼，惟神来宁。肃倡斯举，神具是听。

大吕角　于穆孝思，嘉荐维时。诚通兹格，咸来燕娭。神之听之，申锡蕃釐。于万斯年，永保丕基。

太簇徵　于昭孝治，通乎神明。寒暑不忒，熙事备成。牲牷孔硕，黍稷惟馨。以享以祀，来燕来宁。

应钟羽　苾芬孝祀，荐灌肃雍。致力于神，明信咸通。灵之妥留，惠我庞鸿。广被万宇，福禄攸同。

初献顺祖，酌献，《大宁》　于赫皇祖，浚发其祥。德盛流远，奕世弥昌。孝孙有庆，嘉荐令芳。神保是享，锡羡无疆。

翼祖酌献，《兴安》　上天眷命，佑我丕基。翼翼皇祖，不耀其辉。积厚流长，福禄攸宜。祀事孔时，曾孙笃之。

光宗室酌献，《大承》　于皇光宗，握符御极。昭哉嗣服，惟仁与德！勤施于民，靡有暇逸。万年之思，永奠宗祐。

送神，《兴安》　合祭大事，因时发天。翼翼孝思，三献礼虔。神兮乐康，飚驭言旋。永神后人，于千万年。

上仁宗、英宗徽号一首

入门升殿，《显安》　于穆仁祖，宠绥万方。执竞英考，迄用成、康。图徽宝册，有烈其光。庶几亿载，与天无疆。

上英宗尊号一首

入门，《正安》　在宋五世，天子神明。群公奉册，乃扬鸿名。金书煌煌，诵昭厥成。思皇多祐，与天同声。

增上神宗徽号一首　哲宗朝制

升殿，《显安》　于惟祢庙，乃圣乃神。秉文之士，作起惟新。建宫稽古，一视同仁。庶几备号，以享天人。

绍兴十四年奉上徽宗册宝三首

册宝入门，《显安》　于铄徽考，如天莫名。迨兹丕扬，拟纯粹精。温玉镂文，来至于祊。有严奕奕，礼备乐成。

册宝升殿，《显安》　金字煌煌，瑶光灿灿。群工奉之，登此宝殿。对越祖宗，式遵成宪。威灵在天，来止来燕。

上徽号，《显安》　惟精惟一，乃圣乃神。鸿名克扬，茂实斯宾。如禹之功，如尧之仁。孝思永慕，用诏无垠。

淳熙十五年上高宗徽号三首

册宝入门，《显安》　于穆高皇，功德兼隆。称天以诔，初谥未崇。载稽礼典，扬徽垂鸿。涓日之良，登进庙宫。

册宝升殿，《显安》　有璆斯宝，有编斯册。导以麾仗，奏以金石。祼威盛容，煌煌赫赫。臣工奉之，高灵来格。

上徽号，《显安》　中兴之烈，高掩商宗。揖逊之美，放勋比隆。字十有六，拟诸形容。威灵在天，裕后无穷。

庆元三年奉上孝宗徽号三首

册宝入门，《显安》　巍巍孝庙，圣德天通。同符艺祖，克绍高宗。有仪有册，载推载崇。镂玉绳金，登奉祐宫。

册宝升殿，《显安》　文金晶荧，册玉辉润。统绍乎尧，德全于舜。勤崇推高，子孝孙顺。冠德百王，万年垂训。

上徽号，《显安》　金石充庭，珩璜在列。绘画乾坤，形容日月。巍巍功德，显显谟烈。垂亿万年，鸿徽昭揭。

高宗郊祀前朝享太庙三十首

皇帝入门，《乾安》　后还前殿并同　于皇后，祗戒专精。假于有庙，祖考是承。趋进惟肃，儆思惟诚。神之听之，来燕来宁。

皇帝升殿，《乾安》　诣室、降593并同　皇皇大宫，丕显于穆。休德昭清，元气回复。芝叶蔓茂，桂华冯翼。孝孙假斯，受兹介福。

盥洗，《乾安》　维皇齐精，馨假于庙。观盥之初，惟以洁告。衎承祖宗，恤祀昭孝。诚心有孚，介福斯报。

迎神，《兴安》　柜鬯既将，黄钟具奏。肃我祖考，祗栗以俟。监观于兹，云车来下。

尚书奉俎，《丰安》　有硕其牲，登于大房。肃展以享，庶几迪尝。匪腯是告，我民其康。保艾尔后，垂休无疆。

皇帝再盥洗，《乾安》　盥至于再，洁诚愈孚。帝用祗荐，灵咸嘉虞。腾歌胪欢，会于轩朱。观厥颙若，受福之符。

僖祖室酌献，《基命》　思文僖祖，基德之元。皇武大之，受命于天。积厚流光，不已其传。曾孙笃之，于万斯年。

翼祖室酌献，《大顺》　天命有开，维仁是依。乃眷冀邦，于以顾之。其顾伊何？发祥肇基。施于孙子，虔奉孝思。

宣祖室，《天元》　昭哉皇祖，源深流长！雕戈圭瓒，休有烈光。天祐潜德，继世其昌。永怀积累，嘉荐令芳。

太祖室，《皇武》　为民请命，皇祖赫临。天地并贶，亿万同心。造邦以德，介福宜深。挹彼惟旨，真游居歆。

太宗室，《大定》　皇矣太宗，嗣服平成！益奋神旅，再征不庭。文武秉德，仁孝克明。以圣传圣，对越紫清。

真宗室，《熙文》　思文真宗，体道之崇。憯威赫灵，遵制扬功。真符鼎来，告成登封。盛德百世，于昭无穷。

仁宗室，《美成》 徽宗御制　仁德如天，遍覆无偏。功济九有，恩涵八埏。齐民受康，朝野晏然。击壤歌谣，四十二年。

英宗室，《治隆》　穆穆英宗，持盈守成。世德作求，是缵是承。齐家睦族，偃武恢文。于荐清酤，酌之欣欣。

神宗室，《大明》　烝哉维后，继明体神！稽古行道，文物一新。润色鸿业，垂裕后人。灵斿沛然，来燕来宁。

哲宗室，《重光》　明哲煌煌，照临无疆。绍述先志，实宣重光。诒谋燕翼，率由旧章。苾芬孝祀，降福穰穰。

徽宗室，《承元》　御制　于皇烈考，道化圣神。尧聪舜孝，文恬武忻。命子出震，遗骏上宾。罔极之哀，有古莫伦。

降殿，《乾安》　明德惟馨，进止回复。裼袭安恭，严若惟谷。诚意昭融，群工袂属。成此祼容，生乎齐肃。

入小次，《乾安》　于皇我后，祗戒专精。躬制声诗，文思聪明。雍容戾止，玉立端诚。神听如在，福禄来宁。

文舞退、武舞进，《正安》　八音谐律，缀兆充庭。进旅退旅，肃恭和平。盛荐祖宗，灵监昭升。象功崇德，通观厥成。

亚献，《正安》　威神在天，享于克诚。申以贰觞，式昭德馨。笾豆孔嘉，乐舞具陈。庶几是听，福禄来成。

终献，《正安》　疏幂三举，诚意一纯。孰陪乎祀，公族振振。神具醉止，燕娱窈冥。于万斯年，绥我思成。

皇帝出小次，《乾安》　风戒告备，礼节俯成。妥侑惟乾，氛氲夜澄。有严有翼，列圣灵承。于穆清闼，肃肃无声。

皇帝再升殿诣饮福位，《乾安》　维皇亲享，至再至三。礼备乐奏，层陛森严。粢盛芳洁，酒醴旨甘。云车风马，从卫观瞻。

饮福，《禧安》　赫赫明明，维祖维宗。鉴于文孙，维德之同。日靖四方，亦同其功。亿万斯年，以承家邦。

还位，《乾安》　帝既临享，步武鸣鸾。陟降规矩，颙昂周旋。登歌一再，典礼莫愆。神之听之，祉福绵绵。

尚书彻豆，《丰安》　熙事即成，嘉迓告彻。洋洋来临，蔼蔼布列。配帝其功，在天对越。允集丛禋，万邦和悦。

送神，《兴安》　神之来游，风马云车。淹留仿佛，顾瞻歆歔。神之还归，钧天帝居。监观于下，何福不除！

降殿，《乾安》　于皇上天，钦哉成命。集于冲人，丕承列圣。爰熙紫坛，于庙告庆。胙鬯潜通，休祥荐应。

还大次，《乾安》　盛德丰功，一祖六宗。钦翼燕诒，禋享是崇。厉意齐精，假庙惟恭。率礼周旋，福禄来同。

宁宗朝享三十五首

皇帝入门，《乾安》　王假有庙，四极骏奔。鼎俎肴严，虡篪云屯。积厚流广，德隆庆蕃。是则是绳，保我子孙。

升殿，《乾安》　于穆清宫，奕奕孔硕。芝茎蔓秀，桂华冯翼。八篡登列，六瑚贲室。皇代拥庆，启佑千亿。

盥洗，《乾安》　天一以清，地一以宁。维皇精专，承神明灵。娥御堕津，渎祇扬溟。盥事允严，先祖是听。

诣室，《乾安》　丹楹云深，芳勺宵奠。乐华淳邕，礼文炳绚。有容有仪，载肃载见。维时缉熙，世世以燕。

还位，《乾安》　旅楹有闲，人神允叶。福以德昭，飨以诚接。六乐宣扬，百礼炜烨。对越在天，流祚万叶。

迎神，《兴安》　九变。

黄钟为宫　《咸》、《英》备乐，篡席列罍。诗歌安世，声叶皇雅。翠旗羽盖，云车风马。神其来兮，以燕以下。

大吕为角　勾陈旦辟，阊阖夜分。轸风挟月，车驷凌云。瑞景晻霭，神光耀煴。神其来兮，以留以忻。

太簇为徵　穆穆紫幄，璜璜清宫。《旱麓》流咏，《凫鹥》叶工。道询诒燕，业绵垂鸿。神其来兮，以康以崇。

应钟为羽　文以谟显，武以烈承。圣训之保，祖武之绳。有肃孝假，式严祈烝。神其来兮，以宜以宁。

捧俎，《丰安》　笾豆荐牲，铏迓实馈。其俎孔庶，吉蠲为馓。惟德达馨，以忱以贯。神既佑享，祉觌来暨。

再诣盥洗，《乾安》　精粹象天，明清鉴月。再御兹盥，益致其洁。齐容颙若，诚意洞彻。百礼允洽。率礼不越。

真宗室，《熙文》　天地熙泰，跻时升平。阐符建坛，声容文明。君臣赓载，夷夏肃清。本支百世，持盈守成。

仁宗室，《美成》　在宋四世，天子圣神。用贤致治，约已裕民。海内富庶，裔夷宾宾。四十二年，尧、舜之仁。

英宗室，《治隆》　明明英后，仁孝俭恭。丕显丕承，增光祖宗。继志述事，遵制扬功。万邦作孚，盛德形容。

神宗室，《大明》　厉精基治，大哉乾刚！信赏必罚，内修外攘。礼乐法理，号令文章。作新之功，度越百王。

哲宗室，《重光》　于皇我宋，世有哲明。元祐用人，遹骏有声。绍述先志，思监于成。受天之祜，王配在京。

徽宗室，《承元》　帝抚熙运，晏粲协期。礼明乐备，文恬武嬉。道光授受，谋深燕诒。骏命不易，子孙保之。

钦宗室，《端庆》　显显令主，辉光日新。奉亲以孝，绥下以仁。兢兢业业，诞保庶民。于穆不已，之德之纯。

高宗室，《大德》　昊天有命，中兴复古。治定功成，修文偃武。德隆商宗，业闷汉祖。付托得人，系尧之绪。

孝宗室，《大伦》　艺祖有孙，聪睿神武。绍兴受禅，归尊于父。行道袭爵，百度修举。圣德曰孝，光于千古。

光宗室，《大和》　维宋洽熙，帝继于理。万姓厚生，三辰顺轨。对时天休，以燕翼子。肃唱和声，神其有喜。

还位，《乾安》　在周之庭，设业设虡。酒醴惟醹，尔殽伊脯。帝觞毕勺，天步旋举。丕显丕承，念兹皇祖。

降殿，《乾安》　黼帟蝉蜎，飚斿宁燕。尊彝献祼，瑚篡陈荐。际仪天旋，淳音《韶》变。逋求厥宁，福禄流羨。

入小次，《乾安》　皇容肃祇，天步舒迟。对越惟恭，敬事不遗。陟降苍止，永言孝思。上帝临女，日监于兹。

文舞退、武舞进，《正安》　明庭承神，靴磬枕敔。玉梢饰歌，佾缀维旅。既肖厥文，复象乃武。祖德宗功，惟帝时举。

亚献，《正安》　尊罍星陈，罍幂云舒。来贰变觞，玉珮琼琚。相予严祀，秉德有初。对扬王休，何福不除！

终献，《正安》　秉德翼翼，显相肃雍。疏幂三举，诚意益恭。光烛黼绣，和流笙镛。子孙众多，福禄来从。

出小次，《乾安》　庙楹邃严，夜景藻清。文物炳彪，礼仪熙成。帷宫载敞，珮珩有声。帝复对越，将受厥明。

再升殿，《乾安》　明明维后，诒厥孙谋。系隆我汉，陈锡哉周。以孝以飨，世德作求。介以繁祉，万邦咸休。

饮福，《乾安》　玉瓒黄流，有毖其香。来假来享，降福穰穰。我应受之，汤孙之将。有百斯男，福禄无疆。

还位，《乾安》　圣图广大，宗祊光辉。假于有庙，帝命不违。偯若有慕，夙夜畏威。嘉乐君子，福禄祁祁。

彻豆，《丰安》　升馔有章，卒食攸序。庭锵金奏，凯收钶管。其献惟成，其馂维旅。礼洽庆流，皇祖之祜。

送神，《兴安》　珠幄煌煌，神既燕娭。监观于下，福禄来宜。云车风马，神保聿归。启佑我后，福禄来为。

降殿，《乾安》　圣有谟训，诒谋燕翼。奉天酌祖，万世维则。维皇孝熙，乾乾夕惕。礼既式旋，惟福之锡。

还大次，《乾安》　王假有庙，对越在天。帷宫旋御，率礼不愆。泰畤展祠，云阳奉瑄。齐居精明，益用告虔。

理宗朝享三首

皇帝升降，《乾安》　于皇祖宗，清庙奕奕。威灵在天，不显惟德。垂裕鸿延，诒谋燕翼。孝孙格斯，受祉罔极。

迎神，《兴安》，九奏　柜鬯既将，黄钟具奏。瞻望真游，偯若有慕。于皇列圣，在帝左右。云车具来，以妥以侑。

宁宗室，《大安》　帝德之休，恭俭渊懿。三十一年，谨终如始。升祔在宫，祖功并美。民怀有仁，何千万世。

高宗祀明堂前朝享太庙二十一首

皇帝入门，《乾安》　于皇我后，祇戒专精。齐肃有容，祖考是承。造次匪懈，孝思纯诚。神听有格，福禄来宁。

升殿，《乾安》　肃哉清宫，烛珠照幄！神之来思，八音振作。赤舄龙章，奉玉惟恪。匪今斯今，先民时若。

盥洗，《乾安》　于皇维后，观盥之初。精意昭著，既顺既愉。圭瓒承祀，卿士咸趋。目视心化，四方其孚。

迎神，《兴安》　涓选休成，祖考是享。夙夜专精，求诸惚恍。洋洋在上，惟神之仰。鬯矣清明，应之如响。

捧俎，《丰安》　来相于庭，鸣锵锵锵。奉牲而告，登彼雕房。非牲之备，民庶是康。神依民听，上帝斯皇。

僖祖室酌献，《基命》　何庆之长？实兆于商。由商太戊，子孙其昌。皇基成命，宋道用光。诒厥孙谋，膺受四方。

翼祖室，《大顺》　上帝监观，维仁是依。继世修德，皇心顾之。其顾伊何？在彼冀方。施于子孙，降福穰穰。

宣祖室酌献，《天元》　昭哉皇祖，骏发其祥！雕戈圭瓒，盛烈载扬。天锡宝符，俾炽而昌。神圣应期，赫然垂光。

太祖室，《皇武》　猗欤皇祖，下民攸归！膺帝之命，龙翔太微。戎车雷动，天地清夷。峨峨奉璋，万世无违。

太宗室，《大定》　煌煌神武，再御戎轩。时惠南土，旋定太原。车书混同，声教布宣。维天佑之，亿万斯年。

真宗室，《熙文》　于皇真宗，体道之崇。游心物外，应迹寰中。四方既同，化民以躬。清净无为，盛德之容。

仁宗室曲同郊祀。　送神亦同。

英宗室，《治隆》　噫我大君，嗣世修文！维文维武，谩继虞勋。天锡丕祚，施于后昆。于荐清酤，酌之欣欣。

神宗室，《大明》　烝哉维后，继明体神！宪章文、武，宜民宜人。经世之道，功格于天。子孙严祀，无穷之传。

哲宗室，《重光》　明哲煌煌，照临无疆。丕承先志，嘉靖多方。朝廷尊荣，民庶乐康。珍符来应，锡兹重光。

徽宗室，《承元》　圣考巍巍，光绍丕基。礼隆乐备，时维纯熙。天仁兼覆，皇化无为。功成弗处，心潜希夷。

文舞退、武舞进，《正安》　作乐合祖，簨簴在庭。众奏具举，肃雍和鸣。神灵来格，庶几是听。敁绎以终，永观厥成。

亚献，《正安》　威神在天，来格于诚。既载清酤，有闻无声。相予熙事，时赖宗英。肃肃雍雍，允协思成。

终献，《正安》　疏幂三举，诚意一纯。孰陪予祀，公族振振。明灵来娭，乐舞具陈。奉神所佑，昭孝息民。

饮福，《禧安》　赫赫明明，德与天通。施于子孙，福禄攸同。日靖四方，民和年丰。有秩斯祜，申锡无穷。

彻豆，《丰安》　歆我齐明，威德如存。牲牷是享，圭玉其温。群公执事，亦既骏奔。礼成告彻，咸福黎元。

还大次，《乾安》　神明既交，恍若有承。钦翼齐庄，福禄具膺。王业是兴，祖武是绳。佑我亿年，以莫不增。

孝宗明堂前享太庙三首

徽宗室酌献，《承元》　明明徽祖，抚世升平。制礼作乐，发政施仁。圣灵在天，德泽在民。亿万斯年，保佑后人。

高宗室，《大德》　于皇时宋，自天保定。高宗受之，再仆景命。绍开中兴，翼善传圣。何千万年，永绥厥庆。

还大次，《乾安》　礼既行矣，乐既成矣。维祖维妣，安且宁矣。皇举玉趾，佩锵鸣矣。拜贶总章，于厥明矣。

理宗明堂前朝享二首

宁宗室奠币，《定安》　皇矣昭考，圣灵在天！称秩宗祀，有严恭先。奉币以荐，见之僾然。仁深泽厚，厥光以延。

酌献，《考安》　假哉皇考，必世后仁！嘉靖我邦，与物皆春。之纯之德，克配穹旻。余庆渊如，佑我后人。

皇后庙十五首

迎神，《肃安》　閟宫翼翼，雅乐洋洋。牲器肃设，几筵用张。饰以明备，秩其令芳。神兮来格，风动云翔。

太尉行，《舒安》 服章观象，山龙是则。容止跄跄，威仪翼翼。

司徒捧俎，《丰安》 彻同 格恭奉祀，祇荐牺牲。九成爰奏，有俎斯盈。

酌献孝明皇后室，《惠安》 祀事孔明，庙室惟肃。铏登笾豆，金石丝竹。既灌既荐，允恭允穆。奉神如在，以介景福。

孝惠皇后室，《奉安》 初阳作配，内助惟贞。柔顺中积，英徽外宣。神宫有伉，明祀惟虔。歆诚降祐，于万斯年。

孝章皇后室，《懿安》 猗那淑圣，象应资生。配天作合，与日齐明。椒宫垂范，彤史扬名。聿修愍祀，永奉禜盛。

懿德皇后室，《顺安》 王门禀庆，帝族惟贤。功存内治，德协静专。流芳图史，垂范纮綖。新庙有伉，祀礼昭然。

淑德皇后室，《嘉安》 明明英媛，备备椒庭。笾豆有践，黍稷匪馨。静嘉致荐，容与昭灵。精气以达，顾享来宁。

庄穆皇后室，《理安》 曾孙袭庆，柔祇育德。正位居体，其仪不忒。教被宫壸，化行邦国。祝史正辞，垂裕无极。

庄怀皇后室，《永安》 淑德昭著，至乐和平。登豆在列，肸香荐诚。六变合礼，八音谐声。穰穰景福，佑我休明。

元德皇后庙，《兴安》 为太宗后，为天下母。诞圣继明，膺乾作主。玉振金相，兰芬桂芳。于万斯年，永奉烝尝。

饮福，《禧安》 彝尊鬯酒，庆祐遂行。介以纯嘏，允答明诚。

亚献，《恭安》 宗臣率礼，步玉锵锵。吉蠲斯献，百禄是将。

终献，《顺安》 荐献有终，礼容斯穆。以奉嘉觞，以膺多福。

送神，《归安》 明禋告毕，灵辂难留。升云杳邈，整驭优游。诚深嘉栗，礼罄钦修。丰融垂祐，以永洪休。

景祐以后乐章六首

章献明肃皇太后室奠瓒，《达安》 肃肃閟宫，顺时荐事。郁鬯馨香，如见于位。

酌献，《厚安》 祥标曾麓，德合方仪。万方展养，九御蒙慈。孝恭祊祏，美播声诗。淑灵顾享，申锡维祺。

章懿皇太后室奠瓒，《报安》 青金玉瓒，祼将于京。永怀罔极，夙夜齐明。

酌献，《衍安》 翊佑先朝，章明壸教。淑顺谦勤，徽音在劭。树风不止，劬劳匪报。黍稷令芳，嘏兹乃告。

奉慈庙章惠皇太后室奠瓒，《禽安》 祼圭既陈，酌鬯斯醇。音容仿佛，莫献惟寅。

酌献，《昌安》 内辅先猷，凤昭壸则。保祐之劳，慈惠其德。荣养有终，芳风无极。享献閟宫，载怀凄恻。

真宗汾阴礼毕，亲谢元德皇后室三首

迎神，《肃安》 閟宫奕奕，《韶》乐洋洋。牲币虔布，几筵肃张。醴泉淳美，嘉肴洁香。俟神来格，降彼帝乡。

奉俎，《丰安》 乐铿金石，俎奉牺牲。九成斯奏，五教爰行。

送神，《理安》 鸾骖复整，鹤驾难留。白云缥缈，紫府深幽。庙虽载止，神无不游。垂佑皇宋，以永鸿休。

元德皇后升祔一首

《显安》之曲 显矣皇妣，德侔柔祇！升祔太室，协礼之宜。耀彼实册，列之尊彝。惟诚是厚，永佑庆基。

崇恩太后升祔十四首

入门，《显安》 倪天生德，作配元符。仪刑壸则，辅佐帝图。登崇庙祏，勒号璠玙。烝尝亿载，皇极之扶。

神主升殿，《显安》 曰嫔于京，天作之配。进贤审官，克勤其志。于穆清庙，本仁祖义。亿万斯年，神灵攸暨。

迎神，《兴安》四章

黄钟宫二奏 閟宫有伉，堂筵屹崇。灵徽匪遐，精诚感通。芯芬维时，登兹明祀。冷然云车，有来其驭。

大吕角二奏 羽旌风翔，翠蕤飘举。俨其音徽，登兹位处。笙镛始奏，合止柷敔。是享是宜，永求伊祐。

太簇徵二奏 枚枚閟宫，鼎俎肆陈。烝畀明灵，登其嘉新。鼓钟既戒，旨酒既醇。攸介攸止，纯禧荐臻。

应钟羽二奏 旨酒嘉肴，于登于豆。是享是宜，乐既合奏。衎我懿德，执事温恭。灵兮允格，有翼其从。

盥洗，《嘉安》 列爵陈俎，芬芳和羹。拟金击石，洋洋和声。礼行伊始，我德惟明。既盥而往，于昭斯诚。

升降殿，《熙安》 笙箫纷如，陟彼庙庭。锵锵佩玉，怀兹先灵。神保聿止，音容杳冥。繁禧是介，万年惟宁。

酌献，《兹安》 雍雍玉佩，清酤惟良。粢盛具列，有铋其香。怀其徽范，德洽无疆。于兹燕止，降福穰穰。

亚献，《神安》 嫔于潜邸，爰正坤仪。《关雎》化被，《思齐》名垂。柔德益茂，家邦以熙。皇心追崇，永羞牲粢。

退文舞、进武舞，《昭安》 翩然干戚，扬庭陈阶。文以经纬，武以威怀。其张其弛，节与音谐。迄兹献享，妥灵绥来。

终献，《仪安》 珩璜之贵，袆褕之尊。天作之合，内治慈温。元良钟庆，祉福乾坤。以享以祀，事亡如存。

彻豆，《成安》 锵洋纯绎，于论鼓钟。周旋陟降，齐庄肃容。维罍既旨，维笾伊丰。歌彻以《雍》，介福来崇。

送神，《兴安》 黍稷维馨，虡业充庭。既钦既戒，灵心是承。顾予烝尝，言从之迈。申锡无疆，是用大介。

上册宝十三首

册宝入门，《隆安》 威仪皇止，庶尹在庭。爰举徽章，通观厥成。勒崇扬休，写之琼瑛。迄于万祀，发闻惟馨。

册宝升殿，《崇安》 有犹有言，顺承天则。聿崇号名，再扬典册。朱英宝函，左右翼翼。千秋万岁，保兹无极。

迎神，《歆安》

黄钟宫　笾豆大房，牺尊将将。馨香既登，明灵迪尝。其乐伊何？吹笙鼓簧。灵来燕娭，降福无疆。

大吕角二奏　吉蠲惟时，礼仪既备。奉璋峨峨，群公在位。神之格思，永锡尔类。展彼令德，于焉来暨。

太簇徵二奏　雍雍在宫，翼翼在庭。显相休嘉，肃雍和鸣。神嗜饮食，明德惟馨。绥我思成，式燕以宁。

应钟羽二奏　牺牲既成，笾豆有楚。拟金击石，式歌且舞。追怀懿德，令闻令仪。灵兮来格，是享是宜。

盥洗，《嘉安》　嘉肴旨酒，洁粢丰盛。既盟以往，以我齐明。有孚颙若，黍稷非馨。神之格思，享于克诚。

升降，《熙安》　佩玉锵锵，其来雍雍。陟降孔时，步武有容。格兹祀事，神罔时恫。绥我邦家，福禄来崇。

酌献，《明安》　旨酒嘉栗，有飶其香。衎我淑灵，歆此令芳。德贻彤管，号正椒房。神具醉止，降福穰穰。

退文舞、进武舞，《昭安》　籥翟既陈，干戚斯扬。进旅退旅，一弛一张。其仪不忒，容服有光。以宴以娭，德音不忘。

亚、终献，《和安》　望高六宫，位应四星。辅佐君子，警戒相成。袆衣褒崇，琛册追荣。于以奠之，有椒其馨。

彻豆，《成安》　濯濯其英，殖殖其庭。有来群工，赍我思成。嘉肴既将，旨酒既清。《雍》彻不迟，福禄来宁。

送神，《歆安》　礼仪既备，神保聿归。洋洋在上，不可度思。神之来兮，脟胾之随。神之去兮，休嘉是贻。

上钦成皇后册宝六首

入门升殿，《显安》　上帝锡羨，实生婉淑。辅佐神皇，宠膺天禄。诞育泰陵，劬劳顾复。于昭徽音，久而弥郁。

迎神，《歆安》　于显惟德，徽柔懿明。嫔于初载，有闻惟馨。肆我鼓钟，万舞在庭。神保是格，来止来宁。

盥洗，《嘉安》　有炜柔仪，率履不越。惠于初终，既明且达。我将我享，相盥乃登。胡臭亶时，攸介攸宁！

升降，《熙安》　苾苾其芳，殽核维旅。陟降孔时，有秩斯所。雍容内化，维神之明。明则不渝，绥我思成。

酌献，《明安》　天维显思，有相于内。右贤去邪，夙夜儆戒。猗欤追册，重翟袆衣。既右享之，百世是仪。

亚、终献，《和安》　酌彼玉瓒，有椒其馨。酾假无言，雍容在庭。生莫与崇，于赫厥声。祀事孔明，神格是听。

上明达皇后册宝五首

迎神，《歆安》　恭俭宜家，柔顺承天。德昭彤管，忧在进贤。宝册袆翟，追荣寿原。四时祼享，何千万年。

酌献，《明安》　清宫有严，广乐在庭。钟鼓管磬，九变既成。缩茅以献，洁柜惟馨。灵游可想，来燕来宁。

退文舞、进武舞，《昭安》　秉翟竣事，万舞拟金。总干挥戚，节以鼓音。礼容有炜，脟胾来歆。淑灵是听，雅奏愔愔。

彻豆，《成安》　登献罔愆，俎豆斯彻。神具醉止，礼终乐阕。御事既退，珊珊佩玦。介我繁祉，歆此蠲洁。

送神，《歆安》　备成熙事，虚徐翠楹。神保聿归，云车夙征。鉴我休德，神交惚恍。留祉降祥，千秋是享。

绍兴别庙乐歌五首

升殿，《崇安》　新庙肃肃，岁事以时。陟降阶墄，雍容有仪。鞠躬周旋，罔敢不祗。祝史正辞，灵其格思。

奉俎，《肃安》　肇严庙祀，爰图遗芳。物必称德，或陈或将。有缗其仪，有苾其香。灵兮来下，割烹是尝。

懿节皇后室酌献，《明安》　曾沙表庆，正位椒庭。徽音杳邈，宫壸仪刑。虔修祀事，清酌惟馨。缩以包茅，昭格明灵。

亚、终献，《嘉安》　霄汉月堕，郊原露晞。徽音如在，延伫来归。有酒既清，累觞载祗。神具醉止，燕衎怡怡。

彻豆，《宁安》　仙驭弗返，耿邈清都。荐此嘉殽，即丰既腴。莫享有成，鼓乐愉愉。彻我豆笾，率礼无逾。

乾道别庙乐歌三首

诣庙，《乾安》　涓选休辰，于秋之杪。既齐既戒，爰假祖庙。有仚仪坤，旧章是效。享祀奚为？天子纯孝。

升殿，《乾安》　宗祀九筵，先荐閟宫。陟自东阶，煌煌衮龙。于穆圣善，监兹礼容。是享是宜，介福无穷。

懿节皇后室酌献，《歆安》　丕显文母，厚德维坤。仙驭虽邈，徽音固存。瑟彼玉瓒，酌此郁尊。简简穰穰，裕我后昆。

绍熙别庙二首

安穆皇后室酌献，《歆安》　祥发伣天，符彰梦日。有怀慈容，孝享庙室。泰尊是酌，旨酒嘉栗。灵其格思，祚以元吉。

安恭皇后室酌献，《歆安》　美咏河洲，德嫔妫汭。徽音如存，肇修祀事。缩以包茅，酌以醴齐。灵来顾歆，降福攸备。

绍兴二十九年显仁皇后祔庙一首

酌献，《歆安》　恭惟圣母，跻祔孔时。陈羞宗祏，徽福坤仪。钟鼓惟序，牲玉载祗。于皇来格，永介丕基。

开禧三年成肃皇后祔庙一首

酌献，《歆安》　天合重华，内治昭融。承承继继，保佑恩隆。归从阜陵，登祔太宫。燕我后人，福禄来崇。

卷一百三十五　志第八十八

乐十 乐章四

朝谒玉清昭应宫　太清宫　朝享景灵宫封禅　祀汾阴　奉天书　祭九鼎

真宗奉圣祖玉清昭应宫御制十一首

降圣，《真安》　巍巍真宇，奕奕殊庭。规模太紫，炳焕丹青。元命祇答，大猷是经。多仪有践，丕应无形。肆设金石，声闻杳冥。仁回飚驭，永祐基扃。

奉香，《灵安》 芳气上浃，飚驭下临。绍承丕绪，永励精明。氤氲成雾，葱郁垂阴。虔恭对越，介祉攸钦。

奉馔，《吉安》 发祥有自，介福无疆。纷纶丕应，保佑下方。嘉荐斯备，雅奏具扬。寅威洞达，监眄昭章。

玉皇位酌献，《庆安》 无体之体，强名之名。监观万宇。统治九清。真期保佑，瑞命昭明。乾乾翼翼，祗答财成。

圣祖位酌献，《庆安》 于昭灵贶，诞启鸿源。功济庶汇，庆流后昆。兰肴登俎，桂酒盈尊。俯回飚驾，永庇云孙。

太祖位酌献，《庆安》 赫赫艺祖，受命高穹。威加海外，化浃区中。发祥宗祏，锡祐眇冲。钦承积德，励翼精衷。

太宗位酌献，《庆安》 明明文考，储精上苍。礼乐明备，溥率宾王。功德累洽，历数会昌。孝思罔极，丕祐无疆。

亚、终献，《冲安》 太初非有体，至道本无声。降迹临下土，成功陟上清。至仁敦动植，丕绪启宗祊。紫禁承来格，鸿基保永宁。发祥垂诞告，致孝荐崇名。广乐神钦奉，储休固太平。

饮福，《庆安》 明明始祖，诞启庆基。翼翼后嗣，虔奉孝思。精洁斯达，祉福咸宜。于以报贶，于以受釐。

彻馔，《吉安》 雕俎在御，飚驾闻声。真游斯降，旨酒斯盈。大乐云阕，大礼云成。彻彼常荐，馨此明诚。

送圣，《真安》 精心既达，真游允臻。礼容斯举，福应惟醇。将整仙驭，言还上旻。永存嘉贶，用泰烝民。

迎奉圣像四首 并用《庆安》

玉皇位 玉虚上帝，金像晬容。宅真云构，练日龟从。维皇对越，率礼寅恭。灵心丕应，福禄来崇。

圣祖位 总化在天，保昌厥绪。降格皇闱，琼轮载御。藻仗星陈，晬容金铸。佑我庆基，宅兹灵宇。

太祖位 烝哉大君，聿怀帝祖！镕范真仪，奉尊灵宇。至感祥开，洪辉物睹。瞻谒尽恭，飞英率土。

太宗位 于显神宗，德洽区中。祥金烁冶，范兹晬容。殊庭胄宇，备物致恭。明威有赫，降福来同。

王清昭应宫上尊号三首

奉告，《隆安》 登隆妙号，钦赞渊宗。茂宣德礼，有恪其容。奉章升荐，垂佩弥恭。扬休咏美，以间笙镛。

太初殿奉册宝，《登安》 皇灵垂祐，洪福弥隆。祇率绵宇，洁祀真容。严恭奉册，对越清穹。晬容肃穆，懿号尊崇。礼盛乐举，福禄来同。

二圣殿奉绛纱袍，《登安》 赫赫列圣，威德巍然。彤彤灵宇，晬仪在焉。奉以龙衮，被之象天。重庆宗稷，亿万斯年。

太尉奉圣号册宝，《真安》 上旻降监，介祉实繁。邦家修报，妙道归尊。增名霄极，奉册灵轩。茂宣圣典，永祐黎元。

宝册升殿，《大安》 图书昭锡，典礼绍成。烝民何幸，教父储灵。钦承景贶，祗奉崇名。致虔宝册，垂祐基扃。

降神，《真安》 犹龙之圣，降生厉乡。教流清净，道符混茫。大君肃谒，盛仪允臧。森罗羽卫，躬荐萧芗。簪绂济济，钟石洋洋。高真至止，介福诞祥。

奉玉币，《灵安》 琳宫奕奕，黼坐煌煌。玉帛成礼，飚驭延祥。鸿仪有则，景福无疆。嘉应昭协，丕犹诞扬。

奉馔，《吉安》 金奏以谐，飚游斯格。灵监章明，皇心励翼。肃奉雕俎，来升彩席。享德有孚，凝禧无斁。

酌献，《大安》 钦崇至道，肃谒殊庭。顺风而拜，明德惟馨。飚驭来格，尊酒斯盈。是酌是献，心通杳冥。

饮福，《大安》 彼涡之壤，指李之区。千乘万骑，来朝密都。躬陈芳荐，款接仙舆。饮酒受福，永耀鸿图。

亚、终献，《正安》 邈矣道祖，冥几惚恍！常德不离，至真无象。引位清穹，降祥神壤。酌醴荐诚，控飚来享。

送神，《真安》 醴盏在户，金奏在庭。笾豆有践，黍稷非馨。义尽蠲洁，诚通杳冥。言旋风驷，祚我修龄。

太极观奉册宝一首

《登安》之曲 荐号穹冥，登名祖祢。陟配阳郊，协宣典礼。感电灵区，诞圣鸿懿。册宝斯陈，福禄来暨。

景灵宫奉册宝一首

《登安》之曲 穆穆真宗，锡羡蕃昌。飚轮临观，谆海洞彰。虔崇懿号，祗答景祥。至诚致享，降福无疆。

景祐元年亲享景灵宫二首

降真，《太安》 真馆奉币，洁齐致馨。灵因斯格，社稷庆宁。

送真，《太安》 椒浆尊享，珍馔精祈。晬容杳邈，瑶辂霞飞。

大观三年朝献景灵宫二首

奉馔，《吉安》 威灵洋洋，靡有常向。于惟钦承，来假来飨。博硕芬香，是烝是享。奉器有虔，载德无爽。尔牲既充，是烹是肆。尔肴既具，是羞是馈。非物之重，惟德之备。神之格思，歆我精意。

高宗郊前朝献景灵宫二十一首

皇帝入门，《乾安》 维皇齐居，承神其初。颙颙昂昂，龙步云趋。景钟铿如，肃觐清都。肸蚃之交，神人用孚。

升殿，《乾安》 帝既临享，馨兹精意。对越在天，爰升紫陛。孔容翼翼，保承丕绪。孝奉天仪，永锡尔类。

降圣，《太安》 惟德馨香，升闻八方。粤神临之，来从帝乡。万灵景卫，有烨其光。监我精纯，降福穰穰。

盥洗，《乾安》 斋居皇皇，琼琚锵锵。承祭之初，其如在旁。挹彼注兹，储禧迎祥。神之听之，欣欣休康。

圣祖位，《乾安》 涓选休辰，有事嘉荐。琅琅琼珮，陟降岩殿。其陟伊何？币玉斯奠。周旋中礼，千亿储羡。

圣祖位奉玉币，《灵安》 上灵始祖，云景元尊。严祀凤展，六乐朱轩。明玉之洁，丰帛之温。畅乃继序，承德不愆。

还位，《乾安》 我后临飨，奠币攸毕。式旋其趋，榘度有式。礼容斋庄，孝思纯实。天休滋至，时万时亿。

奉馔,《吉安》 百职骏奔,来相于庭。奉盛以告,登兹芳馨。际天蟠地,默运三灵。神兮来歆,祚我休平。
再盥洗,《乾安》 有严大礼,对时休明。情文则粲,蠲洁必清。再临观盥,以专以精。真游来格,永观厥成。
再诣圣祖位,《乾安》 于赫炎宋,十叶华耀。属兹郊报,陟降在庙。其降伊何?椒浆桂酒。再拜斟酌,永御九有。
圣祖位酌献,《祖安》御制 瑶源诞启,玉牒肇荣。覆育群有,监观圜清。酒醴既洽,登荐惟诚。无有后艰,骏惠云仍。
还位,《乾安》 奠鬯告成,式旋厥位。天步雍容,神人燕喜。九庙观德,百灵荐祉。子孙其昌,垂千万祀。
文舞退、武舞进,《正安》 于皇乐舞,进旅退旅。一弛一张,笙磬具举。岂惟玩声,象德是似。神鉴孔昭,福禄来予。
亚、终献,《冲安》 五音饬奏,神既亿康。澹其容与,荐此嘉觞。有来显相,锵玉锵锵。奉承若宥,罔不斋庄。
饮福,《报安》 嘉荐既终,神贶斯复。赉我思成。灵光下烛。孝孙承之,载祗载肃。敷锡庶民,亟蒙祉福。
还位,《乾安》 帝临闳庭,逆釐上灵。神羜安坐,肃若有承。嘉觞既申,德闻惟馨。灵光留俞,祚我亿龄。
彻馔,《吉安》 普淖既荐,苾芬孔时。神嗜而顾,有来燕娱。飨矣将彻,载钦载祗。展诗以侑,益臻厥熙。
送真,《太安》 雍歌既彻,熙事备成。神夕奄虞,忽乘青冥。灵心回眷,监我精禋。诞降嘉祉,休德昭清。
降殿,《乾安》 我秩元祀,上推灵源。展事有仪,祲威肃然。丹城既降,秉心益虔。荷天之休,于千万年。
望燎,《乾安》 奕奕灵宫,有严邃祀。燔燎具扬,礼仪既备。帝心肃祗,天步旋止。对越在天,永膺蕃祉。
还大次,《士安》 帝将于郊,昭事上祀。爰兹毕觞,复于此。飚游载旋,容旆沓骑。维皇嘉承,锡祚昌炽。

高宗明堂前朝献景灵宫十首
降圣,《大安》 德惟馨香,升闻八方。粤神之从,灿然有光。骖飞乘苍,啾啾跄跄。逍遥从容,顾予不忘。
升殿,《乾安》 帝既临享,龙驭华耀。孝孙承之,陟降在庙。诚意上交,庆阴下冒。天休骈至,千亿克绍。
圣祖位奠玉币,《灵安》 玉气如虹,丰缛充笥。既奉既将,亦奠在位。有永群后,实相祀事。何以临下?心意不贰。
奉馔,《吉安》 琼瑶锵锵,玄衣绣裳。荐嘉升香,粢盛芬芳。礼仪莫愆,鼓钟喤喤。曾孙之常,绥福无疆。
圣祖位酌献,《祖安》 裴回若留,灵其有喜。荐我馨香,挹兹酒醴。我祖在天,执道之纪。申佑无疆,奏神称礼。
文舞退、武舞进,《正安》 进旅退旅,载执干戚。不愆于仪,容服有赫。式妥式侑,神保是格。灵鉴孔昭,孝思维则。
亚、终献,《冲安》用旧辞。
饮福,《报安》 于赫大神,总司元化。监我纯精,威

光来下。延昌之贶,千亿冯藉。曾孙保之,丕平是迓。
彻馔,《吉安》 洋洋降临,肃肃布列。熙事既成,嘉笾告彻。九天储庆,垂佑无缺。寝明寝昌,绵绵瓜瓞。
送真,《太安》 高飞安翔,持御阴阳。幽赞圜穹,监观四方。元精回复,奄虞孔良。毕觞降嘏,偃蹇于襄。
望燎,《乾安》 奕奕原祠,有严邃祀。礼仪孔宣,燔燎斯暨。帝心肃祗,天步旋止。熙事既成,永膺蕃祉。

孝宗明堂前朝献景灵宫八首
盥洗,《乾安》 合宫之飨,报本奉先。钦惟道祖,浚发璇源。驾言谒款,其盥惟虔。尚监精衷,锡祚绵绵。
圣祖,《乾安》 骏命有开,庆基无穷。祇率百辟,仰瞻睟容。鼓钟斯和,黍稷斯丰。灵其居歆,福禄来崇。
还位,《乾安》 嘉玉既设,量币即陈。仿佛灵游,来顾来宁。对越伊何?厥惟一纯。佑我熙事,以迄于成。
奉馔,《吉安》 发祥仙源,流泽万世。曷其报之?亲飨三岁。相维列卿,洁粢是馈。匪物之尚,诚之为至。
再诣盥洗,《乾安》 华灯荧煌,瑞烟氤氲。威神如在,蠲洁必亲。再盥于罍,再帨于巾。皇心肃祗,其敢惮勤。
再诣圣祖位,《乾安》 岁逢有年,月旅无忒。我将我飨,如几如式。肃尔臣工,谐尔金石。本原休功,垂裕冈极。
还位,《乾安》 旨酒思柔,神具醉止。工祝既告,孝孙旋位。何以酢之?纯嘏来备。燕及云来,蕃衍无已。
文舞退、武舞进,《正安》 象德之成,有奕其舞。一弛一张,进旅退旅。嘈以管箫,和以镛鼓。神其乐康,永锡多祜。

宁宗郊前朝献景灵宫二十四首
皇帝入门,《乾安》 閟幄邃深,云景杳冥。天清日晬,展容玉庭。缔基发祥,希夷降灵。神其来燕,是飨是听。
升殿,《乾安》 帝居瑶图,璇题玉京。日月经振,列宿上荧。桂篯珌芬,瑚器华精。贲承禋祀,用戒昭明。
降神,《太安》 六变
圜钟为宫 四灵晨耀,五纬夕明。风云晏和,天地粹清。灵兮来迎,灵兮来宁。启我子孙,飨之纯精。
黄钟为角 芬枝扬烈,炀珠叶陶。阊珍阊符,展诗舞简。神哉来下,神哉来翱。肃若有承,灵心招摇。
太簇为徵 龙车既奏,凤驭载翔。帝幄伫灵,天衢腾芳。神来留俞,神来骞骧。礼邕乐明,奏假孔将。
姑洗为羽 虹旌蜺旄,鸾旗翠盖。星枢扶轮,月御叶卫。灵至阴阴,灵般裔裔。来格来飨,福流万世。
盥洗,《乾安》 礼文有俶,祀事孔明。将以洁告,允惟齐精。自盥而往,聿观厥成。灵监下临,天德其清。
诣圣祖位,《乾安》 维宋肖德,钦天顾右。于皇道祖,丕釐灵祐。葛藟殖繁,瓜瓞孕茂。克昌厥后,世世孝奏。
圣祖位奉玉币,《灵安》 高宗御制,见前。
皇帝还位,《乾安》 桂宫耽耽,藻仪穆穆。天回衮彩,风韶璜玉。《咸》、《英》曰敉亮,容典炳煜。假我上灵,

景命有仆。

奉馔,《吉安》 我簋斯盈,我簠斯实。或剥或烹,或燔或炙。有殽既将,为俎孔硕。礼仪卒度,永锡尔极。

再盥洗,《乾安》 觞澹初勺,礼戒重盥。假庙以《萃》,取象于《观》。清明外畅,精肃中贯。我仪图之,三灵攸赞。

再诣圣祖位,《乾安》 肇基骏命,巩右鸿业。鼎玉龟符,垂固万叶。灵贶具臻,神光烨烨。晖祚无疆,规重矩叠。

圣祖位酌献,《祖安》 高宗御制,见前。

还位,《乾安》 皇帝瑞庆,长发其祥。纂系悠远,逆源灵长。德之克明,休烈有光。配天作极,孝飨是将。

文舞退、武舞进,《正安》 持翟成象,秉朱就列。旎乘整溢,凤仪谐节。挥舒皇文,歌蹈先烈。合好效欢,福流有截。

亚献,《冲安》 光煜紫幄,神流玉房。秉文侑仪,嘉虞贰觞。震澹醉喜,仿佛迪尝。璇源之休,地久天长。

终献,《冲安》 灵舆骞骧,毕觞泰筵。贰飨允穆,祼将克竣。垂恩储祉,锡羡永年。将以庆成,燕及皇天。

诣饮福位,《乾安》 若木露英,清云流霞。蔓蔓芝秀,冯冯桂华。绵瑞无疆,产皲孔奢。皇则受之,巩我帝家。

饮福酒,《报安》 旨酒惟兰,勺浆惟椒。福流瓒斝,光烛琨瑶。拜贶清宫,凝辉庆霄。神其如在,徘徊招摇。

还位,《乾安》 烝哉我皇,继天毓圣!逆鳌元都,对越灵庆。如天斯久,如日斯盛。瑶图浚邈,永隆骏命。

彻馔,《吉安》 房铏陈列,室簋登奉。告飨具歆,展彻惟拱。祥光奕奕,嘉气蒙蒙。受皲不僭,燕天之宠。

送真,《太安》 云车风马,灵其来游。天门轶荡,神其莫留。遣庆阴阴,祉发祥流。康我有宋,与天匹休。

降殿,《乾安》 璇庭烂景,紫殿流光。礼洽乾回,福应日昌。圣系庞鸿,景命溥将。德茂功成,率祀无疆。

诣望燎位,《乾安》 厥初生民,渊浚唯祖。芳荐既铩,明燎具举。德馨升闻,灵贶蕃诩。怀濡上灵,佑周之祜。

还大次,《乾安》 帝假于宫,彝承清祀。天晖临幄,宸卫森峙。行繇大室,旋趋紫閟。率礼不违,式专灵祉。

理宗明堂前朝献景灵宫二首　余用旧辞。

升殿,登歌《乾安》 我享我将,馨兹精意。陟降左右,维天与契。斋明乃心,祗肃在位。于万斯年,百福来备。

亚献,宫架《冲安》 庆云郁郁,鸣珚琅琅。澹其容与,申荐贰觞。奉承若侑,神其乐康。锡以多祉,源深流长。

大中祥符封禅十首　余同南、北郊。

山上圜台降神,《高安》 岩岩泰山,配德于天。奉符展采,翼翼乾乾。涤濯静嘉,罔有弗蠲。上帝顾谆,泠风肃然。

昊天上帝坐酌献,《奉安》 皇天上帝,阴骘下民。道崇广覆,化洽鸿钧。灵文诞锡,宝命惟新。增高钦事,式奉严禋。

太祖配坐酌献,《封安》 于穆圣祖,肇开鸿业。我武惟扬,皇威有晔。四陬混同,百灵震叠。陟配高穹,明灵是接。

太宗配坐酌献,《封安》 祗若封祀,神宗配天。礼乐明备,奠献精虔。景灵来格,休祥蔼然。于昭垂庆,亿万斯年。

亚献,《恭安》 因高定位,礼修物备。荐鬯卜牲,虔恭寅畏。八音克谐,天神咸暨。降福穰穰,永锡尔类。

终献,《顺安》 浩浩元精,无臭无声。临下有赫,得一以清。备物致享,荐兹至诚。泰尊奠献,夙夜齐明。

社首坛降神,《靖安》 至哉坤元,资生伊始。博厚称德,沈潜柔止。降禅方位,聿修明祀。寅恭吉蠲,永锡蕃祉。

皇地祇坐酌献,《禅安》 坤德直方,博厚无疆。秉阴得一,静而有常。宝藏以发,乃育百昌。肃祇禅祭,锡祉穰穰。

太祖配坐酌献,《禅安》 皇矣圣祖,丕赫神武。秉运宅中,威加九土。德厚功崇,颂声载路。陟配方祇,对天之祜。

太宗配坐酌献,《禅安》 愍祀柔祇,报功厚载。思文太宗,侑神严配。钟石斯和,笾豆咸在。永锡坤珍,资生为大。

汾阴十首

降神,《靖安》 茫茫坤载,粤惟太宁。资生光大,品物流形。瞻言汾曲,允宅神灵。圣皇躬享,明德惟馨。

奠玉币,登歌《嘉安》 至诚旁达,柔祇格思。奉以琼币,致诚在兹。

奉俎,《丰安》 博硕者牲,载纯其色。体荐登俎,聿崇坤德。

后土地祇坐酌献,《博安》 秉阴成德,敏树宣功。应变审谛,神力无穷。沈潜刚克,流谦示中。洁兹奠献,妙物玄通。

太祖配坐酌献,《博安》 坤元茂育,植物成形。于穆圣祖,功齐三灵。严恭配侑,厚德攸宁。永怀锡羡,歆此惟馨。

太宗配坐酌献,《博安》 报功厚载,祀事惟明。思文烈考,道济群生。侑神定位,协德安平。馨洁并荐,享于克诚。

饮福,《博安》 寅威宝命,明祀惟虔。协神备物,罔不吉蠲。后祇格思,灵飚肃然。庭受景福,遐哉亿年!

亚、终献,《正安》 至哉柔祇,滋生蕃锡。涤濯静嘉,寅恭夕惕。金奏纯如,万舞有奕。立我烝民,莫匪尔极。

后土庙降神,《靖安》 博厚流形,秉阴成德。柔顺刚正,直方维则。明祇格思,素汾之侧。祇载吉蠲,宸心翼翼。

酌献,《博安》 至哉物祖,设象龙腾。动静之德,禽辟攸宜。嘉栗以荐，精祷洪釐。茂宣阴贶，五谷蕃滋。

祗奉天书六首
朝元殿酌献，《瑞文》 妙道非常，神变无方。惟天辅德，灵贶诞章。玄文昭锡，宝历弥昌。礼崇明祀，式荐馨香。
含香园，《瑞文》 运格熙盛，将封介丘。礼神之域，瑞命殊尤。灵文荐降，丕显皇猷。圣心肃奉，永洽鸿休。
泰山社首坛升降，《瑞文》 玄穹眷怀，宝符申锡。垂露腾文，粲然灵迹。发祥吉图，纯熙写奕。登荐钦崇，式昭天历。
奉香酌献，《瑞安》 谓天盖高，惟皇合德。俾彼灵章，图书是锡。眷命谆谆，被以遐历。膴箓告成，虔恭钦翼。 地届兴王，祥开图箓。典礼昭成，祺祥交属。大辂逶迤，卿云纷郁。祐我含灵，锡兹介福。 祥符七年奉祀毕，天书回至应天府，有云物之瑞，命制是曲，以纪休应。
升降，《灵文》 旻穹无声，惟德是辅。降监锡符，垂文篆素。孝瑞纪封，英声载路。既寿而昌，笃天之祜。

祭九鼎十二首
帝鼐 土王日祀 降神，《景安》 日号丙丁，方号中央。德惟其时，蠲吉是将。夫何饮之？黄流玉瓒。夫何食之？有陈伊馔。
奉馔，《丰安》 粢盛既丰，牲牢既充。展兹熙事，温温其恭。惟明欣欣，燔炙芬芬。保乎天子，繁祉荐臻。
亚、终献，《文安》 工祝致辞，黄流协邑。爰登清歌，载期神享。噫予诚心，精禋是虔。嘉予陈祀，丰盈豆笾。
春分，苍鼎亚、终献，《成安》 法乾刚兮，铸鼎奠方。涓嘉旦兮，齐明迎祥。胡为持币？维稰及筥。胡为和羹？有锜维釜。
立夏，冈鼎迎神，《凝安》 我方东南，我日朱明。爰因其时，鼎以冈名。粢盛既馨，牲牷既盈。佑我皇家，巽令风行。
亚、终献，《成安》 黄流在中，惟馨香祀。于荐于神，爰祗厥事。礼从多仪，以进以文。尊畀三献，昭示孔勤。
夏至，彤鼎酌献，《成安》 牺尊将将，徂基自堂。牲牷肥循，鼓钟喤喤。肆予醴齐，椒馨苾香。韦来歆顾，天祚永昌。
立秋，阜鼎酌献，《成安》 明德崇享，磬管锵锵。铿兮佩举，峨冠齐庄。肆陈有序，承筐是将。其牲伊何？笾豆大房。
秋分，皛鼎亚、终献，《成安》 神宫巍巍，庭燎有辉。声谐备乐，物陈丰仪。清酤既载，酌言献之。惟神醉止，韦来蕃釐。
立冬，魁鼎迎神，《凝安》 时运而冬，乃神玄冥。阴阳相推，丰年以成。越陈嘉肃，牡牢粢盛。来享来依，监于明诚。
酌献，《成安》 曡之初登，其仪昭陈。曡之既祼，其

香升闻。神心嘉止，于焉欣欣。贻我有年，穰穰其仁。
冬至，宝鼎奠币，《明安》 秉心齐明，奉牡博硕。匏丝铿陈，冠佩俨饰。其肆其将，明神来格。执奠维何？猗欤币帛！

卷一百三十六　　志第八十九

乐十一 乐章五

祀岳镇海渎　祀大火　祀大辰

大中祥符五岳加帝号祭告八首
迎神，《静安》 钟石既作，俎豆在前。云旗飞扬，神光肃然。当驾飚歘，来乎青圆。言备缛礼，享兹吉蠲。
册入门，《正安》 节彼乔岳，神明之府。秩秩威仪，肃肃灵宇。懿号克崇，庶物咸睹。帝籍升名，式绥九土。
酌献东岳，《嘉安》 节彼岱宗，有严庙貌。惟辟奉天，依神设教。帝典煋煌，嘉荐普淖。至灵格思，殊祥是效。
南岳 作镇炎夏，畜兹灵光。敷与万物，既阜既昌。爰刻温玉，式荐徽章。昭贶神意，福熙穰穰。
西岳 瞻言太华，莫方作镇。典册是膺，等威以峻。上公奉仪，祀宗荐信。介祉万邦，永配坤顺。
北岳 仰止灵岳，镇于朔方。增崇懿号，度越彝章。祗荐嘉乐，式陈令芳。永资纯佑，国祚蕃昌。
中岳 岩岩神岳，作镇中央。肃奉徽册，尊名孔章。聿降飚驾，载献兰觞。熙事允洽，宝祚弥昌。
送神，《静安》 祗荐鸿名，寅威明祀。有楚之仪，如在之祭。奠献既终，礼容克备。神鉴孔昭，福禧来暨。
天安殿册封五岳帝一首
册出入，《正安》 名岳奠方，帝仪克举。吉日惟良，九宾咸旅。温玉镂文，繢裳正宁。礼备乐成，笃神之祜。

熙宁望祭岳镇海渎十七首
东望迎神，《凝安》 盛德惟木，勾芒御神。沂、岱、淮、海，厥功在民。爰熙坛坎，衷对庶神。于以歆格，灵贶具臻。
升降，《同安》 绅拌襜兮，玉珮蕊兮。于我将事，神燕喜兮。帝命望祀，敢有不共。往返于位，肃肃雍雍。
奠玉币，《明安》 祀以崇德，币则有仪。肃我将事，登降孔时。精明纯洁，罔有弗祗。史辞无愧，神用来娭。
酌献，《成安》 肇兹东土，含润无疆。维时发春，喜荐令芳。祭用蕰沈，顺性含藏。不涸不童，诞降祺祥。
送神，《凝安》 神之至止，熙坛为春。神之将归，旂服振振。欻兮回飚，窅兮旋云。祐于东方，永施厥仁。
南望迎神，《凝安》 嵩、稽、衡、霍，暨厥海江。时维长养，惠我南邦。肆严牲币，神式来降。以侑以妥，百福是庞。

酌献,《成安》 景风应律,朱鸟开辰。肃肃明祀,嘉荐列陈。牲用牷物,乐奏蕤宾。克绥永福,祐此下民。

送神,《凝安》 鼓钟云云,龡管伊伊。神既醉饱,曰送言归。山有厚藏,水有灵德。物其永依,往奠炎宅。

中望迎神,《凝安》 维土作德,维帝御行。含养载育,万物以成。有严祀典,荐我德馨。神其歆止,永用亿宁。

酌献,《成安》 高广融结,实维中央。宣气报功,利彼一方。坎坛以祀,六乐锵锵。灵其有喜,酌以大璋。

送神,《凝安》 言旋其处,以奠中域。无替厥灵,四方是则。神永不息,祀永不忒。以享以报,于万斯年。

西望迎神,《凝安》 品物顺说,时司金行。于郊迎气,以望庶灵。雅歌维乐,圭荐惟牲。作民之祉,永相厥成。

酌献,《成安》 西颢沉砀,执矩司秋。诹言协灵,时祀孔修。礼有荐献,爰视公侯。秩而祭之,百福是道。

送神,《凝安》 我乐我神,篡俎腥饔。曰神之还,西土是宫。于蕃禽鱼,于衍草木。富我薮隰,滋我高陆。

北望迎神,《凝安》 帝德乘坎,时御闭藏。爰洁牷醴,兆兹北方。海山攸宅,神施无疆。具享蠲吉,降福孔穰。

酌献,《成安》 凄寒凝阴,陨箨涤场。百物顺成,黍稷馨香。款于北郊,爰因其方。何以侑神?荐此嘉觞。

送神,《凝安》 维山及川,奠宅幽方。我度其灵,降止靡常。肃肃坎坛,既迎既将。促乐彻俎,是送是望。

绍兴祀岳镇海渎四十三首

东方迎神,《凝安》 帝奠九壒,孰匪我疆。繄我东土,山川相望。祀事孔时,肃雍不忘。岊峨濛鸿,郁哉洋洋!

初献盥洗,《同安》 青阳肇开,祀事孔饬。郁人赞祼,其馨苾苾。敬尔威仪,亦孔之则。神之格思,无我有致。

奠玉币,《明安》 司历告时,惟孟之春。爰举时祀,旅于有神。鼓钟既设,珪帛具陈。皋蕃庶物,以福我民。

东岳位酌献,《成安》 岩岩天齐,自古在昔。肤寸之云,四方其泽。惟时东作,祀事乃饬。惠我无疆,恩沾动植。

东镇位 惟山有镇,雄于其方。东孰为雄?于沂之疆。祀事有时,爰举旧章。我望匪遥,庶几燕飨。

东海位 颎洞鸿濛,天与无极。导纳江、汉,节宣南北。顺助其功,善下惟德。我祀孔时,以介景福。

东渎位 我祀伊何?于彼长淮。导源桐柏,委注蓬莱。捍齐护楚,宣威示怀。豆笾列陈,亦孔之偕。

亚、终献,酌献 四位并同。 我祀孔肃,神其安留。容与裴回,若止若浮。洽此重觞,申с百羞。无我致遗,万邦之休。

送神,《凝安》 塞兮纷纷,神实戾止。以饮以食,以享以祀。勔兮冥冥,神亦归止。以醉以饱,以锡尔祉。

南方迎神,《凝安》 朱明盛长,我祀用饬。厥祀伊何?山川咸秩。如将见之,绳绳齐栗。神哉沛兮,消摇来格!

初献盥洗、升降,《同安》 爰熙嘉坛,揭虔殷祀。郁人沃盥,赞我祼事。于降于登,以作之止。莫不肃雍,告灵飨矣。

奠玉币,《明安》 我祀我享,仪物孔周。一纯斯举,二精聿修。璞兮其温,丝兮其纩。是荐洁蠲,神兮安留。

南岳位酌献,《成安》 神曰司天,居南之衡。位焉则帝,于以奠方。南讹秩事,望礼有常。庶几嘉虞,介福无疆。

南镇位 维南有山,于彼会稽。作镇在昔,神则司之。厥有旧典,以祀以时。百味维旨,灵其燕娭。

南海位 维水善下,利物曰功。逶迤百川,谁欤朝宗?荡荡大受,于焉会同。肴萧列陈,以答鸿濛。

南渎位 四渎之利,经营中国。南曰大江,险兮天设。维尔有神,揄其庙食。望秩孔时,我心翼翼。

亚、终献,酌献 神之游兮,洋洋对越。澹乎容与,胀纛斯答。乃奏既备,八音攸节。重觞申陈,百礼以洽。

送神 曲同迎神 荐彻豆笾,熙事备成。灵兮将归,羽旄纷纭。飘其逝矣,浮空荣云。怅然顾瞻,有抚怀心。

中央迎神,《凝安》 天作高山,屹然中峙。经营厥宇,万亿咸遂。火熙土王,爰举时祀。绳绳宣延,仿佛来止。

初献盥洗、升降,《同安》 思来感格,肃雍不忘。礼仪既备,济济跄跄。洁蠲致敬,往荐其芳。交若有承,神兮孔飨。

奠玉币,《明安》 练日有望,高灵来下。何以告诚?心惟物假。有筐斯实。有宝斯籍。于以奠之,神光烛夜。

中岳位酌献,《成安》 与天齐极,伊嵩之高。显灵效异,神休孔昭。饬我祀事,实俎鸾肯。以侑旨酒,其馨有椒。

中镇位 禹画九州,河内曰冀。霍山崇崇,作镇积势。我祀如何?百末旨味。承神燕娭,诸神毕至。

亚、终献,酌献 礼乐既成,肃容有常。奄留消摇,申毕重觞。仰胪所求,降福滂洋。师象山则,以况皇章。

送神 曲同迎神 虡至旦兮,灵亦有喜。塞欲骧兮,象舆已轪。粥音送兮,灵聿归矣。长无极兮,锡我以祉。

西方迎神,《凝安》 有岌斯安,有涵斯洽。聿相厥成,允祀是答。爰饬乃奏,乃奏既协。于昭降止,是遵是接。

初献盥洗、升降,《同安》 麋实不新,麋陈不濯。人之弗蠲,矧敢将酌。载睎之悦,载濡之勺。洗仪告备,陟降时若。

奠玉币,《明安》 彼林有庪,彼泽有沈。猗与西望,弗菲弗淫。乃追斯邸,乃幎斯寻。卬礼既卒,是用是歆。

西岳位酌献,《成安》 屹削厥方,风云斯所。阴邑有宫,伈伈俁俁。清酤在尊,灵眷在下。于俎献兮,则莫我吐。

西镇位 维吴崇崇,于汧之西。瞻彼有陇,赫赫不迷。克禋于岳,我酌俶齐。于凡有旅,视公维跻。

西海位 奄浸坤轴,滋殖其涉。而典斯稽,有陞有墉。弗替时举，元郓斯酹。胡先于河？实委之会。

西渎位　自彼崑虚，于以潜流。念兹诞润，岂侯不犹。在昔中府，暨海事修。迄既望止，神保先酳。

亚、终献　肃肃其义，既旨既溢。迨其毕酌，偏兹博硕。祀事既遂，不敢谇射。神或醉止，我心斯怿。

送神　曲同迎神　乃羞既彻，乃奏及阕。无馂斯俎，式听致谒。不蹇不蹶，不沸不决。厉魃其祛，永庇有截。

北方迎神，《凝安》　我土绵绵，孰匪疆理。惟时幽都，匪曰谕只。涤哉艮月，朔风其同！曷阻曷深，其亦来降。

初献盥洗、升降，《同安》　寿宫辉煌，事修时祀。缤其临矣，吉蠲以俟。居乎昂昂，行乎遂遂。敬尔攸司，展采错事。

奠玉币，《明安》　相予阴威，厥功浩浩。一岁之功，何以为报？府有珪币，我其敢私！肃肃升怀，于以将之。

北岳位酌献，《成安》　瞻彼芒芒，曰北之常。既高既厚，乃纪乃纲。荐鬯伊始，灵示孔将。玄服铁驾，览此下方。

北镇　赫赫作镇，幽、朔之垂。兼福我民，食哉具宜。克配彼岳，有严等衰。蠲我灌礼，其敢不祗！

北海位　八裔皆水，此一会同。沄沄天墟，洞荡洪濛。至哉维坎，不有斯功！所秩伊何？黄流在中。

北渎位　水星之精，播液发灵。不胁于河，既介以清。翼翼盥荐，椒糈芬馨。载止载留，爰弭翠旌。

亚、终献　俎豆纷披，金石繁会。侑以贰尊，匪渎匪怠。我仪既周，我心孔戒。憺兮容与，仿佛如在。

送神　曲同迎神　灵既醉饱，礼斯彻兮。灵亦乐康，乐斯阕兮。云征飚举，不可尼兮。荐福锡祉，曷有极兮！

淳祐祭海神十六首

迎神，《延安》

宫一曲　堪舆之间，最巨惟瀛。包乾括坤，吐日滔星。祀典载新，礼乐孔明。鉴吾嘉赖，来燕来宁。

角一曲　四溟广矣，八纮是纪。我宅东南，回复万里。洪涛飚风，安危所倚。祀事特隆，神其戾止！

徵一曲　若稽有唐，克致崇极。祝号既升，爰增祭式。从享于郊，神斯受职。我祀肇新，式祈阴骘。

羽一曲　猗与祀礼，四海会同！灵之来沛，鞭霆驭风。朌蚃仿佛，在位肃雍。佑我烝民，式徹神功。

升降，《钦安》　灵之来至，垂庆阴阴。灵之已坐，伤兹五音。坛殿事严，陟降孔钦。灵宜安留，鉴我德心。

东海位奠玉币，《德安》　百川所归，天地之左。颒洞鸿濛，功高善下。行都攸依，百禄是荷。制币嘉玉，以侑以妥。

南海位奠玉币，《瀛安》　祝融之位，贵乎三神。吞纳江、汉，广大无垠。长为委输，祐我黎民。敬陈明享，允鉴恭勤。

西海位奠玉币，《润安》　蒲菖之泽，派引天潢。羲娥出入，浩渺微茫。盖高斯覆，犹隔封疆。我思六合，肇正吉昌。

北海位奠玉币，《瀚安》　瀚海重润，地纪亦归。吞受百渎，限制北陲。一视同仁，我心则怡。嘉荐玉币，神其格思。

捧俎，《丰安》　昭格灵贶，祀典肇升。牲牷告充，雕俎是承。荐虔效物，省德惟馨。灵其有喜，万宇肃澄。

东海位奠酌献，《熙安》　沧溟之德，东南具依。鳌波出素，国计攸资。石臼却敌，济我王师。神其享锡，益畀燕绥。

南海位酌献，《贵安》　南溟浮天，旁通百蛮。风樯迅疾，琛舶来还。民商永赖，坐消寇奸。荐兹嘉觞，弭矣惊澜。

西海位酌献，《类安》　积流疏派，被于流沙。布润施泽，功均迩遐。我秩祀典，四海一家。祇荐令芳，灵其享嘉！

北海位酌献，《溥安》　倏忽会同，裴回安留。牲肥酒香，晨事聿修。惟德之凉，曷奄九州？帝命是祗，多福自求。

亚、终献，《飨安》　笾豆有楚，贰觞斯旅。神其醉饱，式燕以序。百灵祕怪，蜿蜒飞舞。锡我祺祥，有永终古。

送神，《成安》　告灵飨矣，锡我嘉祚。乾端坤倪，开豁呈露。玄云聿收，群龙咸驾。减除凶灾，六幕清豫。

绍兴祀大火十二首

降神，《高安》

圜钟为宫　五纬相天，各率其职。司礼与视，则维荧惑。至阳之精，届我长嬴。于以求之，祀事孔明。

黄钟为角　有出有藏，伏见靡常。相我国家，鉴观四方。视罔不正，终然允臧。神其来格，明德馨香。

太簇为徵　小大率礼，不愆于仪。展采错事，秩祀孔时。维今之故，阅我敦度。修厥典常，神其来顾！

姑洗为羽　于赫我宋，以火德王。永永丕图，繄神之相。神之来矣，维其时矣。礼备乐奏，神其知矣。

升殿，《正安》　有俨其容，有洁其衷。屹屹崇坛，伊神与通。神肯降格，嘉神之休。虔恭降登，神乎安留。

荧惑位奠玉币，《嘉安》　馨香接神，朌蚃恍惚。求神以诚，荐诚以物。有藉斯玉，有筐斯币。是用荐陈，昭兹精意。

商丘宣明王位奠币，《嘉安》　荧惑在天，惟火与合。繄神主火，纯一不杂。作配荧惑，祀功则然。不腆之币，于以告虔。

捧俎，《丰安》　火遵其令，无物不长。视此牲牢，务得其养。蒸以祀神，有脂其肥。非神之宜，其将曷归？

荧惑位酌献，《祐安》　皇念有神，介我戬谷。登时休明，有此美禄。酌言献之，有秘其香。神兮燕娱，醉此嘉觞。

宣明王位酌献，《祐安》　谁其祀神？知神嗜好。阏伯祀火，为神所劳。眷言配食，既与火俱。于乐旨酒，承神嘉虞。

亚、终献，《文安》　神既贶施，嗜我饮食。申以累献，以承灵亿。神方常羊，咸毕我觞。于再于三，于诚之将。
送神用《理安》 登降上下，奠璧献斝。音送粥粥，礼无违者。已虞至旦，神其将归。顾我国家，遗以繁釐。

出火祀大辰十二首
降神，《高安》
圜钟为宫 烨烨我宋，火德所畀。用火纪时，允惟象类。神以类歆，诚繇类至。有感斯通，孚我阳燧。
黄钟为角 乐音上达，粤惟出虚。火性炎上，亦生于无。我镛我磬，我笙我竽。气同声应，昭哉合符！
太簇为徵 火在六气，独处其两。感生维君，繁辰克相。何以验之？占兹垂象。腾驾苍虬，歆其来飨。
姑洗为羽 星入于戌，与火俱诎。火出于辰，与星俱伸。一伸一诎，孰操纵之？利用出入，民咸用之。
升殿，《正安》 屹彼嘉坛，赤伏始届。焌光耀明，洋乎如在。俯仰重《离》，默与精会。随我降升，肃听环珮。
大辰位奠玉币，《嘉安》 维莫之春，五阳发舒。日之夕矣，三星在隅。莫量匪币，莫嘉匪玉。明荐孔时，神光下瞩。
商丘宣明王奠币，《嘉安》 二七储神，与天地并。孰俪厥德？聿惟南正。功梲陶唐，泽流亿姓。作配严禋，赟列惟称。
捧俎，《丰安》 有严在涤，陈彼牲牢。孔硕其俎，荐此血毛。厥初生民，饮茹则然。以燔以炙，伊谁云先？
大辰位酌献，《祐安》 孰为大辰？维北有斗。曾是彗星，斯名孔有。幽荣投功，洁齐敢后。容与嘉觞，式歆旨酒。
宣明王位酌献，《祐安》 厉设司爟，虽列夏官。仍袭孔易，阏伯实难。相彼商丘，永怀初造。不腆桂椒，匪以为报。
亚、终献，《文安》 潜之伏矣，柞楀既休。有俶其来，榆柳为求。灵驾纷羽，尚其安留。饮我三爵，言言油油。
送神，《理安》 五运惟火，实宗众阳。宿壮用明，千载愈光。神保聿归，安处火房。郁攸不作，炎图永昌。

纳火祀大辰十二首
降神，《高安》
圜钟为宫 赫赫皇图，炎炎火德。侈神之赐，奄有方国。粢盛既丰，俎豆有恧。于万斯年，报祀无敢。
黄钟为角 火星之躔，有烨其光。表于辰位，伏于戌方。时和岁稔，仁显用藏。告尔万民，出纳有常。
太簇为徵 季秋之月，律中无射。农事备收，火功告毕。克禋克祀，有严有翼。风马云车，尚其来格！
姑洗为羽 明明我后，重祭钦祠。有司肃事，式荐晨仪。礼惟其称，物惟其时。神之听之，福禄来为。
升殿，《正安》 猗与明坛，右平左墄！冕服斯皇，玉珮有节。陟降惟寅，匪徐匪疾。式崇大祀，礼文咸秩。
大辰位奠玉币，《嘉安》 金行序晚，玉露晨清。齐戒丰洁，肃恭神明。嘉币惟量，嘉玉惟精。于以奠之，庶

几来听。
商丘宣明王位奠币，《嘉安》 恭惟火正，自陶唐氏。邑于商丘，配食辰祀。有功在民，有德在位。敢替典常。惟恭奉币。
捧俎，《丰安》 万汇攸成，四方宁谧。工祝致告，普存民力。乃荐斯牲，为俎孔硕。介以繁祉，式和民则。
大辰位酌献，《祐安》 庶功备矣，休德昭明。天地酿和，郁邑斯清。玉瓒以酌，瑶觞载盈。周流常羊，来燕来宁。
宣明王位酌献，《祐安》 广大建祀，式崇其配。馨香在兹，清酒既载。穆穆在晖，洋洋如在。聿怀嘉庆，繁神之赉。
亚、终献，《文安》 币玉肃陈，笙簧具举。桂醑浮觞。琼羞溢俎。礼有三献，式和且序。神具醉止，庆流寰宇。
送神，《理安》 神灵降鉴，天地回旋。惟馨荐矣，既醉歆焉。诸宰斯彻，式礼莫愆。赉祉降祥，天子万年。

卷一百三十七

志第九十

乐十二 乐章六

**祭太社太稷　祭风雨雷师　祭先农先蚕
亲耕藉田　蜡祭　释奠文宣王武成王
祭祚德庙　祭司中司命**

景德祭社稷三首
降神，《静安》 百谷蕃滋，丽乎下土。聿崇明祀，垂之千古。育物惟茂，粒民斯普。报本攸宜，国章咸睹。
奠玉币酌献，《嘉安》 于穆大祀，功利相宣。灵坛美报，历代昭然。介以蕃祉，祚以丰年。土爰稼穑，允协民天。
送神，《静安》 制币牺齐，正辞无愧。乐以送之，毕其精意。

景祐祀社稷三首
迎神，《宁安》 五纪之本，百货何极？道著开辟，惠周动植。国崇美谷，民资力穑。奠献惟寅，神灵来格。
初献升降，《正安》；太社、后土、太稷、后稷奠玉币，并《嘉安》；奉俎，《丰安》。 同前
亚、终献，《文安》；送神，《宁安》 神之来兮，降兹下土。神之去兮，杳无处所。坛壝肃然，瘗币彻俎。乃粒之功，冠于万古。
奉俎，《丰安》 神州地祇、皇地祇与社稷通用。礼崇明禋，维馨斯酒。洁粢丰盛，杀时犉牡。齐庄严祇，升燎于橜。其报伊何？如山如阜。

大观祀社稷九首
迎神，《宁安》

黄钟二奏　惟土之尊，民食资焉。阴祀昭格，牲牢腥膻。有功于民，告其吉蠲。神之来享，云车翩翩。
　　太簇角二奏　惟谷之神，函育无穷。百嘉蕃殖，民依厥功。严饬坛壝，威仪肃雍。神之来享，祈于登丰。
　　姑洗徵二奏　猗欤那欤，生养斯民！家给人足，时底熙纯。祗严明禋，于荐苾芬。粢盛丰洁，神乃有闻。
　　南吕羽二奏　笾豆斯陈，三牲告幽。报本之礼，答神之休。来歆芬香，丰登于秋。仓箱千万，治符成周。
　　初献升降，《正安》　崇崇广坛，严恭祀事。威仪孔时，周旋进止。锵若环佩，诚通于幽。相于农植，邦其咸休。
　　奠币，《嘉安》　于嘻阴祀，封土惟崇。于时之吉，歆予鼓钟。柔静化光，人赖其功。陈兹量币，百货是隆。
　　酌献，《嘉安》　坤元生物，功利相宜。蠲兹祀事，美报致虔。清酤芬如，灵坛岿然。酌尊奠觞，神其格焉！
　　亚、终献，《文安》　荐嘉宣时，洋洋来格。载登兹坛，齐明维敕。神用居歆，顺成农穑。其崇若埤，其比若梐。
　　送神，《宁安》　尊罍芬香，威仪肃雍。灵心嘉止，洋洋交通。神归降禧，年斯屡丰。仓箱千万，慰予三农。
　　　绍兴祀太社太稷十七首
　　迎神用《宁安》
　　函钟为宫　春社用。　五祀之本，社稷有严。芟柞伊始，夫敢不虔。吉日惟戊，式荐豆笾。神其来格，用介有年！
　　函钟为宫　秋社、腊用。　功烈在民，诞受露雨。《良耙》既歌，乃扬峻舞。是奉是尊，厚礼斯举。相其丰年，多稌多黍。
　　太簇为角　是尊是奉，兹率旧章。乐音纯绎，荐溢圆方。情文备矣，神其迪尝！永观锡羡，多稼穰穰。
　　姑洗为徵　谷资土养，民赖谷生。功力之博，莫之与京。式严祠坛，因物荐诚。礼具乐奏，惟神顾歆。
　　南吕为羽　国主社稷，时礼有常。肃若旧典，报本不忘。粢盛丰洁，歌吟青黄。尊神倏来，百物宾将。
　　盥洗，《正安》　祭重齐肃，神格专精。沃洗于阼，涓洁著诚。清明鬯矣，熙事备成。以似以续，如坻如京。
　　升坛，《正安》　神地之道，粒食有先。岁谨祈报，礼严豆笾。降登祼荐，罔或不虔。以似以续，宜屡丰年。
　　太社位奠玉币，《嘉安》春秋太稷、土正、后稷通用。　土发而祭，农祥是祈。笾豆加笄，典礼有彝。惟兹珪币，用告肃祗。神灵降鉴，锡我繁釐。
　　太社位奠玉币，《嘉安》秋腊太稷、土正、后稷通用。　赫赫媪神，稼穑是司。方是藉敛，报本攸宜。嘉坛建祀，玉帛陈仪。明灵昭格，以介蕃釐。
　　还位，《正安》　国主太祀，地道聿神。稷司百谷，利毓惟均。练日新吉，粢盛苾芬。神燕娭矣，福此下民。
　　捧俎，《丰安》　嘉承天和，黍稷翼翼。默相农功，繄神之德。俎实牺牲，旧章是式。嗣有丰年，我瘐维亿。
　　太社位酌献，《嘉安》春社太稷、土正、后稷通用。　封土崇祀，有烈在民。千载不昧，福此人群。洗爵莫斝，有酒其芬。神具醉止，恺乐欣欣。
　　太社位酌献，《嘉安》秋社腊太稷、正土、后稷通用。　叶气嘉生，年谷顺成。万亿及秭，如坻如京。奉时犉牡，告于神明。歌此《良耙》，于昭德馨。
　　亚、终献，《文安》　风雨时若，自天降康。稼穑滋殖，自神发祥。谷我妇子，丰年穰穰。报本严祀，齐明允臧。
　　彻豆，《娭安》　报本之礼，载于甲令。灵坛昭告，神既来听。彻彼豆笾，精诚斯馨。实惟丰年，农夫之庆。
　　送神，《宁安》　乃粒烝民，功昭万古。国有常祀，荐献式叙。肃肃雍雍，旧章咸举。神保聿归，介我稷黍。
　　望瘗，《正安》　地载万物，民资乃功。报本称祀，太稷攸同。礼乐既备，讫埋愈恭。神其降嘏，时和岁丰。

　　　熙宁祭风师五首
　　迎神，《欣安》　飘飙而来，浙沥而下。爰张其旂，爰整其驾。有豆有登，有兆有坛。弭旌枑轓，降止且安。
　　升降，《钦安》　盥悦于下，有盘有匜。馈酌于上，有登有彝。服容柔止，进退优止。即事寅恭，神其休止。
　　奠币，《容安》　育我嘉生，神惠是仰。载致斯币，庶几用享。鼓之舞之，式繄尔神。锡福无疆，佑此下民。
　　亚、终献，《雍安》　栗栗坛坫，载是豆觞。醇烈氤氲，普荐芬芳。酌之维宜，献之维时。民有报侑，灵用安之。
　　送神，《欣安》　奠献纷纷，灵心欣欣。超然而返，众御如云。其旋伊何？多黍多稌。其祥伊何？不愆厥叙。

　　　大观祭风师六首
　　降神，《欣安》　羽旗云车，飘飙自天。猗欤南箕，歆嘉升烟。牲气粢盛，俎笾铺筵。维神戾止，从空冷然。
　　初献升降，《钦安》　明昭惟馨，威仪孔时。锵锵鸣佩，钦荐牲牺。惟恭惟祗，无愆无违。周旋中礼，肃恭委蛇。
　　奠币，《容安》　吹嘘于嘂，披拂氤氲。众窍咸作，潜运化钧。恩大功丰，酬神维恭。嘉赠盈箱，于物有容。
　　酌献，《雍安》　牺尊斯陈，清酤盈中。芬芬苾苾，馨香交通。明灵来思，歆我精衷。维千万祀，品物芃芃。
　　亚、终献，《雍安》　清酤洋洋，虔恭注兹。条鬯敷宜，神用歆之。尊罍静嘉，金奏谐熙。于皇肆祀，休我群黎。
　　送神，《欣安》　窈冥无穷，肸蚃斯融。来终嘉荐，归返遥空。惟神之归，欣安导和。惟神之泽，于彼滂沱。

　　　雨师五首
　　迎神，《欣安》　神之无象，亦可思索。维云阴阴，维风莫莫。降止坛宇，来顾芳馨。侑以鼓歌，荐此明诚。
　　升降，《钦安》　佩玉璆如，黼黻襜如。承神不懈，讫获嘉虞。圣皇命祀，臣敢弗恭。凡尔在位，翼翼雍雍。
　　奠币，《容安》　崇崇坛阶，灵既降止。有严执奠，承祀兹始。明灵在天，式顾庶察。泽润以时，永拂荒札。
　　酌献，亚、终献，《雍安》　寅恭我神，惟上之使。俾成康年，民繄休祉。折俎既登，牺酒既盈。匪荐是专，配以明诚。

送神，《欣安》　牲俎告彻，嘉乐休成。卒事有严，燕虞高灵。蕃我民人，育我稷黍。万有千祀，承神之祜。

绍兴祭风师六首

迎神，《欣安》　夫物絪缊，神气挠之。谁欤其司？维南之箕。俶哉明庶，我祀维时！我心孔劳，神其下来！

初献升降、盥洗，《钦安》　神哉沛矣，厥灵载扬！扬灵如何？剡剡皇皇。我其承之，绳绳齐庄。往从郁人，爰侠斯芳。

奠币，《容安》　物之流形，甚畏瘥疠。八风平矣，嘉生以遂。丝缕之积，有量斯币。惟本之报，匪物之贵。

酌献，《雍安》　我求于神，无臭无声。神之燕享，惟时专精。大磬在列，椒燎在庭。侑我桂酒，娱其以听。

亚、终献　礼有三祀，仪物视帝。神临消摇，畴敢跛倚！重觞载申，百味孔旨。神兮乐康，答我以祉。

送神　曲同迎神。　荃其止乎？褐褐其容。奄横四海，蹇莫之穷。时不骤得，礼焉有终。荃其行乎？余心懰忉。

雨师雷神七首

迎神，《欣安》　众万之托，动之润之。昭格孔时，维神之依。冷然后先，肆我肯顾。是耶非耶？纷其来下。

初献盥洗、升降，《钦安》　言言祠宫，爰考我礼。维西有罍，维东有洗。爰洁爰涤，载荐其醴。神在何斯？匪远具迩。

奠币，《容安》　需兮隐兮，曀其阴威。相我有终，胡宁不知！我币有陈，我邸斯珪。岂维有陈，于以奠之。

雨师位酌献，《雍安》　山川出云，裔裔而缕。载霆载濛，其德乃溥。自古有年，胡然莫祖！无简我觞，无息我俎。

雷神位酌献　曲同雨师。　瞻彼南山，有虺其出。维蛰之奋，维疠之息。眷焉顾飧，在夏之日。觞豆匪报，皇忍忘德。

亚、终献　曲同初献。　作解之德，形声一兮。爰展献侑，酌则三兮。我兴有假，云胡有私！下土是冒，庶其远而。

送神　曲同迎神。　阴旄载旋，鼓车其鞭。问神安归？冥然而天。皇有正命，祀事孔蠲。其临其归，亿万斯年。

雍熙享先农六首　余同祈谷。

降神，《静安》　先农播种，九谷务滋。灵坛致享，《良耜》陈仪。吉日惟亥，运属纯熙。乐之作矣，神其格思。

奠玉币，《敷安》　亲耕展祀，明灵来格。九有骏奔，百司庇职。献奠肃肃，登降翼翼。祈彼丰穰，福流万国。

奉俎，《丰安》　肃陈《韶》舞，祗荐牺牲。乃逆黄道，以率躬耕。

亚献，《正安》　祀惟古典，食乃民天。歆兹洁祀，以应祈年。

终献，《正安》　式陈芳荐，爰致虔诚。神其降鉴，永福黎甿。

送神，《静安》　明禋绀坛，灵风肃然。登歌已阕，神驭将旋。道光帝籍，礼备公田。鉴兹躬稼，永赐丰年。

明道亲享先农十首

迎神，《静安》　稼政之本，民食惟天。《甫田》兆岁，后稷其先。灵坛既祀，黛耜攸虔。乃圣能享，亿万斯年。

皇帝升降，《隆安》　冕服在御，坛壝有仪。陟降左右，天惟显思。

奠玉币，《嘉安》　将躬黛耜，先陟灵坛。嘉玉量币，乐举礼殚。神既至止，福亦和安。干斯积咏，万国多欢。

奉俎，《丰安》　将迎景福，乃荐嘉牲。籍于千亩，用此精诚。

皇帝初献，《禧安》　云罍已实，玉爵有舟。荐于灵籍，亿乃神休。

饮福，《禧安》　神既至享，福亦来酬。申锡纯嘏，旨酒维柔。思文后稷，贻我来牟。子孙千亿，丕荷天休。

退文舞、进武舞，《正安》　羽葆有奕，文武交相。周旋合度，福禄无疆。

亚献，《正安》　豆笾虽荐，黍稷非馨。惠我丰岁，歆兹至诚。

终献，《正安》　歆我嘉荐，锡我蕃禧。多黍多稌，如京如坻。

送神，《静安》　献终豆彻，礼备乐成。祠容肃肃，风驭冥冥。三时务本，一拨躬耕。人祇胥悦，祉福是膺。

景祐享先农五首

迎神，《凝安》　在昔神农，首兹播殖。无有污莱，尽为稼穑。乃粒斯民，实惟帝力。嘉荐令芳，亿瞻来格。

升降，《同安》　居德之厚，厥祀攸陈。土膏初脉，农事先春。铿然金奏，俨若华绅。陟降于阼，福禄惟神。

奠币，《明安》　农为政本，食乃民天。苾芬明祀，薰荐良田。陈兹量币，望彼丰年。茂介福祉，来歆吉蠲。

酌献，《成安》　农祥晨正，平秩东作。倬彼大田，庤乃钱鎛。酒醴盈尊，金璆合乐。期兹万年，充于六幕。

送神，《凝安》　务穑之本，恤祀惟馨。神斯至止，降福攸宁。崇兹稼政，合于礼经。俎彻乐阕，邈仰回灵。

先蚕六首

迎神，《明安》　生民之朔，衣皮而群。惟圣有作，被冒以文。礼乐以成，贵贱以分。欲报之德，金石谐均。

升降，《翊安》　掩抑笙箫，铿铋金石。神来宴娭，嘉我休德。奉祀之臣，洗心翊翊。锡兹福禧，以惠四国。

奠币，《娭安》　皇天降物，屡化若神。圣实先识，躬以教民。功被天下，为万世文。币以达志，庶几彻闻。

酌献，《美安》　复哉圣神，成功微妙！乃衮乃裳，以供郊庙。百末旨酒，嘉觞自烟。灵徕宴飨，不□颇以笑。

亚、终献，《惠安》　神之徕，驾跄跄。紫坛熙，烛夜光。会竽瑟，鸣球琅。荐旨酒，杂兰芳。佑明德，赐百祥。

送神，《祥安》　神之功兮，四海所宗。占五帝兮，莫与比崇。倏往来兮，旌旗容容。恭明祀兮，万世无穷。

绍兴享先农十一首

皇帝入内壝盥洗，《隆安》　大事在祀，齐洁为先。既盥而升，奉以周旋。下观而化，无敢不肃。惟神降格，监厥精虔。

迎神，《静安》　猗欤田祖，粒食之宗！世世仰德，青坛载崇。时惟后稷，躬稼同功。作配并祀，以诏无穷。

神农、后稷位奠币，《嘉安》　制为量币，厚意是将。求之以类，各因其方。于以奠之，精诚允彰。神其享止，惠我无疆。

尚书奉俎，《丰安》　柔毛刚鬣，或剥或烹。为俎孔硕，登荐厥诚。

酌献，《禧安》　蠲涤酸畀，巾帨而升。挹彼注兹，酒醴维清。洋洋在上，享于克诚。神其孚佑，以厚民生。

文舞退、武舞进，《正安》　羽毛干戚，张弛则殊。进旅退旅，匪棘匪舒。

亚献，《正安》　显相祀事，济济锵锵。举斝酌醴，神其允臧。

终献，《正安》　殽核维旅，酒醴维馨。于再于三，礼则有成。

饮福，《禧安》　幽明位异，施报理同。克恭明神，降福乃丰。我膺受之，来燕来崇。岂伊专享，于彼三农。

彻豆，《歆安》　莫重于祭，非礼不成。笾豆有践，尔殽既馨。神具醉止，荐以齐明。赞彻孔时，釐事斯成。

送神，《静安》　神之来止，风驶云翔。神之旋归，有迎有将。歌以送之，磬管锵锵。何以惠民？丰年穰穰。

亲耕藉田七首

皇帝出大次，《乾安》　勤劳稼穑，必躬必亲。为藉千亩，以教导民。帝出乎震，时惟上春。天颜咫尺，望之如云。

亲耕　元辰既择，礼备乐成。洪纆在手，祇饬专精。三推一拨，端冕朱纮。靡辞染履，以示黎甿。

升坛　方坛屹立，陛级而登。玉色下照，临观耦耕。万目咸睹，如日之升。成规成矩，百禄是膺。

公卿耕藉　群公显相，奉事斋庄。率时农夫，举耜载扬。播厥百谷，以佑我皇。多黍多稌，丕应农祥。

群官耕藉　嫛嫛良耜，我田既臧。土膏其动，春日载阳。执事有恪，于此中邦。农夫之庆，栖亩余粮。

降坛　肇新帝藉，率我农人。三推终亩，祇事咸均。陟降孔时，粲然有文。受天之祜，多稼如云。

归大次　教民稼穑，不令而行。进退有度，琚瑀锵鸣。言还烟熅，礼则告成。帝命率育，明德惟馨。

绍兴祀先农摄事七首

迎神，《凝安》　青阳开动，土膏脉起。日练吉亥，为农祈祉。典秩增峻，仪物具美。暐光炀煌，庶几戾止。

初献升殿，《同安》　盥洗同。　率职咸茨，礼容晬然。澡身端意，陟降靡愆。神心嘉虞，享兹洁蠲。敷锡纯佑，屡登丰年。

奠币，《明安》　灵斿载临，见光陈贽。有严筐实，式将纯意。胖蚕既接，礼行有次。神兮安留，歆我禋祀。

神农位酌献，《成安》　耒耜之教，帝实开先。致养垂利，古今民天。嘉荐报本，以祈年。诚格和应，神娭福延。

后稷位酌献，《成安》　有周膺历，实起后稷。相时神功，率由稼穑。振古称祀，先农并食。阜我昌我，时万时亿。

亚、终献，《同安》　旨具百味，酌备三畤。贰觞既毕，礼洽意周。庶几嘉享，格神之幽。相我稼事，锡以有秋。

送神，《凝安》　熙事成兮，始终洁齐。笾豆彻兮，搏节靡垂。灵有嘉兮，降福孔皆。飘然逝兮，我心孔怀。

祀先蚕六首

迎神，《明安》　功被寰宇，儳虫之灵。有神司之，以生以成。典礼有初，祀事讲明。孔盖翠旌，降集于庭。

初献盥洗、升殿，《翊安》　降同。　灵修戾止，诏以毛血。既盥而帨，尊爵蠲洁。金石谐宛，登降有节。宜顾宜享，情文不越。

奠币，《娱安》　化日初长，时当暮春。蚕事方兴，惟后惟嫔。丝纩御冬，残生济人。敢忘报本，筐币是陈。

酌献，《美安》　盛服承祀，出自公桑。衣不羽皮，利及万方。百味旨酒，有飶其香。神其歆止，洋洋在傍。

亚、终献，《惠安》　日吉辰良，礼备乐作。精诚内孚，俎豆交错。升歌清越，侑此三爵。黎民不寒，幽显同乐。

送神，《祥安》　神之来矣，灵风肃然。云胡不留？归旗有翩。乃举旧典，岁以告虔。降福我邦，于万斯年。

景德蜡祭百神三首

降神，《高安》　百物蕃阜，四方顺成。通其八蜡，合乃嘉平。旨酒斯醇，大庖孔盈。万灵来格，威仪以成。

奠玉币酌献，《嘉安》　肃肃灵坛，昭昭上天。洁粢丰盛，以享以虔。百神咸萃，六乐斯县。介兹景福，期于有年。

送神，《高安》　来顾来享，礼成乐备。灵驭翩翩，云行雨施。

熙宁蜡祭十三首

东、西郊降神，《熙安》　天锡康年，四方顺成。乃通蜡祭，索享于明。金石四作，羽旄翠旌。神来宴娭，泽被群生。

升降，《肃安》　惟蜡有祭，报神之功。合聚万物，来享来宗。承诏摄事，不忘肃雍。灵之格思，福禄来崇。

奠币，《钦安》　穰穰丰年，繄侯休德。帅承天和，钦象古则。嘉玉量币，奠容翼翼。灵施暨民，罔有终极。

奉俎，《承安》　礼崇明祀，必先成民。奉牲以告，备腯其均。炮炙芬芬，俎豆莘莘。锡之纯嘏，以佑斯人。

酌献，《怿安》　秩秩礼文，为坛四方。嘉栗旨酒，百神迪尝。敷与万物，既阜既昌。伊乐厥福，传世无疆。

亚、终献，《庆安》　礼文备矣，肃肃无哗。金石谐节，圭璧光华。粢以告丰，醴以告嘉。锡兹福祉，以泽幽遐。

送神，《宣安》　灵之来下，扩景乘光。灵之回御，景龙以骧。鉴我休德，降嘏产祥。大田多稼，以惠无疆。

南、北方迎神，《简安》　美若休德，民和岁丰。稼穑云施，其积如墉。惠我四国，先啬之功。祭之百种，来享来宗。

升降，《穆安》　皇皇灵德，经纬万方。承诏摄事，陟降以庄。高冠峨峨，长佩锵洋。嘉承神贶，令闻不忘。

奠币，《嘉安》　于穆明祀，莫如报功。灵之利泽，惠我无穷。斋以涤志，币以达衷。抚宁四极，永锡登丰。

酌献，《禔安》　英英礼文，既备而全。严严四郊，屹屹紫坛。百末旨酒，其馨若兰。何以畀民？既寿而安。

亚、终献，《曼安》　林林生民，含哺而嬉。教之稼穑，实神之为。图报厚德，万祀无期。以假以享，锡我繁禧。

送神，《成安》　嘉荐芳美，灵来宴娭。旂车结云，若风马驰。既至而喜，锡我蕃禧。嘉承天贶，曼寿无期。

大观蜡祭二首

东郊亚、终献，《庆安》　震乘春阳，仁司生殖。锡我岁丰，襄我民力。谁其尸之？宗子先啬。亿万斯年，怀神罔极。

南郊升降，《穆安》　穆如薰风，敷舒文藻。气蒸消除，丰予黍稻。神之听之，钟鼓咸考。于万斯年，惟皇之报。

绍兴以后蜡祭四十二首

东方百神降神，《熙安》

圜钟为宫　玄冥凌厉，岁事其周。天地闭藏，农且息休。古为蜡礼，伊耆肇修。爰荐柲馨，以迓飈斿。

黄钟为角　惟大明尊，实首三辰。功赫庶物，光被广轮。岁方索享，咸秩群神。灵斿来下，尸此明禋。

太簇为徵　三时不害，四方顺成。酬功报始，以我斋明。《豳》颂土鼓，乐此嘉平。降祥幅员，惠于函生。

姑洗为羽　日昃乎昼，容光必照。腌豕之交，惟人所召。有监在下，视兹升燎。肃若其承，云骈星曜。

初献升降，《肃安》　礼仪告具，心俨容庄。工歌屡奏，声和义章。崇坛陟降，济济跄跄。灵光共仰，嘉荐芬芳。

大明位奠玉币，《钦安》　晨曦未融，天宇澄穆。有虔秉诚，将以币玉。如在左右，罔不祗肃。神兮安留，锡以祉福。

帝神农氏位奠币　曲同大明。　农为政本，食乃民天。神农氏作，民始力田。先啬之配，礼报则然。有币将之，维以告虔。

后稷氏位奠币　曲同大明。　播种之功，时惟后稷。推以配天，莫匪尔极。崇侑清祀，是为司啬。陈币奠将，永祚王国。

奉俎，《承安》　享以精禋，馨非稷黍。工祝致告，孔硕为俎。执事骏奔，绳绳具举。神之嘉虞，介福是与。

大明位酌献，《择安》　肇禋备祀，教民美报。时和岁丰，奉醴以告。惟照临功，等于载煮。酌献云初，明神所劳。

神农位酌献　曲同大明。　惟酒欣欣，惟神冥冥。是顾是享，来燕来宁。耒耜之利，神所肇兴。万世永赖，无斁其承。

后稷位酌献　曲同大明。　释之蒸之，为酒为醴。推本所由，于焉洽礼。周邦开基，邰家是启。献兹嘉觞，拜下首稽。

亚、终献，《庆安》　申以贰觞，百味且旨。礼告三终，神具醉止。旌容骑沓，扬光纷委。降福穰穰，被大丰美。

送神，《宣安》　礼乐既成，神保聿归。言归何所？地纪天维。岂惟屡丰，嗣岁所祈。亿万斯年，神来燕娭。

西方百神降神，《熙安》

圜钟为宫　玄冬肇祀，始于伊耆。岁事聿成，庸答蕃釐。眷言西顾，匪神司之。归功尔神，翩其下来。

黄钟为角　魄生自西，照望太阳。下暨诸神，贶施万方。节适风雨，富我囷箱。共承嘉祀，惟以迪尝。

太簇为徵　神罔小大，莫方兹土。祭列坊墉，礼追猫虎。有功斯民，祀乃其所。非稷馨香，厥福周溥。

姑洗为羽　丰年穰穰，美芳职职。笾豆方圆，其仪孔硕。风马在御，云车载饬。来顾来享，维俟休德。

初献升降，《肃安》　盥献恭庄，燎烟芬酷。载陟载降，礼容可度。钦惟尔神，上下肃肃。成我稷黍，鉴此牲玉。

夜明位奠玉币，《钦安》　穆穆太阴，礼严姊事。璧玉华光，推以裒对。十二周天，岁乃有终。尽我备物，莫报元功。

神农位奠币　曲同夜明。　耒耜肇兴，白神农氏。稼穑滋殖，为农者始。作配明祀，奠以告虔。万世佃渔，帝功卓然。

后稷位奠币　曲同夜明。　明明周祖，惟民之恤。播种为教，下民乃粒。曾是索飨，而匪先公。万物难报，阡陌之功。

奉俎，《承安》　时和岁登，物亡疾瘥。实俎间膏，报神之福。匪神之福，曷成且丰！肥腯咸有，惟神之功！

夜明位酌献，《择安》　除坛西郊，坎其击鼓。百灵至止，结璘作主。柜鬯湛淡，玉斝献酳。是谓嘉德，神其安留。

神农位酌献　曲同夜明。　荡荡鸿明，称秩群祀。配以昔帝，式重农事。洁我圭瓒，黄流在中。灵其鉴兹，腌豕丰融。

后稷位酌献　曲同夜明。　岁十二月，祀有常典。登列司啬，言反其本。酌彼泰尊，百末兰生。承嘉虞，繄此德馨。

亚、终献，《庆安》　歌磬胪骧，肯萧激香。飚御奄留，申以贰觞。相与震澹，告灵其醉。庶几听之，成我熙事。

送神，《宣安》　礼备乐成，澹然将归。其留消摇，象舆已驭。偃骞欲骧，羽毛纷委。忽乘杳冥，遗此福祉。

南方百神迎神，《简安》　维物之精，散乎太空。维索之飨，合聚而同。乃击土鼓，于岁之终。格彼幽矣，腌豕其通。

初献盥洗、升降，《穆安》　有悦其新，有匦其洁。

言念清祀，弗简弗亵。诚意既交，品物斯列。是用告虔。靡神不说。

奠币，《吉安》　百室机杼，衣褐具宜。民以卒岁，神实惠之。言举祀典，答神之釐。有筐斯陈。振古如兹。

神农位酌献，《穆安》　肇降生民，有不粒食。维时神农，乃为先啬。尔耒尔耜，云谁之因。酌以污尊，我思古人。

后稷位酌献，《穆安》　维后之功，配天其大。祀而稷之，万世如在。黄冠野服，骏奔皇皇。自古有年，神其降康。

亚、终献，《曼安》　丰年孔多，百礼以洽。匪极神欢，何以昭答！载酌之酒，用申其勤。神具醉止，与物交欣。

送神，《成安》　卒爵乐阕，礼仪告备。神保聿归，敢以辞致。顺成之方，其蜡乃通。自今以始，八方攸同。

北方百神迎神，《简安》　荡荡闉阓，气清泬寥。仿佛象舆，丽于穹霄。蹇其来下，肃然风飘。神乎安留，于焉消摇。

初献盥洗、升降，《穆安》　齐诚揭虔，敬恭祀事。维俨之容，维洁之器。雍雍乐成，肃肃礼备。神其燕娭，锡祉庶类。

奠币，《吉安》　配位同。　神宅于幽，呦呦沈沈。至和塞明，考我德音。神听静嘉，俨乎若临。币以荐诚，敢有弗钦。

神农氏位酌献，《禔安》　先啬之功，神实称首。以耜以耒，傲载南亩。列籍皇坟，亿世是守。何以为报？爰洁兹酒。

后稷氏位酌献，《禔安》　煌煌后稷，实配于天。司啬作稼，民以有年。匪神之私，岁之醴告。酌彼泰尊，于德之报。

亚、终献，《曼安》　兰生百末，申以贰觛。神具醉止，烂其容光。遗我丰岁，万亿及秭。俾民欢康，以洽百礼。

送神，《成安》　灵之来兮，虬龙沓沓。下土光景，凭陵闿阖。灵之旋兮，羽卫委蛇。偃蹇高骧，遗此蕃釐。

景祐祭文宣王庙六首

迎神，《凝安》　大哉至圣，文教之宗！纪纲王化，丕变民风。常祀有秩，备物有容。神其格思，是仰是崇。

初献升降，《同安》　右文兴化，宪古师今。明祀有典，吉日惟丁。丰牺在俎，雅奏来庭。周旋陟降，福祉是膺。

奠币，《明安》　一王垂法，千古作程。有仪可仰，无德而名。齐以涤志，币以达诚。礼容合度，黍稷非馨。

酌献，《成安》　自天生圣，垂范百王。恪恭明祀，陟降上庠。酌彼醇旨，荐此令芳。三献成礼，率由旧章。

饮福，《绥安》　牺象在前，豆笾在列。以享以荐，既芬既洁。礼成乐备，人和神悦。祭则受福，率遵无越。

兖国公配位酌献，《成安》　哲宗朝增此一曲。　无疆之祀，配侑可宗。事举以类，与享其从。嘉栗旨酒，登荐惟恭。降此遐福，令仪肃雍。

送神，《凝安》　肃肃庠序，祀事惟明。大哉宣父，将圣多能！歆馨腓蒸，回驭凌兢。祭容斯毕，百福是膺。

大观三年释奠六首

迎神，《凝安》　仰之弥高，钻之弥坚。于昭斯文，被于万年。峨峨胶庠，神其来止。思报无穷，敢忘于始。

升降，《同安》　生民以来，道莫如京。温良恭俭，惟神惟明。我洁尊罍，陈兹芹藻。言升言旋，式崇斯教。

奠币，《明安》　于论鼓钟，于兹西雍。粢盛肥硕，有显其容。其容洋洋，咸瞻像设。币以达诚，歆我明洁。

酌献，《成安》　道德渊源，斯文之宗。功名糠粃，素王之风。硕兮斯牲，芬兮斯酒。绥我无疆，与天为久。

配位酌献，《成安》　俨然冠缨，崇然庙庭。百王承祀，涓辰惟丁。于牲于醴，其从予享。与圣为徒，其德不爽。

送神，《凝安》　肃庄绅绶，吉蠲牲牺。于皇明祀，荐登惟时。神之来兮，腓蒸之随。神之去兮，休嘉之贻。

大晟府拟撰释奠十四首

迎神，《凝安》

黄钟为宫　大哉宣圣，道德尊崇！维持王化，斯民是宗。典祀有常，精纯并隆。神其来格，于昭盛容。

大吕为角　生而知之，有教无私。成均之祀，威仪孔时。维兹初丁，洁我盛粢。永适其道，万世之师。

太簇为徵　巍巍堂堂，其道如天。清明之象，应物而然。时维上丁，备物荐诚。维新礼典，乐谐中声。

应钟为羽　圣王生知，阐乃儒规。《诗》、《书》文教，万世昭垂。良日惟丁，灵承不爽。揭此精虔，神其来享。

初献盥洗，《同安》　右文兴化，宪古师经。明祀有典，吉日惟丁。丰牺在俎，雅奏在庭。周旋陟降，福祉是膺。

升殿，《同安》　诞兴斯文，经天纬地。功加于民，实千万世。笙镛和鸣，粢盛丰备。肃肃降登，歆兹秩祀。

奠币，《明安》　自生民来，谁底其盛！惟王神明，度越前圣。粢币具成，礼容斯称。黍稷非馨，惟神之听。

奉俎，《丰安》　道同乎天，人伦之至。有觞无穷，其兴万世。既洁斯牲，粢明醑旨。不懈以忱，神之来暨。

文宣王位酌献，《成安》　大哉圣王，实天生德！作乐以崇，时祀无斁。清酤惟馨，嘉牲孔硕。荐羞神明，庶几昭格。

兖国公位酌献，《成安》　庶几屡空，渊源深矣。亚圣宣猷，百世宜祀。吉蠲斯辰，昭陈尊篚。旨酒欣欣，神其来止。

邹国公位酌献，《成安》　道之由兴，于皇宣圣。惟公之传，人知趋正。与享在堂，情文实称。万年承休，假哉天命。

亚、终献用《文安》　百王宗师，生民物轨。瞻之洋洋，神其宁止。酌彼金罍，惟清且旨。登献惟三，于嘻成礼。

彻豆，《娱安》　牺象在前，豆笾在列。以飨以荐，既芬既洁。礼成乐备，人和神悦。祭则受福，率遵无越。

送神，《凝安》 有严学宫，四方来宗。恪恭祀事，威仪雍雍。歆兹惟馨，飚驭旋复。明禋斯毕，咸膺百福。

景祐释奠武成王六首

迎神，《凝安》 维师尚父，四履分封。灵神峻密，祀事寅恭。萧芗祗荐，飚驭排空。如几如式，福禄来崇。

太尉升降，《同安》 上公摄事，衮服斯皇。礼容济济，佩响锵锵。灵斿惚恍，嘉荐令芳。神具醉止，降福穰穰。

奠币，《明安》 四岳之裔，凉彼武王。发扬蹈厉，周室用昌。追封庙食，简册增芳。升币以奠，磬管锵锵。

酌献，《成安》 猎渭之阳，理冥嘉应。非龙非虎，聿求元圣。平易近民，五月报政。祀典之崇，于斯为盛。

饮福，《绥安》 神机经武，隆周之宇。表海分封，迈燕超鲁。耽耽庙貌，俎豆有序。荐福邦家，维师尚父。

送神，《凝安》 圣朝稽古，崇兹武经。礼交乐举，于神之庭。嘉栗旨酒，既飨芳馨。永严列象，剑舄簪缨。

熙宁祀武成王一首

初献升降，《同安》 武德洸洸，日靖四方。百王所祀，休有烈光。命官摄事，佩玉锵锵。思皇多祜，以惠无疆。

大观祀武成王一首

酌献，《成安》 凉彼周王，君臣相遇。终谋其成，诸侯来许。洋洋神灵，尊载酒醑。新声为侑，笙箫备举。

绍兴释奠武成王七首

迎神，《凝安》，姑洗为宫 于赫烈武，光昭古今。载严祀事，敕备惟钦。既洁其牲，既谐其音。神之格思，来顾来歆。

初献升殿，《同安》 肃肃庙中，有严阶墄。匪棘匪徐，进退可则。冕服是仪，环珮有节。神之鉴观，率履不越。

奠币，《明安》 祀率旧典，礼崇骏功。齐明衷正，脺虤丰融。量币肃备，周旋鞠躬。神其昭受，幽赞无穷。

正位酌献，《成安》 赫赫尚父，时维鹰扬。神潜韬略，襟抱帝王。谈笑致主，竹帛流芳。国有严祀，载稽典常。

留侯位酌献 眷彼留侯，奇筹赞汉。依乘风云，勒成功旦。克配明禋，仪刑有焕。英气如生，来格来衎。

亚、终献，《正安》 道助文德，言为世师。功名不泯，祀事无遗。旨酒惟馨，具醉在兹。有嘉累献，神其燕娭。

送神 日惟上戊，神顾精纯。礼备三献，乐成七均。奄留洋洋，流福无垠。言还恍惚，空想如存。

绍兴祀祚德庙八首

迎神，《凝安》，姑洗为宫 匿孤立后，惟义惟忠。昔者神考，追录乃功。祀典载加，进爵锡公。神兮降格，尚鉴褒崇。

初献升降，《同安》 庙宇更新，轮奂丰敞。神灵如在，英姿飒爽。执事进趋，降升俯仰。威仪翼翼，虔祈歆飨。

奠币，《明安》 牲荐硕大，币致精纯。聿升祀事，兹用兼陈。箱篚既实，奠献惟寅。飨我至意，福禄来成。

彊济公位酌献，《成安》 以身托孤，实惟死友。抚妪长之，若父若母。潜授于韩，克兴厥后。崇庙以献，德侈报厚。

英略公位酌献，《成安》 立孤固难，死亦匪易。义轻一身，开先赵嗣。肃穆庙貌，烈有余气。式旋嘉荐，昭哉祀事！

启佑公位酌献，《成安》 于皇时宋，永祚有基。始緊覆护，扶而立之。敢忘昭答，牲分酒醯。灵其燕飨，益相本支。

亚、终献用《正安》 呦呦灵宇，神安且翔。三哲鼎峙，中荐嘉觞。凛若义气，千载弥光。猗其祐之，锡羡无疆。

送神，《凝安》 礼乐云备，毕觞尔神。翊翊音送，軑舆若闻。驾言归兮，灵斿结云。祚我千亿，介福来臻。

司中司命五首

迎神，《欣安》 冠峨峨兮，服章蕤蕤。灵来下兮，进止委蛇。我涓我坛，我洁我俎。降舆却旌，于兹享御。

升降，《钦安》 绅绶舒舒，佩环铿铿。陟降上下，坛燎光明。有盥于罍，有帨于巾。不吴不敖，庶以安神。

奠币，《容安》 我诚既洁，我豆既丰。神来降期，有俨其容。荐此嘉币，肃肃雍雍。何以侑之？于乐鼓钟。

酌献，《雍安》 酌兹旨酒，既盈且芬。式用来歆，行行熏熏。何以宁神？荐有嘉荙。何以锡民？曰惟丰年。

送神，《欣安》 云兮飘飘，风兮棱棱。飚驭返空，杲日来升。归斾扬扬，众乐锵锵。我神式欢，惠我嘉祥。

五龙六首

迎神，《禧安》 神之智兮，跃汉潜幽。欲豢扰兮，无董与刘。陈金石兮，佐侑牢羞。庶燕享兮，泽应民求。

升降，《雅安》 灵之至兮，逸驾腾骧。嘘云吸气，承祀日光。展诗鸣律，肃庄琳琅。何以膺神？贶惠无疆。

奠币，《文安》 维灵德兮，变化不常。沛天泽兮，周流八荒。奠嘉币兮，肃雍不忘。永佑民兮，锡以丰穰。

酌献，《恺安》 练吉日兮，进神之堂。牲既陈兮，粢盛既香。奠桂酒兮，容与嘉觞。灵安留兮，锡我福祥。

亚、终献，《嘉安》 明明天子，礼文咸秩。郊神之功，横被九域。云施称民，物产滋殖。嘉承惠和，罔有终极。

送神，《登安》 灵之来下，以雨先驱。灵之旋驭，五云结车。操环应夏，发匦瑞虞。真人在御，来献珍符。

卷一百三十八　　志第九十一

乐十三 乐章七

朝会　御楼肆赦　恭上皇帝皇太后尊号上

建隆乾德朝会乐章二十八首

皇帝升坐，《隆安》　天临有赫，上法乾元。铿锵六乐，俨恪千官。皇仪允肃，玉坐居尊。文明在御，礼备诚存。

公卿入门，《正安》　尧天协纪，舜日扬光。涉慎尔止，率由旧章。佩环济济，金石锵锵。威仪炳焕，至德昭彰。

上寿，《禧安》　乾健为君，坤柔曰臣。惟其臣子，克奉君亲。永御皇极，以绥兆民。称觞献寿，山岳嶙峋。

舜《韶》更奏，尧酒浮觞。皇情载怿，洪算无疆。基隆郏鄏，德茂陶唐。山巍日焕，地久天长。

皇帝举酒，第一盏用《白龟》　圣德昭宣，神龟出焉。载白其色，或游于川。名符在沼，瑞应巢莲。登歌丹陛，纪异灵篇。

第二盏，《甘露》　天德冥应，仁泽载濡。其甘如醴，其凝如珠。云表潜结，颢英允敷。降于竹柏，永昭瑞图。

第三盏，《紫芝》　煌煌茂英，不根而生。蒲茸夺色，铜池著名。晨敷表异，三秀分荣。书于瑞典，光我文明。

第四盏，《嘉禾》　嘉彼合颖，致贡升平。异标南亩，瑞应西成。德至于地，皇祇效灵。和同之象，焕发祥经。

第五盏，《玉兔》　盛德好生，网开三面。明视标奇，昌辰乃见。育质雪园，沦精月殿。著于乐章，色含江练。

群臣举酒，《正安》　户牖严丹扆，鹓鸾造紫庭。恳祈南岳寿，势拱北辰星。得士于兹盛，基邦固以宁。诚明一何至，金石与丹青。　簪绂若云屯，晨趋阊阖门。伈伈罗禹会，济济奉尧樽。周礼观明备，天仪仰晬温。高卑陈表著，同拱帝王尊。待漏造王庭，威仪盛莫京。纷纶簪组列，清越佩声平。礼饮终三爵，《韶》音毕九成。永固凫藻乐，千载奉升平。

群臣第一盏毕，作《玄德升闻》　治定资神武，功成显睿文。贡轮庭实旅，朝会羽仪分。偃革千年运，垂衣万乘君。孰知尧、舜力，明德自升闻。　约法皇纲正，崇文宝历昌。道人振木铎，农器铸干将。瑞日含王宇，卿云蔼帝乡。万邦成一统，鸿祚与天长。

六变　宸扆威容盛，声明礼乐宣。九州臻禹会，万国戴尧天。贡职输琛赆，皇猷焕简编。含和均畅茂，鸿庆结非烟。　朝会俨威仪，司常建九旗。舞容分缀兆，文物辨威蕤。运格桃林牧，祥开洛水龟。帝功潜日用，化俗自登熙。　螭阶聊载笔，纪瑞轶唐、虞。丹凤仪金奏，黄龙负宝图。群材薪槭朴，仁政煦蒲卢。荡荡巍巍德，豚鱼信自孚。　接圣宅神都，方来五达区。国贤熙帝载，灵命握乾符。至化当纯被，斯文益诞敷。车书今混一，圣治奉三无。　圣王临大宝，八表凑才贤。经纬文天赋，刚柔德日宣。建邦隆柱石，造物运陶甄。共致升平业，绵长保亿年。　神化妙无方，巍巍迈百王。鹤书搜隐逸，龙陛策贤良。拱揖朝群后，宾筵辟四方。洪图基亿载，淳曜备弥光。

第二盏毕，《天下大定》　皇猷敷八表，武谊肃三边。兰锜韬兵日，灵台偃伯年。奉珍皆述职，削衽尽朝天。功德超前古，音徽播管弦。　伐叛天威震，恢疆帝业多。削平俾肃杀，涵煦阳和。蹈厉观周舞，风云入汉歌。功成推大定，归马偃珂戈。

六变　惕厉日乾乾，潜蟠或跃渊。伐谋参上策，受钺总中坚。田讼归周日，民谣戴舜年。风云自冥感，嘉会翼飞天。　壶关方逆命，投袂起亲征。虎旅聊攻伐，枭巢遽荡平。天威清朔漠，仁泽被黎氓。按节皇舆复，洋洋载颂声。　蠢兹淮海帅，保据毒黎苗。不悟龙兴汉，犹同犬吠尧。六师方雨施，孤垒自冰消。千载逢嘉运，华夷奉圣朝。　上游荆楚要，泽国洞庭深。自识同文世，皆回拱极心。一戎聊杖钺，九土尽输金。大定功成后，薰风入舜琴。　席卷定巴、邛，西遐尽率从。岷、峨难负阻，江、汉自朝宗。述职方舟集，驱车九折通。粲然书国史，冠古耀丰功。　锐旅庆回旋，边防尽晏然。键鐾方偃武，飞将亦韬弦。震曜资平垒，文明协丽天。洸洸成大业，赫奕在青编。

淳化中朝会二十三首

上寿，《和安》　四序伊始，三阳肇开。条风入律，玉琯飞灰。望云肃谒，鸣佩斯来。称觞献寿，瞻拱星回。　一阳应候，万国同文。天正纪节，太史书云。凝旒在御，列叙爱分。寿觞斯荐，祝庆明君。

皇帝初举酒，用《祥麟》　圣皇御宇，仁兽诞彰。在郊旅贡，游時呈祥。星辰是禀，草木无伤。纪异信史，登歌太常。

再举酒，《丹凤》　九苞荐瑞，戴德膺仁。藻翰爱奋，灵音载振。非时不见，有道则臻。降岐匪匹，仪舜为邻。

三举酒，《河清》　沔彼泾渎，澄明鉴如。清应宝运，光涵帝居。洞分沈璧，彻见游鱼。圣祚无极，神休伟与。

四举酒，《白龟》　稽彼灵物，允昭圣皇。浮石可跃，巢莲益光。金方正色，介族殊祥。信书永耀，帝德无疆。

五举酒，《瑞麦》　芄芄嘉麦，擢秀分岐。甘露夕洒，惠风晨吹。良农告瑞，循吏称奇。归美英主，折而贡之。

群臣初举酒毕，作《化成天下》　轩、昊方同德，成、康粗比肩。素风惟普畅，皇道本无偏。阴魄重轮满，阳精五色圆。要荒咸率服，卓越圣功全。　圣德比陶唐，千年祚运昌。茂功虽不宰，鸿业自无疆。极塞咸清谧，齐民益阜康。文明同日月，遐迩仰辉光。

六变　荡荡无私世，巍巍至圣君。山河分国宝，日月耀人文。厌浥凝甘露，轮囷吐庆云。正声兼《大雅》，洋溢应南薰。　鸿范合彝伦，调元四序均。岁功天吏正，御苑物华新。底贡陈方物，来宾列远人。奉常呈九奏，嘉贶动穹旻。　大君隆至化，兴运契千龄。觐礼俄班瑞，夷宾尽实庭。成文调露乐，奉圣拱辰星。舞佾方更进，朝阳上楚萍。　礼乐昭王业，寰区致太平。革车停北狩，云稼屡西成。国有详延诏，乡闻讲诵声。日华融五色，遐迩仰文明。亭障戢干戈，人心浃太和。务农登宝谷，猎俊设云罗。仪凤书良史，祥麟载雅歌。嘉辰资宴喜，星拱弁峨峨。冠古耀鸿徽，深仁及隐微。《二南》、《江汉》咏，九奏凤凰飞。设虡罗钟律，盈庭列舞衣。文明资厚德，怡怿兆民归。

再举酒毕，《威加海内》　革辂征汾、晋，骍城比燎毛。桓桓勋军旅，将将御英豪。神武诚无敌，天威讵可逃。王师宣利泽，需若沃春膏。　振万方明德，疾徐咸可观。铿锵动金奏，蹈厉总朱干。夹进昭威武，申严警宴安。守方推猛士，当用鹖为冠。

六变　宣榭始观兵，桓桓称鼓行。一戎期大定，载缵议徂征。善政从师律，神功冀《武成》。勋载勤誓众，王业自经营。　声教方柔远，瓯、闽礼可招。献图连日际，归国象江潮。抚运重熙盛，提封万里遥。还同有虞氏，文德格三苗。　南暨宣皇化，东吴奉乃神。舞干方耀德，执玉自来宾。巢伯朝丹陛，韩侯觐紫宸。古今归一揆，怀远道弥新。　遗俗绩陶唐，来苏偓圣皇。布昭汤吊伐，恢复汉封疆。金钺申戡剪，朱干示发扬。宜哉七德颂，千载播洋洋。　乃眷尝西顾，偏师暂首征。灵旗方直指，犷俗自亡精。禹叙终驯致，尧封渐化成。不须严尉候，于廓海弥清。　干戚有司传，威容averted凯旋。象成王业盛，役辍武功全。兵寝西郊阅，书惟北阙县。圣神膺景命，卜世万斯年。

景德中朝会一十四首
皇帝升坐，《隆安》　金奏在庭，群后在位。天威煌煌，响明负扆。高拱穆清，弁冕端委。盛德日新，礼容有炜。

公卿入门，《正安》　万邦来同，九宾在位。奉璋荐绅，跄跄庭止。文思安安，威仪棣棣。臣哉邻哉，介尔蕃祉。

上寿，《和安》　天威煌煌，山龙采章。庭实旅百，上公奉觞。拱揖群后，端委垂裳。永锡难老，万寿无疆。

皇帝初举酒，《祥麟》　帝图会昌，二兽效祥。双角共觝，示武不伤。四灵为畜，玄枵耀芒。公族信厚，元元阜康。

再举酒，《丹凤》　矫矫长离，振羽来仪。和音中律，藻翰扬辉。珍符沓至，品物攸宜。至德玄感，受天之祺。

三举酒，《河清》　德水汤汤，发源灵长。皎鉴澄彻，千年效祥。积厚流湿，资生阜昌。朝宗润下，善利无疆。

群臣举酒，《正安》　思皇多士，靖恭著位。鸣玉飞绂，锵锵济济。宴有折俎，以示慈惠。罔敢不祗，福禄来暨。　金奏在庭，有酒斯旨。颙颙卬卬，响明负扆。湛湛露斯，式宴以喜。佩玉蕊兮，罔不由礼。　酒以成礼，乐以侑食。露湛朝阳，星环紫极。涉慎尔容，既饱以德。进退周旋，威仪抑抑。

初举酒毕，《盛德升闻》　八佾具呈，万舞有奕。既以象功，又以观德。进旅退旅，执籥秉翟。至化怀柔，远人来格。　阊阖天开，群后在位。设业设虡，庭燎晣晣。斧扆当阳，虎贲夹陛。舞之蹈之，四隩来暨。

再举酒毕，《天下大定》　武功既成，缀兆有翼。以节八音，以象七德。侯侯蹲蹲，朱干玉戚。发扬蹈厉，其仪不忒。　偃伯灵台，功成作乐。以昭德容，以清戎索。万邦会同，邪匿销铄。尽善尽美，侔彼《韶箾》。

降坐，《隆安》　被衮当阳，穆穆皇皇。击石拊石，颂声扬扬。和乐优洽，终然允臧。礼成而退，荷天百祥。

大中祥符朝会五首
皇帝举酒，《醴泉》　觱沸槛泉，寒流清泚。地不爱宝，其旨如醴。上善至柔，灵休所启。利泽无疆，允资岱礼。

再举酒，《神芝》　彼苗者芝，茂英煌煌。敷秀乔岳，实繁其房。适符修贡，封峦允臧。永言登荐，抑惟旧章。

三举酒，《庆云》　惟帝佑德，卿云发祥。纷纷郁郁，五色成章。奉日逾丽，回风载翔。歌荐郊庙，播厥无疆。

四举酒，《灵鹤》　玄文申锡，嘉term绍至。伟兹胎禽，羽族之异。翻翰来仪，徘徊嘹唳。祚圣储休，韦昭天意。

五举酒，《瑞木》　天生五材，木曰曲直。维帝顺天，厚其生植。连理效祥，成文表德。总萃坤珍，永光祕刻。

熙宁中朝会三首
皇帝初举酒，《庆云》　乾坤顺夷，皇有嘉德。爰施庆云，承日五色。轮囷下乘，万物皆饰。惟天祚休，长彼无极。

再举酒，《嘉禾》　彼美嘉禾，一茎九穗。农畴告祥，史牒书瑞。击壤欢歌，如京委积。留献春种，昭锡善类。

三举酒，《灵芝》　皇仁溥博，品物蕃滋。庆祥回复，秀发神芝。灵华双举，连叶四施。披图按牒，永享纯禧。

元符大朝会三首
皇帝初举酒，《灵芝》　嘉瑞降临，应我皇德。烨烨神芝，不根而植。春秋三秀，昼夜一色。物播诗歌，声被金石。

再举酒，《寿星》　俾彼星象，于昭于天。维南有极，离丙之躔。既明且大，应圣乘乾。诞受景福，亿万斯年。

三举酒，《甘露》　泫泫零露，云英醴溢。和气凝津，流甘委白。怡泛泮林，珠联竹柏。天不爱道，圣功允格。

哲宗传受国宝三首，与大朝会兼用
《永昌》　于穆我王，继序不忘。明昭上帝，上帝是皇。长发其祥，惠我无疆。受命于天，既寿永昌。

《神光》　惟皇上德，伊毂我王。将受厥明，载锡之光。于昭于天，晔晔煌煌。缉熙钦止，其永无疆。

《翔鹤》　彼鸣在阴，亦白其羽。声闻于天，来集斯所。勉勉我王，咸遂厥宇。播于异物，受天多祜。

绍兴朝会十三首
皇帝升坐，《乾安》　钩陈肃列，金奏充庭。颙卬南面，如日之升。垂衣拱手，治无能名。顺履献岁，大安大荣。

公卿入门，《正安》　升降同 。天子当阳，臣工率职。流水朝宗，众星拱极。环佩锵锵，威仪抑抑。上下交欣，同心同德。

上公上寿，《和安》　八音克谐，万舞有奕。上公奉觞，率兹百辟。声效呼嵩，祝圣人寿。亿载万年，天长地皇帝初举酒，《瑞木成文》　厚地效珍，嘉森纪瑞。匪刻匪雕，具文见意。三登太平，允协圣治。《诗雅》咏歌，有光既醉。

再举酒，《沧海澄清》　百谷王，符圣治。不扬波，效殊祉。德沦渊，沧海清。应千秋，叙五行。

三举酒，《瑞粟呈祥》　至治发闻惟馨香，播厥百谷臻穰穰。农夫之庆岁其有，禾易长亩盈仓箱。时和物阜粟滋茂，嘉生骈穗来呈祥。自今以始大丰美，行旅不用赍馕粮。

群臣酒行，《正安》　群公卿士，咸造在庭。式燕以衎，思均露零。穆穆明明，于斯为盛。归美报上，一人有庆。明明天子，万福来同。嘉宾式燕，曷不肃雍。燕以示慈，式礼莫愆。乐胥君子，容止可观。

酒一行，文舞　帝德诞敷，销烁群慝。近悦远来，惟圣时克。玉振金声，治功兴起。《韶濩》象之，尽善尽美。

文物以纪，藻色以明。礼备乐举，遹观厥成。睿知有临，诞敷文德。教雨化风，洽此四国。

酒载行，武舞　用戒不虞，谁能去兵。师出以律，必有名。拆彼遐冲，布昭圣武。和众安民，时惟多助。止戈曰武，惟圣为能。御得其道，无敢不庭。整我六师，稽诸七德。不吴不扬，有严有翼。

皇帝降坐，《乾安》　帝坐荧煌，廷绅肃穆。对扬天休，各恭尔服。颂声洋洋，弥文郁郁。礼备乐成，永膺多福。

建隆御楼三首

南郊回仗，驾至楼前，《采茨》　高烟升太一，明祀达乾坤。天仗回崷崒，皇舆入应门。簪裳如雾集，车骑若云屯。兆庶皆翘首，巍巍万乘尊。

升坐，《隆安》　禋祀毕圆丘，嘉辰庆泽流。天仪临观魏，盛礼蔼风猷。洋溢欢声动，氤氲瑞气浮。上穹垂眷佑，邦国拥鸿休。

降坐，《隆安》　华缨就列，左衽来王。帝仪炳焕，大乐铿锵。礼成屼嶭，言旋未央。一人有庆，万寿无疆。

咸平御楼四首

《采茨》　礼成于郊，迎日之至。时乘六龙，天旋象魏。端门九重，虎贲万骑。四夷来王，群后辑瑞。

索扇，《隆安》　应门有翼，羽卫斯陈。山龙衮冕，律度声身。峨峨奉璋，肃肃九宾。清明在躬，志气如神。

升坐，《隆安》　圜丘类上帝，六变降天神。禋燔礼云毕，仗卫肃以陈。天颜瞻咫尺，王泽熙阳春。玉帛臻禹会，动植沾尧仁。

降坐，《隆安》　肆眚云毕，淳熙溥将。雷雨丽泽，云物效祥。礼容济济，天威皇皇。大赉四海，富寿无疆。

咸平籍田回仗御楼二首

《采茨》　农皇既祀，礼毕躬耕。商辂旋轸，周颂腾声。观魏将陟，服御爰更。舆人瞻仰，如日之明。

升坐，《隆安》　应门斯御，雉扇爰开。人瞻日月，泽动云雷。同风三代，均禧九垓。欢心允洽，时咏康哉。

乾兴御楼二首

升坐，《隆安》　夹钟纪月，初吉在辰。眚灾流庆，布德推仁。采章震耀，典礼具陈。茂昭丕贶，永庇斯民。

降坐，《隆安》　皇衢赫敞，黼坐穹崇。华缨在列，严令发中。王制钜丽，宝瑞丰融。均禧绵宇，万寿无穷。

绍兴登门肆赦二首

升坐，《乾安》　拜况于郊，皇哉唐哉! 熙事休成，六骈鼎来。天阊以决，地垠以开。陨祉发祥，如登春台。

降坐，《乾安》　鸿需普洽，言归端门。荡荡巍巍，旋乾转坤。穆然宣室，储思垂恩。于万斯年，敷锡群元。

宁宗登门肆赦二首

升坐，《乾安》　帝飨于郊，荷天之休。五福敷锡，皇明烛幽。云行雨施，仁翔德游。圣人多男，歌颂九州。

降坐，《乾安》　天日清晏，朝野靖安。三灵答祉，万国腾欢。帝命不违，王业艰难。天子万年，永迪监观。

皇帝上尊号一首

册宝入门，《正安》　于穆元后，天临紫宸。飞缕星拱，建羽林芬。徽册是奉，鸿名愈新。荷兹介祉，永永无垠。

明道元年章献明肃皇太后朝会十五首

皇太后升坐，《圣安》　圣母有子，重光类禋。圣皇事母，感极天人。百辟在庭，九仪具陈。礼容之盛，万国咸宾。

公卿入门，《礼安》　帝率四海，承颜尽恭。端闱肃设，群后来同。玉佩锵鸣，衣冠有容。《英》、《韶》节步，磬管雍雍。

皇帝上寿酒，《崇安》　天子之德，形于四方。尊亲立爱，化洽风扬。圣母祎衣，明君黼裳。因时献寿，克盛朝章。

上寿，《福安》　盛礼煌煌，六衣有光。千官在位，百福称觞。坤备慈仁，邦禁淑祥。如山之寿，佑圣无疆。

皇太后初举酒，《玉芝》　烨烨灵芝，生于殿闱。照映华拱，纷敷玉蕤。感召元和，光符圣期。祥篇协吉，百福咸宜。

再举酒，《寿星》　现彼南极，昭然瑞文。腾光丙位，荐寿中宸。太史骈奏，升歌有闻。轩宫就养，亿万斯春。

三举酒，《奇木连理》　王化无外，坤珍效灵。旁枝内附，直干来并。群分非一，棋祥绍登。至诚攸感，海县斯宁。

群臣酒行，《礼安》　肃肃临下，有威有容。循循事上，惟信惟忠。盛礼兴乐，示戒训恭。君臣协吉，惟道之从。　湛湛零露，晞于载阳。我有旨酒，群臣乐康。既饮以德，亦图尔良。永言修辅，用协天常。　礼均孝慈，乐合《韶》、《武》。至德光矣，鸿恩亦溥。上下和济，华夷乐湑。盏毕三行，盛仪斯举。

酒一行毕，作《厚德无疆》之舞　尧母之圣，放勋为子。同心协谋，柔远能迩。以德康俗，以文兴治。斯焉象功，罔不昭济。　至矣坤元，道符圣。就养宸极，助隆善政。翟籥纷举，笙镛协应。翱翔有容，表德之盛。

酒再行,《四海会同》之舞　七德之舞,四朝用康。有如姬、姒,助集周邦。威克厥爱,居安不忘。风旋山立,济济皇皇。　左秉朱干,右挥玉戚。以象武缀,以明皇德。天子荣养,群臣述职。四夷宾附,罔不承式。

降坐,《圣安》　长乐居尊,盛容有炜。文王事亲,万国归美。朝会之则,邦家之纪。受福于天,克昭隆礼。

治平皇太后、皇后册宝三首

皇帝升坐,《乾安》　王化之始,治由内孚。时庸作命,玉简金书。磬管在庭,其纵绎如。天临法扆,礼与诚俱。

太尉等奉册宝入门,《正安》　晬仪临拱,丕命明熙。鸾回宝势,鸿贯瑶光。礼成乐备,德裕名芳。肇基王化,永懋天祥。

皇帝降坐,《乾安》　衮衣绣裳,严威肃庄。八音具张,簴虡龙骧。玉简瑶章,金书煌煌。寿千万年,与天比长。

熙宁皇太后册宝三首

出入,《正安》　煌煌凤字,玉气宛延。天门崛屼,飞骖后先。龙簴四合,奏鼓渊渊。母仪天下,何千万年。

升坐,《乾安》　峨峨绣扆,旋佩以登。如彼昊日,凌天而升。玉色下照,亹亹绳绳。猗欤大孝,四海其承！

降坐,《乾安》　皇帝降席,流云四开。尧趋舜步,下蹰天阶。恭授宝册,翠旄斐回。明明纯孝,鸿釐大来。

哲宗上太皇太后册宝五首

皇帝升坐,《乾安》　大矣孝熙,帅民以躬！奉承宝册,钦明两宫。万乐具举,一人肃雍。化由上始,四海来同。

降坐,《乾安》　皇帝仁孝,总临万方。褒显其亲,日严以庄。龙衮翼翼,玉书煌煌。传之亿世,休有烈光。

太皇太后升坐,《乾安》　总裁庶政,拥佑嗣皇。金书玉简,烂其文章。众歌警作,管磬将将。保安四极,降福无疆。

降坐,《乾安》　涂山之德,渭涘之祥。图徽宝册,玉色金相。管弦烨煜,钟鼓喤喤。天之所启,既寿而昌。

太尉等奉册宝出入门,《正安》　玉车临御,凤盖芩丽。奉承宝册,弥文盛仪。抗声极律,助我孝熙。天之所佑,万寿无期。

绍兴十年发皇太后册宝八首

皇帝随册宝降殿,《圣安》　景祚有开,符天媲昊。诞毓圣神,是崇位号。星拱天随。祗严册宝。还御慈宁,增光舜道。

中书令奉册诣皇帝褥位,《礼安》　声乐备陈,礼容罔忒。相维辟公,虔奉玉册。皇则受之,慕形于色。即寿且康,与天无极。

侍中奉宝诣皇帝褥位,《礼安》　祖启瑶光,诞生明圣。尊极母仪,帝康作命。宝章煌煌,导以笙磬。还燕慈宁,邦家溪庆。

太傅奉册宝出门,《圣安》　肃肃东朝,帝隆孝治。猗欤丕称,宝册斯备！皇扉四辟,导迎庆瑞。德迈大任,有周卜世。

太傅奉册宝入门,《圣安》　静顺坤仪,圣神是育。懿铄昭陈,镂文华玉。乐奏既备,礼仪不渎。导迎善祥,翟车归毳。

太傅奉册授提点官,《礼安》　孝奉天仪,信维休德。发越徽音,礼文靡忒。永保嘉祥,时万时亿。归于东朝,含饴燕息。

太傅奉册授提点官,《礼安》　肃雍长乐,克笃其庆。河洲茂德,沙麓启圣。是生睿哲,蕃隆丕运。钦称鸿宝,永膺天命。

册宝升慈宁殿幄,《圣安》　礼行东朝,乐奏大吕。羽卫森陈,簪绅式序。云幄邃严,宏典是举。天子万年,母仪寰宇。

乾道七年恭上太上皇帝、太上皇后尊号十一首

册宝降殿,《正安》　元祀介福,孰绥孰将。归于尊亲,孝哉君王！载镂斯牒,载琢斯章。得名得寿,如虞如唐。

中书令、侍中奉册宝诣殿下,《正安》　宗郊斯成,交举典册。汝辅汝弼,威仪是力。陈于广庭,迨此上日。巍巍煌煌,乌睹在昔。

皇帝奉太上皇帝册宝授太傅,用《礼安》　奉太上皇后同。　仪物陈矣,礼乐明矣。天子戾止,诒尔臣矣。陟降维则,恭且勤矣。茫茫四海,德教形矣。

册宝出门,《正安》　天门九重,荡荡开彻。金支秀华,垂绅佩玦。或导或陪,率履不越。注民耳目,四表胥悦。

册宝入德寿宫门,《正安》　礼神颂祇,福禄来下。不有荣名,孰绰伊嘏。千乘万骑,鱼鱼雅雅。皇扉洞开,鞠躬如也。

太上皇帝升御坐　降同。　穆穆圣颜,安安天步。有缛者仪,以莫不举。天人和同,恩泽洋普。亿载万年,为众父父。

太傅奉太上皇帝册宝升殿,用《圣安》　大哉尧乎,南响垂裳！君向舜也,拜而奉觞！缋藉光华,鼓钟铿锵。三事稽首,宋德无疆。

太傅奉太上皇后册宝升殿,用《圣安》　乾元资始,坤元资生。允也圣德,同实异名。春王三朝,典册并行。咨尔上公,相仪以登。

皇帝从太上皇册宝诣宫中,用《正安》　维册伊何？镂玉垂鸿。维宝伊何？范金钮龙。翊以蛰御,间以笙镛。谁敢不恭,天子实从！

太上皇后出阁升御坐,《坤安》　降同。　帝膺永福,功靡专有。既尊圣父,亦燕寿母。怡怡在宫,大典时受。彤管纪之,天长地久。

内侍官举太上皇后册诣读册位,用《圣安》　敛福于郊,逢时之泰。揭名日月,俾德覆载。自我作古,域中有大。永言保之,眉寿无害。

淳熙二年发太上皇帝、太上皇后册宝十一首

册宝降殿,《正安》　高明者乾,博厚者坤。以清以宁,资始资生。寿胡可度,德胡可评！愿言从欲,诞受强名。

中书令、侍中奉册宝诣殿下，《正安》 受命既长，福禄即康。如日之升，如月之常。追琢其章，金玉其相。君子万年，保其家邦。

皇帝奉太上皇帝册宝授太傅，《礼安》 奉太上皇后同。 翠华之旗，灵鼍之鼓。陈于广宇，相我盛举。来汝公傅，肃乃仪矩。毋怠于素，以笃多祜。

册宝出门，《正安》 蜿蟉青龙，婉嬗象舆。其载伊何？煌煌金书。乃由端门，乃行康衢。于以荣亲，振古所无。

册宝入德寿宫门，《正安》 惟天为大，其德曰诚。惟尧则之，其性曰仁。乃文乃武，得寿得名。于万斯年，以莫不增。

太上皇帝升御坐，《乾安》 降同。 天行惟健，天步惟安。圣子中立，臣工四环。民无能名，威不违颜。宋德宜颂，汉仪可删。

太傅奉太上皇帝册宝升殿，《圣安》 奉宝同。 天畀遐福，允彰父慈。维昔旷典，我能举之。徐尔陟降，敬尔威仪。申锡无疆，永言保之。

太傅奉太上皇后册宝升殿，《圣安》 乾健坤从，阳刚阴相。追兹受祉，允也并况。虔业在下，仪物在上。咨时三公，执事无旷。

皇帝从太上皇后册宝诣宫中，用《正安》 丕显文王，之德之纯。亦有太姒，式扬徽音。维册维宝，乃玉乃金。伊谁从之？一人事亲。

太上皇后出阁升御坐，《坤安》 降同。 重翟出房，袆衣被躬。委委佗佗，河润山容。圣皇临轩，圣母在宫。并受鸿名，与天无穷。

内侍官举太上皇后册诣读册位，用《圣安》举宝同。 珉玉玢豳，籑蹄精良。既刻厥文，亦铸之章。象德维何？至静而方。辅我光尧，万寿无疆。

淳熙十二年加上太上皇帝、太上皇后尊号十一首

大庆殿发册宝降殿，《正安》 维天盖高，维地克承。父尊母亲，天地难名。疆名广大，建号安荣。衍登寿嘏，阐绎皇明。

中书令、侍中奉太上皇帝册宝、太上皇后册宝诣殿下，用《正安》 二仪同尊，两耀齐光。巍巍煌煌，丕显亦彰。实茂号荣，玉振金相。于万斯年，既寿且昌。

皇帝奉太上皇帝册宝授太傅 太上皇后册宝同。 我尊我亲，承天之祉。寿名兼美，家国咸喜。公傅秉礼，宝册有炜。惟千万祀，令闻不已。

册宝出门，《正安》 羽卫有严，宝书有辉。昭衍尊名，铺张上仪。出其东闱，由于康逵。比屋延瞻，歌之舞之。

德寿宫册宝入殿门，《正安》 南山之巩，皇寿无穷。太极之尊，皇名是崇。奉兹宝册，于皇之宫。皇则受之，于昭盛容。

太上皇帝出宫升御坐，《乾安》 降坐同。 圣明太上，天子有尊。玉坐高拱，慈颜晬温。震禁嘉承，朝弁昕分。盛礼缛典，邃古未闻。

太傅、中书令、侍中奉太上皇帝册宝升殿，用《圣安》 天锡伊嘏，地效其珍。诞作宝典，奉于尊亲。尔公尔相，尔恭尔寅。协举令仪，遹臻厥成。

太傅、中书令、侍中奉太上皇后册宝升殿，用《圣安》 坤载有元，乾行是顺。施生万汇，厥德弥盛。翼翼母道，赞我皇训。相维群公，奉典斯敬。

皇帝从太上皇后册宝诣宫中，用《正安》 大矣母慈，德备且纯！思古齐敬，佐我皇文。明章茂典，金玉其音。帝亲奉之，以翼以钦。

太上皇后出阁升御坐，用《坤安》降坐同。 天相慈皇，庆臻壸闱。徽柔内修，寿与天齐。既承皇欢，载觌母仪。懿典鸿名，永绥多祺。

内侍举太上皇后册宝诣读册位，用《圣安》 有美英瑶，于昭祥金。为策为章，并著徽音。德圣而尊，备举弥文。亿载万年，永辅尧勋。

卷一百三十九　　志第九十二

乐十四 乐章八

恭上皇帝皇太后尊号下　册立皇后　册皇太子　皇子冠　乡饮酒　闻喜宴　鹿鸣宴

绍熙元年恭上寿圣皇太后、至尊寿皇圣帝、寿成皇后尊号册宝十四首

大庆殿发册宝降殿，《正安》 帝受内禅，纪元绍熙。钦崇慈亲，孝心肃祇。乃建显号，乃藏丕仪。发册广庭，声歌侑之。

中书令、侍中奉三宫册宝诣东阶下，用《礼安》 钟鼓交作，文物咸备。彤庭玉阶，天子是莅。咨尔辅臣，展采错事。辅臣稽首，敢不率礼！

册宝出门，《正安》 巍巍天宫，洞开阊阖。旗常葳蕤，剑佩杂沓。宝册启行，法驾继发。铄哉盛典，快睹胥悦！

册宝入重华宫，《正安》 仰止皇居，九门载辟。丽日重光，非烟五色。雷动万乘，云从百辟。咫尺天霄，鞠躬屏息。

至尊寿皇圣帝升坐，《乾安》降同。 玉玺瑶编，礼容毕具。穆穆至尊，华殿是御。德配有虞，绍唐授禹。于万斯年，受天之祐。

太傅、中书令奉至尊寿皇圣帝册升殿，用《圣安》 慈皇天临，睟表怡怡。钦哉圣子，亲奉玉厄！鳌抃嵩呼，欢浃华夷。迄臣捧册，是恪是祇。

太傅、侍中奉至尊寿皇圣帝宝升殿，用《圣安》 瑟彼华玉，篆鱼钮龙。与册并登，咨尔上公。咏以歌诗，协之鼓钟。是陟是降，靡有弗恭。

太傅、中书令、侍中奉寿圣皇太后册宝升殿,用《圣安》 天祐皇家,庆集重闱。宝兮扬名,册兮流徽。金支秀华,盛容寖威。诏我近弼,相礼不违。

太傅、中书令、侍中奉寿成皇后册宝升殿,用《圣安》 大哉乾元,既极形容!坤元德至,实与比隆。宝册并登,勒崇垂鸿。相我缛仪,肃肃雍雍。

皇帝从寿圣皇太后册宝诣慈福宫,用《正安》 涓辰协吉,时维春元。上册三殿,旷古无前。思齐重闱,积庆有源。是尊是崇,帝心载虔。

寿圣皇太后出阁升坐,《坤安》 降同。 丕赫有宋,三圣授受。谁其助之?繄我太母。东朝受册,饮此春酒。圣子神孙,密侍左右。

内侍官举寿圣皇太后册宝诣读册宝位,用《圣安》 坤德益崇,天寿平格。庆流万世,子孙千亿。刻玉范金,铺张赫奕。惟昔姜、任,则莫我匹。

皇帝诣寿成殿,寿成皇后出阁升坐,《坤安》 降同。 鞠育保护,母道备矣。密赞亲傅,德其至矣。彩服来朝,慈容有喜。既受鸿名,又多受祉。

内侍官举寿成皇后册宝诣读册宝位,用《圣安》 仰瞻慈闱,登进宝册。惟时瞽御,祗率厥职。曰寿曰名,母分兼得。俪我尊父,亿载无极。

绍熙四年加上寿圣皇太后尊号八首

大庆殿发册宝降殿,《正安》 德厚重闱,冲澹粹穆。何以名之?惟慈惟福。宝镂精镠,册僃华玉。物盛礼崇,丕昭群目。

中书令、侍中奉寿圣皇太后册牢诣东阶下,《礼安》 于皇帝室,休运贻孙。重熙叠庆,祗进号荣。爰授兹册,必躬必亲。天子圣孝,万邦仪刑。

册宝出门,《正安》 煌煌册宝,天子受之。言徐其行,肃展乃仪。其仪维何?剑佩黄麾。鸾驾清跸,耸瞻九逵。

册宝入慈福宫殿门,《正安》 熙辰礼备,济济雍雍。言奉斯册,重亲之宫。宫帏既敞,协气感通。皇仪亲展,寿祉无穷。

太傅、中书令、侍中奉寿圣皇太后册宝升殿,《圣安》 既肃琨庭,载升金凥。乃导乃陪,威仪济济。天步继临,孝诚备矣。声容孔昭,中外悦喜。

册宝诣宫中,《正安》 珊舆彩仗,祗诣慈宫。宝册前奉,龙挟云从。言备兹礼,于宫之中。惟天子孝,于昭祲容。

寿圣皇太后出阁升御坐,《坤安》 降同。 懿典大册,陈仪邃深。怡怡愉愉,宝坐是临。重彩俨侍,深展肃心。三宫协庆,永播徽音。

内侍官举寿圣皇太后册宝诣读册宝位,用《圣安》 宝册即奉,祗诵乃言。仁深庆衍,益显益尊。和声协气,充溢乾坤。并受伊嘏,圣子神孙。

庆元二年恭上太皇太后、皇太后、太上皇帝、太上皇后尊号二十四首

册宝降殿 天拥帝家,泽流子孙。三宫燕胥,四海崇尊。声谐《韶》、《濩》,辉烛瑶琨。维皇缉熙,耀德乾坤。

册宝授太傅奉诣东阶下 祖后重寿,亲闻并崇。骈庆联休,申景铺鸿。叠璧交辉,多仪焕丛。亿万斯年,福禄攸同。

册宝出门 太任媚姜,涂山翼禹。慈祥曼衍,鸿仪迭举。宝章奕奕,祲宫俣俣。帝用将之,于彼宫所。

慈福宫宝册入门 东朝层邃,端闱靖深。列仗节銮,镂玉绳金。来奉来崇,载祇载钦。曾孙之庆,世世徽音。

册宝升殿 纯佑我宋,母仪四朝。拥翼孙谋,如虞承尧。仁罩函夏,喜浮庆霄。福禄万年,金玉孔昭。

册宝诣宫中 神人和怿,天日淑清。王母来燕,必寿而名。琨庭璬音,五云佩声。勉勉我皇,诞昭厥成。

太皇太后出阁升坐 曾孙致养,五福骈臻。太极所运,两仪三辰。辉光日新,启佑后人。永翼瑶图,亿万尧春。

册宝诣读册宝位 徽光宣华,仁声流文。旷仪合沓,泰和絪缊。慈颜有喜,祚我圣君。珠宫含饴,坐阅来云。

太皇太后降坐归阁 缛仪既登,宝册既膺。喜洽祥流,云烝川增。天子万年,鸣玉慈庭。惠我无疆,诜诜绳绳。

寿慈宫册宝入门 新庭靖安,祖后燕怡。有开圣谋,累崇天基。典章文明,声容葳蕤。御于邦家,曰寿曰慈。

册宝升殿 三礼崇容,八銮警卫。有来辰仪,阐徽妳妳。璇宫肃雍,藻景澄霁。文子文孙,本支百世。

册宝诣宫门 尧门叠瑞,姒幄齐辉。重坤靖夷,丽华徽。天子仁圣,礼文弗违。福寿康宁,同燕层闱。

皇太后出阁升坐 文母曼寿,载锡之光。总集瑞命,宜君宜王。惠以仁显,慈以德彰。保佑子孙,受福无疆。

册宝诣读册宝位 华鸾编玉,文螭液金。颂德摛英,扬徽嗣音。紫幄天开,翠华日临。岁岁年年,如周大任。

皇太后降坐归阁 宋有明德,天保佑之。以寿继寿,以慈广慈。声文宣昭,福祉茂绥。神孙之休,燕及华夷。

寿康宫册宝入门,《正安》 大安耽耽,兴庆崇崇。维皇之尊,与天比隆。非心闲燕,文命延鸿。欲报之恩,礼缛仪丰。

太上皇帝升御坐,《乾安》 上帝有赫,百灵效祥。储祉垂恩,锡年降康。皇仪睟温,帝躬肃庄。三宫齐欢,地久天长。

太上皇帝册宝升殿,《圣安》 夏典稽瑞,禹玉含淳。追琢有章,温润孔纯。圣底于安,寿绵于仁。太上立德,自天其申。

太上皇后册宝升殿,《圣安》 父尊母亲,天涵地育。燕我翼子,景命有仆。得名得寿,如金如玉。子孙千亿,成其厚福。

太上皇帝降御坐,《乾安》 天地清宁,日月华光。归尊慈极,嵩呼未央。庆函百嘉,寿跻八荒。上皇万岁,俾炽俾昌。

册宝诣宫中,《正安》 晨趋慈幄,佳气郁葱。受帝之祉,配天其崇。璧华金精,礼敷乐充。天子是若,欢声融融。

太上皇后出阁升坐,《坤安》 文物流彩,銮辂靖陈。

龟瑞荐祉，坤仪效珍。比皇之寿，翼帝以仁。和气致祥，与物为春。

读册宝，《圣安》　黼黻其文，金玉其相。永寿于万，合德无疆。福绪祥源，厥后克昌。天维格斯，祚我圣皇。

太上皇后降坐归阁，《坤安》　荣怀之庆，莫盛于斯。三宫四册，五叶一时。德阜而丰，福大而滋。子子孙孙，于时保之。

嘉泰二年恭上太皇太后尊号八首

册宝降殿　思齐太任，嫔于周京。至哉坤元，万物资生！不可仪测，矧可强名。镂玉绳金，昭哉号荣！

册宝诣东阶　鼓钟喤喤，仪物载陈。仪物陈矣，烂其瑶琨。咨尔上公，相予文孙。勿亟勿徐，奉我重亲。

册宝出门　荡荡天门，金铺玉户。采旄翠旌，流苏葆羽。千官影从，乃导乃辅。都人纵观，填道呼舞。

寿慈宫册宝入门　煌煌宝书，玉篆金缕。曷为来哉？自天子所。自天子所，以燕文母。婉嬗祥云，日正当午。

册宝升殿　文物备矣，三事其承。崇牙高张，乐充宫庭。耽耽广殿，左墄右平。敬尔威仪，摄齐以登。

册宝诣宫中　维寿伊何？圣德日新。维慈伊何？祐于后人。乃范斯金，乃缕斯珉。皇举玉趾，从于尧门。

太皇太后升御坐　降同。　侍中版奏，办外严中。出自玉房，袆褕被躬。我龙受之，浸威盛容。皇帝圣孝，其乐融融。

册宝诣读册宝位　麟趾震蹄，我宝斯刻。硻硻采致，载备斯册。眉寿万年，诒谋燕翼。于赫汤孙，克绵永福。

绍定三年寿明仁福慈睿皇太后册宝九首

文德殿册宝降殿　思齐圣母，媲于周任。体乾履坤，博厚洪深。七表既启，万寿自今。昕庭发号，式昭德音。

册宝诣东阶　煌煌仪物，绎绎鼓钟。奉兹宝册，至于阶东。上公相仪，列辟尽恭。拜手慈宸，福如华、嵩。

册宝出门　帝阙肃开，天阶坦履。霓旌羽盖，导仪护卫。匪夸雕琢，匪矜繁丽。兹谓盛仪，亿载千岁。

慈明殿册宝入门　金坚玉纯，文郁礼缛。来从帝所，作瑞王国。天开地辟，日熙春燠。兹谓盛事，永燕茀禄。

册宝升殿　皇仪有炜，彩异次升。沉沉邃殿，穆穆天廷。坤德窙隆，皇图永宁。咨尔廷臣，摄齐以登。

册宝诣宫中　寿为福先，明烛物表。仁沾动植，福齐穹昊。曰慈与睿，并崇丕号。演而申之，万世永保。

皇太后升御坐　迓臣跪奏，严办必恭。乃御袆褕，升于殿中。慈颜雍穆，和气冲融。芳流清史，传之无穷。

册宝诣读册宝位　徽音孔昭，宝传新刻。金昭玉粹，有烨斯册。载祈载祝，以燕以翼。宝之万年，与宋无极。

皇太后降御坐　皇文既举，庆礼告虔。肇自宫闱，格于幅员。子称母寿，母谓子贤。陟降在兹，隆名际天。

哲宗发皇后册宝三首

皇帝升坐，《乾安》　既登乃依，如日之升。有严有翼，丕显丕承。天作之合，家邦其兴。朱芾斯皇，子孙绳绳。

降坐，《乾安》　我礼嘉成，我驾言旋。降坐而跸，奏

鼓渊渊。景命有仆，保佑自天。永锡祚嗣，何千万年。

太尉等奉册宝出入，《正安》　宣哲维公，就位肃庄。册宝具举，丕显其光。出于宸闱，鼓钟喤喤。母仪天下，万寿无疆。

绍兴十三年发皇后册宝十三首

皇帝升坐，《乾安》　天地奠位，乾坤以分。夫妇有别，父子相亲。圣王之治，礼重婚姻。端冕从事，是正大伦。

使副入门，《正安》　天子当阳，群工就列。册宝既陈，钟鼓备设。上公奉事，容庄心协。克相盛礼，光昭玉牒。

册宝出门，《正安》　穆穆睟容，如天之临。赫赫明命，如玉之音。虔恭出门，礼容兢兢。涂山生启，夏道以兴。

皇帝降坐，《乾安》　朝阳已升，薰风习至。乐奏既成，礼容亦备。玉佩锵鸣，帝徐举趾。壸政穆宣，以听内治。

皇后出阁，《乾安》　猗欤贤后，德本性成！承天致顺，溯日为明。作配俪极，王化以行。万有千岁，奉祀宗祊。

册宝入门，《宜安》　款承祇事，时惟肃雍。跪奉册宝，陈于法宫。以俯以仰，有仪有容。明神介之，福禄来崇。

皇后降殿，《承安》　温惠之德，袆翟之衣。行中《采荠》，礼无或违。降于丹陛，有容有仪。委委蛇蛇，谁其似之！

皇后受册宝，《成安》　镂苍玉兮，盛德载扬。铸南金兮，作镇椒房。虔受赐兮，有烨有光。宜室家兮，朱芾斯皇。

皇后升坐，《和安》　礼既行兮，厥位孔安。母仪正兮，容止所观。奉东朝兮，常得其欢。求淑女兮，岂乐多般。

内命妇入门，《惠安》　素月澄辉，众星显列。炳为天文，各有攸别。椒房既正，阴教斯设。《关雎》、《麟趾》，应如响捷。

外命妇入门，《成安》　窈窕其容，淑嬛其姿。烂其如云，瞻我母仪。曰天之妹，作合惟宜。粲然舞抃，畴不肃祇。

皇后降坐，《徽安》　宝字煌煌，册书粲粲。副笲加饰，袆褕有烂。祇若帝休，委蛇乐衎。亿万斯年，永膺宸翰。

皇帝归阁，《泰安》　太任徽音，太姒是嗣。则百斯男，周室以炽。天子万年，受兹女士。如姒事任，从以孙子。

淳熙三年发皇后册宝十三首

皇帝升坐，《乾安》　赫赫惟皇，如日之光。肃肃惟后，如月之常。礼行一时，明照无疆。天子苍止，畴敢不庄！

册宝入门，《正安》　卜月惟良，练辰斯臧。臣工在庭，剑佩瑲瑲。来汝凝丞，明命是将。有淑其仪，无或

急遽。

册宝出门,《正安》 刻简以珉,铸宝以金。持节伊谁?时惟四邻。自我文德,达之穆清。委蛇委蛇,往迄于成。

皇帝降坐,《乾安》 册行何向?于门东偏。礼备乐成,合扇鸣鞭。皇举玉趾,如天之旋。燕及家邦,亿万斯年。

皇后出阁,《坤安》 椒涂兰驭,河润山容。副笄在首,袆衣被躬。静女其姝,实翼实从。自彼西阁,聿来殿中。

册宝入门,《宜安》 德隆位尊,礼厚文缛。乃篆斯金,乃镂斯玉。群公盈门,执事有肃。愿言保之,永镇坤轴。

皇后降殿,《承安》 规殿沉沉,叶气旼旼。明章妇顺,表正人伦。蹑是左墄,暨于中庭。尚宫显相,罔有弗钦。

皇后受册宝,《成安》 备物典册,乐之鼓钟。拜而受之,极其肃雍。司言司宝,各以职从。行地有庆,与天无穷。

皇后升坐,《和安》 容典既膺,壸仪既正。羽卫外列,扬颜中映。如帝如天,以庄以靓。六宫承式,《二南》流咏。

内命妇入门,《惠安》 《葛覃》节用,《樛木》逮下。形为嫔则,凤已心化。兹临长秋,遂正诸夏。以庆以祈,百祥来迓。

外命妇入门,《咸安》 硕人其颀,公侯之妻。翟茀以朝,象服是宜。如星之共,溯月之辉。母仪既瞻,群心则夷。

皇后降坐,《徽安》 窈窕淑女,备六服兮。陟降多仪,耸群目兮。内治允备,阴教肃兮。宜君宜王,绥有福兮。

皇后归阁,《泰安》 天监有周,是生太任。亦有太姒,嗣其徽音。孰如两宫,慈爱相承!思齐之盛,复见于今。

淳熙十六年皇后册宝十三首

皇帝升坐,《乾安》 乾位既正,坤斯顺承。日丽于天,月斯溯明。惟帝受命,惟帝并登。黼扆尊临,典册是行。

册宝入门,《正安》 乃协良辰,维春之宜。乃诏近弼,来汝相仪。九门洞开,文物华辉。声诗载歌,于以侑之。

册宝出门,《正安》 有玺范金,有册镂琼。汝使汝介,持节以行。礼始文德,达于穆清。是恪是虔,依我和声。

皇帝降坐,《乾安》 鼓钟喤喤,磬管锵锵。剑佩充庭,济济洋洋。礼典告备,皇心乐康。于万斯年,受福无疆。

穆清殿受册宝,皇后出阁,《坤安》 懿范柔容,如月斯辉。驾厥翟辂,被以袆衣。九御从之,如云祁祁。典册是承,心焉肃祗。

册宝入门,《宜安》 华榱璧珰,有馨椒殿。备物来陈,多仪式焕。曰册曰宝,是刻是琢。并举以行,皇矣懿典。

皇后降殿,《承安》 袆榆盛服,有格其容。是陟是降,相以尚宫。金殿玉阶,聿来于中。展诗应律,载咏肃雍。

皇后受册宝,《成安》 帝有显命,禀于亲慈。后德克承,拜而受之。人伦既正,王化是基。亿载万年,永祚坤仪。

皇后升坐,《和安》 帝庆三宫,膺受宝册。御于中闱,载欣载惕。乃敷阴教,乃明《内则》。翼翼鱼贯,罔不承式。

内命妇入门,《惠安》 掖庭颁官,于位有四。嗟彼小星,抚以德惠。熙焉如春,育焉如地。庆礼聿成,靡弗咸喜。

外命妇入门,《咸安》 鱼轩鼎来,象服是宜。班于内庭,率礼惟祗。化以妇道,时惟母仪。是庆是类,于胥乐兮。

皇后降坐,《徽安》 正位长秋,容典备矣。王假有家,人伦至矣。俪极俔天,多受祉矣。蛰蛰螽斯,宜孙子矣。

皇后归阁,《泰安》 维天佑宋,盛事相仍。崇号三宫,甫兹浃辰。肇正中闱,缛礼载陈。邦家之庆,旷古无伦。

皇帝升坐,《乾安》 乾健坤顺,群生首资。日常月升,四时叶熙。帝嗣天历,后崇母仪。黼黻承晖,王化是基。

使副入门,《正安》 瀌阙蟺蜎,璧门云龙。烈文维辅,翊奉有容。典章辉明,彝度肃雍。岁时缛仪,登于璇宫。

册宝出门,《正安》 金晶丽辉,璧叶含春。赞夏之翼,绎虞之嫔。乐序《韶》亮,礼文藻新。辟公相成,物采彬彬。

皇帝降坐,《乾安》 帝旒云舒,金秀充庭。璇卫銮华,蒨佩垂绖。皇容熙备,柔仪顺承。三宫齐欢,万福昭膺。

皇后出阁,《坤安》 骖翟崇容,袆鞠陈衣。庋止兰殿,凤兴椒闱。淑正宣华,粹明腾辉。钦若有承,嗣音之徽。

册宝入门,《宜安》 袆帝流光,庆祥增衍。编玉镂德,螭金溢篆。粹猷藻黼,徽文华显。《二南》声诗,于时昭闻。

皇后降殿,《承安》 翠珩焕采,趋节风韶。陟降城陛,奉将英瑶。辟道承薰,嫔仪扬翘。是敬是祗,德音孔昭。

皇后受册宝,《成安》 帝奉太室,后仪成之。帝养三宫,后志承之。德如《关雎》,盛如《螽斯》。宜君宜王,百世本支。

皇后升坐,《和安》 肃肃壸彝,雍雍阴教。险诐自防,警戒是效。中闱端委,列御胥告。其思辅顺,永翼帝孝。

内命妇入门,《惠安》 天子九嫔,王宫六寝。有烨令仪，载秩华品。福履绥将，节用躬俭。矢其德音，于以来谂。

外命妇入门，《咸安》 象服之文，《鹊巢》之风。化以妇道，观于内宫。采蘋涧滨，采藻涧中。夙夜在公，赞彼累功。

皇后降坐，《和安》 光佑晏宁，惠慈燕喜。寿仁并崇，家邦均祉。懿文交举，壸册嗣美。维亿万年，爱敬惟似。

皇后归阁，《泰安》 天心仁佑，坤德世昭。灼有慈范，著于累朝。俭以赞虞，勤以承尧。是用则效，共励夙宵。

嘉泰三年皇后册宝十三首

皇帝升坐，《乾安》 茂建坤极，容典聿新。天命所赞，慈训是遵。肃洎穀旦，躬御紫宸。鸿禧累福，骈赉禽臻。

使副入门，《正安》 端门晓辟，瑞气云凝。有俨良辅，踵武造廷。肃肃王命，是将是承。登册穆清，万岁永膺。

册宝出门，《正安》 瑶册玉宝，烂然瑞辉。旁翼绛节，上承紫微。璆鸣朝佩，徐出兽扉。登进坤极，益彰典徽。

皇帝降坐，《乾安》 天临黼扆，云集弁缨。金石递奏，典礼备成。玉趾缓步，龙驾翼行。言旋北极，永燕西清。

皇后出阁，《乾安》 日薰椒屋，云霭壁门。有华瑞节，来自帝阍。统天惟乾，合德者坤。我龙受之，福禄永繁。

册宝入门，《宜安》 虹辉灿烂，云篆绸缪。绛节前导，瑞光上浮。瑶阶玉扆，即集长秋。钦承天宠，永荷帝休。

皇后降殿，《承安》 瑶殿清闲，玉墄坦夷。袆衣副珈，陟降不迟。宝册聿至，载肃载祇。礼仪昭备，福履永绥。

皇后受册宝，《咸安》 日月临烛，乾坤覆持。明并二曜，德合两仪。光媲宸极，共恢化基。膺受茂典，亿载永宜。

皇后升坐，《和安》 宝玺瑶册，既祇既承。绣裀藻席，载跻载升。柔仪肃穆，瑞命端凝。永膺多福，如川方增。

内命妇入门，《惠安》 服焕盛仪，班分华绂。九嫔妇职，六寝内治。参差荇菜，求勤瘠瘼。烝然来思，相礼赞祭。

外命妇入门，《咸安》 妇荣于室，通籍禁中。班列有次，车服有容。佐我《关雎》，《鹊巢》之风。被之僮僮，曷不肃雍！

皇后降坐，《徽安》 金石具举，典礼茂明。淑慎其止，遹观厥成。琼琚微动，凤辇翼行。仪光媲极，德迈嫔京。

皇后归阁，《泰安》 宝坐即兴，凤舆戒行。奏解严办，归燕邃清。问安寿慈，奉盂宗祊。弥千万年，内助圣明。

嘉定十五年皇帝受"恭膺天命之宝"三首

《恭膺天命》之曲，太簇宫 我祖受命，恭膺于天。爰作玉宝，载祇载虔。申锡无疆，神圣有传。昭兹兴运，于万斯年！

《旧疆来归》之曲，太簇宫 于穆我皇，之德之纯。涵濡群生，刬我遗民。运齐跨晋，轮贡效珍。土宇日辟，一视同仁。

《永清四海》之曲，太簇宫 我祖我宗，德厚泽深。于皇继序，益单厥心。天人协扶，一统有临。乾坤清夷，振古斯今。

至道元年册皇太子二首

太子出入，《正安》 主鬯之重，允属贤明。承华肇启，上嗣腾英。礼修乐举，育德开荣。一人元良，万邦以宁。

群臣称贺，《正安》 皇储既建，圣祚无疆。鸾旌列叙，鸡戟分行。前星有烂，瑞日重光。际天接圣，温文允臧。

天禧三年册皇太子一首

太子出入，《明安》 明《离》之象，少阳之位。固邦为本，体天作贰。仪范克温，礼章斯备。丕宣令猷，恭守宗器。

乾道元年册皇太子四首

皇帝升坐，《乾安》 宋受天命，圣绪无疆。惟怀永图，乃登元良。涓选休辰，册书是将。黼坐天临，穆穆皇皇。

太子入门，《明安》 于维皇储，玉润金声。体《震》之渟，重《离》之明。册宝具举，环佩锵鸣。守器承祧，惟邦之荣。

太子出门，《明安》 乐备既奏，和声冲融。玉简金书，翔鸾戏鸿。下拜登受，旋于青宫。仪辰作贰，垂休无穷。

皇帝降坐，《乾安》 我礼备成，我驾言旋。降坐而跸，奏鼓渊渊。国本既定，保佑自天。克昌厥后，何千万年。

乾道七年册皇太子四首

皇帝升坐，《乾安》 建储以贤，辟宫于东。典册既备，筮占既从。济济卿士，锵锵鼓钟。天子戾止，盛哉礼容。

太子入门，《明安》 珊珉瑳瑳，篆金煌煌。对扬于庭，是承是将。星重其晖，日重其光。观瞻以怿，国有元良。

太子出门，《明安》 渊中象德，玉裕凝姿。进退周旋，有肃其仪。既定国本，益隆庆基。燕及两宫，福禄如茨。

皇帝降坐，《乾安》 储副豫定，器之公兮。册授孔时，礼之隆兮。天步迟迟，旋九重兮。寿祉万年，德无穷兮。

嘉定二年册皇太子四首

皇帝升坐　于皇我宋，受命于天。升储主鬯，衍庆卜年。典册告备，庭工载度。万乘苾止，端冕邃延。

太子入门受册宝　太极端御，少阳肃祇。珉简斯镂，衮服孔宜。式奏备乐，乃陈盛仪。下拜登受，永言保之。

太子受册宝出门　明两承曜，作贰宣猷。茂德金昭，令誉川流。豫定厥本，永贻乃谋。三朝致养，问寝龙楼。

皇帝降坐　《震》洊体象，我储明兮。涣扬显册，我礼成兮。大驾言旋，警跸鸣兮。燕祉无疆，邦之荣兮。

宝祐二年皇子冠二十首

皇帝将出文德殿，《隆安》　于皇帝德，乃圣乃神。本支百世，立爱惟亲。敬共冠事，以明人伦。承天右序，休命用申。

宾赞入门，《祇安》　丰芑诒谋，建尔元子。揆礼仪年，筮宾敬事。八音克谐，嘉宾至止。于以冠之，成其福履。

宾赞出门，《祇安》　礼国之本，冠礼之始。宾升自西，维宾之位。于著于阼，维子之义。厥惟钦哉，敬以从事。

皇帝降坐，《隆安》　路寝辟门，肃坐恭己。群公在庭，所重维礼。正心齐家，以燕翼子。于万斯年，王心载喜。

皇子初行　有来振振，月重轮兮。瑜玉在佩，綦组明兮。左徵右羽，德结旌兮。步中《采茨》，矩矱循兮。

宾赞入门　我有嘉宾，直大以方。亦既至止，厥德用光。冠而字之，厥义孔彰。表里纯备，黄耇无疆。

皇子诣受制位　吉圭休成，其日南至。天子有诏，冠尔皇嗣。为国之本，隆邦之礼。拜而受之，式共敬止。

皇子升东阶　兹惟阼阶，厥义有在。历阶而升，敬谨将冠。经训昭昭，邦仪粲粲。正缅宾筵，寿考未艾。

皇子升筵　秩秩宾筵，笾豆孔嘉。帝子至止，衿缨振华。周旋陟降，礼行三加。成人有德，匪骄匪奢。

初加　帝子惟贤，懋昭厥德。跪冠于房，玄冠有特。鼓钟喤喤，威仪抑抑。百礼既洽，祚我王国。

初醮　有宾在筵，有尊在户。磬管将将，醮礼时举。跪觞祝辞，以永燕誉。宝祚万年，磐石巩固。

再冠　《复》交肇祥，《震》维标德。乃共皮弁，其仪不忒。体正色齐，维民之则。璇霄眷佑，国寿箕翼。

再醮　冠醮之义，匪酬匪酢。于户之西，敬共以恪。金石相宣，冠醮相错。帝祚之受，施及家国。

三加　善颂善祷，三加弥尊。爵弁峨峨，介珪温温。阳德方长，成德允存。燕及君亲，厥祉孔蕃。

三醮　席于宾阶，礼义以兴。受爵执爵，多福以膺。匪惟服加，德加愈升。匪惟德加，寿加愈增。

皇子降　命服煌煌，跬步中度。庆辑皇闱，化行海宇。礼具乐成，惕若戒惧。宝璐厥躬，有秩斯祜。

朝谒皇帝将出　皇王烝哉，令闻不已！燕翼有谋，冠醮有礼。百僚在庭，遹相厥事。颂声所同，嘉受帝祉。

皇子再拜　青社分封，前星启焰。繁弱绥章，厥光莫揜。容称其德，蓄学之验。芳誉敷华，大圭无玷。

皇子退　玄衮黼裳，垂徽永世。勉勉成德，是在元子。阼土南宾，厥旨孔懿。充一忠字，作百无愧。

皇帝降坐　爱始于亲，圣尽伦兮。元子冠字，邦礼成兮。天步舒徐，皇心宁兮。家人之吉，亿万春兮。

淳化乡饮酒三十三章

鹿鸣呦呦，命侣与俦。宴乐嘉宾，既献且酬。献酬有序，休祉无疆。展矣君子，邦家之光。　鹿鸣呦呦，在彼中林。宴乐嘉宾，式昭德音。德音愔愔，既乐且湛。允矣君子，实慰我心。　鹿鸣呦呦，在彼高冈。宴乐嘉宾，吹笙鼓簧。币帛戋戋，礼仪踖踖。乐只君子，利用宾王。

鹿鸣相呼，聚泽之蒲。我乐嘉宾，鼓瑟吹竽。我命旨酒，以燕以娱。何以赠之？玄纁縴如。　鹿鸣相邀，聚场之苗。我美嘉宾，令名孔昭。我命旨酒，以歌以谣。何以赠之？大君之朝。　鹿鸣相应，聚山之荆。我燕嘉宾，鼓簧吹笙。我命旨酒，以逢以迎。何以荐之？扬于王庭。

右《鹿鸣》六章，章八句。

瞻彼南陔，时物嘉良。有泉清泚，有兰馨香。晨饮是汲，夕膳是尝。慈颜未悦，我心靡遑。　嬉嬉南陔，眷眷慈颜。和气怡色，奉甘与鲜。事亲是宜，事君是思。虔勤忠孝，邦家之基。

右《南陔》二章，章八句。

洋洋嘉鱼，仁以美罳。君子有道，嘉宝式燕以娱。　洋洋嘉鱼，仁以芳罳。君子有德，嘉宾式歌且舞。　我有宫沼，龟龙扰之。君子有礼，嘉宾式贵表之。　我有宫薮，麟凤来思。君子有乐，嘉宾式慰勤思。　相彼嘉鱼，爰纵之壑。我有旨酒，嘉宾式燕以乐。　相彼嘉鱼，在汉之梁。我有旨酒，嘉宾式燕以康。　森森乔木，美蔓萦之。我有旨酒，嘉宾式燕宜之。　喈喈黄鸟，载飞载止。我有旨酒，嘉宾式燕且喜。

右《嘉鱼》八章，章四句。

崇丘峨峨，动植斯属。高既自遂，大亦自足。和风斯扇，膏雨斯沐。我仁如天，以亭以育。　崇丘巍巍，动植其依。高大之性，各极尔宜。王道坦坦，皇猷熙熙。仁寿之域，烝民允跻。

右《崇丘》二章，章八句。

关雎于飞，洲渚之湄。自家刑国，乐且有仪。　郁郁芳兰，幽人撷之。温温恭人，哲后求之。　求之无斁，瘼寐所属。馨尔一心，受天百禄。　郁郁芳兰，雨露滋之。温温恭人，圭组縻之。　郁郁芳兰，佩服珍之。温温恭人，福履绥之。　关雎跄跄，集水之央。好求贤辅，同扬德光。　蘋蘩芳滋，同谁掇之。愿言贤德，靡日不思。　偶其贤德，辅成已职。永配玉音，服之无斁。　洁其粢盛，中心匪宁。荐于宗庙，助君德馨。　贤淑来思，人之表仪。风化天下，何乐如之！

右《关雎》十章，章四句。

彼鹊成巢，尔类攸处。之子有归，琼瑶是祖。　彼鹊成巢，尔类攸匹。之子有行，锦绣是饰。　彼鹊成巢，尔类攸共。之子有从，兰荪是奉。　伊鹊成巢，珍禽戾止。婉彼佳人，配于君子。　伊鹊营巢，珍禽攸处。内助贤侯，弱于明主。伊鹊营巢，珍禽辑睦。均养嘉雏，致于蕃育。

右《鹊巢》六章，章四句。

大观闻喜宴六首

状元以下入门，《正安》 多士济济，于彼西雍。钦肃威仪，亦有斯容。烝然来思，自西自东。天畀尔禄，惟王其崇。

初举酒，《宾兴贤能》 明明天子，率由旧章。思乐泮水，光于四方。薄采其芹，用宾于王。我有好爵，置彼周行。

再酌，《于乐辟雍》 乐只君子，式燕又思。服其命服，摄以威仪。钟鼓既设，一朝醻之。德音是茂，邦家之基。

三酌，《乐育英才》 圣谟洋洋，纲纪四方。烝我髦士，观国之光。遐不作人，而邦其昌。以燕天子，万寿无疆。

四酌，《乐且有仪》 我求懿德，烝然来思。笾豆静嘉，式燕绥之。温温其恭，莫不令仪。追琢其章，髦士攸宜。

五酌，《正安》 思皇多士，扬于王庭。钟鼓乐之，肃雍和鸣。威仪抑抑，既安且宁。天子万寿，永观厥成。

政和鹿鸣宴五首

初酌酒，《正安》 思乐泮水，承流辟雍。思皇多士，贲然来从。雍雍济济，四方攸同。登于天府，维王是崇。

再酌，《乐育人才》 钟鼓皇皇，磬管锵锵。登降维时，利用宾王。髦士攸宜，邦家之光。媚于天子，事举言扬。

三酌，《贤贤好德》 呦鹿呦呦，载弁俅俅。烝然来思，旨酒思柔。之子言迈，泮涣尔游。于彼西雍，对扬王休。

四酌，《烝我髦士》 首善京师，灼于四方。烝我髦士，金玉其相。饮酒乐曲，吹笙鼓簧。勉戒徒御，观国之光。

五酌，《利用宾王》 遐不作人，天下喜乐。何以况之? 鸢飞鱼跃。既劝之驾，献酬交错。利用宾王，縻以好爵。

卷一百四十　　志第九十三

乐十五 鼓吹上

鼓吹者，军乐也。昔黄帝涿鹿有功，命岐伯作凯歌，以建威武、扬德风、厉士讽敌。其曲有《灵夔竞》、《雕鹗争》、《石坠崖》、《壮士怒》之名，《周官》所谓"师有功则凯歌"者也。汉有《朱鹭》等十八曲，短箫铙歌序战伐之事，黄门鼓吹为享宴所用，又有骑吹二曲。说者谓列于殿庭者为鼓吹，从行者为骑吹。魏、晋而下，莫不沿尚，

始有鼓吹之名。江左太常有鼓吹之乐，梁用十二曲，陈二十四曲，后周亦十五曲。唐制，大驾、法驾、小驾及一品而下皆有焉。

宋初因之，车驾前后部用金钲、节鼓、扪鼓、大鼓、小鼓、铙鼓、羽葆鼓、中鸣、大横吹、小横吹、觱栗、桃皮觱栗、箫、笳、笛、歌《导引》一曲。又皇太子及一品至三品，皆有本品鼓吹。凡大驾用一千五百三十人为五引，司徒六十四人，开封牧、太常卿、御史大夫、兵部尚书各二十三人。法驾三分减一，用七百六十一人为引，开封牧、御史大夫各一十六人。小驾用八百一十六人。太常鼓吹署乐工数少，每大礼，皆取之于诸军。一品已下丧葬则给之，亦取于诸军。又大礼，车驾宿斋所止，夜设警场，用一千二百七十五人。奏严用金钲、大角、大鼓，乐用大小横吹、觱栗、箫、笳、笛，角手取于近畿诸州，乐工亦取于军中，或追府县乐工备数。歌《六州》、《十二时》，每更三奏之。大中祥符六年，以其烦扰，诏罢追集，悉以禁兵充，常隶太常阅集。七年，亲享太庙，登歌始作，闻庙外奏严，遂诏：行礼之次，权罢严警；礼毕，仍复故。凡祀前一日，上御青城门观奏严。若车驾巡幸，则夜奏于行宫前，人数减于大礼，凡用八百八十人。真宗崇奉圣祖，亦设仪卫，别作导引曲，今附之。

《两朝志》云："大驾七千七百九十三人，法驾千三百五人，小驾千三十四人，人数多于前。銮驾九百二十五人。迎奉祖宗御容或神主祔庙，用小銮驾三百二十五人，上宗庙谥册二百人，其曲即随时更制。"

自天圣已来，帝郊祀、躬耕籍田，皇太后恭谢宗庙，悉用正宫《降仙台》、《导引》、《六州》、《十二时》，凡四曲。景祐二年，郊祀减《导引》第二曲，增《奉禋歌》。初，李照等撰警严曲，请以《振容》为名，帝以其义无取，故更曰《奉禋》。其后祫享太庙亦用之。大享明堂用黄钟宫，增《合宫歌》。凡山陵导引灵驾，章献、章懿皇后用正平调，仁宗用黄钟羽，增《昭陵歌》。神主还宫，用大石调，增《虞神歌》。凡迎奉祖宗御容赴宫观、寺院并神主祔庙，悉用正宫，惟仁宗御容赴景灵宫改用道调，皆止一曲。

皇祐中大飨明堂，帝谓辅臣曰："明堂直端门，而致斋于内，奏严于外，恐失靖恭之意。"诏礼官议之，咸言："警场本古之鼖鼓，所谓夜戒守鼓者也。王者师行、吉行皆用之。今乘舆宿斋，本缘祀事，则警场亦因以警众，非徒取观听之盛，恐不可废。若以奏严之音近明堂近，则请列于宣德门百步之外，俟行礼时，罢奏一严，亦足以称虔恭之意。"帝曰："既不可废，则祀前一夕迩于接神，宜罢之。"

熙宁中，亲祠南郊，曲五奏，正宫《导引》、《奉禋》、《降仙台》；祠明堂，曲四奏，黄钟宫《导引》、《合宫歌》；皆以《六州》、《十二时》。永厚陵导引、警场及神主还宫，皆四曲，虞主祔庙、奉安慈圣光献皇后山陵亦如之。诸后告迁、升祔、上仁宗、英宗徽号，迎太一宫神像，亦以一曲导引，率因事随时定所属宫调，以律和之。

元丰中，言者以鼓吹害雅乐，欲调治之，令与正声相得。杨杰言："正乐者，先王之德音，所以感召和气、格

降上神、移变风俗,而鼓吹者,军旅之乐耳。盖鼓角横吹,起于西域,圣人存四夷之乐,所以一天下也;存军旅之乐,示不忘武备也。'鞮鞻氏掌夷乐与其声歌,祭祀则龡而歌之,燕亦如之。'今大祀,车驾所在,则鼓吹与武严之乐陈于门而更奏,以备警严。大朝会则鼓吹列于宫架之外,其器既异先代之器,而施设概与正乐不同。国初以来,奏大乐则鼓吹备而不作,同名为乐,而用实异。虽其音声间有符合,而宫调称谓不可淆混。故大乐以十二律吕名之,鼓吹之乐则曰正宫之类而已。乾德中,设鼓吹十二案,制毡床十二,为熊罴腾倚之状。每案设大鼓、羽葆鼓、金铎各一,歌、萧、笳各二。又有叉手笛,名曰拱宸管,考验皆与雅音相应,列于宫县之籍,编之令式。若以律吕变易夷部宫调,则名混同而乐相紊乱矣。"遂不复行。

元符三年七月,学士院奏:"太常寺鼓吹局应奉大行皇帝山陵卤簿、鼓吹、仪仗,并严更、警场歌词乐章,依例撰成。灵驾发引至陵所,仙吕调《导引》等九首,已令乐工协比声律。"从之。

政和七年三月,议礼局言:"古者铙歌、鼓吹曲各易其名,以纪功烈。今所设鼓吹,唯备警卫而已,未有铙歌之曲,非所以彰休德、扬伟绩也。乞诏儒臣讨论撰述,因事命名,审协声律,播之鼓吹,俾工师习之。凡王师大献,则令鼓吹具奏,以耸群听。"从之。十二月,诏《六州》改名《崇明祀》,《十二时》改名《称吉礼》,《导引》改名《熙事备成》,六引内者,设而不作。

绍兴十六年,臣僚言:"国家大飨、乘舆斋宿必设警场,肃仪卫而严祀事。乐工隶太常,歌词备三叠,累朝以来皆用之。比者,郊庙行事,率代以钲、鼓,取诸殿司。夫军旅、祭祀,事既异,宜乐声清浊,用以殊尚。钲、鼓、鸣角列于卤簿中,所以示观德之盛,宜诏有司更制,兼籍鼓吹乐工以时阅习,遇熙事出而用之。"有司请下军器所造节鼓一,奏严鼓一百二十,鸣角亦如之,金钲二十有四。太常前后部振作通用一千八百五十七人,而鼓吹益盛。

孝宗隆兴二年,兵部言:"奉明诏,大礼乘舆服御,除玉辂、平辇等外,所用人数并从省约。内鼓吹合用八百四十一人,止用五百八十八人;警场合用二百七十五人,止用一百三十人。"淳熙中大阅,帝自祥曦殿戎服而出,皇太子、亲王、执政以下并从,诸将皆介胄乘马导驾,军器分卫前后,奏随军鼓管大乐。上寻易金甲,乘马升将台,殿帅举黄旗,诸军呼拜,奏发严,中军鸣角。马步簇队,连三鼓。至四鼓,举白旗,中军鼓声旗应,乃变方阵。别高一鼓,马步军出阵。别高一鼓,各归部队。五鼓举黄旗,变员阵。又鼓,举赤旗,变锐阵;青旗变直阵。收鼓讫,一金止,重鼓鸣角,簇队放教。此其凡也。

开宝元年南郊三首

《导引》 气和玉烛,睿化著鸿明,缇管一阳生。郊禋盛礼燔柴毕,旋轸凤凰城。森罗仪卫振华缨,载路溢欢声。皇图大业超前古,垂象泰阶平。岁时丰衍,九土乐升平,睹寰海澄清。道高尧、舜垂衣治,日月并文明。《嘉禾》、《甘露》登歌荐,云物焕祥经。兢兢惕惕持谦德,未许禅云、亭。

《六州》 严夜警,铜莲漏迟迟。清禁肃,森陛戟,羽卫俨皇闱。角声励,钲鼓攸宜。金管谐雅奏,逐吹透迤。荐苍璧,郊祀神祇,属景运纯禧。京坻丰衍,群材乐育,诸侯述职,盛德服蛮夷。 殊祥萃,九苞丹凤来仪。膏露降,和气洽,三秀焕灵芝。鸿猷播,史册相辉。 张四维,卜世永固丕基。敷玄化,荡荡无为,合尧、舜文思。混并寰宇,休牛归马,销金偃革,蹈咏庆昌期。

《十二时》 承宝运,驯致隆平,鸿庆被寰瀛。时清俗阜,治定功成,遐迩咏《由庚》。严郊祀,文物声明。会天正,星拱奏严更,布羽仪簪缨。宸心虔洁,明德播惟馨。动苍冥,神降享精诚。 燔柴半,万乘移天仗,肃銮辂旋衡。千官云拥,群后葵倾,玉帛旅明庭。《韶》、《濩》荐,金奏谐声,集休亨。皇泽浃黎庶,普率洽恩荣。仰钦元后,睿圣贯三灵。万邦宁,景贶福千龄。

真宗封禅四首

《导引》 民康俗阜,万国乐升平,庆海晏河清。唐尧、虞舜垂衣化,讵比我皇明!九天宝命垂丕觊,云物效祥英。星罗羽卫登乔岳,亲告禅云、亭。汾阴云:"星罗羽卫临汾曲,亲享答资生。" 我皇垂拱,惠化洽文明,盛礼庆重行。登封、降禅燔柴毕,汾阴云:"告虔睢上皇仪毕。"天仗入神京。云雷布泽遍寰瀛,遐迩振欢声。巍巍圣寿南山固,千载贺承平。

《六州》 良夜永,玉漏正迟迟。丹禁肃,周庐列,羽卫绕皇闱。严鼓动,画角声齐。金管飘雅韵,远逐轻飔。荐嘉玉,躬祀神祇,祈福为黔黎。升中盛礼,增高益厚,登封检玉,《时迈》合《周诗》。汾阴云:"方丘盛礼,精严越古,陈牲检玉,《时迈》展鸿仪。" 玄文锡,庆云五色相随。甘露降,醴泉涌,汾阴云:"嘉禾合。"三秀发灵芝。皇猷播,史册光辉。受鸿禧,万年永固不基。吾君德,荡荡巍巍,迈尧、舜文思。从今寰宇,休牛归马,耕田凿井,鼓腹乐昌期。

《十二时》 圣明代,海县澄清,惠化洽寰瀛。时康岁足,治定武成,遐迩贺升平。嘉坛上,昭事神灵。荐明诚,报本禅云、亭。汾阴云:"蠲洁答鸿宁。"俎豆列牺牲。宸心蠲洁,明德荐惟馨。纪鸿名,千载播天声。 燔柴毕,汾阴云:"亲祀毕。"云罕回仙仗,庆銮辂还京。八神扈跸,四隩来庭,嘉气覆重城。殊常礼,旷古难行,遇文明。仁恩苏品汇,沛泽被簪缨。祥符锡祚,武库永销兵。育群生,景运保千龄。

告庙《导引》 明明我后,至德合高穹,祗翼励精衷。上真紫殿回飚驭,示圣胄延鸿。躬承宝训表钦崇,庆泽布寰中。告虔备物朝清庙,荷景福来同。

奉祀太清宫三首

《导引》 穹旻锡祐,盛德日章明,见地平天成。垂衣恭己干戈偃,亿载祐黎甿。羽旄饰驾当春候,款谒届殊庭。精衷昭感膺多福,夷夏保咸宁。 圣君御宇,祗翼奉三灵,已偃革休兵。区中海外鸿禧浃,恭馆励虔诚。九旄七萃著声明,徯后徇舆情。丕图宝绪承繁祉,率土仰隆平。

《六州》 千载运,宝业正遐昌。钦至道,崇明祀,盛礼迈前王。銮辂动，万骑腾骧。驰道纷彩仗，瑞日煌煌。奉秘检，玉羽群翔，非雾满康庄。躬朝真馆，齐心绎思，顺风俯拜，奠酒蒸萧芗。　精衷达，飚轮降格昭彰。回羽旆，驻珊銮，旧地访睢阳。享清庙，孝德辉光，届灵场，星罗万国珪璋。陈牲币，金石锵洋，景福降穰穰。垂衣法坐，恩覃群品，庆均海宇，圣寿保无疆。

《十二时》　乾坤泰，帝寿遐昌，宇县乐平康。真游降格，宝海昭彰，宸跸造仙乡。崇妙道，精意齐庄。款灵场，洁豆荐芬芳，备乐奏铿锵。犹龙垂裕，千古播休光。极襃扬，明号洽徽章。　朝修展，春豫谐民望，睹文物煌煌。言旋羽卫，肃设坛场，报本达萧芗。申严祀，礼备烝尝，答穹苍。纯禧沾品汇，庆赉浃穷荒。封人献寿，德化掩陶唐。保绵长，锡祐永无疆。

亳州回诣玉清昭应宫一首

《导引》　秘文镂玉，金阁奉安时，旌盖俨仙仪。珠旒俯拜陈章奏，精意达希夷。卿云郁郁曜晨曦，玉羽拂华枝。灵心报贶垂繁祉，宝祚永隆熙。

亲享太庙一首

《导引》　躬朝太室，列圣大功宣，彩仗耀甘泉。秘文升辂空歌发，一路覆祥烟。珠旒荐献极精虔，列侍俨貂蝉。穰穰降福均寰宇，垂拱万斯年。

南郊恭谢三首

《导引》　重熙累盛，睿化畅真风，尊祖奉高穹。林芬彩仗明初日，瑞气满晴空。玉銮徐动出环宫，虔巩磬宸衷。礼成均庆人神悦，圣寿保无穷。

《六州》　承天统，圣主应昌辰。宝箓降，飚游至，瑞命庆惟新。崇大号，仰奉高真。献岁当初吉，天下皆春。谒秘宇，藻卫星陈，芗霭极纷纶。琼编焜耀，仙衣绰缭，垂旒俯拜，荐献礼惟寅。　芬芳备，精衷上达穹旻。尊道祖，享清庙，助祭万方臻。升泰畤，缛典弥文。侍群臣，汉庭儒雅彬彬。烟飞火举，毕严禋，天地降氤氲。高临华阙，恩覃动植，庆延宗社，圣寿比灵椿。

《十二时》　亨嘉会，万宇欢康，圣化迈陶唐。元符锡命，天鉴昭彰，徽号奉琳房。陈缛礼，献岁惟良。耀旂章，翠辇驻仙乡，睿意极齐庄。仙衣渥彩，玉册共荧煌。荐芬芳，飚驭降灵场。　回云罕，尊祖趋仙宇，金石韵锵洋。聿朝清庙，躬奠瑶觞，报本国之阳。执笾豆，列侍貂珰，对穹苍。洪恩濡夷夏，大庆浃家邦。垂衣紫极，圣寿保遐昌。集祺祥，地久与天长。

天书《导引》七首

诣泰山　我皇缵位，覆焘合穹旻，秘箓示灵文。齐居紫殿膺玄贶，降宝命氤氲。奉符让德事严禋，检玉陟天孙。垂鸿纪号光前古，迈八九为君。汾阴云："后祇坤德宅河汾，瘗玉考前闻。垂休纪绩超唐、汉，光监格鸿勋。"灵台偃武，书轨庆同文，奄六合居尊。圆穹锡命垂真箓，清晓降金门。升中报本禅云云，汾阴云："方丘报本务精勤。"严祀事惟寅。无为致治臻清净，见反朴还淳。

诣太清宫　宝图熙盛，登格圣功全，瑞命集灵篇。钦修祀典成明察，道祖降云轩。赖乡真馆宅真仙，朝谒帝心虔。尊崇教父膺鸿福，绵亘万斯年。　犹龙胜境，真

宇俨灵姿，肃谒展皇仪。宝符先路，嘉祥应，云物焕金枝。纷纭紫节间黄麾，藻卫极葳蕤。高穹报贶延休祉，仁寿协昌期。

诣玉清昭应宫　紫霄金阙，重叠降元符，亿兆祚皇图。云章焜耀传温玉，宝阁起清都。奉迎彩仗溢天衢，观者竞欢呼。明君钦翼承鸿荫，亿载御中区。　宝符锡祚，庆寿命惟新，俄降格飚轮。巍巍帝德增虔奉，懿号荐穹旻。精齐秘馆奉严禋，文物耀昌辰。升烟太一修郊报，鸿祉介烝民。

诣南郊　圣神缵绪，赫奕帝图昌，宝录降穹苍。宸心励翼修郊报，彩仗列康庄。祥烟瑞霭杂天香，管磬发声长。升坛礼毕膺繁祉，睿算保无疆。

建安军迎奉圣像《导引》四首

玉皇大帝　太霄玉帝，总御冠灵真，威德耸天人。宝文瑞命符皇运，绵远庆维新。洞开霞馆法虚晨，八景降飚轮。含生普洽空鸿福，圣寿比仙椿。

圣祖天尊　至真降鉴，飚驭下皇闱，清漏正依依。范金肖像申严奉，仙馆壮翚。万灵拱卫瑞烟披，岸柳映黄麾。九清祚圣鸿基永，尧德更巍巍。

太祖皇帝　元符锡命，祇受庆诚明，恭馆法三清。开基盛烈垂无极，金像俨天成。奉迎霞布甘泉仗，箫瑟振和声。灵辰协祚鸿仪毕，万国保隆平。

太宗皇帝　膺乾抚运，垂庆洽重熙，元圣嗣鸿基。发挥宝绪灵仙降，感吉梦先期。良金璀璨范真仪，精意答蕃釐。閟宫神馆崇严配，万祀播葳蕤。

圣像赴玉清昭应宫《导引》四首

玉皇大帝　先天气祖，魄宝御中宸，列位冠高真。绿符锡瑞昭元圣，宝历亘千春。琳宫壮丽俯严闉，璇碧照龙津。珍金铸像灵仪晬，集福庇烝民。

圣祖天尊　仙宗灵祖，御气降中宸，孚祐庆惟新。国工镕范成金像，仪炳动威神。玉虚圣境绝纤尘，欢抃洽群伦。导迎云驾归琳馆，恭肃奉高真。

太祖皇帝　石文应瑞，真主御寰瀛，慈俭抚群生。巍巍威德超千古，大业保盈成。神皋福地开恭馆，灵贶日昭明。铸金九牧天仪晬，绀殿蠹千楹。

太宗皇帝　乘云英圣，千载仰皇灵，垂法蔼朝经。禹金镕范肖仪刑，日角焕珠庭。琳宫翠殿凤文屏，迎奉庆安宁。孝思瞻谒荐惟馨，诚悫贯青冥。

奉宝册《导引》三首

玉清昭应宫　太霄垂佑，绵宇洽祺祥，祕检焕云章。宸心虔奉崇徽号，茂典迈前王。霞明藻卫列通庄，宝册奉琳房。都人震抃腾谣颂，亿载保欢康。

景灵宫　明明道祖，金阙冠仙真，清禁降飚轮。遥源始悟垂鸿庆，亿兆耸群伦。虔崇徽号盛仪陈，宝册奉良辰。邦家亿载蒙繁祉，圣寿保无垠。

太庙　祖宗垂佑，亨会协重熙，德泽被烝黎。虔崇尊谥陈徽册，藻卫列葳蕤。宸心致孝极孜孜，展礼诏台司。祥烟瑞霭浮清庙，绵宇被纯禧。

治平四年英宗祔庙一首

《导引》　寿原初掩，归跸九虞终，亿驭更无踪。思

皇攀慕追来孝,作庙继三宗。旌旗居外拥千重,延望想威容。宝舆迎引归新殿,奏享备钦崇。

熙宁二年仁宗、英宗御容赴西京会圣宫应天禅院奉安一首

《导引》 九清三境,飙驭杳难追,功烈并巍巍。洛都不及西巡到,犹识睟容归。三条驰道隐金槌,仙仗共逶迤。珠宫绀宇申严奉,亿载固皇基。

章惠皇太后神主赴西京一首

《导引》 祥符盛际,二鄙正休兵,瑞应满寰瀛。东封西祀鸣銮辂,从幸见升平。仙游一去上三清,庙食享隆名。寝园松柏秋风起,箫吹想平生。

中太一宫奉安神像一首

《导引》 九霄仙驭,四纪乐西清,游衍遍黄庭。云骈万里归真室,上应泰阶平。金舆玉像下瑶京,彩仗拥霓旌。天人感会千年运,福祚永昌明。

四年英宗御容赴景灵宫奉安一首

《导引》 鼎湖龙去,仙仗隔蓬莱,辇路已苍苔。汉家原庙临清渭,还泣玉衣来。风箫銮扇共徘徊,帐殿倚云开。春风不向天袍动,空绕翠舆回。

十年南郊,皇帝归青城《导引》一首

《降仙台》 清都未晓,万乘并驾,煌煌拥天行。祥风散瑞霭,华盖耸旍常,建耀层城。四列兵卫,燿火映金支翠旌。众乐警作充宫庭,皦绎成。绀幄掀,衮冕明。妥帖坛陛,霄升振珩璜,神格至诚。云车下冥冥,储祥降嘏莫可名。御端阙,肸号敷荣。泽翔施溥,茂祉均被含生。

元丰二年慈圣光献皇后发引四首

仪仗内《导引》一首 驾班龙,忽催金母,转仙仗,去瑶宫。绛阙深沉杳无踪,渐尘空。丝网琼林,花似怨东风,垂清露啼红。犹想旧春中,献万寿,宝船空。

警场内三曲

《六州》 九龙舆,记春暮,幸蓬壶。琼闱敞,绣仗趋,年华与逝水俱。瑶京远,信息断无。宝津池面落花铺,愁晚容车来禁涂。凤箫銮翠,西指昭陵去。旧赏蟠桃熟,又见涨海枯。应共灵真母,曳霞裾。 宴清都,恨满山隅,春城翠柏藏乌。扃户剑,照灯鱼,人间一梦觉余。泉宫窈窕镶夜龙,银江澄澹浴仙凫,烟冷金炉玉殿虚。绿苔新长,雕辇曾行处。夜夜东朝月,似旧照锦疏,侍女盈盈泪珠。

《十二时》 治平时,暂垂帘,佑圣子,解危疑。坐安天下,逾岁厌避万机,退处宸闱。殿开庆,养志入希夷。扶皓日,浴咸池。看神孙抚御,千载重絮熙,四方钦仰洪慈。阴德远,仁功积,欢养罄九域,礼无违。事难期,乘霞去,乍睹升仙,诰下九围。泣血涟如,更鸾车动,春晚雾暗翠旗,路指嵩、伊。薤歌凤吹,悠扬逐风悲。珠殿悄,纲尘垂。空坐湿,罔极吾皇孝思,镂玉写音徽。彤管烨,青编纪,宁更羡周《雅》播声诗。

《祔陵歌》 真人地,瑞应待圣时。巩原西,荥、河会、涧、洛与瀍、伊,众水萦回。嵩高映抱,几叠屏帏。秀岭参差,遥山群凤随。共瞻陵寝浮佳气,非烟朝暮飞,龟筮告前期。莫收玉翠,筵卷时衣。銮辂晓驾载龙旂,路

逶迟。铃歌怨,画翣引华芝,雾薄风微。真游远,闭宝阁金扉,侍女悲啼。玉阶春草滋,露桃结子灵椿翠,青车何日归!衔恨望西畿。便一房镳,夜台晓无期。

虞主回京四首

仪仗内《导引》一曲 龙舆春晚,晓日转三川,鼓吹惨寒烟。清明过后落花天,望池馆依然。东风百宝泛楼船,共荐寿当年。如今又到苑西边,但魂断香辇。

警场内三曲

《六州》 庆深恩,宝历正乾坤。前帝子,后圣孙,援立两仪轩。西宫大母朝寝门,望椒阃常温。芳时媚景,有三千宫女,相将奉玉辇金根。上林红英繁,缥缈钧天奏梨园。望绝瑶池,影断桃源。恨难论,开禁闱,春风丹旍翩翩。飞翠盖,驾珉辒,容卫入西原。管箫动地清喧,陵上柏烟昏。残霞弄影,孤蟾浮天外,行人触目是消魂。问苍天,尘世光阴去如奔。河、洛潆洄,此恨长存。

《十二时》 望嵩、邙,永昭陵畔,王气压龙冈。巩、洛灵光,郁郁起嘉祥。虚彩帟,转哀仗,阒幽堂。叹仙乡路长,景霞飞松上。珠襦宵掩,细扇晨归,崑阆茫茫。满目东郊好,红葩斗芳,韶景空骁荡。对春色,倍凄凉,最情伤。从辇嫔,指瑶津路,泪雨泣千行。翠珥明珰,曾忆荐琼觞。春又至,人何往,事难忘,向斜阳断肠。听钧天嘹亮,清都风细,朱栏花满,谁奏清商!紫幄重帘外,时飘宝香。环佩珊珊响,问何日,反珉房!

《虞主歌》 转紫芝,指东都帝畿。愁雾里,箫声宛转,辇路逶迤。那堪见,郊原芳菲,日迟迟。对列凤翠龙旗,轻阴黯四垂。楼台绿瓦洹琉璃,仙仗归。寿原清夜,寒月掩榆祎。翠幌珉轮,空反灵螭。憩长岐,嵩峰远,伊川渺弥。此时还帝里,旌旛上下,葆羽葳蕤。天街回,垂杨依依。过端闱,闻阊正辟金扉,觚棱射暖晖。虞神宝篆散轻丝,空涕洟。望陵宫女,嗟物是人非。万古千秋,烟惨风悲。

虞主祔庙仪仗内一首

《导引》 轻舆小辇,曾宴玉栏秋,庆赏殿宸游。伤心处,兽香散尽,一夜入丹丘。翠帘人静月光浮,但半卷银钩。谁知道,桂华今夜,欲照鹊台幽。

五年景灵宫神御殿成,奉迎一首

《导引》 新宫翼翼,巨丽冠神京,金虬蟠绣楹。都人瞻望洪纷处,陆海涌蓬、瀛。仙舆缥缈下圆清,彩仗拥天行。焌黄珠幄承灵德,锡羹永升平。

慈孝寺彰德殿迁章献明肃皇后御容赴景灵宫衍庆殿奉安一首

《导引》 九清云杳,飙驭逸难追,功化盛当时。保扶仁圣成嘉靖,彤管载音徽。天都左界抗华榱,仙仗下逶迤。宝楹黼帐承神贶,万寿永无期。

八年神宗灵驾发引四首

《导引》 金殿晚,注目望宫车,忽听受遗书。白云缥缈帝乡去,抱弓空慕龙湖。瑶津风物胜蓬壶,春色至,望珉舆。花飞人寂寂,凄凉一梦清都。

《六州》 炎图盛,六叶正协重光。膺宝瑞,更法度,智通轶超成汤。昭回汉烂文章,震扬威武慑多方,生民帖

泰拥殊祥。封人祝颂，万寿与天长。岂知丹鼎就，龙下五云旁。飘然真驭，游衍仙乡。泣彤裳，伊、洛洋洋，嵩峰、少室相望。藏弓剑，游衣冠，隽功盛德难忘。泉台寂，鱼烛荧煌。银海深，凫雁翱翔。想像平居，漫焚香。望陵人散，翠柏忽成行。独余嵩峰月，夜夜照幽堂，千秋陈迹凄凉。

《十二时》　珍符锡，佑启真人，储思在斯民。勤劳日升，万物皆入陶钧。收威柄，更法令，《鼎》从新。东风吹百卉，上苑正青春。流虹节近，衣冠玉帛，交奏严宸，万寿祝尧仁。忽听宫车晚出，但号慕，瞻云路，企龙鳞。穷天英冠古精神。杳然上僊，人空望属车巡。虚仗星陈，画翠环拥龙辂。泉宫揜，帝乡远，邈难亲。反珥轮，飞羽盖，还渡天津。雾迷朱服，风摇细扇，触目悲辛。列嫔嫱，垂红泪，浥行尘。相将问，何日下青旻？

《永裕陵歌》　升龙德，当位富春秋。受天球，膺骏命，玉帛走诸侯。宝阁珠楼临上苑，百卉弄春柔。隐约瀛洲，旦旦想宸游。那知羽驾忽难留，八马入丹丘，哀仗出神州。笳声凝咽，旌旂云悠悠。碧山头，真人地，龟洛奥，凤台幽。绕伊流，嵩峰冈势结蛟虬。皇堂一闭威颜杳，寒雾带天愁。守陵嫔御，想像奉龙輈。牙盘赭案肃神休，何日觐云裘！红泪滴衣襟，那堪风点缀柏城秋。

虞主回京四首

《导引》　上林寒早，仙仗转郊坼，笳鼓入云悲。逶迤辇路过西池，楼阁锁参差。都人瞻望意如疑，犹想翠华归。玉京传信杳无期，空掩赭黄衣。

《六州》　承圣绪，垂意在升平。驱貔虎，策豪英，号令肃天兵。四方无复羽书征，德泽浸群生。睿谋雄隽，绌汉高狭陋，慕三皇二帝登闳，缉乐缀文明。将升岱岳告功成，玉牒金绳，胜宝飞声。事难评。轩鼎就，清都一梦俄顷。飞霞佩，乘龙驭，羽卫入高清。祥光浮动五色，迎鸾凤，杂箫笙。因山功就，同轨人至，铭旌画翣，行背重城。楚笳凝咽，汉仪雄盛，攀慕伤情。惟余内传，知向蓬、瀛。

《十二时》　太平时，御华夷。躬听断，破危疑。春秋鼎盛，绌声乐游嬉，日升繁机。长驾远驭，垂意在轩、羲。恢六典，斥三垂。有殊尤绝迹，盛德旁魄周施，方将缀缉声诗。扩皇纲，明帝典，绍累圣重熙，高拱无为，事难知。春色盛，逼千秋嘉节，忽闻凭玉几，颁命彤闱，厌世御云归。翊翠凤，驾文螭，缥缈难追。侍臣宫女，但攀慕号悲。玉轮动，指嵩、伊、龙镳日益远，空游汉庙冠衣。惟盛德巍巍，镂玉册，传青史，昭示无期。

《虞神》　复土初，明旌下储胥。回虚仗，箫笳互奏，旌旆随驱。岂知飚御在蓬壶，道紫纡。风日惨，六马蹄踌，留恨满山隅。不堪回首，翠柏已扶疏。帝城渐迩，愁雾镰天衢。公卿百辟，鳞集云敷，迓龙舆。端门辟，金碧凌虚，此时还帝都。严清庙，入空时，升文物，灿烂极嘉娱。配三宗，号称神古所无。帝德协唐、虞，《九歌》毕奏斐然殊，会轩朱。神具燕喜，锡福集皇居。更千万祀，佑启邦图。

神主祔庙一首

《导引》　岁华婉娩，侍宴玉皇宫，珊珊出房中。岂知轩后丹成去，望绝鼎湖龙。寿原初掩九虞终，归跸五云重。惟余宝册书鸿烈，清庙配三宗。

政和三年追册明达皇后一首

《导引》　来嫔初载，令德冠层城，柔范蔼徽声。熊罴梦应芳兰郁，佳气拥雕楹。珠宫缥缈泛蓬、瀛，脱屣世缘轻。空余宝册光琼玖，千古仰鸿名。

神主祔别庙一首

《导引》　柔容懿范，奋岁蔼层闱，兰梦结芳时。秋风一夜惊罗幕，鸾扇影空回。荣追袆翟盛威仪，遗像掩瑶扉。春来只有芭蕉叶，依旧倚晴晖。

景灵西宫坤元殿奉安钦成皇后御容一首

《导引》　云軿芝盖，仙路去难攀，海浪溅三山。重迎遗像临驰道，还似在人间。西宫瑶殿指坤元，璇榜耸飞鸾。移升宝殿从新诏，盛典永流传。

别庙一首

《导引》　蓬莱邃馆，金碧照三山，真境胜人间。秋风又见芭蕉长，遗迹在人寰。云軿一去杳难攀，斑竹彩舆还。深宫旧槛闻箫鼓，怅望惨朱颜。

卷一百四十一　　志第九十四

乐十六 鼓吹下

高宗郊祀大礼五首

《导引》　圣皇巡狩，清跸驻三吴，十世嗣瑶图。边尘不动干戈戢，文德溥天敷。灰飞缇室气潜嘘，郊见紫坛初。归来赦令楼前下，喜气溢寰区。

《六州》　双凤落，佳气蔼龙山。澄江左，清湖右，日夜海潮翻。因吉地，卜筑圜坛。宏基隆陛级，神位周环。边陲静，挂起橐鞬，奠枕海隅安。三年亲祀，一阳初动，虔修大报，高处紫烟燔。看鸣銮，钩陈肃，天仗转，朔风寒。孤竹管，云和瑟，乐奏彻天关。嘉笾荐，玉奠玙璠，奉神欢。九霄瑞气起祥烟，来如风马欻然还，留福已滋繁。回龙驭，升月阙，布皇泽，春色满人间。

《十二时》　日将旦，阴曀潜消，天宇扇祥飚。边陲静谧，夜熄鸣刁，文教普旁昭。兴太学，多士舒翘。奉宗祧，新庙榜宸毫，配侑享于郊。慈宁万寿，四海仰东朝。男女正，中壸致《桃夭》。年屡稔，漕舟衔尾伙，高廪接楹饶。庙堂自有擎天一柱，功比汉庭萧。多少群工同德，俊乂旁招。吉祥诸福集，燮理四时调。三年郊见，六变奏《咸》、《韶》。望云霄，降福与唐尧。

《奉禋歌》　苍苍天色是还非，视下应疑亦若斯。统元气，覆无私。四时寒暑推移，物蕃滋，造化有谁知！严大报，反本始，礼重祀神祇。律管灰吹，黄宫动，阳来复，景长时。车陈法驾，仗列黄麾，帝心祗。紫霄霁，霜华薄，星烂明垂。祥烟起，纷敷浮衮冕，六变笙镛迭奏，一诚币玉交持。宫漏声迟,千官显相多仪。百神嬉,风马云车,来止来绥,诞降纯禧。受神策,万年无极,歌颂《昊天成命》周诗。

《降仙台》 升烟既罢,良夜未晓,天步下神丘。锵锵鸣玉佩,炜炜照金莲,杳霭云裘。彩仗初转,回龙驭,旌旆悠悠。星影疏动与天流,漏尽五更筹。大明升,东海头。杲杲灵曜,倒影射旗旒。辇路具修,郁葱瑞光浮。归来双阙,看御楼,有仙鹤衔书赦囚。万方喜气,均祉福,播歌讴。

孝宗郊祀大礼五首

《导引》 重华天子,长至奉神虞,九奏会轩、朱。星晖云润东方晓,拜贶竹宫初。归来千乘护皇舆,瑞景集金铺。鸡竿高唱恩书下,惠露匝中区。

《六州》 严更永,今夕是何年?玉衡正,钩陈灿,天宇起祥烟。协风应,江海安澜。重规仍叠矩,圣主乘乾。舜授禹,盛事光前,称寿玉卮边。三年亲祀,一阳回律,八乡承宇,帆陛紫为坛。仰天颜,斋居寂,诚心肃,礼容专。鸣钟石,拥舆卫,五辂列骈阗。听金钥,虎旅无喧。俨千官,须期显相嘉笾。一人俭德动天渊,费减大农钱。神示格,宗祧燕,人民悦,祉福正绵绵。

《十二时》 庭有燎,叠鼓鸣鼍,更问夜如何?信星彪列,天象森罗。虔旦闷宫,毕觞清庙,浆柘樽牺继猗那,嘉颂可同科。虞圣万肩摩。饬躬缛仪多,丘泽合,岳渎从羲、和。神光烛,云车风马,芝作盖,玉为珂。奉瑄成礼,燔柴竣事,休嘉砰隐,丹阙湛恩波。共愿乾坤赜祉,边鄙投戈。覆孟连瀚海,洗甲入天河。欣欣喜色,长遇六龙过。奏云和,三春荐嘉禾。

《奉瑄歌》 吹葭缇籥气潜分,云采宜书壤效珍。长日至,一阳新。四时玉烛和均,物欣欣,化转洪钧。郊之祭,孤竹管,六变舞《云门》。自古严禋,牺牲具,粢盛洁,豆笾陈。衮龙陟降,币玉纷纶,彻高闉。灵之胥,神哉沛,排历昆仑。《九歌》毕,盈郊瞻梗燎,斗转参横将旦,天开地辟如春。清跸移轮,阗然鼓吹相闻。籴祥云,骧胪八阶,釐逆三神。圣矣吾君!华封祝,慈宫万寿,椒掖多男,六合同文。

《降仙台》 漏残柝静,鸡声远到,高燎入层霄。云袭蟠瑞霭,天步下嘉坛,旗旆飘摇。黄麾列仗貔貅整,气压江潮。导前从后盛官僚,玉佩间金貂。望扶桑,日渐高,阴霾霜雪,底处不潜消!辇路祥飙,披拂绛纱袍。云间端阙仰宫尧,挟春泽,喜浃黎苗。礼成大庆鳌三抃,受昕朝。

宁宗郊祀大礼四首

《六州》 皇抚极,明德贯乾坤。信星列,卿云烂,辉亘紫微垣。思报贶,明诏祠官,练时蒐旷典,紫墀觚坛。昭孝德,亲御和鸾,振鹭玉珊珊。精纯谒款,旹萧炉炀,黄流湛澹,百禾布生兰。扣天阍,延飞驾,相仿佛,降云端。神光集,嘉响应,霭霭万衣冠。竣熙事,清晓轻寒。恣荣观,华衣雾縠般般。乾坤并贶庆君欢,翘首圣恩宽。遵皇极,沛天泽,灵心怿,龟鼎永尊安。

《十二时》 宵景霁,河汉清夷,旷典讲明时。合祛升侑,孝德爱熙。陈祼閟宫,澹觞太室,来奏天仪。驷苍螭,玉辂驭龚绥。舠陛展躬祠。长梢饰玉,翠羽秀金支。华始倡,雅韵出宫垂。神来下,云车风马,缤晻蔼,宴栖迟。毕觞流胙,柴烟竣事,棠梨回谒,宣室受蕃釐。盛德无心专飨,端为民祈。云恩有截,雨泽需无涯。君王愉乐,和气溢瑶卮。寿天齐,长拥神基。

《奉禋歌》 葭飞璇籥初阳,云绝清台荐景祥。风应律,日重光。岁功顺,底金穰。寿而康,庭壸乐无疆。皇展报,新礼乐,舠陛咏宾乡,珠幄烦黄。登瑞缥,陈俎豆,澹嘉觞。衮衣辉焕,宝珮琳琅,莫椒浆。庆阴阴,神来下,凤鬻龙骧。灵燕喜,锡符仍降嘏,镛管琳琅欢亮。神之出,兰芷堂。辇路天香,轻烟半袭旂常,祉滂洋。受釐宣室,返驭斋房,恩与风翔。华封祝,皇来有庆,八荒同寿,宝历无疆。

《降仙台》 星芒收采,云容放晓,羲驭渐扬明。舠坛竣事霁,风袭衮衣轻,銮路尘清。甘泉卤簿祲威肃,回轸旋衡。千官导从粲簪缨,钧奏间《韶》、《英》。瞻龙闱,近凤城。都人云会,芬葧夹道欢迎。宸极尊荣,卮玉庆熙成。琼楼天上起和声。布春泽,洪畅寰瀛。嵩呼万岁鳌三抃,颂升平。

明堂大礼四首

《合宫歌》 圣明朝,旷典乘秋举,大飨本仁祖。九室八牖四户,敕躬齐戒格堪舆。盛牲实俎,并侑总稽古。玉露乍肃天宇,冰轮下照金铺。燎烟嘘,郁尊香,《云门》舞。仿佛翔坐,灵心咸嘉娱。众星俞,美光属,照烦珠。清晓御丹匀,湛恩遍浃率溥,欢声雷动岳镇呼。徐命法驾,万骑花盈路。万姓齐祝,寿同天地,事超唐、虞。看平燕云,从此兴文偃武,待重会诸侯旧东都。

《六州》 商秋肃,嘉会协中辛。涓路寝,修禋祀,圣德昭清。端志虑,磬竭斋精,锦绣排天仗,羽卫缤纷。朝太室,返中宸,祓袭接神明。时平天地俱清晏,兼行万宝,物盛蔼清馨。瞻烟座,春容娱燕三灵。奠瑶爵,荐量币,清思窈冥冥。望昆苍,输嘉祥,塞缊缊。诚殚礼洽庆休成,润泽被生民。端门肆眚,昕庭称贺,俱将戬穀万寿祝明君。

《十二时》 炎图巩,天祚昌期,圣德茂重离。英明经远,濬哲昭微。宝俭更深慈,观万国累洽重熙。对时报礼秩神祇,玉帛凑华夷。肃雍显相,百辟尽钦祗。奄嘉虞,英璧莫华滋。神安坐,景气澄虚极,光焰烛长丽。展诗律,万舞透兹,三献洽皇仪。垂灵祲,庆祐来宜,礼无违。鸣銮临帝阙,飞凤下天倪。清和寰宇,霈泽一朝驰。醇化无为,万祀巩丕基。

《导引》 合宫亲飨,青女肃长空,精意与天通。后皇临顾谁为侑?文祖暨神功。函蒙祉福岁常丰,声教被华戎。两宫眉寿同荣乐,戬穀永来崇。

乾道发太上皇帝、太上皇后册宝一首

《导引》 重华真主,晨夕奉庭闱,禋祀庆成时。乾元坤载同归美,宝册两光辉。斑衣何似赭黄衣,此事古今稀。都人欢乐嵩呼震,圣寿总天齐。

淳熙发太上皇帝、太上皇后册宝一首

《导引》 新阳初应,乐事起彤庭,和气满吴京。帝

家来庆东皇寿，西母共长生。金书玉篆粲龙文，前导沸欢声。修龄无极名无尽，一岁一回增。

　　加上太上皇帝、太上皇后册宝一首
　　《导引》　皇家多庆，亲寿与天长，德业播辉光。焜煌宝册来清禁，玉篆映金相。庭闱尊奉会明昌，佳气溢康庄。洪禧申辑名增衍，亿载颂无疆。

　　恭上寿圣皇太后、至尊寿皇圣帝、寿成皇后尊号册宝一首
　　《导引》　皇家盛事，三殿庆重重，圣主极推崇。瑶编宝列相辉映，归美意何穷。钧《韶》九奏度春风，彩仗焕仪容。欢声和气弥寰宇，皇寿与天同。

　　加上寿圣皇太后尊号册宝一首
　　《导引》　重亲万寿，八帙衍新元，礼典备文孙。温温和气迎长日，宝册焕瑶琨。徽音显号自尧门，德行已该存。更期昌算齐箕翼，愈久愈崇尊。

　　嘉泰二年加上寿成太皇太后册宝一首
　　《导引》　思齐文母，盛德比姜、任，拥佑极恩深。汤孙归美熙鸿号，镂玉更绳金。虞廷万辟萃华簪，法仗俨天临。层闱庆典年年举，千古播徽音。

　　亲耕籍田四首
　　《导引》　春融日暖，四野瑞烟浮，柳菀更桑柔。土膏脉起条风扇，宿雪润田畴。金根毂转如雷动，羽卫拥貔貅。扶携老稚康衢满，延跂望凝旒。斗移星转，一气又环周，六府要时修。务农重谷人胥劝，耕籍礼殊尤。坛壝岳峙文明地，黛耜驾青牛。雍容南亩三推了，玉趾更迟留。

　　《六州》　昭圣武，不战屈人兵。干戈戢，烽燧息，海宇清宁。民丰业，歌咏升平。愿咸归畎亩，力穑为甿。经界正，东作西成。农务轸皇情，躬亲耒耜，相劝深耕。人心感悦，击壤沸欢声。乘銮辂，羽旗彩仗鲜明。传清跸，行黄道，缇骑出重城。仰瞻日表映朱纮，环佩更锵鸣。百执公卿，不辞染履盲专精，准拟奉粢盛。田多稼，风行遐迩，家家给足，胥庆三登。

　　《十二时》　临寰宇，恭已岩廊，属意在耕桑。爱民利物，德迈陶唐，跻俗尽淳厖。开千亩，帝籍神仓。举彝章，祇祓坛场，为农事祈祥。涓辰行礼，节物值春阳。馨齐庄，明德荐馨香。宫禁邃，嫔妃并御侍，稑穄献君王。中闱表率，阴教逾光。帐殿霭烟黄，楚桎设，翠幕高张，庆云翔。樽罍陈酒醴，金石奏宫商。神灵感格，岁岁富仓箱。庆明昌，行旅不赍粮。

　　《奉禋歌》　吾皇端立太平基，奉祀肃雍格神祇。抚御耦，降嘉种，何辞手揽洪縻。命太史视日，祗告前期。验穹象，天田入望更光辉。掌礼陈仪，蒐巨典，迎春令，颁宣温诏，遍九围，人尽熙熙。仰明时，俨垂衣，佳气氤氲表庞禧。丰屡屡，大田生异粟，含滋吐秀，九种传图，尽来丹阙，瑞应昌时。亨运正当摄提，伫见咏京坻。躬稼穑，重耘耔。盛礼兴行先百姓，崇本业，忧勤如禹、稷，播在声诗。

　　显仁皇后上仙发引三首
　　《导引》　长乐晚，彩戏莱衣，奄忽梦报仙期。帝乡渺渺乘鸾去，啼红嫔御不胜悲，苍梧烟水杳难追。肠断处，过江时。银涛千万叠，不知何处是瑶池。

　　《六州》　中兴运，孝治格平升。回魂驭，骍凤驾，册宝初上鸿名。龙楼问寝候鸡鸣，更翻来戏彩衣轻。坤舆夜照老人星，金觞上寿，长愿燕慈宁。乘云何处去！愁断紫箫声。追思金殿，椒壁丹楹。又谁知勤俭仁明，风行化被宫庭。佑圣主，底明时，阴功暗及生灵。离宫晚，花卉娉婷。甲观高，潮海峥嵘。往事回头，忽飘零。空留嫔御，掩泣望霓旌。会稽山翠，永祐陵高，而今便是蓬、瀛。

　　《十二时》　炎图景运正延鸿，文思坐深宫。慈宁大养，乐事时奏宸聪。皇龄永，恩霈下遍寰中。君王垂彩服，嫔御上瑶钟。年年诞节，就盈吉月，交庆流虹。欢洽意方浓，不觉仙游渺邈，但号泣苍穹。追慕念音容，诗书慈俭，配古追踪。躬行四德，谁知继《二南》风。移盼俄空，宝鉴脂泽尘封。清都远，帝乡遥，杳难通。想云辀还上瀛、蓬。稽山何在？当年禹宅，万古葱葱。归难堪，潮头定，海波融。

　　显仁皇后神主祔太庙一首
　　《导引》　返虞长乐，犹是忆宾天，何事驾仙輧。箫笳仪卫辞宫阙，移仗入云烟。于皇清庙敞华筵，昭穆谨承先。千秋长奉烝尝孝，永享中兴年。

　　钦宗皇帝一首
　　《导引》　鼎湖龙远，九祭毕嘉餚，遥望白云乡。箫笳凄咽离天阙，千仗俨成行。圣神昭穆盛重光，宝室万年藏。皇心追慕思无极，孝飨奉烝尝。

　　安穆皇后一首
　　《导引》　凤箫声断，缥缈溯丹丘，犹是忆河洲。荧煌宝册来天上，何处访仙游？葱葱郁郁瑞光浮，嘉酻侑芳羞。珝舆绣帻归新庙，百世与千秋。

　　景灵宫奉安神御三首
　　徽宗皇帝《导引》　中兴复古，孝治日昭鸿，原庙饰瑰宫。金璧千门磻万碣，楹桷竞穹崇。亭童芝盖拥旌龙，列圣俨相从。共锡神孙千万寿，龟鼎亘衡、嵩。

　　显仁皇后《导引》　坤仪厚载，遗德满寰中，归御广寒宫。玉容如在飙舆远，长乐起悲风。霓旌绛节下层空，云阙晓曈昽。真游千载安原庙，圣孝与天通。

　　钦宗皇帝《导引》　深仁厚德，流泽自无穷，仙驭倏宾空。衣冠未返苍梧远，遥望鼎湖龙。人间仿佛认天容，缥缈五云中。帝城犹有遗民在，垂泪向西风。

　　安恭皇后上仙发引一首
　　金殿晚，愁结坤宁。天下母，忽仙升。云山浩浩归何处？但闻空际彩鸾声。紫箫断后无踪迹，烟霭夜澄澄。晓梦到瑶城，当时花木正冥冥。

　　高宗梓宫发引三首
　　《导引》　寒日短，草露朝晞。仙鹤下，梦云归。大椿亭畔苍苍柳，怅无由挽住天衣。昭阳深，瞑鸦飞。愁带箭，恋恩栖。笳箫三叠奏，都人悲泪袂成帷。

　　《六州》　尧传舜，盛事千古难并。回龙驭，辞凤掖，北内别有蓬、瀛。为天子父，册鸿名，万年千岁福康宁，春秋不说楚冥灵。莱衣彩戏，汉殿玉卮轻，宸游今不见，烟外落霞明。前回丁未，雾塞神京。正同符光武中兴，擎

天独力扶倾。定宗庙,保河山,乾坤整顿庚庚。功成了,脱屣遗荣。访崆峒,容与丹庭。笑挹尘寰,不留行。吾皇哀恋,泪血洒神旌。肠断涛江渡,明日稽山,暮云东望元陵。

《十二时》 璧门双阙转苍龙,德寿俨祗宫。轩屏正坐,天子亲拜天公。仪绅笏,罗鹓鹭,粲庭中。仙家欢不尽,人世寿无穷。谁知云路,玉京成就,催返璇宫,转手万缘空。见说烟霄好处,不与下方同。尘合雾迷濛,笙箫寥亮,楼阁玲珑。中兴大业,巍巍稽古成功。事去孤鸿,忍听霄柝晨钟!灵鼍驾,素帏低,杳庬茸。浙江潮,万神护,川后滋恭。因山祗事,崔嵬禹穴,此日重逢。柏城封,愁长夜,起悲风。歌《清庙》,千古诵高宗。

虞主赴德寿宫一首
《导引》 上皇天大,华旦焕尧文,鸿福浩无垠。羽龙俄驾灵辀去,空镵鼎湖云。稽山翠拥浙江渍,归斾卷缤纷。仙游指日严升祔,万载颂高勋。

祔庙一首
《导引》 虞觞奉主,仙驭返皇宫,礼典极钦崇。云旗前导开清庙,龙管咽薰风。巍巍尧父告神功,追慕孝诚通。千秋万岁中兴统,宗祀与天同。

淳熙十六年高宗神御奉安一首
《导引》 中兴挥逊,功德仰兼隆,仁泽被华戎。鼎湖俄痛遗弓堕,如日想威容。柔仪懿范与尧同,飚驭俨相从。灵宫真馆偕来燕,垂裕永无穷。

绍熙五年孝宗皇帝虞主还宫一首
《导引》 孝宗纯孝,前圣更何加!高蹈处重华。丹成仙去龙辀远,越岸暮山遐。波神先为卷寒沙,来往护灵槎。九虞礼举神祇乐,万世佑皇家。

祔庙一首
《导引》 吾皇尽孝,宗庙务崇尊,巨典备弥文。巍巍东向开基主,七世祔神孙。追思九闱整乾坤,寰宇慕洪恩。从今密迩高宗室,千载事如存。

庆元六年光宗皇帝发引一首
笳鼓发,云惨寒空。丹旐去,卷悲风。忧勤六载亲几务,有巍巍圣德仁功。襄襚尊处大安宫,荆鼎就,遽遗弓。仙游攀不及,臣民号恸诉苍穹。

神御奉安一首
《导引》 龟书昺焕,历数在皇躬,挥逊仰高风。鼎湖龙去遗弓堕,冠剑镵深宫。涂山齐德翊成功,仙魄蚤宾空。珍台闲馆栖神地,献飨永无穷。

宁宗皇帝发引三首
《导引》 三弄晓,云黯天低。攀六引,转悲凄。俭慈孝哲钟天性,深仁厚泽遍群黎。东西南北俱霓。功甫就,别宸闱。臣民千古恨,几时羽卫带攀归!

《六州》 明天子,昔日丕纂鸿图。躬道德,崇学问,稽古训,访群儒。日亲广厦论唐、虞,讲求政治想都俞,君臣一德志交孚。外夷效顺,犹自选车徒。仁恩沾四国,固结满寰区。千年宗社,万岁规橅。重新天命出乾符,老癃策杖相扶,愿观德化遍方隅。幸无死须臾,谓宜圣寿等嵩呼。遽登云舆上龙湖,宸居幽寂紫云孤。宸章宝画,但

与日星俱。龙帏凤翣已载涂,忍听笳鼓嗟吁!

《十二时》 弋绨革舄最仁贤,俭德自躬全。尤勤庶政,三十余年。金风肃,秋渐老,摄调愆。忧悃遍群祀,号泣诉旻天。缀衣将出,神凝玉几,一夜登仙,弓堕隔苍烟。七月有来同轨,引绋动灵輴。凄怆泪潸然,行号巷哭,《雍露》声传。东城去路,惊涛忍见江船!憔悴山川,不禁箫鼓咽。山阴处,茂林修竹芊芊。望陵宫,应弗远,金粟堆前。人徒慕恋,百神警侍,盎鬵驱先。戴鸿恩,空痛慕,泪珠连。千秋岁,功德寄华编。

神主祔庙一首
《导引》 中兴四叶,休德继昭清,王度日熙平。气调玉烛金穰应,八表颂声腾。中原图籍入宸廷,列圣慰真灵。衮龙登庙游仙阙,亿万载尊承。

宝庆三年奉上宁宗徽号一首
《导引》 中兴五叶,天子肇明禋,一德格高旻。宁皇至圣功超古,万国慕深仁。徽称显号又还新,功德粲雕珉。乾坤绘画终难尽,遗泽在斯民。

庄文太子薨一首
《导引》 秋月冷,秋鹤无声。清禁晓,动皇情。玉笙忽断今何在?不知谁报玉楼成。七星授筶骖鸾种,人不见,恨难平。何以返霓旌?一天风露苦凄清。

景献太子薨一首
《导引》 霜月苦,宫鼓冬冬。霓旐启,鹤闱空。洞箫声断知何处,海山依约五云东。玉符龙节参神阙,昭圣眷,惨天容。千古恨无穷,遍山松柏撼悲风。

卷一百四十二　　志第九十五

乐十七

诗乐　琴律　燕乐　教坊
云韶部　钧容直　四夷乐

诗乐　虞庭言乐,以诗为本。孔门礼乐之教,自兴于《诗》始。《记》曰:"十有三年学乐、诵诗。"咏歌以养其性情,舞蹈以养其血脉,此古之成材所以为易也。宋朝湖学之兴,老师宿儒痛正音之寂寥,尝择取《二南》、《小雅》数十篇,寓之埙籥,使学者朝夕咏歌。自尔声诗之学,为儒者稍知所尚。张载尝慨然思欲讲明,作之朝廷,被诸郊庙矣。朱熹述为诗篇,汇于学礼,将使后之学者学焉。

《小雅》歌凡六篇:
朱熹曰:"《传》曰:'大学始教,宵雅肄三。'谓习《小雅·鹿鸣》、《四牡》、《皇皇者华》之三诗也。此皆君臣宴劳之诗,始学者习之,所以取其上下相和厚也。古乡饮酒及燕礼皆歌此三诗。及笙入,六笙间歌《鱼丽》、《南有嘉鱼》、《南山有台》。六笙诗本无辞,其遗声亦不复传

矣。《小雅》为诸侯之乐，《大雅》、《颂》为天子之乐。"

二南《国风》歌凡六篇：

朱熹曰："'《周南》、《召南》，正始之道，王化之基。''故用之乡人焉，用之邦国焉。''乡饮酒》及《乡射礼》：'合乐，《周南》：《关雎》、《葛覃》、《卷耳》；《召南》：《鹊巢》、《采蘩》、《采蘋》。'《燕礼》云：'遂歌乡乐。'即此六篇也。合乐，谓歌舞与众声皆作。《周南》、《召南》，古房中之乐歌也。《关雎》言后妃之志，《鹊巢》言国君夫人之德，《采蘩》言夫人之不失职，《采蘋》言卿大夫妻能循法度。夫妇之道，生民之本，王化之端，此六篇者，其教之原也。故国君与其臣下及四方之宾燕，用之合乐也。"

《小雅》诗谱：《鹿鸣》、《四牡》、《皇皇者华》、《鱼丽》、《南有嘉鱼》、《南山有台》皆用黄钟清宫。俗呼为正宫调。

二南《国风》诗谱：《关雎》、《葛覃》、《卷耳》、《鹊巢》、《采蘩》、《采蘋》皆用无射清商。俗呼为越调。

朱熹曰："《大戴礼》言：《雅》二十六篇，其八可歌，其八废不可歌，本文颇有阙误。汉末杜夔传旧雅乐四曲：一曰《鹿鸣》，二曰《驺虞》，三曰《伐檀》，又加《文王》诗，皆古声辞。其后，新辞作而旧曲遂废。唐开元乡饮酒礼，乃有此十二篇之目而其声亦莫得闻。此谱，相传即开元遗声也。古声亡灭已久，不知当时工师何所考而为此。窃疑古乐有唱、有叹。唱者，发歌句也；和者，继其声也。诗词之外，应更有叠字、散声，以叹发其趣。故汉、晋间旧曲既失其传，则其词虽存，而世莫能补。如此诸直以一声协一字，则古诗篇篇可歌。又其以清声为调，似亦非古法。然古声既不可考，姑存此以见声歌之仿佛，俟知乐者考焉。"

琴律　旷天地之和者莫如乐，畅乐之趣者莫如琴。八音以丝为君，丝以琴为君。众器之中，琴德最优。《白虎通》曰："琴者，禁止于邪，以正人心也。"宜众乐皆为琴之臣妾。然八音之中，金、石、竹、匏、土、木六者，皆有一定之声；革为燥湿所薄，丝有弦柱缓急不齐，故二者其声难定。鼓无当于五声，此不复论。惟丝声备五声，而其变无穷。五弦作于虞舜，七弦作于周文、武，此琴制之古者也。厥后增损不一。至宋始制二弦之琴，以象天地，谓之两仪琴，每弦各六柱。又为十二弦以象十二律，其倍应之声靡不毕备。太宗因大乐雅琴加为九弦，按曲转入大乐十二律，清浊互相合应。大晟乐府尝罢一、三、七、九，惟存五弦，谓其得五音之正，最优于诸琴也。今复俱用。太常琴制，其长三尺六寸，三百六十分，象周天之度也。

姜夔《乐议》分琴为三准：自一晖至四晖谓之上准，四寸半，以象黄钟之半律；自四晖至七晖谓之中准，中准九寸，以象黄钟之正律；自七晖至龙龈谓之下准，下准一尺八寸，以象黄钟之倍律。三准各具十二律声，按弦附木而取。然须转弦合本律所用之字，若不转弦，则误触散声，落别律矣。每一弦各具三十六声，皆自然也。分五、七、九弦琴，各述转弦合调图：

《五弦琴图说》曰："琴为古乐，所用者皆宫、商、角、徵、羽正音，故以五弦散声配之。其二变之声，惟用古清商，谓之侧弄，不入雅乐。"

《七弦琴图说》曰：七弦散而扣之，则间一弦于第十晖取应声。假如宫调，五弦十晖应七弦散声，四弦十晖应六弦散声，二弦十晖应四弦散声，大弦十晖应三弦散声，惟三弦独退一晖，于十一晖应五弦散声，古今无知之者。窃谓黄钟、大吕并用慢角调，故于大弦十一晖应三弦散声；太簇、夹钟并用清商调，故于二弦方十二晖应四弦散声；姑洗、仲吕、蕤宾并用宫调，故于三弦十一晖应五弦散声；林钟、夷则并用慢宫调，故于四弦十一晖应六弦散声；南吕、无射、应钟并用蕤宾调，故于五弦十一晖应七弦散声。以律长短配弦大小，各有其序。"

《九弦琴图说》曰："弦有七、有九，实即五弦。七弦倍其二，九弦倍其四，所用者五音，亦不以二变为散声也。或欲以七弦配五音二变，以余两弦为倍，若七弦分配七音，则是今之十四弦也。《声律诀》云：'琴瑟觥四者，律法上下相生也。'若加二变，则于律法不谐矣。或曰：'如此则琴无二变之声乎？'曰：'附木取之，二变之声固在也。'合五、七、九弦琴，总述取应声法，分十二律十二均，每声取弦晖之应，皆以次列按。

古者大琴则有大瑟，中琴则有中瑟，有雅琴、颂琴，则雅瑟、颂瑟，实为之合。夔乃定瑟之制：桐为背，梓为腹，长九尺九寸，首尾各九寸，隐间八尺一寸，广尺有八寸，岳崇寸有八分。中施九梁，皆象黄钟之数。梁下相连，使其声冲融；首尾之下为两穴，使其声条达，是《传》所谓"大瑟达越"也。四隅刻云以缘其武，象其出于云和。漆其壁与首、尾、腹，取椅、桐、梓漆之。全设二十五弦，弦一柱，崇二寸七分。别以五色，五五相次，苍为上，朱次之，黄次之，素与黔又次之，使肄习者便于择弦。弦八十一丝而朱之，是谓朱弦。其尺则用汉尺。凡瑟弦具五声，五声为均，凡五均，其二变之声，则柱后抑角、羽而取之，五均凡三十五声。十二律、六十均、四百二十声，瑟之能事毕矣。夔于琴、瑟之议，其详如此。

朱熹尝与学者共讲琴法，其定律之法：十二律并用太史公九分寸法为准，损益相生，分十二律及五声，位置名定。按古人以吹管声傅于琴上，如吹管起黄钟，则以琴之黄钟声合之；声合无差，然后以次遍合诸声，则五声皆正。唐人纪琴，先以管色合字定宫弦，乃以宫弦下生徵，徵上生商，上下相生，终于少商。下生者隔二弦、上生者隔一弦取之。凡丝声皆当如此。今人苟简，不复以管定声，其高下出于临时，非古法也。

调弦之法：散声隔四而得二声；中晖亦如之而得四声；八晖隔三而得六声；九晖按上者隔二而得四声，按下者隔一而得五声；十晖按上者隔一而得五声，按下者隔二而得四声。每疑七弦隔一调之，六弦皆应于第十晖，而第三弦独于第十一晖调之乃应。及思而得之，七弦散声为五声之正，而大弦十二律之位，又众弦散声之所取正也。故逐弦之五声皆自东而西，相为次第。其六弦会于十晖，则一与三者，角与散角应也；二与四者，徵与散徵应也；四与六者，宫与散少宫应也；五与七者，商与散少商应也；

其第三、第五弦会于十一晖，则羽与散羽应也。义各有当，初不相须，故不同会于一晖也。

旋宫诸调之法：旋宫古有"随月用律"之说，今乃谓不必转轸促弦，但依旋宫之法而抑按之，恐难如此泛论。当每宫指定，各以何声取何弦为唱，各以何弦取何律为均，乃见详实。又以《礼运正义》推之，则每律各为一宫，每宫各有五调，而其每调用律取声，亦各有法。此为琴之纲领，而说者罕及，乃阙典也。当为一图，以宫统调，以调统声，令其次第、宾主各有条理。仍先作三图：一、各具琴之形体、晖弦、尺寸、散声之位；二、附按声声律之位；三、附泛声声律之位，列于宫调图前，则览者晓然，可为万世法矣。

观熹之言，其于琴法本融末綮，至疏达而至缜密，盖所谓识其大者欤！

燕乐 古者，燕乐自周以来用之。唐贞观增隋九部为十部，以张文收所制歌名燕乐，而被之管弦。厥后至坐部伎琵琶曲，盛流于时，匪直汉氏上林乐府、缦乐不应经法而已。宋初置教坊，得江南乐，已汰其坐部不用。自后因旧曲创新声，转加流丽。政和间，诏以大晟雅乐施于燕飨，御殿按试，补徵、角二调，播之教坊，颁之天下。然当时乐府奏言：乐之诸宫调多不正，皆俚俗所传。及命刘昺辑《燕乐新书》，亦惟以八十四调为宗，非复雅音，而曲燕昵狎，至有援"君臣相说之乐"以藉口者。末俗渐靡之弊，愈不容言矣。绍兴中，始蠲省教坊乐，凡燕礼，屏坐伎。乾道继志述事，间用杂攒以充教坊之号，取具临时，而廷绅祝颂，务在严恭，亦明以更不用女乐，颁示子孙守之，以为家法。于是中兴燕乐，比前代犹简，而有关乎君德者良多。

蔡元定尝为《燕乐》一书，证俗失以存古义，今采其略附于下：

黄钟用"合"字，大吕、太簇用"四"字，夹钟、姑洗用"一"字，夷则、南吕用"工"字，无射、应钟用"凡"字，各以上、下分为清浊。其中吕、蕤宾、林钟不可以上、下分，中吕用"上"字，蕤宾用"勾"字，林钟用"尺"字。其黄钟清用"六"字，大吕、太簇、夹钟清各用"五"字，而以下、上、紧别之。紧"五"者，夹钟清声，俗乐以为宫。此其取律寸、律数、用字纪声之略也。

一宫、二商、三角、四变为宫，五徵、六羽、七闰为角。五声之号与雅乐同，惟变徵以于十二律中阴阳易位，故谓之变。变宫以七声所不及，取闰余之义，故谓之闰。四变居宫声之对，故为宫。俗乐以闰为正声，以闰加变，故闰为角而实非正角。此其七声高下之略也。

声由阳来，阳生于子，终于午。燕乐以夹钟收四声，曰宫、曰商、曰羽、曰闰。闰为角，其正角声、变声、徵声皆不收，而独用夹钟为律本。此其夹钟收四声之略也。

宫声七调：曰正宫、曰高宫、曰中吕宫、曰道宫、曰南吕宫、曰仙吕宫、曰黄钟宫，皆生于黄钟。商声七调：曰大食调、高大食调、曰双调、曰小食调、曰歇指调、曰商调、曰越调，皆生于太簇。羽声七调：曰般涉调、曰高般涉调、曰中吕调、曰正平调、曰南吕调、曰仙吕调、曰黄钟调，皆生于南吕。角声七调：曰大食角、曰高大食角、曰双角、曰小食角、曰歇指角、曰商角、曰越角，皆生于应钟。此其四声二十八调之略也。

窃考元定言燕乐大要，其律本出夹钟，以十二律兼四清为十六声，而夹钟为最清，此所谓靡靡之声也。观其律本，则其乐可知。变宫、变徵既非正声，而以变徵为宫，以变宫为角，反紊乱正声。若此夹钟宫谓之中吕宫，林钟宫谓之南吕宫者，燕乐声高，实以夹钟为黄钟也。所收二十八调，本万宝常所谓非治世之音，俗又于七角调各加一声，流荡忘反，而祖调亦不复存矣。声之感人，如风偃草，宜风俗之日衰也！夫奸声乱色，不留聪明；淫乐慝礼，不接心术。使心知百体，皆由顺正以行其义，此正古君子所以为治天下之本也。绍兴、乾道教坊迄弛不复置云。

教坊 自唐武德以来，置署在禁门内。开元后，其人寖多，凡祭祀、大朝会则用太常雅乐，岁时宴享则用教坊诸部乐。前代有宴乐、清乐、散乐，本隶太常，后稍归教坊，有立、坐二部。宋初循旧制，置教坊，凡四部。其后平荆南，得乐工三十二人；平西川，得一百三十九人；平江南，得十六人；平太原，得十九人；余藩臣所贡者八十三人；又太宗藩邸有七十一人。由是，四方执艺之精者皆在籍中。

每春秋圣节三大宴：其第一、皇帝升坐，宰相进酒，庭中吹觱栗，以众乐和之；赐群臣酒，皆就坐，宰相饮，作《倾杯乐》；百官饮，作《三台》。第二、皇帝再举酒，群臣立于席后，乐以歌起。第三、皇帝举酒，如第二之制，以次进食。第四、百戏皆作。第五、皇帝举酒，如第二之制。第六、乐工致辞，继以诗一章，谓之"口号"，皆述德美及中外蹈咏之情。初致辞，群臣皆起，听辞毕，再拜。第七、合奏大曲。第八、皇帝举酒，殿上独弹琵琶。第九、小儿队舞，亦致辞以述德美。第十、杂剧罢，皇帝起更衣。第十一、皇帝再坐，举酒，殿上独吹笙。第十二、蹴鞠。第十三、皇帝举酒，殿上独弹筝。第十四、女弟子队舞，亦致辞如小儿队。第十五、杂剧。第十六、皇帝举酒，如第二之制。第十七、奏鼓吹曲，或用法曲，或用《龟兹》。第十八、皇帝举酒，如第二之制，食罢。第十九、用角抵，宴毕。

其御楼赐酺同大宴。崇德殿宴契丹使，惟无后场杂剧及女弟子舞队。每上元观灯，楼前设露台，台上奏教坊乐、舞小儿队。台南设灯山，灯山前陈百戏，山棚上用散乐、女弟子舞。余曲宴会、赏花、习射、观稼，凡游幸但奏乐行酒，惟庆节上寿及将相入辞赐酒，则止奏乐。都知、色长二人摄太官令，升殿对立，遂巡周，大宴则酒唱遍，曲宴宰相虽各举酒，通用慢曲而舞《三台》。

所奏凡十八调、四十大曲：一曰正宫调，其曲三，曰《梁州》、《瀛府》、《齐天乐》；二曰中吕宫，其曲二，曰《万年欢》、《剑器》；三曰道宫调，其曲三，曰《梁州》、《薄媚》、《大圣乐》；四曰南吕宫，其曲二，曰《瀛府》、《薄媚》；五曰仙吕宫，其曲三，曰《梁州》、《保金枝》、

《延寿乐》；六曰黄钟宫，其曲三，曰《梁州》、《中和乐》、《剑器》；七曰越调，其曲二，曰《伊州》、《石州》；八曰大石调，其曲二，曰《清平乐》、《大明乐》；九曰双调，其曲三，曰《降圣乐》、《新水调》、《采莲》；十曰小石调，其曲二，曰《胡渭州》、《嘉庆乐》；十一曰歇指调，其曲三，曰《伊州》、《君臣相遇乐》、《庆云乐》；十二曰林钟商，其曲三，曰《贺皇恩》、《泛清波》、《胡渭州》；十三曰中吕调，其曲二，曰《绿腰》、《道人欢》；十四曰南吕调，其曲二，曰《绿腰》《罨金钲》；十五曰仙吕调，其曲二，曰《绿腰》、《采云归》；十六曰黄钟羽，其曲一，曰《千春乐》；十七曰般涉调，其曲二，曰《长寿仙》、《满宫春》；十八曰正平调，无大曲，小曲无定数。不用者有十调：一曰高宫，二曰高大石，三曰高般涉，四曰越角，五曰大石角，六曰高大石角，七曰双角，八曰小石角，九曰歇指角，十曰林钟角。乐用琵琶、筝篌、五弦琴、筝、笙、觱栗、笛、方响、羯鼓、杖鼓、拍板。

法曲部，其曲二，一曰道调宫《望瀛》，二曰小石调《献仙音》。乐用琵琶、筝篌、五弦、筝、笙、觱栗、方响、拍板。龟兹部，其曲二，皆双调，一曰《宇宙清》，二曰《感皇恩》。乐用觱栗、笛、羯鼓、腰鼓、揩鼓、鸡楼鼓、鼗鼓、拍板。鼓笛部，乐用三色笛、杖鼓、拍板。

队舞之制，其名各十。小儿队凡七十二人：一曰柘枝队，衣五色绣罗宽袍，戴胡帽，系银带；二曰剑器队，衣五色绣罗襦，裹交脚幞头，红罗绣抹额，带器仗；三曰婆罗门队，紫罗僧衣，绯挂子，执锡镮拄杖；四曰醉胡腾队，衣红锦襦，系银鞢鞢，戴毡帽；五曰诨臣万岁乐队，衣紫绯绿罗宽衫，诨裹簇花幞头；六曰儿童感圣乐队，衣青罗生色衫，系勒帛，总两角；七曰玉兔浑脱队，四色绣罗襦，系银带，冠玉兔冠；八曰异域朝天队，衣锦袄，系银束带，冠夷冠，执宝盘；九曰儿童解红队，衣紫绯绣襦，系银带，冠花砌凤冠，绶带；十曰射雕回鹘队，衣盘雕锦襦，系银鞢鞢，射雕盘。

女弟子队凡一百五十三人：一曰菩萨蛮队，衣绯生色窄砌衣，冠卷云冠；二曰感化乐队，衣青罗生色通衣，背梳髻，系绶带；三曰抛球乐队，衣四色绣罗宽衫，系银带，奉绣毬；四曰佳人剪牡丹队，衣红生色砌衣，戴金冠，剪牡丹花；五曰拂霓裳队，衣红仙砌衣，碧霞帔，戴仙冠，红绣抹额；六曰采莲队，衣红罗生色绰子，系晕裙，戴云鬟髻，乘彩船，执莲花；七曰凤迎乐队，衣红仙砌衣，戴云鬟凤髻；八曰菩萨献香花队，衣生色窄砌衣，戴宝冠，执香花盘；九曰彩云仙队，衣黄生色道衣，紫霞帔，冠仙冠，执旌节、鹤扇；十曰打球乐队，衣四色窄绣罗襦，系银带，裹顺风脚簇花幞头，执毬杖。大抵若此，而复从宜变易。

百戏有蹴毬、踏跻、藏挟、杂旋、狮子、弄枪、铃瓶、茶碗、毡觝、碎剑、踏索、上竿、筋斗、擎戴、拗腰、透剑门、打弹丸之类。锡庆院宴会，诸王赐食及宰相廷设时赐乐者，第四部充。

建隆中，教坊都知李德昇作《长春乐曲》；乾德元年，又作《万岁升平乐曲》。明年，教坊高班都知郭延美又作《紫云长寿乐》鼓吹曲，以奏御焉。太宗洞晓音律，前后亲制大小曲及因旧曲创新声者，总三百九十。凡制大曲十八：

正宫《平戎破阵乐》，南吕宫《平晋普天乐》，中吕宫《大宋朝欢乐》，黄钟宫《宇宙荷皇恩》，道调宫《垂衣定八方》，仙吕宫《甘露降龙庭》，小石调《金枝玉叶春》，林钟商《大惠帝恩宽》，歇指调《大定寰中乐》，双调《惠化乐尧风》，越调《万国朝天乐》，大石调《嘉禾生九穗》，南吕调《文兴礼乐欢》，仙吕调《齐天长寿乐》，般涉调《君臣宴会乐》，中吕调《一斛夜明珠》，黄钟羽《降圣万年春》，平调《金觞祝寿春》。

曲破二十九：

正宫《宴钧台》，南吕宫《七盘乐》，仙吕宫《王母桃》，高宫《静三边》，黄钟宫《采莲回》，中吕宫《杏园春》、《献玉杯》，道调宫《折枝花》，林钟商《宴朝簪》，歇指调《九穗禾》，高大石调《啭春莺》，小石调《舞霓裳》，越调《九霞觞》，双调《朝八蛮》，大石调《清夜游》，林钟角《庆云见》，越角《露如珠》，小石角《龙池柳》，高角《阳台云》，歇指角《金步摇》，大石角《念边功》，双角《宴新春》，南吕调《凤城春》，仙吕调《梦钧天》，中吕调《采明珠》，平调《万年枝》，黄钟羽《贺回鸾》，般涉调《郁金香》，高般涉调《会天仙》。

琵琶独弹曲破十五：

凤鸾商《庆成功》，应钟调《九曲清》，金石角《凤来仪》，芙蓉调《蘂宫春》，蕤宾调《连理枝》，正仙吕调《朝天乐》，兰陵角《奉宸欢》，孤雁调《贺昌时》，大石调《寰海清》，玉仙商《玉芙蓉》，林钟角《泛仙槎》，无射宫调《帝台春》，龙仙羽《宴蓬莱》，圣德商《美时清》，仙吕调《寿星见》。

小曲二百七十：

正宫十：《一阳生》、《玉臙寒》、《念边戍》、《玉如意》、《琼树枝》、《鸂鶒裘》、《塞鸿飞》、《漏丁丁》、《息鼙鼓》、《劝流霞》。

南吕宫十一：《仙盘露》、《冰盘果》、《芙蓉园》、《林下风》、《风雨调》、《开月幌》、《凤来宾》、《落梁尘》、《望阳台》、《庆年丰》、《青骢马》。

中吕宫十三：《上林春》、《春波绿》、《百树花》、《寿无疆》、《万年春》、《击珊瑚》、《柳垂丝》、《醉红楼》、《折红杏》、《一园花》、《花下醉》、《游春归》、《千树柳》。

仙吕宫九：《折红蕖》、《鹊度河》、《紫兰香》、《喜尧时》、《猗兰殿》、《步瑶阶》、《千秋乐》、《百和香》、《佩珊珊》。

黄钟宫十二：《菊花杯》、《翠幕新》、《四塞清》、《满帘霜》、《画屏风》、《折茱萸》、《望春云》、《苑中鹤》、《赐征袍》、《望回戈》、《稻稼成》、《泛金英》。

高宫九：《嘉顺成》、《安边塞》、《猎骑还》、《游兔园》、《锦步帐》、《博山炉》、《煖寒杯》、《云纷纭》、《待春来》。

道调宫九：《会蘂龙》、《泛仙杯》、《披风襟》、《孔雀扇》、《百尺楼》、《金尊满》、《奏明庭》、《拾落花》、《声声好》。

越调八：《翡翠帷》、《玉照台》、《香旖旎》、《红楼夜》、《珠顶鹤》、《得贤臣》、《兰堂烛》、《金镝流》。

双调十六：《宴琼林》、《汎龙舟》、《汀洲绿》、《登高楼》、《麦陇雉》、《柳如烟》、《杨花飞》、《玉泽新》、《玳瑁簪》、《玉阶晓》、《喜清和》、《人欢乐》、《征戍回》、《一院香》、《一片云》、《千万年》。

小石调七：《满庭香》、《七宝冠》、《玉唾盂》、《辟尘犀》、《喜新晴》、《庆云飞》、《太平时》。

林钟商十：《采秋兰》、《紫丝囊》、《留征骑》、《塞鸿度》、《回鹘朝》、《汀洲雁》、《风入松》、《蓼花红》、《曳珠佩》、《遵渚鸿》。

歇指调九：《榆塞清》、《听秋风》、《紫玉箫》、《碧池鱼》、《鹤盘旋》、《湛恩新》、《听秋蝉》、《月中归》、《千家月》。

高大石调九：《花下宴》、《甘雨足》、《画秋千》、《夹竹桃》、《攀露桃》、《燕初来》、《踏青回》、《抛绣球》、《泼火雨》。

大石调八：《贺元正》、《待花开》、《采红莲》、《出谷莺》、《游月宫》、《望回车》、《塞云平》、《秉烛游》。

小石角九：《月宫春》、《折仙枝》、《春日迟》、《绮筵春》、《登春台》、《紫桃花》、《一林红》、《喜春雨》、《汎春池》。

双角九：《凤楼灯》、《九门开》、《落梅香》、《春冰拆》、《万年安》、《催花发》、《降真香》、《迎新春》、《望蓬岛》。

高角九：《日南至》、《帝道昌》、《文风盛》、《琥珀杯》、《雪花飞》、《皂貂裘》、《征马嘶》、《射飞雁》、《雪飘飙》。

大石角九：《红炉火》、《翠云裘》、《庆成功》、《冬夜长》、《金鹦鹉》、《玉楼寒》、《凤戏雏》、《一炉香》、《云中雁》。

歇指角九：《玉壶冰》、《卷珠箔》、《随风帘》、《树青葱》、《紫桂丛》、《五色云》、《玉楼宴》、《兰堂宴》、《千秋岁》。

越角九：《望明堂》、《华池露》、《贮香囊》、《秋气清》、《照秋池》、《晓风度》、《靖边尘》、《闻新雁》、《吟风蝉》。

林钟角九：《庆时康》、《上林果》、《画帘垂》、《水精簟》、《夏木繁》、《暑气清》、《风中琴》、《转轻车》、《清风来》。

仙吕调十五：《喜清和》、《芰荷新》、《清世欢》、《玉钩栏》、《金步摇》、《金错落》、《燕引雏》、《草芊芊》、《步玉砌》、《整华裾》、《海山青》、《旋絮绵》、《风中帆》、《青丝骑》、《喜闻声》。

南吕调七：《春景丽》、《牡丹开》、《展芳茵》、《红桃露》、《啭林莺》、《满林花》、《风飞花》。

中吕调九：《宴嘉宾》、《会群仙》、《集百祥》、《凭朱栏》、《香烟细》、《仙洞开》、《上马杯》、《拂长袂》、《羽觞飞》。

高般涉调九：《喜秋成》、《戏马台》、《泛秋菊》、《芝殿乐》、《鸂鶒杯》、《玉芙蓉》、《偃干戈》、《听秋砧》、《秋云飞》。

般涉调十：《玉树花》、《望星斗》、《金钱花》、《玉窗深》、《万民康》、《瑶林风》、《随阳雁》、《倒金罍》、《雁来宾》、《看秋月》。

黄钟羽七：《宴邹枚》、《云中树》、《燎金炉》、《涧底松》、《岭头梅》、《玉炉香》、《瑞雪飞》。

平调十：《万国朝》、《献春盘》、《鱼上冰》、《红梅花》、《洞中春》、《春雪飞》、《翻罗袖》、《落梅花》、《夜游乐》、《斗春鸡》。

因旧曲造新声者五十八：

正宫、南吕宫、道调宫、越调、南吕调，并《倾杯乐》、《三台》；仙吕宫、高宫、小石调、大石调、高大石调、小石角、双角、高角、大石角、歇指角、林钟角、越角、高般涉调、黄钟羽、平调，并《倾杯乐》、中吕宫《倾杯乐》、《剑器》、《感皇化》、《三台》；黄钟宫《倾杯乐》、《朝中措》、《三台》；双调《倾杯乐》、《摊破抛球乐》、《醉花间》、《小重山》、《三台》；林钟商《倾杯乐》、《洞中仙》、《望行宫》、《三台》；歇指调《倾杯乐》、《洞仙歌》、《三台》；仙吕调《倾杯乐》、《月宫仙》、《戴仙花》、《三台》；中吕调《倾杯乐》、《菩萨蛮》、《瑞鹧鸪》、《三台》；般涉调《倾杯乐》、《望征人》、《嘉宴乐》、《引驾回》、《拜新月》、《三台》。

若《宇宙贺皇恩》、《降圣万年春》之类，皆藩邸作，以述太祖美德，诸曲多秘。而《平晋普天乐》者，平河东回所制，《万国朝天乐》者，又明年所制，每宴享常用之。然帝勤求治道，未尝自逸，故举乐有度。雍熙初，教坊使郭守中求外任，止赐束帛。

真宗不喜郑声，而或为杂词，未尝宣布于外。太平兴国中，伶官蔚茂多侍大宴，闻鸡唱，殿前都虞候崔翰问之曰："此可被管弦乎？"茂多即法其声，制曲曰《鸡叫子》。又民间作新声者甚众，而教坊不用也。太宗所制曲，乾兴以来通用之，凡新奏十七调，总四十八曲：黄钟、道调、仙吕、中吕、南吕、正宫、小石、歇指、高平、般涉、大石、中吕、仙吕、双越调，黄钟羽。其急慢等诸曲几千数。又法曲、《龟兹》、鼓笛三部，凡二十有四曲。

仁宗洞晓音律，每禁中度曲，以赐教坊，或命教坊使撰进，凡五十四曲，朝廷多用之。天圣中，帝尝问辅臣以古今乐之异同，王曾对曰："古乐祀天地、宗庙、社稷、山川、鬼神，而听者莫不和悦。今乐则不然，徒虞人耳目而荡人心志。自昔人君流连荒亡者，莫不由此。"帝曰："朕于声技固未尝留意，内外宴游皆勉强耳。"张知白曰："陛下盛德，外人岂知之，愿备书时政记。"

世号太常为雅乐，而未尝施于宴享，岂以正声为不美听哉！夫乐者，乐也，其道虽微妙难知，至于奏之而使人悦豫和平，则不待知音而后能也。今太常乐县钟、磬、埙、篪、搏拊之器，与夫舞缀羽、籥、干、戚之制，类皆仿古，遽振作之，则听者不知为乐而观者厌焉，古乐岂真若此哉！孔子曰"恶郑声"，恐其乱雅。乱之云者，似是而非也。孟子亦曰"今乐犹古乐",而太常乃与教坊殊绝,何哉?昔李照、胡瑗、阮逸改铸钟磬,处士徐复笑之曰:"圣人寓器以声,不先求其声而更其器,其可用乎!"照、瑗、逸制作久之,卒无所成。蜀人房庶亦深订其非是,因著书论古乐与今乐本末不远,其大略以谓:"上古世质,器与声朴,后世稍变焉。金石,钟磬也,后世易之为方响;丝竹,琴箫也,后世变之为筝笛。匏,笙也,攒之以斗;埙,土也,变而为瓯;革,麻料也,击而为鼓;木,柷敔也,贯之为板。此八音者,于世甚便,而不达者指庙乐镈钟、镈磬、宫轩为正声,而概谓夷部、卤部为淫声。殊不知大辂起于椎轮,龙艘生于落叶,其变则然也。古者食以俎豆,后世易以杯盂;簟席以为安,后世更以榻桉。使圣人复生,不能舍杯盂、榻桉,而复俎豆、簟席之质也。八音之器,岂异此哉!孔子曰'郑声淫'者,岂以其器不若古哉!亦疾其声之变尔。试在乐者,由今之器,寄古之声,去淫澹靡曼而归之中和雅正,则感人心、导和气,不曰治世之音乎!然则世所谓雅乐者,未必如古,而教坊所奏,岂尽为淫声哉!"当数子纷纷锐意改制之后,庶之论指意独如此,故存其语,以俟知者。

教坊本隶宣徽院,有使、副使、判官、都色长、色长、高班、大小都知。天圣五年,以内侍二人为钤辖。嘉祐中,诏乐工每色额止二人,教头止三人,有阙即填。异时或传诏增置,许有司论奏。使、副岁阅杂剧,把色人分三等,遇三殿应奉人阙,即以次补。诸部应奉及二十年、年五十已上,许补庙令或镇将,官制行,以隶太常寺。同天节,宝慈、庆寿宫生辰,皇子、公主生,凡国之庆事,皆进歌乐词。

熙宁九年,教坊副使花日新言:"乐声高,歌者难继。方响部器不中度,丝竹从之。宜去噍杀之急,归啴缓之易,请下一律,改造方向,以为乐准。丝竹悉从其声,则音律谐协,以导中和之气。"诏从之。十一月,奏新乐于化成殿,帝谕近臣曰:"乐声既降一律,已得宽和之节矣。"增赐方响为架三十,命太常下法驾、卤部乐一律,如教坊云。初,熙宁二年五月,罢宗室正任以上借教坊乐人,至八年,复之,许教乐。

政和三年五月,诏:"比以《大晟乐》播之教坊,嘉与天下共之,可以所进乐颁之天下。"八月,尚书省言:"大晟府宴已拨归教坊,所有诸府从来习学之人,元降指挥令就大晟府教习,今当并就教坊习学。"从之。四年正月,礼部奏:"教坊乐,春或用商声,孟或用季律,甚失四时之序。乞以大晟府十二月所定声律,令教坊阅习,仍令秘书省撰词。"

高宗建炎初,省教坊。绍兴十四年复置,凡乐工四百六十人,以内侍充钤辖。绍兴末复省。孝宗隆兴二年天申节,将用乐上寿,上曰:"一岁之间,只两宫诞日外,余无所用,不知作可名色。"大臣皆言:"临时点集,不必置教坊。"上曰:"善。"乾道后,北使每岁两至,亦用乐,但呼市人使之,不置教坊,止令修内司先两旬教习。旧例用乐人三百人,百戏军百人,百禽鸣二人,小儿队七十一人,女童队百三十七人,筑球军三十二人,起立门行人三十二人,旗鼓四十人,以上并临安府差。相扑等子二十一人。御前忠佐司差。 命罢小儿及女童队,余用之。

云韶部者,黄门乐也。开宝中平岭表,择广州内臣之聪警者,得八十人,令于教坊习乐艺,赐名箫韶部。雍熙初,改曰云韶。每上元观灯,上巳、端午观水嬉,皆命作乐于宫中。遇南至、元正、清明、春秋分社之节,亲王内中宴射,则亦用之。奏大曲十三:一曰中吕宫《万年欢》;二曰黄钟宫《中和乐》;三曰南吕宫《普天献寿》,此曲亦太宗所制;四曰正宫《梁州》;五曰林钟商《泛清波》;六曰双调《大定乐》;七曰小石调《喜新春》;八曰越调《胡渭州》;九曰大石调《清平乐》;十曰般涉调《长寿仙》;十一曰高平调《罢金钲》;十二曰中吕调《绿腰》;十三曰仙吕调《綵云归》。乐用琵琶、筝、笙、觱栗、笛、方响、杖鼓、羯鼓、大鼓、拍板。杂剧用傀儡,后不复补。

钧容直,亦军乐也。太平兴国三年,诏籍军中之善乐者,命曰引龙直。每巡省游幸,则骑导车驾而奏乐;若御楼观灯、赐酺,则载第一山车。端拱二年,又选捧日、天武、拱圣军晓畅音律者,增多其数,以中使监视,藩臣以乐工上贡者亦隶之。淳化四年,改名钧容直,取钧天之义。初用乐工,同云韶部。大中祥符五年,因鼓工温用之请,增《龟兹》部,如教坊。其奉天书及四宫观皆用之。有指挥使一人、都知二人、副都知二人、押班三人、应奉文字一人、监领内侍二人。嘉祐元年,系籍三百八十三人。六年,增置四百三十四人,诏以为额,阙即补之。七年,诏隶班及二十四年、年五十以上者,听补军职,隶军头司。其乐旧奏十六调,凡三十六大曲,鼓笛二十一曲,并他曲甚众。嘉祐二年,监领内侍言,钧容直与教坊乐并奏,声不谐。诏罢钧容旧十六调,取教坊十七调肄习之,虽间有损益,然其大曲、曲破并急、慢诸曲,与教坊颇同矣。

绍兴中,钧容直旧管四百人,杨存中请复收补,权以旧管之半为额,寻闻其召募骚扰,降诏止之。及其以应奉有劳,进呈推赏,又申谕止于支赐一次,庶杜其日后希望。绍兴三十年,复诏钧容班可镌省,令殿司比拟一等班直收顿,内老弱癃疾者放停。教坊所尝援祖宗旧典,点选入教,虽暂从其请,绍兴三十一年有诏,教坊即日镌罢,各令自便。

东西班乐,亦太平兴国中选东西班习乐者,乐器独用银字觱栗、小笛、小笙。每骑从车驾而奏乐,或巡方则夜奏于行宫殿庭。

诸军皆有善乐者,每车驾亲祀回,则衣绯绿衣,自青城至朱雀门,列于御道之左右,奏乐迎奉,其声相属,闻十数里。或军宴设亦奏之。

棹刀枪牌翻歌等,不常置。

清卫军习乐者,令钧容直教之,内侍主其事,园苑赐会及馆待契丹使人。

又有亲从亲事乐及开封府衙前乐,园苑又分用诸军乐,诸州皆有衙前乐。

四夷乐者,元丰六年五月,召见米脂砦所降戎乐四十二人,奏乐于崇政殿,以三班借职王恩等六人差监在京闲慢库务门及旧城门敢勇三十六,与茶酒新任殿侍。《大晟乐书》曰:"前此宫架之外,列熊罴案,所奏皆夷乐也,岂容淆杂大乐!乃奏罢之。然古鞮鞻氏掌四夷乐,鞻师、旄人各有所掌,以承祭祀,以供宴享。盖中天下而立,得四海之欢心,使鼓舞焉,先王之所不废也。《汉律》曰:'每大朝会宜设于殿门之外。'天子御楼,则宫架之外列于道侧,岂可旋于广庭,与大乐并奏哉!"

卷一百四十三　　志第九十六

仪 卫 一

殿庭立仗

綦天下之贵,一人而已。是故环拱而居,备物而动,文谓之仪,武谓之卫。一以明制度,示等威;一以慎出入,远危疑也。《书》载弁戈、冕刘、虎贲、车辂。《周官》旅贲,王出入,执盾以夹王车。朝仪之制,固已粲然。降及秦、汉,始有周庐、陛戟、卤簿、金根、大驾、法驾千乘万骑之盛。历代因之,虽或损益,然不过乎尊大而已。宋初,因唐、五代之旧,讲究修葺,尤为详备。其殿庭之仪,则有黄麾大仗、黄麾半仗、黄麾角仗、黄麾细仗。凡正旦、冬至及五月一日大朝会,大庆、册、受贺、受朝,则设大仗;月朔视朝,则设半仗;外国使来,则设角仗;发册授宝,则设细仗。其卤簿之等有四:一曰大驾,郊祀大飨用之;二曰法驾,方泽、明堂、宗庙、籍田用之;三曰小驾,朝陵、封祀、奏谢用之;四曰黄麾仗,亲征、省方还京用之。南渡之后,务为简省。此其大较也。若夫临时增损,用置不同,则有国史、会要、礼书具在。今取所载,撮其凡为《仪卫志》。

殿庭立仗,本充庭之制。唐礼,殿庭、屯门,皆列诸卫黄麾大仗。宋兴,太祖增创错绣诸旗并幡氅等,著于《通礼》,正、至、五月一日,御正殿则陈之。青龙、白虎旗各一,分左右;五岳旗五在左,五星旗五在右,五方龙旗二十五在左,五方凤旗二十五在右;红门神旗二十八,分左右;朱雀、真武旗各一,分左右;皂纛十二,分左右。以上金吾。天一、太一旗各一,分左右;摄提旗二,分左右;五辰旗五,北斗旗一,分左右;木、火、北斗在左,金、水、土在右。二十八宿各一,角宿至壁宿在左,奎宿至轸宿在右。风伯、雨师旗各一,分左右;白泽、驯象、仙鹿、玉兔、驯犀、金鹦鹉、瑞麦、孔雀、野马、牦牛旗各二,分左右;日月合璧旗一,在左;五星连珠旗一,在右;雷公、电母旗各一,分左右;军公旗六,分左右;黄鹿、飞麟、兕、驺牙、白狼、苍乌、辟邪、网子、貔旗各二,分左右;信幡二十二,分左右;传教、告止幡各十二,分左右;黄麾二,分左右。以上兵部。日旗、月旗各一,分左右;君王万岁旗一在左;天下太平旗一,在右;狮子旗二,分左右;金鸾、金凤旗各一,分左右;五方龙旗各一。青、赤在左,黄、白、黑在右。以上龙墀。龙君、虎君旗各五,分左右;赤豹、黄罴旗各五,分左右;小黄龙旗一,在左;天马旗一,在右;吏兵、力士旗各五,分左右;天王旗四,分左右;太岁旗十二,分左右;天马旗六,分左右;排阑旗六十,分左右;左右幡氅各五行,行七十五;大黄龙旗二,分左右;大神旗六,分左右。以上六军。

神宗元丰二年,详定所言:"正旦御殿,合用黄麾仗。案唐《开元礼》,冬至朝会及皇太子受册、加元服,册命诸王大臣,朝宴外国,亦皆用之。故事,皇帝受群臣上尊号,诸卫各率其属,勒所部屯门、殿庭列仗卫。今独修正旦仪注,而余皆未及。欲乞冬会等仪,添加详定。"诏从之。又言:"御殿仪仗,有黄麾幡三而无黄麾。请制大麾一,注旄于干首,以取夏制;黄色,以取汉制;用十二幅,以取唐制;用一旒,以取今龙墀旗之制。建于当御厢之前,以为表识。其当御厢之后,则建黄麾幡二。"上谓蔡确等曰:"黄麾制度,终有可疑。今凿而为植于大庭,夷夏共瞻,或致博闻多识者讥议,非善,宜姑阙之。"乃止。三年,详定所言:"昨定朝会图,于大庆殿横街北止陈大辇、逍遥、平辇,而舆未陈也。当大辇之南,增腰舆一,小舆一。古者扇翣,皆编次雉羽或尾为之,故其文从'羽'。唐开元改为孔雀,凡大朝会,陈一百五十有六,分居左右。国朝复雉尾之名,而四面略为羽毛之形,中绣双孔雀,又有双盘龙扇,皆无所本。"遂改制偏扇、团方扇为三等,绣雉。凡朝会,平辇、逍遥并陈于东西龙墀上。

徽宗政和三年,议礼局上大庆殿大朝会仪卫:

黄麾大仗五千七十五人。仗首左右厢各二部,绛引幡十。执各一人。第一部,左右领军卫大将军各一员,第二部,左右领军卫折冲,掌鼓一人,帅兵官一十人。次执仪刀部十二行,每行持各十人。后部并仗同。第一行,黄鸡四角氅;凡氅,皆持以龙头竿。第二,仪锽五色幡;第三,青孔雀五角氅;第四,乌戟;第五,绯凤六角氅;第六,细弓矢;第七,白鹅四角氅;第八,朱縢络盾刀;第九,皂鹅六角氅;第十,细弓矢;第十一,矛矟;第十二,绿縢络盾刀。揭鼓二,掌鼓二人。后部同。以上排列左右厢。第一部各于军员之南,居次厢第一部稍前。第二部于第一部之后,并相向。

次厢左右各三部:第一,左右屯卫;第二,左右武卫,并大将军;第三,左右卫将军:各一员。第一,果毅;第二、第三,折冲:各一员。于仗首左右厢第一部之南,相向。持黄麾幡二人,在当御厢前分立。当御厢左右各一部,左右卫果毅各一人,于玉辂之前分左右,并北向。

次后厢左右各三部:第一,左右骁卫将军;第二,左右领军卫折冲；第三，左右领军卫果毅：各一员。第一部，分于当御厢之左右差后；第二部，左在金辂之后西偏，右在象辂之后东偏；第三部，左在革辂之后西偏，右在木辂之后东偏，并北向。

次左右厢各三部：第一，左右武卫将军；第二，左右屯卫将军；第三，左右领军卫折冲：各一员。各在网子、鸂鶒、貔旗之前，东西相向。左右厢各步甲十二队：第一队，左右卫果毅；第二、左右卫，第四，左右骁卫，第六，左右武卫，第八，左右屯卫，第十、第十二，左右领军卫，并折冲；第三，左右骁卫，第五，左右武卫，第七，左右屯卫，第九、第十一，左右领军卫，并果毅：各一员。每队旗一，貔、鸂鶒、仙鹿、金鹦鹉、瑞麦、孔雀、野马、犛牛、甘露、网子。内第十二队旗同第一队。刀盾、弓矢相间，分十二队，每队三十人，五重。第一至第六队，在仗首第二部北；第七至第十二队，在仗首第二部南，东西相向。

左右厢后部各十二队：第一、第二，左右卫；第五至第七，左右武卫；第十至第十二，左右领军卫；并折冲。第三、第四，左右骁卫；第八、第九，左右屯卫；并果毅。每队旗二，角端、赤熊、兕、太平、驯犀、骏𩣡、貔貅、駞牙、苍乌、白狼、龙马、金牛。次弩五人为一列，弓矢十人为二重，矟二十人为四重。以上在大庆殿门外，第一至第四队在前，第五至第八队在后，第九至第十二队又在后，东西相向。

真武队：金吾折冲都尉一员，仙童、真武、螣蛇、神龟旗各一，执各一人。㦸矟二人，弩五人为一列，弓矢二十人为四重，矟二十五人为五重。以上在大庆门外中道，北向排列。

殿中省尚辇：陈孔雀扇四十于帘外。 执各一人。 陈辇舆于龙墀。大辇在东部，押、执、擎人二百二十有二人；腰舆在南，一十有七人；小舆又在南，二十有五人，皆西向。平辇在西，逍遥在南，共三十七人，皆东向。设伞、扇于沙墀：方伞二，分左右； 执伞将校四人。 团龙扇四，分左右；执扇都将四人。 方雉扇一百，分伞、扇之后，为五行。执扇长行一百人。押当职掌二人，各立团龙扇之北。金吾引驾官二人，分立团扇之南。

文德殿入阁之制，唯殿中省细仗，与两省供奉官班于庭。太宗淳化三年，增黄麾仗二百五十人。神宗熙宁三年，修阁门仪制宋敏求言："本朝惟入阁乃御文德殿视朝。今既不用入阁仪，即文德殿遂阙视朝之礼。乞下两制及太常礼院，约唐御宣政殿制裁定，以备朔望正衙视朝之礼。"诏学士院详定。学士韩维等上其仪：朔前一日，有司供张于文德殿庭。东面，左金吾引驾官一人，四色官二人，各带仪刀。被金甲天武官一人，判殿中省一人，排列官一人。扇二，方伞一。金吾仗碧襕十二，各执仪刀。兵部仪仗排列职掌一人，押队员僚二人。黄麾幡一，告止幡、传教幡、信幡各八，龙头竿、戟各五十。西面，右金吾引驾官

以下，皆如东面。天武官东西总百人。门外立仗：其东，青龙旗一，五岳旗五，五龙旗十；其西，白虎旗一，五星旗五，五凤旗十。御马，东西皆五匹，每匹人员二人，御龙官四人。设御幄于殿后阁。其日，左右金吾将军常服押本卫仗，殿中省官押细仗，东西对列，俟皇帝受朝、降坐、放仗，乃退。

徽宗政和三年，议礼局上文德殿视朝之制：

黄麾半仗，共二千二百六十五人。殿内仗首，左右厢各一部，每部一百二十四人，在金吾仗南，东西相向。绛引幡十，执各一人。分部之南北，为五重。当御厢左右部同，左部在帅兵官东，右部在帅兵官西，各为十重。左右领军卫大将军各一员，居部之中。

次厢左右第一、第二、第三部同。掌鼓一人，次大将军后。次厢左右第一部并当御厢左右部，次果毅，次厢左右第二、第三部，次折冲，次后厢左右部，次将军。 帅兵官十人，分部之南北，为五重，北在绛引幡之南，南在绛引幡之北。次厢左右第一、第二、第三部在部之南北，当御厢、次后厢左右部在黄麾东，右部在黄麾西。

执仪刀部十行，行十人，每色两行，为五重。次厢左右第一、第二、第三部同。当御厢、次后厢左右部，每色一行，为十重。左部以东为首，右部以西为首，并次帅兵官。第一行，龙头竿黄鸡四角麾； 凡麾皆持以龙头竿。 第二，仪锽五色幡；第三，青孔雀五角麾；第四，乌戟；第五，绯凤六角麾；第六，细弓矢；第七，白鹅四角麾；第八，朱縢络盾刀；第九，皂鹅六角麾；第十，矟。揭鼓二，掌揭鼓二人。

分立绯麾、乌戟后当中，次厢左右第一、第二、第三部同，当御厢、次后厢并一在仪锽、青麾间，一在弓矢、白麾间，与后行齐。次厢左右各三部，每部一百一十五人，次左右厢仗首之南，东西相向。第一部，左右屯卫大将军及果毅各一员。第二部，左右武卫大将军，第三部，左右卫将军各一员，折冲各一员。黄麾幡二，分立当御左右厢前中间，北向。当御厢左右各一部，每部一百二十四人，在殿门内中道，分东西，并北向。 次后厢左右部同。大庆殿列于乐架之南。左右卫果毅各一员。左在部西，右在部东。次后左右厢将军准此。次后厢左右各一部，每部一百一十四人，次当御厢南，左右骁卫将军各一员。左右厢各步军六队， 第一队，每队三十三人，第二至第六队，每队各二十七人。 分东西，在仗队后。第一，左右卫；第三，左右武卫；第五，左右领军卫：并果毅，各一员。第二，左右骁卫；第四，左右屯卫；第六，左右领军卫：并折冲，各一员。每队旗二，貔、金鹦鹉、瑞麦、犛牛、甘露、鸂鶒。执各一人。刀盾、弓矢相间，人数行列同前。左右厢步军，殿门外左右厢后部各六队，每队三十八人，在部下亲从后，东西相向。第一队，左右卫；第三，左右武卫；第五，左右领军卫：并折冲，各一员，第二，左右骁卫；第四、第六，左右屯卫：并果毅，各一员。角端、太平，

驯犀、驺牙、白狼、苍乌等旗各二,弩五人,为一列,弓矢十人,为二重,稍二十人,为四重。

真武队五十七人,在端礼门内中道,北向。 大庆殿于殿门外。 前有金吾折冲都尉一员,仙童、真武、螣蛇、神龟等旗各一,爆稍二人,弩五人为一列,弓矢二十人为四重,稍二十五人为五重。排列仗队职掌六人,分立仗队之间,殿内四人,殿外二人。

殿中省尚辇陈扇二十于帘外,执扇殿侍二十人。陈腰舆、小舆于东、西朵殿,腰舆在东,小舆在西,人员、都将各一人,辇官共四十人。陈伞、扇于殿下,方伞二,团龙扇四,并分左右夹伞。执扇各一人,将校或节级。方雉扇六十,作三重,在伞、扇之后。辇官长行各一人,金吾左右将军各一员,在伞、扇之南,稍前。四色官四人,二人立于将军之南,与伞、扇一列。宣敕放仗二人,在引驾官南。执仪刀引驾官二人,在亲从官后。长行二十四人,在四色官之南。排列官二人,在长行之南。次金甲天武官二人,在长行南。以上并分东西相向立。设旗于殿门之外,青龙旗一在左,五岳神旗各一次之,五方色龙旗各一次之,五方色龙旗各一又次之。白虎旗一在右,五星神旗各一次之,五方色凤旗各一次之,五方色凤旗各一又次之。诏颁行之。 大庆殿册命诸王、大臣,黄麾仗准文德殿视朝。

政和中,大祀飨立仗:大黄龙负图旗一,执绋二百人,陈于阙庭赤龙旗南少西大黄龙旗之北。宣和冬祀,陈于大内前。大黄龙旗一,执绋六十人,陈于逐顿宫门外宣德门,次大黄龙负图旗之南。宣和,此旗下又有日、月、五星连珠、北斗、招摇、苍龙、白虎、朱雀、玄武、君王万岁、狮子、金鸾、金凤、五方龙、天下太平等旗,凡二十一。正、至受朝同。龙墀旗陈于殿庭;太庙,在西榑星门外路南,次赤龙旗少北;青城,在泰禋门外,夏祭大礼在明禋门外。赤龙旗之南。宗祀祫飨大礼,不设大黄龙负图旗、大黄龙旗。大神旗六,执绋各九十人,宣德门、泰禋门并陈于大黄龙旗之南,东西相望;太庙陈于西榑星门外,大黄龙旗之西少南,视赤龙旗为列,南北相望。龙墀旗执绋各十二人,左右有日、月旗各一。次君王万岁旗一,宣德门、泰禋门,在路东;太庙,在门外路南。次狮子旗二,左右有金鸾、金凤旗各一。次五方龙旗各一:青、黄、赤龙旗,宣德、泰禋门在东,太庙在南;黑、白龙旗,宣德、泰禋门在西,太庙在北。次天下太平旗一,宣德、泰禋门,在路西;太庙,在路北。以上旗皆于车驾前发仗内。执绋人并锦帽、五色绅绣宝相花衫、铁臂韝、革带。

政和中,辽使朝紫宸殿,用黄麾角仗,共一千五十六人。殿内黄麾幡二,次四色官之南,分左右。仗首左右厢各一部,每部一百四十人,在朵殿下稍南。绛引幡十,分部之南北,各为五重。左右领军卫大将军各一员,在部中稍南。次厢左右第一、第二部同。掌鼓一人,次大将军后。次厢左右第一部次果毅,第二部次折冲。帅兵官十人,分部之南北,北在绛引幡之南,南在绛引幡之北。次厢左右第一、第二部在部之南北。各为五重。执仪刀部九行,每行持各十人。第一,龙头竿黄鸡四角氅;皆持以龙头竿。第二,仪锽五色幡;第三,青孔雀五角氅;第四,乌戟;第五,绯凤六角氅;第六,细弓矢;第七,白鹅四角氅;第八,稍;第九,皂鹅六角氅。掌揭鼓一人,在绯氅、乌戟之后。次厢左右第一、第二部同。次厢左右各二部,每部一百五人,次左右厢仗首之南。第一部,左右屯卫大将军、果毅各一员;第二,左右武卫大将军、折冲各一员。掌鼓以下至掌揭鼓人数,并同仗首。殿外左右厢各步甲三队,每队三十三人。第一,左右卫,第三,左右武卫,并果毅;第二,左右骁卫、折冲;并各一员。貔、金鹦鹉、瑞麦旗各二,以次分在三队。刀盾三十人,为五重。 内第二队弓矢。左右厢后部各三队,第一队每队三十八人,第二队每队三十三人。第一,左右卫,第三,左右武卫,并折冲;第二,左右骁卫、果毅。角端、太平、驯犀旗各二,以次分在三队。弩五人,为一列,弓矢十人,为二重, 第二、第三队为一列。稍二十人,为四重。排列仗队职掌二人,次厢第二部之南,分左右。以上殿内外仗队,东西相向排列。

殿中省尚辇陈舆、辇于东西朵殿,平辇在东,西向;逍遥辇在西,东向。设伞、扇于殿下,方伞二,分左右;团龙扇四,分左右,夹方伞。方雉扇二十四,分左右,各二重,在伞、扇之后。金吾四色官一人。

政和中,文德殿发册,用黄麾细仗,共一千四百二人。设日旗、君王万岁旗、狮子旗、金鸾旗、青龙旗、赤龙旗各一,在殿东阶之东,以西为上;月旗、天下太平、狮子旗、金凤旗、白龙旗、黑龙旗各一,在殿西阶之西,以东为上; 每旗执扯四人。俱北向立。押当职掌二人,分左右立于日、月旗南。次方伞二,团龙扇四,夹方伞。次金吾上将军二人,将军四人,引驾官四人。次金甲二人。次四色官六人,内二人执笏,余执金铜仪刀。次碧襕二十四人,内执金铜仪刀左右各六人,在北。次都押衙二人,立于碧襕之南,少退。次皂纛旗一十二,每旗执扯五人。左右金吾仗司员僚各一人押纛,立于旗南。次青龙旗一在东,白虎旗一在西,每旗执扯六人。员僚二人押旗,在旗之北。以上并分左右,东西向。次五方龙旗在东,五方凤旗在西,各二十五。每五旗相间,各依方色排列。次五岳神旗五在东,五星神旗五在西,各依方位排列。 每旗执扯三人。次朱雀旗一在东,真武旗一在西。 每旗执扯六人。)以上并北向。员僚二人押旗,在旗之南,分左右。次红门旗二十八,分左右。 每旗执扯二人。次寅、卯、辰、巳、午、未旗六,在东;申、酉、戌、亥、子、丑旗六,在西。天王四,分左右,夹辰旗。次龙君、赤豹、吏兵旗各五,每旗各为一列在东,每列掩尾天马旗一,以次在东。次虎君、黄熊、力士旗各五,每旗各为一列在西,每列掩尾天马旗一,以次在西。 每旗执扯三人。员僚六人押仗,各分立旗前。次员僚四人押旗,分左右,东西为一列。 每列一员。左厢第一队,鹘鸡、白泽、玉马、貔旗、四渎旗各一，为一列；下至第九队旗行列准此。第二队，角、亢、氐、房、心宿旗各一；第三队，虚、危、室、壁、奎宿旗各一；第四队，参、井、鬼、柳宿、䠓䠙旗各一；第五队，三角兽、黄鹿、苣文、驯象、飞麟旗各一；第六队，辟邪、玉兔、吉利、仙鹿、祥云旗各一；第七队，花凤、飞黄、野马、金鹦鹉、瑞麦旗各一；第八队，孔雀、兕、甘露、网子、角鷛旗各一，并各为一列；第九队，牦牛旗一，设于孔雀旗后。右厢第一队，同左厢第一；第二队，尾、箕、斗、牛、女宿旗各一；第三队，娄、胃、昴、毕、觜宿旗各一；第四队，星、张、翼、轸、䠓䠙旗各一；第五至第八队，并同左厢第五至第八；第九队，驺牙旗、苍乌旗各二，相间为一列。每旗执扯三人。俱北向。员僚二人，押黄麾立于龙凤旗之北。左右厢五色龙凤旗之东西，各设黄麾幡二。次告止幡、传教幡、信幡各五，次绛麾幡二，次绛引幡五。员僚五人，押黄麾立于龙凤旗北少东。排阑旗三十，自黄麾幡东西排列，以次于南，每旗执扯三人。俱北向。镫杖、哥舒各三十，于殿东西两厢排列。镫杖起北，哥舒间之，俱东西相向。左右厢执白柯枪各七十五人，东西相向。又于驺牙旗南设大黄龙旗一，在殿门里少西，执扯二十八人。小黄龙旗一，在大黄龙旗后少西，执扯三人。次大神旗六，分左右。卫尉寺押当仪仗职掌四人，排仗通直官二人，大将二人，节级二人，检察六人，左右金吾仗司押当职掌、排列官各一人。职掌、大将、检察。凡大朝会仪卫，有司皆依令式陈设。

初，宋制，有黄麾大仗、半仗、角仗、细仗。南渡后，仪仗尤简，惟造黄麾半仗、角仗、细仗，而大仗不设。中兴大朝会，四朝惟一讲，绍兴十五年正月朔旦是也。然止以大仗三分减一，用三千三百五十人。自是正旦、冬至俱免大朝贺，以为定例焉。

黄麾半仗者，大庆殿正旦受朝、两宫上册宝之所设也，用二千四百一十五人。其内仪仗官兵等一千八百三人，兵部职掌五人，统制官二人，皆幞头、公裳、腰带、靴、笏。金吾司碧襕三十二人，幞头、碧襕衫、铜革带、执仪刀。将官二人，幞头、绯抹额、紫绣罗袍、背膡蛇、铜革带、执仪刀。旁头一十人，素帽、紫紬衫、缬衫、黄勒帛、执铜仗子。金铜甲二人，兜鍪、甲衫、锦臂衣、执金铜钺斧。绛引幡十，告止幡、传教幡、信幡各二，执幡人皆武弁、绯宝相花衫、勒帛。黄麾幡二，执幡人武弁、黄宝相花衫、铜革带。小行旗三百人，素帽、五色抹额、绯宝相花衫、勒帛。五色小氅三百人，仪锽四十人，皆缬帽，五色宝相花衫、勒帛。金节一十二人，武弁、青宝相花衫、铜革带。殳叉三十人，素帽、五色宝相花衫、勒帛。绿稍二百一十人，素帽、绯宝相花衫、勒帛。乌戟二百一十人，缬帽、绯宝相花衫、勒帛。白柯枪六十人，素帽子、银褐宝相花衫、勒帛。仪弓二百七十人，缬帽、青宝相花衫、勒帛。仪弩六十人，平巾帻、绯宝相花衫、勒帛。铜仗子二十人，素帽、紫紬衫、黄勒帛。仪刀百八十四人，平巾帻、绯宝相花衫。内大旗下六百一十二人，大旗三十四，龙旗一十，凤旗一十，五星旗、五岳旗各五、

青龙旗、白虎旗、朱雀旗、玄武旗各一，每旗扶拽一十七人，搭材一名，武弁、五色宝相花衫、勒帛。其外殿中舆辇、伞扇百三十三人，逍遥、平辇各一，每辇人员八人，帽子、宜男缬罗单衫、涂金银柘枝腰带。辇官二十七人，幞头、白狮子缬罗单衫、涂金银海捷腰带、紫罗里夹三檐。中道伞扇六十六，辇官七十人，素方伞四十四人，弓脚幞头、碧襕衫、涂金铜革带、乌皮履。绣紫方伞六、花团扇十二、十八人，雉扇二十二人，准备四人，皆武弁、绯宝相花袍、铜革带。凤扇二十二人，黄抹额、黄宝相花袍、黄勒帛。编排仪仗职掌五人，立殿下伞扇后，乌皮介帻、绯罗宽衫、白罗大带。

其黄麾小半仗者，大庆殿册皇太子及穆清殿皇后受册之所设也，用一千四百九十九人。其内仪仗官兵等八百八十七人，兵部职掌十二人，金吾司碧襕三十人，绛引幡二、告止幡一、传教幡一、信幡一、用十五人，黄麾幡一、三人。小行旗百八十人，五色小氅子百八十人，金节十二人，仪锽、斧二十三人，绿稍七十五人，乌戟七十五人，白柯枪八十一人，仪弓六十三人，仪弩四十五人，铜仗子一十人，仪刀六十七人。统制官、将官、牵头、金铜甲，皆与前半仗同。内大旗下六百一十二人，殿中舆辇、伞扇百三十二人，皆同前半仗。

其黄麾角仗者，大庆殿冬至受朝、紫宸殿即位、两宫贺节庆寿、紫宸殿受金使朝之所设也，用一千五十六人。内金吾司放仗官二人，统制官一人，摄大将军六人，旁头五人，黄麾幡一、三人，绛引幡八、二十四人，金节十二人，仪弓七十人，仪弩五十人，仪刀七十人，仪锽、斧一十三人，白柯枪三十人，绿稍七十人，乌戟七十人，小行旗三百人，五色小氅三百人，铜仗子三十人。

其黄麾细仗者，大庆殿、文德殿发册及进国史之所设也。东都用一千四百二人，中兴后或用百人至五百人，随事增损。而其执仗有四，小行旗、五色小氅、仪刀、铜仗子；其服色有四，缬帽子、素帽子、平巾帻、武弁冠，五色宝相花衫、勒帛。

大朝会之外，有日参、四参、六参、朔参、望参。朔参，用厘务、不厘务通直郎已上。望参，用厘务通直郎已上。宣制、非时庆贺以望参官，余以朔参官。四参官，谓宰执，侍从，武臣正任，文臣卿监、员郎、监察御史已上。四参遇雨则改日参。在京宫观奉朝请者赴六参。高宗移跸临安，殿无南廊，遇雨雪，则日参官于南阁内起居。宰执、使相立檐下；侍从、两省、台谏官以下立南阁内；卿监、郎官，武功大夫以下立东西廊。绍兴十二年十月，有司请行正、至朝贺礼，及讲求祖宗故实常朝、视朝、正衙、便殿之仪。乃讨论朔日文德殿视朝，紫宸殿日参、望参，垂拱殿日参、四参，假日崇政殿坐，圣节垂拱、紫宸殿上寿之制。请先御正殿视朝。十一月，礼部侍郎王赏言："正、至及大庆贺受册，系御大庆殿，与文德、紫宸、垂拱殿礼制不同。月朔视朝，则御文德殿，谓之前殿正衙，设黄麾半仗。其余紫宸、垂拱皆系别殿，不设仪仗。今大庆殿朝会，礼文繁多，欲先举行文德殿视朝之制。"时行宫止一殿，乃更作崇政、垂拱二殿。御史台请以射殿为崇政殿，

朔望权置帐门以为紫宸殿，宣赦书、德音、麻制以为文德殿，群臣拜表、听御札批答权作文殿德东上阁门。其垂拱殿四参，于殿门外设位版。十三年，始视朝于文德殿，设黄麾半仗二千四百一十五人。六月，紫宸殿望参，设黄麾角仗一千五十六人。自是，后殿坐及射殿引呈公事，以日景已高，依旧制设卫士、青凉伞十。淳熙十四年，诏引呈射殿公事，殿门外排立御马，如后殿之仪。

大朝会仪，旧制，垂拱殿设帘，殿上驻辇，候起居称贺班绝，乘辇，枢密、知阁门官、枢密都副承旨、诸房副都承旨前导，管军引驾至大庆殿门幄降辇，以次更衣。绍兴十五年正月朔旦，以二殿经途与东都异，乃以常御殿为垂拱殿，免驻辇，设帘帷，设椅子，称贺毕，过大庆殿后幄。前期，仪鸾司设御榻于大庆殿中，南向，设东西房于御榻左右稍北，设东西阁于殿后左右，殿上前楹施帘，设香案于殿下。太常展宫架乐于殿庭横街之南。其日，御辇院陈舆辇、伞扇于殿下，东西相向。兵部陈五辂于皇城南门外，俱北向。骐骥院列御马于殿门外，东西相向。兵部帅属设黄麾仗三千三百五十人于殿门内外。以殿狭，辇出房，不鸣鞭。

淳熙十六年正旦，行称贺礼，比政和五礼月朔视朝仪。皇帝御大庆殿，服靴袍，即御坐，皇太子、文武百僚常服称贺，而设黄麾半仗二千四百一十五人。及冬至朝贺，设黄麾角仗一千五十六人。著为令。而大朝会仪，自绍兴十五年以后不设。

卷一百四十四　　志第九十七

仪　卫　二

宫中导从　行幸仪卫　太上皇仪卫　后妃仪卫

宫中导从之制，唐已前无闻焉。五代汉乾祐中，始置主辇十六人，捧足一人，掌扇四人，持踏床一人，并服文绫袍、银叶弓脚幞头。尚宫一人，宝省一人，高髻、紫衣。书省二人，紫衣、弓脚幞头。新妇二人，高髻、青袍。大将二人，紫衣、弓脚幞头。童子执红丝拂二人，高髻髻、青衣。执犀盘二人，带髾头、黄衫。执翟尾二人，带髾头、黄衫。鸡冠二人，紫衣，分执金灌器、唾壶。女冠二人，紫衣，执香炉、香盘。分左右以次奉引。

太宗太平兴国初，增主辇二十四人，改服高脚幞头；辇头一人，衣紫绣袍，持金涂银仗以督领之。奉珍珠、七宝、翠毛华树二人，衣绯袍；奉金宝山二人，衣绿绣袍；奉龙脑合二人，衣绯销金袍，并高脚幞头。执拂翟四人，髾头、衣黄绣袍。旧衣绫袍、紫衣者，悉易以销金及绣。复增司薄一人，内省一人，司仪一人，司给一人，皆分左右前导，凡一十七行。每正、至御殿，祀郊庙，步辇出入至长春殿用之。其乘辇，则屈右足、垂左足而凭几，盖唐制也。真宗时，加四面内官周卫。大中祥符三年，内出绘图以示宰相。

行幸仪卫。宋初，三驾皆以待礼事。车驾近出，止用常从以行。其旧仪，殿前司随驾马队，凡诸班直内，殿前指挥使全班祗应：左班七十六人，二十四人在驾前左边引驾，五十二人作两队随驾；右班七十七人，二十四人在驾前右边引驾，五十三人在驾后作两队随驾，二十七人第一队，二十六人第二队。内殿直五十四人，散员六十四人，散指挥六十四人，散都头五十四人，散祗候五十四人，金枪五十四人，茶酒班祗应殿侍百五十七人，东第二班长入祗候殿侍十八人，驾后动乐三十一人，马队弩手分东西八十五人，招箭班三十五人，散直百七人，钧容直三百二十人，御龙直百四十二人，御龙骨朵子直二百二十人，并全班祗应。御龙弓箭直百三十三人，御龙弩直百三十三人，宽衣天武指挥二百一十六人。各有都虞候、指挥使、员僚。若随驾不使马队，即减内殿直、散员、散指挥、散都头、散祗候、金枪等直，仍减东西班马队弩手八十五人，余并同上。

凡皇城司随驾人数：崇政殿祗应亲从四指挥共二百五十二人，执擎骨朵，充禁卫；崇政殿门外快行、祗候、亲从第四指挥五十四人；车驾导从、两壁随行亲从亲事官共九十六人，并于驾前先行，行幸所到之处，充行宫司把门、洒扫祗应。各有正副都头、节级、十将。

尚书兵部供黄麾仗内法物：甲罿各一。五色绣氅子并龙头竿挂，第一，青绣孔雀氅；第二，绯绣凤氅；第三，青绣孔雀氅；第四，皂绣鹅氅；第五，白绣鹅氅；第六，黄绣鸡氅。又六军仪仗司供仪仗法物，内狮子旗四口，充门旗二口，各一人执，分左右；二口各十人执扯，分左右，扯人执弓箭。又左金吾引驾仗供牙门旗十四口，十口开五门，每门二口，每口一人执二人夹，计三十人，并骑，夹人执弓箭。监门校尉二十人，每门四人，并带仪刀，骑。二口系前步甲第七队前，二口系前部黄麾第一队前，二口系后部黄麾第一队前，二口系后步甲第一队前，二口系后步甲第七队前。四口开二门，每门二口，每口一人执二人夹，计十二人，并骑。监门校尉六人，并带仪刀，骑。二口系兵部班剑仪刀队后，二口系真武队前。又右金吾引驾仗供牙门旗十四口，制同左仗。

仁宗康定元年，参知政事宋庠言："车驾行幸，非郊庙大礼具陈卤薄外，其日常导从，惟前有驾头，后拥伞扇而已，殊无礼典所载公卿奉引之盛。其侍从及百司官属，下至厮役，皆杂行道中。步辇之后，但以亲事官百余人执梃以殿，谓之禁卫。诸班劲骑，颇与乘舆相远，士庶观者，率随扈从之人，夹道驰走，喧呼不禁。所过旗亭市楼，垂帘外蔽，士民冯高下瞰，莫为严惮。逻司街使，恬不呵止。威令弛阙，玩习为常。非所谓旄头先驱，清道后行之慎也。且自黄帝以神功盛德，犹假师兵营卫，则防微御变，古今一体。案汉、魏以降，有大驾、小驾之仪。至唐又殿中诸卫、黄麾等仗，名数次序，各有施设。国朝承五姓荒残之弊，事从简略，每鸣銮游豫，尽去戈戟、旌旗之制，仪卫寡薄，颇同藩镇。此皆制度放失，惮于改作之咎。宜委一二博学近臣，讨绎前代仪注及卤薄令，以乘舆常时出入之仪，比之三驾诸仗，酌取其中，稍增仪物，具严法禁，以示尊极，以防未然。革去因循，其在今日。"诏太常礼院与两制详定，参以旧仪，别加新制。

两制同礼官议，略准小驾制度，添清道马、甲骥、旗氅等物。别为常行禁卫仪，加清道马百匹，并带器械，分五行，行二十人。请下殿前司，于诸班内差。甲骥各一，分左右，并骑。牙门旗前后各四，分左右，并骑。绯绣凤氅二十四，分左右，并骑。以上请下殿前司，于诸班内差充。雉扇十二，分左右。请于亲从官内差充。以上新添百六十二人。凡天武官旧二百一十六人，空行，今添执哥舒，为一重。亲从官旧百四十五人，今添百五十五人，通为三百人，为一重。殿前指挥使旧四十八人，今添百五十二人，通为二百人，或于近上诸班相兼差充，并骑，为一重。以上因旧人数添。旧四百九人，新添三百七人，共七百一十六人。

凡驾前殿前指挥使、亲从官为二重，左右相对，各开二门，约二丈，每门并差人员二人押当。第一门与通事舍人相对，第二门与阁门使相对。每有臣僚迎驾起居，并令中道候起居毕，于左右门出。其诸色人止令于牙门旗前道傍起居，不得便入禁卫中。每门外重，令殿前指挥使执旗二面以表门，用转光错彩旗，通上计五重，皆掩后团转。凡百司祗应人于禁卫内无执掌者，及随驾臣僚除合将入禁卫随从人数外，余并令于殿前指挥使行外左右前后行。凡前牙门旗以后，后牙门旗以前，属禁卫中，不得辄入。凡中书、枢密院臣僚，并于从内第三重宽衣天武内行马；其余随驾文武臣僚，并在从内第四重殿前指挥使内，分左右依官位行马。

凡车驾经历去处，若有楼阁，并不得垂帘障蔽，及止绝士庶不许临高瞰下，止于街两傍立观，即不得夹路喧呼驰走。前牙门以前，后牙门以后，不在此限。凡车驾未出皇城门，宣德、左右掖、东华、拱宸门及已至所幸处，即自有门禁，不用牙门旗约束。凡车驾已在道，前牙门旗虽行，后牙门旗未行，除止绝闲杂人外，其随驾臣僚官司人等，并依常例，次第赴合随入及行马去处。凡前牙门旗在清道马后约十步已来，后牙门旗在驾后殿前指挥使之后。凡街巷宽阔处，仪卫并依新图排列。如遇窄狭街巷，禁卫止用亲从官二重，御龙直二重，雉扇随辇。其殿前指挥使、天武官，并权分于驾前后随行。后至宽阔处，乘舆徐行，仪仗依旧排列。或驾幸园苑、宫观、寺院并臣僚宅，即清道马、仪仗、殿前指挥使、天武官更不入，惟于外排立。其随驾臣僚及诸司人，自依常例随从，候驾行，依次排列。或臣僚宅在巷内，前去不通人行处，其仪仗、殿前指挥使等，各于巷口排立，止绝行人，余并如故。时详定阅习既毕，或言新制严密，虑违犯者众，因不果行。

嘉祐六年，先是，幸睦亲宅，抱驾头内臣坠马，坏驾头。太常礼院、阁门及整肃禁卫所请自今车驾出，以阁门祗候并内臣各二员，分驾头左右扇筤后编拦，仍以皇城司亲从官二十人随之。

哲宗绍圣二年，诏：车驾行幸仪卫，驾后东西班殿侍马两队，拨充驾前编拦，分两壁行于前引行门之前，随身器械，各别给银骨朵一。驾前马队、殿前指挥使马，以百人分四队。不足，据人数均差，仍别差人员六人。内殿直、散员、散指挥、散都头、散祗候，并增作一百四人，分四队，内人员各四人。金枪班添一队，作七十八人，内人员三人。弩手班添两队，充填拨送东西班殿侍马两队。禁卫御龙直、弓箭直、弩直、长行，仍各添给银骨朵。禁卫外，添差编拦天武人员、长行共二百人，拣选有行止旧人充，出入止于宣德门外，至行在所，即止于行宫门外。

南渡后，乘舆出入，初未有仪。高宗将迎韦太后于郊，因制常行仪仗，用黄麾仗二千二百六十五人。孝宗朝德寿宫，减一千人，用殿前司六百二十九人，皇城在内巡检司三百九十一人，崇政殿四百四十九人，凡一千四百六十九人。四孟诣景灵宫，用殿前司八百七十五人，皇城在内巡检司五百二十八人，崇政殿五百二十一人，凡一千九百二十四人。九年正月，诏：驾出御后殿坐，宰执、百官、仪卫等赴后殿，起居殿上，登辇，出后殿门，驾回，入祥曦殿门。

太上皇仪卫。隆兴元年，孝宗嗣位，诏有司讨论德寿宫舆辇仪卫。先是，绍兴三十二年六月，诏："上皇日常朝殿，差御龙直四十三人，执仗排立，并设伞扇，鸣鞭。宰执退朝，仍赴德寿宫起居。如遇行幸，令禁卫所随以祗应。"两奉上皇旨，却而不受，故复有是诏。寻有司上言："汉之未央，唐之兴庆，其车辇仪卫不载。今父尧子舜，事亲典礼，凡往古来今所未备者，当以义起，极其尊崇，为万世法。"遂定宰执、百官诣德寿宫起居，则禁卫所依后殿坐仪排列，禁卫二百九十七人祗应。行幸，则禁卫所差行门、禁卫诸班直、天武亲从官及伞扇、鸣鞭、烛罩等合五百人，随行扈从。前引七十人：内行宫殿前崇政殿亲从一十人，都下亲从二十人，快行亲从二十人，殿前指挥使二十人。中道六十人：编排禁卫行子十人，执从物御龙直三十人，执伞扇天武一十人，崇政殿亲从拦前一十人。禁卫围子四重四百人：第一，崇政殿亲从一百人；第二，御龙直、骨朵直、弓箭直三十人，东西班七十人；第三，执烛罩都下亲从一百人；第四，内殿直一十人，散员、散指挥、散都头、散祗候、金枪、银枪班各一十人，后从殿前指挥使二十人。

皇太后仪卫。自乾兴元年仁宗即位，章献太后预政，侍卫始盛。用礼仪院奏，制皇太后所乘舆，名之曰"大安辇"。天圣元年，有司言："皇太后车驾出，合设护卫：御龙直都虞候一人，都头二人，副都头一人，长行五十人，十将已下；骨朵子直都虞候一人，都头二人，副都头二人，十将、长行八十人；弓箭直指挥使一人，都头二人，副都头二人，十将、长行五十人；弩直指挥使一人，都头二人，副都头二人，十将、长行五十人。殿前指挥使两班：左班都虞候一人，都知一人，行门三人，长行二十人，带器械；

右班指挥使一人，都知一人，行门三人，长行二十人，带器械。皇城司禁卫二百人，宽衣天武二百人，供御辇官六十二人，宽衣天武百人。余诸司祗应、鸣鞭、侍卫，如乘舆之仪。"诏依。

嘉祐八年，英宗即位，太常礼院言："准诏再详定皇太后出入仪卫。御龙直都头二人，长行二十五人；骨朵子直都头二人，长行四十人；弓箭直都头二人，长行二十五人；弩直都头二人，长行二十五人。殿前指挥使两班，各都知一人，行门各二人，长行各十人，带器械。皇城司禁卫一百人，宽衣天武一百五十人，打灯笼子亲事官八十人。入内都知、御药院官各一员，内东门司使臣二员。御辇院短镫、教骏、拢马亲事官，入内院子，诸司并入内内侍省祗应内品，人数不定。"诏依。

治平元年，诏皇太后出入唯不鸣鞭，他仪卫如章献明肃故事。四年，神宗嗣位，诏太皇太后仪范已定，皇太后合设仪卫：御龙直、骨朵子直差都虞候、都头、副都头各一人，十将、长行各共三十人；弓箭直、弩直差指挥使、都头、副都头各一人，十将、长行各共二十人。皇城司亲从官一百人，执骨朵宽衣天武官百五十人，充围子行宫司人员共一百人，入内院子五十人，充围子皇城司亲事官八十人。打灯笼、短镫马、拢马亲从官，金铜车、棕车随车子祗应人，擎担子供御辇官，执擎从物等供御、次供御并下都辇直等，人数不定。都知一员，御药院使臣二员，内东门司使臣二员，内酒坊、御厨、法酒库、仪鸾司、乳酪院、翰林司、翰林院、车子院、御膳素厨、化成殿果子库，并从。遇出新城门，添差带器械内臣。

哲宗即位，元祐元年，诏太皇太后出入仪卫，并依章献明肃皇后故事。其不可考者，则依慈圣光献皇后之例。既而又诏：太皇太后出入仪卫，添御龙骨朵子直三十六人，御龙弓箭直四十五人，御龙弩直四十五人，皇城司禁卫五十人，马队三百五十人，东西班、茶酒班殿侍共一百人，快行增至二十人。军头引见司监官二员，并将带承局、等子，依随驾例祗应，钧容直并动乐殿侍，则候开乐取旨。

仁、英、哲之世，太后临朝垂帘，仪从亦不崇侈，止曰仪卫，无卤簿名也。南渡尤简，其车不以舆不以辇，余惟伞、扇而已。绍兴奉迎太母，极意备礼，然犹曰太后天性朴素，不敢过饰仪从。器物惟涂金，舆前用黄罗伞扇二，绯黄绣雉扇六，红黄绯金拂扇二，黄罗暖扇二。朝谒景灵宫、太庙，则用禁卫诸班直、天武亲从五百人。其前引、中道、围子，同上皇仪卫而差省焉。

皇太妃出入仪卫。哲宗绍圣元年，三省、枢密院言："增崇皇太妃出入仪卫：龙凤扇二十，侍从官入内省都知或押班一员，内侍省都知或押班一员，皇城司、御药院、内东门司各一员，带御器械内侍八员，引喝内侍一员。殿前指挥使三十二人，内人员二人，御龙直三十三人，骨朵子直三十三人，弓箭直二十三人，弩直二十三人，天武官一百五十四人，皇城司禁卫一百人，入内院子五十人，行宫司一百人，辇官供御六十二人，次供御四十九人，下都五十八人，烛笼七十，诸司御燎子、茶床、快行亲从四人。"

礼部太常寺又言："元祐三年，诏皇太妃伞用红黄罗。参议得皇太后出入兼用红黄，今皇太妃若亦用黄，则非差降之意。伏请红黄兼用，从皇太后出入，则止用红。"

徽宗崇宁元年，臣僚言："元符皇后，先帝皇后也，其曲礼宜极褒崇。"于是约圣瑞皇太妃之制，出入由宣德正门，增龙凤扇二十，御龙直十二人，御龙骨朵子直十七人，御龙弓箭直十二人，御龙弩直二十二人，殿前指挥十三人，皇城司禁卫二十人，快行亲从官四人，执烛、皇城司亲从官，金铜车并棕车，随时定数供须。行幸药架一坐，勾当官，吏人二员，封题一员，药童三人，抬擎药架辇官十一人，秤、库子亲事官，量差人数祗应。从之。

二年，臣僚又言："元符皇后，元符末尝预定策之勋，以承神宗、哲宗之志。"礼部太常寺奏："典礼，准圣瑞皇太妃例，侍从官入内内侍省都知或押班一员，皇城、御药、内东门司官各一员，御辇院轮官随从，诸司御燎子、茶床、带御器械内侍十人，引喝内侍一人。舆用龙凤，伞红黄兼用。出入由宣德东门，今欲出入由宣德正门。龙凤扇二十柄，今添作三十柄。辇官供御六十二人，次供御四十九人，都下五十八人。御龙直三十三人，今添作四十五人。御龙骨朵子直三十三人，今添作五十人。御龙弓箭直三十三人，今添作四十五人。御龙弩直二十三人，今添作四十五人。殿前指挥三十二人，今添作四十五人。内臣二人。皇城司一百人禁卫，今添作一百二十人。天武官一百五十四人，行宫司一百人，入内院子五十人。快行亲从官四人，今添作八人。执烛、皇城司亲从官、金铜车并棕车，随时内中批出合要数供须。行幸药架一坐，勾当官一员，吏人二员，封题一员，药童三人，抬擎药架辇官十一人，秤、库子亲事官，量差人数祗应。"从之。

皇后仪卫，惟东都《政和礼》有卤簿，他无卤簿之名，惟曰仪卫而已。中兴后，皇太后既尚简素，后尤简焉。出入朝谒宫庙，用应奉御辇官一员，人吏三人。供应六十三人：内人员十五人，头帽、紫罗四䙆单衫、金涂银柘枝腰带，肩擎辇官四十八人，幞头、绯罗单衫、金涂海捷腰带、紫罗表夹三 襜、绯罗看带。次供应十四人：内人员一人，服同上，惟海捷带；辇官一十三人，服同肩擎官，惟行狮带。都下五十四人：内人员一人，帽服同前；辇官五十三人，服同上，辇官惟云鹤带。

卷一百四十五　　志第九十八

仪　卫　三

国初卤簿

国初卤簿。太祖建隆四年，将郊祀，大礼使范质与卤簿使张昭、仪仗使刘温叟，同详定大驾卤簿之制，惟得唐长兴《南郊卤簿字图》，校以令文，颇有阙略违戾者。礼仪使陶谷建议："金吾及诸卫将军导驾及押仗，旧服紫衣，请依《开元礼》各服本色绣袍。金吾以辟邪，左右卫以瑞马，骁卫以雕虎，威卫以赤豹，武卫以瑞鹰，领军卫以白泽，监门卫以师子，千牛卫以犀牛，六军以孔雀为文。旧，执仗军士悉衣五色画衣，随人数给之，无有准式，请以五行相生之色为次，黑衣先之，青衣次之，赤、黄、白又次之。大驾五辂，各有副车，近代寖废，请依令文增造。又案明宗旧图，导驾三引而仪仗法物人数多，周太祖卤簿六引而人数少，请准令文用六引，其卤簿各依本品以给。"从之。旧清游队有甲骑具装，亡其制度，谷以其所记造之。又作大辇，皆率意定其制。谷又取天文大角、摄提列星之象，作摄提旗及北斗旗、二十八宿旗、十二辰旗、龙墀十三旗、五方神旗、五方凤旗、四渎旗。时有贡黄鹦鹉、白兔，及驯象自来，又作金鹦鹉、玉兔、驯象旗。太祖又诏别造大黄龙负图旗一，大神旗六，日旗一，月旗一，君王万岁旗一，天下太平旗一，师子旗二，金鸾旗一，金凤旗一，五龙旗五，凡二十一旗，皆有架，南郊用之。大黄龙负图旗陈于明德门前，余二十旗悉立于宿顿宫前，遇朝会册礼，亦皆陈于殿庭。凡马步仪仗，共一万一千二百二十二人，悉用禁军。大将军、将军以军主、都虞候摄事，中郎将、都尉以指挥使、副指挥使摄事，校尉、主帅以军使、副兵马使、都头、副都头、十将摄事。

乾德三年，蜀平，命左拾遗孙逢吉收蜀法物，其不中度者悉毁之。是岁，太祖亲阅卤簿。四年，始令改画衣为绣衣，至开宝三年而成，谓之"绣衣卤簿"。其后郊祀皆用之。军卫羽仪，自是寖甚。每大祀，命大礼、礼仪、仪仗、卤簿、桥道顿递五使，卤簿使专掌定字图排列，仪仗使纠督之，大礼及余使同按阅，致斋日巡仗。又命殿前大校管勾捧日、奉宸队，侍卫大校勾当仪仗兵队，捧日、天武厢主四人，编排捧日、奉宸队及执仗人，内诸司使、副使三员同押仪仗，别二员编排导引官。六年，诏节度使已下，除在京巡检及押仪仗外，并令服裤褶衣导引。

太宗至道中，令有司以绢画为图，图凡三幅，中幅车辂、六引及导驾官，外两幅仪卫，其警场青城，又别为图，图成，以藏秘阁。凡仗内自行事官、排列职掌并捧日、奉宸、散手天武外，步骑一万九千一百九十八人，此极盛也。真宗咸平五年，诏南郊仪仗引驾官，不得多带从人。宰臣，亲王，枢密、宣徽使，参知政事，枢密副使，三司使，各四人。尚书，节度使，翰林学士，侍读、侍讲学士，各三人。给事，谏议，知制诰，大卿监，金吾大将军，枢密都承旨、副承旨，客省阁门使、副使，诸司使、副使至内殿崇班，各二人。少卿监，诸行郎中已下，阁门祗候已下，各一人。又诏南郊引驾官，中书、枢密院一行在东，亲王一行在西，余依官次。大中祥符元年，改小驾为鸾驾。

自太祖易绣衣卤簿后，太宗、真宗皆增益之。仁宗即位，仪典多袭前世，宋绶定卤簿，为《图记》十卷上之，诏以付秘阁。凡大驾，用二万六十一人，大率以太仆寺主车辂，殿中省主舆辇、伞扇、御马，金吾主纛、猃、十六骑、引驾细仗、牙门、六军主枪仗，尚书兵部主六引诸队、大角、五牛旗，门下省主宝案，司天台主钟漏，太常主鼓吹，朝服法物库出旗器、名物、衣冠、巾帟盖，军器库出旌、弩、矢，内弓箭库出戎装、杂仗。凡六引导驾、太仆卿、千牛将军、殿中侍御史、司天监少府监僚佐局官、乘黄令、大将军、金吾上将军、将军、六统军，皆以京朝官内诸司使、副使以下摄事。仗内用禁军诸班直：捧日、天武、拱圣、神勇、宣武、骁骑、武胜、宁朔、虎翼兵。大将军、将军以军主、都虞候摄。中郎将、郎将、都尉以指挥使、副指挥使摄。校尉、主帅、旅帅、队正以军使、副兵马使、都头、副都头、十将摄。余法驾、鸾驾、黄麾仗，则递减其数。

景祐五年，贾昌朝言仪卫三事：

一曰南郊卤簿，车驾出宫诣郊庙日，执球杖供奉官，于导驾官前分列迎引，至于斋宫。夫球杖非古，盖唐世尚之，以资玩乐。其执之者皆亵服，锦绣珠玉，过于侈丽，既不足以昭文物，又不以备军容。常时豫游，或宜施用。方今夙夜斋戒，亲奉大祀，端冕颙昂，鼓吹不作，而乃陈戏赏之具，参簪绅之列，导迎法驾，入于祠宫。稽诸典仪，未为允称。况导驾官两省员数悉备，何烦更有此色供奉官，谓宜彻去球杖，俟礼毕还宫，鼓吹振作，即复使就列。

二曰大驾卤簿，有羊车前列。臣案羊车本汉、晋之代，乘于后宫。隋大业中，增金宝之饰，驾以小驷，驭以卯童，自是以来，遂为法从。唐制兼有辇车、副车之名，国朝因循，尚未改革。窃以郊祭天地，庙见祖宗，车服所陈，动必由礼。至于四望、耕根之属，兼包历代，皆或有因，岂容后宫所乘，参陪五辂。欲望大驾不用羊车，所冀肃恭，稽合典礼。

三曰南郊大驾卤簿，仪卫甚众，有司虽依典礼，名物次第，兵杖数目，预先分布，及五使量行案阅。其如被差执掌吏员兵伍，素不闲习，行列先后，多失次序；所持名物，亦或差互。押当官但以行事为名，从便趋进，失其处守。窃谓三载亲郊，国之大事，旁陈象物，仰法乾行，四方之人，观礼于是，宜详制度，以示光华。请大驾卤簿前后仗卫次第，于致斋前命仪仗、卤簿使令有司执簿籍率押当官暨诸卫、诸省执仗士卒将领者，自殿门至郊庙分列之处，详视先后及器仗名品，无令差式。

诏礼仪使宋绶与太常礼院同详定以奏。绶奏："卤簿内有诸司供奉，盖资备物，以奉乘舆。今昌朝言宿斋之时，不可陈玩乐之具。请郊祀前一日，应供奉官等令宿幕次，俟皇帝行礼毕降坛，导至青城，由青城前导归大内。后汉刘熙《释名》曰：'骡车、羊车，各以所驾名之也。'隋《礼仪志》曰：'汉氏或以人牵，或驾果下马。'此乃汉代已有，晋武偶取乘于后宫，非特为掖庭制也。况历代载于《舆服志》，自唐至今，著之礼令，宜且仍旧。其卤簿仪仗，遇南郊前，五使预阅素备，愿依昌朝所奏，下仪仗、卤簿使加点阅，使之齐肃。"

皇祐二年，将享明堂，卤簿使奏："法驾减大驾三分之一，而兵部亡字图故本，且文牒散逸，虽粗有名数，较之礼令，未有以裁其中。"诏礼官与兵部加考正，为图以奏。及上图，法驾卤簿用万有一千八十八人。嘉祐二年袷享，用礼仪使奏："南郊仗，金吾上将军、六统军、左右千牛，皆服紫绣戎服，珂珮，骑而前；节度使亦衣裤褶导驾，如旧例。"是月，礼官奏："南郊还，在礼当乘金辂，而或诏乘大辇，宜著于令，常以大辇从。"六年，幸睦亲宅，内侍抱驾头堕马，驾头坏。御史中丞韩绛奏请严仪卫，事下阁门、太常礼院议。遂合奏："车驾出，请以阁门祗候及内侍各二员，扶驾头左右，次扇筤，又以皇城亲从兵二十人从其后。"

神宗熙宁七年，诏太常看详兵部大驾卤簿字图，遂奏言："制器尚象，有其数者，必有其义。后世车驾仪仗，多杂秦、汉制度，当革其尤者。《周礼·车仆》：'凡师，共革车，各以其萃。'萃，副车也。诸辂之副，宜次正辂。羊车，前代宫中所乘；五牛旗，盖古之五时副车也，以木牛载旗，用人舆之，失其本制：宜除去。"从之。

元丰元年，详定所言："大驾舆辇、仗卫仪物，兼取历代所用，其间情文诡舛甚众。或规摹苟简而因循已久；或事出一时而不足为法。"诏令更定。于是请去二十八宿、五星、摄提旗所绘人形，及龙、虎、仙童、大神、金鹦鹉、黄鹦鹉、罔子、螣蛇、神龟等旗。旧制，亲祠南郊，皇帝自大次至版位，内侍二人执翟羽前导，号曰"拂翟"。拂翟不出礼典，乃汉乾祐中宫中导从之物，不宜用诸郊庙。诏可。

又礼文所言：

近制，金辂不以金饰诸末，象辂不以象饰诸末，革辂不鞔，木辂不漆，请改饰四辂。太常则绘三辰，加升龙、降龙，大旂则绘交龙、大赤鸟隼、大白熊虎、大麾龟蛇而去其云龙，使之应礼。又古者，五辂皆载旗，谓之"道德之车"。《考工记》车戟崇于殳，酋矛崇于戟，各四赤，戟矛皆插车骑，谓之"兵车"。战国尚武，故增插四戟，谓之"阘戟"。则知德车、武车，固异用矣。汉卤簿，前驱有凤凰阘戟，犹未施于五辂。江左以来，五辂乃加棨戟于车之右，韬以黼绣之衣。后周司常，左建旗，右建阘戟，阘戟方六尺，而被之以黼，皆戾于古。请去五辂阘戟，以应"道德"之称，而建太常于车后之中央，升辂则由左。

又按《周礼》："大驭，掌驭玉辂以祀。"则祀乘玉辂也。斋仆掌驭金辂，斋右充金辂之右，则斋乘金辂也。斋祀之车，异用而不相因。国朝亲祠太庙，致斋文德殿，翌日即进玉辂，非制。请进金辂，俟太庙祠毕，翌日，御玉辂诣郊。

又《周礼》戎右职曰："会同，充革车。"《仪礼》曰："贰车毕乘。"《礼记》曰："乘君之乘车，不敢旷左，左必式。"盖古者后车余辂，不敢旷空，必使人乘之，所以别旷左之嫌也。自秦兼九国车服，西汉因之，大驾属车八十一乘。《后汉志》云："尚书、御史所载。"扬雄曰："鸥夷国器，托于属车。"则是汉之属车，非独载人，又以载物，亦《仪礼》所谓"毕乘"之义也。国朝卤簿，车十二乘，虚设于法驾之后，实近旷左之嫌。请令尚书、御史乘之，或以载乘舆服御。

又言："法驾之行，必有共舆者，盖以承清问。《周官》有太仆、斋仆、道仆，所以御车，至参乘，则其礼益重。故道德之车则有斋右、道右，武车则有戎右，皆以士大夫为之。国朝之制，乘舆有太仆而无参乘，请增近臣一员，立车右。"

其后，诏增制五辂及参乘，玉辂建太常，金辂建大旂，象辂建大赤，革辂建大白，木辂建大麾。诸辂之副，各次正辂，仍存阘戟焉。时大驾卤簿，仗下官一百四十六员，执仗、押引从军员、职掌诸军诸司二万二千二百二十一人。初，玉辂自唐显庆中传之，号"显庆辂"。神宗更制新玉辂，六年正月，御大庆殿受朝，先夕陈诸庭，夜半彻幕屋，压焉。自是竟乘旧辂。

徽宗建中靖国元年，太常寺状具南郊仪仗，人兵二万一千五百七十五人。政和四年，礼制局言："卤簿六引仪仗，信幡承以双龙，大角黑漆画龙，紫绣龙袋，长鸣、次鸣、大小横吹、五色衣旛、绯掌画交龙。按《乐令》，三品以上绯掌画蹲豹。盖唯乘舆器用，并饰以龙。今六引内系群臣卤簿，而旗物通画交龙，非便，合厘正。"七年，兵部尚书蒋猷请令有司取《天圣卤簿图记》，更加考正可否而因革。诏如其请。宣和元年，蔡攸被旨改修，凡人物器服，尽从古制，饰以丹采，三十有三卷。

高宗初至南京，孟太后以乘舆服御及御辇仪仗来进。建炎初，诏东京所属起发祭器、法服、仪仗赴行在所。十一月，帝郊于扬州，仪仗用一千三百五十五人。仓卒渡江，皆为金兵所焚。绍兴十二年，有司言："天子起居，当备法驾，况太母回銮，将奉郊迎。"遂令工部尚书莫将等检会本朝文德、大庆殿旧仪，下太常定，用二千二百六十五人，于是始备黄麾仗，庆、册、亲飨皆用焉。是年冬，玉辂成。

明年，郊，准国初大驾之数，一万一千二百二十二人。内旧用锦袄子者以缬缯代，用铜革带者以勒帛代。而指挥使、都头仍旧用锦帽子、锦臂袖者，以方胜练鹊罗代；用绯者以绸代。禁卫班直服色，用锦绣、金银、真珠、北珠者七百八十人，以头帽、银带、缬罗衫代。旗物用绣者，以错采代；车路院香镫案、衣褥、睥睨、御辇院华盖、曲盖及仗内幢角等袋用绣者，以生色代。殿前司仗内金枪、银枪、旗干，易以漆饰；而拂扇、坐褥以珠饰者去之。帝曰："事天贵质，若惟事华丽，非初意矣。"十月，卤簿器物及金象革木四辂、大安辇皆成。太常又奏，前后六引鼓吹八百八十四人，旧制骑。今路狭拥遏，欲止令步导。从之。十六年，始增捧日、奉宸队，合一万五千五十人。卤簿之制备矣。三十一年九月，行明堂礼，仪物视郊祀省三之一，用一万一千五人。

孝宗隆兴二年正月，以卤簿劳民，乃令有司条具其可省者。次年郊祀，止用六千八百八十九人，盖减绍兴二十八年人数之半也。乾道六年之郊，虽仍备五辂、大安辇、六象，而人数则如旧焉。自后，终宋之世，虽微有因革，大抵皆如乾道六年之制。若明堂，则四辂、大安辇皆省，止用三千三百十九人。故事，祀前二日诣景灵宫，皆备大驾仪仗、乘辂。中兴后，以行都与东都不同，前二日止乘辇。次日，自太庙诣青城，始登辂，设卤簿。自绍兴十三年始也。车驾遇雨，玉辂施障，从驾臣僚赐雨具，中道遇晴则撤。郊坛遇雨，则就青城放御仗，逍遥子还宫，导驾官免步导。

　　大驾卤簿。象六，中道，分左右。次六引，中道。第一，开封令；第二，开封牧；（驾从余州县出者，所在刺史、县令导驾，准此。第三，太常卿；第四，司徒；第五，御史大夫；第六，兵部尚书。以上各用本品卤簿。次蠹十二。每蠹一人持，一人托，四人扯，骑二人押。次犦矟骑八，押衙四人骑引。左右金吾上将军四人，将军四人，大将军各一人，折冲都尉一人。大将军、都尉并夹以犦矟二，每矟一人执，二人夹，蠹矟皆中道。

　　次清游队。左右道。白泽旗二，一人执，二人引，二人夹，左右金吾折冲都尉各一人领。弩八，弓箭三十二，矟四十。次左右金吾十六骑，左右道，主帅各一人分领。弩八，弓箭十二，矟十二。次夹道佽飞，骑。左右金吾果毅都尉各二人分领。虞候佽飞四十八人，铁甲佽飞二十四人。

　　次前队殳仗。左右道。左右领军卫将军各一人，犦矟四人，主帅四人，殳八十，叉八十；相间。左右武卫屯卫主帅各四人，殳各五十人，叉各五十人；左右骁卫主帅四人，殳四十，叉四十。次朱雀旗一，中道，一人持，二人引，二人夹。弩四，弓箭十六。次龙旗十二。中道，并一人执，二人引，二人护后；副竿二，皆骑，左右金吾果毅都尉各一人领。风伯、雨师旗各一，雷公、电母旗各一，木、火、土、金、水星旗各一，左、右摄提旗各一，北斗旗一。次指南、记里鼓、白鹭、鸾旗、崇德、皮轩车。左右金吾卫果毅都尉各一人，来往检校。次引驾十二重。中道，并骑。弩八，弓箭八，矟八。

　　次太常前部鼓吹。令二人，府史四人从。扛鼓十二在左，主帅四人骑领。金钲十二在右，主帅四人骑领。大鼓百二十，主帅二十人骑领。长鸣百二十，主帅六人骑领。铙鼓十二，主帅四人骑领。歌二十四，拱宸管二十四，箫二十四，笳二十四，大横吹百二十，主帅十人骑领。节鼓二，笛二十四，箫二十四，觱篥二十四，笳二十四，桃皮觱篥二十四；扛鼓十二在左，主帅二人骑领。金钲十二在右，主帅二人骑领。小鼓百二十，主帅十人骑领。中鸣百二十，主帅六人骑领。羽葆鼓十二，主帅四人骑领。歌二十四，拱宸管二十四，箫二十四，笳二十四。

　　次司天监一人，骑，引相风、刻漏，中道。令史一人，排列官二人，骑从。相风乌舆一，匠人一。交龙钲、鼓各一，司晨、典事各一人骑从。钟楼、鼓楼各一，行漏舆一，漏刻生四人从。清道二人，十二神舆一。司天官一人押。

　　次持锹前队。中道。左右武卫果毅都尉各一人分领，校尉二人。绛引幡一，金节十二，甲一在左，冑一在右，朱雀幢一，叉一。青龙、白虎幢各一，分左右。叉各一。导盖一。叉一。称长一人，锹戟二百八十人，分左右；左右武卫将军各一人，校尉四人，分左右。次殿中侍御史二人，黄麾一。骑二夹。

　　次前部马队。左右队。第一队，角宿、亢宿、斗宿、牛宿旗各一，执次同龙墀旗，角、亢在左，斗、牛在右，余队同此。左右金吾卫折冲都尉各一人分领，弩十，弓箭二十，锹四十；并分左右，余队皆同。第二队，氐宿、房宿、女宿、虚宿旗各一，左右领军卫果毅都尉各三人分领；兼第三、第四队。第三队心宿、危宿旗各一；第四队尾宿、室宿旗各一；第五队箕宿、壁宿旗各一，左右领军卫折冲都尉各一人分领；第六队奎宿、井宿旗各一，左右屯卫折冲都尉各一人分领；第七队娄宿、鬼宿旗各一，左右武卫果毅都尉各三人分领；兼第八、第九队。第八队胃宿、柳宿旗各一；第九队昴宿、星宿旗各一；第十队毕宿、张宿旗各一，左右骁卫折冲都尉各三人分领；兼第十一、十二队。第十一队觜宿、翼宿旗各一；第十二队参宿、轸宿旗各一。

　　次步甲前队。左右道。犦矟四，左右领军卫将军各一人检校。第一队，鹖鸡旗二，引，执同马队。左右领军卫折冲都尉各一人分领，赤鍪甲、弓箭六十；第二队，貔旗二，左右领军卫果毅都尉各一人分领，赤鍪甲、刀盾六十；第三队，玉马旗二，左右领军卫折冲都尉各一人分领，青鍪甲、弓箭六十；第四队，三角兽旗二，左右领军卫果毅都尉各一人分领，青鍪甲、刀盾六十；第五队，黄鹿旗二，左右屯卫折冲都尉各一人分领，黑鍪甲、弓箭六十；第六队，飞麟旗二，左右屯卫果毅都尉各一人分领，黑鍪甲、刀盾六十；第七队，駃騠旗二，左右武卫折冲都尉各一人分领，白鍪甲、弓箭六十；第八队，鸾旗二，左右武卫果毅都尉各一人分领，白鍪甲、刀盾六十；第九队，麟旗二，左右骁卫折冲都尉各一人分领，黄鍪甲、弓箭六十；第十队，驯象旗二，左右骁卫果毅都尉各一人分领，黄鍪甲、刀盾六十；第十一队，玉兔旗二，左右卫折冲都尉各一人分领，黄鍪甲、弓箭六十；第十二队，辟邪旗二，左右卫果毅都尉各一人分领，黄鍪甲、刀盾六十。

　　次前部黄麾仗。左右道。绛引幡二十；第一部，左右领军卫大将军各一人检校，兼检校第二部。折冲都尉各一人分领，主帅二人。龙头竿赤氅二十，揭鼓二，仪锽五色幢二十，龙头竿小孔雀氅二十，小戟二十，揭鼓二，龙头竿五色鹅毛氅二十，弓箭二十，龙头竿鸡毛氅二十，朱縢盾二十，龙头竿绣氅二十，弓箭二十，矟二十，揭鼓二，绿縢盾二十；第二部，左右领军卫折冲都尉各一人分领；主帅及氅锽等并同第一部，余准此。第三部，左右屯卫大将军各一人检校，果毅都尉各一人分领；第四部，左右武卫大将军各一人检校，折冲都尉各一人分领；第五部，左右骁卫大将军各一人检校；兼检校第六部，折冲都尉各一人分领。第六部，左右卫果毅都尉各一人分领。

　　次六军仪仗。中道，在殿中黄后。左右神武军统军各一人，本军旗二，一人执，一人引，二人夹，都头各一人骑押。吏兵、力士旗各五,白干枪五十,柯舒十、镫仗八,相间。排阑旗二十,掩尾天马旗二。左右羽林军、左右龙武军,并同神武军。惟羽林用赤豹、黄熊旗各五,龙武用龙君、虎君旗各五。

次引驾旗十六,中道,执人同六军旗。十二辰旗各一,天王旗四。排仗通直官二人骑领。次龙墀旗十三,中道,各一人执,二人引,二人夹,排仗将二人骑领。天下太平旗一,青龙、赤龙、黄龙、白龙、黑龙旗各一,金鸾、金凤旗各一,狮子旗二,日旗、月旗各一,君王万岁旗一。

次御马二十四匹,中道,并以天武官二人执辔。尚乘奉御二人从。次日月合璧旗一,次苣文旗二,次五星连珠旗一,次祥云旗二。以上并一人执,二人引,二人夹,佩横刀,执弓箭。次长寿幢一。次青龙、白虎旗各一。左右道。左右卫果毅都尉各一人分领七十骑,弩八,弓箭二十二,矟四十。

次班剑仪刀队。左右道。左右卫将军各一人,亲卫郎将各二人,班剑二百二十,为第一、第二行;勋卫郎将各二人,班剑二百二十,为第三、第四行;翊卫郎将各三人,仪刀三百七十八,为第五、第六、第七行;左右骁卫翊卫郎将各一人,仪刀一百三十四,为第八行;左右武卫翊卫郎将各一人,仪刀一百三十八,为第九行;左右屯卫翊卫郎将各一人,仪刀一百四十二,为第十行;左右领军卫翊卫郎将各一人,仪刀一百四十六,为第十一行;左右金吾卫翊卫郎将各一人,仪刀一百五十,为第十二行。

次五仗。左右道。左右卫供奉中郎将各二人,亲勋翊卫各二十四人,左右卫郎将各一人,散手翊卫各三十人,左右骁卫郎将各一人,翊卫各二十八人。

次左右骁卫、翊卫三队。第一队,花、凤旗二,大将军各一人,弩十,弓箭二十,矟四十;第二队,飞黄旗二,将军各一人,弩、弓箭、矟同第一队,下准此。第三队,吉利旗二,郎将各一人。

次金吾细仗。殿中伞扇,千牛。中道。青龙、白虎旗各一,一人执,三人引,骑二人押当。五岳神旗各一,五方神旗各一,五方龙旗二十五,五方凤旗二十五,四渎神旗各一。各一人执,二人引,二人夹,四旗属兵部,每行次五方凤旗。援宝三十二人,香案一,符宝郎一人,宝案一,宝舆一。舆士十二人。碧襕二十四人,骑,内十四人,执仪刀。方伞二,雉扇四,四色官六人,押仗二,金甲天武官二人,进马四人,千牛将军一人,千牛八人,中郎将二人,长史二人,引驾官四人,天武官三百人。次球仗供奉官一百人。

次左右卫夹毂队。左右道。第一、第四队,朱鍪甲、刀盾各六十,折冲都尉各一人检校;第二、第五队,白鍪甲、刀盾各六十,果毅都尉各一人检校;第三、第六队,黑鍪甲、刀盾各六十,果毅都尉各一人检校。

次捧日、奉宸队。左右道。捧日三十五队,队四十人,骑;奉宸二十五队,队四十人。并五重相间。

次导驾官。中道。通事舍人八人,分左右;侍御史二人,分左右;御史中丞二人,分左右;正言二人,分左右;司谏二人,分左右;起居郎二人在左,起居舍人二人在右;谏议大夫四人,分左右;给事中四人在左,中书舍人六人在右;散骑四人,分左右;门下侍郎二人在左,中书侍郎二人在右;侍中二人在左,中书令二人在右。次鸣鞭二。中道。次宫苑马二。中道。

次殿中省仗。大伞二,方雉尾扇四,腰舆一,排列官一人骑领。小雉尾扇四,方雉尾扇十二,华盖二,香镫一。

次诞马二,玉辂。皇帝升辂,则太仆卿御,千牛大将军二人夹辂,将军二人陪乘。前有诞马二,教马官二人。次诸司随驾供奉。次大辇,掌辇四人导,尚辇奉御二人骑从。殿中少监二人,骑。本省供奉二人骑从。次御马二十四。并以天武官二人执辔,尚辇直长二人骑从。

次持钑后队。中道。左右武卫旅帅各一人,大伞二,大雉尾扇二夹。大雉尾扇四,小雉尾扇十二,朱团扇十二,华盖二,又二。睥睨十二,御刀六,玄武幢一,又一。绛麾二,细矟十二。次大角百二十。左右金吾果毅都尉各一人骑从。

次后部鼓吹。中道。鼓吹丞二人,骑。典事四人骑从。羽葆鼓十二,主帅四人骑从。歌二十四,拱宸管二十四,箫二十四,笳二十四;主帅二人骑领。铙鼓十二,主帅四人骑领。歌二十四,箫二十四,笳二十四;小横吹百二十,主帅八人骑领。笛二十四,箫二十四,觱篥二十四,笳二十四,桃皮觱篥二十四。

次黄麾幡二,骑二夹。殿中侍御史二人,骑。令史四人骑从。次芳亭辇一,凤辇一,小舆一,尚辇直长二人,骑,检校。书令史四人骑从。次五牛旗舆各一,左右屯卫队正各一人,骑,检校。并执银装长刀。次乘黄令、丞二人。府史四人骑从。次金、象、革、木辂。次五副辂。次耕根车。次进贤、明远、羊车。次属车十二。次中书、门下、秘书、殿中省局官各一,骑。次黄钺、豹尾车。

次后部黄麾仗。左右道,与殿中黄麾相并。第一部,左右骁卫将军各一人检校,折冲都尉各一人分领;主帅氅镗等并同前部,下皆准此。第二部,左右武卫将军各一人检校,折冲都尉各一人分领;第三部,左右屯卫将军各一人检校,折冲都尉各一人分领;第四部,左右领军卫折冲都尉各一人分领;第五部,左右骁卫折冲都尉各一人分领;第六部,左右骁卫折冲都尉各一人分领,绛引幡二十,护后主帅二十人。

次步甲后队。左右道。第一队,貔旗二,执、引并同前。左右卫果毅都尉各一人分领;鍪甲、弓盾同前队第十二。第二队,鹖鸡旗二,左右卫折冲都尉各一人分领;鍪甲、弓箭同前队第十一。第三队,仙鹿旗二,左右骁卫果毅都尉各一人分领;鍪甲、刀盾同前队第十。第四队,金鹦鹉旗二,左右骁卫折冲都尉各一人分领;鍪甲、弓箭同前队第九。第五队,瑞麦旗二,左右武卫果毅都尉各一人分领;鍪甲、刀盾同前队第八。第六队,孔雀旗二,左右武卫折冲都尉各一人分领;鍪甲、弓箭同前队第七。 第七队，野马旗二，左右屯卫果毅都尉各一人分领； 鍪甲、刀盾同前队第六。 第八队，牦牛旗二，左右屯卫折冲都尉各一人分领； 鍪甲、弓箭同前队第五。 第九队，甘露旗二，左右领军卫果毅都尉各一人分领； 鍪甲、刀盾同前队第四。 第十队，网子旗二，左右领军卫折冲都尉各一人分领； 鍪甲、弓箭同前队第三。 第十一队，鹖鸡旗二，左右领军卫果毅都尉各一人分领； 鍪甲、刀盾同前队第二。 第十二队，貔旗二，左右领军卫折冲都尉各一人分领。 鍪甲、弓箭同前队第一。

次后部马队。 左右道。 第一队，角端旗二，左右卫折冲都尉各三人分领； 兼第二、第三队。每队弩、弓箭、稍并同前队。 第二队，赤熊旗二；第三队，兕旗二，左右骁卫果毅都尉各三人分领； 兼第四队。第四队，太常旗二；第五队，驯象旗二，左右武卫折冲都尉各三人分领； 兼第六、第七队。 第六队，騺鸟旗二；第七队，驎䮹旗二；第八队，驺牙旗二，左右屯卫果毅都尉各二人分领；第九队，苍乌旗二；第十队，白狼旗二；第十一队，龙马旗二，左右领军卫折冲都尉各二人分领；第十二队，金牛旗二。

次后队殳仗。 左右道。 左右领军卫主帅四人，殳八千，叉八十；左右武卫主帅四人，殳五十，叉五十；左右屯卫骁卫主帅各四人，殳四十，叉四十。次掩后队。 中道。 左右屯卫折冲都尉各一人，大戟五十，刀盾五十，弓箭五十，稍五十。

次真武队。 中道。 金吾折冲都尉一人，仙童、滕蛇、真武、神龟旗各一， 十人执，二人引，二人夹。 稍二十五，弓箭二十，弩五。

车驾至青城，则周卫行宫及坛内外。其青城坐甲布列三百三十六铺：殿前指挥使二十四铺，四百七十七人；内殿直一十铺，一百四十一人；散员一十铺，一百四十二人；散指挥一十铺，一百四十一人；散都头一十铺，一百四十三人；散祗候一十铺，一百四十人；金枪一十铺，一百五十人；银枪一十铺，一百五十人；东第一班三铺，五十二人；东第二班三铺，五十三人；东第三班六铺，九十一人；东第四班五铺，八十四人；东第五班二铺，二十二人；下茶酒班一铺，三十一人；散直一十铺，一百四十九人；钩容直一十铺，二百人；御龙直二十二铺，三百八十五人；御龙骨朵子直一十二铺，二百一十二人；御龙弓箭直一十八铺，二百九十六人；御龙弩直二十二铺，三百五十六人；把天门天武一铺，八人；驾头扇筤天武一铺，三十二人；禁卫天武六铺，三百一十人；约拦天武三十铺，三百一十人；方围子亲从三十四铺，三百六十人；禁卫崇政殿亲从四十铺，并提举人员共四百六十三人；行宫司亲从一十二铺，一百八十人；快行亲从四铺，八十六人。行宫殿门崇政殿亲从四十六铺，行宫殿门亲从并提举人员二百四十人，把街约拦亲事官贴诸处觑门一十队及提举人员一百三人，殿前指挥使已下看守马火甲队一千一百七十一人，右禁卫诸班共六千七百二十有四人。

圜坛东门外中道夹立诸班直主首引驾人员九人，御龙四直门旗六十人，御龙仗剑六人，天武把门长行八人。

大次前外围亲从四队三十八人，执烛亲从八十六人，行宫殿门一十二人，御龙直四十人。大次后把街约拦执事官五十一人。大次两壁快行六十九人，于禁卫外排立坛周围，守踏道。里围亲从十将、节级二十二人，坛从里第二重方围亲从三百二十四人。大次及外墙外诸门行宫司共一百六十人，宫架及坛东幄幕、宰臣百官幕次共六十人。右自大次前外围至百官幕次，共八百六十二人。凡诣小次行礼，不须随从。大次前里围并拦前一百七十一人，执烛一百二十九人，外围一百八十人，行宫门及快行二十四人。右自里围至行宫快行共五百四人。凡诣小次行礼，随从祗应。

圜坛从外墙下分作九重：从中第一重，殿前指挥使等七百四十四人；第二重，御龙直等六百九十五人；第三重，散员等六百四十二人；第四重，散都头等七百一十人；第五重，天武骨朵大剑约拦五百八十一人；第六重，御营四面巡检下步军八百六十七人；第七重，御营四面并青城圜坛巡检下步军八百六十七人；第八重，御营四面巡检下马军四百三十三人；第九重，御营四面巡检及青城圜坛巡检下马军四百三十四人。坛四门殿前指挥使行门三十五人，内人员一十五人，坛东门夹立擎鞭长行一十人。右自青城赴坛诸班亲从文武及御营圜坛巡检下，总七千四百六十七人。

驾至太庙，环卫如郊坛，坐甲布列二百六十三铺。殿前指挥使二十四铺，四百七十七人；内殿直、散员、散指挥、散都头、散祗候、散直各一十铺，一百二十人，共六十铺七百二十人；金枪一十铺，一百五十人；银枪一十铺，一百五十人；东第一、第二班各二铺，三十人，共四铺，六十人；东第三、第四班各四铺，六十人，共八铺，一百二十人；东第五班二铺，二十二人；下茶酒班一铺，三十一人；御龙直八铺，三百八十五人；御龙骨朵子直四铺，二百一十二人，御龙弓箭直六铺，二百九十六人；御龙弩直八铺，三百五十六人；把门天武一铺，八人；驾头扇筤天武一铺，三十二人；禁卫天武六铺，三百一十人；禁卫崇政殿亲从四十人，并提举人员共四百六十三人；行宫司亲从一十二铺，一百八十人；快行亲从四铺，八十六人；方围亲从二十四铺，三百六十人；约拦天武三十铺，三百一十人。

行宫殿门崇政殿亲从及提举人员二百八十六人，把街约拦亲事官贴诸处觑门一十二队，并提举人员一百三人，御营四面巡检六员下步军九百一十八人，亲从四十人。青城内至圜坛巡检下亲从四十人。右禁卫诸班直等御营四面巡检军兵，及青城至圜坛巡检下亲从，总六千一百四十五人。 左山商氏家藏宋人《青城》、《圜坛》、《太庙》三图，其布置行列，极为详备，因附卤簿之后，庶览之者可以考一代之制云。

凡卤簿内牙门旗，中道四，分二门；左右道各十，分五门。中道一门在金吾细仗前，一门在掩后队后。左右厢第一门在步甲前队第六后，第二门在前部黄麾仗前，第三门在后部黄麾仗前，第四门在黄麾仗后，第五门在步甲后队第六后。每旗二人执，四人夹，并骑，分左右。每门监门校尉六人领。

又大驾，郊祀、籍田、荐献玉清昭应景灵宫用之。迎奉圣像亦用大驾，惟不设象及六引导驾官。法驾，减太常卿、司徒、兵部尚书、白鹭、崇德车，大辇、五副辂，进贤、明远车，又减属车四，余并三分减一。泰山下、汾阴行礼，明堂、大庆殿恭谢用之，凡一万一千八十八人。鸾驾，又减县令、州牧、御史大夫，指南、记里、鸾旗、皮轩车，象辂、革略、木辂、耕根车、羊车、黄钺车、豹尾车、属车、小辇、小舆，余并减半。朝陵，迎泰山天书，东封、西祀，朝谒太清宫，奏告玉清昭应宫，奉迎刻玉天书，躬谢太庙，皆用之。鸾驾旧用二千人，大中祥符五年，真宗告太庙，增至七千人。兵部黄麾仗，用太常鼓吹，太仆寺金玉辂，殿中省大辇，其制无定，然皆减于小驾。御楼、车驾亲征或省方还京，迎禁中天书，五岳上册，建安军迎奉圣像，太庙上册皆用之。

卷一百四十六　　志第九十九

仪 卫 四

政和大驾卤簿并宣和增减　　小驾附

政和大驾卤簿。象六，分左右。次六引：开封令、开封牧、大司乐、少傅、御史大夫、兵部尚书。各用本品卤簿。次金吾纛、稍。左右皂纛各六，执、托各一人，纼四人。押衙四人，并骑。幨稍八，执各一人。本卫上将军、将军各四人，本卫大将军二人，并骑。幨稍四，夹大将军。执各一人，夹二人，并骑。法驾，幨稍减二，本卫上将军、将军各减二人。

次朱雀旗队。并骑。金吾卫折冲都尉一人引队，幨稍二，夹都尉；执旗一人，引、夹各二人。凡仗内引、夹、执人数准此。弩四，弓矢十六，稍二十，左右金吾果毅都尉二人押队。法驾，弩减二，弓矢减六，稍减八。宣和，引队改天武都指挥使，押队改天武指挥使。

次龙旗队。大将军一员检校，骑；引旗十二人，并骑。风伯、雨师、雷公、电母旗各一，五星旗五，左、右摄提旗二，北斗旗一，护旗十二人，副竿二。执人并骑。法驾，引旗、护旗人各减四。宣和，检校改左右卫大将军，雷公、电母旗去"公"、"母"二字。

次指南、记里鼓车各一，驾马各四，驾士各三十人，白鹭、鸾旗、崇德、皮轩车各一，驾士各十八人。法驾，无白鹭、崇德车。宣和，有青旌、青雀、鸣鸢、飞鸿、虎皮、貔貅六车，在记里鼓之下、崇德之前；减白鹭、鸾旗、

皮轩三车，驾士之数如前。

次金吾引驾，骑；本卫果毅都尉二人，仪刀、弩、弓矢、稍各减二。宣和，改都尉为神勇都指挥使。

次大晟府前部鼓吹。令二人，府史四人，管押指挥使一人，挝鼓、金钲各十二，帅兵官八人领。大鼓一百二十，帅兵官二十八人领。长鸣一百二十，帅兵官六人领。铙鼓十二，帅兵官四人领。歌工、拱宸管、箫、茄各二十四，大横吹一百二十，帅兵官十人领。节鼓二，笛、箫、觱篥、笳、桃皮觱篥各二十四；挝鼓、金钲各十二，帅兵官四人领。小鼓、中鸣各一百二十，帅兵官八人领。羽葆鼓十二，帅兵官四人领。歌工、拱宸管、箫、笳各二十四。法驾，前后挝鼓、金钲各减四，大鼓减四十，长鸣减四十，铙鼓减四，拱宸管后箫、笳各减八，大横吹减四十，节鼓后笛、箫、觱篥、笳、桃皮觱篥各减八，小鼓、中鸣各减四十，羽葆鼓减四，最后箫、笳各减八，帅兵共减十八人。

次太史相风、行漏等舆。太史令及令史各一人，并骑。相风鸟舆一。舆士四人。交龙钲、鼓各一，舆士各六人。司辰、典士各一人，并骑。漏刻生四人，鼓楼、钟楼、行漏舆各一，舆士各一百人。太史正一人，清道二人，十二神舆一。舆士十四人。法驾，行漏舆一，舆士各十四人。神舆一，舆士多大驾二人。宣和，鼓、钟楼并改为舆，太史正前有捧日副指挥使二人，捧日节级十人，神舆舆士增十。

次持钑前队。左右武卫果毅都尉二人引队，左右武卫校尉二人。绛引幡一，纼二人。左右有金节十二，执人并骑。罼、罕各一，朱雀幢、叉、导盖，青龙、白虎幢各一，叉三。执人并骑。称长一人，钑戟二百八十八，左右武卫将军二人检校，左右武卫校尉四人押队。法驾，金节减四，钑戟减七十二。宣和，引队改骁骑都指挥使，武卫校尉改骁骑军使，增朱雀旗后之叉一，去龙虎旗后之叉三，检校改用左右骁骑将军。

次黄麾幡一。执一人，骑；纼二人。法驾，前有殿中侍御史二员。次六军仪仗。左右神武军、左右羽林军、左右龙武军，各有统军二员，都头二人，羽林又有节级二人。押仗，本军旗各一，排阑旗各二十分夹，吏兵、力士旗各五，掩尾天马旗二，羽林有赤豹、黄熊旗，龙武有龙君、虎君旗各一。白柯枪五十，哥舒棒十，镫仗八。法驾，神武军减排阑旗十，羽林、龙武军各减四，吏兵、力士旗各减一。宣和，统军改将，神武军改熊虎，排阑旗改平列，哥舒棒改戈戟，镫杖改矛戟，羽林队无节级，黄熊旗改黄黑，龙武旗改熊虎。

次引驾旗。天王旗二，排仗通直官二人押旗，十二辰旗各一。法驾，同。次龙墀旗。天下太平旗一，排仗大将二人夹旗，五方龙旗各一，金鸾、金凤旗各一，师子旗二，君王万岁旗一，日、月旗各一。法驾，减鸾、凤、师子旗。次御马二十四。控马每匹天武二人，御马直二人，为十二重。法驾，减八，为八重。宣和，御马直改为习驭。次中道队。大将军一员检校。法驾，同。宣和，大将军改为左右骁卫大将军。次日月合璧旗一，苣文旗二，五星连珠旗

一、祥云旗二，长寿幢二。宣和，苣文改庆云，祥云改祥光。

次金吾细仗。青龙、白虎旗各一，五岳神旗、五方神旗、五方龙旗、五方凤旗各五。已上执各一人，绁各三人。法驾，五方龙、凤旗各减二。宣和，改校尉为使臣，五岳神旗去"神"字。

次八宝。镇国神宝、皇帝之宝、皇帝行宝、皇帝信宝在左，受命宝、天子之宝、天子行宝、天子信宝在右，为四重。香案八，各以二列于宝舆之前。碧襕二十四人，符宝郎行于碧襕之间。法驾，减碧襕八人。宣和，增引宝职掌二人，香案职掌六人，援卫传喝亲从一百人。奉宝辇官每宝二十八人，节级一人，奉宝一十二人，舁香案、行马、执烛笼各四人，持席褥、油衣共三人，香案、宝舆各九，烛笼三十六，碧襕之数同前。

次方伞二，大雉尾扇四夹。执伞、扇各一人，以下准此。法驾，同。次金吾四色官六人，押仗二人。法驾，减押仗。次金甲二人。宣和，改为铜甲。次太仆寺进马四人。并骑。次引驾千牛卫上将军一员，千牛八人，中郎将二人，并乘珂马。千牛二人。并骑。宣和，引驾改为千牛卫大将军，中郎将改为捧日都虞候。次长史二人。并骑。宣和，无。

次金吾引驾官四人。并骑。次导驾官。执政以上人从六人，待制、谏议、防御使以上五人，监察御史、刺史、诸卫将军以上四人。次伞扇、舆辇。大伞二，中雉尾扇四夹，腰舆一，小雉尾扇四夹，应奉人员一人，十将、将、虞候、节级二人，长行十六人。排列官二人，中雉尾扇十二，华盖二，执各二人。香镫一。执擎八人。小舆一，应奉人，逍遥、平辇下人，长行二十四人。逍遥子一，应奉人，十将、将、虞候、节级共九人，长行二十六人。平辇一。应奉人员七人，余同上。法驾，排列官后中雉尾扇减四。宣和，去小雉尾扇四，腰舆一，添管押人员二人，都将四人，金抨小舆排列官二人。小舆一，奉舆二十四人，都将九人。逍遥子改为逍遥辇，奉辇一十六人。平辇一，奉辇人同上，后有上辇奉御二人，骑。小舆前又有大辂一。驾马六，太仆卿御，驾士一百二十人。

次驾前东第五班。开道旗一，皂纛旗十二。引驾六十二人，钩容直三百人。引驾同作乐。五方色龙旗五，门旗四十，御龙四直步执门旗六十。天武驾头下一十二人，茶酒班执从物一十一人，御龙直仗剑六人，天武把行门八人。麋旗一，殿前班击鞭一十人，簇辇龙旗八，日、月、麟、凤旗四，青、白、赤、黑龙旗各一。御龙直四十人，踏路马二，夹辂大将军二员，进辂职掌二员，部押二人，教马官二员。法驾，同。宣和，无钩容直，开道旗内增押班一人，殿侍二人，皂纛旗十二，殿侍十二人执。引驾人员二人，长行六十人。五方色吉字旗，殿侍三人，管押十人。门旗，殿侍二人，管押四十人，叉八，门旗六十，御龙直一十二人，骨朵直十二人，御龙弓箭直、弩直各十八人，御龙直仗剑六人，执麋旗殿侍二人，管押龙旗人员二人，都知、副都知各一人，执骨朵殿侍十六人，内大将

军改为千牛卫大将军，朝服步从。将军二人，朝服陪乘。掌辇四人。

皇帝乘玉辂，驾青马六，驾士一百二十八人，扶驾八人，骨朵直一百三十四人，行门三十五人，分左右，陪乘将军二员。法驾，同。宣和，驾士增为二百三十四人。

次奉宸队。御龙直，左厢骨朵子直、右厢弓箭直，弩直，御龙四直，并以逐班直所管人数列为五重。天武骨朵、大剑三百一十人。次驾后东第五班。大黄龙旗一，钩容直三十一人。扇簇下天武二十人，茶酒班簇辇三十一人，招箭班三十三人。法驾，同。宣和，止用黄龙旗，余并无。

次副玉辂一，驾青马六，驾士四十人。法驾，无。宣和，驾士一百人，内人员二人。次大辇一，掌辇四人，应奉人员十二人，十将、将、虞候、节级共十人，长行三百五十五人。尚辇奉御二人，殿中少监、供奉职官二员，令史四人，书令史四人。法驾，同。宣和增奉辇为九十人。次太仆御马二十四，为十二重。法驾，减八，为八重。宣和，无太仆。

次持钑后队。左右武卫旅帅二人。法驾，同。宣和，改为神勇都指挥使。次重轮旗二，大伞二，大雉尾扇四，小雉尾扇、朱团扇各十二，华盖二，叉二，睥睨十二，御刀六，真武幢一，绛麾二，叉一，细稍十二。法驾，小雉尾扇、朱团扇、睥睨、稍各减四，华盖减一，御刀减二。宣和，真武幢改为玄武。次左右金吾卫果毅都尉二人，并骑。总领大角一百二十。法驾，减四十。宣和改都尉为骁骑都指挥使。

次大晟府后部鼓吹。丞二人，典事四人，管辖指挥使一人，羽葆鼓十二，帅兵官四人领。歌工、拱宸管、箫、笳各二十四，帅兵官二人领。铙鼓十二，帅兵官四人领。歌工、箫、笳各二十四，小横吹一百二十，帅兵官八人领。笛、箫、觱篥、笳、桃皮觱篥各二十四。法驾，羽葆鼓减四，箫、笳、笛、觱篥、桃皮觱篥各减八，铙鼓减四，小横吹减四十。帅兵官并减二人。宣和，帅兵官改为天武、神勇、宣武、虎翼四都头。

次黄麾一，执、绁人数同前部，法驾亦同，有殿中侍御史二员在黄麾前。芳亭辇一，奉辇六十人。凤辇一，奉辇五十人。法驾，去凤辇。宣和，芳亭奉辇六十二人。

次金、象、革、木四辂，并有副辂。金辂踏路赤马二，正副各驾赤马六，驾士六十人。余辂正副驾马数同而色异，象辂以赭白，革辂以骝，木辂以黑，驾士各四十人。法驾，无副辂。宣和，驾马之色又异，金以骝，象以赤，革以赭白，木以乌；驾士五百五十人，副一百人，管押人员各二人。耕根车一，驾青马六，驾士四十人。法驾，同。宣和，无。进贤车一，驾士二十四人；明远车一，驾士四十人。法驾，无，各增驾马四。次属车十二乘，每乘驾牛三，驾士十人。法驾，减五乘。宣和，增衙官二人，管押节级一人。次门下、中书、秘书、殿中四省局官各二员。法驾，同。次黄钺车、豹尾车各一，各驾赤马二，驾士十五人。法驾，除进贤、明远车外，并同。宣和，有黄钺天武副都头及神勇副都头各一。

次掩后队。左右威卫折冲都尉二人领队,大戟、刀盾、弓矢、稍各五十。法驾,各减十六。宣和,押队改用宣武都指挥使二人。次真武队。金吾卫折冲都尉一人,𫐐稍二,仙童旗一,真武旗一,腾蛇、神龟旗各一,稍二十五,弓矢二十,弩五。法驾,稍减六,弓矢减五,弩减一。宣和,改为玄武队。改真武为玄武,又去仙童、龟、蛇旗,改都尉为虎翼都指挥使。

政和大驾外仗。清游队。次第六引外仗,白泽旗二,左右金吾卫折冲都尉二人,弩八,弓矢三十二,稍四十。法驾,次第三引外仗,弩减二,弓矢减八,稍减十。宣和,改都尉为捧日都指挥使。左右金吾各十六骑,帅兵官二人,弩八,弓矢、稍各十二。法驾,金吾骑及弓矢、稍各减四。宣和,改金吾为天武都头。

次伥飞队。左右金吾卫果毅都尉二人分领,并骑。虞候伥飞四十八人,并骑。铁甲伥飞二十四人。并甲骑。法驾,前减十八人,后减八人。宣和,改金吾卫为拱圣都指挥使,改都尉为都指挥使。

次前队殳仗。左右领军卫将军二人检校,并骑。𫐐稍四。殳叉分五队:第一,一百六十人;第二,八十人;第三,一百人;第四、第五各八十人。逐队有帅兵官左右领军卫、左右威卫、左右武卫、左右骁卫、左右卫各四人。法驾,殳叉第一队减六十,第二、第三各减三十,第四、第五各减二十。宣和,改检校为左右卫将军,领军卫为天武都头,威卫为神勇都头,武卫为宣武都头,骁卫为虎翼都头;殳叉第一队减六十,增第二队至第五队为一百。

次后队殳仗。殳叉分五队:第一、第二,八十人;第三,一百人;第四,八十人;第五,一百六十人。帅兵官,左右卫、左右骁卫、左右武卫、左右威卫、左右领军卫。凡前后队殳仗,前接中道北斗旗,后尽卤簿后队。法驾,殳叉第一、第二队各减二十四,第三、第四各减三十,第五减六十。宣和,殳叉各一百,天武、神勇、宣武、虎翼、广勇都头。

次前部马队。凡十二,皆以都尉二人分领。第一,前左右金吾卫折冲领,角、亢、斗、牛宿旗四,弩十,弓矢二十,稍四十。第二,氐、房、女、虚宿旗四;第三,心、危宿旗,第四,尾、室宿旗各二。以上三队,各以左右领军卫果毅领。第五,箕、壁宿旗,第六,奎、井宿旗各二,各以左右威卫折冲领。第七,娄、鬼宿旗,第八,胃、柳宿旗,第九,昴、星宿旗各二,各以左右武卫果毅领。第十,毕、张宿旗,第十一,觜、翼宿旗,第十二,参、轸宿旗各二,各以左右骁卫折冲领。弩、弓矢、稍人数,同第一队。法驾,分二十八宿旗为十队,逐队弩减四,弓矢减六,稍减二十。宣和,捧日、拱圣、神勇、骁卫、宣武五都指挥使,分领上十队,以虎翼、广勇都指挥使,分领下二队。

次步甲前队。凡十二,左右领军卫将军二人检校,并骑。𫐐稍四,逐队皆有都尉二人分领。第一、第三各以左右领军卫,第五以左右威卫,第七以左右武卫,第九以左右骁卫,第十一以左右卫,并折冲;第二、第四各以左右领军卫,第六以左右威卫,第八以左右武卫,第十以左右骁卫,第十二以左右卫,并果毅。内有鹘、貔、玉马、三角兽、黄鹿、飞麟、䮗騟、鸾、麟、驯象、玉兔、辟邪等旗各二,以序居都尉之后。逐队有弓矢、刀盾相间,各六十人,居旗之后。法驾,止十队,每队弓矢各减二十。宣和,检校改用左右卫将军,又去𫐐稍,分领并改为都指挥使:第一、第二并捧日,第三、第四并天武,第五、第六并拱圣,第七、第八并神勇,第九骁骑,第十宣武,第十一虎翼,第十二广勇。

次前部黄麾仗。绛引幡二十,下分六部:第一,左右威卫;第二,左右领军卫;第三,左右威卫;第四,左右武卫;第五,左右骁卫;第六,左右卫。诸部各有殿中侍御史两员,本卫大将军二人检校,本卫折冲都尉二人分领。又各有帅兵官二十人。龙头竿六重,重各二十;揭鼓三重,重各二;仪锽五色幡、小戟、稍各一重,重各二十;弓矢二重,重各二十;朱绿縢络盾并刀二重,重各二十。法驾,止五部,绛引幡、帅兵官、龙头竿、幡、戟、弓矢、盾刀、稍并减六。宣和,六部:骁卫、武卫、屯卫、领卫、监门卫、千牛卫,皆左右上将军;天武、神勇、宣武、虎翼、广勇,皆都指挥、都头;逐部上将军、都头各一人。

次青龙、白虎旗各一,左右卫果毅都尉二人,分押旗及领后七十骑,弩八,弓矢二十二,稍四十。法驾,减后骑三十,弩减二,弓矢减八,稍减二十。宣和,改都尉为虎翼都指挥使。

次班剑、仪刀队。并骑。左右卫将军二人分领,郎将二十四人,左右亲卫、勋卫各四人,每卫班剑二百二十人,诸翊卫左右卫六人,领仪刀四百八人,左右骁卫二人,领仪刀一百三十六人。左右武卫、左右威卫、左右领军卫、左右金吾卫各二人。法驾,亲、勋卫班剑减八十四人,翊卫仪刀减一百三十二人,增左右骁卫四人,班剑、仪刀九十二人。宣和,分领改左右武卫将军及捧日、天武指挥四人,拱圣六人,神勇、骁骑、骁胜、宣武、虎翼指挥使二人。

次亲勋、散手、骁卫翊卫队。并骑。左右卫供奉中郎将四人,分领亲勋翊卫四十八人;左右卫郎将二人,分领散手翊卫六十人;左右骁卫郎将二人,分领骁卫翊卫五十六人。法驾,亲勋减十六人,散手、骁卫各减二十人。宣和,改为中卫、翊卫、亲卫队,中卫郎四人,分领卫兵四十八人;翊卫郎二人,分领卫兵六十人;亲卫郎二人,分领卫兵五十六人。

次左右骁卫翊卫三队。并骑。各有二人分领,第一本卫大将军,第二本卫将军,第三本卫郎将;花凤、飞黄、吉利旗各二,分为三队;逐队弩十,弓矢二十,稍四十。法驾,弩减四,弓矢、稍各减半。宣和,分领第一、第二队,左右骁卫大将军、将军;第三,广勇指挥使。改花凤旗为双莲旗。

次夹毂队。凡六,逐队都尉二人检校,第一、第四右卫折冲,第二、第三、第五、第六并左右卫果毅。逐队刀盾各六十人,内第一、第四有宝符旗二。法驾,各减刀盾二十。宣和,检校改为捧日、天武、拱圣三指挥使。

次捧日队。逐队引一人,押二人,长行殿侍二十八人,旗头三人,枪手五人,弓箭手二十人,左右厢天武约拦各一百五十五人。法驾,同。

次后部黄麾仗。分六部:左右卫、左右骁卫、左右武卫、左右威卫、左右领军卫、左右武卫。部内殿中侍御史、大将军、都尉、帅兵官、绛引幡、龙头竿等,并同前部。法驾,减第六部,绛引幡减六。宣和,六部:第一改为左右骁卫大将军,自二至六改为天武、神勇、宣和、虎翼、广勇五指挥。

次步甲后队。凡十二,皆有都尉二人分领。第一以左右卫,第三以左右骁卫,第五以左右武卫,第七以左右威卫,第九、第十一各以左右领军卫,以上并果毅;第二以左右卫,第四以左右骁卫,第六以左右武卫,第八以左右威卫,第十、第十二各以左右领军卫,以上并折冲。内有貔、鹖鸡、仙鹿、金鹦鹉、瑞麦、孔雀、野马、牦牛、甘露、网子、祥光、翔鹤等旗各二,以序居都尉之后。逐队有弓矢、刀盾相间,各六十人,居旗之后。法驾,止十队。宣和,自第七队以下,分领改用都指挥使,七、八并神勇,九骁骑,十宣武,十一虎翼,十二广勇。旗亦改其半,七天正尧瑞,八日有戴承,十翔鹤,十一红光,十二文石。

次后部马队。凡十二,皆以都尉二人分领。第一、第二各以左右卫,第五、第六、第七各以左右武卫,第十至十一、十二各以左右领军卫,并折冲;第三、第四各以左右骁卫,第八、第九各以左右威卫,并果毅。内有角觿、赤熊、兕、天下太平、驯犀、騣駣、騹驦、驼牙、苍乌、白狼、龙、虎、金牛等旗各二,以序居都尉之后。每队弩十,弓矢二十,矟四十。法驾,止十队。弩减四,弓矢减六,矟减十二。宣和,改都尉为指挥使,一、二并以捧日,三、四并以天武,五、六并以拱圣,七、八并以神勇,九以骁骑,十以宣武,十一以虎翼,十二以广勇。内六有芝禾并秀旗,七有万年连理木旗。

以上卤簿,凡门有六,中道之门二:第一门居日月合璧等旗之后,法驾,居龙墀旗之后;第二门居掩后队之后,法驾,同。各有金吾衙门旗四,监门校尉六人。左右道之门四:第一,居步甲前队第六队之后;第二,居第十二队之后;第三,居夹毂队之后;第四,居步甲后队第六队之后。法驾,同。各有监门校尉四人。宣和,改校尉为使臣。

政和小驾,减大驾六引及象、木、革辂,五副辂,小舆、小辇,又减指南、记里、白鹭、鸾旗、崇德、皮轩、耕根、进贤、明远、黄钺、豹尾、属车等十一,余并减大驾之半。

卷一百四十七　　志第一百

仪　卫　五

**绍兴卤簿　皇太后皇后卤簿
皇太子卤簿　妃附　王公以下卤簿**

绍兴卤簿。宋初,大驾用一万一千二百二十二人。宣和,增用二万六十一人。建炎初,裁定一千三百三十五人。绍兴初,用宋初之数,十六年以后,遂用一万五千五十人;明堂三分省一,用一万一十五人,孝宗用六千八百八十九人,明堂用三千三百一十九人。以后,并用孝宗之数。

绍兴用象六、副象一。乾道用象一,淳熙用象六而不设副,绍熙如乾道,庆元后不设。

六引。第一引,清道二人,*孝宗省之。* 幰弩一人,骑;方伞一,杂花扇二,曲盖一;外仗青衣二人,车辐棒二,告止、传教、信幡各二,戟十。第二引,清道二人,*孝宗省之。* 幰弩一人,骑;鼓一,钲一,大鼓十;节一,铙二,皆骑;方伞一,杂花扇四,*孝宗省为二。* 曲盖一,幢一,麾一,皆骑;大角四,铙一,箫二,笳二,横吹二,笛一,箫一,觱栗一,笳一;外仗青衣四人,*孝宗省为二。* 车辐棒四,*孝宗省为二。* 告止、传教、信幡各二,仪刀十,戟二十,弓矢二十,*孝宗皆省为十六。* 刀盾二十,矟二十。*孝宗并省。* 第三、第四、第五、第六引,并同第二引。内花扇、大角各二,青衣二人。*孝宗朝,第三、第四、第五、第六引内大角省为二,余并同第二引已省之数。*

金吾蠹矟队。蠹十二,*孝宗省为六。* 押蠹二人,*孝宗省为一。* 押衙四人,*孝宗省为二。* 上将军四人,将军四人,*孝宗省之。* 大将军二人,*孝宗省为一。* 幰矟十二,并骑。*孝宗省为八。* 朱雀队。朱雀旗一,幰矟二,弩四,队前后引、押各天武都指挥使一人,骑。龙旗队。引旗一,风师、雨师、雷旗、电旗各一,五星旗五,摄提旗二,北斗旗一,护旗一,左右卫大将军一人。金吾引驾骑,神勇都指挥使;次弩、弓矢、矟各四,并骑。

太常前部鼓吹。鼓吹令二,府史四人,管辖指挥使一人,帅兵官三十六人,*孝宗省作十四人。* 捆鼓十二,金钲十二,*孝宗鼓、钲并省为十。* 大鼓六十,*孝宗省作二十四。* 小鼓六十,*孝宗省作三十。* 节鼓一,铙鼓六,羽葆鼓六,歌工二十四,拱宸管二十四,*孝宗歌工、管并省为十八。* 箫、笳各三十六,*孝宗朝,箫十八,笳二十四。* 长鸣六十,中鸣六十,*孝宗朝,并省为十八。* 大横吹六十,*孝宗省为二十四。* 笛十二,*孝宗增为十八。* 觱栗十二,桃皮觱栗十二。

持钑前队。骁骑都指挥使一人,将军二人,军使四人,并骑。称长一人，灵芝旗二，瑞瓜旗二，双莲花旗二，太平瑞木旗二，朱雀旗一，甘露旗二，嘉禾旗二，芝草旗二。绛引幡一，孝宗省之。黄麾幡一，青龙、白虎幢各一，金节十二，罕、罼各一，叉一，钑戟五十。孝宗省为四十八。

六军仪仗。第一队，军将二，卒长二，骑。熊虎旗二，赤豹旗二，吏兵旗、力士旗二，戈六，矛四，戟四，钺四，白柯枪五十。平列旗二十，在仗外分夹旗枪。第二队，军将二，卒长二，骑。龙君、虎君旗各三，黄熊旗四，赤豹旗二，吏兵旗、力士旗各一，戈六，矛四，戟四，钺四，白柯枪四十。平列旗二十，分夹仗外。第三队，军将二，卒长二，骑。通直官二，吏兵旗、力士旗各一，熊虎旗二，龙君旗、虎君旗各一，天王旗四，十二辰旗各一，戈六，矛、戟、钺各四，白柯枪三十。平列旗二十，分夹仗外。孝宗朝，第一队，军将、卒长各一，龙虎旗、赤豹旗、吏兵旗、力士旗各二，矛四，戈四，戟二，钺二、白柯枪三十，平列旗十四，余同。第二队军将、卒长各一，龙君、虎君、黄熊、赤豹旗同。戟六，钺六，戈四，矛四，白柯枪二十。第三队，军将、卒长各一，吏兵、力士、熊虎、龙君、虎君、天王旗并同，十二辰旗十二，通直官二，白柯枪十，平列旗十二。

龙墀旗队。天下太平旗一，排仗大将二人夹之；五方龙旗各一，为三重。赤在前，黄在中，黑在后，青左、白右。次金鸾旗一，左，金凤旗一，右；狮子旗二，君王万岁旗一；日旗一，左，月旗一，右。御马十匹，分左右，为五重。中道队。左右卫大将军一人检校，骑。日月合璧旗一，庆云旗二，五星连珠旗一，祥光旗、长寿幢各一。

金吾牙门第一门。牙门旗四，次监门使臣六，分左右，骑。孝宗省旗为二，监门为三。金吾细仗。青龙旗一，左，白虎旗一，右；五岳神旗五，分前、中、后、左、右，为三列；五方神旗五，陈列亦如之。五方龙旗二十五，相间为五队，每队赤前、黄中、黑后、青左、白右。五方凤旗二十五，相间为五队，陈列亦如之。五岳旗在左，五方旗在右；五龙旗在左，五凤旗在右；四渎旗，江、淮在左，河、济在右；押二人，分左右，骑。孝宗五龙、五凤旗止各一队，共省四十旗，余同。

八宝舆。镇国神宝左，受命之宝右；皇帝之宝左，天子之宝右；皇帝信宝左，天子信宝右；皇帝行宝左，天子行宝右，为四列。每宝一舆，每舆一香案，舆、案前烛罩三十二。引宝职掌八人，侍宝官一人，内外符宝郎各二人，扈卫一百人。碧襕二十人，夹扈卫之外。孝宗省碧襕为十二，余同。

殿中伞扇、舆辇。方伞二，孝宗省一。朱团扇四，孝宗省二。金吾四色官六人，孝宗省为二。押仗二人，骑，金甲二人，执钺，进马官四人，骑，千牛卫大将军一人，孝宗省之。千牛卫将军八人，孝宗省为二。金吾引驾官二人，导驾官四人，并骑导。大伞二，孝宗省一。凤扇四，孝宗省二。夹伞而行。前同。腰舆一，凤扇十六，夹舆，孝宗省为四。华盖二，排列官一人，香镫一，火燎一，小舆一，逍遥子，平辇。

驾前诸班直。驾头、鸣鞭、诞马、烛罩三百三十人。孝宗省为二百一十人。前驱都下亲从官一百五十人，孝宗省为四十五人。东西班六人，孝宗省为二十二人约拦。殿前指挥使四十人，东第三班长入祗候五十二人，班直主首九人，孝宗省为三人。茶酒新旧班一百六人，孝宗省为四十四人。开道旗一，蘕十二，钩容直二百七十人，架回则作乐。孝宗乾道元年省之，乾道六年以后再用。吉利旗五，五方龙旗五，龙旗二十，孝宗省之。门旗六十，孝宗省为三十。殿前指挥使、引驾骨朵子直四十人。分左右，夹门旗外。驾头，驾头下天武官二十二人，孝宗省为十七人。都下亲从一十六人，孝宗省为八人。茶酒班执从物殿侍二十二人，又都下亲从二十二人，孝宗省为十七人。剑六人，孝宗省为三人。麋旗一，人员一，孝宗省之。殿前指挥使、行门二十二人，鸣鞭十二人。孝宗增为一十四人。次御龙直百二十人，孝宗省为八十六人。快行五十人，日、月、麟、凤旗各一，青龙、白龙、赤龙、黑龙旗四，人员二，引驾千牛上将军一人。

玉辂奉宸队。分左右，充禁卫，围子八重：崇政殿亲从围子二百人，为第一重；从里数出。御龙直二百五十人，为第二重；崇政殿亲从外围子二百五十人，为第三重；御龙直、骨朵子直二百五十人，为第四重；御龙弓箭直二百五十人，为第五重；御龙弩直二百五十人，为第六重；禁卫天武二百五十人，为第七重；都下亲从围子三百人，为第八重。孝宗以上并同。天武约拦二百人，孝宗省作百八十八人。在禁卫围子外，编排禁卫行子二十一人，快行五十九人，孝宗省为四十二。管押相视御龙四直八人，孝宗省为四人。照管行子御龙四直二十四人，孝宗省为八人。天武六人，孝宗省之。禁卫内拦前崇政殿亲从三十二人。孝宗省作二十五人。

驾后部。扇筤，大黄龙旗一。驾后乐：东西班三十六人，钩容直三十一人，并骑。孝宗此下增招箭班三十四人。扇筤，扇筤下天武二十二人，孝宗省作一十七人。都下亲从十六人，孝宗省作八人。茶酒班执从物五十人，骑。孝宗省为三十人。

大辇。辇下应奉并人员合六百一十四人，分五番，孝宗乾道元年省之，六年以后复设。御马十四，为五重。

持钑后队。神勇都指挥使二人，骑，重轮旗二人，大伞二，孝宗省为一。朱团扇八，孝宗省为四。凤扇二，小雉扇二十二，孝宗省凤扇，而减雉扇为六。华盖二，孝宗省为一。俾倪十二，孝宗省为六。御刀六，玄武幢一，绛麾二，叉、细梢十二，孝宗省为六。骁骑都指挥使一人，骑，总领大角。大角四十。孝宗省为二十。

太常后部鼓吹。鼓吹丞二人，典吏四人，孝宗省为三人。管辖指挥使一人，羽葆鼓六，歌工二十四，拱宸管十二，箫三十六，笳二十四，铙鼓六，小横吹六十，笛十二，觱栗十二，帅兵官十人。孝宗歌工十八，拱宸管十二，箫十八，笳二十四，铙鼓六，笛十八，节鼓一，小横吹三十，觱栗十八，桃皮觱栗十二，羽葆鼓吹六，帅兵官八人。

黄麾幡一，中道。金辂、象辂、革辂、木辂各一，每辂诞马各六在辂前，驾士各百五十四人。乾道元年省之，六年以后复用。掩后队。中道。宣武都指挥使二人，大戟、刀盾、弓矢、稍各十五。

金吾牙门第二门。中道。牙门旗四，分左右，孝宗省之。监门使臣六，分左右，骑。孝宗省为三。玄武队。并骑。中道。虎翼都指挥使一人，幨稍二，玄武旗一，稍、弓矢各十，孝宗并省为五。弩五。外仗。分左右道，以夹中道仪仗。清游队。并骑。白泽旗二，捧日指挥使二，弩四，弓矢十，稍十六。左、右金吾十六，骑。天武都头二人，弩八，弓矢十二，稍十二。孝宗弩、弓矢、稍并省为六。佽飞队。并骑。拱圣指挥使二，虞候佽飞二十，铁甲佽飞十二。前队殳仗。都头六人，骑，殳、叉六十。后队殳仗。都头四人，骑，殳、叉四十。

前部马队。第一队，捧日都指挥使二人，角、斗、亢、牛旗各一，弩四，弓矢十，稍八；第二队，捧日都指挥使二人，氐、女、房、虚旗各一，弩、弓矢、稍如第一队；第三队，天武都指挥使二人，心、危旗各一，弩、弓矢、稍如第二队；第四队，天武都指挥使二人，尾、室旗各一，弩、弓矢、稍如第三队；第五队，拱圣指挥使二人，箕、壁旗各一，弩、弓矢、稍如第四队；第六队，拱圣都指挥使二人，奎、井旗各一，弩、弓矢、稍如第五队；第七队，神勇都指挥使二人，娄、鬼旗各一，弩、弓矢、稍如第六队；第八队，神勇都指挥使二人，胃、柳旗各一，弩、弓矢、稍如第七队；第九队，骁骑都指挥使二人，昴、星旗各一，弩、弓矢、稍如第八队；第十队，宣武都指挥使二人，毕、张旗各一，弩、弓矢、稍如第九队；第十一队，虎翼都指挥使二人，觜、翼旗各一，弩、弓矢、稍如第十队；第十二队，广勇都指挥使二人，参、轸旗各一，弩、弓矢、稍如第十一队。孝宗省为七队，二十八宿旗每队四，弓矢、稍每队六，余同。

步甲前队。第一队，捧日指挥使、都头各二人，骑，下同。鹖鸡旗二，青鏊甲、刀盾二十；孝宗刀盾省为十二，下并同。第二队，捧日指挥使、都头，貔旗，朱鏊甲、刀盾；第三队，天武指挥使、都头，万年连理木旗，黄鏊甲、刀盾；第四队，天武指挥使、都头，芝禾并秀旗，白鏊甲、刀盾；第五队，拱圣指挥使、都头，祥鹤旗，黑鏊甲、刀盾；第六队，拱圣指挥使、都头，犀旗，黄鏊甲、刀盾。孝宗改黄鏊甲为青鏊甲，余并同。

金吾左右道牙门第一门。牙门旗四，分左右。监门使臣八人，并骑。孝宗旗省为二，使臣省为四人。步甲前队第七队，神武指挥使、都头，鹖鸡旗，青鏊甲、刀盾；第八队，神武指挥使、都头，麟旗，朱鏊甲、刀盾；第九队，骁骑指挥使、都头，白狼旗，黄鏊甲、刀盾；第十队，骁骑指挥使、都头，苍乌旗，次白鏊甲、刀盾；第十一队，虎翼指挥使、都头，鹦鹉旗，黑鏊甲、刀盾；第十二队，广勇指挥使、都头，太平旗，黄鏊甲、刀盾。自二至十二队，人、旗、刀盾，数列如第一队。孝宗内去鹖鸡旗、麟旗而用庆云旗、瑞麦旗。

金吾左右道牙门第二门。牙门旗四，分左右，监门使臣八人，并骑。孝宗旗省为二，监门省为四人。

前部黄麾仗。第一部，殿中侍御史二员，骑，下同。绛引幡二十，孝宗省为十。幨稍二，捧日指挥使二，都头五，并骑，下同。黄麾五十，孝宗省为二十。鼓四，斧十，戟、弓矢二十，稍三十，孝宗省为二十。弩十；第二部，殿中侍御史，天武指挥使、都头，青麾，鼓，斧，戟、弓矢，稍，弩；第三部，殿中御史，拱圣指挥使、都头，绯麾，鼓，斧，戟、弓矢，稍，弩；孝宗省作三部。第四部，殿中御史，神勇指挥使、都头，黄麾，鼓，斧，戟、弓矢，稍，弩；第五部，殿中御史，骁骑指挥使、都头，白麾，鼓，斧，戟、弓矢，稍，弩；第六部，殿中御史，广勇指挥使、都头，黑麾，鼓，斧，戟、弓矢，稍，弩。自二至六部，数列并如初部。

青龙白虎队。并骑。青龙旗一，白虎旗一，虎翼都指挥使二，弩四，弓矢十，稍八。

班剑、仪刀队。并骑。武卫将军二人，捧日、天武、拱圣、神勇指挥使各二人，班剑六十，仪刀六十。次骁骑、骁胜、宣武、虎翼指挥使各二人，班剑六十，仪刀六十。

亲勋、散手、骁卫翊卫队。并骑。中郎四人，翊卫郎二人，亲卫郎二人，卫兵四十，甲骑四十在卫兵外。左右骁卫、翊卫三队。并骑。第一队，左右骁卫大将军二人，双莲花旗二，弩四，弓矢十，孝宗减弓矢为六，下同。稍十六；孝宗减稍为八，下同。第二队，广勇指挥使二人，吉利旗，弩，弓矢、稍数如初队。

金吾左右道牙门第三门。牙门旗四，分左右，监门八人，并骑。孝宗旗减为二，监门减为四人。捧日队三十四队，左右各十七队，孝宗减为十队，左右各五队。每队引一人，押一人，旗三人，枪五人，弓箭二十人。

后部黄麾仗。凡六部，第一部至六部，并同前部黄麾仗，惟无绛引幡、幨稍。孝宗减为三部，仗数亦同前部黄麾已减之数，并去幨稍、绛引幡。绛引幡二十。孝宗减为十。

金吾左右道牙门第四门。牙门旗四，监门八人，骑。孝宗旗减为二，监门减为四人。

步甲后队。第一队，捧日指挥使、都头各二人，骑，鹍旗、鹖鸡旗各二，青鏊甲、刀盾二十；孝宗减刀盾为十六，逐队并同。第二队，天武指挥使、都头，芝禾并秀旗、万年连理木旗，朱鏊甲、刀盾；第三队，拱圣指挥使、都头，犀旗、鹤旗，黄鏊甲、刀盾；第四队，神武指挥使、都头，苍乌旗、白狼旗，白鏊甲、刀盾；第五队，骁骑指挥使、都头，天下太平旗、鹦鹉旗，黑鏊甲、刀盾；第六队，虎翼指挥使、都头，鹍鸡旗、鹍旗，黄鏊甲、刀盾。自二至六队，数列并如初队。

金吾左右道牙门第五门。牙门旗四，监门八人，骑。孝宗减旗为二，减监门为四。

后部马队。第一队，捧日都指挥使二，角端旗二，弩四，弓矢十，稍十六；孝宗弓矢减为六，稍减为八。第二队，捧日都指挥使，孝宗更用天武。赤熊旗，弩、弓矢、稍；第三队，天武都指挥使，孝宗更拱圣。咒旗，弩、弓矢、矟；第四队，天武指挥使，孝宗时更神勇。天下太平旗，弩、弓矢、矟；第五队，拱圣都指挥使，犀旗，孝宗用龙马旗。弩、弓矢、矟；第六队，拱圣都指挥使，芝禾并秀旗，孝宗用金牛旗。弩、弓矢、矟；第七队，神勇都指挥使，万年连理旗，弩、弓矢、矟；第八队，神勇都指挥使，驺牙旗，弩、弓矢、矟；第九队，骁骑都指挥使，苍乌旗，弩、弓矢、矟；第十队，宣武都指挥使，白狼旗，弩、弓矢、矟；第十一队，虎翼都指挥使，龙马旗，弩、弓矢、矟；第十二队，广勇都指挥使，金牛旗，弩、弓矢、矟。自二至十二队，数列并如初队。

皇太后、皇后卤簿，皆如礼令。徽宗政和元年，诏皇后受册排黄麾仗及重翟车，陈小驾卤簿。后谦避，于是诏延福宫受册仍旧；而小驾卤簿、端礼门外黄麾仗、紫宸殿臣僚称贺上礼，并罢。其景灵宫朝谒，则依近例。三年，议礼局上皇后卤簿之制。

清游队。旗一。执一人，引二人，夹二人，并骑。金吾卫折冲都尉一员，骑，执𫇦矟二人夹。领四十骑，执矟二十人，弩四人，横刀一十六人。次虞候佽飞二十八，骑。次内仆、内仆丞各一员。各书令史二人，并骑。

次正道黄麾一。执一人，夹二人，并骑。次左右厢黄麾仗，厢各三行，行一百人：第一行，短戟、五色氅；第二行，戈、五色氅；第三行，仪锽、五色幡。

左右领军卫、左右威卫、左右武卫、左右骁卫、左右卫等各三行，行二十人，各帅兵官六人领，内左右领军卫帅兵官各三人，各果毅都尉一员检校，各一人步从。左右领军卫绛引旗，引前、掩后各六。

次内谒者监四人，给事、内常侍、内侍各二人，并骑。内给使各一人，步从。次内给使一百二十人。次偏扇、团扇、方扇各二十四。次香镫一。次执擎内给使四人。在重翟车前。

次重翟车。驾青马六，驾士二十四人，行障六、坐障三，夹车，并宫人执。次内寺伯二人，骑，领寺人六人，分左右夹重翟车。

次腰舆一，舆士八人。团雉尾扇二，夹舆。次大伞四，大雉尾扇八，锦花盖二，小雉尾扇、朱画团扇各十二，锦曲盖二十，锦六柱八扇。自腰舆以下，并内给使执。次宫人车。次绛麾二。各一人执。

次正道后黄麾一。执一人，夹二人，并骑。次供奉官人。次厌翟车驾赤骝，翟车驾黄骝，安车驾赤骝，各四，驾士各二十四人。四望车、金根车、各驾牛三，驾士各一十二人。

次左右厢各置牙门二。每门执二人，夹四人，一在前黄麾前，一在后黄麾后。次左右领军卫，每厢各一百五十人执殳，帅兵官四人检校。次左右领军卫折冲都尉一员，检校殳仗。各一人骑从。

次后殳仗。内正道置牙门一。每门监门校尉二人，骑；每厢各巡检校尉一，骑，来往检校。

前后部鼓吹。金钲、㧑鼓、大鼓、长鸣、中鸣、铙吹、羽葆、鼓吹、节鼓、御马，并减大驾之半。

皇太子卤簿。礼令，三师、詹事、率更令、家令各用本品卤簿前导。太宗至道中，真宗升储，事多谦抑，谒庙日止用东宫卤簿，六引官，但乘车而不设仪仗。天禧二年，仁宗为皇太子，亦依此制。政和三年，议礼局上皇太子卤簿之制。

家令、率更令、詹事各乘轺车，太保、太傅、太师乘辂，各正道，威仪、卤簿依本品。次清游队旗，执一人，引二人，夹二人。并正道。清道率府折冲都尉一员，领二十骑，执矟一十八人，弓矢九人，弩三人，二人骑从折冲。次左、右清道率府率各一员，领清道直荡及检校清游队龙旗等，执𫇦矟各二人。次外清道直荡二十四人，骑。

次正道龙旗各六，执一人，前二人引，后二人护。副竿二。执各一人，骑。次正道细仗引。为六重，每重二人，自龙旗后均布至细仗，矟与弓箭相间，并骑；每厢各果毅都尉一员领。次率更丞一员。

次正道前部鼓吹。府史二人领鼓吹，并骑。㧑鼓、金钲各二，执各一人，夹二人，以下准此。帅兵官二人；次大鼓三十六，横行，长鸣以下准此。帅兵官八人；长鸣三十六，帅兵官二人；铙吹一部，铙鼓二，各执一人，夹二人，后部铙节鼓准此。箫、笳各六，帅兵官二人；㧑鼓、金钲各二，帅兵官二人；次小鼓三十六，帅兵官四人；中鸣三十六，帅兵官二人。以上并骑。

次诞马十，每匹二人控，余准此。厩牧令、丞各一员。各府史二人骑从。次左、右翊郎将各一员，领班剑，左右翊卫执班剑二十四人，通事舍人四人，司直二人，文学四人，洗马、司议郎、太子舍人、中允、中舍、左右谕德各二人，左、右庶子四人，并骑。自通事舍人以后，各步从一人。

次左、右卫率府副率各一员，步从，亲、勋、翊卫每厢各中郎将、郎将一员，并领六行仪刀：第一行，亲卫二十三人，曲折三人；第二行，亲卫二十五人，曲折四人；第三行，勋卫二十七人，曲折五人；第四行，勋卫二十九人，曲折六人；第五行，翊卫三十一人，曲折七人；第六行，翊卫三十三人，曲折八人。曲折人并部后门。以上三卫并骑。

次三卫一十八人，骑；中郎将二人夹辂，在六行仪刀仗内。金辂，驾马四，仆寺人驭，左右率府率一员，驾士二十二人。夹辂左、右卫率府率各一员。各步从一人。

次左、右内率府率各一员，副率各一员，并骑。各步从一人。次千牛骑，执细刀、弓矢，三卫仪刀仗内，后开牙门。次左右监门率府直长各六人，监门。并骑。次左右卫率府每厢各翊卫二队。并骑。次厌角队各三十人，执旗一人。引二人，夹二人。执矟一十五人，弓矢七人，弩三人，每队各郎将一员领。

次正道伞二，雉尾扇四，夹伞。次腰舆一，舆士八人，团雉尾扇二、小方雉尾扇八夹。执各一人。次内直郎、令史各二人骑从检校。次诞马十，典乘二人，府史二人骑从。

次左右司御率府校尉各一人，并骑从。领团扇、曲盖。次朱团扇、紫曲盖各六。执各一人。次诸司供奉官人。

次左右清道率府校尉各一人，并骑。领大角三十六。铙鼓二，箫、笳各六，帅兵官二人；横吹十，节鼓一，笛、箫、觱篥五，帅兵官二人。并骑。次管辖指挥使二人检校。

次副辂，驾四马，驾士二十人。轺车，驾一马，驾士十四人。四望车，驾一马，驾士一十人。

次左右厢步队凡十六，每队各果毅都尉一人领，并骑。队三十人，执旗一人，引二人，夹二人，并带弓矢，骑。步二十五人。前一队执矟；一队带弓矢，以次相间。左右司御率府、左右卫率府厢各四队，二在前，二在后。次左右司御率府副率各一员检校，步队各二人，执幨矟骑从。

次仪仗。左右厢各六色，色九行，行六人。前第一行，戟、赤氅；第二行，弓矢；第三行，仪锃并钺；第四行，刀盾；第五行，仪镗、五色幡；第六行，油戟。次前仗首左右厢各六色，色三行，行六人。左右司御率府各一员，果毅都尉各一员，帅兵官各六人领。次左右厢各六色，色三行，行六人。左、右卫率府副率各一员，果毅都尉各一员，帅兵官各六人领。次尽后卤簿左右厢各六色，色三行，行六人，左右司御率府副率各一员，各一人步从。果毅都尉各一人，帅兵官各六人领，左右司御率府率兵官各六人护后，并骑。每厢各绛引幡十二，执各一人，引前旗六，引后旗六。揭鼓十二。揭鼓左右司御率府四重，左右卫率府二重。

次左右厢仗。各一百五十人，左右司御率府各八十六人，左右卫率府各六十四人。并分前后，在步队仪仗外、马队内，前接六旗，后尽卤簿，曲折至门，每厢各司御率府果毅都尉一员检校，各一人从，每厢各帅兵官七人。并骑，左右司御率府各四人，左右率府各三人。

次马队。左右厢各十队，每队帅兵官以下三十一人，旗一，执一人，引二人，夹二人。执矟十六人，弓矢七人，弩三人。前第一队，左右清道率府果毅都尉各一员领；第二、第三、第四队，左右司御率府果毅都尉各一员领；第五、第六、第七队，左右卫率府果毅都尉各一员领；第八、第九、第十队，左右司御率府果毅都尉各一员领。次后拒队。旗一，执一人，引二人，夹二人。清道率府果毅都尉一员领四十骑，执矟二十人，弓矢十六人，弩四人。又二人，骑从。

次后拒队前当正道及仗行内开牙门。次左右厢各开牙门三：前第一门，左右司御率府步队后，左右率府步队前；第二门，左右卫率府步队后，司御率府仪仗前；第三门，左右司御率府仪仗后，左右卫率府步队前。每开牙门，执旗二人，夹四人，并骑。

监门率府直长各二人，并骑；次左右监门率府副率各一员，骑；来往检校诸门，各一人骑从。次左右清道率府副率各三人，仗内检校并纠察，各一人骑从。次少师、少傅、少保，正道乘辂，威仪、卤簿各依本品，次文武官以次陪从。

皇太子妃卤簿之制。政和三年，议礼局上。清道率府校尉六人，骑。次青衣十人。次导客舍人四人，内给使六十人，偏扇、团扇、方扇各十八，并宫人执。行障四，坐障二，夹车，宫人执。典内二人，骑，厌翟车，驾三马，驾士十四人。次阁帅二人，领内给使十八人，夹车，六柱二扇，内给使执。次供奉内人，乘犊车。次伞一，正道。雉尾扇二，团扇四，曲盖二。执伞、扇各内给使一人。次戟九十。

宋制，臣子无卤簿名，遇升储则草具仪注。《政和礼》虽创具卤簿，然未及行也。南渡后，虽尝讨论，然皇太子皆冲挹不受，朝谒宫庙及陪祀及常朝，皆乘马，止以宫僚导从，有伞、扇而无围子。用三接青罗伞一，紫罗障扇四人从，指使二人，直省官二人，客司四人，亲事官二十人，辇官二十人，翰林司四人，仪鸾司四人，厨子六人，教骏四人，背印二人，步军司宣效一十人，步司兵级七十八人，防警兵士四人。朝位在三公上，扈从在驾后方围子内。

皇太子妃，政和亦有卤簿，南渡后亦省之。妃出入惟乘檐子，三接青罗伞一，黄红罗障扇四人从。以皇太子府亲事官充辇官，前执从物，檐子前小殿侍一人，抱涂金香球。先驱，则教骏兵士呵止。

王公以下卤簿。凡大驾六引，用本品卤簿，奉册、充使及诏葬皆给之。亲王用一品之制，加告止幡、传教幡、信幡各二，其葬日，用六引内仪仗。真宗咸平二年，王承衍出葬日，在禁乐，礼官请卤簿鼓吹备而不作，从之。景德二年，南郊卤簿使王钦若言："郓王檞日所给卤簿，与南郊仪仗吉凶相参。望依令别制王公车辂，所有鼓吹、仪仗，亦请增置，以备拜官、朝会、婚葬之用。"从之。于是仪服悉以画，其葬日在途，以革车代辂。

徽宗政和三年，议礼局上王公卤簿之制：中道清道六人。次幰弩一骑。次大晟府前部鼓吹。令及职掌、局长、院官各一人，㧁鼓、金钲各一，大鼓、长鸣各十八，㧁鼓、金钲各一。次引乐官二人，小鼓、中鸣各十。次麾、幢各一，节一，夹矟二，诞马八，每四，控马各二人。革车一乘，驾赤马四，驾士二十五人，散扇十，方伞二，朱团扇四夹方伞，曲盖二。次大角八。次后部鼓吹，丞一员，录事一人。次铙鼓一，箫四，笳四，大横吹六，节鼓一，夹色二，笛、箫、觱篥、笳各四。次外仗。青衣十二，车辐棒十二，戟九十，绛引幡六，刀盾、矟、弓矢各八十，仪刀十八，信幡八，告止幡、传教幡各四，仪锃二，仪镗斧挂五色幡六，油戟十八，仪矟十二，细矟十二。次左右卫尉寺押当职掌一十一人，骑；部辖步兵、部辖骑兵，太仆寺部押人员各一人，教马官一人。押当职掌四人，骑。

公主卤簿。惟葬日给之。秦国成圣继明夫人葬日，亦给外命妇一品卤簿，自余未尝用。

一品卤簿。命妇同。中道清道四人。幰弩一，骑。

大晟府前部鼓吹。令一，职掌一人，局长、院官各一人。挝鼓、金钲各一，大鼓、长鸣各一十六，麾、幢、节各一，稍二，诞马六。次革车一乘，驾赤马四，驾士二十五人。命妇厌翟车，驾士二十三人，二品、三品准此。散扇八，二品减四，三品减六，命妇散扇五十，行障五，行于车前，二品、三品准此。方伞二，朱团扇四，曲盖二，大角八。命妇属车六，驾黄牛十八，驾士五十九人，行大角前，二品、三品准此。次后部鼓吹。丞一员，录事一人，引乐官二员。铙鼓一，箫、笳、大横吹各四，节鼓一，笛、箫、觱栗、笳各四。外仗。青衣十人，车辐棒十，戟九十，刀盾、稍各八十、弓矢六十，仪刀三十，信幡八，告止幡、传教幡、仪锽斧挂五色幡各四。次卫尉寺排列，押当职掌一十一人，部辖人员，太仆寺部押人员、教马官各一人。押当职掌四人。命妇加二人。

二品卤簿。命妇同。中道清道二人。鼍弩一。大晟府前部鼓吹。令一，及职掌、局长、院官各一人。挝鼓、金钲各一，大鼓十四，麾、幢、节各一，夹稍二，诞马四。次革车一乘，驾赤马三，驾士二十五人。散扇四，方伞、朱团扇、曲盖各二。次大角八。次后部鼓吹。丞一，录事、引乐官各一人。铙鼓一，箫、笳各二，大横吹四，笛、箫、觱栗、笳各二。外仗。青衣八人，车辐棒八，戟七十，刀盾、稍、弓矢各六十，仪刀十四，信幡四，告止、传教幡各二。次卫尉排列，押当职掌九人，部辖人员、太仆寺部押人员、教马官各一人。押当职掌四人。命妇加二人。

三品卤簿。命妇同。中道清道二。鼍弩一。麾、幢各一，节一，夹稍二，诞马四。次革车一乘，驾赤马四，驾士二十五人。散扇二，方伞二，曲盖一，大角四。外仗。青衣八人，车辐棒六，戟六十，刀盾、稍、弓矢各五十，仪刀十二，信幡四，告止、传教幡各二。次卫尉排列，押当职掌七人，部辖人员，太仆寺部押人员、教马官各一人。押当职掌四人。命妇加二人。

以上皆政和所定也。

卷一百四十八　　志第一百一

仪　卫　六

卤簿仪服

卤簿仪服。自汉卤簿，象最在前。晋平吴后，南越献驯象，作大车驾之，以载黄门鼓吹数十人，使越人骑之以试桥梁。宋卤簿，以象居先，设木莲花坐，金蕉盘，紫罗绣蕃络脑，当胸、后鞦并设铜铃杏叶，红牦牛尾拂，跋尘。每象，南越军一人跨其上，四人引，并花脚幞头、绯绣窄衣、银带。太宗太平兴国六年，两庄养象所奏，诏以象十于南郊引驾，开宝九年南郊时，其象止在六引前排列。诏卤簿使领其事。

旗，皆错采为之，漆竿、锟首、蘱头、锦带腰、火焰脚。白泽、摄提、金鸾、金凤、师子、苣文、天下太平、君王万岁、仙童、螣蛇、神龟，及在步甲前后队、后马队三队、六军仪仗内，并以赤。日、月及合璧、连珠、风、雨、雷、电、五星、二十八宿、祥云，并以青。北斗以黑。五岳、四渎、五方、四神、十二辰、五龙、五凤、龙虎君，并以方色。天王以赤、黄二色。排拦以黄、紫、赤三色。

元丰三年，详定郊庙奉祀礼文所言："卤簿，前用二十八宿、五星、摄提旗，有司乃取方士之说，绘为人形，于礼无据。伏请改制，各著其象，以则天文。"从之。元祐七年，太常寺言："二十八宿旗，五星、摄提旗，按《卤簿图》画人形及牛虎头、妇人、小儿之类，于礼无据。元丰三年，礼文所上言乞改制，各著其象，以则天文。后有司循旧仪，未曾改正，今欲改造。"从之。

元符二年，徽宗即位，兵部侍郎黄裳言："南郊大驾诸旗名物，除用典故制号外，余因时事取名。伏见近者玺授元符，茅山之上日有重轮，太上老君眉间发红光，武夷君庙有仙鹤，臣请制为旗号，曰宝符，曰重轮，曰祥光，曰瑞鹤。"从之。

政和四年，礼制局言："卤簿，大黄龙负图旗画八卦，乞改画九、一、三、七、二、四、六、八、五之数。仙童、网子、大神三旗无所经见，乞除去。"从之。初，大观三年，西京颍阳县大庆观圣祖殿东，有嘉禾、芝草并生。其嘉禾一本四穗，芝草叶圆而重起。至是，诏制芝禾并秀旗。又以是年二月，日上生青、赤、黄戴气；后，日下生青、赤、黄承气，诏制日有戴承旗。又以元符二年武夷君庙有仙鹤迎诏，政和二年延福宫宴辅臣，有群鹤自西北来，盘旋于睿谟殿上，及奏大晟乐而翔鹤屡至，诏制瑞鹤旗。

八年，礼部侍郎张邦昌奏："太祖时，甘露降于江陵者十日，瑞麦秀于濮阳者六岐，获金鹦鹉于陇坻，得三玉兔于郓封，驯象至而五岭平，琼管族而白鹿出，皆命制为旗章陈之。望诏有司取自崇、观至今，凡中外所上瑞应，悉掇其尤殊者，增制旗物，上以丕承天贶，下以耸动民瞻。"从之。

初，宋制旗物尤盛，中兴后惟务简约，虽参用旧制，然亦不无因革。其太常，青质夹罗，惟绣日、月、星而龙，下有网须谓之葡，而竿头为龙首，衔青结绶，垂青斿绥十二，谓之旒。盖幅下无斿，而竿首垂旒，抑又取古者"注旄及羽于竿首"之遗制。竿用梱木，护以剖竹，胶以漆，饰以藻，玉辂建之。大旂，黄质九幅，每幅绣升龙一，侧幅二，下垂黄丝网绶九，金辂建之。太赤，朱质七幅，每幅绣鸟隼二，侧幅如之，下垂朱丝网绶七，象辂建之。大白，素质五幅，每幅绣熊一、虎一，侧幅如之，下垂浅黄丝网绶五，革辂建之。大麾，皂质四幅，每幅绣五采龟蛇一，侧幅绣龟二，下垂皂丝网绶四，木辂建之。

其黄龙负图旗，建隆初创为大制。有架，旗力重，以百九十人维之，今用七十人。其君王万岁、天下太平、日月、五星、北斗、招摇、青龙、朱雀、白虎、玄武等十旗，皆以十七人维之。其祥瑞旗八，绍兴二十五年所制也。是岁，适当郊祀，而太庙生灵芝九茎，赣州进太平瑞木，道州连理木，遂宁府嘉禾，镇江府瑞瓜，南安军双莲花，严州兜率寺、信州玉山芝草，黎州甘露，礼部侍郎王珉等请绘之华旗，以纪盛美焉。

五牛旗，依方色，皆小舆上刻木为牛，背插旗。错采为牛，旗竿上有小盘，盘衣及舆衣，亦并绣牛形。舆士各四人，服绣五色牛衣。自太祖时诏用之。神宗熙宁七年，太常寺言："大驾卤簿羊车，本前代宫中所乘；五牛旗，盖古之五时副车也，以木牛载旗，用人舆之，失其本制，宜省去。"从之。

牙门旗，古者，天子出建大牙。今制，赤质，错采为神人象，中道前后各一门，左右道五门，门二旗，盖取周制"树旗表门"及"天子五门"之制。

驾头，一名宝床，正衙法坐也。香木为之，四足豫山，以龙卷之。坐面用藤织云龙，四围错采，绘走龙形，微曲。上加绯罗绣褥，裹以绯罗绣帕。每车驾出幸，则使老内臣马上拥之，为前驱焉。不设，则以朱匣韬之。

幡，本帜也，貌幡幡然。有告止、传教、信幡，皆绛帛，错采为字，上有朱绿小盖，四角垂罗文佩，系龙头竿上。其错采字下，告止为双凤，传教为双白虎，信幡为双龙。又有绛引幡，制颇同此，作五色间晕，无字，两角垂佩。中兴为六角盖，垂珠佩，下有横木板，作碾玉文。三幡，亦以错采篆书"告止"、"传教"、"信幡"。

幢，制如节而五层，韬以袋，绣四神，随方色，朱漆柄。取《曲礼》"行前朱雀而后玄武，左青龙而右白虎"之义。王公所给幢，黑漆柄，紫绫袋。中兴，用生色袋。

皂纛，本后魏纛头之制。唐卫尉器用，纛居其一，盖旄头之遗象。制同旗，无文采，去镞首六脚。《后志》云："今制，皂边皂䘸，斿为火焰之形。"金吾仗主之，每纛一人持，一人拓之。乘舆行，则陈于卤簿，左右各六。

绛麾，如幢，止三层，紫罗囊蒙之。王公麾，以紫绫袋。

黄麾，古有黄、朱、缬三色，所以指麾也。汉卤簿有前黄麾护驾御史。宋制，绛帛为之，如幡，错采成"黄麾"字，下绣交龙；朱漆竿，金龙首，上垂朱绿小盖。神宗元丰二年，详定朝会御殿仪注所言：

按《周礼》"木辂建大麾，以田"，郑氏曰："大麾不在九旗之中。以正色言之，则黑，夏后氏所建。"《礼记》曰："有虞氏之旂，夏后氏绥。"郑氏曰："绥，谓注旄牛尾于杠首。所谓大麾。《书》曰'王右秉白旄以麾'。"孔颖达曰："虞世但注旄，夏世始加旒縿。"《西京杂记》，汉大驾有前黄麾。崔豹《古今注》："麾，所以指麾，乘舆以黄，诸公以朱，刺史二千石以缬。"《开元礼义纂》曰："唐太宗法夏后之前制，取中方之正色，故制大麾，色黄。"

今礼有黄麾，其制十二幅。《开宝通礼义纂》曰："黄，中央之色。此仗最近车辂，故以应象，取其居中，导达四方，含光大也。"今卤簿黄麾，以夏制言之，则状不类旗；以汉制言之，则色又不黄。伏请制大麾一：注麾于竿首，则法夏后氏之制；其色正黄，

则用汉制；以十二幅为旗，则取唐制；以一旒为之，则取今龙墀旗之制。当元会陈仗卫，建大黄麾一于当御厢之前，以为表识。其当御厢之后，则建黄麾幡二。并上大黄麾、黄麾幡制度。神宗批曰："黄麾制度，考详前志，终是可疑。今凿而为之，植于大庭中外共瞻之地，或为博闻多识者所讥。宜且阙之，更俟讨求，黄麾幡仍旧。"

氅，本缉鸟毛为之。唐有六色、孔雀、大小鹅毛、鸡毛之制。《后志》云："今制有青、绯、皂、白、黄五色，上有朱盖，下垂带，带绣禽羽，末缀金铃。青则绣以孔雀，五角盖；绯则绣以凤，六角盖；皂则绣以鹅，六角盖；白亦以鹅，四角盖；黄则以鸡，四角盖。每角缀垂佩，揭以朱竿，上如戟，加横木龙首以系之。"

金节，隋制也。黑漆竿，上施圆盘，周缀红丝拂八层，黄绣龙袋笼之。王公以下皆有节，制同金节，韬以碧油。

伞，古张帛避雨之制。今有方伞、大伞，皆赤质，紫表朱里，四角铜螭首。六引内者，其制差小。哲宗元祐七年，太常寺言：《开元礼》大驾八角紫伞，王公已下四角青伞。今《卤簿图》但引紫伞，而无青伞之文。诏改用。绍兴十三年将郊，诏伞、扇如旧制，拂扇等不以珠饰。

盖，本黄帝时有云气为花花之象，因而作也。宋有花盖、导盖，皆赤质，如伞而圆，沥水绣花龙。又有曲盖，差小，惟乘舆用之。人臣则亲王或赐之，而以青缯绣瑞草焉。

睥睨，如华盖而小。

扇筤，绯罗绣扇二，绯罗绣曲盖一，并内臣马上执之。驾头在细仗前，扇筤在乘舆后。大驾、法驾、鸾驾，常出并用之。扇圆，径四尺二寸，柄长八尺三寸，黄茸绣团龙，仍用金涂铜饰。扇有朱团及雉尾四等。朱团绣云凤或杂花，黑漆柄，金铜饰。雉尾皆方，绣雉尾之状，有三等：大雉扇长五尺二寸，阔三尺七寸；中扇、小扇递减二寸。下方上杀，以绯罗绣雉尾之状，中有双孔雀杂花，下施黑漆横木长柄，以金涂铜饰。乘舆出入，必以前持郭蔽。凡朔望朝贺、行册礼，皇帝引御坐，必合扇，坐定去扇，礼毕驾退，又索扇如初。盖谓天子升降俯仰，众人皆得见之，非肃穆之容，故必合扇以郭焉。

罼、罕，象"毕、昂为天阶"，故为前引，皆赤质，金铜饰，朱藤结网，金兽面。罕方，上有二螭首衔红丝拂；罼圆，如扇。

香镫，唐制也。朱漆案，绯绣花龙衣，上设金涂香炉、烛台。长竿二，舆士八人。金涂银火镣、香匙副之。

大角，黑漆画龙，紫绣龙袋。

长鸣、次鸣、大小横吹，五色衣幡，绯掌画交龙。《乐令》，三品已上，绯掌画蹲豹。

㪇𥫣。㪇，击声也。一云象㪇牛，善斗，字从牛。唐金吾将军执之。宋制，如节有袋，上加碧油。常置朝堂，车驾卤簿出，则八枚前导；又四枚夹大将军者，名卫司㪇𥫣。

𥫣，长矛也。木刃，黑质，画云气。又有细𥫣，制同而差小。

戟，有枝兵也。木为刃，赤质，画云气，上垂交龙掌、五色带，带末缀铜铃。又钑戟，无掌，而有小横木；钑，插也，制本插车旁。又小戟与钑戟同。

殳、叉，戟之类。殳，无刃而短，黑饰两末。叉，青饰两末，并中白，画云气，各缀朱丝拂。

枪，槊也。唐羽林所执，制同槊而铁刃，上缀朱丝拂。

仪锽，钺属也，秦、汉有之。唐用为仪仗，刻木如斧，涂以青，柄以黄，上缀小锦幡、五色带。

班剑，本汉朝服带剑。晋以木代之，亦曰"象剑"，取装饰斑斓之义。鞘以黄质，紫斑文，金铜饰，紫丝绦盼错。

御刀，晋、宋以来有之。黑鞘，金花银饰、靶轭，紫丝绦盼错。又仪刀，制同此，悉以银饰，王公亦给之。

刀盾。刀，本容刀也；盾，旁排也。一人分持。刀以木为之，无鞘，有环，紫丝绦盼错。盾，赤质，画异兽。又朱藤络盾，制悉同，唯绿藤绿质，皆持执之。

𫓧弩，汉京尹、司隶前驱，持弓以射窥者。宋制，每弩加箭二，有韣，画云气，仗内弩皆同。

弓箭，每弓加箭二，有韣，同𫓧弩。

车辐，棒也，形如车轮辐。宋制，朱漆八棱白干。

柯舒，黑漆棒也，制同车辐，以金铜钉饰。

镫杖，黑漆弩柄也。以金铜为镫及饰，其末紫丝绦系之。

鸣鞭，唐及五代有之。《周官》条狼氏执鞭趋辟之遗法也。内侍二人执之，鞭鞘用红丝而渍以蜡。行幸，则前骑而鸣之，大祀礼毕还宫，亦用焉；视朝、宴会，则用于殿庭。

诞马，散马也。加金涂银闹装鞍勒。乘舆以红绣鞯，六鞘，王公以下用紫绣及剜花鞯。哲宗元祐七年，太常寺言："诞马，按《卤簿图》曰：旧并施鞍鞯。景祐五年去之。昨纳后，诞马犹施鞍鞯，今欲乞除去，仍依《卤簿图》。用缨、辔、绯屉。"

御马鞍勒之制，有金、玉、水晶、金涂四等闹装，鞊鞯促结为坐龙，碾钑镂尘沙面、平面、洼面、方团、寸节、卷荷校具，皆垂六鞘，金银裹鞍桥，衔镫，朱黄丝绦辔鞦，绯黄织或素园鞯，襜补用金银线织或绯黄绸，鞭用紫竹，红黄丝鞘，缨以红、黄牦牛尾，金为钛。每日，马五匹供奉，鞍用玉及金涂，襜补皆素。行幸则十四匹，加真金、水晶之饰。太宗至道二年诏："先是，御马以织成帊覆鞍勒，今后以广绢代之。"

马珂之制，铜面，雕翎鼻拂，攀胸，上缀铜杏叶、红丝拂。又胸前及腹下，皆有攀，缀铜铃；后有跋尘、锦包尾。独卤簿中金吾上将军导驾者，皆有之。

甲骑具装，甲，人铠也；具装，马铠也。甲以布为里，黄绨表之，青绿画为甲文，红锦缘，青绨为下裙，绛韦为络，金铜钛，长短至膝。前膺为人面二，自背连膺，缠以锦螣蛇。具装，如常马甲，加珂拂于前膺及后鞦。

球杖，金涂银裹，以供奉官骑执之，分左右前导。大礼，用百人，花脚幞头、紫绣襟袍袄。常出，三十人，公服，皆骑导。

鸡竿，附竿为鸡形，金饰，首衔绛幡，承以彩盘，维以绛索，揭以长竿。募卫士先登，争得鸡者，官给以缬袄子；或取绛幡而已。大礼毕，丽正门肆赦则设之。其义则鸡为巽神，巽主号令，故宣号令则象之。阳用事则鸡鸣，故布宣阳泽则象之。一曰"天鸡星动为有赦"，故王者以天鸡为度。金鸡事，六朝已有之，或谓起于西京。南渡后，则自绍兴十三年始也。

大驾卤簿巾服之制：金吾上将军、将军、六统军、千牛、中郎将，服花脚幞头、抹额、紫绣袍，佩牙刀，珂马。诸卫大将军、将军、中郎将、折冲、果毅、散手翊卫，服平巾帻、紫绣袍、大口裤、锦螣蛇、银带，佩横刀，执弓箭。千牛将军，服平巾帻、紫绣袍、大口裤、银带、靴勒，佩横刀，执弓箭。千牛，服花脚幞头、绯绣袍、抹额、大口裤、银带、靴勒。前马队内折冲及执槊者，服锦帽、绯绣袍、银带。监门校尉、六军押仗，服幞头、紫绣裲裆。队正，服平巾帻、绯绣袍、大口裤。诸卫主率都尉，引驾骑，持钑队内校尉、旅帅，执卫司殳仗幰槊，金吾十六骑，班剑、仪刀队，亲勋翊卫，执大角人，并服平巾帻、绯绣裲裆、大口裤、佩横刀，执弓箭。金吾押牙，服金鹅帽、紫绣袍、银带，仪刀。金吾持蘲者，服乌纱帽、皂衣、裤、鞋袜。金吾押蘲，服幞头、皂绣衫、大口裤、银带、乌皮靴。执金吾幰槊，服锦袍帽、臂韝、银带、乌皮靴。

清游队、伙飞，执副仗槊，服甲骑具装、锦臂韝，佩横刀，执弓箭、白裤。朱雀队执戟及执牙门旗，执绛引幡、黄麾幡者，并服绯绣衫、抹额、大口裤、银带。执殳仗，前后步队、真武队执旗，前后部黄麾，执日月合璧等旗，青龙白虎队、金吾细仗内执旗者，并服五色绣袍、抹额、行縢、银带；执干棒人，加银褐捍腰。执龙旗及前马队内执旗人，服五色绣袍、银带、行縢、大口裤。执弓箭、执龙旗副竿人，服锦帽、五色绣袍、大口裤、银带。执弩、弓箭人，服锦帽、青绣袍、银带。前后步队人，服五色鍪甲、锦臂韝、鞋袜、裤、银带。朱雀队内执弓箭、弩、槊，虞候伙飞，执长寿幢、宝舆法物人，并服平巾帻、绯绣袍、大口裤、银带。援宝，执绛麾、真武幢人，并服武弁、紫绣衫。持钑队、殿中黄麾、伞、扇、腰舆、香镫、华盖、指南、进贤等车驾士，相风、钟漏等舆士，并服武弁、绯绣衫。驾羊车童子，服垂耳髻、青头帑、青绣大袖衫、裤、勒帛、青耳履。执引驾龙墀旗、六军旗者，服锦帽、五色绣衫、锦臂韝、银带。引夹旗及执柯舒、镫仗者，服帖金帽，余同上。执花凤、飞黄、吉利旗者，服银褐绣衣、抹额、银带。夹毂队，服五色质鍪铠、锦臂韝、白行縢、紫带、鞋袜。骁卫翊卫三队，服平巾帻、绯绣袍、大口裤、锦螣蛇。五辂、副辂、耕根车驾士，服平巾帻、青绣衫、青履袜。教马官，服幞头、红绣抹额、紫绣袍、白裤、银带。掌辇、主辇，服武弁、黄绣衫、紫绣诞带。拢御马者，服帖金帽、紫绣大袖衫、银带。执真武幢者，服武弁、皂绣衫、紫绣诞带。五牛旗舆士，服武弁、五色绣衫、大口裤、银带。掩后队，服黑鍪甲、锦臂韝、行縢。

卷一百四十九　　志第一百二

舆服一

五辂　大辂　大辇　芳亭辇　凤辇
逍遥辇　平辇　七宝辇　小舆　腰舆　耕
根车　进贤车　明远车　羊车　指南车
记里鼓车　白鹭车　鸾旗车　崇德车　皮
轩车　黄钺车　豹尾车　属车　五车　凉
车　相风乌舆　行漏舆　十二神舆　钲鼓
舆　钟鼓楼舆

昔者圣人作舆，轸之方以象地，盖之圆以象天。《易·传》言："黄帝、尧、舜，垂衣裳而天下治，盖取诸乾坤。"夫舆服之制，取法天地，则圣人创物之智，别尊卑，定上下，有大于斯二者乎！舜命禹曰："予欲观古人之象，日、月、星辰、山、龙、华虫作会，宗彝、藻、火、粉米、黼、黻绣绣，以五采彰施于五色，作服，汝明。"《周官》之属，有巾车、典路、司常，有司服、司裘、内司服等职。以是知舆服始于黄帝，成于唐、虞，历夏及商，而大备于周。周衰，列国肆为侈汰。秦并之，揽上选以供服御，其次以赐百官，始有大驾、法驾之制；又自天子以至牧守，各有卤簿焉。汉兴，乃不能监古成宪，而效秦所为。自是代有变更，志有详略。《东汉》至《旧唐书》皆称《舆服》，《新唐书》改为《车服》，郑樵合诸代为《通志》又为《器服》。其文虽殊，而考古制作，无以尚于三代矣。

夫三代制器，所以为百世法者，以其华质适中也。孔子答颜渊为邦之问曰："乘殷之辂，服周之冕。"且《礼》谓"周人上舆"，而孔子独取殷辂，是殷之质胜于周也。又言禹"致美乎黻冕"。而论冕以周为贵，是周之文胜于夏也。盖已不能无损益于其间焉。不知历代于秦已还，何所损益乎？

宋之君臣，于二帝、三王、周公、孔子之道，讲之甚明。至其规模制度，饰为声明，已足粲然，虽不能尽合古制，而于后代庶无愧焉。宋初，衮冕缀饰不用珠玉，盖存简俭之风，及为卤簿，又炽以旗帜，华以绣衣，亵以球杖，岂非循袭唐、五季之习，犹未能尽去其陋邪？诒之子孙，殆有甚焉者矣。迄于徽宗，奉身之欲，奢荡靡极，虽欲不亡得乎？靖康之末，累朝法物，沦没于金。中兴，掇拾散逸，参酌时宜，务从省约。凡服用锦绣，皆易之以缯、以罗；旗仗用金银饰者，皆易以绘、以絷。建炎初，有事郊报，仗内拂屋当用珠饰。高宗曰："事天贵质，若尚华丽，非禋祀本意也。"是以子孙世守其训，虽江介一隅，而华质适时，尚足为一代之法。其儒臣名物度数之学，见诸论议，又有可观者焉。今取旧史所载，著于篇，作《舆服志》。

鼓吹令、丞，服绿裤褶冠、银褐裙、金铜革带、绯白大带、履袜。太常寺府史、典事、司天令史，服幞头、绿衫、黄半臂。太常主帅抨鼓、金钲、节鼓人，服平巾帻、绯绣袍、大口裤、抹带、锦縢蛇；歌、拱宸管、箫、筑、笛、觱栗，无縢蛇。太常大鼓、长鸣、小鼓、中鸣，服黄雷花袍、裤、抹额、抹带。太常铙、大横吹，服绯苣文袍、裤、抹额、抹带。太常羽葆鼓、小横吹，服青苣文袍、裤、抹额、抹带。排列官、令史、府史，服黑介帻、绯衫、白裤、白勒帛。司辰、典事、漏刻生，服青裤褶冠、革带。殿中少监、奉御、供奉、排列官、引驾仗内排列承直官、大将、金吾引驾、押仗、押旗，服幞头、紫公服、乌皮靴。尚辇奉御、直长、乘黄令丞、千牛长史、进马四色官，服幞头、绿公服、白裤、金铜带、乌皮靴。殿中职掌执伞扇人，服幞头、碧襕、金铜带、乌皮靴。旧衣黄，太平兴国六年，并内侍省并改服以碧。

凡绣文：金吾卫以辟邪，左右卫以瑞马，骁卫以雕虎，屯卫以赤豹，武卫以瑞鹰，领军卫以白泽，监门卫以师子，千牛卫以犀牛，六军以孔雀，乐工以鸾，耕根车驾士以凤衔嘉禾，进贤车以瑞麟，明远车以对凤，羊车以瑞羊，指南车以孔雀，记里鼓、黄钺车以对鹅，白鹭车以翔鹭，鸾旗车以瑞鸾，崇德车以辟邪，皮轩车以虎，属车以云鹤，豹尾车以立豹，相风乌舆以乌，五牛旗以五色牛，余皆以宝相花。

六引内巾服之制：清道官，服武弁、绯绣衫、革带。持幰弩、车辐棒者，服平巾赤帻、绯绣衫、赤裤、银带。青衣，服平巾青帻、青裤褶。持戟、伞、扇、刀盾者，服黄绣衫、抹额、行縢、银带。持幡盖者，服绣衫、抹额、大口裤、银带。内告止幡、曲盖以绯，传教幡、信幡、绛引幡以黄。执涎马辔、仪刀、麾、幢、节、夹稍、大角者，服平巾帻、绯绣衫、大口裤、银带。大驾卤簿内，执辔，并锦络衫帽。持弓箭、稍者，服武弁、绯绣衫、白裤。驾士，服锦帽、绣戎服大袍、银带。弓箭以青，稍以紫。持抨鼓者，服平巾帻、绯绣对凤袍、大口裤、白抹带、银縢蛇。铙吹部内，服平巾帻、绯绣袍、白抹带、白裤，余悉同大驾前后部。

其绣衣文：清道以云鹤，幰弩以辟邪，车辐以白泽，驾士司徒以瑞马，牧以隼，御史大夫以獬豸，兵部尚书以虎，太常卿以凤，县令以雉，乐工以鸾，余悉以宝相花。

太祖建隆四年，范质议：按《开元礼》，武官陪立大仗，加縢蛇裲裆，如袖无身，以覆其膊胳，盖掖下缝也。从肩领覆臂膊，共一尺二寸。又按《释文》、《玉篇》相传云：其一当胸，其一当背，谓之"两当"。今详裲裆之制，其领连所覆膊胳，其一当左膊，其一当右膊，故谓之"起膊"。今请兼存两说择而用之，造裲裆，用当胸、当背之制。宣和元年，礼制局言：鼓吹令、丞冠，又名"裤褶冠。"今卤簿既除裤褶，冠名不当仍旧，请依旧记如《三礼图》"季貌冠"制。从之。

五辂。宋自神宗以降，锐意稽古，礼文之事，招延儒士，折衷同异。元丰有详定礼文所，徽宗大观间有议礼局，政和又有礼制局。先是，元丰虽置局造辂，而五辂及副辂，多仍唐旧。

玉辂，自唐显庆中传之，至宋曰显庆辂，亲郊则乘之。制作精巧，行止安重，后载太常舆𪗾戟，分左右以均轻重，世之良工，莫能为之。其制：箱上置平盘、黄屋，四柱皆油画刻镂。左青龙，右白虎，龟文，金凤翅，杂花，龙凤，金涂银装，间以玉饰。顶轮三层，外施银耀叶，轮衣、小带、络带并青罗绣云龙，周缀缏带、罗文佩、银穗球、小铃。平盘上布黄褥，四角勾阑设圆鉴、翟羽。虚匮内贴银镂香罨，轼匮银龙二，衔香囊，银香炉，香宝，锦带，下有障尘。青画轮辕，银毂乘叶，三辕，银龙头，横木上有银凤十二。左建青旗，十有二旒，皆绣升龙；右载𪗾戟，绣黻文，并青绣绸杠。又设青绣门帘，银饰梯一，拓叉二，推竿一，银错头，银装行马，青缯裹挽索。驾六青马，马有金面，插雕羽，鞶缨，攀胸铃拂，青绣屉，锦包尾。又诞马二，在辂前，饰同驾马。余辂及副辂皆有之。驾士六十四人。金辂色以赤，驾六赤马，建大旂，驾士六十四人。象辂色以浅黄，驾六赭白马，建大赤，驾士四十人。革辂色以黄，驾六骊马，建大白，驾士四十人。木辂色以黑，驾六黑骝马，建大麾，驾士四十人。自金辂而下，其制皆同玉辂，惟无玉饰。五副辂并驾六马，驾士四十人，当用银饰者，皆以铜，余制如正辂。

政和三年，议礼局更上皇帝车辂之制，诏颁行。玉辂，箱上平盘、黄屋以下皆如旧。顶轮三层，内一层素，轮顶上施金涂银山花叶及翟羽，青丝绣云龙络带二，周缀杂色缏带八、铜佩八、银穗球二。平盘上布红罗绣云龙褥，曲几、扶几，上下设银螭首二十四。四角勾阑设圆鉴十六，青罗绣宝相花带，火珠二十八。香匮设香炉，红罗绣宝相花带香囊，香宝，银结绶二，红罗绣云龙结绶一，红锦帜龙凤门帘一。青画轮辕，银毂乘叶。轼匮、横辕、前辕并饰以金涂银螭首，横辕上施银立凤一十二。左建太常，十有二旒；右载𪗾戟，绣黻文。杠绔一，以青绣，杠首饰以银螭首。金涂铜钹，青牦牛尾拂，青缯裹索。驾青马六，马有铜面，插雕羽，鞶缨，攀胸铃拂，青线织屉，红锦包尾。又踏路马二，在辂前，饰同驾马。凡大祭祀乘之。

金辂以下，并以次列其后。若大朝会、册命皇太子诸王大臣，则设五辂于大庆殿庭，为充庭之仪。金辂赤质，以金饰诸末，建大旂，余同玉辂，驾赤马六；凡玉辂之饰以青者，金辂以绯。象辂浅黄质，金涂铜装，以象饰诸末，建大赤，余同玉辂，驾赭白马六；凡玉辂之饰以青者，象辂以银褐。革辂黄质，鞔之以革，建大白，余同玉辂，驾骊马六；凡玉辂之饰以青者，革辂以黄。木辂黑质漆之，建大麾，余同玉辂，驾黑骝六；凡玉辂之饰以青者，木辂以皂。凡玉辂用金涂银装者，象辂、革辂、木辂及五副辂，并金涂铜装。

又礼制局言："玉辂马缨十二而无采，不应古制，欲以五采罽饰樊缨十有二就。辂衡、轼并无鸾和，乞添置。盖弓二十有二，不应古制，乞增为二十八，以象星。又《巾车》言'玉辂建太常'而不言色，《司常》注云：'九旗之帛皆用绛，以周尚赤故也。'《礼记·月令》中央'天子乘大辂，载黄旂'，以金、象、木、革四辂及所建之旂，与四时所乘所载皆合。今玉辂所建之旂，以青帛十二幅连属为之，有升龙而非交龙，又无三辰，皆非古制。如依成周以所尚之色则用赤，依《月令》兼四代之制则当用黄，仍分缣、旅之制及绣画三辰于其上。今改制，太常其旂曳地，当依《周官》以六人维之。又《左传》言：'钖、鸾、和、铃，昭其声也。'注：'钖在马额，铃在旂首。'今旂首无铃，乞增置。又车盖周以流苏及佩各八，无所法象，欲各增为十二，以应天数。又辂之诸末，尽饰以玉，为称其实，而罗纹杂佩乃用涂金，乞改为玉。又车箱两𫐐有金涂龟文及鹍翅，左龙右虎，乃后代之制，欲改用蠖龙，加玉为饰。"又言："既建太常当车之后，则自后登车有妨。《曲礼》言：'君车将驾，则仆执策立于马前，已驾，仆展轸，效驾，奋衣由右上，取贰绥跪乘，执策分辔，驱之，五步而立，君出就车。'则君升车亦当自右，由前而入。今玉辂前有式匮，不应古制，恐当更易，以便登车及改式之制。又《礼记》言'车得其式'，《周官·舆人》：'三分其隧，一在前，二在后，以揉其式，以其广之半为之式崇。三分轸围，去一以为式围。三分轵围，去一以为轵围。'注：'立者为轵，横者为轵。'今玉辂无式。"

诏："玉辂用青质，轮辀络带，其色如之。四柱、平盘、虚匮则用赤，增盖弓之数为二十八，左右建旂、常，并青。太常绣日月、五星、二十八宿，旂上则绣以云龙。朱杠，青绔，铃垂十有二就，流苏及佩各增十二之数。樊缨饰以五采之罽，衡式之上又加鸾和。辂之诸末，耀叶、螭头、云龙、垂牙、链脚、花版、结绶、罗纹杂佩、羽台、葱台、麻炉、香宝、压贴牌字，皆饰以玉。自后而升，式匮不去。既成，高二丈七寸五分，阔一丈五尺。副玉辂，亦用青色，旧驾马四，增为六，色亦以青。"

政和四年，诏改修正副辂，讨论制造金、象、革、木四辂，并依新修玉辂制度。旂、常并建，各与辂一色。除去𪗾戟，改车箱两𫐐龟文、鹍翅、左龙、右虎之饰，并用蠖龙。增盖弓、博山、流苏等数，轼衡加和鸾，以合于古。金辂朱质，饰以金涂银；左右建太常、大旂及轮衣、络带等，色皆以黄；龙旂九旒，如《周官》金辂建大旂之制；驾马以骝，饰樊缨五采九就。象辂朱质，凡制度、装缀、名物并同金辂，饰以象及金涂银铜鍮石；左右建太常、大赤、轮衣、络带等，色皆以红；大赤绣鸟隼七旒，如《周官》象辂建大赤之制；驾马以赤，饰樊缨七就。革辂朱质，凡制度、装缀、名物并同金辂，饰以金涂铜鍮石；左右建太常、大白及轮衣、络带等，色皆以浅黄；大白绣熊虎六旒，如《周官》革辂建大白之制；驾马以赭白，饰樊缨五就。木辂朱质，凡制度、装缀、名物皆同金辂，饰以金涂鍮石；左右建太常、大麾及轮衣、络带等，色皆以皂；大麾绣龟蛇四旒，如《周官》木辂建大麾之制；驾马以乌，饰樊缨三就。四辂驾马各六。玉辂驾士六十四人，余皆四十人。

又礼制局增改雅饰诸辂：旧副玉辂色青，饰以金，改用黄而饰以玉；樊缨如正辂之制；建太常，色黄，饰以组，象日月于缘、星辰于斿，其长曳地。旧金辂改用青，饰以金；樊缨以五采罽而九就，建大旂，色青，饰以组，象交龙于缘、升龙于斿，其长齐轸。象辂改用赤，饰以象；樊缨以五采罽而七就；建大赤，色赤，饰以组，象鸟隼于缘、斿，其长齐较。革辂改用白，饰以革；龙勒绦缨，建大白，色白，饰以组，象熊虎于缘、斿，其长齐肩。三辂皆维以缕，削幅为之。木辂依旧色，而饰以漆，其色黑，前樊鹄缨，建大麾，色黑，饰以组，象龟蛇于缘、斿，其长齐首；维以缕，充幅为之。又诏玉辂身仍用红，太常、斿、络带等用黄，余常、斿、络带，亦随其辂色。

高宗渡江，卤簿、仪仗悉毁于兵。绍兴十二年，始命工部尚书莫将、户部侍郎张澄等以天禧、宣和《卤簿图》考究制度，及故内侍工匠省记指说，参酌制度。是年九月，玉辂成；明年，遂作金、象、革、木四辂，副辂不设。玉辂之制，青色，饰以玉，通高十九尺，轮高六十三寸，辐径三十九寸，轴长十五尺三寸。顶上剡为轮三层，象天圜也。外施青玉博山八十一，一名耀叶。镂以金涂龙文，覆以青罗，曰轮衣。缀垂玉佩，间以五色垂牦尾，曰流苏。 一名缋带。 顶四角分垂青罗曰络带，表里绣云龙。遇雨，则油黄缯覆之。

辂之中四柱，象地方也，前柱卷龙。平盘上布锦褥，前有横轼，后垂锦软帘。登车则自后卷帘梯级以登。四面周以阑而阙其中，以备登降。执绥官先自右升，立于右柱下，以备顾问。阑柱头有玉蹲龙。轼前有牌，镂曰"玉辂"，以玉篆之，上有玉龙二。中设御坐，纯以黄香木为之，取其黄中之正色也。下有涂金蹲龙十六。在平盘四围下，又有拓角云龙，金彩饰之，前后左右各二。前有辕木三，鳞体昂首龙形。辕木上束两横竿，在前者名曰凤辕，马负之以行；次曰推辕，班直推之以助马力。横于辕后者名曰压辕，以人压于后，欲取其平。车轮三岁一易，心用榆，圜数尺，圈以铁，以防折裂。横贯大木以为轴，夹以两轮，轮皆彩画，此辂下饰也。每新轮成，载铁万斤试之。

左建太常，右建龙斿，插于辂后两柱之金环前。驾青马六，马有镂钖，鞶缨，金铃，红旄绣屉，金包鬃，锦包尾，青缯裹索引之。驾士二百三十二人。诞马十二人，左右索百二十八人，入辕马十二人，龙头子二人，前后抱辕各六人，推竿四人，捧轮四人，拓叉四人，净席四人，前拦人员一人，后拦人员一人，前拦马八人，后拦马八人，踏道人员二人，踏道二十人，小拓叉四人，小梯子二人，烛台二人，香匙剪子二人，左右索人员二人。○又有呵喝人员二人，教马官二人，捧翠将军四人，千牛卫将军二人，推轮轴官健八人，抱太常龙旗官六人，职掌五人，专知官一人，手分一人，库子八人，装挂工匠二人，诸作工匠十五人，盖覆仪鸾司十一人，监官三员。

金辂黄色，饰以金涂银，制如玉辂，而高减五寸；博山、轮衣、络带、辕辐、轴并以黄，建大旂九斿；驾黄马六，驾士一百五十四人。象辂朱色，制如金辂；博山、轮衣、络带并以朱，建大赤七斿；驾赤马六，驾士一百五十四人。革辂浅黄白色，饰以金涂铜，制如象辂；博山、轮衣、络带并以浅黄白，建大白六斿；驾黄白马六，驾士百五十四人。木辂黑色，饰以金涂银，制如革辂；博山、轮衣、络带并以黑，建大麾四斿；驾黑马六，驾士一百五十四人。五辂驾士服色：平巾帻、青绢抹额、缬绢对花凤袍、绯缬绢对花宽袖袄、罗抹绢裤、袜、麻鞋，其色各从其辂。

大辂。政和六年，徐秉哲言："南北郊，皇帝乘玉辂以赴斋宫。自斋宫赴坛，正当祀天祭地，乃乘大辇，疑非礼意。"下礼制局讨论。礼制局请："造大辂如玉辂之制，唯不饰以玉。所驾之马，其数如之，唯樊缨一就，以称尚质之义。仍建大旂十有二旒，龙章日月，以协象天之义。至礼毕还斋宫，则御大辇，于礼无嫌。"从之。

大辇。《周官》巾车氏有辇车，以人组挽之，宫中从容所乘。唐制，辇有七：一曰大凤辇，二曰大芳辇，三曰仙游辇，四曰小轻辇，五曰芳亭辇，六曰大玉辇，七曰小玉辇。

太祖建隆四年，翰林学士承旨陶谷为礼仪使，创意造为大辇：赤质，正方，油画，金涂银叶，龙凤装。其上四面行龙云朵，火珠方鉴，银丝囊网，珠翠结条，云龙钿窠霞子。四角龙头衔香囊，顶轮施耀叶。中有银莲花坐龙，红绫里，碧牙压帖。内设圆鉴，银丝香囊，银饰勾阑、台坐，红丝绦网，盼错。中施黄褥，上置御坐，扶几，香炉，锦结绶。几衣、轮衣、络带并绯绣压金银线。长竿四，银裹铁锔龙头，鱼钩，锦膊褥，银装画梯，拓叉，黄罗缘席、褥、帕，梯杖褥，朱索，绯缯油帕。主辇六十四人。亲祀南郊、谒太庙还及具鸾驾黄麾仗、省方还都，则乘之。

真宗东封，以旧辇太重，遂命别造，凡减七百余斤，后常用焉。神宗已后，其制：赤质，正方，油画，金涂银龙凤装，朱漆天轮一，金涂银顶龙一。四面施行龙一十六，火珠四。四角龙头四，穗球一十二。顶轮施耀叶，红罗轮衣一，缀银铃，红罗络带二。中设御坐、曲几、锦褥等，施屏风，香炉，结绶。长竿四，饰以金涂银龙头。祀毕，车驾还内，若不进辂，则乘大辇。

政和之制：黄质，冒以黄衣，纮以黄带。车箱四围，于桯之外，高二尺二寸。设轼于前楣，轼高三尺二寸。建大旂于后楣，旂十二斿，其长曳地，其色黄，绘以交龙，素帛为缘，绘以日月，以弧张幅，以韣韬弧；杠以青锦绸之，注旄于竿首，系以铃。

国朝之辇有七，中兴后，唯存大辇、平辇、逍遥三辇而已。大辇又曰大安辇，其制：赤质，正方，高十五尺三寸，方十一尺六寸。四柱，平盘，上覆青绿锦。上有天轮三层，外施金涂银博山八十一。内有圆镜，金涂银顶龙一，四面行龙十六，火珠四。轮衣以青，坠以金铃，顶有青罗十字分垂四角，曰络带。四角出龙首，衔牦牛五色尾，曰旒绶。四面拱斗，外施方镜，九柱围以朱阑，中设御坐、曲几、屏风、锦褥。下举以长竿四，攒竹筋胶丹漆之，竿为龙首。平盘下，四围结红丝网。辇官服色：武弁，黄缬对凤袍，黄绢勒帛，紫生色袒带，紫绢行縢。

芳亭辇，黑质，顶如幕屋，绯罗衣，裙襕、络带皆绣云凤。两面朱绿窗花版，外施红丝网绸，金铜坋锘，前后垂帘，下设牙床、勾阑。长竿四，银龙头，银饰梯，行马。主辇一百二十人。政和之制，帝以红罗绣鹅为额，内设御坐，长竿饰以金涂铜螭首，横竿二。

凤辇，赤质，顶轮下有二柱，绯罗轮衣，络带、门帘皆绣云凤。顶有金凤一，两壁刻画龟文、金凤翅。前有轼匮、香炉、香宝、结带，下有勾阑二重，内设红锦褥。长竿二，银饰梯，行马。主辇八十人。法驾卤簿，不设凤辇。

逍遥辇，以棕榈为屋，赤质，金涂银装，朱漆扶版二，云版一，长竿二，饰以金涂银龙头。常行幸所御。又鱼钩，坋锘，梅红缘。辇官十二人，春夏服绯罗衫，秋冬服白师子锦袄。东封，别造辟尘逍遥辇，加窗隔，黄缯为里，赐名省方逍遥辇。中兴之制，赤质，金涂四柱，棕屋上有走脊金龙四，中起火珠凸顶，四面不设窗障，中有御踏子，制甚简素。祗应人员服帽子、宜男方胜缬衫。

平辇，又名平头辇，亦曰太平辇，饰如逍遥辇而无屋。辇官十二人，服同逍遥辇。常行幸所御。东封，别造升山天平辇，施机关，赐名曰登封辇。中兴之制，赤质，正方，形如一朱龙椅而加长竿二，饰如逍遥辇而不施棕屋，制尤简素，止施画云版而已。

又有七宝辇，隆兴二年，为德寿宫所制也。高五十一寸，阔二十七寸，深三十六寸。比附大辇、平辇制度为之。上施顶轮、耀叶、角龙、顶龙、滴子、铎子、结穗球。下施梅红丝裙网，加缀七宝，中设香木御坐，引手为转身龙，告背为龙首，告桦子织以红黄藤。异以长竿二，竿为螭首，金涂银饰焉。初，有司言："东都旧制，辇饰以玉，裙网用七宝，而滴子用真珠。"帝曰："上皇意不然，止欲简素。"遂以涂金易玉，梅红丝结裙网，间缀七宝，而象牙易真珠。既而上皇却不受，每至大内，多乘马，而有行幸，则用肩舆。自是，重华、寿康两宫并不别造。

小舆，赤质，顶轮下施曲柄如盖，绯绣轮衣、络带，制如凤辇而小。下有勾阑，牙床，绣沥水。中设方床，绣绯罗衣，锦褥。上有小案、坐床，皆绣衣。踏床绯衣。前后长竿二，银饰梯，行马。奉舆二十四人。中兴后，去其轮盖，方四十九寸，高三十一寸。舆上周以勾阑，施翟羽、玉照子，中为方床三级。上设御坐、曲几、踏子，曲柄绯罗绣盖，舆下红丝结五色花裙网。异以长竿二，竿为螭首。宫殿从容所乘，设卤簿则陈之。

腰舆，前后长竿各二，金铜螭头，绯绣凤裙襕，上施锦褥，别设小床，绯绣花龙衣。奉舆十六人。中兴制，赤质，方形，四面曲阑，下结绣裙网。制如小舆，惟无翟尾、玉照子、三级床、曲柄盖，而上设方御床、曲几，舁竿无螭首，用亦同小舆。

耕根车制，青质，盖三层，余如五辂之副。驾六青马，驾士四十人。亲祠具大驾、法驾卤簿，并列于仗内；若耕籍则乘之。国朝之车，自耕根而下，凡十有五。南渡所存，惟耕根车一而已，其制度并同，惟驾士七十五人。

进贤车，古安车也。太祖乾德元年改赤质，两壁纱窗，擎耳，虚匮，一辕，绯幰衣，络带、门帘皆绣凤，红丝网。中设朱漆床、香案，紫绫案衣，绯缯裹挽索，朱漆行马。凡车皆有挽索、行马。驾四马，驾士二十四人。

明远车，古四望车也，驾以牛。太祖乾德元年改，仍旧四马。赤质，制如屋，重楣勾阑，上有金龙，四角垂铜铎，上层四面垂帘，下层周以花版，三辕。驾士四十人，服绣对凤。

羊车，古辇车也，亦为画轮车，驾以牛。隋驾以果下马，今亦驾以二小马。赤质，两壁画龟文、金凤翅，绯幰衣、络带、门帘皆绣瑞羊。童子十八人。

指南车，一曰司南车。赤质，两箱画青龙、白虎，四面画花鸟，重台，勾阑，镂拱，四角垂香囊。上有仙人，车虽转而手常南指。一辕，凤首，驾四马。驾士旧十八人，太宗雍熙四年，增为三十人。仁宗天圣五年，工部郎中燕肃始造指南车，肃上奏曰：

黄帝与蚩尤战于涿鹿之野，蚩尤起大雾，军士不知所向，帝遂作指南车。周成王时，越裳氏重译来献，使者惑失道，周公赐轩车以指南。其后，法俱亡。汉张衡、魏马钧继作之，属世乱离，其器不存。宋武帝平长安，尝为此车，而制不精。祖冲之亦复造之。后魏太武帝使郭善明造，弥年不就，命扶风马岳造，垂成而为善明鸩死，其法遂绝。唐元和中，典作官金公立以其车及记里鼓上之，宪宗阅于麟德殿，以备法驾，历五代至国朝，不闻得其制者，今创意成之。

其法：用独辕车，车箱外笼上有重构，立木仙人于上，引臂南指。用大小轮九，合齿一百二十。足轮二，高六尺，围一丈八尺。附足立子轮二，径二尺四寸，围七尺二寸，出齿各二十四，齿间相去三寸。辕端横木下立小轮二，其径三寸，铁轴贯之。左小平轮一，其径一尺二寸，出齿十二；右小平轮一，其径一尺二寸，出齿十二。中心大平轮一，其径四尺八寸，围一丈四尺四寸，出齿四十八，齿间相去三寸。中立贯心轴一，高八尺，径三寸。

上刻木为仙人，其车行，木人指南。若折而东，推辕右旋，附右足子轮顺转十二齿，击右小平轮一匝，触中心大平轮左旋四分之一，转十二齿，车东行，木人交而南指。若折而西，推辕左旋，附左足子轮随轮顺转十二齿，击左小平轮一匝，触中心大平轮右转四分之一，转十二齿，车正西行，木人交而南指。若欲北行，或东，或西，转亦如之。诏以其法下有司制之。

大观元年，内侍省吴德仁又献指南车、记里鼓车之制，二车成，其年宗祀大礼始用之。其指南车身一丈一尺一寸五分，阔九尺五寸，深一丈九寸，车轮直径五尺七寸，车辕一丈五寸。车箱上下为两层，中设屏风，上安仙人一执仗，左右龟鹤各一，童子四各执缨立四角，上设关戾，卧轮十三，各径一尺八寸五分，围五尺五寸五分，出齿三十二，齿间相去一寸八分。中心轮轴随屏风贯下，下有轮一十三，中至大平轮。其轮径三尺八寸，围一丈一尺四寸，出齿一百，齿间相去一寸二分五厘，通上左右起落。二小平轮，各有铁坠子一，皆径一尺一寸，围三尺三寸，出齿一十七，齿间相去一寸九分。又左右附轮各一，径一尺五寸五分，围四尺六寸五分，出齿二十四，齿间相去二寸一分。左右叠轮各二，下轮各径二尺一寸，围六尺三寸，出齿三十二，齿间相去二寸一分；上轮各径一尺二寸，围三尺六寸，出齿三十二，齿间相去一寸一分。左右车脚上各立轮一，径二尺二寸，围六尺六寸，出齿三十二，齿间相去二寸二分五厘。左右后辕各小轮一，无齿，系竹簧并索在左右轴上，遇右转使右辕小轮触落右轮，若左转使左辕小轮触落左轮。行则仙童交而指南。车驾赤马二，铜面，插羽，鞶缨，攀胸铃拂，绯绢屉，锦包尾。

记里鼓车，一名大章车。赤质，四面画花鸟，重台，勾阑，镂拱。行一里，则上层木人击鼓；十里，则次层木人击镯。一辕，凤首，驾四马。驾士旧十八人，太宗雍熙四年，增为三十人。

仁宗天圣五年，内侍卢道隆上记里鼓车之制："独辕双轮，箱上为两重，各刻木为人，执木槌。足轮各径六尺，围一丈八尺。足轮一周，而行地三步。以古法六尺为步，三百步为里，用较今法五尺为步，三百六十步为里。立轮一，附于左足，径一尺三寸八分，围四尺一寸四分，出齿十八，齿间相去二寸三分。下平轮一，其径四尺一寸四分，围一丈二尺四寸二分，出齿五十四，齿间相去与附立轮同。立贯心轴一，其上设铜旋风轮一，出齿三，齿间相去一寸二分。中立平轮一，其径四尺，围一丈二尺，出齿百，齿间相去与旋风等。次安小平轮一，其径三寸少半寸，围一尺，出齿十，齿间相去一寸半。上平轮一，其径三尺少半尺，围一丈，出齿百，齿间相去与小平轮同。其中平轮转一周，车行一里，下一层木人击鼓；上平轮转一周，车行十里，上一层木人击镯。凡用大小轮八，合二百八十五齿，递相钩锁，犬牙相制，周而复始。"诏以其法下有司制之。

大观之制，车箱上下为两层，上安木人二，身各手执木槌。轮轴共四。内左壁车脚上立轮一，安在车箱内，径二尺二寸五分，围六尺七寸五分，二十齿，齿间相去三寸三分五厘。又平轮一，径四尺六寸五分，围一丈三尺九寸五分，出齿六十，齿间相去二寸四分。上大平轮一，通轴贯上，径三尺八寸，围一丈一尺，出齿一百，齿间相去一寸二分。立轴一，径二寸二分，围六寸六分，出齿三，齿间相去二寸二分。外大平轮轴上有铁拨子二。又木横轴上关戾、拨子各一。其车脚转一百遭，通轮轴转周，木人各一击钲、鼓。

白鹭车，隋所制也，一名鼓吹车。赤质，周施花版，上有朱柱，贯五轮相重，轮衣以绯，皂顶及绯络带，并绣飞鹭。柱杪刻木为鹭，衔鹅毛筒，红绶带。一辕。驾四马，驾士十八人。

鸾旗车，汉制，为前驱。赤质，曲壁，一辕。上载赤旗，绣鸾鸟。驾四马，驾士十八人。

崇德车，本秦辟恶车也。上有桃弧棘矢，所以禳却不祥。太祖乾德元年，改赤质，周施花版，四角刻辟恶兽，中载黄旗，亦绣此兽。太卜署令一人，在车中执旗。驾四马，驾士十八人。政和之制，建黄罗绣崇德旗一，彩画刻木獬豸四。宣和元年，礼制局言："崇德车载太卜令一员，画辟恶兽于旗。《记》曰'前巫而后史'，《传》曰'桃弧棘矢，以供御王事'。请以巫易太卜，弧矢易辟恶兽。"从之。

皮轩车，汉前驱车也。冒以虎皮为轩，取《曲礼》"前有士师，则载虎皮"之义，赤质，曲壁，上有柱，贯五轮相重，画虎文。驾四马，驾士十八人。政和之制，用漆柱，贯朱漆皮轩五。

黄钺车，汉制，乘舆建之，在大驾后。晋卤簿有黄钺车。唐初无之，贞观后始加。赤质，曲壁，中设金钺一，锦囊绸杠。左武卫队正一人，在车中执钺。驾两马，驾士十五人。

豹尾车，古者军正建豹尾。汉制，最后车一乘垂豹尾，豹尾以前即同禁中。唐贞观后，始加此车于卤簿内，制同黄钺车。上戴朱漆竿，首缀豹尾，右武卫队正一人执之。驾两马，驾士十五人。

属车，一曰副车，一曰贰车，一曰左车。秦制，大驾属车八十一乘，法驾三十六乘。汉法驾用三十一乘，小驾用十二乘。隋制，大驾三十六，法驾十二，小驾不用。唐大驾唯用十二乘，宋因之。黑质，两箱幨装，前有曲阑，金铜饰，上施紫通幰，络带、门帘皆绣云鹤，紫丝网忿错。每乘驾三牛，驾士十人。

五车。徽宗宣和元年，礼制局言："旧卤簿记有白鹭、鸾旗、皮轩三车，其制非古。按《曲礼》曰：'前有水则载青旌，前有尘埃则载鸣鸢，前有车骑则载飞鸿，前有士师则载虎皮，前有挚兽则载貔貅。'万乘一出，五车必载，所以警众也。青旌、鸣鸢、飞鸿、貔貅乃以白鹭、鸾旗杂陈其间，未为合礼。今欲改五车相次于中道，继之以崇德车，于是为备。"青旌车，赤质，曲壁，中载青旌，以绛帛为之，书青鸟于其上。鸣鸢车，赤质，曲壁，中载鸣鸢旌，以绛帛为之，画鸣鸢于其上。飞鸿车，赤质，曲壁，中载飞鸿旌，以绛帛为之，画飞鸿于其上。虎皮车，赤质，曲壁，中载虎皮旌，以绛帛为之，缘以赤，画虎皮于上。貔貅车，赤质，曲壁，旌以绛帛为之，缘以赤，画貔貅于上。其辕皆一。

凉车，赤质，金涂银装，龙凤五采明金，织以红黄藤，油壁，绯丝缘龙头，梅红罗褥，银螭头，穗球，云朵踏头，莲花坐，雁钩，火珠，门沓，錭铍，频伽，大小镜，驾以橐驼。省方在道及校猎回则乘之。

相风乌舆，上载长竿，竿杪刻木为乌，垂鹅毛筒，红绶带，下承以小盘，周以绯裙，绣乌形。舆士四人。

行漏舆，隋大业行漏车也。制同钟、鼓楼而大，设刻漏如称衡。首垂铜钵，末有铜象，漆匦贮水，渴乌注水入钵中。长竿四，舆士六十人。

十二神舆，赤质，四门旁刻十二辰神，绯绣轮衣、络带。舆士十二人。

交龙钲、鼓舆各一，皆刻木为二青龙相交，下有木台、长竿，一挂画鼓，一挂金钲，上皆有绯盖，亦绣交龙。舆士各二人。中兴后，相风、行漏、十二神、钲鼓四舆，悉省去。

钟、鼓楼舆各一，本隋大驾钟车、鼓车也。皆刻木为屋，中置钟、鼓，下施木台、长竿，如钲、鼓舆。舆士各二十四人。

行漏舆、十二神舆、交龙钲鼓舆、钟鼓楼，旧礼无文，皆太祖开宝定礼所增。

卷一百五十　　志第一百三

舆服二

后妃车舆　　皇太子王公以下车舆　　伞扇鞍勒　　门戟旌节。

皇后之车，唐制六等：一曰重翟，二曰厌翟，三曰翟车，四曰安车，五曰四望车，六曰金根车。宋因之，初用厌翟车。其制：箱上有平盘，四角曲阑，两壁纱窗，龟文，金凤翅，前有虚匮，香炉、香宝，绯绣幰衣、络带、门帘，三辕凤首，画梯，推竿，行马，绯缯裹索。驾六马，金铜面，缨锵，铃攀，绯屉。驾士三十人，武弁、绯绣衫。常出止用正、副金涂银装白藤舆各一，上覆棕榈屋，饰以凤，辇官服同乘舆平头辇之制。

徽宗政和三年，议礼局上皇后车舆之制：重翟车，青质，金饰诸末，间以五采。轮金根朱牙。其箱饰以重翟羽，四面施云凤、孔雀，刻镂龟文。顶轮上施金立凤、耀叶。青罗幰衣一，紫罗画云龙络带二，青丝络网二，紫罗画帷一，青罗画云龙夹幔二。车内设红褥及坐，横辕上施立凤八。香匮设香炉、香宝，香匮饰以螭首。前后施帘，长辕三，饰以凤头，青缯裹索。驾青马六，马有铜面，插翟羽，鞶缨，攀胸铃拂，青屉，青包尾。若受册、谒景灵宫，则乘之。

厌翟车，赤质，其箱饰以次翟羽；紫幰衣，红丝络网，红罗画络带，夹幔锦帷，余如重翟车。驾赤骝四。若亲蚕则乘之。翟车，黄质，其车侧饰以翟羽；黄幰衣，黄丝络网，锦帷络带，余如重翟车。驾黄骝四。安车，赤质，金饰，间以五采，刻镂龟文；紫幰衣，锦帷络带，红丝络网，前后施帘；车内设褥及坐，长辕三，饰以凤头，驾赤骝四。凡驾马鞶缨之饰，并从车质。四望车，朱质，青幰衣，余同安车。驾牛三。金根车，朱质，紫幰衣，余同安车。驾牛三。自重翟车以下，备卤簿则皆以次陈设。藤舆，金涂银装。上覆棕榈屋，以龙饰，常行之仪则用之。

龙肩舆。一名棕檐子，一名龙檐子，异以二竿，故名檐子，南渡后所制也。东都，皇后备厌翟车，常乘则白藤舆。中兴，以太后用龙舆，后惟用檐子，示有所尊也。其制：方质，棕顶，施走脊龙四，走脊云子六，朱漆红黄藤织百花龙为障；绯门帘、看窗帘，朱漆藤坐椅，踏子，红罗裀褥，软屏，夹幔。

隆兴二年正月，皇后受册毕，择日朝谒，有司具仪物，乞乘肩舆龙檐。制造所受给使臣尹肇发，纳中宫金涂银叶棕榈、朱漆红黄藤织百花龙柈子、碌牙压贴、镂金雕木腰花泥版龙檐子一乘。金涂银顶子，龙头六，走脊龙四，走脊云子六，贴络龙四十，贴络云子三十，铎子八，插拴坐龙四，环索全，钣遮那一副，檀香龟背红纱窗四扇，红缘红篸门帘一，沥水全，看窗帘二，朱漆藤面明金雕木龙头椅一，脚踏一，红线缘结一，朱漆小几二，红罗褥全，红罗缘肩膊席褥十六，系带全，金涂银铁胎杆鞠四，鱼钩四，火踏一，朱漆梯盘全，朱漆衣匦二，金涂铜手把叶段拓叉二，金涂铜叉头拖泥行马二，金涂银叶杠子二，红茸匦绦四，红罗夹软屏风、夹幔各一，衬脚席褥、靠背坐褥及踏床各一，红绢十字帕一，竿袋四，鱼钩帕二，红油十字帕、竿袋、鱼钩帕数同上，兜地帕一，围裙一。

大安辇。真宗咸平中，为万安太后制舆，上设行龙六。乾兴元年，诏皇太后御坐檐子，名大安辇。神宗嗣位，尊皇太后为太皇太后，其行幸依治平元年之制。而皇太后、皇后常出，止用副金涂银装白藤舆，覆以棕榈屋，饰以凤，辇官服同乘舆平头辇之制。于是诏太皇太后出入所乘，如万安太后舆，上设行龙六，制饰率有加。金铜车，礼典不载，则如旧制。

哲宗绍圣元年，议造皇太后大安辇，中书具治平、元丰中皇太后舆服仪卫以呈，曰："元丰中，先帝手诏，皇太后行幸仪卫，并依慈圣光献太皇太后日例，而宣仁谦恭，不乘大安辇。"哲宗曰："今皇太后独尊，非宣仁比。"遂诏行幸进大安辇，已而皇太后嫌避，竟不制造。

龙舆。皇太后所乘也。东都，皇太后多垂帘，皆抑损远嫌，不肯乘辇，止用舆而已。哲宗既嗣位，尊朱贵妃为皇太妃，出入许乘檐子。有司请用牙鱼凤为饰，伞用青。元祐三年，太皇太后诏有司寻绎典故，于是檐子饰以龙凤，伞用红。九年，君臣议改檐子为舆，上设行龙五，出入由宣德东偏门。哲宗以皇太妃谕旨，令太妃坐六龙舆出入，进黄伞，由宣德正门。于是三省议，皇太妃坐龙凤舆，伞红黄兼用，从皇太后出入，止用红。绍圣元年，礼部太常寺言："近奉旨：'皇太后欲令皇太妃坐六龙舆，朕常思皇太妃尊奉之礼，既不敢拟隆于皇太后，又不可不逮于中宫。'今参以人情，再加详定，伏请供进龙凤舆。"从之。

及徽宗即位，尊太妃为圣瑞皇太妃，诏仪物除六龙舆不用，仍进龙凤舆外，余悉增崇焉。绍兴奉迎皇太后，诏造龙舆，其制：朱质，正方，金涂银饰，四竿，竿头螭首，赭窗红帘，上覆以棕，加走龙六，内设黄花罗帐、裀褥、朱椅、踏子、红罗黄罗绣巾二。

皇太子车辂之制。唐制三等：一曰金辂，二曰轺车，三曰四望车。太宗至道初，真宗为皇太子，谒太庙，乘金辂，常朝则乘马。真宗天禧中，仁宗为皇太子，亦同此制。徽宗政和三年，议礼局上皇太子车辂之制：金辂，赤质，金饰诸末。重较，箱画苣文鸟兽；黄屋，伏鹿轼，龙辀，金凤一在轼前。设障尘。朱盖黄里。轮画朱牙。左建旂，九旒，右载闟戟。旂首金龙头，衔结绶及铃绶。八鸾在衡，二铃在轼。驾赤骝四，金镂方钅+丂，插翟尾，镂钖，鏧缨九就。从祀、谒太庙、纳妃则供之。轺车，金饰诸末，紫油通幰，紫油缦朱里，驾马一。四望车，金饰诸末，青油通幰，青油缦朱里，朱丝络网，驾马一。轺车、四望车以次列于卤簿仗内。皇太子妃，则有厌翟车，驾以三马。出入亦乘檐子，中兴简俭，惟用藤檐子，顶梁、舁杠皆饰以玄漆，四角刻兽形，素藤织花为面，如政和之制。

亲王群臣车辂之制。唐制有四：一曰象辂，亲王及一品乘之；二曰革辂，二品、三品乘之；三曰木辂，四品乘之；四曰轺车，五品乘之。宋亲王、一品、二品奉使及葬，并给革辂，制国同乘舆之副，惟改龙饰为螭。六引内三品以上乘革车，赤质，制如进贤车，无案，驾四赤马，驾士二十五人。其绯幰衣、络带、旗戟、绸杠绣文：司徒以瑞马，京牧以隼，御史大夫以獬豸，兵部尚书以虎，太常卿以凤，驾士衣亦同。县令乘轺车，黑质，两壁纱窗，一辕，金铜饰，紫幰衣、络带并绣雉衔瑞草，驾二马，驾士十八人。百官常朝皆乘马。

真宗大中祥符四年，知枢密院事王钦若言："王公车辂上并用龙装，乞下有司检定制度。"诏下太常礼院详定。

本院言："按《卤簿令》，王公已下，象辂以象饰诸末，朱班轮，八鸾在衡，左建旂画龙，一升一降，右载闟戟。革辂以革饰诸末，左建旗，余同象辂。木辂以漆饰之，余同革辂。轺车，曲壁，青幰碧里。诸辂皆朱质，朱盖，朱旂，一品九旒，二品八旒，三品七旒，四品六旒，其鏧缨如之。"

神宗元丰三年，详定礼文所言："《卤簿记》公卿奉引：第一开封令，乘轺车；次开封牧，隼旗；次太常卿，凤旗；次司徒，瑞马旗；次御史大夫，獬豸旗；次兵部尚书，虎旗，而乘革车。考之非是。谨按《周礼》巾车职曰：'孤乘夏篆，卿乘夏缦，大夫乘墨车。'司常职曰：'孤、卿建旃，大夫建物。'请公卿已下奉引，先开封令，乘墨车建物；次开封牧，乘墨车建物；太常卿、御史大夫、兵部尚书乘夏缦，司徒乘夏篆，并建旃。所以参备九旗之制。"诏从之。

政和议礼局上王公以下车制：象辂以象饰诸末，朱班轮，八鸾在衡，左建旗，右载闟戟，驾马四，亲王昏则用之。革车，赤质，载闟戟，绯罗绣轮衣、帘、旗、韬杠、络带，驾赤马四。大驾卤簿六引，法驾卤簿三引，开封牧第乘之。王公、一品、二品、三品备卤簿，皆供革车一乘。其轮衣、帘、旗、韬杠、络带绣文：开封牧以隼，大司乐以凤，少傅以瑞马，御史大夫以獬豸，兵部尚书以虎。轺车，黑质，紫幰衣、络带并绣雉，施红锦帘，香炉、香宝结带，驾赤马二。卤簿内第一引官县令乘之，驾马皆有铜面，插羽，鏧缨，攀胸铃拂，绯绢屉，红锦包尾。

六年，礼制局言：

大观中，用大司乐代太常卿为第三引，盖以大司乐掌鼓吹之事。夫礼乐之官，宗伯为长，宜改用礼部尚书。又第四引司徒，即用地官之长，自汉以来为三公。朝廷近改司徒为少傅，然六引司徒乃地官之事，宜改用户部尚书。其府佐依六引诸卿例，改为僚佐，其卤簿仪仗，依兵部尚书例给。

古之诸侯出封于外，同姓锡以金辂，异姓锡以象辂。盖出而制节，则远君而其道伸；入而谨度，则近君而其势屈。故其入觐，则不敢乘金辂、象辂，以同于王，当自降而乘墨车也。若公侯采地在天子县内者，则为都鄙之长，《大司马》所谓"师都建旃"是矣。今开封牧列职于朝，与御史大夫同谓之卿可也，其在《周官》，则卿大夫之职是矣；又无金辂、象辂之锡，而乃比于古之诸侯入觐而乘墨车，可乎？

成周上公九命，车旗以九为节，故建常九旒；侯、伯七命，车旗以七为节，故建常七旒；子、男五命，车旗以五为节，故建常五旒；其卿六命，其大夫四命，车旗亦各视其命之数。则卿之建旃当用六旒，大夫建物当用四旒，至于三旒则上士所建也。其开封令，宜乘墨车而建物四旒；开封牧、御史大夫、户部兵部礼部尚书皆卿也，宜乘夏缦而建旃六旒。

其年，详定官蔡攸又言：

六引，开封令乘轺车居前，开封牧、大司乐、司徒、御史大夫、兵部尚书乘革车次之。开封牧建绣隼旗,太常卿建绣凤旗,司徒绣瑞马旗,御史大夫绣以獬豸,兵部尚书绣以虎,皆副之以阘戟。其先后之序,所乘之车,所建之旗,揆古则不合,验今则有戾。且大驾之出,自汉光武时始有三引:先河南尹,次执金吾,次洛阳令,先尊而后卑也。后魏亦三引:先平城令,次司隶校尉,次丞相,先卑而后尊也。唐兼用六引,五代减为三,后周复增为六。本朝因之,以开封令居前,终以兵部尚书。然以前为尊,则大司乐不当次令、牧;以后为尊,则兵部尚书不当继御史大夫,此先后之序未正也。

辂车非县令宜驾,革车非公卿宜用,是所乘之车未称也。凤马之绣,无所经见,阘戟之设,尤为讹谬,是所建之旗未宜也。司徒,三公论道之官,车徒非其所任,户部主之可也。奉常掌礼,司乐典乐,皆专于一事,礼乐之容,非其所兼,礼部总之宜也。请改司徒用户部尚书,改大司乐用礼部尚书,其僚佐仪制视兵部尚书。御史大夫,位亚三少,秩从二品,又尊于六尚书。其行,宜以兵部次令、牧,礼部、户部又次之,终以御史大夫,则先后之序正矣。

夏篆者,篆其车而五采画之也,夏缦则五采画之而不篆,墨车则漆之而不画。孤宜乘夏篆,象其文质之备;卿宜乘夏缦,象其文采而不足于篆。开封令秩比大夫,开封牧古之诸侯,其乘皆宜墨车。其驾之马,令以三,牧以四,御史大夫以六,尚书、卿之任也,其驾亦四,则所乘之车称矣。《司常》曰:"孤、卿建旃,大夫、士建物,师都建旗。"盖通帛为旃,其色纯赤;杂帛为物,其色赤白;物为三斿,旃亦如之。开封令秩视大夫,故宜建以物;开封牧率王畿之众而卫上,师都之任也,故宜建以旗;尚书、御史大夫,古之卿也,故宜建以旃。

从之。

七年,礼制局言:"昨讨论大驾六引,开封牧乘墨车,兵部尚书、礼部尚书、户部尚书、御史大夫乘夏缦。已经冬祀陈设讫,所有驾士衣服,尚循旧六引之制,宜行改正,况天子五辂,驾士之服,各随其辂之色,则六引驾士之服,当亦如之。请墨车驾士衣皂,夏缦驾士皂质绣五色团花,于礼为称。"从之。

肩舆。神宗优待宗室老疾不能骑者,出入听肩舆。熙宁五年,太宗正司请宗室以病肩舆者,踏引、笼烛不得过两对。中兴后,人臣无乘车之制,从祀则以马,常朝则以轿。旧制,舆檐有禁。中兴东征西伐,以道路阻险,诏许百官乘轿,王公以下通乘之。其制:正方,饰有黄、黑二等,凸盖无梁,以簟席为障,左右设牖,前施帘,舁以长竿二,名曰竹轿子,亦曰竹舆。

内外命妇之车。唐制有厌翟车、翟车、安车、白铜饰犊车,而幨网有降差。宋制,银装白藤舆檐,内命妇皇亲所乘;白藤舆檐、金铜犊车、漆犊车,或覆以毡,或覆以棕,内外命妇通乘。

伞。人臣通用,以青绢为之。宋初,京城内独亲王得用。太宗太平兴国中,宰相、枢密使始用之。其后,近臣及内命妇出入皆用。真宗大中祥符五年,诏除宗室外,其余悉禁。明年,复许中书、枢密院用焉。京城外,则庶官通用。神宗熙宁之制,非品官禁用青盖,京城惟执政官及宗室许用。哲宗绍圣二年,诏在京官不得用凉扇。徽宗政和三年,以燕、越二王出入,百官不避,乃赐三接青罗伞一,紫罗大掌扇二,涂金花鞍鞯,茶燎等物皆用涂金,遂为故事。八年,诏民庶享神,不得造红黄伞、扇及彩绘,以为祀神之物。宣和初,又诏诸路奉天神,许用红黄伞、扇,余祠庙并禁。其画壁、塑像仪仗用龙饰者易之。建炎中,初驻跸杭州,执政张澄言:"群臣扈从兵间,权免张盖,俟回銮仍旧。"诏前宰相到阙,许张盖。

鞍勒之制。宋以赐群臣,其非赐者皆有令式,而不敢逾越焉。金涂银闹装牡丹花校具八十两,紫罗绣宝相花雉子方鞯,油画鞍,白银衔镫,以赐宰相,亲王,枢密使带使相,曾任宰相观文殿大学士宫观使,殿前马军步军都指挥使。金涂银闹装太平花校具七十两,紫罗绣瑞草方鞯,油画鞍,陷银衔镫,以赐使相,枢密副使,参知政事,宣徽使,节度使,宫观使,殿前马军步军副都指挥使、都虞候。四厢都指挥使,鞯以紫罗剜花。若出使,则加红牦牛缨,金涂银䥐。使相在外,加红罗织成鞍复。步军都虞候以上赐带甲马者,加红皮鞒鞯校具七十两,青毡圆鞯,陷银衔镫。金涂银闹装麻叶校具五十两,紫罗剜花方鞯,油画鞍,陷银衔镫,以赐三司使,观文殿学士,资政殿大学士,翰林学士承旨,翰林学士,资政殿、端明殿、翰林侍读侍讲,龙图、天章、宝文阁、枢密直学士,御史中丞,两使留后,观察、防御使,军厢都指挥使。军厢都指挥使初出授团练使、刺史者,赐亦同。曾任中书、枢密院后为学士、中丞者,七十两,鞯以绣瑞草。见任中书、枢密院、宣徽使、使相、节度使出使,曾任中书、枢密院充诸路都总管、安抚使,朝辞日,赐亦如之。金涂银三环宝相花校具二十五两,紫罗圆鞯,乌漆鞍,衔镫,以赐团练使、刺史。金涂银促结洛州花校具三十两,紫罗圆鞯,以赐诸路承受。白成十五两,以赐诸王宫僚、翰林侍读侍书;金涂银宝相花校具四十两,蛮云校具十五两,以赐诸班押班、殿前指挥使以上;白成油面校具十二两,以赐诸班,皆蓝黄绅圆鞯。

其皇亲婚嫁,皆给蓝黄罗绣方鞯,金涂银花鞍,金涂银校具自八十两至十二两,有六等。宗室女婿系亲,皆赐紫罗绣瑞草方鞯,校具自七十两至五十两,有二等。其赐契丹使,则金涂银太平花校具七十两,紫罗绣宝相花雉子方鞯;副使则槲叶校具五十两,紫罗绣合子地圆鞯,皆油画鞍。射弓则使银装,副使银棱。赐诸蕃进奉大使,则如刺史而用青绿鞯;副使则如宫僚。凡京官三品以上外任者,皆许马以缨饰。

太宗太平兴国七年,翰林学士承旨李昉言:"准诏详定车服制度,请升朝官许乘银装绦子鞍勒,六品以下不得闹装，其鞯皆不得刺绣、金皮饰。余官及工商庶人，许并乘乌漆素鞍，不得用狨毛暖坐。其蓝黄绦子，非宫禁不得乘。士庶、军校乘白皮鞯勒者，悉禁断。"从之。八年，诏京朝知录事参军及知县者，所乘马并不得饰缨，后复许带缨。端拱二年，诏内职诸班押班、禁军指挥使、厢军都虞候，并许乘银装绦子鞍勒。京官任知州、通判，许依六品朝官。真宗咸平二年，西京留台上言："留府群官、使臣乘马，不得带缨。"从之。大中祥符五年，诏绣鞯及闹装校具，除宗室及恩赐外，悉禁。天禧元年，令两省谏舍、宗室将军以上，许乘狨毛暖坐，余悉禁。凡京官，三班已上外任者，皆许马以缨饰。

仁宗景祐三年，诏官非五品以上，毋得乘闹装银鞍，其乘金涂银装绦子促结鞍䪆者，自文武升朝官及内职、禁军指挥使、诸班押班、厢军都虞候、防团副使以上，听之；仍毋得以蓝黄为绦、白皮为鞯䪆。民庶止许以毡皮绝纳为鞯。京官为通判以上职任者，许权依升朝例。神宗熙宁间，文武升朝官、禁军都指挥使以上，涂金银装盘绦促结；五品以上，复许银鞍闹装。若开花绣鞯，惟恩赐乃得乘。余官及民庶，仍禁银饰。旧制，诸王视宰相，用绣鞍鞯。政和三年，始赐金花鞍鞯，诸王不施狨坐。宣和末始赐，中兴因之。乾道九年，重修仪制。权侍郎、太中大夫以上及学士、待制，经恩赐，许乘狨坐。三衙、节度使曾任执政官，亦如之。先是，建炎初，驻跸杭州，诏扈从臣僚合设狨坐者，权宜撤去。故事，宰执、侍从自八月朔搭坐。绍兴元年，以江、浙地燠，改为九月朔，著为例。乾道元年，乃诏三衙乘马，赐狨坐。

门戟。木为之而无刃，门设架而列之，谓之荣戟。天子宫殿门左右各十二，应天数也。宗庙门亦如之。国学、文宣王庙、武成王庙亦赐焉，惟武成王庙左右各八。臣下则诸州公门设焉，私门则府第恩赐者许之。太宗淳化二年，诏诸道州、府、军、监奏乞鼓角戟稍，如令文合赐，即下三司指挥。仁宗天圣四年，太常礼院言："准批状，详定知广安军范宗古奏，本军乞阶稍。检会令文，京兆河南太原府、大都督府、都护门十四戟，若中都督、上都护门十二戟，下都督、诸州门各十戟，并官给。所有军、监门不载，伏请不行。"神宗元丰之制，凡门列戟者，官司则开封、河南、应天、大名、大都督府皆十四，中都督皆十二，下都督皆十。品官恩赐者，正一品十六，二品以上十四。中兴仍旧制。

旌节。唐天宝中置，节度使受命日赐之，得以专制军事，行即建节，府树六纛。宋凡命节度使，有司给门旗二，龙、虎各一，旌一，节一，麾枪二，豹尾二。旗以红缯九幅，上设耀篦、铁钻、粲杠、绯韣。旌用涂金铜螭头，粲杠，绸以红缯，画白虎，顶设粲木盘，周用涂金饰。节亦用粲杠，饰以金涂铜叶，上设粲圆盘三层，以红绿装钉为旄，并绸以紫缯复囊，又加碧油绢袋。麾枪设粲木盘，绸以紫缯复囊，又加碧油绢袋。豹尾，制以赤黄布，画豹文，并粲杠。

神宗熙宁五年，诏新建节并移镇，并降敕太常寺排比旌节，下左右金吾街仗司、骐骥院，给执擎人员、鞍马。中兴因之。建炎三年，表韩世忠之旗曰"忠勇"。绍兴三年，表岳飞之旗曰"精忠"。孝宗诏以其藩邸旌节，迎置天章阁。淳熙中，光宗亦诏奉东宫旌节。其后，宁宗践祚，有司言安奉皇帝藩邸旌节，宜有推饰。今用朱漆青地金字牌二：其一题曰"太上皇帝藩邸旌节"，其一曰"今上皇帝藩邸旌节。"盖袭用元丰延安故事云。

卷一百五十一　　志第一百四

舆服三

天子之服　皇太子附　后妃之服　命妇附

天子之服，一曰大裘冕，二曰衮冕，三曰通天冠，绛纱袍，四曰履袍，五曰衫袍，六曰窄袍，天子祀享、朝会、亲耕及亲事、燕居之服也，七曰御阅服，天子之戎服也。中兴之后则有之。

大裘之制。神宗元丰四年，详定郊庙奉祀礼文所言："《周礼·司裘》'掌为大裘，以供王祀天之服'；《司服》'王祀昊天上帝，则服大裘而冕，祀五帝亦如之。享先王则衮冕'。而《礼记》云：'郊祭之日，王被衮以象天，戴冕璪十有二旒，则天数也。'王肃据《家语》，以为临燔柴，脱衮冕，著大裘。则是《礼记》被衮，与《周礼》大裘，郊祀并用二服，事不相戾，但服之有先后耳。是以《开宝通礼》：皇帝服衮冕出赴行宫，祀日，服衮冕至大次；质明，改服大裘而冕出次。盖衮冕盛服而文之备者，故于郊之前期被之，以至大次。既临燔柴，则脱衮冕服裘，以明天道至质，故被裘以体之。今仪注，车驾赴青城，服通天冠、绛纱袍。祀之日，乃服靴袍至大次，服衮冕临祭，非尚质之义。乞并依《开宝通礼》。"诏详定所参议。

又言："臣等详大裘之制，本以尚质，而后世反以尚文，故冕之饰大为不经。而礼书所载，上有垂旒加饰，又异'大裘不裼'之说。今参考诸说，大裘冕无旒，广八寸，长一尺六寸，前圜后方，前低寸二分，玄表朱里，以缯为之。玉笄以朱组为纮，玉瑱以玄纩垂之。为裘以黑羔皮，领袖以黑缯，纁裳朱纮而无章饰。佩白玉，玄组绶。革带，博二寸，玉钩䚢，以佩绂属之。素带，朱里，绛纯其外；上朱下绿。白纱中单，皂领，青襈、襈、裾。朱袜，赤舄，黑绚、繶、纯。乞下所属制造。其当暑奉祠之服，乞降梁陆玮议以黑缯为裘，及《唐舆服志》以黑羔皮为缘。"诏重详定。

光禄寺丞、集贤校理陆佃言："臣详冕服有六。《周官》弁师云'掌王之五冕'，则大裘与衮同冕。故《礼记》云'郊之日，王被衮以象天'。又曰'服之袭也，充，美也';'礼不盛,服不充,故大裘不裼'。此明王服大裘,以衮衣袭之也。先儒或谓周祀天地皆服大裘,而大裘之冕无旒,非是。盖古者裘不徒服,其上必皆有衣,故曰'缁衣羔裘','黄衣狐裘','素衣麑裘'。如郊祀徒服大裘,则是表裘以见天地。表裘不入公门,而乃欲以见天地,可乎?且先王之服,冬裘夏葛以适寒暑,未有能易之者也。郊祀天地,有裘无衮,则夏祀赤帝与至日祭地祇,亦将被裘乎?然则王者冬祀昊天上帝,中裘而表衮,明矣。至于夏祀天神地祇,则去裘服衮,以顺时序。《周官》曰'凡四时之祭祀,以宜服之',明夏不必衣裘也。或曰,祭天尚质,故徒服大裘,被衮则非尚质。臣以为尚质者,明有所尚而已,不皆用质也。今欲冬至禋祀昊天上帝,服裘被衮,其余祀天及祀地祇,并请服衮去裘,各以其宜服之。"

于是详定所言:"裘不可徒服。《礼记》曰'大裘不裼',则袭可知,所谓大裘之袭者,衮也,与衮同冕。伏请冬祀昊天与黑帝,皆服大裘,被以衮。其余非冬祀天及夏至祭地,则皆服衮。"

六年,尚书礼部言:"经有大裘而无其制,近世所为,惟梁、隋、唐为可考。请缘隋制,以黑羔皮为裘,黑缯为领袖及里、缘,袂广可运肘,长可蔽膝。按皇侃说,祭服之下有袍茧,袍茧之下有中衣。朝服,褐衣之下有裘,裘之下有中衣。然则今之亲郊,中单当在大裘之下,其袂之广狭,衣之长短,皆当如裘。伏乞改制。"于是神宗始服大裘,而加衮冕焉。

哲宗元祐元年,礼部言:"元丰所造大裘,虽用黑羔皮,乃作短袍样,袭于衮衣之下,仍与衮服同冕,未合典礼。"下礼部、太常寺共议。上官均、吴安诗、常安民、刘唐老、裘原、姚勔请依元丰新礼,丁隆请循祖宗故事,王恣请仿唐制,朱光庭、周秩请以玄衣袭裘。独礼部员外郎何洵直在元丰中尝预详定,以陆佃所议有可疑者八:

按《周礼·节服氏》"掌祭祀朝觐,衮冕六人,惟王之太常";"郊祀,裘冕二人"。既云衮冕,又云裘冕,是衮与裘各有冕。乃云裘与衮同冕,当以衮袭之。裘既无冕,又袭于衮,中裘而表衮,何以示裘衮之别哉?古人虽质,不应以裘为夏服,盖冬用大裘,当暑则以同色缯为之。《记》曰:"郊祭之日,王被衮以象天。"若谓裘上被衮,以被为袭,则《家语》亦有"被裘象天"之文。诸儒或言"临燔柴,脱衮冕,著大裘",或云"脱裘服衮",盖裘衮无同冕兼服之理。今乃以二服合为一,可乎?

且大裘,天子吉服之最上,若大圭、大路之比,是裘之在表者。《记》曰:"大裘不裼。"说者曰,无别衣以裼之,盖他服之袭褒,故表裘不入公门。事天以报本复始,故露质见素,不为表襮,而冕亦无旒,何必假他衣以藩饰之乎?凡裘上有衣谓之裼,裼上有衣谓之袭,袭者,裘上重二衣也。大裘本不裼,《郑志》乃云:"裘上有玄衣,与裘同色。"盖赵商之徒,附会为说,不与经合。袭之为义,本出于重沓,非一衣也。

古者斋祭异冠,斋服降祭服一等。祀昊天上帝、五帝,以裘冕祭,则衮冕斋。故郑氏云:"王斋服衮冕。"是衮冕者,祀天之斋服也。唐《开元》及《开宝礼》始以衮冕为斋服,裘冕为祭服,兼与张融"临燔柴脱 衮服裘"之义合。请从唐制,兼改制大裘,以黑缯为之。

佃复破其说曰:

夫大裘而冕,谓之裘冕,非大裘而冕,谓之衮冕。则裘冕必服衮,衮冕不必服裘。今特言裘冕者,主冬至言之。《周礼·司裘》:"掌为大裘,以供王祀天之服。"则祀地不服大裘,以夏日至,不可服裘故也。今谓大裘当暑,以同色缯为之,尤不经见。

兼裼袭,一衣而已,初无重沓之义。被裘而覆之则曰袭,袒而露裘之美则曰裼。所谓"大裘不裼",则非衮而何?《玉藻》曰:"礼不盛,服不充,故大裘不裼。"则明不裼而袭也,充,美也。郑氏谓大裘之上有玄衣,虽不知覆裘以衮,然尚知大裘不可徒服,必有玄衣以覆之。《玉藻》有尸袭之义。《周礼》裘冕注云:"裘冕者,从尸服也。"夫尸服大裘而袭,则王服大裘而袭可知。且裘不可以徒服,故被以衮,岂借衮以为饰哉?

今谓祭天用裘冕为斋服,衮冕为祭服,此乃袭先儒之谬误。后汉显宗初服日、月、星辰十二章,以祀天地。自魏以来,皆用衮服。则汉、魏祭天,尝服衮矣,虽无大裘,未能尽合于礼,固未尝有表裘而祭者也。且裘,内服也,与袍同。袍袭矣,而欲禅以祭天,以明示质,是欲袒衣以见上帝也。洵直复欲为大裘之裳,缥色而无章饰。夫裘安得有裳哉?请从先帝所志。

其后诏如洵直议,去黑羔皮而以黑缯制焉。

政和议礼局上:大裘,青表缥里,黑羔皮为领、褾、襈,朱裳,被以衮服。冬至祀昊天上帝服之,立冬祀黑帝、立冬后祭神州地祇亦如之。中兴之后,无有存者。

绍兴十三年,礼部侍郎王赏等言:"郊祀大礼,合依《礼经》,皇帝服大裘被衮行礼。据元丰详定郊庙礼文,何洵直议以黑缯创作大裘如衮,惟领袖用黑羔。乞如洵直议。"诏有司如祖宗旧制,以羔制之。礼部又言:"关西羊羔,系天生黑色。今有司涅白羔为之,不中礼制,不如权以缯代。又元祐中,有司欲为大裘,度用百羔。哲宗以为害物,遂用黑缯。请依太常所言。"从之。遂以衮袭裘,冕亦十二旒焉。

衮冕之制。宋初因五代之旧,天子之服有衮冕,广一尺二寸,长二尺四寸,前后十二旒,二纩,并贯真珠。又有翠旒十二,碧凤御之,在珠旒外。冕版以龙鳞锦表,上缀玉为七星,旁施琥珀瓶、犀瓶各二十四,周缀金丝网,钿以真珠、杂宝玉,加紫云白鹤锦里。四柱饰以七宝,红绫里。金饰玉簪导,红丝绦组带。亦谓之平天冠。衮服青色,日、月、星、山、龙、雉、虎蜼七章。红裙,藻、火、粉米、黼、黻五章。红蔽膝,升龙二并织成,间以云朵,饰以金钑花钿窠,装以真珠、琥珀、杂宝玉。红罗襦裙,绣五章，青褾、襈、裾。六采绶一，小绶三，结玉环三。素大带朱里，青罗四神带二，绣四神盘结。绶带饰并同衮服。白罗中单，青罗抹带，红罗勒帛。鹿卢玉具剑，玉镖首，镂白玉双佩，金饰贯真珠。金龙凤革带，红袜赤舄，金钑花，四神玉鼻。祭天地宗庙、朝太清宫、飨太清昭应宫景灵宫、受册尊号、元日受朝、册皇太子则服之。

太祖建隆元年，太常礼院言："准少府监牒，请具衮龙衣、绛纱袍、通天冠制度令式。衮冕，垂白珠十有二旒，以组为缨，色如其绶，黈纩充耳，玉簪导。玄衣纁裳，十二章：八章在衣，日、月、星辰、山、龙、华虫、火、宗彝；四章在裳，藻、粉米、黼、黻。衣褾领如上，为升龙，皆织就为之。山、龙以下，每章一行，重以为等，每行十二。白纱中单，黼领，青褾、襈、裾。蔽膝加龙、山、火三章。革带，玉钩鰈。大带，素带朱里，纰其外，上朱下绿，纽约用组。鹿卢玉具剑，大珠镖首，白玉双佩，玄组。双大绶六采，玄、黄、赤、白、缥、绿，纯玄质，长二丈四尺五寸，首广一尺。小双绶长二尺六寸，色同大绶，而首半之，间施三玉环。朱袜赤舄，加金饰。"诏可。

二年，太子詹事尹拙、工部尚书窦仪议："谨按《周礼》：'弁师掌王之五冕，皆玄冕朱里延纽，五采缫，十有二就，皆五采玉十有二，玉笄朱纮。诸侯之缫斿九就，珉玉三采，其余如王之事，缫斿皆就，玉瑱、玉笄。'疏云：'王不言玉瑱，于此言之者，王与诸侯互相见为义。是以王言玄冕、朱里延纽及朱纮，明诸侯亦有之。诸公言玉瑱，明王亦有之。'详此经、疏之文，则是本有充耳。今请令君臣衮冕以下并画充耳，以合正文。"从之。

乾德元年闰十二月，少府监杨格、少监王处讷等上新造皇帝冠冕。先是，郊祀冠冕，多饰以珠玉，帝以华而且重，故命改制之。

仁宗景祐二年，又以帝后及群臣冠服，多沿唐旧而循用之，久则有司寖为繁文，以失法度。诏入内内侍省、御药院与太常礼院详典故，造冠冕，蠲减珍华，务从简约，俾图以进。续诏通天冠、绛纱袍更不修制。由是改制衮冕。天版元阔一尺二寸，长二尺四寸，今制广八寸，长一尺六寸。减翠旒并凤子，前后二十四珠旒并合典制。天板顶上，元织成龙鳞锦为表，紫云白鹤锦为里，今制青罗为表，采画出龙鳞，红罗为里，采画出紫云白鹤。所有犀瓶、琥珀瓶各二十四，今减不用。金丝结网子上，旧有金丝结龙八，今减四，亦减丝令细。天板四面花坠子、素坠子依旧，减轻造。冠身并天柱，元织成龙鳞锦，今用青罗，采画出龙鳞；金轮等七宝，元真玉碾成，今更不用，如补空却，以云龙细窠。分旒玉钩二，今减去之。天河带、组带、款慢带依旧，减轻造。纳言，元用玉制，今用青罗，采画出龙鳞锦。金棱上棱道，依旧用金，即减轻制。黈纩，玉簪。衮服八章，日、月、星辰、山、龙、华虫、火、宗彝，青罗身，红罗襈，绣造。所有云子，相度稀稠补空，更不用细窠，亦不使真珠装缀。中单，依旧皂白制造。裙用红罗，绣出藻、粉米、黼、黻，周回花样仍旧，减稀制之。蔽膝用红罗，绣升龙二，云子补空，减稀制之，周回依旧，细窠不用。六采绶依旧，减丝织造。所有玉环亦减轻。带头金叶减去，用销金。四神带不用。剑、佩、梁、带、袜、舄并依旧。

嘉祐元年，王洙奏："天子法服，冕旒形度重大，华饰稍繁，愿集礼官参定。"诏礼院详典礼上闻，而礼院绘图以进。因敕御药院更造，其后，冕服稍增侈如故。

英宗治平二年，知太常礼院李育奏曰：

郊庙之祭，本尚纯质，衮冕之饰，皆存法象，非事繁侈、重奇玩也。冕则以《周官》为本，凡十二旒，间以采玉，加以纮、綎、笄、瑱之饰。衮则以《虞书》为始，凡十二章，首以辰象，别以衣裳绘绣之采。东汉至唐，史官名儒，记述前制，皆无珠翠、犀宝之饰，何则？鹬羽蟒胎，非法服所用；琥珀犀瓶，非至尊所冠；龙锦七星，已列采章之内；紫云白鹤，近出道家之语，岂被衮戴璪、象天则数之义乎！自大裘之废，颛用衮冕，古朴稍去，而法度尚存。夫明水大羹，不可以众味和；《云门》《咸池》，不可以新声间；衮冕之服，不宜以珍怪累也。若魏明之用珊瑚，江左之用翡翠，侈靡衰播之余，岂足为圣朝道哉！

且太祖建隆元年少府监所造冕服，及二年博士聂崇义所进《三礼图》，尝诏尹拙、窦仪参校之，皆仿虞、周、汉、唐之旧。至四年冬服之，合祭天地于圜丘，用此制也。太宗亦尝命少府制于禁中，不闻改作。及真宗封泰山，礼官请服衮冕。帝曰："前王服羔裘，尚质也。今则无羔裘而有衮冕，可从近制。"是岂有意于繁饰哉！盖后之有司，率意妄增，未尝确议，遂相循而用。故仁宗尝诏礼官章得象等详议之，其所减过半，然不经之饰，重者多去，轻者尚存，不能尽如诏书之意。故至和三年，王洙复议去繁饰，礼官画图以献，渐还古礼，而有司所造，复如景祐之前。

又按《开宝通礼》及《衣服令》，冕服皆有定法，悉无宝锦之饰。夫太祖、太宗富有四海，岂乏宝玩，顾不可施之郊庙也。臣窃谓，陛下肇祀天地，躬飨祖祢，服周之冕，观古之象，愿复先王之制，祖宗之法。其衮冕之服，及鞸、绶、佩、舄之类，与《通礼》、《衣服令》、《三礼图》制度不同者，宜悉改正。

诏太常礼院、少府参定，遂合奏曰：

古者冕服之用，郊庙殊制。唐兴，天子之服有二等，而大裘尚存。显庆初，长孙无忌等采《郊特牲》之说，献议废大裘。自是郊庙之祭，一用衮冕，然旒章之数，止以十二为节，亦未闻有余饰也。国朝冕服，虽仿古制，然增以珍异巧缛，前世所未尝有。夫国之大事，莫大于祀，而祭服违经，非以肃祀容、尊神明也。臣等以谓宜如育言，参酌《通礼》、《衣服令》、《三礼图》及景祐三年减定之制，一切改造之。

孔子曰："麻冕，礼也，今也纯俭，吾从众。"纯者，丝也，变麻用丝，盖已久矣。则冕服之制，宜依旧以罗为之。冕广一尺二寸，长二尺二寸，约以景表尺，前圆后方，黝上朱下，以金饰版侧，以白玉珠为旒，贯之以五采丝绳。前后各十二旒，旒各十二珠，相去一寸，长二尺。朱丝组为缨，黈纩充耳，金饰玉簪导。青衣纁裳，十二章：八章绘之于衣，日、月、星辰、山、龙、华虫、火、宗彝也；四章绣之于裳，藻、粉米、黼、黻也。锦龙褾、领，织为升龙。山、龙而下，一章为一行，重以为等，行十二。别制大带，素表朱里，朱绿终辟。綍、绂、舄，大小绶，亦去珠玉、钿窠、琥珀、玻璃之饰。其中单、革带、玉具剑、玉佩、朱袜之制，已中礼令，无复改为，则法服有稽，祭礼增重。

复诏礼院再详以闻。而内侍省奏谓："景祐中已裁定，可因而用也。"从之。

神宗元丰元年，详定郊庙礼文所言：

凡冕版广八寸，长尺六寸，与古制相合，更不复议。今取少府监进样，如以青罗为表，红罗为里，则非《弁师》所谓"玄冕朱里'者也。上用金棱天板，四周金丝结网，两旁用真珠、花素坠之类，皆不应礼。伏请改用朱组为纮，玉笄、玉瑱，以玄紞垂瑱，以五采玉贯于五色藻为旒，以青、赤、黄、白、黑五色备为一玉，每一玉长一寸，前后二十四旒，垂而齐肩，以合孔子所谓纯俭之义。

又古者祭服、朝服之裳，皆前三幅，后四幅，前为阳以象奇，后为阴以象偶。惟深衣、中禅之属连衣裳，而裳复不殊前后，然以六幅交解为十二幅，象十二月。其制作莫不有法，故谓之法服。今少府监衮服，其裳乃以八幅为之，不殊前后，有违古义。伏请改正祭服之裳，以七幅为之，殊其前后。以今太常周尺度之，幅广二尺二寸，每幅两旁各缝杀一寸，谓之削幅，腰间辟积无数。裳侧有纯，谓之绠；裳下有纯，谓之緆。绠、緆之广各寸半，表里合为三寸。群臣祭服之裳，仿此。

从之。

政和议礼局更上皇帝冕服之制：冕版广八寸，长一尺六寸，前高八寸五分，后高九寸五分。青表朱里，前后各十有二旒，五采藻十有二就，就间相去一寸。青碧锦织成天河带，长一丈二尺，广二寸。朱丝组带为缨，黈纩充耳，金饰玉簪导，长一尺二寸。衮服，青衣八章，绘日、月、星辰、山、龙、华虫、火、宗彝；纁裳四章，绣藻、粉米、黼、黻。蔽膝随裳色，绣升龙二。白罗中单，皂褾、襈，红罗勒帛，青罗袜带。绯白罗大带，革带、白玉双佩。大绶六采，赤、黄、黑、白、缥、绿，小绶三色，如大绶，间施玉环三。朱袜，赤舄，缘以黄罗。

中兴仍旧制，延，以罗衣木，玄表朱里，长尺有六寸，前低一寸二分，四旁缘以金，覆于卷武之上，缫以五色丝贯五色玉，前后各十二，凡用二百八十有八。玉笄，充耳用黄绵，纮以朱组，以其一属于左笄上垂下，又屈而属于右笄，系之而垂其余。玄衣，八章，升龙于山，绘。裳纁，四章，绣。幅前三后四，断而不属，两旁杀缝，腰辟积，绠緆之广皆如旧。大带以绯白罗合而纰之，以朱绿饰其侧，上朱下绿，其束处以组为纽约，下垂三尺。通天冠、绛纱袍亦如之。白罗中单，领、褾、襈以黻，服衮则以皂。绛纱袍则衣用白纱，领、褾、襈以朱。绶大小各一，大绶织以六采，青、黄、黑、白、缥、绿；下垂青丝网，上有结，垂玉环三；小绶制如大绶，惟三色。大裘、绛纱袍皆用之。革带，博二寸，革为里，绯罗为表，饰以玉銙，钮以下钩𦓔。通天冠、绛纱袍亦用之。韨从裳色，上有纰，下有纯，去上五寸，绘以山、龙、火，上接革带系之。佩有衡，有琚瑀，有冲牙，系于革带，左右各一。上设衡，衡下垂三带，贯以蠙珠。次则中有金兽面，两旁夹以双璜，又次设琚瑀。下则冲牙居中央，两旁有玉滴子，行则击牙而有声。舄有絇，有纯，有綦，有綦，以绯罗为之，首加金饰。服通天冠、绛纱袍则用黑舄，以乌皮为之。常服则用白舄，以丝为之。袜，罗表缯里，施勒著綦以系之，赤舄以朱，黑舄以白，白舄同。

通天冠。二十四梁，加金博山，附蝉十二，高广各一尺。青表朱里，首施珠翠，黑介帻，组缨翠绥，玉犀簪导。绛纱袍，以织成云龙红金条纱为之，红里，皂褾、襈、裾，绛纱裙，蔽膝随袍饰，并皂褾、襈。白纱中单，朱领、褾、襈、裾。白罗方心曲领。白袜，黑舄，佩绶如衮。大祭祀致斋、正旦冬至五月朔大朝会、大册命、亲耕籍田皆服之。

仁宗天圣二年，南郊，礼仪使李维言："通天冠上一字，准敕回避。"诏改承天冠。中兴之制，冠高九寸，服用并同。

乾道九年，又用履袍。袍以绛罗为之，折上巾，通犀金玉带。系履，则曰履袍；服靴，则曰靴袍。履、靴皆用黑革。四孟朝献景灵宫、郊祀、明堂，诣宫、宿庙、进胙，上寿两宫及端门肆赦，并服之。大礼毕还宫，乘平辇，服亦如之。若乘大辇，则服通天、绛纱如常仪。

衫袍。唐因隋制，天子常服赤黄、浅黄袍衫，折上巾，九环带，六合靴。宋因之，有赭黄、淡黄袍衫，玉装红束带，皂文靴，大宴则服之。又有赭黄、淡黄襴袍，红衫袍，常朝则服之。又有窄袍，便坐视事则服之。皆皂纱折上巾，通犀金玉环带。窄袍或御乌纱帽。中兴仍之。初，高宗践祚于南都，隆祐太后命内臣上乘舆服御，有小冠。太后曰："祖宗闲居之所服也，自神宗始易以巾。愿即位后，退朝止戴此冠，庶几如祖宗时气象。"后殿早讲，皇帝服帽子，红袍，玉束带，讲读官公服系鞋。晚讲，皇帝服头巾，背子，讲官易便服。此嘉定四年讲筵之制也。

御阅服。以金装甲，乘马大阅则服之。

圭。宋初，凡大祭祀、大朝会，天子皆执圭。元丰二年，详定仪注所言："《周礼》：'王执镇圭。'释者曰：'祭天地宗庙及朝日、夕月，则执之。若朝觐，诸侯授玉于王，王受玉，抚玉而已。'《考工记》：'天子执冒四寸，以朝诸侯。'盖天子以冒圭邪刻之处，冒诸侯之圭，以齐瑞信也。未有临臣子而执镇圭者。《唐六典》殿中监掌服御之事，凡大祭祀，则摺大圭，执镇圭；若大朝会，止进爵。《开宝通礼》始著元会执圭，出自西房。淳化中，上寿进酒，又令内侍奉圭，于周制、唐礼皆不合。其元会受朝贺，请不执镇圭上寿。"诏可。

三年，诏议大圭尺度，详定所言："《考工记》：'镇圭尺有二寸，天子守之。''大圭长三尺，杼上终葵首，天子服之'。后魏以降，以白玉为之，长尺有二寸，西魏以来皆然。方而不折，虽非古制，盖后世以所得之玉，随宜为之。今请揆玉之有无制之。"

又言："唐礼，亲祀天地神祇，皆搢大圭，执镇圭。有事宗庙，则执镇圭而已。王泾《郊祀录》曰：'大圭，质也，事天地之礼质，故执而搢之。镇圭，文也，宗庙之礼亦文，故无兼执之义。'不知大圭，天子之笏也，通用于郊庙。请自今皇帝亲祠郊庙，搢大圭，执镇圭。奉祀之时，既接神再拜，则奠镇圭为挚，大圭为笏。"

又言："《开元》及《开宝通礼》，皇帝升辂，不言执圭。祀日，质明，至中壝门外，殿中监进大圭，尚衣奉御，又以镇圭授殿中监以进。于是始搢大圭，执镇圭。今皇帝乘玉辂，执镇圭，赴景灵宫及太庙、青城，皆乘辂执圭，殊不应礼。请自今乘辂不执圭，还内御大辇亦如之。"

详定所又言大圭中必之制，请制荐玉繶藉，以木为干，广袤如玉，以韦衣之，韦上画五采文，前后垂之。又制约圭繶藉长尺，上玄下纁，为地五采五就，因以为饰。每奠圭，则以荐玉之繶陈于地，执圭，则以约圭之繶备失坠，因垂之为饰。况大圭搢之绅带之间，不可无中必，明矣。候明堂服大圭，宜依镇圭所约之组，令可系之。

哲宗元祐元年，礼部言："元丰新礼，皇帝祀天，搢大圭，其制圆首前诎，于礼未合。今欲仿西魏、隋、唐玉笏之制，方而不折，上下皆博三寸，长尺二寸，其厚以镇圭为约。"从之。

政和二年，宦者谭稹献玄圭。其制，两旁刻十二山，若古山尊，上锐下方。上有雷雨之文，下无瑑饰，外黑内赤，中一小好，可容指，其长尺有二寸。诏付廷议。议官以为周王执镇圭，缘饰以四镇之山，其中有好，为受组之地，其长尺有二寸，周人仿古为之，而王执以镇四方也。徽宗乃以是岁冬御大庆殿受圭焉。

三年，又诏曰："先王有类而求祀，圜丘以象形，苍玉以象色，冬日以至取其时，大裘而冕法其幽，而未有以体其道，天玄而地黄，今大圭内赤外黑，于以体之，冬祀可搢大圭，执玄圭，永为定制。"中兴仍旧制，大祭祀则执大圭以为笏，上太上皇、皇太后册宝亦如之。

皇太子之服。一曰衮冕，二曰远游冠、朱明衣，三曰常服。衮冕：青罗表、绯罗红绫里、涂金银钑花饰，犀簪导，红丝组，前后白珠九旒，二纩贯水晶珠。青罗衣，绣山、龙、雉、火、虎蜼五章；红罗裳，绣藻、粉米、黼、黻四章。红罗蔽膝，绣山、火二章。白纱中单，青褾、襈、裾。革带，涂金银钩䚢，瑜玉双佩。四采织成大绶，结二玉环，金涂银钑花饰。青罗袜带，红罗勒帛。玉具剑，金涂银钑花，玉镖首。白罗袜，朱履，金涂银钿。从祀则服之。远游冠：十八梁，青罗表，金涂银钑花饰，犀簪导，红丝组为缨，博山，政和加附蝉。朱明服：红花金条纱衣，红纱里，皂褾、襈。红纱裳，红纱蔽膝，并红纱里。白花罗中单，皂褾、襈，白罗方心曲领。罗袜，黑舄，革带，剑，佩，绶。余同衮服。袜带，勒帛。执桓圭。受册、谒庙、朝会则服之。常服：皂纱折上巾，紫公服，通犀金玉带。

太宗至道元年，太常礼院言："南郊，皇太子充亚献，合著祭祀服。准制度，衮冕以组为缨，色如其绶，青纩充耳，玄衣纁裳，凡九章，每章一行，重以为等，皆织为之。白纱中单，黻领，青褾、襈、裾。革带，金钩䚢。大带，素带不朱里，亦纰以朱绿，纽约用组。黻随裳色，二章。朱组，双大绶四采，赤白缥绀，纯朱质，长一丈八尺，三百二十首，广九寸。小双绶，长二尺六寸，色同大绶，而首半之，间施二玉环。朱袜赤舄，舄加金饰，余同旧制。侍从祭祀及竭庙、加元服、纳妃则服之。"诏依上制造。政和议礼局更上皇太子服制，衮冕惟青纩充耳，余并同国初之制。加元服、从祀、纳妃、释奠文宣王服之。中兴并同。

其皇子之服，绍兴三十二年十月，礼官言："皇子邓、庆、恭三王，遇行事服朝服，则七梁额花冠，貂蝉笼巾，金涂银立笔，真玉佩，绶，金涂银革带，乌皮履。若服祭服，则金涂银八旒冕，真玉佩，绶，绯罗履袜。"诏文思院制造。

后妃之服。一曰袆衣，二曰朱衣，三曰礼衣，四曰鞠衣。皇后首饰花一十二株，小花如大花之数，并两博鬓。冠饰以九龙四凤。袆之衣，深青织成，翟文赤质，五色十二等。青纱中单，黼领，罗縠褾襈，蔽膝随裳色，以緅为领缘，用翟为章，三等。大带随衣色，朱里，纰其外，上以朱锦，下以绿锦，纽约用青组，革带以青衣之，白玉双佩，黑组，双大绶，小绶三，间施玉环三，青袜、舄，舄加金饰。受册、朝谒景灵宫服之。鞠衣，黄罗为之，蔽膝、大带、革舄随衣色，余同袆衣，唯无翟文，亲蚕服之。妃首饰花九株，小花同，并两博鬓，冠饰以九翚、四凤。褕翟，青罗绣为摇翟之形，编次于衣，青质，五色九等。素纱中单，黼领，罗縠褾襈，蔽膝随裳色，以緅为领缘，以摇翟为章，二等。大带随衣色，不朱里，纰其外，余仿皇后冠服之制，受册服之。

皇太子妃首饰花九株，小花同，并两博鬓。褕翟，青织为摇翟之形，青质，五色九等。素纱中单，黼领，罗縠褾襈，皆以朱色，蔽膝随裳色，以緅为领缘，以摇翟为章，二等。大带随衣色，不朱里，纰其外，上以朱锦，下以绿锦，纽约用青组。革带以青衣之，白玉双佩，纯朱双大绶，章采尺寸与皇太子同；受册、朝会服之。鞠衣，黄罗为之，蔽膝、大带、革带随衣色，余与褕翟同，唯无翟，从蚕服之。

中兴，仍旧制。其龙凤花钗冠，大小花二十四株，应乘舆冠梁之数，博鬓，冠饰同皇太后，皇后服之，绍兴九年所定也。花钗冠，小大花十八株，应皇太子冠梁之数，施两博鬓，去龙凤，皇太子妃服之，乾道七年所定也。其服，后惟备袆衣、礼衣，妃备褕翟，凡三等。其常服，后妃大袖，生色领，长裙，霞帔，玉坠子；背子、生色领皆用绛罗，盖与臣下不异。

命妇服。政和议礼局上：花钗冠，皆施两博鬓，宝钿饰。翟衣，青罗绣为翟，编次于衣及裳。第一品，花钗九株，宝钿准花数，翟九等；第二品，花钗八株，翟八等；第三品，花钗七株，翟七等；第四品，花钗六株，翟六等；第五品，花钗五株，翟五等。并素纱中单，黼领，朱褾、襈，通用罗縠，蔽膝随裳色，以緅为领缘，加文绣重雉，为章二等。二品以下准此。大带、革带，青袜、舄，佩、绶。受册、从蚕服之。七年，臣僚言："今文臣九品，殊以三品之服，至于命妇，已厘八等之号，而服制未有名称。诏有司视其夫之品秩，而定其服饰。"诏送礼制局定之。其仪阙焉。

卷一百五十二　　志第一百五

舆　服　四

诸臣服上

诸臣祭服。唐制，有衮冕九旒，鷩冕八旒，毳冕七旒，絺冕六旒，玄冕五旒。宋初，省八旒、六旒冕。九旒冕：涂金银花额，犀、玳瑁簪导，青罗衣绣山、龙、雉、火、虎蜼五章，绯罗裳绣藻、粉米、黼、黻四章，绯蔽膝绣山、火二章，白花罗中单，玉装剑、佩、革带，晕锦绶，二玉环，绯白罗大带，绯罗袜、履，亲王、中书门下奉祀则服之。其冕无额花者，玄衣纁裳，悉画，小白绫中单，师子锦绶，二银环，余同上，三公奉祀则服之。七旒冕：犀角簪导，衣画虎蜼、藻、粉米三章，裳画黼、黻二章，银装佩、剑、革带，余同九旒冕，九卿奉祀则服之。五旒冕：青罗衣裳，无章，铜装佩、剑、革带，余同七旒冕，四品、五品为献官则服之；六品以下无剑、佩、绶；紫檀衣，朱裳，罗为之，皂大绫绶，铜装剑、佩、御史、博士服之。平冕无旒，青衣纁裳，无剑、佩、绶，余同五旒冕，太祝、奉礼服之。

庆历三年，太常博士余靖言："《周礼》司服之职，掌王之吉服，大裘而冕无旒，以祀昊天上帝，祀五帝亦如之。衮冕十有二旒，其服十有二章，以享先王。鷩冕八旒，其服七章，以享先公，亦以飨射。毳冕七旒，其服五章，以祀四望、山川。絺冕六旒，其服三章，以祭社稷、五祀。玄冕五旒，其服无章，以祭小祀。此皆天子亲行祠事所服，冕服悉因所祀大小神鬼以为制度。今大祠、中祠所遣献官并用上公九旒、九章冕服，以为初献，其余公卿亦皆七旒冕服，全无等降；小祠则公服行事，乖戾旧典。宜详《周礼》，因所祭鬼神，以为献官冕服之制。"诏下礼官议，奏曰："圣朝之制，唯皇帝亲祠郊庙及朝会大礼服衮冕外，余冕皆不设。其每岁常祀，遣官行事，摄公则服一品九旒冕，摄卿则服三品七旒冕，自从品制为服，不以祠之大小为

差。至于小祠献官，旧以公服行事，则有违典礼。案《衣服令》，五旒冕，衣裳无章，皂绫绶，铜装剑、佩，四品以下为献官则服之。今小祠献官，既不摄公、卿，则尽属四品以下，当有祭服。请除公、卿祭服仍旧从本品外，小祠所遣献官，并依令文祭服行事。若非时告祭，用香币礼器行事之处，亦皆准此。"诏施行焉。

皇祐四年，同知太常礼院邵必言："伏见监祭使、监礼各冠五旒冕，衣裳无章，色以紫檀。案《周礼》六冕之制，凡有旒者，衣裳皆有章，惟大裘冕无旒，衣裳无章。一命大夫之冕无旒，衣裳亦无章。今监祭、监礼所服冕五旒，侯伯之冕也，而衣无章，深所不称；色以紫檀，又无经据。窃详监祭、监礼既非祠官，则御史、博士尔，而服用五等，盖非所宜，而且有旒无章。况国家南郊大礼，太常卿止服朝服，前导皇帝，明非祠官也。今后监祭者请冠獬豸、监礼者冠进贤为称。"诏不允。

元丰元年，详定礼文所言："国家服章，视唐尤为不备。于令文，祀仪有九旒冕、七旒冕、五旒冕，今既无冕名，而有司仍不制七旒冕，乃有四旒冕，其非礼尤甚。又服之者不以官秩上下，故分献四品官皆服四旒冕，博士、御史则服五旒而衣紫檀，太祝、奉礼则服平冕而无佩玉，此因循不讲之失也。且古者朝、祭异服，所以别事神与事君之礼。今皇帝冬至及正旦御殿，服通天冠、绛纱袍，则百官皆服朝服，乃礼之称。至亲祠郊、庙，皇帝严裘冕以事神，而侍祠之官止以朝服，岂礼之称哉。至于景灵宫分献官，皆服朝服，尤为失礼。伏请亲祠郊、庙、景灵宫，除导驾、赞引、扶侍、宿卫之官，其侍祠及分献者，并服祭服。如所考制度，修制五冕及爵弁服，各正冕弁之名。又国朝祀仪，祭社稷、朝日、夕月、风师、雨师皆服衮冕，其蜡祭、先蚕、五龙亦如之；祭司命、户、灶、门、厉、行皆服鷩冕，寿星、灵星、司中、司寒、中霤、马祭皆服毳冕，皆非是。今天子六服，自鷩冕而下，既不亲祠，废而不用，则诸臣摄事，自当从王所祭之服。伏请依《周礼》，凡祀四望、山川则以毳冕，祭社稷、五祀则以絺冕，朝夕日月、风师、雨师、司命、司中则以玄冕。若七祀、蜡祭百神、先蚕、五龙、灵星、寿星、司寒、马祭，盖皆群小祀之比，当服玄冕。"从之。

哲宗元祐元年，太常寺言："旧制，大礼行事、执事官并服祭服，余服朝服。至元丰七年，吕升卿始有行事及陪祠官并服祭服之议。今欲令行事、执事官并服祭服，其赞引、行事、礼仪使、太常卿、太常博士、阁门使、枢密院官进接圭，殿中监止供奉皇帝，其陪位官止导驾、押宿及主管事务，并他处行事官仍服朝服。"从之。

徽宗大观元年，议礼局言："太社、太学献官祝礼，皆以法服奉祠，至郡邑则用常服，乞降祭服。"诏颁制度于州郡，然未明使制造。后政和间，始诏：州县冠服，形制诡异，令礼制局造样颁下转运司，转运司制以给州县焉。

二年，议礼局检讨官俞栗言："玄以象道，纁以象事，

故凡冕皆玄衣纁裳,今太常寺祭服,则衣色青矣。前三幅以象阳,后四幅以象阴,故裳制不相连属,今之裳则为六幅而不殊矣。冕玄表而朱里,今乃青罗为覆,以金银饰之。佩用绶以贯玉,今既有玉佩矣,又有锦绶以银、铜二环,饰之以玉。宗彝,宗庙之彝也,乃为虎雄之状,而不作虎彝、雄彝。粉米,散利以养人也,乃分为二章,而以五色圆花为藉。其余不合古者甚多。乞下礼局,博考古制,画太常寺及古者祭服样二本以进。至于损益裁成,断自圣学。"诏令议礼局详议。

四年,议礼局官宇文粹中议改衣服制度曰:"凡冕皆玄衣纁裳,衣则绘而章数皆奇,裳则绣而章数皆偶,阴阳之义也。今衣用深青,非是。欲乞视冕之等,衣色用玄,裳色用纁,以应典礼。古者蔽前而已,韨存此象,以韦为之。今蔽膝自一品以下,并以绯罗为表缘,绯绢为里,无复上下广狭及会、纰、纯、紃之制,又有山、火、龙章。案《明堂位》:'有虞氏服韨,夏后氏山,商火、周龙章。'韨者乃韨冕之韨,非赤芾之芾也。且芾在下体,与裳同用,而山、龙、火者,衣之章也。周既缋于上衣,不应又缋于芾。请改芾制,去山、龙、火章,以破诸儒之惑。又祭服有革带,今不用皮革,而通裹以绯罗,又以铜为饰。其绶或锦或皂,环或银或铜,尤无经据,宜依古制除去。至佩玉、中单、赤舄之制,则全取元丰中详定官所议行之。"

粹中又上所编《祭服制度》曰:

古者,冕以木版为中,广八寸,长尺六寸,后方前圆,后仰前低,染三十升之布,玄表朱里。后方者不变之体,前圆者无方之用;仰而玄者,升而辨于物,俯而朱者,降而与万物相见。后世以缯易布,故纯俭。今群臣冕版长一尺二寸,阔六寸二分,非古广长之制;以青罗为覆,以金涂银棱为饰,非古玄表朱里之制,乞下有司改正。古者,冕之名虽有五,而缫就、旒玉则视其命数以为等差。合彩丝为绳,用以贯玉,谓之"缫"。以一玉为一成,结之使不相并,谓之"就"。就间相去一寸,则九玉者九寸,七玉者七寸,各以旒数长短为差。今群臣之冕,用药玉、青珠、五色茸线,非藻玉三采、二采之义;每旒之长各八寸,非旒数长短为差之义;又献官冕服,杂以诸侯之制,而一品服衮冕,臣窃以为非宜。

元丰中,礼官建言,请资政殿大学士以上侍祠服鷩冕,观察使以上服毳冕,监察御史以上服缔冕,朝官以上服玄冕,选人以上爵弁。诏许之,而不用爵弁。供奉官以下至选人,尽服玄冕无旒。臣窃谓依此参定,乃合礼制。古者,三公一命衮,则三公在朝,其服当鷩冕。盖出封则远君而伸,在朝则近君而屈。今之摄事及侍祠皆在朝之臣也,在朝之臣乃与古之出封者同命数,非先王之意。乞下有司制鷩冕八旒、毳冕六旒、缔冕四旒、玄冕三旒,其次二旒,又其次无旒。依元丰诏旨,参酌等降,为侍祠及摄祭之服,长短之度、采色之别,皆乞依古制施行。

又案《周礼》,诸侯爵有五等,而服则三,所谓"公之服自衮冕而下,侯、伯自鷩冕而下,子、男自毳冕而下"是也。古者,诸侯有君之道,故其服以五、七、九为节。今之郡守,虽曰犹古之侯、伯,其实皆王臣也。欲乞只用群臣之服,自鷩冕而下,分为三等:三都、四辅为一等,初献鷩冕八旒;经略、安抚、钤辖为一等,初献毳冕六旒,亚献并玄冕二旒,终献无旒;节镇、防、团、军事为一等,初献缔冕四旒,亚、终献并玄冕无旒。其衣服之制,则各从其冕之等。

又曰:"今之纮组,仍缀两缯带而结于颐,冕旁仍垂青纩而不以瑱,以犀为簪而不以玉笄、象笄,并非古制,乞下有司改正。"从之。

政和议礼局言:"大观中,所上群臣祭服制度,已依所奏修定,乞付有司依图画制造。"既又上群臣祭服之制:正一品,九旒冕,金涂银棱,有额花,犀簪,青衣画降龙,朱裳,蔽膝,白罗中单,大带,革带,玉佩,锦绶,青丝网玉环,朱袜、履。革带以金涂银,玉佩以金涂银装,绶以天下乐晕。亲祠大礼使、亚献、终献、太宰、少宰、左丞,每岁大祠宰臣、亲王、执政官、郡王充初献服之。奏告官并依本品服,已下准此。从一品,九旒冕,无额花,白绫中单,红锦绶,银环,金涂银佩,余如正一品服。亲祠吏部、户部、礼部、兵部、工部尚书,太庙进受币爵、奉币爵宗室,每岁大祠捧俎官、大祠中祠初献官服之。二品,七旒冕,角簪,青衣无降龙,余如从一品服。亲祠吏部侍郎、殿中监、大司乐、光禄卿、读册官,太庙荐俎、赞进饮福宗室,七祀、配享功臣分献官,每岁大祀,谓用宫架者,大司乐、大祠中祠亚终献、大祠礼官、小祠献官,朔祭太常卿服之。三品,五旒冕,皂绫绶,铜环,金涂铜革带,佩,余如二品服。亲祠举册官、大乐令、光禄丞、奉俎馔笾豆簠簋官、分献官,分献坛墠从祀。太庙奉瓒盘、荐香灯、安奉神主、奉毛血盘、萧蒿筐、肝膋豆宗室,每岁祭祠大乐令、大中祠分献官服之。无旒冕,素青衣,朱裳,蔽膝,无佩绶,余如三品服。奉礼协律郎、郊社令、太祝太官令、亲祠抬鼎官、进挼黍官、太庙供亚终献金罍、供七祀献官、执爵官服之。五旒冕,紫檀绝衣,余如三品服,监察御史服之。

州郡祭服:三都初献,八旒冕;经略、安抚、钤辖初献,六旒冕;亚献并二旒冕,终献无旒;节镇、防、团、军事初献四旒冕,亚、终献并无旒冕。

中兴之后,省九旒、七旒、五旒冕,定为四等:一曰鷩冕,八旒;二曰毳冕,六旒;三曰缔冕,四旒;四曰玄冕,无旒。其义以公、卿、大夫、士皆北面为臣,又近尊者而屈,故其节以八、以六、以四,从阴数也。先是,绍兴四年五月,国子监丞王普奏言:

臣尝考诸经传,具得冕服之制。盖王之三公八命,鷩冕八旒,衣裳七章,其章各八。孤卿六命,毳冕六旒,衣裳五章,其章各六。大夫四命,缔冕四旒,衣裳三章,其章各四。上士三命,玄冕三旒;中士再命,玄冕二旒;下士一命,玄冕无旒;衣皆无章。裳、韨视其命数,自三而下。其缫至笄、衡、绶、纰、瑱、纩、带、佩、芾、舄、中衣,皆有等差。

近世冕服制度，沿袭失真，多不如古。夫后方而前圆，后昂而前俯，玄表而朱里，此冕之制也；今则方圆俯仰，几于无辨，且以青为表，而饰以金银矣。其衣皆玄，其裳皆𬘘，裳前三而后四幅，此衣裳之制也；今则衣色以青，裳色以绯，且以六幅而不殊矣。山以章也，今则以嶞。火以圜也，今则以锐。宗彝，宗庙虎蜼之彝也，乃画虎蜼之状，而不为虎蜼彝。粉米，米而粉之者也，乃分为二章，而以五色圆花为蒻。佩有衡、璜、琚、瑀、冲牙而已，乃加以双滴，而重设二衡。绶以贯佩玉而已，乃别为锦绶，而间以双环。以至带无纽约，芾无肩颈，舄无绚繶，中衣无连裳。

臣伏读《国朝会要》郊庙奉祀礼文，祖宗以来，屡尝讲究，第以旧服无有存者。欲乞因兹改作，是正讹缪，一从周制，以合先圣之言。

寻礼部契勘，奏言：

衣服之制，或因时王而为之损益，事虽变古，要皆一时制作，不无因革。或考之先王而有缪戾者，虽行之已久，不应承误袭非，惮于改正。案《周官》，自上公服衮，王之三公服鷩，以至士服玄冕，凡五等。唐制自一品服衮冕九旒，至五品服玄冕无旒，亦五等。国家承唐之旧，初有五冕之名，其后去三公衮冕及絺冕，但存七旒鷩冕、五旒毳冕与无旒玄冕，凡三等而已。衮服非三公所服，去之可也，乃并絺冕去之，自尚书服毳冕，以至光禄丞亦服焉，贵贱几无差等。此皆一时制作，不无因革。

今合增鷩冕为八旒，增毳冕为六旒，复置絺冕为四旒，并及无旒玄冕，共四等，庶几稍合周制。若冕之方圆低昂至于无辨，则制造之差也。以青为表，非不用玄也，为玄而不至者也。以绯为裳，非不用𬘘也，为𬘘而太过者也。山止而静者也，今象其嶞，是得山之势而不知其性。火圜而神者也，今象其锐，是得火之形而不得其神也。至于宗彝、粉米、佩绶、带纽、芾屦之属，皆宜改正施行。

是时，诸臣奏请讨论虽详，然终以承袭之久，未能尽革也。

鷩冕：八旒，每旒八玉，三采，朱、白、苍，角笄，青纩，以三色纯垂之，纮以紫罗，属于武。衣以青黑罗，三章，华虫、火、虎蜼彝；裳以𬘘表罗里，缯七幅，绣四章，藻、粉、黼、黻。大带，中单，佩以珉，贯以药珠，绶以绛锦，银环。鞁上纰下纯，绘二章，山、火。革带，绯罗表，金涂银装。袜、舄并如旧制。宰相、亚终献、大礼使服之；前期，景灵宫、太庙亚终献，明堂涤濯、进玉爵酒官亦如之。

毳冕：六玉，三采，衣三章，绘虎蜼彝、藻、粉米，裳二章，绣黼、黻。佩药珠、衡、璜等，以金涂铜带，鞁绘以山。革带以金涂铜。余如鷩冕。六部侍郎以上服之；前期，景灵宫、太庙进爵酒币官、奉币官、受爵酒币官、荐俎官，明堂受玉爵、受玉币、奉彻笾豆、进饮福酒、彻俎祝腥、赞引、亚终献，礼仪使、亚终献爵并盥洗官四员，并如之；前二日奏告初献，社坛九宫坛分祭初献、亚献亦如之。

絺冕：四玉，二采，朱、绿。衣一章，绘粉米；裳二章，绣黼、黻。绶以皂绫，铜环。余如毳冕。光禄卿、监察御史、读册官、举册官、分献官以上服之；前期，景灵宫、太庙奏奉神主官、明堂太府卿、光禄卿、沃水举册官、读册官、押乐太常卿、东朵殿三员、西朵殿二员、东廊二十八员、西廊二十五员、南廊二十七员、鞁门祭献官，前二日奏告亚献终献官、监察御史，并如之；社坛九宫坛分祭终献官、监察御史、兵工部、光禄卿丞亦如之。

玄冕：无旒，无佩绶，衣纯黑，无章，裳刺绣而已，鞁无刺绣，余如絺冕。光禄丞、奉礼郎、协律郎、进捧黍官、太社令、良酝令、太官令、奉俎馔等官、供祠执事官内侍以下服之；明堂光禄丞、奉礼郎、良酝令、太祝捧黍官、宫架协律郎、登歌协律郎、奉御官、内侍供祠执事官、武臣奉俎官、鞁门祭奉礼郎、太祝令、太官令，社坛九宫坛分祭太社、太祝、太官令、奉礼郎，并如之。

紫檀冕：四旒，服紫檀衣，博士、御史服之。

外州军祭服：鷩冕，八旒，三都初献服之；毳冕，六旒，经略、安抚、钤辖初献服之；絺冕，四旒，经略、安抚、钤辖亚献服之，节镇、防、团、军事初献亦如之；玄冕，无旒，节镇、防、团、军事亚终献服之。

朝服：一曰进贤冠，二曰貂蝉冠，三曰獬豸冠，皆朱衣朱裳。宋初之制，进贤五梁冠：涂金银花额，犀、玳瑁簪导，立笔。绯罗袍，白花罗中单，绯罗裙，绯罗蔽膝，并皂缥䙆，白罗大带，白罗方心曲领，玉剑、佩，银革带，晕锦绶，二玉环，白绫袜，皂皮履。一品、二品侍祠朝会则服之，中书门下则冠加笼巾貂蝉。三梁冠：犀角簪导，无中单，银剑、佩，师子锦绶，银环，余同五梁冠。诸司三品、御史台四品、两省五品侍祠朝会则服之。御史大夫、中丞则冠有獬豸角，衣有中单。两梁冠：犀角簪导，铜剑、佩，练鹊锦绶，铜环，余同三梁冠。四品、五品侍祠朝会则服之。六品以下无中单，无剑、佩、绶。御史则冠有獬豸角，衣有中单。裤褶紫、绯、绿，各从本服色，白绫中单，白绫裤，白罗方心曲领，本品官导驾，则骑而服之。

裤褶之制，建隆四年，范质与礼官议："裤褶制度，先儒无说，惟《开元杂礼》有五品以上用细绫及罗，六品以下用小绫之制。注：褶衣，复衣也。又案令文，武弁，金饰平巾帻，簪导，紫罗白裤，玉梁珠宝钿带，靴，骑马服之。金饰，即附蝉也。详此，即是二品、三品所配弁之制也。附蝉之数，盖一品九，二品八，三品七，四品六，五品五。又侍中、中书令、散骑加貂蝉，侍左者左耳，侍右者右耳。又《开元礼》导驾官并朱衣，冠履依本品。朱衣，今朝服也。故令文三品以上紫褶，五品以上绯褶，七品以上绿褶，九品以上碧褶，并白大口裤，起梁带，乌皮靴。今请造裤褶如令文之制，其起梁带形制，检寻未是，望以革带代之。"奏可。是岁，造成而未用。乾德六年，郊禋始服，而冠未造，乃取朝服进贤冠、带、袜、履参用焉。

康定二年，少府监言："每大礼，法物库定百官品位给朝服。今两班内，有官卑品高、官高品卑者，难以裁定，愿敕礼院详其等第。"诏下礼院参酌旧制以闻。奏曰：

准《衣服令》，五梁冠，一品、二品侍祠大朝会则服之，中书门下则加笼巾貂蝉。准《官品令》，一品：尚书令，太师，太傅，太保，太尉，司徒，司空，太子太师、太傅、太保；二品：中书令，侍中，左右仆射，太子少师、少傅、少保，诸州府牧，左右金吾卫上将军。又准《阁门仪制》，以中书令、侍中、同中书门下平章事为宰臣，亲王、枢密使、留守、节度使、京尹兼中书令、侍中、同中书门下平章事为使相，枢密使、知枢密院事、参知政事、枢密副使、同知枢密院事、宣徽南北院使、佥书枢密院事并在东宫三师之上。以上品位职事，宜准前法给朝服。宰臣、使相则加笼巾貂蝉，其散官勋爵不系品位，止从正官为之服。

三梁冠，诸司三品、御史台四品、两省五品侍祠大朝会则服之。御史中丞则冠獬豸。准《官品令》，诸司三品，诸卫上将军，六军统军，诸卫大将军，神武、龙武大将军，太常、宗正卿，秘书监，光禄、卫尉、太仆、大理、鸿胪、司农、太府卿，国子祭酒，殿中、少府、将作、司天监，诸卫将军，神武、龙武将军，下都督，三京府尹，五大都督府长史，亲王傅；御史台三品、四品，御史大夫、中丞；两省三品、四品、五品，左右散骑常侍，门下、中书侍郎，谏议大夫，给事中，中书舍人；尚书省三品、四品，六尚书，左右丞，诸行侍郎；东宫三品、四品，宾客，詹事，左右庶子，少詹事，左右谕德。节度使，文明殿学士，资政殿大学士，三司使，翰林学士承旨，翰林学士，资政殿学士，端明殿学士，翰林侍读、侍讲学士，龙图阁学士，枢密直学士，龙图、天章阁直学士，次中书侍郎；节度观察留后，次六尚书、侍郎；知制诰，龙图、天章阁待制，观察使，次中书舍人；内客省使，次太府卿；客省使，次将作监；引进使，防御、团练、三司副使，次左右庶子。以上品位职事，宜准前法给朝服。

两梁冠，四品、五品侍祠大朝会则服之，六品则去剑、佩、绶，御史则冠獬豸。准《官品令》，诸司四品，太常、宗正少卿，秘书少监，光禄等七寺少卿，国子司业，殿中、少府、将作、司天少监，三京府少尹，太子率更令、家令、仆，诸卫率府率、副率，诸军卫中郎将，诸王府长史、司马，大都督府左右司马，内侍；尚书省五品，左右司诸郎中；诸司五品，国子博士，经筵博士，太子中允、左右赞善大夫，都水使者，开封祥符、河南洛阳、宋城县令，太子中舍、洗马，内常侍，太常、宗正、秘书、殿中丞，著作郎，殿中省五尚奉御，大理正，诸王友，诸军卫郎将，诸王府谘议参军，司天五官正，太史令，内给事；诸升朝官六品以下起居郎，起居舍人，侍御史，尚书省诸行员外郎，殿中侍御史，左右司谏，左右正言，监察御史，太常博士，通事舍人。四方馆使，次七寺少卿；诸州刺史，次太子仆；谓正任不带使职者。东西上阁门使，次司天少监；客省、引进、阁门副使，次诸行员外郎。已上品位职事，据令文，但言四品、五品，亦不分班叙上下。今请自尚书省五品以上及诸州刺史已上，准前法给朝服。其诸司五品已上，实有官高品卑及品高官卑者，宜自诸司五品、国子博士至内给事，并依六品以下例去剑、佩、绶，御史则冠獬豸，衣有中单。其诸司使、副使以下至阁门祗候，如有摄事合请朝服者，并同六品。

诏从所请。

元丰二年，详定朝会仪注所言：

古者制礼上物，不过十二，天之数也。自上而下，降杀以两。畿外诸侯，远于尊者而伸，则以九、以七、以五，从阳奇之数；王朝公卿大夫，近于尊者而屈，则以八、以六、以四，从阴偶之数。本朝《衣服令》，通天冠二十四梁，为乘舆服，以应冕旒前后之数。若人臣之冠，则自五梁而下，与汉、唐少异矣。至于绶，则乘舆及皇太子以织成，诸臣用锦为之。一品、二品冠五梁，中书门下加笼巾貂蝉。诸司三品三梁，四品、五品二梁，御史台四品、两省五品亦三梁，而绶有晕锦、黄狮子、方胜、练鹊四等之殊。六品则去剑、佩、绶。

隋、唐冠服皆以品为定，盖其时官与品轻重相准故也。今之令式，尚或用品，虽因袭旧文，然以官方之，颇为舛谬。概举一二，则太子中允、赞善大夫与御史中丞同品，太常博士品卑于诸寺丞，太子中舍品高于起居郎，内常侍才比内殿崇班，而在尚书诸司郎中之上，是品不可用也。若以差遣，则有官卑而任要剧者，有官品高而处之冗散者，有一官而兼领数局者，有徒以官奉朝请者，有分局莅职特出于一时随事立名者，是差遣又不可用也。以此言之，用品及差遣定冠绶之制，则未为允当。伏请以官为定，庶名实相副，轻重有准，仍乞分官为七等，冠绶亦如之。

貂蝉笼巾七梁冠，天下乐晕锦绶，为第一等。蝉，旧以玳瑁为蝴蝶状，今请改为黄金附蝉，宰相、亲王、使相、三师、三公服之。七梁冠，杂花晕锦绶，为第二等，枢密使、知枢密院至太子太保服之。六梁冠，方胜宜男锦绶，为第三等，左右仆射至龙图、天章、宝文阁直学士服之。五梁冠，翠毛锦绶，为第四等，左右散骑常侍至殿中、少府、将作监服之。四梁冠，簇四雕锦绶，为第五等，客省使至诸郎中服之。三梁冠，黄狮子锦绶，为第六等，皇城以下诸司使至诸卫率府率服之。内臣自内常侍以上及入内省内侍省内东西头供奉官、殿头，前班、东西头供奉官，左右侍禁、左右班殿直，京官秘书郎至诸寺、监主簿，既预朝会，亦宜朝服从事。今参酌自内常侍以上，冠服各从本等，寄资者如本官，入内、内侍省内东西头供奉官、殿头，三班使臣，陪位京官为第七等，皆二梁冠，方胜练鹊锦绶。高品以下服色依古者，韨、袜、舄、履并从裳色。

今制，朝服用绛衣，而锦有十九等。其七等绶，谓宜纯用红锦，以文采高下为差别。惟法官绶用青地荷莲锦，以别诸臣。《后汉志》："法冠一曰柱后，执法者服之，侍御史、廷尉正监平也，或谓之獬豸冠。"《南齐志》亦曰："法冠，廷尉等诸执法者冠之。"今御史台自中丞而下至监察御史，大理卿、少卿、丞、审刑院、刑部主判官，既正定厥官，真行执法之事，则宜冠法冠，改服青荷莲锦绶，其梁数与佩准本品。从之。

其后，又诏冬正朝会，诸军所服衣冠，厢都军都指挥使、都虞候、领团练使、刺史服第五等，军都指挥使、都虞候服第六等，指挥使、副指挥使服第七等，并班于庭，副都头以上常服，班殿门外。其朝会，执事高品以下，并服介帻，绛服，大带，革带，袜、履，方心曲领。

政和议礼局更上群臣朝服之制：七梁冠，金涂银棱，貂蝉笼巾，犀簪导，银立笔，朱衣裳，白罗中单，并皂標、襈，蔽膝随裳色，方心曲领，绯白罗大带，金涂银革带，金涂银装玉佩，天下乐晕锦绶，青丝网间施三玉环，白袜，黑履；三公，左辅，右，三少，太宰，少宰，亲王，开府仪同三司服之。七梁冠，无貂蝉笼巾，银装玉佩，杂花晕锦绶，余同三公以下服；执政官，东宫三师服之。六梁冠，白纱中单，银革带，佩，方胜宜男锦绶，银环，余同七梁冠服；大学士，学士，直学士，东宫三少，御史大夫、中丞，六曹尚书、侍郎，殿中监，大司成，散骑常侍，特进，金紫、银青光禄大夫，光禄大夫，太尉，节度使，左右金吾卫、左右卫上将军服之。五梁冠，翠毛锦绶，余同六梁冠服；太子宾客、詹事，给事中，中书舍人，谏议大夫，待制，九寺卿，大司乐，秘书监，殿中少监，国子祭酒，宣奉、正奉、通奉、通议、太中、中大夫，中奉、中散大夫，上将军，节度观察留后，观察使，通侍大夫，枢密都承旨服之。四梁冠，簇四盘雕锦绶，余同五梁冠服；九寺少卿，大晟典乐，秘书少监，国子、辟廱司业，少府、将作、军器监，都水使者，起居舍人，侍御史，太子左右庶子、少詹事、谕德，尚书左右司郎中、员外，六曹诸司郎中，朝议、奉直、朝请、朝散、朝奉大夫，防御、团练使，刺史，大将军，正侍、中侍、中亮、中卫、拱卫、左武、右武大夫，驸马都尉，带遥郡武功大夫以下，枢密副都承旨服之。三梁冠，金涂铜革带，佩，黄狮子锦绶，鍮石环，余同四梁冠服；殿中侍御史，监察御史，司谏，正言，尚书六曹员外郎，外符宝郎，少府、将作、军器少监，太子侍读、侍讲，中书舍人，亲王府翊善、侍读、侍讲，九寺、秘书、殿中监，辟廱丞，大晟乐令，两赤县令，大理正、司直、评事，著作郎，秘书郎，著作佐郎，太常、宗学、国子、辟廱博士，太史局令、正、丞，五官正，朝请、朝散、朝奉、承议、奉议、通直郎，中亮、中卫、拱卫、左武、右武郎，诸卫将军，卫率府率，武功、武德、武显、武节、武略、武经、武义、武翼大夫郎，医职翰林医正以上，内符宝郎，阁门通事舍人，敦武郎，修武郎服之。二梁冠，角簪，方胜练鹊锦绶，余同三梁冠服；在京职事官，阁门祗候，看班祗候，率府副率，升辇辂立侍内臣服之。御史大夫、中丞，刑部尚书、侍郎，大理卿、少卿，侍御

史，刑部郎中，大理寺正、丞、司直、评事并冠獬豸冠，服青荷莲绶。诏悉颁行。六年，诏导驾官朝服结佩。七年，诏夏祭百官朝、祭服用纱。

中兴，仍旧制。行事、执事官则服祭服，导引、陪祠官则服朝服，从绍兴三年太常寺请也。祠毕驾回，若服通天、绛纱袍，乘大辇，则百官从驾服朝服，或服履袍；乘平辇，则百官从驾服常服，自隆兴二年洪适请始也。

进贤冠以漆布为之，上缕纸为额花，金涂银铜饰，后有纳言。以梁数为差，凡七等，以罗为缨结之：第一等七梁，加貂蝉笼巾、貂鼠尾、立笔；第二等无貂蝉笼巾；第三等六梁，第四等五梁，第五等四梁，第六等三梁，第七等二梁，并如旧制，服同。貂蝉冠一名笼巾，织藤漆之，形正方，如平巾帻。饰以银，前有银花，上缀玳瑁蝉，左右为三小蝉，衔玉鼻，左插貂尾。三公、亲王侍祠大朝会，则加于进贤冠而服之。獬豸冠即进贤冠，其梁上刻木为獬豸角，碧粉涂之，梁数从本品。立笔，古人臣簪笔之遗象。其制削竹为干，裹以绯罗，以黄丝为毫，拓以银缕叶，插于冠后。旧令，文官七品以上服朝服者，簪白笔，武官则否，今文武皆簪焉。

卷一百五十三　　志第一百六

舆　服　五

诸臣服下　　士庶人服

公服。凡朝服谓之具服，公服从省，今谓之常服。宋因唐制，三品以上服紫，五品以上服朱，七品以上服绿，九品以上服青。其制，曲领大袖，下施横襕，束以革带，幞头，乌皮靴。自王公至一命之士，通服之。

太宗太平兴国二年，诏朝官出知节镇及转运使、副，衣绯、绿者并借紫。知防御、团练、刺史州，衣绿者借绯，衣绯者借紫；其为通判、知军监，止借绯。其后，江淮发运使同转运，提点刑狱同知刺史州。雍熙初，郊祀庆成，始许升朝官服绯、绿二十年者，叙赐绯、紫。

真宗登极，京朝官亦听叙，及东封、西祀赦书，京朝官并以十五年为限。后每帝登极，亦如例。景德三年，诏内诸司使以下出入内庭，不得服皂衣，违者论其罪；内职亦许服窄袍。

仁宗景祐元年，诏军使曾任通判者借绯，曾任知州者借紫。庆历元年，龙图阁直学士任布言："欲望自今赠官至正郎者，其画像许服绯，至卿监许服紫。"从之。嘉祐三年，诏三路转运使朝辞上殿日，与赐章服；诸路转运使候及十年，即与赐章服。

神宗熙宁元年，中书门下奏："六品以上犯赃滥或私罪徒重者，不得因本品改章服。"从之。元丰元年，去青

不用，阶官至四品服紫，至六品服绯，皆象笏、佩鱼，九品以上则服绿，笏以木。武臣、内侍皆服紫，不佩鱼。假版官及伎术若公人之人入品者，并听服绿。官应品而服色未易，与品未及而已易者，或以年格，或以特恩。五年，诏六曹尚书依翰林学士例，六曹侍郎、给事中依直学士例，朝谢日不以行、守、试并赐服佩鱼；罢职除他官日，不带行。

徽宗重和元年，诏礼制局自冠服讨论以闻，其见服靴、先改用履。礼制局奏："履有绚、繶、纯、綦，古者舄履各随裳之色，有赤舄、白舄、黑舄。今履欲用黑革为之，其绚、繶、纯、綦并随服色用之，以仿古随裳色之意。"诏以明年正旦改用。礼制局又言："履随其服色。武臣服色一等，当议差别。"诏文武官大夫以上具四饰，朝请郎、武功郎以下去繶，并称履；从义郎、宣教郎以下至将校、伎术官去繶、纯，并称履。当时议者以靴不当用之中国，实废释氏之渐云。

中兴，仍元丰之制，四品以上紫，六品以上绯，九品以上绿。服绯、紫者必佩鱼，谓之章服。非官至本品，不以假人。若官卑而职高，则特许者有三：自庶官迁六部侍郎，自庶官为待制，或出奉使者是也。又有以年劳而赐者，有品未及而借者。升朝官服绿，大夫以上服绯，莅事至今日以前及二十年历任无过者，许磨勘改授章服，此赐者也。或为通判者，许借绯；为知州、监司者，许借紫；任满还朝，仍服本品，此借者也。又有出于恩赐者焉。绍兴十二年九月，以皇太后回銮，诏承务郎以上服绯、绿，莅事至今日以前十七年者，并改转服色。

三十二年六月，孝宗即位，诏承务郎以上服绯、绿及十五年者，并许改转服色。然计年之法，亦不轻许。无出身人自年二十出官服绿日起理，服绯人亦自年二十服绯日起理，有出身人自赐出身日起理；内并除豁丁忧年、月、日不理外，历任无过者方许焉。先是，殿中侍御史张震奏："今日之弊，在于人有徼幸。能革其俗，然后天下可治。且改转服色，常赦自升朝官以上服绿，大夫以上服绯，莅事及二十年，方得改赐。今赦自承务郎以上服绯、绿及十五年，便与改转。比之常赦，不惟年限已减，而又官品相绝，盖已为异恩矣。今窃闻省、部欲自补官日便理岁月，即是婴孩授命，年才十五者今遂服绯；而贵近之子，或初年赐绯，年才及冠者今遂赐紫。朱、紫纷纷，不亦滥乎？况靖康、建炎恩赦，亦不曾以补官日为始。若始于出官之日，颇为折衷，盖比之莅事所减已多，而比之初补粗为有节。"帝从其言，故有是命。

又有出于特赐者，旌直臣则赐之，劝循吏则赐之，广孝治则赐之，优老臣则赐之，此皆非常制焉。内品未至而赐服及借者，并于衔内带赐及借。

幞头。一名折上巾，起自后周，然止以软帛垂脚，隋始以桐木为之，唐始以罗代缯。惟帝服则脚上曲，人臣下垂。五代渐变平直。国朝之制，君臣通服平脚，乘舆或服上曲焉。其初以藤织草巾子为里，纱为表，而涂以漆。后惟以漆为坚，去其藤里，前为一折，平施两脚，以铁为之。

带。古惟用革，自曹魏而下，始有金、银、铜之饰。宋制尤详，有玉、有金、有银、有犀，其下铜、铁、角、石、墨玉之类，各有等差。玉带不许施于公服。犀非品官、通犀非特旨皆禁。铜、铁、角、石、墨玉之类，民庶及郡县吏、伎术等人，皆得之。

其制有金球路、荔支、师蛮、海捷、宝藏，方团二十五两；荔支自二十五两至七两，有四等；师蛮二十五两；海捷十五两；宝藏三十两。惟球路方团胯，余悉方胯。荔支或为御仙花，束带亦同。金涂天王、八仙、犀牛、宝瓶、荔支、师蛮、海捷、双鹿、行虎、洼面。天王、八仙二十五两；犀牛、宝瓶自二十五两至十五两，有二等；荔支自二十两至十两，有三等；师蛮自二十两至十八两，有二等；海捷自十五两至十两，有三等；双鹿自二十两至四两，有九等；行虎七两；洼面自十五两至十二两，有二等。束带则有金荔支、师蛮、戏童、海捷、犀牛、胡荽、凤子、宝相花，荔支自二十五两至十五两，有三等；师蛮、戏童二十五两；海捷自二十两至十两，有二等；犀牛二十两；凤子、宝相花十五两。金涂犀牛、双鹿、野马、胡荽。犀牛、野马十五两；双鹿自二十两，有三等；胡荽自十五两至十两，有三等。犀有上等、次等，以牯特为别。出黔南者，在南海之下。

太宗太平兴国七年正月，翰林学士承旨李昉等奏曰："奉诏详定车服制度，请从三品以上服玉带，四品以上服金带，以下升朝官、虽未升朝已赐紫绯、内职诸军将校，并服红鞓金涂银排方。虽升朝着绿者，公服上不得系银带，余官服黑银方团胯及犀角带。贡士及胥吏、工商、庶人服铁角带，恩赐者不用此制。荔支带本是内出以赐将相，在于庶僚，岂合僭服？望非恩赐者，官至三品乃得服之。"景德三年，诏通犀、金、玉带，除官品合服及恩赐外，余人不得服用。大中祥符五年，诏曰："方团金带，优宠辅臣，今文武庶官及伎术之流，率以金银仿效，甚紊彝制。自今除恩赐外，悉禁之。"端拱中，诏作瑞草地球路文方团胯带，副以金鱼，赐中书、枢密院文臣。

仁宗庆历八年，彰信军节度使兼侍中李用和言："伏见张耆授兼侍中日，特赐笏头金带以为荣异，欲望正谢日，准例特赐。"诏如耆例。

神宗熙宁六年，熙河路奏捷，宰臣王安石率群臣贺紫宸殿，神宗解所服白玉带赐之。八年，岐王颢、嘉王頵言："蒙赐方团玉带，著为朝仪，乞宝藏于家，不敢服用。"神宗不许，命工别琢玉带以赐之。颢等固辞，不听；请加佩金鱼以别嫌，诏以玉鱼赐之。亲王佩玉鱼自此始。宗旦、宗谔皆以使相遇郊恩告谢，特赐球文方团金带、佩鱼，自是宗室节度带同平章事者，著为例。宣徽使张方平、郭逵、王拱辰皆尝特赐。元丰五年，诏："三师、三公、宰相、执政官、开府仪同三司、节度使曾任宰相者，观文殿大学士已上，金球文方团带，佩鱼。观文殿学士至宝文阁直学士、节度使、御史大夫、中丞、六曹尚书、侍郎、散骑常侍御仙花带，内御史大夫、六曹尚书、翰林学士以上及资政殿学士特班翰林学士上者，仍佩鱼。"六年，诏："北使经过处，守臣曾借朝议大夫者，令权服紫，不系金带。其押赐御筵官仍互借，先借朝议大夫者，即借中散大夫，并许系金带，不佩鱼。"哲宗元祐五年，诏：臣僚曾赐金带后至不该系者，在外许系。

徽宗崇宁二年，诏：六尚局奉御，今后许服金带。四年，中书省检会哲宗《元符仪制令》："诸带，三师、三公、宰相、执政官、使相、节度使、观文殿大学士球文，佩鱼。节度使非曾任宰相即御仙花，佩鱼。观文殿学士至宝文阁直学士、御史大夫、中丞、六曹尚书、侍郎、散骑常侍并御仙花，权侍郎不同；内御史大夫、六曹尚书、观文殿学士至翰林学士仍佩鱼，资政殿学士特旨班在翰林学士上者同，权尚书不同。其官职未至而特赐者，不拘此令。因任职事官经赐金带者，虽后任不该赐，亦许服。"看详：若称因任六曹侍郎经赐带，后除知开封府之类，既非职事官，又非在外，皆不许系，似非元立法之意。盖立文该举未尽，其特赐者既不缘官职，自无时不许系外；因任职事官赐金带，后任不该者亦许服，即在外与在京非职事官，皆可用。诏申明行下。大观二年，诏中书舍人、谏议大夫、待制、殿中少监许系红鞓犀带，不佩鱼。

中兴仍之，其等亦有玉、有金、有银、有金涂银、有犀、有通犀、有角。其制，球文者四方五团，御仙花者排方。凡金带：三公、左右丞相、三少、使相、执政官、观文殿大学士、节度使球文，佩鱼；观文殿学士至华文阁直学士、御史大夫、中丞、六曹尚书、侍郎、散骑常侍、开封尹、给事中并御仙花，内御史大夫、六曹尚书、观文殿学士至翰林学士仍佩鱼；中书舍人、左右谏议大夫、龙图天章宝文显谟徽猷敷文焕章华文阁待制、权侍郎服红鞓排方黑犀带，仍佩鱼；权侍郎以上罢任不带职者，亦许服之。

鱼袋。其制自唐始，盖以为符契也。其始曰鱼符，左一，右一。左者进内，右者随身，刻官姓名，出入合之。因盛以袋，故曰鱼袋。宋因之，其制以金银饰为鱼形，公服则系于带而垂于后，以明贵贱，非复如唐之符契也。

太宗雍熙元年，南郊后，内出以赐近臣，由是内外升朝文武官皆佩鱼。凡服紫者，饰以金；服绯者，饰以银。庭赐紫，则给金涂银者；赐绯，亦有特给者。京官、幕职州县官赐绯紫者，亦佩。亲王武官、内职将校皆不佩。真宗大中祥符六年，诏伎术官未升朝赐绯、紫者，不得佩鱼。

仁宗天圣二年，翰林待诏、太子中舍同正王文度因勒碑赐紫章服，以旧佩银鱼，请佩金鱼。仁宗曰："先朝不许伎术人辄佩鱼，以别士类，不令混淆，宜却其请。"景祐三年，诏殿中省尚药奉御赐紫徐安仁，特许佩鱼。至和元年，诏：中书提点五房公事，自今虽无出身，亦听佩鱼，旧制，自选人入为堂后官，转至五房提点，始得佩鱼。提点五房吕惟和非选人入，授司天监五官正例求佩鱼，特许之。

神宗元丰二年，蒲宗孟除翰林学士，神宗曰："学士职清地近，非它官比，而官仪未宠，自今宜加佩鱼。"遂著为令。三年，诏：自今中书堂后官，并带赐绯鱼袋，余依旧例。徽宗政和元年，尚书兵部侍郎王诏奏："今监司、守、倅等，并许借服色而不许佩鱼，即是有服而无章，殆与吏无别。乞今后应借绯、紫臣僚，并许随服色佩鱼，仍各许入衔，候回日依旧服色。"从之。中兴，并仍旧制。

笏。唐制五品以上用象。上圆下方；六品以下用竹、木，上挫下方。宋文散五品以上用象，九品以上用木。武臣、内职并用象，千牛衣绿亦用象，廷赐绯、绿者给之。中兴同。

靴。宋初沿旧制，朝履用靴。政和更定礼制，改靴用履。中兴仍之。乾道七年，复改用靴，以黑革为之，大抵参用履制，惟加勒焉。其饰亦有絇、繶、纯、綦，大夫以上具四饰，朝请、武功郎以下去繶，从义、宣教郎以下至将校、伎术官并去纯。底用麻再重，革一重。里用素衲毡，高八寸。诸文武官通服之，惟以四饰为别。服绿者饰以绿，服绯、紫者饰亦如之，仿古随裳色之意。

簪戴。幞头簪花，谓之簪戴。中兴，郊祀、明堂礼毕回銮，臣僚及扈从并簪花，恭谢日亦如之。大罗花以红、黄、银红三色，栾枝以杂色罗，大绢花以红、银红二色。罗花以赐百官，栾枝，卿监以上有之；绢花以赐将校以下。太上两宫上寿毕，及圣节、及锡宴、及赐新进士闻喜宴，并如之。

重戴。唐士人多尚之，盖古大裁帽之遗制，本野夫岩叟之服。以皂罗为之，方而垂檐，紫里，两紫丝组为缨，垂而结之颔下。所谓重戴者，盖折上巾又加以帽焉。宋初，御史台皆重戴，余官或戴或否。后新进士亦戴，至释褐则止。太宗淳化二年，御史言："旧仪，三院御史在台及出使，并重戴，事已久废。其御史出台为省职及在京厘务者，请依旧仪，违者罚俸一月。"从之。又诏两省及尚书省五品以上皆重戴，枢密三司使、副则不。中兴后，御史、两制、知贡举官、新进士上三人，许服之。

时服。宋初因五代旧制，每岁诸臣皆赐时服，然止赐将相、学士、禁军大校。建隆三年，太祖谓侍臣曰："百官不赐，甚无谓也。"乃遍赐之。岁遇端午、十月一日，文武群臣将校皆给焉。是岁十月，近臣、军校增给锦衬袍，中书门下、枢密、宣徽院、节度使及侍卫步军都虞候以上，皇亲大将军以上，天下乐晕锦；三司使、学士、中丞、内客省使、驸马、留后、观察使，皇亲将军、诸司使、厢主以上，簇四盘雕细锦；三司副使、宫观判官，黄师子大锦；防御团练使、刺史、皇亲诸司副使，翠毛细锦；权中丞、知开封府、银台司、审刑院及待制以上，知检院鼓院、同三司副使、六统军、金吾大将军，红锦。诸班及诸军将校，亦赐窄锦袍。有翠毛、宜男、云雁细锦，师子、练鹊、宝照大锦，宝照中锦，凡七等。

应给锦袍者，皆五事；公服、锦宽袍，绫汗衫、裤，勒帛，丞郎、给舍、大卿监以上不给锦袍者，加以黄绫绣抱肚。大将军、少卿监、郎中以上，枢密诸房副承旨以上，诸司使，皇亲承制、崇班，皆四事；无锦袍。将军至副率、知杂御史至大理正，入内都知、内侍都知、皇亲殿直以上，皆三事；无袴。通事舍人、承制、崇班、入内押班、内侍副都知押班、内常侍、六尚奉御以下，京官充馆阁、宗正寺、刑法官者，皆二事；无勒帛，内职汗衫以绫，文臣以绢。阁门祗候、内供奉官至殿直，京官编修、校勘，止给公服。端午，亦给。应给锦袍者，汗衫以黄縠，别加绣抱肚、小扇。诞圣节所给，如时服。京师禁厢军校、卫士、内诸司胥吏、工巧人，并给服有差。

朝官、京官、内职出为外任通判、监押、巡检以上者，大藩府监务者，亦或给之。每岁十月时服，开宝中，皆赐窄锦袍。太平兴国以后，文官知制诰、武官上将军、内职诸司使以上，皆赐锦。藩镇观察使以上，天下乐晕锦；尚书及步军都虞候以上及知益州、并州，次晕锦，皆五事。学士、丞郎，簇四盘雕锦；刺史以上及知广州，翠毛锦，皆三件。待制以上，横班诸司使，翠毛锦；知代州，御仙花锦；诸司使领郡，宜男锦；诸司使，云雁锦。驸马，锦如丞郎，增至四事。益州钤辖，锦从本官，增绫袴。朝官供奉官以上，皆赐紫地皂花歇正。京官殿直以下，皆赐紫大绫。在外禁军将校，亦赐窄锦袍，次赐紫绫色绢。景德元年，始诏河北、河东、陕西三路转运使、副，并给方胜练鹊锦。校猎从官兼赐紫罗锦、旋襕、暖靴。

雍熙四年，令节度使给皂地金线盘云凤鹿胎旋襕，侍卫步军都虞候以上给皂地金线盘花鸳鸯。

亲王、宰相、使相生日，并赐衣五事，锦彩百匹，金花银器百两，马二匹，金涂银鞍勒一。宰相、枢密使、参知政事、枢密副使、宣徽使初拜、加恩中谢日，并赐衣五事，金带一，旧荔支带，淳化后，宰相、参知政事、文臣任枢密副使，改赐方团胯球路金带，加以金鱼。涂金银鞍勒马一。三司使、学士、御史中丞初拜中谢日，赐衣五事，荔支金带一，涂金银鞍勒马一。文明学士以下，初赐金装犀带，后改赐金带。中书舍人，赐袭衣、犀带。宰相以下对御抬赐；枢密直学士、中书舍人谢讫，中使押赐，再入谢于别殿。中书舍人或告谢日已改赐章服，则罢中使押赐。

郊禋礼毕，亲王、宰相至龙图阁直学士、禁军将校，各赐袭衣、金带。亲王、中书门下、枢密、宣徽、三司使、四厢都指挥使以上，加鞍勒马一。其后宫观副使、天书扶侍使，并同学士。同中谢日。雍熙元年，两省五品以上，御史台、尚书省四品以上，各赐袭衣、犀带、鱼袋。其为五使，则皆赐金带，仍各加器币。文武行事官，各赐金帛。牧伯在外者，遇大礼，不赐。大中祥符元年，诏节度、观察、防御、团练使，刺史，因东封为诸州部署钤辖者，并特赐焉。

使相、节度使自镇来朝入见日，赐衣五事，金带，鞍马；朝辞日，赐窄衣六事，金束带，鞍勒马一，散马二；节度使减散马。为都部署者，别赐带甲鞍勒马一。观察使为都部署，副都部署赴本任，知州，赐窄衣三事，金束带，鞍勒马。防御团练使、刺史为部署、钤辖，赐窄衣三事，金束带；赴本任，赐窄衣三事，涂金银腰带；为知州、都监，赐窄衣三事，绢三十匹。诸司为钤辖者，赐窄衣、金束带。文武官内职出为知州军、通判、发运、转运使副、提点刑狱、都监、巡检、寨主、军使及任使繁要者，仆射赐窄衣三事，绢五十匹；尚书、丞郎、学士、谏舍、待制、大卿监及统军、上将军、诸司使，减绢二十匹；少卿监至五官正、大将军至副率、诸司副使，减绢一十匹；中郎将、京官内殿承制至借职、内常侍，减衣二事，又减绢一十匹。窄衣，起二月给紫罗衫；起十月给紫敧正锦袄。给公服者，单夹亦然。诸道衙内指挥使、都虞候入贡辞日，赐紫罗窄衫，金涂银带。

士庶人车服之制。太宗太平兴国七年，诏曰："士庶之间，车服之制，至于丧葬，各有等差。近年以来，颇成逾僭。宣令翰林学士承旨李昉详定以闻。"昉奏："今后富商大贾乘马，漆素鞍者勿禁。近年品官绿袍及举子白襕下皆服紫色，亦请禁之。其私第便服，许紫皂衣、白袍。旧制，庶人服白，今请流外官及贡举人，庶人通许服皂。工商、庶人家乘檐子，或用四人、八人，请禁断，听乘车兜子，舁不得过二人。"并从之。端拱二年，诏县镇场务诸色公人并庶人，商贾、伎术、不系官伶人，只许服皂、白衣，铁、角带，不得服紫。文武升朝官及诸司副使、禁军指挥使、厢军都虞候之家子弟，不拘此限。幞头巾子，自今高不过二寸五分。妇人假髻并宜禁断，仍不得作高髻及高冠。其销金、泥金、真珠装缀衣服，除命妇许服外，余人并禁。至道元年，复许庶人服紫。

真宗咸平四年，禁民间造银鞍瓦、金线、盘蹙金线。大中祥符元年，三司言："窃惟山泽之宝，所得至难，倘纵销释，实为虚费。今约天下所用，岁不下十万两，俾上币弃于下民。自今金银箔线、贴金、销金、泥金、蹙金线装贴什器土木玩用之物，并请禁断，非命妇不得以为首饰。冶工所用器，悉送官。诸州寺观有以金箔饰尊像者，据申三司，听自赍金银工价，就文思院换给。"从之。二年，诏申禁熔金以饰器服。又太常博士知温州李逸言："两浙僧求丐金银、珠玉，错末和泥以为塔像，有高袤丈者。毁碎珠宝，寖以成俗，望严行禁绝，违者重论。"从之。

七年，禁民间服销金及钹遮那缬。八年，诏："内庭自中宫以下，并不得销金、贴金、间金、戭金、圈金、解金、剔金、陷金、明金、泥金、楞金、背影金、盘金、织金、金线捻丝，装著衣服，并不得以金为饰。其外庭臣庶家，悉皆禁断。臣民旧有者，限一月许回易。为真像前供养物，应寺观装功德用金箔，须具殿位真像显合增修创造数，经官司陈状勘会，诣实闻奏，方给公凭，诣三司收买。其明金装假果、花枝、乐身之类，应金为装彩物，降诏前已有者，更不毁坏，自余悉禁。违者，犯人及工匠皆坐。"是年，又禁民间服皂班缬衣。

仁宗天圣三年，诏："在京士庶不得衣黑褐地白花衣服并蓝、黄、紫地撮晕花样，妇女不得将白色、褐色毛段并淡褐色匹帛制造衣服，令开封府限十日断绝；妇女出入乘骑，在路披毛褐以御风尘者，不在禁限。"七年，诏士庶、僧道无得以朱漆饰床榻。九年，禁京城造朱红器皿。

景祐元年，诏禁锦背、绣背、遍地密花透背采段，其稀花团窠、斜窠杂花不相连者非。二年，诏：市肆造作缕金为妇人首饰等物者禁。三年，"臣庶之家，毋得采捕鹿胎制造冠子。又屋宇非邸店、楼阁临街市之处，毋得为四铺作闹斗八；非品官毋得起门屋，非宫室、寺观毋得彩绘栋宇及朱黝漆梁柱窗牖、雕镂柱础。凡器用毋得表里朱漆、金漆，下毋得衬朱。非三品以上官及宗室、戚里之家，毋得用金棱器，其用银者毋得涂金。玳瑁酒食器，非宫禁毋得用。纯金器若经赐者，听用之。凡命妇许以金为首饰，及为小儿铃铤、钗篸、钏缠、珥环之属；仍毋得为牙鱼、飞鱼、奇巧飞动若龙形者。非命妇之家，毋得以真珠装缀首饰、衣服，及项珠、缨络、耳坠、头㡛、抹子之类。凡帐幔、缴壁、承尘、柱衣、额道、项帕、覆旌、床裙，毋得用纯锦遍绣。宗室戚里茶檐、食合，毋得以绯红盖覆。豪贵之族所乘坐车，毋得用朱漆及五彩装绘，若用黝间以五彩者听。民间毋得乘檐子，及以银骨朵、水罐引喝随行。"

庆历八年，诏禁士庶效契丹服及乘骑鞍辔、妇人衣铜绿兔褐之类。皇祐元年，诏妇人冠高毋得逾四寸，广毋得逾尺，梳长毋得逾四寸，仍禁以角为之。先是，宫中尚白角冠梳，人争仿之，至谓之内样。冠名曰垂肩等肩，至有长三尺者；梳长亦逾尺。议者以为服妖，遂禁止之。嘉祐七年，初，皇亲与内臣所衣紫，皆再入为黝色。后士庶寖相效，言者以为奇邪之服，于是禁天下衣黑紫服者。

神宗熙宁九年，禁朝服紫色近黑者；民庶止令乘狨车，听以黑饰，间五彩为饰，不许呵引及前列仪物。哲宗绍圣二年，侍御史翟思言："京城士人与豪右大姓，出入率以轿自载，四人舁之，甚者饰以棕盖，彻去帘蔽，翼其左右，旁午于通衢，甚为僭拟，乞行止绝。"从之。

徽宗大观元年，郭天信乞中外并罢翡翠装饰，帝曰："先王之政，仁及草木禽兽，今取其羽毛，用于不急，伤生害性，非先王惠养万物之意。宜令有司立法禁之。"政和二年，诏后苑造缬帛。盖自元丰初，置为行军之号，又为卫士之衣，以辨奸诈，遂禁止民间打造。令开封府申严其禁，客旅不许兴贩缬板。

七年，臣僚上言："辇毂之下，奔竞侈靡，有未革者。居室服用以壮丽相夸，珠玑金玉以奇巧相胜，不独贵近，比比纷纷，日益滋甚。臣尝考之，申令法禁虽具，其罚尚轻，有司玩习，以至于此。如民庶之家不得乘轿，今京城内暖轿，非命官至富民、娼优、下贱，遂以为常。窃见近日有赴内禁乘以至皇城门者，奉祀乘至宫庙者，坦然无所畏避。臣妄以为僭礼犯分，禁亦不可以缓。"于是诏，非品官不得乘暖轿。先是，权发遣提举淮南东路学事丁瓘言："衣服之制，尤不可缓。今闾阎之卑，倡优之贱，男子服带犀玉，妇人涂饰金珠，尚多僭侈，未合古制。臣恐礼官所议，止正大典，未遑及此。伏愿明诏有司，严立法度，酌古便今，以义起礼。俾闾阎之卑，不得与尊者同荣；倡优之贱，不得与贵者并丽。此法一正，名分自明，革浇

偷以归忠厚，岂曰小补之哉。"是岁，又诏敢为契丹服若毡笠、钓墩之类者，以违御笔论。钓墩，今亦谓之袜裤，妇人之服也。

中兴，士大夫之服，大抵因东都之旧，而其后稍变焉。一曰深衣，二曰紫衫，三曰凉衫，四曰帽衫，五曰襕衫。淳熙中，朱熹又定祭祀、冠婚之服，特颁行之。凡士大夫家祭祀、冠婚，则具盛服。有官者幞头、带、靴、笏，进士则幞头、襕衫、带，处士则幞头、皂衫、带，无官者通用帽子、衫、带；又不能具，则或深衣，或凉衫。有官者亦通用帽子以下，但不为盛服。妇人则假髻、大衣、长裙。女子在室者冠子、背子。众妾则假纷、背子。

冠礼，三加冠服，初加，缁布冠、深衣、大带、纳履；再加，帽子、皂衫、革带、系鞋；三加，幞头、公服、革带、纳靴。其品官嫡庶子初加，折上巾、公服；再加，二梁冠、朝服；三加，平冕服，若以巾帽、折上巾为三加者，听之。深衣用白细布，度用指尺，衣全四幅，其长过胁，下属于裳。裳交解十二幅，上属于衣，其长及踝。圆袂方领，曲裾黑缘。大带、缁冠、幅巾、黑履。士大夫家冠昏、祭祀、宴居、交际服之。

紫衫。本军校服。中兴，士大夫服之，以便戎事。绍兴九年，诏公卿、长吏服用冠带，然迄不行。二十六年，再申严禁，毋得以戎服临民，自是紫衫遂废。士大夫皆服凉衫，以为便服矣。

凉衫。其制如紫衫，亦曰白衫。乾道初，礼部侍郎王曮奏："窃见近日士大夫皆服凉衫，甚非美观，而以交际、居官、临民，纯素可憎，有似凶服。陛下方奉两宫，所宜革之。且紫衫之设以从戎，故为之禁，而人情趋简便，靡而至此。文武并用。本不偏废，朝章之外，宜有便衣，仍存紫衫，未害大体。"于是禁服白衫，除乘马道涂许服外，余不得服。若便服，许用紫衫。自后，凉衫祗用为凶服矣。

帽衫。帽以乌纱、衫以皂罗为之，角带，系鞋。东都时，士大夫交际常服之。南渡后，一变为紫衫，再变为凉衫，自是服帽衫少矣。惟士大夫家冠昏、祭祀犹服焉。若国子生，常服之。

襕衫。以白细布为之，圆领大袖，下施横襕为裳，腰间有辟积。进士及国子生、州县生服之。

绍兴五年，高宗谓辅臣曰："金翠为妇人服饰，不惟靡货害物，而侈靡之习，实关风化。已戒中外，及下令不许入宫门，今无一人犯者。尚恐士民之家未能尽革，宜申严禁，仍定销金及采捕金翠罪赏格。"淳熙二年，孝宗宣示中宫韦曰："珠玉就用禁中旧物，所费不及五万，革弊当自宫禁始。"因问风俗，龚茂良奏："由贵近之家，放效宫禁，以致流传民间。粥簪珥者，必言内样。彼若知上崇尚淳朴，必观感而化矣。臣又闻中宫服浣濯之衣，数年不易。请宣示中外，仍敕有司严戢奢僭。"宁宗嘉泰初，以风俗侈靡，诏官民营建室屋，一遵制度，务从简朴。又以宫中金翠，燔之通衢，贵近之家，犯者必罚。

卷一百五十四　　志第一百七

輿　服　六

宝　印　符券　宫室制度　臣庶室屋制度

宝。秦制，天子有六玺，又有传国玺，历代因之。唐改为宝，其制有八。五代乱离，或多亡失。周广顺中，始造二宝：其一曰"皇帝承天受命之宝"，一曰"皇帝神宝"。太祖受禅，传此二宝，又制"大宋受命之宝"。至太宗，又别制"承天受命之宝"。是后，诸帝嗣服，皆自为一宝，以"皇帝恭膺天命之宝"为文。凡上尊号，有司制玉宝，则以所上尊号为文。

宝用玉，篆文，广四寸九分，厚一寸二分。填以金盘龙钮，系以晕锦大绶，赤小绶，连玉环；玉检高七寸，广二寸四分，厚四分；玉斗方二寸四分，厚一寸二分：皆饰以红锦，金装，裹以红锦，加红罗泥金夹帊，纳于小盝。盝以金装，内设金床，晕锦褥，饰以杂色玻璃、碧钿石、珊瑚、金精石、玛瑙。又盝二重，皆装以金，覆以红罗绣帊，载以腰舆及行马，并饰以金。又有香炉、宝子、香匙、灰匙、火箸、烛台、烛刀，皆以金为之，是所谓缘宝法物也。

别有三印：一曰"天下合同之印"，中书奏覆状、流内铨历任三代状用之；二曰"御前之印"，枢密院宣命及诸司奏状内用之；三曰"书诏之印"，翰林诏敕用之。皆铸以金，又以鍮石各铸其一。雍熙三年，并改为宝，别铸以金，旧六印皆毁之。

真宗即位，作皇帝受命宝，文曰"皇帝恭膺天命之宝"。大中祥符元年五月，详定所言："按玉牒、玉册，用皇帝受命宝印之，纳玉匮于石䃭，以天下同文之印封之。今封禅泰山，请依旧制，别造玉宝一枚，方寸二分，文同受命宝。其封石䃭，用天下同文之印，旧史云无制度，今请用金铸，大小同御前之宝，以'天下同文之宝'为文。所有缘宝法物，亦请依式制造。"从之。天禧元年十二月，召辅臣于滋福殿，观新刻"五岳圣帝玉宝"及"皇帝昭受乾符之宝"，命择日迎导赴会灵观奉安。其宝并金押玉钮，制作精妙。真宗以奏章上帝，承前皆用御前之宝，以理未顺，故改用昭受乾符之宝。

乾兴元年，仁宗即位，作受命宝，文同真宗。天圣元年，诏以宫城火，重制受命宝及尊号册宝。庆历八年十一月，诏刻"皇帝钦崇国祀之宝"。先是，天禧中，真宗刻昭受乾符之宝，而于醮祠表章用之。后经大内火，宝焚，乃用御前之宝。至是，下学士院定其文，命宰臣陈执中书之。皇祐五年七月，诏作"镇国神宝"。先是，奉宸库有良玉，广尺，厚半之。仁宗以为希代之珍，不欲为服玩，因作是宝，命宰臣庞籍篆文。宝成，太常礼院引《唐六典》次序曰："一神宝，二受命宝，冬至祀南郊，大驾仪仗，请以镇国神宝先受命宝为前导。"自是为定式。至和二年，初，太宗以玉宝二钮赐太祖之子德芳，其文曰"皇帝信宝"，至是，德芳孙左屯卫大将军从式上之。

嘉祐八年，仁宗崩，英宗立，翰林学士范镇言："伏闻大行皇帝受命宝及缘宝法物，与平生衣冠器用，皆欲举而葬之，恐非所以称先帝恭俭之意。其受命宝，伏乞陛下自宝用之，且示有所传付。若衣冠器玩，则请陈于陵寝及神御殿，岁时展视，以慰思慕。"诏检讨官考索典故，及命两制、礼官详议。翰林学士王珪等奏曰："受命宝者，犹昔传国玺也，宜为天子传器，不当改作。古者藏先王衣服于庙寝，至于平生器玩，则前世既不皆纳于方中，亦不尽陈于陵寝。谓今宜从省约，以称先帝恭俭之实。"帝不用其议，乃别造受命宝，命参知政事欧阳修篆文八字。至哲宗立，亦作焉，其文并同。

绍圣三年，咸阳县民段义得古玉印，自言于河南乡刘银村修舍，掘地得之，有光照室。四年，上之，诏礼部、御史台以下参验。元符元年三月，翰林学士承旨蔡京及讲议官十三员奏：

按所献玉玺，色绿如蓝，温润而泽，其文曰"受命于天，既寿永昌"。其背螭钮五盘，钮间有小窍，用以贯组。又得玉螭首一，白如膏，亦温润，其背亦螭钮五盘，钮间亦有贯组小窍，其面无文，与玺大小相合。篆文工作，皆非近世所为。

臣等以历代正史考之，玺之文曰"皇帝寿昌"者，晋玺也；曰"受命于天"者，后魏玺也；"有德者昌"，唐玺也；"惟德允昌"，石晋玺也；则"既寿永昌"者，秦玺可知。今得玺于咸阳，其玉乃蓝田之色，其篆与李斯小篆体合。饰以龙凤鸟鱼，乃虫书鸟迹之法，于今所传古书，莫可比拟，非汉以后所作明矣。

今陛下嗣守祖宗大宝，而神玺自出，其文曰"受命于天，既寿永昌"，则天之所畀，乌可忽哉？汉、晋以来，得宝鼎瑞物，犹告庙改元，肆眚上寿，况传国之器乎？其缘宝法物礼仪，乞下所属施行。

诏礼部、太常寺按故事详定以闻。礼官言：五月朔，故事当大朝会，宜就行受宝之礼。依上尊号宝册仪，有司豫制缘宝法物，并宝进入。俟降出，权于宝堂安奉。前三日，差官奏告天地、宗庙、社稷。前一日，帝斋于内殿。翌日，御大庆殿，降坐受宝，群臣上寿称贺。先期，又诏龙图、天章阁赍治平元年耀州所献受命宝玉检，赴都堂参议。诏以五月朔受传国宝，命章惇书玉检，以"天授传国受命之宝"为文。

徽宗崇宁五年，有以玉印献者。印方寸，以龟为钮，工作精巧，文曰"承天福延万亿永无极"。徽宗因次其文，仿李斯虫鱼篆作宝文。其方四寸有奇，螭钮，方盘，上圆下方，名为镇国宝。大观元年，又得玉工，用元丰中玉琢天子、皇帝六玺，叠篆。初，绍圣间，得汉传国玺，无检，幅又不阙，疑其一角缺者，乃检也。有《检传》，考验其详,传于世。帝于是取其文而黜其玺不用,自作受命宝,其方四寸有奇,琢以白玉,篆以虫鱼。镇国、受命二宝,合天子、皇帝六玺,是为八宝。

　　诏曰:"自昔皆有尚符玺官。今虽隶门下后省,遇亲祠,则临时具员,讫事复罢。八宝既备,宜重典司之职。可令尚书省置官,如古之制。"又诏曰:"永惟受命之符,当有一代之制,而尚循秦旧,六玺之用,度越百年之久,或未大备。自天申命,地不爱宝,获全玉于异域,得妙工于编氓,八宝既成,夐无前比,殆天所授,非人能为。可以来年元日,御大庆殿恭受八宝。"尚书省言:

　　请置符宝郎四员,隶门下后省,二员以中人充,掌宝于禁中。按唐八宝,车驾临幸,则符宝郎奉宝以从,大朝会,则奉宝以进。今镇国宝、受命宝非常用之器,欲临幸则从六宝,朝会则陈八宝,皆久纳。内符宝郎奉宝出以授外符宝郎,外符宝郎从宝行于禁卫之内,朝则分进于御坐之前。

　　镇国宝、受命宝不常用,唯封禅则用之。皇帝之宝,答邻国书则用之;皇帝行宝,降御札则用之;皇帝信宝,赐邻国书及物则用之;天子之宝,答外国书则用之;天子行宝,封册则用之;天子信宝,举大兵则用之。应合用宝,外符宝郎具奏,请内符宝郎御前请宝,印讫,付外符宝郎承受。

从之。二年,诏受命宝之上,加"镇国"二字。

　　政和七年,从于阗得大玉逾二尺,色如截肪。徽宗又制一宝,赤螭钮,文曰"范围天二,幽赞神明,保合太和,万寿无疆"。篆以鱼虫,制作之工,几于秦玺。其宝九寸,检亦如之,号曰"定命宝"。合前八宝为九,诏以九宝为称,以定命宝为首。且曰:"八宝者,国之神器;至于定命宝,乃我所自制也。"于是,应行导排设,定命与受命、天子宝在左,镇国与皇帝宝在右。又诏:"镇国、受命宝与天子、皇帝之宝,其数有八,盖非乾元用九之数。比得宝玉于异哉,受定命之符于神霄,乃以'范围天地,幽赞神明,保合太和,万寿无疆'为文。卜云其吉,篆以虫鱼,纵广之制,其寸亦九,号曰定命宝。来年元日祗受。"又诏差官奏告天地、宗庙、社稷。八年正月一日,御大庆殿,受定命宝,百僚称贺。其后京城之难,诸宝俱失之,惟大宋受命之宝与定命宝独存,盖天意也。

　　建炎初,始作金宝三:一曰"皇帝钦崇国祀之宝",祭祀祠表用之;二曰"天下合同之宝",降付中书门下省用之;三曰"书诏之宝",发号施令用之。绍兴元年,又作玉宝一,文曰"大宋受命中兴之宝"。又得旧宝二,历世宝之,凡上太上皇尊号、册后太子皆用焉。十六年,又作八宝:一曰镇国神宝,以"承天福延万亿永无极"九字为文;二曰受命宝,以"受命于天既寿永昌"为文;三曰天子之宝;四曰天子信宝;五曰天子行宝;六曰皇帝之宝;七曰皇帝信宝;八曰皇帝行宝。藏之御府,大朝会则陈之;上册宝尊号、册后太子、大礼设卤簿,亦如之。宝之制,用玉尺度,钮鼻,大小绶,玉环。检制,旧制如牌,上刻曰某宝。皆裹以朱缕,加绯罗泥金帕,纳于小盝。盝三重,皆饰以金,内设金床、金宝斗、龙钥金锁,覆以绯罗绣帕,载以腰舆、行马。

　　孝宗即位,议上太上皇帝尊号曰光尧寿圣太上皇帝,宝用皇祐中法、黍尺量度。乾道六年,再加十四字尊号,以宝材元系螭龙钮,止堪改作蹲龙,其钮高二寸四分五厘,厚一寸一分五厘,窍径一寸。理宗宝庆三年,加上宁宗皇帝徽号,宝面广四寸二分,厚一寸二分,蹲龙钮,通高四寸一分,宝四面钩碾行龙。

　　后妃之宝。哲宗元祐元年,诏:天圣中,章献明肃皇后用玉宝,方四寸九分,厚一寸二分,龙钮。今太皇太后权同处分军国事,宜依章献明肃皇后故事。二年,又诏:太皇太后玉宝,以"太皇太后之宝"为文;皇太后金宝,以"皇太后宝"为文;皇太妃金宝,以"皇太妃宝"为文。中兴之后,后宝用金,方二寸四分,高下随宜,鼻纽以龟。斗、检以银,涂以金。宝盝三重,钑百花,涂金盘凤。舆案、行马、帕褥亦如之。

　　皇太子宝。至道元年,制皇太子受册金宝。方二寸,厚五寸,系以朱组大绶,连玉环,金斗。金检长五寸,阔二寸,厚二分。裹以红绢,加红罗泥金帕,纳于小盝。盝以金装,内设金床。又盝二重,皆覆以红罗销金帕。盝及腰舆、行马皆银装金涂。他法物皆银为之,钑花涂金。中兴,宝,龟钮;金涂银检,上勒"皇太子宝"四字,金涂银宝斗。黝漆盝三重,并锦拓里,外以金涂银百花凤叶子五明装,钥以金锁,载以黝漆腰舆、行马。

　　册制。用珉玉,简长一尺二寸,阔一寸二分;简数从字之多少。联以金绳,首尾结带。前后标首四枚,二枚画神,二枚刻龙镂金,若奉护之状。藉以锦褥,覆以绯罗泥金夹帕。册匣长广取容册,涂以朱漆,金镂百花凸起行龙,金锁、纷错。覆以红罗绣盘龙蹙金帕,承以金装长竿床,金龙首,金鱼钩,又以红丝为绦紫匣。册案涂朱漆,以销金红罗覆之。

　　后册,用珉,或以象。缕文以凤,尺寸制度并同帝册。

　　皇太子册,用珉简六十枚,乾道中,用七十五枚,每枚高尺二寸,博一寸二分。前后标首四枚,长随简,博四寸,其二刻神,其二刻龙,为奉护状。贯以金丝,首尾结为金花,饰以纷错。衬以红罗泥金夹帕,藉以锦褥,盛以黝漆匣,锦拓里,以金涂银叶段五明装,隐起百花凤。覆以绯罗泥金帕,络以红丝结绦,衬以锦褥,载以黝漆腰舆、行马。

　　亡金国宝。理宗端平元年,命孟珙等以兵从大元兵夹攻金人于蔡州,灭之。其年四月丙戌,大理寺言:

　　京湖制置司以所获亡金宝物来上,令金臣参知政事张天纲辨识。其玉宝一,文曰"太祖应乾兴运昭德定功睿神庄孝仁明大圣武元皇帝尊谥宝",乃金人上其祖阿骨打谥宝也。其法物有销金盘龙红纻丝袍一;透碾云龙玉带一,内方八胯结头一,塌尾一,并玉涂金结头一,涂金小结攀一;连珠环玉束带一,垂头里拓，上有金龙，带上玉事件大小一十八；又玉靶铁剉一，销金玉事件二，皮茄袋一，玉事件三。

天纲称：上项带，国言谓之"兔鹘"，皆其故主完颜守绪常服之物也。碾玉巾环一，桦皮龙饰角弓一，金龙环刀一，红䊵丝鞾枕一，佩玉大环一，皆非臣庶服用之物。制旨册一本，旧作圣旨，近侍局平日掌此，以承受内降指挥。壬辰四月，故主援东汉光武故事，令上书者不得言"圣"，故避"圣"字不敢当，因改作"制旨"。

外有臣下虎头金牌三，银牌八十四，涂金印三，及诸官署铜印三百一十二颗。法司以守绪函骨及俘囚故宝、法物等，庭引天纲并护尉都尉完颜好海及天纲妻完颜氏乌古论栲栳、小女琼琼一一审实，件列以闻。

有旨"完颜守绪遗骸并故宝、法物等，藏大理寺狱库。天纲、好海、完颜氏乌古论、琼琼拘诸殿前司，候朝旨"云。

印制。两汉以后，人臣有金印、银印、铜印。唐制，诸司皆用铜印，宋因之。诸王及中书门下印方二寸一分，枢密、宣徽、三司、尚书省诸司印方二寸。惟尚书省印不涂金，余皆涂金。节度使印方一寸九分，涂金。余印并方一寸八分，惟观察使涂金。诸王、节度、观察使、州、府、军、监、县印，皆有铜牌，长七寸五分，诸王广一寸九分，余广一寸八分。诸王、节度、观察使牌涂以金，刻文云"牌出印入，印出牌入"。其奉使出入，或本局无印者，皆给奉使印。景德初，别铸两京奉使印。又有朱记，以给京城及外处职司及诸军将校等，其制长一寸七分，广一寸六分。士庶及寺观亦有私记。

乾德三年，太祖诏重铸中书门下、枢密院、三司使印。先是，旧印五代所铸，篆刻非工。及得蜀中铸印官祝温柔，自言其祖思言，唐礼部铸印官，世习缪篆，即《汉书·艺文志》所谓"屈曲缠绕，以模印章"者也。思言随僭宗入蜀，子孙遂为蜀人。自是，台、省、寺、监及开封府、兴元尹印，悉令温柔重改铸焉。

太宗雍熙元年，诏新除汉南国王钱俶印，宜以"汉南国"为文。四年，诏钱俶新授南阳国王印，宜以"南阳国王之印"为文。真宗咸平三年，赐山前后百蛮王诸驱印，以"大渡河南山前后都鬼王之印"为文。景德四年，铸交址郡王印，制安南旌节，付广南转运司就赐之。

大中祥符五年，诏诸寺观及士庶之家所用私记，今后并方一寸，雕木为文，不得私铸。是岁七月，帝览河西节度使、知许州石普奏状，用许州观察使印，以问宰臣王旦。对曰："节度州有三印：节度印随本使，使缺则纳有司；观察印，则州长吏用之；州印，昼则付录事掌用，暮纳于长吏。节度使在本镇，兵仗则节度判官、掌书记、推官书状，用节度印；田赋则观察判官、支使、推官书状，用观察印；符刺属县，则本使判书，用州印。故命帅必曰某军节度、某州管内观察等使、某州刺史。言军，则专制其兵旅，言管内，则总察其风俗；言刺史，则莅其州事。石普独书奏章，当用河西节度使印。"

仁宗景祐三年，少府监言："得篆文官王文盛状，'在京三司粮料院，频有人伪造印记，印成旁历，盗请官物。欲乞铸造圆印三面，每面阔二寸五分，于外一匝先篆年号及粮料院名，计十二字；次一匝篆寅印十二辰，亦十二字；中心篆正字，上连印钮，铸成转关，以机穴定之。用时逐月分对，年终转逮十二月，自寅至丑，终始使用。所有转关正字，次月转定之时，令本院官封押，选差人行使其印。遇改年号，即令别铸。'"诏三司定夺以闻，三司请如文盛奏。后又命知制诰邵必、殿中丞苏唐卿详定天下印文，必、唐卿皆通篆籀，然亦无所厘改焉。

神宗熙宁五年，诏内外官及溪洞官合赐牌印，并令少府监铸造，送礼部给付。元丰三年，广西经略司言，知南丹州莫世忍贡银、香、狮子、马。遂赐以印，以"西南诸道武盛军德政官家明天国主印"为文，并以南丹州刺史印赐之，仍诏经略司毁其旧印。六年，旧制贡院专掌贡举，其印曰"礼部贡举院之印"，以废贡院，事归礼部，别铸"礼部贡举之印"。是岁十二月，诏自今臣僚所授印，亡殁并赐随葬，不即随葬因而行用者，论如律。

中兴仍旧制，惟三省、枢密院用银印，六部以下用铜印，诸路监司、州县亦如之。寺监惟长贰给焉，属则从其长。若仓库关涉财用，司存，或给之。监司、州县长官曰印，僚属曰记。又下无记者，止令本道给以木朱记，文大方寸。或衔命出境者，以奉使印给之，复命则纳于有司。后以朝命出州县者，亦如之。新进士登团司，亦假奉使印，结局还之。此常制也。

南渡之后，有司印记多亡失，彼遗此得，各自收用。尚方重铸给之，加"行在"二字，或冠年号以别新旧，然欺伪犹未能革。乾道二年，礼部请郡县假借印记者，悉毁而更铸。四年，兵部侍郎陈弥作言："六部印藏于官，以牌出入，而胥史用于户外，或借用于他厅。近有伪为文符、盗印以支钱粮者，有伪作奏钞、盗拆御宝而改秩者，皆慢藏有以诲之。"诏三省申严戒敕。绍熙元年，礼部侍郎李巘言："文书有印，以示信防奸，给毁悉纪省部，具有条制。然州县沿循，或以县佐而用东南将印，以掾曹而用司寇旧章，名既不正，弊亦难防。请令有司制州县官合用印记，旧印非所当用者，毁之。"

绍兴十四年，臣僚又言："印信事重，凡有司官印记，年深篆文不明，合改铸者，非进呈取旨，不得改铸焉。"时更铸者，成都府钱引，每界以铜朱记给之。行在都茶场会子库，每界给二十五：国用印三钮，各以"三省户房国用司会子印"为文；检察印五钮，各以"提领会子库检察印"为文；库印五钮，各以"会子库印造会子印"为文；合同印十二钮，内一贯文二钮，各以"会子库一贯文合同印"为文；五百文、二百文准此。

蕃国效顺者，给以铜印。安南国王李天祚乞印，以"安南国王之印"六字为文，方二寸，给牌，皆以铜铸，金涂。西蕃陇右郡王赵怀恩乞印，以"陇右郡王之印"为文给之。宜州界外诸蛮乞印，以"宜州管下羁縻某州之印"为文，凡六十颗给之。其后文武百司节次所铸，不备载。

朱记，同旧制。绍兴二年，始铸亲贤宅、益王府铜朱记。二十七年，改铸建康户部大军库记。三十年，铸马军司统制、统领官朱记。三十二年，铸邓、恭、庆王直讲、赞读朱记。隆兴元年，铸都督府金厅记，又铸寄桩库记。二年，铸户部大军库勘合库子记二钮，湖广总领所覆印会子记二钮。乾道二年，铸成都钱引务朱记。淳熙十六年，铸建康権货务中门大门之记。凡内外官有请于朝，则铸给焉。用木者，易之以铜。

符券。唐有银牌，发驿遣使，则门下省给之。其制，阔一寸半，长五寸，面刻隶字曰"敕走马银牌"，凡五字。首为窍，贯以韦带。其后罢之。宋初，令枢密院给券，谓之"头子"。太宗太平兴国三年，李飞雄诈乘驿谋乱，伏诛。诏罢枢密院券，乘驿者复制银牌，阔二寸半，长六寸。易以八分书，上钑二飞凤，下钑二麒麟，两边年月，贯以红丝绦。端拱中，以使臣护边兵多遗失，又罢银牌，复给枢密院券。

仁宗康定元年五月，翰林学士承旨丁度、翰林学士王尧臣、知制诰叶清臣等请制军中传信牌及兵符事，诏令两制与端明殿学士李淑详定，奏闻：

军中符信，切要杜绝奸诈，深合机宜。今请下有司造铜兵符，给诸路总管主将，每发兵三百人或全指挥以上即用。又别造传信朱漆木牌，给应军中往来之处，每传达号令、关报会合及发兵三百人以下即用。又检到符彦卿《军律》有字验，亦乞令于移牒、传信牌上，两处参验使用。

一、铜兵符：汉制，铜铸，上刻虎形。今闻皇城司见有木鱼契，乞令有司用木契形状，精巧铸造。陕西五路，每路依汉制各给一至二十，计二十面，更换给用，仍以公牒为照验。

二、传信木牌：先朝旧制，合用坚木朱漆为之，长六寸，阔三寸，腹背刻字而中分之，字云某路传信牌。却置池槽，牙缝相合。又凿二窍，置笔墨，上帖纸，书所传达事。用印印号上，以皮系往来军吏之项。临阵传言，应有取索，并以此牌为信，写其上。如已晓会施行讫，复书牌上遣回。今乞下有司造牌，每路各给一面为样，余令本司依此制造，分给诸处，更换使用。城寨分屯军马，事须往来关会之处，亦如数给与。

三、字验：凡军行计会，不免文牒，或主司遗失惧罪，单使被擒，军中所谋，自然泄露。故每分屯军马之时，与主将密定字号，各掌一通，不令左右人知其义理。但于寻常公状文移内，以此字私为契约，有所施行，依此参验。不得字有重叠，及用凶恶嫌疑之语。每用文牒之上，别行写此字验，讫，印其上发往。如所请报，到，许，即依号却写印遣回；如不许，即空之。此惟主将自知，他人皆不得测。符彦卿元用四十条，以四十字为号；今检得只有三十七条，内亦有不急之事，今减作二十八字。所贵军中戎旅之人，事简易记。

诏并从之。嘉祐四年，三司使张方平编驿券则例，凡七十四条，赐名《嘉祐驿令》。

神宗熙宁五年，诏西作坊铸造诸铜符三十四副，令三司给左契付诸门，右契付大内钥匙库。今后诸门轮差人员，依时转铜契入，赴库勘同。其铁牌只请人自执，在外仗止宿。本库依漏刻发钥匙，付外仗验请人铁牌给付，候开门讫，却执铁牌纳钥匙，请出铜契。至晚却依上请纳。其开门朝牌六面，亦随铜契依旧发放。时神宗以京城门禁不严，素无符契，命枢密院约旧制，更造铜契，中刻鱼形，以门名识之，分左右给纳，以戒不虞，而启闭之法密于旧矣。元丰元年，详定礼文所言："旧南郊式，车驾出入宣德门、太庙灵星门、朱雀门、南薰门，皆勘箭。熙宁中，因参知政事王珪议，已罢勘箭，而勘契之式尚存。《春秋》之义，不敢以所不信加之尊者；且雷动天行，无容疑贰，必使谁何而后过门，不应典礼。考详事始，不见于《开宝礼》。咸平中，初载于仪注，盖当时礼官之失。请自今车驾出入，罢勘契。"从之。

高宗建炎三年，改铸虎符，枢密院主之。其制以铜为之，长六寸，阔三寸，刻篆而中分之，以左契给诸路，右契藏之。

门符制，以缯裹纸版，谓之"号"，皇城司掌之。敕入禁卫号，黄绫八角，三千道；入殿门黄绢以方，一千道；入宫门黄绢以圆，八千道；入皇城门黄绢以长，三千道。绍兴二年正月所定也。后更宫门号以绯红绢方，皇城门以绯红绢圆，遂久用之。后复尽以黄，或方或圆，各随其制。

又有檄牌，其制有金字牌、青字牌、红字牌。金字牌者，日行四百里，邮置之最速递也；凡敕书及军机要切则用之，由内侍省发遣焉。乾道末，枢密院置雌黄青字牌，日行三百五十里，军期急速则用之。淳熙末，赵汝愚在枢管，乃作黑漆红字牌，奏委诸路提举官催督，岁校迟速最甚者，以议赏罚。其后尚书省亦踵行之，仍命逐州通判具出入界日时状申省。久之，稽缓复如故。绍熙末，遂置摆铺焉。

宫室。汴宋之制，侈而不可以训。中兴，服御惟务简省，宫殿尤朴。皇帝之居曰殿，总曰大内，又曰南内，本杭州治也。绍兴初，创为之。休兵后，始作崇政、垂拱二殿。久之，又作天章等六阁。寝殿曰福宁殿。淳熙初，孝宗始作射殿，谓之选德殿。八年秋，又改后殿拥舍为别殿，取旧名，谓之延和殿，便坐视事则御之。他如紫宸、文德、集英、大庆、讲武，惟随时所御，则易其名。紫宸殿，遇朔受朝则御焉；文德殿，降敕则御焉；集英殿，临轩策士则御焉；大庆殿，行册礼则御焉；讲武殿，阅武则御焉。其实垂拱、崇政二殿，权更其号而已。二殿虽曰大殿，其修广仅如大郡之设厅。淳熙再修，止循其旧。每殿为屋五间，十二架，修六丈，广八丈四尺。殿南檐屋三间，修一丈五尺，广亦如之。两朵殿各二间，东西廊各二十间，南廊九间。其中为殿门，三间六架，修三丈，广四丈六尺。殿后拥舍七间，即为延和，其制尤卑，陛阶一级，小如常人所居而已。

奉太上则有德寿宫、重华宫、寿康宫，奉圣母则有慈宁宫、慈福宫、寿慈宫。德寿宫在大内北望仙桥，故又谓之北内，绍兴三十二年所造，宫成，诏以德寿宫为名，高宗为上皇御之。重华宫即德寿宫也，孝宗逊位御之。寿康宫即宁福殿也。初，丞相赵汝愚议以秘书省为泰宁宫，已而不果行，以慈懿皇后外第为之。上皇不欲迁，因以旧宁福殿为寿康宫，光宗逊位御之。

大内苑中，亭殿亦无增，其名称可见者，仅有复古殿、损斋、观堂、芙蓉阁、翠寒堂、清华阁、椤木堂、隐岫、澄碧、倚桂、隐秀、碧琳堂之类，此南内也。北内苑中，则有大池，引西湖水注之，其上叠石为山，象飞来峰。有楼曰聚远，禁篽周回，四分之。东则香远、清深、月台、梅坡、松菊三径、清妍、清新、芙蓉冈，南则载忻、欣欣、射厅、临赋、灿锦、至乐、半丈红、清旷、泻碧，西则冷泉、文杏馆、静乐、浣溪，北则绛华、旱船、俯翠、春桃、盘松。

皇太子宫曰东宫。其未出阁，但听读于资善堂，堂在宫门内。已受册，则居东宫，宫在丽正门内。绍兴三十二年始置，孝宗居之；庄文太子立，复居之。光宗为太子，孝宗谓辅臣曰："今后东宫不须创建，朕宫中宫殿，多所不御，可移修之。"自是皆不别建。

淳熙二年，始创射堂一，为游艺之所，圃中有荣观玉渊清赏等堂、凤山楼，皆宴息之地也。

幕殿，即《周官》大、小次也。东都时，郊坛大次谓之青城，祀前一日宿斋诣焉。其制，中有二殿，外有六门：前曰泰禋，后曰拱极，东曰祥曦，西曰景曜，东偏曰承和，西偏曰迎禧。大殿曰端诚，便殿曰熙成。中兴后，以事天尚质，屡诏郊坛不得建斋宫，惟设幕屋而已。其制，架木而苇为障，上下四旁周以幄帟，以象宫室，谓之幕殿。及行事，又于坛所设小次。大、小次之外，又有望祭殿，遇雨则行事于中。东都时为瓦屋五间，周围重廊。中兴后，惟设苇屋，盖仿清庙茅屋之制也。

臣庶室屋制度。宰相以下治事之所曰省、曰台、曰部、曰寺、曰监、曰院，在外监司、州郡曰衙。在外称衙而在内之公卿、大夫、士不称者，按唐制，天子所居曰衙，故臣下不得称。后在外藩镇亦僭曰衙，遂为臣下通称。今帝居虽不曰衙，而在内省部、寺监之名，则仍唐旧也。然亦在内者为尊者避，在外者远君无嫌欤？私居，执政、亲王曰府，余官曰宅，庶民曰家。

诸道府公门得施戟，若私门则爵位穹显经恩赐者，许之。在内官不设，亦避君也。

凡公宇，栋施瓦兽，门设梐枑。诸州正牙门及城门，并施鸱尾，不得施拒鹊。六品以上宅舍，许作乌头门。父祖舍宅有者，子孙许仍之。凡民庶家，不得施重栱、藻井及五色文采为饰，仍不得四铺飞檐。庶人舍屋，许五架，门一间两厦而已。

卷一百五十五　　志第一百八

选举一　科目上

自敷奏以言，明试以功，三载考绩，三考黜陟幽明，始于《舜典》。司徒以乡三物兴贤能，太宰以三岁计吏治，详于《周官》。两汉而下，选举之制不同，归于得贤而已。考其大要，不过入仕则有贡举之科，服官则有铨选之格，任事则有考课之法。然历代之议贡举者每曰："取士以文艺，不若以德行。就文艺而参酌之，赋论之浮华，不若经义之实学。"议铨选者每曰："以年劳取人，可以绝超躐，而不无贤愚同滞之叹；以荐举取人，可以拔俊杰，而不无巧佞捷进之弊。"议考课者每曰："拘吏文，则上下督察，浸成浇风；通誉望，则权贵请托，徒开利路。"于是议论纷纭，莫之一也。

宋初承唐制，贡举虽广，而莫重于进士、制科，其次则三学选补。铨法虽多，而莫重于举削改官、磨勘转秩。考课虽密，而莫重于官给历纸，验考批书。其他教官、武举、童子等试，以及遗逸奏荐、贵戚公卿任子亲属与远州流外诸选，委曲琐细，咸有品式。其间变更不常，沿革迭见，而三百余年元臣硕辅，鸿博之儒，清强之吏，皆自此出，得人为最盛焉。今辑旧史所录，胪为六门：一曰科目；二曰学校试；三曰铨法；四曰补荫；五曰保任；六曰考课。烦简适中，驪括归类，作《选举志》。

宋之科目，有进士，有诸科，有武举。常选之外，又有制科，有童子举，而进士得人为盛。神宗始罢诸科，而分经义、诗赋以取士，其后遵行，未之有改。自仁宗命郡县建学，而熙宁以来，其法浸备，学校之设遍天下，而海内文治彬彬矣。今以科目、学校之制，各著于篇。

初，礼部贡举，设进士、《九经》、《五经》、《开元礼》、《三史》、《三礼》、《三传》、学究、明经、明法等科，皆秋取解，冬集礼部，春考试。合格及第者，列名放榜于尚书省。凡进士，试诗、赋、论各一首，策五道，帖《论语》十帖，对《春秋》或《礼记》墨义十条。凡《九经》，帖书一百二十帖，对墨义六十条。凡《五经》，帖书八十帖，对墨义五十条。凡《三礼》，对墨义九十条。凡《三传》，一百一十条，凡《开元礼》，凡《三史》，各对三百条。凡学究，《毛诗》对墨义五十条，《论语》十条，《尔雅》、《孝经》共十条，《周易》、《尚书》各二十五条。凡明法，对律令四十条，兼经同《毛诗》之制。各间经引试，通六为合格，仍抽卷问律，本科则否。诸州判官试进士，录事参军试诸科，不通经义，则别选官考校，而判官监之。试纸，长官印署面给之。试中格者，第其甲乙，具所试经义，朱书通、否，监官、试官署名其下。进士文卷，诸科义卷、帖由，并随解牒上之礼部。有笃废疾者不得贡。

贡不应法及校试不以实者，监官、试官停任。受略，则论以枉法，长官奏裁。

凡命士应举，谓之锁厅试。所属先以名闻，得旨而后解。既集，什伍相保，不许有大逆人缌麻以上亲，及诸不孝、不悌、隐匿工商异类、僧道归俗之徒。家状并试卷之首，署年及举数、场第、乡贯，不得增损移易，以仲冬收纳，月终而毕。将临试期，知举官先引问联保，与状金同而定焉。凡就试，唯词赋者许持《切韵》、《玉篇》，其挟书为奸，及口相受授者，发觉即黜之。凡诸州长吏举送，必先稽其版籍，察其行为；乡里所推，每十人相保，内有缺行，则连坐不得举。故事，知举官将赴贡院，台阁近臣得荐所知之负艺者，号曰"公荐"。太祖虑其因缘挟私，禁之。

自唐以来，所谓明经，不过帖书、墨义，观其记诵而已，故贱其科，而"不通"者其罚特重。乾德元年，诏曰："旧制，《九经》一举不第而止，非所以启迪仕进之路也；自今依诸科许再试。"是年，诸州所荐士数益多，乃约周显德之制，定诸州贡举条法及殿罚之式：进士"文理纰缪"者殿五举，诸科初场十"不"殿五举，第二、第三场十"不"殿三举，第一至第三场九"不"并殿一举。殿举之数，朱书于试卷，送中书门下。三年，陶谷子邴擢上第，帝曰："谷不能训子，安得登第？"乃诏："食禄之家，有登第者，礼部具姓名以闻，令覆试之。"自是，别命儒臣于中书覆试，合格乃赐第。时川蜀、荆湖内附，试数道所贡士，县次往还续食。开宝三年，诏礼部阅贡士及十五举尝终场者，得一百六人，赐本科出身。特奏名恩例，盖自此始。

五年，礼部奏合格进士、诸科凡二十八人，上亲召对讲武殿，而未及引试也。明年，翰林学士李昉知贡举，取宋准以下十一人，而进士武济川、《三传》刘睿材质最陋，对问失次，上黜之。济川，昉乡人也。会有诉昉用情取舍，帝乃籍终场下第人姓名，得三百六十人，皆召见，择其一百九十五人，并准以下，乃御殿给纸笔，别试诗赋。命殿中侍御史李莹等为考官，得进士二十六人，《五经》四人，《开元礼》七人，《三礼》三十八人，《三传》二十六人，《三史》三人，学究十八人，明法五人，皆赐及第，又赐钱二十万以张宴会。昉等寻皆坐责。殿试遂为常制。帝尝语近臣曰："昔者，科名多为势家所取，朕亲临试，尽革其弊矣。"八年，亲试进士王式等，乃定王嗣宗第一，王式第四。自是御试与省试名次，始有升降之别。时江南未平，进士林松、雷说试不中格，以其间道来归，亦赐《三传》出身。

太宗即位，思振淹滞，谓侍臣曰："朕欲博求俊彦于科场中，非敢望拔十得五，止得一二，亦可为致治之具矣。"太平兴国二年，御殿覆试，内出赋题，赋韵平侧相间，依次而用。命李昉、扈蒙第其优劣为三等，得吕蒙正以下一百九人。越二日，覆试诸科，得二百人。并赐及第。又阅贡籍，得十举以上至十五举进士、诸科一百八十余人，并赐出身；《九经》七人不中格，亦怜其老，特赐同《三传》出身。凡五百余人，皆赐袍笏，锡宴开宝寺，帝自为诗二章赐之。甲、乙第进士及《九经》，皆授将作监丞、大理评事，通判诸州，其余亦优等授官。三年九月，廷试举人。故事，惟春放榜，至是秋试，非常例也。是冬，诸州举人并集，会将帝亲征北汉，罢之。自是，间一年或二年乃贡举。

五年，覆试进士。有颜明远、刘昌言、张观、乐史四人，以见任官举进士，特授近藩掌书记。有赵昌国者，求应百篇举，谓一日作诗百篇。帝出杂题二十，令各赋五篇，篇八句。日旰，仅成数十首，率无可观。帝以是科久废，特赐及第，以劝来者。

八年，进士、诸科始试律义十道，进士免帖经。明年，惟诸科试律，进士复帖经。进士始分三甲。自是锡宴就琼林苑。上因谓近臣曰："朕亲选多士，殆忘饥渴，召见临问，观其才技而用之，庶使田野无遗逸，而朝廷多君子尔。"雍熙二年，廷试初唱名及第，第一等为节度推官。是年及端拱初，礼部试已，帝虑有遗才，取不中格者再试之，于是由再试得官者数百人。凡廷试，帝亲阅卷累日，宰相屡请宜归有司，始诏岁命官知举。

旧制，既锁院，给左藏钱十万资费用。端拱元年，诏改支尚书祠部，仍倍其数，罢御厨、仪鸾司供帐。知贡举宋白等定贡院故事：先期三日，进士具都榜引试，借御史台驱使官一人监门，都堂帘外置案，设银香炉，唱名给印试纸。及试中格，录进士之文奏御，诸科惟籍名而上；俟制下，先书姓名散报之，翌日，放榜唱名。既谢恩，诣国学谒先圣先师，进士过堂阁下告名。闻喜宴分为两日，宴进士，请丞郎、大两省；宴诸科，请省郎、小两省。缀行期集，列叙名氏、乡贯、三代之类书之，谓之小录。醵钱为游宴之资，谓之醻。皆团司主之。制下，而中书省同贡院关黄覆奏之，俟正敕下，关报南曹、都省、御史台，然后贡院写春关散给。籍而入选谓之春关。登科之人，例纳朱胶绫纸之直，赴吏部南曹试判三道，谓之关试。

淳化三年，诸道贡士凡万七千余人。先是，有击登闻鼓诉校试不公者。苏易简知贡举，受诏即赴贡院，仍糊名考校，遂为例。既廷试，帝谕多士曰："尔等各负志业，效官之外，更励精文采，无坠前功也。"诏刻《礼记·儒行篇》赐之。每科进士第一人，天子宠之以诗，后尝作箴赐陈尧叟，至是，并赐焉。先是，尝并学究、《尚书》、《周易》为一科，始更定本经日试义十道，《尚书》、《周易》各义五道，仍杂问疏义六道，经注四道。明法旧试六场，更定试七场：第一、第二场试律，第三场试令，第四、第五场试小经，第六场试令，第七场试律，仍于试律日杂问疏义六、经注四。凡《三礼》、《三传》、《通礼》每十道义分经注六道、疏义四道，以六通为合格。

自淳化末，停贡举五年。真宗即位，复试，而高句丽始贡一人。先是，国子监、开封府所贡士，与举送官为姻戚，则两司更互考试，始命遣官别试。

咸平三年，亲试陈尧咨等八百四十人，特奏名者九百余人，有晋天福中尝预贡者。凡士贡于乡而屡绌于礼部，或廷试所不录者，积前后举数，参其年而差等之，遇亲策士则别籍其名以奏，径许附试，故曰特奏名。又赐河北进士、诸科三百五十人及第、同出身。既下第，愿试武艺及量才录用者，又五百余人，悉赐装钱慰遣之，命礼部叙为一举。较艺之详，推恩之广，近代所未有也。

旧制，及第即命以官。上初复廷试，赐出身者亦免选，于是策名之士尤众，虽艺不及格，悉赐同出身。乃诏有司，凡赐同出身者并令守选，循用常调，以示甄别。又定令：凡试卷，封印院糊名送知举官考定高下，复令封之送覆考所，考毕然后参校得失，不合格者，须至覆场方落。谕馆阁、台省官，有请属举人者密以闻，隐匿不告者论罪。仍诏诸王、公主、近臣，毋得以下第亲族宾客求赐科名。

景德四年，命有司详定《考校进士程式》，送礼部贡院，颁之诸州。士不还乡里而窃户他州以应选者，严其法。每秋赋，自县令佐察行义保任之，上于州；州长贰复审察得实，然后上本道使者类试。已保任而有缺行，则州县皆坐罪；若省试而文理纰缪，坐元考官。诸州解试额多而中者少，则不必足额。

寻又定《亲试进士条制》。凡策士，即殿两庑张帘，列几席，标姓名其上。先一日表其次序，揭示阙外，翌旦拜阙下，仍入就席。试卷，内臣收之，付编排官，去其卷首乡贯状，别以字号第之；付封弥官誊写校勘，用御书院印，付考官定等毕，复封弥送覆考官再定等。编排官阅其同异，未同者再考；如复不同，即以相附近者为定。始取乡贯状字号合之，即第其姓名、差次，并试卷以闻。其考第之制凡五等：学识优长、词理精绝为第一；才思该通、文理周率为第二；文理俱通为第三；文理中平为第四；文理疏浅为第五。然后临轩唱第，上二等曰及第，三等曰出身，四等、五等曰同出身。余如贡院旧制。

大中祥符五年，诏士曾预南省试者，犯公罪听赎罚。令礼部取前后诏令经久可行者，编为条制。诸科三场内有十"不"、进士词理纰缪者各一人以上，监试、考试官从违制失论，幕职、州县官得代日殿一选，京朝官降监场务，尝监当则与远地；有三人，则监试、考试官亦从违制失论，幕职、州县官冲替，京朝官远地监当；有五人，则监试以下皆停见任；举送守倅，诸科五十人以上有一人十"不"，即罚铜与免殿选监当，进士词理纰缪亦如之。后又诏："试锁厅者，州长吏先校试合格，始听取解；至礼部不及格，停其官，而考试及举送者，皆重置罪。"八年，始置誊录院，令封印官封试卷付之，集书吏录本，监以内侍二人。诏："进士第一人，令金吾司给七人导从，听引两节。著为令。"

天圣初，宋兴六十有二载，天下乂安。时取才唯进士、诸科为最广，名卿巨公，皆由此选，而仁宗亦向用之，登上第者不数年，辄赫然显贵矣。其贡礼部而数黜者，得特奏名，或因循不学，乃诏曰："学犹殖也，不学将落，逊志务时敏，厥修乃来。朕虑天下之士或有遗也，既已临轩较得失，而忧其屡不中科，则衰迈而无所成，退不能返其里闾，而进不得预于禄仕。故常数之外，特为之甄采。而

狃于宽恩，遂隳素业，苟简成风，甚可耻也。自今宜笃进厥学，无习侥幸焉。"时晏殊言："唐明经并试策问，参其所习，以取材识短长。今诸科专记诵，非取士之意，请终场试策一篇。"诏近臣议之，咸谓诸科非所习，议遂寝。旧制，锁厅试落辄停官，至是始诏免罪。

景祐初，诏曰："向学之士益蕃，而取人路狭，使孤寒栖迟，或老而不得进，朕甚悯之。其令南省就试进士、诸科，十取其二。凡年五十，进士五举、诸科六举；尝经殿试，进士三举、诸科五举；及尝预先朝御试，虽试文不合格，毋辄黜，皆以名闻。"自此率以为常。士有亲戚仕本州，或为发解官，及侍亲远宦，距本州二千里，令转运司类试，以十率之，取三人。于是诸路始有别头试。其年，诏开封府、国子监及别头试，封弥、誊录如礼部。

初，贡士踵唐制，犹用公卷，然多假他人文字，或佣人书之。景德中，尝限举人于试纸前亲书家状，如公卷及后所试书体不同，并驳放；其假手文字，辨之得实，即斥去，永不得赴举。贾昌朝言："自唐以来，礼部采名誉，观素学，故预投公卷；今有封弥、誊录法，一切考诸试篇，则公卷可罢。"自是不复有公卷。

宝元中，李淑侍经筵，上访以进士诗、赋、策、论先后，俾以故事对。淑对曰："唐调露二年，刘思立为考功员外郎，以进士试策灭裂，请帖经以观其学，试杂文以观其才。自此沿以为常。至永隆二年，进士试杂文二篇，通文律者，始试策。天宝十一年，进士试一经，能通者试文赋，又通而后试策，五条皆通，中第。建中二年，赵赞请试以时务策五篇，箴、论、表、赞各一篇，以代诗、赋。大和三年，试帖经，略问大义，取精通者，次试论、议各一篇。八年，礼部试以帖经口义，次试策五篇，问经义者三，问时务者二。厥后变易，遂以诗赋为第一场，论第二场，策第三场，帖经第四场。今陛下欲求理道而不以雕琢为贵，得取士之实矣。然考官以所试分考，不能通加评校，而每场辄退落，士之中否，殆系于幸不幸。愿约旧制，先策，次论，次赋及诗，次帖经、墨义，而敕有司并试四场，通较工拙，毋以一场得失为去留。"诏有司议，稍施行焉。

既而知制诰富弼言曰："国家沿隋、唐设进士科，自咸平、景德以来，为法尤密，而得人之道，或有未至。且历代取士，悉委有司，未闻天子亲试也。至唐武后始有殿试，何足取哉？使礼部次高下以奏，而引谁殿廷，唱名赐第，则与殿试无以异矣。"遂诏罢殿试。而议者多言其轻上恩，隳故事，复如旧。

时范仲淹参知政事，意欲复古劝学，数言兴学校，本行实。诏近臣议，于是宋祁等奏："教不本于学校，士不察于乡里，则不能核名实。有司束以声病，学者专于记诵，则不足尽人材。参考众说，择其便于今者，莫若使士皆土著，而教之于学校，然后州县察其履行，则学者修饬矣。"乃诏州县立学，士须在学三百日，乃听预秋试，旧尝充试者百日而止。试于州者，令相保任，有匿服、犯刑、亏行、冒名等禁。三场：先策，次论，次诗赋，通考为去取，而罢帖经、墨义，士通经术愿对大义者，试十道。仲淹既去，而执政意皆异。是冬，诏罢入学日限。言初令不便者甚众，

以为诗赋声病易考,而策论汗漫难知;祖宗以来,莫之有改,且得人尝多矣。天子下其议,有司请如旧法。乃诏曰:"科举旧条,皆先朝所定也,宜一切如故,前所更定令悉罢。"

会张方平知贡举,言:"文章之变与政通。今设科选才,专取辞艺,士惟道义积于中,英华发于外,然则以文取士,所以叩诸外而质其中之蕴也。言而不度,则何观焉。迩来文格日失其旧,各出新意,相胜为奇。朝廷恶其然,屡下诏书戒饬,而学者乐于放逸,罕能自还。今赋或八百字,论或千余字,策或置所问而妄肆胸臆,漫陈他事,驱扇浮薄,重亏雅style,岂取贤敛才备治具之意邪?其踵习新体,澶漫不合程式,悉已考落,请申前诏,揭而示之。"

初,礼部奏名,以四百名为限,又诸科杂问大义,侥幸之人,悉以为不便。知制诰王珪奏曰:"唐自贞观讫开元,文章最盛,较艺者岁千余人,而所收无几。咸亨、上元增其数,亦不及百人。国初取士,大抵唐制,逮兴国中,贡举之路寖广,无有定数。比年官吏猥众,故近诏限四百人,以惩其弊。且进士、明经先经义而后试策,三试皆通为中第,大略与进士等,而诸科既不问经义,又无策试,止以诵数精粗为中否,则其固不达于理,安足以长民治事哉?前诏诸科终场问本经大义十道,《九经》、《五经》科止问义而不责记诵,皆以著于令。言者以为难于遽更,而图安于弊也。惟陛下申敕有司,固守是法,毋轻易焉。"

嘉祐二年,亲试举人,凡与殿试者始免黜落。时进士益相习为奇僻,钩章棘句,浸失浑淳。欧阳修知贡举,尤以为患,痛裁抑之,仍严禁挟书者。既而试榜出,时所推誉,皆不在选。浇薄之士,候修晨朝,群聚诋斥之,街司逻卒不能止,至为祭文投其家,卒不能求其主名置于法,然自是文体亦少变。待试京师者恒六七千人,一不幸有故不应诏,往往沉沦十数年,以此毁行干进者,不可胜数。

王洙侍迩英阁讲《周礼》,至"三年大比,大考州里,以赞乡大夫废兴。"上曰:"古者选士如此,今率四五岁一下诏,故士有抑而不得进者,孰若裁其数而屡举也。"下有司议,咸请:"易以间岁之法,则无滞才之叹。荐举数既减半,主司易以详较,得士必精。且人少则有司易于检察,伪滥自不能容,使寒苦艺学之人得进。"于是下诏:"间岁贡举,进士、诸科悉解旧额之半。增设明经,试法:凡明两经或三经、五经,各问大义十条,两经通八,三经通六,五经通五为合格,兼以《论语》、《孝经》,策时务三条,出身与进士等。而罢说书举。"

时以科举既数,而高第之人骤显,欲稍裁抑。遂诏曰:"朕惟国之取士,与士之待举,不可旷而冗也。故立间岁之期,以励其勤;约贡举之数,以精其选。著为定式,申敕有司,而高第之人,尝不次而用。若循旧比,终至滥官,甚无谓也。自今制科入第三等,与进士第一,除大理评事、签书两使幕职官;代还,升通判;再任满,试馆职。制科入第四等,与进士第二、第三,除两使幕职官;代还,改次等京官。制科入第五等,与进士第四、第五,除试衔知县;代还,迁两使职官。锁厅人视此。若夫高才异行,施于有政而功状较然者,当以异恩擢焉。"仁宗之朝十有三举,进士四千五百七十人;其甲第之三人凡三十有九,其后不至于公卿者,五人而已。英宗即位,议者以间岁贡士法不便。乃诏礼部三岁一贡举,天下解额,取未行间岁之前四之三为率,明经、诸科毋过进士之数。

神宗笃意经学,深悯贡举之弊,且以西北人材多不在选,遂议更法。王安石谓:"古之取士俱本于学,请兴建学校以复古。其明经、诸科欲行废罢,取明经人数增进士额。"乃诏曰:"化民成俗,必自庠序;进贤兴能,抑由贡举。而四方执经艺者专于诵数,趋乡举者狃于文辞,与古所谓'三物宾兴,九年大成',亦已繁矣。今下郡国招徕隽贤,其教育之方,课试之格,令两制、两省、待制以上、御史、三司、三馆杂议以闻。"议者多谓变法便。直史馆苏轼曰:

得人之道,在于知人,知人之法,在于责实。使君相有知人之明,朝廷有责实之政,则胥吏、皂隶,未尝无人,虽用今之法,臣以为有余;使无知人之明,无责实之政,则公卿、侍从,常患无人,况学校贡举乎?虽复古之制,臣以为不足矣。

时有可否,物有兴废,使三代圣人复生于今,其选举亦必有道,何必由学乎?且庆历间尝立学矣,天下以为太平可待,至于今惟空名仅存。今陛下必欲求德行道艺之士,责九年大成之业,则将变今之礼,易今之俗。又当发民力以治宫室,敛民财以养游士,置学立师;以又时简不帅教者,屏之远方,徒为纷纷,其与庆历之际何异?至于贡举,或曰乡举德行而略文章;或曰专取策论而罢诗赋;或欲举唐故事,采誉望而罢封弥;或欲变经生帖、墨而考大义,此数者皆非也。

夫欲兴德行,在于君人者修身以格物,审好恶以表俗,若欲设科立名以取之,则是教天下相率而为伪也。上以孝取人,则勇者割股,怯者庐墓。上以廉取人,则弊车、羸马、恶衣、菲食,凡可以中上意者无所不至。自文章言之,则策论为有用,诗赋为无益;自政事言之,则诗赋、论策均为无用。然自祖宗以来莫之废者,以为设法取士,不过如此也。近世文章华丽,无如杨亿。使亿尚在,则忠清鲠亮之士也。通经学古,无如孙复、石介。使复、介尚在,则迂阔诞谩之士也。矧自唐至今,以诗赋为名臣者,不可胜数,何负于天下,而必欲废之?

帝读轼疏曰:"吾固疑此,得轼议,释然矣。"他日问王安石,对曰:"今人材乏少,且其学术不一,异论纷然,不能一道德故也。一道德则修学校,欲修学校,则贡举法不可不变。若谓此科尝得人,自缘仕进别无他路,其间不容无贤;若谓科法已善,则未也。今以少壮时,正当讲求天下正理,乃闭门学作诗赋,及其入官,世事皆所不习,此科法败坏人材,致不如古。"

既而中书门下又言:"古之取士,皆本学校,道德一于上,习俗成于下,其人才皆足以有为于世。今欲追复古制,则患于无渐。宜先除去声病偶对之文,使学者得专意经术,以俟朝廷兴建学校,然后讲求三代所以教育选举之法,施于天下,则庶几可以复古矣。"于是改法,罢诗赋、帖经、墨义,士各占治《易》、《诗》、《书》、《周礼》、《礼记》一经,兼《论语》、《孟子》。每试四场,初大经,次兼经,大义凡十道,后改《论语》、《孟子》义各三道。次论一首,次策三道,礼部试即增二道。中书撰大义式颁行。试义者须通经、有文采乃为中格,不但如明经墨义粗解章句而已。取诸科解名十之三,增进士额,京东西、陕西、河北、河东五路之创试进士者,及府、监、他路之舍诸科而为进士者,乃得所增之额以试。皆别为一号考取,盖欲优其业,使不至外侵,则常慕向改业也。

又立新科明法,试律令、《刑统》,大义、断案,所以待诸科之不能业进士者。未几,选人、任子,亦试律令始出官。又诏进士自第三人以下试法。或言:"高科任签判及职官,于习法岂所宜缓。昔试刑法者,世皆指为俗吏,今朝廷推恩既厚,而应者尚少,若高科不试,则人不以为荣。"乃诏悉试。帝尝言:"近世士大夫,多不习法。"吴充曰:"汉陈宠以法律授徒,常数百人。律学在六学之一,后来缙绅,多耻此学。旧明法科徒诵其文,罕通其意,近补官必聚而试之,有以见恤刑之意。"

熙宁三年,亲试进士,始专以策,定著限以千字。旧特奏名人试论一道,至是亦制策焉。帝谓执政曰:"对策亦何足以实尽人材,然愈于以诗赋取人尔。"旧制,进士入谢,进谢恩银百两,至是罢之。仍赐钱三千,为期集费。诸州举送、发解、考试、监试官,凡亲戚若门客毋试于其州,类其名上之转运司,与锁厅者同试,率七人特立一额。后复令存诸科旧额十之一,以待不能改业者。

元祐初,知贡举苏轼、孔文仲言:"每一试,进士、诸科及特奏名者约八九百人。旧制,礼部已奏名,至御试而黜者甚多。嘉祐始尽赐出身,近杂犯亦免黜落,皆非祖宗本意。进士升甲,本为南省第一人,唱名近下,方特升之,皆出一时圣断。今礼部十人以上,别试、国子、开封解试、武举第一人,经明行修进士及该特奏而预正奏者,定著于令,递升一甲。则是法在有司,恩不归于人主,甚无谓也。今特奏者约已及四百五十人,又许例外递减一举,则当复增数百人。此曹垂老无他望,布在州县,惟务黩货以为归计。前后恩科命官,几千人矣,何有一人能自奋厉,有闻于时?而残民败官者,不可胜数。以此知其无益有损。议者不过谓宜广恩泽,不知吏部以有限之官待无穷之吏,户部以有限之财禄无用之人,而所至州县,举罹其害。乃即位之初,有此过举,谓之恩泽,非臣所识也。愿断自圣意,止用前命,仍诏考官量取一二十人,诚有学问,即许出官。其余皆补文学、长史之类,不理选限,免使积弊增重不已。"遂诏定特奏名考取数,进士入四等以上、诸科入三等以上,通在试者计之,毋得取过全额之半,是后著为令。

时方改更先朝之政,礼部请置《春秋》博士,专为一经。尚书省请复诗赋,与经义兼行,解经通用先儒传注及己说。又言:"新科明法中者,吏部即注司法,叙名在及第进士之上。旧明法最为下科,然必责之兼经,古者先德后刑之意也。欲加试《论语》大义,仍裁半额,注官依科

目次序。"诏近臣集议。左仆射司马光曰:"取士之道,当先德行,后文学;就文学言之,经术又当先于词采。神宗专用经义、论策取士,此乃复先王令典,百王不易之法。但王安石不当以一家私学,令天下学官讲解。至于律令,皆当官所须,使为士者果能知道义,自与法律冥合;何必置明法一科,习为刻薄,非所以长育人材、敦厚风俗也。"

四年,乃立经义、诗赋两科,罢试律义。凡诗赋进士,于《易》、《诗》、《书》、《周礼》、《礼记》、《春秋左传》内听习一经。初试本经义二道,《语》、《孟》义各一道,次试赋及律诗各一首,次论一首,末试子、史、时务策二道。凡专经进士,须习两经,以《诗》、《礼记》、《周礼》、《左氏春秋》为大经,《书》、《易》、《公羊》、《穀梁》、《仪礼》为中经,《左氏春秋》得兼《公羊》、《穀梁》、《书》,《周礼》得兼《仪礼》或《易》,《礼记》、《诗》并兼《书》,愿习二大经者听,不得偏占两中经。初试本经义三道,《论语》义一道,次试本经义三道,《孟子》义一道,次论策,如诗赋科。并以四场通定高下,而取解额中分之,各占其半。专经者用经义定取舍,兼诗赋者以诗赋为去留,其名次高下,则于策论参之。自复诗赋,上多乡习,而专经者十无二三,诸路奏以分额各取非均,其后遂通定去留,经义毋过通额三分之一。

光又请:"立经明行修科,岁委升朝文臣各举所知,以勉励天下,使敦士行,以示不专取文学之意。若所举人违犯名教及赃私罪,必坐举主,毋有所赦,则人自不敢妄举。而士之居乡、居家者,立身行己,不敢不谨,惟惧砧缺外闻。所谓不言之教,不肃而成,不待学官日训月察,立赏告讦,而士行自美矣。"遂立科,许各举一人。凡试进士者,及中第唱名日,用以升甲。后分路别立额六十一人,州县保任上之监司,监司考察以闻,无其人则否。预荐者不试于州郡,惟试礼部。不中,许用特奏名格赴廷试,后以为常。既而诏须特命乃举,毋概以科场年上其名。

六年,诏复通礼科。初,开宝中,改乡贡《开元礼》为《通礼》,熙宁尝罢,至是始复。凡礼部试,添知举官为四员,罢差参详官,而置点检官二十人,分属四知举,使协力通考;诸州点检官专校杂犯,亦预考试。

八年,中书请御试复用祖宗法,试诗赋、论、策三题。且言:"士子多已改习诗赋,太学生员总二千一百余人,而不兼诗赋者才八十二人。"于是诏:"来年御试,习诗赋人复试三题,专经人且令试策。"自后概试三题。帝既亲政,群臣多言元祐所更学校、科举制度非是,帝念宣仁保佑之功,不许改。绍圣初,议者益多,乃诏进士罢诗赋,专习经义,廷对仍试策。初,神宗念字学废缺,诏儒臣探讨,而王安石乃进其说,学者习焉。元祐禁勿用。至是,除其禁。四年,诏礼部,凡内外试题悉集以为籍,遇试,颁付考官,以防复出。罢《春秋》科,凡试,优取二《礼》,两经许占全额之半,而以其半及他经。既而复立《春秋》博士,崇宁又罢之。

徽宗设辟雍于国郊,以待士之贡者。临幸,加恩博士弟子有差。然州郡犹以科举取士,不专学校。崇宁三年,

遂诏："天下取士，悉由学校升贡，其州郡发解及试礼部法并罢。"自此，岁试上舍，悉差知举，如礼部试。五年，诏："大比岁更用科举取士一次，其亟以此意使远士即闻之。"时州县悉行三舍法，得免试入学者，多当官子弟，而在学积岁月，累试乃得应格，其贫且老者甚病之，故诏及此，而未遽废科举也。大观四年五月，星变，凡事多所更定。侍御史毛注言："养士既有额，而科举又罢，则不隶学籍者，遂致失职。天之视听以民，士，其民之秀者，今失职如此，疑天亦谴怒。愿以解额之归升贡者一二分，不绝科举，亦应天之一也。"遂诏更行科举一次。臣僚言："场屋之文，专尚偶丽，题虽无两意，必欲厘而为二，以就对偶；其超诣理趣者，反指以为淡泊。请择考官而戒饬之，取其有理致而黜其强为对偶者，庶几稍救文弊。"

宣和三年，诏罢天下三舍法，开封府及诸路并以科举取士；惟太学仍存三舍，以甄序课试，遇科举仍自发解。六年，礼部试进士万五千人，诏特增百人额，正奏名赐第者八百余人，因上书献颂直令赴试者殆百人。有储宏等隶大陶梁师成为使臣或小史，皆赐之第。梁师成者，于大观三年尝中甲科。自设科以来，南宫试者，无逾此年之盛。然杂流阉宦，俱玷选举，而祖宗之良法荡然矣。凡士不由科举若三舍而赐进士第及出身者，其所从得不一。凡遗逸、文学、吏能言事或奏对称旨，或试法而经律入优，或材武、或童子而皆能文，或边臣之子以功来奏，其得之虽有当否，大较犹可取也。崇宁、大观之后，达官贵胄既多得赐，以上书献颂而得者，又不胜纪矣。

卷一百五十六　　志第一百九

选举二 科目下 举遗逸附

高宗建炎初，驻跸扬州，时方用武，念士人不能至行在，下诏："诸道提刑司选官即转运置司州、军引试，使副或判官一人董之。河东路附京西转运司。国子监、开封府人就试于留守司，命御史一人董之。国子监人愿就本路试者听。"二年，定诗赋、经义取士，第一场诗赋各一首，习经义者本经义三道，《语》、《孟》义各一道；第二场并论一道；第三场并策三道。殿试策如之。自绍圣后，举人不习诗赋，至是始复，遂除《政和令》命官私相传习诗赋之禁。又诏："下第进士，年四十以上六举经御试、八举经省试，五十以上四举经御试、五举经省试者，河北、河东、陕西特各减一举；元符以前到省，两举者不限年，一举年五十五已上者；诸道转运司、开封府悉以名闻，许直赴廷试。"

是秋，四方士集行在，帝亲策于集英殿，第为五等，赐正奏名李易以下四百五十一人进士及第、进士出身、同学究出身、同出身。第一人为左宣教郎，第二、第三人左宣义郎，第四、第五人左儒林郎。第一甲第六名以下并左文林郎，第二甲并左从事郎，第三甲以下并左迪功郎。特奏名第一人附第二甲，赐进士及第，第二、第三人赐同进士出身，余赐同学究出身。登仕郎、京府助教、上下州文学、诸州助教入五等者，亦与调官。川、陕、河北、京东正奏名不赴者一百三人，以龙飞特恩，即家赐第。故事，廷试上十名，内侍先以卷奏定高下。帝曰："取士当务至公，岂容以己意升降，自今勿先进卷。"

三年，诏："过省进士赴御试不及者，令漕臣据元举送状申省，给敕赐同进士出身。其计举者，赐下州文学，并释褐焉。"左司谏唐辉言："旧制，省试用六曹尚书、翰林学士知贡举，侍郎、给事中同知贡举，卿监、郎官参详，馆职、学官点检，御史监视，故能至公厌人心。今诸道类试，专委宪臣，奸弊滋生，才否贸乱，士论嚣然，甚不称更制设科之意，请并还礼部。"遂罢诸道类试。四年，复川、陕试如故。

绍兴元年，当祀明堂，复诏诸道类试，择宪、漕或帅守中文学之人总其事，使精选考官。于是四川宣抚处置使张浚始以便宜令川、陕举人，即置司州试之。会侯延庆言："兵兴，太学既罢，诸生解散，行在职事及厘务官随行有服亲及门客，往往乡贡隔绝，请立应举法，以国子监进士为名。"令转运司附试。又诏："京畿、京东西、河北、陕西、淮南士人转徙东南者，令于寓户州军附试，别号取放。"

时诸道贡籍多毁于兵，乃诏转运司令举人具元符以后得解、升贡、户贯、三代、治经，置籍于礼部，以稽考焉。应该恩免解举人，值兵毁失公据者，召京官二员委保，所在州军给据，仍申部注籍。侍御史曾统请取士止用词赋，未须兼经，高宗亦以古文治乱多载于史，经义登科者类不通史，将从其议。左仆射吕颐浩曰："经义、词赋均以言取人，宜如旧。"遂止。

二年，廷试，手诏谕考官，当崇直言，抑谀佞。得张九成以下二百五十九人，凌景夏第二。吕颐浩言景夏词胜九成，请更置第一。帝曰："士人初进，便须别其忠佞，九成所对，无所畏避，宜擢首选。"九成以试、廷策俱第一，命特进一官。时进士卷有犯御名者，帝曰："岂以朕名妨人进取邪？"令置本等。又命应及第人各进一秩。旧制，潜藩州郡举人，必曾请举两到省已上乃得试。帝尝封蜀国公，是年，蜀州举人以帝登极恩，径赴类省试，自是为例。

五年，初试进士于南省，戒饬有司："商榷去取，毋以缔绘章句为工，当以渊源学问为尚。事关教化、有益治体者，毋以讦直为嫌。言有根柢，肆为蔓衍者，不在采录。""举人程文，许通用古今诸儒之说，及出己意，文理优长为合格。"三月，御试奏名，汪应辰第一。初，考官以有官人黄中第一，帝访诸沈应求，应求以沈遘与冯京故事对，乃更擢应辰为魁，遂为定制。

旧制，御试初考既分等第，印封送覆考定之，详定所或从初，或从覆，不许别自立等。嘉祐中废。至是，知制诰孙近奏："若遵旧制，则高下升黜，尽出详定官，初、覆考为虚设。请自今初、覆考皆未当，始许奏禀别置等第。"

谏议大夫赵鼐请用《崇宁令》，凡隔二等、累及五人许行奏禀，从之。是年，川、陕进士止试宣抚司，特奏名则置院差官，试时务策一道，礼部具取放分数、推恩等第颁示之。

旧法，随侍见任守倅等官，在本贯二千里外，曰满里子弟。试官内外有服亲及婚姻家，曰"避亲"。馆于见任my下，曰"门客"。是三等许牒试，否则不预。间有背本宗而窜他谱，飞赇而移试他道者，议者病之。六年，诏牒试应避者，令本司长官、州守倅、县令委保，诡冒者连坐。

七年，命行在职事、厘务官并宗子应举、取应及有官人，并于行在赴国子监试，始命各差词赋、经义考官。八年，以平江府四经巡幸，其得解举人援临安、建康驻跸例，各免文解一次。时闻徽宗崩，未及大祥，礼部言：故事，因谅阴罢殿试，则省试第一人为榜首，补两使职官。帝特命为左承事郎，自此率以为常。九年，以陕西举人久蹈北境，理宜优异，非四川比，令礼部别号取放。川、陕分类试额自此始。是岁，以科试、明堂同在嗣岁，省司财计艰于办给，又患初仕待阙率四五年，若使进士、荫人同时差注，俱为不便，增展一年，则合旧制。十年，遂诏诸州依条发解，十二年正月省试，三月御试，后皆准此。

十三年，国子司业高闶言："取士当先经术。请参合三场，以本经、《语》、《孟》义各一道为首，诗赋各一首次之，子史论一道、时务策一道又次之，庶几如古试法。又《春秋》义当于正经出题。"并从之。初立同文馆试，凡居行在去本贯及千里已上者，许附试于国子监。十五年，凡特奏名赐同学究出身者，旧京府助教今改将仕郎。是岁，始定依汴京旧制，正奏及特恩分两日唱名。十七年，申禁程文全用本朝人文集或歌颂及佛书全句者。

十八年，以浙漕举人有势家行赂、假手滥名者，谕有司立赏格，听人捕告。十九年，诏："自今乡贡，前一岁，州军属县长吏籍定合应举人，以次年春县上之州，州下之学，核实引保，赴乡饮酒，然后送试院。及期投状射保者勿受。"自神宗朝程颢、程颐以道学倡于洛，四方师之，中兴盛于东南，科举之文稍用颐说。谏官陈公辅上疏诋颐学，乞加禁绝；秦桧入相，甚至指颐为"专门"，侍御史汪勃请戒饬攸司，凡专门曲说，必加黜落；中丞曹筠亦请选汰用程说者：并从之。二十一年，御试得正奏名四百人，特奏名五百三十一人。中兴以来，得人始盛。

二十二年，以士习《周礼》、《礼记》，较他经十无一二，恐其学寝废，遂命州郡招延明于《二礼》者，俾立讲说以表学校，及令考官优加诱进。旧诸州皆以八月选日试举人，有趁数州取解者。二十四年，始定试期并用中秋日，四川则用季春，而仲秋类省。初，秦桧专国，其子熺廷试第一，桧阳引降第二名。是岁，桧孙埙举进士，省试、廷对皆首选，姻党曹冠等皆居高甲，后降埙第三。二十五年，桧死，帝惩其弊，遂命贡院遵故事，凡合格举人有权要亲族，并令覆试。仍夺埙出身，改冠等七人阶官并带"右"字，余悉驳放。程、王之学，数年以来，宰相执论不一，赵鼎主程颐，秦桧主王安石。至是，诏自今毋拘一家之说，务求至当之论。道学之禁稍解矣。

自经、赋分科，声律日盛，帝尝曰："向为士不读史，遂用诗赋。今则不读经，不出数年，经学废矣。"二十七年，诏复行兼经，如十三年之制。内第一场大小经义各减一道，如治《二礼》文义优长，许侵用诸经分数。时号为四科。

旧蜀士赴廷试不及者，皆赐同进士出身。帝念其中有俊秀能取高第者，不宜例置下列，至是，遂谕都省宽展试期以待之。及唱名，阎安中第二，梁介第三，皆蜀士也，帝大悦。二十九年，孙道夫在经筵，极论四川类试请托之弊，请尽令赴礼部。帝曰："后举但当遣御史监之。"道夫持益坚，事下国子监，祭酒杨椿曰："蜀去行在万里，可使士子涉三峡、冒重湖邪？欲革其弊，一监试得人足矣。"遂诏监司、守倅宾客力可行者赴省，余不在遣中。是岁，四川类省试始从朝廷差官。

初，类试第一人恩数优厚，视殿试第三人，赐进士及第；后以何耕对策忤秦桧，乃改礼部类试蜀士第一等人，并赐进士出身，自是无有不赴御试者。惟遇不亲策，则类省试第一人恩数如旧，第二、第三人皆附第一甲，九名以上附第二甲焉。是年诏："四川等处进士，路远归乡试不及者，特就运司附试一次，仍别行考校，取旨立额。"

三十一年，礼部侍郎金安节言："熙宁、元丰以来，经义诗赋，废兴离合，随时更革，初无定制。近合科以来，通经者苦赋体雕刻，习赋者病经旨渊微，心有弗精，智难兼济。又其甚者，论既并场，策问太寡，议论器识，无以尽人。士守传注，史学尽废，此后进往往得志，而老生宿儒多困也。请复立两科，永为成宪。"从之。于是士始有定向，而得专所习矣。既而建议者以为两科既分，解额未定，宜以国学及诸州解额三分为率，二取经义，一取诗赋。若省试，则以累举过省中数立为定额而分之。诏下其议，然竟不果行。

孝宗初，诏川、广进士之在行都者，令附试两浙转运司。隆兴元年，御试第一人承事郎、签书诸州节度判官，第二第三人文林郎、两使职官，第四第五人从事郎、初等职官，第六人至第四甲并迪功郎、诸州司户簿尉，第五甲守选。乾道元年，诏四川特奏名第一等第一名赐同学究出身，第二名至本等末补将仕郎，第二等至第四等赐下州文学，第五等诸州助教。二年，御试，始推登极恩，第一名宣义郎，第二名与第一名恩例，第三名承事郎；第一甲赐进士及第并文林郎，第二甲赐进士及第并从事郎，第三、第四甲进士出身，第五甲同进士出身；特奏名第一名赐进士出身，第二、第三名赐同进士出身。

四年，裁定牒试法：文武臣添差官除亲子孙外并罢，其行在职事官除监察御史以上，余并不许牒试。六年，诏诸道试官皆隔一郡选差，后又令历三郡合符乃听入院，防私弊也。

帝欲令文士能射御，武臣知诗书，命讨论殿最之法。淳熙二年御试，唱第后二日，御殿，引按文士詹骙以下一百三十九人射艺。翌日，又引文士第五甲及特奏名一百五十二人。其日，进士具襕笏入殿起居，易戎服，各给箭六，弓不限斗力，射者莫不振厉自献，多命中焉。天子甚悦。凡三箭中帖为上等，正奏第一人转一官，与通判，余循一资；二箭中为中等，减二年磨勘；一箭中帖及一箭上垛为下等，一任回不依次注官；上四甲能全中者取旨；第五甲射入上等注黄甲，余升名次而已。特奏名五等人射艺合格与文学，不中者亦赐帛。

四年，罢同文馆试。又命省试帘外官同姓异姓亲若门客，亦依帘内官避亲法，牒送别院。五年，以阶、成、西和、凤州正奏名比附特奏名五路人例，特升一甲。六年，诏特奏名自今三名取一，置第四等以前，余并入第五等，其末等纳敕者止许一次，潜藩及五路旧升甲者今但升名。其后又许纳敕三次，为定制焉。

十一年，进士廷试不许见烛，其纳卷最后者降黜之。旧制，廷试至暮许赐烛，然殿深易暗，日昃已烛出矣。凡赐烛，正奏名降一甲，第五甲降充本甲末名；特奏名降一等，第五等与摄助教。凡试艺于省闱及国子监、两浙转运司者，皆禁烛，其他郡国，率达旦乃出。十月，太常博士倪思言："举人轻视史学，今之论史者独取汉、唐混一之事，三国、六朝、五代为非盛世而耻谈之，然其进取之得失，守御之当否，筹策之疏密，区处兵民之方，形势成败之迹，俾加讨究，有补国家。请谕春官：凡课试命题，杂出诸史，无所拘忌；考核之际，稍以论策为重，毋止以初场定去留。"从之。

十四年，御试正奏名王容第一。时帝策士，不尽由有司，是举容本第三，亲擢为榜首。翰林学士洪迈言："《贡举令》：赋限三百六十字，论限五百字。今经义、论、策一道有至三千言，赋一篇几六百言，寸晷之下，唯务贪多，累牍连篇，何由精妙？宜俾各遵体格，以返浑淳。"

时朱熹尝欲罢诗赋，而分诸经、子、史、时务之年。其《私议》曰："古者大学之教，以格物致知为先，而其考校之法，又以九年知类通达、强立不反为大成。今《乐经》亡而《礼经》阙，二戴之《礼》已非正经，而又废其一。经之为教已不能备，而治经者类皆舍其所难而就其易，仅窥其一而不及其余。若诸子之学同出于圣人，诸史则该古今兴亡治乱得失之变，皆不可阙者。而学者一旦岂能尽通？若合所当读之书而分之以年，使之各以三年而共通其三四之一。凡《易》、《诗》、《书》为一科，而子年、午年试之；《周礼》、《仪礼》及二《戴记》为一科，而卯年试之；《春秋》及《三传》为一科，而酉年试之。义各二道，诸经皆兼《大学》、《论语》、《中庸》、《孟子》义一道。论则分诸子为四科，而分年以附焉。诸史则《左传》、《国语》、《史记》、《两汉》为一科，《三国》、《晋书》、《南北史》为一科，《新旧唐书》、《五代史》为一科。时务则律历、地理为一科，以次分年如经、子之法，试策各二道。又使治经者各守家法，答义者必通贯经文，条举众说而断以己意，有司命题必依章句，如是则士无不通之经、史，而皆可用于世矣。"其议虽未上，而天下诵之。

光宗初，以省试春浅，天尚寒，遂展至二月朔卜日，殿试于四月上旬。绍熙元年，仍按射，不合格者罢赐帛。旧命官锁厅及避亲举人同试。三年，始令分场，以革假人试艺者，于是四蜀皆然。

宁宗庆元二年，韩侂胄袭秦桧余论，指道学为伪学，台臣附和之，上章论列。刘德秀在省闱，奏请毁除语录。既而知贡举吏部尚书叶翥上言："士狃于伪学，专习语录诡诞之说，《中庸》《大学》之书，以文其非。有叶适《进卷》、陈傅良《待遇集》，士人传诵其文，每用辄效。请令太学及州军学，各以月试合格前三名程文，上御史台考察，太学以月，诸路以季。其有旧习不改，则坐学官、提学司之罪。"是举，语涉道学者，皆不预选。四年，以经义多用套类，父子兄弟相授，致天下士子不务实学。遂命有司：六经出题，各于本经摘出两段文意相类者，合为一题，以杜挟册雠伪之计。

嘉泰元年，起居舍人章良能陈主司三弊：一曰沮抑词赋太甚，既暗削分数，又多置下陈。二曰假借《春秋》太过，诸处解榜，多置首选。三曰国史、实录等书禁民私藏，惟公卿子弟因父兄得以窃窥，冒禁传写，而有司乃取本朝故事，藏匿本末，发为策问，寒士无由尽知。命自今诗赋纯正者置之前例，《春秋》唯卓异者置高等，余当杂定，策题则必明白指问。四年，诏："自今碍格、不碍格人试于漕司者，分院异题，永为定制。"

开禧元年，诏："礼部考试，以三场俱优为上，二场优次之，一场优又次之，俱劣为下。毋以片言只字取人。编排既定，从知举审定高下，永为通考之法。"二年，以举人奸弊滋多，命诸道漕司、州府、军监，凡发解举人，合格试卷姓名，类申礼部。候省试中，牒发御史台，同礼部长贰参对字画，关御药院内侍照应，廷试字画不同者，别榜驳放。

旧制，秋贡春试，皆置别头场，以待举人之避亲者。自缌麻以上亲及大功以上婚姻之家，皆牒送。惟临轩亲试，谓之天子门生，虽父兄为考官，亦不避。嘉定元年，始因议臣有请，命朝官有亲属赴廷对者，免差充考校。十二年，命国子牒试，禁假托宗枝、迁就服属，犯者必置于罚。十五年，秘书郎何淡言："有司出题，强裂句读，专务断章，离绝旨意，破碎经文。望令革去旧习，使士子考注疏而辨异同，明纲领而识体要。"从之。

至理宗朝，奸弊愈滋。有司命题苟简，或执偏见臆说，互相背驰，或发策用事讹舛，故士子眩惑，莫知适从，才者或反见遗。所取之士既不精，数年之后，复俾之主文，是非颠倒逾甚，时谓之缪种流传。复容情任意，不学之流，往往中第。而举人之弊凡五：曰传义，曰换卷，曰易号，曰卷子出外，曰誊录灭裂。迨宝庆二年，左谏议大夫朱端常奏防戢之策，谓："试院监大门、中门官，乃一院襟喉切要，乞差有风力者。入试日，一切不许传递。门禁既严，则数弊自清。士人暮夜纳卷，易于散失。宜令封弥官躬亲封镭卷匦，士人亲书幕历投匦中。俟举人尽出院，然后封，分类抄上，即付誊录所。明旦，申逐场名数于御史台检核。其撰号法，上一字许同，下二字各异，以杜讹易之弊。誊录人选择书手充，不许代名，具姓名字样，申院覆写检实。传义置稟之人，委临安府严捕。其考官容情任意者，许台谏风闻弹奏，重置典宪。及出官钱，立赏格，许告捉怀挟、传题、传稿、全身代名入试之人。"帝悉从之，且命精择考官，毋仍旧习。旧制，凡即位一降科诏，及大比之岁，二月一日一降诏，许发解，然后礼部遍牒诸路及四川州军。至是，以四川锁院改用二月二十一日，与降诏日相逼，遂改用正月十五日奏裁降诏。

绍定元年，有言举人程文雷同，或一字不差。其弊有二：一则考官受赂，或授暗记，或与全篇，一家分传誊写；一则老儒卖文场屋，一人传十，十人传百，考官不暇参稽。于是命礼部戒饬，前申号三日，监试会聚考官，将合取卷参验互考，稍涉雷同，即与黜落。或仍前弊，以致觉察，则考官、监试一例黜退。初，省试奉敕差知贡举一员，同知二员，内差台谏官一员；参详官若干员，内差监察御史一员。俾会聚考校，微寓弹压纠察之意。韩侂胄用事，将钤制士人，遂于三知举外，别差同知一员，以谏官为之，专董试事，不复干预考校，参详官亦不差察官。于是约束峻切，气焰薰灼。嘉泰间，更名监试，其失愈甚，制造簿历，严立程限。至是，复旧制，三知举内差一台谏，十参详内差一御史，仍戒饬试官，精加考校，如日力不给，即展期限。

二年，臣僚言考官之弊：词赋命题不明，致士子上请烦乱；经义不分房别考，致士子多悖经旨。遂饬考官明示词赋题意，各房分经考校。凡廷试，唯蜀士到杭最迟，每展日以待。会有言："蜀士嗜利，多引商货押船，致留滞关津。"自是，定以四月上旬廷试，更不移展。三年，臣僚请："学校、场屋，并禁断章截句，破坏义理，及《春秋经》越年牵合。其程文，本古注、用先儒说者取之，穿凿撰说者黜落。"

四年，臣僚甚言科场之弊，乞戒饬漕臣严选考官。地多经学，则博选通经者；地多赋学，则广致能赋者。主文必兼经赋，乃可充其职。监试或倅贰不胜任，必别择人。仍令有司量展揭封之期，庶考校详悉，不致失士。于是命遍谕国子监及诸郡，恪意推行约束，违戾者弹劾治罪。初，四川类试，其事虽隶制司，而监试、考官共十员，唯大院别院监试、主文各一员从朝命，余听制司选差。自安丙差四员之外，权委成都帅守临期从近取具。是岁，始仍旧朝命四员，余从制司分选。

时场屋士子日盛，卷轴如山。有司不能遍睹，迫于日限，去取不能皆当。盖士人既以本名纳卷，或别为名，或易以字，一人而纳二三卷。不禁挟书，又许见烛，闽、浙诸郡又间日引试，中有一日之暇，甚至次日午方出。于是经义可作二三道，诗赋可成五六篇。举人文章不精，考官困于披阅。幸皆中选，乃以兄弟承之，或转售同族，奸诈百端，真伪莫辨。乃命诸郡关防，于投卷之初，责乡邻核实，严治虚伪之罪、纵容之罚，其弊稍息。

命官锁厅及避亲举人，自绍熙分场各试，寒士悻之。缘避亲人七人取一，其额太窄，咸以为窘；而朝士之被差为大院考官者，恐多妨其亲，亦不愿差。寒士于乡举千百取一之中，得预秋荐，以数千里之远，辛勤赴省；而省闱差官，乃当相避。遂有隐身匿名不认亲戚以求免者，愤懑忧沮狼狈旅邸者，彼此交怨，相视为仇。至是，言者谓："除大院收试外，以漕举及待补国子生到省者，与避亲人同试于别院，亦将不下数百。人数既多，其额自宽，寒士可不怨其亲戚，朝士可不惮于被差。"从之。既而以诸路转运司牒试，多营求伪冒之弊，遂罢之。其实有妨嫌者收试，每百人终场取一人，于各路州军解额窄者量与均添，庶士子各安乡里，无复诈竞。于是临安、绍兴、温、台、福、婺、庆元、处、池、袁、潮、兴化及四川诸州府，共增解额一百七十名。未几，又命止许牒满里亲子孙及门客，召见任官二员委保，与有官碍格人各处收试，五十人取放一人。合牒亲子孙别项隔截收试，不及五十人亦取一人。凡涉诈冒，并坐牒官、保官。

初，唐、邓二州尝陷于金，金灭，复得其地，命仍旧类试于襄阳，但别号考校，以优新附士子。旧制，光州解额七名，渡江后为极边，士子稀少，权赴试邻州，淳熙间，本州自置科场，权放三名。至是，已五六十年，举人十倍于前，遂命复还旧额。

端平元年，以牒试已罢，解额既增，命增额州郡措置关防，每人止纳一卷，及开贡院添差考官。时有言：门客及随侍亲子孙五十人取一，临安府学三年类申人漕试七十取一，又令别试院分项异处收试，已为烦碎；兼两项士人习赋习《书》之外，习他经者差少，难于取放。遂命将两项混同收试考校，均作六十取一；京学见行食职事生员二百二十四名，别项发号考校，不限经赋，取放一名。

侍御史李鸣复等条列建言，谓："台谏充知举、参详，既留心考校，不能检柅奸弊，欲乞仍旧差台谏为监试。怀挟之禁不严，皆为具文，欲乞悬赏募人告捉，精选强敏巡按官及八厢等人，谨切巡逻，有犯，则镌黜官员。考校不精，多缘点检官不时供卷，及开院日迫，试卷沓至，知举仓卒不及，遂致遗才，欲乞试院随房置历程督，点检官书所供卷数，逐日押历考校。试卷不遵旧式，务从简便，点检、参详穿联为一，欲乞必如旧制，三场试卷分送三点检、三参详、三知举，庶得详审：试官互考经赋，未必精熟，欲乞前期约度试卷，经、赋凡若干，则各差试官若干，不至偏重。"并从之。

嘉熙元年，罢诸牒试，应郎官以上监司、守倅之门客及姑姨同宗之子弟，与游士之不便于归乡就试者，并混同试于转运司，各从所寓县给据，径赴司纳卷，一如乡举之法。家状备书本贯，不问其所从来，而定其名"寓试"，以四十名为额，就试如满五十人，则临时取旨增放。又罢诸路转运司及诸州军府所取待补国子生，自明年并许赴国子监混试。以士子数多，命于礼部及临安转运两试院外，绍兴、安吉各置一院，从朝廷差官前诣，同日引试，分各路士人就试焉。同在京，不许见烛。是年，已失京西诸州军，士多徙寓江陵、鄂州，命京湖制置司于江陵别立贡院，取德安府、荆门军、归峡复三州及随、郢、均、房等京西七郡士人，别差官混试，用十二郡元额混取以优之。

牒试既罢，又复冒求国子，士大夫为子弟计者，辄牒外方他族，利为场屋相资，或公然受价以鬻。命遍谕百官司知杂司等：如已准朝廷辨验，批书印纸，批下国子监收试，即报赴试人躬赴监。一姓结为一保，每保不过十人，责立罪罚，当官书押，递相委保，各给告示，方许投纳试卷。冒牒官降官罢任，或一时失于参照，误牒他族，计自陈悔牒一次。冒牒中选之人，限主保官、举人一月自首，举人驳放，主保官免罪；出限不首者，仍照前条罪之。凡类试卷，封弥作弊不一。至是，命前期于两浙转运司、临安府选见役吏胥共三十人，差近上一名部辖入院，十名专管诗赋，余分管诸经。各随所管号，于引试之夕，分寻试卷，各置簿封弥，不许混乱，却别差一吏将号置历，发过誊录所书写。其簿、历，封弥官收掌，不经吏手，不许誊录人干预，以革其弊。

二年，省试下第及游学人，并就临安府给据，赴两浙转运司混试待补太学生。臣僚言："国子牒试之弊，冒滥滋甚。在朝之士，有强认疏远之亲为近属者，有各私亲故换易而互牒者，有为权势所轧、人情所牵应命而泛及者，有自揆子弟非才、牒同姓之隽茂利其假手者，有文艺素乏、执格法以求牒转售同姓以谋利者。今后令牒官各从本职长官具朝典状保明，先期取本官知委状，仍立赏格，许人指实陈首。冒牒之官，按劾镌秩；受牒之人，驳放殿举；保官亦与连坐。专令御史台觉察，都省勘会。类申门客、满里子孙仍前漕试，六十人取一，较之他处虽甚优，而取无定额，士有疑心，就试者少。宜令额宽而试者众，涂一而取之精。"遂依前例放行寓试，以四十名为定额，仍前待补；其类申门客、满里子孙及附试并罢。

淳祐元年，臣僚言："既复诸路漕试，合国子试、两项科举及免举人，不下千数。宜复拨漕举、胄举同避亲人并就别院引试，使大院无卷冗之患，小院无额窄之弊。"从之。时淮南诸郡岁有兵祸，士子不得以时赴乡试，且漕司分差试官，路梗不可径达。三年，命淮东州郡附镇江府秋试，淮西州郡附建康试，蕲黄光三州、安庆府附江州试。三试所各增差试官二员，别项考校，照各州元额取放。是岁，两浙转运司寓试终场满五千人，特命增放二名，后虽多不增，如不及五千人，止依元额。别院之试，大率士子与试官实有亲嫌者，绍定间，以漕试、胄试无亲可避者亦许试，或谓时相干于势要子弟故也；端平初，拨归大院，寒隽便之；淳祐元年，又复赴别院，是使不应避亲之人抑而就此，使天下士子无故析而为二，殊失别试之初意。至是，依端平厘正之，复归大院。

九年，以臣僚言："士子又有免解伪冒入试者，或父兄没而窃代其名，或同族物故而填其籍。"于是令自本贯保明给据，类其姓名先申礼部，各州揭以示众，犯者许告捉，依鬻举法治罪。十二年，广南西路言："所部二十五郡，科选于春官者仅一二，盖山林质朴，不能与中土士子同工，请授两淮、荆襄例别考。"朝廷从其请。自是，广南分东、西两路。

宝祐二年，监察御史陈大方言："士风日薄，文场多弊。乞将发解士人初请举者，从所司给帖赴省，别给一历，如命官印纸之法，批书发解之年及本名年贯、保官姓名，执赴礼部，又批赴省之年，长贰印署。赴监试者同。如将来免解、免省，到殿批书亦如之。如无历则不收试。候出官日赴吏部缴纳，换给印纸。应合免解、免省人，亦从先发解处照此给历。如省、殿中选，将元历发下御史台考察，以凭注阙给告。士子得历，可为据证；有司因历，可加稽验。日前伪冒之人，可不却而自遁。"遂自明年始行之。

乡贡、监补、省试皆有复试，然铨择犹未精，其间滥名充贡者，不可欺同举之人，冒选桥门者，不逃于本斋之职事。遂命今后本州审察，必责同举之联保，监学帘引，必责长谕之证实，并使结罪，方与放行。中书复试，凡涉再引，非系杂犯，并先札报各处漕司，每遇诏举，必加稽验。凡复试，令宰执出题，不许都司干预，仍日轮台谏一员，帘外监试。四年，命在朝之臣，除宰执、侍从、台谏外，自卿监、郎官以下至厘务官，各具三代宗支图三本，结立罪状，申尚书省、御史台及礼部，所属各置簿籍，存留照应。遇属子孙登科、发解、入学、奏补事故，并具申入凿。后由外任登朝，亦于供职日后，具图籍记如上法。遇胄试之年，照朝廷限员，于内牒能应举人就试，以革胄牒冒滥之弊。

景定二年，胄子牒试员：宰执牒缌麻以上亲增作四十人，侍从、台谏、给事中、舍人小功以上亲增作二十七人，卿监、郎官、秘书省官、四总领小功以上亲增作二十人，寺监丞簿、学官、二令大功以上亲增作十五人，六院、四辖、省部门、史馆校勘、检阅大功以上亲增作十人，临安府通判牒大功以上亲增作八人，余应牒亲子孙者，一仍旧制。

度宗初，以雷同假手之弊，多由于州郡试院继烛达旦，或至次日辰、巳犹未出院，其所以间日者，不惟止可以惠不能文之人，适足以害能文之士，遂一遵旧制，连试三日。时诸州郡以乡试终场人众而元额少，自咸淳九年为始，视终场人多寡，每二百人取放一名。以士子数多，增参详官二员，点检试卷官六员。又以臣僚条上科场之弊，以大院别院参详官、点检试卷官兼考雷同，又监试兼专一详定雷同试卷，不预考校。遂罢帘外点检雷同官，国子监解试雷同官亦罢。

先是，州郡乡贡未有复试。会言者谓冒滥之弊，惟在乡贡，遂命漕臣及帅守于解试揭晓之前，点差有出身倅贰或幕官专充复试。尽一日命题考校，解名多者，斟酌分日。但能行文不缪、说理优通、觉非假手即取，非才不通就与驳放。如将来省复不通，罪及元复试漕守之臣及考校官。十年，省试，命大院、别院监试官于坐图未定之先，亲监分布坐次，严禁书铺等人，不许纵容士子抛离座案，过越廊分，为传义假手之地。时成都已归附我朝，殿试拟五月五日，以蜀士至者绝少，展至末旬。又因复试特奏名至部犹少，展作六月七日。近臣以隆暑为请，复命立秋后择日。七月八日，度宗崩，竟不毕试。嗣君即位，下礼部讨论，援引皆未当，既不可谓之亮阴，又不可不赴廷对，乃仿召试馆职之制而行之。

新进士旧有期集,渡江后置局于礼部贡院,特旨赐餐钱,唱第之三日赴焉。上三人得自择同升之彦,分职有差。朝谢后拜黄甲,其仪设褥于堂上,东西相向,皆再拜。拜已,择榜中年长者一人,状元拜之,复择最少者一人拜状元。所以侈宠灵,重年好,明长少也。

制举无常科,所以待天下之才杰,天子每亲策之。然宋之得才,多由进士,而以是科应诏者少。惟召试馆职及后来博学宏词,而得忠鲠文学之士。或起之山林,或取之朝著,召之州县,多至大用焉。太祖始置贤良方正能直言极谏、经学优深可为师法、详闲吏理达于教化凡三科,不限前资,见任职官,黄衣草泽,悉许应诏,对策三千言,词理俱优则中选。乾德初,以郡县亡应令者,虑有司举贤之道或未至也,乃诏许士子诣阙自荐。四年,有司仅举直言极谏一人,堪为师法一人,召陶谷等发策,帝亲御殿临视之,给砚席坐于殿之西隅。及对策,词理疏阔,不应所问,赐酒馔宴劳之而遣。

开宝八年,诏诸州察民有孝弟力田、奇才异行或文武材干、年二十至五十可任使者,具送阙下,如无人塞诏,亦以实闻。九年,诸道举孝弟力田及有才武者凡七百四十人,诏翰林学士李昉等于礼部试其业,一无可采。而濮州以孝悌荐名者三百七十人,帝骇其多,召对讲武殿,率不如诏。犹自陈素习武事,复试以骑射,辄颠陨失次。帝绐曰:"是宜隶兵籍。"皆号呼乞免,乃悉罢去。诏劾本部滥举之罪。

咸平四年,诏学士、两省御史台五品、尚书省诸司四品以上,于内外京朝幕府州县官、草泽中,各举贤良方正一人,不得以见任转运使及馆阁职事人应诏。是年,策秘书丞查道等七人,皆入第四等。景德二年,增置博通坟典达于教化,才识兼茂明于体用、武足安边、洞明韬略运筹决胜、军谋宏远材任边寄等科,诏中书门下试察其才,具名闻奏,将临轩亲策之。自是应令者寖广,而得中高等亦少。

太宗以来,凡特旨召试者,于中书学士舍人院,或特遣官专试,所试诗、赋、论、颂、策、制诰,或三篇,或一篇,中格则授以馆职。景德后,惟将命为知制诰者,乃试制诰三道,每道百五十字。东封及祀汾阴时,献文者多试业得官,盖特恩也。时言者以为:"两汉举贤良,多因兵荒灾变,所以询访阙政。今国家ftp瑞登封,无阙政也,安取此?"乃罢其科,惟吏部设宏词、拔萃、平判等科如旧制。

仁宗初,诏曰:"朕开数路以详延天下之士,而制举独久不设,意者吾豪杰或以故见遗也,其复置此科。"于是增其名,曰:贤良方正能直言极谏科,博通坟典明于教化科,才识兼茂明于体用科,详明吏理可使从政科,识洞韬略运筹帷幄科,军谋宏远材任边寄科,凡六,以待京、朝之被举及起应选者。又置书判拔萃科,以待选人。又置高蹈丘园科,沉沦草泽科,茂材异等科,以待布衣之被举者。其法先上艺业于有司,有司较之,然后试秘阁,中格,然后天子亲策之。

治平三年,命宰执举馆职各五人。先是,英宗谓中书曰:"水潦为灾,言事者云'咎在不能进贤',何也?"欧阳修曰:"近年进贤路狭,往时入馆有三路,今塞其二矣。进士高科,一路也;大臣荐举,一路也;因差遣例除,一路也。往年进士五人以上皆得试,第一人及第十年有至辅相者,今第一人两任方得试,而第二人以下不复试,是高科路塞矣。往时大臣荐举即召试,今只令上簿候缺人乃试,是荐举路塞矣。惟有因差遣例除者,半是年劳老病之人。此臣所谓荐举路狭也。"帝纳之,故有是命。韩琦、曾公亮、赵概等举蔡延庆以下凡二十人,皆令召试,宰臣以人多难之。帝曰:"既委公等举之,苟贤,岂患多也?先召试蔡延庆等十人,余须后时。"神宗以进士试策,与制科无异,遂诏罢之。试馆职则罢诗、赋,更以策、论。

元祐二年,复制科。凡廷试前一年,举奏官具所举者策、论五十首奏上,而次年试论六首,御试策一道,召试、除官、推恩略如旧制。右正言刘安世建言:"祖宗之待馆职也,储之英杰之地以饬其名节,观以古今之书而开益其聪明,稍优其廪,不责以吏事,所以滋长德器,养成名卿贤相也。近岁其选寖轻,或缘世赏,或以军功,或酬聚敛之能,或徇权贵之荐。未尝较试,遂获贴职,多开幸门,恐非祖宗德意。望明诏执政,详求文学行谊,审其果可长育,然后召试,非试毋得辄除,庶名器重而贤能进。"三年,乃诏:"大臣奏举馆职,并如旧召试、除授,惟朝廷特除,不用此令。"安世复奏曰:"祖宗时入馆,鲜不由试。惟其望实素著,治状显白,或累持使节,或移镇大藩,欲示优恩,方令贴职。今既过听臣言,追复旧制,又谓'朝廷特除,不在此限',则是人材高下,资历深浅,但非奏举,皆可直除,名为更张,弊源尚在。愿仿故事,资序及转运使,方可以特命除授,庶塞侥幸,以重馆职之选。"

绍圣初,哲宗谓:"制科试策,对时政得失,进士策亦可言。"因诏罢制科。既而三省言:"今进士纯用经术。如诏诰、章表、箴铭、赋颂、赦敕、檄书、露布、诫谕,其文皆朝廷官守日用不可阙,且无以兼收文学博异之士。"遂改置宏词科,岁许进士及第者诣礼部请试,如见守官则受代乃请,率以春试上舍生附试,不自立院也。试章表、露布、檄书用骈俪体,颂、箴铭、诫谕、序记用古体或骈俪,惟诏诰、赦敕不以为题。凡试二日四题,试者虽多,取毋过五人,中程则上之三省复试之,分上、中二等,推恩有差;词艺超异者,奏取旨命官。大观四年诏:"宏词科格法未详,不足以致文学之士,改立词学兼茂科,岁附贡士院试,取毋过三人。"政和增为五人。不试檄书,增制诰,以历代史事借拟为之,中格则授馆职。宰臣执政亲属毋得试。宣和罢试上舍,乃随进士试于礼部。

绍兴元年,初复馆职试,凡预召者,学士院试时务策一道,天子亲览焉。然是时校书多不试,而正字或试或否。二年,诏举贤良方正能直言极谏科,一遵旧制,自尚书两省谏议大夫以上、御史中丞、学士、待制各举一人。凡应诏者,先具所著策、论五十篇缴进,两省侍从参考之,分为三等,次优以上,召赴秘阁,试论六首,于《九经》、《十七史》、《七书》、《国语》、《荀扬管子》、《文中子》内出题，学士两省官考校，御史监之，四通以上为合格。仍分五等，入四等以上者，天子亲策之。第三等为上，恩数视廷试第一人，第四等为中，视廷试第三人，皆赐制科出身；第五等为下，视廷试第四人，赐进士出身；不入等者与簿尉差遣，已仕者则进官与升擢。七年，以太阳有异。令中外侍从各举能直言极谏一人。是冬，吕祉举选人胡铨，汪藻举布衣刘度，即除铨枢密院编修官，而度不果召。自是诏书数下，未有应者。

孝宗乾道二年，苗昌言奏："国初尝立三科，真宗增至六科，仁宗时并许布衣应诏，于是名贤出焉。请参稽前制，间岁下诏，权于正文出题，不得用僻书注疏，追复天圣十科，开广荐扬之路，振起多士积年委靡之气。"遂诏礼部集馆职、学官杂议，皆曰："注疏诚可略，科目不必广。天下之士，屏处山林，滞迹遐远，侍从之臣，岂能尽知。"遂如国初之制，止令监司、守臣解送。

七年，诏举制科以六论，增至五通为合格，始命官、糊名、誊录如故事。试院言："文卷多不知题目所出，有仅及二通者。"帝命赐束帛罢之，举官皆坐罪。旧试六题，一明一暗。时考官命题多暗僻，失求言之意，臣僚请遵天圣、元祐故事，以经题为第一篇，然后杂出《九经》、《语》、《孟》内注疏或子史正文，以见尊经之意。从之。初，制科取士必以三年，十一年，诏："自今有合召试者，举官即以名闻。"明年春，李巘言："贤良之举，本求谠言以裨阙政，未闻责以记诵之学，使才行学识如晁、董之伦，虽注疏未能尽记，于治道何损？"帝以为然，乃复罢注疏。

高宗立博学宏词科，凡十二通，制诰、诏表、露布、檄、箴铭、记赞、颂序内杂出六题，分为三场，每场体制一古一今。遇科场年，应命官除归明、流外、入赀及犯赃人外，公卿子弟之秀者皆得试。先投所业三卷，学士院考之，拔其尤者召试，定为三等。上等转一官，选人改秩，无出身人赐进士及第，并免召试，除馆职。中等减三年磨勘，与堂除，无出身人赐进士出身；下等减二年磨勘，无出身人赐同进士出身；并许召试馆职。南渡以来所得之士，多至卿相、翰苑者。

理宗嘉熙三年，臣僚奏："词科实代王言，久不取人，日就废弛。盖试之太严，故习之者少。今欲除博学宏词科从旧三岁一试外，更降等立科。止试文辞，不贵记问。命题止分两场，引试须有出身人就礼部投状，献所业，如试教官例。每一岁附铨闱引试，惟取合格，不必拘额，中选者与堂除教授，已系教官资序及京官不愿就教授者，京官减磨勘，选人循一资。他时北门、西掖、南宫舍人之任，则择文墨超卓者用之。其科目，则去'宏博'二字，止称词学科。"从之。淳祐初，罢。景定二年，复嘉熙之制。

初，内外学官多朝廷特注，后稍令国子监取其旧试艺等格优者用之。熙宁八年，始立教授试法，即舍人院召试大义五道。元丰七年，令诸州无教官，则长吏选在任官书其名，而监学审其可者使兼之。元祐中，罢试法，已而论荐益众，乃诏须命举乃得奏。绍圣初，三省立格，中制科及进士甲第、礼部奏名在上三人、府监广文馆第一人、从太学上舍得第，皆不待试，余召试两经大义各一道，合格则授教官。元符中，增试三经。政和二年，臣僚言："元丰召试学官六十人，而所取四人，皆知名之士，故学者厌服。近试率三人取一，今欲十人始取一人，以重其选。"从之。自是或如旧法，中书选注。又尝员外添置八行应格人为大藩教官，不以莅职，随废。或用元丰试法，更革无常。

高宗初年，复教官试。绍兴中，议者谓："欲为人师，而自献以求进，非礼也。"乃罢试而自朝廷选差。已而又复之，凡有出身者许应，先具经义、诗、赋各三首赴礼部，乃下省闱，分两场试之。初任为诸州教官，由是为两学之选。十五年，从国子监丞文浩所言，于《六经》中取二经，各出两题，毋拘义式，以贯穿该赡为合格。其后，四川制置司遇类省试年，亦仿礼部附试，自嘉泰元年始。

凡童子十五岁以下，能通经作诗赋，州升诸朝，而天子亲试之。其命官、免举无常格。真宗景德二年，抚州晏殊、大名府姜盖始以童子召试诗赋，赐殊进士出身，盖同学究出身。寻复召殊试赋、论，帝嘉其敏赡，授秘书正字。后或罢或复。自仁宗即位，至大观末，赐出身者仅二十人。

建炎二年，用旧制，亲试童子，召见朱虎臣，授官赐金带以宠之。后至者或诵经、史、子、集，或诵御制诗文，或诵兵书、习步射，其命官、免举，皆临期取旨，无常格。淳熙中，王克勤始以程文求试。内殿引见，孝宗嘉其警敏，补从事郎，令秘阁读书。会礼部言："本朝童子以文称者，杨亿、宋绶、晏殊、李淑，后皆为贤宰相、名侍从。今郡国举贡，问其所能，不过记诵，宜稍艰其选。"八年，始分为三等：凡全诵《六经》、《孝经》、《语》、《孟》及能文，如《六经》义三道、《语》《孟》义各一道、或赋一道，诗一首为上等，与推恩；诵书外能通一经，为中等，免文解两次；止能诵《六经》、《语》、《孟》为下等，免文解一次。覆试不合格者，与赐帛。宁宗嘉定十四年，命岁取三人，期以季春集阙下。先试于国子监，而中书复试之，为永制焉。理宗后罢此科，须卓绝能文者，许诸郡荐举。

科目既设，犹虑不能尽致天下之才，或韬晦而不屑就也，往往命州郡搜罗，而公卿得以荐言。若治平之黄君俞，熙宁之王安国，元丰则程颐，元祐则陈师道，元符则徐积，皆卓然较著者也。熙宁三年，诸路搜访行义为乡里推重者，凡二十有九人。至，则馆之太学，而刘蒙以下二十二人试舍人院，赐官有差，亦足以见幽隐必达，治世之盛也。其后，应诏者多失实，而朝廷亦厌薄之。

高宗垂意遗逸，首召布衣谯定，而尹焞以处士入讲筵。其后束帛之聘，若王忠民之忠节，张志行之高尚，刘勉之、胡宪之力学，则赐出身，俾教授本郡，或赐处士号以宠之。所以振清节，厉颓俗。如徐庭筠之不出，苏云卿之晦迹，世尤称焉。宁宗庆元间，蔡元定以高明之资，讲明一代正学，以尤袤、杨万里之荐召之，固以疾辞，竟以伪学贬死，众咸惜之。理、度以后，国势日迫，贤者肥遁，迄无闻焉。

卷一百五十七　　志第一百十

选举三 学校试 律学等试附

凡学皆隶国子监。国子生，以京朝七品以上子孙为之，初无定员，后以二百人为额。太学生，以八品以下子弟若庶人之俊异者为之。及三舍法行，则太学始定置外舍生二千人，内舍生三百人，上舍生百人。始入学，验所隶州公据，试补外舍，斋长、谕月书其行艺于籍。行谓率教不戾规矩，艺谓治经程文。季终考于学谕，次学录，次正，次博士，后考于长贰。岁终会其高下，书于籍，以俟复试，参验而序进之。凡私试，孟月经义，仲月论，季月策。凡公试，初场经义，次场论策。试上舍，如省试法。凡内舍，行艺与所试之业俱优，为上舍上等，取旨授官；一优一平为中等，以俟殿试；俱平若一优一否为下等，以俟省试。

元祐间，置广文馆生二千四百人，以待四方游士试京师者。律学生无定员，他杂学废置无常。崇宁建辟雍于郊，以处贡士，而三舍考选法乃遍天下。于是由州郡贡之辟雍，由辟雍升之太学，而学校之制益详。凡国子以奏荫恩广，故学校不预考选，其得入官赐出身者，多由铨试。

初，国子监因周旧制，颇增学舍，以应荫子孙隶学受业。开宝八年，国子监上言："生徒旧数七十人，奉诏分习《五经》，然系籍者或久不至，而在京进士、诸科，常赴讲席肄业，请以补监生之阙。"诏从之。

景德间，许文武升朝官嫡亲附国学取解，而远乡久寓京师，其文艺可称，有本乡命官保任，监官验之，亦听附学充贡。

仁宗时，士之服儒术者不可胜数。即位初，赐兖州学田，已而命藩辅皆得立学。庆历四年，诏曰："儒者通天、地、人之理，明古今治乱之原，可谓博矣。然学者不得骋其说，而有司务先声病章句以拘牵之，则吾豪隽奇伟之士，何以奋焉？士有纯明朴茂之美，而无教学养成之法，使与不肖并进，则夫懿德敏行，何以见焉？此取士之甚敝，而学者自以为患。夫遇人以薄，不可责其厚也。今朕建学兴善，以尊子大夫之行；更制革敝，以尽学者之才。有司其务严训导、精察举，以称朕意。学者其进德修业，无失其时。其令州若县皆立学，本道使者选部属官为教授，员不足，取于乡里宿学有道业者。"由是州郡奉诏兴学，而士有所劝矣。

天章阁侍讲王洙言："国子监每科场诏下，许品官子投状试艺，给牒充广文、太学、律学三馆学生，多致千余。就试试已，则生徒散归，讲官倚席，但为游寓之所，殊无肄习之法。居常听讲者，一二十人尔。"乃限在学满五百日，旧已尝充贡者止百日。本授官会其实，京朝官保任，始预秋试，每十人与解三人。凡入学授业，月旦即亲书到历。如遇私故或疾告、归宁，皆给假，违程及期月不来参者，去其籍。后谏官余靖极言非便，遂罢听读日限。

初立四门学，自八品至庶人子弟充学生，岁一试补。差学官锁宿、弥封校其艺，疏名上闻而后给牒，不中式者仍听读，若三试不中，则出之。未几，学废。

时太学之法宽简，而上之人必求天下贤士，使专教导规矩之事。安定胡瑗设教苏、湖间二十余年，世方尚词赋，湖学独立经义治事斋，以敦实学。皇祐末，召瑗为国子监直讲，数年，进天章阁侍讲，犹兼学正。其初人未信服，谤议蜂起，瑗强力不倦，卒以有立。每公私试罢，掌仪率诸生会于首善，雅乐歌诗，乙夜乃散。士或不远数千里来就师之，皆中心悦服。有司请下湖学，取其法以教太学。

神宗尤垂意儒学，自京师至郡县，既皆有学。岁时月各有试，程其艺能，以差次升舍，其最优者为上舍，免发解及礼部试而特赐之第。遂专以此取士。

太学生员，庆历尝置内舍生二百人。熙宁初，又增百人，寻诏通额为九百人。四年，尽以锡庆院及朝集院西庑建讲书堂四，诸生斋舍、掌事者直庐始仅足用。自主判官外，增置直讲为十员，率二员共讲一经，令中书遴选，或主判官奏举。生员厘为三等：始入学为外舍，初不限员，后定额七百人；外舍升内舍，员二百；内舍升上舍，员百。各执一经，从所讲官受学，月考试其业，优等上之中书。其正、录、学谕，以上舍生为之，经各二员；学行卓异者，主判、直讲复荐之中书，奏除官。始命诸州置学官，率给田十顷赡士。初置小学教授。帝尝谓王安石曰："今谈经者人人殊，何以一道德？卿所著经，其以颁行，使学者归一。"八年，颁王安石《书》、《诗》、《周礼义》于学官，是名《三经新义》。

元丰二年，颁《学令》：太学置八十斋，斋各五楹，容三十人。外舍生二千人，内舍生三百人，上舍生百人。月一私试，岁一公试，补内舍生；间岁一舍试，补上舍生，弥封、誊录如贡举法；而上舍试则学官不预考校。公试，外舍生入第一、第二等，升内舍；内舍生试入优、平二等，升上舍；皆参考所行艺乃升。上舍分三等。学正增为五人，学录增为十人，学录参以学生为之。岁赐缗钱至二万五千，又取郡县田租、屋课、息钱之类，增为学费。初，以国子名监，而实未尝教养国子。诏许清要官亲戚入监听读，额二百人，仍尽以开封府解额归太学，其国子生解额，以太学分数取之，毋过四十人。

哲宗时，初置在京小学，曰"就傅"、"初筮"，凡两斋。复取太学额百人还开封府。先是，开封解额稍优，四方士子多冒畿县户，又隶太学不及一年不该解试者，亦往往冒户。礼部按旧制，凡试国子监者，先补中广文馆生，乃投牒求试。元祐七年，遂依仿其法，立广文馆生。惟开封府元解百人许自试，其尝取诸科二百、国子额四十者，皆以为本馆解额。遇贡举年试补馆生，中者执牒诣国子监验试，凡试者十人取一，开封考取亦如之。绍兴元年，罢广文馆，其额悉复还之开封府、国子监。

元祐新令，罢推恩之制。绍圣初，监察御史郭知章言："先帝立三舍法，以岁月稽其行实，故入上舍而中上等者，得不经礼部试，特命以官。责备而持久，故其得也难，诱掖激劝，莫善于此。宜复元丰法，以广乐育之德。"又请三学补外舍生，依元丰令一岁四试。于是诏："太学生悉用元丰制推恩，上等即注官者，岁毋过二人；免礼部试者，每举五人而止；免解试者二十人而止。仍计数对除省试发解额，其元祐法勿用。诸三舍升补等法，悉推行旧制。"

三年，三省言："元祐试补太学生不严，苟务多取，后试者无阙可拨，宜遵元丰初制，虽在籍生亦重试。"乃诏在籍生再试，许取三分，创求补者半之；惟上舍生及是年充贡员内舍、外舍先自元丰补入者免再试，余非再试而中者皆降舍。蔡京上所修《内外学制》，始颁诸天下。

元符元年，诏许命官补国子生，毋过四十人。凡太学试，令优取《二礼》，许占全额之半，而以其半及他经。复置《春秋》博士。二年，初令诸州行三舍法，考选、升补，悉如太学。州许补上舍一人，内舍二人，岁贡之。其上舍附太学外舍，试中补内舍生，三试不升舍，遣还其州。其内舍免试，至则补为外舍生。诸路选监司一员提举学校，守贰董干其事。遇补试上、内舍生，选有出身官一人，同教授考选，须弥封、誊录。三年，太学试补外舍改用四季，学官自考，不誊录，仍添试论一场。

崇宁元年，宰臣请："天下州县并置学，州置教授二员，县亦置小学。县学生选考升诸州学，州学生每三年贡太学。至则附试，别立号。考分三等：入上等补上舍，入中等补下等上舍，入下等补内舍，余居外舍。诸州军解额，各以三分之一充贡士。开封府留五十五额，解士人之不入学者，余尽均给诸州，以为贡额。外官子弟亲戚，许入学一年，给牒至太学，用国子生额解试。州给常平或系省田宅充养士费，县用地利所出及非系省钱。"三年，始定诸路增养县学弟子员，大县五十人，中县四十人，小县三十人。凡州县学生曾经公、私试者复其身，内舍免户役，上舍仍免借借如官户法。

命将作少监李诫，即城南门外相地营建外学，是为辟雍。蔡京又奏："古者国内外皆有学，周成均盖在邦中，而党庠、遂序则在国外。臣亲承圣诏，天下皆兴学贡士，即国南郊建外学以受之，俟其行艺中率，然后升诸太学。凡此圣意，悉与古合。今上其所当行者：太学专处上舍、内舍生，而外学则处外舍生。今贡士盛集，欲增太学上舍至三百人，内舍六百人，外舍三千人。外学为四讲堂、百斋，斋列五楹，一斋可容三十人。士初贡至，皆入外学，经试补入上舍、内舍，始得进处太学。太学外舍，亦令出居外学。其敕、令、格、式，悉用太学见制。国子祭酒总治学事，外学官属，司业、丞各一人，稍减太学博士、正、录员归外学，仍增博士为十员，正、录为五员，学生充学谕者十人，直学二人。"三舍生皆由升贡，遂罢国子监补试。

又置诸王宫大、小学教授，立考选法，凡奉祠及仕而解官或需次者，悉许入内、外学。任子不系州土，随所寓入学，仍别斋居处，别号试考。曾升补三舍生，后从献助得官，其入学视任子法。凡任子，不问文武，须隶学满一年，始得求试。乃诏取士悉由学校升贡，其州郡发解及试礼部并罢。自是，岁试上舍，悉差知举，如礼部试。

五年，著令：

凡县学生隶学已及三月，不犯上二等罚，听次年试补州学外舍，是名"岁升"。开封祥符生员，即辟雍别为斋，教养、升进如县学法。愿入邻县学者听。惟赤县校试，主以博士。每岁正月，州以公试上舍及岁升员，一院锁宿，分为三试。其公试，上舍率十取其六为中格；中格已，以其名第自上而下参考察之籍；既在籍，又中选，即六人之中取其四，以差升舍。其岁升中选者，得补外舍生。开封属县附辟雍别试，中者入辟雍充外舍，隶学三年，经两试不预升贡，即除其籍，法涉太严。今令三年内三经公试不预选，两经补内舍、贡上舍不及格，且曾犯三等以上罚，若外舍，即除籍罢归县，内舍降外舍，已尝降而私试不入等，若曾犯罚，亦除籍，再赴岁升试。

凡州学上舍生升舍，以其秋即贡入辟雍，长吏集阖郡官及提学官，具宴设以礼敦遣，限岁终悉集阙下。自川、广、福建入贡者，给借职券，过二千里给大将券，续其路食，皆以学钱给之。如有孝弟、睦姻、任恤、忠和，若行能尤异为乡里所推，县上之州，免试入学。州守贰若教授询审无谬，即保任入贡，具实以闻，不实者坐罪有差。

太学试上舍生，本虑与科举相并，试以间岁。今既罢科举，又诸州岁贡士，其改用岁试。每春季，太学、辟雍生悉公试，同院混取，总三百七十四人。以四十七人为上等，即推恩释褐；一百四十人为中等，遇亲策士许入试；一百八十七人为下等，补内舍生。凡上等上舍生暨特举孝弟行能之士，不待廷试推恩者，许即引见释褐。上舍仍先以试文卷进入，得可乃引赐。若上舍已该释褐恩，而贡入在廷试前一年者，须在学又及半年，不犯上二等罚，乃得注官。

凡贡士入辟雍外舍，三经试不与升补，两经试不入等，仍犯上三等罚者，削籍再赴本州岁升试，是名"退送"。即内舍已降舍，而又一试不与，或两犯上四等罚者，亦如外舍法退送。太学外舍生已预察者，许再经一试，以中否为留遣，余升降、退送悉如辟雍法。

凡有官人不入学而愿试贡士者，不以文、武、杂出身，悉许之，惟赃私罪废人则否。应试者，随内外附贡士公试，皆别考，率以七人取一人。即预贡者，与辟雍春试贡士通考。中选入上等者，升差遣两等，赐上舍出身；文行优者，奏闻而殊擢之。中等俟殿试，下等补内舍，不隶学，需再试。已仕在官而愿试者，悉准此制。

凡在外官同居小功以上亲，及其亲姊妹女之夫，皆得为随行亲，免试入所任邻州郡学。其有官人愿学于本州者，亦免试，升补悉如诸生法，混试同考，惟升舍不侵诸生额，自用七人取一。若中者多，即以溢额名次理为考察。若所亲移替，愿改籍他州学者听。

太学上、内舍既由辟雍升入，又已罢科举，则国子监解额无所用，尽均拨诸府、诸州解额，三分之，以为三岁贡额，并令有司均定以闻。太学旧制，止分立优、平二等，自今欲令辟雍、太学试上舍中程者，皆参用察考，以差升补。其考察试格，悉分上、中、下三等。贡士则以本州升贡等第，太学内舍则以校定等第。每上舍试考已定，知举及学官以中试之等参验于籍，通定升绌高下，两上为上，一上一中及两中为中，一上一下及一中下、两下为下。若两格名次等第适皆齐同，即以试等压考察之格，余率以是为差，仍推其法达之诸州。凡内外私试，始改用仲月，并试三场，试论日仍添律义。凡考察悉准在学人数，每内舍十人取五，外舍十人取六，自上而下分为三等籍，以俟上舍考定而参用之。

是岁，贡士至辟雍不如令者，凡三十有八人，皆罢归，而提学官皆罚金。建州浦城县学生，隶籍者至千余人，为一路最，县丞徐秉哲特迁一官。

初立八行科，诏曰："学以善风俗，明人伦，而人材所自出也。今法制未立，殆无以厉天下。成周以六行宾兴万民，否则威之以不孝、不弟之刑。近因稽周法，立八行、八刑，颁之学校，兼行惩劝，庶几于古。士有善父母为孝，善兄弟为悌，善内亲为睦，善外亲为姻，信于朋友为任，仁于州里为恤，知君臣之义为忠，达义利之分为和。凡有八行实状，乡上之县，县延入学，审考无伪，上其名于州。州第其等，孝、悌、忠、和为上，睦、姻为中，任、恤为下。苟备八行，不俟终岁，即奏贡入太学，免试补为上舍。司成以下审考不诬，申省释褐，优命之官；不能全备者，为州学上等上舍，余有差。"八刑则反八行而丽于罪，各以其罪名之。县上其名于州，州稽于学，毋得补弟子员。然品目既立，有司必求其迹以应令，遂有牵合琐细者。自元祐创经明行修科，主德行而略辞艺，间取礼部试黜之士，附置恩科，当时固已咎其无所甄别。及八行科立，则三舍皆不试而补，往往设为形迹，求与名格相应。于是两科相望几数十年，乃无一人卓然能自著见者，而八行又有甚敝。盖后世欲追古制，而不知风俗教化之所从出，其难固如此夫。

开封始建府学，立贡士额凡五十，而士子不及三百，尽额而取，则涉太优，欲稍裁之。诏："王畿立学，若不优诱使进，何以首善？其常解五十勿阙。"

大观元年，诏愿兼他经者，量立升进之法。大抵用本经决去取，而兼经所中等第特为升贡。每岁附公试院而别异其号，每十五人取一人，分上、中、下等，别榜示之，唱名日，甄别奏闻，与升甲，皆优于专经者。异时内外学官阙，皆得在选。县学生三不赴岁升试及三赴岁升试而不能升州学者，皆除其籍。诸路宾兴会试辟雍，独常州中选者多，州守若教授俱迁一官。

政和四年，小学生近一千人，分十斋以处之，自八岁至十二岁，率以诵经书字多少差次补内舍。若能文，从博士试本经、小经义各一道，稍通补内舍，优补上舍。又诏："学校教养额少，则野有遗士，应诸路学校及百人以上者，三分增一。"七年，试高丽进士权适等四人，皆赐上舍及第，遣归其国。时宰臣留意学校，因事究敝，有司考阅防闲益密。先是，礼部上《杂修御试贡士敕令格式》，又取旧制凡关学政者，分敕、令、格、式，成书以上。用给事中毛友言，初试补入县学生，并帘试以别伪冒。徽宗崇尚老氏之学，知兖州王纯乞于《御注道德经》注中出论题，范致虚亦乞用《圣济经》出题。

宣和元年，帝亲取贡士卷考定，能深通《内经》者，升之以为第一。三年，诏："罢天下州县学三舍法，惟太学用之课试。开封府及诸路，并以科举取士。太学官吏及州县尝置学官，凡元丰旧制所有者皆如故，其辟雍官属及宗学并诸路提举学事官属并罢，内外学悉遵元丰成宪。"七年，诏："政和中尝命学校分治黄、老、庄、列之书，实失专经之旨，其《内经》等书并罢治。"

崇宁以来，士子各徇其党，习经义则诋元祐之非，尚词赋则诮新经之失，互相排斥，群论纷纷。钦宗即位，臣僚言："科举取士，要当质以史学，询以时政。今之策问，虚无不根，古今治乱，悉所不晓。诗赋设科，所得名臣，不可胜纪，专试经义亦已五纪。救之之术，莫若遵用祖宗成宪。王安石解经，有不背圣人旨意，亦许采用。至于老、庄之书及《字说》，并应禁止。"诏礼部详议。谏议大夫兼祭酒杨时言："王安石著为邪说，以涂学者耳目，使蔡京之徒，得以轻费妄用，极侈靡以奉上，几危社稷。乞夺安石配飨，使邪说不能为学者惑。"御史中丞陈过庭言："《五经》义微，诸家异见，以所是者为正，所否者为邪，此一偏之大失也。顷者指苏轼为邪学，而加禁甚切；今已弛其禁，许采其长，实为通论。而祭酒杨时矫枉太过，复诋王氏以为邪说，此又非也。诸生习用王学，闻时之言，群起而诋詈之，时引避不出，斋生始觇。"诏罢时祭酒。而谏议大夫冯澥、崔鶠等复更相辨论，会国事危，而贡举不及行矣。

建炎初，即行在置国子监，立博士二员，以随幸之士三十六人为监生。绍兴八年，叶䍺上书请建学，而廷臣皆以兵兴馈运为辞。十三年，兵事稍宁，始建太学，置祭酒、司业各一员，博士三员，正、录各一员，养士七百人：上舍生三十员，内舍生百员，外舍生五百七十员。凡诸道住本州学满一年，三试中选，不犯第三等以上罚，或不住学而曾两预释奠及齿于乡饮酒者，听充弟子员。每岁春秋两试之，旋命一岁一补，于是多士云集，至分场试之。俄又诏三年一试，增至千员，中选者皆给绫纸赞词以宠之。每科场四取其一。

自外舍有月校，而公试入等曰内舍；自内舍有月校，而舍试入等曰上舍；凡升上舍者，皆直赴廷对。二十七年，立定制：春季放补，遇省试年改用孟夏。

旧，太学遇覃恩无免解法，孝宗始创行之。在朝清要官，许牒期亲子弟作待补国子，别号考校。如太学生遇有期亲任清要官，更为国子生，不预校定、升补及差职事，惟赴公、私试，科举则混试焉。

淳熙中，命诸生暇日习射，以斗力为等差，比类公、私试，别理分数。自中兴以来，四方之士，有本贯在学公据，皆得就补。帝始加限节，命诸路州军以解试终场人数为准，其荐贡不尽者，令百取六人赴太学，谓之"待补生"；其住本学及游学之类，一切禁止。元丰旧制，内舍生校定，分优、平二等。优等再赴舍试，又入优，则谓之两优释褐，中选者即命以京秩，除学官。至是，始令先注职官，代还，注职事官，恩例视进士第二人。旧校定岁额五六分为优选者，增为十分矣。

光宗初，公试始令附省场别院。绍熙三年，礼部侍郎倪思请复混补法，命两省、台谏杂议可否。于是吏部尚书赵汝愚等合奏曰："国家恢儒右文，京师、郡县皆有学，庆历以后，文物彬彬。中兴以来，建太学于行都，行贡举于诸郡，然奔竞之风胜，而忠信之俗微。亦惟荣辱升沉，不由学校；德行道艺，取决糊名；工雕篆之文，无进修之志；视庠序如传舍，目师儒如路人；季考月书，尽成文具。今请重教官之选，假守贰之权，仿舍法以育材，因大比以取士；考终场之数，定所贡之员；期以次年，试于太学。其诸州教养、课试、升贡之法，下有司条上。"思议遂寝。四年，诏国子监试中、上等小学生，比类诸州待补中选之额，放补一次。

宁宗庆元、嘉定中，始两行混补。于是增外舍生为千四百员，内舍校定，不系上舍试年分，以八分为优等。又以国子生员多伪滥，命行在职事官期亲、厘务官子孙乃得试补。嘉定十四年，诏自今待补百人取三人。旧法，自外舍升内舍，虽有校试，必公试合格，乃许升补。盖私试皆学官自考，而公试则降敕差官。至是，岁终许取外舍生校最优者一人升内舍。

理宗复百取六人之制。绍定二年，以待补生自外方来参斋者，间有鬻帖伪冒之弊。遂命中选之人，召升朝保官二员批书印纸，仍命州郡守倅结罪保明，比照字迹无伪，方许帘引注籍；犯者治罪，罚及保官。五年，以省试下第及待补生之群试于有司者，有请托贿求之弊，学官考文，有亲故交通之私，命今后两学补试，并从庙堂临时选差，即令入院；凡用度，则用国子监供给学官事例。未几，监察御史何处久又言："宜遵旧制，以武学、宗学补试，并就两学于大院排日引试，有亲嫌人依避房法。且士子试卷颇多，考官颇少，期日既迫，费用不敷。"乃增给用度，仍添差考官五员。宝祐元年，复命分路取放补试员数，以免远方士子道路往来之费及都城壅并之患。三年，复试于京师。

度宗咸淳二年正月，幸太学，谒先圣，礼成，推恩三学：前廊与免省试，内舍、上舍及已免省试者与升甲；起居学生与泛免一次，内该曾经两幸人与补上州文学，如愿在学者听。其在籍诸生，地远不及趁赴起居者，三学申请乞并行泛免一次，命特与之。凡诸生升舍在幸学之前者，方许陈乞恩例。七年正月，以寿和圣福皇太后两上尊号，推恩三学，在斋生员并特与免解赴省一次。九年，外舍生晏泰亨以七分三厘乞理为第三优，朝命不许，遂申严学法，今后及八分者方许岁校三名，如八分者止有一人，而援次优、三优之例者，亦须比少三、二厘，方可陈乞特放，庶不尽废学法，当亦不过一人而止。

律学。国初置博士，掌授法律。熙宁六年，始即国子监设学，置教授四员。凡命官、举人皆得入学，各处一斋。举人须得命官二人保任，先入学听读而后试补。习断按，则试按一道，每道叙列刑名五事或七事；习律令，则试大义五道，中格乃得给食。各以所习，月一公试、三私试，略如补试法。凡朝廷有新颁条令，刑部即送学。其犯降舍殿试者，薄罚金以示辱，余用太学规矩，而命官听出宿。寻又置学正一员，有明法应格而守选者，特免试注官，使兼之，月奉视所授官。后以教授一员兼管干本学规矩，仍从太学例给晚食。元丰六年，用国子司业朱服言，命在学，如公试律义、断案俱优，准吏部试法授官；太学生能兼习律学，中公试第一，比私试第二等。

政和间，诏博士、学正依大理寺官除授，不许用无出身人及以恩例陈请。生徒犯罚者，依学规；仍犯不改，书其印历或补牒，参选则理为阙失。

建炎三年，复明法新科，进士预荐者听试。绍兴元年，复刑法科。凡问题，号为假案，其合格分数，以五十五通分作十分，以所通定分数，以分数定等级：五分以上入第二等下，四分半以上入第三等上，四分以上入第三等中。以曾经试法人为考官。五年，以李洪尝中刑法入第二等，命与改秩，中书驳之。赵鼎谓："古者以刑弼教，所宜崇奖。"高宗曰："刑名之学久废，不有以优之，则其学绝矣。"卒如前诏。后议者谓得解人取应，更不兼经，白身得官，反易于有官试法。乃命所试断案、刑名，全通及粗通以十分为率，断及五分、《刑统》义文理全通为合格，及虽全通而断案不及分数者勿取。仍自后举兼经。十五年，罢明法科，以其额归进士，惟刑法科如旧。二十五年，四川类省始附试刑法。

淳熙七年，秘书郎李巘言："汉世仪、律、令同藏于理官，而决疑狱者必傅以古义。本朝命学究兼习律令，而废明法科；后复明法，而以三小经附。盖欲使经生明法，法吏通经。今所试止于断案、律义，断案稍通，律义虽不成文，亦得中选，故法官罕能知书。宜令习大法者兼习经义，参考优劣。"帝曰："古之儒者，以儒术决狱，若用俗吏，必流于刻。"乃从其奏，诏自今第一、第二、第三场试断案，每场各三道，第四场大经义一道，小经义二道，第五场《刑统》律义五道。明年，命断案三场，每场止试一道，每道刑名十件，与经义通取，四十分以上为合格，经义定去留，律义定高下。

宁宗庆元三年，以议臣言罢经义，五年又复。嘉定二年，臣僚上言："试法设科，本以六场引试，后始增经义一场，而止试五场，律义又居其一，断案止三场而已，殊失设科之初意。且考试类多文士，轻视法家，惟以经义定去留，其弊一也。法家欲明宪章，习法令，察举明比附之精微，识比折出入之错综，酌情法于数字之内，决是非于片言之间。比年案题字多，专尚困人，一日之内，仅能誊写题目，岂暇深究法意，其弊二也。刑法考官不过曾中法科丞、评数人，由是请托之风盛，换易之弊兴，其弊三也。今请罢去经义，仍分六场，以五场断案，一场律义为定。问题稍减字数，而求精于法律者为试官，各供五六题，纳监试或主文临时点定。如是，谠议得人矣。"从之。六年，以议者言法科止试《刑统》，是尽废理义而专事法律，遂命复用经义一场，以《尚书》、《语》、《孟》题各一篇及《刑统》大义，通为五场。所出经题，不必拘刑名伦类，以防预备，以断案定去留，经义为高下，仍禁杂流入赀人收试。八年，罢四川类试刑法科。

初，凡试法科者，皆取撰成见义挟入试场。理宗淳祐三年，令刑部措置关防，其考试则选差大理丞、正历任中外有声望者，不许止用新科评事未经作县之人。逮其试中，又当仿省试、中书覆试之法，质以疑狱，观其谳笔明允，始与差除。时所立等第，文法俱通者为上，径除评事；文法粗通者为次，与检法；不通者驳放。

度宗咸淳元年，申严选试之法，凡引试刑法官，命题一如《绍兴式》。八年，以试法科者少，特命考试命题，务在简严，毋用长语。有过而愿试者，照见行条法，除私罪应徒、或入己赃、失入死罪并停替外，作犯轻罪者，与放行收试。或已经三试终场之人，已历三考，赴部参注，命本部考核元试，果有所批分数，不须举状，与注外郡刑法狱官差使一次，庶可激厉诱掖。格法，试法科者，批及八分，方在取放之数。咸淳末，有仅及二分以上者，亦特取一名，授提刑司检法官，宽以劝之也。

初，宗学废置无常。凡诸王属尊者，立小学于其宫。其子孙，自八岁至十四岁皆入学，日诵二十字。其已授环卫官、有学艺得召试迁转者每有之，然非有司常试，乃特恩也。熙宁十年，始立《宗子试法》。凡祖宗袒免亲已受命者，附锁厅试；自祖免以外，得试于国子监。礼部别异其卷而校之，十取其五，举者虽多，解毋过五十人。廷试亦不与进士同考。年及四十、尝累举不中，疏其名以闻而录用之。其官于外而不愿附各路锁试，许诣告试国子监。

崇宁初，疏属年二十五，以经义、律义试礼部合格，分二等附进士榜，与三班奉职，文优者奏裁。其不能试及试而黜者，读律于礼部，推恩与三班借职，勿著为令。及两京皆置敦宗院，院皆置大、小学教授，立考选法，如《熙宁格》出官，所莅长贰或监司有二人任之，乃注授。后又许见在任者，于本任附贡士法。大观三年，宗子释褐者十二人。宗学官，须宗子中上舍第且有行者，方始为之。四年，诏："宗子之升上舍，不经殿试，遽命之官，熙宁法不如是。其依贡士法，俟殿试补入上、中等者，唱名日取裁。"后又定上等赐上舍及第，中等赐出身，授官有差。凡隶学，有笃疾若亲老无兼侍者，大宗正察其实，罢归。宣和二年，诏罢量试出官之法。

绍兴二年，帝初策士及宗子于集英殿。五年，初复南省试。十四年，始建宗学于临安，生员额百人：大学生五十人，小学生四十人，职事各五人。置诸王宫大、小学教授一员。在学者皆南宫、北宅子孙，若亲贤宅近属，则别选馆职教授。初，行在宗室试国子监者，有官锁厅，七取其三；无官应举，七取其四；无官祖免亲取应，文理通为合格，不限其数；而外任主宫观、岳庙试于转运司者，取放之额同进士。十五年，命诸路宗室愿赴行在试者，依熙宁旧制，并国子监请解；不愿者，依崇宁通用贡举法，所以优国族也。

孝宗登极，凡宗子不以服属远近、人数多寡，其曾获文解两次者，并直赴廷试，略通文墨者，量试推恩。习经人本经义二道，习赋人诗赋各一首，试论人论一首，仍限二十五岁以上，合格，第一名承节郎，余并承信郎。曾经下省人，免量试，推恩。四川则附试于安抚制置司。于是入仕者骤逾千人。隆兴元年，诏量试不中、年四十以上补承信郎，展三年出官，余并于后举再试。四月，御射殿引见取应省试第一人，赐同进士出身，第二、第三人补保义郎，余四十人承节郎，七人承信郎。凡宗室锁厅得出身者，京官进一秩，选人比类循资；无官应举得出身者，补修职郎；濮、秀二王下子孙中进士举者，更特转一秩。

乾道五年，命宗室职事随侍子弟许赴国子监补。六年，臣僚上言："神宗朝，始立教养、选举宗子之法。保义至秉义，锁试则与京秩，在末科则升甲，取应不过量试注官，所以宠异同姓，不与寒畯等也。然曩时向学者少，比年隽异者多，或冠多士，或登词科，几与寒士齐驱；而入仕寖繁，未知裁抑，非所以示至公也。"于是礼部请锁厅登第者，旧于元官上转行两官，自今止依元资改授，余准旧制。十二年，右正言胡卫请："自今宗室监试，无官应举，照锁厅例七取其二；省试则三举所放人数如取应例，立为定额。"从之。

宁宗嘉定四年，诏锁厅应举，省试第一名，殿试唱名授官日，于应得恩例外，更迁一秩。九年，以宫学并归宗庠，教授改为博士、宗谕。十四年，命前隶宫学近属，令附宗学公、私试，中选者与正补宗学生，近属子孙年十五以下者，许试小学生。复置诸王宫大、小学教授一员。宗学解试依太学例取放，每举付国子监发解所，异题别考。

理宗宝庆二年，以锁厅宗子第一名若撝学深《春秋》，秀出谱籍，与补保义郎，特赐同进士出身，仍换修职郎。端平元年，命宗子锁厅应举解试，凡在外州军，或寄居，或见任随侍，及见寓行在就试者，各召知识官委保正身，国子监取其宗子出身、训名、生长左验，以凭保收试，仍于试卷家状内具保官职位、姓名，以防欺诈。淳祐二年，建内小学，置教授二员，选宗子就学。宝祐元年五月，特、正奏名进士宗子必𣆀等二人特授保义郎，若瑰等二十九人承节郎，敕略曰："必晥等取应及选，咸补右阶，盖欲诱之进学，而教以入仕也。其毋以是自画焉。"

度宗咸淳元年，以锁厅应举宗子两请，举人遇即位赦恩，并赴类试。其曾经覆试文理通者，照例升等；文理不通及未经覆试者则否；第五等人特与免铨出官。九年，凡无官宗子应举，初生则用乳名给据，既长则用训名。其赴诸路漕司之试，有一人前后用两据、印二卷者。至是，命漕司并索乳名、训名各项公据，方许收试，以杜奸弊。

武举、武选。咸平时，令两制、馆阁详定入官资序故事，而未及行。仁宗时，法置武学，既而中辍。天圣八年，亲试武举十二人，先阅其骑射而试之，以策为去留，弓马为高下。

神宗熙宁五年，枢密请建武学于武成王庙，以尚书兵部郎中韩缜判学，内藏库副使郭固同判，赐食本钱万缗。生员以百人为额，选文武官知兵者为教授。使臣未参班与门荫、草泽人召京官保任，人材弓马应格，听入学，习诸家兵法。教授纂次历代用兵成败、前世忠义之节足以训者，讲释之。愿试阵队者，量给兵伍。在学三年，具艺业考试等第推恩，未及格者，逾年再试。凡试中，三班使臣与三路巡检、寨主，未有官人与经略司教队、差使，三年无过，则升至大使臣，有两省、待制或本路钤辖以上三人保举堪将领者，并兼诸卫将军，外任回，归环卫班。

科场前一年，武臣路分都监、文官转运判官以上各奏举一人，听免试入学。生员及应举者不过二百人。春秋各一试，步射以一石三斗，马射以八斗，矢五发中的；或习武伎，副之策略，虽弓力不及，学业卓然；并为优等，补上舍生，毋过三十人。试马射以六斗，步射以九斗，策一道，《孙》、《吴》、《六韬》义十道，五通补内舍生。马步射、马战应格，对策精通、士行可称者，上枢密院审察试用；虽不应格而晓术数、知阵法；智略可用，或累试策优等，悉取旨补上舍；武艺、策略累居下等，复降外舍。

先是，枢密院修《武举试法》，不能答策者，答兵书墨义。王安石奏曰："三路义勇艺入三等以上，皆有旨录用，陛下又欲推府界保甲法于三路，则武力之人已多。近以学究一科，从诵书不晓理废之，而武举复试墨义，则亦学究之流，无补于事。先王收勇力之士，皆属于车右者，欲以备御侮之用，则记诵何所施？"于是悉从中书所定。凡武举，始试义、策于秘阁，武艺则试于殿前司，及殿试，则又试骑射及策于庭。策、武艺俱优为右班殿直，武艺次优为三班奉职，又次借职，末等三班差使、减磨勘年。策入平等而武艺优者除奉职，次优借职，又次三班差使、减磨勘年，策武艺末等者三班差使。八年，诏武举与文举进士，同时锁试于贡院，以防进士之被黜而改习者，遂罢秘阁试。又以《六韬》本非全书，止以《孙》、《吴》书为题。

元丰元年，立《大小使臣试弓马艺业出官法》：第一等，步射一石，矢十发三中，马射七斗，马上武艺五种，《孙》、《吴》义十通七，时务边防策五道文理优长，律令义十通七，中五事以上免短使、减一任监当，三事以上免短使、升半年名次，两事升半年，一事升一季；第二等，步射八斗，矢十发二中，马射六斗，马上武艺三种，《孙》、《吴》义十通五，策三道成文理，律令义十通五，中五事免短使、升半年，三事升半年，两事升一季，一事与出官；第三等，步射六斗，矢十发一中，马射五斗，马上武艺两种，《孙》、《吴》义十通三，策三道成文理，律令义十通三、计算钱谷文书五通三，中五事升半年，三事升一季，两事与出官。其步射并发两矢，马射发三矢，皆著为格。四年，罢试律义。七年，止试《孙》、《吴》书大义一场，第一等取四通、次二等三通、三等二通为中格。元祐四年，诏解试、省试增策一道。

崇宁间，诸州置武学。立《考选升贡法》，仿儒学制，其武艺绝伦、文又优特者，用文士上舍上等法，岁贡释褐；中等仍隶学俟殿试。凡试出官使臣，仍赴殿前司呈试。诸州武士试补，不得文士同一场。马射三上垛，九斗为五分，八斗为四分，七斗为三分。九斗、八斗、七斗再上垛及一上垛，视此为差，理为分数。马射一中帖当两上垛，一中的当两中帖。

旧制，武举三年一试，命官不过三十余人，后增额，以每贡者三人即取一以升上舍，积递增展，遂至百人入流，比文额太优。大观四年，诏自今贡试上舍者，取十人入上等，四十人入中等，五十人入下等，皆补充武学内舍，人材不足听阙之，余不入等者，处之外舍。大抵以弓马程文两上一上、两中一中、两下一下相参以为第。凡州教谕，须州都监乃得兼，吏部取武举、武士上舍出身者。

政和三年，以隶学者众，凡经三岁校试而不得一与者，除其籍。宣和二年，尚书省言："州县武学既罢，有愿隶京城武学者，请用元丰法补试。旧制，不入学而从保举以试者，附试武学外舍，通取一百人。偕上舍生发解。今既罢科举，请依元丰法奏举，岁终集阙下，免试补外舍生，赴次年公试。其春选升补推恩，依大观法。"

靖康元年，诏诸路有习武艺、知兵者，州长贰以礼遣送诣阙，毋限数，将亲策而用之。

建炎三年，诏武举人先经兵部验视弓马于殿前司，仍权就淮南转运司别场附试《七书》义五道，兵机策二首。绍兴五年，帝御集英殿策武举进士，翌日阅试骑射，策优等与保义、承节郎，平等承信郎，其武艺不合格者，与进义校尉。川、陕宣抚司类省试武艺合格人并补官。十二年，御试，正奏名，策入优等承节郎，平等承信郎、进义校尉；特奏名，平等进义校尉，各展磨勘有差。十六年，始建武学。兵部上《武士弓马及选试去留格》，凡初补入学，步射弓一石，若公、私试步骑射不中，即不许试程文，其射格自一石五斗以下至九斗，凡五等。

二十六年，帝见武学颓弊，因谕辅臣曰："文武一道也，今太学就绪，而武学几废，恐有遗才。"诏兵部讨论典故，参立新制。凡武学生习《七书》兵法、步骑射，分上、内、外三舍，学生额百人，置博士一员，以文臣有出身或武举高选人为之；学谕一员，以武举补官人为之。

凡补外舍，先类聚五人以上附私试，先试步射一石弓，不合格不得试程文，中格者依文士例试《七书》义一道。其内舍生私试，程文三在优等，弓马两在次优，公试入等，具名奏补。试上舍者，以就试人三取其一，以十分为率，上等一分，中等二分，下等七分，仍三年与发解同试。凡内舍补上舍，以上舍试合格入等与行艺相参，两上者为上等，一上一中或两中及一上一下为中等，一中一下或两下、一上一否为下等，仍不犯第三等罚、士行可称者，具名奏补。二十七年，御试第一名赵应熊武艺绝伦，又省试第一，特与保义郎、阁门祗候。二十九年，修立武举入官资格；命武举人自今依府监年数免解。

孝宗隆兴元年御试，得正奏名三十七人。殿中侍御史胡沂言："唐郭子仪以武举异等，初补右卫长史，历振远、横塞、天德军使。国初，试中武艺人并赴陕西任使。又武举中选者，或除京东捉贼，或三路沿边，试其效用，或经略司教押军队、准备差使，今率授以权酤之事，是所取非所用，所用非所学也。请取近岁中选人数，量其材品、考任，授以军职，使之习练边事，谙晓军旅，实选用之初意也。"

乾道二年，中书舍人蒋芾亦以为言，请以武举登第者悉处之军中。帝以问洪适，适对曰："武举人以文墨进，杂于卒伍非便也。"帝曰："累经任者，可以将佐处之。"是岁，以登极推恩，武举进士比文科正奏名例，第一名升一秩为成忠郎，第二、第三名依第一名恩例。

五年，兵部请外舍有校定人，参考榜上等者，候满一年，私试四入等及不犯三等以上罚，或有校定而参考在中下等，候再试参考入中等，听升补外舍生，赴公试。旧，除射亲许试五等弓外，步射、马射止许试第三等以下弓，程文虽优而参考弓马分数难以对入优等；自今许比上舍法，不以马、步、射亲，并通试五等。

吏部言："武举比试、发解、省试三场，依条以策义考定等第，具字号，会封弥所，以武艺并策义参考。今比试自依旧法，其解、省两场，请依文士例，考定字号，先具奏闻，拆号放榜。"从之。初命武学生该遇登极覃恩，曾升补内舍或在学及五年曾经公、私试中人，并令赴省。是岁廷试，始依文科给黄牒，榜首赐武举及第，余并赐武举出身。其年，颁武举之法。令四川帅臣、宪、漕、知州军监及寄居侍从以上各举武士一员，兴元府，利、阆、金、洋、阶、成、西和、凤州各三员，拔其尤者送四川安抚司，解试省试，并如文科。

淳熙元年，议者请："武学外舍生有校定公试合格，令试五等弓马，与程文五等相参，入中上等者，据阙升补，余俟再试入等升补。"从之。帝御幄殿，引见正奏名，呈试武艺。二年，以武科授官与文士不类，诏自今第一人补秉义郎，堂除诸司计议官，序位在机宜之上；第二、第三人保义郎，诸路帅司准备将领，代还，转忠翊郎；第四、第五人承节郎，诸路兵马监押，代还，转保义郎：皆仿进士甲科恩例。

四年，以文科状元代还，例除馆职，亦召武举榜首为阁门舍人。五年，始立武学国子额，收补武臣亲属；其文臣亲属，愿附补者亦听。七年，初立《武举绝伦并从军法》：凡愿从军者，殿试第一人与同正将，第二、第三名同副将，五名以上、省试第一名、六名以下并同准备将；从军以后，立军功及人材出众者，特旨擢用。帝曰："武举本求将帅之材，今前名皆从军，以七年为限，则久在军中，谙练军政，他日可备委任。"八年，命特奏名补官，展减磨勘有差。九年，议者以为从军之人，率多养望，不屑军旅。诏自今职事勤恪者，从主帅保奏升差，懒惰者按劾。

光宗绍熙元年，武臣试换文资，南渡以前许从官三人荐举，绍兴令敦武郎以下听召保官二人，以经义、诗赋求试，其后太学诸生久不第者，多去从武举，已乃锁厅应进士第。凡秉义或忠翊皆换京秩，恩数与第一人等。后以林颖秀言："武士舍弃弓矢，更习程文，褒衣大袖，专做举子。夫科以武名，不得雄健善功之士，徒启其侥幸名爵之心。"于是诏罢锁厅换试。

宁宗即位，复其制。庆元五年，命两淮、京西、湖北诸郡仿兵部及四川法，于本道安抚司试武士，合格者，赴行在解试，别立字号，分项考校，拨十名为解额，五名省额。

理宗绍定元年，命武举进士避亲及所举之人止避本厅，令无妨嫌官引试，若合格，则朝廷别遣官复试。淳祐九年，以北兵屡至，命极边、次边一体收试，仍量增解额五名、省额二名。是岁，武举正奏名王时发已系从军之人，充殿前司左军统领，既登第，换授，特命就本职上与带"同"字，以示优厚劝奖。

度宗咸淳六年，命礼部贡院于武举进士平等每百人内，取放待补十人，绝伦每百人内，取待补十三人。

算学。崇宁三年始建学，生员以二百一十人为额，许命官及庶人为之。其业以《九章》、《周髀》及假设疑数为算问，仍兼《海岛》、《孙子》、《五曹》、张丘建、夏侯阳算法并历算、三式、天文书为本科。本科外，人占一小经，愿占大经者听。公私试、三舍法略如太学。上舍三等推恩，以通仕、登仕、将仕郎为次。大观四年，以算学生归之太史局，并书学生入翰林书艺局，画学生入翰林图画局，医学生入太医局。

绍兴初，命太史局试补，并募草泽人。淳熙元年春，聚局生子弟试历算《崇天》、《宣明》、《大衍历》三经，取其通习者。五年，以《纪元历》试。九年，以《统元历》试。十四年，用《崇天》、《纪元》、《统元历》三岁一试。绍熙二年，命今岁春铨太史局试，应三全通、一粗通，合格者并特收取，时局生多阙故也。嘉定四年，命局生必俟试中，方许转补。

理宗淳祐十二年，秘书省言："旧典以太史局隶秘省，今引试局生不经秘书，非也。稽之于令，诸局官应试历算、天文、三式官，每岁附试，通等则以精熟为上，精熟等则以习他书多为上，习书等则以占事有验为上。诸局生补及二年以上者，并许就试。一年试历算一科，一年试天文、三式两科，每科取一人。诸同知算造官阙有试，翰林天文官阙有试，诸灵台郎有应试补直长者，诸正名学生有试问《景祐新书》者，诸判局阙而名差，诸秤漏官五年而转资者，无不属于秘书；而局官等人各置脚色，遇有差遣、改补、功过之类，并申秘书。今乃一切自行陈请，殊乖初意。自今有违令补差，及不经秘书公试补中者，中书执奏改正，仍从旧制，申严试法。"从之。

书学生，习篆、隶、草三体，明《说文》、《字说》、《尔雅》、《博雅》、《方言》，兼通《论语》、《孟子》义，愿占大经者听。篆以古文、大小二篆为法，隶以二王、欧、虞、颜、柳真行为法，草以章草、张芝九体为法。考书之等，以方圆肥瘦适中，锋藏画劲，气清韵古，老而不俗为上；方而有圆笔，圆而有方意，瘦而不枯，肥而不浊，各得一体者为中；方而不能圆，肥而不能瘦，模仿古人笔画不得其意，而均齐可观为下。其三舍补试升降略同算学法，惟推恩降一等。自初置及并罢年数，悉同算学。

画学之业，曰佛道，曰人物，曰山水，曰鸟兽，曰花竹，曰屋木，以《说文》、《尔雅》、《方言》、《释名》教授。《说文》则令书篆字，著音训，余书皆设问答，以所解义观其能通画意与否。仍分士流、杂流，别其斋以居之。士流兼习一大经或一小经，杂流则诵小经或读律。考画之等，以不仿前人而物之情态形色俱若自然，笔韵高简为工。三舍试补、升降以及推恩如前法。惟杂流授官，止自三班借职以下三等。

医学，初隶太常寺，神宗时始置提举判局官及教授一人，学生三百人。设三科以教之，曰方脉科、针科、疡科。凡方脉以《素问》、《难经》、《脉经》为大经，以《巢氏病源》、《龙树论》、《千金翼方》为小经，针、疡科则去《脉经》而增《三部针灸经》。常以春试，三学生愿与者听。崇宁间，改隶国子监，置博士、正、录各四员，分科教导，纠行规矩。立上舍四十人，内舍六十，外舍二百，斋各置长谕一人。其考试：第一场问三经大义五道；次场方脉试脉证，运气大义各二道，针、疡试小经大义三道，运气大义二道；三场假令治病法三道。中格高等，为尚药局医师以下职，余各以等补官，为本学博士、正、录及外州医学教授。

绍兴中，复置医学，以医师主之。翰林局医生并奏试人，并试经义一十二道，取六通为合格。乾道三年，罢局而存御医诸科，后更不置局而存留医学科，令每举附省闱别试所解发，太常寺掌行其事。淳熙十五年，命内外白身医士，经礼部先附铨闱，试脉义一场三道，取其二通者赴次年省试，经义三场一十二道，以五通为合格，五取其一补医生，俟再赴省试升补，八通翰林医学，六通祇候，其特补、荐补并停。绍熙二年，复置太医局，铨试依旧格。其省试三场，以第一场定去留，墨义、大义等题仿此。

补道职，旧无试，元丰三年始差官考试，以《道德经》、《灵宝度人经》、《南华真经》等命题，仍试斋醮科仪祝读。政和间，即州、县学别置斋授道徒。蔡攸上《诸州选试道职法》，其业以《黄帝内经》、《道德经》为大经，《庄子》、《列子》为小经。提学司访求精通道经者，不问已命、未仕，皆审验以闻。其业儒而能慕从道教者听。每路于见任官内，选有学术者二人为干官，分诣诸州检察教习。《内经》、《道德经》置博士，《圣济经》兼讲。道徒升贡，悉如文士。初入官，补志士道职，赐褐服，艺能高出其徒者，得推恩。道徒术业精退，州守贰有考课殿最罪法。陈州学生慕从道教，逾月而道徒换籍，殆与儒生相半。有宋瑀者，愿改道徒内舍，献《神霄玉清万寿宫雅》一篇，特换志士，俟殿试。由是长倅以下受赏有差，其诱劝之重如此。宣和二年，学罢。

卷一百五十八　　志第一百十一

选举四 铨法上

太祖设官分职，多袭五代之制，稍损益之。凡入仕，有贡举、奏荫、摄署、流外、从军五等。吏部铨惟注拟州县官、幕职，两京诸司六品以下官皆无选；文臣少卿、监以上中书主之，京朝官则审官院主之；武臣刺史、副率以上内职，枢密院主之，使臣则三班院主之。其后，典选之职分为四：文选曰审官东院，曰流内铨，武选曰审官西院，曰三班院。元丰定制而后，铨注之法，悉归选部：以审官东院为尚书左选，流内铨为侍郎左选，审官西院为尚书右选，三班院为侍郎右选，于是吏部有四选之法。文臣寄禄官自朝议大夫、职事官自大理正以下，非中书省敕授者，归尚书左选；武臣升朝官自皇城使、职事官自金吾街仗司以下，非枢密院宣授者，归尚书右选；自初仕至州县幕职官，归侍郎左选；自借差、监当至供奉官、军使，归侍郎右选。凡应注拟、升移、叙复、荫补、封赠、酬赏，随所分隶校勘合格，团甲以上尚书省，若中散大夫、阁门使以上，则列选叙之状上中书省、枢密院，得画旨，给告身。

凡选人阶官为七等：其一曰三京府判官，留守判官，节度、观察判官；即后来承直郎。其二曰节度掌书记，观察支使，防御、团练判官；即后来儒林郎。其三曰军事判官，京府、留守、节度、观察推官；即后来文林郎。其四曰防御、团练、军事推官，军、监判官；即后来从事郎。其五曰县令、录事参军；即后来从政郎。其六曰试衔县令、知录事；即后来修职郎。其七曰三京军巡判官，司理、户曹、司户、法曹、司法参军，主簿，县尉。即后来迪功郎。七阶选人须三任六考，用奏荐及功赏，乃得升改。

凡改官，留守、两府、两使判官，进士授太常丞，旧亦授正言、监察或太常博士，后多不除。余人太子中允；旧亦授殿中丞。支使，掌书记，防御、团练判官，进士授太子中允，或秘书郎。余人著作佐郎；两使推官、军事判官、令、录事参军，进士授著作佐郎，余人大理寺丞；初等职官知县，知录事参军，防御、团练、军事推官，军、监判官，进士授大理寺丞，余人卫尉寺丞；惟判、司、主簿、县尉七考，进士授大理寺丞，余人卫尉寺丞。自节、察判官至簿、尉，考不及格者递降等。

凡非登科及特旨者，年二十五方注官。凡三班院，二十以上听差使，初任皆监当，次任为监押、巡检、知县。凡流外人，三任七考，有举者六员，移县令、通判；有班行举者三员，与磨勘。凡进纳人，六考，有职官或县令举者四员，移注；四任十考，有改官者五人举之，与磨勘。

初定四时参选之制：凡本属发解，并以四孟月十五日前达省，自千里至五千里外，为五等日期离本处；若违限及不如式，本判官罚五十直、录事参军、本曹官各殿一选；诸州四时员阙报吏部，逾期及漏误，判官罚七十直，录事参军以下殿一选；在京百司发解阙及送阙，违期亦有罚；诸归司官奏年满，俟敕下，准格取本司文解赴集，流外铨则据其人自投状申奏，亦依四时取解参选；凡州县老疾不任事者，许判官、录事参军纠举以闻，判官、录事参军则州长令纠之。藩郡监牧，每遣朝臣摄守，往往专恣。太祖始削外权，命文臣往莅之；由是内外所授官，多非本职，惟以差遣为资历。

建隆四年，诏选朝士分治剧邑，以重其事。大理正奚屿知馆陶，监察御史王祐知魏，杨应梦知永济，屯田员外郎于继徽知临清，常参官宰县自此始。旧制，畿内县赤，次赤，畿外三千户以上为望，二千户以上为紧，一千户以上为上，五百户以上为中，不满五百户为中下。有司请据诸道所具板图之数，升降天下县，以四千户以上为望，三千户以上为紧，二千户以上为上，千户以上为中，不满千户为中下。自是，注拟以为资叙。又诏："周广顺中应出选门州县官，于南曹投状，准格敕考校无碍，与除官；其叙复者，刑部检勘送铨。"

先是，选格未备。乾德二年，命陶谷等议：

凡拔萃、制举及进士、《九经》判中者，并入初等职官，判下者依常选。初入防御团练军事推官、军事判官者，并授将仕郎，试校书郎。周三年得资，即入留守两府节度推官、军事判官，并授承奉郎，试大理评事。又周三年得资，即入掌书记，防御团练判官，并授宣德郎，试大理评事兼监察御史。周二年得资，即入留守、两府、节度、观察判官，并授朝散大夫，试大理司直兼监察御史。周一年，入同类职事、诸府少尹。又周一年，送名中书门下，仍依官阶，分为四等。已至两使判官以上、次任入同类职事者，加检校官或转宪衔。凡观察判官以上，绯十五年乃赐紫。每任以周三年为限，闰月不预，每周一年，校成一考。其常考，依令录例，书"中"、"上"；公事阙遗、曾经殿罚者，即降考一等；若校成殊考，则南曹具功绩，请行酬奖；或考满末代，更一周年与成第四考，随有

罢者不赴集；其奏授职事，书校考第，并准新格参选。自是铨法渐有伦矣。帝又虑铨曹惟用资历，而才杰或湛滞，乃诏吏部取赴集选人历任课绩多而无阙失，其材可副升擢者，送中书引验以闻。时仕者愈众，颇委积不可遣。

开宝初，令选人应格者，到京即赴集，不必限四时；及成甲次，又给限：南曹八日，铨司旬有五日，门下省七日，自磨勘、注拟及点检谢词，总毋逾一月。若别论课绩，或负过咎须考验，行遣如法；及资考未合注拟者，不在此限。

三年，诏曰："吏多难以求其治，禄薄末可责其廉，与其冗员重费，不若省官益奉。州县官宜以户口为率，差减其员，旧奉月增给五千。西川管内诸州，凡二万户，依旧设曹官三员；户不满二万，置录事参军、司法参军各一员，司法兼司户；不满万户，止置司法、司户，司户兼录事参军；户不满五千，止置司户，兼司法及录事参军。县千户以上，依旧置令、尉、主簿凡三员；户不满千，置令、尉，县令兼主簿事；户不满四百，止置主簿、尉，以主簿兼知县事；户不满二百，止置主簿，兼令、尉。"诸道减员亦仿此制。西川官考满得代，更不守选。

岭表初平，上以其民久困苛政，思惠养之。令吏部铨自襄、荆以南州县，选见任年未五十者，移为岭南诸州通判，得携族之官。以广南伪署官送学士院试书判，稍优则授上佐、令、录、簿、尉。初，州县有阙员，差前资官承摄；帝以其紊常制，令所在即上阙员，有司除注。又谓："诸道摄官或著吏能，悉令罢去，良可惜也。有司按其历任，三摄无旷败者以名闻。"

六年，从流内铨之请，复四时选，而引对者每季一时引对之。时国家取荆、衡，克梁、益，下交、广，辟土既远，吏多阙，是以岁常放选。选人南曹投状，判成送铨，依次注拟。其后选部阙官，即特诏免解，非时赴集，谓之"放选"，习以为常，而取解季集之制渐废。是冬，乃命参知政事卢多逊等，以见行《长定》、《循资格》及泛降制书，乃正违异，削去重复，补其阙漏，参校详议，取悠久可用者，为书上之，颁为永式，而铨综之职益有叙矣。

先是，选人试判三道，其二全通而文翰俱优为上，一道全通而文翰稍堪为中，三道俱不通为下。判上者职事官加一阶，州县官超一资，判中依资，判下入同类，惟黄衣人降一资。至是，增为四等，三道全次、文翰无取者为中下，用旧判下格；全不通而文翰义纰缪为下，殿一选。

太平兴国六年，诏京朝官除两省、御史台、自少卿、监以下，奉使从政于外受代而归者，令中书舍人郭贽、膳部郎中兼侍御史知杂事滕中正、户部郎中雷德骧同考校劳绩，论量器材，以中书所下阙员拟定，引对以遣，谓之差遣院。盖前代常参，自一品以下皆曰常官，其未常参者曰未常参官；宋目常参者曰朝官，秘书郎而下未常参者曰京官。旧制，京朝官有员数，除授皆云替某官，或云填见阙。京官皆属吏部，每任满三十月，罢任，则岁校其考第，取解赴集。太祖以来，凡权知诸州，若通判，若监临物务官，无定员。月限既满，有司住给奉料，而见厘务者

牒有司复支，所厘务罢则已。但不常参，注授皆出中书，不复由吏部。至是，与朝官悉差遣院主之。凡吏部黄衣选人，始许改为白衣选人。

太宗选用庶僚，皆得引对，观其敷纳可采者超擢之。复虑因缘矫饰，徼幸冒进，乃诏："应临轩所选官吏，并送中书门下，考其履历，审取进止。"旧制，州县官南曹判成，流内铨注拟，其职事官中书除授。然而历任功过，须经南曹考验，遂令幕府官罢任，并归铨曹，其特除拜者听朝旨。又诏："狱官关系尤重，新及第人为司理参军，固未精习，令长吏察视，不胜任者，奏，判、司、簿、尉对易其官。"

淳化四年，选人以南郊赦免选，悉集京师。帝曰："并放选，则负罪者幸矣，无罪者何以劝？"乃令经停殿者守常选。又诏："司理、司法参军在任有犯，遇赦及书下考者，止与免选，更勿超资。"工部郎中张知白上言："唐李峤尝云：'安人之方，须择郡守。朝廷重内官，轻外任，望于台阁选贤良分典大州，共康庶绩。'凤阁待郎韦嗣立因而请行，遂以本官出领郡。今江、浙州郡，方切择人，臣虽不肖，愿继前修。"帝曰："知白请重亲民之官，良可嘉也。"然不允其请。

淳化以前，资叙未一，及是始定迁秩之制：凡制举、进士、《九经》出身者，校书郎、正字、寺监主簿、助教并转大理评事，评事转本寺丞，任太祝、奉礼郎者转诸寺监丞，诸寺监丞转著作佐郎，或特迁太子中允、秘书郎；由大理寺丞转殿中丞，由著作佐郎转秘书监丞，资浅者或著作郎，优迁者为太常丞；由太子中允、秘书郎转太常丞，三丞、著作皆迁太常博士，转屯田员外郎，优者为礼部、工部、祠部、主客；由屯田转郎官，优者为户部、刑部、度支、金部；由都官转职方，优者为吏部、兵部、司封、司勋；其转郎中亦如之。左右司员外郎，太平兴国中有之，后罕除者。左右司郎中，惟待制以上当为少卿者即为之。由前行郎中转太常少卿、秘书少监，由此二官转谏议大夫或秘书监、光禄卿；谏议转给事中，资浅者或右转左；给事中转工部、礼部侍郎，至兵部、吏部转左右丞，由左右丞转尚书。自侍郎以上，或历曹，或超曹，皆系特旨。

诸科及无出身者，校书郎、正字、寺监主簿、助教并转太祝、奉礼郎，太祝、奉礼郎转大理评事，评事转诸寺监丞，诸寺监丞转大理寺丞，大理寺丞转中舍，优者为左右赞善，资浅者为洗马。由幕职为著作佐郎者转太子中允。由中允、赞善、中舍、洗马皆转殿中丞，殿中丞转国子博士，旧除《五经》者，至《春秋》博士则转国子博士，后罕除。由国子博士转虞部员外郎，优者为膳部；由虞部转比部，优者为仓部；由比部转驾部，优者为考功；或由水部转司门，司门转库部；为郎中亦如之。至前行郎中转少卿、监，或一转，或二三转，即为诸寺大卿、监，自大卿、监特恩奖擢，或入给谏焉。

其为台省官，则正言、监察比太常博士，殿中、司谏比后行员外郎，起居、侍御史比中行员外郎，起居转兵部、吏部员外郎，侍御史转职方员外郎，优者为兵部、司封、

知制诰；由正言以上至郎中，皆叙迁两资，中行郎中为左右司郎中，若非次酬劳，有迁三资或止一资者；至左右司郎中为知制诰若翰林学士者，迁中书舍人，旧亦有自前行郎中除者，后兵、吏部止迁谏议。由中书舍人转礼部以上侍郎，入丞、郎即越一资以上。内职、学士、待制亦如之。御史中丞由谏议转者迁工部侍郎，由给事转者迁礼部侍郎，由丞、郎改者约本资焉。

其学官，司业视少卿，祭酒视大卿。其法官，大理正视中允、赞善。凡正言、监察以上，皆恩或被举方除。其任馆阁、三司、王府职事，开封府判官、推官，江淮发运、诸路转运使、提点刑狱，皆得优迁，或以勤效特奖者亦如之。两制、龙图阁、三馆皆不带御史台官，枢密直学士、三司副使皆不带御史台官及两省官，待制以上不带少卿、监。

其内职，自借职以上皆循资而迁，至东头供奉官者转阁门祗候，阁门祗候转内殿崇班，崇班转承制，承制转诸司副使，自副使以上，或一资，或五资、七资，或直为正使者，至正使亦如之。至皇城使者转昭宣使，昭宣使转宣庆使，宣庆使转景福殿使。其阁门祗候，特恩转通事舍人，通事舍人转西上阁门副使，亦有加诸司副使兼通事者；西上阁门副使转东上，东上转引进，引进转客省，客省转西上阁门使；自此以上，亦如副使之迁，惟于东上者又转四方馆使。客省使转内客省使，内客省使转宣徽使，或出为观察使。自内客省使以上，非特恩不授。

武班副率以上至上将军，其迁历军卫如诸司使副焉。由牧伯内职改授，则观察使以上为上将军，团练使、阁门使以上为大将军，刺史、诸司使至崇班为将军，阁门祗候、供奉官为率，殿直以上为副率。

内侍省、入内内侍省，自小黄门至内供奉官，皆历级而转，至内东头供奉官转内殿崇班，有转内侍、常侍者，内常侍亦正转崇班。

其铨选之制：两府司录，次赤令，留守、两府、节度、观察判官，少尹，一选；两府判、司，两畿令，掌书记，支使，防御、团练判官，二选；诸府司、录，次畿令，四赤簿、尉，军事判官，留守、两府、节度、观察、防御、团练军事推官，军、监判官，进士、制举，三选；诸府司理、判、司，望县令，《九经》，四选；辅州、大都督府司理、判、司，紧上州录事参军，紧上县令，次赤两畿簿、尉，《五经》、《三礼》、《三传》、《三史》、《通礼》、明法，五选；雄望州司理、判、司，中州录事参军，中县令，次畿簿、尉，六选；紧上州司理、判、司，下州、中下州录事参军，中下县、下县令，紧望县簿、尉，学究，七选；中州中下州司理、判、司，上县簿、尉，八选；下州司理、判、司，中县簿、尉，九选；中下县下县簿、尉，十选。太庙斋郎、室长通理九年，郊社斋郎、掌坐通理十一年。

凡入官，则进士入望州判司、次畿簿尉，《九经》入紧州判司、望县簿尉，《五经》、《三礼》、《通礼》、《三传》、《三史》、明法入上州判司、紧县簿尉，学究有出身人入中州判司、上县簿尉，太庙斋郎入中下州判司、中县簿尉，郊社斋郎、试衔无出身人入下州判司、中下县簿尉，

诸司入流人入下州判司、下县簿尉。

仁宗初，吏员犹简，吏部奏天下幕职、州县官期满无代者八百余员，而川、广尤多未代。帝曰："此岂人情之所乐耶？其亟代之。"帝御后殿视事，或至旰食。中书请如天禧旧制，审官、三班院、流内铨日引见毋得过两人，诏弗许。自真宗朝，试身、言、书、判者第推恩，乃特诏曰："国家详核吏治，念其或淹常选，而以四事程其能。腾承统绪，循用旧典，爰命从臣，精加详考。其令翰林学士李谘与吏部流内铨以成资阙为差拟。"于是咸得迁官，率以为常。后议者以身、言、书、判为无益，乃罢。

凡磨勘迁京官，始增四考为六考，举者四人为五人，曾犯过又加一考。举吏各有等数，得被举者须有本部监司、长吏按察官，乃得磨勘；须到官一考，方许荐任。凡选人年二十五以上，遇郊，限半年赴铨试，命两制三员锁试于尚书省，糊名誊录。习辞业者试论、试诗赋，词理可采、不违程式为中格，习经业者人专一经，兼试律，十而通五为中格，听预选。七选以上经三试至选满，京朝官保任者三人，补注地判、司、簿、尉，无举主者补司士参军，或不赴试，亦无举者，永不预选。京官年二十五以上，岁首赴试于国子监，考法如选人，中格者调官。两任无私罪而有部使、州守倅举者五人，入亲民；举者三人，惟与下等厘物务官。

初，州郡多阙官，县令选尤猥下，多为清流所鄙薄，每不得调。乃诏吏部选幕职官为知县，又立举任法以重令选，敕诸路察县之不治者。然被举者日益众，有司无阙以待之，中书奏罢举县令法。未几，有言亲民之任轻，则有害于治，法不宜废。复令指County县奏举，举者二人，必一人本部使，既居任，复有举者，始得迁，否则如常选，毋辄升补。常参官已授外任，勿奏举。然铨格烦密，府史奸弊尤多，而磨勘者待次外州，或经三二岁乃得改官，往往因缘薄劳，求截甲引见。有诏自是弗许。

神宗欲更制度，建议之臣以为唐铨与今选殊异，杂用其制，则有留碍烦紊之弊。始刊削旧条，务从简便，因废南曹而并归之于铨。初，审官西院与东院对掌文武，寻改从吏部，而左、右选分焉。祖宗以来，中书有堂选，百司、郡县有奏举，虽小大殊科，然皆不隶于有司。暨元丰罢奏举阙，属之铨曹，而堂选亦不领于中书，一时更制，必欲公天下而诒永久。于是除免选之恩，重出官之试，定赏罚之则，酌资荫之宜。凡设试以待命士而入之铨注者，自荫补、铨试之外，有进士律义、武臣呈试及试刑法官等，而铨试所受为特广。中书言："选人守选，有及三年方遇恩放选者，或适归选而遽遇恩，既为不均，且荫补免试注官，以不习事多失职，试者又止试诗，岂足甄才？已受任而无劳绩，举荐及免试恩法，须再试书判三道，然亦虚文。"

熙宁四年，遂定铨试之制：凡守选者，岁以二月、八月试断按二，或律令大义五，或议三道，后增试经义。差官同铨曹撰式考试，第为三等，上等免选注官，优等升资

如判超格，无出身者赐之出身。自是不复试判，仍去免选恩格，若历任有举者五人，自与免试注官。任子年及二十，听赴铨试。其试不中或不能试，选人满三岁许注官，惟不得入县令、司理、司法。任子年及三十方许参注，若年及三十授官，已及三年，出官亦不用试。若秩入京朝，即展任监当三年，在任有二人荐之，免展。选人应改官，必对便殿。旧制，五日一引，不过二人。至是，待次者多，有逾二年乃得引。帝悯其留滞，诏每甲引四人以便之。

帝因论郡守，谓宰臣曰："朕每思祖宗百战得天下，今州郡付之庸人，常切痛心。卿辈谓何如而得选任之要？"文彦博请择监司而按察之。陈升之曰："取难治剧郡，择审官近臣而责以选才，宜可得也。"

初置审官西院，磨勘武臣，并如审官院格，而旧审官曰东院。御史中丞吕公著言："英宗时，文臣磨勘，例展一年，至少卿、监止。武臣横行以上及使臣，犹循旧制，固未尝如文臣有所节抑也。又仁宗时，尝著令，正任防御、团练以上，非边功不迁。今及十年尝历外任，即许转，亦未如少卿、监之有限止也。"诏两制详定。王珪等言："文武两选磨勘，已皆均用四年。请今自正任刺史以上，转官未满十年，若有显效者自许特转，其非次恩惟许改易州镇，以示旌宠。有过，则比文臣展年。"从之。知审官西院李寿朋言："皇城使占籍者三十余员，多领遥郡，而尚得从磨勘，迁刺史、团练防御使。每进一级，增奉钱五万，廪粟杂给如之，实为无名。请于皇城使上别置二使名，视前行郎中，量给奉禄。其遥郡刺史、团练防御使，并从朝廷赏功擢用，更不序迁。"诏："遥郡刺史、团练防御使，并以十年磨勘，至观察留后止。应官止而有功若特恩迁者，不以法。"

诸司使副，每磨勘皆用常制，虽军功亦无别异，而阁门内侍辈，转皆七资。帝谓："左右近习，非勋劳而得超躐，至尝立功者乃无优迁，非制也。"使副尝有军功应转，许特超七资，阁门通事舍人、带御器械、两省都知押班、管干御药院使臣七资超转法，皆除之。后客省、引进、四方馆各置使二员，东、西上阁门共置使六员，客省、引进、阁门副使共八员。副使磨勘如诸司使法。使有阙，改官及五期者，枢密院检举。历阁门职事有犯事理重者，当迁日除他官；阁门、四方馆使七年无私过，未有阙可迁者，加遥郡；特旨与正任者，引进四年转团练使，客省四年转防御使：皆著为定制焉。

先是，御史乞罢堂选，曾公亮执不可。王安石曰："中书总庶务，今通判亦该堂选，徒留滞，不能精择，宜归有司。"帝曰："唐陆贽谓：'宰相当择百官之长，而百官之长择百官。'今之审官，苟得其人，安有不能精择百官者哉？"元丰四年，堂选、堂占悉罢。

初，有司属职卑者不在吏铨，率命长吏举奏。都水监主簿李士良言："沿河干集使臣，凡百六十余员，悉从水监奏举，往往不谙水事，干请得之。"乃诏东、西审官及三班院选差。于是悉罢内外长吏举官法。明年，令吏部始立定选格，其法：各随所任职事，以入仕功状，循格以俟拟注。如选巡检、捕盗官，则必因武举、武学，或缘举荐，

或从献策得出身之人。他皆仿此。

自官制行，以旧少卿、监为朝议大夫，诸卿、监为中散大夫，秘书监为中大夫。故事，两制不转卿、监官，每至前行郎中，即超转谏议大夫。前行郎中，于阶官为朝请大夫；谏议大夫，于阶官为太中大夫。帝谓："磨勘者，古考绩之法，所以百执事共之，而禁近独超转，非法也。"于是诏待制以下，并三年一迁，仍转朝议、中散、中大夫三官。自是迁叙平允。凡开府仪同三司至通议大夫，无磨勘法；太中大夫至承务郎，皆应磨勘。待制以上六年迁两官，至太中大夫止；承务郎以上四年迁一官，至朝请大夫止。朝议大夫以七十员为额，有阙，以次补之。选人磨勘用吏部法，迁京朝官则依新定之制。除授职事官，并以寄禄官品高下为法：凡高一品以上者为行，下一品者为守，二品以下者为试，品同者不用行、守、试。

哲宗时，御史上官均言："今仕籍，合文武二万八千余员，吏部逆用两任阙次，而仕者七年乃成一任。当清其源，宜加裁抑。"朝廷下其章议之，司谏苏辙议曰："祖宗旧法，凡任子，年及二十五方许出官，进士、诸科，初命及已任而应守选者，非逢恩不得放选。先朝患官吏不习律令，欲诱之读法，乃减任子出官年数，去守选之格，概令试法，通者随得注官。自是天下争诵律令，于事不为无补。然人人习法，则试无不中，故荫补者例减五年，而选人无复选限。吏部员今年已用后四年夏秋阙，官冗至此亦极矣。宜追复祖宗守选旧法，而选满之日，兼行试法之科，此亦今日之便也。"事报闻。

三省言："旧经堂除选人，惟尝历省府推官、台谏、寺监长贰、郎官、监司外，悉付吏部铨注，凡格所应入，递升一等以优之。被边州军，其城寨巡检、都监、监押、寨主、防巡、诸路捕盗官，及三万缗以上课息场务，凡旧应举官，员阙，许仍奏举。"时通议大夫以上，有以特恩、磨勘转官，而比之旧格，或实转两官至三四官者。右正言王觌谓非所以爱惜名器，请官至太中大夫以上，毋用磨勘迁转。诏："待制、太中大夫应磨勘者，止于通议大夫，余官止中散大夫。中散以上劳绩酬奖，合进官者，止许回授子孙。特命特迁，不拘此制。"

初，武臣战功得赏，凡一资，则从所居官递迁一级。于是以皇城使骤上遥刺，或入横行；且阁门使以上，等级相比而轻重绝远。因枢密院言，乃诏"阁门、左藏库副使得两资，客省、皇城使得三资，止许一转，减年者许回授亲属。"又小使臣磨勘转崇班者，岁毋过八十人。内臣昭宣使以上无磨勘法，惟押班以上取裁，余理五年磨勘。

绍圣初，改定《铨试格》，凡摄官初归选、散官、权官归司，若新赐第，皆免试。每试者百人，惟取一人入优等，中书奏裁，二人为上等，五人为中等。崇宁以后，又复元丰制，而荫补者须隶国学一年无过罚，乃试铨，若在学试尝再入等，即免试；其公、私试尝居第一，得比铨试推恩。政和间著为令。既而臣僚言："进士中铨格者，每二百人，得优恩不过五七人，又或阙上等不取。而朝廷取隶国子试格，用之铨注，及今五年，而得上等优恩者二百

四十人，免试者尚在其外。是荫补隶学者，优于累试得第之人矣。"于是诏在学尝魁一试者，许如旧恩，余止令免试注官。吏部侍郎彭汝砺乞稍责吏部甄别能否，凡京朝官才能事效苟有可录，尚书暨郎官铨择以闻。三省分三年考察之，高则引对，次即试用，下者还之本选；若资历、举荐应入高而才行不副，许奏而降其等。凡皆略许出法而加升黜，岁各毋过三人。

初，选人改官，岁以百人为额。元祐变法，三人为甲，月三引见，积累至绍圣初，待次者二百八十余人。诏依元丰五日而引一甲，甲以三人，岁毋过一百四十人，俟待次不及百人，别奏定。又令历任通及三考，而资序已入幕职、令录，方许举之改官。吏部言："元丰选格，经元祐多所纷更，于是选集后先，路分远近，资历功过，悉无区别，逾等超资，惟其所欲。诏旨既复元丰旧制，而辟举一路尚存，请尽复旧法，以息侥幸。"乃罢辟举。

崇宁元年，诏吏部讲求元丰本制，酌以时宜，删成彝格，使才能、阀阅两当其实。吏部言："堂选寔名及举官员阙，内外共约三千余员。元祐祐法，选人得升资以上赏，及参选射阙，不许遣人代注，今皆罢从元丰法。所当损益者，其知边近蛮夷州如威、茂、黎、琼等，及开封府曹掾、平准务，诸路属官，在京重课场务，京城内外厢官，户部干官，麴院，榷货务，将作监管干公事，黄河都大，内外榷茶官，凡干刑狱及管库繁剧，皆不可罢举。若御史台主簿、检法官、协律郎，岂可泛以格授？诸如此类，仍旧辟举。"从之。惟诸路毋得直牒差待阙得替官权摄。

初，未改官制，大率以职为阶官。如以吏部尚书为阶官，而同中书门下平章事则其职也。至于选人，则幕职、令录之属为阶官，而以差遣为职，名实混淆甚矣。元丰未及革正。崇宁二年，刑部尚书邓洵武极言之，遂定选人七阶：曰承直郎，曰儒林郎，曰文林郎，曰从事郎，曰通仕郎，曰登仕郎，曰将仕郎。政和间，改通仕为从政，登仕为修职，将仕为迪功，而专用通仕、登仕、将仕三阶奏补未出官人，承直至修职须六考，迪功七考，有官保任而职司居其一，乃得磨勘。坐愆犯，则随轻重加考及举官有差。

时权奸柄国，侥幸并进，官员益滥，铨法留碍。臣僚言："吏员增多，盖因入流日众。熙宁郊礼，文武奏补总六百一十一员；元丰六年，选人磨勘改京朝官总一百有五员。考之吏部，政和六年，郊恩奏补约一千四百六十有畸，选人改官约三百七十有畸。欲节其滥，惟严守磨勘旧法。而今之磨勘，有局务减考第，有川远减举官，有用酬赏比类，有因大人特举，有托事到阙不用满任，有约法违碍许先次而改。凡皆弃法用例，法不能束而例日益繁，苟不裁之，将又倍蓰而未可计也。请诏三省若吏部，旧有止法，自当如故，余皆毋得用例。"乃诏："惟川、广水土恶地，许减举如制，余悉用元丰法。"既而又言："元丰进纳官法，多所裁抑。应入令录及因赏得职官，止与监当，该磨勘者换授降一使臣，仍不免科率，法意深矣。迩者用兵东南，民入金谷皆得补文武官，理选如官户，与士大夫泾、渭并流，复其户不受科输。是得数千缗于一日，而失

数万斛于无穷也。况大户得复，则移其科于下户，下户重贫，州县缓急，责办何人？此又弊之大者。"不听。

初，宗室无参选法，祖宗时，间选注一二，不为常制。徽宗欲优宗室，多得出官，一日参选，即在合选名次之上。而膏梁之习，往往贪恣，出任州县，黩货虐民，议者颇陈其害。钦宗即位，臣僚复以为言，始令不注郡守、县令，仍与在部人通理名次。

高宗建炎初，行都置吏部。时四选散亡，名籍莫考。始下诸道州、府、军、监，条具属吏寓官之爵里、年甲、出身、历仕功过、举主、到罢月日，编而籍之。然自兵难以来，典籍散失，吏缘为私，申明繁苛，承用踏驳，保任滋众，阻会无期，参选者苦之。乃令凡文字有不应于今，而案牍参照明白，从郎官审覆，长贰予决，小不完者听行，有徇私挟情，则令御史纠之。又诏京畿、京东、河北、京西、河东士夫在部注授，虽铨未中而年及者，皆听注官。二年，命京官赴行在者，令吏部审量，非政和以后进书颂及直赴殿试之人，乃听参选。在部知州军、通判、佥判及京朝官知县、监当以三年为任者，权改为二年。以赴调者萃东南，选法留滞故也。又诏州县久无正官者，听在选人申部，审度榜阙差注。

绍兴元年，起居郎胡寅言："今典章文物，废坠无几，百司庶府不可阙者，莫如吏部。姑置侍郎一员，郎官二员，胥吏三十人，则所谓磨勘、封叙、奏荐常程之事，可按而举矣。"

诏曰："六官之长，佐王理邦国者，其惟铨衡乎。乱离以来，士大夫流徙，有徒跣而趋行在者。注授榜阙，奸弊日滋，寒士困苦，甚可悯焉。宜令三省议除其弊，严立赏禁，仍选能吏以主之，御史台常加纠察。"于是三省立八事，曰注拟藏阙，申请徼幸，去失问难，刷阙灭裂，关会淹延，审量疑似，给付邀求，保明退难。令长贰机柅之。又诏馆职选人到任一年，通理四考，并自陈，改京官。

二年，吕颐浩言："近世堂除，多侵部注，士人失职。宜仿祖宗故事，外自监司、郡守及旧格堂除通判，内自察官省郎以上、馆职、书局编修官外，余阙并寺监丞、法寺官、六院等，武臣自准备将领、正副将以上，其部将、巡尉、指使以下，并归部注。"从之。又复文臣铨试，以经义、诗赋、时议、断案、律义为五场，愿试一场者听，榜首循一资。武臣呈试合格者并听参选。

三年，右仆射朱胜非等上《吏部七司敕令格式》。自渡江后，文籍散佚，会广东转运司以所录元丰、元祐吏部法来上，乃以省记旧法及续降指挥，详定而成此书。先是，侍御史沈与求言："今日矫枉太过，贤愚同滞。"帝曰："果有豪杰之士，虽自布衣擢为辅相可也；苟未能考其实，不若姑守资格。"乃命吏部注授县令，惟用合格之人。

五年，诏："凡注拟，并选择非老疾及未尝犯赃与非缘民事被罪之人。"时建议者云："亲民莫如县令，今率限以资格，虽贪懦之人，一或应格，则大官大邑得以自择。请诏监司、郡守，条上剧邑，遴选清平廉察之人为之。"既而又诏："知县依旧法，止用两任关升通判资序。"明年，侍御史周祕言："今有无举员考第，因近臣荐对，即改官升擢，实长奔竞。望诏大臣，自今惟贤德才能之人，余并依格注拟。"廷臣或请以前宰执所举改官，易以司马光十科之目，岁荐五员，中书难之。诏"前宰执所举京削，不理职司"而已。

三十二年，吏部侍郎凌景夏言："国家设铨选以听群吏之治，其掌于七司，著在令甲，所守者法也。今升降于胥吏之手，有所谓例焉。长贰有迁改，郎曹有替移，来者不可复知，去者不能尽告。索例而不获，虽有强明健敏之才，不复致议；引例而不当，虽有至公尽理之事，不复可伸。货贿公行，奸弊滋甚。尝睹汉之公府有辞讼比，尚书有决事比，比之为言，犹今之例也。今吏部七司宜置例册，凡换给之期限、战功之定处、去失之保任、书填之审实、奏荐之限隔、酬赏之用否，凡经申请，或堂白、或取旨者，每一事已，命郎官以次拟定，而长贰书之于册，永以为例，每半岁上于尚书省，仍关御史台。如是，则巧吏无所施，而铨叙平允矣。"

有议减任子者，孝宗以祖宗法令难于遽改，令吏部严选试之法。自是，初官毋以恩例免试，虽宰执亦不许自陈回授。旧制，任子降等补文学及恩科人皆免，至是悉试焉。凡未经铨中及呈试者，勿堂除；虽墨敕，亦许执奏。旧制，宗室文资与外官文臣参注窠阙，武资则不得与武臣参注，但注添差。至是，始听注厘务阙。乾道七年，始命铨试不中、年四十，呈试不中、年三十者，令写家状，读律注官。陈师正言："请令宗室恩任子弟出官日量行铨试，如士夫子弟之法，多立其额而优为之制。"遂诏："自今宗室曾经应举得解者，许参选，余并行铨试，三人取二。其三试终场不中人，听不拘年限调官。"

淳熙元年，参知政事龚茂良言："官人之道，在朝廷则当量人才，在铨部则宜守成法。法本无弊，例实败之。法者，公天下而为之者也；例者，因人而立以坏天下之公者也。昔之患在于用例破法，今之患在于因例立法。谚称吏部为'例部'。今《七司法》自晏敦复裁定，不无疏略，然守之亦可以无弊。而徇情废法，相师成风，盖用例破法其害小，因例立法其害大。法常靳，例常宽，今法令繁多，官曹冗滥，盖由此也。望令裒集条附法及乾道续降申明，重行考定，非大有牴牾者弗去，凡涉宽纵者悉刊正之。庶几国家成法，简易明白，赇谢之奸绝，冒滥之门塞矣。"于是重修焉。既而吏部尚书蔡洸以改官、奏荐、磨勘、差注等条法分门编类，名《吏部条法总类》。十一月，《七司敕令格式申明》成书。

淳熙三年，中书舍人程大昌言："旧制，选人改秩后两任关升通判，通判两任关升知州，知州两任即理提刑资序。除授之际，则又有别以知县资序隔两等而作州者，谓之'权发遣'，以通判资序隔一等而作州者，谓之'权知'，上而提刑、转运亦然。隔等而授，是择材能也；结衔有差，是参用资格也。今得材能、资格俱应选者为上，其次，则择第二任知县以上有课绩者许作郡，初任通判以上许作监司,第二任通判以上许作职司,庶几人法并用。"从之。

宁宗庆元中,重定《武臣关升格》。先是,初改官人必作令,谓之"须入"。至是,复命除殿试上三名、南省元外,并作邑;后又命大理评事已改官未历县人,并令亲民一次,著为令。

绍定元年,臣僚上言:"铨曹之患,员多阙少,注拟甚难。自乾道、嘉定以来,尝命选部职官寘阙,各于元出阙年限之上,与展半年用阙。历年浸久,入仕者多,即今吏部参注之籍,文臣选人、武臣小使臣校尉以下,不下二万七千余员,大率三四人共注一阙,宜其胶滞壅积而不可行。乞命吏部录参、司理、司法、令、丞、监当酒官,于元展限之上更展半年。"从之。

淳祐七年,监察御史陈垓建言,乞申戒饬铨法十弊:一曰添差数多,破法耗财;谓倅贰、幕职、参议、机宜、总戎、钤辖、监押之类。二曰抽差员众,州县废职;谓监司、帅守幕属多差见任州县他官权摄。三曰摄局违法,蠹政害民;谓监司、师守徇私差幕权属等职。四曰"须入"不行,侥幸挠法;谓初改官人必作知县,今多规免,苟图京局,躐求倅贰,遂使不曾历县之人冒当郡寄。五曰奏辟不应,奔竞日甚;谓在法未经任人不许奏辟,今或以初任或以阙次远而改辟见次者。六曰改任巧捷,紊乱官常;谓在法已授差遣人,不得干求换易。今既授是官,复谋他职,辞卑居尊,弃彼就此。七曰荐举不公,多归请托;八曰借补繁多,官资泛滥;九曰瘝旷职守,役心外求;十曰匿过居官,玩视国法。谓曾经罪犯,必俟赦宥。今则既遭弹劾,初未经赦者,经营差遣。

旧制,军功补授之人,自合从军,非老疾当汰,无参部及就辟之法。比年诸路奏功不实,夤缘窜名,许令到部,及诸司纷然奏辟,实碍铨法。建炎兵兴,杂流补授者众,有曰上书献策,曰勤王,曰守御,曰捕盗,曰奉使,其名不一,皆阃帅假便宜承制之权以擅除擢。有进士径补京官者,有素身冒名即为郎、大夫者。乃诏:"从军应赏者,第补右选,以清流品。"又有民间愿习射者,籍其姓名。守令月一试,取艺优者,如三路保甲法区用。

绍兴初,尝以兵革经用不足,有司请募民入赀补官,帝难之。参知政事张守曰:"祖宗时,授以斋郎,今之将仕郎是也。"知枢密院李回曰:"此犹愈科率于民。"乃许补承节郎、承信郎、诸州文学至进义副尉六等,后又给通直郎、修武郎、秉义郎、承直至迪功郎。其注拟、资考、磨勘、改转、荫补、封叙,并依奏补出身法,毋得注令录及亲民官。和议之后,立格购求遗书,亦命以官。凡殁于王事,无遗表致仕格法者,听奏补本宗异姓亲子孙弟侄,文臣将仕郎,武臣承信郎;余亲,上州文学或进武校尉,所以褒恤忠义也。又以两淮、荆襄,其土广袤,募民力田。凡白身劝民垦田及七十五顷者与副尉,五百顷补承信郎。

孝宗即位,命帅臣、监司、郡守、尝任两府及朝官等遣亲属进贡,等第补授登仕郎、将仕郎,推恩理为选限。

淳熙三年,诏罢鬻爵,除歉岁民愿入粟赈饥,有裕于众,听补官,余皆停。自是,进纳军功,不理选限,登仕郎、诸州助教不许出官,止于赎罪及就转运司请解而已。

卷一百五十九　志第一百十二

选举五 铨法下

远州铨　补荫　流外补

川峡、闽、广,阻远险恶,中州之人,多不愿仕其地。初,铨格稍限以法,凡州县、幕职,每一任近,即一任远。川峡、广南及沿边,不许挈家者为远,余悉为近。既分川峡为四路,广南东、西为二路,福建一路,后增荆湖南一路,始立八路定差之制,许中州及土著在选者随意就差,名曰"指射",行之不废。

太平兴国初,选人孟峦拟宾州录事参军,诣甄诉冤,坐流海岛。自是,得远地者不敢辞。既而诏:"川峡、岭南、福建注授,计程外给两月期,违则本州不得放上,遣送阙下,除籍不齿。或被疾,则所至陈牒,长吏按验,付以公据;废癃末损,则条状以闻。"雍熙四年,又诏:"选人年六十,勿注远地,非土人而愿者听。凡任广、蜀、福建州县,并给续食。"初,岭南阙官,往往差摄。至是,诏州长吏试可者选用之;罢秩,奏送阙下,与出身。淳化间,又诏:"岭南摄官,各路惟许选二十员以承乏,余悉罢归。"

始,令岭南幕职,许携族行,受代不得寄留。至道初,申诏:"剑南州县官,不得以族行。敢有妄称妻为女奴,携以之官,除名。"初,荣州司理判官郑蛟,冒禁携妻之任。会蜀贼李顺构乱,其党田子宣攻陷城邑,而蛟捕得之,擢为推官。至是,知梓州张雍奏其事,上命戮蛟,而有是诏。

咸平间,以新、恩、循、梅四州瘴地,选荆湖、福建人注之。吏部铨拟官,悉标其过犯,自是,凡注恶地,令不须书。又诏:"规避遐远,违期受代,勘鞫责罚,就移远地。"

神宗更制,始诏:"川峡、福建、广南,之官罢任,迎送劳苦,其令转运司立格就注,免其赴选。"于是七路自常选知州而下,转运司置员阙籍,具书应代时日,下所部郡众示之。凡见任距受代半年及已终更者,许以本资序指射。有司受而阅之,定其应格当差者,上之审官东院、流内铨,审覆如令,即奏闻降敕。若占籍本路,或游注此州,皆从其便;惟不许官本贯州县及邻境,其参拟铨次悉如铨格。无愿注者,上其阙审官,而在选者射之。武臣之属西院、三班院者,令枢密院放此具制。后荆湖南亦许就注。或言:"土人知州非便。法应远近迭居,而川人许连任本路,常获家便,实太偏滥。"王安石曰:"分远近,均劳佚也。中州士不愿适远,四路人乐就家便,用新法即两得所欲；况可以省吏卒将迎、官府浮费邪？"何正臣又言："蜀人之在仕籍者特众，今自郡守而下皆得就差，一郡之官，土人太半，寮寀吏民皆其乡里亲信，难于徇公，易以合党。请收守令阙归之朝廷，而他官兼用土人，量立分限，庶经久无弊。兼闻差注未至尽公，愿许提刑司索案牍究察。"奏上，法不为改，但申严提刑司互察之法。

元祐初，御史上官均言："定差不均之弊有七：诸路赴选中试乃差，八路随意射取，一也。诸路吏部待试，需次率及七年，方成一任；八路就注，若及七年，已更三任，二也。八路虽坐停罢，随许射注；而见在吏部待次之人，至有历任无过，尚须试法，候及一年方有注拟，三也。其待次者又许权摄，禄无虚日；而吏选无怨犯，亦大率四年方再得禄，四也。土人得射奏名者，免试就注家便，年高力悫，不复望进，往往营私废职，五也。仕久知识既多，土人就射本路，不无亲故请托，六也。八路监司地远而专，设漫灭功过名次，人亦不敢争校；故有力者多得优便，而孤寒滞却，七也。请并八路差尽归吏部为便。"既而吏部亦请用常格差除，遂悉归之铨。

绍圣复行旧制，且许八路人荫补出官，即转运司试中注阙。重和间，臣僚又言其弊："转运以军储、吏禄、供馈、支移为己责，而视差注为末务，往往付之主案吏胥定拟，而签厅视成书判而已。注阙之高下，视贿之厚薄。无赂，则定差之牍，脱漏言词，隐落节目。及其上部，必致退却，参会重上，又半岁矣。以是阙多而不调者众。宜督典领之官，岁终取吏部退难有无、多寡，为之课而赏罚之，庶可公注拟而绝吏赇。"乃命立《考课法》。

建炎初，诏福建、二广阙并归吏部，惟四川仍旧制。初，累朝以广南地远，利入不足以资正官，故使举人两与荐选者，试刑法于漕司，以合格者注摄两路，谓之"待次"。摄官两任无过，则锡以真命。至是，虽归之吏部，逾年无愿就者，复归漕司。自神宗朝，宗室不许调川峡官；至是宗室多避难入蜀，乃听于四路注拟。绍兴六年，诏："川峡转运司每季孟月上旬集注。"为定法焉。八年，直学士院勾龙如渊上疏谓："行都去蜀万里，而比岁寘阙归之朝廷，寒远之士，困抑者众。愿参酌前制，稍还漕铨之旧，立为定格，使与堂除不相侵袭。"遂命以小郡知州、监以下，仍付漕司差注，其选人改官诣司公参，理为"到部"。人称便焉。

补荫之制。凡奏戚属，太皇太后、皇太后、皇后本服期亲，奉礼郎；大功，守监簿；小功，初等幕职官；元丰前，试大理评事。缌麻，知令、录。元丰前试校书郎。异服亲亦如之。有服女之夫，则本服大功以上女夫，知令、录；小功，判、司、主簿或尉；缌麻，试监簿。周功女之子，知令、录；孙及大功女之子，判、司、主簿或尉；曾孙及大功之孙、小功女之子，并试监簿；其非所生子若孙，各降一等；缌麻女之子，试监簿。

每祀南郊、诞圣节，太皇太后、皇太后并录亲属四人，皇后二人。非遇推恩而特旨赐官，不用此法。凡诸妃期亲守监簿，余判、司、主簿或尉；异姓亲试监簿。婉容以上有服亲，才人以上小功亲，并试监簿。凡大长公主、长公主、公主夫之期亲，判、司、主簿或尉，余试监簿；子，补殿中丞，孙，光禄寺丞；婿，太常寺太祝；外孙，试衔、知县。凡亲王婿，大理评事；外孙，初等职官；女之子婿，试监簿。宗室缌麻以上女之夫，试衔、知县；袒免，判、司、主簿或尉。其愿补右职，依换官法。奉礼郎即右侍禁，幕职官即左班殿直，知令、录即右班殿直，判、司、主簿、尉即奉职，试监簿即借职。

凡文臣：三公、宰相子，为诸寺丞；期亲，校书郎；余亲，本宗大功至缌麻服者。以属远近补试衔。使相、参知政事、枢密院使、副使、宣徽使子，为太祝、奉礼郎；期亲，校书、正字；余亲，补试衔。节度使、仆射、尚书、太子三少、御史大夫、文明殿学士、资政殿大学士子，校书郎、正字；期亲，寺、监主簿；余亲，试衔。三司使、翰林、资政殿侍讲、龙图阁学士、枢密直学士，太常、宗正卿，中丞，丞、郎，留后，观察使，内客省使子，正字；期亲，寺、监主簿；余亲，试衔及斋郎。两省五品、龙图阁直学士、待制、三司副使、知杂御史子，寺、监主簿；期亲，试衔；余亲，斋郎。诸司大卿、监子，寺监主簿；期亲，试衔。小卿、监兼职者子，试衔；期亲，斋郎。

凡武臣：宰相子，为东头供奉官，使相、知枢密院子，为西头供奉官；期亲，皆左侍禁；余属，自左班殿直以下第官之。枢密使、副使、宣徽节度使子，西头供奉官；期亲，右侍禁；余属，自右班殿直以下第官之。六统军诸卫上将军、节度观察留后，观察使、内客省使子，右侍禁；期亲，右班殿直；余属，三班奉职以下第官之。客省使、引进防御使、团练使、四方馆使、枢密都承旨、阁门使子，右班殿直；期亲，三班奉职；余属，为差使、殿侍。诸卫大将军、内诸司使、枢密院诸房副承旨子，三班奉职；期亲，借职；余属，为下班殿侍。诸卫将军、内诸司副使、枢密分房副承旨子，为三班借职。

凡兼职在馆阁校理、检讨，王府记室、翊善、侍讲，三司主判官，开封府判官、推官，江淮发运，诸路转运，始许奏及诸亲。提点刑狱，惟许奏男。其尝以赃抵罪，得复故官。文臣至郎中及员外郎任馆阁职，武臣至诸司副使、诸卫将军者，止许荫子若孙一人，尚在谪籍者弗预。

太祖初定任子之法，台省六品、诸司五品，登朝尝历两任，然后得请。始减岁补千牛、斋郎员额，斋郎须年貌合格，诵书精熟，乃得奏。

太宗践极，诸州进奏者授以试衔及三班职，初推恩授散试官者，不得赴选。太平兴国二年，乃诏授试衔等人特定七选集，遂为定令。凡诞圣节及三年大祀，皆听奏一人。而淳化改元恩，文班中书舍人、武班大将军以上，并许荫补；如遇转品，许更荫一子，由是奏荐之恩始广。每诞圣节，朝臣多请奏疏属，不报。至道二年，始限以翰林学士、两省五品、尚书省四品以上，赐一子出身，此圣节奏荐例也。先是，任子得摄太祝、奉礼，未几即补正员。帝谓："膏粱之子，不十年坐致圜籍。"是年，悉授同学究出身赴选集。

真宗东封，祀汾阴，进奉人已官者进秩，未官者令翰林试艺，与试衔、斋郎、借职。公主、郡县主以下诸亲，外命妇入内者，亦有恩庆。而东封恩，则提点刑狱、朝臣、使臣，皆得奏一人。奏戚属，旧无定制。有求补阁门祗候者，真宗以宣赞之职，非可以恩泽授，乃诏："自今求叙迁者，至殿直止。"大中祥符二年，以门荫授京官，年二十五以上求差使者，令于国学受业，及二年，审官院与判监官考试其业，乃以名闻。内诸司使、副授边任官者，陛辞时许奏子。诏枢密院定其制，凡妄名孙及从子为子求荫者，坐之。七年，帝幸南京，诏臣僚逮事太祖者，赐一子恩泽，令翰林学士李维等定，自给谏、观察使以上得请。初，转运使辞日，许奏一人。天禧后，惟川、广、福建者听，余路再任始得奏。又诏："承天节恩例所荫子孙，不许以他亲及已食录者。"特许西京分司官，郊禋奏荫一子。自是分务西洛者得以为例，南京则否。

仁宗庆历中，裁损奏补入仕之路，凡选人遇郊赴铨试，其不赴试亦无举者，永不预选。罢圣节奏荫恩，学士以下，遇郊恩得奏大功以上亲，再遇郊得奏小功以下亲。郎中、带职员外郎，初遇郊荫子若孙，再郊及期亲，四遇郊听荫大功以下亲。初得奏而年过六十无子孙，荫期亲。其皇亲大将军以上妻，再遇郊亦许之。武臣荫例仿此。凡荫长子孙皆不限年，诸子孙须年过十五；若弟侄须过二十，必五服亲乃许。已尝荫而物故者，无子孙禄仕，听再荫。自是，任子之恩杀矣。

英宗即位，郡县致贡奉人，悉命以官。知谏院司马光建言："监司、太守，遣亲属奉表京师，不问官职高下、亲属近远，推恩至班行、幕职、权知州军，或所遣非亲，亦除斋郎及差使、殿侍，此盖国初承五代姑息藩镇之弊，因循不革。爵禄本待贤才，今此等受官，诚为大滥。纵不能尽罢其人，若五服内亲，等第受以一官，其无服属量赐金帛，庶少救滥官之失。"然诏令已行，不从其议。时方患官冗，言者皆谓："由三岁一磨勘，其进甚亟，易至高位，故获荫者众。"乃令待制以上，自迁官后六岁，无故则复迁之，有过益展年，至谏议大夫止。京朝官四岁磨勘，至前行郎中止，少卿、监限七十员，员有阙，以前行郎中久次者补之。少卿、监以上迁官，听旨。

仁宗虽罢圣节恩，而犹行之妃、主。神宗既裁损臣僚奏荫，以官拨外戚恩尤滥，故稍抑之。旧，诸妃遇圣节奏亲属一人，间一年许奏二人，郊礼许奏一人。嫔御每遇郊奏一人，两遇圣节与一奏。后定，诸妃每遇圣节并郊许奏有服亲一人。淑仪、充仪、婕妤、贵人遇郊，许奏小功以上亲一人，位号别而资品同者，许比类奏荐。旧，公主每遇圣节、郊礼，奏夫之亲属一人；公主生日，许奏一人。后罢生日恩，所奏须有服亲。皇家妻两遇郊奏期亲一人，后罢奏。旧，郡、县主遇郊，许奏亲生子右班殿直，若庶子及其夫之亲，两遇郊许奏借职一人。后亲子惟注幕职，孙若庶子，两遇郊方许奏一人，夫之亲属勿奏。旧，臣僚之妻为国夫人者，得遗表恩，后除之。妃嫔、公主以下，非有服亲之婿不许奏。既而曾布等又言："臣僚陈请恩泽，宜有定制。"乃许见任二府岁乞差遣一人。宰

臣、枢密使兼平章事因事罢者，陈乞转官一人，指射差遣二人。余执政官，并各一人。待制以上乞差遣迁学士者又一人。三路、广桂安抚使、知成都府、梓州差遣一人，亲孙、子循一资。广南转运、提点刑狱奏子孙或期亲合入官一人。成都、梓、利、夔路差遣一人，子孙循一资。中书检正官、枢密院检详官至员外郎，在职及二年，遇大礼许补亲属。中书堂后官、提点五房官，虽未至员外，听奏补。邕、宜、钦极边烟瘴知州，听奏子孙一人。凡因战阵物故及殁于王事，许官其子孙。又功臣绘像之家，如无食禄人，则许特奏子孙一人入官。既定《铨试法》，任子中选者得随铨拟注，其入优等，往往特旨赐进士出身。

元祐元年诏："诸军致仕停放人，其遗表恩该及子而过五年自陈者，虑有冒滥，毋推恩。职事官卿、监以下应任子者，须官至朝奉郎，乃许奏。"三年，定宰臣、执政初遇郊，许奏本宗异姓各一人，次遇郊，奏数如初。愿用其恩与有官人，则许转官并循资，或乞差遣，惟不得转入朝官、循入支掌。应奏承务郎、殿直以上，许换升一任；不得升入通判。余官三遇郊，许奏有官人。旧制，应奏两人止者，次郊，止许奏有官人。其后，遇郊更合补荫者，并准此为间隔之次；已致仕而遇大礼应奏补者，再奏而止。宣仁太皇太后谕辅臣曰："近已裁减入流，本家恩泽，宜减四分之一。"吕公著等曰："陛下临朝同听断，本殿恩泽，自不当限数。先来所定，止与皇太后同等，岂可更损？"宣仁曰："裁减恩泽，凡自上而始，则均一矣。"乃诏曰："官冗之患，实极于今，苟非裁入流之数，无以清取士之原。吾以眇身率先天下，今后每遇圣节、大礼、生辰，合得亲属恩泽，并四分减一，皇太后、皇太妃同之。"

哲宗既亲政，诏复旧。凡致仕而不愿转官者，中大夫至朝奉郎及诸司使，许奏补本宗有服亲一人；自奉议郎、内殿承制以下，许与有服亲一人恩例；惟中大夫、中散大夫、诸司使带遥郡者，荫补外仍与有服亲恩例；若致仕未受敕而身亡者，在外以陈乞至门下省日，在京以得旨日，亦许乞有服亲恩例一人。初，《任子法》以长幼为序，若应奏者有废疾，或尝犯私罪至徒，或不肖难任从仕，许越奏其次。至是，始删去格令"长幼为序"四字。

五年，定《亲王女郡主荫补法》，遇大礼，许奏亲属一人，所生子仍与右班殿直；两遇，奏子或孙与奉职；即用奏子孙恩回授外服亲之夫，及夫之有服亲者，有官人转一官，毋得升朝，选人循一资，无官者与借职，须期以下亲，乃得奏。吏部言："皇太妃遇大礼，以应奏恩与其亲属，而服行不应法。"诏用皇后缌麻女之子为比，补借职。旧法，母后之家，十年一奏门客，而太妃未有法。绍圣初，诏皇太妃用兴龙节奏亲属恩，回授门客。自是，太后每及八年、太妃十年，奏门客一名，与假承务郎，许参选。如年数未及，凡恩皆毋回授。

元符后，命妇生皇子许依大礼奏有服亲，三品以上三人。宗室缌麻亲，许视异姓荫孙。凡荫补异姓，惟执政得奏，如签书枢密院事虽依执政法，而所荫即不理选限。后因转官碍止法者，许回授未仕子孙，而贪冒者又请回授异姓，有司每沮止之，然亦多御笔许特补。

政和间，尚书省定《回授格》，谓无官可转，或可转而官高不欲转，或事大而功效显著为一格，许奏补内外白身有服亲；官有此法不可转，功绩次著为一格，许奏本宗白身祖免亲；官不甚高、而功绩大为一格，许奏本宗白身有服亲；官不甚高、功不甚大为一格，而分为三，一与内外有官有服亲，一与有官有服本宗亲，一与有官有服者之子孙。凡为六等。

宣和二年，殿中侍御史张汝舟言：“今法所该补奏，与先朝同。昔之官至大夫，历官不下三五十年，而今阅三五年，有已至大夫者矣；诸翼将军至武翼郎，须出官三十年，方许奏补；今文武官奏补，未尝限年，此太滥也。至若中大夫以下及武功、武翼大夫，已求致仕而不及受敕，乃格其恩，于是有身谢而未受敕者，其家或至匿哀须限；然不及亲受而不与沾恩者多矣，此太吝也。欲自今中大夫至带职朝奉郎以上，虽遇郊恩，入官不及二十年，皆未许荫补；虽已经奏荐，再遇郊恩年仍未及者，亦寝其奏，庶抑其滥。至于文武官及大夫以上尝求休致，而身谢在出敕前，欲并许免荫，以补其不及。”诏尚书省文武官致仕，虽不及受敕，若未曾受荫人，自有遗表恩。又寺、监长贰至开封少尹，系用职事荫补，不合限年。余从之。

崇宁以来，类多泛赏，如曰“应奉有劳”、“献颂可采”、"职事修举"特授特转者，皆无事状可名，而直以与之。孟昌龄、朱勔父子、童贯、梁师成、李邦彦等，凡所请求皆有定价，故不三五年，选人有至正郎或员外，带职小使臣至正、副使或入遥郡横行者。而蔡京拔用从官，不论途辙，一言合意，即日持橐。又优堂吏，往往至中奉大夫，或换防御、观察使。由此任子百倍，钦宗即位，敕恩覃转，惟许宗室；其文武臣止令回授有官有服亲，且诏：“非法应回授及特许者，毋录用。”

高宗中兴，重定《补荫法》，内外臣僚子孙期亲大功以下及异姓亲随，文武各有等秩，见《职官志》。建炎元年，诏：“宰执子弟以恩泽任待制以上者，并罢。”绍兴四年诏：“文武太中大夫以上及见带两制职名，依旧不限年。内无出身自授官后以及十五年，年及三十、不系宫观责降之人，听依条补荫。”七年，中书舍人赵思诚言：“孤寒之士，名在选部，皆待数年之阙，大率十年不得一任。今亲祠之岁，任子约四千人，是十年之后，增万二千员，科举取士不与焉。将见寒士有三十年不得调者矣。祖宗时，仕至卿、监者，皆实以年劳、功绩得之，年必六十，身不过得恩泽五六人。厥后私谒行，横恩广，有年未三十而官至大夫者，员数比祖宗时不知其几倍，而恩例未尝少损。有一人而任子至十余人，此而不革，实蠹政事，望议革其弊。”会思诚去国，议遂寝。旧法，惟赃罪不许任子，新令并及私罪徒，有司以为拘碍者多，遂罢新令。又诏："宰执、侍从致仕遗表，惟补缌麻以上亲，毋及异姓。"二十二年，以武臣多出军中，爵秩高而族姓少，凡有荐奏，同姓皆期功，异姓皆中表，闾巷之徒附会以进。命须经统辖长官结罪保明，诡冒者连坐之。帝于后妃补荫，每加裁抑，诏后族不得任从官。

孝宗即位，思革冗官。初诏百官任子遇郊恩权免奏荐，年七十人，遇郊不许奏子。俄又诏，未奏者许一名。隆兴元年，以张宋卿言荫补冗滥，立为定法。凡员外转正郎，正郎转侍从，卿监之至中大夫，每初遇郊，则听任一子；再经，则不许复请。遗表之恩，各减其一。减年之类，亦去其半。至府史之属，武功之等，亦仿此差降之。

乾道二年诏："非泛补官，如宗室、戚里女夫捧香，异姓上书献颂，随奉使补官，阵亡女夫，异姓给使减年之类，转至合奏荐官，候致仕与奏一名，尝奏者不再奏。"四年，诏："宗室祖免亲诸卫将军、武功大夫至武翼郎以上，遇大礼奏补亲属，并依外官法，著为令。"九年，诏："文臣带职员外郎及武翼大夫以上，生前未尝奏荐者，与致仕恩泽一名；即已尝奏荐而被荫人身亡，许再请。应朝奉郎、武翼郎以上补授及三十年者，亦与一名。"又诏："武臣尝任执政官，遇郊听补文资。"于是恩数视执政者亦得之。盖戚里、宗王与夫攀附之臣，皆争以文资禄其子，不可复正矣。自隆兴著酬赏实历对用转官之法，迁官稍缓。至是，郊恩之奏视为减半，然犹未大艾也。淳熙九年，始诏："减任子员数。自宰相、执政、侍从、卿监、正郎、员外郎，分为五等，每等降杀，以两名中定为止数，武臣如之。宰相十人，执政八人，侍从六人，中散大夫至中大夫四人，带职朝奉郎至朝议大夫三人，通减三分之一。"于是冗滥渐革。

宁宗庆元中，立《补荫新格》，自使相以下有差，文臣中大夫、武臣防御使以下，不许遗表推恩。嘉泰初，以官冗恩滥，凡宗女夫授官者，依旧法终身止任一子，两府使相不得以郊恩奏门客，著为令。

凡流外补选，五省、御史台、九寺、三监、金吾司、四方馆职掌，每岁遣近臣与判铨曹，就尚书同试律三道，中者补正名，理劳考。三馆、秘阁楷书，皆本司试书札，中书覆试，补受。后以就试多怀挟传授，乃锁院、巡搜、糊名。凡试百司吏人，问律及疏，既考合格，复令口诵所对，以妨其弊。其自叙劳绩，臣僚为之陈请，特免口诵，谓之"优试"。得优试者，率中选。后遂考试百司人，岁以二十人为额，毋得侥幸求优试。为职掌者，皆限年，授外州司户；勒留，有至诸卫长吏、两省主事者。

学士、审官、审刑院，登闻检鼓院，纠察刑狱司，皆选取诸司吏人，或以年限，或理本司选。然中书制敕及五院员阙，多即遣官特试书札，验视材质。制敕院须堂后官以下亲属，五院须父祖有官者，枢密院亦如之，惟本院试验。宣徽院、三司、各省、阁门、三班院，皆本司召补，至其首者出职。

凡出职者，枢密院、三司，皆补借职以上，余或补州县。内廷诸司主吏、三司大将，亦有补三班借职者。中书主事以下，三司勾覆官以上，各带诸州上佐；枢密院主事以上，皆带同正将军；余多带远地司户、簿、尉。

先是，勒留、出官及选限，皆无定制。其隶近司，有才二三年即堂除外官者。咸平末，命翰林学士承旨宋白，与两制、御史中丞同详定之。白等请令"中书沿堂五院行首、副行首，依旧制补三班；通引、堂门、直省、发敕验使臣，遇阙，依名次补正名；三年授勒留官，遇恩则一年，授后，七年出官。宣徽院贴房至都勾押官，军将至知客、押衙各六等，并以次补；至勾押官、押衙，及五年以上出官，补三班或簿、尉。学士院孔目官，补正三年授勒留官，遇恩一年，授后，五年出官；驱使官，补正四年授勒留官，遇恩二年，授后，八年出官。三馆孔目官，书直库表奏、守当官，四年授勒留官，遇恩二年，授后，守当官八年、书直库表奏官七年、孔目官六年出职；其职迁补者，许通计年考，有奉钱官者，更留三年。典书、楷书五选集，准格三馆入流，岁数已少，无得以诸色优劳减选。阁门、客省、承受、驱使官转次第，并依本司旧例补正名，四年授勒留官，遇恩则二年，授后，七年出授簿、尉；其行首并如旧制。审刑院本无职掌名额，于诸司选差正名，令不以有无勒留。审官五年、审刑三年，出官以前，诸司请自今勒留，并比七选集授官例，赴选日不以州县地望为资叙。"从之。后又定客省承受、行首岁满补殿直、奉职；御书院、翰林待诏、书艺祗候，十年以上无犯者听出职。

太祖尝亲阅诸司流外人，勒之归农者四百人。开宝间，诏："流外选人经十考入令、录者，引对，方得注拟。驱使散从官、伎术人，资考虽多，亦不注拟。"堂后官多为奸赃，欲更用士之在令、录、簿、尉选者充之；或不屑就，而所选不及数，乃如旧制。雍熙时，以堂后官充职事官，入谢外不赴朝参，见宰相礼同胥吏。端拱初，以河南府法曹参军梁正辞、楚丘县主簿乔蔚等五人为将作监丞，充中书堂后官，拔选人授京官为堂吏，自此始。

卷一百六十　　志第一百一十三

选举六 保任 考课

保任之制。铨注有格，概拘以法，法可以制平而不可以择才，故予夺升黜，品式具在，而又责官以保任之。凡改秩迁资，必视举任有无，以为应否；至其职任优殊，则又随事立目，往往特诏公卿、部刺史、牧守长官，即所部所知，扬其才识而任其能否。上自侍从、台谏、馆学，下暨钱谷、兵武之职，时亦以荐举命之，盖不胶于法矣。

国初，保任未立限制。建隆三年始诏："常参官及翰林学士，举堪充幕职、令、录者各一人，条析其实，毋以亲为避。"既而举者颇因缘为奸，用知制诰高锡奏："请许人讦告，得实，则有官者优擢，非仕宦者授以官，或赏缗钱；不实，则反坐之。"自是，或特命陶谷等举才堪通判者，或诏翰林学士及常参官举京官、幕职、州县正员堪升朝者。藩镇奏掌书记多越资叙，则诏历两任有文学方得奏。又令诸道节度、观察使，于部内官选才识优茂、德行敦笃者各二人，防御、团练使各举一人，遣诣阙庭，观其器业而进用焉。凡被举擢官，于诰命署举主姓名，他日不如举状，则连坐之。

太宗尤严牧守之任，诏诸道使者察部内履行著闻、政术尤异、文学茂异者，州长更择判、司、簿、尉之清廉明干者，具名以闻，驿召引对，授之知县。又令阅属部司理参军，廉慎而明于推鞫者，举之。雍熙二年，举可升朝者，始令翰林学士、两省、御史台、尚书省官举之。

淳化三年，令宰相以下至御史中丞，各举朝官一人为转运使，乃诏曰："国家详求干事之吏，外分主计之司，虽曰转输，得兼按察，总览郡国，职任尤重，物情舒惨，廉不由之。尚虑徼功，固当责实。凡转运使厘革庶务，平反狱讼，漕运金谷，成绩居最，及有建置之事，果利于民，令岁终以闻。非殊异者不得条奏。"又诏：三司、三馆职事官已升擢者，不在论荐；其有怀材外任，未为朝廷所知者，方得奏举。始令内外官，凡所举荐有变节逾矩者，自首则原其联坐之罪。

太宗听政之暇，每取两省、两制清望官名籍，择其有德誉者，悉令举官。所举之人，须析其爵里及历任殿最以闻，不得有隐。如举状者有赏典，无验者罪之。又尝谓宰臣曰："君子小人，趣向不同。君子畏慎，不欺暗室，名节造次靡渝；小人虽善谈忠信，而履行颇僻，在官黩货，罔畏刑罚。如薛智周以侍御史守婺，政以贿成，聚敛无已，其土产富于罗，州民谓之'罗端公'，则为治可知矣。卿等职在抡材，今令朝臣举官，已是逐末，更不择举主，何由得人也。"供奉官刘文质尝入奏，察举两浙部内官高辅之、李易直、艾仲孺、梅询、高鼎、高贻庆、姜屿、戚纶八人有治迹，并降玺书褒谕。帝曰："文质所举，皆良吏也。"特迁文质为西京作坊副使。

咸平间，秘书丞陈彭年请用唐故事举官自代。诏枢密直学士冯拯、陈尧叟参详之。拯等上言："往制，常参官及节度、观察、防御、刺史、少尹、畿赤令并七品以上清望官，授讫三日内，于四方馆上表让一人以自代。其表付中书门下，每官阙，以见举多者量而授之。今官品制度沿革不同，请令两省、御史台、尚书省六品以上，诸司四品以上，授讫，具表让一人自代，于阁门投下，方得入谢。在外者，授讫三月内，具表附驿以闻。"遂著为令。

真宗初，屡诏举官，未立常制。大中祥符二年诏："幕职、州县官初任，未闲吏事，须三任六考，方得论荐。"三年，始定制：

自翰林学士以上常参官，岁各举外任京朝官，三班使臣、幕职、州县官一人，著其治行所宜任，令阁门、御史台岁终会其数。如无举状，即具奏致罚。于冬季以差出，亦须举官后乃入辞。诸司使副、承制、崇班曾任西北边、川、广钤辖、亲民者，亦仿此制。诸路转运使副、提点刑狱官，知州、通判奏举部内官属，则不限人数，具在任劳绩，如无可举及显有逾滥者，亦须指述，不得顾避。以次年二月二十五日以前到京，违期则都进奏院以名闻，论如不申考帐法。

三司使副举在京掌事京朝官、使臣。凡被举者，中书岁置二籍，疏其名衔，下列历任功过、举主姓名及荐举数。一以留中书，一以五月一日进内。明年，籍内仍计向来功过及举主数，使臣即枢密院置籍。两省、尚书省、御史台官凡出使回，须采访所至及经历邻近郡官治迹善恶以闻。转运使副、提点刑狱官、知州、通判赴阙，各具前任部内官治迹能否，如邻近及所经州县访闻善恶，亦许同奏，先于阁门投进，方得入见。

凡朝廷须人才，及欲理州县弊政剧务，即籍内视举任及课绩数多而资历相当者差委，于宣敕内尽列举主姓名。或任内干集，特与迁秩，苟不集事，本犯虽不去官，亦移闲慢僻远地。内外群臣所举及三人有成绩，仰中书、枢密院具姓名取旨甄奖。如并举三人俱不集事，坐罪不至去官，亦仰奏裁，当行责降。或得失相参，亦与折当。

天圣六年诏："审刑院举常参官在京刑法司者为详议官；大理寺详断、刑部详覆法直官，皆举幕职、州县晓法令者为之。自请试律须五考，有举者，乃听试。试律三道，疏二道，又断中小狱案二道，通者为中格。"时举官擢人，不常其制。国子监阙讲官，则诏诸路转运使举经义通明者；或欲不次用人，尝诏近臣举常参官历通判无赃罪而才任繁剧者；欲官诸边要，亦尝诏节度使至阁门使、知州军、钤辖、诸司使，举殿直以上材勇堪边任者，或令三司使下至天章阁待制举奏之。边有警，则诏诸路转运使、提点刑狱举所部官才堪将帅者；三路知州、通判、县令，则诏近臣举廉干吏选任之，毋拘资格。至于文行之士，钱谷之才，刑名之学，各因时所求而荐焉。

自天圣后，进者颇多，始戒近臣，非受诏毋辄举官。又下诏风厉，毋以荐举为阿私。其任用已至部使者，毋得复荐，失举而已擢用，听。自言不实，弗为负。初，选人四考，有举者四人，得磨勘迁京官，始诏增为六考，举者五人，须有本部使者。御史王端以为："法，用举者两人，得为县令。为令无过遣，迁职事官、知县；又无过遣，遂得改京官。乃是用举者两人，保其三任也。朝廷初无参伍考察之法，偶幸无过，辄信而迁之。是以碌碌之人，皆得自进，因仍弗革，其弊将深。"乃定令：被荐为令，任内复有举者始得迁，否则如常选，毋辄升补。

时增设禁限，常参官已授外任，毋得奏举。京官见任知州、通判，升朝官兵马都监，诸司副使以上，及在京员外郎尝任知州、通判，诸司副使尝任兵马都监者，乃听举，流内铨复裁。内外臣僚岁举数，文臣待制至侍御史，武臣自观察至诸司副使，举吏各有等数，毋得辄过，而被举者须有本部监司、长吏、按察官，乃得磨勘。又限到官一考，方得荐。知杂御史、观察使以上，岁举京官不得过二人，其常参官毋得复举，自是举官之数省矣。定监司以所部州多少剧易之差，为举令数，非本部勿举。其后又增举主三员。盖官冗之弊浸极，故保荐之法，大抵初略而后详也。

英宗时，御史中丞贾黯又言："今京朝官至卿、监，凡二千八百余员，而吏部奏举磨勘选人，未引见者至二百五十余人。且以先朝事较之：方天圣中，法尚简，选人以四考改官，而诸路使者荐部吏，未有限数；而在京台阁及常参官尝任知州、通判者，虽非部吏皆得荐。时磨勘改官者，岁才数十人，后资考颇增，而知州荐吏，视属邑多少裁定其数，常参官不许荐士。其条约渐繁，而改官者固已众矣，然引对犹未有待次者也。皇祐中，始限监司奏举之数，其法益密，而磨勘待次者已不减六七十人。皇祐及今才十年耳，而猥多至于三倍。向也，法疏而其数省；今也，法密而其数增，此何故哉？正在荐吏者岁限定员，务充数而已。如郡守岁许荐五人，而岁终不满其数，则人人以为遗己。当举者避谤畏讥，欲止不敢，此荐者所以多，而真才实廉未免恩于无能也。宜明诏天下，使有人则荐，不必满所限之数。"天子纳其言，下诏申敕。中外臣僚岁得举京官者，视元数以三分率之，减一分；举职官，有举者三人，任满选如法。所以分减举者数，省京官也。

判吏部流内铨蔡抗又言："奏举京官人，度二年引对乃可毕，计每岁所举，无虑千九百员，被举者既多，则磨勘者愈众。且今天下员多阙少，率三人而待一阙，若不稍改，除吏愈难。臣以为可罢知杂御史、观察使以上岁得举官法。"从之。自是举官之数弥省矣。故事，初入二府，举所知者三人，将以观大臣之能。后来请谒之说胜，而荐者或不以公。四年诏："中书、枢密院举人，皆明言才业所长，堪任何事，以副朕为官择人之意。"

神宗即位，乃罢两府初入举官。凡荐任之法，选人用以进资改秩，京朝官用以升任，旧悉有制。熙宁后，又从而损益之，故举皆限员，而岁又分举，制益详矣。定十六路提点刑狱岁举京官、县令额。又诏察访使者得举官。选人任中都官者，旧无举荐，始许其属有选人六员者，岁得举三员。既而帝以旧举官往往缘求请得之，乃革去奏举，而概以定格。诏内外举官法皆罢，令吏部审官院参议选格。

元祐初，左司谏王岩叟言："自罢辟举而用选格，可以见功过而不可以见人材，中外病之。于是不得已而别为之名，以用其平日之所信，故有'踏逐申差'之目。'踏逐'实荐举而不与同罪，且选才荐能而谓之'踏逐'，非雅名也。况委人以权而不容举其所知，岂为通术？"遂复内外举官法。

及司马光为相，奏曰：

为政得人则治。然人之才，或长于此而短于彼，虽皋、夔、稷、契，各守一官，中人安可求备？故孔门以四科论士，汉室以数路得人。若指瑕掩善，则朝无可用之人，苟随器授任，则世无可弃之士。臣备位宰相，职当选官，而识短见狭，士有恬退湮淹，或孤寒遗逸，岂能周知？若专引知识，则嫌于私；若止循资序，未必皆才。莫若使有位达官，各举所知，然后克叶至公，野无遗贤矣。

欲乞朝廷设十科举士：一曰行义纯固可为师表科，有官、无官人，皆可举。二曰节操方正可备献纳科，举有官人。三曰智勇过人可备将帅科，举文武有官人。四曰公正聪明可备监司科，举知州以上资序。五曰经术精通可备讲读科，有官、无官人，皆可举。六曰学问该博可备顾问科，同上。七曰文章典丽可备著述科，同上。八曰善听狱讼尽公得实科，举有官人。九曰善治财赋公私俱便科，举有官人。十曰练习法令能断请谳科。同上。应职事官自尚书至给舍、谏议，寄禄官自开府仪同三司至太中大夫，职自观文殿大学士至待制，每岁须于十科内举三人，仍具状保任，中书置籍记之。异时有事须材，即执政案籍视其所尝被举科格，随事试之，有劳，又著之籍。内外官阙，取尝试有效者随科授职。所赐告命，仍备所举官姓名，其人任官无状，坐以缪举之罪。所贵人人重慎，所举得才。

光又言："朝廷执政惟八九人，若非交即，无以知其行能。不惟涉徇私之嫌，兼所取至狭，岂足以尽天下之贤才？若采访毁誉，则情伪万端。与其听游谈之言，曷若使之结罪保举？故臣奏设十科以举士，其'公正聪明可备监司'，诚知请属挟私所不能无，但有不如所举，遣责无所宽宥，则不敢妄举矣。"诏皆从之。

二年，殿中侍御史吕陶言："郡守提封千里，生聚万众，所系休戚，而不察能否，一以资格用之，凡再为半刺、有荐者三人，则得之矣。不公不明，十郡而居三四，是天下之民，半失其养。请令内外从臣，岁举可为守臣者各三人，略资序而采公言，庶其可以择才莅民也。"诏："内外待制、太中大夫以上，岁举再历通判资序，堪任知州者一人，籍之吏部。遇三路及一州而四县者，其守臣有阙，先差本资序人，次案籍以及所荐者。"

顷之，侍御史韩川言："近太中大夫以上岁举守臣，而荐所不及，虽课入优等，皆未预选，此倚荐以为信也。然太中大夫以上，率在京师，唯驰骛请求、因缘宛转者，常多得之。迹远地寒，虽历郡久、治状著、课入上考，偶以无荐，则反在通判下，不许入三路及四县州。且州以县之多少而分简剧，亦未为尽。盖繁简在事不在县，固有县多而事不繁，亦有县少而事不简者。愿参以考绩之实，著为通令，仍不以县之多少为简剧。"诏吏部立法以闻。已而岁举积久，吏部无阙以授。四年，遂罢太中大夫以上岁举法，惟奉诏乃举焉。

绍圣元年，右司谏朱勃言："选人初受任，虽能，法未得举为京官。而有挟权善请求者，职官、县令举员既足，又并改官举员求之。"诏："历任通及三考，而资序已入幕职、令录，方许举之改官。"

初，神宗罢荐举，惟举御史法不废。熙宁二年，王安石言："举御史法太密，故难于得人。"帝曰："岂执政者恶言官得人耶？"于是中书悉具旧法以奏。安石曰："旧法，凡执政听荐，即不得为御史。执政取其平日所畏者荐之，则其人不复得言事矣，盖法之弊如此。"帝乃令悉除旧法，一委中丞举之，而稍略其资格。赵抃曰："用京官恐非体，又不委知杂，专任中丞，亦非旧制。"帝曰："唐以布衣马周为之，用京官何为不可？知杂，属也，委长为是。"侍御史刘述奏曰："旧制，举御史必官升京朝，资入通判。众学士、本台丞、知杂更互论荐，每一阙上，二人而择用一人。今专委中丞，则爱憎由己，公道废于私恩；或受权臣之托，引所亲厚，擅窃人主威福，此大不便。"弗听。既改法，著作佐郎程颢、王子韶、谢景福方为条例司属官，

中丞吕公著荐之，遂以太子中允权监察御史里行。

宣仁太后听政，诏范纯仁为谏议大夫，唐叔问、苏辙为司谏，朱光庭、范祖禹为正言。章惇曰："故事，谏官皆荐诸侍从，然后大臣禀奏，今得无有近习援引乎？"太后曰："大臣实皆言之，非左右也。"噢曰："台谏所以纠大臣之越法者。故事，执政初除，苟有亲戚及尝有荐引者见为台臣，则皆他徙，防壅蔽也。今天子幼冲，太皇太后同听万机，故事不可违。"于是吕公著以范祖禹、韩缜、司马光以范纯仁，皆避亲嫌。光曰："纯仁、祖禹事实宜在谏列，不可以臣故妨贤，宁臣避位。"惇曰："缜、光、公著必不私，他日有怀奸当国者，例此而引其亲党，蔽塞聪明，恐非国之福。纯仁、祖禹请除他官，仍令侍从以上，各得奏举。"于是，诏尚书、侍郎、给舍、谏议、中丞、待制各举谏官二员；纯仁改除天章阁待制，祖禹为著作佐郎。后又命司谏、正言、殿中侍御史、监察御史，并用升朝官通判资序。

元祐六年，御史中丞郑雍言："旧御史阙，台官得自荐，所以正名举职也。自官制行，御史中丞与两省分举，而今之两省官属，皆为闻门下、中书政事，其自举非故事，且有嫌。乞专委台官，若稍涉私，自有黜典。"诏御史中丞举殿中侍御史二员，翰林学士、中书舍人同举监察御史二员，给事中亦举二员。雍又言："风宪之地，责任宜专。若台属多由他荐，恐非责任之本意。"诏中丞更举监察御史二员。八年，侍御史杨畏言："风宪之任，人主寄耳目焉。御史进用，宰执不得预，顾令两省属官举之，非是。"遂寝前命。

武臣荐举立格，有枚别职任而举之者，有概名材武而入之铨格者，又其上则"谋略胆勇可备统众"、"谙练兵事可任边寄"之类。惟边要任使隶枢密院，余则审官西院、三班院按格注之。其后，虽时有更易，而荐举之所重轻，选用之所隶属，多规此立制。

建炎兵兴多事，以中外有文武材略出伦，或淹布衣，或沉下僚，命侍从、监司、郡守搜访，各举所知，州县礼遣赴行在。又诏举"忠信宽博可使绝域"与"智谋勇毅能将万众"者，不以有无官资，并诣登闻检院自陈，才谋勇略可使者，赴御营司量材录用。或命庶僚各举内外官及布衣隐士才猷大用者，擢为辅弼，协济大功；或命侍从举可为台谏者，或举县令，或举宗室；刺史举忠义之士能恢复土疆保护王室者；帅臣、监司、守令举所部见任寄居待次文武官有智谋及武艺精熟者；及访求国初功臣后裔，中兴以来忠义死节之家子孙。四年，以朝班多阙，诏："台谏、左右司郎官已上，各荐士二人，仍令执政同选。在外侍从虽在谪籍，无大过而政事才学实可用者，亦与召擢。"

绍兴二年，廷臣言："今右武之世，虽二三大将，各立隽功，微贱之中，尚多奇士。愿广加荐举，延问恢复之计。"帝然其言。诏观察使以上各荐可为将帅者二人，枢密籍录以备选用。又以中原士大夫隔绝滋久，流徙东南者，媒寡援疏，多致沉滞，令侍从搜访以闻。三年，复司马光十科，时遣五使宣谕诸道，令访廉洁清修可以师表吏民者，录诏宣谕官所荐，并俟终更，令入对升擢，以劝能

吏。复用旧制，侍从官受命三日，举官一员自代，中书、门下省籍记姓名，每阙官，即以举状多者进拟。内外武臣，举忠勇智略可自代者一人，如文臣法。

五年，命自监察御史至侍从官，举曾经治县声绩显著者为监司、郡守，不限员数，遇阙选除；才堪大县者，通举二十人，不限资序。十年，以南渡后人材萃于两浙，而属吏荐员甚狭，增部使者荐举改官之额，岁五员。十四年，命守臣终更入见，各举所部县令一人。

二十二年，右谏议大夫林大鼐言："国初，常参官皆得举人，不限内外，亦无员数。南渡之初，恩或非泛，人得侥幸，有从军而改秩者，有捕盗而改秩者，有以登对而改秩者。今朝廷无事，谨惜名器，惟荐举一路，贪躁者速化，廉静者陆沉。今欲取考第、员数增减以便之，增一任者减一员，九考者用四，十二考者用三，十五考者用二。如减举法，须实历县令，不得仍请岳祠。其或负犯殿选，自如常坐。士有应此格者，行无玷缺，年亦蹉跎，无非孤寒老练安义分之士。望付有司条上，以弭奔竞。"二十五年，命侍从举知州、通判治迹显著者，以补监司之阙；仍保任终身，犯赃及不职，与同罪。

二十九年，闻人滋又请："凡在官历任及十考以上，无公私罪，虽举削不及格，许降等升改。或疑其太滥，则取吏部累年改官酌中之数，立为限隔，举状、年劳，参酌并用。"于是下其议，中书舍人洪遵、给事中王晞亮等上议曰："本朝立荐举之法，必使历任六考，所以迟其岁月而责其赴功，必使之举官五员，所以多其保任而必其可用。今如议臣所请，则有力者惟图见次，无材者苟冀终更，出官十余年，可以坐进京秩。此不可一也。今欲减改官分数以待无举状者，则当被举之人，必有失职淹滞之叹。此不可二也。京官易得，驯至郎位，任子之恩，愈不可减，非所以救入流之弊。此不可三也。夫祖宗之法非有大害，未易轻议；今一旦取二百年成法而易之。此不可四也。臣以为如故便。"滋议遂寝。

三十年，以武臣被荐者众，命内外大臣所举统制、统领官各迁一秩，将官以下，所举者今两府籍记。右正言何溥言："比命侍从荐举县令，如闻选人不可授大邑，止籍记姓名。夫论人才不拘资格，岂堪为县令而有小大之别乎？今所举者才也，非官也。愿无拘剧易，早与选除，岁一行之，十年之后，天下多贤令矣。"乃诏："荐举守令，遇见阙依次除授；如已授差遣者，任满取旨。"帝谓辅臣曰："朕有一人材簿，臣下有所荐扬，退则记其姓名。遇有选用，搜而得之，无不适当。"

孝宗尝命内外选在任闲居待次官举可任监司、郡守之人，以资序分二等，一见今可任，一将来可任，注籍于三省，仍作图进呈，以凭除擢。又以武选之众，拔擢未广，立"谋略沉雄可任大计"、"宽猛适宜可使御众"、"临阵骁勇可鼓士气"、"威信有闻可守边郡"、"思智精巧可治器械"凡五等科目，令曾历军功观察使以上各举三人。其"通习典章可掌朝仪"、"练达民事可任郡寄"、"谙晓财计可裕民力"、"持身廉洁可律贪鄙"、"词辨不屈可备奉使"五等，令非军功观察使以上举之。并随类指陈实迹，毋得别撰褒词。

隆兴二年，廷臣上言，谓："国朝视文武为一体，故有武臣以文学换授文资，文臣以材略智换换右职当边寄者。盖文武两涂，情本参商。若文臣总干戎事，不换武阶，则终以气习相忌，有不乐从者矣。今兵尘未息，方厉恢复之图，愿博采中外有材智权略可以临边、可以制阃者，仿旧制改授。"从之。乾道以后，又选大将之家能世其武勇者，武举及第武艺绝伦可为将佐者。会廷臣言曰："方今国家之兵，东至淮海，西至川蜀，殆百余万。其间可为将帅者，不在其上，则在其下，而朝廷未知振其气、表其才也。今文臣有三人举主，则为之循资再任，五人则为之改秩，而武臣无有焉。古语曰：'三辰不轨，擢士为相；蛮夷不恭，拔卒为将。'宜令都统制视监司者岁举武臣二人，视郡守者岁举一人。以智勇俱全为上，善抚士卒、专有胆勇者次之。不拘将校士卒，优以奖擢。被举人有临战不用命者，与文臣犯入己赃者同，并坐举主。"帝可其奏，仍著为法。

三年，礼部尚书赵雄请令侍从、台谏、两省，于知县资序以上岁荐堪充郡守，通判资序以上岁荐监司，仍用汉朝杂举之制，三省详加考察。诏如所请，仍不以内外，杂举岁各五人，保举官及五员以上，列衔共奏。帝曰："荐举本欲得人，又恐干请，反长奔竞。"龚茂良言："三代良法，亦不免于弊。今欲精选监司、郡守，非荐举何由知之。"帝曰："若今杂举，则须众论佥允，又经中书考察而后除授，亦博采遴选之道也。"

吏部请："武举军班武艺特奏名出身，并任巡检、驻泊、监押、知寨，比附《文臣关升条令》，并实历六考，有举主四人，内监司一人，听关升亲民。正副将，两任、有举主二人，内一人监司，亦与关升。凡升副将，视文臣初任通判资序；再关升正将，视文臣次任通判资序；关升路分副都监，视文臣初任知州资序；小郡州钤辖，视文臣次任知州资序。"孝宗以岁举京官数滥，于是内外荐举改官员数，六部、寺、监长贰，户部右曹郎官等，三分减一；礼部、国子监长贰，如上条又减半；前宰执，岁各减二员；诸道转运、提刑、提举常平茶盐学事司，总领茶马、铸钱司，安抚、制置司，及诸路州军，并四分减一。通籍之数弥省矣。

光宗时，言者谓："被荐者众，朝廷疑其私而不信，病其泛而难从，纵有贤才，不免与侥幸者并弃，请条约之。"乃命帅守、监司毋独员荐士。时荐举固多得人，然有或乏廉声而举充廉吏，或素昧平生而举充所知，或不能文而举可备著述。遂命臣僚自今有人则荐，无人则阙，其尤缪妄者觉察之。

嘉泰二年，令内外举荐并具实迹以闻，自是滥举之弊稍革。嘉定十二年，命监司、守臣举十科政绩所知自代，露章列荐，并籍记审察。任满，则取其举数多、有政绩行谊者，升擢之。

宋初，内外小职任，长吏得自奏辟。熙宁间，悉罢归选部。然要处职任，如沿边兵官、防河捕盗、重课额务场之类，寻又立专法听举，于是辟置不能全废也。既出常格，则检人往往因之以行其私。元祐以来，屡行屡止。盖处心公明，则得以用其所知，固为良法，苟徇私昧理，则才不为用，请属贿赂，无所不有矣。又孰若付之铨曹而概以公法者哉？

建炎初，诏河北招抚、河东经制及安抚等使，皆得辟置将佐官属；行在五军并御营司将领，亦辟大小使臣。诸道郡县残破之余，官吏解散，诸司诱人填阙，皆先领职而后奏给付身。于是州郡守将，皆假军兴之名，换易官属，有罪籍未叙复、守选未参部者。朝论患之，乃令厘正，使归部依格注拟。惟陕西五路、两河、两淮、京东等路经略安抚司属官听举辟，余路并罢。四年，初置诸镇抚使，管内州县官并许辟置。言者谓远方之民，理宜绥抚。如峡州四县，多用军功或胥吏补知县，栏吏补监税，民被其害。遂命取峡州、江陵府、荆门军、公安军州县官阙，委安抚司奏辟。命御史台仍旧辟举务郎已上官充主簿、检法官，不限资序。

绍兴二年，臣僚又以"比年帅守、监司辟官，搀夺部注，朝廷不能夺，铨曹不能违，又多界以添差不厘务之阙。上自监司、倅贰，下至掾属，给使，一郡之中，兵官八九员，一务之中，监当六七员，数倍于前日。存无事之官，食至重之禄，所以重困生民。请裁省其阙，否则以宫庙之禄畀之。"遂命自今已就辟差理资任者，毋得据旧阙以妨下次。六年，诏诸道宣抚司，僚属许本司奏辟，内京官以二年为任，愿留再任者，取旨。自兵兴，所辟官有经十年不退者，故条约焉。二十六年，诏已注知县、县令，不许奏辟。

孝宗初，诏内外有专法，辟阙并仍旧。乾道九年，命监司、帅臣，非有著令，不得创行奏辟；所辟毋得搀已差之阙，违者御史台察之。淳熙三年，命自今极边知县、县令阙官，专委本州守臣奏辟，毋得仍旧权摄；其见摄官留意民事百姓爱服者，许不以有无拘碍，特行奏辟。七年，诏未中铨、未历任、初改秩人毋得差辟，著为令。

理宗宝庆二年，以广南东、西路通判、幕职、教授等官，法未尝行辟者，须于各官将满之前具阙。如未有代者，即听申部出阙，满三月无人注拟，申省下本路。通判以下京官阙，从诸司奏辟。选人阙，从漕司定差。作邑未满三年、作倅未满二考，不许预期奏辟他阙。诸司属官不许辄自辟置，或久阙正官，许令次官暂摄，待朝命方许奏辟。淳祐十一年，以御史台申严铨法，禁监司、郡守辟亲戚为属吏。又选人无考第、举主不及三员，及纳粟人虽有考第、举主，并不听辟为令。宝祐三年，戒诸路监司、帅阃，不应辟而辄辟者，辟主及受辟之官，并与镌秩。

考课。宋初循旧制，文武常参官各以曹务闲剧为月限，考满即迁。太祖谓非循名责实之道，罢岁月叙迁之制。置审官院，考课中外职事。受代京朝官引对磨勘，非有劳绩不进秩。其后立法，文臣五年、武臣七年，无赃私罪始得迁秩。曾犯赃罪，则文臣七年、武臣十年，中书、枢密院取旨。其七阶选人，则考第资历，无过犯或有劳绩者递迁，谓之"循资"。凡考第之法，内外选人，周一岁为一考，欠日不得成考。三考未替，更周一岁，书为第四考，已书之绩，不得重计。初著令，州县户口准见户十分增一，刺史、县令进考，若耗一分，降考一等。建隆三年，又以科赋有欠逾十之一，及公事旷违尝有制受罚者，皆如耗户口降考。吏部南曹又举周制，请州县官益户增税，受代日并书于籍，凡千户以下能增百户减一选，减及三选以上，令赐章服，主簿升秩进阶。能归复逋亡之民者，亦如之。

是年，县始置尉，颁《捕盗条》，给以三限，限各二十日，三限内获者，令、尉等第议赏；三限外不获，尉罚一月奉，令半之。尉三罚、令四罚，皆殿一选，三殿停官。令、尉与贼斗而能尽获者，赐绯升擢。乾德四年，诏诸县令、佐有能招携劝课，以致蕃庶民籍，租额出其元数，减一选，仍进一阶。

太宗励精图治，遣官分行郡县，廉察官吏。河南府法曹参军高丕等，皆以不胜任免官。复诏诸道察举部内官，第其优劣为三等："政绩尤异"为上，"职务粗治"为中，"临事弛慢所莅无状"者为下。岁终以闻。先是，诸州掾曹及县令、簿、尉，皆户部南曹给印纸、历子，俾州郡长吏书其课绩用愆过，秩满，送有司差其殿最。诏有司申明，其诸州别给公据者罢之。判吏部南曹董淳言："有司批书印历，多所阙略，令漏书一事殿一选，三事降一资。"自是职事官依州县给南曹历子，天下知州、通判、京朝厘务于外者，给以御前印纸，令书课绩。时蒋元振知白州，为政清简，民甚便之；秩满，众辄诣部使乞留，凡十有八年，未受代。姚益恭清白有才干，知郓州须城县，鞭朴不施，境内大治。淳化初，采访使各言其状，下诏褒嘉，赐元振绢三十匹、粟五十石，赐益恭对衣、银带、绢五十匹。

四年，始分置磨勘之司。审官院掌京朝官，考课院掌幕职、州县官，废差遣院，令审官总之。乃诏："郡县有治行尤异、吏民畏服、居官廉恪、莅事明敏、斗讼衰息、仓廪盈羡、寇盗剪灭、部内清肃者，本道转运司各以名闻，当驿置赴阙，亲问其状加旌赏焉。其贪冒无状、淹延斗讼、逾越宪度、盗贼竞起、部内不治者，亦条其状以闻，当行贬斥。"

以翰林学士钱若水、枢密直学士刘昌言同知审官院，考覆功过，以定升降；又以判流内铨翰林学士苏易简、知制诰王旦等知考课院，重其职也。凡流内铨，主常调选人；考课院，主奏举及历任有殿最者。明年，帝亲选京朝官三十余人，自书戒谕之言于印纸曰："勤政爱民，奉法除奸，方可书为劳绩。"且谓钱若水曰："奉法除奸之言，恐诸臣未喻，因而生事，可语之曰：'除奸之要，在乎奉法。'"至道初，罢考课院，并流内铨。二年，遣使廉察诸道长吏，得八人莅事公正、惠爱及民，皆降玺书奖谕。

真宗即位，命审官院考京朝官殿最，引对迁秩。京朝官引对磨勘，自此始。先是，每恩庆，百僚多得序进。帝始罢之，惟郊祀恩许加勋、阶、爵邑。帝察群臣有闻望者，得刑部郎中边肃等二十有四人，令阁门再引对，观其辞气文艺，并得优升。景德初，令诸道辨察所部官吏能否，为三等：公勤廉干惠及民者为上，干事而无廉誉、清白而无治声者为次，畏愞贪猥为下。

仁宗尤矜怜下吏，以铨法选人有私罪，皆未听磨勘，谕近臣："凡'门谢弗至'与'对扬失仪'，其毋以为罪。"又曰："州县秩卑，而长吏多钩摭细故，文致之法，使不得自进，朕甚闵焉。"宰相王曾曰："引对时，陛下酌其轻重而稍摇之，则下无滞才矣。"其后选人，有束鹿县尉王得说，历官寡过，书考最多而无保任者。帝察其孤贫，特擢为大理寺丞。天圣时，诏："文武臣僚，非有勋德善状，不得非时进秩；非次罢免者，毋以转官带职为例。两省以上，旧法四年一迁官，今具履历听旨。京朝官磨勘年限，有私罪及历任尝有罪，先以情重轻及勤绩与举者数奏听旨；若无私犯而著最课及有举者，皆第迁之。自请厘物务于京师，五年一磨勘，因举及选差勿拘。凡有善政异绩，准事大小迁升，选人视此。"又定监物务入亲民，次升通判，通判升知州，皆用举者。举数不足，毋辄关升。

庆历三年，从辅臣范仲淹等奏定磨勘保任之法：自朝官至郎中、少卿，须清望官五人保任，始得迁。其后，知谏院刘元瑜以为适长奔竞，非所以养廉耻，乃罢之。

八年，诏近臣论时政。翰林学士张方平言："祖宗之时，文武官不立磨勘年岁，不为升迁资序。有才实者，从下位立见超擢，无才实者，守一官十余年不转。其任监当或知县、通判、知州，至数任不迁。当时人皆自勉，非有劳效，知不得进。祥符之后，朝廷益循宽大，自监当入知县，知县入通判，通判入知州，皆以两任为限；守官及三年，例得磨勘。先朝始行，未见有弊。及今年深，习以为常，皆谓分所宜得，无贤不肖，莫知所劝。愿陛下稍革此制，其应磨勘叙迁，必有劳绩；或特敕择官保任者，即当转迁；如无劳绩又不因保任者，更增展年。其保任之法，须选择清望有才识之人，命以举官。如此，则是执政之臣举清望官，委清望官举亲民官。凡官有阙，惟随员数举之，庶见急才爱民之意。"

嘉祐六年，下诏曰："朕观古者治世，牧民之吏，多称其官，而百姓安其业。今求材之路非不广，责善之法非不详，而吏多失职，非称所以为民之意。岂人材独少而世变殊哉？殆不得久于其官故也。盖智能才力之士，虽有兴利除害、禁奸劝善之意，不假以岁月，则亦喻不为用，欲终厥功，其路无由。自今诸州县守令，有清白不扰、政迹尤异而实惠及民者，本路若州连书同罪保举，将政迹实状以闻，中书门下察访得实，许令再任。"

英宗治平三年，考课院言："知磁州李田，再考在劣等。"降监淄州盐酒税务。坐考劣降等，自田始。考绩，旧审定殿最格法，自发运使率而下至于知州，皆归考课院，专以监司所第等级为据；至考监司，则总其甄别部吏能否，副以采访才行，合二事为课，悉书"中等"，无高下。

神宗即位，凡职皆有课，凡课皆责实。监司所上守臣课不占等者，展年降资；而治状优异者，增秩赐金帛，以玺书奖劝之。若监司以上，则命御史中丞、侍御史校之。凡县令之课，以断狱平允、赋入不扰、均役屏盗、劝课农桑、振恤饥穷、导修水利、户籍增衍、整治簿书为最，而德义清谨、公平勤恪为善，参考治行，分定上、中、下等。至其能否尤殊绝者，别立优劣二等，岁上其状，以诏赏罚。其入优劣者，赏罚尤峻。继又令：一路长吏，无甚臧否，不须别为优劣二等，止因上、中、下三等区别以闻。是时，内外官职，各从所隶司以考核，而中书皆置之籍。每岁竟，或有除授，则稽差殿最，取其尤甚者而进退之。

熙宁五年，遂罢考课院。间遣使察访，所至州县，条其吏课。凡知州、通判上中书，县令上司农，各注籍以相参考。惟侍从出守郡，听不以考法，朝廷察其治焉。元丰元年，诏因劳效得酬赏，皆分五等，有司受其等而差进之。初一等，京朝官、大小使臣皆转一官，选人资历深者改京朝官，资浅者循两资。次二等，随其官高下升资，或减磨勘年。惟军功、捕盗皆得改次等。京朝官自三等以下，赏以差减。若一人而该两赏，许累计其等以迁。三年，诏："御史台六察按官，以所纠劾官司稽违失职事多寡为殿最，中书置簿以时书之，任满，取旨升黜。"

元祐初，御史中丞刘挚言："近者，朝廷主察名实，行综核之政，下乃承之以刻；主行教化，扩宽洪之泽，而下乃为苟简。先此追罪监司数人，为其搂敛害民耳；而昧者矫枉过正，乃欲以缓纵委靡为安静。请申立监司考绩之政，以常赋登耗、郡县勤惰、刑狱当否、民俗休戚为之殿最，岁终用此以诛赏之。"文彦博又奏："《唐六典》所载，以德行、才用、劳效三类察在选之士，参辨能否。今之选格特多，举主、有军功，斯为上矣。然举主可求，军功或妄，何可尽据？请委吏部尚书侍郎依仿三类，第其才德功效，送中书门下覆验，取其应选者，引对而去留之。"诏令近臣议，议者请用《元丰考课令》，第为高下，以行升黜，岁毋过五人。后改立县令课，有"四善"、"五最"之目，及增损监司、转运课格，守令为五等减磨勘法。初，元祐尝立吏、户、刑三部郎官课。崇宁间，言者乞仿周制，岁终委省、寺、监、六曹之长，各考其属，稽其官成，而三年遂校其勤惰，行赏罚焉。

大观元年诏："国家休养生民，垂百五十年。生齿日繁，而户部民籍曾不加益，州县于进丁、入老，收落失实，以故课役不均，皆守令失职，可申严《考课法》。"然其考法，因时所尚，以示诱抑。若劝学、垦田、植桑枣、振贷、葬枯、兴发坑冶、奉诏无违、诱进道徒、赋税趣办、能按赃吏，皆因事而增品目，旧法固不易也。但奉行不皆良吏，以请谒移实者亦多。

绍兴二年，初诏监司、守臣举行考课之法。时郡县数罹兵燹，又命以"户口增否"别立守令课，分上、中、下三等，每等分三甲置籍。守倅考县令，监司考知州，考功会其已成，较其优劣而赏罚之。五年，立县令四课：曰纠正税籍，团结民兵，劝课农桑，劝勉孝悌。三岁，就绪者加旌赏，无善状者汰之。

臣僚上言："守令之治，其略有七：一曰宣诏令，二曰厚风俗，三曰劝农桑，四曰平狱讼，五曰理财赋，六曰兴学校，七曰实户口。得人，则七者皆举。今之监司，实古刺史。比年守令奸贪，监司未尝按发，玩弛之弊日甚。"而户部侍郎张致远亦言之。乃下诏戒饬监司，考察守令而举按焉。顷之，有请令江、淮官久任，而课其功过者。帝曰："朕昔为元帅时，见州县官以三年为任，犹且一年立威信，二年守规矩，三年则务收人情，以为去计。今止以二年为任，虽有葺治之心，盖亦无暇矣，可如所奏。"是时，岁以十五事考校监司，四善、四最考校官令，违限不实者有罪。又诏监司，一岁再具所部知县有无"善政显著"、"缪懦不职"上之省。

十三年，诏淮东、京西路州县，逐考批书，若增添户口、劝课农桑、增修水利，岁终委监司覆实比较。守臣之条有九，通判之条十有四，令佐而下有差。二十五年，以州县贪吏为虐，监司、郡守不诃察，遂命监司按郡守之纵容，台谏劾监司之失察，而每岁校其所按之多寡，以为殿最之课。二十七年，校书郎陈俊卿言："古人各守一官终身，使易地而居，未必尽其能也。今监司、帅守，小州换大州，东路易西路；朝廷百执事，亦往往计日待迁，视所居之官，有如传舍。望令有政术优异者，或增秩赐金，或待终秩而后迁。使久于其职，察其勤惰而升黜之。庶几人安其分，而万事举矣。"诏三省行之。

隆兴元年，命湖南、北路应守令增辟田畴，自一千顷以下转磨勘有差，亏者展磨勘、降名次。二年，诏淮南、川峡、京西边郡守令，能安辑流亡、劝课农桑首就绪者，本道监司以闻。乾道二年，廷臣上言："国朝盛时，有京朝官考课，有幕职、州县官考课，其后为审官院，为考课院，皆命中书或两制臣僚校其能否，以施赏罚。望遵故事，应监司郡守朝辞日，别给御前历子。如荐贤才为几人，若为治钱谷，若为理狱讼，兴某利，除某害，各为条目，使之龟勉从事。每考，令当职官吏从实批书，代还，使藉手陛见，然后诏执事精加考核。其风绩有闻者，优与增秩；所莅无状者，罚之无赦。则贤者效职，而中下之才，亦皆强于为善矣。"帝乃命经筵官参照累朝考课之法，讲而行之。

淳熙二年，因臣僚言，沿边七路，每路以文臣一人充安抚使以治民，武臣一人充都总管以治兵。分举其职，各奏其功，任必加久，岁考优劣。一年视其规画，二年视其成效，三年视其大成，重议诛赏。臧否分为三等：治效显著者为臧，贪刻庸缪者为否，无功无过者为平。时天子留意黜陟，诸道莫敢不奉承。于是得实者皆增秩外擢，而监司、牧伯举按稽缓者辄降黜。行之十余年，不免有弊，帝因谕辅臣曰："臧否亦有喜怒之私，如诸司以为臧，一司以为否，必从众为公，亦在精择监司，而以台谏考察之，庶乎其可也。"光宗初，诏罢其令。

宁宗以郡国按刺，多徇私情，遂仿旧制，于御史台别立考课一司，岁终各以能否之实闻于上，以诏升黜。其贪墨、昏懦致台谏奏劾者，坐监司、郡守以容庇之罪。

度宗咸淳三年，命参酌旧制，凡文武官一是以公勤、廉恪为主，而又职事修举，斯为上等，公勤、廉恪各有一长为中等，既无廉声又多缪政者考下等。其要则以御史台总帅阃、监司，监司总守、倅，守、倅总州县属官。余如戎司及屯军大垒，则总之制司；或无制司，则并各郡总管、钤辖并总于帅司。或以诸路所部州郡多寡之数，分隶转

运、提举、提刑三司。守倅月一考州县属官，监司会所隶守倅，制司会戎司、军垒，遵照旧制互用文移，会其兵甲、狱讼、金谷之数，及各司属官书拟公事、拘榷钱物、招军备器之数，次月置册，各申御史台上之课籍。俟至半年，类考较前三年定为三等，中者无所赏罚，上者或转官、或减磨勘，下者降官、展磨勘，各有等差。

卷一百六十一

志第一百一十四

职　官　一

三师　三公　宰执　门下省　中书省　尚书省

昔武王克商，史臣纪其成功，有曰："列爵惟五，分土惟三，建官惟贤，位事惟能。"后世曰爵，曰官，曰职，分而任之，其原盖始乎此。然周初之制，已不可考。周公作六典，自天官冢宰而下，小大高下，各帅其属以任其事，未闻建官而不任以事，位事而不命以官者；至于列爵分土，此封建诸侯之制也，亦未闻以爵以土，如后世虚称以备恩数者也。秦、汉及魏、晋、南北朝，官制沿革不常，不可殚举。后周复《周礼》六典官称，而参用秦、汉。隋文帝废《周礼》之制，惟用近代之法。唐承隋制，至天授中，始有试官之格，又有员外之置，寻为检校、试、摄、判、知之名。其初立法之意未尝不善，盖欲以名器事功甄别能否，又使不肖者绝年劳序迁之觊觎。而世裔勋旧之家，宠之以禄，而不责以猷为。其居位任事者，不限资格，使得自竭其所长，以为治效。且黜陟进退之际，权归于上，而有司若不得预。殊不知名实混淆，品秩贸乱之弊，亦起于是矣。

宋承唐制，抑又甚焉。三师、三公不常置，宰相不专任三省长官，尚书、门下并列于外，又别置中书禁中，是为政事堂，与枢密对掌大政。天下财赋，内庭诸司，中外管库，悉隶三司。中书省但掌册文、覆奏、考帐；门下省主乘舆八宝，朝会板位，流外考较，诸司附奏挟名而已。台、省、寺、监，官无定员，无专职，悉皆出入分莅庶务。故三省、六曹、二十四司，类以他官主判，虽有正官，非别敕不治本司事，事之所寄，十亡二三。故中书令、侍中、尚书令不预朝政，侍郎、给事不领省职，谏议无言责，起居不记注；中书常阙舍人，门下罕除堂侍，司谏、正言非特旨供职亦不任谏诤。至于仆射、尚书、丞、郎、员外，居其官不知其职者，十常八九。其官人受授之别，则有官、有职、有差遣。官以寓禄秩、叙位著，职以待文学之选，而别为差遣以治内外之事。其次又有阶、有勋、有爵。故仕人以登台阁、升禁从为显宦，而不以官之迟速为荣滞；以差遣要剧为贵途，而不以阶、勋、爵邑有无为轻重。时人语曰："宁登瀛，不为卿；宁抱椠，不为监。"虚名不足

以砥砺天下若此。外官，则惩五代藩镇专恣，颇用文臣知州，复设通判以贰之。阶官未行之先，州县守令，多带中朝职事官外补；阶官既行之后，或带或否，视是为优劣。

大凡一品以下，谓之"文武官"；未常参者，谓之"京官"；枢密、宣徽、三司使副、学士、诸司而下，谓之"内职"；殿前都校以下，谓之"军职"。外官则有亲民、厘务二等，而监军、巡警亦比亲民。此其概也。故自真宗、仁宗以来，议者多以正名为请。咸平中，杨亿首言："文昌会府，有名无实，宜复其旧。"既而言者相继，乞复二十四司之制。至和中，吴育亦言："尚书省，天下之大有司，而废为闲所，当渐复之。"然朝论异同，未遑厘正。神宗即位，慨然欲更其制。熙宁末，始命馆阁校《唐六典》。元丰三年，以摹本赐群臣，乃置局中书，命翰林学士张璪等详定。八月，下诏肇新官制，省、台、寺、监领空名者一切罢去，而易之以阶。九月，详定所上《寄禄格》。会明堂礼成，近臣迁秩即用新制，而省、台、寺、监之官，各还所职矣。五年，省、台、寺、监法成。六年，尚书新省成，帝亲临幸，召六曹长贰以下，询以职事，因诫敕焉。初，新阶尚少，而转行者易以混杂。及元祐初，于朝议大夫六阶以上始分左右。既又以流品无别，乃诏寄禄官悉分左右，词人为左，余人为右。绍圣中罢之。崇宁初，以议者有请，自承直至将仕郎，凡换选人七阶。大观初，又增宣奉至奉直大夫四阶。政和末，自从政至迪功郎，又改选人三阶，于是文阶始备。而武阶亦诏易以新名：正使为大夫，副使为郎，而横班十二阶使、副亦然。故有郎居大夫之上者。继以新名未具，增置宣正履正大夫、郎凡十阶，通为横班，而文武官制益加详矣。

大抵自元祐以后，渐更元丰之制：二府不分班奏事，枢密加置签书，户部则不令右曹专典常平而总于其长，起居郎、舍人则通记起居而不分言动，馆职则增置校勘黄本。凡此，皆与元丰稍异也。其后蔡京当国，率意自用。然动以继志为言，首更开封守臣为尹、牧，由是府分六曹，县分六案。又内侍省职，悉仿机廷之号。已而修六尚局，建三卫，即又更两省之长为左辅、右弼，易端揆之称为太宰、少宰。是时员既滥冗，名且紊杂。甚者走马承受升拥使华；黄冠道流，亦滥朝品。元丰之制，至此大坏。及宣和末，王黼用事，方且追咎元祐纷更，乃请设局，以修《官制格目》为正名，亦何补矣。

建炎中兴，参酌润色，因吕颐浩之请，左、右仆射并同中书门下平章事，两省侍郎改为参知政事，三省之政合乎一。乾道八年，又改左、右仆射为左、右丞相，删去三省长官虚称，道揆之名遂定。然维时多艰，政尚权宜。御营置使，国用置使，修政局置提举，军马置都督，并以宰相兼之。总制司理财，同都督、督视兵，并以执政兼之。因事创名，殊非经久。惟枢密本兵，与中书对掌机务，号东、西二府，命宰相兼知院事。建炎四年，实用庆历故典。其后，兵兴则兼枢密使，兵罢则免，至开禧初，始以宰臣兼枢密为永制。

当多事时，诸部或长贰不并置，或并郎曹使相兼之，惟吏部、户部不省不并。兵休稍稍增置。其后，诏非曾任监司、守臣，不除郎官，著为令。又增馆阁员，广环卫官。然绍兴务行元祐故事，以"左右"二字分别流品，其后，以人言省去，宁清浊相涵，无绝人迁善之路。横班以郎居大夫之上，既厘而正之矣，而介胄之士与缙绅同称，宁名号未正，毋示人以好武之机。陈傅良欲定史官迁次之序，众论韪之，而未及行。洪迈欲改三衙军官称谓，当时嘉之，卒未暇讲。考古之制，量今之宜，盖自元祐以逮政和，已未尝拘乎元丰之旧。中兴若稽古宪，二者并行而不悖。故凡大而分政任事之臣，微而管库监局之官，沿袭不革者，皆先后所同便也。或始创而终罢，或欲革而犹因，则有各当其可者焉。类而书之，先后互见，作《职官志》。以至廪给、儦从，虽微必录，并从旧述云。

三师　三公　宋承唐制，以太师、太傅、太保为三师，太尉、司徒、司空为三公，为宰相、亲王使相加官，其特拜者不预政事，皆赴上于尚书省。凡除授，则自司徒迁太保，自太傅迁太尉，检校官亦如之。太尉旧在三师下，由唐至宋加重，遂以太尉居太傅之上。若宰臣官至仆射致仕者，以在位久近，或已任司空、司徒，则拜太尉、太傅等官。若太师则为异数，自赵普以开国元勋，文彦博以累朝耆德，方特拜焉。虽太傅王旦、司徒吕夷简各任宰相二十年，止以太尉致仕。

熙宁二年，富弼除守司空兼侍中、平章事，辞司空、侍中。三年，曾公亮除守司空、检校太师兼侍中，以两朝定策之功辞相位也。六年，文彦博除守司徒兼侍中。九年，彦博除守太保兼侍中，辞太保。元丰三年，以曹佾检校太师、守司徒兼中书令。九月，诏检校官除三公、三师外并罢。又以文彦博落兼侍中，除守太尉，富弼守司徒，皆录定策之功也。六年，彦博守太师致仕。八年，王安石守司空，曹佾守太保。元祐元年，文彦博落致仕，太师、平章军国重事，吕公著守司空、同平章军国重事。崇宁三年，蔡京授司空，行尚书左仆射。大观元年，京为太尉；二年，为太师。政和二年，京落致仕，依前太师，三日一至都堂治事。九月，诏："以太师、太傅、太保，古三公之官，今为三师，古无此称，合依三代为三公，为真相之任。司徒、司空，周六卿之官，太尉，秦主兵之任，皆非三公，并宜罢之。仍考周制，立三孤少师、少傅、少保，亦称三少，为三次相之任。"至是，京始以三公任真相。

三公自国初以来，未尝备官。独宣和末，三公至十八人，三少不计也。太师三人：蔡京、童贯、郑绅；太傅四人：王黼、燕王俣、越王偲、郓王楷；太保十一人：蔡攸、肃王枢至仪王楃。渡江后，秦桧为太师，张俊、韩世忠为太傅，刘光世为太保。乾道初，杨沂中、吴璘并为太傅。绍熙初，史浩为太师，嗣秀王为太保。自绍熙后，三公未尝备官。其后，韩侂胄、史弥远、贾似道专政，皆至太师焉。

宰相之职　佐天子，总百官，平庶政，事无不统。宋承唐制，以同平章事为真相之任，无常员；有二人，则分日知印。以丞、郎以上至三师为之。其上相为昭文馆大学士、监修国史，其次为集贤殿大学士。或置三相，则昭文、集贤二学士并监修国史，各除。唐以来，三大馆皆宰臣兼，故仍其制。国初，范质昭文学士，王溥监修国史，魏仁浦集贤学士，此为三相例也。神宗新官制，于三省置侍中、中书令、尚书令，以官高不除人，而以尚书令之贰左、右仆射为宰相。左仆射兼门下侍郎，以行侍中之职；右仆射兼中书侍郎，以行中书令之职。政和中，改左、右仆射为太宰、少宰，仍兼两省侍郎。靖康中，复改为左、右仆射。

建炎三年，吕颐浩请参酌三省之制，左、右仆射并加同中书门下平章事，门下、中书二侍郎并改为参知政事，废尚书左、右丞。从之。乾道八年，诏尚书左、右仆射可依汉制改为左、右丞相。详定敕令所言："近承诏旨，改左、右仆射为左、右丞相，令删去侍中、中书、尚书令，以左、右丞相充。缘旧左、右仆射非三省长官，故为从一品。今左、右丞相系充侍中、中书、尚书令之位，即合为正一品。"从之。丞相官以太中大夫以上充。

平章军国重事 元祐中置，以文彦博太师、吕公著守司空相继为之，序宰臣上。所以处老臣硕德，特命以宠之也。故或称"平章军国重事"，或称"同平章军国事"。五日或两日一朝，非朝日不至都堂。其后，蔡京、王黼以太师总三省事，三日一朝，赴都堂治事。开禧元年，韩侂胄拜平章，讨论典礼，乃以"平章军国事"为名。盖省"重"字则所预者广，去"同"字则所任者专。边事起，乃命一日一朝，省印亦归其第，宰相不复知印。其后，贾似道专权，窃位日久，尊宠日隆，位皆在丞相上。

使相 亲王、枢密使、留守、节度使兼侍中、中书令、同平章事者，皆谓之使相。不预政事，不书敕，惟宣敕除授者，敕尾存其衔而已。乾德二年，范质等三相皆罢，以赵普同平章事，李崇矩枢密使。命下，无宰相书敕，使问翰林陶谷。谷谓："自昔辅相未尝虚位。惟唐大和中甘露事，数日无宰相，时左仆射令狐楚等奉行制书。今尚书亦南省长官，可以书敕。"窦仪曰："谷之所陈，非承平令典。今皇弟开封尹、同平章事，即宰相之任也，可书敕。"从之。

参知政事 掌副宰相，毗大政，参庶务。乾德二年置，以枢密直学士薛居正、兵部侍郎吕余庆并本官参知政事。先是，已命赵普为相，欲置之副，而难其名称。以问翰林学士陶谷曰："下宰相一等有何官？"对曰："唐有参知机务、参知政事。"故以命之。仍令不押班，不知印，不升政事堂，殿廷别设砖位，敕尾著衔降宰相，月奉杂给半之，未欲与普齐也。开宝六年，始诏居正、余庆于都堂与宰相同议政事。至道元年，诏宰相与参政轮班知印，同升政事堂。押敕齐衔，行则并马，自寇准始，以后不易。

元丰新官制，废参知政事，置门下、中书二侍郎，尚书左、右丞以代其任。建炎三年，复以门下、中书侍郎为参知政事，而省左、右丞。乾道八年，改左、右仆射为左、右丞相，其参知政事如故，以中大夫以上充，常除二员或一员。嘉泰三年，始除三员。故事，丞相谒告，参预不得进拟。惟丞相未除，则轮日当笔，然多不逾年，少仅旬月。淳熙初，叶衡罢相，龚茂良行相事近三年，亦创见也。

门下省 受天下之成事，审命令，驳正违失，受发通进奏状，进请宝印。凡中书省画黄、录黄，枢密院录白、画旨，则留为底。及尚书省六部所上有法式事，皆奏覆审驳之。给事中读，侍郎省，侍中审，进入被旨画闻，则授之尚书省、枢密院。即有舛误应举驳者，大则论列，不则改正。凡文书自内降者，著之籍。章奏至，则受而通进，俟颁降，分送所隶官司。凡吏部拟六品以下职事官，则给事中校其仕历、功状，侍郎省。侍中引验审察，非其人则论奏。凡迁改爵秩、加叙勋封、四选拟注奏钞之事，有舛误，退送尚书省。覆刑部大理寺所断狱，审其轻重枉直，不当罪，则以法驳正之。

国初循旧制，以中书门下平章事为宰相之职，复用两制官一员判门下省事。官制行，始厘正焉。凡官十有一：侍中、侍郎、左散骑常侍各一人，给事中四人，左谏议大夫、起居郎、左司谏、左正言各一人。先是，中书人吏分掌五房：曰孔目房、吏房、户房、兵礼房、刑房；又有主事、勾销二房。至是，厘中书为三省，分兵与礼为六房，各因其省之事而增益之。门下凡分房十：曰吏房，曰户房，曰礼房，曰兵房，曰刑房，曰工房，皆视其房之名，而主行尚书省六曹二十四司所上之事；曰开拆房，曰章奏房，曰制敕库房，亦皆视其名，而受遣文书、表状，与供阅敕令格式、拟官爵封赠之类，惟班簿、本省杂务则归吏房。吏四十有九：录事、主事各三人，令史六人，书令史十有八人，守当官十有九人。而外省吏十有九人：令史一人，书令史二人，守当官六人，守阙守当官十人。元丰八年，以门下、中书外省为后省，门下外省复置催驱房。元祐三年，诏吏部注通判，赴门下引验；应省、台、寺、监诸司人吏四分减一。复置点检房。四年，又别立吏额。绍圣二年，守阙守当官，门下、中书省各以百人，尚书省百五十人为额。四年，三省吏员并依元丰七年额。

侍中 掌佐天子议大政，审中外出纳之事。大祭祀则版奏中严外办，导舆辂，诏升降之节；皇帝斋则请就斋室。大朝会则承旨宣制、告成礼，祭祀亦如之。册后则奉宝以授司徒。国朝以秩高罕除。知建隆至熙宁，真拜侍中才五人，虽有用他官兼领，而实不任其事。官制行，以左仆射兼门下侍郎行侍中职，别置侍郎以佐之。南渡后，置左、右丞相，省侍中不置。

侍郎 掌贰侍中之职，省中外出纳之事。大祭祀则前导舆辂，诏进止。大朝贺则授表以奏祥瑞。册后则奉节及宝位。与知枢密院、同知枢密院、中书侍郎、尚书左右丞为执政官。南渡后，复置参知政事，省门下侍郎不置。

左散骑常侍 左谏议大夫 左司谏 左正言 同掌规谏讽谕。凡朝政阙失、大臣至百官任非其人、三省至百司事有违失，皆得谏正。国初虽置谏院，知院官凡六人，以司谏、正言充职；而他官领者，谓之知谏院。正言、司谏亦有领他职而不预谏诤者。官制行，始皆正名。

元丰八年，谏议大夫孙觉言："据《官制格目》，谏官之职，凡发令举事，有不便于时，不合于道，大则廷议，小则上封。若贤良之遗滞于下，忠孝之不闻于上，则以言状论荐，乞依此以修举职事。"八月，门下省言："谏议大夫、司谏、正言合通为一。"诏并从之。十月，诏仿《六典》置谏官员。元祐元年二月，诏谏官虽不同省，许二人同上殿。后又从司谏虞策之请，如独员，许与台官同对。九月，左、右正言久阙，侍御史王岩叟言："国家仿近古之制，谏官六员，方之先王，已自为少，望诏补足，无令久空职。"十月，司谏王觌言："自今中书舍人阙，勿以谏官兼权。"从之。十一月，岩叟又言："近降圣旨，两省谏官各令出入异户，勿与给事中、中书舍人通。实欲限隔谏官，不使在政事之地，恐知本末，数论列尔。"寻诏谏官直舍仍旧。八年，诏执政亲戚不除谏官。建中靖国元年，言者谓谏官论事，惟凭询访，而百司之事，六曹所报外，皆不得其详。遂诏谏官案许关台察。

给事中　四人，分治六房，掌读中外出纳，及判后省之事。若政令有失当，除授非其人，则论奏而驳正之。凡章奏，日录目以进，考其稽违而纠治之。故事，诏旨皆付银台司封驳。官制行，给事中始正其职，而封驳司归门下。元丰五年五月，诏给事中许书画黄，不书草，著为令。六月，给事中陆佃言："三省、密院文字，已读者尚令封驳，虑失之重复。"诏罢封驳房。六年，诏驳正事赴执政禀议。七年，有旨，举驳事，依中书舍人封还词头例。既而令禀议如初，给事中韩忠彦言："给、舍职位颇均，一则不禀白而听封还，一则许举驳而先禀议，于理未允。且朝廷之事执政所行，职当封驳则已与执政异，自当求决于上，尚何禀议之有？"诏从之。绍圣四年，叶祖洽言："两省置给、舍，使之互察。今中书舍人兼权封驳，则给事中之职遂废。"诏特旨书读不回避，余互书判。元符三年，翰林学士曾肇言："门下之职，所以驳正中书违失。近日给事封驳中书录黄，乃令舍人书读于下，殨坏官制，有损治体。愿正纪纲，为天下后世法。"重和元年，给事中张叔夜言："凡命令之出，中书宣奉，门下审读，然后付尚书颁行，而密院被旨者，亦录付门下，此神宗官制也。今急速文字，不经三省，而诸房以空黄先次书读，则审读殆成虚设矣，乞立法禁。"从之。

凡分案五：曰上案，主宝礼及朝会所行事；曰下案，主受发文书；曰封驳案，主封驳及试吏，校其功过；曰谏官案，主关报文书；曰记注案，主录起居注。其杂务则所分案掌焉。绍兴以后，止除二人或一人。

起居郎　一人，掌记天子言动。御殿则侍立，行幸则从，大朝会则与起居舍人对立于殿下螭首之侧。凡朝廷命令赦宥、礼乐法度损益因革、赏罚劝惩、群臣进对、文武臣除授及祭祀宴享、临幸引见之事，四时气候、四方符瑞、户口增减、州县废置，皆书以授著作官。

国朝旧置起居院，命三馆校理以上修起居注。熙宁四年，诏谏官兼修注者，因后殿侍立，许奏事。元丰二年，兼修注王存乞复起居郎、舍人之职，使得尽闻明天子德音，退而书之。神宗亦谓："人臣奏对有颇僻谗懑者，若左右有史官书之，则无所肆其奸矣。"然未果行。故事，左、右史虽日侍立，而欲奏事，必禀中书俟旨。存因对及之。八月，乃诏虽不兼谏职，许直前奏事。盖存发之也。官制行，改修注为郎、舍人。六年，诏左、右史分记言动；元祐元年，仍诏不分。七年，诏迩英阁讲读罢，有留身奏事者，许侍立。绍圣元年，中丞黄履言："所奏或干机密，难令旁立，仍依先朝故事。"先是，御后殿则左、右史分日侍立；崇宁三年，诏如前殿之仪，更不分日。大观元年，诏事有足以劝善惩恶者，虽秩卑亦书之。绍兴二十八年，用起居郎洪遵言，起居郎、舍人自今后许依讲读官奏事。隆兴元年，用起居郎兼侍讲胡铨言，前殿依后殿轮左、右史侍立。

符宝郎　二人，掌外廷符宝之事。禁中别有内符宝郎。官制行，未尝除。大观初，八宝成，诏依《唐六典》增置。靖康罢之。

通进司　隶给事中，掌受三省、枢密院、六曹、寺监百司奏牍，文武近臣表疏及章奏房所领天下章奏案牍，具事目进呈，而颁布于中外。

进奏院　隶给事中，掌受诏敕及三省、枢密院宣札，六曹、寺监百司符牒，颁于诸路。凡章奏至，则具事目上门下省。若案牍及申禀文书，则分纳诸官司。凡奏牍违戾法式者，贴说以进。

熙宁四年，诏："应朝廷擢用材能、赏功罚罪事可惩劝者，中书检正、枢密院检详官月以事状录付院，誊报天下。"元祐初，罢之。绍圣元年，诏如熙宁旧条。靖康元年二月，诏："诸道监司、帅守文字，应边防机密急切事，许进奏院直赴通进司投进。"

旧制，通进、银台司，知司官二人，两制以上充。通进司，掌受银台司所领天下章奏案牍，及阁门在京百司奏牍、文武近臣表疏，以进御，然后颁布于外。银台司，掌受天下奏状案牍，抄录其目进御，发付勾检，纠其违失而督其淹缓。发敕司，掌受中书、枢密院宣敕，著籍以颁下之。

登闻检院，隶谏议大夫；登闻鼓院，隶司谏、正言。掌受文武官及士民章奏表疏。凡言朝政得失、公私利害、军期机密、陈乞恩赏、理雪冤滥，及奇方异术、改换文资、改正过名，无例通进者，先经鼓院进状；或为所抑，则诣检院。并置局于关门之前。

中兴后，检、鼓、粮、审计、官告、进奏，谓之六院。例以京官知县有政绩者充；亦有自郡守除者，继即除郎。恩数略视职事官，而不入杂压。绍兴十一年，胡汝明以料院除监察御史，遂迁侍御史。乾道后，相继入台者数人，六院弥重，为察官之储。淳熙初，班寺监、丞之上。绍熙二年，诏六院官复入杂压，在九寺簿之下，六院各随所隶。

中书省　掌进拟庶务，宣奉命令，行台谏章疏、群臣奏请兴创改革，及中外无法式事应取旨事。凡除省、台、寺、监长贰以下，及侍从、职事官，外任监司、节镇、知州、军通判，武臣遥郡横行以上除授，皆掌之。

凡命令之体有七：曰册书，立后妃，封亲王、皇子、大长公主，拜三师、三公、三省长官，则用之。曰制书，处分军国大事，颁赦宥德音，命尚书左右仆射、开府仪同三司、节度使，凡告廷除授，则用之。曰诰命，应文武官迁改职秩、内外命妇除授及封叙、赠典，应合命词，则用之。曰诏书，赐待制、大卿监、中大夫、观察使以上，则用之。曰敕书，赐少卿监、中散大夫、防御使以下，则用之。曰御札，布告登封、郊祀、宗祀及大号令，则用之。曰敕榜，赐酺及戒励百官、晓谕军民，则用之。皆承制画旨以授门下省，令宣之，侍郎奉之，舍人行之。留其所得旨为底：大事奏禀得旨者为"画黄"，小事拟进得旨者为"录黄"。凡事干因革损益，而非法式所载者，论定而上之。诸司传宣、特旨，承报审覆，然后行下。

设官十有一：令、侍郎、右散骑常侍各一人，舍人四人，右谏议大夫、起居舍人、右司谏、右正言各一人。

分房八、曰吏房，曰户房，曰兵礼房，曰刑房，曰工房，曰主事房，曰班簿房，曰制敕库房。元祐以后，析兵、礼为二，增催驱、点检，分房十有一，后又改主事房为开拆。凡吏房，掌行除授、考察、升黜、赏罚、废置、荐举、假故、一时差官文书。曰户房，掌行废置升降郡县、调发边防军须、给贷钱物。曰礼房，掌行郊祀陵庙典礼、后妃皇子公主大臣封册、科举考官、外夷书诏。曰兵房，掌行除授诸蕃国王爵、官封。曰刑房，掌行赦宥及贬降、叙复。曰工房，掌行营造计度及河防修闭。凡尚书省所上奏请、台谏所陈章疏、内外臣僚官司申请无法式应取旨者，六房各视其名而行之。曰主事房，掌行受发文书。曰班簿房，掌百官名籍具员。曰制敕库房，掌编录供检敕、令、格、式及架阁库。曰催驱房，督趣稽违。曰点检房，省察差失。吏四十有五：录事三人，主事四人，令史七人，书令史十有四人，守当官十有七人。而外省吏十有九人：令史一人，书令史二人，守当官六人，守阙守当官十人。

元丰八年，诏待制以上磨勘，本省进拟。元祐三年，诏应除授从中批付中书省者，并三省行。绍圣五年，诏臣僚上殿札子，中书省进呈取旨；其承受传宣、内降，非有司所可行者，申中书省或枢密院奏审。

令 掌佐天子议大政，授所行命令而宣之。祀大神祇则升坛，享宗庙则升阼阶而相其礼。临轩册命则读册。建储则升殿宣制，持册及玺绶以授太子。大朝会则诣御坐前奏方镇表及祥瑞。国朝未尝真拜，以他官兼领者不预政事，然止曹佾一人，馀皆赠官。官制行，以右仆射兼中书侍郎行令之职，别置侍郎以佐之。中兴后，置左、右丞相，省令不置。

侍郎 掌贰令之职，参议大政，授所宣诏旨而奉之。凡大朝会则押表及祥瑞案。临轩册命则押册引案，以所奏文及册书授令。四夷来朝则奏其表疏，以赞币付有司。南渡后，复置参知政事，省中书侍郎不置。

舍人 四人，旧六人。掌行命令为制词，分治六房，随房当制，事有失当及除授非其人，则论奏封还词头。国初，为所迁官，实不任职，复置知制诰及直舍人院，主行词命，与学士对掌内外制。凡有除拜，中书吏赴院纳词头。其大除拜，亦有宰相召舍人面授词头者。若大诰命，中书并敕进入，从中而下，余则发敕官受而出之。及修官制，遂以实正名，而判后省之事。分案五：曰上案，掌册礼及朝会所行事；曰下案，掌受付文书；曰制诰案，掌书录制词及试吏，校其功过；曰谏官案，掌受诸司关报文书；曰记注案，掌录记注。其杂务则随所分案掌之。

元丰六年，诏中书省置点检房，令舍人通领。元祐元年，诏舍人各签诸房文字，其命词则轮日分草。九月，诏时暂阙官，依门下、尚书省例，送本省官兼权。绍圣四年，蹇序辰请自今命词，以元行遣文书同检送当制舍人。从之。建炎后同，他官兼摄者则称权舍人，资浅者为直舍人院。

起居舍人 一人，掌同门下省起居郎。侍立修注官，元丰前，以起居郎、舍人寄禄，而更命他官领其事，谓之同修起居注。官制行，以郎、舍人为职任。淳熙十五年，罗点自户部员外郎为起居舍人，避其祖讳，乃以为太常少卿兼侍立修注官。其后两史或阙而用资浅者，则降旨以某人权侍立修注官。

右散骑常侍 右谏议大夫 右司谏 右正言 与门下省同，但左属门下，右属中书，皆附两省班籍，通谓之两省官。元丰既新官制，职事官未有不经除授者，惟御史大夫、左右散骑常侍，始终未尝一除人。盖两官为台谏之长，无有启之者。中兴初，诏谏院不隶两省。绍兴二年，诏并依旧赴三省元置局处。淳熙十五年，用林栗言，置左右补阙、拾遗，专任谏正，不任纠劾之事。逾年减罢。法司令史、书令史、守当官各一人，守阙守当官三人，乾道六年减二人。

检正官 五房各一人，掌纠正省务。熙宁三年置，以京朝官充，选人即为习学公事。官制行，罢之，而其职归左右司。建炎三年，中书门下省言："军兴以来，天下多事，中书别无属官。元丰以前，有检正官，后因置左右司，遂不差，致朝廷及应报四方行移稽留，无检举催促。今欲差官两员充中书门下省检正诸房公事。内一员检正吏、礼、兵房，一员检正户、刑、工房。"从之。至次年，诏并罢。绍兴二年，诏中书门下省复置检正官一员。

建炎三年指挥，中书门下省并为一。中书省录事、主事、令史、书令史、守当官共四十三人；门下省录事、主事、令史、书令史、守当官共四十六人，依祖额以八十九人为额。守阙守当官两省各一百人，共存留一百五十人，中书省六分，门下省四分。

尚书省 掌施行制命，举省内纲纪程式，受付六曹文书，听内外辞诉，奏御史失职，考百官庶府之治否，以诏废置、赏罚。曰吏部，曰户部，曰礼部，曰兵部，曰刑部，曰工部，皆隶焉。凡天下之务，六曹所不能与夺者，总决之；应取裁者，随所隶送中书省、枢密院。事有成法，则六曹准式具钞，令、仆射、丞检察签书，送门下省画闻。审察吏部注拟文武官及封爵承袭、赐励定赏之事。朝廷有疑事，则集百官议其可否。凡更改申明敕令格式、一司条法，则议定以奏覆，太常、考功谥议亦如之。季终，具赏罚劝惩事付进奏院，颁行于天下。大祭祀则誓戒执事官。

设官九：尚书令、左右仆射、左右丞、左右司郎中、员外郎各一人。分房十：曰吏房，曰户房，曰礼房，曰兵房，曰刑房，曰工房，各视其名而行六曹诸司所上之事；曰开拆郎，主受遣文书；曰都知杂房，主行进制敕目、班簿具员，考察都事以下功过迁补；曰催驱房，主考督文牒稽违；曰制敕库房，主编检敕、令、格、式，简纳架阁文书。置吏六十有四：都事三人，主事六人，令史十有四人，书令史三十有五人，守当官六人。元丰四年，诏尚书都省及六曹，各轮郎官一员宿直。五年，诏得旨行下并用札子。绍圣元年，诏在京官司所受传宣、内降，随事申尚书省或枢密院覆奏。二月，诏尚书都省弹奏六察御史，纠不当者。

令　掌佐天子议大政，奉所出命令而行之。其属有六曹，凡庶务皆会而决之。凡官府之纪纲程式，无不总焉。大事三省通议，则同执政官合班；小事尚书省独议，则同仆射、丞分班论奏。若事由中书、门下而有失当应奏者，亦如之。与三师、三公、侍中、中书令俱以册拜。自建隆以来不除，惟亲王元佐、元俨以使相兼领，不与政事。政和二年，诏："尚书令，太宗皇帝曾任，今宰相之官已多，不须置。"然是时说者以谓为令者唐太宗也，熙陵未尝任此，盖时相蔡京不学之过。宣和七年，诏复置令，亦虚设其名，无有除者。南渡后，并省不置。

左仆射　右仆射　掌佐天子议大政，贰令之职，与三省长官皆为宰相之任。大祭祀则掌百官之誓戒，视涤濯告洁，赞玉币爵坫之事。自官制行，不置侍中、中书令，以左仆射兼门下侍郎，右仆射兼中书侍郎，行侍中、中书令职事。政和中，诏曰："昔我神考，训迪厥官，有司不能奉承，仰惟前代以仆臣之贱，充宰相之任，可改左仆射为太宰，右仆射为少宰。"靖康元年，诏依元丰旧制，复为左、右仆射。南渡后，置左、右丞相，省仆射不置。

左丞　右丞　掌参议大政，通治省事，以贰令、仆射之职。仆射轮日当笔，遇假故，则以丞权当笔知印。大祭祀酌献，荐馔进熟，则受爵酒以授仆射。旧班六曹尚书下，官制行，升其秩为执政。元丰五年五月，诏左右仆射、丞合治省事。是月，御史言："左、右丞蒲宗孟、王安礼于都堂下马，违法犯分。"安礼争论帝前，神宗是之。今左、右丞于都堂上下马，自此始。南渡后，复置参知政事，省左、右丞不置。

左司郎中　右司郎中　左司员外郎　右司员外郎　各一人，掌受付六曹之事，而举正文书之稽失，分治省事：左司治吏、户、礼、奏钞、班簿房，右司治兵、刑、工、案钞房，而开拆、制敕、御史，元丰六年，都司置御史房，主行弹纠御史案察失职。催驱、封桩、印房，则通治之，有稽滞，则以期限举催。初，于都司置吏设案，而议者谓台郎丞掾不当自为官司。遂随省房分治所领之事，惟置手分、书奏各四人，主行校定省吏都事以下功过及迁补之事。

元丰七年，都司御史房置簿，以书御史、六曹官纠察之多寡当否为殿最，岁终取旨升黜。绍圣元年，诏都司以岁终点检六曹稽违最多者，具郎官姓名上省取旨。二年，诏御史台察六曹稽缓失者，送左司籍记。宣和二年，左司员外郎王蕃奏："都司以弥纶省闼为职，事无不预。今宰、丞入省，诸房文字填委，次第呈覆，自朝至于日中，或昏暮仅绝，其势不暇一一检阅细故，而省吏径禀宰、丞请笔，以草检令承从官斋赴郎官厅落日押字。"谓"宜遵守元丰及崇宁旧法，诸房各具签帖，先都事自点检，次郎官押讫，赴宰、丞请笔行下。"于是诏曰："先帝肇正三省，诏给舍、都司以赞省务。今都司寖以旷官，缘省吏强悍，敢肆侵侮。自今违法事，其左右司官、尚书具事举劾。"

建炎三年，诏减左、右司郎官两员，置中书门下省检正诸房公事三员。至次年，检正省罢，其左、右司郎官依旧四员。绍兴三十二年，诏尚书省吏房、兵房，三省、枢密院机速房，尚书省刑房、户房、工房，三省、枢密院看详赏功房，尚书省礼房，令左、右司郎官四员从上分房书拟。隆兴元年，诏左、右司郎官各差一员。乾道六年，诏榷货务都茶场依建炎三年指挥，委都司官提领措置。乾道七年，复添置右司郎官二人。

榷货务都茶场，都司提领。提辖官一员，京朝官充。监场官二员，京选通差。掌榷醵、茗、香、矾钞引之政令，以通商贾、佐国用。旧制，置务以通榷易。建炎中兴，又置都茶场，给卖茶引，随行在所榷货务置场虽分两司，而提辖官、监官并通衔管干。外置建康、镇江务场，并冠以行在为名，以都司提领，不系户部经费。建康、镇江续分隶总领所。开禧初，以总领所侵用储积钱，令径隶提领所。乾道七年，提领所置干办官一员。

右提辖官与杂买务杂卖场、文思院、左藏东西库提辖，并称四辖。外补则为州，内迁则为寺监丞、簿，亦有径为杂临司，或入三馆。乾道间，榷务王禋除市舶，左藏王楫除坑冶铸钱司，淳熙间，熊克自文思除校书郎。绍熙以后，往往更迁六院官，或出为添倅，有先后轻重之异焉。

左藏封桩库，都司提领。监官一员，监门官一员。淳熙九年，以都司提领。初创，非奉亲与军须不支。后或拨入内库，或以供宫廷诸费，亦以备振恤之用。

提举修敕令　自熙宁初，编修《三司令式》，命宰臣王安石提举，是后，皆以宰执为之。详定官，以侍从之通法令者充，旧制二员。宣和中，增至七员。靖康初，减为三员。删定官，无常员。先是，尝别修一司敕命。大观三年，诏六曹删定官并入详定一司敕令所，为一局。

制置三司条例司　掌经画邦计，议变旧法以通天下之利。熙宁二年置，以知枢密院陈升之、参知政事王安石为之，而苏辙、程颢等亦皆为属官。未几，升之相，乃言："条例者有司事尔，非宰相之职，宜罢之。"帝欲并归中书，安石请以枢密副使韩绛代升之焉。三年，判大名府韩琦言："条例司虽大臣所领，然止是定夺之所。今不关中书而径自行下，则是中书之外又有一中书也。"五月，罢归中书。

三司会计司　熙宁七年，置于中书，以宰相韩绛提举。先是，绛言总天下财赋，而无考较盈虚之法，乃置是司。既而事多濡滞，八年，绛坐此罢相，局亦寻废。

编修条例司　熙宁初置，八年罢。

经抚房　专治边事。宣和四年，宰臣王黼主伐燕之议，置于三省，不复以关枢密院。六年，罢。

提举讲议司　崇宁元年七月，诏如熙宁条例司故事，都省置讲议司。以宰相蔡京提举，侍从为详定官，卿监为参详官；又置检讨官，凡宗室、冗官、国用、商旅、盐铁、赋调、尹牧，每一事各三人主之。时又分式备一房，别为枢密院讲议司。三年三月，知枢密院事蔡卞奏罢。三年四月结局，宣和六年，又于尚书省置讲议司。十二月，命太师致仕蔡京兼领，听就私第裁处，仍免签书。

议礼局　大观元年，诏于尚书省置，以执政兼领。详议官二员，以两制充。应凡礼制本末，皆议定取旨。政和三年，《五礼仪注》成，罢局。

礼制局　讨论古今宫室、车服、器用、冠昏、丧祭沿革制度。政和二年，置于编类御笔所，有详议、同详议官，宣和二年，诏与大晟府制造所协声律官并罢。

卷一百六十二
志第一百一十五

职　官　二

枢密院　宣徽院　三司使　翰林学士院
侍读侍讲　崇政殿说书　诸殿学士　诸阁学士
诸修撰直阁　东宫官　王府官

枢密院　掌军国机务、兵防、边备、戎马之政令，出纳密命，以佐邦治。凡侍卫诸班直、内外禁兵招募、阅试、迁补、屯戍、赏罚之事，皆掌之。以升拣、废置揭帖兵籍；有调发更戍，则遣使给降兵符。除授内侍省官及武选官，将领路分都监、缘边都巡检使以上。大事则禀奏，其付授者用宣；小事则拟进，其付授者用札。先具所得旨，关门下省审覆。面得旨者为录白，批奏得画者为画旨，并留为底。惟以白纸录送，皆候报施行。其被御宝批旨者，即送门下省缴覆。应给诰者，关中书省命词。即事干大计，造作、支移军器，及除都副承旨、三衙管军、三路沿边帅臣、太仆寺官，文臣换右职，仍同三省取旨。

宋初，循唐、五代之制，置枢密院，与中书对持文武二柄，号为"二府"。院在中书之北，印有"东院"、"西院"之文，共为一院，但行东院印。而职事条目颇多。神宗初政，乃省其务之细者归之有司，而增置审官西院，专领阁门祗候以上至诸司使差遣。官制行，随事分隶六曹，专以本兵为职，而国信、民兵、牧马总领，仍旧隶焉。旧分四房，曰兵，曰吏，曰户，曰礼，至是厘正，凡分房十。其后，又增支马、小吏二房，凡房十有二：曰北面房，掌行河北、河东路吏卒，北界边防、国信事。曰河西房，掌行陕西路、麟、府、丰、岚、石、隰州，保德军吏卒，西界边防、蕃官。曰支差房，掌行调发军，湖北路边防及京东、京西、江、淮、广南东路吏卒，迁补殿侍，选亲事官。曰在京房，掌行殿前步军司事，支移军器，川陕路边防及畿内、福建路吏卒，军头、皇城司卫兵。曰教阅房，掌行中外校习，封桩阙额请给，催督驿递及湖南路边防。曰广西房，掌行招军捕盗赏罚，广南西路边防及两浙路吏卒。而禁军转员，则各随其房之所领兵治之。曰兵籍房，掌行诸路将官差发禁兵、选补卫军文书。曰民兵房，掌行三路保甲、弓箭手。曰吏房，掌行差将领武臣知州军、路分都监以上及差内侍官文书。曰知杂房，掌行杂务。曰支马房，掌行内外马政并坊院监牧吏卒、牧马、租课。曰小吏房，掌行两省内臣磨勘功过叙用，大使臣已上历任事状及校尉以上改转迁遣。吏三十有八：逐房副承旨三人，主事五人，守阙主事二人，令史十三人，书令史十五人。元祐既创支马、小吏二房，增令史为十四人，书令史十九人，创正名贴房十八人。大观增逐房副承旨为五人，创守阙书令史三人，增正名二十八人。

中书、密院既称"二府"，每朝奏事，与中书先后上殿。庆历中，二边用兵，知制诰富弼建言，边事系国安危，不当专委枢密。仁宗以为然，即诏中书同议。谏官张方平亦言中书宜知兵事，乃以宰相吕夷简、章得象并兼枢密使。熙宁初，滕甫言："中书、密院议边事，多不合。赵明与西人战，中书赏功，而密院降约束；郭逵修堡栅，密院方诘之，而中书以下褒诏。愿大臣凡战守、除帅，议同而后下。"神宗善之。元祐四年，知枢密院安焘以母忧去职，枢密院官偶独员。谏议大夫梁焘、司谏刘安世言："国朝革五代之弊，文、武二柄，未尝专付一人，乞依故事命大臣兼领。"靖康元年，知枢密院事李纲言："在祖宗之时，枢密掌兵籍、虎符，三衙管诸军，率臣主兵柄，各有分守，所以维持军政，万世不易之法。自童贯以领枢密院事为宣抚使，既主兵权，又掌兵籍、虎符，今日不可不戒。乞将团结到勤王正兵并付制置使，行营司付三衙。"从之。

枢密使　知院事　同知院事　枢密副使　签书院事　同签书院事　枢密使知院事，佐天子执兵政，而同知、副使、签书为之贰。凡边防军旅之常务，与三省分班禀奏；事干国体，则宰相、执政官合奏；大祭祀则迭为献官。

国初，官无定制，有使则置副，有知院则置同知院，资浅则用直学士签书院事。熙宁元年，文彦博、吕公弼为使，韩维、邵亢为副使。时陈升之三至枢府，神宗欲稍异其礼，乃以为知院事。于是知院与使、副并置。元丰五年，将改官制，议者欲废密院归兵部。帝曰："祖宗不以兵柄归有司，故专命官以统之，互相维制，何可废也？"于是得不废。帝又以枢密联职辅弼，非出使之官，乃定置知院、同知院二人，使、副悉罢。元祐初，复置签书院事，仍以枢密直学士充。同签书枢密院事，治平末，以殿前都虞候郭逵为之，又以迓判渭州。帝初即位，中丞王陶、御史吕景等皆言之。逵归，改除宣徽南院使、知郓州，自是不复置。政和六年，以内侍童贯权签书枢密院河西、北面房事。七年，贯宣抚陕西、河东北三路，带同签书枢密院。既而诏元丰官制即无同签书枢密院事，改为权领枢密院。然书院事，元丰亦未尝置。宣和元年，诏童贯领枢密院事，后复以郑居中为之。

建炎初，置御营司，以宰相为之使。四年，罢，以其事归枢密院机速房，命宰相范宗尹兼知枢密院。绍兴七年，诏："枢密本兵之地，事权宜重。可依故事置枢密使，以宰相张浚兼之。"又诏立班序立依宰相例。其后或兼或否。至开禧，以宰臣兼使，遂为永制。使与知院，同知、副使，亦或并除，其签书、同签书并为端明殿学士，恩数特依执政，或以武臣为之，亦异典也。

都承旨　副都承旨　掌承宣旨命，通领院务。若便殿侍立，阅试禁卫兵校，则随事敷奏，承所得旨以授有司，蕃国入见亦如之。检察主事以下功过及迁补之事。都承旨，旧用院吏递迁。熙宁三年，始以东上阁门使李评为之，又以皇城使李绶为之副，更用士人自评、绶始。是月，诏都承旨、副都承旨见枢密使、副如阁门使礼。五年，以同修起居注曾孝宽兼都承旨，参用儒臣自孝宽始。元丰四年，客省使张诚一为都承旨。都承旨复用武臣，自诚一始。元祐初，复以文臣为都承旨。其后以待制充。元符三年，王师约为都承旨，左司谏陈瓘言："神考以文臣为都承旨，其副则参求外戚武臣之可用者。今师约未历边任，擢置枢属摄文臣之位，甚非神考设官之意。"至崇宁以后，专用武臣。

建炎四年，高宗在会稽，以武臣辛道宗为都承旨，颇用事。绍兴元年，道宗既免，乃诏依元祐职制，都承旨以两制为之。如未曾任侍从之人，即依权侍郎法，又或加学士、待制、修撰贴职。乾道初，再用武臣，自张说始。淳熙九年，都承旨复用士人，自萧燧始。副都承旨文、武通除。

检详官　熙宁四年置，视中书检正官。元丰初，定以三员，及改官制，罢之。建炎三年，复置检详两员，叙位在左、右司之下。绍兴二年减一员。

计议官　四员。建炎四年，罢御营使司，并归枢密院为机速房。随司减罢属官，置干办官四员，诏并改为计议官。至绍兴十一年减罢。

编修官　随事置，无定员，以本院官兼者，不入衔。熙宁三年，以王存、顾临等同编修《经武要略》，兼删定诸房例册。初拟都、副承旨提举，神宗谓存等皆馆职，不欲令承旨提举，诏改为管干。绍圣四年，编修刑部、军马司事，令都、副承旨兼领。政和七年，编修《北边条例》，又别置详覆官。

讲议司　崇宁元年，以尚书省讲议武备房归枢密院置，以知院蔡卞提举。三年，卞奏武备本院诸房可行，不必专局，乃罢之。绍兴置编修官二员。

监三省、枢密院门　旧系差小使臣及内侍官充。嘉定六年，诏以曾经知县、通判资序人充。小使臣省罢，内侍官改以三省、枢密院门机察官系衔。

主管三省、枢密院架阁文字　一员，嘉定八年置，以选人、京朝官通差。

三省、枢密院激赏库　三省、枢密院激赏酒库　监官各二人。初以武臣，嘉泰末，始易以选人。二库并因绍兴用兵，创以备边；后兵罢，专以备堂、东两厨应干宰执支遣。若朝廷军期急速钱物金带，以备激犒；诸军将帅告命绫纸，以备科拨调遣等用。省、院、府吏胥之给，亦取具焉。

御营使　提举修政局　制国用使　都督诸路军马　中兴，多以宰相兼领兵政、财用之事，而执政同预焉。因事创名，未久遣罢，可以不书。以其关宰相设施，因记其名称本末附见焉。

建炎元年，置御营司，以宰相为之使，仍以执政官兼副使。其属有参赞军事，以侍从官兼；提举一行事务，以大将兼。其将佐有都统制及五军统制以下官。初以总齐行在军中之政。三年，诏御营使司止管行在五军营寨事务，其余应干边防措置等事，厘正归三省、枢密院。四年，诏自今宰相兼知枢密院事，罢御营使。时臣僚言："宰相之职，无所不统。本朝沿五代之制，政事分为两府，兵权付于枢密，比年又置御营使，是政出于三也。请罢御营司，以兵权付之密院，而以宰相兼知，庶几可以渐议兵政。"故罢使及官属，以其事归密院，为机速房。至绍兴二十九年九月，诏："祖宗旧制，枢密院即无机速房，合行减罢。"绍兴三十一年，金主亮来攻，帝将临江视师。其冬，以和义郡王杨存中为御营宿卫使，兵罢复免。明年，孝宗即位，又以御营使命之。然但自名一司，掌殿前忠勇等军，非复建炎之比，未几而罢。存中非宰执，附见于此。

绍兴二年，诏置修政局，令百官条具修车马、备器械，命右相秦桧提举，参知政事同领之。其下有参详官一人，侍从为之，参议官二人，检讨官四人，卿郎为之；如讲议司故事。三月而罢局。

乾道四年，诏："理财之要，裕财为重，自今宰相可带兼制国用使，参政可同知国用事。"先是，臣僚言："近以宰相兼枢密使，盖欲使宰相知兵也。宰相今虽知兵，而财谷出入之原，宰相犹未知也。望法李唐之制，委宰相兼领三司使职事，财谷出纳之大纲，宰相领之于上，而户部治其凡。"故有是命。五年二月，罢国用司。八年，诏："官制已定，丞相事无不统，所有国用一司，与参知政事并不兼带。"嘉泰四年，诏遵孝宗典故，宰相兼国用使，参知政事同知国用事，仍于侍从、卿监中择二人充属官。右丞相陈自强兼国用使，参知政事兼知枢密院事费士寅、参知政事张严兼同知国用事。以兵部侍郎薛叔似兼参计官，太府卿陈景思同参计官。先是，臣僚言："今日财计，非钱谷不足可忧，而渗漏日滋之为可虑也。周家以冢宰制国用，而唐亦以宰相兼领度支，是知财赋国家之大计，其出入之数有馀、不足，为大臣者皆所当知，庶可节以制度，关防欺隐。宜略仿祖宗遗意，命大臣兼提领天下财赋。"从之。陈自强罢，亦废。

绍兴五年，制以左通议大夫、尚书左仆射、同中书门下平章事兼知枢密院事赵鼎，左政奉大夫、尚书右仆射、同中书门下平章事兼知枢密院事张浚都督诸路军马。未几，浚暂往江上措置边防，至七年秋废罢。其余宰臣、执政开府于外者，别载于篇。

编修敕令所提举　宰相兼。　同提举　执政兼。　详定　侍从官兼。　删定官　就职事官内差兼。　掌裒集诏旨，纂类成书。绍兴十二年罢。乾道六年，复置详定一司敕令所，以右丞相虞允文提举，参知政事梁克家同提举。淳熙十五年省罢，绍熙二年复置局。庆元二年，复置提举，以右丞相余端礼兼，同提举以参知政事京镗兼，仍以编修敕令所为名。

宣徽院　宣徽南院使　北院使　掌总领内诸司及三

班内侍之籍，郊祀、朝会、宴飨供帐之仪，应内外进奉，悉检视其名物。旧制，以检校为使，或领节度及两使留后，阙则枢密副使一人兼领二使，亦有兼枢密副使、签书枢密院者。南院资望比北院颇优，然ետ通掌，止用南院印，二使共院而各设厅事。其吏史则有都勾押官、勾押官各一人，前行三人，后行十二人，分掌四案：一曰兵案，二曰骑案，主赐群臣新史，及掌诸司使至崇班、内侍供奉官、诸司工匠兵卒之名籍，及三班而下迁补、假故、鞠勘之事。三曰仓案，掌春秋及圣节大宴、节度使迎授恩赐、上元张灯、四时祠祭及契丹朝贡、内廷学士赴上，并督其供帐，内外进奉视其名物，教坊伶人岁给衣带，专其奏覆。四曰胄案。掌郊祀、御殿、朝调圣容、赐酺国忌供帐之事，诸司使副、三班使臣别籍分产，司其条制，颁诸司工匠休假之。故事，与参知政事、枢密副使、同知枢密院事以先后入叙位。熙宁四年，诏位参政、枢副、同知下，著为令。九年，诏："今后遇以职事侍殿上，或中书、枢密院合班问圣体，及非次庆贺，并特序二府班。"官制行，罢宣徽院，以职事分隶省、寺，而使号犹存。

初，吏部尚书王拱辰治平中知大名府，神宗即位，拜太子少保。明年，检校太傅，改宣徽北院使，寻迁南院，立班序位视签枢。元丰六年，拱辰除武安军节度使再任，自此遂罢使名不复除。独太子少师张方平许依旧领南院使致仕。哲宗即位，始迁太子太保而罢使名。元祐三年，复置南、北院使，仪品恩数如旧制。六年，以冯京为南院使，而方平亦复使名。中书舍人韩川言："祖宗设此官，礼均二府，以待勋旧，未尝带以致仕。且宣徽，武官也；官保，文官也，不宜混并。"不听。方平亦固辞不拜。七年，冯京亦以使致仕。绍圣三年，议者言官名虽复，而无所治之事，乃罢之。南渡以后，不复再置。

三司使　使　副使　判官　盐铁使　度支使　户部使　三部副使　三部判官　三司之职，国初沿五代之制，置使以总国计，应四方贡赋之入，朝廷之预，一归三司。通管盐铁、度支、户部，号曰计省，位亚执政，目为计相。其恩数廪禄，与参、枢同。太平兴国八年，分置三使。淳化四年，复置使一员，总领三部。又分天下为十道：曰河南，河东，关西，剑南，淮南，江南东、西，两浙，广南。在京东曰左计，京西曰右计，置使二员分掌。俄又置总计使判左、右计事，左、右计使判十道事，凡干涉计度者，三使通议之。五年，罢十道左右计使，复置三部使。咸平六年，罢三部使，复置三司使一员。关正使，则以给、谏以上权使事。

　　使　一人，以两省五品以上及知制诰、杂学士、学士充。亦有辅臣罢政出外，召还充使者。使阙，则有权使事；又阙，则有权发遣公事。掌邦国财用之大计，总盐铁、度支、户部之事，以经天下财赋而均其出入焉。凡奏事及大事悉置案，奏牒常事止署案。太平兴国初，以贾琰为三司副使，七年，以侯陟、王明同判三司，遂省副使。盐铁，掌天下山泽之货，关市、河渠、军器之事，以资邦国之用。度支，掌天下财赋之数，每岁均其有无，制其出入，以计邦国之用。户部，掌天下户口、税赋之籍，榷酒、工作、

衣储之事，以供邦国之用。

　　副使　以员外郎以上历三路转运及六路发运使充。
　　判官　以朝官以上曾历诸路转运使、提点刑狱充。
　　三部副使　各一人，通签逐部之事。旧以员外郎以上充。端拱初，省。淳化三年复置，又省。至道初，又置。真宗即位，副使迁官，遂罢之。咸平六年复置。
　　三部判官　各三人，分掌逐案之事。旧以朝官充。国初承旧制，每部判官一人。乾德四年，三部各置推官一人。太平兴国三年，诸案置推官或巡官，以朝官充。四年，三司止置判官一人、推官三人。及分十道，二计各置判官一人。五年，废十道，三部各置判官二人。三部各有孔目官一人，都勾押官一人，勾覆官四人。

　　盐铁分掌七案：一曰兵案，掌衙司军将、大将、四排岸司兵卒之名籍，及库务月帐，吉凶仪制，官吏宿直，诸州衙吏、胥吏之迁补，本司官吏功过，三部胥吏之名帐及刑狱，造船、捕盗、亡逃绝户资产、禁钱。景德二年，并度支案为刑案。二曰胄案，掌修护河渠、给造军器之名物，及军器作坊、弓弩院诸务诸季料籍。三曰商税案，四曰都盐案，五曰茶案，六曰铁案，掌金、银、铜、铁、朱砂、白矾、绿矾、石炭、锡、鼓铸。七曰设案。掌旬设、节料、斋钱、餐钱、羊豕、米面、薪炭、陶器等物。

　　度支分掌八案：一曰赏给案，掌诸给赐、赙赠、例物、口食、内外春冬衣、时服、绫、罗、纱、縠、绵、布、鞋、席、纸、染料，市舶、权物务、三府公吏。二曰钱帛案，掌军中春冬衣、百官俸禄、左藏钱帛、香药榷易。三曰粮料案，掌三军粮料、诸州刍粟给受、诸军校口食、御河漕运、商人飞钱。四曰常平案，掌诸州平籴。大中祥符七年，置主吏七人。五曰发运案，掌汴河、广济、蔡河漕运、桥梁、折斛、三税。六曰骑案，掌诸坊监院务饲养牛羊、马畜及市马等。七曰斛斗案，掌两京仓廪廥积，计度东京粮料，百官禄粟厨料。八曰百官案。掌京朝幕职官奉料、祠祭礼物、诸州驿料。

　　户部分掌五案：一曰户税案，掌夏税。二曰上供案，掌诸州上供钱帛。三曰修造案，掌京城工作及陶瓦八作、排岸作坊、诸库簿张，勾校诸州营垒、官廨、桥梁、竹木、排筏。四曰曲案，掌榷酤、官曲。五曰衣粮案。掌勾校百官诸军诸司奉料、春冬衣、禄粟、茶、盐、鞋酱、傔粮等。三部诸案，并与本部都孔目官以下分掌。

　　三部勾院判官各一人，以朝官充。掌勾稽天下所申三部金谷百物出纳帐籍，以察其差殊而关防之。盐铁院、度支院、户部院勾覆官各一人。

　　都磨勘司，端拱九年置。判司官一人，以朝官充。掌覆勾三部帐籍，以验出入之数。

　　都主辖支收司，淳化三年置。判司官以判磨勘司官兼。掌官物已支未除之数，候至所受之处，附籍报所由司而对除之。天下上供物至京，即日奏之，纳毕，取其钞以还本州。

　　拘收司，咸平四年置。以判磨勘司兼掌。凡支收财利未结绝者，籍其名件而督之。

　　都理欠司，雍熙二年，三部各置理欠，有勾簿司，景

德四年废。判司官一人,以朝官充。掌理在京及天下欠负官物之籍,皆立限以促之。

都凭由司,以判都理欠司官兼,掌在京官物支破之事。凡部支官物,皆覆视无虚谬,则印署而还之,支讫,复据数送勾而销破之。

开拆司,判司官一人,以朝官充。掌受宣敕及诸州申牒之籍,发放以付三部,兼掌发放、勾凿、催驱、受事。

发放司,掌受三司帖牒而下之。太平兴国年中置。

勾凿司,掌勾校三部公事簿帐。

催驱司,掌督京城诸司库务末帐,京畿仓场库务月帐凭由送勾,及三部支讫内外奉禄之事。

受事司,掌诸处解送诸色名籍,以发付三部。

衙司管辖官二人,以判开拆司官及内侍都知、押班充。掌大将、军将名籍,第其劳而均其役使。

勾当公事官二员,以朝官充。掌分左右厢检计、定夺、点检、覆验、估剥之事。

三司推勘公事一人,以京朝官充。掌推劾诸部公事。

勾当诸司、马步军粮料院官各一人,以京朝官充。掌文武官诸司、诸军给受奉料,批书券历,诸仓库案验而禀赋之。

勾当马步军专勾司官一人,以京朝官充。旧以三班。掌诸军兵马逃亡收并之籍,诸司库务给受之数,审校其欺诈,批历以送粮料院。

以上并属三司使。元丰官制行,罢三司使并归户部。

翰林学士院　翰林学士承旨　翰林学士　知制诰　直学士院　翰林权直　学士院权直　掌制诰、诏、令撰述之事。凡立后妃,封亲王,拜宰相、枢密使、三公、三少,除开府仪同三司、节度使,加封,加检校官,并用制;赐大臣太中大夫、观察使以上,用批答及诏书;余官用敕书;布大号令用御札;戒励百官、晓谕军民用敕榜;遣使劳问臣下,口宣。凡降大赦、曲赦、德音,则先进草;大诏命及外国书,则具本取旨,得画亦如之。

凡拜宰相及事重者,晚漏上,天子御内东门小殿,宣召面谕,给笔札书所得旨。禀奏归院,内侍锁院门,禁止出入。夜漏尽,具词进入;迟明,白麻出,阁门使引授中书,中书授舍人宣读。其余除授并御札,但用御宝封,遣内侍送学士院锁门而已。至于赦书、德音,则中书遣吏持送本院,内侍锁院如除授焉。凡撰述皆写画进入,请印署而出,中书省熟状亦如之。若已画旨而未尽及舛误,则论奏贴正。凡宫禁所用文词皆掌之。乘舆行幸,则侍从以备顾问,有献纳则请对,仍不隔班。凡奏事用榜子,关白三省、枢密院用咨报,不名。

凡初命为学士,皆遣使就第宣诏旨召入院。上日,敕设会从官,宥以乐。元丰中,始命佩鱼,自蒲宗孟始。见**执政议事则系鞋**,盖与侍从异礼也。政和三年,强渊明请以前后所被旨及案例,修为本院敕令格式。五年,御书《摛文堂》榜赐学士院。靖康元年,吴开等奏:"大礼锁院,麻三道以上,系双学士宿直分撰,乞依故事。"从之。

承旨,不常置,以学士久次者为之。凡他官入院未除学士,谓之直院;学士俱阙,他官暂行院中文书,谓之权直。自国初至元丰官制行,百司事失其实,多所厘正,独学士院承唐旧典不改。乾道九年,崔敦诗初以秘书省正字兼翰林权直。淳熙五年,敦诗再入院,议者以翰林乃应奉之所,非专掌制诰之地,更为学士院权直。后复称翰林权直,然亦互除不废,权、正或至三人。

翰林侍读学士　太宗初,以著作佐郎吕文仲为侍读。真宗咸平二年,以杨徽之、夏侯峤并为翰林侍读学士,始建学士之职。其后,冯元为翰林侍读,不带学士;又以高若讷为侍读,不加别名,但供职而已。天禧三年,张知白为刑部侍郎,充翰林侍读学士、知天雄军府,侍读学士外使自知白始。元丰官制,废翰林侍读、侍讲学士不置,但以为兼官。然必侍从以上,乃得兼之,其秩卑资浅则为说书。岁春二月至端午日,秋八月至长至日,遇只日入侍迩英阁,轮官讲读。元祐七年,复增学士之号,元符元年省去。建炎元年,诏可特差侍从官四员充讲读官,遇万机之暇,令三省取旨,就内殿讲读。

充宫观兼侍读:元丰八年五月,资政殿大学士吕公著兼侍读,提举中太乙宫兼集禧观公事。七月,韩维兼侍读,提举中太乙宫。元祐元年,端明殿学士范镇致仕,提举中太乙宫兼集禧观公事,兼侍读,不赴。六年,冯京兼侍读,充太乙宫使。未几,乞致仕,不允,仍免经筵进读。中兴以来,如朱胜非、张浚、谢克家、赵鼎、万俟卨并以万寿观使兼侍读。隆兴元年,张焘以万寿观、汤思退以醴泉观并侍读。乾道五年,刘章以佑神观兼焉。

台谏兼侍读:自庆历以来,台丞多兼侍读,谏长未有兼者。绍兴十二年春,万俟卨以中丞、罗汝楫以谏议始兼侍读,自后每除言路,必兼经筵矣。

翰林侍讲学士　咸平二年,国子祭酒邢昺为侍讲学士。其后,又以马宗元为侍讲,不加别名,但供职而已。景德四年,以翰林侍讲学士邢昺知曹州,侍讲学士外使自昺始。故事,自两省、台端以上兼侍讲,元祐中,司马康以著作佐郎兼侍讲,时朝议以文正公之贤,故特有是命。绍兴五年,范冲以宗卿、朱震以秘少并兼,盖殊命也。乾道六年,张栻始以吏部员外郎兼。盖中兴后,庶官兼侍讲者,惟此三人。若绍兴二十五年张扶以祭酒,隆兴二年王佐以检正,乾道七年林栗以宗卿入经筵,亦兼侍讲者。盖扶本以言路兼说书就升其秩,佐时摄版曹,栗尝为右史且有旧例,故稍优之。

台谏兼侍讲:庆历二年,召御史中丞贾昌朝侍讲迩英阁。故事,台丞无在经筵者,仁宗以昌朝长于讲说,特召之。神宗用吕正献,亦止命时起讲筵去学士职。中兴后,王宾为御史中丞,见请复开经筵,遂命兼讲。自后十五年间,继之者惟王唐、徐俯二人,皆出上意。绍兴十二年,则万俟卨、罗汝楫,绍兴二十五年,则正言王珉、殿中侍御史董德元,并兼侍讲。非台丞、谏长而以侍讲为称,又自此始。其后,犹或兼说书,台官自尹穑,隆兴二年五月;谏官自詹元宗,乾道九年十二月。后并以侍讲为称,不复兼说书矣。

宫观兼侍讲:国初自元丰以来,多以宫观兼侍读。乾道七年，宝文待制胡铨除提举佑神观兼侍讲。是日，以宰执进呈，虞允文奏曰："胡铨早岁士节甚高，不宜令其遽去朝廷。"帝曰："铨固非他人比，且除在京宫观，留侍经筵。"故有是命。

崇政殿说书 掌进读书史，讲释经义，备顾问应对。学士侍从有学术者为侍讲、侍读，其秩卑资浅而可备讲说者则为说书。仁宗景祐元年正月，命贾昌朝、赵希言、王宗道、杨安国并为崇政殿说书，日轮二员祗候。初，侍讲学士孙奭年老乞外，因荐昌朝等。至是，特置此职以命之。庆历二年，以赵师民预讲官，复为崇政殿说书，不兼侍讲。元祐间，程颐以布衣为之。然范祖禹乃以著作佐郎兼侍讲，司马康又尝以著作佐郎兼侍讲，前此未有也。崇宁中，初除说书二人，皆以隐逸起，蔡崈、吕瓘，仍遂其性，诏以士服随班朝谒入侍。

渡江后，尹焞初以秘书兼之，中间王十朋、范成大皆以郎官兼，亦殊命也。近事，侍从以上兼经筵则曰侍讲，庶官则曰崇政殿说书，故左史黄亦曰侍讲。绍兴十二年，万俟卨、罗汝楫并兼讲读。盖秦梓时已兼说书，便于传道，秦熺复继之。每除言路，必预经筵，桧死始罢。庆元后，台丞、谏长暨副端、正言、司谏以上，无不预经筵者。正言兼说书自端明巫伋始，副端兼说书自端明余尧弼始，察官兼说书自少卿陈夔始，修注兼说书自朱学震始。修注官多得兼侍讲。开禧三年十一月，王简卿知谏院为左史，仍兼崇政殿说书。言者以为不可，罢之。

观文殿大学士 学士之职，资望极峻，无吏守，无职掌，惟出入侍从备顾问而已。观文殿即旧延恩殿，庆历七年更名。皇祐元年，诏："置观文殿大学士，宠待旧相，今后须曾任宰相，乃得除授。"时贾昌朝由使相右仆射、观文殿大学士判尚书省。观文殿置大学士，自昌朝始。三年，诏班在观文殿学士之前，六尚书之上。自是曾任宰相者，出必为大学士。熙宁中，韩绛复抚陕西、河东，得罪罢守本官。四年，用明堂赦，授观文殿学士。宰相不为大学士，自绛始。中兴后，非宰相而除者，自绍兴二十年秦熺始。熺知枢密院、郊祀大礼使，礼成，以学士迁，且视仪挨路，非典故也。乾道四年，汪澈旧以枢密使为学士迁。九年，王炎以枢密使为西川安抚使除。至庆元间，赵彦逾自工部尚书为端明殿学士，直以序迁至焉。曾为宰相而不为大学士者，自绍兴元年范宗尹始。

观文殿学士 观文殿本隋炀帝殿名，国初，为文明殿学士。庆历七年，宋庠言："文明殿学士称呼正同真宗谥号，兼禁中无此殿额，其学士理自当罢，乞择见今正朝或秘殿以名学士易之。"乃诏改为紫宸殿学士，以参知政事丁度为之。时学士多以殿名为官称，丁遂称曰"丁紫宸"。八年，御史何郯以为紫宸不可为官称，于是改延恩殿为观文殿，即殿名置学士，仍以度为之。自后非曾任执政者弗除。熙宁中，王韶以熙河功，元丰中，王陶以宫僚，虽未历二府，亦除是职，盖异恩也。然韶犹兼端明殿、龙图学士云。

资政殿大学士 资政殿在龙图阁之东序。景德二年，王钦若罢参政，真宗特置资政殿学士以宠之，在翰林学士下。十二月，复以钦若为资政殿大学士，班文明殿学士之下，翰林学士承旨之上。资政殿置大学士，自钦若始。自钦若班翰林承旨上，一时以为殊宠。祥符初，向敏中以前宰相再入为东京留守，复加此职。自是讫天圣末，二十余年不以除人。明道元年，李迪知河阳召还，始再命之。景祐四年，王曾罢相，复除。三十年间除三人，皆前宰相也。宋庠罢参知政事，仁宗眷之厚，因加此职。自钦若后，非宰相而除者，惟庠一人。康定二年，右正言梁适请遵先朝故事，定以员数。于是诏大学士置二员，学士三员。绍兴十年，郑亿年归自伪齐，除资政殿，二年加大学士，许出入如二府仪。亿年未尝秉政。十五年，秦熺自翰林学士承旨为资政，诏立班恩数同执政。十六年，秦桧弟梓以端明卒于湖州，进大资致仕，恤典同参政。是后，从臣自端明视政府而序进者，遂为常矣。

端明殿学士 端明殿即西京正衙殿也。后唐天成元年，明宗即位之初，四方书奏，命枢密使安重诲进读，懵于文义。孔循献议，始置端明殿学士，命冯道、赵凤俱以翰林学士充，班在翰林学士上。后有转改，止于翰林学士内选任。初如三馆例，职在官下；赵凤转侍郎，讽任圜特移职在官上，后遂为故事。宋太宗初，以程羽为之，后随殿名改为文明殿学士。庆历中，改为紫宸，后又改为观文。明道二年，改承明殿为端明殿，复置端明殿学士，以翰林侍读学士宋绶为之，在翰林学士之下。自明道讫元丰，无前执政为之者，仅以待学士之久次者。元丰中，以前执政为之，自曾孝宽始；以见任执政为之，自王安礼始。政和中，尝改为延康殿。建炎二年，都省言：延康殿学士旧系端明殿学士。诏依旧。后拜签枢者多领焉。

总阁学士 直学士 宋朝庶官之外，别加职名，所以厉行义、文学之士。高以备顾问，其次与论议、典校雠。得之为荣，选择尤精。元丰中，修三省、寺监之制，其职并罢，满岁补外，然后加恩兼职。直龙图阁、省、寺监掌贰补外，或领监司、帅臣则除之；待制、杂学士、给谏以上补外则除之。系一时恩旨，非有必得之理。元祐二年，诏复增馆职及职事官并许带职，尚待二年加直学士，中丞、侍郎、给舍、谏议通及一年加待制。绍圣三年，诏职事官罢带职，非职事之官仍旧。中兴后，学士率以授中司、列曹尚书、翰林学士之辅外者，权尚书、给谏、侍郎则带直学士、待制焉。

龙图阁学士 直学士 待制 大中祥符中建。在会庆殿西偏，北连禁中，阁东曰资政殿，西曰述古殿。阁上以奉太宗御书、御制文集及典籍、图画、宝瑞之物，及宗正寺所进属籍、世谱。有学士、直学士、待制、直阁等官。学士，大中祥符三年置，以杜镐为之，班在枢密直学士上。六年，诏结衔在本官之上。直学士，景德四年置，以杜镐为之，班在枢密直学士下。祥符六年，诏结衔在本官之上。待制，景德元年置，以杜镐、戚纶为之，并依旧充职。四年，诏班在知制诰下，并赴内殿起居。自改官制，为学士初复之职，或知制诰平出除之。

天章阁学士 直学士 待制 天禧四年建。在会庆殿之西，龙图阁之北。明年，仁宗即位，修天章阁毕，以奉安真宗御制。东曰群玉殿，西曰蘂珠殿，北曰寿昌殿，南曰延康殿。内以桃花文石为流杯之所。以在位受天书祥符，改曰天章，取为章于天之义。天圣八年置待制。庆历七年，又置学士、直学士。又有侍讲。学士，庆历七年初置，在龙图阁学士之下。学士罕以命人，迄仁宗世，才王贽一人。秦堪自显谟阁进直天章阁，以称呼非便辞。诏改龙图，自是天章不为带职。直学士，庆历七年，初置天章阁直学士，在龙图阁直学士之下。待制，天圣八年初置。寓直于秘阁，与龙图递宿，寻命范讽、鞠詠充职。中兴后，图籍、符瑞、宝玩之物，若国史、宗正寺所进属籍，独藏于天章阁，祖宗御容、潜邸旌节亦安奉焉。

宝文阁学士　直学士　待制　阁在天章阁之东西序，群玉、蘂珠殿之北。即旧寿昌阁，庆历改曰宝文。嘉祐八年，英宗即位，诏以仁宗御书、御集藏于阁，命王珪撰记立石。治平四年，神宗即位，始置学士、直学士、待制，恩赐如龙图。英宗御书附于阁。学士，治平四年初置，以吕公著兼。直学士，治平四年初置，以邵必为之。待制，治平四年初置。

显谟阁学士　直学士　待制　元符元年，曾布、邓洵仁各申请建阁。诏翰林学士、中书舍人撰阁名五以闻，遂建阁藏神宗御集，以显谟为名。徽宗建中靖国元年，诏以显谟阁为熙明阁，仍置学士、直学士、待制；续奉旨，仍以显谟为额。崇宁元年，诏显谟阁学士、直学士、待制如三阁故事，序位在宝文阁学士、直学士、待制之下。学士、直学士、待制，并建中靖国元年置。

徽猷阁学士　直学士　待制　大观二年，初建徽猷阁，以藏哲宗御集。置学士、直学士、待制等官。

敷文阁学士　直学士　待制　绍兴十年置。藏徽宗圣制，置学士等官。

焕章阁学士　直学士　待制　淳熙初建。藏高宗御制。十五年，置学士等官。

华文阁学士　直学士　待制　庆元二年置。藏孝宗御制，置学士等官。

宝谟阁学士　直学士　待制　嘉泰二年置。藏光宗御制，置学士等官。

宝章阁学士　直学士　待制　宝庆二年置。藏宁宗御制，置学士等官。

显文阁学士　直学士　待制　咸淳元年置。藏理宗御制，置学士等官。

集英殿修撰　国初，有集贤殿修撰、直龙图阁、直秘阁三等。政和六年，始置集英殿修撰、右文殿修撰、秘阁修撰。旧制，贴职无杂压，至是因增置，乃定为杂压。其集英修撰，中兴后以宠六曹权侍郎之补外者，下待制一等。

右文殿修撰　元祐元年，许内外官带贴职。绍圣二年，诏职事官罢带职，易集贤殿学士为修撰。政和六年，以集贤院无此名，其见任集贤院修撰并改为右文殿修撰，次于集英殿修撰，为贴职之高等。

秘阁修撰　政和六年置，以待馆阁之资深者，仍多由直龙图阁迁焉。

直龙图阁　祥符九年，以冯元为太子中允、直龙图阁，直阁之名始此。凡馆阁之久次者，必选直龙图阁，皆为擢待制之基也。中兴后，凡直阁为庶官任藩阃、监司者贴职，各随高下而等差之。

直天章阁至直显文阁，并同。

直秘阁　国初，以史馆、昭文馆、集贤院为三馆，皆寓崇文院。太宗端拱元年，诏就崇文院中堂建秘阁，择三馆真本书籍万余卷及内出古画、墨迹藏其中，以右司谏直史馆宋泌为直秘阁。直馆、直院则谓之馆职，以他官兼者谓之贴职。元丰以前，凡状元、制科一任还，即试诗赋各一而入，否则用大臣荐而试，谓之入馆。官制行，废崇文院为秘书监，建秘阁于中，自监少至正字列为职事官。罢直馆、直院之名，独以直秘阁为贴职，皆不试而除，盖特以为恩数而已。故事，外官除馆职如秘阁校理、直秘阁者，必先移书在省执事，叙同僚之好，乃即馆设盛会宴之。自崇宁以来，外官除馆职既多，此礼寝废。

东宫官　太子太师　太傅　太保　太子少师　少傅　少保　国初，师傅不常设。仁宗升储，置三少各一人。参政李昉兼掌宾客。及升首相，遂进少傅，此宰相兼宫僚之始也。丁谓兼少师，冯拯兼少傅，曹利用兼少保，是时实为东宫官，余多以前宰执为致仕官。若太子太师、太傅、太保，以待宰相官未至仆射者，及枢密使致仕，亦随本官高下除授。太子少师、少傅、少保，以待前执政，惟少师非经顾命不除。若因迁转，则递进一官，至太师即迁司空。天禧末，皇太子同听政，乃以首相兼少师。自后神宗、钦宗、孝宗、光宗在东宫，皆不置。开禧三年，史弥远自詹事入枢府，乃进兼宾客。已而太子侍立，遂以丞相钱象祖兼太子少傅。明年，景献太子立，象祖兼少师，弥远以右相兼少傅。未几，弥远丁内艰，象祖亦去位。又明年，弥远起复，遂兼进少师。景定元年，度宗升储，以贾似道为少师。

太子宾客　至道元年建储，初置宾客二人，以他官兼。天禧四年，参政任中正、枢副钱惟演、参政王曾并兼太子宾客，执政兼东宫官始此。中兴后不置。开禧三年，景献太子立，始以执政兼宾客，后复省。景定元年，度宗升储，以朱熠、皮龙荣、沈炎并兼宾客。

太子詹事　仁宗升储，置詹事二人。神宗、钦宗升储，并置二人，皆以他官兼，登位后省。乾道元年，庄文太子立，置詹事二人。逾月，诏太子詹事遇东宫讲读日，并往陪侍。七年，光宗正储位，以敷文阁直学士王十朋、敷文阁待制陈良翰为太子詹事，不兼他官，非常制也。景定元年，度宗升储，以杨栋兼詹事。

太子左庶子　右庶子　左谕德　右谕德　旧制不常设。储闱之建，随宜制官，以备僚采，多以他官兼领。仁宗、神宗升储，庶子、谕德各置二人。钦宗升储，置一人。绍兴三十二年，孝宗以建王立为皇太子，置庶子、谕德各一人，除右虚左。乾道元年及七年，各置一人。开禧三年，景献太子立，初除左虚右，明年，左右始并置。

太子侍读　侍讲　神宗升储，始置各一人。乾道、淳熙、开禧，各依故事并置。乾道七年，礼部太常寺言："讨论东宫开讲并节朔贺庆、辞谢礼仪。宫僚讲读，无已行故事，当依放讲筵，少杀其礼。每遇讲读，詹事以下至讲读官上堂，并用宾礼参见，依官职序坐。皇太子正席，讲读官迭起如延英仪，讲罢复位。节朔不受宫僚参贺；元日、冬至，詹事以下笺贺。谢辞，初如常见之礼。后离位致词，复位就坐，茶汤罢。詹事初上，参见皇太子，拜，皇太子答拜。庶子等初上，参见，皇太子受拜。庶子、谕德及讲读官虽有坐受之礼，止是《五礼新仪》所载；兼逐日致拜之礼，近例皆已不行，或遇合致拜日，更合参酌天禧、至道故事施行。"按天禧二年九月五日，左庶子张士逊等言："臣等日诣资善堂参见皇太子，得令升阶列拜，然后跪受，望令皇太子坐受参见。"诏不许。至道元年，皇太子每见太子宾客，必先拜，迎送常降阶及门。并从之。

太子中舍人　舍人　至道、天禧各置一人。神宗、钦宗升储，并如旧置。嘉定初，除二人。庆元以中舍人在舍人上。

资善堂　翊善　赞读　直讲　说书　皇太子宫小学教授　资善堂小学教授　翊善、赞读、直讲皆旧制。说书而下，中兴以后增置。资善堂自仁宗为皇子时，为肄业之所，每皇子出就外傅，选官兼领。元丰八年，哲宗初开讲筵，诏讲读官日赴资善堂，以双日入讲，仍轮一员宿直。又诏三省、枢密院、讲读、修注官锡宴于资善堂。政和元年，定王、嘉王出就资善堂听读，诏宰执就见。靖康元年，诏皇太子出就外傅，就资善堂置学舍，令国子监供监书。绍兴五年，孝宗封建国公，出就资善堂听讲。先是，宰臣赵鼎得旨于宫门内造书院，至是始成，以为资善堂。命儒臣为直讲、翊善，悉如资善故事。寻用赵鼎言，以左史范冲充翊善，右史朱震充赞读，时称极选。帝曰："朕令国公见冲、震必设拜，盖尊重师傅，不得不如此。"绍兴十二年，建国公出就外第。及绍兴三十年，由普安郡王为皇子，进封建王。时皇孙皆就傅，以校书郎王十朋为小学教授。绍兴三十二年，孝宗即位，诏三皇子位各置说书官一员，又置赞读、直讲一员。淳熙七年，皇孙英国公始就傅，诏置皇太子宫小学教授一员。十六年，光宗即位，皇子进封嘉王，置王府赞读、翊善、直讲各一员。庆元六年，景献太子为福州观察使，诏令资善堂授书，置小学教授二员。开禧元年，进封荣王，仍开资善堂，置赞读、直讲、说书官各一员，又置翊善一员。度宗升储，并置翊善、赞读等官。

主管左、右春坊事　二人，以内臣兼；同主管左、右春坊事二人，以武臣兼；承受官一人，以内侍充。仁宗、神宗升储，并置。中兴后，置官并同。

太子左、右卫率府率　副率　左、右司御率府率　副率　左、右清道率府率　副率　左右监门率府率　副率　左、右内率府率　副率　官存而无职司。至道元年，东宫置左清道率府率、副率兼左春坊谒者，主赞引。三年，真宗即位而省。天禧二年，又以左清道率郭承庆、左右监门副率夏元亨兼左右春坊谒者，仁宗即位复省。中兴后不置，惟以监门率府副率为环卫阶官。

亲王府　傅　长史　司马　谘议参军　友　记室参军　王府教授　小学教授　傅及长史、司马，有其官而未尝除。太平兴国八年，诸王出阁，楚王府置谘议参军二员，翊善一员；陈王府置谘议、翊善各一员；韩王、冀王、益王置翊善各一员。后又置记室及诸王府侍讲一员。并以常参官兼充。其后，多不置谘议、翊善、记室或止一员。大中祥符九年，仁宗初封寿春郡王，置友二员，亦以常参官兼充。天禧二年，进封昇王，友迁谘议，仍置记室一员。又皇侄皇孙侍教、南北伴读无定数。至道初，太宗以皇亲子孙就讲学，欲置侍讲之职，中书言："按唐太宗改诸王侍读为奉诸王讲读，今皇孙、皇侄皆环卫之职，请以教授为名。"从之。选京朝官通经者充。其后又令王府记室、翊善、侍讲分兼南北宅教授。大中祥符二年，又有侍教之名，自是南北院或有伴读。凡诸宫皆有教授，初无定员。是年，英宗以宗室自率府副率已上八百余人，奉朝请者四百余人，而教官才六员，乃诏增置教授官：凡皇族年三十已上者百一十三人，置讲书四员；年二十已上者百十三人，置讲书四员；年十五已上者三百九人，增置教授五员；年十四已下者，别置小学教授十二员；并旧六，为二十七员，以分教之。其子弟不率教，俾教授官、本位尊长具名申大宗正司，量行戒责。教授官不职，大宗正司密访以闻。旧制，亲贤宅置讲书，绍兴十二年，改为府教授，掌教亲贤宅南班宗子。淳熙十二年，诏建魏惠宪王府，置小学教授二员，以馆职兼充，掌训皇孙。既长，趋朝谒，则不以小学名，而讲习如故。自后皇侄、皇孙皆置教授。

卷一百六十三

志第一百一十六

职官　三

吏部　户部　礼部　兵部　刑部　工部　六部监门　六部架阁

吏部　掌文武官吏选试、拟注、资任、迁叙、荫补、考课之政令，封爵、策勋、赏罚殿最之法。凡文阶官之等三十，武选官之等五十有六，幕职州县官之等七，散官之等九，皆以左右高下分属于四选。曰尚书左选，文臣京朝官以上及职任非中书首除授者悉掌之。曰尚书右选，武臣升朝官以上及职任非枢密院除授者悉掌之。自初任至幕职州县官，侍郎左选掌之。自副尉以上至从义郎，侍郎右选掌之。若文武官虽不隶左右选，而职任系中书省、枢密院除授者，其制命诰敕，皆本部奉行。凡应注拟、升移、叙复、荫补及酬赏、封赠者，所隶审验格法上尚书省，法例可否不决应取裁者，亦如之。若中散大夫、左右武大夫以上合命词者，列其迁叙资级、岁月、功过上中书省、枢密院画旨给告,通书本部长、贰及所隶郎官。其属有曰司封,曰司勋,曰考功。凡官十有三:尚书一人;侍郎一人;郎中、员外郎,尚书选二人,侍郎选各一人,司封、司勋、考功各一人。

旧制有三司,尚书主其一,侍郎二员各主其一,分铨注拟事。其后,但存尚书铨,余东西铨印存而事废。淳化中,又置考课院,磨勘幕府州县功过,引对黜陟。至道二年,以其事归流内铨。判流内铨事二人,以御史知杂以上充。掌节度判官以下州府判司、诸县令佐拟注对扬、磨勘功过之事。判部事二人,以带职京朝官或无职事朝官充。凡文吏班秩品命令一出于中书,而小选院即不复置,本曹但掌京朝官叙服章、申请摄官、讣吊祠祭,及幕府州县官格式阙簿、辞谢,拔萃举人兼南曹甲库之事。流外铨,掌考试附奉诸司人吏而已。南曹掌考核选人殿最成状,而送流内铨关试、勾黄、给历之事。甲库掌受制敕黄,关给签符优牒,选人改名废置之事。初,淳化三年,置磨勘京朝官院。四年,改。太平兴国中,置差遣院,至是并入审官院。置知院二人,以御史知杂以上充。旧以朝官充。掌考校京朝官殿最,叙其爵秩而诏于朝,分拟内外任使而奏之。

元丰官制行,六曹尚书、侍郎为长贰,郎官理郡守以上资任者为郎中,通判以下资序者为员外郎。除授皆视寄禄官,高一品以上者为"行",下一品者为"守",下二品以下者为"试",品同者不用行、守、试,余职准此。元祐初,置权尚书,奉赐依守侍郎,班序在试尚书之下,杂压在左、右常侍之下。又置权侍郎,如未历给事中、中书舍人及待制以上者,并带"权"字,禄赐比谏议大夫。郎官虽理知州资序,未曾实历知州及监司、开封府推官者,止除员外郎。又诏,职事官除去"行"字一等。又以六曹职事闲剧不等,减定员数,事简者他曹兼领,司封、司勋各减郎官一员。绍圣初,诏元丰法以行、守、试制禄三等。元符元年,吏部言:"元祐法,小使臣只降宣札,但务从简,于理未安,请自借职而上依元丰法给告。"从之。崇宁元年,诏:"大宗正丞,大理正,诸寺监丞,太学、武学、律学博士,太学正、录,诸宫院、诸州教授,堂除外,其吏部阙不许占差已授未赴及初到任人。"二年,诏:"十年不到部者,依《长定格》与降一官;二十年以上,则除其籍。"靖康元年七月,诏以吏部四选逐曹条例编集板行。八月,臣僚言:"祖宗时未有宗室参部之法,神宗时,始选择差注一二。崇宁初,立法大优,宗室参选之日在本部名次之上,既压年月深远劳效显著之人,复著名州大郡优便丰厚之处。议者颇欲惩革,不注郡守县令,与在部人通理名次。"从之。

尚书 掌文武二选之法而奉行其制命。凡序位有品,寓禄有阶,列爵有等,赐勋有给,分任有职,选官有格,考其功过,计其岁月,辨其位秩,而以序进之。凡文臣自京朝官,武臣自大使臣以上,旧内殿崇班以上。选授、封爵、功赏、课最之事,所隶官分掌其事,兼总于尚书,验实而后判成。以天下职事员阙具注于籍,月取其应选者揭而书之,集官注拟,考阅阀以定其可否。若有疑不能决,小事则申请,大事则禀议于尚书省,应论奏者与郎官同请对。大祭祀则奉玉币以授左仆射,执爵以授左丞。旧,尚书为所迁官名,班左丞上。自厘正百司,吏部以金紫光禄大夫,户、礼、兵、刑、工部以银青光禄大夫换授,而任六曹尚书者始实领职事。左选分案八,置吏三十;右选分案六,置吏十有六。曰主事、令史,曰书令史,曰守当官。二十四司亦如之。南渡初,诸曹长、贰互置,惟吏部备官。绍兴八年,依元祐制,六曹皆置权尚书,以处未应资格之人。其属有侍郎二人,分左、右选。尚书左、右选各置郎中一人,侍郎左、右选各置郎中一人,司封、司勋、考功各一人。郎官分掌其事,而兼总于尚书。左选,掌考校京朝官以上殿最,叙其爵秩,拟内外任使而奏授之。分案十二:曰六品,曰七品,曰八品,曰九品,曰注拟,曰名籍,曰掌阙,曰催驱,曰甲库,曰检法,曰知杂,曰奏荐赏功司。吏额,主事一人,令史二人,书令史九人,守当官一十一人,正贴司一十六人,私名一十二人,楷书二人,法司一人。官告院六部监门隶焉。右选,掌大使臣以上差注,材武人有格二十一,及破格出阙,较量功过,奏荐诸军赏功。分案十:曰大夫,曰副使,曰修武,曰注拟掌阙,曰奏荐赏功,曰开拆,曰名籍,曰甲库,曰法司,曰知杂。吏额,主事一人,令史二人,书令史九人,守当官一十二人,正贴司八人,私名一十人,法司一人。绍熙三年,左司谏谢源明言:"乾道九年诏旨:'六部应承三省、密院批送勘当文字,并令本部郎官、长贰按法裁决可否,申上朝廷施行。'即不得持两端。如或事有疑难,及生创无条例者,令长贰据所见申明将上取旨。乞明诏六曹遵守。"从之。

侍郎 分左右选:左选,掌文臣之未改官者。凡始命而未应参部者,皆试而后选。若应格,则具岁月历任功罪及所举官员数,同郎官引见于便殿,禀奏改官。右选,掌武臣之未升朝者。旧自供奉官以上。其职任自亲民官至部队将、监当官,皆掌其选授注拟之法。凡初仕而试不中等,及已入官而未应选者,皆勿注正阙。官制行,尚书、侍郎通治曹事,奏事则同班,惟吏部分领四选。大祭祀则举玉币置诸案,荐馔则进搏黍,进熟则执鉋爵以授右丞,饮福则奉爵,视朝则执文武班簿对立,以待顾问。左选分案十五,置吏四十有三,右选分案八,置吏四十有七。绍兴四年,吏部侍郎叶祖洽言:"侍郎左选,准元丰朝旨,类姓置簿。左右选理宜一体,右选亦乞置簿拘辖功过。"从之。建炎四年五月,诏六曹复置权侍郎,如元祐故事,满二年为真。补外者除待制,未满,除修撰。左选,掌承直郎以下拟注州府判司、诸县令佐、监当及磨勘功过之事,分案十三。乾道裁减吏额,共置三十五人。右选,掌校副尉以上较试、拟官、行赏、换官,考其殿最,分案十五。乾道裁减吏额,共置四十八人。旧制,吏部除侍郎二员,分典左、右选,总称吏部侍郎。间命官兼摄,惟称左选侍郎或右选而已。绍熙三年,谢深甫、张叔椿兼摄,始有侍左侍郎、侍右侍郎之称。既而林大中、沈揆擢贰尚书,则"侍左""侍右"径入除目。相承不改。

郎中 员外郎 尚左 尚右 侍左 侍右 旧主判二

人，以朝官充。元丰官制行，置吏部郎中，主管尚书左、右选及侍郎左、右选各一员，参掌选事而分治之。凡郎官，并用知府资序以上人充，未及者为员外郎。建炎四年，诏权摄、添差郎官并罢。初进拟，第云吏部郎官；及拟告身细衔，始直书尚书吏部郎中或员外郎，主管尚书某选，主管侍郎某选。绍兴八年，吕希常以监六部门兼权侍右郎官。绍兴三十一年，李端明正除尚右郎官，既而何俌、杨倓、费行之除吏部郎官，皆有侍左、侍右、尚左、尚右之称。自此相承不改。淳熙十六年，光宗即位，诏四选通差，用尚书颜师鲁之请也。先是，乾道元年诏："今后非曾任监司、守臣，不除郎官，著为令。"自是馆学、寺监臣，拘碍资格，迁除不行。郎曹阙员，但得兼摄，旋即外补；间有不次擢用者，则自二著躐升二史，以至从列。其自外召至为郎，则资级已高，曾不数月，必序进卿、少，而郎有正员者益少矣。

司封郎中　员外郎　掌官封、叙赠、承袭之事。凡三师、三公以下至升朝官褒赠祖考、母妻，亲王、郡王、内外命妇以下保任宗属、封爵诸亲，皆因其位叙而为之等。凡宗室当赐名训，具抄拟官。凡庶姓孔氏、柴氏、折氏之后应承袭者，辨其嫡庶。列爵九等：曰王，曰郡王，曰国公，曰郡公，曰县公，曰侯，曰伯，曰子，曰男。分国三等：大国二十七，次国二十，小国二百二十。内命妇之品五：曰贵妃、淑妃、德妃、贤妃，曰大仪、贵仪、淑仪、淑容、顺仪、顺容、婉仪、婉容、昭仪、昭容、昭媛、修仪、修容、修媛、充仪、充容、充媛，曰婕妤，曰美人，曰才人、贵人。外内命妇之号十有四：曰大长公主，曰长公主，曰公主，曰郡主，曰县主，曰国夫人，曰郡夫人，曰淑人，曰硕人，曰令人，曰恭人，曰宜人，曰安人，曰孺人。叙赠之制：三公、宰臣、执政、节度使三代，金紫、银青光禄大夫二代，余官一代，皆辨其位序以进之。加食邑实封，则视其品之高下，以为户数多寡之节。凡事之可否，与司勋通决于长贰。分案三，设吏六。元祐元年，中书后省言："臣僚封赠父母，仍旧制命词，太中大夫观察使以上用专词，余用海词。"二年，诏："父及嫡母存，不得请所生母封赠。所生母未封，亦不许先及其妻。"绍圣元年，诏："宗室换授文官身亡者，通直郎以上赠三官。"元符元年，以元祐间封赠紊前制，诏并依元丰法。二年，诏："寺监官杂压在通直郎之上者，虽系宣教郎，遇大礼封赠。"政和二年，诏："封母则随所封五等，谓如封南阳县开国男，则随其爵称南阳县男令人，封魏国公，则称魏国公夫人之类。应妇人不因夫、子得封号，谓命官非升朝而母年九十以上，或士庶人妇女年百岁，并特旨耆旧授封者。或因子孙得封赠，其夫至升朝或非升朝应封赠者，并孺人。"宣和二年，臣僚言："近年有京官任校书郎、正字者得封赠，今则监丞未升朝者亦乞依例，盖缘监丞杂压在校书郎之上，故引以为请，甚无谓也。不独此尔，又有小使臣偶因薄劳或磨勘转官，遂乞回授封赠父母，实为太滥。望降旨，今后封赠并依旧法，敢有擅更陈乞索乱典章者，置之典刑，庶几侥幸者息而名分正矣。"从之。建炎以后并同。

司勋郎中　员外郎　参掌勋赏之事。凡勋级十有二：曰上柱国，正二品；曰柱国，从二品；曰上护军，正三品；曰护军，从三品；曰上轻车都尉，正四品；曰轻车都尉，从四品；曰上骑都尉，正五品；曰骑都尉，从五品；曰骁骑尉，正六品；曰飞骑尉，从六品；曰云骑尉，正七品；曰武骑尉，从七品。率三岁一迁，必因其除授以加之。凡赏有格。若事应赏，从其所隶之司考实以报，则必审核其状，以格覆之，谓之"有法酬赏"；非格所载，参酌轻重拟定，以上尚书省，谓之"无法酬赏"。若功赏未醉而赏格改易者，轻从旧格，重从新格。录用前代帝系及勋臣之后，则考其族系而奉行其制命。分案四，置吏十有九。

元祐元年，吏部言："诸色人授引徽求，入流太冗。应工匠伎艺之属无法入官者，虽有劳绩，并止比类支赐，未经酬奖者亦如之。"绍圣二年，户部言："元丰官制，司勋覆有法式酬赏，无法式者定之。元祐中，有法式者止令所属勘验，自后应干钱谷，本部指定关司勋，则是户部兼司勋之职，请依旧制。"从之。四年，应川峡人任本路差遣者，酬奖减半。政和四年，诏："司勋行下所属，将一司一路条制，参照《酬奖格法》，类集参用。"又诏以详定国朝勋德臣僚职位姓名送吏部。用工部尚书郑允中所编也。隆兴元年省并，以司封郎官兼领。淳熙元年，复以司农寺丞范仲芭兼司勋，未几改除，复省。裁减吏额，主事一人，令史一人，书令史四人，守当官三人，正贴司四人，私名三人。

考功郎中　员外郎　掌文武官选叙、磨勘、资任、考课之政令。凡命官，随所隶迁，以其职事具注于历，给之于其属州若司，岁书其功过。应升迁授者，验历按法而叙进之；有负殿，则正其罪罚。以七事考监司：一曰举官当否，二曰劝课农桑、增垦田畴，三曰户口增损，四曰兴利除害，五曰事失案察，六曰较正刑狱，七曰盗贼多寡。以四善、三最考守令：德义有闻、清谨明著、公平可称、恪勤匪懈为四善；狱讼无冤、催科不扰为治事之最，农桑垦殖水利修为劝课之最，屏除奸盗、人获安处、振恤困穷、不致流移为抚养之最。通善、最分三等：五事为上，二事为中，余为下。若能否尤著，则别为优劣，以诏黜陟。凡内外官，计在官之日，满一岁为一考，三考为一任。

磨勘之法，文选官之等四：银青光禄大夫至朝议大夫，进士理八年，非进士理十年；通直郎至太中大夫充谏议大夫、待制以上职任者，理三年；朝散大夫至承务郎，理四年。武选官之等六：遥郡团练使、刺史、阁门舍人转左武、右武郎，理十年；武功大夫以下，理七年；横行武德大夫以下至校尉，理五年；阁门祗候初补从义郎以下至承节郎、承信郎充随行指使，理四年；承信郎以功补授及宗室观察使以下祗应校尉，理三年；宗室承宣使以下祗应校尉，理二年。幕职州县官之等三：进士第一、第二、第三名及第者，一任回改京官；自留守、府判官至县令，理六考；自军巡判官至县尉，理七考。率以法计其历任岁月、功过而序迁之。凡改服色者以年劳计之。执政官、节度使、银青光禄大夫以上应缴者，覆太常所定行状，报尚书省官集议以闻。绍圣四年，河东提刑司徐君平奏："乞凡将集议，前期三日，持考功状遍示当议之官，使先紬绎而后集于都堂以询之，庶几有所见者得以自申，以称朝廷博谋尽下之意。"从之。凡立碑碣名额之事，掌之。旧制，考课院其定殿最皆有考辞。元丰官制行，悉罢。分案十有七，置吏六十有八。

元祐三年，诏："知州考课法，吏部上其事于尚书省，送中书省取旨赏罚。劣等应罚而已冲降者，仍从冲降法。县令以下，本部专行。"六年，枢密院言："元丰末，堂除知州军三年为任，武任依此。元祐初，以成资为任，武臣未曾立法。"诏武臣任六等差遣，川广成资余并三十个月为任。建炎以后并同。应文武臣磨勘、关升、资任、较考，定其殿最，别其优劣，以诏黜陟予夺；没则谥，审覆而参定之。凡特恩赐谥，命词给告，余给敕。分案十一：曰六品，曰七品，曰八品，曰曹掾，曰令丞，曰从义，曰成忠，曰资任，曰检法，曰知杂，曰开拆。裁减吏额，主事二人，令史四人，书令史八人，守当官十三人，正贴司三人，私名一十人。淳熙十三年，再共减三人。

官告院　主管官一员，以京朝官充。旧制，提举一人，以知制诰充；判院一人，以带职京朝官充。掌吏、兵、勋、封官告，以给妃嫔、王公、文武品官、内外命妇及封赠者，各以本司告身印印之。文臣用吏部，武臣用兵部，王公及命妇用司封，加勋用司勋。官制行，四选皆用吏部印，惟蕃官则用兵部印记。凡绫纸幅数、褾轴名色，皆视其品之高下，应奏钞画闻者给之。令史十五人。

元丰五年，官制所重定《制授敕授奏授告身式》，从之。绍圣元年，吏部言："元丰法，凡入品者给告身，无品者给黄牒。元祐中，以内外差遣并职事官本等内改易或再任者，并给黄牒，乃与无品人等。"诏："今后帅臣监司待制以上知州，并给告，余依旧。"三年，诏："职事官监察御史以上因事罢，并给告。"元符元年，吏部言："元祐法，小使臣只降宣札，乞自承信郎而上依旧给告。"宣和元年，诏："官告院立条，凡制造告身法物，应用绫锦，私辄放效织造及贸贩服用者，立赏许告。"

大抵官告之制，自乾德四年，诏定告身绫纸褾轴，其制阙略。咸平、景德中，两加润泽，至皇祐始备。神宗即位，循用皇祐旧格，逮元丰改制，名号虽异，品秩则同，故亦未遑别定。徽宗大观初，乃著为新格，凡褾带网轴等饰，始加详矣。

凡文武官绫纸五种，分十二等。

色背销金花绫纸二等。一等一十八张，滴粉缕金花大犀轴，八荅晕锦褾韬，色带。三公、三少、侍中、中书令用之。一等一十七张，滴粉缕金花中犀轴，天下乐锦褾犀轴，色带。左右仆射、使相、王用之。

白背五色绫纸二等。一等一十七张，滴粉缕金花，翠毛狮子锦褾韬，玳瑁轴，色带。知枢密院、两省侍郎，尚书左右丞，同知、签书枢密院事，嗣王，郡王，特进，观文殿大学士，太尉，东宫三少，冀、兖、青、徐、扬、荆、豫、梁、雍州牧，御史大夫，宗室节度使至率府副率之带皇字者用之。一等一十七张，晕锦褾韬，玳瑁轴，色带。观文殿学士，资政殿大学士，六尚书，金紫光禄、银青光禄、光禄大夫，左、右金吾卫，左、右卫上将军，节度、承宣、观察，并用之。

大绫纸四等。一等一十五张，晕锦褾，两面拨花穗草大牙轴，色带。宣奉、正奉大夫，翰林学士，资政、端明殿学士，龙图、天章、宝文、显谟、徽猷阁学士，左、右散骑常侍，御史中丞，开封尹，六曹侍郎，枢密直学士，龙图、天章、宝文、显谟、徽猷阁直学士，正议、通奉大夫，诸卫上将军，太子宾客，詹事，侯，用之。一等十二张，法锦褾，两面拨花细牙轴，色带。给事中，中书舍人，通议大夫，司成，左、右谏议大夫，龙图、天章、宝文、显谟、徽猷阁待制，太中大夫，秘书、殿中监，伯，用之。一等一十张，法锦褾，拨花常使大牙轴，色带。中大夫，七寺卿，京畿、三路转运使，发运使，中奉、中散大夫，通侍大夫，枢密都承旨，祭酒，太常、宗正少卿，秘书、殿中少监，正侍、中侍大夫，入内内侍省内侍省、都知，诸州刺史，中亮、中卫大夫，防御、团练使，太子左、右庶子，诸卫大将军，驸马都尉，典乐，子，用之。一等八张，盘球锦褾，大牙轴，色带。七寺少卿，朝议、奉直大夫，左、右司郎中，司业，开封少尹，少府、将作、军器监，都水使者，拱卫大夫，太子詹事，左、右谕德，左武、右武大夫，入内内侍省、内侍省副都知，枢密承旨、副承旨，诸房副承旨，起居郎、舍人，侍御史，左、右司员外郎，六曹郎中，朝请、朝散、朝奉大夫，京畿、三路转运副使，诸路转运使、副使，知上州，提举三路保甲，入内内侍省、内侍省押班，武功至武翼大夫，开封左、右司录事，蕃官使臣，殿中侍御史，左右司谏、正言，监察御史，和安大夫至翰林良医，男，用之。内殿中侍御史、监察御史用九张，蕃官使臣用大锦褾，背带，此其小异者也。

中绫纸二等。一等七张，中锦褾，中牙轴，青带。诸司员外郎，朝请、朝散、朝奉郎，少府、将作、军器少监，诸卫将军，太子侍读、侍讲，中亮、中卫，左武、右武郎中，知下州，诸路提点刑狱，发运判官，提点铸钱，承议郎，武功至武翼郎，太子中允、舍人，亲王府翊善、赞读、侍读，符宝郎，太常、中正，秘书、殿中丞，六尚奉御，大理正，著作郎，通事舍人，太子诸率府率，直龙图阁，开封府诸曹事，大晟府乐令，直秘阁，崇政殿说书，和安郎至翰林医正，用之。一等六张，中锦褾，中牙轴，青带。奉议郎，七寺丞，秘书郎，太常博士，著作佐郎，国子、少府、将作、军器、都水监承，国子博士，大理司直、评事，修武、敦武郎，通直郎，内常侍，转运判官，提举学士，诸州通判，御史台检法官、主簿，九寺主簿，亲王记室，阁门祗候，枢密院逐房副承旨，从义、秉义郎，太学、武学博士，开封诸曹掾，陵台令，两赤县令，忠训、忠翊郎，节度、防御、团练副使，行军司马，太医正，太史局令、正、丞，五官正，翰林医官，辟雍博士，太子诸率府副率，用之。

小绫纸二等。一等五张，黄花锦褾，角轴，青带。校书郎，正字，宣教郎，太常寺协律、奉礼郎，太祝，郊社、太官令，律学博士，国子、少府、将作、军器、都水监主簿，宣义郎，保义、成忠郎，太学正、录，律学，承事、承奉、承务、承信、承节郎，门下、中书省录事，尚书省都事，三省、枢密院主事，辟雍正、录，用之。一等五张，黄花锦褾，次等角轴，青带。幕职、州县官，三省枢密院令史、书史，流外官，诸州别驾、长史、司马、文学、司士、助教、技术官，用之。

凡官披至外命妇罗纸七种，分十等：

遍地销金龙五色罗纸二等。一等一十八张，韬带，两面销金云凤褾，红丝纲子，金样钑花涂枌镏，滴粉缕金花凤大犀轴。大长公主、长公主、公主用之。一等一十七张，韬带，两面销金云凤褾，红丝网子，金样钑花涂枌镏，滴粉缕金花凤子中犀轴。贵仪、淑仪、淑容、顺仪、顺容、婉仪、婉容、内宰用之。

遍地销金凤子五色罗纸二等。一等一十五张，韬带，销金凤子褾，红丝网子，金涂银枌镏，滴粉缕金云凤玳瑁轴。昭仪、昭容、昭媛、修仪、修容、修媛、充仪、充容、充媛、副宰用之。一等一十三张，韬带，销金盘凤褾，红丝网子，金涂银枌镏，滴粉金云凤玳瑁轴。婕妤、才人、贵人、美人用之。

销金团窠花五色罗纸二等。一等一十张，八笞晕锦褾韬，色带，紫丝网子，银枌镏，滴粉缕金葵花玳瑁褾轴。尚仪、尚服、尚食、尚寝、尚功，宫正、内史，宰相曾祖母、祖母、母、妻，亲王妻，用之。一等八张，翠色狮子锦褾韬，色带，紫丝网子，银枌镏，滴粉缕金栀子花玳瑁轴。郡主、县主，国夫人，内命妇，郡夫人，执政官祖母、母、妻，用之。

销金大花五色罗纸一等。七张，云雁锦褾韬，色带，紫丝网子，银枌镏，滴粉缕金玳瑁轴。宝林御女、采女，二十四司典掌，尚书省掌籍、掌乐，主管仙韶，用之。

金花五色罗纸一等。七张，法锦褾韬，色带，紫丝网子，银枌镏，缕金玳瑁轴。郡夫人、郡君、宗室妻，朝奉大夫、遥郡刺史以上母妻，升朝官母，诸班直都虞候、指挥使、禁军都虞候、军都虞候、御前忠佐母，蕃官母妻，诸神庙夫人，用之。

五色素罗纸一等。七张，锦褾韬，色带，紫丝纲子，银枌镏，大牙轴。宗室女，升朝官妻，诸班直都虞候、指挥使、禁军都虞候、军都指挥使、忠佐妻，用之。

凡内外军校封赠绫纸三种，分四等：

大绫纸二等。一等七张，法锦褾，大牙轴，青带。遥郡刺史以上用之。一等七张，大锦褾，大牙轴，青带。藩方指挥使、御前忠佐马步军副都军头、马步军都军头、藩方马步军指挥使用之。内蕃遥郡者，法锦褾，色带。

中陵纸一等。五张，中锦褾，中牙轴，青带。都虞候以上诸班指挥使、御前忠佐马步军副都军头、藩方马步军副都指挥使、都虞候，用之。内加至爵邑者，用大绫纸、大牙轴、大锦褾。

小绫纸一等。五张，黄花锦褾，次等角轴，青带。诸军指挥使以下用之。如加至爵邑者，同上。凡封蛮夷酋长及蕃长绫纸两种，各一等：

五色销金花绫纸一等。一十八张，翠色狮子锦褾，法锦韬，紫丝网子，银枌镏，滴粉缕金牡丹花玳瑁轴，色带。南平、占城、真腊、阇婆国王用之。

中绫纸一等。七张，法锦褾，中牙轴，青带。藩蛮官承袭、转官用之。

大观并归尚书省，政和仍归吏部。差主管官。建炎元年，诏："文臣太中大夫、武臣正任观察使及宗室南班官以上给告，以下并给敕。"三年，诏逐等依旧给告。绍兴二年，诏："四品以下官及职事官监察御史以上，官告并用锦褾外，其余官并封赠权用缊罗代充。"十四年，始尽用锦。其后，又诏内外命妇、郡夫人以上，乃得用网袋及销金，其余则否。至二十六年，诏内外文武臣僚告敕并依大观格式制造。裁减吏额，共置二十九人。淳熙十三年又减五人。

户部　国初，以天下财计归之三司，本部无职掌，止置判部事一人，以两制以上充，以受天下上贡，元会陈于庭。元丰正官名，始并归户部。掌天下人户、土地、钱谷之政令，贡赋、征役之事。以版籍考户口之登耗，以税赋持军国之岁计，以土贡辨郡县之物宜，以征榷抑兼并而佐调度，以孝义婚姻继嗣之道和人心，以田务券责之理直民讼，凡此归于左曹。以常平之法平丰凶、时敛散，以免役之法通贫富、均财力，以伍保之法联比闾、察盗贼，以义仓振济之法救饥馑、恤艰厄，以农田水利之政治荒废、务稼穑，以坊场河渡之课酬勤劳、省科率，凡此归于右曹。尚书置都拘辖司，总领内外财赋之数，凡钱谷帐籍，长贰选吏钩考。其属三：曰度支，曰金部，曰仓部。

熙宁中，以知枢密院陈升之、参知政事王安石制置条例，建官设属，取三司条例看详，具所行事付之。三年，罢归中书，以常平、免役、农田、水利新法归司农，以青案归军器监，修造归将作监，推勘公事归大理寺，帐司、理欠司归比部，衙司归都官，坑冶归虞部，而三司之权始分矣。元丰官制行，罢三司归户部左、右曹，而三司之名始泯矣。凡官十有三：尚书一人，侍郎二人，郎中、员外郎，左右曹各二人，度支、金部、仓部各二人。

元祐初，门下侍郎司马光言："天下钱谷之数，五曹各得支用，户部不知出纳见在，无以量入为出。乞令尚书兼领左、右曹，钱谷财用事有散在五曹、寺监者，并归户部，使尚书周知其数，则利权归一；若选用得人，则天下之财庶几可理。"诏尚书省立法。三年，三省言："大理寺右治狱并罢，依三司旧例，户部置推勘检法官，治在京官司凡钱谷事，增置干当公事二员。"绍圣元年，罢户部干当公事，置提举、管干官，复行免役、义仓，厘正左、右曹职，依元定官制。三年，右曹令侍郎专领，尚书不与。建中靖国元年，复干当公事官二员。政和二年五月，诏依神宗官制，委右曹侍郎专主行常平，自今许本部直达奏裁。又诏依熙、丰旧制，本部置都拘辖司，总领户、度、金、仓四部财赋。宣和六年，诏户部辟官依元丰法。

尚书　侍郎　掌军国用度，以周知其出入盈虚之数。凡州县废置，户口登耗，则稽其版籍；若贡赋征税，敛散移用，则会其数而颁其政令焉。凡四司所治之事，侍郎为之贰，郎中、员外郎参领之，独右曹事专隶所掌侍郎。若事属本曹，郡县监司不能直者，受其讼焉。大飨祀荐馔，则尚书奉俎，饮福则彻之。朝会则奏贡物。左曹分案五，置吏四十；右曹分案五，置吏五十有六。建炎兵兴，尝以知枢密院张悫提领措置户部财用，后迁中书侍郎，仍兼之。五年，复以参知政事孟庾提领措置。后罢，专委户部长贰。左曹分案三：曰户口，掌凡诸路州县户口升降，民间立户分财，科差人丁，典卖屋业，陈告户绝，索取妻男之讼。曰农田，掌农田及田讼务限，奏丰稔，验水旱虫蝗，劝课农桑，请佃地土，令佐任满赏罚，缴奏诸州雨雪，检按灾伤逃绝人户。曰检法，掌凡本部检法之事，设科有三：曰二税，掌受纳、驱磨、隐匿、支移、折变。曰房地，掌诸州楼店务房廊课利，僧道免丁钱及土贡献物。曰课利，掌诸军酒课，比较增亏，知、通等职位姓名，人户买扑盐场酒务租额酒息，卖田投纳牙契。外有开拆、知杂司。右曹分案六：曰常平，掌常平、农田水利及义仓振济，户绝田产，居养鳏、寡、孤、独之事。曰免役，曰坊场，曰平准，各随其名而任其事。曰检法，曰知杂。裁减吏额，左曹四十人，右曹三十人。淳熙十年，诏左藏南库拨隶户部。旧制，户部侍郎二人，中兴初，止除长贰、各一员，或止除尚书若侍郎一员。绍兴四年七月，诏户部侍郎二员，通治左、右曹，自此相承不改。

郎中 左曹 右曹 员外郎 掌分曹治事。建炎三年，诏省并郎曹，惟户部五司以职事烦剧不并，仍各置一员。绍兴中，专置提举帐司，总天下帐状，以户部左曹郎官兼之。右曹岁具常平钱物总数，每秋季具册以闻。初置主管左、右曹，总称户部郎官。绍兴七年，阎彦昭以太府寺丞兼左曹郎官。绍兴三十二年，徐康正除左曹郎官，自是相承不改。是年，又诏："户部事有可疑难裁决者，许长贰与众郎官聚议，文字皆令连书，有定议，然后付本曹行遣。"

度支郎中 员外郎 参掌计度军国之用，量贡赋税租之入以为出。凡军须边备，会其盈虚而通其有无。若中外禄赐及大礼赏给，皆前期以辨。岁终，则会诸路财用出入之数奏之上，而以其副申尚书省。凡小事则拟画，大事谘其长贰；应申请更改举行勘审者，则先检详供具。分案六，置吏五十有一。凡上供有额，封桩有数，科买有期，皆掌之。有所漕运，则计程而给其直。凡内外支供及奉给驿券，赏赐衣物钱帛，先期拟度，时而予之。分案五：曰度支，曰发运，曰支供，曰赏赐，曰知杂。乾道四年，置会稽都籍，度支掌之。裁减吏额，置五十人。淳熙十三年，又减四人。

金部郎中 员外郎 参掌天下给纳之泉币，计其岁之所输，归于受藏之府，以待邦国之用。勾考平准、市舶、榷易、商税、香茶、盐矾之数，以周知其登耗，视岁额增亏而为之赏罚。凡纲运不濡滞及负折者，计程帐催理。凡造度、量、权、衡，则颁其法式。合同取索及奉给、时赐，审覆而供给之。分案六：曰左藏，曰右藏，曰钱帛，曰榷易，曰请给，曰知杂。裁减吏额，共置六十人。淳熙十三年，又减四人。

仓部郎中 员外郎 参掌国之仓庾储积及其给受之事。凡诸路收籴折纳，以时举行；漕运上供封桩，以时催理；应供输中都而有登耗，则比较以闻。岁以应用刍粟前期报度支，均定支移、折变之数。其在河北、陕西、河东路者，书其所支岁月，季一会之。若内外仓场帐籍供申愆期，则以法究治。分案六，置吏二十有四。元祐元年四月，省郎官一员，十月复置。分案六：曰仓场，曰上供，曰粜籴，曰给纳，曰知杂，曰开拆。建炎三年，罢司农寺归仓部。绍兴四年复旧。裁减吏额，共置二十五人，续又减二人。

礼部 掌国之礼乐、祭祀、朝会、宴飨、学校、贡举之政令。祭之名有三：天神曰祀，地祇曰祭，宗庙曰飨。又有大祀、中祀、小祀之别。币玉、牲牢、器服，各从其等。凡雅乐，以六律、六同合阴阳之声为乐律，金、石、丝、竹、匏、土、革、木为乐器，宫架八佾，特架六佾，分武文先后之序为乐舞，其所歌为乐章。若有事于南北郊、明堂，籍田，禘祫太庙，荐享景灵宫，酌献陵园，及行朝贡、庆贺、宴乐之礼，前期饬有司辨具，阅所定仪注，以旧章参考其当否，上尚书省，册宝及封册命礼亦如之。凡礼乐制度有所损益，小事则同太常寺，大事则集侍从官、秘书省长贰或百官，议定以闻。凡天下选士，具注于籍，三岁贡举，与夫学校试补三舍生。掌后妃、亲王以下推恩，公主下嫁，宗室冠、婚、丧、葬之制，及赐旌节、章服、冠帔、门戟，旌表孝行之法。若印记、图书、表疏之事皆掌焉。大祥瑞，则朝参官以上诣阁门表贺，余于岁终条奏。

旧属礼仪院，判院一人，以枢密院使、参知政事充；知院，以诸司三品以上充。主吏无定数，择三司京朝百司胥史充。礼部止设判部一人，掌科举，补奏太庙郊社斋郎、室长、掌坐，都省集议，百官谢贺章表，诸州申祥瑞，出入内外牌印之事。兼领贡院，掌受诸州解发进士诸科名籍及其家保状、文卷，考验户籍、举数、年齿而藏之。若朝廷遣官知举，则主判官罢，事毕，以知举官卑者一员主判。元丰官制行，悉归礼部。其属三：曰祠部，曰主客，曰膳部。设官十：尚书、侍郎各一人，郎中、员外郎四司各一人。元祐初，省祠部郎官一员，以主客兼膳部。绍圣改元，主客、膳部互置郎官兼领。建炎以后并同。

尚书 掌礼乐、祭祀、朝会、宴享、学校、贡举之政令，侍郎为之贰，郎中、员外郎参领之。凡讲议制度，损益仪物，则审覆有司所定之式，以次谘决，而质于尚书省。大祭祀则省牲，鼎镬视涤濯，荐腥则奉笾豆、簠簋，及饮福彻之，祼则奉瓒临彝。凡天地、宗庙、陵园之祀，后妃、亲王、将相封册之命，皇子加封，公主降嫁，稽其彝章以诏上下而举行之。朝廷庆会宴乐，宗室冠、婚、丧、祭，蕃使去来宴赐，与夫经筵、史馆、赐书、修书之礼，例皆同奉常讲求参酌，而定其仪节。三岁贡举，学校试补诸生，皆总其政。旌节章服之颁，祥瑞表奏之进，凡关于礼乐者，皆掌之。建炎三年，诏鸿胪、光禄寺并归于礼部，太常、国子监亦隶焉。分案五：曰礼乐，曰贡举，曰宗正奉使帐，曰封册表奏，曰检法。各随其名而治其事。裁减吏额，四十五人。续又减四人。

侍郎　奏中严外办，同省牲及视馔腥熟之节。裸，受瓒奉盘。岁祀昊天上帝，祭皇地祇，与尚书迭为亚献。祭太社、太稷、神州地祇，则迭为初献。祀九宫贵神、五帝、感生帝、朝日、夕月、蜡祭东西方亦如之。大朝会，则尚书奏藩国贡物。凡庆贺若谢，则郎中、员外郎分撰表文。祠事，与太常少卿、祠部官迭为终献或亚献。亲郊，自景灵宫朝献太庙朝享至望燎礼毕，乘舆还内，皆奏解严。分案十，置吏三十有五。南渡，诸曹长、贰互置。绍兴七年，礼部置侍郎二员。隆兴元年，诏："除尚书不常置外，礼部侍郎置一员。"

郎中　员外郎　元丰，郎官、员外郎参领礼乐、祭祀、朝会、宴享、学校、贡举之事。有所损益，则审订以次谘决。凡庆会若谢，掌撰表文。与祠部、主客、膳部并列为四。建炎三年，并省郎曹，礼部领主客，祠部领膳部。隆兴元年，复诏礼部、祠部一员兼领，自是并行四司之事矣。通置吏五十四人。

祠部郎中　员外郎　掌天下祀典、道释、祠庙、医药之政令。月奏祠祭、国忌、休暇之日。每岁大祀、忌日，大忌前一日，皆不坐。元日、冬至、寒食假各七日。天庆、先天、降圣节各五日。诞圣节、正七月望、夏至、腊各三日。天祺、天贶节、人日、中和、二社、上巳、端午、三伏、七夕、授衣、重九、四立、春秋分及每旬假各一日。若神祠封进爵号，则覆太常所定以上尚书省。凡宫观、寺院道释，籍其名额，应给度牒，若空名者毋越常数。初补医生，令有司试艺业，岁终校全失而赏罚之。分案五，置吏二十有一。

主客郎中　员外郎　掌以宾礼待四夷之朝贡。凡郊劳、授馆、宴设、赐予，辨其等而以式颁之。至则图其衣冠，书其山川风俗。有封爵礼命，则承诏颁付。掌嵩、庆、懿陵祭享，崇义公承袭之事。分案四，置吏七。元祐六年七月，兵部言："《兵部格》，掌蕃夷官授官；《主客令》，蕃国进奉人陈乞转授官职者取裁。即旧应除转官者，报所属看详。旧来无例，创有陈乞，曹部职掌未一，久远互失参验，自今不以曾未贡及例有无，应缘进奉人陈乞，授官加恩，令主客关报兵部。"从之。

膳部郎中　员外郎　掌牲牢、酒醴、膳羞之事。凡所用物，前期计度，以关度支。若祭祀、朝会、宴享，则同光禄寺官视其善否，酒成则尝而后进。季冬命藏冰，春分启之，以待供赐。分案七，置吏九。

兵部　掌兵卫、仪仗、卤簿、武举、民兵、厢军、土军、蕃军，四夷官封承袭之事，舆马、器械之政，天下地土之图。凡仪卫，大朝会用黄麾大仗；文德殿视朝及册命王公大臣，用黄麾半仗；紫宸殿受外国使朝，用黄麾角仗；文德殿发册，用黄麾细仗。卤簿有大驾、法驾、小驾，皆掌其数及行列先后之仪，为图以授有司。凡武选之制，仿贡举之法。凡联其什伍而教之以战为民兵，材不中禁卫而足以执役为厢军，就其乡封募以御盗为土军，以老疾而裁其功力之半为剩员。团结以御戎为洞丁，为义军、弩手，属羌分隶边将为蕃兵。籍其名数而颁其禁令。大将出征，奏捷则告于庙，破贼则露布以闻。凡招置厢、禁军及州郡屯营，三衙迁补，守戍军吏转补，文武官白直、宣借，皆掌之。其属三：曰职方，曰驾部，曰库部。旧判部事一人，以两制充。掌三驾仪仗、卤簿图，春秋释奠武成王庙及武举，岁终以义军、弓箭手户数上于朝。国初，掌千牛备身，殿中省进马籍。元丰设官十，尚书、侍郎各一，四司郎中、员外郎各一。元祐初，省驾部郎中一员，以职方兼库部。绍兴改元，诏职方、库部互置郎官一员兼。

尚书　掌兵卫、武选、车辇、甲械、厩牧之政令。以天下郡县之图而周知其地域。凡陈卤簿，设仗卫，饬官吏整肃，蕃夷除授，奉行其制命。凡军兵以名籍统隶者，阅习按试，选募迁捕，及武举、校试之事，皆总之。侍郎为之贰，郎中、员外郎参掌之。大礼，则尚书充卤簿使；大祀，奉鱼牲及俎，视朝，则侍郎执班簿对立；小祀，则郎中、员外郎荐俎并彻。分案九，置吏四十有七。凡蕃夷属户授官、封袭之事皆掌之。建炎三年，并卫尉寺隶焉。分案十：曰赏功，曰民兵卫，曰厢兵，曰人从看详，曰帐籍告身，曰武举，曰蕃官，曰开拆，曰知杂，曰检法。乾道裁减吏额，共置三十人。续诏："将下班祗应并进义校尉、守阙进义副尉、进武校尉、守阙进武副尉并隶兵部，许于殿前司抽差下班祗应，文字人吏六名，赴部行遣。"

侍郎　掌贰尚书之事。南渡，长贰互置，续置侍郎二员，绍兴常置一员。

郎中　员外郎　参掌本部长贰之事。建炎三年，诏兵部兼职方，驾部兼库部。隆兴元年，诏驾部、兵部郎官共一员兼领，自是四司合为一矣。厥后间或并置，若从军或将命于外，则假以为宠焉。

职方郎中　员外郎　掌天下图籍，以周知方域之广袤，及郡邑、镇寨道里之远近。凡土地所产，风俗所尚，具古今兴废之因，州为之籍，遇闰岁造图以进。四夷归附，则分隶诸州，度田屋钱粮之数以给之。分案三，置吏五。旧判司事一人，以无职事朝官充，掌受闰年图经。国初，令天下每闰年造图纳仪鸾司。淳化四年，令再闰一造；咸平四年，令上职方。转运画本路诸州图，十年一上。绍熙三年，职方、驾部吏额通入兵部、库部，并作四十二人。

驾部郎中　员外郎　掌舆辇、车马、驿置、厩牧之事。大礼，戒有司具五辂。凡奉使之官赴阙，视其职治给马如格。官文书则量其迟速以附步马急递。总内外监牧，籍其租入多寡，孳产登耗。凡市马于四夷者，溢岁额则赏之。分案六，置吏十有三。建炎三年，并太仆寺隶焉。

库部郎中　员外郎　掌卤簿、仪仗、戎器、供帐之事，国之武库隶焉。凡内外甲仗器械，造作缮修，皆有法式。若御大庆、文德殿，应用卤簿名数，前期以戒有司。祭祀、丧葬，则给以等差。总卫尉寺金吾仗司兵匠之数，考其功罪、岁月而以法升降之。分案四，置吏九。

刑部　掌刑法、狱讼、奏谳、赦宥、叙复之事。凡断狱本于律，律所不该，以敕、令、格式定之。凡律之名十有二：曰名例，曰禁卫，曰职制，曰户婚，曰厩库，曰擅兴，曰盗贼，曰斗讼，曰诈伪，曰杂律，曰捕亡，曰断狱。

禁于未然之谓令,施于已然之谓敕,设于此而使彼至之之谓格,设于此而使彼效之之谓式。其一司一路海行所不该者,折而为专法。若情可矜悯而法不中情者谳之,皆阅其案状,傅例拟进。应诏狱及案劾命官,追命奸盗,以程督之。审覆京都辟囚,在外已论决者,摘案检察。凡大理、开封、殿前马步司狱,纠正其当否;有辩诉,以情法与夺、赦宥、降放、叙雪。若命官牵复,则以期数定之。其属三:曰都官,曰比部,曰司门。设官十有三:尚书一人,侍郎二人;郎中、员外郎,刑部各二人,都官、比部、司门各一人。

国初,以刑部覆大辟案。淳化二年,增置审刑院,知院事一人,以郎官以上至两省充,详议官以京朝官充,掌详谳大理所断案牍而奏之。凡狱具上,先经大理,断谳既定,报审刑,然后知院与详议官定成文章,奏记上中书,中书以奏天子论决。大中祥符二年,置纠察刑狱司,纠察官二人,以两制以上充。凡在京刑禁,徒以上即时以报;若理有未尽或置淹恤,追覆其案,详正而驳奏之。凡大辟,皆录问。熙宁三年,诏:"详议、详断、详覆官,初入以三年为任,次以三十月为任,欲出者听前任满半年指阙注官,满三任者堂除。"八年,罢详议、详断官亲书节案,止令节略付吏,仍减议官一、断官二。元丰二年,知院安焘言:"天下奏案,益多于往时。自熙宁八年减议官、断官,力既不足,故事多疏谬。"增详议官一,刑部增详断官一。三年八月,诏:"省审刑院归刑部。以知院官判刑部,掌详议、详覆司事。刑部主判官为同判刑部,掌详断司事,审刑议官为刑部详议官。"官制行,悉罢归刑部。

元祐元年,省比部郎官一员,以都官兼司门。五月,三省言:"旧制,纠察在京刑狱以察违慢,自罢归刑部,无复申明纠举之制,请以御史台刑察兼领。其御史台刑狱,令尚书省右司纠察。"从之。刑部旧有详覆案,自官制行,归诸路提刑司,至是复置。四年,并制勘、体量为一案。绍圣元年,诏都官、司门互置郎官一员。崇宁二年十二月,诏:"刑部尚书通治左右曹,侍郎一治左曹,一治右曹,如独员,即通治,余并依官制格令。"

尚书 掌天下刑狱之政令。凡丽于法者,审其轻重,平其枉直,而侍郎为之贰。应定夺、审覆、除雪、叙复、移放,则尚书专领之;制勘、体量、奏谳、纠察、录问,则长贰治之;而郎中、员外郎分掌其事。有司更定条法,则覆议其当否。凡听讼狱或轻重失中,有能驳正,诏其赏罚。若颁赦宥,则纠官吏之稽违者;大祀,则尚书莅誓,荐熟则奉牲。大礼肆赦,则侍郎授赦书付有司宣读,承旨释囚。分案十二,置吏五十有二。绍兴后,分案十三:曰制勘,掌凡根勘诸路公事;曰体量,掌凡体究之事;曰定夺,掌诉雪除落过名;曰举叙,掌命官叙复;曰纠察,掌审问大辟;曰检法,掌供检条法;曰颁降,掌颁条法降敕;曰追毁,掌断罚追毁宣敕;曰会问,掌批会过犯;曰详覆,掌诸路大辟帐状;曰捕盗;曰帐籍,掌行在库务、理欠帐籍;曰进拟,掌进断案刑名文书。裁减吏额,置三十五人。

侍郎 旧制,应定夺、审覆、除雪、叙复、移放,尚书专领之。若制勘、体量、奏谳、纠察、录问,长贰通治

之。南渡,长贰互置。隆兴常置一员。淳熙十六年,依崇宁专法,奏狱及法令事,请大理寺官赴部议之,用侍郎吴博古之说也。

郎中 员外郎 各二人,分左右厅,掌详覆、叙雪之事。建炎三年,刑部郎官以二员为额,关掌职事,初无分异。绍兴二十六年,诏依元丰旧法,分厅治事。先是,右司汪应辰言:"刑部郎官分为左右,左以详覆,右以叙雪,同僚异事,祖宗有深意。倘初无分异,则有不当于理者,孰为追改?乞遵用旧制,要使官各有守,人各有见,参而用之,以称钦恤之意。"从之,仍令今后仿此。

都官郎中 员外郎 掌徒流,配隶。凡天下役人与在京百司吏职皆有籍,以考其役放及增损废置之数。若定差副尉,旧为军大将。则计其所历,而以役之轻重均其劳逸,给印纸书其功过,展减磨勘岁月。元祐八年,以纲运差使关归吏部,省副尉员三百。绍圣间,复其额,及元丰押纲法,归都官。崇宁二年二月,复配隶案。先是,元丰中,都官有吏籍、配隶案,元祐中,罢之。因刑部有请,乃诏如旧。六月,侍郎刘赓奏:"副尉差遣有立定优重等第,都官条虽特旨亦许执奏,乞申严其禁。"从之。分案四,置吏十有八。建炎三年,诏比部兼司门。隆兴元年,诏都官、比部共置一员。自此都官兼比部司门之事。分案五:曰差次,曰磨勘,曰吏籍,曰配隶,曰知杂,各因其名而治其事。裁减吏额,置十二人。淳熙十三年,减三人。

比部郎中 员外郎 掌勾覆中外帐籍。凡场务、仓库出纳在官之物,皆月计、季考、岁会,从所隶监司检察以上比部,至则审覆其多寡登耗之数,有陷失,则理纳。钩考百司经费,有隐昧,则会问同否而理其侵负。旧帐案隶三司,自治平中至熙宁初,凡四年帐未钩考者已逾十有二万,钱帛、刍粟积亏不可胜计。五年十一月,曾布奏以四方财赋当有簿书文籍,以钩考其给纳登耗多寡。遂置提举帐司,选人吏二百人,驱磨天下帐籍,并选官吏审覆。七年二月,诏帐司每岁具天下财用日出入数以闻。元丰初年,诏:"诸路财赋出入,自今三年一供,著为令。"官制行,厘其事归比部。元祐元年七月,用司马光奏,悉总于户部。三年,厘正仓部,勾覆、理欠、凭由案及印发钞引事归比部。政和六年,诏:"寺监先期检举,如库务监官所造文帐委无未备,方许批书,违者御史台奏劾。"用郎官梅执礼之请也。分案五,置吏百有一。建炎以后,或以都官兼比部、司门之事。

司门郎中 员外郎 掌门关、津梁、道路之禁令,及其废置移复之事。应官吏、军民、辇道商贩,讥察其冒伪违纵者。凡诸门启闭之节及关梁余禁,以时举行。分案二,置吏五。

工部 掌天下城郭、宫室、舟车 器械、符印、钱币,山泽、苑囿、河渠之政。凡营缮,岁计所用财物,关度支和市;其工料,则饬少府、将作监计其所用多寡之数。凡百工,其役有程,而善否则有赏罚。兵匠有阙,则随以缓急招募。籍坑冶岁入之数,若改用钱宝,先具模制

进御请书。造度、量、权、衡则关金部。印记则关礼部。凡道路、津梁，以时修治。旧制，判部事一人，以两制以上充。元丰并归工部。其属三：曰屯田，曰虞部，曰水部。设官十。尚书、侍郎各一人，工部、屯田、虞部、水部郎中、员外郎各一人。元祐元年，省水部郎官一员。绍圣元年，诏屯田、虞部互置郎官一员兼领。

尚书　掌百工水土之政令，稽其功绪以诏赏罚。总四司之事，侍郎为之贰。若制作、营缮、计置、采伐所用财物，按其程式以授有司，郎中、员外郎参掌之。应官吏、兵民缘本曹事有功赏罪罚，则审实以上尚书省。大祭祀，则尚书荐俎与彻。若诸监鼓铸钱宝，按年额而课其数，因其登耗以诏赏罚。凡车辇、饬器、印记之造，则少府监、文思院隶焉。甲兵器械之制，则军器所隶焉。有合支物料工价，则申于朝，以属户部。建炎并将作、少府、军器监并归工部。是时营缮未遑，惟戎器方急。绍兴二年，诏于行在别置作院造器甲，令工部长贰提点，郎官逐旬点检。少府监既归工部，文思院上下界监官并从本部辟差。又诏御前军器所隶工部，自是营造稍广。宰臣议："户部以给财为务，工部以办事为能，诚非一体。"欲令户、工部兼领其事，卒未能合。隆兴以后，宫室、器甲之造浸稀，且各分职掌，部务益简，特提其纲要焉。分案六：曰工作，曰营造，曰材料，曰兵匠，曰检法，曰知杂。又专立一案，以御前军器案为名。裁减吏额，共置四十二人。

侍郎　掌贰尚书之事。南渡初，长、贰互置，隆兴诏各置一员。

郎中　员外郎　旧制，凡制作、营缮、计置、采伐材物，按程式以授有司，则参掌之。建炎三年，诏："工部郎官兼虞部，屯田郎官兼水部。隆兴元年，诏工部、屯田共一员兼领，自此四司合为一矣。淳熙九年，以赵公豫为屯田员外郎，自是不复省。

屯田郎中　员外郎　掌屯田、营田、职田、学田、官庄之政令，及其租入、种刈、兴修、给纳之事。凡塘泺以时增减，堤堰以时修茸，并有司修茸种植之事，以赏罚诏其长贰而行之。分案三，置吏八。

虞部郎中　员外郎　掌山泽、苑囿、场冶之事，辨其地产而为之厉禁。凡金、银、铜、铁、铅、锡、盐、矾，皆计其所入登耗以诏赏罚。分案四，置吏七。

水部郎中　员外郎　掌沟洫、津梁、舟楫、漕运之事。凡堤防决溢，疏导壅底，以时约束而计度其岁用之物。修治不如法者，罚之；规画措置为民利者，赏。分案六，置吏十有三。绍兴累减吏额，四司通置三十三人。

军器所　隶工部。　提点官二员，绍兴三十二年，诏于边臣内差。提辖、监造官各二员，干办、受给、监门官各一员。掌鸠工聚材、制造戎器之政令。旧就军器监置，别差提举官，以内侍领之。绍兴中，改隶工部，罢提举官，日轮工部郎官、军器监官前去本所点验监视；后复以中人典领。工部侍郎黄中以为言，请复隶属。从之。孝宗即位，有旨增置提点官，以内省都知李绰为之，改称提举，免隶工部。后以御史张震力争，复隶工部。后改隶步军司，寻复旧。绍熙元年，减省员额，如上制。

文思院隶工部。　提辖官一员，监官三员，内置一员文臣，京朝官充。监门官一员。掌金银、犀玉工巧及采绘、装钿之饰。凡仪物、器仗、权量、舆服所以供上方、给百司者，于是出焉。沿革附见榷货务都茶场提辖官。

六部监门　六部监门官一员，掌司门钥。绍兴二年置。选升朝文臣有才力人充，仍令六部踏逐奏差。序位、请给依寺、监丞，郎官有阙得兼之。初从吏部尚书沈与求之请也。

主管架阁库　掌储藏帐籍文案以备用。择选人有时望者为之。旧有管干架阁库官，宣和罢之，绍兴十五年复置，吏、户部各差一员，礼、兵部共差一员，刑、工部共差一员，以主管尚书某部架阁库为名，从大理寺丞周棋请也。嘉定八年，又置三省、枢密院架阁官。

卷一百六十四
志第一百一十七

职　官　四

御史台　秘书省　殿中省
太常寺　宗正寺　大宗正司附
光禄寺　卫尉寺　大仆寺

御史台　掌纠察官邪，肃正纲纪。大事则廷辨，小事则奏弹。其属有三院：一曰台院，侍御史隶焉；二曰殿院，殿中侍御史隶焉；三曰察院，监察御史隶焉。凡祭祀、朝会，则率其属正百官之班序。咸平四年，以御史二人充左右巡使，分纠不如法者。文官，右巡主之，武官，左巡主之；分其职掌，纠其违失，常参班簿、禄料、假告皆主之。祭祀则兼监祭使，掌受誓戒致斋，检视纠劾。又有廊下使，专掌入阁监食；又有监香使，掌国忌行香，二使临时充。通称曰五使。元丰正官名，于是使名悉罢。

御史大夫　宋初不除正员，止为加官。检校官带宪衔，有至检校御史大夫者。元丰官制行，亦并除去。

中丞　一人，为台长，旧兼理检使。凡除中丞而官未至者，皆除右谏议大夫权。熙宁五年，以知杂御史邓绾为中丞，初除谏议大夫，王安石言碍近制，止以绾为龙图阁待制权，御史中丞不迁谏议大夫自绾始。九年，邓润甫自正言知制诰为中丞，以宰相属官不可长宪府，于是复迁右谏议大夫权。元丰五年，以承议郎徐禧为知制诰权中丞。禧言："中丞纠弹之任，，赴舍人院行词，疑若未安。"会官制行，罢知制诰职，乃以本官试中丞。南渡初除官最多，隆兴后被擢浸少。淳熙十年，始除黄洽，又三年再除蒋继周。台谏例不兼讲读，神宗命吕正献，亦止命时赴讲筵。中兴兼者二人，万俟卨、罗汝楫皆以秦桧意。庆元后，司谏以上无不预经筵者矣。

侍御史 一人，掌贰台政。

殿中侍御史 二人，掌以仪法纠百官之失。凡大朝会及朔望、六参，则东西对立，弹其失仪者。

监察御史 六人，掌分察六曹及百司之事，纠其谬误，大事则奏劾，小事则举正。迭监祠祭。岁诣三省、枢密院以下轮治。凡六察之事，稽其多寡当否，岁终条具殿最，以诏黜陟。百官应赴台参谢辞者，以拜跪、书札体验其老疾。凡事经郡县、监司、省曹不能直者，直牒阁门，上殿论奏。官卑而入殿中监察御史者，谓之"里行"。治平四年，中丞王陶言："奉诏举台官，而才行可举者多以资浅不应格。"乃诏举三任以上知县为里行。熙宁二年诏："御史阙，委中丞奏举，毋拘官职高下兼权。"三年，孙觉荐秀州军事推官李定，对称旨，为太子中允权监察御史里行，由选人为御史自定始。于是知制诰宋敏求、苏颂、李大临以定资浅，封还词头，不草制，相继罢去。

元丰八年，裁减察官两员，余许尽兼言事。绍圣二年复置。元祐元年，诏台谏官许二人同上殿。又令六曹差除更改事，画黄到，即报台。又改六察旬奏为季奏。四年，诏："应台察事已弹举而稽违逾月者，遇赦不得原减。"元符二年诏吏部："守令课绩最优者关台考察，不实者重行黜责。"崇宁二年，都省申明："台官职在绳愆纠谬，自宰臣至百官，三省至百司，不循法守，有罪当劾，皆得纠正。"政和六年，诏在京职事官与外任按察官，虽未升朝，并赴台参谢辞。七年，中丞王安石奏："以本台觉察弹奏事刊为一书，殿中侍御史以上录本给付。"从之。

靖康元年，监察御史胡舜陟言："监察御史自唐至本朝，皆论政事、击官邪，元丰、绍圣著于甲令，崇宁大臣欲变其便已，遂见成宪。乞令本台增入监察御史言事之文。"诏依祖宗法。又诏宰执不得荐举台谏官。旧《台令》，御史上下半年分诣三省、枢密院点检诸房文字，轮诣尚书六曹按察；奉行稽违，付受差失，咸得弹纠。渡江后，稍阙不举。绍兴三年，始复其旧。是年十一月，殿中侍御史常同言："元丰始置六察，上自诸部、寺监，下至廪库、场务，无不分隶，以诏废置。而乃有夤缘申请，乞不隶台察者，恐非法意，宜遵旧制。"从之。乾道二年诏："自今非曾经两任县令，不得除监察御史。"庆元二年，侍御史黄黼言："监察御史高宗时尝置六员，孝宗时置三员，今分按之任止二人，乞增置一员。"自后常置三员。

检法一人，掌检详法律。**主簿**一人，掌受事发辰，勾稽簿书。宋初置推直官二人，专治狱事。凡推直有四：曰台一推，曰台二推，曰殿一推，曰殿二推。咸平中，置推勘官十员。元丰官制行，定员分职，里行、推直等官悉罢。绍兴初，诏检法、主簿特令殿中侍御史奏辟。绍熙中，侍御史林大中以论事不合去，所奏辟检法官李谦、主簿彭龟年亦乞同罢。嘉定元年，刘榘除检法官，范之柔除主簿，以后二职皆阙。乾道省吏额，前司主管班次二人，正副引赞官二人，入品知班三人，知班五人，书令史四人，驱使官四人，法司二人，六察书吏九人，贴司五人，通引官三人。

三京留司御史台 管勾台事各一人，旧日判台。以朝官以上充。掌拜表行香，纠举违失。令史二人，知班、驱使倌、书吏各一人，中兴以后不置。

秘书省 监 少监 丞各一人，监掌古今经籍图书、国史实录、天文历数之事，少监为之贰，而丞参领之。其属有五：著作郎一人，著作佐郎二人，掌修纂日历；秘书郎二人，掌集贤院、史馆、昭文馆、秘阁图籍，以甲、乙、丙、丁为部，各分其类；校书郎四人，正字二人，掌校雠典籍，判正讹谬，各以其职隶于长贰。惟日历非编修官不预。岁于仲夏曝书，则给酒食费，尚书、学士、侍郎、待制、两省谏官、御史并赴。遇庚伏，则前期遣中使谕旨，听以早归。大典礼，则长贰预集议。所以待遇儒臣，非他司比。宴设锡予，率循故事。

宋初，置三馆长庆门北，谓之西馆。太平兴国初，于昇龙门东北，创立三馆书院。三年，赐名崇文院，迁西馆书贮焉。东廊为集贤书库，西廊分四部，为史馆书库。大中祥符八年，创外院于右掖门外。天禧初，令以三馆为额，置检讨、校勘等员。检讨以京朝官充，校勘自京朝、幕职至选人皆得备选。以内侍二人为勾当官，通掌三馆图籍事，孔目官、表奏官、掌舍官各一人。又有监书库内侍一人。兼监秘阁图籍孔目官一人。

秘阁 系端拱元年就崇文院中堂建阁，以三馆书籍真本并内出古画墨迹等藏之。淳化元年，诏次三馆置直阁、以朝官充。校理，以京朝官充。以诸司三品、两省五品以上官一人判阁事。直阁、校理通掌阁事，掌缮写秘阁所藏。供御人、装裁匠十二人。元丰五年，职事官贴职悉罢，以崇文院为秘书省官属，始立为定员，分案四，置吏八。**崇文院**，太平兴国三年置。端拱元年，建秘阁于院中。昭文馆、史馆、集贤院皆沿唐制立名，但有书库寓于崇文院庑下。三馆、秘阁、崇文院各置贴职官。又有集贤殿修撰、直龙图阁、校勘，通谓之馆职。初，英宗谓辅臣曰："馆阁所以育隽材，比选数人出使，无可者，岂乏材耶？"欧阳修曰："今取材路狭，馆阁止用选人编校书籍，故进用稍迟。"上曰："卿等各举数人，虽亲戚世家勿避。"于是宰相琦、公亮，参知政事修、聚各荐五人，未及试，神宗登极，先召十人试以诗赋，而开封府界提点陈汝义别以奏封称旨预试。于是御史吴申言："试馆职者请策以经史及世务，毋用辞赋。"遂诏："自今试馆职专用策论。"熙宁二年，置崇文校书，始以河南府永安主簿邢恕。乃诏自今应选举可用人并除校书，候二年取旨除馆职官。五年，以隶秘书省。

元祐初，复置直集贤院、校理。自校理而上，职有六等，内外官并许带，恩数仍旧。又立试中人馆职法，选人除正字，京官除校书郎。校书郎供职二年，除集贤校理。秘书郎、著作佐郎比集贤校理。著作郎比直集贤院、直秘阁。丞及三年除秘阁校理。三年二月，诏词试唱名日，秘书丞至正字升殿侍立。九月，复试贤良于阁下。五年，置集贤院学士并校对黄本书籍官员。绍圣初，罢校对，以编修日历选本省，易集贤院学士为殿修撰，直院为直秘阁，集贤校理为秘书校理。十二月,诏礼部,本省长贰定校雠之课,月终具奏。入伏午时减半,过渡伏依旧,从苏轼之请。又罢本省官任满除馆职法。元符二年,诏职事官罢带馆职,悉复元丰官制。崇宁五年,诏馆阁并除进士出身人。政和五年四月,诏秘书省殿以右文为名,改集贤殿修撰为右文殿修撰。是月,驾诣景灵宫朝献,还幸秘书省。诏曰:"延见多士,历览藏书之府,祖宗遗文在焉,屋室浅狭,甚非称太平右文之盛,宜重行修展。"八月,诏秘书省移于新左藏库,以其地为堂。七年,诏类集所访遗书,名曰《秘书总目》。宣和二年,立定秘书省员额:监、少监、丞并依元丰旧制,著作郎以四员为额,校书郎二员,正字四员。

渡江后,制作未遑。绍兴元年,始诏置秘书省,权以秘监或少监一员,丞、著作郎佐各一员,校书、正字各二员为额。续又参酌旧制,校书郎、正字召试学士院而后命之。自是采求阙文,补缀漏逸,四库书略备。即秘书省复建史馆,以修《神宗、哲宗实录》,选本省官兼检讨、校勘,以侍从官充修撰。五年,效唐人十八学士之制,监、少、丞外,置著作郎佐、秘书郎各二人,校书郎、正字通十二人。又移史馆于省之侧,别为一所,以增重其事。九年,诏著作局惟修日历,遇修国史则开史院,遇修实录则开实录院,以正名实。十三年,诏复每岁曝书会。是冬,新省成,少监游操援政和故事,乞置提举官,遂以授礼部侍郎秦熺,令掌求遗书,仍铸印以赐。置编定书籍官二人,以校书郎、正字充。

孝宗即位,诏馆职储养人才,不可定员。乾道九年,正字止六员;淳熙二年,监、少并置,皆前所未有。除少监、丞外,以七员为额,寻复诏不立额。绍熙二年,馆职阙人,上令召试二员,谨加审择,取学问议论平正之人。自是,监、少、丞外,多止除二员,是时,陈傅良上言:"请以右文、秘阁修撰并旧馆阁校勘三等为史官。自校勘供职,稍迁秘阁修撰,又迁右文。在院三五年,如有劳绩,就迁次对,庶几有专官之效,无冷局之嫌。"时论韪之,然不果行。中兴分案四:曰经籍,曰祝版,曰知杂,曰太史。吏额:都、副孔目官二人,四库书直官二人,表奏官、书库官各一人,守当官二人,正名楷书五人,守阙一人,正贴司及守阙各六人,监门官一人以武臣充,专知官一人。

日历所 隶秘书省,以著作郎、著作佐郎掌之。以宰执时政记、左右史起居注所书会集修撰为一代之典。旧于门下省置编修院,专掌国史、实录,修纂日历。元丰元年诏:"宣徽院等供报修注事,自今更不供起居院,直供编修院日历所。"四年十一月,废编修院归史馆。官制行,属秘书省国史案。六年,诏秘书省长、贰毋得预著作修纂日历事,进书即击衔,以防漏泄,如旧编修院法焉。八年,诏吏部郎中曾肇、礼部郎中林希兼著作。职事官兼职自此始。元祐五年,移国史案置局,专掌国史、实录,编修日历,以国史院为名,隶门下省,更不隶秘书省。绍圣二年,诏日历还秘书省。宣和二年,诏罢在京修书诸局,惟秘书省日历所系元丰国史案,除著作郎官专管修纂日历之事无定员外,其分案编修日历书库官吏,并依元丰法。绍兴

元年,初修皇帝日历,诏以修日历所为名,本省长、贰通行修纂。三年,诏宰臣提举,侍从官修撰,十一月,诏以修国史日历所为名。四年,诏以史馆为名。十年,诏依旧制并归秘书省国史案,以著作郎、佐修撰,旧史馆官罢归元官。寻复诏以国史日历所为名,续并修《神宗、哲宗宝训》。隆兴元年,诏编类圣政所并归日历所,依旧宰臣提领,仍令日历所吏充行遣。

会要所 以省官通任其事。绍兴九年,诏秘书省官雠校《国朝会要》,逐官添给茶汤钱。乾道四年,诏尚书右仆射陈俊卿兼提举编修《国朝会要》,每遇提举官开院过局,就本省道山堂聚呈文字,提举诸司官、承受官、主管诸司官,并令国史日历所官兼。五年,令本省再加删定,以续修《国朝会要》为名。九年,秘书少监陈骙言:"编类建炎以后会要成书,以《中兴会要》为名。"并从之。其后接续修纂,并隶秘书省。

国史实录院 提举国史 监修国史 提举实录院 修国史、同修国史 史馆修撰、同修撰 实录院修撰、同修撰 直史馆 编修官 检讨官 校勘、校阅、校正、编校官 初,绍兴三年,诏置国史院,重修《神宗、哲宗实录》,以从官充修撰,续以左仆射吕颐浩提举国史,右仆射朱胜非监修国史。四年,置直史馆及检讨、校勘各一员。五年,置修撰官二员,校勘官无定员。是时,国史、实录皆寓史馆,未有置此废彼之分。九年,修《徽宗实录》,诏以实录院为名,仍以宰臣提举,以从官充修撰、同修撰,余官充检讨,无定员。明年,以未修正史,诏罢史馆官吏并归实录院。二十八年,实录书成,诏修《三朝正史》,复置国史院,以宰臣监修,侍从官兼同修,余官充编修。明年,诏国史院以宰臣提举置修国史、同修国史共二员。编修官二员,又置都大提举诸司官、承受官、诸司官各一员。以内侍省官充。隆兴元年,以编类圣政所并归国史院,命起居郎胡铨同修国史。二年,参政钱端礼权监修国史;乾道元年,参政虞允文权提举国史:皆前所未有。二年,诏置实录院,修《钦宗实录》,其修撰、检讨官以史院官兼领。四年,实录告成,诏修《钦宗正史》。以右仆射蒋芾提举《四朝国史》,诏增置编修官二员,续又增置三员。淳熙三年,特命李焘以秘书监权同修国史、权实录院同修撰。四年,罢实录院,专置史院。十五年,《四朝国史》成书,诏罢史院,复开实录院修《高宗实录》。庆元元年,开实录院修纂《孝宗实录》。六年,诏实录院同修撰以四员,检讨官以六员为额。嘉泰元年,开实录院修纂《光宗实录》。二年,复开国史院,自是国史与实录院并置矣。实录院吏兼行国史院事,点检文字一人,书库官八人,楷书四人

太史局 掌测验天文,考定历法。凡日月、星辰、风云、气候、祥眚之事,日具所占以闻。岁颁历于天下,则预造进呈。祭祀、冠昏及大典礼,则选所用日。其官有令,有正,有春官、夏官、中官、秋官、冬官正,有丞,有直长,有灵台郎,有保章正。其判局及同判,则选五官正以上业优考深者充。保章正五年、直长至令十年一迁,惟灵台郎试中乃迁,而挈壶正无迁法。其别局有天文院、测验

浑仪刻漏所，掌浑仪台昼夜测验辰象。

钟鼓院，掌文德殿钟鼓楼刻漏进牌之事。

印历所，掌雕印历书。南渡后，并同隶秘书省，长、贰、丞、郎轮季点检。

算学 元丰七年，诏四选命官通算学者，许于吏部就试，其合格者，上等除博士，中、次为学谕。元祐元年初，议者谓："本监虽准朝旨造算学，元未兴工，其试选学官亦未有应格。窃虑徒有烦费，乞罢修建。"崇宁三年，遂将元丰算学条制修成敕令。五年，罢算学，令附于国子监。十一月，从薛昂请，复置算学。大观三年，太常寺考究，以黄帝为先师，自常先、力牧至周王朴以上从祀，凡七十人。四年，以算学生并入太史局。宣和二年，诏并罢官吏。

殿中省 监 少监 监、丞各一人，监掌供奉天子玉食、医药、服御、幄帟、舆辇、舍次之政令，少监为之贰，丞参领之。凡总六局：曰尚食，掌膳羞之事；曰尚药，掌和剂诊候之事；曰尚酝，掌酒醴之事；曰尚衣，掌衣服冠冕之事；曰尚舍，掌次舍幄帟之事；曰尚辇，掌舆辇之事。六尚各有典御二人，奉御六人或四人，监门二人或一人。又尚食有膳工，尚药有医师，尚酝有酒工，尚衣有衣徒，尚舍有幕士，尚辇有正供等，皆分隶其局。又置提举六尚局及管干官一员。旧殿中省判省事一人，以无职事朝官充。虽有六尚局，名别而事存，凡官随局而移，不领于本省。所掌唯郊祀、元日、冬至天子御殿，及禘祫后庙、神主赴太庙，供具伞扇；而殿中监视秘书监，为寄禄官而已。元丰中，神宗欲复建此官，而度禁中未有其地，但诏御辇院不隶诸寺，令专达焉。初，权太府卿林颜因按内藏库，见乘舆服御杂贮百物中，乃乞复殿中省六尚，以严奉至尊。于是徽宗乃出先朝所度《殿中省图》，命三省行之，而其法皆左正言姚祐所裁定，是岁崇宁二年也。三年，蔡京上修成《殿中省六尚局供奉库务敕令格式》并《看详》凡六十卷，仍冠以"崇宁"为名。政和元年，殿中省高伸上编定《六尚供奉式》。靖康元年，诏六尚局并依祖宗法。又诏："六尚局既罢。格内岁贡品物万数，尚为民害，非祖宗旧制，其并除之。"

御药院 勾当官无常员，以入内内侍充。掌按验秘方、以时剂和药品，以进御及供奉禁中之用。旧制，勾当御药院迁官至遥领团练、防御者，谓之暗转，干冒恩泽，浸不可止。嘉祐五年，诏御药院内臣如当转出而特留者，俟其出，计所留岁月优迁之，更不许累计所迁资序。非勾当御药院而留者，其出更不推恩。典八人，药童十一人，匠七人。崇宁二年，并入殿中省。

尚衣库使 副使 旧曰内衣库，大中祥符三年改。监官二人，以内侍、三班充，掌驾头服御伞扇之名物。凡御殿、大礼前一日，请乘舆衮冕、镇圭、袍服于禁中以待御，事已，复还内库。典一人，匠四人，掌库十人。

内衣物库在文德殿后，太平兴国二年，置受纳匹段库，受纳绫、锦、西川鹿胎、绫、罗、绢、匹段。大中祥符元年并入。监官二人，以京朝官并内侍充，旧三人，以诸司使、副及三班、内侍充。掌受纳锦绮、绫罗、色帛、

银器、腰束带料。造年支，准备衣服，以待颁赐诸王、宗室、文武近臣禁军将校时服，并给宰臣、亲王、皇亲、使相生日器币，两府臣僚、百官、皇亲转官中谢、朝辞特赐，及大辽诸外国人使辞见银器、射弓、衣带。典八人，掌库三十一人。

新衣库在太平坊。 监官二人，以诸司使副、三班及内侍充。掌受锦绮、杂帛、衣服之物，以备给赐及邦国仪注之用，并受纳衣服以赐诸司丁匠、诸军。监门二人，以三班使臣充。典十人，掌库五十五人。

朝服、法物库 太平兴国二年置，后分三库："一在天安殿后，一在右掖门内北廊，一在正阳门外。 监官二人，以诸司使、副及三班、内侍充，掌百官朝服、诸司仪仗之名物。典三人，掌库三十人。已上崇宁二年并入殿中省。旧有裁造院、针线院、杂卖场，后省并之。

太常寺 卿 少卿 丞各一人 博士四人 主簿、协律郎、奉礼郎、太祝各一人 卿掌礼乐、郊庙、社稷、坛壝、陵寝之事，少卿为之贰，丞参领之。礼之名有五：曰吉礼，曰宾礼，曰军礼，曰嘉礼，曰凶礼。皆掌其制度仪式。祭祀有大祠，有小祠。其牺牲、币玉、酒醴、荐献、器服各辨其等；掌乐律、乐舞、乐章以定宫架、特架之制，祭祀享则分乐而序之。凡亲祠及四孟月朝献景灵宫、郊祀告享太庙，掌赞相礼仪升降之节。岁时朝拜陵寝，则视法式辨具以授祠官。凡祠事，差官、卜日、斋戒皆检举以闻。初献用执政官，则卿为终献用卿，则少卿为亚献；博士为终献；阙则以次互摄。郊祀已，颁御札则撰仪以进。宫架、鼓吹、警场，率前期按阅即习。余祀及朝会、宴享、上寿、封册之仪物亦如之。若礼乐有所损益，及祀典、神祇、爵号与封袭、继嗣之事当考定者，拟上于礼部。凡太医之政令，以时颁行。

宋初，旧置判寺无常员，以两制以上充，丞一人，以礼官久次官高者充。别置太常礼院，虽隶本寺，其实专达。有判院、同知院四人，寺与礼院事不相兼。康定元年，置判寺、同判寺，始并兼礼院事。元丰正名，始专其职。分案五，置吏十有一。元祐三年，诏太常寺置长贰，他寺监则互置。绍圣中，复旧制。大观元年，应太常寺所被旨及施行典礼事，季轮博士铨次成籍，以备讨论。政和四年令，祠事监察御史阙，则以六曹郎官及馆职摄充。宣和三年，令本寺因革礼五年一检举，接续编修。建炎初，并省冗职，惟太常、大理不并。诏太常少卿一员兼宗正少卿，罢丞、簿，惟置博士一员。绍兴三年，复置丞。九年，臣僚言："元丰正名，太常主议论者博士四人，乞参稽旧典，添置博士，以称朝廷蒐补阙轶、缉熙弥文之意。"诏添博士一员。十年，置簿一员。十五年，诏太常讨论置籍田令，续置太社令。隆兴元年，并省博士一员，主簿一员，又以光禄寺并归太常，罢丞。明年，诏丞、簿并依旧制。

分案九：曰礼仪，掌讨论大庆典礼、神祠道释、袭封定谥、检举忌辰。曰祠祭，掌大中小祠祀差行事官并酒齐、币帛、蜡烛、礼料。曰坛庙，掌行室坛、庙域、陵寝。曰大乐，掌大乐教习乐舞、鼓吹、警场。曰法物，掌给纳朝、祭服。曰廪牺，掌岁中祠祭牲牢羊豕涤室。曰太医，掌臣

僚陈乞医人，补充太医助教等。曰掌法，曰知杂，并掌本寺条制杂务。裁减吏额，赞引使二人，正礼直官二人，副礼直官二人，正名赞者七人，守阙赞者七人，私名赞者七人，胥吏一人，胥佐四人，贴司一人，书表司一人，祠祭局供官十二人，祭器司供官十人，乐正三人，鼓吹令一人，本寺天乐祭器库专知官一人、库子二人，圜坛大乐礼器库专知官一人、库子一人。

博士掌讲定五礼仪式，有改革则据经审议。凡于法应谥者，考其行状，撰定谥文。有祠事，则监视仪物，掌凡赞导之事。

主簿　掌稽考簿书。

协律郎　掌律、吕以和阴阳之声，正宫架、特架乐舞之位。大祭祀享宴用乐，则执麾以诏作止之节，举麾、鼓柷而乐作；偃麾、戛敔而乐止。凡乐，掌其序事。

奉礼郎，掌奉币帛授初献官，大礼则设奠亲祠板位。

太祝，掌读册辞，授挼祭以嘏告，饮福则进爵，酌酒受其虚爵。

郊社令，掌巡视四郊及社稷。

坛壝掌凡扫除之事，祭祀则省牲。

太庙令，掌宗庙荐新七祀及功臣从享之礼。

籍田令，掌帝籍耕耨出纳之事，植五谷蔬果，藏冰以待用。

宫闱令，率其属以汛洒庙庭，凡修治洁除之事。

提点管干郊庙祭器所　南郊太庙祭器库　提点朝服法物库所　朝服法物库　南郊什物库　太庙什物库　掌藏其器服，以待祭祀、朝会之用。凡冠服，视其等而颁于执事之臣。

教坊及钤辖教坊所　掌宴乐阅习，以待宴享之用，考其艺而进退之。

诸陵祠坟所　掌先世后妃之坟园而以时献享。

太医局　有丞，有教授，有九科医生额三百人。岁终则会其全失而定其赏罚。太医局，熙宁九年置，以知制诰熊本提举，大理寺丞单骧管干。后诏勿隶太常寺，置提举一、判局二，判局选知医事者为之。科置教授一，选翰林医官以下与上等学生及在外良医为之。学生常以春试，取合格者三百人为额。太学、律学、武学生，诸营将士疾病，轮往治之。各给印纸，书其状，岁终稽其功绪，为三等第补之：上等月给钱十五千，毋过二十人；中等十千，毋过三十人；下等五千，毋过五十人。失多者罚黜之。受兵校钱物者，论如监临强乞取法。三学生原预者听受，而禁邀求者。又官制行，隶太常礼部，自政和以后，隶医学，详见《选举志》。孝宗隆兴元年，省并医官而罢局生。续以虞允文请，依旧存留医学科，逐举附试省试别试所，更不置局，权令太常寺掌行。绍熙二年，复置太医局，局生以百员为额，余并依未罢局前体例，仍隶太常寺。

大晟府　以大司乐为长，典乐为贰。次曰大乐令，秩比丞。次曰主簿、协律郎。又有按协声律、制撰文字、运谱等官，以京朝官、选人或白衣士人通乐律者为之。又以武臣监府门及大乐法物库，以侍从及内省近侍官提举。所典六案：曰大乐，曰鼓吹，曰宴乐，曰法物，曰知杂，曰掌法。国朝礼、乐掌于奉常。崇宁初，置局议大乐；乐成，置府建官以司之，礼、乐始分为二。五年二月，因省冗员，并之礼官；九月，复旧。大观四年，以官徒廪给繁厚，省乐令一员、监官二员，吏禄并视太常格。宣和二年，诏以大晟府近岁添置冗滥徼幸，罢不复再置。

宗正寺　卿　少卿　丞　主簿　各一人。卿掌叙宗派属籍，以别昭穆而定其亲疏，少卿为之贰，丞参领之。凡修纂牒、谱、图、籍，其别有五：曰玉牒，以编年之体叙帝系而记其历数，凡政令赏罚、封域户口、丰凶祥瑞之事载焉。曰属籍，序同姓之亲而第其服纪之戚疏远近。曰宗藩庆系录，辨谱系之所自出，序其子孙而列其名位品秩。曰仙源积庆图，考定世次枝分派别而系以本宗。曰仙源类谱，序男女宗妇族姓婚姻及官爵迁叙而著其功罪、生死。凡录以一岁，图以三岁、牒、谱、籍以十岁修纂以进。宋初，旧置判寺事二人，以宗姓两制以上充，阙则以宗姓朝官以上知丞事。掌奉诸庙诸陵荐享之事，司皇族之籍。主簿一员，以京官充。旧自丞、簿以上，皆宗姓为之，通署寺事。初置卿、少，率命常参官判寺事。大中祥符八年，以兵部侍郎赵安易兼卿，判寺赵世长改为知寺事。九年，始定丞、郎以上兼卿，给、舍以下兼少卿，郎中以下兼丞，京官兼主簿。其卿阙，则丞以下行寺事而无知、判之名。元丰官制行，诏宗正长贰不专用国姓，盖自有大宗正司以统皇族也。渡江后，卿不常置，少卿一人，以太常兼。绍兴三年，复置少卿一人。五年，复置丞；十年，置主簿；隆兴元年并省。次年，诏丞、簿复旧制。嘉定九年，诏以宗学改隶宗正寺，自此寺官又预校试之事。分案二；曰属籍，曰知杂。吏额，胥长一人，胥史一人，胥佐二人，楷书二人，贴书二人。

大宗正司　景祐三年始制司，以皇兄宁江军节度使濮王知大宗正事，皇侄彰化军节度观察留后守节同知大宗正事，元丰正名，仍置知及同知官各一人，选宗室团练、观察使以上有德望者充；丞二人，以文臣京朝官以上充。掌纠合族属而训之以德行、道艺，受其词讼而纠正其愆违，有罪则先劾以闻；法例不能决者，同上殿取裁。若宫邸官因事出入，日书于籍，季终类奏。岁录存亡之数报宗正寺。凡宗室服属远近之数及其赏罚规式，皆总之。

官属有记室一人，掌笺奏；讲书、教授十有二人，分位讲授，兼领小学之事。旧制，择宗室贤者为知大宗正事，次一人为同知；其后，位高属尊者为判。熙宁三年，始以异姓朝臣二员知丞事，置局为睦亲、广亲宅。是岁省管干睦亲、广亲宅及提举郡、县主等官属，以其事归宗正。自熙宁中置丞，始以都官员外郎张稚圭为之。神宗疑用异姓，王安石言：前代宗正固有用庶姓者，乃录春秋时公侯大夫事。神宗曰："此虽无前代故事，行之何害？"安石曰："圣人创法，不必皆循前代所已行者。"于是召稚圭对而命之。分案五，置吏十有一。元丰五年，诏大宗正司不隶六曹，其丞属中书省奏差。元祐四年，诏宗室越本司诉事者罪之。六年，诏宗正按熙宁敕诸院建小学，自八岁至十四岁，首检举入学。绍圣元年，诏祖免外两世孤遗贫乏者，验实廪给之。四年，诏宗室若妇女自外还京，并报宗正，崇宁三年，诏大宗正及外宗正司将条贯事迹关宗正寺，修纂图牒。政和三年，诏以知大宗正事仲忽提举宗子学事。

崇宁三年，置南外宗正司于南京，西外宗正司于西京，各置敦宗院，初，讲议司言："宗室疏属原居两京辅郡者，各置敦宗院，其两京各置外宗正司。"从之。仍诏各择宗室之贤者一人为知宗，掌外居宗室，诏复定宗学博士、正录员数。大观四年罢，政和二年复旧。又诏敦宗院宗子有文艺、行实众所共知者，许外宗正官考察以闻。

中兴后，以位高属尊者为判大宗正事，其知及同知如旧制。又置知大宗正丞一员，以文臣充，掌纠合宗室而检防训饬之。凡南班宗室磨勘、迁转、袭封、请给，核其当否；嫁娶房奁、分析财产，酌厚薄多寡而订其议。凡宗室除合该赐名外，皆大宗正定名而后报宗正寺。其余迁授官资、支给钱米，考核以诏予夺。其不率教者以法拘之，岁久知悔，则除其过名。复直南外宗正司、西外宗正司，以处宗室之在外者。"各仍旧制设敦宗院，皆设知宗，所在通判职官兼丞、簿，其纠合、检防、训饬如大宗正司。西、南外两司阙知宗，间令大宗正司选择保明而后授之。又各置教授以课其行艺。南渡初，先徙宗室于江、淮，于是大宗正司移江宁，南外移镇江，西外移扬州。其后屡徙，后西外止于福州，南外止于泉州；又置绍兴府宗正司，盖初随其所寓而分管辖之。乾道七年，尝欲移绍兴府宗司于蜀，不果，后并归行在。嘉定间，用臣僚言，乞凡除授知宗，择老成更练之人。诏知宗正丞照百司例每日入局所，以示增重宗盟之意。

玉牒所　淳化六年，始设局置官，诏以《皇宋玉牒》为名，建玉牒殿。咸平初，命赵安易、梁周翰编属籍，始创规制。大中祥符六年，以知制诰刘筠、夏竦为修玉牒官，自后置一员或二员。元丰官制行，分隶宗正寺官。寺丞王巩奏："玉牒十年一进，并以学士典领。自熙宁中范镇进书之后，《神宗玉牒》至今未修。仙源类谱自庆历中张方平修进之后，仅五十年，并无成书。乞别立法，其修玉牒及类谱官，每二年一具草缴进。"从之。绍圣三年，应宗室赐名，三祖下各随祖宗之支子而下，虽兄弟数多，并为一字相连。南渡后，绍兴十二年，始建玉牒所。提举一人或二人，以宰相执政为之，以侍从官一人兼修，宗正卿、少而下同修纂。先是，宗正寺丞邵大受奏："讲求宗正寺旧掌之书，曰皇帝玉牒，曰仙源积庆图，曰宗藩庆系录，曰宗支属籍。南渡四书散失，今重加修纂《仙源庆系属籍总要》，合图、录、属籍三者而一之，既无愧于昔矣，独玉牒一书未修，宜搜访讨论，以正九族，以壮本支。"于是始置官如旧制，分案五，置吏十。乾道八年，诏玉牒殿主管香火，差内侍三员、武臣一员充，并改作干办玉牒所殿。

光禄寺　卿　少卿　丞　主簿　各一人。卿掌祭祀、朝会、宴乡酒醴膳羞之事，修其储备而谨其出纳之政，少卿为之贰，丞参领之。凡祭祀，共五齐、三酒、牲牢、郁鬯及尊彝、笾豆、簠簋、鼎俎、铏登之实，前期饬有司办具牲镬，视涤濯，奉牲则告充告备，共其明水火焉。礼毕，进胙于天子而颁于百执事之人。分案五，置吏十。元祐三年，诏长、贰互置。政和六年二月，监察御史王桓奏："祭祀牢醴之具掌于光禄，而寺官未尝临视，请大祠以长贰、朔祭及中祠以丞簿监视宰割，礼毕颁胙，有故及小祠，听以其属摄。"从之。旧置判寺事一人，以朝官以上充。光禄卿、少，皆为寄禄。元丰制行，始归本寺。中兴后，废并入礼部。

太官令　掌膳羞割烹之事。凡供进膳羞，则辨其名物，而视食之宜，谨其水火之齐。祭祀共明水、明火，割牲取毛血牲体，以为鼎俎之实。朝会宴享，则供其酒膳。凡给赐，视其品秩而为之等。元祐初，罢太官令。二年复置。崇宁三年，置尚食局，太官令惟掌祠事。

法酒库　内酒坊　掌以式法授酒材，视其厚薄之齐，而谨其出纳之政。若造酒以待供进及祭祀，给赐，则法酒库掌之；凡祭祀，供五齐三酒，以实尊罍。内酒坊惟造酒，以待余用。

太官物料库　掌预备膳食荐羞之物，以供太官之用，辨其名数而会其出入。

翰林司　掌供果实及茶茗汤药。

牛羊司、牛羊供应所　掌供大中小祀之牲牷及太官宴享膳羞之用。

乳酪院　掌供造酥酪。

油醋库　掌供油及盐豉。

外物料库　掌收储米、盐、杂物以待膳食之须。凡百司颁给者取具焉。

卫尉寺　卿　少卿　丞　主簿　各一人。卿掌仪卫兵械、甲胄之政令，少卿为之贰，丞参领之。凡内外作坊输纳兵器，则辨其名数、验其良窳以归于武库，不如式者罚之。时其曝凉而封籍其数，若进御及颁给，则按籍而出之。每季委官检视，岁终上计帐于兵部。掌凡幄帟之事，大礼设帷宫，张大次、小次，陈卤簿仪仗。长贰昼夜巡徼，察其不如仪者，押仗官则前期禀差。凡仗卫，供羽仪、节钺、金鼓、旌戟，朝宴亦如之。宴享宾客，供幕帟、茵席，视其敝者移少府、军器监修焉。旧制，判寺事一人，以郎官以上充。凡武库、武器归内库，守宫归仪鸾司，本寺无所掌。元丰官制行，始归本寺。分案四，置吏十。元祐三年，诏长贰互置。所隶官司十有三：内弓箭库、南外库、军器弓枪库、军器弩剑箭库，掌藏兵仗、器械、甲胄，以备军国之用。仪鸾司，掌供幕帟供帐之事。军器什物库、宣德楼什物库，掌收贮什物，给用则按籍而颁之。左右金吾街司、左右金吾仗司、六军仪仗司，掌清道、徼巡、排列，奉引仪仗以肃禁卫。凡仪物以时修饬，选募人兵而校其迁补之事。中兴后，卫尉寺废，并入工部。

太仆寺　卿　少卿　丞　主簿　各一人。卿掌车辂、厩牧之令，少卿为之贰，丞参领之。国有大礼，供其辇辂、属车，前期戒有司教阅象马。凡仪仗既陈，则巡视其行列。后妃、亲王、公主、执政官应给车乘者，视品秩而颁之。总国之马政，籍京都坊监、畿甸牧地畜马之数，谨其饲养，察其治疗，考蕃息损耗之实，而定其赏罚焉，死则敛其鬉尾、筋革入于官府。凡阅马，差次其高下，应给赐则如格。岁终钩覆帐籍，以上驾部。若有事于南北郊，侍中请降舆升辂，则卿授绥。旧置判寺事一人。以朝官以上充。凡邦国厩牧、车舆之政令，分隶群牧司、骐骥诸坊监，本寺但掌天子五辂、属车，后妃、王公车辂，给大中小祀羊。元丰官制行，始归本寺。分案五，置吏十有八，总局十有二。元祐二年，诏外监事，令本寺依群牧司旧法施行；应内外马事专隶太仆，直达枢密院，更不经尚书省及驾部。三年，诏省主簿一员。崇宁二年，诏太仆寺依旧制不治外事，归尚书驾部；应马事，上枢密院所隶官司。

车辂院　掌乘舆、法物，凡大驾、法驾、小驾供辇辂及奉引属车，辨其名数与陈列先后之序。

左、右骐骥院　左、右天驷监　掌国马，别其驽良，以待军国之用。

鞍辔库　应奉御马鞍勒，及以鞯辔给赐臣下。

养象所　掌调御驯象。

驼坊　车营　致远务　掌分养杂畜，以供负载般运。

牧养上、下监　掌治疗病马及申驹数，有耗失则送皮剥所。元丰末，废畿内牧马监。元祐初，置左、右天厩坊，听民间承佃牧地。绍圣元年，依元丰法置孳生监。中兴后，废太仆寺，并入兵部。

群牧司　制置使一人，景德四年置，以枢密使、副为之。至道三年，罢而复置。使一人，咸平三年置，以两省以上官充；副使一人，以阁门以上及内侍都知充。都监二人，以诸司使以上充。判官二人，以京朝官充。掌内外厩牧之事，周知国马之政，而察其登耗焉。凡受宣诏、文牒，则以时下于院、监。大事则制置使同签署，小事则专遣其副使，都监多不备置，判官、都监每岁更出诸州巡坊监，点印国马之蕃息者。又有左、右厢提点，隶本司。都勾押官一人，勾押官一人，押司官一人。

鞍辔库　使　副使　监官二人，以诸司副使及三班使臣、内侍充。掌御马金玉鞍勒，及给赐王公、群臣、外国使并国信鞯辔之名物。勾管一人，典五人，掌库十四人。元丰并入太仆寺。

卷一百六十五

志第一百一十八

职官五

**大理寺　鸿胪寺　司农寺　太府寺
国子监　少府监　将作监
军器监　都水监　司天监**

大理寺　旧置判寺一人，兼少卿事一人。建隆三年，以工部尚书窦仪判寺事。凡狱讼之事，随官司决劾，本寺不复听讯，但掌断天下奏狱，送审刑院详讫，同署以上于朝。详断官八人，以京官充，国初，大理正、丞、评事皆有定员，分掌断狱。其后，择他官明法令者，若常参官则兼正，未常参则兼丞，谓之详断官。旧六人，后加至十一人，又去兼正、丞之名。咸平二年始定置。法直官二人，以幕府、州县官充，改京官则为检法官。

元丰官制行，置卿一人，少卿二人，正二人，推丞四人，断丞六人，司直六人，评事十有二人，主簿二人。卿掌折狱、详刑、鞫谳之事。同职务分左右：天下奏劾命官、将校及大辟囚以下以疑请谳者，隶左断刑，则司直、评事详断，丞议之，正审之。若在京百司事当推治，或特旨委勘及系官之物应追究者，隶右治狱，则丞专推鞫。盖少卿分领其事，而卿总焉。凡刑狱应审议者，上刑部。被旨推鞫及情犯重者，卿同所隶官请封奏裁。若狱空或断绝，则御史按实以闻。分案十有一，置吏六十有九。

先是旧制，大理寺谳天下奏案而不治狱。熙宁五年，增详断官二为十员。七年，置详断习学官十四，详覆习学官六。九年，诏以"京师官寺，凡有狱皆系开封府司录司及左右军巡三院，囚逮猥多，难于隔讯，又暑多瘐死，因缘流滞，动涉岁时。稽参故事，宜属理官，可复置大理狱。"始命崔台符为知卿事，蹇周辅、杨汲为少卿，各举丞及检法官。初，神宗谓国初废大理狱非是，以问孙洙，洙对合旨，至是，命官起寺，十七日而成。元丰二年手诏："大理寺近举坠典，俾治狱事，推轮规摹，皆以义起，不少宽假，必怀顾忌，稽留弊害，无异前日。宜依推制院及御史台例，不供报纠察司。"三年，诏依旧供报。凡官属依御史台例，谒有禁。又诏纠察司察访本寺断徒以上出入不当者，索案点检。五年，诏毋以大理寺官为试官。六年，又诏："凡断公案，先上正看详当否，论难改正，签印注日，然后过议司覆议；如有批难，具记改正，长贰更加审定，然后判成录奏。"又刑部言："应吏部补授大理寺左断刑官，先与刑部、大理寺长贰同议可否，然后注拟。仍取经试得循资以上人充，正阙以丞补，丞阙以评事补。"诏刑部、吏部同著为令。八年，诏大理寺推断事应奏及上尚书省者，更不先申本曹。

元祐元年，以右治狱勘断公事全少，并左右两推为一司。三年，三省请罢右治狱，依三司旧例置推勘检法官于户部，从之。又诏大理寺并置长贰。四年，从刑部请，改本寺条，任大理官失断徒已上五人或死罪二人，不在选限。旧条，失断徒已上三人或死罪一人。绍圣元年，诏断刑狱官依元丰元年选试法。二年，复置右治狱，置官属如元丰制。左右推事有翻异者互送，再有异者，朝廷委官审问，或送御史台治之。元符元年，应大理寺、开封府承受内降公事，不得奏请移送。又诏应奏断公事，依开封府条，不许诸处取索。

崇宁四年，诏大理寺官诸司辄奏辟者，以违制论。政和二年，诏法官任满，择职事修举、人材可录者奏举再任，仍许就任关升，理本等资序。五年，依熙、丰故事，复置习学公事四员，长、贰立课程，正、丞同指教。宣和七年，评事以上并差试中刑法人。又诏大理寺、开封府承受公事依法断遣，不得乞降特旨。中兴并省官寺，惟大理寺不并。

绍兴初，诏正与丞并堂除。评事阙，则委本寺长、贰选择应格人赴刑部议定，申朝廷差填。如无应格，即选谙习刑法人权充。又立比较法以惩差失。隆兴二年，评事巩衍言："评事检断，躬自节案。亲书断语，最为劳苦。"诏增置，以八员为额。淳熙末，严寺官出谒之禁，以防请托、漏泄之弊。绍熙初，除试中刑法评事八员外，司直、主簿选用有出身曾历任人，各兼评事系衔。将八评事已拟断文字，分两厅点检。或有未安，则述所见与长、贰商量。庆元四年，定逐季仲月定日断绝之法。嘉定八年，申严绍熙指挥，重司直、主簿之选，增选试取人数以劝法科。

左断刑分案三：曰磨勘，掌批会吏部等处改官事；曰宣黄，掌凡断讫命官指挥；曰分簿，掌行分探诸案文字。设司有四：曰表奏议，掌拘催详断案八房断议狱案，兼旬申月奏；曰开拆；曰知杂；曰法司。又有详断案八房，专定断诸路申奏狱案等。又有敕库，掌收管架阁文书。吏额：胥长一人，胥史三人，胥佐三十人，贴书六人，楷书十四人。隆兴共减七人。右治狱分案有四：曰左右寺案，掌断讫公事案后收理追赃等；曰驱磨，掌驱磨两推官钱、官物、文书；曰检法，掌检断左右推狱案并供检应用条法；曰知杂。又有开拆、表奏二司；有左右推，主鞫勘诸处送下公事及定夺等。吏额：前司胥史一人，胥佐九人，表奏司一人，贴书三人，左右推胥史二人，胥佐八人，般押推司四人，贴书四人。隆兴共减五人。

鸿胪寺　旧置判寺事一人，以朝官以上充。元丰官制行，置卿一人，少卿一人，丞、主簿各一人。卿掌四夷朝贡、宴劳、给赐、送迎之事，及国之凶仪、中都祠庙、道释籍帐除附之禁令，少卿为之贰，丞参领之。凡四夷君长、使价朝见，辨其等位，以宾礼待之，授с馆舍而颁其见辞、赐予、宴设之式，戒有司先期办具；有贡物，则具其数报四方馆，引见以进。诸蕃封册，即行其礼命。若崇义公承袭，则辨其嫡庶，具名上尚书省。其周嵩、庆、懿陵庙，命官以时致享，若凶仪之节，宗室以服，臣僚以品，辨其丧纪而诏奠临赗赠之制。礼仪成服，则卿掌赞导之仪，葬则预戒有司具卤簿仪物。分案四，置吏九。其官属十有二：往来国信所，掌大辽使介交聘之事。都亭西驿及管干所，掌河西蕃部贡奉之事。礼宾院，掌回鹘、吐蕃、党项、女真等国朝贡馆设，及互市译语之事。怀远驿，掌南蕃交州，西蕃龟兹、大食、于阗、甘、沙、宗哥等国贡奉之事。中太一宫、建隆观等各置提点所，掌殿宇斋宫、器用仪物、陈设钱币之事。在京寺务司及提点所，掌诸寺葺治之事。传法院，掌译经润文。左、右街僧录司，掌寺院僧尼帐籍及僧官补授之事。同文馆及管勾所，掌高丽使命。已上并属鸿胪寺。中兴后，废鸿胪不置，并入礼部。

司农寺　旧置判寺事二人，以两制、朝官以上充；主簿一人，以选人充。掌供藉田九种，大中小祀供豕及蔬果、明房油，与平粜、利农之事。

元丰官制行，始正职掌，置卿、少卿、丞、主簿各一人。卿掌仓储委积之政令，总苑囿库务之事而谨其出纳，少卿为之贰，丞参领之。凡京都官吏禄廪，辨其精粗而为之等；诸路岁运至京师，遣官阅其名色而分纳于仓庾，薪秸则归诸场，岁具封桩、月具见存之数奏闻；给兵食则进呈粮样，因出纳而受贿刻取者，严其禁；有负欠者，计其亏数上于仓部。凡诸路奏雨雪之阙与过多者皆籍之。凡苑囿行幸排比及荐飨进御、颁赐植藏之物，戒有司先期办具，造麹糵、储薪炭以待给用。天子亲耕藉田，有事于先农，则卿奉耒耜，少卿率属及庶人以终千亩。分案六，置吏十有八。

初，熙宁二年，置制置条例司，立常平敛散法，遣诸路提举官推行之。三年五月，诏制置司均通天下之财，以常平新法付司农寺，增置丞、簿，而农田水利、免役、保甲等法，悉自司农讲行。初以太子中允吕惠卿判司农寺，改同判寺胡宗愈为兼判。四年，以御史知杂邓绾判寺，曾布同判，诏诸路提举常平官课绩，田寺考校升绌，管干官令提举司保明，计功赏之。六年，以司农间遣属官出视诸路，力有不给，乃置干当公事官，以叶康直等四人为之。七年，本寺言："所主行农田水利、免役、保甲之法，措置未尽，官吏推行多违法意，欲榜谕官私，使人陈述，有司违法，从寺按察。"九年，以干当公事官所至辄用喜怒，罢之，从熊本请也。元丰四年，减丞一，主簿三。官制行，寺监不治外事，司农旧职务悉归户部右曹。

元祐三年，诏农寺置长、贰。五年，以本寺主簿兼检法。八年，复置提辖修仓所；绍圣元年，诏罢官属，以其事归将作监。四年，罢主簿，添丞一员。

政和六年，浙西诸州各置排岸一员，从两浙运副应安道请也。所隶官属凡五十，仓二十有五，掌九谷廪藏之事，以给官吏、军兵禄食之用。凡纲运受纳及封桩支用，月具数以报司农。草场十有二，掌受京畿刍秸，以给牧监饲秣。排岸司四，掌水运纲船输纳雇直之事。园苑四：玉津、瑞圣、宜春、琼林苑，掌种植蔬莳以待供进，修饰亭宇以备游幸宴设。下卸司，掌受纳纲运。都麹院，掌造麹，以供内酒库酒醴之用，及出鬻以收其直。水磨务，掌水硙磨麦，以供尚食及内外之用。内柴炭库，掌诸薪炭，以给宫城及宿卫班直军士薪炭席荐之物。炭场，掌储炭以供百司之用。

建炎三年，罢司农寺，以事务并隶仓部。绍兴三年，复置丞二员。凡有合行事务，申户部施行。四年，复置寺，仍置卿、少。十年，复置簿。隆兴元年，并省主簿一员。明年，诏如旧制。乾道三年，诏粮纲有欠，从本寺断遣监纳，情理重者，大理寺推勘。分案五，南北省仓、草料场、和籴场隶焉。监仓官分上、中、下界，司其出纳。诸场皆置监官。外有监门官，交量则有检察斛面官，纲运下卸有排岸司官，各分其事以佐本寺。丰储仓所，置监官二员，监门官一员。初，绍兴以上供米余数，桩管别廪，以为水旱之助，后又增广收籴，淳熙间，命右司为之提领，后以属检正，非奉朝廷指挥不许支拨。别置赤历，提领官结押，不许衮同司农寺收支经常米数。凡外州军起到桩管米，从司农寺差官盘量，据纳到数报本所桩管。监官、监门官遇本任满，所属批书外，仍于本所批书，视其有无欠折，以定其功过。在外，则镇江、建康置仓焉。

太府寺　旧置判寺事一人，以两制或带职朝官充；同判寺一人，以京朝官充。凡廪藏贸易、四方贡赋、百官奉给，时皆隶三司，本寺但掌供祠祭香币、帨巾、神席，及校造斗升衡尺而已。

元丰官制行，始正职掌，置卿、少卿各一人，丞、主簿各二人。卿掌邦国财货之政令，及库藏、出纳、商税、平准、贸易之事，少卿为之贰，丞参领之。凡四方贡赋之输于京师者，辨其名物，视其多寡，别而受之。储于内藏者，以待非常之用；颁于左藏者，以供经常之费。凡官吏、军兵奉禄赐予，以法式颁之，先给历，从有司检察，书其名数，钩覆而后给焉。供奉之物，则承旨以进，审奏得画，乃听除之。若春秋授军衣，则前期进样，定其颁日，畿内将校营兵支请，月具其数以闻。凡商贾之赋，小贾即门征之，大贾则输于务。货之不售者，平其价鬻于平准，乘时赊贷，以济民用；若质取于官，则给用多寡，各从其抵。岁以香、茶、盐钞募人入豆谷实边。即京都阙用物，预报度支。凡课入，以盈亏定课最、行赏罚。大祀，晨裸则卿置币，奠玉则入陈玉帛，余祀供其帨巾。分案九，置吏六十有五。

元祐初，以仓部郎官印发文钞，三年，复归本寺。又诏太府置长、贰。五年，令长贰每月分巡所辖库务。元符元年，增置丞一员。三年，改市易案为平准，其市易务亦如之。崇宁中，置药局七所，添丞一员点检。宣和三年减罢。靖康元年，诏内外官司局所依熙宁法，钱物并纳左藏库，凡省一百五所。又诏户部、太府寺长贰当职官及本库官吏俸钱，候在京官吏支散并足，方许支给，从户部尚书梅执礼之请也。

所隶官司二十有五：左藏东西库，掌受四方财赋之入，以待邦国之经费，给官吏、军兵奉禄赐予。旧分南北两库，政和六年修建新库，以东西库为名。西京、南京、北京各置左藏库。内藏库，掌受岁计之余积，以待邦国非常之用。奉宸库，掌供内庭，凡金玉、珠宝、良货贿藏焉。祗候库，掌受钱帛、器皿、衣服，以备传诏颁给及殿庭赐予。元丰库，掌受诸路积剩及常平钱物，凡封桩者皆入焉。神宗常愤契丹倔强，慨然有恢复幽燕之志，聚金帛内帑，自制四言诗一章，曰："五季失国，狝犹孔炽。艺祖造邦，思有惩艾。爰设内府，基以募士，曾孙保之，敢忘阙志。"每库以诗一字目之，储积皆满。又别置库，赋诗二十字，分揭于库，曰："每虔夕惕心，妄意遵遗业，顾予不武姿，何日成戎捷。"徽宗朝，又有崇宁库、大观库。布库，掌受诸道输纳之布，辨其名物，以待给用。茶库，掌受江、浙、荆湖、建、剑茶茗，以给翰林诸司及赏赉、出鬻。杂物库，掌受内外杂输之物，以备支用。粮料院，掌以法式颁廪禄，凡文武百官、诸司、诸军奉料，以券准给；审计司，掌审其给受之数，以法式驱磨。都商税务，掌收京城商旅之算，以输于左藏。汴河上下锁、蔡河上下锁，掌收舟船木筏之征。都提举市易司，掌提点贸易货物，其上下界及诸州市易务、杂买务、杂卖场皆隶焉。市易上界，掌敛市之不售、货之滞于民用者，乘时贸易，以平百物之直。市易下界，掌飞钱给券，以通边籴。杂买务，掌和市百物，凡宫禁、官府所需，以时供纳。杂卖场，掌受内外币余之物，计直以待出货，或淮折支用。榷货务，掌折博斛斗、金帛之属。交引库，掌给印出纳交引钱钞之事。抵当所，掌以官钱听民质取而济其缓急。和剂局、惠民局，掌修合良药，出卖以济民疾。店宅务，掌管官屋及邸店，计置出僦及修造之事。石炭场，掌受纳出卖石炭。香药库，掌出纳外国贡献及市舶香药、宝石之事。

建炎诏罢太府寺，以其所掌职务拨隶金部。绍兴元年，复以章亿守太府寺丞，措置印给茶盐钞引，续添置丞二员。四年，复置卿、少各一员。十年，复置主簿。十一年，诏交引库书押钞引寺丞两员。遇合推赏，各与减磨勘二年。寻诏三丞一体行之。隆兴元年，并省主簿一员，明年如旧制，设案七，以次分管。监交案，随逐丞簿赴左藏库监交看验纲运钱物。中兴后，所隶惟有粮料院、审计司、左藏东西库、交引库、祗候库、和剂局、惠民局如前制所置。左藏南库，系桩管御前激赏库改。以侍从官提领，又置提辖检察官一员，编估局、打套局，二局系拣选市舶香药杂物等第，会其直以待贸易。寄桩库，掌发卖香药、匹帛，拘其直归于左藏南库。置监官提领二人。

国子监　旧置判监事二人，以两制或带职朝官充，凡监事皆总之。直讲八人，以京官、选人充，掌以经术教授诸生，旧以讲书为名，无定员。淳化五年，判监李至奏为直讲，以京朝官充。其后，又有讲书、说书之名，并以幕职、州县官充。其熟于讲说而秩满者，稍迁京官。皇祐中，始以八人为额，每员各专一经，并选择进士并《九经》及第之人，相参荐举。丞一人，以京朝官或选人充，掌钱谷出纳之事。主簿一人，以京官或选人充，掌文簿以勾考其出纳。旧制，祭酒阙，始置判监事。监生无定员。并有荫及京畿人，初隶监授业，后补监生；或随属游官，以久离本贯，不克赴乡荐，而文艺可称，亦许隶补试。广文教进士，太学教《九经》、《五经、》《三礼》、《三传》学究，律学馆教明律，余不常置。

元丰官制行，始置祭酒、司业、丞、主簿各一人，太学博士十人，旧系国子监直讲，元丰三年，诏改为太学博士，每经二人。正、录各五人，武学博士二人，律学博士、正各一人。

祭酒　掌国子、太学、武学、律学、小学之政令，司业为之贰，丞参领监事。凡诸生之隶于太学者，分三舍。始入学，验所隶州公据，以试补中者充外舍。斋长、谕月书其行艺于籍。行谓率教不戾规矩，艺谓治经程文，季终考于学谕，次学录，次学正，次博士，然后考于长贰。岁终校定，具注于籍以俟覆试，视其校定之数，参验而序进之。凡私试，孟月经义，仲月论，季月策。公试，初场以经义，次场以论、策。试上舍如省试法。凡内舍行艺与所试之等俱优者，为上舍上等，取旨命官；一优一平为中，以俟殿试；一优一否或俱平为下，以俟省试。唯国子生不预考选。凡课试、升黜、教导之事，长、贰皆总焉。车驾幸学，则率官属诸生班迎，即行在距学百步亦如之。凡释奠于先圣、先师及武成王，则率官属诸生共荐献之礼。岁计所隶三舍生升降多寡之数，以为学官之殿最赏罚。

博士，掌分经讲授，考校程文，以德行道艺训导学者。正、录，掌举行学规，凡诸生之戾规矩者，待以五等之罚，考校训导如博士之职。职事学录五人，掌与正、录通掌学规。学谕二十人，掌以所授经传谕诸生，直学四人，掌诸生之籍及几察出入。凡八十斋，斋置长、谕各一人，掌表率斋生，凡戾规矩者，纠以斋规五等之罚，仍月考斋生行艺，著于籍。武学博士、学谕各二人，掌以兵书、弓马、武艺训诱学者。律学博士二人，掌传授法律及校试之事。小学，置职事教谕二人，掌训导及考校责罚。学长二人，掌充齿位、纠不如仪者；集正二人，掌籍诸生名氏，纠程课不逮者。

熙宁初，诏用经术取士，广阔黉舍。分为三学，增置生徒，总二千八百人。隶籍有数，给食有等，库书有官，治疾有医。分案八，置吏十。元丰三年，诏自今奏举太学博士，先以所业进呈。五年，诏国子监官差承务郎以上，阙即差选人充正官，立行、守、试请奉法。八年，诏罢太学保任同罪法。

元祐元年，诏太学每岁公试，以司业、博士主之，如春秋补试法。左司谏王严叟言："太学生补中人，乞并许应举，罢一年之限。"诏国子监立法。又诏给事中孙觉、秘书少监顾临、崇政殿说书程颐、国子监长贰看详修立国子监条例。又诏置《春秋》博士一员，二年，增司业一员。又诏内外学官选年三十以上历任人充。三年，诏国子监置长贰。四年，诏太学正、录依熙宁法，选上舍生充，阙则以内舍生。五年，殿中侍御史岑象求言："国子监无叩问师资之益，学官不以训导为己任，补试伺察不严，有假手之弊。"诏礼部相度以闻，本部言："生员遇有请益，许见长贰。仍诏生员以所纳斋课于讲堂上指谕，并委博士逐月巡所隶斋，询考生员所业。凡私试不锁宿，欲令不罢讲说。"从之。

绍圣元年，监察御史刘拯言："太学复行元丰中三舍推恩注官、免省试、免解试之制。夫旧法欲行，必先严考察。请自今太学长贰、博士、正录，选学行纯备、众所推服者为之，有弛慢不公，考察不实，则重加谴责。差职掌长谕改正如元丰旧制。"从之。又诏："内外学官非制科、进士出身及上舍生入官者，并罢。"又诏："太学正、录依元丰旧制，各置五人。"又诏："太学三舍生并依元丰学制，重行考察，依旧条推恩。"左司谏翟思言："元丰《太学令》训迪纠禁亦具矣，今追复经义取士，乞令有司看详，依旧颁行。"诏送国子监。又诏："内外学官选进士出身及经明行修人。"又诏学官并召试，国子监长贰、台谏官、外监司皆许荐举。三年，司业龚原言："公试依元丰旧制，以长贰监试，轮差博士五员考试，乞朝廷更差官五员参考。"从之。元符元年，诏有官人许入太学充监生，毋过四十人。三年，复置《春秋》博士。崇宁元年省罢。

崇宁元年，宰臣蔡京言："有诏天下皆兴学贡士，以三舍考选法遍行天下，听每三年贡入太学。上合试仍别为考，分为三等，若试中上等，补充太学上舍，试中中等、下等者，补充内舍，余为外舍生，仍建外学于国之南，待其岁考行艺，升之太学。其外学官属：司业一人，丞一人，博士十人，学正五人，学录五人；职事人系学生充；学录五人，学谕十人，直学二人，斋长、斋谕各一人。外舍生三千人，太学上舍一百人，内舍三百人，候将来贡试到合格者，即上合以二百人、内舍以六百人为额。处上舍、内舍于太学，处外舍于外学。外学置斋一百，讲堂四，每斋三十人。太学自讼斋移于外学。诸路贡士并入外学，候依法考选校试合格，升之太学为上舍、内舍生。见为太学外舍生，依旧在太学，候外学成日取旨。外学并依太学敕、令、格、式。"从之。二年，罢《春秋》博士。三年，诏辟雍置司成、司业各一员。四年，诏："辟雍待四方贡士，在国之郊，太学教养上舍生，在王城之内，内上既殊，高下未伦；辟雍有司成在侍郎之次，国子有祭酒、司业列于卿、少，事体不顺，合行厘正。"改辟雍司成为太学司成，总国子监及内外学事，凡学之事，皆许专达。仍立学官谒禁。

大观元年，置国子博士四员，国子正、录各二员。太学、辟雍博士共置二十员，国子、太学每经一员，辟雍二员。从薛昂之请也。三年，诏诸路赡学余钱并起发充在京学事支用。四年，诏省国子、辟雍博士五员，太学命官学录一员，辟雍二员，国子命官正、录及命官直学、国子监书库官等官，并省罢，依绍圣格，毋用荫补。政和元年，诏两学博士、正、录依旧制试试，朝廷除授。七年，新提举河东路学事王格言："崇宁初，建辟雍于郊，以处贡士及外舍生，立太学于国，以处上舍、内舍。由州、郡而贡之辟雍，由辟雍而升之太学。法行之初，上、内舍之选未众，故外舍有校定者留太学，无校定者出辟雍。比年上、内舍人日增，而太学又有国子随行亲及小学生，人数已多，居处迫隘，乞以外舍生有无校定，并居辟雍，升补上、内舍乃入太学。"从之。八年，诏两博士、正、录并诸州教授兼用元丰试法，仍止试一经。吏部具到元丰法：进士第一甲，或省试十名内，或府、监发解五名内，或太学公、私试三名内，或季试两次为第一人，或上舍、内舍生，或曾充经论以上职掌，或投所业乞试，并听试，入上等注博士，中下等注正、录，即人多阙少，原注诸州教授者听。

宣和三年，诏罢天下三舍，太学以三舍考选，开封府及诸路以科举取士。州学未行三舍以前，应置学官及养士去处，依元丰旧制。太学生并拨填旧额，辟雍正额入太学者，拨入额外，依旧制遇填阙。诸内舍上等校定人愿入太学者，与免补试。辟雍官属并罢。又诏国子博士、正、录改充太学正、录。七年，臣僚言："熙、丰间，博士未尝除代，近年以来，席未暖而代者已至，当从正、录第进。新除太学博士胡世将、周利建乞改除正、录，候将来升为博士。"从之。

靖康元年，谏议大夫冯澥言："朝廷罢元祐学术之禁，不专王氏之学，《六经》之旨，其说是者取之，今学校或主一偏之说，执一偏之见，愿诏有司考校，敢私好恶去取，重行黜责。"又诏太学博士替成资阙。

建炎三年，诏国子监归礼部。未几，诏复养生徒，置博士。绍兴十二年，置祭酒、司业各一人。十三年，太学成，增置博士、正、录。参用元祐、绍圣监学法，修立监学新法。诏国子博士、正、录通治诸斋。学官阙，从本监选举。其后，监学博士、正、录增减不齐，兼摄并置不一。至隆兴以后，正、录不兼权，祭酒、司业并置，复书库官；又定国子博士一员，太学博士三员，正、录共四员，学官之制始定。淳熙四年，置监门官一员，兼管石经阁，以不厘务使臣充，以后相承不改。

武学　庆历三年，诏置武学于武成王庙，以阮逸为教授。八月，罢武学，以议者言"古名将如诸葛亮、羊祜、杜预等，岂专学孙、吴"故也。熙宁五年，枢密院言："古者出师受成于学，文武弛张，其道一也，乞复置武学。"诏于武成王庙置学。元丰官制行，改教授为博士，绍兴十六年，诏修建武学，武博、武谕以兵书、弓马、武艺诱诲学者。绍兴二十六年，诏武学博士、学谕各置一员，内博士于文臣有出身或武举出身曾预高选充，其学谕差武学人，后又除文臣之有出身者。

宗学　元丰六年，宗室令铄乞建宗学，诏从之，既而中辍，建中靖国元年复置。崇宁初，立月书、季考法。南渡初，建学。嘉定更新置四斋，后再增三斋。宗学博士，旧诸王宫大、小学教授也。至道元年，太宗将为皇侄等置师傅，执政谓环卫之官非新王比，当有降，乃以教授为名。咸平初，遂命诸王府官分兼南、北宅教授。南宫者，太祖、太宗诸王之子孙处之，所谓睦亲宅也。崇宁五年，又改称某王宫宗子博士，位国子博士之上。靖康之乱，宗学遂废。绍兴四年，始复置诸王宫大小学教授二员，隆兴省其一。嘉定九年十二月，始复置宗学，改教授为博士，又置宗学谕一员，并隶宗正寺，在太常博士之下，谕在国子正之上，奉给、赏典依国子博士及正例，于是宗室疏远者皆得就学。旋有旨复存诸王宫大小学教授一员。

书库官　淳化五年，判国子监李志言："国子监旧有印书钱物所，名为近俗，乞改为国子监书库官。"始置书库监官，以京朝官充。掌印经史群书，以备朝廷宣索赐予之用，及出鬻而收其直以上于官。元丰三年省。中兴后，并国子监入礼部。绍兴十三年，复置一员；三十一年，罢。隆兴初，诏主簿兼书库。乾道七年，复置一员。

少府监　旧制，判监事一人。以朝官充。凡造御器玩、后妃服饰、雕文错彩工巧之事，分隶文思院、后苑造作所，本监但掌造门戟、神衣、旌节，郊庙诸坛祭玉、法物，铸牌印诸记，百官拜表案、褥之事。凡祭祀，则供祭器、爵、瓒、照烛。

元丰官制行，始置监、少监、丞、主簿各一人。监掌百工伎巧之政令，少监为之贰，丞参领之。凡乘舆服御、宝册、符印、旌节、度量权衡之制，与夫祭祀、朝会展采备物，皆率其属以供焉。庀其工徒，察其程课、作止劳逸及寒暑早晚之节，视将作匠法，物勒工名，以法式察其良窳。凡金玉、犀象、羽毛、齿革、胶漆、材竹，辨其名物而考其制度，事当损益，则审其可否，议定以闻。少府所掌，旧有主名，其工作之事，则监自亲之。

熙宁中，已厘归有司，官制行，皆复旧。元丰元年，工部言："文思院上下界诸作工料条格，该说不尽，功限例各宽剩，乞委官检照前后料例功限，编为定式。"从之。又诏："文思监官除内侍外，令工部、少府监同议选差。"崇宁三年，诏："文思院两界监官，立定文臣一员、武臣二员。并朝廷选差，其内侍干当官并罢。"

分案四，置吏八。所隶官属五：文思院，掌造金银、犀玉工巧之物，金采、绘素装钿之饰，以供舆辇、册宝、法物凡器服之用。绫锦院，掌织纴锦绣，以供乘舆凡服饰之用。染院，掌染丝枲币帛。裁造院，掌裁制服饰。文绣院，掌纂绣，以供乘舆服御及宾客祭祀之用，崇宁三年置，招绣工三百人。

旧置南郊祭器库监官二人，太庙祭器法物库监官二人，掌祠祭器服之名物，各有专典。旄节官二人，铸印篆文官二人。诸州铸钱监监官各一人。以上并属少府监。

将作监　旧制，判监事一人，以朝官以上充。凡土木工匠之政、京都缮修隶三司修造案，本监但掌祠祀供省牲牌、镇石、炷香、盥手、焚版币之事。

元丰官制行，始正职掌。置监、少监各一人，丞、主簿各二人。监掌宫室、城郭、桥梁、舟车营缮之事，少监为之贰，丞参领之，凡土木工匠板筑造作之政令总焉。辨其才干器物之所须，乘时储积以待给用，庀其工徒而授以法式；寒暑蚤暮，均其劳逸作止之节。凡营造有计帐，则委官覆视，定其名数，验实以给之。岁以二月治沟渠，通壅塞。乘舆行幸，则预戒有司洁除，均布黄道。凡出纳籍帐，岁受而会之，上于工部。熙宁初，以嘉庆院为监，其官属职事，稽用旧典，已而尽追复之。元祐七年，诏敕将作监修成《营造法式》。八年，又诏本监营造检计毕，长贰随事给限，丞、簿覆检。元符元年，三省言："将作监主簿二员，乞将先到任一员改充干当公事。候成资替罢。"从之。崇宁五年，诏将作监，应承受前后特旨应副外，路并府、监修造差拨人工物料，遵执无丰条格，不得应副。宣和五年，诏罢营缮所归将作监。

分案五，置吏二十有七。所隶官属十：修内司，掌宫城、太庙缮修之事。东西八作司，掌京城内外缮修之事。竹木务，掌修诸路水运材植及抽算诸河商贩竹木，以给内外营造之用。事材场，掌计度材物，前期朴斫，以给内外营造之用。麦䴷场，掌受京畿诸县夏租麴蘖，以给垍墁之用。窑务，掌陶为砖瓦，以给缮营及瓶缶之器。丹粉所，掌烧变丹粉，以供绘饰。作坊物料第三界，掌储积材物，以备给用。通材场，掌受京城内外退弃材木，抡其长短有差，其曲直中度者以给营造，余备薪爨。帘箔场，掌抽算竹木、蒲苇，以供帘箔内外之用。

建炎三年，诏将作监并归工部。绍兴三年，复置丞，仍兼总少府之事。十年，置主簿一员。十一年，诏依司农、太府寺，置长、贰一员。隆兴初，宫室无所营缮，职务简省，百工器用属之文思院，以隶工部；本监惟置丞一员，余官虚而不除。乾道以后，人材甚多，监、少、丞、簿无阙，凡台省之久次与郡邑之有声者，悉寄于此，自是号为储才之地，而营缮之事，多俾府尹、畿漕分任其责焉。

军器监　国初，戎器之职领于三司胄案，官无专职。熙宁六年，废胄案，乃按唐令置监，以从官总判，元丰正名，始置监、少监各一人，丞二人，主簿一人。监掌监督缮治兵器什物，以给军国之用，少监为之贰，丞参领之。凡利器以法式授工徒，其弓矢、干戈、甲胄、剑戟战守之具，因其能而分任之，量用给材，旬会其数以考程课，而输于武库，委遣官诣所隶检察。凡用胶漆、筋革、材物必以时，课百工造作，劳逸必均，岁终阅其良否多寡之数，以诏赏罚。器成则进呈便殿，俟阅试而颁其样式于诸道。即要会州建都作院分造器械，从本监比较而进退其官吏焉，元祐三年，省丞一员，绍圣中复置。政和三年，应御前军器监所颁降军器样制，非长、贰当职官不得省阅，及传写漏泄，论以违制。

分案五，置吏十有三，所隶官属四：东西作坊，掌造兵器、旗帜、戎帐、什物，辨其名色，谨其缮作，以输于受藏之府，兵校工匠，其役有程，视精粗利钝以为之赏罚。作坊物料库，掌收铁锡、羽箭、油漆之属。皮角场，掌收皮革、筋角，以供作坊之用。南渡置御前军器所，建炎三年，诏军器监并归工部，东西作坊、都作院并入军器所。绍兴三年，复置丞一员，令工部相度合管职事归之。十一年，诏复置长、贰各一员。十四年，以朝奉大夫赵子厚守军器监，宗室为寺监长、贰自此始。

隆兴初，诏置造军器，已有军器所隶工部，本监惟置丞一员。乾道五年，复置少监及簿。六年，以少监韩玉往建康点检物马，以奉使军器少监为名。是年，复置监一员。淳熙初元，诏戎器非进入毋辄出所，由是呈验寖省。二年，钱良臣以少监总领淮东财赋；八年，沈揆复以监长行。诸监长贰自是始许总饷外带，然二人实初兼版曹职事。嘉定十四年，岳珂独以军器监总饷淮东。是后，戎所、作坊已备官于下，宥府、起部并列纲于上，监居其间，事务稀简，特为储才之所焉。

都水监　旧隶三司河渠案，嘉祐三年，始专置监以领之。判监事一人，以员外郎以上充，同判监事一人，以朝官以上充；丞二人，主簿一人，并以京朝官充。轮遣丞一人出外治河埽之事，或一岁再岁而罢，其有谙知水政，或至三年。置局于澶州，号曰外监。

元丰正名，置使者一人，丞二人，主簿一人。使者掌中外川泽、河渠、津梁、堤堰疏凿浚治之事，丞参领之。凡治水之法，以防止水，以沟荡水，以浍写水，以陂池潴水。凡江、河、淮、海所经郡邑，皆颁其禁令。视汴、洛水势涨涸增损而调节之。凡河防谨其法禁，岁计茭楗之数，前期储积，以时颁用，各随其所治地而任其责。兴役以后月至十月止，民功则随其先后毋过一月，若导水溉田及疏治壅积为民利者，定其赏罚。凡修堤岸、植榆柳，则视其勤惰多寡以为殿最。南、北外都水丞各一人，都提举官八人，监埽官吏三十有五人，皆分职莅事；即干机速，非外丞所能治，则使者行视河渠事。

元丰八年，诏提举汴河堤岸司隶本监。先是，导洛入汴，专置堤岸司。至是，亦归之有司。元祐四年，复置外都水使者。五年，诏南、北外都水丞并以三年为任。七年，方议回河东流，乃诏河北、京西漕臣及开封府界提点，各兼南、北外都水事，绍圣元年罢。元符三年，诏罢北外都水丞，以河事委之漕臣；三年，复置。重和元年，工部尚书王诏言，乞选差曾任水官谙练者为南、北两外丞，从之。宣和三年，诏罢南、北外都水丞司，依元丰法，通差文武官一员。

分案七，置吏三十有七。所隶有：街道司，掌辖治道路人兵，若车驾行幸，则前期修治，有积水则疏导之。

建炎三年，诏都水监置使者一员。绍兴九年，复置南、北外都水丞各一员，南丞于应天府，北丞于东京置司。十年，诏都水事归于工部，不复置官。

司天监　监　少监　丞　主簿　春官正　夏官正　中官正　秋官正　冬官正　灵台郎　保章正　挈壶正各一人。掌察天文祥异，钟鼓漏刻，写造历书，供诸坛祀祭告神名版位画日。监及少监阙，则置判监事二人。以五官正充。礼生四人，历生四人，掌测验浑仪，同知算造三式。元丰官制行，罢司天监，立太史局，隶秘书省。

卷一百六十六　志第一百一十九

职官六

殿前司　侍卫亲军　环卫官　皇城司　三卫官
客省引进　四方馆　东西上阁门　带御器械
入内内侍省　内侍省　开封府　临安府
河南应天府　次府　节度使　承宣观察防御等使

殿前司　都指挥使、副都指挥使、都虞候各一人。掌殿前诸班直及步骑诸指挥之名籍，凡统制、训练、番卫、戍守、迁补、赏罚，皆总其政令。而有都点检、副都点检之名，在都指挥使之上，后不复置，入则侍卫殿陛，出则扈从乘舆，大礼则提点编排，整肃禁卫卤簿仪仗，掌宿卫之事，都指挥使以节度使为之。而副都指挥使、都虞候以刺史以上充。资序浅则主管本司公事，马步军亦如之。备则通治，阙则互摄。凡军事皆行以法，而治其狱讼。若情不中法，则禀奏听旨。

骑军有殿前指挥使、内殿直、散员、散指挥、散都头、散祗候、金枪班、东西班、散直、钧容直及捧日以下诸军指挥，步军有御龙直、骨朵子直、弓箭直、弩直及天武以下诸军指挥。诸班有都部虞候指挥使、都军使、都知、副都知、押班。御龙诸直，有四直都虞候，本直各有虞候、指挥使、副指挥使、都头、副都头、十将、将虞候。骑军、步军，有捧日、天武左右四厢都指挥使，捧日、天武左右厢各有都指挥使。每军有都指挥使、都虞候，每指挥有指挥使、副指挥使，每都有军使、副兵马使、十将、将虞候、承局、押官，各以其职隶于殿前司。

元祐七年，签书枢密院王严叟言："祖宗以来，三帅不曾阙两人,若殿帅阙,难于从下超补,姚麟系殿前都虞候,合升作步军副都指挥使。"绍圣三年,诏:"殿前指挥使金枪弩手班、龙旗直所减人额及排定班分,并依元丰诏旨。"政和四年,诏:"殿前指挥使在节度使之上,殿前副都指挥使在正任承宣使之上,殿前都虞候在正任防御使之上。"

渡江后,都指挥间虚不除,则以主管殿司一员任其事。其属有干办公事、主管禁卫二员,准备差遣、准备差使、点检医药饭食各一员,书写机宜文字一员。本司掌诸班直禁旅扈卫之事,捧日、天武四厢隶焉。训齐其众,振饬其艺,通轮内宿,并宿卫亲兵并听节制。其下有统制、统领、将佐等分任其事。凡诸军班直功赏、转补,行门拍试、换官,阅实排连以诏于上;诸殿侍差使年满出职,祗应参班,核其名籍;以时教阅,则谨鞍马、军器、衣甲之出入;军兵有狱讼,则以法鞫治。初,渡江草创,三衙之制未备,稍稍招集,填置三帅。资浅者,各有主管某司公事之称。又别置御营司,擢王渊为都统制。其后外州驻扎,又有御前诸军都统制之名。又并入神武军,以旧统制、统领改充殿前司统制、统领官。

乾道中,臣僚言:"三衙军制名称不正,以旧制论之,军职大者凡八等,除指挥使或不常置外,曰殿前副都指挥使、马军副都指挥使、步军副都指挥使。次各有都虞候,次有捧日、天武四厢都指挥使。龙、神卫四厢都指挥使。秩秩有序,若登第然。降此而下,则分营、分厢各置副都指挥使。边境有事,命将讨捕,则旋立总管、钤辖、都监之名,使各将其所部以出,事已复初。今以宿卫虎士而与在外诸军同其名,以统制、统领为之长,又使遥带外路总管、钤辖,皆非旧典。所当法祖宗之旧,正三衙之名,改诸军为诸厢,改统制以下为都虞候、指挥使,要使宿卫之职,预有差等,士卒之心,明有所系,异时拜将,必无一军皆惊之举。"时不果行。淳熙以后,四厢之职多虚,而殿司职、司有权管干,有时暂照管之号,愈非乾道以前之比矣。

侍卫亲军马军 都指挥使、副都指挥使、都虞候各一人,掌马军诸指挥之名籍,凡统制、训练、番卫、戍守、迁补、赏罚,皆总其政令;侍卫扈从,及大礼宿卫,所掌如殿前司官。所领马军,自龙卫而下有左右四厢都指挥使,龙卫左右厢各有都指挥使。每军有都指挥使、都虞候,每指挥有指挥使、副指挥使,每都有军使、副兵马使、十将、将虞候、承勾、押官,各以其职隶于马军司。政和四年,诏以马军都指挥使、马军副都指挥使在正任观察使之上,马军都虞候在正任防御使之上。

中兴后,置主管侍卫马军司一员。其属有干办公事、准备差遣、点检医药饭食各一员。掌出戍建康,差主管机宜文字一员,掌马军之政令。凡出入扈卫、守宿以奉上,开收阅习、转补以励下,如殿前司。凡名籍核其在亡,过则以法绳之,有巡防救应,则纠率差拨龙卫四厢隶焉。

侍卫亲军步军 都指挥使、副都指挥使、都虞候各一人。掌步军诸指挥之名籍,凡统制、训练、番卫、戍守、迁补、赏罚,皆总其政令;侍卫扈从,及大礼宿卫,如殿前司。所领步军、自神卫而下有左右四厢都指挥使,左右厢各有都指挥使。每军有都指挥使、都虞候,每指挥有指挥使、副指挥使,每都有都头、副都头、十将、将、虞候、承勾、押官,各以其职隶于步军司。政和四年,诏以步军都指挥使、步军副都指挥使在正任观察使之上,都虞候在正任防御使之上。

中兴后,置主管侍卫步军司一员。其属有干办公事二员,准备差遣、点检医药饭食各一员,掌军之政令。凡出入扈卫、守宿以奉上,开收阅习、转补以励下,如殿前司。凡名籍校其在亡,过则以法绳之,有巡防救应,则纠率差拨神卫四厢隶焉。

环卫官 左、右金吾卫上将军 大将军 将军 中郎将 郎将

　　左、右卫上将军 大将军 将军 中郎将 郎将
　　左、右骁卫上将军 大将军 将军
　　左、右武卫上将军 大将军 将军
　　左、右屯卫上将军 大将军 将军
　　左、右领军卫上将军 大将军 将军
　　左、右监门卫上将军 大将军 将军
　　左、右千牛卫上将军 大将军 将军 中郎将 郎将

诸卫上将军、大将军、将军,并为环卫官,无定员,皆命宗室为之,亦为武臣之赠典。大将军以下,又为武官责降散官。政和中,改武臣官制,而环卫如故,盖虽有四十八阶,别无所领故也。靖康元年,诏以武安军节度使钱景臻等为左金吾卫上将军,保信军节度使刘敷等为右金吾卫上将军,用御史中丞陈过庭言,遵艺祖开宝初罢王彦超、武行德等归环卫故事也。其禁兵分隶殿前及侍卫两司,所称十二卫将军,皆空官无实,中兴多不除授。隆兴中,始命学士洪遵等讨论典故,复置十六卫,号环卫官。其法:节度使则领左、右金吾卫上将军,承宣使则领左、右卫上将军,在内则兼带,在外则不带,正任为上将军,遥郡为大将军,正亲兄弟子孙试充。又诏祖宗诸后自明肃至钦慈诸后及后妃嫔御之家,各具本宗堪充诸卫官以名衔闻。又诏三卫郎为三卫侍郎。又诏博士并差文臣。崇宁四年二月置,五年正月罢。

皇城司 干当官七人,以武功大夫以上及内侍都知、押班充。掌宫城出入之禁令,凡周庐宿卫之事、宫门启闭之节皆隶焉。每门给铜符二、铁牌一,左符留门,右符请钥,铁牌则请钥者自随,以时参验而启闭之。总亲从、亲事官名籍,辨其宿卫之地,以均其番直。人物伪冒不应法,则讥察以闻。凡臣僚朝觐,上下马有定所,自宰相、亲王以下,所带人从有定数,揭榜以止其喧哄。元丰六年,诏干当皇城司,除两省都知、押班外,取年深者减罢。止留十员。元祐元年,诏干当官阅三年无过者迁秩一等,再任满者减磨勘二年。元符元年,诏:"应宫城出入请纳官物,呈禀公事,传送文书,并御厨、翰林、仪鸾司非次祗应,听于便门出入,即不由所定门者,论如阑入律。应差办人物入内,及内诸司差人往他所应奉,并前一日具名数与经

历诸门报皇城司。"二年,诏皇城司任满酬奖依熙宁五年指挥,再任满无遗阙,取旨。政和五年,诏皇城司可创置亲从弟五指挥,以七百人为额,亲从官旧有四指挥,元额共二千二百七十人,仍以五尺九寸一分六厘使为将军,副使为中郎将,使臣以下为左、右郎将,通以十员为额,宗室不在此例。除管军则解,或领阁门、皇城之类则仍带,虽戚里子弟,非战功人不除,批书印纸属殿前司。是时,帝谕宰相,以为如文臣馆阁储才之地。绍熙初,尝欲留阙以储将才,循初意也。嘉泰中,复申明隆兴之诏,屏除贪得妄进,以重环尹之官,嘉定二年,复因臣僚言,专以曾为兵将有功绩及名将子孙之有才略者充。通前后观之,可以见环卫储才之意。

三卫官　三卫郎一员,秩比太中大夫。中郎为之贰,文武各一员,秩比朝议大夫。博士二员,主簿一员。亲卫府郎十员,中郎十员;勋卫府郎十员,中郎十员;翊卫府郎二十员,中郎二十员;文武各四十员。三卫郎治其府之事。率其属日直于殿陛,长在左,立起居郎之前;贰分左右,文东武西,立都承旨之后,仗退,治事于府。博士掌孝道,校试三卫所习文武之艺。亲卫立于殿上两旁,勋卫立于朵殿,翊卫立于两阶卫士之前。三卫郎依给、舍,中郎依少卿,余依寺丞。亲卫官以后妃嫔御之家有服亲,及翰林学士并管军正任观察使以上子孙;勋卫官以勋臣之世、贤德之后有服亲,太中大夫以上及正任团练使、遥郡观察使以上;翊卫官以卿监、正任刺史、遥郡团练使以上,并以为等。其将校、十将、节级等应合行事件,比第四指挥及见行条贯。六年三月,应臣僚辄带售雇人入宫门,罪赏并依宗室法,将带过数止坐本官,若兼领外局,所定人从非随本官辄入者,依阑入法。十一月,诏嘉王楷差提举皇城司整肃随驾禁卫所。靖康元年,诏应入皇城门,依法服本色,辄衣便服及不裹头帽入出者并科罪。所隶官属一:冰井务,掌藏冰以荐献宗庙、供奉禁庭及邦国之用。若赐予臣下,则以法式颁之。

中兴初,为行营禁卫所,差主管官,掌出入皇城宫殿门等敕号,察其假冒,车驾行幸则纠察导从。绍兴元年,改称行在皇城司。提举官一员,提点官二员,干当官五员,以诸司副使、内侍都知押班充。掌皇城官殿门,给三色牌号,稽验出入。凡亲从、亲事官五指挥,入内院子、守阙入内院子指挥,总其名籍,均其劳役,察其功过而赏罚之。凡诸门必谨所守、瀡洁斋肃,郊祀大礼,则差拨随从守卫;有宴设,则守门约阑。每年春秋,按赏亲从逐指挥、亲事官第一指挥、长行三色武艺、弓弩枪手。皇城周回或有垫陷,移文修整。嘉定间,臣僚言:"皇城一司,总率亲从,以严护周庐,参错禁旅,权亚殿严,乞专以知阁、御带兼领。仍立定亲从员额,以革泛监。"并从之。

客省、引进使　客省使、副使各二人。掌国信使见辞宴赐及四方进奉、四夷朝觐贡献之仪,受其币而宾礼之,掌其饔饩饮食,还则颁诏书,授以赐予。宰臣以下节物,则视其品秩以为等。若文臣中散大夫、武臣横行刺史以上还阙朝觐,掌ём酒馔。使阙,则引进、四方馆、阁门使副互权。大观元年,诏客省、四方馆不隶台察。政和二年,改定武选新阶,乃诏客省、四方馆、引进司、东、西上阁门所掌职务格法。并令尚书省具上。又诏高丽已称国信,改隶客省。靖康元年,诏客省、引进司、四方馆、西上阁门为殿庭应奉,与东上阁门一同隶中书省,不隶台察。

引进司使、副各二人。掌臣僚、蕃国进奉礼物之事,班四方馆上。使阙,则客省、四方馆互兼。

四方馆使　二人。掌进章表,凡文武官朝见辞谢、国忌赐香,及诸道元日、冬至、朔旦庆贺起居章表,皆受而进之。郊祀大朝会,则定外国使命及致仕、未升朝官父老陪位之版,进士、道释亦如之。掌凡护葬、赗赠、朝拜之事。客省、四方馆,建炎初并归东上阁门,皆知阁总之。

东、西上阁门　东上阁门、西上阁门使各三人,副使各二人,宣赞舍人十人,旧名通事阁人,政和中改。祗候十有二人。掌朝会宴幸、供奉赞相礼仪之事,使、副承旨禀命,舍人传宣赞谒,祗候分佐舍人。凡文武官自宰臣、宗室自亲王、外国自契丹使以下朝见谢辞皆掌之,视其品秩以为引班、叙班之次,赞其拜舞之节而纠其违失。若庆礼奉表,则东上阁门掌之;慰礼进名,则西上阁门掌之。月进班簿,岁终一易,分东西班揭贴以进。自客省而下,因事建官,皆有定员。遂立积考序迁之法,听其领职居外,增置看班祗候六人,由看班迁至使皆五年,使以上七年,遇阙乃迁,无阙则加遥郡。

元丰七年,诏客省、四方馆使、副领本职外,官最高者一员兼领阁事。元祐元年,诏客省、四方馆、阁门并以横行通领职事。绍圣三年,诏看班祗候有阙,令吏部选定,尚书省呈人材,中书省取旨差。崇宁四年,诏阁门依元丰法隶门下省。大观元年,诏阁门依殿中省例,不隶台察。政和六年,诏宣赞播告,直诵其辞。靖康元年,诏阁门并立员额。监察御史胡舜陟奏:"阁门之职,祖宗所重:宣赞不过三五人,熙宁间,通事舍人十三员。祗候六人,当时议者犹以为多。今舍人一百八员,祗候七十六员,看班四员,内免职者二百三员,由宦侍恩幸以求财,朱勔父交子卖尤多,富商豪子往往得之。真宗时,诸王夫人因圣节乞补阁门,帝曰:'此职非可以恩泽授。'不许。神宗即位之初,用宫邸直省官郭昭选为阁门祗候,司马光言:'此祖宗以蓄养贤才,在文臣为馆职。'其重如此,今岂可卖以求财,乞赐裁省。"故有是诏。

旧制有东、西上阁门,多以处外戚勋贵。建炎初元,并省为一,其引进司、四方馆并归阁门,客省循旧法,非横行不许知阁门。绍兴元年,帝以朱藔孙藩邸旧人,稍习仪注,命转行横行一官,主管阁门。又曰:"藩邸旧人,自内侍及使臣皆不与行在职任,止与外任,藔孙以阁门无谙练人,故留之。"五年,诏右武大夫以上并称知阁门事兼客省、四方馆事,官未至者,即称同知阁门事同兼客省、四方馆事,以除授为序,称同知者在知阁门之下。宣赞舍人任传宣引赞之事,与阁门祗候并为阁职,间带点检阁门簿书公事。绍兴中,许令供职,注拟内外合入差遣,阙到然后免供职。其后供职舍人员数稍冗,裁定以四十员为额。

乾道六年，上欲清阁门之选，除宣赞舍人、阁门祗候仍旧通掌赞引之职外，置阁门舍人十员，以待武举之入官者。掌诸殿觉察失仪兼侍立，驾出行幸亦如之。六参、常朝，后殿引亲王起居。仿儒臣馆阁之制，召试中书省，然后命之。又许转对如职事官，供职满三年与边郡。淳熙间，置看班祗候，令忠训郎以下充，秉义郎以上，始除阁门祗候。又增重荐举阁门祗候之制，必廉干有方略、善弓马、两任亲民无遗阙及曾历边任者充。绍熙以来，立定员额。庆元初，申严阁门长官选择其属之令，非右科前名之士不预召试，盖以为右列清选云。

带御器械　宋初，选三班以上武干亲信者佩櫜鞬、御剑，或以内臣为之，止名："御带"。咸平元年，改为带御器械。景祐二年，诏自今无得过六人。庆历元年，诏遇阙员，曾历边任有功者补之。中兴初，诸将在外多带职，盖假禁近之名，为军旅之重。绍兴七年，枢密院言："带御器械官当带插。"帝曰："此官本以卫不虞，今乃佩数笴骹箭，不知何用。方承平时，至饰以珠玉，车驾每出，为观美而已。他日恢复，此等事当尽去之。"二十九年，诏中外举荐武臣，无阙可处，增置带御器械四员。然近侍亦或得之。乾道以来，诏立班枢密院检详文之上。淳熙间，凡正除军中差遣或外任者，不许衔内带行，又须供职一年，方与解带恩例，于是属鞬之职益加重焉。

入内内侍省　内侍省　宋初，有内中高品班院，淳化五年，改入内内班院，又改入内黄门班院，又改内侍省入内内侍班院。景德三年，诏："东门取索司可并隶内东门司，余入内都知司；内东门都知司、内侍省入内内侍班院可立为入内内侍省，以诸司隶之。"宋初，有内班院，淳化五年，改为黄门，九月，又改内侍省。

入内内侍省与内侍省号为前后省，而入内省尤为亲近。通侍禁中、役服亵近者，隶入内内侍省。拱侍殿中、备洒扫之职、役使杂品者，隶内侍省。入内内侍省有都都知、都知、副都知、押班、内东头供奉官、内西头供奉官、内侍殿头、内侍高品、内侍高班、内侍黄门。内侍省有左班都知、副都知、右班都知、副都知、押班、内东头供奉官、内西头供奉官、内侍殿头、内侍高品、内侍高班、内侍黄门。自供奉官至黄门，以二百八十人为定员。凡内侍初补曰小黄门，经恩迁补则为内侍黄门。后省官阙，则以前省官补。押班次迁副都知，次迁都知，遂为内臣之极品。

熙宁中，入内内侍省内侍省都知、押班遂省，各以转入先后相压，永为定式。其官称，则有内客省使、延福宫使、宣政使、宣庆使、昭宣使。元丰议改官制，张诚一欲易都知、押班之名，置殿中监以易内侍省。既而宰执进呈，神宗曰："祖宗为此名有深意，岂可轻议？"政和二年，始遂改焉。以通侍大夫易内客省使，正侍大夫易延福宫使，中侍大夫易景福殿使，中亮大夫易宣庆使，中卫大夫易宣政使，拱卫大夫易昭宣使，供奉官易内东头供奉官，左侍禁易内西头供奉官，右侍禁易内侍殿头，左班殿直易内侍高品，右班殿直易内侍高班，而黄门之名如故。

其属有：御药院，勾当官四人，以入内内侍充，掌按验方书，修合药剂，以待进御及供奉禁中之用。内东门司勾当官四人，以入内内侍充，掌宫禁人物出入，周知其名数而讥察之。合同凭由司，监官二人，掌禁中宣索之物，给其要验，凡特旨赐予，皆具名数凭由，付有司准给。管勾往来国信所，管勾官二人，以都知、押班充，掌契丹使介交聘之事。后苑勾当官，无定员，以内侍充，掌苑囿、池沼、台殿种艺杂饰，以备游幸。造作所，掌造作禁中及皇属婚娶之名物。龙图、天章、宝文阁，勾当四人，以入内内侍充，掌藏祖宗文章、图籍及符瑞宝玩之物，而安像设以崇奉之。军头引见司，勾当官五人，以入内内侍都知、押班及阁门宣赞舍人以上充，掌供奉便殿禁卫诸军入见之事，及马，步两直军员之名。翰林院，勾当官一员，以内侍押班、都知充，总天文、书艺、图画、医官四局，凡执伎以事上者皆在焉。

中兴以来，深惩内侍用事之弊，严前后省使臣与兵将官往来之禁，著内侍官不许出谒及接见宾客之令。绍兴三十年，诏内侍省所掌职务不多，徒有冗费，可废并归入内内侍省。旧制，内侍遇圣节许进子，年十二试以墨义，即中程者，候三年引见供职。三十二年，殿中侍御史张震言宦者员众，孝宗即命内侍省具见在人数，免会庆节进子，仍定以二百人为额。乾道间，以差赴德寿宫应奉阙人，增置二百五十人。绍熙三年，依宰臣奏，中官只令承受宫禁中事，不许预闻他事。嘉定初，诏内侍省陈乞恩例，亲属充寄班祗候，以十年为限。

开封府　牧、尹不常置，权知府一人，以待制以上充。掌尹正畿甸之事，以教法导民而劝课之。中都之狱讼皆受而听焉，小事则专决，大事则禀奏。若承旨已断者，刑部、御史台无辄纠察。屏除寇盗，有奸伏则戒所隶官捕治。凡户口、赋役、道释之占京邑者，颁其禁令，会其帐籍。大礼，桥道顿递则为之使，仗内奉引则差官摄牧。

其属有判官、推官四人，日视推鞫，分事以治。而佐其长，领南司者一人，督察使院，非刑狱讼诉则主行之。司录参军一人，折户婚之讼，而通书六曹之案牒。功曹、仓曹、户曹、兵曹、法曹、士曹参军各一人，视其官曹分职莅事。左右军巡使、判官各二人，分掌京城争斗及推鞫之事。左右厢公事干当官四人，掌检覆推问，凡斗讼事轻者听决。领县十有八，镇二十有四，令佐、训练、征榷、监临、巡警之官，知府事者率统隶焉。分案六，置吏六百。

开封典司毂下，自建隆以来，为要剧之任。至熙宁间，增给吏禄，禁其受赇，省衙前役以宽民力，厘折狱讼归于厢官，而治事视前日损去十四。元祐元年，诏府界捕盗官吏隶本府，与都大提举司同管辖而掌其赏罚。置新城内左、右二厢。三年，以罢大理寺狱，置军巡院判官一员。四年，罢新置二厢。六年，王严叟言："左、右厅推官公事词状，初无通治明文，请事系朝省及奏请通治外，余并据号分治。"从之。绍圣元年，知府事钱勰言："自祖宗以来，并分左右厅置推官各一员。近年止除推官，元祐中，并令分治。请依故事分左右厅，各除推官一员，作两厅共治府事。"又言："熙宁中，置旧城左右厢，元祐初，增于新城内，四年，罢增置两厢，今请复置。"从之。三年，诏开封、祥符知县事自今选秩通判人充。四年，诏开封府所荐推、判官,并召对取旨。

崇宁三年,蔡京奏:"乞罢权知府,置牧一员、尹一员,专总府事;少尹二员,分左右,贰府之政事。牧以皇子领之。尹以文臣充,在六曹尚书之下、侍郎之上。少尹在左右司郎官之下、列曹郎官之上。以士、户、仪、兵、刑、工为六曹次序,司录二员,六曹各二员,参军事八员。开封、祥符两县置案仿此。易胥吏之称,略依《唐六典》制度。"又请移开封府治所于旧尚书省,从之。太宗、真宗尝任府尹,自至道后,知府者必带"权"字,蔡京乃以潜邸之号处臣下,建置曹官以上凡十六员,比旧增要官十一员。五年,诏开封府属官参军等并依旧员额。大观元年,李孝寿乞增置府学博士一员。从之。诏:"开封六职闲剧不同,如士曹之官,唯主到罢批书,而刑、户事繁,自今凡士之婚田斗讼皆在士曹,余曹仿此。"二年,诏皇子领牧,禄令如执政官,又诏天下州郡并依开封府分曹置掾。政和二年,复置开封府学钱粮官一员。五年,盛章奏:乞依尚书六部置架阁主管官一员。宣和元年,聂山奏:司录、六曹官乞依省部少监封叙。诏修入条令。

临安府 旧为杭州,领浙西兵马钤辖,建炎三年,诏改为临安府,其守臣乃带浙西同安抚使。时置帅在镇江府,绍兴驻跸临安,遂正称安抚使。置知府一员、通判二员,签书节度判官厅公事、节度推官、观察推官、观察判官、录事参军、左司理参军、右司理参军、司户参军、司法参军各一员。

本府掌畿甸之事,籍其户口,均其赋役,颁其禁令。城外内分南北左右厢,各置厢官,以听民之讼诉。厢官许奏辟京朝官亲民资序人充,后以臣僚言,罢城内两厢官,惟城外置焉。分使臣十员,以缉捕为城盗贼。立五酒务,置监官以裕财。分六郡监界分,差兵一百四十八铺以巡防烟火。置两总辖,承受御前朝旨文字。凡御宝、御批,实封有所取索,则供进;凡省、台、寺、监、监司符牒及管下诸县及仓场等申到公事,则受而理之;凡大礼及国信,随事应办,祠祭共其礼料,会聚陈其幄帝,人使往来,辨其舟楫,皆先期饬于有司。

领县九,分士、户、仪、兵、刑、工六案。内户案分上、中、下案,外有免役案、常平案、上下开拆司、财赋司、大礼局、国信司、排办司、修造司,各治其事。置吏:点检文字、都孔目官、副孔目官、节度孔目官、观察孔目官各一名,磨勘司主押官、正开拆官、副开拆官各一人,下名开拆官二名,押司官八人,前后行守分二十一人,贴司三十人。

乾道七年,皇太子领尹事,废临安府通判、签判职官。置少尹一员,日受民词以白太子,间日率僚属诣宫禀事。置判官二员,推官三员。有旨,少伊比仿知府,判官比通判,推官比幕职官,其统临职分,并照从来条例。九年,皇太子解尹事,临安府知、通、签判、推判官并依旧置。既据保义郎赵礼之状:"临安府依条合置兵马监押一员。经任监当四员,初任监当阙一员,昨皇太子领府尹更不差注,今既辞免,乞将宗室添差员阙依旧。"从之。淳熙三年,诏罢备摄官,惟缉捕使臣十二员、听候差使六员许令辟置。嘉泰四年,诏临安府添差不厘务总管路钤二十员,州钤辖、路分都监、副都监二十员,正、副将十五员,安抚司准备将领十五员,州都监以下十员。共以八十员为额。寻减总管路钤五员。开禧三年,复省罢总管、路分共六员。

河南应天府 牧 尹 少尹 司录 户曹 法曹 士曹 尹以下掌同开封府,尹阙则置知府事一人,以郎中以上充,二品以上曰判府。次府及节度州准此。通判一人,以朝官充。判官、推官各一人,或以京朝官签书。使院牙职、左右军巡悉同开封,而主、典以下差减其数。户曹通掌府院户籍、考课、税赋,法曹专掌谳议,士曹或荫叙起家,不常置。诸州府同。至道初,罢司理院,州置司士,取官吏强慢者为,给笞、尉奉。助教有特恩而受者,不厘务。

次府 牧 尹 少尹 司录 户曹 法曹 士曹 司理 文学 助教 牧、尹以下所掌并同开封,大中祥符八年,以楚王为兴元牧,其后又为京兆、江陵牧,自余无为者。尹阙则知府事一人,以朝官及刺史以上或诸司使充。通判一人,以京朝官充。乾德初,诸州置通判,统治军、州之政,事得专达,与长吏均礼。大藩或置两员。户少事简有不置者,正刺史以上州知州,虽小处亦特置。使院牙职事并同前。

节度使 宋初无所掌,其事务悉归本州知州、通判兼总之,亦无定员。恩数与执政同。初除,锁院降麻,其礼尤异,以待宗室近属、外戚、国婿年劳次者。若外任,除殿帅始授此官,亦止于一员;或有功勋显著,任帅守于外,及前宰执拜者,尤不轻授。又遵唐制,以节度使兼中书令、或侍中、或中书门下平章事,皆谓之使相,以待勋贤故老及宰相久次罢政者;随其旧职或检校官加节度使出判大藩,通谓之使相。元丰以新制,始改为开府仪同三司。旧制,敕出中书门下,故事之大者使相系衔。至是,皆南省奉行,而开府不预。

八年,镇江军节度使、检校太傅韩绛为开府仪同三司、判大名府。元祐五年,太师、平章军国重事文彦博为开府仪同三司、守太师、充护国军山南西道节度使致仕。自崇宁五年司空、左仆射蔡京为开府仪同三司、安远军节度使、中太一宫使,其后故相而除则有刘正夫、余深,前执政则有蔡攸、梁子美,外戚则有向宗回、宗良、郑绅、钱景臻,殿帅则有高俅,内侍则有童贯、梁师成。宣和末,节度使至六十人,议者以为滥。亲王、皇子二十六人,宗室十一人,前执政二人,大将四人,外戚十人,宦者恩泽计七人。

中兴,诸州升改节镇凡十有二。是时,诸将勋名有兼两镇、三镇者,实为希阔之典。宋朝元臣拜两镇节度使者才三人:韩琦、文彦博、中兴后吕颐浩是也。三公辛辞之。而诸大将若韩、张、吕、岳、杨、刘之流,率至两镇节度使,其后加到三镇者三人:韩世忠镇南、武安、宁国,张俊静江、宁武、静海,刘锜护国、宁武、保静。其后相承,宰执从官及后妃之族拜者不一。然自建炎至嘉泰,宰相特拜者六人,吕颐浩、张浚、虞允文皆以勋,史浩以旧,赵雄、葛邲以恩。执政一人,叶右丞梦得。从官二人而已。张端明澄、杨敷学炎。惟绍兴中曹勋、韩公裔,乾道中曾觌,嘉泰中姜特立、谯令雍,皆以攀附恩泽,亦累官至焉,非常制也。

承宣使 无定员,旧名节度观察留后。政和七年,诏:"观察留后乃五季藩镇官以所亲信留充后务之称,不可循用,可冠以军名,改为承宣使。"唐有留后,五代因之,宋初,留后、观察皆不得本州刺史。大中祥符七年,令有司检讨故事,始复带之。

观察使 无定员。初沿唐制置诸州观察使。凡诸卫将军及使遥领者,资品并止本官叙,政和中,诏承宣、观察使仍不带持节等。

防御使 团练使 诸州刺史 无定员。靖康元年,臣僚言:"遥郡、正任恩数辽绝,自遥郡迁正任者,合次第转行。今自遥郡与落阶官而授正任,直超转本等正官,是皆奸巧希进躐取。乞应遥郡承宣使有功劳除正任者,止除正任刺史。"从之。凡未落阶官者为遥郡,除落阶官者为正任。朝谒御宴,惟正任预焉。遥郡并止本官叙,正任复次第转行,考之旧制,梯级有差。中兴以后,节度移镇寖少,后有一定不易径迁太尉;承宣、观察径作一官,及遥郡落阶官又就除正任。绍兴末,臣僚以为言,虽复置检校官,余未尽改。

卷一百六十七　志第一百二十

职官七

大都督府　制置使　宣谕使　宣抚使　总领　留守　经略安抚使　发运使　都转运使　招讨使　招抚使　抚谕使　镇抚使　提点刑狱　提举常平茶马市舶等职　提举学事　提点开封府界公事　提举河北籴便司　经制边防财用　提举解盐保甲三白渠弓箭手等职　府州军监　诸军通判　幕职诸曹等官　诸县令丞簿尉　镇寨官　庙令丞簿　总管钤辖　路分都监　诸军都统制　巡检司　监当官

大都督府　都督府　长史　左右司马　录事参军　司户、司法、司士、司理、文学参军　助教　大都督及长史掌同牧、尹,亲王为节度则大都督领之;庶姓为节度则长史领之。端拱初,越王为威武军节度、福州大都督府长史。淳化五年,吴王为淮南节度、扬州大都督府长史,翰林学士张洎草制,再表援引典故,宰相言:"越王已为长史。"上曰:"业已差忒,异日有除,并改正之。"至道

后,因移镇,遂为大都督。阙则置知府事一人,同次府。通判一人,京朝官充。司马不厘务。旧制,凡都督州建官如上。南渡后,以见任宰相充都督,次有同都督,有督视军马,多执政为之,虽名称略同,然掌总诸路军马,督护诸将,非旧制比也。

初,绍兴二年,吕颐浩首以左仆射出都督江、淮、两浙、荆湖诸军事,置司镇江。其后,赵鼎、张浚、汤思退皆以宰相兼之。熙浩还朝,孟庾始以参知政事为权同都督代,后落"权"字。赵鼎先以知枢密院事为都督川陕、荆襄诸军事,其后与浚并相,并带兼都督诸路军马入衔,未几,浚独被旨江上视师,置都督行府,地移文安,并依三省体式,其召赴行在,以其事分隶三省、枢密院。思退初以左相出都督,时杨存中即以太傅、宁远军节度使同都督,思退不行,就以杨存中充都督,非宰执而为都督自存中始。

三十一年,叶义问以知枢密院事督视江、淮、荆襄军马,明年,汪澈以参知政事、湖北、京西路督视军马,执政为督视于是见焉。王之望辞同都督,有曰:"朝廷于两淮,前以二大将为招抚使,后以二从臣为宣谕使,忧其不相统摄,则以宰相为都督,欲事权归一也,此可以见朝廷开府之意。"凡签厅文字,并依尚书左右司、枢密院检详房体式。设属:谘议军事、参谋、参议,并以从官充;书写机宜文字、干办官、准备差遣,前后员数不一。开禧用兵,或以签枢督视,或以元枢代之,或以参知政事督视四川军马,然皆未有底绩而罢。

制置使　不常置,掌经画边鄙军旅之事。政和中,熙、秦用兵,以内侍童贯为之。仍兼经略使。靖康初,会诸路兵解太原之围,姚古、解潜相继为河东、河北制置使,皆无功而罢。中兴以后置使,掌本路诸州军马屯防捍御,多以安抚大使兼之,亦以统兵马官充;地重秩高者加制置大使,位宣抚副使上,绍兴元年,赵鼎始为江西制置大使,其后席益帅潭,李纲帅江西,吕颐浩帅湖南,皆领制置大使。开禧,丘崈、何澹亦然。或置副使以贰之。吕颐浩充江、浙制置使,陈彦文、程千秋副使。胡舜陟除沿江都置使,王义叔副使。赵鼎为江西制置大使,岳飞为制置使,每事会议,或急速则施行,许报大使照应。

初,建炎元年,诏令安抚使、发运、监司、州军官,并听制置司节制,其后,议者以守臣既带安抚,又兼制置,及许便宜,权之要重,拟于朝迁,于时诏止许便宜制置军事,其他刑狱、财赋付提刑、转运,后又诏诸路帅臣并罢制置使之名。惟统兵官如故。隆兴以后,或置或省。开禧间,江、淮、四川并置大使,休兵后,独成都守臣带四川安抚、制置使,掌节制御前军马、官员升改放散、类省试人,铨量郡守、举辟边州守贰,其权略视宣抚司,惟财计、茶马不预。又有沿海制置使,以明州守臣领之,然其职止肃清海道、节制水军,非四川比。大使置属参谋、参议、主管机宜、书写文字各一员。干办公事三员。准备将领、差遣、差使各五员,余随时势轻重而增损焉。

宣谕使　掌宣谕德意,不预他事,归即结罢。绍兴元年,诏秘书少监傅崧卿充淮南东路宣谕使,此其始也。二

年，分遣御史五人，宣谕东南诸路，戒其兴狱，责其不当，督捕盗贼，皆欲专一布惠以为民。其后，右司范直方宣谕川、陕，察院方庭实宣谕三京，均此意。及新复陕西，楼炤以签书枢密院事往永兴宣谕，就令招抚盗贼，郑刚中为川、陕宣谕使，许按察官吏，汪澈为湖北、京西宣谕使，仍节制两路军马，自是使权益重，而使事始不专。三十二年，虞允文、王之望相继充川、陕宣谕使，皆预军政，其权任殆亚于宣抚。其后，钱端礼、吴芾皆以侍从出膺斯寄，事毕结局；官属军兵，视其所任事之轻重，为赏之厚薄焉。开禧间，薛叔似、邓友龙、吴猎皆因饥荒盗贼及平逆乱后，往敷德意，亦并以从官行。

宣抚使　不常置，掌宣布威灵、抚绥边境及统护将帅、督视军旅之事，以二府大臣充。治平末，命同签书枢密院郭逵宣抚陕西。三年，夏兵犯顺，以参知政事韩绛为陕西宣抚使，继即军中拜相，仍旧领使。政和中，遣内侍童贯为陕西、河东宣抚使，又兼河北。宣和三年，睦寇方腊作乱，移贯宣抚淮、浙，贼平依旧。靖康初，种师道提兵入卫京城，为京畿、河东北宣抚使，凡勤王之师属焉。及会诸道兵救太原，又以知枢密院李纲宣抚河东、北两路。中兴初，张浚以知枢密院事、孟庾以参知政事、李纲以前宰相，皆出宣抚，浚又加"处置"二字入衔。 时为川、陕、京西、湖北路。

绍兴元年，诏以淮南守臣多阙，百姓未能复业，分命吕颐浩、朱胜非、刘光世皆以安抚大使兼宣抚使。武臣非执政而为宣抚使，实自光世始。二年，李光又以吏部尚书加端明殿学士，为寿春等州宣抚使。自是韩世忠、张俊、吴玠、岳飞、吴璘皆以武臣充使，王似亦以从官由副使而升正使焉。三十二年，张浚复以少傅依前观文殿大学士充江淮东、西路宣抚使。乾道三年，虞允文依旧知枢密院事充四川宣抚使。五年，王炎除四川宣抚使，依旧参知政事。开禧间，以从官出宣抚江、淮、湖北、京西等处不一。其属有参谋官，系知州资序人，与提刑叙官；参议官，系知州资序人，与转运判官叙官；机宜干办公事。并依发运司主管文字叙官。凡宰执带三省、枢密院事出使，行移文字札六部，六部行移即具申状。如从官任使、副，合申六部，六部行移即用公牒。

宣抚副使　不常置，掌贰使事。宣和末，王师伐燕，命少保蔡攸充。靖康初，会兵救太原，又次资政殿学士刘韐为之。建炎三年，周望宣抚两浙，以太尉郭仲荀副之。其后，福建韩世忠、川陕吴玠皆有此授。绍兴间，张浚宣抚川、陕，将召归，命从臣王似、卢法原为之副；王似除使，卢法原仍副之。亦有不置使而置副，如胡世将之于川、陕，岳飞之于荆、襄，杨沂中之于淮北，皆止以副使为名。飞后以功始落"副"字。亦有身为正使兼领副使，如开禧三年，安丙充利州西路宣抚使兼四川宣抚副使。

宣抚判官　不常置，掌赞使务。熙宁中，命直舍人吕大防为之，实上幕也。绍兴中，张浚初以便宜命刘子羽为副，其后张宗元、吕祉亦为之。十年，杨沂中以太尉为淮北宣抚副使，刘琦以节度使为判官，礼抗权均，犹转运使、副、判官之比。诏行移文字同其衔系，宣判之名同，而先

后轻重异焉。

总领　四人。掌措置移运应办诸军钱粮，以朝臣充，仍带干阶、户部等官。朝廷科拨州军上供钱米，则以时拘催，岁较诸州所纳之盈亏，以闻于上而赏罚之。初，建炎间，张浚出使川、陕，用赵开总领四川财赋，置所系衔，总领名官自此始。其后大军在江上，间遣版曹或太府、司农卿少卿调其钱粮，皆以总领为名。

绍兴十一年，收诸帅之兵改为御前军，分屯诸处，乃置三总领，以朝臣为之，仍带专一报发御前军马文字。盖又使之预闻军政，不独职饷馈而已。其序位在转运副使之上，镇江诸军钱粮，淮东总领掌之；鄂州、荆南、江州诸军钱粮，湖广总领掌之；建康、池州诸军钱粮，淮西总领掌之。十五年，复置四川总领，凡兴元、兴州、金州诸军钱粮，四川总领掌之。其官属有干办公事、准备差遣。四川又有主管文字二员。淮东西有分差粮料院、审计司、审计以通判权。榷货务、都茶场、御前封桩甲仗库、大军仓、大军库、赡军酒库、市易抵当库、惠民药局。湖广有给纳场、属官兼。分差粮料院、审计院、 通判兼。 御前封桩甲仗库、大军仓库、赡军酒库。四川有分差粮料院、审计院、 属官兼。 大军仓库、拨发船运官、赎药库、籴买场。

淳熙元年，诏委诸路州军通判，专一主管拘催逐州钱米，起发赴所，本所每半年比较，以行赏罚。绍熙二年，以淮西总领所言，定知州、通判展减磨勘法：十分欠二展二年，数足减二年。吏额：淮东九人，淮西、湖广十人，四川二十人。

留守　副留守　旧制，天子巡守、亲征，则命亲王或大臣总留守事。建隆元年，亲征泽、潞，以枢密使吴廷祚为东京留守，其西、南、北京留守各一人，以知府兼之。西京河南，南京应天，北京大名。留守管掌宫钥及京城守卫、修葺、弹压之事，畿内钱谷、兵民之政皆属焉。政和三年，资政殿大学士邓洵武言："河南、应天、大名府号陪京，乞依开封制，正尹、少之名。"从之。宣和三年，诏河南、大名少尹依熙宁旧制，分左右厅治事；应天少尹一员。及三京司录，通管府事。南渡初，其东京、北京并置留守，以开封、大名知府兼，又以掌兵官为副留守。其后，河南复，南京、西京置留守。绍兴四年，帝将亲征，以参知政事孟庾为行宫留守，奏差主管书写机宜文字官一员。干办官二员。准备差遣、差役各三员，使臣五十员，又置留司台官一员。五年，罢局。其后，秦桧为行宫留守，援例置官。

经略安抚司　经略安抚使一人，以直秘阁以上充，掌一路兵民之事。皆帅其属而听其狱讼，颁其禁令，定其赏罚，稽其钱谷、甲械出纳之名籍而行以法。若事难专决，则具可否具奏。即干机速、边防及士卒抵罪者，听以便宜裁断。帅臣任河东、陕西、岭南路，职在绥御戎夷，则为经略安抚使兼都总管以统制军旅，有属官典领要密文书，奏达机事。河北及近地，则使事止于安抚而已，其属有干当公事、主管机宜文字、准备将领、准备差使。

元祐元年，诏陕西河东经略安抚、都总管司，自元丰

四年后,应缘军兴添置官属并罢。又诏罢经略安抚司干当官。二年,诏沿边臣僚奏请事,并先赴经略司详度以闻。元符元年,诏经略司遇军兴差发军马,具数关报走马承受。崇宁二年,熙河兰会经略王厚奏:"溪哥城乃古积石军,今当为州,乞以李忠为守,置河南安抚司。"从之。四年,置河东、陕西诸路招纳司,并隶经略司。五年,诏河东同管干沿边安抚司公事,许岁赴阙奏事一次。政和四年,诏移京西路安抚于河南府,京东路安抚于应天府。宣和二年,诏泸州守臣带潼川府、夔州路兵马都钤辖、泸南沿边兵马都钤辖、泸南沿边安抚合。又诏罢置辅郡内颍昌府带京西路安抚使。三年,诏杭、越州、江宁府、洪州守臣并带安抚使。六年,诏泸州止带主管泸南沿边安抚司公事。仍差守臣。七年,诏河阳、开德守臣并带管内安抚使。

旧制,安抚总一路兵政,以知州兼充,太中大夫以上,或曾历侍从乃得之,品卑者止称主管某路安抚司公事。中兴以后,职名稍高者出守,皆可兼使,如系二品以上,即称安抚大使。广东、西、荆南、襄阳仍旧制加"经略"二字。凡帅府皆带马步军都总管。建炎初,李纲请于沿河、沿淮、沿江置帅府。以文臣为安抚使带马步军都总管,武臣一员为之副,许便宜行事,辟置僚属、将佐,措置调发惟转输闻之漕使。其后,沿江三大使司辟置过多,边报稍宁,诏加裁定。参谋、参议官、主管机宜文字、主管书写机宜文字各一员。干办公事二员。文臣准备差遣、武臣准备差使、准备将领各以五员为额,其余诸路或随地轻重而损益焉。余从省罢。后以诸路申请,或置或省不一。

淳熙二年,诏扬州、庐州、荆南、襄阳、金州、兴元、兴州分为七路,每路委文臣一员充安抚使以治民,武臣一人充都总管以治兵。其逐路都总管职事,且令帅司依旧带行,候本官到日交割。庆元二年,诏利州西路安抚司于兴州置司,令都统制兼。五年,臣僚言:"遴选帅才,除尝任执政外,两制以官必曾经作郡、庶官必曾任宪漕实有治绩者。"从之。惟广南东、西两路则带经略、安抚使。绍兴五年。令襄阳守臣、湖北帅司各带经略、安抚使,后罢,惟二广如故。

走马承受 诸路各一员。隶经略安抚总管司,无事岁一入奏,有边警则不时驰驿上闻。然居是职者恶有所隶,乃潜去"总管司"字,冀以擅权。熙宁五年,帝命正其名,铸铜记给之。仍收还所用奉使印。崇宁中,始不隶帅司而辄预边事,则论以违制。大观中,诏许风闻言事。政和五年诏:"诸路走马承受体均使华,迩来皆贪贿赂,类不举职,是岂设官之意?其各自励,以称任使。或蹈前失,罚不汝赦。"明年七月,改为兼访使者。宣和五年诏:"近者诸路廉访官,循习违越,附下罔上,凡边机皆先申后奏,且侵监司、凌州县而预军旅、刑狱之事,复强买民物,不偿其直,招权怙势,至与监司表里为恶。自今犹尔,必加贬窜。"靖康初,罢之。依祖宗旧制,复为走马承受。

发运使 副 判官 掌经度山泽财货之源,漕淮、浙、江、湖六路储廪以输中都,而兼制茶盐、泉宝之政,及专举刺官吏之事。熙宁初,辅臣陈升之、王安石领制置三司条例,建言:"发运使实总六路之出入,宜假以钱货,继其用之不给,使周知六路之有无而更用之。凡上供之物,皆得徙贵就贱,用近易远,令预知在京仓库之数所当办者,得以便宜蓄买以待上令,稍收轻重敛散之权归于公上,则国用可足,民财不匮矣。"从之。既又诏六路转运使弗协力者宜改择,且许发运使薛向自辟其属。又令举真、楚、泗守臣及兼提举九路坑冶、市舶之事。元祐中,诏发运使兼制置茶事。至崇宁三年,始别差官提举茶盐。

政和二年,罢转般仓,六路上供米径从本路直达中都,以发运司所拘纲船均给六路。宣和初,诏:"发运司视六路丰歉和籴上供,乃祖宗旧制,曩缘奸吏侵用籴本,遂坏良法。自今每岁加籴一百万石,同年额输京。"三年,方腊初平,江、浙诸郡皆未有常赋,乃诏陈亨伯以大漕之职经制七路财赋,许得移用,监司听其按察。于是亨伯收民间印契及鬻糟醋之类为钱凡七色,是后州县有所谓经制钱,自亨伯始。

六年,诏复转般仓,命发运判官卢宗原措置,寻以靖康之难,迄不能复。渡江后,惟领给降籴本,收籴米斛,广行储积,以备国用。绍兴二年,用臣僚言省罢。以其职事分委漕臣。八年,户部复言广籴储积之便,再置经制发运使,并理经制司财赋,故名。以徽猷阁待制程迈充使,专掌籴事。迈上疏,以租庸、常平、盐铁、鼓铸各分于诸司而总于户部,发运使无所用之,固辞不行。九年,遂废发运司,以户部侍郎梁汝嘉为经制使,检察中外失陷钱物,与催未到纲运、措置籴买、总领常平为职。未几,复以臣僚言,分其责于逐路监司。乾道六年复置,以户部侍郎史正志为两浙、京、湖、淮、广、福建等路都大发运使。是冬,以奏课诞谩贬。并废其职。

都转运使 转运使 副使 判官 掌经度一路财赋,而察其登耗有无,以足上供及郡县之费。岁行所部,检察储积,稽考帐籍,凡吏蠹民瘼,悉条以上达,及专举刺官吏之事。熙宁初,诏河东、河北、陕西三路漕臣许乘传赴阙,留毋过浃日。既又诏三路漕臣,令自辟属各二员,以京朝官曾历知县者为之。二年,诏川、陕、闽、广七路除堂选守臣外,委转运司依四选例立格就注,免赴选,具为令。元丰初,诏河北、淮南、京东、京西及陕右虽各析为两路,许依未析时通治两路之事,钱谷听其移用。元祐初,司马光请漕臣除三路外,余路毋得过二员。其属官溢员亦省之。绍圣中,诏淮、浙、江、湖六路上供米,计其近远分三限,自季冬至明年八月,以次输足。大观中,陕西漕臣以四员为额。政和中,又诏陕西以三员,熙、秦两路各二员。宣和初,又诏陕西以都漕两员总治于长安,而漕臣三员分领六路。

中兴后,置漕官掌一路财赋之入,按岁额钱物斛斗之多寡,而察其稽违,督其欠负,以供于上。间诣所部,则财用之丰欠,民情之休戚,官吏之勤惰,皆访问而奏陈之。有军旅之事,则供馈钱粮,或令本官随军移运。或别置军转运使一员。或诸路事体当合一,则置都转运使以总之。江东、西路分置三帅,置都转运使一员,张公济为江、浙、荆湖、广南、福建都运。赵开为四川都运。随军及都运废置不常，而正使不废。若副使，若判官，皆随资之浅深称焉，其属有主管文字、干办官各一员，文臣准备差遣、武臣准备差使，员多寡不一。

招讨使　掌收招讨杀盗贼之事，不常置。建炎四年，以检校少保、定江昭庆军节度使张俊充江南路招讨使，定位在宣抚使之下，制置使之上，著为定制。军中急速事宜，待报不及，许以便宜行事。差随军转运使一员，参议官一员，干办官三员，随军干办官四员，书写机宜文字一员，并听奏辟。绍兴五年，岳飞为湖北、襄阳招讨使，请州县不法害民者，许一面对移，或放罢以闻。从之。十年，金人犯三京，以韩世忠、岳飞、张俊并兼河南、北招讨使以御之。三十一年，陕西、河东北、京东西等路皆置招讨使，盖又特遥领其地而已。

招抚使　不常置。建炎初，李纲秉政，以张所为河北招抚使，未及出师而废。绍兴十年，刘光世为三京招抚使，逾年而罢。三十二年，孝宗即位，以成闵、张子盖、李显忠三大将为湖北、京西、淮东西招抚使。子盖死，刘宝代之。未几结局，官吏并罢。开禧二年，山东及京东、西北路并置使招抚，后皆罢之。

抚谕使　掌慰安存问，采民之利病，条奏而罢行之。亦不常置。建炎元年，帝谓辅臣曰："京城士庶，自金人退师，人情未安，可差官抚谕。"于是以路允迪、耿延禧为京城抚谕使，此置使初意也。是年八月，又令学士院降诏，且命江端友等奉诏抚谕诸路。其后，李正民以中书舍人为江、浙、湖南抚谕使，且令按察官吏，伸民冤抑。傅崧卿以吏部待郎为淮东抚谕使，采访民间利病，及措置营田等事。或不以使名，则称抚谕官，所至以某州抚谕司为名。具宣恩言，俾民知德意，初无二致。乾道元年，知阁门事龙大渊差充两淮抚谕军马，回日结局。是又特为军马出云。

镇抚使　旧所无有，中兴，假权宜以收群盗。初，建炎四年，范宗尹为参知政事，议：群盗并力以拒官军，莫若析地以处之，盗有所归，则可渐制，乃请稍复藩镇之制。是年五月，宗尹为右仆射，于是请以淮南、京东西、湖南北诸路而分为镇，除茶盐之利仍归朝廷置官提举外，他监司并罢。上供财赋权免三年，余听帅臣移用，更不从朝廷应副，军兴听从便宜。时剧盗李成在舒、蕲，桑仲在襄、邓，郭仲威在扬州，薛庆在高邮，皆即以为镇抚使。其余或以处归朝之人，分画不一，许以能捍御外寇，显立大功，特与世袭。官属有参议官、书写机宜文字各一员。干办公事二员，并听奏辟。久之，诸镇或战死，或北降，但余荆南解潜。及赵鼎为相，召潜主管马军，遂罢弗置焉。

提点刑狱公事　掌察所部之狱讼而平其曲直，所至审问囚徒，详核案牍，凡禁系淹延而不决，盗窃逋窜而不获，皆劾以闻，及举刺官吏之事。旧制，参用武臣。熙宁初，神宗以武臣不足以察所部人材，罢之。六年，置诸路提刑司检法官。绍圣初，以提刑兼坑冶事。宣和初，诏江西、广东增置武提刑一员，然遇阙帅不许武宪兼摄。中兴，以盗贼未衰，诸路无武臣提刑处，权添置一员，建炎四年罢。绍兴初，两浙路以疆封阔远，差提刑二员，淮南东路罢提刑，令提举茶盐官兼领，盖因事之烦简而损益焉。乾道六年，诏诸路分置武臣提刑一员。须选差公廉晓习法令、民事之人，如无听阙，其后稍横，遂不复除。八年，用臣僚言，诸路经总制钱并委提点刑狱官责实。嘉定十五年，臣僚言："广西所部州军最多，提刑合照元降指挥，分上下半年，就郁林州与静江府两处置司，无使僻地贫民有冤莫吐。"从之。其属有检法官、干办官。

提举常平司　掌常平、义仓、免役、市易、坊场、河渡、水利之法，视岁之丰歉而为之敛散，以惠农民。凡役钱，产有厚薄则输有多寡；及给吏禄，亦视其执役之重轻难易以为之等。商有滞货，则官为敛之，复售于民，以平物价。皆总其政令，仍专举刺官吏之事。熙宁初，先遣官提举河北、陕西路常平。未几，诸路悉置提举官。元祐初罢之，并其职于提点刑狱司。绍圣初复置，元符以后因之。

提举茶盐司　掌摘山煮海之利，以佐国用。皆有钞法，视其岁额之登损。以诏赏罚。凡给之不如期，鬻之不如式，与州县之不加恤者，皆劾以闻。政和改元，诏江、淮、荆、浙六路共置一员。既而诸路皆置。中兴后，通置提举常平茶盐司，掌常平、义仓、免役之政令。凡官田产及坊场、河渡之入，按额拘纳；收籴储积，时其敛散以便民；视产高下以平其役。建炎元年，常平职事并归提刑司，钱归行在。二年，始复置常平官，还其籴本，未几复罢。绍兴二年，复置主管。系提刑司，委通判或幕职官充。其后，置经制司，改常平官为经制某路干办常平等公事。未几，经制司罢，复为常平官。十五年，户部侍郎王铁言"常平之设，科条实繁，其利不一，岂一主管官能胜其任？"乃诏诸路提举茶盐官改充提举常平茶盐公事。如四川无茶盐去处，仍以提刑兼充，主管官改充常平司干办公事。是年冬，诏提举官依旧法为监司，与转运判官叙官，岁举升改，官员有不职，则按以闻。其后，常平钱多取以赡军，所掌特义仓、水利、役法、振济之事。茶盐司置官提举，本以给卖钞引，通商阜财，时诣所部州县巡历觉察，禁止私贩，按劾不法。其属有干办官。既与常平合一，遂并行两司之事焉。

都大提举茶马司　掌榷茶之利，以佐邦用。凡市马于四夷，率以茶易之。应产茶及市马之处，官属许自辟置，视其数之登耗，以诏赏罚。旧制，于原、渭、德顺三郡市马。熙宁七年，初复熙、河，经略使王韶言："西人颇以善马至边，其所嗜唯茶，乞茶与之为市，请趣买茶司买之。"乃命三司干当公事李杞运蜀茶至熙、河，置买马场六而原、渭、德顺更不买马，于是杞言："买茶买马，一事也，乞同提举买马。"杞遂兼马政，然分合不常。至元丰六年，群牧判官提举买马郭茂恂又言："茶司既不兼马，遂立法以害马政，恐误国事，乞并茶场买马为一司。"从之。先是，市马于边，有司幸赏，率以驽充数。绍圣中，都大茶马程之邵始精拣汰，仍以八月至四月为限，又以羡茶转入熙、秦市战骑，故马多而茶息厚，二法著为令。元符末，程之邵召对，徽宗询以马政，之邵言："戎俗食肉饮酪，故贵茶，而病于难得，顷禁沿边鬻茶，专以蜀产易上乘。"诏可。未几，获马万匹。宣和中，以茶马两司吏员猥众,于是朝奉大夫何渐请遵丰、熙成宪,称其事之繁简而定以员数,从之。绍兴四年,初命四川宣抚司支茶博马。七年,复置茶马官,凡买马州县黎、文、叙、长宁、南平、珍皆与知州、通判同置任责。通判许茶马司辟置,视买马额数之盈亏而赏罚。岁发马纲应副屯驻诸军及三衙之用。旧有主管茶马、同提举茶马、都大提举茶马,皆考其资历授之。乾道初,用臣僚言省罢,委各郡知州、通判、监押任责,寻复置。绍熙三年,茶马司拖欠马数过多,诏将本年分马纲钱价,责茶马司拨付湖广总领所,劳付军官自买土马。嘉泰三年,以所发纲马不及格式,诏茶马官各差一员,遂分为两司。文臣成都主茶,武臣兴元主马。其属共有干办公事四员、准备差使二员。

提举坑冶司　掌收山泽之所产及铸泉货,以给邦国之用,岁有定数,视其登耗而赏罚之。旧制一员。元丰初,以其通领九路,始不能周历所部,始增为二员。分置两司:在饶者领江东、淮、浙、福建等路,在虔者领江西、湖、广等路。至元祐,复并为一员。绍兴五年,以责任不专,职任废弛,诏将饶州司官吏除留属官一员外,并减罢。并归虔州司,又加"都大"二字于"提点"之上。或病其事权太重,省并逐路转运司措置,仍置提领诸路铸钱官一员于行在,以侍从官充,自此或复或罢不一。乾道六年,并归发运司。发运司罢,复置提点两司如初。淳熙二年,并赣归饶,复加"都大"二字,与提刑序官。其属有干办公事二员,检踏官六员,称铜官、催纲官各一员。

提举市舶司　掌蕃货海舶征榷贸易之事,以来远人,通远物。元祐初,诏福建路于泉州置司。大观元年,复置浙、广、福建三路市舶提举官。明年,御史中丞石公弼请以诸路提举市舶归之转运司,不报。建炎初,罢闽、浙市舶司归转运司,未几复置。绍兴二十九年,臣僚言:"福建、广南各置务于一州,两浙市舶乃分建于五所。"乾道初,臣僚又言两浙提举市舶一司抽解搔扰之弊,且言福建、广南皆有市舶,物货浩瀚,置官提举实宜,惟两浙冗蠹可罢。从之。仍委逐处知州、能判、知县、监官同检视,而转运司总之。

提举学事司　掌一路州县学政,岁巡所部以察师儒之优劣、生员之勤惰,而专举刺之事。崇宁二年置,宣和三年罢。

提点开封府界诸县镇公事　掌察畿内县镇刑狱、盗贼、场务、河渠之事。

提举河北籴便司　籴便刍粮以供边储之用。

提举制置解盐司　掌盐泽之禁令,使民入粟塞下,予钞给盐,以足民用而实边备。凡盐价高下及文钞出纳多寡之数,皆掌之。

经制边防财用司　掌经画钱帛、刍粮以供边费,凡榷易货物、根括耕地及边部弓箭手等事,皆奏而行之。熙宁末,以熙、河连岁用兵,仰给支度,费用不赀,始置是司。元祐初,罢。崇宁中,复置提举兵马、提辖兵甲,皆守臣兼之。掌按练军旅,督捕盗贼,以清境内;凡诸营之名籍,较其壮怯而赏罚之。

提举保甲司　掌什伍其民,教之武艺,视其优劣而进退之。元丰初,置于开封府界,遂下其法河北、河东、陕西三路,既而悉置提举官,如府界焉。

提举三白渠公事　掌潴泄三白渠,以给关中灌溉之利。

拨发司　辇运司　掌以时起发纲运而督其滞留,以供京师之用。

提举弓箭手　掌沿边郡县射地弓箭手之籍,及团结、训练、赏罚之事。政和五年,复以所招弓箭手之数为殿最。

府、州、军、监　宋初革五季之患,召诸镇节度会于京师,赐第以留之,分命朝臣出守列郡,号权知军州事,军谓兵,州谓民政焉。其后,文武官参为知州军事,二品以上及带中书、枢密院、宣徽使职事,称判某府、州、军、监。诸府置知府事一人,州、军、监亦如之。掌总理郡政,宣布条教,导民以善而纠其奸慝,岁时劝课农桑,旌别孝悌,其赋役、钱谷、狱讼之事,兵民之政皆总焉。凡法令条制,悉意奉行,以率所属。有赦宥则以时宣读,而班告于治境。举行祀典。察郡吏德义材能而保任之,若疲软不任事,或奸贪冒法,则按劾以闻。遇水旱,以法振济。安集流亡,无使失所。若河南、应天、大名府则兼留守司公事。太原府、延安府、庆州、渭州、熙州、秦州则兼经略安抚使、马步军都总管。定州真定府、瀛州、大名府、京兆府则兼安抚使、马步军都总管。泸州、潭州、广州、桂州、雄州则兼安抚使、兵马钤辖。颍昌府、青州、郓州、许州、邓州则兼安抚使、兵马巡检。其余大藩府或沿边州郡,或当一道冲要者,并兼兵马钤辖、巡检,或带沿边安抚、提辖兵甲、沿边溪洞都巡检。余州、军,则别其地望之高下与职务之繁简而置之。分曹以理之。而总其纲要。凡属县之事皆统焉。

建炎初,诏:"河北、京东西路除帅司外,旧差文臣知州去处,许通差武臣一次。"又:"要郡文臣一员带本路兵马钤辖,武臣一员充副钤辖;次要郡文臣一员带本路兵马都监,武臣一员充副都监。"绍兴三年,诏守臣带路分钤辖、都监去处并罢。五年,帝以守。令皆带劝农公事,多不奉职,自今有治效显著者,可令中书省籍记姓名,特加擢用。凡从官出知郡者,特许不避本贯。初,除授见阙及自外罢任赴阙,并令引见上殿。九年,诏应守臣以二年为任。又以武臣作郡,往往不晓民事,且多恣横,诏新复州郡只差文臣。续因臣僚言,极边控扼去处,仍差武臣;其不系极边,文武臣通差。诏:"守臣到任半年以上,具民间利病,或边防五条闻奏,委都司看详,有便于民者,即与施行。"续又诏不拘五条之数。十三年,诏依旧制带提举或主管学事。从官以上称提举余知、通主管,淳熙中罢。乾道二年,令非曾任守臣不得为郎官,诸郡合文武臣通差去处,并依旧制。

通判　宋初惩五代藩镇之弊,乾德初,下湖南,始置诸州通判,命刑部郎中贾玭等充。建隆四年,诏知府公事并须长吏、通判签议连书,方许行下。时大郡置二员,余置一员。州不及万户不置,武臣知州,小郡亦特置焉。其广南小州,有试秩通判兼知州者,职掌倅贰郡政,凡兵民、钱谷、户口、赋役、狱讼听断之事,可否裁决,与守臣通签书施行。所部官有善否及职事修废，得刺举以闻。元祐元年，诏知州系帅臣，其将下公事不许通判同管。元符元年，诏通判、幕职官，令日赴长官厅议事及都厅签书文檄。

南渡后，设官如旧，入则贰政，出则按县。有军旅之事，则专任钱粮之责，经制、总制钱额，与本郡协力拘催，以入于户部。既而诸州通判有两员处减一员。凡军监之小者不置。又诏更不添差。其后，或以废事请，或以控扼为处请。绍兴五年以后旋添置之。除潭广洪州、镇江、建康、成都府见系两员外，凡帅府通判并以两员为额，余置一员。乾道元年，诏买马州、军通判，令茶马司依旧法奏辟，余堂除差人。淳熙十四年，利州路提刑言：“关外四州通判，乞自制置司奏辟，所有金、洋、兴、利、文、龙等州通判，乞送转运司拟差。”并从之。

幕职官　签书判官厅公事　两使、防、团、加事推判官　节度掌书记　观察支使　掌裨赞郡政，总理诸案文移，斟酌可否，以白于其长而罢行之。凡员数多寡，视郡小大及职务之烦简。初，政和改签书判官厅公事为司录，建炎初复旧。凡节度推、判官从军额，察推及支使从州、府名。凡诸州减罢通判处，则升判官为签判以兼之。小郡推、判官不并置，或以判官兼司法，或以推官兼支使，亦有并判官冥阙省罢。则令录参兼管。凡要郡签判及推官皆堂除，余吏部使阙，二广间许监司辟差。绍熙元年，臣僚言：“广西奏拟签判，多恩科癃老，乞行下转运司，不许差年六十以上昏眊之人。”嘉定二年，臣僚言：“监司有干官，州郡有职官，以供签厅之职，或非才不胜任，则按刺易置可也。今乃差兼签厅者动辄三两员，或四五员。其为冗费，与添差何异？乞将诸州郡所差兼签厅官并行住罢。”从之。

诸曹官　旧制，录事参军掌州院庶务，纠诸曹稽违；户曹参军掌户籍赋税、仓库受纳；司法参军掌议法断刑；司理参军掌讼狱勘鞫之事。中兴，诏曹掾官依旧，惟司理、司法并注经任及试中刑法人。乾道以来，间以司户兼司法，知录亦或兼职。六年，汪大猷言：“司户初官，令专主仓库，知录依司理例以狱事为重，不兼他职。”从之。仍依知县格法铨量，如有老疾昏眊难任事者，即从本州知通于判、司、簿、尉内选经一考以上无罪犯晓法人对换。绍熙元年，诏不曾铨试人不许注授司法。庆元五年，臣僚言：“司理狱事烦重，宜优其举主，照提刑司合举主三员以上许间岁举狱官一员。”嘉定中，申明年满六十不许为狱官之令，仍不许恩科人注授。

教授　景祐四年，诏藩镇始立学，他州勿听，庆历四年，诏诸路州、军、监各令立学，学者二百人以上，许更置县学。自是州郡无不有学。始置教授，以经术行义训导诸生，掌其课试之事，而纠正不如规者。委运司及长吏于幕职、州县内荐，或本处举人有德艺者充。熙宁六年，诏诸路学官委中书门下选差，至是，始命于朝廷。元丰元年，州、府学官共五十三员，诸路惟大郡有之。军、监未尽置。元祐元年，诏齐、卢、宿、常等州各置教授一员。自是列郡各置教官。建炎三年，教授并罢。绍兴三年，复置四十二州。十二年，诏无教授官州、军，令吏部申尚书省选差。二十六年，诏并不许兼他职，令提举司常切遵守。若试教官，则始于元丰；添差教授，则始于政和。

县令　建隆元年，令天下诸县除赤、畿外，有望、紧、上、中、下。掌总治民政、劝课农、桑、平决狱讼。有德泽禁令，则宣布于治境。凡户口、赋役、钱谷、振济、给纳之事皆掌之，以时造户版及催理二税。有水旱则有灾伤之诉，以分数蠲免。民以水旱流亡，则抚存安集之，无使失业。有孝悌行义闻于乡闾者，具事实上于州，激劝以励风俗。若京、朝、幕官则为知县事；有戍兵则兼兵马都监或监押。宣教郎以下带监押。

初，建炎多差武臣，绍兴诏专用文臣，然沿边溪洞处，仍许武臣指射。邑大事烦则堂除，仍借绯、章服，严差出之禁，任满有政绩，则与升擢。乾道以后，定以三年为任，仍非两任不除监察御史。初改官人必作县，谓之"须入"。十六年，诏知县在任不成两考，即不合理为实历。嘉定十二年诏："两经作令满替者，实历九考、有政声无过犯、举员及格，改官人特免再作知县，许受签判或干官，以当知县履历。"

县丞　初不置，天圣中因苏耆请，开封两县始各置丞一员，在簿、尉之上，仍于有出身幕职、令录内选充。皇祐中，诏赤县丞并除新改官人。熙宁四年，编修条例所言："诸路州、军繁剧处，令户二万已上增置丞一员，以幕职官或县令人充。"元祐元年诏："应因给纳常平、免役置丞，并行省罢。如委事务繁剧难以省罢处，令转运司存留。"崇宁二年，宰相蔡京言："熙宁之初，修水土之政，行市易之法，兴山泽之利，皆王政之大，请县并置丞一员，以掌其事。"大观三年，诏："昨增置县丞内，除旧额及万户以上县事务繁冗，及虽非万户实有山泽，坑冶之利可以修兴去处，依旧存留外，余皆减罢。"建炎元年，诏县丞系嘉祐以前员阙并万户处存留一员。余并罢。绍兴三年，以淮东累经兵火，权罢县丞。十八年，置海陵丞一员。嘉定后，小邑不置丞，以簿兼。

主簿　开宝三年，诏诸县千户以上置令、簿、尉；四百户以上置令、尉，令知主簿事；四百户以下置簿、尉，以主簿兼知县事。咸平四年，王钦若言："川峡县五千户以上请并置簿，自余仍以尉兼。"从之。自后川蜀及江南诸县，各增置主簿。中兴后，置簿掌出纳官物、销注簿书，凡县不置丞，则簿兼丞之事。凡批销必亲书押，不许用手记，仍不许差出，以防销注。

尉　建隆三年，每县置尉一员，在主簿之下，奉赐并同。至和二年，开封、祥符两县各增置一员，掌阅羽弓手，戢奸禁暴。凡县不置簿，则尉兼之。中兴，沿边诸县间以武臣为尉，并带兼巡捉私茶、盐、矾，亦或文武通差。隆兴，诏不许差癃老疾病年六十以上之人。邑大事烦则置二尉。绍熙中，诏恩科人年及六十不差。嘉定十三年，诏极边县尉，护盗酬赏班改，岁以二员为额。

镇寨官　诸镇置于管下人烟繁盛处，设监官，管火禁或兼酒税之事。寨置于险扼控御去处，设寨官，招收土军，阅习武艺，以防盗贼。凡杖罪以上并解本县，余听决遣。

庙令　丞　主簿　旧制，五岳、四渎、东海、南海诸庙各置令、丞。庙之政令多统于本县令。京朝知县者称管勾庙事，或以令、录老耄不治者为庙令，判、司、簿、尉为庙簿，掌葺治修饰之事。凡以财施于庙者，籍其名数而掌之。

总管　钤辖司　掌总治军旅屯戍、营防守御之政令。凡将兵隶属官训练、教阅、赏罚之事，皆掌之。守臣带提举兵马巡检、都监及提辖兵甲者，掌统治军旅、训练教阅，以督捕盗贼而肃清治境。凡诸营名籍、赏罚之事，皆掌之。崇宁四年，蔡京奏："京畿四辅置辅郡屏卫京师，以颍昌府为南辅，襄邑县升为拱州为东辅，郑州为西辅，澶州为北辅，以太中大夫以上知州，置副总管、钤辖各一员，知州为都总管。余依三路帅臣法。"从之。大观三年，诏东南师府总管。依三路都总管法。靖康元年，诏四道副总管并通差文武臣其诸路将官，掌统所隶禁旅，以行阵队伍、金鼓旗帜、弓矢击刺之法而教习训练之，别其武艺强者，待次迁补，以激劝士卒。凡兵仗器甲之数，廪禄犒设、赏罚约束之禁令皆掌焉，副将为之贰。若屯戍防边，则受帅司节制；遇寇敌，则审其战守应援之事。若师有功，则具咸数、籍用命而旌赏之。

路分都监　掌本路禁旅屯戍、边防、训练之政令，以肃清所部。州府以下都监，皆掌其本城屯驻、兵甲、训练、差使之事，资浅者为监押。绍圣三年，诏诸路将副序位在路分都监之下。大观三年，诏帅府无路分钤辖、望郡无路分都监者，许置一员，其余添置处，任满不差人。宣和二年，虔州添置都监一员。

建炎初，分置帅府，以诸路帅臣兼。要郡守臣带兵马钤辖，次要郡带兵马都监；并以武臣为之副，称副总管、副钤辖、副都监，许以便宜行军马事，辟置僚属，依帅臣法。屯兵皆有等差。遇朝廷起兵，则副总管为帅，副钤辖、都监各以兵从，听其节制。其后，益、泸、夔、广、桂五州牧又皆以都钤辖为称。四年，诏建康府、江州路又置副都总管一员，于见置帅司处驻扎。绍兴三年，诏要郡、次要郡守臣罢带兵职，其逐路副总管依旧格，改充路分都监，为一路掌兵之官，其各州钤辖或省或置不一，又有逐路兵马都监、兵马监押，掌烟火公事、捉捕盗贼。淳熙十六年，诏诸路训练钤辖，并须年六十以下曾经从军有才武人充，绍熙元年指挥，杂流出身之人，不得过路分州钤；诸州军兵马都监，独员处专注才武及曾任主兵官之人。庆元中，诏总管下至将副等，年七十以上许自陈，与宫观差遣。初，守臣罢带兵职，惟江西赣州以多盗，仍带江西兵马钤辖。其后，武臣为路钤者，亦无尺籍伍符，每岁诸州按阅，特存故事，间有得旨葺治军器或训练禁军，则仍带入衔。

诸军都统制　副都统制　统制　统领　旧制，出师征讨，诸将不相统一，则拔一人为都统制以总之，未为官称也。建炎初，置御营司，擢王渊为都统制，名官自此始。其后，神武五军及川陕宣抚司、都督府、枢密院皆置。绍兴十一年，三大将兵罢，诸军皆冠以"御前"二字，擢其偏裨为御前统领官，以统制御前军马入衔，秩高者为御前诸军都统制，且令仍旧驻扎，以屯驻州名冠军额之上。其后，兴元、江陵、建康、镇江府、兴、金、鄂、江、池州及平江、许浦水军，皆除都统制，恩数略视三衙，权任在帅臣右，官卑者称副都统制。设属有计议、机宜、干办公事、准备差遣，省置不一。次有副都统制。乾道三年，帝谕辅臣"欲令后江上诸军各置副都统一员，兼领军事，岂惟储帅，亦使主将顾忌，不敢专擅。"因言："都、副统制礼有隆杀，且为条约。"上曰："如此，他日不致争权越礼。"遂行之。然其后都、副鲜有并除者。初，渡江后，大军又有统制、同统制、副统制、统领、同统领、副统领，其下有正将、准备将、训练官、部将、队将等名，皆偏裨也。旧制，准备将而上，皆主帅升差，仍先申枢密院审察。乾道七年，诏训练官、部队将而下，许军中径差，申朝廷照会。绍熙间，诏诸军升差统制至准备将者，主帅解发三人，赴总领所选一名，诸将不以为便。庆元三年，诏主帅选择，总领所或屯军处守臣审核保明，申枢密院。

巡检司　有沿边溪峒都巡检，或蕃汉都巡检，或数州数县管界、或一州一县巡检，掌训治甲兵，巡逻州邑，擒捕盗贼事；又有刀鱼船战棹巡检，江、河、淮、海置捉贼巡检，及巡马递铺、巡河、巡捉私茶盐等，各视其名以修举职业，皆掌巡逻几察之事。中兴以后，分置都巡检使、都巡检、巡检、州县巡检，掌土军、禁军招填教习之政令，以巡防捍御盗贼。凡沿江沿海招集水军，控扼要害及地分阔远处，皆置巡检一员，往来接连合相应援处，则置都巡检以总之，皆以材武大小使臣充。各随所在，听州县守令节制，本寨事并申取州县指挥。若海南琼管及归、峡、荆门等处跨连数郡，控制溪峒，又置水陆都巡检使或三州都巡检使，以增重之。

监当官　掌茶、盐、酒税场务征输及冶铸之事，诸州军随事置官，其征权场务岁有定额，岁终课其额之登耗以为举刺。凡课利所入，日具数以申于州。建炎初，诏监当官阙，许转运司具名奏辟一次，以二年为任，实有六考，方许关升。烦剧去处，许添差一员。凡交割必置历以稽其剩欠，合选差文臣处，更不差武臣。淳熙二年，诏二万贯以下库分，选有才干存留一员，指挥、诸班直、亲从亲事官、保义郎以下差充。建炎四年，诏每州每以五员为额。

卷一百六十八

志第一百二十一

职官八　合班之制

建隆以后合班之制

中书令　侍中　同中书门下平章事已上为宰相。亲王、枢密使、留守、节度、京尹兼中书令、侍中、同中书门下平章事已上并为使相。　尚书令　太师　太尉　太傅　太保　司徒司空旧仪，太师、太傅、太保为三师。太尉、司徒、司空为三公。太尉在太保下。国朝以来，自太傅除太尉，今依此次序。其三师、三公之称如旧仪制。

枢密使　知枢密院事　参知政事旧在枢密使下。　枢密副使旧在知院之上。　同知枢密院事　宣徽南院、北院使　签书枢密院事参政以下班位临时取奏裁　太子太师、太傅、太保　左、右仆射　太子少师、少傅、少保　诸府牧开封、河南、应天、大名、江陵、兴元、真定、江宁、京兆、凤翔、河中。又有大都督、大都护，今皆领使，无特为者。　御史大夫　观文殿大学士旧无此位。　六尚书吏、兵、户、刑、礼、工。　左、右金吾卫　左、右卫上将军　门下、中书侍郎旧在尚书下。　节度使泰宁、武宁、彰信、镇海、天平、安化、武成。忠武、镇海、河阳、山南东道、武胜、崇信、昭化、保康、天雄、成德、镇宁、彰德、永清、安国、威德、静难、彰化、雄武、保大、淮南、忠正、保信、保静、集庆、建康、宁国、镇南、昭信、荆南、宁海、武昌、安远、武安、镇东、平江、镇江、宣德、保宁、康国、威武、建宁、益州、安静、武信、山南西道、昭武、安德、武定、宁海、宁江、武康、清海、静江、宁远、建武、高州定南、密州静海、凉州西河、沙州归义、洮州保顺、应州彰国、威城、昌化、丰州、天德、朔州振武、云州大同。　观文殿学士旧曰文明殿，若学士官尚书者自从本班。资政殿大学士　三司使与观文、资政班位临时取裁。　玉清昭应宫、景灵宫、会灵观副使与三司使、翰林学士班位临时取裁。　翰林学士承旨　翰林学士　资政殿学士　翰林侍读、侍讲学士　龙图阁学士　天章阁学士　枢密直学士　龙图直学士　天章直学士　左、右散骑常侍旧在诸卫上将军下。　六统军左、右龙武、左、右羽林、左右神武，　诸卫上将军左、右骁卫、左、右武卫、左、右屯卫、左、右领军卫、左、右千牛卫。　太子宾客　太常、宗正卿　御史中丞权中丞立中丞砖位。内殿起居日止立本官班。左、右丞　诸行侍郎　节度观察留后　给事中　左、右谏议大夫　中书舍人　知制诰　龙图阁待制　天章阁待制　观察使　秘书监　光禄、卫尉、太仆、大理、鸿胪、司农、太府卿　内客省使　国子祭酒　殿中、少府、将作监　景福殿使　延福宫使　客省使　开封、河南、应天、大名尹　太子詹事　诸王傅　司天监　诸卫大将军　太子左右庶子　引进使　防御使齐、济、沂、登、莱、郑、汝、蔡、颍、均、郢、怀、卫、博、磁、洺、棣、深、瀛、雄、霸、莫、代、绛、解、龙、和、蕲、舒、复、眉、象、陆、果。团练使单、濮、潍、唐、祁、冀、照、忻、成、凤、海、鼎。　三司盐铁、度支、户部副使官至谏议大夫已上，从本官。玉清昭应宫、景灵宫、会灵观判官　太常寺、宗正少卿　秘书少监　光禄等寺七寺少卿　宣庆使　四方馆使　国子司业　殿中、少府、将作少监　开封、河南、应天、大名少尹　太子少詹事、左右谕德　太子家令　太子率更令　太子仆　诸州刺史淄、赵、德、滨、保、并、汾、泽、辽、宪、岚、石、虢、坊、丹、阶、乾、商、宁、原、庆、渭、仪、环、楚、泰、泗、濠、光、滁、通、黄、真、舒、江、池、饶、信、太平、吉、袁、抚、筠、岳、澧、峡、归、辰、衡、永、全、郴、邵、常、秀、温、台、衢、睦、处、南

剑、汀、漳、绵、汉、彭、邛、蜀、嘉、简、黎、雅、维、茂、资、荣、昌、普、渠、合、戎、泸、兴、剑、文、集、璧、巴、蓬、龙、施、万、开、达、涪、渝、昭、循、潮、连、梅、英、贺、封、南雄、端、新、康、恩、春、惠、韶、梧、藤、龚、象、浮、贵、宾、横、融、化、窦、高、雷、南仪、钦、郁林、廉、琼、崖、儋、万安。　诸王府长史、司马　司天少监　枢密都承旨如客省使以下充者，依本职同班。如阁门使充。即在阁门使之上。如自见任内客省使以下转南班官充。亦与同班，仍在旧职之上。如自客省副使以下转南班官充者，并在阁门使之上。　宣政使　昭宣使　东上、西上阁门使　枢密承旨　枢密副都承旨　诸军卫将军　起居郎　起居舍人　知杂御史　侍御史　诸行郎中左右司　吏部　兵部　司封　司勋　考功　职方　驾部　库部　度支　户部　金部　仓部　刑部　都官　比部　司门　礼部　工部　祠部　主客　膳部　屯田　虞部　水部。　皇城以下诸司使皇城　洛苑　右骐骥　尚食　左骐骥　御厨　内藏库　军器　左藏　仪鸾　南作坊　弓箭库　北作坊　衣库　庄宅　六宅　文思　东作坊　内苑　牛羊　如京　东绫锦香药　崇仪　权易　西京左、右藏　毡毯　西绫锦　西京作坊　鞍辔库　东染院　酒坊　西染院　法酒库　礼宾　翰林医官　供备库。　枢密院副承旨　诸房副承旨如带南班官者，在诸司使之下；不带南班官者，在皇城副使之上。

殿中侍御史　左、右司谏　诸行员外郎　客省引进、阁门副使、左、右正言　监察御史　太常博士　皇城以下诸司副使　诸次府少尹　大都督府左、司马充、徐、潞、陕、扬、杭、越、福。通事舍人　国子博士　《春秋》、《礼记》、《毛诗》、《尚书》、《周易》博士　都水使者　开封、祥符、河南、洛阳、宋城县令　太常、宗正、秘书丞　著作郎　殿中丞　内殿承制　殿中省尚食、尚药、尚衣、尚舍、尚乘、尚辇奉御　大理正　太子中允、左右赞善大夫　内殿崇班阁门祗候　太子中舍、洗马　太子诸率府率　左、右卫　左、右监门　左、右清道　左右司御。　枢密院兵房、吏房、户房、礼房副承旨　东头、西头供奉官　太子诸率府副率　诸卫中郎将左、右金吾　左、右卫　左、右千牛　左、右羽林。郎将左、右金吾　左、右卫。左、右侍禁　诸王友　诸王府谘议参军官高者从本官。司天春官、夏官、中官、秋官、冬官正　节度行军司马、副使　秘书郎　左、右班殿直　著作佐郎　大理寺丞　诸寺、监丞　大地评事　太学、广文博士　太常太祝、奉礼郎　秘书省校书郎、正字　御史台、诸寺、监主簿　国子助教　广文、太学、四门、书学、算学博士、律学助教书、算学无助教。　司天灵台郎、保章正、挈壶正　三班奉职、借职　防御、团练副使　留守、京府、节度、观察判官　节度掌书记　观察支使　防御、团练判官　留守、京府、节度、观察推官　军事判官　防御、团练、军事推官　军、监判官　诸军别驾、长史、司马　司录、录事参军　司理参军三京府军巡判官在诸曹参军之下。　诸州诸司参军　军巡判官　诸县令　赤县丞　诸县主簿、尉　诸军文学、参军、　助教。

元丰以后合班之制

诸太师旧制，太尉为三公，在太傅上，政和改为三少。 太傅、太保、侍中、中书令政和二年，改左辅右弼，靖康后复。 尚书令 少师 少傅 少保旧太尉、司徒、司空，政和二年改。 尚书左、右仆射 政和二年，改太宰、少宰，靖康复旧，元丰令王在左右仆射下。 开府仪同三司 知枢密院事 门下、中书侍郎 尚书左、右丞 同知枢密院事 签书枢密院事元丰罢，元祐复置，政和入杂压。 太子太师、大傅、太保 特进 观文殿大学士 太尉旧为三公，政和二年，改为三少，复以太尉为武选一品，位节度使上。 太子少师、少傅、少保 冀、兖、青、徐、扬、荆、豫、梁、雍州牧元祐复置，政和入杂压。 御史大夫 观文殿学士 资政、元丰令在节度使下。 保和政和五年，置宣和殿大学士、学士，宣和元年，改为保和学士。待制同。殿大学士 吏部、户部、礼部、兵部、刑部、工部尚书 金紫、银青光禄大夫 左、右金吾卫上将军 节度使 翰林学士承旨 翰林学士 资政、保和、端明政和四年，改为延康。殿学士 龙图、天章、宝文、元丰二年，增置直学士，待制同。显谟，元丰元年增置。徽猷崇宁二年增置。阁学士 左、右散骑常侍 御史中丞旧在直学士下，元丰八年升。开封尹崇宁三年升。尚书列曹侍郎 枢密直学士政和四年，改为述古殿直学士。 龙图、天章、宝文、显谟、徽猷阁直学士 宣奉、元祐，左光禄大夫。 正奉、元祐，右光禄大夫，并大观二年改置。正议、通奉大夫 殿中监旧在秘书监下，崇宁二年升。大司成崇宁二年增置。左右骁卫、武卫、屯卫、领军卫、监门卫、千牛卫上将军 太子宾客、詹事 给事中 中书舍人 通议大夫 承宣使旧节度观察留后，政和七年始改。 左、右谏议大夫 保和殿待制 龙图、天章、宝文、显谟、徽猷阁待制 太中大夫 太常卿 大司乐崇宁二年增置。宗正卿 秘书监 殿中少监崇宁二年升。观察使 中大夫 光禄、卫尉、太仆、大理、鸿胪、司农、太府卿 中奉、元祐，左中散大夫，大观二年改。中散、通侍大夫旧内客省使，政和二年改，横行、正使、副使、大使臣、小使臣并改。 枢密都承旨 国子祭酒 太常少卿 典药崇宁二年增置。宗正少卿 秘书少监 正侍、旧延福宫使，政和二年改。宣正、履正、协忠、三阶系政和六年增置。中侍、中亮大夫旧客省使。 太子左、右庶子 中卫、旧引进使。翊卫、亲卫大夫政和六年增置。 防御、团练使 诸州刺史 左、右金吾以下诸卫大将军 驸马都尉 集英殿修撰政和八年置。 七寺少卿 朝议、奉直大夫元祐，右朝议大夫，大观二年改置。 尚书左、右司郎中 右文殿修撰旧集贤殿修撰，不入杂压，政和六年改，增入。 国子、辟雍司业崇宁元年增置。 少府、将作、军器监 都水使者 入内内侍省都都知政和，改知入内内侍省事。 内侍省都都内知政和，改知内侍省事。 拱卫大夫旧四方馆使。 太子少詹事、左右谕德 入内内侍省副都知 内侍省副都知政和并改同知省事。 左武、右武大夫旧东、西上阁门使。 入内内侍省押班 内侍省押班政和并改签书省事。 管干殿中省尚舍、尚药、尚酝、尚辇、尚衣、尚食局崇宁二年增置。 枢密副都承旨 起居郎 起居舍人 侍御史 尚书左、右司员外郎 秘阁修撰政和六年增置。 开封少尹崇宁三年升。 尚书吏部、司封、司勋、考功、户部、度支、金部、仓部、礼部、祠部、主客、膳部、兵部、职方、库部、驾部、刑部、都官、比部、司门、工部、屯田、虞部、水部郎中 开封府司录事旧录参军事在两赤县令之上，崇宁三年升改。 直龙图阁元丰、元祐令，并不入杂压，政和增入，余同。 朝请、朝散、朝奉大夫 直天章阁政和六年增入。 殿中侍御史 左、右司谏 左、右正言旧在监察御史上，政和升。 符宝郎大观元年增置。 殿中省尚食、尚药、尚酝、尚辇、尚衣、尚舍典御崇宁三年增置。 内符宝郎大观元年增置。 枢密副承旨元丰令，有知上州在此下，元祐以后并去。 武功、旧皇城使，自此以下，并政和六年改。武德、旧宫苑、左右骐骥、内藏库使。和安、成和、成安、成全、旧翰林、尚食、军器、仪鸾使。武显、旧左藏、东西作坊使。武节、旧庄宅、六宅、文思使。平和、旧绫锦使，初改保和，政和五年，以犯殿名，改保痊；宣和六年，又改为平和。武略、旧内园、洛苑、如京、崇仪使。保安、旧榷易使。武经、旧西京左藏库使。武义大夫旧西京作坊、东西染院、礼宾使。 翰林良医旧翰林医官使。 武翼大夫旧供备库使。尚书诸司员外郎 直宝文阁政和六年增置。 开封府司六曹事崇宁三年增置。 枢密院诸房副承旨 朝请、朝散、朝奉郎 直显谟阁政和六年增入。 少府、将作、军器少监 诸卫将军 太子侍读、侍讲 正侍、宣正、履正、协忠、自宣正至协忠，并政和六年增置。 中侍、中亮、中卫、翊卫、亲卫、拱卫、左武、右武郎，旧横行、副使，政和六年改。 监察御史元丰令，有知中州在此下。 殿中丞旧秘书丞下，崇宁二年升。 直徽猷阁政和六年置。 承议郎 武功至武义郎 翰林医正 武翼郎诸司副使。 太子中舍 太子舍人 亲王府翊善、赞读、直讲旧侍读、侍讲，政和改。 太常丞 大晟乐令崇宁二年增置。 太医令 宗正、大宗正 秘书丞 直秘阁政和六年置，元丰令，知下州在此下。 奉议郎 大理正 著作郎 太史局令 直翰林医官局 殿中省六尚奉御旧在大理正之上，政和改。 太医丞元祐增置。阁门宣赞舍人旧阁门通事舍人，政和六年改。 两赤县令 太子左右卫、司御、清道、监门，内率府率 七寺丞 秘书郎 太常博士 陵台令元祐中增置。著作佐郎 殿中省主簿崇宁二年增置。国子监丞 辟雍丞崇宁二年增置。宗子、崇宁元年增置。国子博士 大理司直、评事 敦武、旧内殿承制，政和六年改，下同。通直郎 修武郎内殿崇班。内常侍元丰令，上州通判在此下。太史局正 少府、将作、军器、都水监丞 开封府参军事崇宁三年增置。太医局正 秘书省校书郎、正字 亲王府记室元丰、元祐令，有"参军"字，政和三年除去。太史局五官正 御史台检法官、主簿元丰令在监丞上，元祐令在监丞下。 九寺、大晟府崇宁三年增置。主簿 阁门祗候 枢密院逐房副承旨元丰令，中下州通判在此下。供奉官旧内东头供奉官，政和六年改，下同。

从义郎东头供奉官,左侍禁内西头供奉官。秉义郎西头供奉官,太子诸率府副率　干当左、右厢公事崇宁中增入。右侍禁　左班殿直殿头高品。忠训、忠翊、左、右侍禁。宣教郎旧宣德郎,政和四年改。太学、辟雍、崇宁元年增置。武学、律学开封府大观元年置。博士　太常寺奉礼郎　大晟府协律郎崇宁二年增置。太常寺太祝、郊社、籍田令　光禄寺太官令元丰、元祐令,在太学博士上。五监、辟雍　崇宁元年增置。主簿　宣义郎　成忠、保义、左右班殿直。承事。承奉、承务郎　宗子、崇宁元年增置。国子、太学、辟雍正　武学谕崇宁元年置。律学正崇宁元年置。太医局丞　京府、诸州司录事　承直郎崇宁三年,以留守节度判官改,凡选人七阶,儒林至迪功。京畿县令　两赤县丞　三京赤县令　右班殿直　高班。黄门内品　承节、承信郎旧三班奉职、借职。京府、诸州司六曹事　元丰、元祐令,并六曹参军。政和三年,除去"参军"字,为司录事,司仪曹事,余曹仿此。儒林、旧掌书记。文林、从事郎　三京畿县令　京畿县丞　三京赤县、畿县丞　两赤县主簿、尉　诸州上、中、下县令丞　从政郎旧司录事参军、县令。京府、诸州掾官　修职郎旧知录事参军、知县事。京畿县主簿、尉　诸州上、中、下县主簿尉　城寨主簿　马监主簿　迪功郎　旧巡判官、司理、司法、司户。诸州司士　文学　助教　旧参军事。

唐令,定流内一品至九品,有正从上下阶之制。其后,升侍中、中书令为为正二品,御史大夫、散骑常侍、两省侍郎为正三品,御史中丞正四品。谏大夫分左、右,改将作大匠为监,太史局为司天监,置大监正三品,少监正四品上,丞正六品上,寺簿正七品上,主事正八品下,五官正五品上,副正正六品,灵台郎正七品下,保章正从七品上,挈壶正八品上,五官监候正八品下,司历从八品上,司辰正九品上。又置国子、五经博士为正五品上,左、右金吾卫上将军为从二品,左、右龙武、神武军大将军为正三品,将军为从三品。又置内侍监为为正三品,少监从四品,改诸州府学博士为文学,在参军上。五代复置尚书令为一品,升右丞为正四品上,降谏议在给事之下。

宋初,并因其制,唯升宗正卿为正四品,丞为从五品。其军器监、少监,甲弩坊署令、丞,监作、录事,昭文馆校书郎,司辰、司历、监候,殿中诸署监事、计官,太常诸陵庙、太医、太公庙署令、丞,医针博士、助教,按摩、呪禁博士,卜正、卜博士,宗正崇玄署令、丞,大理狱丞,鸿胪典客,太府寺平准、左右藏、常平署令丞,都水监舟楫、河渠署令丞,官苑总副监牧监副、丞、主簿,诸园苑司并百工等监、副监及丞,诸仓、诸冶、诸屯、温汤监及丞,掌漕,诸军卫录事诸曹参军、司阶、中候、司戈、执戟、校尉、旅帅、队正、队副、正直长、长上、备身、左右备身,左右亲、勋、翊府中郎将,兵曹三卫,折冲、果毅、别将、长史、兵曹参军、校尉、旅帅、队正、队副,镇军司马、判司,太子詹事府丞、主簿、司直、司议郎、舍人,文学、校书,正字,崇文馆校书,侍医,通事舍人,左、右春坊录事、主事,三寺丞、主簿,诸署令、丞,典仓署园丞,厩牧典乘,内坊典内及丞、典直,率府长史、录事诸曹参军、司阶、中候、司戈、执戟、校尉、旅帅、队正、队副、直长、千牛备身,亲、勋、翊府中郎将,兵曹三卫,王府文学,东西阁祭酒,掾、属、主簿、录事诸曹参军、行参军、典签、典军、执杖执乘亲事、校尉、旅帅、队正、队副,国令,大农尉、丞,公主邑令丞、邑司录事,河南应天及诸次府都督都府功曹、仓、兵曹参军,诸州司功、司仓、司兵参军,诸县丞,京县录事,诸镇仓曹、兵曹参军,戍主、戍副,关津令丞,并门下省城门、符宝郎,太常寺协律郎,军器监丞、主簿,太常寺郊社、太卜、廪牺,光禄寺太、官珍羞、良酝、掌醢,卫尉寺武器、守宫,太仆寺乘黄、典厩、典牧、车府,鸿胪寺典客、司仪,司农寺上林、太仓、钩盾、导官,太府寺诸市,少府监中尚、左尚、右尚、织染、掌冶,将作监左校、中校、甄官署令丞、监膳,殿中省六局直长、食医、侍御、医司、医佐、掌辇、奉乘、司廪,太子典膳、典药、内直、典设、宫门郎并局丞,皆存其名而罕除者,皆不录,惟常命官者载之。诸司主事、事皆存,而无士人为之。别置中书、枢密、宣徽院、三司及内庭诸司,沿旧制而损益焉。

建隆三年三月,有司上《合班仪》:"太师,太傅,太保,太尉,司徒,司空,东宫三太,嗣王,郡王,仆射,三少,三京牧,大都督,大都护,御史大夫,六尚书,常侍,门下、中书侍郎,太子宾客,太常、宗正卿,御史中丞,左、右谏议大夫,给事中,中书舍人,左、右丞,诸行侍郎,秘书监,光禄、卫尉、太仆、大理、鸿胪、司农、太府卿,国子祭酒,殿中、少府、将作监,前任、见任节度使,开封、河南、太原尹,詹事,诸王傅,司天监,五府尹,国公,郡公,中都督,上都护,下都督,庶子,五大都督府长史,中都护,副都护,太常、宗正少卿,秘书少监,光禄等七少卿,司业,三少监,三少尹,少詹事,谕德,家令,率更令,仆,诸王府长史、司马,司天少监,起居郎、舍人,侍御史,殿中侍御史,补阙,拾遗,监察御史,郎中,员外郎,太常博士,五府少尹,五大都督府司马,通事舍人,国子、五经博士,都水使者,四赤县令,太常、宗正、秘书丞,著作郎,殿中丞,六尚奉御,大理正,中允,赞善,中舍,洗马,诸王友,谘议参军,司天五官正,凡杂坐之次,以此为准。"

诏曰:"尚书中台,万事之本,而班位率比两省官;节度使出总方面,其检校官多至师傅、三公者,而位居九寺卿监之下,甚无谓也。其给事中、谏议、舍人,宜降于六曹侍郎之下;补阙次郎中、拾遗,监察次员外郎,节度使,升于中书侍郎之下。"乾德五年正月朔,乾元殿受朝,升节度使班在龙墀内金吾将军之上。

淳化三年八月,有司重定《合班仪》,诏升尚书令三师之上。四年,节度使升常侍之上,观察使在秘书监之上,防御、团练使在庶子之下,刺史在太子仆之下,又升诸行郎中于殿中侍御史之上,至道三年七月,令节度观察留后在给事中之上。大中祥符元年八月,升两省侍郎班常侍之上。

天禧三年十一月,令节度使班中书侍郎之下。其序班及视品之制，枢密使、副使、参知政事、宣徽使并班宰相后。枢密使不兼平章事者，立参知政事前，在宣徽使下。至道三年升在上。大中祥符九年九月，诏自今参知政事、枢密副使并以先后为次。宣徽使同。资政殿大学士立文明殿学士之上。旧文明殿学士在枢密副使之上，太平兴国五年移在下。资政殿学士、翰林侍读学士在翰林学士下。建隆三年，令翰林学士班诸行侍郎下，官至丞、郎者在常侍上，至尚书者依本班。淳化五年，升丞、郎之上。枢密直学士同。龙图阁学士在枢密直学士上，龙图直学士在其下，仍少退。待制在知制诰之下。景德元年，初置待制，赴内朝，其五日起居，止叙本班。大中祥符二年，升侍知制诰，仍在其下。权三司使立知制诰上。带学士职者从本班。三司副使立少卿、监上。官高者从本班，并为内品职。宫观副使立学士班。在翰林学士上，其学士为者，止本班。判官立三司副使之下。知制诰以上为者，从本班。给、谏权御史中丞者，令正衙立中丞砖位。余就本班。凡起复，皆如初授，在本官之末，亦有特旨令叙旧班者，内客省使视七寺大卿，景福殿使、客省视将作监，引进使视庶子。宣庆使、四方馆使视少卿，宣政、昭宣、阁门使视少监。客省等副使视员外郎。皇城使以下诸司使视郎中，副使视太常博士。内殿承制视殿中丞，崇班及阁门祗候视赞善大夫，供奉官视诸卫率，侍禁视副率。殿直视著作佐郎，奉职、借职在诸州幕官上。枢密都承旨在阁门使下，副承旨、诸房副承旨在诸司使下，逐房副承旨在洗马下。金吾卫、左右卫上将军并在节度使上，六统军、诸卫上将军在常侍下，乾德二年，令上将军在中书侍郎之下。淳化四年，升金吾、左右卫在尚书之下，仍于节度使之上叙。大将军在大监下，将军在少监下。仍在阁门使之下，金吾立本班上。谓中郎将。诸卫率、副率在洗马下。凡内职，视朝官者在其下，视京官者在其上。

皇亲之制：开宝六年，诏："晋王位望俱崇，亲贤莫二，宜位在宰相之上。"太平兴国八年，楚王、广平郡王出阁，令宰相立亲王之上。天禧四年七月先天节，群臣上寿，宰相阙，命泾王元俨摄太尉。

景德中，皇侄武信军节度惟吉加同平章事。时驸马都尉石保吉先为使相，史馆引唐制，宗室在同品官上，遂升惟吉焉。大中祥符元年正月，有司上《都亭驿酺宴位图》，皇从侄孙内殿崇班守节与从侄右卫将军惟叙等同一班。上曰："族子诸父，安可同列？"乃命重行设位。九年正月，兴州团练使德文言："男侍禁承显赴起居，请在惟忠子从恪之上。"时从恪虽侄行，而拜职在前，遂诏宗正寺定《宗室班图》以闻。宗正言："按《公式令》：朝参行立，职事同者先爵，爵又同者先齿。今请宗子官同而兄叔次弟侄者，并虚一位而立。"天禧四年五月，左正言、知制诰张师德言："奉诏知颍州，缘皇弟德雍见任本州防御使，其署衔望降规式。"中书门下言："据御史台称，每大朝会立班，皇亲防御、团练、刺史次节度使下，稍退序立。"诏师德序署位德雍之下。其外官制置、发运、转运使副使，不限官品，著位并在提点刑狱之上。旧止从官，大中祥符七年，诏定其制。朝官知令、录在判官之上，京官在判官之下、推官之上。长史、司马、别驾在幕府官下、录事参军上，见长史庭参。监当朝官殿直以下，在通判、都监之下，判官之上。其通判与都监并依官次。京官奉职、借职监当者，依知令、录列在判官之下。元丰制行，参以寄禄官品高下，更革既多，别为班序。其后元祐、崇宁、大观、政和，复有增益更革者，别附于其下云。

至道二年，祠部员外郎主判都省郎官事王炳上言曰：

尚书省，国家藏载籍、典治教之府，所以周知天下地理广袤、风土所宜、民俗利害之事。当成周之世，治定制礼，首建六官，汉、唐因之。自唐末乱杂，急于经营，不遑治教，故金谷之政主于三司，曹名虽存，而其实亡矣。谨按：吏部四司，天官之职，掌文官选举，周知天下吏功过能否，考定升降之类；户部四司，司徒之职，掌邦五教，周知天下户口之数；礼部四司，宗伯之职，掌国五礼，辨仪式制度，周知天下祠典祠祀之类；兵部四司，司马之职，，掌武人选举，周知天下兵马器械之数；刑部四司，司寇之职，掌国法令，周知天下狱讼刑名徒隶之数；工部四司，司空之职，掌国百工，周知天下封疆、城圩、山泽、草木、川渎、津渡、桥船、陂池之数。凡此二十四司所掌事务，各封图书，具载名数，藏之本曹，谓之载籍；所以周知天下事，由中制外，如指诸掌。

今职司久废，载籍散亡，惟吏部四司官曹小具，祠部有诸州僧道文帐，职方有诸州闰年图经，刑部有详覆诸州已决大辟案牍及勾禁奏状，此外多无旧式。欲望令诸州，每年造户口税租实行簿帐，写以长卷者，别写一本送尚书省，藏于户部。以此推之，其余天下官吏、民口、废置、祠庙、甲兵、徒隶、百工、疆畎、封洫之类，亦可以籍其名数，送尚书省，分配诸司，俾之缄掌；候期岁之后，文籍大备，然后可以振举官守，兴崇治教。望选大僚数人博通治体者，参取古今礼典及诸令式，与三司所受金谷、器械、簿帐之类，仍详定诸州供送二十四司载籍之式。如此，则尚书省备藏天下事物名数之籍，如秘阁藏图书，太学藏经典，三馆藏史传，皆其职也。

太宗览奏，嘉之。诏尚书丞、郎及五品以上集议。

吏部尚书宋琪等上奏曰："王者六官，法天地四时之柄，百官之本，典教所出，望委崇文院检讨六曹所掌图籍，自何年不系省者，详其废置之始，究其损益之源，以期恢复。"既而其议亦寝。

大中祥符九年，真宗与宰相语及尚书省制，言事者屡请复二十四司之制。杨砺尝言："行之不难，但以郎官、诸司使同领一职，则渐可改作。"王旦曰："唐设内诸司使，悉拟尚书省：如京，仓部也；庄宅，屯田也；皇城，司门也；礼宾，主客也。虽名品可效，而事任不同。唐朝诸司所领，惟京邑内外耳，诸道兵赋各归藩镇，非南宫一郎中、员外所能制也。朝廷所得三分之一，名曰上供，其他留州、留使之名，皆藩臣所有。今之三司即尚书省，故事尽在，但一毫所赋皆归于县官而仰给焉，故蠲放则泽及下，予赐则恩归上，此圣朝不易之制也。"

咸平四年，左司谏、知制诰杨亿上疏曰：

国家遵旧制，并建群司，然徒有其名，不举其职。只如尚书会府，上法文昌，治本是资，政典攸出，条目皆具，可举而行。今之存者，但吏部铨拟，秩曹详覆。自余租庸管榷，由别使以总领；尺籍伍符，非本司所校定。职守虽在，或事有所分；纲领虽存，或政非自出。丞辖之名空设而无违可纠，端揆之任最重而无务可亲。周之六官，于是废矣，且如寺、监素司于掌执，台、阁咸著于规程，昭然轨仪，布在方册。国家虑铨拟之不允，故置审官之司；忧议谳之或滥，故设审刑之署；恐命令之或失，故建封驳之局，臣以为在于纪纲植立，不在于琴瑟更张。若辨论官材归于相府，即审官之司可废矣；详评刑辟属于司寇，即审刑之署可去矣；出纳诏命关于给事中，好封驳之局可罢矣。至于尚书二十四司各扬其职，寺、监、台、阁悉复其旧，按《六典》之法度，振百官之遗坠，在我而已，夫岂为难？如此则朝廷益尊，堂陛益严，品流益清，端拱而天下治者，由兹道也。

又以唐、虞之时，建官惟百，夏、商官倍，秦、汉益繁。施及有唐，六策咸在，自三公之极贵、九品之至微，著于令文，皆有员数。《传》云："官不必备，惟其人。"盖阙之，斯可矣，若乃员外加置，苟非其材，故"灶下"、"羊头"，形于嘲咏，"斗量车载"，播厥风谣，国体所先，尤须慎重。窃睹班簿，员外郎及三百余人，郎中亦及百数，自余太常国子博士、殿中丞、舍人、洗马，俱不下数百人，率为常参，皆著引籍，不知职业之所守，多由恩泽而序迁。欲乞按唐制，应九品以上官并定员数。

又念昔者秦之开郡置守，汉以天下为十三部，命刺史以领之。自后因郡为州，以太守为刺史，降及唐氏，亦尝变更，曾未数年，又仍旧贯。今多命省署之职出为知州，又设通判之官以为副贰，此权宜之制耳，岂可为经久之训哉？臣欲乞诸州并置刺史，以户口多少置其奉禄，分下、中、上、紧、望、雄之等级，品秩之制率如旧章，与常参官比视阶资，出入更践，省去通判之目，但从事之员，建廉察之府以统临，按舆地之图而区处。昔者兴国初，诏废支郡，出于一时；十国为连，周法斯在，一道署使，唐制可寻。至若号令之行，风教之出，先及于府，府以及州，州以及县，县及乡里。自上而下，由近及远，譬如身之使臂，臂之使指，提纲而众目张，振领而群毛理。由是言之，支郡之不可废也明矣。臣欲乞复置支郡，隶于大府，量地里而分割，如漕运之统临，名分有伦，官业自举。

又睹唐制内外官奉钱之外，有禄米、职田，又给防阁、庶仆、亲事、帐内、执衣、白直、门夫，各以官品差定其数，岁收其课以资于家。本司又有公廨田、食本钱，以给公用。自唐末离乱，国用不充，百官奉钱并减其半，自余别给一切权停。今郡官半奉之中已是除陌，又于半奉三分之内，其二以他物给之，鬻于市廛十裁得其一二，曾饷口之不及，岂代耕之足云？昔汉宣帝下诏云"吏能勤事而奉禄薄，欲其无侵渔百姓难矣。"遂加吏奉，著于策书。窃见今之结发登朝，陈力就列，其奉也不能致九人之饱，不及周之上农；其禄也未尝有百石之入，不及汉之小吏。若乃左、右仆射，百僚之师长，位莫崇焉，月奉所入，不及军中千夫之帅，岂稽古之意哉？欲乞今后百官奉禄杂给，并循旧制，既丰其稍人，可责以廉隅。官且限以常员，理当减于旧费，乃唐、虞之制也。

凡预品官，各设资考，课其殿最，归于有司，或历阶以升，或越次而补。国朝多以郊祀覃庆而稍迁官，考功之黜陟不行，士流之清浊无辨。陛下深鉴其弊，始务惟新。昨有事于明禋，但遍加于阶爵；虽矫前失，未振旧规。并乞依旧内外官各立考限，复令考功修举其职，每岁置使考校，以表尽公，资秩改迁，赏罚惩劝，一遵典故，以振滞淹。

又西汉以来，用秦武功之爵，惟列侯启封，或逾万户，至关内侯，或有食邑，不过数百家。自是因循，以至唐室，但食邑者率为虚设，言实封者岁有差。迨及圣朝，并无所给，至于除拜之际，犹名数未移，空有食采之称，真同画饼之妄。欲乞依元和中所定实封条贯支给，削去虚邑，但行实食，以宠勋臣。又国家每属严禋，即覃大庆，叙封追赠，罔限彝章。乃至太医之微，司历之贱，率荷蓼萧之泽，亦疏石窌之封，恩虽出于殊常，职不循于经制。

又官勋之设，名品实繁，今朝散、银青，犹阙命服，护军、柱国，全是虚名，欲乞自今常参官，勋、散俱至五品者许封赠，官、勋俱至三品者许立戟。又五等之爵，施于贤才，虽有启封之称，曾无胙土之实。苴茅建社，固不可以遽行，翼子诒孙，亦足稽于旧典。内外官封至伯、子、男者，许荫子；至公、侯者，许荫孙；封国公者嫡子、嫡孙一人袭封。

又当今功臣之称始于德宗。崑晔将士并加"奉天定难功臣"之号，因一时之赏典，为万世之通规。近代以来，将相大臣有加至十余字者，尤非经据，不可遵行，所宜削除，以明宪度。昔者讲求典礼，晋国以清，考核名实，汉朝称治。当文化诞敷之际，是旧章咸秩之时，跂见太平，正在今日矣。

论者嘉之，然以因袭既久，难于骤革。

既而言者继请复二十四司之制。神宗即位，始命馆阁校《唐六典》，以摹本赐群臣，而置局详定之。于是凡省、台、寺、监领空名者，一切易之以阶。元丰三年，详定所上《寄禄格》，会明堂礼成，即用新制，迁近臣秩。初，新阶尚少，而转行者得以易。及元祐初，朝议大夫六阶以上始分左、右，绍圣中，罢之。崇宁初，自承直至将仕郎，凡换选人七阶，又增宣奉至奉直大夫四阶。政和末，自从政至迪功郎，又改选人三阶，文阶始备；而武阶亦易正使为大夫，副使为郎。其横班十二阶使、副亦然。继又增置宣正、履正大夫、郎，凡十阶，通为横班其后，复更开封守臣为尹牧，而内侍省悉仿机廷之号，六尚局之修，三卫郎之建，及左辅、右弼、太宰、少宰之称，员既滥冗，名益繁杂，由是官有视秩，元丰之制，至此大坏。及宣和末，王黼复请修《官制格目》，而边事起，讫不果成。

初，太平兴国八年五月，太宗作《戒谕百官辞》二通，以付阁门。一戒京朝官受任于外者，一戒幕职、州县官，朝辞对别日，令舍人宣示之，各缮写归所治，奉以为训焉。大中祥符元年，真宗以祥符降锡，述大中清净为治之道，申诫百官，又作《诫谕辞》二道，易旧辞，赐出使京朝官及幕职、州县官，其后，又作《文》、《武七条》。《文》，赐京朝官任转运使、提点刑狱、知州府军监、通判、知县者：一曰清心，谓平心待物，不为喜怒爱憎之所迁，则庶事自正。二曰奉公，谓公直洁己，则民自畏服。三曰修德，谓以德化人，不必专尚威猛。四曰责实，勿竞虚誉。五曰明察，谓勤察民情，勿使赋役不均，刑罚不中。六曰劝课，谓劝谕下民，勤于孝悌之行、农桑之务。七曰革弊，谓求民疾苦而厘革之。《武条》赐牧伯泊诸司使而下任部署、钤辖、知州军县、都监、监押、驻泊巡检者：一曰修身，谓修饬其身，使士卒有所法则。二曰守职，谓不越其职，侵挠州县民政。三曰公平，谓均抚士卒，无有偏党。四曰训习，谓训教士卒，勤习武艺。五曰简阅，谓察视士卒，识其勤惰勇怯。六曰存恤，谓安抚士卒，甘苦皆同，当使齐心，无令失所。七曰威严，谓制驭士卒，无使越禁。仍许所在刊石或书厅壁，奉以为法。又以《礼记儒行篇》赐亲民厘务文臣，其幕职、州县官使臣赐敕戒砺。令崇文院刻板模印，送阁门，辞日分给之。

淳化元年，国子祭酒孔维上言：“中外文、武官称呼假借，逾越班制，伏请一切禁断。”太宗命翰林学士宋白等议之。白等请：“自今文武台省官及卿、监、郎中、员外并呼本官，太常博士、大理评事并不得呼'郎中'，诸司使、诸卫将军未领刺史者，及诸司副使不得呼'太保'，供奉官以下不得呼'司徒'，校书郎以下令、录事不得呼'员外郎'，判、司、簿、尉不得呼'侍御'，待诏、医官不得呼'奉御'，其文武职事州县官，如有检校、兼、试、同正官者，称之。”

太宗时，郊祀行庆，群官率多进改。真宗初，右司谏孙何上言曰：“伏见国家抚有多方，并建众职。外则郡将、通守，朝士代行；关征、榷酤，使者兼掌；下至幕府职椽之微，或自朝廷选补而授。用人既广，推择难精。贡部上名，动逾千计；门资入仕，亦及百人。稍著职劳，即升京秩；将命而出，冗长尤多。每躬祀圆丘，诞敷霈泽，无贤不肖，并许叙迁。至使评事、寺丞，才数载而通闺籍；赞善、洗马，不十年而登台郎。窃计今之班簿，台、省、宫、寺凡八百员，玉石混淆，名品猥滥。异夫《虞书》考绩、《周官》计治之法也。有唐旧制，郊禋庆宥，但进阶、勋而已，今若十年之内，肆赦相仍，必恐京僚过于胥徒，朝臣多于州县，岂惟连车平斗之刺，亦有败财假器之失。况禄廪所赋，皆自地征所来，须从民力，何必空竭公藏，附益私人。已授者朘削既难，未迁者防闲宜峻，古人所谓'损无用之费，罢不急之官'，正在此也，伏愿降诏书，自今郊祀，群官一例不得迁陟，必若绩用有闻，才名夙著，自可待之不次，岂俟历阶而升。至于省并吏员，上系与夺。”时左司谏耿望亦以为然，故咸平二年亲郊，止加阶、勋，命有司考其殿最而黜陟之。然三年差遣受代，率皆考课引对，多获进改，罕有退黜，而官籍浸增矣。

绍兴以后合班之制

诸太师、太傅、太保 左丞相、右丞相 少师、少傅、少保 王枢密使 开府仪同三司 知枢密院事 参知政事 同知枢密院事 枢密副使 签书枢密院事 太子太师、太傅、太保 特进 观文殿大学士 太尉 太子少师、少傅、少保 冀、兖、青、徐、扬、荆、豫、梁、雍州牧 御史大夫 观文殿学士 资政、保和殿大学士 吏部、户部、礼部、兵部、刑部、工部尚书 金紫、银青光禄大夫 光禄大夫 左、右金吾卫上将军 左、右卫上将军 殿前都指挥使 节度使 翰林学士承旨 翰林学士 资政、保和、端明殿学士 龙图、天章、宝文、显谟、徽猷、敷文阁学士 左、右散骑常侍 权六曹尚书 御史中丞 开封尹 尚书列曹侍郎 枢密直学士 龙图、天章、宝文、显谟、徽猷、敷文阁直学士 宣奉、正奉、正议、通奉大夫 左、右骁卫、武卫、屯卫、领军卫、监门卫、千牛卫上将军 太子宾客、詹事 给事中 承宣使 中书舍人 通议大夫 殿前副都指挥使 左、右谏议大夫 保和殿待制 龙图、天章、宝文、显谟、徽猷、敷文阁待制 权六曹侍郎 太中大夫 观察使 太常卿 宗正卿 秘书监 马军都指挥使 步军都指挥使 马、步副都指挥使 中大夫 光禄、卫尉、太仆、大理、鸿胪、司农、太府卿 中奉、中散大夫 内客省使 通侍大夫 枢密都承旨 国子祭酒 太常少卿 宗正少卿 秘书少监 正侍、宣正、履正、协忠大夫 中侍、中亮大夫 太子左、右庶子 中卫、翊卫、亲卫大夫 知阁门事 殿前都虞候 马军都虞候 步军都虞候 防御使 捧日、天武四厢都指挥使 龙、神卫四厢都指挥使 团练使 诸州刺史 左、右金吾以下诸卫大将军 驸马都尉 集英殿修撰 七寺少卿 朝议、奉直大夫 中书门下省检正诸房公事 尚书左、右司郎中 右文殿修撰 国子司业 少府、将作、军器监 都水使者 入内内侍省、内侍省都知 宣政使 拱卫大夫太子少詹事、左右谕德 入内内侍省、内侍省副都知 昭宣使 左武大夫 同知阁门事 右武大夫 入内内侍省、内侍省押班 枢密承旨 枢密副都承旨 起居郎 起居舍人 侍御史 带御器械 尚书左、右司员外郎 枢密院检详诸房文字 秘阁修撰 开封少尹 太子侍读、侍讲 尚书吏部、司封、司勋、考功、户部、度支、金部、仓部、礼部、祠部、主客、膳部、兵部、职方、驾部、库部、刑部、都官、比部、司门、工部、屯田、虞部、水部郎中 开封府判官、推官 直龙图阁 朝请、朝散、朝奉大夫 直天章阁 殿中侍御史 左、右司谏左、右正言 符宝郎 内行宝郎 枢密副承旨 武功、武德、和安、春官、成和、夏官、成安、中官、成全、秋官、武显、武节、平和、冬官、武略、保安、武经、武义、武翼大夫 尚书诸司员外郎 直宝文阁 开封府司录参军事 枢密院诸房副承旨 朝请、朝散、朝奉郎

直显谟阁　少府、将作、军器少监　诸卫将军　正侍、宣正、履正、协忠、中侍、中亮、中卫、翊卫、亲卫、拱卫、左武、右武郎　监察御史　直徽猷、敷文阁　承议郎　中郎将　翰林良医　武功、武德、和安、成和、成安、成全、武显、武节、平和、武略、保安、武经、武义、武翼郎　太子中舍人　太子舍人　亲王府翊善、赞读、直讲、太常丞　判太医局　宗正、大宗正　秘书丞　直秘阁　左右郎将　奉议郎　大理正　著作郎　阁门舍人　宣赞舍人　翰林医官　翰林医效　翰林医痊　两赤县令　太子左右卫、司御、清道、监门、内率府率　七寺丞　秘书郎　太常博士　枢密院计议、编修官、敕令所删定官　陵台令　著作佐郎　国子监丞　诸王宫大小学教授　国子博士　大理司直、评事、训武、通直、修武郎、内常侍、少府、将作、军器、都水监丞　监尚书六部门　开封府功曹仓曹户曹兵曹法曹士曹参军事、左右军巡使、判官　主管太医局　秘书省校书郎、正字亲王府记室　太史局五官正　御史台检法官、主簿　九寺主簿　阁门祗候　枢密院逐房副承旨　从义、秉义郎　太子诸率府副率　干办左、右厢公事　忠训、忠翊、宣教郎　太学、武学、律学博士　太常寺奉礼郎、太祝、郊社令、籍田令　光禄寺太官令　五监主簿　宣义、成忠、保义、承事、承奉、承务郎　国子、太学正　武学谕　国子、太学录　律学正　太医局丞　京府判官　京府司录参军　承直郎　京畿县令　两赤县丞　三京赤县令　承节、承信郎　节度、观察判官　节度掌书记　观察支使　防御、团练判官　京府、节度、观察推官　军事判官　防御、团练、军事推官　军、监判官　节镇录事参军　京府诸曹参军事　军巡判官　儒林、文林、从事郎　京畿县丞　三京赤县丞　上、中、下州录事参军事　三京畿县丞。

两赤县主簿、尉　诸州上中下县令、丞　从政郎　诸府司理、诸曹参军事　节镇、上中下州司理、司户、司法参军　修职郎　京畿县主簿、尉三京赤县、畿县主簿、尉　诸州上中下县簿、尉　城寨主簿　马监主簿　迪功郎　诸州司士、文学、助教

为官职杂压之序。

官品　绍兴、乾道、庆元。先后修定，间有官、勋已从罢省，而令仍不废，今具载焉。

诸太师，太傅，太保，左、右丞相，少师，少傅，少保，王，为正一品。

诸枢密使，开府仪同三司，特进，太子太师、太傅、太保，嗣王，郡王，国公，为从一品。

诸金紫光禄大夫，知枢密院事，参知政事，同知枢密院事，太尉，开国郡公，上柱国，为正二品。

诸银青光禄大夫，签书枢密院事，观文殿大学士，太子少师、少傅、少保，御史大夫，吏部、户部、礼部、兵部、刑部、工部尚书，左右金吾卫、左右卫上将军，冀、兖、青、徐、扬、荆、豫、梁、雍州牧，殿前都指挥使，节度使，开国县公，柱国，为从二品。

诸宣奉、正奉大夫，观文殿学士，翰林、资政、保和殿大学士，翰林学士承旨，翰林学士，资政、保和、端明殿学士，龙图、天章、宝文、显谟、徽猷、敷文阁学士，枢密直学士，左、右散骑常侍，权六曹尚书，上护军，为正三品。

诸正议、通奉大夫，龙图、天章、宝文、显谟、徽猷、敷文阁直学士，御史中丞，开封尹，尚书列曹侍郎，诸卫上将军，太子宾客、詹事，开国侯，护军，为从三品。

诸通议大夫，给事中，中书舍人，太常卿，宗正卿，秘书监，诸卫大将军，殿前副都指挥使，承宣使，开国伯，上轻车都尉，为正四品。

诸太中大夫，保和殿、龙图、天章、宝文、显谟、徽猷、敷文阁侍制，左、右谏议大夫，权六曹侍郎　七寺卿，国子祭酒，少府、将作监，诸卫将军、轻车都尉，为从四品。

诸中大夫，马、步军都指挥使，副都指挥使，观察使，通侍、正侍、宣正、履正、协忠、中侍大夫，开国子，上骑都尉，为正五品。

诸中奉、中散大夫，太常、宗正少卿，秘书少监，内客省使，延福宫使，景福殿使，太子左、右庶子，枢密都承旨，中亮、中卫、翊卫、亲卫大夫，殿前马、步军都虞候，防御使，捧日、天武、龙神卫四厢都指挥使，团练使，诸州刺史，驸马都尉，开国男，骑都尉，为从五品。

诸朝议、奉直大夫，集英殿修撰，七寺少卿，中书门下省检正诸房公事，尚书左、右司郎中，国子司业，军器监，都水使者，太子少詹事、左右谕德，入内内侍省、内侍省副都知副都知，宣庆、宣政、昭宣使，拱卫、左武、右武大夫，入内内侍省、内侍省押班，枢密承旨、副承旨，骁骑尉，为正六品。

诸朝请、朝散、朝奉大夫，起居郎，起居舍人，侍御史，尚书省左、右司员外郎，枢密院检详诸房文字，右文殿、秘阁修撰，开封少尹，尚书诸司郎中，开封府判官、推官，少府、将作、军器少监，和安、成和、成安大夫，陵台令，飞骑尉，为从六品。

诸朝请、朝散、朝奉郎，殿中侍御史，左、右司谏，尚书诸司员外郎，侍讲，直龙图、天章、宝文阁，开封府司录参军事，枢密副承旨，枢密院诸房副承旨，武功至武翼大夫，成全、平和、保安大夫，翰林良医，太子侍读、侍讲，两赤县令，云骑尉，为正七品。

诸承议郎，左、右正言，符宝郎，监察御史，直显谟徽猷、敷文阁，太常、宗正、秘书丞，大理正，著作郎，崇政殿说书，内符宝郎，正侍至右武郎，武功至武翼郎，和安至保安郎，翰林医官，阁门宣赞舍人，太子中舍人、舍人，诸率府率，亲王府翊善、赞读、直讲，判太医局令，翰林医效、医痊，武骑尉，为从七品。

诸奉议、通直郎，七寺丞，秘书郎，太常博士，枢密院计议官、编修官，敕令所删定官，直秘阁，著作佐郎，国子监丞，诸王宫大小学教授，国子博士，大理司直、评事，训武、修武郎，内常侍，开封府诸曹参军事、军巡使、判官，京府判官，赤畿县令，两赤县丞，三京赤县、畿县令，太史局五官正，中书、门下省录事，尚书省都事，为正八品。

诸宣教、宣议郎，御史台检法官、主簿，少府、将作、军器、都水监丞，寺、监主簿，秘书省校书郎、正字，太常寺奉礼郎、太祝，太学、武学、律学博士，主管太医局，阁门祗候，枢密院逐房副承旨，东、西头供奉官，从义、秉义郎，太子诸率府副率，亲王府记室，节度、观察、防御、团练、军事、监判官，节度掌书记，观察支使，京府节度、观察、防御、团练、军事推官，诸州签判，节镇、上中下州录事参军，京府诸曹参军事，军巡判官，承直、儒林、文林、从事、从政、修职郎，京畿县丞，三京赤县、畿县丞，诸州上中下县令、丞，两赤县主簿、尉，诸府诸曹，节镇、上州诸司参军事，节度副使、行军司马，防御、团练副使，太史局丞、直长、灵台郎、保章正，翰林医愈、医证、医诊、医候，三省枢密院主事，守阙主事、令史、书令史，为从八品。

诸承事、承奉郎，理亲民资序者，从八品，承务郎准此。殿头高品，郊社、籍田、太官令，国子太学正、录，武学谕，律学正，太医局丞，忠训、忠翊、成忠、保义郎，挈壶正，京畿县主簿、尉，三京赤县主簿、尉，诸州别驾、长史、司马，枢密院守阙书令史，为正九品。

诸承务郎，高班、黄门内品，承节、承信、迪功郎，中、下州诸司参军，诸州上中下县主簿、尉，城寨、马监主簿，诸州司士、文学、助教，翰林医学，为从九品。

卷一百六十九　志第一百二十二

职官九 叙迁之制

群臣叙迁　流内铨　流外出官
文散官　武散官　爵　勋　功臣　检校官
兼官　试秩　绍兴以后阶官

文臣京官至三师叙迁之制

诸寺、监主簿，秘书省校书郎，秘书省正字有出身转大理评事，无出身转太常寺奉礼郎。内带馆职同有出身，后族、两府之家转太祝。

太常寺太祝、奉礼郎有出身转诸寺、监丞，无出身转大理评事。内带馆职同有出身。

大理评事有出身转大理寺丞，第一人及第转著作佐郎；无出身转诸寺、监丞。内带馆职同有出身。后族、两府之家，审刑院详议，刑部详覆、详断、检法、法直官，转光禄寺丞。

诸寺、监丞有出身转著作佐郎，无出身转大理寺丞。内带馆职同有出身。

大理寺丞有出身转殿中丞，无出身转太子中舍。内带馆职同有出身，或转太子中允。后族、两府之家，审刑院详议，刑部详覆、详断，中书堂后官，转太子右赞善大夫。

著作佐郎有出身转秘书丞，内第一人及第太常丞；无出身转太子左赞善大夫。内带馆职同有出身。特旨转秘书郎、著作郎、宗正丞。

太子左右赞善大夫、中舍、洗马转殿中丞。内带馆职转太常丞。

太子中允转太常丞，特旨转秘书郎、著作郎、宗正丞。

太常、宗正、秘书丞，著作郎，秘书郎转太常博士，特旨转左、右正言，监察御史。宗正丞，无出身转国子博士。

殿中丞有出身转太常博士，无出身转国子监博士。内带馆职同有出身。

太常、国子博士转后行员外郎，特旨转左、右司谏，殿中侍御史。

左、右正言转左、右司谏，带待制已上职转起居舍人。

监察御史转殿中侍御史。

后行员外郎转中行员外郎，特旨转起居舍人、侍御史。

左、右司谏转起居郎、起居舍人，带待制已上职转吏部员外郎。

殿中侍御史转侍御史。

中行员外郎转前行员外郎。

起居郎、起居舍人转兵部员外郎，带待制已上职转礼部郎中。

侍御史转同封员外郎。

前行员外郎转后行郎中。

后行郎中转中行郎中。

中行郎中转前行郎中。

右常调转员外郎者转右曹。内有出身自屯田，无出身自虞部，赃罪叙复入自水部转。水部　司门　库部　虞部　比部　驾部　屯田　都官　职方

任发运、转运使副，三司、天封府判官，侍读，侍讲，天章阁侍讲，崇政殿说书、开封府推官、府界提点，三司子司主判官，大理少卿，提点刑狱，提点铸钱监，诸王府翊善、侍读、记室，中书提点五房公事堂后官转左曹。内有出身自祠部，无出身自主客，堂后官自膳部转。膳部　仓部　考功　主客　金部　司勋　祠部　度支　司封

任发运、转运使副，三司、开封府判官，左曹转左名曹。内无出身只转祠部、度支、司封，有出身合转右名曹，准此。任三司副使，知杂，修撰，修起居注，直舍人院，转左名曹。工部　刑部　兵部

带待制已上职，左右曹、右名曹转左名曹，仍隔一资超转。中行郎中转左、右司郎中。

户部转左司，刑部、度支、金部、仓部、都官、比部、司门转右司。礼部　户部　吏部

前行郎中有出身转太常少卿，无出身转司农少卿，内见任左曹卫尉少卿，带待制已上职转谏议大夫。

左、右司郎中带待制已上职转谏议大夫。左司转左谏议，右司转右谏议，带翰林学士者，转中书舍人。

卫尉、司农少卿转光禄少卿，带馆职转光禄卿。

光禄少卿　转宗家卿，带馆职转光禄卿。

太常少卿转光禄卿，任三司副使、修撰，取旨。

司家卿转少府监，带馆职转光禄卿。
少府监转卫尉卿，带馆职转光禄卿。
卫尉转光禄卿。
光禄卿转秘书监。
秘书监转太子宾客。
中书舍人转礼部侍郎。
谏议大夫转给事中。
给事中转工部侍郎，带翰林学士已上职转礼部侍郎。
太子宾客转工部侍郎。
工部侍郎转刑部侍郎，两府转户部侍郎，宰相转兵部侍郎。
礼部侍郎转户部侍郎，宰相转吏部侍郎。
刑部侍郎转兵部侍郎，两府转吏部侍郎，宰相转礼部尚书。
户部侍郎转吏部侍郎，宰相转礼部尚书。
兵部侍郎转右丞，两府转左丞，宰相转礼部尚书。
吏部侍郎转左丞，宰相转礼部尚书。
左、右丞转工部尚书，两府转礼部尚书。
工部尚书转礼部尚书，两府转刑部尚书。
礼部尚书转刑部尚书，两府转户部尚书。
刑部尚书转户部尚书，两府转兵部尚书。
户部尚书转兵部尚书，两府转吏部尚书。
兵部尚书转吏部尚书，两府转太子少保，宰相转右仆射。
吏部尚书转太子少保，宰相转左仆射。
太子少保转太子少傅。
右仆射转左仆射。
太子少傅转太子少师。
左仆射转司空。
司空转司徒。
太子少师转太子太保。
司徒转太保。
太子太保转太子太傅。
太子太傅转太子太师。
太子太师转太保。
太保转太傅。
太傅转太尉。
太尉转太师。

太师太师、太傅、太保谓之三师，太尉、司徒、司空谓之三公。凡除授，则自司徒迁太保，自太傅迁太尉，检校亦如之。治平三年，翰林学士贾黯奏："近者皇子封拜，并除检校太傅。臣按官仪，自后魏以来，以太师、太傅、太保为三师，太尉、司徒、司空为三公，国朝因之。《六典》曰：'三师，训导之官也。'盖天子之所师法。今皇太子以师傅名官，于义弗安，莫甚于此，盖前世因循，失于厘正。臣愚以谓自今皇子及宗室卑者除官，并不可带师傅之名，随其叙迁改授三公之官。"诏"候将来因加改正"。自此，皇子及宗室卑行，遂不除三师官。

宋初，台、省、寺、监官犹多莅本司，亦各有员额资考之制，各以曹署闲剧著为月限，考满则迁，庆恩止转阶、勋、爵、邑。建隆二年，始以右监门卫将军魏仁涤为右神武将军，水部员外郎朱洞为都官员外郎，监察御史李铸为殿中侍御史，以仁涤等掌麴蘖、领关征外有羡也。自是，废岁满叙迁之典。是后，多掌事于外，诸司互以他官领之，虽有正官，非则受诏亦不领本司之务。又官有其名而不除者甚众，皆无定员、无月限，不计资品，任官者但常食其奉而已。时议以近职为贵，中外又以差遣别轻重焉。

武臣三班借职至节度使叙迁之制 三班借职以下，亦有磨勘转官法，缘未受真命，今不具录。
三班借职转三班奉职。
三班奉职转右班殿直。
右班殿直转左班殿直。
左班殿直转右侍禁。
右侍禁转左侍禁。
左侍禁转西头供奉官。
西头供奉官转东头供奉官。
东头供奉官转内殿崇班。
内殿崇班转内殿承制。
内殿承制转供备库使，有战功转礼宾副使，特旨东西染院、西京作坊副使，有战功，并谓曾经转官酬奖。
供备库使转西京左藏库副使，有战功转如京副使。
礼宾副使转崇仪副使，有战功转洛苑副使。
西染院副使转如京副使，有战功转内园副使。
东染院副使转洛苑副使，有战功转文思副使。
西染院使转如京使，有战功转内园使。
东染院使转洛苑使，有战功转文思使。
西京作坊使转内园使，有战功转六宅使。
西京左藏库使转文思使，有战功转庄宅使。
崇仪使转六宅使，有战功转西作坊使。
如京使转庄宅使，有战功转东作坊使。
洛苑使转西作坊使，有战功转左藏库使。
内园使转东作坊使，有战功转内藏库使。
文思使转左藏库使，有战功转右骐骥使。
六宅使转内藏库使，有战功转左骐骥使。
庄宅使转右骐骥使，有战功转宫苑使。
西作坊使转左骐骥使，有战功转宫苑使。
东作坊使转宫苑使。
左藏、内藏、左右骐骥、宫苑使并转皇城使。
皇城使转遥郡刺史。凡已上使、副，除皇城系东班，余并西班。其东班翰林以下十九使、副，虽有见在官及迁转法，并授伎术官。
遥郡刺史转遥郡团练使，特旨转正刺史。
遥郡团练使转遥郡防御使，特旨转正团练使。
刺史转团练使。
团练使，遥郡防御使转防御使。
防御使转观察使。
观察使转节度观察留后。
节度观察留后转节度使。
节度使

武臣自通事舍人转横班例

通事舍人转西上阁门副使。其东上阁门副使，非特恩不迁。
东、西上阁门副使转引进副使。
引进副使转客省副使。
客省副使转西上阁门使。
西上阁门使转东上阁门使。
东上阁门使转四方馆使。
四方馆使转引进使。
引进使转客省使。

客省使

右内客省使至阁门使谓之横班，皇城使以下二十名谓之东班，洛苑使以下二十名谓之西班，初犹有正官充者，其后但以检校官为之，或领观察使、防御使、团练使、刺史。景祐元年诏："副使自今改正使，于本额下五资迁之。"旧无定员，庆历四年诏："客省、引进、四方馆使各一人，东、西上阁门使共四人，阁门、引进、客省副使共六人，阁门通事舍人八人。"治平二年，枢密院奏："嘉祐三年诏：'非军职出掌、横行岁满当迁及有战功殊绩，皆不得除正任。当迁，则改州名，或加检校官、勋、封、食邑。'自降诏以来，正任刺史以上绝升进之望。今欲因知藩要州郡，或路分总管，如再经改州名或加检校官、勋、封食邑已及十年者，与迁官，至节度观察留后止。又客省、引进、四方馆旧置使三员，东、西上阁门旧置使四员，今并增为六员。阁门、引进、客省，旧制副使六员，今并增为八员。阁门旧通事舍人八员，今增为十员。凡所增置，须见任官当迁及有阙乃补。其皇城使改官及七年，如曾历边任、有本路监司总管五人已上共荐者，欲除遥郡刺史至遥郡防御使止。"诏："自今皇城、宫苑副使当磨勘者，各于本班使额自下升五资改诸司使。其自左藏库副使已上因酬奖及非次改官者，听如旧。余皆从枢密院之请。"初，英宗谓执政曰："诸司副使改转使，当从供备库使始，今对行升五资，太优。"于是合议条奏而为此例。

宗室自率府副率至侍中叙迁之制
太子右内率府副率转太子右监门率府率。
太子右监门率府率转右千牛卫将军。
右千牛卫将军转右监门卫大将军。
右监门卫大将军转遥郡刺史。
遥郡刺史转遥郡团练使，继诸王后、见封国公及特旨，即转正刺史。
遥郡团练使转遥郡防御使，继诸王后、见封国公及特旨，即转正团练使。
刺史转团练使
团练使转防御使
防御使转观察使。
观察使转节度观察留后。
节度观察留后转节度使，特旨转左、右卫上将军。
左、右卫上将军节度使转节度使同中书门下平章事。
节度使同中书门下平章事转节度使兼侍中。
节度使兼侍中。

内臣自皇城使特恩迁转例合该磨勘，并临时用例，取旨改转。
皇城使转昭宣使。国朝亦有外官为昭宣使者。
昭宣使转宣政使。
宣政使转宣庆使。
宣庆使转景福殿使。
景福殿使转延福宫使。
延福宫使凡不转昭宣已上五使者，并转遥郡。

入内内侍省内臣叙迁之制。
祗候班虽有转官法，近年无迁转之人，惟叙官者一级当一官，内侍省同。
北班内品转后苑散内品。
后苑散内品转后苑勾当事内品。
后苑勾当事内品转后苑内品。
后苑内品转把门内品。
把门内品转入内内品。
入内内品转贴祗候内品。
贴祗候内品转祗候小内品。
祗候小内品转祗候内品。
祗候内品转祗候高班内品。
祗候高班内品转祗候高品。
祗候高品转祗候殿头。
祗候殿头
右系责降及责降人保引。
内侍班转黄门。
黄门转高班。
高班转高品。
高品转殿头。
内侍殿头转内西头供奉官。
内西头供奉官转内东头供奉官。
内东头供奉官东头供奉官已上转官，依外官。

内侍省内臣叙迁之制。
祗候班
后苑散内品转散内品。
散内品转北班内品。
北班内品转后苑勾当事内品。
后苑勾当事内品转后苑内品。
把门内品、后苑内品转内品。
内品转贴祗候内品。
贴祗候内品转祗候内品。
祗候内品转祗候高班内品。
祗候高班内品转祗候高品。
祗候高品
右系责降及责降人保引亦有非责降由奏荐而除者。
入内内侍省同。
内侍班
黄门转高班。
高班转高品。
高品转殿头。
殿头转内西头供奉官。
内西头供奉官转内东头供奉官。

内东头供奉官东头供奉官已上转官，依外官例。
右宋初以来，内侍未尝磨勘转官，唯有功乃迁。至景祐中，诏："内臣入仕三十年，累有勤劳，经十年未尝迁者，奏听旨。"犹无磨勘定格也。庆历以后，其制渐隳。黄门有劳至减十五年，而入仕才五七年有劳至高品已上者，两省因著十年磨勘之例，而减年复在其中。嘉祐六年，枢密院始议厘革。乃诏："内臣入仕并三十年磨勘，已磨勘者，其以劳得减年者毋得过五年。"

选人选京官之制
　　有出身：
　　判、司、簿、尉，七考除大理寺丞。不及七考，光禄寺丞。不及五考，大理评事。不及三考，奉礼郎。
　　初等职官，知令、录，六考除大理寺丞。不及六考，光禄寺丞。不及三考，大理评事。
　　两使职官，知令、录，六考除著作佐郎。不及六考，大理寺丞。不及三考，光禄寺丞。
　　支、掌、防、团判官，六考除太子中允。不及六考，著作佐郎。
　　节、察判官，六考除太常丞，不及六考，太子中允。
　　无出身：
　　判、司、簿、尉，七考除卫尉寺丞。不及七考，大理评事。不及五考，奉礼郎。不及三考，守将作监主簿。
　　初等职官，知令、录，六考除卫尉寺丞。不及六考，大理评事。不及三考，奉礼郎。
　　两使职官，知令、录，六考除大理寺丞。不及六考，卫尉寺丞，不及三考，大理评事。
　　支、掌、防、团判官，六考除著作佐郎。不及六考，大理寺丞。
　　节、察判官，六考除太子中允。不及六考，著作佐郎。

吏部流内铨诸色入流及循资磨勘选格入流
　　有出身：
　　进士、明经入望州判、司，次畿簿、尉。
　　《九经》入紧州判、司，望县簿、尉。
　　诸科、《五经》、《三礼》、《三史》、《三传》，今虽无此科，缘见有逐色人。明法入上州判、司，紧县簿、尉。
　　学究、武举得班行人换授，入中州判、司，上县簿、尉。
　　无出身：
　　太庙斋郎旧宝长同。入中下州判、司，中县簿、尉。
　　郊社斋郎、旧掌坐同。试衔白衣送铨注官，司士、文学、参军、长史、司马、助教得正官，并班行试换文资，入下州判、司，中下县簿、尉。
　　三色人：
　　摄官入小县簿、尉。
　　进纳授试衔，入下州判、司，中下县簿、尉。
　　授太庙斋郎，入中州判、司，中县簿、尉；流外入下县簿、尉。
　　已上并许超折地望注授。
　　循资
　　常调：

　　判、司、簿、尉有出身两任四考，无出身两任五考，摄官出判、司三任七考，并入录事参军。但有举主四人或有合使举主二人，并许通注县令，流外出身四任十考，入录事参军。内系驱使官、沿堂五院人，只注大郡判、司，大县簿、尉。进纳出身三任七考，曾省试下第二任五考，入下州令、录，仍差监当。
　　酬奖：
　　判、司、簿、尉初任循一资入知令、录，次任二考已上入正令、录。
　　知令、录循一资入初等职官，正令录入两使职官。
　　初等职官循一资入两使职官，两资入支、掌、防、团判官，三资入节、察判官。
　　恩例：
　　判、司、簿、尉用祖父五路及广、桂知州带安抚。并知成都府、梓州及川、广转运提刑等恩例陈乞，循入试衔知县，仍差监当。
　　奏荐：
　　判、司、簿、尉。
　　举职官，有出身四考、有举主三人，移初等职官，仍差知县。有出身四考、无出身六考注初等职官。有出身六考、无出身七考注两使职官。
　　举县令，有出身三考、无出身四考，摄官出身六考、有举主三人，进纳出身六考、有举主四人，流外出身三任七考、有举主六人，并移县令。内流外人入录事参军。
　　令、录系举人入，任内有京官举主二人，循两使职官、知县。
　　初等职官、知县系举人入，任内有京官职举主二人，循两使职官，如愿知县者听。
　　磨勘：
　　判、司、簿、尉七考，知令、录、职官六考，有京官举主五人，内一员转运使、副或提刑，并磨勘引见，转合入京朝官。
　　两使职官、知县系举人入，并因举循入，任内有京官举主二人，磨勘引见，转合入京官。
　　令、录流外出身，系举人入，任内有班行举主三人，磨勘引见，改换班行。
　　差摄：
　　长史、文学　两举进士　三举诸科　特恩与摄官
　　已上，广南东路长史、文学与举人，中半差摄；西路长史、文学七分，举人二分，特恩摄官一分。
　　试补：
　　正额及额外摄官并试公案，以合格名次高下差摄。内试不中及不能就试者，并在试中人之下。
　　解发：
　　入额人一任实满四年与解发。如差监当、监税，即以二年为一任，理两摄，并解发赴铨。海北摄官差任海南，减一年。犯公罪展摄二年，监当亏少课利罚半月奉者，添摄一任，罚一月奉者添摄两任。

流外出官法
　　尚书省书令史、都省二十四司、礼部贡院、吏部流内

铨、官诰院七选，都省敕库、兵部甲库八选，诸司驱使官、都省散官十九选，贡院散官十八选：并补正名后理，或酬奖，减一等出簿、尉。

门下省白院令史七选，画头、书院、甲库令史赞者八选，并补正名理；驱使官九选，授勒留官后理：并出簿、尉。

中书省白院令史七选，甲库令史八选，并补正名后理；驱使官九选，授勒留后理，并出簿、尉。

学士院录事补正名后理，三年出奉职。孔目官遇大礼，从上出一名，不遇大礼七选；驱使官遇大礼，从上三人并出簿、尉，不遇恩十选，并授勒留官后理。

御史台令史七选补正名，驱使官九选授勒留官，并出簿、尉。引赞官补正名后，遇大礼出录事参军。试中刑法人充主推，五年出奉职。书史五年，出借职。系诸处取到人充主推，八年出借职。书史出三班差使。

三司 三部都孔目官三年出西头供奉官；前、后行入仕三十年已上，遇大礼，从上各出二人，前行出奉职，后行出借职；子司勾覆、开拆官五年出左、右班殿直，前、后行出二人。同三部衙司都押官三年出奉职，衙佐三年出借职；通引官行首司五年出奉职：并补正名后理。

开封府孔目官补正名后理，五年出右班殿直。左知客押衙六年、通引官左番行首七年出奉职，并补正名后理。支计官、勾覆官、开拆官、接押官出奉职，诸司行首前行出借职，并遇大礼，以入仕及三十年已上者三人出职。

殿前司孔目官五年出右侍禁，通引官行首三年出奉职，并补正名后理。

马步军司孔目官五年出右班殿直，通引官行首三年出借职，并补正名后理。

入内、内侍两省前、后行补正名后理，三年出奉职。

大宗正司勾押官补正名后理，三年出借职。

三班院勾押官补正名后理，五年出奉职。

审官院令史授勒留官后理，七年出簿、尉。

九寺 府史，太常、大理寺七选；宗正、光禄、太府、太仆、卫尉、鸿胪、司农寺十选；驱使官十九选；宗正司楷书八选：并补正名后理，出簿、尉。

诸监都水监勾押官补正名后理，三年出奉职。少府、将作监府史十选，国子监八选，司天监礼生、历生选，少府、将作监驱使官十九选：并补正名后理，出簿、尉。

群牧司 都勾押官补正名后理，三年出奉职。

客省 行首补正名后理三年，勾押官五年，并出奉职。承受并驱使官授勒留官后理，七选出簿、尉。

四方馆书令史补正名后理，八选；表奏官、驱使官授勒留官后理，九选，并出簿、尉。

阁门行首补正名后理，三年出右侍禁。承受授勒留官后理，七选出簿、尉。

太常礼院礼直官自补副礼直官后，六经大礼，出西头供奉官。礼生补正名后理，六选出簿、尉。

审刑院充本院书令史后理，六选出簿、尉。

秘书殿中省令史、楷书并补正名后理，八选出簿、尉。

起居院楷书八选、驱使官十九选，并补正名后理，出簿、尉。

崇文院孔目官补正名后理，遇大礼，出奉职。

三馆孔目官、四库书直官八选，楷书七选，书直、书库、表奏官七选，守当官十选，并授勒留官后理；楷书补正名后理；并出簿、尉。

秘阁典书、楷书并补正名后理，七选出簿、尉。

军头引见司勾押官补正名后理，五年出右班殿直。

皇城司勾押官补正名后理，三年出奉职。

内东门司押勾官补正名后理，三年出借职。

管勾往来国信所勾押官补正名后理，三年出奉职。

翰林司专知官三年界满，大将，出奉职。

内藏库专知官三年界满，出借职。

御药院押司官补正名后理，三年出借职。

御书院待诏五年出左班殿直，书艺十年出右班殿直，御书祗候十五年出借职，并补正名后理。

进奏院进奏官补正名后理，十五年遇大礼，无过犯，从上五人出职。有过犯经洗雪，曾经决责，出借职。人数无定限。

进厨勾押官补正名后理，三年出职。

金吾街司、仗司 孔目官，表奏、勾押、驱使官，并补正名后理，十九选出簿、尉。

文臣换右职之制

秘书监换防御使。

大卿、监换团练使。

秘书少监，太常、光禄少卿　换刺史。

少卿、监换皇城命使、遥郡刺史。

带职郎中换阁门使。

前行郎中换宫苑使。

中行郎中换内藏库使。

后行郎中换庄宅使。

带职前行员外郎前行员外郎　并换洛范使。

带职中行员外郎，起居舍人，侍御史，中行员外郎换西京作坊使。

带职后行员外郎，左、右司谏，殿中侍御史，后行员外郎　并换供备库使。已上并带遥郡刺史。

带职博士，左、右正言，监察御史换阁门副使。

太常博士换内藏库副使。

国子博士换左藏库副使。

太常丞换庄宅副使。

秘书丞换六宅副使。

殿中丞，著作郎换文思副使。

太子中允换礼宾副使。

太子左右赞善大夫、中舍、洗马换供备库副使。

秘书郎，著作佐郎换内殿承旨。

大理寺丞　换内殿崇班。

诸司监丞，节度、观察判官换东头供奉官。

大理评事，节度掌书记，观察支使换西头供奉官。

太常寺太祝，奉礼郎换左侍禁。

初等职官，知令、录并两使职官，防御、团练判官，令、录未及三考换左班殿直。

初等职官，知令、录未及三考换右班殿直。

判、司、簿、尉换三班奉职。

试衔斋郎并判、司、簿、尉未及三考换三班借职，已上京官至太常丞带职，加一资换。

右文官换右职者，除流外、进纳及犯私罪情重并赃罪外，年四十以下并许试换右职。三班使臣补换及三年、差使及五年，方许试换。已上并召京朝官或使臣二人委保。其文臣待制、武臣观察使已上愿换官，取旨。

绍兴复修试换之令，淳熙增广尚左、尚右、待左、侍右换官之格，列而书之，以见新式。若中大夫而下文臣换官。仍政和旧制，则不书。

诸训武郎至进武校尉，不曾犯赃私罪及笞刑经决而愿换文资者，听召保官二员，具家状连保状二本，诣登闻鼓院投进乞试。外任人候替罢就试。文资换武者听。准此，即授小使臣后未及三年，授进武校尉后未及五年，三省、枢密院书令史以下授使臣、进武校尉；若保甲及试武艺并进纳、流外出身，不用此令。诸武臣试换文资，于《易》、《诗》、《周礼》、《礼记》各专一经，仍兼《论》、《孟》；愿试诗赋及依法官条试断案、《刑统》大义者，听。

换官：尚右，训武、修武郎换宣教郎。侍左，承直郎换从义郎。文林、从政郎 奏举职官、知县同。 换忠翊郎，未满三考成忠郎。从事、修职换成忠郎，未满三考保义郎。迪功郎换成节郎，未满三考承信郎。将仕郎换承信郎，侍右，从义郎换宣义郎。秉义郎换承事郎。忠训郎换承奉郎。忠翊郎换承务郎。成忠郎换从事郎。保义郎换修职郎。承节、承信郎换迪功郎。进武校尉、进义校尉换将仕郎。荫补换使臣。承奉郎换忠翊郎。承务郎换成忠郎。文林郎换保义郎。从事、从政、迪功、通事郎换成节郎。登仕、将仁郎换承信郎。

文散官二十九

开府仪同三司	从一		特进正二	
光禄大夫从二	金紫光禄大夫正三	银青光禄大夫从三
正奉大夫正四上阶	中奉大夫正四	太中大夫从四上阶
中大夫从四	中散大夫正五上	朝奉大夫正五
朝散大夫从五上	朝请大夫从五	朝奉郎正六上
承直郎正六	奉直郎从六上	通直郎从六
朝请郎正七上	宣德郎正七	朝散郎从七上
宣奉郎从七	给事郎正八上	承事郎正八
承奉郎从八上	承务郎从八	儒林郎正九上
登仕郎正九	文林郎从九上	将仕郎从九

右朝官阶、勋高，遇恩加八大夫。

武散官三十一

骠骑大将军从一	辅国大将军正二	镇国大将军正二
冠军大将军正三上	怀化大将军正三	云麾将军从三上
归德将军从三	忠武将军正四上	壮武将军正四
宣威将军从四上	明威将军从四	定远将军正五上
宁远将军正五	游骑将军从五上	游击将军从五
昭武校尉正六上	昭武副尉正六	振威校尉从六上
振威副尉从六	致果校尉正七上	致果副尉正七
翊麾校尉从七上	翊麾副尉从七	宣节校尉正八上
宣节副尉正八	御武校尉从八上	御武副尉从八
仁勇校尉正九上	仁勇副尉正九	陪戎校尉从九上
陪戎副卫从九		

右文散官阶上经恩加一阶，郎阶上京朝官加五阶，选人加一阶，武散官冠军大将军、使相、节度使起复，改授游击将军，虽中书主事、诸司吏人加授，亦无累加法，余不常授。已上文武三品已上服紫，五品已上服绯，九品已上服绿。

《元丰寄禄格》以阶易官，杂取唐及国朝旧制，自开府仪同三司至将仕郎，定为二十四阶，崇宁初，因刑部尚书邓洵武请，又换选人七阶。大观初又增宣奉、正奉、中奉、奉直等阶。政和末，又改从政、修职、迪功，而寄禄之格始备。自开府至迪功凡三十七阶。

新官	旧官
开府仪同三司	使相谓节度使兼侍中、中书令、或同平章事
特进	左、右仆射
金紫光禄大夫	吏部尚书
银青光禄大夫	五曹尚书
光禄大夫	左、右丞
宣奉大夫大观新置。	
正奉大夫大观新置。	
正议大夫	六曹侍郎
通奉大夫大观新置。	
通议大夫	给事中
太中大夫	右、右谏议大夫
中大夫	秘书监
中奉大夫大观新置。	
中散大夫	光禄卿至少府监
朝议大夫	太常卿、少卿，左、右司郎中
奉直大夫大观新置。	
朝请大夫	前行郎中
朝散大夫	中行郎中
朝奉大夫	后行郎中
朝请郎	前行员外郎，侍御史
朝散郎	中行员外郎，起居舍人
朝奉郎	后行员外郎，左、右司谏
承议郎	左、右正言，太常、国子博士
奉议郎	太常、秘书、殿中丞，著作郎
通直郎	太子中允、赞善大夫、洗马
宣教郎元丰本"宣德"，政和避宣德门改。	著作佐郎，大理寺丞
宣义郎	光禄卫尉寺、将作监丞
承事郎	大理评事
承奉郎	太祝，奉礼郎
承务郎	校书郎，正字，将作监主簿

承直郎	留守、节察判官
儒林郎	节察掌书记、支使，防、团判官
文林郎	留守、节察推官，军、监判官
从事郎承直至此四阶，并崇宁初换。	防、团推官，监判官
从政郎崇宁通仕，政和再换。	录事参军，县令
修职郎崇宁登仕，政和再换。	知录事参军，知县令
迪功郎崇宁将仕，政和再换。	军巡判官，司理，司法，司户，主簿、尉

　　国朝武选，自内客省至阁门使、副为横班，自皇城至供备库使为诸司正使，副为诸司副使，自内殿承制至三班借职为使臣，元丰未及更，政和二年，乃诏易以新名，正使为大夫，副使为郎，横班十二阶使、副亦然。六年，及增置宣正、履正、协忠、翊卫、亲卫大夫郎，凡十阶，通为横班。自太尉至下班祗应，凡五十二阶。

新官	旧官
太尉政和新置，以太尉本秦之主兵官，遂定为武阶之首。	
通侍大夫	内客省使
正侍大夫	延福宫使
宣正大夫	
履正大夫	
协忠大夫并政和新置。	
中侍大夫	景福殿使
中亮大夫	客省使
中卫大夫	引进使
翊卫大夫	
亲卫大夫	
拱卫大夫并政和增置。	
左武大夫	东上阁门使
右武大夫	西上阁门使
正侍郎	
宣正郎	
履正郎	
协忠郎	
中侍郎并政和增置。	
中亮郎	客省副使
中卫郎	引进副使
翊卫郎	
拱卫郎并政和增置。	
左武郎	东上阁门副使
右武郎	西上阁门副使
武功大夫	皇城使
武德大夫	宫苑、左右骐骥、内藏库使
武显大夫	左藏库、东西作坊使
武节大夫	庄宅、六宅、文思使
武略大夫	内园、洛苑、如京、崇仪使
武经大夫	西京左藏库使
武义大夫	西京作坊、东西染院、礼宾使
武翼大夫	供备库使
武功郎	皇城副使
武德郎	宫苑、左右骐骥、内藏库副使
武显郎	左藏库、东西作坊副使
武节郎	庄宅、六宅、文思副使
武略郎	内园、洛苑、如京、崇仪副使
武经郎	西京左藏库副使
武义郎	西京作坊、东西染院、礼宾副使
武翼郎	供备库副使
敦武郎	内殿承制
修武郎	内殿崇班
从义郎	东头供奉官
秉义郎	西头供奉官
忠训郎	左侍禁
忠翊郎	右侍禁
成忠郎	左班殿直
保义郎	右班殿直
承节郎	三班奉职
承信郎	三班借职
下班祗应	殿侍

　　元丰官制定，有请并易内侍官名者，神宗曰："祖宗为此名，有深意，岂可轻议？"政和二年，始遂改焉。凡十有二阶。

新官	旧官
供奉官	内东头供奉官
左侍禁	内西头供奉官
右侍禁	殿头
左班殿直	高品
右班殿直	高班
黄门	黄门
祗候侍禁	祗候殿头
祗候殿直	祗候高品
祗候黄门	祗候高班内品
内品	
祗候内品	
贴祗候内品	已上三名仍旧不改。

　　政和初，既易武阶，遂改医官之名，凡十有四阶。

新官	旧官
和安、成和、成安、成全大夫	军器库使
保和大夫	西绫锦使
保安大夫	榷易使
翰林良医	翰林医官使
和安、成和、成安、成全郎	军器库副使
保和郎	西绫锦副使
保安郎	榷易副使
翰林医正	翰林医官副使

凡除职事官,以寄禄官品之高下为准:高一品已上为行,下一品为守,下二品已下为试,品同者否。绍圣三年,户部侍郎吴居厚言:"神宗官制,凡台、省、寺、监之制,有行、守、试三等之别。元祐中,裁减冗费,而职事官带行者第存虚名而已,请付有司讲复旧制。"从之。四年,翰林学士蒋之奇言:"所谓试,则非正官也。今尚书、侍郎皆正官,而谓之试,失之矣。如以其阶卑,则谓之守可也。臣请凡为正官者皆改试为守。"崇宁中,吏部授选人差遣,亦用资序高下分行、守、试三等。政和三年,诏选人在京职事官,依品序带行、守、试,其外任则否。宣和以后,官高而仍旧职者谓之领,官卑而职高者谓之视,故有庶官视从官,从官视执政,执政视宰相。凡道官亦视文阶云。

爵一十二

王 嗣王 郡王 国公 郡公 开国公 开国郡公 开国县公 开国侯 开国伯 开国子 开国男

右封爵,皇子、兄弟封国,谓之亲王。亲王之子承嫡者为嗣王,宗室近亲承袭,特旨者封郡王,遇恩及宗室祖宗后承袭及特旨者封国公。余宗室近亲并封郡公。其开国公、侯、伯、子、男皆随食邑:二千户已上封公,一千户已上封侯,七百户已上封伯,五百户已上封子,三百户已上封男。见任、前任宰相食邑、实封共万户。嗣王、开国郡公、县公后不封。

勋一十二

上柱国 柱国 上护军 护军 上轻车都尉 轻车都尉 上骑都尉

骑都尉 骁骑尉 飞骑尉 云骑尉 武骑尉

右骑都尉已上,两府并武臣正任已上经恩加两转,文武朝官加一转。武骑尉已上,京官加一转,朝官虽未至骁骑尉,经恩亦便加骑都尉。

功臣

推忠 佐理 协谋 同德 守正 亮节
翊戴 赞治 崇仁 保运 经邦

右赐中书、枢密臣僚。宰相初加六字,余官初加四字,其次并加两字,旧有功臣者改赐。

推忠 保德 翊戴 守正 亮节 同德
佐运 崇仁 协恭 赞治 宣德 纯诚
保节 保顺 忠亮 竭诚 奉化 效顺
顺化

右赐皇子、皇亲、文武臣僚、外臣初加四字,次加两字。

拱卫 翊卫 卫圣 保顺 忠勇 拱极 护圣 奉庆 果毅 肃卫

右赐诸班直将士禁军 初加二字,再加亦如之。

检校官一十九

太师 太尉 太傅 太保 司徒
司空 左仆射 右仆射 吏部尚书 兵部尚书 户部尚书 刑部尚书 礼部尚书 工部尚书 左散骑常侍 右散骑常侍 太子宾客 国子祭酒 水部员外郎

右皇子初授官加太尉,初授枢密使、使相及曾任宰相、枢密使除节度使加太傅,初除宣徽、节度使加太保。宗室初除使相加尚书左仆射,特除并换授诸司使已上加工部尚书,诸司副使加右散骑常侍。除通事舍人、内殿崇班已上,初授加太子宾客;副率已上并三班及吏职、蕃官军员,该恩加国子祭酒。四厢都指挥使止于司徒,诸军都指挥使、忠佐马步都军头止于司空,军班都虞候、忠佐副都军头已上止于左、右仆射,诸军指挥使止于吏部尚书。其官止,遇恩则或加阶、爵、功臣。

兼官四

御史大夫 侍御史 殿中侍御史 监察御史

右通事舍人、内殿崇班已上,初除加兼御史大夫。宗室副率已上,初授军头等,经恩加兼监察御史,余经恩以次迁入。

试秩

大理司直 大理评事 秘书省校书郎 正字 寺、监主簿 助教

右幕职,初授则试秘书省校书郎,再任至两使推官,则试大理评事。掌书记、支使、防御、团练判官则试大理司直、评事,又加则兼监察御史。亦有解褐试大理评事、校书郎、正字、寺监主簿、助教者,谓之试衔。有选集,同出身例。

绍兴以后阶官

元丰新制以阶易官,定为二十四阶。崇宁、大观、政和相继润色之。绍兴举行元祐之法,分置左右:文臣为左,余人为右。淳熙初,因宗室善俊建言,阶官并去"左""右"字,今任子、杂流,惟纽转通直郎、奉直、中散二大夫如故,若带贴职,则超资。自开府至迪功,序次于后。

文阶

开府仪同三司

特进

金紫光禄大夫	银青光禄大夫
光禄大夫	宣奉大夫大观新置
正奉大夫	正议大夫
通奉大夫大观新置。	通议大夫
太中大夫以上旧为侍从官	中大夫
中奉大夫大观新置	中散大夫
朝议大夫以上系卿、监。	奉直大夫大观新置
朝请大夫	朝散大夫
朝奉大夫以上系正郎。	朝请郎
朝散郎	朝奉郎以上系员外郎。
承议郎	奉议郎
通直郎	宣教郎
宣义郎	承事郎
承奉郎	承务郎以上系京官。

右四年一转,无出身人逐资转,有出身人超资转,至奉议并逐资转,至朝议大夫有止法,仍七年一转。内奉直、中散二大夫有出身人不转。

承直郎	儒林郎
文林郎	从事郎以上崇宁新置
从政郎	修职郎

迪功郎以上政和更定，并系选人用举状及功赏改官。
登仕郎

通仕郎
将仕郎以上系奏补未出身官人。

武阶

武阶旧有横行正使、横行副使，有诸司正使、诸司副使，有使臣。政和易以新名，正使为大夫，副使为郎，横行正、副亦然，于是有郎居大夫之上。至绍兴，始厘正其序。

太尉
通侍大夫　　　　　　　　正侍大夫
宣正大夫政和新置。　　　履正大夫政和新置。

协忠大夫政和新置。　　　中侍大夫
中亮大夫　　　　　　　　中卫大夫
翊卫大夫　　　　　　　　亲卫大夫
拱卫大夫自翊卫至此，并政和新置。　　左武大夫

右武大夫以上为横行十三阶。

右并政和新置。内通侍大夫旧为内客省使，国朝未尝除人，自易武阶，不迁通侍沿初意也。转至中侍，无磨勘，特旨除。

武功大夫　　　　　　　　武德大夫
武显大夫　　　　　　　　武节大夫
武略大夫　　　　　　　　武经大夫
武义大夫　　　　　　　　武翼大夫以上系旧诸司正使，八阶。
正侍郎　　　　　　　　　宣正郎
履正郎　　　　　　　　　协忠郎
中侍郎自正侍至此，并政和新置。　　中亮郎
中卫郎　　　　　　　　　翊卫郎
亲卫郎　　　　　　　　　拱卫郎自翊卫至此，并政和新置。
左武郎　　　　　　　　　右武郎以上，旧为横行副使，政和更新，增益共十二阶。

右自正侍至右武，旧在右武大夫之下，武功大夫之上，今从绍兴厘正书。

武功郎　　　　　　　　　武德郎
武显郎　　　　　　　　　武节郎
武略郎　　　　　　　　　武经郎
武义郎　　　　　　　　　武翼郎以上旧诸司副使，八阶。
训武郎　　　　　　　　　修武郎以上为大使臣。
从义郎　　　　　　　　　秉节郎
忠训郎　　　　　　　　　忠翊郎
成忠郎　　　　　　　　　保义郎
承节郎　　　　　　　　　承信郎以上为小使臣。

右并五年一转，至武功大夫，有止法。
进武校尉　　　　　　　　进义校尉
下班祗应　　　　　　　　进武副尉
进义副尉　　　　　　　　守阙进义副尉
进勇副尉　　　　　　　　守阙进勇副尉以上无品，二校尉参吏部，下班参兵部，以下并参刑部。

内侍官十二阶，并政和旧制。

医官　政和既易武阶，而医官亦更定焉，绍兴因之，特损其额。旧额和安大夫至良医二十员，绍兴置五员；和安郎至医官三十员，置四员；医效十员，置二员；医痊十员，置一员；医愈至祗候、大方脉一百五十员，置十五员。

和安、成和、成安、成全大夫
保和大夫　　　　　　　　保安大夫
翰林良医　　　　　　　　和安、成和、成安、成全郎
保和郎　　　　　　　　　保安郎
翰林医正　　　　　　　　翰林医官
翰林医效　　　　　　　　翰林医痊
翰林医愈　　　　　　　　翰林医证
翰林医诊　　　　　　　　翰林医候
翰林医学

右医正而止，十四阶，并政和制，余续增焉。

卷一百七十　　志第一百二十三

职官十 杂制

赞引　导从　赐　食邑　实封　使职
宫观　赠官　叙封　致仕　荫补

赞引

旧中书门下、翰林学士、御史中丞并绯衣双引，仍传呼。开宝中，学士止令一吏前导，亦罢传呼，惟谢恩初上日，双引传呼云。使相、仆射、两省五品已上，一吏前引。枢密使兼相者，二吏，不赞引。大中祥符五年，止令于本厅赞引。不带相及副使，止令本院紫衣吏前赞引之。

淳化四年，令东宫三少、尚书、丞、郎入朝以绯衣吏前导，并通官呵止。二品已上用朝堂驱使官，余用本司驱使官，宰臣、亲王仍令紫衣二吏引马。

导从

中书、枢密、宣徽院、御史台、开封府、金吾司皆有

常从。景德三年诏："诸行尚书、文明殿学士、资政殿大学士，给从七人；学士、丞郎，六人；给事、谏议、舍人，五人；诸司三品，四人。于开封府、金吾司差借，每季代之。"中书先差金吾从人，自今亦令参用开封府散从官。宰臣、参知政事、仆射、御史大夫、中丞、知杂，皆通官呵止行人。淳化四年，令东宫三少、尚书丞、郎，并通官呵止。

大中祥符五年，以群官导从不合品式，命翰林学士李宗谔、龙图直学士陈彭年与礼官详定。宗谔等请：自今除中书、枢密、宣徽使、御史中丞、知杂御史、金吾并摄事清道如旧制衔呵导外，仆射已上及三司使、知开封府，止四节；尚书、文明殿学士、资政殿大学士，三节；丞郎已下、三司副使，两节；大两省、卿、监，一节；小两制御史、郎中、员外、诸司四品，三司、开封府判官推官，二人前行引，不得过五步。合于金吾借从人者，以诸军剩员代之。又外任节镇知州、都监，从军士七十人；通判，十五人；防、团、军事知州都监，五十人；通判，十人，河北、河东、陕西驻泊兵处，第镇知州、都监百人，防、团、军事知州都监七十人。转运使，三十人；咸平二年，诏节度、观察、防、团、刺史，或别镇、他镇，其给使者，止令本使给之。景德六年，令牧守以州兵随行者以一年为限。副使，二十五人；提点刑狱官，亦给军士；副留守、节度行军副使，留守两使判官，给散从官十五人；小尹、掌书记、支使、防御、团练副使、两使推官，十人；两浙推官、防团军事判官推官、军监判官，七人；录事诸曹，给承符人，县令、簿、尉、手力、弓手，其代还者，给人护送有差。

赐六
剑履上殿　诏书不名　赞拜不名　入朝不趋　紫金鱼袋　绯鱼袋

右升朝官该恩。著绿二十周年赐绯鱼袋，着绯及二十周年赐紫金鱼袋。　特旨者，系临时指挥。

食邑
一万户　八千户　七千户　六千户　五千户　四千户　三千户　二千户　一千户　七百户　五百户　四百户　三百户　二百户

右宰相、亲王、枢密使经恩加一千户，两府、使相、节度使七百户。宣徽、三司使，观文殿大学士以下至直学士，文臣侍郎、武臣观察使、宗室正任已上、皇子上将军、驸马都尉加五百户。宗室大将军以上加四百户。知制诰、待制并文臣少卿监、武臣诸司副使、宗室副率已上，并承制、崇班、军员等，初该恩加三百户；承制、崇班、军员再该恩二百户。二千户以上虽有加例，缘无定法。亲王、重臣特加有至万户者。

食实封
一千户　八百户　五百户　四百户　三百户　二百户　一百户

右宰臣、亲王、枢密使经恩加四百户。两府、使相、

节度、宣徽使、皇子上将军，并宗室驸马都尉任观察使已上加三百户。观文殿学士并宗室正任已上，骑都尉加二百户。武臣崇班、宗室副率已上加一百户。五百户已上虽有加例，缘无定法。亲王、重臣有特加至数千户者。

《三朝志》云：检校、兼、试官之制，检校则三师、三公、仆射、尚书、散骑常侍、宾客、祭酒、卿、监、诸行郎中、员外郎之类，兼官则御史大夫、中丞、侍御、殿中、监察御史，试秩则大理司直、评事、秘书省校书郎。凡武官内职、军职及刺史已上，皆有检校官、兼官。内殿崇班初授检校祭酒兼御史大夫。三班及其职、蕃官、诸军副都头加恩，初授检校太子宾客兼监察御史，自此累加焉。厢军都指挥使止于司徒，军都指挥使、忠佐马步都头止司空，亲军都虞候、忠佐副都头以上止于仆射，诸军指挥使止于吏部尚书。其官止，若遇恩例，则或加阶、爵、功臣。幕职初授则试校书郎，再任如至两使推官，则试大理评事。掌书记、支使、防御团练判官以上试大理司直、评事，又加则兼监察御史，亦有至检校员外郎已上者。行军副使皆检校员外已上。朝官阶、勋高，遇恩亦有加检校官，郎中则卿、监、少监，员外郎则郎中，太常博士以下则员外郎，并无兼官。其解褐评事、校书郎、正字、寺监主簿、助教者，谓之试衔。有选集，同出身例。

使职
兼领者：亲祀南郊，则有大礼、礼仪、仪仗、卤簿、桥道顿递五使，藉田、泰山封禅、汾阴奉祀、恭上宝册、南郊恭谢皆如之。自余行礼，或止有大礼、礼仪使。建隆中南郊，置仪仗都部署、副都部署。经始大礼，则有经度制置使、副。巡幸，有行宫都部署，行宫有三司使、副使、判官、行宫使、都监。旧，南郊止有御营使，咸平中，置行宫使。又有车驾前后、行宫四面、闲前收后、郊坛巡检巡阑仪仗勾当，编排卤簿。其百司皆有行在之名。旧巡幸，百司皆称随驾。大中祥符初，并同行在某司。京师居留，则有大内都部署、皇城都点检、巡检及增新旧巡检。大阅亦置。征行，则有招讨使、招安使、或云捉贼、招安、安抚使名者。排陈使、都监，前军、先锋、大陈、行营、壕寨、头车、洞子、招收部署、钤辖、都监、策应之名。又有拐子马、无地名马，选武干者别领之。亲征，则冠以驾前之号。廉访民瘼，则有巡抚大使、副大使，安抚使、副使、都监，采访使、副使。或官卑者止云巡抚、安抚，无使字。加礼外国，则有国信、接伴、送伴使副；吊祭，大帅若是；又有翻译经润文使，宰相为使，以翰林学士为润文官。伸达冤滥，则有理检使。劝课农桑，则有劝农使。讲修马政，则有群牧制置使。最后明堂袷飨，置五使，如南郊。其一时特置者，则各具志传。或临事更制者，事毕即停。内外名务繁细者，犹不具载。

叙阶之法　开府仪同三司至将仕郎为文散官，骠骑大将军至陪戎副尉为武散官。太平兴国元年，改正议大夫为正奉，通议大夫为朝奉，朝议郎为朝奉，承直郎为承直，奉议郎为奉直，宣义郎为通直。京朝官、幕职自将仕郎至朝奉郎，每加五阶；至朝散大夫已上，每加一阶。朝散、

银青者须已服绯紫者。入令录、判司簿尉，每加一阶，并幕职。计考当服绯紫者，皆奏加朝散、银青阶。诸司使已上，如使额高者加金紫阶。内殿崇班初授则银青阶。三班军职、使职遇恩检校，兼官，并除银青阶。丁忧者起复，使相则授云麾将军，使相仍加金吾上将军，同正节度使，大将军同正留后，以下无之。其胥吏掌事而至衣绯者，则授游击将军，千牛备身则授陪戎副尉以上。

改赐功臣勋官，自上柱国至武骑尉。五代以来，初叙勋官，即授柱国。淳化元年诏："自今京官、幕职州县官始武骑尉，朝官始骑都尉，三班及军员、吏职经恩并授武骑尉。"又诏："古之勋爵，悉有职奉之荫赎，宜以今之所授与散官等，不得用以荫勋。"封爵之差，唐制：王，食邑五千户；郡王、国公，三千户；开国郡公，二千户；县公，千五百户；县侯，千户伯，七百户；子，五百户；男，三百户。又有食实封者，户给缣帛，每赐爵，递加一级。唐末及五代始有加邑特户，而罢去实封之给，又去县公之名，封侯以郡。宋初沿其制，文臣少监、少卿以上，武臣副率以上，内职崇班以上有封爵；丞、郎、学士、刺史、大将军、诸司使以上有实封。但以增户数为差，不系爵级。邑过其爵，则并进爵焉，止于郡公。每加食邑，自千户至二百户，实封自六百户至百户。亲王、重臣或特加，有逾千户者。郡公食邑有累加至万余，实封至数千户者。皇属特封郡公、县公或赠侯者，无"开国"字。侯亦在开国郡公之上。又采秦制赐爵曰"公士"。端拱二年，赐诸州高年一百二十七人爵公士。景德中，福建民有擒获强盗者，当授镇将，以远俗非所乐，并赐公士，自后率为例。

功臣者，唐开元间赐号"开元功臣"，代宗时有"宝应功臣"，德宗时有"奉天定难元从功臣"之号，僖宗将相多加功臣美名，五代寖增其制。宋初因之，凡宣制而授者，多赐焉。参知政事、枢密副使、刺史以上阶、勋高者，亦赐之。中书、枢密则"推忠"、"协谋"，亲王则"崇仁"、"佐运"，余官则"推诚"、"保德"、"翊戴"，掌兵则"忠果"、"雄勇"、"宣力"，外臣则"纯诚"、"顺化"。宰相初加即六字，余并四安，其累加则二字。中书、枢密所赐，若罢免或出镇，则改之。其诸班直将士禁军，则赐"拱卫"、"翊卫"等号，遇恩累加，但改其名，不过两字。

宫观

宋制，设祠禄之官，以佚老优贤。先时员数绝少，熙宁以后乃增置焉。在京宫观，旧制以宰相、执政充使，或丞、郎、学士以上充副使，两省或五品以上为判官，内侍官或诸司使、副政和改武臣官制，以使为大夫，以副使为郎。为都监，又有提举、提点、主管。其戚里、近属及前宰执留京师者，多除宫观，以示优礼。时朝廷方经理时政，患疲老不任事者废职，欲悉罢之，乃使任宫观，以食其禄。王安石亦欲以此处异议者，遂诏："宫观毋限员，并差知州资序人，以三十月为任。"又诏："杭州洞霄宫、亳州明道宫、华州云台观、建州武夷观、台州崇道观、成都玉局观、建昌军仙都观、江州太平观、洪州玉隆观、五岳庙自今并依嵩山崇福宫、舒州灵仙观置管干或提举、提点官。""奉给，大两省、卿、监及职司资序人视小郡知州，知州资序人视小郡通判，武臣仿此。"四年，诏："宫观、岳庙留官一员，余听如分司、致仕例，从便居住。"六年，诏："卿、监、职司以上提举，余官管干。"又有以京官为干当者。又诏："年六十以上者乃听差，毋过两任。"又诏："兼用执政恩例者，通不得过三任。"

元丰中，王安石以左仆射、观文殿大学士为集禧观使，吕公著、韩维以资政殿学士兼侍读、仍提举中太一宫兼集禧观公事。元祐间，冯京以观文殿学士、梁焘以资政殿学士为中太一宫、醴泉观使。范镇落致仕，以端明殿学士提举中太一宫兼集禧观公事。三年，诏："横行使、副无兼领者，许兼宫观一处。"六年，诏："横行狄谘、宋球既领皇城司，罢提点醴泉观。"元符元年，高遵固年八十一，乞再任宫观，高遵礼年七十六，乞再任亳州太清宫，又从其再任之请，以待遇宣仁亲属故也。大观元年，赵挺之以观文殿大学士为佑神观使。政和六年诏。"措置宫观，如万寿、醴泉近百员，更不立额。"靖康元年，诏内外官见带提举，主管神霄、玉清、万寿宫并罢。大抵祠馆之设，均为佚老优贤，而有内外之别，京祠以前宰相、见任使相充使，次充提举；余则为提点，为主管，皆随官之高下，处以外祠。选人为监岳庙，非自陈而朝廷特差者，如黜降之例。

绍兴以来，士大夫多流离，困厄之余，未有阙以处之。于是许以承务郎以上权差宫观一次，续又有选人在部无阙可入与破格岳庙者，亦有以宰执恩例陈乞而与之者，月破供给。非责降官并月破供给，依资序降二等支。理为资任，意至厚也。然初将以抚安不调之人，末乃重侥求泛与之弊。于是臣僚交章，欲罢供给以绝干请，变理任以抑侥幸，严按格以去泛滥。上并从之。自是以后，稍复祖宗条法之旧。又有年及七十，耄昏不堪牧养而不肯自陈宫观者，复申明旧法，著为定令以律之。旧制，六十以上知州资序人，本部长官体量精神不致昏昧堪厘务者，许差一任，兼用执政官陈乞者加一任。绍兴二十二年，臣僚言："郡守之职，其任至重，昨朝廷以年及七十，令吏部与自陈宫观，乞将前项指挥永为著令。"从之。盖不当请而请，则冗琐者流竞窃优闲廪稍；当请而不请，则知进而不知退，识者羞焉。一祠馆之与夺，不可不谨如是。故重内祠，专使职，所以崇大臣之体貌，一次以定法，再任以示恩。绍熙五年庆寿赦，应文武官宫观、岳庙已满，不应再陈者，该令来庆寿恩，年八十以上，特许更陈一次。京官以上二年，选人三年，凡待庶僚者，皆于优厚之中寓闲制之意焉。

赠官

建隆已来，凡有恩例，文武朝官、诸司使副、禁军及藩方马步都指挥使以上，父亡皆赠官。亲王赠三官，可赠者赠二官，追加大国。皇属近亲如之，追加封爵。服疏及诸亲之服近者赠一官。宰相、枢密使赠二官。使相、参知政事、枢密副使、尚书已上、三司使、节度使、留后、观察使、统军上将军、内臣任都副都知者，赠一官。此皇族及臣僚薨卒赠官之法也。其官秩未至，而因勋旧褒录或没王事，虽卑秩皆赠官加等者，并系临时取旨。至于母后、后族、臣僚，录其先世，各有等差。太皇太后、皇太后、皇后并赠三世，婕妤二世，贵人止赠其父而已。宰相、三师、三公、王、尚书令、中书令、侍中、枢密使副、知院、同知院事、参知政事、宣徽使、签书同签书枢密院事、观文殿大学士、节度使，并赠三世。东宫三师、仆射、留守、节度使、三司使、观文殿学士、资政殿大学士，并赠二世。余官或见任，或致仕，并赠一世。有兄弟同赠者，赠官加一等，父在止一资。文臣有出身，赠至秘书监，无出身，至光禄卿。武臣至金吾卫上将军止。

凡赠官至三世者，初赠东宫三少，次东宫三太，次三公，次中书令，次尚书令，次封小国，自小国升次国，自次国升大国，已大国者移国名而已。亦有不移者。若父、祖旧官已高者，自从旧官加赠。凡追封，不得至王爵。两省官及待制、大卿监、诸卫上将军、观察使、正任防御使、遥郡观察使、景福殿使、客省使，若子见任或父曾任此官，并赠至三公止。父子官俱不至者，文臣赠至诸行尚书止，武臣赠至节度使、诸卫上将军止。即父曾任中书、枢密使、使相、节度使并一品官者，无止限。待制已上持服经恩，服阕亦许封赠。

尚药奉御至医官使曾任文资，许换南班官。司天监官赠不得过大卿、监，仍不许换南班官。凡赠至正郎，许以所赠官换朝散大夫阶，大卿、监以上许换银青阶，赠至二世者即除朝散大夫阶，三世则金紫阶。咸平四年，诏舍人院详定。知制诰李宗谔等请："追赠三世如旧。其东宫一品以下虽曾任宰相，止从本品。文武群臣功隆位极者，特恩追封王爵亦如旧。若因子孙封赠，虽任将相，并不许封王，仍须历品而赠，勿得超越。"从之。宰相初拜，有即赠三世者。其后签书枢密以上皆即时赠，他官须经恩，学士及刺史以上，内侍都知、押班皆中书奉行，余则有司奏请。

叙封

唐制，视本官阶爵。建隆三年，诏定文武群臣母妻封号：太皇太后、皇太后、皇后，曾祖母、祖母、母并封国太夫人；诸妃曾祖母、祖母、母并封郡太夫人，婕妤祖母、母并封郡太君；贵人母封县太君。宰相、使相、三师、三公、王、侍中、中书令，旧有尚书令。曾祖母、祖母、母封国太夫人；妻，国夫人。枢密使副、知院、同知、参知政事、宣徽节度使，曾祖母、祖母、母封郡太夫人；妻，郡夫人。签书枢密院事曾祖母、祖母、母封郡太君；妻，郡君。同知枢密院以上至枢密使、参知政事再经恩及再除者，曾祖母、祖母、母加国太夫人。三司使祖母、母封郡太君；妻，郡君。东宫三太、文武二品、御史大夫、六尚书、两省侍郎、太常卿、留守、节度使、诸卫上将军、嗣王、郡王、国公、郡公、县公，母，郡太夫人；妻，郡夫人。常侍、宾客、中丞、左右丞、侍郎、翰林学士至龙图阁直学士、给事中、谏议大夫、中书舍人、卿、监、祭酒、詹事、诸王傅、大将军、都督、中都护、副都护、观察留后、观察使、防御使、团练使，并母郡太君；妻，郡君。

庶子、少卿监、司业、郎中、京府少尹、赤县令、少詹事、谕德、将军、刺史、下都督、下都护、家令、率更令、仆，母封县太君；妻，县君。其余升朝官已上遇恩，并母封县太君；妻，县君。杂五品官至三任与叙封，官当叙封者不复论阶爵。致仕同见任。亡母及亡祖母当封者亦如之。父亡无嫡，继母，听封所生母。伎术官不得叙封。自宰相至签书枢密院叙封与三世同，他官惟品至者即时拟封，余皆俟恩乃封。咸平四年，从舍人院详定群臣母、妻所封郡县，依本姓望封。天禧元年，令文武升朝官无嫡母者听封生母，曾任升朝而致仕，即许叙封。令给谏、舍人母并封郡太君，妻，郡君。四年，又令翰林学士至龙图阁直学士如给、舍例。封赠之典，旧制有三代、二代、一代之等，因其官之高下而次第焉。凡初除及每遇大礼封赠三代者，太师、太傅、太保、左右丞相、少师、少傅、少保、枢密使、开府仪同三司、知枢密院事、参知政事、同知枢密院事、枢密副使、签书枢密院事。凡遇大礼封赠三代者，节度使。三代初封，曾祖，朝奉郎；祖，朝散郎；父，朝请郎签书枢密院事降一等，谓如父与朝散郎之类。凡封父、祖系武臣者，视文武臣封赠对换格。封赠一代亦如之。初赠，曾祖，太子少保；祖，太子少傅；父，太子少师。封赠曾祖母、祖母、母、妻国夫人。执政官、签书枢密院事，郡夫人。凡遇大礼封赠二代者，太子太师、太子太傅、太子太保、特进、观文殿大学士、太子少师、太子少傅、太子少保、御史大夫、观文殿学士、资政、保和殿大学士、金紫光禄大夫、银青光禄大夫、光禄大夫、左右金吾卫上将军、左右卫上将军。二代初封，祖，通直郎；父，奉议郎。初赠，祖，朝奉郎；父，朝散郎。封赠祖母、母、妻郡夫人。观文殿学士，资政，保和殿大学士，并淑人。凡遇大礼封赠一代者，文臣通直郎以上，武臣修武郎以上。一代初封赠父，文臣承事郎，武臣、内侍、伎术官、将校并忠训郎，母、妻孺人。

凡文臣赠官

通直郎以上，寺、监官以上未升朝者，杂压在通直郎之上同。每赠两官，至奉直大夫一官。有出身不赠奉直大夫、中散大夫。太子太师、太子太傅、太子太保、特进、观文殿大学士、太子少师、太子少傅、太子少保、御史大夫、观文殿学士、资政保和殿大学士、六曹尚书、金紫光禄大夫、银青光禄大夫、光禄大夫、翰林学士承旨、翰林学士、资政保和、端明殿学士、龙图、天章、宝文、显谟、徽猷、敷文阁学士、左右散骑常侍、权六曹尚书、御史中丞、开封尹、六曹侍郎、枢密直学士、龙图、天章、宝文、显谟、徽猷、敷文阁直学士，每赠三官，至奉直大夫二官，至通议大夫一官。有出身人不赠奉直、中散二大夫。

凡文武臣封赠封换诸文武臣封赠对换，以所加官准格对换，并听从高。

承事郎换忠训郎，宣义郎换从义、秉义郎，宣教郎换训武、修武郎，通直郎换武义、武翼郎，奉议郎换武节、武略、武经郎，承议郎换武功、武德、武显郎。朝奉郎换武义、武翼大夫，朝散郎换武节、武略、武经大夫，朝请郎换武功、武德、武显大夫。朝奉大夫换遥郡刺史，朝散大夫换遥郡团练使，朝请大夫换遥郡防御使。奉直、朝议大夫换刺史，中散、中奉大夫换团练使，中大夫换防御使，太中大夫、通议、通奉大夫换观察使，正议、正奉、宣奉大夫换承宣使，光禄大夫、银青、金紫光禄大夫换节度使。

凡文武官父任承直郎以下赠官。

承直郎，留守、节察判官——留守府判官、节度判官，承议郎。儒林郎，支、掌、防、团判官——节度掌书记、观察支使、防御判官、团练判官，奉议郎。文林郎、从事郎、从政郎，两使初等职官、令、录——留守推官、观察推官、军事判官、军事推官、司录参军、录事参军，团练推官、军监判官、防御判官，县令，通直郎。修职郎，知令、录——知司录参军、知录事参军、县丞，宣教郎。迪功郎，判、司、簿、尉——军巡判官、司理参军、司法参军、司户参军、主簿、县尉，宣义郎。

致仕

凡文武朝官、内职引年辞疾者，多增秩从其请，或加恩其子孙。乾德元年，太子太师致仕侯益来预郊祀，太祖优待之，因诏曰："群官列位，自有通规，旧德来朝，所宜加礼，且表优贤之意，用敦尚齿之风。自今一品致仕官曾带平章事者，每遇朝会，宜缀中书门下班。"二年，令藩镇带平章事求休致者亦如之。

咸平五年，诏文武官年七十以上求退者，许致仕，因疾及有赃犯者听从便。牧伯、内职、三班皆换环卫、幕职、州县外官。景德元年三月，诏三班使臣七十以上视听未衰者与厘务，其老昧不任及年七十五以上者，借职授支郡上佐，奉职、殿直授节镇上佐，不愿者听归乡里。凡升朝官遇庆恩，父在者授致仕官，其不在者，文官始大理评事，武官始副率，再经恩累加焉。祖在而求回授者亦听。皆不给奉，亦有子居要近加赐章服者。

天圣、明道间，员外郎已上致仕者，录其子试秘书省校书郎。三丞已上为太庙斋郎。无子，听降等官其嫡孙若弟侄一。景祐三年诏曰："致仕官旧皆给半奉，而未尝为显官者或贫不能自给，岂所以遇高年养廉耻也。其大两省、大卿监、正刺史、阁门使以上致仕者，自今给奉并如分司官例，仍岁时赐羊酒、米面，令所在长吏常加存问。"其后，又许致仕官子孙免选除近官。四年，臣僚有请致仕，未及录其子孙而遽亡者，命既出，辅臣皆谓法当追收，仁宗悯之，竟官其后。侍御史知杂事司马池言："文武官年七十以上不自请致仕者，许御史台纠劾以闻。"庆历中，权御史中丞贾昌朝又言："臣僚年七十而筋力衰者，并优与改官致仕；虽七十而未衰及别有功状、朝廷固留任使者，勿拘此令。在京若尚书工部侍郎俞献卿、少府监毕世长、太常少卿李孝若、尚书驾部郎中李士良，在外若给事中盛京、光禄卿王盘、太常少卿张效、尚书兵部郎中张亿，皆耄昏不可任事，并请除致仕。"诏："在京者令中书体量，在外者下诸处晓谕之。"

皇祐中，知谏院包拯、吴奎亦言："愿令御史台监察年七十已上，移省趣其请老不即自陈者，直除致仕。"朝廷未行。奎复言："国家谨礼法以维君子，明威罚以御小人。君子所顾者，礼法也；小人所畏者，威罚也。縠文武二选为士大夫，是皆君子之地也，傥不以礼法待之，则是废名器而轻爵禄。七十致仕，学者所知，而臣下引年自陈，分之常也。人君好贤乐善而留之，仁之至也。自三代以来，用此以塞贪墨、耸廉隅，近者句希仲、陆轸等，皆以年高特与分司，初欲风动群臣，而在位殊未有引去者，是臣未效也。请详前奏施行。"于是诏："少卿监以下年七十不任厘务者，外任令监司、在京委御史台及所属以状闻。尝任馆阁、台谏官及提点刑狱者，令中书裁处。待制已上能自引年，则优加恩礼。"

然是时言事之人，竞欲击劾大臣，有高年者俱不自安。仁宗手诏曰："老臣，朕之所眷礼也，进退体貌，恩意岂不有异哉！凡尝预政事之臣，自今毋或遽求引去，台谏官勿以为言。"其风动劝励之方又如此。至于因事责降分司，或老病不任官职之事，或居官犯法；或以不治所部劾奏，冲替而求致仕者，子孙更不推恩，虽或推恩，其除官例皆降等，若耆老旧臣体貌优异，赏或延于子孙，奉或全给半给，岁时问劳，皆有礼意。

治平四年，神宗即位，龙图阁直学士兼侍读李柬之、李受相继致仕。旧制，阁门无谢辞例，帝特召柬之对延和殿，命坐赐茶；以受先朝藩府旧僚，升其子一任差遣，并录其孙。皆宴饯资善堂，命讲读官赋诗，御制诗序以宠其行，示异数也。是岁，又以果州团练使何诚用、惠州防御使冯承用、嘉州团练使刘保吉、昭州刺史邓保寿皆年七十以上至八十余，并特令致仕，以枢密院言，致仕虽有著令，臣僚鲜能自陈故也。熙宁元年，以定国军节度使李端愿为太子少保致仕。故事，多除上将军，帝令讨阅唐制，优加是命。二年，以观文殿学士、吏部尚书赵槩为太子少师致仕。故事，再请则许，槩三乞始从，优眷旧也。三年，编修中书条例所言：

人臣非有罪恶，致仕而去，人君遇之如在位时，礼也。近世致仕并与转官，盖以昧利者多，知退者少，欲加优恩，以示劝奖。推行既久，姑从旧制。若两省正言以上官，三班使臣、大使臣、横行、正任等，并不除为致仕官。致仕带职者，皆落职而后优迁其官。看详别无义理，但致仕恩例不均。如谏议大夫不可改给事中，并转工部侍郎，乃是超转两资；工部尚书而除太子少保，乃是超转六资。若知制诰、待制官卑者除卿监，缘知制诰、待制待遇非与卿监比。今他官致仕皆得迁官，此独因致仕更见退抑。供奉官、侍禁八品，除率府副率，盖六品。诸司副使、承制、崇班七品，除将军，乃三品。至于节度使除上将军，防御、团练、刺史并除大将军，缘诸卫名额不一，至有刺史除官高于防御使者。今若令文武官带职致仕人许仍旧职，上转一官，及文臣正言、武臣借职以上皆得除为致仕官，则无轻重不等之患。

若选人令、录以上并除朝官，经恩皆得封赠，荫及四世，旁支例得赎罪、免役。又京官致仕亦止迁一官，若光禄寺丞致仕，有出身除秘书省著作佐郎，无出身除大理寺丞，而令、录职官乃除太子中允或中舍，殊未为当。若进纳出身人例除京官，至有经覃恩迁至升朝官者，类多兼并有力之家，皆免州县色役及封赠父母。如京官七品，除衙前外，亦免余色役，尤为侥幸。条例繁杂，无所适从。如录事参军或除卫尉寺丞，或除大理评事，或除奉礼郎恩例不同，可以因缘生弊。

今定：凡文臣京朝官以上各转一官，带职仍旧不转官，乞亲属恩泽者依旧条。选人依本资序转合入京朝官，进纳及流外人判、司、簿、尉除司马、令、录除别驾。在京诸司勒留官依簿、尉以上，亲贤旁旧合别推恩者取旨。历任有人已赃，不得乞亲戚恩泽，仍不迁官，其致仕官除中书、枢密院外，并在见任官之上，致仕及三年之上，元非因过犯，年未及七十，不曾经叙封及陈乞亲戚恩泽，却愿仕宦，并许进状叙述。若有荐举者，各依元资序授官。其才行为众所知，朝廷特任使者，不拘此法。

从之。自此宰相以下并带职致仕。

四年，以端明殿学士、尚书右丞王素为工部尚书、端明殿学士致仕，观文殿学士、兵部尚书欧阳修为太子少师、观文殿学士致仕。带职致仕，自素始也。五年，守司空兼侍中曾公亮迁守太傅致仕，特许入谢。以公亮逮事三朝，既加优礼，仍给见任支赐。十月，诏两省以上致仕官毋得因大礼用子升朝叙封迁官。先是，王安石言，李端愿、李柬之叙封，中书失检旧例，法当改正。帝曰："如此，则独不被恩。"安石曰："叙封初无义理，今既未能遽革，庸可承误为例？如三师、三公官，因子孙郊恩叙授，尤非宜也。"帝从之。

元丰三年，诏："自今致仕官遇诞节及大礼，许缀旧班。"以礼部侍郎范镇居都城外，遇同天节，乞随散官班上寿，帝令镇班见任翰林学士上，故有是诏。又诏："致仕官朝失仪，勿劾，并著为令。"又诏："自今致仕官领职事者，许带致仕，该迁转者转寄禄官，若止系寄禄官，即以本官致仕。其见任致仕官，除三师、三公、东宫三师三少外，余并易之。"六年，以守太尉、开府仪同三司、知河南府文彦博为河东、永兴节度使、守太师致仕。彦博辞两镇，止以河东旧镇贴麻行下。彦博又言："前辞阙下之日，尝奏得致仕后，当亲辞天陛，今既得请，欲赴朝廷。"降诏从之。七年，诏文臣中大夫、武臣诸司使以下致仕，更不加恩。元祐元年，枢密院奏："诸军年七十，若以疾假满百日不堪医治差使者，诸厢都指挥使除诸卫大将军致仕，诸军都指挥使、诸班直都虞候带遥郡除诸卫将军致仕，诸班直上四军除屯卫，拱圣以下除领军卫，并有功劳者为左，无则为右。"从之。四年，诏："应乞致仕而不原转官者，受敕后，所属保明以闻，当与推恩。中大夫至朝奉郎及诸司使，本宗有服亲一人荫补恩泽。横行、诸司副使见有身自荫补人，及内殿承制、崇班、阁门祗候见理亲民，并承议、奉议郎，许陈乞有服亲一人恩例。中大夫、中散大夫、诸司使带遥郡者，荫补外准此。即朝奉郎以上及诸司使，虽未授敕而身亡，在外者以乞致仕状到门下省日，在京以得旨日，亦许陈乞有服亲一人恩例。"六年，监察御史徐君平言："文臣致仕以年七十为断，而使臣年七十犹与近地监当，至八十乃致仕，愿许其致仕之年如文臣法，而给其奉。"从之。三省言："张方平元系宣徽南院使、检校太傅、太子少师致仕。元丰官制行，废宣徽使，元祐三年复置，仪品恩数如旧制，方平依旧带宣徽南院使致仕。"绍圣三年诏："文武官该转官致仕，依旧出告外，其余守本官致仕者并降敕，更不给告。内因致仕合该乞恩泽人更不具钞，令尚省通书三司入熟状，仍不候印画。"又诏："应臣僚丁忧中不许陈乞致仕。"

建中靖国元年，尚书省言："臣僚在忧制中不得陈乞致仕，其间有官序合得致仕恩泽之人，合行立法。"诏："臣僚丁忧中遇疾病危笃，其官序合该致仕恩泽者，听以前官经所属自陈。"大观二年，诏致仕官年八十以上应给奉者，以缗钱充。政和六年，提举广东学事孙璘言："诸州致仕官居乡者，乞许令赴贡士宴，择其年弥高者而惇事之，使长幼有序，献酬有礼，人知里选之法，孝悌之义。"从之。宣和四年，诏六曹尚书致仕遗表恩泽，共与四人，其余侍从官三人，立为定制。

建炎间，尝诏："文武官陈乞致仕，朝廷不从，致有身亡之人，许依条陈乞致仕恩泽。及陈乞致仕而道路不通，不曾被受敕命，亦许州、军保明推恩。"时强行父博学清修，不缘事故疾病，慨然请老，叶份言之，许令再仕。王次翁年未六十，浩然休退，吕祉言之，落致仕，特令再仕。凡类此者，盖因其材而挽留之也。直秘阁致仕郑南挂冠已久，年德俱高，大臣言之，诏除秘阁修撰，仍旧致仕。优其恩不夺其志也。吕颐浩以少保乞除一寄禄官致仕，诏除少傅，依前镇南军节度使、成国公致仕；韩世忠以太傅、镇南武安宁国军节度使充醴泉观使、咸安郡王乞身，诏除太师致仕。因将相之知止而优其归也。杨惟忠、刑焕皆以节度使致仕。臣僚言："祖宗时，节将、臣僚得谢，不以文武，并纳节除一官，以今日不复纳节换官为非。"诏今后依祖宗典故，盖不以私恩胜公法也。昭庆军节度使、开府仪同三司、充万寿观使韦渊乞守本官致仕，诏免赴朝参，仍依两府例，合破请给人从。优亲之恩而异之也。

隆兴以后，因臣僚言年七十不陈乞致仕者，除合得致仕或遗表恩泽外，并不许遇郊奏荐。已而复诏：郊祀在近，未致仕人更许陈乞奏荐一次。可以不予而予之，示厚恩也。执政在谪籍者陈乞致仕，虽叙复而寝罢合得恩泽，只据见存阶官荫补。淳熙十六年，宁武军承宣使、提举佑神观王友直复奉国军节度使致仕，臣僚论列，仍守本官职致仕。可以予而不予，严公法也。抑扬轻重间，可以见优老恤贤之意，可以识制情抑幸之术，故备录于篇。

文臣荫补

太师至开府仪同三司：子，承事郎；孙及期亲，承奉郎；大功以下及异姓亲，登仕郎；门客，登仕郎。不理选限。

知枢密院事至同知枢密院事：子，承奉郎；孙及期亲，承务郎；大功以下及异姓亲，登仕郎；门客，登仕郎。不理选限。

太子太师至保和殿大学士：子，承奉郎；孙及期亲，承务郎；大功以下，登仕郎；异姓亲，将仕郎。

太子少师至通奉大夫：子孙及期亲，承务郎；大功亲，登仕郎；异姓亲，登仕郎；小功以下亲，将仕郎。

御史中丞至侍御史：子，承务郎；孙及期亲，登仕郎；大功，将仕郎；小功以下及异姓亲，将仕郎。

中大夫至中散大夫：子，通仕郎；孙及期亲，登仕郎；大功，将仕郎；小功以下，将仕郎。

太常卿至奉直大夫：子，登仕郎；孙及期亲，将仕郎；大功小功亲，将仕郎。

国子祭酒至开封少尹：子孙及小功以上，将仕郎。

朝请大夫、带职朝奉郎以上：理职司资序及不带职致仕者同。子，将仕郎；小功以上亲，将仕郎；缌麻，上州文学。注权官一任，回注正官，谓带职朝奉郎以上亡殁应荫补者。

广南东、西路转运副使：子，登仕郎；孙及期亲，将仕郎。提点刑狱：子，将仕郎；孙及期亲，将仕郎。

武臣荫补

枢密使、开府仪同三司：子，秉义郎；孙及期亲，忠翊郎；大功以下亲，承节郎；异姓亲，承信郎。

知枢密院事、同知枢密院事、枢密副使、太尉、节度使：子，忠训郎；孙及期亲，成忠郎；大功，承节郎；小功以下及异姓亲，承信郎。

诸卫上将军，承宣使、观察使、通侍大夫：子，成忠郎；孙及期亲，保义郎；大功以下，承信郎；及异姓亲，承信郎。

枢密都承旨、正侍大夫至右武大夫、防御使、团练使、延福宫使至昭宣使任入内内侍省都知以上：子，保义郎；孙及期亲，承节郎；大功以下亲，内各奏异姓亲者同。承信郎。

刺史：子，承节郎；孙及期亲，承信郎；大功以下，进武校尉。

诸卫大将军、武功至武翼大夫、枢密承旨至诸房副承旨：子，承节郎；孙及期亲，承信郎；大功以下，进武校尉。

诸卫将军、正侍至右武郎、武功至武翼郎：子，承信郎；孙，进武校尉；期亲，进义校尉。

枢密院逐房副承旨：子，承信郎。

训武、修武郎及阁门祗候：子，进义校尉。

忠佐带遥郡者，每两遇大礼荫补，子：刺史，进武校尉；团练使、防御使，承信郎。

臣僚大礼荫补

宰相、执政官：本宗、异姓、门客、医人各一人。东宫三师、三少至谏议大夫：权六曹侍郎、侍御史同。本宗一人。

寺长贰、监长贰、秘书少监、国子司业、起居郎舍人、中书门下省检正、沿书省左右司郎官、枢密院检详、若六曹郎中、殿中侍御史、左右司谏、开封少尹：子或孙一人。

致仕荫补

曾任宰相及见任三少、使相：三人。曾任三少、使相、执政官、见任节度使：二人。太中大夫及曾任尚书侍郎及右武大夫以上，并曾任谏议大夫以上及侍御史：一人。

遗表荫补

曾任宰相及见任三少、使相：五人。曾任执政官、见任节度使：四人。太中大夫以上：一人。诸卫上将军、承宣使：四人。观察使：三人。

卷一百七十一　志第一百二十四

职官十一 奉禄制上

奉禄匹帛　职钱　禄粟　傔人衣粮　厨料　薪炭诸物

奉禄自宰臣而下至岳渎庙令，凡四十一等。

宰相，枢密使，月三百千。春、冬服各绫二十匹，绢三十匹，冬绵百两。枢密使带使相，侍中枢密使，春、冬衣同宰相，节度使同中书门下平章事已上及带宣徽使，并前两府除节度使及节度使移镇，枢密使、副、知院带节度使，四百千。

参知政事，枢密副使，知枢密院事，同知枢密院事，及宣徽使不带节度使，或检校太保签书枢密院事，三司使，二百千。春、冬各绫十匹，春绢十匹，冬二十匹，绵五十两。自宰相而下，春各加罗一匹。检校太保签书者，春、冬绢二十匹，绵五十两。节度观察留后知枢密院事及充枢密副使、同知枢密院事，并带宣徽使签书枢密院事，三百千，绫、绢、罗、绵同参知政事。

观文殿大学士，料钱、衣赐随本官。资政殿大学士，料钱、衣赐随本官。翰林学士承旨、学士，龙图、天章阁直学士，知制诰，龙图、天章阁学士，绫各五匹，绢十七匹，自承旨而下加罗一匹，绵五十两。已上奉随本官，衣赐如本官例，大即依本官例，小即依逐等。三师，三公，百二十千。绫各十匹，绢三十匹。东宫三师，仆射，九十千。绫各五匹，绢二十匹。东宫三少，御史大夫，尚书，六十千。门下、中书侍郎，太常、宗正卿，左、右丞，诸行侍郎，御史中丞，五十五千。春、冬各绫五匹，绢十七匹，惟中丞绫七匹，绢二十匹。权御史中丞者给本官奉。太子宾客，四十五千。绫、绢同中丞。左、右散骑常侍，六十千。给事中，中书舍人，大卿、监，国子祭酒，太子詹事，四十五千。谏议，四十千。春、冬绫各三匹，绢十五匹。旧志：太常宗正卿、左右丞、侍郎充翰林承旨及侍读、侍讲，各绫七匹，绢二十匹；中书舍人若充翰林学士，绫五匹，绢十七匹；他官充龙图阁学士、枢密直学士，并准此。龙图阁学士知制诰，同谏议之数。权三司使，并权发遣使公事，料钱、衣赐并同本官。副使，五十千。春绫三匹，冬绫五匹，春、冬绢各十五匹。自三师以下，春各加罗一匹，冬绵五十两，权者同。判官并权及发遣，以至子司主判，河渠勾当公事，同管勾河渠公事，料钱、衣赐并同本官数。

左、右谕德，少卿、监，司业，郎中，三十五千。左、右庶子，起居郎、舍人，侍御史，知杂事同。如正郎知杂，即支本官奉料。左、右司谏，殿中侍御史，员外郎，赤令，三十千；丞，十五千。如京朝官愿请本官衣奉者，仍支米麦。少詹事，二十九千。春、冬绢各十三匹，惟赤县令衣赐随本官。左、右正言，监察御史，太常博士，通事舍人，国子五经博士，太常、宗正、秘书、殿中丞，著作郎，大理正，二十千。太子率更令、中允、赞善、中舍，洗马，殿中省六尚奉御，十八千。太常博士以上春、冬绢各十匹，谕德以下春加罗一匹，冬绵三十两，余各绢七匹。太常博士、著作，洗马旧各有增减。

司天五官正，十三千。春、冬绢各五匹，冬绵十五两。秘书郎，著作佐郎，十七千。春冬绢各六匹，冬绵各二十两。五官正以下春罗各一匹。秘书郎旧无奉，兼三馆职事者给八十千；至道二年，令同著作佐郎给之。大理寺丞，十四千。诸寺、监丞，十二千，春、冬绢各五匹。大理评事，十千。春、冬各绢三匹。自大理寺丞以下冬绵各加十五两。诸寺、监丞，大理评事，旧有增损不同。太祝，奉礼，八千。司天监丞，五千，春、冬绢各五匹。主簿，五千，春、冬绢各三匹，丞、簿各绵十五两。灵台郎，三千。保章正，二千。春、冬绢各三匹，惟灵台郎冬随衣钱三千。

节度使，四百千。管军同。如皇子充节度使兼侍中、带诸王，皇族节度使同中书门下平章事，并散节度使及带王爵，奉同节度使。惟春、冬加绢各百匹，大绫各二十匹，小绫各三十匹，罗各十匹，绵各五百两。节度观察留后，官制行，改承宣使。三百千。管军同。两省都知押班、诸司使遥领者准此。如皇族充留后及带郡王同，惟春加绢二十匹，冬三十匹，大小绫各十匹，春罗一匹，冬绵百两。观察使，二百千。管军同。两省都知押班、诸司使并横行遥领者，奉准此。春、冬加绢各十匹，绵五十两。如皇族充观察者，即三百千，仍春、冬加绢各十五匹，绫十匹，春罗一匹，冬绵五十两。防御使，三百千。管军、皇族同。其皇族及两省都知押班、诸司使并横行、诸卫大将军将军遥领者，百五十千。皇族春、冬加绢各十五匹，绫十匹，春罗一匹，绵五十两。两省都知押班并横行，诸卫大将军领者，春、冬绢各十匹，绵五十两。团练使，百五十千。管军及皇族并军除充者同。其皇族及两省都知押班、诸司使并横行、诸卫大将军遥领者，百千。皇族春、冬加绢各十五匹，绫十匹，春罗一匹，绵五十两。两省都知押班并横行、诸卫大将军将军领者，春、冬绢各十匹，冬绵五十两。

六军统军，百千。诸卫上将军，六十千。春、冬绫各五匹，绢十匹，绵五十两。如皇子充诸卫上将军，二百千，春、冬绫各十匹，春绢十匹，罗一匹，冬绢二十匹，绵五十两。左、右金吾卫大将军，三十五千。诸卫大将军，二十五千。春、冬绫各三匹，绢七匹，冬绵三十两。将军，二十千。春、冬绫各二匹，绢五匹，绵二十两。率府率、副，中郎将，十三千。春、冬绢各五匹，冬绵十五两。自诸卫上将军以下，春衣罗一匹。

内客省使，六十千。客省使，三十七千。延福宫、景福殿、宣庆、引进、四方馆、宣政、昭宣、阁门使，二十七千。皇城以下诸司使，二十五千。春绢各十匹，冬十匹，绵三十两，惟客省使春、冬绢各一十匹。

客省及皇城以下诸司副使，二十千。内殿承制，十七千。崇班，十四千。春绢各五匹，冬十匹，绵三十两。带阁门祗候并同。供奉官，十千。阁带阁门祗候者，十二千。春绢四匹，冬五匹，绵二十两。侍禁，七千。带阁门祗候者，一十千。殿直，五千。带阁门祗候者，九千。并春、冬绢各四匹，冬绵十五两。三班奉职、借职，四千。春、冬绢各三匹，钱二千。下茶酒班殿侍，一千。春、冬绢七匹，冬绵十五两。下班殿侍，七百。春、冬绢各五匹，二项并蕃官并土人补充者。

皇亲任诸卫大将军领刺史，八千；将军刺史，六十千。春、冬绫十匹，春绢十二匹，冬十三匹，绵五十两，旧志：春、冬绫十匹，绢十五匹，各加罗一匹。）将军，三十千。春、冬绫三匹，绢五匹，罗一匹，冬绵四十两。率府率，二十千；副率，十五千。春、冬绫各二匹，绢五匹，罗一匹，，绵四十两。

旧志：诸卫将军有五十千、四十千、三十千三等。一等春、冬各绫五匹，绢十匹；一等绫二匹，绢五匹。春并加罗一匹，冬并绵二十两。诸司使有四十千、三十千二等。副使以下与异姓同，并给实钱。自诸司使至殿直，春、冬各罗一匹，绫二匹，绢各五匹，冬绵各四十两。

入内内侍省都知、副都知、押班，不带遥郡诸司使充者，二十五千。春绢七匹，冬十匹，绵三十两。副使充者，二十千。春绢五匹，冬七匹，绵二十两。入内内侍省供奉官，十二千。春绢五匹，冬七匹，绵三十两。殿头，七千。高品、高班，五千。春绢各五匹，冬六匹，绵二十两。黄门，三千。春、冬绢各五匹，绵十五两。祗候殿头，祗候高品，祗候高班内品，祗候内品，祗侯小内品，贴祗候内品，入内内品，后苑内品，后苑散内品，七百。春、冬绢各五匹，绵十五两。云韶部内品，七百。春、冬绢各四匹，绵十五两。入内内品管勾，二千。奉替祗应，一千五百。打牧祗应，一千。春、冬绢各五匹，绵各十五两。

内侍省内常侍，供奉官，十千。春、冬绢各五匹，内常侍春加罗一匹，冬绵十五两。供奉官至止加绵二十两。殿头，五千。高品、高班，三千。春、冬绢各四匹，冬绵各二十两。黄门，二千。春、冬绢各四匹，冬绵十五两。殿头内侍，入内高品，二千。春、冬绢各三匹，钱二千。高班内品，一千五百，衣粮带旧。黄门内品在京人事，一千。春、冬各碧罗，碧绫半匹，黄绢、生白绢各一匹，绵八两。寄班小底，二千。春、冬绢各十匹。入内小黄门，前殿祗候内品，北班内品，外处拣来并城北班、后苑、把门内品,扫洒院子及西京内品依北班内品,依旧在西京收管,七百。西京内品,五百。春、冬绢各五匹,绵各十五两。惟入内小黄门、前殿祗候内品,春、冬绢各四匹。鄠、唐、复州内品,三百。春、冬绢各二匹,布半匹,钱一千。旧志载内官不详,奉料皆减少。

枢密都承旨,四十千。副都承旨,副承旨,枢密院诸房副承旨,逐房副承旨,已上如带南班官同。中书堂后官提点五房公事,三十千。都承旨以下春、冬绢各十五匹,春罗一匹,逐房副承旨绢各十三匹。都承旨、承旨春加绫三匹,冬五匹,绵五十两。副都承旨以下,绵各三十两。中书堂后官,二十千;特支五千。已上如带京朝官同。中书、枢密主事,二十千。录事、令史,二千。春、冬绢各十匹,春罗一匹,主事已上,冬绵五十两,录事、令史三十两。主书,七千。守当官,书令史,五千。春、冬绢各二匹。主书、书令史春钱三千,冬绵十二两、钱一千,守当官春钱一千。

自中书、枢密并曾任两府,虽不带职,曾任两府而致仕同。宣徽,三司,观文、资政、翰林、端明、翰林侍读侍讲、龙图、天章学士,枢密、龙图、天章直学士,知制诰,中书舍人,待制,御史台,开封府,节度使至刺史,三馆,秘阁,审刑院,刑部,大理寺,诸王府记室、翊善以下至诸王宫教授,知审官院,勾当三班院,纠察刑狱,判吏部铨、南曹,登闻检院,鼓院,司农寺及国子监直讲、丞、簿,河北、河东、陕西转运使,皇子亲王,诸卫大将军至率府副率,两省都知、押班,不带遥郡诸司使、副,两府供奉官以下至内品,惟内品特给一分见钱。及枢密都承旨以下,并给见钱。余官并防御使以下诸卫将军、横行、诸司使遥领者,悉一分见钱,二分他物。其两省都知、副都知遥领刺史以上者,即给一半见钱。

三司检法官,十千。春、冬绢各五匹,冬绵十五两。愿请前任请受者听。若转京朝官,随本官料钱、衣赐。权知开封府并判官、推官,料钱、衣赐并随本官。旧志云:判官三十千,推官二十千,并给见钱。司录,二十千。如差员外郎已上充,随本官料钱、衣赐。功曹,法曹,十二千。仓、户、士、兵四曹,十千。差京朝官充,随本官料钱、衣赐。刑部检法官、法直官,大理寺法直官、副法直官,十千。春、冬绢各五匹,冬绵十五两。如转京朝官,随本官料钱、衣赐。西京军巡判官,十五千。内开封府转至京官,支本官衣奉。

西京、南京、北京留守判官,河南、应天、大名府判官,三十千。春、冬绢各十二匹,冬绵二十两。节度、观察判官,二十五千。春、冬绢各六匹,冬绵十二两半。节度副使,三十千。行军司马,二十五千。如签书本州公事,衣奉依节、察判官。若监当即给一半折支,衣赐、厨料不给。节度掌书记,观察支使,二十千。绵、绢如推官。留守推官,府推官,节度、观察推官,十五千。春、冬绢各五匹,冬绵十两。防御、团练副使,二十千。如监当即给一半折支。防御、团练判官,十五千。《两朝志》云:奉给依本州录事参军,如无,依倚郭县令。防御、团练军事推官,军、监判官,七千。军事判官如本州录事参军之数。

京府司录参军,二十千。诸曹参军,十千。以京官知者奉从多给。景德三年,诏录、六曹悉给春、冬衣。五万户已上州 三京同。 录事参军,二十千;司理,司法,十二千;司户,十千;三万户已上州录事,十八千;司理,司法,十二千;司户,九千。一万户已上州录事,十五千;司理,司法,十千;司户,八千。五千户已上州录事,十二千;司理,司法,十千;司户,七千。不满五千户州录事,司理,司法,十千;司户,七千。别驾,长史,司马,司士参军,如授士曹,依司士。文学参军,七千。

东京畿县七千户已上知县,朝官二十二千,京官二十千;五千户已上知县,朝官二十千,京官十八千;三千户已上知县,朝官十八千,京官十五千;三千户已下知县,止命京官,十二千。已上衣赐并随本官。主簿,尉,十二千至七千,有四等。 并给见钱。

河南府河南、洛阳县令,三十千。诸路州军万户已上县令,二十千;簿、尉,十二千。七千户已上令,十八千;簿、尉,十千。五千户已上令,十五千;簿、尉,八千。三千户已上令,十二千;簿、尉,七千。不满三千户令,十千;簿、尉,六千。京朝官及三班知者,亦许给县奉。本官奉多者,以从多给。兼监兵者,止请本奉添给。岳渎庙令,十千。丞,主簿,七千。全折。

幕职、州县料钱,诸路支一半见钱,一半折支。县尉全给见钱。广东、川峡并给见钱。

元丰制行:宰相,三百千。衣赐绫、绢、绵皆如旧制。然以左、右仆射为宰相。政和中,以三公为真相。靖康依旧制。枢密使带使相,侍中,枢密使,节度使同中书门下平章事以上及带宣徽使,并前两府除节度使移镇,枢密使、副知院带节度使,四百千。自治平末至元丰四年,如文彦博、吕公弼、冯京、吴充先后为使、副,是年十一月,始诏枢密院置知院、同知院,余并罢。至是,既罢使、副,只置知院、同知院,直至靖康不改。

知枢密院,门下、中书侍郎,尚书左、右丞,同知枢密院事,二百千。衣赐如旧。元祐中,复置签书枢密院事,绍圣中罢。

太师,太傅,太保,少师,少傅,少保,四百千。春服罗三匹,小绫三十匹,绢四十匹;冬服小绫三十匹,绢四十匹,绵二百两。旧制:奉钱百二十千,春服小绫十匹,绢三十匹,罗一匹;冬服小绫十匹,绢三十匹,绵五十两。大观间增改。

开府仪同三司,百二十千。春、冬各小绫十匹,绢三十匹,春罗一匹,冬绵五十两。大观二年,以无特任者,遂删去。特进,九十千。春、冬各小绫十匹,绢二十五匹,春罗一匹,冬绵五十两。

金紫光禄大夫,银青光禄大夫,光禄大夫,六十千。春、冬各小绫七匹,绢二十匹,春罗一匹,绵五十两。宣奉、正奉、正议、通奉大夫,五十五千。春、冬各小绫五匹,绢十七匹,春罗一匹,冬绵五十两。通议、太中大夫,五十千。《元丰令》:太中大夫以上丁忧解官,给旧官料钱。中大夫,中奉、中散大夫,四十五千。春、冬各小绫三匹,绢十五匹，春罗一匹，冬绵五十两。朝议、奉直、朝请、朝散、朝奉大夫，三十五千。春、冬绢各十三匹，春罗一匹，冬绵三十两。

朝请、朝散、朝奉郎，三十千。春、冬服同正郎。承议、奉议、通直郎，二十千。承议春、冬绢各十四，春罗一匹，冬绵三十两。奉议、通直，春、冬各绢七匹。宣教郎，十七千。春、冬绢各六匹，春罗一匹，冬绵二十两。《元丰格》：有出身十七千，无出身十四千。六年，敕不以资考有无出身，并十五千，衣无罗。宣义郎，十二千。春、冬各绢五匹，冬绵十五两。承事郎，十千。春、冬绢各三匹，冬绵十五两。承奉郎，八千。承务郎，七千。元丰以来，厘务止支驿料。大观二年，定支。

承直郎，二十五千。春、冬绢各六匹，绵十二两半。元丰，留守判官、府判官，奉钱三十千，春、冬绢各十二匹，绵二十两；节度、观察判官，奉钱二十五千，春、冬绢各六匹，绵十二两半，凡二等。崇宁二年，改从一等。儒林郎，二十千。春、冬绢各五匹，绵十两。元丰，节度掌书记、观察支使，奉钱衣赐如上；防、团军事判官考任合入令录者，奉钱十五千，凡二等。崇宁改从一等。文林郎，十五千。春、冬服同儒林。从事、从政、修职郎，十五千。从事郎，元丰旧制，考第合入令录者，视令录支，未合入令录者，视判、司、簿、尉支。从政郎，元丰，三京、州、府、军、监司录、录事参军，五万户以上二十千，三万户以上十八千，一万户以上十五千，五千户以上十二千，不满五千户十千。县令，一万户以上二十千，七千户以上十八千，五千户以上十五千，三千户以上十二千，不满二千户十千，凡二等。崇宁改从一等。迪功郎，十二千。元丰，四京军巡判官，十五千。三京、州、府、军、监司法参军，五万、三万户以上十二千，二万户及不满五千户七千。三京、州、府、军、监司户参军，及五万户以上十千，三万户以上九千，一万户以上八千，不满五千户七千，凡三等。崇宁改。初，熙宁四年，中书门下言："天下选人奉薄而多少不均，不足以劝廉吏。今欲月增料钱：县令、录事参军三百六十七员，旧请十千、十二千者，增至十五千；司理、司法、司户参军，主簿、县尉二千一百五十三员，旧请七千、八千、十千者，增至十二千；防、团军事推官，军、监判官一百七十二员，旧请七千者，增至十二千。月通增奉钱一万二千余贯，米麦亦有增数。"从之。

太尉，一百千。春、冬各小绫十匹，春罗一匹，绢十匹，冬绢二十匹，绵五十两。带节度使依本格。

节度使，四百千。曾任执政以上除，及移镇、初除，及管军，并同旧制。承宣使，三百千。即节度观察留后。观察使、防御使，二百千。团练使，百五十千。刺史，一百千。自节度使以下至诸卫中郎将，并如旧制。

通侍大夫，三十七千。正侍、宣正、协忠、中侍、中亮、中卫、翊卫、亲卫、拱卫、左武、右武大夫，二十七千。武功、武德、武显、武节、武略、武经、武义、武翼大夫，二十五千。春、冬绢各十匹，绵二十两。惟通侍大夫十二匹。

正侍、宣正、履正、协忠、中侍、中亮、中卫、翊卫、亲卫、拱卫、左武、右武、武功、武德、武显、武节、武略、武经、武义、武翼郎，二十千。敦武郎，十七千。修武郎，十四千。春绢五匹，冬七匹，绵二十两。带閤门祗候并同。从义、秉义郎，十千。带閤门祗候十二千。成忠、保义郎，五千。带閤门祗候者九千，并春、冬绢各四匹，冬绵十五两。承节、承信郎，四千。春、冬绢各三匹，钱二千。

进武校尉，三千。进义校尉，二千。春、冬绢各三匹。进武副尉，三千。守阙进武副尉、进义副尉、守阙进义副尉，一千。

凡文武官料钱，并支一分见钱，二分折支。曾任两府虽不带职，料钱亦支见钱。

职钱

御史大夫，六曹尚书，行，六十千。守，五十五千；试，五十千。翰林学士承旨，翰林学士，五十千。衣赐，本官例。官小，春、冬服小绫各三匹，绢各十五匹，绵五十两。左、右散骑常侍，御史中丞，开封尹，行，一百千。守，九十千；试，八十千。崇宁四年重定。六曹侍郎，元祐中，置权六曹书，奉给依寺侍朗。绍圣中罢。行，五十五千。守，五十千；试，四十五千。太子宾客、詹事，行，五十千。守，四十七千；试，四十五千。给事中，中书舍人，行，五十千。守，四十五千；试，四十千。左、右谏议大夫，元祐中，置权六曹侍郎，奉给依谏议大夫。绍圣中，罢。行，四十五千。守，四十千；试，三十七千。太常、宗正卿，行，三十八千。守，三十五千；试，三十二千。秘书监，行，四十二千。守，三十八千；试，三十五千。七寺卿，国子祭酒，太常、宗正少卿，秘书少监，行，三十五千。守，三十二千；试，三十千。太子左、右庶子，行，四十千。守，三十七千；试，三十五千。七寺少卿，行，三十二千。守，三十千；试，二十八千。中书、门下省检正诸房公事，尚书左、右司郎中，行，四十千。守，三十七千；试三十四千。国子司业，少府、将作、军器监，行，三十二千。守，三十千；试，二十八千。太子少詹事，行，三十五千。守，三十二千；试，三十千。太子左、右谕德，行，三十二千。守，三十千；试，二十九千。起居郎，起居舍人，侍御史，左、右司员外郎，枢密院检详诸房文字，尚书六曹郎中，行，三十七千。守，三十五千；试，三十二千。殿中侍御史，左、右司谏，行，三十五千。守，三十二千；试，三十千。左、右正言，行，三十二千。守，三十千；试，二十七千。诸司员外郎，行，三十五千。守，三十二千；试，三十千。少府、将作、军器少监，行，三十千。守，二十八千；试，二十五千。太子侍读、侍讲，行，二十五千。守，二十二千；试，二十千。监察御史，行，三十二千。守，三十千；试，二十七千。太子中舍，太子舍人，行，二十二千。守，二十千；试，十八千。太常、宗正、知大宗正，秘书丞，大理正，著作郎，太医令，行，二十五千。守，二十二千；试，二十千。七寺丞，行，二十二千。守，二十千；试，十八千。秘书郎，行，二十二千。守，二十千；试，十八千。太常博士，著作佐郎，行、守，二十千。试，十八千。国子监丞，行，二十二千。守，二十千。大理司直、评事，行，二十二千。守，二十千；试，十八千。少府、将作、军器、都水监丞，行，二十千。守，十八千。秘书省校书郎，行，十八千。守，十六千；试，十四千。秘书省正字，行，十六千。守，十五千；试，十四千。御史检法官、主簿，行，二十千。守，十八千。宗学、太学、武学博士，行，二十千。守，十八千；试，十六千。律学博士，行，十八千。守，十七千；试，十六千。太常寺奉礼郎，行，十六千。太常寺太祝、郊社令，行，十八千。守，十六千。太学正、录，武学谕，行，十八千。守，十七千；试，十六千。律学正，行，十六千。守，十五千；试，十四千。

凡职事官职钱，不言"行"、"守"、"试"者，准"行"给，衣随寄禄官例支。及无立定例者，并随寄禄官给料钱，米麦计实数给，应两给者，谓职钱、米麦。从多给。承直郎以下充职事官，谓大理司直、评事，秘书省正字，太学博士、正、录，武学博士、谕，律学博士、正。听支阶官请给。衣及厨料、米麦不支。

唐贞元四年，定百官月俸。僖、昭乱离，国用窘阙，至天祐中，止给其半。梁开平三年，始令全给。后唐同光初，租庸使以军储不充，百官奉钱虽多，而折支非实，请减半数而支实钱。是后所支半奉，复从虚折。周显德三年，复给实钱。

宋初之制，大凡约后唐所定之数。乾德四年七月，诏曰："州县官奉皆给他物，颇闻货鬻不充其直，责以廉隅，斯亦难矣。至有赋于廛肆，重增烦扰，且复抵冒公宪，自罹刑辟，甚无谓也。汉乾祐中，置州县官奉户，除二税外，蠲其他役，周显德始革其制。自今宜逐处置回易料钱户，每本官所受物，凡一千，分纳两户，恣其质易，户输钱五百，蠲役之令，悉如汉诏；所赋官物，令诸州计度充一岁所给之数，与蚕盐同时并给。其万户县令、五万户州录事、两京司录，旧月奉钱二万者，给四十户，率是为差；簿、尉及户、法掾，旧月奉六千者，增一千，如其所增之数，给与奉户。"是岁，令西川官全给实钱。开宝三年，令西川州县官常奉外别给铁钱五千。四年十二月，诏："节、察、防、团副使权知州事，节度掌书记自朝廷除授及判别厅公事者，亦给之。副使非知州、掌书记奏授而不厘务者，悉如故，给以折色。"

太平兴国元年，诏曰："耕织之家，农桑为本，奉户月输缯帛，蠹兹细民，不易营置，罢天下奉户。其本官奉钱，并给以官物，令货鬻及七分，仍依显德五年十二月诏，增给米麦。"二年二月，诏："诸道所给幕职、州县官奉，颇闻官估价高，不能充七分之数。宜令三分给一分见钱，二分折色，令通判面估定官物，不得亏损其价。"四月，令西川诸州幕职官奉外，更增给钱五千。雍熙三年，文武官折支奉钱，旧以二分者，自今并给以实价。端拱元年六月，诏曰："州郡从事之职，皆参赞郡画，助宣条教；而州县之任，并饬躬莅政，以绥吾民。廪禄之制，宜从优异，庶几丰泰，责之廉隅。除川峡、岭南已给见钱外，其诸州府幕职、州县官料钱，旧三分之二给以他物，自今半给缗钱，半给他物。"淳化元年五月，诏："致仕官有曾历外职任者，给半奉，以他物充。"三年十一月，令京东西、河北、河东、陕西幕职州县官料钱，当给以他物者，每千给钱七百。初，川峡、广南、福建幕职州县，并许预借奉钱。大中祥符间，又诏江、浙、荆湖远地，麟、府等州，河北、河东缘边州军，自今许预借两月，近地一月奉钱。至道二年诏：先是，京官满三十月罢给，自今续给之。

真宗即位，以三司估百官奉给折支直，率增数倍，诏有司重定，率优其数。咸平元年六月，诏："文武群臣有分奉他所而身没，未闻讣已给者，例追索，可悯。自今川峡、广南、福建一季，余处两月，悉蠲之。"大中祥符七年诏："三班使臣自今父母亡，勿住奉。"三年九月，诏群臣月奉折支物，无收其算。五年七月，增川峡路朝官使臣等月给添支。景德四年九月，上以承平既久，赋敛至薄，军国用度之外，未尝广费自奉，且以庶官食贫劝事，遂诏："自今掌事文武官月奉给折支，京师每一千给实钱六百，在外四百，愿给他物者听。"大中祥符五年，诏文武官并增奉。三师、三公、东宫三师、仆射各增二十千。三司、御史大夫、六尚书中丞、郎、两省侍郎、太常宗正卿、内客省使、上将军各增十千。横班诸司各增五千。朝官五品正、中郎将已上、诸司使、副各增三千。京官、内殿承制、崇班、阁门祗候各增二千。供奉官各增一千五百。奉职、借职增一千。余如旧。自乾兴以后，更革为多。至嘉祐始著《禄令》。

元丰一新官制，职事官职钱以寄禄官高下分行、守、试三等。大率官以《禄令》为准，而在京官司供给之数，皆并为职钱。如大夫为郎官，既请大夫奉，又给郎官职钱，视嘉祐为优矣。至崇宁间，蔡京秉政，吴居厚、张康国辈，于奉钱、职钱外，复增供给食料等钱。如京、仆射奉外，又请司空奉，其余佥从钱米并支本色，余执政皆然，视元丰制禄复倍增矣。

武臣奉给

殿前司，自宣武都指挥使三十千，差降至归明神武、开封府马步军都指挥使十五千，凡二等。殿前左、右班虞候三十千，至天武、剩员都虞候十九千，凡四等。殿前班指挥使二十千，至拣中、剩员僚直、广德指挥使十千，凡三等。殿前班都知十三千，至招箭班都知四千，凡七等。殿前班副都知十千，至招箭班副都知三千，凡五等。殿前押班七千，至招箭押班二千，凡五等。散指挥都头复有押班之名者，如押班给焉。兵士内员僚直复有副指挥使、行首、副行首，招箭班亦有行，七千至三千，凡三等。御龙直副指挥使、都头、副都头、十将、虞候十千至三千，凡五等。殿前指挥使五千，至殿侍一千，凡五等。捧日、天武指挥使十千，至拣中、广德指挥使四千，凡四等。捧日、天武副指挥使七千，至擒戎副指挥使三千，凡五等。捧日军使、天武都头五千，至擒戎军使千五百，凡五等。捧日副兵马使三千，至擒戎副兵马使一千，凡四等。天武副都头二千，至广德副都头千五百，凡二等。捧日军将二千，至龙猛、骁骑、带甲剩员军头、十将三百，凡八等。天武将、虞候下五百，至飞猛、骁雄将、虞候已下三百，凡六等。此奉钱之差也。

其外，月给粟：自殿前班都头、虞候十五石，至广健副都头、吐浑十将二石五斗，凡六等。殿前指挥使五石，鞭箭、清朔二石，凡五等。殿前班都虞候已下至军士，岁给春、冬服三十匹至油绢六匹，而加绵布钱有差，复月给廉粮自十人以至一人。诸班、诸直至捧日、天武、拱圣、龙猛、骁骑、吐浑、归明渤海、契丹归明神武、契丹直、宁朔、飞猛、宣武、虎翼、神骑、骁雄、威虎、卫圣、清朔、擒戎军士，皆给廉一人以至半分，余军不给焉。

侍卫马军、步军司，自员僚直、龙神卫都虞候月给二十千，至有马劲勇员七千，凡五等。指挥使自员僚直、龙神卫十千，至顺化三千，凡五等。副指挥使自员僚直、龙神卫七千，至顺化二千，凡七等。军使、都头自龙、神卫五千，至看船神卫一千，凡七等。副兵马使、副都头自龙、神卫三千，至顺化一千，凡五等。军头、十将自龙、神卫千三百，至顺化三百，凡五等。此外员僚直有行首、副行首、押番军头、都知、副都知之名，自行首五千，至副都知一千，凡六等。而高阳关有骁捷左、右厢都指挥使，月给三十千。开封府有马步军都虞候，月给二十千。六军复有都虞候，月给五千。

员僚直、龙神卫而下，皆月给粟，自都虞候五石，至顺化、忠勇军士二石，凡五等。自都虞候以下至军士，皆岁给春冬服，自绢三十匹至油绢五匹，又加绵布钱有差。复有给廉粮，自十人至一人。其员僚直、龙神卫、云骑、骁捷、横塞、及神П上将、虎翼、清卫、振武、忠猛军士，皆给廉一人至半分，他军不给焉。宣徽院、军头司，自员像至军士，咸月给钱粟及春冬服有差。

诸道州府厢军，自马步军都指挥使至牢城副都头，凡五等，月给奉钱凡十五千至五百，凡十有二等。自河南府等五十州、府，邓州等三十四州，莱州等一百四十四州、军，广济军等三十九军、监，所给之数，差而减焉，咸著有司之籍。外有给司马刍秣，岁给春、冬服加绸、绵、钱、布，亦各有差。

禄粟自宰相至入内高品十八等

宰相，参知政事，枢密使同中书门下平章事，枢密使、副使、知院事、同知院事，及宣徽使签书枢密院事，节度观察留后知枢密院事及充枢密副使、同知枢密院事，并带宣徽使签书，检校太保签书，及三司使，中书、门下侍郎，尚书左、右丞，太尉，月各一百石。

枢密使带使相，节度使同中书门下平章事已上及带宣徽使，并前两府除节度使，枢密使、副、知院事带节度使，月各给二百石。

三公、三少，一百五十石。权三司使公事，七十石。权发遣使，三十五石。内客省，二十五石。

节度使，一百五十石。管军同。如皇族节度使同中书门下平章事已上，并散节度使及带王爵者，并一百石。留后后改承宣使，观察、防御使，一百石。管军并两省都知押班、诸卫大将军、横行遥领者同。惟皇族遥领防御使七十石。团练使，七十石。管军并皇族及军班除充者同。其余正任并五十石。若皇族并两省都知押班、诸卫大将军、将军、横行遥领者同。刺史，五十石。皇族并军班除充者同。其余正任并管军三十石。两省都知押班、通侍大夫遥领者二十五石。诸卫大将军、将军遥领者十石。横行遥领者全分二十五石，减定十石。捧日、天武左右厢都指挥使，龙卫、神卫右厢都指挥使带遥郡团练使五十石。殿前诸班直、都虞候、龙卫、神卫及诸军都指挥使带遥郡刺史二十五石。凡一石给六斗，米麦各半。管军支六分米，四分麦。

赤令，七石；丞，四石。京府司录，五石。诸曹参军，四石至三石，有二等。畿县知县六石至三石，有四等。主簿、尉米麦三石至二石，有二等。诸州录事，五石至三石，有三等。司理、司法，四石至三石，有二等。司户，三石、二石，有二等。诸县令，五石至三石，有三等。惟河南洛阳县令随户口支。簿、尉，三石、二石，有二等。四京军巡、判官，四石。军、监判官，防、团推官，二石。司天监丞，四石。主簿，灵台郎，保章正，二石。已上并给米麦。

入内内侍省供奉官，四石。殿头，高品，三石。高班，黄门，入内内品，管勾奉辇祗应，入辇祗应，二石。打牧祗应，一石五斗。已上并给粳米。祗候殿头，祗候高品，祗候高班内品，祗候内品，祗候小内品，贴祗候内品，入内内品，后苑内品，后苑散内品，三石。云韶部内品，一石。已上并给月粮。惟云韶内品给细色。

内侍省供奉官，三石。殿头，高品，高班，二石。黄门，一石五斗。已上并给粳米。黄门内品在京人事，二石五斗。北班内品，前殿祗候内品，外处拣来对城北班、后苑、把门内品，扫洒院子及西京内品与北班内品，依旧在西京收管，西京内品，鄂、唐、复州内品，二石。入内小黄门，一石。寄班小底，四石。已上并给月粮。惟入内小黄门给细色。殿头内侍，入内高班，一石。米麦各半。

熙宁四年，中书门下言："天下选人奉薄，多少不一，不足以劝廉吏。欲月增米麦、料钱：县令、录事参军三百七十六员，旧请米麦三石者，并增至四石。司理、司法、司户、主簿、县尉二千五百一十三员，旧请米麦两石者，并增至三石。防、团军事推官，军、监判官一百七十二员，旧请米麦二石者，并增至三石。每月通增米麦三千七十余石。"从之。

元随廉人衣粮任宰相执政者有随身，任使相至正任刺史已上者有随身，余止廉人。

宰相，并文臣充枢密使同中书门下平章事，及枢密使，七十人。宰相旧五十人衣粮，二十人日食，后加。

枢密使带使相，侍中枢密使，节度使同中书门下平章事已上及带宣徽使，并前两府除节度使及节度使移镇，枢密使、副、知院事带节度使，一百人。

参知政事，文臣充枢密副使、知院事、同知院事，及宣徽使不带节度使签书枢密院事，节度观察留后知枢密院事并充枢密副使、同知枢密院事，并带宣徽使签书枢密院事，三司使，门下侍郎，中书侍郎，尚书左、右丞，五十人。检校太保签书枢密院事，三十五人。权三司使，三十人。权发遣公事，十五人。副使、判官、判子司，五人。副使、判官权并权发遣同。

观文殿大学士，二十人。观文殿学士，资政殿大学士，十人。资政、端明、翰林侍读侍讲、龙图、天章学士，枢密直学士，保和、宣和、延康殿学士，宝文、显谟、徽猷阁学士，七人。旧止给日食，政和月粮二石。

玉清昭应宫、景灵宫、会灵观三副使，十人；判官，五人。

节度使，留后改承宣使，观察使。五十人。管军同。如皇族节度使同中书门下平章事已上，并散节度使带王爵，及节度观察留后带郡王，并五十人。观察使，二十人。两省都知、押班带诸司使领节度观察留后，五十人。两省都知、押班并横行领观察使，十五人。防御使，三十人。管军同。皇族并遥领，并二十人。两省都知、押班带诸司使，并诸卫大将军，及横行遥领，并十五人。团练使，三十人。管军及军班除充者同。其余除授者，二十人。皇族充及带领，十五人。两省都知、押班带诸司使，并横行遥领者，十人。刺史，二十人。军班除充者同。其余除授并管军，十人。皇族充，十五人。两省都知、押班带诸司使，五人。横行遥领全分者，五人。减定者不给。内客省使，旧有景福殿使，二十人。

枢密都承旨，十人。副都承旨，副承旨，诸房副承旨，中书堂后官提点五房公事，七人。逐房副承旨，五人。中书堂后官至枢密院主事已上，各二人。录事，令史，寄班小底，各一人。

僚人餐钱中书、枢密、宣徽、三司及正刺史已上，皆有衣粮，余止给餐钱。

自判三馆、秘书监、两制、两省带修撰，五千。郎中以下带修撰者三千。直馆阁，校理，史馆检讨，校勘，各三千。直龙图阁，审刑院详议官，国子监书库官，五千。自修撰已上又有职钱五千，校勘已上三千。

京畿诸司库、务、仓、场监官：朝官自二十千至五千，凡七等。京官自十五千至三千，凡八等。诸司使、副，阁门通事舍人，承制，崇班，二十千至五千，凡九等。阁门祗候及三班，十五千至三千，凡十等。内侍，十七千至三千，凡九等。寄班，八千至五千，凡三等。旧志讹舛，今并从《两朝志》。

茶、酒、厨料之给

学士、权三司使以上兼秘书监，日给酒自五升至一升，有四等，法、糯酒自一升至二升，有二等。又宫观副使，文明殿学士，即观文。资政殿大学士，龙图、枢密直学士，并有给茶。节度使、副以下，各给厨料米六斗，面一石二斗。

薪、蒿、炭、盐诸物之给宰相旧无，后加。

宰相，枢密使，月给薪千二百束。参知政事，枢密副使，宣徽使，签书枢密院事，三司使，三部使，权三司使，四百束。三部副使，枢密都承旨，一百五十束。枢密副都承旨，中书提点五房，一百束。开封判官，节度判官，薪二十束，蒿四十束。开封推官，掌书记，支使，留守、节度推官，防、团军事判官，薪十五束，蒿三十束。留守判官，薪二十束，蒿三十束。防、团军事推官，薪十束，蒿二十束。

宰相，枢密使，岁给炭自十月至正月二百秤，余月一百秤。参知政事，枢密副使，宣徽使，签书枢密院事，三司使，三部使，三十秤。文明殿学士，资政殿大学士，龙图阁学士，十五秤。都承旨，二十秤。

给盐：宰相，枢密使，七石。参知政事，枢密副使，签书院事，宣徽使，三司使，三部使，权三司使，二石。节度使，七石。掌兵遥领，五石。留后，观察，防御，团练，刺史，五石。掌兵，遥领皆不给。

给马刍粟者，自二十匹至一匹，凡七等。其军职，内侍，三班，伎术，中书，枢密、宣徽院，侍卫，殿前司，皇城司，内侍省，入内内侍省吏属借官马者，其本厩马刍粟随给焉。

给纸者，中书，枢密，宣徽，三司，宫观副使，判官，谏官，皆月给焉。自给茶、酒而下，《两朝志》无，《三朝志》虽不详备，亦足以见一代之制云。

卷一百七十二　志第一百二十五

职官十二 奉禄制下

增给　公用钱　给券　职田

增给

权三司使，知开封府，百千。权发遣三司使，五十千。玉清昭应宫、景灵宫、会灵观三副使，观文殿大学士，三十千。观文殿学士，资政殿大学士，元丰添保和殿大学士。宫观，三司判官，判子司，权及权发遣同。开封府判官，提举诸司库务，管辖三司军大将，提点内弓箭库，二十千。宫观都监，勾当官，十七千。任都知、押班者，二十千。资政、端明、翰林侍读、元祐复置翰林侍读、侍讲学士，绍圣中罢。龙图、天章学士，元丰添保和、延康、宝文、显谟、徽猷学士。枢密直、后改述古殿。龙图、天章直学士，元丰添宝文、显谟、徽猷直学士，保和、龙图、天章、宝文、显谟、徽猷待制。十五千。春、冬绫各五匹，绢十七匹，罗一匹，绵五十两。已上大学士至待制，奉随本官，衣赐如本官例，大即依本官例；小即依逐等。大观二年，户部尚书左睿言："见编修《禄格》，学士添支比正任料钱相去辽邈，如观文殿大学士、节度使从二品，大学士添支三十千而已，节度使料钱乃四百千，傔从、粟帛等称是。或谓大学士有寄禄官料钱，故添支数少。今以银青光禄大夫任观文殿大学士较之，则通料钱不及节度使之半，其厚薄不均明矣。自余学士视诸正任，率皆不等。欲将职钱改作贴职钱以别之。正任料钱、公使为率，参酌立定。自学士至直阁以上贴职钱，不以内外，并给。观文殿大学士，百千。观文学士，资政大学士，八十千。端明后改延康殿学士，五十千。前执政加二十千。龙图、天章、宝文、显谟、徽猷学士，枢密直改述古学士，四十千。龙图、天章、宝文、显谟、徽猷直学士，三十千。待制，二十千。集贤改集英殿修撰，十五千。直龙图阁至直秘阁，十千。"诏从之。宣和三年，户部尚书沈积中、侍郎王蕃言："元丰法，带职人依《嘉祐禄令》，该载观文殿大学士以下至直学士，添支钱三等，自三十千至十五千。大观中，因敕令所启请，改作贴职钱，观文大学士至直秘阁，自百千至十千，凡九等。兼增添在京供职米麦，观文殿大学士至待制，自五十石至二十五石四等，比旧法增多数倍。"又奏："学士提举在京官，除本身请给外，更请贴职，并差遣添支，比六曹尚书、翰林学士承旨几及一倍以上，非称事制禄之意。"诏并依元丰法，御史中丞二十千，察案御史十千，籍田令七千；并依元丰三年诏，司农寺丞十五千，主簿京朝官十二千，选人十千。熙宁三年，诏广亲、睦亲宅记室、讲书十五千，教授十二千，军巡使十七千，权使及判官七千。已上并元丰制，已下惟增散官而已。群牧使、副使，开封推官，三司河渠勾当公事，同管勾河渠案公事，十五千。群牧都监，十三千。银台司，审官院，三班院，吏部铨，登闻检院，鼓院，太常礼院主判官，纠祭在京刑狱，群牧判官，监察使，十千。判司农寺，七千。

其知判诸路州、军、府，有六十千至七千，凡八等。有以官者：三师，三公，六十千。仆射，东宫三师，并曾任中书、枢密，特进，五十千。尚书并左、右丞，东宫三少，金紫光禄大夫至光禄大夫，学士，给事中，谏议，舍人，待制已上，并横班使、副，三十千。横班有二百千者。待制已上充益，梓、利、夔州路知州，给铁钱二百千。横班副使知夔州，一百五十千，知诸州、军者，八十千。大卿监，诸司使、副至供奉官，中大夫至中散大夫，武功郎至秉义郎，阁门祗候已上，十五千。十五千已上有从州、府地望给者。不系大卿，充益、梓、利、夔知州，给铁钱一百五十千。诸司副使至供奉官，阁门祗候已上知四州同。若知诸州、军，八十千。惟诸司使一百千。朝官忠翊郎，侍禁，阁门祗候，十千。朝官权知军、州、府者同。若知四路诸州、府，给铁钱八十千，知军六十千。侍禁、阁门祗候、知诸军、州同。保义郎，殿直，阁门祗候，八千。若知四路诸州、军者，给铁钱五十千。京官十千至七千，有二等。知四路州、府，给铁钱六十千；知军，五十千。试衔及州县官，职官兼知春州，七千。有以州望者：河南、大名、荆南、永兴、江宁、杭、扬、潭、并、代州，三十千。应天、真定、凤翔、陕府、秦、青、洪州，二十千。河中、郓、许、襄、孟、滑、郑、沧、邢、澶、贝、相、华、晋、潞、庐、寿、宿、泗、楚、苏、越、润、常州，十五千。广州知州，岁七百千，逐月均给。旧月给百千，大中祥符六年，令岁取五百千，余充添给。益州给铁钱三百千，梓州二百千，夔州百五十千，余州约铜钱数而给之。

有都总管、经略安抚等使者：河北四路，真定、瀛州、定州、大名。陕西逐路，永兴、秦州、渭州、庆州、延州。河东路，太原。前任两府，并五十千；谏议、舍人、待制、太中大夫已上，三十千。并特添二十千。知大名府带河北路安抚使同。知并州带学士即五十千，而无特给。三路管勾机宜文字，朝官十千，京官七千。知桂州充广南西路都钤辖、经略安抚使，自谏议、舍人、待制及大卿监、太中大夫、中散大夫已上，三十千。朝臣充广西路兵马都钤辖兼本路安抚管勾经略司公事，即二十千。河北沿边安抚副使、都监以横行使充者，三十千。自横行副使并诸司使、副至崇班、武功大夫、敦武郎以上充者，二十千。供奉官、秉义郎、阁门祗候充都监，十五千。同管勾河东缘边安抚司公事，以横行副使至内殿崇班、敦武郎以上，二十千。

通判，大藩有二十千至十五千者。余州、军，朝官有十千至七千者，京官七千。朝官通判益州，给铁钱八十千，京官六十千。朝官通判渠、梓、利、夔路州、军、府，给铁钱七十千，京官五十千。签判，朝官十千，京官七千。朝官签判益、梓州，给铁钱七十千，京官五十千。

三路转运使，淮南、江浙、荆湖制置茶盐等税都大发运使，谏议、待制、大卿监以下，太中、中散以上，三十千。朝官充发运使、副，二十千。武功大夫至武翼郎、诸司使副充发运使副、都监，同朝官；充判官，十千。三门、白波发运使，朝官二十千；朝官充判官，十千，京官七千。诸路转运使、副，朝官宣德郎以下，二十千，任四路者，给铁钱一百五十千。判官十千。任福建、广南东西路，十五千。任益、梓、利、夔四路，给铁钱八十千。诸路提点刑狱，劝农使、副，开封府界提点诸县镇公事，二十千。忠翊郎、侍禁、阁门祗候以下任诸路提点刑狱、劝农使副并府界同提点，敦武郎、内殿崇班已上者，十五千。朝官并秉义郎，供奉官，阁门祗候已上任四路提点刑狱，给铁钱一百五十千。忠翊郎、侍禁、阁门祗候以下，一百千。

诸路副都总管，权总管，都钤辖，路分钤辖，州钤辖，路分都监，有五十千至八千，凡六等。任四路，给铁钱有二百千至一百千，凡三等。府界及诸路州、府、军、监、县、镇都监、巡检、寨主、监押，自诸司使以下至三班借职，武功大夫至承信郎已上，十五千至五千，凡六等。任四路，给铁钱有一百千至五十千，凡四等。陕西、河东沿边诸族蕃官巡检，自十五千至四千，凡六等。诸路走马承受公事，自从义郎至保义郎，供奉官至殿直，并两省自供奉官至黄门，自十千至五千，凡四等。任四路，给铁钱自六十千至四十千，凡三等。府界并诸路州、府、军、监、县、镇监当，朝官七千，京官五千至四千，凡二等。武功大夫以下至进义校尉，诸司使以下至三班使臣，自十千至三千，凡七等。朝官任川峡州、府、军、监，给铁钱五十千，京官三十千至二十五千，凡二等。三班使臣任四路者，自六十千至二十五千，凡五等。

朝官充陕西及江、浙、荆湖、福建、广南提举、提点铸钱等公事，自二十千至十五千，凡二等。朝官充都大提举河渠司，勾当及提举宫观，并催遣辇运、催纳，诸州监物务等，自十五千至七千，凡三等。任四路，给铁钱七十千。京官充催促辇运、催装斛斗纲船，并诸州监物务等，自七千至五千，凡二等。任四路，给铁钱五十千。都大提举修护黄河堤埽岸，诸处巡检，并监北京大内军器库，并蔡河拨发催纲等，并以两省供奉官以下至内品充，自十千至三千，凡七等。旧志有诸路都部署、钤辖，有五十千至十五千，凡四等。驻泊都监，兵马都监，有二十千至十五千，凡六等。诸州监场务，朝官供奉以上七千，京官殿直五千，奉职内品三千，内课颐大者，京朝官与京官同，使臣与兵马监押同。

大中祥符二年，诏外任官不得挈家属赴任者，许分添给钱赡本家。添给羊，凡外任给羊有二十口至二口，凡六等。给米，有二十石至二石，凡七等。给面，有三十石至二石，凡七等。傔从，有二十人至二人，凡七等。马，有十匹至一匹，凡六等。旧志数不同。今从《四朝志》。

建炎南渡以后，奉禄之制，参用嘉祐、元丰、政和之旧，少所增损。惟兵兴之始，宰执请受权支三分之一，或支三分之二，或支赐一半，隆兴及开禧自陈损半支给，皆权宜也。其后，内外官有添支料钱，职事官有职钱，厨食钱，职纂修者有折食钱，在京厘务官有添支钱、添支米，选人、使臣职田不及者有茶汤钱，其余禄粟、傔人，悉还畴昔。今合新旧制而参记之。

元丰定制，以官寄禄。南渡重加修定：开府仪同三司，料钱一百贯。特进，九十贯。春、冬衣绢各二十五匹，小绫一十匹，春罗一匹，冬绵五十两。金紫光禄大夫，银青光禄大夫。料钱各六十贯，春、冬绢各二十匹，小绫七匹，春罗一匹，冬绵五十两。宣奉大夫，正奉大夫，正议大夫，通奉大夫。料钱各五十贯，春、冬绢各十七匹，小绫五匹，春罗一区。冬绵五十两。通议大夫，太中大夫，中大夫，中奉大夫，中散大夫。料钱各四十五贯，春、冬绢各二十五匹，小绫三匹，春罗一匹，冬绵五十两。朝议大夫，奉直大夫，朝请大夫，朝散大夫，朝奉大夫。以上料钱各三十五贯，春、冬绢各一十五匹，春罗一匹，冬绵三十两。朝请郎，朝散郎，朝奉郎。以上料钱各三十贯，春、冬绢各一十三匹，春罗一匹，绵三十两。承议郎。料钱二十贯，春、冬绢各一十匹，冬绵三十两。奉议郎。料钱二十贯，春、冬绢各十匹，冬绵三十两。通直郎。料钱十八贯，春、冬绢各七匹，春罗一匹，冬绵三十两。宣教郎。料钱十五贯，春、冬绢五匹，冬绵十五两。宣议郎。料钱十二贯，春、冬绢各五匹，冬绵十五两。承事郎。料钱十贯，春、冬绢各五匹，冬绵十五两。承奉郎。料钱八贯。承务郎。料钱七贯，元丰以来，厘务止支驿料，大观二年定支。以上料钱，一分见钱，二分折支。每贯折钱，在京六百文，在外四百文。到任添给驿料。

承直郎。料钱二十五贯，茶汤钱一十贯，厨料米六斗，面一石五斗，薪四十束，柴二十束，马一匹，春、冬绢六匹，绵一十二两。儒林郎。料钱二十贯，茶汤钱一十贯，厨料米六斗，面一石五斗，薪三十束，柴一十五束，春、冬绢各五匹，冬绵十四两。文林郎。料钱一十五贯，茶汤钱十贯，厨料米六斗，面一石五斗，薪三十束，柴一十五束，春、冬绢各五匹，绵十两。从事郎，从政郎，修职郎。已上料钱各一十五贯，茶汤钱一十贯，米、麦各二石。迪功郎。料钱一十二贯，茶汤钱一十贯，米麦各一石五斗。以上钱折支中给一半见钱，一半折支。每贯折见钱七百文。厘务日给，满替日住。

武臣请奉：太尉。料钱一百贯，春服罗一匹，小绫及绢各十匹，冬服小绫十匹，绢二十匹，绵五十两。正任节度使。在光禄大夫之下，初授及带管军同，料钱四百贯，禄粟一百五十石。承宣使。在通议大夫之下，料钱三百贯，禄粟一百石。观察使。在中大夫之下，料钱各二百贯，禄粟一百石，米麦十五石。防御使。在中散大夫之下，料钱二百贯，禄粟一百石，米麦各十二石五斗。团练使。在中散大夫之下，料钱一百五十贯，禄粟七十石，米麦各九石。诸州刺史。在中散大夫之下，料钱一百贯，禄粟五十石，米、麦各七石五斗。自承宣使以下，不带阶官者为正任，带阶官者为遥郡，遥郡各在正任之下，请奉与次任、正任一同。靖康指挥：遥郡以上奉钱、衣赐、傔人、奉马，权支三分之二。

殿前三衙四厢、捧日、天武左右厢都指挥使遥郡团练使。料钱一百贯文，春、冬服绢各十匹。殿前诸班直都虞候，诸军都指挥使遥郡刺史。料钱五十贯，衣同前。龙卫、神卫右厢都指挥使遥郡团练使。同捧日、天武。龙、神卫诸军都指挥使遥郡刺史。同殿前。

左、右金吾卫上将军，左、右卫上将军，在光禄大夫之下。诸卫上将军。在通奉大夫之下。以上料钱各六十贯，春、冬绫各五匹，绢各十匹，春罗一匹，冬绵五十两。**左、右金吾卫大将军**。在中散大夫之下，料钱三十五贯，春、冬绫三匹，绢七匹，春罗一匹，绵三十两。诸卫大将军。在中散大夫之下，料钱二十五贯，春、冬绫三匹，绢各七匹，春罗一匹，冬绵二十两。诸卫将军。在朝奉郎之下，料钱二十五贯，春、冬绫各二匹，绢各七匹，春罗一匹，冬绵十五两。率府率，在奉议郎之下。率府副率。在通直郎之下。料钱十三贯，春、冬绢各五匹，春罗一匹，冬绵一十五两。

通侍大夫。在中散大夫之下。料钱五十贯，禄粟二十五石。春绢七匹，冬绢十匹，绵三十两，傔二十人，马三匹。正侍大夫，宣正大夫，履正大夫，协忠大夫，中侍大夫。以上在中散大夫之下。料钱各三十七贯，禄粟二十五石，春绢七匹，冬绢十匹，绵三十两，傔二十人，马三匹。中亮大夫。在中散大夫之下。料钱三十七贯，禄粟二十五石，春绢七匹，冬绢十匹，绵三十两，傔二十人，马三匹。中卫大夫，翊卫大夫，亲卫大夫，在中散大夫之下，防御使之上。拱卫大夫，左武大夫，右武大夫。并在奉直大夫之下，诸司正使之上。以上料钱并二十七贯，春绢七匹，冬绢十匹，绵三十两。武功大夫，武德大夫，武显大夫，武节大夫，武略大夫，武经大夫，武义大夫，武翼大夫。并在朝奉大夫之下。以上各料钱二十五贯，厨料米一石，面二石，春绢七匹，冬绢十匹，绵三十两。

正侍郎，宣正郎，履正郎，协忠郎，中侍郎，中亮郎，中卫郎，翊卫郎，亲卫郎，拱卫郎，左武郎，右武郎。以上并在朝奉郎之下。钱各二十贯，春绢五匹，冬绢七匹，绵三十两。武功郎，武德郎，武显郎，武节郎，武略郎，武翼郎，武义郎。并在承议郎之下。以上各料钱二十贯，厨料米、面各一石，春绢五匹，冬绢七匹，绵三十两。训武郎。料钱一十七贯，春绢五匹，冬绢七匹，绵二十两。修武郎。料钱一十七贯，春绢五匹，冬绢七匹，绵二十两。从义郎，秉义郎。并料钱十贯，带职钱十二贯，春绢四匹，冬绢五匹，绵一十两。忠训郎，忠翊郎。并料钱七贯，带职钱十贯，春、冬绢各四匹，冬绵十五两。成忠郎，保义郎。并料钱五贯，带职钱七贯，春、冬绢各四匹，绵一十五两。承节郎，承信郎。并料钱四贯，春、冬绢各三匹，钱二贯文。

进武校尉。料钱三贯，春、冬绢各三匹。进义校尉。料钱二贯，春、冬绢各三匹。下班祗应。各随差使理年不等。自三年至十二月，料钱七百文，粮二石五斗，春、冬绢各五匹。进武副尉。料钱三贯。进义副尉。料钱一贯。守阙进义副尉。料钱二贯。

料钱、职钱，绍兴仍政和之旧：宰相，枢密使，料钱月三百贯。政和左辅、右弼为宰相，绍兴右仆射同中书门下平章事为宰相。旧制，春、冬服小绫各二十匹，绢各三十匹，春罗一匹，冬绵一百两。初，建炎元年指挥，宰执请受并权支三分之二，支赐支一半。知枢密院事，参知政事，枢密副使，同知枢密院事，签书枢密院事。料钱二百贯，春、冬服小绫各十匹，绢各二十匹，春罗一匹，冬绵五十两。太师，太傅，太保，少师，少傅，少保。料钱三百贯，春服罗三匹，权支一匹；小绫三十匹，支二十匹；绢四十匹，支三十匹，冬服绫、绢同，绵二百两，支一百两。

以下职事官并支职钱：开封牧，钱一百贯。春服罗一匹，小绫、绢各十匹，冬服小绫十匹，绢二十匹，绵五十两。太子太师，太傅，太保，职钱二百贯。春服罗一匹，小绫十匹，绢二十五匹，冬服绫、绢同，绵五十两。少师，少傅，少保，百五十贯。春、冬服小绫各七匹，绢各二十匹，春罗一匹，冬绵五十两。御史大夫，六部尚书。行，六十贯；守，五十五贯；试，五十贯。春服罗一匹，小绫五匹，绢十七匹，冬服绫、绢同，绵五十两。翰林学士承旨，翰林学士，五十贯。春服同上。左、右散骑常侍。行，五十五贯；守，五十贯；试，四十五贯。春服小绫三匹，绢十五匹，罗一匹，冬绫、绢同，绵五十两。权六曹尚书，御史中丞，六曹侍郎并同常侍，太子宾客。行，五十贯；守，四十七贯；试，四十五贯。春服小绫七匹，绢二十匹，罗一匹，冬绫、绢同，绵三十两。太子詹事。钱、衣同宾客，小绫各止三匹。给事中，中书舍人。行，五十贯；守，四十五贯；试，四十贯。服同詹事。左、右谏议大夫。行，四十五贯；守，四十贯；试，三十七贯。余同舍人。权六曹侍郎。职钱四十贯，绢同上。太常、宗正卿。行，三十八贯；守，三十五贯；试，三十二贯。春、冬衣随官序。

秘书监。行，四十二贯；守，三十八贯；试，三十五贯。七寺卿，国子祭酒。行，三十五贯；守，三十二贯；试，三十贯。太常、宗正少卿，秘书少监。行，三十二贯；守，三十贯；试，二十八贯。中书门下省检正诸房公事，左、右司郎中。行，三十八贯；守，三十七贯；试，三十五贯。国子司业，少府、将作、军器监。行，三十二贯；守，三十贯；试，二十八贯。太子少詹事。行，三十五贯；守，三十二贯；试，三十贯。太子左、右谕德。行，三十三贯；

守，三十贯；试，二十九贯；起居郎，起居舍人，侍御史。行，三十七贯；守，三十五贯；试，三十二贯。左、右司员外郎，六曹郎中。同上。殿中侍御史，左、右司谏。行，三十五贯；守，三十二贯；试，三十贯。

左、右正言。行，三十二贯；守，三十贯；试，二十七贯。诸司员外郎。同司谏。少府、将作、军器少监。行，三十贯；守，二十八贯；试，二十五贯。太子侍读，侍讲。行，二十五贯；守，二十二贯；试，二十贯。监察御史。同正言。太常中舍人，太子舍人。行，二十贯；守，十九贯；试，十八贯。太常丞，太医令，宗正丞，知大宗正丞，秘书丞，大理正，著作郎。行，二十五贯；守，二十二贯；试，二十贯。绍兴元年指挥，宣教郎任馆职，寺监丞、簿、评事，台法、主簿，寺簿、正、司直，添给职钱一十六贯，指挥每月特支米三石。七寺丞。行，二十二贯；守，二十贯。秘书郎。行，二十二贯；守，二十贯；试，一十八贯。太常博士。同七寺丞。著作佐郎。同秘书郎。国子监丞。同七寺丞。大理司直、评事。同著作郎。少府、将作、都水监丞。行，二十贯；守，十八贯。秘书省校书郎；行，十八贯；守，十六贯；试，十四贯。正官。行，十六贯；守，十五贯；试，十四贯。御史台检法、主簿，九寺簿，行，二十贯；守，十八贯。诸王宫大小学教授，太学、武学博士。行，二十贯；守，十八贯；试，十六贯。今诸王府翊善、赞读、直讲、记室料钱，并支见钱。律学博士。行，十八贯；守，十七贯；试，十六贯。太常寺奉礼郎。十六贯。太常寺太祝、郊社令。行，十八贯，守，十六贯。太官令。十六贯。五监主簿。行，十八贯；守，十六贯。太学正、录，武学谕。行，十八贯；守，十七贯；试，十六贯。律学正。行，十六贯；守，十五贯；试，十四贯。

枢密院官属：都承旨，承旨。料钱四十贯，职钱三十贯，承旨二十五贯。春服罗一匹，小绫三匹，绢十五匹，冬服小绫五匹，绢十五匹，绵五十两。副都承旨。料钱三十贯，职钱二十贯，副承旨、诸房副承旨十五贯，若诸房副承旨同主管承旨司公事，加五贯。春衣罗一匹，绢十五匹，冬绢同，绵三十两。检详诸房文字。职钱三十五贯，厨食钱每日五百。计议、编修官。添支钱十贯，第三等折食钱二十五贯，厨食钱每日五百。

凡诸职事官职钱不言"行"、"守"、"试"者，准"行"给。职事官衣，如寄禄官例，及无立定则例者，随寄禄官给。职料钱、米麦计实数给，两应给者，从多给。谓职钱、米麦。诸承直以下充职事官，谓大理司直、评事。秘书省正字，太学博士、正、录，武学博士、谕，律学博士、正。听支阶官请受、添给。诸称请受者，谓衣粮、料钱，余并为添给。

旧制，观文殿大学士，三十贯。米三石，面五石。观文殿学士，资政，保和殿大学士，二十贯。米三石，面五石。资政、保和殿学士，十五贯。米三石，面五石，同上。春、冬小绫各五匹，绢各十七匹，春罗一匹，冬绵五十两。龙图、天章、宝文、显谟、徽猷、敷文阁学士、直学士，十五贯。春、冬小绫各三匹，绢各十五匹，春罗一匹，冬绵五十两。保和殿，龙图、天章、宝文、显谟、徽猷、敷文阁待制同。

先是，大观，或言添支厚薄不均，其后，自学士而下改名贴职钱：观文殿大学士；贴职钱一百贯文，米麦各二十五石，添支米三石，面五石，万字茶二斤。观文殿学士、资政、保和殿大学士；贴职钱八十贯，米麦同，添支钱十贯，添支米面同。资政、保和殿学士；贴职钱七十贯，米麦同，添支米面同，万字茶二斤，春、冬绫五匹，绢一十七匹，绵五十两。罗一匹，端明殿学士；贴职钱五十贯，米麦二十石，添支米三石，面五石，万字茶二斤，春、冬绫五匹，绢一十七匹。罗一匹，冬绵五十两。龙图、天章、宝文、显谟、徽猷、敷文阁学士，枢密直学士；正三品，贴职钱四十贯，米麦各一十石，添支米二石，面五石，万字茶二斤，春、冬绫五匹，绢一十七匹，春罗一匹，冬绵五十两。龙图、天章、宝文、徽猷、敷文阁直学士，保和殿待制；贴职钱三十贯，米麦各一十七石五斗，春、冬绫各三匹，绢一十五匹，春罗一匹，冬绵五十两。**龙图、天章、宝文、显谟、徽猷、敷文阁待制**；贴职钱二十贯，米麦各一十二石五斗，春、冬绫各三匹，绢一十五匹，春罗一匹，冬绵五十两。集英殿修撰，右文殿修撰，秘阁修撰；以上贴职钱各一十五贯。直龙图、天章、宝文阁，直显谟、徽猷、敷文阁，直秘阁。以上贴职钱各一十贯。

宣和间，罢支贴职钱，仍旧制添支。绍兴因之，令诸观文殿大学士至保和殿大学士料钱、春冬服随本官；资政殿学士至待制料钱随本官，春、冬服从一多给。又诸学士添支钱，曾任执政官以上者，在京、外任并支；其余在京支，外任不支。米、面、茶、炭、奉马、傔人衣粮，内外任并给。酒、添支、马草料，外任勿给。外依祖例添支，如六部尚书而下职事官，分等第支厨食钱，自十五贯至九贯，凡四等，并依宣和指挥。修书官折食钱，监修国史四十千，史馆修撰、直史馆、本省长贰三十七贯五百，检讨、著作三十五贯，并依自来体例。有特旨添支。如绍兴元年指挥：馆职、寺监丞、簿、评事、台法、主簿、寺正、司直、博士，添职钱一十贯。六年指挥：五寺、三监、秘书、大宗正丞、太常博士、著作、秘书、校书郎、著作佐郎、正字、大理寺正、司直、评事、台簿、删定官、检、鼓、奏告院，特支米三石计议、编修官二石。

禄粟及随身、傔人：宰相，一百石，绍兴：三公，侍中、中书、尚书令，左、右仆射同平章事，并为宰相。随身七十人。知枢密院事，参知政事，枢密副使，同知枢密院事，一百石，随身五十人。太师，太傅，太保，少师，少傅，少保，一百石，旧制百五十石。随身一百人。太尉，一百石，随身五十人。节度使，禄粟已具奉禄类。元随五十人，承宣使，元随五十人。观察使，防御使，元随三十人。团练使，已上并具奉禄类。元随三十人。诸州刺史，同上。元随二十人，通侍大夫，正侍大夫，宣正大夫，履正、协忠、中侍、中亮大夫，禄粟、傔人并具奉禄类。捧日、天武左右厢都指挥使遥郡团练使，五十石，傔十人。龙、神卫右厢都指挥使带遥郡团练使同。殿前诸班直都虞候，诸军都指挥使遥郡刺史，二十五石，傔五人。龙、神卫诸军都指挥使带遥郡刺史同。

诸学士添支米已附于前，今载：观文殿大学士，傔二十人。观文殿学士，资政、保和殿大学士，傔十人。资政、保和殿学士，龙图、天章、宝文、显谟、徽猷、敷文阁学士，傔七人。枢密都承旨，傔十人；副都承旨、诸房副承旨，七人。其余京畿守令、幕职曹官，自十石、七石、五石至于二石各有等。中书堂后官提点五房公事，逐房副承旨，自七人、五人至于一人各有数。因仍前制，旧史已书。凡任宰相、执政有随身，太尉至刺史有元随，余止傔人。

绍兴折色：凡禄粟每石细色六斗米麦中支。管军给米六分，麦四分。随身、元随、傔人粮，每斗折钱三十文，衣绸绢每匹一贯。布每匹三百五十文，绵每两四十文。

公用钱

自节度使兼使相，有给二万贯者。其次万贯至七千贯，凡四等。节度使，万贯至三千贯，凡四等。节度观察留后，五千贯至二千贯，凡四等。观察使，三千贯至二千五百贯，凡二等。防御使，三千贯至千五百贯，凡四等。团练使，二千贯至千贯，凡三等。刺史，千五百贯至五百贯，凡三等。亦有不给者。观察使以下在禁军校者，皆不给。京守在边要或加钱给者，罢者如故，皆随月给受，如禄奉焉。咸平五年，令河北、河东、陕西诸州，皆逐季给。

京师月给者：玉清昭应宫使，百千。景灵宫使，崇文院，七十千。会灵观使，六十千。祥源观都大管勾，五十千。御史台，三百千。大理寺，二百五十三千。刑部，九十六千。舍人院，二十千。太常寺，二十五千，秘阁，二十千。宗正寺，十五千。太常礼院，起居院，十千。门下省，登闻检院、鼓院，官诰院，三班院，各五十千。

岁给者：尚书都省，银台司，审刑院，提举诸司库务司，每给三十千，用尽续给，不限年月；余文武常参官内职知州者，岁给五千至百千，凡十三等，皆长吏与通判署籍连署以给用；少卿监以上，有增十千至百千者。淳化元年九月，诏诸州、军、监、县无公使处，遇诞降节给茶宴钱，节度州百千，防、团、刺史州五十千，监、三泉县三十千，岭南州、军以幕府州县官权知州十千。

给券

文武群臣奉使于外，藩郡入朝，皆往来备饔饩，又有宾幕、军将、随身、牙官、马驴、橐驼之差：节、察俱有宾幕以下；中书、枢密、三司使有随身而无牙官、军将随；诸司使以上有军将、橐驼。余皆有牙官、马驴，惟节、察有宾幕。诸州及四夷贡奉使，诸司职掌祗事者，亦有给焉。四夷有译语、通事、书状、换医、十券头、首领、部署、子弟之名，贡奉使有厅头、子将、推船、防授之名，职掌有傔。

京朝官、三班外任无添给者，止续给之。京府按事畿内，幕职、州县出境比较钱谷，覆按刑狱，并给券。其赴任川峡者，给驿券，赴福建、广南者，所过给仓券，入本路给驿券，皆至任则止。车驾巡幸，群臣扈从者，中书、枢密、三司使给馆券，余官给仓券。

职田

周自卿以下有圭田不税，晋有㑷橘田，后魏宰人之官有公田，北齐一品以下公田有差，唐制内外官各给职田，五代以来遂废。咸平中，令馆阁检校故事。申定其制，以官庄及远年逃亡田充，悉免租税，佃户以浮客充，所得课租均分，如乡原例。州县长吏十之五，自余差给。其两京、大藩府四十顷，次藩镇三十五顷，防御、团练州三十顷，中、上刺史州二十顷，下州及军、监十五顷，边远小州、上县十顷，中县八顷，下县七顷，转运使、副十顷，兵马都监押、寨主、厘务官、录事参军、判司等，比通判、幕职之数而均给之。

景德二年七月，诏诸州职田如有灾伤，准例蠲课。大中祥符九年，殿中侍御史王奇上言，请天下纳职田以助振贷。帝曰："奇未晓给纳之理。然朕每览法寺奏款，外官占田多逾往制，不能自备牛种，水旱之际又不蠲省，致民无告。"遂罢奇奏，因下诏戒饬之。

天圣中，上患职田有无不均，吏或多取以病民；诏罢天下职田，悉以岁入租课送官，具数上三司，计直而均给之。朝廷方议措置未下，仁宗阅具狱，见吏以赇败者多，恻然伤之；诏复给职田，毋多占佃户，及无田而配出所租，违者以枉法论。

又十余年，至庆历中，诏限职田，有司始申定其数。凡大藩长吏二十顷，通判八顷，判官五顷，幕职官四顷。凡节镇长吏十五顷，通判七顷，判官四顷，幕职官三顷五十亩。凡防、团以下州军长吏十顷，通判六顷，判官三顷五十亩，幕职官三顷。其余军、监长吏七顷，判官、幕官并同防、团以下州军。凡县令，万户以上六顷，五千户以上五顷，不满五千户并四顷。凡簿、尉，万户以上三顷，五千户以上二顷五十亩，不满五千户二顷。录事参军比本判官。曹官比倚郭簿、尉。发运制置、转运使副，武臣总管，比节镇长吏。发运制置判官，比大藩府通判。安抚都监，路分都监，比节镇通判。大藩府都监，比本府判官。黄汴河、许汝石塘河都大催纲，比节镇判官。节镇以下至军监，诸路走马承受并寨主，都同巡检，提举捉贼，提点马监，都大巡河，不得过节镇判官。在州监当及催纲、拨发，巡捉私茶盐贼盗，驻泊捉贼，不得过簿、尉。自此人有定制，士有定限，吏以职田抵罪者，视昔为庶几焉。

至熙宁间，复诏详定：

凡知大藩府三京、京兆、成都、太原、荆南、江宁府、延、秦、扬、杭、潭、广州。二十顷，节镇十五顷，余州及军淮阳、无为、临江、广德、兴国、南康、南安、建昌、邵武、兴化。并十顷，余小军、监七顷。通判、藩府八顷，节镇七顷，余州六顷。留守、节度、观察判官，藩府五顷，节镇四顷。掌书记以下幕职官三顷五十亩。防御、团练军事推官，军、监判官三顷。令、丞、簿、尉，万户以上，县令六顷，丞四顷；不满万户，令五顷，丞三顷；不满五千户，令四顷，丞二顷五十亩。簿、尉减令之半。藩府、节镇录参，视本州判官，余视幕职官。藩府、节镇曹官，视万户县簿、尉，余视不满万户者。

发运、转运使、副，视节镇知州。开封府界提点，视余州。发运、转运判官，常平仓司提举官，视藩府通判。同提举，视万户县令。发运司干当公事，视节镇通判。转运司管干文字，提刑司检法官，提举常平仓司干当公事，视不满万户县令。蔡河、许汝石塘河都大催纲，管干机宜文字，府界提点司干当公事，视节镇判官。

总管，视节镇知州。路分钤辖，视余州知州。安抚、路分都监，州钤辖，视节镇通判。藩府都监，视本州判官。诸路正将，视路分都监；副将，视藩府都监。走马承受，诸州都监，都同巡，都大巡河，并视节镇判官。巡检、堡寨都监，寨主，在州监当及催纲、拨发，巡捉私茶盐贼盗，驻泊捉贼，并视幕职官。巡辖马递铺，监堰并县、镇、寨监当，并视本县簿、尉。诸路州学教授，京职视本州判官，选人视本州曹官。

又诏："成都府路提点刑狱司，以本路职田令逐州军岁以子利稻麦等拘收变钱，从本司以一路所收钱数，又纽而为斛斗价直，然后等第均给。"自熙宁三年始，知成都府，一千石。转运使，六百石。钤辖二员，各五百石。转运判官，视钤辖。通判二员，各四百五十石。签判，节推，察推，知录，干当粮料院，监军资库，都监，都巡检，巡检，系大使臣。走马承受，京朝官知县，各二百石。内职官系两使支掌以上资序者同。如系初等及权入者，各一百五十石。监商税、市贾院、交子务，系京朝官或大使臣充者。视职官。城外巡检，监排岸，十县巡检，系三班使臣者。各一百五十石。司理，司户，司法，府学教授，系救札正授者。监甲仗库，各一百石。知眉、蜀、彭、雅、邛、嘉、简、陵州，永康军，视成都通判。其通判减三之一。知威、黎、茂州，视眉、蜀通判。其都监，监押，驻泊，都巡检，系大使臣者。签判，推、判官，系两使职官并支掌以上资序。知录，京朝官并职官知县，监棚口镇，系京朝官，视成都职官。监押，巡检，同巡检，驻泊，系三班使臣。初等职官或权入职官，录事参军，县令，试衔知县，视成都城外巡检。司理，司户，司法，诸县主簿、尉，应监当场务选人监税、监盐，巡辖马铺，系三班使臣。视成都曹官。应诸县令佐系职员权摄者不给。岁有丰凶，则数有剩少，皆随时等级为之增减。初，权御史中丞吕诲、御史知杂刘述奉诏同均定成都、梓、利、夔四路职田，诲等以成都路岁收子利稻麦、桑丝、麻竹等物逐处不同，遂计实直纽作稻谷一色，每斗中价百有二十，自知成都府以下官属等第均定。及再诏详定，而三路数少，均分不足，用定到成都路数目以闻，中书再行详定，而有是诏。

元丰中，诏熙河、泾原、兰州路州军官属职田，每顷岁给钱钞十千。以其元给田及新造之区，募弓箭手及留其地以为营田。元符三年，朝散郎杜子民奏："职田之法，每患不均。神宗首变两川之法，无给上下，一路便之。元祐中推广此意，以限月之法，变而均给。士大夫贪冒者，或穷日之力以赴期会，或交书请属以幸权摄，奔竞之风长，廉耻之节丧。乞复元丰均给之法，以养士廉节。"从建中靖国元年，知延安府范纯粹奏："昨帅河东日，闻晋州守臣所得职田，因李君卿为州，谕意属邑增广租入，比旧数倍。后襄陵县令周汲力陈共弊，郡守时彦岁减所入十七八，佃户始脱苛敛之苦。而晋、绛、陕三州圭腴，素号优厚，多由违法所致。或改易种色，或遣子弟公皂监获，贪污猥贱，无所不有。乞下河东、陕西监司，悉令改正。"从之。

大观四年，臣僚言："圭田欲以养廉，无法制以防之，则贪者奋矣。奸吏挟肥瘠之议，以逞其私，给田有限，课入无算，祖宗深虑其弊，以提点刑狱官察之，而未尝给以圭租，庶不同其利而分其心也。近岁提点刑狱所受圭租，同于他司，故积年利病，壅于上闻。元丰旧制，检法官，其属也，当视其长。自元祐初并提举常平司职事入提刑司，兼领编敕，遂将提举官合给之数拨与提刑司，参详修立，而检法官亦预焉。"诏依旧法。

政和八年，臣僚言："尚书省以县令之选轻，措置自不满五千户至满万户递增给职田一顷。夫天下圭租，多寡不均久矣，县令所得，亦复不齐。多至九百斛，如淄州高苑；八百斛，如常之江阴；六百斛，常之宜兴。亦六百斛。自是而降，或四五百，或三二百。凡在河北、京东、京西、荆湖之间，少则有至三二十斛者；二广、福建有自来无圭租处；川峡四路自守倅至簿、尉，又以一路岁入均给，令固不得而独有。今欲一概增给一顷，岂可得哉？"诏应县令职田顷亩未及条格者，催促摽拨。

宣和元年诏："诸路职官各有职田，所以养廉也。县召客户、税户，租佃分收，灾伤检覆减放，所以防贪也。诸县多逾法抑都保正长，及中上户分佃认纳，不问所收厚薄，使之必输，甚至不知田亩所在，虚认租课。闻之恻然。应违法抑勒及诡名委保者，以违诏论；灾伤检放不尽者，计赃以枉法论；入己者以自盗论。"

靖康元年，诏诸路职田租存田亡者，并与落租额。绍兴间，惧其不均，则诏诸路提刑司依法摽拨，官多田少，即于邻近州县通融，须管数足。又诏将空闲之田为他司官属所占者，拨以足之，仍先自簿、尉始。其有无职田，选人并亲民小使臣，每员月支茶汤钱一十贯文。内虽有职田，每月不及十贯者，皆与补足，所以厚其养廉之利。惧其病民，则委通判、县令核实，除其不可力耕之田，损其已定过多之额。凡职租不许辄令保正催纳，或抑令折纳见钱，或无田平白监租，或以虚数勒民代纳，或额外过数多取，皆申严禁止之令。察以监司，坐以赃罪，所以防其不廉之害。罢废未几而复旧，拘借未久而给还，移充籴本，转收马料，旋复免行，皆所以示优恩，厉清操也。

若其顷亩多寡，具有成式：知藩府，谓三京、颍昌、京兆、成都、太原、建康、江陵、延安、兴仁、隆德、开德、临安府，秦、扬、潭、广州。二十顷。发运、转运使副，总管，副总管，知节镇，一十五顷。知余州及广济、淮阳、无为、临江、广德、兴国、南康、南安、建昌、邵武、兴化、汉阳、永康军，并路分钤辖，一十顷。发运、转运判官，提举淮南、两浙、江南、荆湖东西、河北路盐事官，通判藩府，八顷。知余军及监，并通判节镇州，钤辖，安抚副使，都监，路分都监，将官，发运司干办公事，七顷。通判余州及军，满万户县令，六顷。藩府判官，录事参军，州学教授，并谓承务郎以上者。都监，发运、转运司主管文字，满五千户县令，副将官，五顷。节镇判官，录事参军，州学教授，并谓承务郎以上者。转运司主管帐司，不满五千户县令，满万户县丞，余州都监，走马承受公事，主管机宜文字，同巡检，都大巡河，提点马监，四顷。节度掌书记，观察支使，藩府及节镇推官，巡检，县、镇、寨都监，寨主，巡捉私茶盐，驻泊捉贼，在城监当，余州判官、学教授，并谓承务郎以上者。军、监都监，三顷五十亩。军、监判官，余州推官，余州及军、监录事参军，巡检，县、镇、寨都监，寨主，巡捉私茶盐，驻泊捉贼，在城监当，藩府及节镇曹官，州学教授，谓承直郎以下。满五千户县丞，满万户县簿、尉，巡辖马递铺，县、镇、寨监当及监堰，三顷。余州及军、监曹官，州学教授，谓承直郎以下。不满五千户县丞，满五千户县簿、尉，巡辖马递铺，县、镇、寨监当及监堰，二顷五十亩。不满五千户县簿、尉，巡辖马递铺，县、镇、寨监当及监堰，二顷。

卷一百七十三

志第一百二十六

食货上一 农田

昔武王克商，访箕子以治道，箕子为之陈《洪范》九畴，五行五事之次，即曰"农用八政"，八政之目，即以食货为先。五行，天道也；五事，人道也。天人之道治，而国家之政兴焉。是故食货而下，五卿之职备举于是矣：宗伯掌邦礼，祀必有食货而后仪物备，宾必有食货而后委积丰；司空掌邦土，民必有食货而后可奠于厥居；司徒掌邦教，民必有食货而后可兴于礼义；司寇掌邦禁，民必有食货而后可远于刑罚；司马掌邦政，兵必有食货而后可用于征戍。其曰"农用八政"，农，食货之本也。唐杜佑作《通典》，首食货而先田制，其能推本《洪范》八政之意欤？

宋承唐、五季之后，太祖兴，削平诸国，除藩镇留州之法，而粟帛钱币咸聚王畿；严守令劝农之条，而稻、粱、桑、枲务尽地力。至于太宗，国用殷实，轻赋薄敛之制，日与群臣讲求而行之。传至真宗，内则升中告成之事举，外则和戎安边之事滋，由是食货之议，日盛一日。仁宗之世，契丹增币，夏国增赐，养兵两陲，费累百万；然帝性恭俭寡欲，故取民之制，不至掊克。神宗欲伸中国之威，革前代之弊，王安石之流进售其强兵富国之术，而青苗、保甲之令行，民始罹其害矣。哲宗元祐更化，斯民稍望休息；绍圣而后，章惇倡绍述之谋，秕政复作。徽宗既立，蔡京为丰亨豫大之言，苛征暴敛，以济多欲，自速祸败。高宗南渡，虽失旧物之半，犹席东南地产之饶，足以裕国。然百五十年之间，公私粗给而已。

考其祖宗立国初意，以忠厚仁恕为基，向使究其所为，勉而进于王道，亦孰能御之哉？然终宋之世，享国不为不长，其租税征榷，规橅节目，烦简疏密，无以大异于前世，何哉？内则牵于繁文，外则挠于强敌，供亿既多，调度不继，势不得已，征求于民；谋国者处乎其间，又多伐异而党同，易动而轻变。殊不知大国之制用，如巨商之理财，不求近效而贵远利。宋臣于一事之行，初议不审，行之未几，既区区然较其失得，寻议废格。后之所议未有以愈于前，其后数人者，又复訾之如前。使上之为君者莫之适从，下之为民者无自信守，因革纷纭，非是贸乱，而事弊日益以甚矣。世谓儒者论议多于事功，若宋人之言食货，大率然也。又谓汉文、景之殷富，得诸黄、老之清静，为黄、老之学者，大忌于纷更，宋法果能然乎？时有古今，世有升降，天地生财，其数有限，国家用财，其端无穷，归于一是，则"生之者众，食之者寡，为之者疾，用之者舒"之外，无他技也。

宋旧史志食货之法，或骤试而辄已，或亟言而未行。仍之则徒重篇帙，约之则不见其始末，姑去其泰甚，而存其可为鉴者焉。篇次离为上下：其一曰农田，二曰方田，三曰赋税，四曰布帛，五曰和籴，六曰漕运，七曰屯田，八曰常平义仓，九曰课役，十曰振恤。或出或入，动关民生；国以民为本，故列之上篇焉。其一曰会计，二曰铜铁钱，三曰会子，四曰盐，五曰茶，六曰酒，七曰坑冶，八曰矾，九曰商税，十曰市易，十一曰均输，十二曰互市舶法。或损或益，有系国体；国不以利为利，故列之下篇焉。各疏其事，二十有二目，通为十有四卷云。

农田之制　自五代以兵战为务，条章多阙，周世宗始遣使均括诸州民田。太祖即位，循用其法，建隆以来，命官分诣诸道均田，苛暴失实者辄谴黜。申明周显德三年之令，课民种树，定民籍为五等，第一等种杂树百，每等减二十为差，桑枣半之；男女十岁以上种韭一畦，阔一步，长十步；乏井者，邻伍为凿之；令、佐春秋巡视，书其数，秩满，第其课为殿最。又诏所在长吏谕民，有能广植桑枣、垦辟荒田者，止输旧租；县令、佐能招徕劝课，致户口增羡、野无旷土者，议赏。诸州各随风土所宜，量地广狭，土壤瘠埆不宜种艺者，不须责课。遇丰岁，则谕民谨盖藏，节费用，以备不虞。民伐桑枣为薪者罪之：剥桑三工以上，为首者死，从者流三千里；不满三工者减死配役，从者徒三年。

太宗太平兴国中，两京、诸路许民共推练土地之宜、明树艺之法者一人，县补为农师，令相视田亩肥瘠及五种所宜，某家有种，某户有丁男，某人有耕牛；即同乡三老、里胥召集余夫，分画旷土，劝令走耕，候岁熟共取其利。为农师者蠲税免役。民有饮博怠于农务者，农师谨察之，白州县论罪，以警游惰。所垦田即为永业，官不取其租。其后以烦扰罢。初，农时，太宗尝令取畿内青苗观之，听政之次，出示近臣。是岁，畿内菽粟苗皆长数尺。帝顾谓左右曰："朕每念耕稼之勤，苟非兵食所资，固当尽复其租税。"

端拱初，亲耕籍田，以劝农事。然畿甸民苦税重，兄弟既壮乃析居，其田亩聚税于一家，即弃去；县岁按所弃地除其租，已而匿他舍，冒名佃作。帝闻而思革其弊，会知封丘县窦玭言之，乃诏赐绯鱼，绢百匹；擢太子中允，知开封府司录事，俾按察京畿诸县田租。玭专务苛刻以求课最，民实逃亡者，亦搜索于邻里亲戚之家，益造新籍，甚为劳扰，数月罢之。时州县之吏多非其人，土地之利不尽出，租税减耗，赋役不均，上下相蒙，积习成敝。乃诏："诸知州、通判具如何均平赋税，招辑流亡、惠恤孤贫，窒塞奸幸，凡民间未便者，限一月附疾置以闻。"而比年多稼不登，富者操奇赢之资，贫者取倍称之息，一或小稔，富家责偿愈急，税调未毕，赀储罄然。遂令州县戒里胥、乡老察视，有取富民谷麦赀财，出息不得逾倍，未输税毋得先偿私逋，违者罪之。

言者谓江北之民杂植诸谷，江南专种粳稻，虽土风各有所宜，至于参植以防水旱，亦古之制。于是诏江南、两浙、荆湖、岭南、福建诸州长吏，劝民益种诸谷，民乏粟、麦、黍、豆种者，于淮北州郡给之；江北诸州，亦令就水广种粳稻，并免其租。淳化五年，宋、亳数州牛疫，死者过半，官借钱令就江、淮市牛。未至，属时雨沾足，帝虑其耕稼失时，太子中允武允成献踏犁，运以人力，即分命秘书丞、直史馆陈尧叟等即其州依式制造给民。

凡州县旷土，许民请佃为永业，蠲三岁租，三岁外，输三分之一。官吏劝民垦田，悉书于印纸，以俟旌赏。至道二年，太常博士、直史馆陈靖上言：

先王之欲厚生民，莫先于积谷而务农，盐铁榷酤斯为末矣。按天下土田，除江淮、湖湘、两浙、陇蜀、河东诸路地里复远，虽加劝督，未遽获利。今京畿周环二十三州，幅员数千里，地之垦者十才二三，税之入者又十无五、六。复有匿里舍而称逃亡，弃耕农而事游惰，赋额岁减，国用不充。

诏书累下，许民复业，蠲其租调，宽以岁时。然乡县扰之，每一户归业，则刺报所由，朝耕尺寸之田，暮入差徭之籍，追胥责问，继踵而来，虽蒙蠲其常租，实无补于损瘵。况民之流徙，始由贫困，或避私债，或逃公税。亦既立道，则乡里检其资财，至于室庐、什器、桑枣、材木，咸计其直，或乡官用以输税，或债主取以偿逋；生计荡然，还无所诣，以兹浮荡，绝意归耕。

如授以闲旷之田，广募游惰，诱之耕垦，未计赋租，许令别置版图，便宜从事；酌民力丰寡、农亩肥硗，均配督课，令其不倦。其逃民归业，丁口授田，烦碎之事，并取大司农裁决。耕桑之外，令益树杂木蔬果，孳畜羊犬鸡豚。给授桑土，潜拟井田，营造室居，使立保伍；养生送死之具，庆吊问遗之资，并立条制。候至三五年间，生计成立，即计户定征，量田输税。若民力不足，官借粜钱，或以市馈粮，或以营耕具。凡此给受，委于司农，比及秋成，乃令偿直，依时价折纳，以其成数关白户部。

帝览之喜，令靖条奏以闻。

靖又言："逃民复业及浮客请佃者，委农官勘验以给授田土，收附版籍，州县未得议其差役；乏粮种、耕牛者，令司农以官钱给借。其田制为三品：以膏沃而无水旱之患者为上品；虽沃壤而有水旱之患、堉瘠而无水旱之虑者为中品；既堉瘠复患于水旱者为下品。上田人授百亩，中田百五十亩，下田二百亩，并五年后收其租，亦只计百亩，十收其三。一家有三丁者，请加受田，如丁数五丁者从三丁之制，七丁者给五丁，十丁给七丁；至二十、三十丁者，以十丁为限。若宽乡田多，即委农官裁度以赋之。其室庐、蔬韭及桑枣、榆柳种艺之地，每户十丁者给百五十亩，七丁者百亩，五丁者七十亩，三丁者五十亩，不及三丁者三十亩。除桑功五年后计其租，余悉蠲其课。"

宰相吕端谓靖所立田制，多改旧法，又大费资用，以其状付有司。诏盐铁使陈恕等共议，请如靖奏。乃以靖为京西劝农使，按行陈、许、蔡、颍、襄、邓、唐、汝等州，劝民垦田，以大理寺丞皇甫选、光禄寺丞何亮副之。选、亮上言功难成，愿罢其事。帝志在勉农，犹诏靖经度。未几，三司以费官钱数多，万一水旱，恐致散失，事遂寝。

真宗景德初，诏诸州不堪牧马闲田，依职田例招主客户多方种莳，以沃瘠分三等输课。河朔戎寇之后，耕具颇阙，牛多瘠死。二年，内出踏犁式，诏河北转运使询于民间，如可用，则官造给之；令有司议市牛送河北。又以兵罢，民始务农创什器，遂权除生熟铁渡河之禁。是岁，命权三司使丁谓取户税条教及臣民所陈利害，与盐铁判官张若谷、户部判官王曾等参详删定，成《景德农田敕》五卷，三年正月上之。谓等又取唐开元中宇文融请置劝农判官，检户口、田土伪滥；且虑别置官烦扰，而诸州长吏除当劝农，乃请少卿、监为刺史，阁门使以上知州者，并兼管内劝农事，余及通判并兼劝农事，诸路转运使、副兼本路劝农使。诏可。

大中祥符四年，诏曰："火田之禁，著在《礼经》，山林之间，合顺时令。其或昆虫未蛰，草木犹蕃，辄纵燎原，则伤生类。诸州县人畲田，并如乡土旧例，自余焚烧野草，须十月后方得纵火。其行路野宿人，所在检察，毋使延燔。"帝以江、淮、两浙稍旱即水田不登，遣使就福建取占城稻三万斛，分给三路为种，择民田高仰者莳之，盖旱稻也。内出种法，命转运使揭榜示民。后又种于玉宸殿，帝与近臣同观；毕刈，又遣内侍持于朝堂示百官。稻比中国者穗长而无芒，粒差小，不择地而生。六年，免诸路农器之税。明年，诸州牛疫，又诏民买卖耕牛勿算；继令群牧司选医牛古方，颁之天下。

天禧初，诏诸路自今候登熟方奏丰稔，或已奏丰稔而非时灾沴者，即须上闻，违者重置其罪。先是，民诉水旱者，夏以四月，秋以七月，荆湖、淮南、江浙、川峡、广南水田不得过期，过期者吏勿受；令、佐受诉，即分行检视，白州遣官覆检，三司定分数蠲税；亦有朝旨特增免数及应输者许其倚格，京畿则特遣官覆检。太祖时，亦或遣官往外州检视，不为常制；伤甚，有免覆检者。至是，又以覆检烦扰，止遣官就田所阅视，即定蠲数。时久罢畋游，

令开封府谕民，京城四面禁围草地，许其耕牧。三年，诏民有孝弟力田、储蓄岁计者，长吏倍存恤之。

初，朝议置劝农之名，然无职局。四年，始诏诸路提点刑狱朝臣为劝农使、使臣为副使，所至，取民籍视其差等，不如式者惩革之；劝恤农民，以时耕垦，招集逃散，检括陷税，凡农田事悉领焉。置局案，铸印给之。凡奏举亲民之官，悉令条析劝农之绩，以为殿最黜陟。

自景德以来，四方无事，百姓康乐，户口蕃庶，田野日辟。仁宗继之，益务约己爱人。即位之初，下诏曰："今宿麦既登，秋种向茂，其令州县谕民，务谨盖藏，无或妄费。"上书者言赋役未均，田制不立，因诏限田：公卿以下毋过三十顷，牙前将吏应复役者毋过十五顷，止一州之内，过是者论如违制律，以田赏告者。既而三司言：限田一州，而卜葬者牵于阴阳之说，至不敢举事。又听数外置墓田五顷。而任事者终以限田不便，未几即废。

时又禁近臣置别业京师及寺观毋得市田。初，真宗崩，内遣中人持金赐玉泉山僧寺市田，言为先帝植福，后毋以为例。繇是寺观稍益市田。明道二年，殿中侍御史段少连言："顷岁中人至涟水军，称诏市民田给僧寺，非旧制。"诏还民田，收其直入官。后承平寖久，势官富姓，占田无限，兼并冒伪，习以成俗，重禁莫能止焉。

帝敦本务农，屡诏劝勖，观稼于郊，岁一再出；又躬耕籍田，以先天下。景祐初，患百姓多去农为兵，诏大臣条上兵农得失，议更其法。遣尚书职方员外郎沈厚载出怀、卫、磁、相、邢、洺、镇、赵等州，教民种水田。京东转运司亦言："济、兖间多闲田，而青州兵马都监郝仁禹知田事，请命规度水利，募民耕垦。"从之。是秋，诏曰："仍岁饥歉，民多失职。今秋稼甫登，方事敛获，州县毋或追扰，以妨农时。刑狱须证逮速者速决之。"

帝每以水旱为忧，宝元初，诏诸州旬上雨雪，著为令。庆历三年，诏民犯法可矜者别为赎令，乡民以谷麦，市人以钱帛。谓民重谷帛，免刑罚，则农桑自劝，然卒不果行。参知政事范仲淹言："古者三公兼六卿之职，唐命相判尚书六曹，或兼诸道盐铁、转运使。请于职事中择其要者，以辅臣兼领。"于是以贾昌朝领农田，未及施为而仲淹罢，事遂止。皇祐中，于苑中作宝岐殿，每岁召辅臣观刈谷麦，自是罕复出郊矣。

帝闻天下废田尚多，民罕土著，或弃田流徙为闲民。天圣初，诏民流积十年者，其田听人耕，三年而后收，减旧额之半；后又诏流民能自复者，赋亦如之。既而又与流民限，百日复业，蠲赋役，五年减旧赋十之八；期尽不至，听他人得耕。至是，每下赦令，辄以招辑流亡、募人耕垦为言。民被灾而流者，又复其蠲复，缓其期招之。诏诸州长吏、令、佐能劝民修陂池、沟洫之久废者，及垦辟荒田、增税二十万已上，议赏；监司能督责吏经画，赏亦如之。

久之，天下生齿益蕃，辟田益广。独京西唐、邓间尚多旷土，入草莽者十八、九，或请徙户实之，或议置屯田，或欲遂废唐州为县。嘉祐中，唐守赵尚宽言土旷可辟，民希可招，而州不可废。得汉召信臣故陂渠遗迹而修复之，假牛犁、种食以诱耕者，劝课劳来。岁余，流民自归及淮

南、湖北之民至者二十余户；引水溉田几数万顷，变硗瘠为膏腴。监司上其状，三司使包拯亦以为言，遂留再任。治平中，岁满当去。英宗嘉其勤，且倚以兴辑，特迁一官，赐钱二十万，复留再任。时患守令数易，诏察其有实课者增秩再任，而尚宽应诏为天下倡。后太守高赋继之，亦以能劝课被奖，留再任。

天下垦田：景德中，丁谓著《会计录》云，总得一百八十六万余顷。以是岁七百二十二万余户计之，是四户耕田一顷，繇是而知天下隐田多矣。又川峡、广南之田，顷亩不备，第以五赋约之。至天圣中，国史则云：开宝末，垦田二百九十五万二千三百二十顷六十亩；至道二年，三百一十二万五千二百五十一顷二十五亩；天禧五年，五百二十四万七千五百八十四顷三十二亩。而开宝之数乃倍于景德，则谓之所录，固未得其实。皇祐、治平，三司皆有《会计录》，而皇祐中垦田二百二十八万余顷，治平中四百四十万余顷，其间相去不及二十年，而垦田之数增倍。以治平数视天禧则犹不及，而叙《治平录》者以谓此特计其赋租以知垦亩之数，而赋租所不及者十居其七。率而计之，则天下垦田无虑三千余万顷。是时，累朝相承，重于扰民，未尝穷按，故莫得其实，而废田见于籍者犹四十八万顷。

治平四年，诏曰：“岁比不登，今春时雨，农民桑蚕、谷麦，众作勤劳，一岁之功，并在此时。其委安抚、转运司敕戒州县吏，省事息民，无夺其时。”诸路逃田三十年者除其税十四，四十年以上十五，五十年以上六分，百年以上七分；佃及十年输五分，二十年输七分，著为令。”

神宗熙宁元年，襄州宜城令朱纮复修水渠，溉田六千顷，诏迁一官。权京西转运使谢景温言：“在法，请田户五年内科役皆免。今汝州四县客户，不一二年便为旧户纠抉，与之同役，因此即又逃窜，田土荒莱。欲乞置垦田务，差官专领，籍四县荒田，召人请射。更不以其人隶属诸县版籍，须五年乃拨附，则五年内自无差科。如招及千户以上者，优奖。”诏不置务，余从所请。

明年，分遣诸路常平官，使专领农田水利。吏民能知土地种植之法，陂塘、圩埠、堤堰、沟洫利害者，皆得自言；行之有效，随功利大小酬赏。民占荒逃田若归业者，责相保任，逃税者保任为输之。已行新法县分，田土顷亩、川港陂塘之类，令、佐受代，具垦辟开修之数授诸代者，令照籍有实乃代。

中书议劝民栽桑。帝曰：“农桑，衣食之本。民不敢自力者，正为州县约以为赏，升其户等耳。宜申条禁。”于是司农寺诸立法，先行之开封，视可行，颁于天下。民种桑柘毋得增赋。安肃、广信、顺安军、保州，令民即其地植桑榆或所宜木，因可限阂戎马。官计其活茂多寡，得差减在户租数；活不及数者罚，责之补种。

兴修水利田，起熙宁三年至九年，府界及诸路凡一万七百九十三处，为田三十六万一千一百七十八顷有奇。神宗元丰元年，诏开废田，兴水利，民力不能给役者，贷以常平钱谷，京西南路流民买耕牛者免征。五年，都水使者范三渊奏：“自大名抵乾宁，跨十五州，河徙地凡七千顷，乞募人耕种。”从之。

哲宗即位，宣仁太后临朝，首起司马光为门下侍郎，委之以政。诏天下臣民皆得以封事言民间疾苦。光抗疏曰：“四民之中，惟农最苦，寒耕热耘，沾体涂足，戴日而作，戴星而息；蚕妇治茧、缉麻、纺纬，缕缕而积之，寸寸而成之，其勤极矣。而又水旱、霜雹、蝗蜮间为之灾，幸而收成，公私之债，交争互夺。谷未离场，帛未下机，已非己有，所食者糠秕而不足，所衣者绨褐而不完。直以世服田亩，不知舍此之外有何可生之路耳。而况聚敛之臣，于租税之外，巧取百端，以邀功赏。青苗则强散重敛，给陈纳新；免役则刻剥穷民，收养浮食；保甲则劳于非业之作；保马则困于无益之费，可不念哉！今者浚发德音，使畎亩之民得上封事。虽其言辞鄙杂，皆身受实患，直贡其诚，不可忽也。”

初，熙宁六年，立法劝民栽桑，有不趋令，则仿屋粟里布为之罚。然长民之吏不能究宣德意，民以为病。至是，楚丘民胡昌等言其不便，诏罢之，且蠲所负罚金。兴平县抑民田为牧地，民亦自言，诏悉还之。元祐四年，诏：“濒河州县，积水冒田。在任官能为民经画疏导沟畎，退出良田自百顷至千顷，第赏。”

崇宁中，广东南路转运判官王觉，以开辟荒田几及万顷，诏迁一官。其后，知州、部使者以能课民种桑枣者，率优其第秩焉。政和六年，立管干圩岸、围岸官法，在官三年，无隳损堙塞者赏之。京畿提点刑狱王本言：“前任提举常平，根括诸县天荒瘠卤地一万二千余顷入稻田务，已佃者五千三百余顷，尚虑令、佐不肯究心。”诏比开垦碱地格推赏。平江府兴修围田二千余顷，令、佐而下以差减磨勘年。

八年，权淮南、江、浙、荆湖制置发运使任谅奏："高邮军有逃田四百四十六顷，楚州九百七十四顷，泰州五百七十二顷，平江府四百九十七顷，以六路计之，何可胜数。欲诸县专选官按籍根括。"诏无丞处委他官，余并从之。

宣和二年，臣僚上言："监司、守令官带劝农，莫副上意，欲立四证验之：按田莱荒治之迹，较户产登降之籍，验米谷贵贱之价，考租赋盈亏之数。四证具，则其实著矣。"命中书审定取旨。五年，诏："江东转运司根括到逃田一百六十顷一十六亩，两浙根括到四百五十六顷，召人出租，专充今年增屯戍兵衣粮。"初，政和中，品官限田，一品百顷，以差降杀，至九品十亩；限外之数，并同编户差科。七年，又诏："内外宫观舍置田，在京不得过五十顷，在外不得过三十顷，不免科差、徭役、支移。虽奉御笔，许执奏不行。"

建炎元年五月，高宗即位，命有司招诱农民，归业者振贷之，蠲欠租，免耕牛税。五年，广州州学教授林勋献《本政书》十三篇，大略谓："国朝兵农之政，大抵因唐末之故。今农贫而多失职，兵骄而不可用，是以饥民窜卒，类为盗贼。宜仿古井田之制，使民一夫占田五十亩，其羡田之家毋得市田；其无田与游惰末作者，皆使为农，以耕田之羡。杂纽钱谷，以为什一之税。本朝二税之数，视唐增至七倍。今本政之制，每十六夫为一井，提封百里，为三千四百井，率税米五万一千斛，钱万二千缗。每井赋二兵一马，率为兵六千八百人，马三千四百匹。此方百里之县所出赋税之数。岁取五之一以为上番之额，以给征役；无事则又分为四番，以直官府，以给守卫。是民凡三十五年，而役始一遍也。悉上则岁食米万九千余斛，钱三千六百余缗，无事则减四分之三，皆以一同之租税供之。匹妇之贡，绢三尺，绵一两，百里之县，岁收绢四千余匹，绵二千四百斤；非蚕乡则布六尺，麻二两，所收视绵绢倍之。行之十年，则民之口算，官之酒酤，与凡茶、盐、香、矾之榷，皆可弛以予民。"其说甚备。寻以勋为桂州节度掌书记。

建炎以来，内外用兵，所在多逃绝之田。绍兴二年四月，诏两浙路收买牛具，贷淮东人户。七月，诏：知兴国军王绹、知永兴县陈升率先奉诏诱民垦田，各增一秩。三年九月，户部言："百姓弃产，已诏二年外许人请射，十年内虽已请射及充职田者，并听归业。孤幼及亲属应得财产者，守令验实给还，冒占者论如律。州县奉行不虔，监司按劾。"从之。先是，臣僚言："近诏州县拘籍被虏百姓税赋，而苛酷之吏不考其实，其间有父母被虏儿女存者，有中道脱者，有全家被虏而亲属偶归者，一概籍没，人情皇皇。"故有是命。十月，募佃江东、西闲田，三等定租；上田亩输米一斗五升，中田一斗，下田七升。四年，贷庐州民钱万缗，以买耕牛。

五年五月，立《守令垦田殿最格》，残破州县垦田增及一分，郡守升三季名次，增及九分，迁一官；亏及一分，降三季名次，亏及九分，镌一官。县令差减之。增亏各及十分者，取旨赏罚。其后以两淮、荆湖等路民稍复业，而旷土尚多，户部复立格上之：每州增垦田千顷，县半之，守宰各进一秩；州亏五百顷，县亏五之一，皆展磨勘年。诏颁之诸路。增，谓荒田开垦；亏，谓熟田不因灾伤而致荒者。又令县具归业民数及垦田多寡，月上之州，州季上转运，转运岁上户部，户部置籍以考之。七月，都督行府言："潭、鼎、岳、澧、荆南归业之民，其田已佃者，以附近闲田与之，免三年租税；无产愿受闲田者，亦与之。"上谕辅臣曰："淮北之民襁负而至，亦可给田，以广招徕之意。"

六年，减江东诸路逃田税额。知平江府章谊言："民所甚苦者，催科无法，税役不均。强宗巨室阡陌相望，而多无税之田，使下户为之破产。乞委通判一员均平赋役。"九年，宗正少卿方庭实言："中原士民奔逃南州，十有四年，出违十年之限及流徙僻远卒未能归者，望诏有司别立限年。"户部议："自复降赦日为始，再期五年，如期满无理认者，见佃人依旧承佃。中原士民流寓东南，往往有坟墓，或官拘籍，或民冒占，便行给还。"从之。十一年，复买牛贷淮南农户。

十二年，左司员外郎李椿年言经界不正十害，且言："平江岁入昔七十万有奇，今按籍虽三十九万斛，然实入才二十万耳。询之土人，皆欺隐也。望将核实，自平江始，然后施之天下，则经界正而仁政行矣。"上谓宰执曰："椿年之论，颇有条理。"秦桧亦言其说简易可行。程克俊曰："比年百姓避役，正缘经界不正。行之，乃公私之利。"以椿年为两浙路转运副使，措置经界。椿年请先往平江诸县，俟就绪即往诸州，要在均平，为民除害，不增税额。十三年，以提举洪州玉隆观胡思、直显谟阁徐林议沮经界，停官远徙。以民田不上税簿者没官，税簿不谨书者罪官吏。时量田不实者，罪至徒、流，江山尉汪大猷白椿年曰："法峻，民未喻，固有田少而供多者，愿许陈首追正。"椿年为之轻刑、省费甚众。

十四年，以椿年权户部侍郎，措置经界。寻以母忧去，以两浙转运副使王鈇权户部侍郎措置。十五年，诏户部及所遣官委曲措置，务使赋税均而无扰。又因兴国军守臣宋时言，诏诸州县违期归业者，其田已佃及官卖者，即以官田之可耕者给还。十六年，王鈇以疾罢。十七年，复以李椿年权户部侍郎，措置经界。先是，真州兵燹之余，疮痍未复，洪兴祖为守，请复租二年，明年又复请之，自是流民寖归。十八年，垦荒田至七万余亩。

十九年，诏敕令所删定官郑克行四川经界法。克颇峻责州县，所谓"省庄田"者，虽蔬果、桑柘莫不有征，而邛、蜀民田至什税其伍。通判嘉州杨承曰："仁政而虐行之，非法意也。上不违令，下不扰民，则仁政得矣。"召诸邑令谓曰："平易近民，美成在久，其谨行之。无愧于心，何畏焉？"事迄成，为列郡最。其后，民有诉不均者，殿中侍御史曹筠劾椿年，罢之。上谓秦桧曰："若下田受重税，将无以输。"桧曰："臣已谕户部侍郎宋贶，有未均处亟与改正。"二十年，诏：两淮沃壤宜谷，置力田科，募民就耕，以广官庄。知资州杨师锡言：有司奉行失当，田亩不分腴瘠，市居丈尺隙田，亦充税产。于是降诏曰："椿年乞行经界，去民十害，今闻寖失本意。凡便民者依已行，害民者与追正。"二十一年四月，宋贶罢。二十六年正月，上谓辅臣曰："经界事李椿年主之，若推行就绪，不为不善。今诸路往往中辍，愿得一通晓经界者款曲议之。"会潼川府转运判官王之望上书，言蜀中经界利害甚悉。明年，以之望提点刑狱，毕经界事。

三月，户部言："蜀地狭人夥，而京西、淮南膏腴官田尚多，许人承佃，官贷牛、种，八年仍偿。并边免租十年，次边半之，满三年与其业。愿往者给据津发。"上曰："善。但贫民乍请荒田，安能便得牛、种？若不从官贷，未免为虚文，可令相度支给。"四月，通判安丰军王时升言："淮南土皆膏腴，然地未尽辟，民不加多者，缘豪强虚占良田，而无遍耕之力；流民襁负而至，而无开耕之地。望凡荒闲田许人划佃。"户部议：期以二年，未垦者即如所请；京西路如之。诏以时升为司农寺丞。十月，用御史中丞汤鹏举言，离军添差之人，授以江、淮、湖南荒田，人一顷，为世业。所在郡以一岁奉充牛、种费，仍免租税十年，丁役二十年。

二十八年，王之望言："去年分遣官诣经界不均县裁正，今已迄事。此后吏民尚敢扇摇以疑百姓者，乞重置于法。"从之。二十九年，知潭州魏良臣言："本州归业之民，以熟田为荒，不输租。今令给甲输税，自明年始，不实，许人告，以为田赏之。"户部议："期逾百日，依匿税法。"诏可。三十年，初令纯州平江县民实田输税，亩输米二升四合。

孝宗隆兴元年，诏："凡百姓逃弃田宅，出三十年无人归认者，依户绝法。"乾道元年正月，都省言："淮民复业，宜先劝课农桑。令、丞植桑三万株至六万株，守、倅部内植二十万株以上，并论赏有差。"二月，三省、枢密院言："归正人贫乏者散居两淮，去冬淮民种麦甚广，逃亡未归，无人收获。"诏诸郡量口均给，其已归业者毋例扰之。四年，知鄂州李椿奏："州虽在江南，荒田甚多，请佃者开垦未几，便起毛税，度田追呼，不任其扰，旋即逃去。今欲召人请射，免税三年；三年之后为世业，三分为率，输苗一分，更三年增一分，又三年全输。归业者别以荒田给之。"又诏楚州给归正人田及牛具、种粮钱五万缗。

六年二月，诏曰："朕深惟治不加进，思以正其本者。今欲均役法，严限田，抑游手，务农桑。凡是数者，卿等二三大臣为朕任之。"十有二月，监进奏院李结献《治田三议》：一曰务本，二曰协力，三曰因时。大略谓："浙西低田恃堤为固，若堤岸高厚，则水不能入。乞于苏、湖、常、秀诸州水田塘浦要处，官不钱米贷田主，乘此农隙，作堰增令高阔，则堤成而水不为患。方此饥馑，俾食其力，因其所利而利之。秋冬旱潦，泾浜断流，车畎修筑，尤为省力。"诏令胡坚常度以闻。其后，户部以三议切当，但工力浩瀚，欲晓有田之家，各依乡原亩步出钱米与租田之人，更相修筑，庶官无所费，民不告劳。从之。

七年二月，知扬州晁公武奏："朝廷以沿淮荒残之久，未行租税，民复业与创户者，虽阡陌相望，然闻之官者十才二三，咸惧后来税重。昔晚唐民务稼穑则增其租，故播种少；吴越民垦荒田而不加税，故无旷土。望诏两淮更不增赋，庶民知劝。"诏可。十月，司马伋请劝民种麦，为来春之计。于是诏江东西、湖南北、淮东西路帅漕，官为借种及谕大姓假贷农民广种，依赈济格推赏，仍上已种顷亩，议赏罚。九年，王之奇奏增定力田赏格，募人开耕荒田，给官告绫纸以备书填，及官会十万缗充农具等用。以种粮不足，又诏淮东总领所借给稻三万石。

淳熙五年，诏："湖北佃户开垦荒田，止输旧税。若包占顷亩，未悉开耕，诏下之日，期以二年，不能遍耕者拘作营田，其增税、刻佃之令勿行。"六年五月，提举浙西常平茶盐颜师鲁奏："设劝课之法，欲重农桑、广种植也。今乡民于己田连接闲旷硗确之地，垦成田园，用力甚勤。或以未陈起税，为人所讼，即以盗耕罪之，何以劝力田哉？此宜实田起税，非特可戢告讦之风，亦见盛世重农之意。"诏可。十有一月，臣僚奏："比令诸路帅、漕督守令劝谕种麦，岁上所增顷亩。然土有宜否，湖南一路唯衡、永等数郡宜麦，余皆文具。望止谕民以时播种，免其岁上增种之数，庶得劝课之实。"

七年，复诏两浙、江、淮、湖南、京西路帅、漕臣督守令劝民种麦，务要增广。自是每岁如之。八年五月，诏曰："乃者得天之时，蚕麦既登，及命近甸取而视之，则穗短茧薄，非种植风厉之功有所未至欤？朕将稽勤惰而

赏罚焉。"是岁连雨，下田被浸，诏两浙诸州军与常平司措置，再借种粮与下户播种，毋致失时。十有一月，辅臣奏："田世雄言，民有麦田，虽垦无种，若贷与贫民，犹可种春麦。臣僚亦言，江、浙旱田虽已耕，亦无麦种。"于是诏诸路帅、漕、常平司，以常平麦贷之。

先是，知扬州郑良嗣言："两淮民田，广至包占，多未起税。朝廷累限展首，今限满适旱，乞更展一年。"诏如其请。九年，著作郎袁枢振两淮还，奏："豪民占田不知其数，二税既免，止输谷帛之课。力不能垦，则废为荒地；他人请佃，则以疆界为词，官无稽考。是以野不加辟，户不加多，而郡县之计益窘。望诏州县画疆立券，占田多而输课少者，随亩增之；其余闲田，给与佃人，庶几流民有可耕之地，而田莱不至多荒。"

绍熙元年，初，朱熹为泉之同安簿，知三郡经界不行之害。至是，知漳州。会臣僚请行闽中经界，诏监司条具，事下郡。熹访问讲求，纤悉备至。乃奏言："经界最为民间莫大之利，绍兴已推行处，公私两利，独泉、漳、汀未行。臣不敢先一身之劳逸，而后一州之利病，切独任其必可行也。然必推择官吏，委任责成，度量步亩，算计精确，画图造帐，费从官给；随产均税，特许过乡通县均纽，庶几百里之内，轻重齐同。今欲每亩随九等高下定计产钱，而合一州租税钱米之数，以产钱为母，每文输米几何，钱几何，止于一仓一库受纳。既输之后，却视原额分隶为省计，为职田，为学粮，为常平，各拨入诸仓库。版图一定，则民业有经矣。但此法之行，贫民下户固所深喜，然不能自达其情；豪家猾吏实所不乐，皆善为说辞，以惑群听；贤士大夫之喜安静、厌纷扰者，又或不深察而望风沮怯，此则不能无虑。"辅臣请行于漳州。明年春，诏漕臣陈公亮同熹协力奉行。会农事方兴，熹益加讲究，冀来岁行之。细民知其不扰而利于己，莫不鼓舞，而贵家豪右占田隐税、侵渔贫弱者，胥为异论以摇之，前诏遂格。熹请祠去。五年，鬻庐州旱伤百姓贷稻种三万二千一百石。

庆元元年二月，上以岁凶，百姓饥病，诏曰："朕德菲薄，饥馑荐臻，使民阽于死亡，夙夜惨怛，宁敢诿过于下耶？顾使者、守令所与朕分寄而共忧也，乃涉春以来，闻一二郡老稚乏食，去南亩，捐沟壑，咎安在耶？岂振给不尽及民欤？得粟者未必饥，饥者未必得欤？偏聚于所近，不能均济欤？官吏视成而自不省欤？其各悉意措画，务使实惠不壅，毋以虚文蒙上，则朕汝嘉。"

宁宗开禧元年，夔路转运判官范荪言："本路施、黔等州荒远，绵亘山谷，地旷人稀，其占田多者须人耕垦，富豪之家诱客户举室迁去。乞将皇祐官庄客户逃移之法校定：凡为客户者，许役其身，毋及其家属；凡典卖田宅，听其离业，毋就租以充客户；凡贷钱，止凭文约交还，毋抑勒以为地客；凡客户身故，其妻改嫁者，听其自便，女听其自嫁。庶使深山穷谷之民，得安生理。"刑部以皇祐逃移旧法轻重适中，可以经久，淳熙七附略人之法太重，今后凡理诉官庄客户，并用皇祐旧法。从之。

嘉定八年，左司谏黄序奏："雨泽愆期，地多荒白。知余杭县赵师恕请劝民杂种麻、粟、豆、麦之属，盖种稻则

费少利多，杂种则劳多获少。虑收成之日，田主欲分，官课责输，则非徒无益；若使之从便杂种，多寡皆为己有，则不劝而勤，民可无饥。望如所陈，下两浙、两淮、江东西等路，凡有耕种失时者并令杂种，主毋分其地利，官毋取其秋苗，庶几农民得以续食，官免振救之费。"从之。

知婺州赵悫夫行经界于其州，整有伦绪，而悫夫报罢。士民相率请于朝，乃命赵师嵒继之。后二年，魏豹文代师嵒为守，行之益力。于是向之上户析为贫下之户，实田隐为逃绝之田者，粲然可考。凡结甲册、户产簿、丁口簿、鱼鳞图、类姓簿二十三万九千有奇，创库匮以藏之，历三年而后上其事于朝。

淳祐二年九月，敕曰："四川累经兵火，百姓弃业避难，官以其旷土权耕屯以给军食，及民归业，占据不还。自今凡民有契券，界至分明，析在州县屯官随即归还。其有违戾，许民越诉，重罪之。"

六年，殿中侍御史兼侍讲谢方叔言：

豪强兼并之患，至今日而极，非限民名田有所不可，是亦救世道之微权也。国朝驻跸钱塘，百有二十余年矣。外之境土日荒，内之生齿日繁，权势之家日盛，兼并之习日滋，百姓日贫，经制日坏，上下煎迫，若有不可为之势。所谓富贵操柄者，若非人主之所得专，识者惧焉。夫百万生灵资生养之具，皆本于谷粟，而谷粟之产，皆出于田。今百姓膏腴皆归势家之家，租米有及百万石者；少民百亩之田，频年差充保役，官吏诛求百端，不得已，则献其产于巨室，以规免役。小民田日减而保役不休，大官田日增而保役不及。以此弱之肉，强之食，兼并浸盛，民无以遂其生。于斯时也，可不严立经制以为之防乎？

去年，谏官尝以限田为说，朝廷之悠悠。不知今日国用边饷，皆仰和籴。然权势多田之家，和籴不容以加之，保役不容以及之。敌人睥睨于外，盗贼窥伺于内，居此之时，与其多田厚赀不可长保，曷若捐金助国共纾目前？在转移而开导之耳。乞谕二三大臣，摭臣僚论奏而行之，使经制以定，兼并以塞，下以尊朝廷，于裕国计。陛下勿牵贵近之言以摇初意，大臣勿避仇怨之多而废良策，则天下幸甚。

从之。

十一年九月，敕曰："监司、州县不许非法估籍民产，戒非不严，而贪官暴吏，往往不问所犯轻重，不顾同居有分财产，一例估籍，殃及平民。或户绝之家不与命继；或经陈诉许以给还，辄假他名支破，竟寻干没；或有典业不听收赎，遂使产主无辜失业。违戾官吏，重置典宪。"是岁，信常饶州、嘉兴府举行经界。

景定元年九月，敕曰："州县检校孤幼财产，往往便行侵用，迨至年及陈乞，多称前官用过，不即给还。自今如尚违戾，以吏业估偿，官论以违制，不以去官、赦、降原减。"

咸淳元年，监察御史赵顺孙言："经界将以便民，虽穷闾下户之所深愿，而未必豪宗大姓之所尽乐。自非有以深服其心，则亦何以使其情意之悉孚哉？且今之所谓推排，非昔之所谓自实也。推排者，委之乡都，则径捷而易行；自实者，责之于人户，则散漫而难集。嘉定以来之经界，时至近也，官有正籍，乡都有副籍，彪列胪分，莫不具在，为乡都者不过按成牍而更业主之姓名。若夫绍兴之经界，其时则远矣，其籍之存者寡矣。因其鳞差栉比而求焉，由一而至百，由百而至千，由千而至万，稽其亩步，订其主佃，亦莫如乡都之便也。朱熹所以主经界而辟自实者，正谓是也。州县能守朝廷乡都任责之令，又随诸州之便宜而为之区处，当必人情之悉孚，不令而行矣。"从之。

三年，司农卿兼户部侍郎李镛言："夫经界尝议修明矣，而修明卒不行；尝令自实矣，而自实卒不竟。岂非上之任事者每欲避理财之名，下之不乐其成者又每倡为扰民之说。故宁坐视邑政之坏，而不敢诘猾吏奸民之欺；宁忍取下户之苛，而不敢受豪家大姓之怨。盖经界之法，必多差官吏，必悉集都保，必遍走阡陌，必尽量步亩，必审定等色，必纽折计等，奸弊转生，久不迄事。乃若推排之法，不过以县统都，以都统保，选任才富公平者，订田亩税色，载之图册，使民有定产，产有定税，税有定籍而已。臣守吴门，已尝见之施行。今闻绍兴亦渐就绪，湖南漕臣亦以一路告成。窃谓东南诸郡，皆奉行惟谨。其或田亩未实，则令乡局厘正；图册未备，则令县局程督之。又郡守察县之稽违，监司察郡之怠弛，严其号令，信其赏罚，期之秋冬以竟其事，责之年岁以课其成，如《周官》日成、月要、岁会以综核之。"于是诏诸路漕、帅施行焉。

大抵南渡后水田之利，富于中原，故水利大兴。而诸籍没田募民耕者，皆仍私租旧额，每失之重，输纳之际，公私事例迥殊。私租额重而纳轻，承佃犹可；公租额重而纳重，则佃不堪命。州县胥吏与仓庾百执事之人，皆得为侵渔之道于耕者也。季世金人乍和乍战，战则军需浩繁，和则岁币重大，国用常苦不继，于是因民苦官租之重，命有司括卖官田以给用。其初弛其力役以诱之，其终不免于抑配，此官田之弊也。嘉定以后，又有所谓安边所田，收其租以助岁币。至其将亡，又限民名田，买其限外所有，谓之公田。初议欲省和籴以纾民力，而其弊极多，其租尤重；宋亡，遗患犹不息也。凡水田、官田之法，公田见于史者，汇其始末而悉载于篇，有足鉴者焉。

绍兴元年，诏宣州、太平州守臣修圩。二年，以修圩钱米及贷民种粮，并于宣州常平、义仓米拨借。三年，定州县圩田租额充军储。建康府永丰圩租米，岁以三万石为额。圩四至相去皆五六十里，有田九百五十余顷，近岁垦田不及三之一。至是，始立额。

五年，江东帅臣李光言："明、越之境，皆有陂湖，大抵湖高于田，田又高于江、海。旱则放湖水溉田，涝则决田水入海，故无水旱之灾。本朝庆历、嘉祐间，始有盗湖为田者，其禁甚严。政和以来，创为应奉，始废湖为田。自是两州之民，岁被水旱之患。余姚、上虞每县收租不过数千斛，而所失民田常赋，动以万计。莫若先罢两邑湖田。"其会稽之鉴湖、鄞之广德湖、萧山之湘湖等处尚多，望诏漕臣尽废之。其江东、西圩田，苏、秀围田，令监司守令条上。"于是诏诸路漕臣议之。其后议者虽称合废，竟仍其旧。

初，五代马氏于潭州东二十里，因诸山之泉，筑堤潴水，号曰龟塘，溉田万顷。其后堤坏，岁旱，民皆阻饥。七年，守臣吕颐浩始募民修复，以广耕稼。十六年，知袁州张成己言："江西良田，多占山冈，望委守令讲陂塘灌溉之利。"其后比部员外郎李咏言，淮西高原处旧有陂塘，请给钱米，以时修浚。知江阴军蒋及祖亦请浚治本军五卸沟以泄水，修复横河支渠以溉旱。乃并诏诸路常平司行之，每季以施行闻。

二十三年，谏议大夫史才言："浙西、民田最广，而平时无甚害者，太湖之利也。近年濒湖之地，多为兵卒侵据，累土增高，长堤弥望，名曰坝田。旱则据之以溉，而民田不沾其利；涝则远近泛滥，不得入湖，而民田尽没。望尽复太湖旧迹，使军民各安，田畴均利。"从之。二十四年，大理寺丞周环言："临安、平江、湖、秀四州下田，多为积水所浸。缘溪山诸水并归太湖，自太湖分二派：东南一派由松江入于海，东北一派由诸浦注之江。其松江泄水，惟白茅一浦最大。今泥沙淤塞，宜决浦故道，俾水势分派流畅，实四州无穷之利。"诏两浙漕臣视之。

二十八年，两浙转运副使赵子潚、知平江府蒋璨言："太湖者，数州之巨浸，而独泄以松江之一川，宜其势有所不逮。是以昔人于常熟之北开二十四浦，疏而导之江，又于昆山之东开一十二浦，分而纳之海。三十六浦后为潮汐沙积，而开江之卒亦废，于是民田有淹没之患。天圣间，漕臣张纶尝于常熟、昆山各开众浦；景祐间，郡守范仲淹亦亲至海浦，浚开五河；政和间提举官赵霖复尝开浚。今诸浦湮塞，又非前比，计用工三百三十余万，钱三十三万余缗，米十万余斛。"于是诏监察御史任古复视之。既而古至平江言："常熟五浦通江诚便，若依所请，以五千功，月余可毕。"诏以激赏库钱、平江府上供米如数给之。二十九年，子潚又言："父老称福山塘与丁泾地势等，若不浚福山塘，则水必倒注于丁泾。"乃命并浚之。

隆兴二年八月，诏："江、浙水利，久不讲修，势家围田，堙塞流水。诸州守臣按视以闻。"于是知湖州郑作肃、知宣州许尹、知秀州姚宪、知常州刘唐稽并乞开围田，浚港渎。诏湖州委朱夏卿，秀州委曾惇，平江府委陈弥作，常州、江阴军委叶谦亨，宣州、太平州委沈枢措置。九月，刑部侍郎吴芾言："昨守绍兴，尝请开鉴湖废田二百七十顷，复湖之旧，水无泛滥，民田九千余顷，悉获倍收。今尚有低田二万余亩，本亦湖也，百姓交佃，亩直才两三缗。欲官给其半，尽废其田，去其租。"户部请符浙东常平司同绍兴府守臣审细推迁。从之。

乾道二年四月，诏漕臣王炎开浙西势家新围田，草荡、荷荡、菱荡及陂湖溪港岸际旋筑塍畦、围裹耕种者，所至守令同共措置。炎既开诸围田，凡租户贷主家种粮债负，并奏蠲之。六月，知秀州孙大雅代还，言："州有柘湖、淀山湖、当湖、陈湖，支港相贯，西北可入于江，东南可达于海。旁海农家作坝以却碱潮，虽利及一方，而水患实害邻郡；设疏导之，则又害及旁海之田。若于诸港浦置闸启闭，不惟可以泄水，而旱亦获利。然工力稍大，欲率大姓出钱，下户出力，于农隙修治之。"于是以两浙转运副使姜诜与守臣视之，诜寻与秀常州、平江府、江阴军条上利便。诏："秀州华亭县张泾闸并淀山东北通陂塘港浅处，俟今年十一月兴修；江阴军、常州蔡泾闸及申港，明年春兴修；利港俟休役一年兴修；平江府姑缓之。"三年三月，诜使还，奏："开浚毕功，通泄积水，久浸民田露出塍岸。臣已谕民趁时耕种。恐下户阙本，良田复荒，望令浙西常平司贷给种粮。"又奏措置、提督、监修等官知江阴军徐藏等减磨勘年有差。

四年，以彭州守臣梁介修复三县一十余堰，灌溉之利及于邻邦，诏介直秘阁、利路转运判官。七年，王炎言："兴元府山河堰世传汉萧、曹所作。本朝嘉祐中，提举史炤上堰法，获降敕书刻石堰上。绍兴以来，户口凋疏，堰事荒废，遂委知兴元府吴拱修复，发卒万人助役。宣抚司及安抚、都统司共用钱三万一千余缗，尽修六堰，浚大小渠六十五里，凡溉南郑、褒城田二十三万三千亩有奇。"诏奖谕拱。

八年，户部侍郎兼枢密都承旨叶衡言："奉诏核实宁国府、太平州圩岸，内宁国府惠民、化城旧圩四十余里，新筑九里余；太平州黄池镇福定圩周四十余里，庭福等五十四圩周一百五十余里，包围诸圩在内，芜湖县圩周二百九十余里，通当涂圩共四百八十余里。并高广坚致，濒水一岸种植榆柳，足捍风涛，询之农民，实为永利。"于是诏奖谕判宁国府魏王恺，略曰："大江之堧，其地广袤，使水之蓄泄不病而皆为膏腴者，圩之为利也。然水土斗啮，从昔善坏。卿聿修稼政，巨防屹然，有怀勤止，深用叹嘉。"九年八月，臣僚言江西连年荒旱，不能预兴水利为之备。于是乃降诏曰："朕惟旱干、水溢之灾，尧、汤盛时，有不能免。民未告病者，备先具也。豫章诸郡县，但阡陌近水者，苗秀而实；高卬之地，雨不时至，苗辄就槁。意水利不修，失所以为旱备乎？唐韦丹为江西观察使，治陂塘五百九十八所，灌田万二千顷。此特施之一道，其利如此，矧天下至广也。农为生之本也，泉流灌溉，所以毓五谷也。今诸道名山，川原甚众，民未知其利。然则通沟渎，潴陂泽，监司、守令，顾非其职欤？其为朕相丘陵原隰之宜，勉农桑，尽地利，平籴行水，勿使失时。虽有丰凶，而力田者不至拱手受弊，亦天人相因之理也。朕将即勤惰而寓赏罚焉。"

淳熙二年，两浙转运判官陈岘言："昨奉诏遍走平江府、常州、江阴军，谕民并力开浚利港诸处，并已毕功。始欲官给钱米，岁不下数万，今皆百姓相率效力而成。"诏常熟知县刘颖特增一秩，余论赏有差。三年，赐皇子判明州魏王恺诏曰："陂湖川泽之利，或通或塞，存乎其人。四明为州实治鄞，鄞之乡东西凡十四，而钱湖之水实溉其东之七。吏惰不虔，葑菱芜翳，利失其旧，农人病焉。卿临是邦，乃能讲求利便而浚治之，遂使并湖七乡之田，无异时旱干之患，其为泽岂浅哉。剡奏彻闻，不忘嘉叹。"

十年，大理寺丞张抑言："陂泽湖塘，水则资之潴泄，旱则资之灌溉。近者浙西豪宗，每遇旱岁，占湖为田，筑为长堤，中植榆柳，外捍菱芦，于是旧为田者，始隔水之出入。苏、湖、常、秀昔有水患，今多旱灾，盖出于此。乞责县令毋给据，尉警捕，监司觉察。有围裹者，以违制论；给据与失察者，并坐之。"既而漕臣钱冲之请每围立石以识之，共一千四百八十九所，令诸郡遵守焉。

绍熙二年，诏守令到任半年后，具水源湮塞合开修处以闻；任满日，以兴修水利图进，择其劳效著明者赏之。庆元二年，户部尚书袁说友等言："浙西围田相望，皆千百亩，陂塘湊渎，悉为田畴，有水则无地可潴，有旱则无水可戽。不严禁之，后将益甚，无复稔岁矣。"嘉泰元年，以大理司直留佑贤、宗正寺主簿李澄措置，自淳熙十一年立石之后，凡官民围裹者尽开之。又令知县并以"点检围田事"入衔，每岁三四月，同尉点检有无奸民围裹状，上于州，州闻于朝。三年遣官审视，复委台谏察之。二年二月，佑贤、澄使还，奏追毁临安、平江、嘉兴、湖、常开掘户元给佃据。三月，右正言施康年言："近属贵戚不体九重爱民之心，止为一家营私之计，公然投牒以沮成法，乞戒饬：自今有陈状者，指名奏劾，必罚无赦。"

开禧二年，以淮农流移，无田可耕，诏两浙州县已开围田，许元主复佃，专召淮农耕种。嘉定三年，臣僚言："窃闻豪民巨室并缘为奸，加倍围裹，又影射包占水荡，有妨农民灌溉。"于是复诏浙西提举司俟农隙开掘。七年，复临安府西湖旧界，尽蠲岁增租钱。十七年，臣僚言："越之鉴湖，溉田几半会稽，兴化之木兰陂，民田万顷，岁饮其泽。今官豪侵占，填淤益狭。宜戒有司每岁省视，厚其潴蓄，去其壅底，毋容侵占，以妨灌溉。"皆次第行之。

宝庆元年，以右谏议大夫朱端常奏，除嘉泰间已开浙西围田租钱，盖税额尚存，州县迫民白纳故也。宝祐元年，史馆校勘黄国面对："围田自淳熙十一年识石者当存之，复围合权其利害轻重而为之存毁，其租或归总所，或隶安边所，或分隶诸郡。"上曰："安边所田，近已拨归本所。"国又奏："自丁未已来创围之田，始因漕司献草荡，任事者欲因以为功，凡旱干处悉围之，利少害多，宜开掘以通水道。"上然之。咸淳十年，以江东水伤，除九年圩田租，减四分。

绍兴二十七年，赵子潚奉诏措置镇江府沙田，欲轻立租课，令见佃者就耕；如势家占久，追日前所收租利。诏速拘其田措置，蠲其冒佃之租。二十八年正月，诏户部员外郎莫濛同浙西、江东、淮南漕臣赵子潚、邓根、孙蕡视诸路沙田、芦场。先是，言者谓江、淮间沙田、芦场为人冒占，岁失官课至多，故以命濛等。既而殿中侍御史叶义问言："奉行者不恤百姓，名为经量，实逼县官按图约纽，惟务增数，以希进用。有力之家初无加损，贫民下户已受其害。因小利扰之，必致逃移，坐失额额。"因极论之。二月，诏："沙田、芦场止为势家诡名冒占，其三等以下户勿例根括。"六月，以孙蕡措置沙田灭裂，罢之。诏："浙西江东沙田、芦场，官户十顷、民户二十顷以上并增租，余如旧。置提领官田所掌之，不隶户部。"二十九年，以莫濛经量沙田、芦场失实，责监饶州景德镇税，遂诏尽罢所增租。

三十二年九月，赵子潚言："浙西、江东、淮东沙田，往年经量，有不尽不实处，为人户包占。期以今冬自陈，给为己业，与免租税之半；过期许人告，以全户所租田赏之。其芦场量力轻租。"诏以冯方措置。十有一月，方滋疏论沙田。上问："沙田或以为可取，或以为可捐。"陈康伯等奏："君子小人，各从其类。小人乐于生事，不惜为国敛怨；君子务存大体，唯恐有伤仁政，所以不同。"上然之，命止前诏勿行。

乾道元年，臣僚言："浙西、淮东、江东路沙田芦场，顷亩浩瀚，宜立租税，补助军食。"诏复令梁俊彦与张津等措置。二年，辅臣奏："俊彦所上沙田、芦场之税，或十取其一，或取其二，或取其三，皆不分主客。"朝廷疑之。六年，以俊彦所括沙田、芦场二百八十余万亩，其间或已充己业，起税不一，及包占未起租者，乞并估卖、立租。诏蔡洸、梁俊彦仍在置司措置。八年七月，诏提领官田所所催三路沙田、芦场租钱并归户部。十月，遣官实江、淮沙田、芦场顷亩，悉追正之。

建炎元年，籍蔡京、王黼等庄以为官田，诏见佃者就耕，岁减租二分。三年，凡天下官田，令民依乡例自陈输租。绍兴元年，以军兴用度不足，诏尽鬻诸路官田。五年，诏诸官田比邻田租，召人请买，佃人愿买者听，佃及三十年以上者减什之二。六年，诏诸路总领谕民投买户绝、没官、及江涨沙田、海退泥田。七年，以贼徒田舍及逃田充官庄，其没官田依旧出卖。二十年，凡没官田、城空田、户绝房廊及田，并拨隶常平司；转运、提刑、茶盐司没入田亦如之。

二十一年，以大理寺主簿丁仲京言，凡学田为势家侵佃者，命提学官觉察。又命拨僧寺常住绝产以赡学。户部议并拨无敕额庵院田，诏可。初，闽以福建八郡之田分三等：膏腴者给僧寺、道院，中下者给土著流寓。自刘夔为福州，始贸易取赀。迨张守帅闽，绍兴二年秋。上倚以拊循凋瘵，存上等四十余刹以待高僧，余悉令民请买，岁入七、八万缗以助军衣，余宽百姓杂科，民皆便之。

二十六年，以诸路卖官田钱七分上供，三分常常平司籴本。初，尽鬻官田，议者恐佃人失业，未卖者失租。侍御史叶义问言："今尽鬻其田，立为正税，田既归民，税又归官，不独绝欺隐之弊，又可均力役之法。"浙东刑狱使者邵大受亦乞承买官田者免力役三年至十年。一千贯以下免三年，一千贯以上五年，五千贯以上十年。于是诏所在常平没官、户绝田，已佃未佃、已添租未添租，并拘卖。二十九年，初，两浙转运司官庄田四万二千余亩，岁收稻、麦等四万八千余斛；营田九十二万六千余亩，岁收稻、麦、杂豆等十六万七千余斛，充行在马料及籴钱。四月，诏令出卖。七月，诏诸路提举常平官督察欺弊，申严赏罚。分水令张升佐、宜兴令陈迟以卖田稽违，各贬秩罢任。九月，浙东提举常平郑絜以卖田最多，增一秩。三十年，诏承买荒田者免三年租。

乾道二年，户部侍郎曾怀言："江西路营田四千余顷，已佃一千九百余顷，租钱五万五百余贯，若出卖，可得六万七千余贯；及两浙转运司所括已佃九十余万亩，合而言之，为数浩瀚。今欲遵元诏，见佃愿买者减价二分。"诏曾怀等提领出卖，其钱输左藏南库别贮之。四年四月，江东路营田亦令见佃者减价承买，期以三月卖绝，八月住卖；诸路未卖营田，转运司收租。七年，提举浙西常平李结乞以见管营田拨归本司，同常平田立管庄。梁克家亦奏："户部卖营田，率为有力者下价取之，税入甚微，不如置官庄，岁可得五十万斛。"八年，以大理寺主簿薛季宣于黄冈、麻城立官庄二十二所。九年，以司农寺丞叶藕等出卖浙东、西路诸官田，以登闻检院张孝贲等出卖江东、西路诸官田，以郎官薛元鼎拘催江、浙、闽、广卖官田钱四百余万缗。

淳熙元年，臣僚言："出卖官田，二年之间，三省、户部困于文移，监司、州郡疲于出卖。上下督责，不为不至，始限一季，继限一年，已卖者才十三，已输者才十二。盖买产之家，无非大姓。估价之初，以上色之产，轻立价贯，揭榜之后，率先投状；若中下之产，无人属意，所立之价，轻重不均。莫若且令元佃之家著业输租，数犹可得数十万斛。"从之。六年，诏诸路转运、常平司，凡没官田、营田、沙田、沙荡之类，复括数卖之。绍熙四年，以臣僚言住卖。庆元元年八月，江东转运提举司以绍熙四年住卖以后续没官田，依乡价复召人承买，以其钱充常平籴本。十有一月，余端礼、郑侨言，福建地狭人稠，无以赡养，生子多不举。福建提举宋之瑞乞免鬻建、剑、汀、邵没官田，收其租助民举子之费，诏从之。四年，诏诸路召卖不行田，复实减价，其沙砾不可耕处除之。

开禧三年，韩侂胄既诛，金人讲解。明年，用廷臣言，置安边所，凡侂胄与其他权幸没入之田，及围田、湖田之在官者皆隶焉。输米七十二万二千七百斛有奇，钱一百三十一万五千缗有奇，藉以给行人金、缯之费。迨与北方绝好，军需边用每于此取之。

景定四年，殿中侍御史陈尧道、右正言曹孝庆、监察御史虞虑张晞颜等言廪兵、和籴、造楮之弊，"乞依祖宗限田议，自两浙、江东西官民户逾限之田，抽三分之一买充公田。得一千万亩之田，则岁有六七百万斛之入可以饷军，可以免籴，可以重楮，可以平物而安富，一举而五利具矣。"有旨从其言。朝士有异议者，丞相贾似道奏："救楮之策莫切于住造楮，住造楮莫切于免和籴，免和籴莫切于买逾限田。"因历诋异议者之非，帝曰："当一意行之。"浙西安抚魏克愚言："取四路民田立限回买，所以免和籴而益邦储，议者非自以为公且忠也。然而未见其利，而适见其害。近给事中徐经孙寄记丞相，言江西买田之弊甚详，若浙西之弊，则尤有甚于经孙所言者。"因历述其为害者八事，疏奏不省。

六郡回买公田，亩起租满石者偿二百贯，九斗者偿一百八十贯，八斗者偿一百六十贯，七斗者偿一百四十贯，六斗者偿一百二十贯。五千亩以上，以银半分、官告五分、度牒二分、会子二分半；五千亩以下，以银半分、官告三分、度牒二分、会子三分半；千亩以下，度牒、会子各半；五百亩至三百亩，全以会子。是岁，田事成，每石官给止

四十贯，而半是告、牒，民持之而不得售，六郡骚然。所遣刘良贵、陈訔、赵与訔、廖邦杰、成公策等推赏有差。邦杰之在常州，害民特甚，民至有本无田而以归并抑买自经者。分置庄官催租，州县督庄官及时交收运发。

五年，选官充官田所分司，平江、嘉兴，安吉各一员，常州、江阴、镇江共一员，凡公田事悉以委之。是岁七月，彗见于东方。下诏求言，京学生萧规、叶李等三学六馆皆上封章；前秘书监高斯得亦应诏驰驿上封事，力陈买田之失人心、致天变；谢枋得校文江东运司，方山京校文天府，皆指陈得失。未几，萧规等真决黥隶，枋得、山京相继被劾，斯得虽予郡，寻罢之。

咸淳三年，京师籴贵，勒平江、嘉兴上户运米入京，鞭笞囚系，死于非命者十七八。太常寺簿陆邃谓：买田本以免和籴，今勒其运米，害甚于前。似道怒，出邃知台州，未至，怖死。四年，以差置庄官弊甚，尽罢之。令诸郡公租以三千石为一庄，听民于分司承佃，盗易者以盗卖官田论。其租于先减二分上更减一分。德祐元年三月，诏："公田最为民害，稔怨召祸，十有余年。自今并给田主，令率其租户为兵。"而宋祚讫矣。

卷一百七十四

志第一百二十七

食货上二 方田 赋税

方田 神宗患田赋不均，熙宁五年，重修定方田法，诏司农以《均税条约并式》颁之天下。以东西南北各千步，当四十一顷六十六亩一百六十步，为一方；岁以九月，县委令、佐分地计量，随陂原平泽而定其地，因赤淤黑垆而辨其色；方量毕，以地及色参定肥瘠而分五等，以定税则；至明年三月毕，揭以示民，一季无讼，即书户帖，连庄帐付之，以为地符。

均税之法，县各以其租额税数为限，旧尝收蹙奇零，如米不及十合而收为升，绢不满十分而收为寸之类，今不得用其数均摊增展，致溢旧额，凡越额增数皆禁。若瘠卤不毛，及众所食利山林、陂塘、沟路、坟墓，皆不立税。

凡田方之角，立土为峰，植其野之所宜木以封表之。有方帐，有庄帐，有甲帖，有户帖；其分烟析产、典卖割移，官给契，县置簿，皆以今所方之田为正。令既具，乃以济州钜野尉王曼为指教官，先自京东路行之，诸路仿焉。六年，诏土色分五等，疑未尽，下郡县物其土宜，多为等以其均当，勿拘以五。七年，京东十七州选官四员，各主其方，分行郡县，以三年为任。每方差大甲头二人、小甲头三人，同集方户，令各认步亩，方田官验地色，更勒甲头、方户同定。诸路及开封府界秋田灾伤三分以上县权罢，余候农隙。河北西路提举司乞通一县灾伤不及一分勿罢。

元丰五年，开封府言："方田法，取税之最不均县先

行,即一州而定五县,岁不过两县,今府界十九县,准此行之,十年乃定。请岁方五县。"从之。其后岁稔农隙乃行,而县多山林者或行或否。八年,帝知官吏扰民,诏罢之。天下之田已方而见于籍者,至是二百四十八万四千三百四十有九顷云。

崇宁三年,宰臣蔡京等言:"自开阡陌,使民得以田私相贸易,富者恃其有余,厚立价以规利,贫者迫于不足,薄移税以速售,而天下之赋调不平久矣。神宗讲究方田利害,作法而推行之,方为之帐,而步亩高下丈尺不可隐;户给之帖,而升合尺寸无所遗;以卖买,则民不能容其巧;以推收,则吏不能措其奸。今文籍具在,可举而行。"诏诸路提举常平官选官习熟其法,谕州县官吏各以丰稔日推行,自京西、北两路始。四年,指教官每三县加一员,点检官每路二员。未几,诏诸路添置指教官不得过三员,又不专差点检官,从提举司于本路见任人内选差。五年,诏罢方田。大观二年,复诏行之,四年罢其税赋依未方旧则输纳。十一月,诏:"方田官吏非特妄增田税,又兼不食之山方之,俾出刍草之直,民户因时废业失所。监司其悉改正,毋失其旧。"

政和三年,河北西路提举常平司奏:"所在地色极多,不下百数,及至均税,不过十等。第一等虽出十分之税,地土肥沃,尚以为轻;第十等只均一分,多是瘠卤,出税虽少,犹以为重。若不入等,则积多而至一顷,止以柴蒿之直,为钱自一百而至五百,比次十等,全不受税;既收入等,但可耕之地便有一分之税,其间下色之地与柴蒿之地不相远,乃一例每亩均税一分,上轻下重。欲乞土色十等如故外,折十等之地再分上、中、下三等,折亩均数。谓如第十等地每十亩合折第一等一亩,即十等之上,受税十一,不改元则;十等之中,数及十五亩,十等之下,数及二十亩,方比上等受一亩之税,庶几上下轻重皆均。"诏诸路概行其法。五年,福建、利路茶户山园,如盐田例免方量均税。

宣化元年,臣僚言:"方量官惮于跋履,并不躬亲,行缠拍峰、验定土色,一付之胥吏。致御史台受诉,有二百余亩方为二十亩者,有二顷九十六亩方为一十七亩者,虔之瑞金县是也。有租税十有三钱而增至二贯二百者,有租税二十七钱则增至一贯四百五十者,虔之会昌县者是也。诏望常平使者检察。"二年,遂诏罢之。民因方量流徙者,守令招诱归业,荒闲田土,召人请佃。自今诸县毋得起请方田。诸路已方量者,赋税不以有无诉论,悉如旧额输纳;民逃移归业,已前逋欠税租,并与除放。

赋税 自唐建中初变租庸调法作年支两税,夏输毋过六月,秋输毋过十一月,遣使分道按率。其弊也,先期而苛敛,增额而繁征,至于五代极矣。

宋制岁赋,其类有五:曰公田之赋,凡田之在官,赋民耕而收其租者是也。曰民田之赋,百姓各得专之者是也。曰城郭之赋,宅税、地税之类是也。曰丁口之赋,百姓岁输身丁钱米是也。曰杂变之赋,牛革、蚕盐之类,随其所出,变而输之是也。岁赋之物,其类有四:曰谷,曰帛,曰金、铁,曰物产是也。谷之品七:一曰粟,二曰稻,三曰麦,四曰黍,五曰稷,六曰菽,七曰杂子。帛之品十:一曰罗,二曰绫,三曰绢,四曰纱,五曰绝,六曰绸,七曰杂折,八曰丝线,九曰绵,十曰布葛。金铁之品四:一曰金,二曰银,三曰铁,镴、四曰铜、铁钱。物产之品六:一曰六畜,二曰齿、革、翎毛,三曰茶、盐,四曰竹木、麻草、刍菜,五曰果、药、油、纸、薪、炭、漆、蜡,六曰杂物。其输有常处,而以有余补不足,则移此输彼,移近输远,谓之"支移"。其入有常物,而一时所输则变而取之,使其直轻重相当,谓之"折变"。其输之迟速,视收成早暮而宽为之期,所以纾民力。诸州岁奏户帐,具载其丁口,男夫二十为丁,六十为老。两物折科物,非土地所宜而抑配者,禁之。

五代以来,常检视见垦田以定岁租。吏缘为奸,税不均适,繇是百姓失业,田多荒芜。太祖即位,诏许民辟土,州县毋得检括,止以见佃为额。选官分莅京畿仓庾,及诣诸道,受民租调,有增羡者辄得罪,多入民租者或至弃市。

旧诸州收税毕,符属县追吏会钞,县吏厚敛里胥以赂州之吏,里胥复率于民,民甚苦之。建炎四年,乃下诏禁止。令诸州受租籍不得称分、毫、合、龠、铢、厘、丝、忽,钱必成文,绢帛成尺,粟成升,丝绵成两,薪蒿成束,金银成钱。绸不满半匹、绢不满一匹者,许计丈尺输直,无得三户、五户聚合成匹,送纳烦扰。民输夏税,所在遣县尉部弓手于要路巡护,后闻扰民,罢之,止令乡耆、壮丁防援。

诸州税籍,录事参军按视,判官振举。形势户立别籍,通判专掌督之,二税须于三限前半月毕输。岁起纳二税,前期令县各造税籍,具一县户数、夏税秋苗亩桑功及缘科物为帐一,送州覆校定,用州印,藏长吏厅,县籍亦用州印,给付令佐。造夏税籍以正月一日,秋税籍以四月一日,并限四十五日毕。

开封府等七十州夏税,旧以五月十五日起纳,七月三十日毕。河北、河东诸州气候差晚,五月十五日起纳,八月五日毕。颍州等一十三州及淮南、江南、两浙、福建、广南、荆湖、川峡五月一日起纳,七月十五日毕。秋税自九月一日起纳,十二月十五日毕,后又并加一月或值闰月,其田蚕亦有早晚不同,有司临时奏裁。继而以河北、河东诸州秋税多输边郡,常限外更加一月。江南、两浙、荆湖、广南、福建土多粳稻,须霜降成实,自十月一日始收租。掌纳官吏以限外欠数,差定其罚。限前毕,减选,升资。民逋租逾限,取保归办,毋得禁系。中国租二十石输牛革一,准钱千。川蜀尚循旧制,牛驴死,革尽入官,乃诏蠲之,定民租二百石输牛革一,准钱千五百。

太平兴国二年,江西转运使言:"本路蚕桑数少,而金价颇低。今折征,绢估少而伤民,金估多而伤官。金上等旧估两二十千,今请估八千;绢上等旧估匹一千,今请估一千三百,余以次增损。"从之。

咸平三年,以刑部员外、直史馆陈靖为京畿均田使,听自择京朝官,分县据元额定税,不得增收剩数;逃户别立籍,令本府招诱归业;桑功更不均检,民户广令种植。寻闻居民弗谕朝旨,剪伐桑柘,即诏罢之。六年,罢广南西路转运使冯涟上言："廉、横、宾、白州民虽垦田，未尝输送，已命官检括，令尽出常租。"帝曰："远方之民，宜省徭赋。"亟命停罢。知袁州何蒙请以金折本州二税，真宗曰："若是，将尽废耕农矣。"不许。

大中祥符初，连岁丰稔，边储有备，河北诸路税赋，并听于本州军输纳。二年，颁《幕职州县官招徕户口旌赏条制》。旧制，县吏能招增户口者，县即升等，乃加其奉；至有析客户为主户者，虽登于籍，而赋税无所增。四年，诏禁之。雍熙初，尝诏荆湖等路民输丁钱，未成丁、已入老并身有废疾者，免之。至是，又除两浙、福建、荆湖、广南旧输身丁钱，岁凡四十五万四百贯。九年，诏诸路支移税赋勿至两次，仍许以粟、麦、荞、菽互相折输。

凡岁赋，谷以石计，钱以缗计，帛以匹计，金银、丝绵以两计，藁秸、薪蒸以围计，他物各以其数计。至道末，总七千八十九万三千；天禧五年，视至道之数有增有减，总六千四百五十三万。其折变及移输比壤者，则视当时所须焉。

宋克平诸国，每以恤民为先务，累朝相承，凡无名苛细之敛，常加划革，尺缣斗粟，未闻有所增益。一遇水旱徭役，则蠲除倚格，殆无虚岁，倚格者后或凶歉，亦辄蠲之。而又田制不立甽亩转易，丁口隐漏，兼并冒伪，未尝考按，故赋入之利视前代为薄。丁谓尝言：二十而税一者有之，三十而税一者有之。仁宗嗣位，首宽畿县田赋，诏三等以下户毋远输。河中府、同华州请免支移，帝以问辅臣，对曰："西鄙宿兵，非移用民赋则军食不足。"特诏量减支移。

福州王氏时有田千余顷，谓之"官庄"，自太平兴国中授券予民耕，岁使输赋。至是，发运使方仲荀言："此公田也，鬻之可得厚利。"遣尚书屯田员外郎幸惟庆领其事，凡售钱三十五万余缗，诏缗钱三之一，期三年毕偿。监察御史朱谏以为伤民，不可。即而期尽，未偿者犹十二万八千余缗，诏悉蠲之。后又诏公田重复取赋者皆罢。天圣时，贝州言："民析居者例加税，谓之'罚税'，他州无此比。"诏除之。自是，州县有言税之苛细无名者，蠲损甚众。

自唐以来，民计田输赋外，增取他物，复折为赋，谓之"杂变"，亦谓之"沿纳"。而名品烦细，其类不一。官司岁附帐籍，并缘侵优，民以为患。明道中，帝躬耕籍田，因诏三司以类并合。于是悉除诸名品，并为一物，夏秋岁入，第分粗细二色，百姓便之。

州县赋入有籍，岁一置，谓之空行簿，以待岁中催科；闰年别置，谓之实行簿，以藏有司。天圣初，或言实行簿无用，而率民钱为扰，罢之。景祐元年，侍御史韩渎言："天下赋入之繁，但存催科一簿，一有散亡，则耗登之数无从钩考。请复置实行簿。"诏再闰一造。至庆历中复故。

时患州县赋役之烦，诏诸路上其数，俾二府大臣合议蠲减。又诏曰："税籍有伪书逃徙，或因推割，用幸走移，若请占公田而不输税。如此之类，县令、佐能究见其弊，以增赋入，量数议赏。"既而谏官王素言："天下田赋轻重不等，请均定。"而欧阳修亦言："秘书丞孙琳尝往洺州

肥乡县，与大理寺丞郭谘以千步方田法括定民田，愿诏二人者任之。"三司亦以为然，且请于亳、寿、蔡、汝四州择尤不均者均之。于是遣谘蔡州，谘首括一县，得田二万六千九百三十余顷，均其赋于民。既而谘言州县多逃田，未可尽括，朝廷亦重劳人，遂罢。

陕西、河东用兵，民赋率多支移，因增取地里脚钱，民不能堪。五年，诏陕西特蠲之，且令后勿复取。既而诏河东亦然。又令诸路转运司："支移、折变，前期半岁书于榜以谕民，有未便者听自言，主者裁之。"皇祐中，诏："广西赋布，匹为钱二百。如闻有司擅损其价，重困远人，宜令复故。"州郡岁常先奏雨足岁丰，后虽灾害，不敢上闻，故民赋罕得蠲者，乃下诏申饬之。又损开封诸县田赋，视旧额十之三，命著于法。

支移、折变，贫弱者尤以为患。景祐初，尝诏户在第九等免之，后孤独户皆免。至是，因下赦书，责转运司裁损，岁终条上。其后赦书数以为言，又令折科为平估，毋得害农。久之，复诏曰："如闻诸路比言折科民赋，多以所折变他物，或增取其直，重困良农。虽屡戒敕，莫能奉宣诏令。自今有此，州长吏即时上闻。"然有司规聚敛，罕能承帝意焉。

初，湖、广、闽、浙因旧制岁敛丁身钱米，大中祥符间，诏除丁钱，而米输如故。至天圣中，始并除婺、秀二州丁钱。后庞籍请罢漳、泉、兴化军丁米，有司持不可。皇祐三年，帝命三司官减郴永州，桂阳监丁米，以最下数一岁为准，岁减十余万石。既而漳、泉、兴化亦第损之。嘉祐四年，复命转运司裁定郴、永、桂阳、衡、道州所输丁米及钱绢杂物，无业者弛之，有业者减半；后虽进丁，勿复增取。时广南犹或输丁钱，亦命转运司条上。自是所输无几矣。

自郭谘均税之法罢，论者谓朝廷徒恤一时之劳，而失经远之虑。至皇祐中，天下垦田视景德增四十一万七千余顷，而岁入九谷乃减七十一万八千余石，盖田赋不均，其弊如此。后田京知沧州，均无棣田，蔡挺知博州，均聊城、高塘田；岁增赋谷帛之类，无棣总一千一百五十二，聊城、高塘总万四千八百四十七，而沧州之民不以为便，诏输如旧。嘉祐五年，复诏均定，遣官分行诸路，而秘书丞高本在遣中，独以为不可均，才均数郡田而止。

景德中，赋入之数总四千九百一十六万九千九百，至皇祐中，增四百四十一万八千六百六十五，治平中，又增一千四百一十七万九千三百六十四。其以赦令蠲除以便于民，若逃移、户绝不追者，景德中总六百八十二万九千七百，皇祐中三十三万八千四百五十七，治平中一千二百二十九万八千七百。每岁以灾害蠲除者，又不在是焉。

神宗留意农赋，湖、广之民旧岁输丁米，大中祥符以后屡裁损，犹不均。熙宁四年，乃遣屯田员外郎周之纯往广东相度均之。元丰三年，诏：诸路支移折税，并具所行月日，上之中书。初，熙宁八年，诏支移二税于起纳钱半岁谕民，使民宿办，无仓卒劳费。时有司往往缓期，故申约之。州县又或令民输钱，谓之"折斛钱"，而籴贱颇用伤农。海南四州军税籍残缺，吏多增损，辄移税入他户，

代输者类不能自明。琼州、昌化军丁税米,岁移输朱崖军,道远,民以为苦。至是,用体量安抚朱初平等议,根括四州军税赋旧额,存其正数;二州丁税米止令输钱于朱崖自籴以便民。

权发遣三司户部判官李琮根究逃绝税役,江、浙所得逃户凡四十万一千三百有奇,为书上之。明年,除琮淮南转运副使。两路凡得逃绝、诡名挟佃、簿籍不载并阙丁凡四十七万五千九百有奇,正税并积负凡九十二万二千二百贯、石、匹、两有奇。琮盖用贯石万数立赏,以诱所委之吏,增加浩大,三路之民,大被其害。而唐州亦增民赋,人情骚然。六年,御史翟恩言:"始,赵尚宽为唐守,劝民垦田,高赋继之,流民自占者众,凡百亩起税四亩而已。税轻而民乐输,境内殆无旷土。近闻转运司辟土百亩增至二十亩,恐其势再致转徙。望戒饬使者,量加以宽民。"帝每遇水旱,辄轻弛赋租;或因赦宥,又蠲放、倚阁未尝绝;赋输远方不均,皆遣使按之,率以为常。

哲宗嗣位,宣仁太后同听政,务行裕民之政,凡民有负,多所宽减。患天下积欠名目烦多,法令不一,王岩叟为开封,请随等第立贯百为催法。兖州邹令张文仲议其不便,遂令十分为率,岁随夏秋料带纳一分,是为五年十料之法。

陕西转运使吕太忠令农户支移,斗输脚钱十八。御史劾之,下提刑司体量,均其轻重之等。以税赋户籍在第一等、第二等者支移三百里,三等、四等者二百里,五等一百里。不愿支移而愿输道里脚价者,亦酌度分为三等,以从其便。河东助军粮草,支移毋得逾三百里。灾伤五分以上者免折变,折变皆循旧法。

绍圣中,尝诏郡县货物用足钱、省陌不等,折变宜用中等。俄以所在时估实值多寡不齐,难概立法,命仍旧焉。言者谓:"欲民不流,不若多积谷;欲多积谷,不若推行折纳巢籴之法。今常平虽有折纳之法,止用中价,故民不乐输。若依和籴以实价折之,则无损于民。"

崇宁二年,诸路岁稔,遂行增价折纳之法,支移、折变、科率、配买,皆以熙宁法从事,民以谷菽、物帛输积负零税者听之。大观二年诏:"天下租赋科拨支折,当先富后贫,自近及远。乃者漕臣失职,有不均之患,民或受害,其定为令。支移本以便边饷,内郡罕用焉。间有移用,则贳民以所费多寡自择,故或输本色于支移之地,或输脚费于所居之邑。而折变之法,以纳月初旬估中价准折,仍视岁之丰歉,以定物之低昂,俾官吏毋得私其轻重。"七月,诏曰:"比闻慢吏废期,凡输官之物,违期促限,蚕者未丝,农者未获,追胥旁午,民无所措。自今前期督输者,加一等坐之;致民逃徙者,论更加等。"旧凡以赦令蠲赋,虽多不过三分。四年,乃诏:天下逋赋,五年外户口不存者,悉蠲之。

京西旧不支移,崇宁中,将漕者忽令民曰:"支移所宜同,今特免;若地里脚费,则宜输。"自是岁以为常。脚费,斗为钱五十六,比元丰即当正税之数,而反覆纽折,数倍于昔。民至鬻牛易产犹不能继,转运司乃用是以取办理之誉,言者极论其害。政和元年,遂诏应支移而所输地里脚钱不及斗者,免之。寻诏五等户税不及斗者,支移皆免。

时天下户口类多不实,虽尝立法比较钩考,岁终会其数,按籍蹀括脱漏,定赏罚之格,然蔡攸等计德、霸二州户口之数,率三户四口,则户版讹隐,不待校而知。乃诏诸路凡奏户口,令提刑司及提举常平司参考保奏。而终莫能拯其弊,故租税亦不得而均焉。

是时,内外之费浸以不给,中官杨戬主后苑作,有言汝州地可为稻田者,因用其言,置务掌之,号"稻田务"。复行于府畿,易名公田。南暨襄、唐,西及渑池,北逾大河;民田有溢于初券步亩者,辄使输公田钱。政和末,又置营缮所,亦为公田。久之,后苑、营缮所公田皆并于西城所,尽山东、河朔天荒逃田与河堤退滩租税举入焉,皆内侍主其事。所括为田三万四千三百余顷,民输公田钱外,正税不复能输。

重和元年,献言者曰:"物有丰匮,价有低昂,估丰贱之物,俾民输送,折价既贱,输官必多,则公私之利也。而州县之吏,但计一方所乏,不计物之有无,责民所无,其费无量。至于支移,徙丰就歉,理则宜然。豪民赇吏,故徙歉以就丰,赍挟轻货,以贱价输官,其利自倍;而贫下户各免支移,估值既高,更益脚费,视富户反重。因之逋负,困于追胥。"诏申戒焉。

宣和初,州县主吏催科失职,逋租数广,令转运司察守贰勤惰,听专达于内侍省。浙西逃田、天荒、草田、葑茭荡、湖泺退滩等地,皆计籍召佃立租,以供应奉。置局命官,有"措置水利农田"之名,部使者且自督御前租课。

三年,言者论西蜀折科之弊,其略谓:"西蜀初税钱三百折绢一匹,草十围计钱二十。今本路绢不用本色,匹折草百五十围,围估钱百五十,税钱三百输至二十三千。东蜀如之。仍支移新边,谓之远仓,民破产者众。"七年,言者又论:"非法折变,既以绢折钱,又以钱折麦。以绢较钱,钱倍于绢;以钱较麦,麦倍于钱。展转增加,民无所诉。"

唐、邓、襄、汝等州,自治平后,开垦岁增,然未定税额。元丰中,以所垦新田差为五等输税,元祐元年罢之。大观三年,用转运副使张徽言之请,复元丰旧制,俄又以诉者而罢。政和三年,转运使王璹复言官失租赋,诏依元丰法,第折以见钱,凡得三十万缗。钦宗立,诏蠲焉。旧税租加耗,转运司有抛桩明耗,州县有暗桩暗耗之名,诸仓场受纳,又令民输头子钱。熙宁以后,给纳并收,其数益增焉,至是悉罢。

高宗建炎元年五月庚寅,诏二税并依旧法,凡百姓欠租、阁赋及应天府夏税,悉蠲之。庚子,诏被虏之家蠲夏秋租税及科配。

绍兴元年五月诏:"民力久困,州县因缘为奸,今颁式诸路,凡因军期不得已而贷于民者,并许计所用之多寡,度物力之轻重,依式开具,使民通知,毋得过数科率。"八月,减大观税额三分之一。十有一月,言者论:"浙西科敛之害,农末殆不聊生。鬻田而偿,则无受者;弃之而遁,则质其妻孥。上下相蒙,民无所措手足。利归贪吏,而怨归陛下。愿重科敛之罪，严贪墨之刑。"诏漕司究实以闻。二年正月，知绍兴府陈汝锡违诏科率，谪漳州。四月，建盗范汝为平，诏蠲本路今年二税及夏科役钱。既而手诏："访闻州县以为著令不过三分，甚非所以称朕惠恤之意，可以赦并免。"十有一月，焚州县已蠲税薄，示民以不疑也。五年二月，诏诸路转运司以增收租数上户部，课赏罚。

六年八月，预借江、浙来年夏税绸绢之半，尽令折米：两浙绸绢各折七千，江南六千有半，每匹折米二石。九月，右司谏王缙言："诸寺院之多产者，类请求贵臣改为坟院，冀免科敛，则所科归之下户。"诏户部申严禁之。十有二月，诏淮西残破州县更免租税二年。是月戊申，诏曰："朕惟养兵之费，皆取于民，吾民甚苦；而吏莫之恤，贪缘军须，掊敛无艺，朕甚悼之。监司郡守，朕所委寄以惠养元元者也，今漫不加省，复何赖焉！其各勤乃职，察民之侵渔纳贿者，按劾以闻。苟庇覆弗治，朕不汝贷。"是岁，两浙转运李迨取婺秀湖州、平江府岁计宽剩钱二十二万八千缗有奇，依折帛钱限起发。自是以为例。

七年二月，诏：驻跸及所过州县欠绍兴五年以前税赋，并蠲之。七月，诏：新复州军请佃官田，输租外免输正税。己田谓之税，佃田谓之租，旧不并纳，刘豫尝并取之，至是，乃从旧法。九年，蠲新复州军税租及土贡、大礼银绢三年，差徭五年。初，刘豫之僭，凡民间蔬圃皆令三季输税。宣谕官方庭实言其不便，起居舍人程克俊言："河南父老苦扰烦苛久矣，赋敛及于絮缕，割剥至于果蔬。"于是诏新复州县，取刘豫重敛之法焚之通衢。

十三年，淮东宣抚使韩世忠请以赐田及私产自昔未输之税并归之官，诏奖谕而可之。初，神武右军统制张俊乞蠲所置产凡和买、科敷，诏特从之。后，三省言："国家兵革未息，用度至广，陛下哀悯元元，俾士大夫及勋戚之家与编户等敷，盖欲宽民力，均有无。今俊独得免，则当均在余户，是使民为俊代输也。方今大将不止俊一人，使各援例求免，何以拒之？望收还前诏。"诏从之。越数年间，俊复乞免岁输和买绢，三省拟岁赐俊绢五千匹，庶免起例。上以示俊，因谕之曰："朕固不惜，但恐公议不可。"俊惶悚，力辞赐绢。

十五年，户部议："准法，输官物用四钞，曰户钞，付民执凭；曰县钞，关县司销簿；曰监钞，纳官掌之；曰住钞，仓库藏之。所以防伪冒、备毁失也。毁失县钞者，以监、住钞销凿；若辄取户钞，或追验于人户者，科杖。"

二十三年，知池州黄子游言："青阳县苗七八倍于诸县，因南唐尝以县为宋齐丘食邑，亩输三斗，后遂为额。"诏减苗税二分有半，租米二分。是时，两浙州县合输绵、绸、税绢、茶绢、杂钱、米六色，皆以市价折钱，却别科米麦，有亩输四五斗者。京西括田，租加于旧。湖南有土户钱、折绢钱、醋息钱、曲引钱，名色不一。荆南户口十万，寇乱以来，几无人迹。议者希朝廷意，谓流民已复，可使岁输十二，频岁复增，积逋至二十余万缗。曹泳为户部侍郎，责偿甚急。盖自桧再相，密谕诸路暗增民税七八，故民力重困，饿死者众，皆桧之为也。

二十六年，先是，承议郎鲁冲上书论郡邑之弊："以臣前任宜兴一县言之，漕计合收窠名，有丁盐、坊场课利钱，租地钱，租丝租绰钱，岁入不过一万五千余缗。其发纳之数，有大军钱、上供钱、籴本钱、造船钱、军器物料钱、天申节银绢钱之类，岁支不啻三万四千余缗。又有见任、寄居官请奉、过往官兵批券、与非泛州郡督索拖欠，略无虚日。今之为令者，苟以宽恤为意，而拙于催科，旋蹉而不职罢；能迎合上司，惨刻聚敛，则以称职闻。是使为令者惴惴惟财赋是念，朝不谋夕，亦何暇为陛下奉行宽恤诏书、承流宣化者哉？"吏部侍郎许elders古议："今铨曹有知县、令二百余阙，无愿就者，正缘财赋督追被罪，所以畏避如此。若罢献羡余，蠲民积欠，谨择守臣，戒饬监司，则吏称民安矣。"乃诏行之。

二十九年，上闻江西盗贼，谓辅臣曰："轻徭薄赋，所以息盗。岁之水旱，所不能免，傥不宽恤而惟务科督，岂使民不为盗之意哉？"于是诏诸路州县，绍兴二十七年以前积欠官钱三百九十七万余缗及四等以下官欠，悉除之。九月，诏：两浙、江东西水，浙东、江东西蝗，其租税尽蠲之。自是水旱、经兵，时有蠲减，不尽书也。

三十二年六月戊寅，孝宗受禅赦："凡官司债负、房赁、租赋、和买、役钱及坊场、河渡等钱，自绍兴三十年以前并除之。诸路或假贡奉为名，渔夺民利，使所在居民以土物为苦，太上皇帝已尝降诏禁约。自今州军条上土贡之物，当议参酌天地、祖宗陵寝荐献及德寿宫甘旨之奉，止许长吏修贡，其余并罢。州县因缘多取，以违制坐之。"七月，诸县受民已输税租等钞，不即销簿者，当职官吏并科罪；民赍户钞不为使，而抑令重输者，以违制论，不以赦免，著为令。八月，诏："州县受纳秋苗，官吏多收加耗，肆为奸欺。方时艰虞，用度未足，欲减常赋而未能，岂忍使贪赃之徒重为民蠹？自今违犯官吏，并置重典，仍没其家。"此孝宗初政也。

先是，常州宜兴县无税产百姓，丁输盐钱二百文。下户有墓地者，谓之墓户，经界之时均纽正税，又令带输丁盐绢作折帛钱。至隆兴元年，始用知县姜诏言，令与晋陵、武进、无锡三县一例随产均输。二年四月，知赣州赵公称以宽剩钱十万缗为民代输夏税，是后守臣时有代输者。五月，诏："温、台、处、徽不通水路，其二税物帛，许依折法以银折输，数外妄有科折，计赃定罪。"

乾道元年，蠲兴化军"犹剩米"之半。以知军张允蹈言"自建炎三年，本军秋税，岁余军储外，犹剩米二万四千四百余石，供给福州，谓之'犹剩米'。四十年间，水旱相仍，不复减损"，故有是命。至八年，乃并其半蠲之。三年六月，减临安府新城县进际税赋之半。以知县耿秉言，曩钱氏以进际为名，虚额太重故也。十有一月，蠲临安府属县欠乾道元年三税、坊场课利、折帛、免丁等钱。七年，敕令所修《输苗乞取法》，受纳官比犯人减一等，州县长官不觉察与同罪。暨上三等及形势户逋赋，虽遇赦不除。八年，蠲绍兴府增起苗米四万九千余石。

淳熙三年，臣僚言："湖北百姓广占官田，量输常赋，似为过优，比议者欲从实起税而开陈首之门。殊不思朝廷往年经界，独两淮、京西、湖北依旧。盖以四路被边，土广人稀，诱之使耕，犹惧不至，若履亩而税，孰肯远徙力耕，以供公上之赋哉？今湖北惟鼎、澧地接湖南，垦田稍多，自荆南、安、复、岳、鄂、汉、沔污莱弥望，户口稀少，且皆江南狭乡百姓，扶老携幼，远来请佃，以田亩宽而税赋轻也。若从议者之言，恐于公家无一毫之益，而良民有无穷之扰矣。如臣所见，且当诱以开耕，不宜恐以增税。使田畴尽辟，岁收滋广，一遇丰稔，平籴以实边，则所省漕运亦博。望其依绍兴十六年诏旨，以十分为率，年增输一分，不愿开垦者，即许退田别佃。期限稍宽，取之有渐，远民安业，一路幸甚。"诏户部议之。

四年，臣僚言："屡赦蠲积欠，以苏疲民，州县不能仰承德意，至变易名色以取之。宜下漕司，如合除者毋更取之于州，州毋取之于县，县销民欠籍，书其名数，谕民通知。"诏可。五年八月，诏曰："比年以来，五谷屡登，蚕丝盈箱，嘉与海内共享阜康之乐，尚念耕夫蚕妇终岁勤动，价贱不足以偿其劳。郡邑两税，除折帛、折变自有常制，当输正色者，毋以重价强之折钱。若有故违，重置于法。临安府刻石，遍赐诸路。"六年，以谏议大夫谢廓然言："州县违法科敛，侵渔日甚，其咎虽在县令，而督迫实由郡守。县令按劾，而郡守自如。"诏："自今凡有过需横取，监司悉行按劾，无详于小而略于大。"

七年夏，大旱。知南康军朱熹应诏上封事言："今民间二税之入，朝廷尽取以供军，州县无复赢余，于是别立名色巧取。今民贫赋重，惟有核兵籍，广屯田，练民兵，可以渐省列屯坐食之兵，稍损州郡供军之数。使州县之力寖纾，然后禁其苛敛，责其宽恤，庶几穷困之民得保生业，无流移漂荡之患。"八年，诏监司、太守察所部催科不扰者荐之，烦扰害民者劾之。十一年，户部奏："诸路州军检放旱伤米数近六十万石。上谕王淮曰："若尽令核实，恐他年郡县怀疑，不复检放。惟宁国数最多，可令漕司核实而蠲之。"

绍熙元年，臣僚言："古者赋租出于民之所有，不强其所无。今之为绢者，一倍折而为钱，再倍折而为银。银愈贵，钱愈艰得，谷愈不可售，使民贱粜而贵折，则大熟之岁反为民害。愿诏州郡：凡多取而多折者，重置于罚；民有粜不售者，令常平就籴，异时岁歉，平价以粜。庶于民无伤，于国有补。"诏从之。

秘书监杨万里奏："民输粟于官谓之苗，旧以一斛输一斛，今以二斛输一斛矣。输帛于官谓之税，旧以正绢为税绢，今正绢外有和买矣。旧和买官给其直，或钱，或以盐，今皆无之，又以绢估直而倍折其钱矣。旧税亩一钱输免役一钱，今岁增其额，不知所止矣。既一倍其粟，数倍其帛，又数倍其钱，而又有月桩钱、版帐钱、不知几倍于祖宗之旧，又几倍于汉、唐之制乎？此犹东南之赋可知也，至于蜀赋之额外无名者，不可得而知也。陛下欲薄赋敛，当节用度。用节而后财可积，财积而后国可足，国足而后赋可减，赋减而后民可富，民富而后邦可宁。不然，日复日，岁复岁，臣未知其所终也。"时金主璟新立，万里逆使客于淮，闻其蠲民间房园地基钱，罢乡村官酒坊，

减盐价，除田租，使虚誉达于吾境，故因转对而有是言也。

二年，诏曰："朕惟为政之道，莫先于养民。故自即位以来，蠲除甚赋，颁宣宽条，嘉与四方臻于安富。郡守、县令，最近民者也。诚能拊循惠爱，以承休德，庶几政平讼理之效。今采之人言，乃闻科敛先期，竞务办集，而民之虚实不问；追呼相继，敢为椎剥，而民之安否不恤。财计之外，治理蔑闻，甚不称朕委属之意。国用有常，固在经理，而非掊克督趣以为能也。知本末先后之谊，此朕所贵于守令者。继自今以轸恤为心，以牧养为务，俾民安业，时予汝嘉。"

庆元二年，诏浙江东、西夏税、和买绸绢并依绍兴十六年诏旨折纳。绍兴十六年诏旨：绢三分折钱，七分本色；绸八分折钱，二分本色。

嘉熙二年臣僚言："陛下自登大宝以来，蠲赋之诏无岁无之，而百姓未沾实惠。盖民输率先期归于吏胥、揽户，及遇诏下，则所放者吏胥之物，所倚阁者揽户之钱，是以宽恤之诏虽颁，愁叹之声如故。尝觉汉史恤民之诏，多减明年田租。今宜仿汉故事，如遇朝廷行大惠，则以今年下诏，明年减租，示民先知减数，则吏难为奸，民拜实赐矣。"从之。

淳祐八年，监察御史兼崇政殿说书陈求鲁奏："本朝仁政有余，而王制未备。今之两税，本大历之弊法也。常赋之入尚为病，况预借乎？预借一岁未已也，至于再，至于三；预借三岁未已也，至于四，至于五。窃闻今之州县，有借淳祐十四年者矣。以百亩之家计之，罄其永业，岂足支数年之借乎？操纵出于权宜，官吏得以簸弄，上下为奸，公私俱困。臣愚谓今日救弊之策，其大端有四焉：宜采夏侯太初并省州郡之议，俾县令得以直达于朝廷；用宋元嘉六年为断之法，俾县令得以究心于抚字；法艺祖出朝绅为令之典，以重其权；遵光武擢卓茂为三公之意，以激其气。然后为之正其经界，明其版籍，约其妄费，裁其横敛，则预借可革，民瘼有瘳矣。"

咸淳十年，侍御史陈坚、殿中侍御史陈过等奏："今东南之民力竭矣，西北之边患棘矣，诸葛亮所谓危急存亡之时也。而邸第戚畹、御前寺观，田连阡陌，亡虑数千万计，皆巧立名色，尽蠲二税。州县乏兴，鞭挞黎庶，鬻妻卖子，而钟鸣鼎食之家，苍头庐儿，浆酒藿肉；琳宫梵宇之流，安居暇食，优游死生。安平无事之时尤且不可，而况艰难多事之际乎？今欲宽边患，当纾民力；欲纾民力，当纾州县，则邸第、寺观之常赋，不可姑息而不加厘正也。望与二三大臣亟议行之。"诏可。

建炎二年，初复钞旁定帖钱，命诸路提刑司掌之。绍兴二年，诏伪造券旁者并依军法。五年三月，诏诸州勘合钱贯收十文足。勘合钱，即所谓钞旁定帖钱也。初令诸州通判印卖田宅契纸，自今民间争田，执白契者勿用。十有一月，以调度不足，诏诸路州县出卖户帖，令民具田宅之数而输其直。既而以苛扰稽缓，乃立价：凡坊郭乡村出户皆三十千，乡村五等、坊郭九等户皆一千，凡六等，惟闽、广下户差减；期三月足输送行在，旱伤及四分以上者

三十一年，先是，诸州人户典卖田宅契税钱所收棄名，七分隶经、总制，三分属系省。至是，总领四川财赋王之望言，请从本所措置拘收，以供军用，诏从之。凡嫁资、遗嘱及民间葬地，皆令投契纳税，一岁中得钱四百六十七万余引，而极边所捐八郡及卢、夔等未输者十九郡不与焉。乾道五年，户部尚书曾怀言："四川立限拘钱数百万缗，夔州亦得钱三十余万缗，他路恬不加意。"诏："百姓白契，期三月自陈，再期百日输税，通判拘入总制帐。输送及十一万缗者，知、通推赏；违期不首，及输钱违期者，许人告，论如律。"淳熙六年，敕令所进《重修淳熙法》，有收舟、驴、驼、马契书之税，帝命删之，曰："恐后世有算及舟车之言。"

建炎三年，张浚节制川、陕，承制以同主管川、秦茶马赵开为随军转运使，总领四川财赋。自蜀有西师，益、利诸司已用便宜截三路上供钱。川峡布绢之给陕西、河东、京西者。四年秋，遂尽起元丰以来诸路常平司坊场钱，元丰以来封桩者。次科激赏绢，是年初科三十三万匹，俟边事宁即罢。绍兴十六年，减利、夔三万匹，惟东、西川三十万匹至今不减。次奇零绢估钱，即上三路纲也，岁三十万匹。西川匹理十一引，东川十引。自绍兴二十五年至庆元初，两川并减至六引。次布估钱，成都崇庆府，彭、汉、邛州、永康六郡，自天圣间，官以三百钱市布一匹，民甚便之，后不复予钱。至是，宣抚司又令民匹输估钱三引，岁七十余万匹，为钱二百余万引。庆元初，累减至一百三十余万引。次常平司积年本息，此熙、丰以来所谓青苗钱者。建炎元年，遣驾部员外郎喻汝砺括得八百余万缗，至是，取以赡军矣。次对籴米，谓如户当输税百石，则又科籴百石，故谓之对籴。及他名色钱。如酒、盐等。大抵于先朝常赋外，岁增钱二千六十八万缗，而茶不预焉。自是军储稍充，而蜀民始困矣。

绍兴五年，浚召拜尚书右仆射，以席益为四川安抚制置大使，赵开为四川都转运使。益颇侵用军期钱，开诉于朝，又数增钱引，而军计犹不给。六年，以龙图阁直学士李迨代开为都转运使。都官员外郎冯康国言："四川地狭民贫，祖宗时，正税重者折科稍轻，正税轻者折科稍重，二者平准，所以无偏重偏轻之患。百有余年，民甚安之。近年，漕、总二司辄更旧法，反覆纽折，取数务多，致民弃业逃移。望并罢之，一遵旧制。"诏如所请，令宪臣察其不如法者。

七年三月，迨以赡军钱粮令四路漕臣分认，而榷茶钱不用，蜀人不以为是。九月，浚罢，赵鼎为尚书左仆射。十有一月，以直秘阁张深主管四川茶马，迨请祠。八年二月，命深及宣抚司参议官陈远猷并兼四川转运副使。席益以忧去，枢密直学士胡世将代之。十月，鼎罢，秦桧独相。九年，和议成。签书枢密院事楼炤宣谕陕西还，以金四千两、银二十万两输激赏库，皆取之蜀者。会吴玠卒，以世将为宣抚副使，以吏部尚书张焘知成都府兼本路安抚使。上谕辅臣曰："焘可付以便宜。如四川前日横敛，宜令减以纾民。"成都帅行民事，自焘始。世将奏以宣抚司参议官井度兼四川转运副使。

十一年正月，赵开卒。自金人犯陕、蜀，开职馈饷者十年，军用无乏，一时赖之。其后计臣屡易，于开经画无敢变更。然茶、盐、榷酤、奇零绢布之征，自是为蜀之常赋，虽屡经蠲减而害不去，议者不能无咎开之作俑焉。

十月，郑刚中为川、陕宣谕使。十二年，世将卒，改宣抚使。十三年，刚中献黄金万两。十五年正月，刚中奏减成都路对籴米三之一。四月，省四川都转运使，以其事归宣抚司。刚中寻以事忤秦桧，于是置四川总领所钱粮官，以太府少卿赵不弃为之。又改命不弃总领四川宣抚司钱粮。十六年，刚中奏减两川米脚钱三十二万缗，激赏绢二万匹，免创增酒钱三万四千缗。以四川总制钱五十万缗充边费。十七年，以户部员外郎符行中总领四川宣抚司钱粮，召刚中赴行在，不弃权工部侍郎，知成都府李璆权四川宣抚司事。

先是，刚中奏："本司旧贮备边岁入钱引五百八十一万五千道，如拨供岁计，即可对减增添，宽省民力。"诏李璆、符行中参酌减放。于是减四川科敷虚额钱岁二百八十五万缗，两川布估钱三十六万五千缗，夔路盐钱七万六千缗，坊场、河渡净利抽贯税钱四万六千余缗，又减两川米脚钱四十二万缗。时宣抚司降赐库贮米一百万石，乃命行中酌度对籴分数均减。

十八年，罢四川宣抚司，以璆为四川安抚制置使兼知成都府，太府少卿汪召嗣总领四川财赋军马钱粮。宣抚司降赐库钱，除制置司取拨二十万缗，余令总领所贮之。二十二年，总领所奏蠲诸路欠绍兴十七年以前折估籴本等钱一百二十九万余缗，米九万八千七百余石，绫、绢一万四千余匹。先是，自讲和后，岁减钱四百六十二万缗有奇，朝廷犹以为重。二十四年，遣户部员外郎钟世明同四川制、总两司措置裕民。二十五年，以符行中等言，减两川绢估钱二十八万缗，潼川府秋税脚钱四万缗，利路科斛脚钱十二万缗，两川米脚钱四十万缗，盐酒军额钱七十四万缗，激赏绢九千余匹，合一百六十余万缗；蠲州县绍兴十九年至二十三年折估籴本等逋欠二百九十二万缗。

是时，朝廷虽蠲民旧逋，而符行中督责犹峻，蜀人怨之。于是以萧振为四川安抚制置使兼知成都府，行中提举江州太平兴国宫。二十六年，上以蜀民久困供亿，诏制置萧振、总领汤允恭、主管茶马李洞、成都转运判官许尹、潼川转运判官王之望措置宽恤，于是之望奏蠲减四川上供之半。二十七年，用萧振等言，减三川对籴米十六万九千余石，夔路激赏绢五万匹，两川绢估钱二十八万缗有奇，潼川、成都奇零折帛匹一千；又减韩球所增茶额四百六十二万余斤，茶司引息虚额钱岁九十五万余缗。

初，利州旧宣抚司有积缗二百万，守者密献之朝，下制置司取拨。振曰："此所以备水旱军旅也，一旦有急，又将取诸民乎？请留其半。"是岁振卒，李文会代之。二十八年，文会卒，中书舍人王刚中代之。二十九年，蠲四川折估籴本积欠钱三百四十万缗。

乾道二年，蠲奇欠白税契钱三十七万余缗。三年，蠲川、秦茶马两司绍兴十九年至三十二年州县侵用及民积欠六十六万四千九百余缗。四年，又诏：四川诸州欠绍兴三十一年至隆兴二年瞻军诸寨名钱物，暨退剥亏分之数，及漏底折欠等钱，并蠲之。蠲成都人户理运对籴米脚钱三十五万缗。淳熙十六年诏："四川岁发湖、广总领所纲运一百三十五万六千余贯，自明年始，与免三年。当议对减盐酒之额，制置、总领同诸路转运、提刑司条上。其湖、广岁计，朝廷当自给之。"

绍熙三年，蠲潼川府去年被水州县租税，资普荣叙州、富顺监凡夏输亦如之。寻又诏："本路旱伤州县租税，官为代输及民已输者，悉理今年之数。"四年，蠲绍熙三年成都、潼川两路奇零绢估钱引四十七万一千四百五十余道，潼川府激赏绢一十六万六千九百七十五匹。又诏：四川州县盐、酒课额，自明年更放三年。

嘉定七年，再蠲四川州县盐、酒课额三年，其合输湖、广总领所纲运亦免三年。十一年，蠲天水军今年租役差科，西和州蠲十之七，成州蠲十之六，将利、河池两县各蠲十之五，以经兵也。

卷一百七十五

志第一百二十八

食货上三 布帛 和籴 漕运

布帛 宋承前代之制，调绢、绸、布、丝、绵以供军须，又就所产折科、和市。其纤丽之物，则在京有绫锦院，西京、真定、青益梓州场院主织锦绮、鹿胎、透背，江宁府、润州有织罗务，梓州有绫绮场，亳州市绉纱，大名府织绉縠，青、齐、郓、濮、淄、潍、沂、密、登、莱、衡、永、全州市平绸。东京榷货务岁入中平罗、小绫各万匹，以供服用及岁时赐与。诸州折科、和市，皆无常数，唯内库所须，则有司下其数供足。自周显德中，受公私织造并须幅广二尺五分，民所输绢匹重十二两，疏薄短狭、涂粉入药者禁之；河北诸州军重十两，各长四十二尺。宋因其旧。

开宝三年，令天下诸州凡丝、绵、绸、绵、麻布等物，所在约支二年之用，不得广科市以烦民。初，蓬州请以租丝配民织绫，给其工直，太祖不许。太宗太平兴国中，停湖州织绫务，女工五十八人悉纵之。诏川峡市平场、织造院，自今非供军布帛，其锦绮、鹿胎、透背、六铢、欹正、龟壳等段匹，不灭买织，民间有织卖者勿禁。马元方为三司判官，建言："方春乏绝时，预给库钱贷民，至夏秋令输绢于官。"大中祥符三年，河北转运使李士衡又言："本路岁给诸军帛七十万，民间罕有缗钱，常预假于豪民，出倍称之息，至期则输赋之外，先偿逋欠，以是工机之利愈薄。请预给帛钱，俾及时输送，则民获利而官亦足用。"诏优予其直。自是诸路亦如之。或蚕事不登，许以大小麦折纳，仍免仓耗及头子钱。

天圣中，诏减两蜀岁输锦绮、鹿胎、透背、欹正之半，罢作绫花纱。明道中，又减两蜀岁输锦绮、绫罗、透背、花纱三之二，命改织绸、绢以助军。景祐初，遂诏罢输锦背、绣背、遍地密花透背段，自掖庭以及闾巷皆禁用。其后岁辄增裁梓路红锦、鹿胎，庆历四年复减半。既而又减梓路岁输绢三之一，红锦、鹿胎半之。先是，咸平初，广南西路转运使陈尧叟言："准诏课植桑枣，岭外唯产苎麻，许令折数，仍听织布赴官场博市，匹为钱百五十至二百。"

至是，三司请以布偿匀直，登、莱端布为钱千三百六十，沂布千一百，仁宗以取直过厚，命差减其数。自西边用兵，军须绢绸，多出益、梓、利三路，岁增所输之数；兵罢，其费乃减。嘉祐三年，始诏宽三路所输数。治平中，岁织十五万五千五百余匹。

神宗即位，京师米有余蓄，命发运司损和籴数五十万石，市金帛上京，储之榷货务，备三路军须。京东转运司请以钱三十万二千二百贯给贷于民，令次年输绢，匹为钱千，随夏税初限督之。诏运其钱于河北，听商人入中。

熙宁三年，御史程颢言："京东转运司和买绸绢，增数抑配，率千钱课绢一匹，其后和买并税绢，匹皆输钱千五百。"时王广渊为转运使，谓和买如旧，无抑配。颢言其迎合朝廷意。王安石谓广渊在京东尽力以赴事功，不宜罪以迎合。乃诏所给内帑别额绸绢钱五十万缗，收其本储之北京，息归之内帑。右正言李常亦言："广渊以陈汝义所进羡余钱五十万缗，随和买绢钱分配，于常税折科放外，更取二十五万缗，请以颢言付有司。"定州安抚司言："转运司配绸、绢、绵、布于州镇军寨等坊郭户，易钱数多，乞悯其灾伤，又居极边，特蠲损之。"诏提刑司别估，民不愿市，令官自卖，已给而抑配者正之。自王安石秉政，专以取息为富国之务，故当时言利小人如王广渊辈，假和买绸绢之名，配以钱而取其五分之息，其刻又基于青苗。然安石右广渊，颢、常言卒不行。二月，诏移巴蜀羡财，市布帛储于陕西以备边，省蜀人输送及中都漕挽之费。

七年，两浙察访沈括言："本路岁上供帛九十八万，民苦备偿，而发运司复以移用财货为名，增预买绸绢十二万。"诏罢其所增之数。八年，韩琦奏倚阁预买绸绢等，虽稍丰稔，犹当五七岁带输。安石以为不然，言于神宗曰："预买绸绢，祖宗以来未尝倚阁，往岁李稷有请，因从之。近方镇监司争以宽恤为事，不计有无，异日国用既阙，当复刻剥于民尔。"

元丰以来，诸路预买绸绢，许假封桩钱或坊场钱，少者数万缗，多者至数十万缗。其假提举司宽剩钱者，又令以绢帛入常平库，俟转运司以价钱易取。三年，京东转运司请增预买数三十万，即本路移易，从之。四年，遣李元辅变运川陕四路司农物帛。中书言：物帛至陕西，择省样不合者贸易，籴粮储于边，期以一年毕。五年，户部上其数凡八百十六万一千七百八十四两，三百四十六万二千缗有奇。

绍圣元年，两浙丝蚕薄收，和买并税绸绢，令四等下户输钱，易左帑绸绢；又令转运司以所输钱市金银，遇蚕丝多，兼市纱、罗、绸、绢上供。元符元年，雄州榷场输布不如样，监司、通判贬秩、展磨勘年有差；令损其直，后似此者勿受。

尚书省言："民多愿请预买钱，宜视岁例增给，来岁市绸绢计纲赴京。"左司员外郎陈瓘言："预买之息，重于常平数倍，人皆以为苦，何谓愿请？今复创增，虽名济乏，实聚敛之术。"提点京东刑狱程堂亦言："京东、河北灾民流未复，今转运司东西路岁额无虑二百万匹两，又于例外增买，请罢之。"乃诏诸路提举司勿更给钱，俟蚕麦多，选官置场。崇宁中，诸路预买，令所产州县乡民及城郭户并准赀力高下差等均给。川陕路取元丰数最多一年为额，旧不给者如故。江西和买绸绢岁五十万匹，旧以钱、盐三七分预给。自盐钞法行，不复给盐，令转运司尽给以钱，而卒无有，逮今五年，循以为常，民重伤困。大观初，诏假本路诸司封桩钱及邻路所掌封桩盐各十万缗给之。其后提举常平张根复言："本路和买，未尝给钱，请尽给一岁蚕盐，许转运司移运或民户至场自请。"而江西十郡和买数多，法一匹给盐二十斤，比钱九百，岁预于十二月前给之。转运司得盐不足，更下发运司会积岁所负给偿。

尚书省言大观库物帛不足，令两浙、京东、淮南、江东西、成都、梓州、福建路市罗、绫、纱一千至三万匹各有差。二年，又令京东、淮南、两浙市绢帛五万及三万匹，并输大观库；又四川各二万，输元丰库。江东西如四川之数，输崇宁库。而州县和买，有以盐一席折钱六千，令民至期输绸绢六匹，又前期督促，致多逃徙，诏递加其罪。坊郭户预买有加至四五百匹，兴仁府万延嗣户业钱十四万二千缗，岁均千余匹，乃令减半均之。

两浙和买并税绸绢布帛，头子钱外，又收市例钱四十，例外约增数万缗，以分给人吏。政和初，诏罢市例钱。诸路绸绢布帛比价高数倍，而给直犹用旧法，言者请稍增之，度支以元丰例定，沮抑不行，令如期给散而已。江东和买，弊如江西，比而才给二百，转运司又以重十三两为则，不及准绝丝价补纳以钱，两淮二百有余。宣和三年，诏提刑司厘正以闻。先是，成都、河北预买，官户许减半，四年，令旧全科者如旧。即又以两浙多官户，令预买通敷。七年冬，郊祀，河北、京东和买科取物帛丝绵等数并免，以供奉物给降，其所蠲贷，几数百万。

初，预买绸绢务优直以利民，然犹未免烦民，后或令民折输钱，或物重而价轻，民力寖困，其终也，官不给直，而赋取益甚矣。十二月，诏令转运司各会一路之数，分下州县经画，不以钱以他物，不以正月以他月给者，并论以违制。然有司鲜能承顺焉。靖康元年，命转运司以常平钱前一季预备，如正月之期给之，毋贷以他物而损其数。京东州县勿以迁户旧数科著业人，仍先除其数，俟流民归业均敷。余路亦如之。

建炎三年春，高宗初至杭州，朱胜非为相。两浙转运副使王琮言："本路上供、和买、夏税绸绢，岁为匹一百一十七万七千八百，每匹预输钱二千以助用。"诏许之。东南折帛钱自此始。五月，诏每岁预买绸绢，令登时给其直。又诏江、浙和买绢减四分之一，仍给见钱，违者置之法。绍兴元年，初赋鼎州和买折帛钱六万缗，以赡蔡兵。以两浙夏税及和买绸绢一百六十余万匹，半令输钱，匹二千。二年，以诸路上供丝、帛并半折钱如两浙例，江、淮、闽、广、荆湖折帛钱自此始。时江、浙、湖北、夔路岁额绸三十九万匹，江南、川、广、湖南、两浙绢二百七十三万匹，东川、湖南绫罗绝七万匹，西川、广西布七十七万匹，成都锦绮千八百余匹，皆有奇。

三年三月，以两浙和买物帛，下户艰于得钱，听以七分输正色，三分折见缯。初，洪州和买，八分输正色，二分折省钱，匹三千。四年，帅臣胡世将请以三分匹折六千省。又言绢直踊贵，请匹增为五千匹。户部定为六千匹。殿中侍御史张致远言："江西残破之余，和预买绢请折输钱，朝廷从之，是欲少宽民力。匹输钱五千省，比旧直已增其半，较之两浙时直，匹多一千五百，户部又令折六贯文足，是欲乘民之急而倍其敛也。物不常贵，则绢有时而易办；钱额既定，则价无时而可减。"于是诏江西和买绢匹折输钱六十省，愿输正色者听。是冬，初令江、浙民户悉输折帛钱。当是时，行都月费缗百余万，重以增戍之费，令民输绸者全折，输绢者半折，匹五千二百省。折帛钱由此愈重。

九年正月，复河南，减折帛钱匹一千，未几又增之。十七年，减折帛钱：江南匹为六千，两浙七千，和买六千五百；绵，江南两为三百，两浙四百。二十年，诏："广西折布钱因张浚增至两倍以上，令减作一贯文折输。"二十九年，中书省奏：江、浙四路所起折帛钱，地里遥远，宜就近储之。诏除徽、处、广德旧折轻货，余州当折银者输钱，愿输银者听，浙西提刑司、三总领所主之。先是，江、浙路折帛钱岁为钱五百七十三万余缗，并输行都，至是，始外储之以备军用。

乾道四年，减两浙、乾道五年夏税、和买折帛钱之半。六年，知徽州郑升卿代还，奏："州自五代时陶雅守郡，妄增民赋，至今二百余年，比邻境诸县之税独重数倍，而杂钱之税科折尤重，请赐蠲免。"九年，诏徽州额外创科杂钱一万二千一百八十余缗，及元认江东、两浙运司诸处绢一万六千六百余匹，并蠲之。

绍熙五年，诏两浙、江东西和买绸绢折帛钱太重，可自来年匹减钱一贯五百文，三年后别听旨。所减之钱，令内藏、封桩两库拨还。

庆元元年，户部侍郎袁说友言临安、余杭二县和买科取之弊："乞将余杭县经界元科之额配以绢数，不分等则，以二十四贯定敷一匹，衮科而下，足额而止，捐其余以惠末产之民。如此则吏不得而制民，民无资于诡户，救弊之良策也。"说友又奏："贯头均科之法行，则县邑无由多取，乡司无所走弄，而诡挟者不能以幸免，是以奸民顽吏立为异论以摇之。"诏令集议。二年，吏部尚书叶翥等议请如帅漕所奏推行之，诏可。

建炎元年，知越州翟汝文奏："浙东和预买绢岁九十七万六千匹，而越乃六十万五百匹，以一路计之，当十之三。望将三等以上户减半，四等以下户权罢。"寻以杭之和买绢编重，均十二万匹于两浙。乾道九年，秘书郎赵粹中言："两浙和买，莫重于绍兴，而会稽为最重。缘田薄税重，诡名隐寄，多分子户。自经界后至乾道五年，累经推排，减落物力，走失愈重，民力困竭。若据亩均输，可绝诡户之弊。"淳熙八年，诏两淮漕臣吴琚与帅臣张子颜措置。子颜等言："势家豪民分析版籍以自托于下户，是不可不抑。然弊必有原，谓如浙东七州，和买凡二十八万一千七百三十有八；温州本无科额，合台、明、衢、处、婺之数，不满一十三万；而绍兴一郡独当一十四万六千九百三十有八，则是以一郡视五郡之输而又赢一万有奇，此重额之弊也。又如赁牛物力，以其有资民用，不忍科配；酒坊、盐亭户，以其尝趁官课，难令再敷；至于坍江落海之田，坏地漂没；僧道寺观之产，或奉诏蠲免；而省额未除，不免阴配民户，此暗科之弊也。二弊相乘，民不堪命，于是规避之心生，而诡户之患起。旧例物力三十八贯五百为第四等，降一文以下即为第五等，为诡户者志于规避，往往止就二三十贯之间立为砧基。今若自有产有丁者真五等依旧不科，其有产无丁之户，将实管田产钱一十五贯以上并科和买，其一十五贯以下则存而不敷，庶几伪五等不可逃，真五等不受困。"于是诏："绍兴府攒宫田园、诸寺观、延祥庄并租牛耕牛合蠲和买，并于省额除之；坊场、盐亭户见敷和买物力，及坍江田、放生池合减租税物力，并核实取旨。"

十一年，臣僚言两浙、江东西四路和买不均之弊，送户部、给舍等官详议。郑丙、丘崈议，亩头均科之说至公至平，诏施行之。十六年，知绍兴府王希吕言："均敷和买，曩者亟于集事，不暇核实，一切以为诡户而科之，于是物力自百文以上皆不免于和买，贫民始不胜其困。乞将创科和买二万五十七匹有奇尽放，则民被实惠矣。"于是诏下户和买二万五十余匹住催一年，又减元额四万四千匹有奇；均敷一节，令知绍兴府洪迈从长施行。绍熙元年，迈定其法上之，诏依所措置推行，于是绍兴贫民下户稍宽矣。

和籴　宋岁漕以广军储、实京邑。河北、河东、陕西三路及内郡，又自籴买，以息边民飞挽之劳，其名不一。建隆初，河北连岁大稔，命使置场增价市籴，自是率以为常。咸平中，尝出内府绫、罗、锦、绮计直缗钱百八十万，银三十万两，付河北转运使籴粟实边。继而诏：凡边州积谷可给三岁则止。大中祥符初，三路岁丰，仍令增籴广蓄，靡限常数。后又时出内库缗钱，或数十万，或百万，别遣官经画市籴，中等户以下免之。

初，河东既下，减其租赋。有司言其地沃民勤，颇多积谷，请每岁和市，随常赋输送，其直多折色给之。京东西、陕西、河北阙兵食，州县括民家所积粮市之，谓之推置；取上户版籍，酌所输租而均籴之，谓之对籴，皆非制。麟、府州以转饷道远，遣常参官就置场和籴。河北又募商人输刍粟于边，以要券取盐及缗钱、香药、宝货于京师或东南州军，陕西则受盐于两池，谓之入中。陕西籴谷，又岁预给青苗钱，天圣以来，罢不复给，然发内藏金帛以助籴者，前后不可胜数。宝元中，出内库珠直缗钱三十万，付三司售之，取其直以助边费。欧阳修奉使河东还，言："河东禁并边地不许人耕，而私籴北界粟麦为兵储最为大患。"遂诏岢岚、火山军闲田并边壕十里外者听人耕，然竟无益边备，岁籴如故。大抵入中利厚而商贾趋之，罢三路入中，悉以见钱和籴，县官之费省矣。

熙宁五年，诏以银绢各二十万赐河东经略安抚司，听人赊买，收本息封桩备边。自是三路封桩，所给甚广，或取之三司，或取之市易务，或取之他路转运司，或赐常平钱，或鬻爵、给度牒，而出内藏钱帛不与焉。

七年，以岷州入中者寡，令三司具东南及西盐钞法经久通行利病以闻。知熙州王韶建议："依沿边和籴例，以一分见缗、九分西钞，别约价，募入中者。凡边部入中有阙，则多出京钞或饶益诱之，以纾用度。"是岁，河东并边大稔，诏都转运使李师中与刘庠广籴，积五年之蓄。复命辅臣议，更与陕西并塞合籴之法，令转运司增旧籴三分，以所籴赢羡为赏罚，仍遣吏按视。而陕西和籴，或以钱、茶、银、绸、绢籴于弓箭手。

八年，河东察访使李承之言："太原路二税外有和籴粮草，官虽量予钱、布，而所得细微，民无所济，遇岁凶不蠲，最为弊法。"继而知太原韩绛复请和籴于元数省三分，罢支钱、布，乞精选才臣讲求利害。诏委陈安石。元丰元年，安石奏："河东十三州一税，以石计凡三十九万二千有余，而和籴数八十三万四千有余，所以岁凶仍输者，以税轻，军储不可阙故也。旧支钱、布相半，数既奇零，以钞贸易，略不收半，公家实费，百姓乃得虚名。欲自今罢支籴钱，岁以其钱令并边州郡和市封桩，即岁灾以填所蠲数，年丰则三岁一免其输。"朝廷以为然，始诏河东岁给和籴钱八万余缗并罢，以其钱付漕司，如安石议。因用安石为河东转运使。其后经略使吕惠卿复请别议立法，除河外三州理为边郡宜免，余十一州可概均籴。下有司议，以岁和籴见数十分之，裁其二，用八分为额，随户色高下裁定，毋更给钱，岁灾同秋税蠲放，以转运司应给钱补之，灾不及五分，听以久例支移。遂易和籴之名为助军粮草。

元丰四年，以度支副使蹇周辅兼措置河北籴便司。明年，诏以开封府界、诸路阙额禁军及淮、浙、福建等路剩盐息钱，并输籴便司为本。令瀛、定、澶等州各置仓，凡封桩，三司毋关预，委周辅专其任，司农寺市易、淤田、水利等司所计置封桩粮草并归之。六年，诏提点河北西路王子渊兼同措置。未几，手诏周辅：今河朔丰成，宜广收籴。是岁，大名东、西济胜二仓，定州衍积、宝盈二仓与瀛之州仓皆成，周辅召拜户部侍郎，以左司郎中吴雍代之。明年，雍言河北仓廪皆充实，见储粮料总千一百七十六万石。诏赐同措置王子渊三品服。宣和中，罢畿内和籴。

自熙宁以来，和籴、入中之外，又有坐仓、博籴、结籴、俵籴、兑籴、寄籴、括籴、劝籴、均籴等名。其曰坐仓：熙宁二年，令诸军余粮愿籴入官者，计价支钱，复储其米于仓。王珪奏曰："外郡用钱四十可致斗米于京师，今京师乏钱，反用钱百坐籴斗米，此极非计。"司马光曰："坐仓之法，盖因小郡乏米而库有余钱，故反就军人籴米以给次月之粮，出于一时急计耳。今京师有七年之储，而府库无钱，更籴军人之米，使积久陈腐，其为利害非臣所知。"吕惠卿曰："今坐仓得米百万石，则减东南岁漕百万石，转易为钱以供京师，何患无钱？"光曰："臣闻江、淮之南，民间乏钱，谓之钱荒。而土宜秔稻，彼人食之不尽。若官不籴取以供京师，则无所发泄，必甚贱伤农矣。且民有米而官不用米，民无钱而官必使之出钱，岂通财利民之道乎？"不从。明年，又虑元价贱，神、龙卫及诸司每石等增钱收籴，仍听行于河北、河东、陕西诸路。元符以后，有低价抑籴之弊，诏禁止之。

其曰博籴：熙宁七年，诏河北转运、提举司置场，以常平及省仓岁用余粮，减直听民以丝、绵、绫、绢增价博买，俟秋成博籴。崇宁五年，又诏陕西钱重物轻，委转运司措置，以银、绢、丝、绸之类博籴斛斗，以平物价。

其曰结籴：熙宁八年，刘佐体量川茶，因便结籴熙河路军储，得七万余石，诏运给焉。未几，商人王震言：结籴多散官或浮浪之人，有经年方输者。诏措置熙河财用孙迥究治以闻。迥奏总管王君万负熙、河两川结籴钱十四万六百三十余缗、银三百余两。乃遣蔡确驰往本路劾之，君万及高遵裕皆坐借结籴违法市易，降黜有差。崇宁初，蔡京行于陕西，尽括民财以充数。五年，以星变讲修阙政，罢陕西、河东结籴、对籴。

其曰俵籴：熙宁八年，令中书计运米百万石费约三十七万缗，帝怪其多。王安石因言："俵籴非特省六七十万缗岁漕之费，且河北入中之价，权之在我，遇斗斛贵住籴，即百姓米无所粜，自然价损，非惟实边，亦免伤农力。"乃诏岁以末盐钱钞、在京粳米六十万贯石，付都提举市易司贸易。度民田入多寡，豫给钱物，秋成于澶州、北京及缘边入米粟麦封桩。即物价踊，权止入中，听籴便司兑用，须岁丰补偿。绍圣三年，吕大忠之言，召农民相保，豫贷官钱之半，循税限催科，余钱至夏秋旬时价随所输贴纳。崇宁中，蔡京令坊郭、乡村以等第给钱，俟收，以时价入粟，边郡弓箭手、青唐蕃部皆然。用俵多寡为官吏赏罚。

其曰兑籴：熙宁九年，诏淮南常平司于麦熟州郡及时兑籴。元祐二年，尝以麦熟下诸路广籴，诏后价若与本相当，即许变转兑籴。

其曰寄籴：元丰二年，籴便粮草王子渊论纲舟利害，因言："商人入中，岁小不登，必邀厚价，故设内郡寄籴之法，以权轻重。"七年，诏河北瀛、定二州所籴数已巨万，而散于诸郡寄籴，恐缓急不相及，不若致商人自运。李南公、王子渊俱言："寄籴法行已久，且近都仓，缓急运致非难。"于是寄籴卒不罢。

其曰括籴：元符元年，泾原经略使章楶请并边籴买；豫榜谕民，毋得与公家争籴，即官储有之，括索赢粮之家，量存其所用，尽籴入官。

其曰劝籴、均籴：政和元年，童贯宣抚陕西议行之。鄜延经略使钱即言："劝籴非可以久行。均籴先入其斛斗乃给其直，于有斛斗之家未有害也。坊郭之人，素无斛斗，必须外籴，转有烦费。"疏奏，坐贬。时又诏河北、河东仿陕西均籴，知定州王汉之坐沮格夺职罢。未几，遂立均籴法。三年，以岁稔，诸路推行均籴。五年，言者谓："均籴法严，然已籴而不偿其直，或不度州县之力，敷数过多，有一户而籴数百石者。"乃诏诸路毋辄均籴。既而州县以和籴为名，低裁其价，转运司程督愈峻，科率倍于均籴，诏约止之。宣和三年，方腊平，两浙亦量官户轻重均籴。明年，荆湖南、北均籴，以家业为差。劝籴之法，其后寖及于新边，鄯廓州、积石军蕃部患之。

自熙宁以来，王韶开熙河，章惇营溪洞，沈起、刘彝启交址之隙，韩存宝、林广穷乞第之役，费用科调益繁。陕西宿兵既多，元丰四年，六路大举西讨，军费最甚于他路。帝先虑科役扰民，令赵卨廉问，颇得其事。又以粮饷粗恶，欲械斩河东、泾原漕臣，以励其余，卒以师兴役众，鲜克办给。又李稷为鄜延漕臣督运，诏许斩知州以下乏军兴者，民苦折运，多散走，所杀至数千人，道毙者不在焉。于是文彦博奏言："关陕人户，昨经调发，不遗余力，死亡之余，疲瘵已甚。为今之计，正当劳来将士，安抚百姓，全其疮痍，使得苏息。"明年，优诏嘉答。初，西师无功，议者虑朝廷再举，自是，帝大感悟，申饬边臣固境息兵，关中以苏。

哲宗即位，诸老大臣维持初政，益务绥静，边郡类无调发，第令诸路广籴以备蓄积，及诏陕西、麟府州计五岁之粮而已。绍圣初，乃诏河北镇、定、瀛州籴十年之储，余州七年。其后陕西诸路又连岁兴师，及进筑鄯、湟等州，费资粮不可胜计。元符二年，泾原经略使章楶谏曰："伏见兴师以来，陕西府库仓廪储蓄，内外一空，前后资贷内藏金帛，不知其几千万数。即今所在粮草尽乏，漕臣计无所出，文移指空而已。今者，正休兵息民、清心省事之时，唯深察臣言，裁决斯事。若更询主议大臣，窃恐专务兴师，上误圣听。"主议大臣，指章惇也。时内藏空乏，陕西诸路以军赏银绢数寡，请给于内藏库，诏以绢五十万匹予之。帝谓近臣曰："内库绢才百万，已辍其半矣。"

蔡京用事，复务拓土，劝徽宗招纳青唐，用王厚经置，费钱亿万，用大兵凡再，始克之，而湟州成兵岁费钱一千二十四万九千余缗。五年，熙河兰湟运使洪中孚言："本道青稞亩收五石，粒当大麦之三。异时人粮给精米，马料给青稞，率皆八折，不惟人马之食自足，而价亦相当。今边臣不烛事情，精米、青稞与糙米、大麦一例抵斗给散，即公有一分之耗，私有一分之赢。会计一路岁费斛斗一百八十万、杂色五十万外，青稞一百三十万，抵斗岁费二十六万石，石三十缗，计七百八十万。"帝虑其米仍粗，将士或有饥色，乃命九折。明年，复令计斗给散，竟罢九折。又于陕西建四都仓：平夏城曰裕财，镇戎军曰裕国，通峡砦曰裕民，西安州曰裕边。自夏人叛命，诸路皆谋进筑，陕以西保甲皆运粮。后童贯又自将兵筑靖夏、制戎、伏羌等城，穷讨深入，凡六七年。至宣和末，馈饷空乏，鄜延至不能支旬月。时边臣争务开边，夔、峡、岭南不毛之地，草创郡邑，调取于民，费出于县官，不可胜计。最后有燕山之役，雄、霸等州仓廪皆竭，兵士饥忿，有掷瓦石击守贰、刃将官者。燕山郭药师所将常胜一军，计口给钱廪，月费米三十万石、钱一百万缗。河北之民力不能给，于是免夫之议兴。

初，黄河岁调夫修筑埽岸，其不即役者输免夫钱。熙、丰间，淮南科黄河夫，夫钱十千，富户有及六十夫者，刘谊盖尝论之。及元祐中，吕大防等主回河之议，力役既大，因配夫出钱。大观中，修滑州鱼池埽，始尽令输钱。帝谓事易集而民不烦，乃诏凡河堤合调春夫，尽输免夫之直，定为永法。及是，王黼建议，乃下诏曰："大兵之后，非假诸路民力，其克有济？谕民国事所当竭力，天下并输免夫钱，夫二十千，淮、浙、江、湖、岭、蜀夫三十千。"凡得一千七百余万缗，河北群盗因是大起。

南渡，三边馈饷，籴事所不容已。绍兴间，于江、浙、湖南博籴，多者给官告，少者给度牒，或以钞引，类多不售，而吏缘为奸，人情大扰。于是减其价以诱积粟之家，初不拘于官、编之户。凡降金银钱帛而州县阻节不即还者，官吏并徒二年。广东转运判官周纲籴米十五万石，无扰及无陈腐，抚州守臣刘汝翼饷兵不匮，及劝诱赈粜流离，皆转一官。七年，以饶州之籴石取耗四斗，罪其郡守。自是和籴者计剩科罪。十三年，荆湖岁稔，米斗六七钱，乃就籴以宽江、浙之民。十八年，免和籴，命三总领所置场籴之。旧制：两浙、江、湖岁当发米四百六十九万斛，两浙一百五十万，江东九十三万，江西百二十六万，湖南六十五万，湖北三十五万。至是，欠百万斛有奇。乃诏临安、平江府及淮东西、湖广三计司，岁籴米百二十万斛；淮西十六万五千，湖广、淮东皆十五万。二十八年，除二浙以三十五万斛折钱，诸路纲米及籴场岁收四百五十二万斛。二十九年，籴二百三十万石以备振贷，石降钱二千，以关子、茶引及银充其数。

孝宗乾道三年秋，江、浙、淮、闽淫雨，诏州县以本钱坐仓收籴，毋强配于民。四年，籴本结会子及钱银，石钱二贯五百文。淳熙三年，诏广西运司，籴钱以岁丰歉时直高下增减给之。

宝庆三年，监察御史汪刚中言："和籴之弊，其来非一日矣，欲得其要而革之，非禁科抑不可。夫禁科抑，莫如增米价，此已试而有验者，望饬所司奉行。"有旨从之。绍定元年，锡银、会、度牒于湖广总所，令和籴米七十万石饷军。五年，臣僚言："若将民间合输缗缩钱使输斛斗，免令贱粜输钱，在农人亦甚有利，此广籴之良法也。"从之。开庆元年，沿江制置司招籴米五十万石，湖南安抚司籴米五十万石，两浙转运司五十万石，淮、浙发运司二百万石，江东提举司三十万石，江西转运司五十万石，湖南转运司二十万石，太平州一十万石，淮安州三十万石，高邮军五十万石，涟水军一十万石，庐州一十万石，并视时以一色会子发下收籴，以供军饷。

咸淳六年，都省言："咸淳五年和籴米，除浙西永远住籴及四川制司就籴二十万石桩充军饷外，京湖制司、湖南、江西、广西共籴一百四十八万石，凡遇和籴年分皆然。"

漕运　宋都大梁，有四河以通漕运：曰汴河，曰黄河，曰惠民河，曰广济河，而汴河所漕为多。太祖起兵间，有天下，惩唐季五代藩镇之祸，蓄兵京师，以成强干弱支之势，故于兵食为重。建隆以来，首浚三河，令自今诸州岁受税租及管榷货利，上供物帛，悉官给舟车，输送京师，毋役民妨农。开宝五年，率汴、蔡两河公私船，运江、淮米数十万石以给兵食。是时京师岁费有限，漕事尚简。至太平兴国初，两浙既献地，岁运米四百万石。所在雇民挽舟，吏并缘为奸，运舟或附载钱帛、杂物输京师，又回纲转输外州，主藏吏给纳邀滞，于是擅贸易官物者有之。八年，乃择干强之臣，在京分掌水陆路发运事。凡一纲计其舟车役人之直，给付主纲吏雇募，舟车到发、财货出纳，并关报而催督之，自是调发邀滞之弊遂革。

初，荆湖、江、浙、淮南诸州，择部民高赀者部送上供物，民多质鲁，不能检御舟人，舟人侵盗官物，民破产不能偿。乃诏牙吏部送，勿复扰民。大通监输铁尚方铸兵器，锻练用之，十裁得四五；广南贡藤，去其粗者，斤仅得三两。遂令铁就冶郎淬治之，藤取堪用者，无使负重致远，以劳民力。汴河挽舟卒多饥冻，太宗令中黄门求得百许人，蓝缕枯瘠，询其故，乃主粮吏菜取其口食。帝怒，捕鞫得实，断腕殉河上三日而后斩之，押运者杖配商州。雍熙四年，并水陆路发运为一司。主纲吏卒盗用官物，及用水土杂糅官米，故毁败舟船致沉溺者，弃市，募告者厚赏；山河、平河实因滩碛风水所败，以收救分数差定其罪。端拱元年，罢京城水陆发运，以其事分隶排岸司及下卸司。先是，四河所运未有定制，太平兴国六年，汴河岁运江、淮米三百万石，菽一百万石；黄河粟五十万石，菽三十万石；惠民河粟四十万石，菽二十万石；广济河粟十二万石：凡五百五十万石。非水旱蠲放民租，未尝不及其数。至道初，汴河运米五百八十万石。大中祥符初，至七百万石。

江南、淮南、两浙、荆湖路租籴，于真、扬、楚、泗州置仓受纳，分调舟船溯流入汴，以达京师，置发运使领之。诸州钱帛、杂物、军器上供亦如之。陕西诸州菽粟，自黄河三门沿流入汴，以达京师，亦置发运司领之。粟帛自广济河而至京师者，京东之十七州；由石塘、惠民河而至京师者，陈、颍、许、蔡、光、寿六州，皆有京朝官廷臣督之。河北卫州东北有御河达乾宁军，其运物亦廷臣主之。广南金银、香药、犀象、百货，陆运至虔州而后水运。川益诸州金帛及租、市之布，自剑门列传置，分辇负担至嘉州，水连达荆南，自荆南遣纲吏运送京师。咸平中，定岁运六十六万匹，分为十纲。天禧末，水陆运上供金帛、缗钱二十三万一千余贯、两、端、匹、珠宝、香药二十七万五千余斤。诸州岁造运船，至道末三千二百三十七艘，天禧末减四百二十一。先是，诸河漕数岁久益增，景德四年，定汴河岁额六百万石。天圣四年，荆湖、江、淮州县和籴上供，小民阙食，自五年后权减五十万石。庆历中，又减广济河二十万石。后黄河岁漕益减耗，才运菽三十万石，岁创漕船，市材木，役牙前，劳费甚广；嘉祐四年，罢所运菽，减漕船三百艘。自是岁漕三河而已。

江、湖上供米，旧转运使以本路纲输真、楚、泗州转般仓，载盐以归，舟还其郡，卒还其家。汴舟诣转般仓运米输京师，岁折运者四。河冬涸，舟卒亦还营，至春复集，名曰放冻。卒得番休，逃亡者少；汴船不涉江路，无风波沉溺之患。后发运使权益重，六路上供米团纲发船，不复委本路，独专其任。文移丛并，事目繁夥，不能检察。操舟者赇诸吏，得诣富饶郡市贱贸贵，以趋京师。自是江、汴之舟，混转无辨，挽舟卒有终身不还其家、老死河路者。籍多空名，漕事大弊。

皇祐中，发运使许元奏："近岁诸路因循，粮纲法坏，遂令汴纲至冬出江，为他路转漕，兵不得息。宜敕诸路增船，载米输转般仓充岁计如故事。"于是牟利者多以元说为然，诏如元奏。久之，诸路纲不集。嘉祐三年，下诏切责有司以格诏不行，及发运使不能总纲条，转运使不能斡岁入。预敕江、淮、两浙转运司，期以期年，各造船补卒，团本路纲，自嘉祐五年汴船不得复出江。至期，诸路船犹不足。汴船既不至江外，江外船不得至京师，失商贩之利，而汴船工卒讫冬坐食，恒苦不足，皆盗毁船材，易钱自给，船愈坏而漕额愈不及矣。论者初欲漕卒得归息，而近岁汴船多佣工夫，每船卒不过一二人，至冬当留守船，实无得归息者。时元罢已久，后至者数奏请出汴船，执政不许。治平三年，始诏出汴船七十纲，未几，皆出江复故。

治平二年，漕粟至京师，汴河五百七十五万五千石，惠民河二十六万七千石，广济河七十四万石。又漕金帛缗钱入左藏、内藏库者，总其数一千一百七十三万，而诸路转移相给者不预焉。繇京西、陕西、河东运薪炭至京师，薪以斤计一千七百一十三万，炭以秤计一百万。是岁，诸路创漕船二千五百四十艘。治平四年，京师粳米支五岁余。是时，漕运吏卒，上下共为侵盗贸易，甚则托风水沉没以灭迹。官物陷折，岁不减二十万斛。熙宁二年，薛向为江、淮等路发运使，始募客舟与官舟分运，互相检察，旧弊乃去。岁漕常数既足，募商舟运至京师者又二十六万余石而未已，请充明年岁计之数。

三司使吴充言："宜自明年减江、淮漕米二百万石，令发运司易轻货二百万缗，计五年所得，无虑缗钱千万，转储三路平籴备边。"王安石谓："骤变米二百万石，米必陡贱；骤致轻货二百万贯，货必陡贵。当令发运司度米贵州郡，折钱变为轻货，储之河东、陕西要便州军，用常平法籴籴为便。"诏如安石议。七年，京东路察访邓润甫等言："山东沿海州郡地广，丰岁则谷贱，募人为海运，山东之粟可转之河朔，以助军食。"诏京东、河北路转运司相度，卒不果行。是岁，江、淮上供谷至京师者三分不及一，令督发运使张颉亟办来岁漕计。

宣徽南院使张方平言："今之京师，古所谓陈留，天下四冲八达之地，利漕运而赡师旅。国初，浚河渠三道以通漕运，立上供平额，汴河六百万石，广济河六十二万石，惠民河六十万石。广济河所运，止给太康、咸平、尉氏等县军粮，唯汴河运米麦，乃太仓蓄积之实。近罢广济河，而惠民河斛斗不入太仓，大众所赖者汴河。议者屡作改更，必致汴河日失其旧。"十二月，诏浚广济河，增置漕舟。其后河成，岁漕京东谷六十万石。东南诸路上供杂物旧陆运者，增舟水运。押汴河江南、荆湖纲运，七分差三班使臣，三分军大将、殿侍。又令真、楚、泗州各造浅底舟百艘，分为十纲入汴。

元丰五年，罢广济河辇运司及京北排岸司，移上供物于淮阳计置入汴，以清河辇运司为名。御史言广济安流而上，与清河溯流入汴，远近险易不同。诏转运、提点刑狱比较利害以闻。江、淮等路发运副使蒋之奇、都水监丞陈祐甫开龟山运河，漕运往来，免风涛百年沉溺之患。诏各迁两官，余官减年循资有差。八年，罢岁运百万石赴西京。先是，道洛入汴，运东南粟实洛下，至是，户部奏罢之。是年，立汴河粮纲赏罚，岁终检察。绍圣二年，置汴纲，通作二百纲。在部进纳官铨试不中者，注押上供粮斛，不用衙前、土人、军将。未几，复募土人押诸路纲如故。

政和七年，立东南六路州军知州、通判装发上供粮斛任满赏格，自一万石至四十万石升名次减年有差。张根为江南西路转运副使，岁漕米百二十万石给中都。江南州郡僻远，官吏艰于督趣，根常存三十万石为转运之本，以宽诸郡，时甚称之。宣和二年，诏："六路米麦纲运依法募官，先募未到部小使臣及非泛补授校尉以上未许参部人并进纳人管押；淮南以五运，两浙及江东二千里内以四运，江东二千里外及江西三运，湖南、北二运，各欠不及五厘，依格推赏外，仍许在外指射合入差遣一次。召募土人并罢。"七年，诏结绝应奉司江淮诸局、所及罢花石纲，令逐路漕臣速拘舟船装发纲运备边。靖康初，汴河决口有至百步者，塞之，工夫未讫，干涸月余，纲运不通，南京及京师皆乏粮。责都水使者陈求道等，命提举京师所陈良弼同措置。越两旬，水复旧，纲运沓至，两京粮乃足。

河北、河东、陕西三路租税薄，不足以供兵费，屯田、营田岁入无几，籴买入中之外，岁出内藏库金帛及上京榷货务缗钱，皆不翅数百万。选使臣、军大将，河北船运至乾宁军，河东、陕西船运至河阳，措置陆运，或用铺兵厢军，或发义勇保甲，或差雇夫力，车载驮行，随道路所宜。河北地里差近，西路回远，又涉碛险，运致甚艰。熙宁六年，诏鄜延路经略司支封桩钱于河东买橐驼三百，运沿边粮草。

元丰四年，河东转运司调夫万一千人随军，坊郭上户有差夫四百人者，其次一二百人。愿出驴者三驴当五夫，五驴则差一夫驱喝。一夫雇直约三十千以上，一驴约八千，加之期会迫趣，民力不能胜。军须调发烦扰，又多不急之务，如绛州运枣千石往麟、府，每石止直四百，而雇直乃约费三十缗。泾原路转运判官张大宁言："馈运之策，莫若车便。自熙宁砦至磨哆口皆大川，通车无碍，自磨哆至兜岭下道路亦然。岭以北即山险少水，车乘难行。可就岭南相地利建一城寨，使大车自镇戎军载粮草至彼，随军马所在，以军前夫畜往来短运。更于中路量度远近，以遣回空夫筑立小堡应接，如此则省民力之半。"神宗嘉之。京西转运司调均，邓州夫三万，每五百人差一官部押，赴鄜延馈运。其本路程涂日支钱米外，转运司计自入陕西界至延州程数，日支米钱三十、柴菜钱十文，并先并给。陕西都转运司于诸州差雇车乘人夫，所过州交替，人日支米二升、钱五十，至沿边止。运粮出界，止差厢军。六年，诏熙河兰会经略制置司，计置兰州人万马二千般运粮草，于次路州军划刮官私橐驼二千与经制司，自熙、河折运。事力不足，发义勇保甲。给河东、陕西边用非机速者，并作小纲数排日递送。

大观二年，京畿都转运使吴择仁言：“西辅军粮，发运司岁拨八万石贴助，于荥泽下卸，至州尚四、五十里，摆置车三铺，每铺七十人，月可运八千四百石。所运渐多，据数增添铺兵。”靖康元年十月，诏曰：“一方用师，数路调发，军功未成，民力先困。京西运粮，每名六斗，用钱四十贯；陕西运粮，民间倍费百余万缗，闻之骇异。今岁四方丰稔，粒米狼戾，但可逐处增价收籴，不得轻般运，以称恤民之意。若般纲水运及诸州支移之类仍旧。”三路陆运以给兵费，大略如此，其他州县运送或军兴调发以给一时之用，此皆不著。

转般，自熙宁以来，其法始变，岁运六百万石给京师外，诸仓常有余蓄。州郡告歉，则折收上价，谓之额斛。计本州岁额，以仓储代输京师，谓之代发。复于丰熟以中价收籴，谷贱则官籴，不至伤农，饥歉则纳钱，民以为便。本钱岁增，兵食有余。崇宁初，蔡京为相，始求羡财以供侈，费用所亲胡师文为发运使，以籴本数百万缗充贡，入为户部侍郎。来者效尤，时有进献，而本钱竭矣；本钱既竭，不能增籴，而储积空矣；储积既空，无可代发，而转般之法坏矣。

崇宁三年，户部尚书曾孝广言：“往年，南自真州江岸，北至楚州淮堤，以堰潴水，不通重船，般剥劳费。遂于堰旁置转般仓，受逐州所输，更用运河船载之入汴，以达京师。虽免推舟过堰之劳，然侵盗之弊由此而起。天圣中，发运使方仲荀奏请废真、楚州堰为水闸，自是东南金帛、茶布之类直至京师。惟六路上供斛斗，犹循用转般法，吏卒糜费与在路折阅，动以万数。欲将六路上供斛斗，并依东南杂运直至京师或南京府界卸纳，庶免侵盗乞贷之弊。”自是六路郡县各认岁额，虽湖南、北至远处，亦直抵京师，号直达纲，丰不加籴，歉不代发。方纲米之来，立法峻甚，船有损坏，所至修整，不得逾时。州县欲其速过，但令供状，以钱给之，沿流乡保悉致骚扰，公私横费百出。又盐法已坏，回舟无所得，舟人逃散，船亦随坏，本法尽废。

大观三年，诏直达纲自来年并依旧法复令转般，令发运司督修仓廒，荆湖北路提举常平王琦措置诸路运粮舟船。

政和二年，复行直达纲，毁拆转般诸仓。谭稹上言：“祖宗建立真、楚、泗州转般仓，一以备中都缓急，二以防漕渠阻节，三则纲船装发，资次运行，更无虚日。自其法废，河道日益浅涩，遂致中都粮储不继，淮南三转般仓不可不复。乞自泗州为始，次及真、楚，既有瓦木，顺流而下，不甚劳费。俟岁丰计置储蓄，立法转般。”淮南路转运判官向子諲奏：“转般之法，寓平籴之意。江、湖有米，可籴于真；两浙有米，可籴于扬；宿、亳有麦，可籴于泗。坐视六路丰歉，有不登处，则以钱折斛，发运司得以斡旋之，不独无岁额不足之忧，因可以宽民力。运渠旱干，则有汴口仓。今所患者，向来籴本岁五百万缗，支移殆尽。”

宣和五年，乃降度牒及香、盐钞各一百万贯，令吕淙、

卢宗原均籴斛斗，专备转般。江西转运判官萧序辰言：“转般道里不加远，而人力不劳卸纳，年丰可以广籴厚积，以待中都之用。自行直达，道里既远，情弊尤多，如大江东西、荆湖南北有终岁不能行一运者，有押米万石欠七八千石，有抛失舟船、兵梢逃散、十不存一二者。折欠之弊生于稽留，而沿路官司多端阻节，至有一路漕司不自置舟船，截留他路回纲，尤为不便。”诏发运司措置。六年，以无额上供钱物并六路旧欠发斛斗钱，贮为籴本，别降三百万贯付卢宗原，将湖南所起年额，并随正额预起抛欠斛斗于转般仓下卸，却将已卸均籴米斛转运上京，所有直达，候转般斛斗有次第日罢之。靖康元年，令东南六路上供额斛，除淮南、两浙依旧直达外，江、湖四路并措置转般。

高宗建炎元年，诏诸路纲米以三分之一输送行在，余输京师。二年，诏二广、湖南北、江东西纲运输送平江府，京畿、淮南、京东西、河北、陕西及三纲输送行在。又诏二广、湖南北纲运如过两浙，许输送平江府；福建纲运过江东、西，亦许输送江宁府。三年，又诏诸路纲见钱并粮输送建康府户部，其金银、绢帛并输送行在。绍兴初，因地之宜，以两浙之粟供行在，以江东之粟饷淮东，以江西之粟饷淮西，荆湖之粟饷鄂、岳、荆南。量所用之数，责漕臣将输，而归其余于行在，钱帛亦然。雇舟差夫，不胜其弊，民间有自毁其舟、自废其田者。

绍兴四年，川、陕宣抚吴玠调两川夫运米一十五万斛至利州，率四十余千致一斛，饥病相仍，道死者众，人病之。漕臣赵开听民以粟输内郡，募舟挽之，人以为便。总领所遣官就籴于沿流诸郡，复就兴、利、阆州置场，听商人入中。然犹虑民之劳though甚也，又减成都水运对籴米。绍兴十六年。

三十年，科拨诸路上供米：鄂兵岁用米四十五万余石，于全、永、郴、邵、道、衡、潭、鄂、鼎科拨；荆南兵岁用米九万六千石，于德安、荆南、澧、纯、潭、复、荆门、汉阳科拨；池州兵岁用米十四万四千石，于吉、信、南安科拨；建康兵岁用米五十五万石，于洪、江、池、宣、太平、临江、兴国、南康、广德科拨；行在合用米一百二万石，就用两浙米外，于建康、太平、宣科拨；其宣州见屯殿前司牧马岁用米，并折输马料三万石，于本州科拨；并诸路转运司桩发。时内外诸军岁费米三百万斛，而四川不预焉。

嘉定兵兴，扬、楚间转输不绝，濠、庐、安丰舟楫之通亦便矣，而浮光之屯，仰馈于齐安、舒、蕲之民；远者千里，近者亦数百里。至于京西之储，襄、郢犹可径达，独枣阳陆运，夫皆调于湖北鼎、澧等处，道路辽邈，夫运不过八斗，而资粮扉屦与夫所在邀求，费常十倍。中产之家雇替一夫，为钱四五十千；单弱之人一夫受役，则一家离散，至有毙于道路者。

至于部送纲运，并差见任官，阙则选募得替待阙及寄居官有材干者，其责繁难，人以为惮。故自绍兴以来优立赏格，其有欠者亦多方而恸之。乾道初，蠲欠五十石以下者；三年，蠲欠百石以下者。九年，初，纲运欠及一分者送有司究弊。至是，臣僚申明纲运欠及一分者亦许其补

足。淳熙元年，诏：“不以所欠多寡，并无除放。其有因纲欠追降官资者，如本非侵盗，且补输已足，许叙复。”自是纲运欠失虽责偿于官吏，然以其山川逾远，非一人所能究，亦时寓于蠲放焉。

卷一百七十六
志第一百二十九

食货上四 屯田 常平 义仓

前代军师所在，有地利则开屯田、营田，以省馈饷。宋太宗伐契丹，规取燕蓟，边隙一开，河朔连岁绎骚，耕织失业，州县多闲田，而缘边益增戍兵。自雄州东际于海，多积水，契丹患之，不得肆其侵突；顺安军西至北平二百里，其地平旷，岁常自此而入。议者谓宜度地形高下，因水陆之便，建阡陌，浚沟洫，益树五稼，可以实边寘而限戎马。端拱二年，分命左谏议大夫陈恕、右谏议大夫樊知古为河北东、西路招置营田使，恕对极言非便。行数日，有诏令修完城堡，通导沟浍，而营田之议遂寝。时又命知代州张齐贤制置河东诸州营田，寻亦罢。

六宅使何承矩请于顺安砦西引易河筑堤为屯田。既而河朔连年大水，及承矩知雄州，又言宜因积潦蓄为陂塘，大作稻田以足食。会沧州临津令闽人黄懋上书言：“闽地惟种水田，缘山导泉，倍费功力。今河北州军多陂塘，引水溉田，省功易就，五三年间，公私必大获其利。”诏承矩按视还，奏如懋言。遂以承矩为制置河北沿边屯田使，懋为大理寺丞充判官，发诸州镇兵一万八千人给其役。凡雄、莫、霸州，平戎顺安等军兴堰六百里，置斗门，引淀水灌溉。初年种稻，值霜不成。懋以晚稻九月熟，河北霜早而地气迟，江东早稻七月即熟，取其种课令种之，是岁八月，稻熟。初，承矩建议，沮之者颇众；武臣习攻战，亦耻于营葺。既种稻不成，群议愈甚，事几为罢。至是，承矩载稻穗数车，遣吏送阙下，议者乃息。而莞蒲、蜃蛤之饶，民赖其利。

度支判官陈尧叟等亦言：“汉、魏、晋、唐于陈、许、邓、颍暨蔡、宿、亳至于寿春，用水利垦田，陈迹具在。议选官大开屯田，以通水利，发江、淮下军散卒及募民充役。给官钱市牛，置耕具，导沟渎，筑防堰。每屯十人，人给一牛，治田五十亩，虽古制一夫百亩，今且垦其半，俟久而古制可复也。亩约收三斛，岁可收十五万斛，七州之间置二十屯，可得三百万斛，因而益之，数年可使仓廪充实，省江、淮漕运。民田未辟，官为种植，公田未垦，募民垦之，岁登所取，并如民间主客之例。傅子曰：'陆田命悬于天，人力虽修，苟水旱不时，则一年之功弃矣。水田之制由人力，人力苟修，则地利可尽。'且虫灾之害亦少于陆田，水田既修，其利兼倍。”帝览奏嘉之，遣大理寺丞皇甫选、光禄寺丞何亮乘传按视经度，然不果行。

至咸平中，大理寺丞王宗旦请募民耕颍州陂塘荒地凡千五百顷。部民应募者三百余户，诏令未出租税，免其徭役。然无助于功利。而汝州旧有洛南务，内园兵人种稻，雍熙二年罢，赋予民，至是复置，命京朝官专掌。募民户二百余，自备耕牛，立团长，垦地六百顷，导汝水溉灌，岁收二万三千石。襄阳县淳河，旧作堤截水入官渠，溉民田三千顷；宜城县蛮河，溉田七百顷；又有屯田三百余顷。知襄州耿望请于旧地兼括荒田，置营田上、中、下三务，调夫五百，筑堤堰，仍集邻州兵每务二百人，荆湖市牛七百分给之。是岁，种稻三百余顷。

四年，陕西转运使刘综亦言：“宜于古原州建镇戎军置屯田。今本军一岁给刍粮四十余万石、束，约费茶盐五十余万，傥更令远民输送，其费益多。请于军城四面立屯田务，开田五百顷，置下军二千人、牛八百头耕种之；又于军城前后及北至水峡口，各置堡寨，分居其人，无寇则耕，寇来则战。就命知军为屯田制置使，自择使臣充四寨监押，每寨五百人充屯戍。”从之。既而原、渭州亦开方田，戎人内属者皆依之得安其居。

是时兵费浸广，言屯、营田者，辄诏边臣经度行之。顺安军兵马都监马济请于靖戎军东壅鲍河，开渠入顺安、威虏二军，置水陆营田于其侧。命莫州部署石普护其役，逾年而毕。知保州赵彬复奏决鸡距泉，自州西至蒲城县，分徐河水南流注运渠，广置水陆屯田，诏驻泊都监王昭逊共成之。自是定州亦置屯田。五年，罢襄州营田下务。六年，耿望又请于唐州赭阳陂置务如襄州，岁种七十余顷，方城县令佐掌之，调夫耘耨。

景德初，从京西转运使张巽之请，诏止役务兵。二年，令缘边有屯、营田州军，长吏并兼制置诸营田、屯田事，旧兼使者如故。大中祥符九年，改定保州、顺安军营田务为屯田务，凡九州军皆遣官监务，置吏属。淮南、两浙旧皆有屯田，后多赋民而收其租，第存其名。在河北者虽有其实，而岁入无几，利在蓄水以限戎马而已。天禧末，诸州屯田总四千二百余顷，河北岁收二万九千四百余石，而保州最多，逾其半焉。

襄、唐二州营田既废，景德中，转运使许逊复之。初，耿望借种田人牛及调夫耘获，岁入甚广。后张巽改其法，募水户分耕，至逊又参以兵夫，久之无大利。天圣四年，遣尚书屯田员外郎刘汉杰往视，汉杰言：“二州营田自复至今，襄州得谷三十三万余石，为缗钱九万余；唐州得谷六万余石，为缗钱二万余。所给吏兵俸廪、官牛杂费，襄州十三万余缗，唐州四万余缗，得不补失。”诏废以给贫民，顷收半税。

其后陕西用兵，诏转运司度隙地置营田以助边计，又假同州沙苑监牧地为营田，而知永兴军范雍括诸郡牛颇烦扰，未几遂罢。右正言田况言：“镇戎、原、渭，地方数百里，旧皆民田，今无复农事，可即其地大兴营田，以保捷兵不习战者分耕，五百人为一堡，两三堡置营田官一领之，播种以时，农隙则习武事。”疏奏，不用。后乃命三司户部副使夏安期等议并边置屯田，迄不能成。

治平三年，河北屯田三百六十七顷，得谷三万五千四百六十八石。熙宁初，以内侍押班李若愚同提点制置河北屯田事。三年，王韶言："渭原城而下至秦州成纪，旁河五六百里，良田不耕者无虑万顷，治千顷，岁可得三十万斛。"知秦州李师中论："韶指极边见招弓箭手地，恐秦州益多事。"诏遣王克臣等按视，复奏与师中同。再下沈起，起奏："不见韶所指何地，虽实有之，恐召人耕种，西蕃惊疑。"侍御史谢景温言："闻沈起妄指甘谷城弓箭手地以塞韶妄。"而窦舜卿奏："实止有闲田一顷四十三亩。"中书言："起未尝指甘谷城地以实韶奏，而师中前在秦州与韶更相论奏，互有曲直。"韶遂以妄指闲田自著作佐郎责保平军节度推官，师中亦落待制。其后韩缜知秦州，乃言："实有古渭砦弓箭手未请空地四千余顷。"遂复韶故官，从其所请行之。明年，河北屯田司奏："丰岁屯田，入不偿费。"于是诏罢缘边水陆屯田务，募民租佃，收其兵为州厢军。

时陕西旷土多未耕，屯戍不可撤，远方有输送之勤，知延州赵禼请募民耕以纾朝廷忧，诏下其事。经略安抚使郭逵言："怀宁砦所得地百里，以募弓箭手，无闲田。"禼又言之，遂得地万五千余顷，募汉蕃兵几五千人，为八指挥，诏迁禼官，赐金帛。而熙州王韶又请以河州蕃部近城川地招弓箭手，以山坡地招蕃兵弓箭手，每寨五指挥，以二百五十人为额，人给地一顷，蕃官二顷，大蕃官三顷。熙河多良田，七年，诏委提点秦凤路刑狱郑民宪兴营田，许奏辟官属以集事。

枢密使吴充上疏曰："今之屯田，诚未易行。古者一夫百亩，又受田十亩为公田，莫若因弓箭手仿古助田法行之。熙河四州田无虑万五千顷，十分取一以为公田，大约中岁亩一石，则公田所得十五万石。官无屯营牛具廪给之费，借用众力而民不劳，大荒不收而官无所损，省转输，平籴价，如是者其便有六。"而提点刑狱郑民宪言："祖宗时屯、营田皆置务，屯田以兵，营田以民，固有异制。然襄州营田既调夫矣，又取邻州之兵，是营田不独以民也；边州营屯，不限兵民，皆取给用，是屯田不独以兵也；至于招弓箭手不尽之地，复以募民，则民兵参错，固无异也。而前后施行，或侵占民田，或差借耨夫，或诸郡括牛，或兵民杂耕，或诸州厢军不习耕种、不能水土，颇致烦扰。至于岁之所入，不偿其费，遂又报罢。惟因弓箭手为助田法，一夫受田百亩，别以十亩为公田，俾之自备种粮功力，岁亩收一石，水旱三分除一，官无廪给之费，民有耕凿之利，若可以为便。然弓箭手之招至，未安其业，而种粮无所仰给，又责其借力于公田，虑人心易摇，乞候稍稔推行。"九年，诏："熙河弓箭手耕种不及之田，经略安抚司点厢军佃之，官置牛具农器，人一顷，岁终参较弓箭手、厢军所种优劣为赏罚。弓箭手逃地并营田召佃租课，许就近于本城寨输纳，仍免折变、支移。"

元丰二年，改定州屯田司为水利司。及章惇筑沅州，亦为屯田务，其后遂罢之，募民租佃，役兵各还所隶。五年，诏提举熙河等路弓箭手、营田、蕃部共为一司，隶泾原路制置司。提举熙河营田康识言："新复土地，乞命官分画经界，选知州厢军，人给一顷耕之，余悉给弓箭手，人加一顷，有马者又给五十亩，每五十顷为一营。""四寨堡见缺农作厢军，许于秦凤、泾原、熙河三路选募厢军及马递铺卒，愿行者人给装钱二千。"诏皆从之。

知太原府吕惠卿尝上《营田疏》曰："今葭芦、米脂里外良田，不啻一二万顷，夏人名为'真珠山'、'七宝山'，言其多出禾粟也。若耕其半，则两路新寨兵费，已不尽资内地，况能尽辟之乎？前此所不敢进耕者，外无捍卫也。今于葭芦、米脂相去一百二十里间，各建一寨，又其间置小堡铺相望，则延州之义合、白草与石州之吴堡、兔明以南诸诚寨，千里边面皆为内地，而河外三州荒闲之地，皆可垦辟以赡军用。凡昔为夏人所侵及苏安靖弃之以为两不耕者，皆可为法耕之。于是就籴河外，而使河内之民被支移者，量出脚乘之直，革百年远输贵籴之弊，以免困公之弊。财力稍丰，又通葭芦之道于麟州之神木，其通堡寨亦如葭芦、米脂之法，而横山膏腴之地，皆为我有矣。"

七年，惠卿雇五县耕牛，发将兵外护，而耕新疆葭芦、吴堡间膏腴地号木瓜原者，凡得地五百余顷，麟、府、丰州地七百三十顷，弓箭手与民之无力及异时两不耕者又九百六十顷。惠卿自谓所得极厚，可助边计，乞推之陕西。八年，枢密院奏："去年耕种木瓜原，凡用将兵八千余人，马二千余匹，费钱七千余缗，谷近九千石，糇粮近五万斤，草万四千余束；又保甲守御费缗钱千三百，米石三千二百，役耕民千五百，雇牛千具，皆强民为之；所收禾粟、荞麦万八千石，草十万二千，不偿所费。又借转运司钱谷以为子种，至今未偿，增入人马防拓之费，仍在年计之外。虑经略司来年再欲耕种，乞早约束。"诏谕惠卿毋蹈前失。

河东进筑堡寨，自麟石、鄜延南北近三百里，及泾原、环庆、熙河兰会新复城寨地土，悉募厢军配卒耕种免役。已而营田司言诸路募发厢军皆不闲田作，遂各遣还其州。

绍兴元年，知荆南府解潜奏辟宗纲、樊宾措置屯田，诏除宗纲充荆南府、归峡州、荆门公安军镇抚使司措置五州营田官，樊宾副之。渡江后营田盖始于此。其后荆州军食仰给，省县官之半焉。三年，德安府、复州、汉阳军镇抚使陈规放古屯田，凡军士：相险隘，立堡寨，且守且耕，耕必给费，敛复给粮，依锄田法，余并入官。凡民：水田亩赋粳米一斗，陆田豆麦夏秋各五升，满二年无欠，给为永业。兵民各处一方，流民归业寖众，亦置堡寨屯聚之。凡屯田事，营田司兼之；营田事，府、县兼之。廷臣因规奏推广，谓一夫授田百亩，古制也，今荒田甚多，当听百姓请射。其有阙耕牛者，宜用人耕之法，以二人曳一犁。凡授田，五人为甲，别给蔬地五亩为庐舍场圃。兵屯以大使臣主之，民屯以县令主之，以岁课多少为殿最。下诸镇推行之。

诏江东、西宣抚使韩世忠措置建康营田，如陕西弓箭手法。世忠言："沿江荒田虽多，大半有主，难如陕西例，乞募民承佃。"都督府奏如世忠议，仍蠲三年租，满五年，田主无自陈者，给佃者为永业。诏湖北、浙西、江西皆如之。其徭役科配并免。五年，诏淮南、川陕、荆襄屯田。

六年，都督张浚奏改江、淮屯田为营田，凡官田逃田并拘籍，以五顷为一庄，募民承佃。其法：五家为保，共佃一庄，以一人为长，每庄给牛五具，耒耜及种副之，别给十亩为蔬圃，贷钱七十千，分五年偿。命樊宾、王弗行之。寻命五大将刘光世、韩世忠、张俊、岳飞、吴玠及江淮、荆、襄、利路帅悉领营田使。迁宾司农少卿，提举江、淮营田，置司建康，弗屯田员外郎副之。官给牛、种，抚存流移，一岁中收谷三十万石有奇。殿中侍御史石公揆、监中岳李案及王弗皆言营田之害，张浚亦觉其扰，请罢司，以监司领之，于是诏帅臣兼领营田。

九月，以川陕宣抚吴玠治废堰营田六十庄，计田八百五十四顷，岁收二十五万石以助军储，赐诏奖谕焉。三十二年，督视湖北、京西军马汪澈言：“荆、湖两军屯守襄、汉，粮饷浩瀚。襄阳古有二渠，长渠溉田七千顷，木渠溉田三千顷，兵后埋废。今先筑堰开渠，募边民或兵之老弱耕之，其耕牛、耒耜、种粮，令河北、京西转运司措置，既省馈运，又可安集流亡。”从之。

隆兴元年，臣僚言川县营田之实，其说有十，曰：择官必审，募人必广，穿渠必深，乡亭必修，器用必备，田处必利，食用必充，耕具必足，定税必轻，赏罚必行。且欲立赏格以募人，及住广西马纲三年以市牛。会有诉襄阳屯田之扰者，上欲罢之。工部尚书张阐言：“今日荆襄屯田之害，以其无耕田之民而课之游民，游民不足则强之百姓，于是百姓舍己熟田而耕官生田，或远数百里征呼以来，或名双丁而役其强壮，老稚无养，一方骚然，罢之诚是也。然自去岁以来，置耕牛农器，修长、木二渠，费已十余万，一旦举而弃之，则荆襄之地终不可耕也。比见两淮归正之民，动以万计，官不能续食，则老弱饥死，强者转而之他。若使之就耕荆襄之田，非惟可免流离，抑使中原之民闻之，知朝廷有以处我，率皆襁负而至矣。异时垦辟既广，取其余以输官，实为两便。”诏除见耕者依旧，余令虞允文同王珏措置。二年，江、淮都督府参赞陈俊卿言：“欲以不披带人，择官荒田，标旗立寨，多买牛犁，纵耕其中，官不收租，人自乐从。数年之后，垦田必多，谷必贱。所在有屯，则村落无盗贼之忧；军食既足，则馈饷无转运之劳。此诚经久守淮之策。”诏从之。

乾道五年三月，四川宣抚使郑刚中拨军耕种，以岁收租米对减成都路对籴米一十二万石赡军。然兵民杂处村疃，为扰百端；又数百里外差民保甲教耕，有二、三年不代者，民甚苦之。知兴元府晁公武欲以三年所收最高一年为额，等第均数召佃，放兵及保甲以护边。从之。八月，诏镇江都统司及武锋军三处屯田兵并拘收入队教阅。六年，罢和、扬州屯田。八年，复罢庐州兵屯田。

淳熙十年，鄂州、江陵府驻扎副都统制郭杲言：“襄阳屯田，兴置二十余年，未能大有益于边计。非田之不良，盖人力有所未至。今边陲无事，正宜修举，为实边之计。本司有荒熟田七百五十顷，乞降钱三万缗，收买耕牛农具，便可施功。如将来更有余力，可括荒田接续开垦。”从之。

绍熙元年，知和州刘炜以剩田充万弩手分耕。嘉定七年，以京西屯田募人耕种。十三年，四川宣抚安丙、

总领任处厚言：“绍兴十五年，诸州共垦田二千六百五十余顷，夏秋输租米一十四万一千余石，饷所屯将兵，罢民和籴，为利可谓博矣。乾道四年以后，屯兵归军教阅，而营田付诸州募佃，遂致租利陷失，骄将豪民乘时占据，其弊不可概举。今豪强移徙，田土荒闲，正当拘种之秋，合自总领所与宣抚司措置。其逃绝之田，关内外亦多有之，为数不赀，其利不在营田之下，乞并括之。”初，玠守蜀，以军储不继，治褒城堰为屯田，民不以为便。因漕臣郭大中言，约中其数，使民自耕。民皆归业，而岁入多于屯田。

端平元年八月，以臣僚言，屯五万人于淮之南北，且田且守，置屯田判官一员经纪其事，暇则教以骑射。初弛田租三年，又三年则取其半。十月，知大宁监邵潜言：“昔郑刚中尝于蜀之关隘杂兵民屯田，岁收粟二十余万石。是后屯田之利既废，粮运之费益增，宜诏帅臣纵兵民耕之，所收之粟计直以偿之，则总所无转输之苦，边关有储峙之丰，战有余勇，守有余备矣。”从之。

嘉熙四年，令流民于边江七十里内分田以耕，遇警则用以守江；于边城三、五十里内亦分田以耕，遇警则用以守城；在寨者则耕四野之田，而用以守寨。田在官者免其租，在民者以所收十之一二归其主，俟三年事定则各还元业。

咸淳三年，诏曰：“淮、蜀、湖、襄之民所种屯田，既困重额，又困苛取，流离之余，口体不充，及遇水旱，收租不及，而催输急于星火，民何以堪！其日前旧欠并除之，复催者以违制论。”

常平、义仓，汉、隋利民之良法，常平以平谷价，义仓以备凶灾。周显德中，又置惠民仓，以杂配钱分数折粟贮之，岁歉，减价出以惠民。宋兼存其法焉。

太祖承五季之乱，海内多事，义仓浸废。乾德初，诏诸州于各县置义仓，岁输二税，石别收一斗。民饥欲贷充种食者，县具籍申州，州长吏即时口贷讫，然后奏闻。其后以输送烦劳，罢之。淳化三年，京畿大穰，分遣使臣于四城门置场，增价以籴，虚近仓贮之，命曰常平，岁饥即下其直予民。

咸平中，库部员外郎成肃请福建增置惠民仓，因诏诸路申淳化惠民之制。景德三年，言事者请于京东西、河北、河东、陕西、江南、淮南、两浙皆立常平仓，计户口多寡，量留上供钱自二三千贯至一二万贯，令转运使每州择清干官主之，领于司农寺，三司无辄移用。岁夏秋视市价量增以籴，粜减价亦如之，所减不得过本钱。而沿边州郡不置。诏三司集议，请如所奏。于是增置司农官吏，创廨舍，藏籍帐，度支别置常平案。大率万户岁籴万石，户虽多，止五万石。三年以上不粜，即回充粮廪，易以新粟。灾伤州郡籴粟，斗用过百钱。后又诏当职官于元约数外增籴及一倍已上者，并与理为劳绩。天禧四年，荆湖、川峡、广南皆增置常平仓。五年，诸路总籴数十八万三千余斛，粜二十四万三千余斛。

景祐中，淮南转运副使吴遵路言：“本路丁口百五十万，而常平钱粟才四十余万，岁饥不足以救恤。愿自经画增为二百万，他毋得移用。”许之。后又诏：天下常平钱

粟，三司转运司皆毋得移用。不数年间，常平积有余而兵食不足，乃命司农寺出常平钱百万缗助三司给军费。久之，移用数多，而蓄藏无几矣。

自景祐初畿内饥，诏出常平粟贷中下户，户一斛。庆历中，发京西常平粟振贫民，而聚敛者或增旧价籴粟，欲以市恩；皇祐三年，诏诫之。淮南、两浙体量安抚陈升之等言："灾伤州军乞籴常平仓粟，令于元价上量添十文、十五文，殊非恤民之意。"乃诏止于元籴价出粜。五年，诏曰："比者湖北岁俭，发常平以济饥者，如闻司农寺复督取，岂朝廷振恤意哉？其悉除之。"

明道二年，诏议复义仓，不果。景祐中，集贤校理王琪请复置："令五等已上户，随夏秋二税，二斗别输一升，水旱减税则免输。州县择便地置仓贮之，领于转运使。计以一中郡正税岁入十万石，则义仓可得五千石，推而广之，则利博矣。明道中，饥歉，国家欲尽贷饥民则军食不足，故民有流转之患。是时，兼并之家出粟数千石则补吏，是岂以官爵为轻欤？特爱民济物，不获已为之尔。且兼并之家占田常广，则义仓所入常多；中下之家占田常狭，则义仓所入常少。及水旱振济，则兼并之家未必待此而济，中下之民实先受其赐矣。"事下有司会议，议者异同而止。庆历初，琪复上其议，仁宗纳之，命天下立义仓，诏上三等户输粟，已而复罢。

其后贾黯又言："今天下无事，年谷丰熟，民人安乐，父子相保。一遇水旱，则流离死亡，捐弃道路，发仓廪振之则粮不给，课粟富人则力不赡，转输千里则不及事，移民就粟则远近交困。朝廷之臣，郡县之吏，仓卒不知所出，则民饥而死者过半矣。愿放隋制立民社义仓，诏天下州军遇年谷丰登，立法劝课蓄积，以备凶灾。此所谓'乐岁粒米狼戾，多取之而不为虐'者也，况取之以为民耶？"下其说诸路以度可否，以为可行才四路，余或谓赋税之外两重供输，或谓恐招盗贼，或谓已有常平足以振给，或谓置仓烦扰。

于是黯复上奏曰："臣尝判尚书刑部，见天下岁断死刑多至四千余人，其间盗贼率十六七，盖愚民迫于饥寒，因之水旱，枉陷重辟。故臣请复民社义仓，以备凶岁。今诸路所陈，类皆妄议。若谓赋税之外两重供输，则义仓之意，乃教民储积以备水旱，官为立法，非以自利，行之既久，民必乐输。若谓恐招盗贼，盗贼利在轻货，不在粟麦，今乡村富室有贮粟数万石者，不闻有劫掠之虞。且盗贼之起，本由贫困。臣建此议，欲使民有贮积，虽遇水旱，不忧乏食，则人人自爱而重犯法，此正消除盗贼之原也。若谓有常平足以振给，则常平之设，盖以准平谷价，使无甚贵甚贱之伤。或遇凶饥，发以振救，既已失其本意，而费又出公帑，今国用颇乏，所蓄不厚。近岁非无常平，小有水旱，辄流离饿莩，起为盗贼，则是常平果不足仰以振给也。若谓置仓廪，敛材木，恐有烦扰，则今州县修治邮传驿舍，皆敛于民，岂于义仓独畏烦扰？人情可与乐成，不可与谋始，愿自朝廷断而行之。"然当时牵于众论，终不果行。

嘉祐二年，诏天下置广惠仓。初，天下没入户绝田，官自鬻之。枢密使韩琦请留勿鬻，募人耕之，收其租别为仓贮之，以给州县郭内之老幼贫疾不能自存者，领以提点刑狱，岁终具出内之数上之三司。户不满万，留田租千石，万户倍之，户二万留三千石，三万留四千石，四万留五千石，五万留六千石，七万留八千石，十万留万石。田有余，则鬻如旧。四年，诏改隶司农寺，州选官二人主出纳，岁十月遣官验视，应受米者书名于籍。自十一月始，三日一给，人米一升，幼者半之，次年二月止。有余乃及诸县，量大小均给之。其大略如此。治平三年，常平入五十万一千四十八石，出四十七万一千一百五十七石。

熙宁二年，制置三司条例司言："诸路常平、广惠仓钱谷，略计贯石可及千五百万以上，敛散未得其宜，故为利未博。今欲以见在斛斗，遇贵量减市价粜，遇贱量增市价籴，可通融转运司苗税及钱斛就便转易者，亦许兑换。仍以见钱，依陕西青苗钱例，愿预借者给之。随税输纳斛斗，半为夏料，半为秋料，内有请本色或纳时价贵愿纳钱者，皆从其便。如遇灾伤，许展至次料丰熟日纳。非惟足以待凶荒之患，民既受贷，则兼并之家不得乘新陈不接以邀倍息。又常平、广惠之物，收藏积滞，必待年俭物贵然后出粜，所及者不过城市游手之人。今通一路有无，贵贱敛散，以广蓄积，平物价，使农人有以赴时趋事，而兼并不得乘其急。凡此皆以为民，而公家无所利其入，是亦先王散惠兴利、以为耕敛补助之意也。欲量诸路钱谷多寡，分遣官提举，每州选通判幕职官一员，典干转移出纳，仍先自河北、京东、淮南三路施行，俟有绪推之诸路。其广惠仓除量留给老疾贫穷人外，余并用常平仓转移法。"诏可。

既而条例司又言："常平、广惠仓条约，先行于河北、京东、淮南三路，访问民间多愿支贷，乞遍下诸路转运司施行，当议置提举官。"时天下常平钱谷见在一千四百万贯石。诏诸路各置提举官二员，以朝官为之，管当一员，京官为之，或共置二员，开封府界一员，凡四十一人。

初，神宗既用王安石为参知政事，安石为帝言天下财利所当开阖敛散者，帝然其说，遂创立制置三司条例司。安石因请以著作佐郎编校集贤书籍吕惠卿为制置司检详文字，自是专一讲求立为新制，欲行青苗之法。苏辙自大名推官上书，召对，亦除条例司检详文字。安石出青苗法示之，辙曰："以钱贷民，使出息二分，本非为利。然出纳之际，吏缘为奸，虽有法不能禁；钱入民手，虽良民不免非理费用；及其纳钱，虽富民不免违限。如此则鞭笞必用，州县多事矣。唐刘晏掌国计，未尝有所假贷。有尤之者，晏曰：'使民侥幸得钱，非国之福；使吏倚法督责，非民之便。吾虽未尝假贷，而四方丰凶贵贱，知之未尝逾时。有贱必籴，有贵必粜，以此四方无甚贵甚贱之病，安用贷为？'晏之言，汉常平法耳，公诚能行之，晏之功可立俟也。"安石自此逾月不言青苗。

会河北转运司干当公事王广廉召议事，广廉尝奏乞度僧牒数千道为本钱，于陕西转运司私行青苗法，春散秋敛，与安石意合。至是，请施行之河北，于是安石决意行之，而常平、广惠仓之法遂变而为青苗矣。苏辙以议不合罢。而诸路提举官往往迎合安石之意，务以多散为功。富民不愿取，贫者乃欲得之，即令随户等高下品配，又令贫富相兼，十人为保首。王广廉在河北，一等户给十五千，等而下之，至五等犹给一千，民间喧然不以为便。广廉入奏谓民皆欢呼感德，然言不便者甚众。右正言李常、孙觉乞诏有司罢以强民。时提举府界常平事侯叔献屡督提点府界县镇吕景散钱，景以畿县各有屯兵，岁入课利仅能赡给；又民户尝贷粮五十余万石，尚悉不闻；今条例司又以买陕西盐钞钱五十万缗为青苗钱给散，恐民力不堪。诏送条例司，召提举司官至中书戒谕之。王安石言："若此，诸路必顾望，不敢推行新法，第令条例司指挥。"从之。

　　三年，判大名府韩琦言：

　　　　臣准散青苗诏书，务在惠小民，不使兼并乘急以要倍息，而公家无所利其入。今所立条约，乃自乡户一等而下皆立借钱贯陌，三等以上更许增借，坊郭户有物业胜质当者亦依乡户例支借。且乡村上等户并坊郭有物业者，乃从来兼并之家，今令多借之钱，一千纳一千三百，则是官自放钱取息，与初诏绝相违戾。又条约虽禁抑勒，然须得上户为甲头以任之，民愚不虑久远，请时甚易，纳时甚难。故自制下以来，上下惶惑，皆谓若不抑散，则上户必不愿请；近下等第与无业客户虽或愿请，必难催纳。将来必有行刑督索，及勒干系书手、典押、耆户长同保均陪之患。

　　　　去岁河朔丰稔，米斗不过七八十钱，若乘时多敛，俟贵而粜，不唯合古制，无失陷，兼民被实惠，亦足收其羡赢。今诸仓方籴而提举司已亟止之，意在移此籴本尽为青苗钱，则三分之息可为己功，岂暇更恤斯民久远之患？若谓陕西尝行其法，官有所得而民以为便，此方转运司因军储有阙，适自冬及春雨雪及时，麦苗滋盛，定见成熟，行于一时可也。今乃建官置司，以为每岁常行之法，而取利三分，岂陕西权宜之比哉？兼初诏且于京东、淮南、河北三路试行，俟有绪方推之他路。今三路未集，而遽尽于诸路置使，非陛下忧民、祖宗惠下之意。乞尽罢提举官，第委提点刑狱官依常平旧法施行。

帝袖出琦奏示执政曰："琦真忠臣，朕始谓可以利民，不意乃害民如此。且坊郭安得青苗，而使者亦强与之？"安石勃然进曰："苟从其所欲，虽坊郭何害？"因难琦奏，曰："陛下修常平法以助民，至于收息，亦周公遗法也。如桑弘羊笼天下货财以奉人主私用，乃可谓兴利之臣；今抑兼并，振贫弱，置官理财，非所以佐私欲，安可谓兴利之臣乎？"曾公亮、陈升之皆言坊郭不当俵钱，与安石论难久之而罢。帝终以琦说为疑，安石遂称疾不出。

帝谕执政罢青苗法，公亮、升之欲即奉诏，赵抃独欲俟安石出自罢之，连日不决。帝更以为疑，因令吕惠卿谕旨起安石，安石入谢。既视事，志气愈悍，面责公亮等，由是持新法益坚。诏以琦奏付制置条例司，条例司疏列琦奏而辨析其不然。琦复上疏曰：

　　　　制置司多删去臣元奏要语，唯举大概，用偏辞曲难，及引《周礼》"国服为息"之说，文其谬妄，上以欺罔圣听，下以愚弄天下。臣窃以为周公立太平之法，必无剥民取利之理，但汉儒解释或有异同。《周礼》"园廛二十而税一，唯漆林之征二十而五"，郑康成乃约此法，谓："从官贷钱若受园廛之地，贷万钱者出息五百。"贾公彦广其说，谓："如此则近郊十一者，万钱期出息一千，远郊二十而三者，万钱期出息一千五百，甸、稍、县、都之民，万钱期出息二千。"如此，则须漆林之户取贷，方出息二千五百，当时未必如此。今放青苗钱，凡春贷十千，半年之内便令纳利二千，秋再放十千，至岁终又令纳利二千，则是贷万钱者，不问远近，岁令出息四千。《周礼》至远之地止出息二千，今青苗取息过《周礼》一倍，制置司言比《周礼》取息已不为多，是欺罔圣听，且谓天下之人不能辨也。

　　　　且古今异宜，《周礼》所载有不可施于今者，其事非一。若谓泉府一职今可施行，则制置司何独举注疏贷钱取息一事，以诋天下之公言哉？康成乃注云："王莽时贷以治产业者，但计所赢受息，无过岁什一。"公彦疏云："莽时虽计本多少为定，及其催科，唯所赢多少。假令万钱岁赢万钱催一千，赢五千催五百，余皆据利催什一。"若赢钱更少，则纳息更薄，比今青苗取利尤为宽少。而王莽之外，上自两汉，下及有唐，更不闻有贷钱取利之法。今制置司遇尧、舜之主，不以二帝、三王之道上裨圣政，而贷钱取利更过莽时，此天下不得不指以为非，而老臣不可以不辨也。

　　　　况今天下田税已重，固非《周礼》什一之法，更有农具、牛皮、盐曲、鞋钱之类，凡十余目，谓之杂钱。每夏秋起纳，官中更以绸绢斛斗低估，令民以此杂钱折纳。又岁散官盐与民，谓之蚕盐，折纳绢帛。更有预买、和买绸绢，如此之类，不可悉举，皆《周礼》田税什一之外加敛之物，取利已厚，伤农已深，奈何又引《周礼》"国服为息"之说，谓放青苗钱取利乃周公太平已试之法？此则诬污圣典，蔽惑睿明，老臣得不太息而恸哭也！

　　　　制置司又谓常平旧法亦粜与坊郭之人。坊郭有物力户未尝零籴常平仓斛斗，此盖欲多借钱与坊郭有业之人，以望收利之多，妄称《周礼》以为无都邑鄙野之限，以文其曲说，唯陛下详之。

枢密使文彦博亦数言不便，帝曰："吾遣二中使亲问民间，皆云甚便。"彦博曰："韩琦三朝宰相，不信，而信二宦者乎？"先是，王安石阴结入内副都知张若水、押班蓝元震，帝因使二人潜察府界俵钱事，还言民皆情愿，无抑配者，故帝益信之。初，群臣进读迩英毕，帝问："朝廷每更一事，举朝汹汹，何也？"司马光曰："青苗出息，平民为之，尚能以蚕食下户至饥寒流离，况县官法度之威乎？"吕惠卿曰："青苗法愿则取之，不愿不强也。"光曰："愚民知取债之利，不知还债之害，非独县官不强，富民亦不强也。"帝曰："陕西行之久，民不以为病。"光曰："臣陕西人也，见其病不见其利。朝廷初不许，有司尚能以病民，况法许之乎！"及拜官枢密副使，光上章力辞至六七，曰："帝诚能罢制置条例司，追还提举官，不行青苗、助役等法，虽不用臣，臣受赐多矣。不然，终不敢受命。"竟出知永兴军。

当是时，争青苗钱者甚众，翰林学士范镇言："陛下初诏云公家无所利其入，今提举官以户等给钱，皆令出三分之息，物议纷纭，皆云自古未有天子开课场者。民虽至愚，不可不畏。"后以言不行致仕。台谏官吕公著、孙觉、李常、张戬、程颢等皆以论青苗罢黜。知亳州富弼、知青州欧阳修继韩琦论青苗之害，且持之不行，亦坐移镇。知陈留县姜潜之官才数月，青苗令下，潜即榜于县门，又移之乡里，各三日无人至，遂撤榜付吏曰："民不愿矣！"府、寺疑潜壅令，使其属按验，无违令者。潜知不免，即移疾去。

知山阴县陈舜俞不肯奉行，移状自劾曰："方今小民匮乏，愿贷之人往往有之。譬如孺子见饴蜜，孰不染指争食？然父母疾止之，恐其积甘足以生病。故耆老戒其乡党，父兄诲其子弟，未尝不以贷贳为不善治生。今乃官自出举，诱以便利，督以威刑，非王道之举也。况正月放夏料，五月放秋料，而所敛亦在当月，百姓得钱便出息输纳，实无所利。是使民一取青苗钱，终身以及世世一岁尝两输息钱，乃别为一赋以弊生民也。"坐谪南康军盐酒税。陕西转运副使陈绎止环、庆等六州毋散青苗钱，且留常平仓物以备用，条例司劾其罪，诏释之。五月，制置三司条例司罢归中书，以常平新法付司农寺，命集贤校理吕惠卿同判寺，兼领田役水利。七年，帝患俵常平官吏多违法，王安石请县专置一主簿，主给纳役钱及常平，不过五百员，费钱三十万贯耳。从之。

帝以久旱为忧，翰林学士承旨韩维言："畿县近督青苗甚急，往往鞭挞取足，民至伐桑为薪以易钱。旱灾之际，重罹此苦。"帝颇感悟。太皇太后亦尝为帝言："闻民间甚苦青田、助役钱，盍罢之！"会百姓流离，帝忧见颜色，益疑新法不便，欲罢之。安石不悦，屡求去，四月，出知江宁府。然安石荐韩绛代相，仍以吕惠卿佐之，于安石所为遵守不变。既而诏诸路常平钱谷常留一半外，方得给散。两经倚阁常平钱人力，不得支借。民间非时阙乏，许以物产为抵，依常平限输纳。当输钱而愿输谷若金帛者，官立中价示民。物不尽其钱，足以钱；钱不尽其物者，还其余直。又听民以金帛易谷，而有司少加金帛之直。六年，户部言："准诏诸路常平可酌三年敛散中数，取一年为格，终较其增亏。今以钱银谷帛贯、石、匹、两定年额：散一千一百三万七千七百六十二，敛一千三百九十六万五千四百五十九。比元丰三年散增二百一十四万八千三百四十二，敛增一百三万四千五百六十三；四年散增二百七十九万九千九百六十四，敛亏一百九十八万六千五百一十五。"诏三年四年散多敛少及散敛俱少之处，户部下提举司具析以闻。

十年，诏开封府界先自丰稔畿县立义仓法。明年，提点府界诸县镇公事蔡承禧言："义仓之法，以二石而输一斗，至为轻矣。乞今年夏税之始，悉令举行。"诏可，仍

以义仓隶提举司。京东西、淮南、河东、陕西路义仓以今年秋料为始，民输税不及斗免输，颁其法于川峡四路。元丰二年，诏威、茂、黎三州罢行义仓法，以夷夏杂居，岁赋不多故也。八年，并罢诸路义仓。

元祐元年，诏："提举官累年积蓄钱谷财物，尽桩作常平钱物，委提点刑狱交管，依旧常平仓法行之。罢各县专置主簿。"四月，再立常平钱谷给敛出息之法，限二月或正月以散及一半为额，民间丝麦丰熟，随夏税先纳所输之半，愿伴纳者止出息一分。左司谏王岩叟、监察御史上官均、右正言王觌、右司谏苏辙、御史中丞刘挚交章论复行青苗之非。八月，司马光奏："先朝散青苗，本为利民，并取情愿。后提举官速要见功，务求多散，或举县追呼，或排门抄扎；亦有无赖子弟谩昧尊长，钱不入家；亦有他人冒名诈请，莫知为谁，及至追催，皆归本户。今朝廷深知其弊，故悉罢提举官，不复立额考校，访闻人情安便。欲下诸路提点刑狱，申严州县抑配之禁。"诏从之。

中书舍人苏轼不书录黄，奏曰："熙宁之法，未尝不禁抑配，而其害至此。民家量入为出，虽贫亦足，若令分外得钱，则费用自广。况子弟欺谩父兄，人户冒名诈请，似此本非抑配。臣谓以散及一半为额，与熙宁无异。今许人愿请，未免设法罔民，使快一时非理之用，而不虑后日催纳之患。二者皆非良法，相去无几。今已行常平籴粜之法，惠民之外，官亦稍利，何用二分之息，以贾无穷之怨？"于是王岩叟、苏辙、朱光庭、王觌等复言："臣等屡有封事，乞罢青苗，皆不蒙付外。愿尽付三省，公议得失。"初，同知枢密院范纯仁以国用不足，建请复散青苗钱，四月之诏，盖纯仁意也。时司马光以疾在告，已而台谏皆言其非，不报。光寻奏乞约束州县抑配，苏轼又缴奏，乞尽罢之。光始大悟，遂力疾入对。寻诏："常平钱谷，止令州县依旧法趁时籴粜，青苗钱更不支俵。除旧欠二分之息，元支本钱验见欠多少，分料次随二税输纳。"

绍圣元年，诏除广南东、西路外，并复置义仓，自来岁始，放税二分已上免输，所贮专充振济，辄移用者论如法。二年，户部尚书蔡京首言："承诏措置财利，乞检会熙、丰青苗条约，参酌增损，立为定制。"淮南转运司副使庄公岳谓："自元祐罢提举官后，钱谷为他司侵借，所存无几。欲乞追还给散，随夏秋税偿纳，勿立定额，自无抑民失财之患。"奉议郎郑仅、朝奉郎郭时亮、承议郎许几董遵等皆言："青苗最为便民，愿戒抑配，止收一分之息。"诏并送详定重修敕令所。三年，旧欠常平钱谷人户，仍许请给。

宣和五年，令州县岁散常平钱谷毕，即揭示请人名数，逾月敛之，庶革伪冒之弊。先是，诸路灾伤，截拨上供年额米斛数多，致阙中都岁计，令京东、江南、两浙、荆湖路义仓谷各留三分，余并起发赴京，补还截拨之数。六年，诏罢之。

高宗绍兴元年，并提举常平司于提刑司。明年，以臣僚言复常平官，讲补助之政以广储蓄。九年，用宗正丞郑禹言，以常平钱于民输赋未毕之时，悉数和籴。二十八年，以赵令诇请，粜州县义仓米之陈腐者。

孝宗隆兴二年，遣司农少卿陈良弼点检浙东常平等仓。乾道六年，知衢州胡坚奏广籴常平。福建转运副使沈枢奏，水旱州郡请留转运司和籴米以续常平，上即为之施行。八年，户部侍郎杨倓奏："义仓在法夏秋正税斗输五合，不及斗者免输，凡丰熟县九分以上即输一升。令诸路州县岁收苗米六百余万石，其合收义仓米数不少，间有灾伤，支给不多。访闻诸州军皆擅用，请稽之。"

宁宗庆元元年，诏户部右曹专领义仓。十一年，臣僚言："绍兴初，台臣尝请通一县之数，截留下户苗米，输之于县，别储以备振济，使穷民不至于艰食；惟负郭义仓，则就州输送。至于属县之义仓，则令、丞同主之，每岁终，令、丞合诸乡所入之数上之守、贰，守、贰合诸县所入之数上之提举常平，提举常平合一道之数上之朝廷，考其盈亏，以议殿最。"从之。

宝庆三年，侍御史李知孝言："郡县素无蓄积，缓急止仰朝廷，非立法本意。曩淮东总领岳珂任江东转运判官，以所积经常钱籴米五万石，桩留江东九郡，以时济、籴，诸郡皆蒙其利。其后史弥忠知饶州，赵彦𢙀知广德军，皆自积钱籴米五千石。以是推之，监司、州郡苟能节用爱民，即有赢羡。若立之规绳，加以黜陟，所籴至万石者旌擢，其不收籴与扰民及不实者镌罚，庶几郡县趋事，蓄积岁增，实为经久之利。"有旨从之。

景定元年九月，敕曰："诸路已粜义米价钱，州郡以低价抑令上户补籴，正税逃阁，义米用亏，常平司责县道陪纳，县道遂敷吏贴、保正长、揽户等人均纳。自今视时收籴，见系吏贴等人陪纳之钱并与除放。"五年，监察御史程元岳奏："随粳带义，法也。今粳糯带义之外，又有所谓外义焉者，绢、绸、豆也，岂有绢、绸、豆而可加之义乎？纵使违法加义，则绢加绢，绸加绸，豆加豆，犹可言也；州县一意椎剥，一切理苗而加一分之义，甚者赦恩已蠲二税，义米依旧追索。贫民下户所欠不过升合，星火追呼，费用不知几百倍。破家荡产，鬻妻子，怨嗟之声，有不忍闻。望严督监司，止许以粳带义，其余尽罢。其有循习病民者重其罚。"从之。咸淳二年，以诸路景定三年以前常平义仓米二百余万石，减时直粜之。

卷一百七十七　　志第一百三十

食货上五　役法上

役法　役出于民，州县皆有常数。宋因前代之制，以衙前主官物，以里正、户长、乡书手课督赋税，以耆长、弓手、壮丁逐捕盗贼，以承符、人力、手力、散从官给使令；县曹司至押、录，州曹司至孔目官，下至杂职、虞候、拣、掏人等，各以乡户等第定差。京百司补吏，须不碍役乃听。

建隆中，诏文武官、内诸司、台省、寺监、诸军、诸使，不得占州县课役户，州县不得役道路居民为递夫。后又诏诸州职官不得私占役户供课。京西转运使程能请定诸州户为九等，著于籍，上四等量轻重分给役，余五等免之，后有贫富，随时升降。诏加裁定。淳化五年，始令诸县以第一等户为里正，第二等户为户长，勿冒名以给役。自余众役，多调厢军。大中祥符五年，提点刑狱府界段惟几发中牟县夫二百修马监仓。群牧制置使代以厩卒，因下诏禁之。惟诏令有大兴作而后调丁夫。然役有轻重劳佚之不齐，人有贫富强弱之不一，承平既久，奸伪滋生。命官、形势占田无限，皆得复役，衙前将吏得免里正、户长；而应役之户，困于繁数，伪为券售田于形势之家，假佃户之名，以避徭役。乾兴初，始立限田法，形势敢挟他户田者听人告，予所挟田三之一。

时州县既广，徭役益众，太常博士范讽知广济军，因言："军地方四十里，户口不及一县，而徭差与诸郡等，愿复为县。"转运司执不可，因诏裁损役人。自是数下诏书，督州县长吏与转运使议蠲冗役，以宽民力。又令州县录丁产及所产役使，前期揭示，不实者民得自言。役之重者，自里正、乡户为衙前，主典府库或辇运官物，往往破产。景祐中，稍欲宽其法，乃命募人充役。初，官八品以下死者，子孙役同编户；至是，诏特蠲之。民避役者，或窜名浮图籍，号为出家，赵州至千余人，诏出家者须落发为僧，乃听免役。禁畿县非捕盗毋擅役壮丁。庆历中，令京东西、河北、陕西、河东裁损役人，即给使不足，益以厢兵。既而诏诸路转运司条析州县差徭赋敛之数，委二府大臣裁减，科役不均，以乡村、坊郭户均差。时范仲淹执政，谓天下县多，故役蕃而民瘠，首废河南省县，欲以次及他州。当时以为非，未几悉复。王逵为荆湖转运使，率民输钱免役，得缗钱三十万，进为羡余，蒙诏奖。繇是他路竞为掊克以市恩。皇祐中，诏州县里正、押司、录事既代而令输钱免役者，论如违制律。又禁役乡户为长名衙前。

初，知并州韩琦上疏曰："州县生民之苦，无重于里正衙前。有孀母改嫁，亲族分居；或弃田与人，以免上等；或非命求死，以就单丁。规图百端，苟免沟壑之患。每乡被差疏密，与劳力高下不均。假有一县甲乙二乡，甲乡第一等户十五户，计赀为钱三百万，乙乡第一等户五户，计赀为钱五十万，番休递役，即甲乡十五年一周，乙乡五年一周。富者休息有余，贫者败亡相继，岂朝廷为民父母意乎？请罢里正衙前，命转运司以州军见役人数为额，令、佐视五等簿，通一县计之，籍皆在第一等，选赀最高者一户为乡户衙前，后差人放此。即甲县户少而役蕃，听差乙县户多石役简者。簿书未尽实，听换取他户。里正主督租赋，请以户长代之，二年一易。"下其议京畿、河北、河东、陕西、京东西转运司度利害，皆以为便。而知制诰韩绛、蔡襄极论江南、福建里正衙前之弊，绛请行乡户五则之法，襄请以产钱多少定役重轻。至和中，命绛、襄与三司置司参定，继遣尚书都官员外郎吴几复赴江东，殿中丞蔡禀赴江西，与长吏、转运使议可否。因请行五则法，凡差乡户衙前，视赀产多寡置籍，分为五则，又第其役轻重放此。假有第一等重役十，当役十人，列第一等户百；第二等重役五，当役五人，列第二等户五十，以备十番役使。藏其籍通判治所，遇差人，长吏以下同按视之，转运使、提点刑狱察其违慢。遂可著淮南、江南、两浙、荆湖、福建之法，下三司颁焉。

自罢里正衙前，民稍休息。又诏诸路转运司、开封府界访衙前之役有重为害者条奏之；能件悉便利、大去劳弊者议赏。置宽恤民力司，遣使四出。自是州县力役多所裁损，凡二万三千六百二十二人。

治平四年，诏曰："农，天下之大本也。间因水旱，颇致流离，殆州郡差役之法甚烦，其诏中外臣庶条陈利害以闻。"先是，三司使韩绛言："闻京东民有父子二丁将为衙前役者，其父告其子曰'吾当求死，使汝曹免于冻馁'，遂自缢而死。又闻江南有嫁其祖母及与母析居以避役者，又有鬻田减其户等者。田归官户不役之家，而役并于同等见存之户。望博访利害，集议裁定，使力役无偏重之寄。"役法更议始此。

熙宁元年，知谏院吴充言："今乡役之中，衙前为重。民间规避重役，土地不敢多耕，而避户等；骨肉不敢义聚，而惮人丁。故近年上户寖少，中下户寖多，役使频仍，生资不给，则转为工商，不得已而为盗贼。宜早定乡役利害，以时施行。"后帝阅内藏库奏，有衙前越千里输金七钱，库吏邀乞，逾年不得还者。帝重伤之，乃诏制置条例司讲立役法。二年，遣刘彝、谢卿材、侯叔献、程颢、卢秉、王汝翼、曾伉、王广廉八人行诸路，相度农田水利、税赋科率、徭役利害。

条例司检详文字苏辙言："役人之不可不用乡户，犹官吏之不可不用士人也。今遂欲两税之外别立一科，谓之庸钱，以备官雇，不问户之高低，例使出钱，上户则便，下户实难。"辙以议不合罢。

条例司言："使民出钱雇役，即先王致民财以禄庶人在官者之意，愿以条目遣官分行天下，博尽众议。"于是条谕诸郡曰："衙前既用重难分数，凡买扑酒税场场，旧以酬衙前者，从官自卖，以其钱同役钱随分数给之。其厢镇场务之类，旧酬奖衙前、不可令民买占者，即用旧定分数为投名衙前酬奖。如部水陆运及领仓驿、场务、公使库之类，其旧烦扰且使陪备者，今当省使毋费。承符、散从官等旧若重役偿欠者，今当改法除弊，庶使无困。凡有产业物力而旧无役者，今当出钱以助役。"久之，司农寺言："今立役条，所宽优者，皆村乡朴蠢不能自达之穷氓；所裁取者，乃仕宦兼并能致人言之豪右。若经制一定，则衙司县吏无以施诛求巧舞之奸，故新法之行尤所不便。欲先自一两州为始，候其成就，即令诸州军仿视施行，若实便百姓，当特奖之。"诏可。

于是提点府界公事赵子几奏上府界所条目，下之司农，诏判寺邓绾、曾布更议之。绾、布言："畿内乡户，计产业若家资之贫富，上下分为五等。岁以夏秋随等输钱，乡户自四等、坊郭自六等以下勿输。两县有产业者，上等各随县，中等并一县输。析居者随所析而定，降其等。若官户、女户、寺观、未成丁，减半输。皆以其钱募三等以上税户代役，随役重轻制禄。开封县户二万二千六百

奇，岁输钱万二千九百缗。以万二百为禄，赢其二千七百，以备凶荒欠阁，他县仿此。"然输钱计等高下，而户等著籍，昔缘巧避失实。乃诏责郡县，坊郭三年，乡村五年，农隙集众，稽其物产，考其贫富，察其诈伪，为之升降；若故为高下者，以违制论。

募法：三人相任，衙前仍供物产为抵；弓手试武艺，典吏试书计；以三年或二年乃更。为法既具，揭示一月，民无异辞，著为令。令下，募者执役，被差者得散去。开封一府罢衙前八百三十人，畿县乡役数千，遂颁其法于天下。

天下土俗不同，役重轻不一，民贫富不等，从所便为法。凡当役人户，以等第出钱，名免役钱。其坊郭等第户及未成丁、单丁、女户、寺观、品官之家，旧无色役而出钱者，名助役钱。凡敛钱，先视州若县应用雇直多少，随户等均取；雇直既已用足，又率其数增取二分，以备水旱欠阁，虽增毋得过二分，谓之免役宽剩钱。

三年，命集贤校理吕惠卿同判司农寺，已而林旦、曾布相继典主其事。四年，罢许州衙前干公使库，以军校主之，月给食钱三千。后行于诸路，人皆便之。

两浙提点刑狱王庭光、提举常平张靓率民助役钱至七十万。薛向为帝言，帝问王安石，安石曰："提举官据数取之，朝廷以恩惠科减，于体为顺。"御史中丞杨绘亦言："靓等科配民输钱，多者一户至三百千，乞少裁损，以安民心。"五月，东明县民数百诣开封府诉超升等第，不受，遂突入王安石私第，安石谕以相府不知；诉之御史台，台不受诉，谕令散去。杨绘又言："司农寺不用旧则，自据户数创立助役钱等第，下县令著之籍，如酸枣县升户上皆失实。"帝乃命提点官究所从升降，仍严升降之法，畿民不愿输钱免役，县按所当供役岁月，如期役之，与免输钱。先是，帝既知东明事，及闻绘言，两降手敕问王安石曰："酸枣既有自下户升入上户，则四等有免输役钱之名，而无其实。"安石力言愿取诸县新旧籍对覆升降，闻外间扇摇役法者，谓输多必有赢余，若群诉必可免，彼既聚众徼幸，苟受其诉，与免输钱，当仍役之。帝乃尽用其言。

中书孙迪、张景温体量不愿出钱之民，欲困以重役，杨绘复论之。而监察御史刘挚谓："昨者团结保甲，民方惊扰，又作法使人均出缗钱，非时升降户等，期会急迫，人情惶骇。"因陈新法十害，其要曰："上户常少，中下户常多，故旧法上户之役类皆数而重，下户之役率常简而轻；今不问上下户，概视物力以差出钱，故上户以为幸，而下户苦之。岁有丰凶，而役人有定数，助钱岁不可阙，则是赋税有时减阁，而助钱更无蠲损也。役人必用乡户，为其有常产则自重，今既招雇，恐止得浮浪奸伪之人，则帑庾、场务、纲运不惟不能典干，窃恐不胜其盗用而冒法者众；至于弓手、耆、壮、承符、散从、手力、胥史之类，恐遇寇则有纵逸，因事辄为摇扰也。司农新法，衙前不差乡户，其旧尝愿为长名者，听仍其旧，却用官自召卖酒税坊场并州县坊郭人户助役钱数，酬其重难，惟此一法，有若可行；然坊郭十等户，缓急科率，郡县赖之，难更使之均出助钱。乞诏有司，若坊场钱可足衙前雇直，则详究条

目,徐行而观之。"帝因安石进呈役钱文字,谓之曰:"民供税敛已重,坊郭及官户等不须减,税户升等更与少裁之。"安石曰:"朝廷制法,当断以义,岂须规规恤浅近之人议论耶?"

于是提点赵子几怒知东明县贾蕃不能禁遏县民来讼,杂摭他事致蕃于理。又使子几自鞫之。杨绘谓是希安石意指,而致县令于罪也。即疏辨之曰:"子几若劾蕃五月十日前事,臣固无言;若所劾后乎此日,是以威胁令佐使民不得赴诉,得为便乎?"又言:"助役之利一,而难行有五。请先言其利:假如民田有一家而百顷者,亦有户才三顷者,其等乃俱在第一,以百顷而较三顷,则已三十倍矣,而受役月日,均齐无异;况如官户,则除耆长外皆应无役,今例使均出雇钱,则百顷所输必三十倍于三顷者,而又永无决射之讼,此其利也。然难行之说亦有五:民惟种田,而责其输钱,钱非田之所出,一也。近边州军,就募者非土著,奸细难防,二也。逐处田税,多少不同,三也。耆长雇人,则盗贼难止,四也。衙前雇人,则失陷官物,五也。乞先议防此五害,然后著为定制,仍先戒农寺无欲速就以祈恩赏,提举司无得多取于民以自为功,如此则谁复妄言。"

刘挚亦言:"赵子几以他事捃摭贾蕃为过,且变更役法,意欲便民,民苟以为有利害也,安可禁其所欲言!今因畿民有诉,而刻薄之人,反怒县官不能禁遏。臣恐四远人情,必疑朝廷欲钳天下之口,而职在主民者,必皆视蕃为戒,则天下休戚,陛下何由知之?子几挟情之罪,伏请付吏部施行。"

于是同判司农寺曾布摭绘、挚所言而条奏辨诘之,其略曰:

畿内上等户尽罢昔日衙前之役,故今所输钱比旧受役时,其费十减四五;中等人户旧充弓手、手力、承符、户长之类,今使上等及坊郭、寺观、单丁、官户皆出钱以助之,故其费十减六七;下等人户尽除前日冗役,而专充壮丁,且不输一钱,故其费十减八九。大抵上户所减之费少,下户所减之费多。言者谓优上户而虐下户,得聚敛之谤,臣所未喻也。

提举司以诸县等第不实,故首立法量升降之法,开封府、司农寺方奏议时,盖不知已尝增减旧数。然旧敕每三年一造簿书,等第尝有升降,则今品量增减亦未为非;又况方晓谕民户,苟有未便,皆与厘正,则凡所增减,实未尝行。言者则以谓品量立等者,盖欲多敛雇钱,升补上等以足配钱之数。至于祥符等县,以上等人户数多减充下等,乃独掩而不言,此臣所未谕也。

凡州县之役,无不可募人之理。今投名衙前半天下,未尝不典主仓库、场务、纲运;而承符、手力之类,旧法皆许雇人,行之久矣;惟耆长、壮丁,以今所措置最为轻役,故但轮差乡户,不复募人。言者则以谓衙前雇人,则失陷官物;耆长雇人,则盗贼难止;又以谓近边奸细之人应募,则焚烧仓库,或守把城门,则恐潜通外境,此臣所未谕也。

免役或输见钱,或纳斛斗,皆从民便,为法至此,亦已周矣。言者则谓直使输钱,则丝帛粟麦必贱;若用他物准直为钱,则又退拣乞索,且为民害。如此则当如何而可?此臣所未谕也。

昔之徭役皆百姓所为,虽凶荒饥馑,未尝罢役;今役钱必欲稍有余羡,乃所以为凶年蠲减之备,其余又专以兴田利、增吏禄。言者则以谓助钱非如税赋有倚阁减放之期,臣不知昔之衙前、弓手、承符、手力之类,亦尝倚阁减放否?此臣所未谕也。

两浙一路,户一百四十余万,所输缗钱七十万尔;而畿内户十六万,率缗钱亦十六万。是两浙所输才半畿内,然畿内用以募役,所余亦自无几。言者则以谓吏缘法意,广收大计,如两浙欲以羡钱徼幸,司农欲以出剩为功,此臣所未谕也。

贾蕃为令,不受民诉,使趋京师喧哗,其意必有谓也。诚令用心无他,亦可谓不职矣。蕃之不职不法,其状甚众,皆赵子几所不得不问;御史之言,欲舍蕃而治子几,是不顾陛下之法、陛下之民,宜莫如蕃与御史也。

于是下其疏于绘、挚,使各言状。

绘录前后四奏以自辨。挚言:"助役敛钱之法,有大臣及御史主之于内,有大臣亲党为监司、提举官而行之于诸路,其势顺易矣;然旷日弥年,终未有定论,为不顺乎民心而已。陛下以司农为是耶,则事尽前奏,可以覆视;以臣言为非耶,则贬黜而已。虽复使臣言之,亦不过所谓十害者,而风宪之官,岂当与有司较是非胜负耶?"诏绘知郑州;挚落馆阁校勘、监察御史里行,监衡州盐仓。

遣察访使遍行诸路,促成役书,改助役为免役,不愿就募而强之者论如律。初,诏监司各定所部助役钱数,利路转运使李瑜欲定四十万,判官鲜于侁曰:"利路民贫,二十万足矣。"议不合,遂各为奏。帝是侁议。侍御史邓绾言利路役岁须缗钱九万余,而李瑜率取至三十三万有奇,提点刑狱周约亦占名无异辞。诏责瑜、约,而擢侁为副使。

诸路役书既上之司农,乃颁募役法于天下,用免役钱禄内外胥吏,有禄而赃者,用仓法重其坐。初,京师赋吏禄,岁仅四千缗。至八年,计缗钱三十八万有奇,京师吏旧有禄及外路吏禄又不在是焉。时知长葛县乐京称助役之法不可久行,常平司询其故,不答,遂罢。京西使者召知湖阳县刘蒙会议,蒙不肯议,退而条上利害,即投劾去。而权江西提刑提举金君卿首募受代官部钱帛纲趋京,不差乡户衙前,而费减十五六。赐诏奖谕,仍落权为真。

免役剩钱,诏州县用常平法给散休息,添给吏人餐钱,仍立为法。京东免役钱以秋料起催,若雇直多少、役使重轻有未究者,命监司详具来上,仍须熙宁七年乃行。永兴、秦凤比之他路,民贫役重,诏提举司并省冗役,次第蠲减,当留二分宽剩,以为水旱阁放之备。

七年,诏:"役钱千别纳头子五钱,凡修官舍,作什器,夫力輂运之类,皆许取以供费;不给,以情轻赎铜钱足之。诸路公人如弓箭手法,给田募人为之。凡逃、绝、监牧之田籍于转运司者，不许射买请佃。提刑司以其田给应募者，而核其所直，准一年雇役为钱几何，而归其直于转运司。"衢州西安县用缗钱十二万买田，始足募一县之役。司农寺言，不独两浙如此，他路宜亦如之。费多难赡，乃欲改法。遂诏自今用宽剩钱买募役田，须先参会余钱可以枝梧灾伤，方许给买。若田价翔贵之地，则已之。

时免役出钱或未均，参知政事吕惠卿及其弟曲阳县尉和卿皆请行手实法。其法：官为定立田产中价，使民各以田亩多少高下，随价自占；仍并屋宅分有无蕃息立等，凡居钱五当蕃息之钱一。非用买田谷而辄隐落者许告，有实，以三分之一充赏。将造簿，预具式示民，令依式为状，县受而籍之。以其价列定高下，分为五等。既该见一县之民物产钱数，乃参会通县役钱本额而定所当输，明书其数，示众两月，使悉知之。诏从其请。

司农寺乞废户长、坊正，令州县坊郭择相邻户三二十家，排比成甲，迭为甲头，督输税赋苗役，一税一替。其后，诸路皆言甲头催税未便，遂诏耆户长、壮丁仍旧募充，其保正、甲头、承帖法并罢。

王安石言给田募役，有害十余。八年，罢给田募役法，已就募人如旧，阙者弗补。官户输役钱免其半，所免虽多，各无过二十千。两县以上有物产者通计之，两州两县以上有物产者随所输钱，等第不及者从一多处并之。

初，手实法行，言者多论其长告讦，增烦扰。至是，惠卿罢政，御史中丞邓绾言其法不便，罢之，委司农寺再详定以闻。

九年，以荆湖两路敷役钱太重，较一岁入出，宽剩钱数多，诏权减二年。寻诏自今宽剩役钱及买扑坊场钱，更不以给役人，岁具羡数上之司农，余物凡籍之常平司者，常留一半。侍御史周尹言："募役钱数外留宽剩一分，闻州县希提举司风旨，广敷民钱，省役额，损雇直，而民间输数一切如旧，宽剩数多。募直轻而仓法重，役人多不愿就募。天下皆谓朝廷设法聚敛，不无疑怨。乞募耆长、户长及役人不可过减者悉复旧额，约募钱足用，其宽剩止留二分。"

是岁，诸路上司农寺岁收免役钱一千四十一万四千五百五十三贯、石、匹、两；金银钱斛匹帛一千四十一万四千三百五十二贯、石、匹、两，丝绵二百一两；支金银钱斛六百四十八万七千六百八十八两、贯、石、匹；应在银钱斛匹帛二百六十九万三千二十贯、匹、石、两，见在八十七万九千二百六十七贯、石、匹、两。

十年，知彭州吕陶奏："朝廷欲宽力役，立法召募，初无过敛民财之意，有司奉行过当，增添科出，谓之宽剩。自熙宁六年施行役法，至今四年，臣本州四县，已有宽剩钱四万八千七百余贯，今岁又须科纳一万余贯。以成都一路计之，无虑五六十万，推之天下，见今约有六七百万贯宽剩在官。岁岁如此，泉币绝乏，货法不通，商旅农夫，最受其弊。臣恐朝廷不知免役钱外有此宽剩数目，乞契勘见今约支几岁不至阙乏，需发德音，特免数年；或逐年限定，不得过十分之一。所贵民不重困。"不报。

王安石去位，吴充为相，沈括献议莫若稍变役法，杂以差徭为便。御史知杂蔡确言括反覆，贬括知宣州。

役钱立额，浙东多以田税钱数为则，浙西多用物力。至是，诏令通物力、税钱互纽为数；从便输纳。淮东路估定物产，如其实直，以均敷取。初，许两浙坊郭户家产不及二百千，乡村户不及五十千，毋输役钱，已而乡户不及五十千亦不免输。元丰二年，提举司言坊郭户免输法太优，乃诏如乡户法裁定所敷钱数。提举广西常平刘谊言："广西一路户口二十万，而民出役钱至十九万缗，先用税钱敷出；税数不足，又敷之田米；田米不足，复算于身丁。夫广西之民，身之有丁，既税之以钱，又算以米，是一身而输二税，殆前世弊法。今既未能蠲除，而又益以役钱，甚可悯也。至于广东西监司、提举司吏一月之给，上同令录，下倍摄官，乞裁损其数，则两路身丁田米亦可少宽。"遂诏吏辈月给钱递减二千，岁遂减役钱一千二百余缗。三年，司农寺丞吴雍言："议定淮、浙役书，减冗占千三百余人，裁省缗钱近二十九万，会定岁用，宽剩钱一百四万余缗，诸路役书多若此类。乞先自近京三两路修定，下之诸路。"从之。

七年，天下免役缗钱岁计一千八百七十二万九千三百，场务钱五百五万九千，谷帛石匹九十七万六千六百五十，役钱较熙宁所入多三之一。

帝之力主免役也，知民间通苦差役，而衙役之任重行远者尤甚，特创免役。虽均敷雇直，不能不取之民；然民得一意田亩，实解前日困弊。故群议杂起，意不为变。顾其间采王安石策，不正用雇直为额，而展敷二分以备吏禄、水旱之用。群臣每以为言，屡疑屡诘，而安石持之益坚。此其为法既不究终防弊，而聚敛小人又乘此增取，帝虽数诏禁戒，而不能尽止。至是，雇役不加多，而岁入比前增广，则安石不能将顺德意，其流弊已见矣。

哲宗立，宣仁后垂帘同听政，门下侍郎司马光言：

按因差役破产者，惟乡户衙前。盖山野愚戆之人，不能干事，或因水火损败官物，或为上下侵欺乞取，是致欠拆，备偿不足，有破产者。至于长名衙前，在公精熟，每经重难，别得优轻场务酬奖，往往致富，何破产之有？又曰向者役人皆上等户为之，其下等、单丁、女户及品官、僧道，本来无役，今使之一概输钱，则是赋敛愈重。自行免役法以来，富室差得自宽，贫者困穷日甚，监司、守令之不仁者，于雇役人之外多取羡余，或一县至数万贯，以冀恩赏。又青苗、免役，赋敛多责见钱。钱非私家所铸，要须贸易，丰岁追限，尚失半价，若值凶年，无谷可粜，卖田不售，遂致杀牛卖肉，伐桑鬻薪，来年生计，不暇复顾，此农民所以重困也。

臣愚以为宜悉罢免役钱，诸色役人，并如旧制定差，见雇役人皆罢遣之。衙前先募人投充长名，召募不足，然后差乡村人户，每经历重难差遣，依旧以优轻场务充酬奖。所有见在役钱，拨充州县常平本钱，以户口为率，存三年之蓄，有余则归转运司。凡免役之法，纵富强应役之人，征贫弱不役之户，利于富不利于贫。及今耳目相接，犹可复旧名，若更年深，富者安之，民不可复差役矣。

于是始诏修定役书，凡役钱，惟元定额及额外宽剩二分已下许著为准，余并除之。若宽剩元不及二分者，自如旧则。寻诏耆户长、壮丁皆仍旧募人供役，保正、甲头、承帖人并罢。

元祐元年，侍御史刘挚言："率户赋钱，有从来不预差役而概被敛取者，有一户而输数百以至千缗者。昔惟衙前一役，有至破产者尔。今天下坊场，官收而官卖之，岁计缗钱无虑数百万，自可足衙前雇募支酬之直，则役之重者已无所事于农民矣。外惟散从、承符、弓手、手力、耆户长、壮丁之类，无大劳费，宜并用祖宗差法，自第一等而下通任之。"监察御史王岩叟请于衙前大役立本等相助法，以尽变通之利。借如一邑之中当应大役者百家，而岁取十人，则九十家出力为助，明年易十户，复如之，则大役无偏重之弊；其于百色无名之差占，一切非理之资陪，悉用熙宁新法禁之，虽不助犹可为也。

殿中侍御史刘次庄言："近制许雇耆户长须三等已上户。不知三等已上户不愿受雇，既无愿者，则郡县必阳循雇名，阴用差法，不若立法明差之为便。"户部言："诏凡耆户长、壮丁并募人供役，窃虑户长雇钱数少，无应募者。兼四等以下户旧不敷役钱，惟输差壮丁，今悉雇募，用钱额广，提举司必从人户增敷。盖旧法役不尽雇，亦有轮差轮募之处，欲且如本法。"

中书舍人苏轼言："先帝初行役法，取宽剩钱不得过二分，以备灾伤。有司奉行过当，行之几十六七年，积而不用，至三千余万匹石。熙宁中，行给田募役法，大略如边郡弓箭手。臣知密州，先募弓手，民甚便之，曾未半年，此法复罢。"因列其五利。王岩叟言："苏轼乞买田募役，其五利难信，而有十弊。"大指谓："官市民田，虑不当价；民受田就募，既非永业，则卤莽其耕，又将转而他之。"而其六弊特详，曰："弓箭手虽名应募，实与家居农民无异，虽或番上及缓急不免点集，实不废田业，非如州县色役长在官寺，则弓箭手之扰可知矣。然犹闻阙额常难补招，已就招者又时时窜去，引以为比，不切事情。"其七弊曰："户及三等以上，皆能自足，必不肯佃田供役。今立法须二等以上方得供弓手，三等以上方得供散从官以下色役，乃是用给田募役之名，行揭簿定差之实。既云百姓乐于应募，何以户降四等必须上二等户保任？任之而逃，则勒保者就供田役，此岂得云乐应也耶？"上官均亦陈五不可行，轼议遂格。

司马光复奏：

今免役之法，其害有五：上户旧充役，固有陪备，而得番休，今出钱比旧费特多，年年无休息。下户元不充役，今例使出钱。旧日所差皆土著良民，今皆浮浪之人应募，无顾藉，受赇，侵陷官物。又农民出钱难于出力，若遇凶年，则卖庄田、牛具、桑柘，以钱纳官。提举常平仓司惟务多敛役钱，广积宽剩。此五害也。

今莫若直降敕命，尽罢天下免役钱，其诸色役人，并依熙宁元年以前旧法人数，委本县令佐揭簿定差。其人不愿身自供役，许择可任者雇代，有遭逃失陷，雇者任之。惟衙前一役，最号重难，固有因而破产者，为此始有助役法。自后色色优假，禁止陪备，别募命官将校部押远纲，遂不闻更有破产之人；若今衙前仍行差法，陪备既少，当不至破家。若犹矜其力难独任，即乞如旧法，于官户、寺观、单丁、女户有屋产月收僦直可及十五千、庄田中熟所收及百石以上者，并随贫富以差出助役钱，自余物产，约此为准。每州桩收，候有重难役使，即以支给。

尚虑役人利害，四方不能齐同。乞许监司、守令审其可否，可则亟行，如未究尽，县许五日具措画上之州，州一月上转运司，转运司季以闻。朝廷委执政审定，随一路一州各为之敕，务要曲尽。然免役行之近二十年，富户习于优利，一旦变更，不能不怀异同。又差役复行，州县不能不有小扰，提举官专以多敛役钱为功，必竟言免役钱不可罢。当此之际，愿弗以人言轻坏良法。

知枢密院章惇取光所奏疏略未尽者驳奏之。尚书左丞吕公著言惇专欲求胜，不顾命令大体，望选差近臣详定。右正言王觌奏："光议初上，惇尝同奏，待既施行，方列光短，其实小人，不当置腹心地。"于是诏以资政殿大学士韩维、给事中范纯仁等专切详定以闻。

王觌又言："近制改募为差，用旧法人数为则，而熙宁元年以后，募数屡经裁减，则旧数不可复用，请悉准见额定差。"先是，差法既复，知开封府蔡京如敕五日内尽用开封、祥符两县旧役人数，差一千余人以足旧额。右司谏苏辙言："开封府亟用旧额尽差，如坛子之类，近例率用剩员，今悉改差民户，故为烦扰以摇成法，乞正其罪。"

司马光之始议差役，中书舍人范百禄言于光曰："熙宁免役法行，百禄为咸平县，开封罢遣衙前数百人，民皆欣幸。其后有司求羡余，务刻剥，乃以法为病。今第减助免钱额以宽民力可也。"光虽不从，及议州县吏因差役受赇从重法加等配流，百禄押刑房，固执不可曰："乡民因徭为吏，今日执事而受赇，明日罢役，复以财遗人，若尽以重法绳之，将见黥面赭衣充塞道路矣。"光曰："微公言，几为民害。"遂已之。

苏辙又言：

差役复行，应议者有五：其一曰旧差乡户为衙前，破败人家，甚如兵火。自新法行，天下不复知有衙前之患；然而天下反以为苦者，农家岁出役钱为难，及许人添刬见卖坊场，遂有输纳亏给者尔。向使止用官卖坊场课入以雇衙前，自可足办，而他色役人止如旧法，则为利较然矣。初疑衙前多是浮浪投雇，不如乡差税户可托。然行之十余年，投雇者亦无大败阙，不足以易乡差衙前之害。今略计天下坊场钱，一岁可得四百二十余万贯，若立定中价，不许添刬，三分减一，尚有二百八十余万贯。而衙前支费及召募非泛纲运，一岁共不过一百五十余万缗，则是坊场之直，自可了办衙前百费，何用更差乡户？今制尽复差役，知衙前若无陪备，故以乡户为之；至于坊场，元无明降处分，不知官自出卖耶，抑仍用以酬奖衙前也？若仍用以酬奖，即召募部纲以何钱应用？若不与之钱，即旧名重难，乡户衙前仍前自备，为害不小。

其二，坊郭人户旧苦科配，新法令与乡户并出役钱，而免科配，其法甚便。但敷钱大重，未为经久之法。乞取坊郭、官户、寺观、单丁、女户，酌今役钱减定中数，与坊场钱用以支雇衙前及召募非泛纲运外，却令桩备募雇诸色役人之用。

其三，乞用见今在役人数定差，熙宁未减定前，其数实冗，不可遵用。

其四，熙宁以前，散从、弓手、手力诸役人常苦迎送，自新法以来，官吏皆请雇钱，役人既便，官亦不至阙事，乞仍用雇法。

其五，州县胥吏并量支雇钱募充，仍罢重法，亦许以坊场、坊郭钱为用；不足用，方差乡户，乡户所出雇钱，不得过官雇本数。

诏送看详役法所详定，择其要者先奏以行。

于是役人悉用见数为额，惟衙前用坊场、河渡钱雇募，不足，方许揭簿定差。其余役人，惟该募者得募，余悉定差。遂罢官户、寺观、单丁、女户出助役法，其今夏役钱即免输。寻以衙前不皆有雇直，遂改雇募为招募。凡熙、丰尝立法禁以衙前及役人非理役使及令陪备圆融之类，悉申行之，耆壮依保正长法。坊场河渡钱、量添酒钱之类，名色不一，惟于法许用者支用外，并桩备招募衙前、支酬重难及应缘役事之用。如一州钱不供用，许移别州钱用之，一路不足，许从户部通他路移用；其或有余，毋得妄用，其或不足，毋得减募增置。衙前最为重役，若已招募足额，上一等户有虚闲不差者，令供次等色役。乡差役人，在职官如敢抑令别雇承符、散从承代其役者，转运司劾奏重责。时提举常平司已罢置，凡役事改隶提刑司。

殿中侍御史吕陶言："天下版籍不齐，或以税钱贯陌，或以田地顷亩，或以家之积财，或以田之受种。虽皆别为五等，然有税赋钱一贯、占田一顷、积财千缗、受种十石而入之一等。一等之上，无等可加，遂至税缗、田顷、积财、受种十倍于此，亦不过同在一等。凭此差役，必不均平。虽无今日纳钱之劳，反有昔时偏颇陪费之害。莫若裁量新旧，著为条约：如税钱一贯为第一等，合于本等中差一役，税钱两倍于一役者并差二役，又倍即差三役；虽税钱更多，不过三役，并听雇人。或本县户多役少，则上户之役不须并差，但可次叙休役年月远近而均其劳逸。假令甲充役后可闲五年，乙税钱两倍于甲，可闲三年，丙又倍于乙，可闲一年。以其田土顷亩之类为等并其余同等多少不侔者，并仿此。又成、梓两路差役，旧专以户税为差等，熙宁初，别定坊郭户营运钱以助免役。乃在税产之外，州县抑认成额，至今不减，至有停闲居业移避乡村，犹不得免。今方议法，坊郭等第固不可偏废，然须参究虚实，别行排定，以宽民力。"并送详定所。

苏辙又言："雇募衙前改为招募，既非明以钱雇，必无肯就招者，势须差拨，不知岁收坊场、河渡缗钱四百二十余万，欲于何地用之？熙宁以前，诸路衙前多雇长名当役，如西川全是长名，淮南、两浙长名太半以上，余路亦不减半。今坊场官既自卖，必无愿充长名，则衙前并是乡户。虽号招募，而上户利于免役，方肯占名，与差无异。上户既免衙前重役，则凡役皆当均及以次人户，如此则下户充役，多如熙宁前矣。"

卷一百七十八

志第一百三十一

食货上六 役法下 振恤

役法　中书舍人苏轼在详定役法所，极言役法可雇不可差，第不当于雇役实费之外，多取民钱，若量入为出，不至多取，则自足以利民。司马光不然之，光言："差役已行，续闻有命：雇募不足，方许定差。屡有更张，号令不一。又转运使欲合一路共为一法，不令州县各从其宜，或已受差却释役使去，或已辞雇却复拘之入役，或仍旧用钱招雇，或不用钱白招，纷纭不定，浸违本意。"遂条举始奏之文，尝许州县、监司陈列宜否。"自今外官苟见利否，县许直上转运司，州许直奏，使下情无壅。详定所第当稽阅监司、州县所陈，详定可否；非其任职而务出奇论、不切事情者勿用，亦不可以一路、一州、一县土风利害概行天下。"从之。

未几，诏："诸ီ坊郭五等以上，及单丁、女户、官户、寺观第三等以上，旧输免役钱者并减五分，余户等下此者悉免输，仍自元祐二年始。凡支酬衙前重难及纲运公皂迓送飡钱，用坊场、河渡钱给赋。不足，方得于此六色钱助用；而有余，封桩以备不时之须。"

臣僚上言："朝廷虽立差法，而明许民户雇代，州县多已施行。近命弓手须正身，恐公私未便。"诏："不愿身自任役，许募尝为弓手而有劳效者，雇直虽多，毋逾元募之数。"御史中丞刘挚言："弓手不可不用差法者，盖乡人在役，则不独有家丁子弟之助，至于族姻乡党，莫不与为耳目，有捕辄获；又土著自重，无逃亡之患。自行雇募，盗寇充斥，盖浮惰不能任责故也。如五路弓手，熙宁未变法前，身自执役，最号强劲，其材艺捕缉胜于他路。近日复差，不闻有不乐而愿出钱雇人。惟是川蜀、江、浙等路，昨升差上一等户，皆习于骄脆，不肯任察捕之责。欲乞五路必差正身，余路即用新敕，厘为三色：旧有户等已尝差者，曾有战斗劳效应留者，愿雇人代己者。立此三色，所冀新旧相兼，渐习御捕。"侍御史王岩叟亦言雇代恐不能任事，略与挚同。

监察御史上官均言："役之最重，莫如衙前，其次弓手。今东南长名衙前招募既足，所差不及上户，上户必差弓手，则以上户就中户之役，实为优幸。上户产厚而役轻，下户产薄而无役，然则所当补恤，正在中户。今若增上户役年，使中户番休稍久，则补除相均矣。"又言："近许当差弓手户役得差人为代,此法最便。议者谓'身任其役,则自爱而重犯法',熙宁募法久行,何尝闻盗贼充斥?彼自爱之民,承符帖追逮则可,俾之与贼角死,岂其能哉?两浙诸路以法案差弓手,必责正身,至有涕泣辞免者。此岂可恃以为用哉?今既立法许雇尝为弓手而有劳效之人,比之泛募,宜有间矣。"

殿中侍御史吕陶谒告归成都,因令与转运司议定役法。后议立增减役年之法曰:"户多之乡以十二年,户少以九年,而应差之户通轮一周。以一周月日而参之户等,户税多者占役之日多,少者以率减下,则均适无颇矣。虽以等周差,皆许募人为代,如此则四等往往少差,而五等差所不及矣。衙前悉令招募,以坊场钱支酬重难,此法为允。"

当是时,议役法者皆下之详定所,久不能决。于是文彦博言:"差役之法,置局众议,命令杂下,致久不决。"于是诏罢详定局,役法专隶户部。

谏议大夫鲜于侁言:"开封府多官户,祥符县至阖乡止有一户应差,请裁其滥。凡保甲之授班行者,如进纳人例,须至升朝,方免色役。"旧法,户赋免役钱及三百缗者,令仍输钱免役。侍御史王岩叟谓:"此法不见其利。借如两户,其一输钱及三百千,其一及二百八九十千,相去几何,而应差者三年五年即得休息,其应输助者毕世入钱,无有已时,非至破家,终不得免。此其势必巧为免计,有弟兄则析居,不则咸卖其业,但少降三百千之数,则遂可免。不出二三年,高强户皆成中户。"其后又诏:旧输免役钱户及百千以上,令如六色户输钱助役。盖欲以其钱广雇,使番休优久。凡户少之乡,应差不及三番者,许以六色钱募州役;尚不及两番,则申户部,移用他州钱,以纾差役。乡户衙前受役,当休无代,即如募法给雇食之直;若愿就投募者,仍免本户身役,不愿者,速募人代之。

元祐二年,翰林学士兼侍读苏轼言:"差役之法,天下皆云未便。昔日雇役,中户岁出几何;今者差役,中户岁费几何。更以几年一役较之,约见其数,则利害灼然。而况农民在官,官吏百端蚕食,比之雇人,苦乐十倍。五路百姓朴拙,间遇差为胥吏,又转雇惯习之人,尤为患苦。"寻诏郡县各具差役法利害,条析以闻。

四年,右正言刘安世言,御史中丞李常请复雇募,怀奸害政。先是,常言:"差法诏下,民知更不输钱,尝欢呼相庆。行之既久,始觉不输钱为害。何也?差法废久,版籍不明,重轻无准,乡宽户多者仅得更休,乡狭户空者频年在役。上户极等昔有岁输百千至三百千者,今止差为弓手,雇人代役,岁不过用钱三四十千。中下户旧输钱不过三二十,而今所雇承符、散从之类,不下三十千。然则今法徒能优便上户,而三等、四等户困苦日甚。望诏一二练事臣僚,使与赋臣取差雇二法便于百姓者行之。无牵新书,无执旧说,民以为善,斯善矣。"而安世则以责民出钱为非,乞固守差役初议,故以常为罪。

知杭州苏轼亦言:

改行差法,则上户之害皆去。独有三等人户,方雇役时,户岁出钱极不过三四千,而令一役二年,当费七十余千。休闲不过六年,则是八年之中,昔者徐出三十余千,而今者并出七十余千,苦乐可知。

朝廷既取六色钱,许用雇役以代中户,颇除一害,以全二利。今惟狭乡户少,役者替闲不及三番,方得用六色钱募人以代州役,此法未允。何者?百姓出钱本为免役,今乃限以番次,不许尽用。留钱在官,其名不正,又所雇者少,未足以纾中户之劳。

又投名衙前不足元额,而乡差衙前又当更代,即又别差,更不支钱;若愿就长名,则支酬重难尽可以给之,仍计日月除其户役及免助役钱二十千;及州役惟吏人、衙前得皆雇募,此外悉用差法,如休役未及三年,即以助役钱支募,此法尤为未通。自元丰前,不闻天下有阙额衙前者,岂尝抑勒,直以重难月给可以足用故也。当时奉使如李承之之徒,所至已辄减刻,元祐改法,又行减削,既多不支月给,如何肯就招募?今不循其本,乃欲重困乡差,全不支钱,而应募之人尽数支给,又放免役钱二千贯,欲以诱胁戊令应募,何如直添重难月给,令招募得行。乞促招阙额长名衙前刻期须足,如合增钱雇募,上之监司,议定即行。役率以二年为一番,向来尚许一户歇役不及三番,则令雇募,是欲百姓空闲六年。今忽减作二年。幸六色钱足用有余,正可加添番数,而乃减番添役,农民皆纷然妄谓朝廷移此钱他之。虽云量留一分备用,若有余剩数,却量减下无丁户及女户所敷役钱,此乃空言无实。丁口、产税开收增减,年年不同,如何前知来年应役而预为桩科?若亟行减下,临期不足,又须增取,吏缘为奸,不可胜防矣。大抵六色钱以免役取,当于雇役乎尽之,然后名正而人服。惟有一事不得不虑:州县六色钱多少不同,若各随多少以为之用,则敷钱多处,役户优闲太久,六色人反觉敷钱数多。欲乞今后六色钱常存一年备用之数,而会计岁所当用,以赢余而通一路,酌人户贫富、色役多少预行品配,以一路六色钱能融分给,令州县尽用雇人,以本处色役轻重为先后。如此则役均而无弊,雇人稍广,中户渐苏,则差役良法可以久行而不变矣。

是时,论役法未便者甚众。五年,再诏中书舍人王岩叟、枢密都承旨韩川、谏议大夫点检户曹文字刘安世同看详利害。户部请:"河北、河东、陕西乡差衙前,以投募人所得雇直为则,而减半给之。投名衙前惟差耆长,他投皆免。"

六年,三省援三路投募衙前役例,概行他路。诏:"凡投募人免其户二等已下色役,乡差人户悉用投名人代之,愿长投募者听。"又诏:"诸州衙前已许量支雇直、餐钱,患费广难支,转运、提刑司其随土俗参酌立定优重分数及月给餐钱,用支酬额钱给之,不得过旧法元数。"州役之应乡差者,若一乡人户终役皆未及四年,许以助役钱募人为之。总计一州雇直,其助役钱不足用,即于户狭役烦乡分先与雇代一役,役竟按籍复差如初。诸州岁计助役钱常留一分外,以雇直对计,或阙或剩,提刑司通一路移用。应差诸县手力,合一乡休役皆不及三年者,亦许用助役钱雇募；既终一役，别有闲及三年者，复行差法。诸州县置差役都鼠尾簿，取民户税产、物力高下差取，分五等排定，而疏其色役年月及其更代人姓名于逐户之下。每遇差役，即按籍自上而下，吏毋得移窜先后。坊场、河渡钱以雇衙前而有宽剩，亦令补助其余役人。

三省言：

朝廷审定民役，差募兼行，斟酌补除，极为详备；而州县不尽用助役钱募人，以补频役之地。今括具纲目，下之州县，使恪承之。

其一曰：应差之户，三等以上许休役四年，四等以下许休役六年。若户少无与更代，卸役不及应闲年数，即用助役钱募人代役以足之。其二曰：狭乡之县役人，除衙前州胥许雇、壮丁直差不雇外，凡州县役人皆许招募，以就募月日补除应差而闲不及四年、六年之人，使及年数。每县通计应差、应募役数若干，立定二额；差者讫役，以应差人承之；雇者有阙，别募人充数。二额悉已立定，如户力应升应降，须俟三年造簿日按籍别定；未应造簿，止凭定额为准。若本等户少不充州县合役之数，即用次等户之物力及本等七分者为之。其三曰：宽乡之县，除已雇衙前、州胥外，余役皆以序按差。其四曰：官雇弓手，先雇尝充弓手之人，如不足，以武勇有雇籍者充。他役人愿就雇，其选受亦如之。其五曰：壮丁皆按户版簿名次实轮充役，半年而更。其六曰：一州一路有狭乡役频县分，募钱不足，提刑司以一路助役宽剩钱通融移用；又不足，以坊场、河渡宽剩钱给之。仍通纽一岁应用支酬衙前之类费钱若干，而十分率之，每年于宽剩数内更留二分，以备支酬衙前之类，桩留至五年，通迭一全年宽剩总额，即止不桩；又不足，户部以别路逐色宽剩钱移用以补足之。其七曰：助钱岁岁桩留一分，每及五分止，或时支用，即随拨补，使常足五分之数。其八曰：军人应差迓送者，本以代有雇钱役人，其沿迓送军人有费，提刑司计数归之转运司。其九曰：重役人应替而愿仍就募者，许给雇钱受役。其十曰：役人须有税产乃得就募。其有荫应赎及曾犯徒刑，虽愿募不雇。若工艺人，须有赀产人二户任之。雇直虽多，皆不得加于旧法已募之数。其十一曰：陕西镇戎德顺军、熙州衙前，皆受田于官以当募直，内地户愿如其法应田募者听之，仍以坊场、河渡补还转运司合输租课。

凡县，岁具色役轻重、乡分宽狭、凡役雇直有无余欠，各以其实枚别而上之州。州上监司，监司聚议，连书上户部。仍别具一路移用及宽剩县分钱数，致之户部。

先是，收到官田，尝令：田已籍于官及见佃人逃亡，悉拘入之，留充雇募衙前。至是，遂参行田募之法。

八年，诏："耆长、壮丁役期已足，不许连续为之。"盖知其利于赇请，不愿更罢故也。民有执父母丧而应在役者，三等以下户除之，三等以上户令量纳役钱，在户钱十分止责输三分，服除日仍旧。

哲宗始亲政，三省言役法尚未就绪，帝曰："第行元丰旧法，而减去宽剩钱，百姓何有不便？"范纯仁曰："四方异宜，须因民立法，乃可久也。"遂令户部议之。右司谏朱绂言："输钱免役，有过数多敷者；用钱雇役，有立直太重者；役色之内，又有优便而愿自役募，不必给雇者。请详为裁省。"中书言："自行差法十年，民间苦于差扰，前后议者纷纭，更变不一，未有底止。"

于是诏："复免役法，凡条约悉用元丰八年见制。乡差役人，有应募者可以更代，即罢遣之。许借坊场、河渡及封桩钱以为雇直，须有役钱日补足其数。所输免役钱，自今年七月始。耆户长、壮丁召雇，不得用保正、保长、保丁充代，其他役色应雇者放此。所敷宽剩钱，不得过一分，昔常过数、今应减下者，先自下五等人户始。路置提举官一员，视提刑置司之州为治。如方俗利害不同，事有未尽未便而应更改增损旧法者，画一条疏，与转运、提刑司连奏。"

又诏："用旧法取量添酒钱赢数，给惟法司吏餐钱；不足，则抵当息钱亦许贴用。先尝以七月起输，其后又自来年始。土俗喜雇不一，姑仍其旧，俟起输，至五月尽行雇法，凡因差在役者悉罢遣之。旧免役法行，壮丁间有差而不募者，其毋敷役钱如故。凡钱额所敷，取三年雇直实支，而酌一年中数，立为岁额，以均敷取。此外所取宽余，不得过通额十分之一。免役钱方复未输，且以助役钱给雇直，不足，虽免役宽剩钱亦许给用。"

七月，户部看详役法所言："幕职监当官之官、罢官，依元丰制，悉用雇役人迓送而差定其数，凡元祐溢额所添厢军皆罢减。其有抑乡差之人仍旧在役，或改易名字就便应募，悉计其在役月日应得更代者，以次蠲遣之。诸路旧立出等高强户，力转高，敷取难胜，应出免役钱百千以上，每累及百千，悉与减免三分。凡人户匿寄财产、假借户贯、冒名官户苟可避免等第科配者，各以违制论；许人陈告，以其半给之。元丰令：在籍宗子及太皇太后、皇后缌麻亲得免役。皇太妃宜亦如之。"诏皆如请。

旧户等簿，如可略凭即用之，若漫灭等第，即虽未及应造之年，亦令改造。户部举行元丰条制，以保正长代耆长，甲头代户长，承帖人代壮丁。二年，申诏诸路："役人额数、雇直，并依元丰旧制，仍依已命，宽剩钱不得过一分。常平免役，元丰止用提举官专领，转运、提刑司自今毋预其事。"

旧置重修编敕所看详中外文字本，以去年所差乡役未尽善，遂入议曰："都、副保正比耆长事责已轻，又有承帖人受行文书，即大保长苦无公事。元丰本制，一都之内，役者十人，副正之外，八保各差一大长。今若常轮二大长分催十保税租、常平钱物，一税一替，则自不必更轮保丁充甲头矣。凡都保所雇承帖人，必选家于本保者，而雇直皆从官给，一年一替，则自无浮浪稽留符移之弊。承帖雇直固有旧数，其今所雇保正之直视耆长，保长之直则视户长；若应此三役不愿替代者，自从其愿。壮丁元不敷雇直处，听如其旧。承帖雇钱许以旧宽剩钱通融支募，如土俗有不愿就保正长雇役者，许募本土有产税户，使为耆长、壮丁以代之。其所雇耆、户长，已立法不得抑勒矣，若保正、长不愿就雇而辄差雇者，从徒二年坐罪。"诏皆从之。

三年，左正言孙谔言："役法之行，在官之数，元丰多，元祐省，虽省未尝废事，则多不若省；雇役之直，元丰重，元祐轻，虽轻未尝不应募，则重不若轻。今役法优下户使弗输，而尽取诸上户，意则美矣，而法未善也。夫先帝建免役之法，而熙宁、元丰有异论，元祐有更变，正惟不能无弊尔。愿无以元丰、元祐为间，期至于均平便民而止，则善矣。"翰林学士蔡京言："谔之论多省、轻重，明有抑扬，谓元丰不若元祐明矣。谔于陛下追绍之日，敢为此言，臣窃骇之。免役法复行将及一年，天下吏习而民安之，而谔指以为弊，则所诋者熙宁、元丰也。且元丰，雇法也；元祐，差法也，雇与差不可并行。元祐固尝兼雇，已纷然无纪矣，而谔欲不间熙、祐，是欲伸元祐之奸，惑天下之听。"诏罢谔正言，黜知广德军。

后又诏："诸县无得以催税比磨追甲头、保长，无得以杂事追保正、副。在任官以承帖为名、占破当直者，坐赃论。所管催督租赋，州县官辄令陪备输物者，以违制论。"

是岁，以常平、免役、农田、水利、保甲，类著其法，总为一书，名《常平免役敕令》，颁之天下。诏翰林学士承旨兼详定役法蔡京依旧详定重修敕令。侍御史董敦逸言："京在元祐初知开封府，附司马光行差法，祥符一县，数日间差至一千一百人。乞以役法专委户部。"诏令疏析。京奏上，复令敦逸自辨，京无责焉。

元符二年，以萧世京、张行为郎。二人在元祐中，皆尝言免役法为是，帝出其疏擢之。既而诏河北东西、淮南运司，府界提点司，如人户已尝差充正夫，其免夫钱皆罢催。后又诏："虽因边事起差夫丁，须以应差雇实数上之朝廷，未得辄差。其河防并沟河岁合用一十六万八千余夫，听人户纳钱以免。"

建中靖国元年，户部奏："京西北路乡书手、杂职、斗子、所由、库秤、拣、掏之类，土人愿就募，不须给之雇直，他路亦须详度施行。"诏从之。知延安府范纯粹言："比年衙前公盗官钱，事发即逃。乞许轮差上等乡户使供衙役。"殿中侍御史彭汝霖劾纯粹所言有害良法，宜加黜责。诏纯粹所乞不行。其后，知襄州俞㮚以襄州总受他州布纲而转致他州，是衙前重役并在一州，事理不均。臣僚谓㮚辄毁绍圣成法，请重黜。㮚坐责授散官，安置太平州。

崇宁元年，尚书省言："前令大保长催税租而不给雇直，是为差役，非免役也。"诏提举司以元输僱钱如旧法均给。永兴军路州县官乞复行差役；湖南、江西提举司以物贱乞减吏胥雇直，罢给役人雇钱，皆害法意，应改从其旧。诏户部并遵奉《绍圣常平免役敕令格式》及先降《绍圣签贴役法》，行之天下。

二年，臣僚言："常平之息，岁取二分，则五年有一倍之数；免役剩钱，岁收一分，则十年有一年之备。故绍圣立法，常平息及一倍，免役宽剩及三料，取旨蠲免，以明朝廷取于民者，非以为利也。而集贤殿修撰、知邓州吕仲甫前为户部侍郎，辄以状申都省，乞删去上条。"诏黜仲甫，落职知海州。后又诏：常平司候丰衍有余日，具此制奏蠲之。

大观元年，诏："诸州县召募吏人，如有非四等以上户及在州县五犯杖罪，悉从罢遣，不得再占诸处名役，别募三等以上人充。"于是旧胥既尽罢，而弊根未革，老奸巨猾，匿身州县，舞法扰民，盖甚前日。其后，又不许上三等人户投充弓手，所募皆浮浪，无所顾藉，盗贼公行，为害四方。至是，复诏州县募役依元丰旧法。

政和元年，臣僚言："元丰中，巩州岁敷役钱止四百千，今累敷至缗钱近三万。又元丰八年，命存留宽剩钱毋得过二分，绍圣再加裁定，止许存留一分。此时考详法意，非取宽剩，遂改名准备钱，而严立禁约，若擅增敷岁额及桩留准备过数者，并以违制论。今乞饬提举常平官检察，及核究巩州取赢之因以闻。"从之。

宣和元年，言者谓："役钱一事，神宗首防官户免多，特责半输。今比户称官，州县募役之类既不可减，雇令官户所减之数均入下户，下户于常赋之外，又代官户减半之输，岂不重困？"诏："自今二等以上户，因直降指挥非泛补官者，输赋、差科、免役并不得视官户法减免，已免者改之。进纳人自如本法。"保长月给雇钱，督催税赋。比年诸县或每税户一二十家，又差一人充甲头及催税人，十日一进，赴官比磨，求取决责，有害良民，诏禁之。七年，诏："州县昨因徼察私铸，令五家为保。城郭亦差坊正、副领受文书，由此追呼陪费，或析居、逃移以避差使。其所置坊正、副可罢。"

自绍圣复雇役，而建炎初罢之。已而讨论其法之不可废也，参政李固言于高宗曰："常平法本于汉耿寿昌，岂可以王安石而废之？"且当时招射士无以供庸直，诏官户役钱勿减半，民户役钱概增二分。后复减之。兼官旧给庸钱以募户长，及立保甲，则储庸钱以助经费。未几，废保甲，复户长，而庸钱不复给，遂为总制窠名焉。

然役起于物力，物力升降不肓，则役法公。是以绍兴以来，讲究推割、推排之制：凡百姓典卖典业，税赋与物力一并推割。至于推排，则因其赀产之进退为之升降，三岁而下行之。然当时之弊，或以小民粗有米粟，仅存室庐，凡耕耨刀斧之器，鸡豚犬豕之畜，纤微细琐皆得而籍之。吏视赂之多寡，为物力之低昂。上之人忧之，于是又为之限制，除质库房廊、停塌店铺、租牛、赁船等外，不得以猪羊杂色估计，其后并耕牛租牛以免之。若江之东西，以亩头计税，亦有不待推排者。

保正、长之立也，五家相比，五五为保，十大保为都保，有保长，有都、副保正；余及三保亦置长，五大保亦置都保正，其不及三保、五大保者，或为之附庸，或为之均并，不一也。户则以物力之高下为役次之久近。

若夫品官之田，则有限制，死亡，子孙减半；荫尽，差役同编户。一品五十顷，二品四十五顷，三品四十顷，四品三十五顷，五品三十顷，六品二十五顷，七品二十顷，八品十顷，九品五顷。封赠官子孙差役，亦同编户。谓父母生前无官，因伯叔或兄弟封赠者。凡非泛及七色补官，不在限田免役之数；其奏荐弟侄子孙，原自非泛、七色而来者，仍同差役。进纳、军功、捕盗、宰执给使、减年补授，转至升朝官，即为官户；身亡，子孙并同编户。太学生及得解经省试者，虽无限田，许募人充役。

单丁、女户及孤幼户，并免差役。凡无夫无子，则为女户。女适人，以奁钱置产，仍以夫为户。其合差保正、长，以家业钱数多寡为限，以限外之数与官、编户轮差。总首、部将免保正、长差役。文州义士已免之田，不许典卖，老疾身亡，许承袭。

凡募人充役，并募土著之人，其放停兵及尝为公人者，并不许募。既有募人，官不得复追正身。募人凭藉官势，奸害善人，断罪外，坐募之者。高宗在河朔，亲见闾阎之苦，尝叹知县不得人，一充役次，即便破家，是以讲究役法甚便。

乾道五年，处州松阳县倡为义役，众出田谷，助役户轮充，自是所在推行。十一年，御史谢谔言："义役之行，当从民便，其不愿者，乃行差役。"上然之。朱熹谓义役有未尽善者四事。盖始倡义役者，惟恐议之未详，虑之未周，而踵之者不能皆善人，于是其弊日开，其流日甚。或以材知把握，而专义役之利；或以力力凌驾，而私差役之权。是以虐贫扰富，凌寡暴孤。义役之名立，而役户不得以安其业；雇役之法行，而役户不得以安其居，信乎所谓未尽善之弊也。淳熙五年，臣僚奏令提举官岁考属邑差役当否，以词讼多寡为殿最；令役户轮管以提其役，置募人以奉官之行移，则公私便而义役立矣。

庆元二年，吏部尚书许及之因淳熙陈居仁所奏，取祖宗免役旧法及绍兴十七年以后续降旨符，修为一书，名曰《役法撮要》。五年，书成，左丞相京镗上之。其法可以悠久，其或未久而辄弊者，人也。

振恤　水旱、蝗螟、饥疫之灾，治世所不能免，然必有以待之，《周官》"以荒政十有二聚万民"是也。宋之为治，一本于仁厚，凡振贫恤患之意，视前代尤为切至。诸州岁歉，必发常平、惠民诸仓粟，或平价以粜，或贷以种食，或直以振给之，无分于主客户。不足，则遣使驰传发省仓，或转漕粟于他路；或募富民出钱粟，酬以官爵，劝谕官吏，许书历为课；若举放以济贫乏者，秋成，官为理偿。又不足，则出内藏或奉宸库金帛，鬻祠部度僧牒；东南则留发运司岁漕米，或数十万石，或百万石济之。赋租之未入、入未备者，或纵不取，或寡取，或倚阁以须丰年。宽逋负，休力役，赋入之有支移、折变者省之，应给蚕盐和籴及科率追呼不急、妨农者罢之。薄关市之征，鬻牛者免算，运米舟车除沿路力胜钱。利有可与民共者不禁，水乡则蠲蒲、鱼、果、蔬之税。选官分路巡抚，缓囚系，省刑罚。饥民劫囷窖者，薄其罪；民之流亡者，关津毋责渡钱；道京师者，诸城门振以米，所至舍以官第或寺观，为淖糜食之，或人日给粮。可归业者，计日并给遣归；无可归者，或赋以闲田，或听隶军籍，或募少壮兴修工役。老疾幼弱不能存者，听官司收养。水灾州县具船筏拯民，置之水不到之地，运薪粮给之。因饥疫若厌溺死者，官为埋祭，厌溺死者加赐其家钱粟。京师苦寒，或物价翔踊，置场出米及薪炭，裁其价予民。前后率以为常。蝗为害，又募民扑捕，易以钱粟，蝗子一升至易菽粟三升或五升。诏州郡长吏优恤其民，间遣内侍存问，戒监司俾察官吏之老疾、罢懦不任职者。

初，建隆三年，户部郎中沈义伦使吴越还，言："扬、泗饥民多死，郡中军储尚百余万斛，宜以贷民。"有司沮之曰："若岁不稔，谁任其咎？"义伦曰："国家以廪粟济民，自当召和气，致丰年，宁忧水旱耶？"太祖悦而从之。四年，诏州县兴复义仓，岁收二税，石别收一斗，贮以备凶歉。平广南、江南，辄诏振其饥，其勤恤远人，德意深厚。

太宗恭俭仁爱，谆谆劝民务农重谷，毋或妄费。是时惠民所积，不为无备，又置常平仓，乘时增籴，唯恐其不足。真宗继之，益务行养民之政，于是推广淳化之制，而常平、惠民仓殆遍天下矣。

仁宗、英宗一遇灾变，则避朝变服，损膳彻乐。恐惧修省，见于颜色，恻怛哀矜，形于诏旨。庆历初，诏天下复立义仓。嘉祐二年，又诏天下置广惠仓，使老幼疾贫者皆有所养。累朝相承，其虑于民也既周，其施于民也益厚。而又一时牧守，亦多得人，如张咏之治蜀，岁籴米六万石，著之皇祐甲令。富弼之移青州，择公私庐舍十余万区，散处流民以廪，凡活五十余万人，募而为兵者又万余人，天下传以为法。知郓州刘夔发廪振饥，民赖全活者甚众，盗贼衰止，赐诏褒美。知越州赵抃揭榜于通衢，令民有米增价以粜，于是米商辐凑，越之米价顿减，民无饥死。若是之政，不可悉书，故于先王救荒之法为略具焉。

神宗即位以来，河北诸路水旱荐臻，兼发籴便司、广惠仓聚以振民。熙宁二年，赐判北京韩琦诏曰："河北岁比不登，水溢地震。方春东作，民携老幼，弃田庐，日流徙于道。中夜以兴，惨怛不安。其经制之方，听便宜从事，有可以左右吾民者，宜为朕抚辑而振全之，毋使后时，以重民困。"而王安石秉政，改贷粮法而为借助，移常平、广惠仓钱斛而为青苗，皆令民出息，言不便者辄得罪，而民遂不聊生。又诏卖天下广惠仓田。自是先朝良法美意，所存无几。哲宗虽诏复广惠仓，既而章惇用事，又罢之，卖其田如熙宁法。常平量留钱斛，不足以供振给，义仓不足，又令通一路兑拨。于是诏圣、大观之间，直给空名告敕、补牒赐诸路，政日以骤，民日以困，而宋业遂衰。

先是，仁宗在位，哀病者乏方药，为颁《庆历善救方》。知云安军王端请官为给钱和药予民，遂行于天下。尝因京师大疫，命太医和药，内出犀角二本，析而视之。其一通天犀，内侍李舜举请留供帝服御。帝曰："吾岂贵异物而贱百姓？"竟碎之。又蠲公私僦舍钱十日。令太医择善察脉者，即县官授药，审处其疾状予之，无使贫民为庸医所误，夭阏其生。天禧中，于京畿近郊佛寺买地，以瘗死之无主者。瘗尸，一棺给钱六百，幼者半之；后不复给，死者暴露于道。嘉祐末，复诏给焉。

京师旧置东、西福田院，以廪老疾孤穷丐者，其后给钱粟者才二十四人。英宗命增置南、北福田院，并东、西各广官舍，日廪三百人。岁出内藏钱五百万给其费，后易以泗州施利钱，增为八百万。又诏："州县长吏遇大雨雪，蠲僦舍钱三日，岁毋过九日，著为令。"熙宁二年，京师雪寒，诏："老幼贫疾无依丐者，听于四福田院额外给钱收养，至春稍暖则止。"九年，知太原韩绛言："在法，诸老疾自十一月一日州给米豆，至次年三月终。河东地寒，乞自十月一日起支，至次年二月终止；如有余，即至三月终。"从之。凡鳏、寡、孤、独、癃老、疾废、贫乏不能自存应居养者，以户绝屋居之；无，则居以官屋，以户绝财产充其费，不限月。依乞丐法给米豆；不足，则给以常平息钱。崇宁初，蔡京当国，置居养院、安济坊。给常平米，厚至数倍。差官卒充使令，置火头，具饮膳，给以衲衣絮被。州县奉行过当，或具帷帐，雇乳母、女使，糜费无艺，不免率敛，贫者乐而富者扰矣。

三年，又置漏泽园。初，神宗诏："开封府界僧寺旅寄棺柩，贫不能葬，令畿县各度官不毛地三五顷，听人安厝，命僧主之。葬及三千人以上，度僧一人，三年与紫衣；有紫衣，与师号，更使领事三年，愿复领者听之。"至是，蔡京推广为园，置籍，瘗人并深三尺，毋令暴露，监司巡历检察。安济坊亦募僧主之，三年医愈千人，赐紫衣、祠部牒各一道。医者人给手历，以书所治瘗人，岁终考其数为殿最。诸城、寨、镇、市户及千以上有知监者，依各县增置居养院、安济坊、漏泽园。道路遇寒僵仆之人及无衣丐者，许送近便居养院，给钱米救济。孤贫小儿可教者，令入小学听读，其衣襕于常平头子钱内给造，仍免入斋之用。遗弃小儿，雇人乳养，仍听宫观、寺院养为童行。宣和二年，诏："居养、安济、漏泽可参考元丰旧法，裁立中制。应居养人日给粳米或粟米一升，钱十文省，十一月至正月加柴炭，五文省，小儿减半。安济坊钱米依居养法，医药如旧制。漏泽园除葬埋依见行条法外，应资给若斋醮等事悉罢。"

高宗南渡，民之从者如归市。既为之衣食以振其饥寒，又为之医药以救其疾病；其有陨于戈甲、毙于道路者，则给度牒瘗埋之。若丐者育之于居养院；其病也，疗之于安济坊；其死也，葬之于漏泽园，岁以为常。绍兴以来，岁有水旱，发常平义仓之米，或济或粜或贷，如恐不及。然当艰难之际，兵食方急，储蓄有限，而振给无穷，复以爵赏诱富人相与补助，亦权宜不得已之策也。

元年，诏出粟济籴者赏各有差。粜及三千石以上，与守阙进义校尉；一万五千石以上，与进义校尉；二万石以上，取旨优赏；已有官荫不愿补授者，比类施行。六年，湖、广、江西旱，诏拨上供米振之。婺民有遏粜致盗者，诏闭粜者断遣。殿中侍御史周秘言："发廪劝分，古之道也，许以断遣，恐贪吏怀私，善良被害。望戒守令多方劝谕，务令乐从，或有扰害，提举司劾奏。"从之。是岁，潼川守臣景兴宗、广安军守臣李瞻、果州守臣王鹭、汉州守臣王梅活饥民甚众，前吏部郎中冯檝亦出米以助振给，兴宗升一职，瞻、鹭、梅、檝各转一官。十年，通判婺州陈正同振济有方，穷谷深山之民，无不沾惠，以其法下诸路。

二十八年夏，浙东、西田损于风水。在法，水旱及七分以上者振济，诏自今及五分处亦振。二十九年，诏诸处守臣拨常平义仓米二分振粜，临安府拨桩积之米。三十一年正月，雪寒，民多艰食。诏临安府并属县以常平米减时之半，振粜十日；临安府城内外贫乏之家，人给钱二百、米一斗及柴炭钱，并于内藏给之；凡遇寒、遇暑、遇雨、遇火、遇赦及祈祷、即位、生辰、上尊号、生皇太子、晏驾、大祥之类，临安之民暨三衙诸军时有振恤，及放商税、公私房赁。辅郡之民，令诸州以常平钱依临安府振之。

孝宗隆兴二年秋，霖雨害稼，出内帑银四十万两，变籴以济民。乾道六年夏，振浙西被水贫民。七年八月，湖南、江西旱，立赏格以劝积粟之家。无官人：一千五百石补进义校尉，愿补不理选将仕郎者听；二千石补进武校尉，进士与免文解一次，四千石补承信郎，进士与补上州文学；五千石补承节郎，进士补迪功郎。文臣：一千石减二年磨勘，选人转一官；二千石减三年磨勘，选人循一资，各与占射差遣一次；三千石转一官，选人循两资，各与占射差遣一次。武臣：一千石减二年磨勘，选人转一资；二千石减三年磨勘，选人循一资，各与占射差遣一次；三千石转一官，选人循两资，各与占射差遣一次。五千石以上，文武臣并取旨优与推恩。九月，臣僚言："诸路旱伤，请以检放展阁责之运司，粜给借贷责之常平，觉察滥妄责之提刑，体量措置责之安抚。"上谕宰执曰："转运司止令检放，恐他日振济不肯任责。"虞允文奏曰："转运司主一路财赋，谓之省计。凡州郡有余、不足，通融相补，正其责也。"淳熙八年，诏："去岁江、浙、湖北、淮西旱伤处已行振籴，其鳏寡孤独贫不自存、无钱收籴者，济以义米。"宁宗庆元元年，以两浙转运副使沈诜言米价翔踊，凡商贩之家尽令出粜，而告藏之令设矣。嘉定十六年，诏于楚州所储米拨二万石济山东、西。

淳熙八年，浙东提举朱熹言："乾道四年民艰食，熹请于府，得常平米六百石振贷，夏受粟于仓，冬则加息计米以偿。自后随年敛散，歉，蠲其息之半；大饥，即尽蠲之。凡十有四年，得息米造仓三间，及以元数六百石还府。见储米三千一百石，以为社仓，不复收息，每石只收耗米三升。以故一乡四五十里间，虽遇凶年，人不阙食。请以是行于仓司。"时陆九渊在敕令局，见之叹曰："社仓几年矣，有司不复举行，所以远方无知者。"遂编入《振恤》。

凡借贷者，十家为甲，甲推其人为之首；五十家则择一通晓者为社首。每年正月，告示社首，下都结甲。其有逃军及无行之人，与有税钱衣食不阙者，并不得入甲。其应入甲者，又问其愿与不愿。愿者，开具一家大小口若干，大口一石，小口减半，五岁以下不预请。甲首加请一倍。社首审订虚实，取人人手书持赴本仓，再审无弊，然后排定。甲首附都簿载某人借若干石，依正簿分两时给：初当下田时，次当耘耔时。秋成还谷不过八月三十日足，湿恶不实者罚。嘉定末，真德秀帅长沙行之，凶年饥岁，人多赖之。然事久而弊，或移用而无可给，或拘催无异正赋，良法美意，胥此焉失。

宝庆三年，监察御史汪刚中言："丰穰之地，谷贱伤农；凶歉之地，济籴无策。惟以其所有余济其所不足，则饥者不至于贵籴，而农民亦可以得利。乞申严遏粜之禁，凡两浙、江东西、湖南北州县有米处，并听贩籴流通；违，许被害者越诉，官按劾，吏决配，庶几令出惟行，不致文具。"从之。端平元年六月，臣僚奏："建阳、邵武群盗啸聚，变起于上户闭籴。若专倚兵威以图殄灭，固无不可；然振救之政一切不讲，饯馑所迫，恐人怀等死之心。附之者日众。欲望朝廷厉兵选士，汤定已窃发之寇；发粟振饥，怀来未从贼者之心，庶人知避害，贼势自孤，可一举而灭矣。此成周荒政散利除害之说也。"八月，以河南州军新复，令江、淮制置大使司科降米麦一百万石振济。淳熙十一年，福建诸郡旱，锡米二十五万石振籴，一万石振贫乏细民。

景定元年，临安府平籴仓旧贮米数十万石，籴补循环，其后用而不补，所存无几。有旨令临安府收籴米四十万石，用平籴仓钱三百四万七千八百五十九贯，封桩库十七界会子一千九十五万二千一百余贯，共辏十七界一千四百万贯，充籴本钱。二年，以都城全仰浙西米斛，诱人入京贩籴，赏格比乾道七年加优。

咸淳元年，有旨丰储仓拨公田米五十万石付平籴仓，遇米贵平价出籴。二年，监察御史赵顺孙言："今日急务，莫过于平籴。乾道间，郡有米斗直五六百钱者，孝宗闻之，即罢其守，更用贤守，此今日所当法者。今粒食翔踊，未知所由，市井之间见楮而不见米。推原其由，实富家大姓所至闭廪，所以籴价愈高而楮价阴减。陛下念小民之艰食，为之发常平义仓，然为数有限，安得人人而济之？愿陛下课官吏，使之任牛羊刍牧之责；劝富民，使之无秦越肥瘠之视。籴价一平，则楮价不因之而轻，物价不因之而重矣。"七年，以咸淳三年以前诸路义米一百一十二万九千余石减价发籴，薄收郡县听民不拘关、会、见钱收籴。

卷一百七十九

志第一百三十二

食货下一 会计

宋货财之制，多因于唐。自天宝以后，天下多事，户口凋耗，租税日削，法既变而用不给，故兴利者进，而征敛名额繁矣。方镇握重兵，皆留财赋自赡，其上供殊鲜。五代疆境逼蹙，藩镇益强，率令部曲主场、院，其属三司者，补大吏以临之，输额之外亦私有焉。

太祖周知其弊，及受命，务恢远略，修建法程，示之以渐。建隆中，牧守来朝，犹不贡奉以助军实。乾德三年，始诏诸州支度经费外，凡金帛悉送阙下，毋或占留。时藩郡有阙，稍命文臣权知所在场务，或遣京朝官廷臣监临。于是外权始削，而利归公上，条禁文簿渐为精密。诸州通判官到任，皆须躬阅帐籍所列官物，吏不得以售其奸。主库吏三年一易。市征、地课、盐曲之类，通判官、兵马都监、县令等并亲临之，见月籍供三司，秩满较其殿最，欺隐者置于法。募告者，赏钱三十万。而小民求财报怨，诉讼烦扰，未几，除募告之禁。

先是，茶盐榷酤课额少者，募豪民主之。民多增额求利，岁更荒俭，商旅不行，至亏常课，乃籍其赀产以偿。太宗始诏以开宝八年为额，既又虑其未均，乃遣使分诣诸州，同长吏裁定。凡左藏及诸库受纳诸州上供均输金银、丝帛暨他物，令监临官谨视之。欺而多取，主称、藏吏皆斩，监临官亦重置其罪。罢三司大将及军将主诸州榷课，命使臣分掌。掌务官吏亏课当罚，长吏以下分等连坐。雍熙二年，令三分勾院纠本部陷失官钱，及百千赏以十之一，至五千贯者迁其职。

淳化元年诏曰："周设司会之职，以一岁为准；汉制上计之法，以三年为期。所以详知国用之盈虚，大行群吏之诛赏，斯乃旧典，其可废乎？三司自今每岁具见管金银、钱帛、军储等簿以闻。"四年，改三司为总计司，左右大计分掌十道财赋。令京东西南北各以五十州为率，每州军岁计金银、钱、缯帛、刍粟等费，逐路关报总计司，总计司置簿，左右计使通计置裁给，余州亦如之。未几，复为三部。

宋聚兵京师，外州无留财，天下支用悉出三司，故其费寖多。太宗孜孜庶务，或亲为裁决。有司尝言油衣、帝幕损破者数万段，帝令煮之，染以杂色，制旗帜数千。调退材给窑务为薪，俾择其可用者造什物数千事。其爱民惜费类此。

真宗嗣位，诏三司经度茶、盐、酒税以充岁用，勿增赋敛以困黎元。是时条禁愈密，较课以租额前界递年相参。景德初，榷务连岁增羡，三司即取多收者为额。帝虑或致掊克，诏凡增额比羡。上封者言："诸路岁课增羡，知州、通判皆书历为课最，有亏者则无罚。"乃令诸路茶、盐、酒税及诸场务，自今总一岁之课，合为一，以额较之。有亏则计分数，知州、通判减监官一等科罚，州司典吏减专典一等论，大臣及武臣知州军者止罚通判以下。

至道末，天下总入缗钱二千二百二十四万五千八百。三岁一亲祀郊丘，计缗钱常五百余万，大半以金银、绫绮、絁绸平其直给之。天禧末，上供惟钱帛增多，余以移用颇减旧数，而天下总入一万五千八十五万一百，出一万二千六百七十七万五千二百，而赢数不预焉。景德郊祀七百余万，东封八百余万，祀汾、上宝册又增二十万。丁谓为三司使，著《景德会计录》以献，林特领使，亦继为之。凡举大礼，有司皆籍当时所费以闻，必优诏奖之。

初，吴、蜀、江南、荆湖、南粤皆号富强，相继降附。太祖、太宗因其蓄藏，守以恭俭简易。天下生齿尚寡，而养兵未甚蕃，任官未甚冗，佛老之徒未甚炽；外无金缯之遗，百姓亦各安其生，不为巧伪放侈，故上下给足，府库羡溢。承平既久，户口岁增，兵籍益广，吏员益众。佛老、外国耗蠹中土，县官之费数倍于昔，百姓亦稍纵侈，而上下始困于财矣。

仁宗承之，经费寖广。天圣初，首命有司取景德一岁用度，较天禧所出，省其不急者。自祥符天书一出，斋醮糜费甚众，京城之内，一夕数处，至是，始大裁损。京师营造，多内侍传旨呼索，费无艺极。帝与太后知其弊，诏自今营造所须，先下三司度功费然后给。又减内外宫观清卫卒及工匠，分隶诸军、八作司。旧殿直已上，虽幼未任朝谒，遇乾元、长宁节皆赐服，至是亦罢给。故事，上尊号、谥号，随册宝物并用黄命。帝曰："先帝、太后用黄金，若朕所御，止用涂金。"时洞真宫、寿宁观相继灾，宰相张知白请罢不急营造，以答天戒。及滑州塞决河，御史知杂王鬷复以为言。既而玉清昭应宫灾，遂诏谕中外，不复缮修。自是道家之奉有节，土木之费省矣。

帝天资恭俭，尤务约己以先天下，有司言利者，多摈不取。闻民之有疾苦，虽厚利，舍之无所爱。贡献珍异，故事有者，或罢之。山林、川泽、陂池之利，久与民共者，屡敕有司毋辄禁止。至于州县征取苛细，蠲减盖不可胜数。

至宝元中，陕西用兵，调度百出，县官之费益广。天章阁侍讲贾昌朝言："臣尝治畿邑，邑有禁兵三千，而留万户赋输，仅能取足，郊祀庆赏，乃出自内府。计江、淮岁运粮六百余万石，以一岁之入，仅能充期月之用，三分二在军旅，一在冗食，先所蓄聚，不盈数载。天下久无事，而财不藏于国，又不在民，傥有水旱军戎之急，计将安出？"于是议省冗费。右司谏韩琦言："省费当自掖庭始。请诏三司取先朝及近岁赐予日费之数，裁为中制，无名者一切罢之。"乃令入内内侍省、御药院、内东门司裁定，有司不预焉。

议者或欲损吏兵奉赐。帝谓："禄廪皆有定制，毋遽变更以摇人心。"尹洙在陕西，请为鸾爵之法，亦不果行。其后西兵久不解，财用益屈，内出诏书："减皇后至宗室妇郊祠半赐，著为式；皇后、嫔御进奉乾元节回赐物皆减半，宗室、外命妇回赐权罢。"于是皇后、嫔御各上奉钱五月以助军费，宗室刺史已上，亦纳公使钱之半。荆王元俨尽纳公使钱，诏给其半，后以元俨叔父，全给如故。帝亦命罢左藏库月进钱一千二百缗。公卿、近臣以次减郊祠所赐银绢，旧四千、三千者损一千，千损三百，三百损百，百损二十，皆著为式。

三司使王尧臣取陕西、河北、河东三路未用兵及用兵后岁出入财用之数，会计以闻。宝元元年未用兵，三路出入钱帛粮草：陕西入一千九百七十八万，出二千一百五十一万；河北入二千一十四万，出一千八百二十三万；河东入一千三十八万，出八百五十九万。用兵后，陕西入三千三百九十万，出三千三百六十三万，盖视河东、北尤剧，以兵屯陕西特多故也。又计京师出入金帛：宝元元年，入一千九百五十万，出二千一百八十五万，是岁郊祠，故入之数视常岁为多；庆历二年，入二千九百二十九万，出二千六百一十七万，而奇数皆不预焉。

会元昊请臣，朝廷亦已厌兵，屈意抚纳，岁赐缯、茶增至二十五万；而契丹强割地，复增岁遗至五十万，自是岁费弥有所加。西兵既罢，而调用无所减，乃下诏切责边臣及转运使趣议裁节，稍徙戍兵还内地。命三司户部副使包拯行河北，与边臣、转运司议罢省冗官，汰军士之不任役者。诏翰林学士承旨王尧臣等较近岁天下财赋出入之数，相参耗登。皇祐元年，入一亿二千六百二十五万一千九百六十四，而所出无余。尧臣等为书七卷上之，送三司，取一岁中数以为定式。初，真宗时，内外兵九十一万二千，宗室、吏员受禄者九千七百八十五。宝元以后，募兵益广，宗室蕃衍，吏员岁增。至是，兵一百二十五万九千，宗室、吏员受禄者万五千四百四十三，禄廪奉赐从而增广。及景德中，祀南郊，内外赏赍金帛、缗钱总六百一万。至是，飨明堂，增至一千二百余万，故用度不得不屈。

至和中，谏官范镇上疏曰："陛下每遇水旱之灾，必露立仰天，痛自刻责，而吏不称职，陛下忧勤于上，人民愁叹于下。今岁无麦，朝廷为放税免役及发仓廪拯贷，存恤之恩不为不至。然人民流离，父母妻子不相保者，平居无事时，不少宽其力役，轻其租赋；岁大熟，民不得终岁之饱；及有小歉，虽加重放，已不及事。此无他，重敛之政在前也。国家自陕西用兵以来，赋役烦重。及近年，转运使复于常赋外进羡钱以助南郊，其余无名敛率不可胜计。"

又言："古者冢宰制国用，今中书主民，枢密主兵，三司主财，各不相知。故财已匮而枢密院益兵不已，民已困而三司取财不已。中书视民之困，而不知使枢密减兵、三司宽财者，制国用之职不在中书也。愿使中书、枢密通知兵民财利大计，与三司量其出入，制为国用，则天下民力庶几少宽。"然自天圣以来，帝以经费为虑，屡命官裁节，而有司不能承上之意，卒无所建明。

治平中，兵数少损，隶籍者犹百十六万二千，宗室、吏员视皇祐无虑增十之三。英宗以勤俭自饬，然享国日浅，于经纪法度所未暇焉。治平二年，内外入一亿一千六百一十三万八千四百五，出一亿二千三十四万三千一百七十四，非常出者又一千一百五十二万一千二百七十八。是岁，诸路积一亿六千二十九万二千九十三，而京师不预焉。

神宗嗣位，尤先理财。熙宁初，命翰林学士司马光等置局看详裁减国用制度，仍取庆历二年数，比今支费不同者，开析以闻。后数日，光登对言："国用不足，在用度太奢，赏赐不节，宗室繁多，官职冗滥，军旅不精。必须陛下与两府大臣及三司官吏，深思救弊之术，磨以岁月，庶几有效，非愚臣一朝一夕所能裁减。"帝遂罢裁减局，但下三司共析。

王安石执政，议置三司条例司，讲修钱谷之法。帝因论措置之宜，言："今财赋非不多，但用不节，何由给足？宫中一私身之奉有及八十千者，嫁一公主至费七十万缗，沈贵妃料钱月八百缗。闻太宗时宫人惟украй皂绸襦，元德皇后尝用金线缘襜，太宗怒其奢。仁宗初定公主奉料，以问献穆，再三始言初仅得五贯尔，异时中宫月有止七百钱者。"时天下承平，帝方经略四夷，故每以财用不给为忧。日与大臣讲求其故，命官考三司簿籍，商量经久废置之宜，凡一岁用度及郊祀大费，皆编著定式。

有司请造龙图、天章阁覆阑槛青毡四百九十。帝谓："禁中诸殿阑槛率故弊，不必覆也。"既而并延福宫覆槛毡罢之。后吕嘉问复建议省仪鸾司供禁中彩帛。是岁，诏内外勿给土木工作，非两宫、仓廪、武库，皆罢省。三年，仪鸾司阙毡三千，三司请命河东制之。帝曰："牛羊司积毛数万斤，皆同粪壤，三司不取于此，而欲勤远民乎？"金州岁贡班竹帘，简州岁贡绵绸，安州市红花万斤，梓州市碌二千斤，帝皆以道远扰民，亟命停罢。

制置司言："诸路科置上供羊，民费钱几倍，而河北榷场博买契丹羊岁数万，路远，抵京皆瘦恶耗死，公私费钱四十余万缗。"诏著作佐郎程博文访利害。博文募民有保任者，以产为抵，官预给钱，约期限、口数、斤重以输。民多乐从，岁计充足。凡供御膳及祀祭与泛用者，皆别其牢栈，以三千为额，所裁省冗费十之四。其后，又用吕嘉问、刘永渊之言，治灶藏冰，以省工费。

帝尝患增置官司费财。王安石谓增置官司，所以省费。帝曰："古者什一而税，今取财百端。"安石谓古非特什一而已。帝又以仓吏给军食，多侵盗，诏足其概量，严立诸仓丐取法。中书因请诸仓主典、役人禄至一万八千九百缗，且尽增选人之禄，均其多寡。令，禄增至十五千；司理至簿、尉、防团军监推、判官增至十二千。其后又增中书、审官东西、三班院、枢密院、三司、吏部流内铨、南曹、开封府吏禄，受财者以仓法论。安石盖欲尽禄天下之吏，帝以役法未就，缓其议。三司上新增吏禄数：京师岁增四十一万三千四百余缗，监司、诸州六十八万九千八百余缗。时主新法者皆谓吏禄既厚，则人知自重，不敢冒法，可以省刑。然良吏实寡，赇取如故，往往陷重辟，议者不以为善。

初，陕西用兵，凡费缗钱七百余万。帝以问王安石，安石曰："楚建中考沈起簿书，计一道岁费钱银绸绢千二百万贯、匹、两。"帝因欲知陕西岁用钱谷、金帛及增亏凡数，乃诏薛向条上。王安石以为扰，力请罢之，止诏三司帐司会计熙宁六年天下财用出入之数以闻。

韩绛既相，建言："三司总天下财赋，请选官置司，以天下户口、人丁、税赋、场务、坑冶、河渡、房园之类租额年课，及一路钱谷出入之数，去其重复，岁比较增亏、废置及羡余、横费。计赢阙之处，使有无相通，而以任职能否为黜陟，则国计大纲可以省察。"三司使章惇亦以为言，乃诏置三司会计司，以绛提举。其后一州一路会计式成，上之，余未就绪，未几遂罢。

元丰官制既行，三司所掌职务散于六曹、诸寺监。元祐初，司马光言："今户部尚书，旧三司使之任，左曹隶尚书，右曹不隶焉。天下之财分而为二，视彼有余，视此不足，不得移用。宜令尚书兼领左右曹，侍郎分职而治，旧三司所掌钱谷财用事，有散于五曹及诸寺、监者，并归户部。"遂诏尚书省立法。

有司请以府界、诸路在京库务及常平等文帐悉归户部。初，熙宁五年，患天下文帐之繁，命曾布删定法式。布因请选吏于三司颛为一司，帐司之置始此。至元丰三年，首尾七八年，所设官吏仅六百人，费钱三十九万缗，而勾磨出失陷钱止万缗。朝廷知其无益，遂罢帐司，使州郡应上省帐皆归转运司，惟钱帛、粮草、酒曲、商税等别为计帐上户部。至是，令户部尽收诸路文帐。苏辙时为谏官，谓徒益纷纷，请如旧为便。不行。

三年，户部尚书韩忠彦、侍郎苏辙、韩宗道言："文武百官、宗室之蕃，一倍皇祐，四倍景德，班行、选人、胥吏率皆增益，而两税、征推、山泽之利，与旧无以相过。治平、熙宁之间，因时立政，凡改官者自三岁而为四岁，任子者自一岁一人而为三岁一人、自三岁一人而为六岁一人，宗室自袒免以上渐杀恩礼，此则今日之成法。乞检会宝元、庆历、嘉祐故事，置司选官共议。"诏户部取应干财用，除诸班诸军料钱、衣赐、赏给、特支如旧外，余费并裁省。又诏："方将裁损八流，以清取士之路。命今后遇圣节、大礼、生辰，太皇太后、皇太后、皇太妃所得恩泽，并四分减一。"于是上自宗室贵近，下至官曹胥吏，旁及宫室械器，皆命裁损。久之，事未就。议者谓裁减浮费所细碎苛急，甚损国体。于是已议未行者一切寝之。后乃诏："元祐裁损除授正任以下奉禄，失朝廷优礼，见条悉除之，循元丰旧制。"

元丰钩考隐漏宜钱，督及一分者赏三厘。自元祐改法，赏薄而吏急，遂复其旧。时议裁损吏禄，隶省、曹、寺、监者，止以元丰三年钱数为额，而吏三省者，凡兼领因事别给并旧请并罢。刘挚遂乞悉罢创增吏禄，诏韩维等究度，然不果罢。其后有司计中都吏禄，岁费缗钱三十二万，诏以坊场税钱给之。于是吏禄之冗滥者，率多革去矣。然三省吏犹有人受三奉而不改者，故孙升、傅尧俞皆以为言。至绍圣、元符，务反元祐之政，下至六曹吏，亦诏皆给见缗，如元丰之制。

先是，既罢导洛、堆垛等局，又罢熙河兰会经制财用司，减放市易欠负及积欠租输，选官体量茶盐之法。使者之刻剥害民，如吴居厚、吕孝廉、王子京、李琮，内臣之生事敛怨，如李宪、宋用臣等，皆相继正其罪。既而稍复讲修财利。李清臣因白帝，今中外钱谷艰窘，户部给百官奉，常无数月之备。章惇遂以财用匮乏，专指为司马光、吕公著、吕大防、苏辙诸人之罪。左司谏翟思亦奏疏诋："元祐以理财为讳，利入名额类多废罢，督责之法不加于在职之臣，财利既多散失，且借贷百出，而熙、丰余积，用之几尽。方今内外财用，月计岁会，所入不足给所出。愿下诸路会元祐以前所储金谷及异时财利名额、岁入经数，著为成式。"

建中靖国元年，诏诸路转运司以岁入财用置都籍，定诸州租额，且计一路凡数；即有赢缩，书其籍。崇宁元年，又令："岁以钱谷出入名数报提刑司保验，以上户部；户部岁条诸路转运使财赋亏赢，以行赏罚。诸路无额钱物，立式下提刑司，括三年外未发致，期以一季闻奏。"二年，官吏违负上供钱物，以分数为科罪之等，不及九分者罪以徒，多者更加之。岁首则列次年之数，闻于漕司，考实申部。又以督限未严，更一季为一月。然国之经费，往往不给。

五年，诏省罢官局，命户部侍郎许几专切提举措置。裁罢开封府重禄通引官客司并街道司额外兵士，及罢在京料次钱三十八处。

大观三年，罢诸路州军见贡六上局供奉物名件四百四十余，存者才十一二，减数十二，停贡六。户部侍郎范坦言："户部岁入有限，支用无穷，一岁之入，仅了三季，余仰朝廷应付。今岁支遣，较之去年又费百万。"有诏镌减财赋，命御史中丞张克公与吴居厚、许几等置局议论。克公抗言："官冗者汰，奉厚者减，今官较之元祐已多十倍，国用安得不乏。乞将节度使下至遥郡刺史，除军功转授者，各减奉半，然后闲慢局务、工伎末作，亦宜减省。自贵及贱，自近及远，行之公当，人自无词。"时论韪之。

时诸路转运司类以乏告，诏户部编次一岁财用出纳之数，诸路州县各为都籍，以待考较；工部金、银、铜、铅、水银、朱砂等，亦严帐籍之法；令诸路各条三十年以还一岁出入及泛用之数。初，比部掌勾稽天下文帐，吏习偷惰，自崇宁至政和，稽违积数凡二千六百七十有余。于是申敕六曹，以拘督一岁多寡为寺、监赏罚。

政和七年，命户部参稽熙、丰及今财用有余不足之数，又立旁通格，令诸路漕司各条元丰、绍圣、崇宁、政和一岁财用出入多寡来上。淮南漕臣张根言："天下之费，莫大于土木之功。其次如人臣赐第，一第无虑数十万缗，稍增雄丽，非百万不可。佐命如赵普，定策如韩琦，不闻峻宇雕墙，僭拟宫省，奈何剥民肤髓，为厮役之奉乎？其次如田产、房廊，虽不若赐第之多，然日削月朘，所在无几。又如金帛以供一时之好赐，有不可已者，而亦不可不节。至如赐带，其直虽不过数百缗，然天下金宝糜费日久，夫岂易得？今乃赉及仆隶，使混淆公卿间，贵贱、贤不肖，莫之辨也。如以为左右趋走之人，不欲其墨绶，当别为制度，以示等威。"疏奏，不省。

重和初，罢讲画经费局。有司议勾收白地，禁榷铁货，方田增税，榷酤增价，量收醋息，河北添折税米等。俄虑骚扰，悉罢之，并焚其条约。未几，又置裕民局，命蔡京提举，徐处仁详定。京大不悦，寻亦罢。宣和元年，以左藏库亏没一百七十九万有奇，乃别造都籍，催辖司、太府寺、左藏库互相钩考，以绝奸弊。

帝初即位，思节冗费，中都吏重复增给及泛滥员额，并诏裁损。后苑尝计增葺殿宇，计用金箔五十六万七千。帝曰："用金为箔，以饬土木，一坏不可复收，甚亡谓也。"令内侍省罚请者。及蔡京为相，增修财利之政，务以侈靡惑人主，动以《周官》惟王不会为说，每及前朝惜财省费者，必以为陋。至于土木营造，率欲度前规而侈后观。元丰改官制，在京官司供给之数，皆并为职钱，视嘉祐、治平时赋禄优矣。京更增供给、食料等钱，于是宰执皆然。京既罢相，帝恶其变乱法度，将尽更革。命户部侍郎许几裁损浮费及百官滥禄，悉循元丰之旧，宰执亦听辞所增奉。京不便，与其党倡言："减奉非治世事。司马光请听宰臣辞南郊给赐，神宗卒不允，且增选人及庶人在官者之奉。帝以继述为事，当奉承神宗。"由是官吏奉给并仍旧，而宰执亦增如故。初，宰执掌食亦皆有常数。至是，品目倍多，有公使、乏支之别，台、省、寺、监又增厨钱。侍御史毛注尝奏论之，不行。蔡京复得政，言者遂以裁损禄廪为几罪，几坐夺职。

于时天下久平，吏员冗溢，节度使至八十余员，留后、观察下及遥郡刺史多至数千员，学士、待制中外百五十员。京又专用丰亨豫大之说，谀悦帝意，始广茶利，岁以一百万缗进御，以京城所主之。其后又有应奉司、御前生活所、营缮所、苏杭造作局、御前人船所，其名杂出，大率争以奇侈为功。岁运花石纲，一石之费，民间用三十万缗。奸吏旁缘，牟取无艺，民不胜弊。用度日繁，左藏库异时月费缗钱三十六万，至是，衍为一百二十万。

又三省、密院吏员猥杂，有官至中大夫，一身而兼十余俸，故当时议者有"俸入超越从班，品秩几于执政"之言。又增置兼局，礼制、明堂，详定《国朝会要》、《九域图志》、《一司敕令》之类，职秩繁委，廪给无度。侍御史黄葆光论其弊，帝善之而未行；俄而诏云：当丰亨豫大之时，为衰乱减损之计"，自是罕敢言者。然吏禄泛冒已极，以史院言之，供检吏三省几千人。蔡京又动以笔帖于权货务支赏给，有一纸至万缗者。京所侵私，以千万计，朝论喧然。乃诏三省、枢密院吏额用元丰法，其岁赐悉裁之，时翕然以为快。臣僚上言："诸州遇天宁节，除公使外，别给系省钱，充锡宴之用。独诸路监司许支逐司钱物，一筵之馔，有及数百千者，浮侈相夸，无有艺极。"自是诏："遇天宁节宴，旧应给钱者，发运、监司每司不得过三百贯，余每司不得过二百贯，以上旧给数少者，止依旧。"

自崇宁以来，言利之臣殆析秋毫，沿汴州县创增镇栅以牟税利。官卖石炭增二十余场，而天下市易务，炭皆官自卖。名品琐碎，则有四脚铺床、榨磨、水磨、庙图、淘沙金等钱，不得而尽记也。宣和以后，王黼专主应奉，掊剥横赋，以羡为功。岭南、川蜀农民陂罚钱，罢学制学事司赡学钱，皆归应奉司。所入虽多，国用日匮。

六年，尚书左丞宇文粹中言：

近岁南伐蛮獠，北赡幽燕，关陕、绵、茂边事日起，山东、河北寇盗窃发。赋敛岁入有限，支梧繁夥，一切取足于民。陕西上户多弃产而居京师，河东富人多弃产而入川蜀。河北衣被天下，而蚕织皆废；山东频遭大水，而耕种失时；他路取办目前，不务存恤。谷麦未登，已先俵籴；岁赋已纳，复理欠负。托应奉而买珍异奇宝，欠民积者一路至数十万计；价上供而织文绣锦绮，役工女者一郡至百余人。

陛下勤恤民隐，诏令数下，悉为虚文。民不聊生，不惟寇盗繁滋，窃恐灾异数起。祖宗之时，国计所仰，皆有实数。有额上供四百万，无额上供二百万，京师商税、店宅务、抵当所诸处杂收钱一百余万。三司以七百万之入，供一年之费，而储其余以待不测之用。又有解池盐钞、晋矾、市舶遗利，内赡京师，外实边鄙，间遇水旱，随以振济，盖量入为出，沛然有余。近年诸局务、应奉等司截拨上供，而繁富路分一岁所入，亦不敷额。然创置书局者比职事官之数为多，检计修造者比实用之物增倍，其他妄耗百出，不可胜数。若非痛行裁减，虑智者无以善其后。

久之，乃诏蔡攸等就尚书省置讲议财利司，除茶法已有定制，余并讲究条上。攸请：内侍职掌，事干宫禁，应裁省者，委童贯取旨。时贯以广阳郡王领右府故也。于是不急之务，无名之费，悉议裁省。帝亦自罢诸路应奉官吏，省六尚岁贡。

七年，诏诸路帅臣、监司各条所部当裁省凡目以闻。后苑书艺局等月省十九万缗，岁可省二百二十万。应奉司所管诸色窠名钱数内：两浙路钱旁定帖息钱，湖、常、温、秀州无额上供钱，淮南路添酒钱等，并行截节，更不充应奉支用。十二月，诏曰："比年宽大之诏数下，裁省之令屡行。有司便文而实惠不至，盖缘任用非人，兴作事端，蠹耗邦财。假充上之名，济营私之欲，渔夺百姓，无所不至。朕夙夜痛悼，思有以抚循慰安之。应茶盐立额结绝。应奉司两浙诸路置局及花石纲等，诸路非泛上供抛降物色，延福宫西城所租课，内外修造诸处采斫木植、制造局所，并罢。诸局及西城所见管钱物并付有司，其拘收到百姓地上，并给还旧佃人。减掖庭用度。减侍从官以上月廪，及罢诸兼局，以上并令有司据所得数拨充诸路籴本，及桩充募兵赏军之用。应斋醮道场，除旧法合有外，并罢道官及拨赐宫观等房钱、田土之类。六尚，并依祖宗法。罢大晟府，罢教学所，罢教坊额外人。罢行幸局，罢采石所，罢待诏额外人。罢都茶场，依旧归朝廷。河坊非危急泛科、免夫钱并罢。"

是时天下财用岁入，有御前钱物、朝廷钱物、户部钱物，其措置裒敛、取索支用，各不相知。天下财赋多为禁中私财，上溢下漏，而民重困。言者请令户部周知大数，而不失盈虚缓急之宜。上至宫禁所须，下逮吏卒廪饩，一切付之有司，格以法度，示天下以至公。诏可。户部尚书聂山亦请以熙、丰后增置添给，如额外医官、内中诸阁分位次主管文字等使臣、福灵宫应诸观清卫卒、后妃戚里及文武臣僚之家母妻封国太夫人郡太夫人等请给，并添给食料、茶汤等钱四十万八千九百余缗，凡熙、丰无法该载者罢之。

靖康元年，诏曰："朕托于兆庶之上，永念民惟邦本，思所以闵恤安定之。乃者，减乘舆服御，放宫女，罢苑囿，焚玩好之物，务以率先天下；减冗官，澄滥赏，汰贪吏，为民除害。方诏减上供收买之额，蠲有司烦苛之令，轻刑薄赋，务安元元；而田里之间，愁痛未苏，倪不蠲革，何以靖民！今询酌庶言，疏剔众弊，举其纲目，以授四方。诏到，监司、郡守其悉力奉行；应民所疾苦，不在此诏，许推类闻奏。"于是凡当时苛刻烦细、一切不便于民者皆罢。

高宗建炎元年，诏："诸路无额上供钱，依旧法，更不立额。"三年二月，减婺州上供额罗二万八千匹，著为定制。八月，减福建、广南路岁买上供银三分之一。绍兴二年，罢镇江府御服别，省钱七万缗，助刘光世军。四年二月，诏："诸路州县天申节礼物，并置场和买，毋得抑配于民。"十有一月，免淮南州军大礼绢。五年，以四川上供钱帛依旧留以赡军。十一年，始命四川上供罗复输内藏，其后绫、纱、绢悉如之。四路天申节大礼绢及上供绸、绫、锦、绮，共九万五千八百匹。

淳熙五年，湖北漕臣刘焞言："鄂、岳、汉阳自绍兴九年所收赋财，十分为率，储一分充上供始，十三年增二分。鄂州元储一分，钱一万九千五百七十缗，今已增至一十二万九千余缗；岳州五千八百余缗，今增至四万二千一百余缗；汉阳三千七百缗，今增至二万二千三百余缗。民力凋弊，无所从出。"于是以见增钱数立额，已后权免递增。诏夔州路九州百姓科买上供金、银、绢，自淳熙六年为始尽免。十六年，蠲两淮州军合发上供诸窠名钱物，极边全免，次边展免一年。

绍定元年，江、浙诸州军折输上供物帛钱数，除合起轻货，并用钱、会中半；路不通水，愿以银折输者听，两不过三贯三百文。两浙、江东共四百一十三万八千六百一十二贯有奇，并输送左藏西库。

咸淳六年，都省言："南渡以来，诸路上供数重，自嘉定至嘉熙，起截之数虽减，而州县犹以大数拘催，害及百姓。"有旨："自咸淳七年为始，银、钱、关、会用咸淳三年起截中数拘催，绸、绢、丝、绵、绫、罗用咸淳二年起截中数拘催。钱、关、会子二千四百九十五万八千七百四十八贯，银一十六万九千六百四十三两，绸四万一千四百三十八匹，绢七十三万七千八百六十四匹，丝九万五千三百三十三两，绵一百五万七千九百二十五两，绫五千一百七十九匹，罗七千三百五十五匹，户部遍牒诸路，视今所减定额起催。"

所谓经总制钱者，宣和末，陈亨伯以发运兼经制使，因以为名。建炎二年，高宗在扬州，四方贡赋不以期至，户部尚书吕颐浩、翰林学士叶梦得等言："亨伯以东南用兵，尝设经制司，取量添酒钱及增一分税钱，头子、卖契等钱，敛之于细，而积之甚众。及为河北转运使，又行于京东西，一岁得钱近二百万缗，所补不细。今若行于诸路州军，岁入无虑数百万计。边事未宁，苟不出此，缓急必致暴敛。与其敛于仓卒，曷若积于细微。"于是以添酒钱、添卖糟钱、典卖田宅增牙税钱、官员等请给头子钱、楼店务增三分房钱，令两浙、江东西、荆湖南北、福建、二广收充经制钱，以宪臣领之，通判敛之，季终输送。绍兴五年，参政孟庚提领措置财用，请以总制司为名，又因经制之额增析而为总制钱，而总制钱自此始矣。

财用司言："诸路州县出纳系省钱所收头子钱，贯收钱二十三文省，内一十文省作经制起发上供，余一十三文充本路郡县并漕司用。今欲令诸路州县杂税出纳钱贯收头子钱上，量增作二十三文足。除漕司及州旧合得一十三文省，余尽入经制窠名帐内，起发助军。"江西提举司言："常平钱物，旧法贯收头子钱五文足。今当依诸色钱例，增作二十三文足，除五文依旧法支用，余增到钱与经制司别作窠名输送。"

九年，谏议大夫曾统上疏言："经制使本户部之职，更置一司，无益于事。如创供给酒库，亦是阴夺省司之利。若谓监司、郡县违法废令，别建此司按之，则又不然。夫朝廷置监司以辖州郡，立省部以辖监司，祖宗制也。税赋失实，当问转运司；常平钱谷失陷，当问提举司。若使经制司能事事检察，则虽户部版曹，亦可废矣。且自置司以来，漕司之移用，宪司之赃罚，监司之妄支，固未尝少革其弊。罢之便。"疏奏，不省。十六年，以诸路岁取经总制钱，本路提刑并检法干办官拘催，岁终通纽以课殿最。二十一年，以守、倅同检察。二十九年，诏专以通判主之。

乾道元年，诏：“诸路州县出纳，贯添收钱一十三文省，充经总制钱，以所增钱别输左藏西库，补助经费。”自是经总制钱每千收五十六文矣。然遇兵凶，亦时有蠲免。三年，复以守、倅共掌之。

淳熙十六年，光宗即位，减江东西、福建、淮东、浙西经总制钱一十七万一千缗。绍熙二年，诏平江府合发经总制钱岁减二万缗。嘉定十七年，诏蠲嘉定十五年终以前所亏钱数。端平三年，诏：“诸路州军因灾伤检放苗米，毋收经总制头子、勘合朱墨等钱；自今已放苗米，随苗带纳钱并与除放。”

所谓月桩钱者，始于绍兴之二年。时韩世忠驻军建康，宰相吕颐浩、朱胜非议令江东漕臣月桩发大军钱十万缗，以朝廷上供经制及漕司移用等钱供亿。当时漕司不量州军之力，一例均科，既有偏重之弊，上供经制，无额添酒钱并争利钱，赡军酒息钱，常平钱，及诸司封桩不封桩、系省不系省钱，皆是朝廷窠名也。于是郡县横敛，铢积丝累，江东、西之害尤甚。十七年，诏州郡以宽剩钱充月桩，以宽民力，遂减江东、西之钱二十七万七千缗有奇。

又有所谓板帐钱者，亦军兴后所创也。如输米则增收耗剩，交钱帛则多收糜费，幸富人之犯法而重其罚，恣胥吏之受赇而课其入，索盗赃则不偿失主，检财产则不及卑幼，亡僧、绝户不俟核实而入官，逃产、废田不与消除而抑纳，他如此类，不可遍举。州县之吏固知其非法，然以版帐钱额太重，虽欲不横取于民，不可得已。

凡货财不领于有司者，则有内藏库，盖天子之别藏也。县官有巨费，左藏之积不足给，则发内藏佐之。宋初，诸州贡赋皆输左藏库，及取荆湖，定巴蜀，平岭南、江南，诸国珍宝、金帛尽入内府。初，太祖以帑藏盈溢，又于讲武殿后别为内库，尝谓：军旅、饥馑当预为之备，不可临事厚敛于民。

太宗嗣位，漳泉、吴越相次献地，又下太原，储积益厚，分左藏库为内藏库，令内藏库使翟裔等于左藏库择上绫罗等物别造帐籍，月申枢密院；改讲武殿后库为景福殿库，俾隶内藏。其后乃令拣纳诸州上供物，具月帐于内东门进入，外庭不得预其事。帝因谓左右曰：“此盖虑司计之臣不能节约，异时度有阙，复赋率于民，朕不以此自供嗜好也。”

自乾德、开宝以来，用兵及水旱振给、庆泽赐赍、有司计度之所阙者，必籍其数以贷于内藏，候课赋有余，即偿之。淳化后二十五年间，岁贷百万，有至三百万者。累岁不能偿，则除其籍。

景德四年，又以新衣库为内藏西库。初，刘承珪尝掌库，经制多其所置，又推究置库以来出纳，造都帐及《须知》，屡加赏焉。真宗再临幸，作铭刻石。大中祥符五年，重修库屋，增广其地。既而又以香药库、仪鸾司屋益之，分为四库：金银一库，珠玉、香药一库，锦帛一库，钱一库。金银、珠宝有十色，钱有新旧二色，锦帛十三色，香药七色。天禧二年，又出内藏缗钱二百万给三司。

天圣以后，兵师、水旱费无常数，三岁一赏军士，出钱百万缗，绸绢百万匹，银三十万两，锦绮、鹿胎、透背、绫罗纱縠合五十万匹，以佐三司。又岁入饶、池、江、建新铸缗钱一百七万，而斥旧蓄缗钱六十万于左藏库，率以为常。异时三司用度不足，必请贷于内藏，辄得之，其名为贷，实罕能偿。景祐中，内藏库主者言：“岁斥缗钱六十万助三司，自天禧三年始。计明道二年距今才四年，而所贷钱帛九百一十七万。”在太宗时三司所贷甚众，久不能偿，至庆历中，诏悉蠲之。盖内藏岁入金帛，皇祐中，二百六十五万七千一十一；治平一百九十三万三千五百五十四。其出以助经费，前后不可胜数，至于储积赢缩，则有司莫得详焉。

神宗临御之初，诏立岁输内藏钱帛之额，视庆历上供为数。尝谓辅臣曰：“比阅内藏库籍，文具而已，财货出入，初无关防。旧以龙脑、珍珠鬻于榷货务，数年不输直，亦不钩考。尝闻太宗时内藏财库，每千计用一牙钱记之。凡名物不同，所用钱色亦异，他人莫能晓，匣而置之御阁，以参验帐籍中定数。晚年，出其钱示真宗曰：'善保此足矣。'今守内藏臣，皆不晓帐籍关防之法。”即命干当御药李舜举领其事。继诏诸路金银输内藏库者，岁以帐上三司拘催。元丰以来，又诏诸路金帛、缗钱输内库者，委提点刑狱司督趣，若三司、发运司擅留者，坐之。起发坊场钱勿寄市易务，直赴内藏库寄帐封桩。当输内库金帛、缗钱，逾期或他用者，如擅行封桩钱法。

初，艺祖尝欲积缣帛二百万易敌人首，又别储于景福殿。元丰初，乃更景福殿库名，自制诗以揭之曰：“五季失图，猃狁孔炽，艺祖造邦，思有惩艾，爰设内府，基以募士，曾孙保之，敢忘厥志。”一字一库以号之，凡三十二库。后积羡赢为二十库，又揭诗曰：“每虔夕惕心，妄意遵遗业，顾予不武姿，何日成戎捷。”

元祐元年，监察御史上官均言：“自新官制，盖有意合理财之局总于一司，故以金部右曹主行内藏受纳，而奉宸内藏库受纳又隶太府寺。然按其所领，不过关通所入名数，为之拘催而已，支用多寡，不得转质。总领之者，止中官数十人，彼惟知谨扃钥、涂窗牖，以为固密尔，又安能钩考其出入多少，与夫所蓄之数哉？宜因官制之意，令户部、太府寺，于内藏诸库皆得检察。”明年，诏内藏库物听以多寡相除。置库百余年，至是始编阅云。

崇宁元年，诏：“祖宗置内藏库贮经费余财，所以募士威敌，振乏固本，皆有成法。比岁官司懈弛，侵蠹耗减，务在协力遵守，无令偏废。”于是命仓部郎中丘括行诸路驱磨。三年，中书奏：“熙宁之制，江南诸路金银课利并输内帑。元祐中，户部尚书李常于中以三分助转运司，致内帑渐以亏减。”乃诏诸路新旧坑冶所收课利金银并输内帑，如熙宁之旧。后又入于大观东库。寻命仍旧以七分输内帑，余给转运司。宣和六年，申截留、借兑内帑钱物之制。

时又有元丰库，则杂储诸司羡余钱。诸道榷酤场，旧以酹衙前之陪备官费者，熙宁役法行，乃听民增直以售，取其价给衙前。久之，坊场钱益多，司农请岁发百万缗输中都。元丰三年，遂于司农寺南作元丰库贮之，以待非常之用。

元祐元年，右司谏苏辙论河北保甲之害，因言："元丰及内库财物山委，皆先帝多方蓄藏，以备缓急。若积而不用，与东汉西园钱、唐之琼林、大盈二库何异？愿以三十万缗募保甲为军。"寻用其议。元祐三年，改封桩钱物库为元祐库。宋几，分元丰库为元丰南、北库。数月，以北库为司空吕公著廨，封桩并附南库仍旧。元丰六年，诏岁以内藏库缗钱五十万桩元丰库，补助军费。崇宁以后，诸路封桩禁军阙额给三路外，与常平、坊场、免役、绸绢、贴输东北盐钱，及鬻卖在官田屋钱，应前收桩管封桩权添酒钱、侵占房廊白地钱、公使库遗利等钱，并输元丰库。别又置大观库，制同元丰，但分东西之别。最后，建宣和库，有泉货、弊余、服御、玉食、器贡等名，盖蔡絛欲效王黼以应奉司贡献要宠，事不足纪。

靖康元年，诏诸路公使库及神霄宫金银器皿，所在尽输元丰库。户部尚书聂山辄取元丰库北珠，宰相吴敏白帝，言："朝廷有元丰、大观库，犹在陛下有内藏库。朝廷有阙用，需于内藏，必得旨然后敢取，户部岂可擅取朝廷库务物哉？若人人得擅取库物，则纲纪乱矣。"钦宗然之。

南渡，内藏诸库货财之数虽不及前，然兵兴用乏，亦时取以为助。其籍帐之详莫得而考，则以后宋史多阙云。

卷一百八十　　志第一百三十三

食货下二 钱币

钱币　钱有铜、铁二等，而折二、折三、当五、折十，则随时立制。行之久者，唯小平钱。夹锡钱最后出，宋之钱法至是而坏。盖自五代以来，相承用唐旧钱，其别铸者殊鲜。太祖初铸钱，文曰"宋通元宝"。凡诸州轻小恶钱及铁镴钱悉禁之，诏到限一月送官，限满不送官者罪有差，其私铸者皆弃市。铜钱阑出江南、塞外及南蕃诸国，差定其法，至二贯者徒一年，三贯以上弃市，募告者赏之。江南钱不得至江北。

蜀平，听仍用铁钱。开宝中，诏雅州百丈县置监冶铸，禁铜钱入两川。太平兴国四年，始开其禁，而铁钱不出境，令民输租及榷利，铁钱十纳铜钱一。时铜钱已竭，民甚苦之。商贾争以铜钱入川界与民互市，铜钱一得铁钱十四。

明年，转运副使张谔言："川峡铁钱十直铜钱一，输租即十取二。旧铁钱千易铜钱四百，自平蜀，沈伦等悉取铜钱上供，及增铸铁钱易民铜钱，益买金银装发，颇失裁制，物价滋长，铁钱弥贱。请市夷人铜，斤给铁钱千，可以大获铸钱。民租当输钱者，许且输银绢，候铜钱多，即渐令输。"又诏令市夷人铜，斤给铁钱五百，余皆从之。然铜卒难得，而转运副使聂咏、转运判官范祥皆言：民乐输铜钱，请岁递增一分，后十岁则全取铜钱。诏如所请。祥等因以月俸所得铜钱市与民，厚取其直，于是增及三分，民益以为苦，或发古冢、毁佛像器用，才得铜钱四五，坐罪者甚众。知益州辛仲甫具言其弊，内使臣吴承勋驰传审度。仲甫集诸县令、佐问之，多潜持两端，莫敢正言。仲甫以大谊责之，乃皆言其不便。承勋复命。七年，遂令川峡输租榷利勿复征铜钱。咏、祥等皆坐罪免。既而又从西川转运使刘度之请，官以铁钱四百易铜钱一百，后竟罢之。

平广南、江南，亦听权用旧钱，如川蜀法。初，南唐李因铸钱，一工为钱千五百，得三十万贯。太宗即位，诏昇州置监铸钱，令转运使按行所部，凡小山之出铜者悉禁民采，并以给官铸焉。太平兴国二年，樊若水言："江南旧用铁钱，于民非便。今诸州铜钱尚六七十万缗，虔、吉等州未有铜钱，各发六七万缗，俾市金帛轻货上供及博籴谷麦。于昇、鄂、饶等州产铜之地，大铸铜钱，铜钱既不渡江，益出新钱，则民间钱愈多，铁钱自当不用，悉熔铸为农器什物，以给江北流民之归附者。除铜钱渡江之禁。"从之。

自唐天祐中，兵乱窭乏，以八十五钱为百。后唐天成中，减五钱，汉乾祐初，复减三钱。宋初，凡输官者亦以八十或八十五为百，然诸州私用则各随其俗，至有以四十八钱为百者。至是，诏所在用七十七钱为百。

西北边内属戎人，多赍货帛于秦、阶州易铜钱出塞，销铸为器。乃诏吏民阑出铜钱百已上论罪，至五贯以上送阙下。

旧饶州永平监岁铸钱六万贯，平江南，增为七万贯，而铜、铅、锡常不给。转运使张齐贤访求得南唐承旨丁钊，能知饶、信等州山谷产铜、铅、锡，乃便宜调民采取；且询旧铸法，惟永平用唐开元钱料最善，即诣阙面陈。八年，诏增市铅、锡、炭价，于是得铜八十一万斤、铅二十六万斤、锡十六万斤，岁铸钱三十万贯。补阙殿前承旨，领三州铜山。然民间犹杂用旧大小钱。是时，以福建铜钱数少，令建州铸大铁钱并行，寻罢铸，而官私所有铁钱十万贯，不出州境，每千钱与铜钱七百七十等，外邑邻两浙者亦不用。

雍熙初，令江南诸州官库所贮杂钱，每贯及四斤半者送阙下，不及者销毁。民间恶钱尚多，复申乾德之禁，稍峻其法。京城居民蓄铜器者，限两月悉送官。

端拱元年，内侍萧延皓使岭南还，以民间私铸三等钱来上，且言多与蛮人贸易，侵败禁法。因诏察民私铸及销熔好钱作薄恶钱者，并弃市，辄以新恶钱与蛮人博易者，抵罪。

江北诸州所用钱非甚薄恶者，新旧大小兼用。江南虽用旧大钱，淳化四年，乃诏每贯及前诏斤数、有官监字号者皆许用，不分新旧。

先是，淳化二年，宗正少卿赵安易言：尝使蜀，见所用铁钱至轻，市罗一匹，为钱二万。坚请改铸一当十大钱，御书钱式，遣诣川峡路诸州冶铸，所在并为御书钱监；诸州旧贮小铁钱悉辇送官。民间小钱许送监，计数给以大钱；若改铸未集，许民大小兼用。既而一岁才成三千余贯，众皆以为不便。会安易入奏事，因留不遣，遂罢冶铸。五年，安易复请，不许。第令川峡仍以铜钱一当铁钱十。

荆湖、岭南民输税须大钱，民以小钱二或三易大钱一，官属以奉钱易于民以规利。诏自今吏受民输，但常所通行钱勿却，官吏毋得以奉钱换易。至道二年，始禁道、贺州锡，官益其价市之，以给诸路铸钱。

咸平初，又申新小钱之禁，令官置场尽市之。旧犯铜禁，七斤以上处死，奏裁多蒙减断，然待报常淹缓。四年，诏满五十斤以上取裁，余从第减。

景德四年，诏曰："鼓铸钱刀，素有程限，悯其劳苦，特示矜宽。自今五月一日至八月一日止收半功，本司每岁量支率分钱以备医药。"十二月，令铸匠每旬停作一日。天禧三年，诏：犯铜、鍮石，悉免极刑。

时铜钱有四监：饶州曰永平，池州曰永丰，江州曰广宁，建州曰丰国。京师、昇、鄂、杭州、南安军旧皆有监，后废之。凡铸钱用铜三斤十两，铅一斤八两，锡八两，得钱千，重五斤。唯建州增铜五两，减铅如其数。至道中，岁铸八十万贯；景德中，增至一百八十三万贯。大中祥符后，铜坑多不发。天禧末，铸一百五万贯。

铁钱有三监：邛州曰惠民，嘉州曰丰远，兴州曰济众。益州、雅州旧亦有监，后并废。大钱贯十二斤十两，以准铜钱。嘉、邛二州所铸钱，贯二十五斤八两，铜钱一当小铁钱十兼用。后以铁重，多盗熔为器，每二十五斤鬻之直二千。大中祥符七年，知益州凌策言："钱轻则易赍，铁少则熔者鲜利。"于是诏减景德之制，其见使旧钱仍用如故。岁铸总二十一万贯，诸路钱岁输京师，四方由此钱重而货轻。

景祐初，诏三司以江东、福建、广南岁输缗钱合三十余万易为金帛，钱流民间。

许申为三司度支判官，建议以药化铁与铜杂铸，轻重如铜钱法，铜居三分，铁六分，皆有奇赢，亦得钱千，费省而利厚。诏申用其法铸于京师。大率铸钱杂铅、锡，则其液流速而易成，申杂以铁，流涩而多不就，工人苦之。初命申铸万缗，逾月裁得万钱。申性诡谲，少成事，自度言无效，乃求为江东转运使，欲用其法于江州。朝廷从之，因诏申即江州铸百万缗，毋漏其法。中外知其非是，而宰相主之，卒无成功。

初，太宗改元太平兴国，更铸："太平通宝"，淳化更铸，又亲书"淳化元宝"，作真、行、草三体。后改元更铸，皆曰"元宝"，而冠以年号，至是改元宝元，文当曰"宝元元宝"，仁宗特命以"皇宋通宝"为文，庆历以后，复冠以年号如旧。

自天圣以来，毁钱铸钟及为铜器，皆有禁。庆历初，阑出铜钱，视旧法第加其罪，钱千，为首者抵死。

五年，泉州青阳铁冶大发，转运使高易简不俟诏，置铁钱务于泉，欲移铜钱于内地，梓州路转运使崔辅、判官张固亦请即广安军鱼子铁山采矿炭，置监于合州，并销旧小钱以铸减轻大钱，未得报，先移合州相地置监。州以上闻，朝廷以易简、辅、固为擅铸钱，皆坐贬。

军兴，陕西移用不足，始用知商州皮仲容议，采洛南县红崖山、虢州青水冶青铜，置阜民、朱阳二监铸钱。既而陕西都转运使张奎、知永兴军范雍请铸大铜钱与小钱兼行，大钱一当小钱十；又请因晋州积铁铸小钱。及奎徙河东，又铸大铁钱于晋、泽二州，亦以一当十，助关中军费。未几，三司奏罢河东铸大铁钱，而陕西复采仪州竹尖岭黄铜，置博济监铸大钱。因敕江南铸大铜钱，而江、池、饶、仪、虢又置铸小铁钱，悉辇致关中。数州钱杂行，大约小铜钱三可铸当十大铜钱一，以故民间盗铸者众，钱文大乱，物价翔踊，公私患之。于是奎复奏晋、泽、石三州及威胜军日铸小铁钱，独留用河东。河东铁钱既行，盗铸获利什六，钱轻货重，患如陕西。知并州郑戬请河东铁钱以二当铜钱一，行之一年，又以三当一或以五当一，罢官炉日铸，且行旧钱。而契丹亦铸铁钱，易并边铜钱。

庆历末，叶清臣为三司使，与学士张方平等上陕西钱议，曰："关中用大钱，本以县官取利太多，致奸人盗铸，其用日轻。比年以来，皆虚高物估，始直于下，终取偿于上，县官虽有折当之虚名，乃受亏损之实害。救弊不先自损，则法未易行。请以江南、仪商等州大铜钱一当小钱三，小铁钱三当铜钱一，河东小铁钱如陕西，亦以三当一，且罢官所置炉。"自是奸人稍无利，犹未能绝滥钱。其后，诏商州罢铸青黄铜钱，又令陕西大铜钱，大铁钱皆以一当二，盗铸乃止。然令数变，兵民耗于资用，类多咨怨，久之始定。方大钱之行，有刘羲叟者语人曰："是于周景王所铸无异，上其感心腹之疾乎。"已而果然，语在本传。

时兴元府西县增置济远监。而韶州天兴铜大发，岁采二十五万斤，诏即其州置永通监。后济远监废，仪州博济监既废复置。

皇祐中，饶、池、江、建、韶五州铸钱百四十六万缗，嘉、邛、兴三州铸大铁钱二十七万缗。至治平中，饶、池、江、建、韶、仪六州铸钱百七十万缗，而嘉、邛以率买铁炭为扰，自嘉祐四年停铸十年，以休民力。至是，独兴州铸钱三万缗。

熙宁初，同、华二州积小铁钱凡四十万缗，诏赐河东，以铁偿之。四年，陕西转运副使皮公弼奏："自行当二钱，铜费相当，盗铸衰息。请以旧铜铅尽铸。"诏听之。自是折二钱遂行于天下。京西转运使吴几复建议：郢、唐、均、房、金五州多林木，而铜铅积于淮南，若由襄、郢转致郢、唐等州置监铸钱，可以纾钱重之弊。神宗是之，而王安石沮之，其议遂寝。后乃诏京西、淮南、两浙、江西、荆湖五路各置铸钱监，江西、湖南十五万缗、余路十万缗为额，仍申熟钱斤重之限。又以兴国军、睦、衡、舒、鄂、惠州既置监六，通旧十六监，水陆回远，增提点之官。

时诸路大率务于增额：韶惠州永通、阜民监旧额八十万，至七年，增三十万，及折二凡五十万；后卫州黎阳监岁增折二凡五万缗，西京阜财监岁增市易本钱凡十万缗，兴州济众监岁增七万二千余缗，陕西三铜钱监各岁增五万缗。而睦州则置神泉，徐州则置宝丰，梧州以铅锡易得，万州以多铁矿，皆置监。又诏秦凤等路即凤翔府斜谷置监，已而所铸钱青铜夹锡，脆恶易毁，罢之。然私钱往往杂用，不能禁，至是法弊，乃诏禁私钱，在官恶钱不堪用者，别为模以铸。商、虢、洛南增三监，耀、鄜权置两监，通永兴、华、河中、陕旧监为九，以给改铸。永兴、鄘、耀、河中、陕去铁冶远，听改铸一年罢；商、洛南、华、虢最近铁冶，听久置；鄘州等五监候罢改铸，并其工作归永兴等四监，专铸大钱，所铸大铁钱约补及所毁伪钱，及可以待交子所用而止。

八年，诏河东铸钱七十万缗外，增铸小钱三十万缗。于是知太原韩绛请仿陕西令本重模精，以息私铸之弊。

初，薛向铸铁钱于陕西，后许彦先铸于广南。既而民不便，神宗欲遂罢之，王安石固争，乃诏京师畿内并罢，其行于四方盖如故。元丰以后，西师大举，边用匮阙，徐州置宝丰下监，岁铸折二钱二十万缗，转移陕府。

于时，同、渭、秦、陇等州钱监，废置移徙不一，铜铁官多建言铸钱，事不尽行，而又自弛钱禁，民之销毁与夫阑出境外者为多。张方平尝极谏曰："禁铜造币，盗铸者抵罪至死，示不与天下共其利也。故事，诸监所铸钱悉入于王府，岁出其奇羡给之三司，方流布于天下。然自太祖平江南，江、池、饶、建置炉，岁鼓铸至百万缗。积百年所入，宜乎贯朽于中藏，充足于民间矣。比年公私上下并苦乏钱，百货不通，人情窘迫，谓之钱荒。不知岁所铸钱，今将安在。夫铸钱禁铜之法旧矣，令敕具载，而自熙宁七年颁行新敕，删去旧条，削除钱禁，以此边关重车而出，海舶饱载而回，闻沿边州军钱出外界，但每贯收税钱而已。钱本中国宝货，今乃与四夷共用，又自废罢铜禁，民间销毁无复可办。销熔十钱得精铜一两，造作器用，获利五倍。如此则逐州置炉，每炉增数，是犹畎浍之益，而供尾闾之泄也。"

元丰八年，哲宗嗣位，复申钱币阑出之禁，如嘉祐编敕；罢徐州宝丰鼓铸；诏户部条诸监之可减者，凡增置铸钱监十四皆罢之。

陕西行铁钱，至陕府以东即铜钱地，民以铁钱换易，有轻重不等之患。元祐六年，乃议限东行，有税物者以十分率之，止许易二分，人毋得过五千。八年，命公私纳、贸易并专用铁钱，而官帑铜钱以时计置，运达内郡，商旅愿于陕西内郡入便铜钱，给据请于别路者听。仍定加饶之数，每百缗，河东、京西加饶三千，在京、余路四千。

先是，太祖时取唐飞钱故事，许民入钱京师，于诸州便换。其法：商人入钱左藏库，先经三司投牒，乃输于库。开宝三年，置便钱务，令商人入钱诣务陈牒，即辇致左藏库，给以券，仍敕诸州凡商人赍券至，当日给付，违者科罚。至道末，商人入便钱一百七十余万贯，天禧末，增一百一十三万贯。至是，乃复增定加饶之数行焉。

折二铜钱又定钩致之法。初欲复旧，止行于本路。议者谓："关东诸路既已通行，夺彼与此，理亦非便。且陕右所用折二铁钱，止当一小铜钱，即折二铜钱尽归陕西，不直般运费广，猝难钩致，且与铁钱一等，虑铁钱转更加轻。"乃令折二铜钱宽所行地，听行于陕西一路，及河东晋、绛、石、慈、隰州，京西西京、河阳、许、汝、郑、金、房、均、邓等州，余路则禁。仍限二年毋更用，在民间者听以输买纳，在官帑者以输上供，即非沿流地或数无上供者，所隶运司移发输京师。寻诏更铸小铜钱。河东安抚、提刑司言："顷绛州垣曲县置监鼓铸铜钱，费且不给，今已废监，又禁折二铜钱不通行，非便。"乃听行使如旧。

供备库使郑价使契丹还，言其给舆箱者钱，皆中国所铸。乃增严三路阑出之法。

熙、丰间铜铁钱尝并行，铜钱千易铁钱千五百，未闻轻重之弊。及后铜钱日少，铁钱滋多。绍圣初，铜钱千遂易铁钱二千五百，铁钱寖轻。元符二年，下陕西诸路安抚司博究利害。于是诏陕西悉禁铜钱，在民间者令尽送官，而官铜悉取就京置监。永兴帅臣陆师闵言："既拣毁私钱，禁铜罢冶，则物价当减。愿下陕西州县，凡有市买，并准度铜钱之直，以平其价。"诏用其言，而豪贾富家多不便。

徽宗嗣位，通判凤州马景夷言："陕西自去年罢使铜钱，续追官措置钱法，未闻有深究钱弊轻重灼见利害者。铜钱流注天下，虽千百年未尝有轻重之患。独铁钱局于一路，所可通交易有无者，限以十州之地，欲无滞碍，安可得乎？又诸州钱监鼓铸不已，岁月增多，以鼓铸无穷之钱，而供流转有限之用，更数十年，积滞一隅，暴如丘山，公私为害，又倍于今日矣。谓宜弛其禁界，许邻近陕西、河东等路特不入京城外，凡解盐地州县并许通行折二铁钱。如此则流注无穷，久远自无轻重之患。"继而言者谓："铁钱重滞，难以赍远，民间皆愿复用铜钱。当公私匮乏之时，诸路州县官私铜钱积贮万数，反无所用。"乃诏铜铁钱听民间通行，而铜钱止用籴买。

建中靖国元年，陕西转运副使孙杰以铁钱多而铜钱少，请复铸铜钱，候铜铁钱轻重稍均，即听兼铸。崇宁元年，前陕西转运判官都贶复请权罢陕西铸铁钱。户部尚书吴居厚言："江、池、饶、建钱额不敷，议减铜增铅、锡，岁可省铜三十余万斤，计增铸钱十五万九千余缗。所铸光明坚韧，与见行钱不异。"诏可。然课犹不登。二年，居厚乃请检用前后上供铸钱条约，视其登耗之数，别定劝沮之法。

会蔡京当政，将以利惑人主，托假绍述，肆为纷更。有许天启者，京之党也，时为陕西转运副使，迎合京意，请铸当十钱。五月，始令陕西及江、池、饶、建州，以岁所铸小平钱增料改铸当五大铜钱，以"圣宋通宝"为文，继而并令舒、睦、衡、鄂钱监，用陕西式铸折十钱，限今岁铸三十万缗，铁钱二百万缗。募私铸人一为官匠，并其家设营以居之，号铸钱院，谓得昔人招天下亡命即山铸钱之意。所铸铜钱通行诸路，而陕西、河东、四川系铁钱地者禁之，第铸于陕西铁钱地而已。

自熙宁以来，折二钱虽行民间，法不许运到京师，故诸州所积甚多。至是，发运司因请以官帑所有折二钱改铸折十钱。三年，遂罢铸小平钱及折五钱。置监于京城所，复徐州宝丰、卫州黎阳监，并改铸折二钱为折十，旧折二钱期一岁勿用。大严私铸之令，民间所有鍮石器物，并官造鬻之，辄铸者依私有法加二等。命诸路转运司于沿流顺便地，随宜增置钱监，俾民以所有折二钱换纳于官，运所增监改铸折十钱。二广产铁，令鼓铸小铁钱，止行于两路；其公私铜钱兑换运输元丰库，仍于浔州置铁钱监，依陕西料例铸当二钱。

四年，立钱纲验样法。崇宁监以所铸御书当十钱来上，缗用铜九斤七两有奇，铅半之，锡居三之一。诏颁其式于诸路，令赤仄及乌背，书画分明。时赵挺之为门下侍郎，继拜右仆射，与蔡京议多不合，因极言当十钱不便，私铸寖广。乃令提刑司岁较巡捕官一路所获多寡，继令福建、广南毋行用，第铸一以上供及给他路。凡为人附带若封识影庇私铸钱者，悉论以法，毋得荫赎。其置铸钱院，盖将以尽收所在亡命盗铸之人，然犯法者不为止。乃命荆湖南北、江南东西、两浙并以折十钱为折五，旧折二钱仍旧。虑冒法入东北也，今以江为界，淮南重宝钱亦作当五用焉。

五年，两浙盗铸尤甚，小平钱益少，市易濡滞。遂命以折五、折十上供，小平钱留本路；江、池、饶、建、韶州钱监，岁课以八分铸小平钱，二分铸当十钱。俄诏广南、江南、福建、两浙、荆湖、淮南用折二钱改铸折十钱皆罢，其创置铸钱院及招置钱户并停。继复罢铸当十二分之令，尽铸小平钱。荆湖、江南、两浙、淮南重宝钱作当三，在京、京畿、京东西、河东、河北、陕西、熙河作当五。通宝钱所铸未多，在官者悉封桩，在民间者以小平钱纳换。旋复诏京畿、京东西、河北、河东、陕西、熙河当十钱仍旧，两浙作当三，江南、淮南、荆湖作当五。时钱币苦重，条序不一，私铸日甚。御史沈畸奏曰："小钱便民久矣。古者军兴，锡赏不继，或以一当百，或以一当千。此权时之宜，岂可行于太平无事之日哉？当十鼓铸，有数倍之息，虽日渐之，其势不可遏。"未几，诏当十钱止行于京师、陕西、河东、河北。俄并畿内用之，余路悉禁。期一季送官，偿以小钱，换纳到者输于元丰、崇宁库，而私钱亦限一季自致，计铜直增二分，偿以小钱，隐藏者论如法。寻诏郑州、西京亦听用折十钱，禁贸易为二价者。东南诸监增铸小平钱，以待偿钱，而私铸亦改铸焉。

折十钱为币既重，一旦更令，则民骤失厚利。又诸路或用或否，往往不尽输于官，冒法私贩。始令四辅、畿内、开封府许搜索舟车，赏视旧法增倍。水陆所由，官司失察者皆停替，而受纳不拣选、容私钱其间者，以差定罪法。又以私钱猥多，不能悉禁，乃令外路每一私钱，计小平钱三，以小钱易于官，在京以四小平钱易之。京师出纳及民间贸易，并大小钱参用，而私铸小平钱辄行之。立搜索告捕罪赏，越江、淮入汴钱至京者，一依当十钱法。御史张茂直请严私贩当十之令，纲舟载卸，皆选官监索，保无藏匿，舟车兜担，即疑虑私贩者，并听搜索；而福建民或私铸转入淮、浙、京东等路者，所由州县官司皆治漏逸之罪，不以赦免。法滋密矣。

大观元年，张茂直复言："州县督捕加峻，私小黄钱投委江河，不敢复出。请令东南州县置水匦封键于阛阓中，听民以私钱自投，如自首法。当三、当五钱，舟船附带者，亦多弃之江河，请下诸路捞漉。"

时蔡京复相，再主用折十钱。二月，首铸御书当十钱，以京畿钱监所得私钱改铸。寻兴复京畿两监，以转运使宋乔年领之，用提举京畿铸钱司为名。乔年铸乌背漉铜钱来上，诏以漉铜式颁行诸路。

京之初为折十钱，人不以为便，帝亦知之。故崇宁四年以后，稍更其法，及京去位，遂诏谕中外。京再得政复行之，知盗铸者必众，将威以刑。会有告苏州章继盗铸数千万缗，遂兴大狱。初遣李孝寿，又遣沈畸、萧服，末以命知苏州孙杰、发运副使吴择仁。继坐刺流海岛，连坐者十余人，时皆冤之。于是颁行大观新修钱法于天下，申命开封府尹少、外路监司，各分州郡举行，按举能否，月检会法令，使民知禁。用孙杰言，盗铸依淮东重法地，橐橐强盗之家，籍其财以待赏，居停邻保并均备告验；私钱依私茶法；给随行物；州常桩盗铸赏钱五千缗，州县稽于施行，监司失察，不以赦原。是岁，京畿既置钱监，乃专铸当十大钱，而小平钱则铸于诸路。既而当十钱少，复置真州铸钱监，以本路所换钱不依式者及诸司当二见缗，用旧式改铸当十钱。

明年，令江、池、饶、建州钱监，自来岁以铸当十五分铸小平钱。申严私铸之法，即托权要事势，度越关津，拒捍搜索者，虽轻以违制论，载御物者同之。初，崇宁五年，始禁陕西铁钱行于兴元府等界。至是，又以铁钱猥多，禁陕西铁钱入蜀。有董奎者，为走马承受，遂令以铁钱三折铜钱一。事闻，责奎以妄肆胸臆，致币轻物重，奎遂即罪。

三年，申当十钱行使之令，益以京东、京西，而河北并边州县镇寨、四榷场及登、莱、密州缘海县镇等皆禁。时蔡京复罢政矣。四年，诏："鼓铸当十钱多，虑法随以弊，其止铸旧额小平钱。"张商英为相，奏言："当十钱为害久矣。旧小平钱有出门之禁，故四方客旅之货，交易得钱，必大半入中末盐钞，收买告牒，而余钱又流布在市井，此上下内外交相养也。自当十钱行，以一夫而负八十千，小车载四百千，钱既为轻赍之物，则告牒为滞货，盐钞非得虚抬之息则不行。臣今欲借内库并密院诸司封桩绸绢、金银并盐钞，下令折十钱限民半年所在送官，十千给银绢各一匹两，限竟毋更用。俟钱入官，择其恶者铸小平钱，存其好者折三行用。如此则钱法、钞法不相低昂，可以复旧。"

利州路提刑司言："旧铜铁钱轻重相寻，以大铁钱一折小铜钱二；今大铁钱五止当一铜钱，比旧轻十倍。又流入川界，钱轻物重，颇类陕西。欲将折二大铁钱以一折一，虽稍减钱数，钱必稍重。"诏许陕西铁钱入蜀仍旧，尽释其禁，且命以今物价量宜裁之。

政和元年诏："钱重则物轻，钱轻则物重，其势然也。今诸路所铸小平钱，行之久而无弊，多而不壅，为利博矣。往岁图利之臣鼓铸当十钱，苟济目前，不究悠久，公私为害，用之几十年，其法日弊而不胜。奸猾之民规利冒法，销毁当二、小平钱，所在盗铸，滥钱益多，百物增价。若不早革，即弊无已时。其官私见在当十钱，可并作当三，以为定制。尚虑豪猾惮于折阅，胥动浮言，可内自京尹，外逮监司、郡县，悉心开谕。"

自当十钱行，抵冒者多。大观四年，星变，赦天下。凡以私钱得罪，有司上名数，亡虑十余万人。蔡京罔上毒民,可谓烈矣。时御府之用日广,东南钱额不敷,宣和以后尤甚。乃令饶、赣钱监铸小平钱,每缗用铁三两,而倍损其铜,稍损其铅。继又令江、池、饶钱监,尽以小平钱改铸当二钱,以纾用度,然有司犹数告之。靖康元年,罢政和敕陕西路用铜钱断徒二年配千里法。

初,蔡京主行夹锡钱,诏铸于陕西,亦命转运副使许天启推行。其法以夹锡钱一折铜钱二,每缗用铜八斤,黑锡半之,白锡又半之。既而河东转运使洪中孚请通行于天下,京欲用其言,会罢政。大观元年,京复相,遂降钱式及锡母于铸钱之路,铸钱院专用鼓铸,若产铜地始听兼铸小平钱。复用转运司及提刑司参领其事,衡州熙宁、鄂州宝泉、舒州同安监暨广南皆铸焉。二年,江南东西、福建、两浙许铸使铁钱。三年,京复罢政,诏以两浙铸夹锡钱扰民,凡东南所铸皆罢。明年,并河北、河东、京东等路罢之,所在监、院皆废。惟河东三路听存旧监,以铸铜、铁钱;产铜郡县听存,用改铸小平钱。

政和元年,钱轻物重,细民艰食,诏:"应陕西旧行使铁钱地,并依元丰年大铁钱折二,公私通行,夹锡钱同之,毋得分别。见存铁钱,毋改更铸夹锡,河东官私折二、夹锡钱同之。"

童贯宣抚陕西,以诏驱平物价,帅臣徐处仁切责其非,坐贬。钱即经略鄜延,抗疏言:"详考诏旨,谓铁钱复行,与夹锡并用。虑奸民妄作轻重,欲维持推行,俾钱物相直,非欲以威力胁制百姓,顿减物价于一两月之间。今宣抚司裁损米谷、布帛、金银之价,殆非人情。徐处仁言虽未尽,所见为长,望速询其实。如臣言乖谬,愿同处仁贬。"诏即妄有建明,毁辱使命,谪置偏州。寻亦罢行夹锡钱,且禁裁物价,民商贸易,各从其便。继而童贯复请与旧法铁钱并折二通行。知阌乡县论九龄俄坐以铜钱一估夹锡钱七八,并知州王寀、转运副使张深俱被劾。时关中钱甚轻,夹锡欲以重之,其实与铁钱等,物价日增,患甚于当十。

二年,蔡京复得政,条奏广、惠、康、贺、衡、鄂、舒州昨铸夹锡钱精善,请复铸如故。广西、湖北、淮东如之,且命诸路以铜钱监复改铸夹锡,遂以政和钱颁式焉。夹锡钱既复推行,钱轻不与铜等,而法必欲其重,乃严擅易抬减之令。凡以金银、丝帛等物贸易,有弗受夹锡、须要铜钱者,听人告论,以法惩治。市井细民朝夕鬻饼饵熟食以自给者,或不免于告罚。未几,以夹锡钱不以何路所铸,并听通行。

陕西用"政和通宝"旧大铁钱,与夹锡钱杂。虑流转诸路,四年,诏毋更行用,致令诸监改铸夹锡钱,在民间者赴官换缗。郑居中、刘正夫为相,以为不便,令淮南夹锡钱期三日官私俱禁不用,仍罢鼓铸,夹锡钱悉辇桩关中。寻诏河东、陕西外,余路并罢;俄诏并河东罢夹锡钱,止用旧法鼓铸。重和元年,权罢京西铸夹锡钱,继以关中籴买,用之通流,复命鼓铸,专给关中。夹锡行,小民往往以药点染,与铜钱相乱,河北漕臣张翚等尝坐贬焉。

先是,江池饶州、建宁府四监,岁铸钱百三十四万缗,充上供;衡、舒、严、鄂、韶、梧州六监,岁铸钱百五十六万缗,充逐路支用。建炎经兵,鼓铸皆废。绍兴初,并广宁监于虔州,并永丰监于饶州,岁铸才及八万缗。以铜、铁、铅、锡之入,不及于旧,而官吏稍廪工作之费,视前日自若也,每铸钱一千,率用本钱二千四百文。时范汝为作乱,权罢建州鼓铸,寻复旧,泉司供给铜、锡六十五万余斤。

六年,敛民间铜器,诏民私铸铜器者徒二年。赣、饶二监新额钱四十万缗,提点官赵伯瑜以为得不偿费,罢鼓铸,尽取木炭铜铅本钱及官吏阙额衣粮水脚之属,凑为年计。十三年,韩球为使,复铸新钱,兴废坑冶,至于发冢墓,坏庐舍,籍冶户姓名,以胆水盛时浸铜之数为额。浸铜之法:以生铁锻成薄片,排置胆水槽中浸渍数日,铁片为胆水所薄,上生赤煤,取刮铁煤入炉,三炼成铜。大率用铁二斤四两,得铜一斤。饶州兴利场、信州铅山场各有岁额,所谓胆铜也。无铜可输者,至熔钱为铜,然所铸亦才及十万缗。

二十四年,罢铁钱司归之漕司。二十七年,出版曹钱八万缗为铸本,岁权以十五万缗为额。复饶、赣、韶铸钱监,以漕臣往来措置,通判主之。殿中侍御史王珪言泉司不可废,复以户部侍郎荣薿提领,许置官属二员。二十八年,出御府铜器千五百事付泉司,大索民间铜器,得铜二百余万斤,寺观钟、磬、铙、钹既籍定投税外,不得添铸。二十九年,令命官之家留见钱二万贯,民庶半之,余限二年听转易金银,算请茶、盐、香、矾钞引之类,越数寄隐,许人告。

以李植提点铸钱公事,植言:"岁额内藏库二十三万缗,右藏库七十余万缗,皆至道以后数也。绍兴以来,岁收铜二十四万斤,铅二十万斤,锡五百斤,仅可铸钱一十万缗。诸道拘到铜器二百万斤,附以铅、锡,可铸六十万缗。然拘者不可以常,唯当据坑冶所产。"下工部,权以五十万缗为额。又明年,才铸及十万缗。今泉司岁额增为十五万缗,小平钱一万八千缗,折二钱六万六千缗。岁费铸本及起纲糜费约二十六万缗,司属之费又约二万缗,东南十一路一百一十八州之所供,有坑冶课利钱、木炭钱、锡本钱,约二十一万缗,比岁所收不过十五六万缗耳。岁额:金一百二十八两,银无额,以七分入内库,三分归本司,铜三十九万五千八百斤,铅三十七万七千九百斤,锡一万九千八百七十五斤,铁二百三十二万八千斤,比岁权十无二三。每当二钱千,重四斤五两;小平钱千,重四斤十三两;视旧制,铜少铅多,钱愈锲薄矣。

孝宗隆兴元年,诏铸当二、小平钱,如绍兴之初。乾、淳迄于嘉泰、开禧皆如之。乾道六年,并铸钱司归发运司,寻复置。八年,饶州、赣州复名置提点官。以新铸钱淆杂,提点铸钱及永平监官、左藏西库监官、户部工部长贰官责降有差。九年,大江之西及湖、广间多毁钱,夹以沙泥重铸,号"沙尾钱",诏严禁之。淳熙二年,并赣司归饶州。庆元三年,复禁铜器,期两月鬻于官,每三十。湖州旧鹭监,至是官自铸之。二年,禁销钱为铜器者,以违制论,炉户决配海外。复神泉监,以所括铜器铸当三大钱，隶工部。

旧额，内帑岁收新钱一百五万，江、池、饶、建四监。而每年退却六十万，三年一郊，又以三百万输三司，是内帑年才得十一万六千余缗，而左藏得九十三万三千余缗。今岁额止十五万，而隶封桩者半，内藏者半，左藏咸无焉。

又自置市舶于浙、于闽、于广，舶商往来，钱宝所由以泄，是以自临安出门，下江海，皆有禁。淳熙九年，诏广、泉、明、秀漏泄铜钱，坐其守臣。嘉定元年，三省言："自来有市舶处，不许私发番船。绍兴末，臣僚言：泉、广二舶司及西、南二泉司，遣舟回易，悉载金钱。四司既自犯法，郡县巡尉其能谁何？至于淮、楚屯兵，月费五十万，见缗居其半，南北贸易缗钱之入敌境者，不知其几。于是沿边皆用铁钱矣。"

淮南旧铸铜钱。乾道初，诏两淮、京西悉用铁钱。荆门隶湖北，以地接襄、峴，亦用铁钱。六年，先是，以和州旧有钱监，舒州山口镇亦有古监，诏司农丞许子中往淮西措置。于是子中以舒、蕲、黄皆产铁，请各置监，舒州同安监，蕲州新春监，黄州齐安监。且铸折二钱。以发运司通领四监。江之广宁监，兴国之大冶监，临江之丰余监，抚之裕国监。子中所领三监，岁合认三十万贯，其大小铁钱，令两淮通行。七年，舒、蕲守臣皆以铸铁钱增羡迁官，然淮民为之大扰。八年，以江州、兴国军铁冶额亏，守贰及大冶知县各降一官。

淳熙五年，诏舒州岁增铸十万贯，以三十万贯为额；蕲州增铸五万贯，以十五万贯为额。如更增铸，优与推赏。御史黄洽言："兴天下之利者，不穷天下之力。舒、蕲岁铸四十五万不易为也。又有增铸之赏，恐其难继。"诏除之。八年，以舒州水远，薪炭不便，减额五万贯。明年，又减十万贯，与蕲州并以十五万贯为额。十年，并舒州之宿城监入同安监。十二年，诏舒、蕲铸铁钱，并增五万贯，以"淳熙通宝"为文。

光宗绍熙二年，减蕲春、同安两监岁铸各十万贯。嘉泰三年，罢舒、蕲鼓铸；开禧三年，复之。

嘉定五年，臣僚言江北以铜钱一折铁钱四，禁之。时铜钱之在江北者，自乾道以来，悉以铁钱易之，或以会子一贯易铜钱一贯。其铜钱输送行在及建康、镇江府。凡沿江私度及边径严禁漏泄，及于边界三里内立埭，如出界法；其易京西铜钱，如两淮例。京西、湖北之铁钱，则取给于汉阳监及兴国富民监，后并富民监于汉阳监，以二十万为额。

前宋时，川、陕皆行铁钱，益、利、夔皆即山冶铸。绍兴九年，诏陕西诸路复行铁钱。十五年，置利州绍兴监，铸钱十万缗以救钱引。二十二年，复嘉之丰远、邛之惠民二监，铸小平钱。二十三年，诏利州并铸折二钱，后又折二钱。淳熙十五年，四川饷臣言："诸州行使两界钱引，全籍铁钱称提，止有利州绍兴监岁铸折三钱三万四千五百贯有奇，邛州惠民监岁铸折三钱一万二千五百贯。今大安军淳熙、新兴、迎恩三炉，出生铁四十九万三千斤，利之昭化、嘉川县亦有炉，新产铁三十余万斤。乞从鼓铸。"

嘉定元年，即利州铸当五大钱。三年，制司欲尽收旧引，又于绍兴、惠民二监岁铸三十万贯，其料式同当三钱。若四川铜钱，淳熙间易送湖广总所储之，后又交卸于江陵。

宝庆元年，新钱以"大宋元宝"为文。端平元年，以胆铜所铸之钱不耐久，旧钱之精致者泄于海舶，申严下海之禁。嘉熙元年，新钱当二并小平钱并以"嘉熙通宝"为文，当三钱以"嘉熙重宝"为文。

淳祐四年，右谏议大夫刘晋之言："巨家停积，犹可以发泄；铜器钲销，犹可以上遏；唯一入海舟，往而不返。"于是复申严漏泄之禁。

八年，监察御史陈求鲁言："议者谓楮便于运转，故钱废于蛰藏；自称提之屡更，圜法为无用。急于扶楮者，至嗾盗贼以窥人之闾奥，峻刑法以发人之窖藏，然不思患在于钱之荒，而不在于钱之积。夫钱贵则物宜贱，今物与钱俱重，此一世之所共忧也。蕃舶巨艘，形若山岳，乘风驾浪，深入遐陬。贩于中国者皆浮靡无用之异物，而泄于外夷者乃国家富贵之操柄。所得几何，所失者不可胜计矣。京城之销金，衢、信之输器，醴、泉之乐具，皆出于钱。临川、隆兴、桂林之铜工，尤多于诸郡。姑以长沙一郡言之，乌山铜炉之所六十有四，麻潭鹅羊山铜户数百余家，钱之不坏于器物者无几。今京邑输铜器用之类，鬻卖公行于都市。畿甸之近，一绳以法，由内及外，观听聿新，则钲销之奸知畏矣。香、药、象、犀之类异物之珍奇可悦者，本无适用之实，服御之间昭示俭德，自上化下，风俗丕变，则漏泄之弊少息矣。此端本澄源之道也。"有旨从之。

十年，以会价低减，复申严下海之禁。十二年，申严钲销之禁及伪造之法。咸淳元年，复申严钲销、漏禁。宝祐元年，新钱以"皇宋元宝"为文。

卷一百八十一

志第一百三十四

食货下三 会子 盐上

会子、交子之法，盖有取于唐之飞钱。真宗时，张詠镇蜀，患蜀人铁钱重，不便贸易，设质剂之法，一交一缗，以三年为一界而换之。六十五年为二十二界，谓之交子，富民十六户主之。后富民赀稍衰，不能偿所负，争讼不息。转运使薛田、张若谷请置益州交子务，以榷其出入，私造者禁之。仁宗从其议。界以百二十五万六千三百四十缗为额。

神宗熙宁初，立伪造罪赏如官印文书法。河东运铁钱劳费，公私苦之。二年，乃诏置交子务于潞州。转运司以其法行则盐、矾不售，有害入中粮草，遂奏罢之。四年，复行于陕西，而罢永兴军盐钞场，文彦博言其不便；会张景宪出使延州还，亦谓可行于蜀不可行于陕西，未几竟罢。五年，交子二十二界将易，而后界给用已多，诏更造二十五界者百二十五万,以偿二十三界之数,交子有两界自此始。时交子给多而钱不足,致价太贱,既而竟无实钱,法不可行。而措置熙河财利孙迥言:"商人买贩,牟利于官,且损钞价。"于是罢陕西交子法。

绍圣以后,界率增造,以给陕西沿边籴买及募兵之用,少者数十万缗,多者或至数百万缗;而成都之用,又请印造,故每岁书放亦无定数。

崇宁三年,置京西北路专切管干通行交子所,效川峡路立伪造法。通情转用并邻人不告者,皆罪之;私造交子纸者,罪以徒配。四年,令诸路更用钱引,准新样印制,四川如旧法。罢在京并永兴军交子务,在京官吏,并归买钞所。时钱引通行诸路,惟闽、浙、湖、广不行,赵挺之以为闽乃蔡京乡里,故得免焉。明年,尚书省言:"钱引本以代盐钞,而诸路行之不通,欲权罢印制。在官者,如旧法更印解盐钞;民间者,许贸易,渐赴买钞所如钞法分数计给。"从之。

大观元年,诏改四川交子务为钱引务。自用兵取湟、廓、西宁,藉其法以助边费,较天圣一界逾二十倍,而价愈损。及更界年,新交子一当旧者四,故更张之。以四十三界引准书放数,仍用旧印行之,使人不疑扰,自后并更为钱引。二年,而陕西、河东皆以旧钱引入成都换易,故四川有壅遏之弊,河、陕有道途之艰,豪家因得以损直敛取。乃诏永兴军更置务纳换陕西、河东引,仍遣文臣二人监之。八月,知威州张持奏:"本路引一千者今仅直十之一,若出入无弊,可直八百,流通用之,官吏奉旧并用引,请稍给钱便用。"擢持为成都路转运判官,提举川引。后引价益贱,不可用,持复别用印押以给官吏,他无印押者皆弃无用。言者论其非法,持坐远谪。三年,诏钱引四十一界至四十二界毋收发,自后止如天圣额书放,铜钱地内勿用。四年,假四川提举诸司封桩钱五十万缗为成都务本,侵移者准常平法。

政和元年,户部言成都漕司奏:"昨令输官之引,以十分为率,三分用民户所有,而七分赴官场买纳,由是人以七分为疑。请自今无计以三七分之数,并许通用,愿买纳者听。民间旧以本钱未至,引价大损,故州官官钱亦减数收市;今本钱已足,请勿减数以袪民惑。又请四十三界引俟界满勿换给,自四十四界为改法之首。"而户部详度欲止行四十四界,其四十五界勿印。若通行乏用,听于界内续增其新引给换之,余如旧鬻之,或于给钱之所易钱储以为本,移用者如擅支封桩钱法。诏可。靖康元年,令川引并如旧即成都府务纳换。以置务成都,便利岁久,至诸州则有料次交杂之弊,故有是诏。

大凡旧岁造一界,备本钱三十六万缗,新旧相因。大观中,不蓄本钱而增造无艺,至引一缗当钱十数。及张商英秉政,奉诏复循旧法。宣和中,商英录奏当时所行,以为自旧法之用,至今引价复平。

高宗绍兴元年,有司因婺州屯兵,请桩办合用钱,而路不通舟,钱重难致。乃造关子付婺州,召商人入中,执关子权货务请钱,愿得茶、盐、香货钞引者听。于是州县以关子充籴本,未免抑配,而权货务又止以日输三分之一偿之,人皆嗟怨。六年,诏置行在交子务。臣僚言:"朝廷措置见钱关子,有司寖失本意,改为交子。官无本钱,民何以信?"于是罢交子务,令权货务储见钱印造关子。二十九年,印公据、关子,付三路总领所:淮西、湖广关子各八十万缗,淮东公据四十万缗,皆自十千至百千,凡五等。内关子作三年行使,公据二年,许钱银中半入纳。

三十年,户部侍郎钱端礼被旨造会子,储见钱,于城内外流转;其合发官钱,并许兑会子输左藏库。明年,诏会子务隶都茶场。三十二年,定伪造会子法。犯人处斩。赏钱十贯,不愿受者,补进义校尉。若徒中及庇匿者能告首,免罪受赏,愿补官者听。 当时会纸取于徽、池,续造于成都,又造于临安。会子初行,止于两浙,后通行于淮、浙、湖北、京西。除亭户盐本用钱,其路不通舟处上供等钱,许尽输会子;其沿流州军,钱、会中半;民间典卖田宅、马牛、舟车等如之,全用会子者听。

孝宗隆兴元年,诏会子以"隆兴尚书户部官印会子之印"为文,更造五百文会,又造二百、三百文会。置江州会子务。乾道二年,以会子之弊,出内库及南库银一百万收之。三年,以民间会子破损,别造五百万换给。又诏损会贯百钱数可验者,并作上供钱入输,巨室以低价收者坐之。四年,以取到旧会毁抹付会子局重造,三年立为一界,界以一千万贯为额,随界造新换旧。以户部尚书曾怀同共措置,铸"提领措置会子库"印。每道收靡费钱二十足,零百半之。凡旧会破损,贯百字存、印文可验者,即与兑换。五年,令行在权货务、都茶场将请算茶、盐、香、矾钞引,权许收换第一界,自后每界收换如之。其州县诸色纲钱,以七分收钱,三分收会。九年,定捕造伪会之赏。

淳熙元年,诏左藏南上库拾会子二十五万,收买临安、平江、绍兴、明秀州额外浮盐,其赍到钞钱,令权货务月终输封桩库,以备循环换易会子。三年,诏第三界、四界各展限三年,令都茶场会子库以第四界续印会子二百万贮南库。当时户部岁入一千二百万,其半为会子,而南库以金银换收者四百万,流行于界外者才二百万耳。光宗绍熙元年,诏第七、第八界会子各展三年。臣僚言:"会子界以三年为限,今展至再,则为九年,何以示信?"于是诏造第十界立定年限。

庆元元年,诏会子界以三千万为额。嘉定二年,以三界会子数多,称提无策,会十一界除已收换,尚有一千三百六十万余贯,十二界、十三界除烧毁尚有一万二百余万贯。十二界四千七百万余贯,十三界五千七百万余贯。诏封桩库拨金一百五万两, 两为钱四十贯。 度牒七千道, 每道为钱一千贯。 官告绫纸、乳香, 乳香每套一贯六百文。 凑成三千余,添贴临安府官局,收易旧会,品搭入输。 十一界会子二分,十二、十三界会子各四分。以旧会之二,易新会之一。泉州守臣宋均、南剑州守臣赵崇宪、陈宓,皆以称提失职,责降有差。

绍定五年,两界会子已及三亿二千九百余万。端平二年,臣僚言:"两界会子,远者曾未数载,近者甫及期年,非有破坏涂污之弊,今当以所收之会付封桩库贮之,脱有缓急,或可济事。"有旨从之。淳熙二年,宗正丞韩祥奏:

"坏楮币者只缘变更,救楮币者无如收减。自去年至今,楮价粗定,不至折阅者,不变更之力也。今已罢诸造纸局及诸州科买楮皮,更多方收减,则楮价有可增之理。"上曰:"善。"三年,臣僚言:"今官印之数虽损,而伪造之券愈增;且以十五、十六界会子言之,其所入之数,宜减于所出之数。今收换之际,元额既溢,举者未已。若非伪造,其何能致多如是?大抵前之二界,尽用川纸,物料既精,工制不苟,民欲为伪,尚或难之。迨十七界之更印,已杂用川、杜之纸,至十八界则全用杜纸矣。纸既可以自造,价且五倍于前,故昔之为伪者难,今之为伪者易。人心徇利,甚于畏法,况利可立致,而刑未即加者乎?臣愚以为抄撩之际,增添纸料,宽假工程,务极精致,使人不能为伪者,上也;禁捕之法,厚为之劝,厉为之防,使人不敢为伪者,次也。"七年,以十八界与十七界会子更不立限,永远行使。十一年,以会价增减课其官吏。景定四年,以收买逾限之田,复日增印会子一十五万贯。

咸淳四年,以近颁见钱关子,贯作七百七十文足,十八界每道作二百五十七文足,三道准关子一贯,同见钱转使,公私擅减者,官以赃论,吏则配籍。五年,复申严关子减落之禁。七年,以行在纸局所造关子纸不精,命四川制使抄造输送,每岁二千万作四纲。

川引自张浚开宣府,赵开为总饷,以供籴本,以给军需,增印日多,莫能禁止。七年,川、陕副帅吴玠请置银会于河池,不许。盖前宋时,蜀交出放两界,每界一百二十余万。今三界通行,为三千七百八十余万,至绍兴末,积至四千一百四十七万余贯;所贮铁钱,仅及七十万贯,以盐酒等阴为称提。是以饷臣王之望亦谓添印钱引以救目前,不得不为朝廷远虑。诏添印三百万,之望止添印一百万。孝宗隆兴二年,饷臣赵沂添印二百万。淳熙五年,以蜀引增至四千五百余万,立额不令再增。光宗绍熙二年,诏川引展界行使。宁宗嘉泰末,两界出放凡五千三百余万缗,通三界出放益多矣。

开禧末,饷臣陈咸以岁用不足,尝为小会,卒不能行。嘉定初,每缗止直铁钱四百以下,咸乃出金银、度牒一千三百万,收回半界,期以岁终不用。然四川诸州,去总所远者千数百里,期限已逼,受给之际,吏复为奸。于是商贾不行,民皆嗟怨,一引之直,仅售百钱。制司乃谕人除易一千三百万引,三界依旧通行,又檄总所取金银就成都置场收兑,民心稍定。自后引直铁钱五百有奇,若关外用铜钱,引直五百七十钱而已。

嘉定三年春,制、总司收换九十一界二千九百余万缗;其千二百万缗,以茶马司羡余钱及制司空名官告,总所桩银、度牒对凿,余以九十三界钱引收兑;又造九十四界钱引五百万缗,以收前宣抚程松所增之数;凡民间输者,每引百贴八千。其金银品搭,率用新引七分,金银三分,其金银品色官称,不无少亏,每旧引百,贴纳二十引。盖自元年、三年两收旧引,而引直遂复如故。昔高宗因论四川交子,最善沈该称提之说,谓官中常有钱百万缗,如交子价减,官用钱买之,方得无弊。

九年,四川安抚制置大使司言:"川引每界旧例三年一易。自开禧军兴以后,用度不给,展年收兑,遂至两界、三界通使;然率以三年界满,方出令展界,以致民听惶惑。今欲以十年为一界,著为定令,则民旅不复怀疑。"从之。

宝祐四年台臣奏:"川引、银会之弊,皆因自印自用,有出无收。今当拘其印造之权,归之朝廷,仿十八界会子造四川会子,视淳祐之令,作七百七十陌,于四川州县公私行使。两料川引并毁,见在银会姑存。旧引既清,新会有限,则楮价不损。物价自平,公私俱便矣。"有旨从之。咸淳五年,复以会板发下成都运司掌之,从制司抄纸发往运司印造毕功,发回制司,用总所印行使,岁以五百万为额。

绍兴末,会子未有两淮、湖广之分,其后会子太多而本钱不足,遂致有弊。乾道二年,诏别印二百、三百、五百、一贯交子三百万,止行使于两淮,其旧会听对易。凡入输买卖,并以交子及钱中半。如往来不使,诏给交子、会子各二十万,付镇江、建康府椎货务,使淮人之过江、江南人之渡淮者,皆得对易循环以用。然自绍兴末年,铜钱禁用于淮而易以铁钱,会子既用于淮而易以交子,于是商贾不行,淮民以困。右司谏陈良祐言交子不便,诏两淮郡守、漕臣调其利害,皆谓所降交子数多,而铜钱并会子不过江,是致民旅未便。于是诏铜钱并会子依旧过江行用,民间交子许作见钱输官,凡官交,尽数输行在左藏库。

三年,诏造新交子一百三十万,付淮南漕司分给州军对换行使,不限以年;其运司见储交子,先付南库交收。绍熙三年,诏新造交子三百万贯,以二百万付淮东,一百万付淮西,每贯准铁钱七百七十文足,以三年为界。庆元四年,诏两淮第二界会子限满,明年六月,更展一界。嘉定十一年,造两淮交子一百万,增印三百万。十三年,印二百万,增印一百五十万。十四年、十五年,皆及三百万。自是其数日增,价亦日损,称提无术,但屡与展界而已。

初,襄、郢等处大军支请,以钱银品搭。孝宗隆兴元年,始措置于大军库储见钱,印造五百并一贯直便会子,发赴军前,并当见钱流转。印造之权既专,印造之数日益;且总所所给止行于本路,而荆南水陆要冲,商贾必由之地,流通不便。乾道三年,收其会子印板。四年,以淮西总所关子二十万,都茶场钞引八十万,付湖北漕司收换,输左藏库,又命降银钱收之。五年,诏户部给行在所会子五十万,付荆南府兑换。淳熙七年,诏会子库先造会子一百万,降付湖广总所收换破会。十一年,臣僚言:"湖北会子创于隆兴初,迄今二十二年,不曾兑易,称提不行。"诏湖广总领同帅、漕议经久利便。帅、漕、总领言:"乞印给一贯、五百例湖北会子二百万贯,收换旧会,庶几流转通快,经久可行。"从之。

十三年,诏湖广会子仍以三年为界。绍熙元年,诏湖广总所将见行及桩贮新旧会取数,仿行在例立界收换。饷臣梁总奏:"自来不曾立界,但破损者即行换易,除累易外,尚有五百四十余万,见在民间行用。乞别样制作两界,印造收换。"从之。

嘉定五年,湖广饷臣王釜,请以度牒、茶引兑第五界旧会,每度牒一道,价千五百缗,又贴搭茶引一千五百缗,方许收买，期以一月。然京湖二十一州止置三场，不便。制臣刘光祖乃会总所以第六界新会五万缗，令军民以旧楮二而易其一；继又令军民以一楮半而易其一；又请于朝添给新楮十万，军民赖之。十四年，造湖广会子三十万易破会。十七年，造湖广第六界会子二百万。嘉熙二年，拨第七界湖广会九百万付督视参政行府。宝祐二年，拨第八界湖广会三百万贯付湖广总所，易两界破会，自后因仍行之。

盐之类有二：引池而成者，曰颗盐，《周官》所谓盬盐也；鬻海、鬻井、鬻碱而成者，曰末盐，《周官》所谓散盐也。宋自削平诸国，天下盐利皆归县官。官鬻、通商，随州郡所宜，然亦变革不常，而尤重私贩之禁。

引池为盐，曰解州解县、安邑两池。垦地为畦，引池水沃之，谓之种盐，水耗则盐成。籍民户为畦夫，官廪给之，复其家。募巡逻之兵百人，目为护宝都。岁二月一日垦畦，四月始种，八月乃止。安邑池每岁岁种盐千席，解池减二十席，以给本州及三京，京东之济、兖、曹、濮、单、郓州、广济军，京西之滑、郑、陈、颍、汝、许、孟州，陕西之河中府、陕虢州、庆成军，河东之晋、绛、慈、隰州，淮南之宿、亳州，河北之怀州及澶州诸县之在河南者。凡禁榷之地，官立标识，候望以晓民。其通商之地，京西则蔡、襄、邓、随、唐、金、房、均、郢州、光化信阳军，陕西则京兆凤翔府、同、华、耀、乾、商、泾、原、邠、宁、仪、渭、鄜、坊、丹、延、环、庆、秦、陇、凤、阶、成州、保安镇戎军，及澶州诸县之在河北者。颗、末盐皆以五斤为斗，颗盐之直每斤自四十四至三十四钱，有三等。至道二年，两池得盐三十七万三千五百四十五席，席一百一十六斤半。三年，鬻钱七十二万八千余贯。

咸平中，度支使梁鼎言：“陕西沿边解盐请勿通商，官自鬻之。”诏以鼎为陕西制置使，又以内殿崇班杜承睿同制置陕西青白盐事。承睿言：“鄜、延、环、庆、仪、渭等州沮禁青盐之后，令商人入刍粟，运解盐于边货鬻，其直与青盐不至相悬，是以民食贱盐，须至畏法，而蕃部青盐难售。今闻运解盐于边，俗与内地同价，边民必冒法图利，却入蕃界私贩青盐，是助寇资而结民怨矣。”继又有上疏言其不便者，鼎请候至边部斡运，及乘传至解池即禁止商贩。旋运盐赴边，公私大有烦费，而边民顿无入市，物论纷扰。于是命判盐铁勾院林特、知永兴军张永详议，以为公私非便，请复旧商贩。诏切责鼎，罢度支使。大中祥符九年，陕西转运使张象中言：“两池所贮盐计直二千一百七十六万一千八十贯，虑尚有遗利，望行条约。”真宗曰：“地利之阜，此亦至矣。过求增羡，虑有时而阙。”不许。

先是，五代时盐法太峻。建隆二年，始定官盐阑入法，禁地贸易至十斤，鬻碱盐至三斤者乃坐死，民所受蚕盐以入城市三十斤以上者，上请。三年，增阑入至三十斤，鬻碱至十五斤坐死，蚕盐入城市百斤以上，奏裁。自乾德四年后，每诏优宽。太平兴国二年，乃诏阑入至二百斤以上，鬻碱及主煮盗贩至百斤以上，蚕盐入城市五百斤以上，并黥面送阙下。至淳化五年，改前所犯者正配本州牢城。代州宝兴军之民私市契丹骨堆渡及桃山盐，雍熙四年，诏犯者自一斤论罪有差，五十斤加徒流，百斤以上部送阙下。

天圣以来，两池畦户总三百八十，以本州及旁州之民为之，户岁出夫二人，给米日二升，岁给户钱四万。为盐岁百五十二万六千四百二十九石，石五十斤，以席计，为六十五万五千一百二十席，席一百一十六斤。禁榷之地，皆官役乡户衙前及民夫，谓之帖头，水陆漕运。而通商州军并边秦、延、环、庆、渭、原、保安、镇戎、德顺，又募人入中刍粟，以盐偿之。

凡通商州军，在京西者为南盐，在陕西者为西盐，若禁盐地则为东盐，各有经界，以防侵越。天圣初，计置司议茶盐利害，因言："两池旧募商人售南盐者，入钱京师榷货务。乾兴元年，岁入才二十三万缗，视天禧三年数损十四万。请一切罢之，专令入中并刍粟，及为之增约束、申防禁，以绝私贩之弊。"久之，复诏入钱京师，从商人所便。

三京、二十八州军，官自辇盐，百姓困于转输。天圣八年，上书者言："县官禁盐，得利微而为害博，两池积盐为阜，其上生木合抱，数莫可较。宜听通商，平估以售，可以宽民力。"诏翰林学士盛度、御史中丞王随议更其制度。因画通商五利上之曰："方禁商时，伐木造船辇运，兵民不胜疲劳，今去其弊，一利也；陆运既差帖头，又役车户，贫人惧役，连岁逋逃，今悉罢之，二利也；船运有沉溺之患，纲吏侵盗，杂以泥沙硝石，其味苦恶，疾生重腿，今皆得食真盐，三利也；钱币，国之货泉。欲使通流，富家多藏镪不出，民用益蹙，今岁得商人出缗钱六十余万助经费，四利也；岁减盐官、兵卒、畦夫佣作之给，五利也。"十月，诏罢三京、二十八州军榷法，听商人入钱若金银京师榷货务，受盐两池。行之一年，视天圣七年，增缗钱十五万。其后岁课减耗，命翰林学士宋庠等以天圣九年至宝元二年新法较之，视乾兴至天圣八年旧法，岁课损二百三十六万缗。康定元年，诏京师、南京及京东州军，淮南宿、亳州，皆禁如旧。未几，复弛京师榷法，并诏三司议通淮南盐给京东等八州，于是兖、郓、宿、亳皆食淮南盐矣。

自元昊反，聚兵西鄙，并边入中刍粟者寡。县官急于兵食，调发不足，因听入中刍粟，予券趋京师榷货务受钱若金银；入中他货，予券偿以池盐。踵是羽毛、筋角、胶漆、铁炭、瓦木之类，一切以盐易之。猾商贪吏，表里为奸，至入橡木二，估钱千，给盐一大席，为盐二百二十斤。虚费池盐，不可胜计，盐直益贱，贩者不行，公私无费。庆历二年，复京师榷法，凡商人虚估受券及已受盐未鬻者，皆计直输亏官钱。内地州军民间盐，悉收市入官，官为置场增价出之。复禁永兴、同、华、耀、河中、陕、虢、解、晋、绛、庆成十一州军商盐，官自辇运，以衙前主之。又禁商盐私入蜀，置折博务于永兴、凤翔，听人入钱若蜀货，易盐趋蜀中以售。久之，东、南盐地悉复禁榷，兵民辇运，不胜其苦，州郡骚然。所得盐利，不足以佐县官之急。并边务诱人入中刍粟，皆为虚估，腾踊至数倍，大耗京师钱币，帑藏益虚。

太常博士范祥，关中人也，熟其利害，常谓两池之利甚博，而不能少助边计者，公私侵渔之害也；傥一变法，岁可省度支缗钱数十百万。乃画策以献。是时韩琦为枢密副使，与知制诰田况皆请用祥策。四年，诏祥驰传与陕西都转运使程戡议之，而戡议与祥不合，祥寻亦遭丧去。八年，祥复申其说，乃以为陕西提点刑狱兼制置解盐事，使推行之。其法：旧禁盐地一切通商，听盐入蜀；罢九州军入中刍粟，令入实钱，偿以盐，视入钱州军远近及所指东、西、南盐，第优其直；东、南盐又听入钱永兴、凤翔、河中；岁课入钱总为盐三十七万五千大席，授以要券，即池验券，按数而出，尽驰兵民辇运之役。又以延、庆、环、渭、原、保安镇戎、德顺地近乌、白池，奸人私以青白盐入塞，侵利乱法。乃募人入中池盐，予券优其估，还，以池盐偿之；以所入盐官自出鬻，禁人私售，峻青白盐之禁。并边旧令入中铁、炭、瓦、木之类，皆重为法以绝之。其先以虚估受券及已受盐未鬻者，悉计直使输亏官钱。又令三京及河中、河阳、陕、虢、解、晋、绛、濮、庆成、广济官仍鬻盐，须商贾流通乃止。以所入缗钱市并边九州军刍粟，悉贸榷货务钱币以实中都。行之数年，黠商贪贾，无所侥幸，关中之民，得安其业，公私便之。

皇祐元年，侍御史知杂何郯复言改法非是。明年，遣三司户部副使包拯驰视，还言行之便，第请商人入钱及延、环等八州军鬻盐，皆重损其直，即入盐八州军者，增直以售，三京及河中等处禁官鬻盐。而三司谓京师商贾罕至则盐贵，请得公私并贸，余禁止。皆听之。田况为三司使，请久任祥，俾专其事。擢祥为陕西转运使，赐金紫服。祥初言岁入缗钱可得二百三十万，皇祐初年，入缗钱二百二十一万；四年，二百一十五万。以四年数视庆历六年，增六十八万；视七年，增二十万。又旧岁出榷货务缗钱，庆历二年，六百四十七万；六年，四百八十万。至是，榷货务钱不复出。其后，岁入虽赢缩不常，至五年，犹及百七十八万；至和元年，百六十九万。时祥已坐他罪贬，命转运使李恭代之。三年，遂以元年入钱为岁课定率，量入计出，可助边费十分之八。

久之，并边复听入刍粟以当实钱，而虚估之弊滋长，券直亦从而贱，岁损官课，无虑百万。嘉祐三年，三司使张方平及包拯请复用祥，于是复以祥总盐事。祥请重禁入刍粟者，其券在嘉祐三年已前，每券别请输钱一千，然后予盐。又言商人持券赴盐鬻京师，皆亏失本钱。请置官京师，蓄钱二十万缗，以待商人至者，券若盐估贱，则官为售之。券纸六千，盐席十千，毋辄增损，所以平其市估，使不得以轻重。诏以都盐院监官兼领，自是稍复旧。未几祥卒，以转运副使薛向继之。治平二年，岁入百六十七万。

初，祥以法既通商，恐失州县征算，乃计所历所至合输算钱，并率以为入中之数。自后州县犹算如旧。嘉祐六年，向悉罢之，并奏减八州军鬻盐价。两池畦户，岁役解、河中、陕、虢、庆成之民，官司旁缘侵剥，民以为苦，乃诏三岁一代。尝积逋课盐至三百三十七万余席，遂蠲其半。中间以积盐多，特罢种盐一岁或二岁三岁，以宽其力。后又减畦户之半，稍以佣夫代之，五州之民始安。

青白盐出乌、白两池，西羌擅其利。自李继迁叛，禁毋入塞，未几罢，已而复禁。乾兴初，尝诏河东边人犯青白盐禁者如陕西法。庆历中，元昊纳款，请岁入十万石售县官。仁宗以其乱法，不许。自范祥议禁八州军商盐，重青白盐禁，而官盐估贵，土人及蕃部贩青白盐者益众，往往犯法抵死而莫肯止。至和中，诏蕃部犯青白盐抵死者，止投海岛，群党为民害者，上请。嘉祐赦书，稍迁配徒者于近地，自是禁法稍宽。熙宁初，诏淮南转运使张靖究陕西盐、马得失。靖指向欺隐状，王安石右向，靖竟得罪，擢向为江、淮等路发运使。谏官范纯仁言赏罚失当，因数向五罪，向任如初。乃请即永兴军置卖盐场，又以边费钱十万缗，储永兴军为盐钞本，继又增二十万。

四年，诏陕西行蜀交子法，罢市钞；或论其不便，复旧。七年，中书议陕西盐钞，出多虚钞，而盐益轻，以钞折兑粮草，有虚抬逼籴之患。请用交子法，使其数与见钱相当，可济缓急。诏以皮公弼、熊本、宋迪分领其事，赵瞻制置。又以内藏钱二百万缗假三司，遣市易吏行四路请买盐引，仍令秦凤、永兴盐钞，岁以百八十万为额。八年，中书奏陕西盐钞利害及立法八事，大抵谓买钞本钱有限，而出钞过多，买不尽则钞贱而籴贵，故出钞不可无限。然商人欲变易见钱，而官不为买，即为兼并所抑，则钞价益贱；而边境有急，钞未免多出，故当置场以市价平之。今当定买两路实卖盐二百二十万缗，以当用钞数立额，永兴路八十一万五千，秦凤路一百三十八万五千，熙河路五十三万七千；永兴军遣官买钞，岁支转运司钱十万缗买西盐钞，又用市易务赊请法募人赊钞变易，即民间钞多而滞，则送解池毁之。诏从其请，然有司给钞溢额，犹视其故。九年，乃诏御史劾陕西官吏，止三司额外出钞。

十年，三司言：“盐法之弊，由熙河钞溢额，故价贱而刍粮贵。又东、西、南三路通商郡邑榷卖官盐，故商旅不行。今盐法当改，官卖当罢。请先收旧钞，印识之旧盐，行加纳之法。官尽买旧钞，其已出盐，约期听商人自言，准新价增之，印盐席，给符验。东、南旧法盐钞，席才三千五百；西盐钞席减一千，官尽买。先令解州场院验商人钞书之，乃许卖。已请盐，立限告赏，听商人自陈，东、南盐席加钱二千五百，西盐席加钱三千，为易旧符，立期令卖。罢两处禁榷官卖，提举司卖盐并用新价，钱承买旧钞，商人愿对行算请者听，官为印识如法。应通商地各举官一员，其盐席限十日自言，乃令加纳钱，为印识，给新引，听以旧钞当加纳钱。”皆行之。而别定官卖盐地，市易司以买盐，亦加纳钱。

旧制，河南北曹、濮以西，秦、凤以东，皆食解盐。自仁宗时，解盐通商，官不复榷；熙宁中，市易司始榷开封、曹濮等州。八年，大理寺丞张景温提举出卖解盐，于是开封府界阳武、酸枣、封丘、考城、东明、白马、中牟、陈留、长垣、胙城、韦城、曹、濮、澶、怀、济、单、解州、河中府等州县，皆官自卖。未几，复用商人议，以唐、邓、襄、均、房、商、蔡、郢、随、金、晋、绛、虢、陈、许、汝、颍、隰州、西京、信阳军通商，畿县及澶、曹、濮、怀、卫、济、单、解、同、华、陕、河中府、南京、河阳，令提举解盐司运盐货鬻，仍诏三司讲求利害。

盐价既增，民不肯买，乃课民买官盐，随贫富作业为多少之差。买卖私盐，听人告，重给赏，以犯人家财给之。买官盐食不尽，留经宿者，同私盐法。于是民间骚怨。盐钞旧法每席六缗，至是二缗有余，商不入粟，边储失备。召陕西转运使皮公弼入议，公弼极言官卖不便。沈括为三司使，不能夺。王安石主景温，括希安石意，言通商岁失官卖缗钱二十余万。安石去位，括在三司，乃言官卖当罢。于是河阳、同、华、解州、河中、陕府、陈留、雍丘、襄邑、中牟、管城、尉氏、鄢陵、扶沟、太康、咸平、新郑听通商，其入不及官卖者，官复自卖；澶、濮、济、单、曹、怀州，南京，阳武、酸枣、封丘、考城、东明、白马、长垣、胙城、韦城九县，官卖如故。诏商盐入京，悉卖之市易务，每席毋得减十；民盐皆买之市易务，私与商人为市，许告，没其盐。

皮公弼盐法，酌前后两池所支盐数，岁以三百三十万缗为额。又令京师置七场，买东、南盐钞，市易务计为钱五十九万三千余缗；三司阙钱，请颇还其钞，令卖之于西；买者其三给钱，其七准沿边盐价给新引；庶得民间旧钞，而新引易于变易。诏用其议。公弼请复范祥旧法平市价，诏假三司钱三十万缗，市钞于京师。先是，解盐分东、西，西盐卖有分域；又并边州军市刍粮，给钞过多，故钞及盐甚贱，官价自分为二。于是增西盐价比东盐，以平钞法，岁约增十二万缗，毋复分东西，悉废西盐约束。解池盐钞旧以二百二十万缗为额，转运使皮公弼请增十万，以助边籴，至是，又为二百四十二万。商人已请西盐，令加纳钱，使与新法价平。元丰三年，三司举张景温卖解盐息羡，进官赐帛。

明年，权陕西转运使李稷言：“自新法未行，钞之贵贱，视有司出之多寡。新法已后，钞有定数，起熙宁十年冬，尽元丰三年，通印给一百七十七万余席，而盐池所出才一百一十七万五千余席，余钞五十九万有余，流布官司，其势不得不贱。”遂下三司住给。五年，户部犹以钞多难售，岁给陕西军储钞二百万，裁其半，然钞多，卒不能平价。

元祐元年，户部及制置解盐司议：“延、庆、渭、原、环、镇戎、保安、德顺等八州军，皆官自鬻，以万五千五百席为额，听商旅入纳于八州军折博务，算给交引，如范祥旧法。盐价钱应偿者，以转运司年额盐钞给之，所鬻盐钱，以待转运司籴买。仍举丞务郎以上一员，于在京置场，以盐钞鬻见钱而输之都盐院库，遇给解盐额钞尽归之本司，毋更给转运司。他司皆毋得贩易，虽有专旨，听执奏。其已买钞，自本司拘之，若民间钞少或给本路缗钱，即上户部议鬻其钞。”诏皆从之。既而又以商人入纳解盐减年额买盐费钱二万七千余缗，增在京买钞之本。入中解盐，并效熙河钞，而价随судь增损以折，澶怀滑州、阳武盐价，定为钱八千二百。时，陕西民多以朴硝私炼成颗，谓之倒硝，颇与解盐相乱。绍圣三年，制置使孙路以闻，诏犯者减私盐法一等坐之。

初，神宗时，官卖解盐，京西则通商。有沈希颜者为转运使，更为权法，请假常平钱二十万缗，自买解盐，卖

之本路，民已买解盐尽买入官，掊克牟利，商旅苦之。哲宗即位，殿中侍御史黄降劾希颜罪。元祐元年，京西始复旧制通商，然犹官卖，元符元年乃罢之。永兴军渭州河北高阳、栎阳、泾阳等县，如同、华等六州军，官仍自卖盐，而禁官司于折博务买解盐贩易规利。俄以水坏解池，听河中府解州小池盐、同华等州私土盐、阶州石盐、通远军岷州官井盐鬻于本路，而京东、河北盐亦通行焉。三年，诏陕西转运副使兼制置解盐使马城，提举措置催促陕西、河东木筏薛嗣昌，提举开修解州盐池。

崇宁元年，解州贾瓦南北圆池修沼畦眼，拍摩布种，通得盐百七十八万二千七百余斤。初，解梁东有大盐泽，绵亘百余里，岁得亿万计。自元符初，霖潦池坏。至是，乃议修复；四年，池成。凡开二千四百余畦，百官皆贺。内侍王仲千者董其役，以课额敷溢为功。然议者谓解池灌水盈尺，暴以烈日，鼓以南风，须臾成盐，其利固博；苟欲溢额，不俟风日之便，厚灌以水，积水而成，味苦不适口。

崇宁初，言事者以钞法屡变，民听疑惑，公家失轻重之权，商旅困往来之费，乞复范祥旧法，谨守而力行之，无庸轻改。虽可其请，未几，蔡京建言：“河北、京东末盐，客运至京及京西，袋输官钱六千，而盐本不及一千，施行未久，收息及二百万缗。如通至陕西，其利必倍。”议仍遣韩敦立等分路提举。及盐池已复，京欲旧解盐地客算东北末盐，令榷货务人纳见缗无穷，以收己功，乃令解新钞止行陕西。五年，诏：“钞法用之，民信已久，飞钱裕国，其利甚大，比考前后法度，颇究利害，其别为号验，给解盐换请新钞。先以五百万缗赴陕西。河东，止给籴买，听商旅赴榷货务换请东南盐钞。贴输见缗四分者在旧三分之上，五分者在四分之上。且带行旧钞，输四分者带五分，输五分者带六分；若不愿贴输钱者，依旧钞价减二分。”先是，患豪商擅利源轻重之柄，率减钞直，使并边籴价增高，乃裁限之。崇宁四年，以钞价虽裁，其入中州郡，复增籴价，客持钞算请，坐牟大利。乃诏陕西旧钞易东南末盐，每百缗用见钱三分，旧钞七分。后又诏减落钞价逾五十者，论以法。

及大观四年，张商英为相，议复通行解盐如旧法，而东北盐毋得与解盐地相乱。继而有司议解池已复，依旧法印钞请。商旅已买东北盐，随处官司期三日尽籍，输官偿其价，隐匿者如私盐法。解盐未到，官鬻所得东北盐，解盐到即止。已请钞已支者悉毁，已支未请者听别议。在京仍通行，其经由州县郑州、中牟、开封府祥符、阳武县境内，亦许通放。而王仲千所请通入京西北路陈、颍、蔡州、信阳军，权止之。商旅已算请东北盐，元指定东京，未者，止令所至州军批引；其已入京未货者，都盐院全袋拘买鬻之，许坐贾请买碎卖。

政和元年，诏陕西钞依钞面实价，辄增减者，以违制论。未几，复以陕西通行盐钞，旧虽约以铜钱六千为钞面，然钞贵则入粟增多，钞平则入谷减少。若限以六千，陕西唯行铁钱，是盐钞一席得六千铁钱斛斗矣，深损公家，其随时增减听之。二年，蔡京复用事，法仍变改，钞不可用

者悉同败楮。六年，两池漫生盐，募人倍力采取，且议加赏；继生红盐，百官皆贺，制置解盐使李百禄等第赏有差。七年，议复行解盐，时童贯宣抚关、河，实主之。诏解盐地见行东北盐，复尽收入官，官给其直，在京于平货、在外于市易务桩管，如解盐法粜之；不自陈，如私盐法。重和元年，诏复行解盐旧法。逾年，榷货岁亏数百万贯，又钞价减落，籴买不行，三省趣讲画以闻，贯遂请罢领解盐。俄而三省条奏：旧东北盐地客贩解盐，立限尽鬻，限竟鬻未尽者，运往解盐地，逾者论如私盐法。京畿、京西复置官提举。初，崇宁中，以盐各利一方，故解盐止行本路，东南鬻海利博，行于数路。既复行解盐，商旅苦于折阅；即改如旧，虑商旅疑惑。遂诏输诸路，钞法更不改易，扇摇者论如法，仍倍之。

靖康元年，解盐钞入纳算请，并参照熙宁、元丰以前旧法，又增改解盐及东北盐地，即商旅不愿盐，则用钞面请钱如旧法。继定每席钞为八贯者，尽收入钞面；其入纳粮草者，许直赴池请盐，省复入京批钞之扰。

鬻海为盐，曰京东、河北、两浙、淮南、福建、广南，凡六路。其鬻盐之地曰亭场，民曰亭户，或谓之灶户。户有盐丁，岁课入官，受钱或折租赋，皆无常数，两浙又役军士定课鬻焉。诸路盐场废置，皆视其利之厚薄，价之赢缩，亦未尝有一定之制。末盐之直，斤至自四十七至八钱，有二十一等。至道三年，鬻钱总一百六十三万三千余贯。

其在京东曰密州涛洛场，一岁鬻三万二千余石，以给本州及沂、潍州，唯登、莱州则通商，后增登州四场。旧南京及曹、濮、济、兖、单、郓、广济七州军食池盐，余皆食二州盐，官自鬻。庆历元年冬，以淄、潍、青、齐、沂、密、徐、淮阳八州军仍岁凶歉，乃诏弛禁，听人贸易，官收其算，而罢密、登岁课，第令户输租钱。其后兖、郓皆以壤地相接，罢食池盐，得通海盐，收算如淄、潍等州。自是诸州官不贮盐，而百姓蚕盐岁皆罢给，然使输钱如故。至和中，始诏百姓输钱以十分为率，听减三分。

元丰三年，京东转运副使李察言："南京、济、濮、曹、单行解盐；余十有二州行海盐，请用今税法置买卖盐场。"其法，尽灶户所鬻盐而官自卖，重禁私为市者，岁收钱二十七万三千余缗，而息几半之。吴居厚为转运判官，承察后治盐法，利入益多。六年，较本路及河北买卖盐场，自改法抵今一年有半，得息钱三十六万缗。察、居厚皆进官，加赐居厚三品服。诏运卖盐钱储之北京，令河北都转运使蹇周辅、判官李南公受法于居厚，行之河北。

其在河北曰滨州场，一岁鬻二万一千余石，以给本州及棣、祁州杂支，并京东之青、淄、齐州，若大名、真定府，贝、冀、相、卫、邢、洺、深、赵、沧、磁、德、博、滨、棣、祁、定、保、瀛、莫、雄、霸州，德河、通利、永静、乾宁、定远、保定、广信、永定、安肃军则通商。后滨州分四务，又增沧州三务，岁课九千一百四十五石，以给一路，而京东之淄、青、齐既通商，乃不复给。

自开宝以来，河北盐听人贸易，官收其算，岁额为钱十五万缗。上封者尝请禁榷以收遗利，余靖时为谏官，亟言："前岁军兴，河北点义勇强壮及诸科役，数年之间，未得休息。臣尝痛燕蓟之地，陷入契丹几百年，而民忘南顾心者，大率契丹之法简易，盐曲俱贱，科役不烦故也。昔太祖推恩河朔，故许通商。今若榷之，价必腾踊，民苟怀怨，悔将何及。河朔土多盐卤，小民税地不生五谷，惟刮碱煎盐以纳二税，禁之必至逃亡。盐价若高，犯法亦众，边民怨望，非国之福，乞且仍旧通商。"其议遂寝。

庆历六年，三司使王拱辰复建议悉榷二州盐入官，以专其利。都转运使鱼周询以为不可，且言："商人取盐，与所过州县吏交通为弊，所算十无二三。请敕州县以十分算之，听商人至所鬻州军并输算钱，岁可得缗钱之十余万。"三司奏用其策。仁宗曰："使人顿食贵盐，岂朕意哉？"于是三司更立榷法而未下，张方平见上问曰："河北再榷盐何也？"上曰："始议立法，非再榷。"方平曰："周世宗榷河北盐，犯辄处死。世宗北伐，父老遮道泣诉，愿以盐课均之两税，而弛其禁，许之，今两税盐钱是也。岂非再榷乎？且今未榷，而契丹盗贩不已，若榷则盐贵，契丹之盐益售，是为我敛怨而使契丹获福也。契丹盐入益多，非用兵莫能禁，边隙一开，所得盐利能补用兵之费乎？"上大悟曰："其语宰相亟罢之。"方平曰："法虽未下，民已户知之，当直以手诏罢不可自下出也。"上喜，命方平密撰手诏下之。河朔父老相率拜迎，于澶州为佛老会七日，以报上恩，且刻诏北京。后父老过其下，必稽首流涕。

久之，缗钱所入益耗，皇祐中，视旧额几亡其半。陕州录事参军王伯瑜监沧州盐山务，献议商人受盐沧、滨二州，以囊贮之，囊毋过三石三斗，斗为盐六斤，除三斗为耗勿算，余算其半。予券为验，州县验券纵之，听至所鬻州军并输算钱；即所贮过数，予及受者皆罚，商人私挟他盐，并没其赀。时知沧州田京，与伯瑜合议上闻，召试行之。逾年，岁课增三万余缗，遂以为定制。熙宁八年，三司使章惇又请榷河北盐，诏提举河北、京东盐税周革入议，将施行焉。文彦博论其不便，乃诏仍旧。

卷一百八十二

志第一百三十五

食货下四 盐中

元丰七年，知沧州赵瞻请自大名府、澶、恩、信安、雄、霸、瀛、莫、冀等州尽榷卖以增其利，才半岁，获息钱十有六万七千缗。哲宗即位，监察御史王岩叟言："河北二年以来新行盐法，所在价增一倍，既夺商贾之利，又增居民之价以为息，闻贫家至以盐比药。伏惟河朔天下根本，祖宗推此为惠，愿陛下不以损民为利，而以益民为利，复盐法如故，以为河北数百万生灵无穷之赐。"会河北转运使范子奇奏，盐税欲收以十分，遣范锷商度。岩叟复言："臣在河北，亦知商贾有自请于官，乞罢榷买，愿输倍税。主计者但知于商贾倍得税缗以为利，不知商贾将于民间复增卖价以为害也。庆历六年，既不行三司榷买之法，又不从转运司增税之请,仁宗直谓朕虑河北军民骤食贵盐,可令依旧。是时计岁增几六十万缗,仁宗岂不知为公家之利?意谓藏之官不若藏之民。今陛下即位之始,宜法仁宗之意,不宜以小利失人心也。"明年,遂罢河北榷法,仍旧通商。六年,提举河北盐税司请令商贾贩盐,于场务输税,以及等户保任,给小引,量道里为限,即非官监镇店,听以使鬻之,盐税旧额五分者,增为七分。则盐税盖已行焉。

绍圣中,河北官复卖盐,继诏如京东法。元符三年,崇仪使林豫言:"河北榷盐,未必敷前日税额,且契丹盐益售,虑启边隙。"明年,给事中上官均亦以为言,皆不果行。宣和元年,京畿、四辅及滑州、河阳所产碱地,悉垦为田,革盗刮煎盐之弊,知河阳王序以劝诱推赏。三年,大改盐法,旧税盐并易为钞盐。凡未卖税盐钞引及已请算或到仓已投暨未投者,并赴榷货务改给新法钞引,许通贩;已请旧法税盐货卖者,自陈,更买新钞带卖,已请钞引,毋得带支。初,茶盐用换钞带之法,民旅皆病,然河北犹未及也;至是,并河北、京东行之。

其在两浙曰杭州场,岁鬻七万七千余石,明州昌国东、西两监二十万一千余石,秀州场二十万八千余石,温州天富南北监、密鬻永嘉二场,七万四千余石,台州黄岩监一万五千余石,以给本州及越、处、衢、婺州。天圣中,杭、秀、温、台、明各监一,温州又领场三,而一路岁课视旧减六万八千石,以给本路及江东之歙州。

庆历初,制置司言:比年河流浅涸,漕运艰阻,糜费益甚,请量增江、淮、两浙、荆湖六路粜盐钱。下三司议,三司奏荆湖已尝增钱,余四路三十八州军,请斥增二钱或四钱。诏俟河流通运复故。既而江州置转运般仓,益置漕船及佣客舟以运,制置司因请六路五十一州军斤增五钱。民苦官盐估高,无以为食,诸路皆言其不便。久之,韩绛安抚江南还,亦极言之。其后两浙转运使沈立、李肃之奏:"本路盐课缗钱岁七十九万,嘉祐三年,才及五十三万;而一岁之内,私贩坐罪者三千九十九人;弊在于官盐估高,故私贩不止,而官课益亏。请裁官估,罢盐纲,令铺户衙前自趋山场取盐,如此则盐善而估平,人不肯冒禁私售,官课必溢。"发运司难之。立、肃之固请试用其法二三年,可见利害,诏可。

立尝论东盐利害,条亭户、仓场、漕运之弊,谓:"爱恤亭户使不至困穷,休息漕卒使有以为生,防制仓场使不为搭克率敛,绝私贩,减官估,果能行此五者,岁可增缗钱一二百万。"集《盐策》二十卷以进,其言亭户困乏尤甚。然自皇祐以来,屡下诏书辄及之,命给亭户官本,皆以实钱;其售额外盐者,给粟帛衣粮;亭户逋岁课久不能输者,悉蠲之。所以存恤之意甚厚,而有司罕有承顺者。

熙宁以来,杭、秀、温、台、明五州共领监六、场十有四,然盐价苦高,私贩者众,转为盗贼,课额大失。二年,有万奇者献言欲扑两浙盐而与民,乃遣奇从发运使薛向询度利害。神宗以问王安石,对曰:"赵抃言衢州扑盐,所收课敌两浙路,扑但见衢、湖可扑,不知衢盐侵饶、信,湖盐侵广德、昇州,故课可增,如苏、常则难比衢、湖。今宜制置煎盐亭户及差盐地令督捕私贩,般运以时,严察拌和,则盐法自举,毋事改制。"

五年,以卢秉权发遣两浙提点刑狱,仍专提举盐事。秉前与著作佐郎曾默行淮南、两浙,询究利害。异时灶户鬻盐,与官为市,盐场不时偿其直,灶户益困。秉先请储发运司钱及杂钱百万缗以待偿,而诸场皆定分数:钱塘县杨村场上接睦、歙等州,与越州钱清场等,水势稍浅,以六分为额;杨村下接仁和之汤村为七分;盐官场为八分;并海而东为越州余姚县石堰场、明州慈溪县鸣鹤场皆九分;至岱山、昌国,又东南为温州双穗、南天富、北天富场为十分;盖其分数约得盐多寡而为之节。自岱山以及二天富炼以海水,所得为最多。由鸣鹤西南及汤村则刮碱淋卤,十得六七。盐官、汤村用铁盘,故盐色青白;杨村及钱清场织竹为盘,涂以石灰,故色少黄;石堰以东近海水碱,故虽用竹盘,而盐色尤白。秉因定伏火盘数以绝私鬻,自三灶至十灶为一甲,而鬻盐地什伍其民,以相几察;及募酒坊户愿占课额,取盐于官卖之,月以钱输官,毋得越所酤地;而又严捕盗贩者,罪不至配,虽杖者皆同妻子迁五百里。仍益开封府界、京东兵各五百人防捕。

时惟杭、越、湖三州格新法不行,发运司劾奏亏课,皆狱治。王安石为神宗言捕盐法急,可以止刑。久之,乃诏两浙提举盐事司,诸场亏课者未得遽劾,以增亏及违法轻重分三等以闻。七年,以卢秉盐课虽增,刑狱实繁,虑无辜即罪者众,徙其职淮南,以江东漕臣张靓代之,且体量其事。靓言秉在事,越州监催盐偿至有母杀子者,诏劾其罪,然竟免,仍以增课擢太常博士,升一资。岁余,三司言两浙漕司宽弛,盐息大亏,命著作佐郎翁仲通更议措置。元祐初,言者论秉推行浙西盐法,务诛剥以增课,所配流者至一万二千余人,秉坐降职。两浙盐亭户计丁输盐,逋负滋广,二年,诏蠲之。后更积负无以偿,元符初,察访使以状闻,有司乃以朝旨不行,右正言邹浩尝极疏其害。

明州鸣鹤场盐课弗登,拨隶越州。宣和元年,楼异为明州,请仍旧,且于接近台州给旧盐五七万囊。诏曰:"明州盐场三,昨以施置不善,以鸣鹤一场隶越,客始辐凑。犹有二场积盐以百万计,未见功绪,此而不图,东欲取于越,西欲取于台,改令害法,动摇众情。"令状析以闻。

其在淮南曰楚州盐城监,岁鬻四十一万七千余石,通州丰利监四十八万九千余石,泰州海陵监如皋仓小海场六十五万六千余石,各给本州及淮南之庐和舒蕲黄州、无为军,江南之江宁府、宣、洪、袁、吉、筠、江、池、太平、饶信、歙、抚州、广德临江军,两浙之常、润、湖、睦州,荆湖之江陵府、安、复、潭、鼎、岳、鄂、衡、永州、汉阳军。海州板浦、惠泽、洛要三场岁鬻四十七万七千余石,涟水军海口场十一万五千余石,各给本州军及京东之徐州,淮南之光、泗、濠、寿州,两浙之杭、苏、湖、常、润州、江阴军。天圣中,通、楚州场各七,泰州场八,海州场二,涟水军场一,岁鬻视旧减六万九千七百五百四十余石,以给本路及江南东西、荆湖南北四路,旧并给两浙路，天圣七年始罢。

凡盐之入，置仓以受之，通、楚州各一，泰州三，以受三州盐。又置转般仓二，一于真州，以受通、泰、楚五仓盐；一于涟水军，以受海州涟水盐。江南、荆湖岁漕米至淮南，受盐以归。东南盐利，视天下为最厚。盐之入官，淮南、福建、两浙之温、台、明斤为钱四，杭、秀为钱六，广南为钱五。其出，视去盐道里远近而上下其估，利有至十倍者。

咸平四年，秘书丞直史馆孙冕请："令江南、荆湖通商卖盐，缘边折中粮草，在京入纳金银钱帛，则公私皆便，为利实多。设虑淮南因江南、荆湖通商，或至年额稍亏，则国家折中粮草，足赡边兵；中纳金银，实之官库；且免和雇车乘，差扰民户，冒寒涉远。借如荆湖运钱万贯，淮南运米千石，以地里脚力送至穷边，则官费民劳，何啻数倍。"诏吏部侍郎陈恕等议。恕等谓："江、湖官卖盐，盖近鬻海之地，欲息犯禁之人，今若通商，住卖官盐，立乏一年课额。"冕议遂寝。至天禧初，始募人入缗钱粟帛京师及淮、浙、江南、荆湖州军易盐。乾兴元年，入钱货京师总为缗钱一百十四万。会通、泰鬻盐岁损，所在贮积无几，因罢入粟帛，第令入钱。久之，积盐复多。

明道二年，参知政事王随建言："淮南盐初甚善。自通、泰、楚运至真州，自真州运至江、浙、荆湖，纲吏舟卒，侵盗贩鬻，从而杂以沙土。涉道愈远，杂恶殆不可食，吏卒坐鞭笞，徒配相继而莫能止。比岁运河浅涸，漕挽不行，远州村民，顿乏盐食；而淮南所积一千五百万石，至无屋以贮，则露积苫覆，岁以损耗。又亭户输盐，应得本钱或无以给，故亭户贫困，往往起为盗贼，其害如此。愿权听通商三五年，使商人入钱京师，又置折博务于扬州，使输钱及粟帛，计直予盐。盐一石约售钱二千，则一千五百万石可得缗钱三千万以资国用，一利也；江、湖远近皆食白盐，二利也；岁罢漕运糜费，风水覆溺，舟人不陷刑辟，三利也；昔时漕运舟可移以漕米，四利也；商人入钱，可取以偿亭户，五利也。"

时范仲淹安抚江、淮，亦以疏通盐利为言，即诏知制诰丁度等与三司使、江淮制置使同议。皆谓听通商恐私贩肆行，侵蠹县官，请敕制置司益漕船运至诸路，使皆有二三年之蓄；复天禧元年制，听商人入钱粟京师及淮、浙、江南、荆湖州军易盐；在通、楚、泰、海、真、扬、涟水、高邮贸易者毋得出城，余州听诣县镇，毋至乡村；其入钱京师者增盐与之，并敕转运司经画本钱以偿亭户。诏皆施行。景祐二年，诸路博易无利，遂罢，而入钱京师如故。

康定元年，诏商人入刍粟陕西并边，愿受东南盐者加数与之。会河北谷贱，三司因请内地诸行三说法，亦以盐代京师所给缗钱，籴二十万石止。庆历二年，又诏："入中陕西、河东者持券至京师，偿以钱及金帛各半之；不愿受金帛者予茶盐、香药，惟其所欲。"而东南盐利厚，商旅皆愿得盐。八年，河北行四说法，盐居其一，而并边刍粟，皆有虚估，腾踊至数倍。券至京师，反为蓄贾所抑，盐百八斤旧售钱十万，至是六万，商人以贱估售券取盐，不复入钱京师，帑藏益乏。皇祐二年，复入钱京师法，视旧钱数稍增予盐，而并边入中先得券受盐者，河东、陕西入刍粟直钱十万，止给盐直七万河北又损为六万五千，且令入钱十万于京师，乃听兼给，谓之对贴，自是入钱京师稍复故。

初，天圣九年，三司请榷货务入钱售东南盐，以百八十万三千缗为额，后增至四百万缗。嘉祐中，诸路漕运不足，榷货务课益不登，于是即发运司置官专领运盐公事。治平中，京师入缗钱二百二十七万，而淮南、两浙、福建、江南、荆湖、广南六路岁售缗钱，皇祐中二百七十三万，治平中三百二十九万。

江、湖运盐既杂恶，官估复高，故百姓利食私盐，而并海民以鱼盐为业，用工省而得利厚。籴是不逞无赖盗贩者众，捕之急则起为盗贼。江、淮间虽衣冠士人，狃于厚利，或以贩盐为事。江西则虔州地连广南，而福建之汀州亦与虔接，虔盐弗善，汀故不产盐，二州民多盗贩广南盐以射利。每岁秋冬，田事才毕，恒数十百为群，持甲兵旗鼓，往来虔、汀、漳、潮、循、梅、惠、广八州之地。所至劫人谷帛，掠人妇女，与巡捕吏卒斗格，至杀伤吏卒，则起为盗，依阻险要，捕不能得，或赦其罪招之。岁月浸淫滋多，而州官榷盐岁才及百万斤。

庆历中，广东转运使李敷、王繇请运广州盐于南雄州，以给虔、吉，未报，即运四百余万斤于南雄；而江西转运司不以为便，不往取。后三司户部判官周湛等八人复请运广盐入虔州，江西亦请自具本钱取之。诏尚书屯田员外郎施元长等会议，皆请如湛等议。而发运使许元以为不可，遂止。

嘉祐以来，或请商贩广南盐入虔、汀，所过州县收算；或请放虔、汀、漳、循、梅、潮、惠七州盐通商；或谓第岁运淮南盐七百万斤至虔，二百万斤至汀，民间足盐，寇盗自息；或请官自置铺役兵卒，运广南、福建盐至虔、汀州，论者不一。先尝遣职方员外郎黄炳乘传所属监司及知州、通判议，谓虔州食淮南盐已久，不可改，第损近岁所增官估，斤为钱四十，以十县五等户夏秋税率百钱令籴盐二斤，随夏税入钱偿官。继命提点铸钱沈扶覆视可否，扶等请选江西漕船团为十纲，以三班使臣主之，直取通、泰、楚都仓盐。诏用炳等策，然岁增籴六十余万斤。

江西提点刑狱蔡挺制置盐事，乃令民首纳私藏兵械给巡捕吏卒，而贩黄鱼笼挟盐不及二十斤、徒不及五人、不以甲兵自随者，止输算勿捕。淮南既团新纲漕盐，挺增为十二纲，纲二十五艘，镵栿至州乃发。输官有余，以畀漕舟吏卒，官复以半价取之，籴是减侵盗之弊，盐遂差善。又损籴价，岁课视旧增至三百余万斤，乃罢炳等议所率籴盐钱。异时，汀州人欲贩盐，辄先伐鼓山谷中，召愿从者与期日，率常得数十百人已上，与俱行。至是，州县督责耆保，有伐鼓者辄捕送，盗贩者稍稍畏缩。朝廷以挺为能，留之江西，积数年乃徙。久之，江西盐皆团纲运致如虔州焉。

初，荆湖亦病盐恶，且岁漕常不足，治平二年，才及二十五万余石。三年，拨淮西二十四纲及佣客舟载盐以往，是岁运及四十万石。四年，至五十三万余石。

庆历初，判户部勾院王琪言："天禧初，尝以荆湖盐估高，诏斤减三钱或二钱，自后利入寖损。请复旧估，可岁增缗钱四万。"许之。治平中，淮南转运使李复圭、张刍、苏颂，三司度支判官韩缜，相继请减淮南盐价，然卒不果行。

熙宁初，江西盐课不登，三年，提点刑狱张颉言："虔州官盐卤湿杂恶，轻不及斤，而价至四十七钱。岭南盗贩入虔，以斤半当一斤，纯白不杂，卖钱二十，以故虔人尽食岭南盐。乃议稍减虔盐价，更择壮舟，团为十纲，以使臣点押。后蔡挺以赣江道险，议令盐船三岁一易，仍以盐纯杂增亏为纲官、舟人殿最，盐课遂敷，盗贩衰止。自挺去，法十废五六，请复之便。"诏从之。仍定岁运淮盐十二纲至虔州。及章惇察访湖南，符本路提点刑狱朱初平措置般运广盐，添额出卖，然未及行。元丰三年，惇既参政，有郑宣者，邪险锐进，素为惇所喜，迎合惇意，推仿湖南之法，乞运广盐于江西。即遣蹇周辅往江西相度。周辅承望惇意，奏言："虔州运路险远，淮盐至者不能多，人苦淡食，广东盐不得辄通，盗贩公行。淮盐官以九钱致一斤，若运广盐尽会其费，减淮盐一钱，而其盐更善，运路无阻。请罢运淮盐，通般广盐一千万斤于江西虔州、南安军，复均淮盐六百一十六万斤于洪、吉、筠、袁、抚、临江、建昌、兴国军，以补旧额。"诏周辅立法以闻。周辅具盐法并总目条上，大率峻剥于民，民被其害。旧，江西盐场许民买扑，周辅悉籍于官卖之。遂以周辅遥领提举江西、广东盐事，即司农寺置局。

四年，周辅改漕河北。明年，提举常平刘谊言道途汹汹，以卖盐为患。诏江东提点刑狱范峋体量，未报，谊坐言役法等事罢。及峋奏至，但以州县违法塞诏，竟无更张。未几，周辅奏："虔州、南安军推行盐法方半年，已收息十四万缗。"自以为功。诏命发运副使李琮体访利害，琮知周辅方被奖用，止谓盐法宜变通而已，不敢斥言其害。六年，周辅为户部侍郎，复奏湖南郴、道州邻接韶、连，可以通运广盐数百万，却均旧卖淮盐于潭、衡、永、全、邵等州，并准江西、广东见法，仍举郑宣初议，郴、全、道三州亦卖广盐。诏委提举常平张士澄、转运判官陈偲措置。明年，士澄等具条约来上，诏施行之，额利增加，一方骚然。于时淮西亦推行周辅盐法，发运使蒋之奇奏立知州、通判、盐事官赏罚，下户部著为令。

绍圣三年，发运司言淮南亭户贫瘠，官赋本钱六十四万缗，皆倚办诸路，以故不时至，民无所得钱，必举倍称之息。欲以籴本钱十万缗给之，不足，异以凭由，即欲质于官，与凭之七，而蠲其息，盐本集，复给其三分，凭由毁弃。

崇宁元年，蔡京议更盐法，乃言东南盐本或阙，滞于客贩，请增给度牒及给封桩坊场钱通三十万缗。并列七条：一、许客用私船运致，仍严止辄逾疆至夹带私盐之禁；二、盐场官吏概量不平或支盐失伦次者，论之徒；三、盐商所繇官司、场务、堰闸、津渡等辄加苛留者，如上法；四、禁命吏、荫家、贡士、胥史为贾区请盐；五、议贷亭户；六、盐价大低者议增之；七、令措置官博尽利害以闻。

明年，诏盐舟力胜钱勿输，用绝阻遏，且许舟行越次取疾，官纲等舟辄拦阻者坐之。遂变钞法，置买钞所于榷货务。凡以钞至者，并以末盐、乳香、茶钞并东北一分及官告、度牒、杂物等换给。末盐钞换易五分，余以杂物，而旧钞止许易末盐、官告。仍以十分率之，止听算三分，其七分兼新钞。定间买钞之价，以抑豪强、以平边籴。在河北买者，率百缗得下五千，东南末盐钞毋得下十千，陕西盐钞毋得下五千五百，私减者坐徒徒之罪，官吏留难、文钞展限等条皆备。

四年，又以算请盐价轻重不等，载定六路盐价，旧价二十钱以上皆增以十钱，四十五者如旧；算请东南末盐，愿折以金银、物帛者听其便。而亭户贷钱，旧输息二分者蠲之。五年，诏算请不贴纳见钱，以十分率之，毋过二分。大观元年，乃令算请东南末盐贴输及带旧钞如见条外，更许带日前贴输三分盐钞，输四分者带二分，五分者带三分。后又贴输四分者带三分，五分者带四分，而东南盐并收见缗换请新钞者，如四分五分法贴输。其换请新钞及见钱算东南末盐，如不带六等旧钞者，听先给；如止带五等旧钞，其给盐之叙，在崇宁四年十月前所带不贴输旧钞之上。六等者，谓贴三、贴四、贴五、当十钞、并河北公据、免贴纳钱是也。

时钞法纷易，公私交弊。四年，侍御史毛注言："崇宁以来，盐法顿易元丰旧制，不许诸路以官船回载为转运司之利，许人任便用钞请盐，般载至所指州县贩易，而出卖州县用为课额。提举盐事司苛责郡县，以卖盐多寡为官吏殿最，一有循职养民不忍侵克，则指为沮法，必重奏劾谴黜，州县孰不望风畏威，竞为刻虐？由是东南诸州每县三等以上户，俱以物产高下，勒认盐数之多寡。上户岁限有至千缗，第三等末户不下三五十贯，籍为定数，使依数贩易，以足岁额；稍或愆期，鞭挞随之。一县岁额有三五万缗，今用为常额，实为害之大者。"

又言：

朝廷自昔谨三路之备，粮储丰溢，其术非他，惟钞法流通，上下交信。东南末盐钞为河北之备，东北盐为河东之备，解地盐为陕西之备，其钱并积于京师，随所积多寡给钞于三路。如河北粮草钞至京，并支见钱，号飞钞法；河东三路至京，半支见钱，半支银、绸、绢；陕西解盐钞则支请解盐，或有泛给钞，亦以京师钱支给。为钱积于京师，钞行于三路，至则给钱，不复滞留。当时商旅皆悦，争运粮草，入于边郡。商贾既通，物价亦平；官司上下，无有二价，斗米止百余钱，束草不过三十；边境仓廪，所在盈满。

自崇宁来钞法屡更，人不敢信，京师无见钱之积，而给钞数倍于昔年。钞至京师，无钱可给，遂至钞直十不得一。边郡无人入中，籴买不敷，乃以银绢、见钱品搭文钞，为籴买之直。民间中籴，不复会算钞直，惟计银绢、见钱，须至高抬粮草之价，以就虚数。致使官价几倍于民间，斗米有至四百，束草不下百三十余钱，军储不得不阙，财用不得不匮。如解盐钞每纸六千，今可直三千，商旅凡入东南末盐钞，乃以见钱四分、盐引六分，榷货务惟得七十千之入，而东南支盐，官直百千，则盐本已暗有所损矣。

臣谓钞法不循复熙、丰，则物价无由可平，边储无由可积，方今大计，无急于此。薛向昔讲究于嘉祐中，行之未几，谷价遽损，边备有余，逮及熙、丰，其法始备。比年榷货务不顾钞法屡变，有误边计，惟冀贴纳见钱，专买东南盐钞，图增钱数，以饶冒荣赏。前钞方行，而后钞又复变易，特令先次支盐，则前钞遂为废纸，罔人攘利，商旅怨嗟。臣愿明诏执政大臣，精择能吏，推明钞法，无以见行为有妨，无以既往为不可复，如薛向之法已效于昔者，可举而行之。

今之练政事、通钞法，不患无人；在京三库之积，皆四方郡县所入，不患无备。如以三四百万缗桩留京师，随数以给钞引，使钞至给钱，不复邀阻，上下交信，则人以钞引为轻赍，转相贸易。或支请多，惟转廊就给东南末盐钞或度牒之类，如东南末盐钞或度牒敕牒唯许以钞引就给外，余并令在京以见钱入易，桩留以为钞引之资，亦计之得者。若旧出文钞，亦当体究立法，量为分数，支盐偿之。自昔立法之难，非特造始，修复既废，亦为非易。欲兴经久之利，则目前微害，宜亦可略，惟详酌可否施行之。

未几，张商英为相，乃议变通损益，复熙、丰之旧，令内府钱别桩一千五百万缗，余悉移用，以革钱、钞、物三等偏重之弊。陕西给钞五百万缗，江、淮发运司给见钱文据或截兑上供钱三百万缗。以左司员外郎张察措置东南盐事，提举江西常平张根管干运淮盐于江西，罢提举盐香，诸路盐事各归提刑司。议定五等旧钞，商旅已换请新钞及见钱钞不对带，听先给东南末盐诸路货易。仍下淮、浙盐场，以盐十分率之，桩留五分，以待支发官纲，备三路商旅转廊算请，余五分以待算请新钞及见钱钞与不带旧钞当先给者。于是推行旧法，以商旅五色旧钞，若用换请新钞对带，方许支盐，虑伺候岁月，欲给无由，乃立增纳之法。贴三钞许于榷货务更贴见缗七分，贴四钞更贴六分，贴五、当十钞贴七分，河北见钱文据贴五分算请。

有司议，三路钞法如熙、丰旧法，全仰东南末盐为本，若许将旧钞贴纳算请，正与推行三路熙、丰钞法相戾；即不令贴纳算还，又钞无所归。议将河北见钱文据减增纳二分，余各减二分，以告敕、减度牒、香药、杂物、东南盐算请给偿。帝诏："东南六路元丰年额卖盐钱，以缗计之，诸路各不下数十万。自行钞盐，漕计窘匮，以江西言之，和、籴买欠民价不少，何以副仁民爱物之意？"今东南诸路转运司协力措置般运。

政和元年，诏商旅愿依熙、丰法转廊者，许先次用三路新钞算请，往他所定价给卖。优存两浙亭户额外中盐，斤增价三分。已而张察均定盐价，视绍圣斤增二钱，诏从其说，仍斤增一钱。议者谓："异时盐商于榷货务入纳转廊，惟视东南诸郡积盐之寡，盐多则请钞者众，所入亦倍，其阙盐地，客不肯住。在元丰时远地须豫之二年或三年，次远一年至二年，最近亦半年及一年，谓之准备盐，而后钞法乃通。绍圣间遵用旧制，广有准备，故均价之后，课利增倍。谓宜严责转运司般运准备盐外，更及元丰准备之数，则钞法始通，课利且羡。亭户煎盐官为买纳，比旧既增矣，止用元丰旧价可行，况用新价，而有本钱，复加借贷，何虑不增？若斤更增一钱，虚费亦大。"诏施行之。六路通置提举盐事官，置司于扬州，未几罢。

议者复谓："客人在京榷货务买东南末盐者，其法有二：一曰见钱入纳，二曰钞面转廊。今既许三路文钞得以转廊，若更循旧制，许以见钱入纳，则客旅之钱，当入于榷货，而不入于兼并，见钱留于京师，客旅走于东南。"诏采用焉。又有谓："旧法听以物货及官钱钞引抵当，所以扶持钞价，不大减损，昨禁之非是。其旧转廊盐钞，贩至东南，转运司乃专以见钱为务，致多壅阏。"于是复钞引抵当，一如其旧。末盐以十分率之，限以八分给末钞，二分许鬻见缗，后又增见缗为三分。

二年，江宁府、广德军、太平州斤更增钱二，宣、歙、饶、信州斤增钱三，池江州、南康军斤增钱四，各以去产盐地远近为差。是岁，蔡京复用事，大变盐法。五月，罢官般卖，令商旅赴场请贩，已盐并封桩。商旅赴榷货务算请，先至者增支盐以示劝。前转廊已算钞未支者，率百缗别输见缗三分，仍用新钞带给旧钞三分；已算支者，所在抄别别输带卖如上法。其算请悉用见缗，而给盐伦次，以全用见缗不带旧盐者为上，带旧盐者次之，带旧钞者又次之。三路籴买文钞，算给七分东南末盐者，听对见缗支算二分，东北盐亦如之。自余文钞，毋得一例对算。复置诸路提举官。于是诏书褒美京功，然商旅终以法令不信为疑，算请者少，乃申扇摇之令，增赏钱五百缗。

三年，以商人承前先即诸州投勾，乃请盐于场，留滞，罢之。若请盐大带斤重者，官为秤验，乃输钱给钞。时法既屡变，蔡京更欲巧笼商贾之利，乃议措置十六条，裁定买官盐价，囊以三百斤，价以十千，其鬻者听增销随时，旧加饶脚耗并罢。客盐旧止船贮，改依东北盐用囊，官袋鬻之，书印及私造损补，并如茶笼箝法，仍禁再用。受盐、支盐官司，析而二之，受于场者管秤盘囊封，纳于仓者管察视引据、合同号簿。囊二十，则以一折验合同递牒给商人外，东南末盐诸场，仍给钞引号簿；有欲改指别场者，并批销号簿及钞引，仍用合同递牒报所指处给随盐引；即已支盐，关所指处籍记。中路改指者仿此。其引缴纳，限以一年，有故展毋得逾半年；限竟，盐未全售者毁引，以见盐籍于官，止听鬻其处，毋得翻改。大抵皆视茶法而多为节目，欺夺民利，故以免究盗贩、私煎、大带斤重为名，而专用对带之法。客负钞请盐，往往厄不即畀，必对元数再买新钞，方听带给旧钞之半。虑令之不行也，严避免之禁，申沮坏之制，重扇摇之法，季辄比较，务峻督责以取办。

四年，以远地商贩者稀，盐仓以地远近为叙，先给远者。继令搭带正盐，期一月不买新钞，没官，而剩盐即没纳。五年，伪造引者并依川钱引定罪。六年，以产盐州军大商弗肯止留，其用小袋住卖者听输钱二十给钞，毋得辄出州界。

宣和二年，诏六路封桩旧盐数输亿万，其听商旅般贩，与淮、浙盐仓即今盐钞对算。四年，权货务建议：“古有斗米斤盐之说，熙、丰以前，米石不过六七百，时盐价斤为钱六七十；今米价石两千五百至三千，而盐仍旧六十。崇宁会定盐价，买盐折算，酌以中价，斤为钱四十，今一斤三十七钱，亏公稍多。欲囊增为十三千入纳，而亭户所输并增价，庶克自赡，盗贩衰止。”于是旧盐尽禁住卖，而籍记、贴输、带卖之令复用焉。

初，盐钞法之行，积盐于解池，积钱于京师权货务，积钞于陕西沿边诸郡。商贾以物斛至边入中，请钞以归。物斛至边有数倍之息，惟患无回货，故极利于得钞，径请盐于解池，而解盐通行地甚宽；或请钱于京师，每钞六千二百，登时给与，但输头子等钱数十而已。以此所由州县，贸易者甚众。崇宁间，蔡京始变法，俾商人先输钱请钞，赴产盐郡授盐，欲囊括四方之钱，尽入中都，以进羡要宠，钞法遂废，商贾不通，边储失备；东南盐禁加密，犯法被罪者多。民间食盐，杂以灰土。解池天产美利，乃与粪壤俱积矣。大概常使见行之法售给才通，辄复变易，名对带法。季年又变对带为循环。循环者，已卖钞，未授盐，复更钞；已更钞，盐未给，复贴输钱，凡三输钱，始获一直之货。民无赀更钞，已输钱悉干没，数十万券一夕废弃，朝为豪商，夕倚流丐，有赴水投缳而死者。

时有魏伯刍者，本省大胥，蔡京委信之，专主权货务。政和六年，盐课通及四千万缗，官吏皆进秩。七年，又以课羡第赏。伯刍年除岁迁，积官通议大夫、徽猷阁待制，既而党附王黼，京恶而黜之。伯刍非有心计，但与交引户关通，凡商旅算请，率克留十分之四以充入纳之数，务入纳数多，以昧人主时张虚最。初，政和再更盐法，伯刍方为蔡京所倚信，建言：“朝廷所以开阖利柄，驰走商贾，不烦号令，亿万之钱辐凑而至。御府颁索，百司支费，岁用之外沛然有余，则権盐之入可谓厚矣。顷年，盐法未有一定之制，随时变革以便公私，防闲未定，奸弊百出。自政和立法之后，顿绝弊源，公私兼利。异时一日所收不过二万缗，则已诧其太多，今日之纳乃常及四五万贯。以岁计之，有一郡而客钞钱及五十余万贯者，处州是也；有一州仓而容客人请盐及四十万袋者，泰州是也。新法于今才二年，而所收已及四千万贯，虽传记所载贯朽钱流者，实未足为今日道也。伏乞以通收四千万贯之数，宣付史馆，以示富国裕民之政。”小人骋时骋志，无所顾忌，遂至于此。

于时御府用度日广，课入欲丰，再申岁较季比之令，在职而暂取告，其月日皆毋得计折，害法者不以官荫并处极坐，微至于盐袋鬻盐，莫不有禁，州县惟务岁增课以避罪法，上下程督加厉。七年，乃诏：“昨改盐法，立赏至重，抑配者多，计口敷及婴孩，广数下逮驼畜，使良民受弊，比屋愁叹。悉从初令，以利百姓。三省其申严近制，改奉新钞。”然有司不能承守，故比较已罢而复用，抄札既免而复行，盐囊既增而复止，一囊之价裁为十一千，既又复为十三千，民力因以扰匮，而盗贼滋焉。

靖康元年，诏未降新钞前已给见钱公据文钞，并给还商贾，以示大信。时盐尽给新钞，亦用带卖旧盐立限之法。言者论：“王黼当国，循用蔡京弊法，改行新钞，旧盐贴钱对带，方许出卖，初限两月，再限一月。是时黼方用事，专务害民，剥下益上，改易钞法，甚于盗贼。然今不改覆车之辙，又促限止半月，反不及王黼之时，商贾岂得不怨？”诏申限焉。

南渡，淮、浙亭户，官给本钱。诸州置仓，令商人买钞，五十斤为石，六石为袋，输钞钱十八千。绍兴元年，诏临安府，秀州亭户二税，依皇祐法输盐，立监官不察亭户私煎及巡捕漏泄之法。二年九月，诏淮、浙盐令商人袋贴输通货钱三千，已算请而未售者亦如之，十日不自陈，如私盐律。时吕颐浩用提辖张纯仪，峻更盐法。十有一月，诏淮、浙盐以十分为率，四分支今降旨符以后文钞，四分支建炎渡江以后文钞。先是吕颐浩以对带法不可用，令商人贴输钱，至是复以分数如对带法，于是始加严酷矣。三年，减民间蚕盐钱。四年正月，诏淮、浙盐钞钱每袋增贴输钱三贯，并计纲输行在，寻命广盐亦如之。九月，以入输迟细，减所添钱。然自建炎三年改钞法，及今所改，凡五变，而建炎旧钞支尚未绝，乃命以先后并支焉。

孝宗乾道六年，户部侍郎叶衡奏：“今日财赋，鬻海之利居其半，年来课入不增，商贾不行，皆私贩害之也。且以淮东、二浙盐出入之数言之，淮东盐灶四百一十二所，岁额盐二百六十八万三千余石，去年两务场卖淮盐六十七万二千三百余袋，收钱二千一百九十六万三千余贯；二浙课额一百九十七万余石，去年两务场卖浙盐二十万二千余袋，收钱五百一十万二千余贯，而盐灶乃计二千四百余所。以盐额论之，淮东之数多于二浙五之一，以去岁卖盐钱数论之，淮东多于二浙三之二，及以灶之多寡论之，两浙反多淮东四之三，盖二浙无非私贩故也。欲望遣官分路措置。”

淳熙八年，诏住卖带卖积盐，以朝廷徒有带卖之名，总所未免有借拨之弊故也。十年，先是湖北盐商吴传言：“国家鬻海之利，以三分为率，淮东居其二。通、泰、楚隶买盐场十六，催煎场十二，灶四百一十二。绍兴初，灶煎盐多止十一筹，筹为盐一百斤。淳熙初，亭户得尝试卤水之法，灶煎至二十五筹至三十筹，增旧额之半。缘此，盐场买亭户盐，筹增称盐二十斤至三十斤为浮盐。日买盐一万余筹，其浮盐止二十斤为则，有二十万斤，为二千筹，筹为钱一贯八百三十文，内除船脚钱二百文，有一贯六百三十文。其盐并再中入官，为钞钱四百五十一万七千五百余缗。又纲取盐一代并诸窠名等，及卖又多称斤两，亭户饥寒，不免私卖。若朝廷严究，还其本钱，而后可以尽革私卖之弊。”至是，诏还通、泰等州诸盐场欠亭户盐本钱一百一十万贯。

宁宗庆元初，诏罢循环盐钞，改增剩钞名为正支文钞给算，与已投仓者通理先后支散。以淮东提举陈损之言循环钞多弊，故有是命。于是富商巨贾有愿为贫民者矣。开禧二年，诏自今新钞一袋，搭支旧钞一袋；如新钞多于旧钞，或愿全以新钞支盐，及无旧钞而愿全买新钞者听，以新钞理资次。嘉定二年，诏淮东贴输盐钱免二分交子，止用钱会中半。三年诏：“停钞引之家，增长旧钞价直，袋卖官会百贯以上。自今令到日，盐钞官钱袋增收会子二十贯，三务场朱印于钞面，作'某年某月新钞'，俟通卖及一百万袋，即免增收。其日前已未支盐钞并为旧钞，期以一年持赴仓场支盐，袋贴输官会一十贯，出限更不行用。"此淮、浙盐之大略也。

唐乾元初，第五琦为盐铁使，变盐法，刘晏代之；当时举天下盐利，岁才四十万缗。至大历，增至六百余万缗。天下之赋，盐利居半。元祐间，淮盐与解池等岁四百万缗。比唐举天下之赋已三分之二。绍兴末年以来，泰州海宁一监，支监三十余万席，为钱六七百万缗，则是一州之数，过唐举天下之数矣。

宝庆二年，监察御史赵至道言："夫产盐固藉于盐户，鬻盐实赖于盐商，故盐户所当存恤，盐商所当优润。庆元之初，岁为钱九百九十万八千有奇，宝庆元年，止七百四十九万九千有奇，乃知盐课之亏，实盐商之无所赢利。为今之计，莫若宽商旅，减征税，庶几庆元盐课之盛，复见于今日矣。"从之。绍定元年，以侍御史李知孝言，罢上虞、余姚海涂地创立盐灶。端平二年，都省言："淮、浙岁额盐九十七万四千余袋，近二三年积亏一百余万袋，民食贵盐，公私俱病。"有旨，三路提举茶盐司各置主管文字一员，专以兴复盐额、收买散盐为务，岁终尚书省课其殿最。淳祐元年，臣僚奏："南渡立国，专仰盐钞，绍兴、淳熙，率享其利。嘉定以来，二三十年之间，钞法或行或罢，而浮盐之说牢不可破，其害有不可胜言者。望付有司集议，孰为可行，孰为可罢，天地之藏与官民共之，岂不甚盛？"从之。五年，申严私贩苛征之禁。

宝祐元年，都省言："行在榷货务都茶场上本务场淳祐十二年收趁到茶盐等钱一十一千八百一十五万六千八百三十三贯有奇，比今新额四千万贯增一倍以上，合视淳祐九年、十年、十一年例倍偿之，以励其后。"有旨依所上推赏。四年五月，以行在场务比新额增九千一百七十三万五千九百一十二贯有奇，本务场并三省、户部、大府寺、交引库，凡通管三务场职事之人，视例推赏，后以为常。十有二月，殿中侍御史朱熠言："盐近者课额顿亏，日甚一日。姑以真州分司言之，见亏二千余万，皆由台阃及诸军帅兴贩规利之由。"于是复申严私贩之禁。

五年，朱熠复言："盐之为利博矣。以蜀、广、浙数路言之，皆不及淮盐额之半。盖以斥卤弥望，可以供煎烹，芦苇阜繁，可以备燔燎。故环海之湄，有亭户，有锅户，有正盐，有浮盐。正盐出于亭户，归之公上者也。浮盐出于锅户，鬻之商贩者也，正盐居其四，浮盐居其一。端平之初，朝廷不欲使浮盐之利散而归之于下，于是分置十局，以收买浮盐，以岁额计之，二千七百九十三万斤。十数年来，钞法屡更，公私俱困，真、扬、通、泰四州六十五万袋之正盐，视昔犹不及额，尚何暇为浮盐计邪？是以贪墨无耻之士大夫，知朝廷住买浮盐，龙断而笼其利；累累灶户，列处沙洲，日藉铢两之盐，以延旦夕之命；今商贾既不得私贩，朝廷又不与收买，则是绝其衣食之源矣。为今之计，莫若遵端平之旧式，收锅户之浮盐。所给盐本，当过于正盐之价，则人皆与官为市。却以此盐售于上江，所得盐息，径输朝廷，一则可以绝戎阃争利之风，二则可以续锅户烹煎之利。"有旨从之。

卷一百八十三

志第一百三十六

食货下五 盐下 茶上

其在福建曰福州长清场，岁鬻十万三百石，以给本路。天圣以来，福漳泉州、兴化军皆鬻盐，岁视旧额增四万八千九百八石。

熙宁十年，有廖恩者起为盗，聚党掠州郡。恩既平，御史中丞邓闰甫言："闽越山林险阻，连亘数千里，无赖奸民比他路为多，大抵盗贩盐耳。恩平，遂不为备，安知无蹑恩之迹而起者？"乃诏福建路蹇周辅度利害。周辅言："建、剑、汀州、邵武军官卖盐价苦高，漳、泉、福州、兴化军鬻盐价贱，故盗多贩卖于盐贵之地。异时建州尝计民产赋钱买盐，而民惮求有司，徒出钱或不得盐。今请罢去，颇减建、剑、汀、邵武盐价，募上户为铺户，官给券，定月所卖，从官场买之，如是则民易得盐，盗贩不能规厚利。又稍兴复旧仓，选吏增兵。立法，若盗贩、知情囊橐之者，不以赦原；三犯，杖、编管邻州；已编管复犯者，杖、配犯处本城。"皆行之，岁增卖二十三万余斤，而盐官数外售者不预焉。

元丰二年，提举盐事贾青请自诸州改法酌三年之中数立额。又请捕盗官获私盐多者，论赏不限常法。三年，青上所部卖盐官吏岁课，比旧额增羡。诏曰："周辅承命创法，青相继奉行，期年有成，课增盗止，东南赖之。"时周辅已擢三司副使，监司已次被赏者凡二十人。

哲宗即位，御史中丞黄履奏福建多以盐抑民，诏："去岁先帝已立分遣御史、郎官察举监司之法，福建遣御史黄降，江西遣御史陈次升按之。"继又以命吏部郎中张汝贤并察举周辅所立盐法。降言："福州缘王氏之旧，每产钱一当余州之十，其科纳以此为率，余随均定，盐额亦当五倍，而实减半焉。昨王子京奏立产盐法，失于详究，遂概以额增，多寡之间，辽远绝殊，远民久无已伸。"诏付汝贤。明年，按察司尽以所察事状闻，于是福建转运副使贾青、王子京皆坐捃克，谪监湖广盐酒税；刑部侍郎蹇周辅坐议江西盐法，捃克诞谩，削职知和州；郑宣坐倡议运广盐江西，张士逊坐附会推行周辅之法，肆志抑扰，并黜官；闽清县尹徐寿独用盐法初行，能守官不挠，民以故不多受课，言于朝加赏焉。汝贤请定福建产卖盐额，诏从其请；凡抑民为盐户及愿退不为行者，以徒一年坐之；提举盐事官知而不举，论如其罪。

已而殿中侍御史吕陶奏："朝廷以福建、江西、湖南等路盐法之弊，流毒生灵，遣使按视，谴黜聚敛之吏，以慰困穷之民，天下皆知公议之不可废也。然湖南、江西运卖广盐添额之害，京东、河北榷盐，皆章惇所倡，愿付有司根治其罪，使贼民罔上之臣，少知所畏。"监察御史孙升继言："江西、湖南盐法之害，两路之民，残虐涂炭，甚于兵火，独提举官刘谊乃能上言极其利害，谊坐夺官勒停。"诏复谊官，起守韶州。

崇宁以后，蔡京用事，盐法屡变。独福建盐于政和初斤增钱七，用熙宁法听商人转廊算请，依六路所算末盐钱每百千留十之一，输请盐处为盐本钱。

建炎间，淮、浙之商不通，而闽、广之钞法行；未几，淮、浙之商既通，而闽、广之钞法遂罢。旧法，闽之上四州建、剑、汀、邵行官卖盐法，闽之下四州福、泉、漳、化行产盐法。随税输盐也。官卖之法既革，产盐之法亦弊，钞法一行，弊若可革，而民俗又不便。故当时转运、提举司请上四州依上法，下四州且令依旧。及钞法既罢，岁令漕司认钞钱二十万缗输行在所榷货务，自后或减或增，卒为二十二万缗。

二十七年，常平提举张汝楫复申明钞法，上以问宰执。陈诚之奏曰："建、剑山溪之险，细民冒法私贩，虽官卖盐犹不能革；若使民自卖，其能免私贩乎？私贩既多，钞额必亏。"上曰："中间曾用钞法，未几复罢。若可行，祖宗已行之矣。大抵法贵从容，不然不可经久。"淳熙五年，诏泰宁、尤溪两县计产买盐之令，更不施行。

八年，福建市舶陈岘言："福建自元丰二年转运使王子京建运盐之法，不免有侵盗科扰之弊，且天下州县皆行钞法，独福建膺运盐之害。绍兴初，赵不已尝措置钞法，而终不可行者，盖漕司则藉盐纲为增盐钱，州县则藉盐纲以为岁计，官员则有卖盐食钱、縻费钱，胥吏则有发遣交纳常例钱，公私龃龉，无怪乎不可行也。钞法未成伦序，而纲运遽罢，百姓率无食盐，故漕运乘此以为不便，请抱引钱而罢钞法。钞法罢而纲运兴，官价高而私价贱，民多食私盐而官不售，科抑之弊生矣。"于是诏岘措置。岘请从权货务自立五十斤至百斤，分为五等，造大小钞给买，仍预措置卖钞，先以本钱界三仓关盐，以备商旅请买。九年正月，以福建盐自来运卖，近为钞法敷扰害民，于是诏福建转运司，诸州盐纲依旧官般官卖。三月，诏转运傅自得、杨由义廉察官卖盐未便者，措置以闻。

淳熙十三年，四川安抚制置赵汝愚言："汀州民贫，而官盐抑配视他州尤甚，乞以汀州为客钞。"事下提举应孟明及汀州守臣议，孟明等言："上四州军有去产盐之地甚迤者，官不卖盐则私禁不严，民食私盐则客钞不售，既无翻钞之地则客卖销折，所以钞法屡行而屡罢。四川阔远，犹不可翻钞，汀州将何所往？故钞法虽良，不可行于汀州，惟裁减本州并诸县合输内钱，而严科盐之禁，庶几汀民有瘳矣。"复下转运赵彦操等措置裁减，以岁运二百万四斤会之，总减三万九千三十八缗有奇，又免其分隶诸司，则汀州六邑岁减于民者三万九千缗有奇，减于官者一万缗有奇，所补用又在外。盖上四州财赋绝少，所恃者官卖盐耳。

又濒海诸郡计产输钱，官给之盐以供食，其后遂为常赋，而民不复请盐矣，此又下四州产盐之弊也。宁宗嘉定六年，臣僚尝极言之，于是下转运司，将福之下四州军凡二十文产以下合输盐五斤之家尽免，其折户产钱仅及二十文者不输盐钱。

宝庆二年，监察御史梁成大言："福建州县半系频州产盐之地，利权专属漕臣，乃其职也。盐产于福州、兴化，而运于建、剑、汀、邵，四郡二十二县之民食焉。福建提举司主常平茶事而盐不预，漕司与认净镪以助用，近来越职营利，多取纲运，分委属县。县邑既为漕司措办课盐，今又增提举司之额，其势必尽敷于民，殆甚于青苗之害。望将运盐尽归漕司，提举司不得越职，庶几事权归一，民瘼少苏矣。"从之。

景定元年九月，明堂赦曰："福建上四州县倚盐为课，其间有招趁失时，月解拖欠，其欠在宝祐五年以前者，并与除放，尚敢违法计口科抑者，监司按劾以闻。"三年，臣僚言："福建上四州山多田少，税赋不足，州县上供等钱银、官吏宗子官兵支遣，悉取办于卖盐，转运司虽拘榷盐纲，实不自卖。近年创例自运盐两纲，后或岁运十纲至二十纲，与上四州县所运岁额相妨，而纲吏搭带之数不预焉。州县被其搀夺，发泄不行，上供常赋，无从趁办，不免敷及民户，其害有不可胜言者。"有旨："福建转运司视自来盐法，毋致违戾；建宁府、南剑州、汀州、邵武军依此施行。"

广州东莞、静康等十三场，岁鬻二万四千余石，以给本路及西路之昭桂州、江南之南安军。廉州白石、石康二场，岁鬻三万石，以给本州及容、白、钦、化、蒙、龚、藤、象、宜、柳、邕、浔、贵、宾、梧、横、南仪、郁林州。又高、窦、春、雷、融、琼、崖、儋、万安州各鬻以给本州，无定额。天圣以后，东、西海场十三皆领于广州，岁鬻五十一万三千六百八十六石，以给东、西二路。而琼、崖诸州，其地荒阻，卖盐不售，类抑配衙前。前后官此者，或擅增盐数，煎盐户力不给，有破产者。元丰三年，朱初平奏鬻盐之不售者，又约所卖数定为煎额，以惠远民。久之，广西漕司奏民户逋盐税，其县令监官虽已代，并住奉勒催，须足乃罢。而广东漕臣复奏岭外依六路法，以逐州管干官，提点刑狱兼提举盐事，考较赏罚如之。琼、崖等州复请赋盐于民，斤重视其户等，而民滋困矣。

南渡，二广之盐皆属于漕司，量诸州日用而给之盐。然广东俗富，犹可通商；广西地广莫而雕瘵，食盐有限，商贾难行。自东广而出，乘大水无滩碛，其势甚易；自西广而出，水小多滩碛，其势甚难。建炎末鬻钞，未几复止，然官般、客钞，亦屡有更革，东、西两漕，屡有分合。

绍兴元年三月，南恩州阳江县土生碱，募民垦之，置灶六十七，产盐七十万八千四百斤，收息钱三万余缗。十有二月，复置广西茶盐司。八年，诏广西盐岁以十分为率，二分令钦、廉、雷、化、高五州官卖，余八分行钞法。寻又诏广东盐九分行钞法，一分产盐州县出卖。广南去中州绝远，土旷民贫，赋入不给，故漕司鬻盐，以其息什四为州用，可以粗给，而民无加赋。昭州岁收买盐钱三万六千缗，以七千缗代浔、贵州上供赴经略司买马，余为州用。及罢官卖，遂科七千缗于民户，谓之縻费钱焉。九年，罢广东官卖，行客钞法，以其钱助鄂兵之费。

孝宗乾道四年，罢盐钞，令广西漕司自认漕钱二十万。且广西之盐乃漕司出卖，自乾道元年因曾连请并归广东，于是度支唐琢言："广西盐引钱欠几八千万缗，缘向来二广盐事分东西两司，而西路盐常为东路所侵，昔广西自作一司，故盐不至于亏减；今既罢西司并入东路，则广东之盐无复禁止，广西坐失一路所入。"故有是命。既而宰执进蒋芾之奏："盐利旧属漕司，给诸州岁；自卖钞盐之后，漕司遂以苗米高价折钱。今朝廷更不降盐钞，只令漕司认发岁额，则漕司自获盐息，折米招籴之弊皆去矣。"九年，诏广州复行官般官卖法。

淳熙三年，诏广西转运司岁收官盐息钱三分拨诸州，七分充漕计，从经略张栻请也。栻去而漕臣赵公澣增盐直斤百钱为百六十，钦州岁卖盐千斛而五增之。六年，侍御史江溥以为言，上黜公澣，诏闽、广卖盐自有旧额定直，自今毋得擅增。

九年，诏遣浙西抚干胡廷直访求利害，与帅、漕、提举详议以闻。使还，寻以廷直提举广东同措置广西盐事。十五年，诏曰："广南在数千里外，疾痛难于上闻，朕悯之尤切。盖盐者，民资以食，向也官利其赢，转而自鬻，久为民疾。朕为之更令，俾通贩而杜官鬻，民固以为利矣；然利于民者官不便焉，必胥动以浮言，且朕知恤民而已，浮言奚恤？刱置监司、守令以为民，朕有美意，弗广其推，顾挠而坏之，可乎？自今如或有此，必置之法。"于是命詹仪之知静江府，并广东、西盐事为一司，其两路卖盐，岁以十六万五千箩为额。仪之等言："两路盐且以十万箩为额，俟三数年，视其增亏，乃增其额。所有客钞东西路通货钱与免，以便商贩。"

十六年，经略应孟明言："广中自行钞法，五六年间，州县率以钞抑售于民，其害有甚于官般。"诏孟明、朱晞颜与提举广南盐事王光祖从长措置经久利便，毋致再有科抑之弊。宝庆元年，以广州安抚司水军大为兴贩，罢其统领尹椿、统辖黄受，各降一官。

鬻碱为盐，向并州永利监，岁鬻十二万五千余石，以给本州及忻、代、石、岚、宪、辽、泽、潞、麟、府州、威胜、岢岚、火山、平定、宁化、保德军，许商人贩鬻，不得出境。仁宗时，分永利东、西两盐，东隶并州，西隶汾州。籍州民之有碱土者为铛户；户岁输盐于官，谓之课盐；余则官以钱售之，谓之中卖。盐法亦与海盐同，岁鬻视旧额减三千四百三十七石。河东唯晋、绛、慈、隰食池盐，余皆食永利盐。其入官，斤为八钱或六钱，出为钱三十六，岁课缗钱十八万九千有奇。

自咸平以来，听商人辇盐过河西麟府州、浊轮砦贸易，官为下其价予之。后积盐益多，康定初，罢东监鬻盐三年。皇祐中，又权罢西监鬻盐，俟盐少复故。时议者请募商人入刍粟麟府州、火山军，予券偿以盐，从之。既而刍粟虚估高，券直千钱，为盐商所抑，才售钱四百有余，而出官盐五十斤，蠹耗县官。或请罢入刍粟，第令入实钱，转运司议以为非便而止。大抵碱土或厚或薄，薄则利微，铛户破产不能毕其课。至和初，韩琦请户满三岁，地利尽得自言，摘他户代之。明年，又诏铛户输岁课以分数为率，蠲复有差，遇水灾，又听摘他户代役，百姓便之。河北

陕西亦有鬻碱为盐者，然其利薄。明道初，尝诏废河中府、庆成军碱场，禁民鬻盐以侵池盐之利。

熙宁八年，三司使章惇言："两监旧额岁课二十五万余缗，自许商人并边中粮草，增饶给钞支盐，商人得钞千钱，售价半之，县官阴有所亡，坐贾获利不赀。又私盐不禁，岁课日减，今才十万四千余缗，若计粮草虚估，官才得实钱五万余缗，视旧亏十之八。请如解盐例，募商人入钱请买，或官自运，鬻于本路，重私贩之禁，岁课且大增，并边市粮草，一用见钱。"诏如所奏，官自运鬻于本路。

元丰元年，三司户部副使陈安石言："永利东、西监盐，请如庆历前商人输钱于麟、府、丰、代、岚、宪、忻、岢岚、宁化、保德、火山等州军，本州军给券于东、西监请盐，以除加饶折籴之弊。仍令商人言占入户所卖地，即盐已运至场务者，商人买之加运费。如是则官盐价平而商贩通。"遂行其说，用安石为河东都转运使。安石请犯西北青白盐者，以皇祐敕论罪，首从皆编配；又青白入河东，犯者罪至流，所历官司不察者罪之。四年，安石自言治盐岁有羡余，及增收忻州碱地铛户、马城池盐课，诏安石迁官，赏其属。

元祐元年，右司谏苏辙言："异时河东除食解盐，余仰东、西永利盐，未尝阙。元丰三年后，前宰相蔡确、兄砺等始议创行河东忻州马城池盐，夹硝味苦，民不愿买。乞下转运司，苟无妨阙，即止勿收。"诏从之。

四年，陈安石坐为河东转运使附会时论，兴置盐井，害及一路，降知郑州。先是，熙宁中，议收熙河蕃部包顺盐井，或以为非宜，王安石谓边将苟自以情得之，何害？议者不能夺焉。

六年，诏代州卖盐年额酌以中数，以八十五万斤为额，部内多少均裁之。绍圣元年，河东复行官卖法。崇宁三年，以河东三路钞无定估，本路尤贱，害于籴买，罢给三路钞，止给见钱钞，他如河北新降钞法。四年，诏河东永利两监土盐仍官收，见缗鬻之，听商人入纳算请，定往河东州军，罢客贩东北盐入河东者。

鬻井为盐，曰益、梓、夔、利，凡四路。益州路一监九十八井，岁鬻八万四千五百二十二石；梓州路二监三百八十五井，十四万一千七百八十石；夔州路三监二十井，八万四千八百八十石；利州路一百二十九井，一万二千二百石。各以给本路。大为监，小为井，监则官掌，井则土民干鬻，如其数输课，听往旁境贩卖，唯不得出川峡。初，川峡承旧制，官自鬻盐。开宝七年，诏斤减十钱，令干鬻者有羡利但输十之九。

太平兴国三年，右拾遗郭泌上言："剑南诸州官粜盐，斤为钱七十。盐井浚深，鬻盐极苦，樵薪益贵，辇之甚艰，加之风水之虞，或至漂丧。豪民黠吏，相与为奸，贱市于官，贵粜于民，至有斤获钱数百，官亏岁额，民食贵盐。望稍增旧价为百五十文，则豪猾无以规利，民有以给食。"从之。有司言："昌州岁收虚额盐万八千五百余斤，乃开宝中知州李佩掊敛以希课最，废诸井薪钱，岁额外课部民鬻盐，民不习其事，甚以为苦，至破产不能偿其数，多流入他部，而积年之征不可免。"诏悉除之，其旧额二万七

千六十斤如故。端拱元年七月，西川食盐不足，许商贩阶、文州青白盐、峡路井盐、永康军崖盐，勿收算。

川峡诸州自李顺叛后，增屯兵，乃募人入粟，以盐偿之。景德二年，权三司使丁谓言："川峡粮储充足，请以盐易丝帛。"诏诸州军食及二年、近溪洞州三年者，从其请。大中祥符元年，诏沪州南井灶户遇正、至、寒食各给假三日，所收日额，仍与除放。三年，减沪州清井监课盐三之一。

仁宗时，成都、梓、夔三路六监与宋初同，而成都增井三十九，岁课减五万六千五百九十七石；梓州路增井二十八，岁课减十一万一十九石；利州路井增十四，岁课减四百九十二石三斗有奇；夔州路井增十五，岁课减三千一百八十四石。各以给一路，夔州则并给诸蛮，计所入盐直，岁输缗钱五分，银、绸绢五分。又募人入钱货诸州，即产盐厚处取盐，而施、黔并边诸州，并募人入米。

康定元年，淮南提点刑狱郭维言："川峡素不产银，而募人以银易盐，又盐酒场主者亦以银折岁课，故贩者趋京师及陕西市银以归，而官得银复辇置京师，公私劳费。请听入银京师榷货务或陕西并边军，给券受盐于川峡，或以折盐酒岁课，愿入钱，二千以银一两。"诏行之。既入银陕西者少，议盐百斤加二十斤了之，并募入中凤翔、永兴。会西方用兵，军食不足，又诏入刍粟并边，俟有备而止。刍粟虚估高，盐直贱，商贾利之。西方既无事，犹入中如故。夔州转运使蒋贲以为入中十余年，虚费夔盐计直二十余缗，以陕西用池盐之利，军储有备，请如初。诏许之。

先是，益、利盐入最薄，故并食大宁监、解池盐，商贾转贩给之。庆历中，令商人入钱货益州以射大宁监盐者，万斤增小钱千缗，小钱十当大钱一。贩者滋少，蜀中盐踊贵，斤为小钱二千二百，知益州文彦博以为言，诏皆复故。

四路盐课，县官之所仰给，然井源或发或微，而积课如旧，任事者多务增课为功，往往贻患后人。时方切于除民疾苦，尤以远人为意，有司上言，辄为蠲减。初，盐课听以五分折银、绸、绢，盐一斤计钱二十至三十，银一两、绸绢一匹折钱六百至一千二百，后诏以课利折金帛者从时估。荆湖之归、峡二州，州二井，岁课二千八百二十石，亦各以给本州。

熙宁中，蜀盐私贩者众；禁不能止。欲尽实私井，运解盐以足之，议未决。神宗以问修起居注沈括，对曰："私井既容其扑买，则不得无私易，一切实之而运解盐，使一出于官售，此亦省刑罚笼遗利之一端；然忠、万、戎、泸间夷界小井尤多，止之实难，若列候加警，恐所得不酬所费。"议遂寝。九年，刘佐入蜀经度茶事，尝岁运解盐十万席。侍御史周尹奏："成都府路素仰东川产盐，昨转运司商度卖陵井场，遂止东盐及闭卓筒井，失业者众，言利之臣，复运解盐，道险绵运甚艰；成都盐踊贵，东川盐贱，驱民冒法。乞东川盐仍入成都，勿闭卓筒井，罢官运解盐。"诏商贩仍旧，卖解盐依客商例，禁抑配于民。未几，官运解盐竟罢。

元祐元年，诏委成都提点刑狱郭槃体量盐事。右司监苏辙劾槃观望阿附，奏不以实，且言："四川数州卖邛州蒲江井官盐，斤为钱百二十，近岁碱泉减耗，多杂沙土；而梓、夔路客盐及民间贩小井白盐，价止七八十，官司遂至抑配，槃不念民朝夕食此贵盐。"诏遂罢槃，令黄廉体量以闻。上封事者言："有司于税课外，多令井输五十缗，谓之官溪钱。"诏付廉悉蠲之。诏自今溪有盐井输课利盐税外，毋得更增以租。

崇宁二年，川峡利、洋、兴、剑、蓬、阆、巴、绵、汉、兴元府等州，并通行东北盐。四年，梓、遂、夔、绵、汉州、大宁监等盐仍鬻于蜀，惟禁侵解盐地。

绍兴二年，四川总领赵开初变盐法，仿大观法置合同场，收引税钱，大抵与茶法相类，而严密过之。斤输引钱二十有五，土产税及增添约九钱四分，所过税钱七分，住税一钱有半，引别输提勘钱六十六，其后又增贴输等钱。凡四川四十九百余井，岁产盐约千余万斤，引法初行，百斤为一担，又许增十斤勿算以优之，其后递增至四百余万缗。二十九年，减西和州卖盐直之半。

孝宗淳熙六年，四川制置胡元质、总领程价言："推排四路盐井二千三百七十五、场四百五，除井一千一百七十四、场一百五十依旧额煎输；其自陈或纠决增额者井一百二十五、场二十四，并今渲淘旧井亦愿入籍者四百七十九；其无盐之井，即与划除，不敷而抱输者，即与量减，共减钱引四十万九千八百八十八道，而增收钱引十三万七千三百四十九道，庶井户免困重额。"七年，元质又言："盐井推排，所以增有余补不足，有司务求赢余，盈者过取，涸者略减，尽出私心。今后凡遇推排，以增补亏，不得逾已减之数。"十一年，以京西转运副使江溥言金州帅司置场拘买商盐，高价科卖，致商旅坐困，民食贵盐，诏金州依法听商人从便买卖，不得置场拘催。

初，赵开之立榷法也，令商人入钱请引，井户但如额鬻盐，输土产税而已。然碱脉有盈缩，月额有登耗，间以虚钞付之，而收其算，引法由是大坏。井户既为商人所要，因增其斤重矛之，每担有增至百六十斤者。又逃绝之井，许增额承认，小民利于得井，界增其额，而不能售，其引息土产之输，无所从出，由是刻缯相寻，公私病之。

光宗绍熙三年，吏部尚书赵汝愚言："绍兴间赵开所议盐法，诸井皆不立额，惟禁私卖，而诸州县镇皆置合同场，以招商贩，其盐之斤重，远近皆平准之，使彼此均一而无相倾夺，贵贱以时而为之禽张。今其法尽废，宜下四川总所视旧法施行。"时杨辅为总计，去虚额，闭废井，申严合同场法，禁斤重之逾格者，而重私贩之罚，盐直于是顿昂。辅又请罢利州东路安抚司所置盐店六，及津渡所收盐钱，与西路兴州盐店。后总领陈晔又尽除官井所增之额焉。

五年，户部言："潼川府盐、酒为蜀重害。盐既收其土产钱给卖官引，又从而征之，剑州县额外收税，如买酒钱、到岸钱、榻地钱之类，皆是创增。"于是申禁成都、潼川、利路诸司。宁宗嘉定七年，诏四川盐井专隶总所，既而宣抚使安丙言防秋藉此以助军兴，乃复夺之。

茶　宋榷茶之制，择要会之地，曰江陵府，曰真州，曰海州，曰汉阳军，曰无为军，曰蕲州之蕲口，为榷货务六。初，京城、建安、襄复州皆置务，后建安、襄复州务废，京城务虽存，但会给交钞往还，而不积茶货。在淮南则蕲、黄、庐、舒、光、寿六州，官自为场，置吏总之，谓之山场者十三；六州采茶之民皆隶焉，谓之园户。岁课作茶输租，余则官悉市之。其售于官者，皆先受钱而后入茶，谓之本钱；又民岁输税愿折茶者，谓之折税茶。总为岁课八百六十五万余斤，其出鬻皆就本场。在江南则宣、歙、江、池、饶、信、洪、抚、筠、袁十州，广德、兴国、临江、建昌、南康五军，两浙则杭、苏、明、越、婺、处、温、台、湖、常、衢、睦十二州；荆湖则江陵府、潭、澧、鼎、鄂、岳、归、峡七州，荆门军；福建则建、剑二州，岁如山场输租折税。总为岁课江南千二十七万余斤，两浙百二十七万九千余斤，荆湖二百四十七万余斤，福建三十九万三千余斤，悉送六榷务鬻之。

茶有二类，曰片茶，曰散茶。片茶蒸造，实卷模中串之，唯建、剑则既蒸而研，编竹为格，置焙室中，最为精洁，他处不能造。有龙、凤、石乳、白乳之类十二等，以充岁贡及邦国之用。其出虔、袁、饶、池、光、歙、潭、岳、辰、澧州、江陵府、兴国临江军，有仙芝、玉津、先春、绿芽之类二十六等，两浙及宣、江、鼎州又以上、中、下或第一至第五为号。散茶出淮南、归州、江南、荆湖，有龙溪、雨前、雨后之类十一等，江、浙、又以上、中、下或第一至第五为号者。买腊茶斤自二十钱至一百九十钱有十六等，片茶大片自六十五钱至二百五钱有五十五等，散茶斤自十六钱至三十八钱五分有五十九等；鬻腊茶斤自四十七钱至四百二十钱有十二等，片茶自十七钱至九百一十七钱有六十五等，散茶自十五钱至一百二十一钱有一百九十等。

民之欲茶者售于官，给其日用者，谓之食茶，出境则给券。商贾贸易，入钱若金帛京师榷货务，以射六务、十三场茶，给券随所射与之，愿就东南入钱若金帛者听，计直于茶如京师。至道末，鬻钱二百八十五万二千九百余贯，天禧末，增四十五万余贯。天下茶皆禁，唯川峡、广南听民自买卖，禁其出境。

凡民茶折税外，匿不送官及私贩鬻者没之，计其直论罪。园户辄毁败茶树者，计所出论罪如法。旧茶园荒薄，采造不充其数者，蠲之。当以茶代税而无茶者，许输他物。主吏私以官茶贸易，及一贯五百者死。自后定法，务从轻减。太平兴国二年，主吏盗官茶贩鬻钱三贯以上，黥面送阙下；淳化三年，论直十贯以上，黥面配本州牢城，巡防卒私贩茶，依本条加一等论。凡结徒持杖贩易私茶、遇官司擒捕抵拒者，皆死。太平兴国四年，诏鬻伪茶一斤杖一百，二十斤以上弃市。雍熙二年，民造温桑伪茶，比犯真茶计直十分论二分之罪。淳化五年，有司以侵损官课言加犯私盐一等，非禁法州县者，如太平兴国诏条论决。

茶之为利甚博，商贾转致于西北，利尝至数倍。雍熙后用兵，切于馈饷，多令商人入刍粮塞下，酌地之远近而为其直，取市价而厚增之，授以要券，谓之交引，至京师给以缗钱，又移文江、淮、荆湖给以茶及颗、末盐。端拱二年，置折中仓，听商人输粟京师，优其直，给茶盐于江、淮。

淳化三年，监察御史薛映、秘书丞刘式等请罢诸榷务，令商人就出茶州军官场算买，既大省辇运，又商人皆得新茶。诏以三司盐铁副使雷有终为诸路茶盐制置使，左司谏张观与映副之。四年二月，废沿江八务，大减茶价。诏下，商人颇以江路回远非便，有司又以损直亏课为言。七月，复置八务，罢制置使、副。至道初，刘式犹固执前议，西京作坊使杨允恭言商人市诸州茶，新陈相糅，两河、陕西诸州，风土各有所宜，非参以多品则少利，罢榷务令就茶山买茶不可行。太宗欲究其利害之说，命宰相召盐铁使陈恕等与式、允恭定议，召问商人，皆愿如淳化所减之价，不然，即望仍旧。有司职出纳，难于减损，皆同允恭之说，式议遂寝。即以允恭为江南、淮南、两浙发运兼制置茶盐使。二年，从允恭等请，禁淮南十二州军盐，官鬻之，商人先入金帛京师及扬州折博务者，悉偿以茶。自是鬻盐得实钱，茶无滞积，岁课增五十万八千余贯，允恭等皆被赏。

初，商人以盐为急，趋者甚众，及禁江、淮盐，又增用茶，如百千又有官耗，增十年场耗，随所在饶益。其输边粟者，持交引诣京师，有坐贾置铺，隶名榷货务，怀交引者凑之。若行商，则铺贾为保任，诣京师榷务给钱，南州给茶；若非行商，则铺贾自售之，转鬻与茶贾。及南北和好罢兵，边储稍缓，物价差减，而交引虚钱未改。既以茶代盐，而买茶所入不补其给，交引停积，故商旅所得茶，指期于数年之外，京师交引愈贱，至有裁得所入刍粟之实价，官私俱无利。是年，定监买官亏额自一厘以上罚奉、降差遣之制。

景德二年，命盐铁副使林特、崇仪副使李溥等就三司悉索旧制详定，而召茶商论议，别为新法：其于京师入金银、绵帛实直钱五十千者，给百贯实茶，若须海州茶者，入见缗五十五千；河北缘边入金帛、刍粟，如京师之制，而茶增十千，次边入五千；河东缘边次边亦然，而所增有八千、六千之差；陕西缘边亦如之，而增十五千，须海州茶者，纳物实直五十二千，次边所增如河北缘边之制。其三路近地所入所给，皆如京师。河北次边、河东缘边次边，皆不得射海州茶。茶商所过，当输算，令记录，候至京师并输之。仍约束山场，谨其出纳。议奏，三司皆以为便。五月，以溥为淮南制置发运副使，委成其事。行之一年，真宗虑未尽其要，三年，命枢密直学士李溎等比较新旧法利害。时新法方行，商人颇眩惑，特等请罢比较，从之。

有司上岁课：元年用旧法，得五百六十九万贯，二年用新法，得四百一十万贯，三年二百八万贯。特言"所增盖官本少而有利"，乃实课也，所亏虚钱耳。四年秋，特等皆迁官，仍诏三司行新法，不得辄有改更。大中祥符二年，特、溥等上编成《茶法条贯》并课利总数二十三策。

自新法之行，旧有交引而未给者，已给而未至京师者，已至而未磨者，悉差定分数，折纳入官。大约商人有旧引千贯者，令新法岁入二百千，候五岁则新旧皆给足。

官府有茶充公费者,虑其价贱乱法,悉改以他物。山场节其出耗,所过商税严其觉举。诸榷务所受茶,皆均第配给场务,以交引至先后为次。大商刺知精好之处,日夜走僮使赍券诣官,率多先焉。初,禁淮南盐,小商已困,至是,益不能行。

六年,申监买官赏罚之式,凡买到入算茶,及租额递年送榷务交足而有羡余者,即理为课绩,其不入算者,虽多不在此限。大中祥符五年,岁课二百余万贯,六年至三百万贯,七年又增九十万贯,八年才百六十万贯。

是时数年间,有司以京师切须钱,商人旧执交引至场务即付物,时或特冷程限,逾限未至者,每十分复令别输二分见缗,谓之贴纳。豪商率能及限,小商或不即知,或无贴纳,则贱鬻于豪商。有司徒知移用之便,至存一岁之内文移小改至十数者,商人惑之,顾望不进。乃诏刑部尚书冯拯、翰林学士王曾详定,拯等深以慎重敦信为言,而上封者犹竞陈改法之弊。九年,乃命翰林学士李迪、权御史中丞凌策、侍御史知杂吕夷简与三司同议条制。时以茶多不精,给商人罕有饶益,行商利薄,陕西交引愈贱,鬻于市才八千。知秦州曹玮请于永兴、凤翔、河中府官出钱市之,诏可。迪等以入中缗钱、金帛,旧从商人所有受之,至是请令十分输缗钱四五,又定加饶贴纳之差。然凡有条奏,多令李溥裁酌,溥务执前制,罕所变革。

天禧二年,太常博士李垂请放行茶货。左谏议大夫孙奭言:"茶法屡改,商人不便,非示信之道,望重定经久之制。"即诏奭与三司详定,务从宽简。未几,奭出知河阳,事遂止。三司言:"陕西入中刍粮,请依河北例,斗束量增其直,计实钱给钞,入京以见钱买之,愿受茶货交引,给依实钱数,令榷货务并依时价纳缗钱支茶,不得更用刍粮文钞贴纳茶货。"诏每八百千,增五千茶与之,余从其请。时陕西交引益贱,京师裁直五千,有司惜其费茶。五年,出内库钱五十万贯,令阁门祗候李德明于京师市而毁之。

乾兴以来,西北兵费不足,募商人入中刍粟如雍熙法给券,以茶偿之。后又益以东南缗钱、香药、犀齿,谓之三说;而塞下急于兵食,欲广储偫,不爱虚估,入中者以虚钱得实利,人竞趋焉。及其法既弊,则虚估日益高,茶日益贱,入实钱金帛日益寡。而入中者非尽行商,多其土人,既不知茶利厚薄,且急于售钱,得券则转鬻于茶商或京师交引铺,获利无几;茶商及交引铺或以券取茶,或收蓄贸易,以射厚利。由是虚估之利皆入豪商巨贾,券之滞积,虽二三年茶不足以偿而入中者以利薄不趋,边备日蹙,茶法大坏。初,景德中丁谓为三司使,尝计其得失,以谓边籴才及五十万,而东南三百六十余万茶利尽归商贾。当时以为至论,厥后虽屡变法以救之,然不能亡敝。

天圣元年,命三司使李谘等较茶、盐、矾税岁入登耗,更定其法。遂置计置司,以枢密副使张士逊、参知政事吕夷简、鲁宗道总之。首考茶法利害,奏言:"十三场茶岁课缗钱五十万,天禧五年才及缗钱二十三万,每券直钱十万,鬻之售钱五万五千,总为缗钱实十三万,除九万余缗为本钱,岁才得息钱三万余缗,而官吏廪给杂费不预,是则虚数多而实利寡,请罢三说,行贴射法。"其法以十三场茶买卖本息并计其数,罢官给本钱,使商人与园户自相交易,一切定为中估,而官收其息。如鬻舒州罗源场茶,斤售钱五十有六,其本钱二十有五,官不复给,但使商人输息钱三十有一而已。然必辇茶入官,随商人所指予之,给券为验,以防私害,故有贴射之名。若岁课贴射不尽,或无人贴射,则官市之如旧。园户过期而输不足者,计所负数如商人入息。旧输茶百斤,益以二十斤至三十五斤,谓之耗茶,亦皆罢之。其入钱以射六务茶者如旧制。

先是,天禧中,诏京师入钱八万,给海州、荆南茶;入钱七万四千有奇,给真州、无为、蕲口、汉阳并十三场茶,皆直十万,所以饶裕商人;而海州、荆南茶善而易售,商人愿得之,故入钱之数厚于他州。其入钱者,听输金帛十之六。至是,既更为十三场法,又募入钱六务,而海州、荆南增为八万六千,真州、无为、蕲口、汉阳增为八万。商人入刍粟塞下者,随所在实估,度地里远近,量增其直。以钱一万为率,远者增至七百,近者三百,给券至京,一切以缗钱偿之,谓之见钱法;愿得金帛、若他州钱,或茶盐、香药之类者听。大率使茶与边籴,各以实钱出纳,不得相为轻重,以绝虚估之敝。朝廷皆用其说。

行之期年,豪商大贾不能为轻重,而论者谓边籴偿以见钱,恐京师府藏不足以继,争言其不便。会江、淮计置司言茶有滞积坏败者,请一切焚弃。朝廷疑变法之弊,下书责计置司,又遣官行视茶积。谘等因条上利害,且言:"尝遣官视陕西、河北,以镇戎军、定州为率,镇戎军入粟直二万八千,定州入粟直四万五千,给茶皆直十万。以蕲州市茶本钱视镇戎军粟直,反亡本钱三之一,得不偿失,敝在茶与边籴相须为用,故更今法。以新旧二法较之,乾兴元年用三说法,每券十万,茶售钱五万一千至六万二千,香药、象齿售钱四万一千有奇,东南缗钱售八万三千,而京师实入缗钱五十七万有奇,边储刍二百五万余围,粟二百九十八万石。天圣元年用新法,至二年,茶及香药、东南缗钱每给直十万,茶入实钱七万四千有奇至八万,香药、象齿入钱七万二千有奇,东南缗钱入钱十万五百,而京师实入缗钱增一百四万有奇,边储刍增一千一百六十九万余围,粟增二百一十三万余石。旧以虚估给券者,至京师为出钱售之,或折实钱给茶,贵贱从其市估。其先贱售于茶商者,券钱十万,使别输实钱五万,共给天禧五年茶直十五万,小商百万以下免输钱,每券十万,给茶直七万至七万五千;天禧茶尽,则给乾兴以后茶,仍增别输钱五万者为七万,并给耗如旧,俟旧券尽而止。如此又省合给茶及香药、象齿、东南缗钱总直缗钱一百七十一万。"二府大臣亦言:"所省及增收计为缗钱六百五十余万。时边储有不足以给一岁者,至是,多者有四年,少者有二年之蓄,而东南茶亦无滞积之弊。其计置司请焚弃者,特累年坏败不可用者尔。推行新法,功绪已见。盖积年侵蠹之源一朝闭塞,商贾利于复故,欲有以动摇,而论者不察其实,助为游说。愿力行之,毋为流言所易。"于是诏有司榜谕商贾以推行不变之意,赐典吏银绢有差,然论者犹不已。

卷一百八十四

志第一百三十七

食货下六 茶下

茶　天圣三年八月，诏翰林侍讲学士孙奭等同究利害，奭等言："十三场茶积而未售者六百一十三万余斤，盖许商人贴射，则善者皆入商人，其入官者皆粗恶不时，故人莫肯售。又园户输岁课不足者，使如商人入息，而园户皆细民，贫弱力不能给，烦扰益甚。又奸人倚贴射为名，强市盗贩，侵夺官利，其弊不可不革。"十月，遂罢贴射法，官复给本钱市茶。商人入钱以售茶者，奭等又欲优之，请凡入钱京师售海州、荆南茶者，损为七万七千，售真州等四务十三场茶者，又第损之，给茶皆直十万。自是，河北入中复用三说法，旧给东南缗钱者，以京师榷货务钱偿之。

奭等议既用，益以李谘等变法为非。明年，摅计置司所上天圣二年比岁增亏数差谬，诏令尝典议官张士逊等条析。夷简言："天圣初，环庆等路数奏刍粮不给，京师府藏常阙缗钱，吏兵月奉仅能取足。自变法以来，京师积钱多，边讯不闻告乏，中间蕃部作乱，调发兵马，仰给有司，无不足之患。以此推之，颇有成效。三司比视数目差互不同，非执政所能亲自较计。"然士逊等犹被罚，谘罢三司使。初，园户负岁课者如商人入息，后不能偿。至四年，太湖等九场凡逋息钱十三万缗，诏悉蠲之。然自奭等改制，而茶法寖坏。

景祐中，三司使孙居中等言："自天圣三年变法，而河北入中虚估之敝，复类乾兴以前，蠹耗县官，请复行见钱法。"时谘已执政矣。三年，河北转运使杨偕亦陈三说法十二害，见钱法十二利，以谓止用三说所支一分缗钱，足以赡一岁边计。遂命谘与参知政事蔡齐等合议，且令诏商人访其利害。是岁三月，谘等请罢河北入中虚估，以实钱偿刍粟，实钱售茶，皆如天圣元年之制。又以北商持券至京师，旧必得交引铺为之保任，并得三司符验，然后给钱，以是京师坐贾率多邀求，三司吏稽留为奸，乃悉罢之，命商持券径趣榷货务验实，立偿之钱。初，奭等虽增商人入钱之数，而犹以为利薄，故竞市虚估之券，以射厚利，而入钱者寡，县官日以侵削，京师少蓄藏。至是，谘等请视天圣三年入钱数第损一千有奇，入中增直亦视天圣元年数第加三百。诏皆可之。前已用虚估给券者，给茶如旧，仍给景祐二年已前茶。

既而谘等又言："天圣四年，尝许陕西入中愿得茶者，每钱十万，所在给券，径趣东南受茶十一万一千。茶商获利，争欲售陕西券，故不复入钱京师，请禁止之。"并言商人所不便者，其事甚悉，请为更约束，重私贩之禁，听商人输钱五分，余为置籍召保，期半年悉偿，失期者倍其数。事皆施行。谘等复言："自奭等变法，岁损财利不可胜计，且以天圣九年至景祐二年较之，五年之间，河北入中虚费缗钱五百六十八万；今一旦复用旧法，恐豪商不便，依托权贵，以动朝廷，请先期申谕。"于是帝为下诏戒敕，而县官滥费自此少矣。

久之，上书者复言："自变法以来，岁辇京师金帛，易刍粟于河北，配扰居民，内虚府库，外困商旅，非便。"宝元元年，命御史中丞张观等与三司议之。观等复请入钱京师以售真州等四务十三场茶，直十万者，又视景祐三年数损之，为钱六万七千，入中河北愿售茶者，又损一千。既而诏又第损二千，于是入钱京师止钱六万五千，入中河北为钱六万四千而已。

康定元年，叶清臣为三司使，是岁河北谷贱，因请内地诸州行三说法，募人入中，且以东南盐代京师实钱。诏籴止二百万石。庆历二年，又请募人入刍粟如康定元年法，数足而止，自是三说稍复用矣。八年，三司盐铁判官董沔亦请复三说法，三司以为然，因言："自见钱法行，京师钱入少出多，庆历七年，榷货务缗钱入百十九万，出三百七十六万。以此较之，恐无以赡给，请如沔议，以茶、盐、香药、缗钱四物如之。"于是有四说之法。初，诏止行于并边诸州，而内地诸州有司盖未尝请，即以康定元年诏书从事。自是三说、四说二法并行于河北，不数年间，茶法复坏。刍粟之直，大约虚估居十之八，米斗七百，甚者千钱。券至京师，为南商所抑，茶每直十万，止售钱三千，富人乘时收蓄，转取厚利。三司患之，请行贴买之法，每券直十万，比市估三千，倍为六千，复入钱四万四千，贴为五万，给茶直十万。诏又损钱一万，然亦不足以平其直。久之，券比售钱三千者，才得二千，往往不售，北商无利，入中者寡，公私大弊。

皇祐二年，知定州韩琦及河北转运司皆以为言，下三司议。三司奏："自改法至今，凡得谷二百二十八万余石，刍五十六万余围，而费缗钱一百九十五万有奇，茶、盐、香药又为缗钱一千二百九十五万有奇。茶、盐、香药，民用有限，榷货务岁课不过五百万缗，今散于民间者既多，所在积而不售，故券直亦从而贱。茶直十万，旧钱六万五千，今止二千；以至香一斤，旧售钱三千八百，今止五六百；公私两失其利。请复行见钱法，一用景祐三年约束。"乃下诏曰："比食货法坏，刍粟价益倍，县官之费日长，商贾不行，豪富之家，乘时牟利，吏缘为奸。自今有议者，须究厥理，审可施用，若事已上而验问无状者，置之重罚。"

是时虽改见钱法，而京师积钱少，恐不足以支入中之费，帝又出内藏库钱帛百万以赐三司。久之，入中者寖多，京师帑藏益乏，商人持券以俟，动弥岁月，至损其直以售于蓄贾之家。言利者请出内藏库钱稍增价售之，岁可得遗利五十万缗。既行，而谏官范镇谓内藏库、榷货务皆领县官，岂有榷货务故稽商人，而令内藏乘时射利？伤体坏法，莫斯为甚。诏即罢之，然自此并边虚估之弊复起。

至和三年，河北提举籴便粮草薛向建议："并边十七州军，岁计粟百八十万石，为钱百六十万缗，豆六十五万石，刍三百七十万围，并边租赋岁可得粟、豆、刍五十万，其余皆商人入中。请罢并边入粟,自京辇钱帛至河北,专以见钱和籴。"时杨察为三司使,请用其说。因辇绢四十万匹当缗钱七十万,又蓄见钱及择上等茶场八,总为缗钱百五十万,储之京师。而募商人入钱并边,计其道里远近,优增其直,以是偿之,且省辇运之费,唯入中刍豆计直偿以茶如旧。行未数年,论者谓辇运科折,烦扰居民,且商人入钱者少,刍豆虚估益高,茶益贱。诏翰林学士韩绛等即三司经度。绛等言:"自改法以来,边储有备,商旅颇通,未宜轻变。唯辇运之费,悉从官给,而本路旧输税绢者,毋得折为见钱,入中刍豆罢勿给茶,所在平其市估,至京偿以银、绸、绢。"自是茶法不复为边籴所须,而通商之议起矣。

初,官既榷茶,民私蓄盗贩皆有禁,腊茶之禁又严于他茶,犯者其罪尤重,凡告捕私茶皆有赏。然约束愈密而冒禁愈繁,岁报刑辟,不可胜数。园户困于征取,官司并缘侵扰,因陷罪戾至破产逃匿者,岁比有之。又茶法屡变,岁课日削。至和中,岁市茶淮南才四百二十二万余斤,江南三百七十五万余斤,两浙二十三万余斤,荆湖二百六万余斤,唯福建天圣末增至五十万斤,诏特损五万,至是增至七十九万余斤,岁售钱并本息计之,才百六十七万二千余缗。官茶所在陈积,县官获利无几,论者皆谓宜弛禁便。

先是,天圣中,有上书者言茶、盐课亏。帝谓执政曰:"茶、盐,民所食,而强设法以禁之,致犯者众。顾经费尚广,未能弛禁尔!"景祐中,叶清臣上疏曰:

山泽有产,天资惠民。兵食不充,财臣兼利,草芽木叶,私不得专,对园置吏,随处立管。一切官禁,人犯则刑,既夺其资,又加之罪,黥流日报,逾冒不悛。诚有厚利重货,能济国用,圣仁恤隐,矜赦非辜,犹将弛禁缓刑,为民除害。度支费用甚大,榷易所收甚薄,剜剥园户,资奉商人,使朝廷有聚敛之名,官曹滋虐滥之罚,虚张名数,刻蠹黎元。

建国以来,法敝辄改,载详改法之由,非有为国之实,皆商吏协计,倒持利权,幸在更张,倍求奇羡。富人豪族,坐以贾赢,薄贩下估,日皆朘削,官私之际,俱非远略。臣窃尝校计茶利所入,以景祐元年为率,除本钱外,实收息钱五十九万余缗,又天下所售食茶,并本息岁课亦只及三十四万缗,而茶商见通行六十五州军,所收税钱已及五十七万缗。若令天下通商,只收税钱,自及数倍,即榷务、山场及食茶之利,尽可笼取。又况不费度支之本,不置榷易之官,不兴辇运之劳,不滥徒黥之辟。

臣意生民之弊,有时而穷,盛德之事,俟圣不惑。议者谓榷卖有定率,征税无彝准,通商之后,必亏岁计。臣按管氏盐铁法,计口受赋,茶为人用,与盐铁均,必令天下通行,以口定赋,民获善利,又去严刑,口数出钱,人不厌取。景祐元年,天下户千二十九万六千五百六十五,丁二千六百二十万五千四百四十一,三分其一为产茶州军,内外郭乡又居三分之一,丁赋三十,村乡丁赋二十,不产茶州军郭乡村乡如前计之,又第损十钱,岁计已及缗钱四十万。榷茶之利,凡止九十余万缗,通商收税,且以三倍旧税为率,可得一百七十余万缗,更加口赋之入,乃有二百一十余万缗,或更于收税则例,微加增益,即所增至寡,所聚愈厚,比于官自榷易,驱民就刑,利病相须,炳然可察。

时下三司议,皆以为不可行。

至嘉祐中,著作佐郎何鬲、三班奉职王嘉麟又皆上书请罢给茶本钱,纵园户贸易,而官收租钱与所在征算,归榷货务以偿边籴之费,可以疏利源而宽民力。嘉麟为《登平致颂书》十卷、《隆衍视成策》二卷上之,淮南转运副使沈立亦集《茶法利害》为十卷,陈通商之利。时富弼、韩琦、曾公亮执政,决意向之,力言于帝。三年九月,命韩绛、陈升之、吕景初即三司置局议之。十月,三司言:"茶课缗钱岁当入二百二十四万八千,嘉祐二年才及一百二十八万,又募人入钱,皆有虚数,实为八十六万,而三十九万有奇是为本钱,才得子钱四十六万九千,而辇运糜耗丧失,与官吏、兵夫廪给杂费,又不与焉。至于园户输纳,侵扰日甚,小民趋利犯法,刑辟益繁,获利至少,为弊甚大。宜约至和以后一岁之数,以所得息钱均赋茶民,恣其买卖,所在收算,请遣官询察利害以闻。"诏遣官分行六路,还言如三司使议便。

四年二月,诏曰:"古者山泽之利,与民共之,故民足于下,而君裕于上,国家无事,刑罚以清。自唐建中时,始有茶禁,上下规利,垂二百年。如闻比来为患益甚,民被诛求之困,日惟咨嗟,官受滥恶之入,岁以陈积,私藏盗贩,犯者实繁,严刑重诛,情所不忍,是于江湖之间幅员数千里,为陷阱以害吾民也。朕心恻然,念此久矣,间遣使者往就问之,而皆欢然愿弛其禁,岁入之课以时上官。一二近臣,条析其状,朕犹若慊然,又于岁输裁减其数,使得饶阜,以相为生,俾通商利。历世之敝,一旦以除,著为经常,弗复更制,损上益下,以休吾民。尚虑喜于立异之人、缘而为奸之党,妄陈奏议,以惑官司,必置明刑,无或有贷。"

初,所遣官既议弛禁,因以三司岁课均赋茶户,凡为缗钱六十八万有奇,使岁输县官。比输茶时,其出几倍,朝廷难之,为损其半,岁输缗钱三十三万八千有奇,谓之租钱,与诸路本钱悉储以待边籴。自是唯腊茶禁如旧,余茶肆行天下矣。论者犹谓朝廷志于恤人,欲省刑罚,其意良善;然茶户困于输钱,而商贾利薄,贩鬻者少,州县征税日蹙,经费不充,学士刘敞、欧阳修颇论其事。敞疏大要以谓先时百姓之摘山者,受钱于官,而今也顾其纳钱于官,受纳之间,利害百倍;先时百姓冒法贩茶者被罚耳,今悉均赋于民,赋不时入,刑亦及之,是良民代冒法者受罪;先时大商富贾为国懋迁,而州郡收其税,今大商富贾不行,则税额不登,且乏国用。修言新法之行,一利而有五害,大略与敞意同。时朝廷方排众论而行之,敞等虽言,不听也。

治平中,岁入腊茶四十八万九千余斤,散茶二十五万五千余斤,茶户租钱三十二万九千八百五十五缗,又储本钱四十七万四千三百二十一缗,而内外总入茶税钱四十九万八千六百缗,推是可见茶法得失矣。自天圣以来,茶法屡易,嘉祐始行通商,虽议者或以为不便,而更法之意则主于优民。

熙宁四年,神宗与大臣论昔茶法之弊,文彦博、吴充、王安石各论其故,然于茶法未有所变。及王韶建开湟之策,委以经略。七年,始遣三司干当公事李杞入蜀经画买茶,于秦凤、熙河博马。而韶言西人颇以善马至边,所嗜唯茶,乏茶与市。即诏趋杞据见茶计水陆运致,又以银十万两、帛二万五千、度僧牒五百付之,假常平及坊场余钱,以著作佐郎蒲宗闵同领其事。初,蜀之茶园,皆民两税地,不殖五谷,唯宜种茶。赋税一例折输,盖为钱三百,折输绸绢皆一匹;为钱十,则折输绵一两;为钱二,则折输草一围。役钱亦视其赋。民卖茶资衣食,与农夫业田无异,而税额总三十万。杞被命经度,又诏得调举官属,乃即属诸州创设官场,岁增息为四十万,而重禁榷之令。其输受之际,往往厌其斤重,侵其价直,法既加急矣。八年,杞以疾去。

先是,杞等岁增十万之息,既而运茶积滞,岁课不给,即建画于彭、汉二州岁买布各十万匹,以折脚费,实以布息助茶利,然茶亦未免积滞。都官郎中刘佐复议岁易解盐十万席,顾运回车船载入蜀,而禁商贩,盖恐布亦难敷也。诏既以佐代杞,未几,盐法复难行,遂罢佐。而宗闵乃议川峡路民茶息收什之三,尽卖于官场,更严私交易之令,稍重至徒刑,仍没缘身所有物,以待赏给。于是蜀茶尽榷,民始病焉。

十年,知彭州吕陶言:"川峡四路所出茶,比东南十不及一,诸路既许通商,两川却为禁地,亏损治体。如解州有盐池,民间煎者乃是私盐,晋州有矾山,民间炼者乃是私矾,今川蜀茶园,皆百姓己物,与解盐、晋矾不同。又市易司笼制百货,岁出息钱不过十之二,然必以一年为率;今茶场司重立法,尽榷民茶,随买随卖,取息十之三,或今日买十千之茶,明日即作十三千卖之,变转不休,比至岁终,岂止三分?"因言刘佐、李杞、蒲宗闵等苟希进用,必欲出息三分,致茶户被害。始诏息止收十之一,佐坐措置乖方罢,以国子博士李稷代之,而陶亦získ罪。稷依李杞例兼三司判官,仍委权不限员举劾。

侍御史周尹论蜀中榷茶为民害,罢为提点湖北刑狱。利州路漕臣张宗谔、张升卿议废茶场司,依旧通商,诏付稷,稷方以茶利要功,言宗谔等所陈皆疏谬,罪当无赦。虽会赦,犹皆坐贬秩二等。于是稷建议卖茶官非材,许对易,如阙员,于前资待阙官差;茶场司事,州郡毋得越职听治。又以茶价增减或不一,裁立中价,定岁入课额,及设酬赏以待官吏,而三路三十六场大小使臣并不限员。重园户采造黄花秋叶茶之禁,犯者没官。蒲宗闵亦援稷比,许举劾官吏,以重其权,二人皆务浚利刻急。茶场监官买茶精良及满五千驮以及万驮,第赏有差,而所买粗恶伪滥者,计亏坐赃论。凡茶场州军知州、通判并兼举,经略使所在,即委通判。又禁南入熙河、秦凤、泾原路,如私贩腊茶法。

自熙宁十年冬推行茶法,至元丰元年秋,凡一年,通课利及旧界息税七十六万七千六十余缗。帝谓稷能推原法意,日就事功,宜速迁擢,以劝在位,遂落权发遣,以为都大提举茶场,而用永兴军等路提举常平范纯粹同提举。久之,用稷言徙司秦州,而录李杞前劳,以子珏试将作监主簿。蒲宗闵更请巴州等处产茶并用榷法。

五年,李稷死永乐城,诏以陆师闵代之。师闵言稷治茶五年,百费外获净息四百二十八万余缗,诏赐田十顷。而师闵权利,尤刻于前,建言:"文、阶州接连,而茶法不同,阶为禁地,有博马、卖茶场,文独为通商地。乞文、龙二州并禁榷;仍许川路余羡茶货入陕西变卖,于成都府置博卖都茶场。"事皆施行。初,群牧判官郭茂恂言,卖茶买马,事实相须,诏茂恂同提举茶场。至是,师闵以买马司兼领茶场,茶法不能自立,诏罢买马司兼领;令茶场都大提举视转运使,同管干判转运判官,以重其任。贾种民更立茶法,师闵论奏茶场与他场务不同,诏并用旧条。初,李杞增诸州茶场,自熙宁七年至元丰八年,蜀道茶场四十一,京西路金州为场六,陕西卖茶为场三百三十二,税息至稷加为五十万,及师闵为百万。

元祐元年,侍御史刘挚奏疏曰:"蜀茶之出,不过数十州,人赖以为生,茶司榷而市之。园户有茶一本,而官市之,额至数十斤。官所给钱,糜耗于公者,名色不一,给借保任,输入视验,皆牙侩主之,故费于牙侩者又不知几何。是官于园户名为平市,而实夺之。园户有逃而免者,有投死以免者,而其害犹及邻伍。欲伐茶则有禁,欲增植则加市,故其俗论谓地非生茶也,实生祸也。愿遣使者,考茶法之敝,以苏蜀民。"右司谏苏辙继言:"吕陶尝奏改茶法,止行长引,令民自贩,每缗长引钱百,诏从其请,民方有息肩之望。孙迥、李稷入蜀商度,尽力搭取,息钱长引并行,民间始不易矣。且盗贼赃及二贯,止徒一年,出赏五千,今民有以钱八百私买茶四十斤者,辄徒一年,赏三十千,立法苟以自便,不顾轻重之宜。盖造立茶法,皆倾险小人,不识事体。"且备陈五害。吕陶亦条上利害,诏付黄廉体量;未至,挚又言陆师闵恣为不法,不宜仍任事。诏即罢之。先是,师闵提举榷茶,所行职务,他司皆不得预闻,事权震灼,为患深密。及黄廉就领茶事,乃请凡缘茶事有侵损戾法,或措置未当及有诉讼,依元丰令,听他司关送。十一月,蒲宗孟亦以附会李稷卖茶罢。

明年,熙河、秦凤、泾原三路茶仍官为计置,永兴、鄜延、环庆许通商,凡以茶易谷者听仍旧,毋得逾转运司和籴价,其所博斛斗勿取息。七年,诏成都等路茶事司,以三百万缗为额本。

绍圣元年,复以陆师闵都大提举成都等路茶事,而陕西复行禁榷。师闵乃奏龙州仍为禁茶地,凡茶法并用元丰旧条。师闵自复用,以讫哲宗之世,其捃克之迹,不若前日之著,故建明亦罕见焉。

茶之在诸路者,神宗、哲宗朝无大更革。熙宁八年,尝诏都提举市易司岁贾商茶,以三百万斤为额。元祐五年,立六路茶税租钱诸州通判转运司月暨岁终比较都数之法。七年,以茶隶提刑司,税务毋得更易为杂税收受。

绍圣四年,户部言:"商旅茶税五分,治平条立输送之限既宽，复虑课入无准，故定以限约，毋得更展。元祐中，辄展以季，课入漏失。且茶税岁计七十万缗，积十年未尝检察，请内外委官，期一年驱算以闻。"诏听其议，展限令出一时，毋承用。

崇宁元年，右仆射蔡京言："祖宗立禁榷法，岁收净利凡三百二十余万贯，而诸州商税七十五万贯有奇，食茶之算不在焉，其盛时几五百余万缗。庆历之后，法制浸坏，私贩公行，遂罢禁榷，行通商之法。自后商旅所至，与官为市，四十余年，利源浸失。谓宜荆湖、江、淮、两浙、福建七路所产茶，仍旧禁榷官买，勿复科民，即产茶州郡随所置场，申商人园户私易之禁，凡置场地园户租折税仍旧。产茶州军许其民赴场输息，量限斤数，给短引，于旁近郡县便鬻；余悉听商人于榷货务入纳金银、缗钱或并边粮草，即本务给钞，取便算请于场，别给长引，从所指州军鬻之。商税自场给长引，沿道登时批发，至所指地，然后计税尽输，则在道无苛留。买茶本钱以度牒、末盐钞、诸色封桩、坊场常平剩钱通三百万缗为率，给诸路，诸路措置，各分命官。"诏悉听焉。

俄定诸路措置茶事官置司：湖南于潭州，湖北于荆南，淮南于扬州，两浙于苏州，江东于江宁府，江西于洪州。其置场所在：蕲州即其州及蕲水县，寿州以霍山、开顺，光州以光山、固始，舒州即其州及罗源、太湖，黄州以麻城，庐州以舒城，常州以宜兴，湖州即其州及长兴、德清、安吉、武康，睦州即其州及青溪、分水、桐庐、遂安，婺州即其州及东阳、永康、浦江，处州即其州及遂昌、青田，苏、杭、越各即其州，而越之上虞、余姚、诸暨、新昌、剡县皆置焉，衢、台各即其州，而温州以平阳。大法既定，其制置节目，不可毛举。四年，京复议更革，遂罢官置场，商旅并即所在州县或京师给长短引，自买于园户。茶贮以笼箄，官为抽盘，循第叙输息讫，批引贩卖，茶事益加密矣。

大观元年，议提举茶事司须保验一路所产茶色高下、价直低昂，而请茶短引以地远近程以三等之期。复虑商旅影挟旧引，冒诈规利，官吏因得扰动，以御笔申饬之。又以诸路再定茶息，多寡或不等，令斤各增钱十。三年，计七路一岁之息一百二十五万一千九百余缗，榷货务再岁一百一十有八万五千余缗。京专用是以舞智固权，自是岁以百万缗输京师所供私奉，掊息益厚，盗贩公行，民滋病矣。

政和二年，大增损茶法。凡请长引再行者，输钱百缗，即往陕西，加二十，茶以百二十斤；短引输缗钱二十，茶以二十五斤。私造引者如川钱引法。岁春茶出，集民户约三岁实直及今价上户部。茶笼箄并皆官制，听客买，定大小式，严封印之法。长短引辄窜改增减及新旧对带、缴纳申展、住卖转鬻科条悉具。初，客贩茶用旧引者，未严斤重之限，影带者众。于是又诏凡贩长引斤重及三千斤者，须更买新引对卖，不及三千斤者，即用新引以一斤带二斤鬻之，而合同场之法出矣。场置于产茶州军，而簿给于都茶场。凡不限斤重茶委官秤制，毋得止凭批引为定，有赢数即没官，别定新引限程及重商旅规避秤制之禁，凡十有八条，若避匿抄札及擅卖，皆坐以徒。复虑茶法犹轻，课

入不羡，定园户私卖及有引而所卖逾数，保内有犯不告，并如煎盐亭户法。短引及食茶关子辄出本路，坐以二千里流，赏钱百万。

重和元年，诏："客贩输税，检括抵保，吏因扰民，其蠲之。"未几，复输税如旧。大抵茶、盐之法，主于蔡京，务巧掊利，变改法度，前后相逾，民听眩惑。初，令茶户投状籍于官，非在籍者，禁与商旅贸易，未几即罢。初，限计斤重，令买新引，茶有赢者，即及一千五百斤，须用新引贴贩，或止愿贩新茶带卖者听；未几，以带卖者多，又罢其令。

陕西旧通蜀茶，崇宁二年，始通东南茶。政和中，陕西没官茶令估卖，继以妨商旅，下令焚弃。俄令正茶没官者听与贩，引外剩茶及私茶数以给告者。长引限以一年，短引限以半岁缴纳。久之，令已买引而未得于园户者，期七年，许民间同见缗流转，长引听即本路住卖，以二浙盐香司有言而止。其科条纤悉纷更，不可胜记，虑商旅疑惧，茶货不通，乃重扇摇之令。于时掊克之吏，争以赢羡为功，朝廷亦严立比较之法。州郡乐赏畏刑，惟恐负课，优假商人，陵轹州郡，盖莫有言者。独邠州通判张益谦奏："陕西非产茶地，奉行十年，未经立额，岁岁比较，第务增益，督程如星。州县惧殿，多前路招诱豪商，增价以幸其来，故陕西茶价，斤有至五六缗者，或稍裁之，则批改文引，转之他郡。及配之铺户，安能尽售？均及税农，民实受害，徒令豪商坐享大利。"言竟不行。

然自茶法更张，至政和六年，收息一千万缗，茶增一千二百八十一万五十一百余斤。及方腊窃发，乃诏权罢比较。腊诛，有司议招集园户，借贷优恤，止于文具，奸臣仍用事，蠹国害民，又虑人言，扇摇之令复出矣。靖康元年，诏川茶侵客茶地者，以多寡差定其罪。

初，熙宁五年，以福建茶陈积，乃诏福建茶在京、京东西、淮南、陕西、河东仍禁榷，余路通商。元丰七年，王子京为福建转运副使，言"建州腊茶，旧立榷法，自熙宁权听通商，自此茶户卖客人茶甚良，官中所得惟常茶，税钱极微，南方遗利，无过于此，乞仍旧行榷法。建州岁出茶不下三百万斤，南剑州亦不下二十余万斤，欲尽买入官，度逐州军民户多少及约邻路民用之数计算，即官场卖，严立告赏禁。建州卖茶末茶，借丰国监钱十万缗为本。"并从之；所请均入诸路榷卖，委转运司官提举：福建王子京，两浙许懋，江东杜伟，江西朱彦博，广东高镈，然子京盖未免抑配于民。

时远方若桂州修仁诸县、夔州路达州有司皆议榷茶，言利者踵相蹑，然神宗闻鄂州失催茶税，辄蠲之。建州园户等以茶粗滥当剥纳，为钱三万六千余缗，虑其不能偿，令准输茶。初，成都帅司蔡延庆言邛部川蛮主苴尅等愿卖马，即诏延庆以茶招迖，后闻边事蛮情非便，即罢之。哲宗嗣位，御史安惇首劾王子京买腊茶抑民，诏罢子京事任，令福建禁榷州军视其旧，余并通商。桂州修仁等县禁榷及陕西碎卖芽茶皆罢。

崇宁二年，尚书有言："建、剑二州茶额七十余万斤，近岁增盛，而本钱多不继。"诏更给度牒四百，仍给以诸

色封桩。继诏商旅贩腊茶蠲其税,私贩者治元售之家,如元丰之制。腊茶旧法免税,大观三年,措置茶事,始收焉。四年,私贩勿治元售之家,如元符令。政和初,复增损为新法。三年,诏免输短引,许依长引于诸路住卖,后末骨茶每长引增五百斤,短引仿此;诸路监司、州郡公使食茶禁私买,听依商旅买引。六年,诏福建茶园如盐田,量土地产茶多寡,依等第均税。重和元年,以改给免税新引,重定福建末茶斤重,长引以六百斤为率。

元丰中,宋用臣都提举汴河堤岸,创奏修置水磨。凡在京茶户擅磨末茶者有禁,并许赴官请买。而茶铺入米豆杂物揉和者募人告,一两赏三千,及一斤十千,至五十千止。商贾贩茶应往府界及在京师,须令产茶山场州军给引,并赴京场中卖,犯者依私贩腊茶法。诸路末茶入府界者,复严为之禁。讫元丰末,岁获息不过二十万,商旅病焉。

元祐初,宽茶法,议者欲罢水磨。户部侍郎李定以失岁课,持不可废;侍御史刘挚、右司谏苏辙等相继论奏,遂罢。绍圣初,章惇等用事,首议修复水磨。乃诏即京、索、大源等河为之,以孙迥提举,复命兼提举汴河堤岸。四年,场官钱景逢获息十六万余缗,吕安中二十一万余缗,以差议赏。元符元年,户部上凡获私末茶并杂和者,即犯者未获,估价给赏,并如私腊茶获犯人法。杂和茶宜弃者,斤特给二十钱,至十缗止。

初,元丰中修置水磨,止于在京及开封府界诸县,未始行于外路。及绍圣复置,其后遂于京西郑、滑、颍昌府、河北澶州皆行之,又将即济州山口营置。崇宁二年,提举京城茶场所奏:"绍圣初,兴复水磨,岁收二十六万余缗。四年,于长葛等处京、索、溧水河增修磨二百六十余所,自辅郡榷法罢,遂失其利,请复举行。"从之。寻诏商贩腊茶入京城者,本场尽买之,其翻引出外者,收堆垛钱。裁元丰制更立新额,岁买山场草以五百万斤为率。客茶至京者,许官场买十之三,即索价故高,验元引买价量增。三年,诏罢之。

明年,改令磨户承岁课视酒户纳曲钱法。五年,复罢民户磨茶,官用水磨仍依元丰法,应缘茶事并隶都提举汴河堤岸司。大观元年,改以提举茶事司为名,寻命茶场、茶事通为一司。三年,复拨隶京城所,一用旧法。政和元年,京城所请商旅贩茶起引定入京住卖者,即许借江入汴,如元丰旧制;其借江入汴却指他路住卖者禁,已请引者并令赴京。二年,以课入不登,商贾留滞,诏以其事归尚书省。于是尚书省言:"水磨茶自元丰创立,止行于近畿,昨乃分配诸路,以故多弊,欲止行于京城,仍行通客贩,余路水磨并罢。"从之。四年,收息四百万贯有奇,比旧三倍,遂创月进。

高宗建炎初,于真州印钞,给卖东南茶盐。当是时,茶之产于东南者,浙东西、江东西、湖南北、福建、淮南、广东西,路十,州六十有六,县二百四十有二。雪川顾渚生石上者谓之紫笋,毗陵之阳羡,绍兴之日铸,婺源之谢源,隆兴之黄龙、双井,皆绝品也。建炎三年,置行在都茶场,罢合同场十有八,惟洪、江、兴国、潭、建各置场一,监官一。罢食茶小引,捕私茶法视捕私盐。二十一年,秦桧等始进《茶盐法》。先是,臣僚或因事建明,朝廷亦因时损益,至是审订成书,上之。

孝宗隆兴二年,淮东宣谕钱端礼言:"商贩长引茶,水路不许过高邮,陆路不许过天长。如愿往楚州及盱眙界,引贴输翻引钱十贯五百文;如又过淮北,贴输亦如之。"当是时,商贩自榷场转入房中,其利至博,几禁虽严,而民之犯法者自若也。乾道二年,户部言:"商贩至淮北榷场折博,除输翻引钱,更输通货伪息钱十一缗五百文。"八年,减输翻引钱止七缗,通货伪见钱止八缗。淳熙二年,以长短茶引权以半依原引斤重钱数,分作四缗小引印给,而翻引贴输钱随小引输送。光宗绍熙初,漳州守臣朱熹奏除属邑科茶七千余缗。臣僚申明长短小引相兼,从人之便。户部言给卖小引,除金银、会子分数入输,余愿专以会子算请者听。

宁宗嘉泰四年,知隆兴府韩邈奏请:"隆兴府惟分宁县产茶,他县无茶,而豪民武断者乃请引,穷索一乡,使认茶租,非便。"于是禁非产茶县不许民擅认茶租。

建宁腊茶,北苑为第一,其最佳者曰社前,次曰火前,又曰雨前,所以供玉食,备赐予。太平兴国始置,大观以后制愈精,数愈多,胯式屡变,而品不一,岁贡片茶二十一万六千斤。建炎以来,叶浓、杨勍等相因为乱,园丁亡散,遂罢之。绍兴二年,蠲未起大龙凤茶一千七百二十八斤。五年,复减大龙凤及京铤之半。十二年,兴榷场,遂取腊茶为榷场本,凡胯、截、片、铤,不以高下多少,官尽榷之,申严私贩入海之禁。议者请鬻建茶于临安,移茶司事于建州买发。明年,以失陷引钱,复令通商。自是上供龙凤、京铤茶料,凡制作之费、筐笥之式,令漕司专之。

蜀茶之细者,其品视南方已下,惟广汉之赵坡,合州之水南,峨眉之白牙,雅安之蒙顶,土人亦珍之,但所产甚微,非江、建比也。旧无榷禁,熙宁间,始置提举司,收岁课三十万;至元丰中,累增至百万。建炎元年,成都转运判官赵开言榷茶、买马五害,请"用嘉祐故事尽罢榷茶,而令漕司买马。或未能然,亦当减额以苏园户,轻价以惠行商,如此则私贩衰而盗贼息。"遂以开同主管川、秦茶马。二年,开至成都,大更茶法,仿蔡京都茶场法,以引给茶商,即园户市茶,百斤为一大引,除其十勿算。置合同场以讥其出入,重私商之禁,为茶市以通交易。每斤引钱春七十、夏五十,市利头子钱不预焉。所过征一钱,所止一钱五分。自后引息钱至一百五万缗。至十七年,都大茶马韩球尽取园户加饶之茶为额,茶司岁收二百万,而买马之数不加多。

乾道末年,青羌作乱,茶司增长细马名色等钱岁三十万。淳熙六年以后,累减园户重额钱十六万,又减引息钱十六万。至绍熙初,杨辅为使,遂定为法。成都府、利州路二十三场,岁产茶二千一百二万斤,通博马物帛岁收钱二百四十九万三千余缗。朝廷岁以一百一十三万缗隶总领所赡军,然茶马司率多难之;乾道以后,岁拨止一二十万缗,至淳熙十年,遂以五十万缗为准。

自熙、丰以来，茶司官权出诸司之上。初，元丰开川、秦茶场，园户既输二税，又输土产；隆安县园户二税、土产兼输外，又催理茶课估钱；炎兴元年立为额，至宁宗庆元初，始除之。六年，诏四川产茶处岁输经总制头子钱五千四十一道有奇，又科租钱三千一百四十道有奇。

宋初，经理蜀茶，置互市于原、渭、德顺三郡，以市蕃夷之马，熙宁间，又置场于熙河。南渡以来，文、黎、珍、叙、南平、长宁、阶、和凡八场，其间卢甘蕃马岁一至焉，洮州蕃马或一月或两月一至焉，叠州蕃马或半年或三月一至焉，皆良马也。其他诸蕃马多驽，大率皆以互市为利，宋朝曲示怀远之恩，亦以是羁縻之。绍兴二十四年，复黎州及雅州碉门灵犀砦易马场。乾道初，川、秦八场马额九千余匹，淳熙以来，为额万二千九百九十四匹，自后所市未尝及焉。

卷一百八十五

志第一百三十八

食货下七　酒　坑冶　矾　香附

　　酒　宋榷酤之法：诸州城内皆置务酿酒，县、镇、乡、闾或许民酿而定其岁课，若有遗利，所在多请官酤。三京官造曲，听民纳直以取。

陈、滑、蔡、颍、随、郓、邓、金、房州、信阳军旧皆不榷。太平兴国初，京西转运使程能请榷之，所在置官吏局署，取民租米麦给酿，以官钱市薪樵及吏工奉料。岁计获无几，而主吏规其盈羡，及酝齐不良，酒多醨薄，至课民婚葬，量户大小令酤，民甚被其害。岁俭物贵，殆不偿其费。太宗知其弊，淳化五年，诏募民自酿，输官钱减常课三之二，使其易办；民有应募者，检视其赀产，长吏及大姓共保之，后课不登则均偿。是岁，取诸州岁课钱少者四百七十二处，募民自酤，或官卖曲收其直。其后民应募者寡，犹多官酿。

陕西虽榷酤，而尚多遗利。咸平五年，度支员外郎李士衡请增课以助边费，乃岁增十一万余贯。两浙旧募民掌榷，雍熙初，以民多私酿，遂蠲其禁，其榷酤岁课如曲钱之制，附两税均率。二年，诏曰："有司请罢杭州榷酤，乃使豪举之家坐专其利，贫弱之户岁责所输，本欲惠民，乃成侵扰。宜仍旧榷酒，罢纳所均钱。"天禧四年，转运副使方仲荀言："本道酒课旧额十四万贯，遗利尚多。"乃岁增课九万八千贯。

川峡承旧制，卖曲价重，开宝二年，诏减十之二。既而颇兴榷酤，言事者多陈其非便，太平兴国七年罢，仍旧卖曲。自是，惟夔、建、开、施、庐、黔、涪、黎、威州、梁山云安军，及河东之麟、府州，荆湖之辰州，福建之福、泉、汀、漳州、兴化军，广南东、西路不禁。

自春至秋，酝成即鬻，谓之"小酒"，其价自五钱至三十钱，有二十六等；腊酿蒸鬻，候夏而出，谓之"大酒"，自八钱至四十八钱，有二十三等。凡酝用粳、糯、粟、黍、麦等及曲法、酒式，皆从水土所宜。诸州官酿所费谷麦，准常籴以给，不得用仓储。酒匠、役人当受粮者给钱。凡官曲，麦一斗为曲六斤四两。卖曲价：东京、南京斤直钱百五十五，西京减五。

咸平末，江、淮制置榷酤钱，颇为烦刻。景德二年，诏毋增榷，自后制置使不得兼领酒榷。四年，又诏中外不得更议增课以图恩奖。天禧初，著作郎张师德使淮南，上言："乡村酒户年额少者，望并停废。"从之。

至道二年，两京诸州收榷课铜钱一百二十一万四千余贯，铁钱一百五十六万五千余贯，京城卖曲钱四十八万余贯。天禧末，榷课铜钱增七百七十九万六千余贯，铁钱增一百三十五万四千余贯，曲钱增三十九万一千余贯。

五代汉初，犯曲者并弃市；周，至五斤者死。建隆二年，以周法太峻，犯私曲至十五斤、以私酒入城至三斗者始处极刑，余论罪有差；私市酒、曲者减造人罪之半。三年，再下酒、曲之禁，户令造差定其罪：城郭二十斤、乡闾三十斤，弃市；民持私酒入京城五十里、西京及诸州城二十里者，至五斗处死；所定里数外，有官署酤酒而私酒入其地一石，弃市。乾德四年，诏比建隆之禁第减之：凡至城郭五十斤以上、乡闾百斤以上，私酒入禁地二石、三石以上、至有官署处四石、五石以上者，乃死。法益轻而犯者鲜矣。

端拱二年令：民买曲酿酒酤者，县镇十里如州城二十里之禁。天圣以后，北京售曲如三京法，官售酒、曲亦画疆界，戒相侵越，犯皆有法。其不禁之地，大概与宋初同，唯增永兴军、大通监、川峡之茂州、富顺监。

时天下承平既久，户口寖蕃，为酒醪以靡谷者益众。乾兴初，言者谓："诸路酒课，月比岁增，无有艺极，非古者禁群饮、教节用之义。"遂诏："乡村毋得增置酒场，已募民主之者，期三年；他人虽欲增课以售，勿听；主者自欲增课，委官吏度异时不至亏额负课，然后上闻。"既而御史中丞晏殊请酒场利薄者悉禁增课。

天圣七年，诏："民间有吉凶事酤酒，旧听自便，毋抑配。而江、淮、荆湖、两浙酒户往往豪制良民，至出引目，抑使多售。其严禁止，犯者听人告，募人代之。"庆历初，三司言："陕西用兵，军费不给，尤资榷权之利。请较监临官岁课，增者第赏之。"继令萧定基、王琪等商度利害。

初，酒场岁课不登，州县多责衙前或伍保输钱以充其数，嘉禧、治平中，数戒止之。治平四年，手诏蠲京师酒户所负榷钱十六万缗，又江南比岁所增酒场，强率人酤者禁止。皇祐中，酒曲岁课合缗钱一千四百九十八万六千一百九十六，至治平中，减二百一十二万三千七百三；而皇祐中，又入金帛、丝纩、刍粟、材木之类，总其数四百万七百六十，治平中，乃增一百九十九万一千九百七十五。

熙宁三年，诏诸郡遇节序毋得以酒相馈。初，知渭州蔡挺言："陕西有酝公使酒交遗，至逾二十驿，道路烦苦。"诏禁之。至是，都官郎中沈行复言："知莫州柴贻范馈他州酒至九百余瓶，用兵夫逾一百人。"故并诸路禁焉。

四年，三司承买酒曲坊场钱率千钱税五十，储以禄吏。六月，令式所删定官周直孺言："在京曲院酒户鬻酒亏额，原于曲数多则酒亦多，多则价贱，贱则人户损其利。为今之法，宜减数增价，使酒有限而必售，则人无耗折之患，而官额不亏。请以百八十万斤为定额，闰年增十五万斤。旧直，斤百六十八，百以八十五为数，后增为二百，百用足数，以便入出。"七年，诸郡旧不酿酒者许酿，以公使钱率百缗为十石，溢额者以违制论。在京酒户岁用糯三十万石。九年，江、浙灾伤，米直腾贵，诏选官至所产地预给钱，俟成稔折输于官。未几，诏勿行，止以所籴在京新米与已籴米半用之。

元丰元年，增在京酒户曲钱，较年额损曲三十万斤，闰年益造万斤。二年，诏："在京鬻曲，岁以百二十万斤为额，斤直钱二百五十，俟鬻如旧额，令复旧直。酒户负糟、糯钱，更期以二年带输，并蠲未请曲数十万斤。"先是，京师曲法，自熙宁四年更定后，多不能偿，虽屡阁未请曲数，及损岁籍为百五十万斤，斤增钱至二百四十，未免逋负。至是，命毕仲衍与周直孺求利病，请："损额增直，均给七十店，令日输钱，周岁而足，月输不及数，计所负倍罚；其炊酝非时、擅益器量及用私曲，皆立告赏法。"悉施行之，而裁其价。三年，诏："带输旧曲钱及倍罚钱，仍宽以半岁，未经免罚者蠲三之一。"五年，外居宗室酒，止许于旧宫院尊长及近属寄酝。增永兴军乾祐县十酒场。酒户负糟、糯钱，更令三年之内增月限以输，并除限内负息，其倍罚钱已蠲三之一，下户更免一分。

元祐元年，删监司鬻酒及三路馈遗条。绍圣二年，左司谏翟思言：诸郡酿酒，非沿边无复熙宁之数。诏："熙宁五年以前，诸郡不酿酒、及有公使钱而无酒者，所酿并依《熙宁编敕》数。仍令诸郡所减勿逾百石，旧不及数者如旧，毋得例外供馈。"后又以陕西沿边官监酒务课入不足，乃令边郡非帅府并酌条制定酿酒数，诸将并城寨止许于官务寄酝。

崇宁二年，知涟水军钱景允言建立学舍，请以承买醋坊钱给用。诏常平司计无害公费如所请，仍令他路准行之。初，元祐臣僚请罢榷醋，户部谓本无禁文。后翟思请以诸郡醋坊日息用余悉归常平，至是，景允有请，故令常平计之。十月，诸路官监酒直，上者升增钱二，中下增一，以充学费，余畀转运司及用。

大观四年，以两浙转运司之请，官监鬻糟钱别立额比较。又诏："诸郡榷酒之池，入出酒米，别遣仓官。卖醋毋得越郡城五里外，凡县、镇、村并禁，其息悉归转运司，旧属常平者如故。"

政和二年，淮南发运副使董正封言："杭州都酒务甲于诸路，治平前岁课三十万缗，今不过二十万。请令分务为三，更置比较务二，毋增官吏兵匠，仍请本路诸郡并增务比较。"从之。四年，两浙转运司亦请置比较务，定课额酿酒收息，以增亏为赏罚。诏："酒务官二员者分两务，三员者复增其一，员虽多毋得过四务。内有官虽多而课息不广者，听如旧。"是岁，以湖南路诸务糟醇钱分入提举

司，令斤增钱三，为直达粮纲水工之费。立酒匠阙听选试清务厢军之法。清务者，本州选刺供踏曲蘖蒸之役，阙则募人以充。

宣和二年，公使库假用米曲及因耗官课者，以坐赃罪之，监官移替。三年，发运使陈遘奏："江、淮等路官监酒直，上者升权增钱五，次增三，为江、浙新复州县之用。"其后尚书省请令他路悉行之。诏如其请，所收率十之三以给漕计，余输大观库。五年，罢夔路榷酤，未几复旧，以转运司言新边城寨藉以供亿故也。六年，在任官以奉酒抑卖坊户转鬻者，论以违制律。先是，政和末，尝诏毋得令人置肆以鬻，今并禁之。诸路增酒钱，如元丰法，悉充上供，为户部用，毋入转运司。七年，诸路鬻醋息，率十五为公使，余如钞旁法，令提刑司季具储备之数，毋得移用。靖康元年，两浙路酒价屡增，较熙、丰几倍，而岁稔米曲直贱，民规利，轻冒法，遂令罢所增价。

渡江后，屈于养兵，随时增课，名目杂出，或主于提刑，或领于漕司，或分隶于经、总制司，惟恐军资有所未裕。建炎三年，总领四川财赋赵开遂大变酒法：自成都始，先罢公帑实供酒，即旧扑买酒场所置隔酿，设官主之，民以米入官自酿，斛输钱三十，头子钱二十二。明年，遍下其法于四路，岁递增至六百九十余万缗，凡官槽四百所，私店不预焉，于是东南之酒额亦日增矣。四年，以米曲价高，诏上等升增二十文，上等升增十八文，俟米曲价平依旧。

绍兴元年，两浙酒坊于买扑上添净利钱五分，季输送户部。又增诸酒钱上升二十文，下十文。其诸州军卖酒亏折，随宜增价，一分州用，一分漕计，一分隶经制司。先是，酒有定价，每增须上请。是后，郡县始自增，而价不一矣。五年，令诸州酒不以上下，升增五文，隶制总司。六年，以绍兴二年以后三年中一年中数立额，其增羡给郡县用。罢四川州、军、县、镇酒官百七员，其酒息微处并罢之。

七年，以户部尚书章谊等言，行在置赡军酒库。四川制置使胡世将即成都、潼川、资、普、广安立清酒务，许民买扑，岁为钱四万八千余缗。自赵开行隔槽法，增至十四万六千余缗，绍兴元年。及世将改官监，所入又倍，自后累增至五十四万八千余缗，绍兴二十五年。而外邑及民户坊场又为三十九万缗。淳熙二年。然隔槽之法始行，听就务分槽酝卖，官计所入之米而收其课，若未病也。行之既久，酝卖亏欠，则责入米之家认输，不复核其米而第取其钱，民始病矣。

十年，罢措置赡军酒库所，官吏悉归户部，以左曹郎中兼领，以点检赡军酒库为名，与本路漕臣共其事。十五年，弛夔路酒禁。以南北十一库并充赡军激赏酒库，隶左右司。十七年，省四川清酒务监官，成都府二员，兴元遂宁府、汉、绵、邛、蜀、彭、简、果州、富顺监并汉州绵州、县各一员。

二十一年，诏诸军买扑酒坊监官赏格依旧。四万、三万贯已上场者：增及一倍，减一年磨勘，二倍减二年磨勘，三倍减三年磨勘，四倍减四年磨勘。二万、一万贯已上场

务:增及一倍,减三季磨勘,二倍减一年磨勘,三倍减三年磨勘,七千贯以上场务:增及一倍,斤三季名次,二倍减一年磨勘,三倍减一年半磨勘,四倍减二年磨勘。七千贯以下场务:增及一万贯减一年磨勘,二万贯减二年磨勘,三万贯减三年磨勘,四万贯减四年磨勘。二十五年,罢诸路漕司寄造酒。二十七年,以隔槽酒扰民,许买扑以便民。罢官监,后复制之。

三十年,以点检措置赡军酒库改隶户部。既而户部侍郎邵大受等言:"岁计赖经、总制,窠名至多,今诸路岁亏二百万,皆缘诸州公使库广造,别置店酤卖,以致酒务例皆败坏。"诏罢诸州别置酒库,如军粮酒库、防月库、月桩库之类,并省务寄造酒及帅司激买酒库。凡未分隶经、总制钱处,并立额分隶,补趁亏额。三十一年,殿帅赵密以诸军酒坊六十六归之户部,见九年。同安郡王杨存中罢殿帅,复以私扑酒坊九上之;岁通收息六十万缗有奇,以十分为率,七分输送行在,三分给漕计。盖自军兴以来,诸帅擅榷酤之利,由是,县官始得资之以佐经费焉。

孝宗乾道元年,以浙东、西犒赏库六十四隶三衙,输课于左藏南库,余钱充随年赡军及造军器。二年,诏:"临安府安抚司酒库悉归赡军;并赡军诸库及临安府安抚司酒务,令户部取三年所收一年中数立额。"日售钱万缗,岁收本钱一百四十万,息钱一百六十万,曲钱二万,羡余献以内藏者又二十万,其后增为五十万。四年,立场务官赏格。七年,以淮西总领周闶言,总所库四,安抚司库五,都统司库十八,马军司库一,增置行宫库一,共为库二十九,以三年最高年为额;其行宫新库息钱,除分认诸处钱及縻费,以净息三分为率,一分输御前酒库;以提领建康府户部赡军酒库为名,遂铸印及改库名。八年,知常德府刘邦翰言:"江北之民困于酒坊,至贫乏家,不捐万钱则不能举一吉凶之礼。"乃检《乾道重修敕令》,申严抑买之禁。淳熙三年诏:"四川酒课折估困弊,可减额钱四十七万三千五百余缗,令礼部给降度牒六百六十一道,补还今岁减数,明年于四川合给湖广总所钱补之。"

宁宗开禧元年,知临安府兼点检赡军激赏库赵善防、转运判官提领户部犒赏酒库詹徽之言,官吏冗费,请诸司官属兼管。明年,又以都省言课额失陷,依旧辟置。

初,赵开之立隔酿法也,盖以纾一时之急,其后行之诸郡,国家赡兵,郡县经费,率取给于此。故虽罢行、增减,不一而足,而其法卒不可废云。

坑冶　凡金、银、铜、铁、铅、锡监冶场务二百有一:金产商、饶、歙、抚四州,南安军。银产凤、建、桂阳三州,有三监;饶、信、虔、越、衢、处、道、福、汀、漳、南剑、韶、广、英、连、恩、春十七州,建昌、邵武、南安三军,有五十一场;秦、陇、兴元三州,有三务。铜产饶、处、建、英、信、汀、漳、南剑八州,南安、邵武二军,有三十五场;梓州有一务。铁产徐、兖、相三州,有四监;河南、凤翔、同、虢、仪、蕲、黄、袁、英九州,兴国军,有十二冶;晋、磁、凤、澧、道、渠、合、梅、陕、耀、坊、虔、汀、吉十四州,有二十务;信、鄂、连、建、南剑五州,邵武军,有二十五场。铅产越、建、连、英、春、韶、衢、汀、漳、南剑十州,南安、邵武二军,有三十六场、务。锡产河南、南康、虔、道、贺、潮、循七州,南安军,有九场。水银产秦、阶、商、凤四州,有四场。朱砂产商、宜二州,富顺监,有三场。

开宝三年,诏曰:"古者不贵难得之货,后代赋及山泽,上加侵削,下益雕弊。每念兹事,深疚于怀,未能捐金于山,岂忍夺人之利。自今桂阳监岁输课银,宜减三分之一。"民铸铜为佛像、浮图及人物之无用者禁之,铜铁不得阑出蕃界及化外。

至道二年,有司言:"定州诸山多银矿,而凤州山铜矿复出,采炼大获,而皆良焉。请置官署掌其事。"太宗曰:"地不爱宝,当与众庶共之。"不许。东、西川监酒商税课半输银帛外,有司请令二分入金。景德三年,诏以非土产罢之。

天圣中,登、莱采金,岁益数千两。仁宗命奖劝官吏,宰相王曾曰:"采金多则背本趋末者众,不宜诱之。"景祐中,登、莱饥,诏弛金禁,听民采取,俟岁丰复故。然是时海内承平已久,民间习俗日渐侈靡,糜金以饬服器者不可胜数,重禁莫能止焉。景祐、庆历中,屡下诏申敕之,语在《舆服志》。大率山泽之利有限,或暴发辄竭,或采取岁久,所得不偿其费,而岁课不足,有司必责主者取盈。仁宗、英宗每降赦书,辄委所在视冶之不发者,或废之,或蠲主者所负岁课,率以为常;而有司有请,亦辄从之,无所吝。故冶之兴废不常,而岁课增损随之。

皇祐中,岁得金万五千九十五两,银二十一万九千八百二十九两,铜五百一十万八百三十四斤,铁七百二十四万一千斤,铅九万八千一百五十一斤,锡三十三万六百九十五斤,水银二千二百斤。

其后,以赦书从事或有司所请,废冶百余。既而山泽兴发,至治平中,或增冶或复故者六十有八,而诸州坑冶总二百七十一:登、莱、商、饶、汀、南恩六州,金之冶十一;登、虢、秦、凤、商、陇、越、衢、饶、信、虔、郴、衡、漳、汀、泉、建、福、南剑、英、韶、连、春二十三州,南安、建昌、邵武三军,桂阳监,银之冶八十四;饶、信、虔、建、漳、汀、南剑、泉、韶、英、梓十一州,邵武军,铜之冶四十六;登、莱、徐、兖、凤翔、陕、仪、邢、虢、磁、虔、吉、袁、信、澧、汀、泉、建、南剑、英、韶、渠、合、资二十四州,兴国、邵武二军,铁之冶七十七;越、衢、信、汀、南剑、英、韶、春、连九州,邵武军,铅之冶三十;商、虢、虔、道、贺、潮、循七州,锡之冶十六;而水银、丹砂州冶,与至道、天禧之时则一,皆置吏主之。是岁,视皇祐减金九千六百五十六,银增九万五千三百八十四,铜增一百八十七万,铁、锡场百余万,铅增二百万,又得丹砂二千八百余斤,独水银无增损焉。

熙宁元年,诏:"天下宝货坑冶,不发而负岁课者蠲之。"八年,令近坑冶坊郭乡村并淘采烹炼,人并相为保;保内及于坑冶有犯,知而不纠或停盗不觉者,论如保甲法。

元丰元年,诸坑冶金总收万七百一十两,银二十一万五千三百八十五两,铜千四百六十万五千九百六十九斤,铁五百五十万一千九十七斤,铅九百一十九万七千三百三十五斤,锡二百三十二万一千八百九十八斤,水银三千三百五十六斤,朱砂三千六百四十六斤十四两有奇。

先是,熙宁七年,广西经略司言:"邕州右江填乃洞产金,请以邓辟鉴金场。"后五年,凡得金为钱二十五万缗,辟迁官再焉。元丰四年,始以所产薄罢贡,而虔、吉州界铅悉禁之。七年,户部尚书王存等请复开铜禁,各展磨勘年有差。是岁,坑冶凡一百三十六所,领于虞部。

绍圣元年,户部尚书蔡京奏:"岑水场铜额寖亏,而商、虢间苗脉多,陕民不习烹采,久废不发。请募南方善工诣陕西经画,择地兴冶。"于是以许天启同管干陕西坑冶事。元符三年,天启罢领坑冶,以其事归之提刑司。初,新旧坑冶合为一司,而漕司兼领。天启为同管干,欲专其事,虑有所牵制,乃请川、陕、京西路坑冶自为一司,许检束州县,刺举官吏,而漕司不复兼坑冶。至是,中书奏天启所领,首末六岁,总新旧铜止收二百六万余斤,而兵匠等费繁多,故罢之。

崇宁元年,提举江、淮等路铜事游经言:"信州胆铜古坑二:一为胆水浸铜,工少利多,其水有限;一为胆土煎铜,无穷而为利寡。计量之初,宜增本损息,浸铜斤以钱五十为本,煎铜以八十。"诏用其言。诸路坑冶,自川、陕、京西之外,并令常平司同管干。所收息薄而烦官监者,如元符、绍圣敕立额,许民封状承买。四年,湖北旺溪金场,以岁收金千两,乃置监官。广东漕臣王觉自言尝领常平,讲求山泽之利,岑水一场去年收铜,比租额增三万九千一百斤,较之常年亦增六十六万一千斤。遂增其秩。是岁,山泽坑冶名数,令监司立籍,非所当收者别籍之,若弛兴、废置、移并,亦令具注,上于虞部。

大观二年,诏:"金银坑发,虽告言而方检视,私开淘取者以盗论。坑冶旧不隶知县、县丞者,并令兼监,赏罚减正官一等。"有冶地,知县月一行点阅。言者论其职在宣导德泽,平征赋狱讼,不宜以课利走山谷间,遂已之。八月,提举陕西坑冶司改并入转运司。

政和元年,张商英言:"湖北产金,非止辰、沅、靖溪峒,其峡州夷陵、宜郡县,荆南府枝江、江陵县赤湖城至鼎州,皆商人淘采之地。漕司既乏本钱,提举司买止千两,且无专司定额。请置专切提举买金司,有金苗无官监者,许遣部内州县官及使臣掌干。"诏提举官措画以闻,仍于荆南置司。广东漕司复奏:"端州高明、惠州信上、立溪场皆宜停闭,韶州曹峒场、英州银冈场皆并入英之清溪场,惟黄坑场欲权存,俟岁终会所入别奏;惠州杨梅东坑、康州云烈,潮州丰政,连州元鱼、铜坑、黄田、白宝,广州大利、宜禄,韶州伍注、岑水、铜冈,循州大佐、罗翊,英州钟铜凡十六场,请并如旧;循之夜明、英之竹溪、韶之思溪、连之同安请更遣摄官。"从之。

三年,尚书省言:"陕西路坑冶已遣官吏提辖措置,川路金银坑冶兴废,虑失利源。"诏:"令陕西措置官兼行川路事。坑冶所收金、银、铜、铅、锡、铁、水银、朱砂物数,令工部置籍签注,岁半消补,上之尚书省。"自是,户部、尚书省皆有籍钩考,然所凭唯帐状,至有有额而无收,有收而无额,乃责之县丞、监官及曹、部奉行者,而更督递年违负之数。九月,措置陕西坑冶蒋彝奏:本路坑冶收金千六百两,他物有差。诏输大观西库,彝增秩,官属各减磨勘年。四年,令监司遣官同诸县丞遍视坑冶之利,为图籍签注,监司覆实保奏,议遣官再覆,酌重轻赏,异同、脱漏者罪之。六年,川、陕路各置提辖措置。坑冶官刘芑计置万、永州产金,一岁收二千四百余两,特与增秩。十二月,广东漕司言:"本路铁场坑冶九十二所,岁额收铁二百八十九万余斤,浸铜之余无他用。"诏令官悉市以广浸,仍以诸司及常平钱给本。尚书省奏:"五路坑冶已有提辖措置专司,及淮南、湖北、广东西亦监司领,其余路请并令监司领之。"于是江东西、福建、两浙漕臣皆领坑冶。

七年,提举东南九路坑冶徐禋奏:"太平瑞应,史不绝书。令部内山泽、坑冶,若获希世珍物及古宝器,请赴书艺局上进。"盖自政和初,京西漕臣王琦奏太和山产水精,知桂州王觉奏枕门等处产金及生花金田,提辖京西坑冶王景文奏汝州青岭镇界产玛瑙,其后湟州界蕃官结彪地内金坑千余,收生熟金四等,凡百三十四两有奇。蔡京请宣付史馆,帅百官表贺,故禋复有是请焉。是时,河北、京东西及徐禋所领九路兴修坑冶,类凿空扰下,抑州县承额,于是降黜河北提辖官,遣廉访使者郑谌并诸路廉访悉究陈利病真伪。八月,中书奏坑冶寖已即绪,诏京东西、河北路并提举东南九路坑冶并罢。十一月,尚书省言:"徐禋以东南黑铅留给鼓铸之余,悉造丹粉,鬻以济用。"诏诸路常平司以三十万输大观西库,余从所请。

明年,令诸路铁仿茶盐法榷鬻,置炉冶收铁,给引召人通市。苗脉微者听民出息承买,以所收中卖于官,私相贸易者禁之。先是,元丰六年,京东漕臣吴居厚奏:"徐、郓、青等州岁制军器及上供简铁之类数多,而利国、莱芜二监铁少不能给。请铁从官兴煽,所获可多数倍。"自是,官榷铁造器用以鬻于民,至元祐罢之。其后大观初,入内皇城使裴絇为泾原干当,奏上渭州通判宫冲淑之言:"石河铁冶既令民自采炼,中卖于官,请禁民私相贸易。农具、器用之类,悉官为铸造,其冶坊已成之物,皆以输官而偿其直。"乃禁毋得私相贸易,农具、器用勿禁,官自卖铁唯许铸泻户市之。

政和初,臣僚言:"盐铁利均,今盐筴推行已备,而铁货尚未讲画。请即冶户未偿之钱,收其已炼之铁,为器鬻之。兼京东二监所出尤多,河北固镇等冶并官监,其利不赀,而河东铁、炭最盛,若官榷为器,以赡一路,旁及陕、雍,利入甚广,且以销盗铸之弊。又夏人茶山铁冶既入中国,乏铁为器,闻以盐易铁钱于边,若官自为器,则铁与钱俱重,可伐其谋。请榷诸路铁,择其最盛者,可置监领官总之,概诸路不越数十处,余止为铸泻之地,属之都监或监当官兼领。凡农具、器用皆官铸造,表以字号,官本之余,取息二分以上,仍置铁引以通诸路,储其钱助三路钞本。"诏户部下诸路漕臣详度。会次年,广东路请以可监之地如旧法收其净利,苗脉微者召人承买,官不榷取,遂并诸路详度之旨不行。至是,臣僚复以为言,故严贸易之禁,而铁利尽榷于官,然农具、器用从民铸造,卒如旧法。

四月,广东廉访黄烈等言:"广、惠、英、康、韶州、兴庆府,政和中,宝货司立坑冶金银等岁额,或苗脉微,或无人承买,而浮冗之人虚托其名,发毁民田,骚动遨贩。"诏:"政和六年所立额并罢,旧有苗脉可给岁课者如故。"十一月,复诸路元罢提举坑冶官,其江南路仍令江西漕臣刘蒙同措置。

宣和元年,石泉军江溪沙碛麸金,许民随金脉淘采,立课额,或以分数取之。十月,复置相州安阳县铜冶村监官。先是,诏留邢州綦村、磁州固镇两冶,余创置冶并罢,而常平司谓铜冶村近在河北,得利多,故有是命。六年,诏:"坑冶之利,二广为最,比岁所入,稽之熙、丰,十不逮一。令漕臣郑良提举经画,分任官属典掌计置,取元丰以来岁入多数立额,定为常赋,坑冶司毋预焉。"时江、淮、荆、浙等九路,坑冶凡二百四十五,铸钱院监十八,岁额三百余万缗。五月,诏:"坑冶旧隶转运司者,如熙、丰、绍圣法;崇宁以后隶常平司者,如崇宁法;其江、淮等路坑冶官属,如熙、丰员数,余路官属并罢,仍令中书选提点官。"

靖康元年,诸路坑冶苗矿既微,或旧有今无,悉令蠲损,凡民承买金场并罢。宋初,旧有坑冶,官置场监,或民承买以分数中卖于官。初隶诸路转运司,本钱亦资焉,其物悉归之内帑。崇宁已后,广搜利穴,榷赋益备。凡属之提举司者,谓之新坑冶,用常平息钱与剩利钱为本,金银等物往往皆积之大观库,自蔡京始。政和间数罢数复,然告发之地多坏民田,承买者立额重,或旧有今无,而额不为损。钦宗即位,诏悉罢之。

南渡,坑冶废兴不常,岁入多寡不同。今以绍兴三十二年金、银、铜、铁、铅、锡之冶废兴之数一千一百七十,及乾道二年铸钱司比较所入之数附之:

湖南、广东、江东西金冶二百六十七,废者一百四十二;湖南、广东、福建、浙东、广西、江东西银冶一百七十四,废者八十四;潼川、湖南、利州、广东、浙东、广西、江东西、福建铜冶一百九,废者四十五。旧额岁七百五万七千二百六十斤有奇,乾道岁入二十六万三千一百六十斤有奇。

淮西、夔州、成都、利州、广东、福建、浙东、广西、江东西铁冶六百三十八,废者二百五十一,旧额岁二百一十六万二千一百四十斤有奇,乾道岁入八十八万三百斤有奇。

淮西、湖南、广东、福建、浙东、江西铅冶五十二,废者一十五,旧额岁三百二十一万三千六百二十斤有奇,乾道岁入一十九万一千二百四十斤有奇。

湖南、广东、江西锡冶一百一十八,废者四十四,旧额岁七十六万一千二百斤有奇,乾道岁入二万四百五十斤有奇。

宋初,诸冶外隶转运司,内隶金部;崇宁二年,始隶右曹;建炎元年,复隶金部、转运司。隆兴二年,坑冶监官岁收买金及四千两、银及十万两、铜锡及四十万斤、铅及一百二十万斤者,转一官;守倅部内岁比租额增金一万两、银十万两、铜一百万斤,亦转一官;令丞岁收买及监官格内之数,减半推赏。

庆元二年,宰执言:"封桩银数比淳熙末年亏额几百五十万。今务场所入岁不满三十万,而岁奉三宫及册宝费约四十万,恐愈侵银额。欲权以三分为率,一分支银,二分支会子。"上曰:"善。"

端平三年,敕曰:"诸路州县坑冶兴废,在观寺、祠庙、公宇、居民坟地及近坟园林地者,在法不许人告,亦不得受理。访闻官司利于告发,更不究实,多致扰害。自今许人户越诉,官吏并讼者重置典宪。及有坑冶停闭、苗脉不发之所,州县勒令坑户虚认岁额,提点铸钱司核实追正。"

矾　唐于晋州置平阳院以收其利。开成三年,度支奏罢之,乃以矾山归之州县。五代以来,复创务置官吏,宋因之。

白矾出晋、慈、坊州、无为军及汾州之灵石县,绿矾出慈、隰州及池州之铜陵县,皆设官典领,有镬户鬻造入官市。晋、汾、慈州矾,以一百四十斤为一驮,给钱六十。隰州矾驮减三十斤,给钱八百。博卖白矾价:晋州每驮二十一贯五百,慈州又增一贯五百;绿矾:汾州每驮二十四贯五百,慈州又增五百,隰州每驮四贯六百。散卖白矾:坊州斤八十钱,汾州百九十二钱,无为军六十钱;绿矾,斤七十钱。

建隆中,诏:"商人私贩幽州矾,官司严捕没入之。"继定私贩河东、幽州矾一两以上、私鬻三斤、及盗官矾至十斤者,弃市。开宝三年,增私贩至十斤、私鬻及盗满五十斤者死,余罪论有差。太平兴国初,以岁鬻不充,乃诏私贩化外矾一两以上、及私鬻至十斤,并如律论决,再犯者悉配流,还复犯者死。淳化元年,有司言:"慈矾滞积,小民多于山谷僻奥之地私鬻侵利。而绿矾价贱,不宜与晋矾均法。"诏同犯私茶罪赏。

先是,建隆二年,命左谏议大夫刘熙古诣晋州制置矾,许商人输金银、布帛、丝绵、茶及缗钱,官偿以矾,凡岁增课八十万贯。太平兴国初,岁博缗钱、金银计一十二万余贯,茶计三万余贯。端拱初,银、绢帛二万余贯,茶计十四万贯。至是,言者谓:"矾直酬以见钱,商人以陈茶入博,有利豪商,无资国用。"诏今后惟听金银、见钱入博。

至道中,白矾岁课九十七万六千斤,绿矾四十万五千余斤,鬻钱一十七万余贯。真宗末,白矾增二十万一千余斤,绿矾增二万三千余斤,鬻钱增六万九千余贯。天圣以来,晋、慈二州矾募民鬻之,季鬻矾一盆,多者千五、六百斤,少者六、七百斤,四分输一入官,余则官市之。无为军亦置务鬻矾,后听民自鬻,官置场售之,私售矾禁如私售茶法。六年,诏弛两蜀榷矾之禁。

时河东矾积益多,复听入金帛、刍粟。刍粟虚估高,商人利于入中。麟州粟斗实直钱百,虚估增至三百六十,矾之出官为钱二万一千五百,才易粟六石,计粟实直钱才六千，而矾一驮已费本钱六十。县官徒有榷矾之名，其实无利。嘉祐六年，罢入刍粟，复令入缗钱。矾以百四斤为一驮，入钱京师榷货务者，为钱十万七千；入钱麟、府州者，又减三千。自是商贾不得专其利矣。皇祐中，晋、慈入矾二百二十七万三千八百斤，以易刍粟之类，为缗钱十三万六千六百；无为军矾售缗钱三万三千一百。治平中，晋、慈矾损一百九万六千五百四斤；无为军矾售钱岁有常课，发运使领之，视皇祐数无增损；隰州矾至是入三十九万六千斤，亦以易缗钱助河东岁籴。

熙宁元年，命河东转运司经画矾、盐遗利。李师中言："官积矾三百户，走卤消耗，恐后为弃物。"诏令商人入中粮草，即以偿之。三年，罢潞州交子务，以妨中纳粮草、算请矾盐故也。知庆州王广渊言："河东，矾为利源之最，请河东、京东、河北、陕西别立矾法，专置提举官。"诏遣光禄丞杨蟠会议以闻。蟠言："坊州产矾，官虽置场，而商多私售。请置镬户，定其数，许于陕西北界黄河，东限潼关，南及京西、均、房、襄、邓、金州、光化军，令镬户递相保察。或私卖越界，禁如私白矾法，仍增官获私矾辄以夹杂减斤重之法。"从之。

元丰元年，定畿内及京东、西五路许卖晋、隰矾；陕西自潼关以西、黄河以南，达于京西均、房、襄、邓、金州则售坊州矾；矾之出于西山、保霸州者，售于成都、梓州路；出无为军者，余路售之。私鬻与越界者，如私矾法。

自熙宁初，矾法始变。岁课所入，元年为钱三万六千四百缗有奇，并增者五年，乃取熙宁六年中数，定以十八万三千一百缗有奇为新额；至元丰六年，课增至三十三万七千九百缗，而无为军矾岁课一百五十万斤，用本钱万八千缗；自治平至元丰数无增损。

元祐元年，户部言："商旅贩矾，旧听其便。乃者发运司请用河东例，令染肆铺户连保豫买，颇致抑扰。"诏如旧制。元符三年，崇仪使林像奏："禁河北土矾非便。若即河北产矾地置场官买，增价出之，罢运晋矾，则官获净利，无运载之劳，民资地产，省犯法之弊。"诏下户部。

初，熙、丰间，东南九路官自卖矾，发运司总之。元祐初通商，绍圣复熙、丰之制。大观元年，定河北、河东矾额各二十四万缗，淮南九万缗，罢官卖，从商贩，而河东、河北、淮南各置提举官。政和初，复官鬻，罢商贩如旧制。淮南矾事司罢归发运司，上供矾钱责以三万三千一百缗为额。三年，有司奏减河北、河东并淮南矾额，计十六万缗。四年，矾额复循大观之制。五年，河北、河东绿矾听客贩于东南九路，民间见用者，依通商地籍之，听买新引带卖，大率循仿盐法。宣和中，举比较增亏赏罚，未几，以扰民罢。

建炎三年，措置财用黄潜厚奏许商人贩淮南矾入东南诸路，听输钱行在，而持引据赴场支矾。

绍兴十一年，以铸钱司韩球言，抚州青胆矾斤钱一百二十文，土矾斤三十文省，铅山场所产高于抚，青胆矾斤作一百五十文，黄矾斤作八十文。二十九年，以淮西提举司言，取绍兴二十四年至二十八年所收矾钱一年中数四万一千五百八十五缗为定额。其他产矾之所，若潭州浏阳之永兴场、韶州之岑水场，皆置场给引，岁有常输。惟漳州之东，去海甚迩，大山深阻，虽有采矾之利，而潮、梅、汀、赣四州之奸民聚焉，其魁杰者号大洞主、小洞主，土著与负贩者，皆盗贼也。

香　宋之经费，茶、盐、矾之外，惟香之为利博，故以官为市焉。建炎四年，泉州抽买乳香一十三等，八万六千七百八十斤有奇。诏取赴榷货务打套给卖，陆路以三千斤、水路以一万斤为一纲。

绍兴元年，诏："广南市舶司抽买到香，依行在品答成套，召人算请，其所售之价，每五万贯易以轻货输行在。"六年，知泉州连南夫奏请，诸市舶纲首能招诱舶舟、抽解物货、累价及五万贯十万贯者，补官有差。大食蕃客啰辛贩乳香直三十万缗，纲首蔡景芳招诱舶货，收息钱九十八万缗，各补承信郎。闽、广舶务监官抽买乳香每及一百万两，转一官；又招商入蕃兴贩，舟还在罢任后，亦依此推赏。然海商入蕃，以兴贩为招诱，侥幸者甚众。

淳熙二年，郴、桂寇起，以科买乳香为言。诏："湖南路见有乳香并输行在榷货务，免科降。"十二年，分拨榷货务乳香于诸路给卖，每及一万贯，输送左藏南库。十五年，以诸路分卖乳香扰民，令止就榷货务招客算请。

绍熙三年，以福建舶司乳香亏数，诏依前博买。开禧三年，住博买。嘉定十二年，臣僚言以金银博买，泄之远夷为可惜，乃命有司止以绢帛、锦锜、瓷漆之属博易。听其来之多寡，若不至则任之，不必以为重也。

卷一百八十六

志第一百三十九

食货下八　商税　市易　均输　互市舶法

商税　凡州县皆置务，关镇亦或有之；大则专置官监临，小则令、佐兼领；诸州仍令都监、监押同掌。行者赍货，谓之"过税"，每千钱算二十；居者市鬻，谓之"住税"，每千钱算三十，大约如此。然无定制，其名物各随地宜而不一焉。行旅赍装，非有货币当算者，无得发箧搜索。凡贩夫贩妇细碎交易，岭南商贾赍生药及民间所织缣帛，非鬻于市者皆勿算。常税名物，令有司件析颁行天下，揭于版，置官署屋壁，俾其遵守。应算物货而辄藏匿，为官司所捕获，没其三分之一，以半畀捕者。贩鬻而不由官路者罪之。有官须者十取其一，谓之"抽税"。

自唐室藩镇多便宜从事，擅其征利，以及五季，诸国益务搭聚财货以自赡，故征算尤繁。宋兴，所下之国，必诏蠲省，屡敕官吏毋事烦苛、规羡余以徼恩宠。大中祥符六年，始免诸路州军农器之税。

诸州津渡旧皆有算，或水涸改置桥梁，有司犹责主者备偿。建隆初，诏除沧、德、棣、淄、齐、郓可渡三十九处算钱，水涨听民置渡，勿收其算。自是，有类此者多因恩宥蠲除。其余橘园、鱼池、水碾、社酒、莲藕、鹅鸭、螺蚌、柴薪、地铺、枯牛骨、溉田水利等名，皆因诸国旧制，前后屡诏废省。缘河州县民船载粟亦输算，三年，始罢。

陈州私置蔡河锁，民船胜百斛者取百钱，有所载倍其征，太平兴国三年，乃悉除之。至道元年诏："江南溪渡，多公吏豪民典其事，量输官课而厚算行旅。州县宜加严禁，所输年额钱五千以下者并免，不系色役近便人户掌船济渡，毋得扰人。"至道中，岁入税课钱四百万贯；天禧末，增八百四万贯。

天圣以来，国用寖广，有请算缗钱以助经费者。仁宗曰："货泉之利，欲流天下通有无，何可算也？"一日，内出蜀罗一端，为印朱所渍者数重，因诏天下税务，毋辄污坏商人物帛。康定元年，西边兵费不给，州县或增所算名物，朝廷知之，悉命蠲去。既而下诏敕励，且戒毋搜索行者家属，岁俭则免算耕牛，水乡又或弛蒲、鱼、果、蔬之税，民流而渡河者亦为之免算。应算而匿不自言者，虽听人捕告，抵罪如旧法，然须物皆见在乃听，以防诬罔。至于岁课赢缩，屡诏有司裁定，前后以诏蠲放者，不可胜数。

皇祐中，岁课缗钱七百八十六万三千九百。嘉祐以后，弛茶禁，所历州县收茶钱。至治平中，岁课增六十余万，而茶税钱居四十九万八千六百。

熙宁以来，河北、河东、陕西三路支移，民以租赋赍货至边贸易以输官者，勿税；河北流民复业者所过免算。后以岁稔，虑逸税课，复旧。五年，以在京商税院隶提举市易务。七年，减国门之税数十种，钱不满三十者蠲之。其先，外城二十门皆责以课息，近令随闲、要分等，以检捕获失之数为赏罚；既而以岁旱，复有是命。

元丰元年，滨、棣、沧州竹木、鱼果、炭箔税不及百钱者蠲之。二年，熙河路制置边防财用李宪擅榷本路商货，令漕臣蒋之奇劾其罪。导洛通汴司请置堆垛场于泗州，贾物至者，先入官场，官以船运至京，稍输船算。明年，诏：近京以通津浦水门外顺成仓为场。非导洛司船而载商税入汴者，许纠告，虽自请税，犹如私载法。惟日用物非贩易，若发箔、柴草、竹木之类勿禁。琼管奏："海南收税，较船之丈尺，谓之'格纳'。其法分三等，有所较无几，而输钱多算十倍。贾物自泉、福、两浙、湖、广至者，皆金银物帛，直或至万余缗；自高、化至者，唯米包、瓦器、牛畜之类，直才百一，而概收以丈尺。故高、化商人不至，海南遂乏牛米。请自今用物贵贱多寡计税，官给文凭，听鬻于部内，否则许纠告，以船货给赏。"诏如所奏。六年，京东漕臣吴居厚言："商人负正税七万六千余缗，倍税十五万二千余缗。"诏蠲其倍税，纳正税，百千以下期以三年，百千以上五年。

元祐元年，户部请令在京商税院，酌取元丰八年钱五十五万二千二百六十一缗有奇，以为新额，自明年始。三年，又以天圣岁课为额，盖户部用五年并增之法，立额既重，岁课不登，故言者论更之。七年，罢诸路承买土产税场。初，罢江南路承买，而河东转运司以为较元祐六年官盐额增三万余缗，遂行之诸路。

八年，权蠲商人载米入京粜卖力胜之税。先是，熙六年，苏、湖岁稔，谷价比淮南十五，而商船以力胜税不至，尝命权蠲。惠止一方，未为定法。及汴、泗垛场法行，谷船毋得增置，而力胜之税益三之一。至是，苏轼言："法不税五谷，请削去力胜钱之条，而行天圣免税之制。"既而尚书省亦言在京谷贵，欲平其直，复权蠲之。后徽宗宣和中，以州县灾伤并赡给都下，亦一再免，旋如旧；惟两浙并东北盐，以盐事司之请，遂不复征。

自哲宗即位，罢导洛物货场。绍圣四年，蓝从熙提举京城所，欲复其事，令泗州及京师洛口各置垛场，并请复面市、牛羊圈。诏下尚书省，久之遂寝。至是，提举汴河堤岸王宪复言之，且请假温、明州运船给用。命太府少卿郑仅同详度。明年，竟诏勿行。五年，令户部取天下税务五年所收之数，酌多寡为中制，颁诸路揭版示之，率十年一易；其增名额及多税者，并论以违制。

大观元年，凡典买牛畜、舟车之类未印契者，更期以百日，免倍税。二年，诏在京诸门，凡民衣屦、谷菽、鸡鱼、蔬果、柴炭、瓷瓦器之类，并蠲其税；岁终计所蠲数，令大观库给偿。宣和二年，宫观、寺院、臣僚之家商贩，令关津搜阅，如元丰法输税，岁终以次数报转运司取旨。初，元符令，品官供家服用物免税。至建中靖国初，马、牛、驼、驴、骡已不入服用例，而比年臣僚营私牟利者众，宫观寺院多有专降免税之旨，皆以船艘贾贩，故有是诏。漕臣刘既济起应奉物，两浙、淮南等路税例外，增一分以供费；三年，诏罢之。凡以蚕织农具，耕牛至两浙、江东者，给文凭蠲税一年。四年，令诸路近岁所增税钱，悉归应奉司。七年，以岁歉之后，用物少而民艰食，在京及畿内油、炭、面、布、絮税并力胜钱并权免。提举京东常平杨连奏："本路牛价贵，田多荒莱，请令贩牛至本路者，仍给文凭蠲税，俟二年足如旧。"从之。

靖康元年诏："都城物价未平，凡税物，权更蠲税一年。"臣僚上言："祖宗旧制并政和新令，场务立额之法，并以五年增亏数较之，并增者取中数，并亏者取最高数，以为新额，故课息易给而商旅可通。近诸路转运司不循其法，有益无损，致物价腾踊，官课愈负。请令诸路提刑下诸郡，准旧法厘正立额。"诏依所奏。

高宗建炎元年诏，贩货上京者免税。明年又诏，贩粮草入京抑税者罪之；凡残破州县免竹木、砖瓦税，北来归正人及两淮复业者亦免路税。绍兴三年，临安火，免竹木税。然当时都邑未奠，兵革未息，四方之税，间有增置，及于江湾浦口量收海船税，凡官司回易亦并收税；而宽弛之令亦错见焉，如诸路增置之税场，山间迂僻之县镇，经理未定之州郡，悉罢而免之。又以税网太密，减并者一百三十四，罢者九，免过税者五，至于牛、米、薪、面民间日用者并罢。

孝宗继志，凡高宗省罢之未尽者，悉推行之；又以临安府物价未平，免淳熙七年税一半。光、宁以降，亦屡与放免商税，或一年，或五月，或三月。凡遇火，放免竹木之税亦然。光、宁嗣服，诸郡税额皆累有放免。然当是时，虽宽大之旨屡颁，关市之征迭放，而贪吏并缘，苛取百出。私立税场，算及缗钱、斗米、束薪、菜茹之属，擅用稽察措置，添置专栏收检。虚市有税，空舟有税，以食米为酒米，以衣服为布帛，皆有税。遇士夫行李则搜囊发箧，目以兴贩。甚者贫民贸易琐细于村落，指为漏税，辄加以罪。空身行旅，亦白取百金，方纡路避之，则栏截叫呼；或有货物，则抽分给赏，断罪倍输，倒囊而归矣。闻者咨嗟，指为大小法场，与斯民相刃相劘，不啻仇敌，而其弊有不可胜言矣。

市易之设，本汉平准，将以制物之低昂而均通之。其弊也，以官府作贾区，公取牙侩之利，而民不胜其烦矣。

熙宁三年，保平军节度推官王韶倡以缘边市易之说，丐假官钱为本。诏秦凤路经略司以川交子易物货给之，因命韶为本路帅司干当兼领市易事。时欲移司于古渭城，李若愚等以为多聚货以启戎心，又妨秦州小马、大马私贸易，不可。文彦博、曾公亮、冯京皆韪之，韩绛亦以去秦州为非，唯王安石曰："古渭置市易利害，臣虽不敢断，然如若愚奏，必无可虑。"七月，诏转运司详度，复问陈升之。升之谓古渭极边，恐启群羌窥觊心。安石乃言："今蕃户富者，往往蓄缗钱二三十万，彼尚不畏劫夺，岂朝廷威灵，乃至衰弱如此？今欲连生羌，则形势欲张，应接欲近。古渭边寨，便于应接，商旅并集，居者愈多，因建为军，增兵马，择人守之，则形势张矣。且蕃部得与官市，边民无复逋负，足以怀来其心，因收其赢以助军费，更辟荒土，异日可以聚兵。"时王安石为政，汲汲焉以财利兵革为先，其市易之说，已见于熙宁二年建议立均输平准法之时，故王韶首迎合其意，而安石力主之，虽以李若愚、陈升之、韩绛诸人之议，而卒不可回。五年，遂诏出内帑钱帛，置市易务于京师。

先是，有魏继宗者，自称草泽，上言："京师百货无常价，贵贱相倾，富能夺，贫能与，乃可以为天下。今富人大姓，乘民之亟，牟利数倍，财既偏聚，国用亦屈。请假榷货务钱，置常平市易司，择通财之官任其责，求良贾为之转售。使审知市物之价，贱则增价市之，贵则损价鬻之，因收余息，以给公上。"于是中书奏在京置市易务官。凡货之可市及滞于民而不售者，平其价市之，愿以易官物者听。若欲市于官，则度其抵而贷之钱，责期使偿，半岁输息十一，及岁倍之。凡诸司配率，并仰给焉。以吕嘉问为提举，赐内库钱百万缗、京东路钱八十七万缗为本。三司请立市易条，有"兼并之家，较固取利，有害新法，本务觉察，三司按治"之文，帝削去之。

七月，以榷货务为市易西务下界，市易务为东务上界，以在京商税院、杂买务、杂卖场隶焉。又赐钱帛五十万，于镇洮军置司。市易极苛细，道路怨谤者籍籍。上以谕安石，请宣示事实，帝以鬻冰、市梳朴等数事语之，安石皆辩解。后帝复言："市易鬻果太烦碎，罢之如何？"安石谓："立法当论有害于人与否，不当以烦碎废也。"自是诸州上供薰席、黄芦之类六十色，悉令计直，从民愿鬻者市之以给用。

六年，诏在京市易干当公事孙迪同两浙、淮东转运司，议置杭州市易务利病以闻。其后以市易上界所偿内帑钱二十万缗假之为本。又赐夔州路转运司度僧牒五百，置市易于黔州，选本路在任已替官监之，仍以知州或通判提举。令在京市易务及开封府司录同详度诸行利病，于是详定所请："约诸行利入薄厚，输免行钱以禄吏，蠲其供官之物。禁中所须，并下杂卖场、杂买务。置市司估物价低昂，凡内外官司欲占物价，悉于是乎取决。"从之。改提举在京市易务为都提举市易司，诸州市易务皆隶焉。又诏三司干当公事李杞等同详度成都置市易务。

七年，帝与辅臣论及成都市易事。冯京曰："曩因榷市物，致王小波之乱，今颇以市易为言。"安石曰："彼以饥民众，官不之恤，相聚为盗耳。"帝问："李杞行邪？"安石曰："未也。然保市易必不能致乱。"帝犹虑蜀人骇扰，安石谓："已遣使乃遽罢，岂不为四方笑？"乃已。然其后竟罢杞等详度。

三月，诏权三司使曾布、翰林学士吕惠卿同究诘市易事。先是，帝出手诏付布，谓市易司市物，颇害小民之业，众言喧哗。布乃引监市易务魏继宗之言，以为吕嘉问多取息以干赏，商旅所有者尽收，市肆所无者必索，率贱市贵鬻，广蓄赢余，是挟官府为兼并也。王安石具奏，明其不然。乃更令惠卿偕布究诘之。帝寻复以手札赐布，令求对，布即上行人所诉，并疏惠卿奸欺状，且言："臣自立朝以来，每闻德音，未尝不欲以王道治天下，今市易之为虐，凛凛乎间架、除陌之事矣。嘉问奏：'近遣官往湖南贩茶、陕西贩盐、两浙贩纱，皆未敢计息。'臣以谓如此政事，书之简牍，不独唐、虞、三代所无，历观秦、汉以来衰乱之世，恐未之有也。"四月，布复陈薛向罪茶侩不当，帝恻然咨嗟；及言三司决责商人多滥，时帝犹必欲按治。而安石主用惠卿不可去，盖谋变其事也。帝疑焉，故仍以属布。

既而中书奏事已，帝论及市易，且曰："朝廷设此，本欲为平准之法以便民，今正尔相反，使中下之民失业若此，宜修补其法。"令元详定吕嘉问、吴安持同韩维、孙永问行人输钱免行利病。参知政事冯京曰："开封祥符县给民钱，有出息抵当银绢米麦、缓急丧葬之目七八种。其初给钱，往往愿请，积数既多，实艰输送。"帝曰："如此，吾民安得泰然也？"时布与惠卿方究市易事，率数日一对。帝初是布言，已而从惠卿之请，拘魏继宗于开封府。既而布与惠卿即东府再诘行人，所诉状如前不变。而安石恳求去位，引惠卿执政。

提举楚州市易蒋之奇奏："监务王景彰榷市商人物非法，及虚作中籴入务，立诡名籴之，白输息钱，谓之'干息'；又抑贾贩毋得至他郡，名为留难。"帝谓辅臣曰："景彰违法害人，宜即治其罪。"时吕惠卿已朝政，而究诘市易未竟，诏促之，惠卿请令中书悉取案牍异同以奏。后二日，布对延和殿，条析先后所陈，并较治平、熙宁出入钱物数以闻。帝方虑岁费浸广，令布送中书。五月，乃诏章惇、曾孝宽即军器监鞫布所究市易事，又令户房会财赋数，与布所陈异；而吕嘉问亦以杂买务多入月息不觉，皆从公坐有差。未几，布褫职，与嘉问俱出守郡，魏继宗仍夺秩勒停。初，市易之建，布实预之。后揣上意有疑，遂急治嘉问，而惠卿与布有夙怨，故卒挤之，而市易如故。

三司使章惇请假内藏钱五百万缗，令市易司有干局者，分四路入中，计见盐货及乘贱籴买。诏假二百万缗。八年，复吕嘉问提举市易。二月，凤翔、大名、真定府、永兴、安肃军，秦、瀛、定、越、真州，并置市易司。以惠州阜民监钱十万缗给广州市易务，司农寺坊场钱三十万缗给郓州市易。九年，又以在京市易司物货十五万缗给熙河市易司。九月，中书言："市易息钱并市例钱，总收百三十三万二千缗有奇。诏嘉问、安持等推恩有差。自后凡二年一较。十年，定上界本钱以七百万缗为额，不足，以岁所收息益之；其贷内帑钱，岁偿以息二十万缗。

元丰元年，以都提举王居卿请，令贷市易钱货者，许用金帛等为抵，收息毋过一分二厘，不及年者月计之，愿皆得钱或欲以物货兼给者听。市易司请遣官以物货至诸路贸易，十万缗以上期以二年，二十万缗以上三年，敛及三分者比递年推恩，八分者理为任，期尽不及者勿赏，官吏廪给并罢。

二年，经制熙河路边防财用李宪言：蕃贾与牙侩私市，其货皆由他路避税入秦州。乃令秦、熙、河、岷州、通远军五市易务，募牙侩引蕃货赴市易务中贾，私市者许纠告，赏倍所告之数。以田宅抵市易钱久不偿者，估实直，如卖坊场、河渡法；若未输钱者，官收其租息，在京市易务亦如之。

三年，诏免行月纳钱不及百者皆免，凡除八千六百五十四人。九月，王居卿又言："市易法有三：结保贷请，一也；契要金银为抵，二也；贸迁物货，三也。三者惟保贷法行之久，负失益多，往岁罢贷钱而物货如故。请自今所贷岁约毋过二百万缗，听旧户贷请以相济续，非旧户惟用抵当、贸迁之法。"诏中书立法以闻。于是中书奏："在京物货，许旧户贷请，敛而复散，通所负毋过三百万缗，诸路毋过四之一。"诏如所奏。是岁，经制熙河边防财用司会其置司以来所收息：元丰初四十一万四千六百二十六缗、石，次年六十八万四千九十九缗、石。四年，从都提举贾青请，于新旧城外内置四抵当，遣官掌之，罢市易上界等处抵当以便民。

五年，诏外内市易务所负钱，宽以三岁，均月限以输，限内罚息并除之。先是，王安礼在开封日，有负市易钱者，累诉于庭。安礼既执政，言于帝曰："市易法行，取息滋多，而输官不时者有罚息，民至穷困。愿诏蠲之。"帝曰："群臣未有为朕言者，其令民以限输，免其罚息。"安礼退，批诏加"内外"字。蔡确曰："方帝有旨，无外内字，公欲增诏邪？"安礼曰："亦不止言内字。"卒加之。八月，置饶州景德镇瓷窑博易务。

六年，兰州增置市易务，以通蕃汉贸易。七年，改市易下界为榷货务。令诸旬估物价既定，报提举司，提举司下所部州，州下所属，募民出抵或钱以市，收息毋过二分。诏诸路常平司钱留其半，以二分为市易抵当。盖自五年贾青以平准物价与金银之类，行抵当于畿县，次年行之诸路，以常平、市易赊贷与宽剩钱为本，五路各十万缗，余路五万缗。至是，复有是诏。若无抵当而物货宜易者，亦听变鬻。八年，罢诸镇寨市易抵当。八月，诏诸郡抵当，有取息薄、可济民乏者存之，其余抵当并州县市易并罢。

元祐元年，内外监督市易及坊场净利钱，许以所入息并罚钱比计，若及官本者，并释之。绍圣四年，三省言熙宁兴置市易，元祐一切罢去，不原立法之意。诏户部、太府寺详度，复置市易务，惟以钱交市，收息毋过二分，勿令贷请。元符三年，改市易务为平准务，户部、太府寺市易案改为平准案。尚书省言："平准务官吏等给费多，并遣官市物，摇动外，近官鬻石炭，市直遽增，皆不便民。"诏罢平准务及官鬻石炭，其在官物货，令有司转易钱钞，偿元给之所。

崇宁元年，户部奏：平准务钱物毋得他司移用。二年，以平准为南北两务，如旧分置官吏。岁终考察能否，行劝沮法。五年，郡县应置市易者，凡岁收息，官吏用度之余，及千缗以上置官监，五百缗以上令场务兼领，余并罢。先是，尝诏府界万户县及路在冲要，市易抵当已设官置局；其不及万户、非冲要，并诸镇有官监而商贩所会，并如元丰令监当官兼领。至是，户部复详度以闻，遂许其议。建炎二年，言者以为得不偿费，遂罢之，而以其钱输左藏库，惟抵当库仍旧。

绍兴元年，罢诸州军免行钱及行户供应，见任官买卖并依时，违者以盗论。四年，两浙转运司檄婺州市御炉炭，须胡桃纹、鹁鸠色，守臣王居正以为言。上曰："隆冬附火，取温暖而已，岂问炭之纹色乎？"命罢之，诸类此者并禁止焉。十三年，蠲雷、化、高、融、宜、廉、邕、钦、贺、贵免行钱。十四年，以开州两县在夔部尤为僻远，减免行钱之半。十五年，以知汉阳军韩昕言，诸路收免行钱，定数外多取一文以上，以擅增税赋法罪之。十七年，蠲百姓见输免行钱三分之一。十九年，南郊赦，尽蠲百姓免行钱欠。是后凡赦皆然。二十五年，罢见输免行钱，禁下行买物，以害及小商、敷于乡村故也。

淳熙元年，罢市令司。诏临安府及属县交易侩保钱减十之五。七年，诸路州县交易侩保钱，亦以十分为率，与减五分。

嘉定二年，以臣僚言，辇毂之下，买物于铺户，无从得钱。凡临安府未支物价，令即日尽数给还，是后买物须给见钱，违许陈诉于台。

嘉熙三年，臣僚言："今官司以官价买物，行铺以时直计之，什不得二三。重以迁延岁月而不偿，胥卒并缘之无艺，积日既久，类成白著，至有迁居以避其扰、改业以逃其害者。甚而蔬菜鱼肉，日用所需琐琐之物，贩夫贩妇所资锥刀以营斗升者，亦皆以官价强取之。终日营营，而钱本俱成干没。商旅不行，衣食路绝。望特降睿旨，凡诸路州县官司买物，并以时直；不许辄用官价，违者以赃定罪。"从之。

均输之法，所以通天下之货，制为轻重敛散之术，使输者既便，而有无得以懋迁焉。

熙宁二年，制置三司条例司言："天下财用无余，典领之官拘于弊法，内外不相知，盈虚不相补。诸路上供，岁有常数。丰年便道，可以多致而不能赢；年俭物贵，难于供亿而不敢不足。远方有倍蓰之输，中都有半价之鬻，徒使富商大贾乘公私之急，以擅轻重敛散之权。今发运使实总六路赋入，其职以制置茶、盐、矾、酒税为事，军储国用，多所仰给。宜假以钱货，资其用度，周知六路财赋之有无而移用之。凡籴买税敛上供之物，皆得徙贵就贱，用近易远。令预知中都帑藏年支见在之定数，所当供办者，得以从便变易蓄买，以待上令。稍收轻重敛散之权归之公上，而制其有无，以便转输，省劳费，去重敛，宽农民。庶几国用可足，民财不匮。"诏本司具条例以闻，而以发运使薛向领均输平准事，赐内藏钱五百万缗、上供米三百万石。时议虑其为扰，多以为非。向既董其事，乃请设置官属，神宗使自择之。向于是辟刘忱、卫琪、孙珪、张穆之、陈倩为属，又请有司具六路岁当上供数、中都岁用及见储度可支岁月，凡当计量岁何，皆预降有司。从之。

八月，侍御史刘琦、侍御史里行钱颛等言："向小人，假以货泉，任其变易，纵有所入，不免夺商贾之利。"琦、颛皆坐贬。条例司检详文字苏辙言："昔汉武外事四夷，内兴宫室，财用匮竭，力不能支，用贾人桑弘羊之说，买贱卖贵，谓之均输。虽曰民不加赋而国用饶足，然法术不正，吏缘为奸，掊克日深，民受其病。孝昭既立，学者争排其说，霍光顺民所欲，从而予之，天下归心，遂以无事。今此论复兴，众口纷然，皆谓其患必甚于汉。何者？方今聚敛之臣，材智方略，未见有桑弘羊比；而朝廷破坏规矩，解纵绳墨，使得驰骋自有，唯利是嗜，其害必有不可胜言者矣。"辙亦坐去官。

于是知谏院范纯仁言："向憸巧刻薄，不可为发运使。人主当务农桑、节用，不当言利。"自后，罢纯仁谏职，而谏官李常复论均输不便，权开封府推官苏轼亦言："均输徙贵就贱，用近易远。然广置官属，多出缗钱，豪商大贾皆疑而不敢动，以为虽不明言贩卖，既已许之变易，变易既行，而不与商贾争利，未之闻也。夫商贾之事，曲折难行，其买也先期而予钱，其卖也后期而取直，多方相济，委曲相通，倍称之息，由此而得。今先设官置吏，簿书廪禄，为费已厚，非良不售，非贿不行。是官买之价比民必贵，及其卖也，弊复如前，商贾之利，何缘而得？朝廷不知虑此，乃捐五百万缗以予之。此钱一出，恐不可复。纵使其间薄有所获，而征商之额所损必多矣。"

帝方感于安石之说，言皆不行。乃以向为天章阁待制，遣太常少卿罗拯为使，手诏赐向曰："政事之先，理财为急。朕托卿以东南赋入，皆得消息盈虚、翕张敛散之。而卿忠诚内固，能倡举职业，导扬朕意，底于成绩，朕甚嘉之。览奏虑言致惑，朕心匪石，岂易转也？卿其济之以强，终之以不倦，以称朕意。"然均输后迄不能成。

互市舶法 自汉初与南越通关市，而互市之制行焉。后汉通交易于乌桓、北单于、鲜卑，北魏立互市于南陲，隋、唐通贸易于西北。开元定令，载其条目，后唐亦然。而高丽、回鹘、黑水诸国，又各以风土所产与中国交易。

宋初，循周制，与江南通市。乾德二年，禁商旅毋得渡江，于建安、汉阳、蕲口置三榷署，通其交易；内外群臣辄遣人往江、浙贩易者，没入其货。缘江百姓及煎盐亭户，恣其樵渔，所造屦席之类，榷署给券，听渡江贩易。开宝三年，徙建安榷署于扬州。江南平，榷署虽存，止掌茶货。四年，置市舶司于广州，后又于杭、明州置司。凡大食、古逻、阇婆、占城、勃泥、麻逸、三佛齐诸蕃并通货易，以金银、缗钱、铅锡、杂色帛、瓷器，市香药、犀象、珊瑚、琥珀、珠琲、镔铁、鼊皮、玳瑁、玛瑙、车渠、水精、蕃布、乌樠、苏木等物。

太宗时，置榷署于京师，诏诸蕃香药宝货至广州、交阯、两浙、泉州，非出官库者，无得私相贸易。其后乃诏："自今惟珠贝、玳瑁、犀象、镔铁、鼊皮、珊瑚、玛瑙、乳香禁榷外，他药官市之余，听市于民。"

雍熙中，遣内侍八人赍敕书金帛，分四路招致海南诸蕃。商人出海外蕃国贩易者，令并诣两浙市舶司请给官券，违者没入其宝货。淳熙二年，诏广州市舶，除榷货外，他货之良者止市其半。大抵海船至，十先征其一，价直酌蕃货轻重而差给之，岁约获五十余万斤、条、株、颗。太平兴国初，私与蕃国人贸易者，计直满百钱以上论罪，十五贯以上黥面流海岛，过此送阙下。淳化五年申其禁，至四贯以上徒一年，稍加至二十贯以上，黥面配本州为役兵。

天圣以来，象犀、珠玉、香药、宝货充牣府库，尝斥其余以易金帛、刍粟，县官用度实有助焉。而官市货数，视淳化则微有所损。皇祐中，总岁入象犀、珠玉、香药之类，其数五十三万有余。至治平中，又增十万。

熙宁五年，诏发运使薛向曰："东南之利，舶商居其一。比言者请置司泉州，其创法讲求之。"七年，令舶船遇风至诸州界，亟报所隶，送近地舶司榷赋分买；泉、福、濒海舟船未经赋买者，仍赴司勘验。时广州市舶亏乡课二十万缗，或以为市易司扰之，故海商不至，令提举司究诘以闻。既而市务吕邈入舶司榷取蕃商物，诏提举司劾之。九年，集贤殿修撰程师孟请罢杭、明州市舶，诸舶皆隶广州一司。令师孟与三司详议之。是年，杭、明、广三司市舶，收钱、粮、银、香、药等五十四万一百七十三缗、匹、斤、两、段、条、个、颗、脐、只、粒，支二十三万八千五十六缗、匹、斤、两、段、条、个、颗、脐、只、粒。

元丰二年，贾人入高丽，赍及五千缗者，明州籍其名，岁责保给引发船，无引者如盗贩法。先是，禁人私贩，然不能绝；至是，复通中国，故明立是法。

三年，中书言，广州市舶已修定条约，宜选官推行。诏广东以转运使孙迥，广西以陈倩，两浙以副使周直孺，福建以判官王子京，罢广东帅司兼领。五年，广西漕臣吴潜言："雷、化州与琼岛对境，而发船请引于广州舶司，约五千里。乞令广西濒海郡县，土著商人载米谷、牛酒、黄鱼及非舶司赋取之物，免至广州请引。"诏孙迥详度行之。

知密州范锷言："板桥濒海，东则二广、福建、淮、浙，西则京东、河北、河东三路，商贾所聚，海舶之利颛于富家大姓。宜即本州置市舶司，板桥镇置抽解务。"六年，诏都转运使吴居厚条析以闻。

元祐三年，锷等复言："广南、福建、淮、浙贾人，航海贩物至京东、河北、河东等路，运载钱帛丝绵贸易，而象犀、乳香珍异之物，虽尝禁榷，未免欺隐。若板桥市舶法行，则海外诸物积于府库者，必倍于杭、明二州。使商舶通行，无冒禁罹刑之患，而上供之物，免道路风水之虞。"乃置密州板桥市舶司。而前一年，亦增置市舶司于泉州：

贾人由海道往外蕃，令以物货名数并所诣之地，报所在州召保，毋得参带兵器或可造兵器及违禁之物，官给以券。擅乘船由海入界河及往高丽、新罗、登莱州境者，罪以徒，往北界者加等。

崇宁元年，复置杭、明市舶司，官吏如旧额。三年，令蕃商欲往他郡者，从舶司给券，毋杂禁物、奸人。初，广南舶司言，海外蕃商至广州贸易，听其往还居止，而大食诸国商亦丐通入他州及京东贩易，故有是诏。凡海舶欲至福建、两浙贩易者，广南舶司给防船兵仗，如诣诸国法。广南舶司籴所市物货，取息毋过二分。政和三年，诏如至道之法，凡知州、通判、官吏并舶司、使臣等，毋得市蕃商香药、禁物。

宣和元年，秀州开修青龙江浦，舶船辐凑，请复置监官。先是，政和中，置务设官于华亭县，后江浦湮塞，蕃舶鲜至，止令县官兼掌。至是，复设官专领焉。四年，蕃国进奉物，如元丰法，令舶司即其地鬻之，毋发至京师，违者论罪。

契丹在太祖时，虽听缘边市易，而未有官署。太平兴国二年，始令镇、易、雄、霸、沧州各置榷务，辇香药、犀象及茶与交易。后有范阳之师，罢不与通。雍熙三年，禁河北商民与之贸易。时累年兴师，千里馈粮，居民疲乏，太宗亦颇有厌兵之意。端拱元年，诏曰："朕受命上穹，居尊中土，惟思禁暴，岂欲穷兵？至于幽蓟之民，皆吾赤子，宜许边疆互相市易。自今缘边戍兵，不得辄恣侵略。"未几复禁，违者抵死，北界商旅辄入内地贩易，所在捕斩之。淳化二年，令雄、霸州、静戎军、代州雁门砦置榷署如旧制，所鬻物增苏木，寻复罢。

咸平五年，契丹求复置署，朝议以其翻覆，不许。知雄州何承矩继请，乃听置于雄州；六年，罢。景德初，复通好，请商贾即新城贸易。诏北商赍物货至境上则许之。二年，令雄、霸州、安肃军置三榷场，北商趋他路者，勿与为市。遣都官员外郎孔揆等乘传诣三榷场，与转运使刘综并所在长吏平互市物价，稍优其直予之。又于广信军置场，皆廷臣专掌，通判兼领焉。三年，诏民以书籍赴沿边榷场博易者，非《九经》书疏悉禁之。凡官鬻物如旧，而增缯帛、漆器、粳糯，所入者有银钱、布、羊马、橐驼，岁获四十余万。

天圣中，知雄州张昭远请岁会入中金钱，仁宗曰："先朝置互市以通有无，非以计利。"不许。终仁宗、英宗之世，契丹固守盟好，互市不绝。

熙宁八年，市易司请假奉宸库象、犀、珠直总二十万缗，于榷场贸易，明年终偿之。诏许。九年，立与化外人私贸易罪赏法。河北四榷场，自治平四年，其货物专掌于三司之催辖司，而度支赏给案判官置簿督计之。至是，以私贩者众，故有是命。未几，又禁私市硫黄、焰硝及以卢甘石入他界者，河东亦如之。元丰元年，复申卖书北界告捕之法。

西夏自景德四年，于保安军置榷场，以缯帛、罗绮易驼马、牛羊、玉、毡毯、甘草，以香药、瓷漆器、姜桂等物易蜜蜡、麝脐、毛褐、羱羚角、硇砂、柴胡、苁蓉、红花、翎毛，非官市者听与民交易，入贡至京者纵其为市。

天圣中，陕西榷场二、并代路亦请置场和市，许之。及元昊反，即诏陕西、河东绝其互市，废保安军榷场；后又禁陕西并边主兵官与属羌交易。久之，元昊请臣，数遣使求复互市。庆历六年，复为置场于保安、镇戎二军。继言驱马羊至，无放牧之地，为徙保安军榷场于顺宁砦。既而蕃商卒无至者。嘉祐初，西人侵耕屈野河地，知并州庞籍谓："非绝其互市，则内侵不已。且闻出兀臧讹庞之谋，若互市不通，其国必归罪讹庞，年岁间，然后可与计议。"从之。初，第禁陕西四路私与西人贸易，未几，乃悉绝之。

治平四年，河东经略司言，西界乞通和市。自夏人攻庆州大顺城，诏罢岁赐，严禁边民无得私相贸易。至是，上章谢罪，乃复许之。后二年，令泾原熟户及河东、陕西边民勿与通市。又二年，因回使议立和市，而私贩不能止，遂申诏诸路禁绝。既而河东转运司请罢吴堡，于宁星和市如旧。而麟州复奏夏人之请，乃令鬻铜、锡以市马，而纤缟与急须之物皆禁。西北岁入马，事具《兵志》。

楚、蜀、南粤之地，与蛮獠溪峒相接者，以及西州沿边羌戎，皆听与民通市。熙宁三年，王韶置市易司于秦凤路古渭砦，六年，增置市易于兰州。自后，于熙、河、兰、湟、庆、渭、延等州，又各置折博务。湖北路及沅、锦、黔江口，蜀之黎、雅州皆置博易场。重和元年，燕瑛言交人服顺久，毋令阻其贸易。初，广西帅曾布请即钦、廉州各创驿，令交人就驿博买。至是，即用瑛兼广西转运副使，同王蕃计画焉。

建炎四年三月，宣抚使张浚奏，大食国遣人进珠玉宝贝。上曰："大观、宣和间，川茶不以博马，惟市珠玉，故武备不修，遂致危弱如此。今复捐数十万缗易无用之物，曷若惜财以养战士乎？"谕张浚勿受，量赐予以答之。六月，罢宜州岁市朱砂二万两。

绍兴三年，邕州守臣言大理请入贡。上谕大臣，止令卖马，不许其进贡。四年，诏川、陕即永兴军、威茂州置博易场；移广西买马司于邕管，岁捐金帛，倍酬其直。然言语不通，一听译者高下其手，吏得因缘为奸。六年，大理国献象及马五百匹，诏偿其马直，却象勿受，而赐书劳遣之。十二年，盱眙军置榷场官监，与北商博易，淮西、京西、陕西榷场亦如之。十九年，罢国信所博易。二十六年，罢廉州贡珠，散蜑丁。盖珠池之在廉州凡十余，按交阯者水深百尺，而大珠生焉。蜑往采之，多为交人所取，又为大鱼所害。至是，罢之。二十九年，存盱眙军榷场，余并罢。

乾道元年，襄阳邓城镇、寿春花靥镇、光州光山县中渡市皆置榷场，以守臣措置，通判提辖。五年，省提辖官。淳熙二年，臣僚言：溪峒缘边州县置博易场，官主之。七年，塞外诸戎贩珠玉入黎州，官常邀市之。臣僚言其黩货启衅，非便，止合听商贾、百姓收买。诏从之。

建炎元年，诏："市舶多以无用之物费国用，自今有博买笃耨香环、玛瑙、猫儿眼睛之类，皆置于法；惟宣赐臣僚象笏、犀带，选可者输送。"胡人谓三百斤为一婆兰，凡舶舟最大者曰独樯，载一千婆兰。次者曰牛头，比独樯得三之一。又次曰木舶，曰料河，递得三之一。

隆兴二年，臣僚言："熙宁初，立市舶以通物货。旧法抽解有定数，而取之不苛，输税宽其期，而使之待价，怀远之意实寓焉。迩来抽解既多，又迫ণ之输，致货滞而价减。择其良者，如犀角、象齿十分抽二，又博买四分；珠十分抽一，又博买六分。舶户惧抽买数多，止买粗色杂货。若象齿、珠犀比他货至重，乞十分抽一，更不博买。"

乾道二年，罢两浙路提举，以守倅及知县、监官共事，转运司提督之。三年，诏广南、两浙市舶司所发舟还，因风水不便，船破樯坏者，即不得抽解。七年，诏见任官以钱附纲首商旅过番买物者有罚，舶至除抽解和买，违法抑买者，许番商越诉，计赃罪之。

旧法，细色纲龙脑、珠之类，每一纲五千两，其余犀象、紫矿、乳檀香之类，为粗色，每纲一万斤。凡起一纲，遣衙前一名部送，支脚乘赡家钱一百余缗。大观以后，张大其数，象犀、紫矿皆作细色起发，以旧日一纲分为三十二纲，多费脚乘赡家钱三千余贯。至于乾道七年，诏广南起发粗色香药物货，每纲二万斤，加耗六百斤，依旧支破水脚钱一千六百六十二贯有奇。淳熙二年，户部言："福建、广南市舶司粗细物货，并以五万斤为一全纲。"

南渡，三路舶司岁入固不少，然金银铜铁，海舶飞运，所失良多，而铜钱之泄尤甚。法禁虽严，奸巧愈密，商人贪利而贸迁，黠吏受赇而纵释，其弊卒不可禁。

卷一百八十七　　志第一百四十

兵一 禁军上

宋之兵制，大概有三：天子之卫兵，以守京师，备征戍，曰禁军；诸州之镇兵，以分给役使，曰厢军；选于户籍或应募，使之团结训练，以为在所防守，则曰乡兵。又有蕃兵，其法始于国初，具籍塞下，团结以为藩篱之兵；其后分队伍，给旗帜，缮营堡，备器械，一律以乡兵之制。今因旧史纂修《兵志》，特置于熙宁保甲之前，而附之乡兵焉。

其军政，则有召募、拣选、廪给、训练、屯戍、迁补、器甲、马政八者之目，条分而著之，以见历朝因革损益之不同，而世道之盛衰亦具是矣。

嗟乎！三代远矣。秦、汉而下得寓兵于农之遗意者，惟唐府卫为近之。府卫变而召募，因循姑息，至于藩镇盛而唐以亡。更历五代，乱亡相踵，未有不由于兵者。太祖起戎行，有天下，收四方劲兵，列营京畿，以备宿卫，分番屯戍，以捍边圉。于时将帅之臣入奉朝请，犷暴之民收隶尺籍，虽有桀骜恣肆，而无所施于其间。凡其制，为什长之法，阶级之辨，使之内外相维，上下相制，截然而不可犯者，是虽以矫累朝藩镇之弊，而其所惩者深矣。

咸平以后，承平既久，武备渐宽。仁宗之世，西兵招刺太多，将骄士惰，徒耗国用，忧世之士屡以为言，竟莫之改。神宗奋然更制，于是联比其民以为保甲，部分诸路以隶将兵，虽不能尽拯其弊，而亦足以作一时之气。时其所任者，王安石也。元祐、绍圣遵守成宪。迨崇宁、大观间，增额日广而乏精锐，故无益于靖康之变。时其所任者，童贯也。建炎南渡，收溃卒，招群盗，以开元帅府。其初兵不满万，用张、韩、刘、岳为将，而军声以振。及秦桧主和议，士气遂沮。孝宗有志兴复而未能。光、宁以后，募兵虽众，土宇日蹙，况上无驭将之术，而将有中制之嫌。然沿边诸垒，尚能戮力效忠，相与维持至百五十年而后亡。虽其祖宗深仁厚泽有以固结人心，而制兵之有道，综理之周密，于此亦可见矣。

禁兵者，天子之卫兵也，殿前、侍卫二司总之。其最亲近扈从者，号诸班直，其次总于御前忠佐军头司、皇城司、骐骥院。余皆以守京师、备征伐。其在外者，非屯驻、屯泊，则就粮军也。太祖鉴前代之失，萃精锐于京师，虽曰增损旧制，而规模宏远矣。

建隆元年，诏殿前、侍卫二司各阅所掌兵，拣其骁勇升为上军，老弱怯懦置剩员以处之。诏诸州长吏选所部兵送都下，以补禁旅之阙。又选强壮卒定为兵样，分送诸道。其后代以木梃，为高下之等，散给诸州军。委长吏、都监等召募教习，俟其精练，即送阙下。二年，改左右雄捷、左右骁武军并为骁捷，左右备征为云骑，左右平远为广捷，左右怀德为怀顺。四年，赐河东乐平县归降卒元威以下二百六十六人衣服、钱绢有差，立为效顺指挥。

乾德二年，诏辽州降军宜以效顺、怀恩为名。三年四月，诏改西川感化、耀武等军并为虎捷。九月，上御讲武殿阅诸道兵，得万余人，以骑兵为骁雄，步兵为雄武，并隶侍卫司，且命王继勋主之，给缗钱俾娶妻。继勋纵之白日掠人妻女，街使不能禁。帝闻大怒，捕斩者百人，小黄门阎承翰见而不奏，亦杖数十。

开宝七年，泰宁军节度使李从善部下及江南水军凡千三十九人，并朝面隶籍，以归化、归圣为额。

太平兴国二年，诏改簇御马直曰簇御龙直，铁骑曰日骑，龙捷曰龙卫，控鹤曰天武，虎捷曰神卫，骨朵子直曰御龙骨朵子直，宽衣控鹤曰宽衣天武，雄威曰雄勇，龙骑曰雄猛。八年，改濮州平海指挥为崇武。

雍熙四年，改殿前司日骑锢直指挥为捧日锢直，日骑改为捧日，骁猛改为拱辰，雄勇改为神勇，上铁林改为殿前司虎翼，腰弩改为神射，侍卫步军司铁林改为侍卫司虎翼。

至道元年，帝阅禁兵有挽强弩至一石五斗，连二十发而有余力者，顾谓左右曰："今宇内阜安，材武间出，弧矢之妙，亦近代罕有也。"又令骑步兵各数百，东西列阵，挽强毂弩，视其进退发矢如一，容止中节，因曰："此殿庭间数百人尔，犹兵威可观，况堂堂之阵数万成列者乎！"

咸平三年，诏定州等处本城厅子、无敌、忠锐、定塞指挥，已并升充禁军马军云翼指挥，依逐州军就粮，令侍卫马军司管辖。定州拣中厅子第一充云翼第一，第二充云翼第二；相州厅子第一充云翼第三，第二充云翼第四；保州无敌第一充云翼第五，第二充云翼第六，忠锐充云翼第七；威勇军无敌第一充云翼第八，第二充云翼第九，忠锐充云翼第十；静戎军无敌充云翼第十一；宁边军无敌充云翼第十二；北平塞无敌充云翼第十三；深州无敌充云翼第十四。北面诸处应管本城、定塞指挥已下镇定州、高阳关路都总管，并充禁军马军云翼指挥，才候升立讫，分析逐指挥员兵士人数、就粮州府、本指挥见在去处以闻。

四年，诏陕西沿边州军兵士先选中者，并升为禁军，名保捷。五年正月，置广捷兵士五指挥。五月，命使臣分往邠、宁、环、庆、泾、原、仪、渭、陇、鄜、延等州，于保安、保毅军内，与逐处官吏选取有力者共二万人，各于本州置营，升为禁军，号曰振武指挥。既而帝曰："边防阙兵，朝廷须为制置，盖不得已也。候边鄙乂宁，即可销弭。"六月，以河东州兵为神锐二十四指挥、神虎十指挥，又升石州厅子军为禁军，又以威虎十指挥隶虎翼。

景德四年，诏河东广锐、神锐、神虎军以见存为定额，缺则补之。

大中祥符元年，诏侍卫步军司阅保宁军士，分为四等，其第一等徙营亳州永城县，余听归农；无家可还者，隶诸州为剩员。四年，宣示永安县永安指挥兵八千余人以奉诸陵，其军额犹隶西京本城厢军，可赐名奉先指挥，升为禁军，在清塞之下。八年，置禁军左右清卫二指挥，在雄武弩手之上，散卒月给铁钱五百，以奉宫观。

仁宗即位，海内承平，而留神武备，始幸安肃教场观飞山雄武发炮，命捧日、天武、神卫、虎翼四军为战阵法，拔其击刺骑射之精者，稍迁补之。由天圣至宝元间，增募诸军：陕西蕃落、广锐，河北云翼，京畿广捷、虎翼、效忠，陕西、河东清边弩手，京西、江、淮、荆湖归远，总百余营。

康定初，赵元昊反，西边用兵，诏募神捷兵，易名万胜，为营二十。所募多市井选懦，不足以备战守。是时禁兵多戍陕西，并边土兵虽不及等，然骁勇善战。京师所遣戍者，虽称魁头，大率不能辛苦，而摧锋陷阵非其所长。又北戍及川峡、荆湘、岭峤间，多不便习水土，故议者欲益募土兵为就粮。于是增置陕西蕃落、保捷、定功，河北云翼、有马劲勇，陕西、河北振武，河北、京东武卫，陕西、京西壮勇，延州青涧，登州澄海弩手，京畿近郡亦增募龙骑、广勇、广捷、虎翼、步斗、步武，复升河北招收、无敌、厅子马，陕西制胜，并州克戎、骑射，麟州飞骑，府州威远，秦州建威，庆州有马安塞，保州威边，安肃军忠锐，岚、府州建安，登州平海，皆为禁兵，增内外马步凡数百营。又京东西、河北、河东、江、淮、荆湖、两浙、福建路各募宣毅，大州二营，小州一营，凡二百八十。岢岚军别置床子弩炮手。时吏以所募多寡为赏罚格，诸军子弟悉听隶籍，禁军阙额多选本城补填，故庆历中外禁、厢军总一百二十五万，视国初为最多。西师既罢，上患兵冗，帑庾不能给，乃诏省兵数万人。

皇祐二年，川峡增置宁远。五年，江、淮、荆湖置教阅忠节，州一营，大州五百人，小州三百人。于是宣毅寖废不复补，而荆湖、广南益募雄略。至和二年，广、桂、邕州置有马雄略。明年，并万胜为十营。其后，议者谓东南虽无事，不宜驰备。嘉祐四年，乃诏荆南、江宁府、扬、庐、洪、潭、福、越州募就粮军，号威果，各营于本州。又益遣禁军驻泊，长吏兼本路兵马钤辖，选武臣为都监，专主训练。于是东南稍有备矣。

七年，宰相韩琦言：

祖宗以兵定天下，凡有征戍则募置，事已则并，故兵日精而用不广。今二边虽号通好，而西北屯边之兵，常待敌之至，故竭天下之力而不能给。不于此时先虑而豫备之，一旦边陲用兵，水旱相继，卒起而图之，不可及矣。

又三路就粮之兵虽勇劲服习，然边储贵踊，常苦难赡。若其数过多，复有尾大不掉之患。京师之兵虽杂且少精，然漕于东南，广而易供设，其数多，得强干弱枝之势。祖宗时，就粮之兵不甚多，边陲有事，则以京师兵益之，其虑深而其费鲜。愿诏枢密院同三司量河北、陕西、河东及三司榷货务岁入金帛之数，约可赡京师及三路军马几何，然后以可赡之数立为定额。额外罢募，阙即增补。额外数已尽而营畸零，则省并之。既见定额，则可以定其路马步军一营，以若干为额。仍请核见开宝、至道、天禧、庆历中外兵马之数。盖开宝、至道之兵，太祖、太宗之定天下、服四方也。天禧之兵，真宗所以守成备豫也。庆历之兵，西师后增置之数也。以祖宗之兵，视今数之多少，则精冗易判，裁制无疑矣。

于是诏中书、枢密院同议。枢密院奏：开宝之籍总三十七万八千，而禁军马步十九万三千；至道之籍总六十六万六千，而禁军马步三十五万八千；天禧之籍总九十一万二千，而禁军马步四十三万二千；庆历之籍总一百二十五万九千，而禁军马步八十二万六千。视前所募后寖多，自是稍加裁制，以为定额。

英宗即位，诏诸道选军士能引弓二石、弶弩四石五斗送京师阅试，第升军额。明年，并万胜为神卫。三年，京师置雄武第三军。时宣毅仅有存者，然数诏诸路选厢军壮勇者补禁卫，而退其老弱焉。盖治平之兵一百十六万二千，而禁军马步六十六万三千云。

熙宁元年十二月，诏："京东武卫四十二指挥并分隶河北都总管司六指挥，隶大名府路三十六指挥，均隶定州、高阳关两路更戍；其休番者，选差兵官三人依河北教阅新法训练，仍差使臣押教。"又诏京东路募河北流民，招置教阅厢军二十指挥，以忠果为额。青、郓、淄、齐州各三指挥，济、兖、曹、濮州各两指挥。

三年十二月，枢密使文彦博等上在京、开封府界及京东等路禁军数，帝亦参以治平中兵数而讨论焉。遂诏：殿前虎翼除水军一指挥外，存六十指挥，各以五百人为率，总三万四千人；在京增广勇五指挥，共二千人；开封府界定六万二千人，京东五万一千二百人，两浙四千人，江东五千二百人，江西六千八百人，湖南八千三百人，湖北万二千人，福建四千五百人，广南东、西千二百人，川峡三路四千四百人为额。在京其余指挥并河东、陕西、京西、淮南路既皆拨并，唯河北人数尚多，乃诏禁军以七万为额。初，河北兵籍比诸路为多，其缘边者且仰给三司，至是而拨并畸零，立为定额焉。是时，京东增置武卫军，分隶河北四路，后又以三千人戍扬、杭州、江宁府，其后又团结军士置分领，则谓之将兵云。

七年正月，诏颁诸班直禁军名额：

殿前司 　诸班：殿前指挥使、内殿直、散员、散指挥、散都头、散祗候、金枪、东西、招箭、散直、钧容直。诸直：御龙、御龙骨朵、御龙弓箭、御龙弩直。诸军：捧日锢直、捧日左射、捧日、宽衣天武、锢直天武、左射天武、归明渤海、拱圣、神勇、吐浑、骁骑、骁胜、宣武、虎翼水军、宁朔、龙猛、捧日第五军、捧日第七军、天武第五军、天武第七军、契丹直第一、契丹直第二、神骑、广勇、步斗、龙骑、骁猛、雄勇、太原府就粮吐浑、潞州就粮吐浑、左射清朔、擒戎、广捷、广德、骁雄、雄威。

侍卫马军司 　龙卫锢直、龙卫左射、龙卫、恩冀州员僚直、忠猛、定州散直、骁捷、云骑、武骑、龙卫第十军、拣中龙卫、新立骁捷、飞捷、骁武、广锐、云翼、禁军有马劲勇、厅子马、无敌、克胜、飞骑、威远、克戎、万捷、云捷、横塞、庆州有马安塞、蕃落、有马雄略、员僚剩员直。

侍卫步军司 　神卫、虎翼水军、神卫第十军、步武、武卫、床子弩雄武、飞山雄武、神卫、振武、来化、雄武弩手、上威猛、招收、雄胜、澄海水军弩手、神虎、保捷、捷生、清边弩手、制胜、定功、青涧、平海、雄武、效忠、宣毅、建安、威果、川效忠、拣中雄勇、怀顺、怀恩、勇捷、威武、静戎弩手、忠远、宁远、忠节、教阅忠顺、川忠节、神威、归远、雄略、下威猛、强猛、壮勇、桥道、清塞、武严、宣效、神卫剩员、奉先园、拣中六军、左龙武、右龙武、左羽林、右羽林、左神武、右神武。御营喝探、新团立拣中剩员。

诸班直资次相压 　殿前指挥使、御龙直、御龙骨朵子直、内殿直、散员、散指挥使、散都头、散祗候、金枪、东西班、御龙弓箭直、御龙弩直、招箭班、散直、钧容直。

诸军资次相压 　捧日锢直、捧日左射、捧日、宽衣天武、天武锢直、天武左射、天武、龙卫锢直、龙卫左射、龙卫、神卫、归明渤海、拱圣、神勇、恩冀州员僚直、忠猛、定州散直、吐浑、骁骑、骁捷、云骑、骁胜、宣武、武骑、殿前司虎翼、殿前司虎翼水军、宁朔、龙猛、步军司虎翼、步军司虎翼水军、捧日第五军、捧日第七军、天武第五军、天武第七军、龙卫第十军、拣中龙卫、神卫第十军、契丹直第一、契丹直第二、神骑、广勇、步斗、龙骑、骁猛、雄勇、太原府就粮吐浑、潞州就粮吐浑、清朔、擒戎、新立骁捷、飞捷、骁武、广锐、云翼、禁军有马劲勇、步武、武卫、床子弩雄武、飞山雄武、神锐、振武、来化、雄武弩手、上威猛、厅子马、无敌、招收、雄胜、广捷、广德、克胜、飞骑、威远、澄海水军弩手、克戎、骁雄、雄威、万捷、云捷、横塞、神虎、保捷、庆州有马安塞、蕃落、捉生、清边弩手、制胜、定功、有马雄略、青涧、平海、雄武、效忠、宣毅、建安、威果、川效忠、拣中雄勇、怀顺、怀恩、勇捷、威武、下威武、静戎弩手、忠勇、宁远、忠节、教阅忠顺、川忠节、神威、归远、雄略、下威猛、强猛、壮勇、员僚剩员直、桥道、川桥道、步军司清塞、武严、宣效、神卫剩员、奉先园、拣中六军、御营喝探、新团立拣中剩员。

诸禁军名额系捧日、天武、龙卫、神卫为上军，五百文已上料钱见钱为中军，不满五百文料钱见钱并捧日天武第五第七军、龙卫神卫第十军、骁猛、雄勇、骁雄、雄威为下军。元丰五年十月，诏诸路教阅厢军，于下禁军内增入指挥名额，排连并同禁军。盖熙宁之籍，天下禁军凡五十六万八千六百八十八人；元丰之籍，六十一万二千二百四十三人。

哲宗即位，四方用兵，增造益广。元祐元年三月，寄招河北路保甲，充填在京禁军阙额。龙、神卫以年二十以下，中军以下以年二十五以下者，虽短小一指并招刺焉。二年，诏西关堡防拓禁军和雇入役。复置河北、河东、陕西、府界马步军。七年，河东、陕西路诸帅府敢勇以一百人为额，专隶经略司。

绍圣四年，陕西路增置蕃落马军。是年，兰州金城置步军保捷、马军蕃落。

元符元年，利州路兴元府、阆州各增置就粮武宁；又湖北、江东各增置有马雄略。泾原路新筑南牟会，赐名西安州，戍守共以七千人为额，仍招置马军蕃落、步军保捷。天都、临羌砦戍守各以三千人为额，仍各置马军蕃落、步军保捷。永兴军等路创置蕃落；河北大名府等二十二州共创置马军广威、步军保捷，以河北大水，招刺流民故也。

二年正月，环庆增置敢勇二百人。四月，环庆路都总管司言：“本路新展定边城，比之横山、兴平等处城寨尤深，乞增置住营马军蕃落、步军保捷。”六月，环庆路都总管司言：“展筑庆州白豹城，合增置住营马步军。”又鄜延路都总管司言：“本路新筑米脂等八堡寨，合增置土兵、马步军。”皆从之。三年，枢密院奏：“河北增置马军广威、步军保捷二万余人，欲令拣选升换在京阙额军分。”从之。自绍圣以来，陕西、河东连用兵六年，进筑未已，覆军杀将，供给不可胜纪。

徽宗崇宁元年九月，荆湖北路增置禁军，以靖安名。十月，川陕置安远军。三年三月，陇右都护奏：乞于鄯州置水军，守河浮桥。又枢密院乞增置府界、京东西等路步军，荆湖南路雄略，皆从之。十月，京东西、河东北、开封府界创置马步军五万人，马军以崇捷、崇锐名，步军以崇武、崇威名，合用缗钱二百八十万有奇，以常平、封桩等钱支，用蔡京之请也。京又言：“今拓地广，戍兵少，当议添置兵额，以为边备。”从之。

四年十一月，广西路置刀牌手三千人，于切要州军更戍，以宁海名。十二月，诏："四辅屏翰京师，兵力不可偏重，可各以二万人为额。"五年，环庆路进筑徐丁台城，赐名安边，置马军蕃落、步军保捷。

大观元年五月，延安置钱监兵。闰十月，靖州置宣节。十一月，两浙东、西路各增置禁军。宣和三年，内侍、制置使谭稹奏，以方腊既平，乞节镇增添禁军两指挥，余州军一指挥；又乞除温、处、衢、婺外，将禁军更招置成十指挥。又乞增置严州威果禁军。并从之。五年二月，尚书省言："古者，六军为王之爪牙，羽林则禁卫之总名也。今臣僚使令兵卒所居营分曰六军，而复有左、右羽林之名，称谓失当。若将拣中六军并六军指挥并改为广效，内拣中六军作第一指挥，左龙武第二，左羽林第三，左神武第四，右龙武第五，右羽林第六，右神武第七。"从之。

靖康元年，诏："广西宜、融二州实为极边，旧置马军难议减省，且依元降指挥招置。"

自元丰而后，民兵日盛，募兵日衰，其募兵阙额，则收其廪给，以为民兵教阅之费。元祐以降，民兵亦衰。崇宁、大观以来，蔡京用事，兵弊日滋，至于受逃亡、收配隶，犹恐不足。政和之后，久废蒐补，军士死亡之余，老疾者徒费廪给，少健者又多冗占，阶级既坏，纪律遂亡。童贯握兵，势倾内外，凡遇阵败，耻于人言，第申逃窜。河北将兵，十无二三，往往多住招阙额，以其封桩为上供之用。陕右诸路兵亦无几，种师道将兵入援，止得万五千人。故靖康之变，虽画一之诏，哀痛激切，而事已无及矣。

高宗南渡，始建御营司，未几，复并御营归枢密院。建炎四年，改御前五军为神武军，御营五军为神武副军，并隶枢密院。五年，上以祖宗故事，兵皆隶三衙，乃废神武中军隶殿前司，于是殿司兵柄始一。乾道元年，诏殿前兵马权以七万三千人为额。

诸屯驻大军则皆诸将之部曲，高宗开元帅府，诸将兵悉隶焉。建炎后，诸大将兵寖盛，因时制变，屯无常所。如刘光世军或在镇江、池州、太平，韩世忠军或屯江州、江阴，岳飞一军或屯宜兴、蒋山，王彦八字军随张浚入蜀，吴玠兵多屯凤州、大散关、和尚原。是时合内外大军十九万四千余，川、陕不与焉。及杨沂中将中军总宿卫，江东刘光世、淮东韩世忠、湖北岳飞、湖南王𤫊四军共十九万一千六百，亦未尝有屯。

绍兴十一年，范同以诸将握兵难制，献谋秦桧，且以柘皋之捷言于上，召张俊、韩世忠、岳飞入觐，张俊首纳所部兵。分命三大帅副校各统所部，自为一军，更衔曰统制御前军马。罢宣抚司，遇出师取旨，兵皆隶枢密院，屯驻仍旧。而四川大将兵曰兴、成、阶、凤、文、龙、利、阆、金、洋、绵、房、西和州、大安军、兴元、隆庆、潼川府凡十七郡，亦分屯就粮焉。

乾道之末，各州有都统司领兵：建康五万，池州一万二千，镇江四万七千，楚州武锋军一万一千，鄂州四万九千，荆南二万，兴元一万七千，金州一万一千。其后分屯列戍，增损靡常。所可考者，统制、统领、正将、副将、准备将之目也。

至于水军之制，则有加于前者，南渡以后，江、淮皆为边境故也。建炎初，李纲请于沿江、淮、河帅府置水兵二军，要郡别置水兵一军，次要郡别置中军，招善舟楫者充，立军号曰凌波、楼船军。其战舰则有海鳅、水哨马、双车、得胜、十棹、大飞、旗捷、防沙、平底、水飞马之名。隆兴以后至于宝祐、景定间，江、淮沿流堡垒相望，守御益繁，民劳益甚。迨咸淳末，广东籍蜑丁、闽海拘舶船民船，公私俱弊矣。

其禁军将校，则有殿前司都指挥使、副指挥使、都虞候各一人；诸班有都虞候、指挥使、都知、副都知、押班；御龙诸直有四直都虞候，本直各有都虞候、指挥使、副指挥使、都头、副都头、十将、将虞候；马步军有捧日、天武左右四厢都指挥使，捧日、天武左右各有都指挥使，每军有都指挥使、都虞候，每指挥有指挥使、副指挥使，每都有军使、步军谓之都头，副兵马使、步军谓之副都头，十将、将虞候、承局、押官。

所领诸班直、指挥，骑兵、步兵之额叙列如左。以其前后之异同者分为建隆以来之制、熙宁以后之制，而将兵、水兵之制可考者，因附著于后云。

建隆以来之制
骑军

殿前指挥使　左右班二。宋初，以旧府亲从带甲之士及诸班军骑中选武艺绝伦者充。

内殿直　左右班四。周制，简军校暨武臣子弟有材勇者立。又有川班内殿直，乾德三年平蜀得奇兵，简阅材貌魁伟便习骑射者凡百二十人立，开宝四年废。

散员　左右班四。周制，招置诸州豪杰立，散指挥、散都头、散祗候凡十二班。又于北面骁捷员僚直及诸军内简阅填补。咸平五年，定州路都部署王超言："缘边有强梁辈常居四界，扰动边境，请厚给金帛募充散员。"从之。

散指挥　左右班四。

散都头　左右班二。

金枪班　左右班二，旧名内直。太平兴国初，改选诸军中善用枪槊者补之。

东西班　弩手、龙旗直、招箭班共十二，旧号东西班承旨。淳化二年，改为殿前侍，东西各第一第二弩手、龙旗直班六，并带甲，选诸班及不带甲班增补。其东第二茶酒及第三、西第四班不带甲，并以诸军员、使臣及没王事者子弟为之。又择善弓箭者为招箭班。

散直　左右班四。雍熙四年，以诸道募置藩镇厅头军将及诣登闻院求试武艺者立。咸平元年，选诸节度使从人、骑御马小底增补。

钧容直　班二。太平兴国三年，选诸军诸晓音乐、骑御马小底立。淳化二年，改之。

外殿直　班一。诸班卫士中年多者号看班外殿直，后削看班之号。或诣诸道摄军校之职部分州兵，谓之权管。国初又有内员僚直，开宝中废。太平兴国四年，征太原，得上军。天禧四年，并入此班。

捧日　并左射、锟直、弩手、左第五军，总指挥三十五。京师三十三，雍丘、郑各一。旧号小底，周改为铁骑，太平兴国二年改为日骑，雍熙四年改今名。分左、右厢，各四军。雍熙三年，选善枪槊者充锟直。淳化三年，选善左射者为左射。咸平五年，选天武、拱圣、骁骑善弩射者为弩手。

契丹直　三。咸平、许、寿各一。后唐置，旋废。开宝三年，以辽人内附之众复置。太平兴国中，因事复置，旋废。

归明渤海　指挥二。京师。太平兴国四年，征幽州，以渤海降兵立。

拱圣　指挥二十一。京师。乾德中，选诸州骑兵送阙下，立为骁雄，后改骁猛。雍熙四年，又改拱辰。未几改今名。

吐浑小底　旧指挥五，治平中并为二。京师。太平兴国四年，平太原，获吐浑子弟，又选监牧诸军中所有者充。

骁骑　指挥二十三。京师。太平兴国四年置，后又选捍掃索兵及左右教骏兵增置。雍熙四年，改殿前司步斗弩手为骁骑弩手。淳化四年，选壮勇超绝者为上骁骑，在本军之上。咸平五年，分左、右厢。旧又有殿前小底。至道二年，选骁骑马直及善射者充，后废。

骁胜　左右指挥各五。京师。咸平三年，选教骏、骁骑诸军备征子弟材勇者立。

宁朔　指挥十。京师、尉氏各三，雍丘、渭、河阳、河阴各一。咸平三年，选教骏诸军备征及外州兵立。

龙猛　指挥八。京师。太平兴国中，拣阅龙猛及诸州部送招获群盗，取其材勇者立。淳化四年，又择精悍者为教阅龙猛以备禽盗，在本军之上。景德四年，又选龙骑、骁骑兵增之。

飞猛　指挥二。咸平二年，选龙猛、骁骑兵子弟之材勇者立。

骁猛　指挥四。尉氏三、太康一。旧号骁雄，太平兴国中改。雍熙四年，以拱圣年多者为拱辰军，其次等者如故。景德四年，以拱圣年多者隶之。

神骑　指挥十八。雍丘十三，咸平五。端拱二年，选骁雄新配人及教骏、借事等兵立。淳化二年，废捍掃索军隶之。咸平二年，又择教骏、备征及外州增立。

骁雄　指挥四。咸平、陈留各二。太平兴国八年，迁骁猛中次等立。景德中，以骁骑、骁胜、宁朔军年多者隶之。

吐浑直　指挥三。太原二，潞一。太平兴国八年，太原迁云州及河界吐浑立，屯并、代州。雍熙三年，又得云、朔归明吐浑增立，屯潞州。

安庆直　四。太原一，潞三。太平兴国四年，迁云、朔及河东归明安庆民分屯并、潞等州，给以土田。雍熙四年立。

三部落　指挥一。太原。太平兴国四年，亲征幽州，迁云、朔、应州部落于并州，因立。

清朔　指挥四。西京二，许、汝各一。太平兴国四年，迁云、朔州民于内地，得自置马以为骑兵，谓之家户马。雍熙四年立。

擒戎　指挥五。西京、许各二，汝一。太平兴国四年，迁云、朔州民于西京、许汝等州，给以土田，充家户马。端拱二年立。

新安内员僚直　五。端拱二年，成德军节度使田重进言："易州静岩兵先屯镇州，贼陷勇陷谷，尽俘其家，请以其军备宿卫。"因而立此直。后废，天圣后无。

散祗候　左右班二。天圣前无。

步斗　指挥六。尉氏、太康各一，蔡四。庆历中增置，天圣前无。

　　　步军

御龙直　左右二。旧号簇御马直，太平兴国二年改为簇御龙直，后改今名。

御龙骨朵子直　左右二。旧号骨朵子直，太平兴国二年改为御龙散手直，后改今名。

御龙弓箭直　五。选天武诸军材貌魁杰者充。

御龙弩直　五。

天武　并宽衣、锟直、左射，总指挥三十四。京师三十三，咸平一。

神勇　上下共二十一指挥。乾德中，拣阅诸军壮实而大体者立为雄威。太平兴国二年，改为雄勇。雍熙四年改今名。淳化四年，选武艺超绝者立为上神勇，以备擒盗。

宣武　上下共二十指挥。京师。太平兴国二年，并效节、忠猛二军立，又选诸军及乡兵增之。至道二年，又选军头司步直善用枪槊掉刀者立殿前步直，后废。

虎翼　太平兴国中，拣阅武弩手立为上铁林，又于雄武、定远、宁胜床子弩手，飞山雄武等军选劲兵以增其数。雍熙四年，改分左右四军。淳化四年，选本军精锐者为上虎翼，以备禽盗。咸平二年，并广勇军隶之。大中祥符六年，诏在京诸军选江、淮士卒善水者习战于金明池，立为虎翼水军。旧指挥六十二，景德中增六。京师。

雄勇　旧号雄威，太平兴国二年改今名。雍熙四年，改神勇，复于本军退入次等者为之。旧指挥五，至和五年增为八。咸平三，郓二，许、郑、滑各一。

广德　开宝四年，平广南，以其兵隶殿前司，次等隶八作司，阙则选广南诸州兵补之。雍熙三年，选八作司之强壮者为拣中。总指挥十。咸平、尉氏、阳武、河阳、沧、巩、白波各一，西京三。

广勇　淳化二年，选神射、鞭箭、雄武、效忠等军强壮善射者立为广武，大中祥符二年改今名。旧指挥二十三，庆历中增为四十三，每指挥十为一军。京师五，陈留二十二，咸平、东明、太原、胙城、南京各二，襄邑、阳武、郓各一，滑三。

广捷　旧名左右平远，建隆二年改。咸平五年，又选广德、神威等军教以标枪旁牌补之。旧指挥五，景祐中增五，明道中增十，庆历增三十六，总五十六。陈留八，咸平六，雍丘四，襄邑、尉氏、许各三，太康、扶沟、南京、亳、河阴、颍、宁陵各二，陈六，滑、曹、邓、蔡、广济、谷熟、永城、襄城、叶各一。

雄威　雍熙四年，选神勇兵退入第二等立为神威，后改今名。指挥十。考城、襄邑、陈留各一，南京四，陈二。

宣威　雍熙四年，选神勇、宣武兵退入次等者立。上下指挥二。咸平、襄邑各一。

龙骑　建隆间以诸道招致及捕获群寇立，号有马步人，见阵即步斗。淳化三年，选本军年多者为带甲剩员。咸平以后，又以本军及龙猛退兵增之。旧指挥八，康定中，取配隶充军者增置为指挥二十，分三军。京师四，尉氏、雍丘、咸平、郑各二，南京、陈、蔡、河阳、颍、单、四波各一。

神射　两浙州兵，旧号腰弩。雍熙四年改今名。淳化元年，部送阙下，选其强者为广武，次等复为本军。指挥五。陈留三，雍丘二。

步斗　雍熙三年，选诸州厢军之壮勇者立，后废。此下二军，天圣后无。

鞭箭　雍熙三年，选两浙兵为鞭箭，次等者为忠节鞭箭。端拱二年并为一。至道元年，发此兵援灵州刍粟，丧车重兵器于浦洛河，诏免死，后废。

侍卫司　侍卫亲军马步军都指挥使、副都指挥使、都虞候各一人。马军都指挥使、副都指挥使、都虞候各一人，步军亦如之。自马步军都虞候已上，其员全阙，即马、步军都指挥使等各领其务，与殿前号为三司。马步军有龙卫神卫左右四厢都指挥使、都虞候。每指挥有指挥使、副指挥使。余如殿前司之制。所领骑兵步兵之额叙列如左：

骑军

员僚直　显德中，周平三关，召募强人及选高阳关驰捷兵为北面两直。建隆初，选诸州骑兵及蕃镇厅头召募人等为左三直。太平兴国四年，平太原，选其骑兵为右三直。北面两直，营贝、冀隶高阳关都部署。大中祥符中，改为贝州左直、冀州右直，后改四直。京师二，恩、冀各一。

龙卫　旧号护圣。周广顺中，改龙捷。建隆二年，拣去衰老，以诸州所募精劲者补之。太平兴国二年，改分左、右厢。四年，平太原，选其降兵为拣中龙卫。雍熙二年，又拣善枪㮣者为锟直。淳化三年，选剩员堪披甲者为带甲剩员。五年，又拣善左射者为左射。指挥四十四。京师三十八，雍丘、尉氏、河阳各一，澶三。

忠猛　咸平一年置。指挥一。定州。

散员　咸平五年置。指挥一。定州。

骁捷　周显德中，平三关，拣诸州士卒壮勇者为河北骁捷。宋初，隶高阳关都部署。建隆二年，废右骁武，以其兵来隶。乾德中，又选备征及岚州归附之兵为河南骁捷，其后止以骁捷为名。太平兴国四年，平太原，拣阅降兵为拣中骁捷。淳化四年，又置新立骁捷。至道三年，分骁捷为左、右厢。咸平五年，以其年多者为带甲剩员。指挥二十六。尉氏新立、陈拣中各一，恩十四，冀十。

云骑　旧号左右备征，建隆二年改。开宝以后，募子弟为云骑，以其次为武骑，又选骑兵之次等为武骑，又选本军年多者为带甲剩员。指挥十五。京师十一，陈留、西京各一，巩二。

归明神武　太平兴国四年，亲征幽州，以其降兵立此军。初指挥一，后增为四。雍丘。

克胜　本潞州骑兵，端拱初升。指挥二。潞。

骁锐　旧名散员指挥，咸平四年改。指挥四。莫三，冀一。

骁武　本河北诸州忠烈、威边、骑射等兵。淳化四年，拣阅其材，与云骑、武骑等立，得自置马，分左、右厢。指挥二十。北京七，真定三，定六，相、怀、洺、邢各一。

广锐　本河州忠烈、宣勇能结社买马者，马死则市补，官助其直。至道元年立。咸平以后选振武兵增之，老疾者以亲属代。景德二年诏：非亲属愿代者听。大中祥符五年，以其退兵为带甲剩员。旧河东指挥三十一，陕西七。景祐、康定中，增为四十二。太原、代、并各三，汾五，岚、石、忻岚各二，晋、熙、慈、绛、泽、隰、宪、宁化、威胜、平定、火山各一，泾、原、鄜各二，秦、渭、环、邠、宁各一。

武清　晋州骑兵。端拱二年，以其久在北鄙，有屯戍之劳，选勇悍者就升。指挥一。晋。

有马劲勇　咸平四年，选江东诸州兵立。庆历中，分置第六、第七。总指挥七。太原二，代、岚各一，磁三。

云翼　旧指挥三十三，景祐以后，增置二十三，分左、右厢，总五十六。真定、雄、瀛、深、赵、永宁各三，定、冀各六，保五，沧、北平、永静、顺安、保定各二，莫、邢、霸各一，广信、安肃各四。

厅子　本石州城立。景德元年，改从营相州。庆历初，升禁军。指挥六。定一，相五。

万捷　开宝中，募赵、相、沧、冀州民立。大中祥符中，以骁武、云骑退兵隶之。指挥七。相、冀、辽各二，沧一。

云捷　太平兴国四年，选诸军中应募子弟及教骏、借事、备征等有武干者立。大中祥符五年，以宁朔退兵隶之。指挥十二。尉氏、咸平、西京、北京、澶各二，汝、怀各一。

横塞　咸平三年，选诸军威边、骑射及在京借事立。指挥七。雍丘、咸平、考城、襄邑、宁陵各一，卫二。

员僚剩员直　禁军员僚以罪责降者充。此下至骑捷凡六军，天圣后无。

清塞　周立，指挥二。其一北蕃归附之众，营寿州；其一破淮南紫金山砦所得骑军，营延州。宋初，选本军子弟补其缺。太平兴国三年，又得泉州、两浙兵以益之。

飞捷　本咸房军、保州、易州静塞兵、定州厅子军立。淳化元年，诏赴阙拣阅，以静塞为三等，厅子为一等，改今名。指挥四。

骁骏　本寿州咸圣军，咸平三年改。指挥一。

拣中夏州厅子　本夏州家户。淳化五年，河西行营都部署李继隆遣部送京师立，指挥一。

骑捷　本雍州强人指挥，咸平三年改。分营瀛、莫。指挥四。

武骑　指挥一十一。京师、雍丘各一，尉氏三，陈留、考城、咸平、郑各一，西京二。此下至有马雄略凡十二军，《三朝志》无。

骁骑　指挥一，太原。

无敌　河北沿边厢兵，庆历二年升禁军。总指挥六。定、北平各二，安肃、广信各一。

忠锐　广信厢兵有马者，庆历二年升禁军。指挥一。

威边　诸州厢兵，惟保州教战射，隶巡检司。庆历初，升禁军。指挥二。定、保各一。

飞骑　麟州厢兵，庆历初，升禁军。指挥二。

威远　府州厢兵，本胡骑之精锐，庆历初，升禁军。指挥二。

克戎　并州厢军有马者，康定中，升禁军。指挥一。

有马安塞　庆州厢军，庆历中，升禁军。指挥一。

蕃落　陕西沿边厢兵有马者，天禧后，升禁军，权边城寨悉置。至庆历中，总指挥八十三。环五、延、庆各四、秦并外寨十七，原、渭并外寨各十二，德顺并外寨十二，凤翔、泾并外寨、仪、保安各二，陇外一。

并州骑射　诸道厢军惟并州路有马备征役，庆历五年升禁军。指挥一。

有马雄略　至和二年置，指挥三。广、桂、邕各一。

步军

神卫　晋曰奉国军，周改虎捷。建隆二年，拣阅诸州所募禁军增补。乾德三年，西川行营都部署王全斌伪署感化、耀武等军平寇者功，请备禁旅，诏并为虎捷。太平兴国二年改。旧水虎翼即军中习水战者，是岁改为神卫水军，又于剩员中选可备征役者立为拣中神卫。大中祥符后，剩员又有带甲、看仓草场、看船之名，凡四等，皆选本军年多者补。宋初，指挥四十六，仁宗后，止存指挥三十一。京师。

步武　本乡军选充神勇、宣武，雍熙三年，拣其次等者立。庆历中，增指挥六。陈。

虎翼　宋初，号雄武弩手。太平兴国二年，选壮勇者为上铁林，其次为下铁林。雍熙四年，改为左、右厢，各三军。咸平五年，以威虎兵来隶。景德三年，选效顺兵补其缺。大中祥符五年，择本军善水战者为上虎翼，六年又选江、淮习水卒于金明池按试战棹，立为虎翼军。江、浙、淮南诸州，亦准此选置。七年，改为虎翼水军。旧指挥七十五，庆历中，增置二十一，总九十六。京师九十并水军一，襄邑、东明、单各一，长葛一。

奉节　乾德三年平蜀，得其兵立为奉议，后改今名。景德三年，又选立上奉节。指挥五，京师。

武卫　太平兴国中，募河北诸州兵立。旧指挥十六，庆历中，河北增置为指挥六十七。南京、真定、淄各四，北京、澶、相、邢、怀、赵、棣、洺、德、祁、通利、乾宁、广济各一，青五，郓、徐、兖、曹、濮、沂、济、单、莱、潍、登、淮阳、瀛、博各二，齐、密、沧各三。

雄武　并雄武弩手、床子弩雄武、拣中雄武、飞山雄武、拣中归明雄武，总指挥三十四。京师十三，太原、尉氏、南京、郑、汝、宁陵各二，咸平、东明、雍丘、襄邑、许、曹、广济、谷熟、长葛各一。

川效忠　太平兴国三年，选诸州厢兵归京师者立。淳化四年，又选川峡威棹、克宁兵部送京师者立为川效忠。景德六年，以德清厢军及威远兵增之。旧指挥二十八，后减为七。南京六，宁陵一。

效顺　宋初，征潞州，以降卒立。指挥一。襄邑。

雄胜　开宝中，以剩员立。太平兴国中，选入上铁林，余如故。又有雄胜剩员。指挥三。峡、冀、济各一。

拣中雄勇　开宝中立，以常宁雄勇、效顺等军剩员中选其强者立为拣中。大中祥符二年，又选归远军为新立。旧指挥四，后损为一。襄邑。

怀勇　开宝四年，拣蜀兵之在京师者立，指挥三。雍丘二，陈一。

威宁　淳化中，部送西川贼帅王小波胁从之兵归京师立。咸平元年，又以散员直增补。指挥一。许。

飞虎　本虎翼、广武兵屯西川无家属者，太平兴国中，归京师。指挥三。陈留二，咸平一。

怀顺　本淮南兵，旧号怀德。建隆二年改。指挥一。霸。

归圣　开宝七年，以李从善所领兵及水军立。八年，平江南，又以其降兵增补，指挥一。雍丘。

顺圣　太平兴国中，部送两浙兵归京师立。指挥一。巩。

怀恩　乾德三年，平蜀，得其军立。指挥三。荆南二，郢一。

拣中怀爱　本蜀兵，与怀恩同立，又拔精锐者为拣中。淳化四年，又选川峡威棹、克宁兵等者立为牵船，以给河漕之役。旧指挥三，后损为一。宁陵。

勇捷　太平兴国四年，征太原立，分左、右厢，以诸州库兵补左厢，广济、开山兵补右厢。指挥二十六。襄邑、北京、澶、陈、寿、汝、曹、宿各二，咸平、西京、南京、亳、宁、洪、河阴、巩、长葛、韦城各一。

威武　太平兴国四年，征太原立，分左、右厢，以江南归化兵补左厢，两浙顺化兵补右厢。大中祥符五年，又立下威武。共指挥十三。西京、河阳、郑、郓、澶、滑、濮、通利、巩、河阴、永城各一，曹二。

静戎弩手　选江南归化兵及诸州厢兵壮实者立。指挥四。河阳、澶、卫、通利各一。

平塞弩手　本两浙顺化军，拣其强壮立为弩手，又以江、浙遣负官物隶窑务徒役者为拣中平塞。指挥四。咸平、亳、河阳、白波各一。

新立弩手　本劲勇兵，太平兴国中，选其善弩者立。指挥一。广济。

忠勇　咸平五年，以易州兵能禽贼者立。指挥一。成都。

宁远　大中祥符六年，选西川克宁、威棹兵立。旧指挥五，皇祐及至和中，增置为八。戎三，遂、梓、嘉、雅、江安各一。

忠节　太平兴国三年，选诸州厢军之强壮者立。淳化四年，又选川峡威棹、克宁兵立为川忠节。旧指挥二十四，后增教阅忠节总为六十。雍丘、襄邑、宁陵各三，陈留、咸平、东明、亳、河阴、永城各二，南京五，太康、阳武、许、江宁、扬、庐、宿、寿、楚、真、泗、泰、滁、岳、澧、池、歙、信、太平、饶、宣、洪、虔、吉、临江、兴

神威　咸平三年,选京师诸司库务兵立。上下指挥十三。陈留三,许、巩各二,雍丘、考城、咸平、河阳、广济、白波各一。

归远　雍熙三年,王师北征,拔飞狐、灵丘,得其降卒立,咸平二年,选诸州杂犯兵增之。旧指挥三,天圣中,增置为十六。陈、许、亳、寿、宿、邓、襄、鼎各一,荆南、澧、潭、洪各二。

雄略　咸平六年,选诸州厢兵及香药递铺兵立。旧指挥十五,皇祐五年,增置为二十五。荆南五,潭四,鼎、澧各二,广、辰、桂各二,许、全、邵、容各一。

威猛　咸平三年,选诸州厢兵及召募者立。上下指挥十。襄邑四,咸平、许、长葛各二。

神锐　咸平六年,料简河兵立。大中祥符五年,以本军及神虎兵年多者为带甲剩员。指挥二十六。太原六,潞、晋各三,泽、汾、隰、平定各二,代、绛、忻、辽、邢、威胜各一。

神虎　咸平五年,选陕西州兵马立。六年,又料简河东州兵立,以西路河东兵之。指挥二十六。永兴六,凤翔、河中、忻、晋、威胜各二,太原、秦、延、鄜、华各一,潞州三。

保捷　咸平四年,诏陕西沿边选乡丁保毅升之。旧指挥四十五,庆历中,拣乡弓手增置,总一百三十五。永兴十二,同九,秦八,河中、汾、泾各七,渭、宁、耀各六,凤翔、延、仪、华、陇、解、乾各五,陕、原、鄜各四,成三、庆、凤、坊、晋、镇戎各二,环、丹、商、虢、阶、庆成、德顺各一。

振武　旧指挥四十,庆历后,河北增置为指挥四十二,陕西增置为指挥三十九,总八十一。北京、澶、相、怀、卫、霸、莫、祁、棣、赵、滨、洺、保安、永宁、通利、安肃、仪各一,真定、定、瀛、保、恩、邢、深、博、永静、乾、宁陵、泾各二,延六,邠、陇各七,鄜、宁各五,磁四,沧、原各三。

桥道　太平兴国三年,选诸州厢兵次等者立。淳化四年,又选川峡咸棹,克宁为川桥道。总指挥十八。襄邑、咸平、阳武各二,陈留、东明、尉氏、太康、西京、河阳、濮、郓、巩、河阴、白波、宁陵各一。

清塞　太平兴国初立。左、右厢,旧指挥二十三,嘉祐中并为十三。曹二,郑、郓、滑、通利、巩、河阴、白波、汜水、长葛各一。

招收　端拱中,获通州大沙洲贼众立,缺则以江、浙招致海贼补之。又收端拱中逃军来复者,原其罪为德寿军,后改今名,隶保州巡检司,庆历初,升禁军,为指挥十七。保四,霸、信安各三,定、军城岩各二,广信、安肃、顺安各一。

壮勇　本招获群盗配近京徒役者拣拔立,咸平三年,选诸杂犯兵增之。至道三年,江、浙发运使杨允恭擒海贼送阙下增补,旋废。旧指挥三,庆历中,增置为七。耀、解、滑各二,许一。

宣效　咸平三年,选六军、窑务、军营务、天驷监效役、店宅务、州兵立。景德元年,又拣本军材勇者为拣中宣效。旧指挥五,后损为二。京师。

来化　雍熙中,以飞狐、灵丘归附之众立,又以朔州内附牵摆兵立,后废。旧指挥三,后损为二。宁陵。

归恩　雍熙中,平塞陷边之民黥面放还立,分有家属者隶左厢,无者隶右厢。指挥二。亳。

顺化　太平兴国三年,以两浙兵之次等者立。指挥二。河阳、郓各一。

左右清卫　大中祥符八年立,以奉诸宫观洒扫之役。指挥二。此下至强壮军员凡八军,天圣后无。

川员僚直　本西蜀贼全师雄所署将领,乾德中立。

造船务　乾德初,平荆湖,选其军善治舟楫者立。

归明羽林　太平兴国四年,征幽州,获其兵立。

新立清河　缘河旧置铺兵以备河决,后拣阅立。指挥二。

保宁　大中祥符元年,马步军都虞候王超请以病军经行阵者立。

新立归化　开宝七年,以江南李从善所领部曲水军立,八年,平江南,又以降兵增之。指挥一。

强壮军员　咸平六年置,指挥一。

澄海弩手　庆历二年置,隶海州都巡检司。指挥二。登。此下至武严凡十三军。

捉生　延州厢兵,天圣五年升禁军,指挥二。

清边弩手　宝元初,选陕西、河东厢军之伉健者置,以弩手名。指挥四十三。太原九,秦五,泾四,河中、陇各三,永兴、代、潞、晋各二,庆、环、滑、同、坊、镇戎、慈、丹、隰、汾、宪各一。

制胜　陕西厢兵,庆历中,升禁军。指挥九。永兴、华各二,凤翔、耀、同、解、乾各一。

定功　陕西厢军,庆历四年,升禁军增置,为指挥十。永兴、秦、庆、原、渭、泾、仪、鄜、延、镇戎各一。

清涧　庆历初,募土人精悍者充,因其地名。指挥二。

建威　秦州厢兵,庆历八年升禁军。指挥一。

效勇　景祐中,募川峡流民增置,为指挥二十七。陈留三,太康、尉氏、襄邑、河阳、曹、合流各二,咸平、郑、亳、卫、许、单、澶、磁、广济、河阴、宁陵、白波各一。

宣毅　庆历中,京东、京西、河北、河东、淮南、江南、两浙、荆湖、福建九路募健勇或选厢军为之。指挥二百八十八,至治平中,管一百七十四。京东路:南京、郓、徐、曹、齐各二,青、兖、密、濮、沂、单、济、淄、莱、潍、登、淮阳、广济各一;京西路:西京、滑、许、河阳、陈、襄、郑、颍、蔡、汝、随、信阳各一,邓二。河北路:真定、德、棣、博、邢、祁、恩、磁、深、定、滨、通利、永静、乾宁各一。河东路:太原、汾各六,晋四,泽、绛、石、代各三,潞、岚、忻、辽、威胜、平定各二,慈、隰、宁化各一。淮南路:扬、亳各二,庐、宿、寿、楚、真、泗、蕲、海、舒、泰、濠、和、光、黄、通、无为、高邮、涟水各一。江南路:江宁、洪、虔、吉、抚、袁、筠、建昌、南安各一。两浙路:杭二,越、苏、明、湖、婺、润、温、衢、常、秀、处各一。荆湖路：潭、全、鼎各三，荆南、邵、衡、永、郴、道、安、鄂、岳、澧、复、峡、归、辰、荆门、汉阳、桂阳各一。福建路：建二，泉、南剑、漳、汀、邵武、兴化各一。

宣毅床子弩炮手　庆历中置。指挥一。岢岚。

建安　府州厢兵，庆历二年升禁军。指挥二。府、岚各一。

威果　嘉祐四年置，指挥二十五。荆南、江宁、杭、扬、庐、潭各三，洪、越、福各二，虔一。

武严　指挥一。京师。

御前忠佐军头司　马步军都军头、副都军头，马军都军头、副都军头，步军都军头、副都军头。其所辖散员，有副指挥使、军使、副兵马使、十将。马步直自指挥使而下，皆如殿前司之制。

御前忠佐散员　本许州员僚剩员，淳化中，立为军头司散员一班。又五代以来，军校立功无可门署者，第令与诸校同其饮膳，名健饭都指挥使，后唯被谴者居此。大中祥符二年，改为散指挥使。班一。

马直　雍熙四年置，指挥一。

步直　端拱元年置，指挥一。

备军　一千九百六十人。

皇城司　亲从官　太平兴国四年，分亲事官之有材勇者为之，给诸殿洒扫及契勘巡察之事。指挥三。

入内院子　天圣元年，拣亲事官年高者为之。九年，选辇官六十以上者充。治平二年，诏以五百人为额。

骐骥院　骑御马直　太平兴国二年置，分左右番。八年，分为二直。其后增置八直。

左右教骏　旧名左右备征，建隆二年改。指挥四。

卷一百八十八

志第一百四十一

兵二 禁军下

熙宁以后之制
　　骑军

殿前指挥使　左右班二。

内殿直　左右班四。

散员　左右班四。

散指挥　左右班四。

散都头　左右班二。

散祗候　左右班二。

金枪班　左右二，元祐二年六月，密院言："元丰七年，承旨司传宣密院：殿前指挥使左右班枪手可各以五分为额，余悉改充弓箭手。切详先为在京马军全废枪手，其诸班枪手有阙，无人拣填，遂有此宣旨。近因殿前马步军司奏，诸在京马军复置一分枪手，诸班枪手并依旧教阅。"诏："元丰七年宣旨，更不施行。"

东西班　及弩手、龙旗直、招箭，总十一。中兴后，东凡五班，西凡三班。

散直　左右四。熙宁九年，并南散直隶北散直。中兴后，名招箭班散直。

外殿直　一。熙宁五年废。

银枪班　左右班二。中兴置。

茶酒旧班　中兴置。

茶酒新班　中兴置。

钧容直　国初一班。中兴因之，后废。已上为诸班。

捧日　并左射、锟直、弩手、左第五军，总三十五。京师三十三，雍丘、郑各一。熙宁五年，捧日三十三并为二十二，废弩手隶左射，余留二十九。元第一，十月，以左射隶天武。二年，废左射、锟直。八月，废第五军，雍丘第二、南京第一并改为新立骁捷。九月，诏勿改，惟阙勿补，俟其少废并。

归明渤海　二。京师。元丰元年，拨填拱圣一，余拨隶骁骑右四。

拱圣　二十一。京师。熙宁六年，并为十六，废左射。中兴后，副指挥一员。

吐浑　五。治平中，并为二。熙宁二年，并为一。元丰元年废。中兴后，属步军。

骁骑　二十二。京师。熙宁六年，并为十四，废弩手、上骁骑。元丰元年，拨在京骁骑左第一隶神勇。

骁胜　十。熙宁三年废。

宁朔　十。京师、尉氏各三，雍丘、滑、河阳、河阴各一。熙宁二年，并为七。元丰元年，在京第二第三并拨隶第一。

龙猛　八。熙宁三年，并为六。

飞猛　一。熙宁二年废。

契丹直　三。咸平、棣昌、寿各二。熙宁九年废。

神骑　十八。雍丘十三，咸平五。熙宁二年，并为十。中兴后，副指挥一员。

步斗　六。尉氏、太康各一，蔡四。元丰元年，尉氏、太康各一、蔡州二皆拨隶步军司虎翼。十一月，蔡州二改为新立骁捷，其第二充擒戎第四，等四，尉氏三、太康四第四充擒戎第五，太康一元丰元年并尉氏第三隶第一，太康第二改骁雄。二年，尉氏一勿填阙。

吐浑直　三。太原二，潞一。熙宁六年，废潞州一。一年，废太原二。元丰二年，太原、潞州各一，勿填阙。中兴属步军。

安庆直　四。太原一，潞三。熙宁六年皆废。

三部落　一。太原。熙宁三年废。

清朔　四。西京二，颍昌、汝各一。

擒戎　五。西京、颍昌各二，汝一。元丰元年，蔡州置二。

骁雄　旧六，治平四年并为四。咸平、陈各二。熙宁初，以骁猛第四改充一。元丰六年，咸平、尉氏各一，阙勿补。

其马军行司新军目：

选锋　中兴置。　　神策选锋军、左翼军、右翼军、摧锋军、游奕军、前军、右军、中军、左军、后军、护圣马步军　中兴置。
　　　　步军
　　御龙直　左右二。
　　御龙骨朵子直　左右二。
　　御龙弓箭直　五。
　　御龙弩直　五。中兴，左右班二。
　　天武　并宽衣、锟直、左射，总三十四。京师三十三，咸平一。熙宁二年，并三十三为二十三。九年，废左射。元丰元年，并陈留第七军第一隶咸平第五军第一。十月，废宽衣天武。二年，废第五军，咸平第一改雄武弩手。九月，诏勿改，惟阙弗填。四年，废锟直。绍圣元年十一月，引进副使宋球言："自立殿前司以来，有宽衣天武一指挥充驾出禁卫围子，常守把在内诸门，熙宁中废并，禁围子只差天武，皇城诸门更不差人。乞复置宽衣一指挥；或不欲添置，乞将天武本军内以一指挥为宽衣天武。"诏：禁围子合用天武人兵，令殿前司今后并选定四十已上、有行止无过犯、不系新招拣到人充，遇阙选填。
　　神勇　并上神勇二十一。京师。熙宁六年，并为十四，废上神勇。孝宗初，改为护圣军。
　　广勇　四十三，每十为一军。京师五，陈留二十二，咸平、东明、太康、酢城、南京各二，襄邑、阳武、郓各一，滑三。熙宁九年，在京增置一。元祐二年八月，诏在京置左第三军第一、右第三军第一。
　　神射　五。陈留三，雍丘二。熙宁三年废。
　　龙骑　二十，分三军。京师四，尉氏、雍丘、咸平、郑各二，南京、陈、蔡、河阳、棣、单、宿、白波各一。熙宁二年，并为十三。熙宁二年，在京第七隶第九。
　　雄勇　八。咸平三，郓二，颍昌、郑、滑各一。元丰元年，并咸平第二第三隶第一、郓州第五隶第四，改曰雄威，并管城第七、白马第八；颍昌一阙勿补。二年，咸平一阙勿补。
　　宣威　上下二。咸平、襄邑各一。熙宁三年，以咸平一隶广捷，以襄邑一隶咸猛，四年废。
　　广捷　五十六。陈留八，咸平六，雍丘四，襄邑、尉氏、颍昌各三，太康、扶沟、南京、亳、河阳、颍、宁陵各二，陈五，郑、滑、曹、邓、蔡、广济、谷熟、永城、襄城、莱各一。熙宁三年，亳州一并广勇，永城县一并隶亳州。元丰元年，并管城第四十隶本县雄勇第七，并白马县第二十五隶本县雄勇第八。
　　广德　并拣中广德，总十。咸平、尉氏、阳武、河阳、沧、巩、白波各一，西京三。治平四年，并十四为八。熙宁六年，废拣中广德，尉氏拣中广德第一、阳武第二改为广德。
　　雄威　十。考城、襄邑、陈留各一，南京四，陈三。治平四年，并十三为十。元丰元年，以南京第八分隶第三、第四、第七。二年，襄邑二阙勿补。
　　胜捷、威胜、威捷　建炎初置，隶殿前司。
　　全捷、前军、右军、中军、左军、后军　自胜捷以下九军，并中兴后置。

侍卫司　　侍卫亲军马步军都指挥使、副都指挥使、都虞候各一人。马军都指挥使、副都指挥使、都虞候各一人，步军亦如之。自马步军都虞候以上，其员全阙，即马军、步军都指挥使等各兼领其务。马步军有龙卫、神卫左右四厢都指挥使，龙卫、神卫左右厢各有都指挥使，每军有都指挥使、都虞候，每指挥有指挥使、副指挥使，余如殿前司之制。其所领骑步军之额如左。
　　　　骑军
　　员僚直左右四。京师二，恩、冀各一。熙宁二年，并左直为一，须人少拨隶如其军省。五年，废恩、冀州左右直弗补。六年，拨隶龙卫。元丰三年废。
　　龙卫　并锟直、左射、带甲剩员四十四。京师三十八，雍丘、尉氏、河阳并拣中各一，澶二。熙宁元年，以澶州右第四军第四隶第三，共并为一。九年，陈留并带甲剩员二为一。熙宁元年，澶州、河阳、尉氏就粮四并隶别指挥。六年，三十九并为二十。八年，置带甲剩员二。十年，废亳州一。元丰元年，陈留带甲剩员阙勿补。二年五月，废锟直、左射。八月，废第十军。十月，南京第十军第一改新立骁捷左三。六年，废带甲剩员。中兴，二十。
　　忠猛　一。定。熙宁五年废。
　　散员　一。定。熙宁五年废。
　　骁捷　二十六。尉氏新立及拣中各一，恩十四，冀十。熙宁元年，废带甲剩员。三年，废拣中。五年，瀛州三拨隶本州云翼，冀州十、恩州十四各并为五，莫州二并为一。十年，并冀、恩骁捷各五各为四。元丰元年，太康置新立骁捷一。
　　云骑　十五。京师十一，陈留、南京各一，巩县二。熙宁二年，并十五为十。三年，第一至十二并为七。七月，第八拨隶第一第二。八年，置带甲剩员一。元丰二年阙，选云捷第二军补之。十月，雍丘带甲剩员第一改为横塞第十。中兴，七。
　　武骑　二十一。京师、雍丘各六，尉氏三，陈留、考城、咸平、郑各一，西京二。熙宁元年，废咸平带甲剩员为剩员。二年，并二十作十五。八年，置带甲剩员一。九年，以雍丘带甲剩员一隶云骑带甲剩员，共为一。十二月，在京四并为三，尉氏二并为一，考城一分隶雍丘宁朔，在京二并为一。十年，废带甲剩员。元丰元年，并带甲剩员亳州第一。中兴，三。
　　骁锐　四。莫三，冀一。熙宁五年，莫州三并为二，冀州第三虚其阙，以存者补捷。六年七月，莫州第一第二、冀州第三并改骁捷，是月废。
　　归明神武马　一。尉氏。熙宁六年，改新立骁捷，七月，废。
　　飞捷　四。雍丘。熙宁二年，并为二。元丰元年废。
　　骁武　左右二十。北京七，真定三，定六，相、怀、洛、邢各一。熙宁元年，废带甲剩员。二年，北京七并为五。五年，真定府三并为二，定州六并为四，邢州、云翼各一须人少并为一。十北京五并为四，定州四须人少并为三。元丰七年，以忠猛一分入骁武第七、第八、第九。
　　广锐　总四十四。太原、代、并各三，汾五，石、岚、岢岚各二，晋、潞、慈、绛、泽、隰、宪、宁化、威胜、平定、火山各一，泾、原、鄜各二，秦、渭、环、邠、宁各一。元丰二年，忻、岚州各一，阙勿补。三年，泾州二以下一补上一阙。五年，置兰州二。中兴，二十三。

云翼 分左右厢，左三十四，右二十二，总五十六。真定、雄、瀛、深、赵、永宁各三，定、冀各六，保五，沧、北平、永静、顺安、保定各二，莫、邢、霸各一，广信、安肃各四。熙宁五年，并沧州二为一，冀州六为三，真定府三为一，赵州三为二，定州六为四，顺安军二为一，永宁军三为二，北平军二须其阙并为一，安肃军第一分隶第三，深州三为二，保州一分隶他军。十年，莫州第十三分隶骁捷，真定府第八分隶骁武，定州四须其阙并为三，安肃军三须其阙并为二，广信军四并为三。元祐元年，桂州二仍不废。中兴，三十三。

有马劲勇 七。太原二，代、岚各一，磁三。熙宁五年，磁三并为一。中兴，五。

骑捷 五。瀛三，莫二。熙宁六年废。

厅子 七。定二，相五。熙宁五年，并相厅子五为三，定厅子马二为一。六年，相州厅子三并改厅子马。十年，相州厅子马第三分隶骁武厅子马。中兴，四。

骁骏 一。太原。熙宁六年废。

无敌 六。定、北平各二，安肃、广信各一。熙宁五年，北平二须人少并为一，拨隶云翼三；广信军一拨隶云翼。

忠锐 一。广信。熙宁五年废。

威边 二。定、保各一。熙宁五年废。

克胜 二。潞。

飞骑 二。麟。

威远 二。府。

克戎 二。并。

清塞 一。延安。熙宁五年废。

武清 一。晋。熙宁六年废。

万捷 七。相、冀、赵各二，沧一。熙宁五年，冀二并为一，以隶云翼；相二须人少并为一。中兴，七。

云捷 十二。尉氏、咸平、西京、北京、澶各二，汝、怀各一。

横塞 七。雍丘、咸平、考城、襄邑、宁陵各一，卫二。

有马安塞 一。熙宁五年废。

蕃落 八十三。环五，延、庆各四，秦并外寨十七，原、渭并外寨各十二，德顺并外寨七，镇戎并外寨十二，凤翔、泾并外寨，仪、保安各二，陇一。熙宁三年，并外寨九为七。八月，泾原路以新寨所减蕃落隶在州蕃落，定额以三万二千人。五年，陇州添置招马军蕃落一。九年，并陕西土蕃落渭州八为六，原州、秦州各五为四。元丰四年，环州下蕃落未排定指挥，并为禁军。五年六月，葭芦砦主乞置一。绍圣四年，诏：陕路增置马军十，各五百人为额，于永兴、河中、凤翔、同、华各置二。元符元年，诏：泾原路新筑西安州置马军一，天都、临羌砦各置马军一。六月，诏永兴军等路创置十指挥。二年，定边城增置

马军二，乌龙川、北岭新寨各置马军一。崇宁五年，新筑安边城，置马军一。

并州骑射 一。熙宁六年，太原骑射第一改克戎。元丰七年，成都府置马军骑射一。中兴后无。

有马雄略 三。广、桂、邕各一。熙宁三年，广、桂、邕有马雄略阙勿补，十年，以邕州住营两指挥阙额移桂州，依旧置。绍圣元年，沅州增置有马一。元符元年正月，诏荆湖南路、江南东路各增置有马一。中兴，二。

崇捷 崇宁三年，诏于京东、京西、河北、河东、开封府界创置马步军五万人，计一百七指挥。马军三十五，步军七十二，合三万六千人。马军以崇捷、崇锐为名，步军以崇武、崇威为名。

崇锐 崇宁三年，见上。以上二军，中兴后无。

清涧骑射 二。

员僚剩员直 以罪谪降者充立。

前军、右军、中军、左军、后军 以上七军，并中兴后置。

步军

神卫 并水军总三十一。京师。熙宁二年，并三十一为三十。三年，废水军。元丰二年，废第九、第十，南京第一改雄武弩手。中兴，四十六。

虎翼 九十六。京师九十，并水军一，襄邑、东明、单各一，长葛二。熙宁二年，除水军一外，并九十五为六十。六年，废上虎翼。元丰四年，诏改差殿前虎翼右一四指挥为李宪亲兵。

奉节 并上奉节五。京师。熙宁二年，殿上奉节。九月，上奉节两指挥隶虎翼。六年十月，废奉节。

步武 六。陈。

武卫 七十一。南京、真定、定、淄各四，北京、澶、相、邢、怀、赵、棣、洺、德、祁、通利、乾、广济各一，青五，郓、徐、兖、曹、濮、沂、济、单、莱、潍、登、淮阳、瀛、博各二，齐、密、沧各三。熙宁四年，帝论文彦博等："京东武卫军素号精勇得力，不减陕东兵。"彦博曰："京东之人沈鸷精悍，亦其性也。"五年，并沧三为二，真定府各四各为三，赵州、振武各一共为一。六年，诏岷州置一。元丰三年，河州武卫二为一。

雄武 并雄武弩手、床子弩雄武、栋中雄武、飞山雄武、栋中归明雄武，总三十四。京十三，太原、尉氏、南京、郑、汝、宁陵各二，咸平、东明、雍丘、襄邑、颍昌、曹、广济、谷熟、长葛各一。熙宁五年，废栋中雄武。闰七月，并床子弩雄武、飞山雄武各五为二。六年，废雄武。中兴后，加"平海"字。

飞虎 三。陈留二，咸平一。熙宁三年废。

神锐 二十六。太原六，潞、晋各三，泽、汾、隰、平定各二，代、绛、沂、辽、邢、威胜各一。元丰二年，潞州三，阙勿补。

振武 八十一。北京、澶、相、卫、霸、莫、祁、棣、赵、滨、洺、保安、永宁、通利、安肃、仪各一，真定、瀛、保、恩、邢、深、博、永宁、乾宁、庆、泾各二，延六、邠、陇各七，鄜、宁各五，磁四，沧、原各三。熙宁

五年，瀛州二为一，沧州三为二，真定府二为一，邢州二以一分隶武卫、神锐、镇武，磁州四为三。元丰三年，郓州四为三，汾州五以一补上四指挥阙，陇州四为三。元祐七年，诏复置沧州第六十七、六十八。

来化　一。宁陵。熙宁七年废。

新立弩手　二。广济。熙宁六年，定陶县第二军改雄武队弩手。

怀勇　三。雍丘二，陈一。熙宁三年废。

威宁　一。颍昌。熙宁二年废。

威猛　上下十。襄邑四，咸平、颍昌、长葛各二。熙宁三年，宣威并入。

雄胜　三。陕、冀、济各一。熙宁四年，分陕府雄胜隶他军。中兴，四。

归恩　左右二。亳。熙宁三年，左第一并右第一。六年，第一改为雄胜。

澄海弩手　二。登。熙宁八年，广西经略司选澄海赴桂州，以新澄海为名。中兴，加"水军"字。

神虎　二十六，永兴六，凤翔、河中、忻、隰、晋、威胜各二，太原、秦、延、鄜、华各一，潞三。熙宁九年，秦州一，阙勿补。

保捷　一百三十五。永兴十二，同九，秦八，河中、邠、泾各七，滑、宁、耀各六，凤翔、延、仪、华、陇、解、乾各五，陕、原、鄜各四，成三，庆、凤、坊、晋、镇戎各二，环、丹、商、虢、阶、庆成、德顺各一。熙宁五年，凤翔府添置三。六年，添置一。元丰三年，并同州七为六，永兴军九为八。五年，兰州置步军二。绍圣四年，兰州金城关置步军四。元符元年，新筑西安州，置步军一，天都、临羌岩各置步军一；又诏于河北路大名府二十二州军共创置马步军，步军二十九指挥以保捷为名。二年，定边城置步军一。崇宁五年，安边城置步军一。中兴后，增置一。

捉生　二。延。绍圣三年，环、庆州各置一。

清边弩手　四十三。太原九，秦五，泾四，河中、陇各三，永兴、代、潞、晋各二，庆、渭、环、同、坊、镇戎、慈、丹、隰、汾、宪各一。熙宁六年，并凤翔四为三。八年，吉阳并宣毅一来隶。九年，并秦州四为三。元丰三年，以河中清边弩手将兵一隶本府保捷、清边弩手。

制胜　九。永兴、华各二，凤翔、耀、同、乾、解各一。拨华一隶本州保捷、制胜，奉天一补其县保捷阙。中兴后增一。

定功　十。永兴、秦、庆、原、渭、泾、仪、鄜、延、镇戎各一。

青涧　二。中兴后隶骑军。

平海　二。登。

建威　一。秦。熙宁三年废。

效忠　二十七。陈留三，太康、尉氏、襄邑、河阳、曹、合流各二，咸平、郑、亳、卫、颍昌、单、澶、磁、广济、河阴、宁陵、白波各一。熙宁九年，磁、卫各一，须人少与武卫并为一。

川效忠　七。南京六，宁陵一。熙宁二年，南京六并隶上三。三年十二月，南京三并为二。

宣毅　一百七十四。隶京东西、河北、河东、淮南、江南、两浙、荆湖、福建九路。京东路：南京、郓、徐、曹、齐各二，青、兖、密、濮、沂、单、济、淄、莱、潍、登、淮阳、广济各一。京西路：西京、滑、颍昌、河阳、陈、襄、郑、颍、蔡、汝、随、信阳各一，邓二。河北路：真定、德、棣、博、邢、祁、恩、磁、深、定、洺、滨、通利、永静、乾宁、永宁各一。河东路：太原、汾各六，晋四，泽、绛、石、代各三，潞、岚、忻、辽、威胜、平定各二，慈、隰、宪、宁化各一。淮南路：扬、亳各二，庐、宿、寿、楚、真、泗、蕲、海、舒、泰、濠、和、光、黄、通、无为、高邮、涟水各一。江南路：江宁、江、洪、虔、吉、抚、袁、筠、建昌、南安各一。两浙路：杭二，越、苏、明、湖、婺、润、温、衢、常、处、秀各一。荆湖路：潭、全、鼎各二，荆南、邵、衡、永、郴、道、安、鄂、岳、澧、复、峡、归、辰、荆门、汉阳、桂阳各一。福建路：二，福、泉、南剑、漳、汀、邵武、兴化各一。熙宁三年，宿、扬、庐、寿、楚、真、泗、泰一并教阅忠节，各为一。蕲、海、舒、濠、和、光、黄、通、无为、高邮、涟水各一阙弗补。十二月，京东路三十三并为十三，荆湖南路道永衡各一、潭二拨隶威果，全二、邵一拨隶雄略，郴、桂阳各一不充额，荆南一拨隶威果，鼎二、澧岳安复鄂各一皆改教阅忠节，荆门、汉阳、归、峡各一不充额，江南东路江宁、江南西路虔各一拨隶威果、雄略，洪、吉、抚、建昌各一皆改教阅忠节，筠、袁、南安一不充额，福建路福一隶威果，建二并为一改咸果，两浙路杭二、越苏润各一皆改咸果，湖、婺、温、衢、常、处、秀各一不充额。熙宁五年，恩一、乾宁永静真定邢洺磁定祁深永宁各一阙弗补。八年，吉乡军宣毅一隶清边弩手，潞复置一。九年，定、邢、深、祁、磁、永宁、永静、乾宁各一皆效忠。元丰元年，博二拨隶他州军。

宣毅床子弩炮手　一。岢岚。熙宁三年废。

建安　二。府、岚各一。

威果　二十五。荆南、江宁、杭、扬、庐、潭各三，洪、越、福各二，虔一。宣和三年，严州增置一。

效顺　一。襄邑。熙宁六年，改雄武。

拣中雄勇　一。襄邑。

怀顺　一。霸。

归圣　一。雍丘。熙宁六年，改雄武。

顺圣　一。巩。中兴已后无。

怀恩　三。荆南二，鄂一。

拣中怀爱　一。宁陵。熙宁六年废。

勇捷　左右二十六。襄邑、北京、澶、陈、寿、汝、曹、宿各二，咸平、西京、南京、亳、宁陵、虹、河阴、巩、长葛、韦城各一。熙宁三年，并十隶九，右十二并右二。元丰二年，唐、汝州各置土兵一。

威武　上下总十三。西京、河阳、郑、郓、澶、滑、濮、通利、巩、河阴、永城各一，曹二。熙宁三年，废下威武。九年，澶一隶效忠、勇捷。

静戎弩手　四。河阳、澶、卫、通利各一。熙宁七年废。

平塞弩手　并拣中平塞、新立平塞，总四。咸平、亳、河阴、白波各一。熙宁六年，废弩手及新立、拣中平塞，亳平塞弩手及白波新立平塞、咸平拣中平塞并改下咸武。

忠勇　三。成都。

宁远　八。戎三，遂、梓、嘉、雅、江安各一。熙宁六年，泸州增置一。

忠节　并川忠节、教阅忠节，总六十。雍丘、襄邑、宁陵各三，陈留、咸平、东明、亳、河阴、永城各二，南京五、太康、阳武、颍昌、江宁、扬、庐、宿、寿、楚、真、泗、泰、滁、岳、澧、池、歙、信、太平、饶、宣、洪、虔、吉、临江、兴国、广济、南康、广德、长葛各一，合流四。熙宁三年，亳州第十四并勇捷，川忠节一并忠节。十二月，添置八。五年，蔡州置一。

神威　上下十三。陈留三，颍昌、巩各二，雍丘、考城、咸平、河阳、广济、白波各一。

归远　十六。陈、颍昌、亳、寿、宿、邓、襄、鼎各一，荆南、澧、潭、洪各二。元丰五年，成州置一。

雄略　二十五。荆南五，潭四，鼎、澧各三，广、辰、桂各二，许、全、邵各一。熙宁三年，衡增置一，吉增置三百人及置部军雄略一。崇宁三年，荆湖南路置四。

招收　十七。保四，霸、信安各三，定、军城砦各二，广信、安肃、顺安各一。熙宁五年，霸、信安各二并为一，定二为一，安肃一、保二分隶振武、招收。八年，听以保甲替罢拣充下禁军。

壮勇　七。耀、解、滑各二，颍昌一。

桥道　并川桥道十八。襄邑、咸平、阳武各二，陈留、东明、尉氏、太康、西京、河阳、濮、郓、巩、河阴、白波、宁陵各一。熙宁三年，郓川桥道改桥道，隶顺化。

清塞　十二。曹二，郑、郓、滑、通利、巩、河阴、白波、氾水各一，长葛二。

崇武　崇宁三年，置步军京东西、河东北。

崇威　崇宁三年，置步军京东西、河东北。

敢勇　元祐七年，诏河东、陕西路诸帅府募敢勇，以百人为额。宣和四年，诏越州招到敢勇三百人，拨充两浙提刑司捉杀差使。

靖安　崇宁元年，诏荆湖北路添置禁军五指挥，以靖安为名，隶侍卫步军司。

广固　崇宁三年，诏添置广固兵四指挥，以备京城工役。政和五年，诏于四指挥各增置五百人入额，自今更勿差客军。

通济　政和六年，诏增置通济兵士二千人，牵挽御前纲运。自崇武至此六军，中兴后无。

清卫　宣和七年，减清卫等军，令步军司拨填一般军分。

刀牌手　崇宁中立。广西桂州。

劲勇、壮武、静江　自劲勇以下三军，旧隶厢军。中兴后，隶侍卫步军。

振华　五百人为一军。

安远、奉先园　四。

武宁、威勇、忠果、雄节、必胜　六。

前军、右军、中军、左军、后军　自振华以下十三军，并中兴后立。

御前忠佐将校并与建隆以来制同。

散员　班一。

马直　指挥一。

步直　指挥一。熙宁四年，马步二直并废，拨隶殿前、步军司虎翼，其有马者补云骑。

备军　一千九百六十人。熙宁二年，罢九百六十人。

皇城司

亲从官　指挥四。政和五年，创置第五指挥，以七百人为额。

亲事官　指挥三。元丰五年增置一，守奉景灵宫。政和五年，西京大内官一，以五百五十人为额。又增置内园司一，以五百一十人为额。

入内院子　五百人。中兴后，二百人。

快行、长行　中兴后置，一百人。

司圊　三人。

曹司　中兴置，三十人。

将兵者，熙宁之更制也。先是，太祖惩藩镇之弊，分遣禁旅戍守边城，立更戍法，使往来道路，以习勤苦、均劳逸。故将不得专其兵，兵不至于骄惰。淳化、至道以来，持循益谨，虽无复难制之患，而更戍交错，旁午道路。议者以为徒使兵不知将，将不知兵，缓急恐不可恃。神宗即位，乃部分诸路将兵，总隶禁旅，使兵知其将，将练其士，平居知有训厉而无番戍之劳，有事而后遣焉，庶不为无用矣。

熙宁七年，始诏总开封府畿、京东西、河北路兵分置将、副。由河北始，自第一将以下共十七将，在河北四路；自第十八将以下共七将，在府畿；自第二十五将以下共九将，在京东；自第三十四将以下共四将，在京西，凡三十有七。而鄜延、环庆、泾原、秦凤、熙河又自列将焉。在鄜延者九，在泾原者十一，在环庆者八，在秦凤者五，在熙河者九，凡四十有二。八年，又诏增置马军十三指挥，分为京东、西两路。又募教阅忠果十指挥，在京西，额各五百人，其六在唐、邓，其四在蔡、汝。

元丰二年，又增置土兵勇捷两指挥于京西，额各四百人，唐州方城为右第十一，汝州襄城为左第十二。凡马军十三指挥，忠果及土军共十二指挥。四年，又诏团结东南路诸军亦如京畿之法，共十三将：自淮南始，东路为第一，西路为第二，两浙西路为第三，东路为第四，江南东路为第五，西路为第六，荆湖北路为第七，南路潭州为第八，全、邵、永州应援广西为第九，福建路为第十，广南东路为第十一，西路桂州为第十二，邕州为第十三。

总天下为九十二将，而鄜延五路又有汉蕃弓箭手，亦各附诸将而分隶焉。凡诸路将各置副一人，东南兵三千人以下唯置单将。凡将、副皆选内殿崇班以上、尝历战陈、亲民者充，且诏监司奏举。又各以所将兵多寡，置部将、队将、押队使臣各有差。又置训练官次诸将佐。春秋都试，择武力士，凡千人选十人，皆以名闻，而待旨解发，其愿留乡里者勿强遣。此将兵之法也。

六年，熙河路经略制置李宪言："本路虽有九将之名，其实数目多阙，缓急不给驱使。又番、汉杂为一军，嗜好言语不同，部分居止悉皆不便，今未出战，其害已多，非李靖所谓番、汉自为一法之意。若将本路九将并为五军，各定立五军将、副及都，同总领番兵将，使正兵合汉弓箭手自为一军，其番兵亦各自为一军。临敌之际，首用番兵，继以汉兵，必有成效，兼可减并将、副及部队将员，于事为便。"诏从之。

元祐元年，司马光言："近岁灾伤，盗贼颇多，州郡全无武备。长吏侍卫单寡，禁旅尽属将官，多与州郡争衡，长吏势力远出其下。万一有李顺、王伦、王均、王则之寇乘间窃发，攻陷郡县，岂不为朝廷忧！祖宗以来，诸军少曾在营，常分番出戍。盖欲使之劳筋骨，知艰难，轻去其家，习知山川险阻也。自置将以来，惟是全将起发，然后与将官偕行，其余常在本营，饮食嬉游，养成骄惰，岁月滋久，不可复用。又每将下各有部队将、训练官等一二十人，而诸州又自有总管、钤辖、都监、监押，设官重复，虚破廪禄。知兵者皆知其非。臣愚，欲乞尽罢诸路将官，其禁军各委本州长吏与总管、钤辖、都监、监押等，如未置将已前，使州郡平居武备有余，然后缓急可责以守死。"

谏议大夫孙觉亦以为言，于是诏陕西、河东、广南将兵不出戍他路，其余河北差里一将更赴河东，而诸路逐将与不隶将之兵并更互出戍，稍省诸路钤辖及都监员，仍以将官兼州都监职事，卒不能尽罢将、副，如光等言。其年八月，枢密院言，近边州军及边使经由道路，而减本处兵官，非是。于是边州及人使经由道路，将官仍不兼都监。

至绍圣间，枢密院言："往时军士犯法，将官得专决遣，故事无留滞。自州县官预军事以来，动多牵制，不得自裁。欲仍依旧法，及诸军除转排补，并隶将司，州县无得辄预。其非屯驻所在，当俟将、副巡历决之，余委训练官行焉。"诏从之。至是，州县一无关预，兵愈骄，无复可用矣。

元符元年，章楶又请增置泾原第十二将。

宣和元年，诏非救护水火、收捕奸细妖人而辄差将兵者，坐之。后三年，知婺州杨应诚言："诸路屯戍，当隶守臣，兵民之任一，然后号令不二。不然，将骄卒横，侵渔细民，气压州郡，有不胜其忧者。"于是诏自今令隶守臣。无何，复诏曰："将兵遵将官条教，除前隶守臣指挥。"其后，江、浙盗起，攻陷州邑，东南将兵，望风逃溃，无复能战。事平，童贯奏言："东南三将，类皆孱弱，全不知战，虚费粮廪，骄惰自恣。平时主领占差营私，大半皆习工艺。遂致寇盗横行，毒流一方，重费经画。今事平之后，当添将增兵，镇遏绥驭。然南人怯弱，素失训练，终不堪战。今欲于内郡别置三将，并随京畿分接续排置，使陕西军更互戍守。庶几东南可得实战之士，于计为便。"诏从之。其后南渡诸屯驻大军即旧将兵之类，而其驻扎之所则异于前矣。

今摭建炎以后将兵列于屯驻大军之次，而建炎水军亦附见焉。

建炎后诸屯驻大军　武锋、精锐、敢勇、镇淮、强勇、雄胜、武定、江都振武、泰熙振武、忠勇、游奕、淮阴前军、副司左右军、移戍左军。

淮东滁州：雄胜、安淮、青平小雄边。

淮东泰州：镇江左军。

淮西庐州；强勇前军、强勇右军、武定、游奕、忠义、雄边、全年。

淮西濠州：武定选锋军、武定后军、使效、威胜、游击、义士诸军、定远武定。

淮西安丰军：武定前军、武定右军、防城戍军、四色军。

淮西无为军巢县：池司右军。

淮西黄州：雄关飞虎军。

临安府屯驻诸军：雄节、威果、全捷、龙骑、归远。

金州驻扎都统司兵。

成都路安抚副司驻扎兵。

四川大制司帐前飞捷军。

利州节制司诸军。

金州忠义军。

阆州节制司诸军。

潼川府制帐踏白军。

隆庆屯驻游奕军。

潼川安抚司忠定军。

夔州节制司军。

兴元节制军事利州都统司兵。

四川制司帐前、信义两军。

兴元都统司屯驻合州军、沔州　乾道三年，三百人。

沿江水军　建炎置。

明州水军　绍兴置。乾道元年，二千人，分左、右两将。

福州荻芦、延祥砦　绍兴置，百五十人。乾道七年添招。凡五千人。

镇江驻扎御前水军　乾道三年，招三百人，淳熙五年增招千五百人。

沿海水军　乾道六年置，一千人。

潮州水军　乾道四年置，二百人。

江阴水军　乾道四年置，三百人。

广东水军　乾道五年，增至二千人。

平江许浦水军　乾道七年，七千人，淳熙五年，增五百人。

江州水军　淳熙三年，招一千人。

池州都统司水军　淳熙元年千人，嘉定中增至三千人。

漳州水军　绍熙元年，漳、泉共六百人。

泉州水军　见上。

殿前澉浦水军　开禧元年，一千五百人。

鄂州都统司水军　开禧十五年。

太平州采石驻扎御前水军　嘉定十四年，五千人。

建康都统司靖安水军 元隶都统司，嘉定中隶御前。
马军行司唐湾水军 元隶马军行司，嘉定中隶御前。
通州水军 乾道五年置。
池州清溪雁汊控海水军 建炎四年置，百五十人。
两淮水军 绍兴元年置，二千人。隆兴元年，诏诸州断配海贼刺隶。

卷一百八十九
志第一百四十二

兵三 厢兵

厢兵者，诸州之镇兵也。内总于侍卫司。一军之额，有分隶数州者，或一州之管兼屯数州者，在京诸司之额五，隶宣徽院，以分给畜牧缮修之役，而诸州则各以其事属焉。建隆初，选诸州募兵之壮勇者部送京师，以备禁卫，余留本城，虽无戍更，然罕教阅，类多给役而已。

景德四年七月，如京使何士宗言："诏条禁军将士依等级并行伏事之理，违者按军令。其厢军将士等未立条制，欲望前诏减一等定夺。"帝曰："禁卫兵士无他役使，且廪给优厚，欲其整肃，有所凛畏，故设此条禁。今以厢军约此施行，恐难经久。况尊卑相犯，自有条律，不行可也。"十二月，诏厢军及诸州本城犯，所部决杖讫，并移隶他军，内情理重及缘边随军者奏裁。

大中祥符元年，诏应诸道州、府、军、监厢军及本城指挥，自都指挥使已下至长行，对本辖人员有犯阶级者，并于禁军斩罪上减等，从流三千里上定断；副兵马使已上，勘罪具案闻奏。厢军军头已下至长行，准敕犯流免配役，并徒三年上定断，只委逐处决讫，节级已上配别指挥长行上名，长行决讫，配别指挥下名收管。如本处别无军分指挥，即配邻近州、府、军、监指挥收管。内别犯重者，自从重法。其诸司库务人员兵士有犯上件罪名者，并依前项厢军条例施行。

五年二月，上谕王钦若等："累议老病之兵渐多，在京者令逐司将臣，外处者散差诸司使副拣选。可指挥所拣殿前、侍卫马步军司，令先逐指挥自指挥使已下，据见管兵士除堪任披带征役外，其自来懦弱、教阅不出之人及老病不堪者，籍其名，供申次第，管辖处各就逐营看详定夺，然后缴申逐司，与差去使臣同共拣选。如有协情不当，即具始末以闻。其厢军都指挥使已下并当严断，外处拣就粮兵士亦如之。"又宣示："外处就粮诸军，有捧日、天武第七第九第十军军额，皆是自上军经两三度拣选，以其久处禁卫，不欲便拣落，特设上件军额处之。朕深虑拣兵臣僚、军头等同诸军例，更拣配下军，可遍谕之。老病者便放归农，内契丹、渤海、日本外国人恐无依倚，特与收充本军剩员。"又："所差臣僚、军头赴外处拣人。缘军分指挥及出入次第名目体例甚多，令枢密院具合行条约及施行事件，并画一处分，令遵守施行。"

又："殿前、侍卫马步军司自来拣下披带禁军，量减衣赐月粮充剩员，并无定额，散在逐营拘系，不获营生，官中所给岁计不少，可乘此时一例拣选。除老病者放归农外，据诸军见管人数额定充看营剩员，余并拨与一处收管，以备令赴诸处祇应。既有定额，必不敢多拣充剩员。"又诏："承前遣使取内外军中疲老者，咸给奉粮之半，以隶剩员，今可简阅使归农。其合留者，亦据逐营给役数外别为营舍处之。内契丹、渤海、日本外国人虑无所归，且依旧。仍令所至州郡并与总管、钤辖阅验，连书其状，具当去留之数，及引视军校之不任职者，附驿以闻。其当从隶军额，即就配近便州郡；缘边者徙于内地，并与本州官吏移牒转送；当停者给与公验，止许居本州，岁申上其籍，并给次月奉粮、装钱、日食遣之。所简马，但筋齿弱、老病不疗者，件析以闻。在京殿前、马步军司有所升退，即时具名籍申枢密院，未当者悉改正之；当徙者给装钱，在道只给粮；当停者给一月奉粮，勿复奏裁。外州军士当降以次军分者，所隶州郡听自择。"

又诏："广南东西、荆湖南北、福建、江南、京西等七路诸州、府、军、监见管杂犯配隶军人等，各差使臣一人，驰驿往逐处与转运使、副或提点臣僚、知州、通判、钤辖、都监、监押同共简选，就近体量人数，分配侧近州军本城收管。如年老病患，委实久远不任医治充役者，放令逐便；其少壮者即差人管押赴阙引见，当议选配近上军分。如不愿量移及赴阙者，亦听其便，仍于军分量与迁改。如地远勾抽迟延，即驰驿分路简讫，具析以闻。"

七年，诏："今后军回在京者且未编排，依例引见。内有老疾合配外处军分，及看仓库、草场神卫剩员并看营剩员等，与限歇泊半月后，编排引见讫，限五日般移。其外处军回经过军士并依此例，仍见讫与假十日，令移隶所配处。"

八年，诏："诸路转运司、殿前侍卫马步军军头司、三司、宣徽院、开封府、诸司库务等处人员兵士等，如内有杀贼得功及诸般使唤得力者，或因官中取索之时具诣实结罪供，申所辖去处，保明申奏。"

天禧元年，诏选天下厢兵迁隶禁军者凡五千余人。二年，诏："河北禁军疲老不任力役者，委本路提点刑狱臣僚简阅，不得庇匿，以费廪粮。"

庆历中，招收广南巡海水军、忠敢、澄海，虽曰厢军，皆予旗鼓训练，备战守之役。皇祐中，河北水灾，农民流入京东三十余万，安抚使富弼募以为兵，拔其尤壮者得九指挥，教以武技。虽廪以厢兵，而得禁兵之用，且无骄横难制之患。诏以其骑兵为教阅骑射、威边，步兵为教阅壮武、威勇，分置青、莱、淄、徐、沂、密、淮阳七州军，征役同禁军。嘉祐四年，复诏西路于郓、濮、齐、兖、济、单州置步兵指挥六，如东路法。于是东南州军多置教阅厢军，皆以威勇、忠果、壮武为号，训肄如禁军、免其他役。

治平初，遣使分募河北、河东、陕西、京东民为本城，遇就粮禁军阙，即遣补。又陕西州军悉置壮城如河北，以备缮完城垒之役。景祐中，本城四十三万八千，逮治平三年，乃五十万。

熙宁三年五月,诏以禁军分五部法检治厢军,其后禁军或降剩员,或升补,皆以备厢军诸路力役之事。间诏募增,而京西转运司所募多至三万人;陕西减额五千人,亦至三万人。河朔流民寓京东者如旧制招募教阅,以为忠果二十指挥,分隶河北总管司,以除盗恤饥。而河北及熙河路修城垒,河北所募兵五千人,熙河亦三千人。修京城,以废马监兵置广固、保忠凡十指挥,亦五千人,湖南徭人平、戎、泸军兴,洮、河转漕,又皆增置焉。

初,枢密院言:"京师役兵不足,岁取于诸路,而江、淮兵每饥冻,道毙相属。略计岁所用外军七千人,调发增给不赀。请募东西八作司壮役指挥,诸司杂犯罪人情轻者并配隶,以次补杂役、效役,代诸路役兵,"从之。又言:"诸路厢军名额猥多,自骑射至牢城,其名凡二百二十三。其间因事募人,团立新额,或因工作、榷酤、水陆运送、通道、山险、桥梁、邮传、马牧、提防、堰埭,若此者事在而名未可废。及剩员直、牢城皆待有罪配隶之人;壮城专治城隍,不给他役,别为一军;而教阅厢军亦自为额。请以诸路不教阅厢军并为一额,余从省废,其移并如禁军法。"奏可。遂下诸路转运司,以州大小高下为序,始自某州为第一指挥,差次至某州,凡为若干指挥,每指挥毋过五百人。河北曰崇胜,河东曰雄猛,陕西曰保宁,京东曰奉化,京西曰劲武,淮南曰宁淮,两浙曰崇节,江南曰效勇,荆湖曰宣节,福建曰保节,广南曰清化,川四路曰克宁。八年,诏忻、代州诸寨,以禁军代厢军。

元丰四年,诏升南京、青、郓、邓、曹、济、濮州有马教阅厢军,及真定府北砦劲勇、环州下蕃落未排定指挥,并为禁军。五年三月,以西边用兵,诏诸处役兵并罢,令诸路转运司划刷京东西、河东北、淮南厢军,又令都水监刷河清及客军共三万余人赴陕西团结。十月,诏诸路教阅厢军,于下禁军内增入指挥名额,排连并同禁军。于是,马步排定有马厢军二十二指挥,无马厢军二百二十九指挥。元丰之末,总天下厢兵马步指挥凡八百四十,其为兵凡二十二万七千六百二十七人,而府界及诸司或因事募兵之额不与焉。

哲宗元祐二年,太师文彦博言:"厢军旧隶枢密院,新制改隶兵部,且本兵之府岂可无籍?"枢密院亦以为言。乃诏本部自今进册,以其副上枢密院。三年,诏京西路厢军以三万五百人为额,又诏天下州郡以地理置壮城兵。

元符元年,诏罪人应配五百里以上,皆配陕西、河东充厢军,诸路经略司各二千人止。三年,诏拨陕西保宁指挥入诸路厢军额。

崇宁四年,诏诸路厢军不以等样选少壮人招刺。又诏:厢军工匠除上京修造外,其余路所差,并放还休息之。

政和五年,广固四指挥各增五百人,以备京城之役。六年三月,增置通济兵士二千人,备御前牵挽纲运。于是工役日兴,增募益广矣。

建炎而后,兵制靡定,逮乾道中,四川厢军二万九百七十二人,禁军二万七千九百九十二人。厥后废置损益,随时不同,摭其可考者以附见焉。

其将校则有马步军都指挥使,有副都指挥使、都虞候。马军有都指挥使、副都指挥使、都虞候,步军亦如之。马步军诸指挥有指挥使、副指挥使。每都有军使、副兵马使、都头、副都头、十将、将虞候、承局、押官。

凡诸州骑兵、步兵、禁厢兵之类,叙列如左。其不同者,分为建隆以来及熙宁以后之制云。

建隆以来之制
　马军
骑射　京东路:南京、青、兖、郓、曹、徐、齐、潍、淮阳。京西路:西京、河阳、陈、许、郑、颍、滑。河北路:北京、真定、沧、澶、相、恩、冀。陕西路:永兴、凤翔、河中、陕、华、秦、泾、鄜。荆湖路:江陵、潭、鄂、岳、复、安、澧、鼎、永、道、郴、邵、桂阳。内青、淮阳系教阅。

威边　京东路:南京、青、郓、密、徐、曹、齐、濮、济、淄、登、莱、沂、单。内登系教阅。京西路:西京、河阳、郑、蔡、襄、邓、滑、颍、汝、鄂、均、商、惰、唐、信阳、光化。河北路:瀛、相、邢、祁、滨、霸、磁、卫、赵、莫、洺、乾宁、广信、通利。河东路:泽、辽。陕西路:永兴、凤翔、河中、陕、同、华、耀、乾、解、虢。淮南路:亳、庐、宿。荆湖路:安。

昭武　南京、河中。
肃戎　曹。
单勇　单。
安武　郓、齐。
必敌　郓、陕、邠。
决胜　济。
飞勇　棣。
静山　兖、宜。
勇敢　沂、密。
定边　蔡、徐、泾。
马斗　永兴、宿。
安东　登、莱。
突阵　延、定、乾、怀。
厅直　济、沧、莫、保、雄、霸、定、华。
保胜　鄜、光、岚。
归恩　凤翔。
定戎　泾。
安塞　环、庆。
游奕　许。
衙队　曹、陈、德、永静、永、陇、仪、峡。
武胜　濠、泗。
保忠　滑。
轻骑　邢。
顺节　真定。
敢胜　深。
飞塞　环。
保节　陕西路州军。
本城马军　广。
必胜　庆。

定塞　河北路州军。
劲勇　真定北砦，系教阅。
下蕃落　环外寨，系教阅。
武清　晋。自此至招收，凡十一军，《两朝志》无。
飞骑　麟。
振边　仪、环。
威远　府。
本城厅子　定。
克戎　并。
清边　陕西。
忠烈　河北乡兵，名神锐，后改是军。旧制，老病者听召人承补归农，承补者逃亡，复取归农者充役。大中祥符四年，诏罢之。
无敌　保、安肃、广信军、北平砦。
忠锐　广济。
招收　河北、河东。旧又有定州拣中厅子、易州静塞、并州咸圣，后并废。
飞将　北京、亳。自此至拣中骑射凡三军，《三朝志》无。
保静　恩。
拣中骑射　淮南路：扬、庐、寿、宿、泗、真、蕲、黄、濠、光、海、和、通、舒、滁、涟水、高邮、无为。江南路：宣、抚、江、吉、筠、袁、歙、太平、池、饶、信、广德、南康、南安、建昌、临江、兴国。

步军

武和　开封
武肃　开封。
忠静　开封。
威勇　定、真定、冀、沧、雄、博、深、乾宁、内青、郓、淄、密、济、沂、淮阳系教阅。
左衙　南京、郓、晋、耀、陕、通、安。
平难　亳、濠。
奉化　京西路：郑、许、陈、蔡、滑。河北路：怀。陕西路：凤翔。淮南路：扬、亳、庐、寿、宿、濠、和、通、泰、楚、舒、真、泗、滁、无为、涟水、高邮。
衙队　曹、峡。
开武　曹。
保宁　济、卫。
开远　扬、楚、泗、齐、利、剑。
安平　齐。
静边　棣。
六奇　楚。
开山　西京、秦。
武勇　潍、泰。
怀安　秦。
建安　解、府。
静海　徐、淮阳、通。
随身　宿、随、唐、商。
崇顺　青、阶。
忠略　淄。

安海　登。
水军　京东路：登。河东路：潞、保德。陕西路：秦、陕。淮南路：扬、庐、寿、光、海、和、泰、楚、舒、蕲、黄、泗、涟水、高邮、无为。江南路：江宁、洪、袁、虔、宣、歙、饶、信、太平、池、江、吉、筠、抚、兴国、临江、南康、广德。两浙路州军。荆湖路：江陵、潭、衡、永、郴、邵、鄂、岳、复、安、澧、峡、鼎、归、汉阳、桂阳。福建路：福、建、漳、泉、邵武。利州路：兴。广南路：广、英、贺、封、连、康、南雄、春、廉、白、邕。
宁济　莱。
永安　西京。
耀武　河阳、邓、楚、秦、宁、华。
桥道　河阳、澧、寿、兴。
开道　郑。
雄猛　绛。
定安　河中。
开河　河中。
定远　凤、复。
定边　泾。
壮武　京东路：青、徐、曹、兖、密、潍、济、濮、登、莱、淮阳。京西路：西京、陈、蔡、邓、襄、颍、汝、光化。陕西路：凤翔、河中、同、耀、华、乾、解、陕、保安。淮南路：扬、庐、寿、黄、光、海、和、通、蕲、楚、泰、舒、滁、高邮。荆湖路：潭、岳、安、复。内兖、徐、济、莱系教阅。
宁淮　颍、寿、澧。
忠顺　颍、寿。
崇宁　汝、岳。
澄海　韶、循、潮、连、梅、南雄、英、贺、封、端、南恩、春、惠、桂、容、邕、象、昭、龚、蒙、浔、贵、横、融、化、雷、窦、南仪、白、钦、郁林、廉、崖、儋。内广、廉、高、藤、梧、英、贺、新、蒙、龚、儋系教阅。
保定　均、信阳。
怀宁　定、真定、祁、房。
宣节　荆湖南路诸州军监，北路：岳、澧、鼎、鄂、荆门、诸监。
步捷　金。
崇化　光。
广平　虢。
勇胜　永兴。
清边　永兴、延、渭、鄜、庆、泾、仪、陇、保安。
开广　原、同。
建武　密、鄜、环。
永清　丹。
昭胜　坊。
永宁　潞。
永霸　泽。
弓箭　秦、晋。
顺安　慈。
顺霸　隰。

崇勇　成。
肃清　乾。
怀节　澶。
崇武　怀。
广霸　北京。
兴安　北京。
制戎　冀。
雄锐　真定。
定房　深。
招收　汾、辽、泽、石、潞、慈、晋、绛、代、忻、威胜、平定。
定和　定。
保顺　沧。
清远　雄、霸。
克胜　瀛、沧、黄、保定。
宁边　乾宁。
开边　平定。
静胜　扬。
宁顺　庐。
旌勇　寿。
备边　泗。
三捷　滁。
宁化　舒。
保胜　光。
怀仁　蕲、黄。
武雄　江陵。
步驿　襄、江陵、荆门、循、贺、封、梅、康、南雄、潮、韶。
克宁　成都路：成都、蜀、汉、雅、邛、嘉、绵、陵、彭、眉。梓州路：戎、荣、普、资、梓、合、泸、遂、渠、昌、果、怀安、广安。利州路：兴元、洋、利、龙、剑、蓬、璧、文、兴、安德、三泉。夔、渝、涪、万、达、开、施、忠、云安、大宁。
威棹　荆湖路：江陵、归、峡。成都路：成都、嘉、眉、简。梓州路：诸州军。利州路：剑、安德。夔州路：渝、涪、万、云安。
怀远　兴元。
保节　河北路：定、真定、沧、瀛、相、邢、洺、冀、祁、德、滨、保、雄、磁、博、赵、深、怀、卫、顺安、通利、信安、保定、安肃、永定、永静。河东路：太原、晋、绛、汾、辽、泽、石、潞、慈、麟、府、宪、代、忻、隰、威胜、岢岚、火山、保德、平定。陕西路：永兴、秦、邠、宁、鄜、延、环、庆、泾、仪、升、陇、坊、镇戎、德顺。淮南路：舒。江南路：洪、虔、江、池、饶、信、太平、吉、筠、袁、抚、兴国。福建路：汀、南剑。荆湖路：鄂。利州路：龙、利。
怀信　利。
广塞　兴元、三泉。
顺化　兴。）
效勇　江宁、广德。

里运　江宁。
贡运　饶。
水运　潭、泰、临江。
广济　京城上下锞、陈、寿、扬、宿、高邮、涟水、通利。
崇节　两浙路：杭、越、苏、湖、温、台、衢、婺、处、睦、秀。福建路：福、漳、泉、兴化。陕西路：成。
宁塞　太原、汾、辽、石、代、忻。
牢城　河北、河东、陕西、淮南、京东西、江南、荆湖、广南、益、梓、利、夔路诸军州，惟汝、处、昭、保安不置。
罗城　成都。
水军奉化　京畿诸县、泰、泗。
船坊　洺、潭、鼎。
渡船都　潭。
桥阁　龙、剑、文、三泉。
采斫　处、衢、温。
梢工都　洪、楚、真。
防河　成都。
捍江都　杭。
船务　杭、婺。
巡海水军　广。
杂作都　寿。
本城　曹、秀、常、火山、南安，梁山、梅。
劲勇　邢、太原、岚、汾、辽、泽、潞、晋、宪、代、忻、隰、岢岚、平定、宁化、威胜。内真定北砦系教阅。
装发　真、泗、楚、通利。
宁海　琼。
西怀化　许。
新招静江　邕。
南怀化　许。
防城　泗、均。
水军桥道　泗。
剩员直　亳城。
清化　桂、容、邕、象、昭、梧、藤、龚、蒙、贵、柳、宜、宾、融、化、窦、高、南仪、白、钦、郁林、廉、琼、儋。
江桥院　明。
肃宁城　宁。
崇胜　真定。
碇手　明。
拣中宣节　潭、澶、鼎。
采造　西京、秦、明。
堰军　长安、京口、昌城、杉青。
装卸　南京、亳。
中军将　潭、汀。
宣武　大名、真定、怀、卫。
顺节　磁。此下至新立本城凡三十八军，天圣后无。
七擒　单。
安化　滨。

武顺　怀。
平海　登。
英武　郧。
长剑　滑。
长宁　卫。
德胜　相。
保安　博。
兴化　沼。
定勇　深。
安胜　通利。
霜水　夔。
兴造　衡、潭。
水路都　江陵。
山场斫军　温、婺、睦。
本城广军　广。
河东　定、真。
本城剩员　诸州并有。
蕃落　庆。
都窦水军　容。
新水军　全。
武定　陕西、晋、绛、慈、隰。
定塞　河北。
旧水军　荆湖、江南、两浙、淮南。
剩员　澧、复。
下浮桥　西京。
东南道巡海水军、教阅澄海。
棹手　常。
庆成　庆成军。
梅山洞剩员　丹。
捉生　延。
河清　河阴、汴口。
宣勇　河北、河东。本乡兵，旧名忠勇。
保毅　秦乡军。
新立本城　曹。
奉先　会圣宫、永熙陵。此下至酒务杂役凡六十军，天圣以后置。
六军　京师。
御营喝探　京师。
拣中窑务　京师。
看船广德　京师。
拣中剩员　雍丘、陈留、襄邑、咸平。
右匀　南京、徐、郓、曹、广济、晋、陕。
静海　徐、淮阳、通。
归定　河阳。
骁勇　邠。
感顺　庆。
拓边　环。
宣猛　威胜。
静江　京西路：陈、蔡、郢。江南路：南安。荆湖路：江陵、潭、岳、鼎、衡、永、郴、全。广南路：广、韶、

循、潮、连、梅、南雄、英、贺、封、端、新、康、春、惠、桂、容、邕、象、昭、梧、藤、龚、蒙、浔、贵、柳、融、宜、宾、横、化、窦、高、雷、钦、郁林、廉、琼。
利州路：利。
三略　陈、鼎。
静房　深。
克胜　瀛、沧、黄、保定。
武捷　凤翔、秦、凤、郧、延、泾、原、仪、渭、邠、宁、阶、坊、丹、晋、绛、隰、慈。
车军　真、楚、常。
会通桥道　西京。
司牧　永兴、秦、阶、原、德顺。
盐车　泰、真。
新招梢工　真、泗。
拔头水军　泗。
造船军匠　吉。
楼店务　杭。
造船场　广。
驾纲水军　广。
建安　解。
省作院　邠。
雄勇　火山。
屯田　保。
清务　杭、苏、婺、温、潭。
静淮　蔡。
捍海　通、泰。
船坊铁作　潭。
拣中　曹。
壮城　京东路：青、密、潍、登、沂、濮、莱、淄。京西路：西京、蔡、汝。河北路：诸军州。河东路：太原、辽、泽、晋、绛、潞、汾、石、慈、麟、府、宪、代、忻、隰、岚、宁化、保德、火山、威胜、苛岚。陕西路：永兴、河中、泾、原、仪、渭、鄜、庆、陕、耀、坊、华、丹、同、隰、解、镇戎、德顺。江南路：洪。
强勇　瀛、沧、怀、冀、晋、绛、潞、汾、辽、石、慈、代、忻、泽。
马监　北京大名、相安阳、洺广平、卫淇水、郓东平、许单镇、西京洛阳、同沙苑、郑原武。
城面　广、端、惠、循、英、春、贺、梅、连、康、新、封、白、潮。
战棹　钦、廉。
递角场　留。
安远　桂。
作院　丹、仪。
色役　环。
杂攒　代。
作院工匠　太原。
咸平桥道　永兴。
运锡　循。
水磨　郑。

东西八作 西京。
窑务 西京。
鼓角将 润、荆门。
钱监 江。
铁木匠营 池。
酒务营 池。
竹匠营 池。
酒务杂役 江宁。
诸司库务、河清、马递铺等役卒：
东西八作司、广备、杂役、效役、壮役。牛羊司、御辇院、军器库、后苑造作所、后苑工匠、文思院、内弓箭库、南作坊、北作坊、弓弩院、法酒库、西染院、绫锦院、裁造院、修内司、翰林司、仪鸾司、事材场、四园苑、玉津园、养象、广德、金明池杂役、鞍辔库、醴泉观、万寿观、集禧观、礼宾院、驼坊、内酒坊、右宣徽院转补，分隶三司、提举司。
河清、街道司，隶都水监。
后苑御弓箭库、作坊物料库、后苑东门药库、内茶纸库、御厨、御膳厨、供庖务、内物库、外物料库、油库、醋库、都监院物料库、西水磨务、东水磨务、大通门水磨、磁器库、都茶库、内衣库、朝服法物库、祇候库、榷货、内藏库、左藏库、布库、奉宸库、尚衣库、内香药库、退材场、东西窑务、竹木务、左右厢店宅务、修造。
诸仓、修造。下卸司、东西装卸。排岸司、广济。左右街司、左右金吾仗司、西太一宫、铸泻务、开封府步驿、致远务、车营务、诸门并府界马递铺，分隶三司、提举司、开封府。

熙宁以后之制。
河北路 骑军之额，自骑射而下十有二；步军之额，自奉化而下二十有六，并改号曰崇胜。凡一百一十二指挥，二万九千二百七十人。
桥道 澶。
壮城、牢城 诸州。
马监 北京大名，相州安阳，洺州广平，卫州淇水。
骑射 北京、真定、沧、澶、相、恩、冀、棣。
威边 瀛、相、邢、祁、滨、磁、卫、赵、莫、洺、乾宁、广信、通利。
飞将 北京。
飞勇 棣。
突阵 怀。
厅直 瀛、沧、雄、霸、莫、保定。
衙队 德、永静。
保静 恩。
轻骑 邢。
顺节 真定。
敢胜 深。
定塞 定、真定、冀、沧、雄、博、深、乾宁。
奉化 怀。熙宁七年，京东、河北置拣中厢军，怀、卫、濮各二，德、博、棣、齐各一。
静边 棣。
耀武 定。
怀节 澶。
广霸 北京。
制戎 冀。
雄锐 真定。
定虏 深。
静虏 赵。
定和 定。
保顺 沧。
清远 雄、霸。
克胜 瀛、沧、莫、保定。
保节 定、真定、沧、瀛、相、邢、洺、冀、祁、德、滨、保、雄、磁、博、赵、深、怀、卫、顺安、通利、信安、保定、安肃、永定、永静。
怀宁 定、真定、祁。
劲勇 邢。元丰四年，升为真定府北砦劲勇，为禁军。
宣武 大名、真定、怀、卫。元祐二年，在京师置第十三至第十五三指挥。
威勇 沧。
崇胜 真定。熙宁七年，京东、河北置拣中厢军，怀、濮各一，德、博、棣、齐各二。
肃宁 肃城。
广济 通利。熙宁八年，诏以六分为额，罢所差客军。
屯田 保。
宁边 乾宁。
强壮 邢。
宣勇 瀛、沧、怀、冀。
广威 元符元年，诏河北路大名府等二十二州军创置马步军五十六指挥，马军以广威为名。
河东路 骑军之额，自威边而下二；步军之额，自左衙而下十有八，并改号曰雄猛。凡五十二指挥，一万二千四百一十人。
本城 火山。
牢城 诸州。
壮城 太原、辽、泽、晋、绛、潞、汾、石、慈、麟府、宪、代、忻、隰、岚、宁化、保德、火山、威胜、岢岚。
杂攒 代。
作院工匠 太原。
威边 泽、辽。
保胜 岚。
左衙、右衙 晋。
水军 潞、保德。
雄猛 绛。
永宁 潞。
永霸 泽。
弓箭 晋。
顺安 慈。
顺霸 隰。

宣猛　威胜。
招收　汾、辽、泽、石、潞、慈、晋、绛、代、忻、威胜、平定。
开边　平定。
保节　太原、晋、绛、汾、辽、泽、石、潞、慈、麟、府、宪、代、忻、隰、威胜、岢岚、火山、保德、平定。
劲勇　太原、岚、汾、辽、泽、潞、晋、宪、代、忻、隰、岢岚、平定、宁化、威胜。
武捷　晋、绛、隰、慈。
宁塞　太原、汾、辽、石、代、忻。
广济　寿阳。熙宁八年，以六分为额，减诸路所差防河客兵。
宣勇　晋、绛、潞、汾、辽、石、慈、代、忻、泽、威胜、平定。
陕西路　骑军之额，自骑射而下有六；步军之额，自左衙而下二十有九，并改号曰保宁。凡一百一十一指挥，二万五百六十三人。
开山　秦。
关河　河中。
司牧　永兴、秦、阶、原、德顺。
省作院　鄜。
壮城　永兴、河中、泾、原、仪、渭、鄜、庆、陕、耀、坊、华、丹、同、陇、乾、解、镇戎、德顺。
牢城　诸州。
马监　同州沙苑。
作院　丹、仪。
色役　环。
咸阳桥道　永兴。
骑射　永兴、凤翔、河中、陕、华、秦、泾、鄜。
安边　永兴、凤翔、河中、同、华、耀、乾、解、虢。
昭武　河中。
必敌　陕、邠。
定边　泾。
马斗　永兴。
突阵　延、同、乾。
厅直　华。
保胜　鄜。
归恩　凤翔。
定戎　泾。
安塞　环、庆。
衙队　陇、仪。
飞砲　环。
必胜　庆。
保节　永兴、秦、邠、宁、鄜、延、环、庆、泾、原、仪、渭、丹、陇、坊、镇戎、德顺。
左衙　耀、陕。
右衙　陕。
保宁　渭。熙宁七年，诏系役厢禁军自今权免役，专肄习武艺，置凤翔府简中保宁六指挥三千人，专备熙河修城寨。元丰五年，兰州置二。绍兴三年，熙河增置四，又于泾原创置十。元符三年十月，诏拨陕西路保宁指挥入厢军额，从知渭州章楶请也。
随身　商。
崇顺　阶。
水军　秦、陕。熙宁五年，镇洮置一，崇宁三年，鄯州及龙支城名置二。
耀武　宁、华。
定安　河中。
奉化　凤翔。
广平　虢。
勇胜　永兴。
清远　永兴、延、渭、鄜、庆、泾、仪、保安。
开广　原、同。
建武　鄜、环。
昭胜　坊。
弓箭　秦。
崇勇　戎。
肃清　乾。
宁远　凤。
壮武　凤翔、河中、同、耀、华、乾、解、陕、保安。
骁勇　邠。
感顺　庆。
拓边　环。
崇节　戎。
武捷　凤翔、秦、凤、鄜、延、泾、原、仪、渭、邠、宁、阶、坊、丹。
威勇　河中。
采造　秦。元丰四年，通远军增置一。
建安　解。
京东路　骑军之额，自骑射而下有三；步军之额，自左衙而下十有七，并改号曰奉化。凡五十四指挥，一万四千七百五十人。
壮城　青、密、潍、登、沂、濮、莱、淄。
马监　郓州东平。
装卸　南京。
牢城　诸州。
骑射　南京、青、兖、郓、曹、徐、齐、潍。
威边　南京、青、郓、密、徐、曹、齐、濮、济、淄、莱、沂、单。
昭武　南京。
肃戎　曹。
单勇　单。
安武　郓、齐。
必敌　郓。
决胜　济。
静山　兖。
勇敢　密、沂。元符二年，环庆增置二百人。
定边　徐。
安东　登、莱。
衙队　曹。

左衙　南京、郓。
右衙　南京、徐、郓、曹、广济。
开武、怀化　曹。
保宁、开远　济。
安平　齐。
武勇　潍。
静海　徐、潍、扬。
崇顺　青。
忠略　淄。
安海、水军　登。
宁济　莱。
建武　密。
壮武　青、徐、曹、兖、密、潍、齐、濮、登、莱、淮阳。
崇武　濮。崇宁三年，诏于京西东、河东北、开封府界创置马步军五万人，步军以崇武为名。大观四年，诏四辅州阙额，于崇武等军内拨填。
本城　曹。
京西路　骑军之额，自骑射而下六；步军之额，自奉化而下二十有五，并改号曰劲武。凡四十五指挥，一万五千一百五十人。
桥道　河阳。
开道　郑。
步驿　襄。
会通桥道　西京。
采造　西京。
牢城　诸州。
壮城　西京、蔡、汝。
马监　许州单镇、郑州原武、西京洛阳。
三水磨　郑。
东西八作　西京。
骑射　西京、河阳、陈、许、郑、颍、滑。
威边　西京、河阳、郑、蔡、襄、邓、滑、颍、汝、郓、均、商、随、唐、信阳、光化。
定边　蔡。
游奕　许。
衙队　陈。
保忠　滑。
奉化　郑、许、陈、蔡、滑、颍。
怀化　许、颍。
开山　西京。
随身　随、唐。
永安　西京。
耀武　河阳、邓。
归定　河阳。
壮武　西京、陈、蔡、邓、襄、颍、汝、光化。
静江　陈、蔡、郓。
三略　陈。
宁淮、忠顺　颍。
崇宁　汝。

澄海　襄。
保定　均、信阳。
怀宁　房。
宣节　郓。
崇化　光化。
长剑　滑。
西怀化　许。
防城　均。
威勇　西。
广济　陈。
静淮　蔡。
淮南路　骑军之额，自威边而下六；步军之额，自左衙而下二十有七，并改号曰宁淮。凡一百二指挥，四万一千二百八十五人。
桥道　寿。
水运　泰。
梢工都　楚、真。
杂作都　寿。
装发　真、泗、楚、通、和。
水军桥道　泗。
车军　真、楚。
盐车　泰、真。
新招梢工　真、泗。
拔头水军　泗。
牢城　诸州。
装卸　亳。
剩员直　亳永城。
威边　亳、庐、宿。
飞将　亳。
马斗　宿。
保胜　光。
武胜　泗、濠。
拣中骑射　扬、庐、寿、亳、宿、泗、真、蕲、黄、濠、光、海、和、通、舒、滁、涟水、高邮、无为。
左衙　通。
平难　亳、濠。
奉化　扬、亳、庐、寿、宿、濠、和、通、泰、楚、舒、真、泗、滁、无为、涟水、高邮。
开远　扬、楚、泗。
六奇　楚。
武勇　泰。
怀安　泰。
静海　通。
随身　宿。
水军　扬、庐、寿、光、海、和、泰、楚、舒、真、蕲、黄、泗、涟水、高邮、无为。
耀武　泰。
壮武　扬、庐、寿、黄、光、海、和、通、蕲、楚、泰、舒、滁、高邮。
宁淮、忠顺、旌勇　寿。

静胜　扬。
宁顺　庐。
备边　泗。
三捷　滁。
宁化　舒。
保胜　光。
怀仁　蕲、黄。
保节　舒。
广济　宿、海、泰、通、泗、高邮、涟水。熙宁八年以六分为额。
水军奉化　泰、泗。
捍海　通、泰。
两浙路　步军之额，自捍江而下三，并改号曰崇节。凡五十一指挥，一万九千人。
水军　诸州军。
船坊　明。
船务　杭、婺。
车军　常。
采造　明。
楼店务　杭。
江桥院　明。
堰军　长安、京口、吕城、杉青。
清务　杭、苏、婺、温。
捍江　杭三。
本城　秀、常。
鼓角将　润。
江南路　骑军之额，拣中骑射一；步军之额，自效勇而下五，并改号曰效勇。凡五十三指挥，一万六千六百五十人。
水军　江宁、洪、虔、宣、歙、饶、信、太平、池、江、吉、筠、抚、兴国、临江、南康、广德。
里运　江宁。
贡运　饶。
水军　临江。
梢工都　洪。
造船军匠　吉。
步驿　江宁。
牢城　诸州军。
壮城　洪。
下卸钱监　江。
铁木匠营、酒务营、竹匠营　池。
酒务杂役　江宁。
拣中骑射　宣、抚、江、吉、筠、袁、歙、太平、池、饶、信、广信、南康、南安、建昌、临江、兴国。
效勇　江宁、广德。
本城　南安。
静江　南安。崇宁二年七月召募。
武威　江宁。
保节　洪、虔、江、池、饶、信、太平、吉、筠、袁、抚、兴国。

荆湖路　骑军之额，自骑射而下三；步军之额，自左衙而下二十，并改号曰宣节。凡四十四指挥，一万一千三百人。
步驿　荆门。
水运　潭。
船坊　潭、鼎。
渡船都　潭。
清务、船坊铁作　潭。
骑射　江陵、潭、鄂、岳、安、澧、复、鼎、永、道、郴、邵、桂阳。
威边　安。
衙队　峡。
左衙　安。
水军　江陵、潭、衡、永、郴、邵、鄂、岳、复、安、澧、峡、鼎、归、汉阳、桂阳。
宁远　复。
壮城　潭、岳、安、复。
静江　江陵、潭、岳、鼎、衡、永、郴、全。
三略　鼎。
宁淮　澧。
崇宁　岳。
澄江　辰。
宣节　南路诸州、军、监。北路：岳、澧、鼎、荆门、诸监。熙宁七年九月，沅置一。大观元年，靖置一。
步捷　全。
威棹　江陵、归、峡。
保节　鄂。
崇节　潭。
威勇　安。
牢城　诸州军。
中军将　潭、江。
拣中　澧。
拣中宣节　潭、澧、鼎。
鼓角将　荆门。
福建路　步军之额，自水军而下三，并改号曰保节。凡三十三指挥，一万一千一百五十人。
水军　福、建、漳、泉、邵武。
保节　建、汀、南剑。
崇节　福、泉、兴化。
广南路　骑军之额，自静山而下二；步军之额，自水军而下十，并改号曰清化。凡八十二指挥，一万二千七百人。
步驿　循、贺、封、梅、康、南雄、潮、韶。
造船场　广。
驾纲水军　广。
城面　广、端、惠、循、英、春、贺、梅、连、康、新、封、白、潮。
递角场　雷。
运锡　循。
牢城　诸州。

静山　宜。
本城马军　广。
水军　广、惠、英、贺、封、连、康、南雄、春、廉、白、邕。
静江　广、韶、循、潮、连、梅、南雄、英、贺、封、端、新、康、春、惠、桂、容、邕、象、昭、梧、藤、龚、蒙、浔、贵、柳、宜、宾、横、融、化、窦、高、雷、钦、郁林、廉、琼。
澄海　韶、循、潮、连、梅、南雄、英、贺、封、端、南恩、春、惠、桂、容、邕、象、昭、龚、蒙、浔、贵、柳、宾、横、融、化、雷、窦、南仪、白、钦、郁林、廉、崖、儋。并于配隶中选少壮者。
巡海水军　广。
本城　梅。
宁海　琼。崇宁四年，广南西路经略司请置刀牌手三千人，于桂州置营，候教阅习熟，分戍诸州。
新招静江　邕。
清化　桂、容、邕、象、昭、梧、藤、蒙、龚、浔、贵、柳、宜、宾、横、融、化、窦、高、南仪、雷、白、钦、郁林、廉、琼、儋。
战棹　钦、廉。
安远　桂。崇宁元年十月，诏川、陕招拣足额。
四川路　步军之额，自开远而下十，并改号曰克宁。凡一百一十一指挥，二万三千四百人。自河北路至此，凡改号、指挥人数，并因元丰以前，其后增改，各随军额。
桥道　兴。
桥阁　龙、剑、文、三泉。
防河　罗城（成都）。
牢城　益、梓、利、夔。
开远　利、剑。
水军　兴。
静江　利。
怀远　兴元。
广塞　兴元、三泉。
克宁　成都、蜀、汉、雅、邛、嘉、绵、陵、彭、眉、简、戎、荣、普、资、梓、合、泸、遂、渠、昌、果、怀安、广安、兴元、洋、利、龙、剑、蓬、璧、文、兴、安德、三泉、夔、渝、涪、万、达、开、施、忠、云安、大宁。
威棹　成都、嘉、眉、简。梓州路诸州军。剑、安德、夔、渝、涪、万、云安。
怀信　利。
顺化　兴。
本城　梁山。
武宁　元丰七年，诏成都府减废武宁第八指挥，置马军骑射一。
侍卫步军司　宣效、拣中宣效、拣中六军、武严、左右龙武军、左右羽林军、左右神武军、左右武肃、武和、忠靖、神卫剩员。军头司备军。诸司库务、河清、马递铺

等役卒。朝服法物库、籍田司，隶太常寺。
东西作坊、作坊物料库、东西广备、皮角库，隶军器监。
车营、致远务、养象所、左右骐骥院、左右天驷监、牧养上下监、鞍辔库、驼坊、皮剥所、御辇院，隶太仆寺。
文思院、绫锦院、西染裁造院，隶少府监。
军器衣甲库、仪鸾司、左右金吾仗司、左右街司、六军仪仗司、军器什物库，隶卫尉寺。
河清、街道司，隶都水监。
修内司、东西八作司、竹木务、东西退材场、事材场、东西窑务、作坊物料库，隶将作监。
御厨、翰林司、牛羊司、法酒库、内酒坊、外物料库、醋库、油库，隶光禄寺。
左藏库、布库、香药库、都茶库、左右厢店宅务、修造。榷货务、祇候库，隶太府寺。
修仓司、四园苑、都水磨、排岸司、装卸、金池明杂役，隶司农寺。
醴泉观、万寿观、集禧观、西太一宫、礼宾院，隶鸿胪寺。
广固，隶修治京城所。
孳生监，隶枢密院。
府界诸门马递铺，隶尚书驾部。
已上并元丰以前所隶，后皆因之。

　　建炎后禁厢兵
威果　安吉、嘉兴、杭、平江、常、严、镇江、绍兴、庆元、温、台、婺、处、隆兴、江、宁国、南康、潭、永、衢、道、邵武、建宁、南剑、全、福、兴化、漳、汀。
全捷　中兴立。杭、婺、安吉、平江、泉、镇江、绍兴、庆元、宁国、宝庆、福。
雄节　杭、安吉、嘉兴、平江、常、严、温、镇江、绍兴、江阴、庆元、台、婺、处。
武卫　镇江、绍兴、温、婺、潭。
威捷　杭、温、镇江、绍兴、婺、潭。
雄捷　中兴立。绍兴。
威胜　中兴立。宝庆、庆元。
翼虎　中兴立。隆兴。
雄略　中兴立。吉、潭、永、衢、隆兴、全、福、广、容。
忠节　中兴立。隆兴、抚、临江、宁国、江、建昌、兴国、南康。
武雄　抚、隆兴、江、建昌、吉、兴国、南安、袁、临江、宁国、南康。
靖安　中兴立。全、宝庆。
静江　桂阳、郴、衡、道、全。
广节　中兴立。邵武、福、漳、建宁、南剑、兴化、汀。
广二、广三指挥　中兴立。泉。
亲效　中兴立。广。
澄海　广、循、连、南雄、封、英德、南恩、惠、潮、

藤、容、贺、德、庆、昭、高、钦、雷。
  建炎后厢兵
武严、宣效、壮役 中兴立。
备军 中兴立。
神卫剩员 隶侍卫步军，中兴隶厢军。
广丰仓剩员 中兴立。
广效 中兴有拣中广效，在广效立。
御营喝探 中兴，在京师。
武和 开封一指挥。中兴，左右二指挥，在京。
武肃 中兴，在京师。
忠靖 一指挥，开封，属步军。
奉化 属步军，三指挥。中兴有拣中奉化，在奉化上。
劲武 在京。
崇胜 一指挥。中兴有拣中崇胜，在崇胜上。
雄猛 一指挥。
保宁 中兴有拣中保宁，在保宁上。
宁淮 中兴，在淮南。
捍江 杭。
宣节 中兴，在宝庆、潭、永、武冈、郴、衡、全、桂阳、靖、道、沅。
效勇 中兴，江东、西。
保节 中兴，五指挥。
克宁 中兴，四川。
宁江 中兴立。一指挥。
清化 中兴，广西。
牢城 诸州，以待有罪配隶人。
崇节 中兴，杭、安吉、平江、江阴、常、严、镇江、温、庆元、台、婺、江东西。
开江 中兴，平江。
横江 中兴，平江、杭。
宁节 中兴，台、福、宁国、建宁、靖。
清务 中兴，婺。
山场 中兴，婺。
效勇 中兴，隆兴、抚、赣、建昌、兴国、南安、袁、吉、临江、宁国、南康。
靖安 中兴立。潭、永、常德。
静江 二指挥。
威果 见禁军。
雄略 中兴，四指挥。
澄海 中兴，武冈、全。
丰国监 中兴立。建宁。
驾纲 中兴立。
长运 中兴立。
修江 中兴，杭。
都作院 中兴，杭。
小作院 中兴立。杭。
清湖闸 中兴立。杭。
开湖司 中兴立。杭。
北城堰 中光立。杭。
西河广济 中兴立。杭。
楼店务 中兴，杭。
长安堰闸 中兴立。杭。
秤斗务 中兴立。杭。
壮城 帅府望郡立之。
鼓角匠、船务 中兴，杭。

卷一百九十　志第一百四十三

兵四 乡兵一

陕西保毅　　　　　　河北忠顺
河北陕西强人寨户　　河北河东强壮
河东陕西弓箭手　　　河北等路弓箭社

  乡兵者，选自户籍，或土民应募，在所团结训练，以为防守之兵也。周广顺中，点秦州税户充保毅军，宋因之。自建隆四年，分命使臣往关西道，令调发乡兵赴庆州。咸平四年，令陕西系税人户家出一丁，号曰保毅，官给粮赐，使之分番戍守。五年，陕西缘边丁壮充保毅者至六万八千七百七十五人。七月，以募兵离去乡土，有伤和气，诏诸州点充强壮户者，税赋止令本州输纳，有司不得支移之。先是，河北忠烈、宣勇无人承替者，虽老疾不得停籍。至是，诏自今委无家业代替者，放令自便。自是以至天禧间，并、代广锐老病之兵，虽非亲属而愿代者听。河北强壮，恐夺其农时，则以十月至正月旬休日召集而教阅之。忠烈、宣勇、广锐之归农而阙员者，并自京差补；戍于河上而岁月久远者，则特为迁补；贫独而无力召替者，则令逐处保明放停。
  当是时，河北、河东有神锐、忠勇、强壮，河北有忠顺、强人，陕西有保毅、寨户、强人、强人弓手，河东、陕西有弓箭手，河北东、陕西有义勇，麟州有义兵，川陕有土丁、壮丁，荆湖南、北有弩手、土丁，广南东、西有枪手、土丁，邕州有溪洞壮丁、土丁，广南东、西有壮丁。
  当仁宗时，神锐、忠勇、强壮久废，忠顺、保毅仅有存者。康定初，诏河北、河东添籍强壮，河北凡二十九万三千，河东十四万四千，皆以时训练。自西师屡衄，正兵不足，乃籍陕西之民，三丁选一，以为乡弓手。未几，刺充保捷，为指挥一百八十五，分戍边州。西师罢，多拣放焉。庆历二年，籍河北强壮，得二十九万五千，拣十之七为义勇，且籍民丁以补其不足。河东拣籍如河北法。
  其后，议者论"义勇为河北伏兵，以时讲习，无待储廪，得古寓兵于农之意。惜其束于列郡，止以为城守之备。诚能令河北邢、冀二州分东西两路，命二郡守分领，以时阅习，寇至，即两路义勇翔集赴援，使其腹背受敌，则河北三十余所常伏锐兵矣"。朝廷下其议，河北帅臣李昭亮等议曰："昔唐泽潞留后李抱真籍户丁男，三选其一，农隙则分曹角射，岁终都试，以示赏罚，三年皆善射，举部内得劲卒二万。既无廪费，府库益实，乃缮甲兵为战具，遂雄视山东。是时，天下称昭义步兵冠于诸军，此近代之显效，而或谓民兵只可城守，难备战阵，非通论也。但当无事时，便分义勇为两路，置官统领，以张用兵之势，外使敌人疑而生谋，内亦摇动众心，非计之得。姑令在所点集训练，三二年间，武艺稍精，渐习行阵。遇有警，得将臣如抱真者统驭，制其阵队，示以赏罚，何敌不可战哉？至于部分布列，量敌应机，系于临时便宜，亦难预图。况河北、河东皆边州之地，自置义勇，州县以时按阅，耳目已熟，行固无疑。"诏如所议。

治平元年，宰相韩琦言："古者籍民为兵，数虽多而赡至薄。唐置府兵，最为近之，后废不能复。今之义勇，河北几十五万，河东几八万，勇悍纯实，出于天性，而有物力资产，父母妻子之所系，若稍加练简，与唐府兵何异？陕西尝刺弓手为保捷，河北、河东、陕西，皆控西北，事当一体。请于陕西诸州亦点义勇，止涅手背，一时不无小扰，终成长利。"天子纳其言，乃遣籍陕西义勇，得十三万八千四百六十五人。

是时，谏官司马光累奏，谓："陕西顷尝籍乡弓手，始谕以不去乡里。既而涅为保捷正兵，遣戍边州，其后不可用，遂汰为民，徒使一路骚然，而于国无补。且祖宗平一海内，曷尝有义勇哉？自赵元昊反，诸将覆师相继，终不能出一旅之众，涉区脱之地。当是时，三路乡兵数十万，何尝得一人之力？议者必曰：'河北、河东不用衣廪，得胜兵数十万，阅教精熟，皆可以战，又兵出民间，合于古制。'臣谓不然。彼数十万者，虚数也；阅教精熟者，外貌也；兵出民间者，名与古同而实异。盖州县承朝廷之意，止求数多。阅教之日，观者但见其旗号鲜明，钲鼓备具，行列有序，进退有节，莫不以为真可以战。殊不知彼犹聚戏，若遇敌，则瓦解星散，不知所之矣。古者兵出民间，耕桑所得，皆以衣食其家，故处则富足，出则精锐。今既赋敛农民粟帛以给正军，又籍其身以为兵，是一家而给二家之事也。如此，民之财力安得不屈？臣愚以为河北、河东已刺之民，犹当放还，况陕西未刺之民乎？"帝弗听。于是三路乡兵，唯义勇为最盛。

熙宁以来，则尤重蓄兵、保甲之法，余多承旧制。前史沿革，不复具述，取其有损益者著于篇。南渡而后，土宇虽不及前，而兵制多仍其故，凡其乡兵、寨兵之可改者，皆附见焉。

陕西保毅　开宝八年，发渭州平凉、潘原二县民治城隍，因立为保毅弓箭手，分戍镇寨。能自置马，免役。逃、死，以亲属代，因周广顺旧制也。

咸平初，秦州极边置千人，分番守戍。上番人月给米六斗，仲冬，赐指挥使至副都头紫绫绵袍，十将以下皂绫袍。五年，点陕西沿边丁壮充保毅，凡得六万八千人。给资粮，与正兵同戍边郡。

庆历初，诏悉刺为保捷军，唯秦州增置及三千人，环、庆、保安亦各籍置。是时，诸州总六千五百十八人，为指挥三十一。

皇祐五年，泾原都总管程戬上言："陕西保毅，近岁止给役州县，无复责以武技。自黥刺为保捷，而家犹不免于保毅之籍，或折卖田产，而得产者以分数助役。今秦州仅三千人，久废农业，请罢遣。"诏自今敢私役者，计佣坐之。治平初，诏置保毅田承名额者，悉拣刺以为义勇。熙宁四年，诏废其军。

环庆寨户、强人弓手，九年，诏如禁军法，上其籍，隶于马军司，廪给视中禁军。

河北忠顺　自太宗朝以瀛、莫、雄、霸州、乾宁、顺安、保定军置忠顺，凡三千人，分番巡徼，隶沿边战棹巡检司。自十月悉上，人给粮二升，至二月轮半营农。庆历七年，夏竦建议与正兵参戍。八年，以水涝，多逋亡者，权益正兵代其阙额。皇祐四年，权放业农，后不复补。

河北陕西强人、寨户、强人弓手　名号不一。咸平四年，募河北民谙契丹道路、勇锐可为间者充强人，置都头、指挥使。无事散处田野，寇至追集，给器甲、口粮、食钱，遣出塞偷斫贼垒，能斩首级、夺马者如赏格。虏获财畜皆畀之。庆历二年，环州亦募，涅手背，自备戎械并马，置押官、甲头、队长、户四等以下免役，上番防守，月给奉廪。三年，泾原路被边城寨悉置。

环、庆二州复有寨户，康定中，以沿边弓手涅手背充，有警召集防戍，与保毅弓手同。

大顺城、西谷砦有强人弓手，天禧、庆历间募置，番戍为巡徼斥候，日给粮。人赋田八十亩，能自备马者益赋四十亩。遇防秋，官给器甲，下番随军训练。为指挥六。

河北、河东强壮　五代时，瀛、霸诸州已置。咸平三年，诏河北家二丁、三丁籍一，四丁、五丁籍二，六丁、七丁籍三，八丁以上籍四，为强壮。五百人为指挥，置指挥使；百人为都，置正、副都头二人、节级四人。所在置籍，择善骑射者第补校长，听自置马，胜甲者蠲其户役。五年，募其勇敢，团结附大军为栅，官给铠甲。景德元年，遣使分诣河北、河东集强壮，借库兵给粮训练，非缘边即分番迭教，寇至悉集守城，寇退营农。

至康定初，州县不复阅习，其籍多亡。乃诏二路选补，增其数，为伍保，迭纠游惰及作奸者。二十五人为团，置押官；四团为都，置正、副都头各一人；五都为指挥，置指挥使，各以阶级伏事。年二十系籍，六十免，取家人或他户代之。岁正月，县以籍上州，州以籍奏兵部，按举不如法者。庆历二年，悉拣以为义勇，不预者释之，而存其籍，以备守葺城池。而河东强壮自此寖废矣。

其募于河北者，旧给塘泊河淤之田，力不足以耕，重苦番教，应募者寡。熙宁七年罢之，以其田募民耕，户两顷，蠲其赋，以为保甲。

河东、陕西弓箭手　周广顺初，镇州诸县，十户取材勇者一人为之，余九户资以器甲刍粮。建隆二年，诏释之，凡一千四百人。

景德二年，镇戎军曹玮言："有边民应募为弓箭手者，请给以闲田，蠲其徭赋，有警，可参正兵为前锋，而官无资粮戎械之费。"诏："人给田二顷，出甲士一人，及三顷者出战马一匹。设堡戍，列部伍，补指挥使以下，据兵有功劳者，亦补军都指挥使，置巡检以统之。"其后，鄜延、环庆、泾原并河东州军亦各募置。

庆历中，诸路总三万二千四百七十四人，为指挥一百九十二。是时，河东都转运使欧阳修言："代州、岢岚、宁化、火山军被边地几二三万顷，请募人垦种，充弓箭手。"诏宣抚使范仲淹议，以为便。遂以岢岚军北草城川禁地募人拒敌界十里外占耕，得二千余户，岁输租数万斛，自备弓马，涅手背为弓箭手。既以并州明镐沮议而止。

至和二年，韩琦奏订镐议非是，曰："昔潘美患契丹数入寇，遂驱旁边耕民内徙，苟免一时失备之咎。其后契丹讲和，因循不复许人复业，遂名禁地，岁久为戎人侵耕，渐失疆界。今代州、宁化军有禁地万顷，请如草城川募弓箭手，可得四千余户。"下并州富弼议。弼请如琦奏。诏具为条，视山坡川原均给，人二顷；其租秋一输，川地亩五升，坂原地亩三升，毋折变科徭。仍指挥即山险为屋，以便居止，备征防，无得擅役。

先是，麟、府、丰州亦以闲田募置，人给屋，贷口粮二石，而德顺军静边砦壕外弓箭手尤为劲勇。夏人利其地，数来争占，朝廷为筑堡戍守。至治平末，河东七州军弓箭手总七千五百人，陕西十州军并寨户总四万六千三百人。先是，康定元年，诏麟、府州募归业人增补义军，俾耕本户故地而免其税租。其制与弓箭手略同，而不给田。

熙宁二年，兵部上河东七郡旧籍七千五、今籍七千，陕西十州并寨户旧籍四万六千三百，今唯秦凤有寨户。

三年，秦凤路经略使李师中言："前年筑熟羊等堡，募蕃部献地，置弓箭手。迄今三年，所募非良民，初未尝团结训练，竭力田事。今当置屯列堡，为战守计。置屯之法，百人为屯，授田于旁塞堡，将校领农事，休即教武技。其牛具、农器、旗鼓之属并官予。置堡之法，诸屯并力，自近及远筑为堡以备寇至，寇退则悉出掩击。"从之。

五年，赵卨为鄜延路，以其地万五千九百顷，募汉、蕃弓箭手四万九百人。帝嘉其能省募兵之费，褒赏之。六年，卨言新募弓箭手颇习武技，请更番代正兵归京师。诏审度之。十月，诏熙河路以公田募弓箭手，其旁塞民强勇愿自占田，出租赋，联保伍，或义勇愿应募，或民户愿受蕃部地者听。

七年正月，带御器械王中正诣熙河路，以土田募弓箭手。所募人毋拘路分远近，不依常格，差官召募，仍亲提举。三月，王韶言："河州近城川地招汉弓箭手外，其山坡地招蕃弓箭手，人给地一顷，蕃官两顷，大蕃官三顷。仍募汉弓箭手等为甲头，候招及人数，补节级人员，与蕃官同管勾。自来出军，多为汉兵盗杀蕃兵，以为首功。今蕃兵各愿于左耳前刺'蕃兵'字。"从之。十月，中书条例司乞五路弓箭手、寨户，除防拓、巡警及缓急事许差发外，若修城诸役，即申经略安抚、钤辖司。其有擅差发科配、和雇者，并科违制之罪。从之。其夔州路义军、广南枪手土丁峒丁、湖南弩手、福建乡丁枪手，依此法。

八年，诏泾原路七驻泊就粮上下番正兵、弓箭手、蕃兵约七万余人分为五将，别置熙河策应将副。十年，知延州吕惠卿言："自熙宁五年，招到弓箭手，只是权行差补，未曾团定指挥。本司见将本路团结分团成指挥都分，置立将校统辖，即于临时易为勾集。"从之。

元丰二年，计议措置边防所言，以泾原路正兵、汉蕃弓箭手为十一将，分驻诸州。从之。

三年，诏："凡弓箭手兵骑各以五十人为队，置引战、旗头、左右傔旗，及以本属酋首将校为拥队，并如正军法。蕃捉生、蕃敢勇、山河户亦如之。凡募弓箭手、蕃捉生、强人、山河户，不以等样，第募有保任、年十七已上、弓射七斗、任负带者。鄜延路新旧蕃捉生、环庆路强人、诸路汉弓箭手、鄜延路归明界保毅蕃户弓箭手，皆涅于手背。"

四年，泾原路经略司言："本路弓箭手阙地九千七百顷，渭州陇山一带川原陂地四千余顷，可募弓箭手二千余人，或不愿应募，乞收其地入官。"熙河路都大经制司言："乞依熙河旧例，许泾原、秦凤路、环庆及熙河路弓箭手投换，仍带旧户田土，耕种二年，即收入官，别招弓箭手。"皆从之。

五年正月，鄜延路经略司乞以新收复米脂、吴堡、义合、细浮图、塞门五寨地置汉蕃弓箭手，及春耕种，其约束补职，并用旧条。从之。二月，诏提举熙河等路弓箭手、营田、蕃部共为一司，隶泾原路制置司。四月，诏："蕃弓箭手阵亡，依汉弓箭手给赙。弓箭手出战，因伤及病羸不能自还者，并依军例赐其家。"七月，提举熙河路弓箭手营田蕃部司康识，兼提举营田张大宁言："乞应新收复地差官分画经界，选知农事厢军耕佃，顷一人。其部押人员、节级及雇助人工岁入赏罚，并用熙河官庄法。余并招弓箭手营田，每五十顷为一营，差谙农事官一员干当。"从之。

六年，鄜延路经略司言："弓箭手平近里县置田两处，立户及四丁已上，乞取一丁为保甲，一丁为弓箭手，有二丁至三丁，即且令充弓箭手。"诏保甲愿充弓箭手者听，其见充弓箭手与当丁役，毋得退就保甲，陕西、河东亦如之。

八年，诏罢秦凤路置场集教弓箭手，令经略司讲求土人习教所宜立法。

元祐元年，诏罢提举熙河等路弓箭营田蕃部司。三年，兵部言："泾原路陇山一带系官地，例为人侵冒，略无色役。非自朝廷置局招置摽拨，无以杜绝奸弊。"从之。其后，殿前司副都指挥使刘昌祚奏根据陇山地凡一万九百九十顷，招置弓箭手人马凡五千二百六十一，赐敕书奖谕。四年，诏将陇山一带弓箭手人马别置一将管干，仍以泾原路第十二将为名。五年，诏户部遣官往熙河兰岷路代孙路措置弓箭手土田。

绍圣元年，枢密院言："熙河兰岷路经略司奏，本路弓箭手，自展置以来，累经战斗，内有战功补三班差使已上之人，欲并遣归所属差使，仍以其地令亲属承刺，如无，即别召人承之。"三年正月,诏:"自今汉蕃人互投弓箭手者,官司不得收刺,违者杖一百。"五月,诏在京府界、诸路马军枪手并改充弓箭手,兼习蕃枪。四年,诏张询、巴宜专根括安西、金城膏腴地顷亩,可以招置弓箭手若干人,具团结以闻。

元符元年二月,枢密院言:"钟传奏,近往泾原与章楶讲究进筑天都山、南牟等处。今相度如展置青南讷心,须置一将。乞权于熙、秦两路辍那。新城内土田并招弓箭手,仍置提举官二员。熙、秦两路弓箭手,每指挥以三百人为额,乞作二十指挥招置,不一二年间,须得数千民兵,以充武备。"从之。七月,诏:"陕西、河东路新城寨合招弓箭手投换。其元祐八年四月不得招他路弓箭手指挥勿用。"三年,提举泾原路弓箭手安师文知泾州,罢提举弓箭手司。

崇宁元年九月,枢密院勘会:"陕西五路并河东,自绍圣开斥以来,疆土至广,远者数百里,近者不减百里,罢兵以来,未曾措置。田多膏腴,虽累降诏置弓箭手,类多贫乏,或致逃走。州县镇寨污吏豪民冒占沃壤,利不及于平民,且并缘旧疆,侵占新土。今遣官分往逐路提举措置,应缘新疆土田,分定腴瘠,招置弓箭手,推行新降条法。旧弓箭手如愿出佃新疆,亦仰相度施行。"诏汤景仁河东路,董采秦凤路,陶节夫环庆路,安师文鄜延路,并提举弓箭手。 元符三年罢提举司,今复置。

崇宁二年十一月,安师文奏:"据权通判德顺军事卢逢原申,根括打量出四将地分管下五寨、新占旧边壕外地共四万八千七百三十一顷有奇,乞特赐优赏。"诏安师文特授左朝议大夫,差遣如故;卢逢原特授朝请郎。

二年九月,熙河路都转运使郑仅奉诏相度措置熙河新疆边防利害,仅奏:"朝廷给田养汉蕃弓箭手,本以藩捍边面,使顾虑家产,人自为力。今拓境益远,熙、秦汉蕃弓箭手乃在腹里,理合移出。然人情重迁,乞且家选一丁,官给口粮,团成耕夫使佃官庄。遇成熟日,除粮种外,半入官,半给耕夫,候稍成次第,听其所便。"从之。

五年三月,赵挺之言:"湟、鄯之复,岁费朝廷供亿一千五百余万。郑仅初建官庄之议,朝廷令会计其岁入,凡五庄之入,乃能支一庄之费。盖鄯、湟乃西蕃之二小国,湟州谓之逸川,鄯州谓之青唐,与河南本为三国,其地滨河,多沃壤。昔三国分据时,民之供输于其国厚,而又每族各有酋长以统领之,皆衣食赡足,取于所属之民。自朝廷收复以来,名为使蕃民各占旧地以居,其实屡更战斗,杀戮窜逐,所存无几。今兵将官、帅臣、知州多召闲民以居,贪冒者或受金乃与之地,又私取其羊马驼畜,然无一毫租赋供官。若以昔输于三国者百分之一入于县官,即湟州资费有余矣。"帝深然之。

翌日,知枢密院张康国入见,力言不可使新民出租,恐致扰动众情;且言蕃民既刺手背为兵,安可更出租赋。帝因宣谕:"新民不可摇动,兼已令多招弓箭手矣。"挺之奏:"弓箭手,官给以地而不出租,此中国法也。若蕃兵,则其旧俗既输纳供亿之物,出战又人皆为兵,非弓箭手之比。今朝廷所费不赀,经营数年,得此西蕃之地,若无一毫之入,而官吏、戍卒馈饷之费皆出于朝廷,何计之拙也!"帝曰:"已令姚雄经画。"时累令雄括空闲地,召人耕垦出课,故深以挺之所奏为然。挺之又云:"鄯、湟之复,羌人屡叛,溪撺罗撒走降夏国,夏国纳之,时时寇边,兵不解严而馈运极艰。和籴入粟,鄯州以每石价至七十贯,湟州五十余贯。盖仓场利于客人入中乞取,而官吏利于请给斛斗,中官获利百倍,人人皆富。是以上下相蒙,而为朝廷之害。"

熙宁三年,熙河运司以岁计不足,乞以官茶博籴,每茶三斤易粟一斛,其利甚博。朝廷谓茶马司本以博马,不可以博籴,于茶马司岁额外,增买川茶两倍茶,朝廷别出钱二百万给之,令提刑司封桩。又令茶马官程之邵兼领转运使,由是数岁边用粗足。及挺之再相,熙河漕司屡申以军粮不足为急,乃令会去年抛降钱数共一千一百万馱,一馱价直三千至四十千,二百馱所转不可胜计,今年已降拨银、钱、绢等共九百万,乃令更支两倍茶一百万馱。张康国同进呈,得旨,乃密检元丰以来茶惟用博马指挥以进。然康国不知两倍茶自非博马之数,而何执中、邓洵武杂然和之。由是两倍茶更不支给,而鄯、湟兵费不给矣。

七年,诏:"边地广而耕垦未至,膏腴荒闲,刍粟翔踊,岁籴本不赀。昨累降指挥,令泾原路经略司与提举弓箭手司措置,召人开垦,以助塞下积粟,为备边无穷之利。访闻提举弓箭手司与经略司执见不同,措置议论,不务和协。其提举泾原路弓箭手钱归善可罢。"

大观三年二月,臣僚言:"自复西宁州,馈给每多,而储积未广,买价数增,市物随踊,地利不辟,兵籍不敷,盖招置之术失讲,劝利之法未兴也。乞委帅臣、监司讲求,或募或招,何为而可足弓箭手之数,以期于不阙;或拘或诱,何为而使蕃部著业而责以耕耘。田既垦则谷自盈,募既充而兵益振,是收班超之功,尽充国之利也。"诏:"熙、河、洮、岷前后收复,岁深月久,得其地而未得其利,得其民而未得其用。地利不辟,兵籍不敷,岁仰朝廷供亿,非持久之道。可令详究本末,条画来上。"

政和三年,秦凤路经略安抚使何常奏:

自古行师用兵,或骑或步,率因地形。兵法曰:"蕃兵惟劲马奔冲,汉兵惟强弩掎角。"盖蕃长于马,汉长于弩也。今则不然。西贼有山间部落谓之"步跋子"者,上下山坡,出入溪涧,最能逾高超远,轻足善走。有平夏骑兵谓之"铁鹞子"者,百里而走,千里而期,最能倏往忽来,若电击云飞。每于平原驰骋之处遇敌,则多用铁鹞子以为冲冒奔突之兵;山谷深险之处遇敌,则多用步跋子以为击刺掩袭之用。此西人步骑之长也。我诸路并塞之民,皆是弓箭手地分,平居以田猎骑射为能,缓急以追逐驰骋相尚。又沿边土兵,习于山川,惯于驰骤。关东戍卒,多是硬弩手及摽牌手,不惟捍贼劲矢,亦可使贼马惊溃。此中国步骑之利也。

至道中,王超、丁罕等讨继迁,是时马上用弩,遇贼则万弩齐发,贼不能措手足而遁。又元丰间,刘昌祚等趋灵州,贼众守隘,官军不能进。于是用牌子为先锋，贼下马临官军，其势甚盛，昌祚等乃以牌子踢跳闪烁，振以响环，贼马惊溃。若遇贼于山林险隘之处，先以牌子捍贼，次以劲弓强弩与神臂弓射贼先锋，则矢不虚发，而皆穿心达臆矣。或遇贼于平原广野之间，则马上用弩攒射，可以一发而尽殪。兼牌子与马上用弩，皆已试之效，不可不讲。前所谓劲马奔冲，强弩掎角，其利两得之，而贼之步跋子与铁鹞子皆不足破也。又步兵之中，必先择其魁健材力之卒，皆用斩马刀，别以一将统之，如唐李嗣业用陌刀法。遇铁鹞子冲突，或掠我阵脚，或践踏我步人，则用斩马刀以进，是取胜之一奇也。

诏枢密院札与诸路经略司。

四年，诏：“西羌久为边患，乍叛乍服，谲诈不常。顷在先朝，使者在廷，犹或犯境。今植养积岁，屡饥久困，虽誓表已进，羌夷之性不保其往。修备御于无事之时，戒不虞于萃聚之际，正在今日。可令陕西、河东路帅臣训练兵伍，除治军器，缮修楼橹，收积刍粮，常若寇至。不可谓已进誓表，辄或弛怠，堕其奸谋。所有弓箭手、蕃兵，常令优恤，逃亡者可速招补，贫乏者亦令贷借。将佐偏裨，如或软懦失职，具名以闻，或寇至失事，并行军法。”

五年二月，诏：“陕西、河东逐路，自绍圣开拓边疆以来，及西宁、湟、廓、洮州、积石等处新边，各有包占良田，并合招置弓箭手，以为边防篱落。至今累年，旷土尚多，应募人数未广。盖缘自罢专置提举官隶属经略司，事权不专，颇失措置。根括打量、催督开垦、理断交侵等职事，尽在极边，帅臣无由亲到。即今夏人通贡，边鄙安静。若不乘此委官往来督责，多方招刺弓箭手垦辟闲田，补助边计，以宽飞挽之劳，窃虑因循寖久，旷土愈多，销耗民兵人额，有害边防大计。兼提举文臣玩习翰墨，多务安养，罕能冲冒寒暑。可令陕西、河东逐路，并复置提举弓箭手司，仍各选差武臣一员充，理任、请给、恩数等并依提举保甲条例施行。每路各置干当公事使臣二员。仍每岁令枢密院取索逐路招到弓箭手并开垦过地土，比较优劣殿最，取旨赏陟。合措置事节，所差官条画以闻。”

八月，枢密院言：“欲将近里弓箭手地，但有争讼侵冒之处，并行打量，庶几杜绝侵冒之弊。”从之。是月，提举河东路弓箭手司奏：“本司体访得沿边州军逐处招置弓箭手，多将人户旧用工开耕之地指射划夺，其旧佃人遂至失业。且所出租，仅比佃户五分之一，于公私俱不便。今欲将系官庄屯田已有人租佃及五年者，并不在招置弓箭手请射之限。其河东路察访司初不以边防民兵为重，姑息佃户，致有此弊。欲乞应熙宁八年以前人户租佃官田，并先取问佃人，如愿投刺弓箭手，每出一丁，许依条给见佃田二顷五十亩充人马地，若不愿充弓箭手，及出丁外尚有请占不尽地土，即拘收入官。”从之。

十一月，边防司奏：“据提举熙河兰湟路弓箭手何灌申：汉人买田常多，比缘打量，其人亦不自安，首陈已及一千余顷。若招弓箭手，即可得五百人；若纳租税，每亩三斗五升、草二束，一岁间亦可得米三万五千石、草二十万束。今相度欲将汉人置买到蕃部土田愿为弓箭手者，两

顷已上刺一名，四顷已上刺两名。如愿者，依条立定租税输纳。其巧为影占者，重为禁止。”从之。

七年三月，诏：“熙、河、鄯、湟自开拓以来，疆土虽广而地利悉归属羌，官兵吏禄仰给县官，不可为后计。仰本路帅臣相度，以钱粮茶彩或以羌人所嗜之物，与之贸易田土。田土既多，即招置弓箭手，入耕出战，以固边圉。”

宣和六年七月，诏：“已降处分，陕西昨因地震摧塌屋宇，因而死伤弓箭手，内合承袭人，速具保明闻奏。”

靖康元年二月，臣僚言：“陕西恃弓箭手为国藩篱，旧隶帅府，比年始置提举弓箭手官，务取数多，自以为功。自是选练不精，遂使法制寖坏。欲乞详酌，罢提举官，以弓箭手复隶帅司，务求以振边声。”诏从之，河东路依此。

四月，枢密院奏：“陕西、河东逐路汉弓箭手自来并给肥饶田，近年以来，多将旧人已给田分擘，招刺新人。盖缘提举官贪赏欺蔽，务要数多，妄行招刺，无以激劝。朝廷近已罢提举官，今复隶帅司所辖，况当今边事全藉民兵，若不早计，深虑误事。”诏令陕西五路制置使钱盖及陕西、河东逐路帅臣相度措置，将已分擘弓箭手田土，依旧改正拨还，所有新招到人别行给地，务要均济。仍仰帅臣严切奉行。是月，徐处仁又奏，诏并送详议司。

熙宁五年，泾原路经略司蔡挺言：“泾原勇敢三百四十四人，久不拣练，徒有虚名。臣委二将领季一点阅，校其骑射能否升除，补有功者以为队长，募极塞博军子尝历战阵者补其阙。益募熟户蕃部以为蕃勇敢，凡一千三百八十人，骑一千一百九十四匹，挽弓一石，驰逐击刺如法。其有功者受勇敢下等奉，余遇调发，则人给奉三百，益以刍粮。”诏诸路如挺言行之。

六年，枢密院言：“勇敢效用皆以材武应募从军，廪食既优，战马戎械之具皆出公上，平时又得以家居，以劳效赏者凡四补而至借职，校弓箭手减十资，迁速相远，甚非朝廷第功均赏之意。请自今河东、鄜延、秦凤、环庆、熙河路各以三百，泾原路以五百为额。第一等步射弓一石一斗，马射九斗，奉钱千；第二等以下递减一斗，奉七百至五百。季首阅试于经略司，射及野战中者有赏，全不中者削其奉，次季又不中者罢之。战有功者以八等定赏：一、给公据，二、以为队长，三、守阙军将，四、军将，五、殿侍，六、三班借差，七、差使，八、借职。其弓箭手有功，亦以八等定赏：一、押官，承局；二、将，虞候，十将；三、副兵马使，军使；四、副指挥使；五、都虞候；六、都指挥使；七、三班差使；八、借职。即以阙排连者次迁。”

元丰三年，诏泾原路募勇敢如鄜延路，以百人为额。自是以后，蕃部益众，而弓箭手多蕃兵矣。

弓箭社　河北旧有之。熙宁三年十二月，知定州滕甫言：“河北州县近山谷处，民间各有弓箭社及猎射人，习惯便利，与夷人无异。欲乞下本道逐州县，并令募诸色公人及城郭乡村百姓有武勇愿习弓箭者，自为之社。每岁之春，长吏就阅试之。北人劲悍，缓急可用。”从之。

元祐八年十一月，知定州苏轼言：

北边久和，河朔无事。沿边诸郡，军政少弛，将骄卒惰，缓急恐不可用；武艺军装，皆不逮陕西、河东远甚。虽据即目边防事势，三五年间必无警急，然居安虑危，有国之常，备事不素讲，难以应变。臣观祖宗以来，沿边要害，屯聚重兵，止以壮国威而消敌谋，盖所谓先声后实，形格势禁之道耳。若进取深入，交锋两阵，犹当杂用禁旅。至于平日保境，备御小寇，即须专用极边土人。此古今不易之论也。

晁错与汉文帝画备边策，不过二事：其一曰徙远方以实空虚，其二曰制边县以备敌国。宝元、庆历中，赵元昊反，屯兵四十余万，招刺宣毅、保捷二十五万人，皆不得其用，卒无成功。范仲淹、刘沪、种世衡等专务整缉蕃汉熟户、弓箭手，所以封殖其家、砥砺其人者非一道。藩篱既成，贼来无所得，故元昊复臣。今河朔西路被边州军，自澶渊讲和以来，百姓自相团结为弓箭社，不论家业高下，户出一人。又自相推择家资武艺众所服者为社头、社副、录事，谓之头目。带弓而锄，佩剑而樵，出入山坂，饮食长技与敌同。私立赏罚，严于官府，分番巡逻，铺屋相望，若透漏北贼及本土强盗不获，其当番人皆有重罚。遇其警急，击鼓，顷刻可致千人。器甲鞍马，常若寇至。盖亲戚坟墓所在，人自为战，敌深畏之。先朝名臣帅定州者韩琦、庞籍，皆加意拊循其人，以为爪牙耳目之用，而籍又增损其约束赏罚。

熙宁六年，行保甲法，强壮、弓箭社并行废罢。熙宁七年，应两地供输人户，除元有弓箭社、强壮并义勇之类并依旧存留外，更不编排保甲。看详上件两次圣旨，除两地供输村分方许依旧置弓箭社，其余并合废罢。虽有上件指挥，公私相承，元不废罢，只是令弓箭社两丁以上人户兼充保甲，以至逐捕本界及他盗贼，并皆驱使弓箭社人户用命捉杀。见今州县，全藉此等寅夜防拓，灼见弓箭社实为边防要用，其势决不可废。但以兼充保甲之故，召集追呼，劳费失业，今虽名目俱存，责其实用，不逮往日。

臣窃谓陕西、河东弓箭手，官给良田，以备甲马。今河朔沿边弓箭社，皆是人户祖业田产，官无丝毫之损，而捐躯捍边，器甲鞍马与陕西、河东无异，苦乐相远，未尽其用。近日霸州文安县及真定府北砦，皆有北贼惊劫人户，捕盗官吏拱手相视，无如之何，以验禁军、弓手皆不得力。向使州县逐处皆有弓箭社，人户致命尽力，则北贼岂敢轻犯边寨，如入无人之境？臣已戒饬本路将吏，申严赏罚，加意拊循其人，辄复拾用庞籍旧奏约束，稍加增损，别立条目。欲乞朝廷立法，少赐优异，明设赏罚，以示惩劝。今已密切取会到本路极边定、保两州、安肃、广信、顺安三军边面七县一寨内管自来团结弓箭社五百八十八社，六百五十一火，共计三万一千四百一十一人。若朝廷以为可行，立法之后，更敕将吏常加拊循，使三万余人分番昼夜巡逻，盗边小寇来即擒获，不至狃伏以生戎心。而事皆循旧，无所改作，敌不疑畏，无由生事，有利无害，较然可见。

奏凡两上，皆不报。

政和六年，诏："河北路有弓箭社县分，已令解发异等。其逐路县令佐，俟岁终教阅异等，帅司具优劣之最，各取旨赏罚，以为劝沮。仍具为令。"又高阳关路安抚司言："大观三年弓箭社人依《保甲法》、《政和保甲格》较最优劣，县令各减展磨勘年有差。"诏依《保甲格》赏罚施行。

宣和七年二月，臣僚言：

往年西路提刑梁扬祖奏请劝诱民户充弓箭社，继下东路令仿西路例招诱。原立法之意，不过使乡民自愿入社者阅习武备，为御贼之具尔。奈何邀功生事之人，唯以入社之民众多为功，厚诬朝廷而敛怨于民，督责州县急于星火，取五等之籍甲乙而次之，家至户到，追胥追胁。悉驱之入社，更无免者。法始行于西路，西路既已冒受厚赏，于是东路宪司前后论列，诞谩滋甚。近者东路之奏，数至二十四万一千七百人，武艺优长者一十一万六千，且云比之西路仅多一倍。陛下灼知其不然，虽命帅臣与廉访使者核实，彼安肯以实闻乎？今东路宪司官属与登、淄两州当职官，坐增秩者几二十人，而县令、佐不及焉。不知出入阡陌间劝诱者谁欤？此其诞谩可知矣。审如所奏，山东之寇，何累月淹时未见殄减哉？则其所奏二十四万与十一万，殆虚有名，不足以捍贼明矣！大抵因缘追扰，民不堪其劳，则老弱转徙道路，强壮起为盗贼，此亦致寇之一端也。

近者仰烦陛下遣将出师，授以方略，又命近臣持诏抚谕，至于发内库之藏，转淮甸之粟以振给之，宽免其税租，荡宥其罪戾，丁宁纤悉，罔不曲尽。方将归伏田亩，以为迁善远罪之民，讵可以其所甚病扰之邪？且私有兵器，在律之禁甚严。三路保伍之法，虽于农隙以讲武事，然犹事毕则兵器藏于官府。今弓箭社一切兵器，民皆自藏于家，不几于借寇哉？望陛下断自圣心，罢京东弓箭社之名，所藏兵器悉送之官，使民得免非时追呼追胁之扰，以安其生。应两路缘弓箭社推恩者并追夺改正，首议之人重赐黜责，后来奏请诞谩，亦乞特赐施行，庶几群下悚惧，不敢妄进曲说，以肆其奸，实今日之先务也。

诏并依奏，梁扬祖落职，兵器并拘入官，弓箭社人依已降指挥放散。

卷一百九十一
志第一百四十四

兵五 乡兵二

河北河东陕西义勇　陕西护塞　川峡土丁
荆湖义军土丁弩手　夔施黔思等处义军土丁
广南西路土丁　广南东路枪手　邕钦溪洞壮
丁　福建路枪仗手　江南西路枪仗手　蕃兵

河北、河东、陕西义勇　庆历二年，选河北、河东强壮并抄民丁涅手背为之。户三等以上置弩一，当税钱二千，三等以下官给。各营于其州，岁分两番训练，上番给奉廪，犯罪断比厢军，下番比强壮。

治平元年，诏陕西除商、虢二州，余悉籍义勇。凡主户三丁选一，六丁选二，九丁选三，年二十至三十材勇者充，止涅手背。以五百人为指挥，置指挥使、副二人，正都头三人，十将、虞候、承局、押官各五人，岁以十月番上，阅教一月而罢。又诏秦州成纪等六县，有税户弓箭手、寨户及四路正充保毅者，家六丁刺一，九丁刺二；有买保毅田承名额者，三丁刺一，六丁刺二，九丁刺三，悉以为义勇。是岁，诏秦、陇、仪、渭、泾、原、邠、宁、环、庆、鄜、延十二州义勇，遇召集防守，日给米二升，月给酱菜钱三百。盖庆历初，河北路总十八万九千三十一人，河东路总七万七千七十九人，陕西路治平初总十五万六千八百七十三人。

熙宁初，枢密使吕公弼请以河北义勇每指挥拣少壮艺精者百人为上等，手背添刺"上等"字，旌别教阅，及数外艺优者亦籍之，俟有阙则补。从之。十二月，诏河北义勇，县以岁阅；当阅于州者，宜分番，岁以一番；灾伤当罢者听旨。其以指挥分番者，大名府五十三为四番，真定、瀛、洺、邢、沧、定、冀、恩、赵、深、磁、相、博自三十九以及十二并为三番，德、祁、澶、棣、霸、滨、永静、永宁、怀、卫、乾宁、莫、保、通利自十一以及四并为二番。九指挥已上者再分本番为三，教始十月，止十二月。六指挥已上者再分本番为二，教始十月，止十一月，终满一月罢遣。

帝尝问陈升之曰："侯叔献言义勇上番何如？"王安石曰："此事似可为，但少须年岁间议之。"升之曰："今募兵未已，且养上番义勇，则调度尤不易。"安石曰："言募兵之害虽多，及用则患少，以民与兵为两途故也。"十二月，帝言："义勇可使分为四番出戍。"吕公弼曰："须先省得募兵，乃可议此。"安石曰："计每岁募兵死亡之数，乃以义勇补之可也。"陈升之欲令义勇以渐戍近州，安石曰："陛下若欲变数百年募兵之弊，则宜果断，详立法制。不然，无补也。"帝以为然，曰："须豫立定条法，不要宣布，以渐推行可也。"两府议上番，或以为一月，或以为一季，且令近戍，文彦博等又言难使远戍，安石辩之甚力。

是月，兵部上陕西、河北、河东义勇数：陕西路二十六郡旧籍十五万三千四百，益以环、庆、延州保毅、弓箭手三千八百，总十五万六千八百，为指挥三百二十一；河北三十三郡旧籍十八万九千二百，今籍十八万六千四百，为指挥四百三十；而河东二十郡，自庆历后总七万七千，为指挥一百五十九。凡三路义勇之兵，总四十二万三千五百人。

三年七月，王安石进呈蔡挺乞以义勇为五番教阅事，帝患密院不肯措置，安石曰："陛下诚欲行，则孰能御？此在陛下也。"泾、渭、仪、原四州义勇万五千人，旧止戍守，经略使蔡挺始令遇上番依诸军结队，分隶诸将。选艺精者迁补，给官马，月廪、时帛、郊赏与正兵同，遂与正兵相参战守。时土兵有阙，召募三千人。挺奏以义勇点刺累年，虽训肄以时，而未施于征防，意可以案府兵遗法，俾之番戍，以补土兵阙。诏复问以措置远近番之法。挺即条上，以四州义勇分五番，番三千人，防秋以八月十五日上，十月罢；防春以正月十五日上，三月罢，周而复始。诏从之，行之诸路。九月，秦凤经略安抚司言："保毅人数不曾拣充义勇，而其子孙转易田土，分烟析姓，少有正身。乞令保毅军已于丁数内拣刺充义勇者，与免承认保毅。"从之。十月，韩绛乞差著作佐郎吕大忠等赴宣抚司，以备提举义勇，从之。是月，韩绛言："今将义勇分为七路，延、丹、坊为一路，邠、宁、环、庆为一路，泾、原、仪、渭为一路，秦、陇为一路，陕、解、同、河中府为一路，阶、成、凤州、凤翔府为一路，乾、耀、华、永兴军为一路。逐年将一州之数分为四番，缘边四路十四州，每年秋冬合用一番屯戍；近里三路十二州军，即令依此立定番次，未得逐年差发，遇本处阙少正兵，即便勾抽或那往次边守戍。"从之。十一月，判延州郭逵言："陕西起发义勇赴缘边战守，今后并令自赍一月糇粮，折本户税赋。若不能自备，则就所发州军预请口食一月。"从之。

十二月，司马光上疏曰：

臣以不才，兼领长安一路十州兵民大柄。到官以来，伏见朝廷及宣抚等司指挥，分义勇作四番，欲令以次于缘边戍守，选诸军骁锐及募闾里恶少以为奇兵，造干粮、炒饭、布囊、力车以备馈运，悉取岁赐赵秉常之物散给缘边诸路，又竭内地府库甲兵财物以助之。且以永兴一路言之，所发人马，甲八千副，钱九万贯，银二万三千两，银碗六千枚，其余细琐之物，不可胜数。动皆迫以军期，上下相驱，急于星火。官吏狼狈，下民惊疑，皆云国家将以来春大举六师，长驱深入，以讨秉常之罪。

臣以疏贱，不得预闻庙堂之议，未知兹事为虚为实。昨者亲承德音，以为方今边计，惟宜谨严守备。其入寇，则坚壁清野，使之来无所得，兵疲食尽，可以坐收其弊。臣退而思念，圣谟高远，深得王者怀柔远人之道，实天下之福。及到关中，乃见凡百处置，皆为出征调度。臣不知有司在外,不谕圣意,以致有此张皇,将陛下默运神算不令愚贱之臣得闻其实也?臣不胜惶惑,窃为陛下危之。况关中饥馑,十室九空,为贼盗者纷纷已多。县官仓库之积,所余无几,乃欲轻动大众,横挑猛兽,此臣之所大惧也。

伏望陛下深鉴安危之机,消之于未萌,杜之于未形。速下明诏抚谕关中之民以朝廷不为出征之计,其义勇更不分番于缘边戍守,亦不选募奇兵。凡诸调发为馈运之具者悉令停罢,爱惜内地仓库之储,以备春深赒救饥穷之人。如此,岂惟生民之幸,亦社稷之福也。惟陛下裁察。

再言之甚力,于是永兴一路独得免。

四年,诏罢陕西路义勇差役。又诏罢陕西诸路提举义勇官,委本属州县依旧分番教阅。

五年七月,命崇文院校书王安礼专一编修三路义勇条贯。是月,帝问王安石义勇事如何,安石曰:"宜先了河东一路。河东旧制,每年教一月,今令上番巡检下半月或十日,人情无不悦。又以东兵万人所费粮饷,且取一半或三分之二,依保甲养恤其人,即人情无不忻愿者。"闰七月,执礼同进呈河东保甲事,枢密院但欲为义勇、强壮,不别名保甲。王安石曰:"此非王安礼初议也。"帝曰:"今以三丁为义勇,两丁为强壮,三丁远戍,两丁本州县巡检上番,此即王安礼所奏,但易保丁为强壮。人习强壮久,恐别名或致不安也。"安石曰:"义勇非单丁不替,强壮则皆第五等户为之。又自置弓弩及箭寄官库,须上教乃给。今以府界保甲法推之河东,盖宽利之,非苦之也。"帝曰:"河东义勇、强壮,已成次第。今欲遣官修义勇强壮法,又别令人团集保甲如何?"安石曰:"义勇要见丁数,即须隐括,因团集保甲,即一动而两业就。今既差官隐括义勇,又别差官团集保甲,即一事分为两事,恐民不能无扰。"帝卒从安石议。彦博请令安石就中书一面施行此事。安石曰:"本为保甲,故中书预议。若止欲作义勇、强壮,即合令枢密院取旨施行。"帝曰:"此大事,须共议乃可。"是月,秦凤路经略吕公弼乞从本司选差官,自十月初,择诸州上番义勇材武者以为"上义勇",免赍送刍粮之役。募养马者为"有马上义勇",并免其本户支移。从之。

六年九月,诏义勇人员、节级名阙,须因教阅排连迁补。十月,熙河路经略司言:乞许人投换义勇,以地给之,起立税额。诏以官地招弓箭手,仍许近里百姓壮勇者占射,依内地起税,排保甲;即义勇愿投充及民户愿受蕃部地者听之。其顷亩令经略司以肥瘠定数。十一月,诏永兴军、河中府、陕、解、同、华、鄜、延、丹、坊、邠、宁、环、庆、耀十五州军各依元刺义勇外,商、虢州、保安军并止团成保甲。七年,诏义勇正身不许应募充刺,已应募者召人对替。

八年四月,诏韩琦等,曰:"河朔义勇民兵,置之岁久,耳目已熟,将校甚整,教习亦良。然团结保甲,一道纷然。义勇旧人十去其七,或拨入保甲,或放而归农,得增数之虚名,破可用之成法,此又徒起契丹之疑也。"七月,诏应义勇家人投军后,本户余丁数少,合免义勇,并许投军。十月,诏:"五路义勇每年赴州教,保甲赴县教,并自十月至次年正月终。义勇不及十指挥、保甲不及十都者,自十二月起教,各据人数分定番次,教阅一月,不许拆破指挥、都保。其人数少处,只作一番、两番,不须满所教月分。其年已上番者,止教半月。"十二月,诏五路义勇并与保丁轮充及检察盗贼,有违犯,依保丁法。

九年正月,诏义勇、保甲逐年遇阅月比试所习武艺,五路每州以二十分为率取一,分为五等,第一等解发。四月,诏:"河北西路义勇、保甲分三十六番,随便近村分,于巡检、县尉下上番,半月一替。岁于农闲月,并下番人并令所辖巡检、县尉择宽广处聚教五日。"是月,兵部言:"旧条,义勇、保甲所习事艺以十分为率,弓不得过二分,枪刀共不得过二分,余并习弓弩。"诏枪手依旧专习外,刀牌手令兼习弓弩,仍颁样下五路施行。九月,诏永兴、秦凤等路义勇,以主户三丁以上充,不拘户等。是年,诸路所管义勇:河北东路三万六千二百一十八人,河北西路四万五千七百六十六人,永兴军路八万七千九百七十八人,秦凤路三万九千九百八十人,河东路三万五千九百九十五人,总二十四万七千五百三十七人。

元丰二年,中书、枢密院请河北陕西义勇、保甲皆如诸军诵教阅法。从之。三年,诏五路转运、提举官巡历所至,按阅见教义勇、保甲,不如法者,牒提点刑狱司施行。四年,蒲宗孟言,乞开封府、五路义勇并改为保甲。自此以次行于诸路矣。 此后义勇改为义勇保甲,载《保甲篇》。

陕西护塞　庆历元年,募土人熟山川道路蕃情、善骑射者涅臂充。二百人为指挥,自备戎械,就乡间习武技,季一集州阅教。无事放营农,月给盐茗。有警召集防守,即廪给之,无出本路。

川峡土丁　熙宁七年,经制泸州夷事熊本募土丁五千人,入夷界捕戮水路大小四十六村,荡平其地二百四十里,募民垦耕,联其夷属以为保甲。元祐二年,泸南沿边安抚使司言:"请应泸人因边事补授班行,自备土丁子弟在本家地分防拓之人,更无廪给酬赏。若遇贼,临时取旨。其敢邀功生事,重置于法。"从之。

政和六年,泸南安抚使孙羲叟奏:"边民冒法买夷人田,依法尽拘入官,招置土丁子弟。见招到二千四百余人,欲令番上。"从之。

宣和四年,诏:"茂州、石泉军旧管土丁子弟,番上守把,不谙射艺。其选施、黔兵善射者各五十人,分任教习,候精熟日遣回。"

荆湖路义军土丁、弩手　不见创置之始,北路辰、澧二州,南路全、邵、道、永四州皆置。盖溪洞诸蛮,保据岩险,叛服不常,其控制须土人,故置是军。皆选自户籍,蠲免徭赋,番戍寨栅。大率安其风土,则罕婴瘴毒。知其区落,则可制狡狯。其校长则有都指挥使、副都指挥使、指挥使、副指挥使、都头、副都头、军头、头首、采斫招安头首、十将、节级,皆叙功迁补,使相综领。施之西南，实代王师，有御侮之备，而无馈饷之劳。其后，荆南、归、陕、鼎、郴、衡、桂阳亦置。

庆历二年，北路总一万九千四百人，南路总五千一百五十人。番戍诸寨，或以岁，或以季，或以月。上番人给口粮，有功迁补。自都副指挥使岁给绵袍、月给食钱，指挥使给食钱，副指挥使给紫大绫绵袍，都头已上率有廪给。

熙宁元年，籍荆湖南、北路义军凡一万五千人，军政如旧制。六年，诸路行保甲，司农寺请令全、邵二州土丁、弩手、弩团与本村土人共为保甲，以正、副指挥使兼充都副保正，以都头、将虞候、头首、都甲头兼充保长，以左右节级、甲头兼充小保长。番上则本铺土丁、弩手、弩团等同为一保，其隔山岭不及五大保者亦各置都保正一人。

元祐七年，选差邵州邵阳、武岗、新化等县中等以下户充土丁、弩手，与免科役，七年一替。排补将级，不拘替放年，分作两番边寨防拓，不得募人。凡上番，依禁军例教阅武艺及专习木弩。如有私役，并论如《私役禁军敕》。

绍圣二年，枢密院言："荆湖南路安抚、转运、提刑、常平司奏请，邵州管下缘边堡寨置弩手一千四百人，乞依元丰六年诏，于五等户轮差，并半年一替。其上番人如有故，许家人少壮有武艺者代充。"从之。

崇宁二年，荆湖南路安抚、钤辖李闶言："收复绥宁县上堡里、临口砦，合用防拓弩手千人，乞于邵州邵阳、武冈两县中等以下户选差，半年一替；遇上番，月支钱米；排补阶级，自正副使而下至左右甲头，依旧为七阶；分两番部辖，令邵州给帖。"从之。

政和七年，以辰、沅、澧等州更戍土丁与营田土丁名称重叠，将兵马都钤辖司招填土丁改为鼎、澧路营田刀弩手。

重和元年，辰州招到刀弩手二千一百人，其官吏各转官，减磨勘年有差。

宣和四年，靖州通道县有边警，诏添置刀弩手二千人。

夔州路义军土丁、壮丁　州县籍税户充，或自溪洞归投。分隶边寨，习山川道路，遇蛮入寇，遣使袭讨，官军但据险策应之。其校长之名，随州县补置，所在不一。职级已上，冬赐绵袍，月给食盐、米麦、铁钱；其次紫绫绵袍，月给盐米；其次月给米盐而已，有功者以次迁。

施、黔、思三州义军土丁，总隶都巡检司。施州诸寨有义军指挥使、把截将、寨将，并土丁总一千二百八十一人，壮丁六百六十九人。又有西路巡防殿侍兼义军都指挥使、指挥使、都头、十将、押番、寨将。黔州诸寨有义军正副指挥使、兵马使、都头、寨将、把截将，并壮丁总千六百二十五人。思州、洪杜、彭水县有义军指挥使、巡检将、寨将、科理、旁头、把截、部辖将，并壮丁总千四百二十二人。

渝州怀化军。溱州江津、巴县巡遏将，皆州县调补。其户下率有子弟、客丁，遇有寇警，一切责办主户。巡遏、把截将岁支盐，袄子须三年其地内无寇警乃给，有劳者增之。州县籍土丁子弟并器械之数，使分地戍守。

嘉祐中，补涪州宾化县夷人为义军正都头、副都头、把截将、十将、小节级，月给盐，有功以次迁，及三年无夷贼警扰，即给正副都头紫小绫绵旋襕一。涪陵、武龙二县巡遏将，寨一人，以物力户充，免其役。其义军土丁，岁以籍上枢密院。

广南西路土丁　嘉祐七年，籍税户应常役外五丁点一为之。凡得三万九千八百人。分队伍行阵，习枪、镖排，冬初集州按阅。后递岁州县迭教，察视兵械。以防收刈，改用十一月教，一月罢。

熙宁七年，知桂州刘彝言："旧制，宜、融、桂、邕、钦五郡土丁，成丁已上者皆籍之。既接蛮徼，自惧寇掠，守御应援，不待驱策。而近制主户自第四等以上，三取一以为土丁。而旁塞多非四等以上，若三丁籍一，则减旧丁十之七。余三分以为保丁，保丁多处内地，又俟其益习武事，则当蠲土丁之籍。恐边备有阙，请如旧制便。"奏可。

元丰六年，广西经略使熊本言："宜州土丁七千余人，缓急可用。欲令所属编排，分作部分，除防盗外，缘边有警，听会合掩捕。"从之。

元符二年，广西察访司言："桂、宜、融等用土丁缘边防拓，差及单丁，乞差两丁以上之家。"从之。

广南东路枪手　嘉祐六年，广、惠、梅、潮、循五州以户籍置，三等已上免身役，四等以下免户役，岁以十月一日集县阅教。治平元年，诏所在遣官按阅，一月罢，有阙即招补，不足，选本乡有武技者充。

熙宁元年，诏广州枪手十之三教弓弩手。是岁，会六郡枪手，为指挥四十一，总一万四千七百有奇。三年，知广州王靖言："东路枪手，自至和初立为土丁之额，农隙肄业一月，乃古者寓兵于农之策也。然训练劝奖之制未备，请比三路义勇军政教法条上约束。"四年，知封州邓中立请以本路未置枪手州县，如广、惠等六郡例置。奏可。六年，广东驻泊杨从先言："本路枪手万四千，今为保甲，两丁取一，得丁二十五万，三丁取一，得丁十三万。以少计之，犹十倍于枪手。愿委路分都监二员，分提举教阅。"诏司农寺定法以闻。其后，户四等以上，有三丁者以一为之，每百人为一都，五都为一指挥。自十一月至二月，月轮一番阅习，凡三日一试，择其技优者先遣之。七年，诏广南东西路旧枪手、土丁户依河北、陕西义勇法，三丁选一，余州无枪手、土丁者勿置。九年，兵部言："广、惠、循、潮、南恩五郡枪手，请籍主户第四等以上壮丁，毋过旧额一万四千，余以为保甲。"奏可。

元丰二年，诏：广、惠、潮、封、康、端、南恩七州皆并边，外接蛮徼，宜依西路保甲教习武艺。时又诏虔州枪仗手以千五百，抚州、建昌军刁丁、关军、枪仗手各以千七百为额。监司以农隙按阅武艺，如广东制。

邕、钦溪洞壮丁　治平二年，广南西路安抚司集左、右两江四十五溪洞知州、洞将，各占邻迭为救应，仍籍壮丁，补校长，给以旗号。峒以三十人为一甲，置节级，五甲置都头，十甲置指挥使，五十甲置都指挥使，总四万四千五百人，熙宁中，王安石言：“募兵未可尽罢，民兵则可渐复，至于二广，尤不可缓。今中国募禁军往戍南方多死，害于仁政。陛下诚移军职所得官十二三，鼓舞百姓豪杰，使趋为兵，则事甚易成。”于是，苏缄请训练二广洞丁。旧制，一岁教两月。安石曰：“训练之法，当什伍其人，拔其材武之士以为什百之长。自首领以下，各以禄利劝奖，使自勤于阅习，即事艺可成，部分可立，缓急可用。”六年，广南西路经略沈起言：“邕州五十一郡峒丁，凡四万五千二百。请行保甲，给戎械，教阵队。艺出众者，依府界推恩补授。”奏可。

九年，赵禼征交阯，入辞，帝谕以“用峒丁之法，当先诱以实利，然后可以使人。甘言虚辞，岂能责其效命？比鄜延集教蕃兵，赖卿有以制之，使轻罪可决，重罪可诛。违西夏则其祸远，违帅臣则其祸速，合于兵法'畏我不畏敌'之义，故能责其效命。王师之南，卿宜选募劲兵数千，择枭将领之，以胁诸峒，谕以大兵将至，从我者有赏，其不从者按族诛之。兵威既振，先胁右江，右江既附，复胁左江，两江附则诸蛮无不附也。然后以攻交人刘纪巢穴，甚非难也。郭逵性吝啬，卿宜谕以朝廷兵费无所惜，遴复事崖岸，不通下情，将佐莫敢言者，卿至彼，以朕语谕之。”

十年，枢密院请：“邕、钦峒丁委经略司提举，同巡检总莅训练之事，一委分接。岁终上艺优者，与其酋首第受赏。五人为保，五保为队。第为三等：军功武艺出众为上，蠲其徭役；人材矫捷为中，蠲其科配；余为下。边盗发则酋长相报，率族众以捍寇。”十二月，诏邕、钦丁壮自备戎械，贫者假以官钱，金鼓旗帜官给，间岁大阅，毕则敛藏之。

元丰元年，经略司请集两江峒丁为指挥，权补将校。奏可。二年，广西经略司言：“团结邕、钦峒丁为指挥一百七十五，籍武艺上等一万三千六百七人。”诏于诸臣献议措置峒丁事，付曾布参酌损益，创为规画，务令详尽，便于施行。布乃请令镇寨监押、寨主同管辖兵甲使臣与巡检等，分定州峒总制，立赏罚惩劝。增置都巡检使两员，分提举。及增首领丁壮，岁阅之，以武艺绝伦者闻，量材补授。诏增都巡检使二员，余令熊本择其可者施行之。

五年，诏：“广南保甲如戎、泸故事，自置裹头无刃枪、竹标排、木弓刀、蒿矢等习武技，遇捕盗则官给器械。”

六年，诏枢密承旨司讲议广西峒丁如开封府界保甲集教、团教法。是年，提点广西路刑狱彭次云言：“邕苦瘴疠，请量留民更戍，余用峒丁，以月季番上，给禁军钱粮。”诏许彦先度之，彦先等言：“若尽以代正兵，恐妨农。请计戍兵三之一代以峒丁，季轮二千赴邕州肄习武事。”从之。

大观二年，诏：“熙宁间集左、右江峒丁十余万众，自广以西赖以防守。今又二十万众来归。已令张庄依左、右江例相度闻奏。尚虑有司不知先务，措置灭裂，今条画行下其所修法，入熙河兰湟、秦凤路敕遵行之。”

福建路枪仗手 元丰元年，转运使謇周辅言：“廖恩为盗，以枪仗手捕杀，乃有冒枪仗手之名，乘贼势惊扰村落，患有甚于廖恩者。”诏犯者特加刺配。周辅请额定枪仗手人数，岁集阅之。下其章兵部。兵部请依保甲法编排，罢旧法，以隶提刑司。居相近者五人为小保，保有长，五小保为一大保长，十大保为一都、副保正。具教阅、捕盗贼、食直等令颁焉。总一万二百人有奇，以岁之农隙，部使者分阅，依弓手法赏之。二年，立法，听自置兵械寄于官，遇捕盗乃给，数外置者从私有法。

元祐元年，御史上官均言：“福建路往年因寇盗召募枪手，多至数百人，少不下一二百人。每岁监司亲至按试犒赏，比至阅视，其老弱不闲武技者十七八。监司所至，多先期呼集。既至，往往代名充数，冒受支赏，徒有呼集之劳，而无校试之实。欲乞重行考核，不必充满旧数，庶几得实。”

靖康元年，臣僚言：“天下步兵之精，无如福建路枪仗手，出入轻捷，驭得其术，一可当十。乞选官前去召募。”从之。

江南西路枪仗手 熙宁七年，诏籍虔、汀、漳三州乡丁、枪手等，以制置盗贼司言三州壤界岭外，民喜贩盐且为盗，非土人不能制故也。

元丰二年，诏虔州枪仗手千五百三十六人，抚州、建昌军乡丁、关军、枪仗手各千七百七十八人为定额。每岁农隙，轮监司、提举司官按阅武艺，以备奸盗。从前江西转运副使蒋之奇请也。

宣和三年，兵部言：“近因江西漕臣谓本路枪仗手，元丰七年以八千三十五人为额，至元祐中减罢七千一百四十二人，元符间虽尝增立人数，比之元额犹减其七。乞诏诸路监司、帅臣并遵熙宁旧制补足元额。”从之。

蕃兵者，具籍塞下内属诸部落，团结以为藩篱之兵也。西北边羌戎，种落不相统一，保塞者谓之熟户，余谓之生户。陕西则秦凤、泾原、环庆、鄜延，河东则石、隰、麟、府。其大首领为都军主，百帐以上为军主，其次为副军主、都虞候、指挥使、副兵马使，以功次补者为刺史、诸卫将军、诸司使、副使、承制、崇班供奉官至殿侍。其充本族巡检者，奉同正员，月添支钱十五千，米面傔马有差。刺史、诸卫将军请给，同蕃官例。首领补军职者，月奉钱自三千至三百，又岁给冬服绵袍凡七种，紫绫三种。十将而下皆给田土。

康定初，赵元昊反，先破金明砦，杀李士彬父子。蕃部既溃，乃破塞门、安远砦，围延州。二年，陕西体量安抚使王尧臣言：“泾原路熟户万四百七十余帐之首领，各有职名。曹玮帅本路，威令明著，尝用之以平西羌。其后，守将失于抚驭，浸成骄黠。自元昊反，镇戎军及渭州山外皆被侵扰，近界熟户亦遭杀掠。蕃族之情，最重酬赛，因其衅隙而激怒之，可复得其用。请遣人募首领愿效用者，籍姓名及士马之数。数及千人，听自推有谋勇者授班行及巡检职名，使将领出境。破荡生户所获财畜，官勿检核。得首级及伤者给赏，仍依本族职名迁补增奉。”诏如所请。

庆历二年，知青涧城种世衡奏：募蕃兵五千，涅右手虎口为"忠勇"字，隶折马山族。言者因请募熟户，给以禁军廪赐使戍边。悉罢正兵。下四路安抚使仪，环庆路范仲淹言：“熟户恋土田，护老弱、牛羊，遇贼力战，可以藩蔽汉户，而不可倚为正兵。大率蕃情黠诈，畏强凌弱，常有以制之则服从可用，如倚为正兵必至骄蹇。又今蕃部都虞候至副兵马使奉钱止七百，悉无衣廪，若长行遴得禁兵奉给，则蕃官必生徼望。况岁罕见敌，何用长与廪给？且钱入熟户，蕃部资市羊马、青盐转入河西，亦非策也。若遇有警，旋以金帛募勇猛，为便。”议遂格。

治平二年，诏陕西四路驻泊钤辖秦凤梁蒬、泾原李若愚、环庆王昭明、鄜延韩则顺各管勾本路蕃部，团结强人、壮马，预为经画，寇至则老弱各有保存之所。仍谕蒬等往来蕃帐，受其牒诉，伸其屈抑，察其反侧者羁縻之，勿令猜阻以萌衅隙。实等至蕃部召首领，称诏犒劳，赉以金帛；籍城寨兵马，计族望大小，分队伍，给旗帜，使各缮堡垒，人置器甲，以备调发。仍约：如令下不集，押队首领以军法从事。自治平四年以后，蕃部族帐益多，而抚御团结之制益密，故别附于其后云：

秦凤路：寨十三，强人四万一千一百九十四，壮马七千九百九十一。　三阳砦，十八门、三十四大部族、四十三姓、一百八十族，总兵马三千四百六十七。　陇城砦，五门、五大部族、三十四小族、三十四姓，总兵马二千五十四。　弓门砦，三大门、十七部族、十七姓、十七小族，总兵马一千七百四。　治坊砦，二大门、二大部族、九姓、九小部族，总兵马三百六十。　床穆砦，二大门、二大部族、十一姓、十一小族，总兵马一千八百。　静戎砦，门三，计大部族十、六姓、十六小族，总兵马六百二十五。　定西砦，四门、四大部族、十六姓、二十八族，总兵马六百。　伏羌砦，二门、二大部族、三十二姓、三十三小部族，总兵马一千九百九十二。　安远砦，二十三门、二十三大部族、一百二十六姓、一百二十六小族，总兵马五千三百五十。　来远砦，八门、八大部族、十九姓、十九小族，总兵马一千五百七十四。　宁远砦，四门、四大部族、三十六姓、三十六小族，总兵马七千四百八十。　古渭砦，一百七十二门、一百七十一姓、十二大部族、一万六千九百七十小帐，兵七千七百、马一千四百九十。

鄜延路：军、城、堡、寨十，蕃兵一万四千五百九十五，官马二千三百八十二，强人六千五百四十八，壮马八百十。　永平砦，东路都巡检所领八族，兵一千七百五十四、马四百九。　青涧城，二族，兵四千五百十、马七百三十四。　陇安砦，鬼魁等九族，兵五百九十九、马一百二十九。　西路德靖砦，同都巡检所领揭家等八族，兵一千一百一十四、马一百五十。　安定堡，东路都巡检所领十六族，兵一千九百八十九、马四百六十。　保安军，两族，兵三百六十一、马五十。　德靖砦，西路同都巡检所领二十族，兵七千八百五、马八百七十七。又小胡等十九族，兵六千九百五十六、马七百二十五。　保安军，北都巡检所领厥七等九族，兵一千四百四十一、马一百六十七。　园林堡，两族，兵八百二十二、马九十三。　肃戎军，卞移等八族，兵七百四十八、马一百二十三。

泾原路：镇、寨、城、堡二十一，强人一万二千四百六十六，壮马四千五百八十六，为一百十甲，总五百五队。

新城镇，四族，总兵马三百四十一，为十六队。　截原砦，六族，总兵马五百九十六，为六甲二十队。　平安砦，十一族，总兵马二千三百八十四，为十甲四十六队。开边砦，十八族，总兵马一千二百五十四，为九甲四十四队。　新门砦，十二族，总兵马一千七十三，为三甲二十八队。　西壕砦，三族，总兵马四百五十四，为四甲二十队。柳泉镇，十二族，总兵马九百八十六，为七甲三十一队。　绥宁、海宁砦，四族，总兵马七百八十八，为四十甲三十二队。　靖安砦，四族，总兵马一千九百八十二，为四甲五十九队。　瓦亭砦，四族，总兵马五百九十一，为四甲十九队。　安国镇，五族，总兵马六百三十四，为五甲二十二队。　耀武镇，一族，总兵马三十二，为一队。　新砦，两族，总兵马一百九。　东山砦，四族，总兵马二百二，为四甲九队。　彭阳城，三族，总兵马一百八十四，为六甲十二队。　德顺军，强人三千六百七十六，壮马二千四百八十五，为三十六甲一百三十五队。本军二十一族，总兵马二千五百二，为三十六队。　隆德砦，七族，总兵马二百五十六，为一十七甲十九队。　静边砦，二十四族，总兵马一千八百七，为三十六队。水洛城，十九族，总兵马一千三百五十四，为十九甲三十八队。通边砦，五族，总兵马一百七十六，为三队。

环庆路：镇、寨二十八，强人三万一千七百二十三，壮马三千四百九十五，总一千一百八十二队。安塞砦，四族，强人三百五十一，壮马三十，为十六队。洪德砦，二族，强人二百七十三，壮马五十三，为十队。肃远砦，三族，强人一千五百五十九，壮马二百六十三，为六十队。乌仑砦，一族，强人六百八十四，壮马一百一十八，为二十六队。　永和砦，旁家一族计六标，强人一千二百五十五，壮马二百二，为四十四队。平远砦，六族，强人五百四十，壮马八十七，为二十七队。　安远砦，六族，强人七百四十八，壮马一百一十六，为三十队。合道镇，十四族，强人一千五百六十五，壮马一百八十三，为五十七队。　木波镇，十四族，强人二千一百六十九，壮马一百九十五，为六十一队。　石昌镇，二族，强人四百六十二，壮马三十四，为十七队。　马领镇，四族，强人一千一十六，壮马八十，为二十四队。　团堡砦，二族，强人一千二十二，壮马一百一十一，为二十四队。荔原堡，十三族，强人二千二百二十一，壮马三百九十四，为八十二队。　大顺城，二十三族，强人三千四百九十一，壮马三百一十四，为一百四十一队。柔远砦，十二族，强人三千三百八十一，壮马一千，为九十队。东谷砦，十六族，强人四百五十九，壮马五十六，为十四队。　西谷砦，十族，强人一千七百九十四，壮马一百四十，为六十五队。　淮安镇，二十七族，强人四千三百六十八，壮马三百二十一，为一百七十七队。平戎镇，八族，强人一千八十五，壮马一百七十一，为四十一队。　五交镇，十族，强人一千一百七，壮马七十三，为四十九队。　合水镇，四族，强人六百三十一，壮马九十五，为二十四队。　凤川镇，二十三族，强人八百七十五，壮马一百四十三，为二十队。　华池镇，三族，强人二百六十二，壮马三十八，为十二队。　业乐镇，十七族，强人一千一百七十二，壮马六十四，为四十六队。　府城砦，一族，强人二百三十三，壮马五，为七队。

治平四年，郭逵言：“秦州青鸡川蕃部愿献地，请于川南牟谷口置城堡，募弓箭手，以通秦州、德顺二州之援，断贼入寇之路。”闰三月，收原州九寨蕃官三百八十一人，总二百二十九族，七千七百三十六帐，蕃兵万人，马千匹。是岁，罢四路内臣主蕃部者，选逐路升朝使臣谙练蕃情者为之。

熙宁元年，议者谓：

熟羌乃唐设三使所统之党项也。自西夏不臣，种落叛散，分寓南北。为首领者父死子继，兄死弟袭，家无正亲，则又推其旁属之强者以为族首，多或数百，虽族首年幼，第其本门中妇女之令亦皆信服，故国家因其俗以为法。其大首领，上自刺史，下至殿侍，并补本族巡检，次首领补军主、指挥使，下至十将，第受廪给。岁久，主客族帐，混淆莫纪。康定中，尝遣蒋偕籍之。今逾三十年，主家或以累降失其先职族首名品，而客户或以功为使臣，军班超处主家之上。军兴调发，有司惟视职名，使号令其部曲，而众心以非主家，莫肯为用。

请自今蕃官身殁，秩高者子孙如例降等以为本族巡检，其旁边能捍贼者给奉，远边者如旧限以岁月；其已降等或三班差使、殿侍身殁无等可降者，子孙不降，充军主、指挥使者即以为殿侍。如此，则本族蕃官名品常在。或其部曲立功当任官者，非正亲毋得为本族巡检，止增其奉；其军主至十将，祖、父有族帐兵骑者，子孙即承其旧，限年受廪给；能自立功者不用此令。如此，则熟羌之心皆知异日子孙不失旧职，世为我用矣。

枢密院乃会河东路，蕃部承袭不降资；秦凤路降两资，泾原路蕃官告老以门内人承代亦不降资，鄜延、环庆路蕃官使臣比类授职。蕃官副兵马使以上元无奏到之人，诏鄜延、环庆路蕃官本族首领子孙当继袭者，若都军主以下之子孙勿降，殿侍并差使、殿侍之子孙充都军主，借职、奉职之子孙充殿侍，侍禁、殿直之子孙充差使、殿侍、供奉官之子孙补借职，承制以下子孙补奉职；其诸司副使以上子孙合继袭者，视汉官遗表加恩二等。奏可。

二月，知青涧城刘怤言：“所隶归明号箭手八指挥，凡三千四百余人、马九百匹，连岁不登，愿以丹州储粮振恤。”诏下其章转运司行之。

二年，郭逵奏：“蕃兵必得人以统领之。若专迫以严刑，彼必散走山谷，正兵反受其弊。当设六术以用之：曰远斥堠，曰择地利，曰从其所长，曰舍其所短，曰利诱其心，曰战助其力。此用蕃兵法也。”诏从之。

三年，宣抚使韩绛言：“亲奉德音，以蕃部子孙承袭者多幼弱，不能统众，宜选其族人为众信伏者代领其事。圣算深远，真得御边之要。请下诸路帅臣以诏从事。”

四年，诏：“蕃官殿侍、三班差使补职，或由殿侍迁差使及十二年，尝充巡检或管干本族公事，或为蕃官指挥，或尝备守御之任者，总管司可以闻，特与迁改。”

五年，王韶招纳沿边蕃部，自洮、河、武胜军以西，至兰州、马衔山、洮、岷、宕、叠等州，凡补蕃官、首领九百三十二人，首领给粮钱、蕃官给奉者四百七十二人，月计费钱四百八十余缗，得正兵三万，族帐数千。

六年，帝谓辅臣曰：“洮西香子城之战，官军贪功，有斩巴毡角部蕃兵以效级者，人极嗟愤。昔李靖分汉蕃兵各为一队，无用众于纷乱。”王安石进曰：“李靖非素拊循蕃部者也，故其教兵当如此。今熙河蕃部既为我用，则当稍以汉法治之，使久而与汉兵如一。武王用微、卢、彭、濮人，但为一法。今宜令蕃兵稍与汉同，与蕃贼异，必先录用其豪杰，渐以化之。此用夏变夷之术也。”帝乃诏王韶议其法。

帝曰：“岷、河蕃部族帐甚众，傥抚御咸得其用，可以坐制西夏，亦所谓以蛮夷攻蛮夷者也。陕西极塞，傥会合训练，为用兵之势以忾敌人，彼必随而聚兵以应我。频年如此，自致困弊。兵法所谓'佚能劳之'者也。”安石对曰：“朝廷当先为不可胜，聚粮积财，选兵而已。新附之羌，厚之爵赏，收其豪杰，赐之坚甲利兵，以激其气，使人人皆有趋赴之志，待我体器力充，鼓行而西，将无不可者。”冯京、王珪曰：“傥如圣策，多方以误之，彼既疲于点集，而我无攻取之实，久之必不我应。因尔举兵，若蹈无人之境矣。”帝曰：“此正晋人取吴之策也。夫欲经营四夷，宜无先于此矣。”帝尝谓：“蕃部未尝用兵，恐以虚名内附，临事不可使。”安石对曰：“刚克柔克，所用有宜。王韶以为先以恩信结纳其人，有强梗不服者，乃以杀伐加之。大抵蕃部之情，视西夏与中国强弱为向背。若中国形势强，附中国为利，即不假杀伐，自当坚附。刻蕃部之俗，既宗贵种，又附强国，今用木征贵种等三人，又稍以恩信收蕃部，则中国形势愈强，恐不假杀伐，而所附蕃部自可制使。”帝以为然。是时，王韶拓熙河地千二百里，招附三十余万口。安石奏曰：“今以三十万之众，渐推文法，当即变其夷俗。然韶所募勇敢士九百余人，耕田百顷，坊三十余所。蕃部既得为汉，而其俗又贱土贵货，汉人得以货与蕃部易田，蕃人得货，两得所欲，而田畴垦，货殖通，蕃汉为一，其势易以调御。请令韶如诸路以钱借助收息，又捐百余万缗养马于蕃部，且什伍其人，奖劝以武艺，使其人民富足，士马强盛，奋而使之，则所向可以有功。今蕃部初附，如洪荒之人，唯我所御而已。”

七年，韶言：“讨平河州叛蕃，辟土甚广，已置弓箭手，又以其余地募蕃兵弓箭手，每寨三指挥或至五指挥，每指挥二百五十人，人给田百亩，以次蕃官二百亩，大蕃官三百亩，仍募汉弓箭手为队长，稍众则补将校，暨蕃官同主部族之事。其蕃弓箭手并刺'蕃兵'字于左耳，以防汉兵之盗杀而效首者。”诏如其请。十一月，王中正团结熙河界洮、河以西蕃部，得正兵三千八十六人，正、副队将六十人，供赡一万五千四百三十人。

八年五月，诏李承之参定蕃兵法。十一月，诏：“选陕西蕃兵丁壮户，九丁以上取五，六取四，五取三，三取二，二取一，并年二十以上，涅手背，毋过五丁。每十人置十将一，五十人置副兵马使一，百人置军使一、副兵马使一，二百人置军使一、副兵马使三，四百人加军使一、副兵马使一，五百人又加指挥使一、副兵马使一，过五百人，每百人加军使一、副兵马使一，即一族三十人已上亦置副兵马使一，不及二十人止置十将。月受奉，仍增给钱，指挥使一千五百至十将有差。"

十年，枢密院言："陕西、河东议立团结蕃部法，欲如所奏。"上手诏曰："夏人所恃以强国者，山界部落数万之众尔。按其地志，朝廷已据有其半。彼用之则小凌大，所向如欲。在我则徒能含抚豢养，未尝得其死力，岂惟不能用之，又恐其为患也。故小有悖戾，有司惟能以利说解之，上下相习畏惮，任其纵散，久失部勒。其近降之法，固未可信其必行，然以理言之，彼此均有其人，而利害辽远。今苟循边人，众知其说，止于旧法聊改一二，则收功疑亦不异往日。徒为纷纷，无补于事。可再下吕惠卿参详以闻。"

元丰六年，诏："蕃官虽至大使，犹处汉官小使臣之下。朝廷赏功增秩，以为激劝，乃尔卑抑，则孰知迁官之荣？宜定蕃汉官序位。"后河东经略司言："蕃官部堡塞兵出战，尝以汉官驱策，恐不当与汉官序位。"而兵部请蕃汉非统辖者乃令序官，奏可。熙河兰会路经略制置使李宪言："治蕃兵，置将领，法贵简而易行，详而难犯。臣今酌蕃情立法，凡熙河兰会五郡，各置都同总领蕃兵将二人；本州诸部族出战，蕃兵及供赡人马各置管押蕃兵使臣十人。五郡蕃兵自为一将，出战则以正兵继之，旗帜同色。蕃兵以技艺功劳第为四等，蕃官首领推迁如之。"八月，宪又言："汉蕃兵骑杂为一军，语言不通，居处饮食悉不便利。昔李靖以蕃落自为一法，臣近以蕃兵自为一将，厘汉、蕃为两军，相参号令，军事惟所使焉。"

七年，泸南缘边安抚司言："罗始党生界八姓，各愿依七姓、十九姓刺充义军，团结为三十一指挥，凡一万五千六百六十人。"从之。

元祐元年，臣僚言："泾原路蕃兵人马凡众，遇临敌与正兵错杂，非便。"诏下其章四路都总管详议，环庆范纯粹言："汉、蕃兵人诚不可杂用，宜于逐将各选廉勇晓蕃情者一员专充蕃将，令于平日钤束训练，遇有调发，即令部领为便。"又言："顷兵部议乞蕃、汉官非相统辖者，并依官序相压；其城寨等管辖蕃官，即依旧在本辖汉官之下。诏从其请。且诸路蕃官，不问官职高卑，例在汉官之下，所以尊中国，制远人也。行之既久，忽然更制，便与不相统辖之官依品序位，即边上使臣及京职官当在蕃官之下十有八九，非人情所能堪。蕃部凶骄，岂可辄启？宜悉依旧制，并序汉官之下。"从之。

元符二年三月，泾原经略司言："乞将东西路蕃兵将废罢，仍于顺便城寨隶属逐将统领，与汉兵相兼差使。"秦凤路如之。四月，环庆路经略安抚司言："新筑定边城有西夏来投蕃部甚众，欲自今将归顺之人，就新城收管给田，仍乞选置总领蕃兵正、副二员。"从之。

卷一百九十二
志第一百四十五

兵六 乡兵三

保甲　　建炎后乡兵　　建炎后寨兵

保甲　熙宁初，王安石变募兵而行保甲，帝从其议。三年，始联比其民以相保任。及诏畿内之民十家为一保，选主户有干力者一人为保长。五十家为一大保，选一人为大保长。十大保为一都保，选为众所服者为都保正，又以一人为之副。应主客户两丁以上，选一人为保丁。附保。两丁以上有余丁而壮勇者亦附之。内家赀最厚、材勇过人者亦充保丁，兵器非禁者听习。每一大保夜轮五人警盗。凡告捕所获，以赏格从事。同保犯强盗、杀人、放火、强奸、略人、传习妖教、造畜蛊毒，知而不告，依律伍保法。余事非干己，又非律所听纠，皆毋得告，虽知情亦不坐。若于法邻保合坐罪者乃坐之。其居停强盗三人，经三日，保邻虽不知情，科失觉罪。逃移、死绝、同保不及五家，并他保。有自外入保者，收为同保，户数足则附之，俟及十家，则别为保，置牌以书其户数姓名。既行之畿甸，遂推之五路，以达于天下。时则以捕盗贼相保任，而未肄以武事也。

四年，始诏畿内保丁肄习武事。岁农隙，所隶官期日于要便乡村都试骑步射，并以射中亲疏远近为等。骑射校其用马，有余艺而愿试者听。第一等保明以闻，天子亲阅试之，命以官使。第二等免当年春夫一月，马藁四十，役钱二千。本户无可免，或所免不及，听移免他户而受其直。第三、第四等视此有差。艺未精愿候阅试，或附甲单丁愿就阅试者，并听。都副保正武艺虽不及等，而能整齐保户无扰，劝诱丁壮习艺及等，捕盗比他保最多，弭盗比他保最少，所隶官以闻，其恩视第一等焉。都副保正有阙，选大保长充。都副保正虽劝诱丁壮习艺，而辄强率妨务者，禁之。吏因保甲事受赇、敛掠，加乞取监临三等，仗、徒、编管、配隶，告者次第赏之，命官犯者除名。时虽使之习武技而未番上也。

五年，右正言、知制诰、判司农寺曾布言："近日保户数以状诣县，愿分番隶巡检司习武技，提点司以闻朝廷及司农寺，未敢辄议，愿下提点司送中书详审，付司农具为令。"于是诏："主户保丁愿上番于巡检司，十日一更，疾故者次番代之。月给口粮、薪菜钱，分番巡警，每五十人轮大保长二、都副保正一统领之。都副保正月各给钱七千，大保长三千。当番者毋得辄离本所。捕逐剧盗，虽下番人亦听追集，给其食斛，事讫遣还，毋过上番人数，仍折除其上番日。巡检司量留厢界给使，余兵悉罢。应番保丁武技及第三等已上，并记于籍。遇岁凶，五分已上者第振之，自十五石至三石为差。"十一月，又诏尉司上番保丁如巡检司法。

六年，诏开封府畿以都保置木契，左留司农寺，右付其县，凡追胥、阅试、肄习则出契。是月，又诏行于永兴、秦凤、河北东西、河东五路，唯毋上番。余路止相保任，毋习武艺，内荆湖、川、广并边者可肄武事，令监司度之。后惟全、邵土丁、邕、钦洞丁、广东枪手改为保甲者则肄焉。十二月，乃罢河北西路强壮、缘边弓箭社系籍番上巡守者。

初，开封府畿、五路保甲及五万人，二年一解发，诣京师阅试命官，开封府畿十人，五路七人。八年，诏开封府畿及一万人，五路一万五千人，各许解发一人。

九年，枢密院请自今都副保正、义勇军校二年一比选，县考其训习武艺及等最多、捕察而盗贼最少者上于州，州上所辖官司，同比较以闻。或中选人多，则择武艺最优者。额外尚有可解发者，则第其次为之旌劝。第一次，州县籍记姓名，犯杖以下听赎；第二次，以等第赐杖子、紫衫、银带，犯徒罪情轻奏裁；累及三次者，降宣补之，给马及刍菽。五路义勇军校二千，解发毋得过三人。保甲都副保正之解发者亦以二年，府界六人，河北、河东各四人，永兴、秦凤等路七人。都保正、指挥使与下班殿侍，副保正、副指挥使与三司军将，正副都头与守阙军将，并赐衣及银带、银裹头杖，给马有差。

初，保甲隶司农，熙宁八年，改隶兵部，增同判一、主簿二、干当公事官十，分按诸州，其政令则听于枢密院。十年，枢密院副都承旨张诚一上《五路义勇保甲敕》。元丰元年，翰林学士、权判尚书兵部许将修《开封府界保甲敕》，成书上之，诏皆颁焉。

二年十一月，始立《府界集教大保长法》，以昭宣使入内内侍省副都知王中正、东上阁门使狄谘兼提举府界教保甲大保长，总二十二县为教场十一所，大保长凡二千八百二十五人，每十人一色事艺，置教头一。凡禁军教头二百七十，都教头三十，使臣十。弓以八斗、九斗、一石为三等，弩以二石四斗、二石七斗、三石为三等，马射九斗、八斗为二等，其材力超拔者为出等。当教时，月给钱三千，日给食，官予戎械、战袍，又具银楪、酒醑以为赏犒。

三年，大保长艺成，乃立团教法，以大保长为教头，教保丁焉。凡一都保相近者分为五团，即本团都副保正所居空地聚教之。以大保长艺成者十人衮教，五日一周之。五分其丁，以其一为骑，二为弓，三为弩。府界法成，乃推之三路，各置文武官一人提举，河北则狄谘、刘定，陕西则张山甫，河东则黄廉、王崇拯，以封桩养赡义勇保甲钱粮给其费。是岁，引府界保甲武艺成，帝亲阅，录用能者，余赐金帛。

四年，改五路义勇为保甲。狄谘、刘定部领澶州集教大保长四百八十二人见于崇政殿，召执政赐坐阅试，补三班借职、差使、借差凡三十六人，余赐金帛有差。迁谘四方馆使，定集贤校理。又诏曰："三路见训民兵非久，什长艺成，须便行府界团教之，钱粮、官吏并如畿县，未知

及期能办与不。若更稽延日月，必致有误措置大法，可令承旨取索会校之。"其年，府界、河北、河东、陕西路会校保甲，都保凡三千二百六十六，正长、壮丁凡六十九万一千九百四十五，岁省旧费缗钱一百六十六万一千四百八十三，岁费缗钱三十一万三千一百六十六，而团教之赏为钱一百万有奇不与焉。凡集教、团教成，岁遣使则谓之提举按阅，率以近臣挟内侍往给赏钱，按格令从事。诸路皆以番次艺成者为序，率五六岁一遍，独河东以金帛不足，乃至十一岁。上以晋人勇悍，介辽、夏间，讲劝宜不可后，诏赐缗钱十五万。时系籍义勇、保甲及民兵凡七百一十八万二千二十八人云。 熙宁九年之数。

保甲立法之初，故老大臣皆以为不便，而安石主议甚力，帝卒从之。今悉著其论难，使来者考焉。

帝尝论租庸调法而善之，安石对曰："此法近井田，后世立事粗得先王遗意，则无不善。今亦无不可为。顾难速成尔。"及帝再问，则曰："人主诚能知天下利害，以其所谓害者制法，而加于兼并之人，则人自不敢侵过限之田；以其所谓利者制法，而加于力耕之人，则人自劝于力耕，而授田不能过限。然此须渐乃能成法。使人主诚知利害之权，因以好恶加之，则所好何患人之不从，所恶何患人之不避？若人主无道以揆之，则多为异议所夺，虽有善法，何由立哉？"

帝谓府兵与租庸调法相须，安石则曰："今义勇、土军上番供役，既有廪给，则无贫富皆可以入卫出戍，虽无租庸调法，亦自可为。第义勇皆良民，当以礼义奖养。今皆倒置者，以涅其手背也，教阅而縻费也，使之运粮也。三者皆人所不乐，若更殴之就敌，使被杀戮，尤人所惮也。"

冯京曰："义勇亦有以挽强得试推恩者。"安石曰："挽强而力有不足，则绝于进取，是朝廷有推恩之滥。初非劝奖使人趋武用也。今欲措置义勇皆当反此，使害在于不为义勇，而利在于为义勇，则俗可变而众技可成。臣愿择乡间豪杰以为将校，稍加奖拔，则人自悦服。刬今募兵为宿卫，及有积官至刺史以上者。移此与彼，固无不可，况不至如此费官禄，已足使人乐为哉！陛下诚能审择，近臣皆有政事之材，则异时可使分将此等军矣。今募兵出于无赖之人，尚可为军厢主，则近臣以上岂不及此辈，此乃先王成法，社稷之长计也。"帝以为然。

时有欲以义勇代正兵者，曾公亮以为置义勇、弓手，渐可以省正兵。安石曰："诚然，第今江、淮置新弓手，适足以伤农。富弼亦论京西弓手非便。安石曰："揆文教，奋武卫，先王所以待远迩者固不同。今处置江、淮与三边，事当有异。"

帝又言节财用，安石对以减兵最急。帝曰："比庆历数已甚减矣。"因举河北、陕西兵数，虑募兵太少，又训择不精，缓急或阙事。安石则曰："精训练募兵而鼓舞三路之民习兵，则兵可省。臣屡言河北旧为武人割据，内抗朝廷，外敌四邻，亦有御奚、契丹者，兵储不外求而足。今河北户口蕃息，又举天下财物奉之，常若不足。以当一面之敌，其施设乃不如武人割据时。则三路事有当讲画

者，在专用其民而已。"帝又言："边兵不足以守，徒费衣廪。然固边圉又不可悉减。"安石曰："今更减兵，即诚无以待急缓；不减，则费财困国无已时。臣以谓傥不能理兵，稍复古制，则中国无富强之理。"

帝曰："唐都长安，府兵多在关中，则为强本。今都关东而府兵盛。则京师反不足待四方。"安石曰："府兵在处可为，又可令入卫，则不患本不强。"韩绛、吕公弼皆以入卫为难。文彦博曰："如曹、濮人专为盗贼，岂宜使入卫？"安石曰："曹、濮人岂无应募？皆暴猾无赖之人，尚不以为虞，义勇皆良民，又以物力户为将校，岂当复以为可虞也？"

陈升之欲令义勇以渐成近州。安石曰："陛下若欲去数百年募兵之敝，则宜果断，详立法制，令本末备具。不然，无补也。"帝曰："制而用之，在法当预立条制，以渐推行。"彦博等又以为土兵难使千里出戍。安石曰："前代征流求，讨党项，岂非府兵乎？"帝曰："募兵专于战守，故可恃；至民兵，则兵农之业相半，可恃以战守乎？"安石曰："唐以前未有骠兵，然亦可以战守。臣以谓募兵与民兵无异，顾所用将帅如何尔。将帅非难求，但人主能察见群臣情伪，善驾御之，则人材出而为用，不患无将帅。有将帅，则不患民兵不为为用矣。"

帝曰："经远之策，必至什伍其民，费省而兵众，且与募兵相为用矣。"安石对曰："欲公私财用不匮，为宗社长久计，募兵之法诚当变革。"帝曰："密院以为必有建中之变。"安石对曰："陛下躬行德义，忧勤政事，上下不蔽，必无此理。建中所以致变，德宗用卢杞之徒而疏陆贽，其不亡者幸也。"

时开封鞫保户有质衣而买弓箭者，帝恐其贫乏，难于出备。安石曰："民贫宜有之，抑民使置弓箭，则法所弗去也。往者冬阅及巡检置上，唯就用在官弓矢，不知百姓何故至于质衣也。然自生民以来，兵农为一，末耜以养生，弓矢以免死，皆凡民所宜自具，未有造末耜、弓矢以给百姓者也。然则虽使百姓置弓矢，亦不为过。陛下优恤百姓甚至，故今立法，一听民便尔。且府界素多群盗，攻劫杀掠，一岁之间至二百火，逐火皆有赏钱，备赏之人即今保丁也。方其备赏之时，岂无卖易衣服以纳官赏者？然人皆以谓赏钱宜出于百姓。夫出钱之多不足以止盗，而保甲之能止盗，其效已见，则虽令民出少钱以置器械，未有损也。"帝曰："赏钱人所习惯，则安之如自然；不习惯，则不能无怨。如何决坏民产，民不怨；决河以坏民产，则怨矣。"

帝尝批："陈留县所行保甲，每十人一小保，中三人或五人须要弓箭，县吏督责，无者有刑。百姓买一弓至千五百，十箭至六七百，当青黄不接之际，贫下客丁安能出办？又每一小保用民力筑射垛，又自办钱粮起铺屋。每保置鼓，遇贼声击，民居远近不一，甲家遭贼，鼓在乙家，则无缘声击。如此，须人置一鼓，费钱不少。可速指挥令止如元议，团保觉察盗贼，余无得施行。乡民既忧无钱买弓箭，加以传惑徒之成边，是以父子聚首号泣者非虚也。"安石进呈不行。

帝谓安石："保甲诚有斩指者，此事宜缓而密。"安石曰："日力可惜。"帝曰："然亦不可遽，恐却沮事。"安石曰："此事自不敢不密。"权知开封府韩维等言："诸县团结保甲，乡民惊扰。祥符等县已毕，其余县乞候衣闲排定。"时府界诸县乡民，或自残伤以避团结。安石辨说甚力。时曾孝宽为 府界提点，榜募告捕扇惑保甲者虽甚严，有匿名书封丘郭门者，于是诏重赏捕之。

安石曰："乃者保甲，人得其愿上番状，然后使之，宜于人情无所惊疑。且今居藏盗贼及为盗贼之人，固不便新法。陛下观长社一县，捕获府界剧贼为保甲迫逐出外者至三十人。此曹既不容京畿，又见捕于辅郡，其计无聊，专务扇惑。比闻为首扇惑者已就捕，然至京师亦止有二十许人。以十七县十数万家，而被扇惑者才二十许人，不可谓多。自古作事，未有不以势率众而能令上下如一者。今联十数万人为保甲，又待其应募乃使之番上，比乃以陛下矜恤之至。令保甲番上捕盗，若任其自去来，即孰肯听命？若以法驱之，又非人所愿。且为天下者，如止欲任民情所愿而已，则何必立君而为之张官置吏也？今辅郡保甲，宜先遣官谕上旨，后以法推行之。"帝曰："然。"

一日，帝谓安石曰："曾孝宽言，民有斩指诉保甲者。"安石曰："此事得于蔡骃。赵子几使骃验问，乃民因斫木误斩指，参证者数人。大抵保甲法，上自执政大臣，中则两制，下则盗贼及停藏之人，皆所不欲。然臣召乡人问之，皆以为便。则虽有斩指以避丁者，不皆然也。况保甲非特除盗，固可渐习为兵。既人皆能射，又为旗鼓变其耳目，且约以免税上番代巡检兵；又自正、长而上，能捕贼者奖之以官，则人竞劝。然后使与募兵相参，则可以销募兵骄志，且省财费，此宗社长久之计。"

帝谓什伍百姓如保甲，恐难成，不如便团结成指挥，以使臣管辖。安石曰："陛下诚能果断，不恤人言，即便团结指挥，亦无所妨。然指挥是虚名，五百人为一保，缓急可唤集，虽不名为指挥，与指挥使无异，乃是实事。幸不至大急，即免令人骇扰而事集为上策。"帝遂变三路义勇如府畿保甲法。

冯京曰："义勇已有指挥使，指挥使即其乡里豪杰。今复作保甲，令何人为大保长？"安石曰："古者民居则为乡，伍家为比，比有长，及用兵，即五人为伍，伍有伍司马。二十五家为闾，闾有闾胥，二十五人为两，两有两司马。两司马即闾胥，伍司马即比长，第随事异名而已。此乃三代六乡六军之遗法。其法见于书，自夏以来，至周不改。秦虽尝裂阡陌，然什伍之尚如古制，此所以兵众而强也。征伐唯府兵为近之。今舍已然之成宪，而乃守五代乱亡之余法，其不足以致安强无疑。然人皆恬然不以因循为可忧者，所见浅近也。"

安石又奏："义勇须三丁以上，请如府界，两丁以上尽籍之。三丁即出戍，诱以厚利；而两丁即止令于巡检上番，如府界法。大略不过如此。当遣人与经略、转运司及诸州长吏议之，及访本路民情所苦所欲，因以寓法。"帝曰："河东修义勇强壮法，又令团集保甲，如何？"安石对曰："义勇须隐括丁数，若因团集保甲，即一动而两业就今既遣官隐括义勇，又别遣官团结保甲，即分为两事，恐民不能无扰。"或曰："保甲不可代正军上番否？"安石曰："俟其习熟，然后上番。然东兵技艺亦弗能优于义勇、保甲，臣观广勇、虎翼兵固然。今为募兵者，大抵皆偷惰顽猾不能自振之人。为农者，皆朴力一心听令之人，则缓急莫如民兵可用。"冯京曰："太祖征伐天下，岂用农兵？"安石曰："太祖时接五代，百姓困极，豪杰多以从军为利。今百姓安业乐生，而军中不复有如向时拔起为公侯者，即豪杰不复在军，而应募者大抵皆偷惰不能自振之人尔。"帝曰："兵之强弱在人。五代兵弱，至世宗而强。"安石曰："世宗所收，亦皆天下亡命强梁之人。"文彦博曰："以道佐人主者不以兵强天下。"安石曰："以兵强天下者非道也，然有道者固能柔能刚，能弱能强。方其能刚强，必不至柔弱。张皇六师，固先王之所尚也，但不当专务兵强尔。"帝卒从安石议。

帝曰："保甲、义勇刍粮之费，当预为之计。"安石曰："当减募兵之费以供之。所供保甲之费，才养兵十之一二。"帝曰："畿内募兵之数已减于旧。强本之势，未可悉减。"安石曰："既有保甲代其役，即不须募兵。今京师募兵，逃死停放，一季乃数千，但勿招填，即为可减。然今厢军既少，禁兵亦不多，臣愿早训练民兵。民兵成，则募兵当减矣。"又为上言："今河北义勇虽十八万，然所可奖慰者不过酋豪百数十人而已。此府兵之遗意也。"帝以为然，令议其法。

枢密院传上旨，以府界保甲十日一番，虑大促无以精武事，其以一月为一番。安石奏曰："今保甲十日一番，计一年余八月当番，若须一月，即番愈疏。又昨与百姓约十日一番，今遽改命，恐愈为人扇惑。宜俟其习熟，徐议其更番。且今保甲阅艺八等，劝奖至优，人竞私习，不必上番然后就学。臣愚，愿以数年，其艺非特胜义勇，当必胜正兵。正兵技艺取应官法而已，非若保甲人人有劝心也。"

元丰八年，哲宗嗣位，知陈州司马光上疏乞罢保甲，曰：

兵出民间，虽云古法，然古者八百家才出甲士三人、步卒七十二人，闲民甚多，三时务农，一时讲武，不妨稼穑。自两司马以上，皆选贤士大夫为之，无侵渔之患，故卒乘辑睦，动则有功。今籍乡村之民，二丁取一以为保甲，授以弓弩，教之战阵，是农民半为兵也。三四年来，又令河北、河东、陕西置都教场，无问四时，每五日一教。特置使者比监司，专切提举，州县不得关预。每一丁教阅，一丁供送，虽云五日，而保正，长以泥埑除草为名，聚之教场，得赂则纵，否则留之，是三路耕耘收获稼穑之业几尽废也。

自唐开元以来，民兵法坏，戍守战攻，尽募长征兵士，民间何尝习兵？国家承平百有余年，戴白之老不识兵革，一旦畎亩之人皆戎服执兵，奔驱满野，耆旧叹息，以为不祥。事既草创，调发无法，比户骚扰，不遗一家。又巡检、指使按行乡村，往来如织；保正、保长，依倚弄权，坐索供给，多责赂遗，小不副意，妄加鞭挞，蚕食行伍，不知纪极。中下之民，罄家所

有，侵肌削骨，无以供亿，愁苦困弊，靡所投诉，流移四方，繦属盈路。又朝廷时遣使者，遍行按阅，所至犒设赏赉，糜费金帛，以巨万计。此皆鞭挞平民铢两丈尺而敛之，一旦用之如粪土。而乡村之民，但苦劳役，不感恩泽。农民之劳既如彼，国家之费又如此，终何所用哉？若使之捕盗贼，卫乡里，则何必如此之多？使之戍边境，事征伐，则彼远方之民，以骑射为业，以攻战为俗，自幼及长，更无他务。中国之民，大半服田力穑，虽复授以兵械，教之击刺，在教场之中坐作进退，有似严整，必若使之与敌人相遇，填然鼓之，鸣镝始交，其奔北溃败可以前料，决无疑也，岂不误国事乎？又悉罢三路巡检下兵士及诸县弓手，皆易以保甲。主簿兼县尉，但主草市以里；其乡村盗贼，悉委巡检，而巡检兼掌巡按保甲教阅，朝夕奔走，犹恐不办，何暇逐捕盗贼哉？又保甲中往往有自为盗者，亦有乘保马行劫者。然则设保甲、保马本以除盗，乃更资盗也。

自教阅保甲以来，河东、陕西、京西盗贼已多，至敢白昼公行，入县镇，杀官吏。官军追讨，经历岁月，终不能制。况三路未至大饥，而盗贼猖炽已如此，万一遇数千里之蝗旱，而失业饥寒、武艺成就之人，所在蜂起以应之，其为国家之患，可胜言哉！此非小事，不可以忽。夫夺其衣食，使无以为生，是驱民为盗也；使比屋习战，劝以官赏，是教民为盗也；又撤去捕盗之人，是纵民为盗也。谋国如此，果为利乎？害乎？

且向者干进之士，说先帝以征伐开拓之策，故立保甲、户马、保马等法。近者登极赦书有云："应缘边州军，仰逐处长吏并巡检、使臣、钤辖、兵士及边上人户不得侵扰外界，务要静守疆场，勿令骚扰。"此盖圣意欲惠绥殊才，休息生民，中外之人孰不归戴？然则保甲、户马复何所用？或今虽罢户马，宽保马，而保甲犹存者，盖未有以其利害之详奏闻者也。

臣愚以为悉罢保甲使归农，召提举官还朝，量逐县户口，每五十户置弓手一人，略依缘边弓箭手法，许荫本户田二顷，悉免其税役。除出贼地分，更不立三限科校，但令捕贼给赏。若获贼数多及能获强恶贼人者，各随功大小迁补职级，或补班行，务在优假弓手，使人劝募。然后募本县乡村户有勇力武艺者投充，计即今保甲中有勇力武艺者必多愿应募。若一人缺额，有二人以上争投者，即委本县令、尉选武艺高强者充。或武艺衰退者，许他人指名与之比较，若武艺胜于旧者，即令冲替，其被替者，更不得荫田。如此，则不必教阅，武艺自然精熟。一县之中，其壮勇者既为弓手，其羸弱者虽使为盗，亦不能为患。仍委本州及提点刑狱常按察，令佐有取舍不公者，严行典宪。若召募不足，且即于乡村户上依旧条权差，候有投名者即令充替。其余巡检兵士、县尉弓手、耆老、壮丁逐捕盗贼，并乞依祖宗旧法。

五月，以光为门下侍郎。光欲复申前说，以为教阅保

甲公私劳费而无所用。是时，资政殿学士韩维、侍读吕公著欲复上前奏，先是进呈，乞罢团教。诏府界、三路保甲自来年正月以后并罢团教，仍依旧每岁农隙赴县教阅一月，其差官置场，排备军器，教阅法式番次，按赏费用，令枢密院、三省同立法。后六日，光再上奏，极其恳切，蔡确等执奏不行。诏保甲依枢密院已得指挥，保马别议立法。

九月，监察御史王岩叟言："保甲之害，三路之民如在汤火，未必皆法之弊，盖由提举一司上下官吏逼之使然。而近日指挥虽令冬教，然尚存官司，则所以为保甲之害者，十分之六七犹在，陛下所不知也。此皆奸邪遂非饰过，而巧辞强辨以欺惑圣听，将至深之病略示更张，以应副陛下圣意而已，非至诚为国家去大害、复大利，以便百姓，为太平长久之计者也。此忠义之良心所以犹抑，奸邪之素计所以尚存。天下之识者，皆言陛下不绝害源，百姓无由乐生；不屏群邪，太平终是难致。臣愿陛下奋然独断，如听政之初行数事，则天下之大体无亏，陛下高枕而卧矣。"十月，诏提举府界、三路保甲官并罢，令逐路提刑及府界提点司兼领所有保甲，止冬教三月。又诏逐县监教官并罢，委令佐监教。

十一月，岩叟言：

保甲行之累年，朝廷固已知人情之所共苦，而前日下诏蠲疾病，汰小弱，释第五等之田不及二十亩者，省一月之六教而为三月之并教，甚大惠也。然其司尚存，其患终在。今以臣之所见者为陛下言，不敢隐其实以欺朝廷，亦不敢饰其事以罔成法。

夫朝廷知教民以为兵，而不知教之太苛而民不能堪；知别为一司以总之，而不知扰之太烦而民以生怨。教之欲以为用也，而使之至于怨，则恐一日用之，有不能如吾意者，不可不思也。

民之言曰：教法之难不足以为苦，而羁縻之虐有甚焉；羁縻不足以为苦，而鞭笞之酷有甚焉；鞭笞不足以为苦，而诛求之无已有甚焉。方耕方耘而罢，方干方营而去，此羁縻之所以为苦也。其教也，保长得笞之，保正又笞之，巡检之指使与巡检者又交挞之，提举司之指使与提举司之干当公事者又互鞭之，提举之官长又鞭之，一有逃避，县令又鞭之。人无聊生，恨不得死，此鞭笞之所以为苦也。创袍、市巾、买弓、绦箭、添弦、换包指、治鞍辔、盖凉棚、画象法、造队牌、缉架、儳椅卓、围典纸墨、看定人雇直、均菜缗、纳秸粒之类，其名百出，不可胜数。故父老之谚曰："儿曹空手，不可以入教场。"非虚语也。都副两保正、大小两保长，平居在家，婚姻丧葬之问遗，秋成夏熟，丝麻谷麦之要求，遇于城市，饮食之责望。此迫于势而不敢不致者也。一不如意，即以艺不如法为名，而搥辱之无所不至。又所谓巡检、指使者，多由此徒以出，贪而冒法，不顾后祸，有逾于保正、保长者，此诛求之所以为甚苦也。

又有逐养子、出赘婿、再嫁其母、兄弟析居以求免者，有毒其目、断其指、炙其肌肤以自残废而求免者，有尽室以逃而不归者，有委老弱于家而保丁自逃者。保丁者逃，则法当督其家出赏钱十千以募之。使其家有所出，当未至于逃；至于逃，则其困穷可知，而督取十千，何可以得？故每县常有数十百家老弱嗟咨于道路，哀诉于公庭。如臣之愚，且知不忍，使陛下仁圣知之，当如何也？

又保丁之外，平民凡有一马，皆令借供。逐场教骑，终日驰骤，往往饥羸以至于毙，谁复敢言？其或主家倘因他出，一误借供，遂有追呼笞责之害。或因官逼督迫，不得已而易之，则有抑令还取之苦，故人人以有马为祸。此皆提举官吏倚法以生事，重为百姓之扰者也。

窃惟古者未尝不教民以战，而不闻其有此者，因人之情以为法也。夫缘情以推法，则愈久而愈行；倚威以行令，则愈严而愈悖。此自然之理也。兽穷则搏，人穷则诈，自古及今，未有穷其下而能无危者也。臣观保甲一司，上下官吏，无毫发及百姓意，故百姓视其官司不啻虎狼，积愤衔怨，人人所同。比者保丁执指使，逐巡检，攻提举司干当官，大狱相继，今犹未已。虽民之愚，顾岂忘父母妻子之爱，而喜为犯上之恶以取祸哉？盖激之至于此极尔！激之至深，安知其发有不甚于此者？情状如此，不可不先事而虑，以保大体而图安静。

夫三时务农，一时讲武，先王之通制也。一月之间并教三日，不若一岁之中并教一月。农事既毕，无他用心，人自安于讲武而无憾。遂可罢提举司，废巡教官，一以隶州县，而俾逐路安抚司总之。每俟冬教于城下，一邑分两番，当一月。起教则与正长论阶级，罢教则与正长不相谁何。庶使百姓得以优游治生，无终年逋逃之苦，无侵渔苛虐之患，无争陵犯上之恶矣。且武事不废，威声亦全，岂不易而有功哉？惟陛下深计远虑，断在必行，以省多事，以为生灵安乐之惠，以为国家安静之福。

又乞罢三路提举保甲钱粮司及提举教阅，及每岁分保甲为两番，于十一、十二两月上教，不必分作四番，且不必自京师遣官视教，止令安抚司差那使臣为便。并从之。

元祐元年正月，枢密院言："府界、三路保甲已罢团教，其教阅器械悉上送官，仍立禁约。"闰二月，诏河北东西路、永兴、秦凤等路提点刑狱兼提举保甲，并依提刑司例各为一司。三月，王岩叟劾狄谘、刘定奸赃状。御史孙升亦言："刘定上挟章惇之奸党，下附狄谘之庸材，大肆凭陵，公行恐喝，故真定获鹿之变起于后，澶、滑之盗作于前，愿早正其罪。"于是谘、定皆罢，与在外宫观。十一月，诏府界、三路保甲人户五等已下、地土不及二十亩者，虽三丁以上，并免教。从殿中侍御史吕陶之请也。

绍圣二年七月，帝问义勇、保甲数，宰臣章惇曰："义勇，自祖宗以来旧法。治平中，韩琦请遣使诣陕西再括丁数添刺。熙宁中，先帝始行保甲法，府界、三路得七十余万丁。设官教阅始于府界，众议沸腾。教艺既成，更胜正兵。元丰中，始遣使遍教三路。先帝留神按阅，艺精元符二年九月，御史中丞安惇奏乞教习保甲月分，差官按试。曾布言："保甲固当教习，然陕西、河东连年进筑城寨，调发未已，河北连年水灾，流民未复，以此未可督责训练。"帝曰："府界岂不可先行？"布曰："熙宁中教保甲，臣在司农。是时诸县引见保甲，事艺精熟。"章惇即曰："多得班行。"布曰："止是得殿侍、军将，然俱更差充巡检司指挥。以此，仕宦及有力之家子弟，皆欣然趋赴。及引对，所乘皆良马，鞍辔华楚，马上事艺往往胜诸军。知县、巡检又皆得转官或减年。以此，上下皆踊跃自效。然是时司农官亲任其事，督责检察极精密，县令有抑令保甲置衣装非理骚扰者，亦皆冲替，故人莫敢不奉法。其后乃令上番。"帝曰："且与先是府界检举施行。"蔡卞曰："于先朝法中稍加裁损，无不可之理。"布以为甚便，容检寻文字进呈。

十一月，蔡卞劝上复行畿内保甲教阅法，帝屡以督曾布。是日，布进呈畿内保丁总二十六万，熙宁中教事艺者凡七万，因言："此事固当讲求，然废罢已十五年，一旦复行，与事初无异，当以渐行，则人不至于惊扰。"帝曰："固当以渐行之。"布曰："圣谕如此，尽之矣。若便以元丰成法一切举行，当时保丁存者无几，以未教习之人，便令上番及集教，则人情汹汹，未易安也。熙宁中，施行亦有渐。容臣讲求施行次第。"退以语卞，卞殊以为不快，乃云："熙宁初，人未知保甲之法。今耳目已习熟，自不同矣。"布不答。

徽宗崇宁四年，枢密院言："比者京畿保甲投八百七十一牒乞免教阅，又二百三十余牒遮枢密张康国马首诉焉。"是月，诏京畿、三路保甲并于农隙时教阅，其月教指挥勿行。

五年，诏河北东西、河东、永兴、秦凤路各武臣一员充提举保甲并兼提刑，其见专提举保甲文臣并罢。是月，诏京畿差武臣一员充提举保甲兼提刑，仍差文臣提刑兼提举保甲。

政和三年四月，枢密院言："神考制保甲之法，京畿、三路聚教，每番虽号五十日，其间有能勤习弓弩该赏者首先拍放。一岁之中，在场阅教，远者不过二十七日，近者止于十八日而已。若秋稼灾伤，则免当年聚教。如武艺稍能精熟，则有激赏之法。斗力出等，则免户下春夫、科配；最高强者，则解发引见，试艺命官。行之累年，人皆乐从。惟京东、西虽有团成保甲之名，未尝训以武事，虑其间亦有人材甚众，能习武艺，可以命官任使之人。今欲依三路保甲编修点择条约。"从之。八月，枢密院言："诸路团成保甲者六十一万余人，悉皆乐从无扰。其京东、西路提举官任谅已转一官，直秘阁。其朝议大夫已上与转行，武臣武功大夫特与转遥郡刺史，余官减磨勘年有差。"

宣和元年，诏提举保甲督察州县都保不如令者，限一月改正，每岁以改正多寡为殿最。二年，诏诸路保甲法并遵依元丰旧制，京东、京西路并罢。

三年，诏："先帝若稽成周制保伍之法，自五家相比，推而达之，二十五家为一大保，二百五十家为一都保。保各有长，都各有正，正各有副，使之相保相爱，以察奸慝。故有所行，诸自外来者，同保互告，使各相知；行止不明者，听送所属。保内盗贼，画时集捕，知而不纠，又论如律。所以纠禁几察，纤悉具备，奇邪寇盗，何所容迹？访闻法行既久，州县玩习弛废，保丁开收既不以实，保长役使又不以时。如修鼓铺、饰粉壁、守败船、治道路、给夫役、催税赋之类，科率骚扰不一，遂使寇贼奇邪无复纠察，良法美意浸成虚文。可令尚书省于诸路提点刑狱或提举常平官内，每路选委一员，令专一督责逐县令佐，将系籍人丁开收取实；选择保正长，各更替如法，使钤束保丁，递相觉察，毋得舍亡赖作过等人，遇有盗贼，画时追捕，若有过哉藏匿者，许诸人告首，仍具条揭示。"

钦宗靖康元年三月，以尚书户部侍郎钱盖为龙图阁学士、陕西五路制置使，专一措置京兆府路保甲。六月，御史胡舜陟奏："秦元学兵法三十年，陛下拔之下僚，为京畿提刑，训练保甲，闻者莫不慰悦。乞罢武臣提刑，以保甲属元，庶得专一。"从之。十一月，京畿提举秦元集保甲三万，先请出屯，自当一面。不从。金兵薄城，又乞行训练，乘间出战。守御使刘韐奏取保甲自益，元谋遂塞云。

建炎后乡兵

巡社 建炎元年，诏诸路州军巡社并以忠义巡社为名，隶宣抚司，后募乡民为之。每十人为一甲，有甲长，有队长；四队为一部，有部长；五部为一社，有社长；五社为一都，有都正。于乡井便处驻扎。绍兴初，罢之。

枪杖手 建炎二年，令福建招五千人。

土豪 建炎四年，诏诸州守臣募土豪、民兵，听州县守令节制。后存留强壮，余并放散。

义兵 绍兴十年团集，诸州名数不等。后皆以县令为军正。

义士 绍兴元年，籍兴元良家子弟，两丁取一，四丁取二，每二十人为一队，号曰义士。

民兵 建炎二年，每五十人为一队，有长、副。一户取一丁，五丁取二丁。淳熙十四年，三丁取一，五丁取二，十丁取三。

弓箭手 建炎初，应诸路汉蕃弓箭手限百日自陈承袭，绍兴间，以京城外闲地，依陕西沿边例，招弓箭手莳种。

土丁 绍兴中，诏依嘉祐措置，三时务农，一时讲武，诸县逐乡置教场，自十一月起教，至次年正月罢教。

把截将 绍兴二十七年，诏恭州、雁门控扼之地置土丁二百人。

峒丁 建炎三年，命江西、福建诸处总领官籍定枪杖手、峒丁人数，以备调遣。绍兴中，罢之。

保胜 绍兴六年，诏金、均、房三州保甲分为五军，以保胜为名。

勇敢 绍兴二年，诏池州就招土人充，二千为额。

保丁 二广保丁，每户一名，土丁父子兄弟皆在其数。

乾道中，以拘留扰民，罢之。

山水寨　详见寨兵。

万弩手　初，熙宁间，以鼎、澧、辰、沅、靖五郡弓弩手万三千人散居边境训练，无事耕作，有警调发。绍兴以后，增损靡定。

壮丁民社　乾道四年，楚州置。

良家子　绍兴四年，招两淮、关陕流寓及阵亡主兵将子弟骁武不能存立者充，月给比强弓手，五十人为一队。

义勇　湖北诸郡皆有义勇，惟澧州石门、慈利不置籍。其法取于主户之双丁。每十户为一甲，五甲为团。甲皆有长，择邑豪为总首。农隙教武艺，食从官司给。

湖北土丁刀弩手　政和七年，募土丁充，授以闲山，散居边境，教以武艺。绍兴因之。淳熙中，李焘力言其不便，罢之。

湖南乡社　旧制，以乡豪领之，大者统数百家，小者亦二三百家。后言者以其不便，淳熙中，择其首领，使大者不过五十家，小者减半。

忠勇　关外西和、阶、成、凤四州所聚民兵，谓之忠勇。

镇淮　初，淮南募边民号镇淮军，数至十万，月给视效勇，惟不黥涅。久之，廪不足，肆劫掠。嘉定初，选汰归农，仅存八千余人，以充效用，余补镇江大军。淮西选二万六千余充御前定武军，分为六军，军设统制。

忠义民兵　福州诸县旧有忠义社，屯结邑民，择豪右为长，量授器甲，盗由是息，人甚赖之。后有司烦扰，失初意。开禧用兵，淮、襄民兵有籍于官者，至用百六十缗以养一兵。后又放令归业，而无所归，多散为盗。乃令每郡择豪首一人，授以官民镇之。

建炎后寨兵。

两浙西路

临安府十三寨　外沙、海内、管界、茶槽、南荡、东梓、上管、赭山、黄湾、硖石、奉口、许村、下塘。

安吉州七寨　管界、安吉、秀塞、吕小幽岭、下塘、北豪、皋塘。

平江府八寨　吴江、吴长、许浦、福山、白茅、江湾、杨林、角头。

常州五寨　管界、小河、马迹、香兰、分界。

江阴军二寨　申港、石牌。

严州五寨　咸平、港口、凤林、茶山、管界。

两浙东路

庆元府十寨　浙东、结埼、三姑、管界、大嵩、海内、白峰、岱山、鸣鹤、公塘。

温州十三寨　城下、管界、馆头、青奥、梅奥、鹿西、浦门、南监、东北、三尖、北监、小鹿、大荆。

台州六寨　管界、亭场、吴都、白塔、松门、临门。

处州二寨　管界、梓亭。

江南东路

南康军五寨　大孤山、水陆、四望山、河湖、左望。

江南西路

隆兴府七寨　都巡、邬子、松门、港口、定江、杉甫、管界。

抚州七寨　城南、曾田、乐安、镇马、旗步、招携、湖平。

江州六寨　管界、江内、芰石、马当、城子头、孤山。

兴国二寨　池口、磁湖。

袁州四寨　都巡、四县、管界、白斜。

临江军三寨　本军、水陆、管界。

吉州十六寨　富田、走马膡、永和镇、观山、明德、沙溪、西平山、杨宅、栗传、禾山、胜乡、造口、秀洲、新岩、北乡、黄茅峡。

荆湖南路

永州三寨　都巡、同巡、衡永界。

宝庆三寨　黄茅、西县、卢溪。

郴州五寨　管界、安福、青要、赤石、上犹。

武冈军十寨　三门、石查、真良、岳溪、临口、关硖、黄石、新宁、绥宁、永和。

道州四寨　营道、宁远、江华、永明。

全州四寨　上军、角口、吉宁、平塘。

福建路

邵武军十寨　同巡检、大寺、水口、永安、明溪、仁寿、西安、永平、军口、梅口。

建宁府七寨　黄埼、筹岭、盆亭、麻沙、水吉、苦竹、仁寿。）

南剑州八寨　沧峡、洛阳、浮流、岩前、同巡、仁寿、万安、黄土。

泉州五寨　都巡、同巡、石井、小兜、三县。

福州四寨　辜岭、甘蔗、五县、水口。

兴化军二寨　同巡、巡盐。

漳州二寨　同巡、虎岭。

广西路

贺州二寨　临贺、富川。

昭州四寨　昭平、云峒、西岭、立山。

钦州二寨　西县、管界。

卷一百九十三

志第一百四十六

兵七 召募之制

召募之制　起于府卫之废。唐末士卒疲于征役，多亡命者，梁祖令诸军悉黥面为字，以识军号，是为长征之兵。方其募时，先度人材，次阅走跃，试瞻视，然后黥面，赐以缗钱、衣履而隶诸籍。国初因之，或募土人就所在团立，或取营伍子弟听从本军，或募饥民以补本城，或以有罪配隶给役。取之虽非一途，而伉健者迁禁卫，短弱者为厢军，制以队伍，束以法令。当其无事时，虽不无爵赏衣廪之费，一有征讨，则以之力战斗，给漕挽，而初,太祖拣军中强勇者号兵样,分送诸道,令如样招募。后更为木梃,差以尺寸高下,谓之等长杖,委长吏、都监度人材取之。当部送阙者,军头司覆验,引对便坐,分隶诸军。

真宗祥符中,重定等杖,自五尺八寸至五尺五寸为五等,诸州部送阙下,及等者隶次军。

仁宗天圣元年,诏京东西、河北、河东、淮南、陕西路募兵,当部送者刺"指挥"二字,家属给口粮。兵官代还,以所募多寡为赏罚。又诏益、利、梓、夔路岁募民充军士,及数即部送,分隶奉节、川效忠、川忠节。于是远方健勇失业之民,悉有所归。

庆历七年,诸路募厢军及五尺七寸已上者,部送阙下,试补禁卫。

至和元年,河北、河东、陕西募就粮兵,骑以四百人、步以五百人为一营。

嘉祐二年复定等杖,自上四军至武肃、忠靖皆五尺已上,差以寸分而视其奉钱:一千者以五尺八寸、七寸、寸为三等。奉钱七百者,以五尺七寸、六寸、五寸为三等。奉钱五百者,以五尺六寸、五寸五分为三等。奉钱四百者,以五尺五寸、四寸五分为二等。奉钱三百者,以五尺五寸、四寸五分、四寸、三寸、二寸为六等。奉钱二百者,以五尺四寸、三寸五分、三寸、二寸为四等。不给奉钱者,以五尺二寸或下五寸七指、八指为等。唯武严、御营喝探以艺精者充,诸司管库执技者不设等杖。

七年,御史唐介言:"比岁等募禁军多小弱,不胜铠甲,请以初创尺寸为定,敢议减缩者,论以违制。"诏:"禁军备战者,宜著此令。其备役雄武、宣敕六军、搭材之类,如军马敕。"

治平二年,募陕西土民,营伍子弟隶禁军,一营填止八分。又遣使畿县、南京、曹、濮、单、陈、许、蔡、亳州募民补虎翼、广勇,人加赐绢、布各一。

治平四年,诏延州募保捷五营,以备更戍。

熙宁元年,诏诸州募饥民补厢军。

二年,枢密院言:"国初边州无警则罢兵,今既讲和,而屯兵至多,徒耗金帛。若于近里粮贱处增募禁兵,但令往戍极边,甚为便计。"帝与文彦博及韩绛、陈升之、吕公弼等议之,或以为自古皆募营兵,遇事息即罢,或以缘边之兵不可多减。乃命彦博等详议以闻。

三年七月,诏京西路于有粮草州军招厢军,共三万人为额。十一月,知定州滕甫乞下本路依旧制募弓箭社,以为边备。从之。

四年十二月,枢密院言:"在京系役兵士,旧额一万八千二百五十九人,见阙六千三百九十二人,若招拣得足,即不须外路勾抽,以免不习水土、冻馁道殣之患。欲于在京及府界、京东西、河北招少壮兵,止供在京功役,不许臣僚占差,不过期年,可使充足。却对减在外招募之数,桩管所减粮赐上供,以给有司之用。"从之。

五年,权发遣延州赵卨招到汉蕃弓箭手人骑四千九百八十四,为八指挥,遂擢吏部员外郎,加赐银绢二百。

七年,分遣使臣诸路选募熙河效用,先以名闻。河北、河东所募兵悉罢。

八年,诏军士祖父母、父母老疾无侍丁而应募在他处者,听徙。

九年,诏选补捧日、天武以下诸军阙,马军三分补一,步军十分补五。

元丰二年二月,经制熙河路边防财用司言:"岷州床川、荔川、闾川砦,通远军熟羊砦,乞置牧养十监,募兵为监牧指挥。其营田乞依官庄例,募永济卒二百人,其永济卒通以千人为额。"从之。七月,沿边安抚司言:"北边州军主管刺事人乞给钱三千,选募使臣职员或百姓为之,以钩致敌情。仍选通判及监官考其虚实,以行赏罚。"从之。是年,以兖、郓、齐、济、滨、棣、德、博民饥,募为兵,以补开封府界、京东西将兵之阙。

三年,又诏:"府界诸路将下阙禁军万数,有司其速募之。"又诏:"河北水灾,阙食民甚众,宜寄招补军。"

四年,京东、西路以调发兵将,累请增戍。朝廷以兵员有数,多寝其章。然州郡实有负山带海,奸盗所窥,亦当过为之虑,其令益广应募者,与免贴军及他役一年。六月,诏:"在京奉钱七百以下,选募马步军万五千人;开封府界及本路共选募义兵保甲万人;如泾原五千人不足,于秦凤路选募。"

五年五月,同提举成都府等路茶场蒲宗闵乞自秦州至熙州量地里远近险易,置车铺二十八,招刺兵士。从之。八月,诏开封府界、京西招募依式赐外,仍增钱千。十二月,诏京城四面巡检募士于四门,取民年三十五以下者。又诏河北立额步军,各于逐指挥额外招百人。

五年,诏一岁内能募及百人者,加秩一等。四月,河东路经略司请以麟州飞骑、府州威远子弟二十五以下刺为兵。

七年,广西都钤辖司言:"本路土兵阙额数多,乞选使臣往福建、江南、广东招简投换兵四千人。"诏于江南、福建路委官招换。

八年四月,河东路安抚使吕惠卿言:"河东敢勇以三百人为额,请给微薄,应募者少。臣顷在鄜延路日,奏请增三等请给,借支省马给七分草料,置营教习,自后应募者众。愿依陕西路已得指挥。"从之。

哲宗元祐元年三月,诏河北保甲愿投军人及得上四军等杖事艺者,特许招填,合给例物外,更增钱五千,中军以下三千。比等杖短一指,射保甲第一等弓弩,并许招刺。从右司谏苏辙请也。六月,门下侍郎司马光言:"诸州军兵马全欠,不足守御之处,量与立额招添。"

八年,枢密院言:"今新招兵士多是饥民,未谙教阅,乞自今住营州军差官训练,候半年发遣赴军前。"

绍圣元年,枢密院乞立招禁军官员赏格,如不及数,罚亦随之。

四年,熙河兰岷路都总管、提点熙河兰岷等路汉蕃弓箭手司言,兰州金城关欲置步军保捷四指挥、马军蕃落一指挥,从之。诏陕西路添置蕃落军十指挥,各以五百人为额,于永兴军、河中、凤翔、同、华州各置两指挥,并隶住营州军将下统制训练,委逐路所属都总管司选官招人。初,三省、密院欲以牧地募民牧养马,久而未集,曾布以谓不若增骑兵为简便。兼土兵乃劲兵,又诸路出戍者已竭,及建此议,众佥然皆以为允,帝亦乐从之。盖牧租见存者七百万,岁额一百七十万,而十指挥之费二十五万而已,故可与募人养马之法兼行也。

徽宗崇宁元年,湖北都钤辖舒亶奉旨相度召募施、黔州土丁,致讨辰、沅山猺,每州无过七百人。缘猺贼深在溪洞,险阻不通正军故也。

三年,京东等路招军五万,马军以崇捷、崇锐名,步军以崇武、崇威名。

四年七月,熙河兰湟路转运使洪中孚自河东入觐,帝问崇威、崇锐新兵教阅就绪否。中孚曰:"教阅易事也。臣不知艺祖取天下之兵与神考所分将兵曾无减损,若未尝减损,似不须增。盖兵贵简练不贵多,今遽增二军,所费至广,臣不知献议者于经费之外别有措置,或只仰给朝廷也。"帝愕然曰:"初议增兵,未尝计费,可即罢去。"中孚曰:"惰游之卒不复安于南亩,今一旦罢遣,强者聚而为盗,弱者转徙,则重为朝廷忧。不若使填诸营阙;无阙,听于额外收管,不一二年尽矣。"帝称善。九月,诏:"近降指挥,在京、诸路招崇捷、崇武等指挥十万人,又招效忠、蕃落指挥及额内不足人数,虑卒难敷额,可先招崇捷、崇武十万人。候人数稍见次第,即具申取旨。"

五年,诏:"抑勒诸色人投军者,并许自身及亲属越诉,其已刺字,仍并改正。"

政和二年,广西都钤司奏:"广西两将额一万三百余人,事故逃亡,于荆湖南北、江南东西寄招,缘诸路以非本职,多不用心。今兵阙六分,欲乞本路、邻路有犯徒并杖以下情重之人,除配沙门岛、广南远恶并犯强盗凶恶、杀人放火、事干化外并依法外,余并免决刺填。"从之。

四年,中卫大夫童师敏言:"东南州郡例阙厢军,凡有役使,并是和雇。若令诸郡守臣并提刑司措置招填,庶可省费。"从之。

宣和元年,高阳关路安抚使吴玠奉手诏招填诸路禁军阙额,以十分为率,招及四分以下递展磨勘年,七分以上递减磨勘年。高阳关路河间府、沧、霸、恩州、信安军招填数足,乞行推赏。从之。

二年,手诏:"比闻诸路州军招置厢军河清、壮城等,往往怯懦幼小,不及等样,虚费廪食,不堪驱使。今后并仰遵著令招填,如违戾,以违制论。"

四年正月,两浙东路钤辖司奏:"乞将温、处、衢、婺州元管不系将禁军六指挥,更招置增为十指挥,并以五百人为额,凡五千人,庶成全将。及更于台州招置不系将禁军一指挥,以四百人为额。"从之。三月,臣僚言:"窃闻道路汹汹相怖,云诸军捉人刺涅以补阙额,率数人驱一壮夫,且曳且殴,百姓叫呼,或嗑指求免。日者,金明池人大和会,忽遮门大索,但长身少年,牵之而去,云'充军',致卖蔬茹者不敢入城,行旅市人下逮奴隶,皆避藏恐惧,事骇见闻。今国家闲暇,必欲招填禁旅,当明示法令,费以金帛,捐财百万,则十万人应募矣。捉人于途,

实亏国体,流闻四方,传播远迩,殊为未便。伏望亟行禁止,以弭疑畏。"时宝箓宫道士张继滋因往尉氏,亦被刺涅,事闻,手诏提刑司根治。四月,臣僚因言:"招刺阙额禁军,枢密院立限太遽,诸营弗戢,人用大骇。幸不旋踵德音禁止,群情悦服。其已被刺涅而非愿者,颇亦改正,尚有经官求免而未得者。辇毂若此,况其远乎?窃闻小人假借声势,因缘夺攘,所在多有,若或哀鸣得脱,其家已空。今往来犹怀畏避。伏望圣明特赐戒敕,应在外招军去处,毋得横滥。"从之。

七年,减掖庭用度,减侍从官以上月廪,罢诸兼局,有司据所得数拨充诸路籴本及募兵赏支之用。

钦宗即位,诏守令募州县乡村土豪为队长,各自募其亲识乡里以行。及五十人以上先与进义副尉,三百人以上与承信郎,募文武官习武勇者为统领。行日,所发州军授以器甲,人给粮半月,地里远者,所至州县接续批支。京畿辅郡兵马制置使司言:"诸路召募敢勇效用,每名先给钱三千,赴本司试验给据讫,支散银绢激赏。若监司、知通、令佐并应有官人,能召到敢勇效用事艺高强及二百人以上者,乞与转一官,每加二百人依此。或监司、郡守、州县官以下应缘军期事件,稍有稽缓,并依军法。"从之。

靖康元年春正月,臣僚言:"诸路见招募人兵,缘逐处漕计阙乏,乞于近州应奉司及延福宫西城钱帛,并许请用,庶得速办。"从之。又诏:"龙猛、龙骑、归远、壮勇诸军阙额,可行下诸路拣选配填。"又诏:"已降指挥,逐处各以召募效用敢武艺人数多寡等第推赏。"又诏:"闻希赏之人,抑勒强募。自今并取情愿,敢有违戾,当议重罚。毋得将羸弱不堪出战及已有系军籍者一例充募。"及诏:"募武举及第有材武方略,或有战功、曾经战阵,及经边任大小使臣不以罪犯已发未叙,及武学有方略智谋,及曾充弓马所子弟,及诸色有胆勇敢战之人,度许赴亲征行营司。"又诏:"募陕西土人为兵并使臣、效用等赴姚平仲军使唤,其应募人修武郎已上二十贯,进义副尉以上十五贯,军人、百姓十贯,并于开封府应管官钱内支。"

四月,诏:"已降指挥发还归朝人往大金军前,如不愿往,所在量给口券津遣;元有官守人并不厘务,支奉给之半。其愿效力军前者,许自陈。"

五月,河北、河东路宣抚司奏:"河北诸州军所管正兵绝少,又陕西游手惰民愿充军者亦众,秖缘招刺阙乏例物,是致军额常阙。今若给一色银绢,折充例物犒设起发,召募人作义勇,止于右臂上刺字,依禁军例物支衣粮料钱,陕西五路共可得二万人,比之淮、浙等路所得将兵,实可使唤。"从之,诏遣文武官各一员前去陕西募兵二万人赴阙。遂命赵鼎特除开封府曹官,种湘差宣抚司准备将领,并充陕西路干当公事,专一募兵。是月,遣户部员外郎陈师尹往福建路募枪杖手。都水使者陈求道言:"朝廷差官往陕西招军,适当岁丰,恐未易招填。若就委监司招募保甲,啖以例物,与免科差,以作其气,可得劲兵五万。"从之。

六月,枢密都承旨折彦实奏:"西人结连女真,为日甚久,岂无觊觎关中之志?即今诸路人马皆空,万一敌人

长驱，何以枝梧？言之可为寒心，朝廷似未深虑也。河东、河朔之患已形，人故忧之；陕西之患未作，人故忽之。若每路先与十万缗，令帅臣招募土人为保护之计，责以控扼，不得放令侵入，仍须朝廷应副。漕司乘时广行储蓄，以为急务。"

又开封府尹聂山奏："招兵者，今日之急务。近缘京畿诸邑例各招刺，至于无人就募，则强捕村民及往来行人为之。遂致里甿奔骇，商旅不行，殊失朝廷爱民之意。检准政和令，诸盗再犯杖以上、情理不可决放而堪充军者，给例物刺充厢军。今京城里外间有盗贼，皆是豪猾，无所畏惮，虽经断罪，顽恶弗悛，若依上条刺充厢军，不惟得强壮之用，又且收集奸黠不复为盗。如允所请，则自内及外皆可见之施行。"从之。

七月，陕西五路制置使钱盖言："都水使者陈求道请招刺保甲五万充军。缘比来陕右正兵数少，全籍保甲守御，及运粮诸役差使外，所余无几，若更招刺五万充军，则是正丁占使殆遍，不唯难以选择，兼虑民情惊疑，别致生事。欲乞令州县晓谕保甲，取其情愿；如未有情愿之人，即乞令保甲司于正丁余数内选择。通赴阙人共成七万，可以足用。"从之。是月，钱盖奏："陕西募土人充军，多是市井乌合，不堪临敌。今折彦实支陕西六路铜钱各十万缗，每名添钱十千，自可精择少壮及等杖人，可得正军一万，六路共得六万人。"从之。

十月，枢密院奏："召募有材武勇锐及胆勇人并射猎射生户。"从之。又奏："福建路有忠义武勇立功自效取仕之人，理宜召募，除保甲正兵外，弓手、百姓、僧行、有罪军人并听应募。如有武艺高强、实有胆勇、众所推服、愿应募为部领人者，依逐项名目权摄部领，各以所募人数借补官资。"从之。

十一月，京城四壁共十万人，黄人黄旗满市。时应募者多庸丐，殊无斗志。闰十一月，何粟用王健募奇兵，虽操瓢行乞之人，亦皆应募，仓卒未就纪律。奇兵乱，殴王健，杀使臣数十人，内前大扰。王宗濋斩渠魁数人，乃定。及出战，为铁骑所冲，望风奔溃，歼焉。

十二月，诏："诸军诈效蕃装，焚劫财物，限十日赍赃自首，与免罪。"仍召募溃兵收管。给口食焉。

逃亡之法，国初以来各有增损。熙宁五年诏，禁军奉钱至五百而亡满七日者，斩。旧制，三日者死。初，执政议更法，请满十日。帝曰："临阵而亡，过十日而首，得不长奸乎？"安石曰："临阵而亡，法不计日，即入斩刑。今当立在军兴所亡满三日，论如对寇贼律？"枢密使蔡挺请沿边而亡满三日者斩。安石曰："沿边有非军兴之所，不可一概坐以重刑。本立重法，以禁避寇贼及军兴而已。"帝曰："然。"文彦博固言："军法臣等所当总领，不宜轻改，如前代销兵乃生变。"安石曰："前代如杜元颖等销兵，乃其措置失当，非兵不可销也。且当萧俛时，天下兵至多，民力不给，安得不减？方幽州以朱克融等送京师，请毋遣克融还幽州煽众为乱，而朝廷乃令克融等飘泊京师，久之不调，复遣归北。克融所以复乱，亦何预销兵事乎？"彦博

曰："国初，禁军逃亡满一日者斩。仁宗改满三日，当时议者已虑坏军法。"安石曰："仁宗改法以来，活人命至多，然于军人逃亡，比旧不闻加多，仁宗改法不为不善。"帝乃诏增为七日。

元丰元年，知鄂州王韶言："乞自今逃亡配军为盗，听捕斩，赏钱。"诏坐条札韶照会："如所犯情重，罪不至死，奏裁。"

三年六月，诏："军士、民兵逃亡随军效用，若首获，并械送所属，论如法。虽立战功不赏，仍不许以功赎过。令随军榜谕。"

四年，诏沈括："奏以军前士卒逃亡，溃散在路，本非得已，须当急且招安。卿可速具朝旨出榜，云闻战士止是不禁饥寒，逃归其家，可各随所在城寨权送纳器甲，请给粮食，听归所属。节次具招抚数以闻。"

崇宁四年九月，枢密院言："熙河都总管司旧无兵籍，乞令诸将各置籍，日具有开收，旬具元额、见管及逃亡事故细目，申总管司，本司揭贴都簿，委机宜一员逐时抽摘点检。"从之。

十月，尚书省言："今所在逃军聚集，至以千数，小则惊动乡邑，大则公为劫盗。累降指挥，许以首身，或令投换，终未革绝。昔神宗以将不知兵，兵不知将，故分兵领将。统兵官司，凡兵之事无所不统，则其逃亡走死，岂得不任其责？检会将敕与见行敕令，皆未有将官与人员任责之法，致令来兵将不加存恤，劳役其身，至于逃避，而任职之人悉不加罪。近日熙河一路逃者几四万，将副坐视而不禁，人员将校故纵而不问，至逃亡军人所在皆有。盖自来立法未详，兼军中长行节级人员，将校，什长相统，同营相依，上下相制，岂得致其逃亡漫不省察？况招军既立赏格，则逃走安可无禁？今参详修立赏罚十数条。"并从之。

五年，枢密院备童贯所言："陕西等处差官招谕逃亡军人，并许所在首身，更不会问，便支口券令归本营。边上军人惮于戍守之劳，往往逃窜于内郡首身，遂得口券归营，恐相习成风，有害军政。乞自今应军人首身，并须会问逃亡赦限，依今来招谕指挥；若系赦后逃亡，即乞依条施行。"从之。

大观三年，枢密院备臣僚言云："自陕西路提点刑狱吴安宪始陈招诱逃亡厢禁军之法，乃著许令投换改刺之令。自此诸弊寖生，军律不肃。朝廷洞见其弊，已严立法，然尚有冒名一节，其弊未除。请如主兵官旧曾占使书札、作匠、杂技、手业之徒，或与统辖军员素有嫌忌、意欲舍此而就彼，或所部逃亡数多，欲避谴责，辄将逃军承逃亡之名便与请给。既避谴责，又冒请受，上下相蒙，莫之能革，致使军士多怀擅去之心者，良以易得擅住之地也。若加重赏，申以严刑，庶革斯弊，有裨成法。"从之。

四年，枢密院言："诸路及京畿逃亡军数居多，虽赦敕立限许首，终怀畏避。若诸路专委知州、通判或职官一员，京畿委知县，若招诱累及三百人以上，与减一年磨勘，五百人以上一年半，千人以上取旨推恩，于理为便。"

政和二年，臣僚言："祖宗军政大备，无可议者。比

多逃亡者，缘所在推行未至，及主兵司官遵奉未严故也。其弊有六：一曰上下率敛，二曰举放营债，三曰聚集赌博，四曰差使不均，五曰防送过远，六曰单身无火聚。似此虽具有条禁，而犯者极多。欲乞下有司推究，除兵将官岁终立定赏罚条格外，诏诸路提刑司，每岁终将本路州军不系将禁军见管及逃亡人数，参互比较，具最多最少处各一州知、通职位姓名，申枢密院。"从之。

三年十一月，开封少尹陈彦修言："诸厢收到寒冻赤露共五千七百余人，其间逃军数多，合行措置。今欲依押送逃军格，每二十人各差使臣一员付与系押送人，各踏逐稳便官屋安泊，依居养法关请钱米存养，候晴和，管押前去。所有沿路支破口券，并依本府押送逃军法，请于合破口券等外，更量支盘缠。"诏："每人支盘缠钱三百，衲袄一领，候二月晴暖即行发遣。"

四年，尚书省着令："诸禁军差发出戍未到军前，或已到而代去半年以上，逃亡首获，虽会恩，配如捕获法；上军首身或捕获，会恩，配依七日内法；下军本名应配者，配千里。若本管辄停留，与同罪，虽该赦仍依配法。"从之。

五年，立钱监兵匠逃走刺手背法。

宣和二年，手诏："逃卒颇多，仰宣抚司措置以闻。"童贯言："凡逃卒，冬祀大赦已有百日首身免罪之文，缘内有元犯虽首身，于常法尚合移降移配者，即未敢赴官自陈。欲乞在京并京畿、京西、陕西、河东路逃军，自今指挥到日，通未满赦限共一百日，许令首身免罪，依旧军分职次收管。仍免本司本营问偿，及放免官遣。如本犯经冬祀赦后，犹有移降移配，特与原免。若限满不首，则依常法科罪。凡逃军系在京住营，依限于在京首身者，令所隶军司当日押赴本营。若见出戍者，即破口券转押赴本路驻泊州军，并依前项指挥免罪，依旧收管。凡逃军在外，依限首身者，并于所在日破米二升，其县、镇、寨并限当日解本州军，每二十人作一番，差职员管押，仍沿路给破口食，交付前路州军，转送住营去处。如见出戍，即转驻泊州军收管。凡首身军人，并不许投换他军。凡所在当职官，如能于限内用心招收逃军，措置转送住营或出戍处收管，候满，在外委提刑司，在京委开封府取索到营、出戍处公文，验人数，最优者申宣抚司取旨推恩。"并从之。

三年，诏："江、浙军前等处应逃窜军兵，并特放罪，许于本将见出军路分州县首身，依旧给请，随处权行收管。若走往他处，或于住营去处出首获，即令所在官司逐旋发遣赴本将应副使唤。仍委逐路安抚、钤辖、提刑司觉察，如所在辄敢隐庇，或逐司不行觉察，并论违制。"

四年，臣僚言："中外士卒无故逃亡，所在有之。祖宗治军纪律甚严，若在戍者还家，当役者避事，必有辕门之戮。今既宥其罪，且许投换，不制于什伍之长；既立赦限，又特展日，以宽其自首之期。臣恐逃亡得计，其弊益滋。乞除恩赦外不轻与限，使知限之不可为常，庶有畏惧。"从之。

五年，臣僚言："今诸军逃亡者不以实闻。诸处冒名请给，至于拣阅差役，则巧为占破，甚不获已，则雇募遣逃以充名数，旋即遁去，无复实用。平居难于供亿，缓急无以应用。而奸人攘臂其间，坐费财赋。虽开收勘敛，法制滋详，而共利之人，一体傅会。望赐处分，先令当职官核见实数，保明申达转运司，期日委诸郡守贰点阅，仍关掌兵官司照会行下；不可勾押至州者，差官究阅，期以同日究见的实。稍涉欺罔，根治不赦。监司使者分郡覆实，具数申达于朝，以待差官分按，必行罪赏。使官无虚费，而军有实用，则纪律可明，国用可省。"诏送枢密院条画措置。

七年二月，尚书省言："开封府状：'乞应在京犯盗配降出外之人，复走入京投换者，许人告捕，科以逃亡捕获之罪，酌情增配。其官司及本营典首人员、曹级容庇收留，各杖一百；因致为盗者，依差使配军入京作过法，与犯人同罪。罪止徒二年，不以去官赦原减。及在京犯罪编管出外逃亡入京之人，虽有断罪增加地里条法，缘止是募告赏格太轻，是致往往复走入京。欲乞元犯杖罪赏钱十贯，徒罪二十贯，流罪三十贯，并以犯事人家财充。'"从之。

十二月，诏："应诸路逃窜军人或已该赦恩出首避免，却归出戍去处再行逃窜之人，令于所在去处首身，并特与免罪，于一般军分安排，支破请给，发赴军前使唤。"

靖康元年三月，诏："随从行宫禁卫军兵等有逃亡者，并依法施行。"五月，臣僚言："泗州顷遣勤王之师，管押者不善统制，类多遁归，既而畏法不敢出，本州遂开阁请受。在外无以给养，窃虑因聚为盗，恐他州亦多如此。乞敕应勤王兵有遁归已经赦宥者，并令首身。"从之。

六月，诏："应河东溃散诸路将佐，并仰逐路帅守发遣赴河东、河北制置司，以功赎过。"河北路制置司都统制王渊言："被旨差充招集种师道等下溃散人马，应援太原，限满不首，即寄禁家属，许人收捕赴军前，重行处置。"从之。仍自指挥到日，限以十日。河北路制使刘韐奏："近制置使种师中领军到于榆次，失利溃散，师中不知存在。奉旨，师中下应统制、将佐、使臣等，并与放罪。臣按：用兵失主将，统制、将佐并合行军法。军法行，则人以主将为重，缓急必须护救。若不行军法，缓急之际争先逃遁，视主将如路人，略不顾恤。近年以来，高永年陷没，一行将佐及中军将、提辖等未尝罪以军法，继而刘法陷殁，今种师中又死王事。若两军相遇，势力不加，血战而败，或失主将，亦无可言。榆次之战，顷刻而溃，统制、将佐、使臣走者十已八九，军士中伤十无一二，独师中不出。若谓师中抚御少恩，纪律不严，而其受命即行，奋不顾身，初闻右军战却，即遣应援，比时诸将已无在者。至贼兵犯营，师中犹未肯上马。使师中有偷生之心，闻败即行，亦必得出。一时将佐若能戮力相救，或可破敌。今一军才却，诸将不有主帅，相继而遁。其初犹有惧色，既闻放罪，遂皆释然。朝廷以太原之围未解，未欲穷治。今师旅方兴，深恐无所惩艾，遇敌必不用命。欲乞指挥，应种师中下统制、将佐并依圣旨处分，仍令军前自效。如能用命立功，与免前罪；今后非立战功，虽该恩赦不得叙复。仍乞优诏褒赠师中，以为忠义之劝。"诏："种师中下统制、将佐并降五官，仍开具职位、姓名申尚书省，余依刘韐所八月，河北、河东路宣抚司奏：“近据都统制王渊捉获溃败使臣，已管押赴宣抚副使刘韐军前交割，依军法施行外，访闻尚有未曾出首将佐、使臣。”诏：“限今指挥到日更与展限十日，许令于所在州军出首，仍依元降指挥免罪，特与支破递马驿券，疾速发赴军前自效，候立功日优加推赏。如再限满日更不首身，当取见职名重赏购捕，定行军法。仍多出榜示谕。”

二年四月，诏：“访闻诸处溃散军人啸聚作过，将百姓强刺充军，驱虏随行使唤，遇敌使前，害枉良民。其令有司榜谕：被虏强刺之人许以自陈，给据各令归业。愿充军者，随等杖刺填禁、厢军，依条支给例物。”又诏：“昨逃亡班直、诸军，虽已降指挥抚谕，并与免罪，发归元处。其管押兵官未有指挥，可候指挥到，许于所在官司自陈，亦与免罪。”

建炎初，招募多西北之人，其后令诸路州、军、寨或三衙招募，或选刺三衙军中子弟，或从诸郡选刺中军子弟解发。复诏沧、滨及江、淮沿流州军，募善没水经时伏藏者，以五千为额。神武右军统制张俊言：“牙军多招集乌合之众，拟上等改刺胜捷，次等刺振华、振武，庶得部分归一训练为便。”诏两浙、江东，除江阴军，各募水军二百人。

绍兴元年，广东帅臣言：“本路将兵五千二百，见千三百一十九。今拟将官驻扎诸军洎本路州军，以十分为率，各招其半。”

二年，累降令行在诸军，毋互相招收，及将别军人拘执，违者行军法。

四年，诏：“所招河北人充河北振华，余人刺陕西振华指挥。沿江招置水军，备战舰，募东南谙水者充，每指挥以五百为额。”

十年，诏三京路招抚处置使司招效用军兵万人，内招使臣二千员。

十五年，福建安抚莫将言：“汀、漳、泉、建四州，与广东、江西接壤。比年寇盗剽劫居民，土豪备私钱集社户，防捍有劳，有司不为上闻推恩，破家无所依归，势必从贼。官军不习山险，且瘴疠侵加，不能穷追，管属良民悉转为盗。请委四州守臣，募此游手无归勇健之人，各收千人，仍以效用为名，足可备用，实永久利。”诏令张渊同措置。

二十四年，殿前都指挥使杨存中言：“旧制，在京所管捧日、天武、拱圣、骁骑、骁胜、宁朔、神骑、神勇、宣武、虎翼、广勇诸指挥禁军内，捧日、天武依条升拣虎卫诸班直，拱圣、神勇以下升拣捧日、天武，除逃亡有故，仅千九百人。请于今年分定月内招千人。”

二十七年，杨存中奉旨，三衙所招效用兵令住招。今阙六千七百二十六人，若不填补，兵数日损。诏本司来年正月为始，依旧招募。

隆兴元年，步军司郭振言：“本司在京日军额三万九千五百，今行在仅千二百一十九。”诏招填千七百八十一人，以三千为额，刺充神卫、虎翼、飞山、床子弩雄武等指挥。

乾道七年，马军司王友直言：“见管战马二千七百余，止有佽马六百余人，请招佽兵千五百，并充雄威。”诏招千人，刺"步佽"二字。步军司吴挺言：“步司五军，额二万五千，见阙三千六百。”诏令招填。

淳熙十六年，殿前副都指挥郭钧言：“淳熙五年住招兵，今逾十载，战队合用火分佽兵阙。”诏招千人。

绍熙二年，诏步军司招军千人。

庆元元年，诏楚州招到二百六十一人补弩手、效用。五年，诏给降度牒付金州都统，招填阙额并拣汰兵，照绍熙初年令，自五尺四寸至五尺六寸三等招收。

开禧元年，兴元都统秦世辅言：“本司军多阙额，绍兴之末，管二万九千余人。乾道三年，立额二万七千，今二万五千四百，差戍、官占实万一百四十三人，点阅所部，堪披带人仅六百二十七。请从本司酌绍兴额招刺。”参知政事蒋苪言：“在内诸军，每月逃亡不下四百人，若权住招一年半，俟财用稍足招强壮，不惟省费，又得兵精。且南渡以来兵籍之数，绍兴十二年二十一万四千五百余人，二十三年二十五万四千五百四十人，三十年三十一万八千一百三十八人，乾道三年三十二万三千三百一人，只比二十三年，已增六万九千六十一人，如此何缘财用有余？”

宝庆二年，知武冈军吴愈言：“禁卫兵所以重根本、威外夷，太祖聚天下精兵在京者十余万，州郡亦十余万。嘉定十五年，三衙马步诸军凡七万余，阙旧额三万，若以川蜀、荆襄、两淮屯戍较之，奚啻数倍于禁卫？宜遵旧制，择州郡禁兵补禁卫阙，州郡阙额帅守招填。”

绍定四年，臣僚言：“州郡有禁卒，有壮城，有厢军，有土兵，一州之财自足以给一州之兵。比年尺籍多虚，月招岁补，悉成文具。盖州郡吝养兵之费，所招无二三，逃亡已六七。宜申严帅臣，应郡守到罢，具兵额若干、逃故若干、招填若干、考其数而黜陟之。”

宝祐间，州郡阙守，承摄者遣令招刺，不询材武，务盗帑储。

咸淳季年，边报日闻，召募尤急，官降钱甚优厚。强刺平民，非无法禁。所司莫能体上意，执民为兵。或甘言诳诱，或诈名贾舟，候负贩者群至，辄载之去；或购航船人，全船疾趋所隶；或令军妇冶容诱于路，尽涅刺之。由是野无耕人，途无商旅，往往聚丁壮数十，而后敢入市。民有被执而赴水火者，有自断指臂以求免者，有与军人抗而杀伤者，无赖乘机假名为扰。

九年，贾似道疏云：“景定元年迄今，节次招军凡二十三万三千有奇，除填额，创招者九万五，近又招五万，谓之无兵不可。”十年，汪立信书抵贾似道陈三策，一谓：“内地何用多兵，宜悉抽以过江，可行六十万矣。盖兵不贵多，贵乎训练之有素。苟不堪受甲，徒取充数，将焉用之！”

考之旧制，凡军有阙额即招填。熙宁、元丰讲求民兵之政，于是募兵浸减，而三衙多虚籍。至于靖康，禁卫弱矣。中兴复用招募。立等杖，选勇壮，核人才，验虚实，审刺之法虽在诸屯，而已招者兵籍悉总于枢府云。

卷一百九十四
志第一百四十七

兵八 拣选之制 廪给之制

拣选之制 建隆初,令诸州召募军士部送阙下,至则军头司覆验等第,引对便坐,而分隶诸军焉。其自厢军而升禁兵,禁兵而升上军,上军而升班直者,皆临轩亲阅,非材勇绝伦不以应募,余皆自下选补。

咸平五年,于环、庆等州厢军马步军六千余人内选材勇者四千五百人,付逐寨屯防,以代禁兵。

景德二年,宣示:"殿前、侍卫司诸禁军中老疾者众,盖久从征戍,失于拣练,每抽替至京,虽量加阅视,亦止能去其尤者。今多已抽还,宜乘此息兵,精加选拣,虽议者恐其动众,亦当断在必行。昔太祖亦尝患此,遂尽行拣阅,当时人情深以为惧,其后果成精兵。"枢密使王继英等曰:"今兵革休息,不乘此时遴选,实恐冗兵徒费廪食。"帝曰:"然。近者契丹请盟,夏人纳款,恐军旅之情谓国家便谋去兵惜费。"乃命先于下军选择勇力者次补上军。其老疾者,俟秋冬慎择将臣令拣去之。

三年正月,诏遣枢密都承旨韩崇训等与殿前司、侍卫马步军司拣阅诸军兵士,供备库使、带御器械綦政敏等分往京东、西路拣阅。八月,诏效顺第一军赴京拣阅,以补虎翼名阙。是军皆河东人,帝念其累戍劳苦,故升奖焉。

大中祥符二年四月,诏曰:"江南、广东西路流配人等,皆以自抵宪章,久从配隶,念其远地,每用轸怀。属乔岳之增封,洎溥天之大庆,不拘常例,特示宽恩。江南路宜差内殿崇班段守伦就昇州、洪州,广南东、西路差殿直、阁门祗候彭麟就桂州,与本路转运使同勾抽诸州杂犯配军,拣选移配淮南州军牢城及本城。有少壮堪披带者,即部送赴阙,当议近上军分安排。如不愿量移及赴阙者,亦听。若地理远处,即与转运使同乘传就彼,依此拣选。"

五年正月,帝谕知枢密院王钦若等:"在京军校差充外处人员,军数不足,有妨训练,可诏示殿前、侍卫马步军司简补。禁军逐指挥兵士内,捧日上三军要及三百人,龙卫上四军各二百五十人,拱圣、骁骑、骁胜、宁朔、神骑、云武骑各三百五十人,并于下次军营升填,须及得本额等样,及令军头司于诸处招拣到人内选填。营在京者引见分配,在外处者准此,仍委逐司擘画开坐以闻。在京差出者,候替回拣选。"

九年十一月,诏河北、河东、陕西诸州军拣料本城兵,五百人以上升为一指挥,于本处置营教阅武艺,升为禁军。

天禧元年二月,遣使分往诸州军拣厢军骁壮及等者升隶上军。六月,召天下厢兵迁隶禁军者,凡五千余人。

天圣间,尝诏枢密院次禁军选补法:

凡入上四军者,捧日、天武弓以九斗,龙卫、神卫弓以七斗,天武弩以二石七斗,神卫弩以二石三斗为中格。恩、冀员僚直、骁捷军士选中四军,则不复阅试。自余招拣中者,并引对。凡员僚直阙,则以选中上军及龙卫等样、弓射七斗合格者充,仍许如龙卫例选补班直。

凡选禁军,自奉钱三百已上、弓射一石五斗、弩䠂三石五斗、等样及龙卫者,并亲阅,以隶龙卫、神卫。凡骑御马直阙小底,则阅拱圣、骁骑少壮善射者充。凡弓手,内殿直以下选补殿前指挥使,射一石五斗;御龙弓箭直选补御龙直、御龙骨朵子直,东西班带甲殿侍选补长入祗候,御龙诸直将虞候选补十将,射皆一石四斗;东西班、散直选补内殿直,捧日、员僚直、天武、龙卫、神卫亲从选补诸班直,御龙骨朵子直、弓箭直将虞候选补十将,御龙直长行选补将虞候,射皆一石三斗;员僚、龙御、骑御马直小底选补散直,射皆一石二斗。凡弩手,东西班带甲殿侍选补长骑祗候,射四石;御龙弩直将虞候选补十将,射三石八斗;长行选补将虞候,射三石五斗。其捧日、天武、龙卫亲从选补弩手班、御龙弩直者,亦如之。其次别为一等,减二斗。自余殿前指挥使、诸班直以岁久若上名出补外职者,所试弓弩斗力皆遽减,弓自一石三斗至八斗,弩自三石二斗至五斗各有差。

凡班直经上亲阅隶籍者,有司勿复按试。其升军额者,或取少壮拳勇,或旌边有劳。至于河清遽补,牢城配军亦间下诏选补,盖使给役者有时而进,负罪者不终废也。其退老疾,则以岁首,或出军回;转员皆拣汰,上军以三岁。河北遇大阅亦如之。景祐元年,诏选教骏填拱圣诸军,退其老疾为剩员,不任役者免为民。

三年,诏选骁骑、云骑、骁胜填拱圣,武骑、宁朔、神骑填骁骑。

康定元年,选御辇官为禁军。辇官二十六人遮辅臣喧诉,斩其首二人,余黥隶岭南,卒选如初。

庆历三年,诏韩琦、田况选京师奉钱五百已上禁军武技精捷者,营取五人,枢密院籍记姓名,以备驱使。况因言:"今天下兵逾百万,视先朝几三倍,自昔养兵之冗,未有若是。且诸路宣毅、广勇等军屡弱众甚,大不堪战,小不堪役。宜分遣官选不堪战者降为厢军,不堪役者释之。"上然其言。

皇祐元年,拣河北、河东、陕西、京东西禁厢诸军,退其罢癃为半分,甚者给粮遣还乡里。系化外若以罪隶军或尝有战功者,悉以剩员处之。

三年,韩琦奏:"河北就粮诸军愿就上军者,许因大阅自言。若等试中格,旧无罪恶,即部送阙,量材升补。"乃诏四路都总管司:"自今春秋阅,委主管选长五尺六寸已上、弓一石五斗、弩三石五斗者,并家属部送阙。

嘉祐二年,诏神卫水军等以五年,诸司库务役兵以三年一拣。五年,选京东西、陕西、河北、河东本城、牢城、河清、装御、马递铺卒长五尺三寸胜带甲者,补禁军。其尝犯盗亡坐黥者,配外州军归远、壮勇。

八年，右正言王陶奏："天下厢军以岁首拣，至于禁军虽有驻扎还日拣法，或不举。臣窃惟调发禁军本籍精锐，军出之时尤当拣练。请下有司，凡调发禁军，委当职官汰年六十巳上，将校年六十五巳上衰老者，如此则兵精而用省矣。"下其章。殿前、马步军司奏曰："旧制，遣戍陕西、河北、河东、广南被边诸军悉拣汰，余路则无令。请自今诸军调发，悉从拣法。"诏可。又诏："凡选本城、牢城军士以补龙猛等军者，并案籍取尝给奉钱五百及龙猛等者，以配龙猛；其不及等与尝给奉钱四百以下，若百姓黥隶及龙骑等者，以配龙骑；其龙骑军士戍还，即选填龙猛。自今本城、牢城悉三年一拣，著为令。"
　　治平元年，阅亲从官武技，得百二十人以补诸班直。乃诏：自今亲从官，限年三十五以下者充。又诏："如闻三路就粮兵，多老疾不胜铠甲者，可勿拘时，拣年五十以上有子弟或异姓亲属等应样者代之。如无，听召外人。"是岁，诏京畿并诸路拣龙骑、壮勇、归远、本城、牢城、宣效六军；河清、车营、致远、窑务、铸钱监、屯田务隶籍三十年胜铠甲者，部送京师填龙猛等军；其自广南拣中者，就填江西、荆湖归远阙额。仍诏每三年以龙猛等军阙数闻。又诏诸路，有步射引弓两石、蹶弩四石五斗已上者，奏遣诣阙。
　　二年，诏京东教阅补禁军。先是，京东教阅本城，自初置即番隶本路巡检，久不选补。上闻其军多勇壮可用者，欲示激劝，故有是诏。
　　治平四年五月，拣选拱圣、神勇以下勇分，以补捧日、天武、龙、神卫阙数。
　　元丰三年六月，权主管马步军司燕达言："内外就粮退军二十一指挥八千余人，以禁军小疾故拣退及武艺浅弱人配填，既不训练，又免屯戍，安居冗食，耗蠹军储。若自今更不增补，庶渐销减，候有阙，依禁军选募，教习武艺，不数年间，退军可尽变锐士。内奉钱七百者减为五百，依五百奉钱军等杖招拣。"从之。仍诏："上四军退军改作五百奉钱军额。"八月，殿前、步军司虎翼十指挥出戍归营，闵其劳苦，诏升补为神勇指挥。广西路经略司言："雄略、澄海指挥阙额，请以诸路配送隶牢城卒所犯稍轻，及少壮任披带者选补。"从之。
　　四年四月，提举河北义勇保甲狄谘言："旧制，诸指挥兵给内有老疾年五十五巳上、有弟侄子孙及等杖者，令承替名粮，其间亦有不堪征役者，乞年四十巳上许令承替。"诏河北马步诸军依此。十二月，诏诸班直、上四军，毋得简常有罪改配人。
　　元祐二年七月，诏诸路每岁于八月后解发试武艺人到阙，殿前司限次年正月，军头司限二月以前试验推恩。呈试武艺人同。
　　三年闰十二月，枢密院言："在京诸军兵额多阙，而京东、西路就粮禁军往往溢额。"诏差官往逐路同长吏拣选发遣，以补其数。
　　大观元年四月，诏曰："东南诸郡军旅之事，久失训齐，民虽浮弱，而阻山带江，轻而易摇。安必虑危，诚不可忽。其诸军事艺生疏精熟不同，非独见将官训练优劣，实亦系教头能否。"枢密院请委逐路提举训练官妙选精熟教头，二年一替，若能训练精熟，然后推赏。从之。

　　至若省并之法，凡军各有营，营各有额。皇祐间，马军以四百、步军以五百人为一营。承平既久，额存而兵阙，马一营或止数十骑，兵一营或不满一二百。而将校猥多，赐予廪给十倍士卒，递迁如额不少损。帝患之，熙宁二年，始议并废。陕西马步军营三百二十七，并为二百七十，马军额以三百人，步军以四百人。其后凡拨并者，马步军营五百四十五并为三百五十五，而京师、府界、诸路及厢军皆会总畸零，各足其常额。
　　凡并营，先为缮新其居室，给迁徙费。军校员溢，则以补他军阙，或随所并兵入各指挥，依职次高下同领。帝尝谓辅臣曰："天下财用，朝廷稍加意，则所省不可胜计。乃者销并军营，计减军校、十将以下三千余人，除二节赐予及僚从廪给外，计一岁所省，为钱四十五万缗，米四十万石，紬绢二十万匹，布三万端，马蒭二百万。庶事若此，邦财其可胜用哉！"
　　初议并营，大臣皆以兵骄已久，遽并之必召乱，不可。帝不听，独王安石赞决之。时苏轼言曰："近者并军蒐卒之令猝然轻发，甚于前日矣，虽陛下不恤人言，持之益坚，而势穷事碍，终亦必变。他日虽有良法美政，陛下能复自信乎？"枢密使文彦博曰："近多更张，人情汹汹非一。"安石曰："事合更张，岂惮此辈纷纷邪！"帝用安石言，卒并营之。自熙宁以至元丰，岁有并废。
　　元符二年，枢密院言："已诏诸路并废堡寨，减罢兵将，鄜延、秦凤路已减并，余路未见施行。"诏泾原、熙河兰会、环庆、河东路速议以闻。
　　三年，罢都护府，安抚使隶河、兰州，以省馈运。诏边帅减额外戍兵。
　　建中靖国元年，减放秦凤路土兵。
　　大观三年，诏："昨降处分，措置东南利害，深虑事力未办，应费不赀。其帅府、望郡添置禁军，诸县置弓手，并罢其壮城兵士，令帅府置一百人，余望郡置五十人，旧多者自依旧。沿边州军除旧有外，罢增招壮城。帅府、望郡养马并步人选充马军指挥，及支常平钱收籴封桩斛斗指挥，并罢。已添置路分钤辖、路分都监，许令任满。江南东西、两浙各共差走马承受内臣一员、帅府添置机宜文字去处，并罢。"
　　四年，诏："四辅州各减一将，其军兵仰京畿转运司将未足额并未有人，崇锐、崇威、崇捷、崇武内并废四十四指挥已拣到人，随等杖拨填四辅见阙禁军。仍将逐辅系将、不系将军兵，以住营远近相度，重别分隶排定，及八将训练驻扎去处，疾速开具以闻。河北、河东崇锐、崇威、河东十八指挥，河北不隶将十三指挥并废，见管兵令总管司拨填本路禁军阙额。河北路拨不尽人发遣上京，分填在京禁军阙额。河东拨不尽人，并于本路禁军额外收管。"
　　宣和五年，诏："两浙盗贼宁息，其越州置捕盗指挥，可均填江东、淮东三路州军阙额。"

至神宗之世，则又有简汰退军之令。治平四年，诏拣拱圣、神勇以下军补捧日、天武、龙卫、神卫兵阙。

熙宁元年，诏诸路监司察州兵招简不如法者按之，不任禁军者降厢军，不任厢军者免为民。

二年，从陈升之议，量减卫兵年四十以上稍不中程者请受。吕公弼及龙图阁直学士陈荐皆言退军不便。三年二月，司马光亦曰：

窃闻朝廷欲拣在京禁军四十五以上微有呈切者，尽减请给，兼其妻子徙置淮南，以就粮食。若实有此议，窃谓非宜。何则？在京禁军及其家属，率皆生长京师，亲姻联布，安居乐业，衣食县官，为日固久。年四十五未为衰老，微有呈切，尚任征役，一旦别无罪负，减其请给，徙之淮南，是横遭降配也。

且国家竭天下之财养长征兵士，本欲备御边陲。今淮南非用武之地，而多屯禁军，坐费衣食，是养无用之兵，置诸无用之地。又边陲常无事则已，异时或少有警急，主兵之臣必争求益兵。京师之兵既少，必须使使者四出，大加召募，广为拣选，将数倍多于今日所退之兵。是弃已教阅经战之兵，而收市井献亩之人，本欲减冗兵而冗更多，本欲省大费而费更广，非计之得也。

臣愚欲愿朝廷且依旧法，每岁拣禁军有不任征战者减充小分，小分复不任执役者，放令自便在京居止，但勿使老病者尚占名籍，虚费衣粮。人情既安于所习，国家又得其力，冗兵既去，大费自省，此国家安危所系，不敢不言。

右正言李常亦以为言。从之，是年，诏："陕西就粮禁军额十万人，方用兵之初，其令陕西、河东亟募士补其阙。"

四年，诏："比选诸路配军为陕西强猛，其以为禁军，给赐视壮勇为优，隶步军司，役于逐路都监、总管司。"诏广东、福建、江西选本路配军壮勇者，合所募兵万人，以备征戍。三月，诏广东路选杂犯配军丁壮，每五百人为一指挥，屯广州，号新澄海，如广西之法。七月，手诏："拣诸路小分年四十五以下胜甲者，升以为大分，五十已上愿为民者听。"旧制，兵至六十一始免，犹不即许。至是免为民者甚众，冗兵由是大省。

十年，遣官偕畿内、京东西、陕西、荆湖长吏简募军士，以补禁军之阙。

元丰元年，诏：以马军选上军，上军选诸班者，并马射弓一石力。诸班直枪弩手阙，选亲从、亲事官，八并选捧日、龙卫弓箭手。

二年，云骑军阙二千一百，以云捷等军补之。

六年，骑兵年五十以下，教武技不成而才可以肄习者，并以为步军。

元祐四年，诏："今后岁拣禁军节级，筋力未衰者，年六十五始减充剩员。"

八年，泾原路经略司奏："拣选诸将下剩员，年六十以下精力不衰，仍充军，以补阙额。"从之。陕西诸路如之。

绍圣四年，枢密院言："龙骑系杂犯军额，阙数尚多。今欲将禁军犯徒兵及经断者，岁拣以填阙。"从之。

元符元年又言："就粮禁军阙额，于厢军内拣选年四十以下者填。"从之。

宣和七年，诏京东西、淮南、两浙帅司精选诸军骁锐，发赴京畿辅郡兵马制置使司。

靖康元年，诏："军兵久失教习，当汰冗滥，精加拣择。"然不能精也。方兵盛时，年五十已上皆汰为民，及销并之久，军额废阙，则六十已上复收为兵，时政得失因可见矣。

中兴以后，兵不素练。自军校转补之法行，而拣选益精。大抵有疾患则选，有老弱则选，艺能不精则选，或由中军拣补外军，或拣外边精锐以升禁卫。考《军防令》，诸军招简等杖：天武第一军五尺有八寸，捧日、天武第二军、神卫五尺七寸三分，龙卫五尺有七寸，拱圣、神勇、胜捷、骁捷、龙猛、精朔五尺六寸五分，骁骑、云骑、骁胜、宣武、殿前司虎翼、殿前司龙翼水军五尺有六寸，武骑、宁朔、步军司虎翼水军、拣中龙卫、神骑、广勇、龙骑、骁猛、雄勇、吐浑、擒戎、新立骁捷、骁武、广锐、云翼、有马劲勇、步武、威捷、武卫、床子弩雄武、飞山雄武、神锐、振武、新招振武、新置振武、振华军、雄武弩手、上威猛、厅子、无敌、上招收、冀州雄胜、澄海水军弩手五尺五寸、广捷、威胜、广德、克胜、陕府雄胜、骁雄、雄威、神虎、保捷、清边弩手、制胜、清涧、平海、雄武、龙德宫清卫、宁远、安远五尺四寸五分，克戎、万捷、云捷、横塞、捉生、有马雄略、效忠、宣毅、建安、威果、全捷、川效忠、拣中雄勇、怀顺、忠勇、教阅忠节、神威、雄略、下威猛五尺四寸，亳州雄胜、飞骑、威远、蕃落、怀恩、勇捷、上威武、下威武、忠节、靖安、川忠节、归远、壮勇、宣效五尺三寸五分，济州雄胜、骑射、桥道、清塞、奉先、奉国、武宁、威勇、忠果、劲勇、下招收、壮武、雄节、靖江、武雄、广节、澄海、怀远、宁海、刀牌手、必胜五尺三寸，拣中广效、武和、武肃、忠靖、三路厢军五尺二寸。

建炎三年，诏："江南、江东、两浙诸州军正兵、土兵、除镇江、越州，委守臣兵官巡检，六分中选一分，部辖人年四十五以下，长行年三十五以下，合用器甲，候旨选择赴行在。有懦弱不堪，年甲不应，或占庇不如数选发，其当职官有刑。"

四年，诏："神武义军统制王璡下阅到第三等军兵一千六百六十人，填厢禁军，其不任披带者，分填严州新禁军。"

绍兴二年，上谓辅臣曰："邵青、单德忠、李捧三盗，招安至临安日久，卿等其极拣汰。"吕颐浩、秦桧得旨与张俊同阅视，堪留者近七千人。诏命张俊选精锐，得兵五千人诣行在。

二十年，枢密院言都统吴玠选中护卫西兵千人，诏隶殿司。又统制杨政选西兵三百二十五人，填步军司。

二十四年，诏："御龙直见阙数，可以殿、步二司选拍试填诸班。"

乾道二年，诏王琪选三百人充马军。

庆元三年,殿司言:"正额效用万一千五百九十二人,阙二百五十九人,于雄效内及效用带甲拍试一石力弓、三石力弩合格人填阙额。"诏:"崇政殿祗候、亲从填班直人数,特与免。其三衙旧司官兵及御马直合拣班人,照阙额补。"

嘉定十一年,臣僚言"今军政所先,莫如汰卒。"谓"如千兵中有百人老弱,遇敌先奔,即千人皆废矣。乞严敕中外将帅,务核其实。"

其省并法自咸平始。建炎以后,臣僚屡言,军额有阙,则并隶一等军分,足其旧额,以便教阅,而指挥、制领、将佐之属亦或罢或省,悉从其请。盖当多事之秋,患兵之不足,望增补以壮军容。事既宁息,患其有余,必并省以核军实,意则在乎少苏民力也。

嘉熙初,臣僚言:"今日兵贫若此,思变而通之。于卒伍中取强勇者,异其籍而厚其廪,且如百人之中拣十人,或二十,或三十,则是万人中有三千兵矣。时试之弓弩,课之武艺,暇则驰马击球以为乐,秋冬使之校猎。其有材力精强,则厚赏赉之。又于其中拔其尤者,数愈少而廪愈厚,待之如子弟,倚之如腹心,缓急可用。苏辙有言:'天子必有所私之将,将军必有所私之士'。又必申命主帅、制领,鼓动而精择之,假之统御之权,严其阶级之法。将乐与士亲,士乐为将用,则可以运动如意,不必别移一军,别招新军矣。"

咸淳间,招兵无虚日,科降等下钱以万计。奈何任非其人,白捕平民为兵,召募无法,拣选云乎哉!

廪禄之制　为农者出租税以养兵,为兵者事征守以卫民,其势然也。唐以天下之兵分置藩镇,天子府卫、中外校卒,不过十余万,而国用不见其有余。宋惩五代之弊,收天下甲兵数十万,悉萃京师,而国用不见其不足者,经制之有道,出纳之有节也。国初,太仓所储才支三、二岁。承平既久,岁漕江、淮粟六百万石,而缣帛、货贝、齿革百物之委不可胜用。其后军储充溢,常有余羡。内外又安,非偶然也。

凡上军都校,自捧日、天武暨龙卫、神卫左右厢都指挥使遥领团练使者,月俸钱百千,粟五十斛;诸班直暨虞候、诸军都指挥使遥领刺史者半之。自余诸班直将校,自三十千至二千,凡十二等;诸军将校,自三十千至三百,凡二十三等,上者有傔;厢军将校,自十五千至三百五十,凡十七等,有食盐;诸班直自五千至七百,诸军自一千至三百,凡五等;厢兵阅教者,有月俸钱五百至三百,凡三等,下者给酱菜钱或食盐而已。自班直而下,将士月给粮,率称是为差;春冬赐衣有绢绵,或加䌷布、缗钱。凡军士边外,率分口券,或折月粮,或从别给。其支军食,粮料院先进样,三司定仓敷界分,而以年月次之。国初,诸仓分给诸营,营在国城西,给粮于城东,南北亦然。相距有四十里者,盖恐士卒习堕,使知负檐之勤。久之,有司乃取受输年月界分,以军次高下给之。

凡三岁大祀,有赐赍,有优赐。每岁寒食、端午、冬至,有特支,特支有大小差,亦有非时给者。边戍季加给银、鞋、䌷、宁、环、庆缘边难于蠻汲者,两月一给薪水钱,苦寒或赐絮襦袴。役兵劳苦,季给钱。戍岭南者,增月奉。自川、广成还者,别与装钱。川、广递铺卒或给时服、钱、履。屯兵州军,官赐钱宴犒将校,谓之旬设,旧止待屯泊禁军,其后及于本城。

天圣七年,法寺裁定诸军衣装,骑兵春冬衣各七事,步兵春衣七事、冬衣六事,敢质卖者重置之法。

景祐元年,三司使程琳上疏,论:"兵在精不在众。河北、陕西军储数匮,而召募不已,且住营一兵之费,可给屯驻三兵,昔养万兵者今三万兵矣。河北岁费刍粮千二十万,其赋入支十之三;陕西岁费千五百万,其赋入支十之五。自余悉仰给京师。自咸平逮今,凡二边所增马步军指挥百六十。计骑兵一指挥所给,岁约费缗钱四万三千,步兵所给,岁约费缗钱三万二千,他给赐不预。合新旧兵所费,不啻千万缗。天地生财有限,而用无纪极,此国用所以日屈也。今同、华沿河州军,积粟至于红腐而不知用;沿边入中粟,价常踊贵而未尝足。诚愿罢河北、陕西募住营兵,勿复增置,遇阙即迁厢军精锐者补之,仍渐徙营内郡,以便粮饷。无事时番戍于边,缓急即调发便近。严戒封疆之臣,毋得侵轶生事以觊恩赏,违令者重置之法。如此,则疆埸无事,而国用有余矣。"帝嘉纳之。

康定元年,诏战场士卒给奉终其身。宰臣张士逊等言禁兵久戍边。其家在京师者,或不能自给。帝召内侍即殿隅条军校而下为数等,特出内藏库缗钱十万赐之。

庆历五年,诏:"湖南路发卒征蛮,以给装钱者,毋得更予带甲钱。"

七年,帝因阅军粮,谕仓官曰:"自今后当足数给之。"初,有司以粮漕自江、淮,积年而后支,惟上军所给斗升仅足,中、下军率十得八九而已。

嘉祐八年,殿前诸班请粮,比进样异,辄不受散去。御史中丞王畴以为言。诏:"提点仓官自今往检视,有不如样,同坐之。军士不时请及有喧哗,悉从军法。"

皇祐二年,诏:"在外禁军,凡郊赉折色,并给以实估之直。"

五年,诏:"广南捕蛮诸军岁满归营,人赐钱二千,月增奉钱二百。度岭阵亡及瘴疠物故者子孙或弟侄,不以等样收一人隶本营者,支衣廪之半。"

治平二年,诏:"泾原勇毅军拣为三等,差给奉钱一千至五百为三等,勿复置营,以季集渭州按阅。"

熙宁三年,帝手诏:"仓使给军粮,例有亏减,出军之家,侵牟益甚,岂朕所以爱养将士意哉!自今给粮毋损其数,三司具为令。"于是严河仓乞取减刻之事。

四年,诏付赵卨:"闻鄜延路诸军数出,至鬻衣装以自给,可密体量振恤之。"先是,王安石言:"今士卒极窘,至有衣纸而摄甲者,此最为大忧,而自来将帅不敢言振恤士卒,恐成姑息,以致兵骄。臣愚以为亲士卒如爱子,故可与之俱死;爱而不能令,譬如骄子不可用也。前陛下言郭进事,臣案《进传》,言进知人疾苦,所至人为立碑纪德;士卒小有违令,辄杀之。惟其能犒赏存恤,然后能杀违令者而人无怨。今宜稍宽牵拘将帅之法,使得用封桩钱物随宜振恤,然后可以责将帅得士卒死力也。"

四年,枢密院言:"不教阅厢军拨并,各带旧请外,今后招到者,并乞依本指挥新定请受。河北崇胜、河东雄猛、陕西保宁、京东奉化、京西壮武、淮南宁淮各酱菜钱一百,月粮二石,春衣绢二匹、布半匹、钱一千,冬衣绢二匹、䌷半匹、钱一千、绵十二两。两浙崇节、江东西效勇、荆南北宣节、福建保节、广东西清化除酱菜钱不支外,余如六路。川四路克宁已上各小铁钱一千,粮二石,春衣绢一匹、小铁钱十千,冬衣绢一匹、䌷一匹、绵八两、小铁钱五千。"并从之。

七年,增桥道、清塞、雄胜诸军奉满三百。又诏:"今后募禁军等赏给,并减旧兵之半。"

十年,诏:"安南道死战没者,所假衣奉咸蠲除之。弓箭手、民兵、义勇等有贷于官者,展偿限一年。又中外禁军有定额,而三司及诸路岁给诸军亦有常数。其阙额未补者,会其岁给并封桩,枢密承旨司簿其余数,辄移用,论如法。"

元丰二年,诏:"荆南雄略军十二营南成,瘴没者众,其议优恤之。军校子孙降授职。有疾及不愿为兵若无子孙者,加赐缗钱;军士子孙弟侄收为兵,并给赙,除籍后仍给粮两月;即父母年七十已上无子孙者,给衣廪之半,终其身。"

哲宗即位,悉依旧制。

徽宗崇宁四年,诏:"诸军料钱不多,比闻支当十钱,恐难分用,自今可止给小平钱。"初,蔡京谋逐王恩,计不行,欲阴结环卫及诸士卒,乃奏皇城辅兵月给食钱五百者,日给一百五十。自是,每月顿增四贯五百。欲因以市私恩也。

五年,枢密院言:"自熙宁以来,封桩隶枢密院,比因创招广勇、崇捷、崇武十万人,权拨封桩入尚书省。缘禁军见阙数多,若专责户部及转运司应副,恐致误事。"诏:"尚书省候极足十万人外,理合拨还。自今应禁军阙额封桩钱,仍隶枢密院。"

宣和七年,诏:"国家养兵,衣食丰足。近岁以来,官不守法,侵夺者多;若军司乞取及因事率敛,刻剥分数,反致不足。又官吏冗占猥多,修造役使,违法差借。杂役之兵,食浮于禁旅,假借之卒,役重于厢军。近因整缉军政,深骇听闻。自今违戾如前者,重置之法。"

靖康元年,诏:"诸路州军二税课利,先行桩办军兵合支每月粮料、春衣、冬赐数足,方许别行支散官吏请给等。禁军月粮,并免坐仓。

自国初以来,内则三司,外则漕台,率以军储为急务,故钱粮支赐,岁有定数。至于征成调发之特支,将士功劳之犒赏,与夫诸军阙额而收其奉廪以为上供之封桩者,虽无定数,而未尝无权衡于其间也。封桩累朝皆有之,而熙宁为盛。其后虽有"今后再不封桩"之诏,然军司告乏,则暂从其请,稍或优足,则封桩如旧。盖宰执得人,则阙额用于朝迁;枢管势重,则阙额归之密院。此政和军政所以益不逮于崇宁、大观之间者,由两府之势互有轻重,而不能恪守祖宗之法也。

中兴以后,多遵旧制。绍兴四年,御前军器所言:"万全杂役额五百,户部廪给有常法。比申明裁减,尽皆遁逃。若依部所定月米五斗五升,日不及二升;麦四斗八升,斗折钱二百,日餐钱百,实不足赡。"诏户部裁定,月米一石七斗,增作一石九斗。

五年,诏:"效用入资旧法,内公据、甲头名称未正,其改公据为守阙进勇副尉,日餐钱二百五十、米二升;甲头为进勇副尉,日餐钱二百、米二升。非带甲入队人自依旧法。"宣抚使韩世忠言:"本军调发,老幼随行,缘效用内有不调月粮,不增给日请,军兵米二升半、钱百,效用米二升、钱二百,乞日增给赡米一升半,庶几战士无家累后顾忧,齐心用命。"诏分屯日即陈请。

十三年,诏:"殿司诸统领将官别无供给职田,日赡不足,差兵营运,浸坏军政。可与月支供给:统制、副统制月一百五十千,统领官百千,正将、同正将五十千,副将四十千,准备将三十千,皆按月给。既足其家,可责后效。若仍前差兵负贩,从私役禁军法,所贩物计赃坐之,必罚无赦。州县知而不举,同罪。"主管步司赵密言:"比定诸军五等请给,招填阙额,要以屏革奸弊。第数内招收白身效用,填马步军使臣阙。其五等请给例内,马军效用依五人衙官例,步军效用依三人衙官例。缘旧效用曾经带甲出入,日止餐钱二百、米二升;有少壮善射者,既见初收效用廪给稍优,因逃他军以希厚请。今拟五等招收白身效用与旧效用,不以马步军论,概增其给,人日支钱二百、米二升,填使臣阙。"

隆兴二年,殿前司言:"诸军法,兵级年六十,将校年六十五,减充剩员给请,内有战功亦止半给。比来年及不与减落,乞每营存籍,乡贯、年甲、招刺日月悉书之,一留本营,一留户部,一留总领,以备开落。"

乾道八年,枢密院言:"二月为始,诸军七人例以上,二分钱、三分银、五分会子;五人例,三分钱、四分银、三分会子。军兵折麦餐钱,全支钱。使臣折麦、料钱,统制、军佐供给分数仍旧。"

淳熙三年,枢密院言:"兵部定请受格:效用一资守阙毅士,二资毅士,三资守阙效士,月各钱三千,折麦钱七百二十,米一石五升,春冬衣绢各二匹;四资效士,钱三千,折麦钱九百七十二,米一石一斗三升有奇,衣绢各二匹;五资守阙听候使唤,钱四千五百,折麦钱一千八十,米一石二斗,绢三匹有半;六资听候使唤,钱四千五百,折麦钱一千二百六十,米一石四斗七升,绢五匹;七资守阙听候差使,八资听候差使,钱四千五百,折麦钱一千四百四十,米一石六斗八升,绢各五匹;九资守阙准备使唤,十资准备差使,钱五千,折麦钱一千四百四十,米六石八升,绢各五匹。"

绍熙元年,知常德府王铢言:"沿边城寨之官,以备疆场不虞,廪禄既薄,给不以时,孤寒小吏,何以养廉?致使熟视奸猾泄漏禁物,公私庇盖,恬不加问,从而徇私受赇者有矣。弓手、士军、戍卒佣直粮食,累月不支,迫于饥寒,侵渔蛮獠,小则致讼争,大则启边衅。乞严敕州、军按月廪给,如其未支,守倅即不得先请己奉。庶俾城寨官兵有以存济,缓急之际,得其宣力。安边弭盗,莫此为急。"

厥后弊日以滋,迨至咸淳,军将往往虚立员以冒稍食。以建康言之,有神策二军,有游击五军,有亲兵二军,有制效二军,有靖安、唐湾水军,有游击采石水军,有精锐破敌军,有效用、防江军,原其初起,惟骑、戎两司额耳。后仍各创军分,额多而员少。一统制月请,以会子计之,则成一万五百千,推之他军,概可见矣。

九年,四川制司有言:"戍兵生券,人月给会子六千,蜀郡物贾翔贵,请增人月给九千。"当是时财赋之出有限,廪稍之给无涯,浚民膏血,尽充边费,金帛悉归于二三大将之私帑,国用益竭,而宋亡矣。

臣僚尝言:"古者兵与农一,官无供亿之烦,国有备御之责。后世兵与农二,竭国力以养兵,奉之若骄子,用之若佣人。今守边急务,非兵农合一不可。其说者有二:曰屯田,曰民兵。川蜀屯田为先,民兵次之;淮、襄民兵为先,屯田次之。此足食足兵之良策也。"其言厄于权奸,竟不行。

卷一百九十五
志第一百四十八

兵九 训练之制

训练之制　禁军月奉五百以上,皆日习武技。三百以下,或给役,或习技。其后别募厢兵,亦阅习武技,号教阅厢军。戍川、广者旧不训练,嘉祐以后稍习焉。凡诸日习之法,以鼓声为节,骑兵五习,步兵四习,以其坐作进退非施于两军相当者然。自宋初以来,中外诸军皆用之。

明道二年,枢密使王曙言:"天下厢军止给役而未尝习武技,宜取材勇者训肄,升补禁军。"上可其奏。

康定元年,帝御便殿阅诸军阵法。议者谓诸军止教坐作进退,虽整肃可观,然临敌难用,请自今遣官阅阵毕,令解镫以弓弩射。营置弓三等,自一石至八斗;弩四等,自二石八斗至二石五斗,以次阅习。诏行之陕西、河东、河北路。是岁,诏:"教士不衽带金革,缓急不足以应敌。自今诸军各予铠甲十、马甲五,令迭披带。"又命诸军班听习杂武技,勿辄禁止。

庆历元年,徙边兵不教者于内郡,俟习武技即遣戍边。

二年,诸军以射亲疏为赏罚,中的者免是月诸役,仍籍其名。阙校长,则按籍取中多者补。枢密直学士杨偕请教骑兵止射九斗至七斗三等弓,画的为五晕,去的二十步,引满即发,中射,视晕数给钱为赏。骑兵佩劈阵刀,训肄时以木杆代之。奏可。

四年,诏:"骑兵带甲射不能发矢者,夺所乘马与本营艺优士卒。"韩琦言:"教射唯事体容及强弓,不习射亲不可以临阵。臣至边,尝定弓弩挽强、贴硬、射亲格,愿行诸军立赏肄习。岁以春秋二时各一阅,诸营先上射亲吏卒之数,命近臣与殿前、马步军司阅之。其射亲入第四至第七等,量先给赐;入第三等已上及挽强、贴硬中格,悉引对亲阅;等数多者,其正副指挥使亦第赐金帛。"诏以所定格班教诸军。四年,遣官以陕西阵法分教河北军士。

五年,密诏益、利、梓、夔路钤辖司,以弓弩习士卒,候民间观听寝熟,即便以短兵日教三十人,十日一易。知并州明镐言:"臣近籍诸营武艺之卒,使带甲试充奇兵外,为三等,庶几主将悉知军中武技强弱,临敌可用。"诏颁其法三路。范仲淹请以带甲射一石充奇兵,余自九斗至七斗第为三等,射力及等即升之。诏著为令。

六年,诏诸军夏三月毋教弓弩,止习短兵。又诏:"以春秋大教弓射一石四斗、弩矿三石八斗、枪刀手胜三人者,立为武艺出众格。中者,本营阙阶级即以次补。"

至和元年,诏:"诸军选将校,武艺钧,以射亲为上。"韩琦又言:"奉诏,军士弩矿四石二斗并弓箭、枪手应旧规选中者,即给挺补守阙押官,然则排连旧制为虚文矣。请三路兵遇春秋大教,武技出众者优给赏物,免本营他役,候阶级阙,如旧制选补。"奏可。

治平二年,诏:"河北战卒三十万一千、陕西四十五万九百并义勇等,委总管司训练,毋得冗占。"

熙宁元年,诏曰:"国家置兵以备战守,而主兵之官冗占者众,肄习弗时,或误军事。帅臣、安抚、监司其察所部有占兵不如令者以闻。"十月,枢密院请陕西、河东选三班使臣及士人任殿侍者,以为河北诸路指使,教习骑军。或言河朔兵有教阅之名而无其实,请班教法于其军,久而弗能者,罢为厢军。奏可。

二年,帝常语执政:"并边训练士卒,何以得其精熟?"安石对曰:"京东所教兵已精强,愿陛下推此法以责边将,间诏其兵亲临阅试。训练简阅有不如诏者罚之,而赏其能者。赏不遗贱,罚不避贵,则法行而将吏加劝,士卒无不奋励矣。"九月,选置指使巡教诸军,殿前司四人,马、步军司各三人。

三年,帝亲阅河东所教排手,进退轻捷,不畏矢石。遂诏殿前司,步军指挥当出戍者,内择枪刀手伉健者百人,教如河东法,艺精者免役使,以优奖之。

五年四月,诏在京殿前马步诸军巡教使臣,并以春秋分行校试。射命中者第赐银楪,兵房置籍考校,以多少定殿最。五月,诏以泾原路簑挺衔教阵队于崇政殿引见,仍颁诸路。其法:五伍为队,五队为阵,阵横列,骑兵二队亦五伍列之。其出皆以鼓为节,束草象人而射焉,中者有赏。马步皆前三行枪刀,后二行弓弩,附队以虎蹲弩、床子弩各一,射与击刺迭出,皆闻金即退。预籍人马之强者隐于队中,遇可用,则别出为奇。帝以其点阅周悉,常有出野之备,故令颁行。

六年,诏:"河北四路承平日久,重于改作,苟遂因循,益骫军制。其以京东武卫等六十二营隶属诸路,分番教习,余军并分遣主兵官训练。"九月,诏:"自今巡教使臣校殿最，虽以十分为率，其事艺第一等及九分已上，或射亲及四分，虽殿，除其罚；第二等事艺及八分，或射亲不及三分，虽最，削其赏。"十月，选泾原士兵之善射者，以教河朔骑军驰骤野战。帝曰："裁并军营，凡省军员四千余人，此十万军之资也。倪训练精勇，人得其用，不惟胜敌，亦以省财。"安石等曰："陛下频年选择使臣，专务训练，间御便殿躬亲试阅，赏罚既明，士卒皆奋。观其技艺之精，一人为数夫之敌，此实国家安危所系也。"是时，帝初置内教法，旬一御便殿阅武，校程其能否而劝沮之，士无不争劝者。

七年，诏教阅战法，主将度地之形，随宜施行。二月，诏："自今岁一遣使，按视五路安抚使以下及提举教阅诸军、义勇、保甲官，课其优劣以闻而诛赏之。"

八年，诏："在京诸军营屯迫隘，马无所调习。比创四教场，益宽大，可以驰骋。其令骑军就教者，日轮一营，以马走骤阅习。"五月，臧景陈马射六事：一、顺鬃直射，二、背射，三、盘马射，四、射亲，五、野战，六、轮弄，各为说以晓射者。诏依此教习。八月，帝令曾孝宽视教营阵。大阅八军阵于荆家陂，讫事大赏。

元丰元年十月，诏立在京校试诸军技艺格，第为上中下三等。步射，六发而三中为一等，二中为二等，一中为三等。马射，五发骤马直射三矢、背射二矢，中数、等如步射法。弩射，自六中至二中，床子弩及炮自三中至一中，为及等。并赏银有差。枪刀并标排手角胜负，计所胜第赏。其弓弩坠落，或纵矢不及堋，或挽弓破体，或局而不张，或矢不满，或弩蹠不上牙，或攒不发，或身倒足落，并为不合格。即射已中赏，余箭不合格者，降一等，无可降者罢之。

是月，贾逵、燕达等言："近者增损东南排弩队法，与东南所用兵械不同，请止依东南队法，以弩手代小排。若去敌稍远则施箭，近则左手持弩幼小排架隔，右手执刀以备斩伐，与长兵相参为用。"诏可，其枪手仍以标兼习。十一月，京西将刘元言："马军教习不成，请降步军，又不成，降厢军。"乃下令诸军，约一季不能学者，如所请降之。十二月，诏："开封府界、京东西将兵，十人以一人习马射，受教于中都所遣教头。在京步军诸营弓箭手，亦十人以一人习马射，受教于教习马军所。艺成，则展转分教于其军。"

二年四月，遣内侍石得一阅视京西第五将所教马军。五月，得一言其教习无状，诏本将陈宗等具折。宗等引罪，帝责曰："朝廷比以四方骄悍为可虞，选置将臣分总禁旅，俾时训练，以待非常。至于部勒规模，悉经朕虑，前后告戒已极周详。使宗等稍异木石，亦宜略知人意。尸禄日久，既顽且慵，苟遂矜宽，实难励众，可并勒停。"是月，诏殿前、步军司兵各置都教头掌隶教习之事，弩手五营、弓箭手十营、枪刀标排手五营各选一人武艺优者奏补。逐司各举散直一人为指使，罢巡教使臣。是日，诏河东、陕西诸路："旧制，马军自十月一日驰射野战，至谷雨日止。塞上地凉，自今教起八月，止五月一日。"七月，诏诸路教阅禁军毋过两时。九月，内出教法格并图象颁行之。步射

执弓、发矢、运手、举足、移步，及马射、马使蕃枪、马上野战格斗，步用标排，皆有法象，凡千余言，使军士诵习焉。

四年五月，诏东南诸路转运、提点刑狱司，体量将兵自降教阅新法之后，军士有所倍费以闻。盖自团立将兵以来，军人日新教阅，旧资技艺以给私费者，悉无暇为故也。

六年，从郭忠绍之请，步军弩手第一等者，令兼习神臂弓。

七年八月，诏开封府界、京东西路专选监司提举教阅。神宗留心武备，既命立武学、校《七书》以训武举之士，又颁兵法以肆军旅，微妙渊通，取成于心，群臣莫望焉。

元祐元年四月，右司谏苏辙上言："诸道禁军自置将以来，日夜按习武艺，将兵皆蚤晚两教，新募之士或终日不得休息。今平居无事，朝夕虐之以教阅，使无遗力以治生事，衣食殚尽，憔悴无聊，缓急安得其死力？请使禁军，除新募未习之人，其余日止一教。"是月，朝请郎任公裕言："军中诵习新法，愚懵者颇以为苦。夫射志于中，而击刺格斗期于胜，岂必尽能如法？"枢密院亦以为元降教阅新法合有教者指授，不当令兵众例诵。诏从之。九月，枢密院奏："异时马军教御阵外，更教马射。其法：全队驰马皆重行为'之'字，透空发矢，可迭出，最便利。近岁专用顺鬃直射、抹鞦背射法，止可轻骑挑战，即用众乃不能重列，非便。请自今营阅排日，马军'之'字射与立背射，隔日互教。"诏可。

三年五月，罢提举教习马军所。

六年六月，三衙申枢密院，乞近伏七十日依令式放诸军教。王严叟白韩忠彦曰："景德故事，皆内侍省检举传宣，今但岁举为常，则不复见朝廷恩意。"忠彦以为然，又开陈太皇太后。曰："如此则为常事，待处分内侍省。"遂诏："今后入状，遣中侍传宣诸军住教。"

绍圣元年三月，枢密院言："禁军春秋大教赏法，每千人增取二百一十人，给赏有差。"从之。

二年二月，枢密院言："马军自九月至三月，每十日一次出城漯渲，教习回答野战走骤向背施放，遇风雪假故权住。"从之。

三年五月，诏在京、府界诸路禁军格斗法，自今并依元丰条法教习。七月，诏选弩手兼习神臂弓。八月，诏："殿前、马步军司见管教头，别选事艺精强、通晓教像体法者，展转教习。其弓箭手马、步射射亲，用点药包指及第二指知镞，并如元丰格法。"是月，又诏复神臂弓射法为百二十步。

元符元年十月，曾布既上巡教使臣罚格，因言："祖宗以来，御教士常使恩归人主，而威令在管军。凡申严军政，岂待朝廷立法而后施行耶？是管军失职矣。"帝深以为然。

政和元年二月，诏："春秋大教，诸军弓弩斗力，并依元丰旧制。"

四年五月，臣僚上言："神臂弓垛远百二十步，给箭十只，取五中为合格，军中少得该赏，恐惰于习射。送殿

前、马步军司勘会，将中贴箭数并改为上垛，其一中贴此两上垛。"从之。

五年三月，诏："自今敢占留将兵，不赴教阅，并以违御笔论。不按举者，如其罪。"十一月，臣僚言："春秋大教，诸军弓弩上取斗力高强，其射亲中多者，激赏太薄，无以为劝。"诏依元丰法。

八年，诏州郡禁军出戍外，常留五分在州教阅，从毛友之请也。

重和元年正月，而兵部侍郎宇文粹中进对，论禁军训练不精，多充杂役。帝曰："祖宗军旅之法最为密致，神考尤加意训习，近来兵官寖以弛慢。古者春振旅，夏茇舍，秋治兵，冬大阅，皆于农隙以讲事，大司马教战之法，大宗伯大田之礼，细论周制，大抵军旅之政，六卿无有不总之者。今士人作守倅，任劝农事，不以劝耕稼为职；管军府事，不以督训练为意。自今如役使班直及禁卫者，当差人捉探惩戒。更候日长，即亲御教阅激赏。"寻以粹中所奏参照条令行之。

宣和三年四月，立骑射赏法，其背射上垛中贴者，依步射法推赏。

靖康元年二月，诏："军兵久失教习，当汰冗滥。今三衙与诸将招军，惟务增数希赏，但及等杖，不问勇怯。招收既不精当，教习又不以时，杂色占破，十居三四。今宜招兵之际，精加拣择，既系军籍，专使教习，不得以杂色拘占。又神臂弓、马黄弩乃中国长技，宜多行教习，以捍边骑。仍令间用衣甲教阅，庶使习熟。"四月，诏复置教场，春秋大阅，及复内教法以激赏之。

阵法　熙宁二年十一月，赵禼乞讲求诸葛亮八阵法，以授边将，使之应变。诏郭逵同禼讲求，相度地形，定为阵图闻奏。

五年四月，诏蔡挺先进教阅阵图。帝尝谓："今之边臣无知奇正之体者，况奇正之变乎！且天地五行之数不过五，五阵之变，出于自然，非强为之。"宰相韩绛因请诸帅臣各具战阵之法来上，取其所长，立以为法。从之。帝患诸将军行无行阵之法，尝曰："李靖结三人为队必有意。星书，羽林皆以三人为队，靖深晓此，非无据也。"乃令贾逵、郭固试之。十二月，知通远军王韶请降合行条约，诏赐御制《攻守图》、《行军环珠》、《武经总要》、《神武秘略》、《风角集占》、《四路战守约束》各一部，余令关秦凤路经略司抄录。

六年，诏诸路经略司，结队并依李靖法，三人为一小队，九人为一中队，赏罚俟成序日取裁。其队伍及器甲之数，依泾原路牙教法。九月，赵禼言："欲自今大阅汉蕃阵队，且以万二千五百人为法，旌旗麾帜各随方色。战国时，大将之旗以龟为饰，盖取前列先知之义。令中军亦宜以龟为号。其八队旗，别绘天、地、风、云、龙、虎、鸟、蛇。天、地则象其方圆，风、云则状其飞扬，龙、虎则状其猛厉，鸟、蛇则状其翔盘之势，以备大阅。"枢密院以为阵队旗号若绘八物，应士众难辨，且其间亦有无形可绘者。遂诏止依方色，仍异其形制，令勿杂而已。

七年，又命吕惠卿、曾孝宽比校三五结队法。十月，以新定结队法并赏罚格及置阵形势等，遣近侍李宪付赵禼曰："阵法之详已令宪面谕，今所图止是一小阵，卿其从容析问，宪必一一有说。然置阵法度，久失其传，今朕一旦据意所得，率尔为法，恐有未尽，宜无避忌，但具奏来。"继又诏曰："近令李宪赍新定结队法并赏罚格付卿，同议可否，因以团立将官，更置阵法，卿必深悉朝廷经画之意。如日近可了，宜令李宪赍赴阙。"禼奏曰：

置阵之法，以结队为先。李靖以五十人为一队，每三人自相得者结为一小队，合三小队为一中队，合五中队为一大队，余押官、队头、副队头、左右𫏋旗五人即充五十，并相依附。今圣制：每一大队合五中队，五十人为之；中队合三小队，九人为之；小队合三人为之，亦择心意相得者。又选壮勇善枪者一人为旗头，令自择如己艺、心相得者二人为左右𫏋；次选勇悍者人为引战；又选军校一人执刀在后，为拥队。凡队内一人用命，二人应援；小队用命，中队应援；中队用命，大队应援；大队用命，小队应援。如逗挠观望不即赴救，致有陷失者，本队委拥队军校，次队委本辖队将，审观不救所由，斩之。其有不可救，或赴救不及，或身自受敌，体被重创，但非可救者，皆不坐。其说虽与古同，而用法尤为精密。此盖陛下天锡勇智，不学而能也。

然议者谓四十五人而一长，不若五人而一长之密。且以五人而一长，即五十人而十长也，推之于百千万，则为长者多，而统制不一也。至如周制：五人为伍，属之比长；五伍为两，属之间胥；四两为卒，属之族师；五卒为旅，属之党正；五旅为师，属之州长；五师为军，属之命卿。此犹今之军制，百人为都，五都为营，五营为军，十军为厢。自厢都指挥使而下，各有节级，有员品，亦昔之比长、间胥、族师、党正之任也。

议者谓什伍之制，于都法为便，然都法恐非临阵对敌决胜之术也。况八阵之法，久失其传，圣制一新，稽之前闻，若合符节。夫法一定，易以致人。敌好击虚，吾以虚形之；敌好背实，吾以实形之。然而所击者非其虚，所背者非其实，故逸能劳之，饱能饥之，此所谓致人而不致于人也。

七年七月，诏诸路安抚使各具可用阵队法，及访求知阵队法者以闻。九月，崇仪使郭固以同详定古今阵法赐对，于是内出《攻守图》二十五部付河北。

八年二月，帝批："见校试七军营阵，以分数不齐，前后抵牾，难为施用。可令见校试官撼其可取者，草定八军法以闻。"初，诏枢密院曰："唐李靖兵法，世无全书，杂见《通典》，离析讹舛。又官号物名与今称谓不同，武人将佐多不能通其意。令枢密院检详官与王震、曾收、王白、郭逢原等校正，分类解释，令今可行。"又命枢密院副都承旨张诚一、入内押班李宪与震、逢原行视宽广处，用马步军二千八百人教李靖营阵法。以步军副都指挥使杨遂为都大提举，诚一、宪为同提举，震、逢原参议公事，夏元象、臧景等为将副、部队将、干当公事，凡三十九人。诚一等初用李靖六花阵法，约受兵二万人为率，为七军，内虞候军各二千八百人，取战兵千九百人为七十六队，战兵内每军弩手三百、弓手三百，马军五百，跳荡四百，奇兵四百，辎重每军九百，是为二千八百人。帝谕近臣曰：

黄帝始置八阵法，败蚩尤于涿鹿。诸葛亮造八阵图于鱼复平沙之上，垒石为八行。晋桓温见之，曰："常山蛇势。"此即九军阵法也。至隋韩擒虎深明其法，以授其甥李靖。靖以时遇久乱，将臣通晓者颇多，故造六花阵以变九军之法，使世人不能晓之。大抵八阵即九军，九军者，方阵也。六花阵即七军，七军者，圆阵也。盖阵以圆为体，方阵者内圆而外方，圆阵即内外俱圆矣。故以方圆物验之，则方以八包一，圆以六包一，此九军六花阵之大体也。六军者，左右虞候军各一，为二虞候军；左右厢各二，为四厢军；与中军共为七军。八阵者，加前后二军，共为九军。开国以来，置殿前、马步军三帅，即中军、前后军帅之别名；而马步军都虞候是为二虞候军，天武、捧日、龙神卫四厢是为四厢军也。中军帅总制九军，即殿前都虞候，专总中军一军之事务，是其名实与古九军及六花阵相符而不少差也。今论兵者俱以唐李筌《太白阴经》中阵图为法，失之远矣。

朕尝览近日臣僚所献阵图，皆妄相眩惑，无一可取。果如其说，则两敌相遇，必须遣使像约战日，择宽平之地，夷阜塞壑，诛草伐木，如射圃教场，方可尽其法尔。以理推之，其不可用决矣。今可约李靖法为九军营阵之制。然李筌乃营法，非阵法也。朕采古之法，酌今之宜，曰营曰阵，本出于一法，特止曰营，行曰阵；在奇正言之，则营为正、阵为奇也。

于是以八月大阅八军阵于城南荆家陂。已事，赐遂而下至指使、马步军银绢有差。

八年，诏诸路权住教五军阵，止教四御阵。

九年四月，帝于辅臣论营阵法，谓："为将者少知将兵之理，且八军、六军皆大将居中，大将譬则心也，诸军，四体也。运其心智，以身使臂，以臂使指，攻左则右救，攻右则左救，前后亦然，则军何由败也！"

元丰四年，以九军法一军营阵按阅于城南好草陂，已事，奖谕。

七年，诏："已降五阵法，令诸将教习，其旧教阵法并罢。"盖九军营阵为方、圆、曲、直、锐，凡五变，是为五阵。

元祐元年，高翔言，乞以御阵与新阵法相兼教阅，从之。盖元丰七年，诏专用五阵法，而旧教御阵遂废；至是，复令互教。

绍圣三年，复罢教御阵。

大观二年，诏以五阵法颁行诸路。

靖康元年，监察御史胡舜陟奏："通直郎秦元所著兵书、阵图、师律三策、大八阵图一、小图二，皆酌古之法，参今之宜，博而知要，实为可用。"诏令赐对。当时君臣虽无雄谋远略，然犹切切焉以经武为心。

高宗建炎元年，始颁枢密院教阅法，专习制御摧锋破敌之艺、全副执带出入、短桩神臂弓、长柄刀、马射穿甲、木挺。每岁拟春秋教阅法，立新格。神臂弓日给箭二十，射亲去垛百二十步。刀长丈二尺以上，毡皮裹之，引斗五十二次，不令刀头至地。每营选二十人阅习，经两阅者五十人为一队，教习分合，随队多少，分隶五军。每军各置旗号，前军绯旗，飞鸟为号；后军皂旗，龟为号；左军青旗，蛟为号；右军白旗，虎为号；中军黄旗，神人为号。又别以五色物号制招旗、分旗。举招旗，则五军以旗相应，合而成阵；举分旗，则五军以旗相应，分而成队。左右前却，或分藏为伏，或分出为奇，皆举旗为号。更鸣小金、应鼓，备瞻望不及者。豫约伏藏之所，缓鸣小金即止，急鸣应鼓即奇兵出阵趋战，急鸣小金即伏兵出。其春秋大教推赏，依海行格法。

李纲言："水战之利，南方所宜。沿河、淮、海、江帅府、要郡，宜效古制造战船，以运转轻捷安稳为良。又习火攻，以焚敌舟。"诏命杨观复往江、浙措置，河、淮别委官。三年，亲阅水军于镇江登云门外。

绍兴四年，诏内殿按阅神武中军官兵推赏。

二十四年，臣僚言："州郡禁卒，远方纵弛，多不训练，春秋教阅，临时备数，乞申严旧制。"

三十一年，诏："比闻诸路州厢、禁军、土军，有司擅私役，妨教阅。帅府其严责守兵勤兵归营，训练精熟，以备点视。"

孝宗乾道二年，幸候潮门外，次幸白石阅兵，三衙率将佐道驾，射生官兵就御辇下献所获。是日，有数将独手运大刀，上曰："刀重几何？"李舜举奏："刀皆重数十斤。"有旨："卿等教阅精明。"又谕陈敏曰："军马衣装整肃如此。"特锡赉鞍马、金带，士卒推赏有差。

四年，幸茅滩教阅。举黄旗，连三鼓，变方阵；五鼓，举白旗，变圆阵；次二鼓，举赤旗，变锐阵；青旗，变直阵。毕事，上大悦，赏赉加倍。兵分东西，呈大刀、火炮，上问李舜举："按阅比曩时何如？"舜举奏："今日之兵，陛下亲训练，抚以深恩，锡以重赏，忠勇倍常。"

乾道中，诏弓箭手元射一石四斗力升加三斗，元射一石力升加五斗，弩手元射四石力升加五斗，元射两石七斗力升加八斗，进秩推赏有差。宰执进射亲赏格，虞允文曰："拍试以斗力升请给，今用射亲定赏，恐不加意斗力。"上曰："然。他日虽强弓劲弩可以取胜，若止习射亲，则斗力不进。此赏格不须行。"

淳熙间，立枪手及射铁帘格。上谓辅臣曰："闻射铁帘，诸军鼓跃奋厉。"周必大曰："兵久不用，此辈无进取，自然气惰。今陛下激劝告戒，人人皆胜兵。"于是殿前、步军司诸军及马军旧司弓弩手，射铁帘合格兵共一千八百四十余。诏中垛帘弓箭手一石二斗力十箭，弩手四石力八箭，依格进两秩，各赐钱百缗；弓箭手一石力十箭以上，弩手三石力八箭，各进两秩。诏中外诸军赏格亦如之。

绍熙元年，诏殿司："许浦水军并江上水军岁春、秋两教外，每月轮阅习。沿海水军准是。"知徽州徐谊言："诸路禁军，近法以十分为率，二分习弓，六分习弩；余二分习枪、牌。习弓者听兼习弩，斗力可以观其进退，射亲可以察其能否。勤惰之实，人有稽考。"诏下诸路遵守之。执政胡晋臣言："比年用射铁帘推赏，往往获迁秩，是亦足以作成人才。"上曰："射铁帘不难，此赏格太滥，其专以武艺精熟为尚。"

二年，枢密院言："殿、步司诸军弓箭手，带甲六十步射，一石二斗力，箭十二，六箭中垛为本等。弩手，带甲百步射，四石力，箭十二，五箭中垛为本等。枪手，驻足举手撺刺，以四十撺为本等。主帅委统制、统领较其艺。本等外取升加多者，每军五千五百人以上弓、弩、枪手各十五人，诣主帅审实，上枢密院覆试。各择优等二人升转两秩，余人给钱五缗，俟将来再试。"

庆元二年，幸候潮门外大阅。

嘉泰二年，诏将按阅诸军，赏赍依庆元二年增给。

宝庆二年，莫泽言："州郡禁军，平时则以防寇盗，有事则以备戎行，实录于朝廷，非州郡可得私役。比年州郡军政隳废，吝于廪给，阙额恒多。郡官、主兵官有窠占，寓公有借事，存留者不什一。当教阅时，钤、总、路分虽号主兵，仅守虚籍，莫敢号召。入教之次，坐作进退殆同儿戏。守臣利虚券不招填，主兵受厚赂改年甲。且一兵请给，岁不下百缗，以小计之，一郡占三百人，是虚费三万缗也。私役禁军，素有常宪。守帅辟园池，建第宅，不给餐钱；寓公去城辽绝，类得借兵，扰害乡闾。近而辅郡至有寓公占四五百兵者。良由兵官之权轻，而私占之禁弛也。乞严戒监司、守倅等，止许借厢军，仍不得妨教阅，余官虽厢军亦勿借。"

淳祐十一年，台臣条陈军匠不闲阅习之弊："按旧制，禁兵毋私役。比岁凡州军屯营驻扎之处，多循旧习，每一州军匠无虑数百，官无小大各占破，而雕镂、组绣、攻金、设色之事靡所不有。工艺虽精，击刺不习，设有小警，何能授甲？乞申严帅守及统兵官，应军匠听归营伍闲习训练，勿竞作无益，虚糜廪稍，以妨军实。"

咸淳初，臣僚言："诸军统领、统制、正将、副将正欲在军训练，闲于武事，一有调用，令下即行，士悉将智，将悉士勇，所向无敌。今江南州郡、沿江制阃置帐前官，专任营运，不为军计，实为家谋，绝无战阵新功，率从帐前升差。大略一军仅二三千，而使臣至五六百，以供杂役。"

九年，臣僚言："比者招募军兵，一时徒取充数，以觊赏格。涅刺之后，更不教阅。主兵官苦以劳役，日夜罔休，一或少违，即罹囹圄，榜掠之酷，兵不堪命，而死者逃者接踵也。今请以新招军分隶诸队，使之熟纪律，习事艺，或旬或月上各郡阅试。"盖弊至于此，而训练之制大坏矣。

卷一百九十六

志第一百四十九

兵十 迁补之制 屯戍之制

迁补之制 自殿前、侍卫马步军校，每遇大礼后，各以次迁，谓之"转员"。转员至军都指挥使，又迁则遥领刺史，又迁为厢都指挥使，遥领团练使。员溢，即从上罢军职，为正团练使、刺史之本任，或有他州总管、钤辖。其老疾若过失者，为御前忠佐马军都军头、副都军头，隶军头司。其黜，则为外州马步军都指挥使。凡军主阙，以军都指挥使递迁；余阙，以诸军都虞候、指挥使、副指挥使、行首、军使、副行首、副兵马使、十将递迁。凡将校，一军营止补十人，其厢都指挥使、军都指挥使、都虞候、指挥使，营主其一，即阙其三。殿前左右班都虞候遥领刺史，即与捧日军都指挥使通，以次迁捧日、龙卫厢都指挥使，仍遥领团练使。若员溢，即为正刺史补外，他如诸军例递迁。

凡列校转补，有司先阅走跃、上下马；次出指二十步，掩一目试之，左右各五占数为见物。武艺，弓射五斗，弩矿一石五斗，枪刀手稍练。负罪不至徒，年未高，或虽年高而无疾、精力不耗者，并取之。

凡诸军转员后，取殿前指挥使长入祗候填行门，取东西班长入祗候、殿侍、诸班直充诸班押班、诸军将校者，皆亲阅。前一日，命入内都知或押班一人、勾当御药院内侍一人，同军头引见司较定弓弩斗力，标志之。凡弓弩艺等者，人占其一。至日，引见，弓弩列置殿前，命取一以射。军头引见司专视喝箭以奏。如喝失当，即奏改正。入内都知或押班同勾当御药院内侍殿上察视，如引见司不觉举，亦奏改正。枪刀手竭胜负，若喝不以实，并引见司失觉举，并劾其罪。

太平兴国九年，上诣崇政殿军改诸军将校，自军都指挥使以下、员僚以上，皆按名籍验劳绩而升陟之，凡数日而毕。内外感悦。乃谓宰臣等曰："朕迁转军员，先取其循谨能御下者，武勇次之。若不自谨饬，则其下不畏惮，虽有一夫之勇，亦何所用！"

咸平三年五月，上御便殿迁补军职，凡十一日而毕。自神卫右第二军都指挥使、恩州刺史周训而下，递迁者千三十一人。

四年十二月，帝谓吕蒙正曰："选众求才，诚非易事。朕常孜孜询访，冀有所得。向求于军校中，超擢八九人，委以方任，其间王能、魏能颇甚宣力，陈兴、张禹珪亦有能名。"蒙正等曰："才难求备。今拔十得五，有以见陛下知臣之明也。"

五年，帝谓知枢密院周莹曰："国朝之制，军员有阙，但权领之，三岁一迁补。未及期以功而授，止奉朝请而已。今阙员处则乏人部辖。须当例与转补。"于是召莹等至便殿，按军籍次补，其屯戍于外及军额在下素不该恩例，亦溥及之。凡再旬方毕。

景德二年四月，帝曰："殿前诸班、侍卫马步诸军及军头司诸军员，因衰病或以他事出补外职，率皆临事奏裁，殊无定制，可条其所入职名类例以闻。"又曰："近累有诸处立功指挥使，未可别加迁擢，皆特补本军都虞候。旧无此职名，盖权宜加置，若后有阙，不须复补。"又曰："内外诸军所阙小校，傥以名次迁补，或虑不能尽得武干之士，自今并令阅试武艺，选擢为之。"

大中祥符四年七月，诏曰："自来转补军员，皆是议定降宣命讫，方引见转补。其间有老病不任职者，临时易之，无由整齐。经汾阴大礼，应殿前马步军诸班诸军员，并分作甲次于崇政殿逐人唱名引见，朕自视之。有不任职者，当于不系禁军处优与安排，免转员之际，旋议改易。"八月，诏："殿前、侍卫马军步军司所管内外禁军军员，自来补转，体例不一，未得均平。朕夙夜思之。今来该汾阴转员，可立定久远规制。其马军、步军，自指挥使以下，各别转补，皆令自下而升。仍将殿前、侍卫马军步军司所辖军分，各袞同转补。如马军军员自近下补至拱圣，即双取之，以分补捧日、龙卫，其近下军分有阙，即却自捧日、龙卫双取，升一员资补填。其步军有阙，填补并准此。"又诏："所议改更转补军员职名，恐诸军未喻，可降宣命云：殿前、侍卫马步军司自来多是龙卫更转入捧日，并神卫更入天武之类，是致难得出职，久成沉滞。今来转员，出自朕意，并各与分两头迁改，其龙卫更不入捧日，并神卫更不入天武。其捧日、龙卫阙，于拱圣内隔间取人，分头充填。其拱圣阙，即将骁骑、云骑分头转入。其天武、神卫阙，于神勇内隔间取人，分头充填。其神勇阙，即将宣武充填。其宣武阙，取殿前、步军司虎翼充填。已上如取尽指定军员，即转已次军员充填。所有宁朔军分次第请受并转员出入，今后并特与依骁胜体例施行。"

六年十月，诏："诸班直并马步军事军员，其诸班、捧日、龙卫、天武、神卫五头下出人外，其御龙诸直作一处转；员僚直、拱圣、骁骑、云骑、骁胜、武骑、宁朔、神骑已上军额军员，作一处挨排递迁；水军神勇、宣武、殿前司虎翼、卫圣、步军司虎翼、奉节、广勇、神射已上军额军员，作一处挨排转补；事内殿前指挥使押班至都知只本班转，其神卫、广勇、神射已下至军使、都头，即逐指挥内递迁。内有年及六十已下者并勾押赴阙，令殿前司看验闻奏，当议相度安排。所有副兵马使、副都头员阙，仍取捧日、龙卫、神勇十将充填，余并从之。内神卫水军第一指挥，令立充神卫水军指挥；殿前司上虎翼第二、步军司上虎翼第一，并立充虎翼水军指挥，依旧系逐司管押。其神卫水军见管军员，先自奉节补入，多不会舟楫，并一齐转上外，却将虎翼水军两指挥会水军员与神卫水军共三指挥一处袞转。如转至神卫水军指挥使，除年老病患依例出职安排外，更不转上。"

天禧元年十月，以御前忠佐郭丰等六人并受将军。初，军头司定年老负犯者将黜之。帝以其久居武列，命置环卫，其带遥郡者与大将军，不带遥郡者与将军。

天圣六年，将转员，枢密院奏："诸军将校有因循不敢戢士者，请谕殿前、马步军司奏以名闻。"八年，诏殿前、侍卫司同定内外诸军排立资次。

景祐二年，诏缘边就粮兵有员阙，奏以旧人次迁。

康定元年，诏三路就粮将校半以次迁，半遣自京师。又诏陕西土兵校长遣自京师，情不谙达，自今悉就本路通补。

庆历四年，诏捧日、天武选退将校超三资，余超二资，悉补外职。五年，真定府、定州路都总管司奏："奉诏阅教军士，选补阶级，弓射九斗至一石，距堋七十步至百步，射最亲者为第一等。其阅教时，弓不必引满，力竞即发，务在必中。伏缘旧例军中拣节级，以挽强引满为胜。今一旦取射亲者为第一等，其弓力止九斗、一石，箭留三两指，而退素习挽强引满之士，于理未便。"诏诸军选节级用旧例，遇阅教即如近制。

皇祐元年，诏：诸路就粮兵阙将校，须转补满三年听迁。又诏：将帅麾下兵，非有战功，毋得请迁隶上军。

嘉祐二年，诏：京东教阅本城、骑射、威边、威勇、壮武，自初募置，即给鼓旗阅教以代禁军，如有员阙，听递迁至副指挥使止，转补后满三岁，阙三分已上即举行。其指挥使阙，即步军司补之。

至和三年，诏亲从官入殿满八年者补节级，从枢密院之请也。

治平元年，迁诸班直长行洎禁军副兵马使已上有材武者，得七十人，帝临轩亲阅。喻天武右第三军都指挥使王秀曰："尔武艺虽不中格，而有功劳，且能恪守法度，其以尔为正刺史，务勤乃职，无负朕之委寄也。"又喻散直都虞候胡从、内殿直副都知张思曰："尔能勤以持身，忠以事上，治军又皆整肃，其以从为内园使，思为崇仪副使。"自余擢迁有差。

二年，诏："广南教阅忠敢、澄海，一营者即本营递迁，两营已上者，营三百人补五人，二百人至三百人补三人，二百人以下补二人，百人以下补一人，止于副指挥使。凡递迁满三岁，五阶阙二、三阶阙一即补。"四年，诏："自今一营及二百五十人已上置校十人，阙三人即补。二百五十人已下置校七人，阙二人即补。京师非转员并诸道就粮并准此令。"

凡军头、十将、节级转补，谓之"排连"，有司按籍阅试，如列校转员法。弓射六斗、弩弝一石七斗、枪刀手稍练并取之。如旧不试武技者，即递迁。其不教阅厢军节级，则其半递迁，其半取优健未尝犯徒刑、角力胜者充。

治平四年，有司言："军士阙额多而将校众，请以实领兵数制将校额，第其迁补，并通领五都之事。"乃诏："二百五十人以上，补指挥使十人，以下七人，阙二人者以次补。补十将者，马军四十人，步军如马军之数而加其一焉。百五十人以上者三十人，阙五人者以次补。不及百五十人者，如旧格，补单将二十人。"

熙宁二年，枢密院请："自今捧日、龙卫、天武、神卫厢都指挥使阙，无当次迁者，并虚之。其诸军都指挥使、都虞候当迁者，阙多则间一名补转，兼以次职事。吐浑等军都指挥使、都虞候阙者，虚其阙。"六月，诏："河东、陕西就粮军士将校，其间材效之人，孤远无由自达，有司审度其有军功骁勇者以名闻，当擢置班行，以备本路任使。"

四年，诏："诸班直尝备宿卫，病告满尚可疗者，殿前指挥使补外牢城指挥使，余以为捧日、天武第五军押营，奉钱三千者予五百，二千以下者予三百。"

六年，诏："军校老而诣部辖者优假之；虽疾不至罢癃，或未七十犹堪任事者勿罢。即法虽当留而不能部辖者以闻，当议处之厢军。"二月，诏："军士选为节级，取两尝有功者，功等以先后，又等以重轻，又等以伤多者为上。"

七年，诏："十将以下当转资而不欲者，凡一资，以功者赐帛十五匹，技优者十匹。"六月，诏："在京转员诸军都虞候已上至军都指挥使，以军功当迁而愿以授子孙者听，视其秩有差。"

八年，转员，帝亲阅，凡三日。旧制，捧日都虞候四人，至是，补者五人，而马军都指挥使阙骁骑二人，以捧日一人补骁骑军主，余四人如故，则次军皆不得迁，乃补四人者皆为马步军副都军头。旧龙卫、拱圣、骁骑、武骑、宁朔、神骑为一百三十一营，今省五十营，而马军指挥以下已补八十一营，补外尚有溢员，乃诏所省营未移并者凡四十三，每营权置下名指挥使、副指挥使各一，军使三，以便递迁。

九年，将转员，枢密院奏："换官稍优，军校由行伍有功，不久乃至团练使。"帝曰："祖宗以来，军制固有意。凡隶在京殿前、马步军司所统诸营，置军都指挥使、都虞候分领之。凡军事，止责分领节制之人。责之既严，则遇之不得不优。至若诸路，则军校不过各领一营，不可比也。"吴充等以本大末小对，帝然之。因言："周室虽盛，成、康之后，寖以衰微。本朝太平百有余年，由祖宗法度具在，岂可轻改也？"

元丰元年，诏禁军排连者三分其人，以其一取立功额外人，二分如令简试。十二月，诏诸军军使、都头以下并充兵额，正副指挥使以上置于额外，军行则分押诸队。又诏："内殿直以下诸班直阙，按籍阙二分者虚其阙四之一，二分以上亦如之，不及二分补其半，余并阙之。"

四年，诏："五路甄转土军与诸路不甄转禁军法，十将、副都头、副兵马使、都头、军使并如令。自副都指挥使至都虞候尝转资者，间以赐帛，已赐帛乃迁。"

五年，诏以诸路教阅厢军为下禁军，排连如禁军法。

七年，枢密院言："骑军诸营、诸班直以年劳升至军使者甚众，无阙可补。"诏捧日、龙卫、拱圣、骁骑、云骑、骁胜权置下名军使，凡二百四十员，拱圣、骁骑、云骑权置副兵马使，凡九十员以处之。

元祐元年，枢密院奏："诸军将年七十，若有疾，假满百日不堪疗者，诸厢都指挥使除诸卫大将军致仕；诸军都指挥使、诸班直都虞候带遥郡除诸卫将军致仕；诸班直、上四军除屯卫，拱圣以下除领军卫：仍并以有功劳者为左，无功劳者为右。"从之。

二年，枢密院言："旧例，行门对御呈试武艺，并临时特旨推恩，前期未尝按试，至日旋乞增加斗力，或涉唐突，因以抵罪，请于转员前一日按定斗力。"从之。四月，枢密院言："旧例，诸班直长行补诸军员僚，并取入班及转班二十年、年四十以上人。迨元丰四年，以阙额数多，乃特诏减五年，系一时之命。今诸军员僚溢额，傥不定制，即异时迁补不行；若便依限年旧法，又虑未有合该出职之人。请于三次渐次增及旧例年限。"从之。

五年，枢密院言："转员马军指挥使以下至副兵马使，人数溢额，转迁不行。"诏权置下名军使一百七十人，副兵马使一百七十五人。又言："禁军大阅，请以匹帛、银楪支赐，罢转资。"从之。六年，又言："应排连长行充承局、押官者，先取年五十五以下、有战功公据者，仍以战功多少、得功先后、伤中轻重为次，事等而俱无伤中，则以事艺营名为次。"从之。

绍圣二年，诏："将来转员换前班人，并从元丰转员令，仍不得过一百二十人。元祐所限人数比试家状指挥勿用。"

三年，枢密院进呈转员及行门试武艺、换前班、留住等条例。曾布言："国初以来，皆面问其所欲，察相人才，或换官，或迁将校，或再任，此则威福在人主。以至唐突，或放罪，或行法，亦视其情状而操纵之。元祐改法，乃令大阉与三司、军头司先指试定，但对御引呈，依拍定等第推恩，殊失我祖宗驭众之法。不许唐突，例坐徒罪兼决责人员，皆非旧法。唐突人虽有理，亦不施行。缘情轻者放罪，重者取旨，自有旧格。先朝燕达、林广尝唐突当降配，先帝释之，后皆为名将。至情重则杖脊配岭表者，有王明者住留叫呼，云：'若不得换前班，乞纳命。'管军贾逵乞重配，先帝亦贷之，但降一等，与换外官。如此，故人知恩威皆自人主出，岂可一切付之有司？"帝悦，诏令并依元丰以前条例施行。

五年，马步军司言："三路甄转军员，请依元丰七年诏，'应三月一日后续有得功嵌补升名并改转名职自充下名者，并依先补名次，各理降宣月日以为高下，审会给据，候再经甄转，即依嵌补升转名次高下转那。'自今三路军员甄转亦如之。"诏侍卫马、步军司，自今开具合转补职名申枢密院降宣，余并从之。七月，军头司引见殿前、马步军司拣到御龙诸直人材事艺应格，并补逐直将虞候，赐杖子。一名开弓偃身不应法，黜之。

八月，枢密院言：

《转员旁通格》："捧日、天武不带遥刺军都指挥使，换左藏库使，仍除遥刺；殿前班不带遥刺都虞候，换左藏库使。"看详殿前班带遥郡都虞候，系与捧日带遥郡军都指挥使理先后相压转迁；其不带遥郡殿前班都虞候、捧日军都指挥使换官班，合一等推恩。欲殿前班不带遥郡都虞候，依捧日不带遥郡军都指挥使换官。

又拱圣、神勇与骁骑已下军分有异，其逐军都虞候、指挥使理难一等换官。欲拱圣、神勇都虞候依旧换供备库使外，骁骑、云骑、宣武都虞候换左藏库副使，拱圣、神勇指挥使换内殿承制。捧日、天武、神、龙卫指挥使皆系上四军，其捧日、天武换西京左藏库副使，龙、神卫换内殿承制，比捧日、天武隔两官，理有未均，欲神、龙卫指挥使换供备库副使。

又殿前班上名副都知换供备库副使，下名副都知换内殿承制，自来以左右第一、第二班为资次，欲第一班换供备库副使，第二班换内殿承制。

又："换前班差遣，州总管以下，并以五路缘边为优，诸路为次。正团练使，州总管；正刺史，州钤辖；诸司使副，都巡检使、驻泊都监；内殿承制、崇班，巡检、州都监；供奉官至借职，教押军队指使。"看详诸司使、副已上差遣，见依格施行外，承制以下，欲依今来转员所差遣例。

又："拱圣、神勇、骁骑、云骑、宣武军都指挥使换文思，仍除遥刺，已带者依旧；御龙直都虞候，文思使，带遥刺者依旧；内殿直两次都虞候换左藏库使，一次文思使，带遥刺者依旧。"看详拱圣、神勇与骁骑以下军分有异，兼御龙直都虞候遇转员合次神勇军都指挥使转行，及系环卫诸直人员最上名人，兼内殿直都虞候以次殿前班，及转员无阙，合随龙卫军都指挥使转行，理难于骁骑、云骑、宣武军都指挥使之下换官。欲御龙直、内殿直都虞候依格合换官外，并除遥刺；骁骑、云骑、宣武军都指挥使止与换文思使，更不除遥郡刺史，内已带遥刺者依旧。内殿前班副都知并与换供备库副使。

今马步军诸指挥事艺高强十将引见，取拣充员僚，内弓箭手短一指箭人合降一军安排；弩手括不发，事体颇同，并弩手坠箭与括不发亦同，欲并降一军安排。

从之。

十一月，枢密院言："《转员旁通册》内御龙直都虞候至都头副换官，惟指挥使上两直与文思副使系降两资，余止降一资，散员至金枪都知、副都知皆换内殿承制，不惟职名有差，自副都知约六迁方转都知；兼东西班、散直、钩容直系近下班分，副都知亦降都知一等换内殿崇班。其东西班、散直押班与副都知职名不等，两经转迁，方入近下班分副都知，理难与都知一等换内殿崇班。又散指挥至钩容直指挥使并换供备库副使，缘东西班、散直、钩容直遇转员，止是迁入上班，亦难一等换官。"诏："御龙下两直指挥使换左藏库副使，散员、散指挥、散都头、散祗候，金枪都知换供备库副使，东西班、散直押班换东头供奉官，东西班指挥使换官依旧外，散直、钩容直指挥使换左藏库副使。"缘《转员旁通册》内未载云，武骑军都指挥使转迁换官并恩例等，诏并依骁骑军都指挥使格。

四年二月，军头司引见捧日等兵试艺，帝于行间召邢斌、韩戾问曰："开弓犹有余力乎？"各对愿增二石二斗弓。遣内侍监定斗力授之。射皆应法，并特充殿前指挥使，赐缗钱。

元符元年七月，枢密院言："将校、军头、十将各转补者，委本将体量，不掩眼试五次，二十步见，若一次不同，减五步，掩一眼再试。但两眼共见二十步，或一眼全不见二十步，仍试上下马。如无病切，弓射五斗，弩踏一石五斗，枪刀、标手各不至生疏，并与转补。即有病切，或精神尫悴，或将校年六十九，或经转补后犯奸盗赃罪情罪重以上虽该降，并隔下奏听旨。如差出者勾赴本将体量，在别州者，报所在州体量。排连长行充承局、押官者，先取年五十五以下，有两次以上战功人填阙，六人更取一名；余取年四十以下、武艺高强、无病切人，试两眼各五次，二十步见者选拣。内步军以阙六分为率，先取弓手一分，次取弩手三分，次取枪牌刀手二分，更有零分者依六分为率，资次取拣，周而复始。长行犯徒经决及二年，或军人因犯移配杖罪经三年、徒罪经四年，或已升拣军分又经一年，各无过犯，并听排连。不应充军人，已投状后，审会取放逐便，虽未给公凭，其请给差使并罢，有违犯，加凡人二等。不应充军人，于法许逐便者，并追纳元请投军例物讫，报合属去处，给公凭放逐便。如非品官之家，无例物回纳，愿依旧充军者听。"从之。

三月，礼部言："检会故事，臣僚申请诸州军府管押进奉衙校等，祖宗以来，并加散官。自更官制，阶散并罢。既罢阶散，若与转资，似属太优。欲每转一资，支赐绢二十匹。如一名管押两处，只许就一处支给。或一州一军差二人同押，亦共与上件支赐。若一员官两处进奉，只随本官合推恩处从一支给。今押进奉皇帝登宝位礼物衙校等，欲依故例施行。"并从之。

宣和七年十一月，南郊，制："应军员送军头司未得与差遣者，如后来别无过犯，却与差遣。应厢军人员补职及十五年未经迁补者，令所属保明闻奏。应禁军、厢军因一犯滥情重不得补充人员及递迁资给者，若经断及五年不曾再犯，及不曾犯赃，委所在候排连日审实，特与不碍迁补。"

建炎、绍兴之间，排连、转员屡尝损益，而大率因于旧制。

乾道六年，主管侍卫马军司公事李显忠言："本司诸兵将官有阙，自来择众所推者，不以次序上闻升迁。比年须自训练官充准备将，准备将及二年升副将，副将及二年升正将，正将及三年升统领官，再及三年升统制官，窃恐无以激扬士气。请今后兵将官有阙，不以年为限，许本司铨量人材胆勇服众上闻补用。"诏从其请。此诚砥砺兵将之良法也。

嘉定中，枢密院言：

诸军转员迁补，务在均一。如内诸班直循旧格排连，积习既久，往往超躐升转，后名反居前列，高下不伦，甚失公平之意。

今参酌前后例格，均次资序：其一曰，内殿直左第一班副都知转东西班西第二都知，内殿直左第二班副都知转散直左班都知。其二曰，散员左第二班副都知升内殿直左第一班副都知，散员右第一班副都知升内殿直左第一班副都知。其三曰，散员右第一班副都知升内殿直右第一班副都知，散中左第二班副都知升内殿直右第二班副都知。其四曰，散指挥左第一班副都知升散员左第一班副都知，散指挥右第一班副都知升散员右第一班副都知。其五曰，散指挥左第二班副都知升散员左第二班副都知，散指挥右第三班副都知升第二班副都知。其六曰，散都头左班副都知升散指挥左第一班副都知，散都头右班副都知升散指挥右第一班副都知。其七曰，散祗候左班副都知升散指挥左第一班副都知，散祗候右班副都知升散指挥右第二班副都知。其八曰，内殿直左第一班押班迁转东西班西第一班副都知，内殿直右第一班押班转东西班西第三班副都知。

以上各系升四名外，御龙直御龙左第一直十将转御龙弓箭直副都头，御龙直右第一直十将转御龙弩直副都头，御龙骨朵子直左第一直十将升御龙左第一直十将，御龙弩直左第一直十将升御龙弓箭左第三直十将，系各升六名。

于是超躐积习之弊尽革，而为定制焉。

淳祐十一年，御史台条奏军功赏格违法之弊："在法，边戍获捷、奇功、暴露、撤戍者，制阃、军帅举奏授官，必其人身亲行阵，有战御功。今自守阙进勇副尉至承信郎、承节郎者，其弊尤多，乃以奉权要，酬私恩，或转售于人。方等第功赏之初，即窜名其中，朝廷审核，动涉岁年，已无稽考。甚至承受、厅吏、厮卒之流，足迹未尝出都门，而沾亲冒矢石、往来军旅之恩，授以名器。请申严帅阃，令立功人亲授告身，庶革冒滥。"

宝祐五年，枢密院言："应从军职事，必立战功，并队伍中人曾经拍试武艺；若训练官以递而升者，或年限未及仍带'权'字，俟年及方升正统制，此定法也。近年任子、杂流冒授者，才无差遣，便请从军，骤统领至总管，曾几何时，超躐而进。甫得总管，却耻军职，辄称私计不便，或托父母老疾，巧计离军，又以筋力未衰，求差正任，甚非法意。"

至咸淳中，大将若吕文德、夏贵、孙虎臣、范文虎辈，矜功怙宠，慢上残下，行伍功赏，视为己物，私其族姻故旧，俾战士身膏于草莽，而奸人坐窃其勋爵矣。

屯戍之制　凡遣上军，军头司引对，赐以装钱。代还，亦入见，犒以饮食，简拔精锐，退其癃老。至于诸州禁、厢军亦皆戍更，隶州者曰驻泊。戍蜀将校，不遣都虞候，当行者易管他营。凡屯驻将校带遥郡者，以客礼见长吏，余如屯驻将校。凡驻泊军，若捍御边寇，即总管、钤辖共议，州长吏等毋预。事涉本城，并屯驻在城兵马，即知州、都监、监押同领。若州与驻泊事相关者，公牒交报。凡戍更有程：京东西、河北、河东、陕西、江、淮、两浙、荆湖、川峡、广南东路三年，广南西路二年，陕西城寨巡检并将领下兵半年。

景祐元年，诏："若闻陕西戍卒，多为大将选置麾下，及偏裨临阵，鲜得精锐自随。自今以全军隶逐将，毋得选占。"三年，诏广、桂、荆、潭、鼎、澧六州各置雄略一营，与归远军更戍岭外。

康定元年，颁铜符、木契、传信牌。铜符上篆刻曰"某处发兵符"，下铸虎豹为饰，而中分之。右符五，左旁作虎豹头四；左符五，右旁为四窍，令可勘合。又以篆文相向侧刻十干字为号：一甲己，二乙庚，三丙辛，四丁壬，五戊癸。左符刻十干半字，右符止刻甲己等两半字。右五符留京师，左符降总管、钤辖、知州军官高者掌之。凡发兵，枢密院下符一至五，周而复始。指挥三百人至五千人用一虎一豹符，五千人已上用双虎豹符。枢密院下符以右符第一为始，内匣中，缄印之，命使者赍宣同下，云下第一符，发兵与使者，复缄右符以还，仍疾置闻。所在籍下符赍次日月及兵数，毋得付所司。

其木契上下题"某处契"，中剖之，上三枚中为鱼形，题"一、二、三"，下一枚中刻空鱼，令可勘合，左旁题云"左鱼合"，右旁题云"右鱼合"。上三枚留总管、钤辖官高者掌之，下一枚付诸州军城寨主掌之。总管、钤辖发兵马，百人已上，先发上契第一枚，贮以韦囊，缄印之，遣指挥赍牒同往。所在验下契与上契合，即发兵，复缄上契以还，仍报总管、钤辖。其发第二、第三契亦如之。掌契官籍发兵资次日月及兵数以为验。

传信牌中为池槽，藏笔墨纸，令主将掌之。每临阵传命，书纸内牌中，持报兵官，复书事宜内牌中而还。主将密以字为号验，毋得漏泄军中事。

吕夷简言："自元昊反，被边城寨各为自守计，万一贼有奔冲，即关辅惊扰。虽夏竦等屯永兴，其实兵少。自永兴距鄜延、环庆诸路，皆数百里，设有急缓，内外不能相救。请募勇敢士三万，训以武技，分置十队，以有谋勇者三人将之，分营永兴。西寇至，则举烽相应，或乘势讨击，进退不以地分，并受夏竦等节制。"诏从之。初，赵元昊反，以夏竦、陈执中知永兴军，节度陕西诸军，久之无功。乃析秦凤、泾原、环庆、鄜延为四路，以秦、渭、庆、延知州分领本路马步军。是岁，罢铜符、木契。诏曰："陕西屯重兵，罄本路租税，益以内库钱帛，并西川岁输，而军储犹不足。宜度隙地为营田务，四路总管、转运悉兼领使。"

庆历二年，诏："已发士三万戍永兴，委总管司部分阅教。岁以八月遣万五千人戍泾、原、仪、渭州、镇戎军，十二月以万五千人代，至二月无警即还，岁以为常。"葛怀敏等丧师，命范仲淹、韩琦、庞籍复统四路，军期中覆不及者，以便宜从事。四年，夏人已纳款，乃罢。四月，帝谓辅臣曰："湖广击蛮吏士，方夏瘴热，而罹疾者众，宜遣医往为胗视。"

六年，诏："骑军以盛夏出戍，马多道死。自今以八月至二月遣发。"又诏："广南方春瘴疠，戍兵在边者权休善地。其自岭外戍回军士，予休两月。"李昭亮上言："旧制，调发诸军先引见，试以战阵，迁补校长。今或不暇试战阵，请选强壮有武技者，每十人引见转资后遣。"诏可。

时契丹使来议关南地，朝廷经制河北武备，议者欲增兵屯。程琳自大名府徙安抚陕西，上言曰："河朔地方数千里，连城三十六，民物繁庶，川原坦平。自景德以前，边数有警，官军虽众，罕有成功。盖定州、真定府、高阳关三路之兵，形势不接，召发之际，交错非便。况建全魏以制北方，而兵隶定州、真定府路，其势倒置。请以河朔兵为四路，以镇、定十州军为一路，合兵十万人；高阳关十一州军为一路，合兵八万人；沧、霸七州军为一路，合兵四万人；北京九州军为一路，合兵八万人。其驻泊钤辖、都监各掌训练，使士卒习闻主将号令，急缓即成部分。"

天子下其章，判大名府夏竦奏："镇、定二路当内外之冲，万一有警，各籍重兵，控守要害，迭为应援。若合为一，则兵柄太重，减之则不足以备敌。又沧州久隶高阳关，道里颇近，濒海斥卤，地形沮洳，东北三百里，野无民居，非贼蹊径。万一有警，可决漳、御河东灌，塘淀隔越，贼兵未易奔冲，不必别建一路。惟北京为河朔根本，宜宿重兵，控扼大河南北，内则屏蔽王畿，外则声援诸路。请以大名府、澶、怀、卫、滨、棣、德、博州、通利军建为北京路。四路各置都总管、副都总管一人，钤辖二人，都监四人。平时只以河北安抚使总制诸路，有警，即北京置四路行营都总管，择尝任两府重臣为之。"

议未决，竦入为枢密使，贾昌朝判大名府，复命规度。昌朝请如竦议，惟保州沿边巡检并雄、霸、沧州界河二司兵马，国初以来，拓边最号强劲，今未有所隶，请立沿边巡检司隶定州路，界河司隶高阳关路。

于是下诏分河北兵为四路：北京、澶、怀、卫、德、博、滨、棣州、通利保、顺军合为大名府路；瀛、莫、雄、霸、贝、冀、沧州、永静、乾宁、保定、信安军合为高阳关路；镇、邢、洺、相、赵、磁州合为真定府路；定、保、深、祁州、北平、广信、安肃、顺安、永宁军合为定州路。凡兵屯将领，悉如其议。韩琦谓兵势大分，请合定州、真定府为一，高阳关、大名府为一。朝廷以更置甫新，不报。诏四路兵依陕西遣部将往来按阅。又诏自今兵戍回，拣充捧日、龙卫、天武、神卫等军。

皇祐元年，发禁兵十指挥戍京东，以岁饥备盗。诏陕西边警既息，土兵可备守御，东军屯戍者徙内郡，以省饷馈。二年，诏："如闻河北诸屯将校，有老疾废事而不知退，有善部勒著劳效而不得进，帅臣、监司审察，密以名闻。"

四年，诏："戍兵岁满，有司按籍，远者前二月，近者前一月遣代，戍还本管听休。"五年，又诏："广西戍兵及二年而未得代者罢归，钤辖司以土兵岁一代之。"自侬智高之乱，戍兵逾二万四千，至是听还，而令土兵代戍。

至和元年，诏陈、许、郑、滑、曹州各屯禁兵三千。嘉祐五年，用贾昌朝奏，京北路置都监三人，驻扎许、蔡、郑州，分督近畿屯兵。七年，诏陕西土兵番戍者毋出本路。

治平二年，发兵指挥二十，分戍永兴军、邠州、河中府，仍遣官专掌训练。三年，诏员僚直、龙卫毋出戍，神卫尝留十指挥在营。又诏："顷以东兵戍岭南，冒犯瘴疠，得还者十无五六。自今岁满，以江、淮教阅忠节、威果代之。"

神宗嗣位，军政多所更革。熙宁初，尝与辅臣论河北守备。韩绛等曰："汉、唐重兵皆在京师，其边戍裁足守备而已。故边无横费，强本弱末，其势亦顺。开元后，有事四夷，权臣皆节制一方，重兵在西北。天宝之乱，由京师空虚，贼臣得以肆志也。"帝曰："边上老人亦谓今之边兵过于昔时，其势如倒植浮图。朕亦每以此为念也。"三年，诏："诸路戍兵，畸零不成部伍，致乖纪律，或互遣郡兵，更相往来，道路艰梗，宜悉罢之，易以上番全军或就粮兵为戍，当遣者并隶总管司，以诏令从事。"

旧制，河北军马不出戍，帝虑其骄惰，五年，始命河北、河东兵更戍，减其一岁以优之。其年，诏徙河州军马驻熙州，熙州军马驻通远军，追召易集，可省极边军储。帝尝曰："穷吾国用者，冗兵也。其议徙军于内郡，以弓箭手代之，冀省边费。"

九年，诏："京师兵比留十万，余以备四方屯戍，数甚减少。自今戍兵非应发京师者勿遣。"其后，言者屡请损河北冗兵，诏立额止留禁兵七万，而京东增置武卫军四十二营，训练精锐，皆以分隶河北，而以三千人散戍东南杭、扬、江宁诸州，以备盗贼。岭外惟广、韶、南雄州常有戍兵千人，桂林以瘴疠，间徙军于全、永。元丰中，或请遣陕西路骑军五七百戍桂林者，诏遣在京军马以戍之。

元祐元年六月，右谏议大夫孙觉言："将兵之禁，宜可少解，而责所在守臣与州郡兵官，可令乘时广行召募，稍补前日之额。循祖宗之法，使屯驻三边及川、广、福建诸道州军，往来道路，足以服习劳苦，南北番戍，足以均其劳佚。"诏："陕西、河东、广南将兵不轮戍他路，河北轮近里一将赴河东，府界、诸路逐将与不隶将兵，并更互差拨出戍别路。赴三路者差全将或半将，余路听本指挥差，仍不过半将。"

十月，枢密院言："东南一十三将，自团将以来，未曾均定出戍路分，及不隶将兵内有出戍窠名数少、所管指挥数多去处，未得均当。欲除广南东、西两路驻扎三将只充本路守御差使，虔州第六将，全、永州第九将准备广南东、西路缓急勾抽策应，并不差戍他路外，余八将及不隶将兵依均定路分都钤辖司驻泊，分擘差使。内将兵、不隶将兵路分，却于自京差拨步军前去补戍，候将兵回日，却行勾抽。"从之。

十二月，广西经略安抚使、都钤辖司言："乞除桂、宜、融、钦、廉州系将、不系将马步军轮差赴邕州极边水土恶弱寨镇监栅及巡防并都同巡检等处，并乞依邕州条例，一年一替；其余诸州差往邕州永平、古万、太平、横山、迁隆寨镇及左、右江溪洞巡检并钦州如昔峒驻扎抵棹砦，并二年一替；其诸州巡检下，一年一替。"从之。

二年，河东经略安抚使曾布言："河外上番四将，每将内抽减步军赴岚、石州，分擘沿河等处差使，代开封府界等五将兵马归营；及赴岢岚、火山军驻扎，代东兵两指挥赴太原府就食。"从之。是月，枢密院言："昨为熙河兰会路戍兵数多，寻以年满，二千余人次次抽减归营，兼本路即目见管戍兵比额尚多一千三百余人。今朝旨令熙河兰会路都总管司遇本路缓急阙人，许于秦凤路勾抽一将应副。缘本路即目事宜，虑向秋阙人防守，欲熙河兰会路都总管司遇本路缓急阙人，听全勾抽秦凤路九将应副差使，从京东差步军五指挥赴永兴军、商、虢州权驻扎，以备秦凤路勾抽。"从之。

绍圣四年，枢密院备吕惠卿所言："'比缘边牒报，西界点集本路叛卒。见阙守御人兵，兼土兵未填阙额，并蕃兵弓箭手比元丰元年少二千二百有余，东兵马步军比元丰四年、七年少十六指挥。乞于东步兵人内差拨一十六指挥添助防守。'兼本路自去岁泛差过军马三十六指挥，比之他路，已是倍多，即令戍兵二万六千余人，比之元丰四年人数，亦不至阙少，自可那融使唤。"诏："鄜延路都总管司详此照会，如遇贼兵犯塞，或本路举兵，委是阙人，其年满人指挥兵级，令相度事宜，权留三两月，候事宜稍息遣还。"是月，诏："河东路总管司那融替换上番兵马，无令戍边日久，致有劳弊。如无人替换，候春月事宜稍息，即先后上番四将抽减一番兵马归营。"

元符二年闰九月，遣秦凤戍兵十指挥应副熙河新边戍守。十一月，以吕惠卿奏，减鄜延戍兵五十指挥。三年八月，诏遣虎翼军六千戍熙河路，令代蕃兵及弓箭手还家休息。十二月，诏边帅减额外戍兵。

崇宁四年，诏："广南瘴疠之乡，东西虽殊，气候无异。西路戍兵二年一代，而东路独限三年，代不如期，有阽于瘴疠者，朕甚恻然。其东路亦令二年一替，前期半年差人，如违，以违制论。"

大观二年六月，诏："陕西诸路，自罢兵以来，数年于此，兵未曾彻。盖缘边将怯懦，坐费边储，戍卒劳苦。可除新边的确人外，余并依元丰罢边事日戍额人数外，余并直抽归营。有司不得占者，如违，以违制论。"又诏："东南除见兵额外，帅府别屯二千人，望郡一千人。帅府置奉钱五百一指挥，以威捷为名；望郡奉钱四百一指挥，以威胜为名；帅府三指挥、望郡一指挥各奉钱三百，以全捷为名；并以步军五百人为额。"三年六月，诏："国家承平百五十年，东南一方，地大人众，已见兵寡势弱，非持久之道。可除见今兵额外，帅府别屯兵士二千人，望郡一千人。"

宣和二年，诏河北军马与陕西、河东更戍。

三年正月，诏："河北军马与陕西、河东更戍，非元丰法，遂罢其令。应拖后人并与免罪，依旧收管。"闰五月，江、浙、淮南等路宣抚使童贯奏："勘会江南东路、两浙东西路各有东南一将，平日未尝训练武艺，临敌必误驱策。昨睦寇初发，天兵未到已前，遣令上项守兵捕贼，遂致败衄，亡失军兵甚多。今睦贼讨平之后，胁从叛亡者方始还业，非增戍兵镇遏，无以潜消凶暴。臣今拟留戍兵二万五千五百七十八人，分置江南东路、两浙东西路州军防把，一年满替出军一次，依平蛮故事，每月别给钱三百，岁给鞋钱一千。其兵并隶本路安抚司统辖训练。"诏从之。是年，权知婺州杨应诚奏："凡屯戍将兵，须隶守臣，使兵民之任归一，则号令不二，然后可以立事。"诏从之。续有旨改从旧制。

四年，臣僚言："东军远戍四川，皆京师及府界有武艺过人之人。既至川路，分屯散处，多不成队，而差使无时，委致劳弊。盖四川土兵既有诏不得差使，则其役并著东军，实为偏重。若令四川应有土兵、禁军与东军一同差使，不惟劳逸得均，抑亦不失熙、丰置东军弹压蜀人兼御

蛮寇之意。"诏本路钤辖、转运两司公同相度利害以闻。

五年，制置所奏："江、浙增屯戍后兵，相度节镇增添两指挥处，余州各一指挥，各不隶将。内两指挥处，将一指挥以威果为名，一指挥以全捷为名，余州并以威果为名。"从之。

七年三月，诏："广南东、西路地远山险，盗贼间有窃发。内郡戍兵往彼屯守，多缘瘴疠疾病，不任捕盗，又不谙知山川道里、林壑曲折，故盗不能禁。可令每巡检下招置土人健勇轻捷者，参戍兵之半，互相关防，易于擒捕。令枢密院行之。"

靖康元年四月，以种师道为太尉，依前镇洮军节度使、河北河东宣抚使，后加同知枢密院事。时师道驻军滑州，实无兵从行，请合山东、陕西、京畿兵屯于青、沧、滑、卫、河阳，预为防秋之计。徐处仁等谓："金人重载甫还，岂能复来？不宜先自扰费，示之以弱。"议格不行。

七月，河北东路宣抚使李纲奏："臣两具论，以七月七日指挥止诸路防秋之兵为不可，必蒙圣察。今宣抚司既无兵可差，不知朝廷既止诸路防秋之兵，将何应副。兼远方人兵各已在路，又已借请数月，本路漕司、州县又已预备半年、百日之粮，今一放散，皆成虚费，而实要兵用处无可摘那，深恐误国大计。"诏依所奏。

绍兴之初，群盗四起，有若岳飞、刘光世诸大将领兵尤重，随宜调发，屯泊要害，控制捍蔽，是亦权宜之利矣。厥后枢府、帅臣屡言久戍之弊，甚者或十年或二十年而不更，尤可闵念。盖出戍者皆已老瘵，而诸州所留，类皆少壮及工匠，三司多以坐甲为名，占留违制，有终身未尝一日戍者，于是命帅臣、钤辖司置诸州尺籍，定其姓名，依期更戍。帅臣又言："有如贵溪戍兵，三月一更，由贵溪至池州，往返一千五百里，即是一月在途，徒有劳费。愿以一年终更。"

今考绍兴间边境弗靖，故以大军屯戍，而践更之期，近者三月，远者三年。逮和议既成，诸军移屯者渐归营矣，惟防秋仍用移屯更戍之法，沿边备御亦倚重焉。乾道、淳熙、绍熙之际，一遵其制。开禧初，复议用兵，驻扎诸兵始复移屯。和议再成，边地一二要郡虽循旧贯，其诸驻扎更戍之法不讲，而常屯之兵益多。逮夫端平破川蜀，咸淳失襄樊、裂淮甸，疆宇蹙而兵法坏。叛将卖降，庸夫秉钺，间有图国忘死之士，则遥制于权奸，移屯更戍，靡有定方。于是戍卒疲于奔命，不战而毙者众矣。至若将校之部曲，诸军之名号，士卒之众寡，详列于屯驻者，兹不重录云。

卷一百九十七　　志第一百五十

兵十一　器甲之制

器甲之制　其工署则有南北作坊，有弓弩院，诸州皆有作院，皆役工徒而限其常课。南北作院岁造涂金脊铁

甲等凡三万二千，弓弩院岁造角把弓等凡千六百五十余万，诸州岁造黄桦、黑漆弓弩等凡六百二十余万。又南北作坊及诸州别造兵幕、甲袋、梭衫等什物，以备军行之用。京师所造，十日一进，谓之"旬课"。上亲阅视，置五库以贮之。尝令试床子弩于郊外，矢及七百步，又令别造步弩以试。戎具精致犀利，近代未有。

开宝三年五月，诏："京都士庶之家，不得私蓄兵器。军士素能自备技击之器者，寄掌本军之司；俟出征，则陈牒以请。品官准法听得置随身器械。"时兵部令史冯继昇等进火箭法，命试验，且赐衣物、束帛。

淳化二年，申明不得私蓄兵器之禁。

至道二年二月，诏：先造光明细钢甲以给士卒者，初无衬里，宜以紬里之，俾擐者不磨伤肌体。

咸平元年六月，御前忠佐石归宋献木羽弩箭，箭裁尺余，而所激甚远，中铠甲则鏃去而镞存，牢不可拔。诏增归宋月奉，且补其子为东西班侍。

三年四月，神骑副兵马使焦偓献盘铁架，重十五斤，令偓试之，马上往复如飞，命迁本军使。八月，神卫水军队长唐福献所制火箭、火球、火蒺藜，造船务匠项绾等献海战船式，各赐缗钱。先是，相国寺僧法山，本洺州人，强姓，其族百口，悉为戎人所掠。至是，愿还俗隶军伍以效死力，且献铁轮拨，浑重三十三斤，首尾有刃，为马上格战具。诏补外殿直。

五年，知宁化军刘永锡制手炮以献，诏沿边造之以充用。

六年十月，给军中传信牌。其制，漆木为牌，长六寸，阔三寸，腹背刻字而中分之，置凿柄令可合；又穿二窍容笔墨，上施纸札。每临阵则分而持之，或传令，则署其言而系军吏之颈，至彼合契，乃书复命。因冀州团练使石普之请也。

仁宗时，天下久不用兵。天圣四年，诏减诸路岁造兵器之半。是岁，诏作坊造铁枪一万五千，给秦、渭、环、庆、延州、镇戎军。

六年，诏：外器甲久不缮，先遣使分诣诸路阅视修治之。

景祐二年，罢秦州造输京师弓弩三年。诏："广南民家毋得置博刀，犯者并锻人并以私有禁兵律论。"先是，岭南为盗者多持博刀，杖罪轻，不能禁，转运使以为言，故著是令。

四年，诏作坊制栓子枪、柧枪各五万。

康定元年四月，诏江南、淮南州军造纸甲三万，给陕西防城弓手。又诏河东强壮习弩者听自置，户四等以下官给之。八月，诏陕西制柳木旁牌。

庆历元年，知并州杨偕遣阳曲县主簿杨拯献《龙虎八阵图》及所制神盾、劈阵刀、手刀、铁连槌、铁简，且言《龙虎八阵图》有奇有正，有进有止，远则射，近则击以刀盾。彼蕃骑虽众，见神盾之异，必遽奔溃，然后以骁骑夹击，无不胜者。历代用兵，未有经虑及此。帝阅于崇政殿，降诏奖谕。其后，言者以为其器重大，缓急难用云。

二年，诏鄜延、环庆、泾原、秦凤路各置都作院，赐河北义勇兵弓弩箭材各一百万。

四年，赐鄜延路总管风羽子弩箭三十万。

五年，诏诸路所储兵械悉报三司，三司岁具须知以闻，仍约为程式预颁之。

八年，诏："士庶之家所藏兵器，非法所许者，限一月送官。敢匿，听人告捕。"

皇祐元年，御崇政殿，阅知澧州、供备库副使宋守信所献冲阵无敌流星弩、拒马皮竹牌、火镰石火纲三刃、黑漆顺水山字铁甲、野战拒马刀弩、寨脚车、冲阵剑轮无敌车、大风翎弩箭八种。

四年，河北、河东、陕西都总管司言："郭谘所造独辕冲阵无敌流星弩，可以备军阵之用。诏弓弩院如样制之。除谘为鄜延路钤辖，许置弩五百，募土民教之。既成，经略夏安期言其便，诏立独辕弩军。

五年，荆南兵马钤辖王遂上临阵栯枪。

至和元年，诏河北、河东、陕西路每岁夏曝器甲，有损断者，悉令完备。如复阅视有不堪用者，知州、通判并主兵官并贬秩。

嘉祐四年，诏京师所制军器，多不锋利，其选朝臣、使臣各一员拣试之。

七年，诏江西制置贼盗司，在所有私造兵甲匠并籍姓名，若再犯者，并妻子徙淮南。

熙宁元年，始命入内副都知张若水、西上阁门使李评料简弓弩而增修之。若水进所造神臂弓，实李宏所献，盖弩类也。以檿为身，檀为弰，铁为镫子枪头，铜为马面牙发，麻绳扎丝为弦。弓之身三尺有二寸，弦长二尺有五寸，箭木羽长数寸，射三百四十余步，入榆木半笴。帝阅而善。于是神臂始用，而他器弗及焉。

二年，命河北州军凡戎器分三等以闻，又诏内库凡器甲择其良若干条上。

四年，诏诸路遣官诣州，分库藏甲兵器为三等如沿边三路，而川峡不与。

五年，帝匣斩马刀以示蔡挺，挺谓制作精而操击便，乃命中人领工造数万口赐边臣，镡长尺余，刃三尺余，首为大环。是岁，诏权三司度支副使沈起详定军器制度。起以为一己之见有限，宜令在京及三路主兵官、监官、工匠审度法度所宜，庶可传久。诏从之。

时帝欲利戎器，而患有司苟简。王雱上疏曰："汉宣帝号中兴贤主，而史称技巧工匠，独精于元、成之时。是虽有司之事，而上系朝廷之政。方今外御边患，内虞盗贼，而天下岁课弓弩、甲胄入充武库者以千万数，乃无一坚好精利实可为备者。臣尝观诸州作院兵匠之少，至拘市人以备役，所作之器，但形质而已。武库之吏，计其多寡之数而藏，未尝责其实用，故所积虽多，大抵敝恶。夫为政如此，而欲抗威决胜，外攘内修，未见其可也。倪欲弛武备，示天下以无事，则金木、丝枲、筋胶、角羽之材，皆民力也，无故聚工以毁之，甚可惜也。莫若更制法度，敛数州之作聚为一处，若今钱监之比，择知工事之臣使专其职；且募天下良工散为匠师，而朝廷内置工官以总制其事，察其精窳而赏罚之，则人人务胜，不加责而皆精矣。

闻今武库太祖时弓尚有如新者,而近世所造往往不可用,此可见法禁之张弛矣。"大抵雱为此言,以迎逢上意,欲妄更旧制也。

六年,始置军器监,总内外军器之政。置判一人、同判一人。属有丞,有主簿,有管当公事。先是,军器领于三司,至是罢之,一总于监。凡产材州,置都作院。凡知军器利害者,听诣监陈述,于是吏民献械法式者甚众。是岁,又置内弓箭南库。军器监奏以利器颁诸路作院为式。是年冬,以骑兵据大鞍不便野战,始制小鞍,皮鞯木鞿,长于回旋,马射得以驰骤,且选边人习骑者分隶诸军。

时周士隆上书论广西、交阯事,请为车以御象阵,文彦博非之。安石以为自前代至本朝,南方数以象胜中国,士隆策宜可用,因论自古车战法甚辩,请以车骑相当试,以观其孰利。帝亦谓北边地平,可用车为营,乃诏试车法,令沿河采车材三千两,军器监定法式,造成车以进。

七年,判监吕惠卿言:"其所上弓式及其他兵器制度,下殿前、马、步三司令定夺去取。而逐司不过取责军校文状以闻,非独持其旧说不肯更张,又其智虑未必能知作器之意。臣于朝廷已行之令,非敢言改,乞就一司同议。"帝乃遣管军郝质赴监定夺,皆曰"便"。时军器监制器不一,材用滋耗。于是诏不以常制选官驰往州县根括牛皮角筋,能令数羡,次第加奖。是岁,始造箭曰狼牙,曰鸭觜,曰出尖四楞,曰一插刃凿子,凡四种推行之。

八年,诏:"河北拒马,或多以竹为之,不足当敌。令军器监造三万具赴北京、澶定州。"又令计河北所少兵器制造,其不急者毋得妄费材力。又诏民户马死,旧不以报官者并报,输皮筋以充用。

帝虑置监未有实效,而虚用材役,诏中书、枢密院核实其事,令条画以闻。军器监奏,置监以来,增造兵器若干,为工若干,视前器增而工省。帝复诘之,且令与御前工作所较工孰省、验器孰良。王韶谓:"如此,恐内外相倾成俗。且往年军器监检察内臣折剥弓弩,隙由此生。今令内臣较按军器监,又何翼日相倾无已。"帝曰:"比累累说军器监事,若不较见事实,即中外便以为听小臣谮诉。今令得实行法,所以明曲直也。"安石曰:"诚当如此。若每事分别曲直,明其信诞,使功罪不蔽,则天下之治久矣。"王韶曰:"军器监事不须比较。"帝曰:"事不比较,无由见枉直。"安石曰:"朝廷治事,唯欲直而已。"其后,安石卒以辩词解帝之疑,而军器监获免欺冒之罪。冬十月,军器监欲下河东等路采市曲木为鞍桥,帝以劳民费财,不许。是时,河东、陕西、广南帅臣邀功不已,请增给兵器,帝各令给与之。至是,有乞以耕牛博买器甲者。

元丰元年冬,鄜延路经略使吕惠卿乞给新样刀,军器监欲下江、浙、福建路制造,帝不许,给以内南库短刃刀五万五千口。

二年,御批有曰:"河东路见运物材于缘边造军器,显为迂费张皇,可令军器监速罢之。"

三年,吉州奏:"奉诏市箭笴三十万,非土地所产,且民间不素蓄,乞豫给缗钱,期以一年和市。"从之。

时西边用兵久不解。四年春,陕西转运使李稷奏:"本道九军,什物之外,一皆无之,乞于永兴军库以余财立法营办。"七月,泾原路奏修渭州城毕,而防城战具寡少,乞给三弓八牛床子弩、一枪三剑箭,各欲依法式制造。诏图样给之。

五年七月,鄜延路计议边事所奏乞缗钱百万、工匠千人、铁生熟五万斤、牛马皮万张造军器,并给之。八月,诏令沈括以劈阵大斧五千选给西边诸将。十一月,陕西转运使李察言:"本路都作院五,宜各委监司提举。"从之。

六年二月,诏:熙河路守具有阙,给毡三千领、牛皮万张,运送之。八月,从环庆路赵禼之请,以神臂弓一千、箭十万给之。未几,赐兰会路药箭二十五万。

七年,陕西转运副使叶康直言:"秦凤路军器见阙名物计四百三十余万,使一一为之,非十余年可就,乞自京给赐。"诏量给之。

帝性俭约。有司造将官皮甲,欲以生丝染红,代牦牛尾为沥水,帝惜之,代以他毛。于一弓、一矢、一甲、一牌之用,无不尽心焉。弓曰阔闪促张弓,罢长𢂺旧法。矢曰减指箭。牌以栾竹穿皮为之,以易桐木牌。改素铁甲为编挨甲。其法精密,乃刘昌祚、尹抃、阎守懃等所定制度云。

八年十月,诏内外所造军器,以见余物材工匠造之,兵匠、民工即罢遣。

元祐元年,诏:三路既罢保甲团教,其器甲各送官收贮,勿得以破损拘民整治。八月,诏太仆少卿高遵惠,会工部及军器监内外作坊及诸州都作院工器之数,以要切军器立为岁课,务得中道,他非要切,并权住勿造。于是数年之间,督责少弛。

绍圣三年,有司言:"州郡兵备,全为虚文,恐缓急不足备御。请稍推行熙宁之诏,常令封桩、排垛,依杂队法。"从之。

元符元年,诏江、湖、淮、浙六路合造神臂弓三千、箭三十万。

二年,臣僚奏乞增造神臂弓,于是军器监所造岁益千余弓。是岁,诏河北沿边州城壁、楼橹、器械、各务修治,有不治者罪之。

先是,二广路土丁令依熙宁指挥修置器械。三年,知端州萧兊上疏,极言伤财害民,其弊非一,乞住买枪手器械。疏奏不报。

崇宁初,臣僚争言元祐以来因循弛废,兵不犀利。诏复令诸路都作院创造修治,官吏考察一如熙宁时矣。时有诏造五十将器械,从工部请,令内外共造,由是都大提举内外制造军器所之名立焉。

初,从邢恕之议,下令创造兵车数十乘,买牛以驾。已而蔡硕又请河北置五十将兵器,且为兵车万乘。蔡京主其说,奸吏旁缘而因为民害者深矣。

崇宁三年,河北、陕西都转运司言:"兵车之式,若用许彦圭所定,则车大而费倍。若依往年二十将旧式,则轻小易用,且可省费。"诏卒以许彦圭式行之。时熙河转运副使李复先奏曰:"今之用兵,与古不同。古者征战有礼，不为诡遇，多由正途，故车可行而敌不敢轻犯。今之用兵，尽在极边，下寨驻军，各以保险为利，车不能上。又战阵之交，一进一退，车不能及，一被追袭，遂非己有。臣屡观戎马之间，虽粮糗、衣服、器械不能为用，况于车乎？臣闻此车之造，许彦圭因姚麟以进其说。朝廷以麟熟于边事，而不知彦圭轻妄、麟立私恩以误国计。其车比于常法阔六七寸，运不合辙，东来兵夫牵挽不行，以致典卖衣物，自赁牛具，终日而进六七里，弃车而逃者往往而是。夫未造则有配买物材、顾差夫匠之扰；既成，又难运致，则为诸路之患有不可胜言者矣。彦圭但图一官之得，不知有误于国，此而不诛，何以惩后！今乞便行罢造，已造者不复运来，以宽民力。"其后，彦圭卒得罪。

元丰之时，河北、河东路军器，每季终委逐路职司更互考察。元祐罢之。四年，因工部之请，复行之。

大观二年，手诏曰："前东南备御指挥，深虑监郡县吏急切者倚法害民，废职者慢令失事，如筑城壁、造军器、收战马、习水战之类，并可量度工力，计以岁月，渐次兴作，毋得急遽科敛及差雇百姓，使急不扰民，缓不废事，然后为称。"寻诏限十年一切毕工。四月，罢黎、雅等州市牦牛尾，虑为民害。八月，提举御前军器所奏，乞如崇宁五年指挥，下诸路买牛角四十万只、筋十万斤。从之。

政和二年二月，诏诸路州郡造军器有不用熙宁法式者，有司议罚，具为令。六月，又诏并用御前军器所降法式，前二月指挥勿行。

三年，诏："马甲曩用黑髹漆，今易以朱。"是岁，姚古奏更定军器，曩时甲二副，今拆当三副；曩时手刀太重，今皆令轻便易用；曩时神臂弓磴二石三斗，今磴一石四斗。从之，悉下诸路改造。

六年，军器少监邓之纲奏："国家诸路为将一百三十有一，训练士卒，各给军器，以备不虞。惟河北诸将军器乃熙、丰时造，精利牢密，冠于诸路。臣恐岁久因循，多致损弊。乞自河北、陕西路为首，令诸路一新戎器，仰称陛下追述先志，储戎器、壮国威之意。"从之。

七年，之纲三上奏，一言修武库，二言整军器，大省国用。诏升之纲为大监，又迁一官。时宇文粹中赐对崇政殿，奏武库事，因奏："武库有祖宗所御军器十余色，乞编入《卤簿图志》，遇郊兵重礼，陈于仪物之首，以识武功，且示不忘创业艰难意。"是年，御笔以武库当修军器近一亿万，其中箭镞五千余万，用平时工料，须七十年余然后可毕。于是令邓之纲分给沿流作院，限三年修之，而权住三年上供军器。

八年，以之纲奏，诸路岁起上供料买分数，特免三年纲发。然自时厥后，申明郡县牛皮角筋之禁，纷然为害者，之纲之请也。

宣和元年，权荆湖南路提点刑狱公事郑济奏："本路惟潭、邵二州，各有年额制造军器。今年制造已足，躬亲试验，并依法式，不误施用。"诏加旌赏，以为诸路之劝。然自是岁督军器率用御笔处分，工造不已而较数尝阙，缮修无虚岁而每称弊坏。大抵中外相应，一以虚文，上下相蒙，而驯致靖康之祸矣。

靖康初，兵仗皆阙，诏书屡下，严立赏刑，而卒亦无补。时通判河阳、权州事张旟奏曰："河阳自今春以来，累有军马经过，军士举随身军器若马甲、神臂弓、箭枪枪牌之类，于市肆博易熟食，名为寄顿，其实弃遗，避逃征役。拘收三日间，得器械四千二百余物。此乃太原援师，尚且弃捐器甲，则他路军马事势可知。宜谕民首纳，免贻他患。"帝善旟奏，赏以一官。

初，御前军器监、军器所万全军匠以三千七百为额，东、西作坊工匠以五千为额。绍兴初，役兵才十人，久之，增至五千六百余，又于诸道增二千九百余，本券外复增给日钱百七十、月米七斗半。于是内库累岁兵械山积，而诸军悉除戎器。二十六年，诏："工匠宜减免，江、浙、福建诸州物料悉蠲之。"有司奏物料减三之一，工匠二千、杂役兵五百为额。

旧，军器所得专达。建炎中，尝以阉官董恳提举，寻罢之。绍兴五年，隶工部，后复以中人典领。三十年，工部言非祖宗建官意，诏依条检察。孝宗受禅，增提点官一员，御史力论其不可，复隶工部焉。

造车之制。渡江后，东南地多沮洳险隘，不以车为主。宗泽、李纲有战车法，王大智献车式，皆不复用，而属意甲胄、弧矢之利矣。建炎初，上谕宰执曰："方今战士无虑三十万，若皆被坚执锐，加以弧矢之利，虽强敌，无足畏也。造弓必用良工善价。"绍兴三年，提举制造军器所言："以七十工造全装甲一。又长齐头甲每一甲用工百四十一，短齐头甲用工七十四。乞以本所全装甲为定式。"席益言："诸州造马蝗弩，不若令造弓。"诏并改造弓弩，内马蝗弩改手射弓。

绍兴四年，军器所言："得旨，依御降式造甲。缘甲之式有四等，甲叶千八百二十五，表里磨鋥。内披膊叶五百四，每叶重二钱六分；又甲身叶三百三十二，每叶重四钱七分；又腿裙鹘尾叶六百七十九，每叶重四钱五分；又兜鍪帘叶三百一十，每叶重二钱五分。并兜鍪一、杯子、眉子共一斤一两，皮线结头等重五斤十二两五钱有奇。每一甲重四十有九斤十二两。若甲叶一一依元领分两，如重轻差殊，即弃不用，虚费工材。乞以新式甲叶分两轻重通融，全装共四十五斤至五十斤止。"诏勿过五十斤。三十二年，诏江东安抚司造木弩五千、箭五十万。

隆兴元年，御降木羽弩箭式，每路依式制箭百万。淳熙九年，衢州守臣制到木鹤觜弩二千、箭十万。又湖北、京西造纳无羽箭。上曰："箭不用羽，可谓精巧，其屋藏之。"淮东总领朱佺言："镇江一军，乃韩世忠部曲。世忠造克敌弓，以当敌骑冲突，其发可至百步，其劲可穿重甲，最为利器。往岁调发，弓不免损失，存者岁久亦渐弛坏。今考诸军见弩手八千八百四十二人，人合用两弓，一弓一日上教，一弓备出战，合用弓万七千六百八十有四，仅存六千五百七十有四，余皆不堪施教，乞下镇江都统司足其额。"

十五年，工部侍郎李昌图言："弓矢之利，贵于便疾。神臂弓斗力及远，屡获其用。后又造神劲弓，及远虽在神臂弓上，军中多言其发迟，每神臂三矢而神劲方能一发,若临敌之际,便疾反出神臂下。"上曰:"平原旷野宜用神劲弓,西蜀崇山峻岭,未知孰利。"诏金州都统司详议以闻。既而都统制吴挺奏:"神劲弓并弹子头箭,诸军用之诚便疾,神臂不及也。"诏从其便。楚州兵马钤辖言:"弩之力,劲者三十石,次者十五石,矢之镞状若锹,所发何啻数百步,洞穿数人。江上诸军有弩式,皆废不修。"诏两淮、荆襄沿边城守,各制二十枝,御前军器所亦如之。绍熙而后,日造器械,数目山积。

开庆元年,寿春府造䉆筒木弩,与常弩明牙发不同,箭置筒内甚稳,尤便夜中施发。又造突火枪,以巨竹为筒,内安子窠,如烧放,焰绝然后子窠发出,如炮声,远闻百五十余步。

咸淳九年,沿边州郡,因降式制回回炮,有触类巧思,别置炮远出其上。且为破炮之策尤奇。其法,用稻穰草成坚索,条围四寸,长三十四尺,每二十条为束,别以麻索系一头于楼后柱,搭过楼,下垂至地,栿梁垂四层或五层,周庇楼屋,沃以泥浆,火箭750不能侵,炮石虽百钧无所施矣。且轻便不费财,立名曰"护陴篱索。"是时兵纪不振,独器甲视旧制益详。

卷一百九十八
志第一百五十一

兵十二 马政

国马之政,历五代寝废,至宋而规制备具。自建隆而后,其官司之规,既牧之政,与夫收市之利,牧地之数,支配之等,曰券马,曰省马,曰马社,曰括买,沿革盛衰,皆可得而考焉。

凡御马之等三,入殿祗候十五匹,引驾十四匹,从驾二十匹。给用之等十有五,曰拣中,曰不得支使,曰添价,曰明信,曰臣僚,曰诸班,曰御龙直,曰捧日、龙卫,曰拱圣,曰骁骑,曰云、武骑,曰天武、龙猛,曰配军,曰杂使,曰马铺。群号之字十有七,曰"左",曰"右",曰"千",曰"立",曰"水",曰"官",曰"吉",曰"天",曰"主",曰"王",曰"方",曰"与",曰"来",曰"万",曰"小",曰"口官",曰"退"。毛物之种九十有二,叱拨之别八,青之别二,白之别一,乌之别五,赤之别五,紫之别六,骏之别十一,赭白之别六,騮之别八,駓之别六,骆之别五,骓之别五,骝之别八,駂骻之别六,駁之别三,驃之别七。

其官司之规,则太祖承前代之制,初置左、右飞龙二院,以左、右飞龙二使领之。太平兴国五年,改飞龙为天厩坊。雍熙四年,改天厩为左、右骐骥院,左右天驷监四、左右天厩坊二皆隶焉。

真宗咸平元年,创置估马司。凡市马,掌辨其良驽,平其直,以分给诸监。

三年,置群牧使,以内臣勾当制置群牧司,京朝官为判官。

景德二年,改诸州牧龙坊悉为监,赐名,铸印以给之。在外之监十有四:大名曰大名,洺州曰广平,卫州曰淇水,并分第一、第二。河南曰洛阳,郑州曰原武,同州曰沙苑,相州曰安阳,澶州曰镇宁,邢州曰安国,中牟曰淳泽,许州曰单镇。

四年,以知枢密院陈尧叟为群牧制置使,又别置群牧使副、都监,增判官为二员。凡厩牧之政,皆出于群牧司,自骐骥院而下,皆听命焉。诸州有牧监,知州、通判兼领之,诸监各置勾当官二员。又置左右厢提点。又置牧养上下监,以养疗京城诸坊、监病马。又诏左右骐骥院诸坊、监官,并以三年为满;如习知马事愿留者,群牧司以闻,而徙莅他监焉。

其厩牧之政,则自太祖置养马务一,葺旧务四,以为牧放之地始。

太平兴国四年,太宗观兵于幽,得汾、晋、燕、蓟之马四万二千余匹,内皂充牣,始分置诸州牧养之。时殿直李谓坐赃,监牧许州,盗官蒭,马多死,并主吏斩于市。又诏择丰旷地置牧龙坊八,以便牧养。

淳化二年十二月,诏圉人取善马数十匹,于便殿设皂栈,教以秣饲,且以其法谕宰执,仍颁于诸军。复以医马良方赐近臣。尝从赵守伦之请,于诸州牧龙坊畜牝马万五千匹,逐水草放牧,不费刍秣,生驹蕃息,足资军用。至是,守伦复言:"诸坊牧马万匹,岁当生驹四千,今岁止二千五百,典司失职,当严责问。若马百匹岁得驹七十,则加迁擢。诸坊产驹,即籍以闻。牧放军人,当募少壮充役。"并从之。

真宗大中祥符元年,立牧监赏罚之令,外监息马,一岁终以十分为率,死一分以上勾当官罚一月奉,余等第决杖。牧倍多而死少者,给赏绢有差。凡生驹一匹,兵校而下赏绢一匹。当是时,凡内外坊、监及诸军马凡二十余万匹,饲马兵校一万六千三十八人。每岁京城草六十六万六千围,菽料六万二千二百四石,盐、油、药、糖九万五千余斤、石,诸州军不预焉。左右骐骥六坊、监止留马二千余匹,皆春季出就牧,孟冬则别其羸病,就栈皂养饲。其尚乘之马,唯备用者在焉。

凡牧监之在河南、北,天禧后,灵昌监为河决所冲。至乾兴、天圣间,兵久不试,言者多以为牧马费广而亡补,乃废东平监,以其地赋民。五年,废单镇监。六年,废洛阳监。于是河南诸监皆废,悉以马送河北。既而诏取原武监马赴京师,移河北孳生马牧于原武。

八年,群牧司上言:原武地广而马少,请增牧数。诏以淇水第二监四岁马属原武,岁取河北孳生四岁马分属淇水第二并原武监,移原武下等马牧于灵昌镇废监,仍隶原武。

九年,诏诸监孳生驳马,四时游牧,勿复登厩。

明道元年,议者谓:"自河南六监废,京师须马,取之河北,道远非便。"诏遣左厢提点王舜臣往度利害。舜臣言:"镇宁、灵昌、东平、淳泽四监虽废,然其地犹牧本监并骐骥院马，洛阳、单镇去京师近，罢之非便。"乃诏复二监，以牧河北孳生马。

景祐二年，拣河北道监马一千九百牧于赵州界，隶安阳监。既而诏广平废监留其一，以赵州界牧马复隶焉，所余一监，毋毁厩舍。

四年，复以原武第二监为单镇，移于长葛县，以县令、都监兼领之。三年，诏院坊、监马岁留备用外，余为两群，牧于咸丰门外牟驼冈。

凡收养病马，估马司、骐骥院取病浅者送上监，深者送下监，分十槽医疗之。天圣六年，诏用以都监、判官一人提举。八年，言者谓上监去京城远，送病马非便。诏废之，以病浅马分属左右骐骥院六坊、监，季较抛死数，岁终第赏罚。更以骐骥院官送往提举。

明道二年，复置上监，易名天驷，养无病马，病马并属下监。

景祐二年，诏以牧养监马团群牧于陈、许州界凤凰陂，免耗刍菽，岁以为常。

治平二年，诏院坊、监马之病不堪估卖者，送淇水第一监，别为一群以牧养之。

凡马之孳生，则大名府、洺、卫、相州七监多择善种，合牝牡为群，判官岁以十二月巡行坊、监，阅二岁驹点印，第赏牧兵。诸军收驹及二岁，即送官。

天圣七年，群牧司言："旧制，知州军、通判领同群牧事，岁终较马死数及分已上，并生驹不及四分，并罚奉。死数少，生驹多，即奏第赏。三岁都比，以该赏者闻。今请申明旧制，通判始到官，书所辖马数，岁一考之，官满，较总数为赏罚。"诏从之。

嘉祐八年，群牧司言："孳生七监，每监岁定牝马二千，牡马四百，岁约生驹四百，以为定数。"

治平二年，诏："诸监生驹满三十月已上，每岁点印，选牡之良者送淇水第二监，余杂大马悉送河南三监，其淇水第二监马，候满六十月，给配诸监。诸监牝马满三十月，本监别立群牧放，候满五十月，乃拨配他监。"

凡收市马，戎人驱马至边，总数十、百为一券，一马预给钱千，官给刍粟，续食至京师，有司售之，分隶诸监，曰券马。边州置场，市蕃汉军团纲，遣殿侍部送赴阙，或就配诸军，曰省马。陕西广锐、劲勇等军，相与为社，每市马，官给直外，社众复裒金益之，曰马社。军兴，籍民马而市之以给军，曰括买。

宋初，市马唯河东、陕西、川峡三路，招马唯吐蕃、回纥、党项、藏牙族、白马、鼻家、保家、名市族诸蕃。至雍熙、端拱间，河东则麟、府、丰、岚州、岢岚、火山军、唐龙镇、浊轮砦，陕西则秦、渭、泾、原、仪、延、环、庆、阶州、镇戎、保安军、制胜关、浩亹府，河西则灵、绥、银、夏州，川峡则益、文、黎、雅、戎、茂、夔州、永康军，京东则登州。自赵德明据有河南，其市马唯麟、府、泾、原、仪、渭、秦、阶、环州、岢岚、火山、保安、保德军。其后置场，则又止环、庆、延、渭、原、秦、阶、文州、镇戎军而已。

太祖时，岁遣中使诣边州市马。先是，两河之民入蕃界盗马入中国。官给其直。时方留意抚绥，诏禁之。

太平兴国四年，诏市吏民马十七万匹。六年，诏内属戎人驱马诣阙下者，首领县次续食，且禁富民无得私市。十二月，诏："蕃部鬻马，官取良而弃驽，又禁其私市，岁入数既不充，且无以怀远人。自今委长吏谨视马之良驽，驽即印识之，许民私市焉。"先是，以铜钱给诸蕃马直。八年，有司言戎人得钱，销铸为器，乃以布帛茶及他物易之。

天禧中，宰相向敏中言国马倍于先朝，广费刍粟。乃诏以十三岁已上配军马估直出卖。先是市马以三岁已上、十三岁已下为率。天圣中，诏市四岁已上、十岁已下。既而所市不足，群牧司以为言，乃诏入券并省马市三岁已上、十二岁已下。明年，诏府州、岢岚军自今省马三岁、四岁者不以等第，五岁已上十二岁已下、骨格良善行者，悉许纲送估马司，余非上京省马并送并州拣马。

景祐元年，御史中丞韩亿言："蕃部以马抵永康军中卖，所得至少，徒使羌人知蜀山川道路，非计之得。"乃诏罢之。

四年，群牧司奏河北诸军阙马，请制等杖六，付天雄军、真定府、定、瀛、贝、沧州，市上生马十二岁以下，视等第给直。马自四尺七寸至四尺二寸，凡六等。其直自二万五千四百五十至万六千五百五十，课自万三千四百五十至八千九百五十九，六等，取备边兵户绝钱充直。以第一等送京师，余就配诸军。

康定初，陕西用兵，马不足。诏京畿、京东西、淮南、陕西路括市战马，马四尺六寸至四尺二寸，其直自五十千至二十千，凡五等。宰臣、枢密使听畜马七，参知政事、枢密副使五，尚书、学士至知杂、阁门使已上三，升朝官阁门祗候已上一，余命官至诸司职员、寺观主首皆一。节度使至刺史，殿前马步军都指挥至军头司散员、副兵马使皆勿括。并边七州军免。出内库珠偿民马直。又禁边臣私市，阙者官给。二年，诏："河北州军置场市马，虽除等样，如闻所得不广，宜加增直。第一等二万八千，第二等二万六千，第三等二万四千，第四等以下及牝马即依旧直。仍自第二等以下递减一寸。"

庆历四年，诏："河北点印民间马，凡收市外，见余二万七百，除坊郭户三等、乡村三等已上养饲如旧，余点印者悉集拣市。"五年，出内藏库绢二十万，市马于府州、岢岚军。六年，诏陕西、河东社马死者，本营鬻钱以助马直。

至和元年，诏："蜀马送京师，道远多病瘠。自今以春、秋、冬部送陕西四路总管司。"二年，修陕西蕃马驿，群牧司每季檄沿路郡县察视之。边州巡检兵校，听自市马，官偿其直。又诏陕西转运使司以银十万两市马于秦州，岁以为常。

嘉祐元年，诏三司出绢三万，市马于秦州以给河东军。五年，薛向言："秦州券马至京师，给直并路费，一马计钱数万。请于原、渭州、德顺军置场收市，给以解盐交引，即不耗度支缗钱。其券马姑存，以来远人。岁可别得良马八千，以三千给沿边军骑，五千入群牧司。"七年，陕西提举买马监牧司奏："旧制，秦州蕃汉人月募得良马二百至京师，给彩绢、银碗、腰带、锦袄子，蕃官、回纥隐藏不引至者，并以汉法论罪。岁募及二千，给赏物外，蕃部补蕃官，蕃官转资，回纥百姓加等给赏。今原、渭、德顺军置场市马，请如秦州例施行。"诏从之。先是，诏议买马利害。吴奎等议于秦州古渭、永宁砦及原州、德顺军各令置场，京师岁支银四万两、䌷绢七万五千匹充马直，不足，以解盐钞并杂支钱给之。诏行之。八年，宰臣韩琦言："秦州永宁砦旧以钞市马，自修古渭砦，在永宁之西，而蕃汉多互市其间，因置买马场，凡岁用缗钱十余万，荡然流入房中，实耗国用。"诏复置场永宁，罢古渭砦中场。蕃部马至，径鬻于秦州。

治平元年，薛向请原、渭州、德顺军买马官，永兴军养马务，如原州、德顺军并渭州同判，三年为任，悉以所市马多少为殿最。又言："秦州山外蕃部至原、渭州、德顺军、镇戎军鬻马，充豪商钱，至秦州，所偿止得六百。今请于原、渭州、德顺军，官以盐钞博易，使得轻赍至秦州，易蜀货以归。蜀商以所博盐引至岐、雍，换监银入蜀，两获其便。"群牧司请如向言施行。是岁，诏河东陕西广锐、蕃落阙马，复置社买，一马官给钱三十千。久之，马不至，乃增直如庆历诏书，第三等三十五千，第四等二十八千。四年，以成都府路岁输䌷绢三万给陕西监牧司。自是蕃部马至者众，官军仰给焉。先是，以陕西转运使兼本路监牧买马事，后又以制置陕西解盐官同主之。

大抵国初市马，岁仅得五千余匹。天圣中，蕃部省马至三万四千九百余匹。嘉祐以前，原、渭、德顺凡三岁市马至万七千一百匹，秦州券马岁至万五千匹。

凡牧地，自畿甸及近郡，使择水草善地而标占之。淳化、景德间，内外坊、监总六万八千顷，诸军班又三万九百顷不预焉。岁久官失其籍，界堠不明，废置不常，而沦于侵冒者多矣。

淳化二年十二月，通利军上《十牧草地图》，上虑侵民田，遣中使检视疆理。

嘉祐中，韩琦请括诸监牧地，留牧外，听下户耕佃。遣都官员外郎高访等括河北，得闲田三千三百五十顷募佃，岁约得谷十一万七千八百石，绢三千二百五十匹，草十六万一千二百束。群牧司言："诸监牧地间有水旱，每监牧放外，岁刈白草数万束，以备冬饲。今悉赋民，异时监马增多，及有水旱，无以转徙牧放。"诏遣左右厢提点官相度，除先被侵冒已根括出地权给租佃，余委群牧司审度存留，有闲土即募耕佃。五年，群牧司言："凡牧一马，往来践食，占地五十亩。诸监既无余地，难以募耕，请存留如故。广平废监先赋民者，亦乞取还。"乃诏："河北、京东牧监帐管草地，自今毋得纵人请射，犯者论以违制。"

群牧使欧阳修言："唐之牧地，西起陇右金城、平凉、天水，外暨河曲之野，内则岐、幽、泾、宁，东接银、夏，又东至于楼烦。今则没入蕃界，沦于侵佃，不可复得。惟河东岚、石之间，山荒甚多，汾河之侧，草地亦广，其间水草最宜牧养，此唐楼烦监地。迹此推之，则楼烦、元池、天池三监旧地，尚冀可得。臣往年出使，尝行威胜以东及辽州、平定军，其地率多闲旷。河东一路，水草甚佳，地势高寒，必宜马性。又京西唐、汝之间，荒地亦广。请下河东、京西转运司遣官审度，若可兴置监牧，则河北诸监，寻可废罢。"

治平末，牧地总五万五千，河南六监三万二千，而河北六监则二万三千。

凡支配，骐骥院、估马司以当配军及新收马阅于便殿，数毋过一百。凡配军，视其奉钱之数，马自四尺六寸至四尺三寸，奉钱自一千至三百，为四等，差次给之，至五月权止。外州军士阙马，先奏禀乃给。荆湖路归远、雄武军士，配以在所土产马。凡阙马军士，以分数配填。

庆历四年，诏陕西、河北、河东填五分，余路填四分。他州军、府界巡检兵校听自市，官偿其直，毋过三十千。是岁，诏诸路以马给军士，比试武技，优者先给，比试两给；阙马十匹以下全给，十匹以上如旧数支。

至和元年，诏军士戍陕西、河东、河北填七分，余路填六分。凡主兵官当借马者，至罢兵权。殿前马步军都指挥使赐所借马三，都虞候、捧日、天武、龙、神卫四厢都指挥使二，军都指挥使一。外州在官当借马者，经略使三、总管、钤辖二，路分都监、承受、极边寨至监押、都巡检、把截、保丁指挥使一，毋得乘之他州并以假人，犯者论以违制。

宝元元年，诏群臣例赐马者，宰相至枢密直学士，使相至正任刺史，并皇族缘姻事当赐者，如旧制；余给以马直，少卿监已上三十五千，内殿承制已下二十三千。凡群臣假官马进奉者，置籍报左藏库，偿直四十千，其后多负不偿。乃诏借马者先输直，久逋不偿者克其奉料。

熙宁以来，有保马、户马，其后又变为给地牧马。

神宗尝患马政不善，谓枢密使文彦博曰："群牧官非人，无以责成效。其令中书择使，卿举判官，冀国马蕃息，以给战骑。"于是以比部员外郎崔台符权群牧判官，又命群牧判官刘航及台符删定《群牧敕令》，以唐制参本朝故事而奏决焉。

熙宁元年，又手诏彦博等曰："今诸州守贰虽同领群牧，而未尝亲莅职事，其议更制，应监牧、郡守贰并朝廷选授，与坊、监使臣皆第其能否，制赏罚而升黜之，宜立法以闻。"又手诏曰："方今马政不修，官吏无著效，岂任之不久而才不尽欤？是何监牧之多，官吏之众，而乏才之甚也！昔唐用张万岁三世典群牧，恩信行乎下，故马政修举，后世称为能吏。今上自提总官属，下至坊、监使臣，既非铨择，而迁徙迅速，谓之'假道'，欲使官宿其业而尽其能，不可得也。为今之计者，当简其劳能，进之以序。自坊、监而上至于群牧都监，皆课其功而第进之，以为任事者劝焉。"于是，枢密副使邵亢请以牧马余田修稼政，以资牧养之利。而群牧司言："马监草地四万八千余顷，今以五万马为率，一马占地五十亩，大名、广平四监余田无几，宜且仍旧。而原武、单镇、洛阳、沙苑、淇水、安阳、东平等监，余良田万七千顷，可赋民以收刍粟。"从之。

已而枢密院又言："旧制，以左、右骐骥院总司国马。景德中，始增置群牧使副、都监、判官，以领厩牧之政。使领虽重，未尝躬自巡察，不能周知牧畜利病，以故马不蕃息。今宜分置官局，专任责成。"乃诏河南、北分置监牧使，以刘航、崔台符为之，又置都监各一员。其在河阳者，为孳生监。凡外诸监并分属两使，各条上所当行者。诸官吏若牧田县令佐，并委监牧使举劾，专隶枢密院，不领于群牧制置。先是，群牧司请于河北、河东、陕西都总管治所各置一监，以便给军，乃遣官下诸路详度。既又以知太原唐介之请，发沙苑马五百，置监于交城。又分置河南、河北两使。时上方留意牧监地，然诸监牧田皆宽衍，为人所冒占，故议者争请收其余资以佐刍粟。言利者乘之，始以增赋入为务。

二年，诏括河南北监牧司总牧地。旧籍六万八千顷，而今籍五万五千，余数皆隐于民。自是，请以牧地赋民者纷然，而诸监寻废。是岁，天下应在马凡十五万三千六百有奇。

初，内外班直、诸军马以四月下槽出牧，迄八月上槽，风雨劳逸之不齐，故多病毙。圉人岁被榜罚，吏缘牧事害民，棚井科率无宁岁。四年十月，乃命同修起居注曾孝宽较度其利害。孝宽请罢诸班直、诸军马出牧，以田募民出租。诏自来年如所请，仍令三司各当牧五月刍粟。

五年，废太原监。七年，废东平、原武监，而合淇水两监为一。八年，遂废河南北八监，惟存沙苑一监，而两监司牧亦罢矣。沙苑先以隶陕西提举监牧，至是，复属之群牧司。

始议废监时，群牧制置使文彦博言："议者欲赋牧地与民而收租课，散国马于编户而责孳息，非便。"诏元绛、蔡确较其利害上之。于是中书、枢密院言："河南北十二监，起熙宁二年至五年，岁出马一千六百四十匹，可给骑兵者二百六十四，余仅足配邮传。而两监牧吏卒杂费及所占地租，为缗钱五十三万九千有奇，计所出马为钱三万六千四百余缗而已。今九监见马三万，若不更制，则日就损耗。"于是卒废之，以其善马分隶诸监，余马皆斥卖，收其地租，给市易茶本钱，分寄籍常平、出子钱，以为市马之直。监兵五千，以为广固指挥，修治京城焉。后遂废高阳、真定、太原、大名、定州五监。凡废监钱归市易之外，又以给熙河岁计。

诸监既废，淤田司请广行淤溉，增课以募耕者，而河北制置牧田所继言，牧田没于民者五千七百余顷。乃严侵冒之法，而加告获之赏，自是利入增多。元丰三年，废监租钱遂至百一十六万，自群牧使而下，赐赍有差。乃命太常博士路昌衡、秘书丞王得臣与逐路转运司、开封府界提点司按租地，约三年中价以定岁额。若催督违滞，以擅支封桩法论。

初，经制熙河边防财用司奏于岷州床川荔川间川砦、通远军熟羊砦置马牧养十监，议者继言蕃马法，帝欲试之近甸。六年，手诏枢密院："牧马重事，经始之际，宜得左右近臣以总其政。今自雾泽陂牧马所造法，始于畿内置十监，以次推之诸路。宜令枢密院都承旨张诚一、副都承旨张山甫经度制置，权不隶尚书驾部及太仆寺。有当自朝廷处分者，枢密院主之。"已而其说皆不效。八年，同提举经度制置曹诵言："自崇仪副使温从吉建议创孳生监，迄今二年，驹不蕃而死者益众。"乃命御史台校核，自置监以来，得驹不及一分四厘，马死已十分之六。于是责议者及提举官，而罢畿内十监。

元祐初，议兴废监，以复旧制。于是诏库部郎中郭茂恂往陕西、河东所当置监，寻又下河北陕西转运、提点刑狱司按行河、渭、并、晋之间牧田以闻。时已罢保甲，教骑兵，而还户马于民。于是右司谏王岩叟言："兵之所恃在马，而能蕃息之者，牧监也。昔废监之初，识者皆知十年之后天下当乏马。已而不待十年，其弊已见，此甚非国之利也。乞收还户马三万，复置监如故，监牧事委之转运官，而不专置使。今郓州之东平，北京之大名、元城，卫州之淇水，相州之安阳，洺州之广平监，以及瀛、定之间棚塞草地疆画具存，使臣牧卒大半犹在，稍加招集，则指顾之间措置可定，而人免纳钱之害，国收牧马之利，岂非计之得哉？又况废监以来，牧地之赋民者，为害多端，若复置监牧而收地入官，则百姓戴恩，如释重负矣。"自是，洛阳、单镇、原武、淇水、东平、安阳等监皆复。

初，熙宁中，并天驷四监为二，而左、右天厩坊亦罢。至是，复左、右天厩坊。时又有旨，内外马事并隶太仆寺，不由驾部而达尚书省。兵部尚书王存、右司谏王觌言："先帝讲求历代之法，正省、台、寺、监之职，上下相继，各有统制。其间或濡滞不通，宜量加裁正，不可因而赜素。"言不果行。又诏旧属群牧司者专隶太仆寺，直达枢密院，不由尚书省及驾部。至崇宁中，始诏如元丰旧制。

绍圣初，用事者更以其意为废置，而时议复变。太仆寺言，府界牧田，占佃之外，尚存三千余顷，议复畿内孳生十监。诏以庄宅副使麦文昞、内殿崇班王景俭充提举。后二年而给地牧马之政行矣。

先是，知任县韩筠等建议，凡授民牧田一顷，为官牧一马而蠲其租。县籍其高下、老壮、毛色，岁一阅，亡失者责偿，已佃牧田者依上养马。知邢州张赵上其说，且谓授田一顷为官牧一马，较陕西沿边弓箭手既养马又戍边者为优，试之一监一县，当有利而无害。枢密院是其请，且言："熙宁中，罢诸监以赋民，岁收缗钱至百余万。元祐初，未尝讲明利害，惟务罢元丰、熙宁之政，夺已佃之田而复旧监。桑枣井庐多所毁伐，监牧官吏为费不赀，牧卒扰民，棚井抑配，为害非一。盖自复监以来，臣僚屡陈公私之害。若循元祐仓卒更张之法，久当益弊。且左右厢今岁籍马万三千有奇，堪配军者无几，惟沙苑六千匹愈于他监。今赵等所陈授田养马，既蠲其租不责以孳息，而不愿者无所抑勒，又限以尺寸，则缓急皆可用之马矣。"乃具为条画，下太仆寺，应监牧州县悉行之。

时殿中侍御史陈次升言："给地牧马，其初始于邢州守令之请，未尝下监司详度。诸路各有利害，既不可知。民居与田相远者，难就耕牧。一顷之地所直不多，而亡失责偿，为钱四五十千，必非人情所愿。"言竟不行。时同知枢密院者，曾布也。

四年，遂废淇水、单镇、安阳、洛阳、原武监，罢提点所及左右厢，惟存东平、沙苑二监。曾布自叙其事曰："元祐中，复置监牧，两厢所养马止万三千匹，而不堪者过半。今既以租钱置蕃落十指挥于陕西，养马三千五百。又人户愿养者亦数千，而所存两监各可牧万马。马数多于旧监，而所省官吏之费非一，近世良法，未之能及。"时三省皆称善。其后，沙苑复隶陕西买马监牧司，而东平监仍废。

崇宁元年，有司较诸路田养马之数，凡一千八百匹有奇，而河北西路占一千四百，他路自二百匹以下，至河东路仅九匹，而开封府界、京西南路、京东东路皆无应募者。盖法虽已具，而犹未及行也。

大观元年，尚书省言："元祐置监，马不蕃息，而费用不赀。今沙苑最号多马，然占牧田九千余顷，刍粟、官曹岁费缗钱四十余万，而牧马止及六千。自元符元年至二年，亡失者三千九百。且素不调习，不中于用。以九千顷之田、四十万缗之费，养马而不适于用，又亡失如此，利害灼然可见。今以九千顷之田，计其硗瘠，三分去一，犹得良田六千顷。以直计之，顷为钱五百余缗，以一顷募一马，则人得地利，马得所养，可以绍述先帝隐兵于农之意。请下永兴军路提点刑狱司及同州详度以闻。俟见实利，则六路新边闲田，当以次推行。"时熙河兰湟路牧马司又请兼募愿养牝马者，每收三驹，以其二归官，一充赏，诏行之。是岁，臣僚言岷州应募养马者至万余匹，于是自守贰而下，递赏有差。明年，诏熙河路应县、镇、城、寨、关、堡官并兼管干给地牧事。四年，复罢京东西路给地牧马，复东平监。

政和二年，诏诸路复行给地牧马，复罢东平监。五年，提举河东给地牧马尚中行以奏报稽违，且欲擅更法，诏授远小监当官。于是人皆趣令，牧守、提举以率先就绪迁官第赏者甚众。七年，有司言给地增牧，法成令具，诸路告功。乃下诸路春秋集教，以备选用。令下，奉行之者益力。

蔡京既罢政，新用事者更言其不便。宣和二年，诏罢政和二年以来给地牧马条令，收见马以给军，应牧田及置监处并如旧制。又复东平监。凡诸监兴罢不一，而沙苑监独不废。自给地牧马之法罢，三年而复行。时牧田已多所给占，乃诏见管及已拘收，如官司辄复请占者，以违制论。六年，又诏立赏格，应牧马通一路及三千匹，州通县及一千，县及三百，其提点刑狱、守令各迁一官，倍者更减磨勘年。于是诸路应募牧马者为户八万七千六百有奇，为马二万三千五百。既推赏如上诏，而兵部长贰亦以兼总八路马政迁官。然北方有事，而马政亦急矣。

靖康元年，左丞李纲言："祖宗以来，择陕西、河东、河北美水草高凉之地，置监凡三十六所，比年废罢殆尽。民间杂养以充役，官吏便文以塞责，而马无复善者。今诸军阙马者太半，宜复旧制，权时之宜，括天下马，量给其直，不旬日间，则数万之马，犹可具也。"然时已不能尽行其说矣。

保甲养马者，自熙宁五年始。先是，中书省、枢密院议其事于上前，文彦博、吴充言："国马宜不可阙。今法，马死者责偿，恐非民愿。"安石以为令下而京畿投牒者已千五百户，决非出于驱迫，持论益坚。五月，诏开封府界诸县保甲愿牧马者听，仍以陕西所市马选给之。

六年，曾布等承诏上其条约：凡五路义勇保甲愿养马者，户一匹，物力高愿养二匹者听，皆以监牧见马给之，或官与其直令自市，毋或强与。府界毋过三千匹，五路毋过五千匹。袭逐盗贼外，乘越三百里者有禁。在府界者，免体量草二百五十束，加给以钱布；在五路者，岁免折变缘纳钱。三等以上，十户为一保；四等以下，十户为一社，以待病毙逋偿者。保户马毙，保户独偿；社户马毙，社户半偿之。岁一阅其肥瘠，禁苛留者。凡十四条，先从府界颁焉。五路委监司、经略司、州县更度之。于是保甲养马行于诸路矣。

时河东骑军马万一千余匹，番戍率十年一周。议欲省费，乃行《五路义勇保甲养马法》。兵部言："河东正军马九千五百匹，请权罢官给，以义勇保甲马五千补之以合额。俟正军马不及五千，始行给配。"下中书、枢密院。枢密院以为："官养一马，岁为钱二十七千。民养一马，才免折变缘纳钱六千五百，折米而输其直，为钱十四千四百，余皆出于民，决非所愿。况减军马五千匹，边防事宜何所取备？若存官军马如故，渐令民间从便牧马，不以五千为限，于理为可。"中书谓："官养一马，以中价率之，为钱二十七千。募民牧养，可省杂费八万余缗。计前二年官马死，倍于保甲马。而保甲有马，可以习战御盗，公私两便。"帝卒从枢密院议。九年，京畿保甲养马者罢给钱布，止免输草而增马数。

元丰六年，取河东路保甲十分之二以教骑战，且以本路盐息钱给之。每二十五千令市一马，仍以五年为限。

七年，诏京东、西路保甲免教阅，每都保养马五十匹，匹给钱十千，限京东以十年，京西十五年而数足。置提举保甲马官，京西以吕公雅，京东以霍翔领之。罢乡村物力养马之令，养户马者免保甲马，皆翔所陈也。

翔及公雅既领提举事，多所建白。请借常平钱，每路五万缗，付州县出息，以赏马之充肥及孳息者。愿以私马印为保马者听。养马至三匹，蠲役外，每匹许次丁一人赎杖罪之非侵损于人者。诏悉从之。公雅又令每都岁市二十匹，限十五年者促为二年半。京西不产马，民贫乏益不堪，上虑有司责数过多，百姓未喻上意，诏如元令，稍增其数。公雅乃请每都岁市八匹，限以八年，山县限以十年。翔又奏本路马已及万匹，请令诸县弓手各养一匹，以赎失捕之罪。

哲宗嗣位，言新法之不便者，以保马为急。乃诏曰："京东、西保马，期限极宽。有司不务循守，遂致烦扰。先帝已尝手诏诘责，今犹未能遵守。其两路市马年限并如元诏。"寻又诏以两路保马分配诸军，余数付太仆寺，不堪支配者斥还民户而责官直。翔、公雅皆以罪去，而保马遂罢。

户马者，庆历中，尝诏河北民户以物力养马，以备官买。熙宁二年，河北察访使曾孝宽以为言，始参酌行之。

是时，诸监既废，仰给市马，而义勇保甲马复从官给，朝廷以乏马为忧。

元丰三年春，以王拱辰之请，诏开封府界、京东西、河北、陕西、河东路州县户各计资产市马，坊郭家产及三千缗、乡村五千缗，若坊郭乡村通及三千缗以上者，各养一马，增倍者马亦如之，至三匹止。马以四尺三寸以上，齿限八岁以下，及十五岁则更市如初，籍于提举司。于是诸道各上其数，开封府界四千六百九十四，河北东路六百一十五，西路八百五十四，秦凤等路六百四十二，永兴路一千五百四十六，河东路三百六十六，京东东路七百一十七，西路九百二十二，京西南路五百九十，北路七百一十六。

时初立法，上虑商贾乘时高直以病民，命以群牧司骁骑以上千匹出市，以平其直。熙宁中，尝令德顺军蕃部养马，帝问其利害。王安石谓："今坊、监以五百缗得一马，若委之熙河蕃部，当不至重费。蕃部地宜马，且以畜牧为生，诚为便利。"已而得驹庳劣，亡失者责偿，蕃部苦之，其法寻废。至是，环庆路经略司言已檄诸蕃部养马，诏阅实及格者一匹支五缗，鄜延、秦凤、泾原路准此。

时西方用兵，颇调户马以给战骑，借者给还，死则偿直。七年，遂诏河东、鄜延、环庆路各发户马二千以给正兵，河东就给本路，鄜延益以永兴军等路及京西坊郭马，环庆益以秦凤等路及开封府界马。

户马既配兵，后遂不复补。京东、西既更为保马，诸路养马指挥至八年亦罢。其后给地牧马，则亦本于户马之意云。

至于收市，则仍嘉祐之制，置买马司于原渭州、德顺军，而增为招市之令。后开熙河，则更于熙河置买马司，而以秦州买马司隶焉。八年，遂置熙河路买马场六，而原、渭、德顺诸场皆废。继又置熙河岷州、通远军、永宁砦等场，而德顺军置马场亦复。先是，麟府路上所市马三百，以其直增于熙河而又多赢怠，乃罢本路博易，令军马司自市。时又以边臣之议，市岢岚、火山军土产马以增战骑。既又以边人盗马越疆以趣利，寻皆罢之。自是，国马专仰市于熙河、秦凤矣。

熙宁七年，熙河用兵，马道梗绝。乃诏知成都府蔡延庆兼提举戎、黎州买马，以经度其事。明年，延庆言："威、雅、嘉、泸、文、龙州，地接乌蛮、西羌，皆产善马。请委知州、寨主，以锦采、茶、绢招市。"未及施行，会威、茂州夷人盗边，及西边马已至，八月，遂诏罢提举戎、黎买马。

元丰中，军兴乏马。六年，复命知成都吕大防同成都府、利州路转运司，经制边郡之可市马者，遂制嘉州中镇砦、雅州灵关等买马场，而马皆不至。元祐初，乃罢之。

元祐中，尝诏以蜀马给陕西军，以陕西马赴京师。崇宁五年，增黎州市马至四千匹。然凡云蜀马者，惟沈黎所市为多，其他如戎、泸等州，岁与蛮人为市，第存优恤，数马以给其直。大观初，又诏播州夷界巡检杨荣，许岁市马五十匹于南平军，其给马视戎州之数。

熙宁中，罢券马而专于招市，岁省三司钱二十万缗。自马不下槽出牧，三司得复给刍秣之费更相补除，而三司岁偿群牧者，为缗钱十万，以增市马。券马之罢已久，绍圣初，提举买马陆师闵奏复行之，令蕃汉商人愿以马结券进卖者，先从诸场验印，各具其直给券，送太仆寺偿之。其说以为券马既盛行，则纲马可罢。行之三年，枢密院言券马死不及厘，而纲马之死十倍。乃赐师闵金帛，加集贤修撰，以赏其功。时议既不以券马为是，主管买马阎令亦言其枉费。然曾布力行之。崇宁中，乃诏买马一遵元丰法。

市马之官，自嘉祐中，始以陕西转运使兼本路监牧买马事，后又以制置陕西解盐官同主之。熙宁中，始置提举熙河路买马，命知熙州王韶为之，而以提点刑狱为同提举。

八年，提举茶场李杞言："卖茶买马，固为一事。乞同提举买马。"诏如其请。十年，又置群牧行司，以往来督市马者。

元丰三年，复罢为提举买马监牧司。四年，群牧判官郭茂恂言："承诏议专以茶市马，以物帛市谷，而并茶马为一司。臣闻顷时以茶易马，兼用金帛，亦听其便。近岁事局既分，专用银绢、钱钞，非蕃部所欲。且茶马二者，事实相须。请如诏便。"奏可。仍诏专以雅州名山茶为易马用。自是蕃马至者稍众。六年，买马司复罢兼茶事。七年，更诏以买马隶经制熙河财用司。经制司罢，乃复故。

自李杞建议，始于提举茶事兼买马，其后二职分合不一。崇宁四年，诏曰："神宗皇帝厉精庶政，经营熙河路茶马司以致国马，法制大备。其后监司欲侵夺其利以助籴买，故茶利不专，而马不敷额。近虽更立条约，令茶马司总运茶博马之职，犹虑有司苟于目前近利，不顾悠久深害。三省其谨守已行，毋辄变乱元丰成法。"自是职任始一。

市马之数，以时增损。初，原、渭、德顺凡三岁共市马万七千一百匹，而群牧判官王海言："嘉祐六年以前，秦州券马岁至者万五千匹。今券马法坏，请令增市，而优使臣之赏。"熙宁三年，乃诏泾、原、渭、德顺岁买万匹，三年而会之，以十分为率，及六分七厘者进一官，余分又析为三等，每增一等者更减磨勘年。自是，市马之赏始优矣。时海上《马政条约》，诏颁行之。其后，熙河市马岁增至万五千。绍圣中，又增至二万匹，岁费五十万缗。后遂以为定额，特诏增市者不在此数。

崇宁四年，提举程之邵、孙鼇抃以额外市战马及二万匹，各迁一官。鼇抃仍服三品服。大观元年，庞寅孙等又以买御前良马及三万匹，推恩如之邵例。宣和中，宇文常、何渐等更以遵用元丰成法，省费不赀，各加职迁官。时如此类颇众。赏典优滥，官属利于多市马，取充数而已。

支配。旧制，自御马而下，次给赐臣僚，次诸军，而驿马为下。

熙宁初，枢密院言："祖宗时，臣僚任边职者，或赐带甲马，示不忘疆场之事。承平日久，侥幸滋长。请应使臣阁门祗候以上，充三路路分州军总管、钤辖之类，赐马价如故，余皆罢给。"奏可。十年，群牧司又言："去岁给安南行营及两省、宗室、诸班直及诸军、诸司马总三千余匹,未支者犹二千。请裁宗室以下所给马,诸司停给。"从之。自罢监至此,始阙马矣。

熙宁初,诏河北骑军如陕西、河东社马例立社,更相助钱以市马,而递增官直。寻出奉宸库珠十余万以充其费。其后,陕西马社苦于敛率。元丰中,乃诏本路罢其法,更从买马司给之。时又诸路置将,马不能尽给,则给其直,而委诸将自市。其在熙河兰会路者,即以为买马之数。

初,内外诸军给马,例不及其元额,视其阙之多寡,以分数填配。元丰更立为定制,凡诸军阙马应给者,在京、府界、京东西、河东、陕西路无过十之七,河北路十之六。然其后诸军阙马者多,绍圣三年,乃诏提举陆师闲于岁额外市马三万匹,给鄜延、环庆路正兵,余支弓箭手,仍权不限分数。

宣和初,真定、中山、高阳等路乏马,复给度僧牒,令帅臣就市,以补诸军之阙。

高宗绍兴二年,置马监于饶州,守卒领之,择官田为牧地,复置提举。俄废。四年,置监临安之余杭及南荡。

十九年,诏:"马五百匹为一监,牡一而牝四。监为四群。岁产驹三分及毙二分以上,有赏罚。"帝谓辅臣曰:"议者言南地不宜牧马。昨自牧养,今二三年,已得马数百。"先是,川路所置马,岁牧于镇江。是年春,上以未见蕃息,遂分送江上诸军。后又置监郢、鄂间,牝牡千,十余年仅生二十驹,且不可用,乃已。故凡战马,悉仰秦、川、广三边焉。

秦马旧二万,乾道间,秦、川买马额岁万一千九百有奇,川司六千,秦司五千九百。益、梓、利三路漕司,岁出易马䌷绢十万四千匹。成都、利州路十一州,产茶二千一百二万斤。茶马司所收,大较若此。庆元初,合川、秦两司为万一千十有六。嘉泰末,合两司为万二千九十四。

然累岁市易,多不及额。盖南渡前,市马分而为二:其一曰战马,生于西邮,良健可备行阵,今宕昌、峰贴峡、文州所产是也;其二曰羁縻马,产西南诸蛮,短小不及格,今黎、叙等五州所产是也。羁縻马每纲五十,其间良者不过三五,中等十数,余皆下等,不可服乘。守贰贪赏格,以多为贵。经涉险远,且纲卒盗其刍粟,道毙者相望。

成都府马务,岁发江上诸军马凡五十八纲,月券钱米二百缗,岁计万一千六百缗。兴元府马务,岁发三衙马百二十纲,其费称是。率未尝如数,盖茶马司靳钱帛,马至,价不即偿致然也。

旧蕃蛮中马,良驽有定价。绍兴中,张松为黎倅,欲马溢额觊赏,乃高直市之。夷人无厌,邀求滋甚。后邛部川蛮恃功。赵彦博始以细茶、锦与之。而夷人每贸马,以茶、锦不堪藉口。

庆元中,金人既失冀北地,马至秦司亦罕。旧川、秦市马赴密院,多道毙者。绍兴二十七年,诏川马不赴行在,分隶江上诸军,镇江、建康、荆、鄂军各七百五十,江、池军各五百,殿前司二千五百,马司、步司各千,川马良者二百进御。此十九年所定格也。

广马者,建炎末,广西提举峒丁李棫请市马赴行在。绍兴初,隶经略司。三年,即邕州置司提举,市于罗殿、自杞、大理诸蛮。未几,废买马司,帅臣领之。七年,胡舜陟为帅,岁中市马二千四百,诏赏之。其后马益精,岁费黄金五镒,中金二百五十镒,锦四百,缯四千,廉州盐二百万斤,得马千五百。须四尺二寸已上乃市之。其直为银四十两,每高一寸增银十两,有至六七十两者。土人云,尤骁骏者,在其产处,或博黄金二十两,日行四百里,第官价已定,不能致此。

自杞诸蕃本自无马,盖转市之南诏。南诏,大理国也。乾道九年,大理人李观音得等二十二人至横山砦求市马,知邕州姚恪盛陈金帛夸示之。其人大喜,出一文书,称"利贞二年十二月",约来年以马来。所求《文选》、《五经》、《国语》、《三史》、《初学记》及医、释等书,恪厚遗遣之,而不敢上闻也。岭南自产小驷,匹直十余千,与淮、湖所出无异。大理连西戎,故多马,虽互市于广南,其实犹西马也。每择其良赴三衙,余以付江上诸军。

宝庆四年,两淮制府贸易北马五千余,而他郡亦往往市马不辍。咸淳末,有纪智立者献谋,以为两淮军将、武官、巨室皆畜马,率三借二,二借一,一全起,团结队伍,借助防江,各令饲马役夫自乘之官,优给月钱一年,以半年为约,江面宁即放归。又云,陈岩守招信,团马至七千,出没张耀,此其验也。臣僚言:宜仿祖宗遗意,亟谋和市马,如出一马,则免其某色力役。惟是川、秦之马,遵陆则崇冈复岭,盘回斗绝;舟行则峡江湍急,滩碛险恶。每纲运,公私经费十倍,而人马俱疲。上则耗国用,下则困州县。纲兵所经,甚于寇贼。虽臣僚条奏更迭,终莫得其要领。岂马政各因风土之宜,而非东南之利欤?

卷一百九十九

志第一百五十二

刑法一

夫天有五气以育万物,木德以生,金德以杀,亦甚繁矣,而始终之序,相成之道也。先王有刑罚以纠其民,则必温慈惠而以行之。盖裁之以义,推之以仁,则震慑杀戮之威,非求民之死,所以求其生也。《书》曰:"士制百姓于刑之中,以教祗德。"言刑以弼教,使之畏威远罪,导以之善尔。唐、虞之治,固不能废刑也。惟礼以防之,有弗及,则刑以辅之而已。王道陵迟,礼制隳废,始专任法以罔其民。于是作为刑书,欲民无犯,而乱狱滋丰,由其本末无序,不足相成故也。

宋兴,承五季之乱,太祖、太宗颇用重典,以绳奸慝,岁时躬自折狱虑囚,务底明慎,而以忠厚为本。海同悉平,文教寖盛。士初试官,皆习律令。其君一以宽仁为治,故立法之制严,而用法之情恕。狱有小疑,覆奏辄得减宥。观夫重熙累治之际,天下之民咸乐其生,重于犯法,而致治之盛于乎三代之懿。元丰以来，刑书益繁，已而憸邪并进，刑政紊矣。国既南迁，威柄下逮，州郡之吏亦颇专行，而刑之宽猛系乎其人。然累世犹知以爱民为心，虽其失慈弱，而祖宗之遗意盖未泯焉。今撮其实，作《刑法志》。

宋法制因唐律令、格式，而随时损益，则有《编敕》，一司、一路、一州、一县又别有《敕》。建隆初，诏判大理寺窦仪等上《编敕》四卷，凡一百有六条，诏与新定《刑统》三十卷并颁天下，参酌轻重为详，世称平允。太平兴国中，增《敕》至十五卷，淳化中倍之。咸平中增至万八千五百五十有五条，诏给事中柴成务等芟其繁乱，定可为《敕》者二百八十有六条，准律分十二门，总十一卷。又为《仪制令》一卷。当时便其简易。大中祥符间，又增三十卷，千三百七十四条。又有《农田敕》五卷，与《敕》兼行。

仁宗尝问辅臣曰："或谓先朝诏令不可轻改，信然乎？"王曾曰："此憸人惑上之言也。咸平之所删，太宗诏令十存一二，去其繁密以便于民，何为不可？"于是诏中外言《敕》得失，命官修定，取《咸平仪制令》及制度约束之在《敕》者五百余条，悉附《令》后，号曰《附令敕》。天圣七年《编敕》成，合《农田敕》为一书，视《祥符敕》损百有余条。其丽于法者，大辟之属十有七，流之属三十有四，徒之属百有六，杖之属二百五十有八，笞之属七十有六。又配隶之属六十有三，大辟而下奏听旨者七十有一。凡此，皆在律令外者也。既颁行，因下诏曰："敕令者，治世之经，而数动摇则众听滋惑，何以训迪天下哉？自今有司毋得辄请删改。有未便者，中书、枢密院以闻。"然至庆历，又复删定，增五百条，别为《总例》一卷。后又修《一司敕》二千三百十有七条，《一路敕》千八百二十有七条，《一州》、《一县敕》千四百五十有一条。其丽于法者，大辟之属总三十有一，流之属总二十有一，徒之属总百有五，杖之属总百六十有八，笞之属总十有二。又配隶之属总八十有一，大辟而下奏听旨者总六十有四。凡此，又在《编敕》之外者也。

嘉祐初，因枢密使韩琦言，内外吏兵奉禄无著令，乃命类次为《禄令》。三司以驿料名数，著为《驿令》。琦又言："自庆历四年，距嘉祐二年，敕增至四千余条，前后牴牾。请诏中外，使言《敕》得失，如天圣故事。"七年，书成。总千八百三十四条，视《庆历敕》，大辟增六十，流增五十，徒增六十有一，杖七十有三，笞增三十有八。又配隶增三十，大辟而下奏听旨者增四十有六。又别为《续附令敕》三卷。

神宗以律不足以周事情，凡律所不载者一断以敕，乃更其目曰敕、令、格、式，而律恒存乎敕外。熙宁初，置局修敕，诏中外言法不便者集议更定，择其可采者赏之。元丰中，始成书二十有六卷，复下二府参订，然后颁行。帝留意法令，每有司进拟，多所是正。尝谓："法出于道，人能体道，则立法足以尽事。"又曰："禁于已然之谓敕，禁于未然之谓令，设于此以待彼之谓格，使彼效此之谓式。修书者要当识此。"于是凡入笞、杖、徒、流、死，自名例以下至断狱，十有二门，丽刑名轻重者，皆为敕。自品官以下至断狱三十五门，约束禁止者，皆为令。命官之等十有七，吏、庶人之赏等七十有七，又有倍、全、分、厘之级凡五等，有等级高下者皆为格。表奏、帐籍、关牒、符檄之类凡五卷，有体制模楷者皆为式。

元祐初，中丞刘挚言："元丰编修敕令，旧载敕者多移之令，盖违敕法重，违令罪轻，此足以见神宗仁厚之德。而有司不能推广，增多条目，离析旧制，因一言一事，辄立一法，意苟文晦，不足以该事物之情。行之几时，盖已屡变。宜取庆历、嘉祐以来新旧敕参照，去取删正，以成一代之典。"右谏议孙觉亦言烦细难以检用。乃诏挚等刊定。哲宗亲政，不专用元祐近例，稍复熙宁、元丰之制。自是用法以后冲前，改更纷然，而刑制紊矣。

崇宁元年，臣僚言："有司所守者法，法所不载，然后用例。今引例破法，非理也。"乃令各曹取前后所用例，以类编修，与法妨者去之。寻下诏追复元丰法制，凡元祐条例悉毁之。

徽宗每降御笔手诏，变乱旧章。靖康初，群臣言："祖宗有一定之法，因事改者，则随条贴说，有司易于奉行。蔡京当国，欲快己私，请降御笔，出于法令之外，前后牴牾，宜令具录付编修敕令所，参用国初以来条法，删修成书。"诏从其请，书不果成。

高宗播迁，断例散逸，建炎以前，凡所施行，类出人吏省记。三年四月，始命取嘉祐条法与政和敕令对修而之。嘉祐法与见行不同者，自官制、役法外，赏格从重，条约从轻。绍兴元年，书成，号《绍兴敕令格式》，而吏胥省记者亦复引用。监察御史刘一止言："法令具在，吏犹得以为奸，今一切用其所省记，欺蔽何所不至？"十一月，乃诏左右司、敕令所刊定省记之文颁之。时在京通用敕内，有已尝冲改不该引用之文，因大理正张柄言，亦诏删削。十年，右仆射秦桧上之。然自桧专政，率用都堂批状、指挥行事，杂入吏部续降条册之中，修书者有所畏忌，不敢删削，至与成法并立。吏部尚书周麟之言："非天子不议礼，不制度，不考文。"乃诏削去之。

至乾道时，臣僚言："绍兴以来，续降指挥无虑数千，牴牾难以考据。"诏大理寺官详难，定其可否，类申刑部，以所隶事目分送六部长贰参详。六年，刑部侍郎汪大猷等上其书，号《乾道敕令格式》，八年，颁之。当是时，法令虽具，然吏一切以例从事，法当然而无例，则事皆泥而不行，甚至隐例以坏法，贿赂既行，乃为具例。

淳熙初，诏除刑部许用乾道刑名断例，可勋许用获盗推赏例，并乾道经置条事指挥，其余并不得引例。既而臣僚言："乾道新书，尚多牴牾。"诏户部尚书蔡洸详定之，凡删改九百余条，号《淳熙敕令格式》。帝复以其书散漫，用法之际，官不暇遍阅，吏因得以容奸，令敕令所分门编类为一书，名曰《淳熙条法事类》，前此法令之所未有也。四年七月，颁之。淳熙末，议者犹以新书尚多遗阙，有司引用，间有便于人情者。复令刑部详定，迄光宗之世未成。庆元四年，右丞相京镗始上其书，为百二十卷，号《庆元敕令格式》。

理宗宝庆初，敕令所言："自庆元新书之行，今二十九年，前指挥殆非一事，或旧法该括未尽，文意未明，须用续降参酌者；或旧法元无，而后因事立为成法者；或已有旧法，而续降不必引用者；或一时权宜，而不可为常法者。条目滋繁，无所遵守，乞考定之。"淳祐二年四月，敕令所上其书，名《淳祐敕令格式》。十一年，又取庆元法与淳祐新书删润。其间修改者百四十条，创入者四百条，增入者五十条，删去者十七条，为四百三十卷。度宗以后，遵而行之，无所更定矣。其余一司、一路、一州、一县《敕》，前后时有增损，不可胜纪云。

五季衰乱，禁罔烦密。宋兴，削除苛峻，累朝有所更定。法吏寖用儒臣，务存仁恕，凡用法不悖而宜于时者著之。太祖受禅，始定折杖之制。凡流刑四：加役流，脊杖二十，配役三年；流三千里，脊杖二十，二千五百里，脊杖十八，二千里，脊杖十七，并配役一年。凡徒刑五：徒三年，脊杖二十；徒二年半，脊杖十八；二年，脊杖十七；一年半，脊杖十五；一年，脊杖十三。凡杖刑五：杖一百，臀杖二十；九十，臀杖十八；八十，臀杖十七；七十，臀杖十五；六十，臀杖十三。凡笞刑五：笞五十，臀杖十下；四十、三十，臀杖八下；二十、十，臀杖七下。常行官杖如周显德五年制，长三尺五寸，大头阔不过二寸，厚及小头径不得过九分。徒、流、笞通用常行杖，徒罪决而不役。

先是，藩镇跋扈，专杀为威，朝廷姑息，率置不问，刑部按覆之职废矣。建隆三年，令诸州奏大辟案，须刑部详覆。寻如旧制：大理寺详断，而后覆于刑部。凡诸州狱，则录事参军与司法掾参断之。自是，内外折狱蔽罪，皆有官以相覆察。又惧刑部、大理寺用法之失，别置审刑院谳之。吏一坐深，或终身不进，由是皆务持平。

唐建中令：窃盗赃满三匹者死。武宗时，窃盗赃满千钱者死。宣宗立，乃罢之。汉乾祐以来，用法益峻，民盗一钱抵极法。周初，深惩其失，复遵建中之制。帝犹以其太重，尝增为钱三千，陌以八十为限。既而诏曰："禁民为非，乃设法令，临下以简，必务哀矜。窃盗之生，本非巨蠹。近朝立制，重于律文，非爱人之旨也。自今窃盗赃满五贯足陌者死。"旧法，强盗持杖，虽不伤人，皆弃市。又诏但不伤人者，止计赃论。令诸州获盗，非状验明白，未得掠治。其当讯者，先具白长吏，得判，乃讯之。凡有司擅掠囚者，论为私罪。时天下甫定，刑典弛废，吏不明习律令，牧守又多武人，率意用法。金州防御使仇超等坐故入死罪，除名流海岛，自是人知奉法矣。

开宝二年五月，帝以暑气方盛，深念缧系之苦，乃下手诏："两京诸州，令长吏督狱掾，五日一检视，洒扫狱户，洗涤枷械。贫不能自存者给饮食，病者给医药，轻系即时决遣，毋淹滞。"自是，每仲夏申敕官吏，岁以为常。帝每亲录囚徒，专事钦恤。凡御史、大理官属，尤严选择。尝谓侍御史知杂冯炳曰："朕每读《汉书》，见张释之、于定国治狱，天下无冤民，此所望于卿也。"赐金紫以勉之。八年，广州言："前诏窃盗赃至死者奏裁，岭南

遐远，覆奏稽滞，请不俟报。"帝览奏，恻然曰："海隅习俗，贪犷穿窬，固其常也。"因诏："岭南民犯窃盗，赃满五贯至十贯者，决杖、黥面、配役，十贯以上乃死。"

太宗在御，常躬听断，在京狱有疑者，多临决之，每能烛见隐微。太平兴国六年，下诏曰："诸州大狱，长吏不亲决，胥吏旁缘为奸，逮捕证佐，滋蔓逾年而狱未具。自今长吏每五日一虑囚，情得者即决之。"复制听狱之限：大事四十日，中事二十日，小事十日，不他逮捕而易决者，毋过三日。后又定令："决狱违限，准官书稽程律论，逾四十日则奏裁。事须证逮致稽缓者，所在以其事闻。"然州县禁系，往往犹以根穷为名，追扰辄至破家。因江西转运副使张齐贤言，令外县罪人五日一具禁放数白州。州狱别置历，长吏检察，三五日一引问疏理，月具奏上。刑部阅其禁多者，命官即往决遣，冤滞则降黜州之官吏。会两浙运司亦言："部内州系囚满狱，长吏辄隐落，妄言狱空，盖惧朝廷诘其淹滞。"乃诏："妄奏狱空及隐落囚数，必加深谴，募告者赏之。"

先是，诸州流罪人皆锢送阙下，所在或夤缘细微，道路非理死者十恒六七。张齐贤又请："凡罪人至京，择清强官虑问。若显负沈屈，致罢官吏。且令只遣正身、家属俟旨，其干系者免锢送。"乃诏："诸犯徒、流罪，并配所在牢城，勿象转送阙下。"

雍熙元年，令诸州十日一具囚帐及所犯罪名、系禁日数以闻，俾刑部专意纠举。帝阅诸州所奏狱状，有系三百人者。乃令门留、寄禁、取保在外并邸店养疾者，咸准禁数，件析以闻。其鞫狱违限及可断不断、事小而禁系者，有司驳奏之。开封女子李尝击登闻鼓，自言无儿息，身且病，一旦死，家业无所付。诏本府随所欲裁置之。李无它亲，独有父，有司因系之。李又诣登闻，诉父被系。帝骇曰："此事岂当禁系，辇毂之下，尚或如此。天下至广，安得无枉滥乎？朕恨不能亲决四方之狱，固不辞劳尔！"即日遣殿中侍御史李范等十四人，分往江南、两浙、四川、荆湖、岭南审决刑狱。吏之弛急者，勒其罪以闻；其临事明敏、刑狱无滞者，亦以名上。始令诸州十日一虑囚。帝尝谓宰相曰："御史台，阁门之前，四方纲准之地。颇闻台中鞫狱，御史多不躬亲，垂帘雍容，以自尊大。鞫按之任，委在胥吏，求无冤滥，岂可得也？"乃诏御史决狱必躬亲，毋得专任胥吏。又尝谕宰臣曰："每阅大理奏案，节目小未备，移文按覆，动涉数千里外，禁系淹久，甚可怜也。卿等详酌，非人命所系，即量罪区分，勿须再鞫。"始令诸州笞、杖罪不须证逮者，长吏即决之，勿复付所司。群臣受诏鞫狱，狱既具，骑置来上，有司断已，复骑置下之州。凡上疑狱，详覆之而无疑状，官吏并同违制之坐。其应奏疑案，亦骑置以闻。

二年，令窃盗满十贯者，奏裁；七贯，决杖、黥面、隶牢城；五贯，配役三年，三贯，二年，一贯，一年。它如旧制。八月，复分遣使臣按巡诸道。帝曰："朕于狱犴之寄，夙夜焦劳，虑有冤滞耳。"十月，亲录京城系囚，遂至日昳。近臣或谏劳苦过甚，帝曰："傥惠及无告，使狱讼平允，不致枉桡，朕意深以为适，何劳之有？"因谓宰

相曰："中外臣僚，若皆留心政务，天下安有不治者。古人宰一邑，守一郡，使飞蝗避境，猛虎渡河。况能惠养黎庶，申理冤滞，岂不感召和气乎？朕每自勤不息，此志必无改易。或云有司细故，帝王不当亲决，朕意则异乎是。若以尊极自居，则下情不能上达矣。"自是祁寒盛暑或雨雪稍愆，辄亲录系囚，多所原减。诸道则遣官按决，率以为常，后世遵行不废，见各帝纪。

先是，太祝刁衎上疏言""古者投奸人于四裔，今乃远方囚人，尽归象阙，配务役？神京天子所居，岂可使流囚于此聚役。《礼》曰：'刑人于市，与众弃之。'则知黄屋紫宸之中，非行法用刑之所。望自今外处罪人，勿许解送上京，亦不留于诸务充役。御前不行决罚之刑，殿前引见司钳黥法具、敕杖，皆以付御史、廷尉、京府。或出中使，或命法官，具礼监科，以重明刑谨法之意。"帝览疏甚悦，降诏褒答，然不能从也。

三年，始用儒士为司理判官，令诸州讯囚，不须众官共视，申长吏得判乃讯囚。刑部张佖言："官吏枉断死罪者，请稍峻条章，以责其明慎。"始定制：应断狱失入死刑者，不得以官减赎，检法官、判官皆削一任，而检法仍赎铜十斤，长吏则停任。寻置刑部详覆官六员，专阅天下所上案牍，勿复遣鞫狱吏。置御史台推勘官二十人，皆以京朝官为之。凡诸州有大狱，则乘传就鞫。陛辞日，帝必临遣谕之曰："无滋蔓，无留滞。"咸赐以装钱。还，必召问所推事状，著为定令。自是，大理寺杖罪以下须刑部详覆。又所驳天下案牍未具者，亦令详覆乃奏。判刑部李昌龄言："旧制，大理定刑送部，详覆官入法状，主判官下断语，乃具奏。至开宝六年，阙法直官，致两司共断定覆词。今宜令大理所断案牍，寺官印署送详覆。得当，则送寺共奏，否即疏驳以闻。"

淳化初，始置诸路提点刑狱司，凡管内州府，十日一报囚帐。有疑狱未决，即驰传往视之。州县稽留不决、按谳不实，长吏则劾奏，佐史、小吏许便宜按劾从事。帝又虑大理、刑部吏舞文巧诋，置审刑院于禁中，以枢密直学士李昌龄知院事，兼置详议官六员。凡狱上奏，先达审刑院，印讫，付大理寺、刑部断覆以闻。乃下审刑院详议申覆，裁决讫，以付中书省。当，即下之；其未允者，宰相覆以闻，始命论决。盖重慎之至也。凡大理寺决天下案牍，大事限二十五日，中事二十日，小事十日。审刑院详覆，大事十五日，中事十日，小事五日。三年；诏御史台鞫徒以上罪，狱具，令尚书丞郎、两省给舍以上一人亲往虑问。寻又诏："狱无大小，自中丞以下，皆临鞫问，不得专责所司。"自端拱以来，诸州司理参军，皆帝自选择，民有诣阙称冤者，亦遣台使乘传按鞫，数年之间，刑罚清省矣。既而诸路提点刑狱司未尝有所平反，诏悉罢之，归其事转运司。

至道二年，帝闻诸州所断大辟，情可疑者，惧为有司所驳，不敢上其狱。乃诏死事有可疑者，具狱申转运司，择部内详练格律者令决之，须奏者乃奏。

真宗性宽慈，尤慎刑辟。尝谓宰相曰："执法之吏，不可轻授。有不称职者，当责举主，以惩其滥。"审刑院举详议官，就刑部试断案三十二道，取引用详明者。审刑院每奏案，令先具事状，亲览之，翌日，乃候进止，裁处轻重，必当其罪。咸平四年，从黄州守王禹偁之请，诸路置病囚院，徒、流以上有疾者处之，余责保于外。

景德元年，诏："诸道州军断狱，内有宣敕不定刑名，止言当行极断者，所在即置大辟，颇乖平允。自今凡言处断、重断、极断、决配、朝典之类，未得论决，具狱以闻。"

四年，复置诸路提点刑狱官。先是，帝出笔记六事，其一曰："勤恤民隐，遴柬庶官，朕无日不念也。所虑四方刑狱官吏，未尽得人，一夫受冤，即召灾诊。今军民事务，虽有转运使，且地远无由周知。先帝尝选朝臣为诸路提点刑狱，今可复置，仍以使臣副之，命中书、枢密院择官。"又曰："河北、陕西，地控边要，尤必得人，须性度平和有执守者。"亲选太常博士陈纲、李及，自余拟名以闻，咸引对于长春殿遣之。内出御前印纸为历，书其绩效，代还，议功行赏。如刑狱枉滥不能摘举，官吏旷弛不能弹奏，务从畏避者，置以深罪。知审刑院朱巽上言："官吏因公事受财，证左明白，望论以枉法，其罪至死者，加役流。"从之。御史台尝鞫杀人贼，狱具，知杂王随请窊剐之，帝曰："五刑自有常制，何为惨毒也。"入内供奉官杨守珍使陕西，督捕盗贼，因请"擒获强盗至死者，望以付臣凌迟，用戒凶恶"。诏："捕贼送所属，依法论决，毋用凌迟。"凌迟者，先断其支体，乃抉其吭，当时之极法也。盖真宗仁恕，而惨酷之刑，祖宗亦未尝用。

初，殿中侍御史赵湘尝建言："圣王行法，必顺天道。汉制大辟之科，尽冬月乃断。此古之善政，当举行之。且十二月为承天节，万方祝颂之时，而大辟决断如故。况十一月一阳始出，其气尚微，议狱缓刑，所以助阳抑阴也。望以十一月、十二月内，天下大辟未结正者，更令详覆；已结正者，未令决断。所在厚加矜恤，扫除狴房，供给饮食、薪炭之属，防护无致他故。情可悯者，奏听敕裁。合依法者，尽冬月乃断。在京大辟人，既当春孟之月，亦行庆施惠之时。伏望万几之暇，临轩躬览，情可悯者，特从末减，亦所以布圣泽于无穷。况愚民之抵罪未断，两月亦非淹延。若用刑顺于阴阳，则四时之气和，气和则百谷丰实，水旱不作矣。"帝览奏，曰："此诚嘉事。然古今异制，沿革不同，行之虑有淹滞，或因缘为奸矣。"

天禧四年，乃诏："天下犯十恶、劫杀、谋杀、故杀、斗杀、放火、强劫、正枉法赃、伪造符印、厌魅咒诅、造妖书妖言、传授妖术、合造毒药、禁军诸军逃亡为盗罪至死者，每遇十二月，权住区断，过天庆节即决之。余犯至死者，十二月及春夏未得区遣，禁锢奏裁。"

在仁宗时，四方无事，户口蕃息，而克自抑畏，其于用刑尤慎。即位之初，诏内外官司，听狱决罪，须躬自阅实，毋枉滥淹滞。刑部尝荐详覆官，帝记其姓名，曰："是尝失入人罪不得迁官者，乌可任法吏？"举者皆罚金。

狱疑者谳，所从来久矣。汉尝诏"谳而后不当谳者不为失"，所以广听察、防缪滥也。时奏谳之法废。初，真宗尝览囚簿，见天下断死罪八百人，怃然动容，语宰执曰："杂犯死罪条目至多，官吏傥不尽心，岂无枉滥？故事，死罪狱具，三覆奏，盖甚重慎，何代罢之？"遂命检讨沿革，而有司终虑淹系，不果行。至是，刑部侍郎燕肃奏曰："唐大辟罪，令尚书、九卿谳之。凡决死刑，京师五覆奏，诸州三覆奏。贞观四年，断死罪三十九，开元二十五年，财五十八。今天下生齿未加于唐，而天圣三年，断大辟二千四百三十六，视唐几至百倍。京师大辟虽一覆奏，而州郡狱疑上请，法寺多所举驳，率得不应奏之罪，往往增饰事状，移情就法，失朝廷钦恤之意。望准唐故事，天下死罪皆得覆奏。议者必曰待报淹延。汉律皆以季秋论囚，唐自立春至秋分不决死刑，未闻淹留以害汉、唐之治也。"下其章中书，王曾谓："天下皆一覆奏，则必死之人，徒充满狴犴而久不得决。诸狱疑若情可矜者，听上请。"

天圣四年，遂下诏曰："朕念生齿之蕃，抵冒者众。法有高下，情有轻重，而有司巧避微文，一切致之重辟，岂称朕好生之志哉？其令天下死罪情理可矜及刑名疑虑者，具案以闻。有司毋得举驳。"其后，虽法不应奏、吏当坐罪者，审刑院贴奏，率以恩释为例，名曰"贴放"。吏始无所牵制，请谳者多得减死矣。

先是，天下旬奏狱状，虽杖、笞皆申覆，而徒、流罪非系狱，乃不以闻。六年，集贤校理聂冠卿请罢覆杖、笞，而徒以上虽不系狱，皆附奏。诏从其说。自定折杖之制，杖之长短广狭，皆有尺度，而轻重无准。官吏得以任情。至是，有司以为言，诏毋过十五两。

初，真宗时，以京师刑狱多滞冤，置纠察司，而御史台狱亦移报之。八年，御史论以为非体，遂诏勿报。祖宗时，重盗剥桑柘之禁，枯者以尺计，积四十二尺为一功，三功以上抵死。殿中丞于大成请得以减死论，下法官议，谓当如旧。帝意欲宽之，诏死者上请。

刑部分四按，大辟居其一，月覆大辟不下二百数，而详覆官才一人。明道二年，令四按分覆大辟，有能驳正死罪五人以上，岁满改官。法直官与详覆官分详天下旬奏，狱有重辟，狱官毋预燕游迎送。凡上具狱，大理寺详断，大事期三十日，小事第减十日。审刑院详议又各减半。其不待期满而断者，谓之"急按"。凡集断急按，法官与议者并书姓名，议刑有失，则皆坐之。至景祐二年，判大理寺司徒昌运言："断狱有期日，而炎暍之时，系囚淹久，请自四月至六月减期日之半，两川、广南、福建、湖南如急按奏。"其后犹以断狱淹滞，又诏月上断狱数，列大、中、小事期日，以相参考。

是岁，改强盗法：不持杖，不得财，徒二年；得财为钱万及伤人者，死。持杖而不得财，流三千里；得财为钱五千者，死；伤人者，殊死。不持杖得财为钱六千，若持杖罪不至死者，仍刺隶二千里外牢城。能告群盗劫杀人者第赏之，及十人者予钱十万。既而有司言："窃盗不用威力，得财为钱五千，即刺为兵，反重于强盗，请减之。"遂诏至十千始刺为兵，而京城持杖窃盗，得财为钱四千，亦刺为兵。自是盗法惟京城加重，余视旧益宽矣。

庆历五年，诏罪殊死者，若祖父母、父母年八十及笃疾无期亲者，列所犯以闻。

承平日久，天下生齿益蕃，犯法者多，岁断大辟甚众，而有司未尝上其数。嘉祐五年，判刑部李绚言："一岁之中，死刑无虑二千余。夫风俗之薄，无甚于骨肉相残；衣食之穷，莫急于盗贼。今犯法者众，岂刑罚不足以止奸，而教化未能导其为善欤？愿诏刑部类天下所断大辟，岁上朝廷，以助观省。"从之。

凡在京班直诸军请粮，斗斛不足，出戍之家尤甚。仓吏自以在官无禄，恣为侵渔。神宗谓非所以爱养将士之意，于是诏三司始立《诸仓丐取法》。而中书请主典役人，岁增禄至一万八千九百余缗。凡丐取不满百钱，徒一年，每百钱则加一等；千钱流二千里，每千钱则加一等，罪止流三千里。其行货及过致者，减首罪二等。徒者皆配五百里，其赏百千；流者皆配千里，赏二百千；满十千，为首者配沙门岛，赏三百千，自首则除其罪。凡更定约束十条行之。其后内则政府，外则监司，多仿此法。内外岁增吏禄至百余万缗，皆取诸坊场，河渡，市利，免行、役剩息钱。久之，议臣欲稍缓令法，编敕所修立《告捕获仓法给赏条》，自一百千分等至三百千，而按问者减半给之，中书请依所定，诏仍旧给全赏，虽按问，亦全给。吕嘉问尝请行货者宜止以不应为坐之，刑部始减其罪。及哲宗初，尝罢重禄法，而绍圣复仍旧。

熙宁四年，立《盗贼重法》。凡劫盗罪当死者，籍其家赀以赏告人，妻子编置千里；遇赦若灾伤减等者，配远恶地。罪当徒、流者，配岭表；流罪会降者，配三千里，籍其家赀之半为赏，妻子递降等有差。应编配者，虽会赦，不移不释。凡囊橐之家，劫盗死罪，情重者斩，余皆配远恶地，籍其家赀之半为赏。盗罪当徒、流者，配五百里，籍其家赀三之一为赏。窃盗三犯，杖配五百里或邻州。虽非重法之地，而囊橐重法之人，以重法论。其知县、捕盗官皆用举者，或武臣为尉。盗发十人以上，限内捕半不获，劾罪取旨。若复杀官吏，及累杀三人，焚舍屋百间，或群行州县之内，劫掠江海船筏之中，非重地，亦以重论。

凡重法地，嘉祐中始于开封府诸县，后稍及诸州。以开封府东明、考城、长垣县，京西滑州，淮南宿州，河北澶州，京东应天府、濮、齐、徐、济、单、兖、郓、沂州、淮阳军，亦立重法，著为令。至元丰时，河北、京东、淮南、福建等路皆用重法，郡县寝益广矣。元丰敕，重法地分，劫盗五人以上，凶恶者，方论以重法。绍圣后，有犯即坐，不计人数。复立《妻孥编管法》。至元符三年，因刑部有请，诏改依旧敕。

先是，曾布建言："盗情有重轻，赃有多少。今以赃论罪，则劫贫家情虽重，而以赃少减免，劫富室情虽轻，而以赃重论死。是盗之生死，系于主之贫富也。至于伤人，情状亦殊。以手足殴人，偶伤肌体，与夫兵刃汤火，固有间矣，而均谓之伤。朝廷虽许奏裁，而州郡或奏或否，死生之分，特幸与不幸尔。不若一变旧法，凡以赃定罪及伤人情状不至切害者，皆从罪止之法。其用兵刃汤火，情状酷毒，及污辱良家，或入州县镇寨行劫，若驱虏官吏巡防人等，不以伤与不伤。凡情不可贷者，皆处以死刑，则轻重不失其当矣。"及布为相，始从其议，诏有司改法。未几，侍御史陈次升言："祖宗仁政，加于天下者甚广。刑法之重，改而从轻者至多。惟是强盗之法，特加重者，盖以禁奸宄而惠良民也。近朝廷改法，诏以强盗计赃应绞者，并增一倍；赃满不伤人，及虽伤人而情轻者奏裁。法行之后，民受其弊，被害之家，以盗无必死之理，不敢告官，而邻里亦不为之擒捕，恐怨仇报复。故贼益逞，重法地分尤甚。恐养成大寇，以贻国家之患，请复行旧法。"布罢相，翰林学士徐勣复言其不便，乃诏如旧法，前诏勿行。

先是，诸路经略、钤辖，不得便宜斩配百姓。赵抃尝知成都，乃言当独许成都四路。王安石执不可，而中书、枢密院同立法许之。其后，谢景初奏："成都妄以便宜诛释，多不当。"于是中书复删定敕文，惟军士犯罪及边防机速，许特断。及抃移成都，又请立法，御史刘孝孙亦为之请依旧便宜从事，安石寝其奏。

武臣犯赃，经赦复后，更立年考升迁。帝曰："若此，何以戒贪吏？"故命改法。熙宁六年，枢密都承旨曾孝宽等定议上之，大概仿文臣叙法而少增损尔。七年，诏："品官犯罪，按察之官并奏劾听旨。毋得擅捕系、罢其职奉。"

元丰二年，成都府、利路钤辖言："往时川峡绢匹为钱二千六百，以此估赃，两铁钱得比铜钱之一。近绢匹不过千三百，估赃二匹乃得一匹之罪，多不至重法。"令法寺定以一钱半当铜钱之一。

元祐二年，刑部、大理寺定制："凡断谳奏狱，每二十缗以上为大事，十缗以上为中事，不满十缗为小事。大事以十二日，中事九日，小事四日为限。若在京、八路，大事十日，中事五日，小事三日。台察及刑部举劾约法状并十日，三省、枢密院再送各减半。有故量展，不得过五日。凡公案日限，大事以三十五日，中事二十五日，小事十日为限。在京、八路，大事以三十日，中事半之，小事参之一。台察及刑部并三十日。每十日，断用七日，议用三日。"

五年，诏命官犯罪，事干边防军政，文臣申尚书省，武臣申枢密院。中丞苏辙言："旧制，文臣、吏民断罪公案归中书，武臣、军士归枢密，而断例轻重，悉不相知。元丰更定官制，断狱公案并由大理、刑部申尚书省，然后上中书省取旨。自是断狱轻重比例，始得归一，天下称明焉。今复分隶枢密，必有罪同断异，失元丰本意，请并归三省。其事干边防军政者，令枢密院同进取旨，则事体归一，而兵政大臣各得其职。"六年，乃诏："文武官有犯同按干边防军政者，刑部定断，仍三省、枢密院同取旨。"

刑部论："佃客犯主，加凡人一等。主犯之，杖以下勿论，徒以上减凡人一等。谋杀盗诈、有所规求避免而犯者不减。因殴致死者不刺面，配邻州，情重者奏裁。凡命士死于官或去位，其送徒道亡，则部辖将校、节级与首率众者徒一年，情轻则杖百，虽自首不免。"

政和间，诏："品官犯罪，三问不承，即奏请追摄；若情理重害而拒隐，方许枷讯。迩来有司废法，不原轻重，枷讯与常人无异，将使人有轻吾爵禄之心。可申明条令，以称钦恤之意。"又诏："宗子犯罪，庭训示辱。比有去衣受杖，伤肤败体，有恻朕怀。其令大宗正司恪守条制，违者以违御笔论。"又曰："其情理重害，别被处分。若罪至徒、流，方许制勘，余止以众证为定，仍取伏辨，无得辄加捶考。其合庭训者，并送大宗正司，以副朕敦睦九族之意。"中书省言："《律》，'在官犯罪，去官勿论'。盖为命官立文。其后相因，掌典去官，亦用去官免罪，有犯则解役归农，幸免重罪。"诏改《政和敕》掌典解役从去官法。

左道乱法，妖言惑众，先王之所不赦，至宋尤重其禁。凡传习妖教，夜聚晓散，与夫杀人祭祀之类，皆著于法，诃察甚严。故奸轨不逞之民，无以动摇愚俗。间有为之，随辄报败，其事不足纪也。

卷二百　　志第一百五十三

刑法二

律令者，有司之所守也。太祖以来，其所自断，则轻重取舍，有法外之意焉。然其末流之弊，专用己私以乱祖宗之成宪者多矣。

乾德伐蜀之役，有军大校割民妻乳而杀之，太祖召至阙，数其罪。近臣营救颇切，帝曰："朕兴师伐罪，妇人何辜，而残忍至此！"遂斩之。

时郡县吏承五季之习，黩货厉民，故尤严贪墨之罪。开宝四年，王元吉守英州，月余，受赃七十余万，帝以岭表初平，欲惩掊克之吏，特诏弃市。陕州民范义超，周显德中，以私怨杀同里常古真家十二口，古真小子留留幸脱走，至是，擒义超诉有司。陕州奏引赦当原，帝曰："岂有杀一家十二人可以赦论邪？"命正其罪。八年，有司言："自三年至今，诏所贷死罪凡四千一百八人。"帝注意刑辟，哀矜无辜，尝叹曰："尧、舜之时，四凶之罪止于投窜。先王用刑，盖不获已，何近代宪纲之密耶！"故自开宝以来，犯大辟，非情理深害者，多得贷死。

太平兴国六年，自春涉夏不雨，太宗意狱讼冤滥。会归德节度推官李承信因市葱笞园户，病创死。帝闻之，坐承信弃市。

初，太祖尝决系囚，多得宽贷。而开封妇人杀其夫前室子，当徒二年，帝以其凶逆残忍，特处死。至是，有泾州安定妇人，怒夫前妻之子妇，绝其吭而杀之。乃下诏曰："自今继母杀伤夫前妻子，及姑杀妇者，同凡人论。"雍熙元年，开封寡妇刘使婢诣府，诉其夫前室子王元吉毒己将死。右军巡推不得实，移左军巡掠治，元吉自诬伏。俄刘死。及府中虑囚，移司录司案问，颇得其侵诬之状，累月未决。府白于上，以其毒无显状，令免死，决徒。元吉妻张击登闻鼓称冤，帝召问张，尽得其状。立遣中使捕元推官吏，御史鞫问，乃刘有奸状，惭悔成疾，惧其子发觉而诬之。推官及左、右军巡使等削任降秩，医工诈称被毒，刘母弟欺隐王氏财物及推吏受赃者,并流海岛;余决罚有差。司录主吏赏缗钱,赐束帛。初,元吉之系,左军巡卒系缚搒治,谓之"鼠弹筝",极其惨毒。帝令以其法缚狱卒,宛转号叫求速死。及解缚,两手良久不能动。帝谓宰相曰:"京邑之内,乃复冤酷如此,况四方乎?"

端拱间,房犯边郡,北面部署言:"文安、大城二县监军段重诲等弃城遁,请论以军法。"帝遣中使就斩之。既行,谓曰:"此得非所管州军召之邪?往讯之乃决。"使至,果讯得乾宁牒令部送民入居城,非擅离所部,遽释之。

咸平间,有三司军将赵永昌者,素凶暴,督运江南,多为奸赃。知饶州韩昌龄廉得其状,乃移转运使冯亮,坐决杖停职。遂挝登闻鼓,讼昌龄与亮讪谤朝政,仍伪刻印,作亮等求解之状。真宗察其诈,于便殿自临讯,永昌屈伏,遂斩之,释亮不问,而昌龄以他事贬郓州团练副使。曹州民苏庄蓄兵器,匿亡命,豪夺民产,积赃计四十万。御史台请籍其家,帝曰:"暴横之民,国有常法,籍之,斯过也。"论如律。其纵舍轻重,必当于义,多类此。

凡岁饥,强民相率持杖劫人仓廪,法应弃市,每具狱上闻,辄贷其死。真宗时,蔡州民三百一十八人有罪,皆当死。知州张荣、推官江嗣宗议取为首者杖脊,余悉论杖罪。帝下诏褒之。遣使巡抚诸道,因谕之曰:"平民艰食,强取粮粮以图活命尔,不可从盗法科之。"天圣初,有司尝奏盗劫米伤主,仁宗曰:"饥劫米可哀,盗伤主可疾。虽然,无知迫于食不足耳。"命贷之。五年,陕西旱,因诏:"民劫仓廪,非伤主者减死,刺隶他州,非首谋又减一等。"自是,诸路灾伤即降敕,饥民为盗,多蒙矜减,赖以全活者甚众。司马光时知谏院,言曰:"臣闻敕下京东、西灾伤州军,如贫户以饥偷盗斛斗因而盗财者,与减等断放,臣窃以为非便。《周礼》荒政十有二,散利、薄征、缓刑、弛力、舍禁、去几,率皆推宽大之恩以利于民,独于盗贼,愈更严急。盖以饥馑之岁,盗贼必多,残害良民,不可不除。顷年尝见州县官吏,有不知治体,务为小仁。遇凶年,劫盗斛斗,辄宽纵之,则盗贼公行,更相劫夺,乡村大扰,不免广有收捕,重加刑辟,或死或流,然后稍定。今若朝廷明降敕文,豫言与减等断放,是劝民为盗也。百姓乏食,当轻徭薄赋,开仓振贷以救其死,不当使之自相劫夺。今岁府界、京东、京西水灾极多,严刑峻法以除盗贼,犹恐春冬之交饥民啸聚,不可禁御,又况降敕以劝之。臣恐国家始于宽仁,而终于酷暴,意在活人而杀人更多也。"事报闻。

帝尝御迩英阁经筵,讲《周礼》"大荒大札,薄征缓刑"。杨安国曰:"缓刑者,乃过误之民耳,当岁歉则赦之,悯其穷也。今众持兵杖劫粮廪,一切宽之,恐不足以禁奸。"帝曰:"不然,天下皆吾赤子也。一遇饥馑,州县不能振恤,饥莩所迫,遂至为盗,又捕而杀之,不亦甚乎?"

仁宗听断,尤以忠厚为主。陇安县民诬平民五人为劫盗,尉悉执之,一人掠死,四人遂引服。其家辨于州,州不为理,悉论死。未几,秦州捕得真盗,陇州吏当坐法而会赦,帝怒,特贬知州孙济为雷州参军,余皆除名流岭南。赐钱粟五家,复其役三年。因下诏戒敕州县。广州司理参军陈仲约误入人死,有司当仲约公罪应赎。帝谓审刑院张揆曰:"死者不可复生,而狱吏虽废,复得叙官。"命特治之,会赦勿叙用。尚书比部员外郎师仲说请老,自言恩得任子,帝以仲说尝失入人死罪,不与。其重人命如此。

时近臣有罪,多不下吏劾实,不付有司议法。谏官王赞言:"情有轻重,理分故失,而一切出于圣断,前后差异,有伤政体,刑法之官安所用哉?请自今悉付有司正以法。"诏可。近臣间有干请,辄为言官所斥。谏官陈升之尝言:"有司断狱,或事连权幸,多以中旨释之。请有缘中旨得释者,劾其干请之罪,以违制论。"许之。仁宗于赏罚无所私,尤不以贵近废法。屡戒有司:"被内降者,执奏,毋辄行。"未尝屈法以自徇也。知虢州周日宣诡奏水灾,有司论请如上书不实法。帝曰:"州郡多言符瑞,至水旱之灾,或抑而不闻。今守臣自陈垫溺官私庐舍,意实在民,何可加罪?"

英宗在位日浅,于政令未及有所更制。然以吏习平安,慢于奉法,稍欲振起其怠惰。三班奉职和钦败所部纲钱,至绞,帝命贷死免杖,刺隶福建路牢城。知审刑院卢士宗请稍宽其罪,帝曰:"刑故而得宽,则死者滋众,非'刑期无刑'之道。倘有过误,贷无伤也。"富国仓监官受米湿恶,坏十八万石,会恩当减,帝特命夺官停之。

熙宁二年,内殿崇班郑从易母、兄俱亡于岭外,岁余方知,请行服。神宗曰:"父母在远,当朝夕为念。经时无安否之问,以至逾年不知存亡邪?"特除名勒停。四年,王存立言:"嘉祐中,同学究出身,为砀山县尉,尝纳官赎父配隶罪,请同举人法,得免丁忧。"帝悯之,复赐出身,仍与注官。九年,知桂州沈起欲经略交阯,取其慈恩州,交人遂破钦,犯邕管。诏边人横遭屠戮,职其致寇,罪悉在起,特削官爵,编置远恶州。

复仇,后世无法。仁宗时,单州民刘玉父为王德殴死,德更赦,玉私杀德以复父仇。帝义之,决杖、编管。元丰元年,青州民王赟父为人殴死,赟幼,未能复仇。几冠,刺仇,断支首祭父墓,自首。论当斩。帝以杀仇祭父,又自归罪,其情可矜,诏贷死,刺配邻州。宣州民叶元有同居兄乱其妻,缢杀之,又杀兄子,强其父与嫂为约契不讼。邻里发其事,州为上请,帝曰:"罪人以死,奸乱之事特出叶元之口,不足以定罪。且下民虽无知,固宜哀矜,然以妻子之爱,既罔其父,又杀其兄,戕其侄,逆理败伦,宜以殴兄至死律论。"

绍圣以来,连起党狱,忠良屏斥,国以空虚。徽宗嗣位,外事耳目之玩,内穷声色之欲,征发亡度,号令靡常。于是蔡京、王黼之属,得以诬上行私,变乱法制。崇宁五年,诏曰:"出令制法,重轻予夺在上。比降特旨处分,而三省引用敕令,以为妨碍,沮抑不行,是以有司之常守,格人主之威福。夫擅杀生之谓王,能利害之谓王,何格令之有?臣强之渐,不可不戒。自今应有特旨处分,间有利害,明具论奏,虚心以听。如或以常法沮格不行,以大不恭论。"明年,诏:"凡御笔断罪,不许诣尚书省陈诉。如违,并以违御笔论。"又定令:"凡应承受御笔官府,稽滞一时杖一百,一日徒二年,二日加一等,罪止流三千里,三日以大不恭论。"由是吏因缘为奸，用法巧文寖深，无复祖宗忠厚之志。穷极奢侈，以竭民力，自速祸机。靖康虽知悔悟，稍诛奸恶，而谋国匪人，终亦末如之何矣。

高宗性仁柔，其于用法，每从宽厚，罪有过贷，而未尝过杀。知常州周杞擅杀人，帝曰："朕日亲听断，岂不能任情诛僇，顾非理耳。"即命削杞籍。大理率以儒臣用法平允者为之。狱官入对，即以惨酷为戒。台臣、士曹有所平反，辄与之转官。每临轩虑囚，未尝有送下者，曰："吾恐有司观望，锻炼以为重轻也。"吏部员外郎刘大中奉使江南回，迁左司谏，帝寻以为秘书少监。谓宰臣朱胜非曰："大中奉使，颇多兴狱，今使为谏官，恐四方观望耳。"其用心忠厚如此。后诏用刑惨酷责降之人，勿堂除及亲民，止与远小监当差遣。

当建、绍间，天下盗起，往往攻城屠邑，至兴师以讨之，然得贷亦众。同知枢密院事李回尝奏强盗之数，帝曰："皆吾赤子也，岂可一一诛之？诛其渠魁三两人足矣。"至待贪吏则极严：应受赃者，不许堂除及亲民；犯枉法自盗者，籍其名中书，罪至徒即不叙，至死者，籍其赀。诸文臣寄禄官并带"左"、"右"字，赃罪人则去之。是年，申严真决赃吏法。令三省取具祖宗故事，有以旧法弃市事上者，帝曰："何至尔耶？但断遣之足矣。贪吏害民，杂用刑威，有不得已，然岂忍置缙绅于死地邪？"

在徽宗时，刑法已峻。虽尝裁定笞、杖之制，而有司犹从重。比中兴之初，诏用政和递减法，自是迄嘉定不易。自蔡京当国，凡所请御笔以坏正法者，悉厘正之。诸狱具，令当职官依式检校。枷以干木为之，轻重长短刻识其上，笞、杖不得留节目，亦不得钉饰及加筋胶之类，仍用官给火印。暑月，每五日一洗濯枷杻，刑、寺轮官一员，躬亲监视。诸狱司并旬申禁状，品官、命妇在禁，别具单状。合奏案者，具情款招伏奏闻，法司朱书检坐条例、推司录问、检法官吏姓名于后。

各州每年开收编配羁管奴婢人及断过编配之数，各置籍。各路提点刑狱司，岁具本路州军断过大辟申刑部，诸州申提刑司。其应书禁历而不书，应申所属而不申，奏案不依式，检坐开具违令，回报不圆致妨详覆，与提刑司详覆大辟而稽留、失覆大辟致罪有出入者，各抵罪。知州兼统兵者，非出师临陈，毋用重刑。州县月具系囚存亡之数申提刑司，岁终比较，死囚最多者，当职官黜责，其最少者，褒赏之。

旧以绢计赃者，千三百为一匹，窃盗至二贯者徒。至是，又加优减，以二千为一匹，盗至三贯者徒一年。三年，复诏以三千为一匹，窃盗及凡以钱定罪，递增五分。四年，又诏："特旨处死，情法不当者，许大理寺奏审。"

五年，岁终比较，宣州、衢州、福州无病死囚，当职官各转一官。舒州病死及一分，惠州二分六厘，当职官各降一官。六年，令刑部体量公事，邵州、广州、高州勘命官淹系至久不报，诏知州降一官，当职官展二年磨勘，当行吏永不收叙。德庆府勘封川县令事，七月不报，诏知州、勘官各抵罪。九年，大理寺朱伯文广西催断刑狱，还言："雷州海贼两狱，并系平人七人，内五人已死。"帝恻然，

诏本路提刑以下重致罚。十二年，御史台点检钱塘、仁和县狱具，钱塘大杖，一多五钱半；仁和枷，一多一斤，一轻半斤，诏县官各降一官。十三年，诏："禁囚无供饭者，临安日支钱二十文，外路十五文。"十六年，诏："诸鞫狱追到干证人，无罪遣还者，每程给米一升半，钱十五文。"二十一年，诏官支病囚药物钱。

旧法，刑部郎官四人，分左、右厅，或以详覆，或以叙审，同僚而异事，有防闲考覆之意。南渡以来，务从简省，大理少卿止一员，刑部郎中初无分异，狱有不得其情，法有不当于理者，无所平反追改。二十六年，右司郎中汪应辰言之。诏刑部郎官依元丰法，分左、右厅治事。二十七年，诏四川以钱引科罪者，准铜钱。

孝宗究心庶狱，每岁临轩虑囚，率先数日令有司进款案披阅，然后决遣。法司更定律令，必亲为订正之。丞相赵雄上《淳熙条法事类》，帝读至收骡马、舟船、契书税，曰："恐后世有算及舟车之讥。"《户令》："户绝之家，许给其家三千贯，及二万贯者取旨。"帝曰："其家不幸而绝，及二万贯乃取之，是有心利其财也。"又《捕亡律》："公人不获盗者，罚金。"帝曰："罚金而不加罪，是使之受财纵盗也。"又："监司、知州无额上供者赏。"帝曰："上供既无额，是白取于民也，可赏以诱之乎？"并令削去之。其明审如此。且于用刑，未尝以私废法。镇江都统戚方以刻剥被罪，宰臣陈俊卿言内臣有主之者，帝曰："朕亦闻之。"乃以内侍陈瑜、李宗回等付大理狱，究其赇状，狱成，决配之。乾道二年，下诏曰："狱，重事也。用法一倾，则民无所措手足。比年以来，治狱之吏，巧持多端，随意轻重之，朕甚患焉。其自今革玩习之弊，明审克之公，使奸不容情，罚必当罪，用迪于刑之中，勉之哉，毋忽！"三年，诏曰："狱，重事也。稽者有律，当者有比，疑者有谳。比年顾以狱情白于执政，探取旨意，以为轻重，甚亡谓也。自今其祗乃心，敬于刑，惟当为贵，毋习前非。不如吾诏，吾将大置于罚，罔攸赦。"六年，诏："以绢计赃者，更增一贯。以四千为一匹。"议者又言："犯盗，以赦计钱定罪，以律计绢。今律以绢定罪者递增一千，赦内以钱定罪，亦合例增一千。"从之。

临安府左右司理、府院三狱，杖直狱子以无所给，至为无籍。七年，诏："人月给钱十贯，米六斗，每院止许置一十二人。"时州县狱禁淹延，八年，诏："徒以上罪入禁三月者，提刑司类申刑部，置籍立限以督之。"其后，又诏中书置禁，奏取会籍，大臣阅入，以察刑寺稽违，与夫不应问难而问难，不应会而会者。

淳熙初，浙西提刑郑兴裔上《检验格目》，诏颁之诸路提刑司。凡检覆必给三本：一申所属，一申本司，一给被害之家。绍兴法，鞫狱官推勘不得实，故有不当者，一案坐之。乾道法，又恐有移替事故者，即致淹延，乃令先决畢人不当，官吏案后收坐。至是，所司请更定死罪依绍兴法，余依乾道施行，从之。其后，有司以覆勘不同，则前官有失入之罪，往往雷同前勘。帝知其弊，十四年，诏特免一案推结一次。于是小大之狱，多得其情。二广州军狱吏，畏宪司点检送勘之害，凡有重囚，多毙于狱。臣僚

以为请，乃诏二广提刑司详覆公事，若小节不完，不须追逮狱吏，委本州究实保明。遇有死者，必根究其所以致死。

三衙及江上诸军，各有推狱，谓之"后司"。狱成，决于主帅，不经属官，故军吏多受财为奸。光宗时，乃诏通晓条制属官兼管之。广东路瘴疠，惟英德府为最甚，谓之"人间生地狱"。诸司公事欲速成者，多送之，自非死罪，至即诬伏，亟就刑责以出。五年，臣僚言之，诏本路诸司公事应送别州者，无送英德府。

至宁宗时，刑狱滋滥。嘉泰初，天下上死案，一全年千八百一十一人，而断死者才一百八十一人，余皆贷之。乃诏诸宪台，岁终检举州军有狱空并禁人少者，申省取旨。嘉定四年，诏以绢计赃定罪者，江北铁钱依四川法，二当铜钱一。江西提刑徐似道言："检验官指轻作重，以有为无，差讹交互，以故吏奸出入人罪。乞以湖南正背人形随《格目》给下，令于伤损去处，依样朱红书画，唱喝伤痕，众无异词，然后署押。"诏从之，颁之天下。五年，诏三衙及江上、四川诸军，以武举人主管后司公事。

理宗起自民间，具知刑狱之弊。初即位，即诏天下恤刑，又亲制《审刑铭》以警有位。每岁大暑，必临轩虑囚。自谋杀、故杀、斗杀已杀人者，伪造符印、会子，放火，官员犯入己赃，将校军人犯枉法外，自余死罪，情轻者降从流，流降从徒，徒从杖，杖已下释之。大寒虑囚，及祈晴祈雪及灾祥，亦如之。有一岁凡数疏决者。后以建康亦先朝驻跸之地，罪人亦得视临安减降之法。帝之用刑可谓极厚矣，而天下之狱不胜其酷。每岁冬夏，诏提刑行郡决囚，提刑惮行，悉委倅贰，倅贰不行，复委幕属。所委之人，类皆肆其威福，以要馈遗。监司、郡守，擅作威福，意所欲黥，则令入其当黥之由，意所欲杀，则令证其当死之罪，呼喝吏卒，严限日时，监勒招承，催促结款。而又擅置狱具，非法残民，或断薪为杖，搭击手足，名曰："掉柴"；或木索并施，夹两胫，名曰"夹帮"；或缠绳于首，加以木楔，名曰"脑箍"；或反缚跪地，短竖坚木，交辫两股，令狱卒跳跃于上，谓之"超棍"，痛深骨髓，几于殒命。富贵之家，稍有胃望，动籍其赀。又以趁办月桩及添助版帐为名，不问罪之轻重，并从科罚。大率官取其十，吏渔其百。

诸重刑，皆申提刑司详覆，或具案奏裁，即无州县专杀之理，往往杀之而待罪。法无拘锁之条，特州县一时弹压盗贼奸暴，罪不至配者，故拘锁之，俾之省愆。或一月、两月，或一季、半年，虽永锁者亦有期限，有口食。是时，州县残忍，拘锁者竟无限日，不支口食，淹滞囚系，死而后已。又以己私摧折手足，拘锁尉寨。亦有豪强赂吏，罗织平民而囚杀之。甚至户婚词讼，亦皆收禁。有饮食不充，饥饿而死者；有无力请求，吏卒凌虐而死者；有为两词赂遗，苦楚而死者。惧其发觉，先以病申，名曰"监医"，实则已死；名曰"病死"，实则杀之。至度宗时，虽累诏切责而禁止之，终莫能胜，而国亡矣。

诏狱，本以纠大奸慝，故其事不常见。初，群臣犯法，体大者多下御史台狱，小则开封府、大理寺鞫治焉。神宗以来，凡一时承诏置推者，谓之"制勘院"，事出中书，则曰"推勘院"，狱已乃罢。

熙宁二年，命尚书都官郎中沈衡鞫前知杭州祖无择于秀州，内侍乘驿追逮。御史张戬等言："无择三朝近侍，而骤系囹圄，非朝廷以廉耻风厉臣下之意，请免其就狱，止就审问。"不从。又命崇文院校书张载鞫前知明州、光禄卿苗振于越州。狱成，无择坐贷官钱及借公使酒，谪忠正军节度副使；振坐故入裴士尧罪及所为不法，谪复州团练副使。狱半年乃决，辞所连逮官吏，坐勒停、冲替、编管又十余人，皆御史王子韶启其事。自是诏狱屡兴，其悖于法及国体所系者著之；其余不足纪也。

八年，沂州民朱唐告前余姚主簿李逢谋反。提点刑狱王庭筠言其无迹，但谤讪，语涉指斥及妄说休咎，请编配。帝疑之，遣御史台推直官蹇周辅劾治。中书以庭筠所奏不当，并劾之。庭筠惧，自缢死。逢辞连宗室秀州团练使世居、医官刘育等，河中府观察推官徐革，诏捕系台狱，命中丞邓绾、同知谏院范百禄与御史禧杂治。狱具，赐世居死，李逢、刘育及徐革并凌迟处死，将作监主簿张靖、武进士郝士宣皆腰斩，司天监学生秦彪、百姓李士宁杖脊，并湖南编管。余连逮者追官落职。世居子孙贷死除名，削属籍。旧勘鞫官吏并劾罪。

李士宁者，术人出入贵人门，常见世居母康，以仁宗御制诗上之。百禄谓士宁荧惑世居致不轨，且疑知其逆谋，推问不服。禧乃奏："士宁赠诗，实仁宗御制，今狱官以为反因，臣不敢同。"百禄以士宁尝与王安石善，欲锻炼附致妖言死罪，卒论士宁徒罪，而奏"禧故出之，以媚大臣"。诏详劾理曲者以闻。百禄坐报上不实，落职。若凌迟、腰斩之法，熙宁以前未尝用于元凶巨蠹，而自是以口语狂悖致罪者，丽于极法矣。盖诏狱之兴，始由柄国之臣藉此以威缙绅，逞其私憾，朋党之祸遂起，流毒不已。

绍圣间，章惇、蔡卞用事，既再追贬吕公著、司马光，及谪吕大防等岭外，意犹未快，仍用黄履疏高士京状追贬王珪，皆诬以"图危上躬"，其言寝及宣仁，上颇惑之。最后，起同文馆狱，将悉诛元祐旧臣。时太府寺主簿蔡渭奏："臣叔父硕，尝于邢恕处见文及甫元祐中所寄恕书，具述奸臣大逆不道之谋。及甫，彦博子也，必知奸状。"诏翰林承旨蔡京、吏部侍郎安惇同究问。初，及甫与恕书，自谓："毕禫当求外，入朝之计未可必，闻已逆为机穽，以榛塞其涂。"又谓："司马昭之心，路人所知。"又云："济之以粉昆，朋类错立，欲以眇躬为甘心快意之地。"及甫尝语蔡硕，谓司马昭指刘挚，粉昆指韩忠彦，眇躬，及甫自谓。盖俗称驸马都尉为"粉侯"，人以王师约故，呼其父克臣为"粉父"，忠彦乃嘉彦之兄也。及甫除都司，为刘挚论列。挚尝论彦博不可除三省长官，故止为平章重事。及彦博致仕，及甫自权侍郎以修撰守郡，母丧除，与恕书请补外，因为躁忿诋毁之辞。及置对，则以昭比挚如旧，眇躬乃以指上，而粉昆乃谓指王岩叟面如傅粉，故曰"粉"，梁焘字况之，以"况"为兄，故曰"昆"，斥挚将谋废立，不利于上躬。京、惇言："事涉不顺，及甫止闻其父言，无他证佐，望别差官审问。"乃诏中书舍人蹇序辰审问,仍差内侍一员同往。蔡京、安惇等共治之,将大有所诛戮,然卒不得其要领。会星变,上怒稍息,然京、惇极力锻炼不少置。既而梁焘卒于化州,刘挚卒于新州,众皆疑二人不得其死。明年五月,诏:"挚、焘据文及甫等所供言语,偶逐人皆亡,不及考验,明正典刑。挚、焘诸子并勒停,永不收叙。"先时,三省进呈,帝曰:"挚等已谪遐方,朕遵祖宗遗志,未尝杀戮大臣,其释勿治。"

初,元祐更政,尝置诉理所,申理冤滥。元符元年,中丞安惇言:"神宗厉精图治,明审庶狱,而陛下未亲政时,奸臣置诉理所,凡得罪熙宁、元丰之间者,咸为除雪,归怨先朝,收恩私室。乞取公案,看详从初加罪之意,复依元断施行。"时章惇犹豫未应,蔡卞即以"相公二心"之言迫之。惇惧,即日置局,命蹇序辰同安惇看详案内文状陈述,及诉理所看详于先朝言语不顺者,具名以闻。自是,以伸雪复改正重得罪者八百三十家。

及徽宗即位,改正元祐诉理之人。右正言陈瓘言:"诉理得罪,自语言不顺之外,改正者七百余人。无罪者既蒙昭雪,则看详之官如蹇序辰、安惇者,安可以不加罪乎?序辰与惇受大臣讽谕,迎合绍述之意,因谓诉理之事,形迹先朝,遂使纷纷不已。考之公议,宜正典刑。"会中书省亦请治惇、序辰罪,诏蹇序辰、安惇并除名,放归田里。

靖康初元,既戮梁方平,太傅王黼责授崇信军节度副使、永州安置。言者论黼欺君罔上,专权怙宠,蠹财害民,坏法败国,朔方之衅,黼主其谋。遣吏追至雍丘杀之,取其首以献,仍籍其家。又诏赐拱卫大夫、安德军承宣使李彦死。彦根括民田,夺民常产,重敛租课,百姓失业,愁怨溢路,官吏稍忤意,捃摭送狱,多至愤死,故特诛之。暴少保梁师成朋比王黼之罪,责彰化军节度副使,行一日,追杀之。台谏极论朱勔肆行奸恶,起花石纲,竭百姓膏血,磐州县帑藏,子侄承宣、观察者数人,厮役为横行,媵妾有封号,园第器用悉拟宫禁。三月,窜勔广南,寻赐死。赵良嗣者,本燕人马植。政和初,童贯使辽国,植邀于路,说以覆宗国之策,贯挟之以归,卒用其计,以基南北之祸。至是,伏诛。七月,暴童贯十罪,遣人即所至斩之。九月,言者论蔡攸兴燕山之役,祸及天下,骄奢淫佚,载籍所无。诏诛攸并弟翛。

高宗承大乱之后,治王时雍等卖国之罪,洪刍、余大均、陈冲、张卿才、李彝、王及之、周懿文、胡思文并下御史台狱。狱具,刑寺论刍纳景王宠姬,大均纳乔贵妃侍儿,及之苦辱宁德皇后女弟,当流;冲括金银自盗,与官人饮,当绞;懿文、卿才、彝与宫人饮,卿才、彝当徒,懿文当杖;思文于推læ张邦昌状内添谄奉之词,罚铜十斤:并该赦。上阅状大怒,李纲等共解之,上亦新政,重于杀士大夫,乃诏刍、大均、冲各特贷命、流沙门岛,永不放还;卿才、彝、及之、懿文、思文并以别驾安置边郡。宋齐愈下台狱,法寺以犯在五月一日赦前,奏裁。诏齐愈谋立异姓,以危宗社,非受伪命臣僚之比,特不赦,腰斩都市。诏东京及行在官擅离任者,并就本处根勘。淮宁守赵子崧,靖康末,传檄四方,语颇不逊。二年,诏御史置狱京口鞫之。情得,帝不欲暴其罪,以弃镇江罪贬南雄州。

建炎三年四月,苗傅等疾阉宦恣横,及闻王渊为枢密,愈不平;乃与王世修谋逆。诏御史捷世修鞫之,斩于市。七月,韩世忠执苗傅等,磔之建康。统制王德擅杀军将陈彦章,台鞫当死,帝以其有战功,特贷之。庆远军节度使范琼领兵入见,面对不逊。知枢密院张浚奏琼大逆不道,付大理寺鞫之,狱具,赐死。越州守郭仲荀,寇至弃城遁,过行在不朝。付御史台、大理寺杂治,贬广州。神武军统制鲁珏坐贼杀不辜,掠良家子女,帝以其有战功,贷之,贬瑞州。

绍兴元年,监察御史娄寅亮陈宗社大计,秦桧恶之。十一月,使言者论其父死匿不举哀,下大理寺劾治,迄无所得,诏免所居官。十一年,枢密使张俊使人诬张宪,谓收岳飞文字谋为变。秦桧欲乘此诛飞,命万俟卨锻炼成之。飞赐死,诛其子云及宪于市。汾州进士智浃上书讼飞冤,决杖、编管袁州。广西帅胡舜陟与转运使吕源有隙,源奏舜陟赃污僭拟,又以书抵桧,言舜陟讪笑朝政。桧素恶舜陟,遣大理官往治之。十三年六月,舜陟不服,死于狱。飞与舜陟死,桧权愈炽,屡兴大狱以中异己者,名曰诏狱,实非诏旨也。其后所谓诏狱,纷纷类此,故不备录云。

卷二百一　　志第一百五十四

刑 法 三

天下疑狱,谳有不能决,则下两制与大臣若台谏杂议,视其事之大小,无常法,而有司建请论驳者,亦时有焉。

端拱初,广安军民安崇绪隶禁兵,诉继母冯与父知逸离,今夺资产与己子。大理当崇绪讼母,罪死。太宗疑之,判大理张佖固执前断,遂下台省杂议。徐铉议曰:"今第明其母冯尝离,即须归宗,否即崇绪准法处死。今详案内不曾离异,其证有四。况不孝之刑,教之大者,宜依刑部、大理寺断。"右仆射李昉等四十三人议曰:"法寺定断为不当。若以五母皆同,即阿蒲虽贱,乃崇绪亲母,崇绪特以田业为冯强占,亲母衣食不给,所以论诉。若从法寺断死,则知逸何幸绝嗣,阿蒲何地托身?臣等议:田产并归崇绪,冯合与蒲同居,供侍终身。如是,则子有父业可守,冯终身不至乏养。所犯并准赦原。"诏从昉等议,铉、佖各夺奉一月。

熙宁元年八月,诏:"谋杀已伤,按问欲举,自首,从谋杀减二等论。"初,登州奏有妇阿云,母服中聘于韦,恶韦丑陋,谋杀不死。按问欲举,自首。审刑院、大理寺论死,用违律为婚奏裁,敕贷其死。知登州许遵奏,引律"因杀伤而自首,得免所因之罪,仍从故杀伤法",以谋为所因，当用按问欲举条减二等。刑部定如审刑、大理。时遵方召判大理，御史台劾遵，而遵不伏，请下两制议。乃令翰林学士司马光、王安石同议，二人议不同，遂各为奏。光议是刑部，安石议是遵，诏从安石所议。而御史中丞滕甫犹请再选官定议，御史钱颛请罢遵大理，诏送翰林学士吕公著韩维、知制诰钱公辅重定。公著为议如安石，制曰"可"。于是法官齐恢、王师元、蔡冠卿等皆论奏公著等所议为不当。又诏安石与法官集议，反覆论难。

明年二月庚子，诏："今后谋杀人自首，并奏听敕裁。"是月，除安石参知政事，于是奏以为："律意，因犯杀伤而自首，得免所因之罪，仍从故杀伤法；若已杀，从故杀法，则为首者必死，不须奏裁；为从者自有编敕奏裁之文，不须复立新制。"与唐介等数争议帝前，卒从安石议。复诏："自今并以去年七月诏书从事。"判刑部刘述等又请中书、枢密院合议，中丞吕诲、御史刘琦、钱颛皆请如述奏，下之二府。帝以为律文甚明，不须合议。而曾公亮等皆以博尽同异、厌塞言者为无伤，乃以众议付枢密院。文彦博以为："杀伤者，欲杀而伤也，即已杀者不可首。"吕公弼以为："杀伤于律不可首。请自今已杀伤依律，其从而加功自首，即奏裁。"陈升之、韩绛议与安石略同。会富弼入相，帝令弼议，而以疾病，久之弗议，至是乃决，而弼在告，不预也。

苏州民张朝之从兄以枪戮死朝父，逃去，朝执而杀之。审刑、大理当朝十恶不睦，罪死。案既上，参知政事王安石言："朝父为从兄所杀，而朝报杀之，罪止加役流，会赦，应原。"帝从安石议，特释朝不问。更命吕公著等定议刑名，议不称安石意，乃自具奏。初，曾公亮以中书论正刑名为非，安石曰："有司用刑不当，则审刑、大理当论正；审刑、大理用刑不当，即差官定议；议既不当，即中书自宜论奏，取决人主。此所谓国体。岂有中书不可论正刑名之理？"

三年，中书上刑名未安者五：

其一，岁断死刑几二千人，比前代殊多。如强劫盗并有死法，其间情状轻重有绝相远者，使皆抵死，良亦可哀。若为从情轻之人别立刑，如前代斩右趾之比，足以止恶而除害。禁军非在边防屯戍而逃者，亦可更宽首限，以收其勇力之效。

其二，徒、流折杖之法，禁纲加密，良民偶有抵冒，致伤肌体，为终身之辱；愚顽之徒，虽一时创痛，而终无愧耻。若使情理轻者复古居作之法，遇赦第减月日，使良善者知改过自新，凶顽者有所拘系。

其三，刺配之法二百余条，其间理轻者，亦可复古徒流移乡之法，俟其再犯，然后决刺充军。其配隶并减就本处，或与近地。凶顽之徒，自从旧法。编管之人，亦迭送他所，量立役作时限，无得髡钳。

其四，令州县考察士民，有能孝悌力田为众所知者，给帖付身。偶有犯令，情轻可恕者，特议赎罚；其不悛者科决。

其五，奏裁条目繁多，致淹刑禁，亦宜删定。

诏付编敕所详议立法。

初，韩绛尝请用肉刑，曾布复上议曰："先王之制刑罚，未尝不本于仁，然而有断肢体、刻肌肤以至于杀戮，非得已也。盖人之有罪，赎刑不足以惩之，故不得已而加之以墨、劓、剕、宫、大辟，然审适轻重，则又有流宥之法。至汉文帝除肉刑而定笞箠之令，后世因之以为律。大辟之次，处以流刑，代墨、劓、剕、宫，不惟非先王流宥之意，而又失轻重之差。古者乡田同井，人皆安土重迁。流之远方，无所资给，徒隶困辱，以至终身。近世之民，轻去乡井，转徙四方，固不为患，而居作一年，即听附籍，比于古亦轻矣。况折杖之法，于古为鞭扑之刑，刑轻不能止恶，故犯法日益众，其终必至于杀戮，是欲轻而反重也。今大辟之目至多，取其情可贷者，处之以肉刑，则人之获生者必众。若军士亡去应斩，贼盗赃满应绞，则刖其足；犯良人于法应死，而情轻者处以宫刑。至于劓、墨，则用刺配之法。降此而后为流、徒、杖、笞之罪，则制刑有差等矣。"议既上，帝问可否于执政，王安石、冯京互有论辨，迄不果行。枢密使文彦博亦上言："唐末、五代，用重典以救时弊，故法律之外，徒、流或加至于死。国家承平百年，当用中典，然犹因循有重于旧律者，若伪造官文书，律止流二千里，今断从绞。近凡伪造印记，再犯不至死者，亦从绞坐。夫持杖强盗，本法重于造印，今造印再犯者死，而强盗再犯赃不满五匹者不死，则用刑甚异于律文矣。请检详刑名重于旧律者，以敕律参考，裁定其当。"诏送编敕所。

又诏审刑院、大理寺议重赃并满轻赃法。审刑院言："所犯各异之赃，不待罪等而累并，则于律义难通，宜如故事。"而大理寺言："律称，以赃致罪，频犯者并累科；若罪犯不等者，即以重赃并满轻赃各倍论；累并不加重者止从重。盖律意以频犯赃者，不可用二罪以上之法，故令累科；为非一犯，故令倍论。此从宽之一也。然六赃轻重不等，若犯二赃以上者，不可累轻以从重，故令并重满轻满轻。此从宽之二也。若以重并轻后加重，则止从一重，盖为进则改从于轻法，退亦不至于容奸。而《疏议》假设之法，适皆罪等者，盖一时命文耳。若罪等者尽数累并，不等者止科一赃，则恐知法者足以为奸，不知者但系临时幸与不幸，非律之本意也。"帝是大理议，行之。八年，洪州民有犯徒而断杖者，其余罪会恩免，官吏失出，当劾。中书堂后官刘衮驳议，以谓"律因罪人，以致罪，罪人遇恩者，准罪人原法。洪州官吏当原。"又请自今官司出入人罪，皆用此令。而审刑院、大理寺以谓："失入人罪，乃官司误致罪于人，难用此令。其失出者，宜如衮议。"

元丰三年，周清言："审刑院、刑部奏断妻谋杀案问自首，变从故杀法，举轻明重，断入恶逆斩刑。窃详律意，妻谋杀夫，已杀，合入恶逆，以按问自首，变从故杀法，宜以妻殴夫死法定罪。且十恶条，谋与故斗杀夫，方入恶逆，若谋而未杀，止当不睦。既用举轻明重，宜从谋而未杀法，依敕当决重杖处死，恐不可入恶逆斩刑。"下审刑院、刑部参详，如清议。

邵武军奏谳，妇与人奸，谋杀其夫，已而夫醉归，奸者自杀之。法寺当妇谋杀为从，而刑部郎中杜纮议妇罪应死。又兴元府奏谳，梁怀吉往视出妻之病，因寄粟，其子辄取食之，怀吉殴其子死。法寺以盗粟论，而当怀吉杂犯死罪，引赦原。而纮议出妻受寄粟，而其子辄费用，不入捕法。议既上，御史台论纮议不当，诏罚金，仍展年磨勘。而侍郎崔台符以下三人无所可否，亦罚金。

八年，尚书省言："诸获盗，有已经杀人，及元犯强奸、强盗贷命断配之人，再犯捕获，有司例用知人欲告、或按问自首减免法。且律文自首减等断遣者，为其情非巨蠹，有改过自新之心。至于奸、盗，与余犯不同，难以例减。请强盗已杀人，并强奸或元犯强盗贷命，若持杖三人以上，知人欲告、按问欲举而自首，及因人首告应减者，并不在减等例。"初，王安石与司马光争议按问自首法，卒从安石议。至是，光为相，复申前议改焉。乃诏："强盗按问欲举自首者，不用减等。"既而给事中范纯仁言："熙宁按问欲举条并得原减，以容奸太多，元丰八年，别立条制。窃详已杀人、强奸，于法自不当首，不应更用按问减等。至于贷命及持杖强盗，亦不减等，深为太重。按《嘉祐编敕》：'应犯罪之人，因疑被执，赃证未明，或徒党就擒，未被指说，但诘问便承，皆从律按问欲举首减之科。若已经诘问，隐拒本罪，不在首减之例。'此敕当理，当时用之，天下号为刑平。请于法不首者，自不得原减，其余取《嘉祐编敕》定断，则用法当情，上以广好生之德，下则无一夫不获之冤。"从之。

又诏："诸州鞫讯强盗，情理无可悯，刑名无疑虑，而辄奏请，许刑部举驳，重行朝典，无得用例破条。"从司马光之请也。光又上言："杀人不死，伤人不刑，尧、舜不能以致治。刑部奏钞兖、怀、耀三州之民有斗杀者，皆当论死，乃妄作情理可悯奏裁，刑部即引旧例贷之。凡律、令、敕、式或不尽载，则有司引例以决。今斗杀当死，自有正条，而刑部承例免死决配，是斗杀条律无所用也。请自今诸州所奏大辟，情理无可悯，刑名无可疑，令刑部还之，使依法处断。若实有可悯、疑虑，即令刑部具其实于奏钞，先拟处断，门下省审覆。如或不当，及用例破条，即驳奏取旨勘之。"

元祐元年，纯仁又言："前岁四方奏谳，大辟凡二百六十四，死者止二十五人，所活垂及九分。自去年改法，至今未及百日，所奏按凡一百五十四，死者乃五十七人，所活才及六分已上。臣固知未改法前全活数多，其间必有曲贷，然犹不失'罪疑惟轻'之仁；自改法后，所活数少，其间必有滥刑，则深亏'宁失不经'之义。请自今四方奏大辟按，并令刑部、大理寺再行审覆，略具所见及元奏因依，令执政取旨裁断，或所奏不当，亦原其罪。如此则无冤滥之狱。"

又因尚书省言，远方奏谳，待报淹系，始令川、广、福建、荆南路罪人，情轻法重当奏断者，申安抚或钤辖司酌情决断乃奏。门下侍郎韩维言："天下奏按，必断于大理，详议于刑部，然后上之中书，决之人主。近岁有司但因州郡所请，依违其言，即上中书，贴例取旨，故四方奏谳日多于前。欲望刑清事省，难矣。自今大理寺受天下奏按，其有刑名疑虑、情理可悯，须具情法轻重条律，或指所断之法，刑部详审，次第上之。"诏刑部立法以闻。

崇宁五年，诏："民以罪丽法，情有重轻，则法有增损。故情重法轻，情轻法重，旧有取旨之令。今有司惟情重法轻则请加罪，而法重情轻则不奏减，是乐于罪人，而难于用恕，非所以为钦恤也。自今宜遵旧法取旨，使情法轻重各适其中，否则以违制论。"宣和六年，臣僚言："元丰旧法，有情轻法重，情重法轻，若入大辟，刑名疑虑，并许奏裁。比来诸路以大辟疑狱决于朝廷者，大理寺类以'不当'劾之。夫情理巨蠹，罪状明白，奏裁以幸宽贷，固在所戒；然有疑而难决者，一切劾之，则官吏莫不便文自营。臣恐天下无复以疑狱奏矣。愿诏大理寺并依元丰法。"从之。

绍兴初，州县盗起，道不通，诏应奏裁者，权减降断遣以闻。既而奏谳者多得轻贷，官无失入之虞，而吏有鬻狱之利，往往不应奏者，率奏之。

三年，乃诏大辟应奏者，提刑司具因依缴奏。宣州民叶全二盗檀偕窖钱，偕令佃人阮授、阮捷杀全二等五人，弃尸水中，有司以"尸不经验"奏。侍御史辛炳言偕系故杀，众证分明，以近降法，不应奏。诸狱不当奏而奏者虽不论罪，今宣州观望，欲并罪之。帝曰："若宣州加罪，则实有疑者亦不复奏陈矣。"于是法寺、刑部止罚金。

五年，给事中陈与义奏有司多妄奏出入人罪，帝为申严立法，终不悛。

二十六年，右正言凌哲复上疏曰："汉高入关，悉除秦法，与民约法三章耳。所谓杀人者死，实居其首。司马光有言：'杀人者不死，虽尧、舜不能以致治。'斯言可谓至当矣。臣窃见诸路州、军大辟，虽刑法相当者，类以可悯奏裁。自去岁郊后距今，大辟奏裁者五十余人中，有实犯故杀、斗杀常赦所不原者，法既无疑，情无可悯，刑、寺并皆奏裁贷减。彼杀人者可谓幸矣，被杀者衔恨九原，何时已邪？臣恐强暴之风滋长，良善之人莫能自保，其于刑政，为害非细。应今后大辟，情法相当、无可悯者，所司辄奏裁减贷者，乞令台臣弹劾。"帝览奏，曰："但恐诸路灭裂，实有情理可悯之人，一例不奏，有失钦恤之意。"令刑部坐条行下。

驯至乾道，谳狱之弊，日益滋甚。孝宗乃诏有司缘情引条定断，更不奏裁。其后刑部侍郎方滋言："有司断罪，其间有情重法轻，情轻法重，情理可悯，刑名疑虑，命官犯罪，议亲议故之类，难以一切定断。今后宜于敕律条令，明言合奏裁事件，乞并依建隆三年敕文。"从之。

六年，臣僚请："今后大辟，只以为首应坐死罪者奏，为从不应坐死者，先次决遣。及流、徒罪，不许作情重取旨。不然，则坐以不应奏而奏之罪。"从之。

至理宗时，往往谳不时报，囚多瘐死。监察御史程元凤奏曰："今罪无轻重，悉皆送狱，狱无大小，悉皆稽留。或以追索未齐而不问，或以供款未圆而不呈，或以书拟未当而不判，狱官视以为常，而不顾其迟，狱吏留以为利，而惟恐其速。奏案申牒既下刑部，迟延日月方送理寺。理寺看详，亦复如之。寺回申部，部回申省，动涉岁月。省房又未遽为呈拟，亦有呈拟而疏驳者，疏驳岁月，又复如前。展转迟回，有一二年未报下者。可疑可矜，法当奏谳，矜而全之，乃反迟回。有矜贷之报下，而其人已毙于狱者；有犯者获贷，而干连病死不一者，岂不重可念哉？请自今诸路奏谳，即以所发月日申御史台，从台臣究省、部、法寺之慢。"从之。而所司延滞，寻复如旧。

景定元年，乃下诏曰："比诏诸提刑司，取翻异驳勘之狱，从轻断决。而长吏监司多不任责，又引奏裁，甚者有十余年不决之狱。仰提刑司、守臣审勘，或前勘未尽，委有可疑，除命官、命妇、宗妇、宗女及合用荫人奏裁外，其余断讫以闻。官吏特免收坐一次。"

凡应配役者傅军籍，用重曲者黥其面。会赦，则有司上其罪状，情轻者纵之，重者终身不释。初，徒罪非有官当赎铜者，在京师则隶将作监役，兼役之官中，或输作左校、右校役。开宝五年，御史台言："若此者，虽有其名，无复役使。遇祠祭，供水火，则有本司供官。望令大理依格断遣。"于是并送作坊役之。

太宗以国初诸方割据，沿五代之制，罪人率配隶西北边，多亡投塞外，诱羌为寇。乃诏："当徒者，勿复隶秦州、灵武、通远军及缘边诸郡。"时江、广已平，乃皆流南方。先是，犯死罪获贷者，多配隶登州沙门岛及通州海岛，皆有屯兵使者领护。而通州岛中凡两处官煮盐，豪强难制者隶崇明镇，懦弱者隶东州市。太平兴国五年，始令分隶盐亭役之，而沙门如故。端拱二年，诏免岭南流配荷校执役。初，妇人有罪至流，亦执针配役。至是，诏罢免之。始令杂犯至死贷命者，勿流沙门岛，止隶诸州牢城。旧制，僮仆有犯，得私黥其面。帝谓："僮使受佣，本良民也。"诏："盗主财者，杖脊、黥面配牢城，勿私黥之。十贯以上配五百里外，二十贯以上奏裁。"帝欲宽配隶之刑，祥符六年，诏审刑院、大理寺、三司详定以闻。既而取犯茶盐矾曲、私铸造军器、市外蕃香药、挟铜钱诱汉口出界、主吏盗货官物、夜聚为妖，比旧法咸从轻减。

乾兴以前，州军长吏往往擅配罪人。仁宗即位，首下诏禁止，且令情非巨蠹者，须奏待报。又诏诸路按察官取乾兴赦前配隶兵籍者，列所坐罪状以闻。自是赦书下，辄及之。初，京师裁造院募女工，而军士妻有罪，皆配隶南北作坊。天圣初，特诏释之，听自便。妇人应配，则以妻窑务或军营致远务卒之无家者，著为法。时又诏曰："闻配徒者，其妻子流离道路，罕能生还，朕甚怜之。自今应配者，录具狱刑名及所配地里，上尚书刑部详覆。"未几，又诏应配者，须长吏以下集听事虑问。后以奏牍烦冗，罢录具狱，第以单状上承进司。既又罢虑问焉。

知益州薛田言："蜀人配徒他路者，请虽老疾毋得释。"帝曰："远民无知犯法，终身不得还乡里，岂朕意哉？察其情可矜者许还。"后复诏罪状犷恶者勿许。初，令配隶罪人皆奏待报，既而系狱淹久，奏请烦数。明道二年，乃诏有司参酌轻重，著为令。凡命官犯重罪，当配隶，则于外州编管，或隶牙校。其坐死特贷者，多杖、黥配远州牢城，经恩量移，始免军籍。天圣初，吏同时以赃败者数人，悉窜之岭南，下诏申儆在位。有平羌县尉郑宗谔者，

受赇枉法抵死，会赦当夺官。帝问辅臣曰："尉奉月几何，岂禄薄不足自养邪？"王钦若对曰："奉虽薄，廉士固亦自守。"特杖宗谔，配隶安州。其后数惩贪吏，至其末年，吏知以廉自饰，犯法者稍损于旧矣。

罪人贷死者，旧多配沙门岛，至者多死。景祐中，诏当配沙门岛者，第配广南地牢城，广南罪人乃配岭北。然其后又有配沙门岛者。庆历三年，既疏理天下系囚，因诏诸路配役人皆释之。六年，又诏曰："如闻百姓抵轻罪，而长吏擅刺隶他州，朕甚悯焉。自今非得于法外从事者，毋得辄刺罪人。"皇祐中，即赦，命知制诰曾公亮、李绚阅所配人罪状以闻，于是多所宽纵。公亮请著为故事，且请益、梓、利、夔四路就委转运、钤辖司阅之。自后每赦命官，率以为常。配隶重者沙门岛寨，其次岭表，其次三千里至邻州，其次羁管，其次迁乡。断讫，不以寒暑，即时上道。吴充建请："流人冬寒被创，上道多冻死。请自今非情理巨蠹，遇冬月听留役本处，至春月遣之。"诏可。

熙宁二年，比部郎中、知房州张仲宣尝檄巡检体究金州金坑，无甚利。土人惮兴作，以金八两求仲宣不差官。及事觉，法官坐仲宣枉法赃至绞，援前比贷死，杖脊、黥配海岛。知审刑院苏颂言："仲宣所犯，可比恐喝条。且古者刑不上大夫，仲宣官五品，有罪得乘车，今刑为徒隶，其人虽无足矜，恐污辱衣冠尔。"遂免杖、黥，流贺州。自是命官无杖、黥法。

六年，审刑院言："登州沙门砦配隶，以二百人为额，余则移置海外，非禁奸之意。"诏以三百人为额。广南转运司言："春州瘴疠之地，配隶至者十死八九，愿停配罪人。"诏："应配沙门岛者，许配春州，余勿配。"既而诸配隶除凶盗外，少壮者并置河州，止五百人。初，神宗以流人去乡邑，疾死于道，而护送禁卒，往来劳费，用张诚一之议，随所在配诸军重役。后中丞黄履等言，罢之。凡犯盗，刺环于耳后；徒、流，方；杖，圆；三犯杖，移于面。径不过五分。

元祐六年，刑部言："诸配隶沙门岛，强盗杀人纵火，赃满五万钱、强奸殴伤两妇致死，累赃至二十万钱、谋杀致死，及十恶死罪，造蛊已杀人者，不移配。强盗徒党杀人不同谋，赃满二十五万，遇赦移配广南，溢额者配隶远恶。余犯遇赦移配荆湖南北、福建路诸州，溢额者配隶广南。在沙门岛满五年，遇赦不该移配与不许纵还而年及六十以上者，移配广南。在岛十年者，依余犯格移配。笃疾或年及七十、在岛三年以上，移配近乡州军。犯状应移而老疾者同。其永不放还者，各加二年移配。"后又定令："沙门岛已溢额，移配琼州、万安军、昌化、朱崖军。"

绍圣三年，刑部侍郎邢恕等言："艺祖初定天下，主典自盗，赃满者往往抵死。仁祖之初，尚不废也。其后用法稍宽，官吏犯自盗，罪至极法，率多贷死。然甚者犹决刺配岛，钱仙芝带馆职，李希甫历转运使，不免也。比朝廷用法益宽，主典人吏军司有犯，例各贷死，略无差别。欲望进述祖宗故事，凡自盗，计赃多者，间出睿断，以肃中外。"诏："今后应枉法自盗，罪至死、赃数多者，并取旨。"

或患加役流法太重，官有监驱之劳，而道路有奔亡之虑。苏颂元丰中尝建议："请依古置圜土，取当流者治罪讫，髡首钳足，昼则役作，夜则置之圜土。满三岁而后释，未满岁而遇赦者，不原。既释，仍送本乡，讥察出入。又三岁不犯，乃听自如。"时未果行。崇宁中，始从蔡京之请，令诸州筑圜土以居强盗贷死者。昼则役作，夜则拘之，视罪之轻重，以为久近之限。许出圜土日充役，无过者纵释。行之二年，其法不便，乃罢。大观元年，复行。四年，复罢。

南渡后，诸配隶，《祥符编敕》止四十六条，庆历中，增至百七十余条。至于淳熙，又增至五百七十条，则四倍于庆历矣。配法既多，犯者日众，黥配之人，所至充斥。淳熙十一年，校书郎罗点言其太重，乃诏刑、寺集议奏闻。至十四年，未有定论。其后臣僚议，以为"若止居役，不离乡井，则几惠奸，不足以惩恶；若尽用配法，不恤黥刺，则面目一坏，谁复顾藉？强民适长威力，有过无由自新。检照《元丰刑部格》，诸编配人自有不移、不放及移放条限；《政和编配格》又有情重、稍重、情轻、稍轻四等。若依仿旧格，稍加参订，如入情重，则仿旧刺面，用不移不放之格；其次稍重，则止刺额角，用配及十年之格；其次稍轻，则与免黥刺，用不刺面、役满放还之格；其次最轻，则降为居役，别立年限纵免之格。倪有从坐编管，则置之本城，减其放假。如此，则于见行条法初无牴牾，且使刺面之法，专处情犯凶蠹，而其他偶丽于罪，皆得全其面目，知所顾藉，可以自新。省黥徒，销奸党，诚天下之切务。"即诏有司裁定，其后迄如旧制。

嘉泰四年，臣僚言："配隶之人，盖有两等。其乡民一时斗殴杀伤，及胥吏犯赃贷命流配等人，设使逃逸，未必能为大过，止欲从徒，配本州牢城重役，限满给据，复为良民。至于累犯强盗，及聚众贩卖私商，曾经杀伤捕获之人，非村民、胥吏之比，欲并配屯驻军，立为年限，限满改刺从正军。"从之。其所配之地，自高宗来，或配广南海外四州，或配淮、汉、四川，迄度宗之世无定法，皆不足纪也。

凡内外所上狱，刑部、审刑院、大理寺参主之，又有纠察在京刑狱司以相审覆。官制即行，罢审刑、纠察，归其职于刑部。四方之狱，则提点刑狱统治之。官司之狱：在开封，有府司、左右军巡院；在诸司，有殿前、马步军司及四排岸；外则三京府司、左右军巡院，诸州军院、司理院，下至诸县皆有狱。诸狱皆置楼橹，设浆铺席，持具沐浴，食令温暖，寒则给薪炭、衣物，暑则五日一涤枷杻。郡县则所职之官躬行检视，狱敝则修之使固。

神宗即位初，诏曰："狱者，民命之所系也。比闻有司岁考天下之奏，而多瘐死。深惟狱吏并缘为奸，检视不明，使吾元元横罹其害。《书》不云乎：'与其杀不辜，宁失不经。'其具为令：应诸州军巡院所禁罪人，一岁在狱病死及二人，五县以上州岁死三人，开封府司、军巡岁死七人，推吏、狱卒皆杖六十，增一人则加一等，罪止杖一百。典狱官如推狱，经两犯即坐从违制。提点刑狱岁终会死者之数上之，中书检察。死者过多，官吏虽已行罚，当更黜责。"

未几，复诏："失入死罪，已决三人，正官除名编管，贰者除名，次贰者免官勒停，吏配隶千里。二人以下，视此有差。不以赦降、去官原免。未决，则比类递降一等；赦降、去官，又减一等。令审刑院、刑部断议官，岁终具尝失入徒罪五人以上，京朝官展磨勘年，幕职、州县官展考，或不与任满指射差遣，或罢，仍即断绝支赐。"以前法未备，故有是诏。又尝言："官司失入人罪，而罪人应原免，官司犹论如法，即失出人罪。若应徒而杖，罪人应原免者，官司乃得用因罪人以致罪之律。"

帝以国初废大理狱非是，元丰元年诏曰："大理有狱尚矣。今中都官有所劾治，皆寓系开封诸狱，囚既猥多，难于隔讯，盛夏疾疫，传致瘐死，或主者异见，岁时不决，朕甚愍焉。其复大理狱，置卿一人，少卿二人，丞四人，专主鞫讯；检法官二人，主簿一人。应三司、诸寺监吏犯杖、笞不俟追究者，听即决，余悉送大理狱。其应奏者，并令刑部、审刑院详断。应天下奏按亦上之。"五年，分命少卿左断刑、右治狱。断刑则评事、检法详断，丞议，正审；治狱则丞专推劾，主簿掌按籍，少卿分领其事，而卿总焉。六年，刑部言："旧详断官分公按讫，主判官论议改正，发详议官覆议。有差失问难，则书于检尾，送断官改正，主判官审定，然后判成。自详断官归大理为评事、司直，议官为丞，所断按草，不由长贰，类多差忒。"乃定制："服评事、司直与正为断司，丞与长贰为议司。凡断公按，正先详其当否，论定则签印注日，移议司覆议，有辨难，乃具议改正，长贰更加审定，然后判成录奏。

元祐初，三省言："旧置纠察司，盖欲察其违慢，所以谨重狱事，罢归刑部，无复纠察之制。请以纠察职事委御史台刑察兼之，台狱则尚书省右司纠察之。"

三年，罢大理寺狱。初，大理置狱，本以囚系淹滞，俾狱事有所统，而大理卿崔台符等不能奉承德意，虽士大夫若命妇，狱辞小有连逮，辄捕系。凡逻者所探报，即下之狱。傅会锻炼，无不诬服。至是，台符等皆得罪，狱乃罢。

八年，中书省言："昨诏同外，岁终具诸狱囚死之数。而诸路所上，遂以禁系二十而死一者不具，即是岁系二百人，许以十人狱死，恐州县弛意狱事，甚非钦恤之意。诏刑部自今不许辄分禁系之数。"绍圣二年，户部如三司故事，置推勘检法官，应在京诸司事干钱谷当追究者，从杖已下即定断。

三年，复置大理寺右治狱，官属视元丰员，仍增置司直一员。大理卿路昌衡请："分大理寺丞为左、右推，若有翻异，自左移右。再变，即命官审问，或御史台推究。不许开封府互勘及地分报报，庶革互送挟仇之弊。徒已上罪移御史台。命官追摄者，悉依本条。若探报涉虚、用情托者，并收坐以闻。"

初，法寺断狱，大辟失入有罚，失出不坐。至是，以失出死罪五人比失入一人，失出徒、流罪三名，亦如之。著为令。元符三年，刑部言："祖宗重失入之罪，所以恤刑。夫失出，臣下之小过；好生，圣人之大德。请罢失出之责,使有事谳议之间,务尽忠恕。"诏可。政和三年,臣僚言:"远方官吏,文法既疏,刑罚失中,不能无冤。愿委耳目之官,季一分录所部囚禁,遇有冤抑,先释而后以闻。岁终较所释多寡,为之殿最。其徼功故出有罪者,论如法。"诏令刑部立法:诸入人徒、流之罪已结案,而录问官吏能驳正,或因事而能推正者,累及七人,比大辟一名推赏。

绍兴六年,令诸鞫勘有情款异同而病死者,提刑司研究之,如冤,申朝廷取旨。十二年,令诸推究翻异狱,毋差初官、荫子及新进士,择曾经历任人。二十七年,令监察御史每冬夏点狱,有鞫勘失实者,照刑部郎官,直行移送。二十九年,令杀人无证、尸不经验之狱,具案奏裁,委提刑审问。如有可疑及翻异,从本司差官重勘,案成上本路,移他监司审定,具案闻奏。否则监司再遣官勘之,又不伏,复奏取旨。先是,有司建议:"外路狱三经翻异,在千里内者移大理寺。"三十一年,刑部以为非祖宗法,遂厘正之。乾道中,诸州翻异之囚,既经本州,次檄邻路,或再翻异,乃移隔路,至有越两路者。官吏旁午于道,逮系者困于追对。四年,乃令:"鞫勘本路累尝差官犹称冤者,惟檄邻路,如尚翻异,则奏裁。"淳熙三年,令县尉权县事,毋自鞫狱,即令丞、簿参之。全阙,则州官或邻县选官权摄之。

金作赎刑,盖以鞭扑之罪,情法有可议者,则宽之也。穆王赎及五刑,非法矣。宋损益旧制,凡用官荫得减赎,所以尊爵禄、养廉耻也。乾德四年,大理正高继申上言:"《刑统名例律》:三品、五品、七品以上官,亲属犯罪,各有等第减赎。恐年代已深,不肖自恃先荫,不畏刑章。今犯罪身无官,须祖、父曾任本朝官,据品秩得减赎。如仕于前代,须有功惠及民、为时所推、历官三品以上,乃得请。"从之。后又定:"流内品官任流外职,准律文,徒罪以上依当赎法。诸司授勒留官及归司人犯徒流等罪,公罪许赎,私罪以决罚论。"淳化四年,诏诸州民犯罪,或入金赎,长吏得以任情而轻重之,自今不得以赎论。妇人犯杖以下,非故为,量轻重笞罚或赎铜释之。

仁宗深悯夫民之无知也,欲立赎法以待薄刑,乃诏有司曰:"先王用法简约,使人知禁而易从。后代设茶、酒、盐税之禁,夺民厚利,刑用滋章。今之《编敕》,皆出律外,又数改更,官吏且不能晓,百姓安得闻之?一陷于理,情虽可哀,法不得赎。岂礼乐之化未行,而专用刑罚之弊与?汉文帝使天下人入粟于边,以受爵免罪,几于刑措。其议科条非著于律者,或冒利犯禁,奢侈违令,或过误可悯,别为赎法。乡民以谷麦,市人以钱帛,使民重谷麦,免刑罚,则农桑自劝,富寿可期矣。"诏下,论者以为富人得赎而贫者不能免,非朝廷用法之意。时命辅臣分总职事,以参知政事范仲淹领刑法,未及有所建明而仲淹罢,事遂寝。至和初,又诏:"前代帝王后,尝仕本朝,官不及七品者,祖父母、父母、妻子罪流以下,听赎。虽不仕而尝被赐予者,有罪,非巨蠹,亦如之。"随州司理参军李父抃殴人死,抃上所授官以赎父罪,帝哀而许之。君子谓之失刑,然自是未尝为此。而终宋之世,赎法惟及轻刑而已。

恩宥之制,凡大赦及天下,释杂犯死罪以下,甚则常赦所不原罪,皆除之。凡曲赦惟一路或一州,或别京,或畿内。凡德音,则死及流罪降等,余罪释之,间亦释流罪。所被广狭无常。又,天子岁自录京师系囚,畿内则遣使,往往杂犯死罪以下第降等,杖、笞释之,或徒罪亦得释。若并之诸路,则命监司录焉。

初,太宗尝因郊礼议赦,有秦再恩者,上书愿勿赦,引诸葛亮佐刘备数十年不赦事。帝颇疑之。时赵普对曰:"凡郊祀肆眚,圣朝彝典,其仁如天,若刘备区区一方,臣所不取。"上善之,遂定赦。

初,太祖将祀南郊,诏:"两京、诸道,自十月后犯强窃盗,不得预郊祀之赦。所在长吏告谕,民无冒法。"是后将祀,必先申明此诏。天圣五年,马亮言:"朝廷虽有是诏,而法官断狱乃言终是会赦,多所宽贷,惠奸失诏旨。"遂诏:"已下约束而犯劫盗,及官典受赃,勿复奏,悉论如律。"七年春,京师雨,弥月不止。仁宗谓辅臣曰:"岂政事未当天心耶?"因言:"向者大辟覆奏,州县至于三,京师至于五,盖重人命如此。其戒有司,决狱议罪,毋或枉滥。"又曰:"赦不欲数,然舍是无以召和气。"遂命赦天下。

帝在位久,明于人之情伪,尤恶讦人阴事,故一时士大夫习为惇厚。久之,小人乘间密上书,疏人过失,好事稍相与唱和,又按人赦前事。翰林学士张方平、御史吕诲以为言,因下诏曰:"盖闻治古,君臣同心,上下协穆,而无激讦之俗,何其德之盛也!朕窃慕焉。嘉与公卿大夫同底斯道,而教化未至,浇薄日滋。比者中外群臣,多上章言人过失,暴扬难验之罪,或外托公言,内缘私忿,诋欺暧昧,苟陷善良。又赦令者,所以与天下更始,而有司多举按赦前之事,殆非信命令,重刑罚,使人洒心自新之意也。今有上言告人罪,言赦前事者,讯之。至于言官,宜务大体,非事关朝政,自余小过细故,勿须察举。"

神宗即位,又诏曰:"夫赦令,国之大恩,所以荡涤瑕秽,纳于自新之地,是以圣王重复。中外臣僚多以赦前事捃摭吏民,兴起狱讼,苟有违误,咸不自安,甚非持心近厚之义,使吾号令不信于天下。其内外言事、按察官,毋得依前举劾,具按取旨,否则科违制之罪。御史台觉察弹奏,法寺有此奏按,许举驳以闻。"知谏院司马光言曰:"按察之官,以赦前事兴起狱讼,禁之诚为大善。至于言事之官,事体稍异。何则?御史之职,本以绳按百僚,纠擿隐伏。奸邪之状,固非一日所为。国家素尚宽仁,数下赦令,或一岁之间至于再三,若赦前之事皆不得言,则其可言者无几矣。万一有奸邪之臣,朝廷不知,误加进用,御史欲言则违今日之诏,若其不言,则陛下何从知之?臣恐因此言者得以藉口偷安,奸邪得以放心不惧。此乃人臣之至幸,非国家之长利也。请追改前诏,刊去'言事'两字。"光论至再,帝谕以"言者好以赦前事诬人",光对曰:"若言之得实,诚所欲闻,其不实,当罪言者。"帝命光送诏于中书。

熙宁七年三月,帝以旱,欲降赦。时已两赦,王安石曰："汤旱，以六事自责曰：'政事不节与？'若一岁三赦，是政不节矣，非所以弭灾也。"乃止。八年，编定《废免人叙格》，常赦则郡县以格叙用，凡三期一叙，即期未满而遇非次赦者，亦如之。

元祐元年，门下省言："当官以职事堕旷，虽去官不免，犹可言。至于赦降大恩，与物更始，虽劫盗杀人亦蒙宽宥，岂可以一事差失，负罪终身？今刑部所修不以去官、赦降原减条，请更删改。"

徽宗在位二十五年，而大赦二十六，曲赦十四，德音三十七。而南渡之后，绍熙岁至四赦，盖刑政紊而恩益滥矣。

宋自祖宗以来，三岁遇郊则赦，此常制也。世谓三岁一赦，于古无有。景祐中，言者以为："三王岁祀圜丘，未尝辄赦。自唐兴兵以后，事天之礼不常行，因有大赦，以荡乱狱。且有罪者宽之未必自新，被害者抑之未必无怨。不能自新，将复为恶，不能无怨，将悔为善。一赦而使民悔善长恶，政教之大患也。愿罢三岁一赦，使良民怀惠，凶人知禁。或谓未可尽废，即请命有司，前郊三日理罪人，有过误者引而赦之。州县须诏到仿此。"疏奏，朝廷重其事，第诏："罪人情重者，毋得以一赦免。"然亦未尝行。

卷二百二　志第一百五十五

艺文一

《易》曰："观乎天文，以察时变；观乎人文，以化成天下。"文之有关于世运，尚矣。然书契以来，文字多而世代日降；秦火而后，文字多而世教日兴，其故何哉？盖世道升降，人心习俗之致然，非徒文字之所为也。然去古既远，苟无斯文以范防之，则愈趋而愈下矣。故由秦而降，每以斯文之盛衰，占斯世之治忽焉。

宋有天下，先后三百余年。考其治化之污隆，风气之离合，虽不足以拟伦三代，然其时君汲汲于道艺，辅治之臣莫不以经术为先务，学士搢绅先生，谈道德性命之学，不绝于口，岂不彬彬乎进于周之文哉！宋之不竞，或以为文胜之弊，遂归咎焉，此以功利为言，未必知道者之论也。

历代之书籍，莫厄于秦，莫富于隋、唐。隋嘉则殿书三十七万卷。而唐之藏书，开元最盛，为卷八万有奇。其间唐人所自为书，几三万卷，则旧书之传者。至是盖亦鲜矣。陵迟逮于五季，干戈相寻，海宇鼎沸，斯民不复见《诗》、《书》、《礼》、《乐》之化。周显德中，始有经籍刻板，学者无笔札之劳，获睹古人全书。然乱离以来，编帙散佚，幸而存者，百无二三。

宋初，有书万余卷。其后削平诸国，收其图籍，及下诏遣使购求散亡，三馆之书，稍复增益。太宗始于左昇龙门北建崇文院，而徙三馆之书以实之。又分三馆书万余卷别为书库，目曰"秘阁"。阁成，亲临幸观书，赐从臣及直馆宴。又命近习侍卫之臣，纵观群书。

真宗时，命三馆写四部书二本，置禁中之龙图阁及后苑之太清楼，而玉宸殿、四门殿亦各有书万余卷。又以秘阁地隘，分内藏西库以广之，其右文之意，亦云至矣。已而王宫火，延及崇文、秘阁，书多煨烬。其仅存者，迁于右掖门外，谓之崇文外院，命重写书籍，选官详覆校勘，常以参知政事一人领之，书成，归于太清楼。

仁宗既新作崇文院，命翰林学士张观等编四库书，仿《开元四部录》为《崇文总目》，书凡三万六百六十九卷。神宗改官制，遂废馆职，以崇文院为秘书省，秘阁经籍图书以秘书郎主之，编辑校定，正其脱误，则主于校书郎。

徽宗时，更《崇文总目》之号为《秘书总目》。诏购求士民藏书，其有所秘未见之书足备观采者，仍命以官。且以三馆书多逸遗，命建局以补全校正为名，设官总理，募工缮写。一置宣和殿，一置太清楼，一置秘阁。自熙宁以来，搜访补辑，至是为盛矣。

尝历考之，始太祖、太宗、真宗三朝，三千三百二十七部，三万九千一百四十二卷。次仁、英两朝，一千四百七十二部，八千四百四十六卷。次神、哲、徽、钦四朝，一千九百六部，二万六千二百八十九卷。三朝所录，则两朝不复登载，而录其所未有者。四朝于两朝亦然。最其当时之目，为部六千七百有五，为卷七万三千八百七十有七焉。迨夫靖康之难，而宣和、馆阁之储荡然靡遗。高宗移跸临安，乃建秘书省于国史院之右，搜访遗阙，屡优献书之赏，于是四方之藏，稍稍复出，而馆阁编辑，日益以富矣。当时类次书目，得四万四千四百八十六卷。至宁宗时续书目，又得一万四千九百四十三卷，视《崇文总目》，又有加焉。自是而后，迄于终祚，国步艰难，军旅之事，日不暇给，而君臣上下，未尝顷刻不以文学为务，大而朝廷，微而草野，其所制作、讲说、纪述、赋咏，动成卷帙，垒而数之，有非前代之所及也。虽其间钪裂大道，疣赘圣谟，幽怪恍惚，繁琐支离有所不免，然而瑕瑜相形，雅郑各趣，譬之万派归海，四渎可分，繁星丽天，五纬可识，求约于博，则有要存焉。

宋旧史，自太祖至宁宗，为书凡四。志艺文者，前后部帙，有亡增损，互有异同。今删其重复，合为一志，盖以宁宗以后史之所未录者，仿前史分经、史、子、集四类而条列之，大凡为书九千八百十九部，十一万九千九百七十二卷云。

经类十：一曰《易》类，二曰《书》类，三曰《诗》类，四曰《礼》类，五曰《乐》类，六曰《春秋》类，七曰《孝经》类，八曰《论语》类，九曰经解类，十曰小学类。

《周易古经》一卷
薛贞注《归藏》三卷
《易传》十卷　题卜子夏传　《周易上下经》六卷
《系辞说卦序卦杂卦》三卷　韩康伯注。
郑玄《周易文言注义》一卷
王弼《略例》一卷

《易辨》一卷
阮嗣宗《通易论》一卷
干宝《易传》十卷
《易髓》八卷　晋人撰，不知姓名
孔颖达《正义》十四卷
《玄谈》六卷
《易正义补阙》七卷
任正一《甘棠正义》三十卷
关朗《易传》一卷
王肃《传》十一卷
陆德明《释文》一卷
卫元嵩《周易元包》十卷　苏源明传，李江注
李鼎祚《集解》十卷
史文徽《易口诀义》六卷
成玄英《流演穷寂图》五卷
蔡广成《启源》十卷
　　又《周易外义》三卷
沙门一行《传》十二卷
王隐《要削》三卷
陆希声《传》十三卷
郭京《举正》三卷
东乡助《物象释疑》一卷
邢璹《补阙周易正义略例疏》三卷
李翱《易诠》七卷
张弧《周易上经王道小疏》五卷
张辕《启玄》一卷
青城山人《揲蓍法》一卷
王昭素《易论》三十三卷
纵康义《周易会通正义》三十三卷
阴洪道《周易新论传疏》十卷
陈抟《易龙图》一卷
范谔昌《大易源流图》一卷
　　又《证坠简》一卷
胡旦《易演圣通论》十六卷
石介《口义》十卷
冀震《周易义略》十卷
代渊《周易旨要》二十卷
何氏《易讲疏》十三卷　不著名
陆秉《意学》十卷
《古易》十三卷　出王洙家
王洙《言象外传》十卷
刘牧《新注周易》十一卷
　　又《卦德通论》一卷
　　　《易数钩隐图》一卷
吴秘《周易通神》一卷
黄黎献《略例》一卷
　　又《室中记师隐诀》一卷
龚鼎臣《补注易》六卷
彭汝砺《易义》十卷
赵令湑《易发微》十卷

乔执中《易说》十卷
赵仲锐《易义》五卷
谢湜《易义》十二卷
谭世勋《易传》十卷
陆太易《周易口诀》七卷
冀珍《周易阐微诗》六卷
李赞《周易说》九卷
张杲《周易冈象成名图》一卷
裴通《周易玄解》三卷
邵雍《皇极经世》十二卷
　　又《叙篇系述》二卷
　　　《观物外篇》六卷　门人张湣记雍之言
　　　《观物内篇解》二卷　雍之子伯温编
邵伯温《周易辨惑》一卷
常豫《易源》一卷
徐庸《周易意蕴凡例总论》一卷
　　又《卦变解》二卷
宋咸《易训》三卷
　　又《易补注》十卷
　　　《刘牧王弼易辨》二卷
皇甫泌《易解》十九卷
郑扬庭《时用书》二十卷
　　又《明用书》九卷
　　　《易传辞》三卷
　　　《易传辞后语》一卷
陈良献《周易发隐》二十卷
石汝砺《乾生归一图》十卷
鲍极《周易重注》十卷
叶昌龄《图义》二卷
胡瑗《易解》一十二卷
　　《口义》十卷
　　《系辞说卦》三卷
欧阳修《易童子问》三卷
阮逸《易筌》六卷
王安石《易解》十四卷
尹天民《易论要纂》一卷
　　又《易说拾遗》二卷
司马光《易说》一卷
　　又三卷
　　《系辞说》二卷
鲜于侁《周易圣断》七卷
苏轼《易传》九卷
程颐《易传》九卷
　　又《易系辞解》一卷
张载《易说》十卷
吕大临《易章句》一卷
龚原《续解易义》十七卷
　　又《易传》十卷
李平西《河图传》一卷
李遇《删定易图序论》六卷

张弼《易解义》十卷
顾叔思《周易义类》三卷
刘槩《易系辞》十卷
晁说之《录古周易》八卷
晁补之《太极传》五卷
　　《因说》一卷
　　《太极外传》一卷
游酢《易说》一卷
耿南仲《易解义》十卷
安泳《周易解义》一部　卷亡
陈瓘《了斋易说》一卷
邹浩《系辞纂义》二卷
张根《易解》九卷
《周易六十四卦赋》一卷　题颍川陈君作，名亡
林德祖《易说》九卷
陈禾《易传》十二卷
李授之《易解通义》三十卷
朱震《易传》十一卷
　　《卦图》三卷
　　《易传丛说》一卷
张汝明《易索》十三卷
郭忠孝《兼山易解》二卷
　又《四学渊源论》三卷
任奉古《周易发题》一卷
陈高《八卦数图》二卷
林儵《易说》十二卷
　　《变卦》八卷
　　《变卦纂集》一卷
凌唐佐《集解》六卷
袁枢《学易索隐》一卷
夏休《讲义》九卷
郭雍《传家易解》十一卷
沈该《易小传》六卷
都絜《易变体》十六卷
郑克《揲蓍古法》一卷
吴沆《易璇玑》三卷
李椿年《易解》八卷
　　《疑问》一卷
李光《易说》十卷
李衡《易义海撮要》十二卷
洪兴祖《易古经考异释疑》一卷
张行成《元包数总义》二卷
　　《述衍》十八卷
　　《通变》四十八卷
晁公武《易诂训传》十八卷
胡铨《易传拾遗》十卷
程大昌《易原》十卷
　又《易老通言》十卷
杨万里《易传》二十卷
林栗《易经传集解》三十六卷

李舜臣《易本传》三十三卷
曾穜《大易粹言》十卷
吕祖谦《定古易》十二篇为一卷
　又《音训》二卷
　　《周易系辞精义》二卷
朱熹《易传》十一卷
　又《本义》十二卷
　　《易学启蒙》三卷
　　《古易音训》二卷
张浚《易传》十卷
倪思《易训》三十卷
赵善誉《易说》二卷
刘文郁《易宏纲》八卷
吴仁杰《古易》十二卷
　又《周易图说》二卷
　　《集古易》一卷
王日休《龙舒易解》一卷
刘翔《易解》六卷
胡有开《易解义》四十卷
邹巽《易解》六卷
郑刚中《周易窥余》十五卷
杨简《己易》一卷
潘梦旂《大易约解》九卷
麻衣道者《正易心法》一卷
郑东卿《易说》三卷
项安世《周易玩辞》十六卷
程迥《易章句》十卷
　又《外编》一卷
　　《占法》
　　《古易考》一卷
林至《易裨传》一卷
叶适《习学记言·周易述释》一卷
李椿《观画》二卷
王炎《笔记》八卷
郑汝谐《易翼传》二卷
汤羲《周易讲义》三卷
乐只道人《羲文易论微》六卷　姓名亡
朱氏《三宫易》一卷　名亡
刘烈《虚谷子解卦周易》三卷
刘牧、郑夫注《周易》七卷
杨文焕《五十家易解》四十三卷
孙份《周易先天流衍图》十二卷　程敦厚序
刘半千《羲易正元》一卷
冯椅《易学》五十卷
商飞卿《讲义》一卷
《周易卦类》三卷
《易辞微》三卷
《易正经明疑录》一卷
《易传》四卷
《口义》六卷

《易枢》十卷
《系辞要旨》一卷
　　　　并不知作者
《易乾凿度》三卷
《易纬》七卷
《易纬稽览图》一卷
《易通卦验》二卷
　　　　并郑玄注
《流演通卦验》一卷　不知作者
王柏《读易记》十卷
　又《涵古易说》一卷
　　《大象衍义》一卷
曾几《易释象》五卷
刘禹偁《易解》十卷
程达《易解》十卷
戴溪《易总说》二卷
赵汝谈《易说》三卷
真德秀《复卦说》一卷
吴如愚《易说》一卷
李光《易传》十卷
李焘《易学》五卷
　又《大传杂说》一卷
朱承祖《易摅卦总论》一十卷
林起鳌《易述古言》二卷
方实孙《读易记》八卷
魏了翁《易集义》六十四卷
　又《易要义》一十卷
郑子厚《大易观象》三十二卷　张埜补注
　　右《易》类二百十三部，一千七百四十卷。　王柏《读易记》以下不著录十九部，一百八十六卷。

《尚书》十二卷　汉孔安国传
《古文尚书》二卷　孔安国隶
伏胜《大传》三卷　郑玄注
《汲冢周书》十卷　晋太康中，于汲郡得之。孔晁注
陆德明《释文音义》一卷
孔颖达《正义》二十卷
冯继先《尚书广疏》十八卷
　又《尚书小疏》十三卷
尹恭初《尚书新修义疏》二十六卷
胡旦《尚书演圣通论》七卷
胡瑗《洪范口义》一卷
苏洵《洪范图论》一卷
程颐《尧典舜典解》一卷
王安石《新经书义》十三卷
　又《洪范传》一卷
苏轼《书传》十三卷
《书说》一卷　程颐门人记
孔武仲《书说》十三卷
曾肇《书讲义》八卷

陈谔《开宝新定尚书释文》三卷
孟先《禹贡治水图》一卷
　　《尚书洪范五行记》一卷
王晦叔《周书音训》十二卷
司马康等《无逸讲义》一卷
吴安诗等《无逸说命解》二卷
刘彝《洪范解》六卷
曾旼等《讲义》三十卷
叶梦得《书传》十卷
张纲《解义》三十卷
吴孜《大义》三卷
吴棫《裨传》十二卷
张九成《尚书详说》五十卷
洪兴祖《口义发题》一卷
陈鹏飞《书解》三十卷
程大昌《书谱》二十卷
　又《禹贡论》五卷
　　《禹贡论图》五卷
　　《禹贡后论》一卷
晁公武《尚书诂训传》四十六卷
史浩《讲义》二十二卷
吕祖谦《书说》三十五卷
黄度《书说》七卷
李舜臣《尚书小传》四卷
吴仁杰《尚书洪范辨图》一卷
陈伯达《翼范》一卷
朱熹《书说》七卷　黄士毅集
林之奇《集解》五十八卷
陈经《详解》五十卷
康伯成《书传》一卷
夏僎《书解》十六卷
王炎《小传》十八卷
孙泌《尚书解》五十二卷
蔡沉《书传》六卷
胡瑗《尚书全解》二十八卷
成申之《四百家集解》五十八卷
杨王集《尚书义宗》三卷
《三坟书》三卷　元丰中毛渐所得
《尚书治要图》五卷
《尚书解题》一卷
《浑灏发旨》一卷
　　并不知作者
王柏《读书记》十卷
　又《书疑》九卷
　　《书附传》四十卷
袁燮《书钞》十卷
袁觉《读书记》二十三卷
黄伦《尚书精义》六十卷
赵汝谈《书说》二卷
卞大亨《尚书类数》二十卷

胡铨《书解》四卷
李焘《尚书百篇图》一卷
刘甄《书青霞集解》二十卷
应镛《书约义》二十五卷
魏了翁《书要义》二十卷

　　右《书》类六十部，八百二卷。王柏《读书记》以下不著录十三部，二百四十四卷

《韩诗外传》十卷　汉韩婴传
《毛诗》二十卷　汉毛苌为诂训传，郑玄笺
郑玄《诗谱》三卷
陆玑《草木鸟兽虫鱼疏》二卷
孔颖达《正义》四十卷
陆德明《诗释文》三卷
成伯玙《毛诗指说统论》一卷
　又《毛诗断章》二卷
张汧《别录》一卷
《毛诗正数》二十卷
《毛诗释题》二十卷
《毛诗小疏》二十卷
鲜于侁《诗传》六十卷
李常《诗传》十卷
鲁有开《诗集》十卷
胡旦《毛诗演圣通论》二十卷
宋咸《毛诗正纪》三卷
　又《外义》二卷
刘宇《诗折衷》二十卷
苏子才《毛诗大义》三卷
周轼《笺传辨误》八卷
丘铸《周诗集解》二十卷
欧阳修《诗本义》十六卷
　又《补注毛诗谱》一卷
苏辙《诗解集传》二十卷
彭汝砺《诗义》二十卷
赵令湑《讲义》二十卷
乔执中《讲义》十卷
毛渐《诗集》十卷
沈铢《诗传》二十卷
孔武仲《诗说》二十卷
王商范《毛诗序义索隐》二卷
王安石《新经毛诗义》二十卷
《舒王诗义外传》十二卷
《新解》一卷　程颐门人记其师之说
张载《诗说》一卷
赵仲锐《诗义》三卷
游酢《诗二南义》一卷
范祖禹《诗解》一卷
杨时《诗辨疑》一卷
茅知至《周诗义》二十卷
蔡卞《毛诗名物解》二十卷

董逌《广川诗故》四十卷
吴良辅《诗重文说》七卷
刘孝孙《正论》十卷
吴景山《十五国风咨解》一卷
刘泉《毛诗判篇》一卷
吴械《毛诗叶韵补音》十卷
李樗《毛诗详解》四十六卷
晁公武《毛诗诂训传》二十卷
吕祖谦《家塾读诗记》三十二卷
郑樵《诗传》二十卷
　又《辨妄》六卷
范处义《诗学》一卷
　又《解颐新语》十四卷
《诗补传》三十卷
朱熹《诗集传》二十卷
《诗序辨》一卷
张贵谟《诗说》三十卷
郑谔《毛诗解义》三十卷
黄度《诗说》三十卷
吴氏《诗本义补遗》二卷　名亡
戴溪《续读诗记》三卷
钱文子《白石诗传》一十卷
　又《诗训诂》
黄邦彦《讲义》三卷
鲜于戣《诗颂解》三卷
黄櫄《诗解》二十卷
《总论》一卷
林岊《讲义》五卷
《三十家毛诗会解》一百卷　吴纯编，王安石解义
《毛诗释篇目疏》十卷
《诗疏要义》一卷
《毛诗玄谈》一卷
《毛诗章疏》三卷
《毛诗提纲》一卷
《毛诗名物性门类》八卷
《义方》二十卷
《释文》二十卷
《通义》二十卷
《毛郑诗学》十卷
《诗关雎义解》一部
《比兴穷源》一卷
　　　并不知作者
陈寅《诗传》十卷
许奕《毛诗说》三卷
李焘《诗谱》三卷
王应麟《诗考》五卷
　又《诗地理考》五卷
《诗草木鸟兽虫鱼广疏》六卷
辅广《诗说》一部
严粲《诗集》一部

王质《诗总闻》二十卷
魏了翁《诗要义》二十卷
王柏《诗辨说》二卷
　又《诗可言》二十卷
高端叔《诗说》一卷
曹粹中《诗说》三十卷
项安世《毛诗前说》一卷
　又《诗解》二十卷
郑庠《诗古音辨》一卷

　　　右《诗》类八十二部，一千一百二十卷。陈寅《诗传》以下不著录十四部，二百四十五卷。

《仪礼》十七篇　高堂生传
《大戴礼记》十三卷　戴德纂
《礼记》二十卷　戴圣纂
郑玄《古礼注》十七卷
　又《周礼注》十二卷
　　《礼记注》二十卷
　　《礼记月令注》一卷
崔灵恩《三礼义宗》三十卷
成伯玙《礼记外传》十卷　张幼伦注
韦彤《五礼精义》十卷
　又《五礼纬书》二十卷
丘光庭《兼明书》四卷
杜肃《礼略》十卷
陆德明《音义》一卷
　又《古礼释文》一卷
贾公彦《仪礼疏》五十卷
　又《礼记疏》五十卷
　　《周礼疏》五十卷
孔颖达《礼记正义》七十卷
聂崇义《三礼图集注》二十卷
杨逢殷《礼记音训指说》二十卷
上官均《曲礼讲义》二十卷
欧阳丙《三礼名义》五卷
鲁有开《三礼通义》五卷
殷介集《五礼极义》一卷
孙玉汝《五礼名义》十卷
余希文《井田王制图》一卷
《胡先生中庸义》一卷　盛乔纂集
李洪泽《直礼》一卷
张诜《丧礼》十卷
《礼粹》二十卷　不知作者
王恕《中礼》八卷
程颢《中庸义》一卷
吕大临《大学》一卷
　又《中庸》一卷
　　《礼记传》十六卷
乔执中《中庸义》一卷
游酢《中庸解义》五卷

王安石《新经周礼义》二十二卷
王昭禹《周礼详解》四十卷
陆佃《礼记解》四十卷
　又《礼象》十五卷
　　《述礼新说》四卷
　　《仪礼义》十七卷
何洵直《礼论》一卷
陆佃《大裘议》一卷
郭忠孝《中庸说》一卷
龚原《周礼图》十卷
郭雍《中庸说》一卷
陈详道《注解仪礼》三十二卷
　又《礼例详解》十卷
　　《礼书》一百五十卷
陈旸《礼记解义》十卷
李格非《礼记精义》十六卷
杨时《周礼义辨疑》一卷
　又《中庸解》一卷
喻樗《大学解》一卷
司马光等《六家中庸大学解义》一卷
江与山《周礼秋官讲义》一卷
马希孟《礼记解》七十卷
《四先生中庸解义》一卷　程颐、吕大临、游酢、杨时撰
方悫《礼记解义》二十卷
王普《深衣制度》一卷
夏休《周礼井田谱》二十卷
　《破礼记》二十卷
周燔《仪礼详解》十七卷
李如圭《仪礼集释》十七卷
史浩《周官讲义》十四卷
郑谔《周礼解义》二十二卷
黄度《周礼说》五卷
徐焕《周官辨略》十八卷
陈傅良《周礼说》一卷
徐行《周礼微言》十卷
易祓《周礼总义》三十六卷
朱熹《仪礼经传通解》二十三卷
　又《大学章句》一卷
　　《或问》二卷
　　《中庸章句》一卷
　　《或问》二卷
　　《中庸辑略》二卷
《十先生中庸集解》二卷　朱熹序
《三家冠婚丧祭礼》五卷　司马光、程颐、张载定
吴仁杰《禘祫绵蕞书》三卷
刘彝《周礼中义》十卷
张九成《中庸说》一卷
　《大学说》一卷
戴溪《曲礼口义》二卷

《学记口义》二卷
司马光《中庸大学广义》一卷
钱文子《中庸集传》一卷
胡铨《礼记传》十八卷
　又《周礼传》十二卷
　　《二礼讲义》一卷
倪思《中庸集义》一卷
汪应辰《二经雅言》二卷
张淳《仪礼识误》一卷
俞庭椿《周礼复古编》三卷
黄干《续仪礼经传通解》二十九卷
　又《仪礼集传集注》十四卷
林椅《周礼纲目》八卷
　《摭说》一卷
郑景炎《周礼开方图说》一卷
李心传《丁丑三礼辨》二十三卷
郑伯谦《太平经国书统集》七卷
郑氏《三礼名义疏》五卷　不著名
　又《三礼图》十二卷
《江都集礼图》五十卷
《三礼图驳议》二十卷
《仪礼类例》十卷
《周礼类例义断》二卷
《二礼分门统要》三十六卷
《礼记小疏》二十卷
　　并不知作者
石𡼖《中庸集解》二卷
项安世《中庸说》一卷
　又《周礼丘乘图说》一卷
卫湜《礼记集说》一百六十卷
杨简《孔子闲居讲义》一卷
郑樵《乡饮礼》七卷
张虙《月令解》十二卷
晁公武《中庸大传》一卷
杨复《仪礼图解》十七卷
魏了翁《仪礼要义》五十卷
　又《礼记要义》三十三卷
　　《周礼折衷》二卷
　　《周礼要义》三十卷
赵顺孙《中庸纂疏》三卷
袁甫《中庸详说》二卷
陈尧道《中庸说》十三卷
　又《大学说》十一卷
真德秀《大学衍义》四十二卷
谢兴甫《中庸大学讲义》三卷
王与之《周礼订义》八十卷
王应麟《集解践阼篇》一册
　　右《礼》类一百十三部，一千三百九十九卷。石𡼖《中庸集解》以下不著录二十六部，四百六十九卷

蔡琰《胡笳十八拍》四卷
孔衍《琴操引》三卷
谢庄《琴论》一卷
梁武帝《钟律纬》一卷
陈僧智匠《古今乐录》十三卷
赵邦利《弹琴手势谱》一卷
　又《弹琴右手法》一卷
唐玄宗《金风乐弄》一卷
太宗《九弦琴谱》二十卷
《琴谱》六卷
《唐宗庙用乐仪》一卷
《唐肃明皇后庙用乐仪》一卷
崔令钦《教坊记》一卷
吴兢《乐府古题要解》二卷
王昌龄《续乐府古解题》一卷
刘贶《大乐令壁记》三卷
《大乐图义》一卷　不知作者
田琦《声律要诀》十卷
薛易简《琴谱》一卷
段安节《琵琶录》一卷
　又《乐府杂录》二卷
　　《乐府古题》一卷
陆鸿渐《教坊录》一卷
李勉《琴说》一卷
陈拙《琴籍》九卷
徐景安《新纂乐书》三十卷
赵惟简《琴书》三卷
宋仁宗《明堂新曲谱》一卷
　又《景祐乐髓新经》一卷
　　《审乐要记》二卷
徽宗《黄钟徵角调》二卷
沈括《乐论》一卷
　又《乐器图》一卷
　　《三乐谱》一卷
　　《乐律》一卷
冯元、宋祁《景祐广乐记》八十一卷
宋祁《大乐图》一卷
聂冠卿《景祐大乐图》二十卷
刘次庄《乐府集》十卷
《乐府集序解》一卷
《大周正乐》八十八卷　五代周窦俨订论
《蜀雅乐仪》三十卷
房庶《补亡乐书总要》三卷
　《真馆饮福等》一卷
蔡攸《燕乐》三十四册
范镇《新定乐法》一卷
崔遵度《琴笺》一卷
李宗谔《乐纂》一卷
陈康士《琴调》三卷
　又《琴调》十七卷

《琴书正声》十卷
《琴调》十七卷
《琴谱记》一卷
《琴调谱》一卷
《楚调五章》一卷
《离骚谱》一卷
李约《琴曲东杓谱》一卷
《琴调广陵散谱序》一卷
独孤霓《九调谱》一卷
齐嵩《琴雅略》一卷
僧辨正《琴正声九弄》九卷
朱文齐《琴杂调谱》十二卷
萧祐 一作"祜"《无射商九调谱》一卷
吕渭 一作"滨"《广陵止息谱》一卷
张淡正《琴谱》一卷
蔡翼《琴调》一卷
僧道英《琴德谱》一卷
王逸《琴谱》一卷
沈氏《琴书》一卷 失名
《琴谱调》八卷 李翱用指法
《琴略》一卷
《琴式图》一卷
《琴谱纂要》五卷
胡瑗《景祐乐府奏议》一卷
又《皇祐乐府奏议》一卷
阮逸《皇祐新乐图记》三卷
陈旸《乐书》二百卷
僧灵操《乐府诗》一卷
吴良辅《琴谱》一卷
又《乐书》五卷
《乐记》三十六卷
杨杰《元丰新修大乐记》五卷
刘昺《大晟乐书》二十卷
又《乐论》八卷
《运谱四议》二十卷
《政和颁降乐曲乐章节次》一卷
《政和大晟乐府雅乐图》一卷
郑樵《系声乐谱》二十四卷
李南玉《古今大乐指掌》三卷
郭茂倩《乐府诗集》一百卷
李昌文《阮咸弄谱》一卷
滕康叔《韶武遗音》一卷
魏瞻《琴声律》二卷
又《琴图》一卷
令狐揆《乐要》三卷
王大方《琴声韵图》一卷
《昭微古今琴样》一卷
刘籍《琴义》一卷
沈建《乐府广题》二卷
马以良《琴谱三均》三卷

喻修枢《阮咸谱》一卷
吴仁杰《乐舞新书》二卷
蔡元定《律吕新书》二卷
李如篪《乐书》一卷
《琴说》一卷
《古乐府》十卷
赵德先《乐说》三卷
又《乐书》三十卷
《历代乐仪》三十卷
《乐苑》五卷
《琴笺知音操》一卷
《乐府题解》一卷
《大乐署》三卷
《历代歌词》六卷
《律吕图》一卷
《仿蔡琰胡笳十八拍》
　　并不知作者
右《乐》类一百十一部,一千七卷。

《春秋》七卷 正经
杜预《春秋左氏传经传集解》三十卷
又《春秋释例》十五卷
何休《公羊传》十二卷
又《左氏膏肓》十卷
范宁《穀梁传》十二卷
董仲舒《春秋繁露》十七卷
《汲冢师春》一卷 师春纯集疏《左传》卜筮事
荀卿《公子姓谱》二卷 一名《帝王历纪谱》
刘炫《春秋述议略》一卷
又《春秋义囊》二卷
孔颖达《春秋左氏传正义》三十六卷
《公羊疏》三十卷
杨士勋《春秋穀梁疏》十二卷
黄恭密《春秋指要图》一卷
李瑾《春秋指掌图》十五卷
陈岳《春秋折衷论》三十卷
《春秋灾异录》六卷
《春秋谥族图》五卷
陆德明《三传释文》八卷
陆希声《春秋通例》三卷
赵匡《春秋阐微纂类义统》十卷
陆淳《集传春秋纂例》十卷
又《春秋辨疑》七卷
《集注春秋微旨》三卷
卢仝《春秋摘微》四卷
杨蕴《春秋公子谱》一卷
左丘明《春秋外传国语》二十一卷 韦昭注
柳宗元《非国语》二卷
叶真《是国语》七卷
冯继先《春秋名号归一图》

又《春秋名字同异录》五卷
杜预《春秋世谱》七卷
张暄《春秋龟鉴图》一卷
马择言《春秋要类》五卷
徐彦《公羊疏》三十卷
叶清臣《春秋纂类》十卷
孙复《春秋尊王发微》十二卷
　《春秋总论》一卷
李尧俞《春秋集议略论》二卷
王沿《春秋集传》十五卷
章拱之《春秋统微》二十五卷
王晳《春秋通义》十二卷
　又《皇纲论》五卷
丁副《春秋演圣统例》二十卷
　《春秋三传异同字》一卷
朱定序《春秋索隐》五卷
杜谔《春秋会义》二十六卷
胡瑗《春秋口义》五卷
刘敞《春秋传》十五卷
　又《春秋权衡》十七卷
　　《春秋说例》十一卷
　　《春秋意林》二卷
苏辙《春秋集传》十二卷
王安石《左氏解》一卷
杨彦龄《左氏春秋年表》二卷
　又《左氏蒙求》二卷
沈括《春秋机括》二卷
赵瞻《春秋论》三十卷
　又《春秋经解义例》二十卷
唐既济《春秋邦典》二卷
孙觉《春秋经社要义》六卷
　《春秋经解》十五卷
　《春秋学纂》十二卷
晁补之《左氏春秋传杂论》一卷
刘攽《内传国语》十卷
《春秋人谱》一卷　孙子平、练明道同撰。
朱长文《春秋通志》二十卷
家安国《春秋通义》二十四卷
张大亨《春秋通训》十六卷
　又《五礼例宗》十卷
陆佃《春秋后传》二十卷
　又《补遗》一卷
程颐《春秋传》一卷
黎錞《春秋经解》十二卷
王裴《春秋义解》十二卷
张冒德《春秋传类音》十卷
韩台《春秋左氏传口音》三卷
陈德宁《公羊新例》十四卷
　又《穀梁新例》六卷
阴洪道《注春秋叙》一卷

张翰　一作"幹"《春秋排门显义》十卷
李撰《春秋总要》十卷
袁希　一作"孝"　政《春秋要类》五卷
张德昌《春秋传类》十卷
沈纬《春秋谏类》二卷
郭翔《春秋义鉴》三十卷
王仲孚《春秋类聚》五卷
黄彬《春秋叙鉴》二卷
　《春秋精义》三十卷
洪勋《春秋图鉴》五卷
　《春秋加减》一卷
王叡《春秋守鉴》一卷
　《春秋龟鉴》一卷
张杰《春秋指玄》十卷
涂昭良《春秋科义雄览》十卷
　《春秋应判》三十卷
丁裔昌《春秋解问》一卷
邵川《春秋括义》三卷
刘英《春秋列国图》一卷
　《春秋十二国年历》一卷
谢璧《春秋缀英》二卷
李涂《春秋事对》五卷　蔡延龟注
　《春秋扶悬》三卷
　《春秋比事》三卷
　《春秋要义》十卷
　《春秋策问》三十卷
　《春秋夹氏》三十卷
李融《春秋枢宗》十卷
姜虔嗣《春秋三传纂要》二十卷
惠简《春秋通略全义》十五卷
元保宗《春秋事要》十卷
巩浚　一作"潜"《春秋琢瑕》一卷
张传靖《左传编纪》十卷
崔昇《春秋分门属类赋》三卷　杨均注
裴光辅《春秋机要赋》一卷
尹玉羽《春秋音义赋》十卷　冉遂良注
　又《春秋字源赋》二卷　杨文举注
李象《续春秋机要赋》一卷
玉霄《春秋括囊赋集注》一卷
王邹彦《春秋蒙求》五卷
张杰《春秋图》五卷
　《春秋指掌图》二卷
蹇遵品《左传引帖断义》十卷
　《春秋纂类义统》十卷　本十二卷，第二、第四阙
　《春秋通义》十二卷
　《春秋新义》十卷
　《春秋十二国年历》一卷　一名《春秋齐年》
　《春秋文权》五卷
鲁有开《春秋指微》十卷
　《国语音义》一卷

宋庠《国语补音》三卷
林槩《辨国语》三卷
崔表《世本图》一卷
杨蕴《春秋年表》一卷
谢湜《春秋义》二十四卷
　　又《总义》三卷
崔子方《春秋经解》十二卷
　　《春秋本例例要》二十卷
吕奎《春秋要旨》十二卷
吴元绪《左氏鼓吹》一卷
刘易《春秋经解》二卷
吴孜《春秋折衷》十二卷
范柔中《春秋见微》五卷
邹氏《春秋总例》一卷
谢子房《春秋备对》十三卷
朱振《春秋指要》一卷
　　又《春秋正名颐隐要旨》十二卷
　　《春秋正名颐隐旨要叙论》一卷
　　《春秋讲义》三卷
沈滋仁《春秋兴亡图鉴》一卷
陈禾《春秋传》十二卷
　　又《春秋统论》一卷
任伯雨《春秋绎圣新传》十二卷
郑昂《春秋臣传》三十卷
邓骥《春秋指踪》二十一卷
石公孺《春秋类例》十二卷
王当《春秋列国诸臣传》五十一卷
张根《春秋指南》十卷
李棠《春秋时论》一卷
叶梦得《春秋谳》三十卷
　　又《春秋考》三十卷
　　《春秋传》二十卷
　　《石林春秋》八卷
　　《春秋指要总例》二卷
胡安国《春秋传》三十卷
　　又《通例》一卷
　　《通旨》一卷
余安行《春秋新传》十二卷
韩璜《春秋人表》一卷
范冲《春秋左氏讲义》四卷
黄叔敖《春秋讲义》五卷
洪皓《春秋纪咏》三十卷
胡铨《春秋集善》十三卷
邓名世《春秋四谱》六卷
　　《辨论谱说》一卷
刘本《春秋中论》三十卷
毕良史《春秋正辞》二十卷
环中《左氏春秋二十国年表》一卷
　　《春秋列国臣子表》十卷
郑樵《春秋地名谱》十卷

　　又《春秋传》十二卷
　　《春秋考》十二卷
周彦熠《春秋名义》二卷
毛邦彦《春秋正义》十二卷
王日休《春秋孙复解辨失》一卷
　　又《春秋公羊辨失》一卷
　　《春秋左氏辨失》一卷
　　《春秋穀梁辨失》一卷
　　《春秋名义》一卷
董自任《春秋总鉴》十二卷
夏沐《春秋素志》三百一十五卷
　　又《春秋麟台独讲》十一卷
　　《延陵先生讲义》二卷
吕本中《春秋解》二卷
晁以武《春秋故训传》三十卷
王炫《春秋门例通解》十卷
林栗《经传集解》三十三卷
时澜《左氏春秋讲义》十卷
徐得之《左氏国纪》二十卷
萧楚《春秋经辨》十卷
胡定《春秋解》十二卷
林拱辰《春秋传》三十卷
陈傅良《春秋后传》十二卷
　　又《左氏章指》三十卷
王汝猷《春秋外传》十五卷
程迥《春秋显微例目》一卷
　　又《春秋传》二十卷
朱临《春秋私记》一卷
　　《春秋外传》十卷
王葆《东宫春秋讲义》三卷
　　《春秋集传》十五卷
吕祖谦《春秋集解》三十卷
　　又《左传类编》六卷
　　《左氏博议》二十卷
　　《左氏说》一卷
《左氏博议纲目》一卷　祖谦门人张成招标注
《左氏国语类编》二卷　祖谦门人所编
沈棐《春秋比事》二十卷
李明复《春秋集义》五十卷
　　又《集义纲领》二卷
任公辅《春秋明辨》十一卷
杨简《春秋解》十卷
戴溪《春秋讲义》四卷
程公说《春秋分记》九十卷
　　《春秋释疑》二十卷
　　《春秋考异》四卷
　　《春秋加减》四卷
　　《春秋直指》三卷
　　《左氏纪传》五十卷
　　《春秋四传》二十卷

《春秋类》六卷
《春秋例》六卷
《春秋表记》一卷
《王侯世系》一卷
《春秋释例地名谱》一卷
《春秋本旨》五卷
《左氏摘奇》十二卷
　　并不知作者。
李浃《左氏广海蒙》一卷
章冲《左氏类事始末》五卷
王柏《左氏正传》一十卷
高端叔《春秋义宗》一百五十卷
黎良能《左氏释疑》、《谱学》各一卷
沈棐《春秋比事》二十卷
吴曾《春秋考异》四卷
　又《左氏发挥》六卷
方淑《春秋直音》三卷
石朝英《左传约说》一卷
　又《百论》一卷
黄仲炎《春秋通说》一十三卷
辛次膺《属辞比事》五卷
李孟传《左氏说》十卷
程大昌《演繁露》六卷
李焘《春秋学》十卷
王应麟《春秋三传会考》三十六卷
杨士勋《春秋公穀考异》五卷
陆宰《春秋后传补遗》一卷
赵震揆《春秋类论》四十卷
宇文虚中《春秋纪咏》三十卷
王梦应《春秋集义》五十卷
李心传《春秋考义》十三卷
魏了翁《春秋要义》六十卷
陈藻、林希逸《春秋三传正附论》十三卷
　　右《春秋》类二百四十部，二千七百九十九卷。王柏《左氏正传》以下不著录二十三部，四百八十八卷

《古文孝经》一卷　凡二十二章
郑氏注《孝经》一卷
唐明皇注《孝经》一卷
元行冲《孝经疏》三卷
苏彬《孝经疏》一卷
邢昺《孝经正义》三卷
司马光《古文孝经指解》一卷
　又《古文孝经指解》一卷
赵克孝《孝经传》一卷
任奉古《孝经讲疏》一卷
张元老《讲义》一卷
范祖禹《古文孝经说》一卷
吕惠卿《孝经传》一卷
吉观国《孝经新义》一部　卷亡

家滋《解义》二卷
王文献《详解》一卷
林椿龄《全解》一卷
沈处厚《解》一卷
赵湘《孝经义》一卷
张师尹《通义》三卷
张九成《解》四卷
朱熹《刊误》一卷
黄榦《本旨》一卷
项安世《孝经说》一卷
冯椅《古孝经辑注》一卷
　《古文孝经解》一卷
袁甫《孝经说》三卷
王行《孝经同异》三卷
　　右《孝经》类二十六部，三十五卷。　袁甫《孝经说》以下不著录二部，六卷

《论语》十卷　何晏等集解
皇侃《论语疏》十卷
韩愈《笔解》二卷
陆德明《释文》一卷
马总《论语枢要》十卷
陈锐《论语品类》七卷
《论语井田图》一卷
邢昺《正义》十卷
周武《集解辨误》十卷
宋咸《增注》十卷
王令《注》十卷
纪亶《论语摘科辨解》十卷
王安石《通类》一卷
王雱《解》十卷
孔武仲《论语说》十卷
吕惠卿《论语义》十卷
蔡申《论语纂》十卷
苏轼《解》四卷
苏辙《论语拾遗》一卷
程颐《论语说》一卷
刘正容《重注论语》十卷
陈禾《论语传》十卷
晁说之《讲义》五卷
杨时《解》二卷
谢良佐《解》十卷
范祖禹《论语说》二十卷
游酢《杂解》一卷
龚原《论语解》一部　卷亡
吕大临《解》十卷
尹焞《论语解》十卷
　又《说》一卷
侯仲良《说》一卷
邹浩《解》十卷

汪革《直解》十卷
叶梦得《释言》十卷
黄祖舜《解义》十卷
张九成《解》十卷
吴棫《续解》十卷
　又《考异》一卷
　　《说例》一卷
喻樗《玉泉论语学》四卷
张栻《解》十卷
汤烈《集程氏说》二卷
倪思《论语义证》二十卷
叶隆古《解义》十卷
洪兴祖《论语说》十卷
史浩《口义》二十卷
薛季宣《论语小学》二卷
林栗《论语知新》十卷
朱熹《论语精义》十卷
　又《集注》十卷
　　《集义》十卷
　　《或问》二十卷
　　《论语注义问答通释》十卷
郑汝《解义》十卷
张演《鲁论明微》十卷
　　《意原》十卷
钱文子《论语传赞》二十卷
王汝猷《论语归趣》二十卷
徐焕《论语赘言》二卷
曾几《论语义》二卷
陈仪之《讲义》二卷
姜得平《本旨》一卷
《论语指南》一卷　黄祖舜、沈大廉、胡宏辨论
戴溪《石鼓答问》三卷
《东谷论语》一卷　不知作者
陈耆卿《论语记蒙》六卷
《孔子家语》十卷　魏王肃注
《论语玄义》十卷
《论语要义》十卷
《论语口义》十卷
《论语展掌疏》十卷
《论语阅义疏》十卷
《论语世谱》三卷
　并不知作者。
王居正《论语感发》十卷
毕良史《论语探古》二十卷
黄榦《论语通释》十卷
　又《论语意原》一卷
卞圜《论语大意》二十卷
高端叔《论语传》一卷
真德秀《论语集编》一十卷
魏了翁《论语要义》一十卷

右《论语》类七十三部，五百七十九卷。　王居正《论语感发》以下不著录八部，八十二卷

《周公谥法》一卷　即《汲冢周书·谥法篇》
班固《白虎通》十卷
沈约《谥法》十卷
贺琛《谥法》三卷
晋阳方《五经钩沈》五卷
王彦威《续古今谥法》十四卷
刘迅《六经》五卷
《春秋谥法》一卷　即杜预《春秋释例·谥法篇》
陆德明《经典释文》三十卷
马光极《九经释难》五卷
章崇业《五经释题杂问》一卷
僧十朋《五经指归》五卷
苏鹗《演义》十卷
刘悚《六说》五卷
　《兼讲书》五卷
　《授经图》三卷
胡旦《演圣通论》六十卷
刘敞《七经小传》五卷
黄敏求《九经余义》一百卷
丘光庭《兼明书》三卷
李肇《经史释题》二卷
颜师古《刊谬正俗》八卷
李涪《刊误》二卷
《九经要略》一卷
《叙元要略》一卷
《谥法》三卷
《六家谥法》二十卷　范镇、周沆编
程颐《河南经说》七卷
　又《五言集解》三卷
苏洵《嘉祐谥法》三卷
　《皇祐谥录》二十卷
杨会《经解》三十三卷
刘彝《七经中义》一百七十卷
蔡攸《政和修定谥法》八十卷
杨时《三经义辨》十卷
王居正《辨学》七卷
郑樵《谥法》三卷
李舜臣《诸经讲义》七卷
张九成《乡党少仪咸有一德论孟子拾遗》共一卷
张载《经学理窟》三卷
项安世《家说》十卷
　《附录》四卷
黄榦《六经讲义》一卷
《六经疑难》十四卷　不知作者
许奕《九经直音》九卷
　又《正讹》一卷
　　《诸经正典》十卷

《论语尚书周礼讲义》十卷
杨甲《六经图》六卷
林观过《经说》一卷
戴勋《西斋清选》二卷
叶仲堪《六经图》七卷
俞言《六经图说》十二卷
张贵谟《泮林讲义》三卷
周士贵《经括》一卷
游桂《经学》十二卷
《九经经旨策义》九卷　不知作者
姜得平《诗书遗意》一卷
沈贵瑶《四书要义》七篇
张九成《中庸大学孝经说》各一卷
　又《四书解》六十五卷
张纲《六经辨疑》五卷
　又《确论》十卷
李燾《五经传授》一卷
王应麟《六经天文编》六卷
陈应隆《四书辑语》四十卷
刘元刚《三经演义》一十一卷　孝经、论、孟
　　　右经解类五十八部，七百五十三卷。沈贵瑶《四书要义》以下不著录九部，一百四十六卷、篇

《尔雅》三卷　郭璞注
孔鲋《小尔雅》一卷
杨雄《方言》十四卷
史游《急就章》一卷
刘熙《释名》八卷
许慎《说文解字》十五卷
孙炎《尔雅疏》十卷
高琏《尔雅疏》七卷
徐锴《说文解字系传》四十卷
　又《说文解字韵谱》十卷
　　《说文解字通释》四十卷
僧昙棫《补说文解字》三十卷
钱承志《说文正隶》三十卷
张揖《广雅音》三卷
吕忱《字林》五卷
曹宪《博雅》十卷
顾野王《玉篇》三十卷
韦昭《辨释名》一卷
王僧虔《评书》一卷
梁武帝《评书》一卷
《千字文》一卷　梁周兴嗣次韵
颜之推《证俗音字》四卷
　又《字始》三卷
虞荔《鼎录》一卷
萧该《汉书音义》三卷
陆法言《广韵》五卷
唐玄宗《开元文字音义》二十五卷

庾肩吾《书品论》一卷
陆德明《经典释文》三十卷
　又《尔雅音义》二卷
颜元孙《干禄字书》一卷
李嗣真《书后品》一卷
　《续古今书人优劣》一卷
王之明《述书后品》一卷
张怀瓘《书诂》一卷
　又《评书药石论》一卷
　《六体论》一卷
　《古文大篆书祖》一卷
　《书断》三卷
颜真卿《笔法》一卷
　又《韵海鉴源》十六卷
朱禹善《书评》一卷
　又《有唐名书赞》一卷
林罕《字源偏傍小说》三卷
　《金华苑》二十卷
张参《五经文字》五卷
李商隐《蜀尔雅》三卷
颜师古《急就篇注》一卷
虞世南《笔髓法》一卷
唐玄度《九经字样》一卷
　又《十体书》一卷
张彦远《法书要录》十卷
杜林岳《集备要字录》二卷
王僧虔《图书会粹》六卷
吕总《续古今书人优劣》一卷
蔡希宗《法书论》一卷
刘伯庄《史记音义》二十卷
裴瑜《尔雅注》五卷
僧守温·《清浊韵钤》一卷
黄伯思《东观余论》二卷
窦俨《义训》十卷
崔逢《玉玺谱》一卷　严士元重修，宋魏损润色
郭忠恕《佩觿》三卷
　又《汗简集》七卷
　《辨字图》四卷
　《归字图》一卷
　《正字赋》一卷
孙季昭《决疑赋》二卷
徐玄《三家老子音义》一卷
郑文宝《玉玺记》一卷
《景德韵略》一卷　戚伦等详定
宋高宗《评书》一卷　亦名《翰墨志》
邢昺《尔雅疏》十卷
欧阳融《经典分毫正字》一卷
沈立《稽正辨讹》一卷
唐耜《字说集解》三十册　卷亡
钱惟演《飞白书叙录》一卷

周越《古今法书苑》十卷
祝充《韩文音义》五十卷
李舟《切韵》五卷
丘世隆《切韵搜隐》五卷
刘熙古《切韵拾玉》五卷
胡元质《西汉字类》五卷
陈天麟《前汉通用古字韵编》五卷
陈彭年等《重修广韵》五卷
《韵诠》十四卷
僧师悦《韵关》一卷
丘雍《校定韵略》五卷
《韵选》五卷
《韵源》一卷
孙愐《唐韵》五卷
《天宝元年集切韵》五卷
释獳智《辨体补修加字切韵》五卷
丁度《集韵》十卷
　又《景祐礼部韵略》五卷
《墨薮》一卷　不知作者
贾昌朝《群经音辨》三卷
夏竦《重校古文四声韵》五卷
　又《声韵图》一卷
司马光《切韵指掌图》一卷
　又《类编》四十四卷
刘温润《羌尔雅》一卷
宋祁《摘粹》一卷
欧阳修《集古录跋尾》六卷　又二卷
句中正《雍熙广韵》一百卷《序例》一卷
　又《三体孝经》一卷
杨南仲《石经》七十五卷
　又《三体孝经》一卷
燕海《字傍辨误》一卷
道士谢利贞《玉篇解疑》三十卷
　《象文玉篇》二十卷
石怀德《隶书赋》一卷
褚长文《书指论》一卷
李训《范金录》一卷
《翰林隐术》一卷
荆浩《笔法》一卷
韦氏《笔宝两字》五卷
徐浩《书谱》一卷
　又《古迹记》一卷
宋敏求《宝刻丛章》三十卷
刘敞《先秦古器图》一卷
李行中《引经字源》一卷
朱长文《续书断》二卷
王安石《字说》二十四卷
米芾《书评》一卷
　又《宝章待访集》一卷
吕大临《考古图》十卷

李公麟《古器图》一卷
陆佃《尔雅新义》二十卷
　《埤雅》二十卷
蔡京《崇宁鼎书》一卷
张有《复古编》二卷
　《政和甲午祭礼器款识》一卷
王楚《钟鼎篆韵》二卷
吴棫《韵补》五卷
董衡《唐书释音》二十卷
窦苹《唐书音训》四卷
《宣和重修博古图录》三十卷
赵明诚《金石录》三十卷
　又别本三十卷
薛尚功《重广钟鼎篆韵》七卷
　《历代钟鼎彝器款识法帖》二十卷
张孟《押韵》十卷
许冠《韵海》五十卷
吴幵《童训统类》一卷
郑樵《石鼓文考》一卷
　又《字始连环》二卷
　《象类书》十一卷
　《论梵书》三卷
　《尔雅注》三卷
　《书考》六卷
　《通志六书略》五卷
郑升卿《四声类韵》二卷
　又《声韵类例》一卷
《淳熙监本礼部韵略》五卷
刘球《隶韵略》七卷
潘纬《柳文音义》三卷
僧应之《临书关要》一卷
吕本中《童蒙训》三卷
周燔《六经音义》十三卷
李盛《六经释文》二卷
黄璜《班书韵编》五卷
张虙《石经注文考异》四十卷
洪适《隶释》二十七卷
　《隶续》二十一卷
史浩《童卯须知》三卷
朱熹《小学之书》四卷
　又《四子》四卷
程端蒙《小学字训》一卷
吕祖谦《少仪外传》二卷
陈淳《北溪字义》二卷
娄机《班马字类》二卷
　《汉隶字源》六卷
　《广干禄字书》五卷
　《古鼎法帖》五卷
杨师复《汉隶释文》二卷
马居易《汉隶分韵》七卷

翟伯寿《籀史》二卷
胡寅《注叙古千文》一卷
吕氏《叙古千文》一卷
《庆元嘉定古器图》六卷
僧妙华《互注集韵》二十五卷
罗点《清勤堂法帖》六卷
李从周《字通》一卷
辽僧行均《龙龛手鉴》四卷
黄伯思《法帖刊误》一卷
释元冲《五音韵镜》一卷
施宿《大观法帖总释》二卷
　又《石鼓音》一卷
蔡氏《口诀》一卷　名亡
《书录》一卷
《书隐法》一卷
《笔阵图》一卷
《西汉字类》一卷
《纂注礼部韵略》五卷
《翰林禁经》三卷
《临汝帖》三卷
《笔苑文词》一卷
《法帖字证》十卷
《正俗字》十卷
《书断例传》五卷
《洪韵海源》二卷
《互注尔雅贯类》一卷
《诸家小学总录》二卷
《集古系时》十卷
《蕃汉语》一卷
　　并不知作者
刘绍祐《字学摭要》二卷
洪迈《次李翰蒙求》三卷
集斋彭氏《小学进业广记》一部
王应麟《蒙训》四十四卷
　又《小学绀珠》十卷
　　《小学讽咏》四卷
　　《补注急就篇》六卷
　　右小学类二百六部，一千五百七十二卷。刘绍祐《字学摭要》以下不著录六部，六十九卷
凡经类一千三百四部，一万三千六百八卷。

卷二百三　　志第一百五十六

艺　文　二

　　史类十三：一曰正史类，二曰编年类，三曰别史类，四曰史钞类，五曰故事类，六曰职官类，七曰传记类，八曰仪注类，九曰刑法类，十曰目录类，十一曰谱牒类，十二曰地理类，十三曰霸史类。

司马迁《史记》一百三十卷　裴骃等集注
　又《史记》一百三十卷　陈伯宣注
班固《汉书》一百卷　颜师古注
范晔《后汉书》九十卷　章怀太子李贤注
赵抃《新校前汉书》一百卷
余靖《汉书刊误》三十卷
刘昭《补注后汉志》三十卷
陈寿《三国志》六十五卷　裴松之注
房玄龄《晋书》一百三十卷
杨齐宣《晋书音义》三卷
沈约《宋书》一百卷
萧子显《南齐书》五十九卷
姚思廉《梁书》五十六卷
　又《陈书》三十六卷
魏收《后魏书》一百三十卷
魏澹《后魏书纪》一卷　本七卷
张太素《后魏书天文志》二卷　本百卷，惟存此
李百药《北齐书》五十卷
令狐德棻《后周书》五十卷
颜师古《隋书》八十五卷
柳芳《唐书》一百三十卷　《唐书叙例目》一卷。
刘煦《唐书》二百卷
欧阳修、宋祁《新唐书》二百五十五卷　《目录》一卷
李绘《补注唐书》二百二十五卷
薛居正《五代史》一百五十卷
欧阳修《新五代史》七十四卷　徐无党注
张守节《史记正义》三十卷
司马贞《史记索隐》三十卷
张泌《汉书刊误》一卷
《三刘汉书标注》六卷　刘敞、刘攽、刘奉世
刘攽《汉书刊误》四卷
吕夏卿《唐书直笔新例》一卷
吴缜《新唐书纠缪》二十卷
　又《五代史纂误》三卷
《朱梁列传》十五卷
张昭远《后唐列传》三十卷
任谅《史论》三卷
韩子中《新唐史辨惑》六十卷
吴仁杰《两汉刊误补遗》十卷
富弼《前汉书纲目》一卷
刘巨容《汉书纂误》二卷
汪应辰《唐书列传辨证》二十卷
《西汉刊误》一卷　不知作者
王旦《国史》一百二十卷
吕夷简《宋三朝国史》一百五十五卷
邓洵武《神宗正史》一百二十卷
王珪《宋两朝国史》一百二十卷

王孝迪《哲宗正史》二百一十卷
李焘、洪迈《宋四朝国史》三百五十卷
《宋名臣录》八卷
《宋勋德传》一卷
《宋两朝名臣传》三十卷
《咸平诸臣录》一卷
《熙宁诸臣传》四卷
《两朝诸臣传》三十卷
　　并不知作者。
张唐英《宋名臣传》五卷
葛炳奎《国朝名臣叙传》二十卷
　　右正史类五十七部，四千四百七十三卷。 葛炳奎
《国朝名臣叙传》不著录一部，二十卷

荀悦《汉纪》三十卷
袁宏《后汉纪》三十卷
胡旦《汉春秋》一百卷
　《问答》一卷
皇甫谧《帝王世纪》九卷
《竹书》三卷　荀勖、和峤编
萧方等《三十国春秋》三十卷
孙盛《晋阳秋》三十卷
杜延业《晋春秋略》二十卷
裴子野《宋略》二十卷
《王通元经薛氏传》十五卷
马总《通历》十卷
柳芳《唐历》四十卷
崔龟从《续唐历》二十二卷
裴煜之《唐太宗建元实迹》一卷
路惟衡《帝王历数图》十卷
陈岳《唐统纪》一百卷
丘悦《三国典略》二十卷
封演《古今年号录》一卷
薛珰《大唐圣运图略》三卷
《帝王照录》一卷
王起《五位图》三卷
苗台符《古今通要》四卷
马永易《元和录》三卷
《大唐中兴新书纪年》三卷　不知作者
韦昭度《续皇王宝运录》十卷
程正柔《大唐补纪》三卷
凌璠《唐录政要》十三卷
《唐天祐二年日历》一卷
杜光庭《古今类聚年号图》一卷
《唐创业起居注》三卷　温大雅撰
《唐高祖实录》二十卷　许敬宗、房玄龄等撰
《唐太宗实录》四十卷　许敬宗撰
《唐高宗后修实录》三十卷。
《唐武后实录》二十卷
《唐中宗实录》二十卷

《唐睿宗实录》十卷　又五卷
　　并刘知几、吴兢撰
《唐玄宗实录》一百卷　元载、令狐峘撰
《唐肃宗实录》三十卷　元载撰）
《唐代宗实录》四十卷　令狐峘撰
《唐德宗实录》五十卷　裴垍等撰
《唐建中实录》十五卷　沈既济撰
《唐顺宗实录》五卷　韩愈撰
《唐宪宗实录》四十卷
《唐穆宗实录》二十卷
　　（并路隋等撰）
《唐敬宗实录》十卷　李让夷等撰
《唐文宗实录》四十卷　魏謩修撰。
《唐武宗实录》二十卷
《唐宣宗实录》三十卷
《唐懿宗实录》二十五卷
《唐僖宗实录》三十卷
《唐昭宗实录》三十卷
《唐哀帝实录》八卷
　　并宋敏求撰
《五代梁太祖实录》三十卷　张衮、郄象等撰
《五代唐懿祖纪年录》一卷
《五代唐献祖纪年录》一卷
《五代唐庄宗实录》三十卷
　　并赵凤、张昭远等撰
《五代唐明宗实录》三十卷　姚颉等撰
《五代唐愍帝实录》三卷　张昭远等撰
《五代唐废帝实录》十七卷　张昭等同撰
《五代晋高祖实录》三十卷
《五代晋少帝实录》二十卷
　　并窦贞固等撰
《五代汉高祖实录》十卷　苏逢吉等撰
《五代汉隐帝实录》十五卷
《五代周太祖实录》三十卷
　　并张昭、尹拙、刘温叟等撰
《五代周世宗实录》四十卷　宋王溥等撰
《南唐烈祖实录》二十卷　高远撰
《后蜀高祖实录》三十卷
《后蜀主实录》四十卷
　　并李昊撰
《宋太祖实录》五十卷　李沆、沈伦修
《太宗实录》八十卷　钱若水修
《真宗实录》一百五十卷　晏殊等同修
《仁宗实录》二百卷　韩琦等修
《英宗实录》三十卷　曾公亮等修
《神宗实录朱墨本》三百卷　旧录本用墨书，添入者用朱书，删去者用黄抹
《宋高宗日历》一千卷
《孝宗日历》二千卷
《光宗日历》三百卷

《宁宗日历》五百一十卷　重修五百卷
《神宗实录》二百卷　赵鼎、范冲重修
《哲宗实录》一百五十卷
《徽宗实录》二百卷
　　　　并汤思退进
《徽宗实录》二百卷　李焘重修
《钦宗实录》四十卷　洪迈修
《高宗实录》五百卷　傅伯寿撰
《孝宗实录》五百卷
《光宗实录》一百卷
　　　　并傅伯寿、陆游等修
《宁宗实录》四百九十九册
《理宗实录初稿》一百九十册
《理宗日历》二百九十二册
　　又《日历》一百八十册
《度宗时政记》七十八册
《德祐事迹日记》四十五册
孙光宪《续通历》十卷
范质《五代通录》六十五卷
刘蒙叟《甲子编年》二卷
《显德日历》一卷　周度蒙、董淳、贾黄中撰
龚颖《运历图》三卷
陈彭年《唐纪》四十卷
宋庠《纪年通谱》十二卷
郑向《五代开皇记》三十卷
　　《两朝实录大事》二卷
王玉《文武贤臣治蜀编年志》一卷
武密《帝王兴衰年代录》二卷
《五代春秋》一卷
《十代编年纪》一卷
　　　　并不知作者
章寔《历代统纪》一卷
司马光《资治通鉴》三百五十四卷
　　又《资治通鉴举要历》八十卷
　　　《通鉴前例》一卷
　　　《稽古录》二十卷
　　　《历年图》六卷
　　　《通鉴节要》六十卷
　　　《帝统编年纪事珠玑》十二卷
　　　《历代累年》二卷
刘恕《资治通鉴外纪》十卷
　　又《疑年谱》一卷
　　　《通鉴问疑》一卷
章衡《编年通载》十卷
王岩叟《系年录》一卷
　　　《元祐时政记》一卷
诸葛深《绍运图》一卷
杨备《历代纪元赋》一卷
胡仔《孔子编年》五卷
朱绘《历代帝王年运铨要》十卷

司马康《通鉴释文》六卷
李焘《续资治通鉴长编》一百六十八卷
　　又《四朝史稿》五十卷
　　　《江左方镇年表》十六卷
　　　《混天帝王五运图古今须知》一卷
　　　《宋政录》十二卷
　　　《宋异录》一卷
　　　《宋年表》一卷
史炤《资治通鉴释文》三十卷
晁公迈《历代记年》十卷
熊克《九朝通略》一百六十八卷
　　《中兴小历》四十一卷
吕祖谦《大事记》二十七卷
　　又《宋通鉴节》五卷
　　　《吕氏家塾通鉴节要》二十四卷
朱熹《通鉴纲目》五十九卷
　　又《提要》五十九卷
《宋圣政编年》十二卷　不知作者
汪伯彦《建炎中兴日历》一卷
袁枢《通鉴纪事本末》四十二卷
喻汉卿《通鉴总考》一百十二卷
吴曾《南北征伐编年》二十三卷
徐度《国纪》六十五卷
胡宏《皇王大纪》八十卷
李丙《丁未录》二百卷
李心传《建炎以来系年要录》二百卷
《国史英华》一卷　不知作者
何许《甲子纪年图》一卷
曾慥《通鉴补遗》一百篇
李孟传《读史》十卷
崔敦诗《通鉴要览》六十卷
王应麟《通鉴答问》四卷
胡安国《通鉴举要补遗》一百二十卷
沈枢《通鉴总类》二十卷
张根《历代指掌编》九十卷
李心传《孝宗要略初草》二十三卷
张公明《大宋纲目》一百六十七卷
洪迈《节资治通鉴》一百五十卷
　　又《太祖太宗本纪》三十五卷
　　又《四朝史纪》三十卷
　　又《列传》一百三十五卷
黄维之《太祖政要》一十卷
吕中《国朝治迹要略》十四卷

　　右编年类一百五十一部，一万五百七十五卷。《宁宗实录》以下不著录六部，无卷。曾慥《通鉴补遗》以下不著录十五部，九百六十八卷。

王瓘《广轩辕本纪》三卷
《汲冢周书》十卷
郭璞注《穆天子传》六卷

赵晔《吴越春秋》十卷
皇甫遵注《吴越春秋》十卷
司马彪《九州春秋》十卷
赵瞻《史记牴牾论》五卷
《汉书问答》五卷
刘珍等《东观汉纪》八卷
孔衍《春秋后语》十卷
李延寿《南史》八十卷
　又《北史》一百卷
元行冲《后魏国典》三十卷
《金陵六朝记》一卷
王豹《金陵枢要》一卷
李匡文《汉后隋前瞬贯图》一卷
李康《唐明皇政录》十卷
袁皓《兴元圣功录》
　《功臣录》三十卷
《唐僖宗日历》一卷
刘肃《唐新语》十三卷
《唐总记》三卷
渤海填《唐广德神异录》四十五卷
欧阳迥　一作"炳"《唐录备阙》十五卷
裴潾《大和新修辨谤略》三卷
程光荣　一作"柔"《唐补注记》　"注记"一作"纪"　三卷
曹玄圭《唐列圣统载图》十卷
郭修《唐年纪录》一卷
南卓《唐朝纲领图》五卷
　《唐纪年记》二卷
吴兢《开元名臣录》三卷
　又《唐太宗勋史》一卷
　《唐书备阙记》十卷
高峻《小史》一百十卷
许嵩《建康实录》二十卷
张询古《五代新说》二卷
刘轲《帝王历数歌》一卷
　又《唐年历》一卷
裴庭裕《东观奏记》三卷
《新野史》十卷　题"显德元年终南山不名子撰"
张传靖《唐编记》　一作"纪"　十卷
胡旦《唐乘》　一作"策"　七十卷
王沿《唐志》二十一卷
孙甫《唐史记》七十五卷
王皥《唐余录》六十卷
李匡文《两汉至唐年纪》一卷
王禹偁《五代史阙文》二卷
陶岳《五代史补》五卷
詹玠《唐宋遗史》四卷
刘直方《大唐机要》三十卷
苏辙《古史》六十卷
孙冲《五代纪》七十七卷

王轸《五朝春秋》二十五卷
刘攽《五代春秋》一部　卷亡
刘恕《十国纪年》四十二卷
常璩《华阳国志》十卷
《江南志》二十卷
李清臣《平南事览》二十卷
《吴书实录》三卷　记杨行密事
《真宗圣政纪》一百五十卷
　又《政要》十卷
《仁宗观文览古图记》十卷
丁谓《大中祥符奉祀记》五十卷　《目》二卷
　又《大中祥符迎奉圣像记》二十卷　《目》二卷
李维《大中祥符降圣记》五十卷　《目》三卷
王钦若《天禧大礼记》五十卷　《目》二卷
吕夷简《三朝宝训》三十卷
李淑《三朝训览图》十卷
钱惟演《咸平圣政录》三卷
李昭遘《永熙政范》二卷
张商英《神宗正典》六卷
林希《两朝宝训》二十一卷
舒亶《元丰圣训》三卷
　《六朝宝训》一部　卷亡
郑居中《崇宁圣政》二百五十五册
　又《圣政录》三百二十三册
贾纬《备史》六卷
　《史系》二十卷
杨九龄《正史杂论》十卷
《河洛春秋》二卷
《历代善恶春秋》二十卷
李筌《阃外春秋》十卷
薛韬玉《帝照》一卷
沈汾《元类》一卷
杨岑《皇王宝运录》三十卷
瞿　一作"翟"　骧《帝王受命编年录》三十卷
徐寅《三朝革命录》三卷
钱信《皇猷录》一卷
　《历代鸿名录》八卷
韦光美《嘉号录》一卷
崔侗《帝王授受图》一卷
牛检《帝王事迹相承图》三卷
　《历代君臣图》二卷
龚颖《年　一作"运"　历图》八卷
贾钦文《古今年代历》一卷
张敦素《通记　一作"纪"　建元历》二卷
柳璨《补注正闰位历》三卷
杜光庭《帝王年代州郡长历》二卷
王起《五运图》一卷
曹玄圭《五运图　一作"录"》十二卷
张洽《五运元纪》一卷
　《古今帝王记》十卷

卫牧《帝王真伪记》七卷
　　《纪年志》一卷
武密《帝王年代录》三十卷
郑伯邕《帝王年代图》一卷
　又《帝王年代记》三卷
焦璐《圣朝年代记　一作"纪"》十卷
韦光美《帝王年号图》一卷
汪奇《古今帝王年号录》一卷
李昉《历代年号》一卷
盖君平《重编史隽》三十卷
孙昱《十二国史》十二卷
《西京史略》二卷
《史记掇英》五卷
　　　并不知作者
郑樵《通志》二百卷
萧常《续后汉书》四十二卷
李杞《改修三国志》六十七卷
陈傅良《建隆编》一卷　一名《开基事要》
蔡幼学《宋编年政要》四十卷
　又《宋实录列传举要》十二卷
洪偃《五朝史述论》八卷　洪迈孙
赵甡之《中兴遗史》二十卷
楼昉《中兴小传》一百篇
　　　右别史类一百二十三部，二千二百十八卷。赵甡之《中兴遗史》以下不著录二部，一百二十卷篇

《马史精略》五十六卷
赵世逢《两汉类要》二十卷
周护《三史菁英》三十卷
　　《十七史赞》三十卷
《三代说辞》十卷　不知作者
孙玉汝《南北史练选》十八卷
　　《史略》三卷
杨侃《两汉博闻》十二卷
林钺《汉隽》十卷
宗谏《三国采要》六卷
薛儆《晋书金穴钞》十卷
荀绰《晋略》九卷
张陟《晋略》二十卷
杜延业《晋春秋略》二十卷
　　《晋史猎精》一百三十卷
胡寅《读史管见》三十卷
　又《三国六朝攻守要论》十卷
赵氏《六朝采要》十卷
杭㻛《金陵六朝帝王统纪》一卷
薛韬玉《唐要录》二卷
张栻《通鉴论笃》四卷
孙甫《唐史论断》二卷
石介《唐鉴》五卷
范祖禹《唐鉴》十二卷

　又《帝学》八卷
陈季雅《两汉博议》十四卷
李舜臣《江东十鉴》一卷
陈傅良《西汉史钞》十七卷
《东莱先生西汉财论》十卷　吕祖谦论，门人编
刘熙古《历代纪要》五十卷
乔舜《古今语要》十二卷
贾昌朝《通纪》八十卷
赵善誉《读史舆地考》六十三卷　一名《舆地通鉴》
裴松之《国史要览》二十卷
郑昕《史隽》十卷
曹化《史书集类》三卷
朱黼《纪年备遗正统论》一卷
《唯室先生两汉论》一卷　陈长方
张唐英《唐史发潜》六卷
倪遇《汉论》十三卷
陈悙修《唐史断》二十卷
王谏《唐史名贤论断》二十卷
程鹏《唐史属辞》四卷
《唐帝王号宰臣录》十卷
《名贤十七史确论》一百四卷　不知作者
胡旦《五代史略》四十二卷
韩保升《文行录》五十卷
李蕈《续帝学》一卷
姚虞宾《诸史臣谟》八卷
郑少微《唐史发挥》十二卷
陈天麟《前汉六帖》十二卷
陈应行《读史明辨》二十四卷
　又《读史明辨续集》五卷
师古《三国志质疑》十四卷
　又《西汉质疑》十九卷
　　《东汉质疑》九卷
《何博士备论》四卷　何去非
陈亮《通鉴纲目》二十三卷
《叶学士唐史钞》十卷　不知名
唐仲友《唐史义》十五卷
　又《续唐史精义》十卷
杨天惠《三国人物论》三卷
李石《世系手记》一卷
《两汉著明论》二十卷
《十二国史略》三卷
《章华集》三卷
《纵横集》二十卷
《十三代史选》五十卷
《南史摭实韵句》三卷
《议古》八卷
《史谱》七卷
《五代纂要赋》一卷
《国朝撮要》一卷
《约论》十卷

　　　　并不知作者
李焘《历代宰相年表》三十三卷
　　又《唐宰相谱》一卷
　　　《王谢世表》一卷
　　　《五代三衙将帅年表》一卷
窦济《皇朝名臣言行事对》十二卷
李心传《旧闻证误》十五卷
龚敦颐《符祐本来》一十卷
洪迈《记绍兴以来所见》二卷

　　　右史钞类七十四部，一千三百二十四卷。李焘《历代宰相年表》以下不著录八部，七十五卷

班固《汉武故事》五卷
蔡邕《独断》二卷
裴烜之《承祚实迹》一卷
王琳《魏郑公谏录》五卷
武平一《景龙文馆记》十卷
吴兢《贞观政要》十卷
　　又《开元昇平源》一卷
苏瓌《中枢龟鉴》一卷
韩琬《御史台记》十二卷
韦述《集贤注记》二卷
崔光庭《德宗幸奉天录》一卷
沈既济《选举志》三卷
马宇《凤池录》五卷
韦执谊《翰林故事》一卷
李吉甫《元和国计略》一卷
刘公铉《邺城旧事》六卷
韦处厚《翰林学士记》一卷
元稹《承旨学士院记》一卷
李德裕《西南备边录》一卷
　　又《两朝献替记》二卷
　　　《次柳氏旧闻》一卷
令狐澄《贞陵遗事》一卷
令狐绹《制表疏》一卷
《李司空论事》七卷　唐蒋偕编，李绛所论
南卓《纲领图》一卷
郑处海《明皇杂录》二卷
　　又《天宝西幸略》一卷
《吴湘事迹》一卷　不知作者
王仁裕《开元天宝遗事》一卷
卢骈《御史台三院因话录》一卷
柳玭《续贞陵遗事》一卷
郑向《起居注故事》三卷
苏颂《迩英要览》一部　卷亡
乐史《贡举故事》二十卷　《目》一卷
郑畋《敕语堂判》五卷
李巨川《勤王录》二卷
杨钜《翰林旧规》一卷
张著《翰林盛事》一卷

李构《御史台故事》三卷
李肇《翰林内志》一卷
　　又《翰林志》一卷
苏易简《续翰林志》二卷
《杜悰事迹》一卷
《梁宣底》三卷
《汾阴后土故事》三卷　自汉至唐
《武成王配飨事迹》二十卷
　　　并不知作者
林勤《国朝典要杂编》一卷
李大性《典故辨疑》二十卷
吕夷简、林希进《五朝宝训》六十卷
《三朝太平宝训》二十卷《三朝训鉴图》十卷　仁宗制序
沈该进《神宗宝训》一百卷
《神宗宝训》五十卷　不知集者姓名
洪迈集《哲宗宝训》六十卷
《钦宗宝训》四十卷
《高宗圣政》六十卷
《高宗宝训》七十卷
《孝宗宝训》六十卷
　　　并国史宝录院进
史弥远《孝宗宝训》六十卷
《绍兴求贤手诏》一卷
《高宗孝宗圣政编要》二十卷　乾道、淳熙中修
《高宗圣政典章》十卷　不知作者
《宋朝大诏令》二百四十卷　绍兴中，出于宋绶家
《永熙宝训》二卷　李昉子宗谔纂
《仁宗观文鉴古图》十卷
王洙《祖宗故事》二十卷
李淑《耕籍类事》五卷
林特《东封西祀朝谒太清宫庆赐总例》二十六卷
韩绛《治平会计录》六卷
李常《元祐会计录》三卷
崔立《故事稽疑》十卷
《孝宗圣政》五十卷
彭龟年《内治圣鉴》二十卷
《光宗圣政》三十卷
富弼《契丹议盟别录》五卷
朱胜非《秀水闲居录》二卷
吕本中《紫微杂记》一卷
蔡絛《北征纪实》二卷
万俟卨《太后回銮事实》十卷
汤思退等《永祐陵迎奉录》十卷
大惟简《塞北纪实》三卷
宋敏求《朝贡录》二十卷
张养正《六朝事迹》十四卷
吴彦夔《六朝事迹别集》十四卷
韩元吉《金国生辰语录》一卷
刘珙《江东救荒录》五卷

宋介《执礼集》二卷
陈晔《通州鬻海录》一卷
龚颐正《续稽古录》一卷
洪遵《翰苑群书》三卷
　　又《会稽和买事宜录》七卷
程大昌《北边备对》六卷
《庆历边议》三卷
《开禧通和录》一卷
《开禧持书录》二卷
《开禧通问本末》一卷
《金陵叛盟记》十卷
　　并不知作者
宋庠《尊号录》一卷
　　又《掖垣丛志》三卷
董煟《活民书》三卷
　　又《活民书拾遗》三卷
《史馆故事录》三卷
《五国故事》二卷
　　并不知作者
尉迟偓《中朝故事》二卷
孔武仲《金华讲义》十三卷
王禹偁《建隆遗事》一卷
田锡《三朝奏议》五卷
曾致尧《清边前要》五十卷
李至《皇亲故事》一卷
杜镐《铸钱故事》一卷
丁谓《景德会计录》六卷
王曙《群牧故事》三卷
《两朝誓书》一卷　景德中与契丹往复书
辛怡显《云南录》三卷
沈该《翰林学士年表》一卷
苏耆《次续翰林志》一卷
钱惟演《金坡遗事》三卷
晁迥《别书金坡遗事》一卷
李宗谔《翰林杂记》一卷
王皞《言行录》一卷
王旦《名贤遗范录》十四卷
余靖《国信语录》一卷
李淑《三朝训鉴图》十卷
陈湜《三朝逸史》一卷
沈立《河防通议》一卷
富弼《救济流民经画事件》一卷
田况《皇祐会计录》六卷
陈次公《安南议》十篇
宋咸《朝制要览》十五卷
李上交《近事会元》五卷
范镇《国朝事始》一卷
　　又《东斋记事》十二卷
《太平盛典》三十六卷
《国朝宝训》二十卷

《庆历会计录》二卷
《经费节要》八卷
　　并不知作者
张唐英《君臣政要》四十卷
陈襄《国信语录》一卷
赵槩《日记》一卷
司马光《日录》三卷
郏亶《吴门水利》四卷
王安石《熙宁奏对》七十八卷
程师孟《奏录》一卷
罗从彦《宋遵尧录》八卷
何澹《历代备览》二卷
王禹《王家三世书诰》一卷
司马光《涑水记闻》三十二卷
周必大《銮坡录》一卷
　　又《淳熙玉堂杂记》一卷
陈模《东宫备览》一卷
《三朝政录》十二卷
《广东西城录》一卷
《交广图》一卷
　　并不知作者
曾巩《宋朝政要策》一卷
毕仲衍《中书备对》十卷
李清臣、张诚一《元丰土贡录》二卷
庞元英《文昌杂录》七卷
韩绛、吴充《枢密院时政记》十五卷
苏安《静边说》一卷
薛向《边陲利害》三卷
《仁宗君臣政要》二十卷　不知何人编
范祖禹《仁皇训典》六卷
曾巩《德音宝训》三卷
汪浃《荣观集》五卷
张舜民《使辽录》一卷
宋匪躬《馆阁录》十一卷
刘永寿《章献事迹》一卷
曾布《三朝正论》二卷
林虙《元丰圣训》二十卷
家安国《平蛮录》三卷
罗畸《蓬山记》五卷
《明堂诏书》一卷　不知集者
高聿《盐池录》一卷
吴若虚《崇圣恢儒集》三卷
洪榆《创业故事》十二卷
耿延禧《建炎中兴记》一卷
程俱《麟台故事》五卷
洪兴祖《续史馆故事录》一卷
张戒《政要》一卷
李源《三朝政要增释》二十卷
欧阳安永《祖宗英睿龟鉴》十卷
陈騤《中兴馆阁录》十卷

赵磵《广南市舶录》三卷
严守则《通商集》三卷
《契丹礼物录》一卷
《金华故事》一卷
《两朝交聘往来国书》一卷
　　并不知作者
臧梓《吕丞相勤王记》一卷
李攸《通今集》二十卷
　又《宋朝事实》三十五卷
袁梦麟《汉制丛录》二十卷
倪思《合宫严父书》一卷
詹仪之《淳熙经筵日进故事》一卷
　又《淳熙东宫日纳故事》一卷
李心传《建炎以来朝野杂记》十一卷
　又《朝野杂记》甲集二十卷 乙集二十卷
陆游《圣政草》一卷
彭百川《治迹统类》四十卷
　又《中兴治迹统类》三十卷
江少虞《皇朝事实类苑》二十六卷
张纲《列圣孝治类编》一百卷
黄度《艺祖宪监》三卷
　又《仁皇从谏录》三卷
赵善誉《宋朝开基要览》十四卷
　　右故事类一百九十八部，二千九十四卷。彭百川《治迹统类》以下不著录七部，二百二十一卷

《东汉百官表》一卷　不知作者
陶彦藻《职官要录》七卷
　又《职官要录补遗》十八卷
李吉甫《百司举要》一卷
唐玄宗《六典》三十卷
杜英师《唐职该》一卷
梁载言《具员故事》十七卷
《大唐宰相历任记》二卷
任戬《官品纂要》十卷
《宰辅年表》一卷
《官品式律》一卷
《历代官号》十卷
　　并不知作者
杨侃《职林》三十卷
孔至道《百官要望》一卷
阎承琬《君臣政要》三十卷
蒲宗孟《省曹寺监事目格子》四十七卷
郗殷象《梁循资格》一卷
王涯《唐循资格》一卷
杜儒童《中书则例》一卷
谭世勋《本朝宰执表》八卷
张之绪《唐文昌损益》三卷
万当世《文武百官图》二卷
陈绎《宰相拜罢录》一卷

　又《枢府拜罢录》一卷
《三省枢密院除目》四卷
司马光《百官公卿表》十五卷
孙逢吉《职官分纪》五十卷
梁昶《职官品服》三十三卷
赵氏《唐典备对》六卷　不知名
《三省仪式》一卷
《职事官迁除体格》一卷
《循资格》一卷
《循资历》一卷
《唐宰相后记》一卷
《国朝撮要》一卷
《宋朝宰辅拜罢图》四卷
《宋朝官制》十一卷
《三省总括》五卷
　　并不知作者
王益之《汉官总录》十卷
　又《职源》五十卷
《宋朝相辅年表》一卷　中兴馆阁书目云："臣绎上，《续表》曰臣易上。"
蔡元道《祖宗官制旧典》三卷
赵邻几《史氏懋官志》五卷
赵晔《宋官制正误沿革职官记》三卷
何异《中兴百官题名》五十卷
龚颐正《宋特命录》一卷
司马光《官制遗稿》一卷
徐自明《宰辅编年录》二十卷
蔡幼学《续百官公卿表》二十卷
　又《续百官表质疑》十卷
曾三异《宋新旧官制通考》十卷
　又《宋新旧官制通释》二卷
范冲《宰辅拜罢录》二十四卷
徐筠《汉官考》四卷
董正工《职官源流》五卷
《金国明昌官制新格》一卷　不知何人撰
杨王休《诸史阙疑》三卷
赵粹中《史评》五卷
王应麟《通鉴地理考》一百卷
　又《通鉴地理通释》十四卷
　又《汉艺文志考证》十卷
　又《汉制考》四卷
　　右职官类五十六部，五百七十八卷。杨王休《诸史阙疑》以下不著录六部，一百三十六卷

刘向《古列女传》九卷
《汉武内传》二卷　不知作者
郭宪《洞冥记》四卷
班昭《女戒》一卷
伶玄《赵飞燕外传》一卷
皇甫谧《高士传》十卷

袁宏《正始名士传》二卷
葛洪《西京杂记》六卷
习凿齿《襄阳耆旧记》五卷
萧韶《太清纪》十卷
杜宝《大业杂记》十卷
刘悚《国史异纂》三卷
梁载言《梁四公记》一卷
赵毅《大业略记》三卷
颜师古《大业拾遗》一卷
贾润甫《李密传》三卷
李筌《中台志》十卷
杜儒童《隋季革命记》五卷
《隋平陈记》一卷
魏徵《隋靖列传》一卷
徐浩《庐陵王传》一卷
刘仁轨《河洛行年记》十卷
李恕《诫子拾遗》四卷
《越国公行状》一卷 唐钟绍京事迹
陈翊《郭令公家传》十卷
　又《忠武公将佐略》一卷
殷亮《颜杲卿家传》一卷
　又《颜真卿行状》一卷
李邕《狄梁公家传》一卷
包谞《河洛春秋》二卷
陈鸿《东城父老传》一卷
张鷟《朝野佥载》二十卷
　又《佥载补遗》三卷
李匡文《明皇幸蜀广记图》二卷
郭湜《高力士外传》一卷
姚汝能《安禄山事迹》三卷
《三朝遗事》一卷 载张说、姚崇、宋璟事，不知作者
甘伯宗《名医传》七卷
《临川名 一作"贤" 士贤 一作"名" 传》三卷
李淑 一作"勃"《六贤传》一卷
孙仲《遗士传》一卷
　《贤牧传》十五卷
张茂枢《张氏家传》三卷
吴操《蒋子文传》一卷
王方庆《魏玄成传》一卷
　《郭元振传》一卷
范质《桑维翰传》三卷
李翰《张中丞外传》一卷
温畬 一作"畲"《天宝乱离记》一卷
刘悚 一作"练"《国朝传记》三卷
贺楚《奉天记》一卷
《太和摧兇记》一卷
杨栖白《南行记》一卷
王坤《僖宗幸蜀记》一卷
牛朴《登庸记》一卷

江文秉《都洛私记》十卷
胡峤《陷辽记》三卷
元澄《秦京内外杂记》一卷
《蜀记》一卷
《西戎记》二卷
颜师古《獭豸记》一卷
《静乱安邦记》一卷
《睢阳得死集》一卷 载张巡、许远事，不知作者
沈既济《江淮记乱》一卷
李公佐《建中河朔记》六卷
陈岠《朝廷卓绝事记》一卷
谷况《燕南记》三卷
郑澣《凉国公平蔡录》一卷
李涪《刊误》一卷
陆贽《玄宗编遗录》二卷
韩昱《壶关录》三卷
林恩《补国史》五卷
马总《唐年小录》六卷
杜佑《宾佐记》一卷
陈谏等《彭城公事迹》三卷
王昌龄《瑞应图》一卷
路隋《平淮西记》一卷
　又《邠志》三卷
李肇《国史补》三卷
李潜用《乙卯记》一卷
房千里《投荒杂录》一卷
李繁《邺侯家传》十卷
李石《开成承诏录》二卷
李德裕《异域归忠传》二卷
　又《大和辨谤略》三卷
　《会昌伐叛记》一卷
高少逸《四夷朝贡录》十卷
李商隐《李长吉小传》五卷
蔡京《王贵妃传》一卷
李璋《太原事迹杂记》十三卷
张云《咸通庚寅解围录》一卷
郑樵《彭门纪乱》三卷
韩偓《金銮密记》一卷
朱朴《日历》一卷
李氏《大唐列圣园陵记》一卷 不知名
丘旭《宾朋宴语》一卷
卢言《杂说》一卷
于政立《类林》十卷
李奕《唐登科记》一卷
《唐显庆登科记》五卷
徐锴《登科记》十五卷
乐史《登科记》三十卷
《登科记》一卷
《登科记》二卷 起建隆至宣和四年
张观《二十二国祥异记》三卷

徐岱《奉天记》一卷
徽宗《宣和殿记》一卷
　　又《嵩山崇福记》一卷
　　　《太清楼特宴记》一卷
　　　《筠庄纵鹤宣和阁记》一卷
　　　《宴延福宫承平殿记》一卷
　　　《明堂记》一卷
　　　《艮岳记》一卷
陈绎《东西府记》一卷
沈立《都水记》二百卷
　　又《名山记》一百卷
章惇《导洛通汴记》一卷
李清臣《重修都城记》一卷
王革《天泉河记》一卷
《上党记叛》一卷
宋巨　一作"宗拒"《明皇幸蜀录》一卷
赵源《奉天录》四卷
陆贽《遣使录》一卷
李繁《北荒君长录》三卷
陆希声《北户杂录》三卷
苏特　一作"时"《唐代衣冠盛事录》一卷
郑言《平剡录》一卷
《复交阯录》二卷
《哥舒翰幕府故吏录》一卷
李巨川《许国公勤王录》三卷
《乾明　一作"宁"　会稽录》一卷
《三楚新录》一卷
《英雄佐命录》一卷
《世宗征淮录》一卷
《濠州干戈录》一卷
乐史《孝悌录》二十卷　《赞》五卷
曹希达　一作"逢"《孝感义闻录》三卷
张读《建中西狩录》一卷
元宏《钱塘平越州录》一卷
《潘氏家录》一卷　潘美行状、告辞
胡讷《孝行录》二卷
　　又《贤惠录》二卷
　　　《民表录》三卷
李堕《登封诰成录》一百卷
凌准《邠志》二卷
郭廷海《妖乱志》三卷
韦琯《国相事状》七卷
《云南事状》一卷
《刘中州事迹》一卷
《魏玄成故事》三卷
赵寅《赵君锡遗事》一卷
杨时《开成纪事》二卷
杨九龄《桂堂编事》二十卷
范镇《东斋记事》十二卷
李隐　一作"随"《唐记奇事》十卷

史演《咸宁王定难实序》一卷
《登科记解题》二十卷
　乐史《广孝悌　一作"新"　书》五十卷
危高《孝子拾遗》十卷
《绍兴名臣正论》一卷　题潇湘槯夫序
《吕颐浩遗事》一卷　颐浩出处大概
《吕颐浩逢辰记卷》一卷　颐浩历官次序
《朱胜非年表》一卷　胜非孙昱上
《朱胜非行状》一卷　刘岑撰
《奉神述》一卷　真宗制
史浩《会稽先贤祠传赞》二卷
张栻《诸葛武侯传》一卷
赵彦博《昭明事实》二卷
《吕文靖公事状》一卷　不知作者
王岩叟《韩忠献公别录》一卷
《韩忠献公家传》一卷　韩琦五世孙庚卿作
吕祖谦《欧公本末》四卷
《韩庄敏公遗事》一卷　韩宗武记
邵伯温《邵氏辨诬》三卷
薛齐谊《六一居士年谱》一卷
《胡刚中家传》一卷　男胡兴宗撰
黄璞《闽中名士传》一卷
岳珂《颛天辨诬》五卷
李纲等《张忠文节谊录》一卷
陈晔《种师道事迹》一卷
张琰《种师道祠堂碑》一卷
《谈氏家传》一卷　谈钥撰
王淹《槐庭济美录》十卷
《英显张侯平寇录》一卷　不知作者
洪适《五代登科记》一卷
周铸《史越王言行录》十二卷
《刘氏传忠录》三卷　刘学裦撰
《陈瓘墓志》一卷　自撰
《了斋陈先生言行录》一卷　陈瓘男正同编
《赵文定公遗事》一卷　不知何人编
《常谏议长洲政事录》一卷　常安民撰
《朱文公行状》一卷　黄榦撰
李壁《赵鼎行状》三卷
岳珂《鄂国金佗粹编》二十八卷
吴柔胜《宗泽行实》十卷
李朴《丰清敏遗事》一卷
《刘岳李魏传》二卷　张颖撰
刘球《刘鄱王事实》一十卷
尹机《宿州事实》一卷
石茂良《避戎夜话》一卷
　　又《靖康录》一卷
《中兴御侮录》一卷
《皇华录》一卷
《南北欢盟录》一卷
《裔夷谋夏录》二卷

并不知作者
张师颜《金房南迁录》一卷
张棣《金亮讲和事迹》一卷
洪遵《泉志》十五卷
张甲《浸铜要录》一卷
姚康《唐登科记》十五卷
马宇《段公别传》二卷
张陟《唐年经略志》十卷
柳玭《柳氏序训》一卷
柳珵《柳氏家学》一卷
李跃《岚斋集》一卷
段公路《北户杂录》一卷
郑昈《蜀记》三卷
《野史甘露新记》二卷
《讳行录》一卷
《大和野史》三卷
《逸史》一卷
《拓跋记》一卷
《文场盛事》一卷
《杨妃外传》一卷
　　　并不知作者
萧叔和《天祚永归记》一卷
薛图存《河南记》二卷
李绰《张尚书故实》一卷
刘昶《岭外录异》三卷
王振《汴水滔天录》一卷
王权《汴州记》一卷
高若拙《后史补》三卷
黄彬《庄宗召祸记》一卷
《晋朝陷蕃记》一卷　不知作者
余知古《渚宫旧事》十卷
张昭《太康平吴录》二卷
王仁裕《入洛记》一卷
　又《南行记》一卷
《崔氏登科记》一卷　不知作者
范质《魏公家传》三卷
赵普《飞龙记》一卷
勾延庆《成都理乱记》八卷
钱俨《戊申英政录》一卷
高自若《唐宋泛闻录》一卷
《曹彬别传》一卷　曹彬之孙偓撰
陈承韫《南越记》一卷
蒋之奇《广州十贤赞》
安德裕《滕王广传》一卷
王延德《西州使程记》一卷
张绪《续锦里耆旧传》十卷
沈立《奉使二浙杂记》一卷
路振《乘轺录》一卷
李畋《孔子弟子赞传》六十卷
　又《乖崖语录》一卷　载张咏政绩

张齐贤《洛阳搢绅旧闻记》五卷
张迀《蜀寇乱小录》一卷
曾致尧《广中台记》八十卷
　又《绿珠传》一卷
许载《吴唐拾遗录》十卷
乐史《唐滕王外传》一卷
　又《李白外传》一卷
《洞仙集》一卷
《许迈传》一卷
《杨贵妃遗事》二卷　题岷山叟上
《李昉谈录》一卷　李宗谔撰
《潘美事迹》一卷
《平蜀录》一卷
《国朝名将行状》四卷
《议盟记》一卷
《寇准遗事》一卷
《丁谓谈录》一卷
《郭贽传略》一卷
　　　并不知作者
任升《梁益记》十卷
钱惟演《钱俶贡奉录》一卷
《王旦遗事》一卷　王素撰
寇瑊《奉使录》一卷
王铚《唐余录》六十卷
蔡元翰《唐制举科目图》一卷
刘涣《西行记》一卷
王曾《笔录》一卷
富弼《奉使语录》二卷
　又《奉使别录》一卷
王曙《戴斗奉使录》一卷
《燕北会要录》一卷
《虏庭杂记》十四卷
《契丹须知》一卷
《阴山杂录》十五卷
《契丹实录》一卷
《学士年表》一卷
《韩琦遗事》一卷
《孙沔遗事》一卷
　　　并不知作者
欧阳修《归田录》八卷
王起《甘陵诛叛录》一卷
赵鼒《广州牧守记》十卷
　又《交阯事迹》八卷
曹叔卿《侬智高》一卷
滕甫《征南录》一卷
冯炳《皇祐平蛮记》二卷
刘敞《使北语录》一卷
《宋景文公笔记》五卷　《契丹官仪》及《碧云騢附》
宋敏求《三川官下记》二卷
　又《讳行后录》五卷

《入番录》二卷
《春明退朝录》三卷
韩正彦《韩琦家传》十卷
韩漳《爱棠集》二卷
赵寅《韩琦事实》一卷
《杜滋谈录》一卷　杜师秦等撰
李复圭《李氏家传》三卷
朱定国《归田后录》十卷
陈昉《北庭须知》二卷
《王通元经薛氏传》十五卷
宋如愚《剑南须知》十卷
《黄靖国再生传》一卷　廖子孟撰
《曾巩行述》一卷　曾肇撰
《曾肇行述》一卷　杨时撰
《韩琦别录》三卷　王岜叟撰
章邦杰《章氏家传德庆编》一卷
《胡氏家传录》一卷　不知作者
《河南刘氏家传》二卷　刘唐老上
李远《青唐录》一卷
李格非《永洛城记》一卷
　又《洛阳名园记》一卷
《赵君锡遗事》一卷　赵演撰
苏辙《儋耳手泽》一卷
《颖滨遗老传》二卷
蔡京《党人记》一卷
吴栻《鸡林记》二十卷
王云《鸡林志》三十卷
《韩文公历官记》一卷　程俱撰
罗诱　一作"罗绮"《宜春传信录》三卷
吕希哲《吕氏家塾广记》一卷
《安焘行状》一卷　荣辑撰
马永易《寿春杂志》一卷
李季兴《东北诸蕃枢要》二卷
何述《温陵张贤母传》一卷
洪兴祖《韩子年谱》一卷
孔传《阙里祖庭记》三卷
　又《东家杂记》二卷
赵令畤《侯鲭录》一卷
王襄《南阳先民传》二十卷
郑熊《番禺杂记》三卷
《范太史遗事》一卷
《范祖禹家传》八卷
　并范冲编
《韩琦定策事》一卷　韩肖胄撰
喻子材《丰公逸事》一卷
《刘安世谭录》一卷　韩瑾撰
《种谔传》一卷　赵起撰
刘棐《孝行录》二卷
汪若海《中山麟书》一卷
《胡瑷言行录》一卷　关注撰

胡珵《道护录》一卷
《刘安世言行录》二卷
《范纯仁言行录》三卷
《使高丽事纂》二卷
《平燕录》一卷
《三苏言行》五卷
　并不知作者
赵世卿《安南边说》五卷
洪适《宋登科记》二十一卷
董正工《续家训》八卷
洪迈《皇族登科题名》一卷
俞观能《孝悌类鉴》七卷
冯忠嘉《海道记》一卷
《淮西记》一卷
朱熹《五朝名臣言行录》十卷
　又《三朝名臣言行录》十四卷
《四朝名臣言行录》十六卷
《四朝名臣言行续录》十卷
　并不知何人编
吕祖谦《阃范》三卷
费枢《廉吏传》十卷
徐度《却扫编》三卷
张景俭《嵩岳记》三卷
史愿《北辽遗事》二卷
张隐《文士传》五卷
《柳州记》一卷
《洪崖先生传》一卷
《开运陷房事迹》一卷
《殊俗异闻集》一卷
《契丹机宜通要》四卷
《契丹事迹》一卷
《古今家诫》二卷
《南岳要录》一卷
《豪异秘录》一卷
《燕北杂录》一卷
《辽登科记》一卷
《三国史记》五十卷
　并不知作者
高得相《海东三国通历》十二卷
金富轼《奉使语录》一卷
董弅《诞圣录》三卷
王安石《舒王日录》十二卷
倪思《北征录》七卷
张舜民《郴行录》一卷
关耆孙《建隆垂统略》一卷
张浚《建炎复辟平江实录》一卷
龚颐正《清江三孔先生列传谱述》一卷
邵伯温《邵氏闻见录》一卷
陆游《老学庵笔记》一卷
陈师道《后山居士丛谈》一卷

僧祖秀《游洛阳宫记》一卷
李元纲《近世厚德录》一卷
安丙《靖蜀编》四卷
张九成《无垢心传录》十二卷
黎良能《读书日录》五卷
贺成大《濂湘师友录》三十三卷
汪藻《裔夷谋夏录》三卷
　　又《青唐录》三卷
晁公武《稽古后录》三十五卷
　　又《昭德堂稿》六十卷
　　《读书志》二十卷
　　《嵩高樵唱》二卷
范成大《吴门志》五十卷
　　又《揽辔录》一卷
　　《骖鸾录》一卷
　　《虞衡志》一卷
　　《吴船志》一卷
洪迈《赘稿》三十八卷
　　又《词科进卷》六卷
　　《苏黄押韵》三十二卷
张纲《见闻录》五卷
吴芾《湖山遗老传》一卷
李焘《陶潜新传》三卷
　　又《赵普别传》一卷

　　右传记类四百一部，一千九百六十四卷。张九成《无垢心传录》以下不著录二十一部，三百十二卷。

卷二百四　　志第一百五十七

艺文三

卫宏《汉旧仪》三卷
应劭《汉官仪》一卷
蔡质《汉官典仪》一卷
《汉制拾遗》一卷　不知何人编
萧嵩《唐开元礼》一百五十卷　一云王立等作
又《开元礼仪镜》五卷
韦彤《开元礼仪释》二十卷
《开元礼仪镜略》十卷
《开元礼百问》二卷
《开元礼教林》一卷
《开元礼类释》十二卷
　　并不知作者
颜真卿《历古创置仪》五卷
柳珵《唐礼纂要》六卷
韦公肃《礼阁新仪》三十卷
王彦威　一本作"崔灵恩"《续曲台礼》三十卷

王泾《大唐郊祀录》十卷
李随《吉凶五服仪》一卷
《红亭纪吉仪》一卷　独孤仪及陆贽撰
孟诜《家祭礼》一卷
徐闰《家祭仪》一卷
郑正则《祠享仪》一卷
　　又《家祭仪》一卷
贾顼《家荐仪》一卷
范传式《寝堂时飨仪》一卷
孙日用《仲享仪》一卷
袁郊《服饰变古元录》三卷
裴茝《书仪》三卷
刘岳《吉凶书仪》二卷
陈致雍《曲台奏议集》
　　又《州县祭礼仪、五礼仪镜》六卷
　　《寝祀仪》一卷
朱熹《二十家古今祭礼》二卷
《政和五礼新仪》二百四十卷　郑居中、白时中、慕容彦逢、强渊明等撰
杜衍《四时祭享仪》一卷
刘温叟《开宝通礼》二百卷
卢多逊《开宝通礼仪纂》一百卷
贾昌朝《太常新礼》四十卷
沿情子《新礼》一卷　不知名
《大中祥符封禅记》五十卷　丁谓、李宗谔等撰
《大中祥符祀汾阴记》五十卷　丁谓等撰
张知白《御史台仪制》六卷
宋绶《天圣卤簿记》十卷
文彦博、高若讷《大飨明堂记》二十卷
文彦博《大飨明堂记要》二卷
欧阳修《太常因革礼》一百卷
韩琦《参用古今家祭式》　无卷
许洞《训俗书》一卷
王安石《南郊式》一百十卷
李德刍《圣朝徽名录》十卷
《国朝祀典》一卷　不知作者
陈襄《郊庙奉祀礼文》三十卷
《诸州释奠文宣王仪注》一卷　元丰间重修
司马光《书仪》八卷
　　又《涑水祭仪》一卷
　　《居家杂议》一卷
范祖禹《祭仪》一卷
《幸太学仪》一卷　元祐六年仪
《纳后仪》一卷　元祐七年仪
吕大防、大临《家祭仪》一卷
《横渠张氏祭仪》一卷　张载撰
《释奠祭器图》及《诸州军释奠仪注》一卷　崇宁中颁行
《蓝田吕氏祭说》一卷　吕大均撰
《伊川程氏祭仪》一卷　程颐撰

《宣和重修卤簿图记》三十五卷　蔡攸等撰
李沆《皇宋大典》三卷
夏休《辨太常礼官仪定章九冕服》一卷
《绍兴太常初定仪注》三卷
范寅宾《五祀新仪撮要》十五卷
郑樵《乡饮礼》三卷
　　又《乡饮礼图》三卷
史定之《乡饮酒仪》一卷
《中兴礼书》二卷　淳熙中礼部、太常寺编
《历代明堂事迹》一卷
《仪物志》三卷
《祀祭仪式》一卷
《太常图》一卷
　　并不知作者
叶克刊《南剑乡饮酒仪》一卷
汪概《乡饮规约》一卷
《淳熙编类祭祀仪式》一卷　齐庆胄所撰
张维《释奠通祀图》一卷
李垕《公侯守宰士庶通礼》三十卷
赵师罴《熙朝盛典诗》二卷
赵希苍《赵氏祭录》二卷
朱熹《释奠仪式》一卷
　　又《四家礼范》五卷
　《家礼》一卷
李宗思《礼范》一卷
韩挺《服制》一卷
张叔椿《五礼新仪》十五卷
高闶《送终礼》一卷
陈孔硕《释奠仪礼考正》一卷
周端朝《冠婚丧祭礼》二卷　集司马氏、程氏、吕氏礼
管锐《尝闻录》一卷
吴仁杰《庙制罪言》二卷
　　又《郊祀赘说》二卷
潘徽《江都集礼》一百四卷　本百二十卷，今残缺
和岘《秘阁集》二十卷
王皞《礼阁新编》六十三卷
黄廉《大礼式》二十卷
何洵直、蔡确《礼文》三十卷
《唐吉凶礼仪礼图》三卷
庞元英《五礼新编》五十卷
《大观礼书宾军等四礼》五百五卷　《看详》十二卷
《大观新编礼书古礼》二百三十二卷　《看详》十七卷
欧阳修《太常礼院祀仪》二十四卷
和岘《礼神志》十卷
孙奭《大宋崇祀录》二十卷
贾昌朝《庆历祀仪》六十三卷
《朱梁南郊仪注》一卷
《吴南郊图记》一卷
王泾　一作"浮"《祠仪》一卷
陈绎《南郊附式条贯》一卷

向宗儒《南郊式》十卷
陈旸《北郊祀典》三十卷
蒋猷《夏祭敕令格式》一部　卷亡
宋郊《明堂通仪》二卷
《明堂祫飨大礼令式》三百九十三卷　元丰间
《明堂大飨视朔颁朔布政仪范敕令格式》一部　宣和初。卷亡
王钦若《天书仪制》五卷
　　又《卤簿记》三卷
冯宗道《景灵宫供奉敕令格式》六十卷
　《景灵宫四孟朝献》二卷
《诸陵荐献礼文仪令格式并例》一百五十一册　绍圣间。卷亡
张谔《熙宁新定祈赛式》二卷
张杰《春秋车服图》五卷
刘孝孙《二仪实录衣服名义》二卷
《祭服制度》十六卷
《祭服图》三册　卷亡
《五服志》三卷
裴茞《五服仪》二卷
刘筠《五服年月　"年月"一作"用"　敕》一卷
《丧服加减》一卷
李至《正辞录》三卷
《朝会仪注》一卷　元丰间
《大礼前天兴殿仪》二卷　元丰间
叶均《徽号册宝仪注》一卷
宋绶《内东门仪制》五卷
李淑《阁门仪制》十二卷
　　又《王后仪范》三卷
梁颢《阁门仪制》十二卷
又并《目录》十四卷
《阁门集例》并《目录》、《大臣特恩》三十卷
《阁门仪制》四卷
《阁门令》四卷
《蜀坤仪令》一卷
《皇后册礼仪范》八册　大观间。卷亡
《帝系后妃吉礼》并《目录》一百一十卷　重和元年
王岩叟《中宫仪范》一部　卷亡
王与之《祭鼎仪范》六卷
高中《六尚供奉式》二百册　卷亡
王皞《杂录》五卷
《营造法式》二百五十册　元祐间。卷亡
张直方《打毬仪》一卷
李詠《打毬仪注》一卷
《高丽入贡仪式条令》三十卷　元丰间
《高丽女真排辨式》一卷　元丰间
《诸蕃进贡令式》十六卷　董毡、鬼章一，阇婆一，占城一，层檀一，大食一，勿巡一，注辇一，罗、龙、方、张、石蕃一，于阗，拂菻一，交州一，龟兹、回鹘一，伊州、西州、沙州一，三佛齐一，丹眉流一，大食陀婆离一，大

俞卢和地一
王晋《使范》一卷
李商隐《使范》一卷
　　《家范》十卷
卢僎《家范》一卷
司马光《家范》一卷
孟说《家祭仪》一卷
周元阳《祭录》一卷
贾氏《葬王播仪》一卷
郑润瑜《书仪》一卷
杜有晋《书仪》二卷
郑余庆《书仪》三卷
　　　右仪注类一百七十一部，三千四百三十八卷

《律》十二卷
《律疏》三十卷　唐长孙无忌等撰
《唐式》二十卷
李林甫《开元新格》十卷
　　又《令》三十卷
　　《唐律令事类》四十卷
　　《度支长行旨》五卷
《大和格后敕》四十卷
元泳《式苑》四卷
宋璟《旁通开元格》一卷
萧旻《开元礼律格令要诀》一卷
裴光庭《开元格令科要》一卷
狄兼謩《开成刑法格》十卷
　　《开成详定格》十卷
张戣《大中统类》十二卷
《大中刑法总要》六十卷
《大中已后杂敕》三卷
《大中后杂敕》十二卷
《梁令》三十卷
《梁式》二十卷
《梁格》十卷
《天成长定格》一卷
《天成杂敕》三卷
《天福编敕》三十一卷
张昭《显德刑统》二十卷
姜虔嗣《江南刑律统类》十卷
《江南格令条》八十卷
《蜀杂制敕》三卷
卢纾《刑法要录》十卷
黄克昇《五刑纂要录》三卷
《刑法纂要》十二卷
《断狱立成》三卷
黄懋《刑法要例》八卷
张员《法鉴》八卷
田晋《章程体要》二卷
王行先　一作"仙"《令律手鉴》二卷

张履冰《法例六赃图》二卷
张伾《判格》三卷
盛度《沿革制置敕》三卷
王皥《续疑狱集》四卷
赵绰《律鉴》一卷
　　《法要》一卷
《外台秘要》一卷
《百司考选格敕》五卷
《宪问》十卷
《建隆编敕》四卷
《开宝长定格》三卷
《太平兴国编敕》十五卷
苏易简《淳化编敕》三十卷
柴成务《咸平编敕》十二卷
丁谓《农田敕》五卷
陈彭年《大中祥符编敕》四十卷
　又《转运司编敕》三十卷
韩琦《端拱以来宣敕札子》六十卷
　又《嘉祐编敕》十八卷　《总例》一卷
晁迥《礼部考试进士敕》一卷
吕夷简《一司一务敕》三十卷
贾昌朝《庆历编敕》十二卷　《总例》一卷
《贡举条制》十二卷　至和二年
吴奎《嘉祐录令》十卷
　又《驿令》三卷
《审官院编敕》十五卷
王珪《在京诸司库务条式》一百三十卷
《铨曹格敕》十四卷
孙奭《律音义》一卷
王海《群牧司编》十二卷
张稚圭《大宗正司条》六卷
王安礼《重修开封府熙宁编》十卷
沈立《新修审官西院条贯》十卷　又《总例》一卷
《支赐式》十二卷
《支赐式》二卷
《官马俸马草料等式》九卷
《熙宁新编大宗正司敕》八卷
陈绎《熙宁编三司式》四百卷
　又《随酒式》一卷
《马递铺特支式》二卷
《熙宁新定诸军直禄令》二卷
曾肇《将作监式》五卷
蒲宗孟《八路敕》一卷
李承之《礼房条例》并《目录》十九册　卷亡
章惇《熙宁新定孝赠式》十五卷
　又《熙宁新定节式》二卷
《熙宁新定时服式》六卷
《熙宁新定皇亲禄令》十卷
《司农寺敕》一卷　《式》一卷
《熙宁将官敕》一卷

吴充《熙宁详定军马敕》五卷
沈括《熙宁详定诸色人厨料式》一卷
《熙宁新修凡女道士给赐式》一卷
《诸敕式》二十四卷
《诸敕令格式》十二卷
　　又《诸敕格式》三十卷
张叙《熙宁葬式》五十五卷
范镗《熙宁详定尚书刑部敕》一卷
张诚一《熙宁五路义勇保甲敕》五卷　《总例》一卷
　　又《学士院等处敕式交并看详》二十卷
《御书院敕式令》二卷
许将《熙宁开封府界保甲敕》二卷
　　《申明》一卷
沈希颜《元丰新近定在京人从敕式三等》　卷亡
李定《元丰新修国子监大学小学元新格》十卷
　　又《令》十三卷
贾昌朝《庆历编敕》、《律学武学敕式》共二卷
《武学敕令格式》一卷　元丰间
《明堂敕条》一卷　元丰间
曾伉《新修尚书吏部式》三卷
蔡硕《元丰将官敕》十二卷
《贡举医局龙图天章宝文阁等敕令仪式》及《看详》四百一十卷　元丰间
《宗室及外臣葬敕令式》九十二卷　元丰间
《皇亲禄令并厘修敕式》三百四十卷
吴雍《都提举市易司敕令》并《厘正看详》二十一卷、《公式》二卷　元丰间
《水部条》十九卷　元丰间
朱服《国子监支费令式》一卷
元绛《谳狱集》十三卷
崔台符《元丰编敕令格式》并《敕书德音》、《申明》八十一卷
《吏部四选敕令格式》一部　元祐初。卷亡
《元丰户部敕令格式》一部　元祐初。卷亡
《六曹条贯》及《看详》三千六百九十四册　元祐间。卷亡
《元祐诸司市务敕令格式》二百六册　卷亡
《六曹敕令格式》一千卷　元祐初
《绍圣续修武学敕令格式看详》并《净条》十八册　建中靖国初。卷亡
《枢密院条》二十册《看详》三十册　元祐间。卷亡
《绍圣续修律学敕令格式看详》并《净条》十二册　建中靖国初。卷亡
《诸路州县敕令格式》并《一时指挥》十三册　卷亡
《六曹格子》十册　卷亡
《中书省官制事目格》一百二十卷
《尚书省官制事目格参照卷》六十七册　卷亡
《门下省官制事目格》并《参照卷旧文净条厘析总目目录》七十二册　卷亡
《徽宗崇宁国子监算学敕令格式》并《对修看详》一部　卷亡
《崇宁国子画学敕令格式》一部　卷亡
沈锡《崇宁改修法度》十卷
《诸路州县学法》一部　大观初。卷亡
《大观新修内东门司应奉禁中请给敕令格式》一部　卷亡
《国子大学辟雍并小学敕令格式申明一时指挥目录看详》一百六十八册　卷亡
郑居中《政和新修学法》一百三十卷
李图南《宗子大小学敕令格式》十五册　卷亡
何执中《政和重修敕令格式》五百四十八册　卷亡
《政和禄令格》等三百二十一册　卷亡
《宗祀大礼敕令格式》一部　政和间。卷亡
张劢《直达纲运法》并《看详》一百三十一册　卷亡
王韶《政和敕令式》九百三卷
白时中《政和新修御试贡士敕令格式》一百五十九卷
孟昌龄《政和重修国子监律学敕令格式》一百卷
《接送高丽敕令格式》一部　宣和初。卷亡
《奉使高丽敕令格式》一部　宣和初。卷亡
《明堂敕令格式》一千二百六册　宣和初。卷亡
《两浙福建路敕令格式》一部　宣和初。卷亡
薛昂《神霄宫使司法令》一部　卷亡
刘次庄《青囊本旨论》一卷
王晋《使范》一卷
和凝《疑狱集》三卷
窦仪《重详定刑统》三十卷
卢多逊《长定格》三卷
吕夷简《天圣编敕》十二卷
《天圣令文》三十卷　吕夷简、夏竦等撰
《八行八刑条》一卷　大观元年御制
《崇宁学制》一卷　徽宗学校新法
《附令敕》十八卷　庆历中编，不知作者
《五服敕》一卷　刘筠、宋绶等撰
张方平《嘉祐驿令》三卷
　　又《嘉祐禄令》十卷
王安石《熙宁详定编敕》等二十五卷
《新编续降并叙法条贯》一卷　编治平、熙宁诏旨并官吏犯罪叙法、条贯等事
曾布《熙宁新编常平敕》二卷
《审官东院编敕》二卷　熙宁七年编
张大中《编修入国条贯》二卷
　　又《奉朝要录》二卷
范镗《熙宁贡举敕》二卷
《八路差官敕》一卷　编熙宁总条、审官东院条、流内铨条
《熙宁法寺断例》十二卷
《熙宁历任仪式》一卷　不知作者
蔡确《元丰司农敕令式》十七卷
李承之《江湖淮浙盐敕令赏格》六卷
曾伉《元丰新修吏部敕令式》十五卷

崔台符《元丰敕令式》七十二卷
吕惠卿《新史吏部式》二卷
　　又《县法》十卷
程龟年《五服相犯法纂》三卷
孙奭《律令释文》一卷
《续附敕令》一卷　庆历中编，不知作者
《三司条约》一卷　庆历中纂集
陆佃《国子监敕令格式》十九卷
曾旼《刑名断例》三卷
章惇《元符敕令格式》一百三十四卷
郑居中《学制书》一百三十卷
蔡京《政和续编诸路州县学敕令格式》十八卷
白时中《政和新修贡士敕令格式》五十一卷
李元弼《作邑自箴》一卷
张守《绍兴重修敕令格式》一百二十五卷
《绍兴重修六曹寺监库务通用敕令格式》五十四卷　秦桧等撰
《绍兴重修吏部敕令格式》并《通用格式》一百二卷　朱胜非等撰
《绍兴重修常平免役敕令格式》五十四卷　秦桧等撰
《绍兴重修贡举敕令格式申明》二十四卷　绍兴中进
《绍兴参附尚书吏部敕令格式》七十卷　陈康伯等撰
《绍兴重修在京通用敕令格式申明》五十六卷　绍兴中进
《大观告格》一卷
郑克《折狱龟鉴》三卷
《乾道重修敕令格式》一百二十卷　虞允文等撰
《淳熙重修吏部左选敕令格式申明》三百卷　龚茂良等撰
《诸军班直录令》一卷
郑至道《谕俗编》一卷
赵绪《金科易览》一卷
刘高夫《金科玉律总括诗》三卷
《金科玉律》一卷
《金科类要》一卷
《刑统赋解》一卷
　　并不知作者
韩琦《嘉祐详定编敕》三十卷
王日休《养贤录》三十二卷
《淳熙重修敕令格式》及《随敕申明》二百四十八卷
《淳熙吏部条法总类》四十卷　淳熙二年敕令所编
《庆元重修敕令格式》及《随敕申明》二百五十六卷　庆元三年诏重修
《庆元条法事类》八十卷　嘉泰元年敕令所编
《开禧重修吏部七司敕令格式申明》三百二十三卷　开禧元年上
《嘉定编修百司吏职补授法》一百三十三卷　嘉定六年上
《嘉定编修吏部条法总类》五十卷　嘉定中诏修
赵仝《疑狱集》三卷

《九族五服图制》一卷　不知何人编
《大宗正司敕令格式申明》及《目录》八十一卷　绍兴重修
《编类诸路茶监敕令格式目录》一卷
　　右刑法类二百二十一部，七千九百五十五卷。

吴兢《西斋书目录》一卷
毋煚《古今书录》四十卷
李肇《经史释文》三卷
朱遵度《群书丽藻目录》五十卷
《隆安西库书目》二卷　不知作者
《唐秘阁四部书目》四卷
《唐四库搜访图书目》一卷
《梁天下郡县目》一卷
《后唐统类目》一卷
杜镐《龙图阁书目》七卷
　　又《十九代史目》二卷
《太清楼书目》四卷
《玉宸殿书目》四卷
韦述《集贤书目》一卷
《学士院杂撰目》一卷
欧阳伸　一作"坤"《经书目录》十一卷
杨九龄《经史书目》七卷
杨松珍《历代史目》十五卷
宗谏注《十三代史目》十卷
商仲茂《十三代史目》一卷
河南东斋　一作"齐"　史书目》三卷
曾氏《史监》三卷
孙玉汝《唐列圣实录目》二十五卷
《唐书叙例目录》一卷
沈建《乐府诗目录》一卷
蒋彧《书目》一卷
刘德崇《家藏龟鉴目》十卷
田镐、尹植《文枢密要目》七卷
刘沆《书目》二卷
《禁书目录》一卷　学士院、司天监同定
王尧臣、欧阳修《崇文总目》六十六卷
《沈氏万卷堂目录》二卷
欧阳修《集古录》五卷
李淑《邯郸书目》十卷
吴秘《家藏书目》二卷
《秘阁书目》一卷
《史馆书新定书目录》四卷　不知作者
李德刍《邯郸再集书目》三十卷
崔君授《京兆尹金石录》十卷
《国子监书目》一卷
《荆州田氏书总目》三卷　田镐编
刘泾《成都府古石刻总目》一卷
赵明诚《金石录》三十卷
　　又《诸道石刻目录》十卷

徐士龙《求书补阙》一卷
董逌《广川藏书志》二十六卷
郑樵《求书阙记》七卷
　　又《求书外记》十卷
　　《集古系时录》一卷
　　《图谱有无记》二卷
　　《群玉会记》三十六卷
陈贻范《颍川庆善楼家藏书目》二卷
《遂初堂书目》二卷　尤袤集
《徐州江氏书目》二卷
《吕氏书目》二卷
《三川古刻总目》一卷
《鄱阳吴氏瀫金堂书目》三卷
《孙氏群书目录》二卷
《紫云楼书目》一卷
《川中书籍目录》二卷
《秘书省书目》二卷
陈騤《中兴馆阁书目》七十卷　《序例》一卷
石延庆、冯至游校勘《群书备检》三卷
晁公武《读书志》四卷
张攀《中兴馆阁续书目》三十卷
《诸州书目》一卷
滕强恕《东湖书自志》一卷
　　右目录类六十八部，六百七卷。

何承天《姓苑》十卷
林宝《姓苑》三卷
　　又《姓史》四卷
　　《元和姓纂》十卷
《五姓证事》二十卷
窦从一《系纂》七卷
陈湘《姓林》五卷
李利涉《姓氏秘略》三卷
　　又《编古命氏》三卷
　　《五声类氏族》五卷
孔平《姓系氏族》一卷
　　《姓略》六卷
崔日用《姓苑略》一卷
魏子野《名字族》十卷
《同姓名谱》六卷
《尚书血脉》一卷
《春秋氏族谱》一卷
《春秋宗族谥谱》一卷
《帝王历记谱》二卷
《帝系图》一卷
李匡文《天潢源派谱说　一作"统"》一卷
　　又《唐皇室维城录》一卷
　　又《李氏房从谱》一卷
李茂嵩　一作"高"《唐宗系谱》一卷
《唐书总记帝系》三卷

《宋玉牒》三十三卷
《仁宗玉牒》四卷
《英宗玉牒》四卷
李衢《皇室维城录》一卷
宋敏求《韵类次宗室谱》五十卷
司马光《宗室世表》三卷
《臣寮家谱》一卷
黄恭之《孔子系叶传》三卷
《文宣王四十二　一作"三"　代家状》一卷
《阙里谱系》一卷
赵异世《赵氏大宗血脉谱》一卷
　　《赵氏龟鉴血脉图录记》一卷
令狐峘《陆氏宗系碣》一卷
陆师儒《陆氏英贤记》三卷
《蒋王恽家谱》一卷
王方庆《王氏谱》一卷
《唐汭家谱》一卷
刘复礼《刘氏大宗血脉谱》一卷
《刘舆家谱》一卷
王僧孺《徐义伦家谱》一卷
《李用休家谱》二卷
《徐商徐诜家谱》四卷
《周长球家谱》一卷
《费氏家谱》一卷
《钱氏集录》三卷
陆景献《吴郡陆氏宗系谱》一卷
毛渐《毛氏世谱》一部　卷亡
曾肇《曾氏谱图》一部　卷亡
洪兴祖《韩愈年谱》一卷
周文《汝南周氏家谱》一卷
崔班《欧阳家谱》一卷
梁元帝《古今同姓名录》二卷
窦澄之《扶风窦氏血脉家谱》一卷
李林甫《唐室新谱》一卷
　　又《天下郡望姓氏族谱》一卷
《唐相谱》一卷　不知作者
孔至《姓氏古今杂录》一卷
陶茂麟《陶氏家谱》一卷
李匡文《元和县主昭穆谱》一卷
　　又《皇孙郡王谱》一卷
　　《玉牒行楼》一卷
　　《偕日谱》一卷
邢晓《帝王血脉小史记》五卷
　　又《帝王血脉图小史后记》五卷
韦述《百家类例》三卷
韦述、萧颖士《宰相甲族》一卷
裴扬休《百氏谱》五卷
曹大宗《姓源韵谱》一卷
杜信《京兆杜氏家谱》一卷
刘沆《刘氏家谱》一卷

《唐颜氏家谱》一卷
《韩吏部谱录》二卷
《李氏郫王家谱》一卷
　　　并不知作者
唐邴《唐氏谱略》一卷
杨侃《家谱》一卷
《宋仙源积庆图》一卷　起僖祖迄哲宗
《宗室齿序图》一卷
《天源类谱》一卷
《祖宗属籍谱》一卷
《向敏中家谱》一卷　向缄撰
邵思《姓解》三卷
钱惟演《钱氏庆系谱》二卷
王回《清河崔氏谱》一卷
孙秘《尊祖论世录》一卷
苏洵《苏氏族谱》一卷
钱明逸《熙宁姓纂》六卷
魏予野《古今通系图》一卷
李复《南阳李英公家谱》一卷
成铎《文宣王家谱》一卷
吴遘《帝王系谱》一卷
黄邦俊《群史姓纂韵》六卷
颜岵《兖国公正枝谱》一卷
採真子《千姓编》一卷
《符彦卿家谱》一卷　符承宗撰
《建阳陈氏家谱》一卷
《万氏谱》一卷
《赵郡东祖李氏家谱》二卷
《鲜于氏血脉图》一卷
《长乐林氏家谱》一卷
　　　并不知作者
丁维皋《百族谱》三卷
邓名世《古今姓氏书辨证》四十卷
李焘《晋司马氏本支一卷》
　　又《齐梁本支》一卷
徐筠《姓氏源流考》七十八卷
李氏《历代诸史总括姓氏录》一卷
　　右谱牒类一百十部，四百三十七卷。

桑钦《水经》四十卷　郦道元注
《城冢记》一卷　按序，魏文帝三年，刘裕得此记
葛洪《关中记》一卷
雷次宗《豫章古今记》三卷
沈怀远《南越志》五卷
梁元帝《职贡图》一卷
杨衒之《洛阳伽蓝记》三卷
《炀帝开河记》一卷　不知作者
魏王泰《坤元录》十卷
沙门辨机《大唐西域图记》十二卷
梁载言《十道四蕃志》十五卷

韦述《两京新记》五卷
达奚弘通《西南海蕃行记》一卷
马温之《邺都故事》二卷
李吉甫《元和郡国图志》四十卷
元结《九疑山图记》一卷
贾耽《皇华四达》十卷
　又《贞元十道录》四卷
　《国要图》一卷
《方志图》二卷
《三代地理志》六卷
《地理论》六卷
刘之推《文括九土　一作"州"　要略》三卷
乐史《坐知天下记》四十卷
王曾《九域图》三卷
王洙《皇祐方域记》三十卷
　《要览》一卷
韩郁《十道四蕃引》一卷
赵珣《开元分野图》一卷
　又《十道记》一卷
《十八路图》一卷　《图副》二十卷　熙宁间天下州府军监县镇图
李德刍《元丰郡县志》三十卷　《图》三卷
沈括《天下郡县图》一部　卷亡
陈坤臣《郡国人物志》一百五十卷
欧阳忞《巨鳌记》五卷
孙结《唐国鉴图》一卷
曹璠《国照》十卷
　又《元和国计图》十卷
韦澳《诸道山河地名要略》九卷　一名《处分语》，一名《新集地理书》
陈延禧《隋朝洛都记》一卷
　又《蜀北路秦程记》一卷
　《北征杂记》一卷
姜屿《明越风物志》七卷
元广之《金陵地记》六卷
刘公铉《邺城新记》三卷
李璋《太原事迹》十四卷
卢求《襄阳故事》十卷
《湘中记》一卷
余知古《渚宫故事》十卷
张周封《华阳风俗录》一卷
韩昱《江州事迹》三卷　张密注
韦宙　一作"寅"　《零陵录》一卷
杨备恩《蜀都故事》二卷
许嵩《六朝宫苑记》二卷
邢昺《景德朝陵地理记》三十卷
韦齐　一作"济"　休《云南行记》二卷
马敬寔《诸道行程血脉图》一卷
陈隐之《续南荒录》一卷
韦皋　一作"阜"　《西南夷事状》二十卷

《西戎记》二卷
张建章《渤海国记》三卷
顾愔《新罗国记》一卷
达奚洪 一作"通"《海外三十六国记》一卷
《云南风俗录》十卷
辛怡显《至道云南录》三卷
李德裕《黠戛斯朝贡图》一卷
崔峡《列国入贡图》二十卷
郭璞《山海经赞》二卷
元结《诸山记》一卷
《岳渎福地图》一卷
卢鸿《嵩岳记》一卷
《华山记》一卷
《衡山记》一卷
《峨眉山记》二卷
僧法琳《庐山记》一卷
陆鸿渐《顾渚山记》一卷
令狐见尧《玉笥山记》一卷
沈立《蜀江志》十卷
《宣和编类河防书》一百九十二卷
东方朔《十洲记》一卷
张华《异物评》二卷
刘恂《岭表录异》三卷
　　《岭表异物志》一卷
孟琯《岭南异物志》一卷
　　《南海异事》五卷
郑虔《天宝军防录》一卷
林特《会稽录》三十卷
盛度《庸调租赋》三卷
陈传《欧冶拾遗》一卷
毛渐《地理五龙秘法》一部　卷亡
林谞《闽中记》十卷
卢肇《海潮赋》一卷
僧应物《九华山记》二卷
　　又《九华山旧录》一卷
卢求《成都记》五卷
樊绰《云南志》十卷
　　又《南蛮记》十卷
李居一《王屋山记》一卷
徐云虔《南诏录》三卷
韦庄《蜀程记》一卷
　　又《峡程记》一卷
莫休符《桂林风土记》一卷
章僚《海外使程广记》三卷
张建章《戴斗诸蕃记》一卷
曹璠《须知国镜》二卷
王权《大梁夷门记》一卷
吴从政《襄沔杂记》三卷
窦滂《云南别录》一卷
陆广微《吴地记》一卷

曹大宗《郡国志》二卷
韦瑾《域中郡国山川图经》一卷
《唐夷狄贡》一卷
《两京道里记》三卷　不知作者
张修《九江新旧录》三卷
张氏《燕吴行役记》二卷　不知作者
罗含《湘中山水记》三卷
平居诲《于阗国行程录》一卷
胡峤《陷虏记》一卷
王德琏《鄱阳县记》一卷
徐锴《方舆记》一百三十卷
范子长《皇州郡县志》一百卷
司马俨《峡山履平集》一卷
潘子韶《峡江利涉集》一卷
杜光庭《续成都记》一卷
范旻《邕管杂记》三卷
李昉《历代宫殿名》一卷
乐史《太平寰宇记》二百卷
魏羽《吴会杂录》一卷
张参《江左记》三卷
陶岳《零陵总记》十五卷
李宗谔《图经》九十八卷
　　又《图经》七十七卷
　　《越州图经》九卷
　　《阳明洞天图经》十五卷
李垂《导河形胜书》一卷
王曾《契丹志》一卷
杨备《恩平郡谱》一卷
刘夔《武夷山记》一卷
林世程《重修闽中记》十卷
郭之美《罗浮山记》一卷
周衡《湘中新记》七卷
陈倩《茅山记》一卷
僧文政《南岳寻胜录》一卷
李上交《豫章西山记》二卷
《广西郡邑图志》一卷　张维序。
王靖《广东会要》四卷
张田《广西会要》二卷
刘昌诗《六峰志》十卷
薛常州《地理丛考》一卷
李和筇《舆地要览》二十三卷
《重修徐州图经》三卷　嘉定中撰
《离骓志》十卷
《雁山行记》一卷　不知何人编
王日休《九丘总要》三百四十卷
余㬊《圣域记》二十五卷
程大昌《雍录》十卷
钱景衎《南岳胜概》一卷
曾洵《句曲山记》七卷
周淙《临安志》十五卷

谈钥《吴兴志》二十卷
潘廷立《富川图志》六卷
韩挺《仪真志》七卷
刘浩然《合肥志》十卷
李说《黄州图经》五卷
童宗说《盱江志》十卷
姜得平又《续志》十卷
袁震《临江军图经》七卷
李伸《重修临江志》七卷
雷孝友《瑞州郡县志》十九卷
田渭《辰州风土记》六卷
袁观《潼川府图经》十一卷
张津《四明图经》十二卷
史正志《建康志》十卷
江文叔《桂林志》一卷
蔡戡《静江府图志》十二卷
熊克《镇江志》十卷
葛元隲《武阳志》十卷
宋宜之《无为志》三卷
胡兆《秋浦志》八卷
罗愿《新安志》十卷
汪师孟《黄山图经》一卷
范成大《桂海虞衡志》三卷
韦楫《昭潭志》二卷
晁百揆《浔阳志》十二卷
吴芸《沅州图经》四卷
《安南土贡风俗》一卷　乾道中安南入贡，客省承诏具其风俗及贡物名数
程九万《历阳志》十卷
苏思恭《曲江志》十二卷
毛宪《信安志》十六卷
《临贺郡志》一卷　不知作者
萧玠《晋康志》七卷
周端朝《桂阳志》五卷
刘子登《武陵图经》十四卷
郑昉《都梁志》二卷
《赤城志》四十卷　陈耆卿序
陆游《会稽志》二十卷
王中行《潮州记》一卷
《莆阳人物志》三卷　郑侨序
王震《阆苑记》三十卷
冉木《潜藩武泰志》十四卷
赵抃《成都古今集记》三十卷
张朏《齐记》一卷
《南北对镜图》一卷
《混一图》一卷
《西南蛮夷朝贡图》一卷
《巨鳌记》六卷
《交广图》一卷
《平江府五县正图经》二卷

并不知作者
李华《湟川开峡志》五卷
宋敏求《长安志》一十卷
又《东京记》二卷
《河南志》二十卷
陈舜俞《庐山记》二卷
谢颐素《海潮图论》一卷
王瓘《北道刊误志》十五卷
林须《霍山记》一卷
檀林《瓯冶拾遗》一卷
又《大理国行程》一卷
陈冠《熙河六州图记》一卷
王向弼《龙门记》三卷
王存《九域志》十卷
孟猷《上饶志》十卷
滕宗谅《九华山新录》一卷
朱长文《吴郡图经续记》三卷
王正伦《古今洛城事类》二卷
王得臣《江夏辨疑》一卷
谭掞《邕管溪洞杂记》一卷
李洪《镇洮补遗》一卷
李献父《隆虑洞天录》一卷
林峄《永阳志》三十五卷
曾旼《永阳郡县图志》四卷
刘拯《濠上摭遗》一卷
苏氏《夏国枢要》二卷
左文质《吴兴统记》十卷
孙穆《鸡林类事》三卷
马子严《岳阳志》二卷
程寅《职方机要》四十卷
范致明《岳阳风土记》一卷
又《池阳记》一卷
欧阳忞《舆地广记》三十八卷
虞刚简《永康军图志》二十卷
钱绅《同安志》十卷
徐兢《宣和奉使高丽图经》四十卷
吴致尧《九疑考古》二卷
洪刍《豫章职方乘》三卷
董棻《严州图经》八卷
厉居正《齐安志》二十卷
洪遵《东阳志》十卷
许靖夫《齐安拾遗》一卷
环中《汴都名实志》三卷
陈哲夫《李渠志》一卷
《续修宜春志》十卷
唐稷《清源人物志》十三卷
李盛《章贡志》十二卷
曾贲《括苍志》十卷
陈柏朋《括苍续志》一卷
赵彦励《莆阳志》十五卷

陆琰《莆阳志》七卷
李献父《相台志》十二卷
《江行图志》一卷　沈该订正，不知作者
《同安后志》十卷
《大禹治水玄奥录》一卷
《三辅黄图》一卷
《高丽日本传》一卷
《南剑州图经》一卷
《地里图》一卷
《指掌图》二卷
《南海录》一卷
《福建地理图》一卷
《泉南录》二卷
《吴兴杂录》七卷
《南朝宫苑记》一卷
《庐山事迹》三卷
　　并不知作者
李常《续庐山记》一卷
《东京至益州地里图》　卷亡
《四明山记》一卷
《地里图》一卷
《南岳衡山记》一卷
《考城图经》一卷
《常州风土记》一卷
《清溪山记》一卷
《水山记》一卷
《茅山新记》一卷
《青城山记》一卷
《契丹国土记、契丹疆宇图》二卷
《契丹地里图》一卷
　　并不知作者
李幼杰《莆阳比事》七卷
何友谅《武阳志》二十七卷
陈谦《永宁编》十五卷
黄以宁《惠阳志》十卷
刘牧《建安志》二十四卷
　又《建安续志类编》二卷
邹孟卿《宁武志》十五卷
李皋《汀州志》八卷
林英发《景陵志》十四卷
杨彦为《保昌志》八卷
傅岩《郧城志》十二卷
杨泰之《普州志》三十卷
孙祖义《高邮志》三卷
宇文绍奕《临邛志》二十卷
　又《补遗》十卷
林晡《姑熟志》五卷
王招《芜湖图志》九卷
杨樞《临漳志》十卷
方杰《清漳新志》十卷

章颖《文州古今记》十二卷
杜孝严《文州续记》四卷
孙栩《春陵图志》十卷
张贵谟《临汝图志》十五卷
徐自明《零陵志》十卷
　又《浮光图志》三卷
梁克家《长乐志》四十卷
张埏《零陵志》十卷
陆峻、丁光远《蕲春志》十卷
段子游《均州图经》五卷
李韦之《邵阳图志》三卷
黄汰《邵阳纪旧》一卷
巩崃《邵陵类考》二卷
孙显祖《靖州图经》四卷
黄晔《龟山志》三卷
李震《彭门古今集志》二十卷
蔡时《续同安志》一卷
程叔达《隆兴续职方乘》十卷
项预《吴陵志》十四卷
朱端章《南康记》八卷
　又《庐山拾遗》二十卷
练文《庐州志》十卷
吴机《吉州记》三十四卷
钱之望、吴莘《楚州图经》二卷
刘宗《襄阳志》四十卷
刘清之《衡州图经》三卷
赵甲《隆山志》三十六卷
邹补之《毗陵志》十二卷
王铢《荆门志》十卷
张孝曾《富水志》十卷
王榮《重修荆门志》十卷
徐得之《郴江记》八卷
史本《古河志》一卷
周梦祥《赣州图经》　卷亡
阎苍舒《兴元志》二十卷
许开《南安志》二十卷
孙昭先《淮南通川志》十卷
余元一《清湘志》六卷
郑少魏《广陵志》十二卷
褚孝锡《长沙志》十一卷
郑绅《桂阳图志》六卷
黄畴若《龙城图志》十卷
胡至《重修龙城图志》十卷
陈宇《房州图经》三卷
虞太中《临封志》三卷
曹叔达《永嘉志》二十四卷
周澄《永嘉志》七卷
郑应申《江阴志》十卷
梁希夷《新昌志》一卷
马景修《通川志》十五卷

黄环《夷陵志》六卷
马导《夔州志》十三卷
《四明风俗赋》一卷　不在何人撰
丁介《武陵郡离合记》六卷
史定之《番阳志》三十卷
杨潜《云间志》三卷
徐筠《修水志》十卷
张元成《嘉禾志》四卷
邓枢《鹤山丛志》十卷
王宽夫《古涪志》十七卷
李棣《浮光图志》二十卷
林仁伯《古归志》十卷
赵兴清《历阳志补遗》十卷
王知新《合淝志》十卷
霍篪《澧阳图志》八卷
刘仮《陵水图志》三卷
胡槻《普宁志》三卷
王寅孙《沈黎志》二十三卷
赵汝厦《程江志》五卷
　又《琼管图经》十六卷
刘灏《清源志》七卷
沈作宾、赵不迹《会稽志》二十卷
邵筼《括苍庆元志》一卷
赵善赣《通义志》三十五卷
张士佺《西和州志》十九卷
李修己《同谷志》十七卷
李锜《续同谷志》十卷
义太初《高凉图志》七卷
赵师崈《潮州图经》二卷
郑郧《洋州古今志》十六卷
张怣《甘泉志》十五卷
陈岘《南海志》十三卷
赵伯谦《韶州新图经》十二卷
俞闻中《叙州图经》三十卷
黎伯巽《静南志》十二卷
任逢《垫江志》三十卷
刘德礼《夔州图经》四卷
马纾《续庐山记》四卷
《江州图经》一卷
《宕渠志》二卷
《吉阳军图经》一卷
《忠州图经》一卷
《珍州图经》三卷
《衢州图经》一卷
《沅州图经》四卷
《复州图经》三卷
《果州图经》五卷
《思州图经》一卷
《南平军图经》一卷
《大宁监图经》六卷

　并不知作者
　右地理类四百七部，五千一百九十六卷。

《越绝书》十五卷　或云子贡所作
赵晔《吴越春秋》十卷
司马彪《九州春秋》九卷
常璩《华阳国志》十二卷
和苞《汉赵记》一卷
范亨《燕书》二十卷
萧方等《三十国春秋》三十卷
《三十国春秋钞》一卷　不知作者
吴信都镐《淝上英雄小录》二卷
《吴录》二十卷　徐铉、高远、乔舜、潘佐等撰
《南唐书》十五卷　不知作者
王颜《南唐烈祖开基志》十卷
李昊《蜀书》二十卷
蒋文怿《闽中实录》十卷
林仁志《王氏解除运图》三卷
毛文锡《前蜀王氏记事》二卷
《吴越备史》十五卷　吴越钱俨托名范坰、林禹撰
钱俨《备史遗事》五卷
王保衡《晋阳见闻要录》一卷
董淳《后蜀孟氏记事》三卷
徐铉、汤悦《江南录》十卷
路振《九国志》五十一卷
　又《楚书》五卷
郑文宝《南唐近事集》一卷
　又《江表志》二卷
陈彭年《江南别录》四卷
龙衮《江南野史》二十卷
曾颜《渤海行年记》十卷
胡宾王《刘氏兴亡录》一卷
陶岳《荆湘近事》十卷
周羽冲《三楚新录》三卷
曹衍《湖湘马氏故事》二十卷
王举《天下大定录》十卷
卢臧《楚录》五卷
张唐英《蜀梼杌》十卷
刘恕《十国纪年》四十卷
《闽王事迹》一卷
《高氏世家》十卷
《湖南故事》十三卷
《十国载记》三卷
《江南余载》二卷
《高皇帝过江事实》一卷
《广王事迹》一卷
　并不知作者
钱惟演《家王故事》一卷
　右霸史类四十四部，四百九十八卷。
凡史类二千一百四十七部，四万三千一百九卷。

卷二百五　　志第一百五十八

艺　文　四

子类十七：一曰儒家类，二曰道家类 释氏及神仙附，三曰法家类，四曰名家类，五曰墨家类，六曰纵横家类，七曰农家类，八曰杂家类，九曰小说家类，十曰天文类，十一曰五行类，十二曰蓍龟类，十三曰历算类，十四曰兵书类，十五曰杂艺术类，十六曰类事类，十七曰医书类。

《晏子春秋》十二卷
《曾子》二卷
《子思子》七卷
《孟子》十四卷
陆善经《孟子注》七卷
王雱注《孟子》十四卷
蒋之奇《孟子解》六卷
《荀卿子》二十卷　战国赵人荀况书
杨倞注《荀子》二十卷
黎錞《校勘荀子》二十卷
《鲁仲连子》五卷　战国齐人
《董子》一卷　董无心撰
《尸子》一卷　尸佼撰
《子华子》十卷　自言程氏名本，字子华，晋国人。《中兴书目》曰："近世依托。"朱熹曰："伪书也。"
《孔丛子》七卷　汉孔鲋撰。朱熹曰："伪书也。"
桓宽《盐铁论》十卷
扬雄《太玄经》十卷
又《扬子法言》十三卷
张齐《太玄正义统论》一卷
又《太玄释文玄说》二卷
宋惟干《太玄经注》十卷
王涯注《太玄经》六卷
柳宗元注《扬子法言》十三卷　宋咸补注
马融《忠经》一卷
《玄测》一卷　汉宋衷解，吴陆绩释之
王符《潜夫论》十卷
关朗《洞极元经传》五卷
《四注孟子》十四卷　扬雄、韩愈、李翱、熙时子四家注
王通《文中子》十卷　宋阮逸注
太宗《帝范》二卷
颜师古《纠缪正俗》八卷
王涯《说玄》一卷
林慎思《续孟子》二卷
韩熙载《格言》五卷

真宗《正说》十卷
徐铉《质论》一卷
许洞《演玄》十卷
刁衎《本说》十卷
王敏《太平书》十卷
贾冈《山东野录》七卷
宋咸《过文中子》十卷
又《太玄音》一卷
章詧《太玄图》一卷
又《太玄经发隐》一卷
聋隅子《歟欹巢微论》一卷　黄晞撰
邵亢《体论》十卷
周惇颐《太极通书》一卷
司马光《潜虚》一卷
又《文中子传》一卷
《集注四家扬子》十三卷
《集注太玄经》六卷
并司马光集
《家范》十卷
师望《元鉴》十卷
范镇《正书》一卷
张载《正蒙书》十卷
又《杂述》一卷
《程颐遗书》二十五卷
《语录》二卷　程颐与弟子问答
《孟子解》四卷　程颐门人记
徐积《节孝语》一卷　江端礼录
吕大临《孟子讲义》十四卷
苏辙《孟子解》一卷
王令《孟子讲义》五卷
龚原《孟子解》十卷
陈旸《孟子解义》十四卷
张镒《孟子音义》三卷
丁公著《孟子手音》一卷
孙奭《孟子音义》二卷
刘安世《语录》二卷
王开祖《儒志》一卷
游酢《孟子解义》十四卷
又《杂解》一卷
谢良佐《语录》一卷
陈禾《孟子传》十四卷
晁说之《易玄星纪谱》二卷
陈渐《演玄》七卷
许允成《孟子新义》十四卷
范冲《要语》一卷
张九成《孟子拾遗》一卷
《语录》十四卷
张宪武《劝学录》六卷
刘子翚《十论》一卷
张行成《潜虚衍义》十六卷

又《皇极经世索隐》一卷
《观物外篇衍义》九卷
《翼玄》十二卷
郑樵《刊缪正俗跋正》八卷
文轸《信书》三卷
《宋衷解太玄经义诀》十卷　李沂集
冯休《删孟子》一卷
陈之方《致君尧舜论》一卷
又《削荀子疵》一卷
徐庸《注太玄经》十二卷
又《玄颐》一卷
僧全莹《太玄略例》一卷
王绍珪《古今孝悌录》二十四卷
尹焞《孟子解》十四卷
《语录》四卷　尹焞门人冯忠恕、祁宽、吕坚中记
邹浩《孟子解》十四卷
朱熹《孟子集注》十四卷
又《孟子集义》十四卷
《或问》十四卷
《延平师弟子问答》一卷
《语录》四十三卷　朱熹门人所记
张栻《孟子详说》十七卷
又《孟子解》七卷
蔡沉《至书》一卷
张氏《孟子传》三十六卷
钱文子《孟子传赞》十四卷
王汝猷《孟子辨疑》十四卷
《诸儒鸣道集》七十二卷　濂溪、涑水、横渠等书
程迥《诸论辨》一卷
《近思录》十四卷　朱熹、吕祖谦编类周敦颐、程颐、程颢、张载等书
《外书》十二卷　程颢、程颐讲学
邵雍《渔樵问对》一卷
祝禹圭《东西铭解》一卷
苏籀《遗言》二卷
曾发《泮林讨古》二卷
张九成《语录》十四卷
胡宏《知言》一卷
《丽泽论说集》十卷　吕祖谦门人记
周揆《圣传录》一卷
吴仁杰《盐石论》丙丁二卷
陈舜申《审是集》一卷
涂近正《明伦》二卷
彭龟年《止堂训蒙》二卷
《吕氏乡约仪》一卷　吕大钧撰
《李公省心杂言》一卷　不知名
董与几《学政发纵》一卷
高登《修学门庭》一卷
刘敞《弟子记》一卷
《石月至言》一卷　余应求刊其父之言

戴溪《石鼓孟子答问》三卷
陈师道《后山理究》一卷
《北山家训》一卷
《伊洛渊源》十三卷
《闻见善善录》一卷
《质疑请益》一卷
（并不知作者）
杨浚《韦子内篇》三卷
又《圣典》三卷
王向《忠经》三卷
刘贶《续说苑》十卷
《法圣要言》十卷
李琪《皇王大政论》十卷
高举《帝道书》十卷
鲁大公《公侯正术》一卷
萧伕《牧宰政术》二卷
赵莹《君臣政论》二十五卷
《兴政论》三卷
丘光庭《康教论》一卷
张弧《素履子》一卷
张陟《里训》十卷
赵澡《中庸论》一卷
赵邻几《鲫子》一卷
朱昂《理论》三卷
何涉《治道中说》三十篇　卷亡
龚鼎臣《中说解》十卷
范祖禹《帝学》八卷
章怀太子《修身要览》十卷
太宗《文明政化》十卷
真宗《承华要略》二十卷
《名墨纵横家无所增益答迩英圣问》一卷
仁宗书三十五事，丁度等答
颜之推《家训》七卷
狄仁杰《家范》一卷
《先贤诫子书》二卷
《开元御集诫子书》一卷
《古今家戒》四卷
黄讷《家戒》一卷
柳玢《诫子拾遗》十卷
孙奕《示儿编》一部

右儒家类一百六十九部，一千二百三十四卷、篇。

河上公《老子道德经注》一卷
严遵《老子指归》十三卷
王弼《老子注》二卷
又《道德略归》一卷
陆修静《老子道德经杂说》一卷
傅奕《道德经音义》二卷
唐玄宗注《老子道德经》二卷　有序
唐玄宗《道德经音疏》六卷

成玄英《道德经开题序诀义疏》七卷
杜光庭《道德经广圣义疏》三十卷
僧文傃《道德经疏义》十卷
赵至坚《道德经疏》三卷
张惠超《道德经志玄疏》三卷
陆氏《道德经传》四卷
扶少明《道德经谱》二卷
《谷神子注经诸家道德经疏》二卷　河上公、葛仙公、郑思远、睿宗、玄宗疏
李若愚《道德经注》一卷
乔讽《道德经疏义节解》二卷
《道德经小解》一卷
陈景元《道德注》二卷
蒋之奇《老子解》二卷
　又《老子系辞解》二卷
张湛《列子音义》一卷
张昭《补注庄子》十卷
张烜《庄子通真论》三卷
《南华真经篇目义》三卷
李暹《训文子注》十二卷
朱弁《文子注》十二卷
墨布　一作"希"　子《文子注》十二卷
王源《亢仓子注》三卷
《亢仓子音义》一卷
范乾元　一作"九"　《四子枢要》二卷
卫偕　一作"稽"　《白术子》三卷
太公等《阴符经注》一卷
张果《阴符经注》一卷
　又《阴符经辨命论》一卷
袁淑真《阴符经注》一卷
　又《阴符经疏》三卷
《阴符集解》五卷
韦洪《阴符经疏诀》一卷
蔡珪《阴符经注》一卷
　又《阴符经要义》一卷
　《阴符经小解》一卷
张鲁《阴符经元义》一卷
李靖《阴符机》一卷
房山长注《大丹黄帝阴符经》一卷
梁丘子注《黄庭内景玉经》一卷
《黄庭外景经》一卷
《黄庭外景玉经注诀》一卷
《黄庭五藏论图》一卷
《老子黄庭内视图》一卷
胡愔《黄庭内景图》一卷
　《黄庭外景图》一卷
魏伯阳《周易参同契》三卷
　《参同大易志》三卷
徐从事注《周易参同契》三卷
《参同契合金丹行状十六变通真诀》一卷

郑远之《参同契心鉴》一卷
张处《参同契大易图》一卷
晁公武《老子通述》二卷
《老子道德经三十家注》六卷　唐道士张君相集解
葛玄《老子道德经节解》二卷
《道德经内解》二卷　不知作者
《老子道德经内节解》二卷　题尹先生注
王顾《老子道德经疏》四卷
李荣《老子道德经注》二卷
李约《老子道德经注》四卷
碧云子《老子道德经藏室纂微》二卷　不知名
《老子道德经义》二卷
《老子指例略》一卷
　　　　　并不知作者
张湛《列子注》八卷
郭象注《庄子》十卷
成玄英《庄子疏》十卷
文如海《庄子正义》十卷
　又《庄子邈》一卷
《黄帝阴符经》一卷　旧目云骊山老母注、李筌撰
《集注老子》二卷　明皇、河上公、王弼、王雱等注
吕知常《老子讲义》十二卷
李筌《阴符经疏》一卷
《阴符玄谭》一卷　不知作者
《文子》十二卷　旧书目云周文子撰
《鹖冠子》三卷　不知姓名。《汉志》云："楚人，居深山，以鹖羽为冠，因号云。"
《亢仓子》三卷　一名庚桑子。战国时人，老子弟子
《抱朴子别旨》二卷　不知作者
司马子微《坐忘论》一卷
《天机经》一卷
《道体论》一卷
《无能子》一卷
　　　　　并不知作者
吴筠《玄纲》一卷
刘向《关尹子》九卷
刘骥《老子通论语》二卷
徽宗《老子解》二卷
　《列子解》八卷
吕惠卿《庄子解》十卷
司马光《老子道德经注》二卷
苏辙《老子道德经义》二卷
赵令穆《老子道德经解》二卷
李士表《庄子十论》一卷
沈该《阴符经注》一卷
朱熹《周易参同契》一卷
朱安国《阴符元机》一卷
程大昌《易老通言》十卷
　　右道家类一百二部，三百九十九卷

鸠摩罗什译《金刚般若波罗蜜经》一卷
沙门昙景译《佛说未曾有因缘经》二卷
玄奘译《波般若波罗蜜多心经》一卷
般刺密帝弥伽释迦译《首楞严经》十卷
《佛说一乘究竟佛心戒经》一卷
《佛说三亭厨法经》二卷
《佛说法句经》一卷
《佛垂涅槃略说教戒经》一卷　四经失译
马鸣大师《摩诃衍论》五卷
《起信论》二卷
僧肇《宝藏论》三卷
彦琮《福田论》一卷
道信《大乘入道坐禅次第要论》一卷
法琳《辨正论》八卷　陈子良注
慧海大师《入道要门论》一卷
净本和尚《语论》一卷
惠能《仰山辨宗论》一卷
《劝修破迷论》一卷
《金沙论》一卷
《明道宗论》一卷
《偈宗秘论》一卷
　　四论不知撰人
法藏《心经》一卷
惟悫《首楞严经疏》六卷
宗密《圆觉经疏》六卷
　《圆觉道场修证仪》十八卷
　《起信论钞》三卷
傅大士、宝志《金刚经赞》一卷
惠能《金刚经口诀义》一卷
　《金刚经大义诀》二卷
大白和尚《金刚经诀》一卷
法深《起信论疏》二卷
忠师《百法明门论疏》二卷
萧子良《统略净住行法门》一卷
元康《中观论三十六门势疏》一卷
《华严法界观门》一卷　宗密注
傅大士《心王传语》一卷
　《行道难歌》一卷
竺道生《十四科元赞义记》一卷
灌顶《国清道场百录》一卷
楞伽山主《小参录》一卷
道宣《通感决疑录》一卷
《大唐国师小录法要集》一卷
绍修《漳州罗汉和尚法要》三卷　持琛
白居易《八渐通真议》一卷
张云《元中语宝》三卷
大阐和尚《显宗集》一卷
《大云和尚要法》一卷　惠海
元觉《一宿觉传》一卷
魏静《永嘉一宿觉禅宗集》一卷

《达摩血脉》一卷
本先《竹林集》一卷
宝觉禅师《见道颂》一卷　寓言居士注
道瑾《禅宗理偈》一卷
《石头和尚参同契》一卷　宗美注
《惠忠国师语》一卷　冉氏
《东平大师默论》一卷
义荣《天台国师百会语要》一卷
齐宝《神要》三卷
怀和《百丈广语》一卷
统休《无性和尚说法记》一卷
惠明《棲贤法隽》一卷
《龙济和尚语要》一卷
《荷泽禅师微诀》一卷
杨士达《禅关八问》一卷　宗美
句令《禅门法印传》五卷
《净惠禅师偈颂》一卷
义净《求法高僧传》二卷
飞锡《往生净土传》五卷
法海《六祖法宝记》一卷
　《坛经》一卷
辛崇《僧伽行状》一卷
灵湍《摄山棲霞寺记》一卷
师哲《前代国王修行记》一卷
卢求《金刚经报应记》三卷
贤首《华严经纂灵记》五卷
元伟《真门圣胄集》五卷
《云居和尚示化实录》一卷
觉旻《高僧纂要》五卷
智月《僧美》三卷
裴休《拾遗问》一卷
神澈《七科义状》一卷
梦微《内典编要》十卷
《紫陵语》一卷
《大藏经音》四卷
《真觉传》一卷
《浑混子》三卷　解《宝藏论》
《遗圣集》一卷
《菩提心记》一卷
《积元集》一卷
《相传杂语要》一卷
《德山集》一卷　仰山、沩山语
《会昌破胡集》一卷
《妙香丸子法》一卷
《润文官录》一卷　唐人。
《迦叶祖裔记》一卷
《释门要录》五卷
　　《紫陵语》以下不知撰人
十朋《请祷集》一卷
　《瑞象历年记》一卷

《惟劲禅师赞颂》一卷
《释华严漩澓偈》一卷
马裔孙《看经赞》一卷
《法喜集》二卷
文益《法眼禅师集》一卷
《法眼禅师集真赞》一卷
高越《舍利塔记》一卷
可洪《藏经音义随函》三十卷
建隆《雍熙禅颂》三卷
魏德謩《无上秘密小录》五卷
程说《释氏蒙求》五卷
延寿《感通赋》一卷
李遵《天圣广灯录》三十卷
吕夷简《景祐宝录》二十一卷
僧肇《宝藏论》一卷
　又《般若无知论》一卷
　　《涅槃无名论》一卷
僧慧皎《高僧传》十四卷
僧佑《弘明集》十四卷
僧宝唱《比丘尼传》五卷
僧佑《释迦谱》五卷
甄鸾《笑道论》三卷
僧慧可《达摩血脉论》一卷
费长房《开皇历代三宝记》十四卷
　又《开皇三宝录总目》一卷
《国清道场百录》五卷　僧灌顶纂，僧智颉修
僧法琳《破邪论》三卷
　又《辨正论》八卷
僧彦琮《释法琳别传》三卷
僧慧能注《金坛经》一卷
　又撰《金刚经口诀》一卷
僧慧昕注《坛经》二卷
僧辨机《唐西域志》十二卷
僧道宣《续高僧传》三卷
　又《佛道论衡》三卷
　　《三宝感应录》三卷
　　《释迦氏谱》一卷
《广弘明集》三十卷
僧政觉《金沙论》一卷
僧神会《荷泽显宗记》一卷
《华严法界观门》一卷　僧法顺集，僧宗密注
僧宗密《禅源诸诠》二卷
　又《原人论》一卷
　　《大乘起信论》一卷
魏静《永嘉一宿觉禅师集》一卷
僧道世《法苑珠林》一百卷
僧慧忠《十答问语录》一卷
《无住和尚说法》二卷　僧钝林集
僧普愿《语要》一卷
《庞蕴语录》一卷　唐于頔编

僧神清《北山参元语录》十卷
僧慧海《顿悟入道要门论》一卷
僧义净《求法高僧传》三卷
僧元应《唐一切经音义》一十五卷
僧澄观《华严经疏》十卷
僧绍修《语要》一卷
裴休《传心法要》一卷
《唐六译金刚经赞》一卷　郑覃等撰
僧慧祥《古清凉传》二卷
《释迦方志》一卷　唐终南大一山僧撰
僧应之《四注金刚经》一卷
僧延寿《宗镜录》一百卷
僧赞宁《僧史略》三卷
僧道原《景德传灯录》三十卷
晁迥《法藏碎金》十卷
《道院集要》三卷　不知作者
僧延昭《众吼集》一卷
僧重显《瀑布集》一卷
　又《语录》八卷
僧世冲《释氏咏史诗》三卷
僧居本《广法门名义》一卷
僧慧皎《僧史》二卷
僧契嵩《辅教编》三卷
僧省常《钱塘西湖净社录》三卷
僧道诚《释氏须知》三卷
僧道诚《释氏要览》三卷
王安石注《维摩诘经》三卷
朱士挺《伏虎行状》一卷
《僧自严行状》一卷　陈嘉谟撰
李之纯《成都大悲寺集》二卷
　又《成都大慈寺记》二卷
僧惟白《续灯录》三十卷
僧宗颐《劝孝文》二卷
　又《禅苑清规》十卷
蹇序辰《诸经译梵》三卷
王敏中《劝善录》六卷
杨谔《水陆仪》二卷
僧智达《祖门悟宗集》二卷
楼颖《传禽小录要集》一卷
僧宗永《宗门统要》十卷
僧智圆《闲居编》五十一卷
僧怀深注《般若波罗密多心经》一卷
僧原白注《证道歌》一卷
《僧宗杲语录》五卷　黄文昌撰
僧慧达《夹科肇论》二卷
僧应乾《楞严经标指要义》二卷
僧灵操《释氏蒙求》一卷
僧马鸣《释摩诃衍论》十卷
僧阇那多迦译《罗汉颂》一卷
僧菩提达磨《存想法》一卷

又菩提达磨《胎息诀》一卷
《颂证道歌》一卷　篇首题正觉禅师撰
《净慧禅师语录》一卷
《莲社十八贤行状》一卷
《法显传》一卷
《诸经提要》二卷
《五公符》一卷
《宝林传录》一卷
　　　并不知作者
李通玄《华严合论》一卷
张戒注《楞伽集注》八卷
佛陀多罗译《圆觉经》二卷
般刺密谛译《楞严经》十卷
《法宝标目》十卷　王右编
僧肇译《维摩经》十卷
晁迥《耄智余书》三卷
《八方珠玉集》四卷　大圆、涂毒二僧集诸家禅语
王日休《金刚经解》四十二卷
《净土文》十一卷　王日休撰
《语录》二卷　松源和尚讲解答问
《普灯录》三十卷　僧正受集
《诸天传》二卷　僧行霆述
《奏对录》一卷　佛照禅师淳熙间奏对之语
《崇正辨》三卷　胡寅撰
　　　右释氏类二百二十二部，九百四十九卷

刘向《列仙传》三卷
王褒《桐柏真人王君外传》一卷
周季通《玄洲上卿苏君记》一卷
葛洪《神仙传》十卷
　《马阴二君内传》一卷
　《上真众仙记》一卷
　《隐论杂诀》一卷
　《金木万灵诀》一卷
　《抱朴子养生论》一卷
　《太清玉碑子》一卷　葛洪与郑惠远问答
《二女真诗》一卷　紫微夫人及东华中侯王夫人作
施真人《铭真论》一卷
旌阳令许逊《灵剑子》一卷
《黄帝内传》一卷　镢铿得于石室
东方朔《十洲三岛记》一卷
淮南王刘安《太阳真粹论》一卷
黄玄钟《蓬莱山西鳖还丹歌》一卷
娄敬《草衣子还丹诀》一卷
魏伯阳《还丹诀》一卷
　《周易门户参同契》一卷
　《大丹九转歌》一卷
华佗《老子五禽六气诀》一卷
陆修静《老子道德经杂说》一卷
　《五牙导引元精经》一卷

《黄庭经》一卷　其文初为五言四章，后皆七言，论人身扶养修治之理
李千乘《黄庭中景经注》一卷
尹喜《黄庭外景经注》一卷
襄楷《太平经》一百七十卷
李坚《东极谢真人传》一卷
王禹锡《海陵三仙传》一卷
施肩吾《真仙传道集》二卷
《三住铭》一卷
《西山群仙会真记》一卷
长孙滋《崔氏守一诗传》一卷
吴筠《神仙可学论》一卷
又《形神可固论》一卷
《著生论》一卷
《明真辨伪论》一卷
《心目论》一卷
《玄门论》一卷
《元纲论》一卷
《诸家论优劣事》一卷
《辨方正惑论》一卷
杜光庭《二十四化诗》一卷
又《二十四化图》一卷
《神仙感遇传》十卷
《墉城集仙录》十卷
《应现图》三卷
《仙传拾遗》四十卷
《历代帝王崇道记》一卷
《道教灵验记》二十卷
《道经降传世授年载图》一卷
谢良嗣《中岳吴天师内传》一卷
李渤《李天师传》一卷
《真系传》一卷
张隐居《演龙虎上经》二卷
卢潘《侯真人传》一卷
沈汾《续仙传》三卷
尹文操《楼观先师本行内传》一卷
《玄元圣记经》十卷
刁琰《广仙录》一卷
见素子《洞仙传》十卷
傅元镇《应缘道传》十一卷
晞旸子《宝仙传》三卷
《南岳夫人清虚玉君内传》一卷
范逸《南岳魏夫人内传》一卷
李遵《三茅君内传》一卷
梁日广《释仙论》一卷
赤松子《中诫篇》一卷
《金石论》一卷
《门天老历》一卷
冷然子《学神仙法》一卷
贾嵩《陶先生传序》三卷

吴先主孙氏《太极左仙公神仙本起内传》一卷　　　　　《太清真人络命诀》一卷
华峤《真人周君内传》一卷　　　　　　　　　　　　　《太上老君血脉论》一卷
《刘海蟾诗》一卷　　　　　　　　　　　　　　　　　《灵宝服食五芝精》一卷
《太乙真君固命歌》一卷　晋葛洪译　　　　　　　　　《黄帝内经灵枢略》一卷
张融《三破论》一卷　　　　　　　　　　　　　　　　《黄帝九鼎神丹经诀》十卷
陶弘景《养性延命录》二卷　　　　　　　　　　　　　《黄帝内丹诀》一卷
　　　《导引养生图》一卷　　　　　　　　　　　　　《太极真人风鸣炉火经》一卷
　　　《神仙玉芝瑞草图》二卷　　　　　　　　　　　《紫微帝君王经宝诀》一卷
　　　《上清握中诀》三卷　　　　　　　　　　　　　《太上老君服气胎息诀》一卷
　　　《登真隐诀》三十五卷　　　　　　　　　　　　《老子中经》二卷
　　　《真诰》十卷　　　　　　　　　　　　　　　　《老子神仙历藏经》一卷
华阳道士韦处玄注《老子西昇经》二卷　　　　　　　　《王母太上还童采华法》一卷
魏昙峦法师《服气要诀》一卷　　　　　　　　　　　　《紫微帝君紫庭秘诀》一卷
陈处士同洪让书《老子道经》一卷　　　　　　　　　　《茅真君静中吟》一卷
李淳风《正一五真图》一卷　　　　　　　　　　　　　《王茅君杂记》一卷
孙思邈《退居志》一卷　　　　　　　　　　　　　　　《阴真君还丹歌》一卷
　　　《真气铭》一卷　　　　　　　　　　　　　　　《金液还丹歌》一卷
　　　《九幽福寿论》一卷　　　　　　　　　　　　　《元君付道传心法门》一卷
　　　《龙虎乱日篇》一卷　　　　　　　　　　　　　《徐真君丹诀》一卷
李用德《晋州羊角山庆历观记》一卷　　　　　　　　　《张真君灵芝集》一卷
王元正《清虚子龙虎丹》一卷　　　　　　　　　　　　《彭君诀黄白五元神丹经》一卷
《骊山母黄帝阴符大丹经解》一卷　房山长集　　　　　《太乙真君元丹诀》一卷
吴兢《保圣长生纂要坐隅障》二卷　　　　　　　　　　陈大素《九天飞步内诀真经》一卷
僧一行《天真皇人九仙经》一卷　　　　　　　　　　　河间真人刘演《金碧潜通秘诀》一卷
尹愔《老子五厨经注》一卷　　　　　　　　　　　　　大白山李真人《调元妙经》一卷
周泣《颖阳书》一卷　　　　　　　　　　　　　　　　陈少微《大洞炼真宝经》一卷
昝商《导养方》三卷　　　　　　　　　　　　　　　　申天师《服气要诀》一卷
李广《中指真诀》一卷　　　　　　　　　　　　　　　张天师《石金记》一卷
僧遵化《养生胎息秘诀》一卷　　　　　　　　　　　　玄元先生《日月混元经》一卷
高骈《性箴金液颂》一卷　　　　　　　　　　　　　　郑先生《不传气经》一卷
黄仲山《玄珠龟镜》三卷　　　　　　　　　　　　　　建平然先生《少来苦乐传》一卷
裴铉《延寿赤书》一卷　　　　　　　　　　　　　　　赤城隐士《服药经》三卷
张果《紫灵丹砂表》一卷　　　　　　　　　　　　　　卧龙隐者《少玄胎息歌》一卷
　　《内真妙用诀》一卷　　　　　　　　　　　　　　蜀郡处士《胎息诀》一卷
　　《休粮服气法》一卷　　　　　　　　　　　　　　成都李道士《太上洞玄灵宝修真论》一卷
《大易志图参同经》一卷　玄宗与叶静能、一行答问语　务元子《混成经》一卷
王绅《太清宫简要记》一卷　　　　　　　　　　　　　务成子注《太上黄庭内景经》一卷
康真人《气诀》一卷　　　　　　　　　　　　　　　　含光子《契真刊谬玉钥匙》一卷
卢遵元《太上肘后玉经方》一卷　　　　　　　　　　　邓云子《清虚真人裴君内传》一卷
杨知玄《淮南王练圣法》一卷　　　　　　　　　　　　广成子《灵仙秘录阴丹经》一卷
《老子元道经》一卷　南统孟谪仙传授　　　　　　　　　　　《紫阳金碧经》一卷
李延章《中元论》一卷　　　　　　　　　　　　　　　　　　《昇玄养生论》
胡微《玉景内篇》二卷　　　　　　　　　　　　　　　青霞子《旨道篇》一卷
《黄庭内景五藏六腑图》一卷　大白山见素女子胡愔撰　又《龙虎金液还丹通玄论》一卷
王悬河《三洞珠囊》三十卷　　　　　　　　　　　　　　　《宝藏论》一卷
王贞范《洞天集》二卷　　　　　　　　　　　　　　　易元子《劝道诗》一卷
捷神子《唐元指玄篇》一卷　　　　　　　　　　　　　逍遥子《内指通玄诀》三卷
《中央黄老君洞房内经》一卷　　　　　　　　　　　　《摄生秘旨》一卷
《黄老中道君洞房内经》一卷　　　　　　　　　　　　升玄子《造化伏汞图》一卷
《黄老神临药经》一卷　　　　　　　　　　　　　　　颖阳子《神仙修真秘诀》十二卷

元阳子《金石还丹诀》一卷
真一子《金钥匙》一卷
《九真中经》一卷　赤松子传
畅元子《杂录经诀尊用要事》一卷
狐刚子《粉团》五卷
左掌子《证道歌》一卷
中皇子《服气要诀》一卷
桑榆子《新旧气经》一卷
玄明子柳冲用《巨胜歌》一卷
叶真卿《玄中经》一卷
丁少微《真一服元气法》一卷
洞元子通元子《通玄指真诀》一卷
真常子《服食还丹证验法》一卷
烟萝子《内真通玄歌》一卷
独孤滔《丹房镜源文》三卷
天台白云《服气精义论》一卷
徐怀遇《学道登真论》一卷
曹圣图《铅汞五行图》一卷
张素居《金石灵台记》一卷
高先《大道金丹歌》一卷
陈君举《朝元子玉芝书》三卷
吕洞宾《九真玉书》一卷
陶植《蓬壶集》三卷
《修仙要诀》一卷　华子期授于角里先生
《上相青童太上八术知慧灭魔神虎隐文》一卷
碧岩张道者《中山玉柜服神气经》一卷
《司世抱阳剑术》一卷
金明七真人《三洞奉道科诫》三卷
杨归年《修真延秘集》三卷
阴长生《三皇经》一卷
马明生《赤龙金虎中铅炼七返还丹诀》　卷亡
上官翼《养生经》一卷
王弁《新旧服气法》一卷
博士安《还丹诀》一卷
徐道邈注《老子西昇经》二卷
刘仁会注《西昇经》一卷
张随《解参同契》一卷
李审《颐神论》二卷
处士刘词《混俗颐生录》一卷
闾丘方远《太上经秘旨》一卷
道士张乾森《自然券立成仪》一卷
张承先《度灵宝经表具事》一卷
《玉晨奔日月图》一卷
《真秘诀》一卷　宝冠授达磨
僧玄玄《疑甄正论》三卷
王长生《紫微内庭秘诀》三卷
《传授五法立成仪》一卷
寒山子《大还心鉴》一卷
守文居镒《长生纂要》一卷
《庄周气诀》一卷

《朗然子诗》一卷
山居道士《佩服经符仪》一卷　不知名
苏登《天老神光经》一卷
《内外丹诀》二卷　集王元正、李黄中等撰
《崔公入药镜》三卷
《混元内外观》十卷
张君房《云笈七签》百二十卷
乐史《总仙秘录》一百三十卷
余卞《十二真君传》二卷
李信之《云台异境集》一卷
贾善翔《高道传》十卷
　《犹龙传》三卷
张隐龙《三茅山记》一卷
王松年《仙苑编珠》一卷
李昌龄《感应篇》一卷
朱宋卿《徐神翁语录》一卷
《太宗真宗三朝传授赞咏仪》二卷
真宗《汴水发愿文》一卷
徽宗《天真示现记》三卷
陈抟《九室指玄篇》一卷
王钦若《七元图》一卷
《先天纪》三十六卷
《翊圣保德传》三卷
丁谓《降圣记》三十
耿肱《养生真诀》一卷
青霞子《丹台新录》九卷
李思聪《道门三界咏》三卷
张端《金液还丹悟真篇》一卷
彭晓《周易参同契分章通真仪》三卷
《参同契明鉴诀》一卷
姚称《摄生月令图》一卷
钱景衎《南岳胜概编》一卷
谢修通《玉笥山祖记实录》一卷
张无梦《还元篇》一卷
《纯阳集》一卷
《上清五牙真秘诀》一卷
《二仙传》一卷
《成仙君传》一卷
《刘真人传》一卷
《平都山仙都观记》二卷
《师谱》一卷
《十真记》一卷
《仙班朝会图》五卷
《赖卿记》一卷
《大还丹照鉴登仙集》一卷
《断谷要法》一卷
《裴君传行事诀》一卷
《太上墨子枕中记》二卷
《太上太素玉录》一卷
《太上仓元上录》一卷

《学仙辨真诀》一卷
《洞真金元八景玉录》一卷
《五岳真形图》一卷
《祭六丁神法》一卷
《神仙杂歌诗》一卷
《玄门大论》一卷
《九转丹歌》一卷
《太和楼观内纪本草记》一卷
《老君出塞记》一卷
《五岳真形论》一卷
《黄帝三阳经五明乾羸坤巴诀》一卷
《正一肘后修用诀》一卷
《正一法文目》一卷
《正一论》一卷
《正一上元九星图》一卷
《正一修行指要》三卷
《正一法十箓召仪》一卷
《正一奏章仪》一卷
《正一醮江海龙王神仪都功版仪》一卷
《太上符镜》一卷
《谷神赋》一卷
《黄书过度仪》一卷
《太上八道命籍》二卷
《灵宝圣真品位》一卷
《灵宝飞云天篆》一卷
《上清佩文诀》五卷
《上清佩文黑券诀》一卷
《福地记》一卷
《曲素忧乐慧辞》一卷
《皇人三一图》一卷
《西昇记》一卷
《胎精记解结行事诀》一卷
《高上金真元箓》一卷
《长睡法》一卷
《大洞玄保真养生论》一卷
《曲素诀辞》一卷
《太上丹字紫书》一卷
《绝玄金章》一卷
《紫凤赤书》一卷
《灵宝步虚词》一卷
《金纽太清阴阳戒文》一卷
《太上紫书录传》一卷
《度太一玉传仪》一卷
《奔日月二景隐文》一卷
《司命杨君传记》一卷
《回耀太真隐书》一卷
《思道诫》一卷
《潘尊师传》一卷
《三尸经》一卷
《金简集》三卷

《无名道者歌》一卷
《大丹会明论》一卷
《太清真人九丹神秘经》一卷
《金镜九真玉书》一卷《八公紫府河车歌》一卷
《大还秘经》一卷
《神仙肘后三宫诀》二卷
《太极紫微元君补命秘录》一卷
《老君八纯玄鼎经》一卷
《海蟾子还金篇》一卷
《太清篇火式》一卷
《太一真人五行重玄论》一卷
《龙虎大还丹秘诀》一卷
《炼五神丹法》一卷
《太清丹经经》一卷
《神仙庚辛经》一卷
《紫白金丹诀》一卷
《仙公药要诀》一卷
《三十六水法》一卷
《金虎赤龙经》一卷
《玉清内书》一卷
《太上老子服气口诀》一卷
《烧炼杂诀法》一卷
《太清金液神丹经》三卷
《休粮诸方》一卷
《胎息根旨要诀》一卷
《修真内炼秘诀》一卷
《上清修行诀》一卷
《大道感应论》一卷
《太上习仙经契录》一卷
《回耀飞光日月精气上经》一卷
《摄生增益录》一卷
《神气养形论》一卷
《服饵仙方》一卷
《铅汞指真诀》一卷
《服气日月皇华诀》一卷
《神仙药名隐诀》一卷
《炼花露仙醅诀》一卷
《缮生集》一卷
《道术旨归》一卷
《按摩要法》一卷
《醮人神法》一卷
《上清大洞真经玉诀》一卷
《草金丹法》一卷
《十二月五藏导引》一卷
《大易二十四篇》一卷
《服气炼神秘诀》一卷
《老君金书内序》一卷
《尹真人本行记》一卷
《陶陆问答》一卷
《诸家修行纂要》一卷

《谷神秘诀》三卷
《太清导引调气经》一卷
《大玄部道兴论》二十七卷
《富贵日用篇》一卷
《入室思赤子经》一卷
《饵芝草黄精经》一卷
《治身服气诀》一卷
《玉皇圣台神用诀》一卷
《烧金石药法》一卷
《神仙服食经》一卷
《三天君烈纪》一卷
《养生要录》三卷
《神仙九化经》一卷
《调元气法》一卷
《太上保真养生论》一卷
《神仙秘诀三论》三卷
《元君肘后术》三卷
《山水穴窦图》一卷
《养生诸神仙方》一卷
《五经题迷》一卷
　　右神仙类三百九十四部，一千二百十六卷
　　右道家附释氏神仙类凡七百十七部，二千五百二十四卷。

《管子》二十四卷　齐管夷吾撰。
《商子》五卷　卫公孙鞅撰
《慎子》一卷　慎到撰
《韩子》二十卷　韩非撰
尹知章注《管子》十九卷
杜佑《管氏指略》二卷
丁度《管子要略》五篇　卷亡
董仲舒《春秋决事　一作"狱"》十卷　丁氏平，黄氏正
李文博《治道集》十卷
张去华《大政要录》三卷
　　右法家类十部，九十九卷。
《公孙龙子》一卷　赵人
《尹文子》一卷　齐人
《邓析子》二卷　郑人
刘邵《人物志》二卷
杜周士《广人物志》二卷
　　右名家类五部，八卷。

《墨子》十五卷　宋墨翟撰
　　右墨家类一部，十五卷。

《鬼谷子》三卷
高诱注《战国策》三十三卷
鲍彪注《国策》十卷
　　右纵横家类三部，四十六卷。

《夏小正戴氏传》四卷　傅崧卿注
蔡邕《月令章句》一卷
杜台卿《玉烛宝典》十二卷
唐玄宗《删定礼记月令》一卷
李林甫《注解月令》一卷
韩鄂《岁华纪丽》四卷
韦行规《月录》一卷
李绰《秦中岁时记》一卷　一名《咸镐记》
李邕《金谷园记》一卷
徐锴《岁时广记》一百二十卷　内八卷阙
贾昌朝《国朝时令集解》十二卷
宋绶《岁时杂咏》二十卷
刘安靖《时镜新书》五卷
孙岊《备阅注时令》一卷
《岁中记》一卷
《十二月纂要》一卷
《保生月录》二卷
《四时录》四卷
　　并不知作者
张方《夏时志别录》一卷
又《夏时考异》一卷
《许状元节序故事》十二卷　许尚编
真宗《授时要录》十二卷
孙思邈《齐人月令》三卷
宗懔《荆楚岁时记》一卷
李绰《辇下岁时记》一卷
刘靖《时鉴杂　一作"新"　书》四卷
岑贲《月壁》一卷
孙翰《月鉴》二卷
嵇含《南方草木状》三卷
贾思勰《齐民要术》十卷
则天皇后《兆人本业》三卷
陆羽《茶经》三卷
又《茶记》一卷
温庭筠《采茶录》一卷
《茶苑杂录》一卷　不知作者
张又新《煎茶水记》一卷
韩鄂《四时纂要》十卷
贾朒《医牛经》　卷亡
淮南王《养蚕经》一卷
孙光宪《蚕书》三卷
秦处度《蚕书》一卷
毛文锡《茶谱》一卷
史正志《菊谱》一卷
任璩《彭门花谱》一卷
周序《洛阳花木记》一卷
陶朱公《养鱼经》一卷
熊寅亮《农子》一卷
贾朴《牛书》一卷

王旻《山居要术》三卷
又《在居杂要》三卷
《山居种莳要术》一卷
戴凯之《竹谱》三卷
无求子《酒经》一卷　不知姓名
大隐翁《酒经》一卷
《是斋售用》一卷
李淳风《四民福禄论》二卷
《牛皇经》一卷
《辨五音牛栏法》一卷
《农家切要》一卷
《荔枝故事》一卷
　　并不知作者
封演《钱谱》一卷
张台《钱录》一卷
于公甫《古今泉货图》一卷
侯氏《萱堂香谱》一卷
范如圭《田夫书》一卷
贾元道《大农孝经》一卷
陈靖《劝农奏议》三十篇
林勋《本政书》十卷
又《本政书比校》二卷
《治地旁通》一卷
王章《水利编》三卷
僧赞宁《笋谱》一卷
僧仲休《花品记》一卷
丁谓《北苑茶录》三卷
又《天香传》一卷
欧阳修《牡丹谱》一卷
蔡襄《茶录》一卷
沈立《香谱》一卷
又《锦谱》一卷
《茶法易览》十卷
丁度《土牛经》一卷
孔武仲《芍药谱》一卷
张峋《花谱》一卷
沈括《志怀录》三卷
窦苹《酒谱》一卷
冯安世《林泉备》五卷
吕惠卿《建安茶用记》二卷
刘攽《芍药谱》一卷
王观《芍药谱》一卷
洪刍《香谱》五卷
章炳文《壑源茶录》一卷
吴良辅《竹谱》二卷
葛澧《酒谱》一卷
高伸《食禁经》三卷
刘异《北苑拾遗》一卷
宋子安《东溪茶录》一卷
陈翥《桐谱》一卷

张宗诲《花木录》七卷
周绛《补茶经》一卷
叶庭珪《南蕃香录》一卷
楼璹《耕织图》一卷
曾安止《禾谱》五卷
曾之谨《农器谱》三卷
陈旉《农书》三卷
熊蕃《宣和北苑贡茶录》一卷
韩彦直《永嘉橘录》三卷
王居安《经界弓量法》一卷
　　右农家类一百七部，四百二十三卷、篇。

《鹖熊子》一卷
吕不韦《吕氏春秋》二十六卷　高诱注
陆贾《新语》二卷
贾谊《新书》十卷
《淮南子鸿烈解》二十一卷　淮南王安撰
许慎注《淮南子》二十一卷
高诱注《淮南子》十三卷
刘向《新序》十卷
又《说苑》二十卷
仲长统《昌言》二卷
王充《论衡》三十卷
边谊《续论衡》二十卷
应劭《风俗通义》十卷
徐干《中论》十卷
《蒋子万机论》十卷　魏蒋济撰
诸葛亮《武侯十六条》一卷
沈颜《聱书》十卷
《傅子》五卷　傅玄撰
陆机《正训》十卷
崔豹《古今注》三卷
周蒙《续古今注》三卷
张华《博物志》十卷
葛洪《抱朴子内篇》二十卷
又《抱朴子外篇》五十卷
《刘子》三卷　刘昼撰
奚克让《刘子音释》三卷
又《音义》三卷
湘东王绎《金楼子》十卷
庾仲容《子钞》三十卷
顾野王《符瑞图》二卷
《孙绰子》十卷
范泰《古今善言》三十卷
沈约《袖中记》三卷
《尹子五机论》三卷
商子逸《商子新书》三卷
郑玮《道言录》三卷
杜正伦《百行章》一卷
李文博《治道集》十卷

虞世南《帝王略论》五卷
刘严《刍荛论》三卷
李贤《修书要览》十卷
罗隐《两同书》二卷
李直方《正性论》一卷
韩熙载《格言》五卷
　　又《格言后述》三卷
黄晞《聱隅书》十卷
李淳风《感应经》三卷
魏徵《时务策》一卷
　　又《祥瑞录》十卷
朱敬则《十代兴亡论》十卷
张说《才命论》一卷
杨相如《君臣政要论》三卷
赵自勖《造化权舆》六卷
《元子》十卷　元结撰
杜佑《理道要诀》十卷
皇甫选注《何亮本书》三卷
邵元《体论》十卷
马总《意林》三卷
　　又《意枢》二十卷
林慎思《伸蒙子》三卷
丘光庭《规书》一卷
　　又《兼明书》十二卷
牛希济《理源》二卷
　　又《治书》十卷
朱朴《致理书》十卷
卢藏用《子书要略》三卷
臧嘉猷《史玄机论》十卷
欧阳浚《周纪圣贤故实》十卷
徐融《帝王指要》三卷
张辅《宰辅明鉴》十卷
赵湘《补政忠言》十篇　卷亡
徐氏《忠列图》一卷
　　《孝义图》一卷
赵彦卫《云麓漫钞》二十卷
　　又《云麓续钞》二卷
南唐后主李煜《杂说》二卷
《刘子法语》二十卷　刘鹗撰
　　又《通论》五卷
宋齐丘《化书》六卷
　　又《理训》十卷
葛澧《经史摭微》四卷
刘庚《稽瑞》一卷
赵蕤《长短要术》九卷
吴筠《两同书》二卷
马缟《中华古今注》三卷
苏鹗《演义》十卷
乐朋龟《五书》一卷
微微子《服饰变古》一卷
狐刚子《感应类从谱》一卷
通幽子《灵台隐秘宝符》一卷　扶风隐者
李恂《前言往行录》三卷
《尹子》五卷
郑至道《谕俗编》一卷
彭仲刚《谕俗续编》一卷
黄巖《虙牺范围图传》二卷
张时举《弟子职女诫乡约家仪乡仪》一卷
李宗思《尊幼仪训》一卷
吕本中《官箴》一卷
何遽《春渚记闻》十三卷
王普《答问难疑》一卷
徐度《崇道却扫编》十三卷
吴曾《漫录》十三卷
魏泰《书可记》一卷
　　又《续东轩杂录》一卷
冯忠恕《涪陵记》一卷
洪兴祖《圣贤眼目》一卷
　　又《语林》五卷
姚宽《丛语》上下二卷
唐稷《砚冈笔志》一卷
吴箕《常谭》一卷
袁采《世范》三卷
　　又《歆歆子》一卷
叶适《习学记言》四十五卷
项安世《项氏家记》十卷
徐彭年《涉世录》二十五卷
　　又《涉世后录》二十五卷
　　《坐忘论》一卷
吕祖谦《紫微语录》一卷
叶模《石林过庭录》三十七卷
李石《乐善录》十卷
刘鹏《县务纲目》二十卷
周朴《三教辨道论》一卷
僧赞宁《物类相感志》十卷
　　又《要言》二卷
柳寀《薮记》十卷
王锜《动书》一卷
宋祁《笔录》一卷
龙昌期《天保正名论》八卷
胥余庆《瑞应杂录》十卷
刁衎《治道中术》三卷
朱景先《默书》三卷
邓绾《驭臣鉴古论》二十卷
王韶《敷阳子》七卷
《天鸑子》一卷　不知姓名
吴宏《群公典刑》二十卷
高承《事物纪原》十卷
陈瓘《中说》一卷
孔平仲《良史事证》一卷

李新《塾训》十三卷
　又《欲书》五卷
李格非《史传辨志》五卷
晁说之《客语》一卷
方行可《治本书》一卷
王扬英《齻扆诫》一卷
何伯熊《机密利害》一卷
李臼高《审理书》一卷
张大概《翠微洞隐》百八十卷
李易《要论》一卷
何亮《本书》三卷
刘长源《治本论》一卷
郑樵《十说》二卷
潘植《忘筌书》二卷
洪氏《杂家》五卷　不知名
《瑞录》十卷
《冗录》一卷
《治狱须和》一卷
《之官申戒》一卷
《瑞应图》十卷
《玉泉子》一卷
《中兴书》一卷
《汲世论》一卷
　　　并不知作者
《东莞子》十卷
《李子正辨》十卷
刘潜《群书集》三卷
成嵩《韵史》一卷
陈鄂《十经韵对》二十卷
　又《四库韵对》九十九卷
魏玄成《祥应　一作"瑞"　图》十卷
刘振《通籍录异》二十卷
赵志忠《大辽事迹》十卷
　　右杂家类一百六十八部，一千五百二十三卷、篇。

卷二百六　　志第一百五十九

艺　文　五

《燕丹子》三卷
东方朔《神异经》二卷　晋张华传
师旷《禽经》一卷　张华注
王子年《拾遗记》十卷　晋王嘉撰
《干宝搜神总记》十卷
《宝椟记》十卷
　　　并不知作者
殷芸《小说》十卷

刘义庆《世说新语》三卷
任昉《述异记》二卷
吴均《续齐谐记》一卷
沈约《俗说》一卷
陶弘景《古今刀剑录》一卷
江淹《铜剑赞》一卷
顾烜《钱谱》一卷
颜之推《还冤志》三卷
阳松玠《八代谈薮》二卷
张说《五代新说》二卷
　又《鉴龙图记》一卷
陆藏用《神告录》一卷
刘𫗧《传记》三卷
　又《隋唐佳话》一卷
《小说》三卷
段成式《酉阳杂俎》二十卷
　又《续酉阳杂俎》十卷
《庐陵官下记》二卷
封演《闻见记》五卷
张读《宣室志》十卷
唐临《冥报记》二卷
陆长源《辨疑志》三卷
柳宗元《龙城录》一卷
《柳氏小说旧闻》六卷　柳公权撰
柳珵《常侍言旨》一卷
卢弘正《昭义军别录》一卷
温造《瞿童述》一卷
韦绚《戎幕闲谈》一卷
　又《刘公嘉话》一卷
《宾客佳话》一卷
房千里《南方异物志》一卷
钟辂《前定录》一卷
刘轲《牛羊日历》一卷
李翱《卓异记》一卷
李德裕《志支机宝》一卷
　又《幽怪录》十四卷
李商隐《杂纂》一卷
范摅《云溪友议》十一卷
陆勋《集异志》二卷
李复言《续玄怪录》五卷
李亢《独异志》十卷
袁郊《甘泽谣》一卷
裴紫芝《续卓异记》一卷
郑遂《洽闻记》二卷
康骈《剧谈录》二卷
冯贽《云仙散录》一卷
尉迟枢《南楚新闻》三卷
皇甫枚《三水小牍》二卷
王叡《炙毂子杂录》五卷
胡璩《谈宾录》五卷

刘崇远《金华子杂编》三卷
赵璘《因话录》六卷
郭良辅《武孝经》一卷
《女孝经》一卷　侯莫陈邈妻郑氏撰
皇甫松《酒孝经》一卷
罗邵《会稽新录》一卷
李隐《大唐奇事》十卷
　又《潇湘录》十卷
陈翰《异闻集》十卷
焦璐《稽神异苑》十卷
李匡文《资暇录》三卷
颜师古《隋遗录》一卷
郑棨《开天传信记》一卷
俞子《萤雪丛说》一卷
李义山《杂纂》一卷
刘存《事始》三卷
刘睿《续事始》三卷
冯鉴《续事始》五卷
李濬《松窗小录》一卷
刘愿《知命录》一卷
张固《幽闲鼓吹》一卷
《会昌解颐录》五卷
《树萱录》三卷
《桂苑丛谈》一卷
《闻奇录》三卷
《滇洪录》二卷
《灵怪集》一卷
《灯下闲谈》二卷
《续野人闲话》三卷
《吴越会粹》一卷
　　并不知作者
《阙史》一卷　参寥子述
《佛孝经》一卷　旧题名鸦，不知姓
陈善《扪虱新话》八卷
吴曾《能改斋漫录》十三卷
卢氏《逸史》一卷
刘氏《耳目记》二卷
调露子《角力记》一卷
沈氏《惊听录》一卷
　　并不知名
《汉武帝洞冥记》四卷　东汉郭宪编
史虚白《钓矶立谈记》一卷
陈致雍《晋安海物异名记》三卷
綦师系《元道孝经》一卷
文谷《备忘小钞》二卷
杜光庭《虬须客传》一卷
僧庭藻《续北齐还冤志》一卷
高泽《群居解颐》三卷
王仁裕《玉堂闲话》三卷
石文德《唐新纂》三卷

刘曦度《鉴诫录》三卷
潘遗《纪闻谈》一卷
皮光业《妖怪录》五卷
逢行珪《鹦子注》一卷
李讽《谍林》五卷
郑余庆《谈绮》一卷
《续同归说》三卷
王定保《摭言》十五卷
李绰　一作"纬"《尚书故实》　一作"事"　一卷
柳祥《潇湘录》十卷
陆希声《颐山录》一卷
柳珵《家学要录》二卷
《赂子解　一作"录"》一卷
何光远《鉴诫录》三卷
　又《广政杂录》三卷
蒲仁裕《蜀广政杂记　一作"纪"》十五卷
杨士逮《儆戒录》五卷
王仁裕《见闻录》三卷
　又《唐末见闻录》八卷
韦绚《佐谈》十卷
周文玘《开颜集》二卷
皮光业《皮氏见闻录》十三卷
《启颜录》六卷
《三余外志》三卷
杨九龄《三感志》三卷
段成式《锦里新闻》三卷
牛肃《纪闻》十卷　崔造注
周随《南溪子》三卷
卢光启《初举子》三卷
《玉泉笔论》五卷
李遇之《浅疑论》三卷
金利用《玉溪编事》三卷
玉川子《啸旨》一卷
《章程》四卷
孙棨《北里志》一卷
《同归小说》三卷
胡节还《醉乡小略》一卷
杨鲁龟《令𬎛芝兰集》一卷
《唐说纂》四卷
司马光《游山行记》十二卷
赵瞻《西山别录》一卷
唐恪《古今广说》一百二十卷
张舜民《南迁录》一卷
高彦休《阙史》三卷
林思　一作"黄仁望"《史遗》一卷
黄仁望《续遗》五卷
《兴国拾遗》二十卷
姚崇《六诫》一卷
李大夫《诫女书》一卷
海鹏《忠经》一卷

《正顺孝经》一卷
曹希达《孝感义闻录》三卷
东方朔《感应经》三卷
王穀　一作"毂"《报应录》三卷
夏大珏　一作"侯大珏"《奇应录》五卷
狐刚子《灵图感应歌》一卷
周子良《冥通记》四卷
牛僧孺《玄怪录》十卷
李复言《搜古异录》十卷
焦璐《搜神录》三卷
麻安石《祥异集验》二卷
陈邵　一作"召"《通幽记》三卷
吴淑《异僧记》一卷
杜光庭《录异记》十卷
李玫　一作"政"《纂异记》一卷
元真子《神异书》三卷
裴铏《传奇》三卷
《传载》一卷
曹大雅《灵异图》一卷
裴约言《灵异志》五卷
曾寓《鬼神传》二卷
曹衍《湖湘神仙显异》三卷
《灵怪实录》三卷
秦再思《洛中纪异》十卷
秉　一作"乘"　异》三卷
《贯怪图》二卷
钟辂《感定录》一卷
冯鉴《广前定录》七卷
赵自勤《定命录》二卷
温奢《续定命录》一卷
陈翰　一作"翱"《卓异记》一卷
乐史《续广卓异记》三卷
《小名录》三卷
陆龟蒙《古今小名录》五卷
《名贤姓字相同录》一卷
《三教论》一卷
周明辨《五经评判》六卷
虞荔《古今鼎录》一卷
《欹器图》一卷
史道硕画《八骏图》一卷
《异鱼图》五卷
沈如筠《异物志》二卷
通微子《十物志》一卷
释赞宁《物类相感志》五卷
丘光庭《海潮论》一卷
《海潮记》一卷
张宗海《花木录》七卷
僧仲休《花品》一卷
蔡襄《荔枝谱》一卷
同尘先生《庭萱谱》一卷

窦常《正元饮略》三卷
皇甫松《醉乡日月》三卷
尹建峰《令海珠玑》三卷
何自然《笑林》三卷
路氏《笑林》三卷
南阳德长《戏语集说》一卷
《集补江总白猿传》一卷
苏鹗《杜阳杂编》二卷
薛用弱《集异记》一卷
《国老闲谈》二卷　题君玉撰，不知姓
《大隐居士诗话》一卷　不知姓名
《释常谈》三卷
《王洙谈录》一卷
　　并不知作者
曾季狸《艇斋诗话》一卷
谭世卿《广说》二卷
《啸旨》、《集异记》、《博异志》一卷　谷神子纂，不知姓。
费衮《梁谿漫志》一卷
何黥汶《竹庄书话》二十七卷
晁氏《谈助》一卷　不知名
《幽明杂警》三卷　题退夫兴仲之所纂，不著姓
张氏《儆诫会最》一卷
唯室先生《步里客谈》一卷
沈括《笔谈》二十五卷
　又《清夜录》一卷
王铚《续清夜录》一卷
郭彖《暌车志》一卷
洪迈《随笔五集》七十四卷
　又《夷坚志》六十卷　甲、乙、丙志
　　《夷坚志》八十卷　丁、戊、己、庚志
胡仔《渔隐丛话》前后集四十卷
姚迥《随因纪述》一卷
王焕《北山纪事》十二卷
何晦《摭言》十五卷
　又《广摭言》十五卷
僧赞宁《传载》八卷
徐铉《稽神录》十卷
苏辙《龙川志》六卷
苏轼《东坡诗话》一卷
杨囦道《四六余话》二卷
谢伋《四六谈麈》二卷
叶凯《南宫诗话》一卷
叶梦得《石林避暑录》二卷
马永卿《懒真子》五卷
赵棨《见闻录》二卷
王同《叙事》一卷
刘斧《翰府名谈》二十五卷
　又《摭遗》二十卷
　　《青琐高议》十八卷
僧文莹《湘山野录》三卷

又《玉壶清话》十卷
李端彦《贤已集》三十二卷
王陶《谈渊》一卷
钱明逸《衣冠盛事》一卷
句颖《坐右书》一卷
曾巩《杂职》一卷
张师正《怪集》五卷
　又《倦游杂录》十二卷
　　《括异志》十卷
毕仲询《幕府燕闲录》十卷
刘攽《三异记》一卷
岑象求《吉凶影响录》八卷
庞元英《南斋杂录》一卷
孔平仲《释裨》一卷
　又《续世说》十二卷
　　《孔氏杂说》一卷
魏泰《订误集》二卷
　又《东轩笔录》十五卷
陈正敏《剑溪野话》三卷
　又《遁斋闲览》十四卷
李荐《师友谈记》十卷
王山《笔奁录》七卷
董逌《钱谱》十卷
王辟之《渑水燕谈》十卷
宋肇《笔录》三卷　次其祖详遗语
李孝友《历代钱谱》十卷
刘延世《谈圃》三卷
成材《朝野杂编》一卷
张舜民《画墁录》一卷
陈师道《谈丛究理》一卷
　　《后山诗话》一卷
李献民《云斋新说》十卷
《和平谈选士》一卷
章炳文《搜神秘览》三卷
王得臣《麈史》三卷
令狐皞如《历代神异感应录》二卷
王说《唐语林》十一卷
黄朝英《青箱杂记》十卷
李注《李冰治水记》一卷
王巩《甲申杂记》一卷
　又《闻见近录》一卷
朱无惑《萍洲可谈》三卷
僧惠洪《冷斋夜话》十三卷
汪藻《世说叙录》三卷
洪皓《松漠纪闻》二卷
方勺《泊宅编》十卷
娄伯高《好还集》十卷
何侑《叹息》一卷
周煇《清波别志》二卷
孙宗鉴《东皋杂记》十卷

洪炎《侍儿小名录》一卷
陆游《山阴诗话》一卷
秦再思《洛中记异》十卷
姚宽《西溪丛话》二卷
耿焕《牧竖闲谈》三卷
　又《野人闲话》五卷
陈纂《葆光录》三卷
孙光宪《北梦琐言》十二卷
潘若冲《郡阁雅言》二卷
王举《雅言系述》十卷
吴淑《秘阁闲谈》五卷
　又《江淮异人录》三卷
李昉《太平广记》五百卷
陶岳《货泉录》一卷
张齐贤《太平杂编》二卷
《贾黄中谈录》一卷　张洎撰
钱易《洞微志》三卷
　又《滑稽集》一卷
　　《南部新书》十卷
陈彭年《志异》十卷
祖士衡《西斋话记》一卷
乐史《广卓异记》二十卷
张君房《潮说》三卷
　又《乘异记》三卷
　　《科名分定录》七卷
　　《搢绅脞说》二十卷
王绩《补妒记》八卷
李畋《该闻录》十卷
苏耆《闲谈录》二卷
黄休复《茅亭客话》十卷
欧靖《宴闲谈柄》一卷
上官融《友会谈丛》三卷
王子融《百一纪》一卷
梁嗣真《荆山杂编》四卷
邵思《野说》三卷
勾台符《岷山异事》一卷
聂田《俱异志》十卷
卢臧《范阳家志》一卷
丘濬《洛阳贵尚录》十卷
宋庠《杨亿谈苑》十五卷
汤巖起《诗海遗珠》一卷
赵辟公《杂说》一卷
江休复《嘉祐杂志》三卷
《穷神记》十卷
《延宾佳话》四卷
《林下笑谈》一卷
《世说新语》一卷
《翰苑名谈》三十卷
《说异集》二卷
《墨客挥犀》二十卷

《北窗记异》一卷
《道山新闻》一卷
《绀珠集》十三卷
《儆告》一卷
《垂虹诗话》一卷
   并不知作者
   右小说类三百五十九部，一千八百六十六卷。

甘、石、巫咸氏《星经》一卷
石氏《星簿赞历》一卷
张衡《大象赋》一卷
苗为注《张华小象赋》一卷
《乾象录》一卷
抱真子《上象握鉴歌》三卷
吕晚成《上象鉴》三卷
《大象玄文》二卷
《垂象志》二卷
闾丘业《大象玄机歌》一卷　本三卷，残阙
《天象图》一卷
《大象历》一卷
《入象度》一卷
《乾象秘诀》一卷
祖暅《天文录》三十卷
《天文总论》十二卷
《天文广要》三十五卷
《立成天文》三卷
《符天经》一卷
曹士为《符天经疏》一卷
《符天通真立成法》二卷
《天文秘诀》二卷
《天文经》三卷
《天文录经要诀》一卷　钞祖暅书
《后魏天文志》四卷
王安礼《天文书》十六卷
　《二仪赋》一卷
李淳风《乾坤秘奥》七卷
《太阳太阴赋》二卷
《日月气象图》五卷
《上象二十八宿纂要诀》一卷
《太白会运逆兆通代记图》一卷
《日行黄道图》一卷
《月行九道图》一卷
《云气图》一卷
《浑天方志图》一卷
《九州格子图》一卷
张商英《三才定位图》一卷
《大象列星图》三卷
《大象星经》一卷
《乾文星经》二卷
刘表《星经》一卷

又《星经》三卷
《上象占要略》一卷
《天文占》三卷
《天象占》一卷
《乾象秘占》一卷
《占北斗》一卷
张华《三家星歌》一卷
　又《玉函宝鉴星辰图》一卷
《浑天列宿应见经》十二卷
《众星配位天隔图》一卷
《文殊星历》二卷
《上象星文幽栖赋》一卷
唐昧《秤星经》三卷
《星说系记　一作"纪"》一卷
《混天星图》一卷
陶隐居《天文星经》五卷
徐承嗣《星书要略》六卷
《星经手集》二卷
《天文星经》五卷
《皇祐星经》一卷
《五星交会图》一卷
徐昇《长庆算五星所在宿度图》一卷
《七曜雌雄图》一卷
《文殊七曜经》一卷
《七曜会聚　一作"历"》一卷
《符天九星算法》一卷
李世勣《二十八宿纂要诀》一卷
　又《日月运行要诀》一卷
僧一行《二十八宿秘经要诀》一卷
宋均《妖瑞星图》一卷
《妖瑞星杂气象》一卷
桑道茂《大方广　一作"大广方"　经神图历》一卷
《仰覆玄黄图十二分野躔次》一卷
《仰观十二次图》一卷
《宿曜度分域名录》一卷
《华夏诸国城名历》一卷
《浑仪》一卷
《浑仪法要》十一卷
《浑天中影表图》一卷
欧阳发《浑仪》十二卷
　又《刻漏》五卷
《晷影法要》一卷
丰稷《浑仪浮漏景表铭词》四卷
苏颂《浑天仪象铭》一卷
韩显符《天文明鉴占》十卷
瞿昙悉达《开元占经》四卷
《二十八宿分野五星巡应占》一卷
《推占龙母探珠诗》一卷
《古今通占》三十卷
《握掌占》十卷

《荆州占》三卷
《蕃占新书要略》五卷
《占风九天玄女经》一卷
《云气测赋候》一卷
《占候云雨赋》一卷
《验天大明历》一卷
《符天五德定分历》三卷
王洪晖《日月五星彗孛凌犯应验图》三十卷
　　《上象应验录》一十卷
郭颖夫 一作"士"《符天大术休咎诀》一卷
　　《五星休咎赋》一卷
张渭《符天灾福新术》五卷
《天文日月星辰变现灾祥图》一卷
仁宗《宝元天人祥异书》十卷
徐彦卿《微应集》三卷
《玄象应验录》二十卷
《祥瑞图》一卷
《都利聿斯经》一卷
《聿斯四门经》一卷
《聿斯歌》一卷
《枢要经》一卷
《青霄玉鉴》二卷
《碧霄金鉴》三卷
《碧落经》十卷
蒋权卿《应轮心鉴》五卷
崔寓《神象气运图》十卷
《紫庭秘诀》一卷
《玄纬经》二卷
《辨负 一作"真"经》二卷
《大霄论璧第五》一卷
《气象图》一卷
《乙巳略例》十五卷
《唐书距子经》一卷
陶弘景《象历》一卷
《括星诗》一卷
《玄象隔子图》一卷
《镜图》三卷
《天文图》一卷
《三元经传》一卷
《大衍明疑论》十五卷
《交食论》一卷
　　并不知作者
王希明《丹元子步天歌》一卷
杨惟德《乾象新书》三十卷
　　《新仪象法要》一卷
张宋臣《列宿图》一卷
张宏图《天文志讹辨》一卷
阮泰发《水运浑天机要》一卷
邹淮《考异天文书》一卷
　　右天文类一百三十九部，五百三十一卷。

郭璞《三命通照神白经》三卷
陶弘景《五行运气》一卷
《青一录班氏经》一卷　不知名
李淳风《五行元统》一卷
王希明《太一金镜式经》十卷
僧一行《遁甲通明无惑十八钤局》一卷
元兢《禄命厄会经》一卷
杨龙光《禄命厄运歌》一卷
李吉甫《三命行年韬钤秘密》二卷
李虚中《命书格局》二卷
《珞琭子赋》一卷　不知姓名，宋李企注
许季山《易诀》一卷
《周易八帖》四卷
《周易髓要杂诀》一卷
《周易天门子诀》二卷
《周易三略经》三卷
《易林》三卷
《诸家易林》一卷
《易新林》一卷
《易傍通手鉴》八卷
《易玄图》一卷
《周易耕冀诀》一卷
《易颂卦》一卷
《大清易经诀》一卷
《周易通贞》三卷
《周易子夏占》一卷
《周易口诀开题》一卷
《周易飞燕转关林》一卷
《周易括世应颂》一卷
《周易鬼灵经》一卷
《周易三空诀》一卷
《周易三十六占》六卷
《周易爻咏》八卷
《周易鬼镇林》一卷
《周易金鉴歌》一卷
《周易联珠论》一卷
《周卦辘轳关》一卷
《易辘轳图颂》一卷
《易大象歌》一卷
《周易卜卦》一卷
又《玄理歌》一卷
《地理观风水歌》二卷
《阴阳相山要略》二卷
郭璞《周易玄义经》一卷
《周易察微经》一卷
《周易鬼御算》一卷
《周易逆刺》一卷
《易鉴》三卷
黄子 一作"景" 玄《易颂》一卷

王守一《周易探玄》九卷　本十卷
《易诀杂颂》一卷
《易杜秘林　一作"林秘"》一卷
《易大象林》一卷
李鼎祚《易髓》三卷　《目》一卷
《瓶子记》三卷
成玄英《易流演》五卷
虞翻注《京房周易律历》一卷
陶隐居《易髓》三卷
王鄙《周易通神歌》一卷
张胥《周易缭绕词》一卷
灵隐子《周易河图术》一卷
焦氏《周易玉鉴领》一卷
《周易三备杂机要》一卷
《周易经类》一卷
《法易　一作"易法"》一卷
《周易窍书》一卷
《周易灵真述》一卷
《周易灵真诀》一卷
《易卦林》一卷
《周易飞伏例》一卷
《周易火窍》一卷
《周易备要》一卷
《周易六神颂》一卷
天门子《易髓》一卷
管公明《隔山照》一卷
《文王版词》一卷
王巖《金箱要录》一卷
朱异《稽疑》二卷
《罔象玄珠》五卷
《六证括天地经》一卷
《黄帝天辅经》一卷
孙膑《卜法》一卷
刘表《荆州占》二卷
《海中占》十卷
武密《古今通占鉴》三十卷
李淳风《乙巳占》十卷
　又《杂占》一卷
《帝王气象占》一卷
《气象占》一卷
《西天占书》一卷
《白泽图》一卷
《周遁三元纂例》一卷
《阴阳遁八　一作"入"　局立成法》一卷
《阴阳二遁万一诀》四卷
《遁甲要用歌式》二卷
《阳遁天元局法》一卷
《阴阳遁甲经》三卷
《阴阳遁甲立成》一卷
《天一遁甲兵机要诀》二卷

《三元遁甲经》一卷
《遁甲符应经》三卷
《太一玄鉴》十卷
《太一新鉴》三卷
《枢会赋》一卷
《九宫口诀》三卷
《玉帐经》一卷
《乾坤秘　一作"要"》七卷
《蓬瀛经》三卷
《济家备急广要录》一卷
《三元经》一卷
《二宅赋》一卷
《行年起造九星图》一卷
《宅心鉴式》一卷
《相宅经》一卷
《宅体　一作"髓"　经》一卷
《九星修造吉凶歌》一卷
《阴阳二宅歌》一卷
《二宅相占》一卷
《太白会运纤记》一卷
《九天秘记　一作"诀"》一卷
《详思记》一卷
《玄女金石玄悟术》三卷
《西王母玉诀》一卷
《通玄玉鉴颂　一作"领"》二卷
封演《元正　一作"正元"　占书》一卷
周辅《占经要诀》二卷
《蕃占要略》五卷
《天机立马占》一卷
《统占》二卷
《六甲五行杂占机要》二卷
《乙巳指占图经》三卷
《人伦宝鉴卜法》一卷
杜灵贲《卜法》一卷
《占候应验》二卷
《晷薪算经法》三卷
《易咎限算》一卷
《晷限立成》一卷
费直《焦贡晷限历》一卷
韦伟《人元晷限经》三卷
《铭》五卷
《轨革秘宝》一卷
《轨革指迷照胆诀》一卷
《轨革照胆诀》一卷
史苏《五兆龟经》一卷
　又《龟眼玉铃论》三卷
《五兆金车口诀》一卷
《五兆秘诀》三卷
《五行日见五兆法》三卷
《五兆穴门术》三卷

《灵碁经》一卷
《龟缭绕诀》一卷
聂承休《龟经杂例要诀》一卷
《玄女玉函龟经》三卷
《古龟经》二卷
《神龟卜经》二卷
刘玄《龟髓经论》一卷
毛宝定《龟窍》一卷
《龟甲历》一卷
《龟兆口诀》五卷
《龟经要略》二卷
《龟髓诀》二卷
《春秋龟策经》一卷
黄石公《备气三元经》二卷
《玄女五兆筮经》五卷
李进注《灵碁经》一卷
《金石经》三卷
《灵骨经》一卷
《螺卜法》一卷
《大道通灵肉臑论》一卷
《鼓角证应传》一卷
郯子《占鸟经》二卷
《占鸟法图》一卷
袁天纲 一作"孙思邈"《九天玄女坠金法》一卷
《怪书》一卷
《响应经》一卷
《玄女三廉射覆经》一卷
《通明玉帐法》一卷
《遁甲步小游太一诸将立成图》二卷
《相书》七卷
《相气色诗》一卷
《要诀》三卷
《玄明经》一卷
闾丘纯《射覆经》一卷
东方朔《射覆经》三卷
　又《占神光耳目法》一卷
《相枕经》一卷
《马经》三卷
《相马经》三卷
卢重玄《梦书》四卷
柳璨《梦隽》一卷
《周公解梦书》三卷
王升《缩 或无"缩"字 占梦书》十卷
陈襄《校定梦书》四卷
　又《校定相笏经》一卷
　　《校定京房婚书》三卷
李靖《候气秘法》三卷
　又《六十甲子占风雨》一卷
《五音法》一卷
《阴阳律体 一作"髓"》一卷

《灵关诀益智》二卷
《袖中金》五卷
《玄女常手经》二卷
《神诀》一卷
《游都璧玉经》一卷
麻安石《灾祥图》一卷
《风角鸟情》三卷
《日月风云气候》一卷
《日月晕贯气》一卷
《日月晕蚀》一卷
《气色经》一卷
诸葛亮《十二时风云气候》一卷
《五行云雾歌》一卷
《占风雨雷电》一卷
《年代风云 一作"雨" 占》一卷
窦维鋈《广古今五行记》三十卷
周麟《竹伦经》三卷
冯思古《遁甲六经》 卷亡
丘延翰《金镜图》一卷
通真子《玉霄宝鉴经》一卷
《三命指掌诀》一卷
文靖《通玄五命新括》三卷
董子平《太阴三命秘诀》一卷
杨绘《元运元气本论》一卷
何朝《命术》一卷
李蒸《三命九中歌》一卷
徐鉴《三命机要说》一卷
林开《五命秘诀》五卷
僧善嵩《诀金书一十四字要诀》一卷
《凝神子》一卷 不知姓名
凝神子《八杀经》一卷
凝神子《解悟经》一卷
西城野人《三五志》二卷
《八九变通》一卷
白云愚叟《五行图》一卷
知玄子秦俛《太一占玄歌》一卷
刘烜《元中祛惑经》一卷
《占雨晴法》一卷
《金鉴占风诀》一卷
《三元飞化九宫法》一卷
《行年五鬼运转九宫法》一卷
《山冈机要赋》一卷
《山冈气象杂占赋》一卷
《五音地理诗》三卷
《五音地理经诀》十卷
《阴阳葬经》三卷
《掘机口诀》一卷
《掘鉴经 一作握鉴经"》五卷
《洞幽识秘要图》三卷
《灵宝六丁通神诀》三卷

《通天灵应宝胜法》二卷
《黄石记》五卷
刘启明《云气测候赋》一卷
《定风占诗》三卷
《风角五音占》一卷
《日月晕图经》二卷
《占候云雨赋》一卷
《风云关镍秘诀》一卷
《云气形象玄占》三卷
《天地照耀占》一卷
李经表《虹蜺灾祥》一卷
《宿曜录鬼鉴》一卷
《日月城砦气象灾祥图》一卷
《中枢秘颂太一明鉴》五卷
《太一五元新历》一卷
《太一七术》一卷
《太一阴阳定计主客决胜法》一卷
《太一循环历》一卷
《太一会运逆顺通代记阵图》一卷
《六壬军帐赋》一卷
《六壬诗》一卷
《六壬六十四卦名》一卷
《六壬战胜歌》一卷
《六壬出军立就历》三卷
《六壬玉帐经》一卷
王承昭　一作"绍"《占风云歌》一卷
《占风云气候日月星辰图》七卷
《望江南风角集》二卷
张良《阴阳二遁》一卷
胡万顷《太一遁甲万胜时定主客立成诀》一卷
一行《遁甲十八局》一卷
司马骧《遁甲符宝万岁经图历》一卷
冯继明《遁甲元枢》二卷
《玄女遁甲秘诀》一卷
《天一遁甲图》一卷
《天一遁甲钤历》一卷
《天一遁甲阴局钤图》一卷
《遁甲搜元经》一卷
《遁甲阳局钤》一卷
《遁甲阴局钤》一卷
杜惟翰　一作"榦"《太一集》八卷
《太一年表》一卷
《十三神太一》一卷
《御序景祐三式太一福应集要》十卷
王处讷《太一青龙甲寅经》一卷
康洙序《时游太一立成》一卷
广夷《太一秘歌》一卷
《太一细行草》一卷
《太一杂集笔草》一卷
《太一时计钤》一卷

《太一阳九百六经》一卷
《太一神枢长历》一卷
《太一阳局钤》一卷
《太一阴局钤》一卷
《九宫太一》一卷
乐产《王佐秘珠》五卷
《神枢灵辖经》十卷
马先《天宝灵应式经　一作"记"》五卷
《日游太一五子元出军胜负七十二局》一卷
《黄帝龙首经》一卷
《九宫经》三卷
《九宫图》一卷
《九宫占事经》一卷
桑道茂《九宫》一卷
　又《三命吉凶》二卷
《撮要日鉴》一卷
《六十四卦歌》一卷
郝良玉《三元九宫》一卷
《九宫应瑞太一图》一卷
杨龙光《九宫要诀》一卷
　又《九宫诗》一卷
《九宫推事式经》一卷
《禄命歌》一卷
《禄命经》一卷
《风后三命》三卷
朱琬《六壬寸珠集》一卷
《六壬录》六卷
《五真降符六壬神武经》一卷
《六壬关例集》三卷
《六壬维干照幽历》六卷
张氏《六壬用三十六禽秘诀》三卷
《大六壬式局杂占》一卷
《六壬玄机歌》三卷
《六壬七曜气神星禽经　一作"纪"》一卷
马雄《绛囊经》一卷
《金匮经》三卷
《髓经心经鉴》三卷
徐琬《启蒙篡要》一卷
李笙《玉帐歌》十卷
《秘宝翠羽歌》三卷
《明鉴连珠歌》一卷
《清华经》三卷
《推人钩元法》一卷
由吾裕《式心经略》三卷
《式合书成》一卷
《用式法》一卷
《式经篡要》三卷
《玄女式鉴》一卷
《三式诀》三卷
《天关五符式》一卷

《三式参合立就历》三卷
《金照式经》十卷
《雷公式局》一卷
《灵应式》五卷
《小游宿历》一卷
《三元六纪历》一卷
《玉钤历》一卷
《明鉴起例历》三卷
《枝元长历》一卷
《日轮历》一卷
《五音百忌历》二卷
《葬疏》三卷
孙洪礼《万岁循环历》一卷
僧德济《胜金历》一卷
《毕天水历》一卷
《毕天六甲历》六卷
《选日枢要历》四卷
《妍神历》一卷
《择十二月钳历》二卷
《七门行历》一卷
《大要历》三卷
《三皇秘要历》一卷
《选课岁历》一卷
《大明历》二卷
杜崇龟《明时总要历》一卷
陈恭钊《天宝历注例》二卷
《唐七圣历》一卷
《横推历》一卷
《兵钤月镜纂要立成历》一卷
李淳风《十二宫入式歌》一卷
僧居白《五行指掌诀》二卷
逍遥子《鲜鸭经》三卷　不知姓名
《三命总要》三卷
《太一中天密旨》三卷
《西天都例经》一卷
《三元经》三卷
《淘金歌》一卷
《三元龟鉴》一卷
《五命》一卷
《五音凤髓经》一卷
《大衍五行数法》一卷
《三局天关论》一卷
《六十甲子释名》一卷
《金掌图窍》一卷
《三局九格六阳三命大数法》
《奇门万一诀》
《遁甲万一诀》
《太一遁甲万一诀》
　　　已上四部无卷
《阴阳万一诀》一卷

《金枢八象统元经》三卷
《太一阴阳二遁》一卷
《阴阳二遁局图》一卷
《阴阳二遁立成历》一卷
《遁甲玉女反闭局》一卷
《太一金镜备式录》十卷
《太一立成图》一卷
《太一飞鸟十精历》一卷
僧重辉　一作"耀"《正德通神历》三卷
《大会杀历》卷
史序《乾坤宝典》四百五十五卷
《乾坤总录》五卷
黄淳《通乾论》五卷
《黄帝朔书》一卷　托太公、师旷、东方朔撰
《年鉴》一卷
刘玄　一作"先"　之《月令图》一卷
《阴阳宝录》一卷
《西天阴符紫微七政经论》一卷
《五符图》一卷
《选日阴阳月鉴》一卷
李遂《通玄三命论》三卷
李燕《三命》一卷
　又《阴阳诗》一卷
《三命九中歌》一卷
珞琭子《三命消息赋》一卷
凝神子《五行三命手鉴》一卷
《三命大行年入局韬钤》三卷
《大行年推禄命法》一卷
《三命杀历》一卷
孟遇《三命诀》三卷
《禄命人元经》三卷
《禄诀经》三卷
《五行贵盛生月法》一卷
《五行消息诀》一卷
萧古　一作"吉"《五行大义》五卷
《金书四字五行》一卷
《四季观五行论》一卷
珞琭子《五行家国通用图录》一卷
《训字五行歌》二卷
珞琭子《五行疏》十卷
《樵子五行志》五卷
罗宾老《五行定分经》三卷
濮阳夏《樵子五行志》五卷
窦涂《广古今阳复五行记》三十卷
《五行通用历》一卷
《金河流水诀》一卷
王叔政《推太岁行年吉凶厄》一卷
李燕《穆护词》一卷　一作马融《消息机口诀》
《洪范碎金训字》一卷
《七曜气神星禽经》三卷

《纳禽宿经》一卷
廖惟馨《星禽历》一卷
杜百　一作"相伯"　子《禽法》一卷
司马先生《三十六禽歌》一卷
《占课禽宿情性诀》一卷
苏登《神光经》一卷
许负《形神心鉴图》一卷
始　一作"姑"　布子卿《相法　一作"书"》一卷
朱述《相气色面图》一卷
玄灵子《秘术骨法图》一卷
《相禄歌》二卷
《察色相书》一卷
《人鉴书》七卷
《龟照口诀》五卷
《人伦真诀》十卷
《女仙相书》三卷
《相气色图》五卷
云萝《通真神相　一作"明"　诀》十卷
柳清风《相歌》二卷
郭岘述《显光师相法》一卷
《十七家集众相书》一卷
《占气色要诀图》一卷
柳阴　一作"随"　风《占气色歌》一卷
《形神论气色经》一卷
《元解诀》一卷
《相书》二卷
《月波洞中龟鉴》一卷
《应玄玉鉴》一卷
《六神相字法》一卷
《相笏经》三卷
陈混掌《相笏经》一卷　管辂、李淳风法
萧绎《相马经》一卷
常知非《马经》三卷
谷神　一作"鬼谷"　子《辨养马　一作"养良马"　论》一卷
《相马病经》三卷
《相犬经》一卷
王立豹《鹰鹘候诀》一卷
《鹰鹘五藏病源方论》一卷
《堪舆经》一卷
《太史堪舆》一卷
商绍《太史堪舆历》一卷
《黄帝四序堪舆经》一卷
《占婚书》一卷
《周公坛经》三卷
王佐明《集坛经》一卷
李远《龙纪圣异历》一卷
《五音三元宅经》三卷
《阴阳宅经》一卷
《阴阳宅经图》一卷

王澄《二宅心鉴》三卷
　又《二宅歌》一卷
《阴阳二宅图经》一卷
《黄帝八宅经》一卷
《淮南王见机八宅经》一卷
一行《库楼经》一卷
《上象阴阳星图》一卷
《金图地鉴》一卷
《地鉴书》三卷
孙季邕《葬范》五卷
《地理六壬六甲八山经》八卷
《地理三宝经》九卷
《五音山冈诀》一卷
《地论经》五卷
《地理正经》十卷
朱仙桃《地理赞》一卷
　又《玄堂范》一卷
　　《地理口诀》一卷
僧一行《地理经》十二卷
　又《灵辖歌》三卷
《玉关歌》一卷
《含意歌》七卷
《通玄灵应颂》三卷
《天一通玄机微翼图》一卷
《天一玄成局》一卷
《玄枢经》一卷
《玄枢纂要》一卷
《知人秘诀》二卷
《玄中祛惑经》三卷
《遁甲钤》一卷
《八门遁甲入式歌》一卷
《三元阴局》一卷
《难逃论》一卷
《灵台篇》一卷
《藻鉴了义经》一卷
《蓻首经》三卷
《玄象秘录》一卷
《真象论》一卷
《清霄玉镜要诀》一卷
《二十八宿行度口诀》一卷
《星禽课》一卷
《群书古鉴录》无卷
　并不知作者
仁宗《洪范政鉴》十二卷
杨惟德王立《太一福应集要》一卷
杨惟德《景祐遁甲符应经》三卷
《七曜神气经》二卷　杨惟德、王立、李自正、何湛等撰
丘濬《霸国环周立成历》一卷
张中《太一金照辨误归正论》一卷

魏申《太一总鉴》一百卷
上官经邦《大始元灵洞微数》一卷
张宏国《五行志讹辨》一卷
黄石公《地镜诀》一卷　一名《照宝历》，题东方朔进
庾肩吾《金英玉髓经》一卷
陶弘景《握镜图》一卷
陈乐产《神枢灵辖经》十卷
李靖《九天玄机八神课》一卷
《六壬透天关法》一卷
李鼎祚《明镜连珠》十卷
吕才《广济百忌历》二卷
李淳风《乾坤秘奥》一卷
《九天观灯法》一卷
《六壬精髓经》卷　一名《窍甲经》
《质龟论》一卷　李淳风得于石室
僧一行《肘后术》一卷
《选日听龙经》一卷
僧令岑《六壬翠羽歌》三卷
汉道士姚可久《山阴道士经》三卷
碧眼先生《壬髓经》三卷　茅山野叟汤渭注
《发蒙陵西集》一卷
《发蒙入式真草》一卷
《阴阳集正历》三卷
《选日纂圣精要》一卷
《玄女关格经》一卷
　　　　皆六壬占验之诀
《式法》一卷　起甲子，终癸亥，皆六壬推验之法
《杂占覆射》一卷
《六壬金经玉鉴》一卷　载六壬生旺克杀之数
《万年秘诀》一卷　载检择日辰吉凶之法
《玉女肘后术》一卷　以六壬三传之法为歌
《玉关歌》一卷　载六壬三传之验
《黄河饼子记》一卷
《神枢万一秘要经》一卷
《越覆经》一卷
《事神歌》一卷
《会灵经》一卷　载六壬杂占之法
《缬翠经》一卷
《灰火经》一卷
《蛇髓经》一卷　以日辰衰旺为占
《九门经》一卷
《小广济立成杂历》一卷
《文武百官赴任上官坛经》一卷
《玄通玉镜占》一卷
《六壬课秘诀》一卷
《六壬课铃》一卷
玉枢真人《玄女截壬课诀》一卷
《占灯法》一卷
《三镜篇》一卷
《周易神煞旁通历》一卷

《杂占秘要》一卷
《乾坤变异录》一卷
《玄女简要清华经》三卷
《太一占乌法》一卷
《参玄通正历》一卷
《择日要法》一卷
《选时图》二卷
《黄帝龙首经》一卷
《易鉴》一卷
《月纂》一卷
《万胜候天集》一卷
　　　并不知作者
《云雨赋》一卷　《崇文总目》有刘启明《占候云赋式》，即此书
郑德源《飞电歌》一卷
僧绍端《神释应梦书》三卷
詹省远《梦应录》一卷
杨惟德《六壬神定经》十卷
王升《六壬补阙新书》五卷
《上官撮要》一卷
陈从吉《类编图注万历会同》三十卷
刘氏《三历会同》一卷
周渭《弹冠必用》一卷
胡舜申《阴阳备用》十三卷
赵希道《涓吉撮要》一卷
顾眈《坛经簪饰》一卷
蒋文举《阴阳备要》一卷
赵景先《拜命历》一卷
徐道符《六壬歌》三卷
陆渐《六壬了了歌》一卷
余琇《六壬玄鉴》一卷
王齐《医门玉髓课》一卷
张玄达《相押字法》一卷
苗公达《六壬密旨》二卷
杨稠《六壬旁通历》一卷
刘玄之《月令节候图》一卷
姜岳《六壬赋》三卷
杨可《五行用式事神》一卷
郭璞《山海经》十八卷
赵浮丘公《相鹤经》一卷
左慈《助相规诫》一卷
郭璞《葬书》一卷
《山海图经》十卷　郭璞序，不著姓名
袁天刚《玄成子》一卷
孙思邈《坐照论并五行法》一卷
柳清风、周世明等《玉册宝文》八卷
李淳风《立观经》一卷
僧一行《地理经》十五卷
《呼龙经》一卷
《金歌四季气色诀》　一行撰论

孙知古《人伦龟鉴》三卷
王澄《阴阳二宅集要》二卷
僧正固《骨法明镜》三卷
丘延翰《铜函记》一卷
　　《天定盘古局》一卷
汉赤松子《海角经》一卷
　　《明镜碎金》七卷
唐举《肉眼通神论》三卷
　　《金锁歌》一卷
鬼谷子《观气色出图相》一卷
黄石公《八宅》二卷
许负《相诀》三卷
李淳风《一行禅师葬律秘密经》十卷
吕才《杨乌子改坟枯骨经》一卷
曾杨一《青囊经歌》二卷
杨救贫《正龙子经》一卷
曾文展《八分歌》一卷
李筌《金华经》三卷
宋齐丘《玉管照神局》二卷
《天花经》三卷　序云："黄巢得于长安。"
晏氏《辨气色上面诗》一卷　不知名
刘虚白《三辅学堂正诀》一卷
危延真《相法》一卷
《五星六曜面部诀》一卷
裴仲卿《玄珠囊骨法》一卷
刘度具《气色真相法》一卷
王希逸《地理秘妙歌诀》一卷
《地理名山异形歌》一卷
孙膑《葬白骨历》　卷亡
隐逸人《玉环经》一卷　不知姓名
《天涯海角经》一卷　不知作者，九江李麟注解
徽宗《太平睿览图》一卷
陈抟《人伦风鉴》
司空班、范越凤《寻龙入式歌》一卷
王洙《地理新书》三十卷
苏梓明《地理指南》三卷
蔡望《五家通天局》一卷
　　《报应九星妙术文局》一卷
刘次庄《青囊本旨论二十八篇》一卷
胡翊《地理咏要》三卷
魏文卿《拨沙经》一卷
李诫《营造法式》三十四卷
《月波洞中记》一卷
《月师歌》一首　言葬地二十四位星辰休咎
《麻子经》一卷
《玄灵子》三卷
《通心经》三卷
《藻鉴渊微》一卷
《杂相骨听声》　卷亡
《气色微应》三卷

《通微妙诀》　卷亡
《中定声气骨法》　卷亡
《金歌气色秘录》一卷
《学堂气骨心镜诀》　卷亡
《玉叶歌》一卷
《洞灵经要诀》一卷
《杂相法》一卷
《天宝星经》一卷
《青囊经》　卷亡
《阴阳七元升降论》　卷亡
《玄女墓龙冢山年月》一卷
《玄女星罗宝图诀》一卷
《紫微经歌》　卷亡
《白鹤望山经》一卷
《八山二十四龙经》一卷
《天仙八卦真妙诀》一卷
《黄泉败水吉凶法》三卷
《踏地赋》一卷
《分龙真杀五音吉凶进退法》一卷
《地理澄心秘诀》一卷
《八山穿珠歌》一卷
《山头步水经》一卷
《山头放水经》一卷
《大卦煞人男女法》一卷
《地理搜破穴诀》一卷
《临山宝镜断风诀》一卷
《丛金诀》一卷
《锦囊经》一卷
《玉囊经》一卷
《黄囊大卦诀》一卷
《地理秘要集》一卷
《通玄论》一卷
《地理八卦图》一卷
《驻马经》一卷
《活曜修造吉凶法》一卷
《天中宝经知吉凶星位法》一卷
《修造九星法历代史相》一卷
《相具经》一卷
　　并不知作者
《李仙师五音地理诀》一卷
赤松子《碎金地理经》二卷
《地理珠玉经》一卷
《地理妙诀》三卷
《石函经》十卷
《铜函经》三卷
《周易八龙山水论地理》一卷
《老子地鉴诀秘术》一卷
《五姓合诸家风水地理》一卷
《昭幽记》一卷
《鬼灵经并枯骨经》二卷

《唐删定阴阳葬经》二卷
《唐书地理经》十卷
《青乌子歌诀》二卷
《金鸡历》一卷
《五音二十八将图》一卷
《赤松子》三卷
《易括地林》一卷
丘延翰《五家通天局》一卷
《夫子掘斗记》一卷
《孔子金镰记》一卷
《推背图》一卷
鬼谷子《白虎经》一卷
　又《白虎五通经诀》一卷
《洞幽秘要图》一卷
《孝经雌雄图》四卷
河上公《金藏秘诀要略》一卷
《玄珠握鉴》三卷
《玉函宝鉴》三卷
《真人水鉴》十三卷
张华《三鉴灵书》三卷
陶弘景《握鉴方》三卷
《证应集》三卷
《金娄先生秘诀》三卷
《真图秘诀》一卷
《铭轨》五卷
胡济川《小游七十二局立成》一卷
《大小游三奇五福立成》一卷
《十一神旁通太岁甲子图》一卷
曹植《黄帝宝藏经》三卷
《括明经》一卷
《悟迷经》一卷
余考　一作"秀"《旦暮经》一卷
《神枢万一秘经》一卷
《纪重政秘要》一卷
《雷公印法》三卷
《雷公撮杀律》一卷
徐遂《发蒙》一卷
《玄女十课》一卷
吕佐周《地论七曜》一卷
《阴术气神》一卷
《七曜气神历代帝纪》五卷
《玉堂秘诀》一卷
《大运秘要心髓诀》一卷
吕才《阴阳书》一卷
《五姓凤髓宝鉴论》一卷
《阴阳杂要》一卷
《玄珠录要》三卷
张良《玄悟歌》一卷
《斗书》一卷
《阴阳》二卷

《论》一卷
《黄帝四序经》一卷
《宝台七贤论》一卷
《五姓玉诀旁通》一卷
《选日时向背》五卷
《阴阳立成选日图》一卷
《七曜选日》一卷
《周公要诀图》一卷
《师旷择日法》一卷　假黄帝问答
《淮南子术》一卷
《推贵甲子太极尊神经》一卷
《秘诀歌》一卷
《福应集》十卷
《连珠经》十卷
《玄女断卦诀》一卷
《明体经》一卷
《心注饼子记》一卷
《锦绣囊》一卷
《心镜歌》三卷
《指要》三卷
《万一诀》一卷
《符应》三卷
《随军枢要》三卷
《禳厌秘术诗》三卷
《广知集》二卷
《圆象玄珠经》五卷
《脉六十四卦歌诀》一卷
《人元秘枢经》三卷
《陶隐居》一卷
《风后》一卷
《李宽》一卷
《通元论》三卷
《凝神子》三卷
《黄帝四序经》一卷
《聿斯四门经》一卷
《气神经》三卷
《气神帝纪》五卷
《符天人元经》一卷
《聿斯经诀》一卷
《大定露胆诀》一卷
《聿斯都利经》一卷
《应轮心镜》三卷
《秤经》三卷
《聿斯隐经》一卷
《碧落经》十卷
《新书》三十卷
《三镜》三卷
《九天玄女诀》一卷
《龙母探珠颂》一卷
《通玄玉鉴颂》一卷

《徵应集》三卷
王与之《鼎书》十七卷
　　　右五行类八百五十三部，二千四百二十卷。

《三坟易典》三卷　题箕子注
《周易三备》三卷　题孔子师徒所述，盖依托也
严遵《卦法》一卷
焦赣《易林传》十六卷
京房《易传算法》一卷
　　《易传》三卷
管辂《遇仙诀五音歌》六卷
　　《周易八仙歌》三卷
　　《易传》一卷
郭璞《周易洞林》一卷
吕才《轨限周易通神宝照》十五卷
李淳风《周易玄悟》三卷
易通子《周易薪囊璇玑轨革口诀》三卷
蒲乾贯《周易指迷照胆诀》三卷
黄法《五兆晓明龟经》一卷
禄隐居士《易英揲蓍图》一卷　不知名
中条山道士王鄩《易镜》三卷
无惑先生《易镜正经》二卷
耿格《大演天心照》一卷
牛思纯《太极宝局》一卷
任奉古《明用蓍求卦》一卷
林脩《天道大备》五卷
《轨革金庭玉鉴》七卷
《周易神镜鬼谷林》一卷
《通玄海底眼》一卷
《六十四卦颂谕》一卷
《爻象杂占》一卷
《六十四卦火珠林》一卷
《周易灵秘诸关歌》一卷
《龁骨林》一卷
《灵龟经》一卷
《轨革传道录》一卷
《证六十甲子纳音五行》一卷
《龟图》一卷
《周易赞颂》六卷
　　并不知作者
　　　右蓍龟类三十五部，一百卷。

卷二百七　　志第一百六十

艺　文　六

苗锐《新删定广圣历》二卷

僧一行《开元大衍历议》十三卷
启玄子《天元玉册》十卷
甄鸾《五曹算术》二卷
　　《海岛算术》一卷
赵君卿《周髀算经》二卷
张丘建《算经》三卷
夏侯阳《算经》三卷
王孝通《缉古算经》一卷
谢察微《算经》三卷
李籍《九章算经音义》一卷
　　又《周髀算经音义》一卷
李绍谷《求一指蒙算术玄要》一卷
郭献之《唐宝应五纪历》三卷
徐承嗣《唐建中贞元历》三卷
边冈《唐景福崇玄历》十三卷
《大唐长历》一卷
马重绩《晋天福调元历》二十三卷
王处讷《周广顺明元历》一卷
　　又《建隆应天历》六卷
王朴《周显德钦天历》十五卷
《蜀武成永昌历》三卷
《唐保大齐政历》三卷
苗训《太平乾元历》九卷
　　《太平兴国七年新修历经》三卷
史序《仪天历》十六卷
曹士芳《七曜符天历》二卷
　　《七曜符天人元历》三卷
杨纬　一作"绎"《符天历》一卷
王公佐《中正历》三卷
《正象历》一卷
李思议《重注曹士芳小历》一卷
《七曜符天历》一卷
《大衍通玄鉴新历》三卷
沈括《熙宁奉元历》一部　卷亡
　　《熙宁奉元历经》三卷
　　《立成》十四卷
　　《备草》六卷
　　《比较交蚀》六卷
卫朴《七曜细行》一卷
《新历正经》三卷
《义略》二卷
《立成》十五卷
《随经备草》五卷
《七曜细行》一卷
《长历》三十卷
　　并孙思恭注
《大衍历经》二卷
《大衍历立成》十一卷
《大衍历议略》一卷
《大衍议》十卷

《宣明历经》二卷
《宣明历立成》八卷
《宣明历要略》一卷
《大衍历经》二卷
《正元历立成》八卷
《崇元历经》三卷
《崇元历立成》七卷
《调元历经》二卷
《调元历立成》十二卷
《调元历草》八卷
《钦天历经》二卷
《钦天历立成》六卷
《钦天历草》三卷
《应天历经》二卷
《应天历立成》一卷
《乾元历经》二卷
《乾元历立成》二卷
《仪天历经》二卷
《仪天历立成》十三卷
《崇天历经》二卷
《崇天历立成》四卷
《明天历经》三卷
《明天历立成》十五卷
《明天历略》二卷
《符天历》三卷
姚舜辅《蚀神隐耀历》三卷
丘濬《霸国环周立成历》一卷
《阴阳集正历》三卷
《历日纂圣精要》一卷
《历枢》二卷
《难逃论》一卷
《符天行宫》一卷
《转天图》一卷
《万岁日出入昼夜立成历》一卷
《五星长历》一卷
《正象历》一卷
胡秀林《正象历经》一卷
章浦《符天九曜通元立成法》二卷
《气神经》三卷
《气神铃历》一卷
《气神随日用局图》一卷
庄守德《七曜气神歌诀》一卷
吕才《刻漏经》一卷
钱明逸《西国七曜历》一卷
关子明注《安修睦都利聿斯诀》一卷
《聿斯隐经》一卷
《聿斯妙利要旨》一卷
李淳风注释《九章经要略》一卷
　　又注释《孙子算经》三卷
　　　　注王孝通《五经算法》一卷
　　　　注甄鸾《五曹算法》二卷
刘微　一作"徽"《九章算田草》九卷
王孝通《缉古算经》一卷
程柔《五曹算经求一法》三卷
鲁靖《五曹时要算术》三卷
《五曹乘除见一捷例算法》一卷
夏翰　一作"翱"《新重演议海岛算经》一卷
甄鸾注徐岳《大衍算术法》一卷
谢察微《发蒙算经》三卷
僧一行《心机算术括　一作"格"》一卷　僧棲巖注
徐仁美《增成玄一算经》三卷
陈从运《得一算经》七卷
《三问田算术》一卷
龙受益《算法》二卷
　又《求一算术化零歌》一卷
　《新易一法算范九例要诀》一卷
徐岳《术数记遗》一卷
《合元万分历》三卷　作者名术，不知姓
《注九章算经》九卷　魏刘徽、唐李淳风注
《孙子算经》三卷　不知名
《五曹算经》五卷　李淳风等注
《长庆宣明大历》二卷
《万年历》十二卷
《青萝妙度真经大历》一卷
《行漏法》一卷
《太始天元玉册截法》六卷
《求一算法》一卷
　《细历书》一卷
《玉历通政经》三卷
　并不知作者
燕肃《莲花漏法》一卷
钱明逸《刻漏规矩》一卷
王普《小漏款职》一卷
　《官历刻漏图》一卷
卫朴《奉元历经》一卷
《观天历经》一卷　绍圣、元符颁行
姚舜辅《纪元历经》一卷
裴伯寿、陈得一《统元历经》七卷
　又《统元历五星立成》二卷
　《统元历盈缩朒胐立成》一卷
　《统元历日出入气刻立成》一卷
　《统元历义》二卷
　《统元七曜细行历》二卷
　《统元历气朔八行草》一卷
　《统元历考古日食》一卷
《三历会同集》十卷　绍兴初撰，不知名
张祚注《法算三平化零歌》一卷　龙受益法
王守忠《求一术歌》一卷
《算范要诀》二卷
《明算指掌》三卷

江本《一位算法》二卷
任弘济《一位算法问答》一卷
杨锴明《微算经》一卷
《法算机要赋》一卷
《法算口诀》一卷
《算法秘诀》一卷
《算术玄要》一卷
刘孝荣《新历考古春秋日食》一卷
　　《新历考汉魏周隋日月交食》一卷
　　《新历考唐交食》一卷
　　《新历气朔八行》一卷
　　《强弱月格法数》一卷
贾宪《黄帝九章算经细草》九卷
张宋图《史记律历志讹辨》一卷
《仪象法要》一卷　绍圣中编
《细行历书》二十卷　起庆元庚申，至嘉定己卯，太史局进

右历算类一百六十五部，五百九十八卷。

《风后握机》一卷　晋马隆略序
《六韬》六卷　不知作者
《司马兵法》三卷　齐司马穰苴撰
孙武《孙子》三卷
吴起《吴子》三卷
《黄帝秘珠三略》三卷
《阴符二十四机》一卷
《握机图》一卷
《决胜孤虚集》一卷
《太公兵书要诀》四卷
朱服校定《六韬》六卷
　　又校定《孙子》三卷
　　校定《司马法》三卷
　　校定《吴子》二卷
　　校定《三略》三卷
魏武帝注《孙子》三卷
萧吉注　或题曹、萧注　《孙子》一卷
贾林注《孙子》一卷
陈皡注《孙子》一卷
宋奇《孙子解》并《武经简要》二卷
吴章注《司马穰苴兵法》三卷
吴起《玉帐阴符》三卷
白起《阵书　一作"图"》一卷
　　又《神妙行军法》三卷
《战国策》三十三卷
黄石公《神光辅星秘诀》一卷
　　又《兵法》一卷
《三鉴图》一卷
《兵书统要》三卷
《三略秘要》三卷
成氏注《三略》三卷

诸葛亮《行兵法》五卷
　　又《用兵法》一卷
《行军指掌》二卷
《占风云气图》一卷
《兵书》七卷
陶侃《六军鉴要》一卷
李靖《韬钤秘术》一卷
　　又《总要》三卷
《六十甲子厌胜法》一卷
《兵书》三卷
《占风雪　一作"云"　气》三卷
《风云论》三卷
《三军水鉴》三卷
《用兵手诀》七卷
《出军占风气候》十卷
《卫国公手记》一卷
李世勣《六十甲子内外行兵法》一卷
李淳风《诸家秘要》三卷
　　又《行军明时秘诀》一卷
《太白华盖法》二卷
《云气营寨占》一卷
《行军历》一卷
李筌《通幽鬼诀》二卷
　　又《军旅　一作"放"　指归》三卷
《北帝武威经》三卷
《青囊托守胜败歌》并《营野战》一卷
李光弼《将律》一卷
　　又《武记》一卷
《九天察气诀》三卷
《玄女厌阵法》一卷
　　又《兵要式》一卷
《行兵法》二卷
《兵法》一卷
《杂占法》一卷
《六甲阴符兵法》一卷
《军谋前鉴》十卷
《兵家正书》十卷
《阃外纪　一作"记"　事》十卷
李氏《秘要兵书》二卷
　　又《秘要兵术》四卷
《对敌权变逆顺法》一卷
《佐国玄机》一卷
《炮经》一卷
《总戎志》二卷
李鼎祚《兵钤手历》一卷
《许子兵胜苑》十卷
《统军玉鉴录》一卷
张守一《凿门诗》一卷
《秘宝兴军集》一卷
胡万顷《军鉴式》二卷

王适《行军立成七十二局》一卷
《安营临阵观灾气》一卷
《决战胜负图》一卷
《风云气象备急占》一卷
《秘宝风云歌》一卷
《九宫军要秘术》一卷
《倚马立成鉴图》一卷
《出军占怪历》三卷
罗子邑 一作"岊"《神机武略歌》三卷
易静《神机武略歌》一卷
《行军占风气》一卷
《军占要略》二卷
郑先忠《军机讨略策》三卷
《古今兵略》十卷
《论天镜 一作"鉴" 出战要诀》一卷
《将兵秘要法》一卷
《武师左领记》二卷
牛洪道《玄机立成法》一卷
《孤虚明堂图》一卷
《军用立成》一卷
何延锡《辨解序》一卷
纪勋《军国要制》五卷
《将军总录》三卷
李远《武孝经》一卷
王峦《行军广要算经》三卷
《金符经》三卷
《十二月立成阵图法》一卷
《行军走马立成法》一卷
《立成掌中法》一卷
《行军要略分野星图法》一卷
《黄道法》一卷
徐汉卿《制胜略》三卷
牟知白《专征小格略》一卷
《图南兵略》三卷
《从征录》五卷
《出军别录》一卷
《兵书总要》四卷
《兵策秘诀》三卷
《万胜诀》二卷
《战斗秘诀》一卷
《英雄龟鉴》一卷
《兵诀》一卷
《随军要诀》一卷
《军谋要术》一卷
《韬钤秘要》一卷
《军旅要术》一卷
《军秘禳厌术》一卷
《占军机胜负龟诀》一卷
《训将胜术》二卷
《兵书手鉴》二卷

《尉缭子》五卷
　　战国时人
《常禳经》一卷　燕昭王太子撰，盖依托。
黄石公《三略》三卷
　　又《素书》一卷　张良所传
诸葛亮《将苑》一卷
　　《兵书手诀》一卷
　　《文武奇编》一卷
　　《武侯八阵图》一卷
《鬼谷天甲兵书常禳术》三卷　梁昭明太子撰
陶弘景《真人水照》十三卷
李靖《六军镜》三卷
《六十甲子禳敌克应决胜术》一卷
《玉帐经》一卷
《李靖兵钤新书》一卷
　　并不知作者
《九天玄女孤虚法》一卷
李淳风《悬镜经》十卷
《郭代公安边策》三卷　唐郭震撰
李筌《太白阴经》十卷
　　《占五行星度吉凶诀》一卷
　　注《孙子》一卷
　　《阃外春秋》十卷
李光弼《统军灵辖秘策》一卷
《五家注孙子》三卷　魏武帝、杜牧、陈皞、贾隐林、孟氏
杜牧《孙子注》三卷
裴绪《新令》二卷
曹、杜注《孙子》三卷　曹操、杜牧
刘玄之《行军月令》一卷
李大著《江东经略》十卷
《綦先生兵书》一十六卷
　　并不知名
许洞《虎钤兵经》二十卷
乐产《太一王佐秘珠》五卷
卢元《韬珠秘诀》一卷
《黄帝太公兵法》三卷　虞彦行进
赵善誉《南北攻守类考》六十三卷
柴叔达《浮光战守录》一卷
《冲晦郭氏兵学》七卷　郭雍述
《论五府形胜万言书》一卷
《阃外策钤》五卷
《经武略》二百九十卷
《治乱贯怪记》三卷
《三贤安边策》十一卷
《边防备卫策》一卷
《出军占候歌》一卷
《通玄玉鉴》一卷
《握镜诀怪祥歌》一卷
《玄女遁甲经》三卷

《李仆射马前诀》一卷
《防城动用》一卷
《彭门玉帐诀录》一卷
《遁甲专征赋》一卷
《帝王中枢赋》二卷
《长世论》十卷
《武备图》一卷
《兵鉴》五卷
《阴符握机运宜要》五卷
　　　　并不知作者
仁宗《攻守图术》三卷
曾公亮《武经总要》四十卷
蔡挺《裕陵边机处分》一卷
符彦卿《人事军律》三卷
曾致尧《清边前要》十卷
王洙《三朝经武圣略》十卷
《清边武略》十五卷
《风角占》一卷　康定间司天台集
任镇《康定论兵》一卷
赵珣《聚米图经》五卷
《庆历军录》一卷　不知作者。
曾公奭《军政备览》一卷
耿恭《平戎议》三卷
　　《边臣要略》二十卷
赵瑜《安边致胜策》三卷
吕夏卿《兵志》三卷
丘濬《征蛮议》一卷
阮逸《野言》一卷
刘滬《备边机要》一卷
薛向《陕西建明》一卷
吉天保《十家孙子会注》十五卷
王韶《熙河阵法》一卷
韩缜《元丰清野备敌》一卷
何去非《三备略讲义》六卷
　　《备论》十四卷
戴溪《历代将鉴博议》十卷
张文伯《百将新书》十二卷
刘温润《西夏须知》一卷
王维清《武昌要诀》一卷
徐矸《司命兵机秘略》二十八卷
徐确《总夫要录》一卷
张预《集注百将传》一百卷
余壹《兵筹类要》十五卷
叶上达《神武秘略论》十卷
夏休《兵法》三卷
汪棨《进复府兵议》一卷
　　《古今屯田总议》七卷
游师雄《元祐分疆录》二卷
《崇宁边略》三卷　不知作者
刘荀《建炎德安守御录》三卷

度济《兵录》八十卷
《西斋兵议》三卷　文觉兄弟问答兵机
章颖《四将传》三卷
《神机灵秘图》三卷
《军鉴图》二卷
《纪重政军机决胜立成图》三卷
《兵书气候旗势图》一卷
《诸家兵法秘诀》四卷
《行师类要》七卷
《古今兵书》十卷
《五行阵诀》一卷
《会稽兵术》三卷
《六十甲子出军秘诀　一作"略"》一卷
《玄珠要诀》一卷
《军垫兵钤》三卷
《韬钤秘录》五卷
《将略兵机论》十二卷
《三军指要》五卷
《纂下六甲营图》一卷
《五十七阵出军甲子》一卷
《行军玄机百术法》一卷
《兵书出军杂占》五卷
《兵法机要》三卷
《神兵要术》三卷
《神兵机要》三卷
《总戎策》二卷
《兵书精诀》二卷
《权经对》三卷
《行军用兵玄机》三卷
《兵机要论》五卷
《行军备历》六十卷
《兵机简要》十卷
《兵谈》三卷
韩霸《水陆阵图》三卷
《强弩备术》三卷
《九九阵图》一卷
《军林要览》三卷
《制胜权略》三卷
《兵书精妙玄术》十卷
《兵籍要枢》三卷
《太一行军秘术诗》三卷
《戎机》二卷
《通神机要》三卷
刘玄　一作"定"　之《兵家月令》一卷
　　又《军令备急》一卷
汤渭《天一兵机举要歌》一卷
王洪晖《行军月令》四卷
裴守一《军诫》三卷
《兵家正史》九卷
《行军周易占》一卷

张从实《将律》一卷
焦大宪《兵易歌神兵苑》三卷
《星度用》一卷
《将术》一卷
《行兵攻具术》一卷
《行兵攻具图》一卷
《兵家秘宝》一卷
《秘宝书》一卷
《军律》三卷
张昭《制旨兵法》十卷
王洙《青囊括》一卷
杜希全《兵书要诀》三卷
释利正《长庆人事军律》三卷
董承祖《至德元宝玉函经》十卷
王公亮《行师类要》七卷
刘可久《契神经》一卷
李洿《灵关诀》二卷　一名《灵关集益智》
《兵机法》一卷
《太一厌禳法》一卷
《五行阵图》一卷
《兵论》十卷
《六十甲子行军法》一卷
《会稽兵家术日月占》一卷
《统戎式令》一卷
《六甲五神用军法》一卷
《要诀兵法立成歌》一卷
《六甲攻城破敌法》一卷
《马前秘诀兵书》一卷
石普《军仪条目》三卷
仁宗《神武秘略》十卷
　又《行军环珠》一部　卷亡
　又《四路兽守约束》一部　卷亡
《军诫》一卷
《武记》一卷
《定远安边策》三卷
《新集兵书要诀》三卷
《兵书要略》一卷
《拣将要略》十卷
《兵论》十卷
符彦卿《五行阵图》一卷
《新集行军月令》四卷
《云气图》十二卷
《统戎式镜》二卷
《行军气候秘法》三卷
《天子气章云气图》十二卷
《预知歌》三卷
《从军占》三卷
《兵书论语》三卷
《彭门玉帐歌》三卷
《太一行军六十甲子禳厌秘术诗》三卷

《兵机兴要阳谓歌》一卷
郊子《新修六壬大玉帐歌》十卷
郭固《军机决胜立成图》一卷
　又《兵法攻守图术》三卷
王存《枢密院诸房例册》一百四十二卷
蔡挺《教阅阵图》一卷
林广《阵法》一卷
王拱辰《平蛮杂议》十卷
《敌楼马面法式及申明条约并修城女墙法》二卷
杨佋《兵法图议》一卷
韩缜《枢密院五房宣式》一卷
　又《论五府形胜万言书》一卷
方垍《重演握奇》三卷
　又《握奇阵图》一卷
梁焘《安南献议文字并目录》五卷
《愈见御戎》十册
韩绛《宣抚经制录》三卷
王革《政和营缮军补录序》一卷
余台《兵筹类要》十五卷
《溱播州胜兵法》二部
任谅《兵书》十卷
　　右兵书类三百四十七部，一千九百五十六卷。

李广《射评要录》一卷
梁冀《弹棋经》一卷
梁元帝《画山水松石格》一卷
姚最《续画品》一卷
李嗣真《画后品》一卷
窦蒙《画录拾遗》一卷
张又新《画总载》一卷
裴孝源《贞观公私画录》一卷
李淳风《历监天元主物簿》三卷
皇甫松《醉乡日月》三卷
张彦远《历代名画记》十卷
韦蕴《九镜射经》一卷
《唐画断》一卷
王琚《射经》一卷
王坚道《射诀》一卷
荆浩《笔法记》一卷
《李氏墨经》一卷
《张学士棋经》一卷
宋景真《唐贤名画录》一卷
《墨图》一卷
《钓鳌图》一卷
《端砚图》一卷
《画总录》五卷
《啸真》一卷
《樽蒲图》一卷
　　并不知作者
苏易简《文房四谱》五卷

李永德《点头文》一卷
李畋《益州名画录》三卷
唐绩《砚图谱》一卷
纪亶.《广弓经》一卷
王德用《神射式》一卷
刘怀德《射法》一卷
赵景《小酒令》一卷
赵明远《皇宋进士彩选》一卷
蔡襄《墨谱》一卷
卜恕《投壶新律》一卷
刘敞《汉官仪》三卷　亦投子选也
唐询《砚录》二卷
窦谩《饮戏助欢》三卷
郭若虚《图画见闻志》六卷
司马光《投壶新格》一卷
王趯《投壶礼格》二卷
刘道醇《新编五代名画记》一卷
《宋朝画评》四卷
李诚《新集木书》一卷
米芾《画史》一卷
任权《弓箭启蒙》一卷
张仲商《射训》一卷
马思永《射诀》一卷
王越石《射议》一卷
李孝美《墨苑》三卷
李荐《德隅堂画品》一卷
温子融《画鉴》三卷
王慎修《宣和彩选》一卷
陈日华《金渊利术》八卷
黄铸《玉签诗》一卷
李洪《续文房四谱》五卷
何珪《射义提要》一卷
《射经》三卷
张仲素《射经》三卷
田逸《射经》四卷
王琚《射经》二卷
《九鉴射图》一卷
徐锴《射书》十五卷
韦蕴《射诀》一卷
李章《射诀》三卷
张子霄《神射诀》一卷
李靖《弓诀》一卷
《法射指诀》一卷
黄损《射法》一卷
张守忠《射记》一卷
《弓诀》一卷
吕惠卿《弓试》一部　卷亡
上官仪《投壶经》一卷
钟离景伯《草书洪范无逸中庸韵谱》十卷
唐绩《棋图》五卷

《金谷园九局谱》一卷
王积薪等《棋诀》三卷
《棋势论并图》一卷
徐铉《棋图义例》一卷
《棋势》三卷
杨希璨　一作"璨"《四声角图》一卷
又《双泉图》一卷
《玉溪图》一卷
蒋元吉等《棋势》三卷
太宗《棋图》一卷
《局谱》一卷
韦珽《棋图》一卷
《奕棋经》一卷
《棋经要略》一卷
王子京《弹棋图》一卷
《樗蒲经》一卷
《双陆格》一卷
李郃《骰子彩格》三卷
刘蒙叟《彩选格》一卷
《寻仙彩选》七卷
《叶子格》三卷
李煜妻周氏《系蒙小叶子格》一卷
《偏金叶子格》一卷
《小叶子例》一卷
谢赫《古今画品》一卷
徐浩《画品》一卷
曹仲连《画评》一卷
李嗣真《画后品》一卷
胡峤《广梁朝画目》三卷
王叡《不绝笔画图》一卷
郭若虚《图画见闻志》六卷
朱遵度《漆经》三卷
《马经》一卷
《辨马图》一卷
《马口齿诀》一卷
《医马经》一卷
《明堂灸马经》二卷
《论驼经》一卷
《疗驼经》一卷
《医驼方》一卷

　　右杂艺术类一百十六部，二百二十七卷。

陆机《会要》一卷
朱澹远《语丽》十卷
杜公瞻《编珠》四卷
祖孝徵《修文殿御览》三百六十卷
欧阳询《艺文类聚》一百卷
虞世南《北堂书钞》一百六十卷
高士廉、房玄龄《文思博要》一卷
徐坚《初学记》三十卷

《燕公事对》十卷
张鷟《龙筋凤髓判》十卷
杜佑《通典》二百卷
陆贽《备举文言》三十卷
张仲素《词圃》十卷
白居易《白氏六帖》三十卷
《前后六帖》三十卷　前白居易撰，后宋孔传撰
李翰《蒙求》三卷
白廷翰《唐蒙求》三卷
刘绮庄《集类》一百卷
李商隐《金钥》二卷
崔铉《弘文馆续会要》四十卷
李途《记室新书》三卷
颜休《文飞应诏》十五卷
高测《韵对》十卷
刘扬名《戚苑纂要》十卷
　又《戚苑英华》十卷
孟诜《锦带书》八卷
乔舜封《古今语要》十二卷
苏冕《古今国典》一百卷
　又《会要》四十卷
章得象《国朝会要》一百五十卷　宋初至庆历四年
大孝　一作"存"　僚《御览要略》十二卷
《册府元龟音义》一卷
王钦若《彤管懿范》七十卷　《目》十卷
　《彤管懿范音义》一卷
欧阳询《麟角》一百二十卷
《白氏家传记》二十卷
薛高立《集类》三十卷
《边崖类聚》三十二卷
《类事》十卷
徐叔旸《羊头山记》十卷
于立政《类林》十卷
杜光庭《历代忠谏书》五卷
《谏书》八十卷
《唐谏诤论》十卷
王昭远《禁垣备对》十卷
魏玄成《励忠节》四卷
王伯玙《励忠节抄》十卷
《书判幽烛》四十卷
《轺车事类》三卷
周佑之《五经资政》二十卷
《经典政要》三卷
尹弘远《经史要览》三十卷
《章句纂类》十四卷
李知实　一作"宝"　《检志》三卷
李慎微　一作"徽"　《理枢》七卷
邹顺《广蒙书》十卷
刘渐《群书系蒙》三卷
《九经对语》十卷
钱承志《九经简要》十卷
《经史事对》三十卷
《子史语类拾遗》十卷
韦稔《笔语类对》十卷
　又《应用类对》十卷　一名《笔语类对》
黄彬《经语协韵》二十卷
朱濟《语类》五卷
杨名《广　一作"唐"　略新书》三卷
《十议典录》三卷
李德孙《学堂要记　一作"纪"》十卷
裴说《修文异名录》十一卷
《搢绅要录》二卷
段景《文场纂要》二卷
　《文场秀句》一卷
王云《文房纂要》十卷
《彫玉集类》二十卷
《彫金集》三卷
刘国润《广彫金类集》十卷
庾肩吾《彩璧》五卷
《金銮秀蘖》二十卷
陆贽《青囊书》十卷
《蒋氏宝车　一作"库"》十卷
《琼林采实》三卷
温庭筠《学海》三十卷
郑嵎　一作"嵎"《双金》五卷
孙翰《锦绣谷》五卷
齐逸人《玉府新书》三卷
《丛髓》三卷
卢重华《文髓》一卷
《劲弩子》三卷
《玉苑丽文》五卷
段景《叠辞》二卷
《玉英》二卷
《玉屑》二卷
《金匮》二卷
《常修半臂》十卷
《紫香囊》二十卷
陆羽《警年》十卷
《穷神记》十卷
李齐庄《事解》七卷
《王氏千门》四十卷
郭道规《事鉴》五十卷
沈寥子《文鉴》四十卷
李大华《康国集》四卷
姚勗《起予集》四十卷
李贵臣《家藏龟鉴录》四卷
徐德言《分史衡鉴》十卷
薛洪《古今精义》十五卷
《笔藏论》三卷
苏源《治乱集》三卷

《治道要言》十卷
马幼昌《穿杨集》四卷
李钦玄《累玉集》十卷
支迁乔（一作"奇"）《京国记》二卷
郭微《属文宝海》一百卷
乐黄目《学海搜奇录》六十卷
《皇览总论》十卷
张陟《唐年经略志》十卷
杨九龄《名苑》五十卷
晁光乂《十九书语类》十卷
雍公叡注张楚金《翰苑》十一卷
刘济《九经类议（一作"义"）》二十卷
黎翘《广略》六卷
王博古《修文海》十七卷
郭翔《春秋义鉴》三十卷
曹化《两汉史海》十卷
杨知悙《名字族》十卷
冯洪敏《宝鉴丝纶》二十卷
胡旦《将帅要略》二十卷
刘颜《辅弼名对》四十卷
景泰《边臣要略》二十卷
石待问《谏史》一百卷
王纯臣《青宫懿典》十五卷
李虚一《溉漕新书》四十卷
《童子洽闻》一卷
《麟角抄》十二卷
雷寿之《古文类纂》十卷
《汉臣蒙求》二十卷
李伉《系蒙求》十卷
丘光庭《同姓名录》一卷
王殷范《续蒙求》三卷
《王先生十七史蒙求》十六卷
黄简《文选韵粹》三十五卷
白氏《玉连环》七卷
白氏《随求》一卷（不知名）
《重广会史》一百卷
《资谈》六十卷
《圣贤事迹》三十卷
《引证事类备用》三十卷
《门类解题》十卷
《琼林会要》三十卷
《青云梯籍》二十卷
《南史要类》二十卷
《粹籍》十五卷
《六朝采要》十卷
《十史事语》十卷
《十史事类》十二卷
《三传分门事类》十二卷
《嘉祐新编二经集粹》十卷
《鹿革事类》二十卷

《职官事对》九卷
《揆天集》六卷
《文章丛说》十卷
《新编经史子集名卷》六卷
《碎玉四渊海集》百九十五卷
《书林》四卷
《宝龟》三卷
《离辞笔苑》二卷
《诗句类》二卷
《南北事偶》三卷
《五色线》一卷
《珠浦》一卷
《重广策府沿革》一卷
《鸿都编》一卷
《文章库》一卷
《十三代史选》三十卷
《左传类要》五卷
《唐朝事类》十卷
《群玉杂俎》三卷
《增广群玉杂俎》四卷
《分声类说》三十二卷
《文选双字类要》四十卷
《书林事类》一百卷
　　　　并不知作者
郑氏《历代蒙求》一卷
孙应符《初学须知》五卷
王敦诗《书林韵会》二十八卷
曾恬《孝类书》二卷
邵笥《赓韵孝悌蒙求》二卷
谯令宪《古今异偶》一百卷
《宋六朝会要》三百卷　章得象编，王珪续
《续会要》三百卷　虞允文等撰
《中兴会要》二百卷　梁克家等撰
《孝宗会要》二百卷　杨济、钟必万总修
《光宗会要》一百卷
《宁宗会要》一百五十卷　秘书省进
《国朝会要》五百八十八卷　张从祖纂辑
王溥《续唐会要》一百卷
　《五代会要》三十卷
李安上《十史类要》十卷
李昉《太平御览》一千卷
王倬《班史名物编》十卷
苏易简《文选菁英》二十四卷
宋白、李宗谔《续通典》二百卷
皮文粲《鹿门家钞籍咏》五十卷
曾致尧《仙凫羽翼》三十卷
僧守能《典类》一百卷
王钦若《册府元龟》一千卷
叶适《名臣事纂》九卷
方龟年《群书新语》十一卷

晏殊《天和殿御览》四十卷
《类要》七十七卷
宋庠《鸡跖集》二十卷
过勗《至孝通神集》三十卷
邓至《群书故事》十五卷
《故事类要》三十卷
宋井《登瀛秘录》八卷
范镇《本朝蒙求》二卷
马共《元祐学海》三十卷
任广《书叙指南》二十卷
朱绘《事原》三十卷
陈彦禧《簧堂要览》十卷
陈绍《重广六帖学林》三十卷
吴淑《事类赋》三十卷
王资深《摭史》四卷
马永易《实宾录》三十卷
《异号录》三十卷
陈贻范《千题适变录》十六卷
杨谂《古今名贤歌诗押韵》二十四卷
江少虞《皇朝事实类苑》二十六卷
叶庭珪《海录碎事》二十三卷
陈天麟《前汉六帖》十二卷
萧之美《十子奇对》三卷
《庄子寓言类要》一卷
《三传合璧要览》二卷
《三子合璧要览》二卷
《四子合璧要览》二卷
刘珏《两汉蒙求》十卷
吴逢道《六言蒙求》六卷
徐子光《补注蒙求》四卷
又《补注蒙求》八卷
《群书治要》十卷　秘阁所录
蔡攸《政和会要》一百一十卷
晏亥数《会要》一百卷
谢谔《孝史》五十卷
度济《谏录》二十卷
叶才老《和李翰蒙求》三卷
林越《汉隽》十卷
倪遇《汉书家范》十卷
李宗序《隆平政断》二十卷
郑大中《汉规》四卷
张磁《仕学规范》四十卷
欧阳邦基《劝戒别录》三卷
阎一德《古今政事录》二十一卷
僧道蒙《仕途经史类对》十二卷
吕祖谦《观史类编》六卷
《读书记》四卷
洪迈《经子法语》二十四卷
《春秋左氏传法语》六卷
《史记法语》八卷

《前汉法语》二十卷
《后汉精语》十六卷
《三国志精语》六卷
《晋书精语》五卷
《南史精语》六卷
《唐书精语》一卷
程大昌《演蕃露》十四卷
又《续演蕃露》六卷
《考古编》十卷
《续考古编》十卷
程俱《班左海蒙》三卷
唐仲友《帝王经世图谱》十卷
钱端礼《诸史提要》十五卷
陈傅良《汉兵制》一卷
《备边十策》九卷
徐天麟《西汉会要》七十卷
《汉兵本末》一卷
曾慥《类说》五十卷
钱文子《补汉兵志》一卷
钱讽《史韵》四十二卷
邹应龙《务学须知》二卷
高似孙《纬略》十二卷
《子略》四卷
吴曾《南北分门事类》十二卷
魏彦惇《名臣四科事实》十四卷
王抡《群玉义府》五十四卷
范师道《垂拱元龟会要详节》四十卷
《国朝类要》十二卷
俞鼎、俞经《儒学警悟》四十卷
郑厚《通鉴分门类要》四十卷
柳正夫《西汉蒙求》一卷
李孝美《文房监古》三卷
窦苹《载籍讨源》一卷
王仲闳《语本》二十五卷
毛友《左传类对赋》六卷
俞观能《孝经类鉴》七卷
胡宏《叙古蒙求》一卷
《玉山题府》二十卷
《熙宁题髓》十五卷
《帝王事实》十卷
《圣贤事实》十卷
《汉唐事实》十五卷
《国朝韵对》八卷
《引证事类》三十卷
《鲁史分门属类赋》一卷
《古今通编》八卷
《诸子谈论》三卷
　　并不知作者
右类事类三百七部，一万一千三百九十三卷。

《黄帝内经素问》二十四卷　唐王冰注
《素问》八卷（隋全元起注）
《黄帝灵枢经》九卷
《黄帝针经》九卷
《黄帝灸经明堂》三卷
《黄帝九虚内经》五卷
扬玄操《素问释音　一作"言"》一卷
　　《素问医疗诀》一卷
秦越人《难经疏》十三卷
《黄帝脉经》一卷
　又《脉诀》一卷
张仲景《脉经》一卷
　又《五藏荣卫论》一卷
《耆婆脉经》三卷
徐氏《脉经》三卷
王叔和《脉诀　一作"经"》一卷
《孩子脉论》一卷
李勣《脉经》一卷
张及《脉经手诀》一卷　王善注
徐裔《脉诀》二卷
《韩氏脉诀》一卷
《脉经》一卷
《百会要诀脉经》一卷
《碎金脉诀》一卷
《元门脉诀》一卷
《身经要集》一卷
《太医秘诀诊候生死部》一卷
《仓公决死生秘要》一卷
《神农五藏论》一卷
《黄帝五藏论》一卷
《黄庭五藏经》一卷
《黄庭五藏六府图》一卷
赵业《黄庭五藏论》七卷
张向容《大五藏论》一卷
　又《小五藏论》一卷
　　《五藏金鉴论》一卷
段元　一作"允"　亮《五藏鉴元　一作"原"》四卷
孙思邈《五藏旁通明鉴图》一卷
　又《针经》一卷
张文懿《藏府通玄赋》一卷
《五藏摄养明鉴图》一卷
吴兢《五藏论应象》一卷
裴王庭《五色旁通五藏图》一卷
《五藏要诀》一卷
《太元心论》一卷
岐伯《针经》一卷
扁鹊《针传》一卷
玄悟《四神针经》一卷
甄权《针经抄》三卷
王处明《玄秘会要针经》五卷

吕博《金縢玉匮针经》三卷
《黄帝问岐伯灸经》一卷
颜齐《灸经》十卷
《明堂灸法》三卷
皇甫谧《黄帝三部针灸经》十二卷　即《甲乙经》
岐伯《论针灸要诀》一卷
《山眺　一作"兆"　针灸经》一卷
公孙克《针灸经》一卷
吴复珪《小儿明堂针灸经》一卷
王惟一《明堂经》三卷
《明堂玄真经诀》一卷
朱遂《明堂论》一卷
《金鉴集歌》一卷
《黄帝太素经》三卷　杨上善注
《刺法》一卷
《太上天宝金镜灵枢神景内编》九卷
《扁鹊注黄帝八十一难经》二卷　秦越人撰
扁鹊《脉经》一卷
张仲景《伤寒论》十卷
　　《五藏论》一卷
王叔和《脉经》十卷
《脉诀机要》三卷
巢元方《巢氏诸病源候论》五十卷
崔知悌《灸劳法》一卷
王冰《素问六脉玄珠密语》一卷
褚澄《褚氏遗书》一卷
华佗《药方》一卷
《金匮要略方》三卷　张仲景撰，王叔和集
葛洪《肘后备急百一方》三卷
刘涓子《神仙遗论》十卷　东蜀李顿录
宇文士及《枚台记》六卷
师巫《颅顖经》二卷
孙思邈《千金方》三十卷
　　《千金髓方》二十卷
　　《千金翼方》三十卷
《玉函方》三卷
王起《仙人水镜》一卷
王焘《外台秘方》四十卷
陈藏器《本草拾遗》十卷
孔志约《唐本草》二十卷
李昉《开宝本草》二十卷　《目》一卷
卢多逊《详定本草》二十卷　《目录》一卷
《补注本草》二十卷　《目录》一卷
李含光《本草音义》五卷
萧炳《四声本草》四卷
《本草韵略》五卷
杨损之《删繁本草》五卷
杜善方《本草性类》一卷
陈士良《食性本草》十卷
庞安时《难经解义》一卷

宋庭臣《黄帝八十一难经注释》一卷
张仲景《疗黄经》一卷
　　又《口齿论》一卷
《金匮玉函》八卷　王叔和集
扁鹊《疗黄经》三卷
　　又《枕中秘诀》三卷
青乌子《风经》一卷
吴希言《风论山兆　一作"眺"　经》一卷
支义方《通玄经》十卷
吕广《金韬玉鉴经》三卷
《雷　一作"灵"　公仙人养性治　一作"理"　身经》三卷
《医源兆经》一卷
林亿《黄帝三部针灸经》十二卷
杨晔《膳夫经手录》四卷
《延年秘录》十一卷
《混俗颐生录》二卷
《千金纂录》二卷
《金匮录》五卷
司空舆《发焰录》一卷
梅崇献《医门秘录》五卷
《治风经心录》五卷
郭仁普《拾遗候用深灵玄录》五卷
《养性要录》一卷
党求平《撼医新说》三卷
代荣《医鉴》一卷
卫嵩《金宝鉴》三卷
段元亮《病源手鉴》二卷
田谊卿《伤寒手鉴》三卷
《千金手鉴》二十卷
王勃《医语纂要》一卷
华颙《医门简要》十卷
苏越《群方秘要　一作"会"》三卷
古诜《三教保光纂要》三卷
《医明要略》一卷
张叔和《新集病总要略》一卷
《外台要略》十卷
司马光《医问》七卷
《耆婆六十四问》一卷
伏氏《医苑》一卷
《神农食忌》一卷
吴群《意医纪历》一卷
孔周南《灵方志》一卷
穆修靖《灵芝记》五卷　罗公远注
张隐居《金石灵台记》一卷
《菖蒲传》一卷
李翱《何首乌传》一卷
张尚容《延龄至宝抄》一卷
《医家要抄》五卷
《黄帝问答疾状》一卷

陶隐居《灵奇秘奥》一卷
《南海药谱》一卷
《家宝义囊》一卷
《小儿药证》一卷
《神仙玉芝图》二卷
《经食草木法》一卷
孙思邈《芝草图》三十卷
　　又《太常分药格》一卷
《神枕方》一卷
《崔氏产鉴图》一卷
《摄生月令图》一卷
《六气导引图》一卷
《侍膳图》一卷
徐玉《药对》二卷
宗令祺《广药对》三卷
《方书药类》三卷
江承宗《删繁药脉》三卷
蒋淮《疗黄歌》一卷
晏封《草石论》六卷
《药性论》四卷
张果《伤寒论》一卷
陈昌祚《明时政要伤寒论》三卷
李涉《伤寒方论》二十卷
《青乌子论》一卷
石昌琏《明医显微论》一卷
清溪子《消渴论》一卷
《龙树眼论》一卷
邢　一作"祁"　元朴《痈疽论》一卷
《痈疽论》三卷
李言少《婴孺病论》一卷
杨全迪《崔氏小儿论》一卷
《疗小儿疳病论》一卷
刘豹子《眼论》一卷
苏巘　一作"游"　《玄感论》一卷
李暄《岭南脚气论》二卷
《发背论》二卷
邵英俊《口齿论》一卷
萧　一作"蔺"　宗简《水气论》三卷
《骨蒸论》一卷
唐　一作"广"　陵正师《口齿论》一卷
《风疾论》一卷
杨太业《三十六种风论》一卷
喻义《疮肿论》一卷
　　又《疗痈疽要诀》一卷
苏游《铁粉论》一卷
　　又《玄感传尸方》一卷
褚知义《钟乳论》一卷
李昭明《嵩台论》三卷
《玉鉴论》五卷
王守愚《产前产后论》一卷

《小儿眼论》一卷
《普济方》五卷
《应验方》三卷
《应病神通方》三卷
张文仲《法象论》一卷
《小儿五疳二十四候论》一卷
刘涓子《鬼论》一卷
僧智宣《发背论》一卷
沈泰之《痈疽论》二卷
苏敬徐玉唐侍中《三家脚气论》一卷
吴昇宋处《新修钟乳论》一卷
白岑《发背论》一卷
西京巢氏《水气论》一卷
李越 一作"钺"《新修荣卫养生用药补泻论》十卷
杨大邺《婴儿论》二卷
《摘药论》一卷
《制药论法》一卷
《连方五藏论》一卷
《五劳论》一卷
《夭寿性术论》一卷
《咽喉口齿方论》五卷
《产后十九论》一卷
《小儿方术论》一卷
李温《万病拾遗》三卷
张机《金石制药法》一卷
王氏《食法》五卷
严龟《食法》十卷
《养身食法》三卷
《太清服食药法》七卷
《按摩法》一卷
《摄养禁忌法》一卷
王道中《石药异名要诀》一卷
谭延镐《脉色要诀》一卷
吴复圭《金匮指微诀》一卷
叶传古《医门指要诀》一卷
华子颙《相色经妙诀》一卷
《制药总诀》一卷
《修玉粉丹口诀》一卷
《服云母粉诀》一卷
《伏火丹砂诀序》一卷
陈玄《北京要术》一卷
萧家《法馔》三卷
《馔林》四卷
《药林》一卷
王氏《医门集》二十卷
李崇庆《燕台集》五卷
《穿玉集》一卷
刘翰《今体治世集》三十卷
雷继晖《神圣集》三卷
《华氏集》十卷

《杨氏妆台宝鉴集》三卷 南阳公主
《伤寒证辨集》一卷
贾黄中《神医普救方》一千卷 《目》十卷
杨归 一作"师" 厚《产乳集验方》三卷
安文恢《万全 一作"金"方》三卷
孙廉《金鉴方》三卷
《金匮方》三卷
韦宙《独行方》十二卷
又《玉壶备急方》一卷
郑氏《惠民方》三卷
郑氏《圃田通玄方》三卷
又《惠心方》三卷
《纂要秘要方》三卷
《溥济安众方》三卷
支观《通玄方》十卷
刘氏《五藏旁通遵 一作"导" 养方》一卷
白仁叙《集验方》五卷
《服食导养方》三卷
孟氏《补养方》三卷
崔元亮《海上集验方》十卷
崔氏《骨蒸方》三卷
元希声《行要备急方》二卷
刘禹锡《传信方》二卷
王颜《续传信方》十卷
《婴孩方》十卷
黄汉忠《秘要合炼方》五卷
《针眼 一作"眼针" 钩方》一卷
穆昌绪 一作"叔"《疗眼诸方》一卷
《孩孺 一作"婴孩" 杂病方》五卷
朱傅《孩孺明珠变蒸七疳方》一卷
《小儿秘录集要方》一卷
《延龄秘宝方集》五卷
《录古今服食导养方》三卷
《服食神秘方》一卷
姚和《众童延龄至宝方》十卷
又《保童方》一卷
许咏 一作"泳"《六十四问秘要方》一卷
《塞上方》三卷
《晨昏宁侍方》二卷
王道《外台秘要乳石方》二卷
《耆婆要用方》一卷
崔行功《纂要方》十卷
《千金秘要备急方》一卷
华宗寿《昇天 一作"元" 广济方》三卷
段詠 一作"泳"《走马备急方》一卷
《天宝神验药方》一卷
《贞元集要广利方》五卷
《大和济安方》一卷
罗普宣《灵宝方》一百卷
悟玄子《安神养性方》一卷

《箧中方》一卷
萧存礼《百一问答方》三卷
包会《应验方》三卷
《杂用药方》五十五卷
《神仙云母粉方》一卷
《服术方》一卷
《庆历善救方》一卷
《胡道洽方》一卷
贾耽《备急单方》一卷
《李八百方》一卷
波驰波利译《吞字贴肿方》一卷
李继皋《南行方》三卷
杜氏《集验方》一卷
韩待诏《肘后方》一卷
王氏《秘方》五卷
徒都子《膜外气方》一卷
潜真子《神仙金匮服食方》二卷
杨太仆《医方》一卷
沈承泽《集妙方》三卷
章秀言《草木诸药单方》一卷
吴希言《医门括源方》一卷
王朝昌《新集方》一卷
《老子服食方》一卷
《葛仙公杏仁煎方》一卷
《删繁要略方》一卷
《集诸要妙方》一卷
《备急简要方》一卷
《纂验方》一卷
《养性益寿备急方》一卷
《奏闻单方》一卷
《反魂丹方》一卷
《玄明粉方》一卷
《瘰疬方》一卷
《婆罗门僧服仙茅方》一卷
高福《摄生要录》三卷
李绛《兵部手集方》三卷
孟诜《食疗本草》六卷
沈知言《通玄秘术》三卷
昝殷《产宝》三卷
　　《食医心鉴》二卷
甘伯宗《历代名医录》七卷
郑景岫《广南四时摄生论》一卷
叶长文《启玄子元和纪用经》一卷
张文懿《本草括要诗》三卷
雷敩《炮灸方》三卷
宋徽宗《圣济经》十卷
通真子《续注脉赋》一卷
《脉要新括》二卷
李大参《家伤寒指南论》一卷
严器之《伤寒明理论》四卷

王维一《新铸铜人腧穴灸图经》三卷
高若讷《素问误文阙义》一卷
　　《伤寒类要》四卷
徐梦符《外科灸法论粹新书》一卷
赵从古《六甲天元运气钤》二卷
丁德用《医伤寒慈济集》三卷
马昌运《黄帝素问入试秘宝》七卷
王宗正《难经疏义》二卷
杨介存《四时伤寒总病论》六卷
僧文宥《必效方》三卷
陈师文《校正太平惠民和剂局方》五卷
陈氏《经验方》五卷　不知名
唐慎微《大观经史证类备急本草》三十二卷
王寔《伤寒证治》三卷
　又《局方续添伤寒证治》一卷
郭稽中《妇人产育保庆集》一卷
裴宗元《药诠总辨》三卷
孙用和《传家秘宝方》五卷
钱乙《小儿药证直诀》八卷
洪氏《集验方》五卷　不知名
李石《司牧安骥集》三卷
　又《司牧安骥方》一卷
张涣《小儿医方妙选》三卷
王俣《编类本草单方》三十五卷
赵铸《瘴疟备急方》一卷
李璆、张致远《瘴论》二卷
郑樵《鹤顶方》二十四卷
《本草外类》五卷
《食鉴》四卷
张杰《子母秘录》十卷
王蘧《经效痈疽方》一卷
张锐《鸡峰备急方》一卷
王世臣《伤寒救俗方》一卷
胡权《治痈疽脓毒方》一卷
钱竽《海上名方》一卷
何偶《经验药方》二卷
刘元宝《神巧万全方》十二卷
党永年《摅医新说》三卷
史源《治背疮方》一卷
王貺《济世全生指迷方》三卷
王衮《王氏博济方》三卷
王伯顺《小儿方》三卷
汉东王先生《小儿形证方》三卷
胡愔《补泻内景方》三卷
栖真子《婴孩宝鉴方》十卷
蒋淮《药证病源歌》五卷
成无已《伤寒论》一卷
朱旦《伤寒论方》一卷
沈虞卿《卫生产科方》一卷
沈柄《产乳十八论》　卷亡

《温舍人方》一卷　不知名
党禹锡《嘉祐本草》二十卷
刘方明《幼幼新书》四十卷
吴得夫《集验方》七卷
马延之《马氏录验方》一卷
李朝正《备急总效方》四十卷
陈言《三因病源方》六卷
陈抃《手集备急经效方》一卷
张允蹈《外科保安要用方》五卷
《史载之方》二卷
夏德懋《卫生十全方》十三卷
陆游《陆氏续集验方》二卷
卓伯融《妙济方》一卷
胡元质《总效方》十卷
王璆《百一选方》二十八卷
朱端章《卫生家宝方》六卷
　又《卫生家宝产科方》八卷
　　《卫生家宝小儿方》二卷
　　《卫生家宝汤方》三卷
杨倓《杨氏家藏方》二十卷
许叔微《普济本事方》十二卷
胡氏《经验方》五卷　不著名
《备用方》二卷　岳州守臣编，不著名氏
丘哲《备急效验方》三卷
宋霖《丹毒备急方》三卷
黄环《备问方》二卷
王碛《易简方》一卷
方导《方氏集要方》二卷
王世明《济世万全方》一卷
张松《究源方》五卷
董大英《活幼悟神集》二十卷
　《安庆集》十卷
曾孚先《保生护命集》一卷
戴衍《尊生要诀》一卷
定斋居士《五痔方》一卷
李氏《痈疽方》一卷　不知名
《集效方》一卷
《中兴备急方》二卷
《灸经背面相》二卷
《神应针经要诀》一卷
《伯乐针经》一卷
《伤寒要法》一卷
《兰室宝鉴》二十卷
《小儿秘要论》一卷
《绍圣重集医马方》一卷
《传信适用方》一卷
《治未病方》一卷
《用药须知》一卷
《治发背恶疮内补方》一卷
《博济婴孩宝书》二十卷

《川玉集》一卷
《产后论》一卷
冲和先生《口齿论》一卷
《脚气论》一卷
《灵苑方》二十卷
《秘宝方》二卷
《古今秘传必验方》一卷
《太医西局济世方》八卷
《产科经真环中图》一卷
陈玕《医鉴后传》一卷
陈蓬《天元秘演》十卷
庞安时《难经解》一卷
朱肱《内外二景图》三卷
《南阳活人书》二十卷
席延赏《黄帝针经音义》一卷
庄绰《膏肓腧穴灸法》一卷
《华氏中藏经》一卷　灵宝洞主探微真人撰
刘温舒《内经素问论奥》四卷
刘清海《五藏类合赋》一卷
《耆婆五藏论》一卷
刘皓《眼论审的歌》一卷
徐氏《黄帝脉经指下秘诀》一卷
平尧卿《伤寒玉鉴新书》一卷
《伤寒证类要略》二卷
董常《南来保生回车论》一卷
黄维《圣济经解义》十卷
东轩居士《卫济宝书》一卷
李柽《伤寒要旨》一卷
《医家妙语》一卷
《小儿保生要方》三卷
汤民望《婴孩妙诀论》三卷
伍起予《外科新书》一卷
《痈疽方》一卷
董汲《脚气治法总要》一卷
程迥《医经正本书》一卷
娄居中《食治通说》一卷
苏颂《校本草图经》二十卷
王怀隐《太平圣惠方》一百卷
姚和《众童子秘要论》三卷
钱闻礼《钱氏伤寒百问方》一卷
阎孝忠《重广保生信效方》一卷
刘甫《十全博救方》一卷
周应《简要济众方》五卷
王素《经验方》三卷
张田《幼幼方》一卷
刘彝《赣州正俗方》二卷
李端愿《简验方》一卷
崔源《本草辨误》一卷
晏傅正《明效方》五卷
葛怀敏《神效备急单方》一卷

沈括《良方》十卷
《苏沈良方》十五卷 沈括、苏轼所著
陈直《奉亲养老书》一卷
文彦博《药准》一卷
董汲《旅舍备要方》一卷
初虞世《古今录验养生必用方》三卷
庞安《验方书》一卷
《胜金方》一卷
《王赵选秘方》二卷

　　右医书类五百九部，三千三百二十七卷。

凡子类三千九百九十九部，二万八千二百九十卷。

卷二百八　　志第一百六十一

艺文七

　　集类四：一曰楚辞类，二曰别集类，三曰总集类，四曰文史类。

《楚辞》十六卷 楚屈原等撰。
《楚辞》十七卷 后汉王逸章句。
晁补之《续楚辞》二十卷
　又《变离骚》二十卷
黄伯思《翼骚》一卷
洪兴祖《补注楚辞》十七卷《考异》一卷
周紫芝《竹坡楚辞赘说》一卷
朱熹《楚辞集注》八卷　《辨证》一卷
黄铢《楚辞协韵》一卷
《离骚》一卷 钱杲之集传。

　　右楚辞十二部，一百四卷。

《董仲舒集》一卷
《枚乘集》一卷
《刘向集》五卷
《王褒集》五卷
《扬雄集》六卷
　又《二十四箴》二卷
《李尤集》二卷
《张衡集》六卷
《张超集》三卷
《蔡邕集》十卷
《诸葛亮集》十四卷
《曹植集》十卷
《魏文帝集》一卷
《王粲集》八卷
《陈琳集》十卷
《嵇康集》十卷
《阮林集》十卷
《张华集》二卷
　又《诗》一卷
《江统集》一卷
《傅玄集》一卷
《束皙集》一卷
《张敏集》二卷
《潘岳集》七卷
《索靖集》一卷
《刘琨集》十卷
《陆机集》十卷
《陆云集》十卷
《郭璞集》六卷
《兰亭诗》一卷
《陶渊明集》十卷
《谢庄集》一卷
《颜延之集》五卷
《谢灵运集》九卷
《谢惠连集》五卷
《王僧达集》十卷
《鲍昭集》十卷
《江淹集》十卷
《王融集》七卷
《孔稚圭集》十卷
《谢朓集》十卷
　又《诗》一卷
颜之推《稽圣赋》一卷
《梁简文帝集》一卷
《昭明太子集》五卷
《沈约集》九卷
　又《诗》一卷
《刘孝绰集》一卷
《刘孝威集》一卷
《吴均诗集》三卷
《何逊诗集》五卷
《庾肩吾集》二卷
《任昉集》六卷
《庾信集》二十卷
　又《哀江南赋》一卷
《陈后主集》一卷
《江总集》七卷
《沈炯集》七卷
《徐陵诗》一卷
《张正见集》一卷
《唐太宗诗》一卷
《玄宗诗》一卷
《王绩集》五卷
《许敬宗集》十卷
《任敬臣集》十卷
《宋之问集》十卷
《沈佺期集》十卷

《崔融集》十卷
《李峤诗》十卷
《苏味道诗》一卷
《杜审言诗》一卷
《徐鸿诗》一卷
《王勃诗》八卷
　　又《文集》三十卷
　《杂序》一卷
《杨炯集》二十卷
　　又《拾遗》四卷
《卢照邻集》十卷
《骆宾王集》十卷
《陈子昂集》十卷
《刘希夷诗》四卷
《赵彦昭诗》一卷
《崔湜诗》一卷
《武平一诗》一卷
《李乂诗》一卷
《孙逖集》二十卷
《张说集》三十卷
　　又《外集》二卷
《苏颋集》三十卷
《张九龄集》二十卷
《李白集》三十卷
严从《中黄子》三卷
《毛钦一集》三十卷
《梁肃集》二十卷
《李翰集》一卷
《孟浩然诗》三卷
《王昌龄集》十卷
《崔颢诗》一卷
《卢象诗》一卷
《李适诗》一卷
《陶翰诗》一卷
《皇甫曾诗》一卷
《皇甫冉集》二卷
《严维诗》一卷
《祖咏诗》一卷
《丘为诗》一卷
《常建诗》一卷
《岑参集》十卷
《崔国辅诗》一卷
《则天中兴集》十卷
　　又《别集》一卷
《太宗御集》一百二十卷
《真宗御集》三百卷　《目》十卷
　　又《御集》一百五十卷
《仁宗御集》一百卷　《目录》三卷
《英宗御制》一卷
《神宗御笔手诏》二十一卷

　　又《御集》一百六十卷
《哲宗御制前后集》共二十七卷
《徽宗御制崇观宸奎集》一卷
　　又《宫词》一卷
《阮籍集》十卷
《阮咸集》一卷
王道珪注《哀江南赋》一卷
张庭芳注《哀江南赋》一卷
陆淳《东皋子集略》二卷
《魏文正公时务策》五卷
郭元振《九谏书》一卷
　　又《安邦策》三卷
李靖《霸国箴》一卷
王起注《崔融宝图赞》一卷
《许恭集》十卷
《任希古集》十卷
王勃《舟中纂序》五卷
卢照邻《幽忧子》三卷
骆宾王《百道判》二卷
李峤《新咏》一卷
《吴筠　一作"均"集》十一卷
《杜甫小集》六卷
薛苍舒《杜诗刊误》一卷
元结《元子》十卷
　　又《琦玗子》一卷
《常衮诏集》二十卷
贺知章《人道表》一卷
《鲍防集》五卷
　　又《杂感诗》一卷
令狐楚《梁苑文类》三卷
《李司空论事》十七卷
《冯宿集》十卷
《邵说集》十卷
杜元颖《五题》一卷
《李绅批答》一卷
刘轲《翼孟》三卷
李德裕《穷愁志》三卷
　　又《杂赋》二卷
　《平泉草木记》一卷
《段全纬集》五卷
《薛逢别集》九卷
《李虞仲制集》四卷
《柳冕集》四卷
《李程表状》一卷
《李群玉后集》五卷
　　又《诗集》二卷
《令狐绹表疏》一卷
夏侯韫《与凉州书》一卷
商璠《丹阳集》一卷
《舒元舆文》一卷

《谭正夫文》一卷
《张琪 一作"琛"文》一卷
来择《秣陵子集》一卷
　　又《集》三卷
《齐夔文》一卷
《畅当诗》一卷
皇甫松《大隐赋》一卷
《于武陵诗》一卷
陆希声《颐山录诗》一卷
《陆鸾集》一卷
沈棲远《景台编》十卷
《袁皓集》一卷
黄滔《编略》十卷
《贾岛小集》八卷
《费冠卿诗》一卷 《孟迟诗》一卷
《王德舆诗》一卷
郑谷《宜阳集》一卷
郁浑《百篇》一卷
《周渍诗》一卷
薛莹《洞庭诗》一卷
《李洞诗集》三卷
《丁稜诗》一卷
《朱邺赋》三卷
　　又《诗》三卷
《卢延让诗集》一卷
《杨弇诗》一卷
《贺兰明吉集》一卷
《徐融集》一卷
《韦说诗》一卷
《刘绮庄集》十卷
《张琳集》十卷
《徐昊集》八卷
《宗严集》一卷
《薛逢赋》四卷
　　又《别纸》十三卷
《宋言赋》一卷
郭贲《体物集》一卷
杨复恭《行朝诗》一卷
《韩偓诗》一卷
　　又《入翰林后诗》一卷
冯涓《怀秦赋》一卷
　　又《集》十三卷
　　《龙吟集》三卷
《长乐集》一卷
朱朴《荆山子诗集》四卷
　　又《杂表》一卷
《孙邰小集》三卷
杨士达《拟讽谏集》五卷
《陈光诗》一卷
《吴仁璧诗》一卷

戚同文《孟诸集》二十卷
《王振诗》一卷
严虔崧《宝囊》五卷
　　又《表状》五卷
《倪明基诗》一卷
《李洪皋集》二卷
　　又《表状》一卷
《韦文靖笺表》一卷
崔昇《鲁史分门属类赋》一卷
《韦鼎诗》一卷
《孙该诗》一卷
《卫单诗》一卷
《蔡融诗》一卷
《来鹏诗》一卷
《谢璧赋》一卷
　　又《诗集》四卷
　　《策林》十卷
　　《咏高士诗》一卷
　　《沃山焦山赋》一卷
扈蒙《鳌山集》二十卷
《毛钦一文》二卷
《张友正文》一卷
《南卓集》一卷
《陈陶文录》十卷
封鳌《翰藁》八卷
《胡会集》十卷
《李商隐赋》一卷
　　又《杂文》一卷
《刘邺集》四卷
　　又《丛事》三卷
《陈 一作"刘" 黯集》一卷
陈汀《五源文集》三卷
　　又《赋》一卷
《张次宗集》六卷
刘三复《景台杂编》十卷
　　又《问遗集》三卷
　　《别集》一卷
《王毂集》十卷
倪曙《获薰集》三卷
　　又《赋》一卷
《皮日休别集》七卷
《陆龟蒙诗编》十卷 又《赋》一卷
《钱珝制集》十卷 又《舟中录》二十卷
《杨夔集》五卷 又《赋》一卷
　　《冗书》十卷
《冗余集》十卷
郯昌士《白嵌集》五卷
　　又《诗集》十卷
《程逊集》十卷
温庭筠《汉南真藁》十卷

又《集》十四卷
　　《握兰一作"简"集》三卷
《记室备要》三卷
《诗集》五卷
崔嘏《管记集》十卷
蒋文彧《记室定名集》三卷
卢肇《愈风集》十卷
　　又《大统赋注》六卷
　　　《海潮赋》一卷
　　　《通屈赋》一卷
郑宾一作"宝"《行宫集》十卷
张泽《饮河集》十五卷
《刘宗一作"荣"望制集》八卷
陆宸《禁林集》七卷
《张玄晏集》二卷
《高骈集》三卷
李积《鼎国集》三卷
《顾云集遗》十卷
　　又《赋》二卷
　　　《启事》一卷
　　　《苕一作"昭"亭杂笔》五卷
　　　《纂新文苑》十卷
　　　《苕一作"昭"川总载》十卷
康骈《九笔杂编》十五卷
《乐朋龟集》七卷
　　又《纶阁集》十卷
《徐寅别集》五卷
《吴融赋集》五卷
崔致远《笔耕集》二十卷
　　又《别集》一卷
《崔遘集》二卷
《罗衮集》二卷
《李山甫杂赋》二卷
《李磎集》四卷
《羊昭业集》十五卷
章震《肥川集》十卷
　　又《磨盾集》十卷
李景略《南燕染翰》二十卷
孙郃《孙子文纂》四十卷
《汪文蔚集》三卷
刘韬美《从军集》四十卷
《郭子仪表奏》五卷
《颜真卿集》十五卷
《元结集》十卷
《李岘诗》一卷
《常衮集》三十三卷
　　又《集》十卷
《韦应物集》十卷
《高适诗集》十二卷
《李嘉祐诗》一卷
《张谓诗》一卷

《卢纶诗》一卷
《李端诗》三卷
《耿纬诗》三卷
《司空文明集》一卷
《韩翃诗》五卷
《钱起诗》十二卷
《郎士元诗》二卷
《张继诗》一卷
《陆贽集》二十卷
《王仲舒制集》二卷
《羊士谔诗》一卷
《雍裕之诗》一卷
《裴度集》二卷
《武元衡诗》三卷
《权德舆集》五十卷
《韩愈集》五十卷　又《遗文》一卷
　　《昌黎文集序传碑记》一卷
　　《西掖雅言》五卷
祝充《韩文音义》五十卷
朱熹《韩文考异》十卷
樊汝霖《谱注韩文》四十卷
洪兴祖《韩文年谱》一卷
　　《韩文辨证》一卷
方崧卿《韩集举正》一卷
《柳宗元集》三十卷
张敦颐《柳文音辨》一卷
《刘禹锡集》三十卷　又《外集》十卷
《吕温集》十集
《李观集》五卷
《李贺集》一卷　又《外集》一卷
《欧阳詹集》一卷
《欧阳衮集》一卷
《张籍集》十二卷
《孟东野诗集》十卷
《李翱集》十二卷
《皇甫湜集》八卷
《贾岛诗》一卷
《卢仝诗》一卷
《刘叉诗》一卷
《沈亚之诗》十二卷
《樊宗师集》一卷
《吴武陵诗》一卷
《张碧诗》一卷　又《歌行》一卷
《包幼正诗》一卷
《朱放诗》二卷
《符载集》二卷
《鲍溶歌诗》五卷
《李益诗》一卷
《李约诗》一卷
《熊孺登诗》一卷

《蒋防集》一卷
《崔元翰集》十卷
《张登集》六卷
《窦叔向诗》一卷
《窦巩诗》一卷
《穆员集》九卷
《殷尧藩诗》一卷
《独孤及集》二十卷
《张仲素诗》一卷
《刘言史诗》十卷
《章孝标集》七卷
《庄南杰《杂歌行》一卷
《朱湾诗》一卷
《张祐诗》十卷
《李绛文集》六卷
《元稹集》四十八卷　又《元相逸诗》二卷
《赵昉诗》一卷
白居易《长庆集》七十一卷
《袁不约诗》一卷
《施肩吾集》十卷
《李甘集》一卷
《朱庆余诗》一卷
《李程集》一卷
王涯《翰林歌词》一卷
《令狐楚表奏》二卷　又《歌诗》一卷
《李涉诗》一卷
《杨巨源诗》一卷
《喻凫诗》一卷
《薛莹诗》一卷
《牛僧孺集》五卷
《李绅诗》三卷
《李德裕集》二十卷　又《别集》十卷
　　《记集》二卷
　　《姑臧集》五卷 德裕翰苑所作。
《杜牧集》二十卷
《温庭筠集》七卷
《段成式集》七卷
《薛能诗集》十卷
《崔嘏制诰》十卷
《薛逢诗》一卷
《马戴诗》一卷
《姚鹄诗》一卷
《顾况集》十五卷
《顾非熊诗》一卷
《裴夷直诗》二卷
《项斯诗》一卷
刘驾《古风诗》一卷
《李廓诗》一卷
《韩宗诗》一卷
《李远诗》一卷

曹邺《古风诗》二卷
《许浑诗集》十二卷
《姚合诗集》十卷
《李频诗》一卷
《李郢诗》一卷
《雍陶诗集》三卷
《于邺诗》十卷
《陆畅集》一卷
《刘得仁诗集》一卷
赵嘏《编年诗》二卷
《孙樵集》三卷
《储嗣宗诗》一卷
《李锴诗》一卷
《郑巢诗》一卷
郑嵎《津阳门诗》一卷
李殷《古风诗》一卷
卢肇《文标集》三卷
《李商隐文集》八卷　又《四六甲乙集》四十卷
　　《别集》二十卷
　　《诗集》三卷
《刘沧诗》一卷
《于鹄诗》一卷
《郑畋集》五卷　又《诗集》一卷
　　《论事》五卷
皮日休《文薮》十卷
　　《胥台集》一卷
　　《吊江都赋》一卷
《刘蜕集》十卷
《李昌符诗》一卷
侯圭《江都赋》一卷
《沈光诗集》一卷
《陆龟蒙集》四卷
《喻坦之集》一卷
《周贺诗》一卷
《曹唐诗》三卷
《许棠诗集》一卷
独孤霖《玉堂集》二十卷
《李山甫诗》一卷
胡曾《咏史诗》三卷　又《诗》一卷
《张乔诗》一卷
《王棨诗》一卷
于濆《古风诗》一卷
《聂夷中诗》一卷
《林宽诗》一卷
薛廷珪《凤阁书词》十卷
罗虬《比红儿诗》十卷
《罗邺诗》一卷
罗隐《湘南应用集》三卷
又《淮海寓言》七卷
　　《甲乙集》三卷

《外集诗》一卷
《启事》一卷
《逸本》三卷
《逸书》五卷
《崔道融集》九卷
《高骈诗》一卷
《顾云编藁》十卷　又《凤策联华》三卷
司空图《一鸣集》三十卷
《崔涂诗》一卷
《崔鲁诗》一卷
《林嵩诗》一卷
《王驾诗》六卷
《唐彦谦诗集》二卷
《方干诗》二卷
《徐凝诗》一卷
《周朴诗》一卷
《陈陶诗》十卷
《王贞白集》七卷
陆希声《君阳遁叟山集记》一卷
《郑渥诗》一卷
郑云叟《拟峰集》二卷
《杜甫诗》二十卷　又《外集》一卷
《杜诗标题》三卷 题鲍氏，不知名。
《王维集》十卷
《贾至集》十卷　又《诗》一卷
《储光羲集》二卷
《綦毋潜诗》一卷
《刘长卿集》二十卷
《萧颖士集》十卷
《李华集》二十卷
秦系《秦隐君诗》一卷
《张鼎诗》一卷
《程晏集》十卷
《李华集》二十卷
《张南史诗》一卷
《陈黯集》一卷
杜荀鹤《唐风集》二卷
《严郾诗》一卷
《李溪奏议》一卷
《吴融集》五卷
《褚载诗》一卷
《曹松诗》一卷
《翁承赞诗》一卷
《张蠙诗》一卷
《孙郃集》二卷
《秦韬玉集》三卷
《郑谷诗》三卷又《诗》一卷
　《外集》一卷
韩偓《香奁小集》一卷　又《别集》三卷
《王毂诗》三卷

《裴说诗》一卷
《李雄诗》三卷
《说李中集》三卷
《李善夷集》六卷
《黄璞集》五卷
孙元晏《六朝咏史诗》一卷
《窦永赋》一卷
《阎防诗》一卷
《王季友诗》一卷
《林藻集》一卷
《刘宪诗》一卷
《朱景玄诗》一卷
《苏拯诗》一卷
《王建集》十卷
《杨炎集》十卷
《唐于公异奏记》一卷
《麹信陵诗》一卷
《刘商集》十卷
《戎昱集》五卷
《戴叔伦述藁》十卷
《张韦诗》一卷
《陈羽诗》一卷
《李慎诗》一卷
《刘威诗》一卷
《邵谒诗》一卷
郑昌士《四六集》一卷
《柳俠诗》一卷
《任翻诗》一卷
《杨衡诗》一卷
《文丙诗》一卷
《皮氏玉笥集》一卷 不知作者。
黄滔《莆阳黄御史集》二卷
《黄寺丞诗》一卷 不著名，题唐人。
《芦中诗》二卷 不知作者。
李琪《金门集》十卷
韦庄《浣花集》十卷
　《谏草》一卷
殷文圭《冥搜集》二十卷　又《登龙集》十五卷
《孙晟集》五卷
李崧《真珠集》一卷
高辇《昆玉集》一卷
《马幼昌集》四卷
林鼎《吴江应用》二十卷
王叡《炙毂子》三卷　又《聊珠集》五卷
周延禧《百一集》二十卷
《沈文昌集》二十卷
张沈《一飞集》三卷
吕述《东平小集》三卷
《冯道集》六卷　又《河间集》五卷
　《诗集》十卷

李松《锦囊集》三卷　又《别集》一卷
王仁裕《乘辂集》五卷　又《紫阁集》五卷
　　《紫泥集》十二卷
　　《紫泥后集》四十卷
　　《诗集》十卷
公乘亿《珠林集》四卷　又《华林集》三卷
　　《集》七卷
　　《赋》十二卷
王超《洋源集》十卷　又《凤鸣集》三卷
《孙开物集》十六卷
李琪《应用集》三卷
《崔拙集》二卷
李愚《白沙集》十卷　又《五书》一卷
《丘光业诗》一卷
钱镠《吴越石壁记》一卷
孙光宪《荆台集》四十卷　又《笔佣集》十卷
　　《纪遇诗》十卷
　　《巩湖编玩》三卷
　　《橘斋集》二卷
和凝《演论集》三卷　又《游艺集》五十卷
　　《红药编》五卷
贾纬《草堂集》二十卷　又《续草堂集》十二卷
张正《西掖集》三十卷
《陈九畴集》五卷
《韦庄谏疏笺表》四卷
杨怀玉《忘筌集》三卷
《王俨后集》十卷
《乔讽集》十卷
《李洪茂集》十卷
毛文晏《昌城后寓集》十五卷　又《西阁集》十卷
　　《东壁出言》三卷
杜光庭《广成集》一百卷　又《壶中集》三卷
庾傅昌《金行启运集》二十卷
李尧夫《梓潼集》二十卷
勾令言《玄舟集》二十卷
童九龄《潼江集》二十卷
王朴《翰苑集》十卷
李瀚《丁年集》十卷
《涂昭良集》八卷
李昊《蜀祖经纬略》一百卷　又《枢机集》二十卷
商文圭《从军藁》二十卷　又《镂冰录》二十卷
　　《笔耕词》二十卷
游恭《东里集》三卷
　又《广东里集》二十卷
　　《短兵集》三卷
朱浔《昌吴启霸集》三十卷
沈松《钱金集》八卷
郭昭度《芸阁集》五十卷
《李氏金台凤藻集》五十卷
李为光《斐然集》五卷

程简之《金镂集》十二卷
沈颜《陵阳集》五卷　又《聱书》十卷
　　《解聱》十五卷
程柔《安居杂著》十卷
陈濬《揖让录》七卷
《李煜集》十卷　又《集略》十卷
　　《诗》一卷
宋齐丘《祀玄集》三卷
孙晟《续古阙文》一卷
陈致雍《曲台奏议集》二十卷
孟拱辰《凤苑集》三卷
汤筠《戎机集》五卷
乔舜《拟谣》十卷
《张安石诗》一卷
《赵抟歌诗》二卷
方纳《远华集》一卷
《韦蔼诗》一卷
《张杰诗》一卷
谢磻隐《杂感诗》二卷
戴文一作"乂"《回文诗》一卷
《守素先生遗荣诗集》三卷
《谭藏用诗》一卷
罗绍威《政余诗集》一卷
《章碣诗》一卷
商绪《潜阳诗集》三卷
熊惟简《湘西诗集》三卷
《李明诗集》五卷
《郭鹏诗》一卷
孟宾子《金螯诗集》二卷
《李叔文一作"父"诗》一卷
《王希羽诗》一卷
《廖光图诗集》二卷
《廖凝诗集》七卷
《廖逸诗集》二卷
《廖融诗集》四卷
《王梵志诗集》一卷
《左绍冲集》三卷
熊皦《屠龙集》五卷
《章一作"辛"郾诗》一卷
朱存《金陵览古诗》二卷
《韩溉诗》一卷
《高蟾诗》二卷
《孙鲂诗集》三卷
《成文干诗集》五卷
吴蜕《一字至七字诗》二卷
罗浩源《庐山杂咏诗》一卷
王遒一作"遵"《咏史》一卷冀访《咏史》十卷
孙玄晏《览北史》三卷
崔道融《申唐诗》三卷
杜荤《咏唐史》十卷

赵容一作"谷"《刺贤诗》一卷
阎承琬《咏史》三卷
　　　《六朝咏史》六卷
童汝为《咏史》六卷
陆元皓《咏刘子诗》三卷
《高迈赋》一卷
《谢观赋集》八卷
《蒋防赋集》一卷
《俞巌赋集》一卷
《侯圭赋集》一卷
《郑渎赋》二卷
《王翃赋集》二卷
《贾嵩赋集》三卷
《蒋凝赋集》三卷
《桑维翰赋》二卷
林绚《大统赋》二卷《大纪赋》三卷
李希运《两京赋》一卷
崔葆《数赋》十卷
毛涛一作"铸"《浑天赋》一卷
刘恽《悲甘陵赋》一卷张龙泉、章孝标注。
卢献卿《愍征赋》一卷
张莹一作"策"《吊梁"粱"下或有"郊"字赋》一卷
王朴《乐赋》一卷
赵邻《几禹别九州赋》三卷
鲁褒《钱神论》一卷
潘询注《才命论》一卷
钱楼业《太虚潮论》一卷
杜光庭《三教论》一卷
　　　《大宝论》一卷
丁友亮《唐兴替论》一卷
丘光庭《海潮论》一卷
赵昌嗣《海潮论》一卷《九证心戒》一卷
杜嗣先《兔园策》十卷
郑宽《百道判》一卷
《吴康仁判》一卷
《崔锐判》一卷
《赵璘表状》一卷
《李善夷表集》一卷
《郑屿表状略》三卷
《彭霁启状》一卷
《郑氏贻孙集》四卷
《张濆表状》一卷
《李巨川启状》二卷
郑准《渚宫集》四卷
李蠢《鱼化集》一卷
《樊景表状集》一卷
《罗贯启状》二卷
《梁震表状》一卷
赵仁拱《潜龙笔职》三卷
《黄台江西表状》二卷
《周慎辞表状》五卷

郭洪《记室袖中备要》三卷
《金台倚马集》九卷
《拟状制集》三卷
《章表分门》一卷
《两制珠玑集》二卷
《搢绅集》三卷
《蓬壶集》一卷
《忘机子》五卷并不知作者。
张昭《嘉善集》五十卷
高锡《簪履编》七卷
《王祐集》二十卷
罗处约《东观集》十卷
郭贽《文懿集》三十卷
陈抟《钓潭集》二卷
《王溥集》二十卷
《赵上交集》二十卷
《薛居正集》三十卷
宝仪《端揆集》四十五卷
《白稹集》十卷
徐铉《质论》一卷
《苏易简章表》十卷
《李昉集》五十卷
《朱昂集》三十卷
《王旦集》二十卷
《鞠常集》二十卷
《李莹集》十卷
梁周翰《翰苑制草集》二十卷
王禹偁《制诰集》十二卷
《韩乂奏议》三卷
杨亿《虢略集》七卷
《刘宣集》一卷
《杨徽之集》五卷
赵师民《儒林旧德集》三十卷
《丘旭诗》一卷　又《赋》一卷
曾致尧《直言集》一卷
《张翼诗》一卷
韦文化《韶程诗》一卷
赵晟《金山诗》一卷
李度《策名诗》一卷
《杨日严集》十卷
赵抃《成都古今集》三十卷
宋敏求《书闱前后集》《西垣制词文集》四十八卷
《吕惠卿文集》一百卷　又《奏议》一百七十卷
《龚鼎臣谏草》三卷
《程师孟文集》二十卷　又《奏议》十五卷
《杨绘文集》八十卷
张方平《玉堂集》二十卷
王洙《昌元集》十卷
《承干文集》十卷
《田况文集》三十卷

邓绾《治平文集》三十卷　又《翰林制集》十卷
　　《西垣制集》三卷
　　《奏议》二十卷
　　《杂文诗赋》五十卷
刘彝《明善集》三十卷　又《居易集》二十卷
《赵世繁歌诗》十卷
《张诜文集》十卷　又《奏议》三十卷
《韩绛文集》五十卷　又《内外制集》十三卷
《奏议》三十卷
《庞元英文集》三十卷
《李常文集》六十卷　又《奏议》二十卷
《孙觉文集》四十卷　又《奏议》二十卷
　　《外集》十卷
《吕公孺诗集奏议》二十卷
《熊本文集》三十卷　又《奏议》二十卷
《传尧俞奏议》十卷
《叶康直文集》十卷
《李承之文集》三十卷　又《奏议》二十卷
《卢秉文集》十卷　又《奏议》三十卷
晁补之《鸡肋集》一百卷
《王庠文集》五十卷
《刘纹集》六十卷
《孔文仲文集》五十卷
《孔武仲奏议》二卷
《蒲宗孟文集奏议》七十卷
《张利一奏议》三卷
《乔执中古律诗赋》十五卷　又《杂文碑志》十卷
《赵仲庠内外制》十卷　又《杂文》五十卷
　　《制诰表章》十卷
《赵仲锐文集》十卷
《李之纯文集》二十卷　又《奏议》五卷
赵世逢《英华集》十卷
《李清臣文集》一百卷
　　又《奏议》三十卷
《李新集》四十卷
《沈洙文集》十卷
《杜纮文集》二十卷
　　又《奏议》十卷
　　《后山集》三十卷
曾肇《元祐制集》十二卷　又《曲阜外集》三十卷
张舜民《画墁集》一百卷
《王存文集》五十卷
《李昭集》三十卷
蒋之奇《荆溪前后集》八十九卷　又《别集》九卷
　　《北扉集》九卷
　　《西枢集》四卷
　　《卮言集》五卷
　　《刍言》五十篇
《舒亶文集》一百卷
《龚原文集》七十卷　又《颍川唱和诗》三卷

《安焘文集》四十卷　又《奏议》十卷
《张商英文集》一百卷
《蔡肇文集》三十卷
《刘跂集》二十卷
《秦敏学集》二卷
《曾孝广文集》二十卷
《张阁文集》二十卷
《吴居厚文集》一百卷　又《奏议》一百二十卷
《吕益柔文集》五十卷　又《奏议》一卷
《姚祐文集》六十卷　又《奏议》二十卷
《上官均文集》五十卷　又《奏议》十卷
叶焕《继明集》一卷
赵仲御《东堂集》一卷
李长民《汴都赋》一卷
《鲍慎由文集》五十卷
《游酢文集》十卷
《刘安世文集》二十卷
《许安国诗》三卷
《唐恪文集》八十卷
《谭世勣文集》三十卷　又《奏议》二十一卷
　　《外制》五卷
《师陶集》二卷
孙希广《樵渔论》三卷
宝梦证《东堂集》三卷
《恭翔集》十卷
　　又《表奏集》十卷
《卢文度集》二卷
《崔氏干旄录》六卷
《李慎仪集》十二卷
《唐鸿集》五卷
《青芜编集》一卷
《陈光图集》七卷
《李洪源集》二卷
《郦炎文》四篇
沈彬《闲居集》十卷
《罗隐后集》二十卷
　　又《汝江集》三卷
　　《歌诗》十四卷
　　《吴越掌书记集》三卷
熊皎《南金集》二卷
《龚霖诗》一卷
《倪晓赋》一卷
《谭用之诗》一卷
《扈载集》五卷
《南唐李后主集》十卷
《宋齐丘文传》十三卷
《徐锴集》十五卷
冯延巳《阳春录》一卷
《田霖四六》一卷

潘佑《荥阳集》二十卷
左偃《钟山集》一卷
《张为诗》一卷
徐寅《探龙集》五卷
张麟《答舆论》三卷
杨九龄《桂堂编事》二十卷
《蔡崑诗》一卷
《廖正图诗》一卷
《刘昭禹诗》一卷
《孙鲂诗》五卷
《李建勋集》二十卷
杜田注《杜诗补遗正缪》十二卷
薛仓舒《杜诗补遗》五卷
　《续注杜诗补遗》八卷
洪兴祖《杜诗辨证》二卷
《范质集》三十卷
《赵普奏议》一卷
《李莹集》一卷
《陶穀集》十卷
王佑《襄阳风景古遗迹诗》一卷
《柳开集》十五卷
《徐铉集》三十二卷
《汤悦集》三卷
《宋白集》一百卷　又《柳枝词》一卷
《贾黄中集》三十卷
《李至集》三十卷
《张洎集》五十卷
《李谘集》二十卷
《杨朴诗》一卷
《潘阆诗》一卷
《罗处约诗》一卷
《李光辅集》一卷
《王操诗》一卷
卢积《曲肱编》六卷
《赵湘集》十二卷
《古成之集》三卷
《章士廉集》二卷
张君房《野语》三卷
《李九龄诗集》一卷
《廖氏家集》一卷
王禹偁《小畜集》三卷　又《外集》二十卷
　《承明集》十卷
　《别集》十六卷
《田锡集》五十卷　又《别集》三卷
　《奏议》二卷
魏野《草堂集》二卷　又《钜鹿东观集》十卷
《张詠集》十卷
《寇准诗》三卷　又《巴东集》一卷
《丁谓集》八卷　又《虎丘录》五十卷
　《刀笔集》二卷

《青衿集》三卷
《知命集》一卷
《胡旦集》十六卷
《陈靖集》十卷
晁迥《昭德新编》三卷
《穆修集》三卷
《熊知至集》一卷
《刘随谏草》二十卷
《林逋诗》七卷　又《诗》二卷
《柴庆集》十卷
《刘夔应制》一卷
《谢伯初诗》一卷
《吕祐之集》二十卷
钱惟演《拥旄集》五卷
陈尧佐《愚丘集》二卷　又《潮阳新编》一卷
《石介集》二十卷
《夏竦集》一百卷　又《策论》十三卷
宋庠《缇巾集》十二卷　又《操缦集》六卷
《王随集》二十卷
《石延年诗》二卷
《宋郊文集》四十四卷
　又《濡削》一卷
　《刀笔集》二十卷
　《西川猥藁》三卷
《郑文宝集》三十卷
杨亿《蓬山集》五十四卷
　又《武夷新编集》二十卷
　《颖阴集》二十卷
　《刀笔集》二十卷
　《别集》十二卷
　《汝阳杂编》二十卷
　《銮坡遗札》十二卷
刘筠《册府应言集》十卷　又《荣遇集》二十卷
　《中山刀笔集》三卷
　《表奏》六卷
　《肥川集》四卷
《韩丕诗》三卷
《种放集》十卷
李介《种放江南小集》二卷
《柴成务集》二十卷
《孙何集》四十卷
《孙仅诗》一卷
《许申集》一卷
《钱易集》六十卷
《高弁集》三卷
《钱昭度诗》一卷
《唐异诗集》一卷
《江为诗》一卷
《李畋集》十卷
《张俅集》三卷

《张景集》二十卷
《郭震集》四卷
《郑修集》一卷
《许允豹诗》一卷
刘若中《永昌应制集》三卷
《陈渐集》十五卷
陈充《民士编》二十卷
钱彦远《谏垣集》三十卷　又《谏垣遗藁》五卷
《齐唐集》三十卷　又《策论》十卷
《鲍当集》一卷　又《后集》一卷
何涉《治道中术》六卷
《仲讷集》十二卷
《梅尧臣集》六十卷　又《后集》二卷
《毕田诗》一卷
杨备《姑苏百题诗》三卷
宋绶《常山秘殿集》三卷
　　又《托居集》五卷
　　《常山遗札》三卷
《许推官吟》一卷
袁陟《庐山四游诗》一卷　又《金陵访古诗》一卷
　　《鲁交集》三卷
《郑伯玉诗》一卷
《颜太初集》十卷
《范仲淹集》二十卷　又《别集》四卷
　　《尺牍》二卷
　　《奏议》十五卷
《丹阳编》八卷
《吕申公试卷》一卷
《杜衍诗》一卷
丘濬《观时感事诗》一卷
　　《困编》一卷
《晏殊集》二十八卷　又《临川集》三十卷
　　《诗》二卷
　　《二府集》十五卷
《二府别集》十二卷
　　《北海新编》六卷
　　《平台集》一卷
《胡宿集》七十卷　又《制词》四卷
《包拯奏议》十卷
廖偁《朱陵编》一卷
《戴真诗》二卷
《钱藻贤良策》五卷
《苏舜钦集》十六卷
张伯玉《蓬莱诗》二卷
《孙复集》十卷
周昙《咏史诗》八卷
《尹洙集》二十八卷
崔公度《感山赋》一卷
《燕肃诗》二卷
《尹源集》六卷

又《幕中集》十六卷
《叶清臣集》十六卷
李淑《书殿集》二十卷
　又《笔语》十五卷
《龙昌期集》八卷
《田况策论》十卷
《蒋康叔小集》一卷
《张俞集》二十六卷
《寇随诗》一卷
《王琪诗》二十卷
《狄遵度集》十卷
《黄亢集》十二卷
《李问诗》一卷
李祺《刀笔集》十五卷
　又《象台四六集》七卷
陈亚《药名诗》一卷
《黄通集》三卷
《湛俞诗》一卷
《江休复集》四十卷
《王回集》十卷
《苏洵集》十五卷
　又《别集》五卷
李泰伯《直讲集》三十三卷
　又《后集》六卷
《黄庶集》六卷
《刘辉集》八卷
《王同集》十卷
《王令集》二十卷
　又《广陵文集》六卷
《余靖集》二十卷
　又《谏草》三卷
《孙沔集》十卷
《刘敞集》七十五卷
《蔡襄集》六十卷
　又《奏议》十卷
《欧阳修集》五十卷
　又《别集》二十卷
　　《六一集》七卷
　　《奏议》十八卷
　　《内外制集》十一卷
　　《从谏集》八卷
《韩琦集》五十卷
　又《谏垣存藁》三卷
《富弼奏议》十二卷
　又《劄子》十六卷
《吕诲集》十五卷
　又《章奏》二十卷
赵抃《南台谏垣集》二卷　又《清献尽言集》二卷
元绛《玉堂集》二十卷　又《玉堂诗》十卷
《郑獬集》五十卷

《王陶诗》三十卷
　　又《集》五卷
宋敏求《东观绝笔》二十卷
《晁端友诗》十卷
程师孟《长乐集》一卷
《陶弼集》十五卷
《强至集》四十卷
《邵雍集》二十卷
《张载集》十卷
《张先诗》二十卷
《陈襄集》二十五卷
　　又《奏议》一卷
曾巩《元丰类藁》五十卷
　　又《别集》六卷
　　　《续藁》四十卷
《扬蟠诗》二十卷
《袁思正集》六卷
《晁端忠诗》一卷
《章望之集》四十卷
　　又《集》十一卷
《吴颃诗》一卷
《刘涣诗》十二卷
《吴孝宗集》二十卷
吕南公《灌园集》三十卷
《王韶奏议》六卷
《李师中诗》三卷
《杨绘谏疏》七卷
《傅翼之集》一卷
《任大中集》三卷
《方子通诗》一卷
王震《元丰怀遇集》七卷
《张徽集》三卷
　　又《北闽诗》一卷
《王无咎集》十五卷
《司马光集》八十卷
　　又《全集》一百十六卷
《龚鼎臣集》五十卷
《文彦博集》三十卷
　　又《显忠集》二卷
《王安石集》一百卷
《张方平集》四十卷
　　又《进策》九卷
《王珪集》一百卷
范镇《谏垣集》十卷
　　又《奏议》二卷
《程颢集》四卷
《朱光庭奏议》三卷
《范祖禹集》五十五卷
《王巌叟集》四十卷
《赵瞻集》二十卷

　　又《奏议》十卷
《杨杰集》十五卷
　　又《别集》十卷
《鲜于侁集》二卷
《苏颂集》七十二卷
　　又《略集》一卷
《刘攽集》六十卷
《王刚中文集》六卷
《颜复集》十三卷
孔平仲《诗戏》一卷
《刘挚集》四十卷
邢居实《呻吟集》一卷
陈轩《纶阁编》六卷
　　又《荣名集》二卷
　　《临汀集》六卷
《陈敦诗》六卷
《陈先生揭阳集》十卷 不知名
《刘定诗》一卷
《许彦国诗》三卷
《张重集》八卷
王定民《双海篇》二十四卷
何宗元《十议》三卷
《张公庠诗》一卷
《韦骧集》十八卷
　　又《赋》二十卷
《李清臣集》八十卷
　　又《进策》五卷
《程颐集》二十卷
苏轼《前后集》七十卷
　　《奏议》十五卷
　　《补遗》三卷
　　《南征集》一卷
《词》一卷
《南省说书》一卷
《应诏集》十卷
《内外制》十三卷
《别集》四十六卷
《黄州集》二卷
《续集》二卷
《和陶诗》四卷
　　《北归集》六卷
　　《儋耳手泽》一卷
　　《年谱》一卷 王宗稷编。
苏辙《乐城集》八十四卷
《应诏集》十卷
《策论》十卷
《均阳杂著》一卷
《黄庭坚集》三十卷
《乐府》二卷
《外集》十四卷

《书尺》十五卷
《陈师道集》十四卷
　又《语业》一卷
《秦观集》四十卷
《蒋之奇集》一卷
《曾布集》三十卷
《吕惠卿集》五十卷
《曾肇集》四十卷
　又《奏议》十二卷
　　《西垣集》十二卷
　　《庚辰外制集》三卷
　　《内制集》五卷
《张耒集》七十卷
　又《进卷》十二卷
《李昭玘集》三十卷
《晁补之集》七十卷
《李廌集》三十卷
《蔡肇集》六卷
　又《诗》三卷
《吕陶集》六十卷
《张舜民集》一百卷
《张商英集》十三卷
《郑侠集》二十卷
钱惟演《伊川集》五卷
《陈简能集》一卷
冯京《潜山文集》一卷
《陈舜俞集》三十卷
　又《治说》十卷
　　《应制策论》一卷
《金君卿集》十卷
刘辉《东归集》十卷
《王安国集》六十卷
　又《序言》八卷
《王安礼集》二十卷
《范纯仁忠宣集》二十卷
　又《弹事》五卷
　　《国论》五卷
韩维《南阳集》三十卷
　又《颍邸记室集》一卷
　　《奏议》一卷
李复《潏水集》四十卷
《傅尧俞集》十卷
《丁隲奏议》二十卷
　又《奏议》一卷
《陈师锡奏议》一卷
彭汝砺《鄱阳集》四十卷
《龚夬奏议》一卷
范百禄《荣国集》五十卷
　又《奏议》六卷
　　《内制》五卷
　　《外制》五卷

邹浩《文卿集》四十卷
《郭祥正集》三十卷
《陈瓘集》四十卷
　又《责沈》一卷
　　《谏垣集》三卷
　　《四明尊尧集》五卷
　　《了斋亲笔》一卷
　　《尊尧余言》一卷
《李新集》四十卷
吴栻《蜀道纪行诗》三卷
　又《崧峰集》一卷
《徐积集》三十卷
任伯雨《戆草》二卷
　又《乘桴集》三卷
《葛次仲集句诗》三卷
《郑少微策》六卷
石柔《橘林集》十六卷
《谢逸集》二十卷　又《溪堂诗》五卷
《谢薖集》十卷
《陆纯集》一卷
《张励诗》二十卷
《廖正一集》八卷
《韩筠集》一卷
《张劢诗》二卷
王寀《南陔集》一卷
《杨天惠集》六十卷
《刘跂集》二十卷王家撰。
《唐庚集》二十二卷
《马存集》十卷
　又《经济集》十二卷
《朱服集》十三卷
《毛滂集》十五卷
《李樵诗》二卷
《朱减集》十二卷
《刘珏奏议》一卷
《崔鶠集》三十卷
《李若水集》十卷
《梅执礼集》十五卷
《晁说之集》二十卷
《杨时集》二十卷
　又《龟山集》三十五卷
《李朴集》二十卷
《王安中集》二十卷
《徐俯集》三卷
《吕本中诗》二十卷
《翟汝文集》三十卷
《汪藻集》六十卷
《程俱集》三十四卷
《李纲文集》十八卷
赵鼎《得全居士集》二卷
　又《忠正德文集》十卷

《朱胜非奏议》十五卷
綦密礼《北海集》六十卷
叶梦得《石林集》一百卷　又《奏议》十五卷
　　《建康集》八卷
孙觌《鸿庆集》四十二卷
《汪伯彦后集》二十五卷
　　又《续编》一卷
胡铨《澹菴集》七十卷
《李光前后集》三十卷
张澂《澹巖集》四十卷
李邴《草堂后集》二十六卷
饶节《倚松集》十四卷
《吴则礼集》十卷
韩驹《陵阳集》十五卷
　　又《别集》三卷
《傅察集》三卷
赵鼎臣《竹隐畸士集》四十卷
赵育《酒隐集》三卷
《曾匪集》十六卷
《陈东奏议》一卷
《章谊奏议》二卷
　　又《文集》二十卷
刘安世《元城尽言集》十三卷
许景衡《横塘集》三十卷
《田书集》二卷
刘弇《龙云集》三十二卷
《慕容彦逢集》三十卷
李端叔《姑溪集》五十卷
　　又《后集》二十卷
米芾《山林集拾遗》八卷
倪涛《玉溪集》二十二卷
张彦实《东牕集》四十卷
　　又《诗》十卷
刘一止《苕溪集》五十五卷
王赏《玉台集》四十卷
冯时行《缙云集》四十三卷
高登《东溪集》十二卷
仲并《浮山集》十六卷
王洋《东牟集》二十九卷
《关注集》二十卷
葛立方《归愚集》二十卷
曹勋《松隐集》四十卷
《辛次膺奏议》二十卷
　　又《笺表》十卷
周麟之《海陵集》二十三卷
《王镃集》二十三卷
任古《拙斋遗藁》三卷
任正言《小丑集》十二卷
　　又《续集》五卷
张积《鹤鸣先生集》四十一卷

吕大临《玉溪先生集》二十八卷
胡恭《政议进藁》一卷
《叶访所业》二卷
勾滋《远斋文集》七卷
《吴正肃制科文集》十卷
王发《元祐进本制举论》十卷
吕颐浩·《忠穆文集》十五卷
张元干《芦川词》二卷
《三顾隐客文集》十一卷
《文选精理》二十卷
岳阳黄氏《灵仙集》十五卷
　　以上不知名。
《宋初梅花千咏》二卷
《易安居士文集》七卷 宋李格非女撰。
　　又《易安词》六卷
《辛弃疾长短句》十二卷
　　又《稼轩奏议》一卷
《吴楚纪行》一卷 宋峡州守吴氏撰，不知名。
刘子翚《屏山集》二十卷
《刘珙集》九十卷
　　又《附录》四卷
邓良能《书潜集》三十卷
游桂《畏斋集》二十二卷
王十朋《南游集》二卷
　　又《后集》一卷
史浩《真隐漫录》五十卷
洪适《盘洲集》八十卷
洪遵《小隐集》七十卷
洪迈《野处猥藁》一百四卷
　　又《琼野录》三卷
刘仪凤《奇堂集》三十卷
　　又《乐府》一卷
《罗愿小集》五卷
张嵲《紫微集》三十卷
周紫芝《太仓稊米集》七十卷
毛开《樵隐集》十五卷
张行成《观物集》三十卷
倪文举《绮川集》十五卷
张嗣良《敝帚集》十四卷
韩元吉《愚戇录》十卷
　　又《南涧甲乙藁》七十卷
宋汝为《忠嘉集》一卷
　　又《后集》一卷
《陈熙甫奏札》一卷
陈康伯《葛谿集》三十卷
陈恬《涧上卷》三十卷
汪中立《符桂录》三卷
王莱《龟湖集》十卷
何逷《蒙野集》四十九卷
曹彦章《箕颍集》一十卷

孙应时《烛湖集》十卷
沈兴求《龟溪集》十二卷
吕祖俭《大愚集》十一卷
《颜师鲁文集》四十四卷
陈岘《东斋表奏》二卷
聂冠卿《蕲春集》十卷
《沈夏文集》二十卷
陈正伯《书舟雅词》十一卷
《刘给事文集》一卷
《邓忠臣文集》十二卷
贺铸《庆湖遗老集》二十九卷
《林栗集》三十卷
　又《奏议》五卷
龚茂良《静泰堂集》三十九卷
周必大《词科旧藁》三卷
　又《掖垣类藁》七卷
　　《玉堂类藁》二十卷
　　《政府应制藁》一卷
　　《历官表奏》十二卷
　　《省斋文藁》四十卷
　　《别藁》十卷
　　《平园续藁》四十卷
　　《承明集》十卷
　　《奏议》十二卷
　　《杂著述》二十三卷
　　《书藁》十五卷
　　《附录》五卷
朱松《韦斋集》十二卷
　又《小集》一卷
《朱熹前集》四十卷
　　《后集》九十一卷
　《续集》十卷
　　《别集》二十四卷
张栻《南轩文集》四十八卷
《吕祖谦集》十五卷　又《别集》十六卷
　　《外集》十六卷
　　《附录》三卷
汪应辰《翰林词章》五卷
《郑伯熊集》三十卷
《郑伯英集》二十六卷
陆九渊《象山集》二十八卷
　又《外集》四卷
《潘良贵集》十五卷
《林待聘内外制》十五卷
吴镒《敬斋集》三十二卷
沈枢《宜林集》三十卷
吴芾《湖山集》四十三卷　又《别集》一卷
　　《和陶诗》三卷
　　《附录》三卷
　　《当涂小集》八卷

吴天骥《凤山集》十二卷
雍焯《过溪前集》二十卷
　又《后集》三卷
赵彦端《介菴集》十卷
　又《外集》三卷
　　《介菴词》四卷
庞谦孺《白苹集藁》四卷
《李迎遗藁》一卷
谢谔《江行杂著》三卷
曾丰《樽斋缘督集》十四卷
陈傅良《止斋集》五十二卷
《陈亮集》四十卷
　又《外集词》四卷
蔡幼学《育德堂集》五十卷
曾焕《毅斋集》十八卷
　又《台城丙藁》四卷
　　《南城集》十八卷
《曾习之诗文》二卷
《苏元老文集》三十二卷
彭克《玉壶梅花三百咏》一卷
《王景文集》四十卷
《刘安上文集》四卷
《刘安节文集》五卷
《周博士文集》十卷 不知名。
黄季岑《三余集》十卷
吴亿《溪园自怡集》十卷
周邦彦《清真居士集》十一卷
《程大昌文集》二十卷
苏籀《双溪集》十一卷
杨椿《芸室 文集》七十五卷
蒋迈《桂斋拙藁》二卷
　又《施正宪遗藁》二卷
《丘崇文集》十卷
罗适《赤城先生文集》十卷
王灼《颐室文集》五十七卷
余安行《石月老人文集》三十五卷
陆游《剑南续藁》二十一卷
　又《渭南集》五十卷
费氏《芸山居士文集》二十一卷 不知名。
李正民《大隐文集》三十卷
杜受言《砥砆集》十三卷
邓肃《栟榈集》二十六卷
胡安国《武夷集》二十二卷
胡寅《斐然集》二十卷
程敦儒《宠堂集》六十八卷
　又《后集》二十卷
《朱翌集》四十五卷
　又《诗》三卷
廖刚《高峰集》十七卷
赵令畤《安乐集》三十卷

《陆九龄文集》六卷
周孚《铩刀编》三十二卷
　　《玉堂梅林文集》二十卷　又《云溪类集》三十卷
李璜《蘽菴文集》十二卷
江公望《钓台弃藁》十四卷
吴沈《环溪集》八卷
《月湖信笔》三卷 不知作者。
《赵雄奏议》二十卷
许开《志隐类藁》二十卷
项安世《丙辰海藁》四十七卷
赵逵《楼云集》二十五卷
《黄策集》四十卷
《连宝学奏议》二卷 不知名。
《卫肤敏谏议遗藁》二卷
姜夔《白石丛藁》十卷
陈伯鱼《澹斋草纸目录》四十二卷
彭龟年《止堂集》四十七卷
彭凤《梅坡集》五卷
李弥逊《筠溪集》二十四卷
龚日华《北征说议》十二卷
萧之敏《直谅集》三卷
李士美《北门集》四卷
《刘清之文集》二十三卷
《叶适文集》二十八卷
周南《山房集》五卷
王柜《复斋制表》一卷
《倪思奏议》二十六卷
　　又《历官表奏》十卷
　　　《翰林奏草》一卷
　　　《翰林前藁》二十卷
　　　《翰林后藁》二卷
《毕仲游文集》五十卷
王之道《相山居士文集》二十五卷
　　又《相山长短句》二卷
王从三《近斋余录》五卷
谢伋《药寮丛藁》二十卷
《罗点奏议》二十三卷
《李纂奏议》二卷
《詹仪之奏议》二卷
胡孰《万石书》一卷
《周行己集》十九卷
《鲍钦止集》二十卷
《黄裳集》六十卷
《林敏功集》十卷
《方孝能文集》一卷
《王庠集》五十卷
《秦敏学集》二卷
姚述尧《箫台公余》一卷
蒙泉居士《韩文英华》二卷
苏过《斜川集》十卷

王彦辅《凤台子和杜诗》三卷
《杜甫诗详说》二十八卷，不知作者。
郭彻《南湖诗》八卷
《陆长翁文集》四十卷
詹叔义《狂夫论》十二卷
《朱敦儒陈渊集》二十六卷
　　又《词》三卷
《王寔集》三十卷
《苏庠集》三十卷
李师稷《皇华编》一卷
《刘一止集》五十卷《苕溪集》多五卷。张攀《书目》以此本为《非有斋类藁》。
《葛胜仲集》八十卷
《傅崧卿集》六十卷
　　又《奏议》二卷　　《制诰》三卷
《勾龙如渊杂著》一卷
《洪皓集》十卷
《胡宏集》一卷
《曾惇诗》一卷

《黄邦后集》三卷
　　又《强记集》八卷
《江袤集》二十卷
《盛溦策论》一卷
潘辟《集杜诗句》一卷
《林震集句》二句
《溢江集》六卷 不知作者。
《周总集》一卷
《张守集》五十卷
　　又《奏议》二十五卷
　　又十八卷
范成大《石湖居士文集》卷亡。
　　又《石湖别集》二十九卷
　　　《石湖大全集》一百三十六卷
许翰《襄陵文集》二十二卷
《楼钥文集》一百二十卷
张宰《莲社文集》五卷
《胡世将集》十五卷
　　又《忠献胡公集》六十卷
《洪龟父诗》一卷
柯梦得《抱瓮集》十五卷
姜如晦《丹溪集》三十二卷
《钱闻诗文集》二十八卷
　　又《庐山杂著》三卷
芮晖《家藏集》七卷
王咨《雪斋文集》四十卷
《李焘文集》一百二十卷
薛斋谊《六一先生事证》一卷 告词附。
王大昌《六一先生在滁诗》一卷
王居正《竹西文集》十卷

李观《显亲集》六卷
陈汝锡《鹤溪集》十二卷
陈逢寅《山谷诗注》二十卷
朱熹校《昌黎集》五十卷
王洙注《杜诗》三十六卷
方醇道《类集杜甫诗史》三十卷
僧道翘《寒山拾得诗》一卷
傅自得《至乐斋集》四十卷
俞汝尚《溪堂集》四卷
《刘煮诗集》二十卷
《方惟深集》十卷　又《录》一卷
王庭《云壑集》三卷
蔡柟《浩歌集》一卷
王庭珪《卢溪集》十卷
邵绰《荆溪集》十卷
吴氏《符川集》一卷不知名。
陈克《天台诗》十卷
　　又《外集》四卷
刘绮《清溪诗集》三卷
王质《雪山集》三卷
萧德藻《千巖择藁》七卷
　　又《外编》三卷
杨万里《江湖集》十四卷
　　又《荆溪集》十卷
　　《西归集》八卷
　　《南海集》八卷
　　《朝天集》十一卷
　　《江西道院集》三卷
　　《朝天续集》八卷
　　《江东集》十卷
　　《退休集》十四卷
《危稹文集》二十卷
林宪《雪巢小集》二卷
叶镇《会稽览古诗》一卷
《邵博文集》五十七卷
《郑刚中文集》八卷
《李浩文集》二卷
《许及之文集》三十卷
　　又《涉斋课藁》九卷
《黄干文集》十卷
《锦屏先生文集》十一卷不知名。
祝充《韩文音义》五十卷
宋德之《青城遗藁》二卷
《沈涣文集》五卷
《王述文集》二十卷
《毛友文集》四十卷
王性之《雪溪集》八卷
范浚《香溪文集》二十二卷
胡峄《如村冗藁》二十卷
唐文若《遯菴文集》三十卷
黄公度《莆阳知稼翁集》十二卷

《方有闻文集》一卷
《陈桷文集》十六卷
《陈兴义诗》十卷
　　又《岳阳纪咏》一卷
张文伯《江南凯歌》二十卷
《曾几集》十五卷
《张孝祥文集》四十卷
　　又《词》一卷
　　《古风律诗绝句》三卷
石行正《玉垒题咏》九卷
何耕《劝戒诗》一卷
孙稽仲《谷桥愚藁》十卷
《临邛计用章集》十二卷
李缜《梅百咏诗》一卷
倪正甫《兼山小集》三十卷
黄啬《复斋漫藁》二卷
丁逢《南征诗》一卷
《京镗诗》七卷
　　又《词》二卷
赵时逢《山窗斐藁》一卷
《王称诗》四卷
徐玑《泉山诗藁》一卷
《黄虡诗藁》一卷
黄景说《白石丁藁》一卷
《吴赋之文集》一卷
曾布之《丹丘使君诗词》一卷
朱存《金陵诗》一卷
《石召集》一卷
《潘咸诗》一卷
《文史聊珠》十三卷不知作者。
《得全居士词》一卷不知名。
汪遵《咏史诗》一卷
《韩遂诗》一卷
《张安石集》一卷
《卢士衡诗》一卷
《叶楚诗》一卷
《陈三思诗》一卷
《丁稜诗》一卷
《江汉编》七卷不知作者。
晋惠远《庐山集》十卷
《僧棲白诗》一卷
《僧子兰诗》一卷
《僧怀浦诗集》一卷
僧安绶《雁荡山集》一卷
《僧虚中诗》一卷
《僧贯休集》三十卷
《僧清塞集》一卷
《僧齐已集》十卷
　　又《白莲华或无"华"字编外集》十卷
《僧义现集》三卷

《僧应之集》一卷
《僧承讷集》一卷
《僧无愿集》一卷
《僧灵穆集》一卷
僧灵护《筠源集》十卷
僧可朋《玉垒集》十卷
僧自牧《括囊集》十卷
《僧宾付集》一卷
僧尚颜《荆门集》五卷
僧昙域《龙华集》十卷
《僧文雅集》一卷
僧光白《莲社集》二十卷
　　又《虎溪集》十卷
《僧处默诗》一卷
僧希觉《拟江东集》五卷
《僧鸿渐诗》一卷
《僧智遥诗》一卷
《僧康白诗》十卷
《僧惠宗诗》三卷
僧文畅《碧云集》一卷
《僧楚峦诗》一卷
《僧皎然诗》十卷
《僧无可诗》一卷
《僧灵澈诗》一卷
《僧修睦诗》一卷
《僧汇征集》三卷
《僧本先集》一卷
《僧文彧诗》一卷
《僧秘演集》二卷
《僧保遥集》二卷
僧智圆《间居编》五十一卷
《僧大容集》一卷
《僧来鹏诗》一卷
僧可尚《拣金集》九卷
《僧惠澄诗》一卷
《僧有鹏诗》一卷
《僧警淳诗》一卷
《僧灵一诗》一卷
止禅师《青谷集》二卷
僧惠洪《物外集》二卷
　　又《石门文字禅》三十卷
《僧祖可诗》十三卷
《道士主父果诗》一卷
《鱼玄机诗集》一卷
《李季兰诗集》一卷 唐女道士李裕撰。
勾台符《卧云编》三卷
《石仲元诗》二卷
《谢希孟诗》二卷
　　又《采蘋诗》一卷
《曹希蕴歌诗后集》二卷

《蒲氏玉清编》一卷
《吴氏南宫诗》二卷
《王尚恭诗》一卷 王亢女。
《徐氏闺秀集》一卷
《王氏诗》一卷
王纶《瑶台集》二卷
《许氏诗》一卷 许彦国母。
杨吉《登瀛集》五卷
《刘京集》四十卷
　　右别集类一千八百二十四部，二万三千六百四卷。

卷二百九　　志第一百六十二

艺　文　八

孔逭《文苑》十九卷
萧统《文选》六十卷 李善注。
庾自直《类文》三百六十二卷
窦巖《东汉文类》三十卷
《五臣注文选》三十卷
周明辨《文选汇聚》十卷
《文选类聚》十卷
常宝鼎《文选名氏类目》十卷
卜邻《续文选》二十三卷
乐史《唐登科文选》五十卷
宋白《文苑英华》一千卷　《目》五十卷
朱遵度《群书丽藻》一千卷　《目》五十卷
王逸《楚辞章句》二卷
《楚辞释文》一卷
《离骚约》二卷
徐锴《赋苑》二百卷　《目》一卷
《广类赋》二十五卷
《灵仙赋集》二卷
《甲赋》五卷
《赋选》五卷
江文蔚《唐吴英秀赋》七十二卷
《桂香赋集》三十卷
杨翺《典丽赋》六十四卷
《类文赋集》一卷
谢壁《七赋》一卷
杜镐《君臣赓载集》三十卷
李虚己《明良集》五百卷
刘元济《正声集》五卷
王正范《续正声集》五卷
　　又《洞天集》五卷
韦庄《采玄集》一卷
陈正图《备遗缀英集》二十卷

刘明素《丽文集》五卷
刘松《宜阳集》十卷
《丛玉集》七十卷
李商隐《桂管集》二十卷
乐瞻《文囿集》十卷
《杂文集》二十卷
刘赞《蜀国文英》八卷
《分门文集》十卷
刘从义《遗风集》二十一卷
游恭《短兵集》三卷
《鲍溶集》六卷
皮日休《文薮》一卷
徐陵《玉台新咏》十卷
《广玉台集》三十卷
《文选后名人诗》九卷
《高仲武诗甲集》五卷
　　《诗乙集》五卷
《唐省试诗集》三卷
顾陶《唐诗类选》二十卷
钟安礼《资吟》五卷
张为《前贤咏题诗》三卷
僧玄鉴《续古今诗集》三卷
《诗缵集》三卷
元稹、白居易、李谅《杭越寄和诗集》一卷
《唐集贤院诗集》二卷
《苏州名贤杂咏》一卷
《新安名士诗》三卷
《应制赏花诗》十卷
许恭宗《交馆词林诗》一卷
乔舜《桂香诗》一卷
雍子方、沈括编《集贤院诗》二卷
《赵仲庠诗》十卷
朱寿昌《乐府集》十卷
蒋文彧《广乐府集》三卷
许南容《五子策林》十卷
周仁瞻《古今类聚策苑》十四卷
《礼部策》十卷
杨协《论苑》十卷
《唐凌烟阁功臣赞》一卷
《国子监武成王庙赞》二卷
《大中祥符封禅祥瑞赞》五卷
丁谓《大中祥符祀汾阴祥瑞赞》五卷
马文敏《王言会最抄》五卷
《唐制诰集》十卷
《元和制诰集》十卷
《元和制策》三卷
滕宗谅《大唐统制》三十卷
《拟状注制集》十卷
费乙《旧制编录》六卷
《贞元制敕书奏》一卷
毛文晏《咸通麻制》一卷

《杂制诏集》二十一卷
《朱梁宣底》八卷
《制诰》一作"诏"二卷
《后唐麻藁集》三卷
《长兴制集》四卷
《江南制集》七卷
《吴越石壁集》二卷
李慎仪《集制》二十卷
《五代国初内制杂编》十卷
《建隆景德杂麻制》十五卷
《神哲徽三朝制诰》三卷
李琪《玉堂遗范》三十卷
蔡省风《瑶池集》二卷
《唐哀册文》四卷
孙洙《褒恤杂录》三卷
《晋宋齐梁弹文》四卷
马总《奏议集》二十卷
张元璞《历代忠谏事对》十卷
《历代名臣文疏》三十卷
《唐名臣奏》七卷
张易《唐直臣谏奏》七卷
《御集谏书》八十卷
《唐奏议驳论》一卷
赵元拱《谏争集》十卷
《唐初表章》一卷
《毛渐表奏》十卷
任谅《建中治本书》一卷
沈常《总戎集》十卷
雇临、梁焘《总戎集》十卷
《续羽书》六卷
王绍颜《军书》十卷
李纬《纵横集》二十卷
赵化基《止戈书》五十卷
张锏《管记苑》十卷
李大华《掌记略》十五卷
　　《新掌记略》九卷
林逢《续掌记略》十五卷
唐格《群经杂记》十卷
周明辨《五经手判》六卷
徐德言《分史衡鉴》十卷
刘攽《经史新义》一部卷亡。
南康笔《代耕心鉴》十卷
《干禄宝典》二十七卷
薛廷珪《克家志》九卷
赵世繁《忠孝录》五卷
赵世逢《幽居录》五卷
臧嘉猷《羽书集》三卷
吕延祚注《文选》三十卷
刘允济《金门待诏集》五卷
僧惠净《续古今诗苑英华》十卷
孙翌《正声集》三卷

崔融《珠英学士集》五卷
窦常《南薰集》三卷
《搜玉集》一卷，唐崔湜至融，凡三十七人，集者不知名。
《太平内制》三卷，睿宗、玄宗时制诰。
贺鉴《归乡集》一卷
《奇章集》四卷，李林甫至崔湜百余家诗。
《唐德音》三十卷，起武德元年五月，迄天宝十三年正月。
《张曲江杂编》一卷
　　集者并不知名。
李康《玉台后集》十卷
殷璠《河岳英灵集》二卷
　又《丹阳集》一卷
萧昕《送邢桂州诗》一卷
曹恩《起予集》五卷
李吉甫《丽则集》五卷
　又《类表》五十卷
许孟容《谢亭诗集》一卷
《窦氏联珠集》一卷
马总《唐名臣奏议集》二十卷
《送毛仙翁诗集》一卷，牛僧孺、韩愈等赠。
高仲武《中兴间气集》二卷，钱起、张众甫等诗。
《集贤院诸厅壁记》二卷，李吉甫、武元衡、常衮题咏集。
《大历浙东酬唱集》一卷
《临淮尺题集》二卷
《临平诗集》一卷
《送白监归东都诗》一卷
《洛中集》一卷
《名公唱和集》四卷
《垂风集》一卷
《咸通初表奏集》一卷
《唐十九家诗》十卷
《云门寺诗》一卷
《章奏集类》二十卷
《唐百家诗选》二十卷
《陆海》六卷
　　集者并不知名。
令狐楚《断金集》一卷
　又《纂杂诗》一卷
刘禹锡《彭阳唱和集》二卷
　又《彭阳唱和后集》一卷
　《汝洛唱和集》三卷
　《吴蜀集》一卷
　《刘白唱和集》三卷
段成式《汉上题襟》十卷
檀溪子道民《连璧诗集》三十二卷
孟启《本事诗》一卷
卢瑰《抒情集》二卷
《僧昼光上人诗》一卷
姚合《极玄集》一卷
韦庄《又玄集》三卷
皮日休《松陵集》十卷

柳宗直《西汉文类》四十卷
芮挺章《国秀集》三卷
宋太祖、真宗《御制国子监两庙赞》二卷
《赐陈抟诗》八卷
《送张无梦归山诗》一卷
《赐王韶手诏》一卷
《汉魏文章》二卷
《汉名臣奏》二卷
《汉贤遗集》一卷
《三国志文类》六十卷
《晋代名臣集》十五卷
《谢氏兰玉集》十卷
《古诗选集》十卷
《宋二百家诗》二十三卷
《长乐三王杂事》十四卷
　　集者并不知名。
陈彭年《宸章集》二十五卷
宋绶《本朝大诏令》二百四十卷
　又《唐大诏令》一百三十卷　《目录》三卷
洪遵《中兴以来玉堂制草》三十四卷
周必大《续中兴玉堂制草》三十卷
韩忠彦《追荣集》十卷
朱翌《五制集》一卷
熊克《京口诗集》十卷
李仁刚《浯溪古今石刻集录》一卷
侍其光祖《浯溪石刻后集再集》一卷
李焘《谢家诗集》一卷
曾慥《宋百家诗选》五十卷　又《续选》二十卷
吴说编《古今绝句》三卷
廖敏得《浯溪石刻续集》一卷
吕祖谦《东莱集诗》二卷
孔文仲《三孔清江集》四十卷
《壮观类编》一卷，刘焘、杨万里、米芾等作。
邵浩《坡门酬唱》二十三卷
倪恕《安陆酬唱集》六卷
管锐《横浦集》二卷
方松卿《续横浦集》十二卷
赵不敌《清漳集》三十卷
廖迟《樵川集》十卷
洪适《荆门惠泉诗集》二卷
詹渊《括苍集》三卷
陈百朋《续括苍集》五卷
柳大雅《括苍别集》四卷
胡舜举《剑津集》十卷
许份《汉南酬唱集》一卷
杨恕《临江集》三十四卷
汪浃《元祐荣观集》五卷
卫博《定菴类藁》十二卷
于霆《南纪集》五卷
汤邦杰《南纪别集》一卷
家求仁《名贤杂咏》五十卷

又《草木虫鱼诗》六十八卷
程九万《三老奏议》七卷
毕仲游《元祐馆职诏策词记》一卷
谢逸《溪堂师友尺牍》六卷
《罗唐二茂才重校唐宋类诗》二十卷
《三洪制藁》六十二卷 洪适、遵、迈撰。
李壁《中兴诸臣奏议》四百五十卷
洪迈《唐一千家诗》一百卷
《三苏文集》一百卷 郎晔进。
《临贺郡志》二卷
《相江集》十卷
《豫章类集》十卷
《千家名贤翰墨大全》五百一十八卷
《三苏文类》六十八卷
《续本事诗》二卷
《集选》一百卷
《唐贤长书》一卷
《唐三十二僧诗》一卷
《四僧诗》八卷
《唐杂诗》一卷
《五代制词》一卷
《重编类启》十卷
《润州金山寺诗》一卷
　　集者并不知名。
蔡省风《瑶池集》一卷
陈匡图《拟玄类集》十卷
韦穀《唐名贤才调诗集》十卷
李昉、扈蒙《文苑英华》一千卷
刘吉《江南续又玄集》二卷
田锡《唐明皇制诰后集》一百卷
苏易简《禁林宴会集》一卷
子起《家宴集》五卷 不知姓。
杨徽《论苑》十卷
冯翊严《滁州琅琊山古今名贤文章》一卷
朱博《丛玄集》二十卷
《二李唱和诗》一卷 李昉、李至作。
杨亿《西昆酬唱集》二卷
陈充《九僧诗集》一卷
《四释联唱诗集》一卷 丁谓序。
杨伟《虢郡文斋集》五卷
姚铉《唐文粹》一百卷
《谪仙集》二十卷 勾龙震集古今人词，以李白为首。
僧仁赞《唐宋类诗》二十卷
许洞《徐铉杂古文赋》一卷
郭希朴《养闲亭诗》一卷
幼昕《金华瀛洲集》三十卷
王咸《典丽赋》九十三卷
《华林义门书堂诗集》一卷 王钦若、钱惟演等作。
张逸、杨谔《潼川唱和集》一卷
李祺《天圣赋苑》一十八卷
　　又《珍题集》三十卷

滕宗谅《岳阳楼诗》二卷
陶叔献《西汉文类》四十卷
徐徽《滁阳庆历集》十卷
韩琦《阅古堂诗》一卷
《送僧符游南昌集》一卷 范镇序。
《石声编》一卷 赵师旦家编集。
《南键唱和诗集》一卷 吴中复、吴秘、张谷等作。
郑雍《古今名贤诗》二卷
欧阳修《礼部唱和诗集》三卷
《送元绛诗集》一卷 《送文同诗》一卷 鲜于侁序。
晏殊、张士逊《笑台诗》一卷
慧明大师《灵应天竺集》一卷
宋璋《锦里玉堂编》五卷
孙洙《褒题集》三十卷　又《张氏诗传》一卷
宋敏求《宝刻丛章》三十卷
《宝刻丛章拾遗》三十卷
孙氏《吴兴诗》三卷 不知名。
姚辟《荆溪唱和》一卷
林少颖《观澜文集》六十三卷
吕祖谦《皇朝文鉴》一百五十卷　又《国朝名臣奏议》十卷
吕本中《江西宗派诗集》一百十五卷
曾纮《江西续宗派诗集》二卷
石处道《松江集》一卷
江文叔《桂林文集》二十卷
刘褒《续集》十二卷
黄岂《续乙集》八卷
张修《桂林集》十二卷
徐大观《又续集》四卷
丁逢《郴江前集》十卷
　　又《后集》五卷
　　《郴江续集》九卷
杨俟《南州集》十卷
王仁《澧阳集》四卷
道士田居宝《司空山集》二卷
姜之茂《临川三隐诗集》三卷
熊克《馆学喜雪唱和诗》二卷
陈天麟《游山唱和》一卷
史正心《清晖阁诗》一卷
葛郛《载德集》四卷
王十朋《楚东唱酬集》一卷
莫琮《椿桂堂诗》一卷
何纮《籍桂堂唱和集》一卷
莫若冲《清湘泮水酬和》一卷
陈说《西江酬唱》一卷
廖伯宪《岳阳唱和》三卷
黄学行《又乙集》一卷
刘瑨《政和县斋酬唱》一卷
林安宅《南海集》三十卷
曾肇《滁阳庆历前集》十卷
吴珏《滁阳庆历后集》十卷

《干越题咏》三卷李并序。
郝篪《都梁集》十卷
西湖寓隐《回文类聚》一卷
《郢州白雪楼诗》一卷萧德藻序。
《三苏翰墨》一卷苏轼等书。
《桂香集》六卷
《留题落星寺诗》一卷《翰苑名贤集》一卷
《翰苑名贤集》一卷
《宋贤文集》三卷
《宋贤文薮》四十卷
《先容集》一卷
《制诰章表》二卷
又《制诰章表》十五卷
《儒林精选时文》十六卷
《玉堂诗》三十六卷
《辞林类藁》三卷
《海南集》十八卷
《鄞江集》九卷
《嘉禾诗文》一卷
《浔阳琵琶亭纪咏》三卷
《浔阳庾楼题咏》一卷
《滕王阁诗》一卷
《脍炙集》一卷
《玉枝集》三十二卷
《永康题纪诗咏》十三卷
《圣宋文粹》三十卷
《布袋集》一卷
《元祐密疏》一卷
《唐宋文章》二卷
《圣宋文选》十六卷
《唐宋诗后集》十四卷
《君山寺留题诗集》一卷
《制诰》三卷
《春贴子词》一卷
《高丽表章》一卷
《登瀛集》五十二卷
《罗浮寓公集》三卷
《罗浮》一卷集者不知名。
陈材夫《仕途必用集》十卷
翁忱《岳阳别集》二卷
钟兴《秭归集》八卷
卜无咎《庐山记拾遗》一卷
商侑《盛山集》一卷
刘充《唐诗续选》十卷
王安石《建康酬唱诗》一卷
又《唐百家诗选》二十卷
《四家诗选》十卷
《送朱寿昌诗》三卷
韩忠彦《考德集》三卷
元积中《江湖堂诗集》一卷
孔延之《会稽掇英集》二十卷

程师孟《续会稽掇英集》二十卷
曾公亮《元日唱和诗》一卷
孙觉《荔枝唱和诗》一卷
蒲宗孟《曾公亮勋德集》三卷
马希孟《扬州集》三卷
曾旼《润州类集》十卷
魏泰《襄阳题咏》二卷
苏梦龄《摘华集》三卷
王得臣《江夏古今纪咏集》五卷
杨杰《高僧诗》一卷
孙颀《抄斋唱和集》一卷
薛傅正《钱塘诗前后集》三十卷
唐愈《江陵集古题咏》十卷
章粲《成都古今诗集》六卷
孙永《永简公崇终集》一卷
道士龚元正《桃花源集》二卷
《绍圣三公诗》三卷司马光、欧阳修、冯京所著。
陆经《静照堂诗》一卷
刘珵《宣城集》三卷
唐庚《三谢集》一卷
上官彝《麻姑山集》三卷
翁公辅《下邳小集》九卷
弹粹《鹅城丰湖亭诗》一卷
蔡驿《惠泉诗》一卷
林虑《西汉诏令》十二卷
俞向《长乐集》十四卷
《四学士文集》五卷，黄庭坚、晁补之、张耒、秦观所著。
《内制》六卷晏殊以下所撰。
沈晦《三沈集》六十一卷
《辀轩唱和集》三卷，洪皓、张邵、朱弁所集。
程迈《止戈堂诗》一卷
樊汝霖《唐书文艺补》六十三卷
何琥《苏黄遗编》一卷
杨上行《宋贤良分门论》六十二卷
戴觉、李丁《单题诗》十二卷
廖刚《世綵集》三卷
《送王周归江陵诗》二卷杜衍等所撰。
许端夫《斋安集》十二卷
黄仁荣《永嘉集》三卷
李知己《永嘉集》三卷
《晁新词》一卷晁端礼、晁冲之所撰。
陆时雍《宏词总类前后集》七十六卷
《梅江三孙集》三十一卷孙立节及子勔、孙何所著。
鲍乔《豫章类集》十卷
邓植《小有天后集》一卷
萧一致《濂溪大成集》一卷《馆阁词章》一卷《馆阁诗》八卷并中兴馆阁诸臣所撰。

右总集类四百三十五部，一万六百五十七卷

刘勰《文心雕龙》十卷

钟嵘《诗评》一卷
任昉《文章缘起》一卷
李允 一作"元"，或作"克"《翰林论》三卷
王昌龄《诗格》一卷 又《诗中密旨》一卷
杜嗣先《兔园策府》三十卷
柳璨《史通析微》十卷
刘𬭚《史例》三卷
刘知几《史通》二十卷
白居易《白氏金针诗格》三卷 又《白氏制朴》一卷
僧皎然《诗式》五卷 又《诗评》一卷
辛处信注《文心雕龙》十卷
王瑜卿《文旨》一卷
王正范《文章龟鉴》五卷
范摅《词林》一卷
孙郃《文格》二卷
倪宥《文章龟鉴》一卷
刘蘧《应求类》二卷
窦苹《载籍讨源》一卷
《举要》二卷
吴武陵《十三代史驳议》十二卷
林桀《史论》二十卷
王谏《唐史名贤论断》二十卷
程鹏《唐史属辞》四卷
王损之《丝纶点化》二卷
方仲舒《究判玄微》一卷
乐史《登科记解题》二十卷
蒋之奇《广州十贤赞》一卷
白行简《赋要》一卷
范传正《赋诀》一卷
浩虚舟《赋门》一卷
纥于俞《赋格》一卷
和凝《赋格》一卷
毛友《左传类对赋》六卷
王维《诗格》一卷
王杞 一作"超"《诗格》一卷
贾岛《诗格密旨》一卷
元兢《诗格》一卷 又《古今诗人秀句》二卷
僧辞远《诗式》十卷
许文贵 一作"贡"《诗鉴》一卷
僧元鉴《续古今诗人秀句》二卷
司马光《续诗话》一卷
姚合《诗例》一卷
郑谷《国风正诀》一卷
王叡《炙毂子诗格》一卷
张仲素《赋枢》一卷
倪宥《诗体》一卷
张为《唐诗主客图》二卷
僧齐己《玄机分明要览》一卷 又《诗格》一卷
李洞《贾岛诗句图》一卷

僧神彧《诗格》一卷
徐锐《诗格》一卷
冯鉴《修文要诀》二卷
林逋《句图》三卷
李淑《诗苑类格》三卷
僧定雅《寡和图》三卷
刘攽《诗话》一卷
邵必《史例总论》十卷
司马光《诗话》一卷
马偁《赋门鱼钥》十五卷
蔡宽夫《诗史》二卷
吴处厚《赋评》一卷
蔡希蘧《古今名贤警句图》一卷
魏泰《隐居诗话》一卷
杨九龄《正史杂编》十卷
郭思《瑶谿集》十卷
蔡絛《西清诗话》三卷
李颀《古今诗话录》七十卷
李錞《诗话》一卷
僧惠洪《天厨禁脔》三卷
周紫芝《竹坡诗话》一卷
强行父《唐杜荀鹤警句图》一卷
黄彻《䂬溪诗话》十卷
郑樵《通志叙论》二卷
曾发《选注摘遗》三卷
胡源《声律发微》一卷
费衮《文章正派》十卷
《李善五臣同异》一卷
严有翼《艺苑雌黄》二十卷
方深道《集诸家老杜诗评》五卷
方绘《续老杜诗评》五卷
彭郁《韩文外抄》八卷
赵师懿《柳文笔记》一卷
葛立方《韵语阳秋》二十卷
吕祖谦《古文关键》二十卷
《新集诗话》十五卷 集者不知名
《元祐诗话》一卷
《历代吟谱》二十卷
《唐宋名贤诗话》二十卷
《金马统例》三卷
《诗谈》十五卷
《韩文会览》四十卷
　并不知作者

右文史类九十八部，六百卷。
凡集类二千三百六十九部，三万四千九百六十五卷。

卷二百十至卷二百四十一从略。